摄影 / 李军

2016

中共山西年鉴

中共山西省委主办
中共山西省委党史办公室　编

中央文献出版社

《中共山西年鉴》编审委员会

《中共山西年鉴》编辑委员会

各市篇编委

太原市	李亚江	韩志刚	张晓茜
大同市	王福明	史　波	王树鑫
朔州市	李根田	贾尚福	李　飞
忻州市	郝钧藩	王奋中	赵　芳
吕梁市	王阳平	李俊有	薛　斌
晋中市	鹿建平	李新文	杜晓凤
阳泉市	张如晟	郭玉珠	刘玉林
长治市	梁克昌	卫恒善	陈青会
晋城市	高俊霞	申福林	李　超
临汾市	韩振钢	陈波轶	赵靖平
运城市	王　胜	樊朝阳	张建国

《中共山西年鉴》编辑部

主　　任　范小平

副 主 任　闫利明

调 研 员　王福光

责　　编　李　军　袁佩红　张敏慧

特邀编辑　刘玉太　阎剑瑛

图文设计　张晓娟

2015年11月16日，中共山西省委书记王儒林深入大同市天镇县新平堡镇，就古镇旅游开发、农民增收等情况进行调研。

2015年9月22日至23日，中共山西省委副书记、省长李小鹏在吕梁市调研。图为李小鹏考察汾阳市山宝食用菌生物公司时，向负责人了解企业生产经营情况。

2015年2月5日，中共山西省委副书记楼阳生深入扶贫联系点方山县马坊镇赤坚岭村，就深入开展学习讨论落实活动、加强村级党组织建设、加快贫困农村脱贫致富步伐进行调研。

2015年8月17日，中共山西省委常委、宣传部部长胡苏平在武乡县故县乡五村调研，了解群众生产生活情况和农村发展中存在的困难和问题。

2015年8月15日，中共山西省委常委、副省长高建民在临县兔坂镇调研基层汛期地质灾害防治工作。

2015年3月14日，中共山西省委常委、纪委书记黄晓薇在长治市武乡县故县乡调研乡镇党风廉政建设“两个责任”落实情况。

2015 年 3 月 23 日，中共山西省委常委、太原市委书记吴政隆在太原东山煤电集团有限公司调研。

2015 年 6 月 10 日，中共山西省委常委、政法委书记王建明在长治市城区法院调研矛盾纠纷化解工作。

2015年9月8日，中共山西省委常委、统战部部长孙绍骋在长治市南烨实业集团LED光电产业园区调研。

2015年11月16日，中共山西省委常委、秘书长王伟中在大同市新荣区新成新材料公司调研。

2015年1月，中共山西省委常委、副省长付建华在山西焦煤西山煤电集团检查井下安全工作。

2015年2月4日，中共山西省委常委、组织部部长盛茂林在晋城市陵川县锡崖沟村慰问老党员。

2015年5月29日，中共山西省委常委、省军区司令员冷杰松在太原市杏花岭区检查调研民兵应急分队建设情况。

2015年12月7日，中国共产党山西省第十届委员会第七次全体会议在太原召开。全会深入学习贯彻党的十八届五中全会特别是习近平总书记重要讲话精神，听取讨论了《省委常委会工作报告》，审议通过了《中共山西省委关于制定国民经济和社会发展第十三个五年规划的建议》、省委十届七次全会决议和有关事项。图为会议现场。

编 辑 说 明

《中共山西年鉴》是中共山西省委主办的一部大型资料工具书，按年度连续出版，及时跟进、准确忠实记录和全面反映中共山西省委一年来召开的重要会议、发布的重要文件、进行的重大活动、开展的重要工作，全省各部门、各市县党的建设和其他重要工作情况，为领导干部科学决策、指导工作提供有力借鉴，同时为广大读者了解山西、研究山西、建设山西提供服务。

《中共山西年鉴》2016版记录的时间范围是2015年1月1日至2015年12月31日。所收资料采用分类编排法，共设置9个栏目。本书资料主要由省委办公厅、各部门党委办公室和各市县提供，还有少部分转载自《山西日报》《前进》等。“党风廉政建设和反腐败斗争”栏目由省纪委提供；“附录”部分由省市统计部门和省委组织部供稿；“中央领导关注山西”专栏排序按照政治局常委排前、其他中央领导按时间先后顺序编排；各部门工作概况中统计数字和领导成员名单以各部门所报资料为准。全书内容出版前由省保密局进行审查。本年鉴只记载2015年发生的事件，动态变化将在下一年度体现。在年鉴组稿、编辑、印刷、出版过程中，得到了有关部门的大力支持和协助，在此，表示诚挚的谢意。

2016年是《中共山西年鉴》创办10周年。10年间，共编辑出版10本《中共山西年鉴》和两本《中共山西年鉴》画册。“十年风采”荟萃编者图谱，排在本书最后，留作纪念。

由于《中共山西年鉴》2016版内容涉及面广，编纂难度较大，加之编辑水平所限和个别单位未能按要求提供稿件，因此，所收资料疏漏之处难以避免，恳请广大读者批评指正，以便在今后的编辑工作中加以改进。

目录

中央领导关注山西

中共山西省委工作概况

重 要 会 议

重要文献

党风廉政建设和反腐败斗争

（一）党风党纪文件

（二）纪检工作综述

省委工作部门工作概况

省人大常委会党组工作概况

省人民政府党组工作概况

省政协党组工作概况

省纪委工作概况

省高级人民法院党组工作概况

省人民检察院党组工作概况

省人民政府各厅局党组（委）工作概况

省直属事业单位党组（委）工作概况

群团组织党组工作概况

省管国有企业党委工作概况

中央部属单位党组（委）工作概况

驻晋部队党委工作概况

高等院校党委工作概况

市、县（市、区）委工作概况

论　坛

人　物

大 事 记 要

附　　录

中央领导关注山西

中共中央政治局常委、中央纪委书记王岐山参加山西代表团审议

3月10日上午，山西代表团举行全体会议，审议立法法修正案草案。中共中央政治局常委、中央纪委书记王岐山参加山西代表团审议，对立法法修正案草案提出意见建议，并对我省寄予殷切期望。代表们对王岐山来团参加审议表示热烈欢迎。

山西团代表、中共中央政治局委员、国务院副总理马凯参加审议。代表团团长王儒林主持，副团长李小鹏发言。副团长楼阳生、李政文、胡苏平、高建民、吴政隆、刘杰参加审议。

李小鹏在审议时说，适时修改立法法，是全面推进依法治国、形成完善的法律体系、提高立法质量和效率、维护法制统一的需要，也是推进国家治理体系和治理能力现代化的需要，我赞同和拥护。以习近平同志为总书记的党中央提出并形成了“四个全面”的战略布局，在这当中，全面从严治党是根本性、基础性的战略举措。我们要深刻汲取山西发生系统性、塌方式严重腐败问题的惨痛教训，进一步加强党风廉政建设和反腐败斗争。要强化党风廉政建设主体责任，全面从严治党治吏，杜绝“七个有之”。要围绕重点领域和关键环节，扎实开展专项整治，努力形成并保持反腐败的高压态势。要问题导向、深化改革、创新驱动，建章立制，堵塞漏洞。要狠刹“四风”、转变作风，认真执行八项规定、约法三章。要教育干部严守党的纪律规矩，严守国家法律法规，严格廉洁自律。李小鹏建议，要推进国有企业财务等重大信息公开；通过立法、征税的办法进一步规范调节矿业权二级市场交易行为。

吴政隆在审议时说，全国人大常委会对立法法进行修改完善，对于规范立法活动，完善立法体制，提高立法质量，全面推进依法治国，具有重大意义，我完全赞同。建议加强法律立改废工作与全面深化改革各项目标任务的对接。考虑到法律工作的周期和程序，在做好年度计划对接的同时，也要做好中长期规划的衔接。他还就自觉扛起主体责任、深入推进反腐败斗争谈了看法和体会，建议把守纪律讲规矩放在更加重要的位置，进一步形成并始终保持“三个高压态势”，强化执纪问责、推动“两个责任”落实，加大“六权治本”、推动源头治理，统筹推进经济社会发展各项事业。

左世忠在审议时说，这次立法法修正案的审议过程，是科学立法、民主立法的典范。法律的权威在质量而不在数量，在立法法施行过程中，要注意防止只放权不管权，甚至追求“立法政绩”；防止只备案不审查，切实起到规范引导作用；防止只上路不引路，立法要与改革相衔接。他还围绕反腐败制度建设提出建议，应尽快完善市场经济的法律法规，尽快完善落实责任和责任追究的制度，尽快完善细化反腐败工作机制建设，进一步放宽眼界，大胆学习借鉴别国成功经验。

随后，李瑞丰、申纪兰、谢红、李正印、董林、贾锁堂等代表先后发言，就立法决策与改革决策相衔接，提高立法质量，发挥立法引领推动作用等，对立法法修正案草案提出意见和建议，围绕把全面从严治党要求落到实处，自觉扛起主体责任、深入推进反腐败斗争，加强反腐倡廉制度建设、适时推进反腐立法，支持革命老区脱贫步伐，为科技创新可持续发展提供良好法治环境，用法治的力量推进医疗卫生领域建立反腐机制，促进高等教育均衡发展，提高煤炭职工收入等提出意见和建议。

听了大家的发言后，王岐山表示，完全赞成张德江委员长所作的全国人大常委会工作报告。他指出，山西发生系统性、塌方式腐败案件，教训十分深刻，这个代价不能白付。忘记过去就意味着背叛，看待腐败问题要有历史、哲学和文化的思考。山西人民身上流淌着中华民族优秀文化的血液，为中国革命、建设和改革开放作出了巨大贡献。要唤醒历史记忆，从中汲取力量，把信心重塑起来、把精气神鼓起来。要保持坚强政治定力，把全面从严治党落到实处，为“五位一体”建设提供保证。要严明党的纪律，用最坚决的态度减少腐败存量，用最果断的措施遏制腐败增量，落实党风廉政建设主体责任，抓好领导班子和队伍建设，重构良好政治生态。

一番话让代表们倍感振奋、倍受鼓舞。王儒林说，王岐山书记的重要讲话生动、深刻、语重心长，听了以后感到很温暖，我们要认真学习领会，全面贯彻落实。第一，岐山书记充分肯定山西历史上为中国革命和建设做出的巨大贡献和牺牲，充分肯定山西大多数干部是好的，是坚定不移与以习近平同志为总书记的党中央保持高度一致的。这些肯定和鼓励含义深刻、至关重要。第二，岐山书记要求我们深入学习习近平总书记系列重要讲话精神，同时要认真学习中国五千年的历史，“讲新词不忘老词”。要搞一个“历史回放”，注重从山西优秀历史文化中吸收营养，取其精华。第三，岐山书记深刻阐述了“四个全面”和“五位一体”的战略布局，明确提出党风廉政建设和反腐败斗争永远在路上，要求我们从过去的深刻教训中振奋起来，把精气神提起来，特别强调“山西大有希望”。我们一定要做到遵守政治纪律和政治规矩，把全面从严治党的要求落到实处，不断开创弊革风清、富民强省新局面，决不辜负岐山书记和以习近平同志为总书记的党中央的殷切希望。　　（尚慧辉　刘　宇）

中共中央政治局委员、国务院副总理刘延东就贺冰事迹作出重要批示

1月15日中午12时许，临汾市翼城县公安交警大队贺冰、张鹏、王风战三位同志在执行“护学岗”任务时，为保护人民群众生命安全，奋不顾身冲上前去，贺冰同志光荣殉职，张鹏、王风战同志身负重伤。

国务院、公安部、省委、省政府领导对三位同志的英勇事迹高度重视，分别作出重要批示。

中共中央政治局委员、国务院副总理刘延东批示：贺冰同志为保护学生牺牲，这种舍己救人的精神令人感动。请向贺冰同志家属和受伤协警表示慰问，全力抢救伤者。

国务委员、公安部部长郭声琨批示：请刘杰同志将延东副总理的慰问转达到贺冰同志家属及受伤协警，代表我对贺冰同志牺牲表示深切哀悼，向受伤协警表示慰问。

省委书记王儒林批示：在危急关头，我们的民警奋不顾身保护人民群众，用鲜血和生命忠诚履行了人民警察为人民的神圣使命，要积极宣传，深入学习他们的先进事迹，进一步激浊扬清、革弊立新，重塑山西公安干警新形象。

省委副书记、省长李小鹏批示：向为保护人民群众生命安全和因公牺牲的同志表示崇高的敬意！请向家属表示慰问！要高度重视，全力做好伤员救治和有关善后工作。要查明事故原因，依法进行处置。要积极宣传，大力弘扬人民警察爱人民的优良传统和英雄事迹。

省委副书记楼阳生，省委常委、宣传部长胡苏平，省委常委、政法委书记王建明和公安部副部长黄明等领导也分别作出批示。

为贯彻落实中央、公安部和省委、省政府领导重要批示精神，1月18日，副省长、省公安厅厅长刘杰与省公安厅有关领导一起，赶赴翼城县，传达中央和省领导的重要指示和亲切关怀，慰问光荣殉职的贺冰亲属和受伤的张鹏、王风战及其家人。

刘杰向贺冰的家属及张鹏、王风战同志的家人转达了刘延东、郭声琨等中央领导和王儒林、李小鹏等省领导的亲切关怀和慰问。他指出，贺冰、张鹏、王风战三名同志在生死攸关的重要关头，为了保护人民群众的生命安全，挺身而出，奋不顾身，义无反顾，舍生忘死，用生命和鲜血保护了人民群众的生命安全，体现了人民警察爱人民的优秀品质，是全省公安机关和广大民警学习的榜样。省公安厅党委要在全省公安机关开展向贺冰等三位同志学习的活动，号召全省公安机关和广大民警以贺冰等三位同志为榜样，在学习讨论落实活动中，进一步树立人民公安为人民的宗旨观念，深怀爱民之情，践行为民之本，深怀为民之心，落实为民之策，爱岗敬业，忠于职守，勤奋努力，扎实工作。同时，要进一步总结贺冰等同志关键时刻挺身而出、勇于献身的英勇事迹，大力弘扬三位同志的英勇事迹，大张旗鼓宣传公安机关正能量，为重塑山西公安形象贡献力量，为维护全省社会稳定，保卫人民群众安居乐业做出新贡献。

刘杰等还与临汾市、翼城县党政领导就如何认真贯彻落实中央、公安部和省委、省政府领导重要指示，重点做好伤员救治、宣传报道、表彰奖励、善后优抚、交通安全整治等有关工作进行了专题研究。

（李宏伟　肖　卉）

中共中央政治局委员、中央政法委书记孟建柱在山西调研

中共中央政治局委员、中央政法委书记孟建柱近日在山西省调研时强调，政法机关要进一步把思想认识统一到中央决策部署上来，主动适应经济发展新常态，充分发挥职能作用，全力维护社会安定有序，激发社会创造活力，为经济持续健康发展营造良好法治环境。

5月13日至15日，孟建柱先后到大同、忻州、太原等地，深入煤矿企业、街道社区和政法机关，走访干部群众，看望一线政法干警，就经济发展新常态下政法综治工作进行调研。

孟建柱心系民生，每到一地，他都要了解当地居民生活情况，关切地询问群众当前面临的实际困难，并与干部

群众商讨解决的办法。他强调，稳增长、保稳定，首先要保民生。要把促进老百姓特别是困难群众基本生活的改善作为基础工程来抓，从源头上维护社会和谐稳定。在忻州市忻府区解原乡社会服务管理中心和矛盾调处中心，孟建柱向工作人员了解基层民政、计生、社保等工作情况，仔细询问矛盾纠纷化解、社区矫正等工作取得的实效。他指出，政法综治部门要密切关注经济形势发展变化，增强预防化解矛盾纠纷的主动性。要在党委、政府统一领导下，坚持依法治理与多元化解相结合，完善调解、仲裁、行政裁决、行政复议、诉讼等有机衔接、相互协调的多元化矛盾纠纷解决机制，综合运用经济、行政、法律手段和强有力的思想工作，有效预防和化解矛盾纠纷。对进入司法领域的劳资、债务、合同纠纷，也要善于通过调解、协商等办法，找到各方都能接受的最佳方案，努力实现双赢、多赢。

刚刚成立不久的山西省高级人民法院诉讼服务中心，整合了全院各项诉讼服务职能，构建起诉讼服务大厅、诉讼服务网、服务热线“三位一体”的诉讼服务新格局。孟建柱与诉讼服务大厅导诉、立案、收费窗口的工作人员交谈，听取诉讼服务中心工作运转情况介绍，了解实行立案登记制度改革后对人民法院案件受理数量的影响。他要求，要牢固树立司法为民理念，增强服务意识，进一步拓展诉讼服务功能，把诉讼服务中心建成面向社会的多渠道、一站式、综合性诉讼服务平台，对依法应当受理的案件，切实做到有案必立、有诉必理，方便群众打官司，维护当事人诉权。

进一步提高政法机关维护社会公共安全的能力水平，是孟建柱调研的重点之一。在大同、忻州、太原，他来到人口密集的街区，走进警务工作站、司法所，考察社会治安状况。孟建柱指出，以云计算、大数据、互联网、物联网为代表的现代信息技术飞速发展，给维护社会稳定工作提供了时代机遇。要树立互联网思维，加快立体化社会治安防控体系建设，进一步加强科技信息化建设与应用，提高动态化、信息化条件下政法机关维护社会公共安全的能力与水平，不断增强人民群众安全感和满意度。在大同塔山煤矿，孟建柱来到井下作业区，查看安全生产制度落实情况。他说，一名职工下井工作，背后往往是一家人的牵挂。要时刻把人民群众的生命安全放在第一位，认真落实安全生产各项规章制度，消除安全隐患，最大限度防止安全生产事故发生。

调研期间，孟建柱主持召开会议，与省市党政领导干部和政法机关负责同志座谈，听取全省经济社会发展情况和社会稳定工作汇报。孟建柱指出，确保社会既生机勃勃又井然有序，是政法工作的重要目标。要正确处理好依法办事与服务大局的关系，正确处理好打击与保护、规范与激励、管理与服务的关系，切实做到维护社会安定有序和激发社会活力相统一。要善于用法律上的事实分清是非，用权利义务思维判断对错，确保实现法律规则确定的预期，维护社会和谐稳定。要坚持严格执法、公正司法，依法保护产权和知识产权，平等保护各类市场主体的合法权益，营造公平透明的发展环境。要把握好执法司法的政策界限，既坚持依法防范打击经济犯罪，又要严格区分经济纠纷与经济犯罪、一般性工作失误与渎职犯罪的界限，依法支持改革者、保护守法者、教育失误者、惩治犯罪者。要增强服务意识，推出更多便民利民举措，保护和激励大众创业、万众创新。

孟建柱对基层政法干警十分关心。每到一处，他都要与坚守在一线岗位上的干警亲切交谈，询问他们工作和生活情况。在太原市公安局，孟建柱会见了太原公安英模代表，希望广大干警永葆忠诚政治本色，激励斗志、鼓足干劲、再接再厉，为党和人民再立新功。他强调，做好经济发展新常态下政法工作，关键要建设一支忠诚、干净、担当、敬业的政法队伍。要加强教育培训，不断提高政法干警政治素质、法治素养和专业水平。要依法依纪严肃查处违法违纪行为，推动形成不敢腐、不能腐、不想腐的长效机制。要关心爱护政法干警，弘扬正气，最大限度地激发他们干事创业的积极性。

省委书记王儒林在座谈会上指出，孟建柱书记的重要讲话和调研中的重要谈话，具有很强的指导性、针对性和操作性，我们要认真学习领会、全面贯彻落实。孟建柱书记在讲话中充分肯定了我们工作所取得的成绩，深刻指出面临的困难和问题，概括提出山西特有的优势，指出山西的明天前景光明，使我们深受鼓舞。全省上下要认真学习、深刻领会精神实质，进一步增强信心、重振雄风，努力走出一条科学发展的新路子。要按照孟建柱书记的要求，越是在经济下行压力加大、困难增多、矛盾交叉叠加的情况下，越要加强政法工作，维护社会稳定，未雨绸缪，防患于未然。要切实加强班子和干部队伍建设，提高干部思想政治素质，最大限度地把更广大干部干事创业的积极性调动起来。王儒林表示，对孟建柱书记的重要讲话和重要谈话，要召开省委常委会认真传达学习贯彻，各级各部门也要迅速传达学习，全面贯彻落实。一要明确目标任务，各级党委、政府特别是政法部门要将孟建柱书记的要求进一步细化、具体化，形成有目标有任务有举措的工作方案。二要逐级落实责任，省委、省政府要负起主体责任，政法部门要承担具体责任，太原、大同、忻州要率先落实。三要及时督查反馈，及时上报贯彻落实情况，对于落实不力、跑空跑偏等问题，要及时纠正、问责，把纪律挺在前面。

省长李小鹏在座谈会上汇报了全省经济社会发展情况。他说，今年以来，面对经济下行压力持续加大的困难局面，全省上下主动适应经济发展新常态，坚持稳中求进工作总基调，深化改革开放，实施创新驱动，促进产业结构优化升级，扎实推进节能减排和生态建设，统筹做好保障和改善民生工作，全省农业形势稳定向好，投资持续增长，工业降幅有所收窄，进出口高速增长，服务业保持快速发展，结构调整迈出新的步伐，改革动力不断增强。但受国际市场变化和国内需求不足影响，全省经济下行压力仍然较大。

下一步，要坚决贯彻落实党中央、国务院的各项决策部署和工作要求，狠抓党风廉政建设，统筹做好稳增长、促改革、调结构、惠民生、防风险等各项工作，加快推动“六大发展”，努力实现科技创新、民营经济、金融振兴“三个突破”，促进经济持续平稳发展，不断开创弊革风清、富民强省新局面。

中央政法委副秘书长、中央综治办主任陈训秋，山西省委常委、太原市委书记吴政隆，省委常委、政法委书记王建明，省委常委、秘书长王伟中，副省长、公安厅厅长刘杰，省高级人民法院院长左世忠、省人民检察院检察长杨司分别参加调研。

（尚慧辉）

中共中央政治局委员、国务院副总理汪洋参观山西展区

5月18日上午，第九届中国中部投资贸易博览会开幕仪式前，中共中央政治局委员、国务院副总理汪洋到武汉国际博览中心巡馆并参观山西展区，省长李小鹏、副省长王一新和其他省部领导陪同参观。

山西综合展区位于武汉国际博览中心A2馆中部，整体呈现了“转型发展，重塑山西新形象”的主题，重点展示了新山西新形象、煤与非煤两篇大文章、实施创新驱动加快山西发展、十大重点投资领域和十大标志性工程、项目超市五大板块内容，展览面积504平方米。

开幕仪式前，汪洋兴致勃勃地参观了山西展区。在听取了山西科技创新城项目介绍后，他指出，山西要实现转型发展，就要大力推进煤炭的清洁低碳利用。山西围绕煤炭实施创新驱动，这种探索实践很好。随后，他重点观看了新山西新形象展示板块，与潞安煤基合成油、威尔捷太阳能动力车等参展企业负责人亲切交谈，询问节能指标、产品价格、市场销售等情况，鼓励企业提升自主创新能力，培育壮大战略性新兴产业，抢占新一轮经济和科技发展制高点。李小鹏陪同参观，着重介绍了山西实施创新驱动、推进煤炭革命、发展新兴产业等方面的情况。

山西展区重点展示了太重集团高铁轮对组件，临汾威尔捷太阳能动力车、吕梁微风无人机、长治新型超导暖气设备等山西制造产品，突出了“新、实、全”三大特点。整体造型采用开放式结构和创新、腾飞元素，采用红、白两种色调，表现了山西敞开怀抱、开放合作、创新驱动、加快发展的理念。展区还新设了招商引资项目超市，共发布1000个转型暨新兴产业的重点招商引资项目，投资总额1.14万亿元，涉及文化旅游、装备制造、新材料、新能源、食品医药、现代服务业、农业等行业和领域。

（张　云）

中共山西省委工作概况

省委书记　王儒林

2015 年，中共山西省委深入学习贯彻习近平总书记系列重要讲话精神和中央对山西工作的重要指示要求，团结带领广大干部群众，按照“四个全面”战略布局要求，深入开展党风廉政建设和反腐败斗争，全面加强党的建设，全面推进经济、政治、文化、社会和生态文明建设，全省保持大局稳定、政治稳定、社会稳定。

一、深入学习贯彻习近平总书记系列重要讲话精神，进一步完善发展思路

坚持把学习贯彻习近平总书记系列重要讲话精神作为首要政治任务，作为山西全部工作的根本指针。按照中央对山西工作的指示要求，在充分调查研究的基础上，明确提出山西工作的“五句话”总要求和总思路，这就是“深入学习贯彻习近平总书记系列重要讲话精神，净化政治生态，实现弊革风清，重塑山西形象，促进富民强省”，这一思路得到全省上下广泛共识。省委常委带头并推动“双学”，深入学习习近平总书记系列重要讲话精神，认真学习以习近平同志为总书记的中央领导集体“崇尚实干、勇于担当、廉洁自律”的优良作风，强化“看齐”意识，把“以上率下”作为最基本的工作方法，要求全省党员干部做到的，省委常委首先做到，努力在各方面为全省树标杆、做榜样，明确要求全省各级领导干部要向省委常委班子看齐，一级学一级、一级抓一级、一级带一级。以“五句话”总体要求为主题，深入开展学习讨论落实活动，突出问题整治，抓好 6 个方面、23 项任务的落实，进一步统一了思想、凝聚了共识，为推进改革发展稳定各项工作提供了坚强政治保障。党的十八届五中全会提出了“五大发展”理念，山西省委紧密结合山西实际，把创新发展、协调发展、绿色发展、开放发展、共享发展、廉洁和安全发展作为中央新的发展理念在山西省的具体化和新实践，扎扎实实落实，全力以赴推进。坚持把抓落实作为铁的纪律，对党中央、国务院重大决策部署、重要会议精神及时研究落实，确保党中央、国务院各项决策部署政令畅通。

二、坚持全面从严治党，深入开展党风廉政建设和反腐败斗争，形成并保持“三个高压态势”

认真贯彻落实以习近平同志为总书记的党中央对山西全面从严治党、严明党规党纪上“先走一步”的要求，把抓党建作为最大的政绩，把深入开展党风廉政建设和反腐败斗争作为净化政治生态的重大举措，为开创弊革风清和富民强省新局面提供坚强的政治和组织保证。

一是认真落实“两个责任”。履行管党治党的政治责任，切实加强党的建设，坚决把反腐败斗争进行到底。制定出台落实党风廉政建设党委（党组）主体责任和纪委监督责任两个《意见》，强调各级党委（党组）要列出清单并签字背书、狠抓落实；主要负责同志要履行好第一责任人的职责，班子成员要认真履行“一岗双责”，抓好分管领域的党风廉政建设和反腐败斗争。省委常委和其他省领导分别约谈了 11 个市的党政主要负责人和部门党政班子成员，传递责任、传导压力，并对落实“两个责任”不力的 38 个单位和 1304 人进行了问责。坚决支持纪委落实监督责任，积极配合中央纪委调查组查办案件，同时加大自办案件的力度，坚持“老虎”“苍蝇”一起打，重点查处十八大后不收敛、不收手，问题线索反映集中、群众反映强烈，现在重要岗位且可能还要提拔使用的领导干部，严肃查办重点领域、关键环节和发生在群众身边的腐败案件，形成了强大震慑力。积极推进纪律检查体制改革，推动纪检部门“三转”，强化上级纪委对下级纪委的领导，省直派驻机构全覆盖工作进入全面实施阶段。

二是形成和保持“三个高压态势”。坚持无禁区、全覆盖，深入开展正风反腐。持续保持惩治腐败高压态势，重点查处党的十八大后仍不收敛不收手，问题线索反映集中、群众反映强烈，现处重要岗位且可能还要提拔使用的领导干部，全

年全省纪检监察机关共立案17836件，同比增长54%；处分19167人，同比增长56.1%。以深入开展农村两个专项治理为契机，着力解决发生在群众身边不正之风和腐败问题，推动反腐败斗争向基层延伸，全年全省纪检监察机关共立查乡科级及以下干部案件17090件，同比增长52.7%，结案17471件，同比增长54.5%，处分18331人，同比增长54.2%。针对7类基层腐败和“四风”问题反映出的共性问题，由相关省领导“领题”督促整改，“乡村治、百姓安”的长效机制正在逐步建立。加强和改进巡视工作，扎实推进巡视工作流程、组长库、授权、打法等全方位创新，完成对3个市、44个县及11所高职高专的常规巡视，实现对市县巡视的全覆盖，对18个典型村进行巡察。省委巡视办向省纪委移交案件线索140件，向省委组织部移交问题线索117条，向被巡视单位移交2017件，充分发挥了“尖兵”“利剑”作用。持续保持狠刹“四风”的高压态势，强化监督执纪问责，紧盯“四风”变异，狠抓重要时间节点，把违反中央八项规定精神的行为列入审查重点，对违规收送礼金、红包问题、领导干部顶风大操大办婚丧喜庆等借机敛财问题开展专项整治，坚决防止“四风”反弹。2015年全省共查处违反中央八项规定精神问题1255个，处理1864人，给予党政纪处分1516人。贯彻落实中央推进干部能上能下规定，着力解决不作为、慢作为等问题，严肃查处省水利厅专项资金“沉睡”、五台山风景管理区多次被媒体曝光仍不整改等问题，对76人进行追责问责。持续保持“打黑除恶”的高压态势。加强基层社会综合服务管理平台建设，加快立体化社会治安防控体系建设，开展严打暴力恐怖活动专项行动，扎实推进平安山西建设。全省共打掉恶势力犯罪团伙150个。

三是匡正选人用人风气。严厉整治吏治腐败问题和选人用人方面的不正之风，旗帜鲜明树立“德才兼备、以德为先、以廉为基”用人导向。积极稳妥推进“三个一批”工作。出台《关于做好甄别处理一批、调整退出一批和掌握使用一批干部工作的意见》，在省、市、县分级开展试点，2015年，通过“六查”全省共对34608名干部进行了甄别，查出有各种问题的干部2039人，其中处理1337人、调整退出421人，掌握使用了一大批好干部。实施“六个全程”，共有21人在省管干部选任程序启动后，因发现各种问题被中止。坚持严格按制度和规矩办事。针对选人用人权力运行风险点和制度漏洞，制定出台《山西省省管干部动议酝酿任免议事规则》《关于加强县委书记选拔任用和管理监督工作的意见（试行）》等一批制度，进一步健全和完善了选人用人长效机制。2015年省委常委会共任免15批次828名省管干部，其中提拔238名，到目前还没有发现说情打招呼，跑官要官，买官卖官的，初步实现选人用人风清气正。从严加强干部管理监督。把廉政审查融入干部选任全过程，做到“五个必审”，认真做好“一倒查六整治”，以“三龄二历一身份”为重点，对18.66万份科级以上干部档案进行专项清理。整治消化超职数配备干部2284名，清理党政干部在企业兼职999人，查核清理“裸官”27人。

四是大力实施“六权治本”。深入贯彻落实习近平总书记提出的“反腐倡廉的核心是制约和监督权力”“把权力关进制度的笼子里”等要求，在治标的同时，在治本上深入研究、狠下功夫。提出并实施依法确定权力、科学配置权力、制度约束权力、阳光行使权力、合力监督权力、严惩滥用权力。坚持标本兼治、打造制度“笼子”，在省交通厅和吕梁市、孝义市开展“六权治本”试点，召开全省推进大会，突出“三清单、两张图、两平台、一监督”载体建设，推动“六权治本”向基层延伸，在全省上下兴起一场深刻的权力革命。把落实中办、国办《关于推行地方各级政府工作部门权力清单制度的指导意见》作为工作重点，推动省市县各级政府全面梳理各部门、各岗位的职权事项，编制权力清单、责任清单和负面清单，山西省权力清单编制及公布工作比中办国办要求时限提前完成。通过厘权、确权省政府保留52个部门和单位行政职权3090项。推动各级各单位实施权力运行流程再造，绘制权力运行风险防控图，实现分级决策、分级审批、分级管理和管审分离、管办分离、管采分离。省、市、县三级政务服务平台和省、市公共资源交易平台建设有序推进。普遍建立完善“三重一大”决策制度机制，实现对权力运行的有效制约监督。

三、狠抓发展第一要务，积极应对经济下行压力

始终坚持以经济建设为中心，一手抓党风廉政建设和反腐败斗争，一手抓发展第一要务，提出并着力推进廉洁发展、转型发展、创新发展、绿色发展、安全发展、统筹发展。面对严峻复杂的经济形势，特别是煤炭价格持续下跌的困难局面，深入开展稳增长、促改革、调结构、惠民生、防风险各项工作，全省经济运行中的积极因素不断增加和积累，经济发展在克服困难中奋力前行。

统筹做好“两篇大文章”。针对全省“一煤独大”的产业结构等省情状况，提出做好煤与非煤“两篇大文章”。围绕建设国家新型综合能源基地，加快实施“革命兴煤”、煤炭“六型”转变等重大战略，下功夫解决煤炭转化、铝工业一体化发展、扩大电力市场、煤层气发展等重大问题。全省有14个矿区总体规划获国家批复，低热值煤发电项目核准建设进度加快，三条特高压外送电通道获国家核准并开工建设，晋北现代煤化工基地和现代煤化工标志性重大项目稳步推进。大力发展文化旅游、装备制造、新材料、新能源、节能环保、食品医药、现代服务业等七大非煤产业，完善发展战略和规划，加快推进重大项目建设。全年服务业增加值增长9.8%，成为拉动经济增长的主要动力。

全力推进“三个突破”。针对制约全省发展的瓶颈和短板，提出把实现科技创新、民营经济和金融振兴“三个突破”作为破解要素制约、激发发展活力的关键性举措。在广泛深入调查研究的基础上，分别召开3个推进大会、制定出台3个意见，着力推进科技创新六大任务、做好金融振兴八方面工作、破解民营经济发展九大难题。加快山西科技创新城建设，两批引进清华大学、中科院、华能集团等国内相关领域最高水平研究机构34家，实施一批重点领域重大科技攻关项

目。加强信用环境建设，强化金融对实体经济支持，积极处置地方金融机构不良资产，开展非法集资风险排查及专项整治，海鑫集团完成破产重整、恢复生产，联盛集团破产重整有序推进，白家峁矿债权风险得到稳步处置。资本市场融资和创新取得重大突破，全省上市企业达37家，“新三板”挂牌企业达32家。建立省市县领导班子成员联系民营企业制度、反映民营经济发展考核机制，创优民营经济发展环境，推动大众创业、万众创新。

部署稳增长各项工作。加强对经济形势分析研判，及时研究部署工业企业帮扶等政策措施，充分发挥投资的关键作用，重大项目建设稳步推进。完善促进消费增长政策体系，积极推进电商服务体系、市场流通网络建设，进一步促进消费拉动。坚持以扩大开放促发展，积极对接国家“一带一路”战略，紧抓我省被纳入《京津冀协同发展规划纲要》《环渤海地区合作发展纲要》、中蒙俄经济走廊合作省份等的重大机遇，加快开放平台建设，扎实做好相关产业承接、融入发展等各项工作。加大招商引资力度，成功举办了能博会高峰论坛、文博会、书博会、农博会、体育“两博会”等一系列会展活动，组织央企入晋、晋商回乡等招商活动。加快推进外贸发展，促进贸易便利化，机电和高新技术产品出口创历史最高水平。2015年全省地区生产总值增长3.1%；固定资产投资完成1.4万亿元、增长14.8%；社会消费品零售总额6030亿元、增长5.5%；一般公共预算收入1642.2亿元、下降9.8%；城镇居民人均可支配收入25828元、增长7.3%，农村居民人均可支配收入9454元、增长7.5%；居民消费价格上涨0.6%，城镇登记失业率3.5%。

扎实做好“三农”工作。出台新的10项强农富农惠农政策，重点对农村土地确权登记颁证、果业“三品”提升、奶业提质增效等工作进行补助。实施粮食高产创建工程，全年粮食总产125亿公斤，为我省历史产量较高年份之一。持续推进农业结构调整优化，狠抓七大产业振兴翻番工程，加快特色农业发展和现代农业示范区建设，深入实施农产品加工“513”工程。深化农村改革，全面推开土地承包经营权确权登记颁证工作，加快农村土地流转、农村产权流转交易市场建设，全省土地流转面积达779万亩。大力培育新型农业经营主体，注册登记农民合作社7.96万家，位居全国第三。开展美丽宜居示范村三级联创，全省改善农村人居环境各项工作稳步推进。

积极稳妥推进新型城镇化。坚持以人为核心加快城镇化，按照“五规合一”实施全省城镇体系规划，加强城乡道路、城市管网等基础设施，健全城市功能体系。加快太原都市圈建设，实施设施提升、城市安居、城中村改造和环境提质“四大工程”，改善城市人居环境。推进晋北、晋南、晋东南城镇群发展，抓好大同都市区、上党城镇群、临汾百里汾河经济带建设。引导社会资本参与项目建设。推进户籍制度改革，二元户籍退出历史舞台。

四、主动融入国家重大战略，全面深化改革开放

2015年，省委加大改革开放工作力度，发展动力和活力进一步激发，发展空间进一步拓展。

一是重点领域改革实现突破。深刻把握经济发展新常态对改革提出的新要求，立足山西实际，优化顶层设计，做到蹄疾步稳，确保中央改革决策部署落地生根。加强对全面深化改革工作的领导，统筹抓好六大领域改革工作，积极推进国家赋权的三项重大改革深入落实，2015年共召开省委深改领导小组会议14次，审议通过33个重大改革制度性文件稿，出台70多个制度性文件。充分发挥综改试验区建设对全省深化改革的旗帜和统领作用，转型综改三年实施方案和2015年行动计划任务顺利完成，铺开的113项改革任务和举措有序推进，转型综改第一阶段目标如期实现，又有若干重要领域改革取得突破性进展。注重发挥改革试点的突破带动作用和各地的创新精神，全省共实施各类试点67个。探索建立“1+4”落实机制，推动各项改革举措落地见效。煤炭管理体制改革方面，出台专项改革方案，部署10个方面、32项改革任务，清费立税、煤焦公路销售体制、煤炭行政审批、证照管理等改革取得重大成效，审批事项精简三分之一，审批时间缩短一半以上。出台《煤炭资源矿业权出让转让管理办法》，煤炭资源市场化配置改革实质性推进。全面取消省级设定的面向煤炭的行政事业性收费，减轻煤炭企业负担108.5亿元，煤炭企业税费负担比率由原先14.6%降至10.6%；全部撤消了政府机构对企业的21项行政授权，全部取消9种运输票据，全部撤销1487个各类站点；省级涉煤审批事项由63项减少到38项。能源领域综合改革方面，能源发展战略行动计划、落实国家低热值煤发电项目核准委托、煤层气矿业权审批制度改革等取得重要进展。国资国企改革方面，国资国企改革顶层设计、省属国有企业财务等重大信息公开、省属企业负责人履职待遇业务支出管理等改革迈出新的步伐，以同煤、晋能为试点全面深化国企改革。行政管理体制改革方面，进一步取消和下放行政审批事项，省政府部门和单位精简权力事项5343项，精减率达63%。财税、金融、工商登记、医药卫生、高速公路、公务用车、国有林场、供销社、生态文明建设等方面改革取得成效。目前全省改革保持良好势头，一些事关发展大局的重点领域和关键环节改革破题起步，一些重大改革专项方案的政策效应初步显现，全社会推动改革的合力和氛围逐步形成。

二是融入京津冀和环渤海重大战略步伐加快。积极对接国家“一带一路”战略，紧抓山西省被纳入《京津冀协同发展规划纲要》《环渤海地区合作发展纲要》、中蒙俄经济走廊合作省份等的重大机遇，加快开放平台建设，扎实做好相关产业承接、融入发展等各项工作。抓住京津冀大气治理、2022年冬奥会、晋蒙冀（乌大张）长城金三角合作区建设等战略机遇，主动作为、深化合作，努力把山西省打造成为京津冀的清洁能源生产供应基地，把大同等相邻市建成京津地区重要的

"菜篮子"和文化旅游重要目的地。围绕中蒙俄经济走廊、新亚欧大陆桥经济走廊、中国－中亚－西亚经济走廊建设,深化与沿线国家合作,努力把山西省打造成为"一带一路"的重要节点地区。不断完善高速公路、铁路、航空网络,推动大同、运城、长治、五台山机场航空口岸正式开放,把太原武宿综合保税区打造成为我省对外开放的重要窗口。

三是招商引资成效显著。坚持"走出去、引进来",积极宣传山西、推介山西,努力营造扩大对外开放、重塑山西形象的浓厚氛围。实施开放招商、精准招商、务实招商,创新运用PPP、股权招商等方式方法,提高招商引资的针对性和实效性,与美国爱达荷州和怀俄明州签署了深化省州经贸文化交流务实合作协议,西门子、胜科、恒天然等一批行业知名企业落户山西,世界500强中已有30家国内企业和31家境外企业投资山西。2015年"央企山西行"、晋商回乡等活动成果丰硕,成功举办能博会2015低碳发展高峰论坛、第二十五届全国图书交易博览会、中国体育文化·体育旅游博览会、文博会、农博会等。进一步优化出口结构,促进贸易便利化,机电和高新技术产品出口创历史最高水平。2015年共签约招商引资项目2400个,实际到位资金6300亿元。

五、加强宣传思想文化工作,凝聚强大正能量

坚持把宣传思想文化工作作为实现弊革风清、促进富民强省的重要动力源泉,把握正确导向,充分发挥思想引领、舆论推动、精神激励、文化支撑作用,着力提振全省干部群众的士气和信心。

扎实推动理论武装。强化意识形态工作,严格落实党委(党组)意识形态工作责任制,重点加强高校等宣传思想文化阵地建设,坚决反对和抵制错误思潮,牢牢掌握意识形态工作的主动权。加强新型智库建设。实施"三个文化"课题研究攻关,推出一批优秀理论成果。

加强思想道德建设。深入开展社会主义核心价值宣传教育,开展中国人民抗日战争暨世界反法西斯战争胜利70周年纪念、烈士纪念日等活动,广泛开展道德模范、身边好人等先进典型的推荐、评选和学习宣传。深入开展陈规陋俗专项整治活动,推进诚信体系建设和诚信建设制度化。采取多种形式,大力弘扬山西省优秀法治文化、廉政文化、红色文化。加强舆论引导。大力挖掘宣传推介我省深厚的历史文化底蕴,在省内外产生积极效应,山西文化影响力不断提升。加快推动传统媒体与新兴媒体深入融合,增强山西省主流媒体的传播公信力影响力。积极开展舆论引导、舆论斗争,加强对社会舆情特别是网络舆情的分析研判,健全互联网管理和领导体制,加大网上突出问题治理力度,唱响主旋律,激发网络空间正能量。加强对外宣传,大力宣传我省从严治党、反腐倡廉、作风建设和改革发展的新成效,努力塑造山西对外新形象。

加快文化强省建设。加强基层宣传思想文化工作,组织开展"深入生活、扎根人民"主题实践活动,满足基层群众文化需求,各类文化惠民演出达900余场。以弘扬"三个文化"为主题,推出一批文艺精品力作,组织10部大戏晋京展演,一批作品在国际、国内获得大奖。深化文化体制改革,推动公共文化服务体系建设等取得新进展。

六、发展社会主义民主政治,全面推进法治山西建设

坚持和完善人民代表大会制度,加强对人大工作的领导。支持省人大及其常委会依法履行职责,围绕深入开展反腐败斗争和促进全省改革发展稳定加快地方立法,完善地方性法规立改废释机制,制定、修改地方性法规5件,集中打包修改4件。建立立法咨询专家库和立法研究咨询基地。积极稳妥推进我省设区的市立法工作。加强和改进人大监督工作,创新人大监督方式,增强监督刚性。完善代表联系群众制度,充分发挥代表作用。

坚持和完善中国共产党领导的多党合作和政治协商制度,加强和改进对政协工作的领导,支持省政协在推进协商民主上发挥重要作用,建立健全协商民主制度,完善政治协商、民主监督、参政议政制度。支持省政协及其专门委员会围绕扶持中小企业发展新兴产业、加快养老服务业发展等重大问题开展协商议政、积极建言献策。巩固和发展最广泛的爱国统一战线,召开省委统战工作会议,制定《关于贯彻〈中国共产党统一战线工作条例(试行)〉的实施意见》,支持帮助各民主党派做好届中调整工作,推动县级统战部门合署办公。加强宗教和民族工作,召开全省民族工作会议暨第六次民族团结进步表彰大会,深入开展民族团结进步创建活动。认真落实中央决策部署,援疆工作扎实推进。积极做好对台工作、侨务工作。召开全省党的群团工作会议,着力解决群团工作存在的"机关化、行政化、贵族化、娱乐化"问题,充分发挥工会、共青团、妇联等人民团体作用。

加强和改进党对法治山西建设的领导,健全制度和工作机制。深化司法体制改革,部署1市8县开展试点工作,制定实施"1+8"改革制度体系。司法公开扎实推进,完善信息公开三大平台。建立省法官检察官遴选委员会,启动法官检察官遴选入额工作。制定领导干部干预司法活动、插手具体案件处理的记录、通报和责任追究《实施细则》。深入推进涉法涉诉信访制度改革,开展涉法涉诉进京非访集中清理专项活动。深入推进行政执法与刑事司法衔接机制建设。建立律师工作联席会议制度。深入开展执法司法领域专项整治。制定《法治山西建设五年规划(2015年—2020年)》。

坚持完善军地齐抓共管国防后备力量建设机制。加快武警部队现代化建设。持续推进部团一线指挥部建设、应急力量规范化建设。加强军民融合顶层设计,构建军民协调发展、互利共赢发展格局。推动驻晋部队支持服务地方经济社会发展,巩固发展军政军民团结的良好局面。

七、切实保障和改善民生,坚决维护社会稳定

把民生工作和社会治理作为社会建设的两大根本任务,着力解决人民群众最关心、最直接、最现实的利益问题。坚持

社会政策要托底，加大民生投入力度，全省民生支出2900亿元，同比增长12.3%。紧紧扭住民生重点领域，出台援企稳岗、促进就业创业等政策，实施企业工资宏观调控、提高社保待遇、社会救助、农民工欠薪应急等措施，推进机关事业单位工资制度、养老保险制度、医药卫生等改革，稳妥推进单独两孩政策，在幼儿园建设、普通高中办学标准化等方面取得新成效。统筹推进社会保障体系建设，基本养老、基本医保的参保人数分别超过2300万人、3400万人，综合参保率达95%以上。扎实推进保障性住房建设。太原市城中村改造取得明显成效。明确将山西省采煤沉陷区治理全部任务提前到2017年前完成，2015年完成7.5万户、21万人的搬迁治理任务。大力推进精准扶贫、精准脱贫，加快集中连片特困地区扶贫攻坚，山西省36个国家扶贫开发工作重点县农民人均可支配收入达到6078元，比上年同期增长11.9%，高于全省平均水平4.6个百分点，全年50万贫困人口脱贫。

毫不松懈抓好安全生产。坚持把安全生产摆在首要位置，完善落实"党政同责、一岗双责、齐抓共管"的安全生产责任体系，深刻汲取姜家湾煤矿重大事故的沉痛教训，开展与县委书记、重点企业负责人安全生产责任集体谈心对话。深入贯彻习近平总书记、李克强总理关于天津"8·12"事故重要指示批示精神，省领导带队进行"四不两直"突击检查，扎实开展安全生产大检查、打非治违专项行动、危险化学品和易燃易爆物品安全专项整治。全年各类事故起数、死亡人数同比分别下降10.2%、3.2%，煤炭百万吨死亡率为0.079。

切实维护社会稳定。加强基层社会综合服务管理平台建设。建立重点工程项目和重大决策社会稳定风险评估机制。建立省级联合接访中心，完善多元化矛盾纠纷化解机制，率先在全国实现三级调解中心全覆盖。扎实推进平安山西建设，加快立体化社会治安防控体系建设，深入开展重点整治工作。深化反恐怖斗争，开展严打暴力恐怖活动专项行动。切实抓好纪念抗战胜利70周年活动安全保障工作。

八、扎实推进节能减排，大力改善生态建设

认真贯彻落实国家《大气污染防治行动计划》和京津冀及周边地区大气污染防治协作机制工作要求，突出"控煤、治污、管车、降尘"四个关键环节，加强细颗粒物监测预警和区域联防联控，狠抓重点区域大气污染防治，加强水污染、土壤污染防治工作。加大省城环境污染整治力度，环境质量进一步好转。"9·3阅兵"期间，山西省严格落实停产限产措施，受到国家有关部门表扬。

坚持把节约资源作为根本之策，扎实推进节能降耗，加强煤炭清洁高效利用，加快重点节能项目改造，推进合同能源管理和能效对标。大力淘汰落后、过剩产能，实施燃煤发电机组超低排放提速工程，将原计划改造时限由2020年提前至2017年底。全省万元GDP能耗降幅达5%，主要污染物排放量削减幅度全部完成年度目标。11市城市空气质量优良天数比例70.4%，细颗粒物平均浓度下降12.5%。

坚持"绿水青山就是金山银山"的理念，统筹山水田林湖综合治理，加快推进造林绿化和生态治理修复。继续实施林业"六大工程"，全省营造林420万亩。启动国有林场改革。健全完善生态环境保护修复机制，出台环境污染第三方治理实施方案，加快推进排污者付费、第三方治理的新机制。推进排污权交易，主要污染物排污权有偿取得和交易试行办法即将出台。农村水权等6项改革协同推进。加强水土保持治理，全面推进采空区、沉陷区、水土流失区、煤矸石山的土地复垦和生态修复，启动实施汾河流域生态修复工程。

九、全面加强党的建设

深入开展"三严三实"专题教育，省委常委带头讲党课，深入分管单位和基层开展"三个一"活动，省委常委会就习近平总书记"三严三实"重要论述、党章党规等规定内容开展4次集中学习研讨，牵头对省委30项专项整治任务进行检查验收，省领导带头包联化解群众信访问题。树立"发展必须廉洁、廉洁促进发展"的理念，推动全省各级各部门学习太原市在"城中村"改造中的措施、作风，引导广大干部积极作为、勇于担当、廉洁从政。加强基层党组织建设，深入调研省直机关和农村基层党建工作，强化基层党组织建设，明确提出要充分发挥党支部的战斗堡垒作用。扎实推进"三级联述联评联考"，落实抓基层党建工作责任制。召开了全省农村基层党建工作会议，以"一带三创"为抓手，对农村基层党建工作作出全面部署。努力营造换届选举良好风气，顺利完成农村"两委"换届工作。集中整治5155个软弱涣散基层党组织，通过"五级联动"夯实基层党建责任。统筹抓好机关、企业、高校、非公、社会组织等各领域党建工作，从严从实抓好发展党员工作，做好选派"第一书记"和大学生村官工作。深入开展农村集体"三资"管理专项清理整治和"以群众举报乡村干部腐败为切入点集中解决群众信访诉求问题"专项治理，集中交办群众信访事项25555件，化解率达96%。

（省委办公厅）

附一：

中共山西省第十届委员会组成人员名单
（2015.1.1—2015.12.31）

书　记：王儒林

副书记：李小鹏　楼阳生

常　委：胡苏平（女）　高建民　黄晓薇（女）　吴政隆
张少华（4月离职）　王建明　孙绍骋　王伟中
付建华　盛茂林　冷杰松（4月任职）

委　员：（按姓氏笔画为序）

马天荣　丰立祥（8月双开）　王　亚　王　赋　王安庞
王茂设（6月双开）　王建武　王清宪　牛仁亮　左世忠
石扬令　卢晓中　申联彬　田喜荣　冯改朵(女)　朱晓明
仲　轩（9月离职）　刘传旺　刘向东(11月双开)　孙跃进
李　洪　李仁和　李平社　李东福　李永林　李建功（7月双开）
李栋梁　李晓波　李高山　李悦娥(女)　李海渊　李福明
杨　司　杨增武　吴永平（8月双开）　张　健　张　璞
张九萍(女)　张义平　张文栋（12月递补）　张志川（12月递补）
张建欣(女)　张高宏　张瑞鹏　陈永奇　罗清宇　岳普煜（12月递补）
周明定　赵雁峰（12月递补）　姜新文　贺天才（12月递补）
洪发科（7月，涉嫌严重违纪违法，接受组织调查）　耿彦波　高卫东
郭迎光　郭新民　席小军（12月递补）　董洪运（6月双开）
廉毅敏　潘军峰　薛延忠

候补委员：（按得票多少为序，得票相同的按姓氏笔画为序）

张旭光

附二：

中共山西省第十届纪律检查委员会组成人员名单

(2015.1.1—2015.12.31)

书　记：黄晓薇（女）

副书记：迟耀云（常务副书记）　冯改朵（女）　贾毓杰（12月离职）

辛旭光（12月离职）　郝　权（12月任职）

常　委：荀志坚（3月离职）　孟　萧　李吉山　孙兴武

何　青（8月任职）

委　员：（按姓氏笔画为序）

于若洁　弓　跃　卫建友　卫洪平　马联社

王　琦　王玉成　王帅红　石常明　田国仁

边晋南　邢文奇　成振林　因新中　任建平

刘予强　刘国庆　刘冀民　李书凯　李正印

李兆前　张华龙　张效彪　陈跃钢　林玉平

赵庆华　赵建平　郝耀平　秦文峰　高建国

郭玉福　常高才　崔国红　康建成　陈国荣（11月开除党籍）

重要会议

省委常委会召开会议　传达学习中央纪委五次全会和全国宣传部长会议精神　研究我省贯彻落实意见　1月15日，省委常委会召开会议，传达学习习近平总书记在十八届中央纪委五次全会上的重要讲话和十八届中央纪委五次全会精神，传达学习全国宣传部长会议精神，研究我省贯彻落实意见。省委书记王儒林主持会议。

会议指出，习近平总书记的重要讲话，站在党和国家全局高度，充分肯定了一年来党风廉政建设和反腐败斗争工作取得的明显成效，深刻分析了当前反腐败斗争依然严峻复杂的形势，明确提出了当前和今后一个时期工作的总体要求和主要任务，是我们深入开展党风廉政建设和反腐败斗争的根本指南和基本遵循。王岐山同志所作的工作报告，通篇贯穿了习近平总书记系列重要讲话精神，对我们抓好党风廉政建设和反腐败工作具有很强的针对性和指导性。

会议要求，各级党委(党组)要把学习贯彻习近平总书记重要讲话和十八届中央纪委五次全会精神，作为今年落实主体责任的首要任务，主要领导亲自安排部署，带头学习领会、把握精神实质，明确目标任务、抓好贯彻落实。要强化政治担当，勇敢担负起历史赋予的使命，坚决打赢反腐败斗争这场持久战、攻坚战，切实把以习近平同志为总书记的党中央对山西工作的重要指示要求落到实处。各级党委(党组)要把党风廉政建设和反腐败斗争当作分内之事、应尽之责，真正把责任扛在肩、抓在手。党委(党组)书记作为第一责任人，既要挂帅，又要出征，对重要工作亲自部署，重大问题亲自过问，重要环节亲自协调，重要案件亲自督办。各级纪委要履行好监督责任。要严明党的政治纪律和政治规矩，切实做到习近平总书记强调的“五个必须”和“五个决不允许”，对于落实中央决策部署和省委工作要求不到位甚至不落实的，要严肃追究责任。要始终保持“三个高压态势”，深入实施“六权治本”，努力形成不敢腐、不能腐、不想腐的长效机制。

会议指出，刘云山同志在全国宣传部长会议上的重要讲话，就做好宣传思想工作的一系列重大问题作了全面阐述，提出了明确要求。刘奇葆同志对做好宣传思想工作进行了具体部署。全省各级党委、宣传思想文化战线要认真贯彻落实全国宣传部长会议精神，紧紧围绕中央“四个全面”战略部署和全省工作大局，把握正确舆论导向，加强宣传阐释，营造良好氛围。要持续深入学习贯彻习近平总书记系列重要讲话精神，领会要旨，入脑入心，进一步把全省党员干部的思想和行动统一到习近平总书记系列重要讲话精神上来。要进一步加强党对意识形态工作的领导，各级党委对意识形态工作要负总责，党委“一把手”要承担起第一责任人的责任，做到守土有责、守土尽责、守土负责。要深入推进社会主义核心价值观建设，深化中国梦的宣传教育，大力宣传正面典型，巩固壮大主流思想舆论，为全省改革发展稳定汇集强大正能量。要进一步做好舆论引导工作，在深层次思想问题、热点敏感问题、政治倾向性问题上亮明观点和态度，坚决反对和抵制错误思潮，有力保证马克思主义在意识形态领域的指导地位。要充分发挥好我省文化资源优势，特别要努力发掘弘扬我省优秀法治文化、红色文化、廉政文化，用先进文化引领人、教育人、鼓舞人，为弊革风清、富民强省提供舆论支持和精神动力。

省委常委会召开会议　讨论政府工作报告　听取省“两会”筹备情况汇报　研究部署煤炭管理体制改革、实施“三个一批”、加强县委书记选任工作　1月21日，省委常委会召开会议，讨论《政府工作报告(送审稿)》，听取省“两会”筹备情况汇报，研究部署深化煤炭管理体制改革、实施“三个一批”、加强县委书记选拔任用和监督管理工作。省委书记王儒林主持会议。

会议研究讨论了《政府工作报告(送审稿)》。会议认为，过去一年，我省经济下行压力巨大，面对严峻困难和问题，省政府做了大量工作，成绩来之不易。《政府工作报告(送审稿)》全面总结了去年全省经济社会发展情况，充分肯定了取得的成绩，深入分析了存在的问题，全面部署了今年的工作，明确了加强政府自身建设的措施，体现了中央精神、省委要求，反映了人民群众意愿，具有很强的针对性、可操作性，是一个鼓舞干劲、指导实践、引领发展的比较成熟的报告。要根据讨论意见，进一步修改完善后，提交即将召开的省十二届人大四次会议审议。

会议听取了省"两会"筹备情况的汇报，决定于 2015 年 1 月 27 日 –2 月 1 日在太原召开省十二届人大四次会议和省政协十一届三次会议。会议强调，开好省"两会"是全省政治生活中的一件大事，今年的省"两会"尤其具有特殊的重要意义。要进一步高度重视，努力把省"两会"开成进一步开创"深入学习贯彻习近平总书记系列重要讲话精神，净化政治生态，实现弊革风清，重塑山西形象，促进富民强省"新局面的大会，开成振奋精神、攻坚克难、稳定和谐、风清气正的大会。

会议研究讨论了《关于深化煤炭管理体制改革的意见》。强调指出，深化煤炭管理体制改革是我省全面深化改革的重中之重，是转型综改试验区建设的主要内容，是推进我省改革发展的"牛鼻子"。要通过深化煤炭管理体制改革，深入落实习近平总书记关于能源"四个革命"的要求，深入推进煤炭产业"六型转变"，深入开展煤炭领域反腐败斗争，扎实做好煤炭这篇大文章，真正走出一条"革命兴煤"的新路。要统筹推进改革，区分轻重缓急，分年度、分部门扎实抓好各项任务落实。要加强统一领导、政策指导，狠抓工作落实，及时研究解决重大问题特别是新情况新问题。各有关部门要认真履职、细化方案，协调配合、形成合力，营造良好改革氛围。

会议研究讨论了《关于做好甄别处理一批、调整退出一批和掌握使用一批干部工作的意见》。强调指出，开展"三个一批"工作，全省关注、事关重大，是必须切实办好的大事。各级党委要高度重视，进一步增强责任感和紧迫感，积极稳妥推进"三个一批"工作。要把握关键环节，不搞人人过关、不搞群众运动，通过查档案、查个人有关事项报告、查民意、查业绩、查线索、查案件"六查"，突出抓好"甄别"这个关键。要抓住重点领域、重点部门、重点岗位，以县委书记选拔任用为切入点，坚持试点先行，坚持宽严相济、区别对待，把好"出口"关、"入口"关、"分寸"关。要通过实施"三个一批"，尽最大努力、最大程度防止干部带病提拔，匡正选人用人风气，逐步形成选人用人的长效机制。

会议研究讨论了《关于加强县委书记选拔任用和管理监督工作的意见(试行)》。强调指出，要把选拔任用县委书记作为破解选人用人难题的切入点，切实把县委书记队伍选好用好管好。要坚持新时期好干部标准，认真贯彻落实习近平总书记同中央党校第一期县委书记研修班学员座谈时的重要讲话精神，严格落实《意见(试行)》要求，严格按规矩办事，做到全程民主、全程差额、全程署名、全程留痕、全程监督、全程追责。要切实加强组织领导，在省委常委会统一领导下，省直有关部门、各市齐心协力，共同把县委书记选拔任用和管理监督工作做好。

省委全面深化改革领导小组召开第四次会议 1 月 22 日，省委全面深化改革领导小组召开第四次会议，深入贯彻落实中央全面深化改革领导小组第八次会议精神，贯彻落实省委十届六次全会和全省经济工作会议精神，审议并原则通过了省委全面深化改革领导小组 2015 年工作要点和各专项小组 2015 年工作计划。省委书记、省委全面深化改革领导小组组长王儒林主持会议并讲话。省领导李小鹏、楼阳生、薛延忠、胡苏平、高建民、黄晓薇、王建明、王伟中、盛茂林、李政文、安焕晓、张复明、刘杰、朱先奇出席会议。

会议指出，今年是全面深化改革的关键之年，我省共确定和铺开 113 项改革任务，抓落实的工作艰巨繁重，必须坚持问题导向，牢牢抓住影响和制约改革任务落实的重要方面和关键环节，下大力气做好落实工作。

会议强调，要认真谋划，在提升改革方案质量上抓落实。一要坚持落实中央部署要求这个根本，在主攻方向、重大原则、核心举措等方面与中央部署保持一致，确保改革方向不跑偏、路径不走样、措施不落空、成效不打折。二要立足调查研究这个基础，广泛听取各方面意见，做到精准把脉、精确制导，使改革方案更具针对性、可行性、操作性和实效性。三要抓住突破重点这个关键，从最重要、最急迫、最有效的事情改起，聚焦影响经济社会发展、群众反映强烈、影响政治生态的突出问题，集中力量进行攻关突破。四要把握于法有据这个原则，注重运用法治思维和法治方式推进改革，确保各项改革在法律框架下实施。

会议指出，要科学统筹，在协调改革任务进展上抓落实。一要抓好政策统筹，把中央赋予的改革授权和出台的改革政策与我省发展要求、改革实际结合起来，统筹推进，重点在加快综改试验区建设、煤炭资源配置市场化改革、煤炭运销体制改革、煤炭产业"六型转变"、行政审批制度以及以"三个一批"为主要内容的刷新吏治、用人制度改革等方面取得突破性进展。二要抓好方案统筹，把中央顶层设计与基层实践探索一致起来，把全局与局部结合起来，着力抓好各个方案之间的衔接对接。三要抓好进度统筹，有序推进改革，控好时间节点，该中央统一部署的不抢跑，该尽早推进的不拖宕，该试点的不仓促推开，该深入研究后再推进的不急于求成。四要抓好力量统筹，各级党委(党组)要把全面深化改革摆在全局工作的重要位置，党委(党组)主要负责同志要拿出足够的时间和精力谋划改革工作，班子成员要按照职责分工抓好落实。各级领导小组、专项小组和改革办要突出抓好改革方案的制定，加强组织协调，形成工作合力。

会议指出，要加强指导，在确保改革实际成效上抓落实。要加强对市、县等基层单位的指导，加强对改革任务牵头单位、参与单位等责任部门的指导，加强对重大改革事项和改革试点的指导，既帮助其把握改革方向，又帮助其把关改革方案，更帮助其解决改革推进过程中出现的困难和问题。各责任部门要尽快出台实施方案和配套政策，做到凡事都要有人去管、去盯、去促、去干。要强化督查，落实督办责任制。省委改革办要会同省委、省政府督查室完善督查制度，做到改革推进到哪里，督查问责就跟进到哪里。

会议强调，要坚定信心，在强化改革责任担当上抓落实。各级各部门既要有敢于改革的勇气，又要有善于改革的本领，更要有持续改革的韧劲，以知难而进、埋头苦干的精神和抓铁有痕、踏石留印的毅力，全力落实今年各项改革任务。

会议要求，根据讨论提出的意见建议，对省委全面深化改革领导小组2015年工作要点和各专项小组2015年工作计划进一步修改完善后，按程序报批实施。

参加会议的还有，省委全面深化改革领导小组成员，省委改革办及各专项小组负责同志。

全省农村工作会议召开 1月23日，全省农村工作会议在太原召开。会议深入贯彻习近平总书记系列重要讲话精神，全面落实党的十八大和十八届三中、四中全会以及中央经济工作会议、中央农村工作会议精神，按照省委十届六次全会和全省经济工作会议部署，总结2014年农业农村工作，研究依靠改革创新推进农业现代化的重大举措，部署今年和今后一段时期农业和农村工作。省委副书记、省长李小鹏出席会议并讲话，省委副书记楼阳生主持会议并作总结讲话，省委常委、太原市委书记吴政隆在太原分会场参加会议，省人大常委会副主任田喜荣、副省长郭迎光、省政协副主席朱先奇出席。

会议认为，2014年，面对经济下行压力持续加大等严峻形势，在党中央、国务院的坚强领导下，省委、省政府团结带领全省人民，攻坚克难、奋力拼搏，经济社会发展各项工作稳中有进，改革创新亮点纷呈，人民生活不断改善，特别是粮食产量达到133亿公斤，又有47万贫困人口脱贫，农村"五件实事"和人居环境改善完成年度任务，农村居民人均可支配收入增长10.8%、连续四年高于城镇居民收入增速，全省农业农村继续保持平稳发展的良好势头。

会议强调，农业现代化仍是山西省现代化建设的"短板"，"三农"仍是山西省经济社会发展的薄弱领域，进一步做好"三农"工作意义重大。2015年，各级各部门要坚定信心、主动作为，适应经济发展新常态，稳粮增收、提质增效、创新驱动，牢牢把握"三农"工作主动权，加快构建城乡一体化发展新格局，不断开创"三农"工作新局面。

一要着力转变农业发展方式。守住6000万亩耕地"红线"，确保粮食产量稳定在110亿公斤以上，推进七大产业振兴翻番工程，建设国家现代农业示范区，加快新一轮雁门关生态畜牧经济区建设，继续实施农产品加工龙头企业"513"工程，大力发展生态、观光、休闲农业和森林旅游、林下经济等产业，推行农业生产标准化，减少农业投入品过量使用，发展循环农业模式，加强农业科技创新，推广先进适用技术，加快构建特色现代农业体系。

二要做好兴水增绿两篇文章。坚持珍惜节约水、建好大水网、用足黄河水、修复水生态、确保水安全的总体思路，加快大水网、引黄供水、县域小水网、百座小型水库更新、大中型灌区节水改造等重大水利工程和农田水利建设，力争今年农田实灌面积达到2300万亩。要大力实施林业"六大工程"，启动汾河流域生态修复工程，今年造林400万亩以上，力争5年内实现晋祠泉自然复流。

三要加大农村人居环境改善力度。完善提质、农民安居、环境整治和宜居示范等四大工程，全年完成投资220亿元。大力实施采煤沉陷区治理提速工程，再启动48个县、136个乡镇、440个村、7.5万户、21万人的搬迁安置工作。全面启动农村生活垃圾专项治理。继续办好"五件实事"，实行低收入农户暖心煤现金发放，为农村60岁以上老年人免费体检。创新农村社会治理，扎实推进社会主义新农村建设。

四要推进城乡一体化发展。落实好深化户籍制度改革意见，全面实施居住证制度，加强农民转移就业和农民工工资支付保障工作，推进农业转移人口市民化；扩大公共财政覆盖农村范围，统筹城乡基础设施建设，促进城乡基本公共服务均等化；重视大中城市城乡接合部和县城、小城镇发展，发挥好城镇对农村的带动作用。要扩大县级发展自主权，培育县域支柱产业，推动县域经济持续健康发展。

五要大力推进扶贫开发。实施好百企千村产业扶贫开发工程，确保完成投资240亿元。积极开展金融扶贫、教育扶贫，深入推进易地扶贫搬迁，认真落实精准扶贫机制，打好太行、吕梁两山集中连片特困地区扶贫攻坚战，确保500个贫困村实现整体脱贫、再完成50万贫困人口脱贫任务。

六要不断深化农村改革。深化农村土地制度改革，开展土地承包经营权确权登记颁证工作，引导农村土地经营权有序流转，依法合规、因地制宜发展多种形式的适度规模经营；积极培育专业大户、家庭农场、农民合作社、农业企业等新型农业经营主体，大力发展农业社会化服务体系；探索推进集体产权制度改革，开展集体经营性建设用地入市试点；完善农村金融体系，创新农村金融产品；推进农村水权制度、小型水利设施产权制度和农业综合水价改革，实行万家寨引黄工程市场化改革；深化国有林场和国有林区改革，巩固集体林权制度改革成果，进一步激发农业农村发展活力。

会议要求，全省各级各部门要切实把思想和行动统一到中央和省委、省政府的精神和要求部署上来，深刻认识转方式、调结构是做好新常态下"三农"工作的必然要求，坚持把"围绕小康、紧扣增收、体现全面"作为转方式、调结构的根本着眼点。要把稳定提高粮食综合生产能力作为转方式、调结构的前提条件，保护耕地数量，提升耕地质量，依靠科技提高单产，加快发展农业机械化。要把农业产业化作为转方式、调结构的主攻方向，优化农业区域布局，优化农业生产结构，加快培育新型农业经营主体，促进农村一、二、三产融合发展。要把全面深化农村改革作为转方式、调结构的动力源泉，把强化农业社会化服务作为转方式、调结构的重要保障，积极构建完善科技、人才、市场、金融、政策"五位一体"的社会化服务体制机制。要把转方式、调结构与抓紧抓好扶贫攻坚有机结合起来，强化党政领导责任，深入推进精准扶贫，抓好扶贫改革创新。要把加强领导作为转方式、调结构的组织保证，完善党委统一领导、党政齐抓共管、农村综合部门组织协调、有关部门各负其责的农村工作领导体制和工作机制；加强农村基层组织建设；树立依法治农兴农护农的理念，加强农村法治建设；加强作风建设，深入推进农村党风廉政建设和反腐败斗争，大力弘扬老区精神，坚持不懈纠正"四风"，以奋发有为的精神面貌和昂扬向上的工作干劲谋划推进工作，确保各项工作任务落到实处，为实现弊革风清、富民强省奠定坚实基础。

会议讨论了《省委省政府关于加大改革创新力度 加快农业现代化建设的实施意见(讨论稿)》。7家先进代表作了典型发言。

省政协十一届三次会议隆重开幕 在全省上下深入学习贯彻十八届四中全会和习近平总书记系列重要讲话精神,认真落实中央经济工作会议及省委十届六次全会部署之际,1月27日,省政协十一届三次会议在太原隆重开幕,来自我省社会各界的委员将紧紧围绕全省工作大局,认真履行政治协商、民主监督、参政议政职能,紧扣“六权治本”、“六大发展”、深化改革、法治建设、改善民生等重点,积极建言献策,为净化政治生态、实现弊革风清、重塑山西形象、促进富民强省广泛凝聚智慧力量、作出新的贡献。

27日上午,太原工人文化宫会场内外布置简朴,大会主席台正中悬挂着象征全国各族人民大团结的政协会徽,十面鲜艳的红旗分列两侧。二楼眺台上悬挂着“高举中国特色社会主义旗帜,坚持团结民主两大主题,为开创弊革风清、富民强省新局面汇聚力量”横幅。来自各界别、各行业的政协委员齐聚这里出席盛会。

省委书记、省人大常委会主任王儒林,省委副书记、省长李小鹏到会祝贺并在主席台前排就座。

省政协主席薛延忠,副主席李雁红、卫小春、刘滇生、王宁、朱先奇、李悦娥、张友君,秘书长阎根生,作为省政协十一届三次会议全体会议执行主席,在主席台前排就座。

开幕大会由李雁红主持。本次会议应到委员578人,实到537人,符合法定人数。

上午9时,李雁红宣布大会开幕。会场全体人员起立,唱响雄壮的中华人民共和国国歌。随后,鼓掌通过了本次大会议程。

薛延忠作省政协十一届常委会工作报告。报告分2014年工作回顾、2015年工作部署两个部分。他从四个方面回顾了工作成绩,分别是:加强思想引领,增进政治共识,汇聚团结奋斗的正能量;坚持第一要务,认真履职尽责,积极为山西改革发展献智出力;践行为民宗旨,服务民生改善,致力社会和谐稳定;坚持严字当头,突出作风改进,着力加强自身建设。

薛延忠说,2014年,在中共山西省委的正确领导下,省政协常委会深入学习贯彻中共十八大,十八届三中、四中全会和习近平总书记系列重要讲话精神,认真贯彻落实省委十届六次全会精神和各项决策部署,紧紧围绕全省大局,全面履行政治协商、民主监督、参政议政职能,团结引领政协委员和各参加单位,积极为净化政治生态、加快法治建设、推进改革发展、促进富民强省建言献策、汇聚力量,政协工作取得了新的成绩。

部署新一年工作时,薛延忠指出,2015年,是我省净化政治生态、全面深化改革、推进法治建设、加快全面建成小康社会进程的重要一年。政协工作的总体要求是:深入学习贯彻中共十八大,十八届三中、四中全会和习近平总书记系列重要讲话精神,按照省委十届六次全会的总体部署,紧扣“六权治本”、“六大发展”、深化改革、法治建设、改善民生等重点,积极建言献策,强化民主监督,推进协商民主,为开创净化政治生态、实现弊革风清、重塑山西形象、促进富民强省的新局面广泛凝聚智慧力量、作出新的贡献。

薛延忠强调,今年要重点做好五方面工作,分别为,深入学习贯彻习近平总书记系列重要讲话精神,以讲话精神统领政协工作;坚持中国特色社会主义法治道路,积极致力法治山西建设;倾力服务全省大局,为开创弊革风清、富民强省新局面贡献智慧和力量;创新工作方式、完善履职机制,更好发挥人民政协在发展社会主义协商民主中的重要作用;加强“四种能力”建设,提升政协工作的层次和水平。

刘滇生作了省政协十一届二次会议以来提案工作情况的报告。他说,2014年共征集1022件提案,其中有集体提案195件,委员提案827件,经审查立案864件,作为来信处理158件。各承办单位高度重视政协提案办理,积极采纳提案建议,扎实进行提案办理。截至去年年底,所有立案的提案已全部办复,其中,提案建议被有关单位采纳、已经解决和正在解决的815件。说到2015年省政协提案工作时,他说,要深入贯彻落实中共十八大和十八届三中、四中全会精神,以习近平总书记系列重要讲话为根本指针,按照省委十届六次全会、全省经济工作会议的总体部署,根据省政协常委会工作安排,围绕中心、服务大局,着力提升提案工作质量,完善提案工作机制,推动提案办理协商再上新台阶。提案工作重点有四个方面:紧紧围绕“实现弊革风清,促进富民强省”大局,充分发挥提案工作优势,凝聚更多智慧和力量;积极贯彻落实提案办理协商精神,完善办理协商方式,促进提案成果转化;继续坚持问题导向,加大重点提案督办力度,深入推进提案协商民主进步;加强自身建设,健全提案协商办理机制,提高提案工作科学化水平。

在大会主席台就座的还有省党政军领导楼阳生、胡苏平、高建民、黄晓薇、吴政隆、张少华、王建明、孙绍骋、付建华、盛茂林、冷杰松、李政文、牛仁亮、周然、安焕晓、张茂才、田喜荣、张建欣、郭迎光、王一新、张复明、刘杰、左世忠、杨司、仲轩、刘振所,以及原省级领导郭裕怀、郑社奎、郭良孝、韩儒英、李潭生,省人大秘书长李仁和,省政府秘书长廉毅敏和省政协常委。

省十二届人大四次会议在太原隆重开幕 1月28日上午,省十二届人大四次会议在省城山西大剧院隆重开幕。

8时30分许,代表们拾阶而上,步伐坚定,陆续进入会场。会场内布置简洁,仅悬挂着写有“全面深化改革,推进法治山西建设,为开创弊革风清、富民强省新局面努力奋斗!”的红色条幅。主席台上国徽光彩熠熠,十面红旗分列两侧,烘托出朴素庄严的氛围。

9时,主持第一次全体会议的大会执行主席、主席团常务主席王儒林宣布:省十二届人大四次会议开幕。全体起立,共同唱响雄壮的国歌。

本次会议出席代表506人,符合法定人数。

大会执行主席、主席团常务主席李政文、牛仁亮、周然、安焕晓、张茂才、田喜荣、李仁和在主席台前排就座。

省长李小鹏代表省人民政府向大会作工作报告,回顾总结2014年工作,安排部署2015年重点工作。

李小鹏指出,过去的一年,面对严峻复杂的形势,我们深入学习贯彻党的十八大,十八届三中、四中全会精神和习近平总书记系列重要讲话精神,坚决落实中央各项决策部署特别是对山西工作的重要指示要求,迎难而上,奋力拼搏,各项工作稳中有为、稳中有进,经济结构不断优化,改革创新亮点纷呈,人民生活水平稳步提高,社会保持和谐稳定,在全面建成小康社会的道路上迈出了坚实的步伐。

李小鹏强调,我省经济社会发展还存在不少困难和问题,当前经济运行困难,经济社会发展中长期积累的矛盾仍然突出,政府建设和干部作风与人民群众期盼还有差距。我们要始终保持清醒头脑,不畏艰难、勇于担当,不断克服困难,认真解决问题,推动改革发展,决不辜负全省人民的厚望。

关于2015年的工作安排,李小鹏说,2015年是全面深化改革的关键之年,是全面推进依法治国的启动之年,是全面完成"十二五"规划的收官之年,也是我省全面推进"六大发展"的开局之年。做好2015年政府工作,要深入贯彻党的十八大和十八届三中、四中全会精神,认真落实中央经济工作会议及省委十届六次全会部署,以邓小平理论、"三个代表"重要思想、科学发展观为指导,以习近平总书记系列重要讲话精神为根本指针,主动适应经济发展新常态,坚持稳中求进工作总基调,以提高经济发展质量和效益为中心,把转方式调结构放到更加重要位置,全力推进"六大发展",全面深化改革,扩大开放,突出创新驱动,强化风险防控,保障改善民生,加快推进法治山西建设,促进全省经济平稳健康发展,社会和谐稳定。要在全面做好各项工作的同时,重点抓好十个方面的工作:一是加快改革开放和创新驱动,引深转型综改区建设;二是坚持稳中求进,全力促进经济平稳健康发展;三是大力推动煤炭革命,做好煤炭这篇大文章;四是推动产业结构优化升级,做好非煤这篇大文章;五是切实做好"三农"工作,促进农业稳定发展农民持续增收;六是着力改善城乡人居环境,提高城镇化质量和水平;七是加强文化建设,促进文化繁荣发展;八是全面发展社会事业,切实保障和改善民生;九是加强生态文明建设,持续改善生态环境;十是持之以恒抓好安全生产,促进安全生产形势持续明显好转。

李小鹏还对加强政府建设提出要求。他说,要加快建设职能科学、权责法定、执法严明、公开公正、廉洁高效、守法诚信的法治政府。要依法履行职能,严格依法行政,强化权力监督,坚决惩治腐败,加强作风建设,始终保持奋发有为的精神状态,履职尽责、夙夜在公,不辱历史使命,不负人民重托。

会议还审查了计划报告和预算报告。

在主席台就座的省党政军领导有:薛延忠、楼阳生、胡苏平、高建民、吴政隆、张少华、王建明、孙绍骋、王伟中、付建华、盛茂林、冷杰松、张建欣、郭迎光、王一新、张复明、刘杰、李雁红、卫小春、王宁、朱先奇、李悦娥、张友君,省高级人民法院院长左世忠,省人民检察院检察长杨司,解放军、武警驻晋部队负责人负自博、胡培禹、仲轩,原省级领导申联彬、杜玉林、杨安和、靳善忠、郭海亮、王雅安、郭良孝、李潭生等。

列席本次会议的还有:我省选举的十二届全国人大代表,省有关机构、部门负责人,省人民团体负责人,国家驻晋单位主要负责人,省管事业单位、在并省属国有骨干企业和本科院校主要负责人,政协十一届山西省委员会委员等。

大会还设有旁听席。省城部分农村、企业、乡镇、街道、文教、卫生、政法系统的代表旁听本次会议。

省委常委会召开会议 传达贯彻中央有关会议精神 研究部署我省相关工作 2月7日,省委常委会召开会议,传达学习省部级主要领导干部学习贯彻十八届四中全会精神全面推进依法治国专题研讨班、习近平总书记在云南考察重要讲话以及有关会议精神,研究我省贯彻落实意见。省委书记王儒林主持会议。

会议传达了省部级主要领导干部学习贯彻十八届四中全会精神全面推进依法治国专题研讨班精神。强调指出,习近平总书记在省部级主要领导干部专题研讨班上发表的重要讲话,具有很强的思想性、理论性、针对性和指导性,对于进一步贯彻落实好四中全会精神、全面推进依法治国具有重大现实意义和深远历史意义。要把认真学习贯彻习近平总书记在省部级主要领导干部专题研讨班讲话精神作为重大政治任务,与学习贯彻十八届三中、四中全会精神结合起来,深刻领会总书记重要讲话的精神实质和科学内涵,切实把全省各级领导干部的思想和行动统一到总书记重要讲话上来,统一到党中央关于全面推进依法治国的战略部署上来,把全面依法治国放在"四个全面"的战略布局中来把握,做到思想上有新提升、工作上有新举措,全面加快法治山西建设进程。要突出抓好领导干部这个"关键少数",加强教育培训,牢固树立宪法法律至上、法律面前人人平等、权由法定、权依法使等基本法治观念,牢记法律红线不可逾越、法律底线不可触碰,做尊法学法守法用法的模范。要把加强和改进党的领导贯穿法治建设全过程,党政主要负责人要履行法治建设第一责任人职责,坚持党的领导和加强法治建设有机统一,健全制度和工作机制,加强统筹推进和指导督促,统筹推动法治山西建设各项工作落到实处。要把深入实施"六权治本"作为加快法治山西建设的重大举措,突出问题导向,强化组织领导,搞好统筹协调,抓好试点工作,加快实施步伐,力争取得突破性进展。

会议传达学习了习近平总书记在云南考察时的重要讲话精神。强调指出,习近平总书记对扶贫工作高度重视,多次发表重要讲话、作出重要批示,为我们做好工作指明了方向。各级各部门要把学习习近平总书记云南考察重要讲话精神与学习习近平总书记系列重要讲话特别是关于扶贫开发重要指示结合起来,把习近平总书记重要讲话、重要批示作为做好扶贫工作的基本遵循，进一步把扶贫开发摆上更加重要的位置，增强责任感和紧迫感，加大工作力度，努力让扶贫对象尽快脱贫、过上好日子，确保如期实现全面建成小康社会目标。各级党委、政府特别是贫困县党委、政府要加强组织领导，切实把工作重点和主要精力放在扶贫开发上，按照精准扶贫的要求，统筹实施好产业扶贫、易地扶贫搬迁、劳动力就业培训、教育扶贫、金融扶贫等重点工程，加强干部驻村帮扶工作，完善社会扶贫监管机制和激励机制，形成全社会共同推进扶贫开发的强大合力，坚决打好我省扶贫开发攻坚战。

会议研究了《省委、省政府关于加大改革创新力度加快农业现代化建设的实施意见》。强调指出，促进富民强省，全面建成小康社会，基础在农业，难点在农村，关键在农民。各级各部门要进一步高度重视“三农”工作，坚持“重中之重”“四化同步”的战略要求，全面贯彻落实中央一号文件和我省《实施意见》，在经济发展新常态这一背景下，继续强化农业基础地位、促进农民增收致富，努力走出具有山西特色的农业现代化发展道路。要扎实推进“三农”工作任务的落实，按照稳粮增收、提质增效、创新驱动的总要求，不断挖掘粮食生产潜力，优化农业生产结构，转变农业发展方式，加大城乡统筹力度，努力拓宽农民增收渠道，改善农村人居环境，继续全面深化农村改革，全面加强农村法治建设。特别要加大兴水增水治水力度，下大力气解决缺水这个制约山西发展的重大问题。要切实加强对“三农”工作的领导，对《实施意见》进一步分解细化，加强统筹协调，形成工作合力，努力开创我省“三农”工作新局面。

会议传达了全国统战部长会议精神。要求各级各有关部门认真学习领会中央的决策部署，进一步提升对统战工作重要性的认识。把学习领会中央统战工作会议精神与深入学习习近平总书记关于统一战线的新思想新观点新要求结合起来，高举爱国主义、社会主义旗帜，巩固共同思想政治基础，正确处理一致性和多样性的关系，始终坚持统一战线的正确发展方向，发挥好统一战线法宝作用。统一战线要围绕开创弊革风清、富民强省新局面，积极凝心聚力，既要发挥优势，围绕中心，为省委、省政府分忧；又要敢于担当，破局创新，为经济社会发展出力。突出抓好发展民营经济这个重点，加大支持服务力度，加快推动民营经济发展。各级党委要增强统战意识，适应新的形势任务要求，加强和改进党对统战工作的领导，认真贯彻落实好各项统战政策，高度重视党外干部的选拔任用工作，及时研究重大问题，不断提高工作水平。

会议传达了中央政法工作会议精神。要求政法机关把习近平总书记对政法工作的重要指示作为当前和今后一个时期政法工作的基本遵循，认真学习领会、贯彻落实，高度重视政法工作，进一步增强责任感和使命感，把握好重大问题，提高抓大事、议大事、谋大事的能力，加大工作力度。要扎实推进“三大建设”，以开展“打黑除恶专项斗争推进年”为抓手，完善立体化社会治安防控体系，加强信访工作，推动“六六创安”提质增效，坚决防止发生重大突发事件，全力当好首都“护城河”。加快推进法治山西建设，抓好司法体制改革试点，努力营造办事依法、遇事找法、解决问题用法、化解矛盾靠法的法治环境。加快推进队伍建设，坚持从严治警，严惩司法腐败，严格明确责任、落实责任，努力建设一支忠于党、忠于国家、忠于人民、忠于法律的政法队伍。各级党委要进一步加强和改进对政法工作的领导，切实担负起维护一方稳定的政治责任，防范各类风险，确保社会稳定。积极研究解决影响政法工作的重大问题，扎实推进各项改革，积极为政法机关依法履责创造良好环境。

会议传达了第二十三次全国高校党建工作会议精神。要求充分认识加强高校党建工作的重要性，认真贯彻落实习近平总书记关于加强高校党建工作的重要指示和全国高校党建工作会议精神，增强阵地意识，结合正在开展的学习讨论落实活动，加强教育引导，采取有效措施，确保高校党建工作各项任务落到实处。要扎实推进高校党建各项重点工作，坚持社会主义办学方向，切实把社会主义核心价值观和山西的红色文化、法治文化、廉政文化等优秀历史文化融入教书育人过程。坚持和完善普通高等学校党委领导下的校长负责制，加强领导班子建设，推进依法治理。狠抓高校基层党组织建设，充分发挥党组织的作用和学生党员的模范作用。加强改革创新，进一步提升高校服务经济社会发展的能力。各级党委要切实加强对高校党建工作的领导，督促落实好“两个责任”，严格执行党的政治纪律、组织纪律和廉政纪律，大力实施“六权治本”，不断提升高校党建工作水平。

会议研究了《山西省委巡视组组长库管理暂行办法》。强调指出，建立巡视组组长库，是中央对纪检监察体制的重大改革，是对省一级党委的硬性要求，也是我们改进提升巡视工作的现实需要。省委巡视组长很容易成为“公关”对象，被人情、利益“围猎”，巡视工作很容易出现熟人监督熟人、形成利益联结的现象，巡视工作要发现问题、形成震慑，最大限度地发挥作用，必须解决好这个问题。要加快建立巡视组组长库，今后开展巡视工作要从组长库中抽取确定组长，根据任务授权，打破巡视组长的“铁帽子”。要加强对组长库的动态管理，严明纪律，严格考核履职情况，及时做好补充调整工作。巡视组长作为落实巡视监督责任的第一责任人，必须严守政治纪律、政治规矩，进一步强化对党负责的政治意识、发现问题的责任意识、敢于提出问题的党性意识，对党忠诚，勇于担当，切实做到守土有责、守土尽责，努力开创我省巡视工作新局面。

会议审定了《中共山西省委常委会 2015 年工作要点》；审议了省纪委十届五次全会工作报告和会议筹备方案，确定近日召开省纪委十届五次全会。

省纪委十届五次全会召开 2 月 10 日上午，省委书记王儒林在中国共产党山西省第十届纪律检查委员会第五次全体会议上发表重要讲话。他强调，要把习近平总书记重要讲话精神作为深入推进党风廉政建设和反腐败斗争的根本指针和基本遵循，清醒认识当前我省反腐败斗争的严峻复杂形势，坚持党要管党、从严治党，严明政治纪律和政治规矩，保持反腐败高压态势不放松，坚决落实“两个责任”，强化责任追究，突出"六权治本"，坚定不移将反腐败斗争进行到底。省委副书记、省长李小鹏，省委副书记楼阳生，省政协主席薛延忠，省委常委胡苏平、高建民、吴政隆、王建明、孙绍骋、王伟中、付建华、盛茂林出席会议。省委常委、省纪委书记黄晓薇主持会议。

王儒林指出，习近平总书记在中央纪委五次全会上的讲话，对于全党上下坚持全面从严治党、深入推进党风廉政建设和反腐败斗争具有十分重要的指导意义。要通过深入学习，切实把思想和行动统一到中央对反腐败斗争形势的分析判断上来，统一到中央对党风廉政建设和反腐败工作的总体部署上来，统一到中央对山西工作的重要指示要求上来，增强政治意识、责任意识、忧患意识，坚持零容忍的态度不变、猛药去疴的决心不减、刮骨疗毒的勇气不泄、严厉惩处的尺度不松，坚决把中央决策部署落到实处，推动山西全面加强党的建设和经济社会发展不断取得新成效。

王儒林强调，要清醒认识当前我省反腐败斗争的严峻复杂形势，坚定深入推进党风廉政建设和反腐败斗争的信心和决心。我们要正视，山西发生了系统性、塌方式严重腐败问题，我省成为腐败案件集中爆发的"重灾区"。我省系统性、塌方式严重腐败问题至少有四个方面的集中表现：一是腐败人员量大面广，涉及省市县乡村各级干部；二是腐败问题在众多领域发生，特别是煤炭、交通、国土系统和工程建设等重点领域问题尤为突出；三是权钱、权权、权色交易，腐败现象渗透到权力运行各个方面；四是区域性、集团型、家族式"共腐"特征突出。这些情况充分表明，山西的腐败问题十分严重、令人震惊，党中央对山西腐败问题的定性是完全正确的。我们要看到，在党中央的高度重视和坚强领导下，党风廉政建设已经开始取得明显成效，我省反腐败高压态势正在逐步形成。全省领导干部大会以来，新的省委领导班子坚决贯彻落实中央对山西工作的重要指示要求，以零容忍的态度严惩腐败分子，严肃查处"四风"隐形变异问题，立行立改加强巡视监督，坚决落实"两个责任"，狠抓从严治吏，实施"六权治本"，努力把权力关进制度的笼子里。我们必须清醒认识到，我省反腐败斗争形势依然严峻复杂，减少腐败存量、遏制腐败增量的任务十分繁重。时至今日，在反腐败斗争高压态势之下，有些人依然不收敛、不收手，不敢腐、不能腐、不想腐的机制还远未形成，即使是在不敢腐上也未取得压倒性胜利。我们要坚定信心，保持政治定力，全省各级领导干部对山西系统性、塌方式严重腐败问题和反腐败斗争的严峻复杂形势都要始终保持清醒的认识，对重大政治问题要旗帜鲜明、立场坚定。有以习近平同志为总书记的党中央的坚强领导，有全党上下齐心协力，有人民群众鼎力支持，我们一定能够打赢党风廉政建设和反腐败斗争这场攻坚战、持久战。

王儒林强调，要坚持党要管党、从严治党，把守纪律讲规矩摆在更加重要的位置。要认真学习《党章》，强化纪律意识和规矩意识，自觉做政治上的"明白人"。要坚持"五个必须"，强化政治纪律和政治规矩，在思想上政治上行动上与以习近平同志为总书记的党中央保持高度一致，坚决贯彻中央和省委的决策部署，坚决与"7个有之"作斗争。要严格执行民主集中制，强化组织纪律，严格执行请示报告等制度，任何时候、任何情况下都要相信组织、依靠组织、服从组织，决不允许搞非组织活动，决不允许搞团团伙伙、结党营私、拉帮结派，自觉维护党的团结统一。要守住做人从政底线，强化廉政纪律，从发生在身边的"小问题"入手，重视解决领导干部收受红包礼金等问题。

王儒林强调，要保持反腐败高压态势不放松，坚决遏制腐败现象蔓延势头。一要进一步加大查办案件力度，坚持重拳出击，坚持"老虎、苍蝇一起打"，严厉整治官商勾结、利益输送的问题，严肃查处强取豪夺、搞"家天下"的腐败窝案串案，认真解决设租寻租、以权谋私的问题，对基层违纪违法、"小官大贪"、侵犯群众权益的问题严肃查处，大力整治发生在群众身边的不正之风，加强非法集资的监管监督和案件查办工作。二要持之以恒狠刹"四风"，继续开展群众路线教育实践活动整改情况"回头看"，紧盯"四风"隐形、变异问题，坚决防止反弹回潮。三要充分发挥巡视工作"利剑"作用，拓展巡视内容，创新巡视方式，加强巡视力量，增加巡视频次，紧盯重点人、重点事、重点问题，深入开展专项巡视，实现巡视工作"新常态"。四要切实加强警示教育，以案为鉴、严明党纪，加强法治文化、廉政文化、红色文化建设，深入践行社会主义核心价值观，涵养廉洁政治之源。

王儒林指出，要增强法治意识、突出"六权治本"，全力推进反腐倡廉制度建设。认真学习贯彻习近平总书记在省部级主要领导干部专题研讨班上的重要讲话精神，以实施"六权治本"为抓手，着力加强对权力的监督制约，力争今年取得实质性进展。以推进依规治党为方向，突出选人用人监督制度、纪律检查制度、巡视工作制度建设，着力健全省级党内监督制度。要以抓好"三个一批"为基础，坚持实事求是，把握关键环节，做到宽严相济，着力形成全省干部工作处理惩治、调整退出、选拔使用"三个长效机制"。要以深化国企改革为契机，围绕防止国有资产流失、规范权力运行、强化激励机制加强制度建设，着力完善国有企业监管制度。

王儒林强调，要落实"两个责任"、强化责任追究，坚定不移地将反腐败斗争进行到底。一是各级党委（党组）要进一步强化责任意识，紧紧抓住主体责任这个"牛鼻子"，把党风廉政建设当作分内之事、应尽之责，不折不扣贯彻落实省委制定出台的"两个责任"的意见。二是各级党委要严肃责任追究，实施约谈制度，制定严格的问责程序，实行"一案双查"，对不担责不作为，抓不住"牛鼻子"的领导干部要坚决"打板子"。三是各级纪委要强化监督执纪问责，加快转职能、转方式、转作风，聚焦监督主业，突出监督主责，强化上级纪委对下级党委和纪委的监督，加强派驻机构建设，坚决防止"灯下黑"，打造一支作风过硬的"执纪铁军"。四是各级领导干部要以上率下，做"学讲话、学作风"的楷模。省委常委要带头学习贯彻习近平总书记系列重要讲话精神，首先做到"崇尚实干、勇于担当、廉洁自律"。要强素质，把学习贯彻习近平总书记系列重要讲话作为首要政治任务，做到知行合一，提高素质，推动工作。要有定力，坚持狠抓反腐败斗争不动摇，坚持狠刹“四风”不动摇，坚持全面深化改革不动摇，坚持抓转型促发展不动摇。要敢担当，能尽责、敢担责、不失责，始终保持良好的精神状态和工作状态。要作表率，绷紧廉洁之弦，关紧自律之阀，拧紧“总开关”，深刻汲取前车之鉴，为广大党员干部树标杆、做榜样。

黄晓薇在主持会议时指出，王儒林同志的重要讲话，站在事关山西长远和全局的高度，深刻分析了我省反腐败斗争的形势，明确提出了当前和今后一个时期党风廉政建设和反腐败工作的目标任务。讲话高屋建瓴、振聋发聩，以案明纪、激浊扬清，充分体现了省委治晋为民的政治担当，革弊立新的坚强决心，惩腐除恶的顽强意志，为坚定不移、坚持不懈地推进全省党风廉政建设和反腐败斗争明确了方向。全省各级党组织和纪检监察机关要迅速组织传达学习贯彻，学深悟透，融会贯通，切实增强推进党风廉政建设和反腐败斗争的自觉性和坚定性。要切实担负起党风廉政建设主体责任和监督责任，严明政治纪律和政治规矩，确保党中央和省委政令畅通；强化监督执纪问责，持之以恒纠正“四风”，不断巩固作风建设成效；保持惩治腐败高压态势，坚决遏制腐败蔓延势头；改革纪检体制，强化党内监督，为抓好“三个一批”、实施“六权治本”、推进“六大发展”提供坚强保证。

中国共产党山西省第十届纪律检查委员会第五次全体会议于2月10日在太原举行。山西省纪律检查委员会常务委员会主持了会议。黄晓薇代表省纪委常委会作了题为《坚定不移推进党风廉政建设和反腐败斗争，为净化政治生态、实现弊革风清提供坚强保证》的工作报告。

省人大、省政府、省政协负责同志，省法院院长，省检察院检察长出席会议。省纪委委员，省直有关单位主要负责同志，驻并本科院校、省管国有骨干企业主要负责同志，各市市委书记、市长参加会议。会议以电视电话会议形式举行，不是省纪委委员的省纪委派出纪工委书记、派驻纪检组组长、省直各部门内设纪检组组长、省直属事业单位纪检组长在省分会场，各市、各县（市、区）党委、人大、政府、政协班子成员，法院院长、检察院检察长等负责同志在本地分会场参加会议。

省委召开议军会议 2月27日，省委召开议军会议，认真学习贯彻党中央、中央军委重大决策部署和习近平主席重大战略思想，传达中央军委、北京军区党委扩大会议精神，总结部署我省国防动员和后备力量建设情况，对省军区提交会议审议的议题进行讨论审议。省委书记王儒林主持会议并讲话。省长李小鹏讲话。省党政军领导楼阳生、冷杰松、张少华、高建民、王伟中、付建华、张复明、刘杰、负自博、喻军、吴国志、徐建勇、谢新宁及省直有关部门负责人出席。

会议充分肯定了省军区工作。会议指出，2014年，省军区党委在北京军区党委和省委坚强领导下，团结带领广大官兵，紧紧围绕强军目标，高举旗帜筑军魂，聚焦核心强能力，持续用力改作风，全面建设整体跃升、势头很好。各驻晋部队和全省民兵预备役人员全力支援地方建设，在应急维稳、抢险救灾、双拥共建等方面发挥了积极作用，巩固了军政军民团结的良好局面。

王儒林强调，一要把握正确方向，始终把习近平主席重大战略思想作为国防动员和后备力量建设的根本遵循。坚持用习主席的战略思想、战略布局和决策指示凝聚共识、指导工作，深刻理解对国家安全和发展形势的战略判断，深刻理解党在新形势下强军目标的重要思想，深刻理解富国和强军相统一的战略思想，共同促进军地双方各项事业不断取得新成绩。二要聚焦使命任务，大力提升国防动员和后备力量建设实战化水平。牢固树立战斗力这个唯一的根本的标准，精心设计组织国防动员综合演练，大力提高实战化训练水平，着力解决重难点问题谋求创新发展，扎实抓好征兵工作，大力提升国防教育的质量效益，不断增强平时服务、急时应急、战时应战能力。三要强化责任担当，确保国防动员和后备力量建设各项要求落到实处。进一步强化党管武装统领作用，加紧修订完善有关制度，把党管武装工作更好地落到实处。进一步强化军队思想政治建设，彻底肃清徐才厚案件毒害影响，确保官兵特别是领导干部自觉坚定政治信念、站稳政治立场、严守政治纪律和政治规矩。进一步强化作风建设，着力推动作风建设进入新常态。进一步深化军民融合式发展，逐步构建具有时代特色、山西特点的军民融合深度发展格局。地方各级各部门要一如既往地关心和支持国防和军队建设，进一步为部队办实事，地方党政主要领导要当好“第一责任人”，突出管方向、抓大事，管决策、谋发展，管协调、办实事，在人力、物力、财力和法规制度上提供有力保障。

李小鹏在讲话中说，2015年，要进一步贯彻落实党的十八大和十八届三中、四中全会精神，深入学习贯彻习近平总书记系列重要讲话精神，认真贯彻落实中央军委和北京军区党委扩大会议精神，按照“四个全面”战略布局，攻坚克难，扎实工作，努力完成好国防动员和后备力量建设各项目标任务。要深入学习贯彻习近平总书记在省部级主要领导干部专题研讨班开班式上的重要讲话精神，狠抓依法治军、从严治军，不断提高国防动员和后备力量正规化建设水平；要以党在新形势下的强军目标为指南，结合纪念抗日战争胜利70周年，狠抓战备训练，着力提高部队的实战化能力和水平；要坚持既发挥国家主导作用又发挥市场作用的原则，落实经济与军事兼容、平时与战时衔接、军需与民用一体的要求，加快形成全要素、多领域、高效益的军民融合深度发展格局；要大力弘扬拥军优属、拥政爱民优良传统，合力推动我省经济建设和国防建设不断取得新成绩。

会上，省军区司令员冷杰松传达了中央军委、北京军区党委扩大会议精神。省委常委、省军区政委张少华汇报了2014年我省国防动员和后备力量建设工作情况以及2015年主要工作任务，并就提交会议审议的议题提出了意见建议。对如何抓好今年的工作，他要求军地各级要深入学习贯彻习主席系列重要讲话精神，大力加强思想政治建设；要牢牢把握能打仗、打胜仗的核心要求，不断提高部队实战化能力和水平；聚焦强军目标现实需求，不断提升国防动员综合保障水平；要拓展深化军民融合深度发展，大力提升国防后备力量建设质量。

省委常委会召开会议 传达学习中央巡视工作动员部署会暨省区市和部分中央单位巡视工作座谈会精神 研究部署我省贯彻落实意见 3月1日，省委常委会召开会议，传达学习2015年中央巡视工作动员部署会暨省区市和部分中央单位巡视工作座谈会精神，研究部署我省贯彻落实意见。省委书记王儒林主持会议。

会议指出，近几个月来，省委坚决贯彻中央决策部署，全面加强和改进巡视工作，取得了明显成效，成绩来之不易。要认真贯彻落实中央巡视工作动员部署会暨省区市和部分中央单位巡视工作座谈会精神，把深入学习习近平总书记和王岐山同志重要讲话精神，与学习贯彻习近平总书记系列重要讲话精神和党中央对山西工作的重要指示要求结合起来，与学习贯彻十八届中央纪委五次全会精神和省纪委五次全会的安排部署结合起来，学深悟透，融会贯通，切实增强政治意识、忧患意识和责任意识，进一步提升对巡视工作重要性和规律性的认识，聚焦“一个中心”，围绕“四个着力”，坚决推动中央决策部署在山西落地生根。

会议强调，要进一步加大巡视工作力度，切实做到利剑高悬、震慑常在。把对政治纪律、政治规矩执行情况和主体责任、监督责任落实情况及“四风”问题的监督检查摆在突出位置，紧盯重点人、重点事、重点问题，扎实开展巡视工作，在七八月前实现巡视工作市县全覆盖。加强对省直部门和省属企事业单位的专项巡视，特别要加强对国有企业的巡视监督，强化震慑作用，步入巡视工作的“新常态”。

会议强调，要创新巡视工作机制，努力形成巡视工作新格局。认真借鉴中央巡视工作的做法和经验，把参加巡视作为培养锻炼干部的一种好方法，选派一些后备干部参加巡视工作。进一步完善巡视机构与省纪委、省委组织部的协作机制，建立健全与政法机关、审计部门等的工作协调机制，推动各市市委建立健全巡视工作上下联络机制，形成全省巡视“一盘棋”。

会议要求，要发挥巡视治本作用，不断提升巡视成果运用科学化水平。对最近一轮巡视发现的问题线索要分类处置，省纪委、省委组织部对移交的问题线索要认真核实处理，对仍然不收敛不收手、顶风作案的要从快从重查处。要紧紧抓住主体责任这个“牛鼻子”，把责任压给被巡视党组织，限期整改落实，对整改不力的要坚决“打板子”，督促各级党委（党组）、纪委（纪检组）切实把“两个责任”记在心上、扛在肩上、落到实处。要针对巡视发现的普遍性问题，通过“一案双查”、追究问责等举措，倒逼体制机制改革，实施“六权治本”，推动全面从严治党、深入开展反腐败斗争不断取得新成效。

省委常委会召开会议 传达全国精神文明建设工作表彰暨学雷锋志愿服务大会精神 研究我省贯彻落实意见

3月20日，省委常委会召开会议，传达全国精神文明建设工作表彰暨学雷锋志愿服务大会精神特别是习近平总书记和刘云山同志重要讲话精神，研究我省贯彻落实意见。省委书记王儒林主持会议。

会议指出，党的十八大以来，以习近平同志为总书记的党中央高度重视精神文明建设，特别是去年以来，党中央把精神文明建设放在协调推进“四个全面”战略布局的重要位置，不断加大工作力度，推动精神文明建设取得新成效。习近平总书记在会见代表时发表的重要讲话，充分体现了对精神文明建设的高度重视，是对全党全社会推进精神文明建设的有力动员，是我们做好工作的重要遵循。

会议指出，全省各级各部门各单位要认真贯彻落实这次会议精神特别是习近平总书记和刘云山同志重要讲话精神，结合我省实际，进一步加强精神文明建设。一要以习近平总书记重要讲话精神为指引进一步筑牢理想信念。要把学习贯彻习近平总书记系列重要讲话精神与学习党中央的优良作风结合起来，深刻领会其丰富内涵和实质。要深入开展中国特色社会主义宣传教育，特别要深入开展“人民有信仰、民族有希望、国家有力量”的宣传教育，使党员干部进一步坚定理想信念、拧紧“总开关”、增强“三个自信”，为开创我省弊革风清、富民强省新局面凝聚强大精神力量。二要紧紧围绕“四个全面”战略布局推进精神文明建设。精神文明建设要围绕中心、服务大局，多做凝聚共识、鼓舞士气的工作。要大力弘扬改革创新的时代精神，不断改进工作形式、方法和手段，增强工作效果。要善于运用法治思维、法治方式推动精神文明建设，聚焦群众反映强烈的突出问题，深入开展专项整治，解决道德领域的突出问题。要贯彻落实习近平总书记和王岐山书记的要求，大力弘扬我省优秀廉政文化、法治文化、红色文化，强化精神文明建设的治本作用。三要牢牢抓住培育和践行社会主义核心价值观这一根本任务，继续在落细落小落实上下功夫。要广泛开展“讲文明树新风”活动，大力传承培育实践优良家风、校训、企业精神和乡贤文化，继续深化“德润三晋、共筑梦想”主题实践活动，推动学雷锋活动在基层深入开展，推广党员进社区志愿服务，扎实开展群众性精神文明创建活动，使社会主义核心价值观在三晋大地落地生根。四要切实加强对精神文明建设的组织领导。各级党委要坚持“两手抓、两手都要硬”，把精神文明建设要求体现到经济建设、政治建设、文化建设、社会建设、生态文明建设和党的建设各领域。党政主要负责同志要带头履行职责，加强对精神文明建设工作的指导，帮助解决实际困难和问题。各级文明办要加强统筹协调，抓好组织实施，推动督促落实。领导小组各成员单位要细化任务、落实责任，密切配合、协力推进，努力开创精神文明建设的新局面。

省委召开党建工作领导小组会议 3月20日，省委召开党建工作领导小组会议。省委书记、省委党建工作领导小组组长王儒林主持会议并讲话，省委党建工作领导小组副组长楼阳生、胡苏平、黄晓薇、王伟中、盛茂林参加会议并发言。

会议听取了2014年全省党建工作情况汇报，讨论了《中共山西省委党建工作领导小组2015年工作要点》，领导小组各位副组长发表了意见。会议指出，2014 年 9 月以来，新的省委领导班子不断加强党的建设，坚持全面从严治党、从严治吏，取得比较明显的成效。但是，也要清醒看到，面对推进"四个全面"建设的新形势、新任务，我省党的建设距离中央要求、距离群众期待还有不小差距。有的党委（党组）对"两个责任"重视不够、落实不力，存在不敢抓、不会抓的问题；反腐败斗争形势依然严峻复杂，减少腐败存量、遏制腐败增量任务艰巨繁重；"四风"问题树倒根存、土壤仍在，隐型变异、顶风违纪行为时有发生；一些干部为官不为、懒政怠政问题突出；农村"两委"换届虽然基本顺利完成，但基层党建仍是薄弱环节，基层组织建设投入保障不足，基层党组织作用发挥不够，等等。

王儒林在讲话中指出，在今年全国"两会"上，王岐山书记在参加山西代表团审议时提出，山西要在全面从严治党、严格执行党纪党规方面"先走一步"，这是以习近平同志为总书记的党中央对山西工作新的指示要求，是对我们的信任和鞭策，我们要认真贯彻落实。全省各级党组织要认真学习贯彻习近平总书记系列重要讲话精神，协调推进"四个全面"建设。当前，最重要的就是要深入学习贯彻习近平总书记关于"四个全面"战略布局的重要论述，进一步武装头脑、指导实践。要深刻认识到，"四个全面"战略布局是我们党总结我国改革开放历史经验，深入分析我国处于重要战略机遇期、发展进入新阶段而提出的，对于实现中华民族伟大复兴中国梦具有重大而深远的意义；"四个全面"战略布局，是一个有机联系的整体，缺一不可；推进"四个全面"，关键是全面从严治党，必须加强党的集中统一领导，坚决与以习近平同志为总书记的党中央保持高度一致；山西克服经济、政治、生态、民生等"立体型困扰"，必须协调推进"四个全面"，谋小康之业、扬改革之帆、行法治之道、筑执政之基，不断开创弊革风清、富民强省新局面。

王儒林强调，全省上下特别是党员领导干部要贯彻落实中央对山西工作的新的指示要求，把精神提起来、作风正起来、干劲鼓起来，把"先走一步"贯彻落实到我省全面从严治党的实践中。要把"学讲话、学作风"作为一项重大政治任务长期坚持下去，好的作风不仅是抓出来的，更是带出来的，要把以上率下作为基本工作方法，坚持领导带头，自觉向中央领导看齐，一级学一级、一级带一级、一级抓一级。要严格执行党的纪律和规矩，严肃党内政治生活，认真执行民主集中制，坚决反对和抵制"七个有之"。要坚决落实"两个责任"，持续保持严厉惩治腐败的高压态势，坚持无禁区、全覆盖、零容忍，利剑高悬、震慑常在，减少腐败存量、遏制腐败增量。要继续保持狠刹"四风"的高压态势，严格落实中央八项规定精神，坚决防止"四风"反弹回潮。要坚持从严治吏，匡正选人用人风气，坚持先立规矩后办事，形成一整套科学规范、切实管用的干部选拔任用制度体系，逐步在全省形成干部的处理惩治、调整退出、选拔使用"三个长效机制"。要坚持标本兼治，加强对权力的监督和制约，认真总结"六权治本"试点经验并进行专题部署和推进，积极探索、努力形成"不能腐"的长效机制。要全面加强基层党组织建设，全面落实基层党建工作责任制，加强"薄弱村""城中村""信访村"带头人队伍建设，关心爱护基层干部。要坚持思想建党，认真总结"学习讨论落实活动"的工作和成果，认真挖掘和弘扬山西优秀的廉政文化、法治文化和红色文化，筑牢全面从严治党的思想根基。要健全保障机制，在对干部严格要求的同时，探索建立正常的干部晋升、保障待遇等机制，更多关心干部，调动干部的积极性。

王儒林指出，要进一步强化对党建工作的领导，严格落实管党治党主体责任。全省各级党委（党组）要把党建工作作为主业，把抓好党建作为最大的政绩。一是摆上重要位置。各级党委（党组）要把党建工作摆上突出位置，全力抓好每条战线、每个领域、每个环节的党建工作，坚决防止"一手硬一手软"的问题。二是明确领导责任。主要领导要亲自抓、具体抓、深入抓，党组成员、成员单位都要把各领域党建工作责任扛在肩上，党建工作领导小组要切实发挥组织协调作用。三是严格标准。切实加强对干部特别是党员领导干部的监督管理，在思想、组织、作风、纪律、制度等建设方面，都体现"严"要求，彻底改变对干部失之于宽、失之于软的现象。四是狠抓落实。要进一步改进作风，抓党建不是口号，不能搞花架子、花拳绣腿，不能搞形式主义、做样子，更不能欺上瞒下、弄虚作假。五是问责到位。结合山西实际，落实中央突出问责的要求，对党不管党、有令不行、有禁不止，作风上我行我素的，要动真格，坚决问责，查处几个典型。各级领导干部、党建领导小组成员单位要带头，对党建工作真抓实抓，为协调推进"四个全面"提供坚强保证。

省委对部分新任职的省管领导干部进行任前集体谈话 3 月 23 日，省委对吕梁市、省交通运输厅新任职的省管领导干部进行任前集体谈话。省委书记王儒林强调，新选任的领导干部要政治坚定、清正廉洁、崇尚实干、敢于担当、依法用权，为全省干部作表率，以一流的业绩回报党和人民的信任与重托。省委副书记楼阳生主持会议。省委常委、省纪委书记黄晓薇进行廉政谈话。省委常委、统战部长孙绍骋，省委常委、秘书长王伟中参加。省委常委、组织部长盛茂林宣读省委、省政府任命文件。新任职干部代表张广勇、郝继平、曹居月作了表态发言。

王儒林指出，对吕梁市、省交通运输厅两个班子干部的调整是新的省委常委班子第一次提拔调整使用干部，在全省具有重要的示范性、导向性，全社会高度关注，广大干部群众寄予厚望，省委高度重视，下了大功夫。工作中体现了六个特点：一是先立规矩后选人。在充分调查研究的基础上，形成 3 个指导性、操作性比较强的文件，为选拔工作提供了重要遵循。二是认真实施"三个一批"。扎实开展"六查"工作，坚持在甄别中选拔、在选拔中甄别。三是尽最大努力防止"带病提拔"。严格执行有关规定，在选任过程中采取了许多针对性、操作性强的改革措施。四是全面从严从细考察。在选任过程中，坚持面要进一步拓宽、领域要进一步拓展、情况要进一步深入，最大限度地把好干部选出来。五是树立了鲜明的用人导向。坚信山西大多数干部是好的，下功夫从本地本部门选用优秀干部。六是初步实现了风清气正。严格执行有关纪律要求，以"零容忍"态度对待违反组织人事纪律的行为，到目前为止没有发现一个跑官要官和说情打招呼的。

王儒林强调，新选任的干部要严格要求自己，为全省干部作表率。一是政治坚定。要对党绝对忠诚，在任何时候任何情况下，都必须在思想上、政治上、行动上与以习近平同志为总书记的党中央保持高度一致，始终把严守党的政治纪律和政治规矩放在首位，坚决与"七个有之"作斗争。二是清正廉洁。做人一身正气，为官一尘不染，时刻拧紧总开关，切实做到慎独、慎初、慎微，管好自己，管好亲属，管好身边人，过得了金钱关、美女关、朋友关、权力关、利益关，坚决守住清正廉洁这条做人为官的底线、红线和高压线。三是崇尚实干。要夙夜在公，奋力拼搏，要踏石留印、抓铁有痕，要树立正确的政绩观，坚持一切从实际出发，求真务实、实事求是、真抓实干。四是敢于担当。要带头破解难题，敢于直面问题，善于解决问题，遇"事"不躲，遇"难"不惧，有"责"不推，守土有责、守土负责、守土尽责；要发扬民主，注意搞好团结协调，努力形成干事创业的合力。五是依法用权。要牢记法律红线不可逾越，善于用法治方式推进工作，善于在法律的约束下履职用权，严格按照法定职责、法定权限、法定程序履行职责，自觉接受监督，习惯于在监督下工作。

王儒林要求新选任的干部，要努力工作，以一流的工作业绩回报党和人民。一要把抓党建作为最大政绩。进一步强化管党治党意识，认真落实管党治党主体责任，努力在严格执行党纪党规，全面从严治党上"先走一步"。二要坚持把发展作为第一要务。主动适应经济发展新常态，引领新常态，努力挖掘增长潜力，全力应对经济下行压力，着力推进"六大发展"。三要着力推进"六权治本"。结合实际情况，积极探索创新，为全省推进"六权治本"形成可复制、可推广的模式和经验。四要把改善民生作为工作的出发点和落脚点。要下功夫做好改善民生的工作，努力为群众办好事办实事。

王儒林强调，把干部选出来、用起来，只是建设高楼大厦打了个基础，要把更大的力气下在干部的日常教育监督管理上，最大限度地预防"提拔后生病"，真正管到实处。有关部门要认真总结这次干部选任工作的经验和不足，为下一步工作提供有益借鉴，尽快把空缺岗位的干部选好用好。

省委全面深化改革领导小组召开第五次会议

3月23日，省委全面深化改革领导小组召开第五次会议，深入贯彻落实中央全面深化改革领导小组第九次、第十次会议精神，听取"六权治本"试点工作进展情况汇报，审议讨论《省属国有企业负责人薪酬制度改革方案》，研究部署下一步全省改革工作。省委书记王儒林主持会议并讲话。省委副书记、省长李小鹏，省委副书记楼阳生，省政协主席薛延忠和省领导胡苏平、高建民、黄晓薇、王建明、王伟中、盛茂林、安焕晓、刘杰、朱先奇、左世忠出席会议。

会议强调，实施"六权治本"是省委贯彻落实习近平总书记提出的"反腐倡廉的核心是制约和监督权力"、"把权力关进制度的笼子里"的指示要求，贯彻落实中央对山西工作重要指示精神，推动从严治党、从严治吏成为新常态的一项基本方略。吕梁市、孝义市、省交通运输厅作为试点单位，认真落实省委、省政府的决策部署，高度重视、精心组织，结合实际做了大量很重要、很有价值的工作，值得充分肯定。下一步，试点单位要准确把握"六权治本"的方向性、政策性、针对性、操作性、可行性和科学性，进一步探索创新，更加积极、稳妥、科学、有效地开展工作，既加强制度建设，又抓好制度执行。

会议指出，深化国有企业负责人薪酬制度改革，对引深我省国企改革具有特殊重要意义。要按照中央要求，从实际出发，建立省属国有企业负责人薪酬制度，规范企业收入分配秩序，促进企业持续健康发展。会议原则同意《省属国有企业负责人薪酬制度改革方案》，要求按程序上报。

会议强调，今年是全面深化改革的关键之年，各级各部门要进一步解放思想、大胆实践、攻坚克难，持续深化重点领域和关键环节改革，以此带动其他领域改革。一要统筹推进，在加快法治山西建设上下功夫。我省出台的加快推进法治山西建设的重要举措《分工方案》明确了173项改革任务和举措，有关部门和单位要一环扣一环，一步跟一步，盯住干、马上办，改到位、见实效，特别是要注意把握有关司法体制和社会体制改革举措的内在联系，确保改革任务相互协调、改革进程前后衔接、改革成果彼此配套。二要大胆探索，在形成改革范例上下功夫。要积极鼓励市县、基层结合实际放手改革、放眼改革、放胆改革，进行差别化试点，将"草根原创"迸发出的新元素、新模式，转化为推动改革的新经验、新范例。特别要加快转型综改试验区建设，尽快形成一些可复制、能推广的经验和范例。对需要基层先探路子、创造经验的，省里要加强指导和协调，不能简单以现行法律法规没有依据或者不能突破予以否定。对在大胆探索、推进改革中有失误的干部，要宽容失败，支持纠错，减少一些为失败担责的心理负担。三要迎难而上，在强化责任担当上下功夫。各级党委（党组）要把改革放在重要位置，党委（党组）书记作为改革的"第一责任人"，既要亲自抓部署、抓协调，又要亲自抓统筹、抓督办，一级抓一级，层层传导压力。各专项小组、承担牵头任务的有关部门要切实担负起改革落地的责任，按照时限要求，倒排进度，狠抓落实，尤其是要注意打通改革推进的"最后一公里"。要深入开展督察工作，重点查看机制是否健全、方案是否细化、举措是否见效、群众是否满意，坚决防止出现"沙滩流水不到头"和"中梗阻"问题。省、市改革办要做到敢抓敢管、善抓善督、有问有察，充分发挥好参谋助手作用。今年省委全面深化改革领导小组明确了113项改革任务和举措，年内在6大改革领域拟出台的制度性文件共122个，这是全省改革的总施工图和总台账。省委改革办要重点抓好协调、督促工作。新闻媒体要坚持正确的舆论导向，通过多种形式为改革营造良好舆论氛围。

参加会议的还有，省委全面深化改革领导小组成员，省委改革办及各专项小组负责同志。

全省扶贫开发暨干部驻村帮扶工作动员会议召开 4月7日,省委、省政府召开全省扶贫开发暨干部驻村帮扶工作动员会议。省委副书记楼阳生出席会议并讲话。省委常委、组织部长盛茂林宣读《关于进一步加强和改进全省干部驻村帮扶工作的通知》。省人大常委会副主任田喜荣、副省长郭迎光、省政协副主席朱先奇参加会议。

会议提出,今后全省扶贫开发总的目标,是要确保做到“两个高于”,即贫困地区农民收入增幅高于全省平均水平,高于全国贫困地区平均水平。2015年全省扶贫开发工作,要重点落实好“1555”目标任务,即新扶持10万人口实施易地搬迁,培训5万名贫困劳动力并实现半年以上稳定就业,实现500个贫困村整体脱贫,完成50万人口脱贫任务。

楼阳生在讲话中对近年来全省扶贫开发工作给予充分肯定。他强调,带领全省贫困群众打赢扶贫攻坚这场硬仗,是全面建成小康社会、实现富民强省目标的必然要求,是各级党委、政府和广大党员干部义不容辞的责任使命。全省各级各部门一定要深入学习贯彻习近平总书记系列重要讲话特别是关于扶贫工作的重要指示精神,把思想和行动统一到中央和省委、省政府的决策部署上来,切实把扶贫开发工作作为一项重大政治任务抓紧抓好,努力让贫困群众尽快过上好日子。要认真落实四大措施,抓好企业产业扶贫,着力夯实贫困群众增收脱贫的产业基础;抓好技能培训和教育扶贫,着力提高贫困劳动力就业增收的能力素质;抓好金融富民扶贫工程,着力解决贫困地区企业、农户贷款困难;抓好易地扶贫搬迁工程,着力改变山庄窝铺困难群众生存发展环境。要准确把握扶贫与扶志、扶智,精准扶贫与区域发展、县域经济,“输血”与“造血”,易地扶贫搬迁与就近就地就势城镇化,开展干部驻村帮扶与加强乡村治理等五个关系,切实提高扶贫开发整体效益。要强化组织领导,落实扶贫责任,强化各级党委、政府特别是贫困地区党委、政府扶贫开发的主体责任;用好扶贫队伍,统筹整合领导干部包村增收和机关单位定点扶贫两支力量,切实落实帮扶对象、帮扶责任人、帮扶任务、帮扶措施、帮扶效果;夯实扶贫保障,推进廉洁扶贫,加强作风建设,强化责任考核,调动和凝聚各方力量共同打好全省扶贫开发攻坚战,为开创弊革风清、富民强省新局面作出贡献。

省委全面深化改革领导小组召开第六次会议

4月17日,省委全面深化改革领导小组召开第六次会议,深入贯彻落实中央全面深化改革领导小组第十一次会议精神,审议讨论《关于推行各级政府工作部门权力清单制度的实施意见》,研究部署全省下一步改革工作。省委书记、省委全面深化改革领导小组组长王儒林主持会议并讲话。省委副书记、省长、省委全面深化改革领导小组第一副组长李小鹏讲话,省委副书记、省委全面深化改革领导小组常务副组长楼阳生,省政协主席、省委全面深化改革领导小组副组长薛延忠,省领导胡苏平、高建民、黄晓薇、王建明、王伟中、盛茂林、李政文、张复明、刘杰、朱先奇、左世忠、杨司出席会议。

王儒林指出,推行地方各级政府工作部门权力清单制度,是党中央、国务院部署的重要改革任务,是推进政府治理现代化、加强政府自身建设的一项基础工作,是进一步厘清政府与市场权责边界、促进简政放权的重要抓手。要认真落实中办国办《关于推行地方各级政府工作部门权力清单制度的指导意见》,作为实施“六权治本”的重要内容,带动其他方面工作。一要依法实施。必须把握好职权法定原则,坚持问题导向和法治导向的有机统一,加大简政放权、放管结合改革力度,既要防止不到位,又要防止出现监管真空,确保“法无授权不可为”“法定职责必须为”。二要抓住关键。重点抓好全面梳理现有职权、大力清理调整职权、优化运行流程、公布权责清单等关键环节,注重把权力清理和审批制度改革、政府机构改革结合起来,大力推进简政放权,推动政府职能转变。三要严格时限。省级政府部门权力清单要在6月底前编制完成,7月份公布运行;市级政府部门权力清单要在今年年底前编制完成,2016年1月公布运行;县级政府部门权力清单要在2016年3月底前编制完成,4月份公布运行。

王儒林强调,要按照中央全面深化改革领导小组第十一次会议精神抓好进度和质量统筹。一方面,要着力抓好进度统筹。要增强《工作计划》的执行力,控好时间、抓住节点、倒排进度、压实责任,一步接一步、一环扣一环地推进,使各项改革工作不脱节、不打折、不掉队,同时又要避免出现“前松后紧、扎堆拥挤”现象。对中央已出台的重大改革事项,要逐项盘点梳理,结合实际及时跟进、无缝对接。目前已确定了19个需要提交省委改革领导小组审议的制度性文件,要确保成熟一个、推出一个。另一方面,要着力抓好质量统筹。要强化“人民呼、改革应”的思维,要增强改革方案的操作性和针对性,理清各项改革的“联络图”和“关系网”,使各项改革在政策取向上相互配合、在实施过程中相互促进、在实际成效上相得益彰。

王儒林指出,各专项小组和省委改革办要强化督察落实工作。去年,我省先后出台了60多个改革制度性文件,今年一季度也已经出台了29个。要防止徒陈空文、等待观望,“以文件落实文件、以会议落实会议”,把改革工作抓实、再抓实,推进改革工作分工实施、督办评估、奖励追责环环相扣。一要深入开展督察工作。上半年,省委改革办要会同省委、省政府督查室及各专项小组组织专门力量,开展一次较大范围的改革工作督察。二要健全完善考核机制。省考核办要加大对改革任务落地见效的考核力度,科学设置考核分值和权重,以“硬考核”促进“硬落实”。三要推行公开监督。改革方案通过后,把能公开的要向社会原原本本发布,以利社会共同监督落实。

李小鹏强调,各级各部门要充分认识在政府工作部门推行权力清单制度的重大意义,切实把思想和行动统一到中央的决策部署和省委的工作安排上来,借鉴兄弟省区市好经验,总结我省“六权治本”试点探索好做法,以高度的自觉、有力的措施和坚决的行动,大力推行政府工作部门权力清单制度。要准确把握理解、全面贯彻落实中央精神,坚持问题导向、实事求是、因地制宜推行权力清单制度,懲治乱作为,避免不作为，着力解决行政许可、行政处罚、行政强制等领域社会反应强烈的突出问题，特别要始终牢记全心全意为人民服务的宗旨，对关系人民生产生活、社会发展稳定的事务，勇于负责、敢于担当、主动作为，让人民群众切身感受到改革带来的新变化。要加强组织领导，层层分解责任，细化工作举措，落实进度要求，强化程序意识，严格依法办事，加强考核督促，如期优质完成梳理、调整、确认行政职权和优化权力运行流程、公布权力清单、推进责任清单、强化监督问责等各环节的工作，确保权力清单制度渐进有序、积极稳慎推行。

参加会议的还有，省委全面深化改革领导小组成员，省委改革办及各专项小组负责同志。

省委召开全省学习讨论落实活动总结暨“六权治本”推进会 4月20日，省委召开全省学习讨论落实活动总结暨“六权治本”推进会。省委书记王儒林出席会议并作重要讲话。省委副书记、省长李小鹏主持会议。省委副书记楼阳生，省政协主席薛延忠，省四大班子负责同志，法、检两长出席会议。

王儒林指出，以“深入学习贯彻习近平总书记系列重要讲话精神，净化政治生态，实现弊革风清，重塑山西形象，促进富民强省”为主题的学习讨论落实活动自去年11月底开展以来，省委高度重视，始终以踏石留印、抓铁有痕的精神把活动抓好。全省各级党组织和广大党员干部积极响应、踊跃参与，广大人民群众衷心拥护、热情支持，整个活动有序推进、扎实深入，达到了预期目的，取得了重要阶段性成果。在全省开展学习讨论落实活动，进一步增强了全省党员干部在思想上政治上行动上与党中央保持高度一致的坚定性和自觉性，进一步强化了全省党员干部积极投身净化政治生态的责任感和紧迫感，进一步深化了党风廉政建设和反腐败斗争，进一步匡正了选人用人风气，进一步优化了利民惠民便民的发展环境，进一步明确了新形势下我省经济社会发展的思路举措。同时，我们要清醒认识到，全省开展学习讨论落实活动的成果只是初步的，基础还不稳固，还存在许多问题。比如，一些地方和部门党要管党、从严治党的意识不强，反腐败高压态势下有的人仍然不收敛不收手，“四风”问题有所收敛但“树倒根存”，一些涉及群众切身利益问题的专项整治还没有完全到位。特别是一些地方和部门的领导干部不愿担当、执行不力等为官不为的“软腐败”问题还比较严重，有的干部适应新常态的准备不足，缺乏信心和办法，等等。总的看，现在学习讨论落实活动是阶段性收尾但不是收场，作风建设永远在路上，永远没有休止符。全省各级党组织和广大党员干部要保持常抓的韧劲和长抓的耐心，把深化学习讨论落实活动成果与即将在县处级以上领导干部中开展的“三严三实”专题教育紧密结合起来，做到互促互动，把目前来之不易的好局面巩固和发展下去。

王儒林强调，省委决定在前期试点基础上，在全省有重点、有计划深入推进“六权治本”工作。各级党组织和广大党员领导干部要准确把握“六权治本”的总体要求，把习近平总书记提出的“反腐倡廉的核心是加强对权力运行的制约和监督”“把权力关进制度的笼子里”的重要论述作为根本指针，把改革精神和创新思维贯穿始终，把推进治理体系和治理能力现代化、建设法治山西作为重要目标，把落实中办、国办《关于推行地方各级政府工作部门权力清单制度的指导意见》作为工作重点，把推动“六大发展”、促进富民强省作为根本目的。

王儒林强调，要牢牢抓住“六权治本”的关键环节和着力点。依法确定权力，关键要做到职权法定、简政放权，坚持问题导向、法治导向和改革导向的有机统一，紧紧把握好认真厘权、严格清权、公开晒权三个环节；科学配置权力，关键要实现制约权力和效率、效能的统一，结合简政放权和审批制度改革搞好分级授权，结合职能转变和完善决策机制搞好分事行权，结合强化部门内部监管搞好分岗设权，结合权力重新配置搞好流程再造；制度约束权力，关键要力求周密有效，按照“全面覆盖、全程到位、制度束权”要求，完备制度设计，优化制度运行，严格制度执行；阳光行使权力，关键要做到公开透明，坚持以公开为常态，着力构建统一的政务服务平台和公共资源交易平台，全面落实公开制度，确保公开实效；合力监督权力，关键要形成长效机制，坚持全方位、全领域、全过程监督权力，发挥各个监督主体职能，实现各尽其责，切实提高监督效能；严惩滥用权力，关键要真正严起来，一方面要严厉查处“乱作为”，另一方面要严肃问责“不作为”，特别是要鼓励和重用“敢作为、善作为、积极作为”的干部。当前和今后一个时期，各级党员领导干部要以解决群众身边腐败问题、化解信访积案为重点，敢于作为、勇于担当。

王儒林要求，各级党组织和广大党员领导干部要加强对“六权治本”工作的组织领导，加强分类指导，狠抓工作落实，确保“六权治本”真正落到实处。全省各级党组织和广大党员领导干部要把“深入学习贯彻习近平总书记系列重要讲话精神，净化政治生态，实现弊革风清，重塑山西形象，促进富民强省”这“五句话”作为全省工作的总体思路和总体要求，把以上率下作为改进作风的具体行动和基本方法，深入基层，深入群众，深入一线，认真研究解决改革发展稳定中的突出困难，采取有力措施遏制经济持续下行态势，稳定增长，保障安全，改善民生。

李小鹏在主持会议时要求，各级各部门要及时传达、认真学习、深刻领会会议精神，切实把广大党员干部的思想统一到会议精神上来，统一到中央的精神和省委的决策部署上来，结合本地区本单位的实际，认真总结、查漏补缺，完善措施、巩固成果，不断深化学习讨论落实活动。要从深入贯彻落实“四个全面”战略布局、全面加强我省党风廉政建设和反腐败的高度，深刻认识“六权治本”对实现弊革风清、促进富民强省的重大意义，按照省委决策部署，以推行政府工作部门权力清单制度为重点，加强组织领导，强化推进措施，确保“六权治本”工作务实高效推进、取得预期成效。要把总结提升学习讨论落实活动、推进“六权治本”与做好当前经济社会发展工作有机结合起来，扎实开展“三严三实”专题教育，坚定促进发展的信心，激发推动发展的干劲，完善加快发展的措施，统筹做好稳增长、促改革、调结构、惠民生、防风险等各项工作，特别要深刻汲取同煤集团姜家湾煤矿"4·19"透水事故教训，高度负责、全力抓好安全生产工作，奋力推进全省经济平稳健康发展和社会和谐稳定。

会上，"六权治本"试点单位吕梁市、孝义市、省交通运输厅有关负责同志先后作了发言。参加会议的还有，省直各单位（含二级局，不含中央驻晋单位、省政府驻外办事处）党组（党委）主要负责同志；本科高等院校党委书记、省属重要骨干企业党委书记；各市、县（市、区）党政主要负责同志；省纪委、省委组织部领导班子成员；省委学习讨论落实活动办公室工作组组长、副组长，督导组组长、副组长。

省委常委会召开会议　传达贯彻中央"三严三实"专题教育工作座谈会精神　研究部署经济工作新型城镇化工作　4月24日，省委常委会召开会议，传达中央"三严三实"专题教育工作座谈会精神，研究我省贯彻落实意见；听取省政府关于一季度全省经济形势的汇报，安排部署下一步经济工作，研究讨论《山西省新型城镇化规划（2015—2020年）》。

会议指出，中央部署开展"三严三实"专题教育，是党的群众路线教育实践活动的延展深化，是严肃党内政治生活、严明党的政治纪律和政治规矩的重要抓手，充分彰显了我们党持之以恒抓作风、改作风的坚定决心。全省各级党员领导干部要充分认识开展专题教育的重要意义，切实增强开展"三严三实"专题教育的思想和行动自觉，把思想和行动统一到中央部署要求上来，把开展专题教育与巩固提升学习讨论落实活动成果结合起来，与实施"六权治本"、在严格执行党纪党规上"先走一步"、把纪律挺在前面、解决群众身边腐败问题结合起来，积极主动做好工作，把中央要求落到实处。要突出学习"三严三实"、践行"三严三实"主题，把学习教育贯穿全过程，深入学习习近平总书记系列重要讲话，学习党章和党的纪律规定，组织好专题党课、专题学习研讨、专题民主生活会和组织生活会。特别要把专题教育融入经常性学习教育之中，努力让严和实的要求立起来、树起来。要坚持问题导向，把发现问题、解决问题作为出发点和落脚点，紧紧盯住"不严不实"的问题和具体表现，认真分析原因，找准症结根源，强化整改落实和立规执纪，取得实实在在的成效。要加强组织领导，专题教育要在省委常委会领导下开展，各级党委（党组）负总责，主要负责同志承担第一责任人的责任，坚持领导带头，注重统筹结合，区分层次、分类指导，坚决防止形式主义、走过场。坚持围绕中心、服务大局，把开展专题教育与做好经济发展、改革开放、稳定民生工作相结合，做到"两手抓、两促进"。

会议指出，今年以来，全省上下认真贯彻落实党中央、国务院的决策部署和省委、省政府的工作要求，迎难而上、克难攻坚，全省一季度经济运行稳中趋缓，新增就业、居民收入和农业生产、改革创新、结构调整等指标和工作保持较好态势，装备制造、旅游等新兴产业较快增长，投资结构持续优化，非煤产业、非传统产业和民间投资增速较快、占比提高。成绩来之不易，必须给予充分肯定。但目前看，全省经济下行压力仍在加大，面临的困难程度还在增加，形势依然严峻复杂。会议对做好下一步经济工作提出六方面要求：一要正确把握当前经济形势，坚定顶住下行压力和推动经济发展的决心。要保持清醒头脑，科学把握形势，坚定信心、振奋精神，既要看到新的积极因素正在积累、国家积极财政政策正在加力增效，更要做好应对更大困难和挑战的准备，坚决顶住经济下行压力，推动经济发展调速不减势，全力稳增长、调结构、转方式，提高发展的质量和效益。二要千方百计挖掘潜力，推动经济稳定增长。要发挥投资的关键作用，确保上半年全省固定资产投资增速回升、力争达到全国平均水平。要突出产业的支撑作用，扎实做好煤炭和非煤产业"两篇大文章"，在促进传统产业稳定增长的同时，大力发展新兴产业，抓紧培育新的经济增长点，努力使工业增速回到正增长区间。扎实抓好农业生产，力争全年有个好收成。加快服务业发展，特别要激发潜在消费需求，加快形成新的消费热点。要强化政策的推动作用，认真落实国家和我省减轻企业负担的各项措施，进一步研究出台简政放权措施，帮助企业渡过难关。要突出重点的带动作用，加大推进"三大突破"工作力度，抓紧研究科技创新、民营经济和金融振兴的政策措施，为经济注入新动力。三要加快全面深化改革，增强经济发展的动力和活力。坚持向改革要增长、向改革要发展、向改革要动力，从根本上解决制约我省发展的全局性的重大问题。四要切实保障和改善民生，全力维护社会安全稳定。扎实做好就业、扶贫开发等重点民生工作。认真汲取同煤集团姜家湾矿"4·19"透水事故的沉痛教训，落实领导责任，完善工作举措，强化责任追究，坚决遏制重特大事故，坚决维护社会和谐稳定。五要既立足当前又着眼长远，积极谋划好"十三五"规划。针对我省实际，认真谋划"十三五"规划，主动对接中央部委，积极争取国家对我省项目、资金、政策等方面的更大支持。六要以上率下、主动作为，以优良作风推动经济发展各项工作落实。坚持"双学"，深入实际、深入一线、深入群众，办实事，解决实际问题。结合开展"三严三实"专题教育，大力推进"六权治本"，重点推行好政府部门权力清单制度。要通过净化政治生态促进经济发展，落实"两个责任"，落实领导干部信访包案制度，坚决惩治群众身边的腐败问题，切实解决群众的利益诉求问题，以踏石留印、抓铁有痕的精神抓好落实。加强督促检查，严肃查处"乱作为"，对于"不作为"要严格问责追究。加大舆论宣传引导力度，为实现弊革风清、促进富民强省，营造良好发展环境，汇聚强大正能量。

会议研究了《山西省新型城镇化规划（2015-2020年）》。强调指出，推进新型城镇化是党中央作出的重大战略部署，科学制定新型城镇化规划意义重大，要充分发挥规划的龙头和引领作用。要明确发展目标，通过实施规划，努力实现我省城镇化水平和质量稳步提升，城镇化格局更加优化，城镇可持续发展能力明显增强，形成大中小城市与小城镇协调发展的新型城镇化格局，探索走出一条以人为本、城乡一体、高效集约、绿色低碳的发展道路。要突出工作重点，把工作的出发点和落脚点放在提高人民的生活水平上，突出提高质量这个关键，努力推动产城融合，加强公共配套设施建设，有序推进农业转移人口市民化，优化城镇布局和形态，增强城市可持续发展能力，提升城镇综合承载能力，推动城乡发展一体化，改革完善城镇化发展体制机制。要加强对规划实施的组织领导，加强组织协调，强化政策统筹，选择一批市县和建制镇开展新型城镇化试点，加强工作考核评估，确保各项任务落到实处。

省委常委会召开会议　传达全国党史研究室主任会议精神，研究我省贯彻落实意见；研究讨论《全省开展农村集体“三资”管理专项清理整治工作方案》《关于“以群众举报乡村干部腐败为切入点集中解决群众信访诉求问题”专项治理实施方案》和《关于实行党务办事公开的意见》　5月5日，省委常委会召开会议，传达全国党史研究室主任会议精神，研究我省贯彻落实意见；研究讨论《全省开展农村集体“三资”管理专项清理整治工作方案》《关于“以群众举报乡村干部腐败为切入点集中解决群众信访诉求问题”专项治理实施方案》和《关于实行党务办事公开的意见》。省委书记王儒林主持会议。

会议指出，重视从党的历史经验中汲取前进的营养和力量是我们党的一个优良传统，山西党史资源丰富厚重，尤其是丰富的红色文化是我们极为宝贵的精神财富。全省上下要按照中央关于党史工作的部署要求，坚持党史工作围绕中心、服务大局的正确方向，切实做好党史研究、宣传、学习教育和党史资料征集利用等工作，唤醒历史记忆，增强历史自信，强化资政育人作用。特别是要做好纪念抗战胜利70周年活动的工作，大力宣传山西的红色历史和革命老区的伟大精神，为弊革风清、富民强省凝聚强大正能量。各级党委要把党史工作纳入党建工作和意识形态工作，进一步形成健全党委统一领导、党史部门协调指导、有关部门密切配合、社会各方共同参与的“大党史”工作格局。要解决好制约党史工作发展的一些长期性、制度性、深层次问题，加强党史干部队伍建设，发挥好党史工作的特殊重要作用。

会议指出，农村集体“三资”是农民群众关注的热点、焦点，也是农村基层干部容易滋生贪污腐败问题的重点领域。全省各级各有关部门要把专项清理整治工作作为解决党风廉政建设“上面九级风浪、下面纹丝不动”问题的重要抓手，与实施农村“六权治本”结合起来扎实推进。要坚持问题导向，集中清理整治违背党的农村政策和违反农村集体“三资”管理规定、侵占国家资金、侵吞集体财产、侵蚀农民利益、侵害农民权益以及挥霍浪费、大吃大喝、大操大办等突出问题，严肃查处小官巨腐等基层腐败问题。要坚持标本兼治、常抓不懈，建立权力清单，完善相关制度，提高监管水平，切实做到“乡村治、百姓安”。

会议指出，近年来一些乡村腐败问题多发、高发，一些干部与民争利、欺压百姓，引发大量信访问题，长期得不到解决，群众反映强烈，严重影响了党和政府的形象。全省各级各部门要把开展“以群众举报乡村干部腐败为切入点集中解决群众信访诉求问题”专项治理作为贯彻落实中央关于“老虎”“苍蝇”一起打要求的具体行动，作为推进“六权治本”、把纪律挺在前面、净化政治生态、实现弊革风清的重要举措，与开展“三严三实”专题教育结合起来，下大力气、花大功夫加以推进。要实施领导干部包案制度，省委常委包市，副省长包分管领域，各级各部门领导都要明确责任，勇于担当，根据群众反映的问题，在深入调研的基础上，依法依规、公平公正、积极稳妥地加以解决，尤其要采取切实有效的措施着力解决那些老大难问题，确保件件有着落、事事有回音。纪检监督部门对群众举报的乡村干部腐败问题要认真调查、依纪惩处，以此推动群众信访诉求问题的解决。要坚持省、市、县、乡四级联动，条块结合，互相配合，形成强大的合力，既要打好攻坚战，又要打好持久战。

会议指出，党务公开是党内民主的重要标志和强化党内监督的重要前提，党务办事公开是破解党务公开难题的积极探索，更多地是突出对党务办事行为过程的公开和监督。实行党务办事公开没有成熟经验可供借鉴，要坚持试点先行，在公开对象、公开内容、公开方式方法上，根据具体情况，依法依规积极稳妥处理。要重视实际效果，不搞花架子，不能为了公开而公开。要坚持以党务公开带动和促进政务、司法以及各领域办事公开，为弊革风清、富民强省营造良好的社会环境。

全省民族工作会议暨第六次民族团结进步表彰大会在并召开　5月11日，省委、省政府在太原召开全省民族工作会议暨第六次民族团结进步表彰大会。省委书记王儒林出席会议并讲话。省委副书记、省长李小鹏主持会议，省政协主席薛延忠，省委副书记楼阳生，省领导孙绍骋、王伟中、李政文出席会议，副省长郭迎光宣读了《山西省人民政府关于表彰全省民族团结进步模范集体和模范个人的决定》。会议对全省民族团结进步模范集体和个人进行了表彰，王儒林、李小鹏等为受表彰的模范集体和模范个人代表颁奖。

王儒林指出，习近平总书记在中央民族工作会议暨国务院第六次全国民族团结进步表彰大会上作的重要讲话，站在全局和战略的高度，科学分析民族工作面临的新形势新特点，深刻阐述当前和今后一个时期我国民族工作的大政方针，具有很强的政治性、理论性、政策性，是做好新形势下民族工作的根本遵循和纲领性文献。全省各级各部门要深入学习贯彻习近平总书记重要讲话精神，充分认识新形势下做好民族工作的重要性，增强责任感和紧迫感，把党的意识、责任意识和大局意识牢固树立起来，努力开创我省民族团结进步事业新局面。

王儒林指出，要牢牢把握“共同团结奋斗，共同繁荣发展”的民族工作主题，紧密结合山西实际，突出重点，有的放矢，确保中央民族工作的各项决策部署在我省落地生根，见到实效。一要把少数民族经济发展放到“六大发展”的全局中去谋划，加快推动民族聚居地区经济发展，大力支持少数民族企业发展，认真解决少数民族群众的突出民生问题，确保到2020年基本消除少数民族中绝对贫困现象，力争“十三五”末少数民族群众人均收入在2014年7329元的基础上达到12000元。二要促进民族交流交往交融，共筑各民族共有的精神家园。尊重和保护少数民族的合法权益，尊重少数民族宗教信仰，坚决反对和制止一切形式的民族歧视；大力培育践行社会主义核心价值观，弘扬以爱国主义为核心的民族精神，强化党的民族政策宣传教育，不断夯实民族团结进步的基础；重视和发展少数民族文化教育事业，把少数民族聚居村纳入广播电视户户通、农村电影放映、农家书屋、文化信息资源共享等文化惠民政策。三要认真做好城市流动少数民族群众服务管理工作。坚持社会化、法制化、人性化原则，打造社区基础、信息共享、社团组织平台，建立交流、帮扶、学习、激励和服务等机制，健全管理体系和便民服务机制，加强对少数民族劳务输出人员的培训和指导。四要继续做好对口援疆“十二五”规划任务收尾工作，编制好“十三五”援疆总体规划，健全援疆工作服务保障机制，为援疆干部创造良好的工作生活条件。

王儒林强调，各级各部门特别是党政主要负责同志要亲自抓民族工作，及时研究解决民族工作中的突出问题。要引导各族群众尊法、学法、守法、用法，推动形成办事依法、遇事找法、化解矛盾靠法的良好法治环境。要抓好党政领导干部、少数民族干部和统战、民族工作干部三支队伍建设，引导各族干部把纪律挺在前面，坚持党的领导、坚持走中国特色解决民族问题的正确道路。

李小鹏在主持会议时要求，各级各部门要认真学习、深刻领会、全面贯彻落实习近平总书记关于处理好民族问题、做好民族工作的重要讲话精神，充分认识做好新时期民族工作的重大意义，坚决把思想和行动统一到党中央、国务院的决策部署和省委、省政府的工作要求上来，带着对各族群众的深厚感情，以“三严三实”的作风，以强烈的责任感和使命感，开拓进取、扎实工作，不断谱写我省民族团结进步新篇章，最大限度地凝聚起各族人民的智慧和力量，凝心聚力推动“六大发展”、实现弊革风清、促进富民强省，同心同德为实现“两个一百年”奋斗目标、实现中华民族伟大复兴的中国梦而努力奋斗。

会上，模范集体代表、临汾市市容监察支队支队长邹宏捷，模范个人代表、山西中德集团公司总裁程田青分别作了典型发言。

省委书记王儒林就中央在县处以上领导干部中开展“三严三实”专题教育，为各级领导干部讲专题党课 按照中央关于在县处级以上领导干部中开展“三严三实”专题教育的部署要求，我省专题教育5月16日正式启动。省委书记王儒林以“领导干部要带头认真学习践行‘三严三实’”为题，为各级领导干部讲专题党课，并对全省开展“三严三实”专题教育作出安排部署。省委副书记、省长李小鹏主持会议，省委副书记楼阳生，省政协主席薛延忠，省四套班子负责同志，省法院院长，省检察院检察长出席。

此次专题教育党课以电视电话会议的形式举行。在省主会场参加会议的还有：省纪委、省委组织部班子成员；省直各单位、中央驻晋单位主要负责同志；驻太原本科院校、省管国有骨干企业主要负责同志；中央驻晋主要新闻媒体负责同志；各市组织部长。各市、各县(市、区)设分会场。

王儒林在专题党课中深刻阐述了“三严三实”的丰富内涵。他指出，习近平总书记提出的“三严三实”既言简意赅又内涵丰富，深刻阐明了党员干部的修身之本、为政之道、成事之要，贯穿了马克思主义政党建设的基本原则和内在要求，体现了共产党人的价值追求和政治品格，丰富和发展了党的建设理论，为加强新形势下党的思想政治建设和作风建设提供了基本遵循。修身、用权、律己，都要坚守一个“严”字。严以修身，党性为本，必须加强党性修养，提升道德境界，自觉抵制贪欲和歪风邪气。严以用权，为民服务，重要的是坚定人民立场，要秉公用权、依法用权、廉洁用权，归根结底就是为民用权。严以律己，坚守底线，切实做到遵纪守法，清正廉洁，坚守底线。谋事、创业、做人，都要突出一个“实”字。谋事要实，力戒浮躁，坚持从实际出发，加强学习和调查研究，要有正确的政绩观。创业要实，务求实效，把抓落实当作一项基本功、真本事、硬任务，知行合一、带头实干，勇于担当，直面矛盾，解决问题。创业要实的落脚点，是努力创造经得起实践、人民和历史检验的实绩。做人要实，坚守正道，必须做到对党、对组织、对人民、对同志忠诚老实。学习践行“三严三实”，还要把握其内在联系和时代特征。“三严三实”在逻辑上是内在联系、相辅相成的。在实际工作中，“三严”之间、“三实”之间、“三严与三实”之间都是相互联系、相互支撑、不可分割的。

王儒林指出，要进一步明确“三严三实”的重大意义。学习践行“三严三实”是继承和发扬党的优良传统和作风的必然要求，是落实“四个全面”战略布局的必然要求，是加强党的思想政治建设和作风建设的必然要求，是严肃党内政治生活、严格党的政治纪律和政治规矩的必然要求，必须始终把“三严三实”作为自己的政治品格、价值追求和行为准则。

王儒林强调，领导干部要带头学习践行“三严三实”。要对党绝对忠诚，坚决和以习近平同志为总书记的党中央保持高度一致，按省委部署继续自觉坚持“双学”。要廉洁自律，努力做到并始终保持清正廉明。要勇于担当，努力破解改革发展难题，立足岗位职责，把肩上的责任扛起来，把省委、省政府各项部署落实到位，积极推动“六大发展”，努力实现“三大突破”，全面做好各项工作。要一心为民，解决好群众利益诉求问题和群众身边的腐败问题，总的要求是强化“两个责任”，层层传导压力，把“三个高压态势”“三个一批”“六权治本”等实践证明行之有效的措施向基层延伸，实现标本兼治。

王儒林指出，要把纪律挺在前面，切实解决不严不实的突出问题。一要筑牢“两道防线”，坚决把纪律挺在前面。一道是法律的防线，另一道是党的纪律和规矩的防线。纪律的防线是第一道防线，必须挺在法律防线的前面。二要坚持“五个必须”，突出工作重点。净化我省遭到严重破坏的政治生态，必须突出政治纪律和政治规矩这个重点，坚决做到“五个必须”，必须维护党中央权威，必须维护党的团结，必须遵循组织程序，必须服从组织决定，必须管好亲属和身边工作人员。三要做到“五个严格”，严格遵守，严格考察，严格约束，严格追究，严格落实，形成长效机制。四要发挥“三个作用”，坚持一抓到底。充分发挥领导干部的带头作用，省委常委带头、省委书记带头、省级领导带头，一级学一级、一级带一级、一级抓一级，以优良的党风带政风、促民风。充分发挥党支部的战斗堡垒作用，下大力气把党支部建设抓起来，把是不是党支部书记、作用发挥得好不好，作为考察干部、选人用人的重要内容。充分发挥教育引导作用，切实加强党性教育、理想信念教育、社会主义核心价值观教育，加强对党员的日常教育，把党员干部遵守纪律的自觉性提起来。他特别强调，去年9月，中央对省委常委班子做出重大调整。省委认真学习习近平总书记系列重要讲话精神，坚决贯彻以习近平同志为总书记的党中央对山西工作的重要指示要求，以高压态势强力推进反腐工作，查处了一大批违纪违法案件，在全省形成了不敢腐的氛围。但是冰冻三尺非一日之寒，滴水穿石也非一日之功。我们必须清醒地看到当前我省反腐败斗争的形势依然严峻复杂。要继续坚决贯彻落实中央要求，坚决遏制腐败蔓延势头，继续用最坚决的态度减少腐败存量，用最果断的措施遏制腐败增量。保持政治定力，有静气、不刮风，不搞运动、不人人过关，不是一阵子，要踩住不变的步伐，注意把握好节奏和力度，惩前毖后，做到宽严相济、区别对待。要坚持从山西实际出发，牢牢把握大局，正确科学处理好树木与森林的关系，治病树、拔烂树、扶歪树、救森林。

王儒林要求，要从严从实开展好专题教育。切实加强组织领导，各级各部门党委（党组）务必高度重视、认真负责、精心组织，不折不扣将中央和省委部署要求落实到位。要周密制定工作方案，把目标、任务、措施进一步具体化，切实解决不严不实的具体问题，达到专题教育的预期目标。要始终做到“两手抓、两不误、两促进”，把开展专题教育与做好本地区本部门本单位的日常工作紧密结合起来，坚决杜绝“两张皮”。

李小鹏在主持会议时说，习近平总书记多次强调的“党员干部特别是各级领导干部要严以修身、严以用权、严以律己，谋事要实、创业要实、做人要实”，是共产党人最基本的政治品格和做人准则，也是党员、干部的修身之本、为政之道、成事之要。在县处级以上领导干部中开展“三严三实”专题教育，是党中央作出的重大决策部署，是党的群众路线教育实践活动的延展深化，是加强党的思想政治建设和作风建设的重要举措，是严肃党内政治生活、严明党的政治纪律和政治规矩的重要抓手，也是全省学习讨论落实活动的强化和提升。开展好专题教育，对进一步增强党的创造力、凝聚力和战斗力，落实“四个全面”的战略布局具有十分重要的意义，对我省推进“六权治本”、推动“六大发展”、在严格执行党纪党规方面“先走一步”具有十分重要的意义。各级各部门各单位，要把开展好“三严三实”专题教育作为重大政治任务，认真落实中央决策部署和省委工作安排，按照王儒林书记的重要讲话要求，高度重视、精心组织，坚决把专题教育各项工作做实、做细、做到位，确保在深入学习习近平总书记系列重要讲话精神、认真学习党章党纪党规上有新收获，在解决不严不实突出问题上有新成效，在开展好专题教育和做好当前各项工作两手抓、两促进上有新进展。

省委常委会召开（扩大）会议　传达孟建柱同志考察山西重要讲话精神，研究我省贯彻落实意见；研究讨论关于促进山西金融振兴的意见；研究命名新一届省级双拥模范城（县）　5月20日，省委常委会召开（扩大）会议，传达孟建柱同志考察山西重要讲话精神，研究我省贯彻落实意见；研究讨论关于促进山西金融振兴的意见；研究命名新一届省级双拥模范城（县）。省委书记王儒林主持会议。

会议指出，孟建柱同志的重要讲话和调研中的重要谈话，具有很强的指导性、针对性和操作性，全省上下要认真学习领会、全面贯彻落实。一是进一步认清形势，增强信心。各级各部门要认真学习领会孟建柱同志重要讲话精神，切实把思想和行动统一到中央的部署和要求上来，统一到中央对当前形势的分析判断上来，看到机遇、看到优势、看到希望，增强信心、鼓足干劲、重振雄风，努力走出科学发展新路。二是加大推动改革发展的力度。要全面落实省委、省政府出台的各项政策措施，聚焦破解发展难题，着力培育新的增长点，统筹做好稳增长、促改革、调结构、惠民生、防风险的各项工作。要以实施“三个突破”为抓手，加快推进“六大发展”，着力推动煤炭“六型转变”，大力发展七大非煤产业，全力破解“一煤独大”困局。要扎实抓好已出台各项改革措施的落实，加快推行地方各级政府工作部门权力清单制度。要抓住“一带一路”等战略机遇，扩大对外开放。三是坚决有效地维护大局稳定。要认真贯彻落实孟建柱同志关于经济下行压力加大情况下做好政法工作的各项要求，全面落实政法维稳工作的各项部署，密切关注形势的发展变化，健全完善多元调解体系，有效预防和化解矛盾纠纷，进一步完善突发性群体性事件应急处置机制，继续保持打黑除恶高压态势。要强化风险意识，对本地区影响社会稳定的各类风险做到心中有数，未雨绸缪，坚决守住最后一道防线。要下功夫保障改善民生，深入推进以农村“三资”管理和群众举报乡村干部腐败为切入点的信访积案清理整治，认真解决群众反映强烈的突出问题，从源头上维护社会和谐稳定。四是切实加强领导班子和干部队伍建设。全省政法系统以及各级各部门要坚持从严治吏，继续实施“三个一批”，进一步做好选人用人工作。要结合“三严三实”专题教育，坚持把纪律挺在前边，切实加强教育、管理和监督，深刻汲取“12·13”案件的教训，不断提高队伍的整体素质。要继续深化执法司法领域突出问题专项整治，组织开展新一轮执法巡查，抓好“两个责任”的落实。

会议指出，金融是现代经济的核心，无论是应对当前经济下行压力、还是服务长远发展，振兴金融都非常重要。省委十届六次全会提出要在振兴金融方面实现突破以来，有关部门做了大量工作，取得一定成效。在此基础上，要进一步加大工作力度，研究提出更多实打实的政策措施，有效解决经济发展中存在的实际问题。振兴山西金融，不能就金融抓金融，要按照社会主义市场经济规律，更多地关注与金融相关的事项，突出解决企业增信、化解风险等问题，进一步完善相关的体制机制，花大力气打造良好的金融生态环境。要研究出台并认真落实具体措施，更好发挥财政资金的作用，撬动更多社会资本，运用市场化机制，整合多种资源和资本，为做好煤与非煤两篇大文章，加快煤炭"六型"转变和发展文化旅游等新兴产业提供有力的金融支撑。

会议指出，双拥工作很重要，山西是革命老区，历来有着拥军优属、拥政爱民的光荣传统，全省上下要进一步增强做好双拥工作的责任感和使命感，不断巩固和发展军政军民团结的良好局面。各级各部门要积极服务国防和军队建设改革，加强国家政策的对接落地，支持部队重点建设，帮助解决实际困难。要进一步深化军民融合式发展，军队要强化宗旨意识和群众观念，积极参加和支援地方经济社会建设。要全力保障社会大局稳定，建立健全军地一体的社会治安防控体系，加强军地联防联治，搞好重点地区、重点场所和敏感时期的综合治理，共同营造和谐稳定的社会环境。

全省金融振兴推进大会在太原召开 5月29日，全省金融振兴推进大会在太原召开。省委书记王儒林出席会议并作重要讲话。省委副书记、省长李小鹏主持会议。省政协主席薛延忠，省委副书记楼阳生，省四大班子负责同志，法、检两长出席会议。

王儒林指出，金融是现代经济的核心，金融活则经济活，金融兴则经济兴。要充分认识到金融振兴是我省产业转型升级的迫切需要，是解决我省企业资金短缺和应对经济下行的迫切需要，是我省金融业自身发展壮大的迫切需要，切实把金融振兴作为"六大发展"的一个重要"突破口"来抓。经过多年发展，我省金融业已经成为全省的支柱产业之一，为山西实体经济发展提供了重要支撑。同时也面临金融业发展滞后，金融形势严峻、风险不容忽视，资本市场"短板"很多，金融体系不完善，观念落后、环境差等问题，需要加快研究解决。

王儒林强调，实现金融振兴，要着力从以下八个方面做好工作。一要积极应对和处置各类金融风险。加快处置在全国影响较大的金融风险，省纪委要介入调查，推进问题的解决，加快恢复金融机构的信心。金融部门也要理解企业当前面临的困难，与地方和企业共渡难关。要强化地方政府责任，明确地方政府是金融风险处置的第一责任人，加强风险管控，多渠道处置不良资产，严格控制新的不良贷款发生。二要全面加强信用体系建设。大力弘扬晋商以诚为本、唯信不移、以义制利、有情有义、自觉自律的优良传统，综合施策加强"诚信山西"建设，建立统一的社会信息平台，形成互联共享的公共信用信息系统、比较完善的信用服务体系。着力解决不诚不信的突出问题，完善信用奖惩机制，在全社会形成守信者人人都赞扬、失信者处处受制约的局面。三要千方百计用好并不断拓宽融资主渠道。充分发挥各大银行的融资作用，积极争取各家金融机构特别是总部对山西的融资支持。充分发挥政府融资平台的作用，规范改造现有平台，搭建新的融资平台。充分用好保险资金，完善保险资金投资山西建设的引进机制，做好运用信用保证保险的增信机制帮助企业融资等多项工作。四要加快多层次资本市场发展，扩大直接融资规模。把培育企业上市列入重要议事日程，着力提升上市公司质量，提高利用资本市场配置资源的效率和水平。继续扩大债券融资，加快山西股权交易中心建设，加快各类要素市场建设，把短板补齐、要素补全。充分利用民间资本，向民间资本开放金融股权，引导民间资本有序进入实体经济。五要深化地方金融改革和创新。大力引进金融机构，加强跨区域金融合作，增强金融基础服务能力，壮大区域金融实力。加快农信社改制步伐，提升现代化经营水平，做大做强城市商业银行，加快打造地方金融控股集团，规范发展小额贷款公司等各类小型法人机构，大力培育民营银行等新型金融机构，积极稳妥发展互联网金融，千方百计为中小微企业提供更多融资渠道。六要培育合格的市场主体。加快推进国有企业的改制工作，特别要通过发展混合所有制更好发挥国有资产效能，促进国有资产保值增值。加强领导协调，加快中小企业股份制改造，扶持鼓励企业增加直接融资。七要积极改善企业融资服务。地方政府要研究建立企业资金链应急周转保障基金，及时帮助企业还贷续贷。金融机构要客观面对企业现状，区分不同情况，适当降低融资门槛。大力发展政策性融资担保公司，充分发挥增信作用。为中小企业提供融资绿色通道，扩大抵押品范围，创新金融服务。加快完善金融便民服务，加强对城乡结合部、老年特殊人群的服务。八要用足用活用好各类政策。积极对接中央金融政策，落实好有关企业的减负政策，降低企业融资成本。优化财政支出结构，强化财政资金的引导和杠杆作用。

王儒林要求，各级党委、政府特别是各级领导干部要进一步转变观念，树立现代金融意识，学习金融、研究金融、运用金融。要进一步抢抓机遇，增强信心，充分挖掘我省金融领域内生动力和发展潜力，传承晋商金融血脉，化压力为动力，加快促进我省金融振兴。要进一步加强组织协调，省金融工作领导组、各成员单位以及各级党委、政府要上下联动、密切配合，切实形成工作合力。要进一步明确责任，加大金融考核力度，健全完善金融工作考核奖惩机制。要进一步加强金融人才队伍建设，大力引进高层次金融人才和金融管理团队，制定实施金融人才专项培育工程，加强对全省各级领导干部金融专业知识培训，不断提高领导金融工作的能力和水平。

李小鹏在主持会议时说，各级各部门各单位要深刻认识金融在现代经济发展中的特殊重要地位，充分认识振兴金融对推动"六大发展"的重大支撑作用，正确认识金融与实体经济血肉相连、互为依存的紧密关系，以"三严三实"的作风，以强烈的责任感、使命感和紧迫感，扎实做好金融振兴各项工作。要学金融、懂金融、用金融、帮金融，不断提高推动金融振兴的能力和水平。要紧紧立足稳增长、促改革、调结构、惠民生和防风险急需，突出抓好扩大信贷投放、用好资本市场、发展地方金融和优化金融生态等重点工作，不断加大金融对实体经济的支持力度，坚决守住不发生系统性区域性金融风险的底线。要针对当前金融机构普遍关注的突出问题，高度负责、真抓实干，一家一家、一项一项地解决到位，一步一个脚印地推动金融振兴。要紧密结合本地区本部门本单位实际，细化目标任务，明确措施要求，分解落实责任，严格考核督导，以抓铁有痕、踏石留印和钉钉子的精神推动金融振兴各项工作落到实处，收到实效。

会议以电视电话会议形式举行，主会场设在省委会议厅，各市、县(市、区)设分会场。在主会场参加会议的还有，省直各部门、有关二级局和中央驻晋单位主要负责同志，金融监管部门、驻晋和地方金融机构主要负责同志，中央驻晋企业主要负责同志，驻太原省管国有骨干企业和部分国有企业主要负责同志，民营企业代表负责人，中央驻晋主要新闻媒体负责同志。

省委全面深化改革领导小组召开第七次会议

6月4日，省委全面深化改革领导小组召开第七次会议，深入贯彻落实中央全面深化改革领导小组第十二次会议精神，审议讨论并原则通过《关于加强省纪委派驻机构建设的意见》《山西省省属企业负责人履职待遇业务支出管理办法》《山西省深化考试招生制度综合改革实施方案（试行)》《山西省高等职业教育考试招生制度改革方案》，要求进一步修改完善后出台实施。省委书记、省委全面深化改革领导小组组长王儒林主持会议并讲话。省委副书记、省长、省委全面深化改革领导小组第一副组长李小鹏讲话，省委副书记、省委全面深化改革领导小组常务副组长楼阳生，省政协主席、省委全面深化改革领导小组副组长薛延忠，省领导胡苏平、高建民、黄晓薇、王建明、王伟中、安焕晓、刘杰、朱先奇、左世忠、杨司出席会议。

会议指出，加强省纪委派驻机构建设是省委贯彻落实从严治党要求、在严格执行党纪党规方面“先走一步”的具体举措，要切实做到全面派驻、强化监督、协同推进，充分发挥“派”的权威和“驻”的优势，有力督促驻在部门领导班子党风廉政建设主体责任的落实，省直各部门领导班子特别是“一把手”要高度重视这项工作，自觉接受监督，确保顺利实施。会议指出，合理确定并严格规范省属企业负责人履职待遇、业务支出，是推动国企改革、深化作风建设的重要抓手，省属企业负责人要勇于自我革命，认真贯彻执行，带头廉洁从业，严格按照纪律和规矩办事，监管部门要严格监管，切实做到令行禁止。会议指出，考试招生制度是基本教育制度，事关千家万户的切身利益和社会公平，要坚持正确导向，回应群众关切，解决突出问题，更好地促进学生健康成长、实现科学选才。今年高考在即，有关部门要周密安排，强化措施，落实责任，确保高考顺利进行，确保实现公平公正。

会议强调，各级各部门要深刻认识并加快适应改革“攻坚期”和“深水区”的新要求，应势而谋，顺势而动，纵深推进各项改革。一要更加注重用“四个全面”战略布局引领我省改革实践。自觉用“四个全面”战略布局统一思想、指导改革，服从、服务改革大局，紧跟改革进程，正确处理改革引起的利益关系调整，有效地把改革引向深入。二要更加注重以经济体制改革为重点全面深化改革。牢牢牵住深化经济体制改革这个“牛鼻子”，突出改革导向，搞好跟进衔接，抓住重点领域，统筹推进政治、文化、社会、生态文明等各领域改革，形成相互协调、相互支撑、协同深化的良好局面。当前，尤其要紧紧围绕“三个突破”“六大发展”等重点工作深化改革。三要更加注重推动改革试点出成果出经验出范例。坚持把试点工作牢牢抓在手上，把环境和条件分析透，把方向和目标理清楚，把“时间表”和“路线图”搞明晰，加快进度，放手先行，放胆先试。相关部门要加强对试点工作的指导，解决好“最后一公里”问题。要大力营造鼓励探索、宽容失败的政策环境、制度环境和社会环境，按照可复制、可推广的要求，推动机制和制度创新，特别要纵深推进转型综改试验区建设，尽快形成若干立得住、叫得响、可复制、能推广的经验和范例。四要更加注重从严上人手、实处着力抓好改革任务落地见效。坚持把“三严三实”作为深化改革的行动准则，抓严抓实领导责任，强化一把手的责任担当；抓严抓实工作机制，做到上下联动，左右配合；抓严抓实改革落地，按时间节点倒排工期，用群众满意度衡量改革。特别要坚持正确的用人导向，“为担当者担当、让有为者有位”，切实把那些想改革、谋改革、善改革的干部用起来。

会议要求，要扎实做好全面深化改革相关重点工作，始终以“三个有利”为标准，谋划布局、全面深化改革。要勇于先行先试，敢于担当、攻坚克难，以逢山开路、遇河搭桥的气势，积极主动推进改革，争当改革的促进派。要提高驾驭和推进改革的能力水平，统筹协调好全面深化改革过程中的利益关系调整，凝聚强大合力，蹄疾步稳地推动改革。要加强调查研究，分解落实责任，严格依法办事，高效务实工作，从严考核督导，一步一个脚印地落实改革任务，确保各项改革举措落到实处、收到实效。要在保质保量完成好中央部署的改革任务和我省确定的改革任务基础上，立足当前，结合长远，问题导向，进一步谋划推进煤炭管理体制改革、综合能源管理体制改革、国企改革和扩权强县强镇等其他改革，为推动六大发展，开创弊革风清、富民强省新局面提供强大动力。

参加会议的还有，省委全面深化改革领导小组成员，省委改革办及各专项小组负责同志。

全省党史办公室主任会议召开 6月11日上午，全省党史办公室主任会议在太原召开。会议传达了栗战书同志在全国党史研究室主任会议上的重要讲话精神，总结2014年全省党史工作，安排部署2015年工作。省委副书记楼阳生出席会议并讲话，省委常委、秘书长王伟中主持会议。

楼阳生代表省委对过去一年全省党史工作给予肯定。他指出，全省党史部门当前和今后一个时期的首要政治任务，就是深入学习贯彻习近平总书记系列重要讲话精神，端正学风、潜心领悟，联系实际、学用结合，切实用讲话精神武装头脑、指导实践、推动工作。要认真学习、深刻领会，自觉把思想和行动统一到习近平总书记系列关于党的历史和党史工作重要论述精神上来，准确把握习近平总书记关于党的历史和党史工作地位作用、“党史姓党”“党史研究是党史中心工作”“树立科学历史观”等重要论述的深刻内涵，在系统、深入、持久学习上下功夫，力求做到学深学透学以致用。要围绕中心、服务大局，突出抓好党史研究工作，大力推进党史宣传教育工作，扎实开展好纪念抗战胜利70周年活动，继续抓好党史资料征编工作，力争取得更多重要成果。要加强领导、抓好落实，为做好新形势下的党史工作提供有力保证，各级党委要把党史工作摆上重要议事日程，及时研究解决影响和制约党史工作发展的重大问题，积极为党史部门有效开展工作排忧解难；各级党史办公室要切实加强自身建设，发挥职能作用，主动当好党委、政府的参谋和助手，努力为实现省委提出的“五句话”总要求作出积极贡献。

省党史工作联席会议成员单位负责同志、各市委分管党史工作的负责同志以及党史办公室主任、省委党史办全体干部职工参加了会议。

省委常委会召开会议　传达贯彻全国农村基层党建工作座谈会精神　研究党政领导班子建设工作　6月11日，省委常委会召开会议，传达全国农村基层党建工作座谈会精神，研究我省贯彻落实意见；研究讨论《关于贯彻〈2014—2018年全国党政领导班子建设规划纲要〉的实施意见》。省委书记王儒林主持会议。

会议指出，去年以来，通过农村“两委”换届、集中整顿软弱涣散村级组织、开展培训等举措，全省农村基层党建取得明显成效。但是，一些农村党组织战斗力不强、带头人素质不高、对党风廉政建设和反腐败斗争抓得不够不紧等问题仍然突出。农村基层党组织强，才能实现“乡村治，百姓安”。全省各级党委要深入贯彻落实习近平总书记重要指示精神和全国农村基层党建工作座谈会精神，充分认识农村基层党组织的重要作用，进一步高度重视起来。要着力加强农村基层党建工作，各级党委特别是乡镇党委要切实把工作重心放在抓农村党建上，强化农村党组织政治引领功能，扎实推进基层服务型党组织建设，推动“六权治本”向乡村延伸。要着力选好育好、管好用好农村带头人队伍，加大选派“第一书记”工作力度，确保软弱涣散村和建档立卡贫困村“全覆盖”。创新完善农村基层党组织设置，从严加强党员队伍建设，持续整顿软弱涣散基层党组织。不断加大保障力度，推动人往基层走、钱往基层投、政策往基层倾斜。要进一步完善村务监督机制，结合正在开展的农村集体“三资”管理专项清理整治工作，切实把纪律和规矩挺在前面，把加强村务监督作为推进基层民主管理、促进乡村治理法治化的重要内容，强化村务监督这个防线，完善工作机制，确保有效开展村务监督。要切实抓好党建工作责任制落实，认真落实农村基层党建责任制，特别要强化乡镇党委抓农村基层党建的直接责任。各级各有关部门要履行职能、尽职尽责，推动农村基层党建取得实效。

会议强调，《2014—2018年全国党政领导班子建设规划纲要》对当前和今后一个时期全国各级党政领导班子建设进行了全面规划和部署，是新形势下加强和改进党政领导班子建设的指导性文件。各级党组织要充分认识贯彻落实中央《规划纲要》和我省《实施意见》的重要意义，进一步重视起来，切实抓好贯彻落实。加强领导班子建设归根结底是要选好人、用好人。我省选人用人初步实现了风清气正，要进一步巩固这一良好态势，特别要加强党政正职培养选拔，选优配强关键岗位领导干部，努力建设高素质领导班子。要坚持干部选拔任用行之有效的做法，在防止“带病提拔”“在岗生病”上下功夫。要严格日常监督，严肃党内政治生活，抓好“三严三实”专题教育，切实提高领导干部履职尽责能力。各级党委（党组）要严格落实从严治党、加强领导班子建设的责任，抓好对中央《规划纲要》和我省《实施意见》贯彻落实情况的督促检查，加大对各级各部门党组织特别是主要负责人抓领导班子建设的考核力度，对履职不到位的要严肃追究责任。

省委全面深化改革领导小组召开第八次会议　6月25日，省委全面深化改革领导小组召开第八次会议，深入贯彻落实中央全面深化改革领导小组第十三次会议精神，审议并原则通过《山西省领导干部干预司法活动、插手具体案件处理的记录、通报和责任追究规定实施细则》《山西省政务服务平台建设总体方案》《省政府部门权力清单》，要求进一步修改完善后按程序下发实施。省委书记、省委全面深化改革领导小组组长王儒林主持会议并讲话。省委副书记、省长、省委全面深化改革领导小组第一副组长李小鹏讲话，省委副书记、省委全面深化改革领导小组常务副组长楼阳生，省政协主席、省委全面深化改革领导小组副组长薛延忠，省领导胡苏平、高建民、黄晓薇、王建明、王伟中、盛茂林、李政文、安焕晓、朱先奇、左世忠、杨司出席会议。

会议指出，制定《实施细则》，为防止领导干部干预司法活动、插手具体案件处理划出了“红线”，建立了“防火墙”和“隔离带”，为司法机关依法独立公正行使职权提供制度和法律保障。全省各级领导干部要牢固树立法律红线不能触碰、法律底线不能逾越的观念，自觉遵守和严格执行《实施细则》。各级党委政法委要切实履行好登记管理、调查、检查、通报、移交等职责，纪检监察机关、党委组织部门要把领导干部干预司法活动、插手具体案件处理情况纳入党风廉政建设责任制和政绩考核体系，为司法机关创造公正司法的良好环境。

会议指出，建设政务服务平台，是省委十届六次全会作出的重要部署，旨在最大限度地推进权力运行公开，形成不能腐的长效机制。要以规范和约束权力为重点，以面向人民、服务人民、方便人民为出发点和落脚点，坚持共建共享、互联互通，坚持建设、运行、管理、监督“四位一体”，重点建设好省、市、县政务服务平台，尤其要把形成全省统一的政务服务

“一张网”作为重中之重，做到实际、实用、实效。要通过改革和创新，着力构建系统完备、科学规范、运行有效的政务服务制度体系，让人民群众真正感到满意。

会议指出，编制省政府部门权力清单，是落实中办、国办《关于推行地方各级政府工作部门权力清单制度的指导意见》的重要改革任务，是深入推进“六权治本”的坚实基础。要进一步做好厘权、清权和确权工作，把“清单”作为规矩和纪律，严格遵照执行，真正做到“权力进清单”“法无授权不可为”“法定职责必须为”。要建立健全权力清单动态管理等机制，积极宣传简政放权成果，尽快启动省政府部门责任清单编制工作，全面推进市级政府部门相关工作。

会议强调，今年是改革的关键之年，现在正处于半年的时间节点。要深入贯彻落实中央全面深化改革领导小组第十三次会议精神，积极推进下一步全省改革工作。要着力引深重点领域和关键环节的改革，切实加强组织领导，强化对跨区域跨部门重点难点问题的督促协调，突出抓好具有“四梁八柱”性质的综合性改革方案。要着力搞好改革工作“回头看”，系统梳理、对账盘点相关改革任务和制度性文件的推进情况，对未按时序进度完成的改革任务要加快落实。同时要积极做好提交省委改革领导小组审议的制度性文件起草工作，做到成熟一个、出台一个。要着力健全规范化、常态化改革工作督查机制，加强专项督促检查工作，开展群众“知晓度、认同度、满意度”评估，提升改革质量和效果，让改革成果更好惠及人民群众。

会议强调，加强政府自身建设是贯彻落实“四个全面”战略布局的必然要求，对实现政府治理体系和治理能力现代化意义重大。抓好政府自身建设既需要起步的勇气，更需要持久的耐力；既需要改革创新的活力，又需要秩序稳定的可持续步伐。各级各部门要以坚持党的领导为核心，以全心全意为人民服务为宗旨，以从严治吏、依法行政为主旨，以监督权力、公开透明、务实高效为关键，以为民便民、优质服务为出发点和落脚点，问题导向，自我革命，“三严三实”，真抓实干，一步一个脚印地把全面加强政府自身建设推向前进，加快建设法治政府、服务政府、责任政府、廉洁政府、创新型政府和学习型政府，为深入学习贯彻习近平总书记系列重要讲话精神，净化政治生态、实现弊革风清、重塑山西形象、促进富民强省提供坚强保障。

参加会议的还有，省委全面深化改革领导小组成员，省委改革办及各专项小组负责同志。

全省双拥模范城（县）命名暨双拥模范单位和个人表彰大会召开 6月26日，全省双拥模范城（县、区）命名暨双拥模范单位和个人表彰大会在省城工人文化宫召开。省委书记、省人大常委会主任王儒林，省委副书记、省长李小鹏，省政协主席薛延忠出席会议并为受表彰代表颁奖。省委副书记、省双拥工作领导小组组长楼阳生讲话。省党政军领导郭志刚、王伟中、李政文、喻军、胡培禹等出席会议。副省长、省双拥工作领导小组副组长张建欣主持会议。

省军区政委郭志刚宣读了《中共山西省委、山西省政府、山西省军区关于命名双拥模范城（县、区）的决定》和《山西省双拥工作领导小组关于表彰爱国拥军拥政爱民模范单位和模范个人的决定》。会议命名了太原市等56个双拥模范城（县、区），对太原市总工会等91个双拥模范单位和贾亚生等83名双拥模范个人进行了表彰，太原市代表双拥模范城（县、区）作了表态发言。

楼阳生代表省委、省政府、省军区向获得命名表彰的单位和个人表示热烈祝贺。他指出，近年来，全省上下认真贯彻党中央、国务院、中央军委特别是习近平总书记关于加强军政军民团结的一系列重要指示精神，按照“以人为本、统筹协调、军民融合、服务发展”的整体思路，深入扎实开展双拥工作，取得了显著成绩。当前，我省正处在改革发展的关键时期，要不断战胜前进道路上的各种困难和挑战，实现省委提出的“五句话”总要求和总目标，更加需要巩固和加强新时期军政军民关系，更加需要广大军民同心同德，团结奋斗。他强调，要深入学习贯彻习近平总书记系列重要讲话精神，充分认识加强军政军民团结的极端重要性，大力弘扬军爱民、民拥军的光荣传统，以坚强的军政军民团结为山西“六大发展”和部队现代化建设提供有力保障。要凝聚广泛共识，筑牢军政军民团结的思想根基，广泛凝聚和调动全省广大军民的积极性、主动性和创造性，为双拥工作持续深入发展提供强大动力。要着眼军民融合，把推进军民融合深度发展作为新形势下双拥工作的一项重要任务和创新点，作为推进“六大发展”、实现“三大突破”的一个重要载体，更加注重在战略规划、拓宽领域、健全机制上融合，努力实现地方发展和国防建设优势互补、良性互动。要顺应军民期盼，坚持以人为本、惠军利民，以帮助广大官兵解决实际问题为关键，以做好基层双拥工作为重点，以贯彻落实双拥法规政策为保障，切实解决双拥工作中的热点难点问题，努力实现好、维护好、发展好广大军民的根本利益。要加强组织领导，进一步提高思想认识，强化宣传引导，创新工作方式，不断提升双拥工作科学发展水平，更加密切坚如磐石的军政军民关系，为开创山西弊革风清、富民强省的新局面提供坚强保证。

省委常委会召开会议 研究统战、民族、民营经济、高校领导班子建设、发展党员等工作 6月26日，省委常委会召开会议，研究讨论关于贯彻中央统战工作会议精神和贯彻省部级干部民族工作专题研讨班精神的措施，《关于加快民营经济发展的意见》，《山西省贯彻执行普通高等学校党委领导下的校长负责制的实施办法》《山西省高等学校实行领导班子任期制办法》《部分高等学校实行党委常委制的意见》等加强高校领导班子建设的“三个文件”，《山西省发展党员工作责任追究办法》。省委书记王儒林主持会议。

会议指出，习近平总书记在中央统战工作会议上的重要讲话，为我们做好新形势下统战工作提供了根本遵循和行动指南。全省各级各部门特别是统战部门要采取中心组学习、组织培训班、纳入党校和行政学院培训课程等形式，深入学习领会习近平总书记重要讲话精神和《条例》要求，同时要做好宣传工作，营造加强统战工作的良好氛围。要扎实做好统一战线各方面工作，推进政党协商的制度化、规范化建设，加强省政府联系民主党派、工商联、无党派人士工作，加大对政府部门、高等学校、市县法检两院领导班子党外干部配备力度，加强民族宗教工作，积极开展党外知识分子工作，高度重视和做好党外代表性人士工作，做好非公有制经济领域统战工作，最大限度地凝聚共识、凝聚人心、凝聚智慧、凝聚力量。各级党委要加强对统一战线工作的领导，将其纳入年度目标责任考核内容，建立党委组织部和统战部联席会议制度，加强统战部门和统战干部队伍建设，推动全省统战工作迈上新台阶。

会议强调，全省各级各部门要认真学习贯彻省部级干部民族工作专题研讨班精神，始终高度重视民族工作，把民族工作摆在重要位置。要着力提升少数民族经济社会发展水平，把少数民族贫困村列入全省扶贫开发重点范围，加大精准扶贫力度，在全面建成小康社会过程中不能让少数民族贫困群众掉队落伍。建立健全县（市、区）、镇（街道）、社区三级民族工作网络，着力做好社区民族工作，加强少数民族学生教育管理。要加强少数民族流动人口服务管理，维护民族团结和社会稳定。要形成民族工作领导合力，完善领导体制和工作机制，民族工作重点市要实行民族事务委员会制度。要加强民族政策法律法规的学习宣传，营造各民族共同团结奋斗、共同繁荣发展的良好氛围。

会议强调，全省各级各部门要高度重视民营经济的发展，坚持两个“毫不动摇”，在“突破”上想办法、下功夫，全力推进民营经济转型发展、创新发展。要放宽市场准入条件，放开民间投资领域，加大对民营企业财税、信贷等方面的支持力度，进一步清权放权、简化审批，建设综合性政务服务平台，切实解决有碍民营经济发展的“玻璃门”“弹簧门”“旋转门”问题。要坚持改革创新，引导民营企业特别是家族制企业建立现代企业制度，优化招商引资机制，探索“互联网+”等新产业、新业态、新模式，推动形成大众创业、万众创新的热潮，千方百计扩大社会就业，稳定增加群众收入。要完善体制机制，成立省市县促进民营经济发展工作领导机构，建立省市县领导联系民营企业和商会机制，建立完善统计监测和考核机制，严肃整治吃拿卡要、乱作为、不作为等现象。要把金融振兴、科技创新和民营经济“三个突破”有机结合起来，形成相互促进的良好态势。

会议指出，高校“三个文件”体现了习近平总书记重要讲话精神，体现了党要管党、从严治党的方针，也体现了省委“六权治本”的要求。要把高校“三个文件”作为加强高校领导班子建设和党的建设的重要抓手，有针对性地解决问题，规范领导行为和领导方式。要把贯彻落实高校“三个文件”作为检验高校党建工作的重要依据，认真抓好高校党委换届工作，强化对领导班子和领导干部的考核、评价、奖惩。要全面加强高校党建工作，结合“三严三实”专题教育，完善领导干部培养选拔任用机制，选好用好党委书记和校长，配齐配强领导班子，推动各项工作落实，为全省“六大发展”提供更加有力的人才支撑。

会议强调，党要管党、从严治党，首先要把好党员“入口关”。各级党委（党组）要高度重视发展党员工作，严格标准、严格培养、严格程序、严格追责，从源头上保证党员队伍的质量。要从严立规，突出针对性和操作性，切实把原则方针具体化、弹性规定刚性化，确保问责和追究有依据、有遵循。要刚性执纪，严肃查处违纪违规问题和不正之风，加大对违纪违规案例的通报力度，做到违纪有成本、违纪必追究、违纪必处罚。各级党委（党组）要切实担负起抓党建的主体责任，把发展党员工作纳入党建工作责任制，党组织负责人要切实履行好第一责任人的职责。组织部门要强化督促检查，及时发现工作中出现的问题，认真加以研究解决，不断提高党员队伍的纯洁性和先进性。

省委常委会召开会议　传达贯彻全国优秀县委书记表彰会议、省区市贯彻落实《干部任用条例》和推进“三严三实”专题教育工作座谈会精神

7月3日，省委常委会召开会议，传达全国优秀县委书记表彰会议、省区市贯彻落实《干部任用条例》和推进“三严三实”专题教育工作座谈会精神，研究我省贯彻落实意见。省委书记王儒林主持会议。

会议指出，习近平总书记在会见全国优秀县委书记时提出“做政治的明白人、发展的开路人、群众的贴心人、班子的带头人”的要求，体现了对县委书记队伍的高度重视和殷切期望，也为我们加强县委书记队伍建设提供了根本遵循。省委高度重视县委书记队伍建设，把选用县委书记作为开展“三个一批”的重要切入点，加强县委书记选拔任用和管理监督工作，取得积极成效。要深入学习习近平总书记重要讲话精神，进一步加强县委书记队伍建设，选好用好县委书记，充分发挥县委书记的重要作用。全国优秀县委书记既是县委书记学习的榜样，也是每位领导干部学习的榜样。要学习弘扬先进典型，把优秀县委书记作为“三严三实”专题教育的鲜活教材，深入总结典型经验，同时组织好我省百名优秀乡镇（街道）党（工）委书记的评比表彰工作，凝聚起学习先进、崇尚先进、争当先进的强大正能量。要支持县委书记干事创业，在从严管理监督的同时，真心实意帮助他们解决实际困难和问题，关心他们的成长进步，营造干事创业的良好氛围。

会议强调，《干部任用条例》是做好干部选拔任用工作、培养造就高素质干部队伍的制度保证。全省各级党委（党组）特别是组织系统要认真学习贯彻省区市贯彻落实《干部任用条例》和推进“三严三实”专题教育工作座谈会精神，及时传达落实到基层。要深入贯彻落实《干部任用条例》和我省选人用人一系列办法，在实践中进一步总结完善。要从严从实落实条例规定的用人原则、用人标准、用人程序、用人纪律，树立鲜明的用人导向，坚持“六查”“六个全程”等选人用人办法，有效防止干部“带病提拔”。要高度重视、突出解决领导干部能上不能下的问题，把敢作为、善作为的好干部用起来，让不作为、不胜任、作风不实的干部退下来，使领导干部能上能

下成为一种常态。

会议指出，全省“三严三实”专题教育启动以来，各级党委(党组)精心组织、扎实推进，整个专题教育取得积极成效。但是，还存在一些地方和部门重视不够、投入精力不足，走形式、轻实效，应对下行压力、推动发展力度不够等问题。各级党委(党组)要按照中央和省委部署要求，针对存在问题，进一步强化措施，扎实推进专题教育。要深入抓好学习研讨，坚持问题导向，切实把“双学”作为重要政治任务，把专题教育融入经常性学习教育之中，确保不虚不空、不走过场。要对照清单抓整改，结合工作实际，把“不严不实”问题找准找实，边查边改、立行立改。要强化责任抓落实，各级党委(党组)主要领导要把第一责任紧抓不放，组织部门要落实好牵头责任，各级领导要切实负起责任，形成工作合力，特别要及时发现典型、总结经验、树立标杆，形成示范带动效应，确保专题教育取得更好实效。

省委法治建设领导小组召开第一次全体会议

7月3日，省委法治建设领导小组召开第一次全体会议，进一步学习贯彻党的十八届四中全会和习近平总书记关于全面推进依法治国系列重要讲话精神，总结2014年山西法治建设工作，审定有关制度文件。省委书记、省委法治建设领导小组组长王儒林主持会议并讲话。省委副书记、省长、省委法治建设领导小组第一副组长李小鹏，省委法治建设领导小组副组长楼阳生、王伟中、张建欣、左世忠、杨司出席会议。

王儒林在讲话中指出，去年以来，新的省委领导班子坚持把法治建设摆在突出位置，出台了《中共山西省委关于贯彻落实党的十八届四中全会精神加快推进法治山西建设的实施意见》，地方立法、法治政府建设、公正司法、基层民主法治、普法依法治理等工作扎实推进，“六权治本”试点取得明显成效，法治山西建设取得新的进展。要认真学习贯彻党的十八届四中全会和习近平总书记系列重要讲话精神，进一步强化法治观念，努力创优法治环境，切实抓好政法维稳各项工作，全力维护社会稳定，为推动“六大发展”营造良好法治环境。

王儒林指出，要突出重点，全面落实法治建设各项任务。要扎实推进地方立法，充分发挥人大及其常委会在地方立法中的主导作用，加强对宪法法律实施的监督，加快重点领域立法。要扎实推进严格执法，进一步简政放权、放管结合、搞好服务，完善政府公共服务平台，加强对执法活动的监督，坚决惩治各类腐败现象，加快建设法治政府。要扎实推进公正司法，深入推进司法体制改革，加强对司法活动的监督，坚持司法为民，推行“阳光司法”，严肃查处司法腐败。要扎实推进全民守法，加强法治宣传教育，提高全民法律素质。

王儒林强调，要按照中办国办《关于推行地方各级政府工作部门权力清单制度的指导意见》的要求，对省政府部门权力清单尽快修改完善、按程序报批，确保7月份如期公布实施。尽快启动省政府部门责任清单编制工作，加快推进市级政府部门权力清单编制工作，切实加快“六权治本”步伐。“六权治本”试点市、县和单位要进一步总结经验、探索拓展、提升完善，把“设计图”变成“项目图”“施工图”，各级各部门要借鉴试点经验，扎实做好相关工作，推进“六权治本”向乡、村延伸，提高服务群众水平，解决群众身边的腐败问题。

王儒林指出，要加强领导，形成合力推进法治建设的新局面。要始终坚持党领导立法、保证执法、支持司法、带头守法，提高依法执政能力和水平。要抓好领导干部这个关键少数，推进领导干部学法用法工作经常化、制度化、常态化。要强化责任落实，各级党委要把法治建设摆上重要议事日程，党委主要领导要担负起法治建设第一责任人的责任。要健全体制机制，实施重点工作项目化管理，健全推进落实机制、督促检查机制、组织协调机制。要加强作风建设，坚持把纪律挺在前面，结合“三严三实”专题教育，加强政法干警队伍建设，依法依纪严肃查处违法违纪行为，关心爱护政法干警，建设一支忠诚、干净、担当、敬业的政法队伍。

省委法治建设领导小组全体成员，省委办公厅、省委政法委、省委法治办等部门有关负责同志参加会议。

省委召开常委(扩大)会议　传达贯彻中央党的群团工作会议精神　研究重大行政决策机制、基层宣传思想文化工作　7月10日，省委召开常委(扩大)会议，传达中央党的群团工作会议精神，研究我省贯彻落实意见；研究讨论《关于健全重大行政决策机制的意见》《关于加强基层宣传思想文化工作的若干意见》。省委书记王儒林主持会议。

会议指出，习近平总书记在中央党的群团工作会议上的重要讲话，深刻阐明了做好群团工作的重大意义、重大原则、工作重点和需要采取的改革创新举措等一系列理论和实践问题，具有很强的战略性、思想性、指导性，是做好新形势下党的群团工作的纲领性文献。各级党组织、群团组织要深入学习领会，切实把思想和行动统一到习近平总书记重要讲话精神上来，进一步高度重视做好群团工作，自觉把群团工作放在实现“两个百年目标”、推进我省“六大发展”的实践中来谋划，把工人阶级主力军、青年生力军、妇女半边天作用和人才第一资源作用充分发挥出来。群团组织要围绕保持和增强政治性、先进性、群众性开展工作，始终把自己置于党的领导之下，在思想上政治上行动上始终同党中央保持高度一致，坚持发挥桥梁和纽带作用，把自己联系的群众最广泛最紧密地团结在以习近平同志为总书记的党中央周围。要紧紧围绕全省工作大局，组织动员、教育引导广大人民群众在改革发展稳定第一线建功立业，自觉践行社会主义核心价值观，多做凝聚人心、化解矛盾、激发动力的工作。要坚持以群众为中心、从群众需要出发，深入基层、深入群众，不断提升服务能力、挖掘服务资源，推进改革创新、健全基层组织，建好群众之家、当好群众之友。各级党委要切实加强和改进对群团工作的领导，坚持党委统一领导、党政齐抓共管、部门各负其责、党员干部带头示范、群团履职尽责的工作格局，完善党委领导群团组织的制度，全面加强群团干部队伍建设，把“三严三实”要求贯穿群团工作各个方面，努力推动全省群团工作迈上新水平。

会议强调，全省各级政府及工作部门要按照中央和省委部署，结合推进“六权治本”，高度重视重大行政决策机制建设，健全完善具体措施和配套制度，及时发现各地落实工作中存在的问题和不足，加强督促指导，确保重大行政决策机制落实到位。领导干部要进一步提高对依法决策的认识，充分认识到“法定职责必须为”，严格按照法定权限和程序行使权力，充分发挥好政府法制机构在重大行政决策中的积极作用，切实提高依法决策水平。要严格责任追究，进一步健全完善重大决策终身责任追究制度，明确决策主体、决策承办部门、承当风险评估工作部门、决策执行机关的责任、标准，坚持有错必究、有责必问，切实维护重大行政决策的严肃性。

会议强调，基层宣传思想文化工作非常重要。要坚持以深入学习宣传习近平总书记系列重要讲话精神为重点，着力加强基层思想政治工作，针对基层不同人群进行精准化分类、分众化宣传教育，切实增强针对性和实效性。要深化社会主义核心价值观学习教育实践，大力弘扬“三个文化”，开展中国人民抗日战争暨世界反法西斯战争胜利70周年相关纪念活动，更好地激发士气、凝聚力量。要围绕满足群众精神文化需求这个大方向，坚持从实际出发，用群众喜闻乐见的方式，统筹抓好各项文化惠民工程，构建合理有效服务体系，整合城乡文化信息资源，着力提升基层文化公共服务水平。各级党委、政府要高度重视基层宣传思想文化工作，着力形成大宣传工作格局，党委书记要履行好第一责任人的责任。要加强基层宣传思想文化队伍建设，抓好“基层工作加强年”活动，推动全省基层宣传思想文化工作有一个新的更好发展。

省委常委会召开会议　传达习近平总书记关于巡视工作重要讲话精神和中央巡视工作动员部署会议精神　7月15日，省委常委会召开会议，传达学习习近平总书记在中央政治局常委会听取巡视工作汇报和审议巡视工作条例时的重要讲话精神，学习王岐山书记在中央巡视工作动员部署会上的重要讲话，以及2015年中央第二轮巡视工作动员部署会暨省区市和部分中央单位巡视工作座谈会会议精神，研究我省贯彻落实意见。省委书记王儒林主持会议。

会议指出，习近平总书记关于巡视工作重要讲话，深入分析了当前反腐败斗争形势，突出强调了巡视工作的重要地位和作用，对运用好巡视成果、巩固和深化巡视工作提出了明确要求，具有很强的思想性、针对性和指导性，对我们做好新形势下巡视工作具有重要意义。中央巡视工作动员部署会议，明确提出了今年中央巡视工作的基本要求和主要任务。我们要认真学习贯彻习近平总书记关于巡视工作重要讲话精神、王岐山书记重要讲话和中央巡视工作动员部署会议精神，总结经验、再接再厉，推动我省巡视工作迈上新台阶，进一步净化政治生态、实现弊革风清。

会议指出，要加快推进巡视全覆盖，真正实现巡视监督常态化。巡视的过程就是全面从严治党的过程，从严治党没有死角、没有禁区。要全面完成中央基本实现巡视全覆盖的任务，在把握进度的同时，更加关注巡视质量，进一步加大“回头看”工作的范围和力度。

会议指出，要利剑高悬、震慑常在，以巡视工作推进党的纪律建设。要紧紧抓住被巡视党组织领导班子特别是一把手这个“关键少数”，紧紧扭住主体责任这个“牛鼻子”，紧紧握住监督责任这个关键抓手，通过以上率下、落实责任，真正实现管住绝大多数。要坚持问题导向，对照党的纪律和规矩，对照国家法律法规，一旦偏离就要及时发现、及时报告。要强化责任追究，“两个责任”不抓是失职，抓不好是渎职，不能让责任追究制度成为纸老虎、稻草人，倒逼各级党委履行主体责任、各级纪委履行监督责任。

会议指出，要坚持标本兼治，更好发挥巡视的震慑、遏制、治本作用。一要更加注重治本，认真总结共性问题，深入发现倾向性、苗头性问题，深入分析产生问题的原因，提出解决问题的办法，推动被巡视单位深化腐败问题多发领域和环节的改革，最大限度地减少体制缺陷和制度漏洞。二要更加注重整改，结合巡视前、中、后三个时期，带动巡视前即知即改，督促巡视中立行立改，强化反馈后全面整改。要充分发挥被巡视单位的自我纠错能力，对自我纠正的，巡视报告要如实反映，必须追究责任的要体现政策。三要更加注重宣传，充分发挥巡视宣传的引领、带动作用，切实增强巡视工作的透明性、震慑力和公信力，进一步调动人民群众支持、参与巡视工作。

会议指出，要着力推进巡视规范化建设，真正将巡视改革实践成果固化下来。要严格依据党内法规、政策和程序进行巡视，确保巡视工作经得起历史和实践的检验。要结合我省实际，加快完善我省巡视工作制度体系，做到系统完备、衔接配套，立治有体、施治有序，提升巡视规范化、制度化水平。各级各部门要支持配合巡视工作，真正形成全省“巡视一盘棋”。

全省科技创新推进大会在太原召开　7月16日，全省科技创新推进大会在太原召开。省委书记王儒林出席会议并作重要讲话。省委副书记、省长李小鹏主持会议。省委副书记楼阳生，省四套班子负责同志，法、检两长出席会议。

王儒林指出，要认真学习贯彻习近平总书记关于科技创新的重要讲话精神，坚持创新驱动发展，把科技创新摆到发展全局的核心位置。要深刻认识到，科技创新是我省摆脱资源依赖的迫切需要，是产业转型升级的迫切需要，是可持续发展的迫切需要，必须靠科技创新、全面创新的巨大力量，使资源型经济焕发新的生机和活力，带动产业的战略性突破和重大升级，实现转型发展，平稳健康可持续发展。

王儒林强调，要坚持深化改革，着力解决制约科技创新发展的突出问题。一是全面深化改革，着力破除制约科技创新的体制机制障碍。要全面深化科技计划管理体制改革，全面深化高校科研体制改革，全力深化科研院所改革，鼓励支持中央驻晋科研院所为地方发展多做贡献，积极促进军地企业院所融合发展，建立科技资源共享机制。二是强化企业技术创新主体地位，全面提升企业创新能力。要积极吸纳企业参与制定技术创新规划、政策和重大科技项目的决策，支持企业技术中心、重点实验室、产业中试基地等创新平台建设。三是创新机制，千方百计增加科技投入。财政资金要发挥科技投入的基础和引导作用，稳定支持重大战略性产业和重点领域的科技创新。要支持企业在技术创新投入中发挥主体作用，完善和落实企业科技投入的税收优惠政策。要突出银行资金的"稳定器"和资本市场的"催化剂"作用，围绕创新活动研究开发多种间接和直接融资模式。四是加大人才培养引进力度，实现创新人才集聚发展。把引进高端人才团队作为首要任务，把企业、高校和科研院所作为选才引才的主要依托，把招商引资作为招才引智的重要渠道，把培养本地人才作为根本任务，建立起一支具有山西特色的宏大的科技人才队伍。五是培育创新平台，夯实空间载体。要加快建设山西科技创新城建设，做强科技创新的基础平台，组建重点产业技术创新战略联盟，夯实创新发展的空间载体，发挥中心城市和综改试点县的先导作用。六是我们省的科技成果首先要在省内转化。产学研要密切合作，政府要发挥导向和支持作用，企业要强化创新和风险投入意识，密切参与项目研发，切实提高科技成果转化率。要建设一批省级科技成果中试基地和科技成果转化平台，加快培育科技中介服务机构，完善创新科技成果转化政策体系。要完善对科研主体的激励机制，让有贡献的科研人员合法致富。

王儒林强调，要坚持全面创新，勇于攻坚克难，努力实现全省产业转型发展。一要全力推进煤炭发展方式创新，加快煤炭产业"六型转变"，走出"革命兴煤"之路。二要全力推进煤电一体化创新发展，加快晋电外送通道建设，千方百计提高我省电力消纳能力。三要全力推进焦化产业脱困振兴，通过科技创新实现以焦为主向焦化并举、以化为主的转变，加快基地化、园区化、大型化建设。四要全力推动煤化工产业创新发展，努力形成现代煤化工为主导，传统煤化工为基础，煤基精细化工、化工新材料为特色的产业格局。五要加大煤层气勘探开发关键技术攻关力度，推进管理体制机制等全面创新，加强市场创新，尽快把煤层气发展成我省战略性支柱产业。六要积极推进煤炭商业模式创新，探索"互联网+"煤炭营销模式，推进煤炭战略储备机制创新。七要着力推进煤炭管理体制机制改革创新，积极解决煤炭资源整合、煤炭企业兼并重组遗留问题，大力破解煤炭企业现代制度改革难点问题。八要全力推进非煤产业创新发展，靠创新加快非煤工业发展，靠创新推动现代农业发展，大力推动现代服务业创新发展。

王儒林要求，各级党委、政府要坚持主动适应新常态，切实把思想从资源依赖、审批思维、封闭保守、消极畏难中解放出来，夯实创新发展的思想根基。要牢固树立正确的政绩观，认真学习贯彻习近平总书记关于"右玉精神"的重要批示，增强战略定力和历史耐心，迎难而上、久久为功，任何时候都毫不动摇推动创新发展。要改善创新生态，不断强化"尊重劳动、尊重知识、尊重人才、尊重创造"的社会价值取向，在全省上下形成想创新、学创新、敢创新、会创新的良好局面。要加强领导，强化创新驱动的政绩导向，推动科技创新各项工作部署项目化。各级领导干部要履职尽责、为官有为，带头学科技、懂科技、抓科技，切实把各项部署落到实处，努力形成全省创新发展的新局面。

李小鹏在主持会议时指出，各级各部门各单位要全面贯彻落实党的十八大和十八届三中、四中全会精神，深入学习贯彻习近平总书记系列重要讲话特别是关于创新驱动的重要讲话精神，认真贯彻落实王儒林书记的重要讲话精神，切实把思想和行动统一到党中央、国务院重大战略决策上来，统一到省委、省政府的工作部署上来，科学谋划、精心组织，不断推动我省科技创新取得新进展。要坚持问题导向，抓住薄弱环节，制定政策措施，着力打通科技和经济社会发展之间的通道。要围绕产业链部署创新链，加快建立以产业创新为重点的科技创新新机制，努力构建以科技创新为核心的全面创新新格局。要细化工作方案，加强督促检查，高效务实推进山西科技创新城建设，大力实施低碳创新行动计划，深入推进煤基重点科技攻关项目，办好低碳发展高峰论坛，力争在高碳资源低碳利用、黑色煤炭绿色发展等重点领域和关键环节取得新突破。要创新绩效考核，树立强化科技创新的政绩导向。要培育创新文化，营造良好环境，鼓励大众创业、万众创新，加快实现我省发展由资源依赖、要素投入向创新驱动的重大转变。

会议以电视电话会议形式举行，主会场设在省委会议厅，各市、县（市、区）设分会场。在主会场参加会议的还有，省直各部门、中央驻晋单位主要负责同志，驻太原本科院校、省管国有骨干企业主要负责同志，驻太原中央科研院所、省属科研院所主要负责同志，部分驻太原高新技术企业代表，中央驻晋主要新闻媒体负责同志。

省委全面深化改革领导小组召开第九次会议

7月17日，省委全面深化改革领导小组召开第九次会议，贯彻落实中央全面深化改革领导小组第十四次会议精神，听取各专项小组和省委改革办上半年工作情况汇报和下半年工作安排，研究部署下半年全省改革工作。省委书记、省委全面深化改革领导小组组长王儒林主持会议并讲话。省委副书记、省长、省委全面深化改革领导小组第一副组长李小鹏讲话，省委副书记、省委全面深化改革领导小组常务副组长楼阳生，省领导胡苏平、高建民、黄晓薇、王伟中、盛茂林、李政文、安焕晓、张复明、朱先奇、左世忠、杨司出席会议。

会议指出，2015年上半年，各专项小组、各地各部门认真学习贯彻习近平总书记系列重要讲话精神，紧紧围绕中央和省委部署，积极有序推进各项改革，基本实现了"时间过半、任务过半"的目标，全省上下"谋改革、抓改革、促改革"的氛围日益浓厚，一些重大改革举措取得阶段性成果，改革促发展的效应初步显现。同时也要看到，当前改革工作中还存在一些不容忽视的问题，有的地区和部门对改革重视不够、大局意识不强、推进力度不大；有的责任部门和单位重视出文件、不注意抓落实，工作成效不明显；有的改革事项承接不及时、安排部署滞后，不能很好衔接和贯彻落实；有的领导干部改革意识不强，责任担当不够，存在“等、靠、拖、延”等问题，必须引起高度重视，及时予以解决。

会议指出，要认真学习、深入领会习近平总书记在中央全面深化改革领导小组第十四次会议上的重要讲话精神，把“三严三实”要求贯穿改革全过程，通过“双学”进一步统一思想、协调行动，振奋精神、推动改革。要结合开展“三严三实”专题教育，进一步解决全面深化改革的认识问题，充分认识改革对解决山西问题、办好山西事情的重大意义，充分认识经济进入新常态对改革提出的新要求新挑战，形成推动改革的思想自觉和行动自觉。要组织督促各级领导干部认真学习领会中央和省委关于全面深化改革的部署措施，准确把握全面深化改革的规划路径、工作重点，把改革作为重要政治责任、重要工作职责，把好方向、突出重点、做好工作。要把推进全面深化改革作为检验各级领导干部是否践行“三严三实”的重要标尺，通过“三严三实”专题教育促进改革。

会议指出，要按照“三严三实”要求谋划改革，进一步提升全面深化改革的科学性。要结合实际谋划改革，吃透中央精神，摸准山西省情，了解基层关注、百姓期盼，确保改革事项更接地气。要周密谋划改革方案，号准脉再开处方，始终坚持问题导向，实化细化改革方案，力戒形式主义，防止好大喜功、脱离实际，使各项改革要求落地生根。

会议指出，要按照“三严三实”要求推动改革，进一步提升全面深化改革的实效性。关键在于落实，要进一步明确责任，把改革任务分解落实到部门、岗位和人头，从落实的角度思考问题、推动工作、破解难题。要进一步加大力度，凡是中央和省委确定的改革举措，必须不折不扣贯彻落实，决不允许打折扣、搞变通，在抓落实中转变作风。要进一步严肃问责，把抓改革落实的情况纳入干部考核和年度目标责任制考核，把纪律挺在前面，在抓落实中考察干部。要进一步强化敢于担当、攻坚克难的用人导向，把想改革、谋改革、善改革的干部用起来，把为官不为、不敢担当的干部调整下去，把落实、实效的要求体现到谋划推进改革的实践中。

会议指出，2015年以来，各级各部门认真贯彻落实党中央、国务院决策部署和省委、省政府工作安排，上下联动、主动作为、蹄疾步稳、狠抓落实，推动重点领域和关键环节改革取得新进展，为全省经济社会持续健康发展提供了新的动力。要坚持以习近平总书记关于全面深化改革的一系列重要讲话精神为指引，争当改革促进派，争做改革实干家，以“三严三实”的作风，问题导向，大胆创新，加力推进全面深化改革各项任务，突出抓好煤炭管理体制改革、国有企业改革、政府自身改革等重点领域改革，确保圆满完成全年各项改革任务。要加强对改革成效的评估督查，促进改革措施落地生根、开花结果。要抓好改革试点工作，努力形成可复制可推广的经验模式。要深入调研，科学谋划“十三五”期间的改革工作。要进一步加大宣传引导力度，发动群众参与改革，引导社会支持改革，营造全面深化改革的良好氛围。

参加会议的还有，省委全面深化改革领导小组成员，省委改革办及各专项小组负责同志。

省委常委会召开会议　研究部署经济工作、科技创新工作　传达贯彻中央巡视工作专项检查汇报会精神　7月24日，省委常委会召开会议，听取省政府关于全省上半年经济形势汇报，研究部署下半年经济工作，研究讨论《关于实施科技创新的若干意见》，传达贯彻中央巡视工作专项检查汇报会精神。省委书记王儒林主持会议。

会议指出，今年以来，全省上下认真贯彻落实党中央、国务院和省委、省政府决策部署，主动适应经济发展新常态，采取了一系列有效措施，积极应对经济下行压力。要肯定成绩、坚定信心，看到全省经济工作取得的效果，看到我省未来发展的潜力，进一步增强推进“六大发展”、实现富民强省的信心和决心。要正视问题、继续努力，充分认识到我省经济形势依然严峻复杂，下行压力仍在加大，始终保持清醒头脑，牢牢把握经济工作的主动权。要聚焦重点、强化措施，加快推动“三个突破”，抓好项目和投资，强化政策支持，进一步深化改革，抓好民生稳定各项工作，力争完成好全年目标任务。要认真研究提出我省“十三五”规划指标体系及发展目标建议，抓紧编制我省“十三五”规划纲要。要主动作为、狠抓落实，各级党委、政府和领导干部要勇于担当，尽职尽责，以良好作风狠抓工作落实，确保取得实实在在的效果。全省上下要团结一致、攻坚克难，齐心协力做好各项工作，为山西经济社会发展作出贡献。

会议指出，推进科技创新、全面创新，实现转型发展、全面发展，是促进我省经济社会持续健康发展的根本所在。要突出创新、转型发展，深入贯彻全省科技创新推进大会精神，深入把握我省即将出台《关于实施科技创新的若干意见》的政策措施，拿出更为具体的落实举措。要聚焦重点、实现突破，紧紧围绕实现科技创新这一重大“突破”的目标，制定分工方案，进一步细化分解责任，形成“路线图”、拿出“时间表”，加快推进各项重点工作。要形成合力、狠抓落实，各有关部门之间要相互配合、相互支持，协同抓好任务落实。要突出强化执行力，既要有用干部的导向，又要有把纪律挺在前面的要求，进一步提升各个层面的工作积极性，努力推动全省科技创新、全面创新迈上新水平。

会议指出，要落实好中央巡视工作专项检查汇报会上中巡办主任黎晓宏同志提出的要求，深入贯彻落实习近平总书记、王岐山同志关于巡视工作系列重要讲话精神，坚持把巡视作为落实主体责任的具体化，进一步夯实主体责任。要通过层层厘清责任、层层传导压力、层层督促检查、层层压实责任，实现横向到边、纵向到底，同时突出追责问责。要认真落实“两汇报、一报备”等制度，继续支持纪检监察机关深化“三转”。要深入贯彻巡视方针，在实现市县巡视全覆盖的基础上，突出专项巡视，真正实现巡视监督常态化。要进一步加大“回头看”工作的范围和力度，继续抓好中央巡视组反馈意见的整改落实工作，运用好巡视成果。要加快完善我省巡视工作制度体系，进一步提高我省巡视工作的科学化、规范化、制度化水平。要不断创新方式方法，探索开展对村巡察，总结提升“五双”模式、“五账挂号”制度，提升完善“双剑联动”、“三剑齐发”等做法，探索运用大数据打造“数字化”笼子管理方法，用好“巡查式”“回访式”巡查，搞好“点穴式”巡视试点，不断提高监督实效，更好地服务全面从严治党、全面从严治吏。

省委常委会召开会议 研究我省“十三五”时期国民经济和社会发展基本思路 讨论我省深化考试招生制度综合改革 7月29日，省委常委会召开会议，研究我省“十三五”时期国民经济和社会发展基本思路，讨论《山西省深化考试招生制度综合改革实施方案(试行)》。省委书记王儒林主持会议。

会议指出，“十三五”时期，是全面建成小康社会的关键时期，编制好“十三五”规划对于我们贯彻落实“四个全面”战略布局，实现弊革风清、促进富民强省具有重大意义。习近平总书记关于“十三五”规划发表了一系列重要讲话，具有很强的思想性、针对性和指导性，我们要认真学习、深刻领会，切实把思想和行动统一到中央对“十三五”发展的分析判断和决策部署上来。

会议指出，“十二五”以来，在党中央、国务院的正确领导下，山西经济社会发展取得了积极成效，中央对山西省委领导班子进行重大调整以来，省委、省政府坚决贯彻落实以习近平同志为总书记的党中央对山西工作的重要指示要求，一手抓党风廉政建设和反腐败斗争，一手抓经济社会发展，既谋长远，又积极应对经济下行压力，取得一定成绩。但目前仍面临着政治、经济、民生和生态的“立体性困扰”，保增长、调结构、转方式、促改革、惠民生、防风险的任务艰巨。我们一定要保持战略定力、坚定发展信心，扬长补短、趋利避害，努力实现富民强省、全面小康目标。

会议强调，谋划“十三五”时期全省经济社会发展，要把“四个全面”战略布局贯穿始终，把适应经济发展新常态的要求贯穿始终，把省委“五句话”总体要求贯穿始终，切实增强规划的前瞻性、战略性和引领性。要坚持问题导向，着力解决影响山西未来发展的一些根本性问题。一要把发展作为第一要务，突出抓好稳增长，大力培育新的经济增长点，不断提高我省综合经济实力。二要调整经济结构，突出做好煤与非煤“两篇大文章”，大力推进煤炭“六型转变”，做大做强七大新兴产业。三要转变发展方式，以科技创新为核心推动全面创新，切实把推动发展的立足点转到提高质量和效益上来。四要全面深化改革，扎实推进转型综改试验区建设，积极融入国家“一带一路”建设。五要加快农业现代化，构建现代特色农业体系，不断完善“一核一圈三群”为主体的城镇化布局。六要加强资源节约和环境保护，加大生态环境治理修复力度，着力推进绿色发展、循环发展、低碳发展。七要提高城乡居民生活水平，促进就业、教育、医疗、社会保障等社会事业发展，扎实推进“城中村”改造和采煤沉陷区治理。特别是把扶贫开发作为最大的民生工程，深入推进精准扶贫。八要创新社会治理，认真做好信访稳定工作，解决群众身边的腐败问题，切实加强安全生产，维护社会和谐稳定。九要突出谋划好廉洁发展。太原市积极推进“城中村”改造的实践证明，加强党风廉政建设和反腐败斗争，不仅不会影响经济发展，还会有力促进经济发展。要学习太原市“城中村”改造所体现的积极作为、攻坚克难、依法办事、为民谋利的精神，牢固树立“发展必须廉洁、廉洁促进发展”的理念，继续加强党风廉政建设和反腐败斗争，始终保持“三个高压态势”，实施“六权治本”，坚决把党的纪律和规矩挺在前面，为富民强省、全面小康提供坚强的政治保证。

会议要求，要高度重视“十三五”规划编制工作，加强组织领导，扎实有效推进，在规划基本思路基础上，深入研究形成省委关于“十三五”规划的建议。要集思广益，使规划编制的过程，成为统一思想、凝聚共识、集聚民智的过程。各级领导干部要坚持“双学”，奋发有为，尽职尽责，努力开创弊革风清、富民强省新局面。

会议指出，深化考试招生制度改革，涉及千家万户的切身利益和青少年的前途，也事关社会公平。要全面贯彻落实党的教育方针，准确把握改革方向、基本精神和总体要求，积极借鉴试点省份经验，抓紧制定完善配套政策，统筹实施教学、考试、招生和管理的综合改革，加快建立科学高效、公平公正的现代考试招生制度。要建立完善联席工作机制，严格按照党中央、国务院要求，慎重稳妥地推动各项改革措施的落实，重大问题要请示报告，确保改革有序稳步推进。

省委全面深化改革领导小组召开第十次会议

7月30日，省委全面深化改革领导小组召开第十次会议，审议讨论并原则通过《关于全省加强社会治安防控体系建设的实施意见》。省委书记、省委全面深化改革领导小组组长王儒林主持会议并讲话。省委副书记、省长、省委全面深化改革领导小组第一副组长李小鹏讲话，省委副书记、省委全面深化改革领导小组常务副组长楼阳生，省政协主席、省委全面深化改革领导小组副组长薛延忠，省领导胡苏平、高建民、黄晓薇、王伟中、盛茂林、李政文、安焕晓、张复明、刘杰、朱先奇、左世忠、杨司出席会议。

会议指出，社会治安防控体系建设事关重大，是民心所向、稳定所需，人民群众高度关注。要坚持源头治理，切实加强社会治安防控体系建设。要强化法治思维，坚持依法治理，用法治引领体系建设，用法治思维和法治方式解决矛盾和问题，尤其要注重将改革创新思维和法治思维相结合，努力破解人民群众反映强烈、影响社会和谐稳定、影响平安山西建设的突出问题。要强化基础建设，重视人口基础信息库等基础性资料建设，重视公共安全视频监控等基础性设施建设，重视社区网络化等基础性平台建设以及社会治安形势分析研判等基础性机制建设，分步骤、有重点推进。各级党委、政府主要领导作为第一责任人，要加强组织领导和统筹协调，将治安防控工作与其他各项工作协同推进。要抓紧出台配套的《分工方案》，有关部门要按照“谁主管、谁负责”原则，进一步明确职责任务，细化工作措施，各司其职、各负其责，共同把这项事关百姓安居乐业的大事做好。

会议强调，下半年全省改革任务非常繁重，关键在落实，落实靠作风。要真抓实干、持之以恒，有令则行、有禁则止，把纪律和规矩挺在前面，严肃查处纪律不严、作风不正、落实不力的人和事，推动工作的落实。特别要认真贯彻落实最近中央发布的《推进领导干部能上能下若干规定(试行)》，抓紧制定出台我省实施意见和实施细则，组织和纪检部门要加强协调，落实中央要求，解决当前存在的突出问题，进一步加强干部队伍建设和作风建设。

会议要求，各级各部门要采取有力措施，结合我省实际全面贯彻落实中央决策部署，切实加强全省社会治安防控体系建设，深入推进平安山西建设，特别要坚持群防群治，紧紧依靠人民群众打好社会治安防控的人民战争，为加快“六大发展”、促进富民强省创造和谐稳定的社会环境。要按照省委统一部署，统筹抓好各领域的改革，尤其要进一步深化煤炭革命，把推进煤炭行政审批制度改革作为推动煤炭革命的重要任务，作为实施“六权治本”的关键领域，加力推进，务求突破，进一步减轻企业负担，提高审批效率，改进政府监管，规范权力运行，为促进煤炭行业健康可持续发展，加强煤焦领域党风廉政建设和反腐败斗争提供有力的制度保障。

参加会议的还有，省委全面深化改革领导小组成员，省委改革办及各专项小组负责同志。

省委常委会召开会议　传达贯彻省区市和部分部门单位“三严三实”专题教育工作座谈会、全国司法体制改革试点工作推进会精神　研究省纪委派驻机构建设工作　8月6日，省委常委会召开会议，传达省区市和部分部门单位“三严三实”专题教育工作座谈会、全国司法体制改革试点工作推进会精神，研究我省贯彻落实意见；研究讨论《关于加强省纪委派驻机构建设的意见》和《山西省纪委派驻机构全覆盖机构设置整体工作方案》。省委书记王儒林主持会议。

会议强调，全省各级党组织特别是党员领导干部要认真贯彻省区市和部分部门单位“三严三实”专题教育工作座谈会精神，深入推动“双学”，带头执行党的六大纪律、带头遵守中央八项规定，真正在思想上、政治上、作风上严起来、实起来。要充分发挥先进典型的引领作用和反面典型的警示作用，以周永康、薄熙来、郭伯雄、徐才厚、令计划、苏荣等严重违纪违法案件为反面教材，做到受警醒、明底线、知敬畏。要坚持边学边查边改，聚焦解决不严不实问题，对群众反映强烈、影响面大的问题，要“集体会诊”，抓好专项整治。要进一步夯实领导责任，省委常委要做好示范带动、抓好指导推动，党委(党组)书记、班子成员要认真履行职责，组织部门要搞好督查落实。要认真贯彻中办印发的《推进领导干部能上能下若干规定(试行)》，着力解决为官不正、为官不为、为官乱为等问题，把敢作为、善作为的好干部用起来，把不作为、不胜任、作风不实的干部退出去，推动形成能者上、庸者下、劣者汰的从政环境，把“三严三实”要求贯穿于改革发展稳定各项工作之中，以优良作风更好地促进发展。

会议指出，中央将我省列入第二批司法改革试点省份以来，省委高度重视、精心组织，试点工作取得积极成效。要认真贯彻全国司法体制改革试点工作推进会议精神，学习借鉴第一批试点省市的成功经验，高起点、高水平推进试点工作，为我省全面推开司法体制改革创造经验。要围绕完善司法人员分类管理制度等七个方面重点，统筹推进相关改革，积极稳妥化解改革过程中出现的问题，确保队伍思想稳定、工作稳定。政法机关要做好统筹协调工作，加强分类指导，确保试点工作沿着正确健康方向推进。要注重发挥市、县党委、政府的作用，加强协调配合，形成省市县三级联动、上下协调推进的局面。要全面做好政法各项工作，特别要围绕9月3日抗战胜利70周年纪念活动，强化工作措施，当好首都“护城河”，牢牢掌握主动权，切实维护全省社会安全稳定大局。

会议强调，加强派驻机构建设、推进派驻机构全覆盖，是深化纪检体制改革、加强反腐败体制机制创新和制度保障的重要举措。要充分认识加强派驻机构建设对于深入推进省直机关党风廉政建设和反腐败斗争、解决“中间波澜不惊”问题的重要意义，把推进省纪委派驻机构全覆盖作为全面从严治党“先走一步”要求的重要内容，改革完善派驻机构领导体制和工作机制，着力解决突出问题，增强派驻机构监督的权威性和有效性。要坚持统一规划、分步实施，抓好机构设置和干部配备，实现省直机关和单位派驻机构全覆盖。第一步要先把派驻到省委办公厅、省政府办公厅、省委组织部、省委宣传部、省委统战部的纪检组建立起来，严格把关、选好干部，尽快开展工作。要完善相关制度，加强对派驻机构的统一管理，提升派驻机构监督效能。派驻机构要履行对驻在部门党风廉政建设的监督责任，专注监督执纪问责，加强与省直机关纪工委的相互沟通、协调和配合，真正把“派”的权威和“驻”的优势发挥出来。要加强组织领导，省纪委要及时向中央纪委请示报告，省直有关职能部门要全力做好支持和配合工作，各驻在单位要自觉接受监督，做好对派驻机构的后勤保障。要做好涉及单位干部的思想政治工作，确保各项工作有序运转。要坚持把纪律和规矩挺在前面，探索解决好机关干部为官不为、懒政怠政等问题，把派驻机构的作用充分发挥出来。

省委常委会召开会议　传达贯彻习近平总书记、李克强总理重要指示批示精神和全国有关会议精神　研究高校宣传思想工作、反腐败工作　8月13日，省委常委会召开会议，传达习近平总书记、李克强总理关于“天津滨海新区危险品仓库爆炸事故”作出的重要指示、批示精神，研究部署全省安全生产工作；传达全国推进理论工作“四大平台”建设工作会议和全国戏曲工作座谈会精神，研究我省贯彻落实意见；研究讨论《关于进一步加强和改进新形势下高校宣传思想工作的实施意见》，部署发挥省委反腐败协调领导小组在全面从严治党特别是“把纪律挺在前面”中的作用。省委书记王儒林主持会议。

会议强调，全省各级各部门要认真学习领会习近平总书记、李克强总理关于“天津滨海新区危险品仓库爆炸事故”作出的重要指示、批示精神，清醒看到我省安全生产面临的严峻形势，深刻汲取沉痛教训，坚持人民利益至上，切实把安全工作作为头等大事，全面加强安全品管理，严格各项安全生产措施，确保人民生命财产安全。要立即在全省范围内对安全隐患进行大排查，对危险化学品、易燃易爆、煤矿安全、道路安全等，特别是商场、车站、集贸市场等人员密集场所进行地毯式排查，迅速采取针对性措施，努力把事故隐患消除在萌芽状态，坚决防止发生群死群伤事件。要按照习近平总书记关于“陕西山阳县山体滑坡事故”重要批示要求，始终把人民生命安全摆在第一位，确保不发生因山体滑坡造成人员伤亡事故，确保安全度汛。要围绕9月3日抗战胜利70周年纪念活动，加强社会治安管理，当好首都“护城河”，确保全省社会安全稳定大局。各位省委常委、省级领导要负起责任，各级干部要尽职尽责，抓早抓小，深入分析研究存在的安全隐患问题，认真抓好整改落实。要完善安全应急预案，加强应急队伍建设。要严格安全生产责任，对因工作不负责任而出现问题的，要严肃追究责任。

会议指出，“四大平台”建设是新形势下加强思想理论建设工作的重要抓手。各级党委及宣传部门要认真贯彻落实全国推进理论工作“四大平台”建设工作会议精神，高度重视、全面推进“四大平台”建设，不断推动思想理论工作创新发展。要切实加强对“四大平台”建设的领导，在人力、物力、财力、政策上给予有力保障，充分调动广大理论工作者的积极性、创造性。要利用好“四大平台”，充分发挥马克思主义理论研究和建设工程在思想理论建设中的龙头作用、省中国特色社会主义理论体系研究中心的排头兵作用、马克思主义学院在理论人才培养上的基础作用、党报党刊党网在理论宣传引导方面的主渠道作用，抢占思想舆论制高点，巩固和壮大主流思想理论传播阵地，为推进“四个全面”战略布局和落实省委“五句话”总体要求提供强有力的理论支撑和智力支持。

会议指出，全省各级各有关部门要认真落实全国戏曲工作座谈会精神，把戏曲传承发展作为山西文化建设的重要任务，使山西戏曲事业继续走在全国前列。要把满足人民精神文化需求作为传承发展戏曲艺术的出发点和落脚点，广泛开展“深入生活、扎根人民”主题实践活动，加大送戏下乡和政府购买公共演出服务的力度，打造一批体现“三个文化”的精品力作，推出在全国有影响力的戏曲品牌。要把营造戏曲发展的良好环境作为当前工作重点，制定出台我省贯彻国办《关于支持戏曲传承发展的若干政策》的实施意见，着力解决戏曲院团面临的困难，调动社会力量积极参与，形成全社会重视戏曲艺术、支持戏曲事业的良好态势。

会议指出，高校宣传思想工作事关重大。要认真贯彻党的教育方针，着眼于为党和人民事业培养接班人、为山西培养高素质人才，切实加强和改进高校宣传思想工作，进一步强化政治意识、责任意识、阵地意识和底线意识，真正把高校宣传思想工作战略工程、固本工程、铸魂工程抓紧抓好。要坚持立德树人，推动中国特色社会主义理论体系特别是习近平总书记系列重要讲话精神进课堂、进校园、进头脑，省级领导要带头给大学生讲课，牢牢掌握高校宣传思想工作的领导权、话语权。要着力构建高校宣传思想工作大格局，省、市要加强领导、健全机制，各高校党委书记要履行第一责任人的职责，带头抓好意识形态工作。要将高校宣传思想工作纳入高校领导班子考核、党委书记述党建等工作内容，形成各方面齐抓共管的良好局面。

会议强调，省委反腐败协调领导小组是省委抓好党风廉政建设和反腐败斗争的重要平台，在全面从严治党、落实“两个责任”“把纪律挺在前面”中承担着重要职责。要按照中央领导同志的要求，结合山西实际，在继续发挥好查办案件协调作用的基础上，不断探索“把纪律挺在前面”的有效途径，落实省委提出的“两道防线”“五个严格”“五个必须”和“三个作用”的要求。协调小组要加强统筹协调，各成员单位要积极配合、形成合力，边探索边实践、边总结边完善，切实推进协调小组职责、任务、方式的改革创新，为全省净化政治生态、实现弊革风清作出积极的贡献。

省委召开全省煤矿安全生产工作暨与县委书记重点企业负责人集体谈心对话会议 8月14日，省委召集83个产煤主要县（市、区）委书记进行集体谈心对话，深入贯彻落实习近平总书记和李克强总理的重要指示批示精神，按照国家安监总局和国家煤监局的要求，认真分析当前我省煤矿安全生产存在的突出问题，强化安全生产责任，推动安全生产措施落实，坚决遏制我省煤炭安全生产事故近期抬头的局面，确保全省煤矿、危险化学品等各方面安全生产形势进一步稳定和好转。省委书记王儒林出席会议并讲话，省长李小鹏主持会议，省委常委、秘书长王伟中，省委常委、副省长付建华，副省长刘杰出席会议。省直有关部门、省五大工委负责同志，各市市长、其余36个县（市、区）委书记、省管国有重点企业负责同志参加。

会上，大同市南郊区、长治市襄垣县、潞安集团、同煤集团负责同志分别作了发言。王儒林在讲话中指出，要以最严格的措施抓好煤矿安全，确保煤炭生产安全稳定运行。今年以来，在各级、各部门和各企业共同努力下，全省安全生产形势总体持续明显好转。但是我们也要清醒看到，在全省安全形势总体好转的同时，煤矿事故却出现反弹，安全生产形势严峻，充分暴露出我省煤矿安全基础还不牢固，丝毫不能掉以轻心。党中央、国务院对安全生产特别是煤矿安全高度重视，我们省是煤炭生产大省，安全是我省发展的最大前提，也是头号民生问题。各级党委和政府、各级领导干部必须坚决贯彻落实习近平总书记关于安全生产的重要指示要求，坚持以人为本、生命至上，始终对煤炭安全形势保持清醒头脑，始终把安全生产放在首位，警钟长鸣，常抓不懈。一要全面落实安全生产责任。进一步落实党政同责、一岗双责制和企业安全生产主体责任、部门监管责任，煤矿安全重点县县委书记要与煤矿矿长一对一地谈话，带头抓好重点镇、重点村、重点矿，所有企业都必须做到安全投入到位、安全培训到位、基础管理到位、应急救援到位。二要全面落实各项安全管理措施。认真落实新修订的《安全生产法》，牢固树立“零死亡”的理念，扎实抓好各项措施落实，当前要重点抓好煤矿生产领域的安全隐患排查治理，有重大隐患坚决停产整顿。三要突出抓好煤矿瓦斯防治工作。把瓦斯超限当作事故对待，大力实施瓦斯抽采全覆盖工程，确保煤矿安全监测监控系统运行稳定可靠。四要着力加强煤矿防治水工作。加强煤矿地质工作，开展区域性水害普查治理，开展汛期安全专项检查。五要重点抓好整合煤矿安全管理。加大对整合煤矿的监管执法力度，主体企业要提高安全管理效能。六要严肃查处安全生产责任事故。高度重视事故调查处理工作，继续保持打击各类非法违法行为的高压态势，坚决打击各类非法违法活动，只要触碰“红线”就要严厉追责。

王儒林强调，要切实加强危化品等重点领域安全生产工作。我们必须清醒看到，我省是全国重化工业基地，危化品安全管理存在不容忽视的问题，特别是危险源多，部分企业生产工艺和设备陈旧，部分企业安全距离不足，企业安全管理不严，安全监管能力薄弱，安全这根弦任何时候都要紧绷。要认真贯彻习近平总书记和李克强总理关于天津“8·12”事故的重要指示批示精神，坚持人民利益至上，认真进行安全隐患排查，全面加强危险化学品生产、运输、储存等全产业链安全管理，确保人民生命财产安全。要把好高危化学品项目准入关，提升生产企业自身安全水平，全力推进油气输送管道安全隐患治理攻坚战，加强安全距离不足企业的整治力度，大力提升从业人员安全素质，加强危险化学品运输工作。在抓好危化品安全生产工作的同时，还要统筹抓好其他重点领域的安全生产工作。要抓好非煤矿山领域安全生产，严厉打击非法违法生产建设行为，有效防范各类安全生产事故发生，坚决遏止重特大事故。要抓好道路交通安全，加强通行安全管控，加强暑期、节假日交通安全监管。要抓好消防安全，以养老院、福利院、救助管理机构、小学、幼儿园、托儿所、医院等为重点，集中开展消防隐患大排查大整治。要抓好食品安全，加强食品卫生监督和食用农产品源头整治，坚决取缔“黑工厂”“黑作坊”和“黑窝点”。要抓好人员密集场所安全管理，坚决防止发生群死群伤事件。要严密防范，抓好汛期安全，严防发生地质灾害。重视重点工程、城中村改造、棚户区改造过程中的施工安全，特别要围绕9月3日抗战胜利70周年纪念活动，强化社会治安管理，当好首都“护城河”，确保全省社会安全稳定大局。

王儒林指出，要把认真学习、深刻领会习近平总书记关于安全生产的重要讲话和批示精神，作为本地区、本企业“三严三实”专题教育的重要内容，切实贯彻落实到安全生产的各领域各环节。要牢固树立红线意识，大力实施安全发展战略，全力抓好煤炭产业“六型”转变。要实行党政同责，构建“党政同责、一岗双责、齐抓共管”的安全生产责任体系，严格安全生产责任，层层分解责任，真正落实到岗到人。要加强督促检查，对工作要有布置、有检查、有总结、真落实，完善安全应急预案，加强应急队伍建设。要转变工作作风，以深入开展“三严三实”专题教育为契机，进一步振奋精神，转变作风，从严从实抓好煤矿安全生产工作，各级领导干部要敢于担当，亲力亲为，扎扎实实抓好安全生产，为确保社会安全稳定，实现“六大发展”、富民强省作出新的贡献。

李小鹏在主持会议时要求，要坚决贯彻落实习近平总书记对安全生产的重要指示精神，认真贯彻落实李克强总理重要批示要求，切实把思想和行动统一到中央的决策部署上来。要深刻认识安全生产的极端重要性，安全生产是最大的民生、是比泰山还重的责任、是任何人任何时候任何地方都不可触碰的高压红线。要真正树立敬畏之心，敬畏生命，敬畏责任，敬畏制度，绝对不能过高估计我省的安全生产形势，绝对不能过高估计我省干部群众对安全生产重要性的认识，绝对不能过高估计我省保证安全生产的能力和水平。越是经济形势复杂严峻、发展任务艰巨繁重，越要确保安全生产；越是安全生产形势长期明显好转，越要警钟长鸣、常抓不懈；越是大企业大集团大煤矿，越要高度重视、时刻警醒、确保安全。要汲取教训、举一反三，坚决做到一地一企出事故、全省各地各企业受警示，自己犯过的错误不再重犯，别人犯过的错误我们不犯。要时刻保持如临深渊、如履薄冰、战战兢兢、从零做起的心态，深入开展隐患排查治理，重点加强对危化品、电梯等特种设备、地质灾害的监管，全面做好煤矿、非煤矿山和尾矿库、道路交通、水库、建筑施工、旅游设施、人员密集场所和重大活动等各行业各领域的安全生产工作，促进全省安全生产形势持续明显好转，并向稳定好转坚实迈进，确保人民群众生命财产安全，为推动“六大发展”、促进富民强省奠定坚实基础。

省委中心组举行“严守党的政治纪律和政治规矩”专题学习 8月19日，省委中心组以“严守党的政治纪律和政治规矩”为专题，进行集中学习。省委书记王儒林主持会议。省委副书记、省长李小鹏，省委副书记楼阳生，省政协主席薛延忠，省委常委，省人大、省政府有关负责同志参加会议。

会上，省委常委紧扣主题、联系实际，深入剖析、深刻反思，分别谈了自己的学习体会，并就一些重要问题展开讨论。

王儒林在发言中指出，政治纪律是党最重要、最根本、最关键的纪律，是维护党的团结统一的根本保证。党的十八大以来，习近平总书记多次就严明党的政治纪律和政治规矩发表重要讲话，进行深刻阐述。我们要深刻学习领会习近平总书记关于政治纪律和政治规矩的一系列重要论述，进一步增强党性意识、纪律意识，切实提高严守政治纪律和政治规矩的思想自觉和行动自觉。

王儒林强调，党的十八大以来，以习近平同志为总书记的党中央坚持党要管党、从严治党，对周永康、薄熙来、郭伯雄、徐才厚、令计划、苏荣等人严重违纪违法案件进行了严肃查处。去年9月以来，新的省委领导班子坚持反腐败，严肃查处了一批党员领导干部严重违纪违法案件。我们一定要以周永康等人严重违纪违法案件为反面教材，以我省一些党员领导干部严重违纪违法案件为镜鉴，深刻汲取教训，切实引以为戒，自觉遵守党的政治纪律和政治规矩，真正做到知敬畏、明底线、受警醒。

王儒林指出，要把严明党的政治纪律作为我省“先走一步”的核心内容,坚决把党的纪律特别是政治纪律挺在前面。一要对党绝对忠诚,教育全省党员特别是领导干部在党言党、在党忧党、在党为党,坚决贯彻落实党中央和省委作出的决策部署,坚决同错误思想、言论和行为作斗争,坚决与以习近平同志为总书记的党中央保持高度一致,坚决维护党中央权威。二要在“双学”中更加突出政治纪律和政治规矩的学习,把“以上率下”作为基本工作方法,从省委常委做起,从省级领导干部做起,坚持一级学一级、一级抓一级、一级带一级。既要学习、遵守成文的刚性的纪律,也要把党长期以来形成的优良传统作为重要的政治规矩认真执行。三要严格对政治纪律的执纪问责,加大监督检查力度,对于违反政治纪律和政治规矩的,要严肃问责、严肃查处。四要把遵守政治纪律和政治规矩作为选人用人的重要前提,深入开展“三个一批”,真正把好干部选出来用起来,努力建设一支忠诚、干净、担当的干部队伍。对那些不守政治纪律、政治上不可靠的人,能力再强也坚决不用。

王儒林指出,我们要以“三严三实”的要求,扎实做好改革发展稳定各项工作。一要狠抓安全生产,认真学习贯彻习近平总书记和李克强总理对天津港“8·12”重大火灾爆炸事故和陕西山阳山体滑坡作出的重要指示和批示精神,把安全生产作为头等大事,全面落实党政同责、一岗双责、失责追责,加强对煤矿、非煤矿山、危险化学品、道路交通等各领域的安全生产管理,坚决遏制重特大事故发生。二要树立全国一盘棋思想,认真做好信访稳定工作,深化平安山西建设,维护社会和谐稳定,当好“首都护城河”。三要切实保障和改善民生,扎实做好就业、教育、医疗、社会保障等民生工作,特别要建立兜底保障机制,重点解决好低收入和特殊困难群体的生产生活问题。四要深化重点领域和关键环节改革,及早谋划我省“十三五”规划,深入研究事关山西发展的重大战略问题。五要从省委常委做起,从省级领导干部做起,严明纪律,强化责任,积极作为,狠抓落实,确保中央和省委、省政府各项决策部署真正落到实处。对于那些不作为的人和事,要严肃处理。

省委全面深化改革领导小组召开第十一次会议 8月21日,省委全面深化改革领导小组召开第十一次会议,学习贯彻中央全面深化改革领导小组第十五次会议精神,审议讨论并原则通过《山西省煤炭行政审批制度改革方案》。省委书记、省深改领导小组组长王儒林主持会议并讲话。省委副书记、省长、省深改领导小组第一副组长李小鹏讲话,省委副书记、省深改领导小组常务副组长楼阳生,省政协主席、省深改领导小组副组长薛延忠,省领导胡苏平、高建民、黄晓薇、王伟中、盛茂林、李政文、安焕晓、张复明、刘杰、朱先奇、左世忠、杨司出席会议。

会议指出,山西因煤而兴,因煤而困,今后发展仍然离不开煤,做好煤炭这篇大文章,既关系到当前发展破解困局,也关系到长远发展转型升级,既是我省经济工作的难点,也是深化改革的重点。深化煤炭行政审批制度改革是我省煤炭管理体制改革的重要内容,涉及面宽,关注度高,影响重大,对于充分激发市场活力和企业创造力,进一步破除利益藩篱、解决发展难题,最大程度根除煤炭领域权钱交易、官商勾结的土壤和条件,推进我省治理体系和治理能力现代化,推动煤炭行业“六型转变”、实现“革命兴煤”具有十分重要的意义。在推进落实中,要做到重视到位,牢固树立政治意识、法治意识、大局意识、责任意识和廉洁意识,切实把这项改革放在心上、抓在手上。要做到责任到位,按照《改革方案》要求,抓紧制定配套实施细则,进一步细化改革“施工图”和“时间表”。要做到监管到位,在有序推进“放”的同时,“管”也要跟上,坚持科学监管、依法监管、有效监管,重点完善涉煤审批责任、事中事后监管等制度和体系,努力构建流程规范、运行高效、公开透明、弊革风清、社会满意的煤炭行政审批制度。

会议强调,做好下一步全省改革工作,要着力抓好三方面的工作。一要进一步保持改革韧劲。各级各部门、各级领导干部要深刻把握经济发展新常态对改革提出的新要求,敢于担当、善于担当,保持锲而不舍、久久为功的改革韧劲,保持坚定不移、不折不扣的改革定力,加强调查研究,完善改革方案,迎难而上、主动作为。二要进一步优化顶层设计,注重改革的系统性、整体性、协同性,充分汲取基层和群众智慧,做到顾大局、识大体、明大势,正确认识和对待改革中的利益调整,共同为改革想招、一起为改革发力。三要进一步提高改革落地能力。抓实问题、开实药方、提实举措,使改革方案更接地气,确保改革任务落到实处。要保持督查工作力度,强化专项督查,对执行不力、落实不力的要严肃问责,决不能让改革举措“堵”在路上,确保改革落地见效。要聚焦制约和影响“六大发展”的重点领域和关键环节,精细把脉、精准制导、精确发力,在稳增长、转方式、调结构、惠民生、防风险等方面,继续推出一批重大改革举措,在国企国资、“三农”、财税、科技、金融、司法、党建等领域,集中推出一批力度大、措施实、接地气的改革方案,不断增强我省经济社会发展的活力和后劲。

会议强调,要认真学习习近平总书记、李克强总理关于天津“8·12”事故的重要指示批示要求,认真贯彻落实中央政治局常委会8月20日专题会议精神,时刻绷紧安全生产这根弦,切实抓好煤矿、危化品等各个领域安全生产工作,特别要突出抓落实这个关键,切实把党中央、国务院和省委、省政府关于安全生产的决策部署落到实处。9月3日抗战胜利70周年纪念活动在即,要强化各方面安全保障,确保人民生命财产安全,确保全省社会大局安全稳定。

会议强调,推进煤炭行政审批制度改革,是我省继涉煤清费立税、煤焦公路运销体制改革之后在煤炭领域推出的又一项重大改革,是提高审批效率、改进政府监管、加强煤焦领域党风廉政建设和反腐败斗争、促进煤炭工业健康可持续发展的重大举措。各级各有关部门要提高认识、加强领导,真抓实干、跟踪督查,积极稳妥推动各项改革举措落到实处。要按照深化煤炭管理体制改革的总体部署,扎实推进资源配置市场化改革、煤炭监管综合信息平台建设、规范煤矿建设生产秩序、加强生态环境保护、煤炭企业改革发展、完善涉煤法规制度和权力运行监管制度等各项工作,为加快煤炭工业“六型转变”提供强大动力，为促进全国能源革命探索新路。要高度重视煤矿安全生产工作，牢固树立安全生产理念，加强领导、落实责任，健全机构、完善制度，强化管理、保证投入，更新装备、科技兴安，特别要举一反三，汲取教训，消除隐患、堵塞漏洞，严格执法、严肃问责，减少一般性事故，杜绝重特大事故，促进全省安全生产形势持续明显好转并向稳定好转坚实迈进。

省委常委会召开会议　传达贯彻中央有关会议精神 研究反恐怖、干部选拔任用中严格执行民主集中制、村党组织书记队伍建设等工作　8月30日，省委常委会召开会议，传达中央第六次西藏工作座谈会、学习贯彻《中国共产党巡视工作条例》电视电话会议精神，研究我省贯彻落实意见；研究讨论《关于贯彻落实〈中共中央、国务院关于进一步加强反恐怖工作的意见〉的实施意见》《山西省各级党委（党组）在干部选拔任用工作中严格执行民主集中制的办法（试行）》《关于进一步加强村党组织书记队伍建设的意见》。省委书记王儒林主持会议。

会议指出，习近平总书记在中央第六次西藏工作座谈会的重要讲话，明确提出了当前和今后一个时期西藏工作的指导思想、目标要求、重大举措，是做好新形势下西藏工作的行动纲领。全省各级各有关部门要深入学习领会习近平总书记、李克强总理和俞正声主席在中央第六次西藏工作座谈会上的重要讲话精神，把思想和行动统一到中央决策部署上来，牢固树立政治意识、大局意识，充分发挥好山西独特的宗教文化优势，坚决把中央决策部署落到实处。要结合山西实际，坚持“共同团结奋斗、共同繁荣发展”的民族工作主题，加快推动民族聚居地区经济发展，重视和发展少数民族文化教育事业，提高少数民族群众生活水平。要尊重和保护少数民族的合法权益，加强城市流动少数民族群众服务管理，促进民族交流交往交融。要贯彻党的宗教信仰自由政策，依法管理宗教事务，加强爱国宗教力量培育，引导宗教更好服务全省经济社会发展。

会议强调，《中国共产党巡视工作条例》是党章关于巡视工作规定的具体化、程序化、制度化，是全面从严治党的制度利器，具有鲜明的思想性、高度的科学性、突出的创新性，为深入开展巡视工作提供了重要遵循和制度保障。全省各级党组织要深刻认识《条例》的重大意义，把学习贯彻《条例》作为把纪律和规矩挺在前面的重要内容，增强责任感和使命感，准确把握精神实质。要抓好学习宣传，组建《条例》宣讲团深入开展宣讲，新闻媒体要开辟专栏专题，营造浓厚氛围。省委巡视机构和有关部门要认真学习贯彻《条例》，努力学深悟透、融会贯通。各级党校要将《条例》纳入干部教育培训内容。要坚持既有打法和模式深入开展巡视，确保在省委换届之前实现巡视全覆盖。继续探索实践“点穴式”巡视，加强专项巡视，建立健全协作机制，进一步增强巡视强度和效果。要严格落实责任，将学习贯彻《条例》情况作为年度党风廉政建设目标责任考核内容。省委巡视工作领导小组要统筹抓好《条例》的贯彻落实，省委巡视组要落实监督责任、强化责任担当，巡视组组长要以上率下、管好干部、带好队伍。被巡视党组织要自觉接受监督，全力配合巡视组开展工作，切实抓好巡视反馈意见的整改落实。要持之以恒贯彻落实中央八项规定精神，抓住中秋、国庆等重要节点，聚焦“四风”反弹和隐性变异问题，深挖细查、狠刹严查。要落实好“两个责任”，加强巡视监督、督促检查，做好问题处置，严肃追责问责。同时，要把国家机关工作人员正常合理的福利待遇与违规发放津补贴区别开来，调动好广大干部干事创业的积极性。

会议强调，全省各级各部门要认真贯彻落实中央关于加强反恐怖工作的决策部署，进一步高度重视起来，切实把做好抗战胜利70周年纪念活动安保反恐工作作为当前最重要、最重大的政治任务，强化政治意识、大局意识、忧患意识和责任意识，加强和改进各项反恐维稳工作，确保全省社会安全稳定，确保北京安全稳定。要紧紧围绕“坚决防止发生暴力恐怖事件”的总要求，以“平安山西”建设为统领，把反恐怖工作纳入社会治安综合治理体系，特别要深入开展反恐大排查，扎实开展严厉打击暴力恐怖活动专项行动，坚决把暴恐活动摧毁在预谋阶段和行动之前。要全面落实各项防范措施，深入推进反恐怖重点目标等级化管理，确保向北京供水、供电、供气、供油等重要基础设施不出问题，严防危险人、危险物、危险隐患进京，切实当好首都“护城河”。要加强源头治理，深入开展“去极端化”工作，严厉打击和封堵网上宗教极端思想与暴恐音视频等内容的传播，高度重视、着力化解当前经济下行压力下可能引发的社会矛盾问题，严防发生个人极端暴力事件。要强化组织领导，分管省领导要认真负责、靠前指挥，各级党委、政府和有关部门要进一步明确防范主体责任、监管责任，构建完善“党政领导、公安牵头、部门联动、群众参与”的反恐怖工作格局，全力维护全省社会大局安全稳定。

会议指出，在干部选拔任用工作中严格执行民主集中制，对于我省落实从严治党、从严治吏尤其是规范干部选拔任用工作具有重要意义。要认真总结一年来我省干部选用工作的实践和做法，不断上升为制度规定，努力用制度选人用人。要充分发挥党委“五人小组”的作用，加强高校等单位“人事酝酿小组”平台建设，探索扩大民主的有效形式，切实防止领导干部个人或少数人说了算。各级党组织要深入学习、准确把握《办法》，提高执行民主集中制能力、水平，严格执行《办法》的各项规定，切实从源头上防止干部“带病提拔”，确保我省干部选拔任用工作风清气正，不断提高选人用人水平。对于被提拔干部，党组织要谈缺点、点问题，更好地促进干部健康成长。

会议强调，全省各级党委和有关部门要从加强村党组织书记队伍建设着手，增强村党组织凝聚力、战斗力。要拓宽选用渠道，选好配强村党组织书记。要加强教育管理，统筹抓好村党组织书记轮训和其他村干部培训工作，强化政策激励，拓展基层干部发展空间。要把纪律和规矩挺在前面，对村党组织书记严格管理、严格监督。要强化责任落实，各市委要建立定期研究农村基层党建工作制度，把村党组织书记队伍建设纳入县乡年度考核和书记抓基层党建专项述职内容。各县(市、区)委要履行主体责任，各乡镇党委要落实直接责任，全面落实各项政策规定，形成村党组织书记队伍建设长效机制。

全省民营经济发展推进大会在太原召开 9月1日，全省民营经济发展推进大会在太原召开。省委书记王儒林出席会议并作重要讲话。省委副书记、省长李小鹏主持会议。省政协主席薛延忠，省委副书记楼阳生，省四套班子负责同志，省法、检两长出席会议。

王儒林指出，改革开放以来，我省民营经济从小到大、从弱到强，从公有制经济的补充到社会主义市场经济的重要组成部分，不断发展壮大，已成为全省经济的半壁江山，来之不易，贡献突出。但要看到，我省民营经济相比中部其他省份特别是发达地区还存在不少差距，充分认识到发展民营经济是增强我省经济社会发展活力的必然选择，是我省转型发展、全面发展的重要支撑，是实现富民强省的基本途径，全力推进民营经济发展，努力实现新的突破。

王儒林强调，推进民营经济发展，要努力破解以下九个方面的难题。一要破解准入难题，拓宽民营经济发展空间。进一步放开民间投资领域，加快制定市场准入负面清单，推动全领域、全产业链向民间资本开放。进一步深化商事制度改革，加快推进“三证合一”、深化“先照后证”改革，推动事中事后监管责任落实。切实提高审批效率，进一步精简和下放行政审批事项，彻底堵偏门、关后门、开正门。进一步消除行政管理“灰色地带”，清理各类变相审批，推进行业协会、商会与政府部门彻底脱钩，积极支持中介组织依法合规发展。二要破解环境难题，培育民营经济成长沃土。优化民营经济发展的政务环境，进一步推进政府公共平台建设，开展新一轮整治“懒政庸政”和“吃拿卡要”行为专项行动。优化民营经济发展的法治环境，切实加强对民间投资的法律保护，全面清理行政收费，依法保护民营企业的经营权、财务权和名誉权，引导民营企业增强社会责任感，规范经营、守法经营。优化民营经济发展的社会环境，继续保持打黑除恶高压态势，建设诚信社会，在全社会形成关心支持民营经济发展的舆论氛围。三要破解结构失衡难题，推动民营经济全面发展。大力提升传统工业产业，引导和帮助民营企业在调整结构、创新发展上下功夫，大力推动传统工业产业新型化。大力推进现代农业产业，大力支持民营企业投资设施农业、规模养殖业、农产品加工业和观光休闲农业，打造一批农产品加工龙头企业，支持民营企业参与农业产业扶贫工程。大力发展第三产业，放宽政策限制、创新供给方式、激发市场活力。要适应老龄化社会的需要，高度重视加快发展养老服务业，积极鼓励民间资本投入，尽快做好做强，太原市要在这方面发挥示范作用。要从以煤为基的传统思维中解放出来发展非煤产业，突出发展文化旅游业，大力宣传推介，持续努力，加强领导，理顺体制，把山西文化旅游业做大做强。四要破解资金短缺难题，为民营经济发展提供金融支撑。进一步贯彻落实好全省金融振兴大会精神，重视挖掘民营企业自身的潜力，以改革创新方式盘活存量资源，变资源为资本。五要破解人才素质难题，提升民营经济核心竞争力。高度重视培养一支高素质的企业家队伍，关心、鼓励、帮助、支持民营企业家健康成长，对民营企业家进行系统培训。创新人才引进机制，建立培养人才、吸引人才、留住人才和储备人才的激励机制，鼓励民营企业采用多种形式，吸引和用好高层次管理人才、各类专业技术人员。加快发展现代职业教育，整合职业教育资源，建立校企合作长效机制，把职业学校就业率与政府财税支持挂钩，形成良好激励导向。六要破解体制机制难题，建立现代企业制度。加强引导，增强民营企业改制意识，激发民营企业自身改制需求，引导更多的民营企业投入到公司制治理改革、建立现代企业制度行列中来。主动服务，选择有条件的民营企业进行定点帮扶，政府有关部门要增强服务意识，降低企业改制成本，提高改革效率。强化措施，抓紧研究制定支持民营企业建立现代企业制度的政策措施，激励更多民营企业加快改制步伐。七要破解政策难题，增强民营经济发展活力。全面梳理落实已有政策，采取有效措施把现有政策落实好。形成完善的政策体系，加强政策之间的统筹协调，解决政出多门、政策“打架”的问题。加大政策宣传力度，全面及时把政策传递到民营企业。做好政策落实督查工作，全面落实支持促进民营经济发展的各项政策，开展政策落实督查调研活动，强化跟踪问效和考核评估，委托社会组织对重要政策开展第三方独立评估。八要破解转型升级难题，推动民营经济做大做强。全力推进科技创新、产品创新、企业创新、产业创新、商业模式创业、全面创新，着力解决好民营企业“小、散、短、弱”的问题，全力支持食醋、玻璃器皿、法兰锻造、面食等传统特色产业转型升级、做大做强。九要破解政商关系难题，重塑山西形象。全省各级领导干部必须深刻思考“怎样认识廉洁、反腐对于发展的意义，怎样正确处理政商关系，怎样解决为官不为”三个问题。要坚持发展必须反腐，发展必须廉洁，廉洁促进发展。要正确处理政商关系，官商之间要做到有交集不能有交换、有交往不能有交易。要认真贯彻落实习近平总书记的指示要求，官商交往有道，不能勾肩搭背，要相敬如宾，不要不分彼此，划出公私分明的界限，重塑山西干部和晋商的形象。要坚定不移建立长效机制，保持“三个高压态势”，坚持全面从严治党、从严治吏，把党的纪律和规矩特别是政治纪律和政治规矩挺在前面，突出解决为官不为等问题。

王儒林强调，全省各级各部门要把这次会议精神与金融振兴、科技创新推进大会精神作为一个整体来贯彻落实，各级领导干部要认真践行“三严三实”的要求，把以上率下作为基本工作方法，防止以会议落实会议、以讲话落实讲话，坚持一切从实际出发，真抓实干，重在解决实际问题。

李小鹏在主持会议时强调，各级各部门各单位要提高认识，统一思想，切实把思想和行动统一到党中央、国务院的决策部署和全省民营经济发展推进大会精神上来，坚持“两个毫不动摇”的方针，采取强有力的措施，推动我省民营经济发展取得新突破，为稳定经济增长、推动转型升级、促进创业就业、增添市场活力、增加财政收入等发挥更加重要的作用。要分解任务，细化措施，围绕省委、省政府的决策部署，对照王儒林书记讲话提出的要求，细化工作方案，确定牵头部门，出台具体措施，进一步放宽市场准入条件，放开民间投资领域，推进简政放权，不断拓宽民营经济发展空间；进一步完善服务体系，优化发展环境，为鼓励大众创业、万众创新创造良好条件、提供优质服务；进一步推动企业转变发展方式，调整产业结构，促进转型升级，鼓励科技创新，推动管理创新，强化品牌建设，狠抓安全生产，促进民营经济成长壮大、做优做强；进一步加强要素支持，保证各种所有制经济依法平等使用生产要素、公平参与市场竞争、同等受到法律保护；进一步促进企业建立健全现代企业制度，实行现代化管理，严格遵守法律，履行企业社会责任。要“三严三实”，狠抓落实，加强组织领导，及时协调解决民营经济发展遇到的困难和问题，精准对接帮扶重点民营企业和小微企业；深入调查研究，科学谋划好“十三五”时期我省民营经济发展蓝图；加强统计监测，强化督查考核，加大宣传力度，凝聚社会共识，营造亲商、安商、容商、富商的浓厚氛围。要从严治党，从严治吏，加强党风廉政建设，把纪律和规矩挺在前面，遵纪守法，依法合规，正确处理与民营企业、民营企业家的关系，管好自己、家人、亲属和身边工作人员，管好自己负责及分管的单位、行业和领域。要以“三严三实”的作风和钉钉子的精神，逢山开路、遇河搭桥，高效务实、扎实工作，推动党中央、国务院决策部署和省委、省政府工作要求落到实处、收到实效，不断开创我省民营经济发展新局面，为加快“六大发展”、促进富民强省作出新的更大的贡献。

会议以电视电话会议形式举行，主会场设在省委会议厅，各市、县(市、区)设分会场。在主会场参加会议的还有，省直各单位、中央驻晋单位主要负责同志，驻太原本科院校、省管国有骨干企业主要负责同志，驻太原民营企业家代表、商会负责人代表，中央驻晋主要新闻媒体负责同志。

山西省纪念中国人民抗日战争暨世界反法西斯战争胜利70周年大会在武乡举行 9月7日，山西省纪念中国人民抗日战争暨世界反法西斯战争胜利70周年大会在武乡县八路军太行纪念馆广场隆重举行。大会深入学习贯彻习近平总书记在纪念中国人民抗日战争暨世界反法西斯战争胜利70周年大会上的重要讲话精神，弘扬伟大的抗战精神，铭记历史，缅怀先烈，珍爱和平，开创未来。省委书记、省人大常委会主任王儒林在纪念大会上作重要讲话，省委副书记、省长李小鹏主持。省政协主席薛延忠、省委副书记楼阳生等省四大班子领导同志，省军区、省武警总队主要领导，特邀嘉宾抗战老战士、老民兵、地方支前模范代表，将帅子女、烈士遗属代表出席纪念大会。

八路军总部王家峪旧址位于武乡县。这里曾是八路军总司令部和中共中央北方局所在地，在中国和中华民族处于生死危亡的关键时刻，中国共产党领导八路军和太行儿女，在这里前仆后继、浴血奋战，谱写了抗击日本侵略者的英雄篇章，培育和造就了伟大的太行精神。

此时此刻，八路军太行纪念馆前，五星红旗高高飘扬，八路军抗战纪念碑巍然矗立。松柏肃穆，寄托着全省人民对革命先烈的哀思；花团锦簇，表达了三晋儿女对美好未来的希望。纪念馆两侧，“铭记历史、缅怀先烈、珍爱和平、开创未来”的标语十分醒目。

9时整，纪念大会开始，军乐队奏响庄严高亢的旋律，王儒林、李小鹏等省领导同现场2000多名各界代表一同齐声高唱《中华人民共和国国歌》。随后，全场肃立，向为中国人民解放事业和共和国建设事业英勇献身的烈士们默哀。

默哀毕，王儒林、李小鹏等省领导步行到纪念馆前，向八路军烈士敬献花篮。伴随着深情的《献花曲》，14名礼兵抬起7个花篮，将花篮摆放到八路军石刻卧碑前，花篮的红色缎带上写着“抗战英烈永垂不朽”8个金色大字。王儒林沿台阶缓步走上前，轻轻整理花篮上的缎带。

“坚定理想、锤炼品质，发奋读书、报效祖国，时刻准备着……”数名身着白衬衫、佩戴红领巾的少年儿童整齐列队，在纪念碑下热情献词。他们高举右手、齐致队礼，表达继承革命先辈的光荣传统、踏着烈士的足迹前进的志向。

随后，王儒林作了重要讲话。他代表省委、省人大、省政府、省政协，向参加过抗日战争的老战士、老同志、爱国人士和抗日将领，向为中国人民抗日战争胜利作出重大贡献的山西人民致以崇高的敬意，向支援和帮助过中国人民抵抗侵略的国际友人表示衷心的感谢，向参加今天大会的抗战老同志、抗战老兵，老民兵、支前模范代表，烈士子女代表，将帅子女代表表示热烈的欢迎并致以诚挚的问候。

王儒林指出，在这场波澜壮阔的全民族抗战中，在中国共产党的领导下，无数三晋儿女同仇敌忾、共赴国难，艰苦奋斗、流血牺牲，最终夺取了全面抗战的伟大胜利。我们要永远铭记，在山西这片英雄的土地上，中国共产党领导人民树立了永恒的丰碑。全面抗战爆发后，山西成为八路军华北抗战的立足点，成为党领导华北抗战的指挥中枢和发动全民抗战的策源地。在山西这块热土上，留下了毛泽东、周恩来、朱德、刘少奇、任弼时、彭德怀、邓小平等老一辈无产阶级革命家工作和战斗的光辉足迹，开国将帅中的1002位高级将领都曾在山西浴血奋战。我们要永远铭记，在山西这片辉煌的土地上，中国共产党领导人民建立了不朽的功勋。山西战场战役战斗之频繁、战争区域之广大、敌我斗争之残酷，举世罕见。我们要永远铭记，在山西这片深情的土地上，中国共产党领导人民进行了许多卓越的探索。山西是最早实践党的抗日民族统一战线的地区，开创了全民族抗战的成功范例，开创了我党广泛发动群众、创建敌后抗日根据地的先河。我们要永远铭记，在山西这片红色的土地上，中国共产党领导人民凝聚了伟大的抗战精神。山西人民不畏牺牲、英勇向前，为夺取抗战胜利作出了杰出贡献，付出了巨大牺牲，用鲜血和生命铸就的撼天动地的太行精神、吕梁精神，是抗战精神的重要组成部分，我们一定要代代相传。

王儒林强调，在这场艰苦卓绝的伟大抗战中，山西人民向全世界展示了天下兴亡、匹夫有责的爱国情怀，视死如归、宁死不屈的民族气节，不畏强暴、血战到底的英雄气概，百折不挠、坚忍不拔的必胜信念，孕育了光耀千秋的红色文化，值得我们永远铭记、永远传承、永远发扬。

省委统战工作会议在太原召开 9月15日，省委统战工作会议在太原召开。省委书记、省人大常委会主任王儒林出席会议并讲话。省委副书记、省长李小鹏主持。省委副书记楼阳生，省领导孙绍骋、王伟中、安焕晓、李雁红，省法检两长左世忠、杨司出席会议。省委常委、太原市委书记吴政隆在太原分会场参会。

此次会议的主要任务是，学习贯彻中央统战工作会议和《中国共产党统一战线工作条例（试行）》精神，特别是习近平总书记重要讲话精神，对进一步加强和改进我省统战工作作出安排部署。

王儒林在讲话中指出，要深入学习贯彻习近平总书记重要讲话精神，高度重视统战工作在党和国家大局中的重要作用，把统战工作这个重要法宝在思想上立起来、在实践中用起来。要全面总结近年来山西统战工作，看到存在问题和不足，切实增强做好统战工作的责任感和紧迫感。要传承弘扬山西统一战线的光荣传统，进一步提振做好统战工作的决心和信心，不断开创统一战线工作的新局面。

王儒林强调，要结合山西省情和工作实际，坚决把中央对统战工作的各项部署落到实处。一要坚持和完善中国共产党领导的多党合作和政治协商制度，不断促进全省民主政治建设。要加强多党合作和政治协商的制度化、规范化和程序化建设，大力支持民主党派和无党派人士参政议政、建言献策，充分发挥民主党派和无党派人士的民主监督作用，帮助民主党派提升素质和能力。二要切实加强民族宗教工作，努力维护社会和谐稳定。要突出抓好少数民族的经济社会发展，深入开展民族团结进步创建活动。要全面贯彻党的宗教信仰自由政策，积极引导宗教与社会主义社会相适应，重点抓好五台山等宗教文化景区的管理和服务。三要全力做好非公有制经济领域统战工作，重塑民营企业家队伍形象，提升企业家综合素质。要构建健康的政商关系，积极支持民营企业发展。四要做好党外知识分子统战工作，进一步加强传统工作领域党外知识分子、新社会阶层中知识分子、留学人员、新媒体从业人员工作，创新方法和载体，充分发挥他们的作用。五要积极开展港澳台海外统战工作，支持港澳团体和企业到山西投资发展，进一步发展对台经贸合作，认真做好侨务工作。六要加强党外代表人士培养使用，打牢统一战线持续发展的基础。要提高党外代表人士的综合素质，推进党外干部的安排使用，强化党外干部的管理和监督，加强与党外代表人士的联谊交友。

王儒林要求，要切实加强和改善党对统一战线的领导，不断提高领导统战工作的能力。各级党委要真正做到"四个纳入"，主要负责同志要强化统战工作的责任主体意识，班子成员要做到"三个带头"。要进一步建立健全精干、统一、高效的统一战线工作机制，形成党委统一领导、统战部门牵头协调、有关方面各负其责的大统战工作格局。要加强县级统战部门建设，落实好合署办公要求，进一步把基层统战力量整合充实起来。要高度重视统战部门领导班子建设，加大对统战干部的培养、交流、选拔、任用工作力度。广大统战干部要始终牢记党和人民的重托，严格遵守党的政治纪律和政治规矩，自觉践行"三严三实"要求，始终保持奋发有为的精神状态，履行好新时期肩负的光荣使命。

李小鹏在主持会议时说，各级各部门要深入学习贯彻习近平总书记的重要讲话精神、中央统战工作会议和《中国共产党统一战线工作条例（试行）》精神，按照这次会议和王儒林书记的重要讲话要求，深刻认识巩固和发展统一战线的极端重要性，坚决把思想和行动统一到中央的决策部署和省委的工作要求上来，切实把统一战线的重要法宝地位在思想上确立起来、在实践中运用起来，为落实"四个全面"战略布局、实现"两个一百年"奋斗目标、实现中华民族伟大复兴的中国梦凝聚共识、凝聚力量，为推动"六大发展"、促进富民强省提供强大动力。要掌握规律、坚持原则、讲究方法，始终牢记坚持党的领导这个根本，正确处理一致性和多样性的关系，全面加强统战工作，突出抓好重点领域的工作，不断壮大共同奋斗的力量。要加强组织领导，形成工作合力，分解任务，落实责任，细化措施，严格督导，确保巩固和发展最广泛爱国统一战线的各项决策部署落到实处、收到实效。

与会者交流发言后，孙绍骋作了总结讲话，他强调，要深刻领会和把握中央统战工作会议和《条例》关于统一战线地位作用的新论述、理论政策的新发展、体制机制的新完善，切实把思想和行动统一到中央的决策部署和省委、省政府的要求上来。要落实好王儒林书记讲话精神，着力把握工作重点，加强对统战工作的领导，服务中心工作，破解重点难点问题，不断加强县级和高校、科研院所、国有企业统战工作力量，加强社会组织统战工作。要按照省委"五句话"总要求，进一步振精神、鼓干劲、勇担当、勤作为、出实招、求实效，切实抓好会议和《条例》精神的落实，为实现弊革风清、促进富民强省作出新的更大贡献。

会议对全省统战工作先进集体和先进个人进行了表彰，省委组织部、省卫计委、省国资委、团省委、山西大学、晋中市委统战部、沁水县委统战部、平定县委统战部8家单位进行了交流发言。

会议以电视电话会议形式召开，主会场设在省委会议厅，在各市设分会场。在主会场参加会议的还有，省直有关单位主要负责同志，驻太原市本科院校、省管国有企业党委书记，各市分管领导和统战部部长，各县（市、区）委统战部长，省直工委、省高校工委、省国资委党委、省国防科工委统战部长，团省委统战部部长，驻太原本科院校、省管国有企业党委统战部部长和省委统战部领导班子全体成员。

省委中心组举行"严以律己做政治上的'明白人'"专题学习 9月16日，省委中心组围绕"严以律己，严守党的政治纪律和政治规矩，自觉做政治上的'明白人'"这一主题，进行集中学习讨论。省委书记王儒林主持会议。省委副书记、省长李小鹏，省委副书记楼阳生，省委常委、副省长参加会议。

会上，李小鹏、高建民、冷杰松作了重点发言，其他常委作了交流发言。大家在深入学习、深刻领会习近平总书记重要讲话精髓和要求的基础上，紧扣主题、联系实际，深入思考、深度剖析，分别谈了自己的学习体会，就一些重要问题坦诚交流、充分讨论，进一步深化了对习近平总书记“严以律己”重大意义、丰富内涵和实践路径的把握，增强了严守党的政治纪律和政治规矩，做政治上的“明白人”的自觉性和坚定性。

王儒林指出，9月11日，中央政治局举行第二十六次集体学习，习近平总书记对践行“三严三实”再次提出明确要求，就抓好“三严三实”专题教育作出部署。要把学习习近平总书记关于开展“三严三实”论述特别是在中央政治局第二十六次集体学习的重要讲话精神作为当前开展专题教育的重要内容和重要任务，切实把思想和行动统一到中央的精神和要求上来。

王儒林重点就自觉做政治上的“明白人”，提出四点要求。一是必须突出“严”，切实把纪律和规矩挺在前面。要认真学习党章党规党纪，用党章规范自己的言行，真正做到在任何情况下政治信仰不变、政治立场不移、政治方向不偏。要深入学习习近平总书记关于“严以律己”的重要论述，坚决把以习近平同志为总书记的党中央对山西工作的重要指示要求落到实处。要把贯彻好、执行好、落实好党的纪律和规矩特别是政治纪律和政治规矩作为重要政治任务，头脑清醒、心中有定力。二是必须勤于“律”，不断增强祛病强身的“免疫力”。要经常反躬自省，对照“三严三实”的要求，经常反省自己的思想和言行，始终慎独慎微，真正做到知敬畏、明底线、受警醒。要自觉筑牢防线，带头尊法学法守法用法，严格按程序、按制度办事。要自我改造提升，把严和实贯穿工作生活各方面，认真落实中央“八项规定”，坚决抵制歪风邪气。三是必须重在“率”，争做党员干部看齐的“标杆”。各级领导干部特别是省委书记、省委常委要带头坚持“双学”，亮出“向我看齐”的态度，带头落实“严的要求”，省委书记、省委常委自己做到了，才有资格要求全省党员领导干部。要坚持以身作则，既要严格要求自己，又要管好身边人身边事。要把“以上率下”作为最基本的工作方法，坚持一级做给一级看、一级带着一级干，积极营造风清气正的从政环境。四是必须落到“实”，努力把各项工作推向前进。各级党委（党组）要把学习习近平总书记关于开展“三严三实”论述特别是在中央政治局第二十六次集体学习的重要讲话精神作为当前开展专题教育的重要内容和重要任务，强化主体责任，党委（党组）书记要敢抓敢管，确保压力传导到位，坚决防止走形走样。对《焦点访谈》曝光批评的我省水利项目建设和五台山景区存在的问题，省委已经明确要求，要认真调查，对慢作为、不作为、乱作为的干部依纪依规严肃问责，有关领导要抓好落实。要坚持以正反典型为镜子，进一步深化学习研讨，聚焦突出问题，做到边学边查边改，认真组织开好专题民主生活会和组织生活会。要把专题教育同推进改革发展稳定工作紧密结合起来，扎扎实实把各项工作落到实处，努力实现弊革风清、促进富民强省。

省委常委会召开会议　学习讨论中央纪委通报　听取群团单位工作汇报、研究群团工作　9月17日，省委常委会召开会议，学习讨论中央纪委关于强化责任追究，把从严治党落到实处的通报，听取群团单位工作汇报，研究讨论《中共山西省委贯彻落实〈中共中央关于加强和改进党的群团工作的意见〉的实施方案》。省委书记王儒林主持会议。

会议指出，中央纪委对河南省新乡市由于“两个责任”落实不到位而受到责任追究情况进行通报，充分显示了党中央和中央纪委“以问责促落实”的坚决态度和“有责必问、问责必严”的强烈信号。各级党组织一定要从中汲取深刻教训，勇于担当、认真履责，切实把从严治党体现在日常监督管理中，把追责问责作为题中应有之义，充分发挥好责任追究的利器作用，及时将中央和省委的要求、压力层层传导下去。各级党委（党组）特别是各位省委常委要把解决责任追究不够、传导压力不足等问题，作为落实“两个责任”的重要内容，逐条对照检查，抓好分管领域、部门、单位的党风廉政建设责任落实，特别要把中秋、国庆“两节”过得怎么样，作为对落实“两个责任”的现实检验，重点盯住“四风”隐形变异问题，确保不回潮、不反弹。要强化责任追究，把深化问责作为推进党风廉政建设和反腐败斗争的重要内容和具体抓手，以“不落实的事”倒查“不落实的人”。对违反党的政治纪律和政治规矩，“四风”问题突出特别是顶风违纪的，要严格“一案双查”，综合运用约谈诫勉、通报批评、组织处理、纪律处分等方式，既追究主体责任，又追究监督责任，尤其是对于该问责但不问责的，也要对相关责任人进行问责，形成问责常态化格局。

会议强调，去年9月以来，各群团单位按照省委决策部署，组织引导所联系广大群众积极投身富民强省具体实践，取得积极成效，应当予以充分肯定。当前我省改革发展任务十分繁重，群团组织要深入学习领会习近平总书记在中央党的群团工作会议上的重要讲话精神，按照省委“五句话”总体要求，进一步增强责任感和使命感，围绕中心、服务大局，勇于担当、主动作为，找准工作的结合点和着力点，充分发挥桥梁和纽带作用，团结动员所联系群众为完成中心任务贡献力量，切实把省委、省政府的决策部署变成全省广大群众的自觉行动，更好促进改革发展、维护社会和谐稳定。要坚持问题导向，围绕保持和增强群团组织的政治性、先进性和群众性，结合开展“三严三实”专题教育，在群团组织中深入推动思想教育、问题整改、体制创新，切实解决“机关化、行政化、贵族化、娱乐化”问题，改进工作作风、提高工作水平。要加强对群团工作的领导，统筹谋划群团工作，抓好省委群团工作会议的筹备工作。要从体制机制、干部队伍、制度保障等方面加强群团工作，结合换届选好配强群团领导班子，提高群团干部队伍整体素质，积极为群团组织开展工作创造有利条件，努力推动群团工作取得新成绩、作出新贡献。

会议讨论通过了《中共山西省委贯彻落实〈中共中央关于加强和改进党的群团工作的意见〉的实施方案》。

省委全面深化改革领导小组召开第十二次会议 9月17日，省委全面深化改革领导小组召开第十二次会议，学习贯彻中央全面深化改革领导小组第十六次会议精神，传达中央改革办常务副主任穆虹在我省专项督察期间讲话精神，审议讨论《省政府部门行政职权的责任清单》。省委书记、省深改领导小组组长王儒林主持会议并讲话。省委副书记、省长、省深改领导小组第一副组长李小鹏讲话，省委副书记、省深改领导小组常务副组长楼阳生，省政协主席、省深改领导小组副组长薛延忠，省领导胡苏平、高建民、黄晓薇、王伟中、盛茂林、李政文、安焕晓、张复明、刘杰、朱先奇、左世忠、杨司出席会议。

会议指出，建立并公布责任清单，是有效推行权力清单制度的重要环节，为推进“六权治本”、深化行政体制改革、转变政府职能奠定了重要基础。要严格责任落实，各部门要对照清单落实行政主体责任，加强事中事后监管，确保依法、全面、正确履行职责。要统筹协调推进，加快部署推进市、县两级政府部门开展清理行政职权和编制权责清单工作，加强对权责两个清单的动态管理，确保清单制度高效推行。牵头部门要加强对权责清单执行情况的监督检查，对行政不作为、乱作为和失职渎职等行为，依纪依法追究责任，大力推进行政职权网上运行，确保权力在阳光下运行。

会议强调，要认真贯彻落实中央全面深化改革领导小组第十六次会议特别是习近平总书记重要讲话精神，切实把各项改革任务抓好抓实。要进一步加大对外开放力度，充分利用两个市场、两种资源，推动我省对外开放实现新的、更大突破。要进一步增强推进改革的责任意识，聚焦目标任务，在“全”字上下功夫，统筹推进各个领域、各个层面的改革；在“深”字上下功夫，抓住重点领域和关键环节持续发力，确保各项改革举措落实落地、开花结果。要进一步完善推动改革的工作机制，探索建立重大改革事项推动机制，各级各部门“一把手”要亲自抓部署、抓方案、抓协调、抓督察，全程跟进、全程负责，起到带动示范作用；细化完善推进改革的职责分工，进一步明确各专项小组、牵头单位和职能部门在推动改革中的责任，真正做到各司其职、各负其责、密切配合、形成合力。要进一步把握推进改革的时间节点，一方面要紧跟中央推进改革的节奏与要求，做好中央已经审议出台的重大改革事项的承接和落地落实工作，另一方面要对照省委年初的既定计划安排，严格时间节点、倒排工期进度、压实各方责任，确保各项改革任务顺利推进、落到实处。

会议强调，要认真学习、深刻领会、全面贯彻落实习近平总书记系列重要讲话精神，按照中央改革办专项督察组的要求，加强督察，狠抓落实，以“三严三实”的精神推动各项改革，切实把今年确定的各项改革任务推进好、落实好，把明年和“十三五”时期的改革工作谋划好、铺排好，把全面深化改革这篇大文章做好、做扎实。要加快实施地方政府工作部门责任清单制度，按照既定部署如期公布实施省政府部门行政职权的责任清单，优质高效完成市县级政府部门权力清单和责任清单的编制工作。要紧紧抓住一带一路、京津冀协同发展和中部崛起等重大战略机遇，坚持向深化改革要活力、向创新驱动要动力、向扩大开放要空间，以加快转型综改试验区建设为统领，积极构建开放型经济新体制，努力形成以开放促改革、促发展、促创新的良好局面。要认真贯彻落实党中央、国务院关于深化国有企业改革的指导意见，积极稳妥、统筹兼顾，问题导向、分类推进我省国企改革，突出抓好加强党的领导、治理体系、薪酬制度、监管体系、信息公开等重点改革任务，切实破除体制机制障碍，坚定不移做强做优做大国有企业，不断增强国有经济的活力、控制力和影响力。

省委党的群团工作会议在太原召开 9月25日，省委党的群团工作会议在太原召开。会议深入学习贯彻中央党的群团工作会议精神特别是习近平总书记重要讲话精神，全面落实《中共中央关于加强和改进党的群团工作的意见》，研究部署我省党的群团工作。省委书记王儒林出席会议并讲话，省委副书记、省长李小鹏主持会议，省委副书记楼阳生，省政协主席薛延忠，省委常委，省人大有关负责同志，副省长，省政协有关负责同志，省法、检两长，省武警总队负责人出席会议。

王儒林指出，要深入学习领会习近平总书记重要讲话精神，把思想和行动统一到党中央对群团工作的决策部署上来，提高思想认识，明确前进方向，抓好贯彻落实。要围绕省委“五句话”总体要求，充分认识做好群团工作的极端重要性，大力发挥群团组织独特的政治优势、组织优势、群众优势，最大限度地把全省人民群众的智慧和力量激发出来。要清醒认识群团工作存在的突出问题，认清形势、牢记使命，进一步增强责任感和紧迫感，努力查找病因，找准症结，进一步加强和改进党的群团工作。

王儒林指出，要把握正确方向、坚持问题导向，确保新形势下党的群团工作与时俱进。一要切实保持和增强政治性，坚定不移走中国特色社会主义群团发展道路。要坚决在思想上政治上行动上始终同以习近平同志为总书记的党中央保持高度一致，严明党的政治纪律和政治规矩。要牢牢把握实现中华民族伟大复兴的时代主题，教育引导广大人民群众不断提高思想觉悟和道德水平。要坚决贯彻执行省委的决策部署，大力宣传和弘扬法治文化、廉政文化和红色文化。二要坚持党的群众路线，坚决杜绝“机关化”。与群众面对面、心贴心零距离接触，真正做到习近平总书记讲的“进万家门、访万家情、结万家亲”。三要改进工作方式方法，坚决杜绝“行政化”。优化机构运行流程，设定人员录用标准，完善干部管理制度，切实转变以会议落实会议、以文件落实文件的做法。四要完善选人用人机制，坚决杜绝“贵族化”。严格按照《干部选拔任用条例》和新时期“好干部”标准要求，注重把那些符合条件、业绩突出、没有“特殊背景”的干部选出来、用起来。五要注重工作实际效果，坚决杜绝“娱乐化”。活动设计上要防止以主观想象代替群众真实需求的倾向，广泛征求各方面意见特别是群众意见。活动过程中要采取群众喜闻乐见、易于参与的方式，提高群众的知晓率和参与度。活动完成后要及时进行总结，不断改进提高，提升对群众的吸引力。六要加强网络阵地建设，提高网上群团工作水平。加快实施群团工作上网工程，打造网上网下相互促进、有机融合的工作新格局。要理性引导网上舆论，弘扬网上主旋律，掌握舆论主动权。七要深化体制机制改革，破解制约群团工作科学发展的突出矛盾。要扩大群团工作覆盖面，在一些关键领域、主要群体中，尽快把党的群团组织建立起来。要支持群团组织立足自身优势，主动承担一些政府转移职能，填补由政府和市场让度出来的社会管理空间。要探索扁平化、枢纽化的群团组织运行和管理模式，提高群团工作质量和效率。

王儒林指出，各级党委要增强政治意识、大局意识和责任意识，深刻理解习近平总书记提出的"众星拱月"这一党的群团工作总体格局，把群团工作摆到全局工作的重要位置，及时研究解决群团工作中存在的重大问题。各级党委主要负责同志要切实负起领导责任，积极参加群团组织的重大活动。要进一步加强群团组织领导班子和干部队伍建设，加强对群团干部特别是领导干部的日常教育和管理监督。广大群团干部要积极作为、尽职尽责，对那些乱作为、不作为、慢作为的群团干部也要严肃处理。要强化对群团组织日常开展工作的支持，重点加大对革命老区、贫困地区开展群团工作的支持力度，为群团组织开展工作创造有利条件。

李小鹏在主持会议时说，要从巩固党执政的阶级基础和群众基础的政治高度，深刻认识做好新形势下党的群团工作的重大意义，坚决把思想和行动统一到中央党的群团工作会议和习近平总书记的重要讲话精神上来，坚定不移走中国特色社会主义群团发展道路，努力开创党的群团工作新局面。要加强组织领导，进一步强化各级党委的领导责任，进一步强化党政部门的齐抓共管责任和社会各界的扶持帮助责任，进一步强化群团组织的直接责任，确保新形势下党的群团工作不断得到加强、不断改进提高。要抓住工作重点，解决突出问题，服务改革发展，特别要聚焦群众工作，践行"三严三实"，更好组织动员群众、教育引导群众、联系服务群众、维护群众合法权益，凝聚起实现中国梦的磅礴力量，凝聚起推动"六大发展"的强大合力。

楼阳生作了总结讲话，他强调，各地各部门党委（党组）要高度重视、迅速贯彻，抓好会议精神的传达学习，强化工作职责和责任担当，切实把思想认识统一到中央和省委的决策部署上来。要制定落实办法，进一步加强调研，找准问题，明确措施，分解责任，强化督导考核。要围绕重点任务，强化工作力量，加大攻坚力度，加强分类指导，以重点突破带动面上工作落实。要强化作风保障，坚持"严"字当头，"实"字落地，"为"字着力，把"三严三实"要求贯穿到群团工作各方面，不断提高全省群团工作科学化水平，为开创弊革风清、富民强省新局面作出新的更大贡献。

省总工会、团省委、省妇联、省科协、太原市相关负责人作了大会发言。

省委全面深化改革领导小组召开第十三次会议 10月8日，省委全面深化改革领导小组召开第十三次会议，听取乡村两级实施"六权治本"试点工作情况汇报，审议讨论《山西省关于加快构建开放型经济新体制的实施意见》《山西省国有林场改革实施方案》。省委书记、省深改领导小组组长王儒林主持会议并讲话。省委副书记、省长、省深改领导小组第一副组长李小鹏讲话，省委副书记、省深改领导小组常务副组长楼阳生，省政协主席、省深改领导小组副组长薛延忠，省领导胡苏平、高建民、黄晓薇、王伟中、盛茂林、李政文、安焕晓、张复明、刘杰、朱先奇、左世忠、杨司出席会议。

会议指出，在乡村两级实施"六权治本"，目的和核心是贯彻落实习近平总书记"把权力关进制度的笼子里"的要求，从源头上建立不能腐的长效机制，使乡村干部手中的权力更好地为人民群众服务，努力实现"乡村治、百姓安"。乡村两级实施"六权治本"，所要办理的事项老百姓天天面对，所要解决的问题与群众生产生活息息相关。一段时间以来，有关部门、市县认真落实省委、省政府决策部署，在试点工作中取得了初步成效。下一步工作中要注意把握好以下几点：一要简单明白，围绕农村资金资产资源管理，简化实化"六权治本"的路线图和任务书，使基层干部会操作、让人民群众看得懂。二要突出重点，从不同市县、乡镇、农村和老百姓生产生活实际出发，什么问题突出就着重解决什么问题，对症下药，精准发力，不能搞成"上下一般粗"。三要注重实效，使乡村"六权治本"的成果体现在基层干部的作风和业绩中，让广大群众能在日常的生产生活中切实感受到。

会议强调，山西作为内陆省份，发展滞后的一个重要原因是开放不足。要认真贯彻落实习近平总书记关于对外开放"四个坚定不移"的重要指示精神，高度重视开放型经济发展，牢牢抓住体制改革这个核心，坚决破除影响制约我省对外开放的体制机制障碍，为资源型经济转型发展注入新动力、增添新活力、拓展新空间。要抢抓机遇，党中央、国务院批准实施《京津冀协同发展规划纲要》、国务院批复《环渤海地区合作发展纲要》这两项国家重大战略，都把山西纳入其中，是山西发展的重大机遇。我省作为环渤海地区主要省份之一，要坚决贯彻党中央、国务院要求，积极主动对接，特别是以北京—张家口冬奥会、大张客专建设为契机，主动参与"一带一路"建设，积极融入京津冀协同发展，加快与环渤海地区一体化进程。要抓住关键，进一步理顺体制、完善制度、优化规则、营造环境。要突出重点，重点推进外商投资管理、境外投资便利化、外贸可持续发展、建设开放口岸、通关一体化、区域合作交流等方面的体制机制改革。要从全局出发，统筹协调，切实提高对外开放的能力和水平。

会议强调，要认真贯彻落实党中央、国务院关于深化国有林场林区改革的决策部署，统筹推进国有林场改革发展，确保改有所成、改有所进。要明确功能定位，坚持生态导向、保护优先，加快健全森林资源监管体制，创新资源管护方式，推动林业发展由木材生产为主转向生态修复和建设为主、由利用森林获取经济利益为主转向提供生态服务为主，为促进我省生态文明建设和经济社会可持续发展提供有力保障。要保障改善民生，安置好富余职工、分流人员，妥善解决基本民生问题，让广大林业职工的基本生活得到有效保障。要发展多元经济，大力发展森林旅游、养殖种植、食品药品等特色产业、替代产业、接续产业，发展多元化经营，增强林区自身“造血”能力，确保国有林场林区资源增长、生态良好、林业增效、职工增收、社会稳定。

会议要求，进入第四季度，各市各部门要进一步强化责任、积极作为，确保按期完成全年各项改革任务。要坚持蹄疾步稳，速度服从质量、数量服从质量，着力提升改革方案的针对性、适应性和可操作性。要坚持问题导向，按照“三严三实”的要求推进改革，对改革事项做到目标准、措施实、责任清、时限明。要主动跟进中央推动改革的时序和节拍，及时制定我省配套措施，确保中央重大改革举措落实到位。要大力营造鼓励创新、允许试错、宽容失败、全面深化改革的良好环境，充分调动各方面投身改革的积极性、主动性和创造性，推动全面深化改革取得新成效。

会议强调，要对照年初确定的改革任务，以“三严三实”的精神，认真梳理，逐条检点，查找问题，及时整改，奋力完成全年目标任务，特别要抓住重点、强力突破，加强宣传、严格督导、严肃问责，优质高效完成好煤炭管理体制改革、国有企业改革、政府改革等重点领域改革任务。要审时度势、问题导向、加大力度，适时再推出一批重大改革举措，为稳增长、调结构、惠民生、防风险注入新的动力活力。要站在落实“四个全面”战略布局的高度，从推动“六大发展”、促进富民强省的大局出发，认真总结“十二五”改革工作，科学谋划明年及“十三五”时期的改革工作。关键是要密切跟踪对接中央的总体部署，不折不扣完成好中央统一部署的改革任务；紧紧立足我省实际，找准群众反映强烈的突出问题，找准制约我省改革发展的体制机制问题，安排部署好自主改革探索工作；不断提高规划的可操作性、可核查性、可落实性，确保“十三五”期间的全面深化改革工作有序展开、再上新台阶。

全省农村基层党建工作会议在太原召开 10月10日，省委召开全省农村基层党建工作会议，深入学习贯彻习近平总书记系列重要讲话特别是关于农村基层党建工作的重要指示精神，全面落实全国农村基层党建工作座谈会部署，研究安排我省农村基层党建工作。省委书记王儒林出席会议并讲话。省委副书记楼阳生主持，省委常委、组织部长盛茂林作总结讲话，省委常委、秘书长王伟中，副省长郭迎光出席会议。省委常委、太原市委书记吴政隆在太原分会场参会。

王儒林在讲话中指出，做好农村基层党建工作，关键是贯彻落实党中央关于党要管党、从严治党的各项部署和要求，按照省委“五句话”总体思路，把党的六大纪律特别是党的政治纪律和政治规矩挺在前面，把省委关于“三个高压态势”“三个一批”“六权治本” 等各项措施向农村基层延伸，努力在广大农村净化政治生态，实现弊革风清；核心是实现基层治理体系和治理能力现代化，努力做到“乡村治、百姓安”；根本是发挥好领导核心和战斗堡垒作用，强化政治引领、致富带富、改革创新、文化建设、民生服务，成为群众的领路人和贴心人。

王儒林强调，要主动适应新形势新要求，切实解决农村基层党建工作中的突出问题。一是切实解决组织设置不优的问题。要加大基层党组织的组建力度，最大限度延伸触角，扩大党的组织和工作覆盖面。要着力完善组织功能，加大强村带弱村、富村带穷村、大村带小村的“联村党组织”设置力度，探索和试点撤并行政村实现集聚发展的有效措施。二是切实解决致富带富能力不强的问题。要抓好村党组织书记这个关键，突出政治素养，不拘一格选好带头人，全面提升村主干的整体素质，建设一支高素质的致富带头人队伍。要管好用好农村第一书记，注重发挥好大学生村官的作用。三是切实解决群众身边腐败仍然多发频发的问题。要从农村“三资”清理整治和“以群众举报乡村干部腐败为切入点集中解决群众信访诉求问题”专项治理入手，从一些地方采煤沉陷区治理中侵害群众利益行为等具体问题入手，坚决查处发生在群众身边的腐败问题和不正之风。四是切实解决一些基层党组织软弱涣散的问题。整顿工作各级党委都要抓，县乡两级是关键，县级党委要统筹抓，乡镇党委要具体抓，结对部门、第一书记、驻村干部要落实责任，建立台账制度、销号制度、问责制度，一个村一个村地盯住，全力抓好，确保实效。五是切实解决乡村治理机制还不够健全的问题。特别是要加快建立党组织领导下的村务监督委员会，年底前覆盖全省所有行政村。要加强对村务决策、村务公开、“三资”管理等工作的监督，继续抓好“四议两公开”、党务村务公开、村务联席会议等制度落实，促进基层治理法治化。六是切实解决基层基础保障薄弱的问题。坚持人往基层走、钱往基层投、政策往基层倾斜，重点解决农村基层的工作经费、报酬待遇、活动阵地等问题，强化村干部政治激励，进一步加强村级组织阵地建设。

王儒林要求，要以“一带三创”为抓手，强化各级党委抓农村基层党建工作责任。“一带”就是把以上率下作为基本工作方法，上级带头示范，一级带动一级，层层抓好落实。“三创”，就是继续开展创建“五个好”村党组织、“五个好”乡镇党委、农村基层组织建设先进县（市、区）“三级联创”活动。要强化各级党委的主体责任和“一把手”的第一责任，把农村基层党建工作放在心上、抓在手上。要齐抓共管形成合力，各级各部门要加大对农村基层党建的支持力度，推动政策、资金、资源下移。要健全考核评价指标体系，深化“三级联述联评联考”，强化农村基层党建工作问责制。要关心支持广大乡村基层干部，为他们创造良好工作和生活环境。

会上，晋中市委书记张璞，太原市委常委、组织部长张明星，临汾市浮山县委书记孙京民，晋城市泽州县周村镇党委书记郎军芳，长治市屯留县李高乡北宋村党支部书记郭贵珍分别作了典型发言。会议以电视电话会议形式召开，主会场设在省委会议厅，各市、县（市、区）设分会场。在主会场参加会议的还有，省委党建工作领导小组成员单位主要负责同志，各市市委常委、组织部长，市民政局长、农委主任，市委组织部组织科长，各县（市、区）委常委、组织部长。

省委中心组举行“严以用权”专题学习 11月4日，根据我省开展“三严三实”专题教育的工作安排，省委中心组举行“严以用权”专题学习。省委书记王儒林主持会议。省委副书记、省长李小鹏，省委副书记楼阳生，省政协主席薛延忠，省委常委，省人大、省政府有关负责同志参加会议。

会上，大家在深入学习习近平总书记系列重要讲话精神的基础上，紧密联系各自思想、工作和生活实际，谈了对“严以用权，真抓实干，实实在在谋事创业做人，树立忠诚、干净、担当的新形象”要求的学习体会，楼阳生、黄晓薇、孙绍骋、王伟中、盛茂林作了重点发言，其他常委作了交流发言。

王儒林在讲话中指出，“严以用权”是“三严三实”的核心和灵魂，是衡量领导干部党性强弱、官德好坏的重要标准。在“三严”中，“严以修身”“严以律己”最终都要体现在“严以用权”上，都要靠“严以用权”来检验。坚持“严以用权”，关键要做到以下四个方面：

一是用权为民不走样。要牢固树立权为民所赋、权为民所用的权力观，强化全心全意为人民服务的宗旨意识，把权力视为义务和责任，不论在什么位置，都把人民群众的利益放在最高位置，把人民群众满意作为行使权力的根本标准。二是用权依法不出格。各级领导干部要养成按法律与规章说话办事的习惯，恪守权力边界，带头依法执政、依法行政、依法办事，做尊法、学法、守法、用法的模范和表率。要聚焦我省发生的系统性、塌方式腐败问题，深刻反思，引以为戒，真正做到受警醒、明底线、知敬畏，筑牢纪律和法律“两道防线”。要标本兼治，进一步推进“六权治本”，不断扎紧制度笼子，更好发挥法治从源头上防止权力失控的作用。三是用权有责不任性。掌权和用权决不能任性，必须谨慎敬畏，做到守土有责、守土尽责；必须公平公正，不能私利抛公义、不能私谊废公事；必须为政清廉，落细落小，防微杜渐，严格遵守中央八项规定和“六大纪律”要求；必须主动接受监督，做到立身不忘做人之本、为政不移公仆之心、用权不谋一己之私。四是用权有为不懈怠。要切实履行分内职责，敢于担责、担难、担险，把党和人民赋予的权力用好用实、发挥最大效益。履行职权要遵循客观规律，坚持实事求是的思想路线，贯彻民主集中制原则，切实推进决策的科学化、民主化、制度化，做到用权有原则、决策讲科学、办事守规矩，能够经得起实践、人民和历史的检验。要严格落实廉政准则和纪律处分条例，对有权不为、任性用权的，对以权谋私、吃拿卡要的，对懒政怠政、贻误发展的，必须及时问责、严格追责，切实把党的纪律挺在前面。

王儒林最后强调，各级领导干部作为“关键少数”，要把“严以用权”贯穿于谋事、为官、做人的各个环节，以如临如履的心态、积极有为的状态，为人民掌好权、用好权，为弊革风清、富民强省作出新的更大贡献。

省委常委会召开会议　传达贯彻中央有关会议精神　研究参与“一带一路”建设工作 11月5日，省委常委会召开会议，传达学习中央政治局会议审议《中国共产党廉洁自律准则》《中国共产党纪律处分条例》修订稿的精神，传达第五届全国道德模范座谈会、繁荣发展社会主义文艺推进会精神，研究我省贯彻落实意见；研究讨论《山西省参与建设丝绸之路经济带和21世纪海上丝绸之路实施方案》。省委书记王儒林主持会议。

会议指出，习近平总书记主持中央政治局会议审议《准则》《条例》，强调全面从严治党是实现党的历史使命的必然要求，加强纪律建设是全面从严治党的治本之策。全省各级党组织特别是党员领导干部要充分认识《准则》《条例》对全面从严治党重大而深远的意义。要把学习宣传《准则》《条例》作为一项重要政治任务，切实抓紧抓实抓好，真正印刻于心、外化于行。各级党委要担当和落实好全面从严治党的主体责任，严格按照《准则》《条例》办事，始终把党的纪律和规矩挺在前面，努力为实现弊革风清、促进富民强省提供坚强纪律保证。

会议指出，道德水平是社会文明的重要标志，全省各级各部门要认真学习领会习近平总书记关于全国道德模范表彰活动重要批示精神，高度重视思想道德建设，切实作为重大战略任务抓实抓好。要深入开展学习宣传全国道德模范活动，不断总结发现各地各行业的好人好事，努力营造崇德向善、见贤思齐、德行天下的浓厚氛围。要持续深化社会主义思想道德建设，党员干部要带头弘扬中华传统美德，弘扬时代新风，凝聚社会正气，激发强大正能量，以优良党风促政风带民风。要加强对生活困难道德模范的帮扶，建立长效机制，形成良好社会价值导向。

会议强调，各级各有关部门要深入学习领会习近平总书记在文艺工作座谈会上的重要讲话精神，进一步高度重视文艺工作，增强文化自觉和文化自信，强化文化担当。要强化以人民为中心的创作导向，坚持文艺为老百姓服务，努力让广大群众的生活丰富多彩。要着力构建有利于多出人才、多出精品的文艺工作体制机制，制定人才留得住、能发展的政策措施，使文艺精品和文艺人才不断涌现。要着力挖掘我省深厚的文化资源“宝矿”，围绕旅游景区留得住游客方面下大功夫，打造相关产业链。要加强和改进党对文艺工作的领导，抓紧制定我省贯彻落实《中共中央关于繁荣发展社会主义文艺的意见》的实施意见，把文艺工作纳入“十三五”经济社会发展规划，形成党委统一领导，宣传部门牵头抓总，文化、教育、新闻出版广电、文联、作协等部门和团体协同推进，社会各方面积极参与的文艺工作新格局。

会议指出，“一带一路”建设是国家长期重大战略，对我省发展具有重要战略意义。全省各级各部门要牢牢抓住这一重大机遇，突出经贸合作重中之重，发挥我省优势，扎实推进经贸合作、对外投资、产业合作、人文交流，着力加强中蒙俄经济走廊各方面合作，培育新的贸易增长点，把我省优势产能转移出去，把国外资源市场利用起来。要强化政策创新，加强合作载体、机制建设，大力争取国家政策、项目等方面的支持，着力完善财政、金融、保险、人才等方面的政策。要狠抓工作落实，针对新问题、采取新措施，细化责任、盯住不放，分工协作、合力推进，争取实实在在的成果。

省委书记王儒林就进一步推进全面从严治党、认真落实“两个责任”集体约谈市委书记、纪委书记 11月12日，省委书记王儒林对各市市委书记、纪委书记进行集体约谈，强调要进一步推进全面从严治党、认真落实“两个责任”，为贯彻落实党的十八届五中全会精神提供坚强的政治保证。省委常委、省纪委书记黄晓薇，省委常委、秘书长王伟中，省委常委、组织部长盛茂林出席集体约谈会议。

前一段时间，省委5个常规巡视组对晋中、长治、晋城、临汾、运城5个市、44个县(区)、11所高职高专进行了巡视，加上前两轮常规巡视，发现仍然存在不少问题。省委“五人小组”听取巡视工作汇报后，决定由省委书记对各市市委书记、纪委书记进行集体约谈，通报情况，分析形势，提出要求。

王儒林在讲话中指出，要充分肯定我省党风廉政建设和反腐败斗争取得的成绩，清醒认识反腐正风形势的严峻性、复杂性和长期性。去年9月以来，新的省委常委班子认真贯彻以习近平同志为总书记的党中央对山西工作的重要指示精神，全面落实省委“五句话”总体要求，坚持一手抓党风廉政建设和反腐败工作，一手抓发展第一要务，特别是坚持全面从严治党、从严治吏，以零容忍态度惩治腐败，坚持“老虎”“苍蝇”一起打，在全省形成和保持了惩治腐败、狠刹“四风”、打黑除恶的高压态势，体现了王岐山同志提出的“四种形态”的要求，扭转了系统性、塌方式腐败的被动局面，全省腐败问题的存量正在逐步减少，增量得到有效遏制，政治生态得到有效净化，已经开始逐步走向弊革风清。要清醒看到，全省反腐正风的形势依然严峻复杂，用最坚决的态度减少腐败存量任务艰巨，用最果断的措施遏制腐败增量任重道远，群众信访举报总量居高不下，反腐正风工作不平衡问题表现比较突出，要坚持惩治腐败永远在路上，不能停，不能松，始终保持“三个高压态势”，坚决实现弊革风清。

王儒林要求，各级党委必须紧紧牵住“牛鼻子”，认真履行好全面从严治党“两个责任”。要增强政治意识，认真履职尽责。各级党组织要坚持“抓好管党治党是最大的政绩”，领好班子、带好队伍，对重要工作亲自部署、重大问题亲自过问、重要环节亲自协调、重要案件亲自督办。要层层传导压力，严格落实责任。各级党委特别是主要负责人必须守土有责、寸土不让，切实做到不松手、不甩手、不放手。要进一步列出、列清、列细“三个清单”：找准存在问题，列出“问题清单”；联系工作职责，列出“责任清单”；强化改进措施，列出“整改清单”。要认真研究剖析本地区存在的突出问题，具体抓、抓具体。党委书记既要明白道理，更要会抓具体工作、会解决实际问题。要重视巡视成果，确保全面整改。党委书记要对整改工作亲自研究部署、亲自过问督促、亲自追责问责，加大自我纠错力度，努力做到发现一个问题，解决一类难症。班子成员要认真落实“一岗双责”，切实抓好分管领域的整改工作。要用好问责利器，严肃责任追究。从具体人、具体事着手，加大处置问责、公开曝光力度。对于巡视整改工作有差距的，对于监督管理有死角的，对于仍然“波澜不惊、纹丝不动”的，要针对具体人、具体事开展点穴式巡视。

王儒林强调，要通过抓好党风廉政建设和反腐败斗争，深入推动落实十八届五中全会精神。一要认真谋划“十三五”发展，确保完成全面建成小康社会的奋斗目标。省委正在组织起草我省“十三五”规划建议，各市也要深入研究，结合实际描绘好全面建成小康社会的宏伟蓝图。要看到面临的压力，更要增强信心、振奋精神，变压力为动力，强化责任、主动作为，努力把十八届五中全会精神落到实处，确保与全国同步实现全面小康。二要持续抓好群众信访问题专项治理，有效解决群众的利益诉求。各市要把解决群众信访诉求工作放在更加突出的位置，继续抓好群众信访问题专项治理，切实解决群众的切身利益问题，不断提高群众对我们工作的满意程度。从老百姓身边的小事、细事抓起，推动基本公共服务向基层倾斜、向农村倾斜、向老区倾斜。三要形成风清气正的用人环境，激励广大干部积极作为。继续坚持从严治吏，不断健全和完善选人用人长效机制，真正把党和人民需要、能承担全面小康建设任务的好干部选出来、用起来。要全面做好省和各市换届工作，决不允许说情打招呼、跑官要官，决不允许搞团团伙伙、非组织活动，一旦发现要严肃查处。要坚持实事求是、宽严相济，坚持具体问题具体分析，个案研究，区别对待。要教育引导广大党员干部正确对待组织、正确对待同志、正确对待自己，相信组织、服从组织，在任何时候都要经得起组织考验。四要狠抓工作落实，确保中央和省委、省政府部署在各市落地生根。坚持以上率下的基本工作方法，坚持“双学”，一级学一级、一级带一级、一级抓一级，夙兴夜寐、攻坚克难。要以严和实的标准落实工作任务，对中央规划建议和省委规划建议提出的目标任务、重大部署、重要举措逐条逐项制定具体方案、明确责任分工、防止任务落空。要加大督促检查力度，通过明察暗访、群众监督、舆论监督等多种形式，严肃查处那些乱作为、不作为、慢作为的人和事，对工作进度迟缓、责任落实不力的要进行问责。

各市市委、纪委主要负责同志参加会议，各市市委书记(市长)作了表态发言。

省委常委会召开会议　研究讨论《中共山西省委关于制定国民经济和社会发展第十三个五年规划的建议》 11月12日，省委常委会召开会议，研究讨论《中共山西省委关于制定国民经济和社会发展第十三个五年规划的建议》稿。省委书记王儒林主持会议。

会议指出，制定好省委“十三五”规划建议是当前省委的重要工作，也是贯彻落实党的十八届五中全会精神特别是习近平总书记重要讲话精神的一项重大政治任务。去年9月份以来，省委、省政府高度重视“十三五”规划制定工作，各有关部门做了大量卓有成效的工作。要深入贯彻落实十八届五中全会精神，把制定省委“十三五”规划建议作为重要政治任务，进一步高度重视，加强组织领导，切实把山西未来五年经济社会发展蓝图描绘好。

会议强调，要紧密结合实际，深入研究解决山西“十三五”发展的重大问题。要坚决贯彻中央决策部署，从我省实际出发，牢固树立并切实把中央“十三五”规划建议提出的新的发展理念贯彻到我省经济社会发展实践中，着力推进创新发展、协调发展、绿色发展、开放发展、共享发展、廉洁和安全发展。要认真算好“指标账”，针对问题完善措施。越是任务艰巨，越要提振信心、振奋精神，越要有办法、抓落实，齐心协力、团结一致，努力开创我省全面建成小康社会新局面。

会议强调，要进一步集思广益，广泛征求意见，集中全省智慧，努力把省委“十三五”规划建议修改完善好。同时，要及早谋划好明年全省经济工作。

省委常委会召开会议　传达贯彻全国培养选拔年轻干部和女干部、少数民族干部、党外干部工作座谈会精神　11月20日，省委常委会召开会议，传达全国培养选拔年轻干部和女干部、少数民族干部、党外干部工作座谈会精神，研究我省贯彻落实意见。省委书记王儒林主持会议。

会议强调，各级党委要认真贯彻全国培养选拔年轻干部和女干部、少数民族干部、党外干部工作座谈会精神，深刻认识做好培养选拔年轻干部和女干部、少数民族干部、党外干部工作的重要意义，从战略和全局高度出发，既立足当前、又着眼长远，努力把这项工作做好。

会议强调，要按照中央部署，从我省实际出发，结合“三个一批”“六查”等做法，在理念思路、程序步骤、方式方法等方面进一步创新，扎实做好干部选拔工作。特别要结合换届，统筹抓好年轻干部和女干部、少数民族干部、党外干部选拔工作，确保做到公道正派、公平公正，做到风清气正。要做好新一轮后备干部选拔调整工作，加强女干部、少数民族干部、党外干部后备干部工作。要优化干部成长路径，突出政治培养，用习近平总书记系列重要讲话精神武装头脑，加强党性党风党纪教育，加强正反典型教育。注重在基层一线培养，结合我省实际，把干部放到艰苦地区、吃劲岗位培养锻炼，促进健康成长。

会议强调，各级党委要加强组织领导，把年轻干部和女干部、少数民族干部、党外干部培养选拔工作，放到整个领导班子和干部队伍建设中来谋划，纳入党建目标责任制。党委书记要切实履行抓班子、带队伍的责任，加强工作指导。党委组织部门要履行好牵头抓总、统筹协调、督促指导的作用，加强与统战、民委、妇联等部门和组织的沟通联系，建立联席会议制度，共同抓好工作落实。

省委全面深化改革领导小组召开第十四次会议　11月20日，省委全面深化改革领导小组召开第十四次会议，审议讨论《关于全面深化公安改革的实施意见》《市纪委书记、副书记提名考察办法(试行)》《省纪委派驻纪检组组长、副组长提名考察办法(试行)》《省管企业纪委书记、副书记提名考察办法（试行)》《山西省万家寨引黄工程体制改革方案》《山西金融投资控股有限公司筹组方案》，安排部署下一步改革工作。省委书记、省深改领导小组组长王儒林主持会议并讲话，省委副书记、省长、省深改领导小组第一副组长李小鹏讲话，省政协主席、省深改领导小组副组长薛延忠，省领导胡苏平、高建民、黄晓薇、王伟中、盛茂林、安焕晓、王一新、刘杰、朱先奇、杨司出席会议。

会议指出，全面深化公安改革是激发公安队伍生机活力、增强公安机关凝聚力和战斗力的关键举措。要着力提升群众安全感和满意度，深入推进公安行政管理改革，从政策和制度上推出更多利民便民惠民新举措，狠抓落实，坚决突破“中梗阻”，全力落实到“最后一公里”，让群众满意。要着力增强公安机关执法公信力和战斗力，深入推进“六权治本”，努力在每一起案件、每一个执法环节中体现公平正义。要深化公安队伍正规化建设，坚持从严治警，把公安基层工作作为改革的重中之重，激发全体干警内生动力。要把深入推进公安改革与社会、司法和经济等领域改革工作协调对接，着力形成改革合力和整体效应。

会议强调，出台“三个提名考察办法”，是我省贯彻落实中央精神、深化纪检体制改革的具体举措。要严格提名标准，坚持党管干部原则，严格把握提名、考察这两个关键环节，把那些敢于担当、敢于监督、敢于负责的好干部选出来、用起来。要注重协调配合，结合我省正在开展的“三个一批”工作，进一步规范程序、严格审查，确保选拔出来的纪检领导干部过得硬、立得住，经得起考验。要强化自身建设，坚决把纪律和规矩挺在前面，不断改进执纪方式、强化执纪能力，做到对党忠诚、严格履职、敢于担当、守住底线。

会议指出，推进万家寨引黄工程体制改革是进一步引深我省事业单位改革、水利工程体制改革的具体实践。要突破改革的重点难点，坚持市场化改革方向，加快建立现代企业制度，提高企业运行效率和服务质量，着力破解引黄水与地下水配置不合理、成本与水价倒挂等长期积累的问题和矛盾，按期完成改革任务，努力实现经济、社会、生态效益的协调统一。

会议强调，筹组山西金融控股有限公司，是整合金融资源，搭建金融平台，加快山西金融振兴的重要举措，事关重大。要按照中央精神，遵循市场规律市场规则，深化金融体制机制改革，建立完善现代企业制度，加快产权多元化，积极发展混合所有制，撬动社会资本。要解放思想，创新金融干部人才管理方式，完善激励保障措施，更多依靠市场办法发现人才、使用人才、考核人才，千方百计聚集金融优秀人才，提高金融业生机活力。要有计划、有步骤地推动企业改组上市，提升经营管理市场化、科学化水平。要强化企业监督，发挥好股东和社会监督的作用，规范企业行为，防止国有资产流失。要分步稳妥操作，充分调动职工群众支持改革、参与改革的积极性。要强化风险意识，加强风险管理体系建设，防范金融风险，确保国有资产保值增值。

会议对下一步改革工作进行了安排部署。一是紧紧围绕贯彻落实党的十八届五中全会精神，通过全面深化改革，着力破解经济、政治、民生、生态的“立体性困扰”，破解制约和影响全面建成小康社会的体制机制障碍，为我省经济社会稳定发展注入强劲动力和活力，形成更有力的制度保障。二是贯彻落实好中央全面深化改革领导小组第十七次、十八次会议精神，增强改革创新精神，提高改革行动能力，依靠改革为全面建成小康社会提供持续动力。三是压实责任、集中攻坚，确保全面完成年度各项改革任务。

会议强调，今年以来，在中央方针政策的正确指引下，在省委的坚强有力领导下，我省全面深化改革工作健康有效推进，但各地各领域工作进展不平衡的问题仍然存在。要认真贯彻落实党的十八大和十八届三中、四中、五中全会精神，深入学习贯彻习近平总书记系列重要讲话精神，全面深化改革，进一步发挥好改革的突破性和先导性作用，特别要在稳增长调结构中深化改革，在深化改革中推进各项工作。要对照全年改革目标，及时组织开展大检查，督促全年任务落实到位，力争在煤炭资源市场化配置改革、国有企业改革等领域取得新突破、形成新亮点。要认真盘点转型综改试验区建设三年规划落实情况，总结经验，发扬成绩，问题导向，不断完善改革思路和举措。要统筹发展规划和改革规划，有机衔接中长期规划和年度行动计划，结合正在抓紧推进的省“十三五”规划编制工作，同步启动编制好“十三五”期间的全面深化改革规划，谋划安排好明年的改革任务，依靠改革为推动创新发展、协调发展、绿色发展、开放发展、共享发展、廉洁和安全发展提供持续动力。

省委常委会召开会议　研究讨论省委十届七次全会文件　听取全会筹备情况和省高院工作汇报　11月25日，省委常委会召开会议，研究讨论王儒林同志在省委十届七次全会上的讲话、《中共山西省委常委会工作报告》、《中共山西省委关于制定国民经济和社会发展第十三个五年规划的建议》和《建议》的说明、《中共山西省委十届七次全体会议决议》，听取省委十届七次全会筹备情况汇报；传达最高人民法院院长周强在晋调研重要讲话精神，研究我省贯彻落实意见。省委书记王儒林主持会议。

会议认为，省委十届七次全会相关文件全面总结了省委十届六次全会以来省委常委会工作，提出了省委“十三五”规划建议，描绘了今后五年全省发展蓝图，贯彻了中央精神，充分发扬了民主，集中了全省智慧。要求进一步修改后，将《中共山西省委常委会工作报告》、《中共山西省委关于制定国民经济和社会发展第十三个五年规划的建议》、《中共山西省委十届七次全体会议决议》提交省委十届七次全会审议。

会议决定近期召开省委十届七次全会。会议的主要任务是，全面贯彻落实党的十八届五中全会精神，审议《中共山西省委关于制定国民经济和社会发展第十三个五年规划的建议》，部署我省“十三五”时期的工作，动员全省各级党组织，团结带领广大党员干部和人民群众，深入学习贯彻习近平总书记系列重要讲话精神，着力推进创新发展、协调发展、绿色发展、开放发展、共享发展、廉洁和安全发展，加快实现山西全面建成小康社会目标，奋力开创弊革风清、富民强省新局面。

会议强调，省委十届七次全会是在我省面对持续经济下行压力、确保“十三五”实现全面建成小康社会目标的形势下召开的一次十分重要的会议，对于我省今后五年改革发展至关重要。要增强责任感和使命感，加强领导、精心组织，落实责任、密切配合，确保会议顺利进行、圆满成功。要严格纪律、改进会风，确保大会风清气正。

会议指出，周强在晋调研时的重要讲话对于我省做好司法工作具有重要指导作用。全省各级党委特别是政法系统要深入学习贯彻党的十八届五中全会精神，认真落实周强提出的要求，站在维护社会公平正义的高度抓好司法工作，充分发挥司法公正对社会公正的重要引领作用。要扎实推进司法改革，紧紧围绕“努力让人民群众在每一个司法案件中都感受到公平正义”的目标，结合实际完善改革方案，确保司法改革落地生根。要通过改革切实解决人民群众反映的“立案难、执行难、信访难”等突出问题，更好地践行司法为民，不断提高司法公信力。要加强法院班子和干部队伍建设，配好班子、配强干部，从严管理、从严教育、从严监督，着力解决法院系统尤其是基层法院和人民法庭职级待遇偏低的问题，激励广大干警公正廉洁司法，努力在振奋精神、积极作为上走在全省前列。要加强组织领导，认真谋划并把法院工作纳入全省“十三五”规划中，积极为法院开展工作创造条件、提供支持，进一步发挥法院职能作用，促进严格公正司法，依法严惩各类刑事犯罪，依法妥善审理经济领域各类案件，努力为全省改革发展稳定营造良好法治环境。

中共山西省委十届七次全体会议召开　中国共产党山西省第十届委员会第七次全体会议12月4日在太原召开。全会深入学习贯彻党的十八届五中全会特别是习近平总书记重要讲话精神，听取讨论了《省委常委会工作报告》，审议通过了《中共山西省委关于制定国民经济和社会发展第十三个五年规划的建议》、省委十届七次全会决议和有关事项。

全会由省委常委会主持。省委书记王儒林受省委常委会委托作工作报告并作重要讲话，就《建议（讨论稿）》向全会作说明。省委副书记、省长李小鹏，省委副书记楼阳生，省政协主席薛延忠，省委常委胡苏平、高建民、黄晓薇、吴政隆、孙绍骋、王伟中、付建华、盛茂林、冷杰松出席会议。出席全会的省委委员58人，候补委员6人。不是省委委员、候补委员的省人大、省政府、省政协负责同志，省军区、省武警总队主要负责同志；省纪委常委；各市市委书记、市长；省直各部门主要负责同志，中央驻晋单位和企业主要负责同志；其他有关方面负责同志，省第十次党代表大会部分基层代表，各县（市、区）党政主要负责同志列席会议。

全会充分肯定省委常委会一年来的工作。一致认为，省委十届六次全会以来，在党中央的正确领导下，新的省委常委班子紧紧依靠全委会的同志，团结带领全省干部群众，高举中国特色社会主义伟大旗帜，坚持以邓小平理论、“三个代表”重要思想和科学发展观为指导，认真贯彻落实党的十八大和十八届三中、四中、五中全会精神，深入学习贯彻习近平总书记系列重要讲话精神，按照“四个全面”战略布局和中央对山西工作的重要指示要求，深入开展党风廉政建设和反腐败斗争，全面从严管党治党，全面推进经济、政治、文化、社会和生态文明建设，努力开创弊革风清、富民强省新局面。

全会指出，“十二五”时期是我省发展进程中极不寻常的五年。在党中央、国务院坚强领导下，特别是去年9月中央对山西省委班子作出重大调整以来，我们按照“四个全面”战略布局和党中央对山西工作重要指示要求，坚持“深入学习贯彻习近平总书记系列重要讲话精神，净化政治生态，实现弊革风清，重塑山西形象，促进富民强省”的“五句话”总要求和总思路，全面从严治党，全面从严治吏，持续推进党的群众路线教育实践活动，深入开展学习讨论落实活动和“三严三实”专题教育，深入推进党风廉政建设和反腐败斗争，形成并始终保持惩治腐败、狠刹“四风”、打黑除恶“三个高压态势”，不断净化政治生态，振奋精神，凝聚共识，增强信心，全省党风政风和社会风气逐步好转。同时，提出并着力推进“六大发展”，全面实施“六权治本”，统筹做好煤与非煤“两篇大文章”，加快实施“革命兴煤”，全力推动科技创新、金融振兴、民营经济发展“三个突破”等，为新形势下全省经济社会发展提供了科学思路、有力举措和坚强保证，全省经济社会发展取得新成绩，“十二五”规划确定的目标任务基本完成，这些积极成效从各方面为全面建成小康社会奠定了坚实基础。

王儒林就贯彻落实党的十八届五中全会和省委全会精神，做好全省“十三五”时期经济社会发展工作，作了重要讲话。他指出，要深入落实党的十八届五中全会精神特别是习近平总书记重要讲话精神，坚决贯彻落实中央五大发展新理念，紧密结合山西实际，把创新发展、协调发展、绿色发展、开放发展、共享发展、廉洁和安全发展作为中央新的发展理念在我省的具体化和新实践，扎扎实实落实，全力以赴推进。

王儒林强调，到2020年全面建成小康社会，现在到了决胜阶段。我们既要清醒认识我省面临的突出问题，更要看到面临的机遇和条件，特别是国家一系列重大发展战略，为山西发展拓展了新空间；我省经济发展亮点不断涌现，促进发展的积极因素正在逐渐汇集；广大干部积极作为，为富民强省提供了坚实的工作基础和作风保障，坚定信心和决心，积极主动抓住各种机遇，利用好一切可以利用的条件，坚持不懈，坚韧前行，确保如期实现全面建成小康社会目标。

王儒林指出，要努力破解八个方面的重点难点问题。一是以主动融入国家重大战略为契机，构建我省开放发展新格局。要把对接京津冀、环渤海置于优先位置，努力把我省打造成为京津冀的清洁能源生产供应基地、重要的“菜篮子”和文化旅游重要目的地；要把参与“一带一路”建设作为开放重点，深化与沿线国家合作，努力把我省打造成为“一带一路”的重要节点地区；要把提高经济外向度作为核心指标，加快出口产品向中高档水平迈进；要把培育市域开放新优势作为政策方向，形成各具特色的开放新格局；要把加大投资力度作为重大战略，更好地发挥投资的关键作用。二是以破解“立体性困扰”为目标，着力提高改革的突破性、先导性和有效性。要坚持问题导向深化改革，把“六权治本”作为一场深刻的体制机制改革抓紧抓好，加快推动政府行政管理体制改革；围绕综改试验深化改革，努力创造更多可复制、可推广的经验和办法；找准关键环节深化改革，重点推动煤炭资源市场化配置、国资国企改革；强化实际效果深化改革，确保中央和省委每项改革任务都能落地生根。三是以发展壮大县域经济为切入点，提高城乡区域协调发展水平。要突出把县域经济做大做强，对产煤县、工业县、农业县、贫困县等要提出分类指导意见；突出发展县域特色经济，每个县都要形成一两个链条比较长、带动能力强的特色产业；突出发展大县城和县域组群，高度重视小城镇特别是大县城的节点作用，加快发展一批县域组群；突出发展县域富民经济和就业创业，积极推动金融资源向县域延伸，在县域集聚发展资源，形成大众创业、万众创新的局面。四是以提高煤炭等产业核心竞争力为突破口，加快实现我省支柱产业转型升级。围绕建设千万吨级煤矿，进一步深化资源整合和加工转化，大力促进煤电转化，稳定焦炭产量，积极稳妥发展现代煤化工；围绕深化电力体制改革，支持发展现代高载能产业，加快外送通道建设；围绕加快审批制度改革，理顺煤层气价格形成机制，全力推动煤层气产业早日成为我省新的支柱产业；要围绕发挥综合优势，积极引导电解铝产能向我省转移，努力把铝工业做成优势产业；围绕传统产业优化升级，支持发展“互联网＋煤炭”等新业态。五是以做大做强文化旅游业为先导，加快发展接续替代产业。要用全新理念审视我省文化旅游资源价值，用现代金融助推文化旅游产业发展，用营造著名品牌提高文化旅游景区吸引力。要坚持市场主导，靠深化改革从根本上解决深层次矛盾和问题，依法管理规范文化旅游市场秩序。同时还要狠抓其他六大非煤产业发展。六是以生态治理和节能减排为抓手，使三晋大地山更青水更秀天更蓝。要加大生态保护修复力度，大力实施重点林业工程，着力解决“水少、水脏、水远、水漏、水失”等突出问题，加强大气污染整治，强化节能减排，发展循环经济。七是以强化公共产品和服务供给为重点，努力增进人民群众获得感和幸福感。要把就业创业作为最紧迫的任务，突出抓好高校毕业生和就业困难群体的就业援助；要把托底政策覆盖最需要帮助的群体，加大对困难企业、特殊人群的扶持和救助；要把改善人居环境作为重要公共产品，扎实抓好城乡人居环境改善工程，抓好采煤沉陷区治理；要把社会治理延伸到最容易忽视之处，统筹社会服务、矛盾化解、平安建设等工作；要把安全生产始终放在首要位置，强化安全生产责任，坚决遏制重特大事故发生。八是以精准扶贫精准脱贫为核心举措，确保我省到2020年贫困人口全部脱贫、贫困县全部摘帽。要认真贯彻落实中央扶贫开发工作会议精神，始终坚持精准扶贫、精准脱贫，努力做到“六个精准”，以吕梁山、燕山－太行山为主战场，结合山西实际扎实组织实施“五个一批”工程。要举全省之力，加快形成全社会参与的大扶贫格局。

王儒林强调，我们必须坚持全面从严治党，为圆满完成

“十三五”目标任务提供坚强政治保证。一要紧紧牵住主体责任这个“牛鼻子”，加大问责处置力度，层层传导压力，严肃责任追究。二要始终保持“三个高压态势”，以更加坚决的态度减少腐败存量，更加果断的措施遏制腐败增量，坚决实现弊革风清。三要深入推进“六权治本”，稳妥有序扩大“六权治本”覆盖面，推动向乡村两级延伸，从根本上解决发生在群众身边的腐败问题。四要持之以恒抓好从严治吏，确保全省各级换届风清气正，推动从严治吏长效化、常态化。五要坚决把党的纪律和规矩挺在前面，强化党员干部的纪律和规矩意识，筑牢法律和党纪“两道防线”，妥善把握运用好监督执纪“四种形态”，真正体现对党员干部的严格要求和关心爱护。六要不断强化以上率下、狠抓落实的工作作风，坚持“双学”，省委常委班子成员要以身作则，率先垂范；充分发挥人大、政协职能作用，充分发挥各民主党派优势，充分发挥工会、团委、妇联等群团组织优势，为全省经济社会发展营造干事创业的浓厚氛围。要抓紧编制“十三五”规划《纲要》以及各专项规划，主动对接国家重大发展战略。要优化发展环境，一分钱一分钱地算账，一个项目一个项目地支持，一个政策一个政策地争取，一个企业一个企业地帮扶。各级领导干部要努力践行“三严三实”，夙兴夜寐、积极作为，沉下心来真抓实干，省委常委要为全省做表率，省委书记要为省委常委做表率，各市县书记、市县长要为全市全县做表率，各单位、各部门主要领导要为全系统做表率，今后不能做表率的干部就不是合格的领导干部。全省各地都要积极开展“冬季行动”，贪黑起早、埋头苦干、只争朝夕、奋力拼搏，在努力完成全年任务的同时，认真做好 2016 年各项工作，为确保“十三五”开好局、起好步奠定坚实基础。

全会按照党章规定，决定递补省委候补委员张文栋、张志川、岳普煜、赵雁峰、贺天才、席小军为省委委员。

全会表决通过了确认省委常委会给予丰立祥、王茂设、刘向东、吴永平、董洪运开除党籍处分的决定，《关于确认省委常委会作出终止丰立祥等 36 人山西省第十次党代表大会代表资格决定的决议》等事项。

在圆满完成各项议程后，会议在雄壮的国际歌声中闭幕。

省委常委班子举行“三严三实”专题民主生活会集体学习 按照中央统一部署，2015 年党员领导干部年度民主生活会以践行“三严三实”为主题进行。根据中央要求，12 月 10 日，省委常委班子举行“三严三实”专题民主生活会集中学习。省委书记王儒林主持，省委副书记、省长李小鹏，省委副书记楼阳生，省政协主席薛延忠，省领导胡苏平、高建民、黄晓薇、吴政隆、孙绍骋、王伟中、付建华、盛茂林、冷杰松、张复明、刘杰参加。

学习会上，省委常委、组织部长盛茂林汇报了省委常委班子专题民主生活会工作安排，与会同志讨论了专题民主生活会方案，围绕“三严三实”重要文献特别是习近平总书记重要讲话，认真研读，深刻领会，进一步提高了思想认识。王儒林就做好会前准备，开好专题民主生活会，强调了四点意见：一要紧扣“三严三实”主题，高质量开好专题民主生活会。“三严三实”专题教育是党中央全面从严治党，加强思想政治和作风建设的重大部署。开好党员领导干部专题民主生活会，对于解决不严不实突出问题，推动“三严三实”制度化、常态化、长效化，具有重要意义。要坚持高标准、严要求，紧紧围绕“三严三实”，按照中组部要求，充分运用群众路线教育实践活动专题民主生活会的做法，用好批评和自我批评这个利器，开展积极健康的思想斗争，讲问题、谈认识、找差距，明确努力方向，提出改进措施，高质量开好省委常委班子、省级班子民主生活会，对全省各级、各部门发挥标杆和示范作用。二要进一步引深学习，打牢思想基础。围绕贯彻落实党的十八大和十八届三中、四中、五中全会精神，围绕深刻领会习近平总书记系列重要讲话精神加强学习，特别要认真研读习近平总书记关于党员领导干部践行“三严三实”的新思想新观点新要求，对参加专题党课、专题学习研讨情况进行回顾梳理，查缺补漏，切实把思想和行动统一到中央精神上来，提高践行“三严三实”的自觉性和主动性。三要深入查摆问题，扎实抓好整改。紧扣践行“三严三实”，认真听取党员、群众和基层对省委班子、省委常委存在问题的反映、改进工作的意见建议。要认真开展谈心谈话，把问题谈深谈透，把问题摆准、摆实、摆具体。要紧密结合省委一年来全面从严治党的措施和部署，特别是结合我省贯彻落实“五句话”总体要求的实践，认真对照检查，把不严不实问题找准、把原因剖析深、把整改措施定具体，制定好省委常委班子和个人整改清单，切实抓好整改落实。四要深入反思剖析，认真撰写对照检查材料和发言提纲。对照《党章》和《中国共产党廉洁自律准则》《中国共产党纪律处分条例》等党内规章制度、党的纪律、国家法律、党的优良传统和工作惯例，对照正反两方面典型，联系个人思想、工作、生活和作风实际，联系个人成长进步经历，联系教育实践活动中个人整改措施落实情况，认真开展党性分析，撰写好领导班子对照检查材料和个人发言提纲，为开好高质量民主生活会打好基础。

省委全面深化改革领导小组召开第十五次会议 12 月 10 日，省委全面深化改革领导小组召开第十五次会议，审议讨论《中共山西省委关于加强人民政协民主监督的意见》《山西省高级人民法院跨行政区域集中管辖行政案件的实施方案》《关于深化供销合作社综合改革的实施方案》，安排部署下一步改革工作。省委书记、省深改领导小组组长王儒林主持会议并讲话，省委副书记、省长、省深改领导小组第一副组长李小鹏讲话，省委副书记、省深改领导小组常务副组长楼阳生，省政协主席、省深改领导小组副组长薛延忠，省领导胡苏平、高建民、黄晓薇、王伟中、盛茂林、张复明、刘杰、朱先奇、左世忠、杨司出席会议。

会议指出，加强人民政协民主监督，是新形势下推进社会主义协商民主的重大举措，是深化民主法制领域改革的重要内容。各级党委要把这项工作列入重要议事日程，加强和改进对人民政协民主监督工作的领导，各级各部门要高度重视人民政协民主监督作用。要大力支持政协履行民主监督职能，积极参加政协开展的协商监督活动，及时通报情况，虚心听取意见，自觉接受监督，推动人民政协民主监督与党内监督、人大监督、行政监督、司法监督、舆论监督相结合。要着力提升人民政协民主监督水平，各级政协党组和主席班子要把履行民主监督职能摆在更加突出的位置，加强组织领导，强化沟通协商，注重跟踪问效，围绕落实省委十届七次全会精神和全省中心工作发挥好监督作用，加强委员队伍建设，不断提升人民政协民主监督的质量和成效。

会议强调，实施跨行政区域集中管辖行政案件，是贯彻落实党的十八届四中全会精神、深化司法体制改革的重要举措，要高度重视，认真贯彻落实。各级各部门、特别是领导干部一定要增强法治意识，积极配合人民法院的行政审判活动，支持人民法院依法独立行使审判权，坚决杜绝对行政审判工作的干扰。要切实发挥行政审判对经济社会发展的保障作用，各级法院要切实提高行政审判为大局服务的针对性和有效性，通过依法审理行政案件，妥善化解行政纠纷，协调各种利益关系，密切党群、干群关系，充分发挥保障改革、服务发展、维护稳定、促进和谐的职能作用。各级党委要将此项工作纳入全面深化改革总体部署，妥善处理集中管辖中出现的新情况新问题，有关部门要全力支持配合，确保改革顺利推进。会议强调，深化供销合作社综合改革，是党中央、国务院的重大决策部署。要始终坚持为农服务宗旨，紧紧围绕“三农”工作大局，牢牢把握密切与农民利益联结这个核心，扎根农村、服务农业、贴近农民，努力把供销合作社打造成为服务农民生产生活的综合平台。要全面提升为农服务水平，以提升为农服务能力为根本，坚持合作经济基本属性，坚持市场化方向，积极拓展经营领域，扎实推进基层社改革，当前要重点帮助农民解决农产品价格下滑、市场需求不足、销售渠道不畅等实际问题。要统筹协调推进改革，坚持因地制宜、分类指导，鼓励基层大胆探索、试点先行，确保改革积极稳妥、有序推进。

关于下一步全面深化改革工作，会议指出，要认真学习贯彻中央全面深化改革领导小组第十九次会议精神，贯彻落实省委十届七次全会精神，聚焦全面建成小康社会目标，抓紧谋划明年和“十三五”期间各项改革。各级党委要切实肩负起全面深化改革的主体责任，党委主要领导既要亲自抓改革部署，又要亲自抓改革督办，坚持以上率下的基本工作方法，一级抓一级，层层负责，各条线、各小组都要把改革这根弦绷紧拉直。要切实做好改革督察工作，健全督察工作机制，充实专门督察力量，创新督察工作方式，做到改革推进到哪里，督察就跟进到哪里。要健全能定责、可追责的考核机制，发现问题列出清单，明确责任，挂账整改，以严格督察推进工作落实、责任落实。要加强对各级干部推进改革情况的了解，加大改革实绩考核权重，形成鼓励支持改革的用人导向，有效调动各方面的积极性，推动改革任务措施落到实处。

会议要求，要认真盘点“十二五”时期特别是近两年改革取得的成绩，总结经验，查找问题，为改进“十三五”时期的改革工作提供有益借鉴。要围绕确保我省和全国同步全面建成小康社会、农村特别是贫困地区和全省同步全面建成小康社会的奋斗目标，找准制约我省科学发展的体制机制障碍，有针对性地谋划好改革工作。要加强领导，落实责任，转变作风，以披荆斩棘的勇气、勇往直前的毅力、雷厉风行的作风推动落实好改革任务。要对照年初工作部署，奋力冲刺今年的重大改革任务，加快落实煤炭资源市场化配置改革、“两平台一网络”建设、同煤和晋能改革试点、引黄工程管理体制改革以及金融改革等举措，力争再形成一批改革亮点，提振精神，助力发展，为“十三五”改革工作实现良好开局奠定坚实基础。

省委常委会召开会议　研究讨论《山西省推进领导干部能上能下实施细则（试行）》　听取第二届全国青年运动会筹备情况汇报　12月10日，省委常委会召开会议，研究讨论《山西省推进领导干部能上能下实施细则（试行）》，听取第二届全国青年运动会筹备工作情况汇报。省委书记王儒林主持会议。

会议强调，推进领导干部能上能下，是贯彻落实中央全面从严治党要求，严明政治纪律和政治规矩，选好用好干部，促进弊革风清的重要举措。要认真贯彻落实中央《推进领导干部能上能下若干规定（试行）》，结合山西实际，总结完善去年以来我省干部选拔任用、刷新吏治的有效措施和办法，对中央要求进行细化、具体化。要把推进干部能上能下作为全面从严治党、从严治吏的重要内容，重点是解决干部能下的问题，坚决让能力不够、不敢担当、作风不硬的干部下来，着力破解干部能上不能下的难题。要统筹把握干部能上和能下，坚持德才兼备、以德为先、以廉为基，树立鲜明的用人导向，切实把好干部选出来、用起来，使干部能上能下的过程成为调动积极性的过程，形成干事创业的激励效应。要强化主体责任，形成干部能上能下的工作合力，各级党委（党组）特别是党委书记是第一责任人，要坚持原则，敢于担当，从严治吏；组织（人事）部门要负起具体责任，加强干部能上能下的监督考核，提出意见建议；纪检监察、巡视、审计、信访等部门要各负其责，加强监督检查，严格追责问责，促进干部能上能下常态化。

会议指出，2019年第二届全国青年运动会在山西举办，是我省历史上第一次举办全国大型运动会，体现了党中央、国务院对山西的信任，既是国家赋予山西的历史性任务，更是发展山西、展示山西的重大历史契机。各级各部门要高度重视，抓住这一难得历史性机遇，充分调动各方面积极性，努力当好东道主，全面展示山西悠久的历史、优美的风光、深厚的底蕴，把青运会办成一届高水平、精彩成功的盛会，推动山西体育事业和体育产业上新台阶，经济社会发展、城市建设、精神文明建设上新水平。要加强组织领导，建立健全组织领导体制、管理运行机制，把责任落实到市、到部门，各级各部门都要树立全省一盘棋思想，形成筹办工作合力。要统筹推动工作落实，倒排时间工期，务实高效做好配套基础设施建设、竞赛组织、市场开发等筹备工作，确保按期完成各项任务。要坚持节俭、实用原则,统筹比赛场馆改造建设与城市功能提升,尽量用好现有场馆设施,能改造的不新建,同时要把赛事要求和赛后利用结合起来。要深入开展系列宣传教育和精神文明创建活动,全面加强城市交通、卫生、安全等管理,提高窗口行业服务水平和社会文明素质,展示群众良好精神风貌,营造浓厚办赛氛围。要把廉洁办会贯穿始终,把纪律和规矩挺在前面,倡导文明健康、务实简朴、廉洁清明的办赛风尚,加强重大事项监督和廉政建设,坚决杜绝各种违法违纪违规现象的发生。

省委全面深化改革领导小组召开第十六次会议 12月16日,省委全面深化改革领导小组召开第十六次会议,审议讨论《山西省煤炭资源矿业权出让转让管理办法》,安排部署下一步改革工作。省委书记、省深改领导小组组长王儒林主持会议并讲话,省委副书记、省长、省深改领导小组第一副组长李小鹏讲话,省委副书记、省深改领导小组常务副组长楼阳生,省政协主席、省深改领导小组副组长薛延忠,省领导胡苏平、高建民、黄晓薇、王伟中、安焕晓、张复明、刘杰、朱先奇、左世忠、杨司出席会议。

会议指出,建立健全煤炭资源矿业权出让转让管理办法,事关全局,影响当前,涉及长远,意义重大。要坚持依法合规,增强法治思维,依法推进煤炭资源矿业权出让转让,依法解决《管理办法》实施过程中出现的新情况、新问题,确保我省煤炭出让转让在法治轨道上进行,同时要在总结实践经验的基础上,逐步将《管理办法》提升为政府规章或地方性法规。要严格限制新配置煤炭资源,我省煤炭产能已严重过剩,新增能力不容忽视,"十三五"期间一般不宜再新配置煤炭资源,需配置必须用市场化的办法。要加快建立健全矿业权退出机制,全面开展矿业权市场清理,建立有序、自然、正常的矿井退出机制,坚持依法依规淘汰落后产能,通过矿业权二级市场推行落后产能市场化退出机制,对圈而不探、探而不采、以采代探、圈占资源不开发、炒买炒卖等现象,依法限期整改。要探索建立煤炭资源共生伴生矿产资源矿业权一体化配置机制,在创新煤权气权一体化设置、探索建立煤层气资源矿业权有偿取得制度、推进采煤采气一体化发展等方面,积极争取国家支持,加大煤矿瓦斯抽采利用特别是瓦斯发电力度,尽快把煤层气产业培育成为我省重要支柱产业,形成新的经济增长点。要进一步完善矿区生态补偿机制,进一步完善煤炭资源有偿使用及收入分配、环境损害赔偿、环境污染治理等各项制度,引入市场化治理手段,实现矿区生态治理和居民利益补偿的规范化和法制化。

会议强调,要处理好政府与市场的关系,进一步完善煤炭矿业权一级市场体系,进一步健全矿业权依法自由流转的二级市场,以煤炭矿业权出让转让为突破口,全面落实"凡是能由市场决定的都交给市场"的原则,最大限度减少政府对微观事务的管理,让企业真正成为市场主体。

会议原则同意《山西省煤炭资源矿业权出让转让管理办法》,建议提交省委常委会审议。

省委召开传达中央经济工作会议精神会议

12月22日,按照中央要求,省委召开传达中央经济工作会议精神会议,研究我省贯彻落实意见。省委书记王儒林主持会议并讲话。省委副书记、省长李小鹏,省委副书记楼阳生,省政协主席薛延忠,省级党员领导同志出席会议,省委工作部门、省政府组成部门主要负责同志参加会议。

会上,省委副书记、省长李小鹏传达了习近平总书记在中央经济工作会议上的重要讲话,省委常委、常务副省长高建民传达了李克强总理在中央经济工作会议上的重要讲话和总结讲话。

会议指出,这次中央经济工作会议是在"十二五"圆满收官,"十三五"即将开启之际召开的重要会议。要认真学习贯彻中央经济工作会议精神,切实把思想和行动统一到中央的要求部署上来。要进一步认清国内外经济形势,坚定信心,趋利避害,积极进取,推动经济持续健康发展。要进一步明确对经济新常态怎么看、怎么干,必须统一思想、深化认识,必须克服困难、闯过关口,必须锐意改革、大胆创新。要进一步明确明年经济工作的总体思路、目标任务特别是底线,牢固树立和贯彻落实创新、协调、绿色、开放、共享的发展理念,着力加强结构性改革,提高供给体系质量和效率,保持经济运行在合理区间。要进一步明确明年经济工作的重点,坚决实施"五大政策支柱",坚决落实"五大重点任务",坚持中国特色社会主义政治经济学的重大原则。全省上下要认真学习贯彻中央经济工作会议精神,坚定不移地把中央要求落到实处。

会议强调,要积极适应经济发展新常态,着力推进结构性改革。把推进结构性改革作为今后一个时期经济工作的主攻方向,突出重点、抓好关键,以坚决态度有力推进。一是去产能,采取果断措施积极化解过剩产能。在加快产业转型升级的同时,加大煤炭、焦炭、冶金等特困行业过剩产能化解力度,对于暂时遇到困难的企业,要加大帮扶力度。二是去库存,特别是多措并举减少房地产库存。通过加快农民工市民化,扩大有效需求,有效化解库存,稳定房地产市场。三是去杠杆,努力化解金融风险。促进资本市场发展,加大企业直接融资支持力度,加快中小企业股份制改造步伐,坚决遏制非法集资蔓延势头。四是降成本,有效提高要素配置效率。加强企业管理,抓好技术改造和生产管理,节约生产成本,提高生产效益,加快发展现代物流业,深化行政审批制度改革。五是补短板,尽快补齐制约发展的突出短板。补齐产业短板,加快战略性新兴产业,尽快培育新的经济增长点;补齐基础设施短板,加快航空口岸开放,加快重点项目建设。

会议指出,要坚定信心、苦干实干,努力实现"十三五"良好开局。一要充分发挥"三驾马车"的拉动作用,把投资作为稳增长的重点,加大投资力度,优化投资结构,抓好重点项目建设。更加重视消费对经济增长的基础作用,推动消费结构升级,深入挖掘新的消费热点。发挥出口的支撑作用,加快培育外贸竞争新优势。二要充分发挥"三次产业"的支撑作用。增强农业的基础地位,进一步出台扶持工业经济发展的政策措施,特别要大力发挥服务业对稳增长的积极作用,研究出台加快服务业发展的具体政策措施，促进文化旅游、养老、康养、休闲等产业发展。三要进一步引深“三个突破”。抓好创新平台建设，加快科技成果本省转化。优化和改善促进民营经济发展环境，拓宽民营经济发展空间。加快健全完善金融体系，更好支持实体经济发展。四要着力推动牵一发而动全身的重大改革。重点抓好国企改革、煤炭管理体制改革、行政审批制度改革等，争取一批试点，尽快在全省推广复制。五要抓住机遇扩大开放。提高产业承载和支撑能力，力争在对接京津冀上取得实质性进展。围绕“一带一路”战略，引导我省优势产能“走出去”。六要把“县域突破”作为明年的一项重大任务。要研究制定分类指导意见，发展各具特色的县域经济。七要加强生态文明建设。推进煤炭、冶金、电力、化工等行业循环发展，采取有效措施应对雾霾污染、改善空气质量，着力解决损害群众健康突出环境问题，加大植树造林力度。八要坚决打赢脱贫攻坚战役。按照精准扶贫、精准脱贫要求，落实好“五个一批”扶贫攻坚措施，全力完成明年贫困人口脱贫任务。

会议强调，要切实保障和改善民生，努力维护社会和谐稳定。高度重视就业问题，实施更加积极的就业政策，鼓励创新创业，特别要高度重视解决失业、下岗、裁员及隐性失业等问题，重点解决大学生、农民工、困难群体就业问题。要兜住民生底线，统筹推进城乡社会救助体系建设，进一步完善最低生活保障、特困人员供养、残疾人等兜底性制度，加大临时救助、慈善救助等帮扶力度。要提高公共服务能力，不断调整财政支出结构，压缩一般性开支，确保义务教育、基本医疗、基本养老等基本公共服务的投入，不断提高公共服务供给水平。要防范化解社会稳定风险，在推进结构性改革过程中，妥善协调各方面利益关系，对社会稳定风险要早做预案、及时化解，维护社会大局稳定。要深刻汲取我省太长高速公路特大交通事故、深圳恒泰裕工业园山体滑坡灾害的沉痛教训，认真抓好安全生产，牢固树立安全发展理念，进一步加大安全监管力度，坚决防止发生重特大安全生产事故。

会议要求，要加强领导，积极作为，以优良作风确保明年各项工作任务圆满完成。要保持高昂精神状态和良好工作作风，各级领导干部要不断提高领导经济社会发展的能力和水平，坚持“双学”，坚持以上率下，夙兴夜寐、身先士卒、冲在前面，带头破解发展难题，着力解决不作为、不会为、不善为问题。要压实责任促落实，对照“十三五”规划，对标明年工作目标，做到各级都有“任务书”、事事都有“时间表”，加强督促检查，严格进行考核。全省上下都要立刻行动起来，积极开展“冬季行动”，在努力完成好今年任务的同时，认真谋划好明年工作，起早贪黑、埋头苦干、只争朝夕、奋力拼搏，在全省营造苦干实干、积极作为的浓厚氛围。年终岁末，“两节”将至，要认真盘点，全力抓好今年经济社会发展各项任务的完成，确保“十二五”圆满收官，进一步修订和完善“十三五”规划。要加强“两节”前的隐患排查，保障市场供应，保持物价稳定，深入开展送温暖、献爱心和访贫问寒活动，让人民群众过好节日。要严格执行中央、中纪委关于“两节”期间廉洁自律的有关要求，倡导文明过节风尚。

省委召开传达中央城市工作会议精神会议 12月22日，按照中央要求，省委召开传达中央城市工作会议精神会议，研究我省贯彻落实意见。省委书记王儒林主持会议并讲话。省委副书记、省长李小鹏，省委副书记楼阳生，省政协主席薛延忠，省级党员领导同志出席会议，省委工作部门、省政府组成部门主要负责同志参加会议。

会上，省委副书记、省长李小鹏传达了习近平总书记在中央城市工作会议上的重要讲话，省委常委、常务副省长高建民传达了李克强总理在中央城市工作会议上的重要讲话和总结讲话。

会议指出，中央城市工作会议是在我国城市发展进入新的历史时期召开的重要会议。习近平总书记的重要讲话，高瞻远瞩、总揽全局，思想深刻、内涵丰富，对我们进一步做好今后一个时期城市工作提供了基本遵循。李克强总理的重要讲话，对做好明年城市工作作出具体部署。要认真学习贯彻中央城市工作会议精神，切实把思想和行动统一到中央的要求部署上来。要进一步明确城市工作总体思路和重点任务。坚持以人为本、科学发展、改革创新、依法治市，转变城市发展方式，完善城市治理体系，提高城市治理能力，着力解决城市病等突出问题，建设和谐宜居、富有活力、各具特色的现代化城市，走出一条富有特色城市发展道路。

会议强调，要深刻把握城市发展规律，扎实做好城市工作。把城市工作摆在更加重要的位置，坚持以为民为中心的发展思想，树立科学理念，把握城市规律，统筹规划、建设和管理，努力建设具有山西特色的现代宜居城市。要坚持科学规划，合理规划城市布局，加快太原都市圈、晋中108廊带、临汾百里汾河生态经济带、上党城镇群等城市群建设。按照“多规合一”理念，改进和创新规划编制方法，提高规划的科学性、前瞻性和权威性，确保规划严格执行。要全面提升城市建设水平，坚持城市建设地上与地下并重，完善城市交通、能源、供排水、供热、污水、垃圾处理等基础设施，切实解决各种“城市病”，重视城市特色风貌塑造和历史文脉延续，让城市更有特色、更有内涵、更有品味。要提高城市服务管理水平，推动以人为核心的新型城镇化，创新城市管理体制，切实解决与群众息息相关的实际问题，提高城市公共服务水平和产业集聚、就业吸纳能力，促进有能力在城镇稳定就业和生活的常住人口有序实现市民化，妥善处理各类社会矛盾和问题，加快智慧城市建设，不断提高市民素质，加强城市交通、秩序等管理，建设文明和谐城市。要深化城镇住房制度改革，加大棚户区和城中村改造力度，大量的棚户区和城中村，是城市建设必须啃下的硬骨头，各级党委、政府要明确责任目标，完善工作机制，加大资金投入，落实好税费减免等政策，全力办好这件民生大事。

省委常委会召开会议 传达贯彻中央农村工作会议精神 研究2016年全省经济工作 听取全省经济工作会议筹备情况汇报 12月28日，省委常委会召开会议，传达中央农村工作会议精神，研究我省贯彻落实意见；分析研究2016年全省经济工作，听取关于全省经济工作会议筹备方案的汇报。省委书记王儒林主持会议。

会议指出，实现全面建成小康社会目标，"三农"工作任务十分艰巨。各级各有关部门要全面贯彻习近平总书记对做好"三农"工作的重要指示和李克强总理的批示精神，认真落实中央农村工作会议精神，始终坚持"三农"重中之重的战略地位，始终坚持狠抓"三农"工作不动摇，财政再难不能难农民，开支再压不能压农业，确保财政投入只增不减。要扎实推进农业结构调整，时刻绷紧保障粮食安全这根弦，实施藏粮于地、藏粮于技战略，落实最严格耕地保护制度，完善耕地保护补偿机制，改善农业生产条件，发展农业特色产业，推动一二三产业融合发展。要坚持多管齐下，千方百计增加农民收入，全面落实并继续出台新的强农惠农富农政策，积极发展新产业、新业态，重视解决当前经济下行、农民工返乡带来的新的就业问题，不断开辟新的就业门路。要深入推进精准扶贫、精准脱贫，坚决打赢脱贫攻坚战。要着力补齐农村建设短板，推进农村环境整治，改善农村人居环境，全面推进采煤沉陷区、水土流失区、煤矸石山的生态环境治理修复，推进水利建设、造林绿化、水污染治理，让广大农村山清水秀、美丽宜居。要深化农村改革，抓紧推进农村土地承包经营权确权登记颁证和农村产权流转交易市场建设，深化农村金融改革创新，进一步深化国有林场、小型水利工程产权和农业水价改革。要强化农村基层党组织建设，完善村民自治，提升乡村治理水平，不断开创农业农村工作新局面。

会议原则通过2016年我省经济和社会发展主要计划指标安排建议，指出，今年以来，在省委、省政府的坚强领导下，各级各部门积极应对经济下行压力，统筹稳增长、促改革、调结构、惠民生、防风险等工作，全省经济运行中的积极因素不断增加，经济发展在克服困难中奋力前行。取得这样的成绩来之不易，是各级党委、政府、人大、政协，全省上下共同努力的结果。明年是"十三五"开局之年，能不能开好局、起好步至关重要。要认真贯彻中央经济工作会议精神，主动适应经济发展新常态，科学谋划明年全省经济工作。明年经济社会发展主要指标经过反复考虑、认真斟酌，符合中央要求和我省实际。实现全年目标任务，需要付出艰苦努力。要狠抓发展第一要务不放松，坚定迎难而上、攻坚克难的信心决心。目前我省经济处于改革开放以来最困难的时期，要保持清醒头脑，有克服困难长期作战的思想准备，在看到困难的同时，也要看到难得机遇和向好条件，归根结底还是事在人为。只要全省上下共同努力、形成合力，一定能够克服困难、实现目标、完成任务。要着力推进结构性改革，越是面临困难和压力，越要追求实实在在、没有水分的增长，努力提高经济发展质量和效益。要把推进结构性改革作为今后一个时期经济工作的主攻方向，坚决推进去产能、去库存、去杠杆、降成本、补短板，着力推进"六大发展"，实现"三个突破"。要切实保障和改善民生，坚决把民生底线兜住兜牢，重视解决突出矛盾问题，有效化解社会稳定风险，全力维护社会大局稳定，为经济持续健康发展营造良好环境。

会议研究讨论并原则通过了全省经济工作会议筹备方案，要求有关部门加强领导、精心组织，落实责任、密切配合，扎实做好筹备工作，确保会议顺利进行、圆满成功。

省委全面深化改革领导小组召开第十七次会议 12月28日，省委全面深化改革领导小组召开第十七次会议，审议讨论《山西省推动传统媒体和新兴媒体融合发展的实施意见》《全面深化改革督察工作实施办法（试行）》，安排部署下一步改革工作。省委书记、省深改领导小组组长王儒林主持会议并讲话，省委副书记、省长、省深改领导小组第一副组长李小鹏讲话，省委副书记、省深改领导小组常务副组长楼阳生，省政协主席、省深改领导小组副组长薛延忠，省领导胡苏平、高建民、黄晓薇、盛茂林、李政文、安焕晓、张复明、刘杰、朱先奇、左世忠、杨司出席会议。

会议原则通过两个文件，要求进一步修改完善后，按程序报批实施。会议指出，积极推动传统媒体和新兴媒体融合发展，是我省推进文化领域改革的一项重要内容，各级各部门一定要正确认识，高度重视，全力推动。要形成改革共识，各级各类主流媒体要进一步解放思想、更新观念，牢固树立一体化发展理念，适应新兴媒体传播特点，主动参与媒体资源有效整合；各级宣传文化主管部门要努力形成适应融合发展的新观念新认识，逐步形成适应融合发展的组织结构、传播体系和管理体制。要确保正确方向，网上新闻宣传与传统媒体新闻宣传导向要求是一致的，融合发展必须遵守同样的政治纪律、法律规范、道德底线和价值取向，要坚持党管媒体原则不动摇，立好规矩、亮明底色、筑牢底线，坚决杜绝游离于管理之外的"舆论飞地"、"舆论特区"，注重解决新情况、新问题，提升网上正面宣传水平，有效改善网上舆论生态，巩固壮大主流舆论。要突出主体责任，主要新闻媒体要积极主动，通过理念创新、技术创新、体制机制创新、人才队伍建设创新，努力把自身打造成拥有较强传播力、公信力和影响力的新型媒体集团，要建立联席会议制度，推动我省媒体融合健康有序快速发展。

会议强调，切实加强全面深化改革督察工作，对于及时发现解决困难问题，确保改革措施落地生根，改革工作取得实效具有重要意义。要按照中央《通知》要求，坚持"督的要准"，无论是制定督察计划还是开展督察工作，都要坚持问题导向，一切从实际出发，结合中央和省委全面深化改革的决策部署，针对改革的重点领域和关键环节，从热点难点问题入手，有计划、有重点地开展。坚持"督的要实"，督到实处，督出实效，省委改革办、各专项小组、相关各部门要严格执行督察制度，切实履行督察职责，科学制定督察计划，探索创新督察方式，保持改革督察工作常态化，推动我省各类改革事项及时落实落地。坚持"督的要有效"，把抓督察作为抓落实的重中之重，以敢于啃硬骨头、敢于涉险滩的改革精神，狠抓督察、抓好督察，强化督察结果运用，推动改革不断见到成效，释放新红利。要加强与中央改革办和对口专项小组的沟通，抓好明年改革要点和改革计划的制定工作，争取尽快出台，有效指导明年改革工作。

会议强调，要深入贯彻落实中央经济工作会议精神，以结构性改革为主题，安排好明年的全面深化改革工作。要进一步加大煤炭管理体制改革、国有企业改革、财税体制改革、金融体制改革、养老保险制度改革、医药卫生体制改革等重要领域和关键环节的改革力度。要坚持深化改革、创新驱动、扩大开放，落实好宏观政策要稳、产业政策要准、微观政策要活、改革政策要实、社会政策要托底等五大政策支柱。要坚持"四创联动"，发挥优势创抓机遇、抓住机遇创造需求、根据需求创新供给、围绕供给创优机制，改造升级存量，创新提升增量，扩大有效供给，提高供给体系的质量和效率。

全省经济工作会议在太原举行 2015年12月30日至31日，全省经济工作会议在太原举行，学习贯彻中央经济工作会议精神特别是习近平总书记重要讲话精神、省委十届七次全会精神，分析当前我省经济工作面临的形势，部署2016年全省经济工作。省委书记王儒林，省委副书记、省长李小鹏出席会议并作重要讲话。省委副书记楼阳生主持会议，省政协主席薛延忠等出席会议。

王儒林在讲话中，深刻分析当前我省面临的经济形势和挑战机遇，提出2016年经济工作的总体要求、目标原则、重大任务。李小鹏在讲话中，着重对2016年全省经济社会发展重点工作作出安排部署，并作总结讲话。

会议认为，2015年以来，面对严峻复杂的经济形势，经济下行压力持续加大的困难局面，省委、省政府坚持一手抓党风廉政建设和反腐败斗争，一手抓发展第一要务，全面推进"六大发展"，统筹推进稳增长、促改革、调结构、惠民生、防风险各项工作，全省经济呈现出缓中趋稳、小幅增长的态势。但也要清醒地看到，当前我省经济依然面临巨大下行压力，正处于改革开放以来发展最困难的时期。面对前所未有的困难，要从危机中看到亮点，在困局中看到前景，从不确定性中把握确定性，充分看到国家宏观政策和重大战略的实施将为我省发展提供广阔空间，国家对我省的政策倾斜和特殊支持不断加大，我省新的经济增长点正在汇集。全省上下要认真学习贯彻中央经济工作会议精神特别是习近平总书记重要讲话精神，切实把思想和行动统一到中央决策部署上来，正视困难、迎难而上，进一步坚定做好全年经济工作的必胜信念，以更大的决心和毅力打破坚冰、实现突围。

会议强调，2016年是"十三五"开局之年。做好我省2016年经济工作的总体要求是：全面贯彻党的十八大和十八届三中、四中、五中全会精神，以邓小平理论、"三个代表"重要思想、科学发展观为指导，深入贯彻习近平总书记系列重要讲话精神，按照"五位一体"总体布局和"四个全面"战略布局，认真落实中央经济工作会议及省委十届七次全会部署，适应经济发展新常态，坚持改革开放，坚持稳中求进工作总基调，坚持稳增长、调结构、惠民生、防风险，落实宏观政策要稳、产业政策要准、微观政策要活、改革政策要实、社会政策要托底的要求，着力加强结构性改革，去产能、去库存、去杠杆、降成本、补短板，提高供给体系质量和效率，提高投资有效性，加快培育新的发展动能，统筹推进创新发展、协调发展、绿色发展、开放发展、共享发展、廉洁和安全发展，保持经济平稳健康发展，努力实现"十三五"时期全省经济社会发展的良好开局。要把事在人为、积极进取的精神作为2016年经济工作的基本要求，把"六大发展""三个突破"作为我省引领经济发展新常态的战略重点，把供给侧结构改革作为我省产业迈向中高端的关键举措，把问题导向、重点突破作为我省2016年经济工作的重大原则。

会议指出，2016年我省经济社会发展任务十分繁重，要抓住关键、攻坚克难，突出解决好十个方面的重点问题。一要积极推进结构性改革，着力抓好"三去一降一补"五项重点任务。要去产能，加大煤炭、焦炭、冶金等特困行业过剩产能化解力度。要去库存，特别是多措并举减少房地产库存。要去杠杆，努力化解金融风险，实现直接融资比重显著提高，负债结构明显改善。要降成本，进一步减费让利，把一切不必要的成本降下来，为企业提供宽松发展环境。要补短板，尽快补齐制约发展的产业、基础设施、"三农"等短板。二要坚持稳定经济增长，充分发挥好有效投资的关键作用。要解决"投什么"问题，关键是要有质量、有效益的投资，围绕新兴产业、传统产业更新改造、基础设施、脱贫攻坚、新农村建设、采煤沉陷区治理等加大投资。要解决"谁来投"问题，关键是创新投融资机制，推广PPP投融资模式，鼓励和引导社会资本参与重大项目建设。要解决"怎么投"问题，关键是深化投资管理体制改革，要实实在在、没有水分的投资，决不能弄虚作假。要更加重视消费对经济增长的基础作用，发挥出口对经济增长的支撑作用。三要坚持以市场为导向，着力推动经济结构的战略性调整。稳住工业这个基本面，推动工业结构深度调整，特别要把狠抓用电摆在突出位置，既要抓发电，更要狠抓用电，加快省内高载能产业发展，高度重视电动汽车的生产和推广应用。加快发展战略性新兴产业，把煤层气产业摆到战略高度。全方位支持服务业发展，突出发展文化旅游业，加快发展养老、医疗、家政等生活服务业。确保农业稳定发展。四要坚持强化发展新动力，着力引深"三个突破"。推动科技创新，重点是打通关键领域创新链条，以重大专项为抓手，加快促进科技成果转化。实现金融振兴，重点是完善金融体系、创新金融服务方式。发展民营经济，重点是强化服务、激发活力，全面开展"待办项目大起底"，确保符合条件的项目尽快落地实施。五要坚持全面深化改革，着力在关键领域取得重大突破。要搞好改革的顶层设计，实现改革的分类推进，进一步推动转型综改区建设。要狠抓改革的责任落实，进一步加强改革督察工作。要高度重视、切实抓好国企改革，着力推进电力体制综合改革。六要坚持以开放促发展，着力在对接京津冀和"一带一路"上取得实质性进展。要在招商引资上取得实质性进展，落实好央企与我省签订的各类协议，推动晋商回乡兴业。在开放平台建设上取得实质性进展，切实把各类工业园区和开发区打造成为全省对外开放的新平台，加快山西科技创新城建设。在优化环境上取得实质性进展，深入推进外商投资便利化改革。七要坚持“以为民为中心”,着力建设一批宜居宜业、持续发展、富有山西特色的现代化城市。坚持规划先行,提高规划的科学性、前瞻性和权威性。坚持建设为基,坚持地上与地下并重,完善城市交通、路网布局和基础设施。坚持管理为要,着力解决交通拥堵、雾霾天气等各类“城市病”,加快智慧城市建设。坚持民生为本,大力发展城市服务业。要进一步加大棚户区和城中村改造力度。八要坚持“县域突破”,着力形成各市县你追我赶的发展格局。对22个产煤大县、38个无煤县或煤炭产量较小的县、36个国定贫困县、23个市辖区提出分类指导意见,做到因县制宜、一县一策,落实各项扶持措施。九要坚持生态文明建设,着力建设美好家园。严格落实主体功能区规划,全面节约和高效利用资源,加强对PM2.5的监测分析和综合治理,实施生态修复工程,积极探索碳排放交易。十要坚持共享发展,着力保障社会和谐稳定。切实做好就业工作,密切关注农产品价格波动对农民收入的影响。深入开展社会矛盾纠纷排查化解,全面深化平安山西建设,维护社会和谐稳定。深刻汲取近期安全生产事故教训,进一步加大安全监管力度,坚决防止发生重特大安全生产事故。

会议强调,面对经济下行压力,各级各部门、各级领导干部要苦干实干、积极作为,坚决把中央和省委、省政府各项决策部署落到实处。一要加强领导,提高各级党委领导经济工作能力和水平。坚持实事求是,坚决贯彻落实“三严三实”要求,坚决反对弄虚作假。完善政策储备,强化干部队伍,注重选拔使用懂经济的干部。二要坚持“双学”,发挥“关键少数”在促进发展中的关键作用。要向以习近平同志为总书记的党中央看齐,坚持以上率下的基本工作方法,一级学一级、一级带一级、一级抓一级。三要创新政策,提高推动发展的针对性和有效性。四要优化环境,进一步激发全社会创业热情和活力。要进一步深化“六权治本”,加快转变政府职能,坚决把党的纪律和规矩挺在前面,各级党组织要主动扛起主体责任,正确把握和运用“四种形态”,对吃拿卡要、敲诈勒索以及搞权钱交易、利益输送的要严肃查处。五要积极作为,争取国家的政策、资金和项目支持。六要狠抓落实,以开展“冬季行动”为载体强化“马上就办、真抓实干”的优良作风。强化抓落实的责任,做到人人有“任务书”、事事有“时间表”。各级各部门要起早贪黑、只争朝夕,苦干实干,一抓到底。

会议对2016年的经济工作作出具体安排部署。一要牢固树立安全发展理念,严格落实安全生产责任,确保安全生产投入,强化安全生产现场管理,加强安全生产法治建设,全面开展安全生产大检查,坚决打击非法违法生产经营建设行为,加强考核问责,促进全省安全生产形势持续明显好转,并向稳定好转坚实迈进。二要突出供给侧结构性改革主题,把化解过剩产能作为突破口,把帮助企业降成本提效益作为着力点,把转型升级扩大有效供给作为努力方向,着力化解煤炭、钢铁等过剩产能,全力推动煤炭行业脱困转型,抓好非煤主导产业平稳运行、提质增效,促进能源产业清洁低碳、安全高效发展,推动现代载能产业绿色发展,推动新兴制造业快速发展,特别要加快把电动汽车产业培育成我省新兴支柱产业,积极发展“互联网+”等新兴业态。三要围绕重大基础设施、产业转型、城镇化和生态环保、民生和社会事业等四个方面,进一步提高投资的有效性和精准性,加大十大领域投资力度,推动一批新项目、好项目、大项目开工建设,坚持完善行之有效的工作推进机制,创新投融资体制,完善政府和社会资本合作模式,激发社会资本参与热情,积极有效扩大投资。四要夯实消费基础,推动消费升级,优化消费环境,鼓励和扩大消费,提升发展旅游业,加快发展现代服务业,形成新供给、新动力。五要着力抓好“三农”和脱贫攻坚工作,持续增加“三农”投入,加强农业基础设施建设,稳定提高粮食产量,加快农业结构调整步伐,优化县域经济布局,进一步深化农村改革。要坚持精准扶贫、精准脱贫,加强领导,创新机制,细化措施,强化考核,立下军令状,啃下硬骨头。六要在抓好教育、文化、医药卫生等工作的同时,千方百计促进就业创业,多渠道增加城乡居民收入,进一步完善社会保障体系,着力稳定物价。要做好城市工作,积极稳妥推进新型城镇化,扎实推进城乡人居环境改善,健全新型城镇化推进机制,积极化解房地产库存,促进房地产市场健康稳定发展。七要大力推进生态文明建设,加大大气、水和土壤污染治理力度,推动低碳循环发展,持续推进造林绿化,加强生态治理,筑牢生态安全屏障,健全生态文明制度体系。重点推进燃煤发电机组超低排放和节能改造,加快汾河流域生态修复治理。八要做好财税金融工作,围绕去杠杆、保民生、保运行,抓好收入征管,合理安排支出,全力应对财政收入下行压力,深化财税体制改革,加强政府债务管理;加快金融改革发展,支持金融机构加大对实体经济的支持力度,加快多层次资本市场建设,深化地方金融机构改革,妥善化解金融风险。九要深化改革、创新驱动、扩大开放。要着力抓好转型综改区建设和重点改革任务,深化煤炭管理体制改革,分类推进国企国资改革,释放民营经济活力,加快电力、价格、土地等重点改革。着力推进创新驱动发展战略,深化科技管理体制改革,强化企业创新主体地位,加快科技创新城建设,实施煤基低碳重大科技项目攻关。着力提高开放型经济水平,加快构建全面开放新格局,加大招商引资力度,积极扩大进出口,推进国际产能合作。十要加强党风廉政建设,加快政府职能转变,努力做好群众工作,强化经济运行监测,狠抓工作落实,做好“十三五”规划编制工作,以“三严三实”的要求进一步抓好政府建设。

会议强调,要进一步统一思想,凝聚共识,切实增强做好2016年经济工作的责任感和紧迫感。要清醒认识我省战略机遇期的深刻变化,牢牢把握经济工作的主动权,发挥优势、创抓机遇,抓住机遇、创造需求,根据需求、创新供给,围绕供给、创优机制。

会议强调,年终岁末,“两节”将至,要加强隐患排查,抓好安全生产,做好信访工作,确保社会大局稳定。要完善市场调控,稳定市场价格,保证物资供应,做好岁末年初特别是“两节”期间的民生改善、安全生产、春运等工作,组织开展好“冬季行动”,特别要深入开展送温暖、献爱心和访贫问寒活动，让人民群众过好节日。要严格执行中央关于“两节”期间廉洁自律的有关要求，驰而不息抓好节日期间的党风廉政建设，倡导文明过节风尚。各级领导干部要抓紧盘点2015年工作，积极启动2016年工作。要带头实干力戒空谈，问题导向攻坚克难，既要大干苦干又要会干巧干。要抓领导以上率下、抓榜样典型示范、抓考核奖惩分明，要转观念引领发展、转职能优化环境、转作风提高效率，努力把当年任务、五年蓝图变成美好现实。

会议下发了《中共山西省委办公厅、山西省人民政府办公厅关于印发〈“冬季行动”工作方案〉的通知》，要求从2015年12月中旬至2016年4月底，在全省各条战线、各个行业、各个领域，深入开展以“马上就办、真抓实干”为主题的“冬季行动”。楼阳生在会议结束时就开展“冬季行动”作出具体部署。

会议号召，全省各级各部门、广大党员干部要紧密团结在以习近平同志为总书记的党中央周围，团结带领全省人民，坚定信心、奋力拼搏，苦干实干、积极作为，圆满完成2016年目标任务，为实现“十三五”规划目标、全面建成小康社会奠定坚实的基础。

省委常委，省人大、省政府、省政协负责同志；省法院院长、省检察院检察长；省委、省政府副秘书长；各市市委书记、市长；省直各部门、中央驻晋单位和企业主要负责同志；省人大、省政协各专门委员会和工作机构主要负责同志；省管国有企业、本科院校主要负责同志；省级以上开发区主要负责同志，各市发改委（局）主任（局长）；各县（市、区）党政主要负责同志；部分非公有制企业负责人参加会议。

全省脱贫攻坚大会在太原召开 2015年12月31日，全省脱贫攻坚大会在太原召开，深入贯彻落实中央扶贫开发工作会议精神，全面部署当前和今后一个时期我省脱贫攻坚工作，动员全省上下齐心协力打赢脱贫攻坚这场硬仗。省委书记王儒林，省委副书记、省长李小鹏出席会议并作重要讲话。省委副书记楼阳生主持会议，省政协主席薛延忠出席会议。

王儒林在讲话中指出，实现全面建成小康社会目标，最突出的短板是农村贫困人口，最艰巨的任务是脱贫攻坚。打赢脱贫攻坚这场硬仗，是立党为公、执政为民的必然要求，是实现全面建成小康社会目标的迫切需要，是体现社会主义制度优越性的重要标志。我省是全国扶贫开发重点省份，近年来全省上下坚持把扶贫开发作为最重大的民生工程，按照产业扶持、技能扶持、资本扶持和不断改善基本生产生活条件“3+1”的精准扶贫工作路径，取得了积极的成效。我们必须清醒看到，目前全省还有232万贫困人口，脱贫攻坚面临的形势十分严峻，实现整体脱贫任务还十分艰巨。现在距离全面建成小康社会只剩下五年的时间，脱贫攻坚已经进入到啃硬骨头、攻坚拔寨的冲刺阶段。到2020年，我省要确保现有农村贫困人口实现脱贫，58个贫困县全部脱贫摘帽，这是全面建成小康社会最艰巨的任务，是各级党委、政府必须完成的硬指标。全省各级党委、政府一定要提高责任感和紧迫感，坚定信心、明确目标，切实把思想和行动统一到中央打赢脱贫攻坚战的决策部署上来。要坚持把脱贫攻坚作为“十三五”期间的头等大事和第一民生工程来抓，咬定目标、勇于担当、只争朝夕、真抓实干，带领全省人民如期实现“两个确保”目标，坚决打赢脱贫攻坚这场硬仗，决不能落下一个贫困县、一个贫困村、一个贫困人口。

王儒林强调，要坚决落实精准扶贫基本方略，确保扶真贫、真扶贫、真脱贫。一是扶贫对象识别要精准，认真落实扶贫开发建档立卡“回头看”工作，决不能出现有车、有商品房、有出租商铺的“贫困户”。二是扶贫项目安排要精准，科学制定项目规划，做到项目规划到村到户，脱贫效果到村到户。三是扶贫资金使用要精准，做到“精准拨付”，把资金精准拨付到户、到人、到项目；要“精准管理”，保障扶贫资金精准使用阳光操作；要“整合使用”，对专项扶贫资金、相关涉农资金和社会帮扶资金捆绑集中使用。四是扶贫措施到户要精准，因人因户施策，因贫困原因施策、因贫困类型施策，认真落实“一户一策一干部”结对帮扶机制。五是因村派人要精准，统筹协调和发挥好包村领导、驻村帮扶工作队、第一书记三支力量的作用，对包村领导和驻村工作队、对第一书记要严格考核、动态管理。六是脱贫成效要精准，实行贫困户脱贫和贫困村、贫困县摘帽退出机制，决不能弄虚作假，搞数字“脱贫”，有效防止返贫现象发生。

王儒林指出，山西小康不小康，要看太行和吕梁。要以吕梁山、燕山、太行山两大连片特困地区为主战场，因地制宜组织实施好“五个一批”脱贫攻坚工程。一是发展生产脱贫一批。着重从产业扶持、资本扶持、技能扶持入手，帮助115万左右的贫困人口通过发展生产和就业创业，实现增收脱贫。要抓好特色产业发展，深入推进片区产业开发。要推进企业产业扶贫，全面铺开光伏扶贫工程，组织实施好乡村旅游扶贫工程。加大金融扶贫支持力度。二是易地搬迁脱贫一批。对需要易地搬迁的45.2万贫困人口，切实做到应搬尽搬稳定脱贫。要充分发挥省级扶贫开发投资公司等投融资平台的作用，抓紧制定出台易地扶贫搬迁规划，按规划、分年度、有计划组织实施。要配套建设必要的基础设施和公共服务设施，量力而行保障基本生产生活需要。要高度重视后续产业发展，落实完善相关配套政策，确保搬得出、稳得住、能致富。三是生态补偿脱贫一批。加大贫困地区生态治理力度，支持贫困群众直接参与重大生态工程建设，探索有利于贫困地区和贫困人口的生态环境保护补偿机制，加大采煤沉陷区治理力度，大力实施矿区生态修复。四是发展教育脱贫一批。支持30万左右的贫困人口实现稳定转移就业增收脱贫。加快改善贫困地区办学条件，提高贫困地区教师队伍素质，改善贫困地区教师待遇和工作生活条件，加大教育扶贫支持力度，对接受普通高中教育建档立卡贫困家庭学生实施免除学杂费全覆盖。切实抓好培训就业，着力打造一批山西特色劳务品牌。五是社会保障兜底一批。对50万左右完全或部分丧失劳动能力的农村贫困人口，多措并举保障他们兜底脱贫。要提高农村低保标准，逐步实现低保线和贫困线“两线合一”。

推动医疗救助等制度向贫困人口倾斜，有效防止因病致贫、因病返贫现象。

王儒林强调，要加强组织领导，创新体制机制，加快形成全社会参与支持脱贫攻坚的大扶贫格局。一要加强领导落实责任，各级党委、政府特别是贫困县党委、政府是扶贫开发领导主体，各级党政一把手要对脱贫攻坚负总责，层层签订脱贫攻坚责任书，各行业部门要把脱贫攻坚作为“一把手”工程。要落实完善贫困县考核办法，高度重视扶贫机构队伍建设，充实加强扶贫工作力量。二要改革创新破解难题，创新财政投入机制，省市县都要加大扶贫资金投入；强化扶贫资源整合机制，支持贫困县对有关资金捆绑集中使用；创新金融扶贫机制，用好扶贫开发投融资平台，引导社会资本投向贫困地区；建立廉洁扶贫机制，扶贫资金每一分钱都要用到贫困群众身上，决不允许任何形式的跑冒滴漏，对虚报冒领、截留私分、贪污挪用、挥霍浪费等问题，从严惩处，绝不姑息；完善贫困退出机制，在脱贫攻坚期内脱贫“摘帽”的，扶持政策不变、扶持力度不减，帮扶力量不撤；高度重视和积极应对面临的新情况、新问题。三要有效激发内生动力，贫困地区广大干部群众要大力弘扬艰苦奋斗、自力更生精神，把扶贫开发与基层组织建设有机结合起来，选好配强贫困乡村两级领导班子。四要社会动员合力攻坚，坚持完善专项扶贫、行业扶贫、社会扶贫“三位一体”的大扶贫格局，积极宣传捐资助学、扶贫济困的爱心企业、爱心人士的事迹，形成全社会共同推进脱贫攻坚的强大合力和良好氛围。

李小鹏指出，“十二五”以来，我省以集中连片特困地区为主战场，不断加大产业扶持、技能扶持、资本扶持力度，狠抓基础设施建设，加快提升公共服务水平，贫困人口大幅度减少，贫困地区农民收入快速增长，贫困地区生产生活条件显著改善，扶贫机制进一步创新，社会各方面参与支持的大扶贫格局初步形成。要严格按照贫困地区的主体功能定位，瞄准制约发展的突出矛盾和问题，因地制宜、统筹兼顾，加快发展壮大县域经济，着力增强贫困地区“造血”功能。要突出抓好道路交通、水利、电力和信息基础设施建设，加快消除贫困地区基础设施瓶颈。要大力发展特色现代农业，积极承接发展劳动密集型产业，合理有序开发资源，大力实施乡村旅游、光伏等产业，加快培植贫困地区特色产业优势。要切实提高教育质量，进一步提升医疗卫生服务水平，抓紧建立健全农村留守儿童、留守妇女、留守老人和残疾人关爱服务体系，加快补齐贫困地区社会事业短板。要全面落实主体功能区规划，加强生态敏感区保护，抓好重大生态项目，调动贫困地区和贫困农户参与生态建设的积极性，加大贫困地区环境治理力度，加快健全区域生态屏障。要发挥好新型城镇化的辐射带动作用，促进城乡特别是城市与贫困农村发展一体化，确保到2020年，贫困地区基本公共服务领域主要指标接近全国平均水平，现有58个贫困县全部“摘帽”，消除区域性整体贫困现象。要因人施策，能扶尽扶、该搬尽搬、应保尽保，确保“十三五”期间，232万贫困人口一个不落、全部脱贫。对大多数有劳动能力的贫困农户，要抓好产业开发扶贫，解决约115万贫困群众的脱贫问题；抓好转移就业扶贫，带动30万以上农村贫困人口走上致富之路。对45.2万生活在“一方水土养活不了一方人”地区的贫困人口，实施易地搬迁，确保搬得出、稳得住、有事做、能致富。对于贫困家庭学生，抓好教育助学扶贫，加快建立健全覆盖从学前教育到高等教育的贫困家庭学生资助体系，不让一个寒门学子因为学费负担而失学辍学。对于因病致贫、因病返贫群众以及完全或部分丧失劳动能力的贫困人口，要分别通过完善落实医保政策，构筑基本医疗保险、大病保险和医疗救助“三重医疗保障”，以及完善社会救助政策，推进农村低保标准与国家扶贫标准“两线合一”，解决50万左右贫困人口的兜底脱贫问题。

李小鹏强调，要充分发挥社会主义制度集中力量办大事的独特优势，严格落实领导责任制，强化扶贫资金整合，强化扶贫政策协同，强化扶贫力量聚合，强化脱贫成效考核，上下同心，攻坚克难，奋力夺取脱贫攻坚战的最后胜利，决不让山西拖全国的后腿，决不让一个贫困农村、一个贫困人口在全面小康征程中掉队。

省委常委，省人大、省政府、省政协负责同志，省军区、武警山西总队主要负责同志；省法院院长、省检察院检察长；各市市委书记、市长，扶贫办主任；省委、省政府副秘书长；省直各部门、中央驻晋单位和企业主要负责同志；省人大、省政协各专门委员会和工作机构主要负责同志；省管国有企业、本科院校主要负责同志；各县（市、区）党政主要负责同志；中央单位在晋定点扶贫挂职干部参加会议。

重要文献

中共山西省委关于
全面贯彻好干部标准　树立正确用人导向
从严管理干部的决定

晋发〔2015〕1号

（2015年1月9日）

为贯彻从严治党、从严治吏方针，全面贯彻好干部标准，树立正确用人导向，从严管理干部队伍，开创“深入学习贯彻习近平总书记系列重要讲话精神，净化政治生态，实现弊革风清，重塑山西形象，促进富民强省”新局面，结合我省实际作出如下决定。

一、树立正确用人导向，大力匡正选人用人风气

1.落实好干部标准。好干部必须信念坚定、为民服务、勤政务实、敢于担当、清正廉洁。信念坚定就是坚定马克思主义信仰，对党忠诚，政治坚定，坚决贯彻执行党的路线方针政策，在思想上政治上行动上与以习近平同志为总书记的党中央保持高度一致，不折不扣贯彻落实党中央对山西工作的重要指示要求和省委的决策部署。为民服务就是忠诚于人民，群众立场坚定，相信群众、依靠群众，全心全意为人民服务，真心实意为群众办实事、解难事，在群众中具有良好口碑。勤政务实就是自觉践行“三严三实”，围绕“廉洁发展、转型发展、创新发展、绿色发展、安全发展、统筹发展”，求真务实、真抓实干，创造出经得起实践、人民、历史检验的实绩。敢于担当就是坚持原则、认真负责，在急难险重任务面前勇挑重担，面对矛盾敢于迎难而上，面对危机敢于挺身而出，面对失误敢于承担责任，面对歪风邪气敢于亮剑、坚决斗争。清正廉洁就是敬畏权力、管好权力、慎用权力，严格执行《中国共产党党员领导干部廉洁从政若干准则》和中央八项规定，坚决反对“四风”，保持拒腐蚀、永不沾的政治本色，廉洁上过得硬。全省各级各部门要针对本单位领导班子和领导干部的职责要求和工作实际，把好干部标准具体化，贯彻落实到干部选任工作全过程。特别要从严从高把握县（市、区）委书记的选拔标准和条件，通过严格的程序把最优秀的人才选拔到县（市、区）委书记岗位上来。

2.树立正确用人导向。树立“德才兼备、以德为先、以廉为基”用人导向，把坚定政治信念放在首要突出位置，把清正廉洁作为不可逾越的底线，把实绩作为干部选拔任用的重要依据，从党和人民的事业需要出发，坚持以忠诚为本，用靠得住的干部；坚持以廉洁为基，用律己严的干部；坚持以责任为重，用敢担当的干部；坚持以践行为要，用尚务实的干部；坚持以公认为上，用民意好的干部。尤其要注重把长期扎根基层一线，在艰苦地区、复杂环境下心系群众、埋头苦干、不拉关系、不走门子、正派能干、实绩突出的干部纳入组织视野，优先提拔使用。对德上不合格、廉洁上有问题、占位不作为的干部坚决不用，在岗的也要调整处理，形成鲜明正确的考核评价导向、选拔任用导向、激励约束导向。

3.严厉整治选人用人不正之风。加强组织监督和群众监督，充分发挥12380“四位一体”举报平台作用，及时发

现用人失察、违规用人、用人不当问题。加强选人用人监督，扩大任前公示范围，拟提拔重用的干部按管理层级一律在新闻媒体公示，对群众反映的问题及时核查，切实防止干部“带病提拔”。强化对违规用人案件的查核督办力度，对查实的问题严肃纠正、严厉警示、严格问责。特别是要认真开展“一倒查六整治”，重点打击跑官要官、买官卖官、说情打招呼、拉票贿选歪风，坚决纠正违反《党政领导干部选拔任用工作条例》规定选任干部的行为，坚决纠正唯票、唯分、唯GDP、唯年龄等“四唯”问题，坚决纠正任人唯亲、拉帮结派、搞“小圈子”“小集团”现象。

二、科学考核考察，完善识别好干部的办法

4.突出考评重点。注重考德，细化干部德的评价标准，对干部的政治品德、社会公德、职业道德、家庭美德、个人品德进行综合分析，把遵守政治纪律情况作为考察德的重点，准确掌握干部德的表现。注重考廉，加强对各级党委（党组）书记履行管党治党和党风廉政建设责任制第一责任人职责、班子成员履行“一岗双责”情况的考核。加强对领导干部特别是各级“一把手”、掌握项目审批权和与煤炭等资源紧密相关部门领导干部的廉政情况考核，建立廉政档案，把廉政审查融入干部选拔任用工作全过程，形成廉政审查合力，做到执行政治纪律情况必审，廉洁自律和作风情况必审，司法不良信息必审，干部重大事项必审，准确掌握领导干部廉洁自律情况。强化考绩，坚决纠正单纯以经济增长速度评定政绩的偏向，加大民生改善、文化建设、生态文明建设等考核指标权重，把抓好党建作为最大的政绩，把法治建设成效作为实绩的重要内容。突出了解作风，以为民务实清廉为重点，全面考核干部的思想作风、工作作风和生活作风。

5.改进考评方式。综合运用多种考核方式，坚持以日常考核、年度考核为基础，以换届（任期）考察、任职考察为重点，充分运用纪检监察机关和组织人事、检察、巡视、审计、信访、机关党组织等部门掌握的情况，相互印证、综合分析。强化日常考核，把考察了解干部的功夫下在平时，各级党委（党组）和组织人事部门要拓宽日常考察渠道，有原则地经常性、近距离广泛接触干部，注意听取知情人、家庭成员和街坊邻里的意见，建立近距离识别干部台账和日常考核干部档案，掌握干部活情况、新变化和群众口碑。改进年度考核，进一步完善年度目标责任考核评价机制，坚决防止和纠正简单以GDP论英雄，把考核结果与干部任免奖惩紧密结合起来，着力解决劳民伤财的“形象工程”“政绩工程”以及不敢担当、不作为、乱作为等问题。完善任职考察，建立干部考察工作人员备选库，从严组建高规格的考察组，严格执行干部考察工作责任制。坚持时间服从质量，适当延长考察时间。完善考察办法，采取提前介入、改进程序、查看档案、延伸考察、随机调研走访等方法，全面了解掌握真实情况。加强对考察对象“三龄两历一身份”和个人有关事项报告的核实，如实反映发现的问题，增加任前考察的深度和精度。开展专项考核，注重了解干部在完成重大任务和中心工作、应对重大自然灾害、处置突发事件及面临个人进退留转等关键时刻的表现。特别要注重了解干部在我省当前重大历史关头，遵守政治纪律和政治规矩，贯彻中央、省委重大决策部署的情况。建立实绩台账，如实记录干部日常工作完成情况及重要关头关键时刻表现情况、考察考核情况、奖惩情况等内容，既反映工作成果，又记录工作过程。

6.注重群众评价。充分发挥群众在干部考评中的重要作用，进一步畅通群众评价干部的渠道，加大知情人的评价权重，探索非正式、小范围、面对面向群众了解干部情况的办法。注意筛查群众信访反映，了解干部的乡语口碑。定期对领导班子和领导干部开展民意调查，深入了解群众对一个地方或单位领导班子推动科学发展实际成效的直接感受和现实要求。把群众评价与组织评价结合起来，让群众在干部使用中有知情权、参与权、选择权、监督权，促使干部将对上负责和对下负责统一起来，增强干部深入基层、服务群众的自觉性和主动性。

7.加强领导班子分析研判。结合年度目标责任考核、领导干部考察、民主生活会、谈心谈话、相关专题调研等工作，结合执法执纪部门意见、经济责任审计、巡视、信访举报等情况，注重了解在重大活动、重大关头、重要事件和关键时刻的表现，采取定量和定性相结合的方法，对领导班子整体结构、运行状况、优化方向和领导干部履职情况、工作状态、能力绩效等方面进行比较分析、综合判断、客观评价，准确掌握和识别领导班子运行和领导干部履职等具体情况。

三、进一步完善选人用人机制，提高干部选拔任用工作科学化水平

8.严格干部选拔任用程序。严格按照《党政领导干部选拔任用工作条例》规定的标准、资格、条件、程序、方法、纪律选拔任用干部，坚持程序一步不少、一步不乱、一步不变，确保程序合法合规，防止随意变通、程序空转。把严格监督嵌入干部选任各环节，强化干部选任全程监督，全程纪实干部选拔任用工作，做到每一个环节都有迹可循、有据可查。

9.规范干部选任动议。充分发挥各级党委（党组）的领导和把关作用，严格按照《党政领导干部选拔任用工作条例》确定的主体、方法、程序和酝酿范围进行动议，规范提出启动干部选拔任用工作意见、初步建议、工作方案的具体内容，形成书面材料，确保动议记录完整、有据可查。在动议环节，要充分发挥党委（党组）、分管领导和组织人事部门的作用，同时应广泛听取各方面意见，确保拟提拔任用干部的初步建议人选得到酝酿、不同意见得到认真考虑，坚决防止“带病干部”成为提名人选。

10.完善民主推荐办法。按照代表性、知情度和相关性原则，合理确定参加推荐的人员范围。研究制定无任用推

荐考察干部办法，结合届中考察、年度考核等工作，非定向民主推荐优秀干部，动态掌握可使用的干部名单。发挥党组织的领导和把关作用，正确分析和对待推荐票数，把推荐结果作为选拔任用的重要参考，把干部群众推荐与党组织推荐相结合，不简单以票取人。统筹把握、综合分析干部的德才素质、一贯表现和工作需要等要素，对敢于担当、敢抓敢管，推荐得票排位不靠前的干部，要综合考虑、公正对待。推行个人推荐干部实名记录制度。注重发扬协商民主，在充分酝酿协商的基础上选拔任用干部。

11.加大干部交流力度。加强干部跨领域跨地域交流，加大单位之间、部门之间干部交流任职力度。严格执行任期制，既要避免干部频繁调整，又要防止长期不交流干部。有计划地对县（市、区）委书记进行适度交流，严格执行新提拔担任市、县（市、区）重要职务干部异地交流任职规定。加大关键岗位、资源管理部门干部的交流力度，加大机关内部各层级干部的轮岗交流力度，对达到规定任职年限的干部进行刚性交流。完善党政机关、企事业单位和社会各方面人才顺畅流动的制度体系，健全人才向基层流动、向艰苦地区流动、向一线岗位流动的创新创业激励机制。

12.大胆使用优秀年轻干部。改进年轻干部培养选拔机制，以加强培养为基础、选准选好为根本、从严管理为保障，对政治坚定、德才兼备、发展潜力大、廉洁自律、群众公认、实绩突出的优秀年轻干部，要打破论资排辈、平衡照顾的观念束缚，大胆选拔使用。加强各级领导班子后备干部队伍建设，改进人选产生方式，拓宽来源渠道，优化队伍结构，建立健全培养锻炼、分类储备、适时使用、从严监督、动态管理、有进有退的工作机制。

13.统筹干部和职位资源。科学配置干部人才资源，使干部个人能力素质与岗位要求相统一、干部个人特点与班子整体结构相匹配。强化岗位管理，加强职位分析，明确各类型岗位对应的素质能力要求和配备标准，综合考虑干部的专业、经历、性格、气质与岗位的匹配程度，加大比选力度，做到人岗相适、用其所长、用当其时。坚持从工作需要出发选人用人，坚决防止简单把职位作为奖励干部的手段。统筹领导班子建设需要，重视选拔女干部、党外干部，合理使用各年龄段干部，让各方面优秀干部有舞台有机会。

四、从严教育管理监督干部队伍，防止失之于宽、失之于软

14.加强理想信念教育。坚持强化理论武装，加强马克思主义理论特别是中国特色社会主义理论体系教育，深入学习贯彻习近平总书记系列重要讲话精神，把理想信念教育纳入干部教育培训整体规划和年度计划，强化党风党纪教育、法治理念教育、道德品行教育、廉洁从政教育，充分发挥红色教育基地的震撼作用、先进典型的示范作用、反面教材的警示作用，引导各级党员干部增强政治担当，做到在党言党、在党忧党、在党为党。严格党内政治生活，坚持和完善民主集中制，用足用好批评和自我批评的武器，增强党内政治生活的政治性原则性战斗性。充分运用党的群众路线教育实践活动成果，建立党性教育、宗旨意识教育长效机制，建立健全党员干部联系服务群众工作机制，引导广大党员干部自觉践行“三严三实”要求，驰而不息解决“四风”问题。

15.强化能力培训。从事业需要和干部需求出发，实行分类施教，增强能力培训的针对性和实效性。注重完善知识结构、增长实践才干，帮助干部拓宽眼界、增强本领，提高干部履行岗位职责的素质和能力，提高推动改革发展稳定的能力。充分发挥党校、行政学院、干部学院主阵地作用，构建更加开放、更具活力、更有实效的干部教育培训体系。创新培训方式，坚持开放办学、开门办学，探索采用竞争性方式选择培训课程和培训机构，有效整合各方面优质资源，提高培训质量和效果。

16.坚持实践锻炼。把基层和艰苦地区岗位作为培养锻炼干部的主阵地，充分利用地域、层级和部门差异性，多领域、多层次、多岗位培养锻炼干部。加强和改进干部挂职锻炼，组织省直单位与市、县（市、区）互派县处级年轻干部挂职，选派部分厅、处级干部到中央国家机关和沿海发达地区挂职。有计划地选派后备干部、新任领导干部、优秀中青年干部到信访等部门挂职锻炼。

17.从严管理监督。坚持从严治吏，推动从严管理监督干部常态化，做到管理全面、监督全程、标准严格、环节衔接、措施配套、责任分明。结合深入开展学习讨论落实活动认真开展“甄别处理一批、调整退出一批、掌握使用一批干部”工作，坚决整治“为官不廉、为官不为”等问题。制定调整不适宜担任现职党政领导干部办法，运用停职检查、调离岗位、降职、问责免职等方式，大力推进干部能上能下。制定党政领导干部职务任期暂行规定，严格执行干部任期制，既要避免干部频繁调整，又要防止长期不进行交流。严格管理主要领导干部和重要岗位领导干部。认真开展领导干部个人有关事项报告抽查核实工作，积极开展新提任领导干部有关事项公开制度试点工作。探索建立领导干部“八小时之外”监督机制，把领导干部“生活圈”“社交圈”列入监督范围。充分发挥纪检、检察、审计等干部监督联席会议单位作用，定期对干部队伍状况进行分析研判。切实运用好谈心谈话、提醒、函询和诫勉谈话等日常管理监督手段，对干部的苗头性、倾向性问题及时提醒纠正。进一步规范党政领导干部在企业、社会团体兼职。规范领导干部生活保障制度，切实解决超标准享受待遇等问题。严格控制机构编制，严格按规定职数配备领导干部。坚持严格要求与激励关心相结合，完善干部正向激励机制，推行县以下机关公务员职务与职级并行制度，畅通干部诉求表达渠道，加强人文关怀和心理疏导，充分调动广大干部爱岗敬业、干事创业的积极性。

五、贯彻“六权治本”要求，真正把选人用人权关进制度的笼子里

18.贯彻“六权治本”要求。建立健全和严格执行各项制度规定，使“六权治本”要求体现在干部工作全过程。依法确定权力，明确选人用人权力的边界，规范、简化、细化、量化自由裁量权，确保干部选任权力不缺位、不越位、不错位。科学配置权力，合理确定党委（党组）、组织人事部门和有关职能部门的权力，重点对各级“一把手”用人权进行明确，科学规范其动议权、推荐权，对易出现问题的行为作出禁止性规定。制度约束权力，抓住干部动议、推荐、考察、讨论、任免等关键环节，查找工作漏洞和制度缺失，完善细化制度规定，制定用人“权力和责任清单”，斩断利益链条，遏制权力寻租。阳光行使权力，做到“保密不神秘”，探索完善用人标准、用人程序、监督管理等公开制度，构建信息公开平台，防止暗箱操作，使隐性权力显性化、显性权力规范化。合力监督权力，统筹发挥纪检、检察、审计等干部监督联席会议单位作用，充分发挥民主监督、舆论监督、群众监督作用，努力形成监督合力。严惩滥用权力，始终保持对用人不正之风的高压态势，坚决查处违反规定选拔任用干部的行为。

六、认真落实党委选人用人主体责任，充分发挥组织人事部门职能作用

19.从严落实党委选人用人主体责任。各级党委（党组）必须强化政治意识和责任意识，把培养选拔好干部和从严管理干部工作切实抓紧抓好。各级党委（党组）书记要切实履行管党治党责任，坚决维护干部工作的原则性、严肃性，带头按党的政策、组织原则、规章制度办事，坚决抵制选人用人不正之风。健全干部选拔任用工作责任制，建立完善党委（党组）书记履行用人职责任中检查制度、离任检查制度，严格实行严重违规用人问题立项督查制度，着力解决责任不明、履职不当、追责不力问题。

20.充分发挥组织人事部门履职把关作用。组织部门要加强政治建设、能力建设和作风建设，自觉践行“三严三实”要求，深入研究干部成长规律，提高知人善任、选贤任能的能力和水平。坚持公道正派，公道对待干部，公平评价干部，公正使用干部。坚持原则，依法用权，严格程序，严守纪律，认真把关，敢于碰硬，敢于和歪风邪气作斗争，坚决抵制跑官要官、买官卖官、说情打招呼等歪风。对顶风违纪的发现一起严肃查处一起，使跑要的受惩戒、买卖的受惩处、说情打招呼的没市场，切实为党委（党组）把好选人用人关，自觉做良好政治生态的建设者、维护者。

21.严格责任追究。加大干部选拔任用工作的监督检查力度，开展《党政领导干部选拔任用工作条例》执行情况经常性专项检查，对执行不到位、不严格的严肃追究责任。坚持和完善干部选拔任用“一报告两评议”，探索建立干部选拔任用工作评估体系，把干部“带病提拔率”“违规用人率”作为评估的核心内容。建立干部“带病提拔”等问题倒查机制和违规用人纠错机制，对落实中央和省委干部政策不力、选人用人方面问题突出、干部群众反映强烈的，不仅要纠正错误用人决定，还要严肃追究党委（党组）、“一把手”及有关职能部门和人员的责任。

22.加强舆论引导，营造良好从政环境。加强对好干部标准和正确用人导向的深入宣传，选树和学习新时期的好干部典型，旗帜鲜明唱响主旋律，最大限度凝聚正能量，引导全省广大党员干部对党忠诚、纪律严明、求真务实、勤政为民、敬业奉献，为推进“六大发展”营造良好从政环境和舆论氛围。

2015 年全省宣传思想工作的主要任务

胡苏平

（2015年1月19日）

2015 年是全面深化改革的关键之年，是全面推进依法治国的开局之年和“十二五”规划的收官之年，也是我省贯彻落实省委十届六次全会精神，开创弊革风清、富民强省新局面的重要一年。做好今年的宣传思想文化工作，既面临着难得的机遇，也面临着严峻的挑战。我们一定要增强政治定力，树立担当精神，坚定信心、迎难而上，以奋发有为的精神状态做好全年工作。

2015 年，我省宣传思想文化工作的总体要求是：高举中国特色社会主义伟大旗帜，全面贯彻党的十八大和十八届三中、四中全会精神，全面贯彻习近平总书记系列重要讲话精神，紧紧围绕党和国家“四个全面”的大局，紧紧围绕中央和省委的重大决策部署，牢牢把握“两个巩固”的根本任务，突出“重塑山西新形象”这一重点，以大力弘扬“三大优秀历史文化”为主要抓手，切实做好思想理

论建设、新闻舆论引导、核心价值观培育、优秀文艺作品创作、文化改革发展、强化意识形态领导等六方面工作，为净化政治生态、实现弊革风清、重塑山西形象、促进富民强省，提供有力的思想保证、舆论支持和文化条件。

一、把学习宣传贯彻习近平总书记系列重要讲话精神作为重中之重来抓

习近平总书记系列重要讲话，是中国特色社会主义理论体系的最新成果，是指导我们进行具有许多新的历史特点的伟大斗争的最鲜活的马克思主义。一定要把学习宣传贯彻讲话精神放在重中之重，作为一项长期政治任务，进一步抓紧抓好，真正抓出成效。

（一）突出抓好学习。要精心组织好各级党委中心组和领导干部的学习，进一步把全省党员干部的思想和行动，统一到习近平总书记系列重要讲话精神和中央对山西工作的重要指示上来，统一到省委的重大决策部署上来。要坚持读原著、学原文、悟原理，努力在“深入”上下功夫。“深”，就是要深到全体党员干部和广大群众之中，推动讲话精神进机关、进学校、进社区、进乡村、进企业、进军营；“入”，就是要入耳、入脑、入心，引导广大干部群众切实做到学而信、学而用、学而行。要把《习近平谈治国理政》、《习近平总书记系列重要讲话读本》，作为各级党委中心组和领导干部的必读书目，作为党校、行政学院、干部学院培训的重要内容，作为高校师生思想政治教育的重要教材。要把学习贯彻讲话精神，同贯彻落实中央和省委的重大决策部署结合起来，同解决我省改革发展稳定的实际问题结合起来，同提高党员干部的思想理论水平结合起来。要加强对各级党委（党组）中心组学习的考核，继续做好情况通报工作。今年上半年，中宣部将会同中组部开展党委中心组学习贯彻讲话精神情况的专项督查。

（二）广泛开展宣传。要积极发挥传统媒体和网络媒体在理论宣传中的作用，拿出更多版面时段，创新栏目节目网页，推出更多解读文章、深度报道和言论评论，广泛宣传习近平总书记系列重要讲话精神。要注重发挥党校、讲师团、行政学院、干部学院、高校思想政治课的作用，推动讲话精神更好地走进党员干部、走进青年学生、走进广大群众。要广泛运用知识竞赛、演讲比赛、征文活动、文艺演出等群众喜闻乐见的方式，宣传普及讲话精神。要把讲话精神的宣传，同中国特色社会主义和中国梦的宣传教育结合起来，同我省优秀历史法治文化、廉政文化、红色文化的宣传教育结合起来，深入开展中国道路、“中国梦·我的梦”、弘扬“三大优秀历史文化”等主题宣传教育活动，引导全省人民进一步坚定信心、振奋精神、攻坚克难。

（三）不断深化研究。要以讲话精神为指导，深入研究我省净化政治生态、推进反腐败斗争、“六权治本”、“六大发展”、“六型转变”和综改试验区建设等治晋兴晋强晋方略的实现途径，推动省委重大决策部署的贯彻落实。要加强我省新型智库建设，打造一批高端智库，为党委政府决策提供高质量、高水平的服务。对所谓“宪政民主”、“普世价值”、新自由主义等错误思潮，要进行旗帜鲜明的辨析和批驳，引导人们明辨理论是非、澄清模糊认识。

二、努力为全省工作大局营造良好舆论氛围

要牢牢把握正确舆论导向，紧紧围绕党和国家“四个全面”的大局，紧紧围绕我省“净化政治生态、实现弊革风清、重塑山西形象、促进富民强省”的大局，唱响主旋律、传播正能量，为贯彻落实中央和省委的重大决策部署，提供有力舆论支持。

（一）做大做强正面宣传。要组织全省各级各类媒体，紧紧围绕中央和我省工作大局，深入宣传省委省政府贯彻落实党的十八届三中、四中全会精神，全面深化改革、全面推进法治山西建设的重大决策部署；深入宣传各地各部门贯彻落实省委十届六次全会精神，积极推动“六大发展”、应对经济下行压力、保障改善民生的政策措施及进展成效；深入宣传我省推进反腐败斗争、刷新吏治、“六权治本”的重大举措及进展成效；深入宣传我省“学习讨论落实活动”、“三大优秀历史文化”等，努力为贯彻落实中央和省委的重大决策部署营造良好的舆论氛围。

（二）加强对热点难点问题的引导。要把好舆论导向，及时掌控舆情动向，有效引导社会舆论。要讲求引导艺术，善于用群众乐于接受的语言和方式开展舆论引导。要加强工作统筹，坚持对内对外一体化引导、网上网下同步引导、中央媒体和地方媒体联动引导，增强舆论引导的针对性实效性。要突出舆论引导重点，对群众关注的教育就业、住房医疗、食品安全、环境保护等热点问题，要着力解疑释惑、增进共识、化解矛盾；对社会舆论高度聚焦的重大突发事件、复杂敏感的焦点问题，要及时介入、敢于发声，注重理顺情绪。要认真贯彻中央关于推进传统媒体和新兴媒体融合发展的指导意见，采取有力措施，推动传统媒体和新兴媒体深度融合，打造一批导向正确、覆盖广泛、具有较强影响力的新型传播平台和主流媒体，为开展舆论引导提供有力支撑。深入开展打击新闻敲诈和假新闻专项行动，全面清理整顿我省新闻单位驻地方机构，坚决整治新闻采访乱象。要按照“科学、依法、建设性”的要求，不断加大舆论监督的力度。

（三）提升用网管网水平。要以提升网上正面宣传水平为主攻方向，加强黄河新闻网、山西新闻网、山西网络广播电视台等重点新闻网站建设，带动市县网站形成合力，最大限度壮大网上正能量。要充分发挥网信、舆情战线“五支队伍”的作用，把握好“时、度、效”，不断提高引导应对网上舆论的能力水平，最大限度压缩负面信息的传播空间。要加强网络治理体系建设，完善网站自律机制，深入开展打击网络谣言、政治类有害信息、网络敲诈和收费删贴等专项行动，推动网络空间进一步清朗起来。要理顺网信工作体制机制，加快推进省、市、县三级网信工作机构建设，强化网络安全和信息化工作力量。要切实办好

"全国网络媒体山西行"活动。

（四）强化外宣工作。要紧紧围绕"重塑山西形象"，全面统筹内宣外宣资源，协调文化、外事、商务、旅游等部门的力量，发挥经贸交流、文化活动、节庆会展、新闻发布，特别是中外传媒的积极作用，努力对外展示我省各级领导班子特别是省委常委班子政治坚定、敢于担当、团结奋进、开拓创新、清正廉洁的新形象，山西干部队伍对党忠诚、纪律严明、务实为民、敬业奉献、勤政廉洁的新形象，山西全社会政治清明、诚信守法、包容开放、坚韧不拔、奋发向上的新形象。要抓住抗战胜利70周年的重要机遇，组织开展好各种纪念活动，深入挖掘阐释我省"三大优秀历史文化"的丰富内涵，展示好山西博大精深的灿烂文化，搞好文化交流，讲好山西故事，传播好山西声音。要在用好中国黄河电视台、黄河电视孔子学院等外宣平台的基础上，进一步拓展外宣渠道，丰富外宣手段，善用外媒外力，不断提高我省对外宣传的能力和水平。要继续办好平遥国际摄影大展。

三、持续深入推进社会主义核心价值观建设

培育和践行社会主义核心价值观，是凝魂聚气、强基固本的基础工程、战略工程。要把核心价值观建设同弘扬我省优秀历史法治文化、廉政文化、红色文化紧密结合起来，深入抓、持续抓、用力抓，切实抓出成效。

（一）深化学习宣传教育。要发挥新闻媒体传播主渠道和网络媒体宣传生力军的作用，加强学习宣讲和解读阐释工作，不断提高社会主义核心价值观的知晓率和认同度。要结合各地各单位的实际，本着节俭高效的原则，大力宣传省文明委拟定下发的65条"讲文明树新风"公益广告宣传标语。要在各级各类媒体的重要版面和重点时段，在各地的公共场所、道旗广告、交通工具上，展开多层次、全方位的宣传，力求随处可见，形成浓厚氛围。标语制作要格调高雅、贴近群众，人们喜闻乐见，使其成为我省城乡一道靓丽的风景线。省里要对这项工作进行专门督查，各地要在春节前取得实质性进展。要以"德润三晋·共筑梦想"主题活动为总抓手，广泛开展道德实践活动、群众性精神文明创建活动、我们的节日系列活动和移风易俗活动等，精心选树道德模范、身边好人、美德少年等先进典型，努力形成践行社会主义核心价值观的生动局面。要大力推动学雷锋志愿服务和诚信建设制度化，成立省级未成年人心理健康辅导中心，加强我省乡村少年宫的建设、使用和管理，加强山西文明网建设。要认真做好全国精神文明建设工作表彰会暨学雷锋志愿服务大会的有关准备工作，做好第四届全国道德模范的推荐宣传报道工作。

（二）抓好贯穿结合融入。要按照我省培育和践行社会主义核心价值观《实施意见》的要求，把核心价值观建设落实到各领域各方面，大力弘扬优良家风，积极倡导优良校训，精心培育企业精神，创新发展乡贤文化，努力做到全方位、全领域推进。要把核心价值观建设融入到我省国民教育全过程，从娃娃抓起、从青少年抓起；融入到我省经济发展全过程，引导人们讲社会责任、讲诚信守约、讲公平竞争，实现市场经济和道德建设的良性互动；贯穿到依法治省实践和社会治理之中，强化法治思维、法治理念，加快相关法规制度建设，健全行业规章、行为准则、市民公约、村规民约和学生守则等，引导人们保持正确的价值判断、树立正义的道德天平。要把改善党风政风与净化社风民风结合起来，坚持不懈抓好党风政风建设，深化道德领域突出问题专项治理，深入反对"四风"、真正树立新风，激浊扬清、敦风化俗。要立足基层，着力抓好学校、社区、企业、党政机关等重点部位，发挥好公职人员、公众人物等的示范引领作用，进一步延伸工作链条、扩大工作覆盖面。要落实好中央即将组织实施的践行社会主义核心价值观行动方案，继续推进"善行义举榜"建设。

（三）大力弘扬我省三大优秀历史文化。山西历史悠久、人文荟萃，传统文化内涵丰富、底蕴深厚，尤其是源远流长的法治文化、博大精深的廉政文化、光耀千秋的红色文化这三大优秀历史文化，更是丰富厚重、弥足珍贵。我们要按照省委的重大决策部署和王儒林书记的指示要求，把弘扬"三大优秀历史文化"作为今年全战线的重点任务，切实抓紧抓好。省委宣传部已经对弘扬"三大优秀历史文化"工作做出了部署，共安排学习研讨活动、主题宣传活动、主题文化活动、书香山西行动、构建教育平台等五大类近四十项活动，每类活动都由一位副部长和有关部门负责人牵头负责，明确了具体内容和时限要求。省直各部门各单位要按照部里《工作方案》的要求，认真落实好各项工作任务。

省社科院、省社科联要召开弘扬"三大优秀历史文化"和纪念抗战胜利70周年研讨会，深化课题研究，组织好"六进"活动；山西日报要推出重要评论，开设专栏，撰写一批理论文章；山西广播电视台要开设专栏，在各频道推出主题节目，做好影视作品展播展映，抓好电视剧《东方有大海》、专题片《右玉》的宣传推介及纪录片《于成龙》、《太行山》等的创作生产；省网信办要推动各网站加大对"三大优秀历史文化"的宣传、解读、阐释力度；省文化厅、山西演艺集团、太原市青年晋剧院要抓紧抓好新编历史剧《于成龙》、儿童剧《红星杨》、音乐剧《高君宇与石评梅》的创作生产；省演艺集团要组织开展好"送戏百场进老区"活动，省新闻出版广电局要认真开展"好电影展播季"活动，力求取得实效；山西出版传媒集团要抓紧出版"三大优秀历史文化"通俗读物，办好图书展；省文化厅要推动全省公共图书馆设立廉政文化专区、书架，举办好廉政文化剪纸展、书画展和抗战红色文献展等3个展览；省里和长治市、晋城市要联合办好"中国梦·太行魂——纪念抗战胜利70周年太行风情摄影展"，省文化厅、省文联等单位要办好太行书画名家作品展；省文明办、省文物局要在全省打造100个"三大优秀历史文化"教育基地，做好八路军太行纪念馆展陈提升工作，做好于成龙墓地和

故居的保护修缮工作。

各市县都要参照省里的做法，大力弘扬我省法治文化传统，挖掘红色文化资源，打造廉政文化精品，全方位、多层次、立体式开展工作，要在9月底前形成规模、形成声势，真正让“三大优秀历史文化”走进群众、深入人心，在激励三晋儿女激浊扬清、奋发进取中发挥积极作用。

四、进一步推动文学艺术繁荣发展

要深入学习贯彻习近平总书记在文艺工作座谈会上的重要讲话精神，紧紧抓住创作生产优秀作品这个中心任务，聚焦作品质量，聚力繁荣创作，推出更多无愧于时代、无愧于人民的精品力作，努力开创我省文艺繁荣发展的新局面。

（一）把握正确导向。文艺要反映好人民心声，就要坚持为人民服务、为社会主义服务这个根本方向。要把社会效益和社会责任放在第一位，文艺不能当市场的奴隶，不要沾满了铜臭气。当前要着力解决文艺领域的庸俗、低俗、媚俗，是非不分、善恶不辨，唯GDP、唯票房、唯收视率、唯发行量、唯点击量等问题，切实发挥好文艺的火炬和号角作用，不断引领社会风气，鼓舞人民前进，推动社会进步。要通过举办创作人员培训班、组织笔会、对重点作品进行研讨等，引导我省广大作家艺术家坚持正确创作导向。要继续推进“深入生活、扎根人民”主题实践活动，组织动员我省广大文艺工作者以多种形式深入生活、扎根人民。

（二）加强组织引导。要抓好创作规划，在立项、审批和准入等各个环节严格把关。要发挥我省第十一届精神文明建设“五个一”工程评选、赵树理文学奖、舞台艺术杏花奖等的示范带动作用，完善投入保障、评选表彰和宣传推介等政策，进一步加强对文艺作品创作生产的引导。要推动文艺作品题材创新、表现手法创新、业态形式创新，进一步释放创作潜力，提高原创能力。要切实加强和改进文艺评论工作，引导我省文艺创作迈向更高水平。

为鼓励创作更好更多精品力作、推动我省文艺事业繁荣发展，省委宣传部近期研究出台了《山西省重点文艺作品扶持奖励办法》和《山西省特色文化产品扶持奖励办法》等一系列文件，对我省重点文艺作品、特色文化产品等进行大力度的扶持奖励。主要内容包括：一是对我省重点文艺作品，给予每部最高200万元的创作生产扶持；二是对获得中宣部精神文明建设“五个一工程”奖、文华大奖、电影华表奖、国家舞台艺术精品工程和全国优秀保留剧目的相关优秀文艺作品，给予每次100万元奖励；三是对我省优秀文艺作品在央视综合频道黄金时段播出的，给予每部100万元奖励。在央视其他频道播出的，也都给予一定额度的奖励；四是对获得国家级各门类、各奖项的终身成就奖、优秀导演、编剧、表演奖等进行奖励。此外，还对重大文化活动、重要图书出版、有关专题展览和有特色的重点文化产品等，给予不同程度的资金扶持。

（三）打造精品力作。一个时代的文艺成就，主要靠作品来说话。当前，要注重解决好有数量缺质量、有“高原”缺“高峰”的问题。要突出中国梦主题和爱国主义主旋律，突出弘扬“三大优秀历史文化”的工作重点，创作更多传承优秀文化、体现时代精神、彰显山西特色的文艺作品，用先进文化引领人、教育人、鼓舞人。重点抓好长篇小说《大清河帅》、电影《东方欲晓》、电视剧《黄河在咆哮》以及已经确定的重点舞台剧的创作生产，抓好舞台剧《巴尔思御史》、《紫袍记》、《立春》、《最美村官段爱平》、《太行奶娘》、《山里娃》等的修改提升。精心组织好新创舞台艺术作品晋京展演及各市县优秀剧目在省城展演等活动。

五、坚定不移深化文化体制改革

改革是推动文化繁荣发展的不竭动力。要按照中央和省委的要求，坚定不移深化文化体制改革，推动我省文化事业全面繁荣和文化产业健康发展，为弊革风清、富民强省提供良好文化条件。

（一）抓好任务落实。今年，我省文化体制改革的工作任务共有9类22项，要全力抓好落实。要按照中宣部要求，加快完善国有文化资产管理体制，积极推动建立党委政府有机结合、宣传部门有效主导的管理模式，在宣传部门层面推动实现管人管事管资产管导向相统一。要把广电网络的整合放在重要位置，采取行政推动、市场运作、分步实施等多种方式，大力推进整合工作。积极支持鼓励各地设立文化投融资机构。

（二）增强文化实力。要坚持大集团引领，推动骨干文化企业跨地区、跨部门、跨行业、跨层级、跨所有制兼并重组，做大做强省属六大文化企业集团，加快文博、工美、旅游、体育四大集团的运营步伐，形成“文化晋军”十大集团的发展格局，增强我省文化发展的实力和竞争力。要推进文化与旅游、体育、科技、金融等的深度融合，助力我省“六大发展”。要加快推进山西文化保税区和重点文化产业园建设，大力发展新兴文化业态。深化转企改制国有文艺院团的改革。要加快市级“五馆一院”、县级“三馆一院”建设步伐，抓好政府购买公共演出，广泛开展文化惠民活动，着力推进公共文化服务标准化均等化。加大文化遗产特别是红色遗存的保护力度，深入推进世界文化遗产地保护、山西南部早期建筑保护、彩塑壁画保护和濒危古建筑抢险维修等重点工程。要发挥好各类文化专项资金的引导作用，推动我省文化繁荣发展。抓住山西融入“一路一带”建设的机遇，全方位打造文化交流平台，推动我省优秀文化产品、文化服务走出去。加大山西首届文博会项目落地的督导检查力度，办好第二届山西文博会。对在我省举办的第25届全国图书交易博览会，给予大力支持。

（三）强化政策支持。文化改革发展，离不开法律法规和政策措施的有力支撑。要按照十八届四中全会的要求，进一步完善我省文化法律法规和政策制度体系，加快制定出台我省落实国办发〔2014〕15号文件的补充规定，鼓励文化与相关产业融合发展的有关政策，以及资助和扶持县级城市数字影院建设的办法等文件。组织开展好“十三五”时期文化建设规划的调研编制工作。中央正在研究制定《公共文化服务保障法》、《电影产业促进法》、《文化产业促进法》、《网络安全法》、《未成年人网络保护条例》等法律法规，以及传媒企业实行特殊管理股试点的指导意见、加快构建现代公共文化服务体系的意见、做好政府向社会力量购买公共文化服务工作的意见等重要文件，要做好各项政策法规出台后的贯彻落实工作。

六、牢牢掌握意识形态工作的领导权主动权

习近平总书记强调指出，意识形态关乎旗帜、关乎道路、关乎国家政治安全。要按照中央和省委的要求，强化和落实领导责任、管理责任，管好阵地，带好队伍，做好工作，牢牢掌握意识形态工作的领导权和主动权。

（一）要落实责任。党要管党，理所当然要管宣传、管意识形态。要推动各级党委和党委“一把手”进一步明确党管意识形态工作的主体责任和基本职责，坚决贯彻落实中央和省委关于意识形态工作的重大部署，落实党委常委会每年至少两次研究意识形态工作的要求，及时分析研判意识形态领域形势，妥善处置意识形态领域的重大问题，切实履行好把握正确方向、部署指导工作、加强督促检查、抓好队伍建设等重要责任。党委“一把手”要切实承担起第一责任人的责任，真正做到带头抓意识形态工作，带头阅看本地区本部门主要媒体的内容，带头把住本地区本部门媒体的导向，带头批评错误观点和错误倾向。落实责任，关键要问责。要把意识形态工作要求体现到各级领导班子、领导干部考核之中，研究探索问责追责的具体办法，确实把责任落到实处。各级党委宣传部、意识形态工作相关部门和单位，要结合各自职能，把责任细化、实化、具体化。

（二）要抓好重点。意识形态领域的情况十分复杂，有学术问题、有思想认识问题、有政治原则问题。这其中政治原则问题是意识形态工作的要害和重点。在涉及党的领导、涉及中国特色社会主义制度等重大问题上，在涉及中央和省委重大决策部署、关系改革发展稳定大局等敏感问题上，要旗帜鲜明、理直气壮，敢于及时发出正确声音，防止错误思想观点干扰党心民心，造成思想混乱。省市县三级党委宣传部门，都要建立意识形态领域情况分析研判机制，邀请有关方面的同志参加，定期不定期对思想理论动态、网络舆情动态、社会舆情动态进行分析研判，提出对策建议，向党委和上级宣传部门报告。

（三）要管好阵地。各市各部门要认真贯彻党管意识形态、党管媒体原则，切实做到守土有责、守土负责、守土尽责。要充分发挥党报党刊、电台电视台等主流媒体的舆论引领作用，充分利用党校、行政学院、社会科学院、理论学习中心组等重要阵地，进一步做好中国特色社会主义的学习宣传研究。要全面加强高校思想政治工作，加大对高校思想政治课和哲学社会科学课教师的培训力度，开展好“文艺精品进校园”活动。要加强对各类报告会、研讨会、论坛、讲座、民办社科研究机构及学术刊物、小报小刊的管理。中宣部把今年确定为“基层工作加强年”，要坚持重心下移，集中工作资源向基层倾斜，加强设施建设，加大优质文化产品和服务供给，强化工作力量，着力推进基层工作创新，真正打牢基层基础，补齐工作短板。

（四）要建强队伍。队伍强是做好工作的前提和基础，抓工作必须抓队伍。要加强思想政治建设，深入开展学习讨论落实活动，做到忠诚、干净、担当。忠诚，就是要忠诚于党、忠诚于事业、忠诚于人民，严守党的政治纪律和宣传纪律，在思想上政治上行动上自觉同以习近平同志为总书记的党中央保持高度一致；干净，就是要干干净净做人做事，自觉践行“三严三实”，守住底线，不碰红线，始终保持清正廉洁。担当，就是要勇于任事、敢于担当，直面矛盾、迎难而上，努力开创工作新局面。要加强业务能力建设，真正有“几把刷子”，坐下来能写，站起来能讲，走出去能干，成为让人信服的行家里手。要继续加强学风文风作风建设，理论联系实际，密切联系群众，善于把大道理讲成实道理，善于通过讲故事把道理讲得很生动，使宣传工作连天线、接地气、聚人气。要继续推进“四个一批”人才工程。省里对已评选出的180位“四个一批”人才，进行了重点资助。各有关单位要对他们承担的科研项目加强指导，确保有关科研工作取得实效。今年，中央将在县处级以上领导干部中开展“三严三实”专题教育，我们要认真抓好落实，尤其是宣传部长身处意识形态工作第一线，在大是大非、大风大浪的考验面前，一定要保持政治定力，把好方向、守住底线，切不可迷失自己；要珍惜热爱自己的岗位，脚踏实地、安心工作，切不可好高骛远、急功近利。

全力搞好今年的宣传思想文化工作，关键是要以钉钉子的精神抓好落实。要聚焦目标，遵循规律，保持韧劲，一抓到底，确保各项工作任务落地见效。

（本文根据省委常委、宣传部长胡苏平在2015年1月19日召开的全省宣传部长会议上的讲话摘编）

把握重点　扎实推进2015年组织工作

盛茂林

（2015年1月25日）

2015年，全省组织部门要深入学习贯彻党的十八大、十八届三中、四中全会精神和习近平总书记系列重要讲话精神，认真贯彻落实全国组织部长会议精神和省委十届六次全会精神，突出全面从严治党这个主线，以加强思想政治教育、坚决刷新吏治、持续改进作风、强化基层基础、健全党内法规制度、实施人才强省战略、落实管党治党责任为重点，把最讲认真贯彻到组织工作各个方面，把抓落实作为一项纪律要求，为"净化政治生态，实现弊革风清，重塑山西形象，促进富民强省"提供坚强组织保证。重点抓好六方面工作。

一、以引深学习贯彻习近平总书记系列重要讲话精神为重点，切实加强各级党员干部思想政治教育

坚持全面从严治党，必须用好思想建党这个凝神聚魂的有力武器。在我省当前这样一个特殊时期，加强党员干部思想政治教育，特别是深化习近平总书记系列重要讲话精神的学习教育，尤为重要和紧迫。要扎实开展好学习讨论落实活动。坚持全面学和专题学、反复学和跟进学、集体研讨与个人自学相结合，不断把学习习近平总书记系列重要讲话精神引向深入；围绕聚焦政治生态、找准突出问题、深挖问题根源、落实整改措施，深入学习儒林书记讲话精神，引导全省党员干部在坚定信念、入脑入心、知行合一上下功夫，在忠诚信仰、严格自律、勇于担当上见实效。要把学习讲话精神融入干部教育培训全过程。重点开展理想信念、忠诚守纪、反腐倡廉、依法治省学习培训教育。充分发挥优秀廉政文化的镜鉴作用、红色教育基地的震撼作用、先进典型的示范作用、反面教材的警示作用；要多开展体验式教学，组织干部到革命老区进村住户"接地气"，使讲话精神真正内化为促进富民强省的强大精神动力和行动自觉。要切实增强学习的针对性、实效性。要对照讲话精神，认真检视自己在我省重要历史关头的政治立场和实际表现，自觉与以习近平同志为总书记的党中央保持高度一致，切实解决定力不强的问题；要坚定"三个自信"，廓清思想迷雾，纠正认识误区，从疑虑、观望、迷茫、恐慌等消极情绪中走出来，切实解决信心不足的问题；要深刻领会讲话中关于修身做人、为官用权的精辟论述，自觉做到"三严三实"，始终坚守共产党人的精神高地，切实解决精神不振的问题；要牢牢把握贯穿其中的历史担当精神，进一步增强责任意识、忧患意识、使命意识、进取意识，切实解决担当不够的问题；要自觉运用讲话的立场观点方法，着力破解净化政治生态、推动"六大发展"等方面的难题，切实解决学而不用的问题。在强化思想政治教育的同时，还要高度重视干部能力素质的培训提高。通过发挥示范培训效应、加大联合培训力度、加强干部选学管理、创新网络培训形式等，有重点、分类别培训干部，提升全省干部队伍的综合能力、专业素养和实践才干，使之更快更好地适应"六大发展"需要。

二、下大决心刷新吏治，努力营造公平公正、弊革风清的良好用人环境

吏治清明，才能政治清明。净化政治生态，实现弊革风清，首要任务是从严刷新吏治、匡正用人风气。日前，省委以晋发〔2015〕1号文件向全省发出了《关于全面贯彻好干部标准树立正确用人导向从严管理干部的决定》。各级组织部门要按照《决定》要求，切实把严的措施、严的纪律贯彻到干部队伍建设全过程，做到管理全面、标准严格、环节衔接、措施配套、责任分明，真正把党和人民需要的好干部选出来、用起来、管理好。预防和遏制"带病提拔"是当前摆在我们面前最突出的问题，各级党委和组织部门一定要按照王儒林书记的要求，千方百计，采取多种手段，把"带病干部"挡在"门外"，尽最大努力、最大限度防止干部"带病提拔"，坚决调整干部"带病在岗"，坚决预防干部"提拔后生病"。对"提拔后生病"的，要坚持实事求是的原则，有什么问题查处什么问题。

一是旗帜鲜明地树立正确用人导向。用人导向是旗帜、是标杆，是政治生态的晴雨表。用一贤人则贤人毕至，用一小人则小人齐趋。用人导向正了，好干部才能越来越多，正能量才能越来越强。省委把"廉洁发展"放在"六大发展"的首位，并旗帜鲜明地提出树立"德才兼备、以德为先、以廉为基"的用人导向，就是要向全省广大干部群众亮明一个态度，在严重吏治腐败的形势下，选干部、用干部、管干部，必须把坚定理想信念放在首要突出位置，把清正廉洁作为不可逾越的底线，把干事有为作为重要依据。

要严格按照新时期好干部标准，坚持以忠诚为本，用靠得住的干部；坚持以廉洁为基，用律己严的干部；坚持以责任为重，用敢担当的干部；坚持以践行为要，用尚务实的干部；坚持以公认为上，用民意好的干部，真正做到实干者受益、有为者有位、吃苦者吃香、清廉者受尊敬。要坚持五湖四海、任人唯贤，拓宽视野选干部，结构上要注重代表性，来源上要注重广泛性，把各方面优秀人才集聚到促进富民强省的事业中来。

二是严厉整治选人用人不正之风。歪风邪气不除，正气难以弘扬。对用人上的不正之风，要像反“四风”那样来一次大排查、大检修、大扫除。要继续抓好“整治违反干部任用标准程序、跑官要官和说情打招呼、三超两乱、干部档案造假、领导干部违规兼职、裸官”等6项重点整治，对违规违纪行为严肃查处、绝不姑息。要结合常规巡视和专项巡视，加强选人用人监督检查，严格执行严重违规用人问题立项督查制度和干部选拔任用责任追究制度，探索建立以“带病提拔率”、“违规用人率”为核心内容的干部选拔任用工作评估体系，建立干部“带病提拔”等问题倒查机制和违规用人纠错机制，从源头上铲除产生“带病提拔”的潜规则。

三是严格按《干部任用条例》规定办事。《干部任用条例》是我们做好干部选任工作的基本遵循，必须不折不扣地严格执行。要按照《干部任用条例》规定的标准、资格、条件、程序、方法、纪律选拔任用干部，坚持程序一步不少、一步不乱、一步不变，坚决防止随意变通、程序空转。要充分发挥各级党委（党组）领导和把关作用，进一步明确动议的主体、方法、程序和酝酿范围，坚持全程民主、全程署名、全程纪实、全程监督、全程追责，不唯票取人,坚决防止带病干部成为提名人选。好干部是在工作中干出来的，要用赛场选马的方式，通过严格的程序，把“千里马”选出来，而不能利用程序来“夹私货”，经常出“黑马”。

四是以从严查廉为重点把好考察考核关。选准用好干部的前提，是全面准确识别干部。要把廉政审查融入干部选拔任用工作全过程，在提出考察对象建议人选、确定考察对象人选、任前考察、任前公示等各个环节严格查廉，坚持政治纪律方面必审、廉洁自律方面必审、作风方面必审、干部档案方面必审、个人有关事项报告方面必审。个人有关事项报告大家一定要重视起来，要讲诚信，实事求是、毫无隐瞒地向组织报告，不如实填报，个人要承担责任。要把考察识别的功夫下在平时，有原则地经常性广泛接触干部，建立近距离识别干部台账和日常考核干部档案。要增加任前考察的深度和精度，坚持时间服从质量，强化“体检式”考察。要进一步完善年度目标责任考核评价机制，坚决防止和纠正简单以GDP论英雄，把党的建设、法治建设、“六大发展”等作为考核的重要内容。要综合运用多种考核方式，建立实绩台账，把考核结果与干部教育培养、管理监督、任免奖惩紧密结合起来。通过科学考察考核，让庸官难过上岗关、懒官难过考核关、贪官难过法纪关、“太平官”难过群众关，让“为官不为、为官不廉”者没有市场，让好干部有舞台、有发展。

五是从严加强干部教育管理监督。这项工作，重在经常、贵在较真。各级组织部门要把更多的精力用到对干部的教育管理监督上来，真正管到实处、严到份上。要加强对干部的日常管理，严格落实提醒谈话、函询诫勉等制度，严格落实领导干部重大问题、重要事项向上级党组织请示报告制度，对干部的苗头性、倾向性问题，及时咬耳朵、扯袖子，架设“警戒线”，打好“预防针”。要充分发挥“12380”举报平台作用，注重群众监督，探索建立领导干部“八小时之外”监督机制，最大程度消除监督盲点和空白。要突出抓好对各级一把手的监督，认真做好领导干部个人有关事项报告抽查核实工作。要严格执行中组部《推进干部能上能下若干规定》，运用停职检查、调离岗位、降职、问责免职等方式，及时调整不胜任不称职干部，真正让干部不敢懈怠、不敢渎职。要进一步健全干部正向激励机制，畅通干部诉求表达渠道，加强人文关怀和心理疏导，特别是要重视关心广大基层干部，全面贯彻落实好县以下机关公务员职务与职级并行制度，研究制定市以上机关建立公务员职务与职级并行制度的试点意见，充分调动广大干部爱岗敬业、干事创业的积极性。

当前，不少市县、厅局重要领导岗位出现空缺。如何把好干部选用到这些岗位上，关系到省委十届六次全会各项决策部署的贯彻落实，方方面面高度关注。省委对此高度重视，王儒林书记投入了很大精力，亲自到阳泉、晋中、长治、晋城、运城、临汾等6市调研，亲自主持召开了各方面代表参加的7次座谈会，亲自指导形成了做好“三个一批”工作和县委书记选用管理监督的意见。1月21日，省委常委会讨论通过了这两个意见，各级组织部门要在党委的领导下，具体抓好落实。

第一，深入实施“三个一批”，确保取得实效。这是省委刷新吏治的一项重要创新举措，广大干部群众非常关注。各级党委（党组）和组织人事部门要按照省委《关于做好甄别处理一批、调整退出一批和掌握使用一批干部工作的意见》部署，认真研究，吃透精神，抓好组织实施。一要把好定位。实施“三个一批”，既是当务之急，又是长远之计。讲当务之急，是因为非常时期必须有非常之举，在当前我省继续保持反腐败高压态势的情况下，需要通过实施“三个一批”，来了解掌握各级领导干部情况，解决干部“带病在岗”、“带病提拔”问题，为选好用好干部打下基础。讲长远之计，是因为净化政治生态、实现弊革风清是一个长期过程，需要我们把实施“三个一批”过程中形成的好经验好做法，认真总结、形成制度并长期坚持下去，改进和完善干部选拔任用工作机制。二要把好关键。实施“三个一批”的关键是“甄别”。无论是处理退出，还是掌握使用，都要以“甄别”为前提和基础。有的同志对这个词比较敏感，甚至有些担心，我觉得大可不必。我们所说的“甄别”，是中性词，是严把选人用人关的重要方法和手段，是对干部进行鉴别和区分的常用方式，是干部日常考察考核工作的“升级版”。要通过甄别，把好干部、不好的干部和一般的干部区别开来。怎样进行“甄别”？就是要按照《意见》要求，认真开展“六查”，即查档案、查个人事项报告、查民意、查业绩、查线索、查案件。三要把好重点。实施“三个一批”，不搞人人过关，也不搞群众运动，要把容易滋生腐败和权力寻租的部门和岗位作为重点，特别是把十八大以后还不收敛不收手的干部，问题反映线索集中、群众反映强烈的干部，目前查办案件中需要依法依纪依规处理的干部，中央巡视组、省委巡视组提供的涉嫌违纪违法的干部，拟提拔重用的干部等作为重点，各级组织部门对本级党委管理的领导班子成员情况要注意掌握。要把在全省范围内择优选拔县委书记作为切入点，采取试点先行、分级推进的办法，积极稳妥开展。省委把吕梁市、省交通厅作为试点，各市也要确定一个县、一个市直单位作为试点。四要把好关口。实施“三个一批”，既是一项创新性工作，也是一项系统工程，政策性很强。要注意把好“出口”关，探索建立领导干部退出常态化和调整动态化的机制；要注意把好“入口”关，参照县委书记的选拔任用办法，完善本地本系统各类干部的选拔任用工作机制和办法；要注意把好“分寸”关，把实事求是和宽严相济结合起来，做到既对党的事业负责，又对干部负责。对吃不准的问题，要及时向上级党组织请示报告。五要抓好组织领导。“三个一批”工作，要在党委的统一领导下，由组织部门牵头，纪检监察机关和有关部门密切配合，打好组合拳。前段时间，各级组织部门已经做了一些基础工作。要结合本地实际，进一步制定具体的操作方案，把握好工作节奏，严肃工作纪律，保证“三个一批”工作扎实健康推进。

第二，切实抓好县委书记选用管理这个切入点和突破口。郡县治则天下安。县委书记主政一方，权力大、责任大、影响大、作用大。县委书记选好用好管好了，全省大局就能基本稳定。各级党委（党组）和组织人事部门要按照省委《关于加强县委书记选拔任用和管理监督工作的意见（试行）》要求，履行好应尽职责，做好有关工作，以选好配强县委书记为切入点和突破口，进一步选好管好各类干部。一要严格把握标准和条件。县委书记岗位的特殊性，决定了县委书记人选标准的特殊性。一个干部，可以胜任厅局的副职，但不一定能够当好县委书记。要立足于岗位需求，从信念坚定、清正廉洁、敢于担当、能力业绩、作风民主等方面严格把握，真正把心中有党、心中有民、心中有责、心中有戒的优秀干部选用到县委书记岗位上来。二要拓宽选人用人的视野。要统筹用好全省各类干部优质资源，在全省范围内广纳英才、好中选优，不断优化县委书记队伍知识、专业和经历结构。既要注重从县长中选拔，还要把视野放宽到县人大、政协正职，县党政班子成员，省市机关、高等院校、科研院所、省管企业及中央驻晋单位中符合条件的人员。要有计划地培育县委书记后备力量。三要明确选拔任用的权责。既要加强省委的领导，也要重视发挥市委和省直等有关单位党委（党组）的作用，切实履行好推荐权和考察权。纪委和组织部门要发挥好审查把关和统筹协调作用。四要严格选任的程序。严格按照《干部任用条例》有关规定进行，严把推荐提名关、廉政审查关、考察对象确定关、组织考察关、讨论决定关、任前公示关。五要严格责任追究。坚持“谁提名谁负责、谁考察谁负责、谁监督谁负责、谁决定谁负责”，实行全程纪实，加强联合监督，严格责任追究，倒逼各级党委特别是主要负责同志履行好责任。六要切实加强管理监督。加强教育培训，强化日常管理，科学考核评价，严格权力监督，激励县委书记干事创业。

三、坚持不懈推进作风建设，重塑山西干部队伍形象

“四风”是腐败的温床，不彻底铲除“四风”，政治生态就不可能从根本上得到净化。各级组织部门要抓住关键、突出重点，把作风建设一抓到底、抓出成效。一要严格党内政治生活。抓紧制定加强和规范党内政治生活、领导干部民主生活会有关规定，从严落实“三会一课”、民主评议党员、党员党性分析、领导干部双重组织生活会等制度。要从“四风”问题延伸开去，紧扣“七个有之”，自由主义、分散主义、好人主义，以及潜规则、庸俗关系学等问题，开展思想交锋，清除政治灰尘。要坚持领导带头、以上率下，深入开展批评和自我批评，增进团结，纯洁党风政风。二要始终保持狠刹“四风”的高压态势。坚持抓常、抓细、抓长，突出抓早、抓小、抓苗头，聚焦党员干部特别是领导干部，紧盯“庸懒散奢”、吃拿卡要、不作为、乱作为等歪风邪气，紧盯新出现的“四风”隐形、变种问题，抓住春节、元宵等重要节点，对那些不收手、不收敛，顶风违纪、屡改屡犯的，发现一起、查处一起、问责一起，决不搞法不责众，决不搞下不为例，决不搞情有可原。三要持续巩固深化教育实践活动成果。对照“两方案一计划”、21项专项整治任务、学习讨论落实活动反思查摆出的深层次矛盾问题，压实主体责任，确保整改到位，决不能让梳理出的问题、制定出的方案走了形式，决不允许出现“烂尾工程”，决不允许失信于民。要扎实做好“回头看”，认真开展专项检查，对整改不到位、群众不满意的坚决责令“回炉”、“补课”。各单位自身整改和抓整改的情况要列入年度考核内容。要认真抓好公务接待、会议培训、领导干部兼职等方面制度的落实。四要扎实开展“三严三实”专题教育。这是中央部署的重大政治任务。各级党组织要把开展专题教育与学习讨论落实活动有序衔接起来，提前谋划，创新载体，推动形成落实“三严三实”要求的浓厚氛围。“七一”前后，要以践行“三严三实”为主题召开一次民主生活会，各级党组织书记要上一次专题党课。

四、扎实推进党的建设制度改革，把“六权治本”要求贯彻落实到制度治党全过程

加强制度建设，是最可靠、最有效、最持久的治党方式，也是落实“六权治本”要求，净化政治生态、实现弊革风清的最根本举措。按照中央《深化党的建设制度改革实施方案》要求，省委出台了《贯彻落实意见》，明确了我省深化党建制度改革的4个方面、16项改革任务和46个具体制度。其中，2015年要完成27项制度建设任务。各级组织部门要结合本地实际，尽快搞好分层对接，制定具体配套制度措施，明确任务书、时间表、路线图，扎实稳妥推进改革。重点抓好两件事：一是按照“六权治本”要求完善党内法规制度体系。深化党的组织制度改革，要在严格党内政治生活、坚持民主集中制等方面重点突破；深化干部人事制度改革，要在建立健全干部选拔任用制度机制、选好用好干部、防止“带病提拔”、从严管理监督干部等方面重点突破；深化党的基层组织建设制度改革，要在完善基层各领域党组织建设制度、创建基层服务型党组织等方面重点突破；深化人才发展体制机制改革，要在创新集聚人才体制机制、完善人才流动配置机制等方面重点突破。要突出问题导向和实践导向，坚持严的标准、严的要求，以法治思维和法治方式制定高质量的制度，提高制度的科学性、针对性、操作性、实效性。要注重发挥基层的首创精神，积极探索制定符合本地实际的具体制度措施。二是以讲认真的态度和钉钉子精神抓好制度执行。制度再好、再多，如果不执行、不落实就是一纸空文。要强化党员干部的制度意识，加强党内法规制度的学习教育，使广大党员干部熟知制度内容，做到坚持标准不降低、落实要求不变通、严格执行不走样。要强化对制度执行情况的监督，定期对党内法规制度特别是新出台制度的执行情况进行专项检查，把能否执行法规制度、能否坚持依法依规办事作为考察考核领导班子、领导干部的重要内容，用监督传递压力，用压力推动落实。要严肃纪律约束，坚持制度面前人人平等，执行制度没有例外，不留“暗门”、不开“天窗”，对违规、变通、规避的要严厉追究责任。

五、强化“两个功能”，夯实富民强省的组织基础

政治功能是基层党组织的魂，服务功能是基层党组织的根。目前，村“两委”换届已基本完成，干部群众反响比较好。下一步，就是要紧紧围绕强化“两个功能”，树立大抓基层导向，在方法上由抓点、抓经验向抓面、抓实效转变，努力推动基层组织建设全面从严、全面提升、全面过硬。一要突出落实责任抓机制。继续开展“三级联述联评联考”工作，努力形成书记抓、抓书记，部门抓、抓部门，一级抓一级、层层抓落实的党建工作机制。二要突出重点难点抓整治。全省村“两委”换届工作基本完成，但剩下的村是难度非常大的，各地要进一步把工作做好、做细、做实，时间服从质量，把最后难啃的骨头拿下来。要扎实开展“两委”换届“回头看”，看班子运转是否正常、交接工作是否顺利、群众反映是否良好。持续整顿软弱涣散基层党组织，继续选派“第一书记”、党建指导员、驻村干部帮扶整顿，切实解决“薄弱村”、“城中村”、“信访村”等存在的突出问题。三要突出经济社会发展态势抓覆盖。进一步扩大组织覆盖，发挥组织功能，优化组织设置，创新组织体系，推动党组织活动由传统领域向新兴领域拓展，由单位向区域拓展，由实体向网络拓展，深化非公经济组织和社会组织党组织集中组建工作，使党组织的“根”深植于人民群众之中。四要突出带富能力和廉洁能力抓带头人队伍建设。以提升干部素质、增强工作能力、锤炼过硬作风为主要内容，坚持分级负责原则，实施“领头雁”培训计划，整合培训资源，增强培训实效，切实加强基层党组织带头人队伍建设。加大创业扶持力度，做好大学生村官管理考核、教育培训、有序流动工作,促进农村基层干部队伍结构的优化。五要突出基层治理法治化抓管理。健全村级民主管理、民主协商制度，深化推广实施“四议两公开”工作法，教育引导基层干部增强法治观念、法治为民意识，提高依法办事能力。探索实施农村（社区）星级目标管理，充分发挥党代表工作室作用，深入开展“在职党员到社区报到服务群众”工作，让基层党组织和广大党员在“六大发展”的主战场、富民强省的第一线、基层治理法治化的最前沿发挥作用。六要突出足额到位抓保障。坚持重心下移、资源下沉、政策下倾，重点解决基层组织的工作经费、报酬待遇等问题，防止“缺斤短两”。在调研中发现，有些地方把上级转移支付专项资金截留、挪用了，这个坚决不行，要严肃处理。要以社区场所建设为重点，大力实施基层组织活动场所达标升级计划，发挥场所“一室多用”功能。七要突出纯洁性抓党员教育服务管理。坚持“控制总量、优化结构、提高质量、发挥作用”的总要求，从严把好发展党员“入口关”。要加强流动党员管理服务，广泛利用新兴媒体，开展经常性思想教育。要强化从严管理，定期对党员进行党性分析、民主评议，稳妥慎重做好不合格党员处置工作。

六、紧紧围绕服务“六大发展”，集聚培养用好各类人才

人才是经济社会发展的智力引擎。当前，推进“六大发展”、加快富民强省，迫切需要一大批优秀人才做支撑、做保障。组织部门要坚持党管人才原则，充分发挥管宏观、管政策、管协调、管服务的牵头抓总作用，以十项重大人才工程为抓手，以山西科技创新城为试点，创新人才政策机制、改善人才发展环境、激发人才创业激情，集聚各类优秀人才为我省“六大发展”做贡献。一要挖掘现有人才。有些地方人才工作走进了一个误区，就是在引进外地或国外人才上当“急先锋”、花大价钱，但在使用本土人才上却

不上心、不用劲，结果“招来女婿气走儿”，造成本地现有人才的浪费。对这个问题，要尽快解决，抓住全面深化改革的重大机遇，最大限度发掘现有人才，充分发挥他们的作用。二要引进急需紧缺人才。引进人才要结合实际、突出重点，不能贪大求洋。要坚持“优化引才结构，突出需求导向”，引进我省重点产业和重点项目急需紧缺的高层次人才。以山西科技创新城建设为载体，探索实施与省“百人计划”相配套的国内高层次人才引进办法，为富民强省集聚天下英才。三要培养实用人才。针对转变发展方式、调整经济结构对人才的需求，以省级重大人才工程为载体，大力培养选拔一批本土领军人才、优秀青年人才，一批法治专业人才，一批企业高技能人才、农村能工巧匠和文艺体育领域的拔尖人才。四要用好各类人才。人才发展要以用为本，使用人才要人岗相适。要抓好院士工作站、博士后工作站、留学生创业园、海外人才创新创业基地等载体建设，为各类人才发挥作用搭建平台。要进一步发挥省“百人计划”联谊会作用，继续拓展“千人百县”活动，引导激励各类人才到基层一线服务。要善待人才，积极营造鼓励创新、宽容失败的良好氛围。要建立健全人才激励机制，对推进“六大发展”做出贡献的人才予以重奖，最大限度地激发各类人才的创新潜能和创造活力。

（本文根据省委常委、组织部长盛茂林在2015年1月25日召开的全省组织部长会议上的讲话摘编）

政府工作报告

——2015年1月28日在山西省第十二届人民代表大会第四次会议上

李小鹏

各位代表：

现在，我代表省人民政府向大会报告工作，请予审议，并请省政协委员和其他列席人员提出意见。

一、2014年工作回顾

过去的一年，面对严峻复杂的形势，我们深入学习贯彻党的十八大、十八届三中、四中全会精神和习近平总书记系列重要讲话精神，坚决落实中央各项决策部署特别是对山西工作的重要指示要求，迎难而上，奋力拼搏，各项工作稳中有为、稳中有进，经济结构不断优化，改革创新亮点纷呈，人民生活水平稳步提高，社会保持和谐稳定，在全面建成小康社会的道路上迈出了坚实的步伐。

一年来，我们千方百计稳增长。认真贯彻落实国家稳增长政策措施，在继续实施煤炭、煤层气和低热值煤发电3个20条、保障工业运行12条等措施的基础上，新出台煤炭17条和缓解企业资金困难的财政、金融等措施。加强经济运行监测分析，定向督查指导，有力促进了各项政策措施的落实。

把投资作为稳增长的关键，围绕转方式、调结构、惠民生，加强重点领域投资。首次推出40个鼓励社会资本参与建设营运的基础设施项目，修订完善省政府核准的投资项目目录，落实企业投资自主权。深入开展“项目见效年”活动，坚持“六位一体”统筹推进重点工程建设，及时实施“百日百项”工程开工计划，全社会固定资产投资连续两年超万亿元。大西高铁太原至西安段正式通车，山西中南部铁路出海通道如期建成。大水网四大骨干工程进展顺利，病险水库除险加固任务基本完成。新增高速公路通车里程732公里，新建改建国省干线722公里、农村公路2891公里。吕梁机场正式通航，五台山、临汾机场加快建设。新增发电装机容量538万千瓦。燃气使用人口新增306万人，达到1500万人。

把消费作为稳增长的基础，加快发展电子商务，推动传统流通企业与电商开展合作；积极拓展信息消费，重点公共场所实现无线局域网免费覆盖；加快农产品流通体系、社区便民商圈建设，实施“快递下乡”惠民工程，引深“山西品牌中华行”等促消费活动；出台加快发展养老、健康服务业的政策措施，鼓励发展服务消费。外贸结构进一步优化，机电产品、高新技术产品出口分别增长9%、15.6%。

大力扶持实体经济，实施“一企一策”精准帮扶，各级领导干部带头联系帮扶重点企业，协调解决重大问题；扩大大用户直供电试点，降低企业用电成本7.5亿元；引导金融机构加大对重点企业、重点工程、中小微企业和“三农”支持力度，着力解决企业融资难、融资贵问题，稳妥处置金融风险；为小微企业减免增值税、营业税、所得税9.7亿元，新创办小微企业5.4万户，新增个体工商户13.7万户。

初步核算，2014年全省生产总值完成1.27万亿元，同比增长4.9%；固定资产投资完成1.19万亿元，增长11.5%；社会消费品零售总额完成5549.9亿元，增长11.3%；公共财政收入完成1820.1亿元，增长7%；城镇居民人均可支配收入24069元、增长8.1%，农村居民人均可支配收入8809元、增长10.8%；居民消费价格上涨1.7%；城镇新增就业51.4万人，转移农村劳动力37.7万人，城镇登记失业率为3.4%。

去年，地区生产总值增速等部分预期性指标未能达到预期。主要是由于宏观经济增速放缓，我省以煤炭、冶金、电力、焦炭、化工为主的能源原材料工业总体疲软，特别是我省最大的支柱产业煤炭供过于求、价格下跌、效益锐减，不仅影响到地区生产总值等总量指标，而且影响到财政收入等效益指标。加上长期存在的经济结构不合理等问题，矛盾更显突出。从主观上看，我们对经济发展新常态的特点和规律认识不深，对形势分析判断的预见性还不够强，有些政策措施落实还不到位，有的改革举措尚未明显见效。尽管如此，经过全省上下的艰苦努力，城乡就业、农民收入、物价涨幅等重要民生指标实现预期目标，9项节能环保约束性指标全面完成。这也更加坚定了我们战胜困难的信心和决心。

一年来，我们蹄疾步稳推改革。不断丰富转型综改的实质性内容，积极开展“转型综改攻坚年”活动，“3675”年度重点任务全面完成。全面清理省级审批事项，承接国务院取消行政审批项目29项、下放行政审批项目59项，省级取消、下放、调整行政审批项目60项。省、市政府机构改革全部完成，县级政府机构改革基本完成。率先推行省属国有企业财务等重大信息公开，着力打造阳光国企。推进低热值煤发电项目审批改革，累计批准24个项目开展前期工作，装机容量2104万千瓦。工商登记制度、财税体制、户籍制度、食品药品监管体制等重大改革取得新突破。

特别是我们上下同心、抓住机遇、果断出手、冲破藩篱，积极推进煤炭管理体制改革，在全国率先清理规范涉煤收费项目，专门面向煤炭的省定行政事业性收费全部取消，违规收费项目全部取缔，保留收费项目全部规范；推进煤炭资源税从价计征改革，从低确定税率；暂缓“两金”提取，3项合计减轻企业负担320多亿元，吨煤可降低成本40元。大力实施煤焦公路销售体制改革，全部取消对相关企业的21项行政授权，全部取消煤焦公路运销9种票据，全部撤销遍布全省的1487个各类煤焦公路检查站点，煤炭管理体制改革迈出了坚实的步伐！

一年来，我们坚定不移调结构。积极化解过剩产能，淘汰落后钢铁产能425万吨、焦炭产能1058万吨、电力产能57.4万千瓦、水泥产能110.5万吨。改造提升传统产业，现代化矿井改造步伐加快，煤电一体化运营积极推进，运城、吕梁两个百万吨铝循环产业基地加快建设。

制定新兴产业和服务业发展扶持政策，设立战略新兴产业、文化产业及旅游文化体育产业三支投资基金，推动煤层气装备、新能源汽车等7个新兴产业优化布局，加快发展节能环保产业和现代服务业，服务业占地区生产总值的比重超过44%，同比提高2个百分点以上；民间投资占固定资产投资的比重超过58%，同比提高4个百分点以上；非煤产业投资占工业投资的比重超过78%，同比提高3个百分点以上；非传统产业投资占工业投资的比重超过54%，同比提高约1.5个百分点；装备制造业连续3年成为继煤炭、冶金之后的第三大产业；旅游总收入增长23.5%。

狠抓节能减排，实施650项节能改造项目，探索开展节能量交易试点，全省万元地区生产总值能耗超额完成下降3.5%的年度任务。大气污染防治成效明显，细颗粒物（PM2.5）平均浓度同比下降16.9%，圆满完成亚太经济合作组织（APEC）峰会期间空气质量保障工作。加快推进燃煤电厂超低排放，瑞光电厂1号机组率先完成改造任务，实际排放明显低于燃气发电机组。淘汰黄标车和老旧车21.6万辆。省城环境综合治理成效明显，太原市空气质量达标天数197天，同比增加35天。吕梁山生态脆弱区治理步伐加快，晋祠泉复流工程全面启动。完成水土流失治理面积346.8万亩，营造林462万亩。

制定实施国家创新驱动发展战略山西行动计划、低碳创新行动计划，高起点推进山西科技创新城建设，编制完成总体规划、核心区详细规划及专项规划，完成首期征转地工作，中科院、清华大学等27家研发机构确定入驻；编制7个煤基低碳产业科技创新链，67个煤基重大科技专项面向社会公开招标成功。动车轮对组成关键零部件、水煤浆水冷壁气化炉等技术实现产业化。潞安集团建成我省首家国家级工程技术研究中心。新设院士工作站16个，选拔新兴产业领军人才64名、学术技术带头人193名，“千人百县”服务基层活动扎实推进。

一年来，我们统筹城乡促发展。在继续执行中央及我省各项惠农政策的基础上，又出台10项补贴政策，资金总规模达到67亿元。不断增强农业综合生产能力，农田实灌面积达到2125万亩，粮食产量再创新高，达到133.1亿公斤。加快发展现代农业，扎实推进“一村一品”“一县一业”和七大产业振兴翻番工程，启动实施新一轮雁门关生态畜牧经济区建设规划，农产品加工业销售收入增长18%。农村土地承包经营权确权登记颁证试点、农村集体产权制度改革试点工作扎实开展。

深入实施百企千村产业扶贫开发工程，建设产业扶贫项目233个、完成投资200亿元；实施精准扶贫，5万名农村贫困劳动力接受就业培训，2万名贫困学生受到教育资助，4万多名干部驻村帮扶，覆盖所有贫困村，在21个扶贫攻坚县启动实施金融富民扶贫工程，47万贫困人口实现脱贫。

制定实施改善农村人居环境规划纲要和2014年行动计划，重点推进完善提质、农民安居、环境整治、宜居示范四大工程，完成投资超过145亿元，改造县乡公路544公里，新建和改建农村饮水工程1598处，建成老年人日间照料中心1000个，完成采煤沉陷治理搬迁4.6万人。全力办好农村“五件实事”，改造农村困难家庭危房15.5万户，新建改建农村幼儿园312所，易地搬迁农村贫困人口10万人，配备保洁员7.3万名、垃圾收运车3.5万辆，培训新型职业农民10万名。

统筹推进城镇化建设，太原晋中同城化步伐加快，上党城镇群、百里汾河经济带等城镇组群发展提速，晋中108廊带区域一体化发展示范区启动建设。加强城市道路交通、管网、生态园林及污水垃圾处理等基础设施建设，完成投资435亿元。新开工城镇保障性住房23万套，建成21万套。积极推进农业转移人口享有城镇基本公共服务，进城务工人员子女实现在就读地参加中考和高考。城镇化率预计提高1.5个百分点，达到54%。

一年来，我们真情实意惠民生。财政支出的八成以上和全部增量均用于民生改善。大力发展教育事业，新改扩建206所公办标准化幼儿园，农村小学、初中学生人均公用经费补助标准分别提高到695元、895元，21个县初步通过国家义务教育均衡发展评估验收；实施薄弱学校改造计划，招聘1407名农村义务教育特岗教师。城乡特殊教育生均公用经费补助标准由310元、750元统一提高到4000元；中职教育免收学费全覆盖惠及45万名学生；高校新校区全面建成，11万师生入住，新增山西工程技术学院、山西应用科技学院两所本科院校。

深化医药卫生体制改革，在83个县推进县级公立医院综合改革，在269个非政府办基层医疗卫生机构开展基本药物制度试点；人均基本公共卫生服务经费财政补助标准提高到35元；城镇职工医保、城镇居民医保和新农合三项基本医保实现应保尽保，城乡居民大病保险在全省推广，在18个县开展参合农民住院按病种分级诊疗试点；新增社区卫生服务机构71所，新增社会办医机构397所、增加床位4976张，省儿童医院新院区建设加快推进。5500户家庭享受到“单独两孩”政策。

加快发展文化事业，省级重点文化设施进一步完善，国家公共文化服务体系示范区和示范项目创建工作正式启动，“文化惠民在三晋”系列活动扎实开展，政府购买公共演出服务全面推行，哲学社会科学、新闻出版、广播影视繁荣发展。成功举办第14届省运会，我省体育健儿在第17届亚运会上取得好成绩。

千方百计扩大就业，制定实施促进就业创业的46条措施，实行提供财政补助、实训补贴和小额担保贷款等“七补一贷”政策，扶持高校毕业生创业；购买6992个基层公共服务岗位，吸纳高校毕业生就业；实行财政贴息支持、一次性就业补助等“六补一缓”优惠政策，缓缴困难企业社保费60亿元，发放失业金稳岗补贴6.25亿元，鼓励中小微企业吸纳更多城乡劳动者就业。加强职业培训，为就业困难人员提供就业服务。

着力增加居民收入，提高最低工资标准和企业工资增长指导线；连续10年提高企业退休人员基本养老金，月人均达到2389元；为领取失业保险金人员发放冬季取暖补贴，为全省农户免费发放898万吨取暖用煤；提高省直机关、事业单位津补贴和绩效工资标准，并向低职务职级人员倾斜。

全面加强社会保障，建立了统一的城乡居民基本养老保险制度；城镇居民医保和新农合年人均财政补助标准由280元提高到320元，工伤保险待遇标准平均提高10%；城乡低保标准每人每月分别提高28元、25元，达到379元、206元，农村五保对象集中供养、分散供养省级补助标准每人每年分别提高200元、130元，达到2200元、1430元；对7.8万名重度残疾人和贫困残疾人进行补贴，对7.55万名贫困残疾人进行康复救助，为14万名经济困难家庭学前幼儿提供生活补助；完善落实社会救助和保障标准与物价上涨挂钩联动新机制，困难群众基本生活得到保障。

面对经济下行压力，我们更加注重保障和改善民生，坚持政策力度只增不减、投入力度只增不减、工作力度只增不减，人民群众得到了实实在在的好处！

一年来，我们毫不放松抓安全。认真贯彻落实中央及我省关于加强安全生产的一系列决策部署，把安全生产作为一条不可逾越的红线，全面开展安全生产知责履责活动，深入开展各行业各领域安全生产专项整治和大检查，突出煤矿、非煤矿山、危险化学品、油气管道、交通运输和隧道交通、粉尘防爆等重点行业领域，全面排查治理各类安全隐患。严格责任追究，严肃处理晋济高速“3·1”特别重大道路交通危化品燃爆等事故相关责任人。各类安全生产事故起数和死亡人数实现“双下降”，煤矿百万吨死亡率0.036、下降53.25%。

加大招商引资、招才引智力度，成功举办第五届能博会暨2014低碳发展高峰论坛、第二届晋商大会。晋城海关、长治海关获得国家批准。全年签约招商引资项目2064个，到位资金6903亿元。

推进民主法制建设，认真执行人大及其常委会的决议、决定，积极支持人民政协履行职能，全年共办理人大代表建议913件、政协提案814件，向省人大常委会提请审议地方性法规草案6件、废止6件、修正9件，制定政府规章5件。支持各民主党派、工商联、无党派人士参政议政，支持工会、共青团、妇联等人民团体发挥作用。深入开展“六五”普法，公民法治意识进一步增强。

扎实开展第二批党的群众路线教育实践活动，严格执行中央“八项规定”和国务院“约法三章”，坚决反对“四风”，着力解决人民群众反映强烈的突出问题。大力压减“三公”经费，年初压减部门一般性支出10%，年中又压缩会议、培训等行政经费10%，节省下的经费全部用于改善民生。深入开展廉政建设和反腐败斗争，严肃查处了一批领导干部违纪违法问题和重点领域腐败案件。加快转变政府职能，行政效能和服务水平有了新的提升。

各位代表，一年来，我们风雨同舟、攻坚克难，经济社会实现新的发展，成绩来之不易。我们之所以能够取得这些成绩，靠的是党中央、国务院的亲切关怀、坚强领导和方针政策的指引，靠的是省委的正确领导，靠的是省人大、省政协的大力支持和有效监督，靠的是全省上下齐心协力、奋力前行。在此，我代表省人民政府，向全省人民，向驻晋解放军、武警官兵、公安民警和中央驻晋单位，向各民主党派和人民团体，向所有关心、支持、参与山西改革发展的海内外各界朋友，表示崇高的敬意和衷心的感谢！

在肯定成绩的同时，我们也清醒地认识到，我省经济社会发展还存在不少困难和问题。当前经济运行困难，煤炭需求下降，价格深度下跌；企业经营困难，效益明显下滑；金融运行偏紧，融资难、融资贵问题较为突出，全省经济下行压力持续加大。经济社会发展中长期积累的矛盾仍然突出，发展规模不大，经济结构不优，质量效益不高，特别是“一煤独大”没有改变，传统产业产能过剩问题突出；城乡居民收入与全国差距较大，民生社会事业欠账较多，扶贫攻坚还需加大力度；国有企业缺乏活力，民营经济发展不足；对外开放程度不够，科技创新能力不强，制约我省转型发展的体制机制弊端依然存在；安全生产压力依然较大，维护社会和谐稳定任务繁重。政府建设和干部作风与人民群众期盼还有差距，依法行政理念尚未完全确立，行政审批环节多、效率低，政务环境不优，职能转变还需加强；“四风”问题尚未根绝，不作为乱作为、懒政怠政、失职渎职依然存在；出现系统性、塌方式腐败，严重损害了人民利益和山西形象，党风廉政建设和反腐败斗争任务十分艰巨。对此，我们要始终保持清醒头脑，不畏艰难、勇于担当，不断克服困难，认真解决问题，推动改革发展，决不辜负全省人民的厚望！

二、2015年工作安排

2015年，是全面深化改革的关键之年，是全面推进依法治国的启动之年，是全面完成“十二五”规划的收官之年，也是我省全面推进“六大发展”的开局之年。

今年国内外经济形势依然十分严峻复杂。我国经济仍处于增长速度换挡期、结构调整阵痛期、前期刺激政策消化期“三期叠加”阶段，深化改革、调整结构、化解过剩产能、保护生态环境等压力依然较大；煤炭供大于求、价格低位徘徊的状况难有改观，传统工业产能过剩、效益不佳，资源型经济跌得快跌得深、回升慢回升难，都将给我省财政收支、社会就业、居民收入、金融运行带来较大压力。同时，我们更要看到面临的有利条件和机遇。我国发展仍然处于可以大有作为的重要战略机遇期没有变，经济发展总体向好的基本面没有变，中央继续实施积极的财政政策和稳健的货币政策，将形成持续利好的宏观政策环境；我省转型发展效果正在显现，综改区建设步伐加快，创新驱动提挡加速，煤炭革命激发强大活力，铁路、公路、水利、电力、人居环境改善、科技创新城等一大批重点工程，将有效拉动经济增长。我省加强党风廉政建设和反腐败斗争、推进法治山西建设，将为经济社会发展提供风清气正的环境，特别是省委提出“六大发展”的新思路，必将团结激励全省人民为加快全面建成小康社会、实现富民强省而努力奋斗。面对经济发展新常态，我们要认识新常态、适应新常态、引领新常态，强化底线思维，把握宝贵机遇，扬长避短，积极作为，努力做好经济社会发展各项工作。

做好今年政府工作，要深入贯彻党的十八大和十八届三中、四中全会精神，认真落实中央经济工作会议及省委十届六次全会部署，以邓小平理论、“三个代表”重要思想、科学发展观为指导，以习近平总书记系列重要讲话精神为根本指针，主动适应经济发展新常态，坚持稳中求进工作总基调，以提高经济发展质量和效益为中心，把转方式调结构放到更加重要位置，全力推进“六大发展”，全面深化改革，扩大开放，突出创新驱动，强化风险防控，保障改善民生，加快推进法治山西建设，促进全省经济平稳健康发展，社会和谐稳定。

综合考虑各方面的因素，2015年我省经济社会发展的主要预期指标是：地区生产总值增长6%左右，全社会固定资产投资增长16%左右，社会消费品零售总额增长10%，公共财政预算收入增长6%左右，城乡居民人均可支配收入分别增长7%、7%以上，城镇新增就业岗位51万个，城镇登记失业率控制在4.2%以内，居民消费价格涨幅控制在3%左右。

约束性指标是：万元地区生产总值能耗下降3%，万元地区生产总值二氧化碳排放量下降3%，二氧化硫、化学需氧量、氨氮、氮氧化物减排完成国家下达任务，烟尘、粉尘排放量均下降0.5%，万元工业增加值用水量下降4.6%。

2015年，要重点做好以下几个方面的工作：

（一）加快改革开放和创新驱动，引深转型综改区建设。

全面深化改革。实施转型综改“2285”年度行动计划，确保3年任务全面完成。继续抓好三项改革试点，抢抓先机加快低热值煤发电项目建设，加大力度争取煤层气矿业权审批、商品衍生品交易试点早日落地。深化国有企业改革，做好国有企业重大信息公开工作，推进省属国企负责人薪酬和履职待遇管理制度改革，建立完善国有资本收益共享机制，稳步推进股权多元化，探索国企分类监管、分类考核和组建改组国有资本投资运营公司，深化集体企业改革、省直机关直属企业脱钩改革，稳妥推进厂办大集体企业改革。推动民营经济健康快速发展，放宽市场准入，清理不合理规定，消除各种隐性壁垒，帮助民营企业解决创办、创新、税费、融资、审批等方面的实际问题，让民营经济依法平等使用生产要素、公平参与市场竞争、同等受到法律保护，努力形成大众创业、万众创新的生动局面。推进财税体制改革，完善政府预算体系，将政府收支全部纳入预算管理，加强财政资金绩效管理，继续推进“营改增”，完善煤炭资源税省市县三级共享格局，规范政府债务管理。大力压缩财政一般性支出，确保重点领域和民生支出。深化投资体制改革，修订完善政府核准投资项目目录，推出第二批向社会资本开放的建设项目名单，积极推广政府与社会资本合作建设模式。加快金融改革发展，做大做强晋商银行、山西国投等地方金融机构，推进农村信用社改革，促进融资性担保企业、小额贷款公司健康发展，积极筹建山西金融资产管理公司、消费金融公司、人身保险公司。构建多层次资本市场体系，推动企业上市，鼓励发展创业投资和私募股权基金。优化金融生态，有效防范化解金融风险。推进高速公路建设和运营管理体制改革，加快交通企业及高速公路资产债务重组，逐步提高经营性高速公路比例，进一步规范交通建设项目招投标管理。同时，积极推进工商登记制度便利化改革、土地管理制度改革、价格改革等重点领域改革，全面启动不动产登记。

实施创新驱动。深入实施创新驱动和低碳创新行动计划，以安全、清洁、高效、低碳发展为方向，实施好煤基科技重大专项，力争在煤炭绿色开采、煤炭清洁利用、煤层气、现代煤化工、低碳技术等领域突破一批核心关键技术。深化科技体制改革，构建以企业为主体、市场为导向、产学研用相结合的自主创新体系。实施省级科技计划改革，加强科研项目管理，促进科技资源共享和开放。加大创新成果产权保护和政策支持，建立完善科研人员股权和分红激励政策。抓好科技创新城核心区基础设施建设，启动科技服务三大平台建设，推进首批27个项目入驻，再引进一批高端研发机构，积极争取科技创新城享受国家自主创新示范区试点政策。

加快对外开放。积极对接国家“一带一路”、京津冀协同发展、长江经济带战略，扩大与相关地区的交流合作，加大承接长三角、珠三角等地区产业转移力度，主动融入环渤海经济圈和中原经济区，加快晋陕豫黄河金三角承接产业转移示范区建设。加强与港澳台地区及德国北威州、美国西弗州等友好省州的经济合作和文化交流。创新招商方式，实施精准招商、产业链招商、集群化招商。积极引进我省紧缺的高层次人才。充分发挥太原武宿综合保税区作用，启动太原铁路口岸建设，促进大同航空口岸正式开放，推动设立运城航空临时口岸，探索在太原、大同、临汾建设“无水港”。办好能博会低碳发展高峰论坛、农博会、文博会、书博会，积极参加国家级重大展会。

我们就是要向改革要活力，向创新要动力，向开放要空间，加快走出资源型地区和内陆省份可持续发展的新路子！

（二）坚持稳中求进，全力促进经济平稳健康发展。

进一步加大投资力度。准确把握国家产业政策和投资方向，加强重大基础设施建设、产业转型、城镇化和生态环保、民生和社会事业等重点领域投资，狠抓重点工程建设，扎实开展“项目提质增效年”和“百日百项”活动。今年全社会固定资产投资计划安排1.3万亿元，重点推进十大领域投资和十大标志性工程建设。铁路投资393亿元，加快推进大张铁路、太焦城际铁路等15个国家铁路项目，阳泉北—大寨等4个地方铁路项目，晋中—太原轻轨等轨道交通项目以及24个运煤装车点建设；公路投资245亿元，新建续建高速公路680公里，新建改建国省干线公路300公里、农村公路1000公里；水利投资431亿元，抓好大水网四大骨干工程、汾河流域生态修复及晋祠泉复流工程、引黄配套工程和百座小型水库建设，全力推进古贤水利枢纽前期工作；外送电通道和电网建设投资125亿元，抓好蒙西—晋北—天津南、榆横—晋中—潍坊、晋北—江苏、盂县—河北4 条外送电通道建设；低热值煤发电项目投资205亿元；煤层气项目投资187亿元；节能环保项目投资390亿元；科技创新城投资150亿元；新兴产业项目投资4790亿元；城乡人居环境改善投资2901亿元。

努力扩大消费需求。深化收入分配制度改革，千方百计增加城乡居民收入，增强居民消费能力。健全社会保障体系，稳步提高保障水平，改善居民消费预期。深入推进“山西品牌中华行”等促消费活动，促进养老家政、文体娱乐等服务消费，鼓励信息消费，稳定住房消费，倡导节能环保等绿色消费。深化流通体制改革，加强城乡流通基础设施和市场体系建设，积极发展物流配送、网络购物等现代流通方式，规范市场秩序，让群众安全消费、放心消费、满意消费。

推动进出口稳定发展。提升外贸转型升级示范基地建设水平，加快培育外贸综合服务企业，推进跨境贸易电子商务。借鉴上海自贸区经验，推进通关便利化改革。加快出口退税进度，提高出口信用保险覆盖面。优化进出口结构，扩大机械装备、电子信息产品、新材料和特色农产品出口，扩大重要原材料、先进技术设备、关键零部件进口。

加大帮扶企业力度。落实好减免行政事业性收费、缓缴社会保险费用等相关政策措施，帮助困难企业渡过难关。促进银企沟通对接，争取金融机构扩大对我省信贷投放和资金配置，支持商业银行做好贷款重组和接续工作，有效缓解企业融资难、融资贵问题。大力实施中小微企业成长工程，加强帮扶、指导和服务。

（三）大力推动煤炭革命，做好煤炭这篇大文章。

推动煤炭消费革命。坚持总量控制、节约优先，形成集约高效的能源消费方式，提高省内清洁煤炭消费比例。大力发展清洁燃煤发电、煤基能源深度转化、热电联产集中供热，推广燃煤锅炉和窑炉污染控制技术。全力推进燃煤发电机组超低排放，落实优惠政策，确保2017年底全面完成总体目标。

推动煤炭供给革命。加快建设国家新型综合能源基地，重点推动建设晋北、晋中、晋东三大煤炭基地，晋北、晋中、晋东三大煤电基地，沁水、河东两大煤层气基地，晋北等煤化工基地。大幅提高清洁能源和可再生能源比例。

推动煤炭管理革命。落实好深化煤炭管理体制改革的意见，促进煤炭工业可持续发展。巩固涉煤清费成果，做好煤炭资源税从价计征改革工作。做好煤焦公路销售体制改革涉及的企业职工转岗安置工作。建立现代化信息监管平台，强化安全生产、矿产资源等日常监管。推进煤炭行政审批制度改革，再取消、调整、下放一批涉煤行政审批事项。推进煤炭资源市场化配置，对新设矿业权依法实行招拍挂，完善矿业权二级交易市场，探索建立矿业权转让超额收益调节机制。深化煤炭交易方式改革，完善现货交易，探索发展以煤炭为主的能源期货交易。同时，大力推动煤炭科技革命，扩大煤炭领域的开放合作。

煤炭经济事关我省发展全局。我们要下决心走“革命兴煤”之路，着力推动煤炭产业向市场主导型、清洁低碳型、集约高效型、延伸循环型、生态环保型、安全保障型转变，使煤炭产业焕发出新的生机和活力！

（四）推动产业结构优化升级，做好非煤这篇大文章。

要大力培育发展文化旅游、装备制造、新材料、新能源、节能环保、食品医药、现代服务业等七大产业，加快资源型经济转型步伐。

加快传统产业转型升级。通过消化、转移、整合、淘汰等途径，有效化解钢铁、焦化、水泥、电解铝以及煤炭等行业过剩产能。鼓励煤电联营和签订长协合同，发展煤焦化、煤电材等循环产业链，促进传统产业一体化、循环化发展。

促进新兴产业发展壮大。装备制造业要推动中央企业与地方企业优势互补、军工与民品融合发展，做强轨道交通装备、煤层气装备、煤机装备、电力装备、煤化工装备等优势产品。特别是加快发展新能源汽车产业，推进燃气汽车、电动汽车、甲醇汽车关键核心技术研发，加强充换电设施、加气站等配套建设，加大公共服务领域推广应用力度。节能环保产业要着力发展煤层气发电、高效节能电机、燃煤发电机组超低排放等装备制造，积极发展节能环保服务产业。新能源产业要积极发展水电、风能、太阳能、生物质能、地热能。新材料产业要加快发展特钢、铝镁合金、钕铁硼、半导体照明等产业，提高深加工能力和附加值。食品医药产业要大力发展酒类、食醋、乳品、小杂粮、干鲜果蔬等特色产业；开发现代中药新药及天然药物，发展生物制药、新型药物制剂。

提升服务业规模和水平。落实好促进现代服务业发展等各项政策措施，统筹推进金融服务、信息服务、电子商务、检验检测等生产性服务业和旅游休闲、文化体育、健康养老等生活性服务业发展。促进旅游与文化深度融合，塑造山西旅游品牌，推进区域合作，打造精品线路，培育骨干企业，完善配套设施，推动旅游业由观光为主向观光、休闲、度假并重转变。依托重大交通轴线布局现代物流产业，充分发挥区位优势，加快发展第三方物流和多方物流，着力提升物流业对相关产业的综合服务能力。

积极培育新兴业态。适应新一代信息技术引领的科技革命，继续推进“宽带山西”和“三网”融合建设，促进云计算、大数据、物联网等与传统产业、现代制造业和现代农业相结合，不断催生新兴业态。

（五）切实做好“三农”工作，促进农业稳定发展农民持续增收。

构建特色现代农业体系。创新农业补贴制度，再研究出台一批新的强农惠农政策。稳定发展粮食生产，加强农田水利建设，启动耕地质量保护和提升行动，建设高标准基本农田200万亩，新增实灌面积180万亩。加快农业结构调整，深入实施七大产业振兴翻番工程和“一村一品”“一县一业”建设，推进新一轮雁门关生态畜牧经济区建设。推广农业实用技术，积极发展现代种业，提升农业机械化水平。加快发展生态循环农业，推行标准化清洁生产，提高农产品质量和安全水平。大力发展农产品加工、储藏、保鲜、运销，打造农业全产业链。健全粮食收储体系。支持培育种养大户、家庭农场、农民合作社、农业企业等新型经营主体，积极发展多种形式的适度规模经营。

深化农村改革。全面开展农村土地承包经营权确权登记颁证工作，有序推进农村土地流转。启动水权制度、小型水利工程产权和农业水价综合改革。扩大农村集体产权制度改革试点范围，开展林权抵押贷款。积极争取开展国有林场改革试点工作。加强金融支农服务，引导农业保险向特色农业和各类新型农业经营主体倾斜。深化扩权强县改革，赋予县域更大发展自主权，促进县域经济加快发展。

加快扶贫开发。按照精准扶贫要求，抓好干部驻村帮扶工作，加大行业扶贫力度，大力实施百企千村产业扶贫开发、劳动力就业培训、易地扶贫搬迁、教育扶贫、金融富民扶贫等重点工程，加快推进特困地区扶贫攻坚，确保500个贫困村整体脱贫，再实现50万贫困人口脱贫。

（六）着力改善城乡人居环境，提高城镇化质量和水平。

加快推进农村人居环境改善工程。实施好农村人居环境改善四大工程，改善50万农村人口和10万农村学校师生饮水条件，新改造农村道路500公里，绿化村庄500个，新建老年人日间照料中心1000个,实施30万户广播电视卫星户户通提质工程；加快采煤沉陷区居民搬迁安置，新建改建各类农村房屋21万户，解决64万困难群众的安居问题；完成300 个村的污水处理任务，全面开展农村生活垃圾专项治理；抓好200个省级美丽宜居示范村创建。扎实办好“五件实事”，再改造农村困难家庭危房8.5万户，新建改建农村幼儿园300所，易地搬迁农村贫困人口10万人，深入推进乡村清洁工程，培训新型职业农民10万人。

启动实施城市人居环境改善工程。实施设施提升、城市安居、城中村改造、环境提质四大工程，力争早日实现全省城市建成区水电气热、通信、污水和垃圾处理全覆盖，公共综合交通体系基本形成，棚户区基本消除，城中村改造取得阶段性成果，环境质量明显改善。今年要加快推进棚户区和城中村改造，加大公租房建设力度，稳步推进共有产权住房建设，新开工城镇保障性住房25万套、建成18万套。大力推进城市供水、燃气、供热管网和道路建设，完成39座城市污水处理厂的提标改造，新增城市绿化面积2000万平方米。

积极稳妥推进新型城镇化。加快太原都市圈建设，聚合太原晋中同城化、山西科技创新城、山西高校新校区、晋中108廊带区域一体化发展示范区等优势，推进道路、公交、通信、金融互联互通和产业一体化。积极推进晋北、晋南、晋东南城镇群发展，抓好大同都市区、上党城镇群、临汾百里汾河经济带建设，支持阳泉等资源枯竭型城市转型发展。健全空间规划体系，推进市县“多规合一”。探索破解资金、土地等难题，创新发展和管理机制，提高城镇产业、人口集聚功能和综合承载能力。选择一批建制镇开展新型城镇化建设试点。稳妥推进区划调整工作。深化户籍制度改革，全面放开建制镇和中小城市落户条件，有序放开大城市落户限制，统一城乡户口登记制度。全面实施居住证制度，对在城镇就业居住但未落户的外来人口，以居住证为载体提供相应的基本公共服务。

改善城乡人居环境，既是人民的期盼，也是政府的责任。我们要加大力度、加快进度，治理沉陷区、改造棚户区，让人民群众早日告别危旧房、摆脱“脏乱差”，建设美丽家园，共享美好生活！

（七）加强文化建设，促进文化繁荣发展。

增强公共文化服务能力。巩固经营性文化单位转企改制成果，支持转企改制国有文艺院团改革发展。深化公益性文化事业单位内部改革，完善绩效考核机制。推进山西晋剧艺术中心、少儿图书馆和古籍保护中心建设，抓好市县文化场馆和基层综合性文化服务中心建设。深入开展“文化惠民在三晋”系列活动，抓好政府购买公共文化服务，推进文艺院团下乡和农村公益电影放映。抓好《山西文华》丛书编纂工作，推进乡村文化记忆工程，加强文物和非物质文化遗产保护。开展“强健体魄·阳光生活”全民健身活动，提高竞技体育水平。

发展壮大文化产业。加快推进重点文化产业园和文化保税区建设，发展壮大骨干文化企业，支持特色文化产业发展。推进文化创意和设计服务与科技、农业、体育等相关产业融合发展。加快发展数字出版、动漫游戏、移动多媒体等新兴文化产业。促进金融资本投向文化产业。

凝聚传播正能量。培育和践行社会主义核心价值观，大力弘扬山西精神，充分发挥法治文化、红色文化、廉政文化的资政育人作用，深入开展社会公德、职业道德、家庭美德和个人品德教育。发展新闻出版、广播影视、文学艺术事业，推进媒体融合发展。实施哲学社会科学创新工程，推进新型智库建设。倡导全民阅读。做好扫黄打非和净化网络工作。加强对外宣传和文化交流，讲好山西故事，提高三晋文化传播力和影响力，塑造山西改革发展新形象！

（八）全面发展社会事业，切实保障和改善民生。

推动各类教育协调发展。新改扩建200所公办标准化幼儿园，完成“十二五”全省建设1000所幼儿园的目标。推进义务教育办学模式改革，全面改善义务教育薄弱学校和寄宿制学校基本办学条件,加大城乡教师交流、校长轮岗力度,力争再有30个左右的县通过国家义务教育均衡发展评估验收。启动普通高中办学标准化建设工作。认真落实特殊教育提升计划。加快构建现代职业教育体系，深入实施“百校千企”工程。建设一批优势特色学科专业，进一步提升高等教育质量和水平。深化教育领域综合改革，稳步推进教育考试招生制度改革。

提升医疗卫生服务水平。深化医药卫生体制改革，推进太原市城市公立医院改革试点工作，实现全省县级公立医院综合改革全覆盖。人均基本公共卫生服务经费财政补助标准由35元提高到40元。完善城乡居民大病保险制度，加快发展商业健康保险。为农村60岁以上老年人实行免费体检。进一步完善基本药物制度，做好常用低价药品供应保障工作。积极推进分级诊疗制度。加强村医队伍建设。采取建立医疗联合体、实施城乡对口支援、开展远程诊疗等举措，切实提升基层医疗卫生机构服务能力。做好人口计生工作。

着力稳定和扩大就业。重点做好高校毕业生、农村转移劳动力、城镇困难人员、化解过剩产能失业人员和退役军人等群体就业工作。加快发展服务业等劳动密集型产业，扶持发展中小微企业，开发更多的就业岗位。鼓励和支持困难企业采取在岗培训、协商薪酬等办法，稳定就业岗位。完善落实创业扶持政策，鼓励支持劳动者自主创业，以创业带动就业。强化政府公共就业服务，提高职业培训质量，做好就业援助工作。

努力促进城乡居民增收。依法推进企业工资集体协商，形成职工工资劳资共决机制。进一步调整最低工资标准，发布年度企业工资指导线，提高职工工资收入水平。完善工资制度，提高机关事业单位基本工资标准并建立正常调整和增长机制，实行乡镇工作补贴，向条件艰苦的偏远乡镇和长期在乡镇工作的人员倾斜。落实县以下机关公务员职务职级并行制度。低收入农户每户一吨冬季取暖用煤改为现金方式发放。健全农民工工资支付保障机制，做到不欠农民工辛苦钱！

提高社会保障水平。落实机关事业单位养老保险改革措施，抓好失业、工伤、生育保险工作，进一步完善覆盖城乡的社会保障体系。城镇居民基本医保和新农合年人均财政补助标准由320元提高到380元。继续提高企业退休人员基本养老金、城乡居民基础养老金、城乡低保、农村五保对象补助水平。建立健全以经济困难高龄、失能老人为重点的老年福利制度。发展社会福利和慈善事业。落实社会救助暂行办法，做好残疾人就业援助、康复救助，全面实施临时救助制度，确保困难群众求助有门、受助及时。

加强和创新社会治理。推动政府治理和社会自我调节、居民自治良性互动，加强社区工作，推进网格化管理和基层综合服务管理平台建设，建立完善调处化解矛盾纠纷综合机制。健全农村留守儿童、妇女和老年人关爱服务体系。健全普法教育机制，加强法律服务和援助工作。强化食品药品安全监管，确保人民群众饮食安全、用药安全。扎实推进“平安山西”建设，创新立体化防控体系。加强社会治安综合治理，深入开展“打黑除恶”斗争，防范和处置突发性群体事件，防止发生暴力恐怖事件。强化网络安全管理。加强应急管理和防灾减灾能力建设，做好消防工作，切实保障人民群众生命财产安全。

支持国防和军队建设，做好双拥、优抚安置和人防工作。发展妇女儿童、老龄和红十字会等事业。做好民族宗教、外事、侨务、港澳、对台等工作。加强气象、地震、科普、档案、参事、史志等工作。扎实推进援疆工作。

民生是人民幸福之基、社会和谐之本。惠民实事我们要一件接着一件办，民生工作我们要一年接着一年干，让广大人民群众过上更加富足、舒心的好日子！

（九）加强生态文明建设，持续改善生态环境。

促进能源资源节约集约利用。推进重点领域和重点行业节能降耗工作，实施工业能效提升计划，在重点耗能行业全面推行能效对标。实施电机系统节能、余热余压利用等重点节能工程和项目，推进千家企业节能低碳行动。严格执行节能评估和审查制度，积极推广合同能源管理，推行节能量交易和碳交易，确保完成“十二五”节能降耗目标任务。推动粉煤灰、煤矸石等工业大宗固废资源化利用，扶持重大资源综合利用示范项目，支持朔州市开展工业绿色转型发展试点。积极推进大同、运城、长治国家新能源示范城市建设，支持晋城市低碳城市试点和循环经济示范城市创建工作。

加强环境保护。严格执行环境保护法，进一步加强大气、水污染防治，抓好主要污染物减排。全面推进燃煤锅炉综合整治，深入开展重点行业脱硫、脱硝、除尘改造，加快淘汰黄标车、老旧车，推进市区重污染企业搬迁改造，强化扬尘治理，加强细颗粒物监测预警和区域联防联控，有效预防重污染天气。加强重点流域水污染防治，抓好饮用水源地环境监管，推进城镇污水处理设施建设和改造。强化农业面源污染治理。支持太原开展省城环境整治提标工程。

加大生态建设力度。继续实施林业“六大工程”，加快吕梁山生态脆弱区林业建设，造林400万亩以上。统筹推进水土保持、水生态保护和湿地保护等工作，突出抓好汾河流域生态修复，推进晋祠泉复流工程。完善生态补偿机制，大力推进采空区、沉陷区、煤矸石山的土地复垦和生态修复。

绿水青山就是金山银山，良好的生态环境是最普惠的民生福祉。我们要共同致力于保护和改善生态环境，使三晋大地天蓝气爽、山青水净，为子孙后代留下更多的绿色财富！

（十）持之以恒抓好安全生产，促进安全生产形势持续明显好转。

牢固树立安全发展理念，坚持任何时候都决不能过高估计安全生产形势、决不能过高估计干部群众对安全生产重要性的认识、决不能过高估计我们保证安全生产的能力和水平，坚持安全生产是最大的民生、是比泰山还重的责任、是任何人任何时候任何地方都不可逾越的红线，敬畏生命、敬畏责任、敬畏制度。严格落实安全生产法，坚持和完善我省近年来一系列行之有效的安全生产规章制度，强化安全生产法律和制度保障。坚持“党政同责、一岗双责、齐抓共管”，落实政府安全监管责任，强化企业安全生产主体责任。深入开展隐患排查治理，采用“四不两直”以及明察暗访等方式，全面加强煤矿、道路交通、非煤矿山和尾矿库、危化品、水库、人员密集场所以及建筑施工、油气管道、城市燃气、特种设备等各行业各领域的安全生产工作，始终保持高压态势，严厉打击非法违法建设生产经营行为，严肃查处违规违章现象。推进科技兴安，加强安全培训，夯实基层基础。强化考核问责，严格落实安全生产目标责任考核“一票否决制”，严肃查处事故，严格追究责任，坚决遏制重特大事故、减少一般性事故。

安全生产是做好一切工作的前提和基础。越是经济形势严峻复杂、越是改革发展任务艰巨、越是安全生产形势明显好转，我们越要高度重视、警钟长鸣、常抓不懈，确保全省安全生产形势持续明显好转，并向稳定好转坚实迈进！

三、切实加强政府建设

我们要持续不断、加大力度建设法治政府、服务政府、责任政府、廉洁政府和学习型政府，特别是要加快建设职能科学、权责法定、执法严明、公开公正、廉洁高效、守法诚信的法治政府。

（一）依法履行职能。运用法治思维和法治方式全面正确履行职能，推进机构、职能、权限、程序、责任法定化。坚持法定职责必须为、法无授权不可为，全面梳理政府权力事项，省级政府部门要完成权力清单、责任清单公布工作，探索制定市场准入负面清单，市县政府部门也要加快推进。深化行政审批制度改革，继续简政放权，再取消、调整和下放一批行政审批事项，全面清理非行政许可审批，大幅减少前置审批，整治“红顶中介”，最大限度减少政府对微观事务的管理，加强事中、事后监管。探索建立政府绩效第三方评估机制。制定实施政府建设三年规划（2015–2017），推动政府建设系统化、规范化、法治化。认真总结“十二五”规划完成情况，深入分析面临的形势，科学编制好“十三五”规划。

（二）严格依法行政。完善政府规章制定程序，围绕“六大发展”做好政府立法工作。建立重大决策合法性审查机制、终身责任追究制及责任倒查机制，积极推行政府法律顾问制度。深化行政执法体制改革，加强执法队伍建设，推进重点领域综合执法。坚持严格规范公正文明执法，完善执法程序，建立健全行政裁量权基准制度，全面落实行政执法责任制。做好行政复议工作。

（三）强化权力监督。实施“六权治本”，规范权力运行。自觉接受人大及其常委会的监督，主动接受政协的民主监督，加强行政监察和审计监督，重视社会和舆论监督，形成常态化监督制度。加快推进省级公共资源交易平台和政务服务平台建设，规范公共资源交易行为。完善国有资产资源监管制度，加强对国企领导班子的监督，强化对权力集中、资金密集、资源富集的部门和岗位的监督，堵塞管理漏洞，防止国有资产流失。全面推进政务公开。

（四）坚决惩治腐败。认真贯彻落实习近平总书记在十八届中央纪委五次全会上的重要讲话精神和全会的各项部署，严格落实反腐倡廉各项规定，深刻汲取我省发生严重腐败问题的惨痛教训，从严落实政府系统党风廉政建设责任制和党委（党组）主体责任。围绕煤焦、土地、交通、房地产等重点领域，围绕教育、医疗、环保、社保、涉农等社会民生领域，围绕资源配置、工程招标、政府采购、资金分配等关键环节，围绕行政审批违规问题和滥用审批权问题，扎实开展专项整治，进一步形成并保持惩治腐败的高压态势，做到有案必查、有腐必反、有贪必肃，坚决遏制住腐败现象蔓延势头，决不允许任何腐败分子逍遥法外。

（五）加强作风建设。扎实开展学习讨论落实活动，巩固党的群众路线教育实践活动成果，认真执行“八项规定”，持续狠刹“四风”，抓好整改落实，建立长效机制。从严管理公务员队伍，坚决惩处失职渎职，坚决纠正懒政怠政行为。加强学习，深入调研，提升能力，破解难题。改进服务，提高效能，切实解决吃拿卡要和门难进、脸难看、事难办等问题。厉行节约、反对浪费，严控“三公”经费，治理“吃空饷”，推进公务用车改革。加大督查，强化考核，确保各项工作部署落到实处。我们要始终保持奋发有为的精神状态，履职尽责、夙夜在公，不辱历史使命，不负人民重托！

各位代表，让我们更加紧密地团结在以习近平同志为总书记的党中央周围，在省委的坚强领导下，同心同德，开拓奋进，为开创弊革风清、富民强省新局面，实现全面建成小康社会的宏伟目标而努力奋斗！

围绕大局　突出重点
努力推动统战工作创新发展

孙绍骋

（2015年2月9日）

2月7日，省委常委会专题听取了全国统战部长会议精神汇报，认真研究了我省贯彻落实意见，王儒林书记对做好今年统战工作提出明确要求。王儒林书记强调，要把学习领会全国统战部长会议精神和深入学习习近平总书记关于统一战线的新思想、新观点、新要求结合起来，进一步提升对统战工作重要性的认识。统一战线既要发挥优势，围绕中心，为省委、省政府分忧；又要敢于担当，破局创新，为经济社会发展出力。特别是下一步要抓好民营经济这个重点，完善领导机构，创新政策体系，进一步加大支持服务力度，筹备好全省民营经济发展大会，推动民营经济加快发展。要适应新形势任务要求，加强和改进党对统战工作的领导。各级党委要增强统战意识，认真落实各项统战政策，特别是高度重视党外干部的选拔使用工作。要按照省委要求，把好各个关口，防止带病提拔。各级党委主要负责同志要亲自主持研究统一战线重大问题，亲自做统一战线重要人士的工作。党委中心组学习要增加统战理论政策内容，中央统战工作会议、全国宗教工作会议之后，省委中心组专门安排一次最新的统战政策理论学习。王书记讲话很重要，指示要求很明确，我们一定要认真学习领会，抓好贯彻落实。

今年统战工作的总体要求是：深入学习习近平总书记系列重要讲话精神，全面贯彻党的十八届三中、四中全会精神以及全国统战部长会议和省委十届六次全会精神，着眼大局积极发挥优势，集中力量抓好重点工作，下大气力加强自身建设，进一步开创统战工作新局面，为我省实现弊革风清、促进富民强省作出新的更大贡献。

一、认真学习中央和省委重要精神，大力凝聚统一战线广大成员的思想共识

我们做团结引导党外人士的工作，就是要用中央和省委精神来统一思想、凝聚共识。党的十八大以来，习近平总书记就巩固和发展统一战线作出了一系列重要论述，提出了一系列新思想新观点新要求。凝聚共识，最重要、最紧迫的是要引导统一战线广大成员坚定不移用习近平总书记系列重要讲话精神武装头脑、指导实践，巩固共同思想政治基础。省委十届六次全会和全省经济工作会议认真贯彻党的十八届四中全会、中央经济工作会议精神，在深刻分析我省当前形势的基础上，对全面加强山西法治建设和做好今年经济工作作出安排，提出了实施“六权治本”、保持“三个高压态势”、打好“三个一批”组合拳、做好两篇大文章，实现“三个新突破”、推进“六大发展”、推动“六型”转变等一系列治晋兴晋强晋的新方略。我们要以学习习近平总书记系列重要讲话精神为统领，认真学习贯彻中央和省委这些重要会议精神，引导统一战线广大成员更加自觉地把思想和行动统一到中央和省委的决策部署上来，充分发挥智力密集、资源丰富、联系广泛、协调关系的独特优势，最大限度把各界人士的人才智力都凝聚起来，经济实力都动员起来，创造活力都激发出来，用埋头苦干的行动创造实实在在的业绩，为推进依法治国、净化政治生

态、实现“六大发展”等工作大局献计出力、做出贡献。

二、突出抓好各项重点工作，努力实现统战工作创新发展

要把重点工作与日常工作统筹起来，以重点工作的突破，带动工作的整体推进，努力开创工作新局面。

（一）抓好民营经济突破发展。王儒林书记在全省经济工作会议上明确提出，今年要把民营经济发展作为“全省三个新突破”之一，进行重点推进。为此，省里还将成立由李小鹏省长担任组长，我和付建华同志担任副组长，有关部门负责人组成的民营经济领导小组，并将把领导小组办公室设在省工商联。省委、省政府把民营经济发展实现新突破这个艰巨光荣的任务交给统战部、工商联来具体推进，既是对我们的信任和肯定，更是对我们的鼓舞和鞭策。我们要举全系统之力，把这项任务完成好。在这个问题上，各市县统战部、工商联，包括民营企业家在内，都不能当局外人，要积极摸清情况、提出对策、贡献智慧，为民营经济发展实现新突破作出贡献。

抓好这项工作，当前首要的任务是在深入调研的基础上，起草一个加快民营经济发展的文件，召开一个大会。我们要在去年开展民营中小微企业调研的基础上，进一步深化调研和多方论证，把基本情况搞清楚、把存在问题弄明白、把解决办法想具体，为开展工作打好基础。要集思广益，群策群力，博采众长，协助省委起草一个务实、管用的意见，提高政策的“含金量”。有些政策我们可能还要在一些市进行试点，以局部的成功实践，为全省大范围推广奠定基础。要在省委、省政府的领导下，把全省民营经济发展大会开成提振信心、鼓舞士气、推动落实的会议，进一步形成全社会关心重视支持民营经济发展的良好氛围。文件出台和会议召开之后，要狠抓工作落实，确保各项政策和要求落地生根、取得实效。

促进“两个健康”是统战工作的重要职责。要把推动民营经济突破发展与民营企业家重塑形象活动结合起来、融为一体，在促进发展中重塑形象，以重塑形象为抓手推进发展。要按照省委的部署，把民营企业家重塑形象摆上重要议事日程，加强领导，周密部署，扎实工作，确保取得实实在在的效果。要通过加强教育培训、加强考核管理、加强典型示范、加强支持服务等途径，重塑我省民营企业家遵纪守法、转型创新、承担责任、健康向上的新形象，为民营经济突破发展提供坚强保障。

（二）组织开展好统一战线专题调研活动。着眼围绕中心、服务大局，组织各民主党派、工商联、无党派人士，围绕净化政治生态、实现“六大发展”、推进协商民主、编制“十三五”规划等，深入开展调查研究，形成有分量、可操作、能转化的调研成果，真正把统一战线人才荟萃、智力密集的优势发挥出来。

从统战部门来讲，要积极搭建知政知情出力的平台，定期就一些问题举行通报会、报告会等，积极为党外人士开展调研创造条件、提供保障。我们将在与有关部门沟通的基础上，确定若干调研题目与各民主党派、工商联及无党派人士协商，以提高选题的科学性和针对性。从民主党派、工商联和无党派人士来说，要牢固树立参政为民的情怀，把建言献策的质量作为履职尽责的生命线，切实提高建言献策的能力和水平。既要在思想上高度重视，又要在行动上务求实效。各党派和工商联的主要领导要亲自抓调研选题、抓调研组织、抓成果落实，把本系统最优秀的人才调动起来，明确责任人和完成时间，以强有力的组织领导确保调研成效。要一手抓调研质量、一手抓成果转化，积极对调研成果进行跟踪、跟进，该汇报的汇报，该找有关部门协调的协调，解决“最后一公里”的问题，切实把成果运用好、转化好，变成具体的政策措施，产生实实在在的效果。在跟进过程中，如果发现新情况、新问题，还要接续开展更进一步的调研，促进成果的再延伸、再升华。

（三）贯彻好中央三个会议精神。去年中央召开了民族工作会议，今年还将召开中央统战工作会议、全国宗教工作会议，制定颁发《中国共产党统一战线工作条例》。这是统一战线的大事，是统战工作发展进程中难得的宝贵机遇，也是广大统战干部和统一战线成员的殷切期盼。贯彻落实中央会议精神，是今年全省统战系统的大事。能不能协助省委把这三个会议精神贯彻好，是对我们能力和素质的检验。统战部、民委和宗教局要切实负起责任，早动手、早谋划，以高度负责的态度和务实有效的作为，做好各项工作。会议前后，要树立问题导向，深入基层调研，把我省当前统战、民族、宗教工作中存在的突出问题找出来，积极研究解决办法，针对问题制定政策、抓好落实。省委、省政府已经决定，今年上半年召开全省民族工作会议暨第六次民族团结表彰大会，要抓紧制定工作计划，倒排时间表，把文件起草好、会议筹备好。

（四）抓好协商民主文件精神的贯彻落实。今年中央下发的《关于加强社会主义协商民主建设的意见》，明确了协商民主的七种渠道。就我们统战部门来说，贯彻《意见》精神，重点是协助党委搞好政党协商的组织和落实。在中央统战部制定出台实施细则后，我们要根据省委安排部署，结合我省实际，提出我省开展政党协商的具体措施，把《意见》规定的政党协商的形式、内容、制度、保障等予以具体化。一方面，要加强协商的制度化、规范化建设，从制度上明确协商的形式、内容、程序等，以年度计划提前对协商事项及协商时间做好安排，解决协商随意化的问题。另一方面，要提高协商的水平。从党委来说，要真正重视政党协商，不能走过场，态度要真诚，准备要充分，注意听取和收集各种真实的意见，吸纳合理建议，还要搞好意见反馈。从党外人士来说，要负责任地议政、高质量地建言，不能为了保持一致而只唱赞歌、为了说话而说话、为了应付而说话。要言之有物、言之有据、言之有理，敢于批评、敢于监督，敢于提出不同意见。从统战部门来说，既要主动协助党委搞好协商，又要努力创新协商方式，以

听到真话、诤言。

（五）扎实推进县级统战部门合署办公。去年12月份我们在寿阳县召开全省推进县级统战部门合署办公现场会后，各市按照会议要求，迅速行动，积极落实，取得了良好开局。从目前反馈的情况看，各市都向市委常委会或市委主要领导汇报了寿阳现场会的精神，有的已经着手制定实施方案，有的已经召开会议进行了安排部署。需要强调的是，这项工作必须务求实效，不能出个方案、开个会议就算了事，要真正看到合署办公的实际成效，切实使县级统战工作力量整合起来、得到加强。市委要加强对这项工作的领导，召开专题会议，研究制定实施方案，进行安排部署。统战部要主动作为，加强督促检查，确保在今年6月底前完成合署办公任务。今年全国“两会”期间，省委统战部将由部领导带队，对这项工作推进落实情况进行督促检查。

三、以新形象新作为，不断提升统战工作地位和作用

各级统战部门要以开展学习讨论落实活动为契机，大力加强统战部门和统战干部队伍建设，进一步振奋精神，转变作风，创新方式，展现统一战线有为有位新形象。

一是要强化责任担当。俞正声主席和孙春兰部长在今年的全国统战部长会议上，都讲到了当前一些统战部门和统战干部精神不够振奋、工作不够主动的问题。精神状态是一个人理想信念坚不坚定、责任意识强不强的集中体现。组织既然把我们放到了这个岗位，我们就必须担当责任。有责要有为，有为才有位。要加强学习，钻研政策，积极适应经济发展新常态、依法治国新常态、从严治党新常态，成为新时期统战工作的行家里手。要积极争取党委、政府的重视支持，自觉把统战工作放在大局中来谋划，把心思用在干事业上，把精力用在抓工作上，切实做到勤勉敬业、守土有责、守土尽责。

二是要转变工作方式。转变工作方式说白了是个工作创新的问题，包括观念、内容、方法的创新。比如，在民主党派专题调研上，过去往往是年初布置题目，年底提交报告，文章交了，万事大吉。今后要改变这种方式，调研过程中就要邀请有关领导、专家、学者听取汇报，参与讨论，该返工的返工，需补充的不断完善，不许半成品和残次品出手，成熟一个上报一个，不一定非到年底集中汇报。在协商的问题上，要重协商、多协商、真协商，而不是“想起了”才协商，搞形式主义的协商。既要通过引导增进共识，又不能先入为主，包办代替。在抓统战工作落实上，既要依靠体制内单位来推动，也要发挥异地商会、行业商会、律师协会等社会组织的作用。在工作手段上，要善于利用网络和新媒体，多渠道沟通思想、联谊交友。

三是要改进工作作风。要深入落实中央八项规定精神，驰而不息反对“四风”，把作风建设抓常、抓细、抓长。在工作中，要坚决杜绝形式主义和花架子，务求干一件成一件、见效一件，每项工作都善始善终、善做善成。与党外人士交朋友，要有民主的作风、开放的胸襟、平等的心态，听得进不同声音，容得下不同意见，让党外人士感到我们的真诚，愿意与我们讲真心话、甚至是逆耳话，愿意把统战干部作为知心朋友，知无不言、言无不尽。在具体方法上，不能简单以工作联系代替思想交流，以例行慰问代替联谊交友，要主动登门拜访，经常促膝谈心，把板凳坐热、把感情捂热。要坚持真诚服务，把党外人士的事当作自己的事，既要办锦上添花的好事，更要解雪中送炭的难事，还要做润物细无声的实事，让他们真切感受到温暖和关怀，愿意把统战部门当成自己的家，愿意在这里寻求支持、得到帮助。

四是要加强自身建设。要深入开展学习讨论落实活动，认真抓好各项具体任务的落实，确保活动取得实效。要认真履行党风廉政主体责任和监督责任，认真落实“一岗双责”，从严加强对统战干部的教育管理，进一步拧紧正风肃纪、加强管理的“螺丝钉”。要教育引导广大统战干部讲党性、讲政治，严守政治纪律和政治规矩，严守廉洁从政底线，树立良好形象。加强机关制度建设，提高制度执行力，切实做到用制度管权管事管人。在历年开展全省统战理论创新成果评选的基础上，今年起要在全省统战系统开展实践创新成果评选推广工作，引导各级统战部门积极探索创新，破解工作难题。抓紧推动统战部机关信息化建设，省委统战部必须在年内建成高质量的统战电子政务网络。

总之，我们要千方百计把统战部建设成为名副其实的“党外人士之家”，统战干部要努力成为名副其实的“党外人士之友”，真正让党外人士有困难到家里说，有牢骚到家里发，有烦恼到家里诉，有想法到家里提，营造轻松、真诚、温暖、和谐的氛围。

统一战线是全党的工作，党要管党包括党管统战。各级党委要切实加强对统战工作的领导，研究解决统一战线重大问题，主要领导要亲自做统战工作，重视加强统战部门建设，积极为统战部门开展工作创造条件。各有关部门要一如既往地关心、支持统战工作，形成全社会重视统战工作的良好局面。

（本文根据省委常委、统战部长孙绍骋在2015年2月9日召开的全省统战部长会议上的讲话摘编）

为开创弊革风清富民强省新局面提供坚强有力的法治保障

王建明

（2015年2月12日）

2015年，全省政法机关要深入学习贯彻党的十八大和十八届三中、四中全会精神，深入学习贯彻习近平总书记系列重要讲话精神，按照全面建成小康社会、全面深化改革、全面依法治国、全面从严治党的要求，始终坚持围绕中心、服务大局的工作总基调，坚持问题导向、法治引领、改革创新，以完善社会治安防控体系、深化司法体制改革、整治执法司法突出问题为着力点，深入推进平安山西建设、法治山西建设、过硬队伍建设，忠实履行好维护社会稳定、促进社会公平正义、保障人民安居乐业的职责使命，为开创净化政治生态、实现弊革风清、重塑山西形象、促进富民强省新局面提供坚强有力的法治保障、作出新的贡献。重点抓好五个方面的工作：

一、推动“六六创安”工程提质增效，加快完善立体化社会治安防控体系

（一）以“打黑除恶”为重点，形成依法严打高压态势。落实王儒林书记、李小鹏省长关于深入开展“打黑除恶专项斗争推进年”活动的重要批示，要进一步加强线索摸排和案件侦破力度，坚决查处黑恶势力及其背后的“保护伞”。同时，要坚持什么犯罪突出就重点打击什么，加大对涉枪涉爆犯罪、“两抢一盗”犯罪、拐卖妇女儿童犯罪、黄赌毒犯罪等的打击力度，形成常态化打击机制。针对非法集资、金融诈骗、传销等涉众型经济犯罪，要开展专项打击整治，强化风险预警，提高公众识别和防范能力。针对危害食品药品安全、环境污染、电信诈骗、假冒侵权、涉军造假、跨国跨境等新型犯罪，要研究其特点规律，创新思路、方法，打好合成战、科技战、信息战。要深入开展“命案零发案县（市、区）”、“无刑事警情村（社区）”创建活动，最大限度地防止民转刑案件特别是命案的发生。

（二）以“城中村”为重点，深入推进治安乱点整治。长期以来，“城中村”一直是治安管理的薄弱环节。要对所有“城中村”治安状况和基础信息进行一次全面排查摸底，筛选确定一批重点整治对象，建立台账，明确责任，挂牌督办，彻底整治。要把“城中村”整治与打黑除恶、打击黄赌毒、打击“两抢一盗”等专项行动结合起来，以打开路，形成震慑；要把“城中村”整治与完善社会面管控结合起来，做到监控无死角、巡逻无盲区；要把“城中村”整治与流动人口服务管理结合起来，将所有“城中村”人口纳入管控视野；要把“城中村”整治与落实综治领导责任制结合起来，对整治成效不明显的要对县（市、区）领导进行约谈。与此同时，要继续抓好其他治安复杂区域、薄弱环节的重点整治，建立挂牌整治动态调整机制，切实消除治安隐患。

（三）以大数据平台建设为重点，加快提升社会治安防控现代化水平。大力构建以公安网、视频监控网、互联网和部门共享网为依托的社会治安防控大数据资源池，加快形成全面覆盖、高效运行、深度应用、融合发展的智能化、立体化社会治安防控体系。要进一步加大视频监控系统建设力度，加大人像比对、视频检索、轨迹追踪等现代技术的应用力度，进一步提高综合应用水平。要把采集获取情报信息作为基础工作的主要内容，加快形成高效集成的大数据平台，实现智能化研判、动态化掌控、精准化预判、扁平化指挥。要深入推进街面武装巡逻、公交安全防范、重点场所安检、区域安保协作、重点行业管理、危爆物品管制、物流寄递检查、重大活动安保等工作，最大限度地实现对社会治安的全要素掌控。要进一步加强军地平安联建工作，充分发挥军队、武警在平安山西建设中的作用。抓好治安防控的同时，要不断完善对各类安全隐患的滚动排查、风险评估、监测预警机制，进一步加强消防和道路交通安全管理，严格民爆、危化等危险物品安全监管，严防发生重大公共安全事故，有效防控各类风险。

（四）以预防化解群体性矛盾为重点，进一步完善矛盾纠纷调解体系。坚持依法维稳同依法维权相统一、末端处置同源头预防相结合、专门机关同第三方力量相配合、实体处置同舆情引导相支撑，不断完善矛盾纠纷预防化解体系。一要抓源头预防，大力落实重大决策合法性审查和社会稳定风险评估制度，未经审查评估的重大决策不得出台，无视风险作出决策造成严重后果的要依法严肃追究责任。二要抓排查研判，进一步加强对矛盾纠纷特别是群体性纠纷的定期排查和分析评估，各级综治委领导要亲自主持每

月一次的分析研判会议，聚焦重大案事件和突出问题，认真研究解决普遍性、倾向性问题，及早发现苗头性问题，强化分类指导，推动面上问题的解决。三要抓调解组织，全面完成县、乡、村三级矛盾纠纷调解组织建设，全面落实以人定补、以案定补、以奖代补等激励保障机制，切实形成人民调解、司法调解、行政调解衔接联动机制。四要抓日常调解，深入推进行业性专业性调解组织建设，狠抓征地拆迁、劳动保障、道路交通等矛盾高发领域的纠纷调解工作，确保绝大多数矛盾纠纷化解在县级以下、解决在初始和萌芽状态。五要抓末端处置，深入研究涉众型纠纷、群体性上访、进京非访等易激化矛盾的生成演变规律，分级分类建立处置预案，做到指挥统一、反应快速、控制有效、疏导有力，努力使问题在第一时间解决、事态在第一环节控制。

（五）以严重精神障碍患者为重点，加强特殊人群服务管理。要进一步完善精神卫生工作联席会议制度，健全信息报告机制，严格落实对已登记患者的规范管理和动态监测，切实防止脱管漏管。要进一步完善相关医保和救助政策，确保“应治尽治、应管尽管、应收尽收”。要进一步加大强制医疗场所和精神病人福利机构建设力度，确保有肇事肇祸行为的严重精神障碍患者依法及时得到强制医疗或住院治疗。与此同时，要统筹推进社区服刑人员管控、吸毒人员管控、刑满释放人员安置帮教和预防青少年犯罪工作，最大限度地防止高危人群违法犯罪、危害社会。

（六）以推进平安志愿服务为重点，发挥广大群众在平安创建中的主体作用。要以社区平安志愿者、行业平安志愿者、单位内部平安志愿者、应急平安志愿者为重点，围绕队伍规模化、服务多样化、分布科学化、管理制度化的工作目标，深入推进人员招募、日常管理、项目组织、技能培训、经费保障、意外保险等工作，充分发挥平安志愿者在法律知识宣传、安全隐患排查、矛盾纠纷调解、特殊群体帮教、社会治安协管、应急事件处突等方面的积极作用。与此同时，要积极推动社会组织参与平安建设。继续深入推进以平安县（市）创建为引领、以平安单位创建为支撑、以平安家庭创建为细胞的“六安联创”活动，努力形成平安建设人人参与、平安成果人人共享的生动局面。

（七）以基层综合服务管理平台为重点，统筹推进综治基层基础建设。要继续把推动县、乡、村三级平台高效运行作为重中之重来抓，围绕“信息掌握到位、矛盾化解到位、治安防控到位、便民服务到位”的目标要求，进一步强化三级平台对平安建设的支撑作用。要切实做好网格长选任、培训工作，大力落实平台运行经费和网格长补助纳入县级财政预算的有关要求，抓紧落实三年内配齐乡镇（街道）综治专干的规划，确保基层综治工作有人抓、有人管。

（八）以基层法治创建活动为重点，大力提升平安建设法治化水平。法治是平安建设的重要保障。要深入开展县、乡党政机关法治创建活动，教育领导干部和国家工作人员强化法治思维，最大限度地减少有法不依、执法不严、违法不究所引发的矛盾和问题。要深入开展各类市场主体法治创建活动，促进依法经营、重信守诺，最大限度地预防和减少用工、债务、合同等多发性矛盾纠纷。要深入开展村居基层组织法治创建活动，促进民主管理、依法自治，最大限度地预防和减少干群矛盾。在此基础上，要深入开展法治宣传教育活动，大力完善守法诚信褒奖机制和违法行为惩戒机制，使崇法向善、循法而行成为全体人民的自觉行动。要大力加强公共法律服务体系建设，加快提升法律援助工作水平，为人民群众提供高效便捷的法律服务。要把严格落实《社会治安综合治理条例》和“综治领导责任制”作为推进平安建设的重要保障，加强执法检查，依法查究责任，确保平安建设各项措施得到有效落实。

二、深入推进司法体制改革，加快完善社会主义司法制度

（一）扎实做好司法体制改革试点工作。作为全国第二批司法体制改革试点省份，我们要扎实抓好司法人员分类管理、司法人员职业保障、司法责任制、省以下地方法院检察院人财物统一管理、稳定基层法官检察官队伍、人民警察分类管理及职业保障六个方面的改革试点工作。省政法各单位和开展试点的一市六县（区）要深入研究、周密部署，注意加强思想工作，广泛凝聚改革共识，妥善处理各方面关系，确保试点工作积极稳妥推进。其他地方也要深刻领会中央改革精神，认真掌握政策、摸清底数，为开展试点做好充分准备。

（二）深入推进已部署改革举措的落实。在执法司法公开方面，要推动由静态公开向动态公开拓展、由被动公开向主动公开转变、由抽象公开向具体公开深化，切实提高公开的质量。在涉法涉诉信访改革方面，要围绕“保障诉权、推进法治、源头治理、维护秩序”的要求，积极探索律师参与涉法涉诉信访接待的便捷机制，探索涉法涉诉信访案件办理回避机制，深入推进重点案件集中评查，依法推进信访案件终结工作，进一步加强违法信访行为处置，切实把涉法涉诉信访纳入法治化轨道。在轻微刑事案件快速办理方面，要认真落实我省《关于实行轻微刑事案件快速办理机制的规定》，积极借鉴其他城市开展刑事案件速裁程序试点的经验，努力形成刑事案件繁简分流、难易分流的科学机制。

（三）积极参与司法改革举措的探索试点和研究论证工作。对于主要由中央层面牵头落实和研究论证的改革事项，我们要积极开展调研，提出意见建议。对于中央交给我省的改革试点任务，要积极承担，主动探索，努力形成可复制、可推广的经验成果。对于中央政法各单位部署开展的其他改革任务，要结合我省实际，认真贯彻落实。对于我们可以自主推进的改革举措，要在准确把握改革方向的基础上，积极稳妥推进。

三、深入推进严格执法、文明执法、公正司法，切实提升执法司法公信力

（一）深入开展社会主义法治理念教育，为严格执法、文明执法、公正司法打牢思想基础。面对各类违法犯罪行为，各级政法机关一定要严格尺度、依法处理，切实解决失之于宽、失之于软、失之于松的问题。当前，针对食品安全、环境保护、安全生产等领域存在的违法犯罪问题，要抓紧健全行政执法与刑事司法衔接机制，坚决纠正有案不移、移案不收和以罚代刑问题。对邪教组织聚众滋事和职业医闹、职业访民寻衅滋事等突出问题，要坚决依法查处，捍卫法治权威。要把文明执法作为树立良好形象、提升执法效果的重要途径，坚持文明、理性、平和执法，坚决禁止粗暴执法、野蛮执法。要切实增强公正司法、坚守法治的定力，做到不偏不倚、不枉不纵、铁面无私、秉公执法，让人民群众在每一个司法案件中都能感受到公平正义。今年，省委政法委将举办法治建设专题研讨班，努力使政法领导干部带头信仰法治、坚守法治，让严格按照法定权限和程序行使执法司法权成为政法机关常态。今后，要把能不能遵守法律、依法办事作为考察干警特别是政法领导干部的重要内容，对法治素养好、依法办事能力强的干警，在相同条件下要优先提拔使用；对特权思想严重、法治观念淡薄的干警，要批评教育，不改正的要调离执法司法岗位。

（二）深入贯彻“六权治本”要求，强化对执法司法权的监督制约。要围绕“依法确定权力、科学配置权力、制度约束权力、阳光行使权力、合力监督权力、严惩滥用权力”的要求，着重从十个方面完善监督制约机制。一是对每个岗位的执法司法权进行全面梳理，形成权力清单和责任清单，把“法定职责必须为、法无授权不可为”的要求落到实处。二是要本着各司其职、相互配合、相互制约的原则，加强政法各单位之间、不同环节之间的监督制约机制。对权力集中的部门、岗位，要实行分事行权、分岗设权、分级授权。三要严格执行公、检、法“三长”交流任职制度，健全政法机关内部重要岗位交流轮岗制度，防止干部长期在一个岗位上滋生腐败。四要加强刑事诉讼涉案财物处置工作，严格涉案财物查封、扣押、冻结的范围和程序，落实涉案财物移送、管理和上缴制度。五要健全执法裁量权基准制度，深化量刑规范化改革，完善案例指导制度，防止同事不同罚、同案不同判。六要严格落实执法办案全程录音录像制度，全面推行网上办案制度，实现执法办案全程留痕、动态监控、刚性制约。七要落实司法机关内部人员过问案件记录制度和责任追究制度，严禁司法人员违反规定干预他人正在办理的案件。八要制定出台司法公开考评体系，加强对阳光司法的督查指导，严肃纠正选择性公开、程式性公开、排外性公开等突出问题。九要强化检察机关的法律监督职责，明确政法各单位案管机构的监管职能，发挥当事人、律师、人民陪审员、人民监督员等案件参与者的监督作用，提高二审、再审和申诉环节的监督质量，形成对执法司法权的全方位、近距离监督制约。十要从严惩治滥用职权行为，坚决遏制司法腐败的滋生蔓延。

（三）切实加强人权司法保障，坚决防范冤假错案的发生。要继续抓好刑事诉讼法和我省16个配套规范性文件的落实，把保障人权的要求体现和落实到执法办案的每一个环节。要坚决落实罪刑法定、疑罪从无和非法证据排除等法律原则，健全预防刑讯逼供、体罚虐待、非法取证工作机制，加大对限制人身自由司法措施和侦查手段的司法监督，健全冤假错案有效防范和及时纠正机制。要建立刑事案件申诉异地审查制度，明确纠错主体、纠错时限和纠错程序，确保执法办案的任何环节出现问题都能够及时发现和纠正。对于刑讯逼供、徇私枉法或者重大过失导致涉案人员非正常死亡或者造成错案的，以及错案发生后拖延不纠正造成严重后果的，要终身追责、严肃处理，绝不姑息迁就。要坚决取消刑事拘留数、批捕率、起诉率、有罪判决率、结案率等不合理的考核项目，防止不恰当的考核诱发冤假错案。

（四）进一步优化执法司法环境，为公正司法提供支持保障。要认真落实领导干部干预司法活动记录、通报和责任追究制度，明确记录主体、通报主体和追究办法，确保制度落地生效。面对新媒体时代网络舆论对公正司法可能产生的干扰，要协调有关部门制定出台规范媒体对案件报道的相关制度，防止误导舆论和干扰执法办案工作。各级政法机关也要强化接受监督意识，有效回应社会关切，减少质疑炒作。对社会广泛关注的重大敏感案事件，要研究制定宣传应对预案，发挥政法机关的法律专业优势和信息资源优势，主动塑造良好的舆论环境。

四、坚决贯彻全面从严治党和“三严三实”要求，扎实推进政法队伍建设

（一）扎实推进思想政治建设，严守党的政治纪律和政治规矩。新的形势下，政法机关肩负的任务越繁重、面临的局面越复杂，就越要守纪律、讲规矩，一切行动听党指挥，确保广大政法干警绝对忠诚可靠，确保“刀把子”牢牢掌握在党和人民手中。从今年开始，省、市两级党委政法委每年组织政法领导干部进行一次政治理论培训，各级政法机关理论中心组每月要集中学习一次，切实加强对中国特色社会主义理论体系的学习，切实加强对习近平总书记系列重要讲话精神的学习，真正把理想信念在政法队伍中牢固立起来，始终在思想上政治上行动上同以习近平同志为总书记的党中央保持高度一致。广大政法干警特别是各级政法领导干部要自觉加强党性修养和党性锻炼，自觉按照党章、党内生活准则和各项规矩办事，自觉站在党和人民的立场上想问题、做事情，自觉同违背党性原则、破坏党的纪律和政治规矩的行为划清界限、坚决斗争，决不允许凌驾于组织之上，决不允许在贯彻执行中央决策部署

上打折扣、做选择，决不允许把上下级关系变成人身依附关系，决不允许搞团团伙伙、结党营私、拉帮结派。要强化对政法系统执行党的政治纪律、组织纪律情况的检查，对有令不行、有禁不止和欺骗组织、对抗组织的行为，要严肃查处，确保政令畅通。

（二）扎实推进党风廉政建设，深入开展反腐败斗争。要深入推进专项整治，针对人民群众反映强烈、严重损害执法司法公信力的五大类50余项突出问题，要按照查摆问题、严肃查处、整改落实、建章立制4个环节的具体要求，深入开展专项整治。要从严查处司法腐败，以“人情案、关系案、金钱案”为重点，围绕立案、侦查、起诉、审判、执行以及治安管理、行政执法、案件代理等容易滋生司法腐败的关键环节，以零容忍的态度推动查处一批司法腐败案件，在全省政法机关形成惩治腐败的高压态势。要继续加大正风肃纪力度，盯紧重要节点，坚持露头就打，严防“四风”反弹回潮。要高度重视一些地方存在的为警不为、消极怠工现象，进一步加强管理，明确责任，完善考核制度，强化激励导向，决不允许由于不敢腐、不能腐而滋生不作为、不干事的不良苗头。要切实强化宗旨意识，深入推进“一村一警”联系走访活动，探索建立政法机关群众满意度测评制度，加强政法窗口单位作风、效能建设，进一步强化广大干警为人民服务的宗旨意识。要切实落实党风廉政建设主体责任，进一步加强民主集中制建设，把各级政法领导班子建设成为清正廉洁、坚强有力的领导核心。

（三）扎实推进素质能力建设，切实提升业务水平。要扎实推进人才强警战略，建立政法机关和法学院校、法学研究机构人员双向交流机制，建立引进高层次紧缺人才和专业特殊人才绿色通道，建立选拔优秀律师和法学学者担任法官检察官的制度机制，建立具有法律职务的军转干部优先安置到法院检察院工作的会商沟通机制，健全从政法院校招录人才的规范便捷机制，通过增量调整加快提升政法人才队伍专业化水平。要持之以恒地抓好政法队伍履职能力培养，以基层一线领导和办案骨干为重点，分级分类制定培训计划、设置培训项目、健全培训体系，广泛组织开展任职资格、专项业务和岗位技能培训，深入推进精品案件评选、示范庭审观摩、执法文书评比、办案能手交流等业务能力提升活动，抓紧培养一批业务尖子和办案能手。要把提高舆情应对能力作为一项重要的任务来抓，善于把政法工作中的重大举措和感人事迹及时传递给社会，善于通过事实和法律扭转被动局面、消除负面影响，切实提升新媒体时代政法舆论引导能力。

要坚持从严治警与从优待警并重，积极推进法官检察官职业保障制度、司法人员履行法定职责保护机制、稳定基层法官检察官队伍、人民警察职业保障制度等各项改革举措的落实，切实增强广大政法干警的职业荣誉感。要注重科学用警，落实轮休制度和带薪年假制度，完善健康检查、心理咨询机制，丰富业余文化生活，努力营造拴心留人的良好环境。要加快推进干警参加工伤保险和人身意外伤害保险工作，认真落实负伤和牺牲干警各项优抚政策。各级政法领导干部要真情关心爱护干警，及时解决他们的思想问题和实际困难，从根本上增强政法队伍凝聚力、创造力和战斗力。

五、准确把握职能定位，充分履行党委政法委对政法工作的领导职责

各级党委政法委要围绕把握政治方向、协调各方职能、统筹政法工作、建设政法队伍、督促依法履职、创造公正司法环境的要求，切实强化“四种意识”，不断提升履职水平。

（一）强化政治意识，牢牢把握政法工作的政治方向。各级党委政法委要坚持和善于运用中国特色社会主义法治理论占领政法意识形态阵地，始终坚持党的领导、人民当家做主和依法治国的有机统一，确保党的路线方针政策和重大决策部署在政法机关得到有效贯彻执行。要进一步规范和完善党委政法委员会全体会议制度，及时研究事关政法工作全局的苗头性、倾向性问题，帮助政法各单位把握好思想动向、改革导向和办案方向。要推动政法机关落实好重大事项向党委报告制度、在执法司法工作中发挥政治保障作用制度、党组（党委）成员依照工作程序参与重要业务和重要决策制度，确保党管政法的原则落到实处。

（二）强化统筹意识，进一步增强平安建设、法治建设、政法队伍建设的合力。各级党委政法委要善于站在全局的高度、立足党委的角度推动政法各项工作的深入开展。对本地区影响国家安全和社会安定的潜在风险、重大问题，对执法司法工作中普遍性、倾向性问题，对政法队伍中苗头性、多发性问题，对事关政法工作全局和长远的基础性设施、机制建设等问题，要做到心中有数，统筹各方资源，下功夫推动解决。要着力推动平安建设、法治建设上升为党委和政府工程，纳入经济、社会发展“十三五”规划，站在更高层次上推进平安山西、法治山西建设。对一个政法单位办不了、办不好的重大事情，要统筹协调解决。

（三）强化监督意识，积极督促政法各单位依法履行职责。各级党委政法委要善于运用法治思维和法治方式领导政法工作，努力成为守法的模范、用法的行家和维护法治权威的坚强后盾。针对执法司法工作中人民群众反映强烈的执法司法问题，要强化担当精神，组织开展整治，努力推动问题的解决。要按照依法监督、集体监督、事后监督的要求，进一步规范党委政法委执法监督工作，进一步提升案件评查、执法巡查、纪律作风督察的水平，促进政法各单位严格执法、公正司法。

（四）强化责任意识，切实提高抓大事、管大事的工作水平。要在把握方向、把握大局的同时，注意处理好宏观与微观、务虚与务实的关系，把握要领，抓住重点，防止出现职责虚化倾向。对事关政法工作全局的大事，党委政法委一定要抓在手上，抓好落实，抓出效果；对牵一发而动全身的关键环节，一定要牢牢掌控，把好方向。要善于

抓住宏观中的微观，善于抓住带有关键性的具体问题，推动政法工作科学化、法治化、现代化水平得到不断提升。

（本文根据省委常委、政法委书记王建明在2015年2月12日召开的省委政法工作会议上的讲话摘编）

中共山西省委　山西省人民政府
关于加大改革创新力度　加快农业现代化建设的实施意见

晋发〔2015〕5号

（2015年3月12日）

为了深入贯彻落实中共中央、国务院《关于加大改革创新力度加快农业现代化建设的若干意见》（中发〔2015〕1号），进一步加快农村改革发展和农业现代化建设，实现弊革风清，促进富民强省，推动农村全面建成小康社会，制定本实施意见。

2014年，面对经济下行压力、农产品价格波动和部分地区偏重多发的自然灾害，全省不断加大惠农政策力度，进一步深化农村改革，农业农村经济稳中有进、稳中有为，粮食生产再创历史新高，实现“五连增”，主要农产品供给充裕，农民收入保持较快增长，农村人居环境得到明显改善，农村社会和谐稳定。

促进富民强省，全面建成小康社会，基础在农业，难点在农村，关键在农民。当前，经济发展进入新常态，经济结构深度调整，经济下行压力持续加大，加快发展、改善民生困难诸多，全面深化改革、扩大开放任务艰巨，各种社会矛盾交织叠加，山西改革发展正处在重要历史关头。特别是“三农”问题突出，农业还是“四化同步”的短腿，农村还是全面建成小康社会的短板，农民还是实现富民强省的关键。解决好“三农”问题，必须坚持重中之重的战略思想，围绕小康，紧扣增收，体现全面，走出具有山西特色的农业现代化发展道路。

2015年，农业农村工作要以邓小平理论、“三个代表”重要思想、科学发展观为指导，深入贯彻习近平总书记系列重要讲话精神，全面贯彻落实党的十八大、十八届三中、四中全会和省委十届六次全会精神，主动适应经济新常态，紧紧围绕全面建成小康社会、全面深化改革、全面依法治国、全面从严治党的战略布局和我省“六大发展”，按照稳粮增收、提质增效、创新驱动的总要求，不断挖掘粮食生产潜力，着力优化农业生产结构，积极转变农业发展方式，努力拓宽农民增收渠道，切实加大城乡统筹力度，大力改善农村人居环境，继续全面深化农村改革，全面推进农村法治建设，为净化政治生态、实现弊革风清、重塑山西形象、促进富民强省提供有力支撑。

一、落实粮食安全责任，挖掘粮食生产潜力

1.稳定提高粮食生产能力。认真贯彻落实国务院《关于建立健全粮食安全省长责任制的若干意见》（国发〔2014〕69号），进一步加大粮食安全目标责任考核力度，继续完善落实各项补贴政策，调动和保护主产县及农民种粮积极性。稳定小麦面积，提高单产，确保小麦主产省地位。推进玉米专业化发展，扩大饲草玉米、甜糯玉米、水果玉米等种植面积，减少原粮调出，提高加工转化率。充分发挥资源优势，推进全产业链开发，做大做强小杂粮产业。推进马铃薯主粮化发展。探索建立粮食生产功能区，将口粮生产能力落实到田块地头、保障措施落实到具体项目，确保粮食产量稳定在110亿公斤以上。加大粮食仓容基础设施建设，提高粮食收储保障能力。建立粮食产销合作机制，加强粮食产后管理，指导农户科学储粮，减少生产、储运、加工和消费等环节的损耗浪费，保障粮食有效供给。

2.加强耕地质量保护与提升。严守6000万亩耕地保护红线，全面开展永久基本农田划定工作，禁止非农化，防止非粮化。推进建设占用耕地剥离耕作层土壤再利用试点。积极探索建立耕地保护补偿机制，鼓励采取多种方式对土地进行整理开发，增加耕地储备数量。大力推进农业综合开发。继续加强以粮食主产县为重点的耕地综合生产能力建设。深入开展测土配方施肥行动，推广各类地力培肥和农艺措施，大力推进高标准农田建设。深入推进粮食高产创建和绿色增产模式攻关，探索推广粮棉油大面积均衡增产的有效途径。抓好国家西北旱区农牧业可持续发展我省试点。

3.大力发展现代种业。深化种业科技体制改革，建立以企业为主体的商业化育种体系，形成基础公益性研究与商业化育种有序分工、密切配合的种业科技创新体系。鼓励扶持种子企业加强研发投入，自主建立研发机构，切实增强企业的科技创新能力。加快推进种业人才、资源、技术向企业流动，鼓励企业“走出去”开展国际合作，做大做强育繁推一体化种子企业。加快选育和推广一批高产、

优质、抗逆、广适的突破性新品种，扶持种子生产基地建设，提高良种覆盖率。加强种子市场监督管理，规范种子营销网络，确保农业生产用种安全。

4.加快发展农业机械化。加快实施农机化示范引领、基础设施建设、经营主体培育、机械化生态保护、农机工业转型升级、机械化农产品加工等六大工程，着力构建农机化技术推广、质量监督、安全监理、科技创新、教育培训、信息服务等六大体系，走出符合山西地理条件、作物特点的农机化路子。加强农机农艺融合、农机化技术集成及前沿技术研究，加快研发推广标准化、智能化、信息化和集成化农机产品，大力推进主要农作物生产全程机械化。鼓励扶持农机企业和农机合作社开展“企社共建”“社社共建”农机化经营联合体，开展政府购买农机化服务试点工作，合理布局、加快建设区域性农机维修中心。加强农机具场库棚、机耕道建设。继续推进率先实现农业机械化示范县乡村、农机化示范社场户工作，不断提升农机化综合水平。

二、加强水利基础设施建设，夯实农业发展命脉

5.加快大水网等重大水利工程项目建设。加快推进大水网东山供水、中部引黄、小浪底引黄等骨干工程建设。启动实施县域小水网配套建设工程，力争与大水网同步建成、同步受益，努力建设“两纵十横、六河连通、覆盖全省”的高保障率供水体系。加快引黄支线配水工程建设，启动引黄沿线供水全覆盖工程。扎实推进古贤水利枢纽工程前期工作。再谋划启动一批全局性、战略性水利工程。加快百座小型水库更新建设工程。

6.全面启动汾河流域生态修复及晋祠泉复流工程。围绕解决汾河流域“降水不产流、不产水资源”的问题，重点在各支流源头建设一批水源涵养区，在各支流两侧坡面退耕还林还草，在汾河干流及其主要支流河道建一批能调蓄径流的“葡萄串”水域湿地，充分利用雨洪资源，恢复原有水域、重建河流水系。通过封山育林、湿地蓄水、引水上山、扩大植被覆盖、防治污染等措施，增加地表入渗，减少地表蒸发，力争五年内实现晋祠泉自然复流、流域水系重建、地下水位持续上升、河流水质明显好转，力争用15年的时间，构建形成“两山两盆一河”协调发展的格局，恢复各大流域植被繁茂、河宽水深、支流纵横、生态良好的美丽景象。

7.加强农田水利工程建设。加快实施大中型灌区节水改造、大型泵站更新改造、小型农田水利重点县、膜下滴灌示范工程等农水项目，全省农田实灌面积再增加180万亩，达到2300万亩，实现全省农业人口人均一亩水浇地目标。持续抓好水保综合治理，全年完成水土流失治理面积300万亩，累计治理度提高到55%。以清洁小流域建设为载体，将水资源保护、面源污染防治、农村垃圾及污水处理等结合起来实施综合整治，使水土资源得到有效保护与合理利用。狠抓各项防汛责任制落实，建立完善全省性山洪灾害群测群防“九个一”体系，实施山洪灾害防治县级非工程措施项目，全力做好防汛备汛工作。狠抓水库安全管理，推进水库标准化建设和水库大坝安全监控系统建设。

8.切实做好节水工作。把水资源承载力作为硬约束，坚持“以水定需、量水而行、因水制宜”的原则，实行最严格的水资源管理制度。加强市县两级考核体系建设，强化“三条红线”管理。坚持“节水优先”理念，推进县域节水型社会建设试点，强化农业、工业和城市生活等各方面节水措施，建立节水长效机制，提高水资源利用效率和效益。加强地下水资源保护与管理，在地表水覆盖区域，严格控制地下水开采，加强对岩溶大泉的保护与恢复，依法关停重点保护区范围内的煤矿，加强采空区综合治理，确保全省地下水持续快速回升。推进地下水关井压采和分质供水、原水直供，促进水资源的科学利用和可持续利用。

9.全面深化水利改革。推进农村水权制度改革，认真总结清徐县和夹马口灌区试点经验，建立科学合理的农村水权分配使用机制、灵活高效的农村水权交易机制，用三年时间全面完成改革任务。推进农村小型水利设施产权制度改革，鼓励和倡导工程产权、管理权向由受益农户组成的农民用水合作组织或村集体组织集中。推进农业综合水价改革，用价格杠杆引导农民节约用水。鼓励社会资本投资运营水利工程。推进万家寨引黄工程市场化改革。

三、调整优化农业结构，发展特色现代农业

10.优化农业区域布局。根据自然资源禀赋，按照全省主体功能区规划，优化农业空间布局。重点在晋南盆地布局小麦为主的优质高效粮食生产功能区，在雁门关地区布局牛羊为主的畜产品生产功能区，在晋西北和太行山布局杂粮生产功能区，在晋中、晋南、上党盆地布局高效设施农业功能区，在太行山区布局道地中药材生产加工功能区，在临汾西山和运城、晋中边山丘陵区布局水果生产加工功能区，在晋中盆地布局酒醋酿造功能区。继续实施粮食高产创建、杂粮产业振兴、畜牧产业翻番、设施农业建设、果业提质增效、中药材产业崛起、酿造产业提升七大产业振兴工程，推动产业升级增效。大力推进长治市、晋中市、太谷县等两市六县国家现代农业示范区建设。按照新一轮发展规划，扎实推进雁门关生态畜牧经济区建设。大力扶持发展一村一品、一县一业，2015年全面完成10000个一村一品专业村和60个一县一业基地县建设任务，形成特色农业板块。

11.大力丰富菜篮子产品。重点围绕猪、鸡、牛、羊四大产业，实施规模健康养殖工程，扶持建设一批标准化养殖场（小区），加大地方畜禽良种资源开发保护力度，提升畜牧业规模化、集约化、标准化水平。加快发展饲草经济，支持青贮玉米和苜蓿等饲草种植，在雁门关地区开展粮草兼顾型农业试点，协调推进粮经饲三元种植结构发展。继续实施百万棚设施蔬菜行动计划，扎实推进晋中盆地设施

农业示范工程建设。在适宜地区大力发展干鲜果经济林，扶持运城、晋中等地老果园改造和临汾西山等地新果园发展，延伸果品保鲜、储藏、清洗、加工产业链条。加大道地中药材基地县扶持力度，适度扩大种植规模。

12.加快发展农产品加工业。继续实施农产品加工“513”工程，力争2015年农产品加工企业销售收入突破1400亿元。支持引导龙头企业和成长型企业通过兼并、重组、参股、联合等方式整合资源要素，进一步做大做强。运用财政政策促进金融支农，着力破解龙头企业贷款难问题。鼓励支持农产品加工企业资本化运营，引导创业投资机构、股权投资机构投资培育农产品加工企业上市融资。强化农产品品牌培育，鼓励龙头企业打破区域、部门、所有制界限，整合资本和品牌等要素，形成一批具有较高知名度和市场占有率的优质品牌。加快农产品加工重大关键技术研发应用，大力发展精深加工，扶持发展农产品产地初加工，大幅度提高农产品加工转化率。引导龙头企业与农户有效对接，建立完善紧密型利益联结机制，提高对农户的辐射带动能力。

13.培育现代农业新业态。延伸农业产业链条，大力推进一二三产业融合发展。积极开发农业多种功能，充分利用农村青山绿水、农业田园风光，发展生物质农业、生态农业、观光农业、采摘农业、农家乐、休闲农业等新业态。扶持建设一批具有历史、地域、文化特点的旅游村镇，打造形式多样、特色鲜明的乡村旅游产品。制定出台扶持政策，在用地、用水、用电、排污、垃圾处理等方面支持发展乡村休闲旅游。财政金融要积极支持发展现代农业新业态，切实解决投融资难问题。大力引入电子商务模式，加快构建网络营销、网络预订和网上支付等公共服务平台。

四、转变农业发展方式，提升农业质量效益

14.强化农业科技创新推广。加大农业科技投入，健全农业科技创新激励机制，推进农业科研成果使用、处置、收益管理和科技人员股权激励改革试点。加快农业科技创新，建立中药材、杂粮两个现代产业技术体系，尽快在先进适用技术集成组装配套等关键领域取得突破。充分发挥科研院所、高校、职业院校、新农村发展研究院在科研成果转化中的作用。加强对企业开展农业科技研发的引导和扶持，使企业成为技术创新和应用的主体。支持种子、农机、化肥、农兽药企业技术创新。大规模开展送科技下乡活动，组织百名专家包县、万名农技人员包村推广新品种、新技术。实施农民素质提升工程，积极发展农业职业教育，大力培养新型职业农民，2015年完成10万新型职业农民培训，提高农业科技应用水平。

15.创新农产品流通方式。加强农产品批发市场基础设施建设和配套服务，健全交易制度，推进农产品批发市场转型升级。推进跨区域农产品流通基础设施建设，支持建设具有集中采购和跨区域配送能力的冷链物流集散中心、综合性加工配送中心和产地集配中心，培育一批覆盖生产、加工、配送、销售终端全产业链的农产品流通企业。完善公益性农产品保障机制，建设改造一批公益性突出，具有保障供应、稳定市场运行等功能的大型农产品批发市场及农产品流通项目。加快农村现代物流配送体系建设，在晋北、晋中、晋南建设三个区域性粮食物流中心，在县域规划建设一批农产品综合配送中心，在中心乡镇规划建设具有分级配送功能的乡镇商贸中心，提升农家店信息化功能。支持产地小型农产品收集市场（田头市场）建设。推进合作社与超市、学校、企业、社区对接，支持在社区开设蔬菜直销店、直销车。鼓励农产品生产经营者参与期货交易。加大农村电子商务推进力度，开展电子商务进农村综合示范。

16.健全农业社会化服务体系。开展农业生产全程社会化服务机制创新试点，扶持发展农民用水合作组织、防汛抗旱和病虫害统防统治专业队、专业技术协会、农民经纪人队伍，支持为农户提供代耕代收、统防统治、烘干储藏等委托式服务。稳定和加强基层农技推广等公益性服务机构，深化基层农技推广体系改革与建设，继续推进村级农技服务点建设，解决农技推广“最后一公里”问题。创新基层农技人员补充机制，积极推进农技特岗计划。健全经费保障和激励机制，改善基层农技推广人员工作和生活条件。通过政府购买服务等方式，鼓励和引导社会力量参与公益性服务。支持邮政系统更好地服务“三农”。创新气象为农服务机制，积极开展气象灾害防御标准化创建，推进乡村、农业园区气象防灾减灾信息服务站建设，完善农村气象预警信息发布网络，切实提高农业气象灾害防御能力。

17.提升农产品质量安全水平。建立健全市县农产品质量安全监管机构和检测体系，落实人员编制。完善农产品质量监管责任制，开展农产品质量安全监管示范县创建试点工作，探索县域农产品质量监管模式。落实重要农产品产地、批发市场质量安全检验检测费用补贴政策，继续加大农产品质量安全例行检测和监督抽查力度，深入开展蔬菜农药残留、“瘦肉精”、生鲜乳收购运输、兽用抗菌药物等专项整治，加大“三品一标”认证监管力度，完善农产品质量追溯管理体系。推进农业标准化生产，制定地方性农产品质量安全生产技术规程，开展标准化示范县创建活动。认真贯彻《山西省中长期动物疫病防治规划（2013—2020年）》（晋政办发〔2013〕20号），落实防控责任，加大动物疫病免疫力度，扎实开展动物产地检疫、屠宰检疫，强化流通环节监管，确保全年不发生区域性重大动物疫情。完善畜禽屠宰监管体制，抓好生猪定点屠宰工作。大力推进农作物病虫害专业化统防统治，有效减轻农作物病虫危害。

18.强化农业生态环境建设。遵循自然规律，立足山水林田湖生命共同体，统筹自然生态各种要素，协调推进造林绿化、水土保持、水生态修复、草地保护建设等工作，着力改善生态环境。以吕梁山生态脆弱区林业生态建设为重点，做好国家林业重点工程，科学实施“两山”造林、

"两网"绿化、"两区"增绿、"两林"富民、"双百"精品、"双保"管护等省级林业六大工程，完成营造林任务400万亩。完善林业管护机制，加大封山禁牧力度，巩固造林绿化成果，推进林业提质增效。加大草原建设和保护力度，开展亚高山草地和山地类草地的划定工作，加大退化草地改良力度，以草定牧，推进草地合理开发利用。加强农业面源污染治理，全面完成农产品产地土壤重金属污染防治普查，实施重金属污染耕地修复工作，推广生物有机肥、低毒低残留农药，开展农田残膜回收示范。继续开展大中型沼气工程、高效低排生物质炉、节能吊炕、"三沼"综合利用等农村能源建设。加强病死畜禽无害化处理和粪污资源化利用，发展农业循环经济。继续推进农业保护性耕作和农作物秸秆综合利用，探索农作物秸秆肥料化、饲料化、能源化、基料化等综合利用途径，鼓励支持农户和企业开展秸秆收集、储运、加工等作业，加快形成完整的秸秆综合利用体系。

五、拓宽农民增收渠道，实现富民强村目标

19.认真落实各项惠农政策。坚持把农业农村作为财政支出的优先保障领域。进一步优化财政支农结构，重点支持农民增收、农村重大改革、农业基础设施建设、农业结构调整、农业可持续发展、农村民生改善。充分发挥财政资金的杠杆作用，引导金融、保险和社会资本投向农业农村。认真执行中央各项惠农政策，梳理、整合我省已经出台的惠农政策，研究出台一批惠农政策。实施农业生产重大技术措施推广补助政策，落实产粮大县奖补、设施蔬菜生产大县奖补、生猪调出大县奖励等政策。探索提高补贴导向性和效能的方法和途径，防止补贴政策"碎片化"。严格项目资金管理，整合涉农资金，创新投入方式，提高使用效益，把有限的资金用到刀刃上。

20.完善农产品价格形成机制。认真执行小麦等重要农产品最低收购价政策，完善重要农产品临时收储政策，根据市场动态适时启动玉米临时收储预案。探索建立粮食目标价格制度，启动祁县粮食、生猪等农产品目标价格保险试验，创新农产品目标价格保险机制。进一步加强粮油市场监测，实行粮油市场价格报告制度，鼓励多元市场主体参与收储政策性粮油，合理确定粮食等重要农产品储备规模。完善农产品生产、加工、流通环节利益分配机制，让农民从价格上升、产品增值中得到更多实惠。

21.努力拓宽农民务工渠道。认真研究解决经济新常态下促进农民就业增收的新措施。大力发展民营经济和中小企业，培育扶持一批以农民创业为主的中小企业创业基地，加快县域内产业集聚和企业集群发展，实现农民就地就近就业。大力发展有一定技术含量的劳动密集型产业，更多更好地吸纳农民就业。抓住社会发展催生的用工新需求，积极引导农民进入电子商务、家政服务、流通中介等务工新领域，让更多农民从新兴产业的发展中找到增收门路。大力实施农村劳动力转移暨农民创业工程，提高农民就业创业能力。强化农民工就业支持和服务，依法保障农民工劳动报酬权益，适时调整最低工资标准。完善农民工住房、养老、医疗、工伤等保障制度，保障进城农民工随迁家属平等享受城镇基本公共服务，完善农民工子女在当地接受义务教育和参加中高考相关政策。加快户籍制度改革，分步推进农业人口在城镇落户并享有与当地居民同等待遇，现阶段不得将农民进城落户与退出土地承包经营权、宅基地使用权、集体收益分配权相挂钩。综合运用创业投资引导、小额担保贷款、定向减税等措施，支持鼓励农民自主创业，以创业促进就业。

22.大力推进农村扶贫开发。以吕梁、太行两大连片特困地区为主战场，坚持区域开发和精准扶贫相结合，加大行业扶贫力度，创新社会扶贫方式，组织动员政府、市场、社会多方面的力量，齐心协力打好新一轮扶贫攻坚战。按照精准扶贫的要求，落实完善干部驻村帮扶制度，确保每个贫困村都有一名包村领导干部带领一支工作队驻村帮扶，每个贫困户都有一名干部包扶。加大政策支持力度，采取设立企业产业扶贫基金、提高项目贷款省级扶贫贴息标准、落实项目建设用地保障政策、扩大对外开放抓好招商引资等措施，深入推进企业参与产业扶贫，提升贫困地区产业开发水平，带动贫困群众发展生产就业增收。发挥财政扶贫资金放大效应，组织实施好金融扶贫富民工程，着力创新金融扶贫机制，有效解决贫困地区产业开发融资困难。改革机制,完善办法，加大财政支持力度，充分发挥市场作用，统筹各类资源资金，着力解决好易地扶贫搬迁项目建设用地、资金投入和群众就业、生活、致富等问题。加大教育扶贫和贫困地区农村劳动力职业技能培训力度，继续扩大实施农村贫困地区定向招生计划，组织实施面向省定贫困县定向招生专项计划，对符合条件的贫困户大学生，按照教育资助政策，做到应助尽助；对接受职业技术教育的贫困生，全部免除学费，并给予生活费补贴。进一步完善贫困地区农村劳动力就业培训体系，让每一个农村贫困劳动力都能掌握一技之长，实现稳定就业。多措并举促进贫困群众增收脱贫，加快贫困地区发展步伐。

六、不断深化农村改革，激发农村发展活力

23.稳步推进土地制度改革。稳定和完善农村基本经营制度。加快推进农村土地承包经营权确权登记颁证，2015年全面铺开，两年基本完成，三年扫尾完善。贯彻落实中央土地流转意见，加快出台我省引导农村土地经营权有序流转发展农业适度规模经营的实施意见，制定扶持政策，创新流转方式，引导土地资源适度集聚，提升农业规模经营水平。加快发展多种形式的土地经营权流转公开市场，抓紧制定规范流转市场运行的制度和办法。健全土地流转服务体系和纠纷调解仲裁体系，规范土地流转行为，妥善化解土地承包经营流转纠纷。制定缩小征地范围办法。建立兼顾国家、集体、个人的利益分配机制，合理提高个人征地收益。完善被征地农民合理规范多元保障机制。开展

农村集体经营性建设用地入市试点，赋予符合规划和用途管制的农村集体经营性建设用地出让、租赁、入股权能，加强服务和监管。依法保障农民宅基地权益，改革农民住宅用地取得办法，探索农民住房保障新机制。

24.稳步推进农村集体产权制度改革。继续抓好农村集体产权制度改革试点，探索农村集体所有制的有效实现形式。积极发展农民股份合作，赋予农民对集体资产股份占有、收益、有偿退出及抵押、担保、继承权。鼓励各地依托农村集体资产管理机构和土地流转服务中心建立农村集体产权流转交易市场，依托农村集体“三资”信息化管理平台等开展产权交易。继续开展农村集体“三资”管理规范化示范县创建活动，加强对农村集体财务预决算、收入管理、开支审批、资产台账和资源登记的管理。总结推广农村集体“三资”管理的经验，进一步完善会计委托代理制度、集体资产台账管理和合同管理、“三资”信息化服务功能，创新服务方式，提升管理水平，确保农村集体资产保值增值。

25.大力培育新型农业经营主体。大力扶持专业大户、家庭农场和农民合作社，引导农户采用先进适用技术和现代生产要素，加快转变农业生产经营方式，努力提高集约经营水平。继续开展家庭农场认定工作，制定扶持发展家庭农场政策，鼓励发展规模适度的家庭农场。深入开展农民合作社示范社创建活动，引导农民合作社拓宽服务领域，促进规范发展。鼓励农民举办专业合作、股份合作等多元化、多类型的合作经济，鼓励合作社通过合作与联合发展跨区域、跨产业联合社。探索将土地承包经营权作价入股创建土地股份合作社。允许财政项目资金直接投向符合条件的合作社，允许财政补助形成的资产转交合作社持有和管护。支持发展混合所有制农业产业化龙头企业，完善省级重点龙头企业竞争淘汰机制。

26. 积极推进农村金融体制改革。从“三农”需求出发，不断推进农村金融改革创新。综合运用财政、信贷、金融监管等支持政策，推动金融资源向“三农”倾斜，确保农业信贷总量持续增长。按照中央要求，农业银行三农金融事业部改革试点覆盖全部县域支行，加强对县域农业现代化和新农村的金融支持和服务，农业发展银行要发挥政策性功能，加大对农业农村基础设施建设的支持力度。提高农村信用社的资本实力和治理水平，牢牢坚持立足县域、服务“三农”的定位。鼓励邮政储蓄银行拓展农村金融业务。提高村镇银行在农村的覆盖面。积极探索支持新型农村合作金融发展，稳妥开展农民合作社内部资金互助试点，加强监管、规范运行。完善林权抵押和大型农机具抵押贷款，扩大农村土地承包经营权抵押贷款试点范围。鼓励开展“三农”融资担保业务。按照政府引导、市场运营、企业管理的模式，转变财政支农方式，建立农业产业发展基金。积极完善农业贷款风险补偿机制，大力发展农业保险，扩大政策性保险品种覆盖面。开展特色优势农产品保险试点，进行保费补贴。推进农房、农机具保险业务，满足多层次保障需求。探索运用财政支农资金购买农业保险。

27.努力深化农村综合改革。深化集体林权制度改革。稳步推进国有林场改革和国有林区改革。进一步加大集体林地权属的纠纷调处工作，确保确权到户。继续开展退耕还林、合作造林，完善国家出资、农民出工、林木所有权按比例分成机制。健全林地流转程序，鼓励公司、大户、合作社承包流转林地，推进规模化治理、集约化经营。建立生态公益林政策性保险制度，积极推进干果经济林灾害保险。完善村级公益事业一事一议财政奖补机制，加大奖补力度，重点支持村内公益事业建设与管护，促进村级公益事业健康发展。探索新形势下符合农村实际的村民自治有效实现形式，激发农村社会组织活力，创新和完善乡村治理机制。全面深化供销社综合改革，坚持为农服务方向，加强基层社改造，创新联合社治理机制，拓展为农服务领域，把供销社打造成服务“三农”的综合平台和骨干力量。加快农垦企业改革发展。积极推进朔州、祁县国家农村改革试验区建设。

七、改善农村人居环境，深入推进新农村建设

28.加强农村基础设施建设。坚持把基础设施建设和社会事业发展重点放在农村。加大县乡公路改造力度，继续实施连片贫困地区公路连通工程，2015年完成500公里改造建设任务。深入推进农村客运、物流网络建设。启动实施村通水泥（油）路完善提质工程。继续抓好农村饮水安全，改善和提高50万农村人口和10万农村师生的饮水安全。实施城乡一体化供水工程、规模化集中供水工程、自来水入户工程，推进城镇供水管网向农村延伸。继续实施农村电网改造升级工程，加快推进新农村电气化县、乡、村建设。加大天然气、煤层气等清洁能源的开发利用，逐步推进燃气管网进村入户。加快农村沼气推广应用。加快推进晋城市煤层气综合利用城乡全覆盖工程。统筹城乡文化资源均衡配置，实施“农村公共文化服务提升工程”，实现全省乡镇综合文化站免费开放，村级文化活动场所正常运转，文化信息资源共享工程村级站点网络畅通。

29.提升农村公共服务水平。不断深化农村义务教育经费保障机制改革，加快农村学校标准化建设，因地制宜保留并办好村小学和教学点，扩大农村优质教育资源覆盖面，大力促进教育公平。支持乡村两级公办和普惠性民办幼儿园建设，改扩建农村幼儿园300所。大力推进医疗联合体建设。加强乡镇卫生院院长、业务骨干和村卫生室人员岗位技能培训，组织二级以上医疗卫生机构医生对口支援乡镇卫生院。实施基层中医药服务能力提升工程。提高新型农村合作医疗人均财政补助和个人缴费标准，进一步提高实际报销水平。建立基础养老金正常调整机制，健全服务网络，提高管理水平，巩固城乡居民养老保险制度整合成果。加强社会救助体系建设，推进农村最低生活保障制度规范管理，提高农村五保供养对象的供养水平。全面开展城乡

居民大病保险。健全农村留守儿童、留守妇女、留守老年人关爱服务体系。2015年，建设农村社区老年人日间照料中心1000个。

30.着力实施农民安居工程。实施采煤沉陷区治理提速工程，把沉陷区治理与当地改革发展、农民增收致富、农民整体生活水平提升、农村社会治理相结合，到2017年基本完成采煤沉陷区治理搬迁改造任务。2015年重点实施48个县、136个乡镇、440个村、7.5万户、21万人的搬迁安置工作。加强地质灾害治理，对受地质灾害威胁严重的4000户农民进行搬迁。加快农村危房改造，2015年完成8.5万户农村困难家庭危房改造，再启动1万户农村住房抗震改建试点。以不宜居住的山庄窝铺为重点，引导贫困农民向基础条件好、产业发展潜力大的城镇集聚，扶贫易地搬迁10万人。稳步推进生态移民和水利移民。

31.切实加强农村环境整治。加强技术攻关，探索适合农村实际的污水治理模式。2015年继续开展农村生活污水防治工程。继续实施城乡清洁工程，在清扫保洁和“四堆”清理的基础上，全面启动农村生活垃圾专项治理，加强作业和管理队伍建设，完善农村生活垃圾处置设施，推进垃圾处理减量化和资源化利用，创新农村生活垃圾治理体制机制。加强规模化畜禽养殖污染防治。抓好村镇绿化，推进村庄道路绿化、环村绿化、街巷绿化、庭院绿化和公共绿地建设。开展美丽宜居示范村省市县三级联创活动，坚持以奖促治，分类创建，分级示范，分批实施，在更高层次上示范引领农村人居环境改善。鼓励支持具备条件的采煤沉陷区治理乡镇驻地村和集中安置村创建美丽宜居示范村。

32.大力推进乡风文明。围绕培育和践行社会主义核心价值观，加强农村思想道德建设。深入推进农村精神文明创建活动，积极推进文明村镇、星级文明户创建，继续开展身边好人、最美乡村教师、医生、村官等活动，选树宣传道德模范，凝聚传递正能量。深入开展文明行为习惯养成、净化社会文化环境、“结对帮扶、文明共建”等主题活动。加强传统古村落保护，进一步完善基础设施建设，保护历史环境、传统风貌，促进地域文化的延续。创新乡贤文化，以乡情乡愁为纽带吸引和凝聚各方人士支持家乡建设，引导和鼓励社会资本建设新农村。发掘农村廉政文化典型，加强农村廉政文化建设。

八、切实加强党的领导，推进农村法治建设

33. 完善党领导农村工作体制机制。各级党委、政府要从促进富民强省、全面建成小康社会的高度，切实加强对“三农”工作的领导，在政策制定、工作部署、财力投入、干部配备上切实体现重中之重的要求,确保政策不削弱、投入不减少、措施不放松。财政再难也不能难农民，开支再压也不能压农业，必须保证农业投入只增不减。市县两级要建立健全财政农业投入稳定增长机制，确保总量持续增加、比例稳步提高。党委和政府主要领导要亲自抓、总负责，分管领导要具体抓好各项工作落实。充分发挥各级党委农村工作领导组的作用，进一步健全农村工作推进机制。加强农村综合工作部门建设，充实力量，保障经费，强化统筹协调、决策服务职能。相关部门要认真履行职责，形成工作合力。提高农业农村工作在市县党委、政府目标责任考核中的权重，把特色现代农业、农民增收、改善农村人居环境列为重点内容和重要指标，加大权重比例。加强农业农村统计监测，完善农业农村动态跟踪体系。

34.加强农村基层组织建设。坚持党要管党、从严治党，各级党委要始终把抓基层打基础作为固本之策，解决好农村基层党组织工作经费、活动场所、干部报酬待遇等问题，健全农村党的基层组织体系，推动基层服务型党组织建设。抓好基层班子和队伍建设，选好配强“两委”班子。坚持不懈整顿软弱涣散的基层党组织，切实加强对农村党员的教育和管理，积极探索、妥善处置不合格党员，进一步纯洁党员队伍，夯实党在农村的执政组织基础。落实基层党建工作责任制。完善对基层党建工作的述职、评议制度，加大对抓基层党建工作的考核。完善村民自治机制，发挥村民民主协商在乡村治理中的积极作用。加强大学生村干部的培养扶持。规范村“两委”职责和村务决策管理程序。加强村务监督委员会建设，推行村委会成员任期和离任经济责任审计。深入开展学习讨论落实活动，加强农村党风廉政建设，严格执行党的纪律，严肃处理违反党规党纪行为，坚决查处发生在农民身边的腐败问题。

35.加强农业法治建设。实施“六权治本”，加快推进农业法治化进程。围绕保障国家粮食安全与农产品质量安全、健全农业支持保护体系、完善农村基本经营制度、保护农村集体经济组织和农民权益、规范新型农业经营主体行为、保护农业资源环境等重点领域和薄弱环节，加快地方性立法修法进程。加强农业综合执法，建立健全权责统一、权威高效的农业行政执法体制。健全农业依法行政工作机制，把公众参与、专家论证、风险评估、合法性审查、集体讨论决定作为重大行政决策的法定程序，强化权力制约和监督。以涉农补贴、重大项目、行政审批、行政处罚等为重点，全面推进政务公开。坚持简政放权、放管结合，继续取消下放农业行政审批项目，推行“一站式”审批。

36.提高农村基层法治水平。健全村级民主管理、民主协商制度，深入推广“四议两公开”工作法，教育引导基层干部增强法治观念，提高依法办事能力。组织基层执法、管理、服务单位找准自身工作与关爱民生的有机结合点，不断建立健全法治惠民长效机制。引导农民学法守法用法，坚持用法律手段解决基层群众关心、关注的热点、难点问题。健全基层矛盾纠纷化解机制，引导农民合理表达诉求，把矛盾问题稳控在当地、化解在基层。规范行政执法，涉农行政执法部门应严格依照权限履行行政许可、行政收费、行政处罚、行政确认、行政强制等职责，做到严格执法，公正执法，文明执法。完善农村社会治安防控体系建设，加强农村治安综合治理，依法严厉打击农村黄、赌、毒和

黑恶势力犯罪，严肃整治影响群众安全的社会治安问题，建设平安乡村、平安社区。

全省上下要紧密团结在以习近平同志为总书记的党中央周围，以中央对山西工作的重要指示要求为基本遵循，开拓进取，扎实工作，全面推进农业现代化，为开创我省弊革风清、富民强省的新局面而努力奋斗！

中共山西省委办公厅　山西省人民政府办公厅 印发《关于引导农村土地经营权有序流转　发展农业适度规模经营的实施意见》的通知

晋办发〔2015〕13号

各市、县委，各市、县人民政府，省委各部委，省直各委、办、厅、局，各人民团体：

《关于引导农村土地经营权有序流转　发展农业适度规模经营的实施意见》已经省委、省政府同意，现印发给你们，请认真贯彻落实。

中共山西省委办公厅

山西省人民政府办公厅

2015年3月27日

关于引导农村土地经营权有序流转　发展农业适度规模经营的实施意见

为深入贯彻中共中央办公厅、国务院办公厅《关于引导农村土地经营权有序流转发展农业适度规模经营的意见》（中办发〔2014〕61号），进一步推动我省农村土地（指承包耕地）经营权有序流转、发展农业适度规模经营，结合我省实际，提出如下实施意见。

一、充分认识重要意义，准确把握中央要求

（一）充分认识引导农村土地有序流转的重要意义。近年来，我省认真贯彻落实中央有关精神和要求，在稳定农村家庭承包经营的基础上，坚持依法、自愿、有偿原则，积极引导农村土地经营权有序流转，全省农村土地流转平稳健康发展，催生了一大批新型农业经营主体，促进了农业生产技术的应用推广，提升了农业的规模化专业化水平，有力支撑了粮食生产连续五年创历史新高，农民收入连续五年快速增长。实践证明，引导农村土地有序流转，发展农业适度规模经营，是优化农业生产要素配置、解决“谁来种地”“怎么种地”的战略举措，是加快建设山西特色现代农业、推进城乡发展一体化的必由路径。当前，我省现代农业正处于转方式、调结构、提质增效的关键时期，引导农村土地有序流转、发展农业适度规模经营的任务艰巨而紧迫。各地要按照中央的部署要求，以更大力度推进改革发展，做好农村土地流转工作。

（二）准确把握中央关于农村土地流转的总体要求。中央出台的农村土地流转意见，是农村土地制度和农业经营制度改革的又一纲领性文件，为今后一个时期农村土地流转工作，指明了改革方向和创新路径，设定了基本原则和底线。要把学习贯彻中央农村土地流转意见作为一项重大任务，深刻领会加快构建立体式复合型现代农业经营体系和走中国特色新型农业现代化道路的要求，牢固坚持农村土地“三权分置”、以改革为动力、依法自愿有偿、经营规模适度的基本原则，紧紧抓住稳定完善农村土地承包关系、规范引导土地有序流转、培育新型农业经营主体、健全社会化服务体系等关键环节，重点突破，全面提升，引导农村土地有序流转，发展农业适度规模经营。鼓励各地先行先试，创新农业经营体制机制，但绝不能搞大跃进，不能搞强迫命令，不能搞行政瞎指挥，避免走弯路。

二、稳定完善农村土地承包关系

（三）健全土地承包经营权登记制度。以现有土地承包关系为基础，建立健全以土地承包合同、登记簿和权属证书为主要内容的土地承包经营权登记制度。各地要以开展农村土地承包经营权确权登记颁证工作为契机，确保土地承包合同、登记簿和权属证书所记载的承包地块面积、四至和空间位置完全一致，做到权属清楚、合同规范、账簿完善、权证齐全。土地承包经营权确权登记原则上应当确权到户到地，在尊重农民意愿的前提下，也可以确权确股不确地。要将符合条件的妇女姓名写入权证，切实保护妇女的土地承包权益。县级农村土地承包管理部门应当建立健全土地承包经营权确权登记颁证文件材料的收集、整理、归档、保管、利用等各项制度，确保承包地确权档案资料

的齐全、完整、真实、有效。

（四）积极稳妥推进土地承包经营权确权登记颁证工作。各地要严格按照中央和省委、省政府有关部署和要求，省级统筹安排，市级协调指导，县级具体组织实施，扎实推进土地承包经营权确权登记颁证工作，妥善解决农户承包地块面积不准、四至不清等问题。在开展前期试点的基础上，从2015年开始，全省全面推开这项工作，用两年时间基本完成，第三年扫尾完善。在保证质量的前提下，有条件的地区要加紧推进，能快则快。各地要总结前期试点经验，科学制定工作方案，因地制宜采用符合标准规范、科学高效、农民群众认可的技术方法。加强调查研究，以县为单位认真研究并依法制定解决确权政策性问题的指导意见。以市为单位加快航拍进度，于2015年6月底前全部完成数字正射影像底图的采集处理工作。省级农业行政主管部门统一组织印制农村土地承包经营权证，统一组织建立全省农村土地承包管理信息系统。市、县要按照统一部署同步做好信息平台建设工作，乡、村要建立信息应用平台，强化管理服务、方便群众查询。确权经费在中央财政补助的基础上，省、市、县分级分担，列入各级财政预算，不得向村集体和农户收取任何费用。

三、鼓励发展多种形式的土地流转

（五）鼓励以多种方式流转土地。鼓励农户依法采取转包、出租、互换、转让、入股、委托及代耕等多种方式流转承包地。鼓励有条件的地方制定流转奖补等扶持政策，引导农户长期流转承包地并促进其转移就业。引导农民以土地经营权入股合作社和龙头企业。探索建立农户入股土地生产性能评价制度，按照耕地数量质量、参照当地土地流转价格计价折股。提倡农户委托发包方或土地流转服务机构流转土地。鼓励同一集体经济组织的农户在自愿前提下采取互换并地方式解决承包地细碎化问题。积极推广既不改变农户承包关系、又保证地有人种的托管服务模式。以转让方式流转承包地的，原则上应在本集体经济组织成员之间进行，且需经发包方同意。以其他方式流转的，应当依法报发包方备案。鼓励流转双方以实物计租货币结算、租金动态调整等方式确定流转价格。按照全国统一安排，稳步推进土地经营权抵押、担保试点，探索建立抵押资产处置机制。

（六）加大粮食规模化生产扶持力度。农田基本建设、农业基础设施建设和农业技术推广项目的实施区域，优先向粮食生产规模经营主体倾斜。原有的各级各类种粮补贴归属由承包农户与流入方协商确定，新增部分向粮食生产规模经营主体倾斜。在有条件的地方开展按照实际粮食播种面积或产量对生产者补贴试点。对符合申报农机购置补贴条件的粮食生产规模经营主体，要优先安排。在晋中市祁县选择运行规范的粮食生产规模经营主体开展目标价格保险试点。在粮食生产重点县开展粮食生产规模经营主体营销贷款试点，允许用粮食作物、生产及配套辅助设施进行抵押融资。粮食品种保险逐步实现粮食生产规模经营主体愿保尽保，并适当提高保费补贴比例。各地及有关部门要研究制定配套办法，更好地为粮食生产规模经营主体提供支持服务。

（七）合理确定土地经营规模。农业适度规模经营发展要与城镇化进程和农村劳动力转移规模相适应，与农业科技进步和生产手段改进程度相适应，与农业社会化服务水平提高相适应。根据我省实际，现阶段对以种粮为主，土地经营规模相当于当地户均承包地面积10至15倍、务农收入相当于当地二三产业务工收入的，应当给予重点扶持。各地建设农业示范园区，发展高效设施农业，也应充分考虑本地农业生产力发展水平、农户经营管理能力和投入产出率等，科学确定规模经营的适宜标准。防止片面追求超大规模经营的倾向，严禁人为归大堆、垒大户，搞政绩工程。在引导土地资源适度集聚的同时，要注重通过农民的合作与联合、开展社会化服务等多种形式，提升农业规模化经营水平。

四、加强土地流转管理和服务

（八）健全土地流转服务体系。总结推广运城市盐湖区农村产权流转交易服务中心科学确权、规范交易、严格鉴证、公正评估、安全担保和抵押融资“六统一”运营模式，加快发展多种形式的土地经营权流转市场。总结推广新绛县土地流转服务组织建设经验，依托农村经营管理机构，完善县、乡、村三级土地流转服务体系和纠纷调解仲裁体系，搭建交易服务平台，建立流转监测制度，开展土地流转信息发布、资质审查、价格评估、合同签订及鉴证、利益关系协调、纠纷调处、法律政策宣传等服务。按照有关法律规定，将农村土地流转服务及农村土地承包经营纠纷调解仲裁机构办公经费纳入同级财政预算。土地流转服务主体可以开展信息沟通、委托流转等服务，但禁止层层转包从中牟利。土地流转给非本村（组）集体成员或村（组）集体受农户委托统一组织流转并利用集体资金改良土壤、提高地力的，可向本集体经济组织以外的流入方收取基础设施使用费和土地流转管理服务费，用于农田基本建设或其他公益性支出。

（九）严格规范土地流转行为。土地是否流转、价格如何确定、形式如何选择，由承包农户自主决定，流转收益归承包农户所有，任何组织和个人不得强迫农户流转土地，不得截留、扣缴农户流转收益。土地流转期限由流转双方协商确定，不得超过承包期的剩余期限。土地流转双方签订书面流转合同，应当使用统一的省级合同示范文本。采取委托流转的，受托方不得超越承包方的授权，擅自增加或变更流转事宜。没有农户的书面委托，严禁以少数服从多数的名义，将整村整组农户承包地集中对外招商经营。严禁乡镇政府或村级组织出面租赁农户承包地再进行转租或发包的行为。严禁以定任务、下指标或将流转面积、流转比例纳入绩效考核等方式行政推动土地流转。依法保护流入方的土地经营权益，流转合同到期后流入方可在同等条件下优先续约。

（十）加强土地流转用途管制。严格坚持农地农用原则，土地流入方必须按照合同的合法约定使用土地，严禁借土地流转之名违规搞非农建设，严禁在流转农地上建设或变相建设旅游度假村、高尔夫球场、别墅、私人会所等，坚决查处通过"以租代征"违法违规进行非农建设的行为。加强耕地保护，严禁占用基本农田挖塘栽树及其他毁坏种植条件的行为，严禁破坏、污染、圈占闲置耕地和损毁农田基础设施。利用规划和标准引导设施农业发展，强化设施农用地的用途监管。从事设施农业和规模化粮食生产的，不得改变直接从事或服务于农业生产的设施性质，禁止擅自将设施用于其他经营。采取措施保证流转土地用于农业生产，可以通过停发种粮补贴等办法遏制撂荒耕地的行为。在粮食主产县、高产创建项目实施区，不符合产业规划的经营行为不再享受相关农业生产扶持政策。

五、加快培育新型农业经营主体

（十一）大力发展家庭农（牧）场。家庭经营是我国农村基本经营制度的根本。在今后相当长时期内，普通农户仍占大多数，要继续重视和扶持其发展农业生产；引导农村土地有序流转，要优先鼓励支持流入家庭农场、专业大户等规模经营农户。利用雁门关地区牧坡牧场资源丰富的有利条件，大力发展小型家庭牧场。制定实施方案，在雁门关地区规划建设粮草经济试验区，以家庭农（牧）场为载体，开展农业粮草经济试点，发展以口粮、饲料粮、草饲粮为标志的新型三元粮食结构，推动现代农牧业的发展。修订吕梁山生态脆弱区林业生态建设规划，将草饲粮作物种植纳入规划区范围，规划和建设一批小型牧场。完善家庭农（牧）场信息化管理系统，建立省、市、县三级示范家庭农（牧）场名录，健全管理服务制度，加强示范引导。

（十二）探索新的集体经营方式。集体经济组织要充分发挥为承包农户开展生产服务的职能，通过统一服务降低生产成本、提高生产效率。有条件的地方根据农民意愿，可以统一连片整理耕地，将土地折股量化、确权到户，经营所得收益按股分配，也可以引导农民以承包地入股组建土地股份合作组织，通过自营或委托经营等方式发展农业规模经营。鼓励村级集体经济组织以集体资产投入、设施投入等入股，发展劳务合作社、农机合作社、用水合作社等社会化服务组织。鼓励村级集体经济组织之间开展信息、技术、销售等互助合作和联合经营。各地要结合实际，不断探索和丰富集体经营的实现形式。

（十三）提升农民合作社发展质量。鼓励承包农户通过共同使用农业机械、水利设施、开展联合营销等多种形式发展联户经营。深入推进农民合作社"358"示范社建设行动，每年建设300家省级、500家市级、800家县级示范社，支持合作社加强规范化建设，推行标准化生产，注册自有商标，发展农产品加工和流通业务，开展多种形式的产销衔接，通过合作与联合发展跨区域、跨产业联合社。实行农民合作社年度报告制度，对没有按时报送信息或弄虚作假的合作社，不得纳入示范社评定和政策扶持范围。依托运行规范的农民合作社培育发展农村合作金融，严格按照"对内不对外、吸股不吸储、分红不分息"的原则，鼓励合作社成员开展内部信用合作和资金互助，严禁任何形式的非法集资。

（十四）推进农工商一体化、产购销储运一条龙经营。结合农产品加工"513"工程、特色农产品战略支撑项目和企业产业扶贫开发等工程项目的实施，引导支持农业企业与农户、农民合作社建立紧密的利益联结机制，使农户分享农产品加工、流通过程中的增值利润，带动农户和农民合作社发展规模经营。结合规划实施的七大产业振兴翻番工程，着力建设一批区域特色明显、带动力和竞争力强的现代农业产业基地，支持符合条件的农业企业采用"公司+合作社+农户"等方式进入农业、林业、畜牧业、水产业等领域开展原料基地建设，引导工商资本发展良种种苗繁育、高标准设施农业、规模化养殖、农村"四荒"资源开发等适合企业化经营的现代种养业、农产品加工流通和农业社会化服务。支持各地通过农业示范园区引导各类经营主体共同出资、相互持股，发展多种形式的农业混合所有制经济。

（十五）加大新型农业经营主体扶持力度。鼓励各地加大对新型农业经营主体的资金扶持规模，支持符合条件的新型农业经营主体优先承担涉农项目，新增农业补贴向新型农业经营主体倾斜。开展农业机械设备、运输工具、水域滩涂养殖权、林权等农村产权抵押融资创新。加大资金筹措力度，将金融扶贫小额贷款工程试点范围扩大到全省58个扶贫开发工作重点县。探索建立农业产业发展基金，支持特色现代农业发展。鼓励符合条件的农业企业通过债券市场以多种方式融资，鼓励农业企业在山西股权交易中心挂牌展示和发行私募债，推动具备一定品牌规模、发展前景好的大型农业产业化龙头企业上市融资。发展完善小额贷款公司、村镇银行和农村资金互助组织等服务"三农"的金融组织。加大农业保险补贴力度，引导保险公司开发适合我省农业发展特点的新险种、新产品。在年度建设用地指标中可单列一定比例专门用于新型农业经营主体建设配套辅助设施，并按规定减免相关税费。落实和完善相关税收优惠政策，支持农民合作社发展农产品加工流通。

（十六）加强工商企业租地监管和风险防范。研究提出工商企业租赁农户承包地准入监管办法。单个企业租赁农户承包地，租期不得超过本轮承包剩余期限。县乡政府要探索建立多部门参与的农地流转审查制度，对租赁农地面积较大的企业，开展主体资质和经营能力审查、经营项目审核、土地用途审核和风险防范审核。对工商企业租赁农户承包地，要按面积实行市、县两级备案制度。市、县政府要制定具体办法，明确备案机构、分级备案标准和备案事项。加强事中事后监管，定期对租赁土地企业的农业经营能力、土地用途和风险防范能力等开展监督检查，查验土地利用、合同履行等情况，及时查处纠正违法违规行为，对符合要求的可给予政策扶持。各地要按照土地受让方缴纳为主、地方政府适当补助的原则，探索建立工商企业租赁农户承包地风险保障金制度。

六、健全农业社会化服务体系

（十七）培育多元社会化服务组织。巩固乡镇涉农公共服务机构基础条件建设成果，加强能力建设，拓展服务范围。探索“专家+试验示范基地+技术指导员+科技示范户+辐射带动户”的农技推广机制。大力培育各类经营性服务组织，给予财政扶持、税费优惠等支持，推行合作式、订单式、托管式等服务模式，支持经营性服务组织开展农业产前、产中、产后全程化服务。开展政府购买农业公益性服务试点，研究制定购买服务的指导性目录，建立健全购买服务的标准合同、规范程序和监督机制，向经营性服务组织购买易监管、可量化的公益性服务。农产品初加工和农业灌溉用电执行农业生产用电价格。以县为单位开展农业社会化服务示范创建活动。

（十八）加快发展农业机械化。在粮食主产县和高产创建项目实施区，鼓励发展智能化、信息化、标准化、集成化、大型高效复式作业机具。支持家庭农（牧）场通过发展先进适用农机装备改善生产条件。完善农机和农艺融合机制，大力推广机械化保护性耕作、农机深松整地、机械化秸秆综合利用等技术。鼓励种粮大户、农机大户和农机合作社开展全程或主要生产环节代耕、代种和代收等农机作业服务。支持建设农村机耕道、农机场库棚和农机维修网点等农机化基础设施。

（十九）实施10万新型职业农民培训计划。认真贯彻落实《山西省新型职业农民培育规划纲要（2015—2020年）》，加快建立教育培训、认定管理和政策扶持“三位一体”的新型职业农民培育制度。狠抓每年10万新型职业农民培训工作，精准确定培育对象，开展精细化培训，到2020年培训新型职业农民70万人。在全省建设并分级认定300个新型职业农民培训机构和300个实训基地，搭建专业化、多元化、广覆盖的新型职业农民培育平台。构建远程网络教学支撑与管理平台，加快推进新型职业农民教育信息化步伐。研究制定新型职业农民认定管理办法，明确认定条件、认定标准和动态管理机制。把青年农民纳入实用人才培养计划，构建新型职业农民和农村实用人才培养、认定、扶持体系。

（二十）发挥供销合作社的优势和作用。扎实推进供销合作社综合改革试点。支持供销合作社通过优化流通网络布局、培育壮大流通主体、改善流通基础设施、创新流通方式手段，加快建设高效顺畅、安全可靠的农产品流通网络，为新型农业经营主体搞好流通服务。鼓励基层供销合作社针对农业生产提升规模化服务水平，整合承接各种涉农资源，向新型农业经营主体提供生产基地建设、生产资料服务、农业品牌创建、销售市场开拓等服务。支持供销合作社建设一批管控严、服务活、形式多样的农村金融互助合作组织，为新型农业经营主体提供金融服务。

土地问题政策性强，事关全局。各级党委和政府要切实加强对农村土地流转工作的组织领导，牢固树立政策观念，准确把握政策要求，制定出台配套政策措施和实施意见。各有关部门要按照职责分工，建立工作指导和检查监督制度，加强宣传引导，落实政策措施，保障工作经费，开展改革试点，培育先进典型，认真总结基层的好经验好做法，引导农村土地经营权有序流转，促进农业适度规模经营健康发展。

明确目标任务　落实措施保障　全力打赢扶贫开发这场攻坚战

楼阳生

（2015年4月7日）

我省是国家扶贫攻坚重点省份，也是全国著名革命老区。近年来，省委、省政府认真贯彻落实党中央关于扶贫开发工作的新部署，坚持以精准扶贫为基本要求，以吕梁、太行两大连片特困地区为主要战场，以干部驻村帮扶为重要抓手，扎实推进产业开发、劳动力素质提升、易地扶贫搬迁、金融扶贫富民工程、贫困地区生产生活条件改善等各项工作，扶贫开发工作取得显著成效。特别是大力推进产业扶贫，从2013年开始，支持引导200多家省内外企业，在贫困地区建设产业扶贫项目233个，完成投资370多亿元，带动1758个贫困村、30.7万农户发展生产，吸纳6.9万农村劳动力就业增收；大力开展机关定点扶贫和领导干部包村增收活动，每年抽调两万多名机关干部定点帮扶，年均投入帮扶资金5亿元以上，组织全省6010名领导干部开展包村增收，四年时间落实资金139亿元、新上项目3.7万多个；扎实开展教育扶贫和劳动力就业培训，每年转移培训贫困劳动力5万人次、支持万名以上贫困生接受中高等学历教育，累计资助8.9万名贫困生接受职业教育；大力改善贫困地区基础条件，每年支持10万山庄窝铺贫困群众易地搬迁。2011年以来，36个国家扶贫开发工作重点县农民人均纯收入年均增幅超过20%，年度增幅分别高出全省6.4、4.3、9.4和7.2个百分点，高出全国贫困地区1-2个百分点，贫困地区农民人均纯收入与全省、全国平均水平差距扩大趋势得到初步扭转，扶贫开发成为我省经济社会发展的一大亮点。

在肯定成绩的同时，我们也必须清醒地看到：我省贫困面积大、贫困人口多、贫困程度深、农民收入低的状况尚未彻底改变。从贫困现状看，全省还有贫困村8060个，占行政村总数的28.5%，农村贫困人口282万，占农村人口总数的11.8%，高出全国平均水平4.6个百分点，这些贫困人口大多集中在吕梁、太行两大区域，位置偏，条件差，脱贫难度很大。从要素支撑看，扶贫产业总体规模较小，农业产业化企业龙头不大、链条不长，吸纳农村劳动力转移就业空间有限，贫困群众的生产技能也较为落后，农村劳动力转移就业还不充分。特别是当前贫困地区农村金融支持服务不足，农业企业和贫困户贷款难的问题突出。从工作机制看，到村到户精准扶贫的机制尚未有效建立，大水漫灌现象仍然存在；各地更多地习惯于依靠行政力量，发挥扶贫资金杠杆作用，运用市场化手段推进项目实施还有很大努力空间；提高扶贫资金使用和项目安排的针对性、有效性仍需加强，把有限的资金用在刀刃上，仍然是扶贫开发面临的课题。总之，我省扶贫开发任务还十分艰巨，特别是在经济下行压力大、转型发展任务重的新形势下，组织完成好扶贫开发这项艰巨任务，我们的责任重大。

小康不小康、关键看老乡。全面建成小康社会，最艰巨最繁重的任务在农村，特别是在贫困地区。习近平总书记今年1月在云南考察时深刻指出，扶贫开发是我们第一个一百年奋斗目标的重点工作，是最艰巨的任务。要以更加明确的目标、更加有力的举措、更加有效的行动，深入实施精准扶贫、精准脱贫，决不能让贫困地区和贫困群众掉队。带领全省贫困群众打赢扶贫攻坚这场硬仗，是全面建成小康社会、实现富民强省目标的必然要求，是省委、省政府落实党中央、国务院和习近平总书记重要讲话精神，对全省3600万人民的庄严承诺，更是各级党委、政府和广大党员干部义不容辞的责任使命。2月7日，省委常委会召开会议，专题学习习近平总书记系列重要讲话精神特别是关于扶贫开发工作的重要指示精神，对我省扶贫开发工作进行研究部署。王儒林书记强调指出，各级各部门要把习近平总书记系列重要讲话特别是关于扶贫开发工作的重要指示作为做好扶贫工作的基本遵循，进一步把扶贫开发摆上更加重要的位置，增强责任感和紧迫感，加大工作力度，努力让扶贫对象尽快脱贫、过上好日子，确保如期实现全面建成小康社会目标。李小鹏省长明确要求，要统筹实施好产业扶贫、易地扶贫搬迁、劳动力就业培训、教育扶贫、金融扶贫等重点工程，加强干部驻村帮扶工作，完善社会扶贫监管机制和激励机制，形成全社会共同推进扶贫开发的强大合力。全省各级各部门一定要把思想和行动统一到中央和省委、省政府的决策部署上来，把扶贫开发工作作为一项重大政治任务，坚决打赢扶贫开发这场攻坚战。

一、明确目标任务

我国2011—2020年农村扶贫开发《纲要》提出，到2020年，要稳定实现扶贫对象不愁吃、不愁穿，保障其义务教育、基本医疗和住房。贫困地区农民人均纯收入增长幅度高于全国平均水平，基本公共服务主要领域指标接近全国平均水平，扭转发展差距扩大趋势。党的十八大进一步提出到2020年要全面建成小康社会。这个全面小康核心是“小康”、关键就在“全面”二字，是不让一个区域落伍、不让一个人掉队的全面小康。按照上述目标要求和国家确定的2300元的新扶贫标准(2011年不变价)，从今年开始到2020年的六年间，我省必须每年保持50万人以上的减贫速度，才能如期完成现有282万贫困人口的脱贫任务。为此，省委、省政府确定，今后全省扶贫开发总的目标，就是要确保做到“两个高于”，即贫困地区农民收入增幅高于全省平均水平，高于全国贫困地区平均水平，并提出2015年全省扶贫开发工作，要重点落实好“1555”目标任务，即新扶持10万人口实施易地搬迁，培训5万名贫困劳动力并实现半年以上稳定就业，实现500个贫困村整体脱贫，完成50万人口脱贫任务。各地要按照省委、省政府确定的扶贫目标，认真分解任务，制定工作计划，并列入“十三五”规划之中。

二、落实四大措施

完成全省扶贫开发目标任务，各地要继续坚持产业扶持、技能扶持、资本扶持和不断改善贫困群众基本生产生活条件“三加一”的工作路径，重点落实好以下四大举措。

一要抓好企业产业扶贫，着力夯实贫困群众增收脱贫的产业基础。2013年，我省启动实施百企千村产业扶贫开发工程，支持引导企业等社会资本带动贫困乡村实施区域化、规模化产业扶贫开发。从两年来实践看，企业产业扶贫在带动贫困地区农业投资增长，提升农业产业化水平，促进贫困群众就业增收上发挥出重要作用。今年，省政府已将企业产业扶贫列入全省十大重点投资领域，提出要确保全年完成投资240亿元。各级各部门要坚持以特色为依托、以项目为抓手，坚定不移推进这项工作，努力实现企业发展与农民增收双赢。一是发展农业特色产业，不断开拓产业扶贫新领域。在继续支持发展牛羊为主的规模养殖、设施蔬菜花卉、干鲜果经济林、小杂粮、中药材等五大特色产业的基础上，拓宽产业扶贫领域，突出抓好旅游扶贫、光伏扶贫和电商扶贫等新的特色产业。要以整村推进为抓手，鼓励企业参与生态休闲、农业观光、文化旅游等开发建设；抓住我省列入光伏扶贫试点省份的机遇，鼓励支持企业积极参与光伏扶贫；支持企业推广电子商务，开拓产业扶贫开发新业态。这方面各地要从实际出发，因地制宜，因市场制宜，鼓励引导农村一、二、三产融合发展，尤其是要高度重视科技扶贫，加大科技创新力度，依靠创新驱动加快脱贫致富步伐。二是发展壮大本土扶贫龙头企业，积极引进省内外农业产业化企业。当前，我省一些农业企业生产发展存在一些困难问题，有的是“吃不饱”，有生产能力，但原料供应不上；有的是“差口气”，资金支持跟不上，产能释放不出来；有的是“肠梗阻”，某个程序环节在某个部门推不动，导致项目落不下去。各地要认真开展调查研究，摸清现有农业龙头企业、农业扶贫企业存在的困难，认真解决服务企业“最后一公里”的问题，积极帮助企业释放产能，增加活力。要进一步创新合作机制和合作模式，开展多种形式的招商引资活动，引导鼓励农产品加工企业、扶贫龙头企业和省内外知名企业开展项目合作，不断提升产业开发的规模和效益。对各类企业在全省贫困乡村实施的产业扶贫项目，不论身份、规模，都要一视同仁、一样待遇，优质服务、积极扶持。三是加大政策扶持，搞好服务协调。在落实原有各项支持政策的基础上，今年全省将重点在金融方面加大支持力度，对企业产业扶贫项目贷款省级扶贫资金贴息率提高到5%，对发行私募债融资、信托公司融资实施的产业扶贫项目给以贴息支持。同时，整合省财政扶贫资金1亿元，吸引社会资金2亿元，设立企业产业扶贫发展基金，通过股权投资、贷款担保等方式，支持企业产业扶贫。省直有关部门要进一步落实完善扶持政策，明确具体支持办法，督促基层部门主动跟进搞好服务，确保各项支持政策让企业看得见、摸得着、真管用、有实效。各地也要制定完善“一县一业”开发规划，统筹考虑基地建设、加工转化、市场销售等各环节，做强基地、做大龙头、做长链条、做优品牌，不断提高产业开发水平和市场占有率，不断提高带动农民增收的能力。

二要抓好技能培训和教育扶贫，着力提高贫困劳动力就业增收的能力和素质。提高扶贫对象的素质，是阻断贫困代际传递的根本所在，也是精准扶贫的一项重要任务。今年我省将下更大的气力抓好技能培训和教育扶贫工作。在职业教育方面，对建档立卡贫困户中接受中高等职业教育的贫困生，除全部免除学费外，由省安排财政扶贫资金，将每生每年补助标准从1500元提高到2000元，连续补助两年，帮助他们掌握一技之长，改变家庭命运。在资助贫困大学生方面，各地要在用好已经出台的补助政策的同时，整合各类社会资源，做到应助尽助，让寒门学子不因家庭贫困失去接受高等教育的机会。在就业培训方面，要组织实施好新型农民职业培育工作和千村万人就业培训行动计划，帮助愿意走出家门的劳动力成为有一技之长的产业工人，留村务农的劳动力成为有文化、懂技术、会经营的新型职业农民。要改进提高培训质量，围绕帮助农村劳动力掌握一门实用技术、取得职业技能证书、拿到走出家门稳定就业的敲门砖，由人事劳动部门牵头，整合各类职业技能培训、认证、鉴定等资源，结合我省实际制定具体实施方案，明确推进落实措施，确保今年这项工作有实质性进展。

三要抓好金融富民扶贫工程，着力解决贫困地区企业、农户贷款困难。这项工程是推进金融扶贫机制改革、推进到村到户精准式扶贫的重要创新，也是今后扶贫资金投入的重点领域。去年，我省在吕梁、太行21个片区扶贫攻坚县启动实施金融富民扶贫工程，省财政为每个县注入500万元财政扶贫资金，金融合作机构按照注入扶贫资金总额的8倍以上放大贷款额度。今年，省委、省政府将这项工程列为十项强农惠农政策之一，并在58个贫困县全面推开，实现金融扶贫小额贷款全覆盖。为确保这项工程健康推进，落到实处，各地要切实抓好三项工作：一是抓好组织落实。省里要与各县（市、区）签订责任书，落实推进工作的责任主体，同时要加快推动金融部门出台贫困户评级授信指导意见。各县（市、区）要精心组织实施，积极引导贫困群众主动适应用市场化办法和金融手段实施产业扶贫的新方式，协调金融合作机构做好贷款审核和贷款发放工作。当前正值春耕春播时节，也是农民群众最需要资金的时候，“勿以贷款额小而不为”，金融机构要抓紧落实合作协议，积极开发适合贫困农户的贷款产品，降低贷款门槛，尽可能让有需求的贫困户获得及时有效的贷款支持，真正把这项好政策落实到农户头上，落实到支持农业生产上。二是要抓好资金配套。除省里安排的风险补偿金切块下达到县外，各市、县也要拿出一定财力，作为贷款风险补偿金，进一步扩大资金规模，促进金融机构增加贷款投放总量，满足企业和农户的资金需求。三是抓好考核激励。要以发放贷款额度和贫困户获得贷款比例为内容，建立对县级政府和金融机构双考核的激励机制，考核结果作为省级安排各县风险补偿金的重要依据。哪个县投放的贷款规模大、贫困户使用贷款的比例高，就增加哪个县的风险补偿金。这样经过连续3到5年的实施，争取逐步解决贫困地区发展特色产业贷款难的问题。

四要抓好易地扶贫搬迁工程，着力改变山庄窝铺困难群众生存发展环境。易地扶贫搬迁是帮助山庄窝铺特困群众脱贫致富的一条治本之策，也是我省扶贫开发坚持多年行之有效的重大举措。抓好这项工作，必须坚持与产业开发、城镇化建设、旧村开发利用和完善社会保障“四个结合”，必须坚持政府引导、发挥市场作用、尊重群众意愿，必须改革创新，完善办法，加大力度，扎实推进。一是除继续扶持2011年列入移民搬迁规划的贫困村群众搬迁外，对移民搬迁规划外贫困村中的建档立卡贫困户，有搬迁意愿的也给予支持。二是对扶贫部门组织实施的9.5万搬迁群众，除继续执行人均5000元的补助标准外，省里再按照人均2800 元的标准，配套安排扶贫产业开发奖补资金，切块到县。有条件的市、县也要加大资金投入，提高补助标准，帮助农民群众通过多种方式实现“有业安置”。三是鼓励各地采取集中安置和分散安置相结合的办法，对分散安置的困难群众给予货币化补助。四是各地要针对不同类型的贫困村，分类施策、因地制宜实施不同的扶持政策，统筹使用好易地扶贫搬迁、地质灾害治理、农村危房改造等资金，积极探索开展搬迁旧村宅基地流转试点工作，多措并举加大易地扶贫搬迁综合投入。各有关部门要支持各地统筹使用好土地增减挂钩、占补平衡、土地复垦等政策，落实好农民安居工程用地指标单列的办法，切实保障易地扶贫搬迁建设用地；支持各地解决搬迁群众就业、生活和致富问题，确保山庄窝铺困难群众搬得出、稳得住、可发展、能致富。

三、把握五个关系

打好全省扶贫开发攻坚战，是在经济社会发展进入新常态下，加快推进贫困地区和贫困人口长远发展的重大系统工程，必须放到"四化"同步发展大格局中统筹谋划，必须放到区域经济发展的大盘子中扎实推动，必须充分发挥市场和政府两只手的作用，提高扶贫开发整体效益。

一要准确把握扶贫与扶志、扶智的关系。扶贫重在扶志、难在扶智。从根本上改变贫困地区的面貌，最终要靠贫困地区的广大干部群众。要坚持物质扶贫与精神扶贫相结合，"授人以鱼"与"授人以渔"相结合，在贫困地区大力弘扬艰苦奋斗、自力更生精神，鼓励贫困群众坚定信心、不畏艰难，充分发挥主观能动性，依靠自己的双手创造美好生活。要始终把智力扶贫摆在战略性、基础性位置，"近"抓培训，"长远"抓教育，使每一个贫困家庭的孩子都能接受有质量的教育，每一个贫困劳动力都能掌握一技之长，切实提高自我发展能力，从根本上阻断贫困代际相传的根源，实现从"他扶"到"自立"的转变。

二要准确把握精准扶贫与区域发展、县域经济的关系。贫困问题的综合性，不仅表现在贫困人口的生产生活困难，而且表现在区域经济社会发展的整体滞后。这一特征决定了打好扶贫开发攻坚战，既要从到村到户精准扶贫的细处着手，瞄准扶贫对象制定个性化的帮扶方案，落实针对性的帮扶措施，把扶贫资源和政策措施精准投入到特定人口、具体人口身上，做到定点定人精准脱贫，有效减少贫困人口数量；也要从区域发展和县域经济发展的大处着眼，把扶贫攻坚的产业规划、项目确定、资金支持、政策支持等纳入发展总体战略，统筹行业部门和社会力量在产业开发、基础设施、公共服务和生态建设等方面的帮扶投入，做到综合配套、协调推进，打好区域开发阵地战，为贫困地区发展创造良好条件和环境。通过区域发展与精准扶贫的有机结合和良性互动，形成扶贫攻坚整体效益。总之，区域发展与精准扶贫是辩证关系，没有区域经济和县域经济的发展，精准扶贫就会失去支撑；同时也要把精准扶贫作为抓手，推动贫困地区整体发展，做到有机结合、彼此推动、相互促进。

三要准确把握"输血"和"造血"的关系。习近平总书记强调，扶贫开发既要因地制宜发展特色经济，也要提供基本保障，编织兜住贫困人口基本生活的安全网。解决贫困人口的稳定脱贫问题，必须准确把握和处理好"输血"和"造血"关系。单纯给钱给物的"输血"式扶贫能够帮助贫困地区和贫困人口解决一时之急，但解决不了他们的长远发展问题，只有改善机能、激发活力的"造血"式扶贫，通过因地制宜培育发展特色优势产业、着力提高劳动力技能，才能帮助贫困地区和贫困人口稳定增收、持续发展。对因各种原因丧失劳动能力的贫困人口，要通过整合社会各种救助帮扶资源，加大社会保障力度，解决好他们的基本生存问题，确保贫困人口不在全面小康中落伍掉队。

四要准确把握易地扶贫搬迁与就近就地就势城镇化的关系。易地扶贫搬迁是改善贫困群众生存发展环境，加快脱贫致富步伐的重要途径。易地扶贫搬迁必须把搬得出、稳得住、能致富作为这项工作的出发点和落脚点。要高度重视产业发展。"稳"和"富"的前提是产业，产业发展支撑城镇化，城镇化为产业发展提供平台。只有产业发展提供了就业机会，解决了生产门路，易地搬迁群众才能安得下、稳得住、逐步致富，因此必须紧紧扭住产业发展这个核心。要重视和鼓励有条件的地方就近就地就势实现城镇化，立足贫困地区自然资源条件和环境特点，因地制宜、分类指导，结合实施农村人居环境改善工程，加大基础设施和公共服务支持力度，积极打造适合农业观光、生态休闲、文化旅游等各具特色的美丽乡村，实现贫困群众就地就近就业增收。特别是我省文化旅游资源丰富，要把拥有的资源优势利用好、发挥好，做好旅游开发这篇大文章。

五要准确把握开展干部驻村帮扶与加强乡村治理的关系。干部驻村帮扶是开展精准扶贫的一个重要举措，也是加强乡村治理的重要抓手。干部驻村帮扶，既要扶产业、扶项目，还要扶组织、扶新风。要强班子，把村"两委"班子建设好，高度重视带头人的培养、选拔和使用，为帮扶村留下一支"永远不走的工作队"。要强机制，积极帮助村"两委"规范职责和村务决策程序，结合实际落实好"四议两公开"制度，加强对村干部行使权力的监督制约，抓好农村廉政文化建设，协助推进农村依法治理，把法制山西建设落实到基层。要强素质，深入开展"结对帮扶、文明共建"活动，促进形成讲文明、思发展、比致富、知荣辱、促和谐的乡村风尚，开展党员干部教育培训，帮助提高带领群众脱贫致富本领。

四、强化组织领导

消除贫困，实现共同富裕，是社会主义制度的本质要求，是我们党始终不渝的奋斗目标。各级党委、政府要切实加强组织领导，调动和凝聚各方力量共同打好全省扶贫开发攻坚战。

一要落实扶贫责任。各级党委、政府特别是贫困地区党委、政府是扶贫开发的领导主体和责任主体。要把扶贫攻坚作为最重大的民生工程，从组织领导、资金投入、机制创新、队伍建设等各个方面加大力度、强化支持，为扶贫攻坚提供坚实的组织保障。要协调推动行业部门力量把支持扶贫攻坚的政策措施落实好，重大项目实施好，统筹推进产业开发、基础设施、公共服务和生态建设，整体加快贫困地区发展步伐。要引导社会各界支持扶贫，建立完善社会扶贫信息网络，创新社会扶贫参与方式，搭建多层次、宽领域、大格局的扶贫开发平台，加大宣传、表彰力度，激发更多社会力量参与到扶贫事业中来。

二要用好扶贫队伍。这次会议的一项重要任务，就是对全省干部驻村帮扶工作进行安排部署。省委、省政府决定，统筹整合领导干部包村增收和机关单位定点扶贫两支力量，采取领导包村，工作队驻村，组织党员、干部结对帮扶的办法，对8060个建档立卡贫困村和2000个贫困人口较多的低收入村实现干部驻村帮扶全覆盖，对全省建档立卡贫困户实现党员、干部结对帮扶全覆盖。目前，省委第27批农村工作队已经组建，即将全部进村驻点。各市、县也要参照省里做法，抓紧完成帮扶点的调整工作，确保4月底前落实到位。各级各部门和广大党员干部要把干部驻村帮扶作为密切联系群众的有效渠道，作为强化群众观念的重要载体，带着感情、带着责任、带着办法开展驻村帮扶工作，具体做到“五个落实”。一要落实帮扶对象。各级包村干部和驻村工作队帮扶对象，是全省建档立卡的贫困村、贫困户，省里的力量主要放在国家扶贫开发工作重点县，市里的力量要放在本市范围内的贫困县，县里的力量要重点放在贫困村，贫困村较少的县和非贫困县在实现贫困村帮扶全覆盖后，包村领导和工作队要安排到贫困人口较多的低收入村。二要落实帮扶责任人。各地要将省、市、县三级力量统筹安排，结合使用。贫困村的帮扶责任人，就是包村领导和驻村工作队，包村领导确定后，驻村工作队要同时跟进。贫困户的帮扶责任人，可以是包村领导、机关干部、企业负责人或其他管理人员，也可以是社会组织、爱心人士等。贫困村、贫困户的帮扶责任人一定六年不变，驻村工作队员一扶两年，压茬轮换，保持工作连续性。贫困村、贫困户脱贫后，帮扶工作转入巩固脱贫成果，推进全面小康阶段。三要落实帮扶任务。各级包村领导和驻村工作队要因村施策、因户施法，围绕农民增收这一核心目标，帮助制定一个经济社会发展脱贫致富规划，发展一项区域特色明显的优势产业，实施一批改善生产生活条件的基础设施项目，解决一些提升公共服务水平的民生保障问题，建设一个坚强有力的贫困村领导班子，形成一套民主规范的乡村治理机制。四要落实帮扶措施。各级包村领导和驻村工作队、帮扶贫困户责任人，都要发挥各自优势，组织调动各方力量，瞄准帮扶对象落实针对性的帮扶措施，确保贫困村得到实实在在的扶持，贫困户至少享受到一项帮扶政策措施。五要落实帮扶效果。各级包村领导和驻村工作队要沉下去、蹲得住，通过开展针对性帮扶工作，推动扶贫资金项目、扶贫政策资源真正落实到扶贫对象身上，体现到脱贫致富的效果上，今后对干部驻村帮扶工作的考核，主要看实实在在的帮扶效果。各级各部门要切实把干部驻村帮扶工作作为必须完成的硬任务，列入议事日程、摆在重要位置，在干部选派、规划制定、帮扶措施等各个方面高度重视，关心支持驻村干部开展工作，及时解决实际问题。相关部门要切实加强对工作的指导和跟踪督查。

三要夯实扶贫保障。要确保廉洁扶贫，按照“六权治本”要求，完善、规范扶贫资金使用机制、管理办法，确保扶贫资金扶到点上、扶到根上。对挤占、挪用、截留、贪污扶贫资金和扶贫善款善物的行为零容忍，发现一起查处一起。要加强作风建设，以深入开展学习讨论落实活动为契机，推动贫困地区各级干部，艰苦奋斗、主动作为，勇于担当、狠抓落实，确保各项扶贫工作措施落到实处。要强化责任考核，认真落实中央改进贫困县考核机制和领导干部政绩考核工作要求，把扶贫开发作为经济社会发展实绩考核的重要内容，把考核结果作为领导班子评价、领导干部使用和扶贫资金分配的重要依据，促进贫困县党委、政府集中精力抓好扶贫工作。特别是要结合我省实际，要建立贫困县约束机制和退出机制，对增收幅度大、减贫速度快、扶贫成效明显的县，加大扶持力度，予以表彰；对工作不扎实、考核实绩差的市县，要通报批评、约谈，严重的要问责。

（本文根据中共山西省委副书记楼阳生同志在2015年4月7日召开的全省扶贫开发暨干部驻村帮扶工作动员会议上的讲话摘编。）

在忻州座谈会上的讲话

王儒林

（2015年4月14日）

这次我和晓薇、伟中等同志一起，围绕市、县、乡落实“两个责任”，贯彻全面从严治党，把纪律挺在前面，市县乡党风廉政建设和反腐败斗争为什么力度逐级递减、怎么解决等问题进行调查研究。两天来，我们去了5个县

（市、区）的6个乡镇。刚才，我们又听了17位同志的发言，包括晓薇同志讲的意见，讲得都很好。这里，我讲几方面的意见。

第一，认真分析、准确把握当前我们省市县乡党风廉政建设和反腐败斗争形势。去年9月以来，新的省委领导班子坚决贯彻以习近平同志为总书记的党中央对山西工作的重要指示要求，坚持全面从严治党，坚决落实“两个责任”，以零容忍态度惩治腐败、狠刹“四风”，取得了成效。但是，我们也要看到，省、市、县、乡各级工作并不平衡。2014年，省纪委立案数同比增长235.5%，市纪委立案数同比增长84.1%，县纪委立案数同比增长34.2%，乡镇纪委立案数同比下降0.1%。

从这组数据来看，我们要思考一个问题，是不是我们山西省基层的问题不多、不严重呢？从实际情况看，不是这样的。2014年，我们省每万人举报量是25.4件，同比增长154.8%;省纪委受理信访举报61222件次，同比上升118%，其中，举报县处级以下干部的信访量占全部信访量的63.5%。还有，2014年省纪委接受越级信访举报数量53177件次，其中越级反映县处级以下干部的问题37027件次，比重高达69.6%，比2013年增长86.7%。也就是说，我们省目前超过六成（63.5%）的信访举报量，七成（69.6%）的越级信访举报集中在县处级以下干部。这充分说明，我们省人民群众对县乡村党员干部存在的问题反映强烈，意见很大。

上面是通过信访举报数据进行分析，下面再看已经查办的案件，我们省县乡村的腐败问题也是触目惊心。县一级，像高平市，集体坍塌，被称为“县级塌方式腐败的样本”。乡一级，不仅贪污受贿，甚至有的乡镇干部贪污侵占补给残疾人的钱，有的连办低保都要收受贿赂。村一级，有的村干部贪污财政下拨的专项资金；有的甚至从贫困群众“口中夺食”。可以说，一些腐败分子什么钱都敢贪，特别是这些腐败问题发生在群众身边，老百姓十分痛恨。

那么，我们省基层特别是乡镇开展党风廉政建设和反腐败斗争的力度怎么样呢？2014年，全省1398个乡镇（街办），接受信访举报件次比2013年增长60.2%，但是立案件次比上年下降0.1%。这就是反映的问题多，而且大幅度上升，查办的案件不但没升，反倒下降了。2013年1月至2015年3 月，乡镇纪委查处党员干部零立案的占乡镇总数的20%。也就是说，我们省有1/5的乡镇在两年多时间里一个案件也没查。以上这些情况，充分说明省市县乡党风廉政建设和反腐败斗争查办案件工作力度逐级递减，特别是20%的乡镇“上面九级风浪，下面纹丝不动”。县乡村的腐败问题不解决，老百姓身边的“苍蝇”没人管，甚至满天飞，我们打多少“老虎”，人民群众也不会满意。我们常说“郡县治、天下安”，实践证明我们还得加上一句，“乡村治，百姓安”。要把山西党风廉政建设和反腐败斗争进行到底，就必须把反腐倡廉的各项措施往县乡延伸，就必须解决老百姓身边的腐败问题，不断强化和巩固党的执政基础。

第二，紧紧牵住“牛鼻子”，认真落实“两个责任”。这次调研，我们看了5个县（市、区）的6个乡镇，有好的，有一般的，也有差的。对“两个责任”，有的抓实了，有的抓虚了，也有的抓偏了。榆次区北田镇党委就抓得比较实。镇党委书记给我们介绍情况讲的都是具体问题、具体办法，没有仅仅抽象地讲“道理”、说“逻辑”。她约谈班子成员和村支部书记，不讲空话套话，而是针对每个人的实际情况谈问题、抓落实。在镇党委领导带动支持下，北田镇纪委在两年多的时间里办了31起案件，在全省是最多的乡镇之一。忻府区解原乡落实“两个责任”也比较好，乡党委抓得比较实，纪委两年多办了24起案件。我们调研的另外两个一般乡镇，落实“两个责任”具体抓手比较少，对班子和村主干的情况也不太熟，打听“张家长、李家短”的主动性不够，也就是说监督的意识不强。其中一个乡镇党委书记，在汇报时抽象的概念比较多，能谈道理，但谈不出问题和案件的具体情况。这两个乡镇虽然也查办了一些案件，但整体工作状态、工作思路和前面两个乡镇比还有明显差距，还有待提高。我们在调研中还有两个比较差的乡镇，其中一个乡镇党委书记把落实主体责任归纳为“七个一”（开一次会、讲一次党课、听一次汇报、约谈一次等等），但具体管用的措施不多。我们在调研的时候，也感到看展板、看文件、看记录确实都“很好”，但是光有这些远远不够，最关键的是联系实际、找出问题、解决问题。现在一些地方把牵住“牛鼻子”都挂在嘴上了，而“牛”原地不动，不干活、不出力，这还是不行。形式是必要的，但是形式主义、文牍主义不能搞。落实“两个责任”，牵住“牛鼻子”，要突出抓住这么几点。

一是各级党委要把主体责任牢牢扛在肩上。各级党委特别是县乡党委书记作为第一责任人，一要树牢“抓好党建是最大政绩”的理念，解决“不愿抓”的问题。榆次区北田镇的事实证明，从严管党治党，不仅不会影响经济发展，而且会促进经济发展。而落实“两个责任”比较差的乡镇，重经济、轻党建，结果群众不满意，抓不好党建反倒会影响经济发展。二要算好人心向背的政治账，解决“不敢抓”的问题。习近平总书记在中央纪委五次全会上讲，“不得罪腐败分子，就必然会辜负党、得罪人民”。实践证明，只有把那些横行乡村的腐败分子惩办了，我们的基层党组织才能赢得民心，我们才能把公道正派、群众拥护的好干部选用上来，才能真正解决好发展、民生和稳定的问题。三要坚持问题导向，解决“不会抓”的问题。有的乡镇党委抓主体责任仍然局限于“老三样”，开会、讲话、发文件，制定“两个责任”清单也不结合实际，照抄照搬、上下一般粗。我们在调研的时候看到，有的乡镇老是在形式上下功夫，但问题到底是什么？用什么措施针对性地解决老百姓反映的问题？却不会抓。北田镇、解原乡的实践证明，必须具体抓，一具体就深入，作为党委书记，必须既明白道理，又会抓具体事、具体案件，解决实际问题。

二是各级纪委要把监督责任做细做实。党委扛起主体责任，纪委监督执纪问责工作必须跟上。一要自觉当好党委的参谋助手，通过监督责任的落实促进主体责任的落实。纪委要主动打听“张家长、李家短”，认真分析信访情况，掌握当地的突出问题、党员干部的廉政状况和党风廉政建设形势，做到情况明、数字准、家底清，及时向党委报告，使党委抓党风廉政建设有的放矢。要敢于担当，发现违纪苗头就马上去管，触犯了纪律就及时处理，该谈话的谈话、该核实的核实，不怕得罪人，不当老好人，切实解决好对大问题不敢碰、小问题不当事，“动手术”没胆识、“治未病”没措施，养痈成患、放任自流等问题。二要加快“三转”、回归主业。在乡镇一级，纪委往往只有纪委书记一个人是专职纪检干部，其他纪委委员都兼着其他工作，力量有限。在这种情况下，乡镇纪委更要加快“三转”，把职责聚焦到监督执纪问责上来。三要充分发挥双重领导的体制优势。榆次区北田镇纪委之所以能在两年多的时间里办了31起案件，镇党委给予了坚强的领导和支持，但也不是仅靠一镇一乡之力，区纪委也给予了强有力的领导支持。他们在调查取证的过程中，区纪委及时指导，协调有关部门给予积极支持，针对乡镇没有力量审理案件的实际，通过乡案区审，实现了查审分离。晋中市查办案件最好的10个乡镇中榆次区占了7个，充分说明了县区党委、纪委加强对乡镇党委、纪委领导的重要性。

三是把落实“两个责任”的压力层层传导下去。去年9月之后，省纪委紧紧围绕省委部署，按照中纪委和省委要求，坚决落实监督责任，“三转”成效明显，很多做法是创新的，体现了大胆改革、敢于担当的精神，对省委落实主体责任形成了实实在在的强有力的工作支撑，做得很好。我们也要看到，我省各级党委、纪委还没有完全把压力和责任传导和延伸到基层特别是乡镇这个末端，还没有打通“最后一公里”。省纪委做得好，我们市县党委、纪委怎么接过来、传导下去，还存在问题，根本原因是“两个责任”不落实，甚至缺失。所以，要全力推进全省纪检监察系统的“三转”工作，坚持上率下转、上下同转、内外同转，确保市县两级监督责任下沉到底、落实到位。要强化责任追究，要看到“动员千遍，不如问责一次”，认真落实“一案双查”等制度，对不担责、不作为，“两个责任”不落实的要坚决“打板子”。要大力加强基层纪委自身建设，在清理纪检监察队伍的同时，还要配合组织部门发现、掌握、重用一批好干部，配齐配强基层纪委力量，同时切实落实中央关于县以下党政机关设立职级并行制度等政策，调动基层纪检监察干部的工作积极性。

第三，坚持“老虎”“苍蝇”一起打，切实解决发生在群众身边的腐败问题。“蝇贪”成群，其害如“虎”。我们要持续保持“三个高压态势”，紧密结合基层实际，切实解决发生在群众身边的腐败问题，让基层群众真正感受党风廉政建设和反腐败斗争带来的实际成效。

一是在全省开展大起底、大排查。省纪委已经对反映省管干部的问题线索进行了大起底大排查，这项工作抓得很好、很及时。对排查问题线索的处置，突出了谈话函询，其比例由过去的1.6%提高到了23%。也就是说，过去只有1.6%的问题线索涉及的干部被约谈、被提醒、被打招呼，这次通过案件线索的起底排查，比重上升到了23%。我们明确了责任分工、路线图、时间表等等，这充分体现了抓早抓小，充分体现了对干部的关心爱护。今后，要把问题线索起底排查作为一项制度性安排，长期坚持下去。市、县、乡都要结合实际，按照省委、省纪委的要求，对问题线索进行起底排查，摸清底数、分类处置。省纪委也要统筹安排、做好指导、全面推进，层层抓实抓好。

二是进一步加大案件查办力度，确保做到事事有回音，件件有着落。我们要着力解决“上面九级风浪，下面纹丝不动”问题，各级党委要高度重视，各级纪委特别是市、县、乡各级纪委要按照“三转”要求，专司其职，把工作精力集中到监督执纪问责第一线，把工作力量汇集到基层反腐败斗争最前沿，坚持以零容忍态度严肃查处违纪违法案件，决不能放任自流、群蝇成虎。从这两天调研的乡镇的情况来看，对群众反映强烈的问题，要采取坚决有力措施认真解决，一定要做到事事有回音，件件有着落。这个任务是很艰巨的，这可不是开一次会，讲一次党课，听一次汇报就能解决的问题。什么叫抓实，解决问题就抓实了。

三是进一步探索县乡两级纪律检查体制机制改革。这方面，我们要争取先走一步。要紧密结合实际，认真落实“两个为主”和“两个全覆盖”的要求，积极研究落实各级纪委特别是县乡纪委的职责定位、工作方式和作风转变等问题。要坚持完善体制机制。目前，全省超过一半的县直单位没有设置纪检机构，存在监督空白和盲区。我们一方面要积极探索符合基层实际的运转模式和运行体系，着力解决基层纪委职能泛化、力量薄弱、工作不聚焦的问题；另一方面要高度重视配齐配强纪委干部。我们调研了解到，有的市纪检空编125人，其中市纪委缺13人，县纪委缺112人，本来任务就重，事情就多，结果人手还没有配齐。要真正把那些有能力、有担当的干部选配到纪委岗位上来。要坚持问题导向。比如，在“三转”新形势下，我们对纪检监察工作怎么考核，就是个问题。在这次调研中，我们看到，有的乡镇两年多一个案子不办，但墙上却挂着纪检监察工作先进集体的奖牌。要研究考核纪检监察工作用什么尺子什么标准，把奖罚制度建起来。一定要解决干和不干、怎么干、干好干坏一个样的问题。省纪委要拿出适应“三转”的考核奖罚的意见。要坚持实事求是。这也是这次调研的一个重要问题。不能有案不查，两三年一个案子不办，但也不能为办案而办案，甚至为了凑数办案，更不能脱离实际下指标，片面追求办案数量。我们这次调研中发现有的地方定指标，把指标“泼”下去了，对完不成查办案件数量的纪委书记免职，这个做法必须坚决纠正，不能下指标，这不符合实事求是的原则。要坚持分类指导，我们调研了好中差三个类型的乡镇，对好的要总结，有些经验做法要推广；对一般的要督促；对差的要采取有效措施，尽快改变落后局面。

第四，把纪律挺在前面，让纪律立起来、严起来。我们要深刻认识到，党纪严于国法，要把“纪律”挺在“法律”前面。我们要深刻认识到，把纪律挺在前面，与“六权治本”的要求是内在统一的。反腐败的核心是制约和监督权力，把纪律挺在法律的前面，就要在“法律的笼子”前再加一道“纪律的笼子”，起到双保险的作用。我们要深刻认识到，把纪律挺在前面，是对党员干部最大的关心和爱护，是防止干部掉进腐败泥坑的重要措施。我们许多干部都是从基层一步一步成长起来的，组织上培养一个干部很不容易，我们在基层工作的同志们也很不容易，对干部经常“扯袖子”，就能有效防止“戴铐子”。

一是坚持“双学”、以上率下。我们要一级学一级、一级带一级、一级抓一级。要求下面做到的，自己首先做到。打铁还需自身硬，自己过硬，才敢碰硬。

二是注重抓早抓小抓苗头。要加强日常的执纪监督，对干部严格要求，先把干部的“小毛病”“小事”“小节”和“第一次”管住管好，把多咬耳朵、常扯袖子、勤打招呼机制化、常态化。比如村干部浇地用电不花钱、办理低保送人情等等，这些事看起来好像小，但小错不断，大错就不远了，违纪违规发展下去就是违法，贪小不解决，就会贪大，贪大了就会被抓起来。要以啄木鸟的精神严明党的纪律，发现“虫子”就及时啄出来，减少“病树”、保护森林。

三是坚持纪律面前人人平等。榆次区北田镇纪委书记对村干部违反纪律的问题，能够黑下脸约谈和批评，做到这个不容易；但是更不容易的是她对镇党委书记也敢监督，不讲情面，北田镇的做法值得我们学习。执行纪律要坚持“一把尺子量到底”，不能“看人下菜碟”。还有一个问题，全省农村的村委会主任，有的不是中共党员，我们说把党的纪律挺在前面，村委会主任也不例外，他们虽然不是党员，但也要受到政治纪律、行政纪律的约束，也要把纪律挺在前面。

总之，下一步，我们要努力把党风廉政建设和反腐败斗争的各项措施向基层延伸，切实解决老百姓身边的腐败问题，努力做到“乡村治，百姓安”。

中共山西省委办公厅
山西省人民政府办公厅
印发《关于推行各级政府工作部门权力清单制度的实施意见》的通知

晋办发〔2015〕21号

各市、县委，各市、县人民政府，省委各部委，省直各委、办、厅、局，各人民团体：

《关于推行各级政府工作部门权力清单制度的实施意见》已经省委、省政府同意，现印发给你们，请结合实际认真贯彻执行。

中共山西省委办公厅
山西省人民政府办公厅
2015年4月30日

关于推行各级政府工作部门权力清单制度的实施意见

推行各级政府工作部门权力清单制度是党中央、国务院部署的重要改革任务，是省委、省政府推出的重大改革举措，是政府治理体系和治理能力现代化建设的重要内容，对于深化行政体制改革，建设法治政府、创新政府、廉洁政府和服务型政府具有重要意义。根据党的十八大及十八届二中、三中、四中全会精神，按照中共中央办公厅、国务院办公厅《关于推行地方各级政府工作部门权力清单制度的指导意见》（中办发〔2015〕21号）要求，结合我省实际，现就在全省各级政府工作部门全面清理行政职权，推行权力清单制度，提出如下实施意见。

一、总体要求

深入贯彻落实习近平总书记系列重要讲话精神，按照党中央、国务院有关决策部署及省委“六权治本”的要求，以转变政府职能、提升治理能力为核心，对各级政府工作部门行政职权进行全面清理，依法审核确定行政职权，科学配置行政职权，公开权力责任清单，推进行政职权公开规范运行。通过建立权力清单和相应责任清单制度，进一步明确各级政府工作部门职责权限，大力推动简政放权，加快形成边界清晰、分工合理、权责一致、运转高效、依法保障的政府职能体系和科学有效的权力监督、制约、协调机制，全面推进依法行政，为净化政治生态、实现弊革风清、重塑山西形象、促进富民强省提供强有力的机制保障。

二、实施范围

省、市、县（市、区）政府部门及依法承担和履行行政职能的部门或单位全部纳入推行权力清单制度的范围，具体包括：全省各级政府工作部门及部门管理机构，依法承担行政职能的事业单位等。乡（镇）人民政府、街道办事处要适时推行权力清单制度，具体由各市根据实际情况确定。

三、工作任务

（一）全面摸清底数。坚持“谁行使、谁清理”的原则，各级各部门要依据法律、法规（行政法规、地方性法规）、规章（部门规章、省级政府规章），对本部门行使的直接面对公民、法人和其他组织的行政职权全面摸清底数，做到不漏项、不留死角，并分门别类进行梳理，逐项列出名称、设定依据、行使主体等，按照行政许可、行政处罚、行政强制、行政征收、行政给付、行政检查、行政确认、行政奖励、行政裁决和其他类别的分类方式，汇总形成部门行政职权目录。

（二）大力精简下放。各级各部门在全面摸清底数的基础上，按照职权法定和简政放权的要求，对现有行政职权进行清理、调整。对没有法律、法规、规章等法定依据的行政职权，应及时取消，确有必要保留的，按程序办理。可下放给下级政府和部门的职权事项，应及时下放并做好承接工作。对直接面向基层、量大面广、由基层管理更方便有效的经济社会职权事项，下放管理层级，实行属地管理。全面清理以部门“红头文件”设定的职权事项。对虽有依据，但不符合全面深化改革要求和经济社会发展需要的，法定依据相互冲突矛盾的，调整对象消失、多年不发生管理行为的行政职权，应及时提出取消或调整的建议。围绕全面正确履行职能，重点在保持宏观经济稳定、优化公共服务、加强市场监管、创新社会治理、推动可持续发展、保障改善民生等方面提出加强职权的意见和建议。行政职权取消下放后，要加强事中事后监管。

（三）依法审核确认。各级机构编制部门、政府法制部门（含市、县政府负责法制工作的部门，下同）要按照中央编办“三报三审”的工作程序和审核标准，对拟保留的行政职权，依法依规逐条逐项进行合法性、合理性和必要性审查论证。需要修改法律法规的，可按程序提出修改法律法规的建议，待修法后再调整行政职权，先立后破，有序推进。在审查过程中，要广泛听取基层部门、专家学者、社会公众、管理对象的意见，进一步促进权力瘦身。审查结果按规定程序由同级党委和政府确认。

（四）优化运行流程。各级各部门对确认保留的行政职权事项，要细化、量化行政裁量标准，缩小自由裁量空间，促使显性权力规范化，隐性权力公开化。按照透明、高效、便民的原则，对保留的职权事项进行流程再造，编制行政职权运行流程图，减少内部运转环节，明确每个环节的承办机构、办理要求、办理时限等。同时，根据行政职权运行的环节查找廉政风险点，明确预警防控措施，编制行政职权廉政风险防控图，做到职权运行规范、风险可控。

（五）公布权力清单。对确认保留的行政职权，除保密事项外，要以清单形式将每项职权的名称、编码、类型、依据、行使主体、流程图和监督方式等，及时在各部门门户网站公布，机构编制网、政府门户网站与之链接，接受社会监督。实行省以下统一管理的部门或单位，其权力清单由相应省级部门进行合法性、合理性和必要性审核确认，并在本部门或单位业务办理窗口、省级部门网站等载体公布。

（六）加强动态管理。权力清单公布后，要根据法律法规立改废释情况、机构和职能调整情况等，及时调整权力清单，按程序审定后向社会公布。需要修订部门“三定”规定的，要及时完善。对权力清单未明确但应由政府管理的事项，政府部门要切实负起责任，需列入权力清单的，按程序办理。建立权力清单的动态调整和长效管理机制。

（七）建立责任清单。在建立权力清单的同时，各级各部门要按照权责一致原则，逐一厘清与行政职权相对应的责任事项，建立责任清单，明确责任主体，健全问责机制。建立责任清单要与权力清单一并推进。

（八）强化监督问责。权力清单和责任清单公布后，各级政府工作部门，依法承担和履行行政职能的部门或单位等，都要严格按照权力清单行使职权，切实维护权力清单的严肃性、规范性和权威性。利用信息公开平台、政务服务平台等，大力推进行政职权网上运行。相关部门要形成监督合力，强化对职权运行的关键点和各个环节的动态监控，加强职权运行全程痕迹管理，建立决策过程事中事后监督制度，切实将监督问责嵌入职权运行全过程。对不按权力清单履行职权的单位和人员，依纪依法追究责任。对滥用权力的，要坚持有案必查、有腐必反、有贪必肃，实现有权必有责、用权受监督、失职就追责、违法必追究。

四、组织实施

（一）加强组织领导。各级党委要高度重视推行权力清单制度工作，把这项工作作为实施“六权治本”的重要内容，列入重要议事日程，研究重大问题，把握改革方向，切实履行领导责任。各级政府要认真制定推行权力清单制度工作方案，明确工作步骤，细化政策措施，认真研究部署。成立由省长任组长、分管副省长任副组长的山西省推行权力清单制度工作领导小组，统筹领导和推进省政府部门权力清单制度工作。各市、县（市、区）也要成立相应领导机构，加强组织领导，有序推进工作。上级政府要加强对下级政府的指导和督促检查，重要事项及时向党委报告。省直各部门要在做好本部门推行权力清单制度工作的同时，积极支持市、县（市、区）推行权力清单制度。实行省以下统一管理的部门或单位要指导督促本系统所属单位落实权力清单制度。

（二）明确责任分工。各级机构编制部门和政府法制部门要切实承担起牵头负责职责，协调指导，精心组织，在同级党委和政府领导下，会同有关部门积极做好推行权力清单制度工作。财政部门负责做好财政专项资金分配、行政事业性收费的清理工作，参与行政征收类职权事项等审核工作，做好经费保障工作。人力资源社会保障部门负责做好评比达标表彰等事项的清理工作，参与行政奖励类职权事项等审核工作。质监部门要做好职权事项编码规则和标准制定工作。各相关部门要密切配合，形成合力，确保推行权力清单制度工作有序进行。

（三）突出工作重点。要把有利于服务人民、有利于群众办事作为推行权力清单制度基本出发点，抓好清权、减权、制权、晒权等主要环节，把与企业生产经营活动关系紧密、审批权力集中的部门作为重点，把与群众生活密切相关的行政职权事项放在优先位置，着力解决行政许可、行政处罚、行政强制等领域社会反映强烈的突出问题。要把扎实推行权力清单制度与简政放权、政府职能转变等结合起来，形成改革合力。坚持实事求是，渐进有序、积极稳慎推行。政府工作部门要按照权力清单行使职权，防止乱作为，也要积极主动履行职责，避免不作为。对关系人民生产生活、社会发展稳定的事务，要勇于负责、敢于担当，切实履行职责。根据国家有关政策规定和我省实际情况，探索建立市场主体投资准入负面清单管理制度，激发市场活力，规范市场行为。

（四）统筹协调推进。按照“循序渐进、分级负责、压茬推进”的方法，先由省级推开，然后市、县（市、区）及时跟进，按期完成。省级政府部门权力清单要在6月底前编制完成，7月公布运行。市级政府部门权力清单要在12月底前编制完成，2016年1月公布运行。县级政府部门权力清单要在2016年3月底前编制完成，2016年4月公布运行。将推行权力清单制度工作列入年度目标责任考核，加强考核评价，实行行政问责，推动工作落到实处。对推行权力清单制度情况，要采取联合检查、重点抽查、明察暗访等形式强化督查，对消极敷衍、弄虚作假和工作落后的部门、单位，要追究相关领导的责任。

《山西省人民政府办公厅关于全面清理行政权力推行权力清单制度的通知》（晋政办发〔2014〕88号）与本实施意见不一致的，按本实施意见执行。

中共山西省委
山西省人民政府
关于印发《山西省改善城市人居环境规划纲要（2015—2017年）》的通知

晋发〔2015〕6号

各市、县委，各市、县人民政府，省委各部委，省直各委、办、厅、局，各人民团体：

省委、省政府同意《山西省改善城市人居环境规划纲要（2015-2017年）》，现印发给你们，请认真组织实施。

中共山西省委

山西省人民政府

2015年5月19日

山西省改善城市人居环境规划纲要

（2015-2017年）

为深入贯彻落实党的十八大、十八届三中、四中全会和习近平总书记系列重要讲话精神，进一步做好改善城市人居环境工作，结合我省实际，制定本规划纲要。

一、总体要求

（一）重要意义

改善城市人居环境，是广大人民群众的迫切愿望，是全面建成小康社会的基本要求，对于改善民生、拉动投资、稳定经济增长，增强城市综合承载能力和辐射带动作用，加快转变发展方式，统筹经济社会和人的全面发展，具有十分重要的意义。近年来，省委、省政府高度重视城市建设和发展，全省城市基础设施水平有效提升。但是，在城镇化建设快速推进的同时，城市人居环境质量问题日益突出，规划建设起点不高、步伐不快；基础设施欠账较多、保障能力不足；交通拥堵、环境污染和城中村脏乱差等问题凸显；居民居住条件、公共服务能力、城市管理水平有待进一步提高。改善人居环境已经成为当前和今后一段时期城市建设发展的重要任务。

（二）指导思想

认真贯彻落实党的十八大、十八届三中、四中全会和习近平总书记系列重要讲话精神，按照中央“四个全面”的战略布局，围绕省委、省政府推进转型综改试验区和新型城镇化建设总体部署，实施设施提升、城市安居、城中村改造和环境提质四大工程，加快建设设施配套、功能完善、环境优美、管理先进、宜居宜业的现代化城市，发挥城市在新型城镇化中的龙头带动和示范引领作用，促进经济社会持续健康发展。

（三）基本原则

坚持规划引领。坚持先规划、后建设，充分发挥规划的控制和引领作用。着力完善城市规划体系，提高规划设计水平，严格实施城市规划及各项专项规划，强化规划监督管理，切实维护规划的科学性、权威性和严肃性，以科学规划指导城市的科学发展。

坚持人民为本。将改善和提高居民的生活质量放在首位，优先加快与民生密切相关的城中村和棚户区改造、城市基础设施和公共服务设施建设，努力改善居民居住条件，提高设施水平和服务质量，切实保障人民群众日益提高的生活需求。

坚持统筹协调。充分考虑未来一段时期构成城市各种要素的发展、变化，统筹处理好当前与长远、生产与生活、新区与旧区、地上与地下、城市建设与生态保护、产业布局与城市功能、现代气息与历史文化等关系，切实提高城市发展的可持续性。

坚持突出重点。按照总体要求，在统筹推进的基础上，重点解决城市管网、住房保障、城中村改造、大气污染防治、环境卫生等方面群众关心关注的热点、难点问题，确保改善城市人居环境取得实效。

坚持建管并重。坚持建管并举、建管同步，既要拉大城市发展框架，完善城市功能，提高设施水平，又要依法管理，运用信息化、精细化先进管理方式，有效提高城市综合管理水平和软实力，保障城市运行的安全、稳定和高效。

坚持绿色低碳。围绕尊重自然、顺应自然、保护自然的生态文明理念，深入推进节能减排，大力发展节能绿色建筑，积极创建园林城市和公交都市，全面改善和提升城市生态环境质量。

二、目标任务

改善城市人居环境的总体目标是：

——全省城市建成区范围内实现水电气热、通信、污水和垃圾处理全覆盖；

——公共综合交通体系基本形成，城市路网级配达到国家标准，公交出行分担率大幅提升；

——棚户区基本消除，城中村改造取得阶段性成果，房地产业健康发展，实现居民住有所居；

——城市环境质量显著改善，市容市貌干净整洁，城市管理和服务水平进一步提升。

改善城市人居环境的主要任务是：

重点实施设施提升、城市安居、城中村改造和环境提质“四大工程”。

（一）设施提升工程

重点解决地下管线规模不足、老旧管网超期服役，雨污分流推进滞后，路网结构不合理，公交出行率偏低，交通拥堵，基础设施供给和保障能力不高等问题，切实提高城市基础设施水平，使居民水电气暖和出行等生活需求得到全面保障。

1.城市管网建设。

加快供水、供气、供热管网和能力建设。加快城市地下管网的规划建设，实现地下管网新老城区和城中村“全覆盖”；全面改造超期服役和存在安全隐患的管网，进一步消除“跑冒滴漏”。推广煤层气、页岩气、致密砂岩气，多层次、多途径保障城市气源。取消10吨以下燃煤锅炉，取缔城中村燃煤小锅炉，推广应用安全性好、经济性佳的电气混合锅炉和蓄热式电锅炉，建设一批清洁高效环保的城市热源，大幅提升集中供热面积。加快自来水厂、应急水源等设施建设改造，提高供水企业水质监测能力，确保公共供水和水质安全。到2017年，新建供水管网2550公里，改造1500公里，供水普及率达到98.64%；新建燃气管网4200公里，改造900公里，燃气普及率达到93.46%；新建供热管网3000公里，改造3600公里，供热普及率达到90.8%。

实施电网改造。加快城市电网老旧线路及变压器的改造，解决容量小、截面小、“卡脖子”等问题，推进智能化建设，加快实施城市配电自动化。到2017年，完成1230公里的老旧10千伏线路改造，更换配变330台；基本消除重载线路及配变，城市户均配变容量提高到2.86千伏安；实现10千伏线路联络率达到84%。

大力发展通信设施。加快城市宽带网络的建设与覆盖，推进光纤成片改造，全面加快4G网络建设，消除和减少城市地区盲点盲区。到2017年，新增固定宽带用户160万户、城市家庭宽带普及率达到70%；新增3G/LTE用户1236万户、用户普及率达到75%，光纤网络覆盖全部商务楼宇及小区，20%以上的城市家庭用户达到100Mbps。

加强防洪排涝设施建设。加快实施雨污分流工程，新建道路全部实现雨污分流，全面改造合流制管网；积极推行低影响开发模式，建设一批下凹绿地、人工湿地和雨水滞渗收集利用等设施，建设“海绵城市”；以堤防和城市退水渠工程为重点，加快城市防洪设施建设。到2017年，全省新建1800公里雨水管网，改造3300公里合流制管网，基本实现雨污分流；城市建成区排水管网密度提高到8.31公里/平方公里；太原市城区汾河干流段全部达到100年一遇防洪标准，其他设区城市城区段主要河流达到50–100年一遇，县城段主要河流达到20–50年一遇。

实施管线入地工程。大力实施"无蛛网"街区建设，消除视觉污染，杜绝"马路拉链"现象。新建的城市主干道和商业核心街区，各类管线要入地建设，已有的架空管线要加快实施入地改造。采取市场化筹资、专业化建设、物业化管理方式，稳步推进城市地下综合管廊建设，太原市、山西科技创新城要率先开展地下综合管廊试点工作。到2017年，设区城市主干道和商业核心街区架空管线要基本入地。

2.城市道路和公交体系建设。

加快道路新建和改造。优化城市主、次、支路网级配，合理布局城市路网结构，大幅提高路网密度。以快速路、环城路为重点，加快新建道路建设；以设施老旧、建设标准低的道路为重点，加快道路提标改造；以"断头"路、"瓶颈"路为重点，实施微循环改造和连接路网工程。加快行人过街天桥、地下通道、人行步道、自行车道和无障碍设施建设。到2017年，新建、改造城市道路3600公里，人均道路面积达到14.85平方米；太原市主、次、支路网级配达到1：2：3.7，其他设区城市达到1:1.3:3.5。

大力推进公共交通建设。完善城市快速交通体系，加快公交专用道、公交首末站、公交停靠站和优先通行信号系统建设，保障公交车辆优先通行；加快公交运能增长，拓展公交线网，推进城市公交优先发展。加快出租车预约服务平台建设，缓解打车难矛盾。推行城市公共自行车系统建设，大幅提高公共自行车服务城市的比例。到2017年，全省新增、更新公交车辆3000辆、新增公交专用道163公里、运营线路5400公里、公共自行车1.42万辆，设区城市不含步行的城市公交出行分担率平均达到27%以上，太原市达到37%以上。太原市要加快建设轨道交通2号线，并创建成为国家"公交都市"。

（二）城市安居工程

重点解决居住区基础设施不配套、环境脏乱差等突出问题；继续加大保障性住房建设力度，解决中低收入群体住房困难；促进房地产业健康发展，形成合理的房地产供应体系，实现住有所居、应保尽保。

1.保障性安居工程。

继续加大公共租赁住房建设力度。全面实行公共租赁住房和廉租住房并轨运行，按照项目统一规划、工程统一建设、资金统一使用、房源统一分配、运营统一管理的原则，加快建设进度，加强准入、分配、运营、退出等审核环节监管，实现保质保量竣工，分配公开公平公正。

积极推行共有产权住房建设。探索将划拨土地和税费减免部分作为政府产权，购房者出资部分作为个人产权的方式，由政府和个人共同拥有住房产权，逐步将经济适用住房和限价普通商品住房纳入共有产权住房管理，支持城市中等收入家庭等群体自住性住房需求，使更多中低收入住房困难群众享受保障性住房建设成果。

进一步加快各类棚户区（危旧房）改造。坚持科学规划、分步实施、政府主导、市场运作的原则，科学编制棚户区改造规划、控制性详细规划和分年度实施计划，充分考虑居民就业、就医、就学和出行等需要，同步配套建设市政基础设施、公共服务设施和便民商业网点设施。采取拆除新建、改建、综合整治等多种方法，推行"统一规划、连片改造、集中安置"模式。到2017年实施保障性安居工程41.79万套，其中棚户区改造30.19万套（不含城中村改造）、公共租赁住房7.25万套、共有产权住房4.35万套（含经适房、限价房），让更多困难群众早日"出棚进楼"，安居乐业。

2.房地产业发展。

促进房地产投资持续稳定增长。以棚户区改造为重点，以基础设施配套为支撑，引导房地产企业积极参与棚户区和基础设施改造，加快房地产开发建设，改善城市居民的居住环境。严格控制住宅小区建筑密度，合理提高绿地率，优化户型设计，推行住宅全装修销售，积极创建康居示范工程，提升住宅品质和产业化水平。大力发展养老、旅游、园区等新型地产，促进房地产发展模式多样化。

建立符合省情的住房保障和供应体系。结合经济社会发展水平、住房供应和需求结构、资源环境条件以及人口规模等因素，统筹考虑保障性住房和商品住房需求等情况，进一步优化住房供应结构，加大保障性住房建设，增加普通商品住房供给；规范存量住房市场，发展租赁住房市场，优化房地产市场环境，逐步建立供给稳定、总量平衡、梯次分明的商品住房供应体系，满足居民基本住房需求。到2017年，全省房地产开发投资累计完成5240亿元，增加商品房面积9000万平方米。

（三）城中村改造工程

重点解决城中村规划建设管理不严格、基础设施不配套、环境卫生脏乱差、安全隐患突出和社会保障等问题，逐步消除城市内部二元结构矛盾，有效保障民生，促进社会和谐。

1.科学编制城中村改造规划。

城中村改造要纳入城市规划体系，以城市总体规划为指导，通过与周边区域的统筹规划，合理安排用地功能布局、基础设施和公用服务设施，为居民提供良好的生产生活条件，切实发挥规划对城中村改造的引领指导作用。

2.加大城中村改造力度。

在对城中村现状进行全面调查摸底的基础上，制订工作方案和分年度实施计划，制定稳定、延续和可操作的城中村改造政策，结合当地城镇化发展和城中村状况，突出重点，分类指导，梯次推进，有序实施改造。将城中村改造纳入城市棚户区改造政策范围，同步完善城市功能和配套设施，改造后的市政公用设施维护和市容环卫管理纳入城市管理体系，确保基础配套设施建设到位、公共服务到位。到2017年，全省开工改造330个城中村22.2万户，改造面积3725万平方米，占需改造总数的53%左右。

3.统筹推进各项配套改革。

城中村改造要按照城乡一体化、公共服务均等化的原则，以人为本，综合治理，落实城中村基本养老保险、基本医疗保险、最低生活保障、就业保障等各项社会保障政策，统筹推进各类公共服务设施体系建设，将城中村建成现代文明和谐社区。

（四）环境提质工程

重点解决污水垃圾处理能力不足、空气污染、城市园林绿化水平不高，以及城市环境卫生脏乱差等问题，实现市容市貌干净整洁，环境质量明显提升。

1.生活污水和垃圾处理设施建设。

提升污水处理水平。加快污水处理厂的新建、改（扩）建和配套管网建设，努力实现“全收集、全处理”；配套建设污泥处理处置设施，实现污泥“无害化、资源化”；加快污水再生利用处理设施建设，提高水资源循环利用率。到2017年，全省所有城市污水处理厂出水全部达到一级A类标准，运行负荷率达到78%，污水处理率达到89.6%；污泥无害化处置率达到76%；污水再生水利用率达到25%。

提高垃圾处理能力。加快生活垃圾无害化处理设施建设，实现生活垃圾无害化处理设施“县县有”。推广包括垃圾焚烧发电在内的综合利用处理工艺，加快城市生活垃圾分类和餐厨垃圾处理体系建设，提高生活垃圾“减量化、资源化、无害化”水平。到2017年，全省城市生活垃圾无害化处理率达到84.25%，资源化利用率达到37.5%，太原、大同、晋中3个设区城市生活垃圾分类和餐厨垃圾处理体系完成试点建设，并进一步推广。

完善废弃物资源回收和处理处置体系。加快回收站点、分拣中心、交易市场、工业和危险废弃物处理处置设施建设，到2017年，全省3个设区城市建成再生资源回收交易市场，全省建设2–3个报废汽车回收拆解示范基地。全省建成1–2个危险废物综合处置中心及若干分布合理的专业危险废物处置设施，11个市级医疗废物集中处置中心全部正常有序运行。危险废物与医疗废物安全处置率、废弃电器电子产品拆解企业规范拆解率达到100%。

2.大气污染防治。

加大大气污染防治力度。按照国务院大气污染防治考核办法及六部委联合印发的考核细则有关要求，认真组织各年度大气污染防治行动计划实施情况考核工作，强化奖惩问责；进一步加大电力、钢铁、水泥等重点行业二氧化硫、氮氧化物、烟粉尘减排工作力度，减少主要大气污染物的排放；实施“以电代煤、以电代油”，有效治理城市雾霾；加快推进黄标车及老旧车淘汰工作，减少机动车尾气污染，倡导电动汽车绿色出行；进一步强化施工工地扬尘污染控制，减少扬尘污染；按期供应国五车用汽柴油等。到2017年，空气质量明显好转，重污染天气较大幅度减少，全省细颗粒物浓度比2013年下降20%左右。

3.城市容貌综合整治。

提高城市市容环卫水平。结合“全省城乡爱国卫生清洁运动”，重点对城中村、城市出入口、城乡结合部、车站广场等重点区域积存垃圾、卫生死角、乱停车、乱设摊点、占道经营等进行综合整治，消除脏、乱、差、危现象。严格户外广告的设置审批，重点清理整治店外招牌乱设乱挂、“牛皮癣”小广告及其他乱贴乱画等现象，规范设置店外广告招牌。加大水冲式公厕建设和旱厕改水力度。所有运输车辆全部实行密闭化，杜绝沿途抛洒；提高道路机械化清扫率，在2012年的基础上，城市机械化清扫率年均增长6个百分点以上。到2017年，所有城市实现生活垃圾日产日清；广场、公园、商业街区废物箱间距小于50米，主次干道小于100米；城市公厕数量达到每平方公里3座，太原市达到5座。

4.历史文化遗产保护。

综合考虑城市布局，完善历史文化名城保护体系。编制历史文化名城和街区保护规划，开展历史建筑认定、挂牌、建档工作，建立历史建筑保护名录。实施历史建筑修缮和历史文化街区环境整治，配套完善水气热电等基础设施，使其成为城市最具特色和吸引力的区域。组织实施濒危文物保护单位的抢险维修。到2017年，完成全省历史文化名城、街区内重点文物保护单位的抢险维修，重大险情排除率达到100%。

5.绿色生态建设。

提高城市绿化水平。结合城乡环境整治、城中村改造、弃置地生态修复等，实施“300米见绿、500米见园”工程，加快道路绿化和公园、游园建设，使居民身边大幅“增绿”。加快下沉式绿地、绿道绿廊和防灾避险公园等项目建设，完善城市绿地的综合性功能。以创建园林城市为抓手，提升城市生态环境的整体水平。到2017年，全省城市绿化覆盖率达到40.3%，太原、长治、晋城、阳泉市率先实现“园林城市（县城）”全覆盖，全省园林城市（县城）数量达到50个。

构筑城市“绿色屏障”。在全省城市规划区以外3000米左右的环城地区，山区城市主要以周边可视范围内的山头绿化为主，平原区城市以环城林网为主，风沙区城市以宽环城林带为主，城市重点出入口以小片公益林为主，每年完成高标准环城绿化10万亩。到2017年，完成30万亩的环城绿化任务，全省城市郊区林木覆盖率山区达到45%、丘陵区达到31%、平川区达到15%。

实施城市水系治理。统筹流域、系统治理，开展城市河湖水系综合治理，建设一批蓄水美化工程、湿地公园和防洪渠道治理美化工程，改善水体及周边和沿线人居环境，实现“河畅、水清、岸绿、景美”。到2017年，全省完成城市河道整治150公里，建设城市河湖蓄水美化面积50平方公里。

实施“绿色建筑”行动。城市新区率先按照“绿色低碳”理念规划建设和运营管理，以山西科技创新城、阳泉北部新城等为试点，开展绿色生态城区建设示范。加快既有居住建筑节能改造，突出集中连片规模化实施。加快供热计量改革，推行供热计量收费。到2017年，全省城市新建建筑执行绿色建筑标准比例达到30%；80%具备改造价值的既有居住建筑基本完成节能改造。

三、工作措施

（一）强化规划引领和指导作用。坚持高起点规划，统筹人口、资源、住房、交通、环境、公共安全等要素，进一步完善城市总体规划、详细规划和各类专项规划，科学指导城市建设活动；涉及空间利用的专项规划必须服从城镇体系规划和城市总体规划的统一要求。注重城市设计和建筑设计,体现城市特色,提高建设品位。加强对规划编制实施情况的监督检查，坚持有法必依、执法必严，确保规划的法律效力。

（二）优先保障建设用地。科学分配并合理使用新增建设用地计划指标，优先保障改善城市人居环境建设用地，对涉及民生的城中村和棚户区改造、城市公交枢纽站和首末站等公交场站建设、污水和垃圾处理等环卫设施建设用地给予倾斜；整合利用各类存量建设用地，盘活城市土地资源。

（三）确保政府投入。各级各部门要用好用足国家和省现有的各类资金支持政策，集中用于改善城市人居环境。2015–2017年，省级财政每年再安排3亿元专项资金，重点对城市供水、供气、供热、污水处理、垃圾处理、地下综合管廊和轨道交通等项目开展PPP模式进行建设和运营给予奖补。同时，继续实施对县城镇污水处理企业的“以奖代补”政策。市、县政府要加大城市道桥、水气热、环卫和公交等公益性基础设施建设的公共财政投入，改革用水、用气、用电计价方式，逐步实行阶梯式价格。

（四）鼓励社会资本参与。各级各部门要通过多种模式，引导和鼓励社会资本参与城市基础设施建设和运营。各市县要定期向社会公布一批城市基础设施建设项目，通过特许经营、投资补助、政府购买服务等方法，鼓励和培育有实力、有信誉、规模化、专业化的市场主体积极参与。充分利用城市水气热等各类设施存量资产和政府投入的资金，稳步推进国有市政公用企事业单位改革，通过多种方式盘活存量资源。对现有的政府各类融资平台要进行规范、整合，有效提高融资能力，为改善城市人居环境筹集资金。

鼓励金融机构开展改善城市人居环境“四大工程”信贷业务，争取国家开发银行、农业发展银行等政策性银行的资金支持。支持符合条件的投融资平台公司首发上市融资和上市公司再融资。通过发行企业债券、中期票据、短期融资券和组织银团贷款等多元化融资形式，实施“债贷组合”，拓宽融资渠道，降低融资成本。

（五）提升城市管理服务水平。加快数字化城管平台和智慧城市试点建设，统筹推进城市管理内容的数字化和精细化。完善各类突发事件应急预案，组建专业性强、装备精良、反应快速的应急抢险队伍，定期开展应急抢险演练，构建快速高效的应急管理体系。

强化城市地下管线管理。统筹城市“地上”“地下”建设管理，加快编制地下管线综合规划和开展地下管线普查，建立地下管线综合管理信息系统；理顺地下管线管理体制，明确牵头部门和部门职责，加强联动协调，解决多头管理、各自为政的问题；建立快速有效的地下管线应急处置机制，确保安全；制定地下管线综合管理政策规定，使地下管线的建设和管理纳入法制轨道。

（六）加强组织领导。省政府将改善城市人居环境纳入重要议事日程，定期听取汇报，明确政策措施，监督、指导和协调各地抓好落实。省政府成立山西省改善城市人居环境领导小组，省长任组长，分管副省长任副组长，有关部门主要负责人为成员。省领导小组办公室设在省住房城乡建设厅。省直有关部门要切实履行职责，主要领导要亲自抓，认真制订本部门实施方案，加强协调配合，强化监督指导，确保各项工作任务顺利完成。各市、县政府是改善城市人居环境的责任主体，也要成立相应的领导机构和工作机构，建立层级分明、运转高效的组织领导体系，切实履行职责，抓好工作任务的落实，科学确定项目规模和投资需求，采取有效措施加以推进，并及时公布具体项目和进展情况，接受社会监督。

（七）加大监督考核。改善城市人居环境工作要纳入各级政府的考核体系。省改善城市人居环境领导小组要制订年度行动计划，建立信息报送、工作督查、工作考核、严格奖惩机制，及时研究解决工作推进中的困难和问题，并对工作完成情况进行量化考核。各市、县政府也要制订工作方案和年度计划，将工作任务逐项分解落实到相关责任部门和单位，确保扎实推进。各级各部门要加强改善城市人居环境工作的监督检查，对工作成效显著、成绩突出的城市予以表彰奖励；对措施不到位、工作开展不力的责任人进行约谈，限期整改。

在全省金融振兴推进大会上的讲话

王儒林

（2015年5月29日　根据录音整理）

省委、省政府召开这次会议，主要任务是贯彻落实省委十届六次全会和经济工作会议精神，研究部署我们省金融振兴工作，深入推进“六大发展”。省委十届六次全会之后，我和省委、省政府领导同志专门召开金融工作座谈会，并且深入实际，做了大量调查研究，省委、省政府形成了关于山西金融振兴的《意见》。在这些工作的基础上，我们又召开今天的大会，这次会议很重要。下面，我讲三方面意见。

一、充分认识金融是现代经济的核心，金融活则经济活，金融兴则经济兴

现代市场经济从本质上说，是一种发达的货币信用经济，也就是金融经济。我们必须充分认识金融的核心地位和作用，把金融振兴作为“六大发展”的一个重要“突破口”来抓。

（一）金融振兴是我省产业转型升级的迫切需要。转型发展，是我们省带有根本性的重大问题。我们省经济是资源型经济，煤基型产业工业增加值占全省工业增加值的80%以上。作为金融，既源于实体经济，又服务于实体经济。我们省不论银行信贷结构，还是直接融资结构，都是煤基产业占主导地位，具有典型的资源型经济金融特征。

金融在我们省结构调整、转型发展中具有特别重要的作用。一方面，要充分发挥金融在市场化配置资源中的核心作用。资金配置到哪里，物资、技术、劳动力等生产要素就在哪里集聚。我省调整结构、转型发展，必须首先把金融配置资源的作用充分发挥出来。另一方面，要充分发挥金融对经济发展的支撑作用。有效的金融运行可以直接放大或者制约经济发展中的投资规模和发展速度，为经济结构调整和转型升级提供重要的支撑。我们省要实现转型发展，就必须充分发挥金融的特殊重要作用。

（二）金融振兴是解决我省企业资金短缺和应对经济下行的迫切需要。融资供求矛盾在经济下行的时候表现得更加突出。今年一季度，全省规模以上工业增加值-2.9%，而在我省经济总量中所占比重较大的煤炭、焦炭、电力、冶金、化工、建材这六大行业增加值都明显下降。这主要受产品价格持续下降的影响，产品价格的大幅度下降，导致企业存货增加、应收账款增加、财务费用增加，现金流减少，盈利减少，甚至出现亏损，企业对银行贷款的需求急剧上升。同时，转型、新兴产业的发展也亟需注入新鲜的资金血液。

与实体经济融资需求形成强烈反差的是，我省融资难的问题十分突出。特别是中小微企业、民营企业不仅融资难，而且融资贵。中小微企业信用等级低，获得银行贷款难，不得不求助于抵押贷款公司，除利息外还要支付抵押担保费用，一般合计支付15%-20%的年利率，即使是政策性担保贷款，也要支付高于银行信用贷款1倍以上的利率，民间借贷成本更高达20%-30%，中小微企业不堪重负。我们有一些很好的中小企业，从产业、产品，到市场、到销售，做得都很好，有的产品还供不应求、甚至远销海外，但是也面临贷款难的困扰。企业资金周转困难，已经产生连锁反应。破解企业资金难题、遏制经济下行，迫切需要金融给力。

（三）金融振兴是我省金融业自身发展壮大的迫切需要。在调研当中，我明显地感到，我们省各级领导和企业更多的是强调金融业对经济发展的输血作用，忽视增强金融业自身的造血功能,没有把它作为一个重要的产业来培育。金融业也是企业，我们要不断深化认识和理解，抓金融振兴，必须首先振兴金融。

经过多年发展，我省已经初步形成了银行、证券、期货、保险、信托、产权交易等各业并举、功能基本完备的金融体系，金融总资产达到3.4万亿元。省委十届六次全会明确提出金融振兴以来，全省上下、各金融机构和地方联手，进一步开展实践探索，有些工作初步有所突破。今年一季度，我省银行业表内、表外、债券和股票融资这四项全线飘红，共实现融资1641亿元，同比多增377亿元，在全国社会融资总量同比少增9000亿元的情况下，我省取得这样的成绩确实难能可贵；在去年12月召开省委十届六次全会时，我省在“新三板”挂牌企业还只有1家，到目前，挂牌企业已达13家，已经过会即将挂牌的和已经上报即将审查的还有30多家；上周永东股份在深交所正式上市，这是我们省企业在资本市场上市沉寂三年后的首家上市企业。

在充分肯定成绩的同时，我们也要清醒地看到，当前我们省金融业发展存在的困难和问题仍然十分严重。一是我们省金融产业发展严重滞后于全国及中部六省的整体水

平。二是金融形势严峻，金融风险不容忽视。三是资本市场发展滞后。我们省上市公司少，目前全省仅有上市企业36家，在中部六省排第五位，总量不及江浙一个地级市。上市企业不仅总量少，结构也不合理。可以说，不论一板、二板、三板，还是四板，我省都是“短板”。即使企业上市后，再融资能力也很差，有10家企业上市后就从未再融资。省内上市公司资源外流严重，已经有5家上市公司控股权发生转移，另外还有几家上市公司也经营不善。多层次资本市场的要素构件不全，期货、资产交易、产权交易等市场发展不充分，与金融服务配套的律师、会计师等中介机构服务能力薄弱，制约资本市场功能发挥。四是金融体系不完善，地方金融发展缓慢。资产总量不大，传统存贷业务仍然占主导地位，金融工具偏少，同质化经营严重，缺乏特色和规模效应。地方保险业、融资租赁等尚处于起步阶段，私募基金产业发展缓慢，担保公司规模小，金融孤岛问题严重，没有形成聚合优势。五是金融环境差，金融观念落后。相当一部分领导干部缺乏现代金融知识，对金融工作不重视，认识不够，办法不多，能力不行，不会运用现代金融工具。

在看到这些问题的同时，我们更要看到我省金融业发展的巨大潜力。近年来，我们省金融业也有不少亮点，直接融资增速全国领先、社会融资结构趋于优化、县域城镇化建设基金试点稳步推进、互联网众筹开始试水、金融扶贫初见成效，等等。到2015年一季度末，我省“存贷差”高达8000多亿元，企业控股股东拥有的上市公司市值3600多亿元，这都是我省现实的流动性。目前，金融市场改革创新力度也很大，金融业发展机会很多，差距就是潜力，短板也是商机，我省金融业大有可为。

二、明确工作重点，着力解决制约金融振兴的突出问题

实现金融振兴，必须坚持从山西实际出发，顶层设计、整体推进、深化改革、重点突破，要着力从以下八个方面做好工作。

（一）要积极应对和处置各类金融风险。金融体系的安全、高效、稳健运行对于经济全局的稳定和发展至关重要。当前金融风险与经济下行压力交织存在，我们更要下大力气排查、防范和化解金融风险，把这项工作作为金融振兴的首要任务。一是加快处置在全国影响较大的三起金融风险。近年，我省相继发生了联盛、海鑫、中诚信托三起金融风险，在全国影响很大，引起中央领导高度重视。要加快彻底解决，拖得越久，带来的问题就越复杂，后果就越严重。省和吕梁等相关市要彻底搞清楚风险问题的症结，该补偿的补偿，该清退的清退，该追究领导责任的追究，该依纪依法严肃处理的依纪依法严肃处理。要以这次会议为标志，明确期限，尽快出结果。我们只有把这些重大金融风险处理好，才能形成良好的金融生态，才能恢复金融机构对我们山西的信心。二是切实化解银行不良贷款风险隐患。当前，我省银行不良贷款率居高不下，信托计划风险与银行信用风险交叉感染，进一步危及经济金融安全。对这个问题，各级领导都必须引起高度重视。要强化地方政府责任，地方政府是金融风险处置的第一责任人，一定要坚持这个原则，对这些风险决不能认为只是银行的事，熟视无睹，甚至麻木不仁。地方政府要牵头梳理，对当地不良风险情况，既要了解总量，又要了解个案，既要摸清引起不良贷款高发的原因，又要协调银行和企业提出处置具体措施。各市要把不良贷款降下来，全省总的不良贷款率也要降下来，只有这样，金融环境才会有根本性改善。三是金融机构和企业要共渡难关。当前，全省经济严重下滑，不论是国有企业还是民营企业，在多种矛盾和困难中艰难前行。我在调研和先后召开的5个座谈会上，大家反映最突出的问题之一就是融资难，普遍反映银行抽贷、限贷，续贷困难。这与企业自身条件差、担保抵押不具备条件等因素有关。但是，也确实存在一些银行在企业还贷后，不能及时续贷。有的银行承诺企业还贷会续贷，但一旦企业还贷后，就找多种理由不再续贷。这样也加剧了不良贷款大量产生，这种现象持续下去，还会有更多的不良贷款冒出来。目前潜在的存量风险，我看远远大于已经出现的暴露的风险，各家银行领导同志都在座，一旦处置不好，银企关系势必陷入恶性循环，甚至会出现企业倒闭、银行贷款血本无归。从这个意义上说，银企也是命运共同体。还是那句老话：要在发展中防范化解风险，要通过及时输送“新鲜血液”，来挽救得了“小病”的企业，让它们康复起来，生产正常运转，资金良性循环。省委、省政府既理解银行有银行的难处，也希望通过清收、回收再贷、贷款重组、贷款并购、贷款搭桥、贷款接续、利率还原，以及信贷资产证券化、信贷资产流转和引进股权投资等方式，分门别类化解不良贷款风险，千方百计盘活低效信贷资源。同时，希望银行加大不良资产核销，四大资产管理公司要充分发挥作用，我们省的资产管理公司也要加快组建起来，要鼓励采用市场化手段，多渠道、批量化处置不良资产，盘活企业。各级政府要强化风险管控，主动与银行和企业加强联系，高度关注企业的运行，对可能出现的风险提前预警，第一时间跟进措施，严控新生不良。大家齐心协力，抱团取暖，同舟共济，渡过难关。

（二）要全面加强信用体系建设。信用是金融之本，是金融的生命，没有信用就没有金融。我来山西工作以后，一直重视学习和研究晋商文化，我深深感到，我们山西诚信文化源远流长，具有诚实守信的光荣传统。晋商成为十大商帮之首，货通天下、汇通天下，驰骋商界500年，靠的就是信用。我们晋商以诚为本。1888年，英国汇丰银行一位经理对山西票号和钱庄经营者的诚实态度大加赞赏，他感叹地说：25年来，汇丰银行与上海的晋商等作了大宗交易，数目达几亿两之巨，但是从没有遇到一个骗人的山西商人。对北京的“六必居”，我一直很感慨，当年我们山西临汾赵氏兄弟在北京开的这个小店铺，做的是油盐酱醋的

小买卖，却能长盛不衰近500年，至今仍是国宴必备、世界品牌，靠的就是"六必"即"黍稻必齐、曲蘖必实、湛之必洁、陶瓷必良、火候必得、水泉必香"的诚信经营。"六必居"将近500年，对每一个品种每一道工序从不马虎，一丝不苟，选料、加工都很有讲究，几百年不变。我们晋商唯信不移。《清朝文献通考》对山西票号评价："山右巨商，所立票号，法至精密，人尤敦朴，信用最著。"在清朝乾隆年间，范氏家族承办贩铜贸易，即使亏本也要办铜，克期必至，以保信用为先。我们晋商以义制利。《清史稿·列传》讲到晋商范毓宾，"辗转沙漠万里，不劳官吏，不扰闾邻，克期必至，省国费亿万计"。说的就是雍正年间，朝廷平息青海叛乱，军粮供应困难。由我们山西商人范毓宾筹办军粮，有一次，范毓宾运送的军粮被叛军劫走，他不惜倾家荡产，凑足一百四十四万两白银，买粮补运军粮。范家以"毁家纾难"的做法，赢得了朝廷的信任和赞赏，作为回报，朝廷把允许与西北游牧民族贸易的特权给了范家。我们晋商有情有义。祁县乔家，开创始祖乔贵发，幼年父母双亡，生活贫困，受尽冷眼。同村一位程姓女子经常接济他一粥一饭，而且劝众人"不要门缝缝里看人，很可能乔贵发以后就有大出息呢!"果然，乔贵发走西口艰苦创业，20年后衣锦还乡。这时那位程姓女子的丈夫已经去世，带着两个孩子，生活十分困难。乔贵发报答当年一粥一饭的恩情，不是给她银两钱财，而是娶她为结发妻子，对她的孩子也视如己出，在乔家股份和家产的继承上一视同仁。乔贵发还立下六条家规：第一不准纳妾，第二不准虐仆，第三不准嫖妓，第四不准吸毒，第五不准赌博，第六不准酗酒。乔家后代都遵守了这些家规，乔致庸、乔映霞、乔映霄这些乔家后代的婚姻，都坚持了一夫一妻。乔映奎的妻子只生了女孩，没生男孩。在家规的约束下，也不娶二房，过继侄子顶门立户。乔家不仅对客户、对社会诚信为本，对家人也讲诚信，这种可贵的品质，值得我们永远敬重、珍惜和弘扬。我们晋商自觉自律。晋商对员工的选拔培训首先注重的是道德修养，要求学徒重信义、除虚伪、节情欲、敦品行、贵忠诚、鄙利己、奉博爱、薄嫉恨。如果有人违反规定，就由本人、掌柜及保人三方当面交割开除出号，而且永不续用，其他各连庄分号亦不能录用。这些事例，直到今天不仅令人叹服，更是我们山西宝贵的精神财富。

与历史上的晋商相比，我们不得不痛心地承认，我们在诚信上出了问题。我们必须深刻认识到，诚信比黄金更重要。我们提出重塑山西形象，就包括必须下大功夫，继承晋商优良传统，重塑山西诚信新形象。一要综合施策加强"诚信山西"建设。要完善信用体系要素，整合公检法、教育、住房建设、商务、环保、水利、交通、工商、食药监管、质监、安监、税务、海关、金融等等各部门的信息资源，建立统一的社会信息平台。坚持不懈努力建成全省社会信用法规制度和标准体系，形成互联共享的公共信用信息系统、比较完善的信用服务体系，使这个平台信息丰富，功能完善，更新及时，查询方便，多方共享。二要着力解决不诚不信的突出问题。今年3月2日，我和小鹏等同志在北京与各大银行领导召开座谈会，银行领导都表示要大力支持山西，同时，也提出一些问题。省委、省政府高度重视，"两会"期间就安排省金融办全面排查驻晋金融机构在山西发展中的困难和问题，金融办一共梳理出108个问题，这些问题大多数与山西信用环境有关，是我们重塑山西诚信的重要抓手。我们必须高度重视，要以"三严三实"的作风，抓紧解决到位，坚决做到件件有回音、事事有着落。三要完善信用奖惩机制。严格的信用奖惩机制是建设诚信山西的重要保障，要加快建立守信激励、失信惩戒联动机制。一方面，对信用记录良好的企业和个人，有关部门要在市场监管、政府采购、税费缴纳等方面给予政策性鼓励，金融机构在授信额度、付款方式等方面给予优惠或便利。另一方面，对那些无视诚信、恶意逃废债务的企业和个人，不仅要加大惩处力度，有的还要公开曝光，让他们付出代价。各级领导不仅要大力抓好信用建设，更要做守信的表率。领导干部作为关键少数，要带头守信用，干部守信也是习近平总书记强调的"三严三实"中做人的基本底线，对领导干部不讲诚信的要严肃处理。宣传部门要加大对诚信方面的宣传，在全社会形成守信者人人都赞扬、失信者处处受制约的局面，努力营造诚信为荣、失信为耻的氛围。我们还要通过做强做大担保行业、发挥政府资金的风险补偿作用等措施，提升增信能力。我们一定要坚持不懈地抓下去。

（三）要千方百计用好并不断拓宽融资主渠道。一是充分发挥银行融资作用。2013、2014年和今年一季度，在我们省全社会融资的总规模中，银行贷款和表外融资占社会融资的77%、68%、65%，这就可以看出，银行依然是我省融资的主渠道。我们感谢中央和省外驻晋金融机构对山西做出的重要贡献。我们要进一步创造条件，鼓励和支持驻晋金融机构继续扩大融资规模。今年3月2日，在北京召开山西省与国家大银行座谈会的基础上，近期我们又与国家开发银行进行对接，商定围绕我省"六大发展"战略，提供大额和低成本资金支持，有关部门要一一对接项目，做好增信工作，抓好资金落地。同时，要加大工作力度，积极争取各家金融机构特别是总部对山西的融资支持。二是充分发挥政府融资平台的作用。我省负债总量总体看不大，风险可控，还有很大融资空间，要规范改造现有平台，搭建新的融资平台，确保棚户区、"城中村"改造，铁路、公路、水利等基础设施，采煤沉陷区治理、人居环境改善等项目具备统贷统还能力，更好地发挥政策性、开发性金融的作用。同时，通过相应的政府融资平台，积极支持商业银行利用好信托、理财、融资租赁等创新产品，进一步支持企业和全省经济发展。

（四）要加快多层次资本市场发展，扩大直接融资规模。资本市场是当今世界创新型经济的"发动机"，强大的资本市场是推动实现经济转型的"加速器"。实现山西金融振兴，最大的短板在资本市场，最大的潜力也在资本市场。

我们省是煤炭资源大省，2013年前的10年，客观地说，由于煤炭价格持续上涨，很多企业不缺钱，银行追着贷款。企业利用资本市场融资积极性不高，工作力度不够，在一定程度上也可以说错失了良机。企业发展资金很少引进股权投资，主要来自银行贷款，造成企业巨大财务负担，遭遇经济下行压力时，融资结构不合理的短板就充分显露出来了。而通过资本市场募集的资金，相当一部分是权益类资产，比如新股发行、增发股票、兼并重组、私募基金投资等，无需还本付息，既融来了资金，又节约了财务成本。不仅如此，企业权益类资产的增加还可降低负债比例，使企业财务状况进入良性发展轨道，进一步扩大融资能力。股权不仅能融资，还能融智，用股权激励的方式，对优秀管理人才和技术人才进行奖励，这就是业内常说的所谓“金手铐”。我们要全力加快多层次资本市场发展，善于用好资本市场融资，努力把短板补长。

一是要把培育企业上市列入重要议事日程。各级党委、政府要加强对企业股份制改造的组织领导，成立专门机构，强化宣传培训，实施企业上市培育工程，健全完善企业上市后备资源库，特别是从战略性新兴产业和重大转型行业中，筛选和支持实力强、成长性好的优秀企业上市融资。要建立企业上市绿色通道，综合利用财政、税务、土地、工商等行政手段，加快对企业的上市培育。要制定专项奖励政策，对企业股改成功，在主板和创业板上市、“新三板”挂牌和众筹平台等其他资本市场平台实现融资的企业进行奖励。要加强与沪深证券交易所、中小企业股份制转让系统、港交所等境内外交易所的交流与合作，为我省企业上市融资创造有利条件。二是着力提升上市公司质量。企业上市只是有效利用资本市场的第一步，还要在上市后有效管理市值。要不断向上市公司注入优良资产，提升企业资产价值和流动性，提升企业融资能力，实现企业价值最大化。上市企业和集团公司必须克服绝对控股的思维，决策层和管理层要把利用股票市场作为经营企业的重要组成部分，在资本市场的“过山车”中学会套期保值。要鼓励上市企业再融资，通过公开增发、定向增发、配股和股权质押融资等方式，提高利用资本市场配置资源的效率和水平。三是继续扩大债券融资。企业通过发行各类债券，加大直接融资，我们省的势头不错。特别是通过银行间市场交易商协会各类融资工具实现的融资，近年来一直稳居中部第一，全国第七八位，我们要巩固住这样的良好势头。各级政府要有组织地加强对企业利用新型金融工具的辅导，引导企业通过发行短期融资券、中期票据、超短期融资券、中小企业集合票据、企业债、公司债、中小企业私募债等方式，扩大直接融资。要创新债权融资方式，探索推广并购债、债贷组合、可续期债券、项目收益票据等债券创新品种。要进一步加强与国家有关部委的联系，积极争取地方政府债券发行试点。四是加快山西股权交易中心建设。不久前，我去山西股权交易中心调研，看到有一千多家企业在这里挂牌展示，但实际作用还有待进一步充分发挥。挂牌展示只是第一步，关键是要培育企业进行股份制改造，实现股权或债权融资，这才是根本。股权交易中心这个平台很重要，是多层次资本市场的“第四板”，作用发挥好了，还可以向“新三板”转板。目前，这个平台作用发挥的还不充分，要加速人才引进，加大改革力度，按照市场化原则，积极创新业务模式和产品，引导信贷类产品、小贷类产品、私募股权进入平台交易，推进资产证券化，切实发挥融资平台作用。五是加快各类要素市场建设。我们省与资本市场配套的期货、资产交易、产权交易市场发展比较缓慢，农产品、大宗商品、知识产权等交易市场还没起步，一些与金融市场配套的中介机构实力不足。这些都是制约我省多层次资本市场发展的重要因素，各级政府必须统筹规划，加大支持力度，加快建设，把短板补齐、要素补全。要加快全省金融服务平台、中小企业金融服务中心、私募股权基金管理中心、众筹融资平台等基础服务建设。要加快推进知识产权、碳排放权、农村产权、集体林权、金融资产等交易平台建设。要加速资本、土地、技术、信息等要素的交易和融合。要利用好期货市场功能，鼓励我省企业稳步开展套期保值业务，提升企业抗风险能力。要加快中国（太原）煤炭交易中心建设，推动煤炭产地现货交易向场外交易、期货交易发展，构建功能齐全、层次分明、方式多样、手段先进的多元化、多层次现代能源商品交易市场体系，开展商品场外衍生品交易试点，以煤炭品种起步，逐步开展焦炭、煤层气、煤化工以及电力等能源商品场外交易。六是充分利用民间资本。我们省民间资本充足，要依靠改革创新积极做好这篇大文章。要向民间资本开放金融股权，支持民间资本参与我省城市商业银行、农村信用社、农村商业银行、村镇银行等金融机构的改制和设立。鼓励民间资本参与设立融资担保公司、融资租赁公司、小额贷款公司、小额再贷款公司。大力培育互联网众筹平台、私募股权基金、创业投资基金，引导民间资本有序进入实体经济。民间资本通过这些办法，从正道上把它用好，这也是开正门、走正道，堵住非法集资、歪门邪道的有力措施。七是充分利用好保险资金。保险资金具有投资期限长、资金量稳定、成本较低的特点，是经济建设重要的资金来源。截至今年5月，我省累计利用保险资金412亿元。我们要看到，我国保险业正在以持续较高的速度发展，总资产和可运用投资规模将不断扩大。有关部门测算，未来20年我国保险业可直接为基础设施和不动产提供累计24万亿投资，加上债权投资，支持建设资金规模预计在70–80 万亿元，如果按各省平均数计算，未来我省可运用的保险资金规模在2万多亿元。我们要进一步重视起来，尽快完善保险资金投资山西建设的引进机制。同时，还要做好用足中央财政补贴农业保险的政策，设立地方人身保险法人机构，推动商业保险与安全生产风险抵押金配套改革，特别是用好信用保证保险的增信机制帮助企业融资，做好相关工作。

（五）要深化地方金融改革和创新。近年来，我们省地方金融发展不断壮大，多元化、多层次、覆盖全省的金融体系已经初步形成。但是，与发达省市相比，特别是与实体经济发展的需求还有很大距离。我们必须深化改革，扩大开放，加快地方金融发展。一是大力引进金融机构，壮大区域金融实力。要进一步引进全国性金融机构在我省设立分支机构，争取政策性银行都能来山西设立分支机构。要引进省外知名金融控股集团、保险公司、证券公司、期货公司、主权财富基金、私募股权投资机构来我们省设立投资基金和分支机构。同时要加强跨区域金融合作，加强与世界银行、亚洲开发银行、亚洲投资银行等国际金融组织的沟通。加强与京、津、沪等金融发达省市的金融交流合作，引进金融产品，创新金融工具，提升金融服务水平。要积极吸引全国性金融机构在山西设立后台服务中心，建设功能完备的登记、托管、支付、结算、清算等系统，增强金融基础服务能力。二是加快农信社改制。农村信用社是服务“三农”的主力军，全省110家农村信用联社管理着8400多亿资产，贷款余额近3600亿元，在支持“三农”发展中具有重要作用，也发挥了重要作用。但是也要看到，农信社包袱沉重，不良贷款居高不下，改制重生任务十分繁重。当前，要把化解农信社的风险放在首位，缓释风险，一方面要加快消化不良贷款，另一方面要推进农信社改制成为农村商业银行，引进新股东，完善法人治理，建立现代制度。前一段，我去潞城农商行和尧都农商行调研，这两家银行都是成功改制的典型，不仅消化了大量不良贷款，而且吸引了一大批民间资本，在内部还建立了高效快捷的管理制度，尧都农商行全系统不良贷款率只有0.7%，在太原的分支机构不良贷款为零。实践证明，只有深化改革，赋予现代企业制度和市场化运作机制，全面加强风险管控，贴近市场，才是农村信用社发展的根本出路。全省农信社要以此为目标，争取用两年时间，全面完成高风险社处置，消化历史包袱。用五年左右的时间，全部改制为农村商业银行，使全省农村信用社现代化经营水平全面提升。农村信用社改革改制不能离了“农”字，要坚持这个原则，不能老想进城“穿皮鞋”“戴礼帽”，不愿意“穿布鞋”“戴草帽”。三是做大做强城市商业银行。首先要做大晋商银行。晋商银行是我省最大的城市商业银行，其实到今年一季度，资产也只有1431亿，这个规模还太小，甚至可以说有负于晋商银行这块金字招牌。“晋商银行”这块牌子，顶着500年的辉煌，本身就是宝贵的无形资产。当年，晋商的票号走出了国门，在欧洲都设立了分号，而我们今天的晋商银行至今没有走出“娘子关”，发展缓慢，资产规模小，传统存贷业务占主导，金融工具少，同质化经营严重，缺乏战略规划。现在银行业不仅面临着利率市场化的激烈竞争，还遭遇了互联网金融的新挑战，单纯靠传统业务是难以生存的，更难以发展，必须适应新形势，探索拓展新领域、新模式。我们一定要把我们自己的银行办好，有关部门要提出整体改革发展规划。要认真研究晋商银行综合化经营模式，拓展基金、保险、金融租赁、承销等综合功能，加快网点布局，实现省内中心城市网点全覆盖和跨区域经营。总的目标是，把晋商银行改革办成资本充足、内控严密、服务高效、具有较强竞争力和影响力的现代化股份制银行。其他几个地市级城市商业银行也要加快改制改造，加快发展壮大。四是加快打造地方金融控股集团。国信集团既有金融牌照最全，旗下控股和参股的机构有信托、证券、银行、基金、股权交易、产权交易、融资担保等，可以说门类齐全，管理的资产3253亿元。但也是处于发展初期的金融控股集团，集团自身规模偏小，资产只有415亿元，作为金融控股集团的作用发挥得还不充分。这些年来，内部管理相对落后，集团改制缓慢，还停留在有限公司的层面。在座的业内同志都知道，上海国际集团是金融控股集团，旗下有浦发银行、上海银行、君安证券、太平洋保险、上海农商银行，哪一个都是大个头。我们要对标、学习，加大改革的力度，加快发展的速度，为山西金融振兴做出更大的贡献。下一步，要补充班子力量，加强集团内部管理，完善法人治理，加大改革力度，以资本为纽带，激活旗下控股企业的活力，在强化金融控股集团方面迈出实质性步伐。金融办要研究制定专项改革方案。五是规范发展各类小型法人机构。小额贷款公司、融资担保公司、村镇银行等这类机构虽然体量较小，但是作用很大，服务触角可以延伸到其他机构达不到的领域，就像金融体系的“毛细血管”一样，有着不可替代的重要作用。现在全省有576家小额贷款公司、230家融资担保公司，可以说，这类小机构有大作用。前一段调研时，我去平遥日昇隆小贷公司调研，这是当年全国小贷公司试点中第一家成立的小贷公司，取名由日昇昌而来。正是由于日昇隆小贷公司规范稳健的试点，使小贷公司的监管经验、运行模式复制到全国。当前，我省小贷公司发展整体良好，但在发展中也面临许多困难，调研中大家都反映，比如还不能享受与农村信用社同等税收的“国民待遇”，各类税费、管理费和成本费加起来，推高了小贷公司的贷款价格。融资担保公司也面临着同样的问题，而且普遍存在资本金少、人才缺乏的制约。我们要研究扶持小贷公司、融资担保公司健康发展的政策，进一步减轻负担，把融资成本降下来。要把县级政府出资设立的政策性担保公司激活，发挥作用。六是大力培育新型金融机构。民营银行、地方资产管理公司、消费金融公司、地方寿险公司等在我省都还是空白，私募基金管理公司实力也不强，要加快组建步伐，加快做大做强。银监会对这类机构的政策已经放开，成熟一家，审批一家，金融办要与银监会加强沟通，早日促成这些机构在我省落地办好。七是积极稳妥发展互联网金融。互联网金融在改善中小微企业融资环境、优化金融资源配置等方面发挥着越来越重要的特殊作用。当前，金融业正在经历金融市场创新浪潮的洗礼和挑战，金融机构之间在渠道、产品、数据、技术等多个维度进行着激烈的竞争，互联网的加入，让金融市场变得更富挑战、更具活力。与传统行业不同的是，“互联网+金融”更具有小额、快捷、便利的特点，这本身就是一次革命、革新，是实现普惠金融的重要途径。在这场金融变革中，我们山西不能落伍，要紧紧把握住市场的脉搏，主动迎接挑战，积极稳妥发展第三方支付、P2P贷款模式、众筹融资等互联网金融。我们要通过互联网金融的平台，为我们省中小微企业、为我省的发展提供更多的融资渠道。不久前太原高新区成立高新普惠互联网金融平台，在很短时间内为7个项目实现了6800多万元融资，其中就给一家轻资产企业进行5000万元股权债权融资，这家企业在此之前7年都拿不到银行贷款，在互联网平台融资的第二天，就有3家银行主动找上门要求授信。我们不仅要鼓励发展互联网金融，同时要重视加强互联网金融的监管，有效防控非法集资、骗贷、卷款跑路等违法违规和风险问题。

（六）要培育合格的市场主体。合格市场主体是进入金融市场的前提和基础。我们省的很多企业正是因为缺乏这个基础，被挡在了金融市场的门外。当前，区域经济竞争激烈，经济下行压力加大，我们要把培育发展合格市场主体作为金融振兴、推动经济转型升级的重要抓手，着力破除制约发展的思想障碍、政策障碍、体制障碍，综合施策，多措并举，全力构建合格市场主体发展新格局。一是加快国有企业的改制。党的十八届三中全会鼓励企业实行混合所有制，一些竞争性行业可以让民企来控股。实践证明，在竞争性领域，混合所有制比国有独资更能发挥国有资产效能，更能发挥国企保值增值作用。加快国企混合所有制改革，也是利用资本市场工具的重要内容，对于我省国有企业摆脱困境，抢抓机遇都有重要意义，在这方面我们要进一步加快步伐、加大力度、科学运作。二是加快中小企业股份制改造。培育发展我们省合格市场主体要突出抓好中小企业股份制改造。全省13.5万户中小企业，完成股份制改造的只有500多户，实际按股份制改造后规范运行的企业不足400户，企业规范性差，普遍存在股权结构单一，经营管理机制不健全、缺乏有效自律机制等问题。有些企业缺乏现代管理意识，家族内部人员集投资、决策、经营、监督于一身，专业人才缺乏，企业实力也受到局限。全省到目前还没有明确的主管部门负责中小企业股份制改造，也缺乏相应的会计师事务所、资产评估机构和律师事务所等中介机构来推动企业股改。这个问题要尽快解决，各级政府都要明确中小企业股份制改造的主管部门，制定中小企业股份制改造规划，对企业参与股改，制定专项优惠政策，对上市、挂牌、融资的企业进行奖励，对改制前产生的税收问题，有关部门要研究制定优惠政策，妥善处置。要开通服务于企业股份制改造的绿色通道，在土地、税收、补贴、确权等方面给予支持。

（七）要积极改善融资服务。当前，全省经济下行压力大，融资难、融资贵的问题不断加剧，制约着企业的生存和发展。一要切实帮助企业渡过难关。通过近一个时期的调研，我们了解到很多中小企业，贷款到期了，资金周转困难，一时难以偿还，但企业的基本面是好的，生产销售也很正常。对这一类企业，银行如果能够及时续贷，在困难中施以援手，帮一把可能就活下去了，否则也可能要倒掉一大批。市县政府要主动监测这些企业的生产和经营，随时了解企业存在的困难，研究建立企业资金链应急周转保障基金，及时帮助企业搭桥还贷，接续新的贷款，还可以利用资本市场诸多金融工具帮助企业拓宽融资渠道。金融机构也要客观面对现状，正视企业矛盾，降低融资门槛，放宽不良率的容忍度。二要发挥好政策性融资担保公司的作用。发展政策性融资担保公司，对于缓解中小微企业融资难、融资贵问题作用明显。银企之间“贷款难”和“难贷款”并存，有些中小企业缺乏有效的抵押物，无法从银行获得贷款，而一些商业性融资担保机构，收费过高，企业难以承受。这个时候，政策性融资担保公司就要及时为企业提供低成本的增信服务。全省目前有230家融资担保机构，资本金183亿元，平均资本金7949万元，低于全国8100万元的平均水平。各级政府要大力培育发展政策性融资担保机构，各级财政要舍得投入，通过政府注资、吸引社会资本等方式，每个县至少要有一家资本金不少于5000万元的政策性融资担保公司，每个市至少要有一家5亿元以上的政策性金融担保机构，省级层面要成立资本金不低于10亿元的融资再担保公司。这项工作县级难度比较大，要善于通过股权多元化的办法破解难题。要建立融资担保企业风险补偿基金，对形成担保损失的担保公司给予及时补贴，以调动政策性融资担保公司的积极性。完善对政策性融资担保公司的考核，取消对其盈利要求，制定损失分担比例，降低担保收费，真正使政策性担保成为中小企业的增信主力军。同时也要激励其他融资担保公司积极发挥增信作用。三要为中小企业提供绿色通道。要大力发展服务中小微企业的专营机构，监管部门对这些机构要实行差异化监管，切实提高贷款的审批和发放效率。要优化信贷抵押登记制度，扩大中小微企业抵押品范围。要提高办事效率，有的办一个抵押确权要40多天时间，而发达省市办理同样的手续仅需要3-5天，有关部门要对照整改。四要加快完善金融便民服务。金融服务不仅仅是贷款融资，还涉及存款储蓄、提取、结算、理财等，与老百姓生活息息相关，无处不在。我们要不断提高金融服务便利化、系列化水平。特别是随着老龄社会的到来，要关注老年特殊人群，采取有效措施，做好这方面的金融服务。我们的金融工作不仅是为企业融资服务，也要在改善民生、为百姓生活服务上下功夫。

（八）要用足用活用好各类政策。近年来，国家相继出台了一系列支持实体经济和促进中小微企业发展的财政金融政策。近期，国务院又接续出台了有关减轻企业负担，鼓励大众创业、万众创新的金融措施。省内也制定了配套政策和实施意见。实事求是地说，政策已经不少了，关键是要抓好落实。一是积极对接中央金融政策。密切关注国务院和“一行三会”出台的有关金融政策，关注和跟进各大银行推出的新业务、新产品，加强对接，抢占先机，及早争取对山西资金、规模、政策、创新、试点等方面的支持。二是落实好有关企业的减负政策。当前，对省政府前期出台的66项企业减负政策，要逐项抓好落实。要清理各类不合理收费项目，降低企业融资成本，切实让企业感受到实惠。金融机构也要切实为企业减轻负担。三是优化财政支出结构。我们省财政不富裕，过的是紧日子，要在节俭的基础上高度重视提高使用效益。财政资金尽可能不直接投资到项目和企业上，要适当聚拢，形成拳头，通过嫁接金融市场和金融工具发挥杠杆作用，引导更多社会资金投入实体经济。对于“三农”和扶贫方面的资金，也不采取简单的直补方式，要更多地通过贴息、担保、风险补偿等，为融资者增信。对半公益性的项目，财政资金要更多通过PPP模式进行拼盘融资。对财政救灾资金，尽可能通过事前购买保险的方式，通过市场化解风险。对财政资金发起设立的各类基金，财政主要发挥“劣后”作用，基金主要发挥引导作用，基金运作要兼顾政府导向和市场化规则，使财政资金使用效率最大化。

三、加强组织领导，确保金融振兴各项措施落到实处

第一，要进一步转变观念，树立现代金融意识。各级党委、政府特别是各级领导干部要主动适应经济发展新常态的要求，深刻认识金融在我省经济发展中的核心地位和重要作用，学习金融、研究金融、运用金融，不断提高领导金融工作的能力和水平。要树立现代金融意识和金融法治观念，自觉按照经济规律、市场规律、金融运行规律办事，做到依法管理金融、科学发展金融。

第二，要进一步抢抓机遇，增强信心。要准确把握新常态下金融业发展的新变化，充分认清我省金融服务和金融消费的巨大发展空间，紧紧抓住资本市场注册制改革等契机，紧紧抓住“互联网+”的战略机遇，顺应大数据时代带来的金融网络化和网络金融化的发展变化，不断创新金融新业态、新模式，充分挖掘我省金融领域的内生动力和发展潜力，传承晋商金融血脉，化压力为动力，加快促进我们省金融振兴，加快提升金融对我省经济的支撑作用。

第三，要进一步加强组织协调，切实形成工作合力。省金融工作领导小组要按照省委、省政府的决策部署，充分发挥好牵头抓总、指导协调的作用。各成员单位要各司其职，密切配合，形成合力。要广泛听取金融部门、金融机构的意见和建议，完善金融工作联席会议制度，建立有组织、多形式、制度化、全方位的沟通协作机制。要加强政银企联动机制建设，畅通协调渠道，及时研究解决金融发展和企业融资过程中面临的困难和问题，加快改善金融生态环境。要选择有条件的市县配备“金融副市长”和“金融副县长”，不断加强金融领导力量。鼓励有条件的地区和领域在金融改革创新方面先行突破。

第四，要进一步采取有效措施，加强金融人才队伍建设。做好金融工作，关键在于人才。我们既要造就一批新时期的日昇昌票号掌柜雷履泰，也要学习日昇昌票号的东家李大全，敢于放权、善于用人。组织人事部门、金融办等要按照我省金融振兴的目标和要求，制定未来5年我省金融人才规划。要大力引进高层次金融人才和金融管理团队，积极鼓励各级各类金融人才到我省就业、创业，各级政府要设立专项资金进行奖励和补贴。要制定实施金融人才专项培育工程，加快培养本地金融人才队伍。要充分发挥各类智库和金融机构的智力支持作用，善借外脑。要争取从中央金融部门、金融机构以及金融发达地区交流优秀金融干部到市县任职挂职，提升地方金融领导管理水平。各级党校、行政学院要将金融知识培训纳入干部培训计划，以后各类干部培训都要加上金融课程，持续加强对全省各级领导干部金融专业知识培训，不断提高领导金融工作的能力和水平。省直各部门、市县两级理论中心组要主动邀请省内外金融专家授课，指导相关工作。

第五，要进一步明确责任，狠抓工作落实。各级党委、政府要把金融作为高端产业、现代产业、关键产业来抓。要把考核作为金融工作落实的重要抓手，创新金融工作考核办法，健全完善金融工作考核奖惩机制。建立对地方金融环境考核制度和评价体系，强化地方党委、政府的主体责任。建立省、市、县三级金融机构不良贷款考核制度，加大对逃废债失信行为的打击力度，形成失信必惩的机制和氛围。要把金融工作纳入各级各有关部门重点工作目标管理考核体系，加大督查考核力度，推动各项任务落实。对在晋银行机构、地方金融机构和非银行金融机构进行分类考核评价，完善激励机制，促进金融机构更好服务地方经济发展。要搞好对金融机构的服务，提供便利，帮助金融机构解决实际困难，营造良好金融振兴发展环境。我特别希望通过今天的大会，使全省各级领导能真正重视金融、学习金融、懂得金融，把金融工作做好，这是我省经济工作的血脉、核心和关键所在。

金融振兴事关我省改革发展稳定大局。我省有厚重的晋商文化，有辉煌的金融历史。我们一定要继承弘扬晋商精神，以更大的改革勇气、更强的创新意识、更实的工作作风，为促进全省金融振兴、加快“六大发展”、实现富民强省作出新的更大的贡献！

中共山西省委
山西省人民政府
关于促进山西金融振兴的意见

晋发〔2015〕9号

（2015年6月8日）

金融是现代经济的血脉，金融活则经济活，金融兴则经济兴。当前，山西正处于改革开放和转型发展的关键时期，实现金融振兴是我省产业转型升级的迫切需要，是解决我省企业资金短缺和应对经济下行的迫切需要，是我省金融业自身发展壮大的迫切需要。为深入贯彻党的十八大和十八届三中、四中全会精神及省委十届六次全会精神，推动金融业成为全省基础性和关键产业，推动我省社会融资总量显著增长和金融机构实力明显增强，逐步建成体系健全、竞争有序、运行规范、监管科学，与实体经济发展相适应的现代金融服务体系，结合我省实际，制定本意见。

一、着力强化对实体经济的支持

（一）进一步巩固传统融资方式，拓宽新的融资渠道。一是充分发挥信贷融资主渠道作用。用足、用活、用好各类金融政策，及时跟踪各大银行信贷支持方向，紧密对接，争取授信规模扩大和审批权限下放，合理使用金融表外业务融资，努力保持信贷市场繁荣，2020年间接融资比2014年增长45%。二是积极拓展融资领域。最大限度提高股票和债券融资比例，降低融资成本，2020年直接融资比2014年翻一番。创新互联网、基金、众筹等融资方式，充分挖掘民间资本潜力。加快险资入晋，扩大保险资金在我省基础建设领域的投资。三是推动发展资产证券化，盘活煤炭、电力、公用事业、旅游等行业的存量资产，优化资产负债结构，提高资产使用效率。力争2020年，全社会融资总量比2014年增长60%。

（二）建立常态化项目对接机制，保障重大项目融资。一是加强项目策划。各级政府要着力策划符合金融政策和产业发展方向、有竞争力的重大项目，做好项目论证，统筹解决可行性研究、资本金、环评、土地等方面问题。二是建立常态化银企对接机制。定期向金融机构推介、发布项目，以优质项目吸引资金。三是保障资金供给。各金融机构要认真研究山西产业发展政策，围绕省委、省政府的战略部署，提前介入，及时跟进，为企业发展和项目推进提供全方位金融服务。

（三）多管齐下，改善中小微企业金融服务。一是发展专营金融机构。实行差异化监管，推行免评级的中小微企业授信快速处理机制，切实提高贷款审批和发放效率。二是优化信贷抵押登记制度。向中小微企业开放征信系统，扩大中小微企业抵押品范围，在大力推动信用贷款的基础上，推广车辆、仓单、林权、应收账款、知识产权等抵质押贷款，促进融资便利化。三是强化融资增信服务。扶持发展政策性融资担保机构，省级设立政策性融资再担保公司，市级设立政策性融资担保公司，建立政银担企对接机制，合理放大担保授信倍数，完善担保贷款利率定价和保证金缴存机制，构建银担共担风险、平等互利的合作模式。建立中小微企业风险补偿基金，推广小额贷款保证保险，为中小微企业增信。四是严格规范收费行为。清理各种不必要的资金"通道"和"过桥"环节，取消不合理收费，严禁扩大收费项目和提高收费标准，切实降低中小微企业融资成本。五是加强帮扶指导。加强培训，帮助中小微企业提高自身素质，改善经营管理，健全财务制度，提高融资能力。

（四）提高涉农金融覆盖面，支持"三农"经济发展。一是积极推动"三农"信贷业务创新。统筹发挥政策性、商业性和合作性金融的协同作用，提升金融服务水平。建立农村产权评估、收储、流转、处置服务平台，扩大农产品、农机具、林权等抵押物范围，完善农村土地承包经营权、农民住房财产权和农村土地经营收益权抵质押贷款，缓解农民抵押难、担保难。加大对特色农业、订单农业、农民专业合作社、农业龙头企业、种养大户的金融支持，提高"三农"贷款的可获得性。二是拓展"三农"融资渠道。引导符合条件的涉农企业开展直接融资。支持商业银行发行涉农专项金融债。支持农业企业开展农产品期货套期保值，改善风险管理。三是加强农村金融基础设施建设。优化农村支付结算环境，在我省农村实现集小额取现、跨行转账、便民缴费和消费为一体的农村金融服务站全覆盖。加快互联网和移动支付等各类新型支付方式在农村地区的推广应用，进一步提升农村支付"村村通"水平。

（五）量身定制金融服务，支持科技创新城发展。一是积聚专营金融机构。支持在山西科技创新城设立商业银行专业支行、融资租赁公司、小额贷款公司、融资担保公司、保险专营机构，吸引私募股权基金、风险投资基金等机构入驻，在科技创新城形成功能较为完善的金融集聚区。二是创新科技企业融资模式。鼓励金融机构对科技型企业发放信用贷款。加大创新力度，促进科技与金融相结合，通过融资租赁、资产证券化、信托投资计划、保险资金直投等方式，扩大科技型中小企业直接融资模式。引导创业和股权投资机构投资科技企业。支持符合条件的科技企业通过银行间债券市场发行企业信用债券。支持成长型科技企业完善股权结构，通过主板、中小板、创业板上市或“新三板”挂牌融资。围绕产业链核心企业和上下游供销企业，创新产业链融资，提供一揽子金融集成服务。

（六）发展外向型金融，提升金融开放水平。一是引导境内外金融机构为我省提供跨国并购贷款、股权融资服务，建立对外承包工程融资担保平台，综合运用跨境担保金融工具，为企业开展对外贸易、投资和工程承包业务提供金融支持。二是发展跨境人民币结算业务，加快货物贸易、服务贸易、直接投资发展。扩大外债对出口企业的支持，提高外债资金使用效率，支持符合条件的企业开展出口收入存放境外业务，促进投资贸易便利化。三是扩大出口信用保险覆盖面，发挥出口信用保险政策性金融工具作用，为企业提供信用保险、资信调查、商账追收、保单融资等综合服务。四是鼓励银行业机构开办离岸业务，鼓励跨国公司在我省设立区域性投资总部、结算中心等功能性机构。积极开展支付机构跨境外汇支付业务试点，为电子交易双方提供跨境互联网支付服务。五是稳步推进我省跨国公司外汇资金集中运营试点和跨境电子商务外汇业务，进一步拓宽企业融资渠道，降低企业融资成本。

（七）拓宽服务领域，发挥保险功能。2020年，力争保险深度达到5%，保险密度达到3500元/人。一是推动商业保险全方位参与社会保障体系建设。支持保险机构加快发展养老、医疗、疾病等商业保险，大力拓展企业年金业务。支持保险机构在做好城乡居民大病保险承办工作，实现全省全覆盖的基础上，逐步推进城镇职工大病保险承办工作。鼓励各级政府以购买服务等方式，委托具有资质的保险机构开展养老、医疗保险经办服务。积极申报个人税收递延型养老保险试点，鼓励符合条件的保险机构投资养老服务业。二是推动商业保险参与社会治理。推动煤炭行业实行商业保险与安全生产风险抵押金保险化配套改革试点，创新煤炭安全责任保险发展模式。探索建立环境污染、食品安全、医疗、高危行业安全生产等地方性强制责任保险制度。加强对道路交通事故社会救助基金的管理与运用，切实保障交通事故受害人权益。三是试点开展巨灾保险。建立巨灾保险制度，积极探索对地震、滑坡、泥石流、森林火灾、农业旱灾等巨灾的保障模式。四是加快发展“三农”保险。积极开办棉花、马铃薯、育肥猪等国家政策性保险业务。将产业化程度高、对当地农业经济影响较大的地方特色农业纳入地方政策性保险试点。大力发展政策性农房保险。五是加快险资入晋。引导保险资金通过股权、债权等方式投资我省交通、通信、能源、农村水利等基础项目，参与棚户区改造、城镇化建设和国有大型企业、金融企业重组改制。

二、着力完善多层次资本市场融资功能

（八）加快企业改制，推动上市融资。一是加快企业股份制改造。各级政府要加强对企业股份制改造的组织领导，成立专门机构，出台扶持政策，强化宣传培训，建立激励机制，加快培育合格市场主体，争取金融支持。二是推动企业上市。健全上市后备企业资源库，综合利用财政、税务、工商等行政手段，建立企业上市直通车制度，推动我省规模大、实力强、成长性好的企业上市融资。2020年，我省在主板、中小板、创业板、新三板上市（挂牌）公司数量分别突破60家、30家、30家、300家，总数达到420家。三是鼓励上市公司再融资。通过公开增发、定向增发、配股等方式，提高利用资本市场配置资源的效率和水平。四是提升上市公司质量。支持上市公司开展并购重组和产业整合，注入优质资产，开展股权质押融资，推动国有企业股权多元化和混合所有制改革。五是争取政策倾斜。加强与沪、深证券交易所、中小企业股份转让系统、港交所等境内外交易所的交流与合作，为我省企业上市融资创造便利条件。

（九）扩大债券融资，优化融资结构。一是综合利用债券工具。加强与国家发展改革委、中国证监会、中国银行间市场交易商协会等机构的沟通合作，定期组织企业开展新产品、新融资工具专题培训，引导企业通过发行短期融资券、中期票据、超短期融资券、中小企业集合票据、企业债、公司债、中小企业私募债等方式开展融资。二是创新债权融资方式。探索推广并购债、债贷组合、可续期债券、项目收益票据等债券创新品种。积极争取地方政府债券发行试点。

（十）发展区域性场外市场，完善金融市场体系。一是加快山西股权交易中心发展。健全交易规则，完善交易系统，大力培育挂牌企业主体，发展壮大合格投资人队伍。加快山西股权交易中心与全国中小企业股份转让系统建立转板机制，探索到沪、深证券交易所延伸挂牌的路径，将其打造成全省中小企业投融资平台。二是重组和提升现有产权交易机构。积极开展各种资产证券化，引导信贷类产品、小贷类产品、私募股权、地方金融资产进入平台交易。三是加大创业投资基金、风险投资基金、私募股权基金的培育力度，研究出台基金发展的专项激励政策，调动本地社会资金，增加企业长期资本。

（十一）推动期货交易，丰富金融产品。一是利用好期货市场功能作用，支持我省农业企业和资源型企业积极开展套期保值业务，提升期货市场服务“三农”能力，缓解“三农”和资源型企业融资难问题，提升企业抗风险能力。

二是加快中国（太原）煤炭交易中心建设。积极推动煤炭产地现货交易向场外交易、期货交易发展，构建功能齐全、层次分明、方式多样、手段先进的多元化、多层次现代能源商品交易市场体系。在国家指导下开展商品场外衍生品交易试点，以煤炭品种起步，逐步开展焦炭、煤层气、煤化工以及电力等能源商品场外交易。

（十二）加快交易平台建设，活跃金融要素市场。统筹规划金融要素交易市场建设，合理设计品种结构、数量规模和区域分布，促进各类金融要素交易市场规范有序发展。加快全省金融服务平台、中小企业金融服务中心、私募股权基金管理中心建设，加快推进知识产权、碳排放权、农村产权、集体林权、金融资产等交易平台建设。加速资本、土地、技术、信息等要素的交易和融合，积极打造太原金融聚集区。

三、着力深化地方金融改革和创新

（十三）引进金融机构，壮大金融产业。一是引导全国性金融机构在我省增设分支机构，争取所有政策性银行在晋设立分支机构。引进境外知名金融控股集团、主权财富基金、私募股权投资机构来我省设立投资基金和分支机构。二是加强跨区域金融合作，加强与世界银行、亚洲开发银行、亚洲投资银行等国际金融组织的沟通。加强与京、津、沪、渝、鲁等金融发达省市的金融交流合作，引进金融产品，创新金融工具，提升金融服务水平。三是积极吸引全国性金融机构在山西设立后台服务中心，建设功能完备的登记、托管、支付、结算、清算等系统，增强金融基础服务能力。

（十四）加强法人机构建设，提升地方金融实力。一是推进地方金融控股集团建设。以山西国信投资集团为基础，加快股份制改造，完善法人治理结构，按照市场化方式，逐步整合保险、金融租赁等牌照。以资本为纽带，向国内外知名投资者开放股权，引进优质战略投资者，支持集团整体上市或推动控股法人公司单独上市，形成以信托、证券、融资担保、股权交易、产权交易、银行、期货、基金各种要素为一体的金融控股集团。二是做大做强晋商银行。拓展保险、基金、金融租赁、担保业务领域，形成综合化经营优势。积极争取中票、短融、中债等债务性融资工具发行承销资格。加快网点布局，实现省内中心城市网点全覆盖和跨区域经营。积极引进优质战略投资者，充实资本，优化法人治理，加快上市进程。把晋商银行打造成资本充足、内控严密、运营安全、服务高效、指标优良、具有较强竞争力和影响力的现代化股份制银行。三是推动中煤保险加快补充资本金，优化治理结构，增强核心竞争力，建立完善现代企业制度，加快产品创新，拓展省外市场。培育在全国煤炭领域和区域市场的竞争优势，努力成为业内领先的专业保险公司。四是提升现有财务公司经营管理水平，引导符合条件的大型企业集团组建财务公司，提高资金运营能力。力争把太原逐步打造成为在中西部有较强影响力的金融活跃区域。

（十五）大力推进农信社改革，夯实“三农”金融发展基石。一是加快农信社改制。以股份制为目标，明晰产权关系，完善法人治理，全面深化农信社改革，大力支持民间资本参与农信社股份制改制。到2020年，县级农信社全部改制为农村商业银行。支持股权结构清晰、法人治理完善、经营状况良好的农商银行在境内外上市。二是加快全省高风险农信社处置，消化历史包袱，降低不良贷款，有效化解金融风险。三是发挥农信社支农主力军作用。农信社要转换经营机制，强化后台服务，加强内部管理，全面提升管理水平。探索富余资金投向省内转型项目融资模式。在风险可控前提下，积极组织社团贷款。创新农村金融服务产品，改善农村金融服务，提高服务农业现代化的能力。

（十六）加快设立新型金融机构，繁荣地方金融发展。一是设立山西资产管理公司、人身保险法人机构、消费金融公司、民营银行等地方金融机构。二是大力发展政策性融资担保机构，通过政府注资、吸收社会资本等方式，力争使各县政策性担保机构实收资本不低于5000万元，各市政策性担保机构资本金达到5亿元以上，省级政策性担保机构资本金逐步达到10亿元以上，增强对中小企业的担保能力。三是按照“控制总量、注重质量、合理布局、防范风险”的要求，加强行业监管，规范小额贷款公司发展，拓展面向“三农”及小企业的融资服务。发挥小额贷款公司便捷、高效、服务小微企业的作用。四是稳妥发展互联网金融，推动第三方支付、P2P、互联网理财和股权众筹等互联网金融业务发展，丰富金融业态，增强市场竞争，扩大企业融资渠道。

（十七）分类扶持培育，发展金融中介服务。一是大力引进培育会计、审计、法律、资产评估、资信评级、证券咨询、保险经纪等服务组织，构建与国际接轨的专业化金融中介服务体系。二是鼓励发展商业保理机构，引进培育金融软件企业和金融服务外包产业。三是推广建立市、县（市、区）金融服务平台、金融超市，做好投融资信息发布、金融产品推介、政策咨询、财务顾问等服务工作。

（十八）畅通渠道，引导民间融资规范发展。一是鼓励民间资本进入基础设施、新兴战略行业等领域。二是向民间资本开放金融股权，支持民间资本参与我省城市商业银行、农村信用社、农村商业银行、村镇银行等金融机构的改制和设立。鼓励民间资本参与设立融资担保公司、融资租赁公司、小额贷款公司、小额再贷款公司。三是扩大规范民间融资登记试点范围，积极审慎探索发展民间借贷登记服务中心，对接民间资金供给和需求，推动民间融资阳光化规范化发展。四是稳步开展民间借贷合约公证、资产评估等服务，吸引各类投融资机构入驻，规范开展业务。

四、着力发挥财政资金杠杆作用

（十九）发挥财政资金撬动社会资本的作用。按照政府引导、市场运作、多元投资、防范风险的原则，创新政府投资方式，优化财政支出结构，放大财政资金乘数效应，发挥好劣后作用，加快成立各类专业化产业基金，撬动社会资本投向稳增长、调结构、惠民生的重点领域和关键环节，提高资金使用效益。

（二十）发挥财政资金的增信作用。财政资金通过投入设立风险补偿基金、企业资金链应急周转保障资金、政策性融资担保公司、小额贷款保证保险风险补偿金等方式，采取贴息、担保等手段，为有市场、有发展潜力但抵（质）押不足的企业获得融资支持提供增信。

（二十一）整合财政扶持资金。整合政策性扶持资金，集中使用，突出重点，利用金融工具和市场手段，推动财政资金购买保险等金融服务，完善灾害救助、“三农”服务等机制，提升公共服务水平和社会管理效率，实现财政资金支持效应最大化。

五、着力优化金融生态环境

（二十二）完善金融风险防范机制。一是明确各级政府是地方金融风险处置的第一责任人，加强金融风险监测，及时化解处置影响生态环境建设的突出问题，确保区域金融稳定。二是依法打击逃废银行债务和非法集资活动，加强对民间融资的监测、评估、预警和处置，坚决遏制脱实向虚和非法集资，推动建立市场化风险补偿机制。三是加强金融监管部门与地方政府工作协调，增强金融监管合力，构建科学规范的金融风险预警、应急处置机制。

（二十三）完善地方金融监管体制。根据国务院明确的中央和地方金融监管职责划分意见，省级政府承担不吸收公众资金、限定业务范围、风险外溢性较小地方金融活动的监管职责，充分发挥行业协会自律作用和市场专业化服务组织的监督作用，加快形成“分工明晰、责权一致、科学安全、运转高效”的地方金融监管体系。健全地方金融综合统计和分析制度，强化非现场监管信息系统建设，将各类地方金融交易市场主体纳入监测范围。

（二十四）加强社会信用体系建设。将金融生态指标纳入地方政府年度考核体系，建立对各市金融环境的考核制度，按季通报各市不良贷款情况，强化地方政府主体责任。依托人民银行征信系统，加快与司法和其他执法机构资信的互通，向社会开放征信体系。努力构建功能完备、分工明确、运行高效、监管有力的社会信用体系，培育诚实守信的社会文化，推进“信用山西”建设。

六、着力加强对全省金融工作的领导

（二十五）加强对金融工作的组织领导。一是省委、省政府及时研究解决金融领域重大问题。充分发挥省金融工作领导小组职能，加强对金融重大事务的组织、指导和协调。进一步研究完善更加符合山西实际的金融管理体制。二是各市、县（市、区）要加强对金融工作的领导，成立金融工作领导小组，定期研究解决本地区出现的金融突出问题。加强金融队伍建设，配备专门人员，发挥协调、组织和风险处置作用。三是各级政府要将金融改革发展任务纳入目标考核，落实责任，大力推进。组织经常性的银企对接活动，建立银企互信新关系。处理好市场起决定性作用和政府发挥关键性作用两者之间的关系，促进政银企协调机制成为稳增长、调结构、防风险的重要抓手。

（二十六）强化金融人才支撑。根据我省金融发展的中长期规划，通过引进、培养、交流、培训等途径，建立结构合理、梯次分明的金融人才专业队伍。引进高层次金融人才和金融管理团队，快速提升地方金融机构管理水平。制定实施金融人才专项培育工程，加快培养本地金融人才队伍。争取从中央金融部门、金融机构以及金融发达地区交流一批优秀金融干部，到各市任职或挂职。加强对全省各级地方领导干部金融专业知识培训，不断提高各级政府运用金融支持实体经济发展的能力和水平。

在全省科技创新推进大会上的讲话

王儒林

（2015年7月16日 根据录音整理）

这次全省科技创新大会，是省委、省政府召开的重要会议。主要任务是深入学习贯彻习近平总书记系列重要讲话精神，落实省委十届六次全会和经济工作会议精神，部署全省科技创新、全面创新工作，推进转型发展、全面发展。下面，我讲四个方面的意见。

一、坚持创新驱动发展，把科技创新摆到发展全局的核心位置

习近平总书记明确指出：“党的十八大作出了实施创新驱动发展战略的重大部署，强调科技创新是提高社会生

产力和综合国力的战略支撑，必须摆在国家发展全局的核心位置”。学习总书记的重要指示，联系我们山西实际，全省上下要在以下三个方面深化认识。

第一，科技创新是摆脱资源依赖的迫切需要。我们省是典型的资源型经济省份，一直没有走出资源过度依赖、增长大幅度剧烈波动的困局。经济发展“新常态”和严峻的现实都告诉我们，走出困局必须靠科技创新、全面创新，使资源型经济焕发新的活力。

第二，科技创新是产业转型升级的迫切需要。我省不论传统产业转型，还是新兴产业发展，都要靠科技创新、全面创新。一项技术瓶颈的突破，可以带来一个产业的战略性突破；一个重要因素的攻克，可以导致一个产业的重大升级。这样的事例，古今中外不胜枚举。

第三，科技创新是可持续发展的迫切需要。大家都知道，德国鲁尔区曾经也是产业结构单一，环境污染严重，就是靠科技创新，支撑产业转型，成为欧洲大学最为密集的创新高地，成为世界新经济的典型。在当前我们省经济极为困难的情况下，要实现转型发展，平稳健康可持续发展，我们比以往任何时候都更加需要激发科技第一生产力的潜能，更加需要增强科技创新、全面创新的巨大力量。

二、坚持深化改革，着力解决制约科技创新发展的突出问题

近年来，我们省大力推动创新驱动发展战略，制定出台了科技创新体系建设、创新驱动发展行动计划、低碳创新行动计划和煤基科技攻关指南，科技创新城建设起步，煤基低碳科技重大专项启动，科技投入不断增加，这些都取得了成绩。但是，在调研和座谈中，大家普遍反映，科技创新能力不足仍然是严重制约我们省发展的主要短板，必须强化措施，着力解决存在的突出问题。

（一）全面深化改革，着力破除制约科技创新的体制机制障碍。制约我们省科技创新发展的主要问题是体制不顺、机制不活、改革滞后。

一要全面深化科技计划管理体制改革。我们省科技管理体制存在明显弊端，有限的财政资金分散在15个部门管理，项目小、散、乱、交叉、重复问题比较突出，在科研经费使用中既存在不少违规行为，甚至贪污腐败，也存在“横向”经费“纵向”管理，甚至科研人员用一张复印纸都要领导审批。要建立由科技部门牵头，财政、发改等相关部门参加的联席会议制度，通盘谋划我们省创新发展战略，实现科技资源、科技资金、科技项目“三个统筹”。按照“集中资金、压缩计划、聚焦重点”的原则，将33类省级科技计划整合为适应我们省实际的应用技术基础研究计划、重大科技专项、重点研发计划、技术创新引导专项（基金）、平台基地和人才专项这5类，科技攻关重点要聚焦煤基产业和非煤产业高新技术发展。明年，原则上省级科技计划要按照这新的5个类别进行整合，2017年，全面完成改革，不再保留整合之前的经费渠道。要转变政府科技管理职能，从直接管理具体项目中解放出来，主要是负责科技发展战略、规划、政策、布局和监管服务，逐步实现由专业机构通过统一的科技管理信息系统受理项目申请，组织评审、立项、过程管理和结题验收。对科技经费管理相关政策、办法，要由财政、审计、科技、教育等部门全面认真梳理、修改完善，做到激励而不是制约、激活而不是管死，充分调动科研人员的积极性，“开明渠、堵暗道”，提高科研经费的使用效益。要组建战略咨询与综合评审委员会，对我省科技发展规划、计划等提出咨询和评审意见。要建立省级科技管理信息系统和科技报告制度，完善科技信用体系建设，实行“黑名单”制度和责任倒查机制，特别是严肃查处违纪违规和腐败行为。实践证明，腐败是科技创新的障碍，必须坚决查处。

二要全面深化高校科研体制改革。一般情况下，经济落后，实质上是教育、人才落后。必须充分重视我们省高校人才培养和科技创新的重要作用，加大对高校发展和科技创新的支持力度。我们省23所本科高校，2014年转让专利成果只有21项，实际收入不足1000万元。客观上，我们省高校创新人才严重不足，特别是缺少领军人物，全省没有一所“985”大学，这样我们申报重大科技计划，甚至申报院士都受影响。全省23所本科高校有博士生导师714人，而一个中南大学就有748人，而且中南大学有国家重点一级学科6个，院士17人，而我们全省高校只有2位院士，没有一个一级学科国家重点学科；办学特色不明显，办学定位偏于大而全，这也由于办学经费主要靠生均拨款，所以高校更乐意扩招成本低的大文大理专业，而培养成本高、我们省又迫切需要的工科人才少。在经济下滑、产业转型升级急需要的时候，这块短板就充分暴露出来了。这些都说明，我们山西长期的资源型经济发展，缺乏对高等教育和人才的依赖，很多积累的问题没有及时解决。我和省委、省政府有关同志调研座谈的时候，已经明确提出要改革高校科研体制、改革高校科技创新评价考核机制、改革高校学科和专业设置等10个方面的问题，请省委、省政府分管高校的领导抓好落实。

三要全面深化科研院所改革。省属科研院所是我们省一支重要的科研力量，但是，改革严重滞后，从1999年省里确定16个科研院所改制到现在，16年了，还有近60%的院所没有改制，甚至没有完成工商注册登记。要由省科技厅牵头，相关部门参加，共同研究再启动并完成好改革任务。要探索组建“山西省产业技术研究院”，打造集共性技术研发、成果转化于一体的新型研发机构。要加大对院所改革的支持力度，彻底解决“中人”退休的收入偏低问题。省市财政拿出专项资金，支持转制院所中试基地、技术研发实验平台建设。对转制科研院所承担的公共科技服务职能，通过政府购买服务等方式给予补贴，帮助他们走出困境，加快发展。

四要鼓励支持中央驻晋科研院所为地方发展多做贡献。中央驻晋科研院所实力雄厚。比如，中科院山西煤化所近5

年在煤转化等领域承担了国家“973”、“863”计划和中科院重大专项等各类科研项目546项，取得了一批重要科研成果。但是，我们对发挥中央驻晋科研院所作用重视不够、服务不够、对接不够，导致许多科研成果在山西研究、在外省转化，“墙里开花墙外香”。要尽快扭转这种局面，各级党委、政府要牢固树立服务意识，充分认识到中央驻晋科研院所是我们省创新力量的优秀团队，对他们要高看一眼、厚爱三分，在项目、土地、资金、人才，以及住房、子女就学等各方面提供全力支持，鼓励驻晋院所与省内优势企业密切合作、合力攻关，建立中试基地和示范项目，发展产业，共享成果。

五要积极促进军地企业院所融合发展。我们省中央军工企业和研究所拥有的科技人员，基本相当于全省高校科研人员的数量，而且科技力量雄厚，与地方也建立了很好的合作关系。但是，在与省内企业开展合作、民品生产等方面还没有形成深度融合。要把军工院所、企业作为我们省创新体系建设的重要组成部分，研究制定扩大军民融合发展的指导意见，合力转型发展，实现军地共赢。

六要建立科技资源共享机制。我们省科技资源总量本来就少，又分散在各领域、各部门管理，大型科学仪器重复购买，科技文献、科研数据等为课题组、甚至个人所拥有，不能共享，闲置、浪费严重。要尽快把我们省统一的科技资源共享平台建立起来，实现大型科学仪器等开放共享。可以明确规定，今后凡是由财政资金形成的科技资源必须无条件向社会开放；财政资金支持的科技项目除保密的内容以外，由全社会共享。还要鼓励民营企业科技资源向社会开放服务。不仅允许合理收取科技服务费用，对服务好的，还要采取发放创新券、后补助、运行费用补贴等方式奖补。

（二）强化企业技术创新主体地位，全面提升企业创新能力。抓科技、抓创新，最根本的是要让企业成为技术创新的主体，“唱主角”、“挑大梁”、“当龙头”。目前，我们省规模以上工业企业有研发活动的仅占8.2%，建立研发机构的企业只占5.83%，明显低于全国11.64%的平均水平，在中部六省是末位；全省高技术企业520家，仅占全国总数的0.66%，在中部六省也是末位。今后要积极吸纳企业参与制定技术创新政策、规划和重大科技项目的决策，提升企业在科技事务上的“话语权”。企业要建立形成经济和科技一体化决策机制，每年跟踪研究一项或几项前期研究或中试项目，在小试、中试环节，甚至实验室研发环节就主动介入，真正形成开发一代、研发一代、储备一代的技术创新格局。要把企业研发投入和技术创新能力作为企业申请政府科技经费支持的前提条件，倒逼企业向创新转型转变。要坚持选、评、育并重，建立企业家考核、选拔、任用和培育机制，把创新意识和能力强的干部作为国有企业领导选任的重要条件。要支持企业技术中心、重点实验室、产业中试基地等创新平台建设，力争到2020年国有企业都有研发活动，全省建立研发机构的规模以上工业企业超过15%，这是一项硬任务。

（三）创新机制，千方百计增加科技投入。没有投入就不会有产出，不能既让马儿跑，又不给马儿吃草。我们要下功夫形成一个以财政投入为引导、企业投入为主体、金融市场为支撑的多元化投入体系。一是财政资金要发挥科技投入的基础和引导作用。各级政府要牢固树立科技投入是转型投入、后劲投入的理念，越是经济下行压力大，越要把科技投入作为公共财政预算保障重点，充分发挥财政资金的引导作用和乘数效应。通过投资奖补、贷款贴息、投资入股和税费优惠等办法，稳定支持重大战略性产业和重点领域的科技创新。财政投入总量要不断增加，投入方式要改革创新，比如，围绕煤炭清洁利用，整合目前涉及煤炭开发利用的财政资金，建立煤炭清洁利用基金，争取国家有关部门投入，形成一支联合母基金，政府制定规则，不直接管投放，聘请专业团队来负责管理，充分发挥财政资金“四两拨千斤”的杠杆作用。我还想特别要强调的是，国家对科技创新投入逐年增加，我们一定要积极向上争取，多联系、多汇报，谋划国家级大项目，力争取得更多国家项目和资金支持。二是要支持企业在技术创新投入中发挥主体作用。企业要立足当前、着眼长远，建立企业研发准备金制度。政府要建立企业科技投入引导机制，可以从科技资金增量中安排产学研专项资金，通过补贴或贴息的方式支持企业开展研发和产业化。要完善和落实企业科技投入的税收优惠政策。落实研发费用加计扣除等激励创新的普惠性税收政策，落实国家对种子期、初创期创新活动投资的税收优惠，允许有限合伙制创业投资企业实行税收抵扣。三是要突出银行资金的“稳定器”和资本市场的“催化剂”作用。要围绕创新活动研究开发多种间接和直接融资模式，特别是发展和运用好天使基金、风投基金，跨过高技术研发产业化的“死亡之谷”。这方面，请大家认真落实好全省金融振兴大会精神。

（四）加大人才培养引进力度，实现创新人才集聚发展。创新驱动，实质是人才驱动。凡是创新能力强的国家和地区，都是创新人才集聚的高地，人才资本在社会财富构成中所占比重越来越大，人才是最宝贵的资源，人才决定成败。我们省人才家底很薄，必须把培养和引进人才作为各项工作的重中之重。一要把引进高端人才团队作为首要任务。要用好用足我们省现有“百人计划”“三晋学者计划”“科技创新团队建设”等人才引进政策，建立高端人才团队引进基金，积极争取国家人才计划支持，围绕我们省产业发展重点领域，为企业、高校、科研院所引进一批高端领军人才，并为引进人才提供所需要的研发条件、项目资金和生活保障。二要把企业、高校和科研院所作为选才引才的主要依托。我们省到底需要什么人才，企业、高校和科研院所这些用人单位最有发言权。要充分发挥企业、高校、科研院所等用人单位的主体作用，由他们来提出急需的优秀人才和团队，各级党委、政府有关部门要积极做好服务、保障工作，在资金、政策等方面给予大力支持。三要把招商引资作为招才引智的重要渠道。采取“产业资本+人力资本”的模式，积极引进国内外企业集团或跨国公司，特别要力争引进其核心研发团队或成立分支机构。四要把培养本地人才作为根本任务。归根结底，要把我们本省的人才培养起来，统筹推进各类人才，特别是实用人才和紧缺人才的培养，尤其要加大对本地领军人才的优选和培养力度。要通过不懈的努力，建立起一支具有山西特色的宏大的科技人才队伍，形成人尽其才、才尽其用、人才辈出的局面。

（五）培育创新平台，夯实空间载体。科技创新，必须有平台、有载体、有示范，在这些方面我们都有很大差距。国家重点实验室全国有401家，我们省只有3家；科技企业孵化器全国有1600家，我们省国家级只有7家，省级只有3家；国家级高新区全国有130家，我们省只有2家；省级以上高新区、经济区我们省23家，不到全国的1%，2014年，全省开发区实现地区生产总值1656亿元，占全省总量的12.97%，远低于中东部占比40%－60%的水平。太原市作为我们省科教资源集聚之地，科技创新的示范带动作用却不突出。我们要看到这些差距，采取针对性措施解决问题。一要加快建设山西科技创新城。这是我们省实施创新驱动发展的重大举措，是推进资源型经济转型综改试验区建设的头号工程。要按照清洁、安全、低碳、高效发展的方向，以产研一体、产城一体、产融一体为特征，坚定不移地把科技创新城打造成我们省创新发展的引擎和世界低碳中心。二要做强科技创新的基础平台。要把现有的国家重点实验室进一步建设好，并积极推动省部共建国家重点实验室培育基地升级。要大力加强省级重点实验室建设，立足省属国有企业和大型民营企业，新建一批企业技术中心、工程技术（研究）中心、中试基地。要利用国际创新资源，着力培育一批国际科技合作基地。要尽快出台省级孵化器管理办法，建成一批低成本、全要素、便利化、开放式的孵化器，同时完善孵化器行业协会组织，构建从孵化器到产业化基地的完整孵化链条，为科技成果成功孵化搭建可靠平台。三要组建重点产业技术创新战略联盟。产业技术联盟是产学研相结合的重要载体，我们省在这方面明显落后了。国家产业技术创新战略联盟全国有146个，我们省只有1个，特别是我们省最有优势的、国家级煤炭开发利用和煤化工产业联盟都不在我们省。目前要抓紧围绕煤炭、煤化工、新材料等重点产业组建技术创新联盟，要加强与国家部门的协调沟通，推动我省重点产业联盟成为国家级联盟，获得国家政策和资金的支持。产业技术联盟要抓实，不能徒有虚名。四要强化高新区、经济区建设。要突出解决我省“两区”数量少、面积小、质量不高问题，努力把高新区建成新兴产业创新发展的摇篮，把经济区建设成科技产业集群创新的基地。五要发挥中心城市和综改试点县的先导作用。要遵循非均衡发展的规律，积极支持科技创新基础比较好的市县率先发展，特别要发挥好太原省会城市的龙头作用。要发挥好区域中心城市的骨干作用，10个省辖市要强化创新资源的聚集，既要加强横向联合、协调发展，又要错位竞争、突出特色。要发挥好综改试点县的突破作用。

（六）山西的科技成果首先要在省内转化。实施科技创新，要研发出更多的科技成果，这些成果首先要在省内落地生根，开花结果。不能只开花不结果，更不能在山西开花，到外省结果。一方面，我们省科技成果本来就不多，全省每年登记的科技成果不到400项，不足全国总数的1%。去年全省技术交易额仅占全国的0.17%；另一方面，本来就少的科技成果还“下江南、走西口”，外流问题非常严重。我们要认真反思，突出解决好这个重要问题。一是产学研要密切合作。政府要发挥导向和支持作用，企业要强化创新和风险投入意识，主动跟踪、密切参与项目研发。二是加强中试转化基地建设。解决好中试问题，是科技成果在本地转化的重要环节，要有计划、有重点地建设一批省级科技成果中试基地。各级政府要制定好规划，要采取土地优惠、加计扣除、奖励贴息、后补助等优惠政策，积极支持科技成果在本地转化。三是建立科技成果转化平台。坚持市场导向，面向全国，尽快建成集展示、交易、交流、合作、共享于一体的科技大市场，形成有形与无形、线上与线下、网上与网下互联、互动、互补的技术市场体系，打通科技成果转化通道。要积极发展科技中介机构，加快培育一批熟悉科技政策和行业发展的社会化、市场化、专业化科技中介服务机构。四是完善科技成果转化政策体系。要综合采用“拨、投、贷、补、奖、买”等多种方式支持科技成果转化。要健全优先使用科技创新产品政府采购政策，鼓励国内外科技创新成果、高新技术产品在我们省落地转化、形成产业。对于产业化运作成功的项目要给予奖励，对于首台（套）产品，要采取政府兜底风险、政府买单、应用示范保险等多种方式给予支持。要加强对知识产权保护力度，严查重处侵权行为。五是让有贡献的科技人员合法致富。要在全社会树立“依法让有贡献的科技人员富起来”的理念，使他们获得与科技创新劳动和贡献相匹配的合法收入。要完善对科研主体的激励机制，充分调动广大科技人员积极性，积极跟进落实国家正在修订的促进科技成果转化法，把科技成果使用、处置和收益权下放到高校和科研院所等单位，授予转化自主权，科研人员成果转化收益比例要提高到50%以上甚至更高，并且给予股权或者期权激励。这里我想说一件事，在科研院所调研的时候，了解到，由于院所穷，收入低，有一位工程师把自己100多平方米的房子租出去，舍近求远再租一个17平方米的小房子住，为的就是赚取一点房租差价，解决三口人养家糊口的问题。在生活很困难的情况下，他参加了10多个产品的科技研发工作。我深深感到，我们山西的知识分子非常优秀，我们愧对他们。全省各级党委、政府要真心实意关心科研人员，切实解决他们工作、生活中的实际困难，当好他们的后勤部长和服务员，为他们解除后顾之忧。我也希望，全省广大科技工作者潜心钻研，勇于登攀，创造出更多无愧于时代、无愧于人民的科技成果。

三、坚持全面创新，努力实现全省产业转型发展

经济进入“新常态”的核心要义之一，就是要实现创新驱动，转型发展。我们要以科技创新为核心，通过实施技术创新、产品创新、企业创新、商业模式创新、管理创新、体制机制等全面创新，加快推进全省产业转型发展，创新发展。

（一）全力推进煤炭产业发展方式创新。煤炭产业已经进入“寒冬”，需求不足、产能过剩，价格下降、成本上升，特别是《商品煤质量管理暂行办法》正式施行，不达标煤禁止进入市场，更是雪上加霜。我们省作为煤炭大省，举步维艰，我们不能再把希望寄托在煤炭价格还像过去那样高涨、市场炙热，老路走不下去了。我们必须走出一条“革命兴煤”的新路，自己不“革命”，就会“被革命”。这条“革命兴煤”的新路，就是省委、省政府已经确定的，全省上下正在积极推进的我们省煤炭产业向“市场主导型、清洁低碳型、集约高效型、延伸循环型、生态环保型、安全保障型”转变，这既是当务之急，又是长期战略任务。我们推进科技创新、全面创新，关键就是要紧紧抓住、全力抓好实现煤炭产业“六型”转变，把我们省建设成国家综合能源基地、中国煤炭科技及产业创新高地。这是我省摆脱资源性困境的希望和根本出路。

（二）全力推进煤电一体化创新发展。尽管我们省发电装机增速较快，但是，我们省外运煤和外输电比例16:1，明显失衡。我们要继续抓煤转化为电。我们面临的问题是，现有的电量都消纳不了，去年全省发电企业平均发电小时只有4334小时，今年上半年全社会用电量又负增长5.04%，工业用电量负增长7.21%，向外省送电负增长10.69%，发电机组负荷下降，盈利减少，亏损增加，压力越来越大。这正是我们要创新破解的难题。要突出解决好两大问题。一是加快外送通道建设，扩大“晋电外送”规模。我们省现有外送能力1930万千瓦，核准在建和已获“路条”的外送电通道1450万千瓦，按规划全省“十三五”末总装机将超过1亿千瓦以上，现有通道加上在建的远远不能满足需求。要加强与国家电力、电网规划的衔接，争取将更多的外送输电工程项目纳入国家规划。特别要创新模式，积极拓展外送电市场，创新省际合作机制，加大省外电力营销力度，确保我省电力“送得出、落得下”。二是创新激活省内用电市场，千方百计提高省内电力消纳能力。我省电力市场拓展的基础在省内，“大头”在省内，现在看，一半以上的电量需要省内自己消纳。问题是，目前省内连现有的电量都消纳不了，到“十三五”还要新增较多电量，可见难度之大。这就要求我们，不论当前还是长远，我们必须下功夫抓用电，破解扩大电力市场的难题。我们要正视困难，但也要看到机遇。我想用发展铝工业说明这个问题。我们省铝土矿资源十分丰富，储量全国第一，占全国40%以上，但我们没有形成完整的产业链条，是典型的铝土矿资源强省、氧化铝大省、电解铝小省、铝加工弱省。全省铝工业极度艰难，尤其电解铝可以说“命悬生死一线”。但是，外省企业在我省生产氧化铝，运到省外加工电解铝，再把产品运到内地，来回吨运费高达2000多元，尽管这样，人家还盈利。主要原因就是用电成本低，用电成本占电解铝成本的45%左右，举足轻重。我们省是国家业界权威公认的发展铝工业的最佳省份，要铝土矿资源有资源，要电有电，但我们却没有解决用低电价发展铝工业的问题。有关部门测算，如果我们能够按国家政策“置换产能”，使我们省电解铝生产达到600万吨，一年可消纳电量900亿千瓦时，相当于去年我们省工业用电量的50%，也将推动5000万吨原煤实现就地转化。我们在吕梁、孝义调研，他们正在积极推进中铝煤电铝一体化项目，如果电解铝产能达到110万吨，加上配套的高端铝材加工、商业物流、资源综合利用项目等，将带动相关产业产值达800亿元以上。毫无疑问，存在诸多障碍和难题，但是我们也要看到机遇。专家预测，我们国家铝土矿资源数量有限，可再开采年限并不长，特别是按照中央《关于深化电力体制改革的意见》，市场交易电价将由发电和用电企业协商确定。这两大因素将导致全国铝工业调整布局、重新洗牌，形成新的“铝电+铝土矿资源”联盟。我们省铝工业现在是最困难的产业之一，也是最有希望的产业之一，机遇就在眼前，稍纵即逝，有关部门和有关市县要全力做好工作。历史上我们省不止一次失去机遇，如果这次再失去，我们省高载能的现代铝工业将永无出头之日。拓展省内电力市场，我们还要改造提升现有高载能产业，发展现代载能产业。民用电潜力巨大，也要大力发展。

（三）全力推进焦化产业创新脱困振兴。我们省的焦化产业是传统支柱产业之一，去年销售收入占全省规上工业的6%，焦炭产能大约占全国的1／4，产量和外调量都居全国首位，出口量占全国的89.8%。焦化行业的兴衰，对我们省影响重大。多年来，我们省焦化虽经多次调整，做了很大努力，但仍然没有走出困境，已经连续7年亏损，产能利用率只有60%左右。越是困难，我们越要看到，我们国家的能源结构不能没有焦化行业，而我们省焦煤资源储量占全国总量的55%以上，我们有基础有条件使焦煤产业走出困境，走向振兴。一要通过科技创新实现以焦为主向焦化并举、以化为主的转变。长期以来，我们相对注重“焦”，而忽视“化”，化产回收、精制技术与国际领先水平相差较大，造成很大的资源浪费、环境污染和经济损失。要尽快改变这种局面。我省现有焦化产能开工率如能达到全国的平均水平，年可产生焦炉煤气200亿立方米，煤焦油350万吨，焦化苯90万吨。通过对焦炉煤气资源进行整合，延长产业链条，生产合成油和合成天然气，比煤制油、煤制天然气投资少、效益好、市场竞争力强。煤焦油和焦化苯是精细化工原料，可以从中提取高附加值化学产品。实现焦化产品精细化、系列化、规模化、高附加值化，这对发展

我省精细化工和化工新材料，带动新兴产业发展具有深远影响。二要彻底改变独立焦化厂只能依靠钢铁企业的被动局面。我们省是全国最大的焦化生产基地，可是，我省的钢铁工业并不发达，作为独立焦化厂只能超过300公里合理经济运输距离，把产品远送省外钢铁厂。钢盈焦未见得盈，钢亏焦必亏，这明显降低了我省企业效益，还受制于人。要大力支持研发利用现有焦化装置，将煤首先热解，提取焦油和煤气，生成的半焦气化用于化工品合成，实现煤炭高效综合利用。三要进一步调整焦化企业布局。推进行业内外企业联合重组，加快基地化、园区化、大型化建设，打造一流先进水平的焦化产业。

（四）全力推动煤化工产业创新发展。煤化工产业在我省总体规模还不大。传统煤化工一般来说不再扩大规模，主要任务是采用先进适用技术改造升级，等量置换，淘汰落后产能，也是为现代煤化工项目腾出发展空间。现代煤化工是我省重点培育的战略性新兴产业之一，取得了一定成绩，但是，落后于兄弟省份。国家“十一五”5个现代煤化工示范项目4个在内蒙古，1个在辽宁，“十二五”期间的26个示范项目我们省也只有2个。我们省目前煤炭转化大多数是初级加工、简单转化和传统煤化工为主，产业结构初级化特征明显，而且我们省中低阶煤占80%以上。我们要大力推进“分质分级、能化结合、集成联产”的新型转化力度，加快我省煤化工产业发展，努力形成现代煤化工为主，传统煤化工为基础，煤基精细化工、化工新材料为特色的产业格局。特别是要依托中科院煤化所、科技创新城，布局建立国家级和省级煤化工工程中心、企业技术中心、重点实验室，形成若干创新联盟，推进一批具有国际先进水平的创新成果投入工业应用。设立煤化工产业发展专项资金，重点支持关键技术研发以及节能技术研发和技术应用推广。要高度重视我们省和煤化所联合建立“煤炭清洁高效利用创新研究院”，特别是解决煤转化汽油和柴油的技术创新问题，我们山西作为煤炭资源大省、作为国家综合能源基地，煤制油这条路我们一定要走，具有重大战略意义。

（五）要尽快把煤层气发展成我省战略性支柱产业。我们国家贫油少气富煤，煤层气也多，资源储量在俄罗斯、加拿大之后，居世界第三。我们国家的煤层气资源主要在我们山西，全省煤层气储量与排名世界第四的美国相当，有10.39万亿立方米，全国第一，占全国总储量近1/3，相当于有100亿吨原油。第一，把煤层气产业发展成战略性支柱产业意义重大。煤层气产业是清洁能源产业。我们国家永远缺天然气，大规模利用煤层气将有效缓解天然气短缺的矛盾。特别是抽采煤层气对安全生产更具有重要意义。瓦斯爆炸是煤矿安全的第一杀手，实践证明，在采煤之前先开采煤层气，煤矿瓦斯爆炸率降低70%到80%。第二，关键是尽快做大产业规模。煤层气单井产量和总产量上不去，成本就降不下来，就谈不上成为支柱产业。现在我们省单井平均产量和美国相比差距较大。我们现有技术还难以适应复杂地质条件，松软低渗构造区、低阶煤和高应力区煤层气开发，都需要加大科技攻关力度，尽快实现关键技术突破。第三，要实施全面创新。在突出科技创新的同时，要把理顺煤层气权属工作作为重要任务，建立健全煤层气管理机构，力争加快解决煤层气资源矿业权与煤炭资源矿业权分设问题。要进一步做好煤层气矿业权两级管理试点工作，尽快取得国家对煤层气矿业权审批试点授权。在矿权问题没有彻底解决前，我们更要重视合作机制创新，强化与中央企业的合作。要大力引进各类投资主体，开展多种形式合资合作，扩大投资，加快煤层气产业发展。要积极争取国家建立煤层气资源开采补偿机制。要积极探索煤层气多通道、多途径利用，积极推进煤层气替代汽油燃料和替代工业燃煤工程，进一步加快煤层气（瓦斯）发电工程步伐。要参照国家天然气的定价原则和定价机制，合理确定我们省煤层气价格体系，使企业有积极性，老百姓用得起。千方百计尽快把煤层气产业培育成战略性支柱产业和我们省经济新的增长点。

（六）积极推进煤炭商业模式创新。商业模式创新是创新的高端形态，事关企业核心竞争力。世界上商业模式创新领先的国家，政府甚至通过授予专利等措施给予积极的鼓励与保护。一要突出商业模式综合创新。我省在商业模式创新上取得不少成绩，但还存在相当大的差距。一些企业无序竞争、竞相压价；一些企业缺乏商业模式创新的能力，角色仍然定格在煤炭生产者，思维还停滞在传统单一的卖煤模式上；煤炭物流体系不健全，公路、铁路、港口等运输环节还有相脱节的问题，没有形成完善的现代物流体系。商业模式创新是综合性创新，有模式无定式。我们要根据我省煤炭产业及其市场特点，实施煤炭销售体制、物流体系建设、交易模式、销售方式等综合性创新，变销售煤炭为经营煤炭。二要积极探索“互联网+”的营销模式。充分利用中国（太原）煤炭交易中心作为国内目前唯一冠以“国”字号的煤炭交易市场和已经注册的1万多家涉及煤炭、电力、钢铁、化工、建材等主要行业的交易商，形成一个信息流、资金流、物流积聚的第三方电商平台，探索营销新模式。三要推进煤炭战略储备机制创新。加快建立政府主导、企业主体、市场化运作的煤炭储备体系，采取加强稀缺性煤种储备，合理调整产能储备，加快现货储备能力，创新财政金融政策支持等有效措施，促进煤炭交易方式和交易机制现代化，提高煤炭资源配置能力，强化我省作为煤炭大省在国内甚至国际煤炭市场的话语权和影响力。

（七）着力推进煤炭管理体制机制改革创新。总的说，就是要全面贯彻落实好今年1月26日省委、省政府出台的《关于深化煤炭管理体制改革的意见》。今天我在这里着重强调两点意见。一要敢于担当，积极解决煤炭资源整合遗留问题。我们省近一轮煤炭资源整合到现在已经快6个年头了，但其中的一些问题到现在也没有解决。比如，全省煤矿重组整合后，所需建设改造的矿井有788座，建设规模

7.33亿吨/年，所需改造资金3300多亿元。资金缺口大，致使相当一部分煤矿改造至今难以进行。又比如，技术、管理人才缺乏的问题。当时省七大煤炭集团是整合兼并的主体，兼并重组后每一集团新增加的矿井多达几十处，最多的160多处，需要大批技术人才和管理人才。人才的短缺目前仍然是被整合矿井发展的瓶颈，特别是安全生产隐患诸多、出问题的主要是这些矿井。要对煤炭资源整合工作“回头看”，总结经验，吸取教训，针对存在的问题，分类施策，研究解决。二要攻坚克难，勇于破解煤炭企业改革难点问题。目前，我省省属重点煤炭企业，在集团层面仍然是“一股独大”，现代企业制度和规范的法人治理机构远远没有建立。国有煤炭企业干部管理行政化色彩严重，从决策层（党委、董事会）到管理层再到监事会都由省委组织部或省国资委考察任命，职业经理人市场化选择机制基本没有建立。企业主辅分离、厂办大集体、剥离办社会职能等早该完成的改革远远没有完成。像同煤集团2014年底企业办社会机构（含非独立法人机构）465个，从事社会职能的2.9万人，年净支出39.5亿元。煤炭企业在目前形势下，改革的难度比过去明显加大，但是不改革，企业的压力更大。深化国有企业改革，过去就是一道难关，现在又成为一道险关，再难再险也要过，而且早改早主动，越拖越被动。我们必须痛下决心，迎难而上，知难而进。为了稳妥，我和小鹏同志商量，选择同煤、晋能集团深化改革试点，取得经验在全省推开。

（八）全力推进非煤产业创新发展。长期以来，高强度的煤炭开发固化了“一煤独大”的产业结构，虽然我省早就提出调整结构，解决“一煤独大”问题，但实际上全省采矿业增加值占规上工业增加值的比重越来越大，从2000年的27.9%上升到2013年的60.7%。与此相随，重工业占规上工业的比重由86.7%上升到94.4%。电子、轻工、纺织、医药等我们省原有相当基础的非煤加工业受煤炭经济挤出效应影响，发展不起来，规上企业户数所占比重不到6%。这种经济增长严重依赖资源型产业，结构严重失衡的状况，导致经济增长不是多极支撑，是“鸡蛋都在一个篮子里”，经济体十分脆弱，抗风险能力极差。这种结构不改变，我省经济增长大幅度上下波动的局面就不可避免。我们必须靠全面创新做好非煤这篇“大文章”，关于非煤产业创新发展，省委十届六次全会已做了部署，今天我在这里强调三点意见。一要靠创新加快非煤工业发展。我们必须在强力推进煤基产业创新发展的同时，大力发展装备制造业，比如发展煤基轨道交通、动车整车、新能源汽车、煤化工、电力等高端装备制造业；大力发展新能源产业，比如风电、光伏发电、生物质发电；大力发展新材料工业，比如以提高附加值深加工为方向，加快发展铝镁合金、半导体照明材料、煤化工新材料、非金属材料、智能材料等等；大力发展节能环保产业，比如加快发展余压余热利用，粉煤灰和煤矸石综合利用。我省非煤工业潜力巨大，要全力抓好。二要靠创新推动现代农业发展。近年来，我们省现代农业创新发展稳步推进，农业产业化水平逐步提高。但总体而言，我们省现代农业创新发展仍然存在不少需要解决的问题。比如，我们省号称“小杂粮王国”，杂粮种植面积占全国的1／10，谷子、荞麦、燕麦的种植面积和产量都居全国前列，但是我们小杂粮产业化水平低，科技人才短缺，全省杂粮优种覆盖率不到30%；我们省是全国红枣、核桃大省，产量居全国第4位，但是核桃平均亩产只有30公斤，与美国核桃平均亩产330公斤比较，就是人家的一个零头。要切实提高科技创新支撑能力，推动现代农业加快发展。三要大力推动现代服务业创新发展。目前，发达经济体服务业的占比一般在70%以上，2014年全国平均水平48.2%，我们省服务业增加值比重44.1%，比全国平均水平低4.1个百分点，低于第二产业增加值占比5.6个百分点。服务业门类齐全，有几十个行业，而我们省许多行业有特色、有潜力。比如，我省旅游资源非常丰富，近年来旅游业发展也取得了可喜成绩，但我们还算不上旅游大省，更谈不上旅游强省，创新发展的空间很大、潜力很大。再比如文化产业，被称为21世纪的“黄金产业”，已成为衡量一个国家和地区现代化程度和综合竞争力的重要指标。总体来看，我们省文化产业发展成绩也是比较明显，但是与文化产业发达省份相比，差距较大。我们省丰富的文化资源开发利用程度比较低，文化企业少而不大，在连续六年全国“文化企业30强”评选中，我们省无一企业入围；文化产业链条短，行业分布不合理，新型业态发展不快，文化企业改革滞后，创新人才、领军人才缺乏，等等。我们要深入研究，尽快解决这些问题，把文化旅游等第三产业发展起来。

四、坚持主动适应新常态，努力形成创新发展的新局面

以科技创新为核心，全面创新、转型发展，是我省主动适应新常态的重大战略抉择。我们一定要深入学习、全面贯彻落实习近平总书记关于实施创新驱动发展战略的新思想、新要求，紧密结合实际，认真抓好落实。

（一）要切实解放思想，夯实创新发展思想根基。思想是行动的先导，转型发展首先要解放思想、转变观念。没有思想的大解放，创新发展就形不成大气候。一定要把思想从资源依赖中解放出来，从审批思维中解放出来，从封闭保守中解放出来，从消极畏难中解放出来，坚决破除各种各样的思想障碍。

（二）要增强战略定力，坚持创新发展不动摇。创新发展不是坦途，不会一蹴而就。创新发展既是当务之急，更是历史性任务。要牢固树立正确的政绩观，增强战略定力和历史耐心，不急于求成，不图一时之功，善谋长远之利，“功成不必在我”。要大力弘扬“右玉精神”，一张蓝图绘到底，一任接着一任干，就像习近平总书记重要批示所要求的那样“迎难而上，艰苦奋斗，久久为功”。我们不论遇到什么困难，都要攻坚克难；不论形势发生什么变化，都不能动摇创新发展。

（三）要积极改善创新生态，努力营造创新发展良好氛围。要努力营造崇尚创新的社会氛围，不断强化“尊重劳动、尊重知识、尊重人才、尊重创造”的社会价值取向。要努力营造遵循规律、鼓励创新、宽容失败的环境氛围，在全省上下形成想创新、学创新、敢创新、会创新的良好局面。要注重从历史上发掘和弘扬我们省敢为人先的创新文化，使创新文化成为支撑我们省创新发展的强大精神力量。

（四）要加强领导，强化创新发展组织保障。各级党委、政府要把科技创新、全面创新摆到更加重要位置，建立完善“一把手抓第一生产力”工作机制，制定责任制、任务书、时间表、路线图。各级领导干部都要学科技、懂科技、抓科技，要履职尽责，为官有为。在这里我想特别强调，同志们要从正在调查的原市委书记洪发科案件中吸取教训。洪发科是贪腐的典型，是顶风违纪的典型，是为官不为的典型。他在被“两规”之后说，“担任市委书记后，认为自己是当到最顶峰的官了，有了‘船到码头车到站’的思想，不珍惜、不感恩，辜负组织信任。所以，胸无全局，得过且过，用敷衍应付的状态来做工作。在我消极思想的影响下，导致阳泉市很多工作无人抓，问题无人管。”作为一个市委书记，作风懈怠，萎靡不振，经常不按时上班，晚来早走，或者半天上班、半天休息，我行我素，不听招呼，不守规矩，不守纪律，这是坚决不能允许的，对市委书记为官不为，我们决不能听之任之。今后要坚持把纪律挺在前面，切实解决为官不为问题。据反映，我们省一些地方有的领导干部“习惯”在住地办公，不到办公室办公，从今天开始，全省各级领导干部一律到办公室去办公。总之，各级党委、政府，各级领导干部都要采取有效措施，切实把省委、省政府科技创新、全面创新的部署和这次大会精神落到实处。

中共山西省委办公厅
山西省人民政府办公厅
关于印发《山西省政务服务平台建设总体方案》的通知

晋办发〔2015〕32号

各市、县委，各市、县人民政府，省委各部委，省直各委、办、厅、局，各人民团体：

《山西省政务服务平台建设总体方案》已经省委、省政府同意，现印发给你们，请认真贯彻落实。

中共山西省委办公厅
山西省人民政府办公厅
2015年7月27日

山西省政务服务平台建设总体方案

政务服务平台，是以简政放权为核心，以“一个窗口对外、集中（联合）办公”为特征，以公开透明、便民高效为目标，以网络化、信息化、大数据应用为支撑，集行政权力运行、公共资源配置、政府公共服务、重大信息公开、行政效能监察等功能于一体的新型行政运作体系和政务服务机构。为加快山西省政务服务平台建设，深化行政审批制度改革，促进政府职能转变和管理创新，根据《中共山西省委关于在全省深入开展学习讨论落实活动的实施意见》（晋发〔2014〕31号）精神，制定本方案。

一、指导思想

以邓小平理论、“三个代表”重要思想、科学发展观为指导，认真贯彻落实党的十八大、十八届二中、三中、四中全会精神和习近平总书记系列重要讲话精神，紧紧围绕“四个全面”战略布局，着眼于进一步加大简政放权、放管结合改革力度，使市场在资源配置中起决定性作用和更好发挥政府作用，促进治理体系和治理能力现代化。按照“六权治本”的思路，围绕加强对权力运行的制约和监督，切实扎紧制度笼子，铲除滋生腐败的土壤，建立“不能腐”的长效机制。着力构建制度规范、服务完备、功能齐全、高效便捷、公开透明的综合性政务服务平台，为开创山西弊革风清、富民强省的新局面提供有力支撑。

二、建设原则

（一）服务人民，便捷高效。以方便人民群众办事为出发点和落脚点，以公民、法人和其他组织的实际需求为导向，依法确立行政许可、服务及其他行政管理事项，减少环节，优化流程，缩短时限，并提供“一站式”、“一条龙”、集成化服务，做到便民、惠民、利民。

（二）改革创新，问题导向。勇于突破利益固化的藩篱，着力破除影响发展的体制机制障碍，进一步厘清政府与企业、市场、社会的关系，解决政府职能错位、越位和缺位的问题。对标国内一流政务服务平台，做好顶层设计和制度安排，做到设计一流、运行一流、效能一流。

（三）整体推进，重点突破。统筹安排政务服务平台和公共资源交易平台建设、运行和管理。坚持省、市、县三级平台建设统一规划、全面启动、协同推进，重点在简政放权、提高审批效能、强化对行政权力运行的监督和制约方面有大的突破，逐步将面向公民、法人或其他组织的所有行政管理事项和公共服务事项纳入平台运行。

（四）整合资源，务实节俭。坚持勤俭节约，充分挖掘、整合、利用各地各部门现有资源，打破条块分割和利益壁垒，推进共建共享、互联互通，实现政务服务数据汇聚和共用，避免重复建设，做到实用、管用、好用。

（五）统一管理，分级负责。全省政务服务平台建设工作在省政府统一领导下进行，实行统一规划、统一标准、统一流程、统一制度、统一运行机制和统一指导监督，省、市、县各级分别负责本级、本区域政务服务平台的建设、运行和管理，形成统分结合、上下联动的运行管理体系。

三、基本架构

我省政务服务平台的基本架构是：一张网络、两个平台、五大功能、五级联办。一张网络指以省电子政务外网为支撑，各级各部门横向联接、纵向贯通、信息共享、全程覆盖的政务服务网络；两个平台指政务服务平台和公共资源交易平台（公共资源交易平台建设方案另行制定）；五大功能指行政权力运行、公共资源配置、政府公共服务、重大信息公开、行政效能监察等；五级联办指所有行政管理和服务事项均纳入省、市、县三级平台办理，同时进一步向乡镇（街道）、村（社区）延伸政务服务，使之成为平台服务群众的终端，并实施全方位、全过程的监督与监控。

四、主要任务

（一）建设完善实体政务服务平台。按照建设标准化、运行科学化、管理规范化、监督透明化的要求，建设和完善实体政务服务平台。

1.建设省级政务服务平台。建设符合省级行政管理特征、全省统一的综合性政务服务平台，2015年底前初步建成运行。在省级政务服务平台建设期间，省直各部门已有政务大厅或对外服务窗口的，仍要加强管理、规范运行。除国家明确规定必须设置的以外，原则上省直各部门不再单独建立政务大厅或对外服务窗口。

2.规范市、县（市、区）政务服务平台。各市、县（市、区）政府要按照集中、统一、节俭、实用的要求，加强政务服务中心（政务大厅）基础设施建设，并抓紧整合现有政务服务资源，扩充完善综合服务功能，确保形成一个平台对外服务，普遍实现由单一审批功能向综合性政务服务平台转变。

（二）加快建设全省统一的政务服务网络。顺应“互联网+”的发展趋势，依托省电子政务外网，整合各级各部门政府门户网站群和政务服务中心电子政务系统，2016年底前建成全省完整统一、贯通各级各部门的政务服务“一张网”。主要包括一个统一的服务门户、三大支撑平台、两大保障体系。

1.一个统一的服务门户。按照统一的标准和要求，建设全省网上办事服务总门户，省直各单位、各市县在省统一门户上开设网上政务服务窗口和本级网上分门户。统一的政务服务门户将集中部署在省政务云平台。各级各部门通过门户网站、移动APP、数字电视、微信公众账号等渠道，以一证通行、一站申办、一网查询的方式，向公民、法人或其他组织提供各类政务服务。

2.三大支撑平台。一是业务应用平台。在统一门户的基础上，建设统一网上申报、统一业务受理、全程内部网上流转、全程网上效能监督等系统。二是数据交换和共享平台。包括全省统一的行政权力事项库、办事信息库、电子证照库、社会信用信息库等。三是政务云基础设施平台。采用购买云服务模式，搭建全省政务云平台，为网上政务服务平台提供基础设施和共享服务，并逐步将各地各部门相关业务应用系统迁移或延伸到政务云平台。

3. 两大保障体系。一是标准规范体系。全省制定统一的行政权力运行和公共服务事项网上运行业务规范、数据规范、设计规范和技术标准，以及政务云平台建设和信息资源交换共享规范。二是安全保障体系。利用全省电子政务外网统一身份认证体系，提供网上办理事项统一认证服务，为跨层级、跨地区协同事项办理提供安全保障。

（三）完善政务服务平台管理运行机制。按照简政放权、放管结合、职能转变的要求，推进政务流程再造，完善行政职权事项平台化、流程化、电子化运行机制。

1.积极推行行政职权事项平台化管理模式。加快推行各级政府部门权力清单和责任清单制度，推广吕梁市和省交通厅“六权治本”试点工作做法，制定行政职权运行流程图和行政职权廉政风险防控图，对行政职权清单进行电子编码，纳入网上政务服务平台统一管理，实现对行政职权严格管控。省级政府部门权力清单于2015年6月底前编制完成，7月公布运行。市级政府部门权力清单要在2015年12月底前编制完成，2016年1月公布运行。县级政府部门权力清单要在2016年3月底前编制完成，4月公布运行。同时跟进省、市、县三级责任清单公布工作。

2.大力推进相对集中行政许可权改革。按照决策、执行、监督相互分离、协调运行的要求，积极推行“两集中，两到位”，促使各部门内部分散的审批职能向审批处（科）集中、所有审批事项（含现场踏勘）向同级政府统一的政务平台集中，做到人员及事项进驻到位，审批服务授权办理到位，实现“一个窗口对外、一站式审批、一条龙服务”，2015年12月底前基本完成。

3.全面优化行政审批流程。一是按照内外有别、分级分事、系统集成的原则，进一步优化单一事项的办理流程、跨部门跨层级事项流程和以投资项目为中心的“审批+服务”的系统化流程，形成全新的供内部审批用的内部审批业务流程图和满足审批对象知晓的外部流程图，并向社会公布。二是建设企业投资项目在线审批监管平台，推行“一口受理、限时办理、并联办理”运行机制。实体平台设立统一受理窗口，与网上平台结合，形成线下与线上相结合的“一口受理”。对市、县（市、区）初审上报省级审批的，一次申请、网上流转，不得多次申请和重复提供材料。实行办理时限承诺制，所有事项均由系统自动计时，在法定期限内限时办结，并对办理进度分级预警提醒。实行并联审批制，对于多部门共同审批事项，明确一个牵头部门，相关部门收到牵头部门征求意见函后，及时研究、并联办理，不得互为前置条件。推行企业设立“一表制”审批，一次申请、同步办理、统一发证。积极探索“多证合一”等新型审批运行机制。推行投资项目联合审图、联合验收等制度，为项目提供跨部门、跨层级联动审批服务。三是建设投资项目中介服务平台。对中介机构实行目录库管理制度和黑名单制度，建立中介机构诚信体系，统一制定中介服务标准，搭建网下与网上相结合的中介服务平台，推行中介机构随机抽取制度、网上公开竞价制度，实现企业需求与中介服务直接对接。禁止任何机构、人员指定中介机构，实现公平竞争。

4.加快建立行政职权事项全过程电子记录和网上监控查询平台。积极探索移动互联、物联网等在行政管理中的应用，形成实时的行政管理电子记录，并全部纳入网上政务服务平台，实现各类行政职权运行公开透明、可查询、可监督、可追溯。

5.夯实网络支撑基础。加快各级电子政务外网建设，抓紧推进市、县（市、区）网络全覆盖和市、县（市、区）网络平台建设，不断提升网络安全保障能力。

（四）制定政务服务制度体系。抓紧制定《山西省政务服务办法》，作为全省政务服务工作总纲，同时制定若干配套制度，形成系统完备、科学规范、运行有效的制度体系。

1.建立完善行政职权事项动态管理制度。对行政职权事项新增、取消、转移、下放、合并或事项要素内容的变更等调整情况，实行动态管理，并及时向社会公布。

2.建立完善政务服务运行管理制度。包括政务服务标准化体系、“一口受理、限时办理、并联办理”制度等。

3.建立完善政务服务监督保障制度。包括政务公开、绩效评价、公众评议、信息安全和监察问责制度等。

（五）建立健全政务服务行政管理机构。成立山西省政府政务改革和管理委员会，为议事协调机构，由省长担任主任，常务副省长和省政府秘书长担任副主任，相关部门主要负责人担任成员，负责研究决定政务改革和管理的重大事项。委员会下设办公室（简称省政府政务办公室），设在省政府办公厅，负责对全省政务服务工作进行全面指导、协调和监督管理，组织全省政务服务网络的运行和管理，承担省政府政务改革和管理委员会的日常工作。省政府政务办公室的机构设置、职责权限、人员配备另行研究确定。

各市、县（市、区）应参照省政府政务服务机构设置的做法，建立健全相应的政务服务行政管理机构。

五、组织实施

（一）高度重视，加强组织领导。加快建设政务服务平台，是净化政治生态、实现弊革风清的治本之策，必须作为当前和今后一段时期的“一把手”工程来抓。各级政府和各部门要把政务服务平台建设工作列入重要议事日程，坚持高标准、严要求，保证建设质量、工作进度、运行效果。省政府成立“两平台、一张网”建设工作领导组，由省政府领导任组长，省政府办公厅、省编办、省发改委、省政府法制办、省政府发展研究中心、省政府机关事务管理局等单位主要负责人为成员，具体负责省政务服务平台、省公共资源交易平台和省政务服务网络的总体设计、建设，并对建成后的运行管理提出意见。领导组下设办公室，设在省政府办公厅，根据工作需要，设立行政权力运行、公共资源交易、网络系统开发、后勤服务保障等若干工作小组。

（二）明确责任，密切协作配合。各级各部门要设定时间表、路线图，明确责任，各司其职，密切配合，有序推进。省编办负责编制省政府工作部门权力清单和责任清单，完善电子监察系统;省发改委负责提出省公共资源交易平台建设方案;省质监局负责编制行政职权事项清单电子编码管理制度。省政府法制办负责牵头起草并审定《山西省政务服务办法》;省政府机关事务管理局负责相关后勤服务和保障等工作。

（三）大力推动，狠抓任务落实。各级各部门要坚持自上而下、以上率下、以下促上、上下联动，层层建立责任倒逼机制，健全绩效考评体系，加大行政问责力度，对工作推进不力的单位及其主要负责人，要进行追责问责。

中共山西省委
山西省人民政府
关于实施科技创新的若干意见

晋发〔2015〕12号

（2015年8月17日）

为认真贯彻落实省委十届六次全会和全省经济工作会议精神，实现科技创新新突破，着力解决我省科技创新能力不足、科技投融资体系不健全、科技创新体制不顺、机制不灵活、改革滞后和政策不完善等问题，特别是科技创新认识不到位、氛围不浓厚、政策不落实、与产业结合不紧，以及企业作为创新主体的作用尚未有效发挥和人才团队严重匮乏等突出问题，现就实施科技创新提出如下意见。

一、指导思想和主要目标

深入贯彻党的十八大、十八届三中、四中全会和习近平总书记系列重要讲话精神，全面落实《中共中央、国务院关于深化体制机制改革加快实施创新驱动发展战略的若干意见》（中发〔2015〕8号），围绕“四个全面”战略布局，坚持需求导向、改革取向、人才为先、遵循规律和全面创新的原则，加快实施创新驱动发展战略，推动我省“六大发展”。

到2020年，全省研究与试验发展经费（R&D）占地区生产总值（GDP）的比重达到2.5%以上。科技创新城核心区基本建成，煤基科技攻关取得重大突破，引领支撑煤炭产业“六型转变”，在煤炭清洁高效利用方面作出突出贡献。高新技术产业增加值占地区生产总值比重、科技成果转化率、科技进步对经济增长的贡献率力争达到全国平均水平，形成创新驱动发展新局面。

二、统筹推进全面创新

（一）形成以科技创新为核心的全面创新新格局。统筹推进以科技创新为核心的经济和社会发展等领域的体制机制创新，统筹推进技术创新、产品创新、企业创新、商业模式创新、管理创新和体制机制创新，统筹推进军民融合创新。实现科技创新、制度创新、开放创新的有机统一和协同发展。

（二）建立以产业创新为重点的科技创新新机制。围绕产业链部署创新链，依靠科技创新做好“煤”与“非煤”两篇大文章。以大型煤炭企业为主导，推动煤炭、焦化、冶金、电力等传统支柱产业实现“六型”转变。在高端装备制造、新能源、现代煤化工、新材料、节能环保、食品医药、现代农业、现代服务业等新兴领域，组织实施一批重点科技计划、应用示范工程和重大产业化项目，实现创新发展。

三、深化科技管理体制机制改革

（三）改革省级科技计划（专项、基金）管理体制。强化顶层设计，搭建公开统一的山西省科技管理平台，建立省科技计划管理部门联席会议制度，成立战略咨询与综合评审委员会，形成符合我省实际、与国家五大计划衔接的省级科技计划体系。建立依托专业机构管理科研项目的机制，政府部门不再直接管理具体项目。

（四）建立省科技重大专项和重点项目形成与立项机制。聚焦我省煤基产业创新重大任务，以清洁高效利用为主线，编制《煤基低碳产业创新链》年度版，形成科技重大专项。着眼高新技术产业培育发展，组织实施重点攻关项目。加强过程管理，制定出台山西省重点产业创新链及项目管理办法和山西省科技招投标管理暂行办法，建立与国家重大专项、重点项目对接机制。

（五）加快推进科研项目经费管理改革。加大《国务院关于改进加强中央财政科研项目和资金管理的若干意见》（国发〔2014〕11号）的落实力度，积极研究建立符合科研规律、适应创新驱动发展要求的科技经费管理新模式，实行绩效管理，提升使用效益。

（六）深化高等院校科研体制改革。加大科技成果转化和技术转让在高校职称评审条件中的权重，对教学科研型和科研教学型教师形成正确导向。调整专业设置，突出学科特色，打造一批服务产业创新的学科群。建立政府牵头、高校和企业参加的定期沟通机制，实施面向产业需求的协同创新计划，推动高校成果在我省转化，推动企业技术难题在高校解决。

（七）深化省属科研院所改革。强化科研属性，深化分类改革。支持建设中试基地、技术研发实验平台。支持建设集应用技术研发、成果转化为一体的新型研发机构。支持以股份制形式改革或与企业联合成立研发中心。对具有公益性服务职能的，以政府购买服务的方式予以支持。

四、强化企业技术创新主体地位

（八）推进企业成为技术创新决策主体。企业要建立开发经营和科技创新一体化决策机制，把技术创新作为重大决策事项。政府要吸纳企业参与研究制定技术创新规划、政策和重大科技项目的决策。

（九）支持企业完善技术创新组织。强化大型企业创新示范作用。支持企业建立省级以上重点(工程)实验室、工程(技术)研究中心、企业技术中心等研发机构。力争到2020年全省规模以上工业企业都有研发活动，全省规模以上工业企业建立研发机构占比超过15%。培育发展高新技术企业、科技型中小微企业。建立健全技术创新服务体系，引导中小微企业开展创新活动。

（十）引导企业牵头科技攻关和创新成果转化。支持建立以产权为纽带、产学研合作的产业技术创新战略联盟。鼓励有条件的骨干企业牵头开展重大科技研发活动。构建由企业牵头、产学研协同的科技攻关机制。对企业取得技术创新成果并推广应用的，政府予以后补助或奖励补贴。建立政府采购“首台（套）”重大新产品制度。落实国家重大装备的“首台（套）”保险政策。

（十一）鼓励企业加大技术创新投入。探索运用财政补助机制激励引导企业建立研发准备金制度，有计划、持续性地增加研发投入。全面落实企业研发投入视同利润制度。省属重点国有企业研发投入占主营业务收入的比重达到1.5%以上。把研发投入和技术创新能力作为政府支持企业技术创新的前提条件。全面落实普惠性财税优惠政策，完善企业研发费用计核办法，做好企业研发费用加计扣除政策的落实工作。

五、加速科技成果向现实生产力转化

（十二）提高科技成果转化源头价值。改革科技成果评价办法，加大对科技成果转化绩效良好的高校、科研机构的支持力度。实行科技报告制度。实行科技成果后补助和协议后补助政策。

（十三）落实成果转化激励政策。加快下放科技成果使用、处置和收益权。财政支持的高等院校、科研院所的知识产权授权后2年内未实施转化的，须公开挂牌交易。

加大科研人员股权激励力度。在利用财政资金设立的高等院校和科研院所中，将职务发明成果转让收益在重要贡献人员、所属单位之间合理分配，对奖励科研负责人、骨干技术人员和团队的收益比例提高到50%以上。专利技术或科技成果作价出资最高可占注册资本的70%。

鼓励企业实施科研人员股权、期权、分红等激励政策。国有企事业单位对职务发明完成人、科技成果转化重要贡献人员和团队的奖励，计入当年单位工资总额，不作为工资总额基数。

（十四）发展科技成果交易市场。面向全球优选科技成果，建设科技成果储备、交易中心。稳定和健全各级技术市场管理机构。加快培育一批熟悉科技政策和行业发展的社会化、市场化、专业化科技中介服务机构。建立健全科技成果“线上线下”登记制度和转移转化交易机制。积极推动财政资金支持形成的公共科技成果及其他各类科技成果入场交易。

六、建立重点人才团队和平台协同发展的机制

（十五）加大高层次人才及团队引进力度。研究建立引进高端人才团队的资金支持方式，创新省级各类人才专项资金使用方式，围绕我省产业发展重点领域，利用5–10年的时间，引进和培育30–50个有望形成重大产品、重点产业，解决重大关键技术问题的高端人才团队。采取“产业资本+人力资本”的模式，积极引进国内外企业集团和跨国公司，特别要力争引进其核心研发团队或成立分支机构。省、市、县（市、区）或有关企业、单位同比例配套资金，明确责任，完善政策，全面推进引进工作。继续深入实施“百人计划”“三晋学者”计划。

（十六）建立健全更为灵活的科研人才及团队双向流动机制。打破身份限制，改进科研人员薪酬和岗位管理制度，鼓励高校、科研院所科研人员到企业兼职，兼职经历纳入专业技术职务考核内容。符合条件的科研院所的科研人员经所在单位批准，可带着科研项目和成果到企业开展创新工作或创办企业，3年保留原有身份和职称。允许高等学校和科研院所设立流动岗位，支持企业技术人员承担科研教学任务。完善科研人员在企业与事业单位之间流动时社保关系转移接续政策。

（十七)创新人才评价机制。完善企业、高校和科研院所科技人员评价标准，引导科技人员分类发展。遵循科研成果产出规律，探索合理考评周期。

（十八）制定科技资源（大型科学仪器设备、公共数据）共享政策和制度。发布“大型科学仪器设备开放共享目录”和“山西省科技基础条件平台开放共享目录”。建立统一开放的科技资源网络管理与服务平台。出台企事业单位科技资源开放共享的财政激励政策。

（十九）优化重点平台布局。按功能定位分类整合重点（工程）实验室、工程（技术）研究中心。围绕全省转型发展需求、重点产业领域和重点学科，制定山西省重点科技创新平台和团队建设组织管理办法，在原有平台基础上探索建立重点平台和重点人才团队，实行一体化规划、一体化培育和集中投入机制。支持省级创新平台升级为国家级平台。

七、构建多元化科技投融资体系

（二十）建立财政科技投入稳定增长机制。积极增加省

本级财政科技投入，加大市县财政科技投入。创新财政资金投入机制，完善稳定性支持、引导性支持、奖励和后补助等方式。发挥好与国家基金委联合设立的煤基低碳联合研究基金的作用，支持发展煤炭清洁利用等推动科技创新发展的各类联合基金。实施科技创新券政策，每年安排一定金额的科技创新券，对科技型中小微企业购买创新服务、开展技术合作等给予支持。

（二十一）加快创业投资发展。设立科技成果转化基金、创业投资引导基金，通过阶段参股、跟进投资、风险补助（补偿）、投资保障、收益让渡等方式，引导国内外创业投资基金、私募股权投资基金、天使投资等在我省开展创投业务。落实国家对种子期、初创期创新活动投资的税收优惠政策，允许有限合伙制创业投资企业实行税收抵扣。

（二十二）完善科技金融服务。建立科技成果转化引导资金支持、风投资金参与、产权交易一体化的协同转化机制。加快科技小额贷款公司、科技支行、科技担保公司等科技金融机构建设。大力推进知识产权质押融资。建立科技型中小微企业创新产品市场应用的保险机制。

建立政府引导科技型企业进入资本市场的引导资金，鼓励支持有条件的高新技术企业在国内主板、中小企业板、创业板和“新三板”挂牌、上市融资。对在主板、中小企业板、创业板上市的，由省本级财政给予100万元的一次性奖励；对在“新三板”上市的，奖励50万元；对在山西股权交易中心挂牌并完成股份制改造、实现融资成功的，奖励10万元。

积极探索股权众筹、网络借贷等互联网融资新模式，支持创新创意企业开展非标融资。

八、实施重大科技创新工程

（二十三）科技创新城建设工程。严格执行规划，创新省、市、城联动的科技城管理发展模式，打造国际低碳技术创新高地、国家煤基产业科技中心、山西转型综改试验先导区、“互联网+”创新产业集聚区、低碳智慧创新城。着力开展引进人才团队及创新政策试验、科技成果和金融结合试点、大型科学仪器设备共建共享示范，建成国家煤基低碳自主创新示范区的核心区。

构建服务全省的科技资源、创业孵化、科技金融三大公共科技服务平台，形成我省创新创业的龙头示范基地。利用云计算、大数据、移动互联网等信息技术手段，建设集创新资源共享、信息交互、成果转化、技术转移、企业培育、资本对接于一体，“线上”“线下”友好互动的科技服务新业态。

（二十四）低碳创新发展工程。实施煤基低碳科技重大专项，在煤炭清洁高效利用技术、煤层气开发利用技术、高端煤化工技术、节能环保技术、高效储能技术以及CO_2捕集、封存和利用技术方面组织重大技术攻关，实现核心技术重大突破。做大做强低碳发展高峰论坛，建立专门机构，筹建永久会址，调动社会化力量，实行市场化运营，使论坛成为低碳新理念的传播平台、低碳新成果的展示平台、低碳新技术的交易平台。抓好晋城市国家低碳城市试点。推进低碳机关、低碳企业、低碳社区示范行动。

（二十五）新兴产业培育壮大工程。围绕我省高端装备制造、新材料、新能源、现代煤化工、节能环保、信息技术、食品医药、现代农业、文化旅游、现代服务业等新兴产业，开展科技重大攻关行动，突破一批具有引领和带动作用的核心关键技术，形成一批有竞争力的新产品、新企业、新业态。

（二十六）园区提质升级工程。加强分类指导，明确主攻方向，完善各类园区创新体系。太原、长治高新区要突破空间限制，搭建增材制造、“互联网+”等创新创业平台，充分发挥国家级高新区的示范带动作用。加快推进各级各类经济技术开发区建设科技创新园，探索新建一批省级高新区和高新技术产业化示范基地，不断拓展高新产业发展空间。优化园区管理体制，吸引国内优秀园区运营公司、企业和社会组织参与园区管理，参股孵化器、加速器和园区建设。发挥园区创新资源富集的优势，大力发展低成本、全要素、便利化、开放式的众创空间，打造最优“创客栖息地”。

九、推动形成深度融合的开放创新局面

（二十七）加速融入全球研发创新网络。积极推动引资、引技、引智有机结合，支持世界一流大学、科研院所和世界500强企业在我省设立新型产业技术研究院和产业化基地，鼓励跨国公司、行业领军企业在我省设立研发中心、财务中心、销售中心等功能性机构，推动国外高端创新资源与我省创新需求紧密对接。鼓励和支持我省企业到境外设立、兼并和收购研发机构，探索建设国际联合研究中心、国际技术转移中心。

（二十八）深化区域科技合作。建立省部会商机制，落实会商议定事项，在区域创新体系建设、产业转型等方面争取国家更多支持。加强与环渤海及京津冀地区科技合作，开展区域协同创新，实现互利共赢。扩大科技计划开放合作。鼓励省外、国外研发机构和高校联合我省单位承接省科技重大专项和重点攻关项目。

（二十九）推进军民融合创新。建立健全地方、军队、企业、社会融合创新体制机制，研究制定深化军民融合创新的指导意见。在符合国家和省发展规划的领域，对军地联合攻关项目给予优先支持。在创新平台、人才引进、资源共享方面，充分发挥军工与地方优势互补作用，合力推动军民深度融合发展。

十、营造良好的创新创业环境

（三十）强化科技创新意识。各级各部门领导干部要树立强烈的科技创新意识，想创新、学创新、敢创新、会创新，主动支持、引导、服务大众创业、万众创新。每年召开全省科技创新奖励大会，对创新企业和人才进行表彰。

（三十一）营造遵循规律、鼓励创新、宽容失败的环境氛围。开展创新型城市、创新型企业、创新型社区等认定和奖励。加大全民科学素质纲要实施力度，举办科普展览、讲座，建设科普画廊、科普基地。充分运用各类媒体，拓宽传播渠道，宣传重大科技成果、典型创新人物和企业，培育良好的创新文化。

（三十二）依法保护知识产权。加大对知识产权创造、保护、运用的扶持力度。推动企业建立知识产权预警机制，健全权利人维权机制，完善知识产权审判工作机制。加大对知识产权侵权和假冒行为的打击力度，将侵权行为信息纳入社会信用记录。

（三十三）加强科研诚信建设和信用管理。建立科技人员和项目评审专家诚信档案。发挥高校、科研院所和学术团体的自律功能，加强科研活动信息公开，加大对学术不端行为的惩罚力度。

（三十四）强化创新绩效考核。把创新驱动发展成效纳入对地方领导干部的考核范围。强化目标责任考核，加大科技创新指标权重。

（三十五）落实各级职责任务。各级党委和政府要从全局的高度，建立完善“一把手抓第一生产力”工作机制，围绕实施科技创新，制定细化工作方案，出台具体办法措施，确保各项政策措施有效落实。

在全省民营经济发展推进大会上的讲话

王儒林

（2015年9月1日 根据录音整理）

这次会议是继全省金融振兴、科技创新两个推进大会之后，省委、省政府召开的又一次重要会议。今天会议的主要任务，是对推进全省民营经济发展进一步作出部署、提出要求。

改革开放以来，我省民营经济从小到大、从弱到强，从公有制经济的补充到社会主义市场经济的重要组成部分，不断发展壮大，已经成为全省经济的半壁江山，来之不易，贡献突出。但是也要看到，我省民营经济相比中部其他省份特别是发达地区还存在不少差距。我们必须全力推进民营经济发展，努力实现新的突破。

关于发展民营经济的重要性，今天我想强调三句话。第一，发展民营经济是增强我省经济社会发展活力的必然选择。第二，发展民营经济是我省转型发展、全面发展的重要支撑。第三，发展民营经济是实现富民强省的基本途径。下面，我主要就发展民营经济需要破解的难题，以及怎样破解这些难题讲几点意见，我概括为九个方面。

第一，破解准入难题，拓宽民营经济发展空间。我省民营经济发展存在的问题，首先是总量不足，蛋糕太小，全省中小企业户数占全国中小企业总数的比重不到1%，每万人拥有个体工商户和私营企业户数仅相当于全国平均水平的81.8%和64.4%。与中部其他五省和周边省份相比，全省中小企业户数、经济总量、万人拥有中小企业户数也都排在末位。特别是我省经济下行压力不断加大，到目前，不论城镇新增就业人数还是农村转移劳动力人数，同比都在下降。我们必须破解准入难题，鼓励大众创业、万众创新，增加就业，把个体工商户和民营企业数量抓上去。

一要进一步放开民间投资领域。我省民间资本进入产业空间仍然受限，一些行业和领域在准入政策上虽然没有公开限制，但门槛高，实际进入难。要实行“非禁即入”，严禁在国家法律法规规章和标准之外设置行业准入、市场准入门槛。要清理规范对民间资本的准入条件，不得针对民营企业在注册资本、投资金额、产能规模、土地供应、采购招投标等方面设置门槛，要推动全领域、全产业链向民间资本开放。要积极推广政府与社会资本合作建设模式，确保民间资本平等进入。要大力发展混合所有制经济，支持民间资本通过出资入股、收购股权、认购可转债、融资租赁、收购闲置资产等多种形式参与国有企业兼并重组或国有控股上市公司增发股票，实现产权多元化。推动各市出台鼓励和促进民间投资的政策意见，吸引和鼓励民间资本投在当地、投在山西。二要进一步深化商事制度改革。去年3月份我省实施工商登记制度改革以来，个体工商户和私营企业登记注册数都创近年来的新高。但一些配套改革还没有同步，实行了“先照后证”，但是后置审批的部分许可证还是按老办法办理，有的许可证办理依然难度大、耗时长。要深化商事制度改革，推动注册登记更加方便快捷。要加快推进“三证合一”、深化“先照后证”改革。要坚持放管结合、放管并重，放而有序、监管有力，该管的必须要管好，比如不符合安全标准的，不符合环保要求的，就不能进入，形成更加规范有序的法治市场。要构建新型监管模式，按照谁审批、谁监管，谁主管、谁审批的原则，推动事中事后监管责任落实。通过不断深化改革，营造更加宽松便利的营商环境，激活民间资本，创造更多创业就业机会。三要切实提高审批效率。近年来，各级政府在推进简政放权上进行自我革命，取消、调整、下放了一大批审批权力事项，但企业还是感觉办事不方便，该放的权还没有放到位，一些政务审批服务中心“一站式”受理做到了，但权力没有放，大厅窗口人员多为“收发员”而不是“办事员”，没有做到“办理审批手续不出审批大厅”，审批跨度大、程序多、时间长；不少审批事项只是换了个“马甲”，审批中的各种“要件”、程序和环节还是关卡林立，耗费企业大量财力和精力，延误了市场机遇。要围绕“减少审批事项、审批环节、审批前置条件、审批层级”等核心内容，依据法律法规对现有行政权力、审批事项再进行清理规范，按照“六权治本”要求，进一步精简和下放行政审批事项，特别是要大幅减少投资项目前置审批、取消非行政许可事项，禁止明放暗不放、变相实施审批，彻底堵偏门、关后门、开正门。要确定审批事项办结时间，公开查询办理进度和责任人。要建立问责制度，落实首办责任制、限时办结制和责任追究制。四要进一步消除行政管理“灰色地带”。企业反映，有的部门对企业已经取得的评估不予认定，要求到指定的、与相关部门关联的评估机构评估，甚至高收费。最近，省委巡视组在专项巡视中发现，有的厅局行业协会、学会多达20多个，而且职能变质异化，有一个厅机关和事业单位干部兼任协会领导职务的就有24人，他们利用对口处室的行政职能违规承担前置审批事项和违规收费，对口处室利用协会收入违规获取“灰色收入”，报销费用，既加重了企业负担，又形成了隐形腐败的“灰色地带”。要加快整治“红顶中介”，严肃查处“灰色地带”腐败行为，清理各类变相审批。要推进行业协会、商会与政府部门彻底脱钩，斩断利益输送链条。要定期对市场中介机构进行审计，向社会公布收费情况，探索推进限时、限价服务。要积极支持中介组织依法合规发展，不断提高服务能力和水平。

第二，破解环境难题，培育民营经济成长沃土。我省民营经济发展难，集中体现在民营企业赖以生存发展的软、硬环境存在诸多问题，发展环境难题不解决，民营经济就难发展。

一要优化民营经济发展的政务环境。要树立服务理念，转变政府职能，创新服务手段，改进工作作风，坚持与国有企业一视同仁，公平公正，为民营企业发展提供优质高效便捷服务。要进一步推进政府公共平台建设，尽快实现各类服务平台互联互通、资源共享，形成全省统一的公共资源交易体系，实现重点领域全部交易进平台、平台之外无交易。要加强网上政府建设，政府各部门制定的文件、规定，要上网公布，把办事的政策、程序、内容、制度公之于众，并受理全社会范围的咨询、投诉事项。配合行政审批改革，能在网上实现审批、批准的事项，都要实施网上审批。通过网上办公，提高行政透明度和办事效率。要开展新一轮整治“懒政庸政”和“吃拿卡要”行为的专项行动，结合“三严三实”专题教育，进一步把纪律和规矩挺在前面，对乱作为和不作为等行为依法依纪严厉问责。要尽快建立优化发展环境投诉中心，设立投诉热线电话，鼓励全社会对破坏发展环境的不良行为进行监督投诉举报。对投诉举报的事项，要登记造册，认真调查，一经查实就严肃处理，任何人不得说情、袒护。而且还要抓典型，公开曝光，点名道姓，严厉追究相关领导的责任。二要优化民营经济发展的法治环境。我省法治环境亟待完善。要按照“六权治本”要求依法确定权力，对我省已经制定的地方性行政法规和规章文件进行清理，对那些不合理、限制民营经济发展的，该废止的废止，该修改的修改。要切实加强对民间投资的法律保护，研究出台《山西省民间投资促进和保护条例》，推进民营企业与其他所有制企业在投资审批、土地、外贸、财税扶持等方面待遇的公平化。要依法保护民营企业字号、专利、商标、商业秘密等知识产权，依法保护民营企业的经营权、财物权和名誉权，营造公平公正的司法环境。要依法加大市场监管力度，坚决取缔无照经营，打击假冒伪劣、走私贩私、偷税漏税和欺行霸市等扰乱市场经济的行为，引导民营企业增强社会责任感，以质量取胜，规范经营、守法经营。三要优化民营经济发展的社会环境。目前，有的地方“开门招商、关门宰人”，不讲信用，承诺的条件、政策，人家来了就不管了，甚至刁难、“宰人”。特别是企业维权难屡见不鲜，有的打着为社会、集体谋利益的幌子阻挠企业正常施工；有的提无理要求，组织人堵门封路、恶意施压；有的欺行霸市，强买强卖，匪气十足。诸如此类问题严重困扰着民营企业发展。要想让外地投资者进得来、留得住，使本地民营企业办得好、发展快，必须彻底改善民营经济发展的社会环境。要继续保持打黑除恶高压态势，加大力度打击地痞恶霸，抓住一些破坏发展环境的典型单位和个人依法从严处理，营造良好的治安环境。要建设诚信社会，政府必须守信践诺，与企业签订的合作协议一定要执行到位，前任政府签订的协议，领导应该履行的责任，接任的领导要接续过来，继续为企业排忧解难。要在全社会形成关心支持民营经济发展的舆论氛围，各类媒体要突出宣传党中央、国务院和省委、省政府关于发展民营经济的方针政策和具体举措，积极宣传民营企业及民营企业家对经济社会发展作出的突出贡献和先进典型事迹，大力宣传民营企业和民营企业家应该承担的社会责任，形成尊重、支持、善待民营企业和依法规范管理的良好社会环境。

第三，破解结构失衡难题，推动民营经济全面发展。受全省经济结构“一煤独大”的影响，我省民营经济结构也严重失衡。工业产业偏重，资产在10亿元以上的民营企业80%以上是涉煤企业，而且大多数处于产业链低端，高端产品少。农业产业偏小，近年来，各类社会资本不断投资现代农业项目，总体看大多数投资不大，还是“小打小闹”，低水平重复建设，没有形成规模。第三产业偏弱，主要以批发零售和房地产等传统服务业为主，电子商务、现代物流、文化旅游等现代服务业所占比重低，竞争力不强，发展滞后。我省要走出经济困局，必须充分发挥民营企业机制灵活、船小好调头的优势，按照“提升二产、推进一产、发展三产”的思路，加快调整结构，实现创新发展。

一要大力提升传统工业产业。全省科技创新推进大会上就煤炭、电力、焦化、煤化工和煤层气产业等创新发展提出了具体要求，各级各部门要按照省委、省政府的部署，结合当地实际，引导和帮助民营企业在调整结构、创新发展上下功夫，大力推动传统工业产业新型化。二要大力推进现代农业产业。我省农业既是基础产业，更是特色产业。加快推进现代农业发展，对稳增长、调结构、促就业意义重大。要加快农业产业园区建设，大力支持民营企业投资设施农业、规模养殖业、农产品加工业和观光休闲农业，鼓励支持重点投资农业基础设施、农产品物流仓储营销、现代种养业和科技服务等项目。培育一批全国杂粮产业领军企业和知名品牌，打造一批农产品加工龙头企业。要支持民营企业参与农业产业扶贫工程。要搞好土地流转，落实各项奖补政策，建立带动农民增收的利益联结机制，实现企业增效农民增收。三要大力发展第三产业。随着产业的服务化、消费的个性化和国家鼓励消费政策的不断强化，现代服务业呈现多样化、快速化发展态势，市场空间巨大。要放宽政策限制、创新供给方式、激发市场活力，最大限度地加快发展第三产业。这可以说是我省调整产业结构、转型发展的迫切需要，更是改善民生、全面发展的迫切需要。第三产业门类诸多，在今天这个会议上，我只想就养老服务业和文化旅游业讲讲意见。

关于养老服务业。我省已经进入老龄社会，而且特点突出。一是增速快。2010年第六次全国人口普查，全省总人口比2000年第五次人口普查增长9.98%，而60岁以上老年人口增长34.02%。二是空巢化。以太原市为例，截至2014年底，空巢独居老人35万人，占老年人口的54.8%。三是未富先老。发达国家进入老龄社会时，人均GDP、人均收入已经是中等以上，我们则是低收入，而且我省2014年人均GDP仅相当于全国平均水平的75.2%，太原市月收入2500元以下的老人占77%。四是服务滞后。我省养老机构偏少，供需矛盾突出，每千名老人拥有养老床位数低于全国平均水平，我省给予民办养老机构每张床位建设补助1000元，低于全国5000元的平均水平，2014年省级财政性资金投入养老1.42亿元，中部有的省份是9亿多元。全省各地各部门都要高度重视加快发展养老服务业。这是我省全面建成小康社会的重要紧迫任务，是增加就业、促进服务业发展、经济转型升级的重要推动力量，也是体现敬老、孝道、老有所养的重要民心工程。发展养老服务业，政府必须增加投入，充分发挥作用，同时要积极鼓励民间资本进入，只有社会力量成为主体，养老服务业才能发展起来。我在太原市专门就这个问题进行了调研，并且希望太原市委、市政府和全市努力做好这项工作，为全省起到示范作用，政隆、彦波同志很重视，市委、市政府已经拿出了《加快发展养老服务业的实施意见》，我看这个实施意见研究得比较深、比较透，也很有针对性，像太原市委、市政府这么务实干事，我们大有希望。我也相信太原市一定能够抓好落实，取得成效。

关于文化旅游业。我们要像重视煤炭产业一样重视发展文化旅游业。我们推进“六大发展”，关键是做好两篇大文章，发展非煤产业，我们必须从“以煤为基”的传统思维中解放出来，不是在“煤基”上发展非煤产业，必须从“煤堆里”跳出来发展非煤产业。在我们七大非煤产业中，第一位就是文化旅游业，我们山西厚重的历史文化资源和独特的自然风光资源，我看比我们拥有的煤炭资源更丰富，更有特色。而且煤矿就是煤，挖一吨就少一吨，总有枯竭的那一天，现在我们就不断有资源枯竭的矿区出现，而文化旅游资源却是个取之不尽、用之不竭的“宝藏”，不仅可以重复使用，今天你来，明天、明年你还可以来，而且这个资源越深耕细挖，就越丰富多彩，收获就越多。发展文化旅游业可以极大地弘扬山西优秀的历史文化，可以有效地提高人的综合素质，可以明显地改善我们山西的形象。文化旅游业还是龙头产业，可以带动诸多相关产业的发展，文化旅游业又是绿色产业、无烟产业、富民产业，是直接带动老百姓增收致富的产业。有专家给我们省算账，说我们山西如果把文化旅游业发展起来，可以养活我们山西一半以上的人口，而且是高收入，不是低收入。一年来，我借各种机会，向国内外来山西的客人大力推介宣传我们山西历史悠久、文化灿烂、人杰地灵，资源丰富、贡献突出，宣传山西历史文化的“三个一”。一座都城，这就是临汾的陶寺文化，陶寺就是尧都，陶寺把我们国家有文字的历史向前推进了500年，陶寺、尧都就是中国古文明、古中国的所在地，就在我们山西。一堆圣火，就是运城的西侯度文化。在这里发现180万年前人类用火烧过的兽骨。这件事情意义重大，人类用火的历史，我们这里是180万年前，在原有基础上向前推进了100多万年。一缕曙光，就是中美联合考察发现的垣曲“世纪曙猿”化石，距离现在4000万年之前，是人类现在发现的人、猴子、猿共同的、最古老的祖先，比非洲的早了1000万年。世纪曙猿的含义就是“类人猿亚目黎明时的曙光”。从这“三个一”，从4000万年、180万年、4000多年前，从尧舜禹、夏商周、春秋战国等各个历史时期，我们山西历史文化的深厚程度，特别是地上古建筑之多，全国特有。2014年9月16日，习近平总书记访问斯里兰卡发表署名文章，里面有非常重要的一句话，叫“中国和斯里兰卡有高僧法显开启的千年佛缘”，这位法显高僧就是我们山西人。法显是东晋高僧，是中国经陆路到印度后由海上回国并且留下记载的第一人。大家知道，唐玄奘是唐朝的，比法显高僧晚了几百年，法显高僧为我们留下了宝贵的《佛国记》，远早于唐玄奘的《大唐西域记》。我们可以组织国际研讨会，探讨法显在“一带一路”上的影响和作用，可以成立法显研究会、推介会、大探访、博览会、巡回展会，可以拍法显的纪录片、电视连续剧、电影，等等。同样，去年习近平总书记出访法国，国家文物局推荐我们的永乐宫壁画赴法参展。永乐宫是世界级的，不亚于敦煌的地位，我们完全可以申报世界文化遗产。平遥古城外的双林寺，也就是中都寺，在文化上比平遥古城还要重要。目前的旅游正在由观光旅游向休闲、度假、文化旅游转变，随着汽车的普及，自由行、自驾游快速增长，游客越来越重视体验、文化和满意度。发展文化旅游产业，细节也不可忽视，景区的厕所怎么样，净化的开水有没有，多语种导游图、自动取款机、手机加油站、行李寄存、邮政纪念、婴儿车、残疾人、老年人的专项服务、医疗点、救护车有没有，免费的手纸有没有，等等。我们必须重视提升我们景区的知名度，我接触了一些相当层次有的是搞了多年旅游的同志，竟然不知道“关公”家乡在山西，这首先是我们宣传得不够。中国山东省出了文圣孔子，山西出了武圣关公，我们中国人，全世界华侨华人都敬仰和崇拜关公。我们没有把关公故里很好开发起来。我们要把景区的知名度、游客的满意度和游客投诉率高度重视起来。晋中市委、市政府今年抓旅游业有了明显成绩，他们和国旅合作各出1亿元成立了投资公司，投资公司要募集20亿的投资基金，在3年投进去，可以带动社会投资150亿元。这次我们和国旅的主要领导交谈，他们感觉到省里这么重视旅游业，还要再加快投资步伐。发展文化旅游业不能急功近利。打造一个成功的、著名的景区要靠坚持不懈的努力工作，大家看看全国，很少有5年之内就十分成功的景区。必须下工夫，这件事上也是功成不必在我。我们要下决心把我们山西的文化旅游业做大做强。要解决的问题诸多，最主要的是高度重视问题，是加强组织领导问题，是理顺资源产权、管理体制机制问题，特别是要把干部用好。要加大力度，把优秀干部配备到抓文化旅游的领导岗位上来。下一步我还将对文化旅游产业进行调研，我希望发现各地好的做法和值得推广的经验。

第四，破解资金短缺难题，为民营经济发展提供金融支撑。资金是经济的血液，我省民营经济严重“缺血”。今年以来，我们突出抓金融振兴，各金融机构加快推进金融改革，各地各部门采取了许多有力措施，成效逐步显现。到6月末，全省存款余额同比增长1.43%，贷款余额增长9.93%，存贷比提高4.6个百分点。资本市场融资步伐加快，截止到今天，“新三板”挂牌企业数已有22家，去年到11月份才只有1家，今年有望完成50家上市任务。高新惠普众筹平台今年4月20日试运行，到7月底，已为11户中小企业融资，平均每户1150万元。破解民营经济发展融资难题，总的讲，就是要进一步全面贯彻落实好全省金融振兴大会精神。

今天，我想强调的是，大家还要重视挖掘民营企业自身的潜力，以改革创新方式盘活存量资源，变资源为资本。比如，我省不少民营企业的土地手续和房屋产权不完善，没有土地证就办不了房屋产权证，就不能在银行抵押贷款。绍骋和建华同志专门进行了专题调研，情况和数据掌握得也很详细，占地规模十亩以上、土地手续不完善的民营企业占到56.54%，房屋产权登记手续不完善的企业占到80%。据太原市有关部门初步测算，如果能够办理完善目前民营企业土地和房屋产权手续，可盘活约400亿元的土地和房屋资产，如果按70%算，可以为民营企业解决280亿元的贷款，退一步，再折一半，不也是140亿元吗。有关部门测算，全省这方面可盘活的存量资源在2000亿到3000亿元。各市县和省里有关部门都要摸清底数，认真解决土地房产历史遗留问题，完善产权手续，切实缓解民营企业融资难题。这个办法是一举多得。我们要把思路拓展开，让存量资源活起来、动起来，变成可以创造财富的资本，促进民营经济发展。

第五，破解人才素质难题，提升民营经济核心竞争力。人才是第一资源，当前人才短缺是制约我省民营经济发展的瓶颈，既缺乏高素质的企业家，又缺乏科技专家和管理团队，还缺乏有一定技术能力的员工。我们要通过抓好人才队伍来提升民营企业发展核心竞争力。

一要高度重视培养一支高素质的企业家队伍。民营经济能不能发展起来，关键在企业家。我省民营企业家太少，与历史上晋商相比著名企业家更少，要关心、鼓励、帮助、支持民营企业家健康成长。要将民营企业家培训工作纳入全省人才队伍建设发展规划，建立统战、组织、人社、教育、工商联和中小企业局等部门共同推进的工作机制，加大财政投入，制订培训计划，依托党校、高校、职业院校以及“银河培训”工程和职业经理人资格培训平台，对民营企业家进行有计划、分年度的系统培训，提高企业家素质，增加企业家数量。二要创新人才引进机制。我省民营企业特别是中小企业专业技术人员和管理人员短缺，引不进人、留不住人日益成为提高核心竞争力的根本约束。要建立培养人才、吸引人才、留住人才和储备人才的激励机制，落实民营企业引进省外“两院院士”、“千人计划”、“百人计划”人才奖励政策；对建立院士工作站、博士后工作站和技能大师工作室的民营企业，加大建站补助；对在北京、上海、深圳等发达地方建立研发中心或分厂，使用“飞地人才”的民营企业同样给予扶持。鼓励民营企业采用股权激励、期权激励、技术入股、成果奖励等多种形式，吸引和用好高层次管理人才、各类专业技术人员。对进入民营企业工作的各类人才要在社会保险、户口迁入、子女入学等方面给予倾斜，增强民营企业对优秀人才的吸引力和凝聚力。三要加快发展现代职业教育。突出抓好职业教育，培养一支规模宏大的高素质劳动者和技能型人才队伍，是推动民营经济发展的基础。我省在全国率先实现了中等职业教育免学费政策全覆盖，但资源分散在教育、劳动等部门，专业设置与产业发展还不相适应，职业培训机构还不够规范，培训内容低端重复，培养的人才还远远不能满足民营企业发展的需要。要整合职业教育资源，形成结构合理、类型多样、相互融通、功能完善的职业教育培养格局和人才成长“立交桥”，提高全体劳动者从业能力和职业素质。要建立校企合作长效机制，引导和支持学校与企业合作办学、合作育人、合作就业、合作发展。鼓励变招工为招生，冠名培养、订单式培养，接收学生顶岗实习，将企业先进的生产服务标准转化为教学标准。严格考核，以延长一年或者两年就业率作为衡量办学好坏的重要标准，与政府的财税支持挂起钩来，形成良好的激励导向。就业率延长一年或两年考核，这与当年考核是不一样的，当年学校报个数一统计，然后根据这个就业率，确定招多少学生、财政补助多少钱，但实际上就业率往往不是这么回事，所以要延长一年或两年考核，就是要真正看你的课程设置、教学质量、就业率到底行不行。

第六，破解体制机制难题，建立现代企业制度。现在我省民营企业大多没有建立现代企业制度，基本上停留在个体制、家族制等传统管理阶段，不仅中小企业管理不规范，甚至有一家不算小的民营企业陆续投资了50亿元建设项目，银行想给他贷款，但一看报表是手工填写的，就不敢做了。许多企业没有专业财会人员，有的连生产成本、销售成本、财务成本都不清楚。至于股权不明晰、产权不明确的情况就更普遍了。民营企业有许多不愿意搞改制，认为搞成股份制，对企业的约束就多了，办一些事情就不方便了，这是短视。企业管理必须靠制度、靠体制机制，如果靠家长制、靠一个人管理，一旦这个人身体上或者什么方面出了毛病出了事儿，整个企业就有垮掉的危险，国内民营企业有很多这样的教训。只有推动民营企业改制，建立现代企业制度，才能增强企业活力和可持续发展能力。各级党委、政府要把支持和帮助民营企业改制作为一项重要工作，下大气力、采取有效措施，抓好抓出成效。

一要加强引导。要通过各种宣传渠道，广泛宣传民营企业建立现代企业制度的重要意义，宣传民营企业建立现代企业制度的成功经验和先进典型，引导民营企业树立战略眼光，摒弃短视行为，树立“用改制促转型”、“为生存改制”、“为发展改制”的观念，增强民营企业改制意识，激发民营企业自身改制需求，引导更多的民营企业投入到公司制治理改革、建立现代企业制度行列中来。二要主动服务。采取举办培训班、组织学习考察、请专家讲课等方式，加强对民营企业法人、管理人员、技术骨干进行现代企业知识培训，让他们熟练掌握建立现代企业制度的内涵、内容和基本要求。要选择有条件的民营企业进行定点帮扶，定制个性化改制时间表，加快改制步伐。政府有关部门要简化办事程序，增强服务意识，通过为改制企业减轻负担、开辟绿色通道等办法，降低企业改制成本，提高改革效率，让民营企业改制改得安心、改得顺畅。三要强化措施。抓紧研究制定支持民营企业建立现代企业制度的政策措施。各级财政要安排专项资金，扶持企业改制上市，对于完成改制、上市的民营企业，给予适当的奖励和资助；对于建立现代企业制度的企业，政府有关部门要在市场准入、信贷支持、上市融资、人才引进、参与国有企业改革等多方面给予政策倾斜，激励、帮助更多民营企业加快改制步伐。

第七，破解政策难题，增强民营经济发展活力。民营经济发展离不开政策支持和激励。近年来，国家和省里出台了一系列鼓励支持民营经济发展的政策措施，对民营经济发展起到了积极推动作用。但目前仍然存在诸多问题，有的政策应该有，但实际上没有，政策空档；有政策落不实，甚至在执行中变了形、走了样，背离了出台政策的初衷；有的政策不接地气，没有实施细则和具体操作办法。尤其是政策的知晓率低，透明度不够，宣传不到位，大部分企业没有感觉到政策带来的好处。有关部门对全省新登记企业和个体工商户跟踪调查显示，没有享受到优惠政策的企业占64.5%，特别是享受了政府资金支持和贷款优惠等政策的仅占1.3%。政策文件不在多少，关键是落实、管用、有效。

一要全面梳理落实已有政策。各有关部门要把中央和省里的已有政策好好理一理，没有落实的有多少，把它挑出来，分析没有落实的原因，采取有针对性的措施，把现有政策落实好。二要形成完善的政策体系。民营经济发展是全方位的，政策的制定也要成为一个体系。要加强政策之间的统筹协调，确保步调一致，为民营经济提供全方位支持,切实解决政出多门、政策“打架”的问题。三要加大政策宣传力度。要在全省开展“送政策进民企”活动，通过编印、发送政策资料、组建宣传队，发挥网络、微信、微博等新兴媒体作用，加强对政策的解读和宣传，全面及时把政策传递到民营企业，让企业熟悉知晓、用足用好。四要做好政策落实督查工作。这次省委、省政府出台的《关于促进民营经济发展的意见》，含金量比较高，必须认真贯彻落实。目前，省里有关部门已先行起草了《关于推进民营企业办理完善土地使用和房屋产权登记手续的若干措施》《山西省民营企业创新转型投资基金设立方案》等四个实施细则，省国税、地税、工商联和中小企业局四部门正在联合开展落实支持小微企业发展政策活动。各市、县（市、区）和省里相关部门也要尽快行动起来，结合实际，制定实施细则和操作办法，抓好贯彻落实。要建立政策落实督查机制，由省委督查室、省政府督查室、省政府法制办牵头，开展国家和我省鼓励支持民营经济发展政策落实情况的督查调研活动，强化跟踪问效和考核评估，确保政策不截留、不打折、不走样。要委托社会组织对各职能部门出台的重要政策开展第三方独立评估，找准政策落实过程中存在的问题，推动政策制定更加科学合理，落实更加到位。省促进民营经济发展工作领导小组要发挥好牵头协调作用，抓好督促落实。

第八，破解转型升级难题，推动民营经济做大做强。整体看，我省民营企业多数仍然处于传统产业低端发展阶段，必须全力推进科技创新解决工艺标准和技术问题，产品创新解决产品品质和市场定位问题，企业创新解决资金渠道和组织结构问题，产业创新解决产业融合和集群问题，商业模式创新解决新型业态问题，以全面创新促进转型发展、全面发展。特别要着力解决好民营企业“小、散、短、弱”的问题，这就是企业规模小，太分散，产业链条短，竞争力弱。这是全省普遍性的问题，我想举几个事例，和大家交流讨论研究解决的办法。

第一个事例，我省是“中国醋都”，产醋历史悠久，工艺独特，醋文化源远流长。我们山西老陈醋长期位居全国名醋之首，蜚声海内外。我们要有成就感、自豪感，但更要有危机感、紧迫感、责任感。据有关部门测算，全省210家生产企业，年销售收入只有20多亿元，年产量超过1万吨的仅有7家，其余的基本是小作坊式的。而有的省一个企业集团的年产醋量就相当于我们全省总产量的43%，收入差不多相当于我省总收入的半壁江山。我省“山西老陈醋”品牌知名度还没有转化为市场占有率，我们更缺乏全球视野，出口量不到生产量的千分之一。而刚才说到的外省的那个企业，建立了全国销售网络，覆盖全国60多万个终端网点，产品还广销世界50多个国家和地区，供应我们国家驻外100多个国家的200多个使领馆。我省醋企业科技投入研发严重不足，产品仍然主要定位在调味品，没有形成科研、生产、销售一条龙产业体系，没有实现向高附加值的生物科技、健康产业的延伸。特别是产品标准执行不严，一些小企业、小作坊有标准也不执行，甚至有的连生产资格证都没有，一些省外企业随意使用“山西老陈醋”品牌，假冒伪劣产品扰乱市场秩序，严重损害“山西老陈醋”的品牌声誉，我们省陈醋价格徘徊在2500元—3000元/吨的较低价位，而现在4度陈醋的生产成本已经达到了2450元/吨。外省企业有的销价是4500元—5000元/吨。可以说，我省拥有3000 年历史的醋产业在激烈的市场竞争中已经很脆弱了。我们必须高度重视把醋产业做大做强。我们不能以GDP论英雄，虽然全省几百家醋企业的产值还不如现行煤炭价格七八个100万吨的小煤矿的产值高，但是我们不能只算经济账，老陈醋不仅是山西的优势产业，更是山西产品的一面旗帜，也是我们山西人的“面子”。当年，阎锡山的部队“宁缴枪不缴醋葫芦”，今天我们无论如何也不能忽视、更不能丢了山西的“醋葫芦”，要努力把“醋葫芦”变成“宝葫芦”。这个产业潜力巨大，我们通过调研已经有了转型发展做大做强的意见，有关领导、有关部门特别是相关市县，一定要把这些意见落实好。第二个事例，我省是中国玻璃器皿之都，晋中市祁县，人工吹制玻璃器皿占全国总量的45%，从业人员达2万多人，占全县工业用工总数的70%以上，为富民强县做出了重要贡献。但是，随着人工吹制成本逐渐高于机制生产成本，订单逐渐向欧洲转移，同时整个产业逐渐向东南亚、南美等劳动力成本较低的国家转移。而且，祁县大部分产品通过外贸公司供货出口后，再由外商贴牌销售，产品出厂价格仅仅为终端零售价格的10%-15%。我们调研中看到，工人工作环境很艰苦，生产的产品一个杯子出厂价格1美金，贴上人家牌子就卖29美金，我们赚得太少了，这种商业模式要力争尽快改变。省有关部门、晋中市特别是祁县县委、县政府要和企业一起，加快整合，全面创新，规范标准，解决融资人才等问题，形成合力，尽快转型升级，为全省民营经济发展积累经验。第三个事例，我们省是中国锻造之乡，2014年忻州市定襄县加工法兰盘、轴类、锻件等产品销售收入120多个亿，总量占全县经济的62%以上，全县锻钢法兰占全国35%，连同供货出口量占全国三分之一。一个县生产的产品能占全国的三分之一，相当不容易。但目前存在的困难也十分严重，企业规模小，开工不足。全县576家企业现在生产的只有261 家，占45%。风电法兰具备了世界领先水平，但只有零件没有部件，其他产品主要在中低端。钢材的利用率只有56%，与国内先进水平的自由锻75%、模锻84%的水平差距很大，销售主要靠拼价格，随着劳动力和原材料成本不断上升，不加大企业整合和创新力度，不仅不能发展而且难以为继。省有关部门，忻州市委、市政府，特别是定襄县委、县政府要和企业一道，强化措施，尽快在企业整合、技术创新、人才、运输、服务平台建设等方面下功夫，再创中国锻造之乡新局面。第四个事例，我们省是中国面食之乡，世界面食在中国，中国面食在山西。我们山西面食文化得天独厚，去年全省餐饮服务业总收入407.4亿元，全行业从业人员达到107万人，和煤矿行业110万人旗鼓相当，就冲这一点，我们也要高度重视这个产业。在全省餐饮销售中，面食销售占40%，从业人员大约占43%，所以我们山西既要高度重视煤炭这块“黑金”，也要高度重视面食这坨“白银”。实实在在地说，我们重视的程度远远不够，这么重要的特色产业，时至今日没有产业规划，没有发展指导意见。近三年来中国餐饮百强企业，我们省榜上无名。全省没有一家餐饮服务业收入超亿元的企业，去年全省最大的面食企业餐饮服务收入只有2800多万，不到全国百强餐饮企业最末位的十分之一。我们省面食产品品种多达400多种，但没有统一的标准加以规范，这就难以实现规模化、联销化生产。我们省面食餐饮店在全国总量不足2000家，年产值只有10亿元，而福建沙县小吃在全国已经超过2万多家，今年又拓展到港澳台等地区，年营业额已经超过50亿元。差距就是潜力，在调研中，我们特别注意研究怎样把我们省的面食产业做大做强，关键是实现工业化、规模化、组织化、标准化、品牌化，只有这样才能使我们山西的面食走向全国、走向世界。调研中我们注意到山西佰和园食品有限责任公司，这个企业的董事长，也可以说是大学生就业创业的典型。1998年个体经营馒头等面食，从路边店做起，五年后成立长治一丰园公司，之后又成立“佰和园”。建厂之初，就非常重视食品科技研发，七年投入1000多万元，与农业部食品研究所等合作，成功研发出速冻保鲜面，实现了山西刀削面从厨房手工制作到工业化生产的转变，填补了国内空白。速冻刀削面，不加任何添加剂，保质期280多天，口感和现场制作的一样。面条下锅前和出锅后不沾、不坨、不断。这个“佰和园”被农业部命名为全国重点农产品主食加工企业，参加调研的同志们都感到，有了速冻保鲜面技术，山西几千年历史的刀削面就有可能更多更快更好地销往全国、走向世界。我们现在就面临这个机遇，速冻面有可能成为我们省速冻食品发展的突破口。

现在美国人人均速冻食品90公斤，我们国家只有9公斤，城市化率超过50%以后，速冻食品行业将有爆发性发展，我们目前就处于这样的阶段。目前全国的方便面销售额500多亿元，但是随着健康消费、绿色消费成为热点，速冻品正在成为一种新趋势，山西的“速冻面”就是面食食品新时代的创新产品。省和各级各相关部门要积极制定行业标准，优化工业流程，打造标杆企业，在技术创新、企业融资、市场开发等方面积极支持，让山西的“白银”赶上“黑金”，我看，在劳动力就业方面有可能超过“黑金”。

第九，破解政商关系难题，重塑山西形象。政商关系既是老问题、又是新问题，更是困扰我们山西的要害问题。我们山西发生系统性、塌方式腐败问题，从已经查处的案例看，几乎每一个领导干部周围都有一些商人，勾肩搭背、权钱交易、违法乱纪。这样的政商关系是严重恶化的政商关系，主要问题在官员。作为商人，有的企业老板利欲熏心，“围猎”官员，钱权交易。事实证明，官商勾结、利益输送是山西塌方式腐败的基本模式和主要表现形式，根本原因是党不管党，没有履行主体责任，这种严重扭曲的政商关系必须坚决改变，回归正常。

全省各级领导干部要深刻思考三个问题，一是怎样认识廉洁、反腐对于发展的意义，二是怎样正确处理政商关系，三是怎样解决为官不为问题。毫无疑问，腐败严重破坏了政治生态，严重扭曲了政商关系，严重污染了社会风气，严重践踏了公平正义，严重破坏了发展环境。发展必须反腐，发展必须廉洁，廉洁促进发展。这个道理，全省各级领导干部一定要清楚，不能糊涂。这个道理看似简单，但并不是所有领导干部都清楚。我们山西已经为腐败付出了惨重代价，同志们务必警醒，过去的错误不能重犯。今后必须正确处理好政商关系，在经济社会发展过程中，我们要实现民营经济发展等“三大突破”，推进“六大发展”，官商必然有交集、有交往，县长、县委书记，市长、市委书记，各部门局长、厅长，省长、省委书记，要抓经济能不和民营企业打交道吗？能不和企业家们交往吗？不打交道、不交往，怎么发展民营经济？但是，有交集不能有交换，有交往不能有交易。全省各级领导干部都要认真贯彻落实习近平总书记提出的“官商交往要有道，相敬如宾，而不要勾肩搭背、不分彼此，要划出公私分明的界限”，我们要按照习近平总书记的指示要求，处理好政商关系，重塑我们山西干部和晋商的形象。一年来，我们保持“三个高压态势”，解决乱作为的问题，取得了明显成效，我们要坚持下去并坚定不移地建立长效机制。下一步，要突出解决不作为的问题。为官不为并不是个新问题，更不是反腐败反出来的和刹“四风”刹出来的问题。有的干部过去在政治生态严重污染的情况下，就为官不为，“门不好进、脸不好看”，甚至不给好处不办事，给了好处乱办事，现在在反腐败高压态势下，给好处不敢拿了，“门好进了、脸好看了，但事仍然不办”，继续不作为。有的干部不思进取，精神不振，即使想作为，怕得罪人，只要不出事，宁可不干事。有的干部在新形势下党和国家治理能力现代化的进程中，本领恐慌，素质不高，能力不强，不会作为，这种现象过去有，现在依然存在，影响作为，等等。所以，我们要具体问题具体分析。解决为官不为，要坚持全面从严治党，全面从严治吏，要深入实施“六权治本”，要坚持把党的纪律和规矩挺在前面，靠制度、机制、纪律和规矩，靠形成强大的正能量调动干部的积极性，要坚持深入实施“三个一批”，把敢担当、有作为的好干部选出来、用起来，这就是导向，特别是要在“退出一批”，在解决干部能下方面多下下功夫，省委组织部和省纪委要细化措施，抓出成效。

这次推进大会和前两次推进大会是一个有机整体，各地各部门要统筹抓好贯彻落实，抓落实是干部的基本功，要“踏石留印，抓铁有痕”，不能停留在以会议落实会议、以文件落实文件、以讲话落实讲话上，要从各自实际出发，重在解决实际问题，重在要出成果。

中共山西省委办公厅
印发《关于进一步加强村党组织书记队伍建设的意见》的通知

晋办发〔2015〕39号

各市、县委，省委各部委，省直各委、办、厅、局党组（党委），各人民团体党组：

《关于进一步加强村党组织书记队伍建设的意见》已经省委同意，现印发给你们，请认真贯彻落实。

中共山西省委办公厅

2015年9月11日

关于进一步加强村党组织书记队伍建设的意见

村党组织书记是村领导班子的带头人，是村党组织发挥领导核心作用的关键。做好农村基层党建工作，选好村党组织书记是关键。为认真贯彻党的十八大和十八届三中、四中全会精神，深入贯彻党中央“四个全面”发展战略和“三严三实”要求，培养造就一支心中有党、心中有民、心中有责、心中有戒的农村党组织书记队伍，结合我省实际，现提出如下意见。

一、选优配强村党组织书记

1.明确村党组织书记的工作职责。村党组织书记要认真履行好以下职责：宣传贯彻党的路线方针政策；带领和组织广大党员群众讨论决定本村经济社会发展的重大问题，推动本村经济社会科学发展；带领群众致富，实现农民收入稳步增长，发展壮大集体经济；联系服务群众，及时解决涉及群众切身利益的实际问题，支持和保障村民依法开展自治活动；维护农村稳定，疏导和化解矛盾纠纷；加强村党组织建设，落实党风廉政建设责任制，抓好对村、组干部和本村党员、村集体经济组织管理人员的教育管理和监督，做好经常性的发展党员工作。

2.严把选任标准和条件。按照思想政治素质好、带富能力强、协调能力强的“一好双强”要求，把那些政治立场坚定、有法治观念、热心为群众服务、能带头创业致富、办事公道、乐于奉献、作风民主、群众拥护的优秀党员选拔为村党组织书记。坚持“两推一选”方式选举产生村党组织书记，提倡村党组织书记和村委会主任“一肩挑”。

3.拓宽选人视野和渠道。打破年龄、学历、地域、身份界限，主要从本村优秀现任村干部、致富能手、复转军人、专业合作组织负责人、农村经纪人、优秀大学生村官、乡村医生教师中选拔村党组织书记。鼓励土生土长、素质好、有见识、有本事、有业绩、对家乡有感情、愿意回乡服务的民营企业家、企业管理人员、个体工商户等外出务工经商人员回村任职。对于本村党员中没有合适村党组织书记提名人选的，县（市、区）、乡（镇）党委要从上级机关选派的驻村干部、乡（镇）包村干部以及从本村走出去在省、市、县（市、区）机关退休的领导干部中推荐选拔，也可采取面向社会公开选拔、乡（镇）党委委派等方式产生村党组织书记。积极探索村党组织书记跨村任职，采用强村带弱村、大村带小村等办法建立联合党组织，从中择优选拔村党组织书记。

4.培养和储备后备人才。全面实施一村两名后备人才计划，建立村党组织后备人才库，保证村干部队伍的新老交替。注重把青年农民、创业致富能手培养成党员，把党员创业致富能手培养成村干部，把德才兼备的村干部培养成村党组织书记。认真实施选聘大学生村官计划，鼓励和支持符合条件的进入村党组织班子。坚持备用结合，由各乡（镇）建立村党组织书记后备干部档案，报县（市、区）委组织部备案，对村党组织书记后备干部实行动态管理，存优汰劣。通过定期培训、实践锻炼、进修学习等形式，帮助其提升能力素质。

5.充分发挥第一书记作用。从省、市、县（市、区）党政机关、企事业单位选派优秀干部到软弱涣散村和建档立卡贫困村担任第一书记，着力建强基层组织、推动精准扶贫、维护和谐稳定、为民办事服务、提升治理水平。第一书记在乡（镇）党委领导下，紧紧依靠村党组织，带领村“两委”成员开展工作，与村党组织书记相互配合、相互支持，发挥引导、示范、协调、桥梁作用。选派单位和市县组织部门要加强对第一书记的日常管理，确保第一书记下得去、待得住、干得好。

二、着力抓好村党组织书记的教育培训

6.明确四级培训职责。将村党组织书记的教育培训纳入干部培训的整体规划，构建省、市、县、乡四级培训网络，按照分层分类、分级负责、全员覆盖的培训原则，每年把村党组织书记队伍普遍轮训一遍，确保每名村党组织书记每年至少参加一次县级以上培训，累计集中培训时间不少于7天。省委组织部每年举办一次全省村党组织书记示范培训，市委组织部每年至少举办一次重点培训，县（市、区）委组织部每年定期培训所有村党组织书记，乡（镇）党委定期对村党组织书记进行经常性培训。鼓励和支持村党组织书记参加自学考试、电大、函授和高等院校学习，提高文化层次。

7.实施“菜单式”培训。按村党组织书记需求设置培训项目和培训内容，重点加强对村党组织书记中国特色社会主义理论体系、党的路线方针政策、农村基层组织建设、现代农业、市场经济、发展壮大新型农村集体经济、法律法规、实用技术以及民主管理、服务群众、党风廉政建设等培训。充分运用远程教育、电化教育以及到先进地区实地学习等方式开展培训。注重发挥先进典型的示范教育作用，开展优秀党建专家、优秀村党组织书记巡回宣讲活动。

8.有效整合培训资源。各级党委要坚持计划与市场相结合，统筹利用各种培训资源，提高培训质量。建立健全以组织部门为主导，民政、农业、科技、党校等部门共同协作的培训机制。发挥各级党校主阵地作用，运用大中专院校、职业学校、广播电视大学等各种教育培训机构和资源，建设门类齐全、有关部门业务处（科）室负责人与专家教授相结合的“师资库”，组织编写切合实际的培训教材和学习资料，保障培训工作有序推进。培训经费纳入市、县（市、区）财政预算，加大省级党费补助力度。

三、从严管理监督村党组织书记

9.建立工作目标、廉政勤政双承诺制度。村党组织书记要根据工作职责和上级党组织工作部署，在充分征求本村党员、村“两委”干部、村民代表意见的基础上，依据任期承诺目标，确定年度承诺目标和具体落实措施。围绕遵纪守法、廉洁自律、秉公办事、忠于职守等事项，作出廉政勤政承诺，接受党员群众监督。村党组织书记工作目标、廉政勤政双承诺要报经乡（镇）党委审核同意后签订书面承诺，并向党员群众公开。

10.健全实绩导向考核办法。完善村党组织书记考核办法，突出工作实绩和群众公认，准确评价履职情况，重点考核村党组织书记在发展壮大集体经济、完善村级治理体系、开展为民服务全程代理、维护农村稳定等方面的实绩，做到小事不出村、大事不出乡、矛盾不上交。考核结果要作为落实村党组织书记业绩考核奖励和其他激励措施的主要依据，严格兑现奖惩。

11.完善民主评议监督制度。扎实开展村党组织“双述双评”工作，村党组织书记每年向乡（镇）党委、本村党员大会述职述廉，向村民代表会议或村民会议通报工作情况，接受上级党组织和党员群众的考核评议。健全村党组织议事规则和决策程序，认真落实党务公开，建立和落实村干部“权力清单”制度，进一步规范村务监督委员会的运行机制。建立健全村党组织书记任期和离任经济责任审计制度，保证村党组织书记始终处于有效监督之下。

12.拓展深化“四议两公开”工作法。以拓展深化“四议两公开”工作法为重点，发展和完善党领导的基层民主自治制度。凡涉及群众利益的重大事项，必须广泛听取党员意见，在党员和党组织中充分酝酿，经过党员大会形成决策建议，提交村民会议或村民代表会议讨论通过。村党组织书记要创新动议方式，把功夫下在“四议两公开”之前，深入实际、深入群众，了解群众所需所想所盼，打好动议的民意基础；创新议事方式，针对党员大会、村民代表会议人员难召集、会议难召开的情况，可以采取通过手机、QQ、微信等即时通信工具，请外出党员或村民代表参与讨论、发表意见；创新决策方式，可运用委托代理制、授权制等办法，允许外出的党员或村民通过授权书，将投票表决权委托给相关人员代为行使，但要制定具体的实施细则，确保公平公开公正；创新公开方式，充分运用电话、手机短信等信息化手段，及时准确地“广而告之”，让广大村民共同监督、共同推动工作开展。

13.及时调整不合格村党组织书记。加强对村党组织书记的日常跟踪管理，对作风不实、履行职责不到位、群众有反映的，及时批评教育，促其整改；对岗位目标任务完成情况差、作风简单粗暴、群众反映强烈的，按有关规定及时调整；对以权谋私、违法乱纪的，严肃处理，形成及时发现和调整不合格村党组织书记的工作机制。

四、完善村党组织书记激励保障机制

14.保证合理经济待遇。各级财政要加大转移支付力度，逐步提高村党组织书记的报酬待遇，力争用三年时间达到不低于当地农民人均纯收入的两倍。县（市、区）委组织部根据村经济发展水平、农民收入情况、人口规模以及工作量、任职时间核定村党组织书记基本报酬。对村人口1000人以上且书记和主任“一肩挑”的，可适当提高报酬待遇。建立村党组织书记业绩考核奖励制度，由乡（镇）党委根据工作实绩进行考核测评，确定业绩报酬。建立村党组织书记报酬待遇正常增长机制，对每任满一届的，每月增加不低于10元的任期补贴。村党组织书记的基本报酬必须足额发放到位。

15.全面落实社会养老保险。省财政按照每人每月30元的标准，对在任村党组织书记办理社会养老保险给予专项缴费补贴。对正常离任、累计任职9年以上且年满60周岁的村党组织书记，每人每月发放不低于100元的生活补贴。有条件的地方，可定期组织村党组织书记进行体检。对部分年满65周岁、曾担任过村党组织书记且当前生活特别困难的老党员，省管党费每人每年给予不低于1000元的生活补助。

16.大力拓展发展空间。按照干部管理权限，加大从优秀村党组织书记中选拔乡（镇）领导干部、考录乡（镇）公务员、招聘乡（镇）事业编制人员的力度，选拔为乡（镇）领导干部的，进行公务员登记。积极推荐政治素质好、参政议政能力强的优秀村党组织书记作为各级党代会代表、人大代表和政协委员人选。省委组织部每三年开展一次优秀村党组织书记评选表彰活动，对获得优秀村党组织书记荣誉称号的，给予一次性奖励。

五、切实落实领导责任

17.市委要强化领导责任。突出“主业”意识，建立定期研究农村基层党建工作制度，制定加强村党组织书记队伍建设的工作措施，着力解决突出问题。把村党组织书记队伍建设成效，纳入县（市、区）委、乡（镇）党委领导班子和县（市、区）委、乡（镇）党委书记年度考核内容及书记抓基层党建专项述职内容，作为评价和使用干部的重要依据。对村党组织书记队伍建设工作推进不力、问题比较突出、造成严重后果的，要追究县（市、区）、乡（镇）党委责任。同时，要指导县（市、区）、乡（镇）党委，统筹兼顾，抓好其他村干部的选拔培养、监督管理、教育培训、激励保障等工作。

18.县（市、区）委要履行主体责任。县（市、区）委要发挥“一线指挥部”作用，把村党组织书记队伍建设作为农村基层组织建设工作的首要任务，研究制定加强村党组织书记队伍建设的具体办法，确保各项任务落到实处。县（市、区）委安排部署有关农村工作的重要会议，要将村党组织书记列入参会范围。县（市、区）委书记要认真履行基层党建“第一责任人”职责，每半年听取一次村党组织书记队伍建设专题情况汇报，提出工作要求。县（市、区）委组织部要加强对乡（镇）党委落实有关政策情况的督促检查，建立村党组织书记信息管理系统，对村党组织书记登记造册，将村党组织书记实绩考核、民主评议、调整任用情况及时备案。

19.乡（镇）党委要落实直接责任。乡（镇）党委要强化抓村的直接责任，全面落实村党组织书记队伍建设各项政策规定，支持和保障村党组织书记履行职责、开展工作。建立月度例会制度，每月定期听取村党组织书记工作汇报，及时帮助解决存在的困难和问题，对于乡（镇）本级无法解决的问题，要及时向县（市、区）委报告，做到事事有着落、件件有回音。组织实施好村党组织书记的年终考核、民主评议，及时发现、调整不合格村党组织书记。形成岗位有明确目标、工作有合理待遇、干好有发展前途、退岗有一定保障的村党组织书记队伍建设长效机制。

中共山西省委
山西省人民政府
关于加快民营经济发展的意见

晋发〔2015〕15号

（2015年9月26日）

民营经济是社会主义市场经济的重要组成部分，是推进“六大发展”、实现富民强省的重要力量。依据党中央和国务院有关精神，为推动全省民营经济实现突破发展，提出如下意见。

一、指导思想

全面贯彻落实党的十八大、十八届三中、四中全会和中央统战工作会议及省委十届六次全会和全省经济工作会议精神，坚持毫不动摇地巩固和发展公有制经济，毫不动摇地鼓励、支持、引导非公有制经济发展，紧紧围绕推进“四个全面”战略布局和实现我省“六大发展”“三大突破”战略部署,加快适应经济发展新常态，加强组织领导，破除体制机制障碍，强化法治保障，优化发展环境，调整产业结构，鼓励大众创业、万众创新，推动民营经济突破发展，为促进富民强省作出新的贡献。

二、发展目标

到“十三五”末，我省民营经济发展环境明显改善，转型创新发展明显加快，在吸纳就业、创造利税和社会公益、保护环境等方面做出更大贡献。民营经济增加值占全省GDP的比重年均提高2个百分点左右，力争达到或接近全国平均水平;民营经济从业人员年均新增30万人以上；民间投资占全省固定资产投资的比重年均提高1个百分点以上，达到65%以上。

三、拓宽发展空间

（一）放开民间投资领域。实行“非禁即入”,严禁在国家法律法规规章和标准之外设置行业准入、市场准入门槛，切实打破“玻璃门”“弹簧门”“旋转门”。打通民营资本投资渠道，清理规范对民间资本的准入条件，不得针对民营企业在注册资本、投资金额、产能规模、土地供应、采购招投标等方面设置门槛，推动全领域、全产业链向民间资本开放。积极推广政府与社会资本合作建设模式，确保民间资本平等进入。（省发改委牵头负责）

以优化资本、增强市场竞争为目标，深化国有中小企业、集体企业改革，大力发展混合所有制经济，支持民间资本通过出资入股、收购股权、认购可转债、融资租赁、收购闲置资产等多种形式参与国有企业兼并重组或国有控股上市公司增发股票。（省国资委、省发改委、省工商联、省中小企业局、省城联社牵头负责）

（二）深化商事制度改革。加快推进“三证合一”、深化“先照后证”改革，杜绝变相提高工商登记门槛，禁止在规范流程之外针对民营商事主体增加设立程序，依法取消我省对市场主体设置的准入条件，不断激发市场活力。按照国务院深化行政审批制度改革和简政放权的要求，除法律另有规定和国务院决定保留的工商登记前置审批事项外，其他事项一律不得作为工商登记前置审批条件。构建新型监管模式，按照谁审批、谁监管，谁主管、谁审批的原则，推动事中事后监管责任落实。（省工商局牵头负责）

（三）提高审批效率。按照“六权治本”的要求，编制政府部门“权力清单”和“责任清单”。加强和完善对权力运行的监督考评，落实行政主体责任，确保“法定职责必须为”“法无授权不可为”。进一步精简和下放行政审批事项，全面取消非行政许可审批，禁止明放暗不放、变相实

施审批，彻底堵偏门、关后门、开正门。（省编办牵头负责）

推进项目核准、用地预审、环评审批、节能审批等方面同步并联审批。（省发改委牵头负责）

建设综合性政务服务平台，推进行政审批（许可）执法主体及服务部门“一厅”办公和“一条龙”服务。借助“互联网+”建立部门信息共享机制，推进网上审批，确定审批事项办结时限，公开查询办理进度和责任人，建立问责制度，落实首办责任制、限时办结制和责任追究制。（省政府办公厅牵头负责）

四、扶持成长壮大

（四）鼓励大众创业。制定创业扶持政策和办法，整合行政资源，推动更多社会成员兴办经济实体。制定和落实鼓励支持科研人员、大学生、退役军人、残疾人等创业和机关事业单位工作人员离职创业的政策措施。加强创业辅导服务，针对有创业意愿且具备创业潜能的适宜人群、创业初期和创业成功者的不同需求，大力开展各类创业培训，抓好创业比赛、创业训练营、创业项目对接等活动，财政资金给予支持。（省人社厅、省中小企业局牵头负责）

（五）支持做优做强。引导民营企业向“专精特新”发展，对有特色、技术水平高、吸纳就业能力强的民营企业要重点联系、支持和奖励。（省经信委、省科技厅、省人社厅牵头负责）

积极引导有条件的个体工商户转型为企业组织形式，允许拟设立的企业使用原个体工商户的名称字号，并可在规定期限内使用原许可、经营项目批准文件或证件。（省工商局牵头负责）

促进中小微企业加速壮大，对当年主营业务收入首次达到2000万元以上的工业企业给予奖励。（省中小企业局牵头负责）

因企施策，加强生产要素支持，鼓励和支持民营企业跨地区、跨行业兼并重组，打造一批规模在50亿元以上循环产业链条长、自主创新能力强、市场影响力大的行业领军大企业、大集团，对进入全国民营企业500强的企业给予重点联系、支持和奖励。（省经信委牵头负责）

（六）优化招商引资机制。创优发展环境，建设诚信政府，为外来投资者提供公开、透明、可预见的政策环境，切实解决“引不来、留不住、活不好”的问题。创新招商引资方式，举办民企入晋主题招商活动，大力开展产业链招商、集群式招商、精准化招商，鼓励境外企业家、战略投资者、技术和管理人才来晋投资兴业。（省商务厅、省工商联牵头负责）

开好晋商大会，建好晋商大会网站，服务海内外晋商投资家乡、寻求发展机遇。（省委统战部、省工商联牵头负责）

对引进项目加强跟踪服务，各职能部门要各司其职、各负其责，促成项目尽快落地开工、投产达效。完善和解决已落地项目建设中存在的问题。（省商务厅、省发改委、省住建厅、省环保厅、省国土厅牵头负责）

五、支持转型创新

（七）加快产业转型。围绕我省“十大产业”布局、新兴制造业三年推进计划和年度行动计划，研究细化产业转型发展政策，支持资源型传统产业加快改造提升，淘汰落后产能、技术、工艺和设备，延长煤电铝、煤焦化、煤气化、煤电材等资源循环产业链，推动传统工业产业新型化。建立传统产业转型升级项目库，重点发展文化旅游、装备制造、新材料、新能源、节能环保、食品医药、现代服务业等七大非煤产业和通用航空等新产业，认真贯彻《国务院关于积极推进“互联网+”行动的指导意见》精神，鼓励发展互联网+N等新产业。（省发改委、省经信委牵头负责）

大力支持民营企业投资现代农业产业，培育一批全国杂粮产业领军企业和知名品牌，打造一批农产品加工龙头企业。支持民营企业参与农业产业扶贫工程。按照国家政策搞好土地流转，落实各项奖补政策，建立农民增收的利益联结机制，实现企业增效农民增收。（省农业厅牵头负责）

扶持和引导智能型日用品、生态型消费品等轻工纺织业和特色传统手工艺业、传统工艺美术产业发展，加强对非遗传承人的培训，重振山西轻工业。（省发改委、省中小企业局、省城联社牵头负责）

（八）壮大产业集群。完善基础设施建设，鼓励和引导各类专业服务机构围绕产业集群开展公共服务。促进老陈醋、法兰盘、玻璃器皿、面食、玛钢、机械加工、液压件、白酒、陶瓷、活性炭等特色产业集群转型升级，做大做强。培育新能源汽车及零配件制造、光伏、LED、铝镁合金、永磁材料、动力电池、生物医药等新兴产业集群，支持龙头企业带动产业链小型微型企业协作配套、品牌建设和专业化市场发展，提高省内零部件配套率，实现产业集聚和抱团发展。（省经信委、省中小企业局牵头负责）

（九）提高创新能力。大力实施创新驱动发展战略，完善科技创新、金融创新与民营经济突破发展结合机制。（省科技厅、省政府金融办、省工商联牵头负责）

建立科技服务民营企业平台，对高新技术项目进行评估评价，创立科研成果购买机制，促进科技成果转化。（省科技厅、省发改委、省工商联牵头负责）

集聚各方力量，鼓励支持发展科技创新型中小微企业，培育壮大百强民营科技企业。确立企业科技创新主体地位，鼓励民营企业引进适用先进技术，建立研发机构，开展新产品研发和技术攻关，全面落实企业研发费用加计扣除等普惠性措施。支持构建产学研创新联盟，科研院所、大专院校和国有企事业单位要向民营企业开放研发试验设施，提供科研服务，实现科技资源共享。山西科技创新城要积极引进民营科技研发机构入驻，创造优良的创新创业环境。

（省科技厅牵头负责）

（十）推动管理创新。引导民营企业特别是家族制企业建立现代企业制度，完善法人治理结构，鼓励推行所有权和管理权分离。鼓励具备条件的个体工商户、合伙企业、私营独资企业转变为公司制企业。（省经信委、省中小企业局、省工商局牵头负责）

推进民营企业通过相互参股、职工持股、引进外资、出让产权、资本运作和挂牌上市等形式实现产权多元化，规范混合所有制企业法人治理结构，平等保护民营股东合法权益。引导民营企业建立健全质量管理体系和财务内控制度，全面提升管理水平。（省经信委、省政府金融办牵头）

（十一）支持品牌建设。鼓励民营企业注册商标，支持民营涉农企业注册地理标志商标，依托产业优势，打造知名品牌。对注册为地理标志商标、认定为驰名商标、山西省著名商标以及获得名牌产品的企业给予奖励和优先帮扶。（省工商局、省质监局、省工商联、省中小企业局牵头负责）

举办好山西品牌中华行、山西品牌丝路行和山西品牌网上行活动，对民营企业参加活动和建设山西名优特商品展销中心、网上销售中心给予资金扶持，扩大山西品牌产品的市场份额。（省商务厅牵头负责）

（十二）加强安全生产。引导民营企业牢固树立“以人为本，安全至上”的理念，督促企业认真执行《安全生产法》等法律法规，严格落实企业安全生产主体责任，切实做到安全生产责任到位、投入到位、培训到位、基础管理到位和应急救援到位。积极为民营企业在安全许可办理、安全教育培训、隐患排查治理等方面提供安全技术服务，帮助企业提高安全生产管理水平。（省安监局、省煤炭厅、省住建厅、省交通厅等负有安全生产监管职责的部门牵头负责）

（十三）鼓励企业“走出去”。完善开放型经济发展政策，支持民营企业通过跨境电子商务、参加国内外展会、建设国际营销网络等方式开拓国际市场，提高国际化经营能力。发布适合我省民营企业参加的国内外展会目录，继续支持企业参加境外会展，实现报批手续高效审批。推动上下游产业链资源整合，鼓励民营企业抱团“走出去”，为民营企业对外投资、对外承包工程输出的设备、材料等物资提供检验检疫和通关便利。（省商务厅牵头负责）

（十四）加强区域交流合作。支持民营企业主动参与“一带一路”和“京津冀区域一体化”建设。加强与“万里茶道”沿线城市、环渤海地区、中原经济区、沿海地区的经贸交流合作，积极承接产业、资金、先进技术、管理、人才和信息转移。（省商务厅、省工商联牵头负责）

打破地域限制，支持民营企业的土地使用、污染物排放总量等指标跨区域流转，推动“总部经济”“飞地经济”发展。（省国土厅、省环保厅、省商务厅牵头负责）

六、加大要素支持

（十五）加大财税支持。加大财政专项资金对中小微企业创业基地、技术创新、产业集群、品牌建设、公共服务平台、融资性担保机构等支持力度。设立民营企业创新转型投资基金，重点支持民营企业创新转型优质项目。战略新兴产业基金、文化和旅游产业投资基金和小微企业扶持基金要按市场化运行方式，重点支持民营企业转型发展和大众创业创新。（省财政厅牵头负责）

加强税收政策宣传，确保国家和我省各项税收优惠政策落实到位。（省财政厅、省国税局、省地税局牵头负责）

（十六）扩大有效信贷。继续实行并不断完善省市县三级政银企合作机制，每年不定期推选公布金融机构重点扶持民营企业名单。（省工商联、省政府金融办牵头负责）

各类金融机构要加大信贷投放力度，加快信贷审批流程，小微企业贷款增速不低于各项贷款平均增速，小微企业贷款户数不低于上年同期户数，小微企业申贷获得率不低于上年同期水平。鼓励发展民营银行和村镇银行，规范发展融资性担保公司和小额贷款公司，加大扶持地方性金融机构发展。做大做强政策性担保和再担保机构，进一步扩充其资本金，通过倍数扩大，为企业提供更多更好的融资担保服务。制定落实缓解企业融资成本高的政策措施，继续推进省市县三级设立续贷应急资金池，构建良好金融生态。（省政府金融办牵头负责）

（十七）拓宽融资渠道。制定支持民营企业上市融资政策，强化民营企业融资培训工作，加大民营企业上市培育力度，凡在新三板、E板、创业板、主板等成功上市的，有关上市费用由财政给予一定比例的补贴。支持民营企业发行公司债、企业债、短期融资券、中期票据等。推进私募股权基金、互联网金融、股权众筹基金发展。引导利用创业投资基金、天使基金、种子基金等支持民营企业特别是初创期的小微企业发展。（省政府金融办、省工商联、省中小企业局牵头负责）

（十八）解决用地问题。贯彻平等原则，妥善解决民营企业用地难问题。引导民营企业依法合规用地。国土部门要依法解决民营企业已占用土地但未办理用地手续等遗留问题，在取得合法土地手续后，住建部门要依法为其办理（补办）规划、施工许可和房屋登记手续。符合规划并占用农村集体建设用地、实际建厂5年以上的民营企业，可根据企业需求依法办理用地手续。支持农村集体经济组织使用乡（镇）土地利用总体规划确定的集体建设用地，与民营企业以土地使用权入股、联营等方式共同兴办企业。鼓励企业集约用地，对已办土地手续、利用原地原址建设多层标准化厂房、增加容积率的，不再补交容积率差价的土地出让金，依法依规减免有关的房屋、土地税费。（省国土厅、省住建厅牵头负责）

（十九）加快创业基地建设。制定扶持民营企业创业园、小微企业创业基地、众创空间、科技孵化器等各类创业基地建设的优惠政策。鼓励和引导各类社会资本利用旧园区、旧厂房、旧车间、旧学校等现有闲置资源改造建设中小微企业创业基地。各级政府要优先将创业基地建设用地纳入土地利用计划。对符合划拨用地目录的采取划拨方式供给土地，不能采取划拨方式的可按不低于同等级别工业用地最低价供地。对入驻创业基地的企业给予租金优惠，对创业基地服务能力的提升给予资金支持。围绕大学城设立创业城或创业一条街，支持大学生创业。（省中小企业局、省科技厅、省国土厅、省人社厅牵头负责）

（二十）加强民营企业家队伍建设。把民营企业家教育培训纳入全省人才队伍建设发展规划，建立统战、组织、人社、教育、工商联和中小企业局等部门共同推进的工作机制，加大财政资金支持力度，依托党校、高校、职业院校以及“银河培训”工程和职业经理人资格培训平台，有计划、分年度、有针对性地对民营企业家特别是年轻一代进行素质提升培训。（省委统战部、省委组织部、省委人才办、省财政厅、省人社厅、省教育厅、省工商联、省中小企业局牵头负责）

深入开展理想信念教育实践活动，引导民营企业家秉承晋商诚信精神，依法组织生产经营，依法参与市场竞争，依法化解矛盾争议，构建交往有道、相敬如宾、公私分明、清正廉洁的新型政商关系。引导民营企业积极履行社会责任，加大扶贫开发投入，积极投身光彩事业和社会公益慈善事业，重塑民营企业家队伍新形象。（省委统战部、省工商联牵头负责）

（二十一）支持引进人才。制定柔性人才引进政策，建立和完善人才引进流动制度，鼓励优秀人才向基层一线转移。在工龄计算、社会保险、职级认定、职称评定等方面，对民营企业与国有企业一视同仁。（省人社厅牵头负责）

小微企业招用毕业2年内高校毕业生、签订1年以上劳动合同并足额缴纳社会保险费的，可对企业缴纳的社会保险给予补贴，补贴期限最长不超过3年。（省人社厅、省财政厅、省教育厅牵头负责）

落实民营企业引进省外“两院院士”“千人计划”“百人计划”人才奖励政策。对建立院士工作站、博士后工作站和技能大师工作室的民营企业，加大建站补助。对在北京、上海、深圳等发达地方建立研发中心或分厂，使用“飞地人才”的民营企业给予扶持。鼓励民营企业采用股权激励、期权激励、技术入股、成果奖励等多种方式，吸引和用好高层次管理人才、各类专业技术人员。解决好引进人才户口迁入、子女就学等问题。（省委人才办、省人社厅牵头负责）

（二十二）完善职业技能培训体系。研究制定我省促进校企合作的地方法规和激励政策，建立校企合作长效机制，鼓励和引导民营企业举办或参与职业教育，促进职业院校与民营企业在学生实习、专业设置与课程开发、订单式教育与就业推荐、师资交流与培训、职工培训与继续教育、产品研发、技术创新与应用、科技成果转化等方面开展合作。加强农民工职业技能提升和失业人员转业转岗培训，鼓励支持民营企业加强高技能人才培养，支持民营企业建立高技能人才培训基地和技能大师工作室。支持民营企业开展现代学徒制试点和组织专业技术人员、特殊岗位人员职业培训。加大财政资金投入，支持建设一批农村劳动力转移就业技能培训示范基地、高技能人才培养示范基地，支持鼓励大型民营企业开展高技能人才自主评价试点，支持开展针对民营企业需要的各工种职业资格以及矿管、安全、消防、质监、食品卫生、检验检疫等特殊行业上岗操作证书培训。（省教育厅、省人社厅、省财政厅牵头负责）

七、完善服务体系

（二十三）健全社会中介服务。大力培育和发展市场信息、管理咨询、创业辅导、会计审计、检验检测、法律援助、人才培训、融资担保等社会中介服务组织，建立社会化服务体系，规范其市场经营活动和中介行为。定期对市场中介机构进行审计，向社会公布收费情况，探索推进限时、限价服务。政府部门行政审批不得指定中介机构，尊重民营企业自主选择符合条件的中介服务的权利。（政府相关部门牵头负责）

（二十四）推进公共服务平台建设。按照简政放权、转变职能的要求，加快建立省级公共资源交易平台，形成全省统一规范的公共资源交易体系，实现重点领域全部交易进平台，平台之外无交易。（省发改委、省住建厅、省环保厅、省国土厅牵头负责）

建立完善全省中小（民营）企业公共服务平台网络，在县城、重点乡镇、高校、园区、创业基地、产业集群等创业者和小微企业集中的地方设立小微企业服务站,提供创业、涉企、便民服务。（省中小企业局、省工商联牵头）

（二十五）加强商协会建设。按照创新社会管理体制的要求，推进政府向社会组织购买服务，推动行业协会商会与行政机关彻底脱钩。（省财政厅、其他政府相关部门牵头负责）

支持社会组织参与制定行业规划以及行业发展的有关政策，提出立法建议，参与立法调研，参与制定、修订企业产品标准、计量标准、服务标准和质量规范等，组织推进行业标准的实施。（省经信委牵头负责）

允许“一业多会”，支持成立相似业务领域、地域的行业协会商会、异地商会。建立商协会发挥作用定期评估机制，加强行业自律。（省民政厅牵头负责）

各级工商联要履行职能，加大对商会组织的指导、引导、服务。建设“五好”县级工商联，加强服务民营经济能力。（省工商联牵头负责）

（二十六）加强企业诚信体系建设。建立和完善市场主体信用信息公示（共享）系统，整合金融、税务、海关、工商、安全生产、质监、环保、食品药品安全等信息资源，建立和完善信用评价机制、信用信息征集制度、信用档案数据库和信用查询系统。加强民营企业信用体系和社会责

任体系建设，建立健全守信激励和失信惩戒机制。（省工商局牵头负责）

（二十七）保障民营企业合法权益。研究出台《山西省民间投资促进和保护条例》，依法保护民营企业字号、专利、商标、商业秘密等知识产权，依法保护民营企业的财物权、经营权、知识产权等合法权益，严厉打击侵权行为。建立民营企业投诉维权中心，设立投诉热线电话，畅通民营企业反映诉求渠道，建立健全申诉维权协调机制，妥善处理涉企案件纠纷。实行执法检查批准和备案制度，对因变相行使审批权、乱检查、乱收费、乱罚款、乱作为和不作为给民营企业造成重大经济损失的人和事，加大曝光力度，严厉查处，严肃问责，依法保护民营企业享有异议、申诉、行政复议等合法权益。搭建法律服务民营企业平台，引导民营企业树立法治意识，帮助企业防控法律风险。（省委政法委、省中小企业局牵头负责）

（二十八）加强思想政治工作。建立民营企业家综合评价体系，坚持“凡进必评”，把综合评价作为对民营企业家政治安排和评优表彰的必经程序和基本依据。做好民营企业文化建设工作，以先进企业文化促进“两个健康”。继续扩大民营企业党组织和党的工作覆盖面，引导帮助民营企业建立党团、工会组织，发挥企业党组织在企业发展中的政治引领作用和在职工群众中的政治核心作用。积极探索商协会党建工作管理新模式，指导商协会建立党组织和开展工作。形成党委领导，统战部牵头，工商联、非公经济组织工委等有关部门协同配合的民营企业思想政治工作合力。（省委组织部、省委统战部、省工商联、省非公经济组织工委牵头负责）

（二十九）加大宣传力度。各级宣传部门和主流媒体要加强舆论引导和正面宣传，大力宣传中央和我省关于鼓励、支持、引导民营经济发展的政策措施，宣传民营经济的重要地位和作用，营造尊重、支持、善待民营企业的良好舆论环境，宣传树立一批可信、可比、可学的民营企业和民营企业家先进典型，重塑山西民营企业家遵纪守法、诚实守信、创新转型、承担责任、勤俭自律的良好形象，形成全社会鼓励支持民营经济发展的共识。（省委宣传部牵头负责）

八、加强组织领导

（三十）加强统计监测。建立民营经济统计和监测工作机制，制定全省民营经济统计和监测制度，加强对民营经济主要指标运行的统计分析。设立民营企业监测点、数据库，监测民营企业发展状况，掌握民营企业发展动态，定期发布民营经济发展情况。设立专门协调机构，配备专人开展工作，统计和监测的有关费用纳入省级财政预算。（省统计局、省工商联、省中小企业局牵头负责）

（三十一）建立考核机制。建立反映民营经济发展情况的考核机制，对各市和省直有关部门发展民营经济的组织领导，政策落实，发展指标，财税、金融、土地等要素支持，清除制约民营经济发展的体制机制及政策性障碍、服务体系建设等情况开展综合考核。（政府相关部门牵头负责）

（三十二）强化政策贯彻落实。全面梳理落实国家和我省有关促进民营经济发展的金融、用地、财税、就业、投资、减负等各项政策措施，完善政策体系，清除制约民营经济发展的体制机制及政策性障碍。（制定政策的部门牵头负责）

开展对有关民营经济政策落实情况的督查，建立第三方评估和监督机制，强化跟踪问效和考核评估，确保政策不截留、不打折、不走样。（省委督查室、省政府办公厅督查室、省政府法制办、省工商联、省中小企业局牵头负责）

建立完善政策解读机制，通过印发政策宣传册、组建宣传队，发挥系统力量和网站、微信、微博等新兴媒体作用，加强对政策的解读，确保有关政策宣传到位、解读到位、执行到位。（省委统战部、省工商联、省中小企业局牵头负责）

（三十三）健全领导体制和工作机制。加强机构建设，配强服务民营经济部门的力量。成立省市县促进民营经济发展工作领导机构，指导协调民营经济发展工作。建立省市县领导班子成员联系民营企业和商会机制，精准对接帮扶重点民营企业和小微企业。（省委办公厅、省政府办公厅、省促进民营经济发展工作领导小组牵头负责）

各市党委、政府和省直有关部门要结合本地、本部门实际，梳理过去出台的政策措施，凡与本意见相矛盾的一律修改废止。尽快制定配套落实的措施，促进全省民营经济突破发展。

中共山西省委办公厅
山西省人民政府办公厅
印发《关于加强我省红色文化资源保护开发利用工作的意见》的通知

晋办发〔2015〕41号

各市、县委，各市、县人民政府，省委各部委，省直各委、办、厅、局，各人民团体：

《关于加强我省红色文化资源保护开发利用工作的意见》已经省委、省政府同意，现印发给你们，请认真贯彻落实。

中共山西省委办公厅
山西省人民政府办公厅
2015年10月8日

关于加强我省红色文化资源保护开发利用工作的意见

为深入贯彻落实党的十八大和十八届三中、四中全会精神，充分发挥红色文化资源在培育和践行社会主义核心价值观方面的积极作用，激励全省广大干部群众继承发扬老区红色精神和优良传统，为实现弊革风清、促进富民强省凝聚强大的精神力量，现就加强我省红色文化资源保护开发利用工作提出以下意见。

一、深刻认识保护开发利用红色文化资源的重大意义

红色文化资源是我党在革命和建设时期留存下来的宝贵物质和精神财富，主要包括重要红色遗址遗迹、重要红色建筑与设施、重要红色历史文物和重要红色文化产品等。山西是全国著名的革命老区，红色文化资源底蕴深厚。土地革命战争时期，山西是北方地区创建工农红军最早的省份之一；抗日战争时期，山西是八路军总部和三大主力师所在地，华北敌后抗日根据地的中心，抗日战争的主战场之一；解放战争时期，山西是重要的兵源基地、后勤保障基地和干部输出基地；社会主义建设时期，山西曾涌现出了大寨、右玉等一大批先进典型。全省现存的建党时期、大革命时期、土地革命时期、抗日战争时期、解放战争时期、社会主义建设时期等党史重要机构旧址、重要党史人物的故居旧居、重大战役遗址和重大纪念设施共有3400余处，其中包括武乡县八路军总部王家峪旧址、左权县麻田八路军前方总部旧址、中共太原支部旧址、太原八路军办事处遗址、石楼红军东征纪念馆、平型关大捷纪念馆、晋绥边区革命纪念馆、高君宇故居、徐向前故居、刘胡兰纪念馆、平顺西沟展览馆等100余处标志性遗址、建筑和设施。老一辈无产阶级革命家在山西留下了大量珍贵诗文，一大批红色文艺作品，如《黄河大合唱》《在太行山上》《游击队之歌》《小二黑结婚》《吕梁英雄传》等也诞生在这里。

遍布三晋、为数众多、各具特色的红色文化资源见证了20世纪以来山西人民英勇奋斗、开创革命、建设和改革事业的光辉历程。以太行精神、吕梁精神、大寨精神、右玉精神等为代表的红色精神,是中国共产党领导山西人民艰苦奋斗、坚韧不拔、勇于牺牲、敢于胜利的革命精神，其蕴涵的崇高理想与坚定信念，是中国特色社会主义共同理想的鲜明写照,蕴涵的爱党爱国、开拓奋进、改革创新精神，是民族精神和时代精神的生动体现；蕴涵的价值观念、价值目标和精神境界，是当代山西精神和时代精神的重要体现,是宝贵的历史文化遗产，是社会主义核心价值观教育的生动教材,是进行爱国主义教育、革命传统教育和廉政教育的重要资源。保护开发利用红色文化资源，对于培育和践行社会主义核心价值观，教育党员干部坚定理想信念、增强宗旨意识、加强作风建设，对于我省加快“六大发展”、实现富民强省有着十分重要的现实意义和深远的历史意义。

保护开发利用红色文化资源，要认真贯彻落实党的十八大和十八届三中、四中全会精神以及省委十届六次全会精神，深入挖掘我省红色文化资源蕴藏的精神教育价值、历史见证价值和经济发展价值，进一步建立健全管理保护开发利用的工作机制，加强顶层规划设计,全力打造太行精神、吕梁精神、大寨精神、右玉精神等红色文化资源品牌，充分发挥红色文化资源在爱国主义教育、革命传统教育、

党风廉政教育中的作用，加快红色文化旅游和红色文化产业发展,进一步凝聚中华民族伟大复兴中国梦和富民强省的正能量。

二、切实做好红色文化资源的保护工作

我省红色文化资源大多分布在边远山区，长期以来有关部门和地方做了大量保护工作，但是还存在着不少缺失缺位的问题，导致一些基础设施破坏严重，一些重要遗址面临湮没，一些散落文物濒临消失。各级党委、政府及有关部门要牢固树立保护红色文化资源就是保护红色文化历史、传承红色文化精神的思想观念，增强责任意识，强化担当意识，切实加大保护红色文化资源的工作力度。

（一）加强革命遗址（旧址）、名人居所（故居、路居）以及著名事件发生地、重要会议召开地等红色遗址踪迹类资源的保护。按照“修复一批、整理一批、开放一批”的工作思路，分层次、有侧重做好红色遗址踪迹类资源的保护工作。优先做好重要党的机构旧址、重要党史人物故居旧居及活动地、重要事件和重大战役遗址、具有重要影响的革命烈士墓地的修复保护工作；统筹保护相对集中并进入主题规划的遗址、遗存；抢救保护濒临消失的革命遗址。以抗战胜利70周年为契机，加强对抗战遗址的保护，重点对八路军总部在山西驻扎过的镇（村），中共中央北方局、中共中央后委、民主革命各历史时期中共山西领导机构，根据地时期各省委（区党委）、各边区政府和行署，以及太行山原冀南银行印钞厂、被服厂、制药厂、化学厂等八路军生产单位遗址遗迹进行保护性修缮，对未建立纪念碑、馆的遗址要设置永久性标识。

（二）加强革命时期著名人物和事件的纪念碑（馆）、陵园、革命历史题材的博物馆、展览馆等红色建筑与设施类资源的保护。对分布在沿太行山、吕梁山、黄河一带的主要红色建筑与设施类的资源保护工作进行全面规划，制定切实可行的保护措施，定期进行修缮维护。建立健全场馆、陵园、纪念碑等设施的保护应急预案，及时有效应对地震、火灾、洪涝、盗窃等突发事件。严格执行中央和省委有关规定，加强对各种纪念设施重建、改造、迁徙等规划建设项目的科学论证，按照规定申报审批。

（三）加强革命历史事件和历史人物遗存物品等革命历史文物类资源的保护。完善室内外展陈文物的登记备案制度，建立展陈文物数据库，对文物进行统计、汇总、分类、造册，并建立电子档案，使每一件文物都具有“户口”和“身份”。依托专家学者、文化名人等组成文物保护专家组，对展陈文物的管理使用进行经常性的技术保护指导。加强革命历史文物的收集整理，重点做好散落民间的红军、八路军、解放军收支账目、交易票据等革命文物的征集、发掘和研究。畅通理顺革命文物发现、上报、备案、管理渠道，及时将新发现或认定的革命历史文物纳入保护范围。

（四）加强红色文艺作品的收集整理和保护。收集整理老一辈无产阶级革命家和红军、八路军、解放军将士在山西留下的珍贵文献。党史研究部门要牵头各有关研究单位对各种红色文艺作品进行分门别类的整理研究，编写出版一批红色文化图书。重点对冼星海的《黄河大合唱》《在太行山上》，贺绿汀的《游击队之歌》，赵树理的《小二黑结婚》，马烽、西戎的《吕梁英雄传》等作品进行研究整理，进一步研究其产生的历史背景、社会影响和艺术价值。

三、大力弘扬和传承红色文化精神

红色文化资源承载着革命传统、爱国主义等重要的社会教育功能，其中蕴藏和孕育的红色文化精神，既是以爱国主义为核心的民族精神的继承和发展，又是以改革创新为核心的时代精神的思想源泉。

（一）积极拓展红色文化资源在继承革命传统中的教育功能。利用重要节庆日、纪念日和重要党史事件、党史人物等重大纪念活动，大力开展以革命传统教育为内容的主题教育活动，将革命传统教育纳入各级各类学校的思想品德课，利用清明节、五四青年节、六一儿童节，采取扫墓、祭奠等各种形式，组织青少年开展各种纪念活动。通过各种形式的教育活动，使广大党员干部和青少年追寻革命先辈的足迹，领略革命精神的真谛，使党的优良传统和作风深入人心，凝聚共筑中国梦的正能量。

（二）积极拓展红色文化资源在培育爱国主义精神中的教育功能。利用“世界反法西斯战争胜利纪念日”“中国人民抗日战争胜利纪念日”和“七七事变纪念日”“南京大屠杀死难者国家公祭日”以及发生在我省著名的平型关大捷、百团大战、上党战役等重要时间节点，依托爱国主义教育基地，组织广大干部群众参观学习，接受爱国主义教育。特别要以抗战胜利70周年为契机，精心组织策划一批主题鲜明、具有较大社会影响力、适合不同层面教育需求的爱国主义主题教育和纪念活动。

（三）积极拓展红色文化资源在党风廉政建设中的教育功能。依托当地的红色文化资源，深度挖掘其蕴含的廉政文化思想，因地制宜，结合实际，建立和完善各级党风廉政教育基地，在“七一”建党节和重大学习教育活动中，组织广大党员干部实地参观，学党史，知党史，感党恩，教育激励党员干部始终保持共产党员的政治本色，牢固树立正确的世界观、人生观、价值观，切实发挥红色文化资源在我省干部教育培训中的重要作用。

（四）积极拓展红色文化资源在培育和践行社会主义核心价值观中的教育功能。把传承红色文化精神与培育践行社会主义核心价值观有机结合，整合文化、党史、地方志、文物、旅游、党校、高校等各个方面的研究力量，对红色文化资源进行抢救性的普查,寻访亲历者和见证者,加大收集、整理、挖掘革命历史文献、档案资料、口述史资料和回忆录的力度，编写出版红色文化读物和红色旅游宣传品，深入挖掘红色文化内涵，着力提高山西红色文化的影响力。注重运用文学艺术等手段讲好山西红色故事，创作生产更多更美的红色文化精品力作。搭建山西“红色舞台”，让山

西红色故事唱响全国。运用传统媒体和新兴媒体，大力宣传山西的红色故事、红色历史，大力宣传高君宇、刘胡兰等英雄模范事迹和太行精神、吕梁精神、大寨精神、右玉精神，传播山西红色文化的正能量。

四、扎实推进红色文化资源的整体开发

省和有关市县要将红色文化资源的保护开发利用纳入“十三五”规划中，对我省列入全国红色旅游经典景区名录的景点，继续加大配套设施建设力度，提升服务水平。加强对全省跨行政区域红色文化资源保护开发工作的统筹规划，突出重点，有序实施。

（一）坚持国保省保优先开发原则。对列入国家级和省级文物保护单位的红色文化资源及国家级、省级爱国主义教育基地，要进一步加大政策扶持力度，进行重点开发。特别是要重点开发建设好太行山、五台山、吕梁山、太岳山和大同、太原6个红色文化圈，全力打造爱国主义、革命传统和党风廉政教育基地特色品牌。依托全省国保省保重点文物场馆和基地建设，加大省际红色旅游深度融合式开发力度，实现吕梁山和管涔山与陕西，太行山和五台山与河北，太岳山和中条山与河南的联动，构建以太行山和吕梁山为核心的红色文化品牌，联手打造以红军东征为主要内容的“抗日先锋”红色文化品牌和党中央从陕北到北平的“曙光在前”等全国性品牌。

（二）坚持交通沿线优先开发的原则。对全省“三纵十二横十二环”高速公路沿线和主要交通干道沿线的红色文化资源进行统筹规划，优先开发。精心打造我省3条寓教于学、寓教于游、寓教于乐的“红色两日游”省级红色旅游品牌线路：大同—忻州—太原—晋中—阳泉等11个红色景点的旅游线路，太原—文水—孝义—交口—石楼—隰县—永和县等9个红色景点的旅游线路，太原—长治—晋城等16个红色景点的旅游线路。

（三）坚持旅游沿线和城镇周边优先开发的原则。对沿太行山、吕梁山、五台山、太岳山、中条山和雁门关、娘子关、平型关等重点旅游线路进行资源整合，依托晋察冀、晋绥、太行和太岳抗日根据地和大寨、西沟、大泉山等一批名镇名村，全力打造三晋红色文化名山、名关、名镇、名村和红色边塞文化、黄河文化、晋商文化、根祖文化等特色品牌。加快建立老区红色旅游产业体系，鼓励旅行社、酒店集团、运输公司等拓展与红色旅游相关的经营业务，培育一批以红色文化资源为重点的红色旅游文化企业，支持革命老区群众参与红色旅游餐饮、住宿等经营服务，不断提升红色旅游对革命老区发展的综合带动能力，使红色旅游成为推进老区城镇化和新农村建设、促进产业结构调整和带动人民群众脱贫致富的有效途径。

（四）坚持红色文化精品项目优先开发的原则。积极创作、生产、推广以红色文化为主题的演艺产品，精心打造具有山西地域特色和代表性的“八路军文化”“大寨文化”和“右玉文化”等不同时期的特色文化品牌，精心组织红色旅游节庆、会展等活动。充分利用“太行山”大型实景剧类演艺产业，带动武乡秧歌、左权民歌、山西剪纸等各种红色文化产业的创新发展，带动红色旅游、物流、商贸、会展、休闲娱乐等第三产业的协同发展。大力推广武乡八路军文化园的成功经验，动员相关社会单位和企业，以不同资金形式支持和开发红色文化精品项目。

各地各部门在红色文化资源开发中要始终把社会效益放在首位，确保红色文化资源公益性质。全省16个列入全国爱国主义教育基地的纪念馆、陵园和展览馆，要严格按照中央有关规定，对社会全部实行免费开放。31个列入省级爱国主义教育基地的革命传统类纪念馆、展览馆、陵园、遗址和故居，要在2017年底前，逐步对社会实行免费开放，相关经费纳入财政预算，切实予以保障。各市县也要按照中央和省委要求，制定出红色文化资源类场馆和遗址免费开放的“任务书”“时间表”和“路线图”。

五、建立健全组织领导机制和管理保障机制

我省红色文化资源丰富多样，保护开发和利用工作点多、线长、面广，需要各级各部门互相配合，齐抓共管。各级党委、政府和有关部门要按照省、市、县分级负责的原则，落实保护开发利用的主体责任，把保护开发利用工作列入国民经济和社会发展规划，在政策上予以保障，在人、财、物上给予支持。

（一）理顺管理保障体制。全省国家级和省级纪念馆、博物馆、展览馆、烈士陵园、革命遗址旧址等红色文化资源，要坚持“谁主管，谁负责”的原则，按照红色文化资源属性进行分级分类，实行归口管理。建立红色文化资源管理保障工作的责任追究制度，确保红色文化资源管理到位，保障到位。

（二）拓展投融资渠道。积极争取国家有关部门资金支持、争取全国红色旅游工程项目专款和中央财政保护自然文化遗产专款。各级政府可采取贷款贴息、项目补助、以奖代补等各种方式，大力支持红色文化发展。进一步完善政府主导和民间投资相结合的红色文化精品项目开发机制，吸引社会资本投入红色文化精品项目的开发建设。

（三）加强人才队伍建设。各级各部门要结合基层宣传文化人才配备管理，充实各级场馆、基地和中心等单位的管理员、讲解员、导游员，加强业务培训，提高从业人员的综合素质和业务水平。大力支持红色文化资源丰富的地区发展红色文化职业教育，在其所属大中专院校开设相关课程。建立全省红色文化人才成长的长效机制，吸收和培养一批专门人才，建立红色文化资源专家库。

（四）落实工作主体责任。宣传部门要会同党史等部门共同做好红色文化场馆的陈列布展、重要活动审定和宣传推广工作以及红色文化的研究工作；发展改革部门要做好红色文化资源保护开发项目立项审批工作；财政部门要做好投资计划安排和红色文物保护、展示等方面的经费保障，会同有关部门做好公共博物馆、纪念馆和全国爱国主义教

育示范基地免费开放工作；旅游部门要做好红色旅游线路组织、管理服务、人员培训等工作；民政部门要加强烈士纪念设施的建设管理保护及附属文物的征集展陈工作；交通运输部门要做好与红色文化资源保护开发相配套的交通项目计划安排和建设；住房城乡建设部门要做好红色文化资源建设规划与城乡规划、风景名胜区总体规划的衔接；文化部门要组织做好革命历史题材的文化作品的创作生产，指导与红色旅游相关的文化活动和文艺演出活动；文物部门要组织编制和落实相关革命文物保护规划和维修方案，做好文物征集、展陈、修缮等工作。

各地各有关部门要按照本意见精神，结合实际研究制定具体工作方案和措施，切实抓好贯彻落实。

附件：红色文化资源保护开发利用工作责任分工

红色文化资源保护开发利用工作责任分工

为进一步加强我省红色文化资源保护开发利用工作，充分发挥红色文化资源在我省开创弊革风清、富民强省新局面中的积极作用，特制定本责任分工方案。

一、加强整体保护开发规划和基础设施建设

牵头单位：省发改委

配合单位：省财政厅、省交通厅、省住建厅、省民政厅、省文物局、省旅游局

主要任务：（1）会同有关部门共同研究制定红色文化资源保护开发规划。（2）对红色文化资源相对集中的地域进行统筹规划，有序开发。（3）加强对全省跨行政区域保护开发工作的规划指导。（4）对国家级和省级红色文化场馆、纪念设施等，加大基础设施、配套设施建设和改造力度。

二、加强红色文化资源保护开发的财政投入

牵头单位：省财政厅

配合单位：省发改委、省文物局、省旅游局、各市有关部门

主要任务：（1）积极争取国家有关部门资金支持、争取全国红色旅游工程项目专款和中央财政保护自然文化遗产专款。（2）进一步完善政府投入和民间投资相结合的红色文化资源保护开发利用机制。（3）2015—2017年，推动全省革命传统类纪念馆、展览馆、陵园、遗址和故居对社会实行全部免费开放，相关经费纳入财政预算。

三、加强革命传统类爱国主义教育基地建设

牵头单位：省委宣传部

配合单位：各市委宣传部、省委党史办、省发改委、省财政厅、省国土厅、省交通厅、省住建厅、省民政厅、省旅游局、省文物局

主要任务：（1）协调指导各市县和有关部门对全省革命传统类爱国主义教育基地建设进行总体规划。（2）指导各市县搞好革命传统类爱国主义教育基地建设。（3）搞好各归口管理纪念场馆和红色文化类爱国主义教育基地的提升改造、展陈布展等工作。（4）做好全省革命传统类爱国主义教育基地建设的相关经费补助工作。

四、加强烈士纪念设施的建设管理保护及附属文物的征集展陈工作

牵头单位：省民政厅

配合单位：省发改委、省财政厅、省交通厅、省住建厅

主要任务：（1）做好具有重要影响的革命烈士墓地等各类纪念馆、展览馆的修复保护工作。（2）统筹保护相对集中并进入主题规划的烈士纪念遗址、遗存，积极做好烈士遗骨安置安放工作。（3）对尚未建立纪念碑、馆的烈士遗迹遗址，设置永久性标识。（4）对分布在沿太行山、五台山、吕梁山、太岳山和黄河一带的主要烈士纪念设施类的资源保护工作进行全面规划，制定切实可行的保护措施，定期进行修缮维护，并完善基础设施。

五、加强文物类红色遗址遗迹资源保护

牵头单位：省文物局

配合单位：省委宣传部、省委党史办、省发改委、省财政厅、省国土厅、省民政厅

主要任务：（1）做好全省14处国家级、16处省级文物类红色遗迹遗址的保护、修缮工作，指导各市县做好596处市县级红色文物类遗迹遗址的保护工作。（2）指导市县做好党史重要机构旧址、重要党史人物故居旧居及活动地、重要事件和重大战役遗址等各类纪念馆、展览馆的修复保护工作。（3）加强革命历史文物的收集整理，特别是要做好散落民间的八路军收支账目、交易票据等革命文物文献的征集、发掘和研究。（4）对红色文化遗址遗迹特别是八路军总部在山西驻扎过的25个县69个村镇，太行山原冀南银行印钞厂、被服厂、制药厂、化学厂等八路军生产单位遗址遗迹，除建立纪念碑、馆者外，其他遗址要设置永久性标识。（5）积极完善室内外展陈文物的登记备案制度，建立展陈文物数据库，对文物进行统计、汇总、分类、造册并建立电子档案。（6）依托专家学者、文化名人等组成文物专家保护组，对展陈文物的管理使用进行经常性的技术保护指导。

六、全力打造全省“红色旅游”精品线路

牵头单位：省旅游局

配合单位：省发改委、省财政厅、省交通厅、省住建厅

主要任务：（1）精心打造我省3条寓教于学、寓教于游、寓教于乐的“红色旅游”精品线路，大同—忻州—太原—晋中—阳泉等11个红色景点的旅游线路，太原—文水—孝义—交口—石楼—隰县—永和等9个红色景点的旅游线路，太原—长治—晋城等16个红色景点的旅游线路。（2）对沿太行山、吕梁山、五台山、中条山和雁门关、娘子关、平型关、东阳关等重点旅游线路进行资源整合，全力打造三晋红色文化名山、名关、名镇、名村和红色文化品牌。（3）协调有关部门加大省际红色旅游深度融合式开发力度，实现吕梁山和管涔山与陕西，太行山和五台山与河北，太岳山和中条山与河南的联动，打造以红军东征为主要内容的“抗日先锋”红色文化品牌和党中央从陕北到北平的“曙光在前”等全国性品牌。（4）加快建立老区红色旅游产业体系，培育一批以红色文化资源为重点的红色旅游文化企业，不断提升红色旅游对革命老区发展的综合带动能力。

七、进一步加强红色文化阵地的组织建设和人才队伍建设

牵头单位：省委组织部

配合单位：省纪委、省委宣传部、省编办、省人社厅、省文物局、省旅游局、省委党校

主要任务：（1）加强党组织建设，选好配强各场馆领导班子。（2）结合基层宣传文化人才配备管理，科学确定相关单位人员编制，落实各级场馆、基地和中心等单位管理员和讲解员的待遇。（3）建立全省红色文化人才成长的长效机制，吸收和培养一批专门人才，建立红色文化资源专家库。

八、积极拓展红色文化资源在党风廉政建设中的教育功能

牵头单位：省纪委

配合单位：省委组织部、省委宣传部、省监察厅、省委党校

主要任务：（1）依托红色文化资源，协调相关部门建立省、市、县级党风廉政教育基地。（2）运用红色文化资源，大力弘扬山西博大精深的廉政文化，宣传以一代廉吏于成龙为代表的古今清正廉洁楷模。（3）定期组织党员领导干部赴廉政教育基地进行廉政教育。

九、积极拓展红色文化资源在弘扬爱国主义精神和继承革命传统中的教育功能

牵头单位：省委宣传部

配合单位：省文化厅、省社科院、省文联、省作协、省委党校、山西日报报业集团、山西广播电视台

主要任务：（1）利用重要节庆日、纪念日和重要党史事件、党史人物等重大纪念活动，组织开展革命传统和爱国主义教育主题教育活动。（2）运用传统媒体和新兴媒体，大力宣传山西的红色历史、英雄模范和太行精神、吕梁精神、大寨精神、右玉精神，在全国讲好山西红色故事，传播山西红色文化的正能量。（3）推动红色题材文艺作品的创作、生产，推广以红色文化为主题的演艺产品。（4）收集整理老一辈无产阶级革命家在山西抗日战场留下的珍贵诗文，对冼星海的《黄河大合唱》《在太行山上》和贺绿汀的《游击队之歌》等作品进行深入研究。（5）依托社科院相关研究机构，开办“红色文化网上行”网络宣传活动。

十、加强青少年经常性革命传统教育

牵头单位：省教育厅（高校工委）

配合单位：团省委

主要任务：（1）开展革命传统教育进校园活动，在各级各类学校开设革命传统教育课。（2）利用清明节、五四青年节、六一儿童节，组织青少年开展扫墓、祭奠等纪念活动。（3）组织中、小学生开展经常性的铭记历史、缅怀英烈纪念活动。

十一、加大红色文化收集、整理、研究工作力度

牵头单位：省委党史办

配合单位：省委宣传部、省文化厅、省文物局、省文联、省作协、省地方志办公室、省委党校、省出版集团

主要任务：（1）整合文化、地方志、文物、旅游、党校、高校等各个方面的研究力量，加大收集、整理、挖掘革命历史文献、资料和回忆录的力度。（2）加强对山西红色文化的研究，编写出版红色文化读物和宣传品，深入挖掘红色文化精神。（3）加强红色文化遗存的收集整理和保护。

中共山西省委
山西省人民政府
印发《关于加快推进生态文明建设的实施方案》的通知

晋发〔2015〕22号

各市、县委，各市、县人民政府，省委各部委，省直各委、办、厅、局，各人民团体：

省委、省政府同意《关于加快推进生态文明建设的实施方案》，现印发给你们，请认真贯彻落实。

中共山西省委
山西省人民政府
2015年11月22日

关于加快推进生态文明建设的实施方案

为深入贯彻落实中共中央、国务院《关于加快推进生态文明建设的意见》（中发〔2015〕12号）精神，动员全省上下积极行动起来，以改革创新精神扎实推进我省生态文明建设，全面提升我省生态文明水平，制定本实施方案。

一、总体要求

（一）指导思想。以邓小平理论、"三个代表"重要思想、科学发展观为指导，深入贯彻党的十八大和十八届二中、三中、四中、五中全会精神和习近平总书记系列重要讲话精神，认真落实党中央、国务院的决策部署，牢固树立保护生态环境就是保护生产力、改善生态环境就是发展生产力的理念，坚持节约资源和保护环境的基本国策，充分认识我省生态环境保护面临的突出问题，把生态文明建设放在突出的战略位置，以体制机制创新为动力，协同推进新型工业化、信息化、城镇化、农业现代化和绿色化，着力构建节约资源和保护环境新的空间格局、产业结构、生产方式和生活方式，大力推进绿色发展、循环发展、低碳发展，弘扬生态文化，倡导绿色生活，加快建设美丽山西。

（二）基本原则。坚持把节约优先、保护优先、自然恢复为主作为基本方针；坚持把绿色发展、循环发展、低碳发展作为基本途径；坚持把深化改革、扩大开放和创新驱动作为基本动力；坚持把培育生态文化作为重要支撑；坚持把重点突破和整体推进作为工作方式。

（三）主要目标。到2020年，资源节约型和环境友好型社会建设取得重大进展，主体功能区布局基本形成，经济发展质量和效益得到显著提升，生态文明主流价值观在全社会得到推行，生态文明建设水平明显提高。

——国土空间开发格局进一步优化。经济、人口布局向均衡方向发展，国土空间开发强度、城市空间规模得到有效控制，城乡结构和空间布局明显优化。

——资源利用更加高效。万元地区生产总值二氧化碳排放强度逐年下降，能源消费结构不断优化，能源消耗强度持续下降，土地资源、水资源等资源产出率大幅提高。用水总量控制在93亿立方米以内，万元工业增加值用水量降低到65立方米以下，农田灌溉水有效利用系数提高到0.55以上，非化石能源占一次能源消费量的比重不断提高。

——生态环境质量总体改善。污染物排放总量持续减少，污染防治水平不断提升，环境质量持续改善，生态系统稳定性有所增强，环境安全得到保障。地表水水质优良比例稳步提高，森林覆盖率提高到26%以上。

——生态文明建设保障体系不断完善。生态保护红线、资源有偿使用、生态补偿、生态保护环境保护责任追究和损害赔偿等制度不断健全。考核评价体系不断完善，多元投入机制基本形成，行政监督管理方式和手段得以改进，生态文明建设法治保障得到加强。

二、强化主体功能定位，优化国土空间开发格局

坚定不移地实施主体功能区战略，健全空间规划体系，科学合理布局和整治生产空间、生活空间、生态空间。

（四）实施主体功能区战略。围绕我省"六大发展"总体战略，全面落实《山西省主体功能区规划》，落实好财政、投资、产业、土地、人口、环境等配套政策，完善我省相关保障措施。统筹谋划经济布局、国土利用和城镇化格局，对不同主体功能区的产业项目实行差别化市场准入

政策，着力构建我省国土空间的“四大战略格局”。推进市、县经济社会发展、城乡、土地利用、生态环境保护等规划“多规合一”，形成一个市县一本规划、一张蓝图。构建平衡适宜的城乡建设空间体系，适当增加生活空间，保护和扩大绿地、水域、湿地等生态空间。

（五）推进绿色城镇化。围绕“一核一圈三群”城镇化总体布局，按照“空间集聚、组群推进、城乡统筹、协调发展”的原则，引导人口和产业向发展条件好的河谷盆地相对集中，加快发展太原都市区和都市圈，培育壮大晋北、晋南、晋东南城镇群。加快推进晋中108廊带区域一体化发展示范区建设。合理布局城镇各类空间，科学确定城镇开发强度，提高城镇土地利用效率、建成区人口密度。划定城镇开发边界，从严供给城市建设用地，推动城镇化发展由外延扩张式向内涵提升式转变。加强城乡规划“三区四线”（禁建区、限建区和适建区，绿线、蓝线、紫线和黄线）管理，维护城乡规划的权威性、严肃性。

在城镇化过程中融入节能理念。实施“绿色建筑”行动，城市新区率先按照“绿色低碳”理念规划建设和运营管理。提高城市绿化水平，构筑城市“绿色屏障”。提高城镇供排水、防涝、雨水收集利用、供热、供气等基础设施建设水平，所有县城和重点镇具备污水、垃圾处理能力，提高建设、运行、管理水平。

（六）建设美丽宜居乡村。实施以农村基础设施和公共服务为重点的完善提质工程；以采煤沉陷区治理、危房改造、易地搬迁为重点的农民安居工程；以垃圾、污水治理为重点的环境整治工程；以美丽宜居乡村建设为重点的宜居示范工程。加快转变农业发展方式，推进农业结构调整，发展农业循环经济，提升农产品质量安全水平。加强农村精神文明建设，以环境整治和民风建设为重点，扎实推进文明村镇创建。加快县域村镇体系规划、村庄整治规划、传统村落保护发展规划和美丽宜居乡村连片区规划编制工作。

三、转变经济发展方式，提高发展质量和效益

改造提升传统产业，培育发展新兴产业和现代服务业，优化能源消费结构，推动经济社会发展与生态环境保护共赢。

（七）改造提升传统产业。加快全省传统产业改造提升步伐，按照新型工业化的要求，用先进适用技术改造提升煤炭、电力、焦化、冶金、化工等资源型产业，加大淘汰落后产能和“关小上大”力度。加快晋北、晋中、晋东三大煤炭基地建设，推进煤炭企业战略性重组，提高煤炭产业集中度，加快推进现代化大型煤电外送基地建设和晋北现代煤化工基地建设，促进煤电一体化发展。严格控制焦化产能，提升焦炭企业装备和技术水平，延伸化产加工产业链，提高化产产品经济附加值。控制冶金行业总量扩张，提高产业集中度，优化冶金行业产品结构。发展现代煤化工，形成以传统煤化工为基础，精细化工、化工新材料为特色的现代煤化工产业格局。

（八）培育发展新兴产业和现代服务业。加快文化旅游、装备制造、新能源、新材料、节能环保、食品医药、现代服务业等七大产业发展。制定七大产业“十三五”发展专项规划，明确发展目标和重点，分行业研究确定扶持政策，科学布局七大产业重大项目。

加快发展以合同能源管理、能效评估为主要模式的节能服务业。推进环境污染第三方治理，推动环保产业由单一的产品和设备制造、工程建设，向设计、投资、建设、运营和管理等为一体的综合环境服务转变，促进环保服务业发展。发展涉及网络新应用的信息技术服务，推动互联网与生态文明建设深度融合，充分发挥互联网在逆向物流回收体系中的平台作用，促进再生资源交易利用便捷化、互动化、透明化，促进生产、生活方式绿色化。

（九）调整优化能源结构。扎实推进山西国家新型综合能源基地建设，促进煤电基地清洁高效发展。在环境承载能力保证的基础上，积极推进坑口电站和低热值煤电厂建设，加快外送电通道建设，实施燃煤发电机组超低排放改造。加快煤层气开发利用，建设沁水、河东两大煤层气基地，建设五大瓦斯抽采利用矿区，实施煤矿瓦斯抽采全覆盖工程，完善“三纵十一横”管网布局，推进地面开采煤层气热电联产项目建设，推进瓦斯气综合利用发电项目建设；以晋北百万千瓦大型风电基地建设为重点，加快全省风力发电项目建设；以大同市采煤沉陷区国家先进技术光伏示范基地建设为契机，推进光伏发电项目建设；加快建设分布式发电应用示范区。不断提高非化石能源在能源消费结构中的比重。

（十）强化人才科技支撑。依托山西科技创新城建设，打造服务山西、辐射华北乃至国内外的科技研发中心。按照生态文明建设要求，围绕产业链配置创新链，通过搭建创新平台，培养和引进人才团队，引进高端研发机构和重点项目，推动产学研技术创新联盟组建等方式，推进关键技术研发，引领产业科技创新发展方向。围绕创新链配置资金链，重点支持创新链条上的重点领域和重点项目。支持科研平台建设，完善科技成果转化机制，加快成熟适用技术的示范和推广，加强科技人才队伍建设。

四、促进资源节约循环高效利用，推动利用方式根本转变

加快推进全社会节能减排，在生产、流通、消费各环节大力发展循环经济，实现各类资源节约高效利用。

（十一）推进节能减排。发挥节能与减排的协同促进作用，实施重点领域节能减排。实施重点用能单位节能低碳行动和重点产业能效提升计划。严格执行建筑节能标准，推进既有居住建筑供热计量及节能改造，大力推广绿色建筑、可再生能源建筑应用，推动建筑工业化发展，促进传统建筑产业升级。优先发展公共交通，优化运输方式，推

广节能与新能源交通运输装备，发展甩挂运输。鼓励使用高效节能农业生产设备。开展节约型公共机构示范创建活动。强化结构、工程、管理减排，继续削减主要污染物排放总量。

坚持当前与长远相互兼顾、减缓与适应全面推进，通过节约能源和提高能效，优化能源结构，增加森林、草地、湿地碳汇等手段，有效控制温室气体排放，积极应对气候变化。加强监测、预警和预防，提高农业、林业、水资源等重点领域和生态脆弱地区适应气候变化的水平。扎实推进低碳试点示范，逐步扩大低碳市县、低碳工业产业园区和低碳社区试点范围。

（十二）发展循环经济。按照减量化、再利用、资源化的原则，加快建立循环型工业、农业、服务业体系，提高全社会资源产出率。组织开展循环经济示范行动，推广循环经济典型模式，推进产业循环式组合，促进生产和生活系统的循环链接，构建覆盖全社会的资源循环利用体系。推进煤矸石、粉煤灰、脱硫石膏、矿渣等大宗固体废弃物综合利用，发展再制造和再生利用产品。完善再生资源回收体系，开发利用“城市矿产”，实行垃圾分类回收，推进秸秆、农膜等农林废弃物综合利用。推进建筑垃圾、餐厨废弃物资源化利用。

（十三）加强资源节约。节约集约利用水、土地、矿产等资源，加强全过程管理，大幅降低资源消耗强度。加强用水需求管理，以水定需、量水而行，抑制不合理用水需求，促进人口、经济与水资源相均衡，建设节水型社会。推广高效节水技术和产品，发展农业节水，加强城市节水，推进工业节水。积极开发利用再生水、矿井水、空中云水等非常规水源，严控无序调水和人造水景工程，提高水资源使用回用率及安全保障水平。按照严控增量、盘活存量、优化结构、提高效率的原则，加强土地利用的规划管控、市场调节、标准控制和考核监管，严格土地用途管制，推广应用节地技术和模式。发展绿色矿业，加快推进绿色矿山建设，促进矿产资源高效利用，提高矿产资源开采回采率、选矿回收率和综合利用率。开展矿山综合治理，推进尾矿安全环保存放。妥善处置大宗固体废物，提高大宗固体废物综合利用率。

五、加大自然生态系统和环境保护力度，切实改善生态环境质量

科学评价我省自然资源和生态环境状况，加强生态保护和修复，落实大气污染、水污染和土壤污染防治行动计划，开展农业面源污染综合防治，加强重金属及危险废物污染防治，加强重点领域和重点流域环境风险防控，不断提高我省生态环境质量及生态安全保障水平。

（十四）加强环境监测、统计和评估。完善环境监测体系，利用卫星遥感等技术手段，对自然资源和生态环境状况开展全天候监测，逐步建立覆盖所有资源环境要素的监测网络体系。重点做好饮用水源、地下水、土壤环境、主要河流断面及县以上城市空气质量的监测和全省空气质量预报预警。完善重点用能单位能源消耗在线监测体系。加快对矿产资源、能源、水、大气、森林、草地、湿地以及水土流失、沙化土地、土壤环境、地质环境、温室气体等的统计监测核算能力建设，提升信息化水平，实现信息共享。建立循环经济统计指标体系、各类资源开发利用或生态环境修复（恢复）治理评价标准体系。开展全省生态环境状况调查和评估。

（十五）加强生态保护和修复。实施绿色发展战略，加快以采煤沉陷区、采空区为重点的矿山生态恢复治理，实施煤矿开采区、矸石堆场的植被恢复和水土流失综合治理。统筹山水林田路综合治理，以汾河流域生态保护和修复为重点，构建形成山西“两山两盆一河”协调发展格局。集中建设四大生态屏障，严守四条生态红线，确保四个重点，继续实施六大林业工程，大力开展植树造林、森林经营和森林资源保护，推进城乡全面绿化。加大以大水网为中心的重点水利工程建设力度，提高我省生产、生活用水和生态用水的保障能力。实施地下水保护和超采漏斗区综合治理，限制能源产业在严重污染和地下水严重超采区取水，逐步实现地下水采补平衡，协调处理好煤炭资源开采和水资源保护的关系。强化农田生态保护，实施耕地质量保护与提升行动，加大退化、污染、损毁农田改良和修复力度，加强水生生物保护。启动湿地生态效益补偿和退耕还湿。加强自然保护区建设与管理，对重要生态系统和物种资源实施强制性保护。抓好国家生态保护与建设示范区、国家生态文明先行示范区等试点示范区建设。

（十六）加强大气污染治理。落实大气污染防治行动计划，实施综合治理，强化大气污染物协同减排，持续改善全省空气质量。加快燃煤设施达标治理或清洁能源改造，加强火电、钢铁、焦化、化工、水泥、有色等重点行业工业废气治理，强化工业堆场扬尘和挥发性有机物综合整治，开展空气质量预报和重污染天气预警，按规定即时启动重污染天气应急预案。

（十七）加强水污染治理。落实水污染防治行动计划，切实加大水污染防治力度，改善水环境质量，保障水生态环境安全。严格饮用水源保护，全面推进涵养区、源头区等水源地环境整治；加强汾河、桑干河、浊漳河、沁河、滹沱河、桃河等重点流域和城市建成区水体污染防治，优先实施水质良好水体的生态环境保护，严格入河（湖、库）排污管理；推进重点行业废水治理；加快城镇污水处理设施提标改造，全面加强配套管网建设，推进污泥处理处置；开展地下水污染防治。

（十八）加强土壤污染治理和农村环境保护。定期开展农田污染普查，根据土壤污染状况调查结果，加强污染土壤修复实用技术开发、集成与推广，选择有代表性的污灌区农田和污染场地，开展污染土壤治理与修复试点。加强农业面源污染防治，逐步在重点流域建立农业面源污染预警机制。加大规模化畜禽养殖污染防治力度，科学施用化

肥、农药，推广节能环保型炉灶，净化农产品产地和农村人居环境。

（十九）加强重点领域环境风险防控。开展环境风险调查与评估，以排放重金属、危险废物、持久性有机污染物和生产使用危险化学品的企业为重点，全面调查重点环境风险源和环境敏感点，建立环境风险源数据库，实施环境风险源跟踪监管。完善环境风险管理措施，建立以预防为主的环境风险管理制度，完善突发环境事件应急救援体系，加强应对处置突发环境事件能力建设，依法科学处置突发环境事件。建立环境事故处置和损害赔偿机制，推进环境污染损害鉴定评估机构建设，建立鉴定评估工作机制，完善损害赔偿制度。

六、健全生态文明制度体系，完善生态文明保障机制

加快建立系统完整的生态文明制度体系，用制度保护生态环境。强化环境经济政策调控，拓展生态文明建设投融资渠道，形成推进生态文明建设的长效机制。

（二十）严格源头保护制度。健全自然资源资产产权和用途管制制度，树立底线思维，设定并严守资源消耗上限、环境质量底线、生态保护红线，将各类开发活动限制在资源环境承载能力内。健全能源、水、土地、矿产资源节约集约使用制度。加强能源、水、土地等战略性资源管控，强化能源消耗强度控制，做好能源消费总量管理。继续实施水资源开发利用控制、用水效率控制、水功能区限制纳污管理。划定永久基本农田，严格实施永久保护，对新增建设用地占用耕地规模实行总量控制，落实耕地占补平衡。严守环境质量底线，将环境质量“只能更好、不能变坏”作为各级政府环保责任红线。在重要生态功能区、生态环境敏感区和脆弱区等区域划定生态保护红线，确保生态功能不降低、面积不减少、性质不改变。

（二十一）强化生态环境监管制度。健全环境保护督察制度，完善生态环境监测网络，加强监测和监管协同联动体制机制，依法推行污染物排放许可证制度，实施企事业单位污染物排放总量控制制度。健全环境影响评价、清洁生产审核、环境监理、环境信息公开等领域的地方政策。建立生态保护修复区域联动机制、大气污染防治区域联动机制、流域水资源保护与水污染防治联动机制。建立完善各级政府对环境监管执法负领导责任、环境保护部门对环境保护工作统一监督管理、各相关部门分工负责的工作机制。

（二十二）健全生态保护补偿机制。科学界定生态保护者与受益者的权利义务，加快形成生态损害者赔偿、受益者付费、保护者得到合理补偿的运行机制。归并和规范现有生态保护补偿渠道，加大对重点生态功能区的转移支付力度。建立地区间横向生态保护补偿机制。创新矿山生态环境恢复治理机制，推进资源开采与环境治理同步规划、同步实施。建立完善生态环境保护与修复治理责任机制。

（二十三）完善经济政策。落实国家价格、财税、金融等相关政策。深化自然资源及其产品价格改革，凡是能由市场形成价格的都交给市场，政府定价要体现基本需求与非基本需求以及资源利用效率高低的差异，体现生态环境损害成本和修复效益。加大财政资金投入，统筹有关资金，对推进生态文明建设相关领域、能力建设、技术研发和重点项目等给予支持。落实资源能源节约和生态环保税收优惠政策。建立企业环境信用评价体系，推广绿色信贷。探索建立市场化生态补偿模式，建立节能量、碳排放权交易制度，深化交易试点，推动建立碳排放权交易市场。加快水权交易试点，培育和规范水权市场。全面推进矿业权市场建设。扩大排污权有偿使用和交易试点范围，发展排污权交易市场。

（二十四）完善信息公开和公众参与制度。充分发挥报刊、广播、电视等主流媒体和网络、手机等新兴媒体作用，按照权威信息，组织协调媒体做好宣传和舆论引导。推进各地各相关部门依法公开生态环境信息。推动重点排污单位环境信息公开。鼓励和引导公众对环境污染、生态破坏以及未依法履行生态环境保护监督管理职责的行为依法进行举报。引导生态环境保护各类组织健康有序发展，发挥生态环境保护公益组织和志愿者的积极作用。

（二十五）健全考核评价制度。完善生态文明建设目标体系、考核办法和奖惩机制。把资源消耗、环境损害、生态效益等指标纳入经济社会综合评价体系，完善政绩考核办法，根据区域主体功能定位，实行差异化考核制度。对限制开发区域、禁止开发区域和生态脆弱的国家扶贫开发工作重点县，取消地区生产总值考核；对农产品主产区和重点生态功能区，分别实行农业优先和生态保护优先的绩效评价；对禁止开发的重点生态功能区，重点评价其自然文化资源的原真性、完整性。对生态文明建设成绩突出的地区、单位和个人给予表彰奖励。探索编制全省自然资源资产负债表，对领导干部实行自然资源资产和环境责任离任审计。

（二十六）完善责任追究制度。建立领导干部任期生态文明建设责任制，完善节能减排目标责任考核及问责制度。对未履行生态文明建设职责或履行职责不到位的相关部门负责人进行约谈。严格责任追究，对违背科学发展要求、造成资源环境生态严重破坏的要记录在案，实行终身追责，不得转任重要职务或提拔使用，已经调离的也要问责；对不顾资源和生态环境盲目决策、造成严重后果的，要严肃追究有关人员的领导责任；对履职不力、监管不严、失职渎职的，要依纪依法追究有关人员的监管责任。

七、依法保障生态文明建设

充分发挥地方立法引领作用，修订完善生态文明相关地方性法规和政府规章，强化执法监督，依法保障生态文明建设，促进我省经济社会可持续发展。

（二十七）完善法规规章。结合我省实际，开展生态文

明建设相关地方性法规、政府规章"立改废释"工作，全面清理现有地方性法规、政府规章中与加快生态文明建设不相适应的内容，适时制定、修订资源能源节约、生态环境保护、应对气候变化等重点领域的地方性法规、政府规章。贯彻实施国家出台的能耗、水耗、地耗、污染物排放、环境质量等标准，依法制定并完善更为严格的地方标准，形成完备的地方生态环境保护标准体系。加快我省能源化工产业能耗与排污对标改造，实施能效和排污强度领跑制度。

（二十八）强化执法监督。完善执法监督机制，严格规范公正文明执法，推进资源环境监管机构独立开展行政执法。加强环境保护、风险应急等领域基层执法力量，推进资源环境监察机构标准化建设。加大对污染环境、浪费资源、破坏生态环境等违法犯罪行为的查处力度，严惩违法犯罪行为。健全行政执法与刑事司法的衔接机制，禁止领导干部违法违规干预执法司法活动。强化对资源开发和交通建设、旅游开发等活动的生态环境监管。

八、加快形成推进生态文明建设的良好社会风尚

广泛开展生态文明宣传教育，促进生态文明道德和行为的养成，推动生态文明共建共享，形成自觉保护生态环境的良好社会风尚。

（二十九）提高全民生态文明意识。拓宽生态文明宣传渠道，在全省范围内加强生态文明意识培育，使生态文明成为社会主流价值观，成为社会主义核心价值观的重要内容。把生态文明纳入国民教育和干部教育培训体系。鼓励、引导、支持创建各类环境教育基地，创作一批文化作品，使爱护自然、保护环境、维护生态平衡成为人们生活追求的目标和重要内容。组织好世界地球日、世界环境日、世界森林日、世界水日和全国科普日、全国植树节、全国节能宣传周等主题宣传活动。

（三十）倡导绿色生活方式。倡导勤俭节约的消费观。广泛开展绿色生活行动，推动全民在衣、食、住、行、游等方面加快向勤俭节约、绿色低碳、文明健康的方式转变，坚决抵制和反对各种形式的奢侈浪费、不合理消费。积极引导消费者购买节能与新能源汽车、高能效家电、节水型器具等节能环保低碳产品，减少一次性用品的使用，限制过度包装。大力推广绿色低碳出行，党政机关、商场、医院、酒店、车站等地方要划定适当的自行车停放场所。倡导绿色生活和休闲模式，严格限制发展高耗能、高耗水服务业。在餐饮企业、单位食堂、家庭全方位开展反食品浪费行动。各级党政机关、国有企业应带头厉行勤俭节约。

九、加强对生态文明建设的组织领导

健全生态文明建设组织领导体制和工作机制，强化责任，积极创新，推动生态文明建设美好蓝图逐步成为现实。

（三十一）加强统筹协调。各级党委、政府要深刻认识加快推进生态文明建设的重要性，对本地区生态文明建设负总责，加快形成党政主要领导亲自抓、分管领导具体抓、其他领导配合抓的生态文明建设工作格局。将生态文明建设纳入经济社会总体规划，加强与相关规划的协调衔接，确保生态文明建设与经济建设、政治建设、文化建设、社会建设共同部署、共同推进。各部门要按照职责分工，密切协调配合，形成生态文明建设的强大合力。通过建立部省合作机制、举办交流会、共建产业园等形式，继续推进我省与国内外先进地区在生态环保领域的交流与合作。

（三十二）强化责任落实。建立健全生态文明建设责任制，把生态文明建设任务逐级分解落实。各级党委、政府应切实加强领导，细化目标任务，完善工作机制，落实工作责任，确保各项任务措施落到实处。贯彻落实情况要及时报告省委、省政府，省委、省政府就贯彻落实情况适时组织开展专项监督检查。

关于制定国民经济和社会发展第十三个五年规划建议（讨论稿）的说明

王 儒 林

（2015年12月4日）

受省委常委会委托，现在，我就《中共山西省委关于制定国民经济和社会发展第十三个五年规划的建议（讨论稿）》起草的有关情况向全会作说明。

一、建议稿起草过程

"十三五"时期是实现全面建成小康社会奋斗目标的决胜阶段。科学制定和有效实施我省"十三五"规划建议，为未来5年我省发展定好方向、画好蓝图，事关"四个全面"战略布局在我省的协调推进，事关富民强省大局，事

关如期全面建成小康社会。

去年九月以来，新的省委常委班子高度重视“十三五”规划建议起草工作，多次进行安排部署。在省委常委会、全省经济工作会议、省委全面深化改革领导小组会议、全省“三个突破”推进会议等重要会议上，以及在重大调研活动中，先后多次对建议起草工作提出明确要求，确保这项工作顺利展开。7月29日，省委常委会研究审议了《山西省“十三五”时期国民经济和社会发展基本思路》。省委强调，要认真贯彻落实以习近平同志为总书记的党中央关于“十三五”规划编制工作的各项部署，贯彻落实新的发展理念，积极对接国家发展战略，紧密结合我省实际，把省委“五句话”工作总思路和总要求贯彻规划编制工作始终，突出问题导向，客观分析全面建成小康社会决胜阶段面临的机遇与挑战，确保提出的思路、目标和任务能够顺应发展趋势、引领发展方向。

为进一步加强对规划建议起草工作的领导，推动这项工作有序展开，省委常委会决定，成立由我担任组长，李小鹏同志、高建民同志、王伟中同志担任副组长，有关部门负责同志参加的文件起草组，在省委常委会领导下承担建议稿起草工作。起草组召集省委办公厅、省委政研室、省发改委等部门的有关同志，经过认真研究，形成了建议初稿。党的十八届五中全会召开后，又对初稿从框架、内容和表述上做了比较大的修改调整和完善，形成了建议讨论稿。11月10日，起草组召开全体会议，对建议稿做进一步讨论研究。11月12日，省委常委会研究讨论并原则通过“十三五”规划建议稿，决定下发征求意见。根据省委常委会决定，11月13日，建议稿下发党内一定范围征求意见，包括征求省级党员老同志和省第十次党代会代表意见。11月24日，省委召开党外人士座谈会，专门听取了各民主党派、工商联负责人、无党派人士的意见和建议。起草组再次修改并提交11月25日省委常委会审议。之后，又对建议稿做了进一步修改完善。

从征求意见情况看，各市各部门对建议稿给予充分肯定。普遍认为，建议稿贯彻了党的十八届五中全会提出的创新、协调、绿色、开放、共享的新的发展理念，紧扣了“十三五”时期全面建成小康社会新的目标要求，反映了我省落实“四个全面”战略布局和“五位一体”总体布局的实际需要，体现了省委提出的“五句话”工作总思路和总要求，顺应了经济发展新常态下我省与全国同步全面建成小康社会的内在要求，有很强的战略性、指导性和实践性。建议稿突出用新的发展理念引领全面建成小康社会新实践，提出着力推进创新发展、协调发展、绿色发展、开放发展、共享发展、廉洁和安全发展，既全面贯彻落实党的十八届五中全会确定的新的发展理念，又体现了我省特点，对我省破解发展难题、增强发展动力、厚植发展优势、提高发展质量具有重大意义。

在征求意见过程中，文件起草组共收到意见和建议834条。各方面围绕推进创新发展、协调发展、绿色发展、开放发展、共享发展、廉洁和安全发展等事关我省发展全局的重大问题，提出了许多好的意见和建议，主要有以下几个方面：一是建议在创新发展中，加强政策配套，完善考核评价和激励机制，在全社会营造鼓励创新、支持创新、包容创新的浓郁氛围。二是建议在深入推进煤炭资源整合和煤矿企业兼并重组中，进一步淘汰落后、限制产能增加，提高产业集中度。三是建议在促进城乡协调发展中，着力发展壮大县域经济。四是建议切实发挥金融对我省经济转型升级的支撑作用，重视发展多层次资本市场，大力发展普惠金融，优化社会融资结构，促进金融振兴。五是建议大力实施脱贫攻坚工程，重点抓好吕梁、太行两大集中连片贫困区，确保农村特别是贫困地区与城市同步全面建成小康社会。六是建议突出抓好生态环境改善工作，加强汾河、桑干河、滹沱河、漳河、沁河等五大流域水土流失综合治理，加强沿黄地区水土保持和生态修复，构筑生态安全屏障。七是建议牢牢抓住国家“一带一路”建设重大历史机遇，提升“万里茶道”影响力，深化我省与沿线国家产业、产能合作，发展更高层次的开放型经济。八是建议始终保持惩治腐败、狠刹“四风”、打黑除恶高压态势，持续净化政治生态，营造良好从政环境和发展环境。

文件起草组认真研究，逐条分析各方面意见和建议，建议稿共增写、改写、精简文字263处，做到了能吸收的尽量吸收。在反复讨论、修改的过程中，建议稿逐步得到完善。可以说，建议稿形成的过程，是发扬民主、科学决策的过程，是统一思想、凝聚共识的过程，也是坚定信心、鼓足干劲的过程。

二、建议稿的主要考虑和基本框架

建议稿起草过程中，我们注重把握了以下原则。一是全面贯彻落实党的十八届五中全会精神，以新的发展理念为引领和体现山西特色相结合；二是坚持目标导向、改革导向、发展导向和问题导向相统一；三是坚持全面规划和突出重点相协调；四是坚持战略性、指导性和针对性、实践性相结合。

建议稿的起草，充分考虑了“十三五”时期国内外发展环境发生的深刻变化和我省全面建成小康社会的条件和要求。

第一，“十三五”规划建议必须适应和把握经济发展新常态。我国进入全面建成小康社会决胜阶段，经济长期向好基本面没有改变，发展仍处于可以大有作为的重要战略机遇期，但内涵和条件发生深刻变化，正在由原来加快发展速度的机遇转变为加快经济发展方式转变的机遇，正在由原来规模快速扩张的机遇转变为提高发展质量和效益的机遇。“十三五”规划建议，必须充分考虑这些趋势、变化和要求，按照适应新常态、把握新常态、引领新常态的总要求进行战略谋划。

第二，“十三五”规划建议必须以新的发展理念为引领。党的十八届五中全会提出创新、协调、绿色、开放、共享的发展理念，是“十三五”乃至更长时期我国发展思路、发展方向、发展着力点的集中体现，是关系我国发展全局的一场深刻变革。全面建成小康社会，从根本上说是发展问题。我们必须以这五大发展理念为主线和灵魂对建议稿进行谋篇布局，以发展理念转变引领发展方式转变，以发展方式转变推动发展质量和效益提升，推动我省经济社会平稳健康可持续发展，赢得全面建成小康社会的全面胜利。

第三，“十三五”规划建议必须聚焦解决影响我省全面建成小康社会的短板弱项。我省要决战决胜全面建成小康社会，必须下大力气破解制约如期全面建成小康社会的重点难点问题。比如，农村贫困人口脱贫，就是一个突出短板。同时，在资源型经济转型升级、社会事业发展、生态环境改善、民生保障、安全生产等方面也存在一些明显短板、薄弱环节和滞后领域，确保如期实现全面建成小康社会难度很大，需要付出艰苦卓绝的努力。

另外，考虑到建议通过后，还要根据建议制定全省“十三五”规划纲要，两个文件之间要有合理分工。所以，建议在内容上重点是明确我省发展的方向、思路、目标、重点任务、重大举措，而一些具体的工作部署则留给纲要去规定，以更好体现和发挥建议的宏观性、前瞻性、战略性和指导性。

在框架结构上，建议稿分三大板块、十个部分。导语和第一、第二部分构成第一板块，属于总论。第一部分讲“十三五”时期经济社会发展的形势和指导思想，总结“十二五”时期我省发展取得的新成绩，分析“十三五”时期我省经济社会发展面临的形势，提出“十三五”时期我省发展的指导思想，确保如期全面建成小康社会。第二部分讲“十三五”时期我省经济社会发展的主要目标和战略任务，提出必须全面贯彻中央要求，从山西问题实际出发，牢固树立并切实贯彻创新、协调、绿色、开放、共享的新的发展理念，尤其要用新的发展理念引领我省全面建成小康社会新实践，推进创新发展、协调发展、绿色发展、开放发展、共享发展、廉洁和安全发展，保持定力、奋发有为，推动我省经济社会稳定发展迈上新台阶。

第三至第九部分构成第二板块，属于分论，对贯彻落实好党的十八届五中全会提出的新理念和我省重大战略举措集中进行了阐述和部署。第三部分讲推进创新发展，着力加快转型升级，从培育发展新动力、做好煤和非煤两篇文章、加快发展现代农业、拓展发展新空间、全力推进“三个突破”等5个方面展开。第四部分讲推进协调发展，着力形成均衡发展格局，从促进经济社会协调发展、促进城乡协调发展、促进区域协调发展、促进物质文明和精神文明协调发展、推进军民融合等5个方面展开。第五部分讲推进绿色发展，着力建设美丽山西，从加快建设主体功能区、推动低碳循环发展、促进资源节约高效利用、加大环境治理力度、构筑生态安全屏障等5个方面展开。第六部分讲推进开放发展，着力培育合作共赢新优势，从创新对外开放体制环境、加快开发区建设、加快各类开放平台建设、提高招商引资质量和水平、加强以煤会友、加快提升外贸核心竞争力、积极参与国家“一带一路”建设、深化与京津冀环渤海经济圈协同发展、全面深化与周边区域合作等9个方面展开。第七部分讲推进共享发展，着力保障和改善民生，从增加公共服务供给、实施城乡人居环境改善工程、加大脱贫攻坚力度、提升教育水平、促进就业创业、形成合理收入分配格局、健全完善社会保障制度、提高全民健康水平、促进人口均衡发展等9个方面展开。第八部分讲推进廉洁和安全发展，着力营造良好发展环境，从始终保持惩治腐败、狠刹“四风”、打黑除恶高压态势，深入推进“六权治本”，创新推动廉洁发展体制机制，营造廉洁发展社会环境，全面加强安全生产，健全公共安全保障体系，提升社会治理能力和水平等7个方面展开。第九部分讲全面深化改革，为我省发展提供持续动力，从加快转型综改试验区建设、引深重点领域和关键环节改革、加快政府职能转变、加快改革试点工作等4个方面展开。

第十部分和结束语构成第三板块。第十部分讲加强和改善党的领导，为全面建成小康社会提供坚强保障，从提高党领导经济社会发展的能力和水平、严格落实“两个责任”、坚持从严治吏、坚决把党的纪律和规矩挺在前面、实施人才强省战略、加快建设法治山西、广泛凝聚富民强省强大合力、切实抓好规划建议目标任务落实等8个方面展开。结束语号召全省各级党委、政府和广大干部群众坚定信心、奋发进取，众志成城、攻坚克难，夺取全面建成小康社会决胜阶段的伟大胜利。

三、需要重点说明的几个问题

建议稿提出着力推进创新发展、协调发展、绿色发展、开放发展、共享发展、廉洁和安全发展，并结合实际提出了一些新的发展要求和重大举措。下面，我就其中的几个主要问题作简要说明。

第一，关于全省地区生产总值和城乡居民人均收入增长速度问题。主要考虑是，确保到2020年实现全省地区生产总值和城乡居民人均收入比2010年翻一番的目标，必须保持必要的增长速度。

从地区生产总值来看，“十二五”前四年，全省GDP分别增长12.9%、10.1%、8.9%和4.9%，年均增长9.16%。初步预计，2015年全省GDP增速为3%左右。据此测算，“十二五”时期年均增长为7.9%。2020年，要与全国同步实现全面建成小康社会目标，我省地区生产总值也要比2010年翻一番，“十三五”时期GDP平均增速应在6.46%。初步考虑，我省“十三五”时期GDP年均增速为6.5%左右。

从城镇居民人均可支配收入来看，“十二五”前四年，我省城镇居民人均可支配收入分别增长10.2%、10%、6.8%、6.2%，年均增长8.3%。2015年我省城镇居民人均可支配收入按7%、7.3%、7.5%三个方案进行测算（2015年前三季度增长7.3%），相应的“十二五”时期年均增速分别为

8.13%、8.09%、8.03%。2020年，要与全国同步实现全面建成小康社会目标，我省城镇居民人均可支配收入比2010年翻一番，相应的“十三五”时期年均增速应在6.23%、6.27%、6.33%以上。初步考虑，我省“十三五”时期城镇居民人均可支配收入增速为6.5%左右，与GDP保持同步。

从农村居民人均可支配收入来看，“十二五”前四年，我省农村居民人均可支配收入分别增长12.2%、10.6%、9%、9.2%，年均增长10.26%。2015年我省农村居民人均可支配收入按7%、7.5%、8%三个方案进行测算（2015年前三季度增长7.6%），相应的“十二五”时期年均增速分别为9.8%、9.7%、9.6%。2020年，要与全国同步实现全面建成小康社会目标，我省农村居民人均可支配收入也应比2010年翻一番，相应的“十三五”时期年均增速应在4.61%、4.71%、4.81%以上。为进一步缩小城乡居民收入差距，“十三五”时期仍按照农村居民收入增速快于城镇居民收入增速考虑，年均目标按6.5%以上安排。

综合起来看，“十三五”时期要实现地区生产总值年均增长6.5%左右和城乡居民人均可支配收入年均分别增长6.5%左右和6.5%以上，既面临严峻挑战，也有许多有利条件做支撑。我们要切实增强加快发展的使命感和紧迫感，化压力为动力、变不利为有利，着力做好稳增长、调结构、防风险、保民生等工作，全力确保实现6.5%左右的增长速度。

第二，关于户籍人口城镇化率加快提高问题。户籍人口城镇化率是直接反映城镇化健康程度的重要指标。2014年，我省常住人口城镇化率为53.79%，城镇常住人口达到1960万；户籍人口城镇化率为33.86%，城镇户籍人口达到1230万。二者相差近20个百分点。这说明，在1960万城镇常住人口中包括730万以农民工为主体的外来常住人口，他们在城镇还不能平等享受教育、医疗、保障性住房等方面的公共服务，并由此带来一些复杂的经济社会问题。建议稿提出了推进新型城镇化发展，户籍人口城镇化率加快提高，力争到2020年户籍人口城镇化率达到43%。推进农业转移人口落户城镇意义重大，我们必须加大户籍制度改革措施落实力度，尽快完善相关配套政策，确保这一目标实现。

第三，关于现行标准下全省贫困人口实现脱贫、贫困县全部摘帽、解决区域性整体贫困问题。农村贫困人口脱贫是全面建成小康社会最艰巨的任务。截至2014年底，全省建档立卡统计的农村贫困人口为282万人，到今年底将有50万人脱贫，这样“十三五”时期全省还有232万农村贫困人口。通过实施脱贫攻坚工程，实施精准扶贫、精准脱贫，采取因人因地施策、因贫困原因施策、因贫困类型施策等过硬、管用的举措，“十三五”时期确保完成每年减贫50万人的任务，如期实现232万贫困人口脱贫目标。具体讲，2016—2020年，通过产业扶持和转移就业解决145万人脱贫；通过移民搬迁解决45万人脱贫；此外，还有50万左右完全或部分丧失劳动能力的贫困人口，通过社会保障兜底脱贫。我们必须认真贯彻落实中央扶贫开发工作会议精神，坚定信心、勇于担当，咬定目标、苦干实干，把脱贫责任扛在肩上，把脱贫任务抓在手上，坚决打赢脱贫攻坚战。

第四，关于加快形成以科技创新为核心的全面创新新格局问题。全面创新是涉及生产力、生产关系的全要素、全系统、全方位变革，各类创新中最重要、最关键、最核心的是科技创新，最困难、最具挑战的也是科技创新。我省破解“资源型经济困局”，必须深入实施创新驱动发展战略，把发展的基点放在创新上，尤其要牵住科技创新这个“牛鼻子”，走好科技创新这步“先手棋”，充分发挥科技创新在全面创新中的引领作用，依靠科技创新、全面创新的巨大力量，使资源型经济焕发新的生机和活力，带动产业的战略性突破和重大升级，实现转型发展，平稳健康可持续发展。要破除制约创新的思想障碍和制度藩篱，促进科技创新与制度创新、文化创新等持续发展和全面融合，打通科技创新和经济社会发展之间的通道，让一切劳动、知识、技术、管理、资本的活力竞相迸发，释放巨大的发展潜能。要把提高创新能力摆在更加突出地位，在重要领域启动和实施一批关系我省全局和长远发展的重大科技项目。要加快建设以国家级、省级实验室为引领的创新基础平台。要与清华大学、中国科学院等高等院校和科研院所协作推进有关领域科技创新，尤其要将山西科技创新城打造成为我省创新发展的引擎和全球低碳创新基地。要在一些重大创新领域组建一批国家级、省级实验室，打造聚集国内外人才高地，组织具有重大引领作用的协同攻关，努力在煤基产业领域形成代表国家水平、国际同行认可、在国际上拥有话语权的科技创新实力。

第五，关于加强区域合作问题。深化区域合作是拓展发展空间的重要举措。我省必须进一步拓展区域合作的广度和深度，同有关国家和地区多领域开展互利共赢的务实合作。国家《京津冀协同发展规划纲要》《环渤海地区合作发展纲要》都把山西纳入其中，这为我省加快发展、深化合作提供了重大战略机遇。我们要珍惜机遇、抓住机遇、用好机遇，积极参与国家“一带一路”建设，扩大深化与京津冀、环渤海经济圈协同发展，释放积极效能，在产业升级中谋合作、在加强联合中促开放、在接受辐射中求发展，全力打造新的经济增长点。要全面深化与周边区域合作，落实国家促进中部崛起战略，强化与中部省份协同发展。要加快推进蒙晋冀（乌大张）长城金三角建设，力争进入国家区域合作战略体系。要加快晋陕豫黄河“金三角”区域协调发展，建立“三省四市”省级协调机制，合力打造全国省际交界地区协作发展试验区。

同志们，讨论、修改、通过“十三五”规划建议，是这次全会的主要任务。做好这项工作至关重要，不仅对指导全省“十三五”规划纲要编制、引领全省“十三五”时期经济社会发展具有十分重要的意义，而且还有利于坚定发展信心，焕发奋斗激情，通过扎实努力把全面建成小康社会的美好愿景变成现实。大家要准确把握和深刻领会建议稿提出的目标、任务、举措，认真斟酌，深入讨论，提出建设性的意见和建议，使建议稿更加完善。

中共山西省委关于制定国民经济和社会发展第十三个五年规划的建议

(2015年12月4日中共山西省委十届七次全体会议通过)

“十三五”时期是实现全面建成小康社会奋斗目标的决胜阶段。“十三五”规划必须紧紧围绕实现这个奋斗目标来制定。

中国共产党山西省十届委员会第七次全体会议深入分析我省面临的内外环境和形势，认为我省与全国同步如期全面建成小康社会，既面临难得机遇，也面临严峻挑战，任务十分艰巨，全省上下必须坚定信心、团结一致、拼搏奋斗、奋发有为。全会研究了“十三五”时期我省发展的一系列重大问题，就制定“十三五”规划提出以下建议。

一、“十三五”时期经济社会发展的形势和指导思想

(一)“十二五”时期我省发展取得新成绩。“十二五”时期是我省发展进程中极不寻常的五年。在党中央、国务院坚强领导下，特别是去年9月中央对山西省委班子作出重大调整以来，我们按照“四个全面”战略布局和党中央对山西工作重要指示要求，坚持“深入学习贯彻习近平总书记系列重要讲话精神，净化政治生态，实现弊革风清，重塑山西形象，促进富民强省”的“五句话”总要求和总思路，全面从严治党，全面从严治吏，持续推进党的群众路线教育实践活动，深入开展学习讨论落实活动和“三严三实”专题教育，深入推进党风廉政建设和反腐败斗争，形成并始终保持惩治腐败、狠刹“四风”、打黑除恶“三个高压态势”，不断净化政治生态，振奋精神，凝聚共识，增强信心，全省党风政风和社会风气逐步好转。同时，提出并着力推进“六大发展”，全面实施“六权治本”，统筹做好煤与非煤“两篇大文章”，加快实施“革命兴煤”，全力推动科技创新、金融振兴、民营经济发展“三个突破”等，为新形势下全省经济社会发展提供了科学思路、有力举措和坚强保证。省委、省政府团结带领广大党员干部和人民群众，全面推进经济建设、政治建设、文化建设、社会建设、生态文明建设，经济社会发展取得新成绩，“十二五”规划确定的目标任务基本完成。国家新型综合能源基地建设力度加大，经济结构调整不断深化，服务业发展态势良好，现代农业稳步发展，粮食生产连年丰收。一批重大工程如期建成，基础设施更加完善。全面深化改革扎实推进，转型综改试验区建设全面展开，一些重大领域和关键环节改革取得进展，创新驱动战略全面实施，金融创新步伐加快，对外开放全方位展开，政府职能加快转变，发展环境开始优化。文化事业和文化产业发展迈上新台阶。高度关注民生、切实保障民生、着力改善民生，社会事业成绩显著，“城中村”改造、棚户区改造、采煤沉陷区治理加快推进，扶贫开发工作成效明显，农村居民收入增长快于城镇居民，人民生活水平和质量进一步提高。安全生产指标全面完成，安全生产形势总体平稳。生态环境质量持续改善，植树造林、水利建设工作扎实推进，化解过剩产能有效推进，节能减排约束性目标全部完成。平安山西建设深入开展，法治山西建设纵深推进。这些积极成效从各方面为全面建成小康社会奠定了坚实基础。

(二)“十三五”时期我省经济社会发展面临的形势

从国际看，和平与发展仍是当今时代的主题，世界多极化、经济全球化、文化多样化、社会信息化深入发展，世界经济在深度调整中曲折复苏，新一轮科技革命和产业变革蓄势待发，我省发展具有相对稳定的国际环境。

从国内看，我国进入全面建成小康社会决胜阶段，经济长期向好基本面没有改变，发展仍处于可以大有作为的重要战略机遇期，但内涵和条件发生深刻变化。新常态下经济发展表现出速度变化、结构优化、动力转换三大特点，增长速度从高速转向中高速，发展方式从规模速度型转向质量效率型，经济结构调整从增量扩能为主转向调整存量、做优增量并举，发展动力从主要依靠资源和低成本劳动力等要素投入转向创新驱动，正在由原来加快发展速度的机遇转变为加快经济发展方式转变的机遇，正在由原来规模快速扩张的机遇转变为提高发展质量和效益的机遇。党中央确定了创新发展、协调发展、绿色发展、开放发展、共享发展理念，明确了“十三五”时期主要目标、重点任务、重大举措。国家加快实施“一带一路”、京津冀协同发展、环渤海地区合作发展等重大战略，为我省借势发展、融合发展、开放发展提供了历史机遇。新型工业化、信息化、城镇化、农业现代化同步推进，为稳增长、调结构、防风险、保民生拓展了新空间。全面深化改革破解发展深层次体制机制障碍，为我省补齐全面建成小康社会短板增强了动力和活力。

从省内看，主动适应经济发展新常态，确定并实施

“六大发展”“三个突破”、煤与非煤“两篇大文章”等战略举措，为我省加快发展明确了思路、方向和路径。转型综改试验区建设向纵深推进，为我省经济社会发展进一步释放了活力。全省人民群众对美好生活的向往和期待是我省加快发展的动力源泉。丰富的资源禀赋、独特的区位优势、深厚的历史文化底蕴，以及已经取得的发展成效，为我省加快发展提供了坚实基础。煤、电等能源产业优势和丰富的交通、电网、煤气管网等基础设施，为我省加快发展提供了重要支撑。净化政治生态，从严落实“两个责任”、保持“三个高压态势”、推进“六权治本”，形成了我省如期全面建成小康社会的强大合力和良好环境。

同时，必须清醒看到，我省作为典型的资源型经济地区、中部欠发达省份，在全面建成小康社会的前进道路上还有不少困难和问题，发展不平衡、不协调、不可持续的问题仍然突出，主要是面临着政治、经济、民生和生态的“立体型困扰”，面临着破解“资源型经济困局”的重大课题，尤其是全面建成小康社会还存在突出短板，发展不足、发展粗放、规模不大、结构不优、质量不高、效益不好、创新不够的问题仍然突出。地区生产总值虽然突破万亿元大关，但总量在全国排名还相对靠后，经济结构性矛盾突出，“一煤独大”局面尚未实质性改变。资源和生产要素市场化配置程度不高，资源型产业产能过剩问题突出、发展空间趋紧、抗风险能力弱化。民生欠账问题仍然突出，公共服务和社会保障体系还不完善，城乡居民收入差距较大，农民增收特别是吕梁、太行两大连片贫困区等农村贫困人口实现脱贫、贫困县全部摘帽还比较艰难。生态环境“瓶颈”问题仍然突出，节能减排和环境保护任务较重，水利瓶颈尚未突破，造林绿化还有差距。特别是经济下行压力在继续加大，2015年前三季度，全省地区生产总值增长2.8%，比全国平均水平低4.1个百分点；全省一般预算收入比去年同期下降11.4%，119个县（市、区）中有82个财政收入负增长；企业运行艰难，全省煤炭企业到9月底盈亏相抵净亏损70.37亿元，欠发职工工资35亿元，欠缴社会保险109亿元；企业安全投入不到位，安全生产形势仍然严峻。干部作风建设和党风廉政建设任重道远，减少腐败存量、遏制腐败增量任务艰巨。一些干部“为官不为”问题还较为突出，领导干部运用法治思维和法治方式推动发展的能力和水平有待提高，有效激发广大党员干部干事创业积极性、主动性、创造性有待在体制机制建设上下更大气力。实现我省与全国同步全面建成小康社会，农村特别是贫困地区与城市同步全面建成小康社会任务艰巨繁重。我们必须有清醒的认识、充分的思想准备、坚定的必胜信心，负重前行，攻坚克难。

综合判断，我省发展仍处于可以大有作为的重要战略机遇期，同时也面临诸多矛盾相互叠加的严峻挑战。必须准确把握战略机遇期内涵的深刻变化，继续保持“三个高压态势”，继续从严治吏、保持选人用人风清气正，积极主动适应新常态、把握新常态、引领新常态，切实增强机遇意识、忧患意识、责任意识，进一步振奋精神、保持定力、坚定信心，更加有效应对风险和挑战，着力在转方式、调结构、促改革、惠民生、补短板、建小康上取得突破性进展，不断开拓发展新境界。

（三）“十三五”时期我省发展的指导思想。高举中国特色社会主义伟大旗帜，全面贯彻党的十八大和十八届三中、四中、五中全会精神，坚持以马克思列宁主义、毛泽东思想、邓小平理论、“三个代表”重要思想、科学发展观为指导，深入贯彻落实习近平总书记系列重要讲话精神，遵循“四个全面”战略布局，坚持发展是第一要务，牢固树立并切实贯彻“五个发展”新理念，按照省委“五句话”总要求，推进创新发展、协调发展、绿色发展、开放发展、共享发展、廉洁和安全发展，以转型综改试验区建设为统领，以改革创新为动力，以转方式、调结构、增效益、提速度为基点，主动适应经济发展新常态，着力做好煤与非煤两篇文章，化解过剩产能，扩大新兴产业规模，着力净化政治生态，着力建设文化强省，着力保障和改善民生，着力加强生态文明建设，确保如期全面建成小康社会。

如期实现全面建成小康社会奋斗目标，推动我省经济社会持续健康发展，必须坚持人民主体地位、坚持科学发展、坚持全面深化改革、坚持加快法治山西建设、坚持全方位对外开放、坚持党的领导。

二、“十三五”时期经济社会发展的主要目标和战略任务

（一）全面建成小康社会新的目标要求。按照党的十八届五中全会提出的全面建成小康社会新的目标要求，综合考虑未来发展趋势和条件，今后五年我省经济社会发展的主要目标是：

——转型升级取得重大进展。主动适应经济发展新常态，力争经济较快增长，确保到2020年实现地区生产总值和城乡居民人均收入比2010年翻一番，实现我省与全国同步全面建成小康社会，农村特别是贫困地区与全省同步全面建成小康社会的奋斗目标。发展空间格局得到优化，投资效率和企业效益明显上升，工业化、信息化水平进一步提高。传统产业竞争力不断增强，煤炭安全、绿色、清洁、高效开发利用水平不断提高，新兴接替产业形成规模，服务业比重不断提高。农业现代化迈上新台阶，粮食安全基础更加巩固。京津冀清洁能源供应基地、国家级的新型综合能源基地和全球低碳创新基地建设取得积极进展。科技、消费对经济增长贡献率明显提高。新型城镇化加速推进。人才强省建设迈出新步伐。

——民生保障水平普遍提高。就业比较充分，教育、社会保障、医疗、住房等公共服务体系更加健全，基本公共服务均等化水平显著提高。教育现代化取得重要进展，劳动年龄人口受教育年限明显提高。人民健康水平显著提升。收入差距缩小，中等收入人口比重上升，努力实现城乡居民收入与GDP同步增长、农村居民收入增速快于城镇

居民收入增速。现行标准下的贫困人口全部稳定脱贫，贫困县全部摘帽，消除区域性整体贫困。安全生产向稳定好转坚实迈进。

——文化建设呈现全新局面。文化强省建设步伐进一步加快，文化发展主要指标、文化事业整体水平、文化产业综合实力明显提升。中国特色社会主义和社会主义核心价值观更加深入人心，爱国主义、集体主义、社会主义思想广泛弘扬，向上向善、诚信互助的社会风尚更加浓厚，人民思想道德素质、科学文化素质、健康水平明显提高。公共文化服务体系基本建成，文化产业增加值不断提高，文化创造力、影响力增强，三晋文化走出去成效更加显著。

——生态建设实现稳步提升。主体功能区布局和生态安全屏障基本形成，生产方式和生活方式绿色低碳化水平显著提高。能源资源使用效率大幅提高，能耗和水资源消耗、建设用地、碳排放总量得到有效控制，主要污染物减排完成国家下达任务，大气、水、土壤污染治理取得新成效。生态环境持续改善，森林、草地覆盖率进一步提高，城市建成区绿化覆盖率明显提高，城乡人居环境明显改善。

——改革开放迈出坚实步伐。资源型经济转型综合配套改革取得重大进展，支撑资源型经济转型的政策体系和体制机制基本建立。重点领域和关键环节改革取得决定性成果，形成一批可复制、可持续、可推广经验。开放型经济和对外合作体制基本形成，对外开放的广度和深度不断拓展。

——民主法治建设成效显著。人民民主不断扩大，法治政府基本建成，司法体制改革基本到位，司法公信力明显提高。服务型政府建设成效显著，政府公信力和行政效率进一步提高。民主法制更加健全，社会治理能力和水平不断提高，社会更加和谐稳定。

（二）以新的发展理念引领新的发展实践。党的十八届五中全会提出的创新、协调、绿色、开放、共享发展理念，是“十三五”乃至更长时期我国发展思路、发展方向、发展着力点的集中体现，是关系我国发展全局的一场深刻变革。我们必须牢固树立并切实把新的发展理念贯彻到我省经济社会发展的实践中，着力推进创新发展、协调发展、绿色发展、开放发展、共享发展、廉洁和安全发展，努力开创我省全面建成小康社会新局面。

着力推进创新发展。把创新作为引领发展的第一动力，把人才作为支撑发展的第一资源，把创新摆在全省发展全局的核心位置，不断推进理论创新、制度创新、科技创新、文化创新等各方面创新，鼓励创新、支持创新、包容创新，让创新成为发展常态、社会风尚，不断推动经济结构全面转型，努力破解“资源型经济困局”，使我省发展的质量更好、效益更高、结构更优。

着力推进协调发展。促进经济社会协调发展，促进城乡区域协调发展，促进新型工业化和信息化深度融合、新型工业化和城镇化良性互动、城镇化和农业现代化同步发展、物质文明和精神文明协调发展，不断增强发展整体性和平衡性。

着力推进绿色发展。坚持节约资源和保护环境的基本国策，坚持可持续发展，大力推进能源革命，走出一条具有山西特色的“革命兴煤”之路，加快推进传统产业绿色改造和高碳资源低碳发展、黑色煤炭绿色发展，扭转环境恶化、改善环境质量，建设资源节约型、环境友好型社会，走生产发展、生活富裕、生态良好的文明发展道路。

着力推进开放发展。从深度融入国内国外经济合作中谋划发展，坚持对内对外开放相促进、引进来和走出去相结合、引资和引技引智相并重，加大对外开放力度，完善对外开放区域布局、对外贸易布局、投资布局，建设市场化、法治化、国际化、便利化营商环境，发展更高层次的开放型经济，以扩大开放带动创新、推动改革、促进发展。

着力推进共享发展。坚持发展为了人民、发展依靠人民、发展成果由人民共享，逐步建立以权利公平、机会公平、规则公平为主要内容的社会保障体系，努力创造公平、包容、普惠的发展环境，确保农村贫困人口脱贫，实现全省人民共同迈入小康社会，增进人民群众的获得感和幸福感。

着力推进廉洁和安全发展。廉洁和安全是党中央对山西工作的重要指示要求，更是山西发展的现实保障。坚持廉洁发展并自觉贯穿到经济社会发展各环节、全领域，实现经济发展与干部清正、政府清廉、政治清明的良性互动。坚守安全发展红线，坚持安全第一、预防为主、综合治理的方针，完善和落实安全生产责任和管理制度，健全公共安全体系，切实维护人民生命财产安全，维护我省各方面的安全与稳定。

三、推进创新发展，着力加快转型升级

在我国经济进入新常态和我省资源型经济亟待转型的形势下，发展必须立足科技创新和全面创新，实施创新驱动发展战略，聚集创新资源、营造创新环境，向全面创新要动力，激发全社会创新活力和创造潜能，不断增强我省发展的活力和后劲。

（一）培育发展新动力。优化劳动力、资本、土地、技术、管理等要素配置，激发创新创业活力，推动大众创业、万众创新，释放新需求，创造新供给，推动新技术、新产业、新业态蓬勃发展，加快实现发展动力转换。

发挥投资对经济增长的关键作用。深化投资体制改革，努力保持投资合理增长，调整优化投资结构，完善抓投资工作机制，强化政府对全社会投资的积极引导和有效调控，努力提高投资的质量和效益。发挥财政资金撬动功能，创新融资方式，带动更多社会资本参与投资。创新公共基础设施投融资体制，推广政府和社会资本合作模式。充分发挥市场对资源配置的决定性作用，在抓好投资大、带动作用强、科技含量高、经济效益好的大项目的基础上，引导投资向打基础、利长远、惠民生的基础设施和公共领域倾斜。

发挥消费对经济增长的基础性作用。发挥优势创抓机遇，抓住机遇创造需求，根据需求创新产业，围绕产业创优机制，特别是推动煤炭清洁利用，创造现代高载能工业、民用需求。充分发挥新型城镇化对消费的引领作用，大力发展服务业和中小企业，努力增加就业创业机会。千方百计增加居民收入，多渠道提高社会保障水平，积极落实国民休闲计划和带薪休假制度，增强居民消费的信心和动力，释放城乡居民消费潜力。创造高效便捷的消费环境，引导消费朝着智能、绿色、健康、安全方向转变，扩大服务消费，做大品质消费，保障基本消费，促进城乡居民消费升级。积极发挥新消费引领作用，以消费升级引领产业升级，促进消费投资良性互动、供给需求有效对接，加快培育形成新供给新动力。

发挥出口对经济增长的促进作用。增强对外投资和扩大出口结合度。积极扶持培育外向型龙头企业、拳头产品。加快培育和完善外贸综合服务体系，畅通国际物流通道，积极促进与天津港、青岛港、连云港、欧亚大陆桥等国际物流通道的互联互通。努力稳定传统优势产品出口，推进以质取胜战略，优化外贸结构，加快培育以技术、品牌、质量、服务为核心的外贸竞争新优势。巩固旅游、建筑等传统服务贸易出口优势，发展版权贸易，积极推进山西特色文化产品和技术服务出口，拓展商贸物流、跨境电子商务等出口业务范围。

（二）做好煤和非煤两篇文章。把构建现代产业发展新体系作为优化产业结构的主要任务，实施工业强基工程，不断改造提升传统优势产业，切实推进煤炭产业“六型转变”，大力培育市场潜力大、产业基础好、带动作用强的非煤产业，逐步形成以提升传统优势产业为主导、发展新兴接替产业为先导、全面发展服务业为支撑的产业格局。

做优做强能源产业。推进能源革命，加快转变能源产业发展方式，调整优化能源结构，提高能源效率，推动能源产业绿色发展，切实提高能源产业核心竞争力。

着力推进煤炭及其相关产业向市场主导型、清洁低碳型、集约高效型、延伸循环型、生态环保型、安全保障型转变，走出一条具有山西特色的革命兴煤之路。深化煤炭管理体制改革，加快建立符合国家新型综合能源基地开发建设和运行管理的现代管理体系。重点推进晋北、晋中、晋东三大煤炭基地提质，全力打造煤炭产业升级版。深入推进煤炭资源整合和煤矿企业兼并重组，淘汰落后、限制产能增加，进一步提高产业集中度。建立关闭矿井衔接机制和落后产能退出机制，构建有效控制煤炭生产总量、市场需求调节煤炭产品结构新机制。着力推进煤转电、煤转化产业发展，有效化解煤炭过剩产能，提高煤炭就地转化率。

以建设晋北、晋中、晋东南大型煤电基地为重点推进煤电一体化，发展大容量、高参数超临界、超超临界燃煤发电机组，加快燃煤发电升级与改造，推进燃煤发电机组超低排放改造，进一步提升煤电高效清洁发展水平。积极推进电力市场化改革，积极争取国家电力体制改革综合试点，全面深化电价改革、电力交易体制改革、发用电计划改革和售电侧改革，培育售电市场主体，建立和完善电力市场交易机制，扩大直供电领域和范围，提高省内、省外电力市场规模。

以气化山西为引领，大力发展煤层气产业，推进地面煤层气开发与煤矿井下瓦斯抽采，实施煤矿瓦斯抽采全覆盖工程，积极探索煤层气多通道、多途径利用。积极探索形成与天然气同质同价的价格机制。

大力培育发展风电、光伏发电和生物质能发电等新能源产业，加快新能源开发利用的产业化进程。积极发展分布式能源，探索推广智能电网、多能互补、储能等多种技术创新，形成风电、光电、煤层气发电等多轮驱动的新能源供应体系。加快水电发展。

优化提升现代高载能产业。延伸和完善传统产业链条，促进电力、煤炭与高载能产业互动发展，实现能源的就地消纳增值。

着力推进冶金产业结构调整和优化升级，提高产业集中度，建设高质量、多品种的钢材生产体系，以及优质、高端铝镁合金材和铜材生产体系。坚持煤电铝材一体化发展，优化资源配置，发展精深加工，补齐电解铝产业短板，支持自备电厂发展，构建南部、中部和西部三大铝工业产业集群。

发展煤制天然气、煤制油、煤制烯烃、煤制芳烃等现代煤化工产业集群。积极推进晋北现代煤化工基地建设，重点发展高端精细化产品和煤基新材料产品。

加快转变焦化产业发展方式，调整优化产业布局，推动技术、路径、产品、管理和体制机制全面创新，逐步实现以焦为主向焦化并举和以化为主转变。鼓励行业内外联合重组，推进焦化产业上下游一体化发展，加快基地化、园区化、大型化改造，打造全国一流新型化焦产业基地。

大力发展绿色建材以及为新能源等产业配套的无机非金属材料及制品，积极引导水泥、平板玻璃、建筑陶瓷等行业提高产品精、深、专、特加工程度，全面提高建材工业的发展水平、发展质量和发展效益。

引导支持大数据产业发展，推进云计算和大数据中心建设，加快新兴信息载能产业发展，不断拓展载能产业领域，提升载能产业发展档次和水平。

发展壮大装备制造业。贯彻《中国制造2025》，紧扣创新驱动、布局优化、两化融合、绿色制造，着力提高制造业质量和效益，努力把装备制造业打造成为我省经济转型升级的新引擎。以重点企业、园区、技术、项目为依托，建立先进装备制造研发设计平台，构建高效完备的先进装备制造业服务体系，加快提升装备制造业竞争力，将我省建设成为全国装备制造产业重要基地。

以高端化、系列化、成套化为方向，提升轨道交通装备配套协作能力，打造配套完善的轨道交通装备制造产业体系，建设太原、大同、运城三大轨道交通装备制造基地。

坚持技术引进和技术创新相结合，突出成套，培育集群，全面提升煤机制造水平，建设山西（太原）煤机技术研发中心和晋中、晋东、晋北三大煤机制造产业集群。积极承接国际国内产业转移，完善集研发、制造、销售于一体的煤层气装备制造业全产业链。

积极拓展延伸电力装备制造产业链，培育一批具有辐射带动作用的龙头骨干企业，推动成套化、系列化和高端化制造，提升电力装备产业的核心竞争力。

加大自主研发与技术引进力度，在巩固优势产品的基础上进一步拓宽产品覆盖面，打造以现代煤化工关键设备为主导产品、具备成套设备研发设计制造能力和工程总承包能力的晋北、太原煤化工装备制造基地。

着力培育优势技术节能环保装备产品，推广高效锅炉（窑炉）、电动机、变压器和高效热能回收系统应用，发展一批大气污染防治技术装备、环境治理技术装备及噪声、辐射防治装备等环保重点技术装备。

积极发展重型机械、纺织机械、汽车部件及整车、通用航空、电子智能、铸件锻件基础工艺、液压配件组件、材料深加工、特色军工民品、农业机械等装备制造。

培育发展新兴接替产业。大力支持市场潜力大、产业基础好、带动作用强的行业，加快形成支柱产业，积极培育先导产业，切实提高产业核心竞争力和经济效益。

加快发展电动汽车、甲醇汽车、燃气汽车等新能源汽车产业。重点发展电动客车、电动专用车、电动乘运车，适度发展混合动力和燃气汽车。加快知名汽车生产企业引进落地，支持新能源汽车生产和消费基地建设。

以提高附加值深加工为方向，推进新型金属材料、新型化工材料、新型无机非金属材料、高性能复合材料和前沿新材料等五大领域向高端化、规模化和集约化方向发展。

以节能环保产品、技术、服务为抓手，培育壮大节能环保产业，提高节能环保社会化服务水平，推进清洁生产和资源综合利用。

鼓励以"互联网+"、智能制造为代表的新一代信息技术发展，重点发展LED、光伏、信息安全、电子设备制造、云计算、信息服务、物联网七大领域，培育龙头企业，打造产业集群，形成以太原为中心，覆盖晋中、阳泉、吕梁的新一代信息技术产业带。

大力发展生物制药、化学药新品种、现代中药及中成药独家品种等4大领域，扶持有核心竞争力的产品，全面提高"晋药"的市场竞争力和影响力。加快发展医疗器械产业。

全面提升传统食品产业，培育壮大现代、特色食品产业，推动粮食加工产业化，形成产业结构优化、战略布局合理、地域特色浓郁的食品工业体系。

加快现代服务业发展。拓展生产性、生活性服务业发展空间，加大互联网与服务业融合的广度和深度，推动服务业重点行业领域加快发展，加快我省建设中西部现代物流中心、生产性服务业大省和中部地区文化旅游强省步伐。

加快文化旅游产业发展，加大保护和利用历史文化遗产力度，发掘三晋历史文化的深厚底蕴，促进文化与旅游深度融合发展。实施大集团、大资本、大平台发展战略，提高文化旅游产业投资能力和整合集成发展能力。重点提升五台山、云冈石窟、平遥古城及打造雁门关、平型关、娘子关长城山西段等世界文化遗产知名旅游品牌，规划建设一批特色旅游重点景区，着力培育一批文化旅游特色产品，加大文化产业市场营销力度，大力推动旅游业与文化、体育、农业、工业等相关产业融合发展，培育旅游新业态，形成旅游新优势。支持煤炭资源型城市加快发展文化旅游产业。探索推进旅游业与金融、互联网融合发展，提升旅游业资源和要素整合集成能力和模式创新能力。加强旅游基础设施和旅游公共服务体系建设。深化旅游管理体制和机制改革，开展旅游综合改革试点。

主动对接京津冀经济圈、环渤海经济圈、欧亚贸易通道、中原经济区和丝绸之路经济带建设，优化现代物流产业布局，重点打造中部、北部、南部三大现代物流业密集区，推进物流通道建设，完善物流配送网络，提升物流企业发展水平。积极推进物流信息化和物流技术装备现代化、标准化发展。大力发展绿色物流。加快开发临空经济。

大力发展研发设计、知识产权、检验检测、科技成果转化、信息技术、数字内容、电子商务、生物技术等高技术服务业，以及科技咨询、科技金融、科学普及等专业科技服务和综合科技服务业，不断提升高技术服务业的比重和水平，推动高技术服务业做强做大。

适应人民群众消费升级需求，推动生活性服务业全面提升规模、品质和效益。积极发展商贸、运输、会展、快递、节能服务、住宿、餐饮等其他服务业。大力发展家庭服务、健康服务、养老服务业，加快发展农村服务业，规范发展中介服务业。鼓励发展各类主题参与、线上线下融合的流通新兴业态。

（三）加快发展现代农业。按照稳粮增收、提质增效、创新驱动的总体要求，围绕"六大区域布局、四大集群示范、八大产业提升、五位一体推动"的战略安排，加快转变农业发展方式，着力构建现代化产业体系、生产体系、经营体系，走出产出高效、产品安全、资源节约、环境友好的山西特色农业现代化道路。

稳定提高粮食产能，确保农产品有效供给。严格落实粮食安全主体责任，切实加强耕地保护，落实最严格耕地保护制度，加快划定永久基本农田，完善耕地保护补偿机制。大规模推进高标准农田建设和农田水利，继续推进旱作农业、节水农业。大力推进主要农作物生产全程机械化。实施粮食收储供应安全保障工程，切实管好地方粮食储备。统筹规划气象防灾减灾基础设施布局，增强气象服务能力。

优化农业区域布局，在汾河平原区域重点发展优质高效的粮食、水果和家禽等产业，在上党盆地区域重点发展优质杂粮、中药材和生猪产业，在雁门关区域重点发展草牧业和优质杂粮产业，在太行山区域重点发展道地中药材和杂粮产业，在吕梁山区域重点发展优质干鲜果和马铃薯产业，在城郊农业区域重点开发农业多种功能。调整农业结构，大力发展小杂粮、干鲜果、设施菜、草牧业、中药材等特色产业，推进农业产业化经营，延伸农业产业链条，大力发展休闲农业和乡村旅游。推动粮经饲统筹、农林牧渔结合、种养加一体、一二三产业融合发展，提高农业综合效益。

加强农业资源保护，加快农业环境突出问题治理。推进农业标准化和信息化。积极推行农业标准化生产，提升农产品质量安全水平。加快发展农业信息化，推进互联网与农业生产、经营、管理、服务的深度融合。创新农产品流通方式，推进农产品批发市场转型升级，培育新型流通业态。

加快培育家庭农场、专业大户、农民合作社、农业产业化龙头企业等新型农业经营主体，构建以农户家庭经营为基础、合作与联合为纽带、社会化服务为支撑的立体式、复合型现代农业经营体系。加强农民专业合作社和土地股份合作社规范化建设，深入推进示范社建设行动。培育新型职业农民，造就高素质的新型农业生产经营者队伍。促进农产品加工业转型升级，完善农业产业链利益联结机制。

加快推进农业公益性服务体系建设。充分发挥农业公益性服务机构作用，大力培育多种形式的农业经营性服务组织，健全覆盖全程、综合配套、便捷高效的社会化服务体系。开展农业生产全程社会化服务机制创新试点。

坚守土地公有性质不改变、耕地红线不突破、农民利益不受损“三条底线”，稳步推进农村土地制度改革。稳定农村土地承包关系。全面完成农村土地承包经营权确权登记颁证，完善土地所有权、承包权、经营权分置办法，按照依法自愿有偿原则，引导农民以多种方式流转承包土地的经营权，以及通过土地经营权入股、托管等方式，发展多种形式的适度规模经营。探索农村集体产权制度改革，分类推进农村集体资产确权到户和股份合作制改革，建设农村产权流转交易市场体系。建立土地复垦激励约束机制，落实生产建设毁损耕地的复垦责任。深化林业投资管理体制改革，扩大购买式造林，推动国有、集体和个人开展合作式、开发式、股份制造林。推进小型水利工程产权、管理权与用水权制度改革。积极推进农业水价综合改革，对农业用水实行总量控制和定额管理。持续增加农业投入，完善农业补贴政策。推进农村金融体制改革，鼓励各类金融机构创新“三农”金融服务。全面深化供销合作社综合改革。深化农业科技体制机制改革，合理配置农业科技资源，大力推进农科教、产学研有机融合。

（四）拓展发展新空间。用发展新空间培育发展新动力，用发展新动力开拓发展新空间。

拓展区域发展空间。立足山西区位特点，积极推动东融西进南联北合，加强与周边区域融合发展。发挥城市群辐射带动作用，优化城镇化布局和形态，全力打造“一核一圈三群”城镇化格局。支持绿色城市、智慧城市、森林城市、新能源城市建设和城际基础设施互联互通。培育壮大若干一体化发展区域。推进城乡发展一体化，开辟农村广阔发展空间。

拓展产业发展空间。支持传统产业优化升级，积极培育高端成长型产业，支持新兴接替产业发展。加快发展现代服务业。加快推进重点领域与互联网融合发展。推广新型孵化模式，鼓励发展众创、众包、众扶、众筹空间。规范互联网金融发展，稳步发展互联网支付、股权众筹融资、网络借贷、互联网基金销售等新型金融业态。

拓展基础设施建设空间。实施重大公共设施和基础设施工程。加快推进综合交通运输体系建设，优化机场布局，完善综合运输通道、市际交通、对外交通骨干网络，建设城市群综合交通枢纽，着力打造铁路、公路、机场、轨道交通综合交通网络构架。加快推进山西大水网建设，启动实施小水网配套工程建设，加快形成覆盖全省六大盆地和主要经济中心区的十大供水体系。加快推进电网建设，构建以晋北、晋中、晋东南特高压为核心、500千伏为支撑的骨干网架，形成“三纵四横”格局。加大配电网建设与改造，加快电网智能化建设，加大对集中连片贫困地区电网布局力度。以创建宽带中国示范城市为抓手，加快推进城市宽带网络建设，形成大容量、高速率、光传送、全覆盖的光纤传输网络和无线宽带网络。加快推进输气管网建设，布局建设“三纵十一横、一核一圈多环”的输气管线网络，逐步实现全省一张网、全覆盖。加强城市公共交通、防洪防涝等设施和“海绵城市”建设。实施地下管网改造工程，建设城市地下综合管廊。加快开放电力、电信、交通、天然气、市政公用等自然垄断行业的竞争性业务。

拓展网络经济空间。全面落实网络强国战略、“互联网+”行动计划、分享经济、国家大数据战略等重大举措，利用大数据和互联网的规模优势和应用优势，加快山西信息化和新型工业化进程。发展物联网技术和应用，促进互联网和经济社会融合发展。推进数据资源开放共享，促进大数据广泛深度应用。完善电信普遍服务机制，开展网络提速降费行动，超前布局下一代互联网。推进产业组织、商业模式、供应链、物流链创新，支持基于互联网的各类创新。落实国家网络安全战略，全面推进网络空间法治化，强化信息安全保障。

（五）全力推进“三个突破”。突出问题导向，推动科技创新、民营经济和金融振兴“三个突破”，着力破解资源型经济转型发展难题，促进经济持续平稳发展。

加快科技创新。破除一切制约创新的思想障碍和制度藩篱，营造激励创新的公平竞争环境，向全面创新要动力，实现科技创新、制度创新、文化创新的有机统一和协同发展,形成以科技创新为核心的全面创新新格局。全面深化科技管理体制改革，积极推动政府职能从研发管理向创新服务转变，努力营造大众创业、万众创新的政策环境、制度环境和社会氛围，全面激发全社会创新活力和创造潜能。深入实施国家创新驱动发展战略山西行动计划，以增强创新能力为核心，提升区域创新体系整体效能。强化企业技术创新主体地位，支持企业完善技术创新组织，引导企业牵头科技攻关和创新成果转化，鼓励企业加大技术创新投入。改革省级科技计划（专项、基金）管理体制，建立省科技重大专项和重点项目形成与立项机制，加快推进科研项目经费管理改革，深化高等院校科研体制改革，深化省属科研院所改革。围绕重点产业和关键领域组建一批国家级、省级实验室，培育支持新型研发机构。加快建设山西科技创新城，努力打造成为我省创新发展的引擎和全球低碳创新基地。积极落实中关村试点及国家自主创新示范区政策，加快培育一批熟悉科技政策和行业发展的社会化、市场化、专业化科技中介服务机构，完善科技成果转化政策体系，促进科技成果资本化、产业化。优化科技创新环境，大力培育和宣传创新文化，形成鼓励创新的良好氛围。

加快发展民营经济。毫不动摇鼓励、支持、引导非公有制经济发展，激发非公有制活力和创造力，推动民营经济转型升级、做优做强。进一步放开民间投资领域，放宽民营企业准入条件，大力发展个体工商户和民营企业。优化和改善促进民营经济发展的政务环境、政策环境、法治环境和社会环境，培育民营经济成长沃土。建立科技服务民营企业平台，鼓励支持发展科技创新型中小微企业。按照“提升二产、推进一产、发展三产”思路，加快民营经济结构调整。加强引导、主动服务、强化措施，推动民营企业改制，建立现代企业制度。推动民营企业上市，提高直接融资比重。正确处理政商关系，重塑山西干部和企业家的形象，推动民营经济健康快速发展。

大力促进金融振兴。发挥金融对经济结构调整和转型升级的支撑作用，不断深化金融改革和创新，努力构建体系健全、竞争有序、运行规范、监管科学、与实体经济发展相适应的现代金融服务体系，推动金融业成为全省基础性和关键性产业。做精做强城市商业银行，大力发展农村中小银行，支持发展民营银行，规范发展准金融机构，稳步发展新型金融业态，积极发展地方保险机构，支持其他地方金融机构发展。加快股份制改造，完善法人治理结构，打造山西地方金融投资控股集团。大力发展多层次资本市场，显著提高直接融资比重，不断优化社会融资结构。大力发展山西股权交易市场，推动煤炭期货交易市场建设。拓宽保险服务领域。引导民间融资健康发展，鼓励社会资本参与组建设立各类股权投资基金、创业投资基金等，稳步扩大融资总量。提升金融信息化水平，增强金融对重点行业和领域的服务能力。大力发展普惠金融。深化金融开放与合作，加快引进金融机构，有计划开展跨境融资，深化我省与经济发达地区金融合作，做好对“走出去”企业的金融服务。

四、推进协调发展，着力形成均衡发展格局

增强发展协调性，必须正确处理发展中的重大关系，在补齐短板中实现均衡发展，在加强薄弱领域中增强发展后劲。

（一）促进经济社会协调发展。坚持发展经济和改善民生并重，做到相互促进、相互协调。要从满足人民群众在新形势下实现全面发展的需求着眼，不断加大对民生工程和社会事业的投入，全面抓好教育、文化、住房、医疗、卫生等社会事业和就业、社保、居民增收、稳定物价等民生工作，推进城乡人居环境改善，加快采煤沉陷区治理，实施脱贫攻坚工程，建立更加公平可持续的社会保障制度，提高全民健康水平，促进人口均衡发展，不断提高人民群众生活质量和幸福指数，让发展成果更多、更公平、更实在地惠及广大人民群众。

（二）促进城乡协调发展。健全城乡发展一体化体制机制，加快实施新型城镇化战略，积极统筹城乡要素配置，加快形成以城带乡、城乡互惠的新型城乡关系。

推进以人为核心的新型城镇化，不断提高城市规划、建设、管理水平。全面落实我省户籍管理制度改革政策，建立“以人为本、规范有序”的新型户籍制度，有序推进农业转移人口市民化，提高户籍人口城市化水平。实施居住证制度，努力实现基本公共服务常住人口全覆盖。兼顾大中小城市实际，建立健全财政转移支付同农业转移人口市民化挂钩机制，建立城镇建设用地增加规模同吸纳农业转移人口落户数量挂钩机制。维护进城落户农民土地承包权、宅基地使用权、集体收益分配权，支持引导依法自愿有偿转让。深化住房制度改革。加大城镇棚户区和城乡危房改造力度。

统筹规划，分类指导，在工业、农业、服务业方面发展县域特色经济，促进农产品精深加工和农村服务业发展，支持县域开放经济，培育县域富民经济，努力做大做强县域经济。加强县城建设，引导生产要素、优势资源向县城集中，提高县城对人口和产业的承载力。推进国家级重点镇建设，建成一批特色鲜明的小城镇。积极促进区域性重要农村集镇建设。开展不同类型的资源型城镇转型试点，因地制宜探索转型路径和模式，加快推进资源型城镇转型。

加快改变农村落后面貌，推进城镇化与新农村建设、工矿企业村庄搬迁统筹规划、协同推进，科学规划县域村镇体系，加快建设美丽宜居乡村。提高社会主义新农村建设水平，开展农村人居环境整治行动，加大传统村落民居、历史文化名村名镇、少数民族居住村的保护力度。推动开展撤并行政村、撤乡并镇工作，以基础条件好的中心村为重点，建设新型农村社区。积极推进休闲农业示范县和示范点建设，建设特色现代农业示范乡村。支持现代农业园区和新型农村社区协同发展，实现农民生产方式和生活方式同步转变。

建立健全城乡一体化体制机制，健全农村基础设施投入长效机制，促进城乡公共资源均衡配置。加大公共资源向农村配置的力度，逐步形成城乡一体的基础设施体系、均衡发展的教育体系、公共卫生体系、公共文化服务体系和公共财政体系，逐步实现城乡基本公共服务均等化。

（三）促进区域协调发展。按照核心带动、轴带发展、节点提升、对接周边原则，加快要素有序自由流动，加快形成全省各市竞相发展新格局。

充分发挥区域性中心城市的辐射带动作用。按照要素有序自由流动、主体功能约束有效、基本公共服务均等、资源环境可承载的要求，强化错位发展，推进协调发展，加快形成分工合理、良性互动的区域协调发展新格局。支持省会太原率先发展，强化在全省的带动、支撑和辐射功能。重点推进太原晋中同城化、晋中108廊带区域一体化发展示范区、临汾百里汾河生态经济带一体化发展，有序推进上党城镇群、孝汾平介灵、阳平盂、忻定原、离柳中、盐临夏等区域协同发展。

（四）促进物质文明和精神文明协调发展。坚持社会主义先进文化前进方向，坚持以人民为中心的工作导向，坚持把社会效益放在首位、经济效益和社会效益相统一，深化文化体制改革，推进文化事业全面繁荣和文化产业快速发展。

深入开展社会主义核心价值观教育实践活动、思想道德建设和群众性精神文明创建系列活动，大力弘扬我省优秀法治文化、廉政文化、红色文化，深入挖掘太行精神、吕梁精神、右玉精神，凝聚向上向善的力量。深化中国特色社会主义、中国道路、中国梦宣传教育。实施哲学社会科学创新工程，推进新型智库建设。加强基层宣传思想文化工作，加强社风、家风建设。加强文化遗产保护，振兴传统工艺，实施三晋典籍整理工程，发展振兴地方戏曲，构建优秀传统文化传承体系。大力发展文学艺术、新闻出版、广播影视等事业，打造一批以“中国梦”和“三个文化”为主题的精品力作，倡导全民阅读，建设书香社会。推动传统媒体与新兴媒体融合发展，实施网络内容建设工程，形成良好网上舆论导向，发挥网络正能量。加强高校思想政治和队伍建设工作，壮大高校主流思想舆论，推动中国特色社会主义理论体系进教材、进课堂、进头脑。

完善公共文化服务体系、文化产业体系、文化市场体系。发挥国家公共文化服务体系示范区的作用，完善公共文化基础设施，推动公共文化服务标准化、均等化发展，引导公共文化资源向城乡基层倾斜，保护人民群众基本文化权益。培育一批有较强带动力的文化企业，加快文化产业园区和文化保税区建设。引导和扩大文化消费，发展文化会展，促进文化与旅游融合发展，推动演艺进景区。推进山西文化云平台建设，建立文化产品和服务品牌电子商务平台。促进文化产业与互联网融合发展，大力发展创意设计、移动多媒体、数字传媒等文化创意产业。发展体育事业，构建全民健身服务体系，积极开展全民健身活动，全力办好第二届全国青年运动会。

整合各类文化资源，加强对外和对港澳台文化交流，加快发展对外文化贸易。深化与欧美及港澳台文化交流合作，积极推动与“一带一路”沿线国家和地区建立省（州、区）文化交流合作机制。把政府交流和民间交流结合起来，打造专业化、国际化的文化展会品牌。完善支持文化产品和服务“走出去”政策措施，扶持文化出口重点企业和重点项目，培育一批具有竞争力的外向型文化企业和中介机构，开发一批在省外境外长期驻场或巡回演出的演艺产品。深入挖掘文化资源，充分运用高新技术手段提升文化产品表现形式和质量，开发省外境外受众易于接受的文化产品和服务。

（五）推进军民融合。实施军民融合发展战略，全面推进军民融合试点示范区建设，形成全要素、多领域、高效益的军民深度融合发展格局。深化军民融合发展体制改革，加快军工企业股权多元化改革和科研院所转制，建立健全省市两级促进军民融合产业深度发展运行体系。鼓励优势企业、高校和科研机构进入武器装备科研生产和维修领域，形成社会资源广泛参与的大军工配套体系。构建资本运作、产业聚集、咨询服务和人才培养与发展平台，打造高端装备制造、电子信息、节能环保、新材料等优势领域新的增长极和产业链。加快构建国民经济动员新体系。

五、推进绿色发展，着力建设美丽山西

坚持高碳资源低碳发展、黑色煤炭绿色发展，着力建立绿色低碳发展产业体系，致力形成绿色低碳发展方式和生活方式，全面节约和高效利用资源，推进美丽山西建设，促进人与自然和谐相处。

（一）加快建设主体功能区。坚定不移实施主体功能区制度，调整优化空间结构，划定农业空间和生态空间保护红线，构建科学合理的城市化格局、农业发展格局、生态安全格局。建立国土空间开发保护制度，严格按照重点开发区、限制开发区和禁止开发区的区域主体功能定位，明确发展方向，细化财政、投资、产业、土地、农业、环境等政策，形成市场统一规范、要素自由流动、主体功能约束有效、基本公共服务均等、资源环境可持续的区域发展机制。推动重点开发区域提高产业和人口集聚度。加大对限制开发区的转移支付力度，强化激励性补偿，建立横向和流域生态补偿机制。推进市县“多规合一”，促进空间利用结构优化，强化规划对市县区域空间的指导和管控作用。

（二）推动低碳循环发展。坚持绿色、低碳、循环发展基本路径，加快形成节约资源和保护环境的空间格局、产业结构、生产方式、生活方式，全面增强可持续发展能力。

推进煤炭等化石能源清洁高效利用，加快发展风能、太阳能和地热能，加大煤层气开发力度，积极推进先抽后采。发展绿色交通，加快构建低碳交通运输体系，实行公共交通优先，加强轨道交通建设，鼓励自行车等绿色出行。全面实施新能源汽车推广计划。提升建筑能效水平，大力推广绿色建筑和可再生能源建筑，加快推进既有建筑节能改造。主动控制碳排放，加强高能耗行业能耗管控，有效控制电力、钢铁、建材、化工等重点行业碳排放，实施近零碳排放区示范工程。加快推进省级低碳市县试点和园区试点建设，积极开展低碳商业、低碳社区试点。加强碳汇

体系建设，增加森林碳汇，继续开展碳捕捉、利用和封存基础研究，提高工业碳汇能力。加强应对气候变化能力建设，探索建立碳排放总量控制和目标分解制度，研究制定重点行业温室气体排放标准，建立碳排放权交易工作机制和支撑体系。积极争取国家碳排放交易试点落户山西。

坚持“减量化、再利用、资源化、减量化优先”原则，加快建立循环型工业、农业、服务业体系，提高全社会资源产出率。建立具有山西特色的煤炭循环经济发展模式，构建资源综合利用和能源梯级利用的现代循环经济产业体系。实施循环发展引领计划，推行企业循环式生产、产业循环式组合、园区循环式改造，减少单位产出物质消耗。推动各类产业园区循环化改造，以产业集聚和共享基础设施为纽带，促进企业、产业间的循环链接，提升循环经济发展水平和产业园区可持续发展能力。推进生产和生活系统循环链接，加快构建循环型社会。健全生活垃圾分类收集回收体系和再生资源循环利用体系，提高大宗固体废弃物综合利用水平，推动废弃物处理方式由无害化处理为主向资源化利用为主转变。推动朔州国家级工业固废综合利用基地和国家级工业绿色转型发展试点城市建设。积极开展循环经济重点领域试点示范创建工作，在企业、园区和区域层面建立一批循环经济典型模式，提升重点领域循环经济发展水平。

（三）促进资源节约高效利用。坚持节约优先，强化全过程管理，提升资源节约和综合利用水平，大幅降低资源消耗强度。坚决打击私挖滥采，运用先进技术对传统开采方法进行改造，加快再生资源回收体系建设，提高资源回收水平。加快推动重点领域节能技术改造，强化单位产品能耗标准、绿色建筑标准等约束。实施工业能效提升计划，在重点耗能行业全面推行能效对标，促进企业节能降耗和产业转型升级。实行最严格的水资源管理制度，用好用足黄河水，限制开采地下水，以水定产、以水定城，建设节水型社会。实施水资源开发利用控制、用水效率控制、水功能区限制纳污三条红线管理。坚持最严格的节约用地制度，调整建设用地结构，降低工业用地比例，推进城镇低效用地再开发和工矿废弃地复垦，严格控制农村集体建设用地规模。积极争取国家耕地轮作休耕制度试点。建立健全用能权、用水权、排污权、碳排放权初始分配制度，建立预算管理制度、有偿使用和交易制度，更多用市场手段实现双控目标。推行合同能源管理和合同节水管理。管住公款消费，深入开展反过度包装、反食品浪费、反过度消费行动，推动形成勤俭节约社会风尚。

（四）加大环境治理力度。以提高环境质量为核心，实行最严格的环境保护制度，形成政府、企业、公众共治的环境治理体系。将大气、水、土壤等环境质量作为地方各级政府环保责任红线，制定污染物排放总量限制和环境风险防控措施。深入实施大气、水、土壤污染防治行动计划，落实省以下环保机构监测监察执法垂直管理制度，提升和优化环境治理体系。提高煤炭等矿产资源的全过程污染物排放控制标准，推进重点行业污染物减排，严格淘汰落后产能，严控“两高”行业新增产能，持续推进清洁生产。以雾霾治理为重点，加强细颗粒物监测和区域联防联控，加快市区重污染企业搬迁改造，推动燃煤电厂超低排放改造，有效预防重污染天气。加强重点流域和区域水污染防治，突出加强饮用水源地和岩溶大泉泉域保护，保障水源地安全。实施重点行业废水深度处理，加大城镇生活污水处理及中水回用力度，减少城市黑臭水体和工矿区、农村黑臭水体。强化土壤污染治理，实施工矿废弃地综合整治和复垦利用。推进以垃圾无害化处理和污水处理为重点的农村环境整治，强化农业面源污染治理和畜禽养殖污染治理，统筹农村饮水安全、改水改厕、垃圾处理。全面推进采煤沉陷区、采空区、水土流失区、煤矸石山的生态环境治理修复重点工程，有序推进采矿破坏村庄避让搬迁工作。

（五）构筑生态安全屏障。推进汾河、桑干河、滹沱河、漳河、沁河等五大流域水土流失综合治理、水污染治理和生态环境修复工程。加强沿黄地区水土保持和生态修复。加强湿地保护。启动实施黄河古贤、碛口水利枢纽建设。在重要生态功能区、生态环境敏感区和脆弱区等区域划定生态红线，确保生态功能不降低、面积不减少、性质不改变。探索建立资源环境承载能力监测预警机制，对资源消耗和环境容量接近或超过承载能力地区，及时采取区域限批等限制性措施。强化森林资源保护，加快推进林业“六大工程”建设，不断提高森林覆盖率和林木碳汇蓄积量。严禁非法侵占林地和移植天然大树进城。搞好国营林场改制。创新产权模式，引导各方面资金投入植树造林。

六、推进开放发展，着力培育合作共赢新优势

以构建开放型经济为引领，抢抓国家推进“一带一路”、京津冀协同发展、环渤海经济圈等重大历史机遇，在融入国家战略中寻找新的经济增长点，在强化区域合作中拓展新的发展空间，努力形成全方位、宽领域、多层次、高水平全面开放新格局。

（一）创新对外开放体制环境。完善对外开放政策，最大限度放宽投资准入限制，加大招商引资和产业升级对接力度。大力推行上海自贸区在投资、贸易、金融、服务业开放和事中事后监管方面可复制的改革试点经验。推行普遍备案、有限核准的外资管理制度，切实推进投资便利化。全面推进通关无纸化改革，积极融入全国通关一体化改革，进一步加强与沿海沿边省份、中部五省口岸通关大合作，构建快速高效的立体通关体系。依托山西科技创新城，构建“引进来”和“走出去”良性互动的科技信息综合平台。推进政务平台建设，全面推行政务公开，打造透明高效政务环境。加快营造开放透明的法律环境、公平竞争的市场环境和稳定有序的经营环境，在全社会形成亲商、安商、容商、富商良好环境氛围。

（二）加快开发区建设。加快形成布局合理、结构优化、特色突出、功能互补、绿色生态、区域平衡的开发区

和各类产业集聚区发展格局。按照产业高效、低碳、生态、循环发展要求，把国家级开发区建设成为品牌示范园区。支持太原国家高新技术产业开发区、太原经济技术开发区扩区拓展。加快产业结构调整转型，争取将省级开发区升级为国家级开发区。鼓励符合条件的产业集聚园区规范整合，争取升级为省级开发区。逐步建立开发区与所在区县融合发展体制机制，提升开放型经济承载能力。深化开发区管理体制改革，探索建立开发区市场化发展体制。鼓励开发区积极参与区域合作，“走出去”与省外园区建立合作联盟。加快发展“飞地经济”，建立跨地区跨部门的对接协调机制和服务促进体系，承接产业转移。

（三）加快各类开放平台建设。加快建设产业园区承载平台，推进产业集聚，打造集约利用土地、保护生态环境的示范区和发展开放型经济、体制创新的先行区。加强口岸、保税区、电子商务等功能性开放平台建设，推进全方位、立体式对外开放。打造国际化会展平台，构建多元会展合作交流体系，形成我省外向型经济新业态。推进外事资源集合平台建设，创新国际友城交流合作模式，建立国际交流合作联动机制，发挥外事资源对服务开放型经济发展的集合作用。

（四）提高招商引资质量和水平。全面实行准入前国民待遇加负面清单管理制度，实施精准化招商、积极推动股权招商、大力开展主题招商。切实发挥商会和各类组织积极作用，吸引企业家来晋投资创业。加强与世界银行、亚洲开发银行等国际和区域性金融机构合作，努力争取亚洲基础设施投资银行支持，有效利用各类国外优惠贷款和智力资源。

（五）加强以煤会友。充分发挥我省煤炭资源和煤、煤化工、煤机装备等优势和市场潜力，推进建设全球低碳创新基地，千方百计提高我省作为国家新型综合能源基地的美誉度和影响力，加强同世界煤炭大国的主要产煤省州、国际友城、“一带一路”沿线国家和地区开展多领域互利共赢务实合作。打造具有全球影响的低碳发展高峰论坛，建立专门机构，筹建永久会址，调动社会化力量，实行市场化运营，把论坛办成低碳新理念的传播平台、新成果的展示平台、新技术的交易平台和交朋会友的联系平台。

（六）加快提升外贸核心竞争力。完善对外贸易布局，创新外贸发展模式，加强营销和售后服务网络建设，提高传统优势产品竞争力，巩固出口市场份额，推动外贸向优质优价、优进优出转变。大力发展外贸综合服务企业（平台），提升报关、报检、外汇、物流、退税和融资等综合服务能力。巩固旅游、建筑等传统服务贸易，加快培育以技术、品牌、质量、服务为核心的外贸竞争新优势。积极推动“互联网+外贸”模式，加快发展跨境电子商务、市场采购贸易等新型贸易方式。推进服务外包示范基地建设。探索加工贸易垂直整合方法，打造“多头在内、一头在外”“整机+配套”的内陆加工贸易发展新模式。

（七）积极参与国家“一带一路”建设。紧紧抓住“一带一路”战略机遇期，拓展开放发展新空间。深化我省与沿线国家产业、产能合作，以“万里茶道”联合申遗为依托，加强与俄罗斯、蒙古等沿线国家的合作交流，提升晋商与“万里茶道”国际影响力。积极打造“山西品牌丝路行”开放新名片，推动品牌产品和优势产业“走出去”。完善“走出去”服务支持体系，支持上下游关联产业企业联合“走出去”，在境外建立原料开采加工基地和装备制造基地。鼓励企业积极参与沿线国家道路、桥梁、港口、建筑等基础设施建设，发挥对外工程承包龙头带动作用，推动“组团式”走出去发展，带动技术、服务、劳务和成套设备出口。积极推动境外园区建设，依托晋非经贸合作区大力拓展非洲市场，深化与东盟国家产能合作，加强与港澳台地区及海外友好省州经济合作和文化交流。

（八）深化与京津冀、环渤海经济圈协同发展。自觉主动融入京津冀协同发展，加强清洁能源开发利用合作，完善能源输送网络，打造京津冀一体化的清洁能源生产供应基地。积极推动民航业融入京津冀民航协同发展战略，实现省内机场与京津冀三地机场的统一运营、统一管理。全方位推动航空口岸对外开放，发展通用航空，完善口岸功能，发挥口岸效应。积极承接京津冀地区新材料、节能环保、高新技术等疏解产业，加强“研发创新—创新成果产业化合作”。发挥我省优势，推进晋北地区鲜活农产品、特色小杂粮进入京津市场，实现与京津冀地区旅游资源共享。深度融入环渤海经济圈，推动省内企业参与环渤海地区港口建设，打造产品快速出海通道。积极对接长江经济带战略，扩大与相关地区交流合作，加大面向长三角、珠三角等沿海地区招商及产业承接力度。

（九）全面深化与周边区域合作。落实国家促进中部崛起战略，强化与中部省份协同发展。深化中原经济区合作，加快跨省战略大通道建设，打造我省运城、晋城、长治等南部地区面向中原经济区，连接华东、华南物流通道，把晋东南地区打造成为“煤、电、气、化”综合能源产业基地和新型现代制造业基地。加快晋陕豫黄河“金三角”区域协调发展，建立“三省四市”省级协调机制，合力打造全国省际交界地区协作发展试验区。建立更加紧密的沿黄经济协作区战略合作关系，推动“黄河几字湾”区域集群化发展。有效发挥黄河九省旅游联盟作用，打造国际知名旅游品牌。加快推进蒙晋冀（乌大张）长城金三角建设，力争进入国家区域合作战略体系。

七、推进共享发展，着力保障和改善民生

坚持富民与强省统一，按照人人参与、人人尽力、人人享有的要求，坚守底线、突出重点、完善制度、引导预期，切实做好就业、医疗、教育、社会保障、养老、扶贫等民生工作，使全省人民共同迈入全面小康社会。

（一）增加公共服务供给。从解决人民群众最关心最直接最现实的利益问题入手，增加公共产品和服务供给，提高公共服务共建能力和共享水平。加强义务教育、就业服

务、食品安全、社会保障、基本医疗和公共卫生、公共文化、体育健身、环境保护、气象防灾减灾等基本公共服务，努力实现全覆盖。加大对革命老区、贫困地区转移支付。加强对特定人群特殊困难的帮扶。创新公共服务提供方式，积极推广政府和社会资本合作模式，引导和鼓励社会资本参与公共产品和公共服务项目投资、运营和管理，提高公共产品和公共服务供给能力与效率。

（二）实施城乡人居环境改善工程。改善城市人居环境，实施设施提升工程、城市安居工程、城中村改造工程和环境提质工程，不断加大城市管网、交通等基础设施建设力度，提高保障性住房、普通商品住房和租赁住房供给能力，加快城中村改造，提高城市污水垃圾处理和园林绿化水平。改善农村人居环境，实施完善提质工程、农民安居工程、环境整治工程和宜居示范工程，不断完善农村基础设施和公共服务，加大采煤沉陷区治理、危房改造、易地搬迁力度，强化垃圾污水治理，加快宜居示范工程建设，全面改善农村生产生活条件。

（三）加大脱贫攻坚力度。把脱贫作为最大的民生工程，创新脱贫开发工作机制，增强贫困地区内生动力和发展活力，实现全省贫困人口如期脱贫。坚持因人因地施策、因贫困原因和贫困类型施策，努力实现扶持对象精准、项目安排精准、资金使用精准、措施到户精准、因村派人（第一书记）精准、脱贫成效精准。以吕梁、太行两大集中连片贫困区为重点，继续推进专项扶贫、行业扶贫和社会扶贫，促进形成贫困地区加快发展强大合力。全面落实国家各项强农惠农富农政策，进一步落实扶贫开发工作重点县比照实施西部大开发各项产业政策。加大财政综合扶贫投入力度，以县为单位加强资金统筹，提高资金使用效率。创新金融扶贫机制，加大贫困地区信贷支持力度，实现金融机构空白乡（镇）的金融服务全覆盖。探索对贫困人口实行资产收益扶持制度，努力解决空心村问题，建立健全农村留守儿童和妇女、老人、残疾人关爱服务体系。各级党委和政府特别是贫困地区的党委和政府，要逐级立下军令状，层层落实脱贫攻坚责任。实行最严格的考核督查问责，确保中央和省委制定的脱贫攻坚政策落地见效。

（四）提升教育水平。全面贯彻党的教育方针，实施教育优先发展战略，深化教育领域综合改革，加快实现教育现代化。完善教育经费保障机制。切实提高义务教育均衡发展水平，普及高中阶段教育，鼓励普惠性幼儿园发展，重视发展农村学前教育，提升基础教育质量。加快城乡义务教育公办学校标准化建设，实行义务教育学校校长教师交流制度，完善城镇教师支援农村教育工作制度。加快推进特殊教育发展。率先对建档立卡的家庭经济困难学生实施普通高中免除学杂费，实现家庭经济困难学生资助全覆盖。加快建设现代职业教育体系，加强校企合作，促进产教深度融合。开展高等教育综合改革试点工作，落实和扩大高校办学自主权，围绕山西产业链建设若干国内一流学科群，推动具备条件的普通本科高校向应用型转变，全面提高高等教育质量和水平。加快发展多种形式继续教育，畅通终身教育通道。推进教育信息化，发展远程教育，扩大优质教育资源覆盖面。健全支持民办教育发展机制，鼓励引导社会力量兴办教育。

（五）促进就业创业。制定和实施更加积极的就业政策，实现经济增长和扩大就业联动发展。着力实施高校毕业生创业引领和就业促进计划，统筹开展农村剩余劳动力、转移人口和传统产业转型中分流的富余人员、城镇困难人员、退役军人、残疾人等群体的就业工作。实施新型职业农民培育计划和农民工职业技能提升计划，提升农民素质，支持就地就近就业创业。建立完善促进就业创业资金投入长效机制，建立政府投资、招商引资和重大建设项目新增就业岗位预估和考核制度，加强就业创业扶持政策落实和资金投入绩效考核。鼓励以创业带动就业，在全省开展创业型城市创建活动。

（六）形成合理收入分配格局。深化收入分配体制改革，努力实现城乡居民收入增长和经济发展同步、劳动报酬增长和劳动生产率提高同步，提高城乡居民收入在国民收入分配中的比重，提高劳动报酬在初次分配中的比重。健全科学的工资水平决定机制、正常增长机制、支付保障机制，完善最低工资增长机制，完善市场评价要素贡献并按贡献分配的机制。拓宽城镇居民增收渠道，突出做好企业职工、中低收入者和困难家庭增收工作。以非公有制企业、中小微企业为重点，积极稳妥推进工资集体协商。建立健全治理欠薪工作机制，完善工资指导线制度，适时适度调整最低工资标准。完善省属国有企业负责人薪酬制度，深化机关事业单位社会保障制度和工资制度改革。建立保障和促进农民收入多元化增长的长效机制，努力缩小城乡收入差距。

（七）健全完善社会保障制度。以增强公平性、适应流动性、保证可持续性为重点，全面建设和完善覆盖城乡的社会保障体系。完善被征地农民社会保障政策，完善并轨后的城乡居民养老制度。实施全民参保计划，建立城乡居民医疗保险、生育保险一体化制度，建立健全功能完备的失业保险制度，健全预防、补偿和康复相结合的工伤保险制度，构建一体化社会保险体系。大力加强未成年人保护，发展儿童福利事业，实现市县儿童福利机构全覆盖。健全扶残助残服务体系，加快残疾人福利事业发展。健全和完善最低生活保障、特困人员供养、因灾因病致贫人员救助以及医疗、就业、教育、住房、临时救助等专项救助在内的社会救助制度体系。支持公益慈善事业发展，广泛动员社会力量开展社会救济和社会互助、志愿服务活动。加强殡葬基础设施建设，逐步完善殡葬服务体系。

（八）提高全民健康水平。深化医药卫生体制改革，实行医疗、医保、医药联动，建立覆盖城乡的基本医疗卫生制度。深化基层医疗卫生机构综合改革，继续加强基层医疗卫生服务体系建设，转变基层医疗卫生服务模式，逐步构建科学、有序、便捷分级诊疗格局。加强公共卫生服务，继续实施国家公共卫生服务项目，逐步提高人均基本公共卫生服务经费标准。落实预防为主方针，推进重大疾病防治战略，以健康城市建设为抓手，全面推进重大传染病、慢性病、地方病综合防控。加强妇幼健康服务网络建设。巩固和完善基本药物制度。全面推进医疗卫生工作重心下移和医疗卫生资源下沉，促进优质医疗资源纵向流动。深化公立医院改革，坚持公立医院公益属性，完善科学补偿机制，建立符合行业特点的薪酬制度。推动健康服务业发展，鼓励社会办医，逐步形成以非营利性医疗机构为主体，营利性医疗机构为补充的社会办医体系。加强残疾预防，加大对残疾人的康复救助力度。

（九）促进人口均衡发展。坚持计划生育基本国策，全面实施一对夫妇可生育两个孩子政策。完善人口发展战略，提高出生人口素质、居民健康素养，优化人口结构与分布，引导人口有序流动。推进计划生育服务管理改革，提高生殖健康、妇幼保健、托幼等公共服务水平。健全特殊困难计划生育家庭的关怀扶助体系。提高家庭发展能力。全面推进以居家为基础、社区为依托、机构为支撑的社会养老服务体系建设，积极应对人口老龄化。推进医养融合。进一步完善老年人权益保障和优待政策法规，加大对生活困难老人救助力度。坚持男女平等基本国策，保障妇女和未成年人权益。支持残疾人事业发展，维护残疾人合法权益。

八、推进廉洁和安全发展，着力营造良好发展环境

廉洁促进发展，发展必须廉洁，扎实推进“六权治本”，把权力关进制度的笼子里，培育廉洁发展的社会氛围，持续加强安全生产，健全公共安全保障体系，促进廉洁安全发展与经济社会发展的良性互动，着力营造良好发展环境。

（一）始终保持惩治腐败、狠刹“四风”、打黑除恶高压态势。反腐倡廉建设永远在路上，反腐不能停步，不能放松。始终保持惩治腐败高压态势，严肃查处损害群众利益、发生在群众身边的腐败问题，以最坚决的态度减少腐败存量、以最果断的措施遏制腐败增量，以零容忍态度惩治腐败，坚决把反腐败斗争进行到底。对党的十八大以来，特别是2014年9月1日以后，仍然顶风违纪、不收敛、不收手的，坚决严肃查处，决不姑息。坚决落实中央八项规定，坚持不懈狠刹“四风”，推动党风政风和社会风气持续好转。“打黑除恶”斗争要与反腐败斗争同步推进，加大依法打击、从重惩处力度，坚决打击黑恶势力。持续净化政治生态，坚决实现弊革风清，营造良好从政环境。

（二）深入推进“六权治本”。稳妥有序扩大“六权治本”覆盖面，以“二清单、两平台、两张图、一监督”为载体，抓住关键、完善制度、健全机制，加快在省、市、县各个层面、各个领域全面实施“六权治本”，从源头上把制度“笼子”织密编牢，努力形成不能腐的长效机制。在继续完善权力清单、责任清单、权力运行流程图、风险防控图基础上，制定市场准入负面清单。加快市、县两级政府部门开展清理行政职权和编制权力清单、责任清单工作，加强对权力清单、责任清单的动态管理。按照“全面覆盖、全程到位、制度束权”要求，建立健全各项规章制度。建成和完善政务服务平台和公共资源交易平台。加大专门机构监督，落实人大政协监督，强化人民群众监督，正确发挥舆论监督。坚持简单明白、突出重点、注重实效，推动农村议事决策机制创新，围绕农村资金资产资源管理和民生改善，推动“六权治本”向乡、村两级延伸，有效解决群众身边的腐败问题。

（三）创新推动廉洁发展体制机制。把改革作为推动廉洁发展重要动力，厘清市场与政府权力边界，建立健全防贪腐促廉洁工作机制，畅通群众知情、参与、表达、监督渠道，营造公平公正经济发展环境。发挥市场配置资源的决定性作用，提高政府监管水平，形成廉洁发展的制度保障。提高领导干部推动廉洁发展主动性和自觉性，带头廉洁自律，带头廉洁用权。

（四）营造廉洁发展社会环境。充分挖掘、继承和弘扬我省优秀廉政文化、法治文化和红色文化，广泛宣传廉洁发展典型。净化政治生态，加大正风肃纪力度，紧盯“四风”新形式、新动向，始终保持狠刹“四风”高压态势，坚决防止“四风”反弹回潮。引导党员干部自觉遵守廉洁自律准则，严守纪律底线，正确看待和处理公与私、廉与腐、俭与奢、苦与乐的关系，提高自律意识，保持廉洁本色，以优良党风促政风、带民风。重塑政商关系，坚决铲除权力干预市场、“官商勾结”土壤，斩断“权钱交易”利益链条，重塑商业伦理、重育商业文化，构建交往有道、相敬如宾、公私分明、清正廉洁的政商关系。倡导廉洁文明新风尚，弘扬以廉立身、以廉治家、以廉教子的文化传统，革除铺张浪费、婚丧嫁娶大操大办等社会陋习，促进社会风气不断好转。

（五）全面加强安全生产。强化安全红线意识，加强安全生产宣传教育，夯实安全生产基础。落实“党政同责、一岗双责、失职追责”和“管行业必须管安全，管业务必须管安全，管生产经营必须管安全；行业主管部门直接监管，安全监管部门综合监管，地方政府属地监管”的安全生产责任体系，严格实施安全生产目标责任考核和“一票否决”。全面夯实安全生产基层基础，健全预防治本的隐患排查治理体系，加强应急救援能力建设，推动安全生产治理体系建设和治理能力现代化建设，健全安全生产长效机制。监督企业落实安全生产主体责任，严格履行法定责任和义务，切实做到安全生产责任到位、投入到位、培训到位、基础管理到位和应急救援到位。严格安全生产监管执法，深入开展煤矿、道路交通、消防、非煤矿山、危险化学品、油气管道、特种设备等重点行业领域专项整治，坚决防控重特大安全生产事故，减少较大事故和一般事故，切实维护人民生命财产安全。

（六）健全公共安全保障体系。加强社会治安综合治

理，大力推进公共安全视频监控建设联网应用，深入实施“六六创安”工程，加快创新完善点线面结合、网上网下结合、人防物防技防结合、打防管控结合的立体化社会治安防控体系，全面深化平安山西建设。加强危爆物品管控，加大对寄递物流、消防、道路交通等重点行业安全管理，加大对电信网络新型犯罪行为的打击力度，强化对流动人口的服务管理，强化对严重精神障碍患者等特殊人群的服务管理，减少公共安全隐患。实施食品安全战略，健全完善食品药品安全监管体系，加强食品药品安全治理能力建设，建立食品安全全程追溯制度，加快检验检测体系和信息化建设，加快药品医疗器械审评审批制度改革，形成严密高效、社会共治的食品药品安全治理体系。强化预防治本，形成统一指挥、功能齐全、反应灵敏、运转高效的应急管理体制机制。加强应急救援队伍和训练基地建设，建设标准规范、安全实用的应急避难场所，推广普及防灾文化，加强安全生产基础能力和防灾减灾能力建设。

（七）提升社会治理能力和水平。加强和创新社会治理，完善党委领导、政府主导、社会协同、公众参与、法治保障的社会治理体制。推进社会治理精细化，创新社会治理模式，构建全民共建共享的社会治理格局。加强居委会（村委会）等基层自治组织建设，完善公众参与机制，实现政府治理和社会自我调节、居民自治良性互动。大力推广党建、社会治理、公共服务网格化管理，不断完善网格化管理机制，加强基层综合服务管理平台建设和应用。创新社会组织培育管理机制，放宽社会组织登记门槛，调整社会组织职能定位，提高社会组织承接政府转移职能、开展公益服务和中介服务能力。畅通社会组织参与社会管理渠道，合理引导、鼓励各类公益性、服务性、互助性社会组织积极参与社会治理。

健全畅通群众利益表达、利益协调、利益保护机制，健全依法维权和化解纠纷机制，加强改进信访和调解工作。健全社会矛盾纠纷预防化解机制，完善调解、仲裁、行政裁决、行政复议、诉讼等有机衔接，相互协调的多元化纠纷解决机制。全面推行重大决策、重大项目社会稳定风险评估制度，规范评估程序，加大评估结果应用。重视群众诉求，关心群众疾苦，切实解决好人民群众特别是困难群众生产生活问题。严密防范、依法惩治违法犯罪活动，加强反恐工作，维护社会和谐稳定。

深入推进政务诚信、商务诚信、社会诚信、司法公信，加快建设“诚信山西”。完善社会信用体系运行机制，建立覆盖全社会的信用信息系统，推进征信机构、征信系统和信用信息共享平台建设，建立健全守信激励和失信惩戒机制。加强诚信教育与诚信文化建设，加快培养信用专业人才。

九、全面深化改革，为我省发展提供持续动力

坚定不移推进各领域改革，以经济体制改革为重点，大力推动具有标志性、关联性、结构性、支撑性作用的重大改革，加快出台有利于资源型经济转型和稳增长、调结构、惠民生、防风险的改革举措，抓好改革落地见效。

（一）加快转型综改试验区建设。发挥转型综改试验区建设的统领作用，聚焦我省资源型经济转型面临的突出问题和体制机制障碍，提高改革精准发力和精准落地能力，对已经出台的重大改革举措，强化力量统筹、质量统筹、落地统筹，确保改革举措落到实处。科学制定“十三五”综改试验规划和实施方案，围绕综合能源基地建设、社会管理、市场体制、行政管理、对外开放等重点领域，大胆探索、攻坚克难，建立完善支撑资源型经济转型的政策体系和体制机制，努力为全国其他资源型地区转型发展创造更多可复制、可推广的经验和办法。

（二）引深重点领域和关键环节改革。健全使市场在资源配置中起决定性作用和更好发挥政府作用的制度体系。加快形成有利于市场经济体系完善的产权制度、国资国企改革、要素市场和现代财税制度等体制机制。

深化现代产权制度改革。科学界定产权，明确资产所有权归属，完善产权保护制度，健全产权交易规则和监管制度，建立归属清晰、权责明确、保护严格、流转顺畅的现代产权制度。

深化国资国企改革。完善各类国有资产管理体制，以管资本为主加强国有资产监管，防止国有资产流失。加快国有资本授权经营体制改革，推动国有资本合理流动优化配置，推进经营性国有资产集中统一监管。积力推进国有企业公司制股份制改革，重点抓好同煤、晋能集团改革试点，健全公司法人治理结构，创造条件推动国有企业特别是竞争性领域企业整体上市或主营业务上市。鼓励民营企业依法进入更多领域参与国有企业改革。有序推动国企股权多元化改革，允许更多国有经济和其他所有制经济发展成为混合所有制经济。探索实行混合所有制企业员工持股，建立健全股权流转和退出机制。鼓励国有资本以多种方式入股非国有企业。按照市场经济理念，积极筹建山西金融投资控股集团有限公司。

推进要素市场建设。进一步完善煤炭等矿产资源市场配置机制，尽快启动煤炭资源市场化配置改革，研究完善煤炭资源出让转让管理办法。加快建立城乡统一的建设用地市场和统一开放的人力资源市场，大力发展技术交易市场，促进人才、资金、科研成果等在城乡、企业、高校、科研机构间有序流动。

加快形成统一开放、竞争有序的市场体系。全面放开竞争领域产品价格，推进资源性产品价格形成机制改革，健全农产品价格形成机制，缩小政府定价范围，不断完善市场决定价格机制。建立公平竞争保障机制，打破地域分割和行业垄断。

深化财税体制改革。建立健全有利于转变经济发展方式、形成统一市场、促进社会公平正义的现代财政制度。建立全面规范、公开透明预算制度，完善政府预算体系，

实施跨年度预算平衡机制和中期财政规划管理。建立规范的地方政府举债融资体制。健全优先使用创新产品、绿色产品的政府采购政策。完善地方税体系，加强非税收入管理。

健全金融管理和风控机制。适应现代金融市场发展，改革金融监管框架，完善地方金融管理体系，实现金融风险监管全覆盖。建立完善金融风险协同应对处置机制，防止发生系统性、区域性金融风险。

（三）加快政府职能转变。持续推进简政放权、放管结合、优化服务，提高政府效能，激发市场活力和社会创造力。深化行政审批制度改革，推行权力清单和责任清单制度，加快建设综合性政务平台。加快推进投资体制改革，规范政府投资行为，保护投资者合法权益，营造有利于各类投资主体公平、有序竞争市场环境。建立健全政府购买公共服务机制，加大教育、文化、卫生等领域政府购买服务力度。积极稳妥推进行政区划调整和扩权强县改革，探索省直管县（市）体制改革工作。深化政府机构改革和职责整合，加快事业单位分类改革，推进事业单位去行政化。加强绩效考核，探索建立政府绩效第三方评估机制，努力提高政府行政效能。

（四）加快改革试点工作。坚持试点先行，鼓励各地从实际出发进行多元探索，开展不同层次、不同领域改革试点。重点围绕全面改革的重点领域、关键环节和转型综改试验区建设，推进省部合作，争取国家更多改革授权，加快实施煤层气矿业权审批制度改革，提升中国（太原）煤炭交易中心功能，开展商品场外衍生品交易，探索差别化的土地管理制度。

十、加强和改善党的领导，为全面建成小康社会提供坚强保障

深刻认识发展是党执政兴国的第一要务，深刻认识我省如期全面建成小康社会的复杂性、艰巨性，改进领导经济社会发展工作体制机制，完善治理体系，提升治理能力，更好推动全省经济社会发展。

（一）提高党领导经济社会发展的能力和水平。坚持党总揽全局、协调各方，充分发挥各级党委（党组）领导核心作用。适应、把握、引领经济发展新常态，创新党委领导经济社会发展的观念、体制、方式和方法，提高党委把握方向、谋划全局、提出战略、制定政策、推进改革的能力。加强党委领导经济社会工作的制度化建设，强化全委会决策和监督作用，完善党委研究经济社会发展战略、定期分析经济形势、研究重大方针政策的工作机制，推动党领导经济社会发展制度化、规范化、程序化。完善决策机制，注重发挥智库和专业研究机构作用，提高科学决策能力，确保制定的重大战略、出台的政策措施符合客观规律。

（二）严格落实“两个责任”。全面从严治党首要在落实“两个责任”。坚持“抓好管党治党是最大的政绩”，紧紧牵住落实党风廉政建设主体责任这个“牛鼻子”，以主体责任落实带动各方面责任落实，真正领好班子、带好队伍。坚持从上做起、从根管起、一严到底，按照省委落实主体责任意见要求，列细问题清单、责任清单、整改清单，把责任层层扛起来、将压力逐级传下去。对主体责任和监督责任落实不力的人和事，加大问责处置力度。保持坚强政治定力，在党言党、在党忧党、在党为党，正确用权、谨慎用权、干净用权。

（三）坚持从严治吏。从严治党重在从严治吏。继续保持选人用人风清气正，坚持“德才兼备、以德为先、以廉为基”用人导向，严格执行《党政领导干部选拔任用工作条例》，严格执行省委干部工作制度规定，完善干部选拔任用“三个一批”工作机制，把好干部选出来用起来。推进干部能上能下，探索建立干部调整退出的动态化常态化机制。加强对领导干部特别是“一把手”的日常监督管理，加强审计监督，加强干部作风和能力培训，逐步建立从严治吏长效机制。充分发挥目标责任制考核的激励导向作用，完善政绩考核评价体系和奖惩机制，保护和调动各级干部干事创业积极性、主动性、创造性。加强党的各级组织建设，优化组织设置，强化基层党组织整体功能。加强基层党组织带头人队伍建设，发挥好农村第一书记作用。统筹加强社区、机关、高校、企业等基层组织建设，着力实现非公经济组织和社会组织党组织和党的工作“两个全覆盖”。

（四）坚决把党的纪律和规矩挺在前面。落实“三严三实”要求，把守纪律讲规矩摆在更加重要位置，在严格执行党纪党规上“先走一步”。以党章为根本遵循、以党纪为基本准绳，严格执行《中国共产党廉洁自律准则》和《中国共产党纪律处分条例》，严明党的纪律和规矩，坚决反对“七个有之”，切实做到“五个必须”，做到有令必行、有禁必止。筑牢法律和党纪“两道防线”，突出“五个严格”，发挥“三个作用”，使党员干部心有所畏、言有所戒、行有所止，切实维护党章党规党纪的严肃性、权威性。

（五）实施人才强省战略。继续深入实施《山西省中长期人才发展规划纲要（2010—2020年）》，推进人才发展体制机制创新，形成具有特色和竞争力的人才制度优势。坚持人才培养与引进并举，依托“百人计划”“三晋学者计划”等重大人才工程，引进一批“高精尖缺”创新创业人才。创新人才使用和评价机制，打破人才身份和体制障碍，鼓励和支持高层次人才在企业、高校、科研院所之间合理流动。完善人才分配激励机制，加快科技成果使用处置和收益管理改革，健全技术要素参与分配制度。建立健全以政府奖励为导向、用人单位和社会力量奖励为主体的人才奖励体系。制定完善支持创新型小微企业、创新型人才成长政策体系。

（六）加快建设法治山西。深入推进科学立法、民主立法，加强资源、科技、生态、安全、社会等重点领域和行政审批、招投标、资金分配、市场监管等关键环节的地方立法，增强地方性法规的及时性、操作性、有效性，提高

地方立法质量和水平。加强执法监督，确保依法行政。加强协商民主制度建设，创新协商内容和形式，充分发挥人民政协作为协商民主的重要渠道作用。大力发展基层民主。加快法治政府建设，依法全面履行政府职能。推进司法体制改革，完善确保依法独立行使审判权和检察权的制度，优化司法职权配置和司法管辖体制，改革完善司法权力运行机制，强化司法活动监督制约机制，健全开放、动态、透明、便民的阳光司法体制，促进司法公正。加快法治社会建设，深入开展法治宣传教育，强化各级领导干部运用法治思维和法治方式能力，增强全民尊法学法守法用法观念，在全社会形成良好法治氛围和法治习惯。着力加强公共法律服务体系建设，完善法律援助制度，完善法律服务体系。健全依法维权和化解纠纷机制，把信访纳入法治化轨道。

（七）广泛凝聚富民强省强大合力。巩固和发展最广泛的爱国统一战线，加强与党外人士合作共事，充分发挥民主党派、工商联和无党派人士作用，支持工会、共青团、妇联等人民团体依法开展工作。健全基层群众自治机制，加强社区治理机制探索。贯彻党的群众路线，完善深入群众制度，加强经济社会发展重大问题和涉及群众切身利益问题的协商，依法保障人民群众权益。深入开展民族团结进步宣传教育，引导宗教与社会主义社会相适应。加强思想政治工作，创新群众工作体制机制和方式方法，最大限度凝聚社会共识，形成发展正能量。

（八）切实抓好规划建议目标任务落实。按照省委《建议》确定的指导思想、主要目标、发展路径、重大举措，研究制定我省“十三五”规划纲要和专项规划。各市要结合实际制定本市的“十三五”规划。各级各类规划要增加明确反映新的发展理念和推动“六大发展”的指标，增强政府履行职责的约束性指标，把全会确定的各项决策部署落到实处。

实现“十三五”规划的目标任务光荣而艰巨。全省各级党委、政府和广大干部群众，要紧密团结在以习近平同志为总书记的党中央周围，坚定信心、奋发进取，众志成城、攻坚克难，夺取全面建成小康社会决胜阶段的伟大胜利！

中共山西省委办公厅
山西省人民政府办公厅
印发《关于深入推进农村社区建设试点工作的实施意见》的通知

晋办发〔2015〕50号

各市、县委，各市、县人民政府，省委各部委，省直各委、办、厅、局，各人民团体：

《关于深入推进农村社区建设试点工作的实施意见》已经省委、省政府同意，现印发给你们，请认真贯彻落实。

中共山西省委办公厅

山西省人民政府办公厅

2015年12月9日

关于深入推进农村社区建设试点工作的实施意见

为深入贯彻中央关于农村社区建设工作的决策部署，增强农村基层社会治理能力，提高农村居民生活质量，保障农村居民合法权益，引导农村社区建设健康发展，根据中央办公厅、国务院办公厅印发的《关于深入推进农村社区建设试点工作的指导意见》（中办发〔2015〕30号）精神，结合我省实际，现就推进农村社区建设试点工作提出如下实施意见。

一、总体要求

（一）指导思想

以邓小平理论、“三个代表”重要思想、科学发展观为指导，深入贯彻落实党的十八大、十八届三中、四中、五中全会精神和习近平总书记系列重要讲话精神，按照省委、省政府关于社会主义新农村建设的总体要求，以美丽乡村建设为依托，以深化改革为动力，以党建为统领，以全面提高农村居民生活质量和文明素养为根本，完善村民自治与多元主体参与有机结合的农村社区共建共享机制，健全村民自我服务与政府公共服务、社会公益服务有效衔接的农村基层综合管理平台，形成乡土文化和现代文明融合发展的文化纽带，构建生态功能与生产生活功能协调发展的人居环境，推进城乡一体化和城乡基本公共服务均等化，促进农村社区经济、政治、文化、社会、生态全面协调可持续发展，努力构建完善新型乡村治理体制机制，为全面推进农村社区建设、统筹城乡发展探索路径、积累经验。

（二）基本原则

坚持以人为本、完善自治。坚持和完善村党组织领导的充满活力的村民自治制度，尊重农村居民的主体地位，切实维护好保障好农村居民的民主政治权利、合法经济利益和社会生活权益。

坚持党政主导、社会协同。落实党委和政府的组织领导、统筹协调、规划建设、政策引导、资源投入等职责，调动农村集体经济组织、农民合作经济组织、农村群团组织和社会组织等各类主体的积极性、主动性和创造性。

坚持城乡衔接、突出特色。加强农村社区建设与新型城镇化建设的配套衔接，强化农村社区建设对新农村建设的有效支撑，既注意以城带乡、以乡促城、优势互补、共同提高，又重视乡土味道、体现农村特点、保留乡村风貌。

坚持科学谋划、分类施策。把握农村经济社会发展规律，做好整体谋划，提高试点工作的科学性、前瞻性、可行性和有效性。加强分类指导，统筹考虑各地农村社区的经济发展条件、人口状况及变动趋势、自然地理状况、历史文化传统等因素，合理确定试点目标和工作重点，因地制宜开展试点探索。

坚持改革创新、依法治理。坚持和发展农村社会治理有效方式，发挥农村居民首创精神，积极推进农村基层社会治理的实践创新和制度创新。深化农村基层组织依法治理，发挥村规民约积极作用，推进农村社区治理法治化、规范化。

（三）工作安排

各地要以中央深入推进农村社区建设为契机，结合我省社会主义新农村建设的总体要求，着力打造一批管理有序、服务完善、文明祥和的农村社区建设示范点。各市选取2–3个试点县，每个试点县选取2–3个试点乡镇，每个试点乡镇选取5–10个村开展试点。其他各县选取5个以上村开展试点。从各市确定的试点县、试点乡镇、试点村中选定10–15个县、20–25个乡镇、100个村作为省级试点单位。到2018年，精心打造一批符合中央文件要求的农村社区示范点。从2018年起，按照农村社区建设试点工作的经验和基本模式，发挥试点单位的示范、突破、带动作用，在全省全面推进农村社区建设。力争到2020年，基本实现全省农村社区建设全覆盖。

二、工作任务

（一）科学规划农村社区建设布局。按照聚居人口适度、服务半径合理、资源配置有效、功能相对齐全、有利于统筹城乡发展的原则，以县（市、区）为单位，科学规划农村社区建设布局。在现行村委会范围内，原则上按照“一村一社区”的形式开展社区建设；规模小的村、人口居住分散或者生产生活方式相近的地方，可以按照“多村一社区”的形式探索开展农村社区建设。农村社区建设规划要与村布局规划、乡镇建设规划、产业发展规划、生态功能区规划相协调，与“美丽乡村”建设等农村基础设施建设、公共服务规划配套衔接，促进农村内部生产、生活、生态等功能合理分区，实现资源有效整合利用。

（二）完善在村党组织领导下、以村民自治为基础的农村社区治理机制。农村社区坚持村党组织领导、村委会牵头，以村民自治为根本途径和有效手段，发动农村居民参与，不改变村民自治机制，不增加农村管理层级。推进农村基层服务型党组织建设，增强乡镇、村党组织服务功能。以农村基层党组织建设带动农村自治组织、群众组织、经济社会服务组织建设，健全农村基层党组织引领农村社区建设的领导机制和工作机制。积极探索和完善“政社互动”的有效运作机制，依法确定乡镇政府与村委会在农村社区公共事务和公益事业上的权责关系，研究编制村委会依法履行职责清单和协助政府工作清单，鼓励乡镇政府与村委会签订委托协议和购买服务协议，建立履职履约双向评估机制，促进政府治理与村民自治的有效衔接和良性互动。加强村委会和村务监督机构建设，完善农村社区建设重大问题的民主决策、民主监督制度。依托村民会议、村民代表会议等载体，广泛开展形式多样的农村社区协商，探索村民议事会、村民理事会等协商形式，探索村民小组协商和管理的有效方式，逐步实现基层协商经常化、规范化、制度化。拓宽农村居民和基层政府、社会组织、驻区单位等各类主体协商议事的载体和途径，完善农村居民诉求表达、利益协调和权益保障机制。特别要依法保障符合条件的非本村户籍居民参加村委会选举和享有农村社区基本公共服务的权利。吸纳非户籍居民参与农村社区公共事务和公益事业的协商，建立户籍居民和非户籍居民共同参与的农村社区协调议事机制，在保障农村集体经济组织成员合法权益的前提下，探索通过分担筹资筹劳、投资集体经济等方式，引导非户籍居民更广泛地参与民主决策。健全利益相关方参与社区治理机制，采取会议表决、代表议事、远程咨询等决策方式，维护外出务工居民等相关人群在户籍所在地社区的权利。

（三）畅通多元主体参与农村社区建设渠道。建立县级以上机关党员、干部到农村社区挂职任职、驻点包户制度。建立和完善党代表、人大代表、政协委员联系农村居民、支持农村社区发展机制。鼓励驻村机关、团体、部队、企事业单位支持、参与农村社区建设。拓宽外出发展人员和退休返乡人员参与农村社区建设渠道。依法确定村民委员会和农村集体经济组织以及各类经营主体的关系，保障农村集体经济组织独立开展经济活动的自主权，增强村集体经济组织支持农村社区建设的能力。推动发展新型农村合作金融组织、新型农民合作经济组织和社会组织，通过购买服务、直接资助、以奖代补、公益创投等方式，支持社区社会组织参与社区公共事务和公益事业，支持专业化社会服务组织到农村社区开展服务。发挥农村邻里相亲、守望相助的传统，引导居民开展志愿者互助服务，培育青年志愿者和妇女互助组织，不断壮大农村社区志愿者队伍，鼓励城市志愿者到农村开展服务。

（四）提升农村社区公共服务水平。支持依托乡镇社区综合服务设施，建设农村社区公共服务“一站式”服务机构，统一提供农村社区基本公共服务的咨询、办理和反馈服务。以农村居民需求为导向，推动基本公共服务项目覆盖全体农村居民，促进城乡基本公共服务均等化，优先发展与农村居民切身利益密切相关的服务项目。探索建立公共服务事项全程委托代理制度，最大限度为农村居民办事提供方便。改善农村社区医疗卫生条件，加大对乡村卫生和计划生育服务机构设施改造、设备更新、人员培训等方面的支持力度。鼓励各级各类学校教育资源向周边农村居民开放，用好县级职教中心、乡镇成人文化技术学校和农村社区教育教学点。依托乡镇综合文化站构建国民体质监测站，配置国民体质测试器材，完成对普通人群的体质测定，加强对农村社区居民科学健身指导服务。每个农村社区努力建有一个健身组织队伍、一个体育活动场所（设施）、一个体育技能的社会体育指导员、一个具有当地传统体育项目、一套体育活动和设施管理的长效机制。做好农村社区扶贫、社会救助、社会福利、优抚安置服务，做好劳动就业、社会保障服务，推进农村社区养老、助残服务，组织引导居民积极参加城乡居民养老保险，全面实施城乡居民大病医疗保险制度和“救急难”工作试点。建立健全农村社区“三留守”人员关爱服务机制，重点满足老年人、未成年人、残疾人、困难群体的服务需求，尤其要重视关爱留守儿童的工作，开展结队帮扶志愿服务，建立社区“三留守”人员信息库，切实提高对“三留守”人员的服务水平。

（五）加快农村社区信息化建设。着力推进社区公共服务综合信息平台向农村社区延伸，加强网格化管理、社会化服务，依托全省多层级社会服务管理信息系统和县、乡、村综合服务管理平台，构建三级联动互补的基层公共服务网络，提升农村基层公共服务信息化水平。依托社区公共服务信息系统，加快统筹社区公共服务网络和信息资源。加快信息集约化建设，推动部署在不同层级、不同部门、分散孤立、用途单一的各类社区信息系统向社区公共服务综合信息平台迁移或集成，最大限度精简基层业务应用系统、服务终端和管理台账。集中建设社区公共服务综合信息平台和综合信息库，为乡镇和农村社区开展服务提供便捷渠道和技术支持。

（六）加强农村社区公共服务设施及市政公共设施建设管理。推进社区综合服务设施建设，逐步形成与当地经济社会发展水平相协调，以综合服务设施为主体、专项服务设施为配套、服务网点为补充、室内外设施相结合的农村社区服务设施网络。一般在人口相对集中的地方选址建设，以整合利用现有的村级组织活动场所、文化室、计划生育服务室、农民体育健身工程等现有场地、设施和资源为前提，按照一室多能、一室多用的要求新建、改建或扩建，集管理、服务、活动等功能于一体，避免资源闲置或浪费。对于农村居民居住分散的，可根据需要设立服务网点。农村社区综合服务设施应统一应用“中国社区”标识，按照办公区域尽量小、服务和居民活动区域尽量大的要求合理安排使用。在乡镇、村实现公共体育健身设施100%全覆盖的基础上，进一步完善农民体育健身工程设施维护保养机制，广泛组织农民体育健身活动，提高农民体育健身工程设施使用率。

（七）推进农村社区法治建设和平安建设。加强农村社区司法行政工作室等法治机构建设，指导农村社区开展各项法治工作，探索整合农村社区层面法治力量，加强农村社区法律援助工作，推动法治工作网络、机制和人员向农村社区延伸，推进覆盖农村社区的公共服务法律体系建设。完善人民调解、行政调解、司法调解联动工作体系，建立调处化解农村矛盾纠纷综合机制，及时了解掌握和回应不同利益主体的关切和诉求，有效预防和就地化解矛盾纠纷。建立社区公共安全体系，创新农村社区立体化社会治安防控体系，加强和创新农村社区平安建设，建立覆盖农村全部实有人口的动态管理机制，做好社区禁毒和特殊人群帮教工作。加强农村社区警务、警务辅助力量和群防群治队伍建设，对符合任职年限的的农村警务室民警落实职级待遇。加强农村社区普法宣传教育，提高基层党员、干部法治思维和依法办事能力，引导农村居民依法反映诉求、解决矛盾纠纷。指导完善村民自治章程和村规民约，支持农村居民自我约束和自我管理，提高农村社区治理法治化水平。

（八）推动农村社区公益性服务、市场化服务创新发展。广泛动员党政机关、企事业单位、各类社会组织和居民群众参加农村社区志愿服务，切实发挥党员先锋模范作用。完善农村社区志愿服务站点布局，搭建社区志愿者、服务对象和服务项目对接平台，开展丰富多彩的社区志愿者互助活动。根据农村社区发展特点和居民需求分类推进社会工作服务，发挥社会工作专业人才引领社区志愿者服务作用。逐步建立党组织关爱服务、基本公共服务、志愿者互助服务、市场化服务衔接互补、覆盖农村全体居民的社区服务体系。鼓励企业和供销社完善社区商业网点和物流布局，引导经营性服务组织在农村社区开展连锁经营，采取购买服务等方式，支持社会力量在农村兴办养老助残、扶贫济困等各类社会事业。

（九）发展农村社区特色文化。以培养和践行社会主义核心价值观为根本，发展农村社区特色文化，丰富农村居民文化生活，增强农村居民的归属感和认同感。深入开展和谐社区等精神文明创建活动，树立良好家风，弘扬公序良俗，创新和发展乡贤文化，形成健康向上、开放包容、创新进取的社会风尚。健全农村社区现代公共文化服务体系，整合宣传文化、党员教育、科学普及、体育健身等服务功能，形成综合性文化服务中心，开辟群众文体活动广场，增强农村文化惠民工程实效。引导城市文化机构、团体到农村社区拓展服务，支持农民兴办演出团体和其他文化团体。重视发挥青年人对农村社区文化的引领作用，发现和培养乡土文化能人、民间文化传承人等文化人才，广泛开展具有浓郁乡土气息的农村社区文化体育活动，凝聚有利于农村社区发展的内在动力和创新活力。

（十）改善农村社区人居环境。强化农村居民节约意识、环保意识和生态意识，形成爱护环境、节约资源的生活习惯、生产方式和良好风气。发动农村居民和社会力量开展形式多样的农村社区公共空间、公共设施、公共绿化管护行动。完善农村社区基础设施，建立健全农村供电、供排水、道路交通安全、消防安全、地名标志、通信网络等公用设施的建设、运行、管护和综合利用机制，逐步进行社区设施无障碍建设和改造。分级建立污水、垃圾收集处理网络，促进农村废弃物循环利用，重点解决污水乱排、垃圾乱扔、秸秆随意抛弃焚烧等脏乱差问题。加快改水、改厨、改厕、改圈，改善农村社区卫生环境。推进“美丽乡村”和村镇生态文明建设，保持农村社区乡土气息和田园风光。

三、组织实施

（一）加强组织领导，健全工作机制。各级党委、政府要高度重视农村社区建设工作，把农村社区建设试点工作作为社会管理和公共服务的重要内容，落实组织领导、统筹协调、规划建设、政策指导、资源投入等职责。建立党委领导、政府实施、民政部门牵头、各有关部门密切配合、社会力量支持、群众广泛参与的工作推进机制。各地要制定切实可行的试点实施方案，县级党委书记要认真履行“第一责任人”的职责，乡镇党委书记要履行好直接责任人的职责，村党组织书记要在试点工作中充分发挥领导核心作用。

（二）明确部门责任，形成建设合力。试点过程中的重点任务要明确部门责任，各级党委组织部门要抓好统筹协调。民政部门会同有关部门加强对试点工作的协调督导；财政部门要落实相关工作经费，保障试点工作顺利进行；工商、税务等部门要制定并落实扶持农村社区商业服务发展政策措施；共青团、妇联等群众组织和社会组织要发动各自联系的农村群众积极投身农村社区建设；各级纪检、宣传、综治、信访、发展改革、农业、文化、教育、公安、司法、人力资源和社会保障、国土、环保、住房城乡建设、卫生计生、金融等部门要各司其职、密切协作、统筹推进。建立农村社区建设统筹协调和绩效评估机制，切实加强农村社区建设试点工作的组织协调、指导服务和督促检查。

（三）坚持创新引领，实施分类指导。各地要结合实际，根据经济社会发展水平和农村社区实际情况，突出重点、分类施策，稳步推进试点工作。确定一定数量具备条件的试点县，选择城中村、城郊村、中心村、山区村等不同类型的建制村开展试点。城中村、城郊村和农村居民集中移居点要探索借鉴城市社区服务管理的有效经验，地形复杂、交通不便、居住分散的农村地区可根据自身条件，探索推进农村社区建设的有效途径。土地集体所有权在村民小组的，可根据群众意愿和实际需要，将试点工作延伸到自然村层面，并制定切实可行的试点实施方案。农村社区建设要在维护农民土地承包经营权和宅基地用益物权前提下开展，与当地经济和社会发展总体规划、土地利用规划、村庄规划和社会主义新农村建设规划等相衔接，与“美丽乡村”建设等工程相配套，与统筹城乡基层党建同步考虑。严禁强制推行大拆大建、撤村并居，严禁违反土地利用规划擅自改变农用地用途，严禁以“管委会”等机构取代村党组织和村民委员会。

（四）推动多元投入，完善配套措施。有关部门要加强对地方试点工作的指导，及时制定完善相关配套政策，农村社区建设经费列入同级政府财政预算。建立以各级财政投入为主体，以各级涉农资金、帮扶单位投入和村集体积累资金投入为辅助，以村民自愿捐助和社会各界捐助为补充的农村社区多元化投入机制。推动农村社区拓宽资金来源渠道，统筹利用好村集体经济收入、政府投入和社会资金，重点保障基本公共服务设施和网络、农村居民活动场所建设需要，按规定合理安排农村社区工作经费和人员报酬。科学安排农村社区建设项目，统筹整合相关涉农资金，提高资金使用效率，避免重复建设。推进政府部门向社会组织转移职能和加大政府向社会组织购买服务力度，做到权随责走、费随事转。落实和完善支持农村社区建设的价格优惠政策，村民委员会服务设施用电以及社会福利场所生活用电按居民生活类价格执行。制定完善农村社区建设投融资政策，鼓励金融机构加快相关金融产品开发和服务创新，积极利用小额贷款等方式，安排信贷资金支持农村社区建设。探索在省级以下条件成熟的地区设立财政资金、金融和产业资本共同筹资的农村社区建设发展基金，吸纳更多社会资本参与农村社区建设。

（五）强化人才支撑。选优配强村“两委”领导班子，特别是选好用好管好村党团组织带头人。鼓励和支持服务期满大学生村官、退伍军人、普通高校和职业院校毕业生及各类优秀人才到农村社区工作。支持农村社区通过向社会公开招聘、挂职锻炼等方式配备和使用社会工作专业人才。加强对乡镇干部、村“两委”成员和农村社区工作者以及乡村两级团组织带头人的培训，提升推动农村社区发展和服务农村居民的能力。

（六）及时总结经验，加强督查考评。各级党委、政府要加强对农村社区建设试点工作的督查考评工作，完善考评方法，加大考评结果的运用力度。各级民政部门要切实履行牵头职责，会同有关部门制定不同类型社区的考核标准。省、市两级民政部门要会同有关部门对各地工作情况适时进行专项督查，确保各项工作落到实处。积极开展农村社区建设示范创建活动，适时对试点工作成效进行总结评估，稳步扩大试点范围。及时发现和宣传各类先进典型，总结推广好的经验和做法，形成全社会共同参与和推动农村社区建设的良好氛围。

党风廉政建设和反腐败斗争

（一）党风党纪文件

中共山西省纪律检查委员会关于5起党风廉政建设责任追究典型案件的通报

晋纪通〔2015〕1号

中央对省委班子作出重大调整以来，以王儒林同志为班长的新的省委班子紧紧抓住党风廉政建设主体责任这个“牛鼻子”，强化责任担当，坚持以上率下，层层传导压力，为全省落实“两个责任”做出了表率；在省委的坚强领导下，全省各级各部门认真贯彻落实《中共山西省委关于落实党风廉政建设党委主体责任的意见（试行）》（晋发〔2014〕32号）和《中共山西省委关于落实党风廉政建设纪委监督责任的意见（试行）》（晋发〔2014〕33号），增强责任意识，注重责任落实，加大问责力度，党风廉政建设和反腐败斗争取得明显成效。但也要清醒看到，管党治党不严的现象在一些地方和单位仍不同程度地存在，有的没有承担起主体责任，有的没有履行好监督责任，以致发生严重问题，造成不良影响。为督促各级党委、纪委切实扛起党风廉政建设主体责任和监督责任，使“两个责任”真正落地生根，推动全省党风廉政建设和反腐败斗争不断引向深入，现将近期查处的5起党风廉政建设责任追究典型案件通报如下：

一、平定县委书记杨自明，县委常委、组织部长赵文骥因在村“两委”换届工作中发生违规违纪问题受到责任追究

2014年12月，阳泉市平定县石门口乡南坪村在村委会换届选举中因发生拉票贿选、违规选举问题，有关人员分别受到撤职、留党察看等党纪处分。平定县委主体责任落实不到位，县换届办组织领导不力，县纪委未认真履行监督责任。2015年2月，平定县委和县委书记杨自明，县纪委和县委常委、纪委书记高锦孝被责令向阳泉市委、市纪委作出书面检查，县委常委、组织部长、县换届办主任赵文骥受到党内警告处分。

二、大同市财会学校校长李存义等因下属部分人员公款旅游及滥发津补贴问题受到责任追究

2014年7月至10月，大同市财会学校分4批21人借培训、参会之机公款旅游。2013年1月至2014年11月，该校以各种名义违规发放津补贴共计209.2万元。2015年1月，经大同市纪委、市监察局研究，并报大同市委批准，给予校长李存义留党察看一年、行政撤职处分，给予参与公款旅游的副校长郭耿留党察看一年、行政撤职处分，其他20人按照组织人事管理权限受到严肃处理并被追缴违纪款物。对履行主体责任、监督责任不力的校党委书记岳艺斌、纪委书记米德儒分别给予党内严重警告处分。

三、襄汾县人社局党总支书记唐义清因下属单位严重违纪违法问题受到责任追究

2012年至2014年9月，襄汾县人社局所属县城乡居民养老保险管理服务中心下辖的9个乡镇养老保障所发生挪用

巨额农村养老保险费的严重违纪违法问题。襄汾县人社局党总支书记唐义清因履行主体责任不力，受到撤销党内职务处分。

四、石楼县委常委、纪委书记潘晓明因在工作中未履行监督责任受到责任追究

2008 年1月至2014年10月近七年的时间里，石楼县纪委查办案件工作不力，监督缺位、执纪不严、问责乏力，未能在该县形成反腐败高压态势。对原县委副书记、县长程晓春严重违反中央八项规定精神，超标准使用丰田霸道车和违规借用3.0T新帕萨特轿车不知情，对违规占用办公用房问题未予制止，也未向上级纪委报告。经吕梁市纪委研究，并报吕梁市委同意，免去潘晓明石楼县委委员、常委和纪委书记职务。

五、山西煤炭运销集团大同有限公司副经理陈福平等因所属单位严重违纪违法案件受到责任追究

2013 年10月底至2014年4月，山西煤炭运销集团大同有限公司所属3个煤焦管理站发生单位受贿案件。山西煤炭运销集团大同有限公司副经理陈福平，因履行主体责任不力，受到留党察看一年，行政撤职处分；公司副经理昝军、郭义生作为分管领导，未能认真履职，均受到撤销党内职务、行政撤职处分。

以上通报的5起典型案件，暴露出有的党组织和党员领导干部对反腐败斗争存在模糊认识、错误观念，没有把主体责任担当起来；暴露出有的党员干部对中央和省委要求麻木不仁、心存侥幸，把规矩当摆设、视纪律为儿戏，披上"隐身衣"、穿上"绿马甲"顶风违纪搞"四风"；暴露出"四风"问题树倒根存，具有反复性、顽固性，"不敢"的氛围尚未真正形成。有权必有责，有责要担当。无论是党委还是纪委或其他职能部门，只要履责不力、出了问题、造成严重后果的，都要受到责任追究。对以上5起典型案件的严肃处理，体现了党要管党、从严治党的一贯要求，体现了严格落实"两个责任"、深入推进党风廉政建设和反腐败斗争的实际行动。全省各级各部门都要从典型案件通报中汲取教训，引以为戒。

全省各级党委（党组）要深入贯彻落实十八届中央纪委第五次全会和省纪委十届五次全会精神，紧紧抓住党风廉政建设主体责任这个"牛鼻子"，真正把党风廉政建设当作分内之事、应尽之责，自觉把管党治党责任抓在手里、扛在肩上，切实做到守土有责、守土尽责。各级各部门"一把手"要强化"第一责任人"责任，率先垂范、以上率下，对重要工作亲自部署、重大问题亲自过问、重点环节亲自协调、重要案件亲自督办，切实管好班子、带好队伍、管好自己，做廉洁从政的表率。班子成员要认真履行"一岗双责"，敢于负责、勇于担当，抓好分管范围内的党风廉政建设工作，做到业务工作管到哪里，党风廉政建设就深入到哪里。

各级纪检监察机关要履行监督责任，强化责任追究，对落实"两个责任"不力的行为要严肃问责。十八届中央纪委第五次全会强调，"没有问责，责任就落实不下去"；省委书记王儒林同志在省纪委十届五次全会上强调，"落实'两个责任'、强化责任追究，坚定不移地将反腐败斗争进行到底。"动员千遍，不如问责一次。对党风廉政建设方面的问题，该发现没有发现就是失职，发现问题不报告、不处理就是渎职，都要查处问责。坚持"一案双查"，对违反党的政治纪律和政治规矩、组织纪律、工作纪律，"四风"问题突出，出现区域性、系统性、塌方式腐败案件的地方、部门和单位，既要追究当事人的责任，也要追究主体责任和监督责任。领导干部即使离开原岗位，也要追究问责。要通过责任追究，倒逼责任落实，对不担责、不到位、不作为，牵不住"牛鼻子"的领导干部要坚决"打板子"。

中共山西省纪律检查委员会

2015年2月28日

中共山西省纪律检查委员会关于7起"违规收送礼金红包"和"大操大办婚丧喜庆借机敛财"典型问题的通报

晋纪通〔2015〕2号

全省学习讨论落实活动专项整治工作开展以来，各级纪检监察机关按照省委的部署，聚焦突出问题，强化监督执纪问责，严肃查处违纪违规行为。现对7起"违规收送礼金红包"和"大操大办婚丧喜庆借机敛财"典型问题予以通报。

大同市三医院神经外二科副主任医师李继尧收受红包问题。2014年12月李继尧应患者家属要求修改病例，收受3000元红包。经大同市卫生局党组和市三医院党委研究，

决定给予李继尧行政记过处分，暂停执业6个月，没收违法所得，扣除6个月绩效工资，一年内不得晋升职称，全院通报批评。

长治县机关幼儿园原党支部书记、园长胡秀平收送节礼问题。2013年中秋节、2014年中秋节、春节前夕，胡秀平多次安排本单位人员违规使用公款购买超市预付卡共计20600元，以过节福利名义向本单位中层以上人员发放5900元，向县教育局有关人员送礼7200元，并将剩余的超市预付卡7500元据为己有。经长治县纪委、县监察局研究，决定给予胡秀平开除党籍、撤销职务处分。

芮城县中医院原院长裴振海违规收受礼金、违反财经纪律等问题。裴振海在2014年7月自建房封顶当天，收受本院医护、后勤等非亲属人员礼金共计4900元，同时还存在违规入股经商，违反财经纪律等问题。经芮城县纪委、县监察局研究，决定给予裴振海党内严重警告处分，降低岗位等级，并收缴其违纪所得。芮城县人民政府常务会议研究，决定免去裴振海县中医院院长职务。

省公安厅直属一局原副局长韩晓光为其子结婚大操大办问题。2014年8月至9月，韩晓光先后分3次邀请250余人，为其子举办婚宴，其中宴请其管理和服务对象78人，违规收受礼金31800元。经省公安厅纪委研究，并报省公安厅党委批准，决定给予韩晓光党内严重警告处分，免去直属一局党委委员、副局长职务，并收缴其违纪所得。

应县公安局原党委副书记闫国权为其女结婚大操大办问题。2015年3月，闫国权分3天、5批邀请412人次，为其女举办婚宴，收取27名非亲属人员礼金5400元。鉴于闫国权已于2014年11月办理退休手续，经应县纪委、县监察局研究，并报应县县委常委会批准，决定给予闫国权党内严重警告处分，降低退休待遇，并收缴其违纪所得。

霍州市交警大队事故中队民警刘刚为其父过寿大操大办问题。2015年2月，刘刚在临汾市迎春街平阳饭店给其父亲过寿，收受非亲属人员礼金76100元。经霍州市纪委、市监察局研究，决定给予刘刚留党察看一年、行政降级处分，并收缴其违纪所得。同时，对落实主体责任、监督责任不力的市交警大队分管事故中队的副队长朱敏党内严重警告处分；交警大队纪检组长薛新红党内警告处分；对交警大队队长张连杰进行诫勉谈话，并责令作出书面检查。

晋城市天泽集团煤气化厂原党总支委员张泉林为其子生日大操大办问题。2014年11月30日中午和晚上，张泉林在某酒店分2批邀请280余人，为其子大操大办12岁生日，收受礼金107800 元。经天泽集团纪委研究，并报集团党委批准，决定给予张泉林撤销党内职务处分，并收缴其违纪所得。

少数党员干部无视纪律、顶风违纪，充分说明“在有的地方‘四风’问题不仅根存，而且树也没全倒”，改进党风政风所面临的形势依然严峻复杂，纠正“四风”的任务依然十分艰巨。通报以上7起典型问题，表明了省委狠刹“四风”的坚决态度。全省各级各部门、全体党员干部要深刻反思，汲取教训，引以为戒，切实解决作风方面的突出问题。

一是要进一步落实“两个责任”。各级党委要落实党风廉政建设主体责任，高度重视，精心组织，认真谋划，着力抓好本地区本部门的专项整治工作，着力解决基层压力传导不足的问题，使基层单位真正动起来、抓起来，实现集中整治、集中攻坚、整体推进，确保取得实实在在的成效。各级纪检监察机关要落实党风廉政建设监督责任，严格责任追究，对专项整治工作中群众反映强烈、整治力度不大、造成严重后果的，坚决倒查主责部门党委（党组）的主体责任和有关领导的领导责任。要加强对下级纪委（纪检组）的领导，监督其认真落实监督责任，对有案不查、压案不查、久拖不结，甚至以案谋私的纪检监察干部严肃追责问责。

二是要进一步加大案件查办力度。各级纪检监察机关要以“越往后执纪越严、越往后处理越重”的态度，从严要求、从严执纪，强化正风肃纪，加大监督执纪问责力度，坚决查处专项整治期间发现的违反中央八项规定精神问题和“四风”问题。对专项整治工作中发现的问题线索要逐项梳理，建立台账，认真组织调查核实，对涉及违纪违法的，要及时处置，严肃查处，切实做到事事有结果，件件有着落。

三是要进一步加大通报曝光力度。各级纪检监察机关要将违反中央八项规定精神问题和“四风”问题点名道姓公开曝光，形成强大的警示震慑效果，持续营造“不敢”的氛围，推进作风建设落地生根、成为新常态。要不定期筛选一批专项整治中查处的典型问题进行集中通报。

四是要进一步改进监督执纪问责方式。要坚持问题导向，按照“有什么问题就解决什么问题，什么问题突出就整治什么问题”的要求，开展各类专项整治。针对“四风”隐身变异问题，要以变应变，打破传统固有模式，注重从网络舆情、街谈巷议中发现问题线索，以“啄木鸟”精神，把纪律挺在前面，动辄则咎，增强监督的针对性、实效性。

当前，全省学习讨论落实活动专项整治工作进入攻坚阶段，各级各部门要坚持问题导向，以严肃的态度、严格的标准、严明的纪律，深入推进专项整治工作，强化正风肃纪，为“深入学习贯彻习近平总书记系列重要讲话精神，净化政治生态，实现弊革风清，重塑山西形象，促进富民强省”提供坚强纪律保证。

中共山西省纪律检查委员会

2015年4月16日

中共山西省纪律检查委员会
关于7起“公款旅游”和“违规发放津补贴”典型问题的通报

晋纪通〔2015〕3号

近期以来，全省各级各部门认真贯彻落实中央八项规定精神，扎实开展学习讨论落实活动。各级纪检监察机关聚焦突出问题，坚持把纪律挺在前面，强化监督执纪问责，保持狠刹“四风”高压态势，取得明显成效。但仍有一些单位和少数党员干部无视纪律，顶风违纪。为进一步严明纪律，释放持续从严的信号，现对7起“公款旅游”和“违规发放津补贴”典型问题予以通报。

山西工程职业技术学院借出境培训之机公款旅游等问题。2014年3月至6月，山西工程职业技术学院分别由党委书记朱光和党委副书记、院长刘勇带领，分两批组织67名骨干教师和管理人员赴台湾科技大学培训。培训期间，未经有关部门批准，擅自增加3天时间，以文化参访名义到日月潭、故宫博物馆、台北101大楼等景点旅游，两次用公款支付旅游费用共计21.6532万元。省纪委对未履行主体责任、违规延长在台湾停留时间的朱光、刘勇，分别给予党内严重警告处分；对负有领导责任的分管副院长陈清胜，给予党内警告处分；对负有监督责任的党委委员、纪委书记徐旭宁，给予党内警告处分。责令参与公款旅游人员全部退缴相关费用。

晋城市地方税务局借培训之机公款旅游问题。2013年6月至8月，晋城市地税局分6期组织所属545名地税干部职工，赴广州中山大学培训，其中每期用2天时间组织培训人员赴增城、开平等地6个景点旅游，用公款支付旅游费用共计50.402万元。省地税局党组和晋城市委、市纪委对在组织培训期间擅自安排公款旅游、弄虚作假的晋城市地税局干部教育中心原主任，现任直属三分局党支部书记、局长董铁社，给予撤销党内职务、行政撤职处分；给予干部教育中心原副主任张鑫、原主任科员关国庆党内严重警告处分。对负有主体责任的晋城市地税局党组书记、局长燕青，给予党内严重警告处分，免去党组书记、局长职务；对负有监督责任的党组成员、纪检组长杨宝善，给予党内严重警告处分；对负有领导责任的党组成员、副局长延如庆，给予党内警告处分。

太原市万柏林区长风西街街道办组织公款旅游等问题。2013年1月，时任太原市万柏林区长风西街街道党工委书记王俊仙和党工委副书记、街道办主任王广平召开党政联席会议，决定组织工作人员分两批前往桂林、阳朔旅游，费用每人3000元。其中，为44名参与旅游的工作人员支出旅游费13.2万元，为21名未参与旅游人员支出补助费1.85万元，两项费用共计15.05万元，分别向所辖4个村委会摊派。太原市委常委会给予王俊仙留党察看一年处分，撤销其区委候补委员职务；万柏林区委、区政府给予王广平撤销党内职务、行政撤职处分。

运城市稷山县财政局违规发放津补贴问题。2007年至2014年，稷山县财政局向稷山县干部职工违规超标准发放年终一次性奖金，8年共计5666.04万元，其中，中央八项规定出台后发放2778.41万元。稷山县委、县政府给予财政局党总支书记、局长张喜平党内严重警告、行政降级处分；给予时任分管副局长兼预算股股长程世龙党内严重警告、行政记大过处分；给予分管副局长臧继续党内警告处分；给予时任预算股股长苏秦党内警告处分；给予预算股股长卫启康党内警告处分。

晋中市左权县安监局违规发放津补贴问题。2014年9月，左权县安监局在不符合高温天气条件下，一次性给职工违规发放高温防暑津贴，每人500元，共计3.7万元。左权县纪委给予安监局党支部书记、局长薛宏伟党内警告处分，并责令退还违规发放的津贴。

大同市大同县工商局违规发放津补贴问题。2012年9月至2015年3月，大同县工商局为6名局党组成员每人每月发放200元开车补助，共发放3.72万元。调查期间，违规发放的补助已全部上交县财政局。大同县纪委对6名党组成员进行诫勉谈话，大同县监察局给予局长刘士英行政记大过处分。

晋中市太谷县卫生局卫生监督所违规发放津补贴问题。2012年至2015年，太谷县卫生局卫生监督所副所长王保生违规审批发放加油补助、巡查巡防补助等，共计21.907万元。太谷县纪委给予王保生党内严重警告处分。

以上这7起典型问题，顶风违纪，影响恶劣，说明不收敛、不收手还大有人在，“不敢”还没有触及到每个人，“不想”还任重道远。对这7起典型案例进行通报，再一次表明了省委、省纪委狠刹“四风”的坚决态度。全省各级各部门和广大党员干部要吸取教训、引以为戒、敬畏纪律、远离“四风”，切实把中央八项规定精神不折不扣地落到实处。

一、紧盯时间节点，坚决防止“四风”反弹

“五一”、“端午”节假日即将来临，也是“四风”问题集中爆发期，公款购买赠送粽子节礼、公款吃喝、公款旅游、滥发津补贴、大操大办婚丧喜庆借机敛财等违反中央八项规定精神的行为极易蔓延，防止“四风”反弹刻不容缓。各级各部门要深刻认识到：纠正“四风”是一场输不起的斗争，一旦反弹，将失信于民，给党造成更大伤害。要紧密结合实际，紧盯“五一”、“端午”重要节点，聚焦突出问题，露头就打，违纪即查。要根据中央纪委和省委的要求，既重点关注变换方式违纪的“隐身衣”问题，还要着力解决群众反映强烈的突出问题，通过抓常、抓细、抓长，让广大群众透过一件一件“小事”见微知著，看到驰而不息抓“四风”的坚定决心，感受到实实在在的作风转变。

二、严格落实主体责任，把纪律挺在前面

各级党委（党组）要切实扛起主体责任，把纪律挺在前面，让纪律立起来、严起来，把纪律执行到位，真正使纪律成为管党治党的尺子、不可逾越的底线。要抓住领导干部这个关键少数，管好领导干部的“第一次”、“小毛病”，多咬耳朵、常扯袖子、勤打招呼，使其不踩红线、不越雷池。要从小处入手、从具体突破、从细节改进，治病于未发之时，解决问题于初始阶段。在发放津补贴方面，要迅速纠正传统遗留的违规做法；在外出培训方面，要坚决打消绕道延时公款旅游等违纪念头。要彻底摒弃通过变相发放福利、违规安排公款旅游，来树自己一时威信，博属下一时掌声的错误观念，切实把敬畏纪律、遵守规矩作为思想自觉和行动自觉。

三、认真履行监督责任，执纪问责要越来越严

各级纪检监察机关要强化监督执纪问责，对顶风违纪、巧立名目滥发津补贴、用公款旅游、送粽子节礼、公款吃喝等行为，严查快处、动辄则咎，决不姑息迁就。要创新监督执纪方式方法，发挥新媒体、新技术作用，注重从网络舆情、街谈巷议中发现问题线索，引导群众积极参与监督，使“四风”问题无处藏身。要加大点名道姓通报曝光的力度，释放“越往后执纪越严、越往后处理越重”的强烈信号，对十八大后、中央八项规定出台后、群众路线教育实践活动后、学习讨论落实活动后仍不收敛、不收手的，不仅要加大对参与者、组织者、决策者的查处力度，而且要严肃倒查主责部门党委（党组）的责任。各单位（部门）纪检监察机构要随时掌握本单位或驻在单位培训、发放津补贴、公务用车等情况，对本单位或驻在单位出现顶风违纪且未提醒、未制止，或“四风”问题禁而不绝的，要严格追究监督责任；对纪检监察干部参与公款旅游、接受违规发放津补贴等行为，要从严从重处理。

中共山西省纪律检查委员会

2015年4月30日

中共山西省纪委办公厅关于印发《贯彻落实中央纪委、省委工作部署　坚决查处发生在群众身边腐败问题工作方案》的通知

晋纪办〔2015〕12号

各市纪委：

现将《贯彻落实中央纪委、省委工作部署坚决查处发生在群众身边腐败问题工作方案》印发给你们，请结合实际，认真组织实施，抓好贯彻落实。要按照省委及省纪委领导同志批示要求，一个月内集中查办一批典型案件，向省纪委专题报告，确保开好局，起好步。

中共山西省纪委办公厅

2015年5月13日

贯彻落实中央纪委、省委工作部署坚决查处发生在群众身边腐败问题工作方案

党的十八大以来，中央坚持全面从严治党，在打“老虎”的同时，勤拍“苍蝇”，推动党风廉政建设落实到基层，着力解决群众身边的不正之风和腐败问题。中央纪委要求，推动基层党风廉政建设，重点解决群众反映强烈的突出问题，维护群众利益。省委书记王儒林同志强调，要切实解决发生在群众身边的腐败问题，让基层群众真正感受党风廉政建设和反腐败斗争带来的实际成效。为深入贯彻落实中央纪委和省委要求，省纪委决定，紧密结合省委

部署的农村集体“三资”管理专项清理整治和以群众举报乡村干部腐败为切入点集中解决群众信访诉求问题专项治理工作，采取切实有力措施，坚决查处发生在群众身边腐败问题。现制定如下工作方案。

一、总体要求

以党的十八大、十八届三中、四中全会精神为指导，按照十八届中央纪委五次全会的部署，进一步深化“三转”，立足监督执纪问责，把纪律挺在前面，以集中解决农村集体“三资”管理方面的违纪问题和群众举报乡村干部腐败问题为载体，以严肃查办乡村干部违纪违法案件为抓手，重点解决发生在群众身边的腐败问题，不断提高群众的获得感和满意度，促进真正实现“乡村治、百姓安”，为“深入学习贯彻习近平总书记系列重要讲话精神，净化政治生态，实现弊革风清，重塑山西形象，促进富民强省”提供坚强纪律保证。

二、重点任务

坚持问题导向，结合当地实际，聚焦农民群众关切的热点问题，聚焦农民群众举报乡村干部的突出问题，严肃查处乡村干部侵占国家资金、侵吞集体财产、侵蚀农民利益、侵害农民权益以及挥霍浪费、大吃大喝等突出问题，严肃惩治小官巨腐等发生在群众身边的腐败问题，着力解决党风廉政建设“上面九级风浪、下面纹丝不动”，反腐败力度逐级递减等问题，在促进农村集体“三资”管理专项清理整治和以群众举报乡村干部腐败为切入点集中解决群众信访诉求问题专项治理工作的同时，把党要管党、从严治党的要求延伸到基层，以实际行动落实中央和省委要求，回应广大群众期盼，净化农村政治生态，务求取得群众满意的成效。

三、方法步骤

从2015年5月份开始，以县、乡纪委为主体，市纪委一线督办，通过问题线索起底排查为切入点，以省信访局交办的反映农村涉纪信访事项和农村集体“三资”管理专项清理发现的“四风”和腐败问题线索为重点，以查办案件为核心，坚决查办发生在群众身边的腐败问题。确保在8月中旬，完成省信访局交办的反映农村涉纪信访事项，县、乡纪委起底排查出的问题线索调查处理取得阶段性成果，农村集体“三资”管理专项清理发现的“四风”和腐败问题线索查核工作扎实推进。12月，省委部署的两项专项治理工作结束后，将坚决查处群众身边腐败问题转入常态化日常工作。

（一）线索排查。县、乡纪委要对十八大以来乡村涉纪信访问题线索进行大起底，逐件梳理登记，实打实澄清问题底数。在6月10日前完成起底工作。要按照乡纪委受理、县纪委受理、市纪委转办、省纪委转办、中央纪委转办、省信访局转办、农村集体“三资”管理专项清理整治转办等类别分别登记，建立台账。严格按照问题线索处置标准进行集体排查，提出处置意见，并登记入账。市纪委要加强对县、乡纪委问题线索起底排查工作的指导。省、市、县、乡四级纪委要上下联动，对问题线索实行逐级对账，结案销账，确保件件有着落，事事有结果。要加强统筹协调，同步推进问题线索起底排查与腐败案件查办，做到两不误、两促进。

（二）案件查办。县、乡纪委要加大办案力度，对发生在群众身边的腐败问题要发现一起，坚决查处一起，绝不手软、绝不姑息。要区分轻重缓急，逐案研究分析，逐案明确办理部门、责任人和办理时限，逐案对账销号。县、乡纪委要通过县查办乡配合、乡查办县督导、乡分片联组办案和乡自办等方式，推进案件查办工作，提高办案质量和效率。对线索清楚、可查性强、有利于群众感受到获得感的案件优先办理。市纪委要把解决涉及乡村涉纪信访问题作为重要任务来抓，明确要求，落实责任，加强对下一级纪委的业务指导和督促检查。要加大案件通报曝光力度，对查处的典型案件在一定范围内进行通报，对群众关注度高、反映强烈，特别是网络媒体热议的案件，要适时适度向社会公开，取信于民。

（三）情况报告。每月5日前，市、县、乡纪委要将上月查处群众身边腐败问题情况逐级上报。省纪委每月对工作不力、排名靠后的市要进行约谈，进一步推动工作落实。

（四）责任追究。要严格落实党风廉政建设党委主体责任和纪委监督责任，对工作不力、压案不报、有案不查，甚至袒护包庇的，既要严肃追究直接责任，又要严肃追究主体责任、监督责任。

四、组织领导

省纪委对贯彻落实中央纪委和省委要求，坚决查处发生在群众身边腐败问题实施统一组织领导，省纪委党风政风监督室负责日常组织协调及问题线索的转办督办工作。信访室负责基层涉纪信访问题的梳理转办工作。案件监督管理室负责问题线索起底排查及案件查处的统计分析工作。第一至第四纪检监察室分别负责所联系地区的案件查办工作指导。省纪委党风政风监督室要加强统筹协调和督促指导工作，及时掌握工作进展情况，认真研究新情况、新问题，及时提出指导性意见。

市、县、乡纪委要在省纪委的统一安排下，切实履行监督责任，认真分析涉及乡村涉纪信访情况，掌握当地存在的突出问题，有的放矢，精准定位。要以时不我待的精神状态，边起底边排查边查办，加快工作进度。要主动作为，与两个专项治理主责部门进行工作对接，实现工作有序衔接、密切配合。要把工作精力集中到监督执纪问责第一线，把工作力量汇集到基层腐败斗争最前沿，把反腐倡廉的各项措施向基层延伸，以零容忍的态度严肃查处发生在群众身边的腐败问题，让基层群众真正感受到党风廉政建设和反腐败斗争的实际成效。对于工作中出现的新情况、新问题，要及时向省纪委报告请示，积极稳妥予以解决。

中共山西省纪律检查委员会
关于11起发生在群众身边的腐败典型问题的通报

晋纪通〔2015〕4号

今年以来，全省各级纪检监察机关深入贯彻落实中央纪委和省委的工作部署，紧密结合"农村集体'三资'管理专项清理整治"和"以群众举报乡村干部腐败为切入点集中解决群众信访诉求问题专项治理"工作，采取切实有力措施，推动党风廉政建设落实到基层，坚决查处了一批发生在群众身边的腐败问题。现将11起典型问题通报如下。

晋中市介休市宋古乡南张家庄村党总支原书记、村委会原主任尚宝生受贿问题。经查，2010年至2012年，尚宝生利用职务之便，为他人承揽工程及结算工程款提供帮助，收受贿赂30万元；此外，还存在妨害社会管理秩序、失职等行为。2015年5月10日，介休市纪委给予尚宝生开除党籍处分，并移送司法机关依法处理。

太原市尖草坪区上兰街道办事处教管中心原主任张东旺贪污问题。经查，2012年4月至2013年12月，张东旺利用职务之便，以虚报冒领手段贪污学校取暖费12.17万元。2015年5月13日，尖草坪区纪委给予张东旺开除党籍处分，并移送司法机关依法处理。

忻州市忻府区三交镇原民政助理员王志煜贪污、受贿等问题。经查，2008年12月至2013年4月，王志煜利用职务之便，为危房改造户、危房改造工程承包人、五保和低保申请户提供帮助，索取和收受贿赂10.29万元；以虚报冒领手段贪污危房改造补助款3.83万元。此外，王志煜工作严重失职，隐瞒不报60户低保申请资料，造成辖区内贫困户不能及时享受国家低保救助，瞒报、迟报死亡五保户、低保户、超龄人员信息，致使三交镇发生吃"死人保"、"超龄保"现象。依据司法机关的生效判决，2015年2月6日，忻府区纪委、监察局给予王志煜开除党籍、开除公职处分。

长治市潞城市微子镇秦家山村党支部原书记、村委会原主任张志刚贪污、妨害社会管理秩序等问题。经查，2007年至2011年，张志刚利用职务之便，以虚报冒领手段贪污公款11.62万元；此外，张志刚还妨害社会管理秩序，殴打他人。2015年5月26日，潞城市纪委给予张志刚开除党籍处分，并移送司法机关依法处理。

大同市左云县水窑乡大南沟村党支部原书记刘志军贪污问题。经查，2012年8月，刘志军利用职务之便，以侵吞手段贪污农村义务教育资金28.23万元。2015年5月22日，左云县纪委给予刘志军开除党籍处分，并移送司法机关依法处理。

吕梁市文水县开栅派出所原所长武志刚贪污、受贿、吃拿卡要、私设小金库、滥发补助等问题。经查，2013年6月至2014年12月，武志刚利用职务之便，为砂场经营人及吸毒人员提供帮助，收受贿赂7.3万元；以收取罚没款、押金、上户费等名义乱收费81.98万元；私设"小金库"共计31.08万元；公款支出烟酒餐费共计2.14万元；滥发补助共计10.75万元。2015年2月9日，文水县纪委、监察局给予武志刚开除党籍、开除公职处分，并移送司法机关依法处理。

阳泉市盂县南娄镇东宋村党支部原书记、村委会原主任王新武职务侵占、工作失职问题。经查，2011年6月，王新武利用职务之便，侵占集体资金50万元；2010年6月，工作失职给村集体造成重大损失66.87万元。2015年4月24日，盂县纪委给予王新武开除党籍处分，并移送司法机关依法处理。

临汾市翼城县中卫乡中卫村党支部原书记、村委会原主任行华贪污问题。经查，2010年12月，行华利用职务之便，以侵吞手段贪污地质灾害赔偿款6.6万元。2015年5月22日，翼城县纪委给予行华开除党籍处分，并移送司法机关依法处理。

朔州市山阴县卫生局卫生监督所所长李高一、卫生监督员邱继武、周玉花、周世春等人玩忽职守问题。经查，2012年至2014年，李高一、邱继武、周玉花、周世春等人玩忽职守，对辖区内6家个体诊所非法行医行为未采取有效措施彻底取缔，致使非法行医诊所长期存在并非法开展诊疗活动，2014年3月发生1名患者死亡事件。依据山阴县人民法院2015年5月6日生效判决，6月5日，山阴县监察局给予邱继武、周玉花、周世春3人降低岗位等级处分，6月25日，山阴县委给予李高一留党察看1年处分。

晋城市高平市南城办北陈村党支部书记郭金富等人职务侵占、失职、违反廉洁自律、违反财经纪律等问题。经查，2012年至2014年，郭金富利用职务之便，侵占集体资金4.3万元；失职导致北陈村财务管理混乱，致使村委会超借工程款41.57万元；在担任村委会所属村办企业法人期间，失职造成村办企业损失18.11万元；违反廉洁自律规定，2013年、2014年"七一"期间，为该村党员及村委相关人员违规发放福利5.4万元；违反财经纪律，未按规定公开招标，于2013年将工程造价25万余元的幼儿园扩建工程交与他人修建。2015年6月2日，高平市纪委给予郭金富开除党籍处分，并移送司法机关依法处理；给予时任北陈村党支部副书记朱春山开除党籍处分；给予时任北陈村党支部委员、会计董长顺开除党籍处分，并移送司法机关依法处理。

运城市芮城县南卫乡新南张村党支部原委员闫卫东贿选问题。经查，2014年11月，闫卫东在村支部换届选举中，为当选新南张村党支部委员，搞非组织活动拉票贿选。2015年5月26日，芮城县南卫乡党委给予闫卫东留党察看1年处分；芮城县监察局给予未履行监督职责的包村干部南卫乡文化站站长杨英武、南卫乡统计站站长郭占祥行政警告处分。

以上11起典型案件的查处，表明了省委、省纪委凡腐必惩、除恶务尽，以零容忍“治病树、拔烂树”的坚决态度；表明了各级党委、各级纪检监察机关执纪必严、违纪必究，持续保持“拍蝇”高压态势的坚强决心。从查处的案件看，一些基层干部贪污受贿、吃拿卡要、横行霸道、欺压群众、失职渎职、“四风”泛滥，严重侵害了群众的切身利益和生命安全；一些乡村干部不作为、乱作为，在基层选举中拉票贿选，截留克扣基层物资经费，侵占侵吞国家和集体财产，肆意侵蚀侵害农民权益，虚列开支，虚报冒领，滥用职权，谋私敛财。这些腐败问题发生在群众身边，直接侵害群众利益，严重影响党的形象，群众十分痛恨。

各级党委要结合“三严三实”专题教育活动，认真落实全面从严治党要求，把解决发生在群众身边的腐败问题作为履行党风廉政建设主体责任的重要内容，加强组织领导，强化责任担当，坚持问题导向，维护群众利益。各级纪委要立足监督执纪问责，把纪律挺在前面，聚焦农民群众关切的热点问题，聚焦农民群众举报乡村干部的突出问题，严肃查处乡村干部侵占国家资金、侵吞集体财产、侵蚀农民利益、侵害农民权益以及挥霍浪费、大吃大喝等突出问题，严肃惩治小官巨腐等发生在群众身边的腐败问题，着力解决党风廉政建设“上面九级风浪、下面纹丝不动”，反腐败力度逐级递减等问题，切实打通落实“两个责任”的“最后一公里”，回应广大群众期盼，净化基层政治生态，真正实现“乡村治、百姓安”，让广大人民群众切实感受到党风廉政建设和反腐败斗争取得的实际成效。

中共山西省纪律检查委员会

2015年6月26日

中共山西省纪委办公厅
关于在中秋国庆节日期间开展监督检查的通知

晋纪办发〔2015〕8号

省地税局、省旅游局、省文物局、省国税局（党组），省公安厅交管局（党委），各市纪委、监察局，省直纪工委、省高校纪工委、省国资委纪委、省国防工业纪委，省纪委监察厅各派驻纪检组、监察室，省直各部门内设纪检组（纪委）、监察室：

为深入贯彻落实王岐山书记近期重要讲话精神，经请示省委批准，在中秋国庆节日期间（以下简称“两节”），全省各级纪检监察机关就贯彻落实中央八项规定精神和纠正“四风”工作开展监督检查。现将有关事项通知如下：

一、检查时间

2015年9月1日至10月10日。

二、检查内容及重点

针对当前出现的“四风”反弹问题及隐形变异新动向，重点检查8个方面内容：

（一）违规配备使用公务用车。重点检查：节假日公车封存制度不规范、不落实，公车私用，私车公养；党政机关及领导干部长期借用、占用下属单位或其他单位车辆；公务车辆使用套牌（公务时挂“正牌”，办私事用“假牌、套牌”）等问题。

（二）违规发放津补贴或福利。重点检查：巧立名目违规发放各类津贴补贴或福利；借重大活动筹备或节日庆祝之机，变相向职工普遍发放现金；违反规定向关联单位（企业）转移好处，再由关联单位（企业）以各种名目给机关职工发放津贴补贴；为单位领导、财务人员等特殊群体报销应由个人支付的各类费用等问题。

（三）大办婚丧喜庆事宜。重点检查：将宴席化整为零，采取分批次、分地点、故意错开数天或数周，变相大操大办；大办谢师宴、升学宴等问题。

（四）违规收送礼品礼金。重点检查：公款送月饼等节礼；微信红包、支付宝转账、电子礼品卡、充值点券、提货卡等新的送礼方式。

（五）公款国内、出国境旅游（利用公权力旅游）。重点检查：以培训、开会等工作为名故意延长时间和绕道公款旅游；打着爱国教育、党团活动等幌子，变相公款旅游；接受可能影响公正执行公务的旅游、健身、娱乐活动；个人及家庭旅游时，利用公权力让旅游地（点）免门票、免费提供食宿、提供车辆服务等问题。

（六）楼堂馆所违规问题。重点检查：弄虚作假超标准、超面积使用办公用房的各种变异形式，比如：在房间多放桌椅，伪装成多人一起办公，实际只有领导干部一人办公；分割房间作为走廊或会客室，却“名不副实”，造成“二次浪费”等问题。

（七）违规公款吃喝、接待。重点检查：转移到单位食堂、农村人家，以及公款雇人做饭，吃喝玩乐；通过单位食堂下账，购买数额较大的高档烟、酒、茶，以及为单位报销违规接待费用；将公务接待费转移到招商部门，以招商引资名义公款吃喝；公务接待中，陪餐人数过多；向各类酒店以会议费等形式拨付资金，变相接待；将大额消费拆分开具发票，“化整为零”逃避检查；采取阶段性结账、延期结账或先消费事后结账方式，“合零为整”规避查账等问题。

（八）其他方面。重点检查：设立“小金库”且用“小金库”资金送礼金、购礼品和商场预付卡、发放津补贴、报销吃喝和旅游费用等问题；违规出入私人会所；提供或接受超标准接待；接受或用公款参与高消费娱乐健身活动等。

三、检查方法及分工

（一）各地各单位自行开展检查

全省各级纪检监察机关根据要求采取明察暗访、个别谈话、随机抽查、接受举报、查阅账目等方法自行组织开展监督检查。各市、县（市、区）、乡（镇）纪委，省直各单位纪检监察机关分别负责本地区、本单位、本系统的监督检查；各省属国有企业、高校、金融机构纪检监察机关分别负责对本机关及所属管理单位的监督检查。

（二）业务部门专项检查

1.省交管局对“两节”出入全省各高速路口的公务用车进行甄别，及时向省纪委报送节假日公务用车出行高速公路的情况或问题线索。

2. 省文物局、省旅游局对“两节”各大旅游景点进行专项检查，对发现疑似公款旅游、利用职权要求旅游景点免门票、免费接待等问题线索，及时报省纪委。

3.省国税局、省地税局对中高档饭店或会所进行专项检查，通过现场检查和抽查开具发票等情况，对发现公款吃喝、接待等方面的问题线索及时报省纪委分级分类处理。

（三）相关纪检监察机关督导与抽查

1.省直纪工委、省高校纪工委、省国资委纪委、省国防工业纪委除负责本级机关监督检查外，还分别负责对省直单位（部门）、省属高校、省属国有企业、省国防工业企业等单位监督检查工作的督导。同时要成立检查组组织抽查，抽查面原则上不低于30%。

2.省纪委负责对此次全省监督检查工作的组织协调和督导。同时，将派出若干督查组开展明察暗访，对各级纪检监察机关抓节点、抓落实情况进行抽查，内容包括：各地各单位开展监督检查情况；全省各地各部门贯彻落实中央八项规定精神和纠正“四风”工作情况等。

四、具体要求

（一）绷紧思想上的“弦”

8月17日，中央政治局常委、中央纪委书记王岐山在中央纪委召开的“学习贯彻《中国共产党巡视工作条例》电视电话会议”上专门强调，“中秋、国庆即将来临，各地各部门要追着一个节点一个节点抓，一刻都不能放松，落实主体责任和监督责任丝毫马虎不得，贯彻中央八项规定精神和纠正‘四风’工作关乎人心向背，是一项永远在路上的斗争”。8月20日，省委书记王儒林在省纪委呈报的工作建议上作出批示，要求“每个节点都要抓住不放，落实措施，重在实效”。各级各部门党委（党组）要充分认识到中央、中央纪委和省委的态度和决心，决不能有松懈想法和麻痹思想，要真正扛起本地区本部门贯彻落实中央八项规定精神和纠正“四风”工作的主体责任，努力把“四风”反弹和隐形变异的问题消除在萌芽状态，要上下齐心、全力以赴，切实通过监督检查确保各项工作落实到位，取得新的成效。

（二）有序开展监督检查

全省各级纪检监察机关接此通知后，要迅速制定工作方案，成立监督检查组，确定责任心强、讲原则、业务精通的纪检监察干部担任检查组组长，抽调政策性强、业务精通的财务、审计人员纳入检查组。省地税局、省旅游局、省文物局、省国税局、省公安厅交管局及时制定工作方案，组织开展专项检查。各市纪委、省直纪工委、省高校纪工委、省国资委纪委、省国防工业纪委指定专人，从9月1日起，每周五（9月1日至9月4日情况，可在9月11日一并报送）下午17时前，向省纪委党风政风监督室报送每周检查发现的问题线索；9月26日至27日，10月1日至7日，上述各单位（含省地税局、省旅游局、省文物局、省国税局、省公安厅交管局）每天向省纪委党风政风监督室报送检查发现的问题线索。

（三）着力增强工作实效

各级纪检监察机关要做好监督检查前的培训工作，既要强调工作效率、安全和纪律，更要着力提高检查人员发现问题线索的质量；要对目前掌握的违反中央八项规定精神和“四风”方面的问题线索优先处置，集中查处一批、销账一批。省纪委将在此次监督检查期间设立专门台账，分类统计，并根据各单位报送的问题线索数量、质量及后期查处情况进行工作量化和综合评价，评价结果将呈报省纪委领导。

（四）形成有效的震慑氛围

9月上旬，省纪委通报一批违反中央八项规定精神的典型问题。各市纪委要在“两节”期间通报一批典型问题；省直纪工委、省高校纪工委、省国资委纪委、省国防工业纪委在“两节”结束后，筛选一批典型问题公开通报。

（五）针对性地强化问责

此次监督检查期间，将对以下3种情况进行问责：（1）“两个责任”落实不到位，未能按照要求开展监督检查的；（2）监督检查流于形式，特别是对本地区、本单位、本系统存在的严重问题，不能及时发现，被上级或其他纪检监察机关发现查处的；（3）对问题线索查处不及时，处理明显存在“失之于宽、失之于软”，造成不良影响的。

中共山西省纪委办公厅
2015年9月1日

中共山西省纪律检查委员会 关于对6起违反中央八项规定精神典型问题的通报

晋纪通〔2015〕5号

今年以来,全省各级各部门深入贯彻落实中央八项规定精神，强化问题导向，聚焦群众关切，以自我革新、自我革命的精神，驰而不息纠正“四风”，取得了明显成效。各级纪检监察机关不断加大纪律审查力度，有效遏制“四风”蔓延势头，推动党风政风明显好转，得到广大党员干部和人民群众的认可。为进一步严明纪律和规矩，发挥警示教育作用，以儆效尤，现对6起违反中央八项规定精神的典型问题通报如下：

中国移动通信集团山西有限公司原党组书记、董事长、总经理，兼山西通信服务公司总经理苗俭中，严重违反中央八项规定精神，超标准配备使用公务用车，超标准租用周转住房，豪华装修单位餐厅并超标准接待，公款送礼等挥霍浪费公共财产问题。2013年2月，苗俭中违反规定乘坐价值52.5万元、排量2.4升的奥迪A6轿车，同时还有一辆价值145万元丰田越野车供其使用。2010年8月至2015年4月，苗俭中接受山西移动公司为其在太原市某小区超标准租赁周转住房，并由公司支付超面积所产生的房租、物业等费用15.88万元。2013年5月，苗俭中安排山西移动公司支出19.91万元改造和装修了一个可接待20人左右的餐厅，并在2013年6月至2014年12月间，苗俭中等人在该豪华餐厅公款宴请80次，共计消费35.6万元。2013年春节，苗俭中安排山西移动公司统一采购176万元礼品，其中有64万元礼品用于看望相关单位人员。此外，苗俭中还存在其他违纪违法行为。经省纪委常委会议讨论，并报省委常委会议2015年8月30日批准，决定给予苗俭中开除党籍处分。

晋中市祁县政协主席孔襄中违规私设“小金库”、公款吃喝等问题。2013年1月至2014年12月期间，孔襄中指使祁县政协办公室原主任（现祁县第二中学校长）王安生、祁县机关事务管理局副主任科员程刚等人以“虚开飞机票”等名义共套取国家财政资金34.4万元。2013年1月至2015年5月，孔襄中与王安生、县政协信息中心副主任张晓光、县政协办公室副主任师国强、县机关事务管理局副主任科员程刚等频繁公款吃喝，直至5月26日被立案调查，期间还多次公款洗浴、公款旅游、公款报销烟酒、公款支付其它个人开支。同时，孔襄中还存在公车私用、违反组织人事纪律、对抗组织调查、违规收受礼金等问题。经晋中市纪委常委会议研究，并报晋中市委常委会议2015年9月24日批准，决定给予孔襄中开除党籍、开除公职处分。经祁县纪委常委会议2015年9月24研究，决定给予多次参与公款吃喝、公款洗浴、公款旅游活动，且存在伪造学历、违规从事营利性经营活动等错误的张晓光开除党籍处分；给予多次参与公款吃喝，并用公款为孔襄中报销烟、酒等费用的王安生党内严重警告处分；给予多次参与公款吃喝，并用公款支付孔襄中个人费用，参与公款洗浴、公款旅游的师国强党内严重警告处分；给予受孔襄中安排，以虚开发票形式套取公款设立“小金库”，并参与公款旅游的程刚党内严重警告处分。

阳泉市城区政法委书记王志伟等人违规接受公款宴请问题。2015年1月20日，阳泉市城区政法委副书记、综治办主任苏作光等一行7人到中石化阳泉分公司对综治工作进行检查验收。其间，中石化阳泉分公司邀请了城区区委常委、政法委书记王志伟，报马坪派出所所长张建华到公司了解春节期间安全防范、加油站夜间管理方面的工作。阳泉市城区义井街道办事处党工委书记李丽萍，武装部长宋剑超，白羊墅社区书记、主任梁桂荣等陪同检查。检查结束后，中石化阳泉分公司党委书记权建福在单位食堂公款宴请了上述人员。经阳泉市纪委常委会研究，决定给予王志伟党内严重警告处分；给予权建福党内警告处分。经阳泉市城区纪委常委会研究，决定给予苏作光、李丽萍党内严重警告处分；给予宋剑超、张建华、梁桂荣党内警告处分。

临汾市翼城县人民检察院副检察长李兴国为其子结婚大操大办问题。2015年4月26日，翼城县人民检察院党组成员、副检察长李兴国为其子操办婚事，先后分2次邀请370余人，其中宴请管理和服务对象52人，在社会上造成了严重不良影响。经翼城县纪委常委会研究，并报翼城县委常委会议2015年4月28日批准，决定给予李兴国撤销党内职务处分；2015年4月29日，翼城县人大常委会决定撤销李兴国的翼城县人民检察院副检察长职务。经临汾市纪委常委会议2015年4月29日研究，决定给予履行主体责任不力的翼城县人民检察院党组书记、检察长马兴元党内警告处分。经翼城县纪委常委会研究，决定给予履行监督责任不力的翼城县人民检察院党组成员、纪检组长段光林党内严重警告处分；给予违规参加大操大办活动并妨碍案件调查的翼城县人民检察院办公室负责人、检察员张旭东党内严重警告处分。

大同市财会学校违规发放津补贴，借参加培训、会议之机公款旅游问题。2014年7月至10月，大同市财会学校在国家级改革发展示范校建设活动期间，先后组织有关人员分4 批共21人外出培训、学习、参会。期间，副校长郭耿等21 人公款旅游，并以各种名义从学校报销旅游费用共计20140元。此外，2013年1月至2014年11月大同市财会学校以各种名义违规发放津补贴199.9万元。同时，该校还存在用公款购买手机、为个人手机预存话费等问题。经大同市纪委常委会议、大同市监察局2015年1月23日研究，决定给予大同市财会学校校长李存义留党察看一年、行政撤职处分；给予党委书记岳艺斌党内严重警告处分；给予学校党委委员、纪检书记米德儒党内严重警告处分；给予副校长郭耿行政撤职处分。

吕梁市交通运输执法局超标准发放津贴补贴问题。吕梁市交通运输执法局机关2013年、2014年分别超额发放日常绩效工资和加班值班费80.4万元、82.15万元。2013年、2014年以虚报实有在职人数的方式分别套取人头经费470.65万元和484.77万元。2014年至2015年3月违规发放职工督查补助15.23万元。经吕梁市纪委常委会议研究，并报请吕梁市委常委会议2015年7月20日批准，决定给予贾志刚撤销党内职务处分，经省交通运输厅2015年5月14日会议研究，决定给予吕梁市交通运输执法局党委副书记、局长贾志刚行政撤职处分。经吕梁市纪委常委会议2015年6月8日研究，决定给予吕梁市交通运输执法局党委书记任晓军党内严重警告处分，给予履行监督责任不力的吕梁市交通运输执法局纪委书记刘玉平党内警告处分。经省交通运输厅2015年5月14日会议研究，决定给予吕梁市交通运输执法局分管财务的副处级调研员薛立耀行政记过处分；给予省交通运输执法局计财处处长茹雷行政记过处分；给予省交通运输执法局人事处处长魏晓丽行政记过处分；给予吕梁市交通运输执法局人事科科长李苏晋降低岗位等级处分，免去其人事科科长职务，调离现工作岗位；给予吕梁市交通运输执法局计划财务科科长成雪梅降低岗位等级处分，免去其计财科科长职务，调离现工作岗位；给予省交通运输执法局总会计师部建刚行政警告处分；对省交通运输执法局原党委书记、副局长王世峰进行诫勉谈话，责令作出书面检查；对负有监督责任的省交通运输执法局包片吕梁的副局长贾振卜进行诫勉谈话，责令作出书面检查。

以上这些问题的发生，说明少数党员干部仍然心存侥幸，不收敛、不收手，无视纪律、我行我素、顶风违纪，也充分说明改进党风政风所面临的形势依然严峻复杂，纠正“四风”的任务依然十分艰巨。全省广大党员干部一定要从中吸取教训，引以为戒，克服观望之念、侥幸之心，切实增强主动性和自觉性，不折不扣把中央八项规定精神落到实处。

一、要绷紧思想上的“弦”，真正使党风廉政建设主体责任落地生根

各级党委（党组）要认真贯彻落实党的十八大、十八届三中、四中全会和十八届中央纪委五次全会精神，以及省委、省纪委有关要求，切实把党风廉政建设当作分内之事、应尽之责，采取切实有效措施，真正使党风廉政建设主体责任落地生根。要把纠正“四风”作为深入落实主体责任的切入点，紧抓“国庆”等重要时间节点，持之以恒纠正“四风”，驰而不息正风肃纪。党委（党组）主要负责人要亲自过问、部署和检查节日期间纠正“四风”工作。各级纪检监察机关要坚持“一案双查”，既要处理当事人，又要对顶风违纪者所在地区、部门和单位党委、纪委进行问责，通过问责倒逼各级党委、纪委切实担负起党风廉政建设主体责任和监督责任。

二、要结合“三严三实”专题教育，深化“四风”问题整治

从查处的“四风”问题典型案件看，当前“四风”问题树倒根存、病原体还在，甚至有的地方“树也没全倒”，稍有不慎，就会反弹回潮。贯彻落实“三严三实”，必须着力解决“四风”问题。各级各部门必须按照中央要求，结合正在开展的“三严三实”专题教育活动，切实把整治“四风”问题作为重要着力点，紧紧抓住领导干部这个关键少数，多咬耳朵、常扯袖子，治病于未发之时，解决问题于初始阶段，以“四风”问题的有效解决，推动“三严三实”真正落实，始终保持常抓的韧劲和长抓的耐心，抓节点、抓具体，抗疲劳、防松懈，不断深化“四风”问题整治。

三、要始终把纪律和规矩挺在前面，从严落实监督责任

作风建设永远在路上，考验着纪检监察干部的忠诚和担当。各级纪检监察机关要深入落实王岐山同志在学习贯彻《中国共产党巡视工作条例》电视电话会议上的讲话要求和一系列重要指示，把纪律和规矩挺在前面，把违反中央八项规定精神行为作为纪律审查的重点，紧盯“四风”新形式、新动向，通过抓具体问题、抓执纪监督、抓通报曝光等一系列措施，扭住不放、一寸不让。要以最严的标准、最硬的措施、最强的力量集中开展监督检查，特别要加大对不收敛、不收手仍然顶风违纪搞“四风”者的查处力度，加大点名道姓通报曝光力度，加大问责力度，形成高压震慑态势，努力在解决群众身边的“四风”和腐败问题方面取得新成效。

中共山西省纪律检查委员会

2015年9月28日

中共山西省纪律检查委员会
关于5起党风廉政建设责任追究典型案件的通报

晋纪通〔2015〕6号

去年9月份以来，省委坚持全面从严治党，认真落实“两个责任”，取得积极成效。省纪委按照省委部署要求，始终把强化责任追究作为重要利器和有力抓手，有责必问、问责必严，释放了越往后执纪越严、问责越重的强烈信号。为了进一步强化“两个责任”，促进各级各部门严格落实全面从严治党要求，现将近期查处的5起党风廉政建设责任追究典型案件通报如下：

山西林业职业技术学院党委书记宋河山参加院长罗云龙女儿“百日宴”受到责任追究。2015年7月，山西林业职业技术学院院长罗云龙邀请同事参加为女儿举办的“百日宴”，并收受礼金，受到党内严重警告处分，有关方面已建议免去其党委副书记、院长职务。宋河山身为学院党委书记，不履行党风廉政建设主体责任，对此行为不仅不提醒、不制止，反而参与其中，上礼2000元，造成不良影响。2015年11月，宋河山受到党内警告处分。

晋中市祁县县委书记吴文胜、纪委书记冀得政因落实“两个责任”不力受到责任追究。2015年9月，祁县政协原党组书记、政协主席孔襄中因发生严重违反中央八项规定精神等问题被“双开”。祁县县委书记吴文胜履行主体责任不力，县纪委书记冀得政履行监督责任不力，对孔襄中十八大后长期存在严重违反中央八项规定精神等问题，未能有效制止和及时处理，造成不良影响，分别被诫勉谈话。

晋城市地方税务局原党组书记、局长燕青因单位发生公款旅游问题受到责任追究。2013年6月至8月，晋城市地方税务局分6期组织所属地税干部职工赴广州中山大学培训。其中，每期用2天时间组织培训人员旅游，用公款支付旅游费用50.4万元。2015年4月，有关责任人员受到撤销党内职务、党内严重警告、行政撤职等党纪政纪处分；燕青因履行主体责任不力受到党内严重警告处分，并被免去党组书记、局长职务。

太原市古交市交通运输局党总支书记闫祥明、局长闫元亮和纪检组组长刘俊亮因下属单位负责人违反政治纪律等问题受到责任追究。2014年4月，古交市汽车客运管理办公室主任任长春在安排工作期间，发表严重违反政治纪律言论，造成恶劣影响。2015年5月，任长春受到开除党籍、撤销行政职务处分。古交市交通运输局党总支书记闫祥明、局长闫元亮因履行主体责任不到位，分别受到党内严重警告和党内警告处分，并作出深刻书面检查；纪检组组长刘俊亮因履行监督责任不到位，被诫勉谈话，并作出深刻书面检查。

朔州市平鲁区西水界乡党委书记刘华忠、纪委书记杜敏因落实“两个责任”不力受到责任追究。刘华忠作为乡党委书记，履行党风廉政建设主体责任不到位，对解决本乡积存的一些涉纪信访问题未进行安排和督促查办；杜敏作为乡纪委书记，履行监督责任不到位，对本乡积存的一些涉纪信访件未能有效处置和及时查处，造成不良影响。2015年5月，刘华忠、杜敏分别受到党内严重警告、党内警告处分。

以上通报的党委书记、纪委书记，有的党性原则不强，管党不严，治党不力，责任缺失；有的责任担当不强，对落实“两个责任”浮于表面，未能真抓严管；有的纪律意识淡漠，甚至参与、纵容违纪问题发生。对这些问题的严肃处理，充分表明了省委坚持全面从严治党的决心和态度，也再一次表明落实“两个责任”不是空喊口号，而是实实在在的行动，并且越往后处理越严、问责越重。各级党组织和党员领导干部一定要镜鉴自身，汲取教训，举一反三，引以为戒，切实担负起“两个责任”，把全面从严治党要求不折不扣地落到实处。

一、权力就是责任，责任必须担当

落实党委主体责任和纪委监督责任是对党章规定的重申，是各级党委和纪委必须承担的政治责任。各级党组织和党员领导干部要切实增强党章意识、政治意识和责任意识，牢固树立“抓好党风廉政建设是本职，不抓党风廉政建设是失职，抓不好党风廉政建设是渎职”的观念，自觉承担起管党治党的政治责任，始终把党风廉政建设作为分内之事、应尽之责，把落实“两个责任”作为净化政治生态、实现弊革风清的重要任务来抓，坚决维护党章党纪党规的权威和尊严。

二、强化责任落实，真抓真管真严

强化责任落实，根本在担当、关键看行动。能否扛起“两个责任”，主要是看愿不愿、敢不敢、真不真地抓落实。各级党组织要按照中央、中央纪委的要求，认真落实省委出台的“两个责任”意见。特别是“一把手”，不仅要严以律己、管好自己，更要守土有责、守土尽责。该提醒的必须提醒，该制止的及时制止，该处理的果断处理，决不能捂着盖着、兜着护着。各级纪委要聚焦主业主责，持续深化“三转”，不断提高监督执纪的能力，关键时刻敢于黑脸、瞪眼，敢于交锋、亮剑，坚决同不正之风和腐败现象作斗争。

三、强化责任追究，倒逼责任落实

有职必有责，在职要担责，失职必问责，这是党的基本政治规矩。党风廉政建设出了问题，党委主体责任不可推卸，纪委监督责任难辞其咎。各级党组织要用好责任追究这个制度利器，抓住不落实的事倒查不落实的人，把该打的板子狠狠打下去，把该问的责层层追到底。对不讲政治纪律、政治规矩和组织纪律，有令不行、有禁不止的，对违反中央八项规定精神、依然故我搞“四风”的，对发生系统性、塌方式腐败问题的，要坚持“一案双查”，一律从严问责，典型案件要点名道姓通报曝光，传导压力、强化震慑，把全面从严治党要求落到实处。

中共山西省纪律检查委员会
2015年12月1日

中共山西省纪律检查委员会关于认真实施“五账工作法”持之以恒解决发生在群众身边“四风”和腐败问题的通　　知

晋纪发〔2015〕7号

各市纪委：

今年以来，全省各级纪检监察机关把查处发生在群众身边的腐败问题与查处“四风”问题统筹起来，纳入党风廉政建设和反腐败斗争的总体部署中，集中突破了一批重点案件，查处了一批群众身边的腐败分子，保持了惩治腐败的高压态势，深得广大人民群众的拥护和支持，取得了阶段性明显成效。但是，在近期省纪委开展的调研督导中发现一些地方和单位，对解决发生在群众身边的腐败问题没有树立抓常、抓细、抓长的意识，在落实“五账工作法”的一些方法步骤上彼此脱节，工作不到位，效果不明显。为了进一步推进各级纪检监察机关贯彻实施“五账工作法”，驰而不息、深入持久地解决群众身边的“四风”和腐败问题，特提出如下要求。

一、坚持把“永远在路上”的要求，贯穿解决发生在群众身边“四风”和腐败问题的全过程

按照中央纪委“加大群众身边腐败问题查处力度”和“永远在路上”的要求，本着客观公正、依纪依法、严肃有序的原则，不折不扣地把“五账工作法”贯穿到查处群众身边腐败问题的全过程，按照“五类处置”原则强化纪律审查全过程管理，注重把握处理“六个关系”，即注重处理好强化时效性和“永远在路上”的关系；注重处理好严肃查处极少数基层干部腐败问题与保护鼓励绝大多数基层干部干事创业热情的关系；注重处理好落实主体责任与实现“三转”的关系；注重处理有效发挥巡视“利剑”作用与积极稳妥地“零容忍”惩治群众身边腐败问题的关系；注重解决发生在群众身边的腐败问题与统筹查处群众身边“四风”问题的关系；注重处理树立先进典型与通报曝光反面典型，加强正面引导的关系，确保各类涉纪信访问题线索处置“事事有着落、件件有回音”。

二、坚持把“五账工作法”贯穿解决发生在群众身边“四风”和腐败问题的全过程

实施“五账工作法”是我省各级纪检监察机关解决发生在群众身边“四风”和腐败问题的重要措施和有效方法，必须认真实施，严格执行，持之以恒地推进“五账工作法”落实，做到“建账以情况明，对账以责任清，查账以工作实，销账以明结果，交账以看作风”。

（一）建账。在对十八大以来涉纪信访问题线索进行大起底的基础上，省、市、县、乡四级纪委信访室要继续对每月新收到的发生在群众身边的涉纪信访问题线索进行分类登记，并建立台账。

（二）对账。上级纪委信访室要将台账中的问题线索，及时进行转办、督办，并分别与下级纪委信访室对账，及时了解掌握办理情况，实施全程动态管理，同时将台账逐月送交党风政风监督室一份备查。

（三）查账。上级纪委党风政风监督室下查一级，根据台账进行督办，正确把握工作导向，防止“畸重畸轻”、搞“运动”和“人人过关”，努力做到口径统一、量纪平衡、

标准一致，保证案件查办的进度和质量。

（四）销账。上级纪委纪检监察室负责案件查办工作的指导，严把质量关，特别是对线索清楚、可查性强、有利于群众有获得感的案件优先办理。案件监督管理室负责案件协调工作，并对结案案件登记“销账”。

（五）交账。各级纪委要强化监督执纪问责，以实现弊革风清和最大限度地提高人民群众的获得感为目标，严肃查处发生在群众身边的“四风”和腐败问题，逐案向同级党委和上级纪委作出“交账”。省纪委将对各市发生在群众身边的“四风”和腐败问题查处情况逐月进行公布。

各级纪检监察机关各厅部室要建立工作协调配合机制，强化责任担当，主动对接沟通，密切协作配合，资源共建共享，合力推进“五账工作法”落实。

三、坚持把落实“两个责任”贯穿解决发生在群众身边“四风”和腐败问题的全过程

各级党委、政府要把解决发生在群众身边的“四风”和腐败问题作为党风廉政建设工作的重要内容，踩着不变的步伐，持之以恒长期抓、抓长期，让人民群众确实感受到反腐败工作的实际成效。

一要全面落实主体责任。各级党委、政府要全面落实从严治党要求，切实扛起党风廉政建设的主体责任，踩着不变的步伐，解决群众身边的“四风”和腐败问题，在“常、长”二字上下功夫，努力做到“案结事了”，以实实在在的成效取信于民。

二要认真履行监督责任。各级纪委要认真落实党风廉政建设监督责任，切实把纪律和规矩挺在前面，把握运用监督执纪“四种形态”，着力查处各种侵占惠农补贴、土地补偿、扶贫救灾、移民安置等专项资金，以及违法处置集体资产资金资源、侵占集体收益的案件，发现一起，查处一起，绝不手软，绝不姑息。

三要严格进行责任追究。各级纪检监察机关要严格实行“一案双查”，对不认真履职，工作不到位，甚至有案不查、瞒案不报，袒护包庇的地方和单位，要追究有关领导的责任。

中共山西省纪律检查委员会
2015年12月24日

中共山西省纪律检查委员会
关于加强2016年元旦春节期间
监督执纪问责工作　确保廉洁文明过节的通知

晋纪发〔2015〕8号

各市纪委、监察局，省直纪工委、省高校纪工委、省国资委纪委、省国防工业纪委，省纪委各派驻纪检组，省直各部门内设纪检组（纪委）、监察室：

2016年元旦、春节将至，为深入贯彻中央纪委《关于强化监督执纪问责确保2016年元旦春节风清气正的通知》（中纪发[2015]4号）精神，确保中央办公厅、国务院办公厅《关于做好2016年元旦春节期间有关工作的通知》（中办发电[2015]48号）和省委办公厅、省政府办公厅《关于做好2016年元旦春节期间有关工作的通知》（晋办发电[2015]73号）等有关规定要求落到实处，现就加强节日期间监督执纪问责工作通知如下：

一、深入落实中央八项规定精神，严格践行廉洁自律各项规定

要深入学习宣传《中国共产党廉洁自律准则》和《中国共产党纪律处分条例》，加强党章党规党纪教育，引导党员干部在廉洁自律上追求高标准，在严守党纪上远离违纪红线。党员领导干部要带头崇廉拒腐，树立良好家风，坚决杜绝“节日腐败”。要认真贯彻落实中央八项规定精神，持续深入反对“四风”。严禁违规用公款吃喝、旅游和参与高消费娱乐健身活动，严禁违规用公款购买赠送贺年卡及烟花爆竹等年货节礼，严禁用公款接待走亲访友、外出旅游等非公务活动，严禁公车私用或“私车公养”，严禁违规收受礼品、礼金、消费卡等，严禁违规出入私人会所，严禁违规操办婚丧喜庆事宜并借机敛财，严禁违规参加老乡会、校友会、战友会。严禁用财政资金举办年会、经营性文艺晚会，务实节俭组织党、团、工会活动。严肃财经纪律，严禁年底突击花钱和滥发津贴、补贴、奖金和实物。

二、强化监督执纪问责，坚决防止“四风”反弹

要把元旦、春节期间纠正“四风”作为重要任务，引起高度重视。要认真研究部署，采取有力措施，狠抓工作落实，严肃执纪，一寸不让，坚决防止“四风”反弹。要

通过各种形式，向党员干部发信号、打招呼、提要求，营造崇廉尚俭的节日氛围。要把纪律和规矩挺在前面，实践好监督执纪“四种形态”，紧盯节日期间易发多发突出问题，发现一起处理一起。要创新监督检查方式，采取专项检查、随机抽查、调阅账目、个别谈话、明察暗访等方式开展集中监督检查，畅通举报渠道，积极受理广大干部群众、社会各界及新闻媒体的举报监督。要充分发挥新媒体、新技术作用，运用“四风”问题“随手拍”、微信举报平台等手段，形成无处不在的监督网，深挖隐形变异的“四风”问题。要坚持“零容忍”，对违反中央八项规定精神和“四风”问题严查快处，不断释放越往后越严的强烈信号。

三、用好问责利器，加强通报曝光，形成强烈震慑

要强化主体责任和监督责任，对问题突出的地方和部门严肃问责，确保节俭文明廉洁过节。节日期间，省纪委将派出若干督查组开展明查暗访，对各级纪检监察机关抓节点、抓落实情况进行抽查。要坚持“一案双查”，加大问责力度，在追究直接责任人责任的同时，对党委（党组）主体责任、纪委（纪检组）监督责任履行不力，以致管辖范围内发生严重违反中央八项规定精神和“四风”问题，造成恶劣影响的，要严肃追究责任。对典型问题要点名道姓通报曝光，形成有力震慑。

各级纪检监察干部要带头落实《通知》和廉洁自律要求，自觉做守纪律、讲规矩的表率。纪检监察机关要及时安排部署，认真开展工作，以严明的纪律，确保把党中央、中央纪委和省委关于“两节”期间的各项要求落到实处，贯彻落实情况及时报告省纪委。

山西省纪委监察厅举报电话：0351-12388；举报网址：http://shanxi.12388.gov.cn/jubao；举报信箱：山西省纪委监察厅信访室。

中共山西省纪律检查委员会

2015年12月29日

中共山西省纪律检查委员会
关于6起党员领导干部违反中央八项规定精神问题的通报

晋纪通〔2015〕7号

今年以来，山西省纪委强化监督执纪问责，严肃查处党员领导干部违反中央八项规定精神问题。现就其中6起典型问题通报如下。

山西焦煤集团公司原副总经理刘生瑞借用下属单位车辆供本人及家人使用；多次出入私人会所、在其特定关系人经营的场所吃喝消费；违规收受礼金问题。2012年6月，刘生瑞借用下属单位越野车1辆，供自己和家人使用，直至2015年3月案发时仍未归还，借用期间未支付任何费用。2013年初至2014年10月，刘生瑞多次出入私人会所，吃喝消费。2007年7月至2013年9月，刘生瑞借春节、其父亲住院和去世、岳父去世、儿子结婚、本人出国之机，先后多次收受133人礼金共计135.29万元。此外，刘生瑞还存在其他严重违纪违法问题。经省纪委常委会议、省监察厅2015年8月19日研究，决定给予刘生瑞开除党籍、开除公职处分，收缴其违纪所得，将其涉嫌犯罪问题移送司法机关依法处理。

太原科技大学离退休处党委书记、处长皇甫广寿为其女结婚大操大办问题。2015年4月10日和4月22日，皇甫广寿分两次为女儿操办婚礼，违规收受有关人员礼金共计1.22万元。经太原科技大学党委会议2015年10月30日研究，决定给予皇甫广寿党内严重警告处分，并收缴其违纪所得。

吕梁市临县县长助理，县公安局党委书记、局长赵强违规借用车辆问题。2014年以来，赵强利用职务便利，先后借用他人的丰田霸道车、丰田汉兰达越野车，主要由其个人使用，并公款报销应由其个人支付的燃油费、过路费共计0.94万元。此外，临县公安局违规借用下属单位别克商务车使用直到2015年9月。经吕梁市纪委常委会议2015年9月24日研究，决定给予赵强党内严重警告处分，并收缴其违纪所得。

长治市住建局党委委员、总工程师郭卫光超标准使用办公用房问题。郭卫光任长治市住建局党委委员、总工程师，惠城热力有限公司经理期间，违规占用两处办公用房，其中，市住建局机关办公室面积15㎡，热力公司办公室面积59㎡。在2014年对超标使用办公用房清理之后，其仍占用两套办公用房，直至2015年8月。经长治市纪委常委会议研究，并报长治市委常委会议2015年9月1日批准，决定给予郭卫光党内严重警告处分。

晋中市规划和城市管理局党组书记、局长张晓平违规公款国内旅游问题。2014年8月15日至9月1日，时任晋中市园林局局长张晓平借赴青岛世界园林博览会参观考察之机，擅自邀请无关人员及家属参加，并增加崂山、栈桥风景区的行程，公款报销相关费用共计2.96万元。经晋中市纪委常委

会议2015年12月10日研究，决定给予张晓平党内警告处分。

大同市食品药品监督管理局党组书记、局长李卫东违规发放津补贴问题。2013年1月至2014年10月，大同市食品药品监督管理局以各种名义违规向单位人员发放补助共计39.86万元。经大同市纪委常委会议2015年10月21日研究，决定给予李卫东党内严重警告处分，对党组成员、纪检组长王建新和原党组成员、纪检组长贾亦真均给予党内警告处分。

12月16日，中央纪委一日两次对违反中央八项规定精神问题予以通报，彰显了党中央、中央纪委深入贯彻落实中央八项规定精神、严格践行廉洁自律各项规定的坚强决心。省纪委对这6起违反中央八项规定精神问题作出通报，体现了省委、省纪委贯彻落实中央精神和中央纪委要求，坚定不移落实主体责任和监督责任、坚决狠刹“四风”的鲜明立场与坚决态度。各级党组织要深刻领会、认真贯彻中央和中央纪委的部署和要求，紧盯元旦、春节两个重要时间节点，加大监督执纪问责力度，锲而不舍，驰而不息，在坚持中深化，在深化中坚持，深入推进反对“四风”工作。要坚持党要管党、从严治党，把主体责任作为政治要求抓在手上、扛在肩上、落实在行动上，严格履行“第一责任人”的责任，做到守土有责、守土尽责。各级纪检监察机关要把纪律挺在最前沿，言出纪随，一寸不让，从严执纪，决不放松，对顶风违纪行为，发现一起、查处一起，越往后执纪越严，处理越重。要用好问责这个利器，把深化问责作为落实中央八项规定精神、持之以恒纠正“四风”的重要抓手，以“不落实的事”倒查“不落实的人”，坚决防止“四风”问题反弹回潮。广大党员干部特别是领导干部要自觉在廉洁自律上追求高标准，在严守党纪上远离违纪红线，带头崇廉拒腐，坚决抵制享乐主义、奢靡之风和低级趣味，做守纪律、讲规矩的模范。

2015年12月30日

（二）纪检工作综述

2015年山西省党风廉政建设和反腐败斗争综述

2015年是山西省治理系统性塌方式腐败的攻坚之年、深化之年。新的省委领导班子深入学习贯彻习近平总书记系列重要讲话精神，认真贯彻落实党的十八大和十八届三中、四中、五中全会精神，以及十八届中央纪委三次、四次、五次全会精神，坚决落实党中央对山西工作的指示要求，以坚强的政治定力，全面加强正风反腐工作，坚定不移推进全面从严治党，形成并保持“三个高压态势”，有力扭转了被动局面，增强了人民群众对党的信心和信任；全省各级党组织和党员领导干部，深入开展学习讨论落实活动、“三严三实”专题教育，深刻反思剖析，认领解决问题，扛起管党治党政治责任；广大干部群众真心拥护，大力支持，积极参与；全省各级纪检监察机关聚焦中心任务，强化监督执纪问责，坚决维护党章党规党纪，推动党风廉政建设和反腐败斗争取得新进展新成效。

一、着眼“先走一步”，以上率下传导责任和压力，党员干部尊崇党章、敬畏纪律意识明显增强

认真落实王岐山同志代表党中央对山西在从严治党、严明党纪党规上“先走一步”的指示要求，以落实“两个责任”为抓手，以挺纪在前为路径，不断增强党员干部知纪、明纪、守纪的思想自觉和行动自觉。

主动履职、严肃问责，促进“两个责任”落实。新的省委领导班子率先全面履行管党治党主体责任。2015年，省委常委会研究党风廉政建设和反腐败工作议题55个，王儒林同志作出批示、指示120多次，分析研判形势，领导推进工作。针对省纪委监督执纪发现的突出问题、巡视发现的共性问题，省委常委会、五人小组专题听取汇报，集中研究解决，省委、省政府分管领导牵头整治、督促整改；省委常委带头，省人大、省政府、省政协负责同志共对126名省管干部进行了谈话。王儒林同志严肃约谈各市党政主要负责人和纪委书记，以问题清单、责任清单、整改清单压实责任、传导压力。各级党组织主动扛责，逐级约谈，形成上下联动、齐抓共管的良好局面。省纪委认真履行监督责任，班子成员分头约谈市县党委主要负责人、11个市纪委书记及省直派驻机构负责人；督促各市、省直各单位、省属高校和省管国有企业分别列出“两个责任”清单，主要领导签字背书；配合省委督查室进行全面督查，对发现的7 大类30个问题要求限期整改到位；在2014年度工作目标责任制考核中，对主体责任落实不到位的6个市和6个省直单位予以“一票否优”；坚持“一案双查”，2015年，对1520名落实“两个责任”不力的党员领导干部予以责任追究，同比增长190.5%，其中836人受到党政纪处分，占追究总人数的比例由上年的36.2%上升到55%。“两个责任”的落实，推动了从严治党，赢得人民群众更多信任信赖。2015年，中央纪委收到山西省信访举报同比下降19.9%，低

于全国平均增幅（14.2%）34.1个百分点，其中检举控告类同比下降36.5%，重复举报同比下降57.3%。

把挺纪在前贯穿于纪律审查各环节，尤其把政治纪律挺在最前沿。认真贯彻王儒林同志着眼“先走一步”提出的“两道防线”“五个必须”“五个严格”“三个作用”的要求，努力把纪律特别是政治纪律全方位立起来、严起来。推进执纪方式转变。对反映领导干部问题线索进行大起底，建立分类处置台账，实行管处分离。强化日常监管，建立干部廉洁档案，提高监督工作规范化水平。纪律审查从“重点查违法”转向“重点盯违纪”，小病快治、小错即纠，查清主要违纪问题后即作出处理，将违法问题线索移送司法机关。把信访举报件中属于“七个有之”等违反政治纪律的问题单独列项统计，及时处置。执纪审理突出党纪特点，突出政治纪律、政治规矩和组织纪律，实行“三核两问一告知”谈话新模式。改进处分决定宣布方式，在违纪干部所在党委（党组）会上宣布，并扩大至中层干部，组织参会人员谈教训、剖原因、明责任，力求取得查处一案、教育一片、解决一类问题的效果。

强化执纪效应，提高党员干部党章党规党纪意识。把尊崇党章、维护党章作为首要任务，在全省各级党组织和纪检监察机关部署开展学习党章活动。把是否违反党章作为纪律审查的重要内容，引导被调查人对照入党誓词、入党志愿书深刻反省反思，唤醒党章意识。把参与修订廉洁自律准则、党纪处分条例和巡视工作条例的过程作为深化学习、统一思想的过程，在研究讨论中强化纪律意识。三部党内法规颁布后，广泛深入学习宣传，力求把党规党纪刻印在党员干部心上。选取十八大以来我省查处的典型案例，编辑制作系列《警示教育读本》《忏悔录》《警示教育片》等，阅读观看、接受教育的党员干部已达到18.6万人。加强宣传引导，全年在中央主流媒体刊发专题报道176篇，组织专家学者澄清和驳斥八种反腐败错误认识的理论文章，受到中宣部《新闻阅评》的充分肯定，在省级主流媒体组织有分量的专题宣传，在各级纪委网站第一时间发布纪律审查信息。深入挖掘于成龙、陈廷敬、闻喜裴氏《家训》等蕴涵的优秀传统文化基因，教育引导党员干部崇德重礼、遵规守纪，积极营造懂规矩、守纪律的浓厚氛围。

二、强力遏制腐败蔓延势头，形成并保持正风反腐高压态势，迅速扭转了被动局面

以严惩一把手腐败为突破口，形成不敢腐的强大震慑。在积极配合中央专案组查办山西省有关腐败案件的同时，省纪委严肃查处了忻州市委原书记董洪运，阳泉市委原书记洪发科；结案处理和立案审查省国土厅原厅长李建功，省煤炭厅原厅长吴永平，省环保厅原厅长刘向东，中国移动通信集团山西有限公司原党组书记、董事长兼总经理苗俭中，山西国信投资集团有限公司原党委书记、董事长上官永清，山西传媒学院原党委书记解根法等厅局级一把手和12名县委书记违纪违法案件，改变了此前14年没有查处过市委书记腐败案件、多年没有查处过省直厅局一把手腐败案件的局面，进一步形成并保持了惩治腐败高压态势。2015年，省纪委立案75件，结案79件，处分70人，处分的干部中厅局级52人，结案数和处分人数同比分别增长38.6%、66.7%；移送司法机关30人，下降40.0%。全省各级纪检监察机关共接受信访举报124471件（次），立案20586件，结案20430件，处分22276人，其中，厅局级干部62人，县处级干部907人；移送司法机关767人，挽回直接经济损失13.2亿元。省政府组织开展庸政懒政怠政和不作为问题专项治理，监察机关会同有关部门问责处理1222人。因生产安全事故问责处理236人。

深入落实中央八项规定精神，立体围剿“四风”隐形变异问题。坚持不懈落实中央八项规定精神，驰而不息狠刹“四风”。建立“党委统一领导、纪委组织协调、部门各负其责、立体监督防控”工作机制，发挥省交管、旅游、税务等职能部门作用，深入交通要道、旅游景点、饭店会所等排查“四风”问题线索，积极推广“随手拍”，探索构建专业监督、部门监督、舆论监督、群众监督充分发挥作用、形成整体合力的立体监督体系。紧盯重要时间节点，层层设防、一寸不让，深挖细查“四风”隐形变异新动向、新形式；扎实开展违规收送礼金、红包问题和领导干部大操大办婚丧喜庆等借机敛财问题专项整治；对违反中央八项规定精神问题线索，专门设立台账，分类统计，特别是把十八大以后发生的问题作为纪律审查重点，跟踪督办、严肃处理。2015年，全省共查处此类问题1362个，处理2004人，其中给予党政纪处分1625人，对26起典型问题通报曝光，释放出越往后执纪越严的强烈信号，保持了狠刹“四风”的高压态势。

同时，克服以法代纪思维定势，严格用纪律尺子衡量党员干部行为，有效改变“要么是好同志、要么是阶下囚”的状况。省纪委向10个单位下发纪律审查建议书或工作整改建议书，提出建议25条；针对4个方面13类发生在群众身边的“四风”和腐败问题提出4个方面21条整改建议。通过狠抓整改落实，纪律审查的治本功能得到明显强化。

三、建立“五账工作法”，解决群众身边不正之风和腐败问题，扎实推进“乡村治、百姓安”

构建联动工作机制，实行“五账工作法”。建立以县、乡纪委为主体，市纪委一线督办，省纪委统筹督导的工作机制，实行省市县乡四级纪委建账、对账、查账、销账、交账“五账工作法”，全省一盘棋、上下联动、齐抓共管。县、乡纪委采取县查办乡配合、乡查办县督导、乡分片联组办案和乡自办等方式，全面加强基层正风反腐工作，全省1/5长达两年以上“零办案”乡镇短时间内全部实现零的突破。

提出“两个坚持”，做到持续发力。省纪委坚持不松手、不放手，持之以恒抓基层正风反腐；坚持实事求是、

规范审查，严格依规依纪处理问题。结合全省开展的农村集体“三资”管理专项清理整顿和“以群众举报乡村干部腐败为切入点集中解决群众信访诉求问题”专项治理，严肃查处损害群众利益的不正之风和腐败问题，形成有力震慑，人民群众更多感受到全面从严治党的实际成效。2015年，全省各级纪检监察机关共立查乡科级及以下干部案件19756件，同比增长43.6%；结案19661件，增长44.6%；处分21307人，增长43.4%。

四、实施“双剑联动”“三剑齐发”，强化巡视成果运用，震慑、遏制和治本效应进一步凸显

创新工作机制和方式方法，巡视工作向纵深推进。在严肃整治巡视队伍的基础上，改进工作机制和流程，建立巡视组长库，实行组长“一次一授权”。探索形成常规巡视与专项巡视“双剑联动”，常规巡视、专项巡视和对村巡察“三剑齐发”新格局。常规巡视以市带县，紧盯一把手，既抓大又抓小，对问题反映突出的18个村进行巡察；组建8个专项巡视组，以“一托N”方式，采取轻敲、直刺、重击等“点穴式”打法，快节奏精准打击。2015年，在完成常规巡视的同时，又开展5轮专项巡视，共巡视128个地区和单位，实现了对市县、国有骨干企业、金融企业、高校“四个板块”的全覆盖，巡视覆盖率达84.2%。

突出问题导向，做到震慑常在。2015年，常规巡视发现问题线索3228条，专项巡视发现问题线索523条，对村巡察督办案件245件。巡视宣传增强“火药味”，网络、电视、报纸同时发声，省、市、县三级同频共振，做到了利剑高悬、震慑常在。

强化成果运用，更加注重治本。捆绑整改责任，建立分管省领导协调督促整改、被巡视单位全面落实整改、分管省领导与被巡视单位共同扛起主体责任的工作机制。探索建立巡视意见“双反馈”、巡视整改“双责任”、整改情况“双报告”、整改报告“双审核”、整改结果“双公开”“五双”工作模式，倒逼整改压力，加强边巡边改，强化标本兼治效果。巡视工作三次在全国性会议上介绍经验做法，受到中央巡视办的充分肯定。

五、坚持惩处极少数、教育挽救大多数，宽严相济、区别对待，积极引导有问题干部主动向组织交代问题,坚定跟党走信念

树立正确导向，让有问题干部相信组织、依靠组织。在形成并保持正风反腐高压态势的同时，新的省委领导班子坚持惩前毖后、治病救人，明确提出，组织上要为犯了错误想改正、想主动交代问题的同志创造条件、提供机会，明确问题线索处置和纪律审查工作“四条具体意见”，并在干部使用上坚持“六个区别对待”。

以三个试点为突破口，积极探索减少腐败存量的有效途径。新的省委领导班子派出由省纪委、省委组织部等有关方面组成的工作组，深入吕梁市、省交通厅、高平市三个腐败重灾区开展试点。在加大惩处力度的同时，吕梁工作组耐心细致地开展思想政治工作，引导有问题的干部反思问题、放下包袱。交通厅工作组采取谈心谈话等方式，深入了解班子成员和中层干部的思想、工作状况，教育挽救大多数。高平工作组召开千人动员大会，加大谈话谈心力度。对主动交代问题的干部，坚持具体问题具体分析、宽严相济依规处理，有问题干部相信组织依靠组织、坚定跟党走、积极干事创业的良好氛围日益浓厚。

六、率先净化自身，扎实推进改革，在学思践悟中强责任、转作风、提能力

从省纪委班子抓起，开展积极健康的党内政治生活。从自身做起，带头落实省委净化政治生态的要求部署，按照“铁纪铁军铁腕”的要求，从严管班子、带队伍。通过学习党章、思想引导、谈心交流、集中反思，省纪委班子成员痛彻反省，从对问题认账、认改、认罚，到对工作认理、认责、认干，自我加压、自我革新。省纪委内部恢复正常的党内政治生活，班子成员带头开展批评和自我批评，进行积极健康的思想斗争，坚持原则，开诚布公，团结紧张，严肃活泼，工作作风、精神面貌焕然一新。

从严管理监督干部，痛下决心清理门户。省纪委出台《关于进一步加强委厅机关干部日常管理监督的办法》，坚持管事就要管人、管思想、管作风、管纪律，严格执行“五个禁止”“十个不准”，坚决查处系统内的“害群之马”；完善干部配偶、子女经商办企业情况报告制度，干部外出报备制度，谈话提醒制度等，拓展家访活动，寓厚爱于严管之中；加强纪律审查安全工作，对涉案款物集中开展自查整改，实行“零报告”“零承诺”；机关提拔选用干部，严格进行查档案、查业绩、查个人事项报告、查民意、查线索、查案件等“六查”，对新任省管纪检干部由省纪委常委会集体逐一进行任前谈话。2015年全省纪检监察机关共对系统内534名有问题线索的干部进行谈话、组织处理、执行纪律，其中，对311人作出诫勉谈话、责令检查、通报批评处理，将61人调离纪检监察系统；立案审查204件违纪案件，处分212人，重处分19人，移送司法机关10人。

持续引深“三转”，扎实推进纪律检查体制改革。聚焦聚焦再聚焦，省纪委组织力量深入市、县纪委和省直派驻纪检机构，宣讲“三转”内涵，传导“三转”压力，以纪律要求、追责问责推动“三转”，对48家省直派驻机构“三转”情况逐一督导，约谈30名省直派驻纪检组长，责令11名“三转”不力的纪检组长作出书面检查。省市两级出台纪委书记和副书记、派驻纪检组长和副组长以及企业纪委书记和副书记“三个提名考察办法”。出台《关于加强省纪委派驻机构建设的意见》《省直部门和单位派驻机构全覆盖机构设置工作方案》。坚持内部挖潜、整合力量，实行单独派驻和综合派驻两种方式，新设省委办公厅、省委组织部、省委宣传部、省委统战部、省人大机关、省政府办公

厅、省政协机关等7家派驻机构，调整28家派驻纪检组，交流纪检组长18人，交流面达51.4%，交流副组长和工作人员82人，交流面达到78.2%，省纪委派驻机构全覆盖完成81.4%。探索县级纪委内设机构“N+X”模式，统一口径，指导县级纪委加快内设机构改革。

践行“三严三实”，深入开展“学思践悟·岗位练兵”活动。扎实开展“三严三实”专题教育，以“学思践悟·岗位练兵”活动为载体，强责任、转作风、提能力。省市纪委坚持问题导向，结合职责和岗位实际，对思想和工作全面“体检”，对标高标准比学赶超；实行机关工作例会制度，各项任务有部署、有检查、有落实，为正风反腐工作的扎实推进提供了有力保证。

2015年9月11日，省委常委、省纪委书记黄晓薇在朔州市朔城区张蔡庄乡调研基层党风廉政建设工作。

省委工作部门工作概况

省委办公厅工作概况

省委秘书长　王伟中

2015年，在省委的正确领导下，省委办公厅认真落实省委“五句话”总体要求，带头贯彻中央和省委决策部署，积极践行“三严三实”，全面落实“两个责任”，按照“马上就办、真抓实干”的要求，努力提升“三服务”的能力和水平，积极完成省委交办任务，整体工作得到了省委主要领导的肯定和各方面的好评。

一、突出政治抓学习，始终坚持正确政治方向

2015年，全厅党员干部坚定不移地与以习近平同志为总书记的党中央保持高度一致，按照中央要求和省委部署，扎实开展“三严三实”专题教育，形成了抓学习、促教育、提素质、转作风的良好氛围。全年思想政治教育工作积极主动，扎实深入。一是把“双学”要求贯穿始终。以学习贯彻习近平总书记系列重要讲话为核心，读原著、学原文、悟原理，学思路、学本领、学方法，在工作作风上学习以习近平同志为总书记的党中央“崇尚实干、敢于担当、廉洁自律”的优良作风。二是把强化政治纪律和政治规矩意识贯穿始终。全厅上下严格执行政治纪律和政治规矩，坚持领导干部带头，坚持从规范日常言行举止做起，立规矩、讲规矩、守规矩，切实把纪律和规矩挺在前面，筑牢思想防线和行动底线。三是把边学边查边改贯穿始终。坚持问题导向和目标导向，结合学习讨论落实活动、纪律作风专项整治等活动，认真查找办公厅工作中存在的制度缺失、机制缺陷、工作漏洞，调整理顺机构职能设置，积极打造“六大工作平台”和“六项落实机制”，努力提升“三服务”特别是服务省委中心工作的水平。

二、围绕中心抓落实，努力当好“前哨”“后院”

2015年，全厅认真学习贯彻全国、全省党委秘书长会议精神，站在战略高度和全局角度，统筹谋划部署办公厅“三服务”工作，积极协助省委抓好各项工作任务的推进落实。

（一）积极服务省委决策，努力当好参谋助手。贯彻省委意图，紧跟领导思路，切实强化以文辅政的作用。一是认真起草省委文稿。围绕省委“五句话”总体要求和“六大发展”“六权治本”“三个一批”“三个突破”等一系列治晋兴晋战略，深刻领会中央精神，认真贯彻省委要求，密切联系山西实际，通过文稿协助省委统领全局、协调各方。改进文风，精简文稿，提高文稿的针对性、指导性和可操作性。全年起草、修改、整理各类文稿580余篇、460余万字。二是深入基层开展调研。围绕党建、党风廉政建设和反腐败工作、“六大发展”、脱贫攻坚、企业脱困、城中村改造、科技创新、金融振兴、民营经济发展等领导关心、群众关注、社会关切的重点难点热点问题，深入基层调研，掌握一手资料，努力为领导决策提供参考依据。班子成员全年开展随同调研、专题调研和自主调研156次。三是着力加强情况综合。加强信息收集和综合研判，及时掌握网上舆论动向，汇总整理各方面情况，做好数据充实更新等基础工作，努力为省委领导调研、会谈提供更加全面准确的参考资料。整合改革《山西信息》，坚持问题导向，注重提升质量，全年编发1988期，向中办报送1624篇，被采用81篇，多篇信息被中央领导同志批示；收集网络舆情1215条，受理网民留言6500余件，网上回应5600余件。

（二）全力保障省委运转，统筹搞好综合协调。围绕省委日常工作需要，积极提供政务和事务性服务。一是抓好会务活动组织。坚持省四大班子秘书长联席会议制度，定期研究通报重要情况。加强应急值守，协助省委处置各类突发事件343起。做好领导干部外出请假报备工作。加强统筹协调，注重务实规范，改进调研活动组织，组织召开省委十届七次全会、全省经济工作会议、山西省纪念抗战胜利70周年大会等会议230余次，精心安排省委常委调研考察活动360余次，圆满完成党和国家领导人来晋，荷兰国王等外宾来访的政务接待任务。积极向中办等上级部门汇报工作，主动加强对下业务指导，做好厅内部的沟通衔接，不断凝聚“三服务”的工作合力。二是严格公文办理流转。加强发文审核，提高发文质量，印发省委和省委办公厅文件355件。严格党内法规和规范性文件审查报备，向中央报备规范性文件48件，实现各市委和省直部门全覆盖。贯彻省委意图，审核制定10部省委党内法规，参与15项地方性立法论证。继续落实统进统出要求，统筹办理来文来电1783件，传递、分发文件资料50余万份，编发《领导批示办理情况》41期，重大会议文件实行编号式管理。《中办通讯》《秘书工作》学用征订继续保持良好势头。认真学习贯彻习近平总书记关于机要交通工作的重要批示精神，当好党的“红色传令兵”，连续23年无差错，信息化建设核心系统基本建成。严格印章管理，做好使用登记。档案分类管理体系框架初步形成，扎实做好查阅使用工作。三是改进后勤服务。加强大院秩序管理，改造升级监控系统，新建门禁和车辆识别系统，提升机关安保水平。加强办公用房调配使用，缓解办公紧张局面，不断优化办公格局。继续实施环境绿化美化行动，认真做好道路、管网、门厅、走廊等公共区域维修改造工作。加强预算管理，严格财经纪律，全力保障重点支出。加强固定资产管理，严格使用配备，自觉执行政府采购有关规定。扎实做好桥东宿舍区住房建设交接收尾工作，研究谋划后续建设问题。落实老干部政治和生活待遇，悉心做好体检、探望等服务保障。食堂、洗理工作增强服务意识，提高服务质量，努力让干部职工吃得放心、用得舒心。文印工作保密高效，服务保障重大会议活动。餐饮工作积极转型、寻求出路，做好职工思想稳定工作。幼教工作坚持幼儿安全和教学质量并重，办园特色突出。加强车辆和司乘人员管理，确保安全文明出行，稳步推进厅内公车制度改革。卫生保健工作依托省城资源，加强业务联系，积极开展体检、义诊等日常服务，畅通重大紧急疾病救助通道。彭真纪念馆积极开展革命传统教育和爱国主义教育，认真做好中共太原支部历史和彭真思想研究，全年接待参观纪念人数25万余人次。

（三）坚决落实省委要求，努力维护政令畅通。厅领导班子带头学习贯彻省委决策部署，积极组织协调各地各部门落实省委要求。按时完成省委办公厅在贯彻执行中央八项规定、学习讨论落实活动等工作中牵头承担的任务，牵头开展“文山会海”和“三公”经费管理不严等突出问题专项整治。配合中办、国办搞好督查调研，认真做好省委常委会工作要点的任务分解和督促落实工作，协助省委抓好全面深化改革、法治山西建设、学习讨论落实活动、“冬季行动”、农村集体“三资”管理专项清理整治等重大工作任务的组织实施，推动各地各部门回应群众信访诉求，解决群众身边的腐败问题。加强督查推动落实。围绕年初确定的六项工作重点，健全督查机制，创新督查方式，加强督查问责，增强督查实效。全年围绕贯彻执行中央八项规定、落实“两个责任”、煤炭管理体制改革等任务开展决策督查21次，完成中央和省委交办的任务16项，督办落实俞正声、王儒林、楼阳生等领导同志批示事项156件，督办落实省委常委会议议定事项25项，协调办理政协提案78件。督促协调有关单位认真做好规范省级干部生活待遇工作。加强厅内督查，提高执行力。

（四）认真履行责任，扎实推动厅管单位工作。机要密码工作认真落实习近平总书记关于密码工作的重要指示精神，全力做好电报译传办理、通信服务保障、密码安全管理和依法行政工作，信息化服务保障能力进一步增强。对台工作认真落实中央、省委对台工作方针，深入推进晋台经贸、文化、社会等各个层面交流，积极做好对台宣传和参观互访接待工作，妥善处理涉台问题和突发事件，服务两岸关系发展，扩大山西在台影响。保密工作坚持党管保密和依法治密原则，以定密、网络、涉密人员为重点，认真总结经验，积极开拓创新，加强宣传教育，实施分类管理，强化科技保障，联合党委、人大职能部门严格开展监督检查，确保党和国家秘密安全。接待工作继续贯彻落实中央八项规定，严格执行来函告知、定点接待、公务卡结算、接待清单和内部审批等制度，认真做好中央和地方重要领导、重要会议、重大活动任务的接待工作。

三、从严要求抓管理，持续打造过硬队伍

2015年，全厅按照“五个坚持”和“四个表率”的要求，把纪律和规矩挺在前面，落实全面从严治党要求，认真履行党风廉政建设主体责任，以严的要求、实的作风、铁的纪律，全方位加强班子和队伍建设，努力树立和维护好办公厅干部队伍忠诚、干净、担当的形象。

一是加强理论武装。采取组织调训、在线学习、辅导讲座、干部选学等多种方式，加强干部教育培训，提升综合素质。全年选派7名干部参加调训、48名干部参加选学，全员参与在线学习，发放学习资料18类4000余册，参学人数达到3000余人次。

二是从严落实“两个责任”。落实省委关于纪委派驻机构全覆盖的要求，在省委工作部门中带头实现派驻纪检组进驻。落实王儒林书记在省直机关座谈会上的重要讲话，带头抓好机关党委、纪委换届等整改工作。组织学习《廉洁自律准则》和《纪律处分条例》，制定落实“两个责任”清单，逐级签订党风廉政建设责任状。严肃纪律作风整治，扎实开展大操大办婚丧嫁娶借机敛财等问题专项整治。重

大节假日进行廉政提醒。制定并严格落实厅内领导干部外出请假报备制度。认真处理信访举报线索，严肃查办违纪干部。做好不合格党员评议和处置工作。

三是调整优化机构职能设置。在王儒林书记、李小鹏省长的关心支持下，围绕中央和省委对办公厅工作提出的新要求，结合办公厅工作面临的新形势新任务，经过深入调研、酝酿、征求意见，制定机关内设机构优化调整和职能设置的方案并报省编办批准，着力强化服务省委和抓落实的基本职能。

四是健全完善工作制度。厅领导班子从自身做起，坚持民主集中制，带头完善议事规则。认真开展制度清查和选编工作，建立健全工作机制流程，不断扎紧制度的“笼子”。共修订完善全厅层面的规章制度65项，其中新建23项。

五是加强基层组织建设。在秘书长的领导和省直工委的指导下，完成厅直属机关党委、纪委换届选举工作，指导14个下属基层党组织做好新建和改选工作。严格组织生活，建立工作台账，推行基层党组织书记述职评议工作。严格发展党员，按时收缴党费。

六是加强干部队伍建设。坚持“好干部”标准，坚持德才兼备、以德为先、以廉为基，按照《条例》要求，认真做好干部推荐、考察、使用、任免等工作。加强人才培养储备，公开招录、选调15名工作人员。认真开展“三个一批”工作，扎实做好档案抽查、个人重大事项报告、清理“吃空饷”等干部监督工作，做好工资福利、考核奖惩、政审聘录等工作。

七是深化精神文明创建。活跃机关氛围，开展文体活动。积极申报省级文明单位。加强普法教育，发放学习教材，开展“宪法在我心中”知识竞赛，组织参加法治教育培训班。组织慰问帮扶困难党员职工，开展“送温暖、献爱心”捐助活动。（任兆宇）

附：省委秘书长、常务副秘书长、副秘书长、省委办公厅主任、副主任名单

省委常委、秘书长：王伟中

省委常务副秘书长、省委办公厅主任（兼）：

姜新文（6月兼任）

省委副秘书长、省委政策研究室主任，省全面深化改革领导小组办公室常务副主任：李福明

省委副秘书长、省委农村工作领导组专职副组长（正厅长级）：张克强（8月离职）

省委副秘书长、省委省政府信访局局长：李体柱

省委副秘书长、省委“610”办公室主任：冯　征

省委副秘书长、省委农村工作领导小组专职副组长（正厅长级）：王　纯（8月任职）

省委副秘书长：孙　毅（12月离职）　王利波

毛益民（12月任职）

省委办公厅副主任：李　斌（12月离职）

毛益民（12月离职）

曹荣湘（7月任职）　宋慧民（12月任职）

省委组织部工作概况

省委组织部部长　盛茂林

2015年，省委组织部坚决贯彻落实中央对山西工作重要指示精神和省委各项决策部署，突出全面从严治党这条主线，以坚决刷新吏治、持续改进作风、落实管党治党责任为重点，坚持从严从实，认真履职尽责，埋头苦干实干，奋力攻坚克难，推动干部、组织、人才、自身建设等各方面工作取得明显成效。

一、坚持把学习贯彻习近平总书记系列重要讲话精神作为首要政治任务，不懈推动政治生态改善

一是扎实开展“学习讨论落实”活动。把学习贯彻习近平总书记系列重要讲话精神贯穿活动全过程，全省各级党员干部普遍接受了一次再学习再教育。严把活动关键节点，选派督导组全程督导，督促各级党委（党组）结合净化政治生态、实现弊革风清形成活动《反思剖析报告》。突出从严治吏，扎实推进由组织部门牵头的各项任务落实，取得积极成效。

二是深入推进“三严三实”专题教育。省委坚持以上率下，省委常委班子自觉向中央领导集体看齐，带动各级党组织和党员领导干部认真践行“三严三实”。各级组织部门加强组织协调，把专题教育融入日常学习教育，持续引深“双学”；严明党的政治纪律和政治规矩，深化专题研讨，高标准严要求组织开好专题民主生活会和组织生活会；协调推进30个专项整治和3个专项治理，推动老问题新问题一起解决；提振干事创业激情，引导各级干部勇于担当、攻坚克难，推动作风建设常态化、长效化。山西省专题教育工作得到中央和中组部领导肯定，在中央“三严三实”专题教育座谈会上作典型发言，《人民日报》、中央电视台《新闻联播》先后对山西省做法进行专题报道。

三是强化干部理论武装和能力提升。狠抓理想信念、忠诚守纪、反腐倡廉教育和专业知识培训。调训省管干部和优秀中青年干部600余人，围绕中央和省委重大决策部署联合培训各级各类干部7500余人，党政领导干部岗位专业知识网络培训3400余人，全省3.5万余名干部参加了各级组织的选学培训。

二、坚持从严治党首先从严治吏，旗帜鲜明地树立正确用人导向

省委以坚定决心刷新吏治，强化对干部工作的领导和指导，模范践行民主集中制，带头按制度规矩办事，充分支持组织部门发挥职能作用，为全省各级党委作出示范。省委王儒林书记带队调研干部工作，提出一系列明确具体要求。省委组织部和各级组织部门坚决贯彻省委要求，坚持公道正派，强化责任担当，努力破解在发生系统性、塌方式严重腐败情况下选人用人难题，初步实现了选人用人风清气正。2015年，省委常委会任免省管干部15次828人次，其中提拔使用240人，在干部选拔任用全过程没有出现跑官要官、说情打招呼的情况。特别是朔州、吕梁两市的人大、政府、政协领导班子换届工作平稳顺利。山西省刷新吏治工作得到中央领导和中组部的充分肯定。中组部《组工通讯》刊发专稿，《人民日报》连发两篇通讯，介绍我省刷新吏治工作。

一是严肃查处吏治腐败问题，严厉整治用人不正之风。大力开展"一倒查六整治"，对20名处级干部、22名乡科级干部进行"带病提拔"倒查，严肃查处选人用人问题案件269件，党政纪处分112人，组织处理318人。全省整改消化超职数配备干部3746名，审核清理乡科级以上干部档案18.6万份，清理党政干部在企业兼职999人，查核清理"裸官"27人。把选人用人专项检查列入巡视重要内容，注重巡视成果运用。2015年共处置用人问题巡视线索138件，给予党政纪处分79人，组织处理281人。在严肃查处、严厉整治的同时，注意把握党的干部政策，保护和调动干部积极性。

二是积极稳妥推进"三个一批"，坚决防止"带病提拔"。在腐败案件量多面广、涉及干部多、诸多案件尚未办结的情况下，如何全面准确了解干部、防止"带病提拔"，是面临的难题，也是必须攻克的难关。省委在全省实施"三个一批"，即：甄别处理一批不廉洁、乱作为干部，调整退出一批不作为、不胜任干部，掌握使用一批敢作为、善担当干部。把"甄别"作为核心，以"六查"（查档案、查个人有关事项报告、查民意、查业绩、查线索、查案件）为手段，对容易滋生腐败和权力寻租的部门、岗位和拟提拔干部进行重点甄别，2015年全省共甄别干部68874名，处理问题干部5122名。把"退出"作为重点，坚决调整不适宜担任现职领导干部，推进干部能上能下，2015年全省共调整退出干部860人。特别是对省水利厅专项资金"沉睡"、五台山风景管理区多次被媒体曝光批评等问题中负有责任的76名不作为慢作为干部进行问责处理。把"掌握使用"作为关键，2015年全省各级党委（党组）通过"六查"掌握了一大批好干部，已经提拔使用4438人。把防止"带病提拔"贯穿干部选任全过程，2015年共有31人在省管干部选任程序启动后，因发现各种问题被中止。在县委书记选拔中坚持全程民主、全程差额、全程署名、全程留痕、全程监督、全程追责"六个全程"。通过层层把关，最大限度把"带病"干部挡在门外。

三是坚持先立规矩后办事，不断健全和完善选人用人制度机制。按照"六权治本"要求，针对选人用人权力运行的风险点和制度漏洞，积极进行制度建设探索，经省委常委会研究，先后制定出台了《关于全面贯彻好干部标准　树立正确用人导向　从严管理干部的决定》《关于甄别处理一批、调整退出一批和掌握使用一批干部工作的意见》《关于加强县委书记选拔任用和管理监督工作的意见（试行）》《山西省省管干部动议酝酿任免议事规则（试行）》《各级党委（党组）在干部选拔任用工作中严格执行民主集中制的办法（试行）》等5个干部选任工作制度性文件，对干部选任工作中一些模糊地带、敏感环节作出明确具体规定，着力强化党委（党组）的集体领导把关作用，坚持扩大民主不动摇并着力提高民主质量，初步形成了指导我省当前和今后一个时期干部选任工作比较完整的制度体系。

三、坚持强化"一把手"抓党建责任，系统谋划和扎实推进各领域基层党建工作

一是突出责任抓落实。省委始终把党建工作主体责任扛在肩上，高规格召开全省农村基层党建工作视频会议，王儒林书记讲话部署，市、县、乡三级书记等3000余人参加。强力推进党建主体责任落实，扎实开展市县乡党委书记抓基层党建工作述职评议考核。中组部《全国基层组织建设工作情况通报》专稿介绍我省情况。

二是突出重点抓整治。集中整治5155个软弱涣散基层党组织，选派9395名"第一书记"参与整顿工作，全省软弱涣散基层党组织转化率达90%以上。以全省农村集体"三资"清理整治为契机，积极发展农村集体经济。着力解决乡村治理机制不健全问题，推动全省村级组织建立村务监督委员会。对全省各级党代表大会代表资格从严管理，及时依纪终止违纪党代表资格，依规停止执行党代表职务，纯洁党代表队伍。

三是突出基层打基础。年初全面完成农村"两委"换届，换届选举风气明显好转。培训农村基层"领头雁"38.4万人次。在全省评选"优秀乡镇党委书记"。推动4028名大学生村官有序流动。全省社区年平均工作经费比上年提高1万元，30.7万名在职党员到社区报到、服务群众。加强高校党的建设，制定实施党委领导下的校长负责制试行办法，全面推行高校领导班子和领导人员任期制，开展向民办高校选派党委书记工作。统筹加强机关、企业、社会组织和非公经济组织等领域党的建设。从严从实加强党员队伍建设，制定实施从严发展党员"5+1"工作制度，各项基础工作进一步夯实。

四、坚持培养选拔引进多措并举，扎实推进各类人才队伍建设

坚持党管人才原则，以十项重大人才工程为抓手，以山西科技创新城为试点，集聚培养用好各类优秀人才。一是挖掘现有人才。培养选拔三晋技术能手100人，全年培训农村实用人才带头人等8.2万人，培育科技示范户7.5万户，全省

涌现出了一大批行业标兵、全国能手。二是引进紧缺人才。组织实施省第八批“百人计划”，一次引进100名海外高层次人才，引才数量比上年提高64%。成功举办2015山西·太原人才智力交流大会。三是选拔高端型人才。遴选11名青年拔尖人才，选拔学术技术带头人199名，55名享受政府特殊津贴人员通过国务院审批。山西焦煤集团金智新同志当选为中国工程院院士，发挥了重要引领示范作用。四是完善保障制度。出台引进高层次人才服务保障配套管理办法等系列政策规定，有效激发各类人才创造活力。

五、坚持从严治吏必先从严治部，以铁的纪律打造过硬队伍

认真贯彻落实中组部要求和王儒林书记的重要指示精神，省委组织部部务会态度坚决，带头坚持认理、认账、认责、认罚、认改、认干，强化问题导向，敢于揭短亮丑，狠抓从严治部，以刮骨疗毒的勇气和决心，果断解决组织系统存在问题，全省组工干部队伍进一步纯洁，政治意识进一步强化，纪律规矩进一步严明，为党委选人用人把关守门更加尽职尽责，得到了中组部充分肯定，省委在全省转发了组织系统“从严治部”的具体做法。

一是深刻反思剖析。省、市、县三级组织部门都形成了《严厉整治选人用人不正之风的情况分析报告》，从严治部、从严律己意识明显增强。二是强化政治自觉。带头开展“三严三实”专题教育，坚定正确政治方向，自觉增强思想定力、战略定力、道德定力，做政治上的明白人，组工干部围绕中心的大局观、坚持原则的战斗性、担当干事的执行力不断增强。三是严肃整顿队伍。先后约谈11个市委组织部长和83个县（市、区）委组织部长，各市县组织部也层层进行约谈。带头开展“三个一批”，全省组织系统处理存在问题干部305人，其中，免职85人，调离组织部门128人，党政纪处分36人。从严整顿的同时，加强关心与爱护，积极向各级党委推荐使用优秀组工干部，面向社会公开补选工作人员，推进轮岗交流，加强教育培训，组工干部队伍日益纯洁，能力素质不断提高。四是规范权责管理。理清权责边界，理顺机构职能，省委组织部精简职能49项，下放审批事项10余项，细化关键环节工作制度30余项，带动市县两级组织部有序推进职能调整。自觉接受监督，在三晋红e网、大组工网同步开设部长信箱。加速信息化建设，省市县三级联动，高质量完成大组工网分级保护建设和测评工作。五是严守纪律规矩。强化纪律规矩意识，从严规范言行。严格执行组工干部“十严禁”等纪律要求，认真落实党风廉政建设责任制，把从严要求落实到了每个环节、每个岗位、每个干部。

山西省党的建设制度改革取得突破、目标责任考核得到改进、干部援疆工作进一步加强，干部日常管理、老干部工作、党建研究和考试测评、党员电化教育、机关后勤管理等各项基础性工作也取得了新的进展。

（荆沛　高波）

附：省委组织部部长、常务副部长、副部长、部务委员名单

省委常委、组织部部长：盛茂林

常务副部长：张高宏（12月离职）　孙大军（12月任职）

副　部　长：张　健　陈跃钢　张　葆（女）　陈学东

部 务 委 员：赵建华　罗　民

省纪委驻部纪检组长：贾文儒

省委宣传部工作概况

省委宣传部部长　胡苏平

2015年，全省宣传思想文化战线深入贯彻落实中央和省委重大决策部署，紧紧围绕“四个全面”战略布局，牢牢把握“两个巩固”根本任务，以“重塑山西形象”为重点，以大力弘扬“三个文化”为主要抓手，全面推进思想理论建设、新闻舆论引导、核心价值观培育、文化改革发展等各项工作。

从具体层面来说，集中精力干了几件大事。

一是学习贯彻十八届五中全会和习近平总书记系列重要讲话精神掀起热潮。按照中央和省委要求，紧紧围绕党的十八大和十八届三中、四中、五中全会精神，围绕省委十届六次、七次全会精神，特别是围绕习近平总书记系列重要讲话精神，以“学习讨论落实”活动和“三严三实”专题教育为带动，深入推进学讲话、学作风，广泛组织开展十八届五中全会精神宣讲活动，加强科学理论宣传普及和研究阐释，进一步增强了广大干部群众的道路自信、理论自信、制度自信。

二是“三个文化”等正面主题宣传形成声势。按照中央和省委的重大决策部署，以“五句话”为指导，围绕“六权治本”“六大发展”“三个突破”“三个文化”“三个一”等治晋兴晋强晋重大方略，超前谋划，及时跟进，精心组织正面主题宣传，唱响了主旋律，传播了正能量，引领了社会舆论，营造了浓厚氛围。山西日报、山西电视台等主流媒体围绕中心、服务大局，及时开辟专栏专题，刊发刊播系列评论文章，逐一解读，深入阐释，在全省上下形成了广泛共识，凝聚了强大力量，受到省委充分肯定和各方面好评。

三是纪念中国人民抗日战争暨世界反法西斯战争胜利70周年系列活动隆重热烈。从年初筹划部署，4月陆续启动，到9月形成高潮，活动多、任务重、跨度长、涉及面广，参与的干部群众上百万人。省委宣传部精心组织、统筹协调，15项主要活动有序开展、高效推进，整体纪念活动层次高、声势大、氛围浓、效果好，极大鼓舞了士气、振奋了精神。

四是在省委省政府的关心支持下，成功举办了第二届山

西文化产业博览交易会。24个国家和国内31个省市区及港澳台地区的1000多家企业、上万种文化产品参会，境内外600余名记者对大会进行报道。继首届文博会之后，再次被评为“中国文化创意产业最具特色十大文博会”，排名由第八位跃升第四位，品牌影响力和社会美誉度再上新台阶。

五是文艺舞台硕果累累、成绩喜人。认真贯彻落实习近平总书记文艺工作座谈会重要讲话精神，全年新创舞台艺术作品50多部。10月份，精选晋剧《于成龙》《红高粱》，京剧《陈廷敬》，话剧《生命如歌》《最美村官段爱平》，左权花戏歌舞剧《太行奶娘》，舞剧《吕梁英雄传》，北路梆子《云水松柏续范亭》，音乐剧《火花》，儿童剧《红星杨》等十台大戏晋京展演，受到首都观众和文艺界广泛好评。文化部雒树刚部长评价说：“山西既是文化资源大省，又是文艺创作大省，山西省委宣传部中心任务抓得紧，立身之本立得好，10台优秀新创剧目晋京展演，是山西宣传文化战线认真贯彻习近平总书记文艺工作座谈会重要讲话精神的丰硕成果，反映出山西的文艺创作实力。”

2015年，全省宣传思想文化战线围绕年初确定的工作目标，攻坚克难，狠抓落实，各项工作取得积极成效，保持了健康向上的良好势头。

一是思想理论建设取得新成效。坚持以学习贯彻习近平总书记系列重要讲话精神为首要政治任务，以各级党委中心组学习为重点，组织编写了《习近平总书记系列重要讲话选编》《省委常委民主生活会学习资料》等辅导读物，组织、服务省委中心组集中学习12次。制定了《关于建立领导干部上讲台制度的意见》，推动了党员领导干部“学讲结合，以讲促学”。组织了十八届五中全会中央宣讲团山西宣讲活动，组建省委宣讲团深入各地宣讲15场。严格落实党委（党组）意识形态工作责任制，加强对意识形态领域情况的分析研判，牢牢掌握意识形态工作的领导权和主动权。切实加强高校等宣传思想阵地建设，制定出台了《关于进一步加强和改进新形势下高校宣传思想工作实施意见》《关于加强山西新型智库建设的实施意见》等指导性文件。实施哲学社会科学创新工程，健全完善社科课题研究协调机制，不断深化对习近平总书记系列重要讲话精神和中国特色社会主义理论体系的研究阐释，推出了《山西文明史》《山西新型城镇化过程中农村人口转移问题研究》等一批针对性强、应用价值高的优秀成果。盐湖区“德孝文化建设实践研究”被中宣部列为马工程首批重大实践经验总结课题。

二是舆论引导形成新氛围。统筹各级各类媒体资源，围绕中央和省委重大决策部署、重大活动、重点工作，组织开展了30多项重大主题宣传战役，大力宣传山西省从严治党、反腐倡廉、作风建设和改革发展的新进展、新成效，提振了全省干部群众的士气和信心，为山西省改革发展稳定营造了良好氛围。按照王儒林书记大力弘扬“三个文化”、大力挖掘“三个一”文化内涵的要求，组织开展弘扬“三个文化”学习研讨、“弊革风清三晋春”等五大系列40多项宣传推介活动，有效提升了山西文化影响力。及时回应社会关切，全力做好热点问题引导和负面信息调控，加强社会舆情特别是网络舆情分析研判，加强互联网队伍建设，加大网上突出问题治理力度，唱响了主旋律，激发了网络空间正能量。大力加强新闻宣传管理，扎实开展新闻单位驻地方机构清理整顿工作，撤并改各类新闻单位分支或派出机构55家。加快推动传统媒体与新兴媒体融合发展，进一步推进部校共建新闻学院工作。着力加强对外宣传，组织开展了香港高层媒体、全球华文媒体、全国网络媒体山西行活动，积极参与山西品牌中华行、丝路行活动，有效塑造了山西对外形象。

三是核心价值观培育呈现新气象。制定山西省《培育和践行社会主义核心价值观行动方案》，深入开展“德润三晋·共筑梦想”主题实践活动，扎实推进思想道德建设和精神文明创建工作，凝聚了向廉向善向上的力量。持续开展“讲文明树新风”公益广告和“图说我们的价值观”宣传活动，制定下发、广泛宣传省文明委推出的65条“讲文明树新风”公益广告宣传标语。组织开展道德模范、身边好人等先进典型的推荐、评选和学习宣传活动，制作我省“道德模范人物公益广告片”12个，省市两级举办道德模范巡回演讲255场。晋城市刘平贵、李继林被评为第五届全国道德模范。深入开展陈规陋俗专项整治活动，大力推进社会诚信建设，建立健全社会信用体系建设机制，出台了《关于推进诚信建设制度化的实施意见》。以精神文明创建评比表彰年为抓手，重新修订文明创建测评体系，配合中宣部在盐湖区召开“弘扬德孝文化·践行核心价值”现场交流会。大力弘扬我省优秀法治文化、廉政文化、红色文化，以纪念抗战胜利70周年为契机，隆重举办纪念大会，集中开展革命传统和爱国主义宣传教育，组织出版抗战题材重点出版物，加强抗战纪念设施保护修缮和内容展陈工作，组织举办摄影展、书画展、优秀文艺作品展演展播展映、群众演唱会和“戏曲精品老区行”慰问演出等系列活动，唱响了“铭记历史、缅怀先烈、珍爱和平、开创未来”主题，弘扬了伟大的民族精神和抗战精神，宣传了山西省在全国抗战中的重要地位和突出贡献，进一步增强了广大干部群众实现弊革风清、促进富民强省的信心和决心。

四是文化强省建设结出新硕果。按照中宣部“基层工作加强年”要求，制定实施我省《关于加强基层宣传思想文化工作的若干意见》，基层公共文化服务体系进一步健全完善，群众文化权益得到有效保障。全年落实政府购买公共演出服务资金3300余万元，购买演出4500余场，受益群众500多万人次。扎实开展“深入生活、扎根人民”主题实践活动，组织省市县三级100多个文艺院团，深入开展百团千人送文化下基层、文化惠民在三晋、文艺精品进校园等系列文化活动，较好地满足了基层群众的文化需求。文艺创作持续繁荣，影视剧、舞台剧、文艺类图书佳作迭出。以弘扬“三个文化”为主题，组织推出一批思想性艺术性观赏性俱佳的精品力作。电视剧《黄河在咆哮》在央视一套热播；刘慈欣长篇科幻小说《三体》荣膺“雨果奖”，成为亚洲作家获此奖项的第一人；山西卫视创新自办文化节目带，《走进大戏台》《歌从黄河来》《你贵姓》等栏目的品牌影响力不断提升，国家新闻出版广电总局连续召开两次研讨会予以高度评价。组织开展了我省第11届精神文明建设"五个一工程"评选工作。制定出台了公共文化服务体系建设、文化产品和服务出口、非时政类报刊出版单位体制改革、县级城市数字影院建设、黄金时间电视剧播出管理规定等制度性文件,配合举办了第25届全国书博会,召开了文化产业发展晋中现场会,组织参加了深圳文博会、北京文博会,进一步加快了文化改革发展步伐。

五是干部队伍建设得到新加强。按照中央和省委统一部署,全战线深入开展学习讨论落实活动和"三严三实"专题教育,突出问题导向,强化作风建设,进一步统一了思想、凝聚了共识,为推进文化改革发展提供了坚强政治保障。各级各部门牢固树立抓好党建是最大政绩的理念,认真落实管党治党"两个责任",普遍建立权力清单、责任清单和工作落实台账,党建工作得到全面加强。以思想政治建设和能力建设为主线,全战线普遍加强了人才和干部队伍培训工作,仅省委宣传部即举办各类培训班24期,培训规模近3000人次。特别是专门拿出经费,强化对高校思政课教师、辅导员和宣传部长三支队伍的培训,取得明显成效。按照法治山西建设和"六权治本"要求,扎实推进规章制度建设,围绕加强基层宣传思想文化工作、意识形态工作、核心价值观建设等,制定出台各类规范性文件21种,有力推进了工作科学化制度化规范化。严格执行"好干部"标准,匡正选人用人导向,一大批政治强、业务精、作风正、有专长、敢担当的领导干部充实到各级领导班子,在全战线营造了风清气正、干事创业的良好氛围。

（王　正）

附：省委宣传部部长、常务副部长、副部长名单

省委常委、宣传部部长：胡苏平（女）

常务副部长、省社科联主席：李高山

副部长、省文明办主任：王　蕾（女）

副部长、省作协主席：杜学文（6月离职）

副部长：尹天五（12月离职）　刘英魁（7月任职）　董晓林

省委统战部工作概况

省委统战部部长　孙绍骋

2015年是山西省统战工作抓住机遇、务实开拓、改革创新、成效突出的一年。省委统战部在省委的正确领导下,紧紧围绕全省工作大局,履职尽责,扎实苦干,圆满完成了全年任务。

一、强化理论武装和政治引导,统一战线共同思想基础不断巩固

通过举办学习讲堂、知识讲座、专题报告会等形式,深入学习贯彻习近平总书记系列重要讲话精神,及党的十八大、十八届三中、四中、五中全会和省委十届七次全会、全省经济工作会议等会议精神,坚持以科学理论武装头脑、指导实践、推动工作。全年组织中心组学习16次、干部集体学习22次,举办党风廉政建设、法治教育等专题讲座5次,进一步提高了班子队伍的思想政治素质。把中央和省委精神作为加强政治引导、巩固统一战线共同思想基础的基本遵循,在民主党派、工商联、无党派人士中开展坚持和发展中国特色社会主义学习实践活动,在非公经济人士中开展"以守法诚信为主题、以重塑民营企业家队伍形象为载体"的理想信念教育实践活动,在民族宗教界开展民族团结进步创建活动、和谐寺观教堂创建活动,分别举办民主党派学习讲堂5期、晋商大讲堂6期、民族宗教知识系列讲座6期,参学人员达到5000余人次。

二、认真学习贯彻中央统战工作会议和《中国共产党统一战线工作条例(试行)》精神,全省统战工作明显加强

协助省委召开省级党员干部会、省委常委会、省委中心组(扩大)专题学习报告会,传达学习会议和《条例》精神,研究制定我省32条贯彻落实举措。牵头筹备召开省委统战工作会议,起草省委贯彻《条例》的实施意见,并报经省委下发,解决了长期制约统战工作的瓶颈问题。推动成立以省委书记为组长的统战工作领导小组,建立省委组织部、统战部联席会议制度并召开第一次联席会议,进一步加强了对统战工作的领导。把学习贯彻会议和《条例》精神作为全年工作重中之重,先后举办省市县三级统战部长、党外市厅级领导、党外副县长、非公经济代表人士、宗教教职人员等参加的专题培训班13期,培训党政领导、统战干部、党外人士900多人次。狠

抓会议和《条例》精神的落实，制定任务分解方案，明确责任人和完成时限，省委研究确定的30多项贯彻举措，年内目标任务全部圆满完成。

三、加强政党协商和各民主党派自身建设，多党合作水平稳步提升

一是加强制度建设，规范政党协商。代省委起草《山西省关于加强政党协商的实施意见》，代省政府起草《关于在政府工作中加强与民主党派、工商联和无党派人士联系的意见》，推动了政党协商的制度化、规范化建设。二是加强班子建设，促进新老交替。会同各民主党派出台《做好各民主党派省级组织届中调整工作的座谈会纪要》等3个指导性文件，部领导逐一约见各民主党派省委副主委，三次赴中央统战部、民主党派中央汇报情况、交换意见、三方协商。全省6个民主党派圆满完成届中调整工作，班子队伍中补充了一批政治可靠、经验丰富、年富力强的新成员。三是加强组织引导，广泛调研协商。协助省委、省政府开展政党协商6次，就《政府工作报告》、全省经济运行情况、"十三五"规划建议等通报情况，征求意见。组织各民主党派、工商联和无党派人士围绕"六大发展""六权治本"开展专题调研，形成了一批具有参考价值的调研成果。四是加强党外干部选配，搭建成长进步平台。修订完善党外人士安排有关制度，充实党外人士综合数据库，明确了近期省政府组成部门再安排1名党外正职、省政府部门力争选配4–5名党外副职、选配30名党外干部担任乡镇（街道）行政正职、推荐优秀党外中青年干部等工作，党外干部安排使用力度不断加大，成长进步平台进一步拓宽。

四、全力推动民营经济突破发展，统一战线服务中心大局成效显著

按照省委、省政府"三个突破"部署，举全系统之力，促进民营经济突破发展。一是深入调查研究，制定出台政策。针对制约民营经济发展的8个方面38个问题，组织深度调研和多方论证，制定出台《关于加快民营经济发展的意见》和与之配套的《关于推进民营企业办理完善土地使用和房屋产权登记手续的实施意见》等4个实施细则，为民营经济突破发展提供了政策保障。二是广泛动员督导，推动政策落实。牵头承办全省民营经济发展推进大会，组建3个巡回宣讲团到11个市宣讲大会精神，督促各市召开会议、出台意见，推动了《意见》和各项政策的落实。三是健全体制机制，加大扶持力度。牵头起草《全省领导干部联系民营企业工作方案》，探索省市县三级建立帮助机制。推动建立完善土地和房屋产权登记、金融支持重点民营企业筛选认定管理、"银税"合作等机制，着力破解民营企业融资难题。推动建立民营经济统计监测制度，充实完善了民营经济统计考核内容。在晋中、长治和高平等地进行政策试点，形成经验，以点带面，较好发挥了示范引导作用。启动促进民营经济突破发展的"冬季行动"，对全省待批审批项目进行梳理汇总、协调督促，助推民营企业加快转型升级。

五、高度重视民族宗教工作，统一战线促进和谐稳定功能充分发挥

一是深入学习贯彻中央民族工作会议精神。协助省委、省政府召开全省民族工作会议暨第六次民族团结进步表彰大会，认真学习贯彻中央民族工作会议精神，对山西省民族工作作出安排部署，对民族工作中的先进单位和个人进行表彰。二是大力促进少数民族加快发展。协调有关部门将全省23个少数民族贫困村纳入扶贫开发范围，给予政策、资金支持，推动形成了加快少数民族地区发展的攻坚合力。三是深入开展民族团结进步创建活动。重视支持办好山西大学附中藏族班，培训对口援疆地区民族宗教干部，促进民族和睦相处、和衷共济、和谐发展。四是着力加强宗教团体建设。落实省佛教协会办公场所，召开五大宗教述职交流评议大会，指导完成省道协换届工作，全省宗教团体建设全面加强。五是开展重大基础性工作调研。推动解决重点难点问题，形成关于大学生信仰基督教和农村基督教管理调研报告及意见，其中《大学生信仰基督教情况及对策建议》获全国统战理论政策研究创新成果二等奖。参与五台山景区整治整改。

六、着力深化港澳台海外和党外知识分子统战工作，统一战线凝心聚力渠道持续拓宽

在港澳台海外统战工作方面，一是积极开展对外交流。完成香港山西商会、台湾教师"山西古文化之旅"等20多个境外考察团、500余人次的接待任务，5次组团赴境外联谊交流，促进了与港澳台海外的交流交往。二是全力服务社会民生。协助举办"活力澳门太原推广周"活动，利用香港李兆基基金会和澳门山西商会捐款在晋中等地新建和改扩建海联卫生室、老年日间照料中心，协调香港培训机构为山西省企业家、干部提供培训，通过内引外联改善民生、服务发展。三是探索创建新的统战品牌。支持香港山西商会开展首届"晋港青年会·山西机遇行"活动，指导支持香港10所高校、37名大学生到山西实习，举办启动仪式，组织谈心交流，取得良好效果，得到中央统战部充分肯定，成为山西省持续做好香港青年工作的重要品牌。四是切实加强自身建设。成立省黄埔军校同学会，充实完善代表人士名单，协助推荐省青联港澳委员，港澳台海外统战工作基础进一步夯实。在太原举办港澳台海外统战工作座谈会，在中山大学举办省港澳台海外统战工作负责人培训班，均属近年来首次。

在党外知识分子工作方面，一是深入开展坚持和发展中国特色社会主义学习实践活动。组织开展理论培训、学习交流、专题座谈、专题调研和社会服务"五个一活动"，无党派人士学习传承优良传统的做法得到中央统战部领导充分肯定，经验在全国交流推广。二是着力加强新媒体从业人员统战工作。出台《关于做好新媒体从业人员统战工作的意见》，召开新媒体从业人员统战工作座谈会，筹备成立新的社会阶层人士联谊会，新媒体从业人员统战工作部署及时、推进有力。三

是切实发挥工作载体的功能作用。加强党外知识分子联谊会建设，筹备成立新的社会阶层人士联谊会，党外知识分子统战工作力量明显增强。围绕“大众创业、万众创新”，加强留学人员统战工作，组织创业导师团深入高校、留学人员创业园开展创业辅导和专题讲座，组织开展“百城同台”招聘会、海归创业论坛、学术交流等活动，切实发挥了留学人员的典型示范作用。

七、积极推进县级统战部门合署办公，基层统战工作力量有效整合

针对县级统战部门工作力量小、散、弱的实际，大胆进行改革创新，在召开会议动员部署的基础上，进一步明确要求、加大力度，采取多种形式，推动落实县级统战部门合署办公。一是尊重基层意见，坚持因地制宜，哪些单位合、哪些单位不合，由市县灵活配置，避免“一刀切”。二是选取部署早、推进快的市县作为典型，及时推介经验，作出示范引导。三是建立工作进展月报制度，组织工作小组赴各地督促指导，了解情况，掌握进度，协调关系，推动落实。截至6月份，全省119个县(市、区)统战部门全部实现合署办公，取得了整合资源力量、创新体制机制、提升部门影响、激发工作活力的多重效果。中央统战部领导要求对这一经验予以重点研究，中央统战部办公厅《每日情况》《统战工作》进行专门刊载，海南、内蒙等多个省级党委统战部主动咨询了解情况，其中河北省委统战部两次组队前来考察，目前已在该省正式启动相关工作。

八、以“三严三实”专题教育为统领，统战部门自身建设取得突破

以开展“三严三实”专题教育为契机，大力加强统战部门自身建设。一是扎实开展“三严三实”专题教育。部中心组开展“三严三实”专题学习研讨9次。省委常委、统战部长孙绍骋同志带头为统战干部讲党课，带头参加支部重大活动，带头深入基层体察民情、了解民意、研究问题、解决困难。部领导班子召开专题民主生活会，梳理出3个方面、11个突出问题，制定了4条路径15项具体措施，正在结合当前开展的“冬季行动”积极整改。二是认真落实“两个责任”。制定出台《落实党风廉政建设党委主体责任和纪委监督责任的实施意见》及对“一把手”、关键岗位工作人员、监督部门和监督岗位的监督、廉政提醒约谈、处级干部任前廉政谈话等6项制度，列出了部领导班子两个责任清单，配合省纪委驻统战部纪检组开展了工作调研。三是加强机关党的建设。把支部书记履行“一岗双责”和普通党员参加组织活动情况列入干部考察内容，增补机关党委委员2名，增设党支部2个，认真落实“三会一课”制度，部领导以普通党员身份参加支部活动，基层组织凝聚力、战斗力进一步增强。四是加强机关法治建设。成立部机关推进“六权治本”领导小组，建立完善“六权治本”考核方案和督查机制，明确了牵头部门、责任分工、思路举措。组织参加全省“六权治本”培训班，提升了干部执行力。组织开展“依法治省”“六权治本”专题调研，形成了如何发挥民主党派、无党派人士在“六权治本”中民主监督作用的专题报告。五是加强机关作风建设。制定出台《关于进一步加强机关工作纪律的有关规定》，进一步严肃纪律、严格要求，管好班子、带好队伍。开展“让服务对象感受到统战部干部受教育成果”工作，促进统战干部转变作风、改进服务，努力建设名副其实的党外人士之家。六是着力提升统战工作科学化水平。从全省统战系统中评选出6篇理论创新成果和10项实践创新成果上报中央统战部，评选出16篇理论创新成果给予经费资助。围绕省委统战工作会议和全省统战工作重大事件组织开展深度宣传，省内和中央驻晋主流媒体进行集中报道，提高了统一战线的社会关注度和认知度，统战宣传工作连续多年获全国先进单位称号。部机关电子政务网与省委信息中心实现互联互通，统战信息工作被中央统战部评为全国三等奖。

（梁艳萍）

附：省委统战部部长、常务副部长、副部长、巡视员、副巡视员名单

省委常委、统战部部长：孙绍骋

常务副部长：郭海刚

副部长、省工商联党组书记：杨临生

副部长、省宗教局(民委)局长(主任)：高　键

副部长、山西社会主义学院党委副书记、常务副院长：王建新(11月离职)

副部长、山西社会主义学院党委书记：张云泽(11月任职)

驻部纪检组长：相里岩

副部长：夏振贵

巡视员：王宝生(11月任职)　王建新(11月任职)

副巡视员：孙建军　李志兰(12月离职)

省委政法委工作概况

省委政法委书记　王建明

2015年，省委政法委机关深入贯彻党的十八大和十八届三中、四中、五中全会精神，贯彻落实省委各项决策部署，认真履职尽责，圆满完成了年初确定和省委交办的各项任务，推动全省政法综治工作迈上新台阶。2015年5月，中央政治局委员、中央政法委书记孟建柱同志来晋调研时，对山西省政法综治工作给予了充分肯定。

一、全面深化平安山西建设

一是深入推进“六六创安”工程。圆满完成了党的十八届五中全会等重大活动和敏感节点安保维稳任务。协调推进打黑除恶专项斗争推进年活动，保持了打黑除恶的高压态势。组织开展“城中村”社会治安整治专项行动，牵头开展明查暗访，对21个突出问题或地区进行挂牌督办，一批群众反映强烈的治安问题得到有效整治。加强特殊人群服务管理，召开全省精神障碍患者救治救助工作会议，出台收治管控办法，坚决防止发生个人极端事件。深入开展平安创建活动，制定《省级平安县市区创建标准及命名办法》，对2014年度省级平安县（市、区）、平安单位、平安社区、平安示范家庭进行了命名表彰。二是完善社会治安防控体系建设。出台《关于加强社会治安防控体系建设的实施意见》及《分工方案》，召开全省社会治安防控体系建设工作会议，对进一步加强全省社会治安防控体系建设工作进行了总体部署。三是加强综治基层基础建设。制定《关于深入推进全省社会服务管理体系建设的若干意见》，进一步推动平台网格化、社会化、信息化建设。出台《关于进一步加强基层社会治安综合治理工作的意见》，加大乡镇（街道）综治专抓副职、综治专干的配备力度，截至12月底，已配备511名乡镇（街道）综治专抓副职和1536名综治专干，确保基层社会服务管理体系健康高效运行。

二、积极预防和化解矛盾纠纷

一是完善多元化矛盾纠纷调解体系建设。制定《关于进一步加强矛盾纠纷大调解工作的意见》和《推进方案》，推动在全省县（市、区）、乡镇（街道）、村（社区）全部建立了矛盾纠纷调解中心，形成了全省三级矛盾纠纷调解体系，确保绝大多数矛盾纠纷及时化解在基层、消除在萌芽状态。全省共选聘调解员101941人，建立行业性、专业性人民调解委员会303个，调解成功率达到95%以上。二是健全矛盾纠纷排查研判制度。推动在省、市、县三级建立矛盾纠纷排查调处工作领导组月例会制度，研究应对当前影响社会稳定的突出矛盾问题。推动建立全省社会治安形势分析研判机制，整合情报信息资源，全面把握社会治安形势，牢牢掌握工作主动权。三是加强进京非正常上访专项治理。出台落实综治责任、加强衔接联动、依法打击处理等具体规定，对非访问题突出的市、县实施黄牌警告、挂牌督办和党政“一把手”约谈，治理非访形势明显好转。

三、深化司法体制改革

一是积极推进司法体制改革试点工作。成立我省司法体制改革领导组及办公室，制定印发《山西省司法体制改革试点方案》，召开全省司法体制改革试点工作动员部署会议，在长治市和太原市尖草坪区、岢岚县、孝义市、祁县、长治市城区、襄垣县、武乡县、高平市等1市8县（市、区）启动试点工作。出台司法体制改革“1＋8”制度体系，督促省政法各单位及有关单位制定了配套制度和落实方案。成立省法官检察官遴选委员会，遴选出首批员额内法官205名、检察官173名。二是深入推进涉法涉诉信访工作改革。出台深入推进涉法涉诉信访改革工作意见，开展涉法涉诉进京非访集中清理专项活动，非访积案全部清理完毕。制定依法处理非正常上访行为的指导意见，加大依法治访力度。三是深入推进行政执法与刑事司法衔接机制建设。组织开展食药、环保、安全生产重点行业行政执法与刑事司法衔接中打击违法犯罪专项行动。

四、推进严格执法公正司法

一是制定《山西省领导干部干预司法活动、插手具体案件处理的记录、通报和责任追究实施细则》，并督促抓好贯彻落实。二是出台《关于政法机关适应经济发展新常态服务和保障“六大发展”的指导意见》“1+4”制度体系，充分发挥打击、调节、保障、服务等职能作用，进一步稳定经济社会关系，维护市场主体合法权益，努力创造良好的社会环境、法治环境和服务环境，得到了孟建柱同志和王儒林书记、李小鹏省长的充分肯定。三是加强执法巡查和执法专项检查督导。开展第四轮执法巡查，制定《执法巡查工作实施办法（试行）》，规范执法巡查工作。组织开展贯彻刑诉法16项配套制度、民诉法2个规范性文件等专项检查督导工作，推动各项制度落到实处。

五、推进法治山西建设

履行省委法治建设办公室职能作用，加强统筹协调，加快推进法治建设。一是突出顶层设计。制定印发《法治山西建设重要举措工作规划（2015—2020年）》。协调召开省委法治建设领导小组第一次全体会议，对加快法治山西建设进行安排部署。强化考核督导，将法治建设列入省委省政府年度目标责任考核。二是加强法治宣传培训。举办提高领导干部运用法治思维和法治方式能力暨推进"六权治本"专题培训班；开展"12.4"国家宪法日暨全国法制宣传日系列宣传活动，营造浓厚法治氛围。三是扎实推进"六权治本"。对各市各部门推进情况进行督导检查，协调推动落实"两清单"制度、优化"两张图"流程、规范"两平台"建设等，已形成试点范式。加强对试点工作的调研指导，推动孝义市、高平市试点工作深入开展。

六、全面加强政法队伍建设

一是深入推进"一村一警"联系走访活动。下发《关于继续深入开展"一村一警"联系走访活动的通知》，推动形成政法干警联系群众、服务群众的长效机制。2015 年，帮助基层群众解决困难问题 6 万余个，受到了基层广大群众的普遍欢迎。二是举办专题培训。举办全省政法领导干部政治素养提升暨法治建设培训班，各市政法委负责同志、政法"五长"和省政法单位负责同志等参加了培训。三是加强对政法干警的正面宣传。开展第七届政法系统杰出优秀政法干警和先进集体评选表彰活动，开展向李培斌同志学习活动，发挥典型的示范和引领作用，树立我省政法干警的良好形象。四是开展政法系统执法司法领域突出问题专项整治。共查摆突出问题 8736 个，落实整改措施 10717 条，建章立制 3575 个，查处违纪违法干警 291 人次。

七、加强政法宣传舆论工作

加强政法舆情引导，完善政法宣传舆论引导工作联席会议制度，对涉政法负面网络舆情积极做好监测、引导与应对处置。推进山西长安网建设，全年发布各类信息 14856 条，向中国长安网报送 4678 条，11 个市级长安网已全部建成。

（史竹涛）

附：省委政法委书记、常务副书记、副书记、秘书长、政治部主任、综治办副主任、巡视员、副巡视员名单

省委常委、政法委书记： 王建明

常务副书记： 边晋南

副书记： 薛永辉　闫喜春

秘书长： 邓彩彪

政治部主任： 袁振旭

综治办副主任： 姚鸿波　刘永生

巡视员： 李苏平（11 月离职）

副巡视员： 张耀仁（11 月离职）　何炳文

省委政策研究室工作概况

省委政策研究室主任　李福明

2015年，在省委的正确领导下，室领导班子认真学习贯彻党的十八大、十八届三中、四中、五中全会精神和习近平总书记系列重要讲话精神，认真贯彻落实省委十届六次、七次全会精神，坚持"双学"，坚持以上率下，团结带领全室干部职工，紧紧围绕省委中心工作，充分发挥政研室、改革办双重职能，服务大局，狠抓落实，各项工作都取得较大成绩。

一、深入学习贯彻党的十八大、十八届三中、四中、五中全会精神和习近平总书记系列重要讲话精神，坚决贯彻执行中央和省委的重大决策部署

（一）切实抓好思想政治建设和理论武装工作。政研室全体党员干部坚持集中学习和个人自学相结合，充分利用中心组学习、支部活动、党课、自学等多种形式加强理论武装，不断提高广大干部的思想政治素质。2015年，共组织中心组学习10次，中心组学习扩大到处以上干部，集中学习了《树立和发扬"三严三实"的作风》《依靠学习走向未来》《深入推进党风廉政建设和反腐败斗争》等重点篇目。全室在职人员5个支部保证了每月一次集中学习，室主要领导和各支部书记带头讲党课,各支部还推出了"总书记的为政之路"等学习专题。专门收集编印了《习近平同志谈学习的十篇重要讲话》，为学习型机关建设提供了重要指导。政研室还结合政研室（改革办）的职能定位，围绕党的十八届三中、四中、五中全会精神，中央"四个全面"战略布局、"十三五"规划建议以及省委"六大发展""六权治本"煤炭"六型转变"等决策部署进行了广泛学习。机关干部分3个批次全员参加了武汉大学、浙江大学的学习培训。还为全室党员干部职工购买了《深入开展"三严三实"专题教育》《中国共产党廉洁自律准则》《中国共产党纪律处分条例》以及十八届五中全会辅导读物等书籍资料，全室机关继续保持了浓厚的学习氛围，为各项工作的开展和职能的发挥提供了思想理论保障。

（二）继续深入开展学习讨论落实活动。按照省委的要

求，紧紧围绕“五句话”活动主题，着眼于机关长远建设和更好地发挥职能作用、服务全省改革发展稳定大局，政研室始终把坚持问题导向、坚持以上率下、坚持标本兼治、坚持统筹兼顾、坚持注重实效这“五个坚持”原则贯穿活动始终，紧密结合实际，深入查摆问题，归纳梳理出6个方面、24条具体问题；狠抓整治整改，从加强理论学习、深化作风建设、加强干部队伍建设、完善制度建设、充分发挥职能作用、抓好专项整治等6个方面，制定了20项具体整改措施，明确责任、细化分工、狠抓落实，切实解决问题，务求取得实效。

（三）扎实开展“三严三实”专题教育。“三严三实”专题教育是全年党建工作的重点，室领导班子高度重视，室中心组和各支部按照专题教育实施方案及进度安排的要求，开展集中学习、专题研讨等。围绕“严以修身”、“严守党的政治纪律和政治规矩”、“严以律己”、“严以用权”等专题开展了5次专题研讨。为进一步引深“三严三实”专题教育，经室主任办公会议研究决定，在全室党员干部职工中开展弘扬践行“忠诚、务实、担当、奉献”职业操守的活动，将“三严三实”专题教育与政研室的工作职能和人员特点相结合，从坚定信念、改进作风、规范行为等各个层面进一步引深专题教育，真正使“三严三实”内化于心、外化于行。并将新时期好干部标准细化落实，为进一步营造室机关良好政治生态和工作环境提供保证，也为把“三严三实”专题教育融入经常性的学习教育进行了积极的探索。按照“三严三实”专题教育的要求，室领导和全室党员干部采取参加支部活动、深入谈心交心、开门征求意见等方式，深入查摆“不严不实”突出问题、认真分析研判、列举表现事例，为下一步整改落实提供了标靶。2015年底，召开了室领导班子“三严三实”专题民主生活会，班子成员严肃认真开展批评与自我批评，深入查摆问题，建立完善整改清单。

二、紧紧围绕省委中心工作，充分发挥双重职能，各项工作取得新进展新成效

（一）重要文稿起草任务圆满完成。2015年政研室牵头负责或参与了省委大量重要文稿的起草工作。一是起草了省委主要领导重要讲话，如王儒林书记在省委十届七次全会上的讲话，在全省学习讨论落实活动总结暨“六权治本”推进大会上的讲话，在全省金融振兴推进大会、科技创新推进大会、民营经济发展推进大会上的讲话，在省委党的群团工作会议上的讲话等；二是牵头起草了省委重要文件，如省委关于山西省国民经济和社会发展第十三个五年规划的建议及其说明、省委关于做好“三个一批”工作的实施意见等；三是参与起草了省委向中央的有关报告，如关于山西省深入推进党风廉政建设和反腐败斗争情况的报告、山西省全面深化改革工作情况报告等。

（二）调查研究工作成果丰厚。紧紧围绕省委中心工作，充分发挥职能作用，深入开展调查研究，全年共形成68个研究报告，其中在《调查与分析》刊登40个，主要有：山西省行政审批制度改革调研报告、关于山西省电力体制改革的情况报告、关于山西省煤炭产业“六型转变”研究、关于大同市文化旅游产业发展情况的调研报告等；《情况与建议》刊登17个，主要有：关于山西省煤层气产业发展的几点建议、关于对山西省煤炭资源整合中企业债务处置的建议等。此外，还完成了大量直接报省委主要领导的调研报告，主要有：关于潞安煤基合成精细化学品产业发展情况的报告、山西省工业、农业、扶贫、金融、开放型经济等新情况、新问题及对策建议等。以上报告大多受到了省委领导的肯定，为省委决策提供了参考依据。

（三）推动服务全省全面深化改革。充分发挥省委改革办职能，扎实推进各项改革任务落实。一是强化统筹协调。制定了省委全面深化改革领导小组2015年工作要点，并协调推动各专项小组分别出台了年度改革计划。对省级层面确定的113项改革任务和举措实行项目化、工程化、责任化管理。推动出台改革类制度性文件66个，深化煤炭管理体制改革意见等一批带有顶层设计性质的综改方案相继出台。二是强化服务工作。全年共召开14次领导小组会议，比去年多召开11次，审议通过26个专项制度性文件。三是健全落实机制。探索建立了改革任务台账管理办法和统筹协调、对账盘点、考核通报、督查督办“1+4”落实机制，受到中央改革办领导和专项督导组的肯定。四是夯实基层基础。着力强化县级层面承载作用，推动太原、大同等10市所属各县成立了全面深化改革领导机构和工作机构。五是办好改革信息，全年印发《山西改革信息》90期，其中专报中央改革办29期、省内下发交流61期。向中央改革办报送改革案例23个。中央改革办《改革情况交流》第89、90期先后多次肯定了山西省在纪检体制改革、刷新吏治、基层组织建设等方面的做法，第104、212期还分别专题刊发了山西省实施“六权治本”和省高院开展远程视频审判试点工作的经验。

（四）紧跟省委决策部署，做好政策宣传和信息工作。办好《山西工作》，围绕省委中心工作，全年共印发12期，选编稿件160多篇，其中省级领导稿件11篇，地厅级领导稿件20篇，体现了党刊的政策性、导向性和权威性。办好信息资料平台，信息中心在为各处室起草文稿、调查研究提供资料服务的同时，积极参与部分文稿起草和调研工作，作出了积极的贡献。

三、切实加强领导班子、干部队伍和机关内部建设

（一）认真贯彻执行民主集中制。室领导班子坚持集体领导、分工负责的原则，重大事项均提交室主任办公会议，按照“集体领导、民主集中、个别酝酿、会议决定”的议事决策规则讨论决定。班子成员之间坦诚相待、及时沟通、相互配合，大事讲原则、小事讲风格，积极主动做好各自分管工作，班子内部形成了团结一致、勤勉敬业的良好氛

围。

（二）做好干部选拔任用工作。全年共推荐提拔3名省管干部、外输1名省管干部、提拔4名处级干部、调整2名处级干部岗位、调入1名处级干部、推荐交流2名处级干部到省纪委派驻机构，还组织推荐了2名县委书记后备人选。在整个干部人事选任工作中，严格按照《干部任用工作条例》规定的程序、方法和步骤，严格落实中组部“5个严禁、17个不准、5个一律”的纪律要求，坚持德才兼备、以德为先的用人标准和人岗相适的原则，在室主任办公会议反复酝酿讨论的基础上，认真制定工作方案，公开透明方法步骤，切实按照“五必审”、“六必查”的要求组织全方位考察，进一步提高选人用人的透明度和公信度，在机关营造了公道正派、风清气正的环境。

（三）强化机关内部建设。按照省直工委关于推进“六型机关”建设的意见精神，结合政研室实际，着力建设学习型、清廉型、服务型、效能型、法治型、创新型机关，活动开展以来，党员干部职工干劲十足、信心倍增，全室面貌焕然一新，保证了各项任务的完成。此外，为加强宣传、营造氛围，政研室还在14层设立了4块展板，分别以“三严三实”、省委“五句话”总体要求、政研室职业操守、“六型机关”建设等为主题内容进行宣传。为每个党员添置了办公桌旗，进一步强化党员意识和爱国意识。开展“学习焦裕禄精神、践行‘三严三实’”主题党日活动。组织参加“菜单式”体育比赛活动，获得“体育道德风尚奖”。积极开展“送温暖、献爱心”社会捐助，全室党员、群众全员捐款，总额达6090元。认真做好党员干部结对帮扶贫困户工作，派出3位同志担任村“第一书记”。3名入党积极分子当中有2人被确定为发展对象，有1名同志发展为预备党员。此外，还对全室原有的各项管理制度进行了全面清理规范，制定出台了处级以上干部外出请假报备工作规定、政研室工作规则、主任办公会议议事规则和机关人事工作、财务工作、党委工作、纪委工作、中心组学习等多项制度。目前，这项工作还在进行当中。

四、切实加强机关党的建设，扎实推进党风廉政建设工作

（一）不断加强机关党建工作。2015年是省直工委要求的基层组织规范化建设年。针对机关党建工作的薄弱环节，从2014年年底以来，政研室对机关党支部进行了调整改选。2015年也是政研室机关党委换届之年，政研室召开了全室党员大会，产生了新一届机关党委和机关纪委，5个支部书记全部当选“两委”委员。在夯实组织、健全机构的基础上，机关党委、各支部、各党小组的活动也进一步规范，机关党建和业务工作结合得更加紧密。政研室机关党建工作的成绩得到省直工委的充分肯定，在年底全省机关党委书记述职评议大会上，政研室被选为党委机关的唯一代表做了典型发言。

（二）切实履行“两个责任”。2015年以来，政研室巩固落实和拓展教育实践活动和学习讨论落实活动成果，持续抓好中央八项规定的落实，逐步建立健全领导干部作风建设的工作机制。全面落实党风廉政建设“两个责任”，贯彻中央、省委全面从严治党、把纪律挺在前面的要求，分别制定了室领导班子落实党风廉政建设主体责任清单和落实党风廉政建设监督责任清单，分别由机关党委书记和机关纪委书记签字背书，并制定了落实“两个责任”人员名单，细化分解责任目标，做到领导到位、责任到位、落实到位。年中，根据政研室领导班子人员调整情况，对室党建和党风廉政建设领导组及其办公室组成人员进行了调整，并重新制定了落实“两个责任”人员名单，保证了“两个责任”主体明确、责任到人。

（三）严格落实党风廉政建设责任制。强化制度建设，将机关党风廉政建设责任制作为考核室领导班子和厅、处两级干部的重要内容，纳入领导干部述职、民主评议、民主测评等各个环节中，并把考核结果作为对干部工作实绩评定、奖惩、选拔任用的重要依据。强化对室领导班子和厅、处两级干部的管理、监督，建立健全厅、处两级干部个人重大事项报告制度、谈心谈话制度，严格执行党员干部民主生活会、组织生活会制度。

（四）抓好日常警示教育。充分利用中心组学习、支部“三会一课”等形式抓好日常教育。组织全室党员干部集中阅读了省纪委编印了《党的十八大以来省纪委查处的严重违纪违法领导干部忏悔录汇编》，使全室党员干部受到了深刻的警示教育。截至2015年底，政研室没有任何党员干部受到党政纪处分或违法违纪处理，也没有接到任何群众举报或来信来访反映问题。

（贺高明）

附：省委政策研究室主任、副主任、巡视员、副巡视员名单

省委副秘书长、省委政策研究室主任、中共山西省委全面深化改革领导小组办公室常务副主任：
李福明

副主任：马文革（3月离职）　梁若皓
加年丰（5月任职）

省委深化改革办专职副主任：刘东光（5月任职）

巡视员：杨绪全（2月离职）

副巡视员：魏爱军　赵付忠
李润林（5月任职，8月离职）

省直机关工委工作概况

省直机关工委书记　王伟中

2015年是省直机关党的建设非常重要的一年，是省委对机关党建高度重视，机关党建全面推进，取得显著成绩的一年。4月份，王儒林书记带队深入6个省直单位调研指导；5月份，王儒林书记主持召开了省直机关落实“两个责任”座谈会，听取了9个省直部门有关负责同志的发言，发表了重要讲话，严肃指出省直机关落实“两个责任”还存在“两个较大反差”、“六个不到位”的明显差距，要求省直机关要坚决落实“两个责任”，率先把纪律挺在前面，在贯彻落实中央“先走一步”要求上当排头、作表率。为了加强机关党建工作，9月份，省委常委、秘书长王伟中兼任省直工委书记，对工委工作又提出了新的更高要求。10月份，省委书记、省长、省委副书记和7个常委都对省直机关换届工作作了批示。12月份，王伟中书记集体约谈省直单位机关党委书记、机关纪委书记，坚持“书记抓、抓书记”，确保“两个责任”有效落实，有力推动了省直机关党建工作各项工作任务的全面完成。

一、坚持思想建党，用习近平总书记系列重要讲话精神武装党员干部

一是坚持把深入学习贯彻习近平总书记系列重要讲话精神作为机关党建的首要政治任务。坚持以厅局党组（党委）中心组学习为龙头，以党组（党委）中心组和处级干部为重点，以《习近平总书记系列重要讲话读本》《习近平谈治国理政》为基本教材，采取全面学和专题学、党校培训和举办讲座学、集体研讨和个人自学相结合的方式，组织各直属机关党组织和广大党员干部深入学习贯彻党的十八大、十八届三中、四中、五中全会精神和省委十届六次、七次全会精神，召开了省直机关系统学习贯彻党的十八届五中全会精神专场宣讲会，印发了《2015年省直机关党组（党委）中心组和干部理论学习安排意见》，编发了《中心组学习动态》《中心组学习成果汇编》，加强了对省直部门党组（党委）中心组学习的管理、指导和交流，有力地带动了机关基层各支部的学习。发挥省直机关党校主渠道主阵地作用，培训轮训各级各类干部12650人次。机关广大党员干部的思想政治素质不断提高，贯彻执行中央和省委决策部署的自觉性不断增强。

二是扎实开展“三严三实”专题教育。按照省委统一部署，自5月23日开始，工委机关及直属事业单位共9个党支部、112名在职党员，认真扎实地开展了“三严三实”专题教育。工委成立了“三严三实”专题教育领导小组，制定了《实施方案》和每月学习安排。杨增武常务副书记以《学习习近平用典，践行“三严三实”》为题为机关全体党员讲党课、作动员，组织全体党员观看王儒林书记“三严三实”专题党课；工委中心组5次进行专题讨论；班子成员带头撰写学习体会，认真开展对照检查；机关各支部也认真组织处级干部写心得体会，在支部会上发言。机关党委抽查了46名处级干部的学习体会。工委领导班子还通过召开省直部分机关党委专职副书记座谈会，工委机关各支部讨论会，设立群众意见箱，征求意见建议61条，梳理出工委领导班子“不严不实”问题清单13条，专题民主生活会前又征求到意见和建议27条。12月25日，召开了工委领导班子“三严三实”专题民主生活会，王伟中书记参加了这次民主生活会，既有肯定，也指出了差距和今后努力方向。按照伟中书记的要求，省直工委制定了《“冬季行动”实施方案》，配套出台了《工委机关正风肃纪专项整治活动方案》和《省直工委干部学习培训方案》。

二、夯实组织基础，扎实开展基层组织规范化建设年活动

2015年，省直工委以抓直属机关党组织按期换届为突破口，在省直机关开展了“基层组织规范化建设年”活动，突出抓了机关党委按期换届、党务干部培训和支部建设三个重点。

在抓机关党委换届中，举办了省直机关党务干部换届选举专题培训，集中听取未按期换届厅局的情况汇报，主动与这些部门党组书记沟通，协调解决换届工作中的实际问题，并按照伟中书记的要求，对没有按期换届的党组织做了具体原因分析。王儒林书记、李小鹏省长、楼阳生副书记和7个省委常委都在分析报告上作了批示。按照省委领导批示要求，省直工委及时分类召开了省直机关换届工作推进会，逐一督促指导。截至2015年底，已督促70个单位基层党组织完成换届。

在抓党务干部和党员的培训中，制定下发了《2014至2018年省直机关党员教育培训工作实施方案》和“百千万”培训计划，以习近平总书记系列重要讲话精神和关于全面从严治党的重要论述，党章、《条例》和落实“两个责任”为内容，举办了百名机关党委书记、专职副书记、机关纪委书记、千名支部书记、万名新党员培训，还组织了40名新任机关纪委书记参加中国纪检监察学院举办的纪检业务培训。

在抓支部规范化建设中，一是加强对党支部书记培训，举办了省直机关党支部书记示范培训班。二是向省直机关

7000多个支部统一印发了《党支部工作记录本》，建立支部工作台账，内容涉及党支部会议、党课、民主生活会、每月交纳党费、党员每月自答表、签字记录等，作为支部工作的基本要求和年度考核的印证资料。三是工委领导到联系点和省直部分厅局调研，总结支部工作搞得比较好的典型，已征集到机关党支部工作典型经验材料150多篇。四是对“软弱涣散”基层党支部进行了摸底调查。经过各单位自查，共摸排出整改30个单位、152个“软弱涣散”基层党组织，目前这些单位正在进行整改。五是会同省委组织部印发了《山西省直机关（事业）单位发展党员工作规程》，对发展党员工作进行了规范。

三、落实“两个责任”，扎实推进机关作风建设和反腐倡廉建设

2015年，省直工委认真学习贯彻王儒林书记在省直机关落实“两个责任”座谈会上的重要讲话精神和王伟中书记在年初全省机关党的工作会议上的部署要求，从四个方面狠抓贯彻落实。

一是加强了对省直各直属机关党委、纪委落实“两个责任”的指导。工委会议3次专题研究落实“两个责任”工作，上半年4次向省委汇报机关党建专项工作；派专人赴中直机关工委、中央国家机关工委、吉林、甘肃等省直工委学习取经；理清了机关党委、机关纪委、机关各支部在党风廉政建设中所担负的责任，制定印发了《关于省直机关基层党组织和纪检组织落实党风廉政建设“两个责任”指导意见》。召开了省直机关基层党组织和纪检组织落实“两个责任”座谈会，对截至时间未报送“两个责任”清单的41个单位机关党委、纪委进行了通报。被通报单位于9月底全部报送了“两个责任”清单。

二是工委带头制定了《省直工委落实党风廉政建设主体责任清单》《省直纪工委落实党风廉政建设监督责任清单》和主体责任分解清单，工委的重点部室和一些关键岗位都制定了权力清单、权力依据、权力运行流程图和责任清单，形成主要负责人负总责、分管领导各负其责、班子成员齐抓共管、各部室“一岗双责”的责任落实体系。

三是加大了查办案件的力度。2015年，省直纪工委共受理群众信访举报2343件（次），纪律审查案件34件，处分处级党员干部34人，移交司法机关3案6人，并严格执行“一案两报告”和“一案双查”制度。

四是加大了对四风的监督检查力度，制定了《省直工委聘请党风政风监督员办法》，聘请了35名“两代表一委员”为省直机关党风政风监督员，举办了监督员培训会。注重抓好重要时间节点的明察暗访和督查工作，中秋国庆期间，省直纪工委成立了4个监督检查组，对省直机关41个单位贯彻落实中央八项规定精神和纠正“四风”工作进行监督检查，将发现的29条问题线索上报省纪委，并对被检查单位提出整改意见。

四、推进“六权治本”，建立完善机关党建工作机制

一是加强法治教育，牢固树立机关党建工作的法规意识。2015年，省直工委认真组织学习王儒林书记在“六权治本”推进会上的讲话精神，用法治思维推进机关党建工作，将法治教育纳入工委中心组学习和党务干部培训内容。邀请了中直工委组织部副部长罗建辉就贯彻落实《条例》作专题讲座；邀请省委党校教授张宏华、王建军、崔建周以《十八大党章》《学习习近平总书记全面从严治党的重要论述》和《落实主体责任、加强党风廉政建设》为题作专题辅导，邀请中央国家机关纪工委副书记刘利华作《准则》和《纪律处分条例》辅导。编印了《省直工委法治建设法规文件选编》，在山西机关党建网开设了普法教育专栏，让法律法规、党规党纪成为机关党务干部的必修课。

二是加强制度建设，建立完善机关党建工作机制。完善了领导和指导体制。制定并以省委办公厅文件形式印发了《关于实行省直机关党的工作责任制的规定》，明确了省直工委、部门党组、机关党委、机关纪委、党支部的职责以及工作机制。制定了《建立工委领导班子成员党建工作联系点制度》，加强对基层党建工作的指导。修订完善了《省直机关党建工作目标责任考核赋分办法》《省直文明单位创建管理规定》《文明单位考评指标体系》和工委内部各项管理制度，如《工委工作人员请销假制度》《财务管理制度》等。

五、创新活动载体，有效发挥机关党组织服务中心的政治保证作用

在省直机关组织开展推进学习型、廉洁型、服务型、创新型、法治型、效能型六型机关建设活动。印发了《关于在省直机关推进“六型机关”建设的意见》和《关于加强省直机关文化建设的意见》，召开了推进“六型机关”建设座谈会。各直属机关党委以“六型机关”建设为抓手，围绕我省“六大发展”，积极做好服务、协助和推动工作。以纪念抗战胜利70周年为契机，举办了群众演唱会、书画展、摄影展、读书交流会等系列活动，《人民日报》对群众性演唱会作了报道。发挥统战、工青妇群团组织的桥梁和纽带作用，开展了为机关基层党员办好8件实事活动，受到广大党员的欢迎。2015年10月，中央国家机关工委《紫光阁》杂志社在厦门召开全国机关党建工作研讨会，工委抓机关党建的经验材料被选定为大会发言材料之一。《中直党建》杂志2015年第11期，以《努力在全面从严治党中“先走一步”取得实效》为题对工委抓机关党建的做法进行了报道。

（阎鹏飞）

附：省直机关工委书记、常务副书记、副书记、委员、巡视员、副巡视员名单

书　记： 杨增武（9月转任常务副书记）

省委常委、秘书长，省直机关工委书记： 王伟中（9月兼任）

常务副书记： 杨增武（9月转任）

副书记： 冯进成（11月离职）　王建成

工委委员、省直纪工委书记： 王　宏

工委委员、省直党校校长： 尹桂郁

巡视员： 卫建友（8月离职）

副巡视员： 周淑俊

省委党校工作概况

省委党校校长　楼阳生

2015年，校院主动适应全省工作新常态，团结带领全体教职员工坚持“党校姓党”根本原则，按照“三个四”工作总思路，推进法治校院工作，狠抓“五个从严管理”，各项工作取得显著成绩。

一、校院基本情况

中共山西省委党校创建于1949年9月1日，山西行政学院于1994年11月经省政府批准成立并于1995年6月正式挂牌。省委党校与山西行政学院合署办公，实行“一套人马、两块牌子”的校院合一体制。省委党校是在省委直接领导下培养党员领导干部和理论干部的学校，是省委的重要部门，是培训轮训党员领导干部的主渠道，是党的哲学社会科学研究机构。山西行政学院为省政府直属的正厅级单位，是培训公务员、培养公共管理人员和政策研究人员、开展社会科学研究和决策咨询的机构，是公务员教育培训的主渠道，是公共行政理论和政府管理创新研究的重要基地，是省政府决策咨询的智库。省委党校实行校委负责制，现任校长由省委副书记楼阳生同志兼任；山西行政学院在管理体制上同省委党校一致，现任院长由省委常委、常务副省长高建民同志兼任。常务副校院长王联辉同志主持校院日常工作。校院占地253亩，总建筑面积12万多平方米；下设处级单位38个，其中参公管理部门15个，事业编制的教学科研部门19个，所属事业单位4个；在职人员400余人，其中正处级33人，副处级75人，教授16人，研究员3人，副教授52人，副研究员7人，享受国务院特殊津贴专家1人，全国宣传文化系统“四个一批”人才1人，山西省宣传文化系统“四个一批”人才5人，“山西省学术技术带头人”6人；校院办有CSSCI来源期刊《理论探索》，山西省一级期刊《中共山西省委党校学报》，山西省一级报纸《山西党校报》；建有校园网和数字图书馆局域网，拥有30余万册图书和3.6万余种报刊。校院现有党组织45个，其中：1个机关党委，2个党总支，42个党支部（其中在职党支部34个，离退休党支部7个，学生支部1个）。现有党员531名，其中在职党员334名，离退休党员173名，学生党员24名。

二、坚持从严治校、从严管理，办学质量有了新提升

为适应干部教育和公务员培训的新形势新任务，校院委以全面提升办学质量为主线，明确“三个四”工作思路，提出“四新”发展的总目标，即“教学再上新水平、科研再上新台阶、管理再提新效能、党建再创新业绩”；“四个坚持”的总基调，即坚持“围绕中心、服务大局”，坚持“从严治校、从严管理”，坚持“质量立校、人才强校”，坚持“发挥优势、突出特色”。校院委把2015年确立为“从严治校，制度落实年”，提出了“五个从严管理”的总要求，即“从严纪律管理、从严教学管理、从严科研管理、从严学员管理、从严资产和工程管理”，通过加强制度建设，推进从严管理、从严治校，校院各项工作取得显著成绩。

（一）从严教学管理。一是圆满完成年度干部培训任务，共举办主体班和各类专题研讨班100余期，培训1.1万余人次。在培训中，突出党的理论教育、党性教育主课，进一步优化教学布局。加强优势学科建设；编写出版各类培训教材和辅导材料。二是深化教学改革，提升教学效果。改进完善“2+1”课堂互动教学；开发模块式、项目式和专题式教学板块；综合运用研究式、讲授式、案例式、体验式等教学方法；加强现场教学、模拟式教学等教学基地的建设和运用。三是推进教学科研咨询“三位一体”。围绕山西改革发展面临的一些重大理论和现实问题，努力推进教学科研咨询良性互动，充分发挥好三者相互融通、相互促进的巨大优势。

（二）从严科研管理。2015年，校院获准立项2项国家社科规划基金项目，连续14年获得国家课题立项。以校理论研究中心（含校领导）名义在省级以上报刊发表13篇理论文章。3篇论文入选中国延安精神研究会纪念抗日战争胜利70周年理论研讨会，1篇论文入选“第六届中国行政改革论坛”，2篇入选第八届环渤海区域合作与发展党校论坛。围绕“六权治本”“六大发展”发挥决策咨询思想库作用。全年《决策建议报告》报送了11期，其中有10期得到省级领导批示或圈阅。

（三）从严学员管理。针对以往学员管理中存在的问题，校院制定出台了《“1+8”学员管理制度》和《关于规范主体班次教学调研考察的若干规定》，为进一步加强学员管理提供了制度保障。成立学员学风巡查督导小组，加强对学员的学风督查。积极配合省委组织部与学员选调单位，加强对学员的组织考察。以全覆盖的广度从严干部继续教育管理。强化学员的现代能力素质培训，增加知识的含“新”量。

（四）从严纪律管理。加强依法治校，狠抓政治纪律、工作

纪律、劳动纪律。强化党校教师姓党意识，健全完善教学管理制度，加强对教师授课内容的审查把关、对教师教学行为的规范约束，坚决杜绝在党校讲坛和校外讲学中散播虚假信息、与中央和省委要求相违背的言论，守牢马克思主义理论宣传的主阵地，确保党校课堂的政治性和严肃性。强化纪律和规矩意识，对违规违纪问题认真对待，严肃处理。重点对教职工遵守纪律情况进行抽查和检查，修订完善了干部职工外出请假报备制度和工作督办通知制度。

（五）从严资产和工程管理。依法合规做好资产和工程管理工作，从源头堵塞漏洞，强化制度建设。严格财务管理。制定出台多项财经制度，规范了财务管理、降低了行政成本，提高了资金使用效率；财务预算统一管理，完全实现“收支两条线”，财务运行更加依法合规。推进公车改革，完成校院公务用车管理改革制度的起草、报送和车辆封存工作。开展清产核资和公房清理工作。努力推进基础设施建设。所有工程一律进入招投标程序，并由校院机关纪委全程监督。

（六）加强业务指导力度。2015年，楼阳生副书记两次专题对部分市县党校进行了调研指导，校院委成员也分头带队对全省11个市33个县（区）党校进行了专题调研，形成了《关于全省县级党校工作的基本情况和改进意见》，已给省委组织部作了专门汇报。2015年将全省党校、行政学院系统骨干教师培训班纳入主体班次，共举办了2期，实现了师资培训的制度化、常态化。

（七）迎接国家行政学院评估、中组部干教局调研。10月21日至22日，国家行政学院督查评估组到校院就《行政学院工作条例》贯彻落实情况进行全面督查评估，校院工作得到了评估组的充分肯定，评估结果为良好。10月10日，中组部干部教育局调研督查组就《2013—2017年全国干部教育培训规划》实施情况中期总结评估工作到校院进行调研，对校院的教学培训工作给予充分肯定。

三、狠抓党风廉政建设，落实“两个责任”，加强机关党建工作

（一）狠抓党风廉政建设，全面落实两个“主体责任”。在认真贯彻落实中央和省委《惩治和预防腐败体系2013—2017年工作规划》、制定校院年度反腐倡廉工作任务分解意见的基础上，进一步明确了各级干部落实党风廉政建设的职责和任务，完善了校处主要负责人落实“一岗双责”的机制，做到在落实“两个责任”问题上所有各级干部都是“一岗双责”，要求每一级有每一级的责任，每个人有每个人的责任，不能当把任务传下去就没事了的“二传手”，坚持将一岗双责落实情况作为考核评价干部的重要依据，校院党风廉政建设工作成效显著。

（二）巩固教育实践活动成果，开展“三严三实”专题教育。一是认真开展了学习讨论落实活动“回头看”，进一步巩固党的群众路线教育实践活动成果，严明党的政治纪律，认真落实规范，健全长效机制。重点围绕工作纪律、学员管理、教学管理、科研管理、财务管理等九项内容开展专项整治，取得了良好的效果。二是深入开展“三严三实”专题教育，坚持从严要求，强化问题导向，高质量召开民主生活会。校院委成员以身作则、以上率下，各部门认真查找问题、积极整改落实，规定动作不走样，自选动作有特色，专项整治有成效，推动践行“三严三实”要求制度化、常态化、长效化，校院作风建设取得新成效。

（三）是全面推进学习型校院建设，加强干部队伍建设。一是建立健全了校院委统一领导、党政群团齐心协力、教职员工共建共享的文明和谐创建领导体制和工作机制。积极践行社会主义核心价值体系，全面推进学习型校院建设，组织开展丰富多彩、形式多样的文体活动，保持了“省直文明和谐单位标兵”荣誉称号。二是加强干部队伍建设。深化干部人事制度改革，认真贯彻《党政领导干部选拔任用工作条例》及省委《关于全面贯彻好干部标准，树立正确用人导向，从严管理干部的决定》等相关要求，严格执行中组部“5个严禁、17个不准、5个一律”等纪律要求，从严坚持新时期好干部标准，推进校院校处两级班子建设。校院2015年两位校级领导和两位处级领导等干部选任工作做到了公道正派、风清气正、群众满意。

（孟国丽）

附：省委党校校长、常务副校长、副校长、巡视员、副巡视员、校委委员名单

省委副书记、省委党校校长：楼阳生
常务副校长：王联辉
副　校　长：刘明星　田忠宝（5月任职）
王浩学（5月任职）　潘　峰（3月离职）
巡　视　员：高健生（11月离职）
副巡视员：赵继光
校委委员：郭　彩

山西行政学院院长、副院长名单

省委常委、常务副省长，山西行政学院院长：高建民
副院长：王联辉　刘明星　田忠宝（6月任职）
王浩学（6月任职）　潘　峰（3月离职）
巡视员：高健生（12月离职）
副巡视员：赵继光

省委党史办公室工作概况

省委党史办公室主任　于若洁

2015年，省委党史办公室围绕省委“净化政治生态、实现弊革风清、重塑山西形象、促进富民强省”总体要求和一系列决策部署，立足于大局需要，坚持党史工作“一突出”“两跟进”，充分发挥红色山西历史在全国占有重要地位和影响的优势，强化资政育人作用，统筹做好党史研究、党史宣传教育、党史纪念活动、党史资料征集、党史资源利用、党史咨询服务等各项工作，取得了党史工作新成绩。

一、认真贯彻落实中央、省委关于党史工作的部署和要求

2015年，省委党史办公室结合党史工作实际，认真贯彻落实党的十八大、十八届三中、四中、五中全会精神，认真学习贯彻习近平总书记系列重要讲话精神特别是关于党的历史和党史工作重要论述精神，进一步明确新的历史条件下党史工作的新方向、新任务、新要求，增强做好党史工作的责任感、使命感和紧迫感，努力推进完成各项具体工作任务。

(一)2015年5月5日省委召开常委会会议，传达栗战书同志重要讲话和全国党史研究室主任会议精神，研究全省贯彻落实意见。会上省委书记王儒林指出，重视从党的历史经验中汲取前进的营养和力量是我们党的一个优良传统，山西党史资源丰富厚重，尤其是丰富的红色文化是我们极为宝贵的精神财富。全省上下要按照习近平总书记关于党的历史和党史工作论述精神，按照中央关于党史工作的部署要求，坚持党史工作围绕中心、服务大局的正确方向，坚持“一突出”“两跟进”，切实做好党史研究、宣传、学习教育和党史资料征集利用等工作，唤醒历史记忆，增强历史自信，强化资政育人作用。特别是要做好纪念抗战胜利70周年活动的工作，大力宣传山西红色的历史和革命老区的伟大精神，为弊革风清、富民强省凝聚强大正能量。王儒林书记要求各级党委要把党史工作纳入党建工作和意识形态工作，要进一步形成“大党史”工作格局，要解决好制约党史工作发展的一些长期性、制度性、深层次问题，加强党史干部队伍建设，发挥好党史工作的特殊重要作用。

(二)2015年6月11日召开了全省党史办公室主任会议，传达学习贯彻栗战书同志重要讲话精神、全国党史研究室主任会议精神。省委副书记楼阳生出席会议并讲话，省委常委、秘书长王伟中主持会议。省党史工作联席会议成员单位负责同志、各市委分管党史工作的负责同志参加。会议强调：认真学习、深刻领会，自觉把思想和行动统一到习近平总书记关于党的历史和党史工作重要论述精神上来；围绕中心、服务大局，按照党中央和省委要求统筹做好我省各项党史工作；加强领导、抓好落实，为做好新形势下的党史工作提供有力保证。会议安排部署了2015年的党史工作，提出重点工作任务。

二、深化党史研究，推进重点课题编写工作

在推进完成中央党史研究室安排部署的课题任务方面，完成全国党史部门统一部署的《山西革命遗址通览》丛书课题，编撰出版了忻州市卷、运城市卷，全省革命遗址普查成果丛书全部出齐。编纂《抗日战争时期山西省人口伤亡和财产损失丛书》第二、第三批书稿成果，完成上报审定省卷，积极推进完成市卷书稿成果上报审定。完成了《中国共产党历史知识辞典》新民主主义革命时期重要文献辞条和山西籍党史人物辞条撰写修改成果报送任务。

在专题研究、专题史料征编方面，加强对中国特色社会主义时间段历史研究，即时跟进历史、记载历史，完成《改革开放实录(山西部分)》系列专题研究任务，在2014年上报审定《山西能源重化工基地建设回顾》《从经济结构战略性调整到推进转型跨越》《十七大以来山西推进文化体制改革述略》《山西国家资源型经济转型综合配套改革实验区建设概述》4个专题基础上，今年研究撰写了《新时期山西个体私营经济发展回顾》《山西煤炭工业改革发展进程》2个专题，上报送审。编写了《2014年山西党史大事记》(资料辑)和《2015年山西党史大事记》(资料辑)初稿。积极推进《老同志回忆改革开放新时期山西的发展(口述史)》的资料征编工作。编辑出版《中共山西年鉴》(2015版)，积极发挥了记载新近历史、总结现实实践，为资政服务的作用。同时，编纂《卫恒文集》，完成送审稿。启动了《党和国家领导人视察山西》课题的史料征集和编写工作。

三、加强党史教育，扩大党史宣传，做好纪念抗日战争胜利70周年活动的相关工作

省委党史办抓住机遇，发挥优势，按照省纪念抗日战争胜利70周年活动领导组的部署要求，做好党史部门参与纪念活动的相关工作，深化研究和扩大宣传中国共产党领导的山西抗战光辉历史，大力弘扬山西红色文化。主要有：

一是参加中外媒体记者见面会。中外媒体记者前来山西采访，省委党史办主任于若洁参加了中外媒体见面会，向中外记者宣示山西在中国抗战中的重要地位、发挥的特殊作用、做出的巨大贡献，并回答了中外记者的提问。

二是进行“山西抗战的历史贡献”专题讲座。省委党史办

主任于若洁给省委组织部全体干部、省政法系统领导干部分别作了以山西抗战的历史贡献为主题内容的讲座，在省直机关弘扬“三大文化”读书交流会上作了《光耀千秋的山西红色文化》讲座交流。

三是与新闻媒体合作扩大宣传山西抗战历史。与山西广播电视台共同策划、联合制作，推出大型系列节目《铭记》，分《抗战记忆》《日本侵晋罪行》《八路军总部在山西》《八路军将领在山西》4个系列，共85集，在山西电视台连续播出。联合制作《抗战英雄谱》80集，在山西广播电台连续播出。与人民网山西频道合作，为《红色文化叫响全国，山西抗战震古烁今》专栏提供了大量稿件和资料。与山西日报共同策划和组织稿件，9月3日在山西日报推出《全民抗战看山西》八版重头纪念宣传文章，以省委党史办名义9月7日在山西日报发表《山西抗战历史贡献》专版文章。室主办的《党史文汇》开设“纪念抗日战争胜利70周年”专栏，刊登了系列纪念宣传文章。

四是组织研究人员撰写山西抗战历史的研究论文和宣传文章。全室研究人员撰写山西抗战历史的研究论文和宣传文章共有47篇在报刊和网络频道发表。共有5篇论文入选中央党史研究室和中央文献研究室分别主办的纪念中国人民抗日战争暨世界反法西斯战争胜利70周年学术研讨会。向省内外征集重点研究山西抗战的论文，并着手编辑出版《山西抗战的历史贡献——纪念抗日战争胜利70周年论文集》。

五是参与9月7日山西省纪念中国人民抗日战争暨世界反法西斯战争胜利70周年大会的组织筹备工作。党史办负责邀请和接待将帅子女代表共11人参加大会，陪同将帅子女一行赴武乡王家峪八路军总部旧址参加“太行山抗日战场追忆活动”。

省委党史办积极做好参与纪念活动的相关工作，省委副书记、省纪念活动领导组组长楼阳生在报送的工作情况报告上批示：“省委党史办积极作为，发挥了重要作用，应予充分肯定”。省委常委、秘书长王伟中批示：“党史办圆满完成了纪念抗战胜利70周年活动承担的各项工作，望继续努力做好党史研究、史料挖掘整理工作，充分发挥以史鉴今、资政育人的作用”。

四、做好党史咨询服务和撰写资政报告，为领导决策提供重要党史资料和党史研究服务现实的参阅材料

党史办公室服务全省工作大局，着眼于大局需要，一方面做好党史咨询服务工作，及时、准确地提供省委领导同志了解研究山西党史所需的有关史料，一方面部署贴近现实的党史资政研究课题，做了大量工作，受到省委的肯定。

编办《党史参阅资料》5期，刊载内容有：山西抗战的历史贡献，通过拓宽拓深研究，从10个层面作了概括，作出符合历史的定位；国务院公布的两批国家级抗战纪念设施、遗址其中在山西的抗战纪念设施、遗址；民政部公布的两批著名抗日英烈和英雄群体其中山西籍抗日英烈、在山西牺牲的抗日英烈、在山西战斗过的抗日英烈，以及在山西牺牲的党政领导干部抗日英烈等，从具体史实和资料来看山西抗战的业绩贡献。撰写了《正确处理政商关系的几点思考》，党史办主要负责人参加了由省委领导同志主持的研讨座谈会。撰写了《山西红色文化史料征集整理编纂与研究利用规划建议》，供编制《山西省“十三五”时期红色文化传承保护与开发规划》采纳利用。撰写了《山西红色文化的形成脉络和内涵价值》资政调研报告，报送省四大班子领导参阅，为落实省委提出的大力弘扬山西红色文化提供来自党史研究方面的依据。

五、加强领导班子和干部队伍建设，推进机关全面建设上水平

省委党史办公室把搞好室领导班子和干部队伍的理论武装放在重要位置，坚持用习近平总书记系列重要讲话精神统一大家的思想和行动，把中央的大政方针、省委的决策部署与党史工作实际结合起来，积极主动地开展党史研究、党史宣传教育等工作。严格遵守党的政治纪律、政治规矩，严格落实“两个责任”。坚持落实中央八项规定，坚持反对“四风”抓出常态、抓出长效。结合开展“三严三实”专题教育，抓班子带队伍，推动党史干部队伍的思想建设、作风建设和业务建设，党员干部在增强党性、严守纪律、转变作风等方面有了新提高。进一步完善机关各项制度，严格执行制度，加强内部管理，推动机关全面建设上到一个新水平。

抓好干部队伍的培训学习，全年安排参加省党委校、省直分校培训学习的省管干部、处级干部12人。参加中央党史研究室安排的井冈山干部学院、延安干部学院、浦东干部学院培训学习的厅级干部2人、处级干部3人。参加省委组织部安排的到北京大学自主选学培训的年轻干部18人。

（杨子晋）

附：省委党史办公室主任、副主任、副巡视员名单

主　　任：于若洁

副 主 任：张越轶（7月接受组织调查、免职）

钟启元　巨文辉

副巡视员：杨玉堂（12月离职）　王雷平

省委老干部局工作概况

省委老干部局局长　陈跃钢

2015年，省委老干部局以学习贯彻全国离退休干部“双先”表彰大会上习近平总书记等中央领导的重要讲话精神为主线，围绕省委“五句话”总要求和“六大发展”战略部署，突出老干部工作为富民强省增添正能量的价值取向，积极发挥部门职能，各项工作取得了新进展、新成效。

一、落实从严管党治党要求，切实加强机关党建工作

扎实开展学习讨论落实活动和“三严三实”专题教育，加强党员干部思想建设和作风建设。全局党员干部在党性修养、群众宗旨、规矩意识、作风建设方面经受了考验和锻炼，在修身律己用权方面有了明显提升，进一步强化了严守党的政治纪律、政治规矩，始终向党中央看齐的思想自觉和行动自觉。从严落实管党治党责任，加强机关党建工作和党风廉政建设。局务会切实担负起抓党建的主体责任，全年局务会议专题研究党的工作和党风廉政建设9次。召开第六次全局党员大会，选举产生了新一届机关党委和机关纪委，充实了党务工作力量。指导局直单位党组织按期换届，开展了“基层组织规范化建设年”活动。健全“支部建在处室、处长担任书记”的工作机制，成立了9个机关党支部，进一步落实了处室负责人和支部书记“一岗双责”。积极推进“六权治本”，促进依法依规办事。局务会认真学习贯彻省委关于“六权治本”两次推进会的精神，成立了领导机构和牵头部门，制定了局“六权治本”工作方案。加强普法依法治理工作，将普法教育纳入局中心组和干部理论学习计划。严格贯彻执行民主集中制，实行集体领导和班子成员分工负责相结合的制度。规范了重大事项请示报告程序，加强机关内部管理，严肃财经纪律，健全财务公开、公示制度，严格控制“三公”经费开支。

二、深入学习贯彻全国离退休干部“双先”表彰大会精神，进一步营造尊重老干部、重视老干部工作的良好氛围

及时向省委常委会和省委组织部部务会汇报全国“双先”表彰大会精神。省委书记王儒林、省长李小鹏、省委副书记楼阳生和省委常委、组织部部长盛茂林等省领导提出明确贯彻落实意见。隆重召开全省离退休干部暨老干部工作“双先”表彰大会，对近年来涌现出的4类399个先进典型进行了表彰。王儒林书记、李小鹏省长等省领导亲切接见受表彰代表并合影留念，楼阳生副书记出席表彰大会并发表讲话，高建民、王伟中等省领导出席会议。专门邀请中组部老干部局和全国老龄办有关领导，在全省老干部局处长培训班上作全国“双先”表彰大会精神专题辅导报告。组织我省受中组部表彰的离退休干部“双先”代表赴11个市进行巡回宣讲。翻印并向老同志和老干部工作人员发放全国离退休干部“双先”表彰大会精神《宣传提纲》和“为党的事业增添正能量”活动《宣传提纲》10多万册。利用省内主要媒体和省委老干部局“三刊一网”，大力宣传全国、全省表彰大会精神和“双先”事迹。

三、着力以特色载体推进正能量活动，进一步发挥广大老同志促进弊革风清、富民强省的独特优势

坚持把正能量活动作为一项战略性、长期性的工作任务抓在手上。紧扣“三句话”主题，贴近老同志关注点、兴奋点，层层动员部署，创新活动载体，推动正能量活动有声有色地开展。全省共组织开展“争做时代老人”、“我看山西弊革风清”征文等“十个一”主题活动3000多次，以学、讲、谈、唱、演、写等形式充分汇聚和释放老同志正能量。省委老干部局组织省级老同志就制定山西省“十三五”规划建议建言献策，举办了省直厅局级离退休干部“传递正能量、提升凝聚力”培训班，与中组部老干部局共同开展“我看十八大以来新变化”离退休干部专题调研访谈，召开10次“我谈重塑山西形象”座谈会，组织100余名老干部围绕新省委班子治晋兴晋的显著成效进行座谈发言，引导老同志对各级党委和政府的科学决策和务实举措点赞喝彩。指导各级各部门抓住纪念抗战胜利70周年契机，组织老同志开展文艺演出300多场次，举办书画、摄影展180多场，征集征文3000余篇，进一步激发了广大老同志弘扬革命传统、为党的事业增添正能量的热情。省委老干部局举办省城离退休干部歌曲演唱会、离退休干部书画及老照片展、诗歌朗诵会，编印《抗战在山西》文集，组织省城老年文体艺术节抗战歌曲合唱专场等系列活动。按照中组部部署，认真开展离退休干部网上正能量活动，在省委老干部局门户网站增设“老党员博客”等互动栏目，组建了首批500人的老干部网宣员队伍，举办了网宣员骨干培训班。各级老干部工作部门通过设立微信公众号、QQ群、UC教室、微博等，加强宣传引导，鼓励老同志在网络上积极发声，弘扬主旋律，唱好正气歌，扩大了正能量活动的辐射效应。

四、着力强化离退休干部思想政治工作和党组织建设，教育引导广大老同志永葆与党同心同向的正能量

坚持不懈抓好新形势、新常态下离退休干部的思想政

治引导和组织凝聚工作，让广大离退休干部在思想认识上与党中央和省委保持高度一致。坚持组织离退休干部进行政治理论学习，较好地落实情况通报、走访慰问、参加重要会议和重要活动等制度。省委老干部局举办7次省级老领导、省直离退休干部情况通报会和理论学习专题报告会。全省共举办离退休干部学习辅导报告会、形势报告会、培训班、座谈会等1300多场次，召开情况通报会290多次，组织200余名老干部理论骨干宣讲900多场次。按照从严治党要求推进离退休干部党组织建设，从省管党费中划拨15.57万元为全省5100多个离退休干部党支部订阅了中组部编印的《学习参考》，举办全省离退休干部党支部书记示范培训班，协调省财政厅落实了2015年度省直单位离退休干部党支部工作专项经费490余万元。召开全省离退休干部党组织建设座谈会，在市县两级开展建立党委（工委）试点工作。各地积极探索适合老同志特点的组织设置形式，不断改进活动方式，加强流动党员管理，推动离退休干部党建工作迈上了新台阶。

五、着力为老干部办实事解难事，让广大老同志在感受组织关怀温暖中增强获得感、幸福感

全省老干部工作部门以拓展服务为抓手，以老干部满意为标准，认真落实老干部生活待遇各项政策。在全省经济持续下行的严峻形势下，各地各部门想方设法安排资金，确保了离休干部医药费、生活补贴、护理费和抚恤金的落实。以攻坚克难精神破解离休干部“三个机制”运行中的问题，与相关部门联合出台了《关于完善省直单位离休干部医疗保障管理的通知》《关于离休干部享受副省（部）长级医疗待遇等有关问题的通知》《省属特困企业和事业单位离休干部医药费补助资金管理办法》等3个政策性文件，进一步规范和完善了相关工作。加大对省属国有改制破产企业和困难企事业单位落实离休干部医药费和统筹外生活补贴的财政支持力度，落实专项补助资金3550多万元。贯彻中组部文件要求，集中时间完成了抗战时期参加革命工作的部分离休干部提高医疗待遇审批工作。至此，我省抗战时期参加工作的正厅级离休干部整体享受副省长级医疗待遇，455名副厅级离休干部享受按副省长级标准报销医疗费待遇。集中走访慰问了抗战时期参加革命工作的离休干部，送上一次性慰问金和抗战胜利纪念章。各级各部门进一步健全帮困机制，对4000多名离退休干部进行帮扶，发放帮扶救助资金近700万元。成功举办山西第九届老年健康产业博览会。继续开展社区离退休干部“四就近”示范点创建工作。积极推进老年大学、老干部活动中心建设，在省发改委和省财政厅支持下，落实首批贫困县老年大学建设补助资金576万元。全省先进老干部活动中心（室）达到253个，老年大学示范校创建达58所，老干部学习活动条件得到进一步改善和优化。各级老干部工作部门耐心细致做好信访工作，解决了一批信访难点问题，受到老同志的称赞。

六、着力加强部门自身建设，增强老干部工作队伍为党的事业增添正能量的能力素质

在全省老干部工作部门大力弘扬“安专迷”、“严实细”精神，进一步强化了老干部工作队伍的政治意识、纪律意识和责任意识。坚持抓好能力素质提升工程。举办全省老干部局处长培训班和老干部工作为党的事业增添正能量研讨会，宣讲中央领导关于老干部工作的新精神、新要求。进一步完善了省委老干部局机关“训研问联学平台”，开展多种形式的学习培训。分3批赴哈尔滨工业大学、浙江大学参加自主选学培训。局领导领题开展重点课题调研。组织局系统年轻干部开展了为党的事业增添正能量演讲活动。扎实开展文明单位创建工作，省委老干部局机关和局直单位继续保持了省级文明单位和省直文明单位标兵称号。扎实开展定点扶贫和领导干部包村增收工作，选派3名副处级干部担任帮扶村“第一书记”，开展机关党员干部联户结对扶贫工作，组织省城医疗专家赴扶贫点开展义诊活动。继续开展全省老干部工作“创新案例”和“特色品牌”推介工作，鼓励基层探索创新，进一步为全省老干部工作增添了新活力。

（马召钰）

附：省委老干部局局长、副局长、巡视员、副巡视员名单

省委组织部副部长、老干部局局长：陈跃钢

副 局 长：郑兰珍　张晓光（12月任职）　岳卫东

巡 视 员：郭世卿（12月任职）

副巡视员：张建成　李树林

省委省政府信访局工作概况

省委省政府信访局局长　李体柱

2015年，省委省政府信访局以党的十八大、十八届三中、四中、五中全会精神和习近平总书记系列重要讲话精神为指导，深入贯彻落实省委十届六次、七次全会精神，紧紧围绕“六大发展”、“六权治本”，坚持法治信访和群众工作两个理念，持续深入推进信访工作制度改革，攻坚克难、开拓创新，圆满完成了年度目标任务。“以群众举报乡村干部腐败为切入点集中解决群众信访诉求问题”专项治理成效突出，集中交办化解3

万多件信访事项，得到中央联席办和国家信访局的肯定。构建律师参与信访工作机制得到国家信访局的肯定，山西省在中央政法委举办的律师参与化解和代理涉法涉诉信访案件专题培训会上作了交流发言。全国全省重大活动期间和关键节点经受住了考验，多次受到中央联席办、国家信访局、中国人民解放军总政治部和省委、省政府的肯定和表扬。

具体体现在六个方面：

一、努力推动事要解决，深入开展专项治理

2015年，开展了“信访积案化解百日攻坚”行动。5月18日，在全省部署开展“以群众举报乡村干部腐败为切入点集中解决群众信访诉求问题”专项治理，并与农村集体“三资”管理专项清理整治一并作为推进“六权治本”、净化政治生态、实现弊革风清和“乡村治、百姓安”的两个重要抓手，作为各级领导干部坚持群众路线、践行“三严三实”的具体行动。省委书记王儒林带头化解信访案件，批阅群众来信。李小鹏省长多次组织召开政府常务会议，研究采煤沉陷区治理信访问题。在省委常委包市、副省长和法检“两长”包领域的示范带动下，省纪委、省政法委、省公安厅等部门协调联动，全省1700多名领导干部亲自包案，一案一策化解。吕梁市把解决信访疑难案件作为检验各级党政一把手践行“三严三实”的重要标尺，坚持“书记抓、抓书记”，压实专项治理第一责任人的责任，成功化解了一批“三跨三分离”案件。大同市强化约谈追责，整体推动工作。省级集中交办的信访事项化解率达到96%。各市集中解决了一大批案情复杂、久拖未决的疑难信访问题。国家信访局通过《人民信访》宣传推广我省的经验做法。

二、深化信访工作制度改革，大力推进阳光信访、责任信访、法治信访

建成了以互联网为依托的新的信访信息系统，省市县三级信访部门和职能部门7238个单位全部联网，实现了信访形式、工作过程、工作范围“全覆盖”和信访事项“可查询、可跟踪、可督办、可评价”的目标；开展信访信息录入“百日会战”，召开信访基础业务规范化建设会议和全省办信工作会议，严格工作程序和办理流程，建立初信初访群众满意度评价制度，初信初访办理率达到100%。完善县级党政主要领导每周接访、市级党政主要领导每季接访制度，推进领导干部阅批群众来信制度常态化建设，出台依法逐级走访操作规程，预防和减少越级上访，压实属地和基层责任，引导信访下行，推动及时就地解决问题；改进考核方式，把信访事项及时受理率、按期办结率、群众满意率纳入年终信访目标责任考核范围，以考核压实责任。以“信访法治建设年”活动为引领，认真贯彻诉访分离政策，对涉法涉诉信访事项不予受理；坚持法定途径分类处理信访投诉请求，推动省直34个厅局完成了法定途径分类处理信访投诉请求清单；以《信访条例》修订实施10周年为契机，有针对性地开展了以“合法权益依法维护，合法权益合法表达”为主题的专项普法教育。

三、围绕中心服务大局，更加有效发挥信访工作职能作用

针对经济持续下行、社会矛盾多发易发的情况，自觉把信访工作置于全省工作大局谋划和推进。一是发挥信访工作广泛接触群众的优势，进一步完善“日动态、周提醒、旬研判、月通报、季点评、年考核”制度，加强对群众来信来访诉求的综合分析研判。编发《每日情况》等信息报告，报送《给王儒林同志信电情况》6期、重要信件120件，到期办结97件。对130多件苗头性、全局性和稳定性的问题进行了预警研判，及时提交有关部门参考决策。二是推动化解信访突出问题，针对非法集资、拖欠工资、物流领域、采煤沉陷区治理、昆明泛亚有色金属交易所投资者等突出信访问题和重点群体，召开各类会商会20余次，协调会100余次。建立了处置非法集资信访问题沟通对接机制，完善了讨要工程款信访问题联动化解机制。特别是对住建领域“三未一逃”（未办理产权证、未按时安置、未按期付工程款、开发商卷款逃跑）、破产改制企业自谋职业人员等信访问题多次进行专题研究，并向省委、省政府和相关部门提出解决问题的具体建议，避免了多起群体性事件发生。三是完成了全国“两会”、抗战胜利纪念活动、党的十八届五中全会、亚洲博鳌论坛、上合首脑会议、世界田径锦标赛、中东欧国家领导人会晤以及全省“两会”等重要时期和关键节点的信访工作任务，为促进我省乃至首都北京的社会和谐稳定发挥了积极的作用。

四、加强进京非访治理，依法规范信访秩序

开展非正常上访专项整治。从2月至5月在全省部署开展了为期3个月的非正常上访专项整治，在排查矛盾、有效化解，依法处置、教育稳控，及时就地、常态根治，信息预警、应对处置四个方面着力，既强力推进事要解决，又突出强调规范秩序。坚持重点突破，以点带面，省综治办、省联席办、省公安厅联合成立了3个督导组，对重点地区、重点企业、重点领域进行实地督查。指导各地对滋事闹访、恶意缠访、以访牟利，严重影响社会秩序的违法犯罪行为，坚决予以打击。树立了“非访不但不利于事情解决，还要受到法律追究”的正确信访导向。

五、创新体制机制，不断激发信访工作内生动力

紧紧抓住影响信访工作科学发展的体制机制问题，全面梳理已有制度，对特色鲜明、管用有效的好经验好做法进行总结完善，形成系统制度体系，引领各项工作创新发展。一是建立统筹督查督办机制，学习借鉴国家信访局的做法，注重吸收省直有关厅局的力量，开展统筹督查、联合督查、实地督查。二是建立联合接访机制，成立省级联合接访中心，省高院、省检察院、省公安厅、省人社厅、省国资委5个单位进驻省信访接待大厅实行联合接访。三是建立律师参与信访工作机制，在省级联合接访大厅设立律师工作室，市、县信访接待场所配备律师，参

与信访接待，及时为群众提供法律咨询和法律服务。四是探索社会力量参与信访工作机制，以忻州市为试点，建立以“两代表一委员”为主体的“1+x”模式，全市共吸纳3308名社会人士参与信访工作。五是巩固提升开门办信访机制，继续探索媒体参与信访工作方式，《民生大接访》电视信访新闻栏目全年共播出251期，直接推动化解信访事项70余件，引导进入法定渠道30余件，有效发挥了舆论监督、法治引领、传递政策、反映民情、落实责任、典型示范的作用。

六、落实“两个责任”，加强党风廉政建设和干部队伍建设

紧紧扭住主体责任，认真贯彻执行省委制定出台的“两个责任”意见，把党风廉政建设融入全局工作的各个环节。一是层层传导压力。完成机关党委、机关纪委的换届选举工作，进一步明确从严治党的主体责任和监督责任，完善机关党建工作责任制，建立健全“一岗双责”责任体系，局领导班子成员在支部过双重组织生活、机关党委委员联系支部、党支部书记全部由处长兼任，形成了齐抓共管、共同推进从严治党的强大合力。以“三严三实”专题教育和学习讨论落实活动为契机，深入开展“双学”，组织机关党员干部到革命圣地武乡接受爱国主义教育，到扶贫点沁县开展点对点结对包户帮扶活动，做到了真学真懂、知行合一。二是严格日常监管。按照“六权治本”要求，局领导班子不断规范权力运行机制，加强权力监督制约。开展“工作秩序涣散、纪律松弛”专项整治工作，修订机关内部管理各项制度，规范流程，完善机制，强化了对不良作风的刚性约束，按原则办事、按规矩用权意识显著增强。三是强化廉洁自律。深入开展廉洁从政警示教育活动，组织机关处级以上干部阅看了《党的十八大以来省纪委查出的严重违纪违法领导干部忏悔录汇编》，组织全体党员干部开展《中国共产党廉洁自律准则》和《中国共产党纪律处分条例》学习研讨，严明政治纪律和政治规矩。对局领导班子成员逐一进行廉政约谈，局领导班子成员对分管处室负责人进行廉政约谈，对新提拔的处级领导干部进行任前集体廉政谈话，引导广大党员干部时刻注意防微杜渐，严格执行“约法三章”，不断增强自身免疫力，筑牢拒腐防变的思想防线。全局没有发生一起违法违纪案件。局机关被评为省直文明单位标兵，3名同志分别荣获省直机关十佳文明公民、文明创建先进工作者、文明传播优秀信息员荣誉。参加省直工委广播操比赛获得“银奖”，局机关党委获得“优秀组织奖”。

（杨卫兵）

附：省委省政府信访局局长、副局长名单

省委副秘书长、省信访局局长： 李体柱

省政府副秘书长、省信访局副局长： 白秀平

副局长： 梁雨润（6月离职） 王进军 张建平 赵培明 薛建军（11月任职）

山西省委党史办公室干部职工赴山西武乡革命老区开展“抗战史主题学习教育”活动

省人大常委会党组工作概况

党组书记　王儒林

2015年是全面深化改革关键之年，是全面完成“十二五”规划收官之年，也是省人大常委会各项工作实现创新发展的重要一年。2015年，在省委的坚强领导下，省人大常委会党组深入贯彻党的十八大、十八届三中、四中、五中全会精神和习近平总书记系列重要讲话精神，围绕省委“五句话”总体要求，全面落实省委十届六次全会部署要求，认真执行省十二届人大四次会议各项决议，坚持党的领导、人民当家作主、依法治国有机统一，扎实推动立法、监督等各项工作，为推进全省经济、政治、文化、社会和生态文明建设作出了积极贡献。

2015年，共召开常委会会议6次，制定、修改、废止地方性法规16件，审查批准太原、大同两市地方性法规23件，审查规范性文件72件，听取审议省“一府两院”专项工作报告14项，开展执法检查3项，决定重大事项7项，任免国家机关工作人员177人（次），圆满完成省十二届人大四次会议确定的各项任务。

一、深入学习贯彻习近平总书记系列重要讲话精神，坚持用中央指示精神武装头脑、指导实践、推动工作

坚持把学习贯彻党的十八大、十八届三中、四中、五中全会精神和习近平总书记系列重要讲话精神作为首要政治任务，将学习贯彻与落实省委重大决策部署结合起来，与推动人大工作结合起来，始终保持人大工作的正确方向。

一是党组中心组带头学。认真落实省委的部署要求，常委会党组成员带头“学讲话、学作风”，既认真学习贯彻习近平总书记系列重要讲话精神，又认真学习中央领导集体的优良作风，不断增强政治意识、大局意识、核心意识、看齐意识，始终坚持“五个必须”、坚决反对“七个有之”，始终同以习近平同志为总书记的党中央保持高度一致。常委会党组中心组集体学习29次，机关党组中心组集体学习3次，带领和推动机关认真学习中央和省委的一系列重大决策部署，学习十二届全国人大三次会议精神和王岐山同志在山西代表团讲话精神，学习党组工作条例、巡视工作条例和中发〔2015〕18号文件，邀请专家学者就“一带一路”与中国跨越式发展、走中国特色社会主义法治道路、推进山西绿色发展等重要课题进行深入解读，全面学习领会中央精神和省委要求，统一思想、凝聚共识。

二是突出“三严三实”重点学。扎实开展“三严三实”专题教育，成立组织协调办公室，精心制定教育方案和日程安排，认真组织学习研讨，印发学习资料2000余册，编发“三严三实”专题教育专刊18期，协调新闻媒体开展相关报道15次，刊发稿件60篇（条）。常委会党组举行党课辅导1次、开展集中研讨4次；组织专题辅导报告7次，开展“讲革命传统故事”活动2次；各党支部开展党课、集体学习和专题研讨90余次，撰写心得体会300余篇，常委会党组和19个党支部全部按要求召开专题民主生活会，党员干部践行“三严三实”的思想自觉和行动自觉明显增强。

三是组织专题培训深入学。选派14名省管干部、16名处级干部、2名科级干部参加中组部、省委组织部和省直工委组织的调训。将十八届四中全会法治精神解读、大国战略与依宪治国、人大与地方政府治理、当前宏观经济形势分析等纳入机关干部选学培训课程安排，对26名新进人员及事业单位新任处级干部进行岗前集中适应性培训，组织8名新招录公务员参加省委组织部初任培训，组织151名机关干部参加北京大学和中山大学举办的综合素质提升研修班，有效提升了干部队伍综合素质，4名干部被选拔为省管干部，1名厅级干部被选任为县委书记。

二、围绕中心、服务大局，圆满完成年度各项工作任务

常委会党组主动适应新常态、把握新常态、引领新常态，统筹推进立法、监督、决定、任免、代表工作，全面提高常委会的工作质量，充分发挥地方国家权力机关在兴晋富晋中的重要作用。

一是坚持发展第一要务，推动经济建设重大部署的贯彻落实。常委会听取审议计划执行情况报告，深入调研煤炭、电力等重点行业，专题视察科技、水利、交通等重点领域投资项目，全力支持政府进一步调整产业结构、优化发展环境。依法加强对全口径预算决算的审查监督，对113个省直部门预算（涉密部门除外）在人代会上进行审批，为人民管好“钱袋子”。听取审议审计工作报告，促进政府完善245项政策措施，补征补缴财政收入192.92亿元，移送案件297起，充分发挥了人大的监督作用。修改煤炭管理条例和安全生产条例，取消煤炭生产许可证审批和设立煤炭经营企业资质审批，为企业松绑减负，促进煤炭“六型转变”。开展旅游立法调研，听取审议非物质文化遗产法律法规实施情况报告，加强对旅游业发展情况报告审议意见的跟踪监督，促进文化和旅游深度融合、加快发展。专题调研科技创新工作，听取审议民营企业发展情况报告，金融创新发展情况报告，督促和支持政府整合财政、税收资源，推动科技创新、民营经济和金融振兴“三个突破”。听取审议“三农”工作情况报告，重点督办扶持农村电子商务发展的代表建议，审议土地管理工作情况报告，促进“三农”工作。围绕科学制定“十三五”规划，常委会主任会议成员带队就重大问题进行深入调研，形成高质量调研报告，为省委提出规划建议和省政府制定规划纲要提供参考。

二是强化以人民为中心的工作导向，增进人民群众的获得感和幸福感。常委会听取审议促进就业情况报告并对5个部门开展专题询问，受全国人大常委会委托开展职业教育法执法检查，修改人口和计划生育条例，落地全面两孩政策，重点督办关于基层医疗卫生和教育发展方面的代表建议，听取审议住房公积金管理使用情况报告，复审城镇住房保障条例草案，制定女职工劳动保护条例，听取审议妇女儿童发展“十二五”规划实施情况报告，配合全国人大常委会开展老年人权益保障法执法检查，受全国人大常委会委托开展消费者权益保护法执法检查，听取审议建筑工程质量和建筑安全生产管理情况报告并进行满意度测评，开展建设工程抗震设防条例执法调研、道路交通安全管理工作调研，在经济下行压力加大的情况下，有效保障了民生。修订水土保持法实施办法，初审环境保护条例修订草案，重点督办采煤沉陷区治理代表建议，依法废止成立五台山风景名胜区政府的决定，就国有林场改革和森林生态效益补偿开展调研，开展水污染防治法执法检查，以“加强水资源保护，保障饮用水安全”为主题继续开展“三晋环保行”，促进了全省的生态环境保护。制定国有土地上房屋征收与补偿条例，修订法律援助条例，检查社会治安综合治理条例执行情况，初审无线电管理条例草案，就保守国家秘密法开展执法检查，就宗教事务条例进行执法调研，贯彻落实信访条例，积极探索代表参与信访工作机制，受理来信来访7800余人（次），维护国家安全、社会稳定，深化平安山西建设。

三是强化代表履职保障，发挥代表密切联系群众、凝聚改革合力的重要作用。严格落实联系代表制度，常委会组成人员、代表联络机构联系代表669人（次），邀请80人列席常委会会议，邀请315人（次）参加常委会及各机构立法、监督、调研等活动，重要事项征询代表意见、重要工作向代表通报进一步常态化、规范化。加强代表议案建议办理，省十二届人大四次会议上代表提出的28件议案、911件建议全部按期办结。选择生态保护治理、新兴产业发展、民生保障改善等6方面的15件建议，由省政府班子成员领办、常委会主任会议成员督办，一些事关经济社会发展的重点问题、人民群众普遍关注的热点问题得到较好解决。丰富闭会期间代表活动，组织省直代表围绕重点问题开展5次视察调研，指导选举单位组织274名省人大代表开展集中视察、专题调研。组织25名全国人大代表、省人大代表对“城中村”改造进展快、效果好的太原市进行专题视察，有效发挥代表了解民情、反映民意、集中民智的独特优势。强化代表履职服务保障，组织91名代表专题培训，对无固定工资收入的代表提高履职补贴标准，对46名代表履职情况进行通报，保障和激励代表依法执行职务。推进代表履职及议案建议网上办理平台建设，提高了代表工作信息化水平。规范代表资格审查，完成19名补选代表的代表资格审查，确认终止12名代表的代表资格。服务全国人大代表履职，组织39人（次）参加全国人大培训、列席全国人大和省人大常委会会议，组织65人（次）开展专题视察。十二届全国人大三次会议上，我省代表提出2件议案、175件建议，建议数量和质量进一步提升。

四是坚持上下联动，推动全省人大工作共同完善发展。中共山西省委转发《中共山西省人大常委会党组关于贯彻落实中发〔2015〕18号文件精神，加强全省县乡人大工作和建设的实施意见》（晋发〔2015〕24号），常委会打包修改山西省各级人大选举实施细则、乡镇人大工作条例、代表法实施办法3件地方性法规，给46个县级人大补助经费600万元，组织召开全省人大内务司法工作等5个座谈会，举办全省人大立法、财经监督等10期专题培训班，培训各级人大干部1200余名。协调组织全省119个县（市、区）人大常委会负责人参加全国人大举办的县级人大主任培训班，分2 批对全省237名市人大常委会主任会议成员和县级人大常委会主任进行普遍轮训，提高了各级人大运用法治思维和法治方式开展工作的能力。及时修改我省地方立法条例，围绕各市立法需求和立法能力深入调研、严格评估，决定运城、晋城等七市人大及其常委会开始制定地方性法规，推进了设区的市有序开展立法工作。健全常委会与市、县

人大联动机制，积极搭建沟通联系、交流学习平台。邀请市、县人大参加常委会和各机构组织的执法检查、代表视察、专题调研等活动，有关做法得到全国人大常委会充分肯定和借鉴。

五是努力提升机关建设水平，进一步提高服务保障水平。组织召开4次机关党组会议、16次秘书长会议、6次秘书长办公会议和1次机关联席会议，研究工作、部署任务、通报情况。加强统筹协调，完善工作机制，圆满完成十二届全国人大三次会议山西代表团、省十二届人大四次会议、6次常委会会议、16次主任会议、23次常委会党组会议服务保障工作。制定出台机关内部文件发放规定、带薪年休假管理办法等12项制度，对已有的固定资产管理等制度落实情况开展检查，机关运行管理进一步规范。申请增设法工委2 个职能处室，较好地满足了机关加强地方立法工作需要。有序推进事业单位内设科室设置和科级管理岗位竞聘上岗，事业单位建设全面加强。建立班子成员分别挂帅、工作机构全部参与、工作队员脱产扶贫、“第一书记”驻村履职的“四位一体”扶贫模式，高规格组织召开机关定点扶贫工作推进会，全年落实扶贫项目20个、资金998万元，2010 年以来共落实扶贫项目近320个，争取扶贫资金5571万元，选派7名干部挂职机关扶贫村担任“第一书记”，为扶贫点整体脱贫奠定了坚实基础。

三、加强领导、统筹推进，认真履行依法治省重要职责

常委会党组注重积极为全省发展营造法治环境、提供法治保障，通过立法、决定、监督等工作，加快推进社会主义民主法治建设。

一是健全科学立法、民主立法工作机制。出台委托第三方就法律援助条例、环境保护条例进行立法后评估，使立法活动与人民群众生活贴得更近。健全代表立法意见采纳反馈机制，在山西大学建立立法研究咨询基地，聘请41名专家学者成立立法咨询专家库，在部分高校、企业及市县设立10个基层立法联系点，拓宽代表、专家和公民参与立法活动途径，不断增强立法的针对性、及时性，努力使制定的法规立得住、行得通。

二是落实民主法治领域改革任务。成立常委会法治建设领导组，对照常委会承担的推进依法治省68项任务，逐项明确工作责任。认真贯彻省委两次推进会精神，将常委会承担的省委推进“六权治本”重要任务分工细化分解，建立台账、逐项推动落实。出台各级人大常委会规范性文件备案审查条例，确保各类规范性文件不与宪法法律法规相抵触、不超越法定权限制定。制定常委会关于对任命的省“一府两院”国家工作人员加强监督的意见，监督被任命人员依法用权、廉洁用权。

三是加强对司法工作的监督制约。初审山西省各级人大常委会监督司法工作办法草案，推进形成科学有效的司法权力运行监督体系。配合全国人大常委会就人民法院行政审判、人民检察院刑罚执行监督等工作进行调研，增进司法公信力。听取审议省人民检察院关于加强对诉讼活动法律监督工作决定实施情况的报告，检查公安、法院、监狱等部门落实决定情况，促进相关司法机关强化诉讼监督意识、完善工作机制，共同维护司法权威。继续开展预防职务犯罪工作条例执法调研，构建社会化预防大格局。

四、夯实基础、注重经常，不断提高党建工作科学化水平

常委会党组狠抓基层组织建设，着力发挥党组织的战斗堡垒和党员干部队伍的先锋模范作用，不断夯实党建工作基础。

一是建设坚强有力的领导班子。设立机关党组，制定出台常委会党组和机关党组工作规则，进一步规范班子运行，提高决策的法治化、科学化、民主化水平。认真贯彻民主集中制，常委会年度工作要点制定，立法、监督等重要任务部署，机关干部任免等重大事项，全部提交领导班子集体研究决定。每位班子成员都对口联系和分管一个或多个机构和部门，各负其责又紧密配合，常委会各项工作运行顺畅高效，推进有序有力。班子成员自觉加强党性锤炼，严格落实组织生活制度，认真开展批评与自我批评，相互之间注重拉袖子、咬耳朵，进一步增强了班子的创造力、凝聚力和战斗力。

二是夯实基层党组织基础。坚持把强化领导责任、提升队伍素质、完善制度机制、狠抓工作落实作为突破口，组织完成19个支部换届选举，使所有支部实现了支部书记与行政“一把手”“双肩挑”，为落实“一岗双责”奠定了组织基础。组织80余名机关党务干部进行业务培训，选派16名党员参加省委党校省直分校学习，提高做好党务工作能力。制定出台谈心谈话、主题党日活动、党内监督等5项制度，党建工作制度化水平进一步提升。指导机关党组，分两批对4个事业单位和机关各支部党建工作进行专项检查，狠抓查出问题整改，确保基层党建各项要求落到实处。

三是深化精神文明创建。两次召开精神文明建设委员会会议，总结部署机关文明创建工作。按照“把握重点、突出特点、守住底线”和“扬正气、鼓士气、聚人气”的工作思路，以推进“六型机关”建设为抓手，重点开展了理想信念教育、思想道德建设、弘扬先进文化、机关工作效能、制度建设、安全稳定等九项创建工作。机关工会组织人员参加省直机关菜单式体育比赛荣获金奖，连续两年举办职工运动会，持续开展“送温暖、献爱心”活动，累计发放帮扶款13.4万元。机关团委组织志愿者助学服务活动，开办青年书法学习班、与大众书画院联合举办书法笔会，有影响，效果好。机关妇委会组织参加省直机关广播操比赛、秧歌比赛、健身活动，赴左权纪念馆开展实地教育，组织开学季教子讲座，组织女职工健康体检和机关职工公益文化赠书活动，机关连续5年评为省级文明单位，机关干部职工精神面貌更加昂扬向上。

四是巩固作风建设成果。深入开展“文山会海”问题、“三公”经费管理不严、收送礼金红包等5个方面专项整治，认真抓好节假日落实中央八项规定和省委有关要求的监督检查，持续保持反对“四风”高压态势。开展工作秩序涣散、纪律松散、效率低下集中整治，加大各类会议议定事项督查督办力度，机关认真负责、精益求精的工作导向进一步确立。推动机关依法公开办事，制定出台常委会立法公开、论证、评估、听证4个工作规范和加强宪法法律法规宣传、新闻宣传工作联系、新闻发布3项制度规定；山西人大网加载发布常委会依法履职情况全面充分，办公厅编发《情况通报》81期，反映重点工作及时深入，《山西人大》杂志扩版、增容、提质，办刊质量明显提升，《人民代表报》可读性不断增强，人大工作透明度进一步提高。

五、转变观念、强化职能，严格落实“两个责任”

坚持从严治党、落实党风廉政建设“两个责任”，是中央、省委在新形势下作出的重大战略部署，常委会党组始终把层层传导压力，强化责任落实作为是党建重要政治任务。

一是加强组织领导。组织召开机关党风廉政建设大会，对落实“两个责任”、履行“一岗双责”作出部署，明确机关党风廉政建设和反腐败工作重点，坚决把省委关于党风廉政建设和反腐败斗争的各项决策部署落到实处。制定出台《中共山西省人大常委会党组党风廉政建设主体责任清单》《中共山西省人大常委会机关纪律检查委员会党风廉政建设纪委监督责任清单》，积极配合省纪委派驻纪检组工作，主动接受监督，为机关落实“两个责任”提供了组织保障和制度保障。

二是抓好教育落实。认真学习廉洁自律准则和纪律处分条例，举办专题讲座，开展知识问答，要求党员干部深刻领会实质，认真落实要求，自觉对照检查、整改提高，进一步筑牢严守政治纪律和政治规矩、严格依规依矩办事的思想防线。组织党员干部观看《作风建设永远在路上》《警钟长鸣》《焦裕禄》《申纪兰》《鉴史问廉》《苏联亡党亡国20年祭》等6部正反面教材，教育引导机关党员干部进一步提高认识、防微杜渐，切实增强防腐拒变能力，坚决把党的纪律和规矩挺在前面。

三是注重预防在前。坚决贯彻中纪委《关于纪检监察机关严格依纪依法办案的意见》，落实监督执纪“四种形态”，通过谈心、约谈、提醒等方式，抓早抓小，预防各种苗头性问题。加强对权力运行的制约和监督，干部任用、招标采购、重大事项、事业单位建设等方面机关纪委全程参与；开展事业单位离任审计，从源头上规范领导干部决策用权。

2015年，常委会党组虽然取得了许多成绩，但与全面推进法治山西建设的需要、与人大代表和人民群众的期待还有不小差距。如人大在立法中的主导作用还需加强，监督工作的深度和实效有待拓展和提高。常委会党组将高度重视并认真解决这些问题和不足，切实加强和改进常委会工作，为实现“十三五”时期全省经济社会发展良好开局，夺取全面建成小康社会决胜阶段的伟大胜利，营造良好法治环境。

（李吉云）

附：省人大常委会党组书记、副书记、成员名单

书　记：王儒林

副书记：李政文　牛仁亮

成　员：安焕晓　张茂才　田喜荣　李仁和

省人民政府党组工作概况

党组书记　李小鹏

2015年，在党中央、国务院和中共山西省委的正确领导下，省政府党组认真贯彻落实党的十八大、十八届三中、四中、五中全会精神和习近平总书记系列重要讲话精神，按照“四个全面”战略布局，扎实推进党的建设，努力做好政府各项工作，都取得了新的成绩。

一、党建工作情况

2015年，省政府党组围绕建设法治政府、创新政府、廉洁政府和服务型政府,认真落实党建工作责任制和党风廉政建设责任制，扎实推进自身建设，推动经济社会发展的能力进一步提升。

一是加大理论学习力度。坚持用党的最新理论武装头脑，党组成员都能够自觉学习中国特色社会主义理论体系，学习中央的大政方针、决策部署和国家法律法规，学习党的十八大、十八届三中、四中、五中全会精神和习近平总书记系列重要讲话精神，学习经济、政治、文化、社会等各方面知识。坚持理论联系实际，学以致用、用以促学，进一步提高了运用科学理论解决实际问题的能力。

二是深入推进简政放权。推进行政审批制度改革，在落实、承接国务院取消和调整216项行政审批等事项的同时，自行取消、下放和调整了311项行政审批等事项，其中，省级涉煤审批事项精简25项，审批环节和企业负担减少三分之一，审批时间缩短一半以上。“非行政许可审批”这一审批类别不再保留。投资项目省级核准类减少超过50%。职业资格许可和认定事项取消268项。深化商事制度改革，启动实施“三证合一、一照一码”，全省新登记注册市场主体29.3万个、同比增长41.9%。与此同时，全面清理行政审批中介服务事项，加强服务监管。这些措施极大地激发了市场活力和经济发展内生动力。

三是强化权力监督制约。出台健全重大行政决策机制的意见，不断完善重大事项公众参与、专家咨询论证和政府集体决策相结合的制度，促进科学民主决策。全面推行政府工作部门权力清单、责任清单制度，省级共清理减少行政职权事项5343项，保留行政职权事项3090项。健全管审分离、管采分离、管办分离、管监分离制度，对财政专项资金实行评审、决策、绩效评估分离。改进财政专项资金分配方式，所有专项资金都建立了配套管理办法。编制省市两级政府部门行政职权运行流程图和廉政风险防控图并上网公开。严格规范行政执法，强化行政执法监督，加强行政监察和审计监督，进一步提高了政府的公信力和执行力。

四是着力改进工作作风。认真落实中央八项规定精神，坚决反对“四风”，着力解决人民群众反映强烈的突出问题。“三严三实”专题教育扎实推进，学习讨论落实活动有序开展。严格控制“三公”经费，基本完成省级党政机关公务用车制度改革。增强服务意识，实行省市县三级联动、分层分类服务的精准帮扶企业机制，省领导带头深入一线协调解决实际困难和问题。倡导“马上就办、真抓实干”，推动工作尽快落实。围绕省委省政府重大决策部署，加大督促考核力度，强化问责追责，因安全生产事故问责处理236人。组织开展庸政懒政怠政和不作为问题专项治理，问责处理1237人。

五是始终保持反腐败高压态势。按照习近平总书记重要讲话精神和中央关于反腐倡廉的要求，从严落实党风廉政建设责任制和党组主体责任，坚持“一岗双责、守土有责”，层层传导压力，细化分解任务，把讲规矩守纪律摆在更加重要的位置，始终保持对党的忠诚，坚决维护党中央权威。坚持对腐败“零容忍”，有腐必反，有案必查，2015年共结案20430件，处分22276人，移送司法机关767人。扎实开展煤焦、国土、交通等重点领域和教育、医疗、环保、涉农等民生领域专项整治，着力解决老百姓身边的不正之风和腐败问题，一批群众反映强烈的突出问题得到解决。

二、经济工作情况

2015年,省政府党组认真贯彻落实党中央、国务院各项决策部署，适应引领经济发展新常态，坚持稳中求进工作总基调，深化改革，创新驱动，加快转型，改善民生，经济社会发展在克服困难中奋力前行。

一是牢牢把握经济工作的主动权，千方百计促进经济平稳运行。始终把投资和项目建设抓在手里，夙夜不懈，连续奋战，推动投资实现较快增长，为稳增长调结构发挥了关键作用；最大限度为企业减负，精准施策帮扶企业，工业增加值降幅逐步收窄，经济增速逐季加快。经济运行中积极因素明显增多，“稳”的基础得到巩固。制定实施发展商贸流通扩大消费的若干意见和促进消费增长的28条措施，深入开展“山西品牌中华行、丝路行、网上行”、“美丽山西休闲游”等专题促消费活动，加快完善城乡流通体系，营造良好消费环境，城乡消费稳步扩大。2015年，全省地区生产总值一季度、上半年、前三季度分别增长2.5%、2.7%、2.8%，全年增长3.1%；固定资产投资一季度、上半年、前三季度分别增长8.3%、12.8%、13.5%，全年增长14.8%，超过全国平均水平4.8个百分点；社会消费品零售总额增长5.5%；城镇、农村居民人均可支配收入均增长7.3%；全省城镇新增就业51.48万人，城镇登记失业率3.51%；居民消费价格上涨0.6%；各项约束性指标全面完成。

二是加大改革、创新、开放工作力度，发展动力和活力进一步激发，发展空间进一步拓展。坚持全面深化改革，扎实推进国家下达各项改革任务，转型综改三年实施方案和2015年行动计划任务顺利完成。出台深化煤炭管理体制改革的意见，扎实推进煤炭行政审批和证照管理体制改革，审批事项精简三分之一，审批时间缩短一半以上，启动煤炭资源市场化配置改革，出台《煤炭资源矿业权出让转让管理办法》，突出了公开透明、尊重民意、总量控制、限制超额利润、实行负面清单和黑名单制等“十大亮点”。率先推行国有企业财务等重大信息公开，打造“阳光国企”迈出实质性步伐。稳步推进省属国有企业负责人薪酬制度改革。行政审批、财税、金融、工商登记、医药卫生、高速公路、国有林场、供销社、生态文明建设、公共资源交易等方面改革取得成效。启动科技计划管理体制改革，与国家自然科学基金委共同出资成立“煤基低碳联合基金”，与中科院、中国科协等签订合作协议，与清华大学共建煤炭清洁高效利用研究院。推进煤基科技专项攻关，80个项目中已有晋煤集团L型井等28个项目取得关键性技术突破。山西科技创新城建设步伐加快，中科院、清华大学等35个研发机构入驻，首批21个项目进入全面建设阶段。加大招商引资和对外交流合作力度，与美国爱达荷州和怀俄明州签署了深化省州经贸文化交流务实合作协议，2015年“央企山西行”活动成果丰硕，成功举办能博会2015低碳发展高峰论坛、第二十五届全国图书交易博览会、中国体育文化·体育旅游博览会、文博会、农博会等。全年共签约招商引资项目2400个，实际到位资金6300亿元。出口结构进一步优化，贸易便利化水平进一步提高。

三是切实保障和改善民生，人民生活水平和质量有了新提高。越是经济困难越重视保障和改善民生，民生支出达到2900亿元，同比增长12.3%，占总支出的84.2%。高度重视“三农”工作，大力开展扶贫攻坚。充分发挥财政保障和政策扶持作用，扎实做好教育、卫生、住房、社保等民生工作，扩大就业，增加收入，稳定物价，着力推动城乡人居环境改善，办好为民“五件实事”，人民群众有了更多获得感。

四是狠抓节能减排和环境保护，生态文明建设取得新成效。加大节能减排工作力度，实施燃煤发电机组超低排放改造提速工程，改造容量1440万千瓦，到2017年全省单机30万千瓦及以上燃煤机组将全部完成超低排放改造。完成营造林421万亩，实施汾河流域生态修复工程。省城环境综合治理成效显著，市区空气质量优良天数230天，较上年增加33天，优良率63.01%，提高9个百分点；PM2.5平均浓度比去年同期下降13.89%；空气质量位于74个重点城市的倒数第13位。“十二五”节能减排约束性目标如期完成。

五是坚持不懈抓好安全生产，各行业各领域安全生产水平进一步提高。认真贯彻落实党中央、国务院关于加强安全生产的各项决策部署，坚持把安全生产摆在首位，着力完善落实安全生产责任体系，强化安全监管，深入开展安全生产大检查、打非治违专项行动、危化品和易燃易爆物品安全专项整治，各行业各领域安全生产水平进一步提高，全省安全生产形势总体稳定、持续明显好转并向稳定好转坚实迈进。各类事故起数、死亡人数同比分别下降3.9%、4.67%。

六是扎实推进政府自身建设，正在形成弊革风清、干事创业新局面。按照全面从严治党、全面依法行政的要求，加强学习、建章立制、转变作风、优化服务、狠抓落实，政府建设取得了新的成效。全面加强政府自身建设三年规划（2015—2017）及2015年行动计划顺利实施。“十三五”规划编制顺利推进。加强行政机关权力内控机制建设，各级行政机关“一把手”不再直接分管行政审批、财务、干部人事、工程建设、物资采购等工作。贯通全省各级各部门的政务服务网建设积极推进，省级统一的综合性政务服务平台和统一规范的省级公共资源交易平台基本建成。政府绩效第三方评估有序开展，全省政风行风明显改善。

（柏亚华）

附：省人民政府党组书记、成员名单

书　记：李小鹏

成　员：高建民　付建华　张建欣（女）　郭迎光　王一新　张复明　刘　杰　廉毅敏

省政协党组工作概况

党组书记　薛延忠

2015年是山西省净化政治生态、推进改革发展、着力攻坚克难的重要一年。2015年，在省委的正确领导下，省政协党组认真学习贯彻党的十八大、十八届三中、四中、五中全会和习近平总书记系列重要讲话精神，深入贯彻落实省委"五句话"总体要求和省委十届六次、七次全会精神及各项部署，紧紧围绕全省工作大局，团结引领政协各参加单位和广大委员，认真履行政治协商、民主监督、参政议政职能，积极咨政建言，广泛汇聚力量，各项工作取得了新的进步。

一、坚持理论武装，着力巩固团结奋斗的共同思想政治基础

省政协党组把思想政治建设摆在工作的首位，坚持用中国特色社会主义理论引领事业发展，用社会主义核心价值观凝聚奋进力量，用中央大政方针和省委决策部署统一思想行动。

深入学习贯彻习近平总书记系列重要讲话精神，把学习贯彻讲话与学习贯彻中共十八大和十八届三中、四中、五中全会精神相结合，与学习贯彻中共中央关于做好新时期政协统战工作的部署要求相结合，通过中心组学习、常委会专题讲座、委员集中培训、"政协学堂"互动交流等多种形式，教育引导委员掌握核心要义、做到融会贯通，进一步把思想行动统一到习近平总书记讲话精神和中央部署要求上来。深入学习贯彻中共山西省委十届六次、七次全会精神和王儒林书记重要讲话，积极发挥统一战线组织和协商民主重要渠道作用，教育引导广大委员充分认识我省反腐肃贪、革弊立新的重大意义，坚定应对经济下行压力、促进经济平稳发展的奋进信心，广泛凝聚反腐共识、法治共识、改革发展共识和价值观共识。2015年，组织党组中心组集体学习19次，培训委员、市县政协负责同志1300余人次。通过加强理论武装，广大委员进一步深化了对"四个全面"战略布局重大意义、丰富内涵、内在联系和实践要求的理解认识，坚定了中国特色社会主义道路自信、理论自信、制度自信；深化了对新时期人民政协性质定位、工作原则、职能使命的理解认识，增强了在中国共产党领导下做好人民政协工作、发展人民政协事业的政治自觉；深化了对省委"五句话"总体要求的理解认识，增强了致力"六权治本""六大发展"，共创弊革风清、富民强省新局面的使命担当。

二、坚持服务大局，着力助推"六权治本""六大发展"

省政协党组认真贯彻落实王儒林书记关于人民政协要在净化政治生态、推动改革发展中"积极作为"的指示要求，紧紧围绕省委、省政府工作部署，选择大局所系、各界关注的重点问题，发挥各民主党派、工商联，政协各专门委员会和各界别广大委员的优势，深入调查研究，积极献计出力。

坚持第一要务，促进经济平稳健康发展。紧扣做好煤与非煤两篇文章，组织委员就推进煤炭产业"六型"转变、加快发展煤层气产业，做大做强环保装备制造业、扶持中小企业发展新兴产业，培育壮大现代服务业等深入调研，积极向职能部门提出工作建议。针对实体经济运行中的特殊困难和突出问题，组织委员深入生产企业听取意见建议，主动向有关职能部门反映基层关于减轻企业负担、给予金融支持、落实相关政策、优化发展环境的呼声和诉求，为有关方面了解情况、解决问题提供了参考。围绕科学制定我省"十三五"规划，组织专题议政会议，积极为我省全面协调可持续发展献智建言。同时，广大委员坚持双岗奉献，以进取作为的精神，努力做好本职岗位工作，积极为推进"六大发展"贡献力量；特别是身处经济建设第一线的委员，面对经济下行的巨大压力，迎难而上，努力工作，为推动全省经济趋稳向好发挥了积极作用。

聚焦转型综改，助推改革开放。着眼破解制约我省资源

型经济转型的体制机制障碍，组织委员围绕转型综改、"三个突破"等重点，就深化国企改革、激发民营经济活力、推进众创空间建设、实施创新驱动战略、加强武宿综合保税区建设等问题开展专题调研、提出工作建议。针对我省开放不足、开放不够的问题，组织委员开展调查研究，形成了进一步重视和促进全省对外开放的专题建议；组织港澳委员积极参与"山西品牌中华行"、"山西——活力澳门推广周"等活动，并发挥其独特优势和作用，引导港澳企业界人士来晋参访考察、投资兴业，为推动全省对外开放贡献力量。

关切环境创优，助力政治生态净化。组织委员深入"六权治本"试点单位开展调研，召开健全依法决策机制专题议政会，就完善第三方评估机制、规范公共资源交易、推进"六权治本"向乡村延伸、加快重大决策专家论证制度化、加强重大决策合法性审查等重点问题提出建议。围绕反腐肃贪、公正司法等重点开展视察监督，组织委员参与年度考核、工作评议等活动，为净化政治生态、实现弊革风清发挥了积极作用。

2015年，省政协党组围绕助推"六权治本""六大发展"，组织各工作机构、相关界别和委员分赴全省11市49县(市、区)的300多个企业、乡村、社区、学校等开展了调研活动，形成报告或建议180余件，形成提案1066件。在省委、省政府和职能部门的高度重视下，一些已转化为党政推进工作的实际举措。

三、坚持为民宗旨，着力促进民生改善、社会和谐

省政协党组发挥人民政协团结各界、联系群众的桥梁纽带作用，全力协助党和政府做好新形势下的群众工作，积极为惠民生、保稳定、促和谐贡献力量。

倾心为民生。围绕城中村改造这一民生关切，组织委员实地了解推进情况，就进一步做好拆迁补偿、土地开发、农民就业、社会保障、设施标准化建设和社区管理工作提出建议，助力这项重大民生工程的加快实施；针对人口老龄化加速的实际，组织委员就加快我省养老服务业发展深入调研，召开专题议政会议，提出了推进医养融合、发展公办养老机构、支持社会力量兴办养老服务设施、完善养老服务业政策保障体系等积极建议，为推进这一朝阳产业发展贡献力量；紧扣农村劳动力转移、高校毕业生就业难等民生实际，就加强职业技能培训、优化现代职业教育体系等问题跟踪调研、提出建议；立足贫困地区群众所需，深化政协"四送一帮扶"活动，组织相关界别和委员送医药、送科技、送文化、送法律下基层，港澳委员捐资帮困助学600余万元，活动惠及群众1万余人。同时，主席班子成员深入扶贫联系点，走访困难群众，研究制定帮困措施，协调解决实际问题，政协定点扶贫工作取得新的成效。

倾情汇民意。认真做好社情民意信息工作，引导委员深入体察民情、掌握民意，及时反映各界群众的所思所求、所忧所愿；加强集中辅导和调研指导，培训基层政协委员、信息工作人员2000余人，不断提升信息工作的层次和质量；精心做好社情民意信息汇总、分析、报送和跟踪反馈工作，积极促进民生问题解决。2015年，收集社情民意信息7100余条、编印上报231篇，其中34篇得到俞正声、张高丽、马凯、赵乐际等中央领导同志和省领导的高度重视，作出重要批示。我省政协社情民意信息工作继续走在全国前列。

倾力促民和。深入宣传党的民族宗教政策，主动与民族宗教界代表人士交朋友，就少数民族聚居村发展和宗教事务条例贯彻情况开展专题调研，促进民族和睦相处、和谐发展，积极引导宗教与社会主义社会相适应；进一步加强与新经济组织、新社会组织等阶层代表人士的沟通联系，做好政策宣传、释疑解惑、凝聚共识的工作，积极促进社会各阶层关系和谐；挖掘和弘扬我省丰富的红色文化、廉政文化、法治文化资源，征集出版相关文史资料，以三晋悠久的文化传统和深厚的革命传统激扬正气、凝聚民心。

四、坚持民主协商，着力发挥政协协商民主重要作用

省政协党组认真贯彻中共中央和省委关于加强社会主义协商民主建设和人民政协协商民主建设的部署要求，充分发挥政协协商民主重要渠道和专门协商机构作用，积极开展政协协商工作。

精心组织协商活动。坚持协商为民、服务大局的主旨，广泛听取意见，科学制定协商计划，使协商选题与省委、省政府的总体部署相衔接，与人民群众的重大关切相契合。主席会议成员分别领题，统筹党派、界别、专委会和委员力量，加强与职能部门协作，深入开展协商调研，力求全面掌握情况、找准问题症结、做到策论科学。精心组织协商会议，有序开展协商活动，年初确定的专题协商、对口协商、界别协商、提案办理协商工作任务全部完成。

积极创新协商方式。在协商活动中，除邀请委员代表、党政有关负责同志外，还邀请农村、社区、企业、学校等基层群众代表和相关方面参与协商，让参加协商的党政领导既能听到委员的意见建议，又能直接了解基层群众的呼声和诉求，在近距离交流、面对面协商中增进了理解和共识，促进了问题解决，凝聚了推进工作的合力。加强与省人大、省政府法制部门沟通协作，积极探索委员参与地方性立法和政府规章制定工作机制，委员参与立法协商取得新的进展。

着力促进协商成果转化。协商会议形成的关于科学制定"十三五"规划、加快我省养老服务业发展、扶持中小企业发展新兴产业、健全依法决策机制、加强大学生思想政治教育、建立农民种养业风险保障机制等重点建议，受到王儒林书记、李小鹏省长、楼阳生副书记和分管领导的高度重视，批示相关部门研究采纳。立案办理的957件提案，采纳率达到94.67%，其中年初确定的10个方面的重点提案得到职能部门的着实办结和积极回应。

五、坚持从严从实，着力加强党的建设

省政协党组认真贯彻中央和省委关于全面从严治党、落

实"两个责任"的部署要求，牢牢抓住主体责任这个"牛鼻子"，强化党组主体责任、党组书记第一责任、党组成员"一岗双责"，切实担负起党风廉政建设和意识形态工作主体责任，根据加强机关党的建设的需要，机关党组和纪检组相继设立，基层党组织设置得到了调整优化，机关党的工作体系进一步健全。机关思想政治、履职能力、纪律作风、反腐倡廉和制度机制建设各方面取得明显成效。

思想政治建设成效明显。按照薛延忠主席"深刻领会本真内涵，认真践行'三严三实'"的指示要求，把强化理论武装作为工作之首务，持续抓、用力抓、深入抓，取得了明显成效。一是制定计划抓学习。根据党组开展"三严三实"专题教育和机关建设的整体安排，突出"学讲话、学作风"这个核心，精心制定年度学习计划，逐一落实重点学习任务，推动机关学习有序开展、逐步深入。二是突出重点抓学习。以深入学习贯彻习近平总书记系列重要讲话精神为主线，组织干部职工认真学习十八大和十八届三中、四中、五中全会精神，学习"统一战线工作条例"、"加强人民政协协商民主建设的实施意见"和俞正声主席重要讲话，学习省委有关决策部署、王儒林书记和薛延忠主席讲话精神，领会本真内涵，掌握核心要义，力求融会贯通、入脑入心。三是多种形式抓学习。坚持机关处室主要负责同志和厅以上干部列席党组中心组学习会、全体干部参加常委会专题学习，积极选派16名厅处级干部外出培训，充分利用政协学堂这个平台开展自我学习、自我教育，并通过专题讲座、集体研讨、交流发言等多种方式推进机关学习。四是联系实际抓学习。坚持把搞好理论武装与加强党性修养、提升能力素质、改进工作作风结合起来，教育引导机关党员干部学而思、思而信、信而行，在学习中坚定理想信念、把握正确方向、增强政治定力，在学习中增强大局意识、责任意识、服务意识，为机关干部深入贯彻落实党组决策部署、提高"三服务"水平奠定了良好思想基础。

党风廉政建设不断加强。始终坚持"标本兼治、综合治理、惩防并举、注重预防"的工作方针，把党风廉政建设纳入机关整体工作布局，同部署、同检查、同落实、同考核。狠抓"两个责任"的落实。严格执行省政协机关《2013—2017年惩治和预防腐败体系实施方案》，制定并实施了2015年度《党风廉政建设责任制》。全面落实党风廉政建设主体责任和监督责任，进一步明确了党风廉政责任和分工，明确了党组书记、党组成员、秘书长班子、机关党委、机关纪委、各党支部负责人的相关职责，真正扛起"两个责任"。狠抓警示教育。深入开展了廉洁自律准则和纪律处分条例、先进人物事迹、典型案例警示教育和学习，组织观看了反腐倡廉教育警示片《警钟长鸣》，组织机关处级以上干部阅读了《党的十八大以来省纪委查处的严重违纪违法领导干部忏悔录》，引导机关党员干部知敬畏、明底线、守纪律，进一步夯实拒腐防变的思想根基。狠抓廉政监督。认真落实了述职述廉、民主评议、诫勉谈话、经济责任审计等党内监督制度。推进党务公开，对发展党员、党费使用、评先选优等情况进行了公布公示。强化了"三重一大"事项监督，对南楼改造装修工程、宿舍楼节能改造工程、机关人事招聘和遴选工作、办公设备采购、公车改革等重点工程和重要事项全程监督。

作风建设持续深化。坚持狠抓作风建设的主题不变、镜头不换、力度不减，持续不懈推进反"四风"、改作风，形成作风建设新常态。一是扎实推进专题教育。在抓好教育实践活动和"学习讨论落实"活动整改落实的基础上，深入开展了"三严三实"专题教育，始终按照薛延忠主席讲党课时提出的要求，把"三严三实"作为机关党员领导干部的修身之本、为政之道、成事之要，坚定立场、坚守干净、坚持奉献，自觉主动按照"三严三实"要求加强党性修养、着力改进作风。二是持续用力整改落实。针对机关不同程度地存在的"松、浮、庸、怠"问题，列出自身"不严不实"问题清单和整改清单，严格请销假制度，严格重大问题、重要事项请示报告制度，严格个人有关事项报告制度。针对机关履职服务和管理等方面存在的问题，积极开展了"文山会海"、"三公"经费专项整治。针对群众反映的一些具体问题，如机关办公条件和干部职工有关住房、老干部活动场所改善等问题，立说立行，妥善进行了解决。三是建立完善长效机制。为更好适应机关党建工作需要，提高机关党组和秘书长班子的决策议事水平，研究制定了"机关党组工作规则"，制定出台了"秘书长会议议事规则"；为进一步规范履职活动、提升履职效能，制定下发了"调研视察组织协调工作的办法"；按照省委和党组要求，与现有请销假制度相互衔接配套，制定了"厅级干部外出报备制度"。

干部队伍建设深入推进。按照新时期好干部标准，认真落实省委"三个一批"和"六查"要求，全面落实干部选任管理各项制度规定，始终把"严"的精神、"实"的作风贯穿于干部队伍建设全过程。一是干部配备选优选强。坚持"德才兼备、以德为先、以廉为基"用人导向，真正把品质优秀、能力出众的好干部选出来，把勤于工作、敢于担当的好干部用起来。2015年，协助省委共调整厅级干部9名，处级干部20名（提拔正处实职3名），科级干部3名。二是新鲜血液基层遴选。为避免从大学生中直接公选公务员和事业人员进入机关后出现的学历高能力低、有理论没实践的弊端，秉持公开、公平、公正原则，圆满完成了从基层选调10名公务员、3名事业人员的工作，进一步优化了干部队伍整体结构。薛延忠主席为此倾注了大量心血，亲自审定选调方案、听取情况汇报并作任前培训讲话，保证了这项工作的圆满成功。三是监督管理从严从实。严格落实了提醒谈话、函询诫勉和领导干部重大问题、重要事项向上级党组织请示报告等制度，加大了对处级领导干部个人有关事项报告随机和重点抽查核实力度。同时，按照提升"四种能力"的要求，着力提高干部队伍整体素质和办文、办会、办事水平，机关服务中心、服务委员、服务基层的能力有了新的增强。

基层党组织建设扎实推进。坚持以党支部和党员队伍建设为重点，以制度建设为基础，全面加强基层组织和党员队伍建设，圆满完成了机关党委、纪委和工会换届工作。加强支部建设。为适应形势和任务的要求，对机关党支部设置进行了较大调整，将原有的7个支部调整为25个支部（总支），党组成员全部编入支部，使党支部构架与机关内设机构原则上实现“一一对应”，实现了党支部与工作部门设置的“二合一”，形成了“支部建在连上”、履行“一岗双责”的格局。严肃党内生活。建立了机关党委书记、机关各党支部书记抓基层党建工作述职评议制度。认真落实“三会一课”和“双重民主生活会”制度，秘书长班子召开以“严格党内生活、严守党的纪律、深化作风建设”为主题的民主生活会，班子成员以普通党员身份参加支部生活，主动接受党组织和群众监督。各党支部也结合自身实际分别召开组织生活会，进一步纯洁了思想、锤炼了党性、增进了团结。强化党员管理。开展了学习《党章》和对党忠诚主题教育，使党员干部带头遵守党章规定，始终做到政治上讲忠诚、组织上讲服从、行动上讲纪律。健全了党内激励、关怀、帮扶机制，帮助生活困难党员解决实际问题。加强了对党员干部“八小时”以外的监督。

机关精神文明建设逐步引深。积极推进学习型、廉洁型、服务型、创新型、法治型、效能型“六型机关”建设，不断引深精神文明创建，在连续8年荣获“省直文明单位标兵”基础上，努力创建省级精神文明单位。

（邢艳军）

附：省政协党组书记、副书记、成员名单

书　记：薛延忠

副书记：李雁红

成　员：朱先奇　李悦娥　阎根生

2015年1月27日，政协第十一届山西省委员会第三次会议在太原隆重开幕。

省纪委工作概况

省纪委书记　黄晓薇

工作概况见“党风廉政建设和反腐败斗争”栏目中2015年纪委工作综述，见本书第198页。

附：省纪律检查委员会书记、副书记、常委名单

省委常委、省纪委书记：黄晓薇（女）

副书记：迟耀云（常务副书记）　冯改朵（女）　贾毓杰（12月离职）　辛旭光（12月离职）　郝　权（12月任职）

常　委：荀志坚（3月离职）　孟　萧　李吉山　孙兴武　何　青（8月任职）

省高级人民法院党组工作概况

党组书记　左世忠

山西省高级人民法院现有党员639名，1个党总支，40个党支部。2015年，在省委的坚强领导下，省高院深入学习贯彻党的十八大和十八届三中、四中、五中全会精神和习近平总书记系列重要讲话精神，按照省委省政府工作总体部署，紧密结合法院工作实际，以社会主义核心价值体系学习为主线，以“三严三实”教育活动为抓手，以增强司法能力建设为核心，全面加强法院队伍的思想政治建设、作风纪律建设、司法能力建设和党风廉政建设，有力推动了省法院以审判工作为中心的各项工作的健康发展。

一、加强理论学习，夯实思想理论基础

工作实践中，省高院以理论学习、改造思想为先导，坚持不懈地自觉抓好思想理论武装：一是认真学习贯彻党的十八大、十八届三中、四中、五中全会精神和习近平总书记系列讲话精神，深刻理解全面推进改革和依法治国方略的目标任务和重大意义。增强使命感和责任感，先后组织专题报告会3场，中心组专题学习16次，学习心得交流2次，使广大干警始终保持政治上的坚定、思想上的清醒、方向上的正确、行动上的自觉；二是加强对廉政纪律和各种管理制度的学习。提高纪律意识和廉洁意识，做到全面熟悉规章制度，自觉遵守规章制度，警钟常鸣，行为得体，做遵章守纪的模范；三是认真学习社会主义核心价值体系等政治理论。做到有学习必须有笔记、有学习心得，截止12月底，各党支部共提交学习心得389份；四是坚持开展“每月一看”活动。每月在院局域网上指定一部专题教育片，由各党支部组织观看后每个党员干警写出观后感；五是全面落实各项学习制度。在落实中心组学习制度，周二、五下午集体学习制度，学习计划制度、读书笔记制度、个人自学制度、学习交流制度等基础上，进一步完善了学习考核制度、重点培训制度，用严格、健全、落实的制度促进学习质量的提高。做到学习有计划、人人有笔记、重点内容有心得。把学习的“软指标”变成“硬任务”。六是坚持领导干部带头学习。以领导干部的模范行动，带动全体党员干警形成注重学习的良好风气，真正做到学以立德、学以增智、学以致用，努力建设学习型机关、学习型部门、学习型党组织、学习型领导班子。2015年，机关党委收到中层以上领导干部撰写的心得体会和理论文章128篇，机关党委正在对所有文章进行筛选梳理，将陆续汇编成册，供机关干警交流。七是认真搞好学习保障。机关党委为各党支部和全体干警购买下发了《习近平谈治国理政》《习近平总书记系列重要讲话读本》《政法干警核心价值观教育读本》《“三严三实”党员干部读本》《习近平关于党风廉政建设和反腐败斗争论述摘编》等学习资料12种2000余册，专门定制了学习笔记本，按照集体组织和个人自学分类做出详细的学习计划，并通过举办讲座、专题辅导等增强学习效果。

二、开展专题教育，提高干部整体素养

根据党中央在县处级以上领导干部中开展“三严三实”专题教育决定和省委专题教育实施方案要求，结合省高院工作实际，制定了“三严三实”教育活动实施方案，一是着眼严肃党内政治生活，院党组书记带头讲“三严三实”专题党课。联系我省发生严重腐败问题的主要原因，联系全省法院政治生态实际，联系党员、干警思想、工作、生活和作风实际，讲清楚“三严三实”教育的重大意义和丰富内涵，讲清楚“不严不实”的具体表现和严重危害，讲清楚落实“三严三实”的实践要求，并发挥带头学促学作用。二是党组中心组和各党支部开展“三严三实”专题学习研讨。进一步引深“学讲话、转作风”，深入学习习近平总书记系列重要讲话精神，学习党章和党的纪律规定，重点研读《习近平谈治国理政》《习近平关于党风廉政建设和反腐败斗争论述摘编》等

规定必读文献。在个人自学基础上，重点围绕3个专题开展学习研讨。专题一：严以修身，加强党性修养，坚定理想信念，把牢思想和行动的“总开关”。专题二：严以律己，严守党的政治纪律和政治规矩，自觉做政治上的“明白人”。专题三：严以用权，真抓实干，实实在在谋事创业做人，树立忠诚、干净、担当的新形象。三是列出“两个清单”抓整改落实。院党组班子成员和处级以上领导干部把自身的“不严不实”问题梳理清楚，坚持思想问题和实际问题一起改。四是推进“六权治本”扎紧制度笼子。按照全省“六权治本”推进会的部署要求，针对查找出的“不严不实”问题，修订制度9项，新建2项，充分发挥制度建设在规范权力运行、预防和惩治腐败中的基础性作用，推动对权力运行的制约和监督形成一个完整链条。五是开展专项整治抓攻坚整改。持续用力推进教育实践活动和学习讨论落实活动重点整治任务的落实。六是召开“三严三实”专题民主生活会和组织生活会。在省委的指导下，召开院党组民主生活会，对照“三严三实”认真进行了剖析，并针对不严不实的具体表现明确了努力方向和改进措施。七是开展专项整治活动。省高院在党组民主生活会深入剖析梳理的基础上，专门制定了党组“三严三实”专题教育整改实施方案，对9个方面25项“不严不实”的具体整改目标任务，明确了整改落实的时间、内容和责任部门。省高院还对12个中院、部分基层法院和法庭进行明察暗访，使专项整治取得成效。在全省法院广泛开展了向邹碧华同志学习活动，涌现出了一大批先进单位和个人，先后有128个集体和49名个人受到省级以上表彰。省高院完成5名厅级干部的推荐选拔工作，对7个中院的主要负责人进行了调整充实，一大批德才兼备、作风优良、业绩突出、群众认可度高的同志走上了新的工作岗位，全省法院干部队伍结构进一步优化。积极推进处级干部的选任培养工作，围绕三大诉讼法等的修改，组织开展了7期8班次3000余人次的专题培训，队伍的整体素质能力得到进一步提升。

三、加强组织建设，增强组织领导能力

支部建在庭、处上是省高院党组织建设的一个鲜明特点，在各项工作中发挥了很好的核心堡垒作用。2015年，省高院结合“三严三实”教育活动和极个别党支部功能作用发挥得不够好，组织生活不规范、不经常，对党员干警的教育不够、管理不严、监督不力等，一是从坚持和完善各项制度入手，突出抓制度落实和学习、培训，通过督促检查强化制度落实，通过学习提高驾驭全局和履行岗位职责的能力，切实发挥领导核心作用。二是认真落实“一岗双责”制度，确保各部门“一把手”既抓审判业务又抓思想建设，加强对党员干警的教育、管理和监督。三是严格落实以民主集中制为重点的组织生活制度，认真开展“三会一课”、党日活动、党员评议等工作，做到有部署、有检查、有落实、有效果，有效增强了党组织的凝聚力、战斗力。四是加强对各党支部和党员干警执行“八项规定”的教育管理和督促检查，进一步改进司法作风，全面落实便民诉讼措施、自觉接受各方监督、切实加强民意沟通、精简控制会议活动、深入开展调查研究、全力恭行真抓实干、切实厉行勤俭节约、严格执行各项规定、全面规范检查评比等，使全院的思想作风、工作作风焕然一新。

四、加强审判指导，服务保障“六大发展”

2015年，省高院围绕省委中心工作任务先后出台了《全省法院适应经济发展新常态服务和保障“六大发展”的实施意见》和《关于服务保障全省民营经济发展的实施意见》，指导全省法院增强司法服务大局的前瞻性、针对性和有效性。围绕省委提出的“着力解决发生在群众身边的腐败问题”部署，及时开展农村基层组织人员职务犯罪研究，调研报告引起最高院的高度重视，受到省委王儒林书记的批示肯定，调研成果在全省“六权治本”试点乡镇借鉴运用。坚决依法打击暴力恐怖、涉枪涉爆、黑恶势力、故意杀人等犯罪，对贪污、贿赂等职务犯罪始终保持高压态势，形成强大震慑。同时，对一般刑事犯罪，特别是初犯、偶犯、未成年犯、老年犯等罪行轻微人员适度从宽，较好地实现了刑罚惩治与教育改造相结合的功能。针对经济下行，企业生产经营出现较大困难的情况，对涉企纠纷慎用强制措施，扶持帮助一批企业渡过了难关。对不适应市场竞争的破产企业，依法适用破产清算、重整、破产改制等程序。

五、搞好试点工作，积极推进司法改革

中央将山西列入第二批司法体制改革试点省市以来，省高院先后做了数据摸底、学习考察、论证研讨、广泛征求意见等大量工作，形成了“1+11”方案体系。成立三个司法改革指导小组，对9个试点法院实行分片包点指导，工作推进顺利，首批入额的214名法官已顺利通过省法官遴选委员会审核。省高院提出的法官职级待遇政策倾斜基层的建议，被中组部、中政委和最高院、最高检四部委联合发的关于法官、检察官职级待遇的规定吸收借鉴。

全省法院提前一年建成司法公开三大平台，省高院建成了信息化诉讼服务中心、执行指挥中心、信息集控中心，加快信息化转型升级推进公开。全省法院共建成科技法庭230个，建成了覆盖全省三级法院的远程提讯和远程视频接访系统，38 个法院建立了远程视频审判系统，共保障最高法院死刑复核类案件远程提讯170余次。全省法院实现了利用数字法院业务应用系统网上办案，截止2015年底网上办案24万余件。省高院建成12368短信平台和手机移动终端APP应用，实现了诉讼服务的移动化、便捷化。2015年，孟建柱书记和周强院长视察山西法院工作时给予了充分肯定。

加强审判管理改革创新。省高院出台了《审判流程节点管理实施办法》和《审判流程节点权限配置规定》，建设了审判质效评估系统和案件质量评查系统，实现了审判中全程跟踪、审判后评估评查的全过程管理。落实涉诉信访改革，

实行诉访分离，完善了初信初访接待、依法纠错和案件终结机制，建成了网上受理信访案件平台。出台了《关于推进发回重审案件“三公开”工作的指导意见》，高、中级法院对发回原审法院重新审理的案件实行公开发回理由、公开发回依据、公开发回方式“三公开”，进一步从源头上减少了涉诉信访案件的发生。这项创新举措引起社会广泛关注，新华社、人民日报、中央电视台等新闻媒体予以报道，最高人民法院以新闻发布会形式予以了推广。

六、规范审判运行，推进党风廉政建设

一是结合党的群众路线教育实践活动、学习讨论落实活动、“三严三实”教育活动的整改落实和长效机制的建立，对院机关以“利剑工程”为重点的制度体系进行了全方位的梳理修改补充完善，修订、新建制度11项，将岗位权力防控监督制度、审判管理监督制度、行政管理监督制度和各部门的内部运行管理监督制度相互衔接，将权力关进制度的笼子里，切实保证权力在阳光下运行，为用制度管人，按制度办事，依制度追责提供了依据。二是进一步强化监督。围绕加强对审判权、执行权、司法行政管理权的监督制约，强化业务庭室派驻廉政监察员的监督作用，严格审判流程管理，严格电脑随机分案，严格随案跟踪“监督卡”、严格合议制度、案件研究组制度和“人情干扰登记留痕”制度等，加强对司法审判过程的内部监督。做到阳光司法、阳光用权，杜绝暗箱操作，确保法官清正，法院清廉，司法清明。三是进一步加强司法作风建设，提高司法公信力。重点开展了整治“吃拿卡要”、领导干部廉洁自律、纪律作风专项督查等专项治理活动，院机关纪律作风建设得到进一步加强。四是严格落实纪律。高院党组成员分别带队深入中基层法院对主体责任落实和党风廉政建设进行督导检查，对“两个责任”落实不到位的法院进行严肃追责，对出现廉政问题的2名中级法院班子成员进行了诫勉谈话。始终保持高压态势，全省法院查处违法违纪干警64人，其中1人受到刑事追究，63人受到相应党政纪处分。严格落实检查督促，深化落实中央八项规定精神，省高院组织日常督察4次、专项督察2次，对违反审判纪律、工作纪律以及违反“八项规定”精神的21名干警给予了纪律处分和批评教育。

七、落实“八项规定”，营造作风建设常态

工作中，省高院注重引导广大干警自觉遵守中央、省委、院党组的各项规定和廉洁自律要求，自觉遵守各项纪律规定和工作、生活制度，特别是严查请吃、吃请、公车私用、妄议国事、违反政治纪律、工作纪律等行为，认真落实“八项规定”，改进工作作风，并采取个人申报与组织审查相结合的方式，重点进行了“七个严肃整治”：严肃整治收受下级单位、部门和个人现金、有价证券、支付凭证、贵重物品等；严肃整治用公款进行高消费的招待、娱乐和健身活动；严肃整治参加任何商业活动和其他营业性经营活动；严肃整治干警本人和配偶、子女在煤矿和企业入股兼职；严肃整治干预办案人员依法公正裁判；严肃整治参与任何形式的赌博活动和公款旅游；严肃整治利用职务影响为配偶、子女和身边工作人员谋取不正当利益。始终保持整治工作的高压态势，近年来没有发生上述不良现象。

八、开展文化活动，增强党的工作活力

2015年，省高院拓展工作思路，创新工作方法，积极开展内容丰富、形式多样、健康有益的活动，提升法官形象，提高法官素养，丰富法官生活，增强机关党的工作活力。一是组织开展“厉行节约，反对铺张浪费”活动，向全院干警发出了“厉行节约，反对铺张浪费”倡议书，使厉行节约逐渐成为广大干警的自觉行动；二是组织了机关庆祝建党94周年文艺演出和表彰大会，进一步增强的党的工作凝聚力和向心力。三是组织了院机关第九届健步走运动会，有效推动了群众性健身运动的开展；四是为配合和推进司法体制改革，积极开展了法官职业保障论坛。五是积极组队参加了省直机关和全省“山晋友谊杯”乒乓球比赛，六是组织了全院广播操比赛并组队参加了省直广播操比赛取得了优异成绩。七是组织了全健排舞比赛，并组队参加了省直健排舞比赛取得第一名。八是充分发挥工会、青年团、妇工委联系和服务群众的优势，丰富机关文化生活。妇工委组织的迎三八联欢会、青年团组织的动车所法律咨询与实验参观活动等，受到广大干警的一致好评。

（马云跃）

附：省高级人民法院党组书记、副书记、成员名单

书　记：左世忠

副书记：朱　明　刘冀民

成　员：吴秋霞（女）　张　炜　张　勇（8月任职）　袁振民（6月任职）　方剑峰　王　珍（8月离职）

省人民检察院党组工作概况

党组书记　杨　司

2015年，山西省人民检察院党组在省委和最高人民检察院的正确领导下，带领全省检察机关，坚持以习近平总书记系列重要讲话精神为指导，认真贯彻省委十届六次、七次全会精神，着力加强机关党的建设和执法规范化建设，全面履行法律监督职责，各项检察工作取得了新的进步。

一、积极顺应人民群众呼声，保持惩治腐败高压态势不放松

坚决贯彻中央、省委关于反腐败斗争的决策部署，坚持有腐必反，有贪必肃，有案必办，继续保持查办案件的强劲势头，为促进山西省净化政治生态、实现弊革风清发挥了积极作用。共查办各类职务犯罪1444件1989人，其中贪污贿赂犯罪1045件1408人，渎职侵权犯罪399件581人，为国家挽回经济损失9.9亿元。

重点查办大案要案。突出查办数额大、影响大、震动大的腐败案件，共查办大案954件，大案率为66%；重点查办领导机关和重要岗位领导干部的职务犯罪案件，特别是十八大以后仍不收敛不收手、问题线索反映集中、群众反映强烈的案件，共查办县处级以上干部要案198人（含厅级29人），同比上升27.7%。积极配合纪检监察部门办理大要案，选派业务骨干2031人次参与案件调查工作。

严肃查办渎职侵权犯罪案件。加强对国家机关工作人员不作为、乱作为现象的检察监督，坚持贪渎并查，立查玩忽职守犯罪300件，滥用职权犯罪81件，同比上升19%。坚决打击虚报冒领国家补贴，严重损害农民群众利益的违法行为，依法查办农机、粮食等系统渎职犯罪141人，涉案金额1.2亿元。积极参与处置因非法集资引发的群体性上访事件，依法查办背后的渎职犯罪20件28人。

加大打击行贿犯罪力度。开展打击行贿犯罪专项行动，严肃查办行贿次数多、涉案人数多、涉案数额大以及“围猎”干部、行贿手段恶劣、造成严重后果的行贿犯罪，共查办涉嫌行贿罪、单位行贿罪、对单位行贿罪、介绍贿赂罪等行贿类犯罪206人，同比上升32%。

深入推进职务犯罪预防工作。贯彻“六权治本”要求，着力营造不想腐的制度环境。结合办案，提出检察建议803件，制作预防报告1056件，推动有关部门建章立制510项；省检察院制作《权力不可任性》专题片并巡回展播，警示国家工作人员严格依法使用权力；总结推广曲沃县检察院“阳光百姓工程”工作经验，深化“三农”领域职务犯罪预防工作；完善行贿犯罪档案查询制度，拓展服务领域，受理查询191524次；开展各类警示教育4293次，受教育人数达15万人次。

二、充分发挥检察职能，主动服务全省工作大局

自觉把检察工作融入全省工作大局，出台《检察机关服务保障全省“六大发展”实施意见》，全面发挥打击、预防、监督、教育、保护各项检察职能，为全省经济社会健康发展提供了坚强的法治保障。

着力维护社会稳定。积极研判与应对经济发展新常态下的社会治安形势，发挥批捕、起诉职能，突出打击破坏社会秩序、影响人民群众安全感的犯罪活动，共批捕各类刑事犯罪12188 件16035人，提起公诉19508件27048人。贯彻宽严相济刑事司法政策，不批捕4208人，不起诉1680人，利用快速机制办理轻微刑事案件3300余件。加强未成年人犯罪刑事检察工作，通知法律援助机构为未成年犯罪嫌疑人指派律师132人，安排亲情会见350人次。扎实开展“集中解决群众信访诉求问题”专项治理活动，处理举报、控告、申诉信访11028件次，息诉罢访768件。

着力保障经济健康发展。加大打击破坏市场经济秩序犯罪力度，依法批捕金融诈骗、非法集资、侵犯知识产权等犯罪1412人，起诉2421人；完善刑事司法与行政执法衔接机制，监督行政执法机关移送涉嫌犯罪案件118件；加大惩治群体性、行业性腐败工作力度，在重点领域、重点行业集中开展专项治理，查办重点工程建设领域职务犯罪案件240人，同比上升23%；查办国有企业经营、管理中的职务犯罪182件251人。坚持平等保护理念，依法保护各类企业特别是民营企业、小微企业的合法权益。在办案中，及时与主管部门、涉案单位沟通，慎重使用强制性措施，维护企业正常的生产经营秩序。

着力加强民生检察工作。开展查办农民群众身边的职务犯罪专项工作，共立查支农惠农财政补贴、农村基础设施建设等领域的8类职务犯罪344件453人，其中，乡镇站所工作人员57人，农村“两委”人员212人，有力地回应了人民群众对惩治“苍蝇式”腐败的期待。严厉打击危害人民群众生产生活安全的刑事犯罪，开展破坏环境资源犯罪专项立案监督活动，起诉污染环境、盗伐林木等犯罪168件313人；开展危害食品药品安全犯罪专项立案监督活动，起诉制售有毒有害食品、假药劣药等犯罪120件426人。

三、加强和改进诉讼监督，维护司法公平正义

以省人大常委会听取和审议开展诉讼监督工作情况为契机，抓重点，补短板，促提升，不断加大诉讼监督力度，增强诉讼监督实效，努力增强人民群众对司法公正的信心。

加强刑事诉讼监督。积极适应以审判为中心的诉讼制度改革，充分发挥检察机关在审前程序中的把关作用，监督公安机关立案398件，撤案295件，介入命案现场勘查140件，提出侦查取证意见、建议220件次，公安机关采纳206件次。探索在公安机关设立检察官办公室，对侦查活动实施同步动态监督，得到最高检察院的肯定。对认为确有错误的刑事裁判提出抗诉467件，抗诉成功率为82%。依法保障犯罪嫌疑人、被告人的诉讼权利，着力解决律师“阅卷难”、“取证难”、“会见难”问题，纠正有关单位阻碍辩护人行使诉讼权利108件。

加强刑事执行检察工作。为全面加强对刑罚执行、刑事强制措施执行、社区矫正、财产刑执行、强制医疗的法律监督，将全省监所检察机构统一更名为刑事执行检察机构，这一做法走在全国前列，得到最高检察院的肯定。加强对特赦罪犯工作的法律监督，监督特赦罪犯723人，对14人提出监督意见。加强对社区矫正的法律监督，纠正脱管、漏管、虚管217人；加强对减刑、假释、暂予监外执行的监督，对14名罪犯提出不予监外执行意见，对6名罪犯提出不同意减刑意见；依法查办发生在刑事执行中的职务犯罪案件37件41人。

加强民事行政检察工作。加大对生效民事行政判决、裁定和调解书的监督力度，提出抗诉84件，抗诉案件再审改判率为72%；加强对民事行政案件执行活动的监督，发出检察建议1844件；加强对规避法律政策、逃避债务、转移资产等虚假诉讼行为的法律监督，办理此类案件10件，涉案金额3200余万元。加大对弱势群体保护力度，办理支持起诉案件1603件，为农民工追回拖欠工资3300余万元。

四、稳步推进司法体制改革，增强检察工作活力

根据中央和省委的统一部署，在长治市、太原市尖草坪区等1市、8县（市、区），开展司法人员分类管理、司法责任制、司法人员职业保障、省以下检察院人财物统一管理等4项改革。2015年底，首批181名员额内检察官已经产生，试点检察院人员、机构、编制、经费上划省一级统一管理基本完成，试点工作进展顺利。

严格执行中央司改顶层设计。认真贯彻落实中央关于司法体制改革的决策部署，根据《山西省司法体制改革试点方案》，研究制定了《山西检察机关司法体制改革试点实施方案》及20项配套改革方案，并按照形成可复制、可推广经验的要求，坚持严格政策、严格标准、严格条件、严格程序，稳步推进试点工作，确保改革始终在中央确定的框架内进行。

加强对试点单位的工作指导。坚持问题导向，深入试点检察院帮助解决影响和制约改革的困难和问题，不断完善推进措施，确保改革少走弯路；建立省检察院领导干部联系试点单位制度，加强对试点工作面对面指导；加大司改政策宣讲力度，凝聚共识，稳定队伍，引导广大干警参与改革、支持改革。

认真做好首批员额内检察官遴选工作。坚持员额比例不动摇，首批入额检察官不超过中央政法编制的30%，领导干部入额比例不超过领导班子职数的30%，坚持“一把尺子”量到底，领导干部与普通干警在同一平台上竞争，经过笔试、面试、业绩考核、会议推荐、谈话推荐五个环节的选拔，181名政治素质高、纪律作风好、具有独立办案能力的人员进入员额，入额比例为29.1%。

五、强化自身监督，全面推进司法规范化建设

认真落实省委“六权治本”要求，扎实开展规范司法行为专项整治工作，主动接受外部监督，保障检察权依法正确行使。

深入开展规范司法行为专项整治工作。坚持内部自查与开门评查、单位自查与横向互查相结合，共查摆梳理出司法不规范突出问题748个，典型案例550个，并制定问题清单，落实整改责任。紧盯易发、多发问题的重点部门和关键环节，组织开展涉案财物规范化管理集中整治、办案安全检查“回头看”等专项活动，立行立改、即查即纠。加强监督管理制度体系建设，健全完善内部监督和外部监督的长效机

制，全面推行案件管理精细化工作，使制度落实到每一个单位、每一个司法岗位和每一个办案环节。

加强对司法办案活动的监督。组织编写《山西省检察机关“六权治本”工作指南》，印发全省检察机关严格执行。建立案件质量评查常态化工作机制，共评查职务犯罪案件、不捕不诉案件、涉法涉诉信访案件4607件，促进办案质量不断提高。全面实行网上办公办案，依托统一业务应用系统受理流转案件84310件，监管刑事诉讼涉案款5亿余元，对涉案财物违规处置、超期办案、侵害诉讼权利等不规范情形，发现并纠正3772件次。

自觉接受人大监督和政协民主监督。牢固树立“接受人大监督就是接受人民监督，对人大负责就是对人民负责”的理念，坚持把检察工作置于人大监督之下，共向各级人大及其常委会报告工作216次，召开人大代表座谈会138次，邀请人大代表视察工作186次，办理代表建议、人大常委会转交办案件160余件。认真办理政协委员提案，主动向政协通报检察工作情况，邀请政协委员视察工作，听取意见和建议。

主动接受社会监督。邀请人民监督员参与案件听证、庭审、执法检查、案件评查等活动，监督“七类案件或事项”87件94人。实施“阳光检察”工程，深入推进检务公开，加强检察门户网站、微博、微信、短信平台建设，公开案件程序性信息32658条，重要案件信息1825条，终结性法律文书11775份。

六、严格落实“两个责任”，加强过硬队伍建设

坚持把队伍建设作为检察工作永恒的主题，严格教育、严格管理、严格监督、严肃纪律，着力提升检察队伍的整体素质。

加强思想政治建设。扎实开展“三严三实”专题教育和“学习讨论落实”活动，着力整改不严不实问题，教育和引导广大干警强化理想信念和宗旨意识；开展争创职业道德模范活动，举办“道德讲堂”，用身边事教育身边人，引导广大干警坚守职业操守，省检察院王拥政被中共中央、国务院授予“全国先进工作者”荣誉称号，清徐县检察院反贪局原副局长李洪达获得“全国道德模范”提名奖。全省检察机关16个先进集体、40名先进个人受到省部级以上表彰。

加强队伍专业化建设。坚持以领导干部和基层检察人员为重点，持续推进大规模正规化岗位培训，共培训检察人员2565人次。加强特殊岗位专业能力建设，75人通过国家二级心理咨询师考试。加强培训基地建设，国家检察官学院山西分院投入使用。加强与高等院校合作交流，组织实施检察业务专家与法学专家“双挂职”工作，进一步提高检察队伍的整体素质。省检察院王海军获得“全国民事行政检察业务标兵”称号。

加强纪律作风建设。坚持把纪律和规矩挺在前面，认真学习贯彻新修订的《廉洁自律准则》和《纪律处分条例》，强化检察人员纪律意识和规矩意识，拧紧纪律的“螺丝钉”；加强作风建设，驰而不息纠正“四风”问题；扎实开展“三个一批”工作，对省检察院机关和4个派出检察院干部进行了“六查”，得到省委组织部的肯定；严格落实“两个责任”，坚持“一岗双责”、“一案双查”，5名领导干部因履行“两个责任”不力被问责，受到纪律处分。加大检务督察和巡视工作力度，注重8小时以外的监督。坚持从严治检，查处检察人员违纪违法案件21人，其中4人被移送司法机关处理。

（尹桂珍）

附：省人民检察院党组书记、副书记、成员名单

书　记：杨　司

副书记：荣　彰

成　员：严奴国　秦文峰　胡克勤　王国宏　王海林
郭　普（11月任职）

省人民政府各厅局党组(委)工作概况

省人民政府办公厅党组工作概况

党组书记　廉毅敏

2015年,在省委、省政府坚强领导下,省政府办公厅领导班子团结带领全厅干部职工,全面贯彻党的十八大和十八届三中、四中、五中全会精神,深入学习贯彻习近平总书记系列重要讲话精神,认真落实省委、省政府各项决策部署,扎实开展"三严三实"专题教育,围绕中心、服务大局,充分发挥参谋助手和综合保障作用,党务、政务、事务统筹推进,各项工作取得明显成效。

一、扎实开展"三严三实"专题教育,机关党的建设和干部队伍建设不断加强

持之以恒抓好政治理论和政策业务学习。始终把深入贯彻习近平总书记系列重要讲话精神作为首要政治任务,坚持"双学",向党中央看齐,向总书记看齐。以党组中心组学习为龙头,带动机关各支部(总支)党员干部深入学习,通过梅山课堂、干部选学、集体学习等方式,读原著、学原文、悟原理。深入学习贯彻党的十八大、十八届三中、四中、五中全会精神以及省委十届六次、七次全会精神,深刻领会中央大政方针,吃透省委、省政府政策措施,切实做到内化于心、外化于行。

深入开展"三严三实"专题教育。按照中央和省委的统一安排,延展深化党的群众路线教育实践活动和学习讨论落实活动成果,精心组织"三严三实"专题教育。组织厅党组中心组学习和专题学习20次、厅党组专题研讨交流4次,厅党组对照"三严三实"的要求,在深刻反思剖析、广泛征求意见、认真查摆问题的基础上,召开了民主生活会,结合实际制定整改方案,立说立行狠抓落实,办公厅风清气正、团结共事、干事创业的良好局面得到巩固和加强。

切实加强党组织建设。认真落实《中国共产党党和国家机关基层组织工作条例》,严格落实党组书记"第一责任人"和班子成员"一岗双责"责任,落实党组书记上党课、领导干部过双重组织生活等党内规章制度。指导机关党委5月份顺利完成换届,优化支部设置,业务和职能相近的支部并小建大,加强对新任支部书记党建业务的培训,进一步提升了基层党组织的战斗堡垒作用。深化精神文明创建工作,大力培育践行社会主义核心价值观,"六型机关"建设取得新成效。

严格落实"两个责任"。坚持全面从严治党,落实管党治党责任,把作风建设要求融入党的思想建设、组织建设、反腐倡廉建设、制度建设之中,全面提高党的建设工作水平。认真落实党风廉政建设主体责任和监督责任清单,横向到边、纵向到底,凡会必讲、凡重要工作安排必同时提要求,强化对党员干部的教育、监督和管理,按照规定对19名同志分别进行了提醒、函询和诫勉,着力把"两个责任"压紧、压实。厅党组书记对党风廉政建设工作带头部署、过问、督办、约谈,党组成员对分管范围内党风廉政建设工作紧紧抓在手上,机关上下严格落实"八项规定",弛而不息反对"四风",认真执行办公厅"五不准"要求。2015年,在党组统一领导下,机关党委纪委认真组织落实,处室单位各负其责,干部职工全员参与,相关工作取得了新进展、新成效。随着省纪委驻省政府办公厅纪检组的进驻,办公厅党风廉政建设和反腐败工作得到进一步强化,"两个责任"的落实更加严格有力。

进一步推动厅领导班子和干部队伍建设。厅党组坚决维护中央权威,严守党的政治纪律和政治规矩,始终在思想上、政治上、行动上同以习近平同志为总书记的党中央保持高度一致。制定了《省政府办公厅党组工作规则》,进一步规范完善党组工作。2015年召开厅党组会议23次,对重大工作、年度计划、机构变动、干部调整以及关系职工切身利益的事项

认真执行民主集中制，做到广泛征求意见，充分沟通酝酿，集体研究决定，班子凝聚力、战斗力显著增强。认真开展“三个一批”工作，严格执行好干部标准，完善干部选拔任用办法和人事管理办法，进一步营造了公道正派的良好用人环境。协助组织部推荐考察1名正厅级领导干部、2名副厅级领导干部。协调组织中管干部参加专题研讨、省管干部进修培训、机关干部选学培训等多种形式教育培训。

二、坚持依法行政，法治政府建设全面推进

积极推动法治建设各项工作任务落实。认真贯彻落实十八届四中全会精神和省委“六权治本”各项决策部署，通过细化任务分解、加强督促检查、强化统筹协调，有效推动了《贯彻落实十八届四中全会精神加快推进法治山西建设的实施意见》《省委常委会2015年工作要点任务分解方案》《法治山西建设重要举措五年规划(2015—2020年)》和《加快推进法治政府建设实施意见》牵头工作任务的落实。

大力推动政府自身建设。组织制定实施《山西省全面加强政府自身建设三年规划(2015-2017年)》及2015年行动计划，加快推进我省政府治理体系和治理能力现代化。组织协调出台《健全重大行政决策机制的意见》和《关于在全省普遍建立政府法律顾问制度的意见》，制定出台《省政府绩效第三方评估管理办法》，规范重大行政决策程序。加快“两平台一网络”建设，创新政府治理方式。省级综合政务服务平台和公共资源交易平台2015年底初步建成运行，政务服务网已启动建设。

协调推动简政放权。协调清理取消省级非行政许可审批事项，取消、下放和调整96项省本级行政审批事项，取消了14项政府部门内部审批事项，省政府部门保留的行政许可审批项目减少到409项。协调组织制定并公布省级政府部门权力清单和责任清单，共精简省政府部门和单位权力事项5343项，保留3090项，精简率63%；进一步缩减投资项目核准范围；积极组织推进商事制度改革，“三证合一”和“一照一码”试点有序开展。

牵头开展“整治行政审批违规和滥用审批权问题”专项整治。推动各市和有关省直部门围绕学习讨论落实活动中制定的10项重点整治内容狠抓整改落实，形成规范行政审批行为、提高审批效率、激发市场活力的氛围。

三、加强综合协调，党中央、国务院和省委、省政府决策部署扎实贯彻落实

面对经济下行压力持续加大的困难局面，办公厅全力服务保障省委、省政府中心工作，围绕稳增长、促改革、调结构、惠民生、防风险，主动、超前、精准协调，推动全省经济社会发展在克服困难中奋力前行。

聚焦稳增长勇于担当。一是协调推进固定资产投资和重点项目建设。协助省政府积极分析研判投资形势，组织每周省长碰头会、月度省重点工程调度会，省政府常务会专题听取重点投资项目汇报，采取下达投资目标责任状、投资进度和开工计划在政府常务会议室“上墙”、重大项目一周工作进展报告、加强考核督查等多种办法，服务省领导包联重点工程，全力协调推进项目建设，确保了全省投资增速超过全国平均水平。二是研究制定政策措施。党中央、国务院的决策部署和政策措施出台后，及时研究制定省内的实施方案和贯彻落实办法。积极建言献策，及时协调出台减轻企业负担、促进工业稳定运行的60条措施，直接减轻企业负担501亿元。针对企业面临的资金、经营等困难，协助省领导带队帮扶，推动实施“一企一策”精准帮扶，协调金融机构加大企业资金支持，促进企业稳定经营。三是组织推动促进消费。协调组织开展“山西品牌中华行、丝路行、网上行”等专题促消费活动，组织全国图书交易、农产品交易、文化体育旅游博览会等全国性展会，组织“美丽山西休闲游”活动和乡村旅游惠民工程，协调推进大晋中农产品流通示范区试点、跨区域农产品流通基础设施建设试点、国家电子商务进农村综合示范县试点工作，持续扩大城乡消费。

立足改革开放增添活力。一是协调推进综改试验区建设。大力推动实施转型综改三年实施方案和“2285”年度行动计划，重大改革和重大事项基本完成，重大项目进展顺利。二是组织推动煤炭管理体制改革。制定出台深化煤炭管理体制改革的一系列措施，协调建立“三省两公司”煤炭经济运行协商机制，推动煤炭资源税从价计征改革、煤炭焦炭公路销售体制改革落实，协调研究出台我省的煤炭行政审批制度改革方案和煤炭资源矿业权出让转让管理办法，促进煤炭行业走出困境。三是积极推动重点领域改革。协调组织全省金融振兴推进大会、金融机构座谈会，制定促进金融业振兴的意见，协调各大银行总部加大对山西的信贷支持力度，大力推进金融改革发展；围绕省政府打造“阳光国企”目标，组织推动在全国率先推行国有企业信息公开，推进省属国有企业负责人薪酬制度改革和政企分开，推动研究制定完善省属国有企业法人治理结构、加强国有企业党的领导、建立外部董事等政策措施，积极推进国有企业改革；深入推进三项重大改革试点工作，加快财税、农村、医药卫生等方面重要改革。四是努力构建对外开放新格局。牢牢把握“一带一路”战略机遇，深度融入京津冀协同发展，制定出台全面扩大开放的意见，与院校、科研机构、银行总部和兄弟省市签署了一系列合作协议，组织央企山西行，举办低碳发展高峰论坛，组织与美国爱达荷州签署深化友好省州关系活动、“活力澳门推广周”等境外宣传推广，在广州、上海、武汉举办招商引资活动。

围绕创新驱动促进转型。一是组织推动实施创新驱动战略。参与组织召开全省科技创新推进大会，研究制定实施科技创新的若干意见。协调清华大学、中科院、中海油等23家研发机构入驻科技创新城，12个项目已开工建设。组织中科院、国家基金委与省政府签订合作协议，实施重大科技合作项目。二是加快推动产业升级转型。牵头组织制定出台新兴制造业三年推进计划(2015-2017年)和2015年行动计划、关于加快民营经济发展的意见及相关配套措施、10项强农惠农富农政策、关于加快推进电动汽车产业发展和推广应用

的实施意见，推动落实加快发展生产性服务业的实施意见。三是扎实推进节能减排和生态建设。协调制定实施全省燃煤发电机组超低排放改造提速三年推进计划和2015年行动计划。加快推进重点领域重点行业节能降耗，加强大气、水污染防治工作，参与制定实施汾河流域生态修复规划，2015年全省节能减排约束性指标全部完成。狠抓省城环境质量综合治理，对重点工作每月进行协调推进，省城环境质量明显改善。

瞄准改善民生出招发力。一是千方百计增加就业。以保障就业为重点，组织开展"10万人创业行动计划"、"大学生创业引领计划"和政府购买公益性岗位，实现2.2万名就业困难人员就业。二是协调抓好城乡人居环境改善。组织启动实施改善城市人居环境规划纲要及2015年行动计划，推进城市设施提升、城市安居、城中村改造、环境提质"四大工程"，城镇保障性安居工程、农村人居环境改善工程、采煤沉陷区治理取得实质性进展。三是推动全省精准扶贫工作。围绕"六个精准"、"五个一批"，重点组织推进产业开发、教育扶贫、省贫困人口建档立卡等工作。四是加快推进养老服务业发展。调研制定支持社会力量发展养老服务业若干措施，切实解决了养老服务业发展中存在的土地、资金、资源整合等瓶颈性问题。五是狠抓安全生产。强化红线意识、底线思维，组织安委会全体会议、全省安全工作电视电话会议等各类会议18次，及时发布安全生产警示，开展了16次专项整治督查活动，全省安全生产形势持续明显好转。

四、深入调查研究，为省政府科学决策提供高效服务

针对经济下行压力加大的严峻形势，服务省政府领导深入调研，为省政府科学决策提供准确、详实、有效的资料和建议。协助服务省政府领导赴各市、各厅局、各单位开展专题调研、综合性调研380余次（470余天），组织安排赴中南部铁路、国有林场、沿汾河生态治理、防汛、职业教育等专项调研；组织阳大铁路及大张高速铁路开工建设进展调研、晋北－江苏特高压直流输电工程现场办公、央企山西行等各类专题工作调研，形成一批高质量的调研报告。

按照既高又实、既准又新的要求，起草1100余篇文稿，以文辅政作用得到充分发挥。包括：政府工作报告及相关文稿，省领导参加全国性会议发言材料、向国务院的汇报材料、与国家有关部委和央企座谈会讲话材料、出席全省各类重大会议讲话发言等文稿。编发《晋政信息》193期，一年来所报政务信息被国办采用52条，国务院领导批示15条，信息辅助决策作用得到加强。

五、转变文风会风，办文办会的质量水平进一步提高

办文优质高效。强化责任意识，优化工作机制，大力改进文风，公文办理的水平和效率有效提升。全年共办理各类公文4959件，其中收文4346件，发文613件；收发机要件和普通信件30余万份。办会务实高效。按照中央"八项规定"精神及省委、省政府有关要求，进一步规范省政府会务、领导调研等政务活动的组织流程，不断提高服务省政府相关会议的能力和质量。全年组织承办省政府常务会等各类会议266次。政务接待节俭合规。严格执行接待工作制度规定要求，严把规格标准、程序，严肃接待工作纪律。全年共接待各级领导来晋调研视察129批、900余人次，做到了安全顺利、简朴节约、周到细致。

六、强化政务督查，政府执行力和办事效率全面提升

按照李小鹏省长"推动落实、查找问题、督促整改、务求实效"的督查工作要求，始终将督查作为抓落实的利器，层层传导压力。实行重点工作台账管理、全员抓督查制度，探索建立督查报告、问题清单、不落实典型事项清单"一报告、两清单"督查新模式，强化督查结果运用，确保政令畅通。全年3次普查督查国务院出台的一系列重大政策措施在我省的贯彻落实情况，完成国务院安排部署专项督查6项，组织开展专项督查31项（次），督办省政府常务会议和办公会议决策部署106次、重点工作落实情况336项，督查省长批示、调研事项832项，督促问责不作为干部60人。同时，积极服务人大代表、政协委员，办理人大代表建议846件、政协提案890件，有力推动了各级政府和部门的工作。

七、完善应急管理体系，突发事件预防和处置能力进一步提高

以保障人民群众生命财产安全为核心，以提高预防和处置突发事件能力为重点，扎实推进应急管理工作。严格落实应急工作制度。始终把严格落实制度作为应急工作的基础，落实每周应急例会、值班值守、培训教育、督查通报等制度，推进应急工作制度化、规范化建设。科学有效处置突发事件。协助省政府领导妥善应对处置同煤集团姜家湾煤矿"4·19"透水事故、焦煤集团贺西煤矿"11·17"瓦斯燃爆事故等突发事件190起。全面加强应急管理和保障体系建设。评估全省突发事件应急体系建设"十二五"规划，编制"十三五"建设规划，开展为期1个半月的专项检查，抽查重点应急单位3653个，有效促进了应急体系规范化建设。为省直重点单位和11个市政府配备应急卫星电话208部。完善省政府应急管理数据库，推进省应急物资储备调拨信息平台建设。加强机关门前信访工作的研判和处置。妥善处置上访事件1518批次、37031人次，有效维护和保障了省政府机关正常的工作秩序。

八、推进政务信息公开，电子政务建设务实有效

大力推进政务公开，落实政府信息公开制度，加强政府网站和电子政务建设，充分发挥政府公报作用，为公众提供便捷的服务。信息公开方面：主动公开省政府及省政府办公厅文件150件，依申请公开25件，配合国办妥善处置我省重大舆情5件，一大批影响面大、社会关注高、敏感性强的政府信息得到及时准确公开、妥善办理。省政府门户网站共发布、

更新各栏目信息19323条。舆情监测和办理网民留言方面:系统监测舆情350多万条,编报《舆情报告》133期。收集网民留言13043件,受理7317件,满意度达98%,一大批涉及群众切身利益的问题得到妥善解决。电子政务建设方面:扎实推进电子政务内网建设,编制完成初步设计方案,并通过省发改委评审;加强电子政务外网运行维护,确保电子公文信息、应用系统传输顺畅;完成省政府门户网站改造升级的设计、招标,进入全面建设阶段;制定出台《加强政府网站信息内容建设的实施意见》,认真做好全省政府系统网站普查工作,关闭211家、停运整顿94家,有力推动了全省政府网站集约化建设。

省政府办公厅扎实开展机关精准扶贫工作。制定了深入开展精准扶贫精准脱贫工作实施意见,精心选派扶贫工作队员和第一书记,组织287名党员干部赴左权县麻田镇6个村对640个贫困户实施精准扶贫、结对帮扶,争取资金277万元,实施扶贫项目13个。进一步规范机关行政和财务管理,提高后勤保障能力。完成渊谊堂加固修缮工程,加快推进办公楼加固、锅炉房改造、梅山改造等项目,机关大院环境进一步优化。参事馆员、离退休人员服务、档案资料、文印政报、经济年鉴、服务中心等工作也取得明显成效,为政务工作提供了坚实保障。

(黄祥树)

附:省人民政府办公厅党组书记、成员名单

书　记:廉毅敏

成　员:巨宪华(5月离职)　白秀平　马彦平(9月离职)　闫晨曦　张广勇(3月离职)　盛佃清　郭　立　刘德政　刘　星(12月任职)　李秋柱　李广慧(11月任职)　梁敬华　高建军　武健鹏

省发展和改革委员会党组工作概况

党组书记　王　赋

2015年,面对复杂严峻的经济形势和繁重艰巨的改革发展任务,省发改委党组深入学习贯彻党的十八大、十八届三中、四中、五中全会精神,认真落实省委、省政府各项决策部署,勇于担当、积极作为,党建工作和业务工作均取得新进展新成绩。

一、认真践行"三严三实"要求,持续狠抓全面从严治党

发改委党组坚持把抓好党建作为最大政绩,严格落实党要管党、从严治党要求,扎实开展"三严三实"专题教育,深入实施"六权治本",持续狠抓领导班子和干部队伍建设,不断提高履职能力。

(一)扎实开展"三严三实"专题教育。巩固党的群众路线教育实践活动、学习讨论落实活动成果,结合发改工作实际,严肃认真开展"三严三实"专题教育。成立全委"三严三实"专题教育领导组,编制了具体的实施方案。坚持周二、周五下午组织政治理论学习,各党组成员带头讲党课,委党组和各支部围绕"严以修身"、"严以律己"、"严以用权"主题深入开展学习研讨。以践行"三严三实"为主题召开党组专题民主生活会,共梳理出修身做人、用权律己、干事创业等方面存在的14个不严不实问题,提出75项整改措施。省委常委、常务副省长高建民参加指导委党组民主生活会,并给予充分肯定。

(二)持续狠抓全面从严治党。委党组认真落实全面从严治党主体责任,形成"一把手负总责,分管领导各负其责,班子成员齐抓共管,机关党委、纪工委协调督查"的领导体制和工作机制。强化党风廉政建设。出台委党组落实党风廉政建设主体责任清单,每个责任人都对自己承担的责任签字背书。年初将党风廉政建设和反腐败工作各项目标分解到处,责任到人,压实、压严、压细党组成员、党支部书记、委属事业单位负责人"一岗双责"职责。坚持把党风廉政建设与中心工作同谋划、同部署、同考核,党组书记自觉履行"第一责任人"责任,认真践行"四个亲自"要求,其他班子成员切实担负起分管范围内反腐倡廉建设职责,结合日常业务工作认真研究布置、全力推动落实。坚持把纪律和规矩挺在前面。委党组始终把讲政治、守纪律、懂规矩摆在突出位置,严格执行党的纪律特别是政治纪律和政治规矩,认真遵守廉洁从政各项规定。落实"三会一课"制度,班子成员带头讲党课,带头参加双重组织生活,带头联系指导基层党组织生活会,2015年共开展委中心组专题学习会18次,开展"学党章、守纪律、讲规矩"专题报告会1场,邀请专家进行专题辅导讲座4场,组织全委青年干部参加国家发改委"青年读书论坛"6期。从严选拔任用干部,研究制定贯彻落实党政领导干部选拔任用工作条例的办法、做好"三个一批"干部工作意见、选拔任用干部工作评价办法、干部选拔任用工作责任追究制度、干部考核办法等多项组织人事制度规定,全年共选任调任委机关及委属事业单位工作人员42人,其中,提任处级干部3人,调任处级干部7人,积极配合省委组织部开展了2名同志任职巡视员的选任工作,同时,给予留党察看、行政免职处分2人,调整、暂缓使用10人,掌握使用32人。

(三)深入实施"六权治本"。8月16日《人民日报》头版刊发题为《山西"六权治本"管权力任性》的文章,把发改委对低热值煤发电项目审批实行"十准入"、"十优先"的做法列为典

型事例。12月14日，在全省“六权治本”推进会上，发改委作了典型发言，随后《山西日报》全文刊发发改委介绍经验做法的发言材料，为全省深入推进“六权治本”工作提供参考借鉴。依法确定权力方面，在2014年大幅度减少审批、核准事项的基础上，编制2015年政府核准投资项目目录，进一步下放市县政府核准4项，取消核准6项，除国家规定必须由省级核准的项目外，其余全部下放市县，省级核准类项目减少幅度累计超过50%。编制权力、责任清单和权力运行流程图、风险防控图，在门户网站向全社会公开三类16项权力。科学配置权力方面，对省本级政府投资实行部门预算管理，按照省政府确定的重点投向和基本原则，由行业主管部门组织项目计划和资金安排，投资主管部门履行审批手续，财政部门下达政府资金，还权于部门、还权于市场。制度约束权力方面，对重大项目实行委办公会集体决策；对政府投资项目严格会审会签制度，约束主办处室自由裁量权；抓紧研究重大项目稽察管理办法，强化对投资项目事中事后监管。阳光行使权力方面，编制出台了我省公共资源交易平台实施方案，将各市、各部门分散设立的工程建设项目招标投标、土地使用权和矿业权出让、国有产权交易、政府采购等四类公共资源交易平台纳入统一平台体系。配合省政府办公厅加快综合性政务服务平台建设。建设投资项目在线审批监管平台，实现与国家发改委的纵向贯通。合力监督权力方面，规划编制、计划执行、政策落实等重大事项，主动接受省人大、省政协监督。加强对审计部门提出意见的整改落实。自觉接受行风监督员、媒体和社会监督。严惩滥用权力方面，充实健全机关纪工委机构、人员。制定重大决策、干部选拔任用等责任追究办法。

二、充分发挥综合经济部门职能，统筹做好发展改革工作

多措并举，勇于担当，积极应对经济下行压力，认真做好稳增长、促改革、调结构、惠民生各项工作。

（一）着力上项目扩投资，为稳增长提供关键支撑。面对年初全省投资增速放缓、增长乏力的局面，发改委及时采取周报告、月调度、省政府常务会专题分析、现场办公、上墙公示、专项督查等一系列行之有效的办法，持续加大抓投资项目工作力度，全省投资增速逐月加快，2015年固定资产投资完成13744.6亿元，增长14.8%，由1–2月低于全国5.8个百分点转变为超过全国4.8个百分点，为稳增长提供了关键支撑。

充分发挥十大重点领域投资的龙头带动作用。研究提出铁路、公路、低热值煤发电、外送电通道和电网、水利、城乡人居环境改善、节能环保、煤层气、科技创新城、新兴产业等十大重点领域投资项目盘子，年度总投资9707亿元，约占全年1.3万亿元投资计划的75%，成为全年投资工作的重要抓手。2015年，全省十大重点领域完成投资10438.3亿元。加快重大项目建设。强化对重大项目的跟踪协调服务，组织两次投资大调研，全力推进“百日百项工程”开工和“四个一批”活动。在各级各部门的协同配合下，3条特高压外送电通道、阳大铁路、大张客专、太原－晋中城际铁路2号线、太原地铁2号线、科技创新城、23个低热值煤发电等一批重大项目开工建设，太焦客专、古贤水利枢纽、盂县－河北输电通道等项目前期工作进展较快。有效拓宽投资资金来源。针对企业投资意愿不强、项目建设资金不足等问题，大幅拓宽社会资本投资领域，积极争取中央资金支持，激发市场主体投资活力和潜力。2015年共争取中央预算内投资95.2亿元，国家专项建设基金87.62亿元，国家核准我省企业债券54亿元，一定程度上缓解了项目资金紧张问题。同时，积极推广PPP模式，研究制定并报请省政府出台创新重点领域投融资机制鼓励社会投资的实施意见，发布75个采用政府和社会资本合作（PPP）模式建设运营的项目，总投资591.4亿元，涉及交通、市政、公共服务等领域。2015年，民间投资完成8353.3亿元，增长21%，高于全省固定资产投资增速6.2个百分点，占全省固定资产投资的比重为60.8%，同比提高3.1个百分点。

（二）着力做好煤与非煤两篇大文章，产业结构转型升级步伐加快。坚持转方式调结构，以国家综合能源基地建设为重点加快推进煤炭“六型”转变，以七大非煤产业为重点培育壮大新的增长点，促进经济提质增效升级。2015年，全省三次产业比例由上年的6.2∶49.3∶44.5转变为6.2∶40.8∶53，服务业占比提高8.5个百分点。

围绕做好煤炭这篇大文章，加快推进国家综合能源基地建设。制定出台我省能源发展战略行动计划，推动由单一煤炭开采向综合开发利用转变，由单一煤电基地向综合能源基地转变。煤炭方面，积极推动国家制定煤炭行业脱困政策。争取国家批复霍东矿区总体规划，核准产能500万吨/年的晋城矿区东大矿井及选煤厂项目。电力方面，核准低热值煤发电项目23个，总装机1997万千瓦，均已开工建设。核准中电国际2×100万、漳泽电力2×100万项目，实现我省百万千瓦装机项目“零”的突破。争取国家安排火电建设规模270万千瓦。争取国家同意建设4条特高压外送电通道，可新增外送电能力1600万千瓦，蒙西－晋北－天津南、榆横－晋中－潍坊、晋北－江苏等3条已开工建设。截至2015年底，全省电力装机6966万千瓦，比年初增加660万千瓦。新能源方面，争取国家下达风电核准计划199.8万千瓦、光伏发电指导规模65万千瓦。争取国家批复同意大同采煤沉陷区建设先进技术光伏示范基地，增加2015年光伏发电建设规模100万千瓦。截至2015年底，全省新能源装机容量1294万千瓦。煤层气方面，争取国家批复三交－碛口煤层气区块开发方案，同意沁水盆地柿庄南煤层气开发项目、中石油大吉煤层气区块项目开展前期工作。积极支持应急调峰设施、输气管网等重点项目建设。2015年，全省地面煤层气抽采量41亿立方米、利用量35亿立方米；煤矿瓦斯抽采量60.3亿立方米、利用量22.3亿立方米。

围绕做好非煤产业这篇大文章，大力培育新的经济增长点。逐产业、逐行业研究编制七大非煤产业“十三五”专项规

划。加快推进已布局的轨道交通装备、煤机装备、煤层气装备、电力装备、煤化工装备等领域重大项目建设。推动铝工业转型升级。加快推进我省与中铝、华润合作建设吕梁百万吨铝循环产业基地。核准平陆县中盛铝矾土公司靳家底铝土矿开采项目,备案一批氧化铝项目,帮助企业协调大用户直供电、自备电厂、铝土矿资源配置等问题。积极发展现代煤化工。组织编制晋北现代煤化工基地总体发展规划,争取晋北基地朔州核心区的主要内容列入国家煤炭清洁高效转化利用布局规划拟定的七大基地之一。加快推进潞安煤制油等标志项目建设。加快服务业发展。牵头制定物流业发展中长期规划(2015-2020年)和两年行动计划、促进云计算创新发展培育信息产业新业态的实施意见、加快发展体育产业促进体育消费的实施意见,优化服务业发展环境,2015年,全省服务业增加值完成6790.2亿元,增长9.8%,拉动全省GDP增长3.7个百分点,成为经济增长的主要动力。

(三)着力实施转型综改攻坚,重点领域改革深入推进。建立健全省部合作、督查考核、"一事一表"、"一月一报"、项目化管理、分类推进、第三方评估等工作机制,2015年"2285"综改行动计划顺利推进,共出台实施了80多项制度性改革成果文件,煤炭管理体制、国资国企、土地管理、财税金融、行政管理、对外开放、生态文明建设等重点领域改革取得明显突破。

发改委具体承办的重点改革事项已全部完成年初预定任务。公车改革方面,编制全省公务用车制度改革方案,经中央车改领导小组批复,省委办公厅、省政府办公厅以晋办发〔2015〕45号文件正式印发实施。12月31日,全省各级机关取消的公务用车正式封存停驶。公共资源交易平台建设方面,编制出台整合建立统一规范的公共资源交易平台实施方案,配套起草了细化的推进方案和任务分工意见,完成省市两级公共资源交易平台整合工作。电力体制改革方面,牵头编制电力体制改革综合试点实施方案,经多次对接争取,国家已基本同意将我省列为试点省份。煤炭管理体制改革方面,制定了健全山西省煤炭物流体系实施方案、山西省探索建立煤炭战略储备实施方案。

(四)着力加强重大政策研究,参谋助手作用得到较好发挥。聚焦全省经济社会发展重点领域和关键环节,发挥综合部门信息与政策的集成优势,及时提出有针对性政策建议供省委、省政府决策参考。

科学编制"十三五"规划。贯彻落实中央十八届五中全会、省委十届七次全会精神,全面总结全省"十二五"规划实施情况,研究提出"十三五"时期经济社会发展基本思路,扎实做好"十三五"规划编制工作,12月29日,规划纲要经省政府常务会议审议通过。组织编制64个专项规划,确定11个市县开展"十三五"规划编制试点。抓好重大政策研究制定。研究起草新型城镇化规划、生态保护与建设规划、加快生态文明建设实施方案、企业信用行为联合奖惩办法、推行环境污染第三方治理实施方案等重大政策20余项,并报省委、省政府审定出台。强化经济形势分析。按月组织召开经济形势分析联席会议,动态跟踪分析工业、煤炭、投资、融资、民生等重点领域新情况新变化,向省委、省政府提出针对性强、操作性强的工作建议。组织各市发改委召开座谈会,就创新经济形势分析工作思路和方法、进一步做好稳增长工作进行讨论交流。按月向国家发改委报送经济形势分析报告,及时反映我省工作建议和政策诉求,起草的《迎难而上 积极作为 全力做好稳增长各项工作》文章在国务院门户网站刊发,国家发改委5次表扬我省经济形势分析工作。

(五)着力推进重点民生工程,有效发挥"一举托两头"作用。坚持重点民生工作不松懈,努力实现民生改善和经济增长两促进、两提高。

实施采煤沉陷区治理提速工程。制定深化采煤沉陷区治理规划(2014-2017年)和2015年行动方案,将全省采煤沉陷区治理完成时限由2020年提前至2017年,年初及时分解7.5万户、21万人的搬迁治理任务到市、县,并组织协调推进。2015年全省采煤沉陷区治理搬迁安置已开工乡镇134个,开工率100%。全面启动城区老工业区和独立工矿区搬迁改造。太原、阳泉、临汾、长治、晋中等5市搬迁改造工作获得国家支持,进展顺利。牵头办好农村"五件实事"。健全月报监测、协调联系等工作制度,组织省直各牵头部门制定具体工作方案并督促落实,各项任务基本完成。其中,省发改委具体负责的长治平顺、武乡2县5000人易地扶贫搬迁任务顺利完成。支持科教文卫等社会事业发展。积极组织申报社会事业领域的中央预算内投资项目,2015年在教育领域争取资金4.05亿元、医疗卫生领域6.4亿元、养老旅游文化体育等领域2.48亿元、就业和社会保障领域1866万元,有力支持了相关领域建设。扎实开展光伏扶贫。确定临汾市汾西县、吉县、大宁县和大同市浑源县、天镇县为光伏扶贫试点县。2015年,总规模20万千瓦的12个地面集中光伏扶贫电站均开工建设,总规模5624千瓦的56个村级分布式电站和1个户用分布式电站全面启动,其中10个已建成,3个已并网发电。认真做好援疆工作。安排援助资金2.64亿元,20个援疆项目顺利推进。认真抓好油气管道保护、新能源行业安全生产。报请省政府出台《山西省石油天然气管道建设和保护办法》,制定《省发改委安全生产管理委员会工作制度》,连续组织开展安全生产检查抽查,及时发现安全隐患并督促整改,确保油气管网、新能源行业安全运行。

(王森磊)

附:省发展和改革委员会党组书记、成员名单

书　记:王　赋

成　员:李永平　王　成(7月离职)　赵友亭
姜四清(7月任职)　程泽业
王晓胜(12月离职)　刘　锋　胡景善
邢文奇(3月离职)　王增信(11月任职)
魏茹生　李海生

省经济和信息化委员会党组工作概况

党组书记　张华龙

2015年，面对严峻复杂的经济形势和下行压力持续加大的困难局面，省经信委认真贯彻落实党的十八届五中全会和省委十届七次全会精神，狠抓稳增长、调结构、促转型，全省工业和信息化工作在克服困难中奋力前行，党风廉政建设、领导班子和干部队伍建设取得了新的成效。

一、坚持多措并举、综合施策，促进工业经济平稳运行

一是加强政策支持。制定《减轻企业负担促进工业稳定运行的若干措施》(减负“60条”)，全年减轻企业负担501亿元。制定《关于进一步促进工业稳增长的若干措施》(工业“19条”)，全力稳定工业增长。制定《关于进一步支持小型微型企业健康发展的措施》，超额完成新创办小微企业5万户的年度任务。2015年，全省规模以上工业增加值同比下降2.8%。

二是加强运行调控。健全监测调度体系，加强对重点企业、重要生产要素、重大增长点的监控。强化目标管理，按月通报进度，按季发布预警。推动煤电一体化发展，20万千瓦及以上主力火电企业80%以上实现煤电联营。加强应急管理和行业安全监管，确保工业运行平稳和生产安全。

三是精准帮扶企业。制定《全省重点工业企业帮扶活动实施方案》，分类分层对预增产值亿元以上的161个重大增长点项目和投资10亿元以上的97个提质增效年工业项目进行帮扶。截至2015年底，161个重大增长点中有143个项目正式投产或试生产。千方百计帮助企业复工复产，12月份规上工业企业开工率为85.8%，比上半年回升1.1个百分点。

四是支持拓展市场。制定《工业企业支持服务重点工程建设工作推进方案》，两次发布省重点产品推荐目录865种，推广晋中市地方产品扩销经验，扩大省内工业品使用比率。积极开拓湘鄂川赣煤炭市场，努力扩大晋煤外销。组织召开中国(山西)焦炭出口座谈会，引导焦炭企业大力开拓国际市场。

二、加强顶层设计、突出项目带动，着力调整产业结构

一是强化规划引领。编制《中国制造2025山西行动纲要》，明确今后10年我省制造业发展方向、重点领域和实施路径。编制全省工业和信息化发展“十三五”规划纲要和省级行业专项规划。制定并实施装备制造、节能环保等八大重点新兴产业和冶金、焦化、电力、煤化工等四大传统优势产业2015–2017三年推进计划和2015年行动计划，全力推动产业转型升级。

二是突出项目带动。落实“项目提质增效年”要求，制定《2015年工业转型升级项目推进计划》，重点推进1309个工业转型升级项目建设。2015年，全省工业固定资产投资完成5283.1亿元，增长4.6%，其中新兴产业完成投资2808亿元，在工业固定资产投资中的占比达53.1%。制定《2015推进新兴产业项目建设实施方案》，七大新兴产业全年完成投资1788亿元，为年度任务的110%。

三是提升创新能力。推动以企业技术中心为核心的技术创新体系建设，新培育省级企业技术中心19户，全省国家级企业技术中心达到26户、省级企业技术中心达到205户。鼓励企业开展技术创新，全省新增技术创新项目348个，预计可获得专利、标准近300个。

四是优化产业布局。编制并实施特钢、铝、镁、钕铁硼、LED、酒、醋、乳、生物医药、云计算等十大行业重大项目布局方案，夯实产业发展基础。制定《加快推进电动汽车产业发展和推广应用的实施意见》及2016年行动方案；太原、晋中、晋城等市积极打造电动汽车产业基地，吉利山西新能源汽车一期产业化项目年产10万台甲醇轿车生产线在晋中市正式投产。制定《山西省中药材保护和发展实施方案》，提升全省中药材产业化水平。制定《关于加快发展中小企业产业集群的实施意见》，实施法兰、食醋、玻璃器皿等3个特色产业集群发展推进计划，引导中小企业集聚发展。

三、狠抓节能降耗、促进综合利用，推动工业低碳绿色循环发展

一是抓好节能降耗攻坚。分解下达年度各市节能指标，按季发布目标完成情况晴雨表，推动各市按序时进度完成年度节能目标。发布实施13项能耗限额地方标准，全省节能地方标准达54项。在28户水泥企业和37户火力发电企业全面推进能效对标。重点推进617项节能改造项目，已完成560项，年可实现节能量820万吨标准煤。全年全省万元GDP能耗下降5.31%，高于3%的年度目标。

二是提升固废利用水平。重点推进90个资源综合利用项目建设，有37项基本完工，完成投资156亿元。加强对朔州市工业固废综合利用产业布局的规划指导，组织召开“2015亚洲粉煤灰及副产石膏处理与利用技术国际交流大会”。全年大宗工业固废综合利用率达65.2%，高于年度目标0.2个百分点。

三是努力化解过剩产能。抓好焦化、有色、铸造等18个行业准入和钢铁、水泥、铝、平板玻璃、光伏等8个行业规范工作。完成了工信部下达我省的淘汰落后电解铝7万吨、水泥60万吨、电力2.4万千瓦目标任务。焦化行业主动淘汰落后产能190万吨,太原市推广清洁焦试点基本成功,可化解过剩产能40万吨以上。

四是推进超低排放改造。制定加快推进全省燃煤发电机组超低排放改造三年推进计划和2015年行动方案,全年共完成改造容量1566万千瓦左右,超额完成1000万千瓦的年度任务。2015年5月,张高丽副总理在我省超低排放改造工作报告上作出批示,要求"发改、环保、能源等相关部门了解和总结推广各地好的经验做法",我省超低排放改造工作得到充分肯定,并在全国进行推广。

四、推动信息产业发展、促进两化深度融合,努力促进信息消费

一是加快发展信息产业。制定并实施信息产业2015-2017三年推进计划和2015年行动计划,推动电子信息制造业和软件服务业发展。全年全省电子信息制造业销售产值同比增长7.8%,软件服务业收入同比增长1.8%。

二是推进两化深度融合。深入贯彻落实《山西省信息化促进条例》,深化两化融合管理体系贯标试点,太钢等6户首批试点企业顺利达标,汾西重工等6户企业列入第二批试点。实施两化融合示范引领工程,总结推广首批16户两化融合示范企业和15户两化融合试点企业经验,继续培育30家示范和试点企业,打造行业两化融合示范标杆。

三是实施"互联网+"行动。研究制定《推进互联网+工业实施方案》,推动省政府与中国联通签署《"互联网+"战略合作框架协议》。开展互联网与工业融合创新试点,遴选山西商品电子交易中心股份有限公司等7户企业申报互联网与工业融合创新试点,清瑞能源科技(山西)有限公司的"基于互联网的分布式油气井智能控制与数据处理"被确定成为试点项目。

四是推动经济社会领域信息化。开展宽带山西2015专项行动,宽带用户普及率达51%。实施重点公共场所无线局域网建设与服务工程,11个市300余处公共场所实现了网络覆盖。着力推动三网融合,全省IPTV用户达57万户。制定《关于加快高速宽带网络建设 推进网络提速降费的实施意见》,全省互联网资费水平下降30%以上。指导推动全省电子政务发展,全省政府网站政务信息公开功能逐渐完善。开展覆盖全省11个市、126个省级部门的信息安全检查,稳步推进工业控制系统信息安全工作。推进太原、长治信息消费试点城市建设,鼓励信息消费合作模式创新,全年全省信息消费规模达1000亿元。

五是推动军民融合深度发展。推动省政府与国家国防科工局签署战略合作协议。实施高分辨率对地观测系统等5个军民融合专项和40个重点军民融合产业项目,强化9个军民融合产业园区(基地)建设,扩大"民参军"规模。2015年全省军工经济增加值增长9%。

五、坚持深化改革、扩大开放,创新工业和信息化发展体制机制

一是大力推进行政审批制度改革。深入推进简政放权,取消焦炭经营审批和工艺美术大师评审2项审批事项,把总投资5亿元以下企业投资项目备案、节能评估和审查权力下放各市。建立完善权力清单、责任清单制度,向社会公开公布7大类65项权力事项,逐项制定运行流程图,简化审批流程。

二是全面完成煤焦管理体制改革任务。贯彻落实我省《关于深化煤炭管理体制改革的意见》,制定《煤焦运销管理体制改革工作方案》,取消开立户管理、取消票据查验补征、取消汇总平衡计划,有效提升煤炭生产与流通效率。推进煤焦公路、铁路运销体制改革,取消煤焦公路运销统一调运单,取消铁路运输计划归口管理,实现铁路部门敞开受理所有发煤、发焦企业铁路运输需求。

三是创新电力直接交易机制。组织开展6批次直接交易,交易电量233.7亿千瓦时,为电力用户节约用电成本16.2亿元,发电企业机组利用小时最高增加2300小时。在电解铝行业采取竞价撮合方式开展直接交易,华圣铝业、华泽铝电等4户企业与7户发电企业完成交易电量54.5亿千瓦时,全省电解铝企业全年减少用电成本9.465亿元,成交的发电机组利用小时最高可提高2000小时。

四是努力抓好扩大开放工作。组织我省175个先进制造业项目参与粤津鄂沪招商引资系列推介活动。组织省内企业赴兵团六师、十二师及昌吉州4个工业园区,开展产业援疆对接活动。制定《关于加强和改进口岸工作支持外贸发展的实施意见》,积极推进太原航空口岸、铁路口岸建设,太原航空口岸出入境人员稳步增长,大同航空口岸连续六次获批临时开放,运城航空口岸临时开放有序推进。

五是积极组织实施"冬季行动"。成立了"冬季行动"领导组织机构,确定项目推进、企业帮扶、提升产业素质、推进绿色发展等8项工作任务,细化明确了30项行动重点,确保"冬季行动"取得切实成效。

六、落实主体责任、深化整改工作,全面加强党风廉政建设

一是从严落实"主体责任"。制定《省经信委党组落实党风廉政建设主体责任清单》,将委党组班子的责任细化为9项、党组书记的责任细化为4项。坚持定期分析党风廉政建设形势,全年召开20多次会议研究部署廉政工作、违纪案件处理。严肃开展集体廉政谈话与个别约谈,增强拒腐防变的能力。严格落实领导干部"一岗双责"责任制,坚持做到既抓业务又抓党风廉政建设,既管事又管人,有力推动了党风廉政建设和业务工作的协调推进。

二是支持纪检监督工作。旗帜鲜明地支持纪检监察部门履行职责。深入贯彻落实"三转"要求,及时调整纪检组长在

党组的工作分工，保证纪检组突出主责主业。完善了纪检组全程监督项目资金安排、人事动议调整等重要事项的机制。全力支持纪律审查工作，对8个直属单位节日期间公车私用、值班纪律、报告制度等落实情况进行了突查。积极开展专项监督，加强对项目审核、资金使用、干部调整等重点工作的监督，对2014年全委项目资金按20%实施了抽查，有力落实了党风廉政监督责任。

三是深刻开展反思整改。入开展反思剖析，先后组织召开3次党组会、3次党组(扩大)会、8次部分党组成员专题剖析会，对存在的问题进行深刻剖析。扎实推动整改落实，向省纪委报送了班子建设、业务工作、干部队伍建设3个专题整改反思报告，确定了"汲取教训、落实责任、完善制度、重塑形象"的整改思路，制定了13个整改任务的细化实施方案，全力抓好整改，确保改到位、改彻底。认真抓好专项整治，着重开展了4个专项整顿活动，反思整改工作取得了积极成果。

七、强化管理，提升素质，打造奋发有为的领导班子和干部队伍

一是扎实开展"三严三实"专题教育。制定了《省经信委"三严三实"专题教育实施方案》，认真组织专题研讨。精心组织专题民主生活会，严肃开展批评与自我批评。深入贯彻《中国共产党廉洁自律准则》和《中国共产党纪律处分条例》，严守党的纪律和规矩。坚持集中学习制度，委党组中心组每月集中学习不少于1天，先后5次组织观看理论辅导和廉政警示教育片，促进广大党员干部敬法畏纪、遵规守矩。

二是认真实施"六权治本"。成立了法制建设领导小组，建立重大行政决策合法性审查制度，完善权力清单、责任清单制度，向社会公开公布7大类65项权力事项，逐项制定运行流程图，构建了权力运行的监控制约机制。认真查找权力运行的关键点、薄弱点、风险点，以加强廉政监督、从严约束权力、治理不作为乱作为为重点，新建和完善各项制度77项，形成了较为完整的经信系统"六权治本"制度体系。

三是加大干部队伍教育监督管理力度。加强干部教育培训，举办《中国制造2025》等10场专题讲座，选调219名干部参加联合培训，组织368名干部参加16个省内外干部选学专题培训班。严格执行《党政领导干部选拔任用工作条例》，共选拔任用干部51人，其中提拔调整39人、平职调整12人。深入实施"三个一批"，运用六查工作法对12名干部进行了甄别，选拔任用所属单位"一把手"8人。

四是强化机关建设。召开第二次党员代表大会对机关党委进行换届，调整机关7个支部支委成员和3个行办党委班子成员。加强党务干部培养，安排24名支部书记参加省直党校支部书记示范班，组织40名近两年入党党员和新党员参加省直党校的新党员集中培训。编制了《2015年机关工作推进手册》，深入实施绩效管理。组建了第27批扶贫工作队，加强领导干部下乡住村工作。扎实推动机关后勤财务规范化管理，修订了22项行政财务管理办法，制定了115项工作标准，有效强化了后勤和财务内部控制。做好老干部工作，老干部"两项待遇"得到认真落实。积极抓好精神文明建设，对22个先进基层党组织和176名优秀共产党员进行"七一"表彰，开展"重走长征路、健康万里行"主题活动、纪念抗战胜利70周年歌唱比赛等健康有益的文体活动，有效增强了全委干部职工的向心力、凝聚力和集体荣誉感。

（董晨阳）

附：省经济和信息化委员会党组书记、成员名单

书　记： 张华龙

成　员： 张兵生(12月离职)　朱　鹏　冀明德
陈官虎　周礼仁　温元伟
杨永辉(12月双开)

省教育厅党组工作概况

党组书记　张文栋

2015年，在省委、省政府正确领导下，省高校工委、教育厅党组深入学习贯彻习近平总书记系列重要讲话精神和党的十八届五中全会精神，认真贯彻落实省委、省政府部署，求真务实，开拓创新，推动教育事业改革发展取得新成效。

一、深入学习贯彻党的十八届五中全会和习近平总书记系列重要讲话精神，全省教育系统掀起学习热潮

全省教育系统深入学习贯彻党的十八届五中全会精神和习近平总书记系列重要讲话精神，尤其是关于教育工作的重要论述，广大干部、师生的思想政治素质不断增强。省教育厅于年初专门印发文件，对厅党组、厅直单位中心组和广大干部理论学习工作进行安排部署，明确了学习内容、载体和方式，加强对学习过程和效果的督查、考核和反馈，确保学深、学透、学以致用。省高校工委、教育厅多次召开党组会议、中心组学习会议和厅务会议，学习有关会议和讲话精神，并对宣传、贯彻和落实工作进行安排部署。省教育厅积极开展领导班子成员讲党课活动，厅领导班子成员分别选取不同专题讲授党课，党组书记还作为省委宣讲团成员向高校师生宣讲党的十八届五中全会精神，教育系统在思想上政治上行动上与中央和省委保持一致。各地各校将学习讲话精神作为首

要政治任务，结合自身工作实际，通过日常教学、专题培训、校园网、微信等传统和新媒体手段，做到领导班子带头学、教师自觉学、组织学生学，让讲话精神进课堂、进教材、进头脑，做到真学、真懂、真信、真用。

二、贯彻全面从严治党要求，认真开展“三严三实”专题教育

省教育厅制定了“三严三实”专题教育实施方案，下发专题学习资料1600余册，围绕“严以修身”、“严守党的政治纪律和政治规矩”、“严以用权”、“严以律己”等主题开展了4次专题研讨，干部撰写学习体会、报告1000多篇。党组书记以“深入学习自觉践行‘三严三实’”为主题在机关进行党课教育，厅领导班子其他成员分别结合工作分工，为分管处室及直属单位党员干部讲了专题党课。组织召开本科高校党委书记“三严三实”专题研讨会，对领导班子和领导干部“不严不实”的具体表现进行了深入查找和汇总梳理。教育厅领导班子于12月30日召开了领导班子专题民主生活会。指导各高校召开了民主生活会，干部党性修养进一步增强。

三、严格落实“两个责任”，保持教育系统风清气正发展环境

全面落实从严治党要求，履行主体责任，坚持把党风廉政建设和反腐倡廉工作与业务工作同部署、同考核、同推进。省教育厅党组制定了“两个责任”的实施意见和责任清单，积极推进责任落实。开展了机关党委换届工作，将机关党支部由原有的9个，调整增加为20个，促进处室负责人落实“一岗双责”要求。调整了有关工作分工，支持驻厅纪检监察部门“三转”聚焦主业。支持纪检监察机关严肃监督执纪问责，高校纪工委立案7起，结案5起，对10名涉案人员给予党纪政纪处分，组织处理9人。大力推进高校落实“两个责任”，指导省高校工委所属高校制定了“两个责任”实施意见和责任清单。对高校党风廉政工作进行考核，对排名靠后的高校下达整改通知，并约谈了部分高校负责人。制定了《推进高校党风廉政建设“两个责任”落实和高校纪委“三转”工作方案》，指导推动高校对省委巡视反馈问题、省纪委调研指出问题进行整改。各高校认真履行“两个责任”，查处一批案件，对有关人员进行处理问责，保持了反腐败高压态势。

四、扎实开展“学习讨论落实”活动，努力塑造教育系统弊革风清良好形象

紧紧围绕省委规定的学习重点，突出抓好习近平总书记系列重要讲话精神的学习，普遍开展了理想信念、党性党风、革命传统和廉政警示教育。厅机关及直属单位先后组织开展专题学习219次，举办培训班32次，专题辅导讲座110次，观看警示教育片92次。坚持问题导向，重点围绕落实“两个责任”、遵守党的政治纪律等6个方面，梳理出当前政治生态存在的35类突出问题，深挖产生问题的5个根源，研究制定了切实可行的解决措施，明确了7个努力方向。

强化问题整改，在开展党的群众路线教育实践活动整改落实“回头看”的基础上，认真抓好省委专项整治重点任务，主动开展了招生入学、教师师德师风、学生奖助学金、教育乱收费、科研经费使用和学校工程建设等6个问题的专项整治。建立基础台账、月报、督办函制度和责任倒查机制，幼儿教育“入园难”、义务教育“择校热”和高中“抢生源”问题以及其他热点问题均得到缓解和遏制。成立了4个督导组，加强对所属高校和直属单位开展活动的督查指导，确保了活动高标准高质量开展。

五、加强和改进高校党的建设，全面提升党建工作科学化水平

召开了全省高校党建工作会议，提请省委办公厅印发了《山西省贯彻执行普通高等学校党委领导下的校长负责制的实施办法(试行)》，推动实施高校领导班子任期制、常委制。召开了高校党委书记抓基层党建工作专项述职会议，并指导高校开展好院(系)党组织书记抓党建专项述职工作。对高校工委所属27所高校领导班子和189名省管干部进行2014年度考核，对省委安排的甄别处理一批、调整退出一批和掌握使用一批干部工作进行了安排部署。组织召开本科高校党委书记“三严三实”专题研讨会，对高校领导班子和领导干部“不严不实”的具体表现进行了汇总梳理，建立了高校“三严三实”专题教育旬报制度。针对高校贯彻执行党委领导下的校长负责制、发挥党管人才作用等情况进行了专题调研，为省委决策提供了重要参考。严格高校发展党员工作管理，与省委组织部联合印发了《山西省高等学校发展学生党员工作实施细则》。对所属高校领导班子民主生活会进行指导，省高校工委、省教育厅领导参加了10所高校的“三严三实”专题民主生活会。配合省委统战部召开了部分省属本科院校统战部长座谈会。配合省委统战部成功举办了“山西省第一届归国留学人员乒乓球友谊赛”。向省委统战部推荐了19名优秀中青年党外干部。

六、深入推进大学生思想政治教育工作和中小学生德育、心理教育，全省教育系统保持了安全稳定

开展高校宣传思想工作和大学生思想状况调研，提请省委办公厅、省政府办公厅印发了《关于进一步加强和改进新形势下高校宣传思想工作的实施意见》。与人民网合作开展了“社会主义核心价值观进校园”系列宣传活动，制作专访38期。3所学校思想主题教育网站入选“全国高校百佳网站”。与省委宣传部共同编制《山西省高校宣传思想队伍建设五年培训规划(2015-2019年)》。协调北京大学、复旦大学、全国宣传干部学院、延安干部培训学院成为我省宣传思想骨干研修基地，争取202万元经费举办5期宣传思想骨干培训班，共培训骨干800余人。研发并运行“山西省高校辅导员信息管理系统”，建立了全省高校辅导员队伍基本信息数据库，向省委、省政府提交了《全省辅导员队伍建设情况调研报

告》。评选高校文明单位标兵24个、高校文明单位7个,推荐省文明单位标兵6个、省文明单位11个。建立省委、省政府领导联系高校和上讲台开展思想政治教育工作机制。实施思政课集体备课制度。编写高校心理健康教材,建立高职院校心理健康在线开放课程共建共享联盟,开展了心理健康教育节活动。

印发实施《培育和践行社会主义核心价值观 进一步加强中小学德育工作的实施方案》,组织开展全省中小学"学科德育精品课程"征集展示活动和"三爱三节"教育活动,深化"中国梦"主题宣传教育,推进核心价值观进校园、进课堂、进头脑。组织开展"墨香书法"展示活动、"千校书香"阅读活动和"名人进校园、共读一本书"活动,推进中华优秀传统文化进校园。在太行八路军纪念馆建立"大中小学生爱国主义教育基地",举办"青春与历史相见"抗战题材纪录片进校园展映活动和"太行回声"大型诗歌朗诵会,引深纪念抗战胜利暨反法西斯胜利70周年活动。加强中小学生养成教育,开展"拒绝陋习 文明出行"、文明过12岁生日、规范和创新升国旗仪式、防范打击非法集资进校园等专题教育。加强中小学校外教育工作,与中科院合作开展科普实践教育系列活动。修订县级青少年校外活动中心评价办法,组织开展年度质量等级评估工作。实施校外活动场所项目能力提升工程,改扩建一批县级活动中心。阳泉市郊区档案馆被命名为全国中小学档案教育综合实践基地,确定吕梁市档案局为省级中小学档案教育实践基地、柳林县昌盛农场有限公司为省级环保教育综合实践基地。遴选出30所省级心理健康教育特色示范校,其中8所被评为全国心理健康教育特色示范校。

严格落实维护高校政治安全责任,进一步加强重要保障期和敏感期的形势研判与专题调研工作,妥善应对和果断处置突发事端。省教育厅连续八年被省政府评为安全生产工作先进单位,在全国学校及周边综合治理考评中名列第5位。高校新校区建筑单体消防验收合格率由年初的21%提高到100%。加强安全隐患排查整治工作,采取"四不两直"方式深入开展4次全省学校安全工作大检查专项行动。提出高校安全能力方面的"七化"建设,努力推进中小学安全能力"三化三建设"工作,不断深化平安校园创建活动,维护全省学校安全稳定。

七、教育事业取得新进展

基础教育方面。新建、改扩建公办标准化幼儿园204所,改造农村幼儿园312所。学前教育毛入园率达87%。指导督促太原市杏花岭区、小店区、尖草坪区、万柏林区、古交市,大同市左云县,阳泉市城区、平定县,长治市城区、襄垣县、沁源县,晋城市泽州县,朔州市右玉县,晋中市和顺县、昔阳县、祁县、平遥县,运城市万荣县、绛县、平陆县、芮城县,忻州市岢岚县、保德县,临汾市霍州市、翼城县、古县、吉县,吕梁市离石区、汾阳市、交城县等30个县(市、区)通过国家级义务教育均衡发展督导评估认定。晋中市入选"全国义务教育均衡发展优秀工作案例"。印发实施了《普通高中学校标准化建设实施方案》,启动普通高中学校办学条件标准化建设工作,列入2015年任务的高中学校完成自评和市级验收。普通高中助学金资助标准提高到2000元,减轻了家庭经济困难学生就学负担。基本完成了30万人口以上县特教学校建设任务。特殊教育学校生均公用经费标准提高到每生每年5000元。组织全省50%的特教学校校长、教师共计500余人参加省级培训,圆满完成了所有特教学校校长、教师轮训任务。

职业教育方面。5月11日,山西省首届"职业教育活动周"启动,活动周主题为"支撑中国制造,成就出彩人生",通过开放校园、文化展示、便民服务、宣传报道等形式,展示职业院校校园文化和育人过程,宣传职业教育成果,营造全社会关心重视职业教育的良好氛围。7月29日,省政府召开全省职业教育工作会议,李小鹏省长出席会议。省政府印发了《山西省人民政府关于贯彻落实〈国务院关于加快发展现代职业教育的决定〉的实施意见》,省政府办公厅印发了《职业教育校企合作促进办法》《关于加强职业教育实训基地建设的意见》《关于加强职业院校"双师型"教师队伍建设的意见》等配套文件,省教育厅、省发改委等六部门联合印发了《山西省现代职业教育体系建设规划(2015-2020年)》。9个县级职教中心通过省级验收,累计有82个县级职教中心通过省级验收。6所省级示范性高等职业院校建设项目通过省级验收。304个实训基地项目列入项目储备库,支持建设131个省级实训基地。255个重点专业项目列入项目储备库,支持建设96个重点(特色)专业。遴选106所骨干职业院校与1082家大中型企业作为"百校千企"工程实施单位。对48所独立设置的高职高专院校进行了人才培养工作水平评估。成功举办了山西省第九届职业院校技能大赛,28所职业院校承办各项赛事,比赛项目涉及24个专业大类、113个小项,参赛选手达到4700余人。

高等教育方面。山西能源学院、山西警察学院顺利通过全国高评委六届五次会议评审,山西中医学院更名山西中医药大学工作也取得重要进展。省政府与国家中医药管理局签署了共建山西中医学院协议。认真贯彻落实全省科技创新推进大会精神,围绕省委书记王儒林在高校科技创新工作座谈会上指出的制约高校科技创新的10个问题,启动"推进高校科技创新行动计划",着力破解制约高校科技创新的体制机制问题。修订了《山西省"三晋学者"特聘教授(专家)支持计划实施办法》,增加了"青年三晋学者"层次。遴选出省级优秀创新团队1个,"三晋学者"特聘教授1人,中青年拔尖创新人才12人,优秀青年学术带头人38人,高校"131领军人才"247人。大力推进"高等学校创新能力提升计划",遴选了首批14个省级协同创新中心。高校共获得2015年度山西省科学技术进步奖28项,其中一等奖3项,二等奖18项,三等奖7项。遴选出4所高校的5个团队参加了中国首届"互联网+"大学生创新创业大赛,共获得银奖两项、铜奖三项。积极推动大学科技园入驻高新区,中北大学与太原高新区签署战略合作框架协议。

教师队伍建设方面。山西省委、省政府将“区域内义务教育阶段学校校长、教师交流实现全覆盖,交流比例分别达到应交流人数的10%”指标纳入对各市、县(市、区)政府目标责任考核体系,同时进一步完善了省级校长教师交流轮岗政策,所有市、县(市、区)均出台了本地的政策文件。全省共交流校长1249人、教师14997人,分别占应交流人数的22.3%和13.8%。印发了《山西省乡村教师支持计划实施办法》。招聘特岗教师1600名,全部补充到贫困县乡(镇)及以下中小学。落实了312名山西生源国家免费师范毕业生就业岗位。组织评选出“山西省中小学教学名师培养计划”候选人80名、省学科带头人269名、省骨干教师685名。落实集中连片特困县乡村教师生活补助政策,发放资金8768万元,涉及教师26448人。督促各地落实原民办代课教师教龄补贴,安排省级补助资金2121.7076万元,涉及80993人。启动中小学职称制度改革。遴选了19个国培项目县和33个能力提升工程项目县实施国培计划,共培训中小学幼儿园教师11.46万名。组织召开了第20届晋绥儿女支持老区教育奖颁奖大会,山西共有44个县220名优秀教师获此殊荣。

(白云飞)

附:省教育厅党组书记、成员名单

书　记:张文栋

成　员:张卓玉　王　云　李忠人　张培良　李青山　孙世新　任月忠　马　骏　王晓鹏(7月任职)

省科学技术厅党组工作概况

党组书记　张金旺

2015年,省科技厅党组深入贯彻落实党的十八大和十八届三中、四中、五中全会精神,以习近平总书记系列重要讲话为遵循,按照省委省政府实现科技创新新突破的总体部署,大力落实全省科技创新推进大会各项要求,抓党建促发展,抓改革促创新,圆满和超额完成各项目标任务和共性指标。全省R&D经费投入152.19亿元,在经济下行压力持续加大的情况下,基本保持了上年的投入水平。山西科技创新城投资40亿元。有效发明专利拥有量增长27.5%,达到7742件。有5个项目获国家科学技术奖。高新技术企业数量比上年增长35%,总数超过700家,两年翻了近一番。全省科技进步水平综合指数排全国17位,上升2位,增幅全国第一。

一、深入贯彻习近平总书记系列重要讲话精神,加强科技创新顶层设计

把习近平总书记系列重要讲话作为党组中心组学习的首要内容,全面学与重点学结合,集中学与个人学结合,力求准确把握科学内涵、精神实质,不断增强厅领导班子组织实施科技创新的素质和能力,不断增强全系统党员干部贯彻落实的自觉性和坚定性。全年组织党组中心组专题学习15次,共召开厅党组会、厅办公会和科城办主任办公会73次,及时研究解决科技创新有关问题。以省委、省政府或两办名义制定出台政策文件7件,以厅名义出台科技创新相关政策性文件9件,全力以赴把创新驱动发展战略落到实处。

二、坚持全面从严治党,加强党风廉政和班子队伍建设

坚持把抓党建作为最大的政绩,按照“四个全面”的布局,严格落实主体责任,出台了《山西省科技厅党组关于落实党风廉政建设主体责任的实施意见(试行)》,列出了主体责任清单,并严格对照清单抓落实。厅党组与15个直属单位党政“一把手”签订了党风廉政建设责任书,班子成员分别与67名党员干部开展了廉政谈话。坚持把抓班子带队伍作为常态化的工作,制定了厅党组工作规则,执行民主集中制原则,严格党组会、办公会制度,对重大项目、重要事项、干部使用等严格按程序、按规矩广泛征求意见,充分发扬民主,集体研究决定。坚持把落实从严治党要求放在全部工作的首位,厅党组两次召开专题会议研究,认真开展“三个一批”,对104名干部进行“六查”,与58名干部谈话,对14个单位的领导班子进行分析研判,对2名直属单位班子成员进行提醒谈话,对厅管干部档案进行“回头看”,组织77名处以上干部填报了个人报告事项。完成了厅机关党委、纪委换届选举工作,坚持“三会一课”、民主评议党员、领导干部过双重组织生活等基本制度,严格党费收缴管理,认真施行党务公开。坚持反腐败高压态势,结合春节、五一、中秋、国庆等重要时段、重要节点,加大反“四风”力度,明察暗访开展专项监督检查。厅系统没有发生公车私用、公款吃喝、公费旅游、超标准接待等违反八项规定的行为。

三、坚持“三严三实”,促进机关作风实质性转变

把“三严三实”要求贯穿抓科技创新工作的全过程。制定了《关于在厅系统处级以上领导干部中开展“三严三实”专题教育的实施方案》,先后组织了4次专题研讨,25人次进行研讨发言,组织11次支部会,处级干部人人写了心得体会。党组书记张金旺等4名厅领导和10余名处级干部在不同范围讲授了党课。召开了以践行“三严三实”为主题的民主生活会和组织生活会,制定出“问题清单”和“整改清单”。“三严三实”专题教育取得明显成效,促进了机关作风的大大改善。

四、实施“六权治本”，推进依法行政

按照“六权治本”的要求扎实推进科技依法行政。制定了《山西省科学技术厅深化推进“六权治本”工作方案》，编制完成了省科技厅24项行政权力的权力清单和责任清单等“两清单”，权力运行流程图和权力运行风险防控图等“两张图”，并向社会公布。修订了《省科技厅政府信息公开规定》，政务工作做到应公开全公开。坚持依法行政，建立了法律顾问制度，制定了《山西省科学技术厅落实 < 关于健全重大行政决策机制的意见 > 实施细则》，出台了《山西省纪委监察厅驻省科技厅纪检组监察室查办案件工作程序》，形成和完善了由47项制度构成的制度体系。全厅工作都在制度框架内依法合规运行，积极作为、干事创新蔚然成风。

五、大力推进科技管理体制机制改革，全力实现科技创新新突破

（一）在全国率先建立了省级科技管理新体制。一是建立了新的省级科技计划（专项、基金）管理体制。搭建公开统一的山西省科技管理平台，构建了包涵五个子系统的山西省科技管理与综合服务信息平台体系。建立了省科技计划管理厅际联席会议制度。形成了与国家五大计划衔接的省级科技计划体系。出台了《山西省科技计划管理办法》“1+7”配套管理制度，标志着我省基本确立了决策、执行、监督相互分离的科技管理新体制。

二是建立了新的项目形成与立项机制。特别是对科技重大专项和重点研发项目，建立了编制产业创新链，凝炼科技重大专项，公开招标立项的机制。实现了我省在科技项目组织上的重大创新。

三是深化省属科研院所改革，拟制了《关于进一步加快省属转制科研院所改革的意见》，进一步加强了省属转制院所的分类指导。

四是推进科技厅机关机构职能改革。经省编办正式批复同意，在全国率先完成了省级政府科技部门机构和职能调整，厅机关职能正在实现由科研管理向创新服务的重大转变。

（二）完成产业创新链编制，实施重点精准科技攻关。围绕做好煤炭产业这篇大文章，组织120余名专家，历时半年，全面修订了煤层气、煤电、煤化工、煤焦化、煤机装备、煤基新材料等6条煤基产业创新链2015版。对新凝炼的31个重大科技攻关项目开展招标，其中29项国内招标，2项国际招标。

围绕做好非煤产业这篇大文章，组织86名专家，历时一年，编制完成“数控一代”交通与重型装备、新能源汽车、新能源、电子信息、节能环保5条高新技术产业创新链，凝炼35个项目，经省科技计划厅际联席会审核，已纳入2015年省重点研发计划中立项实施。

一批重点科技攻关项目已取得部分关键技术突破。清洁利用方面，太锅投运的240t/h和550t/h循环流化床锅炉，实现超低排放。安全利用方面，晋煤开发出适合采空区抽采的L型井，单井日均产气1500–1800立方米，该技术正结合全省瓦斯抽采全覆盖工程向全省推广。高效利用方面，阳煤化机研制出适合山西高灰熔点及低质煤的清华炉，气化温度达到1600℃；阳煤集团与东华工程合作研发的PWR气化炉已在美国完成两次山西煤种的试烧，气化温度达到2500℃，为延长产业链、实现煤炭高效利用奠定了基础。低碳利用方面，潞安乏风氧化发电项目开始正常发电。

（三）山西科技创新城全面建设。2015年，省政府及太原、晋中两市共批准各类规划文件24个，编制完成12个邻里单元修建性详细规划和建筑设计方案。启动了核心区其余15平方公里和产业区控规编制。清华大学清洁能源研究院、科技创新综合服务平台、马练营路等21个研发机构、公共服务设施和基础设施项目开工建设，完成投资40亿元，标志着科技创新城进入全面建设阶段。累计引进中科院、中海油、华能集团等国内领先的煤基低碳研发机构34家。出台了《山西科技创新城平台管理暂行办法》等4项配套政策，将着力把科技创新城打造成为我省创新发展的引擎和世界低碳中心。

（四）积极促进科技资源共享和开放。出台了《关于大型科研设施与仪器等科技资源向社会开放共享的实施意见》《山西省科技创新券实施管理办法（试行）》等。新投入570万元，支持大型科研仪器、自然科技资源、科学数据、科技文献等基础性平台建设。山西省大型科学仪器共享资源新增入网单位5家，仪器236台，价值1.4亿元，入网单位总数达到143家，仪器总数达到1972台（套），总价值9.64亿元。

（五）构建以企业为主体的自主创新体系。在2015年省科技重大专项和重点研发计划的立项组织和评审中，企业技术专家占到三分之一以上。新组建超重力环保等4个产业技术创新战略联盟，新认定115户民营科技企业，新认定火电节能优化监测监控等26家省级工程技术研究中心，新认定高新技术企业271家，新认定5家省级科技企业孵化器。太重集团、晋煤集团获批企业国家重点实验室。2015年科技重大专项的评审中，把企业研发投入和技术创新能力作为政府科技经费支持的重要指标。82%的科技重大专项由企业牵头实施。

（六）强化知识产权保护和科研人员激励。配合省人大修订《山西省专利实施与保护条例》，出台了《山西省知识产权战略实施行动计划》等，开展了知识产权宣传周系列活动。特别是在推进专利质押融资方面实现了新的突破，组织130余家企业、金融机构举办了山西知识产权质押融资交流对接会。全年共成交专利质押融资10笔，质押专利29件，获得融资总额2.59亿元。

（七）成功举办了2015低碳发展高峰论坛。李小鹏省长发表了主旨演讲，世贸组织前总干事素帕猜·巴尼巴滴等6名嘉宾发表演讲。来自美国、俄罗斯、乌克兰、泰国等19个国家和地区的嘉宾，国内清华大学等22所高校、中国科学院等155个科研院所和知名企业的专家学者等共计2000余人参加了各类活动。

（八）加强科技交流与合作。与国家基金委共同出资

5000万,成立“煤基低碳联合基金”,首批项目已完成评审,44个项目将正式实施。与中科院签订了战略合作协议,中科院29家所属院所与我省38个单位开展了深入交流与合作,促成45个合作项目,将为研究解决煤基低碳领域重大科学问题提供支撑。

(九)大力推动大众创业、万众创新。出台了《关于发展众创空间推进大众创新创业的实施意见》,首批认定35个省级众创空间。组织117个企业和团队参加了第四届中国创新创业大赛山西赛区预决赛。以省高新技术创业中心为试点,建设了集创新工场、创客咖啡、创业服务、企业孵化、科技金融等为一体的山西省科技创新创业服务大平台。

(十)专项整治科技资源“碎片化”、“领导干部承担项目多”取得扎实成效。坚持标本兼治。治标方面,首次对2015年的申报项目进行查重公示,对257个重复申报或不合格申报项目不予立项。对29位领导干部申报的项目不予立项。2015年,党政机关领导干部没有承担省级自然科技计划项目,承担软科学项目的仅1项,占比由去年1.83%降低到0.1%。治本方面,结合科技改革,33项省各类科技计划整合形成新的五大计划体系,设立了煤基科技重大专项,建立了全省统一的科技管理平台。

(毕世仑)

附:省科学技术厅党组书记、成员名单

书　记: 张金旺

成　员: 张新伟　郭春林(6月离职)　李秀林

省公安厅党委工作概况

党委书记　刘　杰

2015年是全面深化改革的关键之年,也是全面推进依法治国的开局之年。省公安厅党委团结带领全省公安机关和广大公安民警,在省委、省政府和公安部的正确领导下,深入学习贯彻党的十八大和十八届三中、四中、五全会精神,紧紧围绕“四个全面”的要求,主动适应经济发展新常态,坚持以问题为导向,以改革为动力,以法治为引领,开拓创新,真抓实干,扎实推进全省公安工作和队伍建设健康发展,为全省“六大发展”创造了安全稳定的社会环境。

一、厅党委坚持理论学习,不断强化自身建设

2015年,厅党委深入落实党委中心组学习制度,开展集中理论学习20次,并适时开展理论热点、重要工作部署、法律业务知识等集中研讨学习。通过坚持不懈地真学、深学、苦学,切实把思想和行动统一到以习近平同志为总书记的党中央的决策部署上来,切实增强理论自信、道路自信、制度自信,确保以理论上的清醒始终保持与党中央的高度一致,始终保持正确的立场和方向。厅党委中心组6篇学习信息分别在省、部有关媒体刊登。刘杰同志撰写的学习体会《大力推进六项活动 提升法治山西建设水平》选登在《山西省省直机关党组(党委)中心组理论学习成果汇编》中,被省直工委推广交流,较好地发挥了中心组学习的示范带动作用。

按照中央、省委和公安部党委关于开展“三严三实”专题教育活动的统一部署,省公安厅党委成立了领导组,制定印发了方案和各阶段《安排意见》,指导全厅开展学习研讨活动。厅党委以上率下,积极开展三个专题的学习研讨,集中开展了9次中心组“三严三实”集中学习和6次专题研讨。刘杰同志先后2次为厅机关副处以上领导干部讲授专题党课,厅党委成员也都在各自分管部门讲授了专题党课,有力推动了“三严三实”专题教育的健康开展。同时,厅党委组织开展了“秉公执法、人民公安为人民”主题教育活动和“讲清问题、划清界限、肃清影响”工作、“秉公执法、人民公安为人民”主题教育活动等自选动作,确保公安民警始终做到秉公执法、竭诚为民。厅直46个单位累计开展270余次集中学习,100余次专题研讨,参加的处级领导干部累计达1500余人次。2015年12月23日,厅党委召开专题民主生活会,党委班子成员紧紧围绕践行“三严三实”的主题,认真开展批评和自我批评,查摆了自身存在的问题,分析产生问题的原因,提出了明确的改进措施。这次专题民主生活会个人剖析实事求是,相互批评开诚布公,问题查找聚焦到位,整改措施切实可行,达到了统一思想、改进作风、促进团结、推进工作的目的,受到了与会指导的公安部和省委政法委有关领导充分肯定。

二、全面加强公安队伍建设

坚持政治建警,深入开展“增强党性、严守纪律、廉洁从政”专题教育,狠抓党性党风党纪教育,教育民警讲党性、懂规矩、守纪律。坚持素质强警,加强领导干部专题培训,强化全警培训和实战轮训,进一步提升了公安队伍实战能力。

一是强化队伍思想政治建设。全省各级公安机关在各项主题教育活动中,始终把理论学习贯穿始终,完善落实党委中心组理论学习、法制学习、党员民警学习等制度,把学习贯彻习近平总书记系列重要讲话精神作为最重要的政治任务,规范了学习内容、管理和保障,有计划、有步骤地抓好全警理论学习,保证了时间、内容、人员、效果“四到位”。2015年,省、市两级公安机关党委中心组开展集中理论学习和专题研讨150余次;各单位党委书记和党委班子成员结合各自工作实践和学习体会,分别为全体党员和分管部门民警讲授了专题党课。省厅机关在各类教育活动中,先后发放学习书籍、资料等3700余册,编写机关学习参考36期。各基层单位和广大民警开设学习专栏、集中学习、讨论交流、开展自学等方式

相结合，认真系统学习了政治理论和法律知识，人均撰写学习笔记2万余字。通过学习，广大党员、民警自觉从灵魂深处解决好了“我是谁、为了谁、依靠谁”的问题，补足了精神之“钙”，夯实了政治合格的思想基础。

二是坚持问题导向，深入查摆剖析。在各类主题教育实践活动中，广泛征求社会各界意见建议，深入查找存在的突出问题。坚持“四个必查”，做到不漏单位、不漏个人、不漏问题、不漏线索，确保排查全覆盖、线索全过滤、问题全调查，并逐一进行详细登记，分别建立台账，由主要领导签字负责，明确责任单位、责任人和整改落实时间，确保问题清仓见底，件件有着落，件件有回音。各级公安机关领导班子和领导干部从落实“两个责任”、反“四风”、从严治吏、规范权力运行、服务人民群众等方面，联系公安机关实际，联系领导班子和领导干部自身，把自己摆进去，深刻反思领导作风、班子建设、队伍管理的深层次问题，从思想层面、制度层面、领导层面查找产生问题的原因，剖析根源所在，明确努力方向和改进措施。

三是聚焦突出问题，开展专项整治。针对工作和队伍中存在的8个方面24类重点突出问题，部署开展了以“正风肃纪，规范执法，纯洁队伍，重塑形象”为主题的专项整治活动，以整治领导班子“软懒散”、服务群众“冷硬横”、纪律作风“稀拉松”、内务管理“脏乱差”等问题为主要内容的“四项整治”活动，深入开展了执法办案“五个一律”专项检查和执法“回头看”专项督察活动，以及五大警种热点岗位专项整治活动。活动中，全省公安机关共整改2万余个执法问题，对117名违纪民警给予纪律处分，对问题突出的1个县级公安机关主要负责人提出组织调整意见，对10个县级公安机关主要负责同志进行了诫勉或提醒谈话。太原市公安机关排查出“吃空饷”及不能坚持正常工作人员109人，清理清退“吃空饷”人员27人；对违反内务管理条例和上下班工作纪律的14个单位、30名民警予以通报批评；对33个基层所队下达限期整改通知书。

四是积极推进全面深化公安改革相关工作，大力加强正规化建设。省厅党委成立了全面深化改革领导小组及10个专项小组，明确职责任务，统筹推进各项改革工作。在反复研讨论证的基础上，确定了120项公安改革项目，出台了《山西省公安厅全面深化改革领导小组专项组分工》和《2015年全省公安改革重点任务分工》。力争通过3年努力，把改革创新转化为推动全省公安工作和队伍建设的强劲动力。

三、大力加强党风廉政建设

坚持以职定岗、以岗定责、以责问纪的思路，先后下发了厅党委主体责任清单和厅纪委监督责任清单，提出了党委主体责任的11项28条共性任务和班子成员的50项个性任务，列明了纪委监督责任的10项共性任务和班子成员的19项监督要求。出台了《关于进一步推进和深化党风廉政建设“两个责任”落实的工作意见》，明确了落实“两个责任”的工作部门。副省长、厅党委书记、厅长刘杰同志率先垂范，年内先后6次专题研究党风廉政建设和反腐败工作，作出批示20余次，批办案件21件，为厅机关副处以上干部讲授廉政党课2次，先后带队赴长治、朔州市公安机关专题调研党风廉政建设工作。厅党委班子成员把反腐倡廉建设作为分内之事，严格履行“一岗双责”，2015年1月分别带队对各市公安机关2014年度“两个责任”落实情况进行检查考核，4月、7月分别对分管单位党风廉政建设情况进行阶段性督导部署。在厅党委的带动下，全省各级公安机关落实党风廉政建设的主动性和自觉性不断提升，“两个责任”的落实效果初显成效。

部署开展了“增强党性、严守纪律、廉洁从警”主题教育活动。每周通过网上《廉政教育平台》《警钟长鸣》栏目推出典型案例，全年共发布各类教育警示信息800余篇。特别是抓住重点时段，围绕“枪、酒、赌、车、礼、吃、请”等重点内容，采用“对联、打油诗、顺口溜”等民警喜闻乐见、生动活泼的形式向全省民警发送廉政短信，起到很好的警示作用。精选12起典型案件，编写了《案例警示教育读本》，组织观看了系列警示教育片《手莫伸》第四部和第五部，组织召开了两次警示教育座谈会和诫勉谈话会、一次全省公安交警系统警示教育电视电话会议，收到了良好的教育效果。

部署开展了以整治领导干部“软懒散”、纪律作风“稀拉松”、内务环境“脏乱差”、服务群众“冷硬横”为主要内容的“四项整治”活动，先后组织对全省11个市104个县级公安机关的284个基层所队，5个看守所，154个宾馆、酒店和旅游景点进行了明察暗访，组织10余名省厅特邀监督员和民警维权律师后援团成员对窗口服务单位的政风行风建设工作进行了明察暗访。共核查民警违反“八项规定”等作风建设问题32起，43名民警受到党政纪处理。共清理规范违规办公用房109间，清理超标车辆142台。共对788人次进行任前廉政谈话、函询约谈、提醒或诫勉谈话。10月13日下午，省厅党委召开部分市县公安局负责同志诫勉谈话会议。刘杰、周培斌同志与9名市县公安机关负责同志进行诫勉谈话。10月19日、12月9日邓卫平同志先后作出重要批示予以肯定。

四、强化公安舆论宣传，牢牢把握主动权

省厅组织专题新闻发布150余次，发布新闻通稿115篇，组织专题新闻发布会11场，全年新闻发布呈现出命中率大、媒体级别高、刊发面广、转载量多的特点。中央级媒体发稿数量质量均实现历史突破，影视宣传不断强化。组织策划的“山西公安向全省人民拜年”“缅怀公安英烈，传承英烈精神”“巨变中的山西公安：我们的警营和警队”“山西公安向共和国致敬”等主题宣传亮点频出。树立“节点宣传意识”，建立完善了“随警宣传”常态化机制。组织策划“深入警营发现典型，贴近民警感受典型”新闻媒体采风活动，先后6次邀请数十家中央驻晋媒体和省级主流媒体，对各地公安机关对涌现出来的优秀民警和典型经验进行实地采访报道，采写推出各类新闻宣传稿件数百篇，有力宣传了全省公安基层一线先进

典型。自媒体宣传进一步壮大。在新浪“山西公安”微博、腾讯“山西公安发布”微博发布微博6000余条，其中，原创率57.5%,阅读量超过1亿。在政务微信“山西公安发布”发布原创微信199条,阅读量达89万次。

五、抓文明创建活动,推进机关文化建设和精神文明建设

先后组织了全省公安系统优秀单位和优秀人民警察评选表彰活动、抗战胜利70周年纪念活动安全保卫工作成绩突出集体和个人评选表彰活动、“山西好警嫂”和“山西公安最美家庭”以及“感动山西”人物推选活动等,树立了一大批在警内外有影响力的公安先进典型。全年共向公安部申报集体一等功1个,共为18个单位记集体二等功、139个单位记集体三等功;向公安部申报二级英模3名,1名同志被评为“全国特级优秀人民警察”，为6名同志荣记个人一等功、95名同志荣记个人二等功，为851名同志荣记了个人三等功，嘉奖1008名同志。贯彻落实关爱英模措施,成功组织了两批次英模赴省外休养活动,组织编辑出版了《2014年度山西公安功臣名册》。

制定落实了2015年度入党积极分子培训工作计划,对全年的发展党员工作进行了具体安排。共组织安排厅直机关入党积极分子43人参加了培训，审批发展预备党员43人，审批预备党员转正13人。开展救助关怀活动。在传统节假日期间,积极对厅机关困难民警职工、大病民警职工,适当进行救助慰问。春节前期，对28名困难工会会员进行了看望慰问,为他们送去慰问金,表达了工会组织的亲切关怀和新春祝福。为14位民警申报了省直机关“大病救助”慰问金,为7位民警申报了“暖警”救助金,为27位民警职工申请困难帮扶。

认真迎接省直文明单位检查验收。3月份,省直工委省直文明办考核组对公安厅精神文明创建工作进行验收考核。考核组在听取汇报后，按照规定组织厅机关50名同志进行了考试答卷,并与部分民警代表进行了座谈,随后按照查阅资料、测评打分等项目逐项进行了考核验收,考核组还分别对厅机关的工作秩序、环境卫生进行了实地查验,并实地查看了公安微博、山西公安便民服务在线运行情况和出入境管理局等部门。通过检查验收,公安厅被授予2014年度“省直文明单位”称号。

(王瑞成)

附：省公安厅党委书记、副书记、委员名单

书　记：刘　杰(副省长兼)

副书记：成振林　李玉生

委　员：周培斌　汪　凡　边智慧　张立刚　李喜春　段绪忠　安占功　贾继武　李　柏　郭齐鸣

省监察厅工作概况

厅长　冯改朵

2015年以来，在中央纪委和省委的坚强领导下，省纪委监察厅领导班子团结带领全省各级纪检监察机关和广大纪检监察干部，认真履行党章和行政监察法赋予的职责，聚焦中心任务，突出主责主业，强化监督执纪问责，坚定不移推进全面从严治党，有力扭转了系统性塌方式腐败的被动局面，推动全省党风廉政建设和反腐败斗争取得新进展、新成效。

一、深入学习贯彻党的十八大、十八届历次全会精神和习近平总书记系列重要讲话精神,扎实开展“三严三实”专题教育

省纪委常委会把学习贯彻党的十八大、十八届历次全会精神和习近平总书记系列重要讲话精神作为首要政治任务，以上率下,带动全体纪检监察干部学思践悟,切实把思想和行动统一到中央最新精神要求上来。坚持学习党章、尊崇党章、维护党章,在全省纪检监察机关部署开展学习党章活动。委厅中心组集中学习15次12天,采取交流讨论、集中自学等形式,原原本本研读原著,交流讨论心得体会。为委厅各党支部、巡视机构党总支发放《习近平关于党风廉政建设和反腐败斗争论述摘编》《法治热点面对面》等学习资料2600余册,严格落实学习制度,共学习24次12天,做到有计划、有记录、有实践。

扎实开展“三严三实”专题教育,委厅领导班子坚持从自身做起,组织三个专题的学习、讨论,认真落实各项任务,黄晓薇书记带头给全省纪检监察干部讲专题党课。专题民主生活会紧扣“严格党内生活,严守党的纪律,深化作风建设”主题,班子成员敞开心扉,放下包袱,查摆问题见人见事,剖析根源深入思想,开展批评尖锐深刻,达到真刀真枪、强筋壮骨的效果。严格落实双重组织生活会制度,班子成员以普通党员身份参加所在党支部的组织生活会。在全省纪检监察系统开展“学思践悟·岗位练兵”活动,委厅机关各部门和各市、县纪委坚持问题导向,结合职责和岗位实际,对思想和工作进行全面“体检”,对标高标准比学赶超,强责任、提能力、转作风,推进了业务水平和能力素质的整体提高。

二、坚持挺纪在前，着眼“先走一步”，以上率下落实“两个责任”

认真落实王岐山同志关于山西要在从严治党、严明党纪党规上“先走一步”的指示要求，积极协助省委全面履行管党治党主体责任。省委率先落实从严治党主体责任。2015 年，省委常委会研究党风廉政建设和反腐败工作议题 55 个，王儒林书记作出批示、指示 120 多次。省委、省政府班子成员和省人大主持日常工作的副主任、省政协主要负责同志，对 126 名省管干部进行了谈话。王儒林书记严肃约谈各市党政主要负责人和纪委书记，各级党组织主动扛责，逐级约谈，形成上下联动、齐抓共管的良好局面。省纪委认真履行监督责任，班子成员分头约谈市县党委主要负责人、11 个市纪委书记及省直派驻机构负责人；督促各市、省直各单位、省属高校和省管国有企业分别列出“两个责任”清单，主要负责人签字背书；联合省委督查室进行全面督查，对发现的 7 大类 30 个问题要求限期整改到位；在 2014 年度工作目标责任制考核中，对主体责任落实不到位的 6 个市和 6 个省直单位予以“一票否优”；坚持“一案双查”，2015 年，对 1520 名落实“两个责任”不力的党员领导干部予以责任追究，同比增长 190.5%，其中 836 人受到党政纪处分，占追究总人数的比例由上年的 36.2%上升到 55%。

把挺纪在前贯穿于纪律审查各环节。认真贯彻王儒林书记提出的“两道防线”“五个必须”“五个严格”“三个作用”的要求，努力把纪律特别是政治纪律全方位立起来、严起来。推进执纪方式转变。对反映领导干部问题线索进行大起底，建立分类处置台账，实行管处分离；把信访举报件中属于“七个有之”等违反政治纪律的问题单独列项统计，及时处置。纪律审查从“重点查违法”转向“重点盯违纪”，小病快治、小错即纠。执纪审理突出党纪特点，突出政治纪律、政治规矩和组织纪律，实行“三核两问一告知”谈话新模式。改进处分决定宣布方式，在违纪干部所在党委（党组）会上宣布，组织参会人员谈教训、剖原因、明责任，力求查处一案、教育一片、解决一类问题的效果。

三、强力遏制“四风”和腐败蔓延势头，形成并保持了高压态势

坚决落实中央八项规定精神，立体围剿“四风”隐形变异问题。建立“党委统一领导、纪委组织协调、部门各负其责、立体监督防控”工作机制，发挥省交管、旅游、税务等职能部门作用，深入交通要道、旅游景点、饭店会所等排查“四风”问题线索，积极推广应用“四风问题随手拍”。紧盯重要时间节点，深挖细查“四风”隐形变异新动向、新形式；深入开展违规收送礼金、红包问题和领导干部顶风大操大办婚丧喜庆等借机敛财问题专项整治。2015 年，全省共查处此类问题 1362 个，处理 2004 人，其中给予党政纪处分 1625 人，保持了狠刹“四风”的高压态势。

以严惩一把手腐败为突破口，形成不敢腐的强大震慑。在积极配合中央专案组查办我省有关腐败案件的同时，省纪委严肃查处了忻州市委原书记董洪运，阳泉市委原书记洪发科；结案处理和立案审查省国土厅原厅长李建功，省煤炭厅原厅长吴永平，省环保厅原厅长刘向东，中国移动通信集团山西有限公司原党组书记、董事长兼总经理苗俭中，山西国信投资集团有限公司原党委书记、董事长上官永清，山西传媒学院原党委书记解根法等厅局级一把手和 12 名县委书记违纪违法案件，改变了此前 14 年没有查处过市委书记腐败案件、多年没有查处过省直厅局一把手腐败案件的局面，进一步形成并保持了惩治腐败高压态势。2015 年，省纪委立案 75 件，结案 79 件，处分 70 人，处分的干部中厅局级 52 人，结案数和处分人数同比分别增长 38.6%、66.7%；移送司法机关 30 人，下降 40.0%。全省各级纪检监察机关共接受信访举报 124471 件（次），立案 20586 件，结案 20430 件，处分 22276 人，其中，厅局级干部 62 人，县处级干部 907 人；移送司法机关 767 人，挽回直接经济损失 13.2 亿元。特别是认真落实党的政策，贯彻惩前毖后、治病救人方针，积极引导有问题干部主动向组织交代，在全省初步形成了有问题干部相信组织依靠组织、坚定跟党走、积极干事创业的良好氛围。

实行省市县乡四级纪委建账、对账、查账、销账、交账“五账工作法”，严肃查处群众身边的不正之风和腐败问题，全省 1/5 长达两年以上“零办案”乡镇短时间内全部实现零的突破。2015 年，全省各级纪检监察机关共立查乡科级及以下干部案件 19756 件，同比增长 43.6%；处分 21307 人，增长 43.4%；移送司法机关 655 人，增长 44.9%，促进了“乡村治、百姓安”。

四、实施“双剑联动”“三剑齐发”，巡视的震慑、遏制和治本效应进一步凸显

建立巡视组长库，实行组长“一次一授权”，探索形成常规巡视与专项巡视“双剑联动”，常规巡视、专项巡视和对村巡察“三剑齐发”新格局。常规巡视以市带县，紧盯一把手，既抓大又抓小，对问题反映突出的 18 个村进行巡察；组建 8 个专项巡视组，以“一托 N”方式，采取轻敲、直刺、重击等“点穴式”打法，快节奏精准打击。2015 年，在完成常规巡视的同时，又开展 5 轮专项巡视，共巡视 128 个地区和单位，实现了对市县、国有骨干企业、金融企业、高校“四个板块”的全覆盖，巡视覆盖率达 84.2%。

突出问题导向，强化成果运用。建立分管省领导协调督促整改、被巡视单位全面落实整改、分管省领导与被巡视单位共同扛起主体责任的工作机制。探索建立巡视意见“双反馈”、巡视整改“双责任”、整改情况“双报告”、整改报告“双审核”、整改结果“双公开”“五双”工作模式，倒逼整改压力，加强边巡边改，强化标本兼治效果。巡视整改期间，24 个被巡视单位制定整改措施 984 条，完善规章制度 528 项，整改问题 569 件，整改率达 87.4%。巡视工作三次在全国性会议上介绍经验做法，得到中央巡视办的充分肯定。

五、认真落实党的政策，探索减少腐败存量的有效途径

按照省委提出的问题线索处置和纪律审查工作“四条具体意见”，在干部使用上坚持“六个区别对待”，积极为犯了错误想改正、想主动交代问题的同志创造条件、提供机会。在吕梁市、省交通厅、高平市三个腐败重灾区先行先试，通过耐心细致地开展思想政治工作，引导督促涉案和有问题干部反思问题、剖析原因，教育挽救大多数。对主动交代问题的干部，坚持具体问题具体分析、宽严相济依规处理，有问题干部相信组织依靠组织、坚定跟党走、积极干事创业的良好氛围日益浓厚。

六、率先净化自身，扎实推进改革，在学思践悟中强责任、转作风、提能力

从自身做起，带头落实省委净化政治生态的要求部署，按照“铁纪铁军铁腕”的要求，从严管班子、带队伍。通过学习党章、思想引导、谈心交流、集中反思，省纪委班子成员痛彻反省，从对问题认账、认改、认罚，到对工作认理、认责、认干，自我加压、自我革新。省纪委内部恢复正常的党内政治生活，班子成员带头开展批评和自我批评，进行积极健康的思想斗争，坚持原则，开诚布公，团结紧张，严肃活泼，工作作风、精神面貌焕然一新。

从严管理监督干部，痛下决心清理门户。出台《关于进一步加强委厅机关干部日常管理监督的办法》，坚持管事就要管人、管思想、管作风、管纪律，严格执行“五个禁止”“十个不准”，坚决查处系统内的“害群之马”；拓展家访活动，寓厚爱于严管之中；机关提拔选用干部，严格进行“六查”；对新任省管纪检干部由省纪委常委会集体进行任前谈话。2015 年全省纪检监察系统共对 311 人进行了诫勉谈话、责令检查、通报批评，调离纪检监察系统 61 人；立案审查 204 件违纪案件，处分 212 人，重处分 19 人，移送司法机关 10 人，全省纪检监察队伍得到有效净化。

扎实推进纪律检查体制改革。对 48 家省直派驻机构“三转”情况逐一督导，约谈 30 名省直派驻纪检组长，责令 11 名“三转”不力的纪检组长作出书面检查。省市两级出台纪委书记和副书记、派驻纪检组长和副组长以及企业纪委书记和副书记“三个提名考察办法”。出台《关于加强省纪委派驻机构建设的意见》《省直部门和单位派驻机构全覆盖机构设置工作方案》。坚持内部挖潜、整合力量，实行单独派驻和综合派驻两种方式，新设省委办公厅、省委组织部、省委宣传部、省委统战部、省人大机关、省政府办公厅、省政协机关等 7 家派驻机构，调整 28 家派驻纪检组，交流纪检组长 18 人，交流面达 51.4%，交流副组长和工作人员 82 人，交流面达到 78.2%，省纪委派驻机构全覆盖完成 81.4%。探索县级纪委内设机构“N+X”模式，统一口径，指导县级纪委加快内设机构改革。

(李　鹏)

附：省监察厅厅长、副厅长名单

厅　长：冯改朵(女)

副厅长：刘蓉华(女，11 月离职)　李吉山(4 月离职)

何　青　王成禹(12 月任职)

省民政厅党组工作概况

党组书记　薛维栋

2015 年，民政厅党组在省委、省政府正确领导下，认真贯彻落实党中央、国务院和省委、省政府的决策部署，紧紧围绕省委“五句话”总要求，以深入开展学习讨论落实和“三严三实”专题教育活动为推动，充分发挥民政“兜底线保民生”的职能作用，锐意改革创新，扎实勤奋工作，各项工作任务圆满完成，民政综合能力显著提升，在调节社会利益、化解社会矛盾、促进社会公平、维护社会稳定方面发挥了重要作用，为我省经济社会发展做出积极贡献。

一、认真开展“三严三实”专题教育，深入推进党风廉政建设，民政系统自身建设全面加强

(一)“三严三实”专题教育活动深入扎实。在全厅处级以上党员干部中开展了“三严三实”专题教育，围绕“三个专题”进行了 8 次学习研讨，使党员干部对“三严三实”的核心要义有了更准确的把握、对“不严不实”的危害有了更清醒的认识、对践行“三严三实”有了更明确的方向，思想认识进一步深化，理想信念更加坚定。在广泛征求意见建议、深入开展谈心谈话的基础上，认真查找在践行“三严三实”方面存在的突出问题，分析产生问题的原因，有针对性地提出了整改措施，召开了高质量的“三严三实”专题民主生活会，党组成员联系个人思想、工作、生活、作风实际和成长进步经历，认真开展党性分析，开展批评与自我批评，进一步明确了努力方向和改进措施。

(二)党风廉政建设深入推进。制定出台厅党组落实党风廉政建设主体责任清单、驻民政厅纪检组履行监督责任清单，明确了 14 条主体责任和 6 条纪检监督责任。出台《中共山西省纪委派驻省民政厅纪检组关于贯彻落实党风廉政建设监督责任的实施意见》，就《中国共产党廉洁自律准则》和《中国共产党纪律处分条例》组织了学习辅导，邀请专家围绕

落实全面从严治党要求、强化党章党规党纪意识做了专题报告。组织开展了学习《党章》活动、主题党日活动。印发了《关于加强廉政文化建设的实施意见》，开展了廉政文化进机关进家庭活动。巩固和拓展教育实践活动成果，继续整顿文风会风，严格控制"三公"经费，加强了办公用房管理，完成了公务用车改革。深入开展学习讨论落实活动，开展了违规收送礼金红包问题专项整治、领导干部顶风大操大办婚丧喜庆等借机敛财问题专项整治，对节日期间落实中央八项规定情况进行了检查，机关工作作风进一步改善。

（三）依法行政水平明显提升。认真贯彻落实省委"六权治本"各项部署要求，编制完成了"两清单、两张图"。健全完善决策机制，严格"三重一大"管理，印发了《"三重一大"事项决策监督办法》，出台了《关于健全重大行政决策机制的实施意见》和《重大行政决策合法性审查制度（试行）》。扎实推进民政立法创制，配合完成《山西省军人抚恤优待实施办法》修订任务。严格落实规范性文件合法性审查制度，对171件规范性文件进行了集中清理。出台《关于全面推进全省民政法治建设的实施意见》，开展了"六五"普法总结验收、学法用法主题征文和法制宣传活动。

（四）"五项专项整治"取得突出成效。为切实解决民政系统存在的突出问题，开展了"人情保""关系保""错保"、民政窗口单位服务效能、民政专项资金、村务公开不规范、婚丧陋俗"五项专项整治"，成立了11个明查组、5个暗访组，深入11个市、82个县、143个乡镇、272个行政村，474个困难家庭、131个民政窗口单位了解核实情况。通过五项专项整治，清退不符合条件的低保对象134人、通过主动发现机制将958名符合条件的困难群众纳入保障范围、7名工作人员受到党纪政纪处分；2638个民政窗口单位制定了服务清单，明确了服务标准，改进了服务方式；健全了资金使用管理办法，完善了村务公开民主管理各项制度，全省成立"红白理事会"20475家。

二、以政策创新为抓手，继续加大改革力度，民政亮点工作不断涌现

（一）扶持社会力量发展养老服务业取得突破性进展。会同省财政厅出台了《全省扶持养老服务业发展财政贴息暂行办法》，明确从2015年起，连续三年每年为全省民办养老机构贷款贴息2000万元，省、市财政各负担50%。制定印发了《山西省人民政府关于支持社会力量发展养老服务业若干措施》，在放宽准入、财政扶持、用地需求、盘活资源、税费优惠、医养融合、人员保证等方面，提出18条接地气、含金量高、操作性强的政策措施。两项工作得到民政部的充分肯定，并在《民政参阅文件》刊发，供各地学习借鉴。

（二）全省第十届村"两委"换届工作圆满完成。积极发挥职能作用，认真做好换届选举的组织和指导工作。选举前、中、后三次组织深入乡村一线调研督查，及时解决问题；召集三次市级负责人会议，持续传导压力；省市县三级联建台账，包村定责逐个销号。创新"先定事后定人揭榜竞选"选举模式，把不作为者止于门外；提出"三选十不选"，依法把"十种人"排除在外；明确"贿选"九种表现及查处责任，保证了换届工作风清气正、选优配强、平稳有序，得到了省委、省政府主要领导的高度评价。探索中西部地区"三社联动"基层治理模式被民政部确定为全国社区治理和创新实验区。

（三）四类社会组织直接登记政策全面实施。出台了《山西省四类社会组织直接登记暂行办法》，对四类社会组织登记管理工作做了大量有益的探索，如申请人有弄虚作假等情况将纳入不诚信名单；允许"一业多会"；鼓励民办非企业单位申请注册服务商标，采用直营连锁、加盟连锁等特许连锁经营模式，开展集团化服务等，进一步优化了社会组织发展环境。

（四）精准化救灾成效明显。精准化救灾试点工作获得有益经验，出台了《山西省自然灾害冬春救助指导标准》，为保障灾民基本生活，增强资金使用效率，提高救灾工作的精细化服务、规范化管理水平做了一些有益探索，在民政部召开的全国冬春救助工作视频会议上作了经验介绍。

三、以目标责任为牵引，狠抓民政重点工作，年度任务全面完成

（一）城乡社会救助水平进一步提升。城市、农村低保保障标准每人每月提高20元，平均保障标准分别达到每人每月415元、234元，分别比2014年底提高8.1%、12.6%，超额完成省政府确定的提标6%、10%的目标；农村五保集中、分散供养省级补助标准每人每年分别提高200元、100元，圆满完成提标任务。深入开展了低保绩效评价，被民政部、财政部评为优秀等级，全省200万城乡低保、农村五保供养对象的基本生活得到切实保障。指导各市制定贯彻落实《社会救助暂行办法》的实施意见，建立"一门受理、协同办理"工作机制，开展"救急难"试点工作，推动省政府印发《关于进一步健全完善临时救助制度的通知》和《关于进一步完善医疗救助制度全面开展重特大疾病医疗救助工作的实施意见》，进一步编密织牢了困难群众基本生活安全网，全省共有197.2万人次得到不同形式的医疗救助或临时救助。

（二）社会福利和慈善事业加快发展。筹措资金6350万元，支持10个县级福利机构建设。投入10280万元，新建农村老年人日间照料中心1028个。建立了全省经济困难的高龄与失能老年人补贴制度，并将百岁以上老年人补贴标准由每月200元提高到300元。报请省政府印发了《关于促进慈善事业健康发展的实施意见》。全年销售各类福利彩票42.37亿元，同比增长3.73%，筹集公益金13.5亿元。

（三）城乡社区治理不断加强。协调组织部联合下发《关于进一步规范村务监督委员会工作的通知》，深入规范了村务监督和村务公开工作，健全基层党组织领导的基层群众自治机制。为加快推进社区综合服务设施建设，会同组织等部门起草了《加强全省城市社区综合服务设施建设提升社区服务能力的意见》和《城市社区服务场所和养老等服务设施建设扶持补助办法》，下发了《社区减负工作的通知》。积极探索

推广“三社联动”基层治理模式，在阳泉城区召开了全国社区治理和服务创新实验区动员大会。推动省委、省政府下发了《关于深入推进农村社区建设的实施意见》和《加强全省城乡社区协商的实施意见》。组织村“两委”“领头雁”示范培训、城市和农村社区干部培训共 18 期、计 2300 多人，有力推进了城乡社区治理和服务创新。

（四）社会组织登记管理制度改革深入推进。结合社团年检继续推进行业协会和政府部门脱钩，重点对党政机关领导干部在社会团体兼职等违规行为进行了整治。开展了涉企社团收费情况规范工作，40 家行业协会商会完成了自查，主动减免会费 387 万元。社会组织年检工作全面完成，举办了 5 期社会组织能力建设培训班，社会组织服务社会能力有效提升。

（五）防灾减灾救灾能力有效增强。积极应对全省大范围多年未遇的严重干旱和风雹等自然灾害，6 次派出应急工作组赴重灾区查看灾情，启动了省级三级救灾应急响应，报请民政部启动国家四级救灾应急响应，全年下拨救灾资金 4.16 亿元、救灾棉被 15600 件、棉大衣 17600 件，受灾群众基本生活得到妥善安排。防灾减灾宣传活动卓有成效，全国和省级综合减灾示范社区创建活动圆满完成。民政部为我省 56 个多灾易灾县配备的救灾应急专用车全部投入使用。举办了两期灾害信息员能力提升班，培训 367 人。完成省级救灾物资储备库设计、建设用地勘察，投入 500 万元采购了救灾专用帐篷。

（六）支持国防和军队建设坚强有力。召开全省双拥模范城（县）命名表彰大会，新命名省级双拥模范城（县、区）56 个，表彰双拥模范单位 91 个、双拥模范个人 83 名。再次提高了部分优抚对象抚恤补助标准和 1-4 级残疾人员护理费标准。组织参加了抗战胜利 70 周年全国系列纪念活动和我省的纪念大会，举办了省城各界向烈士纪念碑敬献花篮仪式。退役士兵安置任务基本完成，安置符合条件的退役士兵 1082 人。接收安置军休干部和病退士官 74 人、军队退休职工 89 人。

（七）区划地名和界线管理扎实开展。编制完成《山西省行政区划调整规划（2015-2030 年）》。完成了对晋城市泽州县政府驻地变更的审理上报工作。下拨地名普查资金 2976 万元，地名普查宣传、数据库建设与管理软硬件招标工作全面展开。完成省界晋陕线和 4 条市界、41 条县界的联检任务。

（八）专项社会事务管理进一步规范。认真组织清明节安全文明祭扫服务保障工作，积极开展行风建设月活动。殡葬管理服务整治工作深入推进，全省共拆除、改建大墓、豪华墓 187 处。惠民殡葬政策受益人数达到 6663 人，共免费补助 378 万元。全年共办理婚姻登记 47 万对、涉外婚姻登记 134 对、涉外收养登记 174 件。

（王文广）

附：省民政厅党组书记、成员名单

书　记：薛维栋

成　员：王卫东　许富昌　李太平　高玉厚　尹也刚（6 月任职）　吴建强（6 月任职）

省司法厅党委工作概况

党委书记　崔国红

2015 年，在司法部、省委、省政府的坚强领导和大力支持下，山西省司法厅党委团结带领全省广大司法行政干警和全体法律服务工作者，积极主动担当，切实履行职责，推动各项工作取得了新成绩、实现了新进步，为维护社会稳定、服务经济发展、促进公平正义作出了积极贡献。

一、加强理论学习增强政治自觉有了新提高

山西省司法厅党委把理论学习作为重要政治任务，十多次召集中心组集体学习，举办了全省司法行政系统领导干部学习讨论落实活动专题研讨班，组织 300 名以上处级干部参加学习研讨，全面深入地学习习近平总书记系列重要讲话精神和省委“六大发展”、“六权治本”、“三个一批”等治晋兴晋强晋之策，认真学习十八届五中全会和省委十届七次全会精神，坚持用党中央治国理政的新思想新理论新要求来武装头脑、指导实践，始终在思想上政治上行动上同以习近平同志为总书记的党中央保持高度一致，坚决贯彻执行省委、省政府的决策部署，有力确保了全省司法行政工作的正确政治方向。

二、服务经济社会发展取得新成效

坚持服务大局。制定了《关于经济新常态下服务保障“六大发展”的实施意见》，召开了全省司法行政系统学习太原“城中村”改造经验服务保障“六大发展”现场会。开展了“律师服务保障项目提质增效年”活动，组建专项律师服务团队深入开展调研走访、法律体检、法律咨询、风险评估等系列专项活动，为 3727 个重点工程提供了法律服务。2015 年，全省律师共办理各类诉讼案件 5.15 万件，办理非诉讼法律事务 4.23 万件。全省公证机构办理各类公证事项 17.6 万件。全省基层法律服务从业人员和办案数量均大幅增长。全省司法鉴定机构办理司法鉴定案件 3.53 万件。

坚持问题导向。扎实开展“群众打官司难”问题专项整治，强力推动全省 29736 个村（社区）实现了法律顾问全覆

盖,并整理汇编《全省司法行政系统“一村(社区)一法律顾问”100个案例集》,提出“十有五优”的工作新标准,引导推动“一村(社区)一法律顾问”由“有形覆盖”向“有效覆盖”坚实迈进。

坚持改革奋进。扎实推进覆盖城乡的公共法律服务体系建设,提请省政府办公厅印发了《关于推进公共法律服务体系建设的意见》,这是全国首家以省政府名义出台的推进公共法律服务体系建设的文件。制定了《山西省司法厅关于推进公共法律服务体系建设2015年行动计划》,建成了县级法律服务中心115个,占应建数的96.6%。

坚持服务为民。推进实现了全省三级法律援助便民服务大厅和“12348”法律援助热线“两个全覆盖”。建成了全国首家省、市、县三级法律援助远程视频服务系统,实现了大中城市优质法律服务资源向力量薄弱、资源缺乏和偏僻地区的倾斜。完成了《山西省法律援助条例》修订并召开新闻发布会进行宣传,成为中办、国办《关于完善法律援助制度的意见》下发后,全国首个修订法律援助地方性法规、大幅提高法律援助覆盖面的省份。2015年,全省“12348”法律援助专线接听群众来电咨询50827人次,接待、接听群众法律咨询4.8万人次,办理法律援助案件2.2万件,受援群众超过30万人,为受援人争取经济赔偿3.3亿元,受援人满意率高达96%。

三、维护社会和谐稳定取得新业绩

在监狱工作上,以“平安监狱、法治监狱、廉洁监狱”创建为统领,强化了罪犯监管工作,推行职务犯分片集中关押模式,提升监管改造工作的针对性和有效性。加强了与驻监武警的“三共”活动,山西省监狱局被评为全国“三共”先进单位。强化了教育改造工作,对三类重点罪犯以及限制减刑、短刑犯等特殊类罪犯分类分层实施“挂牌攻坚”,教育转化率明显提升。强化了刑罚执行工作,集中开展“减刑、假释、暂予监外执行专项整治”等专项整治活动,构建起七道刑罚执行的“防火墙”,执法水平显著提高,被司法部《简报》专题介绍推广。

在司法行政戒毒工作上,建立形成了“一所两中心”的戒毒康复工作格局,累计收治戒毒康复人员4400余人。在运城市和太原市开设了美沙酮维持治疗门诊,受益近2千人。大力推动自愿戒毒工作,收治自愿戒毒人员3735人。建成了全省禁毒教育基地,推动省戒毒康复医院建设取得了实质性进展,“四位一体、两个尝试”大戒毒格局初步形成,在全国戒毒工作会议上做了经验交流。

在安全生产工作上,切实落实“五个亲自”等一系列从严从实的要求,扛住了经济下行给安全生产带来的压力,全省监狱戒毒企业再次实现安全生产无伤亡目标。12月23日,省政府表彰安全生产先进单位,山西省司法厅位列第1名。

在社区矫正工作上,进一步加强了对重点社区服刑人员的日常监管,认真落实重大事项报告制度和应急处突制度,全年撤销缓刑、假释收监执行114人,对暂予监外执行罪犯收监执行62人,警告603人次,予以治安管理处罚27人次,全省社区矫正管理工作更严格、更规范。

在安置帮教工作上,加强了信息核实工作,全省应核查服刑人员信息核实率为91.8%。加强了刑满释放人员衔接帮教工作,全省衔接17995人,其中重点帮教对象接送率100%,特赦人员衔接率100%,刑满释放人员安置率98.4%,帮教率100%。

在人民调解工作上,部署开展了“服务六大发展化解矛盾纠纷专项活动”,全省累计调解纠纷177046件,防止群体性上访1558件,调解行业性、专业性纠纷11088件,制止群体性械斗100件,防止民事纠纷转化为刑事案件541起,有力维护了社会的和谐稳定。

四、法制宣传和法治建设等工作再上新水平

突出法治宣传主业。举办了国家宪法日暨全国法制宣传日专题座谈会和现场宣传活动,省委副书记楼阳生、副省长刘杰出席并与有关部门负责同志、法学专家、律师代表进行深入交流,安排部署弘扬宪法精神、推进宪法实施和加强法治宣传教育工作。组织开展了山西省青少年法制动画漫画微电影创作评选活动和“文源讲坛”公民法律知识系列讲座等。

扎实推进普法依法治理。认真组织开展了“六五”普法总结验收工作,全省创建省级依法治理示范单位200余个,16个“法治县(市、区)创建活动先进单位”、35个“民主法治示范村(社区)”获司法部、全国普法办表彰。

大力弘扬三晋优秀法治文化。崔国红厅长所作的《继承弘扬三晋优秀法治文化 推动实现弊革风清富民强省》宣讲报告会反响良好。《重温山西抗战法制建设的现实意义》纪念文章,被《人民网》和《山西日报》等媒体刊发,对推动弘扬山西“三个文化”做出了有益贡献。

切实加大法治人才培养力度。加强了厅属院校领导班子建设,积极推进院校教学改革,教育质量不断提高。认真组织实施司法考试,继续强化防作弊措施,得到了司法部充分肯定。

扎实推进“六权治本”工作。深入解读并积极宣讲省委“六权治本”要求,相关专题宣讲报告被《人民日报·内部参考》刊登。坚持以“六权治本”工作为抓手推进法治建设,召开了全省司法行政系统“六权治本”工作推进会,印发了《全面推进“六权治本”实施方案》,带头完成了“两清单两张图”编制,两次得到省审改办的通报表扬。

五、党建工作和队伍建设打开了新局面

扎实开展了“三严三实”专题教育。厅党委班子成员带头讲授专题党课,组织全系统各单位围绕“三严三实”主题开展研讨学习,认真组织召开党委专题民主生活会和支部组织生活会,深入查摆问题,剖析根源,整改落实。

认真履行党风廉政建设职责。积极探索工作长效机制,制定了《落实党风廉政建设党委主体责任和纪委监督责任约谈制度》等10余项制度。听取了监狱局、戒毒局落实“两个责任”情况汇报,与29家基层监狱和戒毒所党委书记、纪委书

记分别进行履职约谈,约谈起到了红红脸、出出汗的效果。下发了4期通报,根据约谈中反映出的具体问题对全系统落实“两个责任”提出进一步要求。对新提拔的处级干部进行了廉政谈话。责成基层监狱戒毒单位党委书记、纪委书记向厅党委提交“述纪述廉述作风述责任”报告。

坚持把纪律和规矩挺在前面。不断强化监督执纪,全系统全年立案查处违纪行为30件,给予党政纪处分42人(其中处级11人,科级及以下31人),并对履行“两个责任”不力的相关单位负责人进行了问责。

全面推进基层党组织建设。在省直律师事务所全部建立了党支部或派驻了政治指导员,明确了“八个有”建设标准和“十项工作职责”,组织开展了“党员示范岗”、“党员先锋岗”等创先争优活动。

认真履行党委选人用人职责。出台了“三个一批”工作实施方案,对拟提拔重用的干部全部进行了五部门“联审”,逐步展开了“六查”工作。全年调整、提拔厅管处级干部15名,查纠“三龄两历一身份”不清不实问题22起,对未通过“六查”的干部人选全部暂缓提拔,德才兼备、以德为先、以廉为基的用人导向进一步树立。

不断强化干部培训教育工作。制定了干教计划,初步建成了山西司法行政系统师资库,年内共选调29名厅、处级干部分别参加了中组部、司法部、省委党校、省直分校组织的各类培训班,组织全系统160余名干部参加了武汉大学领导干部综合素能提升培训,继续举办“唐槐大讲堂”,积极推动领导干部上讲台,切实提高了履职能力和水平。

全面推进加强队伍建设。开展了全省司法行政干警坚定理想信念专项教育活动、全省律师诚信执业教育活动等。在省委政法委开展的“双十佳”表彰中,全省司法行政系统推荐产生了优秀政法干警6名,严格执法、公正司法先进集体8个。特别是,在党的十八大代表、大同市阳高县龙泉司法所所长李培斌同志不幸病逝后,崔国红厅长代表厅党委在第一时间发出唁电并向司法部、省委、省政府报告,提出学习宣传李培斌同志先进事迹的建议。司法部追授李培斌同志全国司法行政系统“一级英模”称号,中央政法委、司法部、省委、省委政法委分别作出向李培斌同志学习的决定,中组部派出专题调研组深入省厅和大同市阳高县考察调研李培斌同志先进事迹。《人民日报》《光明日报》分别刊发了纪念文章,《法制日报》连续3日在头版刊发专题报道,《山西日报》头版头条刊发长篇通讯,引起了很大社会反响,对推动重塑山西形象发挥了积极作用。

(张　霏)

附:省司法厅党委书记、委员名单

书　记:崔国红

委　员:王化清　张玉良　句轶旺　张晓玲(女)　翟新山　周　涛　王　伟　白　震(9月任职)

省财政厅党组工作概况

党组书记　武　涛

2015年,省财政厅机关党委按照省直工委和厅党组的工作部署,紧紧围绕“服务中心、建设队伍”两大任务,坚持以深入学习习近平总书记系列重要讲话精神为统领,以落实党建工作责任制为重点,以“三严三实”专题教育为抓手,深入推进机关党的思想、组织、作风、反腐倡廉和制度建设,不断提高基层党组织的履职能力,为促进财政事业科学发展提供了坚强保障。

一、建机制,切实履行全面从严治党主体责任

通过建立健全“领导责任制、党员领导干部联系点制度、工作例会制度”等横向到边、纵向到底的责任体系,牢牢抓住了落实全面从严治党主体责任这个“牛鼻子”。一是建立健全领导责任制。按照各级党组织书记是党建工作“第一责任人”的要求,不断强化“抓好党建是本职、不抓党建是失职、抓不好党建是不称职”的责任意识,建立了厅党组书记听取党建工作汇报制度。坚持党支部书记与行政领导一岗双责,业务工作做到哪里,党的建设工作就跟进到哪里,两手抓、两不误、两促进。二是建立党员领导干部联系点制度。厅领导班子成员结合各自分工,分别选择一个组织力量相对薄弱、工作难度较大的党支部建立党建工作联系点,机关党委委员也分别确定一个党支部为联系点,帮助联系点整体提升党建工作水平。三是建立工作例会制度。制定了“机关党委例会制度”,每季度至少召开1次例会,研究党建工作,解决突出问题,指导各基层党组织有效开展工作。根据工作需要,随时召开机关党委扩大会议,邀请工、青、妇等群团组织负责同志参加,听取意见建议,共同研究和探讨党建工作的好做法、好经验。10月份,财政厅在全国财政系统机关党建工作交流会上介绍了《深入贯彻从严治党要求,全面落实机关党建工作责任制》的经验。

二、出实招,扎实推进“三严三实”专题教育

为确保“三严三实”专题教育立足实际、彰显特色、取得实效,机关党委做了四方面的工作。一是联系实际,组织学习

研讨。坚持把提高思想认识贯穿教育活动始终,在原汁原味读原著的基础上,厅党组先后开展了4次研讨交流,机关党委组织了1次党支部书记集中交流,各党支部分别开展了多次交流,解决不严不实的思想问题。二是讲好专题党课,发挥表率作用。按照“三个讲清楚”的要求,从厅党组做起,在全厅开展领导干部讲党课活动。5月27日,厅党组书记、厅长武涛,以“切实增强践行三严三实的思想自觉和行动自觉”为题,给全厅处级以上干部讲了第一堂党课。随后,其他厅领导积极跟进,围绕坚定理想信念、忠诚干净担当、从严立规执纪、树立过硬作风、践行“三严三实”、推动财政工作等专题,结合个人学习体会和分管工作实际,分别给分管处室单位的全体党员讲了党课。各党支部书记结合支部工作实际在本支部讲了党课。三是围绕主题,开展党日活动。7月23日,厅机关党委组织33名处级干部到方山县于成龙廉政文化园接受廉政主题教育。四是坚持问题导向,边学边议边改。把问题导向贯穿于专题教育全过程,使专题教育的过程成为校正“不严不实”的过程。

三、强组织,发挥基层党组织的战斗堡垒作用

机关党委积极开展基层组织规范化建设年活动,以推进基层党支部“六有”为核心,从加强支部班子、骨干队伍、组织生活、党建阵地、制度机制和工作业绩等方面提出新要求。一是认真落实“一岗双责”制度,坚持将党支部建在处室(单位),凡党员人数达到3名以上的,均建立了党支部。按照党章和党员先进性标准的要求,配齐配强专兼职党务干部。二是扎实做好入党积极分子的培养和教育工作,夯实发展党员的群众基础,坚持“成熟一个、发展一个”的原则,严格按照程序,发展新党员2名,转正预备党员4名。三是加强对党务干部的培训,坚持以党建新知识、新技能等内容为重点,对党务干部进行党务知识和业务知识培训,提高党务干部综合素质。四是12月30日,完成了机关党委、机关纪委的换届工作。

四、严落实,加强党风廉政建设和反腐败工作

一是健全机制,明确责任。6月份,印发了《厅机关党委落实党风廉政建设主体责任清单》和《厅机关纪委落实党风廉政建设监督责任清单》。二是积极协助驻厅纪检组落实“三转”要求,将原先由驻厅纪检组承担的多项日常监督职能,划归机关纪委。三是认真处理信访举报,坚持有信必查、查实必究,全年共受理信访举报5件,约谈了3位需要诫勉谈话的党员干部。

五、抓创建,丰富和活跃机关文化生活

一是践行社会主义核心价值观,建设和谐文化。积极倡导健康向上的文明新风尚,继续开展“践行社会主义核心价值观,财政青年在行动”系列活动。积极配合省直工委开展“讲文明树新风”公益广告宣传活动,引导党员干部从身边做起、从点滴做起,形成向上的力量、向善的力量。5月份,组队参加了省直机关广播体操比赛获金奖。9月份,参加了省直机关“菜单式”体育比赛8个项目的比赛;11月份,承办了“菜单式”比赛中的桥牌比赛。二是全面开展“文明单位”创建活动。截至2015年底,厅机关连续5年保持“山西省文明单位标兵”、连续12年保持“省直文明单位标兵”称号。厅属15个单位中,1个为省文明单位,11个为省直文明单位标兵,1个为省直文明单位。2015年度,厅机关继续保持“全国文明单位”称号。

(王鹏程)

附:省财政厅党组书记、副书记、成员名单

书　记:武　涛

成　员:胡双明　常国华　黄　庙　高向新
张五胜(5月离职)　胡志国(12月任职)
石常明(8月离职)

省人力资源和社会保障厅党组工作概况

党组书记　张　健

2015年,面对经济下行给就业、社保、收入、劳动关系带来的巨大挑战,厅党组一班人团结带领全体干部职工,坚决贯彻省委、省政府的决策部署,勇于担当,积极作为,圆满完成了各项任务,实现了“十二五”规划圆满收官。

一、机构职能

省人力资源和社会保障厅是2009年6月10日由原省人事厅和省劳动保障厅合并后正式挂牌组建,是省政府组成部门。主要职能是:统筹机关企事业单位人员管理,促进人才强省战略的实施;统筹就业和社会保障政策,建立健全从就业到养老的服务保障体系;统筹建立统一规范的人力资源市场,促进人力资源合理流动和有效配置;统筹机关企事业单位收入分配制度改革,形成较为合理的分配格局;加强劳动监察和信访仲裁。主要工作领域分为公共就业、社会保险、收入分配、人才服务、人事管理和劳动关系六个板块,特别是就业、收入和社保,被称为民生的“三大支柱”。厅机关设31个处室局,厅长1名,副厅长4名,挂职副厅长1名,驻厅纪检组长1名,巡视员1名,副巡视员4名,公务员177名;厅直

属事业单位 30 个,其中副厅级建制 3 个,正处级建制 27 个,职工 862 名。

二、全面完成各项目标任务

全年城镇新增就业 51.5 万人,完成计划的 100.9%;城镇登记失业率 3.51%,低于 4.2%的控制指标;城镇居民人均可支配收入 25828 元,增长 7.3%,高于 7%的年度目标。城镇职工基本养老、基本医疗、失业、工伤、生育和城乡居民基本养老保险参保人数分别达 714.3、1113.7、411.3、573、456.5、1540 万人,分别完成全年任务的 102.3%、101.3%、101.3%、100.4%、100.5%、100.9%。发放社保卡 2472 万张,提前超额完成"十二五"目标。新增高层次专技人才 7100 名、高技能人才 9.13 万名。突出抓了三项重点工作:

(一)着力应对经济困难,圆满完成就业目标。一是竭尽全力援企稳岗。牵头制定并实施 11 条援企稳岗措施,着力帮扶困难企业。全省共认定困难企业 153 户,缓缴社会保险费 67.8 亿元;降低失业、工伤、生育保险费率分别为企业减负 11.2 亿元、1.5 亿元、1.71 亿元。320 户企业享受稳岗培训等各类补贴 6.45 亿元,合计为企业减负 88.66 亿元,对防控失业风险发挥了重要作用。二是强化公共就业服务。充分发挥市场对人力资源配置的决定性作用,共举办市场招聘活动近 3000 场,基本建成了"互联网 + 公共就业服务"市场招聘信息系统,实现了供求双方、场内场外、线上线下、城镇农村招聘信息全覆盖。实施离校未就业大学生实名制跟踪服务,对 4.2 万名就业困难人员实行了公益性岗位兜底安置,其中通过政府购买岗位招聘 7000 名大学生到基层就业,被人社部评为全国就业十大创新事件之一。三是推动大众创业、万众创新。牵头制定"就业创业 30 条"和"农民工返乡创业 12 条"。出资 5000 万元设立了省扶持创业担保中心,出资 1 亿元组建了专门服务于大学生创业的政策性小额贷款公司,属全国首创。省级新设立华宇百花谷大学生创业园,全省建成创业孵化基地 213 个,正在建成政策支持、创业实训孵化、融资服务、开办指导四位一体的一站式服务平台,全省新登记市场主体 26.83 万户,同比增长了 40%。四是强化职业技能培训。全年共完成各类政府补贴的职业培训 78 万人次,31 万人拿到职业技能鉴定证书,培训的针对性、实效性以及农民工的就业能力得到有效提升。

(二)着力调控工资收入,提高居民收入水平。越是在困难的形势下,越要关心人民群众生活保障。一是提高最低工资标准,月平均达到 1470 元,增幅 13%。二是发布了企业工资增长指导线,基准线为 10%,实际增长 6%。三是完成了机关事业单位工资制度改革,预扣养老保险费后,月人均提高了 350 元。四是连续第 11 年提高企业退休人员基本养老金水平,平均增幅 10%以上,月人均增加 240 元,达 2630 元,全国排名第四。五是为企业离休人员和建国前退休老工人提高了离退休金水平,为省属企业离休人员提高了生活补贴标准。六是城镇居民医保财政补助标准由 320 元提高到 380 元,每人每年增加 60 元。七是城乡居民基础养老金最低标准由 65 元提高到 80 元,每人每月增加 15 元。八是按 10%的增幅提高了工伤保险待遇。这些举措有效促进了居民收入提高。

(三)着力推进重大改革,增强人民群众获得感。一是启动了机关事业单位养老保险制度改革,在机关事业单位建立起社会统筹和个人账户相结合、以职业年金为补充的养老保险制度,实现了与企业并轨,社保制度全面覆盖了社会各类人群。二是全面实施县以下机关建立了职务与职级并行制度,将有 9843 人得到职级晋升。同时实行乡镇工作补贴,乡镇机关事业单位工作人员月人均提高 200 元。三是城镇居民大病保险制度实现全覆盖,最高支付限额达 40 万元,太原等 7 个市实现了医疗费用即时报销,有效减轻了大病患者的就医负担,减少因病致贫返贫的现象。四是针对性出台了企业养老保险补缴政策,解决了特定群体未参保和欠费问题,确保相当数量的困难企业、僵尸企业中职工的社会保障权益。同时改进提升社保服务水平,实现了远程网上业务经办。截止 2015 年底,我省包括新农合在内的社会保障制度已经覆盖了城乡全体人民,基本养老、基本医保参保人数分别超过 2300 万人、3400 万人,综合参保率达 95%以上。

三、加强机关作风建设,提升素质能力

(一)实施六权治本,净化政治生态,努力实现弊革风清。首先,深入查找行政审批、业务办理环节中的 15 个权力运行风险点,制定出台了 15 项管理监督办法,严格限定自由裁量权,加强对权力的制约。其次,确认了 52 项行政权力,编制了权力清单和责任清单,画出了权力运行流程图和廉政风险防控图,向社会全面公开,自觉接受监督。

(二)深入基层开展大督查大调研。10 月中旬,组织机关干部对全省 11 个市 22 个县就业创业、稳岗减负政策的落实进行大督查,并对就业形势变化进行大调研,掌握了各市县企业经营状况和就业形势变化的第一手材料,找准了存在问题,提出了政策建议,形成若干储备性政策。

(三)针对突出问题,开展专项整治。一是开展就业资金、社保基金管理专项整治。共查出虚报冒领就业资金 1487 人,追回资金 430.2 万元;冒领养老金 592 人,追回资金 259 万元,清缴欠费 7.38 亿元,并以问题为导向,建立起严密的防控管理办法。二是开展拖欠农民工工资专项整治。共检查用人单位 6.89 万户,责令补签劳动合同 11.15 万份,追讨工资 16.27 亿元,补缴社会保险费 1.86 亿元,公布处置重大欠薪违法案件 40 起。建立完善了承建单位工资保证金制度、政府应急周转金制度、重大欠薪案件部门联动机制和行政司法衔接机制,形成有效的农民工工资支付保障机制。

(四)加强法治人社建设,有效处置信访难题。一是畅通信访投诉渠道。搭建起信、访、网、电"四位一体"工作平台,引导群众合理合法表达诉求。二是制定法定途径清单。梳理出包括劳动人事争议调解仲裁、劳动保障监察、行政复议、申诉、政府信息公开、复核、举报、信访、司法等 9 类法定途径,在厅门户网站主动公开。三是坚持分类处置原则。劳动人事

争议仲裁结案率保持在90%以上,劳动保障监察投诉举报结案率达95%以上,行政复议案件结案率达100%,行政诉讼案件全部胜诉,群众合理诉求得到妥善解决。

(五)扎实开展"三严三实"专题教育。认真贯彻落实中央和省委要求,严字当头,实处着力,把"三严三实"专题教育作为一项重大政治任务紧抓不放,坚持以上率下示范引导,党组书记带头讲党课,厅党组先后开展了6次专题学习研讨并召开民主生活会,班子成员把自己摆进去,以问题为导向对照检查,梳理拉出清单,积极开展批评,认真整改存在问题。同时,加强指导督查,层层传导压力,通过深入教育有效促进了各项工作的开展。

四、切实履行党风廉政建设主体责任

厅党组始终把党建工作放在突出地位来抓。一是构建责任体系。印发了落实党风廉政建设主体责任的实施意见,制定了厅党组主体责任清单,明确了厅党组5个方面14条主体责任、党组书记7条责任、班子成员4条责任,健全了党组书记负总责、党组成员"一岗双责"的工作格局。二是强化党组织建设。建立健全机关党建工作责任制,坚持把党建工作与业务工作同部署、同检查、同落实,形成了党组书记负总责、党组成员分工负责、机关党委推进落实、机关处室、单位主要负责人"一岗双责"的党建工作格局。调整了厅机关党支部设置,以处室为单位设立党支部,处室主要负责人任支部书记或临时负责人。组织各党委、支部书记向厅党组述纪述廉述作风述主体责任落实,开展了述职评议活动,强化了管党治党的责任意识。三是加强警示教育。以薄熙来、周永康、令计划为反面典型,结合省里的腐败案例,组织党员领导干部认真反思剖析,增强了严守政治纪律和政治规矩的自觉性,确保在重大政治问题上头脑清醒、立场坚定。组织全厅处以上领导干部集中阅读十八大以来我省查处的违纪违法领导干部忏悔录,深刻吸取教训,时刻警钟长鸣。四是加强案件查办。抓早抓小抓苗头,对受理的28起信访举报线索分类逐项调查核实,给予党纪政纪处分、约谈和诫勉谈话。

(郝　宏)

附:省人力资源和社会保障厅党组书记、成员名单

书　记:张　健

成　员:李建刚　王建文　李广禄　刘海芸(6月任职)
姚　逊　张其光(5月任职,挂职)
杨培岳(6月离职)

省国土资源厅党组工作概况

党组书记　许大纯

一、围绕中心、提质增效,全省国土资源工作取得新进展

(一)围绕保障发展,多措并举推进项目落地,帮扶企业脱困转型。

2015年,全省累计争取国家下达年度用地计划20万亩,通过市、县级土地利用规划调整,释放用地空间3万亩;协调解决了低热值煤发电、大张铁路等重点项目用地预审;高效报批了重点项目先行用地,保障了项目依法依规开工建设。规范推进城乡建设用地增减挂钩、工矿废弃地复垦调整、矿业存量用地整合利用、露天采矿用地改革、闲置土地处置等新机制,盘活存量土地2.5万亩。全省批准建设用地11.7万亩,供应土地15.34万亩,确保了一大批新兴产业、重大基础设施和民生项目落地。针对煤炭企业资金困难,积极落实省政府"60条",全年缓征482个矿山企业资源价款133亿元;为44个企业高效办结采矿权抵押备案,帮助企业融资183亿元,有力缓解了企业资金压力。加大规费征收力度,实现国土资源收益441.5亿元。

(二)围绕保护资源,坚守耕地红线,大力推行资源节约集约利用。

省市县乡村五级层层签订责任书,分解下达了耕地保护任务,落实了耕地保护责任。基本农田划定工作完成了市级验收。投资16.55亿元,建设高标准农田100万亩。省市两级大力实施开发造地,新造耕地15.4万亩,验收入库7.2万亩。省级耕地开发基金项目为山西科技创新城补充耕地指标5000亩,确保了重点项目占补平衡,守住了6000万亩耕地红线。大力推行节约集约用地,开展了11个市和19个开发区节约用地考核评价。严格矿产资源"三率"考核评价,提升了矿产资源节约与综合利用水平。

(三)围绕革命兴煤,着力推进煤炭煤层气审批改革,矿产资源管理水平有了新提升。

提请省政府出台了《山西省煤炭资源矿业权出让转让管理办法》,研究拟定了煤炭矿业权管理体制改革相关配套制度,这是我省在煤炭资源管理领域推进改革、遏制腐败、促进可持续发展的重大举措,标志着我省煤炭矿业权管理水平迈

上了新台阶。煤炭煤层气审批制度改革取得重大突破,拟通过修改国务院行政法规附录,将煤炭和煤层气法定审批调整为国土部、省厅两级审批。验收地质找矿项目 89 个,新增煤炭资源储量 50 亿吨、铁矿 600 万吨、铝土矿 3000 万吨。创新矿山储量动态监管,集中整理了数据库,简化了备案程序。针对兼并重组煤矿、五台山风景区内非煤矿权等系列矿业权历史遗留问题,提出了"用法治手段、市场办法分类处置"的解决方案;进一步推进兼并重组后续工作,全面完成了资源储量核实,换发了 52 个长期采矿许可证,解决了 40 座煤矿边界重叠问题。

(四)围绕保障民生,切实加强地质灾害防治,推进地质环境保护治理。

进一步推进群测群防体系建设,加强灾害预警预报,强降雨期间组织避险 4300 人次;全省地质灾害发生数同比下降 67%、人员伤亡下降 64%,是"十二五"期间因灾损失最少的年份,有力维护了人民群众的生命财产安全。大力推进农村地质灾害治理搬迁,超额完成年度任务。组织开展了矿山地质环境恢复治理,企业和地方财政投入 2.7 亿元,治理矿山 130 座。积极争取国家将我省率先列入了采煤沉陷区治理试点省份。

(五)围绕重点改革,完善国土资源管理机制。

省政府出台了不动产统一登记实施方案,建立了厅际联席会议制度,高效推进市、县不动产统一登记职责和机构整合。与省编办等 5 部门联合发文,安排了资料交接、数据整合、平台建设、窗口设置和流程再造任务,明确了全省不动产统一登记工作要求。稳妥开展泽州县集体经营性建设用地入市试点,出台了 13 项制度,5 宗集体经营性建设用地成功入市,走在全国前列。

(六)围绕法治国土建设,进一步健全制度体系。

全面推进法治国土建设,公布权力清单 89 项、责任清单 89 项,编制了权力运行流程图、廉政风险防控图。清理了 120 项管理制度,制定了厅党组工作规则、厅工作规则、国土资源管理行政过错责任追究办法等一批重要制度规范,进一步扎紧了制度"笼子"。

(七)围绕严格执法,始终保持打非治违的高压态势。

深入开展土地、矿产卫片执法检查工作,省政府约谈了违法严重的市、县,启动了责任追究机制。按照"全覆盖、零容忍、严执法、重实效"的要求,严厉打击私挖滥采,严肃查处违法违规案件,保持了国土资源开发利用秩序的稳定。扎实开展土地和矿产资源领域专项整治行动,有效整改了审批和监管不规范的问题。

二、落实责任、从严治党,系统党建工作与政治生态呈现新气象

2015 年,厅党组深入学习贯彻习近平总书记系列重要讲话精神,坚决落实省委省政府和国土资源部重大决策部署,坚持全面从严治党,把落实主体责任作为重大政治任务,以上率下,不图虚功、真抓实干,深入推进党风廉政建设和反腐败斗争,全系统党员干部思想观念有了根本转变,能力素质进一步提升,责任担当意识明显增强,各项工作有力、有序、有效推进,全系统风清气正的政治生态环境逐步形成。

(一)以上率下,主动作为,促进"两个责任"落地生根

厅党组牢固树立"抓好党建是最大政绩"的理念,以党建工作为统领,把落实主体责任当作法定之责、分内之事,认真研究部署,加强督促落实。2015 年 7 月,党组书记许大纯同志上任伊始就立即组织开展廉洁从政环境调研,加强形势分析研判,先后 8 次专题研究部署党风廉政建设工作、5 次听取纪检组工作汇报,加强对重大问题的集体研究、集体决策;带头讲廉政党课,对反腐倡廉重点工作、重要问题线索和重要信访案件批示 11 件,亲力亲为、督促查处,自觉做党风廉政建设的领导者、执行者、推动者。班子成员牢固树立看齐意识、大局意识和服务意识,认真履行"一岗双责",拧紧发条,作出表率,自觉管好自己的一言一行,管好分管领域的党风廉政建设,管好亲属和身边工作人员。厅党组多次召开专题会议,对照存在问题列出"问题清单",联系工作职责列出"责任清单",强化改进措施列出"整改清单";开展各级党组、纪检组向上一级述纪述廉述作风述责任活动,与 11 名市局局长、10 名纪检组长,39 名机关处室、厅属事业单位负责人进行谈话,摆问题、找不足、明方向,逐级夯实责任,层层加压驱动。组织学习中央和省委新精神新要求,开展典型案例警示教育活动,逢会必讲反腐倡廉要求,切实在抓班子、带队伍、转作风上下功夫。采取日常检查、专项巡查、重点督察等多种方式,加强对落实"两个责任"、履行"一岗双责"的监督检查,对落实不到位的,启动"一案双查",推进问责常态化。全系统因"两个责任"落实不力问责 25 人。

把支持驻厅纪检组履职尽责作为党组主体责任的应有之义,严格落实派驻纪检组长"在党组中不再分管其他业务工作"的要求,集中精力抓好纪检工作,明确办公室、人事处、机关党委等部门及时跟进补位,避免出现任务断层、责任真空。清理驻厅纪检组牵头和参与的议事协调机构,确保聚焦中心任务,抓好监督"主业"。对驻厅纪检组提交的关于规范津补贴、奖金和福利、明确主体责任承接部门等建议,及时研究审议和部署落实,督促跟踪问效。在厅属 15 个事业单位明确了分管纪检监察工作的负责人,推进监督力量全覆盖。

(二)落实六权治本要求,扎紧制度笼子,深入推进源头治理

进一步强化制度对权力的约束,先后出台《厅党组工作规则》《厅工作规则》等制度办法,全面部署推进法治国土建设。凡"三重一大"事项,一律提交党组会、厅务会集体研究决定,严格落实"一把手"不直接分管部分工作规定要求,坚决杜绝集权审批、执法不严、特权干预等问题。明确资源配置、工程项目、资金分配等权力运行过程中容易诱发廉政风险的重点部位、关键环节以及监督检查的工作重点,查找出廉政风险点 408 个,制定预警防控措施 656 条,立好规矩,扎牢篱笆。加大简政放权力度,全面清理行政审批事项,由原来的 19 项取消、调整、合并为 10 项。编制并公布实施权力清单、

责任清单和权力运行流程图，制定行政职权问责依据，杜绝随意新设、变相审批等问题，最大限度地减少腐败问题的发生。

（三）着力抓早抓小，深入落实中央八项规定精神，持续发力纠治“四风”

深入开展“三严三实”专题教育，坚持领导带头、以上率下，坚持问题导向、即查即改，坚持典型镜鉴、注重实效，把“严”、“实”作风转化为做好工作的强大动力。进一步巩固成果，扭住“四风”不放，在全系统开展了违规收送礼金红包、顶风大操大办婚丧喜庆等借机敛财问题专项整治，对申报情况进行了集中抽查。建立了监督检查长效机制，设立作风问题线索台帐，紧盯重要时间节点，层层设防、一寸不让，深挖细查“四风”隐形变异新动向、新形式。在全系统开展了 4 轮地毯式反“四风”交叉检查，“一对一”听取汇报，紧盯问题线索，随查随报随核，特别是把十八大以后发生的问题作为纪律审查重点，从严从快处置，发出核实处理函 37 份、处理 85 人，其中党政纪处分 28 人，通报典型案例 30 起。针对个别市局执纪问责偏松偏软的问题，不讲情面、挺纪在前，明确提出处置意见，责令认真整改，对“零问题”的 6 个检查组进行了通报，形成有力震慑，系统党员干部自觉遵守中央八项规定的意识明显增强。

（四）保持惩治腐败的高压态势，积极运用四种形态，严格执纪问责

紧紧围绕遏制腐败蔓延势头目标，把开展纪律审查作为一项基本任务，对收到的问题线索，集体研究处置意见，重大问题随时研究，并及时向省纪委汇报请示。规范办案程序，严格办案纪律，制定了初核呈批表、办案安全保密承诺等文书，集中排查了全系统党纪、政纪处分落实情况，依纪落实已批捕、在押人员的处分，对未落实处分的 2 个单位下发了督办函。建立了系统内办案人才库，开展交叉办案，注重加强与地方纪委和司法机关的办案协作，发挥各方优势，自办案件取得突破。全系统 247 人受到党政纪处分，其中，处级以上 8 人，撤职以上重处分 36 人；驻厅纪检组受理信访举报 90 件，直接初核 8 件，立案 2 件，形成不敢腐的强大震慑。

坚持惩前毖后、治病救人，盯紧“关键少数”，正确把握“四种形态”，综合运用批评教育、组织处理、纪律处分、立案审查等手段，惩处极少数，教育大多数。全年共约谈 32 人，函询 3 人。

推进问责常态化，下发了《进一步强化责任追究落实从严治党的通知》，修订了《行政过错责任追究办法》，重点解决问而不责、责之无据，查而不处、处之不一的问题。在全系统开展土地和矿产领域专项整治行动，针对重点领域、重要岗位和关键环节，通过集中抽查、明察暗访、群众举报、媒体监督等多种形式，强化监督执纪问责，处理干部 25 人，党政纪处分 22 人，撤职以上重处分 5 人，刑事处罚 3 人。整体工作受到了省委专项整治工作检查组的充分肯定。

（五）强化党章党规党纪意识，注重教育引导，狠抓从严治吏

积极开展“学党章、学准则、学条例”贯彻落实活动，重温入党誓词，严明政治纪律和政治规矩，深入开展理想信念、党风党纪、廉洁自律和社会主义核心价值观教育。开办道德讲堂，加强法治文化、廉政文化和红色文化教育。在全系统开展“吹好廉政风、当好贤内助”活动，树立良好家风。严格按照好干部“五条标准”，制定《处级干部选拔任用管理办法》，先立规矩后选人，对廉政方面有问题或反映强烈的，坚决不予提拔使用，有效防范了选人用人失察失误。严格日常监督管理，对 303 名副处以上干部档案进行信息认证，抽查 36 名干部个人事项报告，对 7 名处级干部开展经济责任审计，把守纪律讲规矩转化为干部的自觉行为。对 21 名新进人员集中开展岗前廉政谈话，在青年干部中开展“展示青春风采、建言国土改革”征文活动，引导干部树立崇德尚廉、干事创业的良好风尚。驻厅纪检组主动作为，建立干部廉洁档案，收集系统内违纪违法典型案件，制作警示教材和廉政动漫，定期发送廉政短信，引导党员干部汲取教训、学思践悟，筑牢拒腐防变的思想防线。经过党组和驻厅纪检组共同努力，全系统的政治生态环境由“乱”到“治”、明显好转，得到省委省政府的充分肯定。

（六）深化“三转”成果，严格监督管理，纪检监察干部队伍素质全面提升

注重提升纪检干部队伍的修养和素质，邀请业务骨干轮流授课，组织全系统 91 名纪检干部到上海交大教育培训；开展《廉洁自律准则》和《纪律处分条例》大宣讲；积极派员参与省纪委案件调查和专项检查工作；通过个人自学、定期辅导、岗位练兵、实战锻炼等形式，有效提升了系统纪检干部业务能力和工作水平。建立了每月例会分析制度，及时交流体会，总结经验。建立了纪检干部资格准入制度，严把政治责任、廉洁操守关，对纪检干部的配备、调整、任免，必须征求上一级纪检组的意见，逐级加强考察考核。加强对纪检干部的监督管理，严格遵守省纪委“六条禁令”，对自身发生的问题，不遮掩、不护短、零容忍，有力防止了“灯下黑”。

（张　峰）

附：省国土资源厅党组书记、成员名单

书　记：许大纯（7 月任职）

成　员：高　博（8 月离职）　郭英杰　彭东晓　李成先（11 月免职）　周际鹏　葛建生　武耀文（12 月任职）　袁国锁（12 月任职）

省环境保护厅党组工作概况

党组书记　郭长青

2015 年，省环保厅在省委、省政府的正确领导下，厅党组带领全体党员干部深入学习贯彻党的十八届三中、四中、五中全会精神和习近平总书记系列重要讲话精神，坚决把纪律和政治规矩挺在前面，切实强化“两个责任”落实，扎实推进全厅党的思想建设、组织建设、作风建设、反腐倡廉建设、制度建设，为全省环保事业健康发展提供强有力的政治和组织保障。

一、聚焦中心工作、狠抓贯彻落实，努力实现全省环保事业新发展

在大气污染防治方面。紧紧抓住“控煤、治污、管车、降尘”四个关键环节，注重综合施策，强化责任落实。超额完成了分散燃煤锅炉、黄标车及老旧车淘汰和清洁能源改造、工业堆场扬尘治理任务。高标准完成北京 APEC 会议和“9.3 阅兵”空气质量保障工作。建立了重污染天气监测预警预报平台和会商制度。11 个市颗粒物源解析工作稳步推进，太原率先通过专家评审。2015 年 11 个市平均达标天数 253 天，与上年相比，全省环境空气质量有所改善，平均达标天数比例由 63.3%上升至 70.4%，升高 7.1 个百分点。

在水环境治理方面。坚持“五水同治”，优先保护饮用水，突出治理流域水，监督考核跨界水，积极防治地下水。全面处置污废水。以省政府名义出台了《山西省水污染防治工作方案》和《2016 年水污染防治行动计划》，向各市下达《水污染防治目标责任书》。

在推进总量减排方面。坚持增量控制与存量削减同步。严格审核建设项目主要污染物总量，实施差别化总量置换，建立新增排污权有偿使用机制。大力实施工程减排，现役燃煤机组已全部安装脱硫设施，取消烟气旁路，30 万千瓦以上燃煤机组全部实施脱硝改造，42 台燃煤机组实现超低排放。全面完成了国家下达的 2015 年年度减排目标任务。

在农村生态环境治理方面。积极开展 1370 个村庄环境连片整治和 536 个村庄生活污水处理工程建设。督促指导 700 多家煤炭企业开展矿山生态环境恢复治理。推动生态文明示范创建提档升级，创建了 16 个国家级生态示范区和一批国家级、省级生态乡镇、生态村。土壤污染状况调查和污染场地修复示范工作走在全国的前列。

在省城环境质量改善方面。坚决落实省城环境质量改善指导协调组的安排部署，认真履行指导协调组办公室职责，在政策、资金和工作指导等方面大力支持太原市改善省城环境质量，“五大工程”和“五项整治”取得积极进展。2015 年，太原市达标天数 230 天，重污染天数减至 12 天，省城环境质量得到进一步改善。

在环境法治建设方面。全省环保系统严格执行新《环保法》，认真贯彻国务院《关于加强环境执法监管的通知》，深入开展全省环境保护大检查、违法违规建设项目清理整顿和“土政策”清理整顿，积极推进环境监管网格化管理，特别是积极探索行政执法与刑事司法衔接机制，连续两年开展了严厉打击环境污染违法犯罪行为专项行动，始终保持打击环境违法行为的高压态势。2015 年，全省共查处四类典型案件 303 件，其中太原市在全省首开按日计罚罚单，罚款金额达 165 万元。同时，积极创新督查方式方法，实现由“查企为主”向“查督并举、督政为主”转变，与华北督查中心联合对太原、晋中、阳泉、吕梁、运城等市开展了综合督查，约谈了“四县一区一企”主要负责人，有力促进了环境问题整改。

在重点项目审批方面。省环保厅印发了《山西省环境保护厅审批环境影响评价文件的建设项目目录(2015 年本)》，在承接环保部下放事项的基础上，加大了环境管理和审批权限下放力度。2015 年省本级环评审批 164 个，同比减少 51%。进一步加快重点项目环评审批，上报环保厅的省属重点项目全部完成审批。特别是在低热值煤发电项目环评审批方面，严格优先原则和审批标准，细化审批流程和时限步骤，保质保量完成了省政府“两个 1000 万”的目标任务。同时，加强建设项目事中事后监督，推动 154 个项目完成卫生防护距离内居民的搬迁，完成了 487 个建设项目环保竣工验收。

在深化环保领域改革方面。按照中央和省委深化生态文明体制改革部署和要求，始终坚持“一项改革任务、一个牵头单位、一位责任领导、一个责任处室、一套工作方案”的“五个一”工作机制和“责任分解、沟通协调、强化调度、全程督导、考核激励”的“五环联动”推进机制，圆满完成了各项改革任务。特别是在完善生态环境保护与恢复治理补偿机制、建立污染者付全费制度等方面取得积极进展。进一步激活排污权交易市场，累计完成主要污染物排污权交易 1221 宗，交易金额 14.83 亿元。推广企业环境污染责任保险，449 家企业投保，保费金额 1.7 亿元。在全国率先成立了省级环境污染损害司法鉴定中心，为 11 起环境污染损害案提供了司法鉴定服务。

二、夯实党建基础、加强自身建设，努力实现党建工作水平新提高

一是加强自身组织建设。按照省直工委关于“两委换届”的工作安排，对厅机关党委、机关纪委及 53 个支部(总支)进行了换届，每个支部配备了一名纪委委员。积极协调有关单位顺利完成省环保厅党费专用账户的办理工作。二是推进学习型党组织建设。进一步加强和改进党组中心组学习，严格

落实每年集中学习不少于6次,全年不少于12天的规定。抓好党员干部的理论学习工作,印发了《2015年山西省环保厅党组中心组理论学习暨干部理论学习的安排意见》,组织全厅党员干部认真学习了《习近平谈治国理政》、党的十八届四中、五中全会精神等。三是抓好党建基础性工作。组织全厅党员干部赴"太原支部旧址"开展了庆"七一"重温入党誓词教育活动,为每个党员精心制作了"入党誓词"桌牌和省环保厅工作人员廉洁从政"十项禁令"鼠标垫,完成了全年党员教育、党员发展、党费收缴、党组织关系转接、党员统计等党建基础性工作。四是强化机关精神文明建设。认真贯彻《社会主义核心价值体系建设实施纲要》,制作"社会主义核心价值观"、"中国梦"等题材的宣传展板22块。积极参加了省直机关"第九套广播体操比赛"、鹊桥联谊活动、文源讲坛、"菜单式"体育比赛等活动,并荣获广播体操比赛银奖的好成绩。举办了首届省环保厅趣味运动会,厅系统广大干部职工踊跃参加了拔河、跳绳、呼啦圈等项目的比赛。承担了省直机关菜单式体育比赛跳绳分项的组织工作。五是积极开展扶贫工作。根据省委统一安排,向宁武县东马坊乡派出了以厅机关党委专职副书记带队的6名同志,分别担任贫困村村支部的第一书记,切实加强对扶贫工作的领导。动员全厅党员职工为该乡小学捐赠学习用品、向贫困大学生捐款,走访慰问困难家庭。六是创新开展群团工作。根据《中共中央关于加强和改进党的群团工作的意见》精神,充分发挥工会、青年文明号、妇工委等群团组织作用,全年共争创2个国家级青年文明号。在广大职工、青年中积极开展了大病致困职工救助活动、学雷锋志愿服务活动、慰问盲童活动、6.5世界环境日环保宣讲活动、创建"五好文明家庭"和争创"三八红旗手(集体)"等活动,不断丰富群团工作的活动载体和内涵。

三、严明政治规矩、强化"两个责任",努力实现党风廉政建设新成效

一是夯实基础工作。理顺了工作关系,将党风廉政建设领导组日常工作由原来的纪检监察室移交到厅机关党委。完善了相关规定,出台了《落实党风廉政建设主体责任实施细则》《党风廉政建设责任追究办法》。利用1周时间,厅党组成员、纪检组长与各处室、直属单位主要负责人、班子成员和重点岗位的科级干部开展"一对一"谈话,并提出落实主任责任和廉洁自律要求。二是规范权力运行。机关党委代厅党组起草了厅级领导干部带头遵守党的政治纪律等"五项承诺"。出台了机关工作人员在行政审批等方面廉洁从政"十个严禁"。进一步简政放权,制定了省环保审批环境影响评价建设项目目录,降低了45类建设项目环评等级并简化环评内容,下放了除特定重污染、高风险、跨区域项目外的116个类别的审批事项。编制完成省环保厅权力清单,核定了122项行政权力,完善了权力行使流程图和廉政风险防控图。制定了集体讨论决策制度,实行权力分级负责制。三是开展专项整治。在全省开展的学习讨论活动中,省环保厅承担着"整治环境监管执法不力、尺度不一、滥用职权、地方保护等突出问题"的重要任务。通过深化环境保护大检查、开展"铁腕斩污"专项行动、严厉打击环境污染违法犯罪专项行动和交叉执法检查,累计处理处罚企业1198(家次)、罚款1346.2467万元、停产整治企业326家、限期整改企业625家、取缔企业162家,群众投诉案件落实及突出环境问题整改632件,清理、纠正不符合环保法律法规的"土政策"6件。原厅长刘向东涉嫌严重违纪违法被立案调查后,机关党委及时在全厅党员中开展了"以案说廉、以案促廉"反思剖析活动,400多名党员人人撰写剖析材料,深刻查摆问题,制定整改措施,同时引深开展了环评审批等6个方面专项整治。四是支持机关纪委工作。明确机关纪委的监督职责,强化对各支部纪委委员的培训和管理,出台了《省环保厅工作人员"为官不为"责任追究办法(试行)》。紧盯传统节日等重要时间节点和纪律规矩执行情况,对机关、直属单位和机关宿舍区开展明察暗访。

(张　帅)

附:省环境保护厅党组书记、成员名单

书　记:郭长青

成　员:刘　军　游　炜　王学东　刘大山

省住房和城乡建设厅党组工作概况

党组书记　李栋梁

2015年,中共山西省住房和城乡建设厅党组带领住建系统干部职工,以党的十八届三中、四中、五中全会精神为指导,认真贯彻落实省委、省政府重大决策部署,运用法治思维,坚持改革创新,着力强化城乡规划、建设管理,大力推进改善城市人居环境、重点工程和保障性安居工程建设,进一步加强村镇建设、建筑业和房地产业发展、工程质量安全监管、建筑节能、住房公积金缴存等工作,全面落实党风廉政建设"两个责任",推进"六权治本",加快"六大发展",推动住房城乡建设工作整体迈上新台阶,为实现我省弊革风清、富民强省目标作出积极的贡献。

改善城市人居环境

制定了改善城市人居环境"三年规划纲要"和2015年行动计划,全面启动实施了设施提升、城市安居、城中村改造、环境提质"四大工程",完成投资2856.2亿元,城市面貌发生了新变化。市政基础设施承载能力进一步提升,新建和改造

城市道路1486公里、各类市政管网8281公里,完成提标改造城镇污水处理厂30座,开工建设生活垃圾无害化处理场14座,市政基础设施水平显著提升。城市生态环境进一步改善。新增城市绿化面积2519万平方米,完成年度目标任务的126%。洪洞、阳城、左权、昔阳、沁源被命名为国家园林县城,吕梁、临猗等10个市县被命名为省级园林城市(县城)。

保障性安居工程建设

城市居民居住条件进一步改善。在保障性安居工程建设方面,新开工城镇保障房26.19万套,其中棚改23.76万套;基本建成20.23万套,完成投资640.5亿元。"十二五"期间,保障性住房新开工146.07万套,完成规划任务的144.9%;建成102.45万套,完成投资2490亿元,城镇保障性住房覆盖面达到24%,比全国平均水平高出4个百分点,约350万城镇住房困难群众住进了新居。完成农村危房改造45.5万户、农房抗震改建试点3万户,约160万农村困难群众住房条件得到显著改善。农村人均住房面积由2010年的28.69平方米增加到33.51平方米。在房地产市场发展方面,完成开发投资1495亿元,同比增长6.5%,占到固定资产投资的10.9%;实现增加值约639亿元,同比增长5.8%,占到GDP总量的5%,对经济发展的贡献率不断提高。特别是商品房销售情况稳定好转,销售面积增幅由负转正。

城中村改造

城中村改造步伐进一步加快。认真落实王儒林书记和李小鹏省长的指示要求,切实加快城中村改造步伐。全省共开工改造城中村138个、7.93万户,一年的改造量是过去11年年均改造量的近5倍,改造后的城中村居民生产生活条件得到显著改善。太原市一年启动了54个城中村整村拆迁,规模大、推进快,为全省树立了标杆。

城镇规划

加快推进新一轮城市总体规划修编和控制性详细规划编制,设区市、县级市和县城控规覆盖率分别达到100%、50%和40%。积极推进"多规合一"(国民经济和社会发展规划、土地利用规划、城乡规划、产业规划、环境保护规划等)和城市设计工作,高平、孝义等6个城市开展了"多规合一"城乡总体规划编制试点,运城开展了整体城市设计,大多数设区市开展了重点片区城市设计工作。完善了规划监督和公示等制度,下放和规范了审批事项,加强了对规划实施的监督,有效控制了规划实施的随意性和擅自改变容积率等规划条件的行为。深入开展了城乡规划编制实施专项整治,查处违规违法案件1931个,拆除违法建筑220万平方米,有力维护了规划的权威性和严肃性。

村镇建设

小城镇和农村规划建设全面推进,乡村面貌有了新气象。一是村镇规划水平稳步提升。编制完成村庄规划试点35项,采煤沉陷区治理搬入地乡镇规划27项,一般乡镇规划11项。二是小城镇功能更加完善。重点镇开工建设基础设施和环境整治类项目473项,完成投资27.35亿元,基础设施和公共服务设施不断完善。同时,积极开展园林城镇创建工作,阳泉娘子关镇、晋城巴公镇入选国家园林城镇。三是乡村清洁工程不断引深。重点推进了垃圾转运站和处置点的建设,完成投资10.49亿元,建设垃圾中转站234座、垃圾处置点7355处,创建达标村6626个,为广大农村居民创造了更为舒适的生产生活环境。四是农村危房改造持续加快。通过及早下达任务,严格认定对象,积极落实资金,加强工程监管,有效加快了改造进度,完成农村危房改造8.5万户,完成农房抗震改建试点1万户。五是传统村落保护力度明显加大。完成了52项省级传统村落保护规划编制和建档,开展了21处中央支持的传统村落保护修复项目的协调指导工作,完成了10处历史院落修复,49处传统村落争取到中央资金支持。

建筑业发展

建筑业实现持续稳定发展,对经济发展的贡献率有了新提高。完成建筑业产值2931.3亿元;完成地税收入158.72亿元,占地税总收入的17.8%;实现增加值847.2亿元,同比增长5.2%,占GDP的比重为6.6%,对经济增长的贡献率进一步提升。

工程质量安全

全面提升建筑工程质量水平。强化七方主体质量责任,严格落实质量终身负责制,做好工程质量治理"两年行动"收官工作,确保质量治理取得实效。实施施工企业专职质量管理人员和施工项目专职质量检查员考核任职制度,进一步加强工程质量管理基础性工作。加大建筑信息模型(BIM)技术推广应用,引导企业提高工程项目质量管理水平。建筑施工和市政运营监管持续加强,行业安全生产形势有了新好转。全省共接报房屋建筑及市政基础设施工程施工事故6起、死亡7人,百亿元施工产值死亡率0.24,均低于省政府下达的控制指标,建筑工程质量安全水平进一步提升。切实加强城市市政公用行业监管,累计排查各类市政运营安全隐患3975项,整改完成3860项,整改率97.1%,全省市政安全运行能力明显提升。

建筑节能

加大政策引导和实施监管力度,建筑节能工作取得新成绩。新建公共建筑和居住建筑全面执行65%节能标准,设计阶段和竣工验收阶段执行率均达到100%;政府投资类公益性工程、大型公共建筑和太原市区的新建保障房绿色建筑标准执行率达到100%,全省新增星级绿色建筑评价标识项目200万平方米;开工实施既有居住建筑节能改造765万平方米;新设计可再生能源建筑应用面积2070万平方米,占年度新建建筑比例48.06%;新增忻州市、吕梁离石区3个国家智慧城市创建试点。

住房公积金

大幅放宽提取贷款条件,住房公积金工作迈出新步伐。新增公积金缴存职工 38.3 万人, 覆盖率由 76.6%增加到 80.6%; 存量资金由年初的 772.5 亿元减少为 223.1 亿元;个贷率由年初的 23.9%提高到 61.4%, 在全国的排名提升 5 位,公积金对住房消费的贡献度达到 30%以上。

重点工程建设

积极开展"项目提质增效年"活动,坚持"六位一体"推进机制,采取重大项目挂牌推进、领导干部包联项目、进工地解难题等有效措施,项目储备、签约、落地、开工、建设、投产年度任务全面完成。项目储备完成投资 158038.3 亿元,占年度计划的 130.8%。项目签约,完成投资 23761.7 亿元,占年度计划的 132.0%。项目落地,完成投资 12436.3 亿元,占年度计划的 103.6%。项目开工,完成投资 10413.8 亿元,占年度计划的 104.1%。重点工程建设,完成投资 11269.4 亿元,占年度计划的 112.7%;其中省重点工程完成投资 3230.9 亿元,占年度计划的 96.2%。项目投产,完成投资 10301.6 亿元,占年度计划的 103.0%。"十二五" 期间, 省重点工程建设完成投资 19646.9 亿元,占到同期全省固定资产投资的 36.5%,建成投产 1477 个重大项目,为实现省委、省政府提出的"固定资产投资 5 年 5 万亿"奋斗目标作出了重要贡献。

党风廉政建设

住建系统各级党组织按照中央、省委关于从严管党治党和深入推进党风廉政建设与反腐败斗争的要求,扎实开展学习讨论落实活动、"三严三实" 专题教育和精神文明创建活动,健全完善规章制度,细化明确工作任务,层层落实主体责任。厅党组结合省委巡视反馈意见,重点对落实主体责任、厅属社团管理、选人用人方面存在的问题进行了全面整改,制定出台了落实党风廉政建设主体责任的实施意见、责任清单和廉政谈话、报告、考核及落实中央"八项规定"、反对"四风"的一系列规章制度和办法措施,机关各处室、厅属各单位层层签订了责任书和承诺书, 切实把责任落实到每一个党员、干部头上。

政风行风建设

厅党组针对巡视提出的"对群众反映强烈的住建系统行业存在问题长期监管不力" 的意见, 积极组织各级住建、规划、房管等部门,集中开展了房地产开发经营管理、建筑工程招投标、建设类行政审批、城乡规划编制实施、建设类补助资金管理 5 个方面的专项整治,深入推进"六权治本",公布了权力清单和责任清单,编制了职权运行流程图和职权运行廉政风险防控图, 主动把行政权力由之前的 300 余项缩减为 171 项, 取消了省外建筑业企业等 4 类企业入晋备案限制,取消了造价员作为造价工程师报名的前置条件,将建设类企业资质和执业资格注册受理由原来的每月 1–10 日集中受理改为随时受理。通过专项整治,解决了一批群众反映强烈的问题,查处和通报了一批违法违规项目,促进了全系统政风行风的进一步好转。

基层党组织规范化建设年活动

2015 年厅直机关党委在省直工委和厅党组的正确领导下,坚持从严治党,践行"三严三实",重点开展基层党建工作,"基层党组织规范化建设年"活动取得显著成效。一是强化基层组织建设。在厅机关支部实行支部书记与处长(主任)一肩挑,并配备纪检委员,强化支部战斗力和执行力。厅直 6 个单位(人事独立)都出台《党委书记、院长落实党风廉政建设主体责任清单》《"三重一大"决策制度》,基层党组织建设进一步加强。二是强化动态监管。处室、单位党委(支部)负责人每月与党员进行廉政谈话。各支部、各单位党委坚持召开组织生活会,民主评议党员,并通过党建工作"联评联述联考"大会,进行年度考核。厅党组成员、副厅长、党委书记郭燕平同志率先在大会上作了党建述职报告,接受大会评议。三是强化学习效果。各单位各支部都邀请厅领导作党课报告,推进支部思想理论学习,并发放政治学习书刊 2000 余册;印发文件开展厅直机关文化建设,推进创建"六型机关",进一步强化党员干部对社会主义核心价值观的践行落实,创造良好氛围。四是强化精细管理。建立并完善党员数据库,做到党员和组织机构底数清楚。加强党费收缴工作,及时公开收缴情况,接受党员监督。对近 5 年发展的党员进行自查。通过这一系列活动和举措, 厅直单位党建工作水平进一步提升,有力地促进住建中心工作的开展和目标任务的圆满完成。

(李国红　米玉婷)

附: 省住房和城乡建设厅党组书记、成员名单

书　记: 李栋梁

成　员: 李文慧(11 月离职)　郭燕平　李锦生　郝耀平　姚少峰　翟顺河　张学锋　王淑敏(11 月任职)

省交通运输厅党组工作概况

党组书记　李正印

2015年，全省交通运输系统广大干部职工认真贯彻落实党中央“四个全面”战略布局和省委“五句话”要求，振奋精神、负重拼搏，圆满完成了省委、省政府下达的各项工作任务。交通运输改革发展亮点纷呈，党的建设、党风廉政建设和精神文明建设成效显著。

一是公路建设为“稳增长”做出积极贡献。全年完成投资274.95亿元，为年计划的112.2%，比2014年增长7%，投资完成进度在全省“十大重点领域”始终名列前茅。高速公路建设完成投资179.36亿元，建设规模达到688公里。和顺至榆社二期工程、高平至沁水、原平至神池、吉县至河津、左权至黎城、运城至灵宝黄河大桥、北京至乌鲁木齐山西段、永和至永和关、长治至临汾、长治至邯郸改扩建工程10个续建项目工程进展顺利，右玉至平鲁、神池至岢岚、晋蒙黄河大桥3个“百日百项”工程开工建设，临县至离石、吕梁环城、运城解州至陌南、和顺至榆社二期工程4条179公里高速公路正式开通运营。加大协调推进力度，打通荣乌国家高速公路(G18)灵丘驿马岭、京昆国家高速公路(G5)平定杨树庄、东吕国家高速公路(G2516)和顺康家楼3个省界高速公路出口，为全省融入“一带一路”、京津冀协同发展和环渤海经济圈战略布局提供了交通支撑。国省干线公路建设完成35.96亿元，完成新改建工程379公里；农村公路建设完成57.47亿元，完成通村公路完善提质工程等5132公里。

二是交通运输改革取得重大突破。全力推进交通企业及高速公路资产债务重组改革，先后组建省路桥集团、省高速公路集团、省交通投资集团3个企业集团，理顺产权关系，增加企业注册资本，加强班子建设，并移交省国资委监管，省交通运输厅历史性地实现政企分开。完成6条政府还贷高速公路收费权益转让，减少政府性债务209.43亿元。会同省财政厅筛选出16个已建成、3个在建、2个待建高速公路项目开展PPP模式试点。研究推进公路建设事权改革，积极推动构建“国高网省建、省高网市建”的新模式，同意运城、吕梁两市政府以经营性公路的方式组织建设3个高速公路项目。积极推进高速公路建设与运营管理体制改革，完成19个高速公路建管处的初步整合。

三是债务管理进一步加强。按照“控制规模、优化结构，防范风险、化解债务，改革创新、走出新路”的思路，以项目贷款置换短期贷款107亿元，以低成本贷款置换高成本贷款295.5亿元，提前归还不到期高利率贷款9.2亿元，表外融资利率进一步降低，节约利息支出5.8亿元。积极争取政府债券和社会资本参与交通债务重组，落实平安资产管理公司首期债权投资100亿元，地方政府一般债务债券置换存量债务22.15亿元。用足用好国家政策，落实国家开发银行交通建设专项基金9.97亿元，推动了右平、神岢、京新和长邯改扩建4个高速公路建设项目资本金的解决。

四是安全生产形势保持平稳。交通厅党组把安全生产摆在头等重要的位置，每季度召开一次安委会，专题研究安全生产工作。按照“党政同责、一岗双责、失职追责”的要求，严格落实企业主体责任和政府部门监管责任；加大隐患排查治理力度，在全系统组织开展三轮安全生产大检查，排查整治各类事故隐患6958项；组织实施农村公路生命安全防护工程1182公里，完成163座高速公路隧道消防安全设施升级改造工程。交通厅被交通运输部确定为全国交通运输系统安全生产风险管理试点，积极探索建立交通运输安全风险管理模式。深入开展“安全生产月”活动，强化从业人员安全意识，被国务院安委办评为“2015年全国安全生产月活动先进单位。”

五是交通运输服务能力进一步提升。及时安排部署重要时点道路保畅工作，确保春运、“两会”、纪念抗日战争暨世界反法西斯战争胜利70周年等重大活动期间以及全省煤检站撤销等重大改革举措落实过程中的道路交通安全畅通。加强交通战备保障能力建设，在大规模、多频次保障部队过境机动中发挥了重要作用。积极落实省政府为企业减负、促经济增长的部署，制定出台了高速公路收费、运输证件管理“三减两免”优惠措施，将全省高速公路货运车辆通行费收费标准降为周边省份最低，4–12月为企业减负9.98亿元，加上执行“绿色通道”和重大节假日小型客车免费政策，全年共减免通行费19.49亿元，有力促进运输业发展。全省道路运输完成货运量9.2亿吨、货物周转量1376亿吨公里，分别比上年增长3.4%和0.9%。加强城市公交系统建设，运输旅客15.3亿人次。加快推进高速公路ETC建设，新增ETC及非现金支付卡用户近60万户，达到75.7万户。

六是专项整治取得扎实成效。按照省委统一部署，以工程招投标、资金管理、质量管理3个方面的15类突出问题为重点，扎实推进交通工程建设领域突出问题专项整治，以项目化管理方式列出问题清单，逐项对照整改，出台《关于进一步加强公路工程招投标管理工作的若干意见》《公路工程质量鉴定检测要求》等制度，初步建立规范管理的长效机制。以3个方面的20类突出问题为重点，扎实推进公路“三乱”问题专项整治，着力解决乱设卡、乱收费、乱罚款等问题，查处违纪执法人员77人。在此基础上，不断拓展专项整治范围，有针对性地组织开展了加强财务管理、严肃财经纪律专项整治，清理上缴财政预算结余资金6.6亿元；开展厅属单位银行账户专项审计调查,清理违规账户105个。

七是公路养护管理提质增效迈出新步伐。在工程量不减、工作标准不降的前提下,主动核减高速公路日常养护经费预算10%、约6925万元,倒逼高速公路降低管理成本,提升管理绩效。国省干线公路大力推广预防性养护,加大路域环境整治力度。创新超限治理工作,将治超工作纳入对各市政府安全生产考核指标体系,进一步强化政府主体责任,巩固治超成果,促进长效机制建设。交通运输部检查组对全省国省干线养护管理工作给予高度评价,认为山西省国省干线养护管理工作在经济下行的情况下,实现建设大发展,路况大变样,管理大提升,治超大突破,服务大拓展,管理制度健全规范,养护管理务实高效,应急保畅成效卓著,展现公路交通负责任的行业形象。

八是"六权治本"和法治建设取得积极成果。交通厅党组认真贯彻王儒林书记、李小鹏省长"发挥好抓点引路作用,为全省探索出一条路子"的批示和楼阳生副书记多次现场调研指示精神,把"六权治本"与党风廉政建设、法治建设紧密结合起来,积极推进简政放权,承接交通运输部下放行政审批事项6项,取消、下放、调整省级行政审批事项22项。依法编制并经省政府批准在厅门户网站公布了省厅权力清单、责任清单和权力运行流程图、廉政风险防控图。公布行政职权7类181项,比原来减少近1/3,其中行政许可21项,减少26%;责任清单覆盖181项行政职权共1350项责任事项。切实加强"三个平台"建设。21项行政许可全部进入政务大厅集中办理,全年受理行政审批1.17万件,全部在规定时间内办结。季度超限运输许可实现了网上受理、网上审批。跨区域超限许可实现就近受理、远程许可,厅政务大厅被交通运输部授予"全国交通运输行业文明示范窗口"。市场管理中心全年共组织完成招投标项目326个,中标总金额130.1亿元,节约投资9.85亿元。厅门户网站公布政府交通运输信息7356条。深入推进制度建设,制定修订有关制度35项。交通厅"六权治本"工作得到各方面充分肯定,新华社《国内动态清样》、每日电讯、人民日报、中国交通报、山西日报、山西电视台、山西人民广播电台、新华网山西分网、人民网山西分网等中央、省和行业主流媒体做了专题报道,省直20多个部门来厅学习交流。

九是党的建设和精神文明建设成效明显。厅党组认真落实王儒林书记4月15日在省厅调研时的重要指示,深刻汲取"3·08"案件教训,牢固树立"抓好党建是最大政绩""不抓党风廉政建设是严重失职"的理念,严格落实全面从严治党主体责任。加强党的组织建设,积极争取有关部门支持,规范厅机关党委专职副书记设置;调整厅机关党支部设置,由原来的7个支部调整为12个,基本实现"支部建在处室",促进支部活动正常开展;分批完成14个厅直属单位党组织和223个党支部的换届;交流、调整、充实部分厅直单位党委书记、纪委书记。加强干部队伍建设,扎实开展"三个一批"、"一倒查六整治",理顺1698人的人资人岗分离问题;先后调整干部34名,提拔使用7名,营造风清气正的用人环境。加强干部教育培训,依托省交通干部学校建设开通"山西交通在线教育培训平台"。扎实开展"三严三实"专题教育,坚持以上率下,聚焦正反两方面典型,聚焦严守政治纪律和政治规矩,着力解决"不严不实"问题。2015年8月27日,省委常委、组织部长盛茂林在省厅调研时指出:省交通运输厅政治生态正在得到有益修复,风清气正的政治生态正在形成。坚持把精神文明建设作为重塑交通形象的重大举措来抓,重新启动厅机关省直文明单位创建工作;与新华网联合开展"寻找最美山西交通人"活动,推动"重灾区"转变为"新典型"。

十是党风廉政建设"两个责任"进一步落实。结合实际制定了《厅党组落实党风廉政建设主体责任实施办法(试行)》和《驻厅纪检组落实党风廉政建设监督责任实施办法(试行)》,建立落实主体责任和监督责任的"六项制度""六个机制"。王儒林书记、李小鹏省长、杨传堂部长分别对两个《实施办法》作了重要批示。厅领导班子成员带头拉出责任清单,层层推进落实。厅党组书记、驻厅纪检组长定期听取班子成员履行"一岗双责"情况汇报,厅党组每半年听取一次厅机关党支部、厅直单位党委履行"两个责任"工作汇报,厅领导班子成员定期听取分管单位党风廉政建设工作汇报,层层传导责任、压力,促进"两个责任"落实。坚持把纪律和规矩挺在前面,以"零容忍"的态度惩治腐败,严肃查处吕梁交通运输执法局、运城高速公路公司、长平高速公路建管处主要负责人违纪案件,26名干部受到党政纪处分。同时加大责任追究和专项整治力度,达到"查办一案、警示一片、整治一条线"的效果。加大明察暗访力度,抓住关键节点、关键少数,持之以恒落实中央"八项规定"精神,驰而不息整治"四风",努力推动形成反"四风"改作风的长效机制。

(师国梁 陈瑞丽)

附:省交通运输厅党组书记、副书记、成员名单

书　记: 李正印

副书记: 张　润(7月离职)　唐　晋(3月任职)

成　员: 戴　飞　袁清茂(3月任职)　宋文斌　郜玉兰　秦红保　郭贵平(3月离职)　雷天才(3月任职)

省水利厅党组工作概况

党组书记　潘军峰

2015年,在厅党组的正确领导下,机关党委紧紧围绕全省水利中心工作,认真贯彻落实全面从严治党责任、践行"三严三实"要求,积极探索新形势下党建工作的新思路、新举措,努力推进厅直机关党的思想、组织、作风、制度和反腐倡廉建设,厅直各级党组织和广大党员充分发挥战斗堡垒和先锋模范作用,基层党组织的创造力、凝聚力和战斗力进一步增强,为推进我省水利改革发展提供了坚强有力的保证。

一、加强理论武装,党员干部思想建设全面提升

2015年,厅直各级党组织着力在求深化、促转化上下真功、见实效,加强理论武装,广大党员干部中国特色社会主义道路自信、理论自信、制度自信不断增强。

(一)"学习讲话、学作风",党员干部政治理论水平进一步提高

一是强化中心组学习制度。制定学习方案,认真落实党组织中心组学习制度,努力做到学习时间、内容、效果"三落实"。采取中心组学习、个人自学相结合的方式,认真学习贯彻党的十八届三中、四中、五中全会精神和省委十届六次全会精神,深入学习贯彻习近平总书记系列重要讲话精神,学理论文献、党内法规、党中央和省委重大决策部署,不断加强思想理论武装。全年组织厅机关集中学习研讨20多天,先后举办《四个全面》等专题讲座10多场,组织观看《王儒林书记党课》等专题教育片5部。

二是抓好干部教育培训。在参加省直工委组织培训的基础上,举办了近200人参加的党务干部培训班,内容涵盖党章与党建、党风廉政建设、精神文明创建等,对党组织书记、纪委书记、党务工作者、部分支部书记进行了一次系统的党务知识培训。

三是完善学习责任制和考核制度。各级党组织在理论学习中发挥表率示范作用,一级抓一级,层层抓落实。下发《关于2015年厅直各级党组织中心组和干部理论学习的安排意见》,制定学习计划,健全学习制度,落实学习内容。厅直机关党委派人参加了12个厅直单位党组织的中心组学习,深入了解情况,加强督促指导。

(二)扎实开展三严三实"专题教育,干部党性修养和宗旨意识进一步加强

按照中央和省委部署要求,2015年5月,水利厅"三严三实"专题教育启动。7个多月来,全厅上下按照要求,突出问题导向,贯彻从严要求,把专题教育作为重大政治任务,同水利发展的大事要事一起抓,专题教育取得阶段性成效。

一是坚持以上率下。制定实施方案、学习计划,厅党组带头参加教育、接受教育。厅党组书记切实担负起第一责任人的责任,第一时间传达学习中央、省委精神,带头落实专题教育关键动作,各级党组织主要负责人带头讲党课、带头查摆不严不实问题、带头学习研讨,带头抓整改落实。厅领导深入各自分管单位开展调研、指导帮助工作,抓好督促检查。

二是抓实关键动作。按照中央和省委部署,全厅自上而下,以讲党课启动部署专题教育。厅党组书记潘军峰率先垂范,作了题为"认真学习践行'三严三实'做一名忠诚干净担当的水利干部"的专题教育党课,厅直党组织书记在各单位讲党课,厅班子成员、厅直各单位、厅机关各处室负责同志在分管单位或所在支部讲党课,形成一批有价值的党课报告。坚持采用个人自学、中心组集体学习、专家辅导等方式,不断提升学习效果,集中学习中央规定书目,编印专题教育学习材料5册,邀请有关专家作专题辅导6次。坚持问题导向,重点发言与交流发言相结合,认真开展研讨,厅中心组、厅直各单位紧紧围绕"严以修身、严以律己、严以用权"开展三个专题研讨发言。期间,厅领导、厅直单位主要负责人还联系严重违纪违法案件反面典型进行了发言。全厅80余名党组织负责人讲党课,10名厅级干部、251名副处级以上领导干部进行了专题研讨重点发言。坚持从严要求,全厅各单位认真组织了"三严三实"专题民主生活会和组织生活会。通过专题研讨,提高了党员干部坚定理想信念、加强党性修养的思想自觉,坚定了严守党的纪律和规矩的政治自觉,增强了忠诚干净担当、改作风转作风的行动自觉。通过严肃开展批评和自我批评,为进一步解决不严不实问题,抓好整改落实打下坚实基础。

三是融入中心工作。坚持把专题教育与水利工作相结合,以专题教育推动水利工作,真正把党员干部激发出的工作热情和进取精神转化为做好各项水利工作的强大动力,做到专题教育与日常工作有机融合、相互促进,两手抓、两不误、两丰收。山西大水网和民生水利工程建设强力推进,汾河流域生态修复工程全面启动,最严格的水资源管理得到有效落实,水利改革不断深化。例如,天津港"8·12"特别重大事故发生后,水利厅召开专门会议对全省水利安全生产工作进行了安排部署,并要求各单位要将水利安全生产大检查作为"三严三实"专题教育的重要内容,推进了平安水利建设。

(三)开展各项主题活动,引领干部职工践行社会主义核心价值观

组织干部职工参观"弘扬两弹一星精神,共筑中国梦"大型展览,参加纪念抗日战争胜利70周年征文、书画、摄影活

动，参加省直工委举办的系列主题宣传、主题教育和主题文化活动。积极弘扬优秀法治文化、廉政文化、红色文化与水利文化，把社会主义核心价值观主题活动融入党员干部日常工作和生活的各个方面，使其真正成为党员干部的精神追求、基本遵循和自觉行动。

二、扭住工作重点，作风建设不断加强

2015年，以巩固和拓展教育实践活动和深入开展学习讨论落实活动为重点，突出抓好“工作秩序涣散、纪律松弛”问题专项整治，作风建设不断加强。

一是不断巩固和拓展教育实践活动成果。在党的群众路线教育实践活动中，按照中央要求和省委部署，精心组织，突出特色，采取有力措施，扎实开展工作。厅党组整改方案明确的16类整改任务全部完成、共修订完善和新建制度21条，中央确定的21项专项整治任务整治到位，党员干部个人整改措施落实到位。狠抓了清理办公用房和停止新建楼堂馆所、整治“吃喝不正之风”、清理违规用车、清理会员卡及清正廉洁过中秋国庆“两节”五项工作的落实。

二是深入开展学习讨论落实活动。围绕省委“五句话”活动主题，组织党员干部开展了以“研讨学习、反思剖析、查摆问题、专项整治等”为主要内容的学习讨论落实活动，活动程序严格，步调紧跟省里要求，省水利厅确定的7项专项整治任务取得明显成效。将党员干部贯彻执行中央八项规定精神和省委“四个实施办法”情况纳入党建工作考核。每逢重要节假日都召开会议或下发文件，严格要求和监督全厅干部廉洁过节。下发《关于对领导干部顶风大操大办婚丧喜庆等借机敛财问题开展专项整治的通知》《关于对违规收送礼金、红包问题开展专项整治的通知》等文件，针对性地开展了专项整治，营造了风清气正、干事创业的发展环境。

三是开展工作秩序、工作纪律专项整治工作。突出抓好“工作秩序涣散、纪律松弛”问题专项整治，在重要时间节点，机关纪委会同驻厅监察室对各单位进行明察暗访；采取不打招呼的方式对厅大院及厅机关各处室工作人员一日三查：上班查迟到，中间查履职，下班查早退。

三、着眼中心任务，基层党组织建设扎实推进

厅直各级党组织认真落实《中国共产党党和国家机关基层组织工作条例》和省委《实施意见》，基层党组织建设扎实推进。

一是抓好机关党委和纪委自身建设。认真落实《中国共产党党和国家机关基层组织工作条例》，抓好机关党委和纪委自身建设，对厅直机关党委和机关纪委进行了换届选举，对党委委员和纪委委员进行了明确分工。

二是加强基层组织规范化建设。下发《关于健全规范基层党组织有关工作的通知》，督促规范各级党组织换届，共指导17个厅直单位进行了换届。严格标准，优中选优，在工作一线和青年群体中发展党员70名。下发《加强和改进党费收缴、使用和管理通知》，进一步严格党费收缴和使用管理。结合“三严三实”专题教育，进一步坚持和完善“三会一课”、主题党日活动、民主评议党员、领导干部过双重组织生活制度。召开基层党组织述职考核会议，进一步促进党组织书记的履职尽责。组织开展纪念建党94周年重温入党誓词活动，召开先进集体和先进个人表彰大会，进一步强化党员干部党性修养和理想信念。落实中央、省委党的群团工作会议要求，组织召开厅群团工作座谈会，挖掘和发现了一些热情高、思路新、能力强的群团工作人才，为健全水利厅群团组织、全面开展群团工作做好了准备。

四、狠抓“两个责任”的落实，党风廉政建设不断深入

按照省直工委《关于省直机关基层党组织和纪检组织落实党风廉政建设“两个责任”指导意见》，机关党委认真落实协助、推进、教育、监督检查和支持五大主体责任。

一是着力责任分工，强化落实措施。下发关于党风廉政建设任务分工及落实“两个责任”多个文件，明确厅直单位领导班子及成员的主体责任和纪委组织、纪检干部的监督责任。组织开展落实党风廉政建设“两个责任”为主题的征文活动和研讨会，提高各级党组织和纪检部门落实“两个责任”的能力和水平。结合党建工作调研、精神文明单位检查、参加厅直单位学习研讨，监督检查厅直单位领导班子、领导干部廉洁从政情况，听取厅直党组织及主要负责人履行主体责任情况的报告。和驻厅监察室一起，按照以表格形式细化的检查内容，逐项对厅直各单位进行督查，促进各单位对“两个责任”的严格落实。在重要的时间节点，多次会同驻厅监察室对各单位工作秩序、工作纪律和八项规定执行情况开展明察暗访。

二是突出问题导向，强化执纪问责。按照厅党组《党风廉政建设约谈制度》，对5名处级干部进行了诫勉和函询谈话。积极配合上级纪检监察部门核实问题线索，2015年共接到省直纪工委转来的信访举报45件，要求上报结果的13件，均已查结并按时上报，未要求上报结果的，也做了相应处置。

三是采取多种形式，加强党员干部廉政教育。以观看警示教育片、建设廉政教育走廊等形式，对党员干部开展法规教育、廉政教育和警示教育，努力营造风清气正、干事创业的发展环境。

五、突出引领作用，机关文化和精神文明建设扎实开展

一是不断丰富和拓展学习载体，全面提高党员干部素质。组织厅直机关干部开展“读书月”活动，抓好国家重点推荐书目的学习、讨论和成果转化工作，重点强化“政治理论知识、业务技能知识、社会生活知识、身心健康知识”。通过开展党员干部用微信平台学习党的知识活动、庆“八一”军转干部到水库学习水库管理知识活动、参加省内外自主选学和在线学院学习活动等，不断营造党员干部崇尚学习、钻研业务、踏实工作的氛围。

二是不断深化精神文明创建活动。认真落实省直文明委、水利部文明委关于文明集体创建的有关规定和考评体系,文明集体的日常监管和创建力度不断加大。2015年近40个厅直单位参加省直以上文明单位的创建活动,占厅直单位总数的70%以上,三个大水网工地荣获水利部文明工地,四个大水网单位申报了省级"巾帼文明岗和建功标兵"、"三八红旗集体和个人先进"等荣誉。积极开展青年文明号创建、青年志愿者、雷锋志愿服务活动,水利系统青年文明号集体达24个,近500名职工注册青年志愿者。

三是积极推进六型机关"建设,为各项中心工作提供政治保障。推进学习型、廉洁型、服务型、创新型、法治型、效能型"六型机关"建设,是省直工委深入贯彻落实党的十八届三中、四中全会精神和省委十届六次全会精神做出的一项重要决定。"六型机关"建设,已成为省委2015年度目标责任制考核的一项重要内容,也成为省文明委对文明单位考核验收的重要指标。"六型机关"建设涉及我厅工作的方方面面,成效贯穿于整个水利工作。为了做好这项工作,省直工委文件下达后,机关党委及时组织召开座谈会,认真学习文件精神,在此基础上,下发专门文件,明确任务,细化措施,将"六型机关"建设作为水利厅党建和文明单位创建的重要内容,融入日常各项工作中,努力做到与水利工作同部署、同推进、同落实。水利厅"六型机关"建设在省直工委交流会上作了典型发言,该项工作得到工委领导肯定。

四是不断丰富职工业余文化生活,提高党组织的凝聚力和干部职工的向心力。组织参加省直工委第九套广播体操比赛,80个代表队参赛,水利厅获得第七名的好成绩,荣获金奖。参加省直工委举办的"菜单式"体育比赛,健牌舞比赛荣获金奖,象棋比赛荣获团体第一名。应广大干部职工要求,正在组织为期三个月的太极拳教授活动,积极促进"全民健身"活动的有效开展。

(王秀芳)

附:省水利厅党组书记、成员名单

书　记:潘军峰

成　员:奥雨迎　李　力　解放庆　孟希雄　常书铭　张江汀　张建中

省农业厅党组工作概况

党组书记　关建勋

2015年,省农业厅党组深入学习贯彻习近平总书记系列重要讲话精神,认真落实省委省政府各项重大决策部署,切实履行党风廉政建设主体责任,扎实开展"三严三实"专题教育,大力加强领导班子和干部队伍建设,全力完成年度目标责任考核任务,全省农业农村经济持续保持了稳定发展的良好势头。

一、深入学习贯彻党的十八大、十八届三中、四中、五中全会精神和习近平总书记系列重要讲话精神

厅党组始终坚持把全面贯彻落实党的有关会议精神和深入学习贯彻习近平总书记系列重要讲话精神作为首要政治任务来抓。全年中心组集中学习20次,举办"三农大讲堂"21期,邀请中央党校、中纪委权威专家和省委党校教授、先进基层代表进行专题辅导。组织开展党的十八届四中全会精神暨法律法规知识竞赛,下发专题学习资料1300余册,干部撰写学习体会1000多篇,形成了浓厚的学习氛围。与省委组织部联合在农业部党校举办两期农业系统领导干部专题培训班,邀请中央党校、国务院发展研究中心、农业部专家授课,260多名处级干部参加了培训。按照中央和省委关于制定"十三五"规划建议要求,系统谋划未来五年农业农村经济发展的目标思路、重点任务和政策措施,将学习成果运用到规划编制全过程,进一步深化、细化、实化规划纲要和专题规划,进一步提升指导"三农"发展的科学化水平。

二、扎实开展"三严三实"专题教育

厅党组把深入开展"三严三实"专题教育作为全年党建工作主线,加强组织领导,确保专题教育取得实效。一是突出问题导向。认真梳理查找出班子存在的创新意识不足、担当意识不强、工作质量不高等三个方面"不严不实"问题,为学习教育的深入开展奠定了坚实基础。二是认真讲好党课。厅党组书记带头讲党课,班子成员结合分管领域,归口讲党课,开展专题学习研讨;厅直属3个党委、13个党总支、83个基层党支部主要负责人都给党员干部讲了党课,实现了党课教

育全覆盖。三是深入学习研讨。深入开展四次专题学习研讨，聚焦不严不实问题，认真查、仔细找，立行立改。四是扎实开展"三农工作零距离、干部素质上台阶"活动。组织全厅处级干部开展了以"蹲好一个村、读好一本书、写好一篇调研报告"为主要内容的"三农工作零距离、干部素质上台阶"活动，210名处级干部到76个村驻村调研，撰写读书体会200篇、调研报告156篇，并筛选了一批有价值的调研报告进行宣讲。五是高质量召开民主生活会。厅党组班子成员逐一进行个人对照检查，相互间开展了严肃认真的批评与自我批评，达到了统一思想、改进作风、增进团结的目的。

三、坚持全面从严治党，深入推进法治建设和党风廉政建设

（一）大力抓好机关党建。深入开展"基层组织规范化建设年"活动，设立了机关纪委，调整配置了基层党委和支部书记。落实党建工作责任制，制定了《党建工作要点》，出台了《党组工作规则》和《"六型机关"建设实施意见》，建立了党建工作考核评价机制和"联述联评联考"制度，严格落实民主生活会、"三会一课"等基本组织生活制度。厅党组班子成员分包临县10个贫困村，党员干部结对帮扶1621户贫困户，开展包村增收活动。大力开展精神文明创建，全厅省直文明标兵单位达到19个，省直文明单位达到11个，厅政务网站获得省直机关第一批"十佳文明网站"称号。

（二）狠抓"两个责任"落实。厅党组始终把"两个责任"落实摆在突出位置，专题研究部署党风廉政建设主体责任落实工作，制定了落实党风廉政建设主体责任和监督责任清单，将党风廉政建设列入领导班子、领导干部目标责任考核。班子成员不定期与分管单位党组织主要负责人谈心谈话，发现问题，及时纠正。

（三）大力推进依法行政。着力推动法治建设和"六权治本"各项工作落实，编制了行政职权清单、责任清单和行政职权运行流程图、行政职权廉政风险防控图，取消、整合、下放了95项权力，全厅保留行政职权165项。严格落实"三重一大"决策制度，改革项目资金分配办法。

（四）切实加强干部管理和队伍建设。认真落实处级干部个人有关事项报告制度，按10%的比例进行抽查核查，对副处以上领导干部的配偶及子女移居国（境）外情况进行了摸底登记，开展了干部违规办理持有因私出国（境）证件专项清理工作。公开招录4名公务员和25名事业单位工作人员。

（五）严格执行中央八项规定。始终保持反"四风"高压态势，精简文件、会议、活动，推行"无纸化"办公系统，全厅发文和会议培训数量分别减少7.5%、7%。深入推进公车改革，进一步规范公务接待、因公出国审批，全年"三公"经费支出502万元，同口径下降1.4%。

四、全力推进农村改革和农业现代化建设

（一）惠农政策力度进一步加大。在继续执行中央及我省各项惠农政策的基础上，2015年省政府继续出台了新的10项补贴政策，农业部门承担其中4项，共涉及资金3.73亿元。及时下达资金，制定管理办法，抓好项目落实，充分调动各地重农兴农、稳粮增收的积极性。

（二）改善农村人居环境工作扎实推进。制定出台了2015年行动计划和美丽宜居示范村三级联创活动方案。省政府与住建部、国家农发行签订了战略合作协议。2015年"四大工程"累计完成投资231.9亿元，超额完成201亿元的年度投资任务。

（三）农民收入持续较快增长。通过产业增收、劳务增收、政策增收、改革增收等举措，全省农村居民人均可支配收入预计可达9450元，同比增长7.3 %以上。

（四）粮食生产获得较好收成。粮食生产克服严重干旱和局部地区洪涝、冰雹灾害等不利因素影响，总产达到125.96亿公斤，虽比上年（历史最高年）减产5.4%，也是我省历史上第四个高产年份，超额完成省政府下达的110亿公斤目标任务。

（五）特色产业发展成效显著。强力推进杂粮、设施农业、畜牧业、中药材等七大产业振兴翻番工程，重点扶持了2000个一村一品专业村、60个一县一业基地县和33个国家级、省级现代农业示范区；建设粮油高产创建万亩示范片245个，新发展设施蔬菜21万亩；推进水果产业提质增效，果品出口取得重大突破，运城苹果首次出口美国；中药材产业成为新亮点，新发展道地中药材基地50万亩；朔州市成为全国唯一的草牧业发展市级试点。

（六）现代农业投资持续加力。加大招商引资力度，策划了一大批重大产业支撑项目，一大批知名企业来晋投资，全省现代农业投资预计完成1150亿元。

（七）新型职业农民培训任务圆满完成。出台了《2015—2020年规划纲要》，整合资金1.1亿元，培训新型职业农民10.3万人。

（八）农产品加工业快速发展。推动建立3亿元的山西农业产业发展基金，实施项目贷款贴息，开展政银企项目对接，支持重点项目建设。全省农产品加工企业实现销售收入1422.6亿元，同比增长13.6%。

（九）第四届中国（山西）特色农产品交易博览会成功举办。省政府与中国农业产业化龙头企业协会、中国中医科学院签署了战略合作框架协议。展会签约招商引资项目226个，签约额528亿元，达成合作贸易15.3亿元；搭建政、证、银、企对接平台，推介171个信贷项目，现场签约21亿元。

（十）农产品质量安全和动物疫病防控水平明显提高。全省蔬菜、水果、畜禽产品农兽药残留抽检合格率分别达到96.7%、100%、100%，没有发生重大农产品质量安全事件，未发生区域性重大动物疫情。

（十一）全面深化农村改革步伐加快。一是全面推开土地确权登记颁证工作，2015年清查村数20970个，农户433万户，开展确权面积4288万亩。二是省委省政府出台了农村土地流转实施意见和农村产权流转交易市场建设实施意见，全省引导土地经营权流转面积779万亩，流转率15.9%，1个市

级、47个县启动了产权交易市场建设。三是大力培育农业新型经营主体,全省注册登记农民合作社达到8.3万家,认定家庭农场8636个。

(十二)农村集体"三资"专项整治和涉农资金综合治理成效显著。一是深入开展农村集体"三资"管理专项清理整治,省市县乡村五级联动,查出各类问题13.3万个。二是扎实开展涉农资金综合治理,重点对惠农政策落实、项目实施、专项资金、各种补贴情况开展治理,摸底排查项目8611个,发现问题230起,涉及资金2530万元。

(陈　栋)

附:省农业厅党组书记、成员名单

书　记: 李平社(6月离职)　关建勋(6月任职)

成　员: 刘志杰(12月离职)　陈明昌　董希德　赵志杰　雷郭堂(10月离职)　张红星　王进仁　穆锦清　郭建文　李　广(3月离职)

省林业厅党组工作概况

党组书记　李永林

2015年,省林业厅党组认真贯彻落实党的十八大和十八届三中、四中、五中全会精神,深入学习贯彻习近平总书记系列重要讲话精神,紧紧围绕省委"五句话"要求,按照"六大发展""六权治本"的决策部署,以"三加三不减"为根本举措,以提质增效为主线,全面推进政治生态"六严"工程,大力实施自然生态林业"六大"工程,依法治林,深化改革,圆满完成年度目标任务,为实现弊革风清、促进富民强省作出了应有的贡献。

一、坚持从严从实,注重标本兼治,政治生态"六严"工程全面推进,成效明显

省林业厅党组紧紧围绕中央和省委从严治党的决策部署,扎实开展学习讨论落实活动和"三严三实"专题教育,统筹实施林业系统严明责任、严管队伍、严抓作风、严密制度、严格查纠、严厉惩处"六严"政治生态工程,引导广大党员,特别是党员领导干部廉洁自律、积极作为、勇于担当,为加快林业改革发展提供了有力的政治保障。

(一)以风险防控为根本,落实"两个责任"。按照省委王儒林书记紧紧抓住"主体责任"这个"牛鼻子"的要求,组织制定了《严格落实"两个责任"深化反腐倡廉实现弊革风清十项制度》,对落实"两个责任"进行了细化量化,厅党组书记李永林与各单位、处室主要负责人签订了《党风廉政建设和反腐败任务目标责任书》,制定了厅党组工作规则,公布了64项权力清单和责任清单,编制了"六权治本"权力运行流程图和风险防控图,全方位构建清单式责任、链条式传导、问责式倒逼机制,压实责任、防控风险、提高效率。

(二)以强化党建为基础,严格管理队伍。厅党组坚持把抓党建作为管理队伍、教育干部、凝聚合力的重要保障,全年开展了12次中心组学习,及时学习贯彻党的十八大、十八届三中、四中、五中全会精神和习近平总书记系列重要讲话精神,认真落实省委、省政府重大决策部署,领会精神实质,统一思想认识。坚持干部管理从干部教育抓起,深入开展"五个一"教育监督活动,连续4年对全厅副处以上干部进行了岗位廉政教育培训。严格执行"六必查""五必审",公开公正调整、提拔处级干部44人。培训、考察和发展党员148名;选派6名干部赴平顺县杏城镇扶贫村担任村委第一书记;组织完成厅直系统党组织换届工作;对厅直系统270名基层党支部书记进行了专题培训,较好地发挥了各级党组织的战斗堡垒作用。

(三)以"三严三实"为统领,严抓作风建设。按照中央、省委"三严三实"专题教育要求,紧扣活动主题,先后开展了3次专题学习研讨,3位厅领导作了党课辅导,6位厅领导作了主题发言,45位处级干部作了指定发言,查找梳理出5大类13个方面的问题,逐一剖析问题根源,逐个制定整改措施,在深入学习中修身律己,在交流思想中凝聚共识、在查摆问题中革弊立新,真正将专题教育的过程作为广大党员干部自我完善、自我提高、自我净化的过程,整个专题教育推进有力、安排有序,取得实实在在的成效。

(四)以管用适用为原则,严密制度体系。连续3年以厅办1号文件制定下发关于提高行政效能、从严规范管理的制度,去年在严格落实"两个责任"的基础上,制定出台了《从严治吏加强和改进干部人事管理的"十严"办法》《严格项目与资金管理的十项规定》,形成改作风、提效能、勤廉政、管人管权管钱"六十"制度体系,全方位织密扎牢制度笼子。坚持将制度建设与普法、立法、执法统筹推进,《山西省国家保护野生动物造成人身财产损害补偿办法》《湿地公园管理办法》列入政府规章制定计划,依规行政、高效行政、廉洁行政的水平明显提升。

(五)以解决问题为导向,严格自查自纠。聚焦监管缺失、工作漏洞和薄弱环节,大力开展专项整治,靠自查补短板,靠他查促廉政。以省委"五句话"要求为主题,深入开展学习讨论落实活动,重点围绕省委督导组确定的六大类专项整治,积极整改了23个具体问题,以整改整治激浊扬清,借活动之力破解难题。按照全省查处发生在群众身边"四风"和腐败问题专项整治的要求,从7个方面18项具体任务入手,梳理排查违法违纪违规案件57起,按照问题性质,分类制定整改方案,做到排查问题深入具体,整治措施惩防并举。坚持内部审

计、提醒诫勉常态化，驰而不息狠抓四风建设，对14名副处以上领导干部进行了提醒谈话，及时纠错，防患未然。认真整改年度审计发现的8类22个问题，举办了整改专题培训班，实行“一把手”认账整改；制定印发了《关于进一步做好行政事业单位内部控制规范实施工作的通知》，目前18个问题已经整改到位，4个问题正在积极整改，做到了正视问题、查深原因、规范制度、彻底整治。

（六）以高压反腐为抓手，严处违法违纪行为。驻厅纪检组将落实监督执纪问责作为履行监督责任的首要任务，全年受理群众来信来访43件，上级转办15件，本级受理28件。组织林业系统9名纪检干部对11起信访线索进行异地交叉办案，重点对太钢袁家村铁矿项目非法侵占林地等案件进行了严肃查处，先后对7名党员干部给予党纪政纪处分，对4名领导干部进行了诫勉谈话，对林职院两名主要领导干部违纪问题进行了通报，有力传导了违纪必惩、有责必担的高压态势。

二、围绕提质增效，突出建设重点，自然生态六大工程任务圆满完成，成效明显

全省继续坚持“山上治本、身边增绿、产业富民、林业增效”的发展思路，大力实施林业“六大”工程建设，呈现出造林绿化与资源管护同步推进、生态林业与民生林业协调发展、转型升级与提质增效全面提速的良好态势。2015年，全省完成营造林421.42万亩，占年度任务420万亩的100.3%，超额完成年度目标任务。特别是我省国有林场改革取得具有标志性意义的进展。2015年，国家林业局将我省纳入全国国有林场改革重点推进省，经广泛调研、多次征求各方意见，《山西省国有林场改革实施方案》经省委、省政府审议通过，报国家国有林场林区改革工作小组同意，明确将国有林场按从事自然资源保护类公益服务的事业单位管理。长期困扰国有林场改革发展的自收自支事业单位性质问题将得到根本解决。

（一）深入推进“两山”造林工程，全力构建功能多样的生态防护体系。继续将太行山、吕梁山作为保障全省国土生态安全的战略重点，集中布局实施造林绿化工程282.42万亩，尽快提升主体功能区生态质量。启动新一轮国家退耕还林工程，完成退耕还林任务10万亩。重点加快吕梁山生态脆弱区生态攻坚，以省政府办公厅名义印发《吕梁山生态脆弱区林业生态综合治理工程规划纲要》，统筹发改、财政、水利等多个部门的资金项目，完成新造林144.54万亩。

（二）继续加快“两网”绿化工程，着力构建纵横交错的绿色网络体系。围绕纵横全省的路网和水网，加快推进通道绿化和重要流域生态修复，完成造林27.35万亩。绿色路网重点沿公路两侧纵深推进荒山造林、平原林网、村庄绿化、景观林带，完成临河、霍永、阳五等高速公路绿化12万亩，着力打造景观生态廊道。绿色水网重点狠抓护岸林带建设和沿线荒山植被恢复，汾河、滹沱河等重点流域生态修复取得明显成效。

（三）统筹实施“两林”富民工程，努力构建稳定高效的林业产业体系。全面加快以干果经济林、速生丰产林、种苗花卉、森林旅游、林下经济为主要内容的林业产业建设，林业产值达到453亿元，连续四年增速达到10%以上。干果经济林在稳定红枣、发展核桃、做强仁用杏等传统经济林的同时，大力发展连翘、沙棘等灌木经济林，积极推进双季槐、皂角等新型经济林，试点建设油用牡丹、文冠果等油用经济林，新发展经济林70.66万亩，改造低产低效林34万亩。种苗结构不断优化，新育苗26万亩，阔叶、长寿、景观型苗木成为主导，种苗市场正在迈出周期性低谷。花卉产业迅速发展，面积达到4.5万亩，销售突破4亿元。森林旅游全面加速，旅游人数达到1270万人次，门票收入2.18亿元。林下经济势头强劲，经营面积达到551万亩，实现产值16.5亿元，从业林农人均收入1600元；省直林区与国新能源集团签订中药材开发利用战略合作协议，引进投资主体，林药综合经营。林系产业正在成为助力经济转型的新业态和促进富民增收的新引擎。

（四）精心开展“两区”增绿工程，倾力构建环境友好的人居绿化体系。紧扣人民群众改善环境的迫切要求，把郊区、矿区作为身边增绿的着力点，全方位实施村镇绿化、厂矿区绿化、环城绿化，完成造林11万亩。按照全省改善农村人居环境的总体要求，坚持因地制宜，体现区域特色，完成500个村庄绿化任务，长治县振兴村等四个村被中国生态文化协会评选为“全国生态文化村”。围绕城郊荒山、河流水系、湿地滩涂，打造环城湿地公园、城郊森林公园和景观生态园区，全省60%以上的县建立了城郊森林公园，总数达到127处。人居环境的改善极大提升了广大群众的幸福感和获得感。

（五）科学实施“双百”示范工程，致力构建理念先进的精品工程体系。省直林区坚持全流域整体推进、集约化系统治理的思路，统筹实施新造乔木林与改造灌木林两个百万亩工程，去年完成示范造林30万亩。围绕流域纵深，集中营造生态林、科学改造灌木林、综合经营中幼林，构建新旧衔接、乔冠结合、稳定多样的森林生态体系，在应用近自然林业理念上示范引路。充分发挥队伍、技术和资源的独特优势，广泛与市县政府开展合作造林，整合资金，优势互补，打造规模化、精品化造林样板，带动全省造林绿化上水平、提档次。

（六）严防实抓“双保”管护工程，合力构建管控有序的资源管理体系。坚持保护也是发展的理念，围绕天然林保护和森林资源综合保护，从队伍、手段、装备、措施多方入手，狠抓林业“三防”体系建设，多措并举保障森林资源扩容增量。天然林综合保护将非天保区天然林和国家级公益林全部纳入天保公益林管理体系，严格管理管护，在国家综合考核排名中位列全国第二。全年发生火情40起，比去年同期下降51.81%。森林火灾受害率0.06‰，大大低于省政府确定的0.5‰控制指标，没有发生重特大森林火灾，也没有发生人员伤亡事故。实施防治林业有害生物面积177.5万亩，成灾率为0.87‰，远低于省政府4.5‰的控制目标。先后组织开展了严厉打击盗挖树木、破坏野生动物资源等专项行动和省林业厅十大挂牌案件督办工作，查处各类森林和野生动物案件3528起，为国家挽回直接经济损失3000余万元，以立体防

控、惩防并举的监管体系,严守生态红线,保障资源安全。

(冀瑞平)

附:省林业厅党组书记、成员名单

书　记:李永林

成　员:常光明　谢　璞　任建中　张云龙　刘虎山　李　更

省商务厅党组工作概况

党组书记　孙跃进

2015年,在省委、省政府的坚强领导下,省商务厅以加强干部队伍建设和党风廉政建设为重要抓手,主动适应经济发展新常态,坚持稳中求进工作总基调,认真贯彻落实稳增长、调结构、促改革、惠民生各项政策措施,积极推动搞活流通扩大消费,大力培育开放型经济新优势,统筹推进开发区转型升级,各项商务工作取得新的成绩,为推动全省"六大发展"做出了积极贡献。

一、基本情况

山西省商务厅组建于2004年4月,是省政府管理国内外贸易和国际经济合作的组成部门,主要承担全省对外贸易、内贸流通、利用外资、开发区建设、外经合作的指导和协调,以及省际间的交流合作等职能。内设25个职能处室,下设省投资促进局等11个事业单位。此外,商务厅还负责综合协调和指导全省25个省级以上经济技术开发区的有关工作。

截止2015年底,山西省商务厅直属机关党委共有121个基层党组织,其中党委10个,总支8个,支部103个,共有党员2232名。

二、推动"六型机关"建设,始终保持领导班子先进性

认真贯彻落实党的十八大和十八届三中、四中、五中全会、习近平总书记系列重要讲话和省委十届七次全会精神,充分发挥好党支部的战斗堡垒作用,发挥好党员的先锋模范作用,切实加强"六型机关"建设。

一是坚持集体学习制度。开展"一学习一堂课一本书"活动,坚持每月一次党组中心组理论学习不动摇,厅党组成员分别选定主题,带头讲党课、讲业务。每月举办一期"山西商务大讲堂",已累计举办34期。落实"每月一本书"读书活动,累计学习各类书籍60余本。策划筹办了多渠道、多层次、多类型的培训共78次,总计1.2万人次,有效提升了全省商务干部队伍的政治素养和业务工作能力。

二是不断提高党建工作水平。完成厅直属机关党委的换届选举,指导部分厅直单位进行了换届,在全厅各党总支、党支部增设了纪检委员。加强驻村第一书记工作指导,建立了驻村第一书记编外党支部,将第一书记派驻村的5个村党支部,作为厅机关编外党支部加强指导,做到与机关支部工作同研究、同部署、同落实、同考核。此项工作得到省委组织部长盛茂林同志的肯定。制定《省商务厅机关党委会议制度》《省商务厅机关党委委员联系点工作制度》,进一步完善落实了商务厅制定的基层党建工作亲自抓、比着抓、务实抓、长效抓"四抓"制度。

三是认真践行"三严三实"。厅党组书记、厅长孙跃进为全厅党员干部讲"三严三实"专题党课,厅党组中心组、厅机关各支部、厅直属各单位党组织分别围绕"严以修身、严以律己、严以用权"三个专题进行了认真学习研讨,并结合个人思想和工作实际,对不严不实的问题进行了剖析整改。针对厅机关和厅直属单位中少数同志存在的慢作为、担当精神不够、管理失之以宽的问题,制定了《省商务厅首办负责制度》《省商务厅限时办结制度》和《省商务厅督促检查工作管理办法》。通过这些制度和办法的实施,有效推进了全厅的作风建设。

四是大力推进法治建设。扎实推进"六权治本",制定权力清单和责任清单,公布了相应的51项权力运行流程图和47项廉政风险防控图。推进简政放权转变职能,已取消、下放、转为行政服务项目、或由前置审批转为后置的行政许可和非行政许可项目共26项,保留行政许可事项8项。大力推进行政审批集中,筹备设立行政审批处,将省商务厅行政审批职能集中到省政府政务中心。规范审批流程,完善厅长办公会议制度、厅政务办事公开制度、驻厅纪检组廉政制度等规范权力运行的23项制度。推进资金管理改革,清理整合专项资金,将中央外经贸发展专项资金由8项合并为1项,将省级财政专项资金由5项减少到3项,出台新的管理办法和实施细则,建立项目库,优化支出结构。

三、坚持民主集中制原则,形成领导班子内部合力

一是建设团结民主、领导有力的领导班子。厅党组以"严格党内生活、严守党的纪律、深化作风建设"为主题,以认真贯彻中央八项规定精神、坚决反对"四风"、持续抓好整改落实为重点,不断完善制度建设,狠抓落实,切实增强领导班子的凝聚力和战斗力,为全省商务事业发展提供了政治保证和组织保证。在进行重要决策、研究重要工作时严格贯彻执行民主集中制,凡涉及行政审批、项目资金、人事调整等重大事项,坚持"集体领导、民主集中、个别酝酿、会议决定"16字方针,确保了决策机制有效运转。

二是从严管理干部。认真开展“三个一批”和“六查”工作,从严监督管理干部,抽查领导干部报告个人有关事项34人次,提升了干部对党忠诚、对组织忠诚的意识。干部选拔任用工作中,严格执行《党政领导干部选拔任用条例》和民主集中制原则,加强德的考察,坚持德才兼备、以德为先、以廉为基的用人导向,加强厅属单位领导班子队伍建设和党的建设,提拔2名干部(李程明、杜贵)担任饮食服务公司和食品公司支部书记。结合商务工作需要,按照人岗相适的原则对厅机关平级调整处级干部10人,通过调整增强了干部的生机与活力,打造了一支朝气蓬勃、奋发有为的商务队伍,全厅上下形成了积极向上、奋发努力、勇于开拓、团结拼搏的良好氛围。

三是严格落实“八项规定”。厅党组深知贯彻落实八项规定只有常抓不懈,用扎扎实实的行动,才能努力打造全省法治化、国际化的营商环境。大力精简文件和会议,在2014年减少发文30%的基础上,2015年同比减少13.7%。制定改变会风的“六项规定”,除召开全省商务工作会议外,其余会议人数均控制在50人以内,均未邀请各级主要领导参加,对口业务会议尽可能合并召开,人数控制在30人以内。严格“三公”经费管理,主动向社会公开部门预决算和“三公”经费,出台《省商务厅公务接待管理办法》等六个经费管理制度,规范支出行为。2015年接待费下降15%,出国经费下降34%,公车运行费下降48%,未产生公车购置费用。

四、加强廉政建设,提高拒腐防变能力

一是加强主体责任落实。制定了《中共山西省商务厅党组关于落实党风廉政建设党组主体责任的实施办法》,签订了责任书。制定了落实“两个责任”清单,明确了机关党委21项主体责任,列出厅纪委6项监督责任。将党风廉政建设与业务工作紧密结合起来,积极完善各项规章、制度和办法,层层分解落实主体责任,传导压力。出台《商务厅加强廉政文化建设实施意见》,提出了“十个不准”。大力推进依法行政,制定“六权治本”工作推进方案,明确了21项任务。制定了《省商务厅行政权力清单》和《省商务厅责任清单》,确定我厅行政职权为5类46项,制定了公布了相应的51项权力运行流程图和47项廉政风险防控图。

二是严格遵守党的政治纪律和政治规矩。厅党组切实履行维护党的政治纪律的职责,始终坚持党要管党、从严治党的方针,坚持把严守党的政治纪律作为抓班子带队伍、干事业谋发展的根本性、方向性、全局性的大事来抓,不折不扣地贯彻执行党的路线方针政策。准确把握商务系统维护党的政治纪律工作情况,不断增强全厅党员干部的党性意识、宗旨意识、责任意识、大局意识,在思想上、行动上始终与中央、省委和省政府保持高度一致。坚决维护党的纪律的严肃性和权威性,坚决纠正有令不行、有禁不止行为,结合实际创造性开展了一系列工作。

三是严肃查处违纪问题。对举报厅属省直贸易大楼管理处2004年前后违规进人问题进行查实,对相关责任人进行查处,其中,给予党内警告处分1人,降低岗位等级处分5人,批评教育2人。此外,还对2013、2014两个年度党政纪处分决定及违法涉纪处理执行情况进行自查,并因势利导抓好案例警示教育,引导党员干部深刻吸取身边教训,切实从思想上筑牢廉洁自律的底线。

五、尽职履责,合力推进各项工作顺利开展

一是完善商务领域政策体系做好顶层设计。2015年,围绕商务重点工作,立足当前,着眼长远,加强顶层设计,出台六大文件,谋划两个省级规划,为“十三五”商务工作奠定坚实基础。扩大开放方面,出台了省政府《关于全面扩大开放的若干意见》《山西省参与建设丝绸之路经济带和21世纪海上丝绸之路实施方案》。内贸流通方面,出台了省政府办公厅《关于发展商贸流通扩大消费的若干意见》《关于2015年促进消费增长若干措施的通知》。开发区创新发展方面,出台了省政府办公厅《关于加快经济技术开发区转型升级创新发展的实施意见》《山西省经济技术开发区设立升级扩区和退出管理办法》。规划制定方面,省商务厅牵头承担的省级专项规划《山西省“十三五”开放型经济发展规划》《山西省“十三五”开发区发展规划》已具备上报条件,将全面完成全省商务发展的政策顶层设计。

二是“山西品牌中华行、丝路行、网上行”叫响全国。“山西品牌中华行”自2013年启动实施以来,不断延伸和丰富活动内容,2015年相继推出“山西品牌丝路行”、“山西品牌网上行”活动,促进了全省产业升级,推动了全省扩大开放,树立了山西新形象,提升了山西知名度和影响力。三年来,活动由以商品展示推介为主向商旅文会一体化综合展示推介转变,由以展览展销为主,向文化旅游宣传推介、非遗表演展示、交流合作、招商引资、战略研讨并重转变,成为山西开放发展的新名片。“山西品牌中华行”先后组织165家品牌企业在全国20个省会城市和港澳地区举办24站活动,现场销售3050万元,签订销售合同27.7亿元,参展企业新增连锁店530余家,百余种品牌产品进入全国100余家大中型超市。“山西品牌丝路行”成功举办匈牙利、吉尔吉斯斯坦、俄罗斯、意大利、泰国五站活动,签订贸易合同4.88亿元,对外投资合同9798万元。“山西品牌网上行”2015年11月启动实施,100余家品牌企业参与网上销售,成交上亿元。

三是“项目提质增效年”商贸物流业投资任务圆满完成。积极对物流行业固定资产投资情况摸底调研,组织召开全省商贸物流固定资产投资工作推进会,实行全员动员、任务分解、领导包干、精准帮扶,建立项目督查工作机制。组织重点企业负责人召开了座谈会,现场解决企业在投资中遇到的土地、资金等问题。目前,全省商贸物流领域共有投资项目382个,其中省重点项目115个,市重点项目267个。1–11月已完成421.56亿元,占全年目标任务的98.27%,阳泉、太原、长治、吕梁、临汾、忻州和朔州7个市已经提前完成全年目标任务,全省年底前可圆满完成目标任务。

四是提升流通现代化水平。大力推进电子商务进农村试

点,8个县列入国家电子商务进农村示范县,电商服务网络进一步向农村延伸。积极推进太原城市共同配送体系试点建设,实现城区和近郊500米半径配送全覆盖。推动跨区域农产品流通基础设施建设试点,初步形成以农产品批发市场、大型连锁超市主导的“生产基地+配送中心+零售终端”的产销链条模式,以生鲜超市、农贸市场、社区菜市场为主体的农产品零售网络。推进全省中药材流通追溯体系试点和太原市、晋中市肉菜流通追溯体系试点,开展打击侵权假冒专项行动,重点进行酒类流通、成品油、报废汽车回收拆解、电视购物、旅游纪念品市场等专项整治,规范市场秩序,让群众安全消费、放心消费、满意消费。

五是开放型经济取得重要突破。招商引资取得新突破,成功举办能源博览会和低碳高峰论坛,大力开展产业链招商、精准招商、集群化招商,在广州、上海、武汉、太原举办了4场以承接产业转移为重点的主题招商引资活动,签约175个投资合作项目,总投资达4315亿元。优化外贸结构取得新突破,机电和高新技术产品出口分别占出口总额的60%和40%以上,处于历史最高水平,手机、不锈钢成为新的出口主导产品,培育了铁道设备、采矿设备、化肥等新的增长点。晋非经贸合作区建设取得新突破,更换山投集团为新的投资主体,对毛里求斯谈判取得重要进展。统筹规划布局园区建设取得新突破,左云经济技术开发区、原平循环经济工业园区升级为省级经济技术开发区,省级经济技术开发区达到25个,太原民营经济开发区实现了扩区。深化区域合作取得新突破。积极融入环渤海经济圈,国务院《环渤海地区发展纲要》将山西纳入其中,推动太原、长治、忻州、晋城、大同、阳泉6市先后加入环渤海区域合作市长联席会,晋冀蒙长城金三角进入了国家战略。

(要宏锋)

附:省商务厅党组书记、副书记、成员名单

书　记:孙跃进

副书记:张跃建

成　员:张　文　牛榆生　刘　进　王来平　李志胜　赵贵全

省文化厅党组工作概况

党组书记　张瑞鹏

一、党建工作

(一)坚持不懈抓学习,切实加强思想政治建设。建立健全厅党组中心组和干部理论学习制度,每月制定计划,编印材料。坚持集中学习与个人学习相结合、专家宣讲与观看录像相结合、学原著与谈体会相结合等方式。厅党组全年组织集中学习27次,其中13次扩大到机关处室和厅属单位主要负责人,开展宣讲4次。重点学习《习近平总书记系列重要讲话精神读本》《习近平总书记关于严明党的纪律和规矩论述》《习近平总书记在文艺工作座谈会上的重要讲话学习读本》《中国共产党章程》《中国共产党廉洁自律准则》《中国共产党纪律处分条例》,学习中央和省委、省政府领导的一系列重要讲话,组织观看《苏联亡党亡国20年祭》警示教育片,组织开展学习讨论落实活动和“三严三实”专题教育,围绕“弘扬廉政文化,实现弊革风清”和严以修身、严以律己、严以用权讲党课,进行专题研讨,以“严格党内生活、严守党的纪律、深化作风建设”和“八对照八反思”为内容,召开专题民主生活会和组织生活会,查找问题,剖析原因,制定整改措施,着力把“三严三实”内化于心,外化于行。

(二)增强责任意识和担当意识,认真落实从严治党主体责任。对落实主体责任在理论上深刻领会,在政治上坚定不移,在工作上努力作为。可以说,不断深化对主体责任的思想认识,不断采取措施落实主体责任是去年厅党组在党建方面的最大收获、最大提高。按照谁主管、谁负责和下管一级、逐级负责的原则,明确各级班子及其成员各自所承担的职责,做到述职述党建、评议评党建、考核考党建、任用干部看党建。厅党组2次集体约谈基层党组织书记、副书记,27个厅属单位党组织年底给机关党委书面报告了履行全面从严治党主体责任情况。

(三)正视问题,从严要求,扎实推进基层组织建设。按照《中国共产党党和国家机关组织工作条例》要求,召开第六次党员代表大会,时隔7年完成机关党委换届,经省直工委批准,厅党组书记担任机关党委书记,纪委书记在省直机关率先实行单设,配齐配强了机关党委、纪委班子。采取听、看、查等方法,对全系统党建工作情况进行专题调研,摸清了底数,针对存在的基础薄弱、思想不到位、压力不到位、作风不到位、组织不到位、"两个责任"悬空、职能缺位等问题，制定出台了《关于加强机关和基层党建工作的实施意见》。厅机关重新设立党支部，实现了以处（室）设党支部的目标，厅属单位没有换届和补改选的单位及时进行换届和补改选。全年选派30余人次参加省委党校、省直工委党校学习，安排10余人次参加党务工作培训，发展党员6名，培养培训入党积极分子12名。

（四）围绕中心、服务大局，为各项事业发展提供坚强政治保证。坚持党建工作和业务工作一起规划、一起实施、一起落实；发挥党建工作引领保障作用，把思想政治工作渗透到业务工作各个环节；党组织在实行行政领导人负责制的单位发挥政治核心作用，在实行党委领导下的行政领导人负责制的单位发挥领导核心作用。在年度目标任务分解中，既分解工作任务，又分解党建任务；在党组会、厅长碰头会和工作推进会上，既研究业务工作，又研究党建工作。各级党组织充分调动广大党员干部的积极性和创造性，提精神、鼓干劲、正作风，推动艺术事业蓬勃发展、公共文化设施建设和文化惠民水平进一步提高、文化产业取得新突破、非遗保护迈上新台阶、对外文化交流和文化援疆亮点突出、文化市场管理服务水平不断提升、文化政策和保障体系不断完善。

（五）更好发挥党的领导核心作用，做好精神文明创建和统战群团工作。厅机关再次申报省精神文明单位和省直文明单位标兵称号，山西艺术职业学院、山西戏剧职业学院、省图书馆、省群艺馆、山西书法院、山西剧院、山西大剧院、省稽查总队、山西华夏之根艺术团等9个单位申报省直文明单位标兵。做好统战工作，建立健全党外人士联系制度，主动征求他们对党建和文化工作的意见建议，发挥他们参政议政、民主监督作用。加强对工青妇等群团组织的领导，支持按照章程独立开展工作，组织和参加大型竞赛演讲活动3次、书画摄影比赛2次、趣味棋类比赛1次、女职工健身秧歌比赛1次。全年对50余名困难职工进行慰问、发放救济。组织干部职工为扶贫点神池县虎鼻乡捐赠衣物3284件。为社会公益事业捐款3.5万余元。

二、党风廉政建设

（一）把抓好党风廉政建设摆上重要位置。2015年4月15日，省委王儒林书记、省纪委黄晓薇书记、省委王伟中秘书长等领导深入文化厅就落实党风廉政建设"两个责任"进行专题检查调研，作出重要指示。随后，王儒林书记主持召开省直机关落实"两个责任"座谈会并作重要讲话，为省直机关加强党风廉政建设指明了方向。省委第四专项巡视组对文化厅进行为期两个月的专项巡视，严肃指出问题，提出整改要求，使文化厅接受了一次全面系统的"体检"；省纪委对驻厅纪检组进行调整加强，为落实"两个责任"夯实组织基础；省审计工作领导组反馈经济责任审计意见，引深文化厅"小金库"治理等工作。厅党组16次研究党风廉政建设，组织专题学习12次。这些重大部署和工作使文化厅党员经受了党内生活的锻炼和考验，思想深受触动，认识有了新的提高。从厅党组到各级党组织，深刻认识到在党风廉政建设上没有世外桃源、没有清水衙门，抓好党风廉政建设是本职、抓不好党风廉政建设是失职、不抓党风廉政建设是渎职，抓不好党风廉政建设，党员干部队伍就没有战斗力和感召力，各项事业就不能顺利健康推进。认识的提高为履行责任、抓好落实提供了前提条件。

（二）全面履行党风廉政建设"两个责任"。厅党组制定《山西省文化厅党风廉政建设工作要点和责任分解》《山西省文化厅党风廉政建设党组主体责任清单》和《驻厅纪检组监督责任清单》，明确厅党组责任21项，党组书记责任12项，党组其他成员责任7项，驻厅纪检组责任19项，驻厅纪检组组长责任8项。机关各处室及厅属各单位结合实际制定"两个责任"清单，基本形成了落实党风廉政建设责任制的责任体系。按照"党委、总支、支部统一领导，党政齐抓共管，党委、总支、支部书记、行政领导负总责，分管领导各负其责"的要求，认真履行"一岗双责"。印发《关于加强廉政文化建设的实施意见》，在学习廉政文化理论、发挥廉政文化阵地作用、组织廉政文艺创作展演、开展各类廉政文化活动与服务、推动"三个文化"融合发展等方面提出具体措施。省、市公共图书馆设立廉政文化专区，启动"弊革风清兴三晋、文化惠民乐万家"活动，举办廉政文化剪纸展、书画展、剧目展，营造讲廉、倡廉、重廉的社会氛围。驻厅纪检组扎实推进"三转"，完善了各项工作制度和流程，加大了监督执纪问责力度，工作效率和质量有了新提升。围绕党风廉政建设开展情况，"两个责任"和"一岗双责"落实情况，执行政治纪律、组织纪律、财经纪律、工作纪律情况，改进作风情况，"三重一大"民主决策情况以及群众反映突出的问题，对厅属27个单位进行再督查、再调研，通报典型案件，下发《整改通知书》36份，对相关单位主要负责人进行约谈。新一届机关纪委主动接受纪检组的业务指导和监督检查，按照厅党组要求抓好各项工作任务落实。全年受理来信来访24件次，约谈干部48人次。

（三）"多回合"开展突出问题整改落实。在学习讨论落实活动中开展了六项治理，即治理艺术生产和活动中追求大场面、大舞美、大制作，奢华浪费等现象；治理使用财政资金举办营业性文艺晚会、高价邀请演艺人员；治理在历史建筑、公园等公共资源中以自建、租赁、承包、转让、出借、抵押、买断、合资、合作等形式设立私人会所；治理项目申报，专项资金分配、使用、监管，合同签订不规范等现象；治理行政审批和行政执法吃、拿、卡、要等现象；治理公务活动执行规定不严等现象，解决了一些突出问题。处级以上干部签订《不违规收送礼品、礼金、红包和利用婚丧嫁娶借机敛财承诺书》。针对省委巡视组指出5个方面问题和4条建议，细化分解为20个方面56条措施，实行台账"销号"制，完成一项、"销号"一项。对整改工作和重点问题的整改，厅党组多次进行研究，重点问题紧紧抓在手上直到解决。11月20日在厅门户网站公布巡视整改情况通报。在全系统集中开展"小金库"治理工作，限时收回出租房屋，出租房收入一律入账，新产生的出租房收入上缴财政;对在编不在岗人员工资编入预算申领财政资金、违规发放津贴补贴、偷逃税金、违规从零余额帐户划转资金、改变专项资金用途、个别重大事项未履行集体决策程序等问题,进行了清理纠正;戏研所会计侵占、挪用公款案件发生后,对该所主要负责人作出免职处理。

(四)扎紧纪律和制度"两个笼子"。按照六权治本要求,制定完善《加强对"一把手"监督的实施意见(试行)》《廉政谈话制度》《贯彻执行"三重一大"决策制度》《重大事项决策风险评估规定(试行)》《规范全省艺术创作生产和演出活动的实施意见》《干部日常监督管理规定》以及财务、人事等40余项制度措施,在管权管人管事方面基本做到了有章可循。启动文化系统廉政风险大排查,围绕艺术创作和演出活动类、评比评奖类、项目申报类、工程建设类、厅属单位房屋出租类、厅属单位账户管理类、社会组织类、行政审批类、财务类、人事类等10个方面,从高危风险、隐蔽性风险、文化部门独有的风险点进行排查,查出艺术创作、演艺经费使用、演艺合同订立、出租房屋管理和租赁收入监管等61个风险点,制定《廉政风险防控表》,初步做到有风险点必有防控措施,有防控措施必有责任人。抓住中秋、国庆、元旦、春节等重要节点,对加强作风建设做出安排部署和监督检查,有效防止"四风"问题反弹及隐形变异现象。

(五)全力支持驻厅纪检组开展工作。厅党组不折不扣执行中央和省委、省纪委有关规定,明确纪检组长不再分管其他业务工作,回归本位,突出主业,加强对党组重大决策部署执行情况的监督检查,加大对滥用权力、失职渎职、决策失误等问题的责任追究,深化重点领域、重要岗位和关键环节的廉政风险防控,强化抓早抓小,发现问题及早处置,切实把纪律和规矩挺在前面。厅党组主动、真诚接受驻厅纪检组的监督,为驻厅纪检组履职尽责提供条件。

三、文化工作情况

2015年,全面加强党的思想、组织、作风、反腐倡廉和制度建设,以党建工作新成效为文化改革发展提供坚强保证。全省文化系统紧紧围绕省委"五句话"总体要求和"六大发展",坚决贯彻落实省委、省政府决策部署,大力弘扬"三个文化",推动文化改革发展取得新成效。

(一)艺术事业蓬勃发展。一是深入学习贯彻习近平总书记在文艺工作座谈会上的重要讲话和王儒林书记在省委常委会上对繁荣发展戏曲和文艺事业提出的要求,紧扣"中国梦"和"三个文化"主题打造精品力作。省委宣传部、省文化厅组织晋剧《于成龙》、音乐剧《火花》、儿童剧《红星杨》、话剧《生命如歌》、晋剧《红高粱》、舞剧《吕梁英雄传》、京剧《陈廷敬》、话剧《村官段爱平》、北路梆子《续范亭》、歌舞剧《太行奶娘》等10部新创舞台剧晋京演出,标志着我省艺术创作又达到了一个新的高度。这次活动有七个特点:主题鲜明,"中国梦"和"三个文化"为创作提供了聚焦点,激发了文艺工作者的创造活力和创作热情;题材丰富,包括解读古代廉吏、告慰革命前辈、对接名家名著、回答时代课题、反映当下生活;体裁多样,有话剧、晋剧、北路梆子、舞剧、音乐剧、歌舞剧、儿童剧、京剧等8个艺术品种;理念创新,在视角、题材、艺术、合作方式等方面均有突破和亮点;组织科学,充分尊重艺术规律,尊重艺术家的创作,创作上没有发生大的反复、没有走大的弯路,工作上没有出现大的纰漏;效应复合,40多家媒体进行了深入全面报道,展示了山西"六大发展"和弊革风清新成效,鼓舞了全省人民的志气;影响深远,为山西文艺创作提供了新的视野和格局,提供了可贵的借鉴和启迪。文化部雒树刚部长、董伟副部长,中宣部景俊海副部长等领导观看指导,给予充分肯定。雒树刚部长指出"山西既是文化资源大省,又是文艺创作大省,文艺舞台硕果累累、成绩斐然"。同时,还涌现出襄垣秧歌剧《法显》、晋剧《王家大院》、蒲剧《枣儿谣》等一批好作品。二是围绕纪念中国人民抗日战争暨世界反法西斯战争胜利70周年,大力弘扬红色文化,组织开展"5+1"活动,即分别在北京和太原举办"中国梦·太行魂——全国中国画作品展"、"红色记忆颂太行·弊革风清倡廉政"剪纸艺术作品展、"历史的足迹·红色的记忆"优秀舞台剧展演、"烽火三晋·红色文华"三大抗日根据地文献展、"戏曲精品老区行"慰问演出等5项活动,其中深入老区慰问演出109场,涉及全省11个县区、51个乡镇、47个行政村,惠及数万群众;拍摄一部专题片《烽火丹青——抗战时期山西根据地美术事业》,在中央数字电视《书画频道》和山西卫视播出。上述活动弘扬了伟大的抗战精神和老区精神,使山西这个老根据地在全国纪念抗战胜利70周年系列活动中亮点频现。三是创新全省艺术创作机制,出台《艺术创作联席会议制度》《新创剧目报送制度》《首演剧目报送制度》,实现全省艺术创作信息和资源共享。四是组织30个项目入选国家艺术基金资助名单,获得资助3737万元,居全国第三,比上年增加1952.5万元,有力支撑了全省艺术创作。

(二)公共文化设施建设和文化惠民水平进一步提高。一是山西晋剧艺术中心和省少儿图书馆、省古籍保护中心工程顺利推进。省古籍保护中心得到国家图书馆大力支持,挂牌成立"国家级古籍修复技艺传习中心山西传习所"。二是深入开展"文化惠民在三晋"系列活动,包括欢乐下基层、爱心接力、润物无声、快乐生活、美丽三晋、幸福使者等10项活动和"阵地服务、流动服务、数字服务、优惠服务、共建服务"等5项服务。落实省级购买公共演出资金1100万元,购买演出371场,各市落实购买资金超过4000万元,购买演出9974场,观众达800万人次。会同省武警总队深入开展"三联三创"活动,深入驻军、武警和企业重点工程演出70余场。牵头举办"中国梦·黄土情"晋冀蒙陕甘宁六省(区)地方戏曲及民乐民歌"三展"活动,25个艺术团体、3000多名演员演出200场。这样规模和格局的文化交流在我省还是第一次,受到省内外好评。三是省级文化单位惠民活动丰富多彩,发挥了引领和示范作用。山西大剧院全年演出328场,观众30万人次,在保利院线43座剧院考核中排名第二;省图书馆接待读者178万人次,举办"文源讲坛"、"文源视界"等各类讲座展览170余场;省群艺馆举办公益培训和文化活动130余场

(次);山西画院举办建院30周年纪念展;山西书法院深入各市开展“翰墨薪传”大型书法公益培训,培训学员2500余人,在全国书法界引起较大反响。四是着力提升市县公共文化设施建设水平。落实专项资金2910万元,支持晋中市图书馆、临汾市图书馆和太原市小店区等9个县级“两馆”建设。全省公共文化设施达标率达80.19%,完成“十二五”规划目标。实施“农村公共文化服务提升工程”,保障乡村两级文化站(室)免费开放,落实中央和省、市投资1.5亿余元。朔州、晋中扎实推进国家公共文化服务体系示范区建设。朔州、长治启动基层综合性文化服务中心建设试点工作。五是深化公益性文化事业单位改革,加强文化类社会组织管理。省图书馆成立理事会,《山西省文化厅文化类社会组织管理暂行办法》出台实施。

(三)文化产业取得新突破。一是加快推进省级重点项目建设。山西省文化保税区2015年9月8日开工建设,由省文化厅与省投资集团合作建设,总投资6亿元,是全国为数不多的文化保税专区;山西省文化产业园中的孟母文化广场已经建成,博物馆、非遗片区、文化驿站等项目建设顺利推进;山西省文化产权交易中心建设路径基本确定;山西文化云平台启动建设,省文化厅已与晋能集团签署合作协议,运用云计算、大数据等对山西文化资源进行数字化保存整理和开发利用。与国有大型企业开展合作是近年来我们推动文化产业发展的一个重要特征和全新突破,促进了文化部门政策资源优势与大型国企技术资金优势的整合,拓宽了文化工作的视野和路径,得到文化部领导的肯定。同时,支持民营文化企业发展,山西省民营文化企业协会筹建工作基本就绪,确定入会企业1000余家。二是主办和参加一系列文化产业展会活动。参与主办文博会,配合举办书博会、体博会、农博会,会同省演艺集团、省工美集团完成非遗和工美展览专场15000多平方米,安排多场演出。组织参加山西品牌中华行,参加第十一届深圳文博会、第九届中博会、第二届中国—东盟博览会文化展、第十届北京国际文化创意产业博览会等。全年举办国内外展览54场,扩大了山西文化产业影响力。三是加快发展新兴文化产业。组织我省动漫企业参加国家动漫企业认定,国家认定的动漫企业达10家,《一代廉吏于成龙》等3个原创动漫品牌入选国家动漫扶持计划。平定县冠窑砂器有限责任公司等7家企业成为第三批省级文化产业示范基地,目前全省省级文化产业示范基地达41家。

(四)非遗保护迈上新台阶。一是启动实施“乡村文化记忆工程”,在全省112个乡镇开展试点工作,依托乡镇综合文化站,对乡村历史脉络、文化烙印、传统街区和乡风民俗等进行调查整理和科学保护展示,拓展了弘扬中华优秀传统文化和非遗保护的新领域。二是推进“晋中文化生态保护实验区”建设,出台《关于建设“晋中文化生态保护实验区”的意见》,制定《晋中文化生态保护区总体规划实施细则》《山西省非物质文化遗产生产性保护示范基地中长期规划》。三是完成第五批国家级非物质文化遗产代表性项目代表性传承人的申报推荐。评审认定第四批省级非遗项目代表性传承人202人,目前省级传承人达到816人。开展10项国家级非遗代表性传承人抢救记录。四是与晋中学院合作开展《山西省非物质文化遗产生产性保护示范基地中长期发展规划》课题研究。组织我省部分基层非遗传承人参加中国非物质文化遗产传承人群研修研习培训。

(五)对外文化交流和文化援疆援藏亮点突出。一是省文化厅与葡萄牙里斯本大学孔子学院签署合作协议,与毛里求斯中国文化中心建立长期合作机制,这是我省文化部门近年来首次与国家驻外文化机构开展战略合作。二是组织参加山西品牌丝路行,赴匈牙利、俄罗斯、意大利等国推介山西文化和经贸项目,会同省演艺集团、省工美集团举办各类演出20余场,展出非遗和工艺精品2400余件;组织华晋舞剧团等赴俄罗斯、泰国、香港参加交流演出和“欢乐春节”等活动。全年开展对外文化交流10批、264人次。三是创新文化援疆方式,创作话剧《生命如歌》并赴疆巡演22场,这是19个援疆省份中第一部专题援疆文艺作品。扎实推进人才援疆援藏,选派优秀援疆干部,为新疆和西藏培训文化干部60余名,在山西戏剧职业学院举办三年制新疆曲子班,培养学员30名。

(六)文化市场管理服务水平不断提升。扎实推进“六权治本”,依法确定5类22项行政权力,建立权力清单和责任清单,绘制权力运行流程图,并在省文化厅官网公布。完成文化市场技术监管和服务平台建设,经营场所录入和网上激活率达98%以上,全年准入办理6168个,执法办理11060个,被文化部评为2015年度文化市场综合执法优秀单位。加强行政审批和综合执法人员培训与管理,组织全省执法队伍技能大比武、文化市场综合执法案卷评查活动,组织检查经营单位10余万家次。推进网吧转型升级,全省转型升级试点网吧达到160余家。

(七)文化政策和保障体系不断完善。一是编制《山西省“十三五”时期文化改革发展规划》《山西省“十三五”时期红色文化传承保护与开发规划》。尤其是山西作为革命老区编制出红色文化规划,在我省历史上是第一次,也是全国第一个省级红色文化专项规划,具有十分重要的意义。二是起草《关于贯彻落实<进一步加强对外和对港澳台文化工作的意见>的实施意见》《关于提高公共文化服务水平的若干措施》《关于实施“山西省戏曲传承发展振兴工程”的意见》等政策措施。出台《山西省节庆活动管理办法》,承担了省清理和规范庆典研讨会论坛活动工作领导小组办公室各项工作。完善公共文化服务体系建设协调组议事规则和成员单位职责任务分工。三是实施“三区”人才支持计划文化工作者专项。山西戏剧职业学院成为华北地区唯一被文化部命名的文化干部培训基地。四是全年中央和省级安排资金6.39亿元,其中专项资金5.2亿元,较上年增加约7000万元,增幅为13.5%(转移支付市县专项资金约3.1亿元)。五是推进文化法治建设,印发《关于加强文化法治工作的实施意见》,为我省文化工作第一个综合性法治文件。配合开展《非物质文化遗产法》和《山西省非物质文化遗产条例》执行情况调研,受省政府委托向省人大常委会作了专题报告。

2015年在全省经济下行压力持续加大的严峻形势下，全省文化工作扎实推进，亮点频现，实现了应有作为，发挥了独特作用。这是省委、省政府和各级党委、政府高度重视、大力支持的结果，是全省文化战线干部职工和文艺工作者们顽强拼搏、共同努力的结果。

（杨　渊）

附：省文化厅党组书记、成员名单

书　记：张瑞鹏

成　员：张　健　李　歆（11月离职）　赵银邦　王舒袖　贾新田　李　力　李培勇　李荣钢

省卫生和计划生育委员会党组工作概况

党组书记　王进喜

党风政风行风建设

2015年，省卫生计生委深入开展党的群众路线教育实践活动、学习讨论落实活动和“三严三实”专题教育，全面强化政风行风和医德医风建设，“打击非法行医”和“医务人员收受红包、开单提成”两个专项整治成效显著，累计查处各类违法违规执业案件1.47万件。加强卫生计生法治建设，推进“六权治本”，建立了权力清单和责任清单制度，编制了行政职权运行流程图和廉政风险防控图，受到省政府表扬。建立健全重大行政决策机制，清理整顿行政审批中介服务，对委直属单位进行内部审计，开展了“财务管理规范年”和大型公立医院巡查活动，推行药品耗材设备阳光采购和限价采购，实现了以制度管权，促进了权力阳光运行。扎实开展扶贫工作，贫困地区医疗卫生基础设施有效改善。大力宣传推介三晋“好医院、好医生、好护士”，2名医务人员获评全国“最美妇幼天使”，4名医务人员入选“感动山西”人物，8名援外队员荣获吉布提总统勋章，商临萍同志被评为全国援助西非抗击埃博拉出血热疫情先进个人。

坚持“依法治理、深化医改、大兴人才、强化基层、正风肃纪、服务民生”的工作理念，全面完成卫生计生机构改革，深入推进队伍融合、工作融合、思想融合，卫生计生资源整合、公立医院绩效评价、重点地方病防治、爱婴医院复核评估、计生服务管理改革、新农合省级结算、促进医养结合等13项工作在全国交流经验。卫生计生综合监督11项主要指标本省7项全国第一，获得全国卫生计生监督技能竞赛团体三等奖和优秀组织奖。12320卫生热线服务质量排名全国第二。精神卫生综合管理试点方案考评位居全国第三。连续4年被评为全国无偿献血先进省。太原市“千医千村牵手”和临猗县新农合支付方式改革分别被人民日报和中央电视台报道。《健康生活报》被评为全国“科学就医”宣传教育活动优秀媒体。阳泉市、阳城县分别获得全国肿瘤登记工作进步奖和优秀奖。7个县（市、区）创建成为国家基层中医药工作先进单位。26所乡镇卫生院被评为全国“群众满意的乡镇卫生院”。

2015年，省卫生计生委践行“三严三实”，坚持问题导向，着眼群众需求，推出为全省人民办的“十件实事”：免费为280余万农村60岁以上老年人进行了健康体检；免费为373万户农村家庭发放了健康知识口袋书；免费为207万6岁以下儿童提供了健康管理服务；免费为6.5万个家庭提供了中医小儿推拿健康服务指导；免费为40.4万农村妇女进行了宫颈癌筛查；免费为28.4万育龄妇女提供了孕前优生健康检查；全省327所二级以上公立医院开设了健康教育讲堂，24万群众受益；新增2010个计划生育阳光便民办证窗口；所有三级医院开展了预约诊疗服务；243家二级以上医院开展同级医院检查检验结果互认，为患者节约费用1200余万元。

深化医药卫生体制改革

新农合参合率达99.2%，实现应保尽保，保障范围从常见病、多发病扩展到重特大疾病，城乡居民大病保险实现全覆盖，最高赔付额可达40万元，有效减轻了群众医药费用负担。县级公立医院综合改革由局部试点到全面覆盖，全省所有县级公立医院全部实现药品零差率销售，政府投入、价格调整、医保支付、管理体制、编制人事制度等各项改革稳步推进。太原市、运城市启动城市公立医院改革试点，各项工作积极推进。基层医疗卫生机构综合改革持续深化，运行新机制逐步建立。基本药物制度覆盖所有政府办基层机构和村卫生室，完成了新一轮基本药物招标采购，价格较上一轮招采下降18.35%，建立了公立医院药品集中采购、高值医用耗材阳光采购和常用低价药品供应保障新机制，群众用药需求得到进一步保障。全省城乡居民人均预期寿命提高到74.92岁。

县级公立医院综合改革

2015年，全省所有县级综合医院、中医院全部取消药品加成政策，实行零差率销售，县级公立医院综合改革全覆盖任务全面完成。各地对县级公立医院综合改革的组织领导更加有力，各项政策举措进一步落实。

在加强政策指导方面，2015年省政府办公厅印发了《山西省全面推开县级公立医院综合改革实施方案》，省编办、财政、人社、物价、卫生计生等部门各司其职、共同合作，配套出台了《关于县级公立医院综合改革财政补助和财务管理的实施意见》《关于全面推进县级公立医院医药价格改革的实施意见》《关于开展县乡医师一体化管理试点的指导意见》《关于做好基层医疗卫生机构公开招聘工作的补充通知》等一系列文件，为深化县级公立医院改革提供了有力支撑。

在完善补偿运行机制方面，各级财政在面临经济下行压力的情况下，调整收支结构，优先保障民生，同时加强财务管理和成本核算，认真落实政府对公立医院主体投入责任，全年用于基本建设、设备购置以及人员经费支出达28.87亿元，其中，省级财政对改革县取消药品加成补偿2.88亿元。进一步调整医疗服务价格，晋中、阳泉、阳曲等市县以及大多数新启动改革县，按照新的价格改革政策进行了调价，晋中市通过严格控制不合理医药费用、市级审核平衡、精准测算等办法，所辖11个县(市、区)价格调整补偿全部到位；阳曲县在2012年调价的基础上，对县人民医院检验费下调8%、检查费下调6%，将诊查费、治疗费、手术费、护理费分别上调17%，对县中医院检验费、检查费分别下调8%，将诊查费、治疗费、手术费、护理费分别上调14%，而且做到了医保及时跟进，对调价部分全部纳入了医保支付范围，实现了有效衔接，解决了药品零差率销售减少后合理收入弥补不足的问题。

在解决基层人员短缺问题方面，2015年全省县级公立医院新招聘医务人员1205人，其中运城市下达计划550人，已完成441人。突破编制限制，探索县乡医疗机构医师一体化管理，实行医师编制县乡捆绑使用，清徐、娄烦、孝义、河津等地通过县乡医师互派工作、乡招医师县医院统一培养使用、县医院托管乡镇卫生院等多种形式，推动建立基层人才有序流动机制。离石区创新用人机制，对医院自主新招聘护理人员实行聘用制管理，新招聘人员不占医院编制，在人社和财政部门备案，区政府按山西省最低工资补助标准每人每月1350元给予医院补助，2015年为区医院补充90余名护理人员。

在探索建立符合医疗卫生行业特点的薪酬制度上，各地积极探索制定县级公立医院绩效工资总量核定办法，晋中市出台了《晋中市医疗卫生事业单位绩效工资发放管理的指导意见(试行)》，将基础性绩效工资和奖励性绩效工资比例改为6:4，增加了奖励性绩效工资比例，并允许将收支结余按一定比例用于考核后的奖励。

在建立现代医院管理制度上，绝大多数县(市)成立了以县级公立医院管理委员会为主要形式的治理机构，有42个县由县长担任管委会主任，进一步建立了公立医院规划投资、院长选用、绩效考核、监督管理等制度体系，落实院长负责制，增强了政府对公立医院的治理能力。同时，加快城市公立医院改革步伐，新增运城市为国家联系试点城市，太原、运城两市已全部按照国家部署要求，于2015年11月30日前出台城市公立医院综合改革实施方案，正式启动改革试点工作。

计划生育服务管理

2015年，人口自然增长率控制在6‰以内，完成了“十二五”规划目标，总人口性别比保持平衡，符合政策生育率稳定。全面加强计生基层基础工作，实现了服务网络、优质服务和孕前优生咨询指导“三个全覆盖”。调整完善生育政策，单独两孩政策实施平稳有序，1.2万个家庭申领了二孩再生育服务证。流动人口婚育证明实现电子化，服务管理“一盘棋”和部门联席、信息互通等机制得到不断巩固完善，流动人口基本公共卫生计生服务均等化试点由20个县扩展到41个县。持续保持严厉打击“两非”的高压态势，出生人口性别比升高的势头得到有效遏制。对计生特殊家庭关怀扶助力度不断加大，独生子女伤残、死亡家庭特别扶助金标准由原来的200元提高到2015年的400元、500元，并在五保供养、医疗救助、医保缴费、医院就医等方面享受优惠和照顾政策。为全省29万户计生家庭办理了意外伤害保险，救助患重大疾病的计生特殊家庭成员4100余名。以改革生育服务证制度为切入点，创新计划生育服务管理机制，计划生育工作实现了从注重管理到管理与服务并重的重大转变。

医疗卫生服务体系建设

“十二五”时期，各级财政对卫生计生事业的投入达404.45亿元，年均增幅达24.4%。2015年，省儿童医院新院区建设项目实现主体工程封顶。人口健康信息化建设取得明显进展，启动了居民健康卡试点工作。推进优质医疗资源下沉取得初步成效，九成以上的卫生经费和建设项目，近一半的新增大型医用设备配置指标，以及大量的人才、技术、培训、科研、信息资源投向基层，医疗联合体建设覆盖所有三级医院和县级综合医院，三分之一的县开展了县乡医联体建设试点，全面启动分级诊疗制度建设，县域就诊率不断提高。

医疗服务质量全面提升

“十二五”时期，大力实施医疗服务能力提升工程，建成各级各类临床重点专科246个、重点学科128个，成功申报各级各类医学科研项目790项，其中千万元以上项目2项，获得各类科技奖项160项。2015年，大力实施“百千万卫生人才培养工程”，积极开展全科医生转岗培训、住院医师规范化培训、农村订单定向免费医学生培养、继续医学教育和适宜技术推广，累计培训各类卫生技术人员167万余人次。中医药政策体系和管理体系不断完善，服务能力显著提升，省政府与国家中医药管理局签署山西中医学院共建协议，吕景山教授入选第二届“国医大师”，实现了本省零的突破。大力实施改善医疗服务行动计划，在全省二级以上医疗机构广泛推广检查检验结果互认、预约诊疗、优质护理、日间手术、双休日和节假日门诊等便民惠民利民举措；全面加强公立医疗机构运行评价监测，医药费用快速增长的势头得到初步遏制；深化“平安医院”建设，医疗纠纷人民调解成功率达90%以上，患者就医环境和医务人员执业环境明显改善。

公共卫生服务工作

人均基本公共卫生服务经费提高到2015年的40元，开展项目扩展到12类45项，各项指标均达到或超过国家要求。传染病报告率达97.2%，疫苗报告接种率保持在98%以上,5 种地方病均达到国家控制标准。在全国率先建成省级严重精神障碍信息管理平台。艾滋病疫情总体控制在较低流行水平,病死率较"十一五"末下降了 49.7%。成功创建 5 个国家级、22 个省级慢性病综合防控示范区。实施"妇幼安康工程",惠及 1000 余万妇女儿童。卫生应急核心能力全面提升,形成了较为完整的卫生应急预案体系,建成了国家、省、市、县四级卫生应急队伍,成功创建了 2 个国家级、40 个省级卫生应急综合示范县。食源性疾病暴发事件监测、食源性疾病病例监测、食品污染物及有害因素监测三大网络提前实现县级全覆盖。爱国卫生运动深入开展,"十二五"期间全省新增国家卫生城市 6 个、国家卫生县城(乡镇)23 个,改造农村卫生厕所 54.9 万座,城乡居民生活卫生环境显著改善。

(刘　翔)

附:省卫生和计划生育委员会党组书记、副书记、成员名单

书　记:王进喜

副书记:李书凯(11 月离职)

成　员:梁明虎(6 月离职)　杨建勇
赵新民(女,11 月离职)　郭晋刚(11 月任职)
冯立忠(11 月任职)　李跃珍(女)

省审计厅党组工作概况

党组书记　王　亚

2015 年,省审计厅党组认真学习贯彻党的十八大、十八届四中、五中全会和习近平总书记系列重要讲话精神,聚焦"服务中心、建设队伍"主题,以建设"六型机关"为抓手,全力推进机关党的思想、组织、作风、制度和廉政建设,较好地完成了各项党建工作,有力地促进了审计中心任务的完成。2015 年,全省共审计单位 4600 个,查出违规金额 652.76 亿元,促进增收节支 178.35 亿元,向纪检监察和司法机关移送案件线索 802 件 390 人,涉及金额 145.42 亿元。同时,选派 800 多人次参加了巡视、专案和专项调查工作。

一、抓好政治理论学习,进一步夯实审计事业发展思想基础

学习是党员干部掌握知识、开展工作的重要方法,更是增强党性、坚定信仰的重要途径。厅党组始终把抓好机关广大党员干部政治理论学习,作为全年各项工作的重中之重,通过学习教育,进一步提高广大党员干部的理论素养和政治水平,增强党员干部的宗旨意识和服务意识,为依法审计、科学审计、文明审计、廉洁审计提供强大的思想政治支撑。一是先后组织党员干部学习《中国共产党章程》《中国共产党党和国家基层组织工作条例》等一系列党法党规,学习习近平总书记系列重要讲话和党的十八大、十八届三中、四中、五中全会精神教育活动。二是抓好党组中心组学习和机关党建理论研究,厅班子成员从不同途径发表了 40 余篇工作、学习、活动体会,通过刊物、展板、审计通报等不同方式发表。三是开展读书交流活动,统一购置了《历史的轨迹》《走出腐败的高发期》《苦难辉煌》《习近平谈治国理政》《法治热点面对面》《大清相国》《十八届四中全会决定》《十八届五中全会公报》及《中央关于全面推进依法治国若干重大问题的决定》等书籍,分发至各支部,要求全体党员学有所思、学有所悟,写心得体会,从中选送 5 篇优秀文章参加省直工委读书交流活动,收到了较好的效果。同时积极组织先进支部撰写经验交流材料,有 3 个支部的经验交流材料入选省直工委交流材料汇编。

二、扎实开展"三严三实"专题教育活动,进一步增强党员队伍的先进性和纯洁性

全面从严治党、践行"三严三实"是习近平总书记向全党提出的行动指南和具体要求。厅机关把扎实开展"三严三实"专题教育活动,作为巩固党的群众路线教育实践活动成果,增强党员队伍的先进性、纯洁性,提升机关党建工作的整体水平一个有力抓手。

加强领导、周密组织。成立了"三严三实"专题教育活动领导小组,王亚厅长担任组长,其他班子成员担任副组长。同时,根据中央、省委的部署,按照深入学习教育、突出问题导向、贯彻从严标准、坚持以上率下,确保实效的要求,制定了《山西省审计厅党组关于开展"三严三实"专题教育实施方案》和《"三严三实"专题教育工作安排》,对"三严三实"专题教育活动作出安排部署,提出了活动的具体内容,明确了责任分工,细化了活动措施,确保了"三严三实"专题教育活动有力有序开展。

认真开展专题研讨。为推动"三严三实"专题教育活动扎实有效开展,王亚厅长带头为全省审计干部讲授了"三严三实"专题党课,其他厅领导结合个人工作、学习实际为所在支部成员进行了"三严三实"党课辅导;同时,15 名支部书记进行了践行"三严三实"主题演讲。这种领导带头,以上率下的做法,激发了全厅认真学习践行"三严三实"要求的动力和热情。大家一致表示,要把严以修身、严以用权、严以律己、谋事要实、创业要实、做人要实作为个人做人做事的根本遵循和行动指南。

严格实行"三严三实"专题教育活动月报告制度。根据"三严三实"专题教育《实施方案》和《工作安排》,每月对各支部专题学习教育活动开展情况进行通报,好的单位提出表扬,对教育活动开展不深入,标准不高的单位提出批评,确保

专题教育活动不走过场，不走形式。

查找“不严不实”问题，立行立改。在“三严三实”专题教育中，结合审计工作实际，要求党员干部认真从思想、工作、作风上查找不足，分析原因，提出解决方案，立行立改，保障“三严三实”专题教育活动取得实效。

三、加强精神文明建设，着力营造良好的党建工作环境

为全面推进审计机关精神文明建设，不断提升广大党员干部的思想道德和科学文化素质，省审计厅积极开展各种活动，大力加强社会主义核心价值体系建设、审计能力建设、审计作风建设，为依法履行审计监督职责提供思想保证和精神动力。

加大党的路线、方针、政策的宣传力度。按照《中国共产党章程》要求，大力宣传党的路线、方针、政策，全年共组织党委理论学习10余次，在全厅党员干部中开展学习十八届四中、五中全会精神和习近平总书记系列重要讲话活动，编排宣传展板10余期，编发党建信息、简报12篇，使党的要求内化于心，外化于行。

举办了“弘扬法治文化、红色文化、廉政文化，践行社会主义核心价值观”专题报告会，邀请专家为全厅300余名党员干部做专题报告。

开展了向先进模范学习活动。举办了《道德讲堂》，开展向白喜明和徐景浙同志学习活动，用先进人物事迹教育干部、引导干部、感化干部，激发党员干部努力工作的内在动力，充分发挥审计服务我省“六大发展”的重要作用。

举办了《全省审计系统庆“七一”暨纪念抗战胜利70周年书画摄影剪纸展》。活动开展以来，累计收集各类作品300余幅，经专家评审，有180幅优秀作品参展。进一步营造了审计机关浓厚的文化氛围，激发了广大审计人员爱岗敬业、无私奉献、求实创新的工作热情，汇聚了强化审计监督，全力以赴做好各项审计工作的正能量。

开展了“送温暖 献爱心”捐助活动。全面落实省委总体要求，积极开展“送温暖 献爱心”捐助活动，全厅300多名党员干部群众参加了帮助我省部分地区受灾和困难群众捐助活动，总计捐款21550元，大力弘扬了“一方有难、八方支援，团结互助、无私奉献”精神。

积极开展群团活动。注重加强对机关工青妇群众组织的领导，积极支持机关工会、妇联开展工作，将这些组织作为联系党和群众的桥梁纽带。一是积极组织开展了群众喜闻乐见、品味高尚的乒乓球、羽毛球、妇女投篮、健步走、桥牌等全民健身活动；二是积极组织开展社会公益活动；三是积极组织开展帮扶助困送温暖等活动。通过开展各项活动，增强了机关党员干部的凝聚力和战斗力，推进了和谐、文明的审计机关文化建设。

四、加强党风廉政建设，努力打造审计铁军

党风廉政建设是审计工作的生命线。厅党组始终把加强机关党风廉政建设，夯实党员干部廉洁从审思想基础，作为党委的一项重要工作抓紧抓好。

加强反腐倡廉教育，筑牢党员干部思想道德防线。把加强党员干部的反腐倡廉教育作为一项经常性、基础性工作来抓，持续深入开展廉洁从审教育。一是开展廉政制度学习。组织党员干部认真学习中纪委、省纪委关于党风廉政建设的相关文件，并重点组织副处级以上党员领导干部学习了《中国共产党廉洁自律准则》《中国共产党纪律处分条例》等党的制度规定，加强教育，规范党员领导干部行为。二是用反面典型教育警醒党员干部。为提高党员干部的廉政风险意识，深刻认识违反党的纪律和规矩带来的危害和后果，采取用反面典型教育警醒党员干部，组织学习了审计署印发的《审计干部反腐倡廉教育警示录》读本以及《党的十八大以来省纪委查处的严重违纪违法领导干部忏悔录汇编》，观看了《警示教育片》等影视资料，教育党员干部自警自省，增强廉政意识。三是加强廉政文化建设。开展了学习十八大以来廉政新规、“六五”普法宣传教育、廉政文化进机关进家庭、“讲文明、树新风”等活动，在重大节假日给党员干部编发廉政短信，大力倡导廉洁过节、文明过节，有力地推进了法治型、廉洁型机关建设。四是严格执行廉政审计各项制度。在审计组成立临时党小组、设立廉政监督员，实行审计公示、“双举报箱”等制度，严格遵守审计“八不准”纪律和各项廉政规定，做到依法审计、文明审计、廉洁审计。

认真落实党风廉政建设“两个责任”。一是根据省委“两个责任”的实施办法，制定了落实党风廉政建设主体责任实施意见和《山西省审计厅机关党委落实党风廉政建设主体责任清单》和《机关纪委关于落实党风廉政建设监督责任清单》，印发了《中共山西省审计厅党组关于廉政谈话制度的通知》，形成统一领导、分工负责、相互协调、齐抓共管的党风廉政建设工作机制，确保“两个责任”的贯彻落实。二是及时转发了省直工委关于省直机关基层党组织和纪检组落实党风廉政建设“两个责任”的指导意见，要求各党支部认真学习贯彻。三是厅机关制定的《山西省审计机关工作目标考评办法》，将党风廉政建设作为机关工作目标考评的一项重要内容，做到同安排、同部署，夯实了廉政建设的基础。

开展作风纪律专项检查。一是对厅机关作风纪律建设情况开展了专项检查。检查的主要内容包括，党员干部遵守政治纪律、组织纪律和工作纪律的情况；各支部贯彻落实厅党组决议，推进业务工作情况；“六型机关”建设情况；“三会一课”制度落实情况；审计组临时党小组工作制度落实情况和审计组廉政监督员工作报告制度落实情况。二是先后组织开展了落实中央“八项规定”、《关于党政机关厉行节约制止奢侈浪费行为的若干规定》，以及清理会员卡、办公用房、公务用车清退和制止奢侈浪费等专项治理工作；三是开展了“纪律作风整顿月”、“吃拿卡要”和“工作秩序涣散、纪律松弛”专项整治工作；四是根据省直纪工委要求，进行了中秋、国庆两节礼金、礼品的检查，加强廉政风险防控；五是以审计组执行“八不准”工作纪律为重点，加强对审计现场实施过程的管理

和控制。通过检查,进一步增强了全厅党员干部的廉洁从审意识,加强了审计机关的党风廉政建设。

认真受理信访举报,严肃查处违纪人员。查办违纪违规线索2起,按照规定程序进行登记、受理、请示和初核,查清了有关违纪事实,对违纪人员进行了严肃处理,维护了党的纪律,履行了监督责任。

(王洪霞)

附:省审计厅党组书记、成员名单

书　记: 王　亚

成　员: 高爱平　杨光照(9月离职)　闫建科　姚安政(7月任职)

省政府外事侨务办公室党组工作概况

党组书记　张志川

2015年,全省外事侨务系统深入贯彻落实党的十八大、十八届三中、四中、五中全会、中央外事工作会议和省委十届六次七次全会精神,紧紧围绕国家外交战略和全省中心工作,进一步加强外事归口管理,统筹谋划和全面推进对外交流与合作,着力加强外事侨务工作能力建设,为国家总体外交和我省"六大发展"作出了积极贡献,多次受到中央有关部委表彰。

一、深入学习贯彻中央大政方针和习近平总书记重要讲话精神,扎实推进党的建设和党风廉政建设工作

(一)坚持把加强思想建设作为首要政治任务

组织党员干部深入学习、深刻领会党的十八届三中、四中、五中全会、习近平总书记系列重要讲话和省委、省政府有关会议精神,把学习贯彻与推动外事侨务港澳事业发展紧密结合,与加强党风廉政建设紧密结合,与"学习讨论落实活动"紧密结合,与"三严三实"专题教育紧密结合,党组成员带头学习,带头上党课,真学真懂、真信真用,坚定全办党员干部贯彻落实中央方针政策和省委、省政府决策部署的决心,强化服务国家中心工作、总体外交、服务山西经济社会发展的信心,增强自觉运用习总书记讲话精神武装头脑、指导实践的能力,提高工作的科学性、创造性和自觉性,在思想上、政治上、行动上同党中央保持高度一致。

(二)全面落实主体责任

坚持党要管党、从严治党。将党的建设、党风廉政建设和反腐败工作与外事侨务工作同部署、同落实、同检查、同考核。认真梳理主体责任清单,制定《落实党风廉政建设党组主体责任的实施办法》,分解2015年党风廉政建设和反腐败工作任务。领导班子成员严格落实"一岗双责""一考双评""一案双查"制度,切实做到两手抓、两手硬、两不误、两促进。

推动党的组织建设规范化。进一步完善党建工作责任体系,选好配强党务干部,圆满完成机关党委、机关纪委换届。按照"坚持标准、保证质量、改善结构、慎重发展"的要求,加强对新党员和入党积极分子的教育管理。落实"三会一课"、联评联述联考等制度,党员干部的党性意识和组织观念得到进一步提高。

坚持把纪律和规矩挺在前面。坚决维护中央和省委、省政府权威,自觉按照政治纪律、政治规矩和规章制度办事。自觉接受纪检机关的监督,全力支持纪检机构开展工作。坚决落实中央八项规定和省委"双十条"规定,开展诫勉谈话、函询、党员领导干部报告个人事项、责任制报告和廉洁自律等各项工作。开展多种形式的廉政警示教育,引导党员干部切实筑牢思想防线,形成"以廉为荣、以贪为耻"的反腐倡廉氛围。开展工作秩序、工作纪律专项整治。着力整治文山会海、庸懒散奢现象,努力营造风清气正的氛围。准确把握运用监督执纪"四种形态",经常开展批评与自我批评,组织干部任前集体廉政谈话5人次。

(三)扎实推进"三严三实"专题教育

坚持问题导向、实践导向、整改导向,认真制定"三严三实"专题教育方案。以十八届五中全会精神、习近平总书记系列重要讲话、《党章》《廉政准则》和《纪律处分条例》、王儒林书记专题党课和专题研讨讲话以及先进典型事迹为重点,组织专题党课等学习教育活动。围绕全省重点工作与外侨工作实际,深入开展专题辅导和主题研讨,办党组中心组专题研讨4次、专题党课2次、警示教育2次、明查暗访2次。认真组织召开办党组专题民主生活会和党支部组织生活会,拉出问题清单,立行立改,整改落实,全办不严不实问题,不作为、慢作为、懒作为的现象得到有效治理,作风建设进一步加强。

(四)努力推进精神文明建设

加强社会主义核心价值观教育,坚持把文明创建和业务工作有机结合。发掘外侨资源,争取资金93余万元,服务精准扶贫。群团组织健全、分工明确、配合紧密,努力为全办职工解难题、办实事。做好离退休人员服务,开展"帮扶解困"献爱心活动。积极组织职工参加省直运动会、广播操比赛,获得"优秀组织奖"、银奖等奖项。进一步增强党员的责任意识,拓宽了党员服务群众的渠道,推进机关创建活动深入发展。办机关连续5年被评为"省直文明单位标兵"。

二、以推进"法治建设"为核心，加强领导班子和干部队伍建设

推进法治建设。贯彻省委加快法治山西建设实施意见，完善法治建设领导机构，着力健全党组依法决策、科学决策、民主决策机制，凡涉及"三重一大"人事、财务重要事项，坚持集体决策、依法推进，做到权责统一、程序正确。认真抓好普法工作，增强干部职工的法治意识。坚持依法行政，推进党务政务公开，积极落实法制建设工作任务。

认真实施"六权治本"。严格依法确权，认真梳理"两清单""两张图"，加强办证大厅建设。科学配置权力，实施流程再造，制定修订各项制度流程34个。坚持严以用权，依法依规处理涉外涉侨事务和机关行政后勤、机要保密、应急值班、"三公经费"管理等工作。阳光行使权力，合力监督权力，严惩滥用权力，加强对工程招标、物资采购、因公出国(境)审批等关键环节的监督，防止越权、滥权、擅权问题发生。

落实民主集中制，坚持重大问题、重要事项集体讨论决策。班子成员互相尊重、互相支持，思想统一、步调一致，形成了团结进取、干事创业的合力。坚持以《党政领导干部选拔任用工作条例》为依据，坚持以德为先的用人标准，匡正用人环境，优化干部结构，选拔任用干部9人，公开招录公务员、事业单位人员4人，选派驻村第一书记2人。加大干部学习培训力度，组织干部参加省管领导干部进修、外交部地方外办干部培训、国侨办地方侨务干部培训、中青班等培训轮训13人次，选派干部赴外交部、驻外使领馆学习锻炼，组织"党政领导干部素养提升"专题学习，抓好干部在线学习，外侨干部的政策理论水平和综合业务素质得到进一步提高。

三、全面完成年度工作任务，服务"六大发展"

(一)加强顶层设计，切实增强统筹能力

充分发挥"统筹协调，归口管理"职能，指导、督促市、县党委加强外事工作领导小组建设，统筹推进全省各领域对外工作，确保与中央步调一致。高度重视"十三五"对外工作规划编制。牵头和参与制定《以煤会友加快我省国际友城建设工作规划》《山西省参与建设丝绸之路经济带和21世纪海上丝绸之路实施方案》《山西省全面扩大开放的意见》等工作规划，精心谋划，主动作为，积极融入国家重大战略，打造山西开放发展新格局。以煤会友加快友城建设工作规划受到省委省政府的高度肯定，被列入2016年全省重点工程。

(二)积极搭建交流平台，全面深化对外交往与国际合作

统筹地方资源服务总体外交。积极组织全省有关部门参与"南非中国年"、中波、中印、中韩、中日、中蒙、中俄、中欧等地方合作论坛。王一新副省长出席中非合作论坛、"一带一路"国际研讨会、亚欧互联互通产业对话会等重要国际会议，发出山西声音，扩大山西影响。协助推进晋非合作区建设，通过股权置换、功能重置、加大招商，各项建设取得新进展。完成党宾、国宾接待任务，精心组织荷兰国王访晋，玻利维亚共和国副总统和土库曼斯坦副总理过境，以及泰国上议院前议长和前副总理，美国对外政策理事会代表团，美国、澳大利亚、斯里兰卡驻华大使，韩国全罗南道知事、萨摩亚通信部长等45个国家代表团49批936人访晋接待工作。安排省领导外事活动34批次。

精心开展高层对外交往。圆满完成11位省领导13人次出访32个国家和地区的保障任务。李小鹏省长访问美国，出席山西与爱达荷州结好30周年纪念及"山西日"活动，签署了两省州2015-2020年合作框架协议，全面加强与爱州的务实合作；与怀俄明州就煤炭清洁高效利用达成共识，两省州将就此展开合作。其他副省级领导出访葡萄牙、冰岛、巴西、意大利等31个国家和地区，在煤炭清洁利用、新能源、农业、科技、教育、医疗、体育、旅游等领域达成广泛合作，在宣传山西、增进友谊、招商引资、加深合作等方面取得了重要成果。

搭建对外交往工作平台。推进"高碳资源低碳发展、黑色煤炭绿色发展"，与相关部门共同承办低碳发展高峰论坛，邀请接待19个国家51名外国省州高层、国际组织和科研机构代表。组织我国驻外使节一行60人来晋考察调研，征询良谋善策，拓宽对外渠道。响应习近平总书记访问斯里兰卡时提出的倡议，接续千年佛缘，推进高僧法显故里长治市襄垣县与斯里兰卡有关地区开展友好交往。

加快国际友城建设。开展与世界煤炭大国主要产煤省州和"一带一路"沿线国家的多领域务实合作。新增山西省与美国西弗吉尼亚州、临汾市与澳大利亚杰尔顿市2对国际友城，全省友城数量达41对。朔州市山阴县与美国纽约州华威县结好已获省政府批准。与德国北威州、韩国全罗南道、美国怀俄明州结好进入签约阶段。与韩国全罗南道在能源、经贸、旅游、环保、人文、友城建设等六方面合作达成一致，合作项目已进入实施阶段。

推动外事资源向经济资源转化。以山西太原科技创新城等重点建设项目为抓手，聚焦煤炭清洁高效利用、高端制造、战略新兴产业等领域，开展有针对性的对外工作。举办"中美分布式能源研讨会"、"中美轨道交通合作交流会" 等专业领域国际会议。"山西省—北威州投资促进中心"正式挂牌。中美能源研究中心、杰克逊·候全球事务中心入住科技创新城等事宜正在积极推进。组织有关部门企业赴汉诺威、全罗南道等地参加国际展会，支持太钢、太重、潞安等企业开展对外合作。

(三)积极推动山西品牌和文化对外交流合作

推动山西品牌走出去。协助举办"山西品牌丝路行"系列活动，山西品牌第一次走进匈牙利、俄罗斯、吉尔吉斯斯坦、意大利、泰国5国，展示山西魅力、扩大山西影响。

开展有针对性的对外宣传推介。汇总整理我省产业政策、优势产业、优秀企业、合作项目等信息和"一带一路"沿线国家社会经济发展情况、产业优势、投资环境情况，为我省企业"走出去""请进来"提供信息支持。积极为平遥国际摄影节、农博会、书博会、体育"两博会"、国际旅行商采购大会等重要会展活动提供精准外事支持。组织比利时VRT、韩国KBS、日本NHK电视台、香港知名媒体高层采访。配合做好

中尼(泊尔)建交60周年纪录片的摄制工作。成功组织我省青少年与匈牙利、奥地利、美国等开展交流互访活动。

(四)加强管理服务,继续做好因公出国(境)各项工作

以管理更严、交流更实、成果更丰为目标,继续保持因公出国从严从紧管理的基本态势,效果突出。严格计划管理,审核同意2015年全省因公出访计划1500多批6900多人次。严格因公出访团组审批,禁止党政领导干部无实质性任务出访,禁止考察性出访,杜绝照顾性出访,严格控制双跨团组,从严控制各级财政经费支付的因公出访。落实行前教育制度,增强出国人员的规矩意识、责任意识和纪律观念。

强化出国服务意识。对照"三严三实"要求,以服务企业走出去、完善经贸类团组出国"绿色通道"、疏通出国签证渠道及提供政策指导和信息服务为重点,优化审批流程,加大APEC卡宣传推介力度。在经济下行压力大的形势下,开通绿色通道,鼓励支持企业、高校、科研院所等市场主体扩大对外交流。2015年,全省因公出访人数增长4.63%,其中经贸、科教、文体类出访团组增长15.53%,达到总出访人次的82.89%,出访结构显著改善。积极推进因公出国(境)综合管理网上服务平台建设,全面完成立项、初设、建设、培训,实现了无纸化审批,提高了效率,方便了基层。被外交部授予"因公护照工作服务奖"。

(五)强化涉外管理,维护我省涉外安全良好局面

健全完善涉外管理工作机制。制定我省关于加强境外安保工作的两个实施意见。加大反恐等工作的涉外事务协作力度,积极开展政策宣讲、业务培训。

扎实开展涉外维稳和领事工作。推进地方外办领事认证系统建设,被外交部授予领事认证信息化建设优秀奖。积极开展预防性领事保护工作,首次实施我省境外安全巡视,精心编制发布14个出境游热点国家(地区)安全提示,为我省准备出国的留学人员专题讲授领保知识,受到省文明委肯定。加强邀请外国人来晋管理,审核国际会议3次,外国人来华邀请确认函、留学生来华审批表500多人次。及时稳妥处置领保案(事)件15起、涉外案(事)件6起。做好外国记者管理、服务和外媒事件处理工作,协调处置常驻外媒记者来访等事宜。

(六)坚持以人为本,扎实推进侨务工作

加强侨务资源涵养与利用。以第十二届世界王氏大会等涉侨联谊活动为纽带,巩固老朋友,结识新朋友。借力侨务大省资源优势,积极组团参加"华创会",举行"侨商企业山西行"等活动,引进外资7.7亿美元。争取侨爱工程捐赠款物144余万元,捐建榆社县卫生室等项目5个,受益群众1.6万人。

组织"关爱工程—送温暖慰问"活动。发放救灾救济款项80万余元。变"输血"为"造血",开展归侨侨眷职业技能培训。办理答复涉侨政协提案4件,协调处理美国中华总商会与晋能集团合作项目纠纷等信访案件16件,审核办理华侨回国定居4人次,三侨生证明28份。

积极开展华文教育。组织"2015海外华裔青少年'中国寻根之旅'山西营"、"华文教育示范学校·华教机构负责人华夏行山西行"等活动,推荐18名教师赴海外华校支教,讲好中国故事,弘扬三晋文化。

(七)筑牢工作基础,稳步推进港澳合作交流

完善港澳基本情况、港澳工作开展情况等11项基础资料库,组织2批公职人员赴港澳培训交流。

积极承办省领导出席香港驻武汉办事处成立庆祝活动。精心组织摩根士丹利中国研究部代表团、香港驻汉办主任一行、澳门社团青年骨干代表团访晋交流接待工作,协助举办"活力澳门推广周"系列活动,有效促进晋港企业间经贸和投融资合作。

(武志明)

附:省政府外事侨务办公室党组书记、成员名单

书　记: 张志川

成　员: 韩日裕　武绍忠　田亦军　鞠　振

省煤炭工业厅党组工作概况

党委书记　向二牛

一、践行"三严三实",切实加强领导班子和干部队伍建设

切实加强思想政治建设,认真落实省委《关于进一步加强和改进党委(党组)中心组学习的实施意见》,抓学习时间、内容、效果"三落实",组织15次中心组学习,深入学习贯彻习近平总书记系列重要讲话精神,始终坚持与中央和省委、省政府保持高度一致,更加坚定理想信念、政治立场,更加严守政治纪律和政治规矩。深入开展"三严三实"专题教育,领导带头,全员参与,坚持问题导向、紧贴煤炭实际,查找出13项突出问题,制定了17项具体措施;班子成员深刻对照检查,严肃开展批评和自我批评,坚定"立党为公、执政为民"立场,增强政治意识和责任意识,践行"三严三实"。加强基层党组织建设,落实《基层组织工作条例》,扎实开展"基层组织规范建设年"活动,完善组织生活制度,完成厅直属机关党委换届工作,拓展规范"联述联评联考"工作,全年发展党员208名,转正85名,组织83名干部参加各类培训班。加强工作作风建设,深入学习《廉洁自律准则》和《纪律处分条例》,建立日常谈话提醒诫勉制度,开展整治"工作秩序涣散、人事管理松懈"活动,严格执行"八项规定",严防

“四风”反弹，切实增强管理行业、服务基层的自觉性、主动性、积极性。

二、落实“两个责任”，着力加强党风廉政建设

按照省委“五句话”总要求，以坚强的政治定力，团结带领全厅广大党员干部，坚决扛起管党治党政治责任。制定了《关于落实党风廉政建设主体责任的实施办法》《关于落实党风廉政建设监督责任的实施办法》《2015 年党风廉政建设和反腐败工作任务分解意见》《厅党组落实党风廉政建设主体责任考核办法(试行)》，切实履行“一岗双责”，做到党风廉政建设与煤炭业务同部署、同落实、同检查、同考核。落实中央《建立健全惩治和预防腐败体系 2013-2017 年工作规划》和省委实施办法，扎实开展廉政教育，完善廉政风险防控长效机制。扎实推进“六权治本”工作，制定了《党组工作规则》《党组廉政谈话制度》《党组廉政报告制度》，按时完成“两清单”、“两张图”编制公布工作。积极支持纪检监察“三转”工作，进一步探索完善权力运行监督制约制度，进一步健全重点岗位和关键环节权力行使监督制度。严格行政执法工作纪律和廉政纪律，严肃“八个严禁”和“五项承诺”，架起“高压线”，筑牢“防火墙”。各级党组织和党员干部尊崇党章、党纪在前意识明显增强，“抓好党建是最大的政绩”和“不抓党风廉政建设就是严重失职”意识明显增强，反对“四风”、廉洁自律自觉性明显增强，党组织凝聚力、向心力和党员干部示范带头作用明显增强，领导班子思想、作风和能力建设水平明显提高，为推动全省煤炭工业科学发展提供了强大正能量。

三、推进“煤炭革命”，深化煤炭管理体制改革

落实省委、省政府推进“煤炭革命”部署和要求，认真履行省煤炭工业深化改革稳定运行领导小组办公室职责，与各部门建立联络机制，组织召开各类会议近 20 次，督促 12 个牵头部门制定 27 项工作方案，加强组织协调，形成推进合力，开展跟踪督查，保障工作落实，全面推进改革任务。配合省政府开展顶层设计，为出台《关于深化煤炭管理体制改革的意见》(晋发 [2015]3 号)、《山西省煤炭行政审批制度改革方案》(晋政发[2015]37 号)做了大量基础性工作。企业开办煤矿由“六证”简化为“三证”，煤矿建设项目行政审批事项从 63 项精简合并为 38 项，审批环节减少 1/3，企业负担减少 1/3，审批时间缩短 1/2 以上。清费立税取消、降低和规范涉煤收费项目 14 项，实施了煤炭资源税从价计征制度。全省煤焦公路销售 21 项行政授权、9 种运销票据和 1487 个站点全部取消。推动出台了煤炭资源矿业权出让转让办法。同时，扎实推进省厅牵头的改革监管证照、控制煤炭产能、优化审批流程、建设煤炭监管信息平台等任务。一系列改革措施的实施和突破，为推动煤炭行业科学发展注入了新动力。我省深化煤炭管理体制改革典型经验做法，受到国务院通报表扬。

四、坚持“依法治煤”，大力推进煤炭法治建设

贯彻落实《2015 年法治山西建设工作要点》，将法律学习纳入中心组学习议程，围绕依法行政、法治社会建设等方面进行深入学习讨论。牵头开展全省涉煤行政许可审批和行政执法专项整治，协调 25 个省直有关部门和 11 个市煤炭局，注重条块结合、上下联动，坚持开门整治、自觉接受监督，强化执纪监督、狠抓落实。全面清理涉煤法规规章和规范性文件，规范煤炭行政执法依据。认真梳理出 129 项权力事项并在网上公布，编制行政执法事项流程图及风险防控图。省厅取消“4 证 1 票”(煤炭经营资格证、生产许可证、矿长资格证、矿长安全资格证和煤炭销售票)，不再进行相关行政审批。权力事项取消 8 项、下放 6 项、改为属地管理 3 项，减轻企业负担，促进工业稳定运行。积极参与我省地方立法，厅党组专题研究《山西煤炭管理条例》修订工作，对 23 项地方立法项目提出意见建议。

五、强化责任担当，狠抓煤矿安全生产监管

坚决贯彻“三个绝不能过高估计”、“三个敬畏”和“三个越是”要求，增强责任意识，体现担当精神，毫不放松地加强煤矿安全生产监管。加大安全生产“两个主体”责任落实，严格落实安全生产挂牌责任制、煤矿“五人小组”履职情况考核、生产煤矿图纸交换审查、事故约谈、干部带班、“不放心煤矿”挂牌等安全生产制度，强化现场管理，建立安全生产长效机制。狠抓安全生产管理重点，出台瓦斯防治“八项规定”、防治水“十条规定”，落实重组整合矿井建设、施工、监理三方责任，强力推进煤矿安全重点县攻坚战。强化煤矿隐患排查治理，全省 52 个指导组、247 个排查组，对所有煤矿开展隐患排查治理集中行动。加大安全生产检查力度，持续开展煤矿安全生产大检查和“打非治违”专项行动，连续开展 5 次全省性的煤矿安全大检查，集中开展为期 40 天的“四不两直”专项突查，全省各级煤炭部门累计开展安全生产执法行动 14245 起，出动人员 82808 次，检查企业 9726 矿次，下达执法文书 13401 份，共排查出安全隐患 359290 项，重大隐患整改率为 93.90%。全省煤矿安全生产形势由持续明显好转向稳定好转扎实迈进，煤矿百万吨死亡率为 0.079，连续 70 个月未发生特别重大事故，继续保持全国先进水平。

六、促进“六型转变”，提升煤炭工业科学发展水平

全面贯彻落实省委、省政府重大决策部署，着力推动煤炭产业向“市场主导型、清洁低碳型、集约高效型、延伸循环型、生态环保型、安全保障型”转变。积极应对经济下行压力，加强煤炭经济运行调控指导，积极推进“三省两公司”协商机制，牵头组织全省炼焦煤和无烟煤稳定运行协商机制，巩固和拓展与用煤大省的合作，组织省属五大煤炭集团与五大电力集团协商洽谈长期煤炭购销协议，多措并举，力保煤炭经济平稳，有力支撑全省经济。严控煤炭产能，强化生产管理，推动三大煤炭基地建设，组织编制山西省煤炭工业“十三五”规划，推进结构性改革，优化煤炭产业布局，形成“淘汰关闭一批、重组整合一批、置换退出一批、产能核减一批、搁置延

缓一批”控制煤炭产能“五个一批”工作思路,引起省委、省政府高度重视。推进煤炭行业科技创新;组织编制《山西省煤炭科技创新战略规划》,通过科技创新着力破解安全生产、煤炭开采、低碳发展、煤炭改革、煤层气产业、煤炭商业模式、煤机制造产业、煤炭科研队伍建设难题。推进煤炭监管信息平台建设,优化总体建设方案,项目可行性研究报告已获批复,进入全面组织实施阶段。实施煤矿瓦斯抽采全覆盖工程,完成工程规划编制,确定 18 项重点工程,新建瓦斯抽采泵站 14 座,安装瓦斯抽采管路 350687 米,完成投资 15.7 亿元,全年煤矿瓦斯抽采 102 亿立方米,瓦斯利用 57 亿立方米。提升煤矿现代化建设水平,命名表彰 118 座现代化矿井、457 座安全质量标准化矿井,建成 377 座重组整合矿井,全省煤矿采区回采率达到 80%以上,奠定安全高效生产和现代化发展基础。强化职工教育培训和劳动用工管理,培训煤矿主要负责人 737 人,安全生产管理人员 2.21 万人,特种作业人员 7.58 万人,变招工为招生比例达到 90%以上。积极推进煤制油、煤制烯烃、煤制天然气等一批转型重大项目,煤焦化、煤气化、煤液化产业链发展进一步加快,煤炭产业转型有了新进展。

(杨震宇)

附:省煤炭工业厅党组书记、成员名单

书　记: 向二牛(8 月任职)

成　员: 杨茂林　牛建明　武建森　胡万升　王宇魁　李　方　苗还利　戴子平　徐忠和

省国有资产监督管理委员会党委工作概况

党组书记　朱晓明

2015 年,省国资委党委认真践行“三严三实”,严格自律,依法办事,认真履职,团结带领省国资系统党员干部职工,深入贯彻落实中央和省委的重大决策部署,加强党的建设,落实“两个责任”,深化国企改革,不断改进完善国资监管工作。

一、坚持不懈抓党建

省国资委党委牢固树立“抓好党建是最大政绩”的理念,着力发挥党委的政治核心作用。积极开展学习讨论落实活动,坚持以上率下、深刻反思剖析,聚焦重点环节、开展专项整治,实施“六权治本”、堵塞制度漏洞,树立国资系统风清气正、积极向上新形象。层层落实党建责任,召开了省属企业党委书记抓基层党建工作专项述职会议。深入开展“三严三实”专题教育,强化问题导向,落实“严”“实”标准,解决了一批社会关注度高、群众反映强烈的“不严不实”问题,国资系统党员干部纪律意识、规矩意识不断增强,工作作风和精神面貌有了新的转变。加强领导班子建设和人才队伍建设,扩大“一报告两评议”覆盖面;首次开展省属企业领导人员个人绩效考核工作。持续开展“干部上讲台,培训到现场”工作,突出专业技术人才和高技能人才队伍建设,企业三支人才队伍建设取得新成效。推进基层党的建设和思想政治工作,制定了企业发展党员和党费收缴、使用、管理的实施办法;及时结转脱钩企业党组织关系,做到党的组织全覆盖;加强对软弱涣散党组织的整治,基层党建工作进一步夯实;加大正面宣传和舆论引导力度,开展读书活动、家风家训征集活动和百名道德模范评选表彰,引导干部职工践行社会主义核心价值观,培育优秀企业文化,有效调动了各方面积极性。

二、坚定不移惩腐败

省国资委党委严格落实“两个责任”,坚决惩治腐败,净化政治生态,党风廉政建设和反腐败斗争取得明显成效。出台了落实“两个责任”的意见和清单,经常性研究部署党风廉政建设和反腐败工作;抓好省委专项巡视问题整改落实工作,做到立巡立改、边巡边改、先行先改;召开了党风廉政建设工作会议、落实“两个责任”述责会议。推动纪委“三转”,支持纪委聚焦主责主业、监督执纪问责,清理了议事协调机构;针对省委专项巡视指出的问题和信访举报、案件查办集中指向的问题,加大惩治腐败工作力度;加大案件查办力度,全年共受理信访举报 1673 件,初核线索 1004 件,立案 606 件,处分 1238 人,移送司法机关 17 人。聚焦突出问题,紧盯“四风”新形式、新动向,重点打击大操大办、陈规陋俗、在内部食堂搞奢靡享乐、公车超标等违纪行为,持续形成震慑。匡正选人用人风气,制定了企业领导班子和领导人员综合考核评价暂行办法,将“反对四风”“廉洁自律”等列入考核内容;出台了《省属企业领导人员选拔任用工作责任追究暂行办法》;开展企业干部职数管理专项整治;全面推进“三个一批”工作,列入“六查”重点范围 10534 人,其中,甄别处理 272 人,调整退出 73 人,掌握使用 1786 人,提拔重用 265 人,免职 80 人,降职 14 人,调离岗位 21 人。

三、全力以赴稳增长

2015 年是金融危机以来稳增长形势最严峻、情况最复杂、任务最艰巨的一年。省国资委党委在省委、省政府的坚强领导下,保持定力,主动作为,在抓投资、降成本、拓市场、防风险等方面做了大量工作。组织省属企业积极参与“央企山西行”活动,签约项目 12 个,拟引资 268.3 亿元;通过月例会季通报、领导包干联系、现场督查、年度考核等方式,督促企业克服资金困难,持续保持投资强度,全年完成投资 1617.3 亿元,完成年计划的 107.8%;其中,13 个转型综改重大项目完成投资205.2亿元，完成率102.6%。协调省政府免缴省属企业2015年度国有资本收益，为企业减轻负担1.6亿元;指导省属企业多管齐下、持续发力，深化对标管理，加强绩效考核，在降本节支上下功夫，全年营业成本下降17%、销售费用下降11%、管理费用下降19%，有效抵冲了市场价格断崖式下降带来的巨大减利。要求省属企业紧盯市场变化，提高产品质量，变革营销模式，着力拓展市场，太钢强化技术服务营销，重点产品销量同比增长;煤炭企业优化营销策略，加大新用户开发力度;太重、建工积极参与“一带一路”，强化品牌战略，抢占国外市场;能投探索“互联网+”营销模式，国控推进“军民融合”，打破了传统销售界限。继续组织省属企业抱团取暖，有效提高了抗风险能力，推动省属煤炭企业合作实施瓦斯抽采全覆盖并纳入考核，国新能源重组晋能燃气产业，交投与晋煤、国新能源合作开展天然气、煤层气业务。同时，支持山东信发集团战略入股阳煤集团兆丰铝业，阳煤集团与华能集团开展煤电一体化战略合作。加大高风险业务和安全隐患排查力度，实现规章制度、经济合同、重要决策法律审核率100%。

截至2015年底，全省国资系统实现营业收入1.41万亿元，同比下降16.5%；完成增加值2352.3亿元，同比下降10.4%；上交税金521.2亿元，同比下降24.9%；利润总额由正转负，同比减少61.9亿元。其中，省属企业实现营业收入1.39万亿元，同比下降16.6%；完成增加值2235.6亿元，同比下降11.2%；上缴费税金497.8亿元，同比下降24.9%；实现利润同比减少60.3亿元。营业收入、资产总额、增加值三项指标分别列全国省级国资委监管企业第2、5、2位。2015年，省国资委党委在稳增长、防风险上付出了异常艰苦的努力，但经济形势依然处于下行通道，稳增长面临更大压力，需要以更加卓越的创造，努力实现经济企稳回升。

四、攻坚克难抓改革

省国资委党委按照省委、省政府统一部署，坚持问题导向，加快推进国有企业改革步伐。深化党政机关与所办企业脱钩改革，出台了脱钩改革工作方案，将232户企业与原主管厅局彻底脱钩，启动了对省、市、县党政机关所办企业的脱钩改革;加大对省直厅局破产工作的督促力度，19户列入破产计划的脱钩企业由法院宣告破产;配合交通厅完成了下属交通企业及高速公路资产债务重组，3户企业已划转国资委直接监管。做好煤焦公路销售体制改革涉及的企业职工转岗安置工作，制定了安置方案，支持企业以项目安置职工，并向3户企业预拨补助资金55亿元；推动国新能源接收转岗人员9282人;晋能集团通过项目分流安置1.6万人，安置率超过50%;焦煤集团分流安置990人，安置率超过35%。厂办大集体改革，制定了工作方案，正在制定实施细则，组织审核部分企业改革总体方案;争取到国家最高奖补政策，中央财政已预拨26亿多元补助资金；同煤集团改革方案已经上报省政府，其中包含89户厂办大集体企业，待批准后即可实施。企业负责人薪酬制度改革，出台了薪酬制度改革意见和履职待遇、业务支出管理办法;省属企业负责人薪酬管理办法已起草完毕。发展混合所有制经济，推动晋煤、同煤、山投集团下属4户企业登陆新三板，对焦煤、同煤、太重、晋能集团下属7户企业实施股份制改造，力争在新三板上市;修改完善了发展混合所有制试点工作方案，在建工集团下属2户企业开展员工持股试点工作，目前，监管企业中混合所有制企业已占比64.93%。推进财务等重大信息公开，牵头制定了财务等重大信息公开实施细则;指导国资委监管企业、省属文化、金融类国有企业在省内主要媒体公开2014年度和2015年前三季度重大信息，督促企业对公开后发现的问题进行整改;省属企业被上海财经大学评为全国国有企业透明度第一，受到全国国资委系统的重视与肯定。推动深化改革试点，同煤集团改革试点工作先后形成三轮四套改革方案，晋能集团试点方案也在不断完善优化中。

五、创新驱动促转型

省国资委党委贯彻落实调结构、促转型政策措施，着力实施创新驱动发展战略，加快转型发展，培育经济增长点。强化科技创新，将科技创新城建设工作纳入到企业领导人员年度经营业绩考核中，将当年投资完成额视同利润计入考核，7个科技创新城项目开工建设，完成投资7.13亿元;省属企业全年研发总投入272.3亿元，约占营业收入的2%，晋煤建成煤与煤层气共采国家重点实验室;太重获得国家科技进步二等奖1项，建成矿山采掘装备及智能制造国家重点实验室;能投设立玄武岩纤维技术应用院士工作站;经贸搭建科技成果孵化平台。省属企业创新融资模式，搭建融资平台，拓宽融资渠道，加强市值管理，全年实际融资1187亿元，同煤培育形成以财务公司为龙头的融资平台，阳煤、能投投资入股阳泉商业银行，焦煤等企业在上海、珠海横琴自贸区设立融资租赁公司，潞安等企业利用发行永续债、公司债券等多种方式进行融资。省属企业加大传统产业升级改造力度，努力做强做精主业;加快发展新兴产业，正在形成新的竞争优势。太钢不锈钢全年出口80万吨，创历史最好水平;煤炭企业优化产业结构，打造循环经济园区，开展落后产能退出和产能置换，加快千万吨高产高效矿井集群建设;太重聚焦先进装备制造，拓展核电、海工装备制造领域;能投“互联网+物流+金融”电商综合服务平台初步建成；国新能源总投资234.8亿元的燃气产业发展规划加速推进。成立了规划编制工作机构，制定了工作方案、编制思路与编制大纲，组织了专题培训与动员，已完成“十三五”规划初稿，正在征求意见。

六、厘清边界转职能

省国资委党委认真履行职责，提高监管效能，积极推进以管资本为主加强国资监管。突出国资监管职能定位，研究国资监管法规体系，编制了具有国资特色的“两单两图”，公开了权力清单、责任清单;全面清理规范性文件，规范各类审核、批准、备案程序。改进监管方式，深入22户企业对政府工作完成情况进行全面督查；加强和改进外派监事会监督，落实报告制度,开展对外担保专项检查,发现、揭示、报告问题的数量和质量进一步提升;完善监督检查成果运用机制,督促企业加大整改力度,加强监事会与纪委、机关处室的监督协同,提升监管效能;推进国资监管信息公开,首次公开了企业年度经营业绩考核结果、省属企业负责人职务变动信息;在部分二级企业开展自主决定工资总额或工资总额周期管理改革试点。积极协调有关单位,为13户省属企业争取产业扶贫项目建设奖励资金2.2亿元。加强集中统一监管,随着232户省直机关所办企业脱钩改制,高速、交投、路桥、水务、万家寨5户企业纳入直接监管范围,省级经营性国有资产监管全覆盖迈出新步伐。

七、扎扎实实惠民生

在全力以赴稳增长的同时,省属企业积极履行社会责任。起草了国有资本收益共享机制的实施意见并上报省政府,省长办公会议决定自2016年起,省本级国有资本收益的30%调入一般公共预算用于民生支出。产业扶贫项目开工60个,年度完成投资51.53亿元,完成率103.06%;参建产业援疆9个项目,年度完成投资48.6亿元,完成率103%。审核下达了2户企业的破产计划,对已进入法律程序的破产企业,帮助做好破产清算及费用核算等工作,向3户企业拨付破产补助资金13383.2万元;为特困企业职工解决冬季采暖补助1500余万元,解决医保补助1769.6万元。全年接待上访群众329批次1378人次,集体访55批次977人次;个体访274批次401人次;共转办信访案件15件,转办信件371件,转办网上投诉件134件。省委、省政府交办重点信访案件6件,全部在规定时限内办结上报,结案率100%。

(郎卫平)

附:省国有资产监督管理委员会党委书记、副书记、委员名单

书　记: 朱晓明

副书记: 梁性轩　李天太　高建国(8月任职)
田国仁(8月离职)

委　员: 曹慧昌　马　进　张宏永　宋世华　刘　峰

省地方税务局党组工作概况

党组书记　卢晓中

2015年,面对复杂严峻的经济税收形势,全省地税系统在省委、省政府正确领导下,认真贯彻十八大和十八届三中、四中、五中全会精神,坚决贯彻省委"五句话"总体要求,全面落实"十二五"时期全省地税"1436"工作思路,以"三严三实"专题教育为主线,以"组织收入攻坚年"为抓手,积极破解地税发展新难题,努力适应政治经济新常态,各项工作取得新的进展,为富民强省做出了积极贡献。

一是全面加强政治理论学习,在思想上政治上行动上同党中央保持高度一致。切实加强党组中心组理论学习,认真学习党的十八大、十八届三中、四中、五中全会精神和习近平总书记系列重要讲话精神,坚决贯彻省委十届六次、七次全会精神,全年中心组集中学习24次,确保了在思想上、政治上、行动上同以习近平同志为总书记的党中央保持高度一致。结合"学习讨论落实"活动,坚持把理论学习贯穿始终,把讨论反思剖析贯穿始终,把整改落实贯穿始终,通过"学习讨论落实"活动,整改突出问题16个,形成具体成果20项,建立完善相关制度15个,得到了省委第四督导组的肯定。采取多种形式认真学习中央和省委省政府新出台的一系列制度规定,引导广大干部职工严守政治纪律和政治规矩,不断增强廉洁自律意识和党规党纪意识。

二是扎实开展"三严三实"专题教育,为营造良好政治生态奠定了坚实的思想基础和工作基础。在学深、吃透中央和省委精神的基础上,以领导干部讲党课的形式启动专题教育,省局全体班子成员、市局67名班子成员和省局28名党支部书记先后在不同范围讲了专题党课,全系统采取集中学习、个人自学、专家辅导、专题研讨等形式认真开展教育,省局党组中心组集中学习14次,开展专题研讨4次,各市局中心组开展专题研讨89次。局党组坚持边学边改,认真查找"不严不实"突出问题,在全系统开展了基层一线和窗口单位门难进、脸难看、事难办、吃拿卡要报等问题专项整治、落实党风廉政建设"主体责任"不够严不够实问题整改、落实党风廉政建设"监督责任"不够严不够实问题整改等11项整改。各市县局也都列出了边学边改项目清单,并把"学习讨论落实"活动整改工作纳入"三严三实"专题教育,坚持前后接续、持续用力，推动整改任务落实。在此基础上，以召开专题民主生活会为契机，广泛征求意见建议，深入开展谈心谈话，主动对照剖析检查，深入开展批评与自我批评，进一步查找了突出问题，明确了整改方向，有效增强了党员干部践行“三严三实”的思想自觉和行动自觉。

三是继续深化“组织收入攻坚年”活动，提升了组织收入科学化水平。2015年，面对复杂严峻的经济税收形势，局党组持续开展“组织收入攻坚年”活动，全面加大收入督查、解剖、指导力度，按月通报收入进度、按季组织经济税收形势分析，先后3次开展了组织收入全面督查，5次实施专项检查，特别是7月份对收入进度滞后的3个市局进行解剖式督查，有效推动了组织收入工作开展。各级地税部门综合运用税源监控、稽查检查、欠税清缴、综合治税等手段，有力、有序、有效地开展了组织收入工作，探索形成一系列行之有效的收入攻坚举措，省局先后批转了11个市局收入攻坚的特色经验，在全系统营造了全力以赴保收入的浓厚氛围。2015年，全系统累计完成各项税收892.09亿元，同比下降9.17%；其他规费收入累计完成91.4亿元，同比下降74.38%。地税部门组织的一般公共预算收入完成762.34亿元，同比下降4.83%，完成省政府年度调控目标751亿元的101.51%，超收11.34亿元。

四是核心业务改革创新呈现新亮点，提高了服务“六大发展”的能力。认真落实省局《全面深化改革创新若干意见》，聚焦2020年基本实现地税现代化总目标，全面推进各项改革创新项目，形成了多方探索、多点突破的创新格局。推进“营改增”进程，2.32万户试点行业纳税人移交国税部门管理。深化煤炭资源税改革，按照省政府部署集中开展全省煤炭资源税改革专项检查，查补入库煤炭资源税4895万元。积极推进征管改革，在运城市局进行了试点。全面推行总局《税收征管规范1.0版》，有效推进税收征管工作制度化、规范化、标准化。大力推进税收风险管理工作，在吕梁市局、忻州市局和阳泉市局开展了试点，充分利用金税三期工程国、地税数据大集中优势，扫描推送风险信息8.1万条，入库税款1.12亿元。积极推进“互联网+税务”行动，网上办税服务厅建设、网上申报、在线发票开具、网上发票查询、财税库银横向联网电子缴税、网上涉税服务与监督等工作取得新的进展。认真落实《纳税服务规范》和《国地税合作规范》，积极推进国地税联合开展税收分析、办税服务、纳税信用等级评价、奖惩激励、稽查检查等合作事项，已经与国税共建办税服务厅6个，实现互设窗口、互派人员的办税服务厅83个，共进政务中心的办税服务厅20个。落实支持小微企业发展等各项结构性减税政策，为纳税人减免税收77.68亿元。清理欠缴煤炭可持续发展基金2.78亿元，为企业办理多缴煤炭可持续发展基金退库3.4亿元。与国税、建行联合开展“税银互动”助力小微企业活动，为35户小微企业发放“税易贷”贷款2149万元。开展“三证合一、一照一码”商事制度改革，完善守信激励和失信惩戒机制，实施纳税信用等级评定和税收违法“黑名单”制度。以“便民办税春风行动”为抓手，进一步创新服务手段、完善服务机制，加强税收宣传咨询工作，进行纳税服务满意度调查，对发现问题进行了整改，纳税人满意度比去年有明显提升。

五是“六权治本”工作扎实推进，法治地税建设迈出新步伐。制定出台全省地税系统“六权治本”工作意见和实施方案，推行税收执法权力清单制度，科学编制廉政风险防控图，制定规范税务行政处罚裁量权实施办法和执行基准，压缩行政处罚裁量空间，增强了税收执法的统一性、规范性。积极服务全省转型综改区建设，加强涉税政策把关审核，380条意见建议被省政府及有关部门采纳。强化税收稽查工作，全年查补收入24.87亿元，查处百万元以上案件26件，查处违法受票企业685户，查处非法发票6666份。加强税收执法督察，累计开展执法督察项目378个，发现问题6384个，责任追究494人次，全系统依法治税水平不断提高。

六是坚定不移落实“两个责任”，干部队伍建设、党的建设和党风廉政建设取得新成效。加强干部教育培训，选拔150名省级业务能手和90名岗位标兵，全系统举办各类培训班728期，培训干部4.38万人次。认真落实县（市、区）地税局公务员职务与职级并行制度，干部队伍活力动力进一步激发，245个单位和35名个人获得省部级以上荣誉，省局机关再次被认定为“全国文明单位”。深入贯彻全面从严治党要求，严格落实“三会一课”、民主评议党员、领导干部过双重组织生活等制度，对121名基层党组织负责人进行了业务培训，开展党组织书记抓基层党建工作述职评议，进行了机关党组织换届，选树表彰了72名双“三型”典型。认真落实党风廉政建设“两个责任”，全面学习贯彻《中国共产党廉洁自律准则》和《中国共产党纪律处分条例》，严格贯彻落实“八项规定”，持之以恒反对“四风”，年内全系统共清理整改办公用房超标、违规配备使用公车、违规发放津补贴等问题138个，清理纠正违规发放津补贴福利等506万余元；清理问责“吃空饷”人员18人，追缴资金7.68万元；处理违纪违法干部115人，其中给予党纪政纪处分64人，给予撤职以上重处分6人，移送司法机关4人。

（徐　鸿）

附：省地方税务局党组书记、成员名单

书　记：卢晓中

成　员：刘建光　张澎湧　马爱锋　薛延孝

张亥生（12月免职）　卫爱平（12月任职）

省工商行政管理局党组工作概况

党组书记　董　岩

山西省工商行政管理局(以下简称省工商局),为省人民政府直属机构,内设16个处室和机关党委、离退休人员工作处。现有在职干部职工153人。基层党组织16个，党员137名。

2015年,省工商局严格按照省委省政府的部署和要求,以从严治党为主线、从严执纪为抓手,以习近平总书记系列重要讲话精神为指引,以“把权力关进制度的笼子里”为要求推进制度建设，以完善惩防体系为重点推进党风廉政建设,建好党员、党务干部和党支部书记三支队伍,抓好反腐倡廉、机关作风和基层组织三项建设,深入开展“三严三实”专题教育,充分发挥职能作用,着力营造宽松平等的准入环境、公平竞争的市场环境、安全放心的消费环境,深化商事制度改革,强化市场监督管理,提升消费维权水平,加强队伍能力建设,扎实履行党风廉政建设主体责任,培育心中有党、心中有民、心中有责、心中有戒的党员干部队伍,不断提升工商干部文明素质和工商机关文明程度,为实现“净化政治生态、实现弊革风清,重塑山西形象、促进富民强省”目标任务,建设法治工商提供强大精神动力。

一、严格履行主体责任,建设“敢担当”的领导班子

(一)积极统筹谋划,落实全面领导,履行“主体责任”。局领导班子坚持把履行主体责任作为抓好党风廉政建设工作的“牛鼻子”,将其列为党的建设和队伍建设的重要内容,纳入重要议事日程,与工商业务工作同部署、同落实、同考核。及时传达学习并坚决贯彻落实中央、中央纪委,省委、省政府、国家工商总局和省纪委关于党风廉政建设的部署要求,结合实际研究制定了党风廉政建设工作计划、目标任务和具体措施。为认真落实党风廉政建设主体责任,根据省委、省政府的要求,省局党组制定并下发了《山西省工商行政管理局2015年党风廉政建设和反腐败工作任务分解意见》(晋工商党组字［2015]23号)《中共山西省工商行政管理局党组2015年党风廉政建设主体责任清单》(晋工商党组字[2015]38号)《省工商局党组2015年党风廉政建设主体责任清单工作分解》等文件,就落实党组主体责任进行了安排部署,进一步明确了党组抓党风廉政建设的主体责任,把落实“一岗双责”作为党风廉政建设的一项重要手段和有力措施来抓。在具体推进党风廉政建设过程中主要做到以下四点:一是加强领导。党组既是领导主体、落实主体、责任主体,也是工作主体、执行主体、推进主体,结合局领导班子成员变动实际,调整了局党风廉政建设领导小组。明确了局党组的主体责任和纪检监察机构的监督责任,加大了反腐倡廉工作的研究部署,坚持从一把手做起,分管领导抓起,定期不定期约谈各单位主要负责人,督促和帮助落实好主体责任,把党风廉政建设纳入党组重要议事日程,做到“不松手、不甩手、不缩手”。二是强化责任分解。根据局主要领导调整和人员分工变化实际,采取精细化管理方式,完善保障推进机制,对党风廉政建设进行安排部署和责任分解,明确领导班子、领导干部在党风廉政建设中的职责分工,并分别与各处室、直属单位签订了党风廉政建设责任书,明确任务分工,细化分解责任。三是加强纪律和作风建设。党组自觉践行“三严三实”要求,继续深入贯彻落实中央八项规定精神,坚持不懈反对“四风”,反对特权思想和特权行为,严肃治理不作为、慢作为、乱作为现象,纠正损害群众利益不正之风,持之以恒抓好全系统的作风建设。四是完善检查考评机制。按照“六权治本”要求,强化了对权力运行的制约和监督,严格执行党员领导干部报告个人有关事项、述职述廉、诫勉谈话、任前廉政谈话等党内监督制度,做到有错必究、有责必问。一年来,工商局召开专题会议4次,组织各支部制定党风廉政建设主体责任清单32份,开展廉政谈话8人次,组织专题辅导讲座3次,观看廉政反面教育录像和阅读反面教育材料各2次,召开党组中心组学习会14次,领导班子民主生活会1次,各支部组织生活会32次,履行个人重大事项报告115人次。五是支持执纪执法机关查处违纪违法问题。建立健全执纪监督保障机制,支持纪检监察机构转变职能,把工作重心转换到监督、执纪和问责上来。进一步明晰纪检监察部门与其他部门在党风廉政建设中的职责分工，纪检组长在党组中不分管其他业务工作,不兼任其他职务。支持纪检监察机构查办案件,以“零容忍”的态度,积极支持纪检监察部门深入查处工商队伍中发生的违法违纪行为,为案件查办提供必要条件。

(二)坚持廉洁自律,领导带头示范,履行“一岗双责”。俗话说“公生明,廉生威”,廉洁是为官之要、执政之基。局领导班子坚持以身作则、带头示范,自觉履行“一岗双责”。作为省局党风廉政建设第一责任人的省局党组书记、局长认真履行一岗双责,7月20日,省局党组书记、局长董岩到任后召开的第一次党组会议就是组织省局党组成员集体学习《中国共产党党组工作条例(试行)》,强化《条例》中党组“履行党风廉政建设主体责任,支持纪检监察机构履行监督责任”的职责。坚持自重、自省、自警、自励,能够严格按照《党章》和党风廉政建设的各项规定严格要求自己,时时、处处用党员领导干部的标准要求自己,用党的纪律约束自己,努力做到以德服人,以廉树威。机关人事任免、干部调动、大额资金使用、重大资产处置等事项都做到了集体研究,公开透明,自觉

接受干部监督。一是抓好组织落实。经常主持召开局党组会议，与班子成员就反腐败斗争形势进行分析研判，根据中央、中纪委和省委、省纪委关于党风廉政建设的部署和要求，结合部门及系统实际，对党风廉政建设作出具体部署和安排。经常主持召开专题会议，听取党风廉政建设工作汇报，分析研究党风廉政建设和反腐败工作现状，及时解决存在的突出问题。二是管好班子。带头贯彻民主集中制原则，加强与班子成员的思想交流，认真开展批评与自我批评，对省局党组班子成员、太原高新区、经济区局党组主要负责人及省局各处室主要负责人廉洁自律方面的函询回复做到了签字背书。不定期与太原高新区、经济区局党组主要负责人和省局各处室主要负责人谈话，了解执行党的路线方针政策、坚持民主集中制、实施党内监督的情况，了解所在班子(处室)及其本人廉政勤政等情况，并提出了相关要求。三是当好表率。作为党组书记，以身作则，率先垂范，自觉遵守党的纪律，接受党组织和党员的监督，接受党章党规党纪的刚性约束，自觉遵守党的纪律，接受党组织和党员的监督，做到了带头廉洁自律。与班子成员就落实"两个责任"进行约谈和"签字背书"，班子成员又分别与分管的各处室负责人谈话和"签字背书"。全局系统形成了局党组统一领导，局机关处室各司其责，全局党员干部共同参与，上下齐抓共管的工作格局。四是坚持廉政自律。认真执行中央"八项规定"精神及党员领导干部廉洁从政规定。严格按制度管权管人管事，自觉接受监督，促进权力依法依规行使。

(三)坚持常抓不懈，强化经费管理，保持整治"四风"高压态势。今年以来，以开展"三严三实"专题学习教育，转变干部作风为契机，始终紧抓作风建设主线不放松，做到常抓不懈，持之以恒，有效杜绝了各类违纪行为的发生。一是警钟长鸣抓警示。及时组织干部认真学习上级纪委编发的违反"八项规定"案例和通报，从小事和具体问题抓起，重点纠正党员干部节假日公车私用、公差借道旅游、利用婚丧喜庆、乔迁履新等名义，收受下属以及有利益关系单位和个人的礼金行为，做到早教育、早发现、早提醒。二是突出重点抓整治。认真组织开展了治理涉企乱收费、公车管理、执行工作纪律、落实政务值守规定等情况的专项检查，对公款吃请、公车私用、"三公"经费、工作纪律等方面进行明察暗访，严肃查处用公款相互宴请、赠送节礼、高档消费以及党员领导干部出入私人会所、变相公款旅游问题。三是完善制度抓规范。制定印发了《山西省工商行政管理局党风廉政建设约谈办法》《关于加强省局廉政文化建设的意见》《关于做好制止领导干部大办婚丧喜庆事宜和借机敛财行为的通知》等文件，切实解决和防止门难进、脸难看、话难听、事难办，工作推诿、刁难服务对象等不作为、慢作为、乱作为问题。四是坚持厉行节约。为进一步落实中央"八项"规定，压减"三公经费"支出，我们修改了相关制度，在公务接待中严格执行有关规定。干部下乡一律在基层工商局内部食堂就餐。同时，还加大了对各单位资金使用情况的监督检查，对支出的合理性、真实性进行审核，对脱离实际、明显虚假支出不预核销。重点对超市、税控机出具的大额发票进行审核，强力推行公务卡结算制度，防止"三公经费"的变通支出及虚报冒领。

二、加强廉洁从政教育，筑牢"不想腐"的自律防线

(一)学习贯彻习近平总书记系列重要讲话，特别是关于加强党风廉政建设和反腐败工作重要讲话精神的情况。省工商局党组始终把学习好、把握好、贯彻好习近平总书记系列重要讲话精神，作为当前和今后一个时期的重要政治任务来落实。采取党组理论中心组学习会、支部学习会、组织参加集中培训、听取专题讲座和党员个人自学等方式开展学习讨论，制定长期学习方案，每个干部发放了习近平《谈治国理政》，组织干部职工通过研读讲话原文、摘抄学习笔记、撰写理论文章和心得体会等多种形式，有计划、有步骤地深入学习，深入思考深刻领会讲话精神实质，截至2015年底党组中心组共组织学习讨论14次、干部理论学习共10次，干部职工写学习体会138篇，同时引导广大党员干部深刻理解当前党风廉政建设和反腐败斗争的形势和主要任务，深刻理解以深化改革推进党风廉政建设和反腐败斗争的新要求新部署，深刻理解增强组织纪律性的重要性和着力点，切实把思想统一到中央精神上来，努力形成不想腐、不敢腐、不能腐的有效机制。一是抓好会议精神的学习贯彻。深刻理解五中全会精神，准确把握核心要义，牢牢把握"十三五"发展的总体要求，进一步明确未来发展的前进方向。坚持全面从严治党、依规治党，深入推进党风廉政建设和反腐败斗争，巩固反腐败斗争成果，健全改进作风长效机制，着力构建不敢腐、不能腐、不想腐的体制机制，着力解决一些干部不作为、乱作为等问题，积极营造风清气正的政治生态，形成敢于担当、奋发有为的精神状态，努力实现干部清正、政府清廉、政治清明，为经济社会发展提供坚强政治保证。二是严格落实从严治党责任。切实履行抓党建的主体责任，真正把党建作为主业、作为硬任务抓紧抓实。落实好党组书记的第一责任，完善党建工作责任制考核办法，强化责任追究，进一步推动形成党组抓、书记抓、班子成员抓、各有关部门抓、一级抓一级、层层抓落实的党建工作格局。三是加强各级领导班子和干部队伍建设。坚决贯彻中央关于从严管理干部的各项要求，严格执行干部管理各项规定，严肃党内政治生活，继续深化教育实践活动成果，进一步强化组织观念和纪律意识，持续推动党员干部正风纪、转作风，树立良好形象。贯彻民主集中制，规范权力运行，推动形成个人行为有约束、工作开展有遵循、班子集体作用得到加强的良好工作格局。

(二)学习《中国共产党廉洁自律准则》和《中国共产党纪律处分条例》，切实维护党章党规的权威性、严肃性。中共中央印发新修订的《中国共产党廉洁自律准则》《中国共产党纪律处分条例》，是贯彻党的十八大和十八届三中、四中全会精神，贯彻全面从严治党要求，把纪律和规矩挺在前面，切实维护党章和党内法规的权威性、严肃性，保证党的路线、方针、政策、决议和国家法律法规的贯彻执行，深入推进党风廉政

建设和反腐败斗争的重要举措。11 月 13 日上午,省工商局纪检组长马春生就《中国共产党廉洁自律准则》和《中国共产党纪律处分条例》进行专题辅导,从《准则》和《条例》颁布的意义,修订《准则》和《条例》的原则和必要性、修订后的《准则》和《条例》主要内容和特点、《准则》和《条例》的区别与联系以及学习贯彻《准则》和《条例》等五方面对《准则》和《条例》进行了详细解读。他在授课时指出,新修订的《准则》和《条例》,继承发扬了党的优良传统和作风,把党的十八大以来以习近平同志为总书记的党中央全面从严治党的丰富实践成果总结提炼出来,转化为对党员和党员领导干部的道德和纪律要求,实现了党内法规建设的与时俱进,是全面从严治党理论创新、实践创新和制度创新的最新成果,是党章规定的具体化。把学习贯彻这两部党内法规作为切实担当和落实好全面从严治党主体责任的重要抓手,坚决把管党治党政治责任落到实处,把党的纪律刻印在全体党员特别是党员领导干部的心上,真正把党章党规党纪的权威性、严肃性在全党树立起来。

(三)扎实开展"三严三实"专题学习教育。按照中央和省委部署,突出教育主题,强化问题导向,贯彻从严要求,坚持以上率下,确保了"三严三实"专题教育取得实效。一是出台学习文件。制定下发了《省工商局关于在处级以上领导干部中开展"三严三实"专题教育的实施方案》《关于设立省工商局"三严三实"专题教育工作协调小组的通知》《省工商局"三严三实"专题教育研讨计划和工作安排》,购买了 120 套《优秀领导干部先进事迹选编》《领导干部违纪违法典型案例警示录》《三严三实党员干部学习读本》和《党员干部违纪违法典型案例警示录》,供副处级以上党员干部学习使用。二是把学习教育放在首位。党组中心组带头学习,集体学习 14 次;全局机关做到学习内容"全覆盖"、学习形式多样化。组织召开 3 个专题("专题一:严以修身"、"专题二:严以律己"、"专题三:严以用权")的学习研讨会,以及组织集中阅读《党的十八大以来省纪委查处的严重违法违纪领导干部忏悔录汇编》和观看爱国主题影片《百团大战》和法院题材影片《南平红荔》,结合个人自学《习近平总书记关于全面从严治党的重要论述摘编》之一、之二和《习近平总书记关于严以用权的重要论述摘编》之三以及"工商文化大讲堂"授课:第一讲,以"三严三实"要求,破除不正之风;第二讲,以焦裕录精神为标杆,践行三严三实要求;第三讲,自觉践行三严三实新要求,着力提高了党员干部队伍思想认识和整体作风。共收集发言材料 351 份。三是组织召开党组民主生活会。紧密联系思想和工作实际,严肃开展批评和自我批评,从严查摆存在问题,从实提出整改措施,进一步凝聚了班子集体的思想共识,明确了改革创新的工作思路,增强了推进事业的信心决心。张建欣副省长参加会议进行指导,充分肯定民主生活会标准高、质量高,聚焦问题、议题不散,直点要害、不绕圈子,联系实际、剖析深刻,批评严肃、真心实心。通过系列活动的持续有效开展,不断警示领导干部及全局干部职工要加强党性修养,树立廉洁自律意识,强化廉洁从政观念。

三、推进考评监督检查,巩固"不能腐"的意识形态

省工商局党组十分重视落实党风廉政建设主体责任的监督检查,为了保证监督的有效实施,确保责任制的落实,采取的主要做法为:一是联系工作实际,促进领导干部廉洁自律。深入学习贯彻党的十八届四中、五中全会和习近平总书记系列重要讲话精神,联系思想和工作实际,把落实新修订的《中国共产党廉洁自律准则》和《中国共产党纪律处分条例》作为领导干部廉洁自律的重点,接受监督,自我约束,进一步增强了廉洁从政意识。并结合总局"六项禁令"、省纪委"五个不准",加大了对领导干部的监督力度,严格执行领导干部收入申报、礼品登记、个人重大事项报告制度、诫勉谈话制度。做到警钟长鸣,防止了违纪现象的发生,有力促进了领导班子和领导干部的思想政治建设和作风建设。二是抓好班子建设,强化党内监督。认真贯彻民主集中制度,凡需要党组研究讨论的问题,都严格按照"集体领导、民主集中、个别酝酿、会议决定"的方针操作,杜绝一言谈;严格落实集体领导和个人分工相结合的制度,局班子明确了各自职责,理顺了工作关系,做到了各司其职、各尽其责、相互支持、密切配合。三是强化舆论监督,发挥社会监督作用。继续发挥党风廉政建设社会监督员的作用,在重大项目决策、年初工作思路调研时,积极听取监督员意见建议,同时发挥监督员对党员干部,特别是领导干部八小时外的监督作用,重点对干部执行中央"八项规定"、省纪委"五个不准"贯彻落实,组织干部纪律督查 8 次,对苗头性问题及时落实整改,未出现领导干部私驾公车、参与赌博和利用公款相互吃请的行为。四是积极开展明查暗访,工作作风明显好转。全面加强机关作风建设,对机关人员出勤情况、遵守机关管理制度,工作程序是否科学简便,服务承诺是否兑现,群众是否满意等方面进行监督检查,充分调动了干部职工的积极性、主动性和创造性,同事间思想上积极交流,工作上相互支持,团结协作,机关作风建设明显好转。

四、培育和践行社会主义核心价值观,推进机关文化建设和精神文明建设,提升机关文明素质

认真贯彻落实《关于培育和践行社会主义核心价值观的意见》,加强社会主义核心价值观宣传教育,强化中华传统美德教育。积极弘扬我省优秀法治文化、廉政文化、红色文化三个文化,在机关积极开展"践行社会主义核心价值观"主题活动和"弘扬核心价值观、同心共筑中国梦"系列教育,使社会主义核心价值体系建设融入到机关党的各项建设,成为引领社会风尚、推动社会发展的强大力量。一是年初制定下发全系统《2015 年全省工商系统文明创建工作要点》,有力指导了全省工商系统文明和谐创建工作的开展。二是组织开展了义务志愿者服务活动。利用三八、五四等节日,组织开展了工商法律知识宣传和义务上街劳动等活动。三是发挥工青妇群

团组织作用，组队参加了省直机关“阳光生活·强健体魄健身操比赛”，通过认真组织、刻苦训练，最后取得了团体一等奖的优异成绩。四是组织开展了“联企帮困送温暖”和走访慰问省局生活困难党员活动。慰问了困难帮扶企业太化集团橡胶一厂和省局生活困难党员14名干部职工，共送去慰问金1.4万元。五是庆祝“国庆”66周年前夕，组织开展了“全省工商系统书画摄影作品展”。共收集到全省工商系统各基层单位337件书法、绘画、摄影和剪纸作品，根据展览需要选择179幅作品在省局机关大厅进行了书画摄影作品布展，全方位展示了工商系统干部职工精益求精的精神风貌，陶冶了机关干部职工思想情操。六是严格按照《山西省直文明和谐单位创建管理规定》，对各处室和所属协学会、直属事业单位进行了文明和谐考评验收，加强了机关干部职工文明和谐创建的积极性。特别是省局机关连续9年被省直文明委表彰为“文明和谐创建标兵单位”。七是在清华大学组织全省工商系统党务和文明创建干部培训班，通过集中培训，使大家进一步提高政治理论素质、党建业务水平和服务发展能力。组织参训人员，领读、通读《道德经》，强化精神文明建设，进一步学习践行社会主义核心价值观。参观国家展览馆复兴之路，震撼之余，进一步坚定走中国特色社会主义道路的理想信念，立志为实现中华民族的伟大复兴而努力。八是推进“六型机关”建设，改进新形势下党的的建设工作，提升工商干部队伍履职尽责水平。把建设“六型机关”作为加强机关文明创建工作的重要抓手，与推进法治山西建设、“六权治本”和推进山西实现廉洁发展、转型发展、创新发展、绿色发展、安全发展、统筹发展“六大发展”、“六型转变”等重大部署和工商系统中心工作任务结合起来，加强对建设“六型机关”的领导，确保“六型机关”建设扎实开展、有序推进。

五、落实省委决策部署，推动重点工作任务完成

2015年，紧紧围绕省委、省政府“五句话”总要求，以开展“三严三实”专题教育为强大动力，以深入推进商事制度改革为工作统领，充分发挥工商职能作用，全力服务“六大发展”、“三大突破”，坚持依法行政，强化监管执法，创新监管机制，维护消费权益，圆满完成了年度工作目标任务。

（一）攻坚克难，商事制度改革取得新突破，有力促进了大众创业、万众创新和民营经济发展。深化商事制度改革是党中央、国务院作出的重大决策部署。在省委、省政府坚强领导下，厅党组态度坚决，攻坚克难，全力推进。在实行注册资本实缴改认缴、年检改年报、“先证后照”改“先照后证”、放宽住所登记条件的基础上，主动作为，协调各方，全面推进“三证合一、一照一码”改革，同步推出信用承诺制度，营造了营商环境，激发了市场活力，从2015年9月29日开始到年底，3个月共发放“一照一码”营业执照7.8万张；去年新增各类市场主体29.3万户，新增量同比增长36.8%；全省实有各类市场主体达到173.9万户。《山西日报》以《商事制度改革助力民营经济井喷》为题在头版头条进行报道。

（二）扎实推进，监管机制创新取得新进展，有效加强了事中事后监管。以商事制度改革为契机，以信用监管为核心，扎实推进监管机制创新。一是建设完成了全省工商系统省级市场主体信用信息数据库，实现了省、市、县、所四层三级联网、信息实时传送。二是建设完成了全省市场主体信用信息公示系统，向社会公布包括吊销注销企业在内的220余万户各类市场主体信用信息。三是专门成立企业监管处，首次推行“双随机”抽查工作机制。四是推进企业信用分类监管，累计锁定市场主体26.2万户，9.6万户市场主体被列入经营异常名录。

（三）强化指导，“品牌兴省”战略取得新成绩，进一步增强了企业的商标意识和自主创新能力。商标是企业的重要知识产权和市场竞争利器。一是大力开展“一企一商标”、“一村一品一商标”活动，2015年全省商标注册量1.6万件，超额完成了注册6000件的目标任务。二是国家工商总局新认定我省驰名商标4件，总量达到88件；开展山西省著名商标认定，申报426件，拟认定300件；三是严厉打击侵犯知识产权行为，查处案件128件。国家工商总局和世界知识产权组织授予汾酒集团“中国商标金奖——商标运用奖”。

（四）履职尽责，市场监管取得新成效，保持了全省市场秩序的安全稳定。认真履行市场监管职责，深入开展专项执法行动。一是加大执法力度，查处限制竞争案件10起，收缴罚没款90.65万元；查处不正当竞争案件74起。二是严厉打击虚假违法广告，查处案件271件。三是严厉打击传销，捣毁传销窝点468个。四是严厉打击合同欺诈，查处案件50件。五是强化网络商品和服务监管工作，网上检查网站15200个，责令整改17个。六是认真开展投资类公司清理整顿，排查企业8374户，立案调查51件。七是认真开展农贸、集贸市场秩序专项整治，组织开展查处无照经营、治理超限超载、“红盾护农”行动、成品油市场整治等工作，配合旅游、环保等部门开展旅游市场监管、大气污染防治、重大疫情防控等工作。

（五）完善机制，消费维权工作取得新提升，为消费者挽回经济损失1643万元。消费维权是工商机关的重要职责。一是加大新《消法》宣传培训力度，进一步增强了消费者依法维权意识。二是加强重点领域消费维权，开展重要商品质量检查，查处侵权案件381件。三是受理消费者咨询、投诉、举报共11.2万件，做到有询必应、有诉必接、有案必查，化解了消费纠纷，促进了社会和谐。

（六）全面加强机关党建和非公党建工作。严格落实“党要管党、从严治党”责任，以改革创新精神扎实推进党建工作。在机关党建上，以学习贯彻习近平总书记系列重要讲话精神、当好“三个表率”为主线，推进了思想政治建设；以建设服务型党组织为引领，深入开展“学习讨论落实”活动，进一步发挥了基层党组织战斗堡垒作用和党员先锋模范作用；以培育和践行社会主义核心价值观为载体，加强机关精神文明建设，荣获省直机关“健身操比赛”团体一等奖，成功举办“忆抗战、迎国庆、中国梦书画摄影作品展”，省局机关连续8年

获得省级“文明单位”称号,连续9年被省直文明委表彰为“文明和谐创建标兵单位”。在非公党建上,一是抓党组织书记队伍建设,举办“全省非公党建百家示范党组织书记培训班”,举办“我这样当党组织书记”征文活动;二是坚持典型引路,确定了省级100家、每市50家、每县20家“示范党组织”。三是与省委组织部联合印发《做好发展党员工作若干意见》,规范党员发展工作。四是以“亮身份、亮职责、亮承诺”为内容深入推进“立足岗位做贡献、服务发展当先锋”活动开展,进一步增强了党组织的凝聚力和影响力。

(七)加强法治工商建设,推进“六权治本”。制定下发《关于推进“六权治本”工作的实施意见》,扎实推进具有工商机关特点的惩治和预防腐败体系建设。抓责任落实,把责任制落实到业务工作全过程;抓学习教育,认真学习贯彻《党章》《准则》《条例》,大力推进工商廉政文化建设,积极营造风清气正的政治生态;抓制度建设,出台《党组工作规则》等重要制度,把权力关进制度的笼子;抓预防腐败,出台《党风廉政建设约谈办法》,抓早抓小,防患未然;抓整顿规范,严格执行财政预算管理,圆满完成公车改革任务,切实加强机关作风建设和纪律整顿;抓执法规范,出台《规范自由裁量权适用规则》发挥立法立规、文件审核、执法监督、法制宣传、复议应诉等职能。省局推荐的晋中工商局法制科长高小超入选“全国工商系统十大法治人物”抓教育培训,基层全覆盖,所有县级局及工商所都派干部参加培训。条线全覆盖,各个条线都开展了专题业务培训。机关全覆盖,从业务处室拓展到综合处室,从处级领导延伸到一般干部。特别是培训工作与国内知名高校对接,确保了培训效果。

(郭明生　曹廷殿)

附:省工商行政管理局党组书记、成员名单

书　记:周明定(7月离职)　董　岩(7月任职)

成　员:马联社　王亦兵　马春生　胡凤莲(女)　吕蕙兰(女)

省质量技术监督局党组工作概况

党组书记　常高才

2015年,山西省质监系统认真贯彻落实省委、省政府和国家质检总局一系列部署要求,紧紧围绕服务全省“六大发展”战略部署,始终坚持“抓质量、保安全、促发展、强基础”工作方针,以促进发展的坚定信心、推动发展的工作干劲、加快发展的有效措施,多措并举抓质量,力度超常保安全,千方百计促发展,坚定不移强基础,较好地完成了2015年的工作任务。

一、强化班子队伍建设,履职尽责能力不断增强

(一)大兴学习之风。坚持理论学习制度,围绕学习讨论落实活动和“三严三实”专题教育,大力加强党的十八大和十八届三中、四中、五中全会精神的学习宣传贯彻,特别是把习近平总书记系列重要讲话精神作为重点、贯穿全程,教育引导党员干部学习践行“三严三实”要求,组织开展党组中心组和机关干部集中学习26次,专题研讨4次,局领导专题党课辅导5次。加强教育培训,完成了部分领导干部组织调训、党性教育和综合素质网络培训,在哈尔滨工业大学和中山大学开展了2期能力提升培训。

(二)强化党的建设。认真执行党建工作责任制,制定并落实年度工作要点。加强思想政治建设、组织建设和质监文化建设,积极组织党务干部参加省直工委举办的业务理论培训,组织干部职工参加省直工委举办的各项文体活动并获得有关奖项。深入推进精神文明建设,局机关和直属单位全部获得文明单位表彰,其中,省级文明单位1个,省直标兵单位8个,省直文明单位6个。

(三)加强队伍建设。根据省委严格规范选人用人、开展“三个一批”工作等部署要求,出台了《关于在处级干部提拔任用和平职调整过程中加强审查工作的意见》,明确了“五审查”“六把关”等具体规定。针对机关空缺领导岗位,局党组多次酝酿补缺,制定工作方案,按照“德才兼备、以德为先、以廉为基”的用人导向,坚持群众公认、注重实绩,公平、公正的原则,开展处级干部交流轮岗和选拔任用工作。注重优秀年轻干部培养,聚焦干部成长路径,通过公务员遴选、考录、事业单位面向社会公开

招聘等方式，选拔任用年轻干部，优化质监队伍结构，营造有利于人人皆可成才、青年人脱颖而出的良好环境，把年度考核、教育培训和干部培养联系起来，年度考核优秀等次、教育培养表现良好的干部作为干部培养的重要依据。

（四）注重民主决策。认真贯彻民主集中制，坚持党组会、局务会、局长办公会、周例会制度，制定了《“三重一大”事项集体决策制度》，严格落实省委《关于党政主要领导不直接分管部分工作的若干规定》，对“三重一大”事项和其他需协调解决的重要问题，按照“集体领导、民主集中、个别酝酿、会议决定”的议事方针进行决策，较好地形成了“副职分管、正职监管、集体领导、民主决策”的工作机制。以学习践行“三严三实”为主题，认真召开了年度局领导班子专题民主生活会和各支部专题组织生活会。

二、深化党风廉政建设，坚守党的政治纪律和政治规矩

（一）加强组织领导。坚持把党风廉政建设和反腐败工作作为事关质监事业健康长远发展的重要工作和各级领导干部最大的政绩来抓，党组班子、党组成员以及各支部书记和各直属单位党政负责同志全面扛起“主体责任”，认真履行“一岗双责”，坚持党风廉政建设与业务工作同部署、同要求、同督促、同检查。召开党风廉政建设工作会议，对年度党风廉政建设和反腐败工作进行部署；坚持经常研究党风廉政建设情况，及时解决工作中的重要问题，提出工作措施，督促工作落实；组织开展廉政谈话、廉政承诺，及时办理信访事项，对举报的问题认真核查处理。纪检监察机构“三转”之后，及时调整党风廉政建设领导机构，明确由局机关党委、机关纪委全面承接党风廉政建设和反腐败工作的各项日常工作，加大组织协调和推进落实力度。各直属单位均设立兼职纪检监察人员，做到了层层有人抓，事事有人管。

（二）落实主体责任。研究制定了《关于落实党风廉政建设主体责任的意见（试行）》及《责任清单》和60条具体要求，实现了主体责任的具体化和可操作化。深入开展廉政教育和警示教育，多次通过党组会、局长办公会、机关办公例会和专题会议等方式，对党风廉政建设和反腐败工作、贯彻落实中央八项规定精神、纠正“四风”等有关内容及时进行传达学习、安排部署和重点强调。年初召开了党风廉政建设专题会议，部署年度党风廉政建设和反腐败工作任务，组织签订责任书，深入推进惩防体系建设。严格落实主体责任报告制度，召开专题报告会，听取机关处室和直属单位落实党风廉政建设主体责任情况报告。积极支持驻局纪检组监察室落实“三转”要求，聚焦主责主业，严格监督执纪问责。全力配合省委巡视组完成为期2个多月的专项巡视，并积极抓好巡视反馈意见整改落实工作。2015年，局机关及直属单位在党风廉政建设和执行中央八项规定精神等方面未发生大的问题。

（三）推进制度建设。结合形势任务要求，及时弥补制度缺失，更新措施要求，修订完善、研究建立了涉及重大决策、行政执法、内部管理等方面的40余项规章制度，这些规章制度和党的群众路线教育实践活动制度成果互为补充，形成了一套工作制度体系，对规范干部职工的思想和行为起到了积极作用。为了强化制度的刚性约束，局党组切实加大监督检查力度，制定完善了请销假制度和领导干部外出报备办法，建立了以纪检监察、人事、机关党委等相关部门组成的中央八项规定精神检查组，多次对机关和直属单位进行检查和抽查，同时对执行上下班纪律、请销假制度等经常性地明察暗访，对发现的问题进行通报，并责令整改，维护了制度的严肃性。

（四）深入开展专项整治。按照中央和省委的部署要求，先后扎实开展了整治会员卡、吃喝不正之风、违规用车、超标准使用办公用房、领导干部社团兼职、“衙门”作风、“工作秩序涣散、纪律松驰”、“会所中的歪风”、吃拿卡要、庸懒散奢、“文山会海”“三公”经费管理不严、收受红包礼金和陈规陋俗等专项整治，均取得明显成效。

（五）切实严明纪律作风。坚持把守纪律讲规矩放在更加重要位置，大力强化纪律的刚性约束，通过专题教育、自查自纠、纪律整顿等多种方式，全面查找省局机关和各直属单位在遵守党的各项纪律方面存在的问题，并从严纠正落实，使广大干部职工的纪律意识和规矩意识明显增强，特别是严守党的政治纪律和政治规矩、组织纪律和廉洁纪律。紧紧围绕中央八项规定精神，采取一系列措施，驰而不息纠正“四风”，特别是盯住元旦、春节、五一、中秋、国庆等重要节点，通过明察暗访、突击检查、听取汇报、查阅资料等方式，对机关和各直属单位开展监督检查，切实做到认识上不松、力度上不减、行动上不犯，有效防止了“四风”反弹，先后三次接受了省委办公厅和省政府办公厅组织的督查，获得充分肯定。

三、加强质量宏观管理，提升质量发展水平

（一）推进质量强省。牵头制定并认真实施全省贯彻实施质量发展纲要年度行动计划，重点任务目标圆满完成。按期完成省政府专项规划《山西省质量发展“十三五”规划》起草任务。深入开展质量强市示范城市建设，晋城制定了实施方案，太原召开了创建动员大会。进一步完善市级政府质量奖励制度，7个市建立了市长质量奖。扎实推进质量统计分析，投入350万元对全省制造业产品质量合格率进行调查统计，联合省政府政策研究室、山西大学商务学院等单位，开展了全省产品、工程和服务质量状况分析。积极开展“质量月”宣传活动，发送公益宣传短信48.5万条，发放宣传画3000余张、宣传手册10万余份。

（二）深化名牌战略。深入推进“全国知名品牌创建示范区”建设，指导经国家质检总局批准创建的汾阳市白酒集中产区等6家单位制定创建工作方案、大同云冈旅游示范

区开展创建验收工作。组织省内知名品牌企业参加国家自主品牌价值评价和发布，重点向国家质检总局推荐大同云冈旅游示范区参评。切实加大名牌宣传力度，配合省商务厅等部门，广泛开展“山西品牌中华行”“山西品牌网上行”和“山西品牌丝路行”宣传活动，提高了山西品牌的影响力和市场占有率。

（三）完成质量考核。在2014年全国质量考核获得“良好”等次的基础上，积极发挥质量强省领导组办公室牵头组织协调作用，将2015年各项考核工作任务分解落实到省直相关部门，明确工作进度，提出任务要求，10月份接受了国务院考核组质量工作实地核查，进一步推动了质量工作开展。

（四）加快质量提升。深入开展儿童用品、装饰装修材料、车用汽柴油等9类重点产品质量提升行动，抽调30余位技术专家对全省15类272家危化品获证生产企业进行了“拉网式”专项监督检查，促进了重点发证产品质量提升。扎实推进工业产品和检验机构质量分类监管，在获证企业分类监管全覆盖的基础上，把监管范围扩展到重点消费品等其他工业企业。

四、严格“两大安全”监管，安全形势保持稳定

（一）大力加强特种设备安全监察。以省政府名义召开了全省特种设备安全工作会议，省政府向11个市和18个省直有关部门颁发了2015年特种设备安全工作目标任务书，政府统一领导、企业全面落实、质监专业监管、部门各负其责、社会共同参与的工作机制得到进一步巩固。全省“油气输送管道、电梯、锅炉”3场安全攻坚战取得良好成效，摸底检查5800余千米长输油气管道，整改隐患2116起；排查锅炉14989台，存在管理问题和安全隐患的2369台全部整改到位；完成52922台电梯的自查和抽查工作，对存在管理问题和安全隐患的3771台全部建立隐患台账并跟踪整改。继续以“全覆盖、零容忍、严执法、重实效”为总要求，部署开展全省特种设备安全大检查，并于6月份派出3个督查组，采取“四不两直”方式，对各地工作落实情况进行了全面督查。天津港“8.12”事故发生后，立即在全省全面、深入开展了新一轮特种设备安全大检查。全年全省未发生特种设备安全人员伤亡事故。

（二）突出重点消费品质量安全监管。围绕农资、食品、建材、儿童用品和汽车配件等重点领域，深入开展了“质监利剑行动”和“双打”专项行动。全系统共出动执法人员7.2万人次，查获假冒伪劣产品货值4000余万元，查处违法案件660余起，端掉制假黑窝点10余个。进一步加强农资、建材和日用消费品等产品质量的监督抽查，共抽查61类12261 批次产品，总体合格率为92.3%，其中本省产品合格率为96.1%。加大监督抽查后处理力度，对不合格产品企业全部实施后处理，发布监督抽查通报36期，发出不合格产品处理通知单127份。

五、发挥技术基础作用，服务全省“六大发展”

（一）深入推进标准化工作。报请省政府成立了由张建欣副省长任组长、37个部门负责人为成员的“山西省标准化工作领导小组”，印发了《关于进一步推进标准化工作改革发展的实施意见》和《关于加强节能标准化工作的实施意见》，大力推进我省标准化工作改革发展。加强地方标准制（修）订，立项221项，审查发布135项，在继续保持高数量的同时，质量水平进一步提高。深入推进标准化示范试点项目建设，创建标准化示范市7个，建成国家级项目125个、省级项目108个。

（二）扎实开展计量工作。深化“计量惠民生、诚信促和谐”双十工程，严厉打击计量欺骗违法行为，着力加强医疗卫生单位、加油机、眼镜制品、民用四表等重点领域和计量器具制造企业的监督检查，对29家企业86批次商品实施包装计量监督抽查，全省1150家出租汽车公司、超限超载检测站、计量收费站和供水、供电、供气、供热公司实现诚信计量自我承诺。加强能源计量工作，国家城市能源计量中心（山西）顺利通过国家质检总局验收，完成638家重点用能单位能源计量审查、2家企业的测量管理体系认证和31家中小企业计量保证能力评定。

（三）不断加强认证认可工作。健全完善3C产品认证区域监管责任制，大力推广建立“五定四查三监管”的联合监管模式和“一网三联”执法监管系统，并在全国认证监管联席会议上作经验介绍。扎实开展实验室资质认定和日常监管，出台了《技术评审工作指南》，监督检查700余家获证实验室，对70多家实验室分别进行了7个参数的能力验证。组织开展管理体系认证活动专项监督检查，检查企业50余家。

（四）大力推进科技兴检。质监综合检验检测中心工程项目外装修和消防工程已完成过半，2个现运行的国家级质检中心运行状况良好，其余6个获批筹建的国家级中心正在加紧建设；新批准筹建2个省级质检中心，对全省19个已授权、7个已批准筹建和3个拟申报的省级质检中心（站）进行了督导考察。向国家质检总局申报的2个科研项目批准立项，3个项目通过鉴定验收；1个项目获省科学进步三等奖，1个项目进入二等奖公示。

（五）着力提升依法行政水平。编制完成权力清单和责任清单，并向社会公布。完成省审改办安排的全省权力清单编码任务，得到省审改办的充分肯定。加强法制建设，认真修订行政执法责任制，建立了行政处罚自由裁量权行使指导规则，案审委审理案件13起，对34件有关法律、法规、规章、草案及规范性文件提出修改意见。大力推进简政放权，审批项目由24项缩减为12项；配合工商、编办等部门按期完成“三证合一”“一照一码”改革；按照“两集中、两到位”要求，组建了行政审批管理处；全年1070件审批事项全部按时办结。

（李　昆）

附：省质量技术监督局党组书记、成员名单

书　记：常高才

成　员：张岐云　王国强　高　航　尹乃明　田永明

省新闻出版广电局(版权局)党组工作概况

山西省新闻出版广电局(版权局)共有3个党委,4个党总支,65个党支部,共有党员812名。

2015年,山西省新闻出版广电局(版权局)党组带领全省广大新闻出版广播影视工作者始终把深入学习贯彻习近平总书记系列重要讲话精神作为根本遵循,坚决落实中央和省委省政府的决策部署,统一思想认识、统一步调行动,强化导向引领、深化改革发展、创新公共服务、严格依法行政、积极转变作风,实现了各项工作的全面顺利推进,为"重塑山西形象、促进富民强省"做出了积极贡献。

一、深入学习贯彻党的十八大、十八届三中、四中、五中全会精神和习近平总书记系列重要讲话精神,坚定理想信念,站稳政治立场

一是党组率先垂范,把深入学习贯彻党的十八大、十八届三中、四中、五中全会精神和习近平总书记系列重要讲话精神作为理论学习的重中之重,全年召开中心组理论学习(扩大)会议21次,强化了理论武装,自觉在思想上政治上行动上同以习近平同志为总书记的党中央保持高度一致,坚决维护党中央权威。二是在全局上下兴起学习贯彻中央精神的新热潮,涵盖了党的十八届历次全会精神、习近平总书记系列重要讲话精神、"四个全面"战略布局、"五大发展理念"等,通过集中学习、专题辅导、交流体会等多种形式,加深学习理解,明确了方向,更加自觉地向以习近平同志为总书记的党中央看齐,做忠诚于党的宣传文化工作者,站稳了政治立场。三是发挥行业优势,组织省内媒体做好宣传阐释工作,形成宣传强势;继续做好《习近平谈治国理政》《习近平总书记系列重要讲话读本》等理论读物全省发行工作,加深社会的理论认同。

二、扎实开展"三严三实"专题教育,贯彻落实省委重大决策部署不偏离不走样

一是按照省委部署,自觉坚持"双学",并做到了贯穿始终。二是在集中学习、党课教育、专题研讨、查摆整改等方面,局党组和班子成员坚持以上率下、层层传导压力,坚持边学边查边改,实现了思想、作风、党性上的又一次集中"补钙"和"加油"。三是加强自查督导。深入查找各种不严不实的问题,认真进行整改;不定期的对各基层党组织专题教育工作进行督导检查,及时发现纠正问题,推动了工作的有效开展。四是专题民主生活会高质量召开,党组成员深入进行"六对照六反思",认真做好党性分析,充分开展批评与自我批评,提高了领导班子发现和解决自身问题的能力。

三、党的建设全面加强

一是深入开展"基层组织提升年"活动,实现基层党组织普遍晋位升级。胜利召开全局第一次党员代表大会,严格程序,选举成立了第一届局机关党委、机关纪委。组织基层党组织开展换届选举工作,将机关党员重新划分为8个党支部,选强配齐了支委班子;在此基础上,组织全局范围内所有符合条件的党支部进行了换届选举。

二是巩固和拓展教育实践活动成果,实现作风建设经常化。局党组充分发挥表率作用,带头严格执行中央八项规定和中纪委一系列"严禁"要求,树立持续整改,长期整改的思想,全年作风建设成效显著,公务接待费下降70%、公车运行费下降30%,会议数量下降30%。

三是深入开展学习讨论落实活动,净化政治生态环境。围绕省委部署的五个方面重点学习内容,以集体学习、集中学习、支部学习、个人自学、在线学习等多种形式学深学透,打下了良好的思想基础。专题讨论会深入热烈,反思剖析报告深刻到位,专项整治活动扎实有效。

四是加强干部队伍建设,营造风清气正的选人用人环境。严格把握"好干部"选拔标准,树立正确用人导向,完成了局机关和部分直属单位中层干部的配备,有序推进了干部岗位交流。同时,加强干部管理监督体系,完善领导干部考核评价体系,完成领导干部个人有关事项报告工作。

四、法治建设继续深入

一是加强组织保障。成立了局法治建设工作领导小组、局"六权治本"工作领导组,认真落实省委两个推进会要求,统筹全局"六权治本"、"六五"普法、依法行政等工作,并纳入全局年度工作考核内容,确保了任务有效落实。

二是推进"六权治本"。经全面梳理,多轮审核,保留行政权力199项,明确责任事项1698项,编制流程图(包括子项)、廉政风险防控图各352个,并向社会公开,主动接受监督。同时,扎牢制度的围栏,累计建立完善各类制度100余项,坚持用制度管权管事管人。进一步转变政府职能,全面清理行政职权,将省市县三级共同行使的51项行政处罚权改为属地管理,对3项审批事项由工商登记前置审批改为后置审批。

三是完成"六五普法"。广泛开展法制宣传,充分利用"4·26世界知识产权日"、"12·4法制宣传日"等主题活动平台,搞好集中宣传;同时,还充分利用电台、电视台、报刊、农家书屋等新闻出版广播影视平台,大力宣传山西法治文化,助力法治山西建设,较好服务了党委政府工作大局。

五、新闻出版广播影视事业全面发展

一是公共服务体系进一步完善。"十二五"广播电视村村通工程超额完成。广播电视直播卫星户户通工程惠及40万户农村群众。农村公益电影完成放映40余万场,农村寄宿制学校爱国主义教育影片放映覆盖全省2445所中小学,年放映场次2万余场。全民阅读活动列入山西省政府工作报告和群众性精神文明创建活动测评内容,在全省城乡引领形成了"多读书、读好书"的良好风尚。

二是精品生产能力持续提升。坚持内容为王、质量为本,全年共组织出版图书2000余种,创作完成电影15部、电视剧7部。其中既有《天下第一廉吏——于成龙》《刘胡兰传》等一批"三个文化"主题重点图书,也有电视剧《黄河在咆哮》、电影《血色西峪》等一批主旋律影视剧作品,精品力作不断涌现。《山西文华》大型丛书编纂出版工程启动实施,第一批图书精彩亮相全国书博会。山西卫视晚间自办文化节目带取得了良好社会效益和经济效益。

三是第二十五届全国图书交易博览会成功举办。9月25日至27日,第二十五届全国图书交易博览会在太原、大同、长治、运城四市成功举办。全国政协副主席陈晓光出席开幕式,王儒林书记作重要讲话,李小鹏省长主持,国家有关部委领导参加。全国1005家单位参展,主会场参观29万人次,出版物交易额30亿码洋,120余位文化名人、作家、学者莅临参加。参观人数、新书数量、举办活动等均创历届书博会之最。书博会的成功举办,为重塑山西形象、传播山西声音、促进富民强省搭建了广阔平台,也充分展示了"十二五"时期中国新闻出版业改革发展取得的丰硕成果,有力地弘扬了社会主义核心价值观和中华优秀传统文化。"

四是加大专项整治力度,净化社会文化环境。深入推进"扫黄打非"工作,全年共收缴违法出版物46.7万册,删除屏蔽有害信息近万条,查办重要案件81起。扎实开展侵权盗版整治,立案查办各类案件22起,组织集中销毁各类盗版音像制品、电子出版物及非法图书报刊29.6万余件。加大非法卫星电视接收设备整治,出动检查人员8868人次,收缴非法设施5793套件。清理整顿中央和省新闻单位驻地方机构取得显著成效。

六、认真落实"两个责任"

(一)不断夯实落实"两个责任"的思想基础。组织全局各级党组织深入学习习近平总书记系列讲话及王岐山书记和王儒林书记、省纪委书记黄晓薇关于党风廉政建设的讲话精神,开展经常性廉政警示教育,牢固树立"抓党风廉政建设是本职、不抓是渎职、抓不好是失职"的理念。

(二)加强组织领导,确保责任落实。严格落实党风廉政建设责任制,制定了局党组落实"两个责任"具体实施办法;抓好任务分解,将年度任务分解为4个方面、25项具体任务;坚持同落实同部署,全年24次党组会议中20次与党风廉政建设有关。健全各级党组织落实党风廉政建设主体责任制度,党组成员和各部门各单位主负责人坚持"一岗双责",切实把管党治党的责任落实到日常的教育管理监督中。

(三)支持驻局纪检监察机构履行监督责任。严格履行党风廉政建设监督责任,推进驻局纪检组"六项职责"有效落实。坚持预防在先,制定完善10余项廉政制度,扎紧了拒腐防变的制度笼子。加大监督执纪问责力度,开展了中秋期间公车封存情况监督检查,坚持有错必究、有责必问。警示教育常态化,组织学习典型违纪违法案例,观看《警钟长鸣》等警示教育片,制作典型违纪案例展板等,教育广大党员干部引以为鉴、吸取教训。

(丁耿彪)

附:省新闻出版广电局(版权局)党组书记、成员名单

书　记:齐　峰

成　员:王建中(4月离职)　田奇越　薛　荣

李和林　安　洋　吕芮宏

邢瑞峰(8月任职)

省体育局党组工作概况

党组书记　苏亚君

2015年是"十二五"收官之年。"十二五"时期,在省委、省政府的正确领导下,山西充分发挥体育在建设健康山西、推动经济转型升级、增强文化竞争力等方面的独特作用,深化改革,锐意进取,以全民健身上升为国家战略为契机,增强体育公共服务能力;以备战2016年里约奥运会为重点,做好竞技体育各项工作;以全面落实国发46号文件精神为抓手,促进体育产业快速发展;取得一系列突破,实现长足进步。

一、以践行"三严三实"专题教育为标尺,加强体育系统自身建设

(一)扎实开展"三严三实"专题教育。按照中央和省委关于开展"三严三实"专题教育的部署要求,坚持从严导向、目标导向、问题导向、任务导向,认真组织集中学习,广泛征求意见建议,深入开展谈心谈话,精心组织"三严三实"专题民主生活会,结合省审计厅经济责任审计和省委专项巡视工作,通过多种形式深入查找局领导班子在践行"三严三实"方面存在的突出问题,认真剖析问题根源,全力抓好整改落实。

广大党员干部践行“三严三实”的思想自觉和行动自觉切实增强。局系统在深化“四风”整治上，在巩固和拓展党的群众路线教育实践活动成果上，在守纪律讲规矩、营造良好政治生态上，在真抓实干、推动事业发展上都取得了明显成效。

（二）大力推进依法治体。深入贯彻落实省委工作部署，大力推进“六权治本”，印发《山西省体育局推进“六权治本”工作方案的通知》和《山西省体育局推进“六权治本”工作任务和责任分工》，明确推进省体育局“六权治本”工作时间进度、工作任务、目标要求和责任单位。根据国家体育总局《关于推进体育赛事审批制度改革的若干意见》，制定《山西省体育局关于推进体育赛事审批制度改革的实施意见》。完成权力清单、责任清单等文件编制，在省局网站向社会公布。

（三）努力加强党的建设和党风廉政建设。坚持“把抓好党建作为最大的政绩”，从思想上、制度上、组织上、作风上采取全方位措施，努力提高党员干部队伍思想政治素质，不断强化党建工作责任制，大力加强基层党组织建设，推进“六型机关”建设。认真落实“两个责任”，扎实推进党风廉政建设，明确责任清单，强化制度建设，加强监督检查，狠抓专项整治，班子成员分工把口，亲自督办，有力推动各项整改任务的落实。

（四）体育改革不断深化。积极推进体育系统职能转变，实施行政审批制度改革，简政放权，激发全省体育市场活力，政府权力边界进一步厘清；以节俭、务实、高效为原则，进一步精简压缩综合性运动会等大型体育活动规模，获得较好的社会影响。

二、以全民健身上升为国家战略为契机，增强体育公共服务能力

（一）全民健身活动广泛开展。以“强健体魄·阳光生活”为主题，按照“春舞”、“夏泳”、“秋赛”、“冬跑”四个板块，广泛开展主题鲜明、创新突出、群众喜闻乐见的全民健身系列活动。全年开展各级各类全民健身活动2600余次，参与人数近200万。“全民健身大拜年”、8·8全民健身日、2015年“我爱足球”民间争霸赛、太原国际马拉松赛等一系列群众体育活动成为精品项目。省直工委、省体育局共同组织开展“菜单式”赛事，2万余人参赛，深受各方好评。

（二）全国性群众体育赛事活动传递山西正能量。配合省民委、省残联组队参加第十届全国少数民族传统体育运动会、全国第九届残疾人运动会暨第六届特殊奥林匹克运动会，组团参加第三届全国智力运动会，取得优异成绩。山西省孝义物流公司赢得2015贺龙中国业余篮球赛公开赛总决赛总冠军，山西省水工局获季军。吕梁孝龙物流队获全国首届百强县（市）男子篮球邀请赛亚军。太原理工大学男篮获2014-2015赛季中国大学生篮球超级联赛总决赛亚军和第十七届中国大学生篮球联赛西北赛区总决赛冠军。

（三）公共体育设施建设积极推进。完成年初制定的371个乡镇健身广场器材配置安装工程任务，5个市已完成全民健身活动中心工程立项等前期工作；824个公共体育设施进公园、广场、社区（小区）试点工程器材招标工作已完成。在全省资助建设拆装式游泳池试点工程10个，资助资金已划拨到位。

（四）群众体育队伍不断壮大。大力推进社会体育指导员队伍建设，全年资助各地培训二级社会体育指导员1780名、三级社会体育指导员2520名，全省社会体育指导员注册人数达到5.6万余名，每千人拥有公益社会体育指导员近1.5人。着力提高群众体育骨干队伍技能素质，组织200余名社会体育指导员参加专项技能培训。全省11个市、76个县（区、市）成立体育总会，县级以上单项体育协会达到1199个，城乡基层全民健身站点10646个。

（五）青少年体育工作不断加强。会同教育部门开展2015—2018年周期山西省体育传统项目学校评定工作，择优评定136所省级体育传统项目学校。被国家体育总局命名7所国家级青少年体育俱乐部。加快校园足球特色学校和试点县的普及和建设，申报349所全国青少年校园足球特色学校，孝义市成为全国校园足球首批试点县，启动全省校园足球四级联赛并组队参加全国校园足球联赛。举办全省青少年阳光体育大会。省教育厅和省体育局联合主办山西省第二十届大、中学生田径运动会，唱响“阳光运动·青春飞扬”主旋律。

（六）群众健身意识不断增强。突出山西特色，打造品牌项目，各具特色的全民健身活动覆盖全省，体育人口明显增加，体育影响力不断扩大，体育健身已成为广大群众生活的重要内容。大同入选中国十佳运动休闲城市。

三、以备战2016年里约奥运会为重点，做好竞技体育各项工作

（一）全运、奥运备战工作扎实开展。基本完成第十三届全运会周期各项目队伍组建工作，备战工作进展顺利。重点保障张兰、王路敏、董栋、涂潇、曹玥、郝佳露、王智伟、武杨等优秀运动员打好奥运资格赛选拔，力争获得更多参赛席位。著名蹦床运动员董栋、涂潇夺得双人同步、网上个人世界冠军；击剑运动员郝佳露获得世界击剑锦标赛、世界杯击剑赛冠军。山西运动员全年共获得全国冠军22个，特别是女子乒乓球队获得2015年全国乒乓球锦标赛团体冠军，实现本省乒乓球项目的历史性突破。太原航校跳伞队取得世界航空体育大会青年组男子个人定点冠军。

（二）第二届全国青年运动会落户山西。根据国家体育总局申办综合性运动会的相关要求，在省委、省政府的高度重视和大力支持下，全力开展第二届全国青年运动会申办工作。2015年7月，经国务院办公厅正式批复，同意山西省举办第二届全国青年运动会。这是山西第一次获得全国综合性运动会承办权，影响巨大，意义深远。全年成功承办全国田径大奖赛、全国蹦床冠军赛、全国青运会武术套路预赛、全国青年女子柔道锦标赛暨青运会预赛、全国青运会拳击预赛、全国武术散打冠军赛、全国速度赛马大奖赛、全国热气球锦标赛等一系列全国重要赛事，圆满完成第一届全国青年运动会

自行车和现代五项比赛的承办工作。

(三)参加第一届全国青运会成绩优异。太原市、大同市两个代表团共267名运动员参加第一届全国青年运动会18个大项、160个小项的比赛,共取得14枚金牌、11枚银牌、12枚铜牌,创造本省参加全国青年运动会(原全国城市运动会)的历史最好成绩。

(四)职业体育健康发展。山西兴瑞女子篮球俱乐部再次夺得WCBA2014—2015赛季冠军,实现三连冠,成为本省历史上第一支球类项目全国顶级赛事"三连冠"的运动队,球员纪妍妍捧走总决赛MVP奖杯。山西汾酒男子篮球俱乐部取得CBA2014—2015赛季第六名。

(五)体育后备人才培养体系更加完善。以省级体育彩票公益金对36个国家和省级基地进行资金扶持,组织300余名教练员参加国家和省级专业培训。成功举办山西省排球、田径、乒乓球、武术、网球、羽毛球、射击、射箭、游泳锦标赛等10余项赛事。

(六)运动员文化教育工作不断加强。积极构建体教结合工作新模式,坚持和完善联席会议制度。在全省开展公办体育运动学校运动员文化测试,全力推进运动员文化教育工作。

(七)承办高水平赛事效果显著。承办山西历史上规模最大、参赛人数最多的2015太原国际马拉松赛,赛事安全、顺畅、圆满、精彩,社会反响强烈。30000人角逐太原国际马拉松。9月13日,纪念中国人民抗日战争暨世界反法西斯战争胜利70周年,以"为和平,跑太马"为主题的2015年太原国际马拉松赛鸣枪。赛事设男女全程和半程、迷你马拉松、亲子健身跑等6个项目,国内外3万余名选手参赛。埃塞俄比亚选手夺得男女全程桂冠。组委会特邀全国100个跑团参赛,为国内首创。5名抗战老英雄应邀为比赛起跑鸣枪。

四、以全面落实国发46号文件精神为抓手,促进体育产业快速发展

(一)完成《山西省人民政府关于加快发展体育产业促进体育消费的实施意见》起草工作。积极落实国发46号文件,与省发改委配合,起草完成《山西省人民政府关于加快发展体育产业促进体育消费的实施意见》(晋政发〔2015〕32号),并正式印发,为体育产业发展提供强有力支撑,这是山西出台的又一个指导和促进体育产业发展的纲领性文件,对于深化体育改革与发展,促进体育消费,满足人民群众多样化的体育需求,推动体育产业领域的"大众创业、万众创新",促进经济增长和产业转型升级产生积极而深远影响。

(二)2015中国体育文化·体育旅游博览会取得圆满成功。本届"两博会"由国家体育总局和中国奥委会主办,山西省人民政府承办,以"弘扬体育精神,建设体育强国;倡导体育旅游,助力经济发展"为主题,是山西迄今为止举办的规格最高的体育展会。展览内容分为体育文化展示和体育旅游展示两大板块。全国31个省区市、全省11市、国家体育总局系统10多个单位和全国近300家企业参展,吸引观众近20万人次,展览规模和参与人数均创"两博会"历史纪录。同时举办多项丰富多彩的系列活动,有力推动体育、文化、旅游业深度融合。组委会组织专家从全国25个省区市报送的366个项目中评出172个体育旅游精品项目,推出2015中国体育旅游十佳精品景区、精品线路和精品赛事30个,

(三)体育设施建设及公共服务水平不断提高。省体育博物馆正式开馆运行。山西射击射箭训练基地建设前期准备工作积极推进。省级体育场馆在确保专业运动队训练的前提下,免费或低收费向群众开放,积极提供全民健身服务,取得较好的社会效益。

(四)全省体育产业单位数量和从业人员数量不断增加,产业增加值及GDP占比不断提升。持续推进国企改革,加快完成清产核资工作,协助山投集团组建山西体育产业集团。全省体育彩票销售连创新高,彩票销量突破20亿元,共计完成20.84亿元,较2014年增长9.88%,当年筹集公益金5.5亿余元,上缴税金1900余万元。"十二五"期间销售总额超过75亿元。

(五)航空体育产业服务经济社会发展。太原航空运动学校尧城机场建成并投入使用,成功举办亚洲跳伞锦标赛。太原航校、大同航校成为全国首批航空飞行营地。三所航空运动学校充分发挥航空资源优势,大力发展通用航空事业。在抓好航空体育项目的同时,积极开展飞播造林、防火灭虫、人工增雨等通航服务,不断扩大服务领域和范围,创造良好的经济和社会效益。

2015年,全省体育工作扎实推进,圆满完成年度工作任务,取得山西体育事业新的发展与进步。在2015年全国体育局长会议、全国体育产业工作会议、中国体育文化·体育旅游博览会高峰论坛和省政协三次会议上,省体育局都进行典型发言。省体育局宣传中心、省体育文化发展总公司获得国家体育总局颁发的2015年"全国体育事业突出贡献奖"。

此外,体育法制、科技、教育、宣传、财务、人事、外事、老干部、史志、安全生产、后勤服务、综合治理、扶贫等各方面工作都围绕中心,服务大局,取得明显成效。

(王宏德)

附:省体育局党组书记、成员名单

书　记:苏亚君

成　员:杨凤楼　李振生　郝晓峰(11月离职)
李世杰　杜　荣(女)

省统计局党组工作概况

党组书记　翟振新

2015年，在省委、省政府的正确领导下，省统计局党组带领全局党员干部深入学习贯彻十八大和十八届三中、四中、五中全会精神，深刻领会习近平总书记系列重要讲话精神，认真落实省委十届六次、七次全会精神，坚持服务中心、建设队伍两大任务，牢固树立抓党建是最大政绩的理念，全面推进从严治党、依规治党，严格落实“两个责任”，扎实推进“三严三实”专题教育，着力强化“六权治本”，切实把统计业务与机关党建、党风廉政建设同部署、同推进、同落实、同考核，为建设“五大统计”、服务“六大发展”提供了坚强的政治保障、做出了积极的贡献。

一、围绕从严管党治党，以上率下、多措并举，着力提升机关党建水平

（一）严格落实“两个责任”。一是始终保持反“四风”和反腐败高压态势。绝不认为统计部门是业务部门而丝毫放松“两个责任”，绝不认为统计部门是“清水衙门”而丝毫放松反“四风”和反腐败，绝不认为统计上弄虚作假只是作风问题而丝毫放松坚决惩治，坚持把纪律和规矩挺在前面，层层传导压力，强化监督执纪问责，认真履行“一岗双责”，狠抓从严治党、从严治统、从严治局、从严治数，不断引深党风廉政建设和反腐败斗争。二是始终全面落实局党组主体责任。党组书记肩负第一责任，通过清单管理的方式，层层压实责任、传导压力，从严从实推动全面从严治党主体责任落实到位、制度措施落地生根。与此同时，根据省直工委制定的机关党委主体责任、机关纪委监督责任和党支部主体责任，制定了责任清单，细化分解责任，强化清单管理，严格落实责任，深入推进机关党建、党风廉政建设和反腐败工作。三是始终把纪律和规矩挺在前面。注重抓小抓细、抓早抓常，突出扯袖咬耳、红脸出汗。坚持每周定期不定期开展纪律执行明查暗访，利用网络管理后台及时监督工作动态和工作纪律执行；对大额资金使用、重大招投标项目等机关纪委全程监督；有效运用谈心谈话、提醒谈话等手段，对党员干部中的苗头性、倾向性问题，及时进行约谈、严肃批评，发现问题严肃问责、及时处理。局党组对各处室单位主要负责人进行集体廉政谈话，并就3个单位工作推诿、落实不到位的情况对主要负责人严肃批评问责。四是始终积极配合省委巡视工作，自觉接受巡视监督。全局上下高度重视，严格执行巡视纪律，全面客观查找问题，主动配合巡视组工作，对巡视中发现的问题即知即改，借力推动统计工作上台阶。

（二）扎实推进“三严三实”专题教育。始终把专题教育作为从严治党、深化机关党建的重大政治任务来抓。一是以上率下抓好党课教育。以局党组书记讲党课为引领，局领导班子成员在分管范围讲党课，使党员干部普遍受到深刻的思想政治教育。二是创新载体抓细学习教育。坚持以党组中心组为示范，班子成员以身作则，带动全局学习教育深入开展；坚持以健全制度为保障推动学，每周二下午集中学习、每周五下午集中讨论、每周报告学习情况和支部书记访谈形成制度；坚持以“统计大讲堂”为平台集中学，引领党员干部深化认识、提升境界；以反面案例为教材警示学，引导党员干部汲取教训、引以为戒。三是从严从实抓牢专题研讨。局党组中心组率先垂范，各党支部积极跟进，党员干部特别是处以上党员领导干部围绕研讨主题，谈认识、查不足、明整改，使全局党员干部凝聚起严守党纪、奋发作为、敢于担当的正能量。四是真查真改抓实民主生活会。特别是局党组勇于拿起批评和自我批评这个武器，立足统计工作实际，深入反思和查找“不严不实”问题，深刻剖析原因，制定整改措施，列出任务书，定出时间表，划出路线图，坚持边学边改、边改边干，即知即改、立行立改，整改工作有力有序有效；各党支部向局领导班子“三严三实”专题民主生活会看齐，跟着走、照着做，普遍成功召开了组织生活会，提升了专题教育的实际成效。

（三）狠抓组织建设和队伍建设。一是加强基层党组织规范化建设。认真落实支部书记“一岗双责”，严格规范支部“三会一课”和党员领导干部参加双重组织生活制度；深化党建工作量化考核，彰显了党支部的战斗堡垒作用；机关党建列为全局目标责任考核重要内容，处室单位“一把手”履行“一岗双责”实现“两促进”。二是强化党员监督管理。推进“联述联评联考”，机关党委书记、党支部书记述职效果好；依据新规程，严把入口关，发展党员更加严格规范；从严党员民主评议，强化了党组织对党员的监督管理。三是创优干部职工成长成才环境。表彰先进党组织和优秀个人，评选推荐省直五一劳动奖状和全省巾帼文明岗，激励党员干部创先争优；开展“对标一流、三比三创”活动，推动“一对一”结对帮带培养青年，选派优秀青年参加名校培训，引领党员干部担当作为。四是新的基层党组织体现新作为。新的机关党委、纪委和15个党支部进入新角色、履行新职责、彰显新作为。机关党建继续走在省直前列，作为十个单位之一在省直机关述职会上典型发言，省委常委、省委秘书长、省直工委书记王伟中在点评中充分肯定。

二、围绕提升素质效能，创新载体、搭建平台，着力建设“六型机关”

一是学习型机关建设有声有色。修订完善了党组中心组与干部理论学习制度；中心组学习更加规范有序，2015年以

来组织专题学习研讨21次；深化统计大讲堂，2015年以来共举办11期，跨入省直机关10大学习品牌行列；一年一度的省市县三级统计局长培训班纳入省委组织部培训计划，提升层次结硕果；扎实开展"读书月"活动，营造出崇尚学习、坚持学习的浓厚氛围。二是廉洁型机关建设扎实推进。按照"六权治本"要求，确定"两清单"、"两张图"，健全完善规范人财物事数管理的28项制度，扎紧制度篱笆，把权力关进制度的笼子，进一步使党员干部不能腐；坚持把信念教育、廉政教育列入党员干部日常教育中，把述廉纳入干部述职成为常态和规矩，充分发挥正反两方面典型的教育激励和警示作用，积极引导党员干部不愿腐；始终保持反腐败高压态势，挺纪在前，警钟长鸣，强力震慑，全力营造不敢腐的氛围。三是服务型机关建设进展顺利。推进党务公开、政务信息公开，统计新闻发布规范透明，提供资料服务有序周到，统计门户网站焕然一新。四是创新型机关建设势头良好。坚持省委省政府决策部署到哪里、社会公众关注到哪里，统计创新服务就跟进到哪里的理念。进一步改进县域经济考核、综改试验区统计监测，集中攻关研究制定民营经济统计监测制度，《山西日报》头版头条专题报道、刊发短评，全力服务"三个突破"，受到省委、省政府充分肯定。五是法治型机关建设有力有效。组织开展统计法律宣传月活动，建立统计失信企业曝光平台，严肃查处统计上弄虚作假行为，查处各类统计违法案件近年来最多，首次实现全省统计普法执法"全覆盖"，国家统计局和省法制办高度评价。六是效能型机关建设成效明显。卓有成效地推进省委确定的7项重点专项整治，防止"四风"反弹取得实效；扎实开展统计数据弄虚作假专项整治，动真碰硬、严肃问责，确保统计数据真实可信；全力推进"八个全覆盖"，省局领导带队督查，各专业协调推动，各市县联动发力，"千方百计抓入统，从严执纪惩造假"，"实事求是、依法合规、应统尽统、应统必统"取得积极成果，提速提质提效体现在各项工作中；推进"工作秩序涣散，纪律松驰"专项治理和"对党忠诚、纪律严明、科学严谨、求实创新、勤政廉洁"活动，比敬业、比作为、比业绩蔚然成风，统计业务工作在全国评比中名列前茅，连续五年荣获全省目标责任考核优秀单位等。

三、围绕上层次上水平，创优环境、开展活动，着力深化精神文明创建

一是注重持续性。重要节假日慰问老党员、困难党员、举办老干部座谈会成为规矩。二是注重参与性。精心组织参加省直机关"菜单式"体育比赛、第九套广播体操比赛等文体活动。三是注重教育性。组织干部职工参观"颂太行·倡廉政"剪纸艺术作品展，省直机关抗战胜利70周年书画展作品等。四是注重文化性。在全系统举办"经济普查杯"摄影展，组织参加省直机关"五项全能"比赛等。五是注重社会性。局领导下乡住村与群众同吃同住同劳动，务实开展处室单位入户帮扶对接见实效；扎实推进"送温暖、献爱心"等活动体现社会责任。连续17年荣获山西省文明单位。

（程建平）

附：省统计局党组书记、成员名单

书　记：翟振新

成　员：荆红社　张建华（11月离职）　卢永良　张晓东

省安全生产监督管理局党组工作概况

党组书记　霍红义

2015年，在党中央、国务院和省委、省政府的正确领导下，全省上下狠抓各项制度措施的落实，安全生产形势继续明显好转，呈现"三个双下降，一个良好"的态势。一是各类安全生产事故总起数和死亡人数双下降，全省共发生各类安全生产事故12191起，死亡2226人，同比分别下降3.90%和4.67%。二是生产经营性事故起数和死亡人数双下降。全省共发生生产经营性事故1758起，死亡1104人，同比分别下降10.21%和3.24%。三是部分行业领域事故起数和死亡人数双下降。道路交通、铁路事故的死亡人数事故起数和死亡人数双下降。四是安全生产控制指标进度良好。生产经营性事故死亡人数占国家下达年度控制指标的84.99%，比进度控制目标少195人。全省11个市均在控制进度范围内。

强化学习教育，打牢思想基础，加强队伍建设

坚持开展反腐败斗争思想教育要先行，抓政治学习常态化。每周一组织由党组书记、局长召集班子人员、机关处室主要负责人和直属单位主要负责人开展中心组学习，机关各支部每周五组织党员学习，同时抓廉政警示教育常态化。先后组织观看了《警钟长鸣》《作风建设永远在路上》《永远的焦裕禄》等系列教育片，经常性组织干部职工进行讨论反思，谈体会、谈认识，用身边案例警示教育大家。同时，领导带头认真履行"一岗双责"，根据工作分工，认真贯彻落实上级党委、纪委的部署要求，定期研究、检查党风廉政建设工作；对分管范围内党风廉政建设方面的主要任务亲自抓、具体抓，认真协调解决遇到的困难和问题，把党风廉政建设要求融入业务工作中，推动党风廉政建设任务落实；带头遵守党纪国法，带头落实中央八项规定精神，带头执行廉洁从政各项规定，带头执行领导干部报告个人有关事项制度，管好自己、家属和身边工作人员，充分发挥廉洁从政的表率作

用。并且，加强对分管处室及直属单位落实主体责任情况和分管部门领导班子成员落实“一岗双责”情况的日常检查和年度考核；特别是加强对党员干部特别是领导干部的日常教育、管理和监督，及时掌握和纠正在思想政治、廉洁自律、生活作风等方面存在的问题。

完善责任体系，强化责任落实，扎实开展大检查

认真贯彻省委、省政府《关于实行安全生产党政同责的意见》，进一步明确了新能源、洗煤等行业管理部门安全监管职责，认真抓好安全生产党政同责“五个全覆盖”。同时，大力推进乡镇（街道）和村（社区）安全生产党政同责“五个全覆盖”，全省已有90%以上的乡镇（街道）和60%以上村（社区）实现了“五覆盖”，并且狠抓企业“五落实五到位”工作。督促企业严格落实安全生产主体责任，不断提高安全生产水平，深刻汲取上海“12·31”踩踏事件、同煤集团“4·19”重大透水事故、天津港“8·12”危险品仓库火灾爆炸特大事故的教训，全省开展了贯穿全年的三轮安全生产大检查，在安全生产大检查中坚持了“四个突出”：突出督查暗查。8月17至26日，李小鹏省长在阳泉市、长治市调研经济社会发展情况时，采取“四不两直”方式突击检查了危化品生产企业和工业园区。从8月12日至9月2日，省委常委、副省长付建华5次率领省直有关部门和专家深入分管领域进行了突击检查。省直部门成立督查组349个，暗查暗访组171个，抽查企业70538家。省安委办成立了5个督查组，分别在6月、11月按照“四不两直”的方式对各市和省直部门进行了督查。各市市委书记、市长、副市长、各部门负责人深入辖区重点行业领域、重点企业，以四不两直的方式进行了督导检查。

加强党风廉政建设，实施六权治本，规范权力运行

遵照中央简政放权、放管结合、职能转变的方针，按照省委“六权治本”要求，以“法定职责必须为，法无授权不可为”为原则，制定了省安监局“权力清单”和“责任清单”，共梳理出8大项39小项权力，已经省政府批准，上网公开，接受社会监督。明确了权力和责任，从根本上解决好依法用权、履职用权和阳光用权的问题；编制了办事流程图，明确了具体工作办事流程和内容，解决好会用权的问题；编制了廉政风险防控图，明确了风险防控和廉洁的内容，解决好为公用权、务实用权和廉洁用权的问题；严格执法，严肃查处发现的隐患，解决好刚直用权的问题。从权力运行的机制上，强化了对廉政风险和腐败的防控，2015年以来，取消行政审批5项次，下放和委托下放行政审批4项次，承接行政审批4项次。另外，认真分析了信访举报、权力清单以及“三严三实”专题教育期间征求到的意见建议，结合平时掌握的情况，将安全执法检查、行政审批、事故调查处理、中介机构管理、财务管理等5个方面确定为党风廉政重点防控领域，制定风险防控措施，以局党组形式发文执行，严密防控廉政风险点。省委召开省直单位落实两个责任座谈会之后，及时传达了座谈会精神，并再次专题研究，共梳理风险点，制定防控措施。比如，在中介机构管理方面，为避免党员干部在资质审批过程中接受礼金、礼品、宴请，出现把关不严，徇私舞弊情况，制定了四项防控措施：一是政务大厅严格按照规定的申请资料清单，审查受理资料，经负责人签字后，送相关业务处室。二是业务处室承办人按照资质条件，对资料进行初审后，送处室分管负责人审核，报处长审定，实行分级把关，谁签字、谁负责。三是现场核查由2名以上监管人员会同申请机构所在市安监局监管人员，聘请专家组成核查组。开展工作前要进行廉政承诺，并向被核查单位呈交廉政监督卡，接受事后监督。核查内容由核查组全体人员审查，并签字确认，核查组长全面负责。四是资料初审、现场核查工作完成后，召开处务会，集体研究决定是否具备资质条件，具备条件的，将拟批准，机构基本情况在局网站公示7日，公示期满无反馈意见的，将拟定资质批准文件报分管局领导审批后，交政务大厅制证。同时，建立廉政谈话制度，机关处室及直属单位主要负责人同本单位所属人员谈心谈话；班子成员同分管处室、直属单位的主要负责人及副职谈心谈话；党组书记与6名班子成员、与班子集体进行廉政谈心谈话，每个班子成员都作了廉政承诺，党组书记与12个处室和6个直属单位主要负责人分别进行了廉政谈心谈话，以处室为单位与246名党员干部进行了20次集体廉政谈话。结合我省查处的反腐败案例，运用身边反面典型进行教育警醒，并提出戒庸、戒懒、戒贪、勇于担当的要求，让广大党员干部受警醒、明底线、知敬畏。

加强法治建设，推进依法治理，严格责任追究

以安全生产月活动为契机，组织开展了“平安山西”网络安全知识竞赛、“安全生产宣传咨询日”、“三晋安全行”等安全生产月系列活动；同时，大力开展安全生产普法宣传，并选调相关业务处室人员深入省直机关、各市县政府和企业开展新安法宣讲活动，全年各级各部门共举办新安法宣讲324场。加快研究制定配套制度措施，启动《山西省安全生产条例》修订工作，先后召集省直12个厅局、8个市所属县乡政府、中央驻晋、省属重点企业相关人员召开座谈会，广泛征求各方面意见和建议，通过10余次修改完善，现条例初稿已上报省政府。代省政府起草了《关于加强安全生产监管执法的通知》，并把工作任务和责任分解落实到各有关部门，强化组织实施。严厉打击各类安全生产非法违法行为，共查处安全生产非法违法违规违章行为30万多起，安全监管监察部门罚款2600多万元。特别是严肃事故查处与责任追究，全年对12起较大生产安全事故进行了挂牌督办，对91起事故进行了严肃查处，给予党纪政纪处分354人，追究刑事责任66人。对省内外发生的重特大事故和典型事故及时发布警示信息，下发事故通报23份，并组织拍摄了多部事故警示教育片下发基层，起到了较好地警示、教育

和震慑作用,基本做到了"一厂出事故、万厂受教育,一地有隐患、全省受警示"。

(孙　军)

附:省安全生产监督管理局党组书记、成员名单

书　记:霍红义

成　员:王玉成(6月离职)　王天庆　谷　明(6月任职)　杨振中　张英保　李高平

省旅游局党组工作概况

党组书记　冯建平

2015年,在省委、省政府的正确领导下,省旅游局以狠抓党的建设为统领,促进法治建设和旅游产业改革发展工作,全局上下呈现出班子团结、风清气正、干事创业、积极作为的良好氛围,在经济下行压力不断加大的情况下,全省旅游经济仍然保持了平稳较快发展的良好势头。旅游产业已成为山西省最具活力的产业之一。

一、狠抓党的建设,为旅游产业改革发展提供坚强的组织保证

一是深入学习贯彻党的十八届三中、四中、五中全会及习近平总书记系列重要讲话精神。根据中央和省委的要求,结合省旅游局工作实际,各级党组织精心组织,扎实推进,坚持内容、人员、方法三落实。2015年,局党组中心组集中学习14次,党员干部集中学习2次,专家辅导2次。通过学习,全局广大党员干部深刻领会了党的十八届三中、四中、五中全会及习近平总书记系列重要讲话的科学内涵、思想精髓、精神实质和实践要求,为推进我省旅游业改革发展打下了坚实的基础。

二是扎实开展"三严三实"专题教育。党组先后3次召开会议进行研究部署,对局机关和直属单位制定了详细的"三严三实"专题教育工作安排及图解,对各项工作进行落实分解,明确时间、责任人和具体要求,精心组织了书记讲党课、党组中心组学习研讨、专题民主生活会等活动。

三是深入抓好作风建设。进一步巩固和拓展群众路线教育实践活动成果,深入开展学习讨论落实活动,持续推进全局作风建设。2015年党组班子成员下基层调研86次,调研天数169天,调研单位141个。局机关及直属事业单位党员干部签订了《自觉抵制大操大办婚丧嫁娶喜庆事宜承诺书》、《自觉抵制陈规陋俗、封建迷信承诺书》等承诺书。在重大节假日特别是中秋、国庆期间,局纪检监察部门对机关和直属事业单位落实中央八项规定精神进行监督检查。通过从严从实抓作风建设,全局上下呈现了廉洁勤政、高效务实的新气象。

四是加强干部队伍建设。为进一步规范选人用人工作,出台了《山西省旅游局落实<党政领导干部选拔任用条例>实施办法》。制定了山西省旅游局选拔处级干部工作方案,对拟提拔任用的干部实施"六查",严把"六关"。2015年,完成了2名正处级、6名副处级干部的选拔任用。组织14名干部分别到上海交大、武汉大学、浙江大学参加干部自主选学。

五是严格落实"两个责任",深入推进党风廉政建设和反腐败斗争。制定出台了《中共山西省旅游局党组关于落实党风廉政建设党组主体责任的实施意见》和《中共山西省旅游局党组关于落实党风廉政建设纪检组监督责任的实施意见》。省旅游局党组、驻局纪检组就省旅游局落实党风廉政建设"两个责任"情况,共同对领导班子成员、机关处室和直属事业单位主要负责人进行了约谈。驻局纪检组监察室对2015年收转到的4件信访件进行了认真的调查、函询核实,在全局上下传递了严肃党纪政纪和反腐败斗争的决心和态势,产生了很好的震慑作用。

二、加强法治建设,规范权力运行,深入推进依法治旅工作

一是认真落实省委"六权治本"要求。省旅游局按照"法无授权不可为、法定职责必须为"的要求,依法界定政府干预市场和社会的权力边界,正确行使政府管理职能,真正做到依法确权、依法限权、依法用权。根据依法清权、科学配权、制度束权、阳光用权、合力督权的原则,共梳理出28项行政职权的责任清单、问责依据,制作了流程图和风险防控图并且在省旅游局政务网网站向社会公布,坚决堵塞制度漏洞,确保权力始终沿着法治化、规范化、公开化轨道运行。

二是扎实推进科学立法,强化执法监督。开展了《山西省旅游条例》修订工作,通过实地调研等方式对修订稿广泛征求意见建议,并配合省人大完成了旅游执法调研任务。从各级人大、政协、旅游相关部门、媒体、科研单位等社会各界选聘380人组建了旅游服务质量社会监督群体。

三是进一步简化和规范行政审批事项。2015年将导游证核发工作下放各市旅游局实施。依据职能,省旅游局目前保留2项行政审批(领队证核发、外商投资旅行社审批)。按照要求,制定了行政职权权力清单,对各项权力的实施依据进行了完善,制定了运行流程图和风险防控图,确定了每个环节的承办人、办理要求、办理时限等。

三、大力推进旅游业改革发展，为促进富民强省做出积极贡献

一是出台了《山西省人民政府关于促进旅游业改革发展的意见》。为了贯彻落实《国务院关于促进旅游业改革发展的若干意见》(国发〔2014〕31号)和国家旅游局"515战略"，省政府于2015年6月份出台了《关于促进旅游业改革发展的意见》，于10月份出台了《山西省旅游发展大会申办暂行办法》。两项重要政策措施的出台，为有效应对旅游市场经营困难、保持市场平稳发展起到了"雪中送炭"的作用，也助推了旅游企业的发展。平遥古城完成了国家5A级景区创建工作，成为全省第6家5A级旅游景区，雁门关景区、太行山大峡谷景区通过国家旅游局国家5A级景区资源与景观质量评审；宝华国旅、红马国旅进入全国百强旅行社行列，分别列全国第28名和57名，实现了全省旅行社发展的历史性突破。

二是召开了高规格的旅游发展大会。为贯彻落实党中央、国务院和省委、省政府决策部署，对推进旅游业改革发展进行再动员、再部署，2015年10月16日，省政府在太原召开了山西省旅游发展暨"互联网+旅游"大会，省长李小鹏、国家旅游局副局长李世宏等领导同志出席会议并作了重要讲话。省旅游改革发展领导小组成员单位的主要负责人、各市市长、分管旅游工作的副市长及旅游局主要负责人、部分旅游县负责人、省人大代表、政协委员、旅游企业和旅游院校负责人、国内大型实体旅行商、大型旅游门户网站负责人共600余人出席了会议。省旅游局与国家开发银行山西省分行、中国银行山西省分行等10家金融机构签署了《关于支持旅游业发展战略合作协议》，与中国联通、中国电信、中国移动、携程网、同程网等三大移动互联网运营商和5家知名旅游电商就推动互联网与旅游业融合发展签署了战略合作协议，九龙房车露营地项目、平顺县神龙湾景区合作开发项目、阳泉市桃林沟体育竞技大型游乐项目等八个项目进行了现场签约，总投资56.38亿元。

三是加大了旅游投资和旅游基础设施建设力度。对列入省发改委的98个总投资176亿元的旅游项目，省旅游局每季度召开一次现场推进会。全省投资17.61亿元建设346.8公里旅游公路。省旅游局投入1000万元，建设全省高速公路旅游标志牌。投入2000万元对乡村旅游点的停车场、步道等设施建设予以扶持。利用2500万元中央预算内投资对3家景区旅游基础设施建设项目予以扶持，省财政予以2400万元的配套补助资金。大力推进"厕所革命"，国家和省共下达旅游厕所建设补助资金4100万元，全省厕所建设总投资达1.78亿元。全省已完成新建、改建旅游厕所731座，圆满完成了年度工作任务。

四是加强新业态、新产品开发，新辟旅游消费市场。制定了《山西省汽车旅游营地建设规范》，经省质监局评审成为山西省地方标准，于2016年1月30日开始实施。投入700万元，重点扶持全省6个房车自驾车营地建设。大同方特城、孝义星宇广场、乔家大院千朝农谷等一批休闲度假产品向游客开放。启动了国家级旅游度假区的评定工作，按照国家旅游局的标准，组织专家对全省5家申报国家级旅游度假区的景区进行了初审并上报国家旅游局。此外，还对2家达到省级旅游休闲度假区标准的景区进行了评审。目前，全省共有40家省级旅游休闲度假区。

五是扎实推进乡村旅游富民工程。省旅游局与省扶贫办联合开展了乡村旅游扶贫试点村申报工作，经过国家旅游局审核最终确定了32个试点村名单，组织旅游扶贫重点村90多名村官参加了全国乡村旅游扶贫重点村村官培训。同时，根据各市申报，确定了40个资源秉赋好、成长性强、容易见效、对全省乡村旅游发展有示范作用的乡村旅游点，进行公共服务设施建设补助。经与省财政厅协商，2015年共列2000万元乡村旅游和旅游扶贫补助资金，其中旅游扶贫资金700万元，每个村约22万元；乡村旅游点补助资金1300万元，每个点约33万元。起草了《山西省乡村旅游景区标准》和《农家乐客栈标准》。

六是全方位宣传促销，提升旅游消费吸引力。2015年继续采取省市联合的方式，在中央电视台播放山西旅游形象宣传片；在凤凰卫视中文台播放山西旅游形象宣传片；在北京市游客和人流密集的西客站大屏幕和公交车站牌进行山西旅游形象宣传。与中国日报社合作开展"洋眼看山西"境外宣传推广活动。与中国旅游报、《旅游时代》杂志开展深度合作，进行山西旅游宣传推广。与省党史办、团省委、省教育厅、山西投资集团和新浪山西合作，开展了"红色经典·晋善晋美——'山投杯'10万学子重走太行、吕梁"活动。

继续实施"走出去、请进来"宣传战略，加强重点客源市场和潜在客源市场的宣传推广。由省旅游局带队，组织各市旅游局、各景区、旅行社、媒体先后奔赴四川、重庆、湖北以及东北三省、西北三省、台湾进行山西旅游宣传推介。组织参加了法国巴黎国际旅游展、第九届中国中部投资贸易博览会等国际、国内旅游展会。组织参加了国家旅游局牵头的美丽中国——陆上丝绸之路旅游带、美丽中国——古老长城旅游带等联合推广活动。通过国家旅游局驻外办事处邀请美国汽车协会22位旅行代理商来山西考察踩线，依托旅行社邀请台湾旅行商来山西考察踩线，进一步拓展山西境外旅游市场。

举办了"中国·山西首届'一带一路'古城古镇国际文化旅游暨第二届国际旅行商采购大会"，德国、法国及台湾等11个国家和地区的135名旅行商与新闻媒体，法国普罗万古镇和国内丽江古城、凤凰古城等16个古城古镇及国内沿线旅行社200余名代表参会并进行考察踩线。

七是坚持问题导向，依法整治市场秩序。对全省150家A级景区进行了暗访检查，大同市灵丘县桃花山等10家景区的标准化等级予以注销，晋祠等21家景区被约谈，平遥日升昌票号等8家景区因主景区升级和主体整合予以合并。先后两次召开全省治理规范旅游市场秩序电视电话，对整治工作进行部署和通报。综合整治、联合执法形成常态化，在春节黄金周、五一小长假、中秋节、十一黄金周等旅游节假日联合

公安、工商、物价等有关部门,并邀请省内部分媒体记者和社会监督员参与进行明察暗访。2015 年,全省各级旅游质监执法机构共开展旅游市场检查 2352 次,出动检查人员 8647 人次,检查旅行社 3018 家次(含分社、营业部);星级饭店 320 家次;A 级景区 672 家次;导游 4935 人次。查处违规旅行社 7 家(含分社、营业部),停业整顿 1 家,取缔黑社 2 家;查处违规从业人员 7 人,罚款 91500 元,入库金额 26900 元。

八是强化底线思维,构筑旅游安全保障网。严格落实省政府关于安全生产的各项规章制度,重点抓了小长假、5·19中国旅游日等重要时节、重点环节的安全监管工作。组织市县旅游行政管理部门、出境旅行社和旅游星级饭店共计 320 名负责人进行了旅游安全工作培训。利用广播、电视、网络、手机短信平台、12301 旅游信息平台等多种方式,发送安全提示、预警信息和旅游安全常识 12.5 万条,切实把各种事故苗头、安全隐患消灭在萌芽状态。全省全年没有发生任何旅游安全事故。

省旅游局强化党的建设和廉政建设,深入推进"六权治本"工作,进一步落实"两个责任",严守"八项规定",践行"三严三实",革弊立新,勇于担当,做"六权治本"的践行者,做"六大发展"的领头羊,努力为我省"净化政治生态,实现弊革风清,重塑山西形象,促进富民强省"做出积极的贡献。2015 年,全省接待国内旅游人数 3.6 亿人次,同比增长 20.22%;国内旅游收入 3428.91 亿元人民币,同比增长 21.19%。实现全省旅游总收入 3447.5 亿元人民币,同比增长 21.11%。全省实现旅游业增加值 1000 余亿元,占全省 GDP 的比重为 10% 左右,占全省第三产业增加值的比重为 20%以上,对全省财政收入贡献为 10%以上,因旅游业所带动的餐饮、住宿、社会消费品零售总额 900 余亿元。全省新增旅游直接从业人员 1.5 万人,新增间接从业人员 4.5 万人。

(魏　然)

附:省旅游局党组书记、成员名单

书　记:冯建平

成　员:王文保　贾文儒(11 月离职)　李　贵　王　琳

省宗教事务局党组工作概况

党组书记　高　键

民族宗教工作是党和政府工作的重要组成部分。山西省宗教事务局(山西省民族事务委员会)是省人民政府直属机构,正厅级建制,主管全省民族工作和宗教工作,是法定的行政执法单位。主要职责是:正确贯彻执行党的各项民族、宗教政策和有关法律法规,协调民族关系,处理民族事务,会同有关部门研究制定少数民族和少数民族聚居地区经济发展规划和有关特殊政策措施,参与有关民族资金的管理,促进少数民族和民族聚居地区经济、文化和社会事业的全面发展,进一步增进各民族团结;认真贯彻执行党的各项宗教政策和国家有关法律法规,积极引导宗教与社会主义社会相适应,依法管理宗教事务,全力维护宗教界的稳定。

2015 年,省宗教局(省民委)紧紧围绕省委、省政府工作部署和全省大局,履职尽责,攻坚克难,从严从实狠抓民族宗教工作落实,圆满完成了各项工作任务。

一是认真落实"两个责任",严守政治纪律和政治规矩的自觉性不断增强。

1.政治思想基础不断巩固。通过举办专题学习、知识讲座、报告会等多种形式,深入学习贯彻党的十八大、十八届三中、四中、五中全会精神和习近平总书记系列重要讲话精神以及省委十届七次全会、全省经济工作会议、全省脱贫攻坚大会等精神,强化理论武装,指导工作实践,取得明显成效。全年党组中心组专题学习 17 次,集中研讨 15 次,党组成员带头讲党课 6 次,组织开展民族宗教知识讲座 6 次,组织全省民族宗教工作干部参加各级各类培训学习 5000 余人次,领导班子和干部队伍的思想政治素质得到全面提高。

2."两个责任"进一步落实。组织学习《中国共产党廉洁自律准则》《中国共产党纪律处分条例》。严肃党内政治生活,坚持民主集中制,坚持"三重一大"事项集体研究决定。局(委)主要负责人代表党组与班子成员、处室负责人签订《2015 年党风廉政建设"一岗双责"责任书》《党风廉政建设承诺书》。针对省委专项巡视反馈意见,党组高度重视,把整改落实工作作为一项重要政治任务,制定了《关于落实省委专项巡视第三组反馈情况整改工作方案》,明确 9 项专项整改任务。班子成员带头深入 11 个市、80 余县、300 余处寺观教堂、18家民族用品生产企业、22个少数民族聚居村，召开60余次座谈会，征求数百人次意见。经过2个月集中整改，整改工作全部完成。

3.“三严三实”专题教育效果明显。扎实开展专题教育，党组书记联系本单位实际，带头讲党课，带头参加所在支部活动，带头深入基层调查研究。班子成员和全体党员集中学习讨论12次，专题研讨4次。党组召开“三严三实”专题民主生活会，从严从实开展党性分析。针对查摆出来的问题，局(委)党组明确要以更高的标准、更严的要求、更实的作风，认真抓好整改。

4.机关党组织建设显著加强。积极践行社会主义核心价值观，深入推进精神文明和谐机关建设。建立健全党建工作制度，指导各支部多次召开专题组织生活会。10月15日，召开了机关党员大会，完成机关党委和机关纪委换届。通过开展一系列专项活动和专题教育，进一步统一了思想、凝聚了力量，提高了责任担当意识，锻炼了干部队伍。

二是深入推进“六权治本”，依法行政水平明显提升。

按照省委加快推进法治山西建设的总体要求，积极加强机关法治建设。一是加强了组织领导。成立推进“六权治本”领导小组，制定了《深化推进“六权治本”工作方案》，细化任务落实，明确责任分工；二是明确了“两清单”制度。制定政府权力清单和责任清单制度，对已有制度进行了梳理完善修订；三是规范了工作流程。制定《关于行政审批违规和滥用审批权限问题专项整治方案》。对4类26项行政职权统一制作流程图、风险防控图，在门户网站公布；四是完善了制度体系建设。针对权力运行关键点，修订完善少数民族发展资金、寺观教堂维修费使用管理办法，严格加强监管。

三是强化重点任务落实，全省民族宗教工作有力推进

1.民族团结进步事业取得可喜成绩。认真贯彻中央民族工作会议精神，省委、省政府召开了全省民族工作会议暨第六次民族团结进步表彰大会，对150个民族团结进步模范集体和个人进行表彰。推动出台《山西省贯彻落实<中共中央、国务院关于加强和改进新形势下民族工作意见>重要举措分工方案》，提出了促进全省少数民族事业发展的15方面29项措施。省委常委会、省长办公会专题学习“省部级干部民族工作研讨班”会议精神，同意省民委提出的8项贯彻措施。与省委统战部、省公安厅联合下发了《关于防止歧视或变相歧视少数民族群众行为的意见》。扎实做好对口援疆工作，在社院培训新疆生产建设兵团民族宗教干部。

2.少数民族经济社会事业全面发展。与省扶贫办协调，将23个少数民族贫困村纳入我省扶贫开发规划，给予政策、资金支持。继续协调省财政、银行等落实民品企业优惠政策，投入财政资金改善4所民族学校办学条件，协调省财政将山大附中西藏班生均经费由8000元增加到12000元。与省教育厅、省公安厅联合下发《山西省高等院校加强少数民族学生教育管理的意见》。推荐反映援疆工作话剧《生命如歌》参加全国少数民族文艺会演遴选。组织参加第十届全国民运会获得32个奖项，取得历史最好成绩。

3.重大基础性问题调研取得突破性进展。开展对基督教在农村传播、高校学生信教情况调研，形成调研报告和工作意见。贯彻王儒林书记关于五台山“四个第一”的目标，组成工作组进寺入村开展调研，形成关于五台山工作的两个调研报告和工作意见。

4.民族宗教工作法治化水平明显提高。一是加强政策法规宣传。认真贯彻三个《条例》，组织开展全省“民族宗教政策法规学习月”活动。配合省人大做好调研工作和研究落实《条例》实施建议。继续完善宗教教职人员认定备案、宗教活动场所主要教职备案、宗教活动场所登记换证等工作的常态化管理机制。二是规范宗教活动的依法管理。依法严格审批大型宗教活动，指导团体制定活动方案和应急预案，建立健全人员、财务、治安等制度。联合消防部门对五台山寺庙开展消防演习并集中电工培训。三是加强场所安全督查工作。针对宗教活动频次多、人员密集、场所狭小等特点，制定《关于全省民族宗教领域安全大检查工作的方案》，组织开展全省民族宗教领域安全情况和财务督查工作。

5.宗教重点难点问题攻坚有新突破。一是依法整治宗教乱象有效推进。严格落实中央十部门41号、六部门32号文件精神，在五台山、恒山景区开展宗教环境专项整治工作。组成工作组参加省委五台山整改整治调研调查工作，联合6部委赴五台山专题调研，受到国宗局关注，并确定我省在全国年度宗教工作会议上做交流发言。落实中央和省领导批示精神，做好北岳恒山恢复宗教活动场所督办工作。目前岳门湾庙宇群宗教活动场所登记证件已办结，恒山道教协会已成立，恒山岳门湾庙宇群住持已确定，移交工作全部就序。二是伊斯兰教朝觐工作平稳有序。确保朝觐人员全部安全回国，受到国宗局和中国伊协的肯定。三是治理基督教私设聚会点成果明显。

6.宗教团体凝聚力持续增强。一是加强宗教团体建设。指导省道协圆满完成换届工作，落实省佛教协会办公场所老大难问题。举办了全省宗教界人士培训。创新形式开展与宗教界人士开门谈心和问题约谈活动，掌握代表人士思想动态，做好教育培养工作。指导开展全省道教界玄门讲道活动、举办第三届基督教神学思想建设讲道交流活动，积极引导宗教界在“宗教慈善周”期间捐款467万元。二是促进宗教对外交流。召开五台山信仰国际研讨会，在北京和五台山举办两场华严颂音乐朗诵会，指导做好永清寺传戒法会活动，筹备成立山西法显文化研究会，积极申办并确定2016年全国讲经交流在五台山举办。三是积极服务信教群众。对宗教场所用水、电、热、气落实优惠政策情况进行督促检查，成立五台山进山僧人管理服务中心，做好梦参长老101岁寿诞活动，做好根通长老圆寂善后事宜，维护宗教界的合法权益。

（王　静）

附：省宗教事务局党组书记、成员名单

书　记：高　键

成　员：卫望军(9月离职)　侯文禄　郭征宇
　　滕德刚(11月任职)

省文物局党组工作概况

党组书记　王建武

2015年，省文物局党组认真贯彻习近平总书记系列重要讲话精神和省委"五句话"的总体要求，全面落实省委省政府"六权治本"、"三个一批"、"六大发展"等一系列重大决策部署，不断加强和改建党的建设，努力推进文物保护传承工作，以"严"的要求和"实"的作风确保各项工作任务圆满完成。

一、扎实开展"三严三实"专题教育

继省委学习讨论活动后，省文物局党组按照中央要求和省委部署，坚持用"严"的标准和"实"的作风组织开展了"三严三实"专题教育。一是持续组织了专题学习。局党组通过采取党组书记讲党课、召开会议传达、组织集中研学、号召个人自学等形式，认真学习了党的十八大和十八届三中、四中、五中全会精神，认真学习了中国共产党党章、廉洁自律准则和纪律处分条例等党纪党规，认真学习了省委十届七次全会精神，从思想上和行动上增强了践行"三严三实"的自觉性和主动性。二是认真开展了专题研讨。局党组围绕省委确定的重点内容，先后组织开展了4次集中研讨，党组书记带头发言，班子其他成员也结合分管工作作了重点发言，进一步深化了党性认识。三是突出抓好了专题民主生活会。局党组成员在广泛征求意见建议、认真开展谈心谈话的基础上，组织召开了专题民主生活会，以问题为导向进行了批评与自我批评，以落实为目标形成了整改清单和责任清单，确保民主生活会达到了预期目的。

二、全面加强和改进党的建设

一是在思想、政治建设方面，文物局党组始终把学习贯彻习近平总书记系列重要讲话精神和文化遗产保护方面的重要论述摆在首位并贯穿始终，印发了2015年局党组中心组和干部理论学习的安排意见，发放了上千册理论学习读本供全体党员参阅研读，邀请山西大学党委副书记、教授鲍善冰作对党的十八届五中全会，特别是《中共中央关于制定国民经济和社会发展第十三个五年规划的建议》进行了专题解读。2015年，在机关门户网站刊发党建时政专刊103期，举办中心组理论学习会20余次，选派4人参加了处级干部轮训班、2人参加了中青年干部培训班、3名入党积极分子和26名党员参加了省直分校培训，进一步提高了党员干部的理论水平和政治素养。二是在组织建设方面，局党组围绕实施"三个一批"工作，以选拔任用干部为突破口，制定了《山西省文物局党组工作规则》《山西省文物局领导干部日常监督管理制度》和《山西省文物局干部选拔任用全程记实办法》等，坚持按照德才兼备，以德为先、以廉为基的选人用人导向，先后选拔任用了7名干部，进一步匡正了用人风气。在局党组领导下，还完成了局直机关党委和纪委换届、3个支部改选、发展党员等工作；组织开展了精神文明单位创建、集中整顿基层软弱涣散党组织专项自查和支部书记抓党建述职评议考核等工作；组织开展了主题党日教育、"七一"评选表彰、"送温暖献爱心"募捐等活动；组织实施了精准扶贫工作，完成了"第一书记"选派工作，进一步强化了党组织的整体功能。三是在作风建设方面，局党组带头严格执行中央八项规定，2015年局机关公务接待支出与上年相比减少29%，会议费减少17%，公务用车运行费减少26%。除了在局直系统经常性开展针对"四风"的日常监督和持续性开展专项整治整改工作外，局党组还在中秋国庆节日期间安排组成专项监督检查组，分赴全省11个市28个县区40多个文物景区，重点对节日期间免门票、免费接待等情况进行了专项监督检查，坚决把党的纪律和规矩挺在了前面。四是在反腐倡廉建设方面，局党组以"主体责任"为抓手，制定出台了党风廉政建设工作方案和落实主体责任实施意见，增强了责任意识；在一些关节点上和关键问题上提出注意事项并开展廉政谈话进行了压力传导；签订党风廉政建设责任书敦促了责任担当。驻局纪检组按照"三转"工作要求，切实以履行"监督执纪问责"为主业，召开了全省文物系统党风廉政建设和反腐败工作会议，印发了2015年纪检监察工作要点，制定了党风廉政建设监督责任实施办法，开展了文物保护工程资金管理使用巡视检查工作，在局机关纪委的协助下调查核实处理了违纪案件和线索，并对涉事人员进行了提醒和诫勉谈话，着力抓早抓小，切实把监督责任落到了实处。

三、扎实开展文物依法行政工作

一是深入推进"六权治本"工作。局党组把梳理权力清单和落实行政审批制度改革一同推进，共梳理出各类权力27项。在此基础上，实施了权力运行流程再造，绘制了权力运行风险防控图，制定了《山西省文物局进驻省政务服务平台工作实施方案》并上报省政府办公厅，初步实现了对权力运行的有效监督和制约。二是努力推进文物保护立法工作。《山西省文物建筑构件保护办法（草案）》经省政府常务会议研究同意列入了2016年度省政府规章出台项目计划，《山西省社会力量参与文物保护实施办法》纳入了省人大五年立法计划，文物保护的法制化进程不断加快。三是不断强化文物保护的制度化和标准化。印发了《关于规范文物建筑内用火用电用气管理工作的通知》，起草的《山西省古建筑抢救保护工作实施意见》《关于加强文物安全工作的意见》和《山西省市县级博物馆建设导则》等规范性文件正在征求意见；开展的《山西古建筑保护修缮导则》等7个标准化研究项目2项已完成，5项正在进行，文物保护的规范化水平不断提升。

四、努力推进文物保护传承工作

一是古建筑保护力度不断加大。突出表现在，报请省政府批准成立了古建筑抢救保护工作领导小组，报请省政府研究同意从2016年起每年安排1000万国保、省保木结构古建筑日常养护专项经费，报请省政府对179处拟公布为第五批省级文物保护单位名单进行审核公布。二是红色文化及抗战遗存本体保护和内容展示工作成效明显。年内安排的28个抗战遗存本体保护项目和22个抗战遗存内容展示项目已基本完成，武乡八路军太行纪念馆主题展览改造提升工程作为"重头戏"，于2015年9月7日正式对外开放，为全省纪念抗战胜利70周年活动增了光添了彩。三是世界文化遗产保护工作稳步实施。五台山重点寺庙维修除南山寺、殊像寺正在实施外，菩萨顶、龙泉寺、金阁寺、罗睺寺已全部竣工；云冈石窟五华洞第11、12、13窟壁画及泥塑彩绘抢救性保护修复工程竣工并通过验收；平遥古城内城墙抢险加固工程完工，遗产监测预警体系建设立项获得批复。四是重点文物保护工程扎实推进。应县木塔加固保护、太原西山文化带文物保护、古村落整体保护利用试点、彩塑壁画保护等重点工程按年度计划顺利推进；于成龙故居及墓地修复工程顺利完成；105处南部早期建筑保护工程完美收官。五是博物馆公共文化服务水平不断提升。可移动文物普查基本完成了50余万件藏品数据登录工作，普查数据整体质量位居全国第一；全省博物馆建设管理规范化程度不断加强，陈列展览取得丰硕成果，博物馆文化衍生品创意十足，山西博物院法人治理结构模式在探索中逐步规范。

2015年，局党组认真落实王儒林书记重要批示，全力推进了陶寺遗址、丁村遗址、晋国遗址及西侯度遗址、高平炎帝文化考古调查工作；圆满完成了省委在武乡八路军太行纪念馆组织的纪念活动；认真配合省委省政府完成了五台山综合整治整改有关工作；完成了山西省文物博物馆事业"十三五"规划纲要编制工作；组织开展了"万里茶道"山西境内相关遗存调查梳理工作；全力支持了全国书博会、体博会和山西省第二届文化产业博览会并获"最佳组织奖"和"优秀展示奖"；在省直文博系统安排部署开展了以"马上就办、真抓实干"为主题的"冬季行动"。山西博物院入选了首批"全国博物馆文化产品示范单位"，八路军太行纪念馆被命名为第三批"中央国家机关爱国主义教育基地"，太原窦大夫祠保护工程入选了第二届"全国十佳文物保护工程"，山西博物院引进的"印度的世界"荣获了国际合作奖，晋国博物馆推出的"唐风晋韵"展览荣获了全国十大精品陈列优胜奖。

（王振华）

附：省文物局党组书记、成员名单

书　记：王建武

成　员：刘正辉　宁立新　黄继忠　赵　炜

省粮食局党组工作概况

党组书记　丁文禄

2015年，粮食局领导班子全面落实粮食安全省长责任制，明确责任、完善措施、真抓实干，全力做好新形势、新常态下的粮食安全保障工作，较好地完成了各项目标任务。

一、深入学习贯彻党的十八大、十八届三中、四中、五中全会精神和习总书记系列重要讲话精神，扎实开展"三严三实"专题教育活动

（一）加强思想建设，抓好理论武装。一年来，坚持把学习党的十八大，十八届三中、四中、五中全会精神和习总书记系列重要讲话精神、"双学"活动作为首要政治任务，坚持理论学习不动摇，基层调研不间断，解决问题不懈怠。全年中心组学习16次，11名同志参加了省直机关党校学习，5名同志参加了党员培训，并对干部读书笔记进行了展评。通过学习，党员干部理想信念进一步坚定，宗旨意识进一步加强，理论政策水平进一步提高，理论指导实践，破解粮食事业发展难题的能力得到提升。

（二）扎实开展"三严三实"专题教育。一是抓好思想认识。制定专题教育实施方案，引领党员干部反复学习、认真思考、深刻领会，加强理论武装。党组书记讲了党课，中心组组织了4次研讨。二是抓好统筹协调。围绕"三严三实"主题，结合本单位重点工作任务，结合身边的先进典型和近年来粮食

系统出现的违纪问题,列出“不严不实”清单,明确努力方向和改进措施。三是抓好“关键动作”。召开党组“三严三实”专题民主生活会,党组成员按照开展专题民主生活会实施方案,对照“三严三实”要求,开展了严肃认真的批评和自我批评。四是抓好经验总结。粮食局《照好“三面镜子”,加强党性修养》的经验作法,受到省委组织部、省直工委的肯定,并在全国粮食系统内举办的从严治党座谈会上进行了交流。

二、加强党的建设和法治建设,为保障我省粮食安全提供组织保障

(一)认真贯彻党中央、国务院和省委、省政府的重大决策部署,深入开展社会主义核心价值观教育。一是在全系统提出了“靠理想感召,靠发展凝聚,靠制度规范,靠纪律约束”的“四靠”要求,开展了“热爱粮食岗位,敬畏粮食安全,振兴粮食事业”主题教育讨论。二是以目标责任考核为抓手,推进落实省委省政府重点工作任务,确保粮食安全省长责任制落到实处。省政府连续五年向各市政府颁发粮食安全目标责任状,省粮食局向各市粮食局、直属单位和机关处室颁发粮食工作目标责任状,省粮食局的经验和做法,在2015年全国粮食流通工作会上作典型交流。三是举办道德讲堂、树立“五好”典型,用正反两方面典型校正党员干部人生坐标、打造志愿服务品牌,开展以“粮票、粮仓、粮人”为载体的粮食文化宣传活动。

(二)加强机关作风建设,改进工作作风。一是巩固和拓展教育实践活动成果,专项整治抓攻坚整改。对教育实践活动“回头看”中发现的50个问题、学习讨论落实活动中的4个方面13个问题、省委专项巡视组反馈的9个问题进行了整改。二是下发了《山西省粮食局关于对违规送礼金、红包问题开展专项整治的通知》,严肃查处顶风违纪案件;规范领导干部请假与外出报备手续等制度。三是开展了工作秩序、工作纪律检查整治。四是加强了局机关经费支出、局直单位固定资产、政府采购行为的管理;“四风”问题得到有效治理,全年局机关会议费比上年下降6.72%;局机关车辆使用费、公务接待费同比分别下降28.61%、59.3%。五是完成了公务用车制度改革,累计减少车辆8辆,预计可节约成本36万元,节支率28%以上。

(三)贯彻民主集中制,加强干部队伍建设。一是完善和修订了局党组工作规则和局议事规则。二是严格遵守《党政领导干部选拔任用工作条例》,程序严格规范;全面推进“三个一批”工作。三是开展了专业技术人才的选拔和培训,强化技能人才培养。

(四)落实党建工作责任制,加强基层党组织规范化建设。制定下发了《省粮食局2015年党建工作要点》,完成了直属机关党委、纪委和4个基层党组织的换届选举;认真落实“三会一课”等制度,加强和规范基层组织建设;继续开展“联述联评联考”工作。

(五)构筑粮食文化,引深精神文明创建工作。一是制定了《省粮食局2015-2017年文明创建规划》,从源头上把握党员干部思想动态,凝聚共识,使“爱粮、敬粮、兴粮”的思想深入人心。二是开展了对党员干部思想状况的调查,及时加强人文关怀和心理疏导。三是制定下发了《山西省粮食局关于推进“六型机关”建设的实施意见》,组织动员广大党员干部积极投身“六型机关”建设的具体实践中。

(六)以“六权治本”为抓手,推进法治建设。一是认真贯彻落实“六权治本”决策部署,制定了《山西省粮食局“六权治本”实施方案》。二是编制完成了省粮食局权力清单、责任清单并予公布。三是编制了省粮食局行政职权运行流程图、廉政风险防控图、问责依据,并按要求进行了公布。四是制定了《行政许可入驻政府服务平台方案》。

(七)健全行政决策机制,开展法治宣传活动。印发《全省粮食行业依法行政工作要点》;局机关聘请晋一律师事务所担任常年法律顾问;组织一次法律讲座、一次法律考试,增强干部法治观念,自觉遵章守纪、依法行政;修订了《山西省粮食局政府信息公开规定》;依托省粮食局门户网站等平台,全年累计在局域网公开各类文件87件,政务信息116条;编辑晋粮信息65期268条;上报国家粮食局、省委省政府信息共计70条;开展了“12·4”系列法制宣传活动;组织世界粮食日活动,开展粮食政策宣传。

三、以贯彻落实粮食安全省长责任制为中心,努力完成各项工作任务

(一)积极主动作为,落实粮食安全省长责任。按照《国务院关于建立健全粮食安全省长责任制的若干意见》(国发[2014]69号)文件精神,6月,省政府出台了《山西省人民政府贯彻落实粮食安全省长责任制的实施意见》,向各市政府颁发了《2015年度粮食安全责任状》。粮食局组织起草并向省政府上报了《山西省粮食安全责任制考核办法》。

(二)加强宏观调控,进一步健全粮食安全保障体系。一是完善应急体系。建立中央、省、市级粮食价格监测点117个,以80个省级粮油市场直报点为载体,加强市场监测预警;完善巩固1517个应急供应网点,建立和确定140个粮油配送中心和167个应急加工企业。二是深化省际间产销合作。举办“2015山西粮食(玉米、小杂粮)产销衔接会”,共邀请20个省、市、自治区粮食企业167家,签约粮油总量123.54亿斤。

(三)着力深化改革,破除体制机制障碍。一是2015年全省有12个县完成县级国有粮食购销企业“一县一企、一企多点”改革任务,超额完成20%,累计达到88个县。二是推进多元市场主体参与应急体系建设。目前,我省建立的粮食应急供应网点中,多元市场主体参与的网点达1135个,加工企业111个,配送中心48个。三是开展“智慧粮食”建设,完成了鸣李库、风陵渡库和永济库3个省级储备库信息化试点项目。

(四)抓好粮食购销,保护种粮农民利益。2015年1至11月,全省收购粮食128.1亿斤,销售粮食154.3亿斤,产销衔接调入粮食46.6亿斤,分别占年度目标任务的142.3%、140.3%、141.2%;完善制定了我省小麦最低收购价和玉米临

时收储执行预案、必要时报请政府批准，采取临时收储措施，解决农民产后余粮出售问题；分别向省政府上报了《关于2014年我省新产玉米收购情况的报告》和《关于2015年我省新产玉米收购情况的报告》，提出有关意见和建议，并主动与省农发行对接，协调解决县级收购资金难落实的问题。

（五）完善管理制度，加强储备粮油监管。制定了《山西省省级储备粮管理责任清单》《山西省省级储备粮油出入操作规范》，完善了《违反省级储备粮管理规定行为处分办法》，对22个省、市储备库储备粮管理“三项制度”执行情况进行了监督检查。

（六）依法监管市场，维护粮食流通秩序。一是加强粮食库存监管。检查企业430个，清查粮食123.6亿斤。二是开展政策性粮食检查，开展了以整治储备粮轮换中“买陈顶新”、“先收后转”、“转圈粮”问题为重点的专项检查工作。三是强化夏、秋粮收购市场和节假日粮油市场监督检查，全年出动检查人员2万人次，检查收购经营者1.4万个次，查处各类违规案件284起。四是开展粮食收购资格审批监督检查违规和滥用审批监督检查权问题专项整治。检查各级粮食行政管理部门126个，省和11个市级粮食收购资格审批窗口全部纳入当地政务大厅，实现了“一个窗口对外”。

（七）强化责任落实，推进仓储设施建设。一是根据国家下达8亿斤的新建粮库计划，组织实施建设工作，指导督促建设项目开工建设。截至12月底，22个项目中，4个已竣工，13个在建，5个项目完成“三通一平”工作，并由规划部门划定建设地标，已具备开工条件。二是圆满完成69个“危仓老库”维修改造项目建设任务。

（八）组织专题调研，制定行业发展规划。一是积极开展调研，结合我省粮食流通现状，编制了《山西省粮食收储供应安全保障工程建设规划（2015年—2020年）》。二是开展了“如何做大做强粮食加工业”的课题研究，完成了粮油加工发展规划起草工作。

（九）加大工作力度，维护粮油质量安全。完成新收获小麦40份国家级、120份省级样品和新收获玉米70份国家级、210份省级样品的质量安全调查和品质监测及国家会检工作；开展了库存粮食质量抽查，扦样216份，代表粮食数量7.8亿斤；对13个具备省级储备粮轮换验收条件的企业进行了检查验收；认真组织对2014年省下达的省级储备粮充实计划中9个库点的小麦品种质量检查验收；省级粮食质监中心检验楼项目主体工程完工。

（十）增强服务意识，提升军粮供应水平。对军粮加工企业公开招标，完善质量档案，开展军粮质量和军粮供应服务情况军地联合调研及检查，确保军粮质量完好，数量真实；节日期间安排品种调剂；坚持军粮送货上门，送货上门率为96.51%，高于2014年。

四、贯彻从严治党方针，落实“两个责任”取得新进展

一是明确责任抓落实。印发了《中共山西省粮食局党组关于落实党风廉政建设党组主体责任的实施办法》、省粮食局关于落实党风廉政建设主体责任的清单和《驻省粮食局纪检组监察室落实党风廉政建设监督责任的实施意见》、驻局纪检组关于落实党风廉政建设监督责任的清单。下发了《关于省粮食局基层党组织落实党风廉政建设“两个责任”实施意见》，做到了职责明确、责任到位。

二是督查考核促落实。完成了直属事业单位纪检书记每季度向机关纪委报告的工作，对考核结果排在末位的纪检书记（专员），指出了存在问题，帮助改进提高。

三是严肃问责抓落实。2015年，局机关党委共接收省直纪工委转批信访件5件，核实报送结果3件，正在办理2件，约谈12人；接收驻局纪检组转来信访件2件，已办结1件，正在办理1件。

（陈隽永）

附：省粮食局党组书记、成员名单

书　记：杨随亭（4月离职）　丁文禄（8月任职）

成　员：马　珩　吕苛青　薛愿兵　李春泽

省人民防空办公室党组工作概况

党组书记　孙　群

2015年，在省委、省政府和省军区的正确领导下，办党组团结带领全省人防系统广大干部职工，以习近平总书记系列重要讲话精神为指引，深入学习贯彻党的十八届三中、四中、五中全会和省委十届七次会议精神，以“三三三”推进战略为抓手，不断探索有山西特色的人防与经济社会融合式发展机制，人防可持续发展能力明显提升，按照省委“净化政治生态、实现弊革风清、重塑山西形象、促进富民强省”的要求和部署，全力推进人防党的组织、思想、作风、纪律和制度建设，为人防事业各项任务的圆满完成提供了坚强的思想政治和组织保证。

一、结合山西人防实际全面提升党建工作质量

办党组加强领导班子思想政治建设，严格中心组学习制度，坚持每月集中学习不少于一次，每季组织一次理论研讨，每半年组织一次专家授课。中心组认真学习了《中共党史》《中国共产党党内法规选编》《世界社会主义五百年党员干部

读本》《中国共产党纪律处分条例》《中国共产党廉洁自律准则》《习近平关于党风廉政建设和反腐败斗争论述摘编》、习近平总书记系列重要讲话、十八大和十八届三中、四中、五中全会精神等。通过学习讨论,党组成员进一步解放了思想,提升了政策理论水平,将党的路线方针政策与人防自身能力建设有机结合起来,将深入开展党群众路线教育实践活动回头看、学习落实讨论落实专题教育活动、"三严三实"专题教育同实现人防"三三三"战略结合起来,将人防自身能力建设与基层组织建设结合起来。省办党组在2015年度的工作中,认真开展了专题民主生活会,进一步规范落实组织生活"三会一课"制度,党内政治生活政治性、原则性、战斗性得到了进一步加强。认真组织支部换届,认真开展廉述廉评联考,认真落实党建工作责任制,狠抓中央"八项规定"和省委"四个实施办法"的落实,认真开展专项整治活动,党建工作质量明显提升。

二、强力推进"三三三"战略实施

(一)狠抓自身能力建设,全省人防可持续发展能力明显提升。大力推进人防队伍体系建设。一是狠抓县级人防办专职副主任配备。严格落实省委组织部《关于进一步加强人防部门领导干部管理有关问题的通知》,全省县级专职人员的县级人防办数量基本配备到位,大力加强了人防基层组织及队伍建设。二是坚持人防工程建设巡回示训,3个月,2000余人的培训,有利的提升人防建设的专业技术能力,提升了县级人防管理规范化和专业化水平。三是加强人防专业队建设,重要经济目标专业队建设取得新突破,从2支增长到30支专业队,专业队人数达到14000人。四是狠抓人防队伍的各类训练,在训练中提高素质。跨区拉动演练、指挥信息化系统参与实战化演练、省带市两级人防指挥部演练、9.18防空警报试鸣等,极大地提高了全省人防系统干部职工队伍的整体素质和人防机关准军事化建设水平。1家人防检测单位、6家防护设备企业通过人防专业资质和从业能力认定,人防队伍体系建设取得新进展。大力推进人防综合防护体系建设。一是人防指挥所体系建设取得重大进展。省级和8个市级、几十个县级人防移动指挥所已投入使用,省级和市级人防地面指挥中心已投入使用。二是全省防空警报器正常运转。三是全省光纤骨干网建设圆满建成、北斗导航定位系统多个单位建成、多媒体警报报知系统多个单位建成、便携式卫星建设取得新进展、短波自适应数传电台数量增加到了近百台,短波电台、卫星、光纤、军线、集群、空情、预警报知等多网合一的全省人防指挥通信网初步建成。四是疏散基地建设得到长足发展,疏散基地建设在省办的大力推动下基本达到了规定数量,具备接纳数十万名疏散人员的能力,城市人口密集区用于人员掩蔽、医疗救护、物资储备、疏散通道的人防工程总面积达到600万平方米。人防综合防护体系建设实现新发展。大力推进人防管理体系建设。一是防空袭预案修订全覆盖,街道防空袭预案、县、市、省四级防空袭预案完备。二是推动人防工程建设条例的落实与住建厅联合下发《关于进一步加强建设项目人民防空审查管理的通知》。三是开展防空地下室易地建设费收缴专项治理,易地建设费收缴再创历史新高。四是推行人防工程平时使用证制度,实现人防工程契约化管理。五是起草制定了《山西人防疏散基地建设标准》,下放6项审批权限,人防项目建设前置审查机制、工程质量监督制度落实到位,开展人防安全生产大检查,下发《早期人防工程维护治理方案》进行了早期人防工程加固报废培训,人防地理信息系统数据库及智能化管理系统建成,人防工程安全无事故和利用率得到大力提升,人防管理体系建设迈出新步伐。

狠抓人防特色和品牌打造,全省人防改革创新能力明显提升。演练走向纵深。演练中与省办对上与国务院应急办和国家人防办,对内与省政府应急办、省军区、省公安厅、省地震局、省气象局,对外与陕西、河南、内蒙人防办,对下与各市人防办进行联通演练。人防宣传教育找到了结合点。人防宣传"五进入",人防宣传教育示范学校,旅游景点开设人防教育基地,省防空防灾体验馆,疏散基地体验式人防宣传训练,社区建立102各人防宣传电子大屏滚动宣传人防知识,5.12防灾减灾日、9.18警报试鸣日、12.4法制宣传日重点宣传,发放人防宣传手册、发送防灾减灾公益短信等多样化宣传形式得到有机结合成效明显,平战结合工程造福民生,地下商场、步行街等建设项目成为兼人防功能与创造就业岗位的融合式发展的模式。

(二)狠抓人防融合式发展。全省人防综合统筹能力明显提升。人防融入政府应急管理取得重大突破。在预案编制,避难设施、指挥场所、救援队伍建设等方面推进人防融入政府应急管理体系。省办和晋城等市人防基本指挥所及移动指挥所被确定为省市政府应急指挥平台,晋中县级人防移动指挥所纳入政府应急管理指挥平台。人防融入重要经济目标防护迈向坚实步伐。在全省开展辖区重要经济目标调研,审定防护等级,建立数据库,指导重要经济目标建立防护组织机构和专业队,制定防护方案,完善防护措施。人防融入城市建设打造了成功范例。省办制定下发《关于加强城市地下空间开发利用工作通知》,各市开展规划编制工作,推进了人防建设与城市建设协调发展。人防融入城乡统筹发展打开了新局面。综合考虑城乡发展所需,在确定疏散地域和疏散线路时服务民生、和服务农民生活为首选要素。开展疏散基地基础设施建设中,在变电增容,给水改造,疏散通道路面硬化,疏散医疗室,食堂等方面以改善乡村基础设施为条件。

三、贯彻民主集中制,加强作风和党风廉政建设,营造风清气正的良好环境,确保人防事业健康发展

(一)坚持民主决策。一年来,召开主任办公(党组)会议18次,对涉及人防发展的86个事项进行了集体研究讨论,在目标责任制的考核办法上、在大项资金使用上、在表彰先进工作上、在干部调整使用上、在重要制度出台上,均做到集体研究、集体决策,并下发基层广泛征求意见试行。

（二）切实关注民生。党组一班人，想群众所想，急群众所急。组织干部职工体检，开展节日慰问，对困难党员和职工进行救济，定期召开老干部情况通报会和座谈会。整治办公环境，机关和家属区实行物业管理，丰富文体活动，聘请专家进行健康知识讲座。开展企业帮困，推进下乡住村，把党的关怀，组织的温暖送到了干部职工的身边。

（三）注重廉政建设。一是专门召开党风廉政建设和反腐败斗争工作会议，结合人防工作同步部署廉政任务。制定了《人防系统党风廉政建设和反腐败工作要点》《人防办机关落实反腐倡廉工作要点》《省人防办机关落实2015年反腐倡廉工作任务的责任分解意见》。二是认真部署，全面落实"两个责任"。制定印发了《落实党风廉政建设党组主体责任实施办法》《党组落实党风廉政建设主体责任清单》《机关党委落实党风廉政建设主体责任清单》《机关纪委落实党风廉政建设监督责任清单》，并同下级人防部门（单位、处室）签订党风廉政建设责任书，并以签字背书的形式具体到部门和个人，层层传导压力、分解责任、落实责任。三是开展廉政警示教育。11月中旬开展为期一个月"警示教育月"活动。期间，通过组织党员干部对《中国共产党纪律处分条例》《中国共产党廉洁自律准则》《忏悔录》等进行认真学习，观看《忠诚与背叛》等警示教育片。协助省直纪工委对群众举报线索，进行调查核实，对相关责任人进行严肃查处，通报全办，使广大党员干部进一步增强了廉洁自律和遵纪守法的自觉性。四是落实约谈机制，开展专项整治，预防体系建成。党组成员对分管工作的处室（直属单位领导）定期约谈（诫勉谈话），肯定成绩，指出不足。开展办公秩序专项整治，国有资产专项整治、行政审批专项整治、大额资金和集中采购专项整治、吃空饷专项整治。落实机关党委专职副书记参加党组研究"三重一大"等重要会议的规定，落实党务政务公开，有利地推进了党风廉政建设工作的落实和工作作风的转变。

（景　涛）

附：省人民防空办公室党组书记、成员名单

书　记：韩裕峰（5月离职）　孙　群（5月任职）

成　员：刘　涛　张　铭　薄文杰（12月任职）

省政府法制办公室党组工作概况

党组书记　王卫星

省人民政府法制办公室是省人民政府的直属机构，为正厅级建制，是省人民政府领导在政府法制建设方面的参谋、助手和法律顾问，在全面推进依法行政、建设法治政府的进程中，承担着统筹规划、综合协调、督促指导、政策研究和情况交流等项重要任务，具体包括政府立法、行政执法监督、行政复议应诉、规范性文件审查、依法行政指导、政府法制宣传和理论研究、法规规章编纂和译审、政府法制干部培训等工作。山西省人民政府法制办现有公务员编制43名，内设9个职能处室，分别为秘书行政处、法制一处、法制二处、法制三处、法制四处、行政执法监督处、行政复议应诉处、依法行政指导处。纪检监察室为纪检监察部门派驻机构。同时，设立了机关党委。直属事业单位有编纂室、译审室、省法制干部培训中心和省法制宣传中心4个。设党组1个，机关党委1个，党支部13个。截止2015年底，共有党员77名，其中，机关公务员42名，下属事业单位35名。

2015年，在省委、省政府的领导下，省政府法制办深入学习贯彻党的十八大及十八届三中、四中、五中全会精神，深入学习贯彻习近平总书记系列重要讲话精神，认真落实省委、省政府决策部署，扎实开展"三严三实"专题教育，全面履行工作职责，扎实做好政府法制工作，积极牵头推进依法行政，圆满完成各项工作任务，取得明显成效。

一、突出重点领域，优化工作机制，着力提高政府立法工作和规范性文件审查质量

坚持优化政府立法工作机制，加强重点领域立法，增强立法的科学性、民主性，政府立法质量进一步提高。起草制定了《关于进一步加强和改进政府立法工作的意见》。全年圆满完成了4件地方性法规草案和3件省政府规章草案的审查、送审工作。着眼我省环境脆弱实际，为加大环境保护力度，修订的《山西省环境保护条例（修订草案）》，在加大对环境违法行为处罚力度基础上，强化了农村污染防治工作，规定乡镇人民政府受委托可行使一定行政处罚权，拓展了管理主体范围；为加强民生领域立法，强化公共服务，组织修订了《山西

省法律援助条例(修订草案)》,进一步降低了法律援助门槛,拓展了受援群体范围,省人大常委会审议时全票通过;为规范国有土地上房屋征收与补偿活动,维护公共利益,保障被征收房屋所有权人的合法权益,制定了《山西省国有土地上房屋征收与补偿条例(草案)》;为有效利用和保护无线电频谱资源,规范无线电业务活动,保障国家安全和人民生命财产安全,制定了《山西省无线电管理条例(草案)》;为加强无障碍环境建设,保障残疾人、老年人、儿童以及其他社会成员平等参与社会生活,促进社会文明进步,制订了《山西省实施 < 无障碍环境建设条例 > 办法》;为加强对我省重大建设项目的监管,保证工程质量和资金安全,提高投资效益,起草制订了《山西省重大建设项目稽查办法(草案)》;为保障公民、法人和其他组织因陆生野生动物造成人身伤害、财产损失享有补偿的权利,起草制定了《山西省陆生野生动物造成人身与财产损害补偿办法(草案)》。政府立法坚持与改革决策相衔接,坚持急用先立原则,认真研究提出了省政府 2016 年地方性法规和政府规章立法项目计划建议,地方性法规项目计划建议经省政府常务会议通过并报省人大常委会,省政府规章制定计划已下发实施。

严格落实规范性文件合法性审查制度,保证规范性文件合法、统一、有效。全年共审核以省政府及省政府办公厅名义发文的规范性文件草案 104 件,前置审查省直部门规范性文件草案 141 件,备案审查设区的市政府报送的规范性文件 118 件。加强规范性文件备案审查监督检查,并对全年规范性文件审查备案情况进行了通报。办理国家法律、法规征求意见及其它涉法事务 193 件,办理省人大代表议案 16 件和省政协委员提案 10 件。此外,配合省信访局对 34 个省直部门开展法定途径分类处理信访投诉请求的清单进行了合法性审查。

按照省委、省政府《关于深化煤炭管理体制改革的意见》(晋发〔2015〕3 号)要求,组织对涉煤法规规章及规范性文件进行了全面清理,形成了《全面清理涉煤地方性法规规章及规范性文件情况的意见》,报送省政府。此次清理工作共清理地方性法规 4 部(《山西省矿产资源管理条例》《山西省实施 < 中华人民共和国矿山安全法 > 办法》继续有效,建议修改《山西省煤炭管理条例》《山西省安全生产条例》)、政府规章 6 部(《山西省矿产资源补偿费征收管理实施办法》《山西省矿业权公开出让暂行规定》《山西省煤炭资源整合和有偿使用办法》继续有效,建议修改《山西省煤矿安全生产监督管理办法》《山西省非法违法煤矿行政处罚规定》,建议废止《山西省煤炭产量监控系统管理规定》)、涉煤规范性文件 510 件。

二、强化组织领导,加强督促指导,积极牵头推进依法行政

2015 年初,根据省委、省政府加强法治政府建设工作部署和要求,制定了《省政府法制办 2015 年工作要点》,安排部署了年度政府法制工作任务,明确了牵头推进依法行政重要工作。统筹协调,充分准备,与省委组织部联合在省委党校举办了两期领导干部依法行政专题研讨班,来自政府法制系统和重要执法部门负责人共 163 人参加了学习研讨;在复旦大学、省委党校先后举办了行政复议应诉知识、行政执法管理等 4 期专题培训班,政府系统 400 余人参加了培训学习;为提升全省行政执法人员整体法律素质,举办 8 期法律专业知识专题培训班,对全省近 3 年来行政机关新增行政执法人员 1200 余人进行了培训。组织召开了依法行政经验交流工作座谈会,省监察厅、编办、环保厅等 12 个省直单位发言交流,相互借鉴经验,取得良好效果。2015 年终组织开展了"深入推进依法行政,加快建设法治政府"督促检查,对 4 个设区的市、4 个县(区、市)和 8 个省直部门进行了实地抽查检查,根据各市政府和省直部门年度依法行政工作书面总结,结合实地督促检查,起草了《2015 年全省推进依法行政工作的情况报告》,为省政府领导决策提供服务。提出建设性意见和建议,积极配合省政府办公厅研究制定《山西省全面加强政府自身建设三年规划(2015—2017)》。

三、以行政执法案卷评查为抓手,强化行政执法监督,促进行政机关严格规范公正文明执法

坚持按行业系统组织开展行政执法案卷评查,通过案卷评查静态执法检查,规范动态执法行为。2015 年安排部署、组织指导省卫计委、食药局、物价局按系统开展行政执法案卷评查,成立联合检查组,牵头组织检查验收,有效促进了三个系统执法规范化建设。研究确定省公安厅、交通厅等 7 个部门和 11 个市政府在落实行政执法责任制、完善行政执法程序、建立健全行政裁量权基准制度、加大行政执法力度四个方面为省政府重点督查工作责任单位,制定工作实施方案,细化工作任务,加强督促检点,推动各市和省直有关部门按计划开展工作,取得阶段性成绩。与省编办共同开展了全省市县两级行政执法队伍基本情况的摸底调研工作,编制了《综合行政执法体制改革文件汇编》,赴兄弟省市对"相对集中处罚权和综合执法工作"进行调研。配合省编办指导太原、晋中两市开展相对集中行政许可权试点工作。加强行政执法人员资格核查、资格认证考试和日常监管,督促指导各市和省直部门对 40587 名行政执法人员进行了资格认证考试,对符合条件的 37372 人发放了山西省行政执法证件。

四、加强行政复议和应诉工作,推进仲裁工作健康发展,依法化解社会矛盾纠纷

扎实推进行政复议体制改革,坚持实地调研,加强跟踪督导,召集太原、晋城两市政府法制部门与两市中级人民法院召开联席会议,深入研究两市行政复议委员会试点运行情况,积极推进试点工作取得新进展。省政府有关领导批示"试点工作取得了成效,要认真总结,不断完善,提升工作质量,为进一步推广提供帮助"。认真贯彻新修订的《行政诉讼法》,坚持加强行政应诉工作,依法接受司法监督,组织起草了《山西省行政机关行政应诉规定》。支持人民法院独立行使审判

权，受省政府领导委托，办主要负责人代表省政府到太原中级人民法院依法出庭参加应诉。全年省本级共收到行政复议申请 140 件，受理 110 件，办结 143 件（含上年结转 26 件），正在办理 19 件，以其它方式处理 4 件；办理行政应诉案件 85 件，代省政府办理民事诉讼案件 5 件，答复国务院行政裁决案件 27 件。行政复议与应诉工作质量进一步提升。

加强与我省 8 个仲裁委员会的联系沟通，积极推进全省仲裁工作健康发展。认真做好仲裁委员会换届工作相关材料审查报送、仲裁案件情况统计等工作。同省人大内司委、省司法厅赴全国人大、司法部就仲裁登记管理工作进行了请示，并赴广西省进行了调研。按照国务院法制办有关会议和通知要求，扎实开展仲裁法贯彻实施情况调研工作，并依据调研情况向国务院法制办报送了情况报告。

五、加强政府法制宣传，注重理论研究，努力推进政府法制工作不断迈出新步伐

在全省组织开展了第五个“依法行政宣传月”活动，赴 11 个设区的市就“依法行政宣传月”活动开展情况进行了专题调研，结合 11 个设区的市、省直部门报送的活动情况总结，起草并向省政府报送了《关于 2015 年“依法行政宣传月”活动的情况报告》。12 月 4 日，办领导带队在省政府南门广场举办了“国家宪法日暨全国法制宣传日”主题宣传活动。组织全办同志参加了全国普法办举办的“尊法学法守法用法”法律知识竞赛网上答题活动。认真做好政府法制信息工作，全年编印《政府法制工作简报》12 期，办网站刊载信息 204 篇，报送国务院法制办网站、《山西信息》《晋政信息》刊发 38 篇。办机关干部发表论文 12 篇，3 篇理论研究论文获第三届山西省公共管理领域优秀科研成果三等奖，3 项课题被省法学会列为 2015 年度重点法学研究课题，1 篇论文获环渤海区域法治论坛一等奖。此外，还完成了 2014 年度山西省法规规章汇编印刷出版工作，组织完成了 5 件省政府规章的译审工作。

六、突出法治建设工作重点，积极推进“六权治本”，加快法治政府建设

认真贯彻落实省委法治山西建设实施意见及其重要举措分工、省委学习讨论落实活动重要任务分工、省政府法治政府建设的实施意见和政府工作报告任务分工四个重要文件，办务会专题研究讨论，制定了责任分解意见，明确了目标任务和措施，加强了工作督促检点，按照时间表、路线图圆满完成 2015 年各项工作任务。根据省政府办公厅和省委法治办工作部署，制定了“六权治本”和职能转变工作方案，对各项工作任务进行了细化分解，成立了由办主要负责人担任组长的领导小组，强化了组织领导，完善了工作运行机制，加强督促检查，认真落实“六权治本”进展情况月报告制度。全面完成省委法治办安排部署的各项工作，建立完善了依法行政专项小组工作制度和运行机制，加强与依法行政专项小组各成员所在单位的联系与指导，认真履行依法行政专项小组办公室职责。根据省政府办公厅工作安排，研究起草并以省政府文件出台了《山西省人民政府关于健全重大行政决策机制的意见》；组织起草并报送省政府《山西省人民政府健全重大行政决策机制实施细则（审议稿）》和《山西省重大行政决策合法性审查办法（审议稿）》；完成了《山西省重大行政决策责任追究办法（草案）》起草工作。积极参与省审改办对 75 个省政府部门和单位报送的 8433 项行政职权事项进行的初审、再审和会审，对省政府部门各类行政职权清单一审稿、二审稿和三审稿以及责任清单集中进行了法制审查，提出书面审查意见反馈省审改办。最后确定省政府部门行政职权事项为 3090 项。同时，按时按要求编制、公布了法制办的行政职权清单、责任清单和廉政风险防控图。组织起草了《山西省人民政府关于建立政府法律顾问制度的意见（草案）》，对现行的《山西省人民政府法律顾问委员会工作规则》进行了修订，一并报送省政府。

七、坚持加强机关自身建设，为推进政府法制事业提供坚强组织保证

一是扎实开展“三严三实”专题教育。根据中央部署和省委要求，经专题研究，制定印发了《省政府法制办“三严三实”专题教育实施方案》。班子成员先后为全体干部讲党课，办机关党委和各支部认真组织集体学习，邀请省委党校、山西大学、太原理工大学教授作报告，组织党员干部认真学习规定读本，接受正面典型教育和反面警示教育，结合实际，突出问题导向，撰写心得体会 80 余篇。召开党组民主生活会、支部组织生活会，认真开展批评与自我批评，找准存在的不严不实问题，深入剖析原因，提出整改措施。通过“三严三实”专题教育，引领全体党员干部争做符合“三严三实”要求的政府法制好干部。

二是不断强化政治理论和业务知识学习。坚持理论武装头脑，提高政治素养。周密安排党组中心组理论学习，坚持办务会传达学习文件，按计划组织全办干部职工集体学习，督促检点个人自学，深入学习党的十八大，十八届三中、四中、五中全会精神和习近平总书记系列重要讲话精神，学习省委十届六次、七次全会精神，深刻领会中央“四个全面”战略布局和省委“六权治本”、“六大发展”决策部署，努力适应新形势、新任务、新常态，坚持推进政府法制工作的正确方向，在思想上、政治上、行动上同党中央保持高度一致。加强政府法制业务知识学习。按照省委组织部工作安排，扎实做好干部自主选学工作，加强干部在线学习督促检点，定期通报学习情况。坚持办好机关“法治道德讲坛”，全年共组织“法治道德讲坛”8 讲。

三是注重强化领导班子和干部队伍建设。为进一步规范办党组及其成员的工作，充分发挥办党组对全办工作的领导核心作用，组织起草制定了《办党组工作规则》《省政府法制办重大决策规定》和《省政府法制办合力监督权力办法（试行）》。班子成员认真执行民主集中制原则，严格自觉遵守党的政治纪律和政治规矩。同时尽可能创造条件和机会，加大

对干部党员的教育培训力度。全年先后选派20多名干部赴复旦大学、武汉大学等高等院校参加学习培训。2015年有2名同志完成了大学研究生课程，取得硕士学位，1名同志通过国家司法资格考试。认真落实中央八项规定和省委四个实施办法，加强教育警钟常鸣，监督检查防微杜渐，坚决反对“四风”，制定了《省政府法制办贯彻落实中央改进工作作风密切联系群众有关规定的实施办法》，完善了《公务接待管理办法》等制度。认真落实整改，巩固和拓展群众路线教育实践活动和学习讨论落实活动成果，机关作风建设不断得到加强，风清气正的氛围日益浓厚。

四是着力加强机关党建工作。积极推进机关党建工作规范化建设，组织制定完善了《机关党建工作责任制》《党支部组织生活会制度》等，印发了《2015年机关党的工作要点》。组织召开了全体党员大会，换届选举了新一届机关党委委员和纪委委员，完成了机关党委和党支部换届工作。坚持深化机关精神文明创建工作，注重浓厚机关文化氛围。积极推进“六型机关”建设，认真组织开展了“读书月”活动，每位党员干部都撰写了读书体会。办主要负责人就如何贯彻落实好省委《关于贯彻落实十八届四中全会精神加快法治山西建设实施意见》在《山西日报》发表了《着力提升行政执法水平加快推进法治政府建设》署名文章，制定印发了《关于弘扬法治文化、廉政文化、红色文化建设的实施意见》，大力弘扬太行、吕梁、右玉精神，积极培育和践行社会主义核心价值观，多方面凝聚干好政府法制工作的正能量。根据中央和省委有关扶贫攻坚、精准扶贫精神，组建了扶贫工作队，选派了两名干部任驻村第一书记，确定扶贫计划和扶贫项目，制定了《干部结对帮扶明细表》，扶贫工作按计划有效推进。

五是坚持强化党风廉政建设。办党组严格落实主体责任，组织班子成员认真学习《习近平关于党风廉政建设和反腐败斗争论述摘编》和《优秀领导干部先进事迹选编》。召开全办党风廉政建设干部大会，做到党风廉政建设与业务工作同部署、同督促、同检查、同考核；坚持层层传导压力，明确职责分工，及时召开党组会、办务会、专题会，班子成员认真落实好分管处室党风廉政建设工作，党组书记与各支部书记签订了党风廉政建设责任书，细化主体责任，明确内部监督职责。坚持加强制度建设，编制了《党组落实党风廉政建设主体责任清单》《领导班子及其成员党风廉政建设主体责任清单》，制定了《领导干部廉政谈话实施办法》，《省政府法制办工作秩序和工作纪律七条禁令》《机关纪委落实党风廉政建设监督责任实施意见》，形成以制度抓党风廉政建设的格局，加强对落实党风廉政建设主体责任的监督检查，有效推动了“两个责任”的落实。

(陈永生　黄菊荣)

附：省政府法制办公室党组书记、成员名单

书　记：王卫星

成　员：刘钢柱　周计伟（12月离职）　李云涛

省物价局党组工作概况

党组书记　李永平

2015年，省物价局在省直工委和局党组的正确领导下，认真贯彻落实党的路线、方针、政策和习近平总书记系列重要讲话精神，紧紧围绕价格改革各项工作，全面加强思想建设、组织建设、作风建设、制度建设和党风廉政建设，为完成价格工作任务提供了思想、政治和组织保证。

一、以“抓学习、强素质”为主线，抓好“三严三实”专题教育，不断加强思想政治建设

坚持把政治理论学习作为提高党员干部素质的重要任务，研究制定了《2015年度党组中心组和党员干部理论学习计划》，组织了党组中心组学习、党员干部教育、物价课堂讲授、选派支部书记、新党员参加省直党校培训等。严格落实中央、省委部署要求，切实抓好“三严三实”专题教育。及时组织学习中央、省委关于“三严三实”的会议精神，研究制定了《山西省物价局“三严三实”专题教育方案》，局党组书记李永平同志给全体党员上了党课，党组成员也在分管单位上了党课；制定了《党组成员“三严三实”专题教育调研方案》，并到各市县和基层单位进行了调研；深入组织开展了专题研讨，坚持每周五理论学习，党组成员完成了四个专题的学习研讨，处以上党员干部上交了专题研讨材料并在支部范围内进行了交流讨论。

二、以“建机制、抓落实”为手段，推进“六型机关”建设，不断加强组织建设

认真贯彻落实《中国共产党党和国家机关基层组织工作条例》，始终把加强自身建设作为机关党建的基础性工作来抓，不断提升机关党建工作科学化水平。局党组始终把机关党建工作摆在重要位置，坚持党建和业务同部署、同落实、同考核，机关党委注重加强组织协调，机关各支部坚持一手抓业务，一手抓党建，营造了齐抓共管的良好氛围。制定并认真落实了《中共山西省物价局机关委员会关于加强机关党建推进“六型机关”建设的实施意见》；组织各支部进行了换届，精心组织筹划了机关党委换届工作；严格落实“三会一课”、民主评议党员等组织生活制度和有关党费收缴、管理和使用的规定；七一前认真组织了民主评议党员和评比表彰工作。

三、以“抓教育、强监督”为关键，加强党风廉政建设，营造勤政廉政的良好氛围

物价局把加强党风廉政建设和反腐败斗争作为提高党的执政能力，巩固党的执政地位的一项重大政治任务来抓。一是加强反腐倡廉教育，奠定“不想贪”的思想基础。制定并认真落实《廉政教育制度》和《廉政教育计划》，组织学习了习近平总书记关于党风廉政建设的重要论述、新颁布的《中国共产党廉洁自律准则》《中国共产党纪律处分条例》等制度规定。二是认真落实党风廉政建设责任，营造“不敢贪”的良好氛围。严格落实“两个责任”，制定了《山西省物价局党组党风廉政建设主体责任的责任清单》《山西省物价局机关党委、纪委落实党风廉政建设“两个责任”实施方案》，明确了机关党委、机关纪委的责任清单；深入开展了十多项专项整治任务，严格八项规定，持续反对“四风”。三是加大风险防控力度，形成“不能贪”的工作机制。在加强制度约束的基础上，进一步明确了各处室和直属单位的权力清单、责任清单，制定了廉政风险防控程序，依据《党内监督条例》的相关要求，加强对党员领导干部特别是主要领导干部的有效监督。

四、以“争先进、创标兵”为重点，加强精神文明建设，树立物价部门的良好形象

在精神文明创建过程中，物价局始终坚持做到领导重视、纳入日程，统筹规划、分段实施，任务明确、责任清楚。年初，制定了《山西省物价局2015年精神文明创建工作方案》，从物价工作实际出发，开展适合自身特点的活动。深入开展了思想道德教育活动和道德实践活动；积极做好社会公益活动，先后组织了博爱一日捐、捐助扶贫点困难群众等捐款捐物活动；组织了领导干部下乡住村、包村增收及定点扶贫工作。2015年物价局扶贫点由神池县调整为代县，成立了由检查分局人员组成的扶贫工作队，制定了扶贫工作计划，完善了工作制度，确立了打井和地表水治理等扶贫项目，按照精准扶贫要求，确定了党员对户帮扶方案，完成了一对一结对帮扶入户对接工作。

五、以“保中心、促发展”为目标，深入推进价格改革，促进单位全面建设

物价局始终把党建成效体现在各项价格工作中，2015年按照牢固树立六种意识、积极推动三个转变、着力建设六型物价的总体思路，突出抓好稳价安民、深化改革和服务发展等工作，形成了科学的价格机制，由着重管理价格水平转变到监管价格行为。

(一)保持价格总水平基本稳定

省物价局采取加强调控、强化监管、安定民生等综合措施，把保持价格总水平基本稳定当作第一要务来抓，2015年CPI累计上涨0.6%，低于全国平均水平0.8个百分点，居全国倒数第1位。

(二)积极推进简政放权

一是放开、下放部分价格和管理权限。取消、放开、下放价格管理项目和管理权限384项，同时顺利承接国家下放的定价权限4项。二是依法确权。对物价行政权力进行了拉网式全面规范清理。现有行政权力(权力清单)18项，包括：行政许可1项、行政确认1项、行政处罚6项、行政强制2项、行政奖励3项、其他权力5项。三是落实权力清单化。对《山西省定价目录》(2002年版)进行了全面修订，形成了新的《山西省定价目录》，由原来22种(类)，缩减为13种(类)(包括新增加的基本养老服务)，缩减率达到了40.9%；定价内容由原来的74项，缩减为42项，缩减率达到了43.2%。

(三)深化资源性产品价格改革

结合我省实际，按照国家和省里的要求，深入推进水、电、气、热等资源性产品价格改革，取得了明显成效。电价改革方面，完善了外送电价格形成机制，推进大用户直供电电价改革工作，累计完成交易电量约360亿千瓦时，可降低电力用户用电成本约23.7亿元；对电解铝行业实行了阶梯电价政策，对水泥行业实行了差别电价政策，有效化解了电解铝行业和水泥行业过剩产能；制定了我省燃气热电标杆上网电价，促进我省燃气热电产业发展；实施超低排放环保电价政策，累计试行超低排放环保电价发电机组装机容量126万千瓦。水价改革方面，大幅提高了水资源费征收标准，限制过度使用地下水，我省现行水资源费征收标准已高于国家发改委对我省“十二五”水资源费标准2元/立方米的目标要求；对居民生活用水实行了阶梯水价，全省11个设区市已全部出台了居民阶梯水价政策，促进了节约用水；对工业实行了“差别水价”政策，对限制类企业水价加一倍征收，对淘汰类企业水价加三倍征收，对污染严重的企业在限制类、淘汰类水价的基础上加一倍征收，促进了产业结构调整；全面开征污水处理费，有效促进了水污染防治工作。气价改革方面，为积极完善煤层气价格形成机制，加快推进全省煤层气产业发展，起草了《关于推进煤层气价格形成机制改革的意见(试行)》；进一步推进天然气价格改革，2015年4月1日实现了非居民存量气和增量气价格并轨，2015年11月20日大幅降低了非居民天然气价格，非居民用气价格在现行价格基础上降低0.70元/立方米。热价改革方面，积极推进以按用热量计价收费为重点的热力价格改革，会同有关部门下发了《关于积极稳妥做好按用热量计价收费工作的通知》，明确了按用热量计价收费的范围、职责以及两部热价制定办法。

(四)全面推进医药价格改革

按照全省医改工作要求，平稳有序推进医药价格改革。在多年改革工作的基础上，2015年为巩固和发展县级公立医院综合改革和成果，制定了《关于全面推进县级公立医院医药价格改革工作的实施意见》，增加了建立医疗服务价格调整的浮动机制、“三比”控制要求、市级人民政府部署县级公立医院改革、审核平衡调价方案的权限等内容，从2015年11月1日起，全省所有县级公立医院取消了药品加成；建立完善科学合理的药品价格形成机制，自6月1日起，取消了省管药品政府定价。全面清理1996年以来省管药品价格文

件,公布废止了药品价格文件 683 个。

(五)加大对市场价格行为的监管力度

强化市场价格监管是贯彻落实中央《若干意见》的重要内容,2015 年重点开展了涉企、涉煤、医疗、教育、旅游等专项检查工作,为稳定市场价格水平、维护市场价格秩序发挥了积极作用。全省共查处价格违法案件 367 件,实施经济制裁 4837 万元。其中,退还用户 510 万元,没收价格违法所得 3055 万元,罚款 1272 万元。加强价格举报信息系统建设,顺利完成了"12358"价格举报信息系统四级联网工作,举报工作基本实现了电子化、信息化、网络化,全省共受理各种投诉举报 15812 件,办结率达 98.82%。

(崔海兵)

附:省物价局党组书记、成员名单

书　记:李永平

成　员:庞金龙　祁晓虎　武振功(8 月离职)　王春庆

省国防科学技术工业办公室党委工作概况

党委书记　朱　鹏

2015 年,省国防科技工业认真落实省委、省政府和国防科工局的各项工作部署要求,以构建军工核心能力建设体系、军民融合发展体系、从严治党工作体系为中心任务,党建工作取得新进展,为推动全省国防科技工业"六大发展"提供了坚强政治保障。

一、坚持思想引领,不断提升党员干部理论素质和党性修养

一是坚持党委中心组学习引领。结合开展学习讨论落实活动和"三严三实"专题教育,深入学习党的十八届三中、四中、五中全会精神和习近平总书记系列重要讲话精神,认真学习《中国共产党廉洁自律准则》《中国共产党纪律处分条例》《中国共产党巡视工作条例》等重要党内法规,认真学习领会省委"五句话"的深刻内涵和本质要求,将省委关于从严治党等决策部署贯穿到党建工作全过程。全年开展中心组学习 17 次。结合实际,制定下发《山西省国防科技工业 2015 年党委中心组学习要点》,班子成员深入 40 个基层党委开展中心组参学督学,进一步凝聚了军工改革思想共识,激发了创新发展的活力。

二是创新党员干部思想教育机制。召开"弘扬军工文化、纪念抗战胜利 70 周年" 座谈会和军工文化教育基地工作会议,召开全系统宣传思想工作暨军工文化建设推进会,出台《关于加强和改进党的群团工作的实施意见》,加大对群团工作的支持保障力度;组织推动并完成山西北方机械制造有限责任公司"军工文化教育基地"、长治清华机械厂"军工文化建设示范单位"、山西淮海集团"黄崖洞兵工厂旧址群"通过国家军工文化教育基地现场认定并挂牌,红色文化宣传教育平台建设成效明显, 为军工发展提供了思想保障和精神动力。

三是提升党员干部能力素质。组织全系统基层党委书记在省委党校举办"四个全面"专题培训,纪检监察干部专题培训,"领头雁"示范培训,党支部书记示范培训,组织编写《党支部书记培训教材》20 万字, 对全系统党支部书记普遍轮训,组织机关和基层企事业单位干部大讲堂,开展"党委书记讲党课"、通过党建微信群、QQ 群创新学习模式,提高了两级书记履职能力。认真学习贯彻党的十八届五中全会精神,党委班子成员分别深入基层进行十八届五中全会精神宣讲,进一步坚定了党员干部的理想信念,增强了"坚守军工魂、共铸军工梦、当好军工人"的历史担当。

二、坚持问题导向,全面落实从严治党的要求

一是加强调研、系统谋划。认真学习王儒林书记在 2014 年度党建专项述职会议上对国防科技工业党建工作"角色定位不准、主体责任不到位、方式方法要改进,要放在大局中研究部署,切实加强,充分发挥作用"的重要指示,深刻认识当前党建工作中存在的突出问题,党委班子成员深入基层领题调研,围绕党委班子建设、党委中心组学习、基层组织建设、党建工作力量配备、工作方法创新、群团工作状态、职工群众生产生活及意识形态等方面开展党建工作专题调研,了解基层党建情况、分析研判薄弱环节,为有针对性地研究具体措施奠定了基础。17 次召开党委会、专题会议听取研究全系统和机关及直属单位党建、反腐倡廉和纪检监察工作汇报,坚决把"严"的要求和"实"的作风贯穿到思想、作风、组织、反腐倡廉和制度建设的各个环节中,切实担负起抓好党建的职责和使命。

二是明确责任、狠抓落实。坚持党建工作与业务工作同研究、同部署、同考核。在年初工作会上,对全系统抓党建工作的目标和任务进行了安排和部署,下发了《2015 年度党建工作要点》, 与各企事业单位党政一把手签订党风廉政建设责任书。进行基层党委书记专项述职,全面开展全系统党建责任制考核,对党建抓的好单位将进行总结表彰,对抓党建不力的进行约谈问责,着力解决干部协管、领导监督、党务工作者能力提升、宣传思想、意识形态等重点难点问题,强化责

任落实，提出整改要求，不断强化党建责任制落实。

三是整改问题、优化提升。针对党建工作中薄弱环节，扎实组织开展学习讨论落实活动，坚持问题导向，全系统共查找突出问题221个，提出整改措施202条，强化整改措施，全系统确定13项专项整治任务、298个整改问题，完成整改204个。8月26日省委巡视组反馈意见后，先后召开党委会和专题会议11次，逐一梳理巡视指出的问题，逐一提出具体整改措施，形成巡视整改方案，将两个方面四大类问题分解为14个具体问题清单和38项整改措施。针对巡视中发现的7个问题线索，成立5个专案核查组，完成5个问题线索的核实。

三、坚持从严要求，扎实开展"三严三实"专题教育

一是认真制定方案，全面安排部署。结合实际，制定印发《关于在县处级以上领导干部中开展"三严三实"专题教育实施方案》和《"三严三实"专题教育主要工作安排意见》。全面安排部署，党委书记以"认真学习践行'三严三实'扎实推动全省国防科技工业改革发展"为题，为机关全体领导干部讲专题党课。党委以上率下认真开展学习讨论，教育党员干部把制度、纪律和规矩挺在前面，运用正反两个方面的典型，让领导干部受警醒、明底线、知敬畏。

二是党委以上率下，开展学习讨论。制定学习讨论计划，认真开展党委中心组专题学习讨论。党委中心组围绕"严以律己"、"严以修身"和"严以用权"三个专题组织集中学习讨论，每次由1至2名党委领导班子成员领学，其他班子成员和部分处室负责人也结合实际进行了学习交流发言。

三是严肃党的纪律，严格党内生活。"七一"期间，机关和直属单位全体党员以践行"三严三实"为主题，深刻进行党性分析，认真撰写对照检查材料，深入进行"六对照六反思"，召开支部专题组织生活会，严肃认真地开展批评和自我批评。党委班子成员以普通党员的身份参加了支部专题组织生活会。机关和直属单位广泛开展了民主评议党员工作，并与创先评优活动结合起来，评选表彰了一批优秀共产党员和党务工作者。

四是加强基层指导，开展参学督学。组成7个参学督学组，分赴各企事业单位参加党委中心组集中学习和专题研讨，及时传达贯彻中央和省委的安排部署，指导专题教育工作的开展。

五是列出"两个清单"，抓好整改落实。列出"问题清单"和"整改清单"，实行整改问题台账制、整改措施责任制、整改任务销号制。机关和直属单位副处级以上干56人，共查找列出问题162个，并提出了整改清单措施，形成了风清气正的环境。

四、坚持固本强基，着力抓好基层党组织建设

一是强化领导班子建设。建立《山西省国防科技工业党委干部协管名册》和协管干部基本信息库。认真履行干部协管职能，积极与军工集团协同，调整选任各单位领导干部10批27人次，指导完成4个单位党委按期换届。同时调整选任机关和直属单位正处级领导干部2批6人次，并进行了廉政谈话。认真完成个人事项申报等，加强了对领导干部的日常监督管理。

二是强化基层组织建设。通过标准化鉴定、台账式管理、集中性整顿的方式，完成对13个软弱涣散基层党组织清理整顿。

三是坚持党员创新工程。坚持一个支部一个特色，一个党员一个创新点，从技术革新、工艺优化、管理提升、降本增效等方面扎实开展党员创新工程，推动基层党建与生产经营有机融合。

四是严格党员发展工作。2015年发展的497名党员，全部在发展标准、工作程序、指导审核上从严把关、提高质量。特别是汾西重工有限责任公司党委把发展党员工作流程的5个阶段25个环节实行量化考评，受到省委组织部肯定。

五是强化党建工作条件保障。各单位在年度预算中专门列支党务活动经费，党务工作者享受同等级别薪酬待遇，1346个党支部实现了活动场所全覆盖，基层党组织普遍实现了晋位升级。

五、坚持主体责任，加强反腐倡廉建设

一是强化责任落实。坚持党风廉政建设工作实现与党建、经济工作同部署、同落实、同考核，在年初召开的山西省国防科技工业工作暨党风廉政建设会议上，全面安排部署全系统党风廉政建设和反腐败工作，与企事业单位党政一把手签订党风廉政建设责任书。按照"谁主管、谁负责"和"一岗双责"的原则，把反腐败任务分解到责任领导和责任部门，制定下发《2015年反腐倡廉工作任务分解意见》，明确各自主体责任和监督责任，层层传导压力，形成了纵向到底、横向到边的责任体系。

二是强化制度建设。按照省委党风廉政建设主体责任和监督责任和强化干部任用"三个一批"等要求，结合国防科技工业实际，制定下发了《关于落实党风廉政建设党委主体责任的意见》和《关于落实党风廉政建设纪委监督责任的意见》，并列出了责任清单，对军工系统"两个责任"落实情况开展督查。制定印发了《对领导干部进行提醒、函询、诫勉的暂行规定》、《关于加强对党政主要领导及班子成员的监督办法》和《在干部选拔任用工作中严格执行民主集中制的暂行规定》等系列制度和办法，不断适应军工改革发展的新形势和新要求。

三是强化责任考核。将党风廉政建设作为党建目标考核的重要内容，纳入军工改革发展党的建设总体布局，列入领导班子和领导干部目标管理，列为年度领导班子民主生活会的重要内容。年初，由党委领导班子带队，对全系统企事业单位的党建目标责任制和党风廉政建设责任制落实情况进行全面考核，对落实两个责任、查办案件情况、解决群众反映强烈的问题、专题研究落实党风廉政建设责任制等情况进行监

督检查。对落实“两个责任”不到位的单位进行追责，约谈6个单位的党委、纪委主要领导，并对20个党风廉政建设工作完成较好的单位进行了表彰。

四是强化执纪问责。认真落实党风廉政建设主体责任，坚持有案必查、有腐必反、有贪必肃，健全腐败案件揭露、查处机制，畅通拓宽信访举报渠道，及时排查案件线索，严肃查处腐败问题和不正之风。严格执行“八项规定”，弛而不息狠刹“四风”，形成了风清气正的环境。全年查处党员违纪案件10件，处分党员12人，其中开除党籍5人，留党察看1人，党内严重警告2人，党内警告4人。

六、坚持以上率下，积极推进“六型机关”建设

一是突出学习，强化干部思想建设。深入学习贯彻习近平总书记系列重要讲话精神，推动学而信、学而用、用而行，组织开展机关第四届“读书月”活动、赴天津南开大学干部选学培训120人次、干部在线学习人均达91学时，在省直机关名列前茅。

二是加强作风建设，营造干事创业氛围。严格执行“八项规定”，持续狠刹“四风”，严格政治纪律，把规矩挺在前面，着力整治秩序涣散、纪律松弛、效率低下等问题。特别是8月26日省委巡视组反馈意见后，召开党委会和专题会议11次，逐一梳理巡视指出的问题，逐一提出具体整改措施，形成了巡视整改方案，将两个方面四大类问题分解为14个具体问题清单和38项整改措施。加强公务用车的管理，尤其是节假日期间的管理，确保机关及直属单位不发生公车私用现象，同时，对直属单位的规章制度进行督察，促进了各直属单位工作制度的完善。

三是以“六权治本”为抓手推进军工法治建设。制定“六权治本”工作实施方案，全面严格清理行政权力，依法确定权力清单、责任清单和问责依据，完成了责任清单、权力运行流程图和风险防控图的编制工作，清理编制行政权力清单4类14项，并及时公开接受社会监督；优化和规范行政审批事项流程，依法行政，全年办理行政审批422件。加强机关信息化建设，数据机房建设项目通过验收，OA软件系统建设顺利完工。严格机关各部门业绩考核制度，制定了《2015年工作推进手册》，细化任务分解，责任到人，强化考核，狠抓落实，机关干部业务素养和行政效能不断提升，各项工作顺利推进。

四是进一步活跃职工文化生活，不断推进文明和谐机关创建。精心组织干部职工开展学习培训、广播操比赛、手机摄影比赛、提高写作能力征文等活动，要求干部努力在谋大事、做大事上创新突破，营造昂扬奋进、积极向上的浓厚氛围。积极履行社会责任，组织开展献爱心捐款活动，加大扶贫攻坚力度，扶贫项目得到扶贫考核组和当地一致好评。

七、抓党建促发展，推动军工经济持续发展

2015年，全省国防科技工业系统以构建军工核心能力建设体系、军民融合发展体系、从严治党工作体系为中心任务，实施“五大专项”，推进“四项工程”，坚守“三条生命线”，各项工作取得新的成效。

一是军工经济继续保持平稳增长。二是全省军工能力建设和科研工作取得新成果。三是军民融合发展取得新突破。编制完成《山西省国防科技工业军民融合深度发展“十三五”规划》。推进40个重点军民融合产业项目建设。高分山西应用中心正式挂牌运行，与省相关厅局和企业、院校对接，开展了森林生物物种检测、土地变更调查监测、矿山生态环境监测等系列项目应用；北斗卫星应用方面，与省公路局协商合作北斗地基增强系统“一张网”建设，组织开发运煤车辆监管、矿区地表形变监测预警等北斗技术应用项目，向煤炭、交通等重点领域拓展；高端装备智能制造方面，着力推进重点产品攻关，轨道交通、煤层气发电、节能电机、秸秆资源化利用等一批产品实现新突破，中电科二所微电子组装智能装备试点示范项目被国家工信部列为2015年全国46项智能制造试点示范项目之一，成为我省唯一入选项目。煤层气发电机组项目新产品已完成研制，将对发展全省煤层气产业产生重大推动作用；两化融合方面，全面推进贯标，汾西重工成为国家试点；信息安全方面，与中国电科集团合作，共同筹划建设华北总部，打造我省网络安全产研基地。大力推动产业基地建设。制定落实《山西省创建军民结合产业基地创建实施办法》，重点推进太原轨道交通及装备制造工业园等9个军民结合产业基地建设，积极谋划6个新的产业基地建设，形成产业聚集效应。

创新体制机制。积极谋划，全力推动，促成了省政府与国防科工局正式签订了推进山西军民融合深度发展的战略框架协议，全面推进我省军民融合示范区建设。在“2015年中央企业山西行”活动中，促进我省与中国兵器、中船重工、中电科三个军工集团签署了深化战略合作协议，签约17个项目投资170亿元。持续加强与各市横向协调，完善、夯实与太原、大同、长治、晋城、临汾等市建立军民融合发展协调推进机制，与太原市委、市政府深化协同机制与产业合作，进一步提升了国防军工在地方经济社会发展中的贡献度和显示度。

四是行业监管服务水平不断提升。进一步完善安全生产监管制度，建立安全生产长效机制，加大监管力度，全系统安全生产继续保持平稳势头，全面完成了省政府下达的安全生产任务。落实反奸防谍和保密责任制，不断强化安全保密工作，未发生失泄密案件。加强协调服务，完善协调机制，畅通“绿色通道”，全面保障了国家重大科技专项任务和军品科研生产任务的顺利完成。

(赵登斌)

附：省国防科学技术工业办公室党委书记、副书记、委员名单

书　记：朱　鹏

副书记：李章贺　史国兵

委　员：温国贵　王树峰　齐建伟　段万乐

省中小企业局党组工作概况

2015年，省中小企业局党组团结带领全体干部职工，认真落实省委、省政府的各项决策部署，严格践行“三严三实”、“六权治本”等具体要求，创新进取、积极作为，有力促进了全省中小微企业持续健康发展。

一、强化党性修养，提升能力素质，全面加强领导班子和干部队伍建设

在领导班子建设方面，一是坚持理论武装。深入学习贯彻党的十八大、十八届三中、四中、五中全会和习近平总书记系列重要讲话精神，认真学习贯彻省委十届七次全会、全省经济工作会议精神，全年党组中心组共集中学习12次，努力以科学理论武装头脑、指导实践、推动工作。扎实开展“三严三实”专题教育，努力在守纪律、讲规矩上见实效，在真抓实干、推动工作上见实效。通过集中讲党课、专题辅导讲座、党风党纪教育、廉政文化教育等，引导党员干部加强党性修养，转变工作作风。二是严格政治纪律。坚持把纪律和规矩挺在前面，严格遵守党的各项纪律和领导干部廉洁从政各项规定，“三重一大”事项都经集体讨论决定，民主决策、科学决策水平进一步提高。三是注重分工合作。班子成员之间互相信任、互相支持，协同合作、团结共事的意识不断提高。在没有专门的党组书记和局长的情况下，班子成员勇挑重担、敢于担当、主动作为，创造性地开展工作，各项工作取得新成效。

在干部队伍建设方面，一是注重教育培训。突出加强党性修养、理想信念等方面的教育，组织局机关系统30名干部参加了省委组织部在北大、浙大等名校举办的自主选学，不断提升干部队伍的政治素质、业务能力和服务水平。二是强化担当意识。着力提高干部队伍的执行能力、谋划能力和协调能力，增强敬业、务实、担当意识，干部队伍干事创业的积极性有了新增强。三是加强监督管理。严格干部日常管理及考核，扎实开展领导干部个人有关事项报告及抽查核实工作，进一步强化对党员领导干部的管理和监督。

在机关党的建设方面，一是强化党员干部政治素养。突出强化党性修养、提升理论素质，选派19名党员干部分批参加省直党校培训班学习；突出弘扬“法治文化、廉政文化、红色文化”，组织党员干部参观系列主题展览，聆听系列主题讲座，引导党员干部积极践行社会主义核心价值观。二是加强基层党组织建设。积极推进党务公开，深入开展创先争优，改选补选充实基层党组织3个；表彰先进基层党组织4个，优秀党务工作者4名，优秀党员76名。三是认真开展下乡住村活动。实施精准扶贫，组织机关干部与对口帮扶村结对帮扶，投资160万元，帮助扶贫点解决饮水问题、发展庭院经济、栽植经济林。四是加强机关文化建设。调整充实、健全完善机关工青妇组织，落实老干部政治和生活待遇，组织系列群众性文体活动，参加省直机关干部职工广播操大赛、省直工委组织的“菜单式”体育比赛等，有效增强了全局干部职工的向心力、凝聚力和集体荣誉感。

2015年，全局系统干部职工以高度的政治觉悟和务实的工作作风，认真履职尽责，积极主动作为，敢于担当、勤政务实，为全面加强机关建设凝聚了忠诚尽职的正能量，为建设团结向上、干事创业的有为机关做出了新成绩。

二、加强纪律建设，全面从严治党，不断提高党风廉政建设水平

一是落实主体责任，狠抓廉政建设。认真落实党风廉政建设责任制，以党组1号文印发《党风廉政建设责任制及任务分解意见》，把党风廉政建设与业务工作同研究、同布置、同检查、同考核。研究制定《关于落实党风廉政建设主体责任清单》，组织进行廉政约谈，对班子成员和处室（单位）负责人进行谈话提醒，注重“抓早抓小抓苗头”，教育大家做到心中有戒，防微杜渐。

二是注重法治建设，推进“六权治本”。认真对权力进行梳理、分类、归集、整合，确认3类10项行政权力事项，排查出40个权力风险点，制定了权力清单、责任清单、权力运行流程图、廉政风险防控图及问责依据，并在山西省中小企业网上进行对外公布。修订完善了“三重一大”事项集体讨论决策等规章制度，全局现有制度共9大类93项，形成了较为完整的“六权治本”制度体系。

三是开展专项整治，严格正风肃纪。深入开展“工作秩序涣散、纪律松弛”、“违规收送礼金红包”、“大操大办婚丧喜庆借机敛财”等问题专项整治，紧盯重要节点、重点领域和突出问题，采取定期检查、随机抽查、明察暗访等方式，全面推进专项整治工作，始终保持正风肃纪、反对“四风”的高压态势。

四是落实八项规定，切实改进作风。下大力气精文简会，全年会议次数同比减少28.5%，支出经费同比减少30.2%；发文数量同比减少6%。积极改进调查研究，建立机关干部联系固定资产投资项目制度，班子成员经常深入基层、深入企业，研究问题、解决困难。从严控制机关运行经费，自觉规范公务出行、公务接待等行为，全年“三公”经费支出同比减少54.31%。

三、坚持求真务实，奋力开拓进取，全面完成2015年度各项目标任务

2015年，面对经济下行压力持续加大的困难与挑战，全省中小企业系统认真贯彻落实省委、省政府决策部署，主动适应和把握经济新常态，坚持稳中有进的工作总基调，坚持问题导向、服务为本，迎难而上，主动作为，各项工作取得积极成效，全省中小微企业实现平稳健康发展。到2015年底，全省中小微企业（法人单位）户数达18.25万户，比上年净增

加2.83万户；从业人员383.6万人，比上年净增加5.2万人；完成营业收入23279.9亿元，为全省经济发展和社会稳定做出了积极贡献。

一是强化政策引导，优化发展环境。围绕创优中小微企业发展环境，采取有效措施，认真抓好“国29条”和我省“17条”“15条”“12条”等一系列政策的落实。先后代省委、省政府起草了《关于加快民营经济发展的意见》《关于进一步支持小型微型企业健康发展的措施》，我省促进中小企业、民营经济发展的政策措施进一步完善。组织宣讲团先后赴吕梁、晋中、阳泉和太原等市进行政策宣传讲解，进一步激发大众创业、万众创新的热情。组织开展“小微企业政策宣传月”“送政策、送专家、送服务”和“法律进企业”活动，编印扶持中小微企业发展最新政策汇编40000余册，免费向企业发放，帮助企业了解政策、吃透政策、用好政策。

二是坚持分类指导，助推快速成长。在推进“小升规”企业成长方面，建立“小升规”企业培育库和营业收入500-2000万元企业基础信息库，进一步完善奖励办法，加强帮扶指导，进行重点监测，推动小微工业企业规范升级。截止2015年底，通过省统计局审核并报国家的“小升规”企业319户，超额完成200户的年度目标任务。在推进企业集群化发展方面，研究制定《关于加快中小企业产业集群发展的实施意见》，指导全省中小企业产业集群的发展；组织编制《山西省中小企业产业集群发展规划(2016-2020)》，明确我省未来五年中小企业产业集群发展方向和领域，推动支持传统优势产业集群发展壮大，促进新生产业集群形成与发展。深入祁县、定襄等地调查研究，分析梳理，完成了《关于祁县玻璃器皿产业集群发展情况的报告》及《关于定襄法兰产业集群发展情况的报告》，帮助两地分别制定玻璃器皿产业集群、法兰产业集群发展规划。赴河南、山东开展产业集群发展情况调研，学习先进经验，指导工作实践。

三是改善融资服务，缓解融资困难。搭建政银企保合作交流平台，向金融机构推荐中小微企业1595户，达成融资担保合作意向680.7亿元。积极推广“助保贷”等有效融资模式，联合财政厅为各市拨付奖励资金1.94亿元，推动66个县开展中小微企业融资模式创新工作。截止2015年底，省、市、县三级政府共投入资金11.2亿元，累计为中小微企业发放助保金贷款68.3亿元，财政资金放大6.1倍，撬动银行对中小微企业发放贷款效果显著。拓宽直接融资渠道，制定出台我省《中小企业规范化改制三年行动计划》和《2015年中小企业规范化改制工作推进方案》，对在中小板、创业板、“新三板”、山西股权交易中心上市或挂牌融资的中小企业分别给予100万元、50万元、10万元的一次性资金奖励，鼓励中小企业通过互联网平台以股权众筹等新模式进行融资。举办全省中小企业改制上市暨“新三板”挂牌实务操作高级研修班和中小企业改制上市与融资专题培训班，全省约1100名中小企业负责人参加。2015年，推动28户中小企业在“新三板”挂牌；截至2015年底，累计有32户中小企业在“新三板”挂牌；3户中小企业在创业板上市，4户中小企业在中小板上市，150户中小企业在上海股权交易托管中心Q板挂牌，1305户中小企业在山西股权交易中心挂牌展示。

四是实施双创工程，推进创业创新。推进小微企业创办。在全省范围内集中开展“双创”活动周，组织开展创业大赛、创业大讲堂、创业沙龙、创业训练营等丰富多彩的创业创新活动。依托全省223个小微企业服务站，开展创业培训和创业辅导，积极培育各类市场主体，全年新创办小微企业6.71万户，为全省经济发展注入新活力。推进中小企业技术创新。新认定省级中小企业技术中心46个，截止2015年底，全省共有省级中小企业技术中心158个，拥有全国领先技术122项、发明专利203项、实用新型专利487项、外观设计专利157项。推进中小企业品牌建设，对2014年获得国家驰名商标(10件)和山西省著名商标(300件)的中小微企业进行资金奖励。

五是加强人才培训，提升整体素质。实施“3个1”经营者素质提升工程，圆满完成100名小微企业优秀经营者、1000名有发展潜力的小微企业主、10000名小微企业管理人员的培训任务。特别是针对100名优秀中小企业经营者的培训，中小企业局创新培训方式，采用公共理论课集中上、专业课分产业集群上、实践应用课到典型企业上的有效形式，积极开辟第二、第三课堂；组织企业家开展项目对接和产品推荐会等活动，为企业家提供“融智融资”、“互联互赢”的平台，推动企业相互扶助、共赢发展，深受中小微企业欢迎。2015年仅北京大学一个培训班，班内合作销售超过1亿元。

六是加强服务指导，推进固定资产投资。制定《推进2015年山西省中小企业固定资产投资任务工作方案》，建立局机关干部联系固定资产投资项目制度，实施“一月一跟踪、一月一分析、一月一汇报”的推进机制，及时分析研究、积极帮助解决固定资产投资工作推进过程中存在的困难和问题，促进项目建设顺利推进。举办全省中小企业固定资产投资政策专题培训班，进一步增强中小微企业发展信心，激发投资热情。至2015年底，全省中小微企业固定资产投资完成771亿元，对全省发展新兴产业、培育新动能和促进结构调整发挥了积极的促进作用。

七是创新服务方式，完善公共服务体系。推进中小企业公共服务平台网络建设。整合服务资源，创新服务方式，建立协同机制，不断完善22个专业应用平台、9个市级综合服务窗口平台和24个产业服务窗口平台的服务功能，开通山西省中小企业公共服务微信平台。截止2015年底，公共服务平台网络已入驻服务机构579家，入驻中小微企业10000余户，发布服务项目1166项，发布服务活动信息893条，提供线上线下各类服务9300余项。推进中小企业创业基地建设。积极指导协调，推动太原市以第一名成绩成功入选国家小微企业创业创新基地首批示范城市。坚持新建与改造并重，鼓励和支持各类社会资本利用闲置土地、厂房、楼宇等改造建设创客空间、众创空间、创业社区、创新工场、微型企业孵化园、科技孵化器、商贸企业集聚区等小微企业创业基地，帮助中小企业特别是初创期小微企业解决用地难问题。新认定省级中小企业创业基地14个，截止2015年底，目前全省省级中小企业创业基地达到81个，占地面积3719.73万平方米，总投资367.18亿元，入驻企业3394家，吸纳就业人员约10万人。帮助中小微企业开拓市场。组织全省100多家企业300多种产品参加第十二届中国国际中小企业博览会、第十一届中俄蒙经贸洽谈暨商品展销会和2015中国——阿拉伯国家博览会，进行产品推介，开展合作洽谈，达成多个合作意向。加强经济运行监测。积极应对经济下行压力，掌握发展动态，强化预警分析，不断完善省市县乡"四级联动"和全面统计、19个直报县、22个产业集群、1500户重点企业、200户企业手机快速调查"五位一体"的运行监测体系。每季度召开经济运行分析会，全面掌握中小企业发展情况，为各级各部门指导中小微企业发展提供决策依据。

（眭鹏飞）

附：省中小企业局党组书记、成员名单

书　记：（暂缺）

成　员：闫龙江　武晨阳（女）

省食品药品监督管理局党组工作概况

党组书记　赵光国

2015年，省食品药品监督管理局认真贯彻落实省委、省政府和国家食品药品监督管理总局的部署要求，紧密结合山西实际，紧紧抓住改革机遇，健全完善监管体制机制；紧紧抓住突出问题，持续开展治理整顿；紧紧抓住制度建设和能力建设，加快提高食品药品安全的可控性；紧紧抓住政治建设和业务建设，打造忠诚干净担当的监管队伍，全省监管工作不断加强，没有发生大的食品药品安全事故。

监管体制改革

按照国务院和省政府的改革要求，在省、市、县、乡四级监管机构全部到位的同时，全省新设置专门的稽查执法机构131个，2300人，10个地级市、95个县（市、区）的公安部门专门成立了食品药品犯罪侦查机构，有食药警察303名。特别是着力加强基层基础建设，加快乡镇站标准化规范化建设，全省1404个乡镇（街办）核定设置乡镇监管站888个，实际设立1005个，核定编制5596名，到位4316人，到位率为77.12%，太原的小店区、万柏林区，晋中的介休市、祁县，吕梁的孝义市等一批县局的乡镇站所已经达到标准化、规范化要求。

食品安全监管

加强重点品种监管。采取全面排查、重点抽查、监督抽验、从严查处等有效手段，集中整治肉制品、乳制品、食醋、白酒、食用油等消费量大、风险比较高的品种，共责令整改409家，停产停业150家，依法取缔103家，有效规范了食品生产行为。

加强重点区域监管。以批发市场、集贸市场、农村地区、城乡结合部为重点，集中整治"三无"食品和假冒伪劣食品，共检查食品经营场所16.6万家次，查处食品违法案件2632件，罚没款金额686.42万元，净化了食品市场。

加强重点单位监管。严格实施学校食堂16条和聚集性就餐15条监管举措，采取排队通报、约谈警示、上限处罚直至停业整顿等严厉措施，对全省6575所学校食堂、25家集体用餐配送单位和中央厨房进行了全覆盖检查，全省持证餐饮单位量化分级率达到97%。

加强重点行为整治。采取降低门槛、登记备案，全面整顿、重在规范的办法，对全省5235家食品生产加工小作坊实施了备案管理，取缔了一批不符合条件的小作坊、小摊贩、小餐饮。采取强制下架、全省禁售、监管公告、媒体曝光等措施进行整顿规范，查处了8种非法添加和15种严重违规宣传保健食品，突出问题得到明显遏制。

药品、医疗器械安全监管

抓重点环节监管。在药品生产环节，开展了特殊药品、中药提取物、银杏叶药品等专项检查，责令8家企业限期整改；在药品流通环节，重点对全省92家基本药物配送企业、11家疫苗经营企业进行了全覆盖检查；在医疗器械领域，组织开展了生产经营质量管理规范、无菌和植入类医疗器械、体外诊断试剂等专项检查，责令整改1581家次，有效保障了药械安全。

抓药品规范管理。严格实施新版药品质量管理规范，加快推进企业改造升级，全省共有100家药品生产企业、332家批发企业通过认证，淘汰了102家生产经营条件差、管理不规范的企业。以高风险品种为重点审查对象，完成了6562个药品品种的再注册。颁布了恒山黄芪等50个中药材品种质量标准，提升了中药材中药饮片质量水平。

抓重点问题治理。组织对全省银杏叶药品生产企业进行了全面检查，切实消除安全隐患。对存在问题的山西仟源医药、瑞福莱药业，及时采取警告、责令召回、停产整改等措施，对仟源医药处以408.39496万元罚没款，没收涉案药品并监督销毁。组织对全省药物临床试验数据进行了自查核查，对117号公告涉及的29个品种，先后两次撤回21个，药物临床试验数据自查核查工作第一阶段任务圆满完成。

监管技术支撑体系建设

省食品药品监督管理局根据基层技术监督机构普遍缺失的实际，在完善技术支撑体系上下功夫，初步构建了省、市、县、乡四级检测检验体系，检验能力有了较大提升。市级：11个市食品药品检验所新增事业编制170名，增加设备投入1.8亿元，完成资质认定437项；太原、朔州、忻州、阳泉、长治、晋城、运城等市积极争取政府支持，正新建高标准的食品药品检验监测中心，投入资金均在2000万元以上，面积均超过2500平方米。县级：全省增设县级检测检验机构84个，新增事业编制1018名，古交、孝义被列入全国检测检验资源整合试点，柳林、祁县等一批县局检测检验中心抓紧建设，为监管提供了有力的技术支撑。

省食品药品监督管理局坚持以问题为导向，把监督抽检作为发现区域性、系统性风险的重要途径，作为倒逼企业落实主体责任的重要手段，着力提高监管的针对性和有效性，全年共抽检食品14258批次，公开发布抽检信息26期，核查处置问题产品398批次，消除了一批安全隐患。共抽检药品7344批次、医疗器械437批次、保健食品化妆品939批次，发布监管公告10期，核查处置不合格产品212批次，防范了药械风险。市县两级监管部门克服经费、能力不足的困难，积极落实食品监督抽检责任，晋中、长治、运城3个市，晋中榆次区、介休市，太原杏花岭区、万柏林区，吕梁孝义市，运城稷山县、永济市等38个县(市、区)工作主动积极，在落实经费、组织实施、信息发布等方面走在了全省前列。

案件查处

省食品药品监督管理局把严查重处作为解决食品药品安全突出问题的重要手段，加强行刑衔接，与省公安厅联合制定出台了《联合打击制售假劣食品药品违法犯罪活动工作制度》，与省高院、检察院、公安厅联合制定出台了《山西省办理食品药品涉刑案件物证检验鉴定的工作规定（试行)》，定期不定期与公安部门召开联席会议，通报案件信息，会商重大案件，挂牌督办案件，一起培训执法人员，加强了公安机关和食药系统的合作。2015年，全省共查处各类案件14149起，罚没款4692万元，比2014年分别增长了1.4%、9.4%。进一步加强行刑衔接，2015年共移送涉刑案件127件，与省公安部门联合查获了“9·07”跨省特大制售假冒名牌白酒案，一举端掉窝点26个，捣毁完整生产线7条，抓捕嫌疑人17人，案值总额超过1亿元，有力震慑了违法犯罪。

食品可追溯体系建设

省食品药品监督管理局把建立以信息化为支撑的食品可追溯体系作为提升监管能力的战略工程，坚持信息化与追溯体系一体化建设，实现同步推进、相互促进；坚持把企业管理信息化作为基础，落实企业追溯体系建设的主体责任；坚持政府主导，实现部门监管过程和企业生产经营过程都可以追溯；坚持统筹谋划、急用先建、试点先行，实现高风险品种和关键环节可追溯。

抓高风险品种可追溯。以安全风险高的肉制品、乳制品和具有我省地方特色的白酒、食醋为重点，在食品生产加工聚集区率先推动建立食品可追溯体系。晋中平遥县15家肉制品生产企业和53家肉制品小作坊、吕梁文水县5家肉制品生产企业，应用二维码和自编码建立了肉制品质量安全追溯系统；榆次区在14家食醋生产企业实现了二维码追溯管理；朔州市乳制品追溯系统在生产加工环节初步建立。特别是白酒追溯体系建设被国家总局列为试点，吕梁汾阳市在32家白酒生产企业建立了信息化追溯体系，汾酒集团采用电子射频、在线赋码和电子标签等先进技术，建成了白酒信息化追溯系统。

抓重点环节可追溯。抓住食品安全重点环节，积极探索食品安全全链条可追溯，真正实现过程全覆盖，质量可追溯。在食品流通环节，实行了“电子一票通”，把企业销货单据、索证索票、台账记录纳入信息化管理，生成随货通行的电子台账，做到产品流向可查询、可追溯。在餐饮环节，建立了餐饮服务电子监管平台，将大型餐饮和学校食堂纳入动态监管，实现了原料购进、索证索票、添加剂使用、餐厨废弃物管理、食品留样等关键环节可追溯。

抓监管过程可追溯。把执法过程管理、痕迹管理纳入可追溯体系建设，建立了综合监管信息平台，采用卫星定位和二维码识别技术，对执法人员准确定位，实时反映执法过程，上传执法记录。执法人员随身携带移动执法终端，随时可以查询辖区内全部行政相对人基础数据信息，并将现场检查情况实时回传监管平台，实现高效处置、层级监督。

制度建设

省食品药品监督管理局组织相关部门修订了《山西省食品药品安全举报奖励办法》，并由省政府办公厅印发，重点解决公众对举报奖励不积极、不了解、不信任的问题。一是鼓励匿名举报，举报人可不提供真实身份信息，采取与受理部门约定代码的方式，举报并领取奖金；二是鼓励企业内部人举报，凡企业内部人员举报查证核实的，按照奖励标准给予双倍奖励；三是鼓励媒体举报，对新闻媒体或记者掌握的重要违法违规案件线索，在公开报道前向监管部门通报、举报或协助调查取证的，给予加重奖励。2015年全省共接到投诉举报15931件，比2014年增长28.3%，省市两级兑现了7起举报奖励19.99万元，调动了公众参与监督的积极性。

省食品药品监督管理局紧紧围绕落实企业主体责任，把市场机制引入监管工作，制定出台了《信用档案工作制度》和《“黑名单”管理制度》，把主观故意、违法添加、无证生产经营、抗拒执法、屡治屡犯等18种严重违法违规行为列入黑名单，对生产经营者和责任人设立不良行为记录，向社会公示，实施重点监管，加大惩戒力度，督促企业落实主体责任。建立与媒体的常态沟通合作机制，主动邀请媒体监督举报食品药品安全违法行为，监督监管部门执法过程，与山西电视台合作进行长时间、大范围的深入暗访，深入发现“潜规则”、重大风险和监管人员不作为、乱作为等问题，充分发挥舆论引导和监督作用。

党风廉政和干部队伍建设

严格落实党风廉政责任制。省食品药品监督管理局党组把党风廉政建设与监管工作同部署、同安排、同检查、同考核，制定出台了省食品药品监督管理局党组《关于落实党风廉政建设党组主体责任的实施办法》和驻省食品药品监督管理局纪检组《关于落实党风廉政建设监督责任的实施意见》，进一步强化了党组的主体责任和班子成员“一岗双责”责任。坚持执法监督与行政监察同步开展、行政执法与案件评查同步推进，强化行政审批、执法检查、专项资金使用、基础设施建设、招标投标以及干部任免等方面的行政监察和纪律检查，以严格的责任追究确保责任落到实处。

全面加强干部队伍建设。坚持德才兼备、以德为先、以廉为基的用人标准，严格执行《党政领导干部选拔任用工作条例》，新提任的15名处级干部得到大家普遍认可，激发了活力，增强了凝聚力。把干部日常表现、作风状况作为年度考核和干部考察使用的重要内容，对苗头性问题及时教育纠正，对倾向性问题加强制度约束，保证了干部不出问题。按照全省学习讨论落实活动安排，围绕严格落实监管责任，规范行政执法行为，坚决整治散、懒、玩、浮、拖、推等问题，坚决整治乱作为、不作为、慢作为问题，干部精神面貌和工作效率有了明显改观。

强化对权力运行的监督制约。全面理解和准确把握省委“六权治本”的内涵，紧密结合实际，围绕重点岗位和关键环节，健全完善制度机制，切实强化对权力运行的监督制约。认真梳理省、市、县三级权力清单和责任清单，省级“两个清单”共梳理出权力和责任事项103项；针对食品行政许可过于集中的问题，加大简政放权力度，2015年分两批将食品生产许可18大类53个申证单元审批项目下放到市局。

重要会议和活动

2015年2月14日，省委书记王儒林深入省食品药品检验所，视察指导食品药品安全工作。

2015年2月27日，召开全省食品药品监管工作暨党风廉政建设会议，对2015年食品药品监管重点工作作出安排部署。

2015年3月2日，省食品安全委员会召开2015年第一次全体会议，传达贯彻国务院食品安全委员会第二次全体会议精神，总结2014年全省食品安全工作，研究部署2015年重点工作。

2015年4月9日至10日，国家食品药品监督管理总局焦红副局长一行到我省调研督导医疗器械监管工作，省政府张建欣副省长，省食品药品监督管理局赵光国局长陪同调研。

2015年8月17日至19日，省政府举办全省食品药品安全监管培训班，国务院食安办副主任、国家食品药品监管总局副局长滕佳材出席并作专题辅导。

（杨晓锋）

附：省食品药品监督管理局党组书记、成员名单

书　记： 赵光国

成　员： 贠亚明　郭宏魁　刘建国　张少杰

省扶贫开发办公室党组工作概况

党组书记　刘志杰

2015年，省扶贫办党组团结带领全办干部职工认真贯彻党的十八大、十八届三中、四中、五中全会精神，按照中央和省委、省政府决策部署，深入开展“三严三实”专题教育活动，严格履行党风廉政建设“两个责任”，着力加强党的建设和法治建设，扎实推进扶贫开发重点工作，圆满完成全年各项目标任务。

一、深入学习贯彻习近平总书记系列重要讲话精神，坚决把中央和省委省政府的决策部署落到实处

2015年，省扶贫办党组坚持把习近平总书记系列重要讲话特别是扶贫开发重要讲话精神作为根本遵循，坚决贯彻落实中央和省委推进经济社会发展的决策部署，坚决做到在思想上政治上行动上与中央和省委保持高度一致。一是深入开展“三严三实”专题教育活动。按照中央和省委开展“三严三实”专题教育活动的安排部署，深入学习领会习近平总书记关于党员领导干部践行“三严三实”的重要讲话和王儒林书记在“三严三实”专题党课，专题研讨会上的重要讲话精神，结合实际制定“三严三实”专题教育活动方案，办党组书记先后两次讲专题党课，办党组以严以修身、严守党的政治纪律和政治规矩、严以律己、严以用权为专题，组织四次学习研讨，并在党组和党支部两个层面召开“三严三实”专题民主生活会，深入查找问题，深刻剖析原因，明确努力方向，提出改进措施，教育引导党员干部把“三严三实”作为作风建设的硬标杆、作为干事创业的新要求，全身心投入到脱贫攻坚的

伟大事业中。二是深入学习贯彻习近平总书记关于扶贫开发的战略思想。采取党组中心组学习、邀请专家辅导、参加集中培训、组织巡回宣讲和个人自学等形式,组织干部职工认真学习领会《习近平关于扶贫开发论述摘编》《干在实处、走在前列》《摆脱贫困》等重要著作,认真学习领会习近平总书记扶贫开发系列的重要讲话精神,认真学习贯彻《中共中央国务院关于打赢脱贫攻坚战的决定》和中央扶贫开发工作会议、全省脱贫攻坚大会精神,以吕梁、太行两大连片特困地区为主战场,按照扶持对象、项目安排、资金使用、措施到户、因村派人、脱贫成效"六个精准"和实施发展生产、易地搬迁、生态补偿、发展教育、社会保障"五个一批"脱贫攻坚工程的要求,加强组织领导,创新工作机制,强化责任落实,全面提高扶贫开发的有效性和针对性。

二、创新机制扎实抓好各项扶贫重点工作,全面完成年度扶贫开发目标任务

2015年,省扶贫办党组全面贯彻中央和省委、省政府打赢脱贫攻坚战的决策部署,按照产业扶持、技能扶持和资本扶持和不断改善基本生产生活条件"三加一"的精准扶贫工作路径,创新机制,强化举措,扎实推进扶贫开发各项重点工作取得新进展。在全省经济下行压力持续加大的情况下,2015年贫困地区农民人均可支配收入预计达到6078元,比上年增长11.9%,高于全省平均水平4.6个百分点。全年新扶持10万贫困人口易地搬迁、培训5万名贫困劳动力并实现稳定就业、500个贫困村整体脱贫、50万贫困人口脱贫的任务顺利完成。

努力做好以下几项重点工作并取得显著成效:

(一)加强改进干部驻村帮扶工作,做到贫困村干部驻村帮扶和派驻第一书记全覆盖、贫困户结对帮扶全覆盖。统筹整合领导干部包村增收和机关单位定点扶贫两支力量,采取领导包村、工作队驻村和党员、干部结对帮扶的办法,组织1.16万名领导干部带领所在单位的工作队,对全省7993个贫困村和2000多个贫困人口较多的低收入村实现驻村帮扶全覆盖;组织25.6万党员、干部,对全省119.2万贫困户实现结对帮扶全覆盖。按照帮扶对象、帮扶责任人、帮扶任务、帮扶措施和帮扶效果"五个落实"的要求,对包村领导和驻村工作队帮扶贫困村,党员、干部帮扶贫困户情况实行台账管理,跟踪督查,定期通报,年底考核,确保做到精准帮扶精准脱贫。从中央在晋帮扶单位,省、市、县机关和企事业单位中选派9395名党员干部,到全省2697个党组织软弱涣散村和7993个建档立卡贫困村担任第一书记,实现建档立卡贫困村派驻第一书记全覆盖。国务院扶贫办刘永富主任充分肯定了我省做法,在全国干部驻村帮扶工作现场会上,我省就这方面经验做法作了典型发言。

(二)改革创新机制强化政策支持,扎实推进扶贫开发各项重点工程取得新进展。一是扎实推进企业产业扶贫工程。紧紧围绕全年完成投资240亿元的目标任务,重点从政策支持、招商引资和项目督查上加大力度,支持引导各类企业参与产业扶贫。制定出台《企业产业扶贫项目贷款贴息资金管理办法》,对企业产业扶贫项目优先给以金融富民扶贫工程"强农贷"支持,扶贫资金贴息率从2%提高到5%;先后在北京、太原举办招商引资活动,组织市、县推介企业产业扶贫项目58个,涉及总投资101.3亿元,其中17个项目签约成功,签约总额54亿元。各类企业产业扶贫项目累计投资252.93亿元,共带动2935个贫困村、50.9万农户发展生产基地,吸纳13.6万贫困劳动力就业增收。二是扎实推进"雨露计划"教育扶贫。紧紧围绕让贫困地区农村有劳动能力的都有一技之长,有一技之长的都有事可做的目标,近抓培训、远抓教育,着力提高贫困群众就业增收能力。将"雨露计划"职业技术教育试点扩大到102个有扶贫开发任务的县,对建档立卡贫困户中接受中高等职业教育的学生,除全部免除学费外,每生每年补助标准从1500元提高到2000元。对考入计划内二本B类以上高校建档立卡贫困户大学生,一次性补助5000元,做到应助尽助全覆盖。拓宽就业培训主体、创新就业培训方式,组织完成新型职业农民培育和千村万人就业培训50545人。三是全面推开金融扶贫富民工程。省扶贫办与省财政厅、省金融办等部门制定出台《山西省金融支持特色产业发展富民扶贫工程保险工作的指导意见》《金融富民扶贫工程贫困农户信用体系建设及农户评级主动授信操作指南》等指导性文件,在58个贫困县全面推开金融扶贫富民工程,省扶贫开发领导组印发《山西省金融富民扶贫工程双考核指导意见》,以发放贷款额度和贫困户获得贷款比例为主,对县级政府和金融合作机构实行双考核,支持鼓励金融合作机构开发适合贫困户特点和产业开发需求的贷款产品。全年累计发放扶贫小额信贷11.91亿元,支持2.8万贫困户发展生产增加收入。四是扎实推进易地扶贫搬迁工程。坚持把易地扶贫搬迁作为帮助山庄窝铺特困群众脱贫致富的治本之策,全年新安排10万人口实施易地扶贫搬迁(其中扶贫部门9.5万人)。具体工作中,按照坚持政府引导、发挥市场作用、尊重群众意愿的思路,进一步改革创新,完善办法,制定出台《易地扶贫搬迁项目资金管理办法》和《易地扶贫搬迁后续产业开发奖补资金管理办法》,集中安置和分散安置相结合,配套安排产业开发奖补资金,当年新扶持9.5万贫困人口的搬迁任务,主体工程完工率达到77%、两年滚动入住率达到86.5%,全部超额完成40%和60%的年度目标任务。

(三)发挥资源优势拓宽扶贫领域,光伏扶贫、旅游扶贫和电商扶贫三项试点工作取得新突破。抓住国家确定我省为光伏扶贫试点省份的重大机遇,组织大同、临汾两市的5个县开展光伏扶贫试点工作的同时,在全省贫困地区有序铺开这项工作,5个试点县共支持企业投资建设地面集中光伏扶贫电站12座,在包括试点县在内的53个贫困县开工建设村级分布式光伏扶贫电站104个,并网发电的有16个。争取国家批准我省32个贫困村开展乡村旅游扶贫试点工作,与省旅游局合作,制定出台《开展乡村旅游富民工程推进旅游扶贫工作的实施方案》,规划在2015-2020年,扶持300个左右贫困村实施乡村旅游扶贫。到2015年底,32个乡村旅游扶

贫试点村共带动建档立卡贫困户1908户户均增收1957元。连续举办6期电商知识培训班，培训电商扶贫创业带头人1600人。与乐村淘网和唯真公司签订销售合作协议，开通全国第一个以国家连片特困地区作为区域概念的淘宝特色中国馆——“特色中国吕梁山馆”，帮助贫困地区农产品拓宽销路增值增收。

（四）改革创新扶贫开发机制，着力提高扶贫开发的质量效果。一是创新财政扶贫资金项目管理机制。认真贯彻国家《关于改革财政专项扶贫资金管理机制的意见》精神，按照任务、责任、资金、权力“四到县”的原则，将中央和省级安排的19.49亿元财政扶贫资金切块到县，扶贫项目审批权限下放到县，提高了扶贫资金项目的有效性和针对性。二是改进完善贫困县考核机制。制定出台《山西省贫困县党政领导班子和领导干部经济社会发展实绩考核办法》，把扶贫开发成效作为贫困县经济社会发展实绩考核的主要内容，直接考核扶贫工作的指标权重占考核总分值的78%，着力推动贫困县党委、政府突出重点、集中精力抓好扶贫工作，切实把党政一把手负总责的扶贫开发责任制落到实处。我省这项工作走在了全国前列，在全国扶贫开发工作会议上受到表扬。三是改革创新社会扶贫工作机制。以开展“10.17全国扶贫日”活动为契机，省扶贫办联合九部门发出倡议书，《山西日报》开辟《向贫困宣战》专版，举办贫困地区特色农产品农餐对接展销会、特色农产品网上展销新闻发布会、企业家资助贫困大学生和农村贫困妇女、医疗专家扶贫义诊、社会各界“牵手贫困儿童”等“金秋十月扶贫助困”系列活动，进一步营造出关心贫困地区，支持扶贫开发的浓厚氛围。

三、全面加强领导班子和干部队伍建设，着力提高扶贫队伍干事创业的凝聚力和战斗力

一是坚定理想信念，突出抓好党建。坚决贯彻落实党要管党、从严治党的部署和省委“五句话”的总要求，把党的建设放在突出重要位置，制定党建工作要点，落实“三会一课”制度，全年5次召开党组会专题研究党建工作，定期听取党支部书记汇报，对各支部党建工作进行考核。班子成员带头遵守党的政治纪律、组织纪律和廉政纪律，严格规范一言一行，自觉做到“以上率下”。结合开展学习讨论落实活动和“三严三实”专题教育活动，领导班子成员和处级干部带头讲党课、查不足、抓整改，引导大家筑牢理想信念，保持政治定力，为推进扶贫开发提供坚实的思想和组织保障。

二是坚持集体领导，加强班子团结。坚持党的民主集中制原则，严格执行《重大事项民主决策办法》，对重要干部任免、重大事项决策、重大扶贫项目安排和大额扶贫资金使用上，集体讨论研究决定。严格执行集体领导下的分工负责制，班子成员既按照分工履行好自己职责，又缺位补位支持全局工作。特别是在“三严三实”专题民主生活会上，班子成员在自我批评中揭短亮丑，互相批评中开诚布公，既红了脸，又出了汗，每个人都提出明确具体的整改措施，自觉接受群众监督，进一步形成心齐气顺、团结共事的良好氛围。

三是抓好学习调研，提高决策能力。坚持把理论学习放在突出位置，全年组织党组中心组集中学习19次，班子成员参加干部在线学习人均60课时以上。坚持把调查研究作为推进全局工作的重要抓手，全年围绕开展建档立卡“回头看”，深入推进企业产业扶贫、易地扶贫搬迁、金融扶贫等工作，多次深入贫困地区调研督查，班子成员深入基层调研时间平均达到3个月以上。特别是就落实“六个精准”、实施“五个一批”脱贫攻坚工程，组织协调省直相关部门成立八个专题调研组，集中两个月时间深入贫困乡村调研，了解掌握“五个一批”扶贫对象规模数量和现有政策措施执行情况。采取解剖麻雀的办法，与省农科院专家合作，深入10个不同类型的贫困村开展典型调研。深入分析致贫原因、了解脱贫需求，提出帮扶措施，形成调研报告，为省委、省政府制定出台脱贫攻坚重大政策举措提供了第一手材料。

四是坚持正确导向，培养使用干部。适应脱贫攻坚新的形势任务要求，坚持不懈抓好干部队伍建设。组织25名干部参加了在哈尔滨大学举办的素质能力提升培训班，44名机关干部参加山西干部在线学院学习，参学率达到100%，学习时间人均66课时以上。严格按照全程民主、全程差额、全程署名、全程留痕、全程监督和全程追责的原则，严格按照信念坚定、为民服务、勤政务实、敢于担当、清正廉洁的要求，发现培养和选拔任用干部，调动激发干部职工干事创业积极性，特别是增加“无领导小组讨论”环节，突出了对干部综合能力素质的考察，成功组织了科教站站长、宣传中心主任两名正处级干部的竞职选任，受到干部职工一致认可。

五是坚持依法行政，推进六权治本。深入学习贯彻十八届四中全会精神，成立党组书记任组长、班子成员任副组长的依法行政工作领导小组，制定了2015年依法行政工作计划和法治工作要点，组织开展依法行政宣传月活动。邀请省政府法制办李世俊处长做专题讲座，引导全办干部职工树立法治思维意识，增强依法行政能力。按照省委实施“六权治本”的要求，制定出台企业产业扶贫项目管理、扶贫项目贷款贴息资金管理、易地扶贫搬迁项目资金管理和后续产业开发奖补资金管理等办法，规范了扶贫资金使用和项目管理。

四、严格落实“两个责任”，深入推进党风廉政建设取得新成效

一是加强领导落实责任。坚持将党风廉政建设作为“一把手工程”，严格落实党组主体责任，纪检组监督责任。制定出台《落实党风廉政建设主体责任清单》，明确党组班子7个方面30项责任、党组书记4个方面15项责任、领导班子成员8项责任，制定了落实主体责任8项措施及4项责任追究办法。办党组和各党支部签订《党风廉政建设和反腐败工作责任书》，3次召开党组会听取纪检监察工作汇报，支持纪检监察部门有效履行监督和执纪问责。对国务院扶贫办批转的15件举报事项、省直纪工委转办的9个信访件和48个监督举报电话，安排专人进行调查核实并及时反馈。

二是领导带头做好表率。班子成员以身作则，严格执行

办公用房和公务用车有关规定,公务接待和下乡调研轻车简从,吃自助餐,住标准间,自觉缴纳食宿费;秉公用权,不在扶贫项目资金上打主意、谋好处。严格落实领导干部报告个人事项制度,严格管好家属子女和身边工作人员。主动接受群众监督,带头树立了扶贫队伍廉洁自律良好形象。

三是加强教育严格管理。坚持把党的政治纪律和政治规矩挺在前面,深入贯彻省委“六权治本”要求,办领导班子成员和各处(站、中心)主要负责人签订廉洁从政公开承诺书,党组中心组7次把反腐倡廉作为学习专题,组织干部职工观看《警钟长鸣》警示教育片和十八大以来省纪委查处的领导干部忏悔录,及时传达违反“八项规定”精神典型案例的通报,并组织讨论。教育引导干部职工增强廉政意识筑牢思想防线,全办没有发生任何违规违纪问题。

四是强化措施抓好整改。围绕学习讨论落实活动和“三严三实”专题教育活动中查找出来的突出问题,特别是围绕省委专项巡视组反馈指出的突出问题,坚持问题导向,认真抓好整改。及时组织所有党员干部特别是副处级以上干部结合自己思想、工作实际谈认识、表态度,明确整改措施,对巡视组反馈的意见和问题逐一梳理,形成巡视意见整改清单,确定路线图和时间表,逐项落实责任领导、责任处室和配合部门,明确整改时限整改要求,确保不折不扣整改到位。

(刘世锋)

附:省扶贫开发办公室党组书记、成员名单

书　记:王立伟(12月离职)　刘志杰(12月任职)

成　员:张晓红(女)　柴全管　张伟勤　张建成

省公安厅交通管理局党委工作概况

党委书记　贾继武

2015年,在省委、省政府和省公安厅、公安部交管局的正确领导下,交管局党委团结带领全省公安交警认真贯彻落实党的十八大和十八届三中、四中、五中全会精神,围绕大局,锐意进取,扎实工作,有效保障了全省道路交通安全畅通,为全省经济社会发展做出了积极的贡献。

一、狠抓党建和党风廉政建设,为公安交管工作扎实开展提供坚实保障

(一)大力加强党建工作。一是交管局以党委中心组学习为龙头,以学习贯彻习近平总书记系列重要讲话精神和践行“三严三实”为重点,认真开展专题辅导、突出问题查摆整改等活动,严格执行党委会议事决策制度和领导班子成员党建工作联系点制度,切实加强思想作风建设和干部队伍建设。二是以开展基层党组织规范化建设年活动为契机,进一步坚持和完善各项党内组织生活制度,配齐党支部委员和专兼职党务工作者,举办党务工作培训班,严格落实党内组织生活制度和从严治党各项要求。三是以开展创先争优,创建“六型机关”为目标,不断引深理论学习,大力开展以精神文明创建为主题的党建带工建、带团建、带妇建活动,按照“六权治本”要求和党内制度规定进行党务确权,努力形成思想建设、作风建设、能力建设长效机制。

(二)大力加强党风廉政建设。一是以认真贯彻落实省委“五句话”总体要求为指针,制定《山西省公安厅交通管理局党委落实党风廉政建设主体责任清单》等,狠抓党风廉政建设主体责任落实。二是结合交警警种特点和交管工作实际,开展重要节点廉洁自律等工作监督检查,加强问题通报,深入开展突出问题教育、预防与专项整治活动。三是以严肃查办重点岗位和环节的腐败案件为抓手,在加强提醒、告诫的同时,注重自查自办案件,加大对各类违法违纪案件的查处力度,保持对腐败零容忍的高压态势。

二、强化组织领导,全面推进全省道路交通安全工作的扎实开展

一是强化组织部署,充分发挥省道路交通安全领导小组及办公室职能作用,及时对全省交通安全重点工作和预防事故工作进行安排部署,联合多部门开展督导检查。二是加强指导考核。对2014年度全省道路交通安全目标责任落实情况进行考核,向各市政府下达2015年度道路交通事故控制指标,制定全省道路交通安全工作考核细则。三是狠抓督促推动。及时提请省政府对重大道路交通安全隐患进行挂牌督办,向部分市、县政府和相关部门下达安全隐患整改通知,提出加强安全工作的措施要求等。

三、精心组织,扎实工作,圆满完成各类交通安保和应急保障工作

2015年,纪念中国人民抗日战争暨世界反法西斯战争胜利70周年系列活动、重大节日和省内文博会、农博会等大型会议多,交通安保工作任务繁重。全省公安交警提前分析研判,加班加点、全力以赴,加强勤务组织,积极开展“两公布一提示”,圆满完成各项交通安保工作,有力保障了各类重大活动的顺利进行和广大群众平安畅通出行,受到各级领导和广大群众的一致好评。

四、加强机动车和驾驶人源头管理，筑牢事故预防第一道防线

一是大力推进全省机动车安全技术检验监管系统建设。全省146家机动车安全技术检验机构全部安装到位，实现了机动车省内异地检验，提高了检验质量。二是进一步严格驾驶人管理。切实加强驾驶人考试监管系统应用，严把驾驶人考试关。三是狠抓“营转非”等重点车辆管理。全省公安交警深刻吸取“5.15”陕西淳化特大交通事故教训，大力开展排查“营转非”大客车活动，及时督促其进行安全技术检验等。

五、扎实开展道路交通安全大检查，着力清除各类交通安全隐患

一是1至3月开展了交通秩序整治、车辆和驾驶人源头管理、交通事故多发点段排查和责任落实、交通安全宣传教育四大领域的交通安全大检查。二是深入排查道路交通安全隐患。先后组织开展了全省公路隧道、危险化学品、农村地区校车和学生接送车交通安全隐患排查整治等，共排查隐患路段651处，排查校车、接送学生车辆4.2万余辆。三是联合高管局、公安消防等部门开展高速公路安全大检查，并及时将发现的问题反馈相关部门整改。四是扎实开展“道路运输平安年”活动和“公路安全生命防护”工程，推动道路运输企业交通安全主体责任落实，主动参与隐患排查、推动综合治理等工作。五是加强农村地区交通安全管理工作，完善机制，加强“两站”“两员”建设和路面管控、隐患整改、安全宣传等工作。

六、大力整治交通违法行为，有力维护良好道路通行秩序

一是深入开展酒驾专项整治。把每月中旬第一个周五作为全省酒驾集中统一行动日，共查处酒后驾驶1.2万余起，同比增加12%。二是6月16日至7月16日，组织开展了为期一个月的全省“查违法除隐患、降事故保安全”大会战，共查处重点违法47万余起，同比增长245%，期间，发生涉及人员伤亡的道路交通事故337起，造成90人死亡，同比分别下降24.44%、48.57%，成为近年来全省集中整治的成功典范。三是8月1日至9月27日，全省部署开展五个波次的“打非治违”集中整治交通违法统一行动，共查处营运客车违法121起、涉牌涉证违法1.4万余起、危化品运输车违法行为297起，有力消除了安全隐患。四是11月1日至12月31日，开展重点高速公路交通秩序整治工作，有效预防冬季高速公路事故。

七、深入实施“文明交通行动计划”，不断提升广大群众文明交通素质

一是充分发挥省文明交通行动计划领导组办公室作用，部署年度重点工作，联合省文明办等开展“小桔灯梦想课堂”、“告别不文明行为”主题教育实践活动。二是在重要节假日、活动等节点，及时进行“两公布一提示”，大力强化交通安全宣传。三是积极运用“互联网+”思维，突出“三微一端”等新媒体运用，努力构建交通安全大宣传大教育格局。“山西交警”新浪官方微博获山西十大政务微博第一名。四是重点加强农村地区交通安全宣传教育，下发《农村交通安全协管员工作手册》。五是以省公安厅名义，联合5个部门开展“拒绝危险驾驶、安全文明出行”122全国交通安全日宣传活动。

八、大力推进“四项建设”，不断提升管控能力和执法水平

一是明确工作任务和牵头部门，扎实部署推进全省公安交警基础信息化、警务实战化、执法规范化、队伍正规化建设“四项建设”。二是加强全省公路交通安全防控体系建设和应用，通过机动车缉查布控系统拦截嫌疑车辆89.9万辆，是上年度的10.4倍。三是扎实推进全省公安交警350M数字集群通信系统应用，提升了指挥调度通信能力。四是进一步规范执勤执法，细化了道路交通轻微违法行为操作细则和处理工作流程，规范执法记录仪使用。五是加强应急体系建设。修订了《山西省公安交警应对恶劣天气道路交通应急预案》，制定了《处置桥梁隧道路段道路交通事故应急预案》等。

九、牢固树立大局意识和群众观念，不断推出服务保障经济社会发展和便民新举措

一是认真落实省政府要求，积极协助环保等部门，摸排数据信息600余万条，督促办理注销手续5万余人次，加强限行管控，集中注销报废，扎实推进全省黄标车、老旧车淘汰工作。二是出台扶持新能源汽车产业发展、为大型运输企业上门服务等多项企业减负帮扶措施。三是联合保险行业积极推进交通事故快速处理快速理赔工作，建立了微信快速处理平台，全省快处快赔交通事故18377起。四是大力推行网上便民服务。在门户网开发咨询服务人工智能回答系统“交警智询通”、车检预约等50余项便民服务功能。12月15日，全省公安交警“互联网交通安全综合服务管理平台”上线，推出10余类131项“互联网+”交通管理创新服务。

十、大力加强公安交警队伍建设，努力为做好交通管理工作提供坚强有力的组织保障

一是狠抓思想政治建设不放松。按照省委和公安部要求，深入开展学习讨论落实活动、“三严三实”专题教育和“秉公执法、人民公安为人民”主题教育活动。二是坚持不懈加强作风建设。严格执行中央和省委、省政府改进工作作风、密切联系群众的各项规定，扎实开展重点领域“正风肃纪、规范执法、纯洁队伍、重塑形象”专项整治活动。三是大力加强干部队伍建设。调整任命了688名高速交警科级干部，解决高速交警队伍干部岗位空缺、民警职级待遇问题。四是狠抓各项从优待警和保障措施的落实。为全省公安交警和协管员办理保险，为一线民警采购安全防护装备和执法装备，加快营房建设。五是大力加强公安交警队伍正面宣传。组织媒体记者

随警宣传，及时报道舍己救人临汾交警贺冰、扶危济困高速交警"大衣哥"等先进典型，树立公安交警良好形象。

（张利荣）

附：省公安厅交通管理局党委书记、副书记、委员名单

书　记：贾继武（6月任职）

副书记：马玉川

委　员：张顺喜　杨有才　张亚云　郭丙福

2015年10月23日，第四届中国（山西）特色农产品交易博览会开幕。

省直属事业单位党组(委)工作概况

山西日报报业集团党委工作概况

党委书记　郭玉福

2015年山西日报报业集团紧紧围绕省委、省政府的中心工作，以习近平总书记系列重要讲话精神为指引，深入学习贯彻党的十八届三中、四中、五中全会精神，适应党建工作的新常态，把握全面从严治党新要求，推进集团党风廉政建设和反腐败斗争，认真落实"两个责任"，积极引导舆论，引领思想，坚持正确的舆论导向，为全省实现"净化政治生态、实现弊革风清、重塑山西形象、促进富民强省"目标任务提供坚强舆论保证。

一、充分发挥主流媒体的作用，为山西全面深化改革提供舆论支持

2015年，集团各媒体围绕省委、省政府的中心工作，服务大局，以"六权治本"、"三严三实"、抗战胜利、"三大突破"等为核心内容，坚持"导向为魂、内容为王、读者为天"的理念，以打造更有份量、更有思想、更有深度的重点报道为抓手，积极引导舆论、引领思想，牢牢把握舆论引导的主动权，主动抢占舆论引导的制高点。

重点宣传报道："六权治本"系列报道历时半年多，讲述站在历史性新起点上的山西在全省学习讨论落实活动之后，攻坚克难，全力推动"六大发展"的实践；从5月份"三严三实"专题教育开展以来，宣传报道以系列评论、综述、重大典型等方式，全方位报道我省专题教育的做法、成效和亮点；金融振兴、科技创新、民营经济发展"三大突破"的报道，系统宣传了我省改革创新重振金融雄风、科技创新突破发展难题、民营企业抢抓历史性机遇等内容；新的省委班子治晋一年报道，旨在展示标本兼治，净化政治生态和凝心聚力，促进富民强省的成效；纪念抗日战争胜利70周年报道精心策划，从7月1日开栏至10月2日结束，共推出41期专栏报道，刊发《抗日烽火燃三晋》《唤起民众千千万》《丰碑永铸太行山》三篇编辑部文章，社会反响良好；"三个一"古文化和"三个文化"的报道，重在宣传我省弘扬法治文化、廉政文化和红色文化，践行社会主义核心价值观的成功实践；第二届山西文博会、第二十五届全国书博会等五大博览会陆续举办，充分展示了山西经济、文化发展成就和山西新形象。

二、认真组织学习教育活动，确保学习任务落到实处

集团党委强化对党建工作重要性的认识，树立"抓党建是最大政绩"的理念，正确处理好抓党建与抓业务工作的关系，将集团中心工作和党建工作同研究、同部署、同落实、同考核，每个季度都要对党建工作进行一次专题研究，听取机关党委和集团所属单位(部门)抓党建工作的情况汇报，安排部署各阶段的党建工作。同时，认真落实"三会一课"、民主评议党员等制度，严格党内政治生活。通过监督、检查、问责等形式，抓好落实。根据年初制定的《2015年集团党委中心组及党员干部理论学习计划》，集团党委中心组共组织集体学习19次，集团各党总支、党支部也认真组织了多种形式的学习活动。

(一)开展学习讨论落实活动。集团学习讨论落实活动的扎实开展，深刻触动了集团广大党员干部的思想灵魂，及时纠正了发生在群众身边的不正之风，强化了对权力运行的管理和监督，推进了集团改革发展稳定各项工作。

(二)开展"三严三实"专题教育。集团"三严三实"专题教育开展以来，体现出领导带头示范作用好，广大党员的学习

热情高的特点,在每个专题中,每位处级以上领导干部都认真联系个人的思想和工作实际撰写学习体会,收到四个专题学习体会千余份,还选出部分同志的学习体会办了一期学习专栏,供大家互相学习和交流。

(三)在党的十八届五中全会后,制作《描绘“十三五”蓝图,开启复兴伟业新征程》图片展板,为大家及时了解和把握党的十八届五中全会精神提供了学习平台。

三、注重教育培养,认真做好组织发展工作

(一)重视发展党员工作。根据2015年初省直工委分配集团发展党员指标,机关党委认真按照《细则》,把政治标准放在首位,坚持高标准、严要求,严格组织程序,经过反复酝酿,认真把关,把真正符合党员标准的同志作为发展对象,研究确定了15名入党积极分子为发展对象。

(二)严格党员管理,抓好党员培训。5月中旬安排2012至2014年以来新入党的76名新党员参加省直机关举办的为期10期的新党员培训班学习和省直机关支部书记示范培训班的学习。

(三)组织新党员入党宣誓活动。6月30日机关党委组织新入党和入党积极分子参观中共太原支部旧址并举行入党宣誓活动。

(四)2015年是抗日战争胜利暨世界反法西斯战争胜利70周年,组织广大职工积极参加全省纪念抗日战争70周年知识竞赛答题活动。在“七一”当天放映电影《太行山上》,使在场的全体党员受到了爱国主义的教育,同时也上了一堂生动的党的光辉历程的党课。

四、推进集团党风廉政建设和反腐败斗争

集团党委把党风廉政建设和反腐败斗争作为首要的政治任务,列入重要议事日程,每月要召开一次集团党委会议,专门研究和分析集团党风廉政建设和反腐败斗争的形势,有针对性地指导和督促检查,层层传导压力,确实把党风廉政建设扛在肩上,落实在行动上。

(一)把学习教育放在首位。对集团广大党员进行廉政学习教育,组织了多次的集中学习、专题学习报告会和观看反腐倡廉电教片,下发了《领导干部违纪违法典型案例警示录》《优秀领导干部先进事迹选编》《太行山上的焦裕禄》《中国共产党廉洁自律准则》和《中国共产党纪律处分条例》等有关学习资料。

(二)全面落实党风廉政建设“两个责任”。制定了集团党委(纪委)和机关党委(纪委)“两责任”,并列出“两清单”。明确提出各基层党支部书记是党风廉政建设责任制的第一责任人,集团所属单位(部门)中要明确一名班子成员分管所在单位(部门)的党风廉政建设和反腐败工作,确保集团党风廉政建设“两个责任”落到实处。

(三)集团党委加强对机关党委和各基层党组织考核,对基层党总支、党支部书记的考核与年度考核结合起来,把支部书记履行主体责任作为重要的考核内容。

五、充分发挥群团组织作用,推动集团精神文明创建工作

2015年,集团党委非常重视精神文明创建工作,把集团的中心工作与精神文明创建工作结合起来认真研究,统筹安排,集团已连续5年被省直机关文明委评为“文明单位标兵”称号。

(一)积极推荐先进人物。山西法制报社长关启被评为省直机关2014年度文明创建先进工作者;发展导报记者张刚被评为省直机关第二届助人为乐道德模范;集团办公室郭建明被评为省直机关第二届诚实守信道德模范;山西日报政法部主任编辑田建平被评为文明传播优秀信息员。集团选送生活文摘报的杨宝林家庭参与由省妇联组织的2015年三晋“最美家庭”活动的评选。

(二)“三八”妇女节期间,在集团内举办了女性心理健康知识讲座。同时还安排集团近300名女职工进行了身体健康检查。

(三)组织参加各级文体活动并取得好成绩。

(四)积极开展扶贫帮困送温暖活动。组织广大干部职工积极响应,踊跃参加,捐助到扶贫款共计4万余元。

六、以问题为导向,积极作为,推动集团党建工作

按照省委统一部署,省委专项巡视第六组于2015年5月4日至7月13日对山西日报报业集团进行了专项巡视。集团党委根据巡视反馈的意见,针对存在的问题,认真研究,立行立改。

(一)成立集团派驻各市记者站党支部

在集团党委的领导下,由机关党委牵头,于10月9日至16日,组成了由集团党委成员带队,机关党委委员、监察室和检查审计室等相关部门人员参与的10个工作组。集团党委书记、社长郭玉福同志带头赴晋中、阳泉记者站,其他党委成员也带领工作组,分赴各驻市记者站,对记者站成立党支部工作进行了全程指导。新成立的10个各市记者站党支部由集团机关党委统一管理。同时,集团党委要求,新成立的各驻市记者站党支部要切实履行好“两个责任”,把纪律挺在前面,严明党的组织纪律,严格宣传报道纪律,严守新闻职业道德底线,杜绝新闻欺诈和有偿新闻,树立良好新闻人的形象。

(二)对违纪问题的处理

1、对2013年12月23日山西市场导报记者于健康涉新闻敲诈勒索案件,被襄汾县人民法院判处有期徒刑2年缓刑3年的案件中,负有领导责任的山西市场导报两名领导同志给予党纪处分。

2、对《中国慰安妇民间调查第一人》一文,被举报存在严重抄袭问题,受到中央“三项学习教育办公室”撤销其获奖资格,并通报批评的两名责任人分别给予党纪处分。

3、针对传媒集团物业公司小金库问题,对单位的负责人

给予了党纪处分。

针对以上3起涉及5名党员领导干部已分别给予了党纪处分。

（三）进一步加强制度落实

集团党委以学习讨论落实活动、省委专项巡视整改、“三严三实”专题教育为契机，进一步加强规范化、科学化、精细化管理，管控水平有了新提高。一是加强规范管理。全年集团及集团所属单位共废止制度5个，修订制度14个，新建制度10个，进一步强化制度体系的建设，优化了业务流程，集团制度化、规范化运作水平不断提升。二是化解了集团各子报子刊之间的不良竞争；三是在集团内彻底整治了“小金库”问题；四是对专项审计反馈的有关问题得到了认真整改；五是进一步完善，建立健全了采编管理8项制度，人事管理5项制度。（王利红）

附：山西日报报业集团党委书记、副书记、委员名单

书　记：郭玉福

副书记：兰炎平（3月离职）　丁伟跃（5月任职）

委　员：李蜀昌　张　宁　冯爱民　胡　果（12月离职）　席永明　焦玉强　任灵杰　李志刚　李　伟

省政府发展研究中心党组工作概况

党组书记　李劲民

2015年，山西省人民政府发展研究中心（以下简称“中心”）班子认真学习贯彻党的重要会议精神和习总书记系列重要讲话精神，扎实开展“三严三实”专题教育，全面加强党的建设、法治建设和落实“两个责任”，圆满完成省委、省政府下达的各项任务。

一、学习贯彻党的重要会议精神和习总书记系列重要讲话精神，扎实开展“三严三实”专题教育

“中心”领导班子始终把政治理论学习放在各项工作的首位，作为一项政治任务来抓，2015年共组织中心组（扩大）专题学习26次。领导班子自觉运用讲话精神武装头脑、指导实践，始终保持政治上的清醒和坚定，严守党的政治纪律和政治规矩，自觉在思想上、政治上、行动上与党中央保持高度一致。围绕新形势、新任务开展了多次理论宣讲，李劲民主任作为省委宣讲团成员赴吕梁作了十八届五中全会精神宣讲。

按照省委统一部署，认真开展学习讨论落实活动，进一步引深党的群众路线教育实践活动成果。在“三严三实”专题教育活动中，党组成员就《践行“三严三实” 建设一流地方智库》《党章》《纪律处分条例》《廉洁从政若干准则》等进行了多个专题的讲解，并结合工作实际，深入剖析和对照检查存在的不足和问题，强化问题意识和责任意识。在年终岁尾，积极部署和推进“冬季行动”，促进智库建设和决策咨询工作早谋划、早起步、早落实。

二、全面加强党的建设

认真履行“一岗双责”。党组书记把抓党建和党风廉政建设主体责任作为开展党建工作的重要内容。班子成员对党建工作和分管领域的工作一起抓。党组书记兼任机关党委书记，切实做到党建工作与中心工作一起谋划、一起部署、一起推动。

坚持民主集中制。按照省委组织部规定，召开了2015年度民主生活会。制定了《党组工作规则》，对重大问题、重大事项集体讨论决策，分工负责落实，做到了“副职分管、正职监督、集体领导、民主决策”。班子成员之间相互提醒、扯袖子、咬耳朵，相互尊重、相互信任、相互补台。

强化干部培养和管理。深入开展“三个一批”工作，对有关同志进行了“六查”。认真落实领导干部个人事项报告制度和重点抽查。协助省委组织部、省委统战部做好干部推荐工作。制定了《对领导干部进行提醒、函询和诫勉的实施办法》。对干部因私护照和出入境情况进行排查。全年组织36人次到国发中心系统培训和省外学习考察。董宇明同志连续8次作经济数据分析与政策研究方法的系列专题讲座。

加强机关精神文明建设。按照省直工委要求，完成机关党委、工会换届选举，严格执行机关党支部“三会一课”制度。积极参加省直工委组织的各项活动，获省直机关第四届“读书月”活动一等奖、第九套广播体操银奖、菜单式体育比赛优秀组织奖以及精神文明标兵单位称号。

积极开展扶贫和帮扶工作。帮助扶贫点落实项目和资金，向吕梁临县三交镇选派两名村“第一书记”，对贫困户进行了入户核查，协助地方为农村贫困户改造了一批窑洞。受中国发展基金会邀请，“中心”参加了第四届反贫困与儿童发展国际研讨会，会议采用和公布了发展研究中心参与的兴县山村幼儿园项目数据，“中心” 领导受到刘延东副总理的接见。组织“送温暖献爱心”“博爱一日捐”等活动，对单位困难职工、扶贫点困难群众、重点帮扶企业捐款捐物。

三、积极推进法治建设

加强对法治工作的组织领导。成立了推进“六权治本”工

作领导小组、法治建设工作领导小组，将“中心”法治建设工作与建设高质量政府智库的目标相结合，明确了目标任务和工作重点，不断提高运用法治思维和法治方式深化改革、推动发展、化解矛盾、维护稳定的能力。

加强内部制度建设。从规范内部权力运行出发，重点着眼风险防控，制定了财务管理、固定资产管理、低值易耗品管理等制度，进一步强化内控、考核的可操作性和执行力。积极谋划对杂志社和主管学协会的管理机制改革。

加强法治宣传教育。深入开展法治山西、“六权治本”等专题学习讨论。经常性组织学习法律法规等知识，做到学习联系工作实际。对群众来信来访，按照《信访工作条例》有关规定，认真接待，依法依规处置。

四、从严落实“两个责任”

制定了“两个责任”实施意见和责任、问题、整改三个清单。党组书记过问“两个责任”落实情况，谈心谈话，强化责任追究。纪检组长坚决贯彻落实省纪委“三转”要求，强化监督执纪问责。制定了《2015年党风廉政建设和反腐败工作分解意见》，将任务分解到每位党组成员及相关处室。与各处室负责人签订了“党风廉政建设责任书”，与每一个党员干部签订了“党风廉政建设自律承诺书”。

加强监督检查，严肃查处违纪问题。认真落实领导班子民主评议、述职述廉等制度。加大对党员干部“八小时之外”的管理监督。对下属单位严格管理，约谈了三个杂志社负责人。根据群众反映，在省直纪工委指导下，对下属单位的一名处级干部涉嫌违规经商办企业、不认真履职造成较大损失等问题进行了查处。

贯彻落实反四风、八项规定等相关制度。扎实开展“反四风”回头看，认真开展两节督查。全年没有用公款送礼、公款吃喝、馈赠纪念品，没有组织联谊联欢活动，没有公费购买贺年卡。班子成员在住房、办公用房和公务用车等方面没有违规行为。大力提倡精简会议、转会风、转文风，会议和文件数量明显下降。严格控制“三公”经费支出，全年实际支出不足预算的21%。按照省里的统一安排，积极开展公车改革，妥善解决转岗分流问题。

五、圆满完成目标任务

(一)建立健全决策咨询制度，推进新型智库建设

学习贯彻中央和省委关于新型智库建设的意见，多次赴国发中心、国家行政学院、上海市发展中心等调研和培训，考察了解国家高端智库试点情况，以及国家智库在公共政策制定和政府绩效评估中的主要做法和探索。将新型智库建设研究继续作为重大决策咨询课题，在前期研究基础上，公开出版了《地方政府智库建设研究》。收集掌握国内新型智库建设的资料，提出推进我省高端智库试点工作的建议。

(二)配合完成省委、省政府部署的重大任务

共4项：一是参与省级公共资源交易平台和政务服务平台建设，主要承担文稿起草，提交了《山西省政务服务平台建设方案》。二是探索建立政府绩效第三方评估机制，向省政府报送了具体的工作建议，经省政府常务会研究通过，由“中心”组织第三方开展评估，先期进行农村亮化工程和乡村幼儿园两项绩效评估。三是参与全省民营经济发展意见起草和前期调研，提交了相关背景材料。四是参与全省经济工作等重要会议的筹备工作，及早提供了经济新常态、供给侧改革、“十三五”时期若干重大问题、主要目标预测、精准扶贫等多个政策建议，并参与全省经济工作会议文稿撰写。

(三)省委、省政府有关文件、背景材料、领导讲话等文稿撰写

主要有：围绕贯彻王岐山同志在山西代表团关于在党规党纪上“先走一步”的讲话精神，提交了《关于全面从严治党、严格执行党纪党规“先走一步”的若干思考》；参与了省委主要领导在全省科技创新大会上的讲话撰写，提交了《明确工作重点，着力解决制约山西科技创新的突出问题》；参与了省政府分管领导关于法治山西建设的发言材料撰写；参加“三个一批”座谈会专题发言；提供《影响我省项目审批效率的问题及解决建议》《山西铝工业发展面临的问题和对策》《铝产业基础资料》等。

(四)编辑上报《省长专阅》《决策咨询研究建议》

针对“城中村”改造、民营经济、经济形势监测、资源型地区产业转型等重大事项和热点问题，完成28份内刊咨政建言，其中《省长专阅》15期，《决策咨询研究建议》13期。

(五)开展省政府重大决策咨询课题研究

经省政府主要领导批准，主要开展了7项重大决策咨询课题研究：新型智库建设、行政决策机制、政府绩效第三方评估、国企改革路径与政策、基本公共服务均等化、深化农村集体产权改革、中小微企业发展政策等，目前这些课题已经取得初步成果。以往年度开展的跨年度课题也有序进展。“中心”荣获中国发展研究奖、省社科优秀成果奖等。

(六)组织专题调研和专家咨询活动，完成《调研报告》79期

组织开展科技创新、国企改革、新型城镇化、土地制度改革、农村集体产权制度改革、电子商务、民营经济、民生社会等调研活动，编辑出刊《调研报告》79期、约24万字。

与省政府办公厅、省直工委合作，邀请国家发改委、国家能源局知名专家来晋举办“一带一路战略与山西”、“能源技术革命与能源互联网”专题报告会。配合国发中心开展煤炭产业调研，提出了正确认识我省火电产能问题、从供给侧提升我省煤炭产业竞争力、我省煤炭产销过程中的三大突出问题等决策咨询建议。

积极参与省委、省政府及省直部门有关文件、规划、方案的意见征询。主要有政府工作报告、“六权治本”意见、权力清单说明、行政依法决策机制等。

积极开展政策解读，在《中国经济时报》《山西日报》《山西经济日报》、山西电视台等媒体就新常态、金融创新、政府工作报告、煤炭管理体制改革等进行分析和解读。

(王展波)

附：省政府发展研究中心党组书记、成员名单

书　记：李劲民

成　员：董宇明(9月离职)　王岳红(女)

王凤鸿

省地方志办公室党组工作概况

党组书记　李茂盛

2015年，是全面深化改革的关键之年，是加快“六大发展”、为全面建成小康社会奠定坚实基础的重要一年。地方志办公室深入学习贯彻习近平总书记系列重要讲话精神，按照党的十八大、十八届三中、四中、五中全会和省委、省政府的安排部署，认真贯彻落实《全国地方志事业发展规划纲要(2015—2020年)》，围绕中心，服务大局，以改革创新精神全面推进地方志事业科学发展，为全省经济和社会发展提供智力支持。

一、围绕“四个全面”，开展理论和业务学习

在理论学习方面，紧紧围绕“四个全面”战略布局，及时传达学习党的十八大和十八届三中、四中、五中全会精神，特别是习近平总书记系列重要讲话精神。全年共组织了15次中心组理论学习，学习时间12天半。内容既有中央文件特别是习近平总书记系列重要讲话精神学习，又有省委、省政府会议精神；既有时政方面的，也有纪律方面的；既有理想信念的，也有反腐倡廉教育方面的。此外，还邀请省委党校教授作党的十八届五中全会精神专题辅导。通过多种形式的学习，深入学习以习近平同志为总书记的中央领导集体的优良作风，做到真学真懂、真信真抓、真改真用，进一步提高了党员领导干部的“四个意识”，增强了“三个自信”，为修志同道提供了思想保证。

在业务学习方面，及时学习传达2015年度全国地方志机构主任工作会议精神和《全国地方志事业发展规划纲要(2015—2020年)》。6月3日，召开全省地方志主任工作会议，传达4月中旬在安徽合肥召开的2015年度全国地方志机构主任工作会议精神，推进全省方志工作。8月25日，国务院办公厅印发《全国地方志事业发展规划纲要(2015-2020年)》(以下简称规划纲要)，9月3日在中国政府网站公开发布。山西省人民政府和省地方志办公室高度重视，及时进行了传达学习。9月4日，省地方志办公室组织召开全办处级以上干部会议，传达学习《规划纲要》。党组会议研究决定，在《山西省地方志“十二五”工作规划》的基础上，根据《规划纲要》精神，一边深入基层和有关部门调研，一边起草山西省地方志事业“十三五”规划。全省各市、县地方志机构也采取不同形式，广泛学习传达《规划纲要》，形成了传达学习的热潮，为地方志事业的发展营造了浓厚的氛围。

9月9日，李小鹏省长及时批示省方志办要研究制定实施方案，全面落实国务院办公厅《规划纲要》，推动全省地方工作的科学发展。9月至10月，省地方志办公室先后多次召开全办处级以上干部会议，讨论《全省贯彻规划纲要的实施意见》和《山西省地方志事业“十三五”规划》，并征求11市地方志办公室和有关厅局的意见。在反复修改的基础上，将实施意见和规划纲要上报省人民政府。

二、结合工作实际，深入开展“三严三实”专题教育活动

5月开展“三严三实”专题教育活动以来，按照中央和省委的部署和要求，扎实开展集中学习、讲党课、研讨、召开民主生活会等。

(一)科学谋划，精心制定实施方案

按照省委办公厅《关于在全省县处级以上领导干部中开展“三严三实”专题教育实施方案》要求，结合全办工作实际，科学谋划，研究制定了《开展“三严三实”专题教育实施方案》，为活动提供了制度保障。

(二)领导带头，扎实开展“三严三实”专题教育

在“三严三实”专题教育中，领导班子成员带头，党组书记率先讲党课，党组成员分别作专题辅导，有效推进全办“三严三实”专题教育的开展，做到了“五个坚持”。

一是讲党课，坚持领导带头。党组成员带头讲党课、作研讨主旨发言，支部书记讲党课，以上率下，深入推进“三严三实”专题教育活动，提高干部的理论素质。

二是严格要求，坚持“五个必须”。按照习近平总书记提出的“五个必须”，必须维护党中央权威，决不允许背离党中央要求另搞一套；必须维护党的团结，决不允许在党内培植个人势力；必须遵循组织程序，决不允许擅作主张、我行我素；必须服从组织决定，决不允许搞非组织活动；必须管好亲属和身边工作人员，决不允许他们擅权干政、谋取私利。

三是深入进行“六对照六反思”，坚持认真做好党性分析。室领导班子联系个人思想、工作、生活和作风实际，联系个人成长进步经历，联系教育实践活动中个人整改措施落实情况，对照严以修身的要求，反思是否做到从严锤炼党性、坚定理想信念、增强政治定力、自觉抵制歪风邪气；对照严以用权的要求，反思是否做到秉公用权、依法用权、为民用权，任何时候都不搞特权、不以权谋私；对照严以律己的要求，反思是否做到心存敬畏、遵纪守法，慎独慎微、为政清廉；对照谋事要实的要求，反思是否做到坚持实事求是，尊重客观规律，不好高骛远，不脱离实际；对照创业要实的要求，反思是否做

到真抓实干、敢于担当,勇于直面矛盾,善于解决问题;对照做人要实的要求,反思是否做到始终对党、对组织、对人民、对同志忠诚老实,襟怀坦白、公道正派。在此基础上,进行深刻的党性分析,认真撰写对照检查材料。

四是以整风精神,坚持开展批评和自我批评。党组书记带头开展批评和自我批评,班子成员进行深刻的自我批评和相互批评。自我批评敢于揭短亮丑、动真碰硬,相互批评要实事求是、出以公心。对查找出的"不严不实"问题,立说立行、真整真改,让干部群众看得见、感受得到、大多数人满意。

五是借鉴经验,坚持开好民主生活会。室领导班子充分运用党的群众路线教育实践活动专题民主生活会和组织生活会的成功经验,坚持思想不松、标准不降、程序不减,突出领导带头,向各处发出征求意见表,开门听取群众意见,深入查找问题,深入谈心交心。于12月25日召开"三严三实"专题教育民主生活会,认真对照检查,严肃开展批评和自我批评,推动各级领导干部严守党内政治生活准则,增强党内生活的政治性、原则性、战斗性。

(三)边学边查,开展专项整改

在"三严三实"专题教育中,持续用力推进教育实践活动和学习讨论落实活动重点整治任务的落实。把"三严三实"学习研讨、民主生活会和组织生活会中查摆出的突出问题,特别是人民群众反映强烈、影响面大的"不严不实"问题纳入专项整治内容,综合施策、集中治理。班子成员在住房、公务用车、办公用房清理、工资关系转移等方面,都严格按照有关规定执行,没有超标、超占等问题。

(四)主动应对挑战,着力推动修志问道工作

根据中国地方志指导小组要求,要在2020年全面完成二轮修志任务。方志办积极适应经济社会发展的新常态,起草了《山西省地方志事业发展规划纲要(2015–2020年)》,由省政府办公厅下发全省。同时,勇于直面和解决方志事业发展中的矛盾和问题,切实肩负起修志问道的历史责任,从制度、队伍、人才等方面入手,全力推进地方志事业的科学发展。

三、全面从严治党,认真落实"两个责任"

室党组按照省委"五句话"要求,认真落实"两个责任",科学统筹,坚持"两手抓",全面推进机关党的建设。

(一)加强基层党的建设。一是加强制度建设。室党组根据《中国共产党党组工作条例(试行)》精神,研究制定了《山西省地方志办公室党组工作规则》,共分五章二十六条,对党组工作的总则、职责、组织原则、议事决策、责任追究等作了明确而具体规定,进一步规范了党组工作制度,标志着本办党的制度建设迈上了新台阶。二是加强党的基层组织建设。机关党委、机关纪委是2010年5月成立的,下属7个党支部。现有党员72人,其中在职39人,离退休21人,方志发展中心12人。机关党建严格执行"一课三会"制度,狠抓紧基层党建工作,充分发挥了党组织的战斗堡垒作用和党员的先锋模范作用。党组成员坚持参加双重组织生活会,在"三严三实"专题教育中党组成员带头所在支部讲党课,参加支部专题研讨,带动了基层组织建设。

(二)加强党风廉政建设。室领导班子坚持把纪律和规矩挺在前面,不断推进党风廉政建设。一是学习《中国共产党廉洁自律准则》《中国共产党纪律处分条例》,认真落实"两个责任",扎实推进党风廉政建设。二加强制度建设。党组研究制定了《关于落实党风廉政建设党组主体责任的实施办法》《关于落实党风廉政建设纪检监督责任的实施办法》。坚持把"六权治本"作为新形势下党风廉政建设和反腐败标本兼治的重要路径,紧紧抓住"权力清单"这个主要载体,深入开展一场"权力革命",通过依法确定权力、科学配置权力、制度约束权力、阳光行使权力、合力监督权力、严惩滥用权力,把权力关进制度的笼子里,让权力与责任没有弹性,推动对权力运行的制约和监督形成一个完整链条。三是严格实行党组主体责任和纪检组监督责任的清单管理制度,切实落实好解决群众身边腐败问题的主体责任、监督责任和具体措施,着力解决党风廉政建设和反腐败斗争的问题;从严开展正风肃纪教育,持续保持反腐败的高压态势。四是从严推进"三个一批",全力营造公道正派、弊革风清的用人环境。五是党组积极支持纪检组转职能、转方式、转作风,强化监督执纪问责职能,深入推进党风廉政建设和反腐败斗争,全室上下形成了党风廉政建设谁主管、谁负责,一级抓一级、层层抓落实的良好局面。

纪检组聚焦监督执纪问责主业,积极转职能、转方式、转作风,认真落实监督责任。纪检组长全力履行监督执纪问责主业,不再分管业务工作,并修订完善了《纪检监督职责》,为强化监督执纪问责提供了制度保障。纪检组重视对领导干部进行理想信念教育,采取学习、约谈等多种方式,不断加强为人民服务的宗旨教育,依法治国的法制教育和勤政廉明的廉政教育。加强对领导干部的监督,建立了领导干部廉洁档案。认真落实中央八项规定精神和我省实施办法,持之以恒纠正"四风",驰而不息正风肃纪。严格执行《工作人员考核实施办法》《考勤及休假、请假(暂行)管理办法》,实行电子考勤,设立了意见箱,加强工作纪律和机关日常管理,特别是紧盯重点节假日,防止节日腐败。

四、推行"六权治本",坚持依法治志

全面推进依法治省,坚持依法治志,主要开展了三方面的工作。一是坚持依法治志。严格按照国务院《地方志工作条例》和《山西省地方志工作条例》,扎实推进修志编鉴工作。二是编制权力清单。依照省审改办要求,对本系统的行政权力第一次进行梳理,确定了省级志书、省级综合年鉴出版许可,行政奖励,省级志书、省级综合年鉴冠名权三项行政权力,编制完成了权力清单,并在地方志网站公布,受到省政府办公厅的通报表扬。三是经省编办同意,在综合处加挂行政审批管理处牌子,负责行政审批管理工作,为依法行政提供了组织保障。

五、着力科学统筹,全面完成2015年职能责任目标任务

为落实2015年度目标责任考核任务,研究制定了《落实

2015年度目标责任工作实施细则》,分工明确,责任到人。方志办按照"早期介入,分类指导"的原则,采取分类指导的方式,全力推进省志编纂出版工作,深化对市县修志和编鉴工作的组织指导,超额完成年度责任目标任务。一是编纂出版了《检察志》《地方税务志》《非物质文化遗产志》《邮政志》《铁路志》《农业统计志》(上下)《政区沿革志》《陈永贵志》(上下)《人民代表大会志》《农业学大寨志》《金融统计志》(上下)《林业志》《地震志》《机械电子工业志》《化学工业》15部省志(总字数达2300余万字),超额8部。二是加强对市县志工作的指导,评审了10部市县志,超额4部,编审出版了5部市县志,推动市县二轮修志的小高潮。三是点校了明嘉靖版《山西通志》初稿。四是组织编纂出版了《山西年鉴(2015)》,完成了《沧桑》杂志到《史志学刊》的改版,按时编辑出版6期,并开辟纪念抗日战争胜利70周年专栏,深化山西抗战研究。五是创新资政方式,启动实施按年度序列研究省情的重大"创新工程",成功研创出版了《山西省情报告(2015)》。

此外,方志办还发挥自身优势,加大资政服务力度。一是根据省委办公厅要求,组织本室专家及时撰写了《山西历史文化述要》,供省委决策参考。二是为讲好山西故事,组织省社科院、省党史办、省方志办、省考古所、山西大学、山西师大、山西传媒学院、山西社会主义学院、长治学院、山西出版集团等专家学者历时3年共同撰写了《山西通史》(22卷),由方志出版社出版发行,这是第一部全面系统反映山西悠久历史、灿烂文化、光荣革命传统的大型史书。三是为纪念抗日战争暨世界反法西斯战争胜利70周年,编辑了《山西革命根据地史丛书》(全3册),由山西人民出版社出版发行。

(杨建中)

附:省地方志办公室党组书记、成员名单

书　记:李茂盛

成　员:赵群虎　刘益龄　郑小豹(11月离职)
张晓光(12月离职)

省农业科学院党委工作概况

党委书记　关建勋

2015年是山西省农科院全面深化改革的重要一年。全年党的工作总体要求是:以习近平总书记系列重要讲话精神为指引,深入学习贯彻党的十八届三中、四中全会和省委十届六次全会精神,把握全面从严治党新要求,强化主业意识,落实党建责任,坚持思想教育从严、组织建设从严、党员管理从严、执行纪律从严、作风要求从严,提高服务中心、建设队伍水平,为实现"中西部一流,全国先进农科院"的目标提供坚强有力的思想、组织和作风保证。

一、深入学习贯彻习近平总书记系列重要讲话精神,进一步推进党的思想建设

(一)开展学习贯彻党的十八届四中全会和习近平总书记系列重要讲话精神教育活动。以党委(总支、支部)中心组和处以上党员干部为重点,以支部为单位,采取集中学习、个人自学、专题讨论、党校培训、宣读辅导等多种形式,组织党员干部读原著、学原文、悟原理,做到学而信、学而用、学而行。

(二)抓好党委(总支、支部)中心组学习。强化党委(总支、支部)中心组在学习讲话精神中的"龙头"和示范作用,带动基层党组织和党员干部学习。加强中心组学习日常管理,结合实际对2015年院所两级中心组和干部理论学习做出安排,各单位要按时填报《中心组理论学习情况报告表》,院党委适时对中心组学习情况进行检查通报。

(三)做好深入细致的思想政治工作。围绕新常态下出现的新情况新问题,加强对党员干部思想状况的调查研究;加强人文关怀和心理疏导,解决党员干部工作生活上的困难和问题,切实做好思想政治工作,把思想和行动统一到中央和省委的决策部署上来。

(四)积极推进学习型院所建设活动。2015年是农科院《建设学习型院所活动实施意见》出台的第二年,进入规范推进阶段。为了让活动取得实实在在的效果,全院要继续在丰富学习内容、拓展新的学习途径、创造新的学习载体上下功夫。院级层面要重点抓好几个抓手:一是定期举办全院性专题讲座;二是开展第四届"读书月"系列活动;三是深入开展

"双创双争"活动;四是开展学习型团队建设活动;五是开展践行社会主义核心价值观主题活动。各基层单位要按照要求继续抓好本单位的学习,继续坚持每月一次学术报告的活动。全院重点开展学习型科研团队建设,以院学术委员会为牵头单位,开展多层次、多渠道、跨学科的合作学习、学术研讨、学术论坛和学习讲座等活动,努力建设具有鲜明时代特征和特色的科研文化,进一步提高农科院的影响力和竞争力。

二、巩固拓展群众路线教育实践活动成果,开展学习讨论落实活动和"三严三实"专题教育,推进作风建设

(一)巩固和拓展群众路线教育实践活动成果。认真落实整改任务,深入推进专项整治。坚持不懈开展作风教育,深入开展马克思主义群众观点特别是习近平总书记关于作风建设重要论述的学习教育。严格执行中央八项规定,持之以恒保持对"四风"的高压态势。严格执行中央和省委、省政府关于改进工作作风、密切联系群众的各项规定,形成改进作风、推动工作、促进发展的长效机制。

(二)深入开展学习讨论落实活动。各基层单位要按照院党委实施方案的要求,精心组织,把握好活动要求,谋划好活动重点,统筹好活动进度。要坚决整治为官不廉、为官不为、顶风违纪、吃拿卡要、请吃送礼、大操大办、铺张浪费等问题,进一步统一思想、凝聚力量、革弊立新、激浊扬清、振奋精神、攻坚克难,努力开创风清气正、创新强院的新局面。

(三)开展"三严三实"专题教育,严格党的政治纪律。根据中央统一部署,在处以上领导干部中深入开展"三严三实"专题教育,与学习讨论落实活动结合起来,制定严格党的政治纪律、严肃党内政治生活和规范领导干部民主生活会有关意见规定,从严落实领导干部双重组织生活会等制度,开展对民主集中制执行情况的检查。"七一"前后,要召开一次以践行"三严三实"为主题的领导班子民主生活会,党组织书记要上一次专题党课。

(四)开展工作纪律专项整治工作。加强效能监察,坚决整治散、懒、玩、浮、拖、推等突出问题,集中整治工作秩序涣散、纪律松散、效率低下等违反纪律行为,采取自查整改与明察暗访、定期检查与随机抽查相结合的方式进行。重点整治机关不履职、不担责、不作为、慢作为等行为,保证基层单位和干部群众有事不用求人,办事不用吃请,急事不用久等,让群众满意放心。

三、开展基层组织规范化建设年活动,推进基层党组织建设

(一)开展基层组织规范化建设年活动。要按照省直工委在省直机关开展"基层组织规范化建设年"活动的要求,规范支部建设和支部工作,创新支部工作方法,严格落实组织生活各项制度。建立健全党员领导干部参加组织生活登记制度;督促各单位按月收缴上报党费,加强党费使用管理;认真落实党员发展工作细则,科学制定党员发展计划,确保党员发展质量。

(二)落实党内制度,完成换届选举。根据《中国共产党章程》、《中国共产党和国家机关基层组织工作条例》《中国共产党基层组织换届选举暂行条例》的规定,按照省委组织部和省直工委的要求和安排,把换届选举作为规范党内生活、落实党内制度的硬任务,在健全所级领导班子的基础上,5月底完成所级党组织的"两委"换届选举工作,6月底完成院党委"两委"换届选举工作。

(三)落实党的工作责任制。党委(总支、支部)书记要切实履行第一责任人职责,班子成员带头履行党建工作职责。坚持做到党建工作与业务工作一起研究部署、一起推动落实,真正形成责任明确,齐抓共管的党建工作格局,以党建成果推动各项工作的顺利完成。

四、坚持党要管党、从严治吏,加强领导班子和干部队伍建设

(一)把握政策界限,做好"三个一批"。要按照省委《关于做好甄别处理一批、调整退出一批、掌握使用一批干部工作的意见》要求,认真开展查档案、查反映、查个人事项报告、查业绩、查线索、查案件,既对党的事业负责,又对干部负责,严格把握政策,积极稳妥推进。

(二)按照好干部标准,选好配强领导干部。严格执行好干部二十字标准,树立"德才兼备、以德为先、以廉为基"的用人导向,把政治坚定放在首要位置,把清正廉洁作为基本条件,把干事有为作为重要依据,根据干部职数空缺情况,选拔配备机关处室和部分研究所的领导干部,重点把好动议提名推荐关、廉政审查关、考察对象关、组织考察关、讨论决定关、任前公示关,突出从严查廉把好考察考核关,全面实行政治纪律必审、廉洁自律必审、作风情况必审、干部档案必审、个人有关事项报告必审,对干部进行全方位"体检"。同时,要加强对领导干部的教育管理监督,严格落实提醒谈话、函询、诫勉和领导干部重大问题、重要事项向上级党组织请求报告制度,加大对领导干部个人有关事项报告的抽查核实力度,推动从严管理监督干部常态化。

(三)抓好教育培训,提高能力素质。认真落实中央和省委党员干部教育培训实施意见,大规模培训干部,大规模培训党员,重点抓好处以上领导干部选学培训、基层支部书记和党员骨干培训,大幅度提高干部素质。

五、全面落实"两个责任",扎实推进反腐倡廉建设

(一)深化反腐倡廉宣传教育。深入开展党性党风党纪教育,马克思主义权力观教育、强化宗旨意识。利用发生在我省的腐败案例、违反中央"八项规定"的典型案例开展警示教育,引导党员干部牢固树立红线意识、底线意识、大局意识,切实筑牢思想道德防线。

(二)严肃问责追责,推动两个责任落实。深入落实党风

廉政建设党委主体责任和纪委监督责任，加大执纪监督问责力度。按照省委的要求，建立院党委和院纪委、基层党组织责任清单，推动层层传导压力、分解责任、落实责任。认真开展党员领导干部参加党内政治生活的监督检查，继续加大中央八项规定执行情况的督查力度，防止“四风”问题反弹，做到抓早抓小。

（三）加大自办案件的查处力度。加强案件受理工作，强化问题线索的管理，坚持有案必查、有腐必惩、有贪必肃。重点查办顶风搞“四风”，以权谋私、腐化堕落、失职渎职等违纪案件。对问题突出的单位要进行约谈问责，对党员干部身上苗头性倾向性问题及时约谈函询诫勉，对发生案件不报告、压案不查的，既要追究主体责任、监督责任，还要严肃追究相关领导责任。

六、坚持党管人才原则，加强人才工作和人才队伍建设

（一）加强党管人才工作。认真贯彻落实中央和省委关于加强党管人才工作的意见，完善人才工作领导体系，建立健全人才工作科学决策、分工协作和督促落实机制。积极推进人才强院（所）工作，加强联系服务高级专家和优秀人才工作。

（二）完善人才激励考核机制。坚持“人才强院”发展战略，以选拔和培养科技领军人才和创新人才为重点，进一步加强人才引进和培养工作。加大人才柔性引进力度，做好海外高层人才引进和使用工作。完善人才评估和选拔办法，充分调动各类人才的积极性和创造性。

七、拓展党建工作的覆盖面，稳步推进精神文明建设

（一）稳步推进文明单位创建工作。加强对基层单位文明创建工作的指导和日常管理。对2015年申报“省直文明单位”的基层单位做好前期检查指导，确保验收成功。

（二）扎实做好统战、老龄工作。继续开展“同心”品牌工程主题活动，充分调动党外人士的积极性和创造性，为农科院各项事业的发展贡献力量。关心老干部生活，做好日常管理服务工作，加强离退休党支部建设和思想政治工作，落实离退休干部待遇政策，开展好“敬老月”等文化娱乐活动。

（三）重视发挥群团组织作用。贯彻落实《中共中央关于加强和改进党的群团工作的意见》。院属各基层党组织要加强对工青妇等群团组织的领导，支持群团组织依照各有关章程独立负责地开展工作。群团组织要及时向党组织报告工作，争取党组织重视和支持。继续开展职工文化活动和“职工之家”创建活动，做好劳模评选表彰工作，做好维权和送温暖活动。深入开展优秀团组织、团干部创先争优活动，开展有助于青年成才成长的科技知识竞赛活动；继续开展关心女职工健康、维护女职工权益活动。

八、以创建“平安单位”为抓手，扎实做好综合治理工作

（一）加强治安管理工作。坚持门卫值班和节假日值班制度。认真落实各项安全防范措施，做好消防安全和危化品、易制毒品管理工作，做好临时务工人员和出租房的管理，定期开展治安消防安全检查，发现问题及时排除。

（二）进一步加强和改进保密工作。各单位主要领导要亲自抓保密工作，强化保密培训教育，完善保密规章制度，按期完成好全院的定密工作。切实加强对涉密场所、涉密文件、移动介质和手机使用等各环节各载体的规范管理，扎实有效推进定密、涉密人员、网络保密和涉密载体“四大管理”。

（三）做好信访维稳工作。做好节假日、敏感日和重大活动期间的维稳防范工作。加强信访工作，积极预防、深入排查、有效化解矛盾和纠纷，教育广大党员干部主动肩负维稳责任和使命，增强政治意识、防范意识，营造人人促稳定、保稳定的良好氛围。

（吴慧萍）

附：省农业科学院党委书记、副书记、委员名单

书　记：关建勋（5月离职）

副书记：刘惠民　戴文斌（11月离职）　邢亚静（女）

委　员：聂安全　乔雄梧

省社会科学院党组工作概况

党组书记　李中元

山西省社会科学院是中共山西省委、山西省人民政府直属的全额拨款事业单位，是全省最大的综合性哲学社会科学研究机构。

2015年，在省委、省政府和省委宣传部的正确领导下，党组书记李中元及社科院领导班子团结带领全院党员干部和科研人员，以“三严三实”专题教育为主线，围绕中心，服务大局，充分发挥省委、省政府“思想库”、“智囊团”职能作用，积极推进哲学社会科学创新工程和现代新型智库建设，各项工作取得了较大的成绩。特别是紧紧围绕省委“六权治本”、“六大发展”、“三大突破”、煤炭“六型转变”、“三个文化”、全面从严治党在把纪律和规矩挺在前面上先走一步等重大安排部署，提出了许多针对性强、有价

值的决策建议,发挥了新型智库应有的作用,得到了省委和有关方面的充分肯定。

一、认真学习贯彻习近平总书记系列重要讲话精神,自觉在思想上、政治上、组织上、行动上与中央、省委保持高度一致

2015年,院党组和院领导班子始终把深入学习、深刻领会党的十八大,十八届三中、四中、五中全会和习近平总书记系列重要讲话精神放在首位,认真学习党章党规和新修订的《中国共产党廉洁自律准则》《中国共产党纪律处分条例》,省委十届六次、七次全会和省委王儒林书记历次重要讲话精神,认真贯彻落实中央和省委、省政府重大安排部署。2014年11月底至2015年3月全省开展以"深入学习贯彻习近平总书记系列重要讲话精神,净化政治生态、实现弊革风清、重塑山西形象、促进富民强省"为主题的学习讨论落实活动期间,院党组组织院部分科研人员参加了省委十届六次全会报告、全省经济工作会议报告、选拔任用县委书记、"六权治本"、"六大发展"、煤炭"六型转变"等一系列专项报告的起草,积极为省委重大决策部署建言献策。2015年5月开始,在全院副处以上党员干部中开展"三严三实"专题教育,院领导班子成员分别进行了九次专题辅导,认真召开党组专题民主生活会、支部专题组织生活会,对照"三严三实"要求开展批评和自我批评,并针对问题积极整改。全院干事创业的环境氛围不断向好。与此同时,院领导轻车简从,深入基层访民情、搞调研,全年带队调研近30次,调研地点包括太原、大同、朔州、晋中、吕梁、长治、晋城等市及太谷、高平、襄垣、平顺、孝义、河曲、定襄等县(市)。

二、坚持解放思想、与时俱进,以改革创新精神凝聚动力、激发活力,大力推进现代新型智库建设,积极实施哲学社会科学创新工程

为完成省政府2015年确定的目标责任分解任务,院党组明确提出要进一步创新体制机制,整合优势资源,完善科研量化考核指标,建立分级、分类的考评机制,以创新工程推动科研工作向前发展。在学科建设上,2015年省社科院继续对外发布山西经济社会发展重大课题选题,面向全国招标进行研究。截止2015年底,所有课题已全部完成。全年共完成课题101项,其中包括山西经济发展重大课题10项、省哲学社会科学规划课题13项、省软科学课题2项、省社科联课题10项等,发表论文150余篇,出版专著10余部,总字数2000多万字。在加大特色学科带头人和青年科研骨干培养上,认真选派学术带头人和青年科研骨干到国内外高校、科研机构培训学习。已有1人到德国北威洲进修,3人进入省委宣传部"四个一批"人才行列。在加强横向联系上,充分利用研讨会和调研学习的契机,与中国社科院和全国各省市社科院展开广泛、深入交流,认真学习、积极汲取各地方社科院推进创新工程的经验、做法。在现代新型智库建设上,中共中央关于建设新型智库意见下发后,按照省委宣传部安排,牵头起草了《山西省加快地方新型智库建设意见》。2015年下半年,积极组建山西省智库发展协会(联盟),截止2015年底,申报手续已全部完成,筹组工作正在积极进展中。在创新体制机制上,围绕省委、省政府交付的重大课题,舆情关注的热点问题,我省经济社会发展中的重大理论和现实问题,院从各所、中心抽调科研骨干,采用集中研究方式,及时、快速地分析研究,提出对策建议,形成专题研究报告和《决策专报》上报省委、省政府。截止2015年年底,共出《"先走一步"把纪律挺在前面的理论与实际问题》等《决策专报》11期,省委王儒林书记作出5次重要批示,省委、省政府其他领导也多次作出批示。

三、坚持团结协作、锐意进取、勇于担当,不断加强思想政治建设和理论学习,院领导班子和全院干部职工保持了良好的精神状态

在稳步推进全院全年各项工作健康、持续发展进程中,院党组始终把加强思想政治建设放在首位,不断强化领导班子和全院干部群众团结协作、锐意进取、勇于担当意识。在强化主体责任上,按照省委要求,于2015年年初制定出台了《中共山西省社会科学院党组落实党风廉政建设主体责任清单》《山西省社科院纪检组落实党风廉政建设监督责任清单》。始终坚持落实党风廉政建设"一岗双责",院党组成员、领导班子不仅对分管领域、分管部门的科研、业务工作负责,同时对分管领域、分管部门的党风廉政建设负责;各所、处长不仅对本单位、本部门全面工作负责,同时对本单位、本部门的党风廉政建设负责。在2015年全院工作会议上,院党组同各单位、各部门签订《党风廉政建设责任书》,进一步强化了责任意识,明确了责任划分。在加强党员教育管理上,结合支部生活会,对在职党员从理想信念、政治素质、组织纪律、工作作风、廉洁自律五个方面分优秀、合格、不合格三个等级进行民主评议和测评。根据每位党员的入党时间,建立了党员政治生日登记册,在党员入党那天通过短信平台送上激励和祝福,表达党组织的关怀和期望,勉励党员重温入党誓词、强化党员意识,发挥先锋模范作用。通过各项活动,院领导班子和全院干部群众保持了良好的精神状态。

四、以人为本,畅通渠道,着力解决实际问题

领导班子始终坚持以人为本,注重解决实际问题,努力维护好、实现好、发展好社科人的整体利益,大力改善职工生活和工作条件。每逢重大节日,院班子成员都要慰问走访院内老党员、老科研人员和困难职工,送去党的温暖和组织关怀。坚持重大事项、重大决策主动与干部、职工进行及时通报,通过"院长接待日"这一有效沟通平台接待来访职工群众,敞开沟通渠道,悉心听取意见、建议。在推动旧院改造和新院建设工作上,持续加快新院建设步伐,2015年11月新院科研楼和科研后勤楼内部装修已完工。

五、坚持党要管党、从严治党，努力加强党的建设、班子建设、干部队伍建设、党风廉政建设和作风建设

认真学习中央《关于加强中国特色新型智库建设的意见》和《中国共产党廉洁自律准则》《中国共产党纪律处分条例》，坚持党要管党、从严治党，不断加强党的建设、班子建设、干部队伍建设、党风廉政建设和作风建设。在选人用人上，2015年6月份前顺利完成了第二轮管理岗位、专业技术岗位和工勤技能岗位的续聘工作。竞聘工作通过岗位竞聘申报、资格审查、民主征求意见、结构化面试、拟任处级领导干部"六查"、确定考察对象考察等六个环节，目前五级管理岗位聘任人选已全部到岗，六级管理岗位竞聘工作已经完成，正处于"六查"阶段。在优化党员结构上，大力发展新党员，2015年预备党员转正式党员1人，确定入党积极分子1人。积极探索社科研究机构党建工作规律，结合科研队伍中党员的现状，按照省委和省直工委要求撰写理论文章、进行理论宣讲。2015年省社科院科研人员在《山西日报》等媒体上发表重要理论文章10余篇，院党组成员、部分科研人员在基层宣讲党的十八届五中全会精神10余场，为党的理论、路线、方针、政策贯彻落实发挥了积极的作用。切实加强制度建设，2015年4月启动了《山西省社会科学院规章制度汇编》编辑工作，按照立、废、改、并原则对建院30多年来出台的规章制度进行了全面梳理。"汇编"已于2015年年底正式印行。深入开展和谐文明单位创建活动，手机党校和文明创建短信平台持续发挥了积极作用。不断深化"四风整治"，院领导班子作风建设进一步加强，全院党员领导干部理想信念进一步坚定，集体主义的荣誉感进一步显现，文风、学风、作风进一步转变。

（杨亚琳）

附：省社会科学院党组书记、成员名单

书　记：李中元

成　员：贯桂梓（女，12月离职）　潘　云　孟艾芳（4月离职）　杨茂林　景世民　宋建平　张建武

山西社会主义学院党委工作概况

党委书记　张云泽

2015年，山西社会主义学院党委深入学习贯彻党的十八大，十八届三中、四中、五中全会精神和习近平总书记系列重要讲话精神，认真学习贯彻省委十届六次、七次全会精神，坚持党要管党、从严治党，认真落实党建工作责任制，以"三严三实"的作风，积极发挥社会主义学院党外代表人士教育培训主阵地作用，圆满完成了各项工作任务。

一、深化理论学习，加强党的建设

深入学习习近平总书记系列重要讲话精神。2015年，院党委根据统一战线教育培训院校的职能特点，把"学讲话、学作风"作为重要政治任务，作为党委中心组和各党支部、各处室理论学习以及培训办班的主要内容。通过集中学习、外派轮训、跟班听讲、个人自学等形式，深刻领会习近平总书记系列重要讲话的科学内涵、思想精髓、精神实质和实践要求，学习以习近平同志为总书记的党中央崇尚实干、勇于担当、廉洁自律、率先垂范的优良作风和崇高风范，使学习的过程成为坚定理想信念、激发热情干劲、指导推动工作的过程。全年组织党委中心组和干部集中学习研讨14次共计14天。

深入学习宣传党纪法规。院党委坚持深入开展党风廉政教育，组织党员干部认真学习《中国共产党党章》《中国共产党廉洁自律准则》《中国共产党纪律处分条例》、中央"八项规定"等党内法规以及国家法律法规。选派党务干部参加了省纪委举办的纪检监察干部监督工作业务培训班和汇报会。举办"树立法治理念，践行依法办事"法治建设专题讲座。通过学习宣传，使党员干部自觉遵守党的政治纪律、组织纪律、群众纪律和工作纪律，在思想上、政治上、行动上同以习近平为总书记的党中央保持高度一致，切实保证中央和省委省政府重大决策部署的贯彻落实。

扎实开展"三严三实"专题教育。院党委严格按照省委部署要求，及时制定专题教育实施方案进行具体安排。组织全院中层以上领导干部集中收看省委书记王儒林专题党课、聆听省委常委、统战部长孙绍骋专题党课，听取院党委书记专题党课和专题辅导。开展"严守党的政治纪律和政治规矩"及"三严三实"等专题学习研讨，召开党员领导干部"三严三实"专题民主生活会和支部组织生活会。组织和鼓励党员干部利

用个人移动终端通过"共产党员""三严三实"微信微博客户端随时学习,使党员干部深刻把握"三严三实"的精神实质和深刻内涵,做到政治坚定、对党忠诚、敢于担当、个人干净,以实际行动践行"三严三实"要求。

深入开展学习讨论落实活动。按照省委部署,在省委督导组的具体指导下,学院紧紧围绕"深入学习习近平总书记系列重要讲话精神,净化政治生态、实现弊革风清,重塑山西形象、促进富民强省"主题,紧密结合山西省和社会主义学院政治生态实际,深入开展学习讨论,广泛听取干部群众意见,深入进行反思剖析,努力查找突出问题,制定主要问题整治整改方案,坚持边整边改,细化措施,强化成效,切实转变党员干部工作作风,为搞好统一战线教育培训工作夯实基础。

加强领导班子建设。11月,省委对社会主义学院党政领导班子进行重大调整。新班子到任后,认真贯彻和落实省委常委、统战部长孙绍骋同志的重要讲话精神,振精神、勇担当、勤作为、出实招、求实效。在年终的工作中,以政治坚定、对党忠诚,加强团结、合作共事,围绕大局、抓好培训,严格纪律、率先垂范的精神风貌,只争朝夕,奋发有为,提出一系列促进社会主义学院建设发展的工作思路,积极树立山西社会主义学院的新形象。

加强党支部建设。院党委把学院党建工作列入全年工作重要议事日程。按照党章和相关条例规定,完成了支部换届。制定了学院2014-2018年党员教育培训工作实施办法。安排新任党支部书记、近年新党员和党务干部参加了省直工委、省直党校相关培训。组织各党支部书记集中学习《发展党员工作细则》,进一步规范发展党员工作。按照省直工委安排,对基层党组织书记抓党建工作进行了述职评议考核,进一步发挥党支部的战斗堡垒作用和党员的先锋模范作用。

深入开展精神文明创建工作。根据领导班子调整和人员变化情况,院党委及时调整、充实了文明办领导机构和工作机构。开办了主题为"弘扬中华优秀传统文化,践行社会主义核心价值观"的道德讲堂。组织了"悟道·追梦·读书"专题学习交流会。组织教职工参加省直工委举办的"健康体魄.阳光生活"第九套广播体操比赛并荣获优秀奖。组织参加省直工委、省体育局举办的菜单式乒乓球比赛。组织单身职工参加省直机关"鹊桥会"。

二、落实"两个责任",营造干事创业环境

明确总体要求和具体责任。根据省委关于落实党风廉政建设党委主体责任和纪委监督责任的要求,结合社会主义学院领导班子变化情况,院党委重新调整了学院落实党风廉政建设责任制领导组,制定并完善落实"两个责任"的具体实施办法,列出责任清单,并签字背书。党委领导班子对学院党风廉政建设负全面领导责任,党委书记是党风廉政建设第一责任人,其他班子成员和各党支部负责人根据工作分工,履行"一岗双责",对职责范围内的党风廉政建设负主要领导责任,形成了党委统一领导、支部(处室)齐抓共管、一级抓一级、层层抓落实的工作格局。

积极推动"两个责任"的落实。把加强学院党风廉政建设、全面落实"两个责任"作为党建工作重要内容,摆上重要日程,列入领导班子、领导干部述职考核目标管理,列为领导班子民主生活会和党委中心组学习研讨的内容。同2015年学院的党外代表人士教育培训、统一战线理论研究、干部教师队伍建设、办学条件改善、中华文化学院等工作一同部署、一同落实、一同检查,就党风廉政建设情况及时向全院干部职工进行通报,及时就重要事项向上级请示报告。

坚持把纪律挺在前面。深入贯彻落实中央八项规定精神,坚持不懈反对"四风",形成作风建设新常态,在元旦、春节、清明、端午、中秋、国庆等重要时间节点及时强调九不准纪律,通过会议、展板、电子屏、网站等平台广为宣传,做到警钟长鸣。认真执行领导干部个人重大事项报告制度,执行干部婚丧喜庆事项报备制度,开展了为期3个月的对领导干部顶风大操大办个人婚丧喜庆借机大肆敛财的专项治理。全年没有发现有违纪违规现象或贪腐行为。

营造团结和谐工作环境。新班子上任以来,深入调查研究,广泛征求意见,从大处谋划,从小处入手,关心职工生活,活跃学院氛围,全院上下人心思进,正在形成干事创业、追求上进的风气,团结友爱、相互坦诚的氛围,看工作态度、比工作实绩的导向,团结和谐、积极向上的环境。

三、围绕目标责任考核,积极推进正规化建设

2015年,院党委把完成省委省政府确定的目标责任考核任务作为学院的中心工作,科学分解目标任务,明确工作质量要求,举全院之力狠抓责任落实,顺利完成了各项考核任务。

教学培训有新突破。2015年,学院举办各类培训班23期,培训人员1600余人次,培训天数合计112天。举办的各类培训班,紧密结合形势,针对党外学员的特点,加大理论基础、共识教育的比重,进一步凝聚共识,坚定"三个自信",进一步提升学员建言献策履职能力。与此同时,积极推进教学方式的改革创新,取得了很好的培训效果,得到省委统战部和广大学员的认可和好评。

科研工作有新成果。积极发挥科研工作的促教资政作用,完成了中央社会主义学院课题两项,全省统战理论政策研究课题两项,院级课题两项,在省级及以上刊物共计发表论文15篇,其中四篇论文分别获得"第二届全国社会主义学院系统优秀科研成果"二、三等奖。《山西民主党派发展历程研究》(民建卷)书稿已完成。编发《教学科研资讯》六期,刊发全国、全省统战要闻200余篇。编辑出版了4期《山西社会主义学院学报》(季刊),刊发"参政党建设研究""协商民主研究""统战理论与实践"等方面有价值的文章80余篇。

中华文化学院工作有新成效。在全省党外中青年干部培训班首次开设中华文化课程;打造中华文化大讲堂,邀请省内外知名专家学者讲授中国优秀传统文化公开课;与新绛县委、县政府联合举办了有海峡两岸专家学者共同参加的"《弟子规》与现代家风建设研讨会"。院领导率文化交流团赴台进

行了考察交流，宣传了山西文化，增进了两岸共识。

干部队伍建设有新面貌。在年轻教师的培养方面，要求年轻教师全程参与培训办班，通过上台讲课、课中课后讨论交流、跟班听课等历练提高授课水平。积极选派年轻教师外出参加全国社院系统的学习、培训及研讨会，参加中山大学港澳台海外统战干部培训班和江西省社院的培训学习。在加强干部队伍建设方面，通过公开招考补充行政管理人员，不断优化干部队伍结构。组织处级干部申报自主选学培训课程和培训订单课程，不断完善干部学习制度。组织并督促参公人员开展在线学习，撰写学习心得，建立处级干部教育培训档案，使干部队伍素质得到进一步提升。完成了教师任职考核、职称评定及聘用工作及全院干部职工年度考核工作。

行政后勤管理水平有新提高。按照中央、省委有关文件要求，切实加强公务车辆管理使用，全面完成公车改革任务；切实增强服务意识，为培训办班和学院正常运转提供有力保障。积极配合有关部门做好推进新校区建设工作。

扶贫工作有新进展。贯彻落实中央扶贫开发工作会议和省委脱贫攻坚大会精神，坚持实施“五个一批”工程，圆满完成本年下乡驻村和派驻第一书记工作任务。学院一名副院长担任省委驻神池县农村工作队大队长，三名同志担任队员，并选派了三名同志担任农村第一书记。响应省直工委、省扶贫办“10.17 扶贫日”倡议，组织全体党员干部职工开展献爱心捐款活动，奉献爱心。岁末寒冬院党委派人走访慰问了学院离休老干部和生活困难老党员。

（郭变桃）

附：山西社会主义学院党委书记、副书记、委员名单

书　记：王宝生（11 月离职）　张云泽（11 月任职）

副书记：王建新（11 月离职）

委　员：李祥熙　胡晨光（11 月任职）

省档案局（馆）党组工作概况

党组书记　阎默彧

2015年，在省委、省政府的正确领导下，在国家档案局的精心指导下，在全局干部职工的共同努力下，山西省档案局全面贯彻落实党的十八届三中、四中、五中全会和习近平总书记系列重要讲话精神，不断加强党的建设，创优发展环境，提升服务能力，圆满完成了全年各项任务。

一、推进全面从严治党，为档案工作服务大局提供坚强保证

一是突出党要管党、从严治党，切实落实机关党建工作责任。省档案局严格落实机关党建工作责任，将党建工作列入机关重要议事日程，纳入全局目标考核体系，定期召开机关党委全委会，做到重大问题集体研究决议，督促各党支部书记认真履职，将党建责任清单细化到人，量化到岗，更好地用责任制传导压力、促进工作；严格履行党建工作职责，根据档案局实际，将机关党建工作目标任务分解成思想政治建设、作风建设、基层党组织建设、党风廉政建设、机关文化和精神文明建设等项目，明确提出时限进度和标准要求，落实到各支部、各责任人，形成齐抓共管、层层落实的党建工作格局。

二是深入学习贯彻习近平总书记系列重要讲话精神，推进思想建设。按照中央要求和省直工委安排部署，制定了《省档案局党组中心组及干部理论学习的安排意见》。2015年，局党组中心组组织集体学习19次，学习天数21天，出勤率达100%；开办“山西兰台大讲堂”，邀请知名档案专家学者每周五进行授课，已有200多人在档案局机关参加档案业务学习；在山西大学继续教育学院举办领导干部能力素质提升培训班，全局31名处级干部参加为期7天的全脱产干部选学培训。

三是认真履职，切实把党风廉政和反腐倡廉建设的“主体责任”扛在肩上。按照省直工委《关于省直机关基层党组织和纪检组织落实党风廉政建设“两个责任”的指导意见》，制定出台《山西省档案局机关党委落实“主体责任”实施办法》，建立《山西省档案局机关党委落实“主体责任”清单》；根据中央和省委关于党风廉政建设和反腐败斗争的新要求，重新修订了《山西省档案局党员领导干部廉政承诺书》和《山西省档案局党风廉政建设责任书》，全局处级以上党员干部签订《廉政承诺书》；通过学习、考试、阅读、参观展览等形式，教育党员干部要严守党的政治纪律和政治规矩。

四是认真践行“三严三实”。5月27日，局党组书记、局长阎默彧以《践行“三严三实”，做忠诚干净担当的好干部》为题给全局党员干部讲党课，启动了档案局“三严三实”专题教育。活动过程中，机关党委制订了“三严三实”专题教育实施方案，为全体党员购买了书籍，编印了学习资料，组织了党组书记、党组成员讲党课活动和各专题的学习研讨，各党支部认真开展专题学习研讨，在支部内集中开展加强党性、党规的教育，召开了专题民主生活会，处级以上党员干部都撰写心得体会和对照检查材料，完成“三严三实”各项规定动作。

五是突出两大任务，推进“六型机关”建设。档案局机关党建工作牢牢把握服务中心、建设队伍两大任务，将党建和业务工作相结合，树立善于学习、全面服务、纪律为先、研究探索、清正廉洁、精细管理的理念，积极探索

"六型机关"建设。认真做好定点扶贫工作和机关党员干部结对帮扶贫困户工作，选派丁晓东、宋志强、张文丽、张磊4 名同志赴档案局的扶贫点吉县东城乡担任"第一书记"。同时档案局职工积极参加各种活动，特别是在省直机关"菜单式"体育比赛中赢得了"体育道德风尚奖"。

六是突出制度治党，激发基层党组织活力。局党组认真贯彻《中国共产党党和国家基层组织工作条例》，加强基层党组织规范化建设活动，狠抓党支部建设，认真落实"三会一课"、领导干部过双重组织生活等各项制度。机关党委向各党支部发放《党支部工作记录本》，以支部工作记录本为抓手，进一步规范党支部工作，规范基层党组织活动。2015 年，档案局第四党支部被评选为省直机关先进党支部；批准预备党员转正1人；出台《山西省档案局机关党费收缴、使用和管理制度》，完成2015年度党费收缴、党内统计年报报送。

二、各级领导更加重视档案工作，发展环境不断优化

一是得到了各级领导和各级党委、政府的大力支持。国家档案局原局长、中央档案馆原馆长杨冬权一行来我省考察调研，对我省的档案工作存在的诸多问题提出了具体要求；中国档案学会整理鉴定学术委员会2015年年会在太原召开，中国档案学会理事长段东升出席并对我省的档案整理鉴定进行指导，整理鉴定委员会主任委员马振犊与档案局相关专业干部进行交流。省委常委、副书记楼阳生对档案局的土地确权颁证档案提出口头表扬；省委常委、宣传部长胡苏平参观晋城市档案馆并作出重要指示；省委常委、太原市委书记吴政隆就太原档案工作做出重要批示。

省纪委副书记、监察厅厅长冯改朵，晋城市委书记张九萍、市长刘润民，太原市委秘书长陈河才、副市长王爱琴，运城市委副书记陈振亮，临汾市常务副市长赵建民，大同市副市长曹惠斌等省直相关部门和地市领导也通过调研指导、出席会议、参观展览、讲话肯定等方式，支持本系统和当地档案事业发展。

二是召开两办"实施意见"宣贯会。2014年，中办、国办印发了《关于加强和改进新形势下档案工作的意见》，省委、省政府高度重视，并在2015年4月29日以省委办公厅、省政府办公厅名义印发了山西省《关于加强和改进新形势下档案工作的实施意见》（晋办发【2015】20号）。文件下发后，山西省档案局召开了全省学习贯彻落实《关于加强和改进新形势下档案工作的实施意见》辅导报告会，省直各单位、各省属企业、各高等院校积极配合，派专人参加，培训人员达300人；为山西省《实施意见》落地生根，省档案局领导亲赴全省各地进行巡讲、指导、督查、推进。各地市积极响应，特别是太原市，一把手就档案工作连续3次做出重要批示，专门听取汇报，责成市委秘书长和分管档案工作的副市长牵头，提出太原市贯彻落实《实施意见》重点，并亲自审查了太原市档案局提交市委常委会的报告和太原市《实施意见》起草说明。

三、努力夯实档案业务工作基础，服务能力不断提升

（一）档案工作服务大局能力不断增强

一是档案工作服务中心工作能力不断增强。2015年，省档案局围绕中心，紧跟形势，依托馆藏档案资源优势，广泛开展了各种主题鲜明、内容丰富、教育性强的档案宣传活动。编纂《山西通志·文化艺术志·档案编》，送审稿已基本完成，共计20余万字；以"6·9国际档案日"为契机，围绕"档案在你身边"主题，开展图片展览、知识讲座、赠阅书籍等系列宣传活动；为中央电视台、新华社、人民法院报、山西广播电视台等单位宣传抗战胜利70周年提供档案资源。

二是档案工作服务经济社会发展能力不断增强。2015年，全省各级档案部门继续深入贯彻落实国家档案局8、9、10号令，不断加强对机关、企事业单位以及农业农村档案工作的监督、指导、检查力度，在夯实基础工作方面做了大量的努力。出台了《山西省重大建设项目档案验收细则（试行）》，填补了我省重大建设项目档案验收标准规范的空白，专项验收了23个省属企业档案，对18个省属企业进行考核；对晋能集团、同煤集团所属单位进行项目档案业务培训，受众达 500余人。

（二）档案馆基础业务稳步推进

一是档案馆项目建设。省档案馆新馆建设取得较大进展，土地预审工作已经完成，《山西省档案馆新馆建设项目可行性研究报告》报送省发改委；中西部县级综合档案馆项目建设进展顺利，经省发改委批复，确定2015年中央投资项目为怀仁等5个县档案馆；对沁县等5个县新建档案馆图纸进行了审核。

二是档案基础业务建设。继续推进"313计划"，督促各市档案局依照计划组织本辖区档案馆的验收。2015年，乡宁县档案馆通过了省一级档案馆验收，五台县等4个县档案馆通过了省二级档案馆验收，神池县等33个县级档案馆通过了省三级档案馆验收。同时，对阳泉市郊区档案馆实践基地创建"全国中小学档案教育社会实践基地"工作给予指导和帮助，使阳泉市郊区档案馆顺利通过全国中小学档案教育社会实践基地验收。

三是农业农村档案工作。档案局与省民政厅、省农业厅组成验收组，对离石区和岚县创建山西省社会主义新农村建设档案工作示范县工作进行验收；为统一规范农村土地确权档案管理，与省农业厅联合举办山西省农村土地承包经营权确权登记颁证工作师资培训班；编辑《农村档案工作实务手册》，有效服务于农村档案工作。

（三）全省档案事业三个体系建设逐步完善

一是全省档案资源体系日益丰富。2015年，省档案馆接收省委党的群众路线教育实践活动领导小组办公室档案1667卷、省物资储备管理局档案280卷和顾棣照片档案5048

张，审计厅、太原海关等6个单位的资料94册，财政厅、交通厅、人社厅等30个单位的文件2399件政府信息公开文件,。全面开展馆藏档案的划控鉴定工作，对3个全宗5476卷档案进行了划控鉴定；对山西省工业厅矿业管理局、矿产管理局、轻工业管理局、建筑总公司、手工业管理局等6个全宗的1万多卷案卷进行了数字化前处理案卷质量检查工作。

二是全省档案安全体系趋于规范。按照《山西省人民政府办公厅转发省档案局关于加强全省档案安全体系建设意见的通知》要求，组织全省档案安全体系建设培训会，指导、监督全省各级档案部门全面开展安全体系建设工作。特别是在天津港“8·12”重大火灾爆炸事故发生后，省档案局第一时间召开会议、发出通知，各级档案部门开展全面系统的安全检查，及时发现问题，排除安全隐患，确保档案实体绝对安全。同时从管理和技术两方面建立数字档案馆（室）安全防护体系，确保档案信息安全。

三是全省档案利用体系更加开放。立足服务民生，本着为民、务实、热情、优质的服务原则，不断丰富服务手段，拓宽服务渠道，优化服务流程，延长服务时间，改进档案利用窗口的服务环境。省档案馆全年共接待查阅群众3051人次，出入库档案10818卷，资料4040册，其中革命历史档案7436卷，革命历史资料2726卷，民国档案 1109卷，民国资料781册，建国后档案2273卷，建国后资料533册。

（四）档案信息化建设有序开展

一是山西省档案局门户网站“晋档在线”运行。档案局门户网站于4月份正式开通，通过加强制度建设、加强网络巡查等措施不断强化网站管理，全年更新数据400余条，并通过开设专题栏目、简化操作流程等方式，方便群众查阅。

二是电子文件中心建设。电子文件中心建设是档案信息化工作的一项重要内容，省档案局经过广泛调研，并在全省范围内进行问卷调查，出台了《山西省档案局关于促进省级电子文件中心建设的实施意见（初稿）》，有力地促进全省电子文件中心建设。

（五）档案法制建设不断完善

局党组始终把加强档案法制建设、推进依法治档提在重要位置。坚持把法制理念、法治思维和法治原则贯穿到档案法制工作的全过程和各个环节，建立完善档案法规，履行档案行政管理职能，切实加强执法监督检查和专项督查。2015年围绕省委、省政府中心工作和国家档案局重点任务，开展了档案安全、国家综合档案馆建设项目、“两个意见”等三项专项督查，确保各项政策落实到位。

（六）多种形式推动档案干部队伍建设

采取多种形式加强干部教育培训，举办了一系列以掌握档案工作基本知识、基本技能、基本原则为教学目标的档案业务人员资格培训班和以补充、拓展、更新知识为目标的继续教育培训班。尤其是举办“山西兰台大讲堂”，对全省档案部门和省直机关、企事业单位档案工作人员、各市、县（市、区）档案局（馆）长以及省市县的档案业务骨干免费进行培训，满足了广大档案工作者对档案业务知识的渴求，为不同单位、不同部门的档案工作者提供了互相学习交流的平台，对于全省档案工作的全面发展和业务水平的进一步提高具有积极的推动作用。此项工作，受到国家档案局领导的肯定和好评。

（韩宝剑）

附：省档案局（馆）党组书记、成员名单

书　记： 阎默彧

成　员： 王保国　刑利民　孔凡春　党志峰

省万家寨引黄工程管理局党委工作概况

党委书记　樊安顺

2015年，省引黄局党委在省委、省政府的坚强领导和有关部门的大力支持下，认真贯彻党的十八届三中、四中、五中全会和省委十届六次、七次全会精神，深入学习习近平总书记系列重要讲话精神，按照省委“五句话”总要求，以“三严三实”专题教育为契机，以推进引黄转企改制为重点，一手抓工程项目建设，一手抓安全稳定供水，全面融入山西大水网，步入了工程建设与生产运营并重的新阶段。

一、坚持从严治党，建设奋发有为领导班子

一是开展“三严三实”专题教育。“三严三实”以党员领导干部讲党课开局，党委书记、局长王纯为全局副处以上干部作了《践行“三严三实”忠诚干净担当 以过硬作风推动引黄事业科学发展》的专题教育党课，6位党委成员分别为分管处室、单位的党员干部讲党课。组织处级以上干部学习习近平总书记系列重要讲话精神，重点研读《习近平关于党风廉政建设和反腐败斗争论述摘编》等规定必读文献。党委班子召开“严以修身”、“严以律己”、“严以用权”以及“严守党的政治纪律和政治规矩”专题研讨会，深刻把握“三严三实”的核心要义，认真查摆不严不实的问题。召开党委领导班子专题民主生活会，紧紧围绕“严以修身、严以用权、严以律己，谋事要实、创业要实、做人要实”要求，联系党委班子和个人实

际深入查摆问题,进行党性分析,深入剖析根源,制定问题整改清单。

二是从严落实“两个责任”。局党委坚决落实主体责任,局纪委坚决落实监督责任,坚决落实中央“八项规定”,制定落实党风廉政建设党委主体责任的实施办法和责任清单,制定落实党风廉政建设纪委监督责任的实施办法和责任清单,出台《党风廉政建设责任制考核办法》《党风廉政建设承诺制度》等6项制度。局纪委深化落实“三转”,强化执纪监督问责,坚决把纪律和规矩挺在前面,落实“一案双查”和任前谈话、诫勉谈话制度,强化日常监督,紧盯重要节日节点,严肃查处公款吃喝、公款送礼、公款旅游和领导干部出入私人会所、借婚丧喜庆敛财等问题,纠“四风”、树正风。

三是贯彻民主集中制原则。局党委不断完善党委议事规则和决策程序,“三重一大”事项一律集体研究决定。2015年共召开党委会29次,研究议题85个;召开办公会34次,研究议题111个,不断提高决策的民主化科学化水平。

四是强化中心组学习。全年安排13次中心组理论学习,包括1次邀请专家做专题报告,2次中心组理论学习(扩大)会议,10次集体学习,重点学习习近平总书记系列重要讲话,十八届三中、四中、五中全会和省委十届七次全会精神等内容。

五是强化党风党纪教育。召开《中国共产党巡视工作条例》宣讲报告会,组织党员干部学习《条例》,切实增强遵守党的纪律的思想自觉和行动自觉。开展警示教育,组织处级以上干部观看《作风建设永远在路上》电视专题片和《割除毒瘤》警示教育片,举办《强化提高党员干部廉洁自律、拒腐防变能力》专题报告会。强化党纪教育,党员人手一册《党章》《中国共产党纪律处分条例》和《中国共产党廉洁自律准则》合订本,便于日常学习。

二、全面深化改革,推动引黄事业向前发展

一是生产运营继续向好。强化技改大修,完成3台机组大修,推进联接段阀室运行监视迁移改造,完成联接段电源改造项目和移交供电部门等工作。坚持节能降耗,继续深入研究全线输水系统的经济运行方式,出台《备品备件管理办法》,合理保持备品备件库存,降低生产成本。加强科学调度,各生产单位对供水水质与供水水量、万家寨水库、汾河水库水位的关系,对生产运行与消防、清水系统改造及机组大修的关系进行统筹考虑,科学安排运行方式。全年累计供水30851.81万方,其中:向太原市供城市用水9190万方,向汾河流域供生态水15993.23万方,向大同、朔州两市供城市、工业用水5668.58万方,供水水质符合国家标准。

二是工程建设有序开展。总干线、南干线泵站二期扩机工程,全线自动化工程配套完善项目已进入招标阶段。清徐原水直供工程,累计生产管道39.32公里,安装33.28公里,占管线总长的72.32%。大同黄河原水直供配水支线工程,完成原水进水管线和大唐电厂、塔山电厂、煤化工园区三条配水支线建设22.93公里,并完成单位工程验收。左云供水、阳曲供水、水源地生态保护、晋祠泉复流明仙沟引蓄水、神池五寨供水、平鲁供水、山西科技创新城供水等8个配套工程前期准备工作有序推进。

三是体制改革迈出坚实步伐。按照省委、省政府对引黄市场化改革的要求,局党委把体制改革作为2015年的重要任务来抓。邀请水务、财务、投资、企业管理等有关方面的专家进行分析论证,安排专人研究起草改革方案,就方案所涉内容与水利、发改、财政、人社等相关部门多次沟通,充分征求意见,反复修改,于8月26日将方案初稿上报省政府;省政府于10月17日召开引黄工程体制改革专题会议,11月2日召开省长碰头会议,研究讨论改革方案,引黄局按照会议精神进一步修改完善方案;11月3日,省政府第102次常务会议原则通过《万家寨引黄工程体制改革方案》;11月20日,省委全面深化改革领导小组第十四次会议通过《万家寨引黄工程体制改革方案》;12月10日,省政府印发《万家寨引黄工程体制改革方案》。在推进引黄体制改革的过程中,积极做好宣传和解释工作,广大党员干部发挥模范带头作用,全力支持改革、拥护改革,全局干部职工思想统一、认识提高、观念更新,不断适应体制改革新形势新要求。

三、坚定理想信念,提升干部队伍素质

一是建设“学习型单位”。发放《优秀领导干部先进事迹选编》《加强理想信念道德品行教育干部读本》《太行山上的焦裕禄》等书籍,组织党员干部学习贯彻十八届三中、四中、五中全会和省委十届七次全会精神,认真学习习近平总书记系列重要讲话精神和省委王儒林书记的重要讲话,把党员干部的思想统一到中央和省委要求上来。参加省直工委组织的支部书记示范培训班、新党员培训班、处级干部轮训班和中青年干部培训班学习。组织了62人次、2480学时的干部选学培训。

二是开展法律宣传教育。组织干部职工学习宪法、刑法、民法、经济法等法律法规,举办《十八届四中全会决定》专题报告会,开展“法制宣传月”活动,参加全省“宪法在我心中”法律知识竞赛活动,获得优秀组织奖。

三是践行社会主义核心价值观。深入开展公民道德建设活动,建立道德讲堂,不定期开展活动。开展青年志愿者服务活动,招募全省青年平安志愿者24名,组织“学雷锋—向孤残儿童献爱心”、“传递温暖,敬老助困”和“六一”慰问留守儿童等志愿服务活动。开展“送温暖、献爱心”社会捐助和“博爱一日捐”活动,全局954名干部职工捐款31930元。

四、坚持以人为本,深化文明创建工作

一是注重人文关怀。深化党务、政务公开,干部任用、吸收预备党员、表彰先进、爱心捐款等事项一律在全局范围内公示,使广大干部职工充分享有知情权、监督权和成果享有权。组织全局1131名职工进行健康体检、299名女职工进行妇科体检。为6位困难职工发放帮扶慰问金2.3万元,为1名身患重病的女职工补助重病救助金2万元。加强老干部活

动场所建设，积极推进文化养老；全面落实老干部两项待遇，组织老干部理论学习、外出参观等活动，做到政治上关心；坚持平时走访、节日慰问、生日祝贺、患病探望制度，做到生活上关怀。按照省委"精准扶贫、结对帮扶"的要求，制定扶贫帮扶计划，驻偏4个单位的党员分别与偏关县陈家营乡杨家营村和黑山村的71户贫困户、205名贫困人口建立了"一对一"精准结对帮扶机制，帮助贫困村改善交通、饮水、耕地等条件，早日脱贫致富。

二是丰富职工精神文化生活。参加省直机关健身操舞比赛，获得金奖，参加省直机关第九套广播体操比赛，获得银奖。参加"三晋友谊杯"乒乓球比赛、省直机关"菜单式"乒乓球比赛，均取得良好的成绩。参观"弘扬两弹一星精神，共筑中国梦"大型展览，接受爱国主义教育。举办迎"七一"文艺汇演，组织"纪念抗战胜利70周年"升旗仪式和职工文艺汇演，激发职工爱党爱国热情。

三是创造整洁优美环境。强化反恐防范，完善反恐怖预案，加强反恐和应急值班工作，有效预防暴力恐怖事件。健全消防应急预案，定期组织疏散逃生、灭火演练，维护更新消防设施器材，提升消防四个能力。开展环境卫生综合整治，定期清理办公区、生活区杂草树叶、灰尘、水渍，合理布局健身设施，提升住宅小区品味和档次，为广大干部职工创造了温馨舒适的工作生活环境。

（温　捷）

附：省万家寨引黄工程管理局党委书记、副书记、委员名单

书　记： 王　纯（8月离职）　樊安顺（12月任职）

副书记： 贾伟智（12月任职）

委　员： 崔富春　苏连元　雷天才（2月离职）　李俊刚　兰康杰　呼运平

省煤炭地质局党委工作概况

党委书记　潘增武

2015年，山西省煤炭地质局党委全面贯彻党的十八届三中、四中、五中全会和省委十届六次全会精神，以深入学习贯彻习近平总书记系列重要讲话精神为主线，以落实党风廉政建设"两个责任"为重点，强化"抓好党建是最大政绩"的思想认识，按照全面从严治党新要求，稳步推进中央"三严三实"专题教育，扎实开展"学习讨论落实"和"基层组织规范化建设年"活动，为新常态下谱写富民强局新篇章提供了坚强的思想和组织保证。

一、突出纪律规矩，从严管党治党持续引深

一是抓思想教育，着力提升党员干部政治素质。将"三严三实"专题教育融入党员干部日常教育，引深对十八大、十八届三中、四中、五中全会精神和习近平总书记系列重要讲话精神的学习。局党委中心组全年集中学习24次，学习内容（非涉密）通过局网站面向全局公开，接受党员监督；全局96名处级以上领导干部按照三个"摆进去"、四个"是否"要求，立足实际，扎实开展了4次专题研讨，明确了差距和方向；7名局领导和基层党委（总支）书记全部领题讲党课，面向党员、干部公开汇报交流。有效的学习，保证了全局党员信念坚定、政治敏锐，始终在思想上、政治上、行动上与党中央保持了高度一致。二是抓纪律规矩，着力强化党员干部底线意识。对《党章》《纪律处分条例》等党规党纪的学习覆盖到全局每个党员，警醒党员干部心中有戒，始终把纪律规矩挺在前面；畅通了党员出口，对历史遗留问题进行全面清理，全年有7名党员被清理出党。三是抓干部管理，着力提升党员干部综合素质。修订《干部选拔任用暂行办法》，明确导向，规范程序，局、院全年调整干部13批34人；制定《干部监督管理办法》，建立处级干部监督档案，对17名处级干部个人事项报告进行了重点抽查，抓早抓小，防范廉政风险；完成对全局副科级以上干部的信息采集建档；安排5批100人参加省委组织部组织的干部选学，开阔了干部眼界和思维。四是抓制度落实，着力提升基层党组织规范化建设水平。开展"基层组织规范化建设年"活动，制定包括8大类25个方面的建设要求，明确了每个环节的具体要求，避免了模糊操作，保证了工作的原则性和政治性；通过细化考核标准、党组织负责人公开述职、考核查验延伸到基层支部、问题公开反馈等方式，督促制度落实；以支部为单位探索建立党员监督档案，严格组织生活和党员民主评议，基层组织服务质量明显提升；组了织1次全局党建工作大观摩，以高地效应引导全局基层组织提高规范化建设水平，局属物测院成为全省唯一通过党建工作质量体系认证的地勘单位，建设经验在全省机关理论研讨会上进行公开交流。五是抓专项整治，着力抑止"四风"问题反弹变异。聚焦"四风"问题易发领域，开展了落实中央"八项规定"精神情况回头看，抑制问题反弹；开展了公车管理、三公经费、劳动纪律等6个领域的专项整治，全局封存超标、违规车辆12辆，针对婚丧嫁娶领域存在的问题，在局定制度的基础上，督促各院制定了执行细则，科级以上干部婚丧嫁娶全部报备，干部所在部门负责人全程监督，清除陈规陋习成为共识。

二、突出问题导向，"两个责任"落实持续强化

一是抓责任明确，督促领导干部担责履责。组织了局管干部集中培训，并通过廉政警示教育、廉政倡议、《晋煤地勘通讯》开辟"廉政专栏"等方式，不断强化领导干部"两个责任"履责意识；制定落实"两个责任"《实施意见》和《责任清

单》,党委(总支)、纪委书记签字背书,明确了局、院两级班子成员职责分工;对局、院党委(总支)书记和纪委书记兼职情况进行了纠正和全面清理,使得党委书记集中精力抓党建,纪委书记实现“三转”,确保领导干部守土尽责;经营管理、安全生产、地质技术等系统全部实行季度例会制度,推动领导干部“一岗双责”严格落实。二是抓压力传导,强化廉政建设人人有责。局对院、院对下辖实体、重点部门层层签订廉政责任书,推动廉政关口前置;局党委、纪委书记带头执行书记约谈制度,及时督促工作;以省委巡视反馈问题整改为契机,分解责任,建立台帐,销号整改,目前省委反馈问题分解的31项任务已整改23项,限时整改3项,省政府反馈问题分解的9项任务已整改4项,整改情况面向社会公开接受监督;加大了对违规违纪行为的惩处力度,有效形成了“不敢腐”的高压震慑。三是抓风险预控,确保监督不留空白。完善党内监督,对不设纪委的3个院和3个较大企业,按照管理权限分别派驻专职纪检监察员。完善审计监督,明确了审计发现问题整改责任追究制度,组织了1次审计重点问题回头看;建立了基层内部审计报告制度;在重点项目专项审计外,开始对公益性地勘项目进行审计,堵塞监管缺口;全年共对4名处级领导干部进行了任中经济责任审计。完善群众监督,建立起党务、政务公开台账,局网站开通“廉政举报”信箱和信访平台,畅通职工意见建议表达渠道,倒逼党员干部阳光行使权力、勤政廉政。四是抓责任落实,扎密扎紧制度藩篱。针对短板漏洞,全局开展了制度合规性大排查,共废止制度162项,修订制度41项,局新定制度15项,为规范日常经营管理和干部用权行为提供了制度依据;开展“责任落实年”活动,通过基层调研、过程检查、重点工作专项督查,确保了制度执行力,夯实了党员干部“不能腐”的基础。五是抓六权治本,法治建设有序推进。成立推进“六权治本”工作领导组,理顺责任体系;局领导班子成员带头,按照局《工作规则》和《党委会议事规则》,严格落实民主集中制,确保科学民主决策;全局实行重大决策报告制度;依据局“三定方案”,厘清部门职能和岗位职责权限;通过举办专题讲座、观看教育纪录片、在线学习考试、展板宣传等强化宣传,不断提高党员干部运用法治思维、法治方式处理和解决问题的能力。

三、突出同频共振,精神文明建设成绩显著

一是抓宣传引导,汇聚发展正能量。搭建了门户网站、《地勘讲坛》《晋煤地勘通讯》、显示屏、展板等平台,通过“三光荣”“四特别”地勘传统精神基层流动宣讲、纪念抗战胜利系列活动、读书月、道德讲堂、微电影大赛等途径,突出“以身边的人、身边的事感染、教育和引导身边的人”,全面引深社会主义核心价值体系教育。着力建设网格化通讯员队伍,通讯员覆盖到业务科室、工程处、乃至钻机一线,宣传触角随之延伸到基层最前线;全年共举办《地勘讲坛》6期,编发《晋煤地勘通讯》11期,组织对外发稿305篇,第一版稿件、大篇幅稿件、专业性稿件的数量明显增加,基层通讯员稿件的比重更是达到70%,宣传格局明显优化;承办了全国煤炭(田)地质系统第七次会员代表大会和政研会,进一步扩大了对自身的对外宣传推介。二是抓优势资源,实现党政工团同频共振。着眼人才职业成长,组织全局性技术技能培训8期879人次;在“总工传帮带计划”之外,全局全面推开了“师带徒”技术人才培养工作;在局属研究院挂牌成立了“渠丽珍职工创新工作室”,为青年技术人才科技创新搭建了平台;一线开展“五小”竞赛提质降耗,完成项目4个,效益300余万元,4个项目还分获省“五小”竞赛活动二、三等奖和优秀奖;完善了局、院妇女组织,全局群团组织实现全覆盖,群团工作品质有了新的提升。三是抓民生保障,确保职工共享发展红利。针对煤炭经济持续下行,重点督促各院保开资、保稳定;积极支持局属115、148、水勘院等单位危旧房改造;“在职职工医疗互助保障计划”实现全局覆盖;局新建老年活动室配齐了文化娱乐活动设施;全局小区环境整治督查力度持续加大,物业服务受到职工好评;为6台钻机配备了整体厨房,改善了野外生活条件;以隐患排查治理为重点,加大安全投入,渗透安全文化,健全了法定代表人安全生产承诺、领导挂牌责任、动态处罚、生产巡查、培训教育、劳动保护管理等制度,标本兼治,齐抓共管,保证干部职工生命健康安全,有效打造了党心民心齐心协力的发展环境。四是抓扶贫济困,展示干部职工良好形象。投入60万实施精准扶贫,机关干部职工全部一对一入户帮扶;选派5名干部赴岢岚担任第一书记;通过农民技术培训、扶植养殖业、移民搬迁等合理规划,积极推动本质脱贫。局投入18.5万元慰问帮扶老党员和困难职工;全局各类慈善捐助近11万元;积极推开青年志愿者注册,开展网络文明、孤寡老人帮扶等青年志愿服务活动,展现了煤炭地质人勇担社会责任的良好精神风貌。2015年,全局有5名职工受省部级表彰,1名职工获首届“金罗盘奖”,1名职工荣膺全国“最美地质队员”称号,2名职工入选省直机关道德模范;局属物测院获全国“五一劳动奖状”;金地公司8号钻机获评省总工会“安康杯劳动竞赛优胜班组”;全局实现文明单位全覆盖,新增省级“文明单位”、省直“文明单位标兵”各1个,局机关申报省“文明单位”,接受了上级文明单位验收。

四、突出创新转型,保障全局改革发展稳定

一是提供煤炭资源保障。全年共竣工省级矿业权价款煤炭地质勘查钻孔54个,完成进尺55552.73米,甲乙级孔率达到98%,结束野外施工项目6个,提交地质报告6件,共提交煤炭资源量66.44亿吨(其中新发现资源量6.26亿吨,提高级别60.18亿吨),地质找矿成果显著。二是开拓新能源领域。承担了多项省发改委、科技厅重点攻关项目,提交的《山西省页岩气地质调查与评价》报告,为我省页岩气资源勘探开发战略决策奠定了坚实的基础;积极推进《煤层气页岩气资源潜力评价及共探共采选区研究》,为省委省政府新能源战略规划提供了决策依据。三是服务全省经济社会发展。圆满完成阳泉、忻州、晋中3市10个县(区)的地理国情普查项目验收;积极参与全省农村土地确权认证工作,承担了全省超三分之一的县(市、区)的农村土地承包经营权作业项目,

为农村土地确权提供优质地质技术支撑；以资质升级为抓手，积极参加采空区、沉陷区、水土流失区的土地复垦和生态修复，服务全省生态文明建设。四是推进科技创新。按照局《科技项目与科技成果管理暂行办法》《新技术新工艺应用推广奖励办法》，建立了科技项目实施储备数据库，进一步完善了局级实用性生产技术创新项目的立项、研究和管理工作；优选出9个项目，以标杆引领作用带动全局科技创新。煤层气、页岩气重点实验室进入山西省重点实验室建设期，正积极打造成为重大科研项目研究、技术创新与成果转化、人才培养基地；"数字煤田"获"中国地理信息产业优秀工程奖"银奖；新获5件发明专利、3件实用新型专利和1件软件著作权（联合取得）；1件钕铁硼永磁新产品被省科技厅鉴定达到国际先进水平；1件高性能钕铁硼永磁材料产业化项目获得2014年度山西省科学技术奖技术发明类三等奖；1名职工入选第四批山西省学术技术带头人。

面对地勘经济持续下行的巨大压力，山西省煤炭地质局党委全面从严管党治党，团结带领全局党员群众真抓实干、积极应对挑战，创新创优、奋力攻坚克难，圆满完成了省政府下达的2015年度目标责任考核任务，全年完成总收入13.30亿元（其中对外收入9.55亿元），全局资产总额增长至21.5亿元，在煤炭经济断崖式下滑大环境下，保持了经济运行的相对平稳，维护了全局干部职工利益和转型发展环境稳定。

（赵晓彦）

附：省煤炭地质局党委书记、副书记、委员名单

书　记：潘增武

副书记：王学军　王宏伟

委　员：黄岑丽　李兴武　张晓峰　宋　儒

省地质勘查局党委工作概况

党委书记　翁金明

山西省地质勘查局是省政府直属的正厅级事业单位。全局共有职工1.1万余人，县级事业单位19个，分布于省内各地。建局以来，通过几代地质人艰苦卓绝的奋斗，勘查评价了山西的62个主要矿种，发现煤、铝、铜、金、铁、锰等140余处大中型矿产地。全局现有基层党组织145个（包括13个党委、4个党总支、118个党支部）。党员2653人，在职党员1383人。

2015年，在省委、省政府的坚强领导下，局党委认真贯彻党的十八大和十八届三中、四中、五中全会精神，围绕中心，服务大局，地勘经济稳步发展，党建工作扎实推进，干部作风进一步转变，为全局各项工作任务的有序推进提供了坚强的思想政治组织保证。

一、领导班子和干部队伍建设不断加强

扎实开展"三严三实"专题教育。以党委书记讲党课形式启动全局"三严三实"专题教育，把专题教育作为重要政治任务进行安排部署，印发了《关于在全局队处级以上领导干部中开展"三严三实"专题教育工作方案》。按步骤、按计划进行三个专题的学习和研讨，结合思想、工作和作风实际，反思剖析，深入查摆"不严不实"问题。精心组织专题民主生活会和组织生活会，认真制定整改方案，撰写对照检查材料。向省委组织部报送简报23期。

加强了领导班子建设干部队伍建设。12月，省委任命地质勘查局党委主要领导，实现了局长、党委书记一肩挑，班子整体能力不断提高。调整充实了部分队级领导班子，分批调整交流16名局属单位处级干部。加强干部管理，印发《山西省地质勘查局处级干部因私出国（境）证件管理的规定》《关于贯彻执行领导干部报告个人事项工作的通知》。进一步加强教育培训工作，组织4名处级干部参加省直机关处级干部轮训班，2015年度干部培训选学131人，省委党校干部培训9人，省管干部培训班2人。

二、基层党组织建设扎实推进

基层党组织建设不断加强。认真落实党建责任制，扩大党组织和党的工作覆盖面，以党的基层组织带动工会组织、共青团组织和妇女组织建设。印发了2015年全局思想政治工作要点，对全局政治工作做出了具体部署和安排。对软弱涣散党组织进行了调查摸底形成台账。开展《中国共产党发展党员工作细则》贯彻实施情况专项检查工作。印发了《中共山西省地质勘查局委员会关于做好基层党组织换届选举工作的通知》，明确了换届选举的指导思想、目标任务和总体要求。积极组织开展纪念建党94周年系列活动，对先进基层党组织和优秀党员进行表彰。加强了党员干部理想信念教育，引导党员干部为实现"地勘事业跨越发展"而努力奋斗。对近三年入党的65名新党员和2015年新发展的32名入党积极分子进行集中培训。各级党组织遵循发展党员"十六字"方针，注重在优秀年轻干部和一线生产技术骨干中发展党员，党员队伍结构进一步优化。

积极开展纪念抗战胜利70周年系列活动。局党委下发通知，以"铭记历史、缅怀先烈、珍爱和平、开创未来"主题安排开展了征文、知识竞赛、慰问活动、书画摄影展、祭扫烈士墓等五项活动。局属各单位根据实际，制定了活动方案，确保纪念活动有序开展。活动中，各单位慰问老党员76名，收到书法作品230幅、摄影作品120幅、征文84篇、知识答题2130份，参加

活动人数超过5000人次。通过形式多样的群众性纪念活动，宣传了抗战精神，弘扬了爱国主义精神，教育引导广大职工群众以实际行动为实现中华民族伟大复兴的"中国梦"而努力奋斗。

三、党风廉政建设深入开展

局党委把反腐倡廉建设摆在更加突出的位置，纳入领导班子、领导干部目标管理，与经济建设、文明和谐建设以及业务工作同部署、同落实。通过召开落实"两个责任"推进会、签订责任书、细化责任清单、基层督导检查等有效措施，不断强化局、队党委党风廉政建设主体责任和纪委的监督责任。为了保障纪委专司监督职责，推进纪检工作"三转"，局党委对6个单位纪委书记做了调整、明确了2个单位专职纪检监察员，基本实现了纪检监察工作的全覆盖、队级层面工作人员的专职化。强化监督执纪问责力度，对5名队处级干部谈话函询；督促基层纪委对7位中层干部和职工进行约谈和问题核实；对各别干部违规操办婚宴案件进行了通报；对全局5名涉纪人员政策执行情况进行落实；组织了全局办公用房清理整改工作。开通了廉政举报网络平台，建立了"廉政在线"微信群，利用新媒体推动了地勘廉政文化建设。注重纪检队伍的自身建设，促进新任纪检干部工作锻炼。

以"六权治本"为抓手推进法治建设。认真贯彻落实省委"六权治本"各项决策部署。列出地质勘查局权力清单、责任清单。落实政务公务公开。在局域网上公开局2014年度部门决算表。对地质勘查局"六五"普法规划实施情况进行总结。强化法治教育培训，发放学习用书，开展"国家宪法日"宣传活动，不断提升领导干部运用法治思维和法治方式的能力。

四、文明创建工作深入推进

宣传思想工作成效显著。围绕全局中心工作，开展了社会主义核心价值体系教育，实施了公民道德建设工程。经过局积极推荐，地调院魏荣珠和物化院孟浩两名同志获全国十佳最美地质队员称号。《中国国土资源报》《中国矿业报》《山西日报》对地质勘查局各方面取得的成就和今后的发展思路给予了大篇幅报道，在社会上产生了广泛影响。据统计，全年对外发表各类新闻稿件700余篇次，在局网站刊发各类报道300余篇，图片1800余幅，为不断提高我局社会知名度发挥了积极作用。

精神文明创建水平不断提高。《山西画报》省直专刊对各单位文明创建工作进行了连续刊登；15家单位荣获省直文明单位标兵、省直文明单位称号，4名职工荣获省直机关助人为乐、孝老爱亲、诚实守信道德模范和省直文明创建先进工作者荣誉。

工团组织作用得到进一步发挥。坚持开展以职代会为主要形式的职工民主管理、民主监督，大力推行队务公开，保证职工的知情权、参与权和监督权。积极组队参加省总工会羽毛球赛，获优秀组织奖；开展"五一"评选表彰活动，217地质队赵永同志荣获省"五一劳动奖章"称号。重视弱势群体工作，加大特困职工帮扶力度，在全局开展"送温暖"活动。重视共青团工作，各单位结合实际开展五四活动，213队团委获省直五四红旗团组织称号，4名团干和团员受省直团工委表彰。

离退休工作不断加强。局党委重视老干部工作，认真落实离退休人员的政治和生活待遇。组织开展了丰富多彩的各类活动，对异地安置的离退休人员进行慰问，努力营造弘扬优良传统、尊老敬老的氛围。

（李耿为）

附：省地质勘查局党委书记、副书记、委员名单

书　记： 康有全(8月涉嫌滥用职权、玩忽职守犯罪立案侦查。)　翁金明(12月任职，由党委副书记任职党委书记)

副书记： 赵得权(6月转任局巡视员、党委委员)

委　员： 韩晋生　潘海燕(女)　卫继周　马敩民　李德胜

省农机局党组工作概况

党组书记　左义河

山西省农机局共有基层党组织52个，其中党委4个，党总支部5个，党支部43个，共有党员621名。

2015年，在省委、省政府的正确领导下，全省各级农机部门按照稳粮增收、提质提效、创新驱动的总要求，以"兴农机、强农业、富农民"为工作出发点和立脚点，求真务实，开拓创新，扎实工作，狠抓落实，圆满完成了各项工作任务，有效促进了全省农机化全程全面高质高效发展。

一、全省农机化发展和农机化工作情况

2015年，全省各级农机部门认真贯彻落实国家和省强农惠农政策，精心组织重要农时季节农机作业，大力推进农机社会化服务体系建设，狠抓农机安全生产，全省农机化事业呈现出健康、稳定、持续发展的良好态势。主要表现在：农机装备水平持续提高。全省农机总动力达到3351.6万千瓦，比上年增加65.4万千瓦，增幅2%。其中，大中型拖拉机保有量达到13.1万台，玉米联合收割机达到2.1万台，分别比上年增加1.2万台和2770台，增幅分别为9.8%和15.2%。同时，畜牧、设施农业、林果及农产品加工机械全面发展，全省

农机装备结构得到进一步优化。农机作业水平稳步提升。全省机耕、机播、机收面积分别完成273.7万公顷、264.7万公顷、182.5万公顷，机耕、机播、机收水平分别达到75.9%、68.8%和47.5%，与上年相比分别提高了2.4个、1.2个和0.8个百分点。全省农作物耕种收综合机械化水平达到65.2%，比上年提高1.6个百分点，超出全国平均水平2.2个百分点。农机化经营效益持续增加。全省农机化经营总收入达到133.5亿元，比上年增加2.4亿元，增幅1.8%；农机化经营纯收入达到67.3亿元，比上年增加0.1亿元。农机安全生产形势稳中向好。全省发生2起农机事故，造成1人死亡2人重伤，直接经济损失5.35万元。事故起数、伤亡人数和每千台重伤率均低于省政府下达的农机安全生产考核指标。

概括起来，主要抓了以下七个方面的工作：

一是扎实推进率先实现农业机械化综合示范县乡村创建活动。投入专项资金2500万元，整合各类项目资金2.21亿元，扶持20个农机化综合示范县、3个国家农机化示范县、2个马铃薯机械化示范县、126个示范乡和502个示范村开展创建活动，共建设玉米马铃薯全程机械化生产、保护性耕作、农机深松整地等示范区84个，示范点142个；建设高标准农机专业合作社及维修网点70个；新修和整修机耕道150公里；新建机库棚1万平方米。2015年，全省25个示范县农机总动力达到890万千瓦，占全省农机总动力的27%；农作物耕种收综合机械化水平达到76%，超出全省平均水平11个百分点。

二是深入推进主要农作物全程机械化。在全省建设玉米、马铃薯、高粱、莜麦、胡麻等五大作物全程机械化示范点82个、农机新技术示范点109个，重点示范推广五大农作物耕、种、管、收等机械化生产主要环节急需机具和技术。2015年，全省共新增玉米播种、田间管理和收获机械1.3万台，完成玉米全程机械化作业面积1493.4万亩；新增马铃薯播种、田间管理和收获机械1100台，完成马铃薯全程机械化作业面积129.3万亩；完成高粱、胡麻、莜麦全程机械化生产示范面积1.8万亩，全省胡麻、莜麦、高粱全程机械化水平分别达到36%、38%和33%，分别比上年提高2个、2.8个和3个百分点。

三是规范、精准、高效实施农机化扶持政策。全省共落实中央财政农机购置补贴资金4.92亿元，补贴6.2万农户购置7.9万台(件)农机具。针对基层反映的补贴工作审批环节过多等六个方面的问题，先后开展了农机购置补贴专项整治和“回头看”，取消了农民购机前的“确认书”和对经销企业的审核，升级改造补贴管理系统，实时公开补贴信息，建立健全6项工作制度，农机补贴工作长效机制更加健全，取得了显著整改成效。10月21日，省委副书记楼阳生带领省专项整治检查验收组在验收农机购置补贴专项整治工作时，给予了“特色鲜明、成效显著”的高度评价。此外，投入各类农机作业补贴资金1.11亿元，分别实施玉米机收秸秆还田、农机深松整地、柠条机械平茬作业补贴面积260万亩、100万亩和12万亩，充分调动起广大农民购机用机的积极性。

四是大力培育新型农机化经营主体。以“诚信、规范、创新、共赢”为发展理念，采取健全组织机构、增加资金投入、制定创建标准、建立表彰机制、开展农机化示范社场户创建活动、组织培训等措施，狠抓了农机合作社培育发展和规范化建设。2015年，全省新建农机专业合作社118个，新增农机大户380个；确定69个农机合作社、60个机械化家庭农场、126个示范大户作为培育对象，从优先安排农机补贴资金、农机项目、管理技术培训等方面重点扶持。农机合作社承担了全省30%以上的农机作业任务，成为现代农业生产的主力军。此外，投入700万元，培育新型职业农民(农机操作手)7000人；与企业合作，采取现代学徒制模式培养465名学生。

五是强化农机化新技术新机具示范推广和科研开发。重点加大了保护性耕作、秸秆综合利用、牧草收获加工、高效植保、物理农业、畜禽养殖、果园机械化管理、杂粮生产加工、谷子免间苗播种和联合收获及脱粒等农机化新技术新机具的示范推广力度。2015年，全省新增保护性耕作实施面积53万亩，总实施面积达到1640万亩；完成秸秆机械化还田面积2328万亩，转化利用378.4万吨；先后举办了第十届北方现代农业装备推广展示交易会、第二届中国(山西)农用无人机等高效植保装备演示会和第四届中国(山西)特色农产品交易博览会农机展等重大农机展示推介活动。2015年，全省共组织各类技术培训班234次，举办农机新技术、新机具现场演示活动180次，培训农机推广人员2.3万人次。在农机科研方面，先后组织了农机工业转型升级、丘陵山区机械化和电动农机专题调研，并向省政府提交了工作建议。“设施农业工业化养殖应急供电装置研究”等4个项目被列为省科技攻关项目，其中2个项目已通过省科技厅验收；“长城沿线坡耕地抗旱补水播种保苗综合技术配套装备研究”项目通过农业部验收，获得1项发明专利和10项实用新型专利；微型电动拖拉机、小籽粒电动播种机、电动果园管理机以及设施农业用电动机械等新能源农机新产品进入样机试制阶段。

六是狠抓农机安全生产。2015年，全省共新注册登记拖拉机、联合收割机1.9万台，检验6.4万台，新训新考驾驶员1.4万人。集中开展了农机安全生产大检查、打非治违专项整治等活动，共整改各类隐患3400多项；举办各类宣传活动226次、散发宣传资料16万份；开展“平安农机”创建活动，柳林县被评为国家级“平安农机”示范县。组织开展了“3·15”农机质量维权宣传活动，发放宣传资料19万份，接受群众咨询1.1万人次；组织开展了玉米收获机质量调查并公布了调查结果；联合工商、质监等部门开展了农机市场打假专项治理行动，查处不合格农机产品及配件2097件，受理农机质量投诉案件28件、结案26件，为农民挽回经济损失760余万元。全省农机安全生产形势保持稳定。

七是强化农机行业建设。在巩固、深化群众路线教育实践活动和学习讨论落实活动成果的基础上，认真开展“三严三实”专题教育。编制并公布了权力清单、责任清单、权力流程图、风险防控图及问责依据，梳理、完善了工作制度和监督制度,全面推进"六权治本"工作。紧盯"四风"隐性变异问题,在重要时间节点,开展了贯彻落实中央八项规定自查及专项督查、领导干部顶风大操大办婚丧喜庆等借机敛财问题专项整治,形成并保持了"反四风"的高压态势。狠抓了农机化信息宣传,在国家和省级新闻媒体宣传、报道农机化 220 余次;向省委、省政府报送政务信息 40 多条;采集农机网站信息 2330 条、发布 1662 条;发布跨区作业手机短信 6 万多条次。组织开展了纪念抗日战争胜利 70 周年、第一届"读书月"、宪法宣传日等系列活动,深入开展"六型机关"建设,营造了良好的工作氛围。

二、坚持党要管党、从严治党,全面加强党的建设

一是狠抓党组中心组和党员干部政治理论学习。重点学习党的十八大、十八届三中、四中、五中全会精神和习近平总书记系列重要讲话,省委十届六次全会精神,学习中央领导集体和新一届省委领导班子的优良作风,引导党员干部拧紧思想"总开关"。二是认真组织学习讨论落实活动,扎实开展农机购置补贴、农机跨区作业和农机合作社建设等突出问题专项整治;以忠诚干净担当为主题,深入开展"三严三实"专题教育,精心制定工作方案,严密组织各专题集中学习研讨,组织召开局党组专题民主生活会和组织生活会,严肃开展批评与自我批评,有效推动局直系统转作风、正行风。三是认真开展"基层组织规范化建设年"活动,指导直属系统 1 个党总支、12 个基层党支部完成调整换届工作,进一步增强了基层组织战斗堡垒作用。四是坚持"德才兼备、以德为先"的用人导向,提任 2 名正处级干部,平调 1 名正处级干部,配合省委组织部完成了局领导班子的配备,增加了 3 名党组成员。五是扎实开展"冬季行动"。制定"冬季行动"工作方案,在局直系统开展为期 4 个半月的"冬季行动",大力弘扬苦干、实干作风。六是深入开展"六型机关"建设活动。在全省农机系统评选先进集体和先进个人,积极营造崇尚实干、勇于担当、廉洁自律、干事创业的良好氛围。

三、认真落实"两个责任",切实加强党风廉政建设

一是认真履行党组主体责任。制定局党组落实党风廉政建设主体责任清单,明确局党组、主要负责人及其班子成员落实主体责任的具体工作任务。把党风廉政建设工作纳入目标责任考核内容,与业务工作同部署、同落实、同检查、同考核。按照"一岗双责"和"谁主管、谁负责"的原则,把党风廉政建设和反腐败工作任务分解到每个党组成员和各职能部门,形成了分工协作、齐抓共管的党风廉政建设工作新格局。二是深入开展党风党纪教育和反腐倡廉教育。及时传达学习中纪委、省纪委全会精神和全省党风廉政建设干部大会精神,学习国务院和省政府廉政建设会议精神,学习党章和党纪法规。利用全省农机系统党风廉政建设会议、年初和年中工作会、农机购置补贴业务培训等时机,狠抓廉政警示教育。三是严格落实纪检组监督责任。制定了《局纪检组监督责任清单》,进一步明确了纪检组的工作职责。对公车使用、送节礼、婚丧嫁娶等规定执行情况,农机购置补贴专项整治情况,干部选拔任用工作等进行了监督;对违纪违法干部进行了党纪政纪处分;对近年来农机购置补贴、保护性耕作、农机深松整地等项目资金使用情况开展专项整治,做到权力运行到哪里,监督就跟进到哪里,确保公平公开公正用权。

(秦永红)

附:省农机局党组书记、成员名单

书　记:左义河

成　员:姚建忠　侯振全　王五明(12 月任职)
张建中(12 月任职)　张本源(12 月任职)

中国煤炭博物馆党委工作概况

党委书记　李希海

2015 年,中国煤炭博物馆党委以习近平总书记系列重要讲话精神为引领,深入学习贯彻党的十八大和十八届三中、四中、五中全会精神,以"学习讨论落实"和"三严三实"专题教育活动为载体,立足实际,狠抓落实,全面推进了党员队伍思想建设、组织建设、作风建设和制度建设,为推进煤博馆各项事业全面发展提供了坚强保证。

一、围绕省委"五句话"总体要求,切实开展学习讨论落实活动

新的省委领导班子上任以来高屋建瓴地提出了"深入学习贯彻习近平总书记系列重要讲话精神,净化政治生态,实现弊革风清,重塑山西形象,促进富民强省"的"五句话"总体要求,并在全省各级党组织和广大党员干部中开展了学习讨论落实活动。按照省委和省煤炭厅的统一安排和部署,煤博馆党委通过集体研究,制定了实施方案,坚持开门搞活动。通过狠抓中心组(扩大)理论学习、组织班子成员及副处级以上干部系统学习习近平总书记系列重要讲话及中央、中纪委以及省委省政府重要指示精神、参加煤炭厅举办的学习讨论落实活动专题培训班、广泛征求意见建议、深刻反思剖析等活动,认真完成了学习讨论落实的各项工作,不仅进一步拓宽

了领导干部视野，提高了政治敏锐性，更确保了党委政治优势得以充分发挥。

二、加强支部建设，不断增强党支部战斗堡垒和党员先锋模范作用

一是强化党员干部理论学习。为副处级以上党员干部购置了《习近平谈治国理政》《大清相国》《习近平总书记系列重要讲话读本》等13本书籍，引导党员干部读原著、学原文、悟原理，有效的提高了学习效率。以支部为单位，班子成员以普通党员身份参加到每个支部的学习讨论中，在理论学习的同时，把煤博馆面临的困难，馆党委面对挑战的信心和举措及时地向同志们通报交流。在学习中鼓励引导同志们积极发言，各抒己见，不仅提高了党员干部们的理论水平，还增强了党员干部们的忧患意识和主人翁意识。

二是加强支部组织管理。按照省直工委关于基层组织建设年活动实施方案，进一步规范各项组织制度，统一购发了党支部工作笔记本，规范党支部记录工作。指导各基层支部落实好理论学习和组织生活会各项制度，认真做好党员组织管理工作。对调入调出的党员，及时进行组织关系接转，对岗位发生变化的党员，及时调整支部归属，对每名党员信息做到了"资料完备、信息准确、统计精准"。

三是深入开展"创先争优"活动。为树立典型、表彰先进，激励各党支部和广大党员履职尽责，进一步形成崇尚先进、学习先进、争当先进的浓厚氛围，在党的生日之际对3个先进党支部、5名优秀党务工作者、25名优秀共产党员进行了表彰。

四是严格规范党员发展工作。在党员发展中严格按照"十六字"方针，切实把政治上坚定、思想上先进、工作上积极，表现突出的优秀员工吸收到党内来，不断为党组织提供新鲜血液。

三、坚持把纪律挺在前面，加强党风廉政建设，不断提高党员干部廉洁自律的自觉性

廉政建设是党建工作的重中之重，在抓教育自律、制度建设、责任落实的同时，始终没有放弃监督，坚持以纪律促自律。

一是严格落实"两个责任"和"一岗双责"，切实强化主体责任。与各部门负责人签订了《党风廉政建设责任书》，一方面将廉洁从政情况作为目标考核的重要内容，对党风廉政建设责任范围、责任内容、责任追究等内容做出了明确规定，另一方面，严格实行领导干部重大事项报告制度，进一步保证了党风廉政建设工作的制度落实。

二是通过整章建制进一步严明工作纪律，强化执纪监督。制定出台了《中国煤炭博物馆党风廉政建设责任制》等七项制度措施。在贯彻八项规定和"反四风"工作中，对办公用房、公车使用、劳动纪律等方面的工作，纪检监察室开展了有效的监督和督办，取得明显效果。加强了公务接待、"三公经费"使用、人事、财务资金、经营项目等管理力度，进一步强化了党员干部政治意识、自律意识和法纪意识。

三是加强反腐倡廉宣传教育和廉政文化建设。认真组织学习了《廉政准则》《党纪处分条例》等党纪党规，深入开展了党风党纪教育，强化宗旨意识。利用周永康、令计划以及发生在身边的违法、违纪等反面教材，腐败案件开展警示教育，组织党员干部观看电视片《作风建设永远在路上》《警钟长鸣》，参观了"颂太行·倡廉政"剪纸艺术作品展、"中国共产党反腐倡廉历程展"，用鲜活的案例教育、警醒、警示党员干部的思想和行为，以宣传廉政文化促进政治生态环境净化，使党员干部进一步统一了思想，提高了认识，较好的树立了遵纪守法、廉洁从政的思想。

四是积极推进"六权治本"工作。按照省委全面推进实施"六权治本"工作的要求，煤博馆召开了"六权治本"工作推进会，对"六权治本"工作的总体要求、关键环节、着力点和保障措施进行了部署，在实际贯彻中严格按照"把权力关进制度的笼子里"、使"权力不再任性"的原则积极开展工作。

五是加强信访案件查办力度。对于接受的信访举报案件，馆党委本着认真负责的态度，积极安排相关处室和同志查阅大量资料，列出详尽数据，召开党政联席会进行专题研究，客观实际地完成上级交办的信访函询工作。

四、扎实推进"三严三实"专题教育工作

为确保"三严三实"活动取得实实在在成效，煤博馆制定了实施方案，对活动的指导思想、工作目标、主要内容等作出了详细部署，以党课形式召开了动员大会，并着重开展了以下活动：

一是组织专题党课。馆党委委员对严以修身、严以律己、严以用权三个专题分别领题调研，并以党课形式进行授课，课堂上，中层干部代表做了发言，同志们谈了认识，剖析了问题，明确了努力方向。按照规定动作党委委员讲了4次党课，进行了1次集体廉政谈话。

二是组织专题研讨。召开了"以三严三实为标尺、争做焦裕禄式好干部、好党员"和"以反面教材为戒，始终把政治纪律和政治规矩挺在前面"专题研讨会，班子成员均以普通党员身份参加了所在支部的座谈，各支部副处级以上干部撰写了心得体会并进行发言，会后，各支部对座谈会进行了书面总结。

三是组织召开专题民主生活会。专题民主生活会是"三严三实"活动的一项重要内容，煤博馆党委高度重视，在会议召开前，再一次集中学习了党章、《中国共产党廉洁自律准则》和《中国共产党纪律处分条例》等规章制度，重新梳理了专题党课和专题座谈会上大家的发言与表态，在全馆范围内广泛征求意见建议，按照"六对照六反思"要求，班子成员之间、班子成员与分管部门负责同志之间逐一进行了谈心，党委书记主持起草了班子的对照检查材料，认真撰写了发言提纲，同时对班子成员的发言提纲进行审阅把关。会上，班子成员之间开展了批评与自我批评，指出了不足，表达了诚恳接受并努力改正克服的意愿，取得了相互勉励，共同提高的效

果。

五、践行社会主义核心价值观,全面推进文明和谐建设

2015 年,煤博馆的精神文明创建工作紧紧围绕省直文明委及煤炭厅精神文明建设工作的总体要求,以培育和践行社会主义核心价值观为抓手,开展了读书月活动,举办了“道德讲堂”,组织志愿服务队以关爱社会、关爱他人、关爱自然为重点开展志愿活动,举办了丰富多彩的文体活动,开展“送温暖 献爱心”活动,刊发了“讲文明树新风”公益广告、多渠道多方位传播煤炭文化,这些活动的开展,有效提升了全馆党员干部职工思想道德水平和科学文化素质,为煤博馆各项事业的发展提供了坚实的思想保证和精神动力。经过多年努力,煤博馆“煤海探秘”景区被评为省直机关第七批公民道德建设“十佳文明窗口”。

六、强化安全意识,加强综合治理

2015 年初,对煤博馆“社会管理综合治理委员会”、“平安创建工作领导组”、“消防工作委员会”、“突发情况处置领导组”、“人民调解委员会”、“610 工作领导组”、“矛盾排查调解处理工作领导组”等组织机构人员进行调整,做到了组织机构健全,职责明确,制度完善。一年来,煤博馆加强了昼夜巡防力度,加强了对出租房屋情况摸底调查,做到底子清,情况明。开展了“突发事件应急演练”和“消防灭火演练”,针对陈列大厅设施老化,存在严重安全隐患的问题,经过不懈努力,在省政府、煤炭厅领导的亲切关怀下,财政厅已经下达专项工程改造资金,目前,改造工程正在按照计划进行。此外通过宣传教育,强化全员安全意识,通过人力投入弥补技防不足等措施,有效防止了安全事故发生。一年来,按照上级公安部门的要求,煤博馆针对性的开展了防爆恐工作,为维护社会治安做出了力所能及的工作。

七、围绕和谐单位建设做好群团工作

2015 年,馆党委坚持党建带群建,注重发挥工会、共青团的优势和作用,引导工会、共青团围绕中心工作履行自身职责,发挥自身优势。一年来,工会组织职工参加了由山西煤矿工会主办、山西煤炭职业技术学院协办的庆祝“三八”国际劳动妇女节拔河比赛;参加了山西煤炭系统职工第七届书法美术摄影展;举办了职工健步行等活动。团委在 5.19“中国旅游日”、9 月 27 日“世界旅游日”组织开展了志愿服务活动,在“学雷锋活动月”组织开展了“践行核心价值,传承雷锋精神”主题活动,这些活动,不仅丰富了职工的生活,陶冶了情操,还有效地增强了工会和团委的组织凝聚力,激发了职工们的活力和激情。

八、进一步推动文博主业和经济工作

2015 年,文博主业工作围绕藏品征集、管理、影像信息采集、信息化管理、保护、保养、学术研究交流、博物馆之友、基本陈列对外开放等方面取得了一定的成绩。经营工作受宏观经济下行、煤炭市场萧条等因素影响,遇到了前所未有的困难,但在会展、旅游等项目上仍然完成了年初制定的目标任务。

(张晓玲)

附:中国煤炭博物馆党委书记、委员名单

书　记:李希海

委　员:胡高伟　马召源

省城镇集体工业联合社党组工作概况

党组书记　李荣钢

2015 年,省城联社党组深入贯彻落实党的十八大、十八届三中、四中、五中全会精神,认真贯彻落实省委、省政府关于深化集体企业改革和积极发展混合所有制经济的精神,紧密结合全省城联系统和工美行业实际,坚持以实现由二轻行业管理向集体资产监管运营转型发展;由传统手工业、手工技艺、工艺美术向文化产业、旅游产业融合发展为突破口。紧紧围绕中心工作,建设队伍,以“基层组织规范化建设年”活动为重点,坚持将党建工作与业务工作同部署、同考核,为中心工作完成提供坚强保证。

一、基本情况

省城联社是集体经济联合组织,主要职能是对省城联社集体经济改革发展进行“指导、维护、监督、协调、服务”。所属基层党委 5 个、党总支 7 个、支部 7 个,共有党员 556 人。其中在职党员 249 人,离退休党员 235 人,其他党员 72 人。

二、深化学习型党组织建设,党员干部的政治理论素养进一步提高

一是坚持党组中心组学习制度。省城联社党组中心组学习与开展。学习讨论落实活动和“三严三实”专题教育活动相结合。第一时间传达学习党的十八届四中、五中全会和习近平总书记系列讲话精神,及时学习宣传党的路线方针政策、中央和省委的重大决策部署。二是认真落实 3 月 19 日杨增武书记在城联社调研党建工作时提出“要把政治学习与业务知识培训相结合,创新学习形式及内容,提高干部队伍素质”

的要求，党组采取了集中学习、通读文件与专题研讨相结合，做到理论与实践相结合，学习与工作相促进。2015年先后组织了24次党组中心组(扩大)学习会。三是根据机关和直属单位领导干部调整，及时调整党组中心组学习成员，保证了学习的效率。四是坚持党员领导干部讲党课制度。

三、落实党的工作责任制，努力加强党的基础组织建设和党员队伍建设

根据省直工委的安排，按照年初制定的工作要点，将抓好基层组织建设作为党建工作的重要内容。一是认真贯彻《中国共产党和国家基层组织工作条例》和省委《实施意见》。下发了《关于开展落实党的工作责任制调研督查的通知》，对所属19个基层党组织贯彻落实《条例》和省委《实施意见》以及省联社党组、机关党委工作安排的落实情况、基层党组织负责人履职情况进行了调研督查。二是选优配强基层党组织负责人。按照"基层组织规范化建设年"和3月19日杨增武书记提出"要规范、理顺党组织结构和设置"的要求，对4个基层党组织配齐了班子和纪检委员，战斗堡垒作用得到加强。三是严格执行《中国共产党发展党员细则》。认真落实《细则》的规定和要求，严把"入口"关。四是认真做好党费收缴、使用和管理工作。按规定上缴省直工委，并在年初对上年度党费收缴使用情况进行公示。

四、认真落实"两个责任"，不断加强作风建设和党风廉政建设

一是认真落实"两个责任"。按照要求，制定了《省城联社党组落实党风廉政建设主体责任清单》、《省城联社党组纪检组落实党风廉政建设监督责任清单》。二是召开了省城联社党风廉政建设干部大会，对落实党风廉政建设主体责任任务进行分解，制定有针对性、操作性的责任书和落实工作报告制度等，安排了2015年党风廉政建设和反腐败主要工作任务。三是坚持营造良好的氛围，将警言警句和新颁发的《中共共产党廉洁自律准则》《中国共产党纪律处分条例》《中共共产党巡视工作条例》制成版面进行宣传，强化执纪意识。四是按照"三严三实"专题教育实施方案的安排，扎实开展作风建设。先后召开了"严以修身"、"严以律己""严守党的政治纪律和政治规矩"、"严以用权"4次专题研讨会，党组书记和党组班子成员结合自己工作的实际，联系党的十八大以来中央查处的严重违纪违法案件的反面典型，联系"三严三实"专题教育活动以来的学习体会，在认真学习思考的基础上，自己撰写发言提纲，分别作了专题发言。五是扎实开展党员干部驻村结对帮扶活动。把455户864人帮扶对象的帮扶责任落实到机关和直属单位每名党员干部，把结对帮扶与改进作风建设结合起来。

五、加强文明建设，营造干事创业的良好氛围

一是进一步巩固创建成果。坚持不懈做好创建工作，城联社机关、省二轻文教事业发展中心保持了文明和谐单位标兵荣誉称号。二是召开了2015年度精神文明建设工作运员大会，与各处室签订《责任书》。三是以全民健身活动为载体，倡导文明生活方式。引导在职职工和退休人员在活动室打乒乓球、羽毛球、做工间操，既锻炼身体，又增加了和谐氛围。四是为进一步弘扬社会主义核心价值观，组织了"讲文明、弃陋习、树新风"道德讲堂。五是为深入贯彻省委十届六次全会精神，组织了"三个文化"(法治文化、廉政文化和红色文化)主题学习座谈会。

六、加强对群团工作的领导，充分发挥群团组织的积极作用

坚持以党建带群团组织建设，指导发挥各自优势更好地联系服务群众。一是按照《工会法》的要求，召开了省城联社机关工会第二届会员大会，选举产生了新一届工会委员会。二是积极发挥共青团组织先锋作用。组织团员参观平遥煤化，举办了"2015走进平遥煤化、感受转型发展魅力"主题演讲比赛活动。三是加强对妇委会工作的领导，做好妇女工作。选派3名女干部参加省妇联举办的山西省妇女干部综合能力提升培训班；经妇委会推荐，山西省工艺美术馆被省妇联授予"山西省巾帼文明岗"、"山西省三八红旗集体"荣誉称号。

七、全面落实省政府重点工作目标责任

省城联社党组以贯彻落实省委、省政府决策部署，大力推进集体企业改革，发展混合所有制经济，始终做到中心工作、重点工作和业务工作统筹兼顾。

一是为进一步抓好省政府目标责任制的落实，下发了《全省城联系统和工美行业落实省政府目标责任分解工作的通知》，将任务分解到各市城联社、各有关处(室)和直属单位，并进行严格考核。二是按照《全省"项目提质增效年"工作实施方案》就项目储备、签约、落地、开工、建设和投产"六位一体"进行跟踪督查，在全省城联系统和工美行业开展"百强项目建设"活动，建立了项目库，对招商项目、新建项目、在建项目、竣工项目进行常态化管理和服务。三是大力发展混合所有制经济，推进集体企业改革。集体企业混合所有制改革达50%以上。同时，在年度目标责任考核项目中增加了主要经济指标考核和保稳定、保民生的项目。

八、积极争取地位，力求有为有位有发展

一是在紧抓我省"六大发展"战略机遇，按照《山西省政府工作报告》《山西省人民政府重点工作目标责任分解》《关于加快民营经济发展的意见》等重要文件中都明确的深化集体企业改革和积极发展混合所有制经济等工作任务，全力推进全省城联系统集体企业改革面达到50%。二是积极探索全省城联系统和工美行业改革、发展、维稳、解困、生存的新途径、新方式，广泛宣传全省城联系统和工美行业改革发展新成效。2014年和2015年省城联社先后成为"省政府促进中小企业发展协调小组成员单位""省委省政府信访突发事件联席会议成员单位""省委省政府促进民营经济发展领导小组成员单

位”等,为全省相关工作的有效推进发挥了积极作用。

九、积极推进直属企业改革和手工业转型发展

2015 年，城联社在推进全省城镇集体工业经济改革发展的同时，继续加大对直属单位和联社资产两个资源的重组，实现由二轻行业管理向集体资产监管运营转型发展,由传统手工业、手工技艺、工艺美术向文化产业、旅游产业融合发展;继续坚持“抓住所有权,放活经营权,强化监督权,提升收益权”的原则,在改革中求发展,在发展中求稳定。

山西工艺美术集团有限责任公司逐渐步入正轨,2015 年被省政府授予“省级文化产业示范基地”。根据省委、省政府组建山西十大文化产业集团的决策部署，经过多年努力，2015 年已完成山西工美集团及四个分公司（山西工美进出口有限责任公司、山西太行山夕阳红休闲文化度假村有限责任公司、山西工美工艺美术创作基地管理有限责任公司、山西工美木偶皮影演艺研究院有限责任公司)和山西工美少年红文工团的组建。2015 年以来,山西工美集团各项工作逐渐步入正轨,组织机构和经营平台已初步完善和搭建,同时,利用大集团和省级文化产业示范基地的平台优势,进一步整合山西工艺美术市场，积极组织参加了“山西品牌中华行”、“山西品牌丝路行”、全国书博会、体博会、文博会等省内外、国际各类展会 54 场,扩大了山西工艺美术的影响力。山西工美集团在建立完善内部规章管理制度和经营体系的基础上,正在建立健全的连锁专卖网络体系及山西工艺品、艺术品连锁专卖及电子商务营销体系,为集团发展、经营销售奠定了扎实的基础。

完成山西城联资产投资管理有限责任公司组建。为贯彻落实十八届三中、四中、五中全会精神,实现政社分离、社资分离,实现由管企业向管资产转型、由资产管理向资本管理过度,近年来对直属困难企业进行改革重组,实行人资分离,妥善安置职工,整合优良资产,把存量资产变成增量资产的基础上，注册成立了山西城联资产管理投资有限责任公司,为强化依法经营管理社有资产，深入推进集体企业改革重组,搭建为小微成员企业服务的平台提供了有利帮助。

全省城联系统共有 11 个市级城联社、107 个县级城联社,1021 户成员集体企业,14 万职工。2015 年底全省城联系统、工美行业完成工业总产值 93.57 亿元，比 2014 年减少 16.27%；工业增加值完成 31.61 亿元，比 2014 年减少 23.68%;销售收入 93.92 亿元,比 2014 年减少 9.29%;利税 6.83 亿元,比 2014 年减少 37.45%。

（贾爱珍）

附：省城镇集体工业联合社党组书记、成员名单

书　记：李荣钢

成　员：杨晋才　杨润梅(女)

省供销合作社联合社党组工作概况

党组书记　狄重阳

2015 年，在省委、省政府的正确领导和全国总社的精心指导下，全省供销社深入学习贯彻习近平总书记系列重要讲话精神,全面落实《党中央、国务院关于深化供销合作社综合改革的决定》(中发[2015]11 号),以密切与农民的利益联结为核心，以提升为农服务能力为根本,深入推进综合改革,在发展农村现代流通、服务农民生产生活中发挥了独特作用。

一、强化顶层设计,深化综合改革迈出坚实步伐

中发 11 号文件出台后，全省供销社抓住机遇，坚定信心,凝聚力量,全身心投入综改大潮中,并把做好顶层设计作为重中之重。省委、省政府主要领导和分管领导都对供销社综合改革给予了高度重视、大力支持,多次对综改工作深入调研并作出重要批示和指示、提出具体要求。全国供销总社领导两次来山西调研指导综合改革进展情况。省直有关厅局、各市县党委政府也对供销社综合改革工作积极配合、提出建议。省社采取基层调研、走访座谈、学习考察、征求意见等多种形式,反复对《实施方案》(代拟稿)进行修改完善,并多次向省委、省政府领导汇报进展情况。10 月 21 日,省政府常务会议研究通过《实施方案》;12 月 10 日,省委深化改革领导小组研究通过《实施方案》;12 月 18 日,《实施方案》得到中央农村工作领导小组通过。为贯彻落实《实施方案》,突出改革内容任务化、项目化,增强针对性和可操作性,出台了 10 个配套文件,包括以省政府文件印发的《山西省深化供销合作社综合改革 2016-2017 年行动计划》和省社印发的《贯彻 <实施方案> 指导意见》《综改试点县推进方案》等,形成我省供销社综合改革的组合拳。

二、加强工作督导,经济指标任务圆满完成

面对全省经济下行压力逐渐增大的严峻形势,坚持目标倒逼、市场倒逼和问题导向、自加压力的原则,全力破解发展难题,圆满完成了年初确定的目标任务。全系统购进总额完成 426.3 亿元,同比增长 9.3%;销售总额完成 458.5 亿元,同比增长 7.9%；汇总实现利润 2.02 亿元。规范提升农村便民

连锁商店任务120个，完成206个；改造基层供销社任务23个，完成54个；创办农村综合服务社任务7个，完成31个；建设改造农资配送中心任务18个，完成18个；扶持供销社领办的农民专业合作社项目任务8个，完成9个；碘盐覆盖率、合格碘盐食用率分别达到97.98%和96.43%，超目标完成。

三、提升组织体系，为农服务基础得到夯实

全系统紧紧把握农村经济社会发展的新趋势、新常态，积极开展个性化、差异化、多样化服务，努力夯实供销社基层基础，全面提升基层组织服务能力。一是基层供销社改造步伐加快。按照"空白抓重建改造、较强抓发展创新"的原则，进一步增强基层社发展活力。长治市社整合县域资源、吸纳新型农业经营主体入社，新建和改造新型基层社126个，新增入社农民达到3100余人，初步构建了社区服务的"网络化"。二是专业合作社建设稳步推进。各级社紧紧围绕特色产业，按照区域布局的原则，领办、创办、合办了一批特色专业合作社，引导专业合作社标准化建设、品牌化经营、市场化运作、专业化管理、科学化发展。省社先后在长治、大同召开片区中药材和小杂粮专业合作社座谈会，指导各级供销社发挥地域优势、整合产业集群、抓好联合合作，引导和支持特色专业合作社发展。三是为农服务规模化功能增强。各级社积极联合社会各界力量，依托农村便民店，合理布局农村综合服务社，进一步拓展服务范围，提供公益性和经营性相结合的综合服务。

四、创新经营模式，农村现代流通网络逐步完善

全省供销社积极拓展为农服务经营领域，推进金融和商业模式创新，加快经营服务网络的结构调整和转型升级，农村现代流通服务网络不断完善。一是电子商务平台建设取得突破。通过"请进来专家讲课，走出去学习经验"进行集体补课。在此基础上，以"互联网+供销社"聚焦新业态为抓手，围绕"织密扎牢一张网，助农增收闯市场"的经营服务模式和经营理念，推进电子商务与全系统实体网络资源优势相结合。新组建的山西大宗商品交易中心"农芯乐"商城，8月份正式上线运营，2015年底，已在全省建设34个县级电商管理中心，1000余个村级服务点。二是"新网工程"建设质量提升。重点建设了一批产地和集散地农产品批发市场、现代物流中心、城市社区生鲜超市等零售终端。加快了原有市场的升级改造和功能提升，建立健全了仓储运输、冷链物流、终端配送等服务体系。三是农村互助金融业务稳步推开。各级供销社把开展农村合作金融服务作为综合改革的有力支撑，着力破解农村融资难、融资贵的问题，探索构建以农村资金互助、融资担保、小额贷款等为主要形式的新型合作金融服务体系，实现全系统合作金融业务从无到有、有序发展。省社在全省选择了10个县开展农村合作金融试点，依托8个专业合作社成立资金互助社开展资金互助业务。目前还在积极推进融资性担保公司和小额贷款公司的组建工作。

五、加快转型发展，社有企业实力不断增强

全系统主动应对新挑战，加快社有企业转方式、调结构，不断提高发展质量和效益，切实增强企业内生动力和实力。一是抓项目。各级供销社围绕打造为农生产生活服务的主力军和综合平台，从农业产业化、流通网络化、为农服务功能多样化入手，积极实施项目带动、联合推动、接二连三互动，进一步优化产业结构，加快发展步伐，提高运行质量，在全系统上下形成了谋项目、上项目、促发展的良好氛围。二是抓升级。各级供销社积极做优做强农资、盐业、农副产品、日用消费品等主营业务，不断提升市场占有率，推进传统业务逐步向上下游产业领域延伸，实现对资源基地、产品加工、物流配送、终端销售等环节的渗透和覆盖，形成全产业链融合发展的格局。三是抓业态。社有企业立足培育新的经济增长点，强化集成创新、品牌创新和商业模式创新，在新兴业务开拓发展上探索新路。

六、落实"两个责任"，党风廉政建设取得实效

省社党组紧紧围绕综合改革的中心工作，全面履行党风廉政建设主体责任，严明党的纪律和规矩，聚焦反腐倡廉中心任务，狠抓党建工作、精神文明建设和作风建设，在服务改革发展中取得了显著成效。党风廉政建设深入推进。召开了全系统党风廉政建设工作会议，分解细化任务，党组主要领导与各直属单位党政负责人签订了党风廉政建设目标责任书，实现反腐倡廉建设与业务工作同部署、同落实。进一步明确了落实"两个责任"的具体内容、目标要求和保障措施，强化了"一岗双责"。制定了《省社党员干部纪律守则30条》，规范党员干部言行和工作纪律。坚持问题导向，全力配合省委专项巡视工作，依纪依规严格审查问题线索，查办违纪违法案件，挽回社有资产损失。学习讨论落实活动取得阶段性成果，"三严三实"专题教育扎实开展。学习讨论落实活动在省社党组高度重视下，精心组织，认真推进，深入反思讨论，注重查摆问题，加强整改落实。5月底，省社及直属单位以党组书记讲党课的形式正式启动了"三严三实"专题教育。通过一系列的教育活动，全系统已形成了以"严"来要求自己、以"实"来干事创业的良好氛围。制度建设持续完善。2015年是省社确定的制度建设落实落地年，按照"六权治本"的要求，突出加强了重点领域和关键环节的制度建设，先后修订完善了《社有企业合同管理规定》《招投标管理办法》《社有资产监督管理暂行办法》《因私护照管理办法》《改革扶持专项资金管理办法》等，做到用制度约束权力，用制度管人、管事、管物。干部队伍建设得到全面加强。严格按照选人用人的标准，选拔任用、交流调整机关及直属单位领导干部，进一步优化了班子结构，形成了干事创业的合力。选派机关干部参加学习培训，不断提高领导干部的业务素质和工作能力。同时，注重发挥纪检监察、审计、监事会等部门的监督作用，加强对党和政府以及省社党组重大决策部署和八项规定落实情况的

监督检查,强化专项巡视整改工作,初步形成了弊革风清的干事创业环境。

（樊　莉）

附：省供销合作社联合社党组书记、成员名单

书　记： 狄重阳

成　员： 王义升　李俊德　袁清茂(2月离职)
李　海　王彤宇　卫爱平(12月离职)
高建忠(12月任职)　郝利才(12月任职)

2015年8月8日，农芯乐商城上线运营。

群团组织党组工作概况

省总工会党组工作概况

党组书记　郭新民

2015年，在省委和全总的正确领导下，省总工会党组坚持围绕中心，服务大局，按照省委“五句话”总体要求，围绕“六权治本”、“六大发展”战略部署，统筹发挥工会职能，履职担当，奋发有为，推动各项工作取得新成效，为促进富民强省贡献力量。

一、深入贯彻习近平总书记系列重要讲话精神和中央、省委重要精神

省总工会党组始终把学习贯彻习近平总书记系列重要讲话精神和中央、省委有关精神作为首要政治任务，求真务实抓学习，明确责任促落实。一是严实部署，领导带头抓好“双学”活动。深入学习贯彻习近平总书记系列重要讲话精神、以习近平同志为总书记的党中央对山西工作的重要指示要求，认真学习落实党的十八大、十八届三中、四中、五中全会精神，省委十届六次、七次全会精神和王儒林书记在省“五一”表彰大会上的讲话精神，中心组共学习10次，通过机关大会、专题培训、专家授课辅导等方式进行会议精神传达和集中学习，学原文，学作风，增强政治定力。二是严明责任，不折不扣贯彻群团工作会议精神。省总工会党组及时传达学习中央、省委党的群团工作会议精神，召开机关学习贯彻大会，下发学习宣传贯彻通知。制定《贯彻落实党的群团工作有关精神的具体举措和责任分工方案》，明确贯彻落实责任、措施、任务。按照《关于开展走基层、转作风、促工作大宣传大调研活动的实施方案》，机关处级以上干部深入联系市、县（区），进企业，访职工，进行大宣传大调研。省总对学习宣传贯彻情况进行督查，推动全省工会掀起贯彻热潮。三是旗帜鲜明，强力推进“四个化”问题专项整治。根据中央、省委党的群团工作会议精神，紧密结合“三严三实”专题教育活动，出台《山西省工会组织“机关化行政化贵族化娱乐化”专项整治工作方案》，鲜明提出以各级工会领导机关、领导班子、领导干部为重点，以防止和克服“四个化”问题为主要内容，用半年时间，开展“四个化”专项整治，42项目标任务全部分解到部门，明确落实责任和时限。四是严格步骤，扎实推进“三严三实”专题教育。按照省委部署要求，制定“三严三实”专题教育实施方案，召开专题党课暨专题教育部署会，省人大常委会副主任、省总工会主席田喜荣，省总工会常务副主席郭新民带头作专题党课，班子成员带头作学习研讨发言。专题教育中，学习了规定书目，观看了教育影片，举办了三次机关处级以上干部专题研讨会和各支部专题学习研讨会。通过学习、交流、研讨，找准了存在问题，订出了改进措施，使专题教育与日常工作结合起来，把成效体现在解决突出问题上。省总领导班子成员分组带队，深入各市和产业工会，对重点工作进行督查调研，共走访40余个县（市、区）工会和开发区工会、110多个乡镇（街道）工会和基层工会，召开近40场座谈会。省总主席办公会专题听取汇报，下发工作通报，推进重点工作扎实开展。

二、持续加强党建工作和省总机关建设

一是始终坚持正确政治方向。省总工会党组严守政治纪律和组织纪律，第一时间传达贯彻中央、省委和全总有关精神，带头与以习近平为总书记的党中央保持一致，坚持和拓展中国特色社会主义工会发展道路，讲纪律、守规矩。二是全面贯彻落实“两个责任”。共制订完善30多项制度，建立健全

了风险防控机制。省总工会党组制定了《山西省总工会关于进一步加强反腐倡廉建设的意见》，这是我省工运史上第一个加强反腐倡廉建设的制度性文件。专门赴省交通厅调研学习其贯彻“两个责任”的经验，在全国工会系统率先出台了省总工会党组《关于落实党风廉政建设党组主体责任的实施办法（试行）》和省总工会纪检组《关于落实党风廉政建设纪委监督责任的意见（试行）》，并由机关各部门出台各自落实党风廉政建设责任清单，进一步将“两个责任”细化为党组、党组书记、党组副书记、纪检组长、班子成员共16项主体责任和6项落实措施。重庆、内蒙古、河南等省市工会来电来函学习借鉴。三是切实加强机关建设。采取“请进来”与“走出去”办法组织机关干部学习和培训，组织党内法规专题辅导、专题培训。认真落实“三会一课”等各项制度。组织省总直属机关支部书记参加省直工委组织的培训班。严格执行规定标准和程序，培养发展了5名同志为预备党员，依法依规做好干部提拔、调整、录用和军转干部接收工作。组织工会帮你搭鹊桥大型公益相亲活动，为108家省直单位的703名单身职工提供相亲平台。组队参加2015年省直机关第九套广播体操比赛、省直机关“菜单式”体育比赛活动，获得较好名次。组织机关干部职工参加大病医疗互助活动，开展困难职工、困难党员帮扶慰问工作。

三、从严抓好党风廉政建设和法治工会建设

一是坚持不懈推进党风廉政建设。2015年初，省总工会党组主持起草制订《省总机关贯彻落实党风廉政建设责任制任务分解意见》，并逐步加大落实力度。省总工会党组每月至少听取一次纪检组的工作汇报。党组主要负责同志带头抓党风廉政工作，批示信访案件，督促落实。省纪委五次全会召开后的当天下午，省总就召开了党总机关处级以上干部大会，及时传达贯彻会议精神。2015年10月10日，召开了我省工运历史上第一个全省工会系统党风廉政建设座谈会，进一步加强全省工会系统党风廉政建设。二是坚持不懈推进廉洁从政教育。召开省总工会党组中心组（扩大）学习会议，组织党组成员和机关、直属事业单位负责同志，集体学习《中国共产党廉洁自律准则》《中国共产党纪律处分条例》。抓住元旦、春节、端午、中秋等重要时间节点，及时运用文件、会议、电话通知、短信平台等形式打招呼、敲警钟，狠抓落实中央“八项规定”和纠正“四风”。率先在全国工会系统建立并实施了系列廉政谈话制度，率先在全国工会系统把廉政教育纳入工会干部培训的必修课程，截至2015年底已授课近20期。这两个“率先”得到了全总组织部、纪检组领导的充分肯定。三是坚持不懈推进法治工会建设。将厂务公开民主管理工作与“阳光行使权力”结合起来，加强职代会民主评议领导干部工作，监督企事业单位落实职工带薪年休假制度。组织为期一周的省总机关干部法律知识大培训，增强工会干部运用法治思维和法治方式开展工作的能力。开展“六五”普法验收工作。在全国率先建立健全市、县两级工会法律顾问组织和法律援助维权服务中心，截止2015年底，已有6个市86个县建立法律顾问组织，9个市109个县建立法律援助服务中心，有力促进了依法建会、依法管会、依法履职、依法维权。

四、全面完成工会工作年度目标任务

2015年，省总工会党组坚持咬紧目标不放松，聚精会神抓落实，提要求、明措施，细布置、严督查，确保了各项指标圆满完成。特别是一批重点工作、品牌工作赢得广泛赞誉。中共中央政治局委员、全国人大常委会副委员长、中华全国总工会主席李建国，全总党组书记、副主席、书记处第一书记李玉赋在全总十六届四次执委会议上，分别对我省工会“农民工有困难找工会，拿不到工资找工会”专项行动和“五小”竞赛活动给予充分肯定。李建国同志专门就“五小”竞赛作出批示：山西省总工会在全省企业中开展群众性小发明、小创造、小革新、小设计、小建议竞赛活动的经验，可供各地工会学习借鉴。李玉赋同志在批示中要求进行调研总结，宣传推广山西省总的成功经验和做法。省委书记王儒林、省长李小鹏等省领导同志，专程参观全省职工“五小”竞赛成果展，王儒林书记指出，省总工会在全省企业中深入开展“五小”竞赛活动，“五小”不小，体现了大思路，提供了大舞台，凝聚了大智慧，作出了大贡献，展现了大作为，要把这一活动深入开展下去。省委副书记楼阳生就“五小”竞赛两次作出批示，充分肯定竞赛活动的重大意义，希望常抓、长抓，不断出新成效、不断上新水平、不断作新贡献。2015年7月，《求是》杂志第七期刊发省总常务副主席郭新民理论文章《真情关爱农民工维权服务暖人心》，介绍山西省工会为农民工讨薪工作经验。

一是聚焦“六大发展”，充分调动职工智慧、力量和创新创业积极性。深入开展山西综改试验区建设全国示范性劳动竞赛，在全省工业企业中全部职工中，全面开展“小发明、小创造、小革新、小设计、小建议”“五小”竞赛活动，做到了有部署、有措施、有考核、有效果，参赛企业达到1.87万个，参赛职工215万名，产生成果39250项，实现经济效益41.6亿元。高规格召开山西省“五一”表彰大会，省委书记、省人大常委会主任王儒林讲话，省长李小鹏主持，省政协主席薛延忠出席，省委副书记楼阳生宣读表彰决定，表彰了443个先进单位（集体）和先进个人，推荐了83名全国劳动模范和全国先进工作者。举办第五届职工职业技能大赛，204名选手参加6个工种的决赛。开展“推进发展做表率、富民强省建新功”劳模宣传月系列活动，劳模服务社会“四送”、“十百千”劳模宣传、“走近最美劳动者”记者行采风和“晒劳模故事”网络评选等活动唱响社会。举办书香三晋、文化山西职工读书系列活动，200多万名职工参加走上讲台、诵读经典等活动。配合第二十五届全国图书交易博览会，举行晋韵千秋职工读书朗诵会。

二是把脉职工需要，突出做实维护职工权益、服务职工群众重点工作。推动出台《山西省女职工劳动保护条例》，全国省一级出台女职工劳动保护专项法规，山西省属首家。在全国工会女职工工作座谈会上作经验介绍，北京、河北、安徽等近20个省市总工会来电学习山西省做法。组织第14个集

体合同与工资集体协商月活动，共签订工资集体合同39825份，较去年增长12.5%，单独开展工资集体协商的建会企业达到合格以上标准的30878家，占所有单签企业的82.1%。继续开展“农民工有困难找工会，拿不到工资找工会”讨薪专项行动，接待农民工欠薪来访事件262件，涉及7900余人，直接追回欠薪80件，共计5599万余元，共垫付376.84万元应急救助周转金。推动建立制度保障体系，实施“一县一年一主题，一年解决一问题”活动。评选厂务公开民主管理示范单位和全心全意依靠职工办企业优秀企业家，推动各级工会举办提升职工代表履职能力培训班，省总工会一级培训200余人。与各市总签订劳动保护工作目标责任书，对各级工会参与尘肺病等职业病防治进行检查。对全省五星级井口群众安全工作站进行考核，召开全省煤矿井口群众安全工作站建设管理推进会。建立省级工会劳动保护组织电子档案，整顿完善了全省工会劳动保护三级网络。大力推进女职工“妈咪小屋”建设，全省建成123家，向省总申报59家。积极推进帮扶服务工作，2015年“两节”送温暖筹资1.3846亿元，慰问困难企业1921家，走访慰问困难职工25.0104万人，实现全覆盖。金秋助学筹资3232.087万元，资助困难职工和困难农民工子女12041人。

三是强化责任担当，着力建设党政可依托、职工可信赖的“职工之家”。“组织建设年”活动是2015年工作的一条主线，省总工会党组高度重视，制定方案，通盘谋划，全力推进。全省工会新增基层组织1730个，新覆盖法人单位6282个，新发展会员93277人，“六有”基层工会达标率61.8%，其中乡镇（街道）工会达标率72.1%。省总工会在全国加强“六有”工会深化职工之家建设现场观摩会上作经验交流。理顺工会经费分配管理体制，依规抓好经费收缴和及时下拨，不断深化经费管理使用改革，严格落实全总关于对下补助实行项目管理的要求，推动工会经费更好地服务基层和广大职工。省总在各市、县工会自查基础上，对11个市总工会、49个县工会进行财务专项检查。检查中，聘请社会审计力量，强化监督检查专业能力，切实解决和纠正贯彻落实中央八项规定精神、狠刹“四风”、厉行节约反对浪费、执行国家和工会财经纪律方面的突出问题。省总工会荣获全总颁发的省级工会财务会计工作竞赛特等奖。

其他工作取得新成效。女职工工作有了新提高，74.5万名女职工参加了劳动竞赛，全省女职工完成技术革新4351项、发明创造302项。开展《山西省女职工劳动保护条例》宣传月暨大型咨询日活动，大力推进女职工“妈咪小屋”建设，全省建成123家，举办了“培育好家风——女职工在行动”主题实践活动、第三届书香“三八”读书活动和“强健体魄·阳光生活”女职工乒乓球比赛。省总精准扶贫工作成效显著，建成全省首个乡村一线扶贫工作站，新建一批产业扶贫、教育扶贫和种养加增收项目，全面开展了党员干部“十个一”结对帮扶，圆满完成年度扶贫任务。对口援疆着重在文化援疆上寻找突破点，举办“中国梦、劳动美、幸福路”山西省工会文化援疆“全国职工优秀摄影作品展”，组织“挥毫尽展三晋情、书画名家走天山”系列文化活动，举办对口援疆工会干部培训班，探索出晋疆工会文化产业交流长效合作机制。省总工会被评为山西省民族团结进步模范集体。各产业工会突出特色，发挥优势，组织指导企业建会入会，开展了劳动竞赛、技能比赛等活动，推动企业加强民主管理和工资集体协商，帮扶慰问困难职工，有力促进了产业发展。省机冶建材工会开展的“十二冶杯”趣味产业知识竞赛、科教文卫体工会开展的高职院校青年教师教学基本功竞赛、煤矿工会开展的职工运动会等活动，发挥了凝聚职工的作用。工运理论研究进一步加强，完成了《努力提高工会工作法制化水平》等多个调研课题，对外交流进一步规范，老干部工作更加扎实，在全省老干部局处长三合一培训班上作经验介绍，荣获全省老干部工作先进单位。资产监管、职工物价监督、信访、信息、督查、统计等工作都取得了新的成绩。

（宋海兵　冯　千）

附：省总工会党组书记、成员名单

书　记：田喜荣（12月离职）　郭新民（12月任职）

成　员：辛旭光（11月任职）　王兴旺

梁克昌（12月离职）　王　荣（女）

李江龙（11月离职）　张亚琳

李亮军（12月任职）　宋海兵（8月任职）

共青团山西省委党组工作概况

党组书记　赵雁峰

共青团山西省委机关系统共有3个党委，7个党总支，24个党支部，431名党员。2015年，在省委的正确领导下，团省委党组深入学习贯彻党的十八届五中全会、省委十届七次全会和团中央十七届五中全会精神，全面贯彻落实中央和省委党的群团工作会议精神，认真学习落实中央和省委对做好新形势下共青团工作的重要指示精神，牢牢把握增强政治性、先进性、群众性和克服“机关化、行政化、贵族化、娱乐化”的根本要求，持之以恒深化工作，扎实推进党风廉政建设，积极稳妥推进改革，全省团的各项工作和建设实现了新的发展。

一、加强党的建设，夯实工作基础

做好党的建设是共青团做好全部工作的重要基础。团省委党组始终坚持党要管党、从严治党的方针，坚持听党话、跟党走，坚持围绕中心、服务大局，坚持团要管团、从严治团。强化机关党建工作责任，不断加强党组的执政能力和先进性建设，做好青年表率，引领青年向党组织靠拢。

（一）强化理论武装，认真学习中央和省委决策部署。

认真贯彻落实王儒林书记"要始终把习近平总书记系列重要讲话精神作为我们全部工作的根本遵循" 的重要要求，开展中心组学习 14 次，坚持每周五下午党支部集中 "学讲话、学作风"、采取专题研讨班、主题读书班等有效形式，组织机关系统党员干部认真学习党的十八大、十八届三中、四中、五中全会精神和习近平总书记系列重要讲话精神，认真学习省委"五句话"总要求、"六大发展"、"六权治本"、"三个突破"等重大方略，切实把思想和行动统一到中央指示精神和省委决策部署上来，努力做到真学真懂、真信真抓、真改真用。

（二）坚持从严治团，扎实推进"三严三实"专题教育。

突出发挥领导干部的带头作用、党支部的战斗堡垒作用和教育引导作用，在认真完成规定动作的基础上，结合共青团岗位特点和团干部成长规律，开展"团干部如何健康成长大讨论"自选动作。高标准严要求召开党组"三严三实"民主生活会、主题研讨，起到了红脸、出汗、加油、鼓劲的作用，实现了团结—批评—团结。聚焦"不严不实"问题，围绕贯彻落实中央和省委党的群团工作会议精神，深入推进"机关化、行政化、贵族化、娱乐化"问题专项整治。围绕加强党的政治纪律、组织纪律、廉洁纪律、群众纪律、工作纪律、生活纪律，党组成员带队开展专项整治，把纪律和规矩挺在前面的长效机制初步形成。

（三）常态下沉基层，着力解决脱离青年的问题。

持续开展团干部"走进青年、转变作风、改进工作"大宣传大调研活动，研究出台《关于改进工作作风、密切联系群众的实施办法》等 6 个制度性文件。选派 5 名干部到村任职第一书记，定点帮扶 6 个贫困村。分 6 期组织全体机关干部到省信访局学习锻炼，直接参与省委、省政府门前的信访接待任务。开展"团干部常态化下沉基层"工作，打造"8+4""4+1"的工作模式。每一名专职团干部，每年至少要拿出 4 个月的时间，以各种方式深入基层、走进青年；每周至少要拿出 1 个工作日的时间，向基层服务对象报到。通过这些举措，推动团干部走出高楼大院、走进基层青年，成为制度，形成常态。

（四）夯实"两个责任"，不断加强党风廉政建设。

研究出台贯彻落实"两个责任"的《实施意见》《主体责任清单》《监督责任清单》，明确党组、党组书记、党组成员、机关纪委在党风廉政建设方面的具体责任并签字背书，确保"两个责任"落实落地。牢固树立抓好党建是最大政绩理念，按照基层组织规范化建设要求，开展党建和党风廉政建设"联述联评联考"，出台评分细则，进行综合排队，基层党组织的战斗堡垒作用得到全面提升。认真落实信访工作责任制，专题研究解决团属事业单位涉及人事、回迁安置等方面的历史遗留问题，认真完成省委领导、省信访局和省直纪工委批办交办的案件。

二、按照党的要求，履行团的职能

2015 年，团省委深入贯彻落实党的十八届四中全会精神、习近平总书记系列重要讲话精神和《中共中央关于加强和改进党的群团工作的意见》精神，按照省委十届六次全会和共青团十七届三中全会的总体部署，坚持"四力一化"的工作思路，聚焦聚力"青少年思想引导、青年创业创新创优行动、参与创新社会治理、基层服务型团组织建设、坚持从严治团"五个方面，动员广大青年为山西实现弊革风清富民强省贡献青春和力量。

（一）以中央和省委党的群团工作会议精神为指引，积极谋划推进共青团改革发展

1、团省委书记班子带头学习，举办全省市级团委班子成员主题读书班，指导各市、省直、国防、国资委团委分层级开展主题读书班，实现县级团委班子成员全覆盖，推动各级团干部准确把握中央和省委精神，切实增强推进改革发展的自觉性和坚定性。

2、作为省委第八调研组，深入开展调研，形成专题报告。省、市、县三级团组织统一开展"走进青年、转变作风、改进工作"大宣传大调研活动，广泛听取各级党政领导、专家学者、团员青年的意见建议，形成推进改革的基本思路，即坚持问题导向、青年导向、基层导向，结合山西实际，以增强"三性"、克服"四个化"为目标，统筹推进"四力一化"工作思路，着力打造"凝聚青年、服务大局、当好桥梁、从严治团"四维工作格局。

3、启动"四个化"问题专项整治，集中抓好 8 个方面、26 条整治举措。实施"常态化下沉基层"工作，推动团干部走出高楼大院、走进基层青年，成为制度，形成常态。分 6 批选派团省委机关干部到省信访局学习锻炼。开通 "青年之声·山西"互动社交平台，探索构建密切团青联系的常态化网络格局。起草《山西省青少年发展"十三五"规划》，推动青年工作走上法治化、制度化、规范化轨道。

（二）以加强思想政治引领为主线，引导青少年坚定不移跟党走

1、开展主题宣讲、"与信仰对话"、"彩虹人生"等教育实践活动 9594 场，覆盖 143.57 万人次。开展"绿色环保梦、蓝色科技梦、红色报国梦、金色童年梦"系列活动，覆盖少年儿童 270 万人次。推进 "青年马克思主义者培养工程"，培训 29926 人次。

2、以弘扬"法治文化"、"红色文化"、"廉政文化"为主要内容，开展红色传递、主题团队日、中华优秀传统文化宣讲 9300 余场次，线上线下覆盖 910 余万人次。开展全省首届"最美青工"等面向各领域青少年的"最美"系列评选和"争做向上向善好青年"活动，选树 30 名"双争"典型，表彰 60 名"美德少年"，2 人入选全国"向上向善好青年"，3 人入选全国"最美青工"。创作推出电视剧《追梦情缘》，大型音乐剧《火花》入选国家艺术基金资助项目，在北京大学百年讲堂上演。

3、构建共青团网络宣传引导工作新格局，团属新媒体矩阵集群效应基本形成，山西共青团在全省政务微博影响力排

名第2。组建核心网评员队伍100人,登记注册青年网络文明志愿者21万余人,以“清朗网络空间、凝聚青春力量、重塑山西形象”为主题,大力开展山西青年网络文化行动,六大主题行动总阅读量达670万人次,为构建清朗网络空间唱响“山西青年好声音”。

(三)以深化创业创新创优行动为重点,带领青年为服务经济社会发展发挥生力军作用

1、举办第二届全省青年创新创业大赛和首届山西青年APP大赛,4个项目荣获全国青年创新创业大赛铜奖。打造省、市、县三级创业就业服务网络,创立国内首家省级“线上青年创业园”O2O创业服务平台,完成技能培训52232人次,组织上岗见习6796人次。发放农村青年创业小额贷款21.9亿元,发放城市青年创业小额贷款3277笔。与省电视台联合举办《我要创业》节目,共播出10期。团组织和青年创业团队联手帮助临县枣农卖出红枣250万斤。

2、深化“兴晋挑战杯”大学生课外学术科技作品竞赛活动,27所高校251件作品入围省级竞赛,4件作品入围国赛终审决赛。开展“五小”企业青年技术创新小组活动,全省组建技术创新小组2233个,在重点项目、核心技术和关键领域刻苦攻关。

3、深化青年文明号、青年岗位能手、青工技能振兴计划、服务安全生产“五个一”工程等品牌工作,19个集体、11名青年被团中央、国家安监总局、人力资源和社会保障部表彰,70名职业青年被省政府表彰。开展保护母亲河行动,完成“小渊基金”生态绿化示范林一、二期项目,自建保护母亲河·共青团绿化带16840亩,植树35万株。

(四)以建设基层服务型团组织为统揽,努力成为青年“想得起、找得到、靠得住”的重要力量

1、推进城乡区域化团建工作,传统领域得到巩固,非公企业、社会组织、行业协会等新兴领域得到拓展。新建青少年综合服务平台382家,新建非公企业团组织1356家。全面推动团员成为注册志愿者,完成41%注册任务。

2、针对青年社会组织等新兴青年群体,联合省民政厅出台专门工作意见,建立规范管理工作机制,搭建省、市孵化培育平台44家,省青联吸纳社会组织领袖11人。针对困境青少年群体,广泛开展关爱行动。深化青年志愿者助残“阳光行动”,与辖区内残疾青少年结对103575个,结对率达75%。选派26个项目参加第二届中国青年志愿服务项目大赛,摘得1金5银。希望工程被评为“全省五A级基金会”和“全国先进社会组织”。

3、开展第五届大学生模拟法庭大赛等青少年法治教育实践活动。深化“共青团与人大代表、政协委员面对面”活动,推动建立青少年理性表达诉求的常态化工作机制。加强青少年事务专业人才队伍建设,成立山西爱邦青少年社会关护服务中心和山西未成年人心理健康辅导中心,建立示范服务站13家,组建社工队伍1719人。完成全省重点青少年群体服务管理和预防犯罪第二轮检查督导和第三轮试点推广工作。

(五)以全面从严治团为保障,着力锤炼党放心、青年满意、实事求是、朝气蓬勃的过硬团风

1、采取中心组学习、专题研讨等多种形式,认真学习习近平总书记系列重要讲话和省委重大决策部署,分层分类培训团干部、少先队工作者和大、中队辅导员等28400人次。省团校大力推进教学改革,科学制定“四位一体”工作格局,即加大轮训覆盖,对专职团干部、农村青年电商等开展培训;拓展培训基地,与井冈山干部学院、武乡八路军总部纪念馆等合作建立团干部红色教育基地;实施派教下乡,提升师资专业素质和实践水平;建设网上团校,省科技厅立项支持,培训团干部的主业职能得到整体加强。

2、认真完成规定动作,积极开展“团干部如何健康成长大讨论”。高标准、严要求召开“三严三实”专题民主生活会,实现了团结—批评—团结。坚持把纪律和规矩挺在前面,开展加强党的“六大纪律”专项整治。

3、出台“责任清单”并签字背书,确保“两个责任”落实落地。加强基层组织规范化建设,开展党建和党风廉政建设“联述联评联考”。按照“六权治本”要求,聚焦团内评选表彰、遴选委员会员等权力运行的关节点,建立资格联审、履职监督、惩戒退出等规范工作机制。

4、按照省委统一部署,省委专项巡视第十三组进驻团省委开展巡视工作。团省委把接受巡视作为执行政治纪律和政治规矩的重大考验,全力配合,坚决整改,以接受巡视为契机,全力推进各项工作和建设迈上新台阶。 (赵舒悦)

附:共青团山西省委党组书记、成员名单

书 记: 赵雁峰

成 员: 安 华 任 忠(11月离职) 马皖东 刘 娟(女) 马慧健

省妇女联合会党组工作概况

党组书记 王维卿

2015年,在省委的正确领导下,省妇联党组深入学习贯彻党的十八大,十八届三中、四中、五中全会和习近平总书记系列重要讲话精神,认真贯彻落实中央和省委党的群团工作会议精神,省委十届七次全会精神和省委各项决策部署,紧紧围绕全省大局,全面履行妇联职责,团结带领广大妇女为开创弊革风清、富民强省新局面做出了重要贡献,多

项工作受到国家和省级表彰。

一、围绕中心,立足本职,助推全省经济社会发展

一是突出创业创新,动员组织妇女投身“六大发展”。实施“创业创新巾帼行动”,激发妇女创业创新潜能,带动妇女积极投身创业创新。累计发放妇女创业小额担保贷款 2.75 亿元,落实财政贴息资金 1900 万元。全省创建各类巾帼现代农业科技示范基地、女大学生创业实践基地、妇女手工编织基地、巾帼家政服务基地等共计 2574 个,辐射带动妇女创业就业人数达 216507 人。举办第二届“三晋巧姐”剪纸艺术作品展评活动、首届“晋嫂”家政服务技能大赛,引领推进妇女手工制品产业、巾帼家政现代服务业健康快速发展。天镇保姆走进京城,临汾平阳花文化创意产业成为妇女创业就业工作品牌。实施巾帼创业就业技能培训工程,组织家政服务、妇女手工艺、电子商务等各类技能培训班 140 多期,培训妇女 4 万多人。组织“春风送岗位”专场招聘会 195 场,帮助 37549 名妇女实现就业。开展女大学生创业导师行动,成立巾帼创业创新导师团,举办“创业创新巾帼行动进校园”优秀女性事迹报告会,鼓励引导女大学生在大众创业、万众创新中实现梦想。发挥典型示范引领作用,培树表彰县级以上三八红旗手 1847 名、三八红旗集体 1167 个,巾帼文明岗 2649 个、巾帼建功标兵 3701 名,激励更多妇女立足岗位创业创新。

二是围绕“三个注重”,培育践行社会主义核心价值观取得新成效。常态化开展寻找三晋“最美家庭”活动,城乡社区设立光荣榜 9578 个,寻找出各级“最美家庭”35252 户,推选出“三晋最美家庭”100 户,全省参与活动人数达 366 万人次。进一步推动活动向机关、企事业单位、部队和社会组织拓展,组织廉政文化进机关进家庭“六个一”活动,开展寻找“心系国防最美家庭”“最美警察家庭”“最美军嫂”“好警嫂”等系列活动。运城市盐湖区“德孝文化润民心、核心价值观进万家”的实践和经验在全国推广。以“书香三晋·文化山西”为主题,在全省深入开展女性阅读活动。以“女性文化学堂”为活动载体,在妇女群众中广泛宣传社会主义核心价值观、树立家庭文明新风尚,全省各地市共举办女性文化学堂 800 场,受益人群达 10 万人次。各级妇联组建 95 支家庭教育讲师队伍,开展家庭教育巡回公益讲座 428 场,60 多万名家长走进家教课堂。成立省级家庭教育(网络)指导服务中心,推动家庭教育立法工作。在全省征集各类家规家训 5000 余条、动员广大家庭悬挂家规家训,把社会主义核心价值观落细落小落实到每个家庭之中,以好的家风支撑起好的社会风气,我省家庭教育宣传实践月活动受到全国妇联表彰。

三是履行维权职能,推动贯彻落实基本国策取得新突破。加大宣传力度,全省开展“纪念男女平等基本国策实施 20 周年”宣传教育活动 5400 余场次,参与活动人数达 100 万人。推进一法两纲两规“六进”活动,推动先进性别意识进入决策层。组织“建设法治山西·巾帼在行动—送法到家”、“三八”维权周、“保护我们的孩子—绿丝带在行动”、开斋节为穆斯林姐妹送法律、反家暴宣传等活动,引导妇女养成自觉守法、遇事找法、解决问题靠法的行为习惯。加大源头维权力度,充分发挥法规政策性别平等咨询评估委员会作用,积极参与刑法、国家反家庭暴力法、省女职工劳动保护条例等法律法规的修改和制定,推动将妇女代表纳入农村土地确权登记工作领导小组。创新社会维权工作,依托“妇女之家”和“妇女维权站”,建立妇联系统婚姻家庭纠纷调解组织机构,参与矛盾纠纷调处。加强信访接待工作,2015 年共接待处理信访案件 5834 件次,办结率 100%。深化“平安家庭”创建活动,推选出省级平安示范家庭 100 户。推动政府组织全省妇女儿童发展“十二五”规划终期评估,启动妇女儿童发展“十三五”规划编制工作。

四是做实公益项目,关心关爱妇女儿童彰显新作为。加大办实事力度,救助患“两癌”贫困妇女 386 名,实施贫困地区儿童营养改善、儿童早期综合发展、母亲健康快车、水印计划、母亲水窖、流产后关爱(PAC)等国家项目,惠及妇女儿童 60 余万人。扎实开展恒爱行动,向对口援疆地区阜康市的贫困儿童捐赠 1500 余件爱心毛衣,荣获“中国儿童慈善奖—恒爱行动优秀组织奖”。继续实施特困妇女儿童救助项目,将城镇特困患病妇女纳入救助群体,累计投入 406 万元在 58 个贫困县实施“儿童幸福家园”项目,投入 120 万元在 40 个贫困县实施母婴健康关爱项目。省妇女儿童发展基金会全年募集资金 500 多万元,拓展实施“幸福启航”系列公益项目。开展“邻里守望·姐妹相助”巾帼主题志愿服务活动,在全社会营造携手互助、传递大爱的文明环境。

二、适应新形势新任务的要求,着力提高妇联组织自身建设和干部队伍建设

一是领导班子自觉贯彻执行党的路线方针和政策,坚定正确的政治立场,严守党的政治纪律和政治规矩,始终在思想上、政治上、行动上与党中央保持高度一致。坚持党组中心组学习制度,全年组织集中学习 25 次,领导干部结合工作实际撰写多篇调研报告、心得体会。认真落实党组成员深入基层调查研究制度,建立厅级干部联系点 11 个、处级干部联系点 28 个,推动党员干部直接联系群众、服务群众工作常态化。

二是认真贯彻落实中央和省委党的群团工作会议精神。全省各级妇联把学习贯彻习近平总书记系列重要讲话精神和落实中央、省委党的群团工作会议重要部署,作为首要政治任务,制定实施《省妇联关于加强和改进妇联工作的实施办法》,在全省妇联系统组织开展解决机关化行政化贵族化娱乐化问题的专项整治活动,认真梳理工作中存在的“四个化”问题,找准整改着力点和突破口。各级妇联针对薄弱环节和工作短板,强化措施,集中攻关,重点突破,带动了各项工作整体推进。

三是加强机关党委、纪委建设,及时调整,补充党委、纪委委员,确保组织机构健全。开展学习型党组织建设“六个

一”活动，指导各支部坚持和完善“三会一课”、主题党日活动、民主评议党员、党员党性分析、领导干部双重组织生活等制度，提高党内生活的政治性原则性战斗性。

四是严格执行“好干部”标准，树立“德才兼备、以德为先、以廉为基”用人导向，实行干部选拔任用工作全程纪实制度、处级领导干部情况定期分析机制。出台《山西省妇联加强干部监督工作的实施意见》，加大干部日常管理监督力度。扎实开展“三个一批”工作，重点抓好“六查”，做到了“五个必审”。认真落实领导干部个人事项报告制度和重点抽查，严格落实提醒谈话、函询诫勉和领导干部重大问题、重要事项向上级党组织请示报告制度。

五是积极推进“六型机关”建设，深化精神文明单位创建活动，组织机关干部参加全省女职工乒乓球比赛、健身舞大赛，广播操比赛等，丰富机关干部精神文化生活。推选机关文明家庭，举办“全国文明单位”揭牌仪式，激发干部职工参与文明创建活动的热情。

三、认真贯彻中央要求，扎实推进妇联机关党风廉政建设和反腐败工作

一是扎实开展“三严三实”专题教育活动。党员干部认真学习中央、省委文件精神，认真研读《准则》《条例》《优秀领导干部先进事迹选编》等。党组成员分别讲党课，带头参加专题研讨，带头撰写学习体会。各支部组织党员每周开展学习讨论，参加专题辅导，处级以上干部都撰写了专题研讨材料。开展机关化行政化贵族化娱乐化问题专项整治活动，推进机关作风建设常态化、长效化。高标准高质量召开了领导班子民主生活会和支部组织生活会，党员干部按照查摆出的问题认真落实整改工作。通过深入开展学习研讨，使广大党员干部更加坚定了理想信念，提升党性修养，强化了政治意识、责任意识，精神面貌呈现新气象。

二是切实加强党风廉政建设，从严落实“两个责任”。制定党组主体责任、机关纪委监督责任清单，党建工作与中心工作同部署、同推动。领导干部以身作则、以上率下，建设作风严明、敢于担当、战斗力强的领导班子集体。坚持民主集中制，制定实施《党组工作规则》，对重大问题、重大事项集体讨论决策、分工负责落实。认真落实领导班子民主生活会、民主评议、述职述廉制度，严格执行领导干部廉洁从政各项规定。严格落实中央“八项规定”精神和省委有关规定，扎实开展“反四风”回头看，严格控制“三公”经费支出，简朴办会、严控活动，精减文件、简报数量，改进了会风文风。严格规范执行差旅费、会议费、培训费等人、财、物管理的各项制度，切实扎紧制度的“笼子。督促各直属单位完成了审计再整改和省委巡视反馈的有关问题的核查、整改工作。

三是切实加强法治建设，推进依法依章程开展工作。加强对机关“六权治本”的组织领导，组织加强“六权治本”工作专题辅导，机关各部室及直属单位梳理了权力事项，列出了权力清单、责任清单，编制了操作流程图，规范机关内部权力运行，落实政务公开制度，实行人事、财务重大事项公开制度。广泛开展“做一名学法尊法守法用法的妇联干部”学习教育活动，加强对妇联章程和法律法规的学习。认真接待和处理妇女群众的来信来访，努力提升妇联法治化水平。

（谢元元）

附：省妇女联合会党组书记、副书记、成员名单

书　记：王维卿（女）

副书记：李　菲（女）

成　员：张敬平（女，3月离职）　韩丽珍（女）　刘一平（女）　吴　波（女，8月任职）　任晋阳（女）

省作家协会党组工作概况

党组书记　杜学文

2015年，省作家协会在省委、省政府和省委宣传部的正确领导下，积极履行联络、协调、服务的工作职能，全心全意为作家服务，团结一致、锐意进取，有力地推动了山西文学事业的繁荣发展。

一、认真学习贯彻文艺工作座谈会讲话精神，以人民为中心的创作导向进一步巩固

（一）组织动员全省广大文学工作者认真学习。先后印发学习贯彻讲话精神的通知，召开省城文学工作者座谈会、理论评论工作者座谈会、青年作家座谈会、网络作家座谈会等会议学习讨论。

（二）结合创作实际组织撰写学习体会与理论研究文章。《山西日报》开设栏目，连续刊发作协同志学习文章。组织编辑学习研究论文集，共收到全省各地作家的理论研究与创作体会文章50余篇。

（三）组织培训与宣讲。党组、主席团有关同志深入基层带头宣讲，相关的培训班与研讨会专题研读。

（四）用实际行动贯彻讲话精神。提出“五条措施”落实讲话精神，努力做到真学真懂，真信真用，落实到行动中。通过学习，澄清了一系列模糊认识，增强了表现时代、服务人民的自觉性。

二、扎实开展“深入生活，扎根人民”主题实践活动，对中国改革发展的现实有了更加深入的了解体验

（一）做好组织动员工作，制定出台实施方案，组织召开座谈会。

（二）多位作家得到中国作协的扶持，在贾家庄、武乡等地长期定点深入生活。中国作协主席铁凝同志探望了在贾家庄深入生活的张锐锋同志。

（三）组织全省部分作家开展了弘扬“三个文化”专题采风活动，先后到平型关、于成龙故居、红军东征沿线等地采风。

（四）在基层组织开展文学活动。如在红军东征纪念馆举办文学对话会，在贾家庄举办散文创作座谈会等。

（五）制定《山西省作家协会文学创作基地管理办法》等制度，规范已建立创作基地的管理运行。

（六）更多的作家根据个人创作选题深入生活。如鲁顺民到三峡电站，黄风到涸公河流域沿线，王保忠、郭万新在省内农村等等，难以尽数。

（七）组织鼓励作家开展社会公益服务活动。省作协会员、知名作家数十人次深入到各地各有关单位讲座交流。广大文学工作者的心与老百姓贴得更近，人与现实生活联系得更紧。

三、以大力弘扬“三个文化”为突破口，一批体现“中国梦”的优秀作品涌现出来

（一）加大重点扶持力度，一批创作项目得到了各级各类扶持。李骏虎长篇小说《巨树》得到中国作协重点扶持；朱凡长篇小说《古城吉祥》等四部作品得到省委宣传部的扶持。省作协对陈春澜《罪为镜——服刑人员口述实录》、张晓枫《今夜，有暴风雪》等一批作品进行扶持。

（二）加大文学刊物对新人新作的推介力度。《山西文学》尝试与线上文学平台合作，推出一批国内新锐散文家，力推“叙事史”栏目，发表了一批深刻关注当下社会现实的优秀作品。《黄河》开办“晋锐新作”栏目，每期头条发表我省青年作家的新作，同期配发“创作谈”和评论；“黄河对话”栏目重点编发青年作家对话录。一年来，两刊发表了数十位我省中青年作家和骨干作家的新作力作。《山西作家》《山西创作研究》等内部刊物也加大了推介力度。《都市》等市县刊物在这方面也多有突破。

（三）发挥各专业委员会的作用，组织开展了一系列创作、采风、研讨活动。特别是“诗歌美学讲座”等学术活动团结了诗人作家，活跃了学术氛围，传播了真善美。

（四）在纪念世界反法西斯战争暨抗日战争胜利70周年之际，推出一批相关题材的作品。通过大家的努力，一年来，《中国战场之共赴国难》《清明无战事》《烽烟平型关》《六福客栈——小妇人艾伟德传奇》《齐家抗战》《芦河游击队》《蝶变》等革命历史题材作品产生了较大的反响。《狄仁杰传》《司马光传》《陈廷敬传》《杨深秀传》等以我省历史人物为题材的传记文学弘扬了法治文化、廉政文化。《兼爱者——墨子传》《忧乐天下——范仲淹传》《天下农人》《特立独行话赵瑜》《耕读世家》《三人成宴》《出口》《一嘴泥土》《静静的桑干河》，以及网络小说《狂仙》《余罪》等作品也引起了文坛的广泛关注。

四、加强队伍建设，努力构建一支导向正确、品德优良、实力雄厚、结构合理的文学晋军

（一）加强培训，先后举办“青年作家座谈会”、“山西作家高级研修班”、“远方出版社山西作家交流约稿会”，请著名评论家白烨、孟繁华、李云雷、宁肯等交流授课。

（二）完善签约制度，强化对签约作家的组织引导，加强与网络作家的联系，编辑《山西网络作家档案》，召开“2015网络作家座谈会”。

（三）加大扶持力度。编辑出版了“晋军新方阵”第二辑，第三辑也进入出版程序。先后推荐李骏虎、陈克海、杨遥等多位作家参加中国作协鲁迅文学院的学习；推荐吕新等同志为全省宣传文化系统第三批“四个一批”人才人选。刘慈欣等入选中宣部文化名家暨“四个一批”人才。

（四）加大对我省文学发展历史的研究与整理力度，推进山西作家的经典化进程。完成《“山药蛋派”经典文库》的编辑出版，启动了《“晋军崛起”精品典藏》的编辑出版。加强对老一辈作家作品的整理研究，出版《田东照文集》《韩文洲文集》，董大中等四位老作家的文集正在编辑之中。成一等四位老作家的专题片均完成了前期摄制。

（五）发展新会员。2015年，作协新发展会员112人，推荐加入中国作协会员11人。一支年龄梯次完善、结构基本合理、创作潜力巨大的队伍进一步壮大。

五、加强理论评论引导，努力提升山西省文学的话语权、影响力

（一）从事理论评论的同志先学一步，学深一步。习近平总书记在文艺工作座谈会上的讲话全文发表后，立即召开评论工作座谈会，组织撰写相关理论研究文章。

（二）加强队伍建设。制定《山西省作家协会签约文学评论家管理办法（试行）》，决定从今年开始实施签约评论家制度，对潜力较大的评论家进行重点培养。

（三）针对热点现象开展评论。组织评论家一对一就我省新锐小说作家进行研研究，成果集结为专著《穿越：乡村与城市——“晋军”小说新方阵扫描》将于近期出版。与《名作欣赏》合作，推出“山西文学‘新引擎’特辑”，对我省近期比较活跃的作家进行评介。刘慈欣获奖后，编撰出版《刘慈欣现象观察》丛书。为纪念赵树理诞辰110周年，编辑出版了《赵树理研究文丛》。

（四）撰写出版山西文学年度报告，编辑出版年度作品选，总结和分析我省的创作动态。编辑出版“《黄河》30年精品文库”，召开“黄河文学创作促进会”。

（五）发挥《山西文学》《黄河》等刊物的作用，联系协调《山西日报》《太原日报》《名作欣赏》等报刊，加大力度，刊发理论评论文章。经过努力，我省文学理论与评论队伍得到壮大，引领宣传的作用进一步强化。

六、强化“一岗双责”主体责任，认真组织“三严三实”专题教育

（一）认真落实党风廉政建设主体责任和监督责任，签订“一岗双责”责任书。严格执行“八项规定”，坚决反对“四风”，遵守党纪党规。

（二）不断健全完善各项规章制度，制定完善了30余项制度，努力做到有章可循、有矩可依，把纪律与规矩挺在前面，把权力关在笼子里。

（三）认真扎实开展“三严三实”专题教育，把握思想教育、党性分析、整改落实、立规执纪四个环节，组织学习讨论、征求意见，召开民主生活会，进行整改。

（四）加强机关精神文明建设。健全机关纪委组织机构，党组织和党员队伍建设得到加强。设立“道德讲堂”、“南华门文化讲堂”，邀请机关老作家上党课。编辑出版《黄河与我》，用身边事教育身边的人。支持青年作家自发组织的“青年文学沙龙”学习活动。开展“推荐一本书”读书活动。

（五）认真落实中央群团工作会议精神，查找“机关化、行政化、贵族化、娱乐化”等四个方面问题，进行专项整改。推进“六权治本”，完成了“冬季行动”的各项工作。

（吕轶芳）

附：省作家协会党组书记、副书记、成员名单

书　记：张明旺（3月离职）　杜学文（6月任职）

副书记：杨占平　罗向东

成　员：张锐锋　赵建平（6月离职）　梁跃进

省科学技术协会党组工作概况

党组书记　杨伟民

2015年，在省委、省政府的坚强领导下，山西省科协团结带领全省广大科技工作者，深入贯彻落实中央和省委的重大决策部署，革弊立新，开拓进取，在从严治党、加强党风廉政建设和法治建设、服务创新驱动发展、提高公众科学素质、促进科技人才进步等方面，开展了大量工作，为促进弊革风清、富民强省作出了应有的贡献。

一、深入学习贯彻党的十八届四中、五中全会、省委有关会议精神及习近平总书记系列重要讲话精神，扎实开展“三严三实”专题教育活动

认真学习党的十八届四中、五中全会精神和习近平总书记系列重要讲话精神，深入贯彻省委十届六次、七次全会精神，统一思想，提高认识，全面落实。省科协及时下发文件，组织中心组学习，举办研讨会、报告会和培训班，切实把科协系统和广大科技工作者的思想行动统一到中央和省委的要求上来，坚定理想信念，坚决革弊立新，全面深化改革，务求工作实效。全年组织开展中心组学习27次，选派干部赴党校、高校学习50人次。面向省科协、市县科协、省级学会、企业科协等广大干部，先后举办了5期培训班，共计1000余人参加。组织开展了5场科学道德和学风建设集中宣讲报告会，弘扬科学精神，践行科学道德，营造创新氛围。深入推进“双化建设”，重点强化科协干部八项基本素质、九项基本能力，着力打造政治坚定、作风过硬、素质一流的科协干部队伍。在科协系统深入开展“机关化、行政化、贵族化、娱乐化”问题教育整顿工作，增强和保持科协组织的政治性、先进性和群众性。

自“三严三实”专题教育活动开展以来，省科协党组高度重视，认真落实省委的部署要求，加强组织领导，成立活动领导组，出台实施方案，明确任务分工和进度安排。认真组织学习，党组书记带头讲党课，开展专题学习研讨，编印学习资料，不断引深学习效果，力求学深学透。深入剖析反思，广泛征求意见，认真对照检查“不严不实”问题，严肃开展批评和自我批评，认真开好民主生活会。按照“三严三实”教育整改方案集中精力抓好整改，着力改进工作、解决问题，活动取得实实在在的成果。

二、加强党的建设和法治建设，营造风清气正良好环境

省科协大力加强党的建设，坚持民主集中制，推动党内生活规范化，讲政治、讲原则、讲规矩，凡重要政策、人事安排、大额资金使用、重要活动等事项全部提交党组扩大会议研究决定。认真贯彻执行中央八项规定和省委一系列实施办法，坚决抵制“四风”，严格管控“三公”经费，会议、文件进一步压减，开展的各类活动实效性明显增强。深入基层开展调研，组织完成了全省11个市、119个县科协基本情况调研，将调研成果向省委做了汇报，提出了加强和改进科协工作的意见。

全面推进六权治本，出台了《山西省科协党组关于深入学习贯彻习近平总书记重要讲话精神　全面推进从严治党工作的意见》，修订了《山西省科协基层党组织党务公开实施方案》等一系列规章制度，规范部门工作内容、工作规

范、工作流程。在山西省科协网开辟信息公开专栏，将科协领导和机关各部门、直属各单位的工作职责面向社会全部公开，将科协允许公开的80余项规章制度面向社会全部公开。通过健全制度约束，规范权力运行，加强信息公开，形成按制度办事、靠制度管人的良性机制，确保权力在阳光下运行。

三、加强六型机关建设，推进科协文化和精神文明建设

省科协把建设“六型机关”作为加强机关党建工作的重要抓手，出台《山西省科协六型机关建设实施方案》《山西省科协关于加强机关文化建设的意见》，营造良好机关文化氛围。深入开展道德建设“五个一”品牌活动，开展道德讲堂、学雷锋志愿服务活动。举办“三八”妇女双化建设群英赛、中华情诗歌朗诵会、庆七一篮球比赛，参加了省直摄影展，省直广播操比赛，获得优异成绩。通过加强六型机关建设，开展丰富多彩的群众性机关文体活动，全面提高了广大党员干部素质，营造出了干事创业的良好文化氛围。

四、围绕省委省政府中心工作，服务“六大发展”，推动科协事业发展

（一）服务创新驱动发展

1、促成中国科协与省政府开展战略合作。中国科协尚勇书记和李小鹏省长于12月9日代表双方签订合作协议，发挥中国科协优势，引导人才、技术、信息、项目等高端科技资源向山西集聚，开展多层次科技合作，服务我省转型升级和科技创新。

2、实施创新驱动助力工程。以太原通泽重工、长钢锻压两企业为试点，推进“数控一代”机械产品创新应用示范工程，组织院士专家开展科技服务，推动数控技术、智能技术与机电设备渗透融合，促进产品升级换代。11月，召开山西省“数控一代”机械产品创新应用示范工程推进会，中国工程院院长周济携10余位院士专家与相关企业对接，出版《“数控一代”案例集（山西卷）》；周济院长应邀为省委中心组学习做了“中国制造2025”辅导报告。晋中市被中国科协确定为“创新驱动示范市”，有14家企业的37个项目与院士专家签订了合作协议或达成合作意向。组织学会开展了“全国算子理论和算子代数会议”、“首届山西科技传播论坛”等高端学术活动近20项，参与科技人员1万余名。深入开展“讲理想、比贡献”竞赛活动，1600余条企业技术改造、攻关等合理化建议被采纳。开展企业技术创新方法推广应用，为试点企业培养100名创新骨干，解决技术难题92项；实施并完成企业产学研对接、成果转化“金桥工程”项目52项，为企业增加利税2.3亿元、节约资金1.2亿元。

3、推进科普惠农计划。实施科普中国·实用技术助你成才项目，打造“农技协2.0升级版”；科普惠农中心服务站试点建设覆盖全省11个市；建成100个科普惠农服务站、100个科普惠农骨干企业、100个优质农产品示范基地；96110三农热线、96365健康热线服务群众3万人次，组织专家开展科普服务100场次；为全省1万多名大学生村官编发科技手机报156期。在方山县麻地会乡包扶村扎实开展下乡住村、包村增收与“第一书记”派驻工作，“晋薯16号”脱毒马铃薯平均亩产8000斤，西门达尔牛养殖、危房改造、保温节水地膜覆盖、中药材种植等项目取得显著成效。

4、建设科技创新智库。开展大众创业、万众创新政策落实情况评估，举办新型智库建设推进会和第二届山西科技．人才．创新论坛，组织了山西省科技成果转化现状调研等15个调研课题研究，众多研究成果得到有关决策部门的采纳或重点关注。

（二）促进全民科学素质跨越提升

1、强化科学素质纲要实施工作。进一步健全全民科学素质建设考核机制，组织了10项特色公众科学素质活动。省科技馆全年对外免费开放257天，接待观众68万人次。流动科技馆和科普大篷车深入40个多县区开展活动,受众53万人次。“山西科学讲坛”举办48场。

2、实施“科普益民计划”。开展了山西省2015年“全国科普日”暨第12届“科普三晋”系列活动，全省共组织开展各类活动706项，受众100余万人次，山西有11家基层科协受到中国科协表彰。培育建成全国、省级优秀科普示范社区24个；建成社区科普屏媒100个。举办了“互联网+食品安全”、“科学与艺术—融合创新”等10场专家媒体面对面活动。实施公交楼宇“科普每一天”工程，编播科普宣传片48期，覆盖太原3600多辆公交车和1500多个公共场所。

3、实施科普助教计划。深入开展了全省青少年科技创新大赛、青少年机器人竞赛、宋庆龄少年儿童发明奖、青少年高校科学营、青少年科学调查体验、青少年科学影像节、助力科学梦等一系列丰富多彩的活动，近1200所学校、42万青少年参加，极大地激发了广大青少年崇尚科学、勇于探索的兴趣和活力。举办山西省首届大学生科学文化作品创新创意大赛活动，征集作品288件，评选出一等奖4名、二等奖8名、三等奖12名。

4、加强科普资源建设。全年开发原创性科普图书、挂图、影视、动漫等优质资源100套（件），编辑、出版、配送全民科学素质读本16.3万册（本）；山西科技手机报群开发运营20种手机报，全年编发8800多期；微信、微博群用户稳定在300万人以上；中科云媒全年发布信息3000余条，山西科普网、农科110网、科普惠农网、科学导报网等17个网站，总点击量3000多万次；山西科普资源库数据存储量突破1000G。

（三）推进科技人才队伍建设

1、加强科技工作者举荐表彰。精心开展了第八届“山西省优秀科技工作者”评选，表彰了78名作出显著成绩的基层一线优秀科技工作者；深入开展了中国工程院院士候

选人、中国青年科技奖、中国科协求是杰出青年成果转化奖等奖项的遴选举荐工作，使科协成为举荐高层次人才的重要通道。开展了第十七届山西省优秀学术论文评选，评出特等奖3篇、一等奖50篇、二等奖245篇、三等奖298篇。

2、加大科技人物宣传力度。在《科学导报》《山西科技报》《山西科协》开设科技人物宣传专版，编印《创新·奉献——山西省优秀科技工作者事迹选编》《山西专家学者》等专刊，精心组织“科技梦·中国梦”——中国现代科学家主题展、“创新力量·筑梦山西”——山西优秀科技工作者风采展等，充分展示我省优秀科技工作者的科学精神、骄人业绩和时代风采，为重塑山西形象做贡献。

3、扎实开展建家交友活动。及时组织召开科技工作者座谈会，学习传达中央和省委重要精神，听取科技工作者的意见和建议。精心组织科协会员日活动，各级科协深入基层开展多种形式的科技工作者走访慰问活动。举办知识产权报告会，提供法律咨询。开通“山西科协”、“专家大院”微信，建设“科技人才库”、“科技工作者之家”平台和“科技工作者线上协同创新平台”，用先进信息技术手段为科技工作者提供优质服务。

五、从严落实“两个责任”，把纪律和规矩挺在前面

省科协出台并严格落实加强党风廉政建设主体责任和监督责任的实施意见，党组与领导班子成员、各直属单位领导班子、基层党委、党支部、机关党委、纪委都签订了党风廉政建设主体责任清单和监督责任清单，层层传递压力。坚决贯彻“一岗双责”，把反腐倡廉工作与科协业务工作全部纳入目标责任考核指标体系，同规划、同部署、同实施、同考核，跟踪问效问责。严格执行领导干部个人重大事项报告、述职述廉、民主评议等制度，坚决整肃不正之风。在全科协系统开展廉政文化进机关活动，依托山西省科协网、科协OA系统，科协干部在线学习平台，开辟廉政教育专题，发放廉政教育资料，看廉政教育警示片，举办廉政征文活动。在廉政建设方面始终保持高压态势，严格问责，对有关责任人的违规违纪行为给予组织处理，做到有调查有结果有处理。

（王爱英）

附：省科学技术协会党组书记、成员名单

书　记：杨伟民

成　员：侯晋川　王德贵　崔　忠　郝建新

省文学艺术界联合会党组工作概况

党组书记　李太阳

2015年是非常不平凡的一年，是全国群团工作和文艺工作发展史上具有里程碑意义的一年。以习近平同志为总书记的党中央高度重视党的群团工作和文艺工作，做出了一系列具有深远影响的重大部署。当前面临前所未有的历史机遇，为省文联做好文艺工作和文联工作提供了重要遵循。省文联领导班子始终在思想上政治上行动上与以习近平同志为总书记的党中央保持高度一致，认真学习贯彻党的十八届三中、四中、五中全会和习近平总书记系列重要讲话精神，深入开展“三严三实”教育实践活动，坚决贯彻落实省委、省政府各项重大决策部署，坚持以人民为中心的创作导向，以社会主义核心价值观为引领，以满足山西省人民不断增长的精神文化需求为出发点和落脚点，以创作生产优秀作品为中心任务，为推进我省文艺事业的繁荣发展做了大量工作，并取得了实实在在的成效。

一、落实党风廉政建设责任制情况

（一）以深入学习贯彻习近平总书记系列讲话精神为首要政治任务，强化党员队伍理论武装。一是积极开展理论学习活动。以在线学习、支部集中学习、每月中心组学习、全体干部职工艺术沙龙学习等多种形式开展形式多样的学习活动。通过读原著、学原文、悟原理，切实做到学而信、学而用、学而行。二是加强党员干部教育培训工作。组织党员干部参加集中轮训和培训，观看廉政教育片，阅读党建读物，订阅“共产党员微信”等活动，提高了省文联党务干部的政治素质、业务素质和党性修养。

（二）以建设“学习型、廉洁型、服务型、创新型、法治型、效能型”党组织为目标，推进机关党建工作。一是扎实推进“六型机关”建设。把“六型机关”作为加强机关党建工作的重要抓手，与推进“六权治本”、“六大发展”、“六型转变”等重大部署和我会工作实际结合，加强领导组织，细化任务分解，制定工作措施，组织动员广大党员干部积极投身“六型机关”建设的具体实践中。二是完善机关党建工作责任制。建立健全机关党建工作责任制，

形成了党组统一领导，一把手亲自抓，机关党委抓落实的工作格局。制定了《省文联党风廉政建设“两个责任”责任书》《省文联对“一把手”及关键岗位监督制度》等。严格党的组织生活，增强党内生活的原则性和实效性，健全党内生活制度，定期召开中心组专题民主生活会，开展批评和自我批评。

（三）深入开展“三严三实”专题教育和学习讨论落实活动，切实改进机关作风建设。一是巩固文联“学习讨论落实”活动整改成果，完善制度建设，严格干部管理，认真开展“三严三实”专题教育实践活动，举办专题学习研讨，使我会全体党员领导干部进一步统一了思想、深化了认识，树立起守纪律、讲规矩、明底线的理想信念，营造出用心谋事、踏实干事的工作氛围。二是深化作风和反腐倡廉建设，努力营造文联风清气正的良好环境。严明党的政治纪律、组织纪律、经济工作纪律、群众工作纪律，深入开展党性党风党纪教育，强化宗旨意识、自律意识、廉洁从政意识。切实加强廉政文化建设，培育弘扬廉洁价值理念。三是认真执行“八项规定”和“两个责任”。建立了《省文联关于落实党风廉政建设机关纪委监督责任的责任清单》和《省文联关于落实党风廉政建设机关党委主体责任责任清单》等，确保党风廉政建设的各项任务落到实处。

二、2015年工作情况

（一）扎实开展“深入生活、扎根人民”主题文艺实践活动，不断增强了文艺惠民的针对性和实效性。2015年，省文联秉持文化为民惠民乐民的宗旨，动员老中青文艺工作者深入革命老区、农村、学校、厂矿、医院、社区、军营、环卫一线、施工工地，走进普通百姓中间，通过开展慰问演出、采风创作、辅导培训、文艺支教、展览展示等多项活动，与基层群众和基层文艺工作者面对面、手牵手，了解群众生产生活的新情况新变化，形成了省、市、县三级文联联动态势，深受基层群众欢迎。省文联充分发挥主体示范作用，党组、主席团、书记处分别率先带头，以身作则，各团体会员单位积极响应，广泛开展文艺志愿服务活动，在全省各地举办了不同形式、主题、风格的文艺活动，表现出高度的社会责任感，强烈的大局意识和崇高的敬业精神。2015年各艺术门类的3000多名文艺工作者和文艺家共在全省各地开展了230余次戏剧、曲艺、音乐、舞蹈、杂技、电影专场放映等服务基层的文艺活动，组织了100多场基层文艺骨干专题培训班，为群众创作书法、美术、摄影作品两万多幅，受到广大基层群众的热烈欢迎和一致好评，有数十万群众直接受益，在省内外引起较大反响。文联及各文艺家协会的新形象进一步树立，社会影响进一步扩大，与群众的关系进一步贴近。

（二）积极开展“中国精神·中国梦”主题文艺创作活动，创作出更多无愧于时代的优秀作品。2015年，省文联努力践行社会主义核心价值观，紧紧围绕“中国精神·中国梦”主题，把“爱国、为民、崇德、尚艺”文艺界核心价值观融入到文艺实践活动当中，大力弘扬“三个文化”，为山西经济社会快速发展做出了应有的贡献。文联积极组织文艺家采风活动，深入基层、深入群众，深入生活、扎根人民，组织1000余名书画、摄影、曲艺、戏剧、舞蹈等各个艺术门类的艺术家分别赴各地进行采风创作，接地气，聚人气，坚持以人民为中心的创作导向，把握人民群众对文艺作品质量、品位、风格等的期盼，创作生产出数量众多的人民喜闻乐见的优秀作品，推动山西省人民精神文化生活不断迈上新台阶。省文联精心策划举办了纪念抗战胜利70周年重点系列文艺活动。成功举办了纪念抗日战争胜利70周年“太行风骨”山西美术书法作品提名邀请展。整个活动得到中国文联、省委宣传部、中国美术家协会、中国书法家协会、中国画学会的肯定和大力支持，被中国文联纳入2015年度重要活动之一，尤其是进京展览，是山西省历史上美术、书法作品合二为一在北京综合展示的第一次，也是山西省历史上进京展参与的艺术家最多、展出作品的数量最多的第一次，受到社会各界好评。同时，省文联还举办了“百花放映”千场电影惠万民专题电影展、中国梦·太行魂大型摄影展，举办了“晋韵徽风”中国画名家山西、安徽两地邀请展，佛教艺术中国画提名展，山西省中国画学会首届作品展等，同时文联还创建了五台山中国画创作基地和五台山佛教文化艺术村等等，提高了三晋文艺的传播力和影响力，塑造了山西改革发展新形象。2015年省文联团结各会员单位，以举办展览、演出、比赛等艺术活动作为载体和手段，在国内外各级各类专业性文艺比赛中均取得了优异的成绩。2015年以来，据不完全统计，省文联及各文艺家协会共获国家级（区域级）艺术奖项151项，山西文艺走出去的步伐进一步加快。

（三）主动适应现代传播体系新格局，深化山西文艺网综合建设发展机制，努力提升山西文艺网的影响力。2015年，省文联扎实推进文联系统信息化建设，整合文艺资源，唱响网上主旋律，传播文艺正能量。山西文艺网正式上线运行一年以来，牢牢抓好“山西省艺术家资源库”的基础建设，截止2015年底，已收录13000余名艺术家名录，上传5000余件艺术作品资料，制作近千名艺术家个性化网站（页），实现了对各协会艺术家、艺术家储备人才、小艺术家和艺术教育人才等档案数字化存储，抢救了“晋军”文艺队伍的基础性资料，记录歌颂了“晋军”对中华民族优秀传统文化的继承与发扬光大，推进了全省文艺界信息化、数字化建设。开设“深入生活，扎根人民”主题实践活动和“中国精神·中国梦”主题文艺创作活动专栏，对文联系统的日常工作、文艺实践创作活动进行实时新闻发布。截止2015年底，发布各类新闻报道186篇。省文联还通过山西文艺网与百家媒体合作和千家网站链接等形式，在线举办景德镇陶瓷艺术大师作品鉴赏会、省直机关“走基层、追梦想”摄影展、校园艺术大赛等相关网上在线活动，扩大了山西文艺网的传播力和影响力。

三、2015年取得的主要成绩

2015年，面对繁重的工作任务，党组班子团结务实，勤奋廉洁，工作深入扎实，文联各项工作取得了显著成绩。一是加强政治教育，领导班子政治水平不断提高。继续深入学习习近平总书记系列重要讲话精神，精心组织好党组（中心组）理论学习，做到有主题、有问题、有对策；引导领导干部树立终身学习的理念，不断充实和完善自己，自觉加强党性修养、坚定理想信念、提升道德境界、追求高尚情操。二是坚持修身律己，严守党的政治纪律和政治规矩。坚决维护党组织权威，站稳政治立场，服从组织决定，严格执行党章，以身作则，守住纪律底线和法律底线，落实好“两个责任”，不搞宗派主义、山头主义，不称兄道弟、拉帮结派，不搞权钱交易、利益兑换，不搞互相提携、互相抱团等，进一步纯洁文艺队伍，在思想上、政治上、行动上同党中央保持高度一致。三是加强作风建设，着力转变工作作风。努力建设一支“信念坚定、为民服务、勤政务实、敢于担当、清正廉洁”的文联干部队伍。坚决摒弃形式主义和官僚主义，积极引导领导干部深入社会、深入实际、深入基层、深入群众，结合“三严三实”专题教育，围绕“机关化、行政化、贵族化、娱乐化”问题，增强行业自律意识，增强自我革新的勇气，牢固树立为会员服务的理念。四是创新体制机制，不断提升服务水平。健全奖励机制，加大扶持力度，延伸服务手臂，创新服务手段和服务方式，切实关注广大文艺工作者的发展需要，扩大会员发展的新领域，加强对基层文艺和文联工作的指导，激发广大文艺工作者深入基层采风的创作热情，“送欢乐下基层”、“到人民中去”等主题文艺实践和文艺志愿服务活动深受群众欢迎，深入研究影响和制约山西省文艺事业科学发展的突出问题和文艺界反映强烈的热点难点问题，为建设文化强省营造良好氛围。五是强化人才发展理念，努力加强文艺人才队伍建设。统筹人才资源，制定人才培养规划，通过组织创作、举办展演、开展培训等途径，逐步建立人才发现、引进和培养、使用的长效机制，发现并培养有发展潜力的文艺新人，构筑一支涵盖专业和业余、老文艺家和青年骨干的文艺梯队。优化文艺生态环境，着力解决艺术家体验生活和创作过程中遇到的实际困难，努力把文联真正建成广大文艺工作者的温馨文明和谐之家。

（樊丽红）

附：省文学艺术界联合会党组书记、副书记、成员名单

书　记： 李太阳

副书记： 石跃峰

成　员： 李和平（5月离职）　和　悦（7月任职）　靳　忠　李剑斌

省工商业联合会党组工作概况

党组书记　杨临生

2015年，省工商联党组认真开展学习习近平总书记系列重要讲话精神和以习近平同志为总书记的中央领导集体“崇尚实干、勇于担当、廉洁自律”的优良作风，紧紧围绕省委省政府的中心工作，把握“两个健康”工作主题，深化理想信念教育实践活动，全力推动民营经济突破发展。

一、践行“三严三实”，强化党建工作和党风廉政建设

开展“三严三实”专题教育，党组中心组组织机关干部开展全面贯彻落实党的十八大和十八届三中、四中、五中全会精神、深入开展“双学”的专题学习研讨，集中学习共21次；党组书记及党组成员率先垂范，分专题讲党课；15名处级干部分三批次在机关大会上作交流发言；开展多种形式的警示教育。召开专题民主生活会，梳理出3个方面、10 个问题，制定6条具体整改措施，全面推进机关干部的思想、组织、作风建设。落实“两个责任”，完善了《党风廉政建设党委主体责任和纪委监督责任实施意见》《党组定期研究党风廉政建设会议制度》《落实“一岗双责”制度》，在省直工委、省直纪工委的关心下成立了机关纪委，强化履行“一岗双责”和“两个责任”。组织学习《中国共产党廉洁自律准则》《中国共产党纪律处分条例》，开展“廉政建设进家庭”活动，让每个党员干部及家属联合签署了“廉洁家庭承诺书”，引导机关干部自觉坚持“高线”、坚守“底线”。配合省委第二巡视组开展工作，对巡视提出的5方面问题和5方面意见建议，针对性地研究制定了16 项具体整改措施，明确了23项推进落实整改工作重点事项，巡视整改取得较好成效。开展了群团组织“机关化、行政化、贵族化、娱乐化”整顿工作，转变作风加强组织建设。制定了《省工商联关于加强对党政“一把手”监督的规定》及重要岗位监督的规定；修改完善了《党风廉政建设制度》《省工商联党组会议制度》《党组议事规则》等有关党建、会务和内部管理等10多项规章制度，制定了责任清单和权力清单，扎紧扎牢制度笼子。建立健全干部学法用法的机制，提高干部法律意识，狠抓制度落实，切

实纠正有法不依、有规不依、有制度不执行或执行不到位的现象，把“六权治本”精神真正落到实处。

二、深化理想信念教育实践活动，重塑民营企业家队伍形象

按照中央统战部、全国工商联部署和省委、省政府要求，在全省民营企业中组织开展了以“守法诚信”为主题、以增强企业家“对中国特色社会主义的信念、对党和政府的信任、对企业发展的信心、对社会的信誉”为主要内容，以“重塑山西民营企业家队伍形象”为实践载体的非公经济人士理想信念教育实践活动。起草《重塑山西民营企业家队伍形象的意见》，与省委组织部、省委统战部联合举办了全省各级民营经济领导小组、统战部、工商联负责人参加的民营经济理论政策培训班、全省非公有制经济代表人士和优秀中青年民营企业家培训班，组织了6期“晋商大讲堂”，共培训非公经济人士2000余人次。发出《弘扬晋商精神、勇于责任担当，为重塑山西形象促进富民强省做出新贡献》的倡议书，组织民营企业家部分代表开展“重塑形象大讨论”活动，召开了构建新型政商关系研讨会，向上级有关部门专题报送《新常态下山西省构建新型政商关系研究》的课题报告。在山西日报、山西电视台等主流媒体对优秀民营企业进行宣传，在中华工商时报刊发六期《中国商帮·晋商》专版，开展“重塑山西民营企业家队伍形象”征文活动，组织优秀民营企业家赴各市巡回报告，全方位展示了山西民营企业家的良好形象。引导民营企业参与“百企千村产业扶贫开发工程”，举办全省工商联系统企业社会责任培训班，编制发布《山西省民营企业社会责任蓝皮书（2015年度）》，撰写的《发布社会责任，树立责任晋商形象》的调研报告获全国工商联2015年度优秀调研报告三等奖。

三、提升经济服务能力，促进民营经济突破发展

深入调查研究，形成了一系列促进非公有制经济发展的调研材料，借助“两会”平台，提交了《转型发展是“十三五”民营经济实现突破的关键》等政协大会发言和《关于大力支持民营企业发展战略性新兴产业的建议》等12个政协提案。其中《关于解决民营企业土地制约的建议》获全国工商联2015年度优秀提案。设立“点对点”民营企业运行情况观察点，编印10期“山西非公经济情况专报”，向省委、省政府领导和相关部门反映情况，开辟了民营经济诉求快速反映和处理渠道。牵头起草了《全省领导干部联系民营企业工作方案》，探索建立省市县三级领导干部联系帮扶民营企业制度。

2015年，省委、省政府成立了省促进民营经济发展工作领导小组，省委常委、统战部部长孙绍骋，省委常委、副省长付建华任组长，办公室设在省工商联，按照省委省政府主要领导和领导小组的具体要求，根据省委常委会“出台一个文件、开好一个大会、抓好政策落实”的三项任务，牵头起草了《关于加快民营经济发展的意见》和《关于推进民营企业办理完善土地使用和房屋产权登记手续的实施意见》《山西省民营企业创新转型投资基金设立方案》《关于促进中药产业发展若干措施》《山西民营经济统计监测制度》（试行）等制度措施。具体承办全省民营经济发展推进大会，起草王儒林书记提出的破解9个方面难题的主题讲话和责任分工方案，协调省直有关部门出台落实《意见》的实施细则。会同山西日报等主流媒体做好大会精神的宣传，开展政策解读；组织省宣讲团到11市进行了12场巡回宣讲，听讲人数4000余人；梳理了近年来国家和我省出台的有关促进民营经济发展的政策措施，编印政策解读问答，联合金融办、人行太原中心支行制定出台了金融支持重点民营企业筛选认定管理办法，推出59家民营企业作为第一批重点扶持对象，截止2015年12月59家民企共获得贷款93亿元。联合国土、住建等部门制定出台有关文件，盘活土地、房产存量资源，变资源为资本。为586户民营企业颁发了土地使用证书，为322户民企办理了他项权利证书。发起设立了山西省民营企业创新转型投资基金，基金总规模50亿元。与省国税局、地税局、金融办、银监局等部门和省城18 家银行联合开展“银税”合作，为302户守信小微企业发放无抵押、无担保贷款8.42亿元。王儒林书记批示：“继续加大工作力度，力求取得更大成效”，李小鹏省长也给予了充分肯定，批示说：“很好，请加大力度进一步抓好落实!”。建立民营经济统计监测制度，完善了民营经济考核体系内容。李小鹏省长、高建民常务副省长对此项工作作出高度肯定。在晋中市、灵石县、太谷县和长治市、长治县、襄垣县以及高平市等试点县市，开展试点工作，率先探索落实大会精神、相关政策和破解9个方面难题的典型做法。在“冬季行动”中，启动“民营经济待批项目”大起底活动，积极推动符合条件的项目尽快落地实施。王儒林书记批示：“要认真抓好落实，抓出成效。”李小鹏省长批示：“请建民同志支持配合”。全国政协副主席、全国工商联主席王钦敏对山西省工商业联合会2015年的工作作出重要批示，认为“山西省工商联配合省委省政府出台了一系列促进民营企业健康发展的文件，在方案措施上作了很实在的配套工作，取得明显的成绩。”

（冯学亮）

附：省工商业联合会党组书记、成员名单

书　记：杨临生

成　员：樊秀清　郎宝山　赵淑芊

梁　荣（7月任职）　高志勇（11月离职）

省残疾人联合会党组工作概况

党组书记　李亚明

2015年，省残联按照省委、省政府的部署和中国残联的要求，科学谋划，突出重点，各项工作任务圆满完成，受到了省委、省政府和中国残联领导的充分肯定，也受到了全省广大残疾人和社会各界的广泛好评。省委书记王儒林在全省经济工作会议上指出要加大残疾人就业援助力度。李小鹏省长连续两年在《政府工作报告》中提出，要加大残疾人就业援助力度、做好残疾人康复救助工作。去年“全国助残日”前，王儒林书记批示：“要真情关爱残疾人，积极推进助残活动。”李小鹏省长在省残联汇报材料上批示：“全心全意，全力以赴，继续做好残疾人工作。”王儒林书记、李小鹏省长、省政协主席薛延忠和省委常委、太原市委书记吴政隆，分别会见了来我省调研的中国残联副主席王新宪。省委副书记楼阳生两次听取省残联关于群团组织“四个化”专项整治有关情况的汇报。省委常委、组织部长盛茂林出席省残联组织的健康义诊活动，现场向残疾人代表发放了辅助器具。张建欣副省长年初分管省残联后，先后12次听取汇报、调研工作、出席会议和活动。中国残联副主席王新宪、王乃坤、吕世明分别来我省出席会议、活动，调研指导工作，对我省农村残疾人扶贫、残疾人基本服务状况和需求专项调查、基金募集救助等工作给予了充分肯定。省委、省政府领导和中国残联领导的关心支持，给广大残疾人以极大的鼓舞，激发了残疾人工作者的干事创业热情。

一、从严从实，改进作风，加强领导班子和干部队伍建设

（一）全面从严治党，抓好党建工作

思想政治建设：围绕贯彻十八大和十八届三中、四中、五中全会及省委十届六次、七次全会精神，开展政治理论学习，下发了《十八届五中全会文件汇编》《中共中央关于制定“十三五”规划的建议辅导读本》等学习资料。年初制定政治理论学习计划，党组中心组学习25次，党员干部撰写学习心得147份。

作风建设：开展党的群众路线教育实践活动整改落实情况“回头看”。落实“八项规定”，坚决反对“四风”，压减文件、会议、“三公”经费；深入基层，深入残疾人，为他们排忧解难；做好群众来信来访工作，加强考勤管理和机关效能建设。

干部队伍建设：开展“三个一批”工作。按照10%的比例，开展领导干部个人有关事项申报随机抽查工作。完成机关、部分直属事业单位公开招聘（招考）工作。干部在线学习人均71学时，51名干部参加自主选学。在浙江大学举办了全省残联系统干部创新管理专题培训班。

基层党组织建设：将机关原有一个党支部调整为三个党支部；省残联系统各党支部圆满完成了换届任务。召开省残联机关党委党员大会，选举产生了新一届机关党委、机关纪委。落实《山西省直机关（事业）单位发展党员工作规程》。党组书记带队检查直属事业单位党建工作，党支部书记联述联评联考。

机关文化建设：组队参加了省直机关广播操比赛、“菜单式”体育比赛活动乒乓球、拔河等项目，健身舞比赛获金奖。组织开展了“读书月”活动、“送温暖　献爱心”社会捐助活动。

（二）狠抓制度建设，落实“两个责任”

1．列出责任清单，配套监督制度。制定了《省残联党组落实党风廉政建设主体责任清单》《省残联机关纪委落实党风廉政建设监督责任清单》，配套出台了《省残联关于落实党风廉政建设监督责任机关纪委监督责任的监督制度（试行）》。

2．加强督促指导，抓好整改落实。下发《关于落实党风廉政建设“两个责任”指导意见》，制定了“两个责任”清单。对直属事业单位进行了专项检查；接受省纪委派驻纪检组落实“两个责任”情况检查；对省残联系统落实中央八项规定情况进行抽查。进一步加强残疾人证管理；对“人情证”“假证”进行了清理。

3．抓好宣传教育，营造廉政氛围。组织学习《中国共产党廉洁自律准则》和《中国共产党纪律处分条例》，邀请省纪委派驻纪检组组长高玉厚解读《准则》《条例》。下发《党章·党规·党纪——党内重要法规学习导读》等学习资料。组织学习廉政理论、观看警示教育片，开展了廉政文化进机关进家庭活动。

（三）强化法治意识，坚持依法行政

2015年，省政府第97次常务会议通过我省实施《无障碍环境建设条例》办法（草案）。李小鹏省长签发省政府令第243号，公布实施《条例》办法，自2015年10月15日起施行；及时召开省政府残工委全体会议、市县残联理事长培训会议部署贯彻落实工作。印发了“六权治本”工作实施方案，机关各部（室）、各直属事业单位梳理了“两个清单”。出台了《省残联机关政府采购工作流程》《残疾人康复救助项目招标采购中标产品质量抽查监督办法》等。完成全国政府网站普查整改，做好政务信息公开工作。

二、认真学习，精心组织，扎实开展“三严三实”专题教育

（一）坚定理想信念，深入学习贯彻中央和省委的决策部

署

省残联党组将党的十八大、十八届三中、四中、五中全会和习近平总书记系列重要讲话精神纳入中心组及干部政治理论学习计划，采取了个人自学和集体研讨相结合，专家辅导和实地调研相结合的方式。同时，运用学习成果解决残疾人工作中遇到的新情况、新问题，一是围绕“全面建成小康社会”目标，贯彻落实《国务院关于加快推进残疾人小康进程的意见》(国发〔2015〕7号)，牵头制定了《山西省关于加快推进残疾人小康进程的实施意见》(晋政发〔2015〕54号)；二是认真学习领会中央和省委党的群团工作会议精神，在全省残联系统开展解决“机关化、行政化、贵族化、娱乐化”问题专项整治活动；三是贯彻中央和省委扶贫开发工作会议精神，做好贫困残疾人建档立卡“回头看”工作，配合扶贫部门将符合条件的残疾人全部纳入精准扶贫范围。

(二)坚持问题导向，深入开展“三严三实”专题教育

1. 认真学习研讨。党组书记讲开局党课，领导班子成员讲党课2次，邀请省委党校教授兰喜并作专题报告。处级以上干部专题研讨12次454人次，撰写三个专题的心得体会各49篇。省残联门户网站开设“三严三实”专题教育专栏。组织132名党员开展了“纪念建党94周年暨‘三严三实’主题党日教育活动”。举办了“严以修身”专题学习研讨成果交流会。举办了“弘扬社会主义核心价值观　做践行‘三严三实’的残联人”主题演讲交流会。

2. 着力整改落实。建立了省残联党组、机关党委落实党风廉政建设主体责任清单，领导班子成员，处级干部，机关各部(室)、各直属事业单位分别列出问题清单、整改清单各19条、160条、88条。结合落实“两个责任”和“六权治本”要求，聚焦发生在群众身边、损害群众利益的问题，采取具体措施，着力整改落实。

3. 深刻反思剖析。采取召开座谈会、个别访谈、发放征求意见表等多种形式，广泛征求下级组织、分管领域、党员群众等各个方面的意见。领导班子共征求到意见建议13条，班子成员共征求到意见建议25条。领导班子集体研究，完善了不严不实问题清单，深入查找剖析了不严不实问题。12月30日召开了省残联领导班子“三严三实”专题民主生活会，各党支部均召开了“三严三实”组织生活会。

(三)采取有效措施，深入开展整改落实工作

一是攻坚克难，依法依规，进一步解决龙城大街宿舍楼、省康复研究中心的基建遗留问题。二是多措并举，设法解决原宏昌学校家长上访、上世纪九十年代挂靠省残联企业职工等信访疑难问题。三是赢得支持，改善了机关办公条件，解决了干部职工午餐问题。四是转变作风，积极开展专项整治工作。先后开展了“吃空饷”专项整治工作、群团组织“四个化”专项整治、专项资金专项整治和“六权治本”等相关工作。

三、突出重点，真抓实干，努力加快推进残疾人小康进程

(一)提标扩面，全面建立残疾人“两项补贴”制度

2015年全省财政投入专项资金4600多万元，为9.1万名一级残疾人发放了每人每年480元的护理补贴或生活补贴。国务院出台《关于全面建立困难残疾人生活补贴和重度残疾人护理补贴制度的意见》后，省残联积极配合省民政厅、省财政厅出台我省实施意见，推动我省残疾人“两项补贴”制度“提标扩面”。12月29日，省长碰头会已研究决定，残疾人“两项补贴”制度从2016年1月1日起实行。补贴范围，困难残疾人生活补贴由原来城乡低保家庭中残疾等级为一级的贫困残疾人，扩大到城乡低保家庭中的所有持证残疾人；重度残疾人护理补贴由原来城乡低保家庭外残疾等级为一级的残疾人扩大到所有残疾等级为一级、二级的重度残疾人。补贴标准，由原来的每人每月40元，提高到每人每月50元。预计2016年全省三级财政用于残疾人“两项补贴”资金达2.6亿元。

(二)整合资金，不断扩大残疾人康复救助范围

2015年，国家、省、市、县共投入资金1.2亿元，救助贫困残疾人105876名。其中，中央和省级投入10126万元(中央6757万元、省级3369万元)，救助67068人(0—6岁残疾儿童4068名、肢体残疾人990名、视力残疾人9100名、精神病患者8000名、基本型辅助器具适配44910名)，超额完成年度任务。各市、县投入1950.3万元，救助38808人。

(三)上下联动，大力推进“一店三基地”建设。2015年，，按照省委、省政府的要求，为了加大对残疾人的就业援助力度，省残联、省财政厅联合出台了《山西省残疾人实训基地残疾人就业创业基地　农村残疾人扶贫基地及盲人按摩示范店建设实施方案》，省财政安排1100万元专款，用于支持省级“一店三基地”建设。截至2015年底，全省共创建基地121个，其中，就业创业基地50个(省级26个，市县24个)、实训基地23个(省级10个，市县13个)、扶贫基地48个(省级14个，市县34个)；盲人按摩示范店116个。共安置3076名残疾人就业，辐射带动5949名残疾人就业。中国残联副主席王新宪在太原、运城的基地调研后，感到山西省残联的工作走在了全国前列，“两项补贴”、“一店三基地”建设等在全国起到了示范带动作用。同时，各市县探索适合当地的“一店三基地”运行模式，落实本级补贴政策，扶持当地残疾人就业。

(四)凝聚力量，确保全面完成各项目标任务。一是社保覆盖面不断扩大。符合低保条件的残疾人基本实现“应保尽保”，城乡居民医疗保险及新农合基本实现全覆盖。二是残疾人教育工作全面推进。省彩票公益金助学项目资助514名残疾大学生、残疾人家庭子女大学生、残疾研究生，共发放助学金190万元。联合省教育厅在全省范围内开展了残疾幼儿、残疾青少年状况调查统计登记。配合教育部门落实《特殊教育提升计划(2014—2016年)》。三是加大残疾人职业技能培训力度。联合人社部门开展“就业援助月”活动。通过按比例就业、社区公益性岗位等途径安置残疾人6118名，城镇残疾人职业技能培训6197人。组团参加了第五届全国残疾人职业技能竞赛。四是扶贫工作创新机制。配合扶贫部门推进残

疾人精准扶贫工作。开展农村残疾人实用技术培训。各地优先对农村贫困残疾人家庭进行危房改造。五是文体活动丰富多彩。举办全省第七届特教学校学生艺术汇演，选拔参加全国比赛的9个节目全部获奖。在全省范围内开展残疾人文化周、残疾人健身周、特奥日活动。组团参加全国第九届残运会暨第六届特奥会比赛，获得7金8银12铜的好成绩。六是基金募捐取得突破。全年共募集资金物资1600万元，救助残疾人10650人次。去年7月，中国残联副主席王乃坤赴长治出席“衣恋集善　幸福同行”假肢项目启动仪式，并对我省工作给予充分肯定。

（五）依法行政，切实维护残疾人合法权益。全省各级残联共接待残疾人来信来访14000余人（件）次，其中省残联机关接待389人（件）次。协调省司法厅在省法律援助中心设立了残疾人援助窗口，并对23个残疾人法律救助案件给予了资金补助。为6857名肢体残疾人发放机动轮椅车燃油补贴178万元，对1672户贫困残疾人家庭住宅进行了无障碍改造。

（六）摸清底数，做好专项调查收尾工作。2015年3月底，完成了山西省全国残疾人基本服务状况和需求专项调查主要工作，入户调查72.9万人、电话调查1.78万人，调查表100%录入数据库。3月24日，全国残疾人专项调查部分省座谈会在太原召开，省残联党组书记、理事长李亚明代表山西省作了经验介绍。中国残联党组成员、副主席吕世明对我省残疾人专项调查工作给予了高度评价和充分肯定，并在调研中指出，山西工作变化大、效果好，许多经验和做法值得在全国推广。

（王凤萍　柳　田）

附：省残疾人联合会党组书记、成员名单

书　记：李亚明

成　员：温万一　刘　晔

省社会科学界联合会党组工作概况

党组书记　侯秀娟

2015年度，省社科联党组认真学习贯彻习近平总书记系列重要讲话精神，按照省委“五句话”的要求，充分发挥自身职能，团结和引导广大社科工作者，围绕省委、省政府的重大战略开展研究，为推动我省经济社会发展发挥了社科界的思想库作用。

一、以全面从严治党为统领，强化理论武装

社科联始终把学习习近平总书记重要讲话摆在首位，把提高理论素养作为加强班子建设和干部队伍建设的一项基础性工作，取得了较好的成效。形成以党组中心组学习为龙头，以处以上领导干部学习为重点，以党支部学习为基础，以党员自主学习为主体的学习格局。全年中心组学习24次12天；党组成员“上党课”5次，自己带头讲党课；组织4批高层次的外出学习培训。党组成员牵头开展了山西地域文化的核心价值导向、三个文化、共产党员的标识等课题研究。扎实推进“三严三实”专题教育。以从严从实践行党的宗旨、严守政治纪律和政治规矩为主题，紧紧抓住思想建设这个核心，通过党组书记讲党课开局，党组成员分三个专题学习辅导，支部学习“三严三实”相关论述为重要内容，中心组及党支部专题研讨等为形式，以正反两方面典型案例进行警示教育。召开了以“三严三实”为主题的党组民主生活会、支部组织生活会，深刻查找了“不严不实”的问题，深挖思想根源，开展了严肃认真的批评与自我批评，提出积极的整改措施。深入开展以省委“五句话”总体要求为主题的“学习讨论落实活动”。坚持“学讲话、学作风”，组织专题讨论，对照剖析检查，落实整改措施，制定出台了省社科联专项整治方案，集中开展了全省社科类学会的清理规范、违规收送礼金红包、婚丧喜庆大操大办、“文山会海”“、三公经费”管理不严等问题的专项整治。进一步规范社科论坛管理工作，加强对学会学术活动的规范管理。召开了“弘扬三个文化座谈会”，开展以“读书、修身、明志”为主题的“七一”座谈会暨专题党日活动，增强做好意识形态工作的责任感，做到守土有

责、守土负责、守土尽责。

二、规范管理、激发活力，基本完成清理整顿规范学会(研究会)工作

根据山西省纪律检查委员会、省委组织部、省监察厅、省民政厅联合下发的《山西省全省性社会团体清理规范工作方案》(晋纪发[2014]1号)文件精神，初步完成全省社科类学会的清理规范工作。省社科联领导和学会联系人深入学会，调查研究，针对性地采取有力措施。经自查自纠、严格审核、限期整改，使学会达到"人员、机构、职能、经费"与党政机关"四分离"，解决了领导干部在学会兼职过多的问题，134个处级以上党政领导干部退出学会，建议撤消20个运行不规范学会。清理整顿后，省属社科类社团共有115个，其中2015年新成立学会2个，并按规定进行了年检。为了加强对学会研究会的管理，探索学会党建工作，社科联组织有关人员赴辽宁、天津、上海、湖南等省市社科联进行学会党建工作调研，形成调研报告，提出关于加强社会组织党建工作的建议并上报省委组织部。

三、科学部署、严密组织，启动了山西省第九次社会科学研究优秀成果评奖工作

根据有关规定和广大社科工作者的要求，经省委、省政府和省社科成果评审领导组批准，开展了第九次社会科学研究优秀成果评奖工作。2015年7月24日，省委常委、宣传部长胡苏平同志主持召开了省评奖领导组第一次会议，讨论通过了《关于开展山西省第九次社会科学研究优秀成果评奖工作的意见》及方案。经过为期两个月的网上申报、资格审查，506项成果符合参评资格。按照评委会的总体部署和进程，现已完成了初评工作，推荐出297项成果。

四、找准位置、发挥优势，围绕山西省经济社会发展战略开展课题研究

2015年，省社科联共评出立项成果154项，其中重点课题122项，弘扬"三大优秀历史文化"研究专项重点课题19项，青年思想政治工作研究专项重点课题13项；同时，对2014年度的118项重点课题进行了结项评审，评出优秀课题28项，合格课题77项。《科技创新驱动山西转型跨越发展对策研究》《山西新型城镇化过程中农村人口转移问题研究》《山西精神的形成、传承研究》《新形势下做好意识形态工作研究》等一批涉及山西资源型经济转型、特色城镇化建设、文化产业发展、意识形态工作等重大现实问题的重点课题针对性强，应用价值高，较好发挥了思想库作用。在课题研究工作中进一步规范和完善了课题立项、结项评审程序，加强了对基层社科工作者的业务指导与支持。

五、亮化品牌，进一步规范"百部(篇)工程"优秀成果评奖工作

社科研究优秀成果年度奖"百部(篇)工程"是省社科联连续开展了19年之久的一项品牌性工作，也是近年"推出一批优秀社科研究成果"的主要内容之一。2015年的"百部(篇)工程"从年初开始，经网上申报、资格审查，有340项成果进入学科评审。为了更好地完成这项工作，社科联先后派出两个组到有关省市进行调研，在此基础上，对评审办法、指标体系、评审流程、评审纪律等进行了进一步完善。经评审委员会认真评审，共评出获奖成果110项，一等奖15项，二等奖36项，三等奖59项；同时评出组织奖10个。

六、坚持导向，办好两刊一网，加大社科普及力度

《山西社科界》《学术论丛》2015年加大了对弘扬三个文化、"六权治本"、社会主义核心价值观等方面的宣传力度，圆满完成了编辑出版发行任务。山西社科网在宣传贯彻习近平总书记系列重要讲话精神及社科联工作方针，发布国家和我省社会科学课题指南、项目评审情况、学术前沿动态，以及社科联、学会学术活动、学会管理、年度检查等各级各类社科消息的发布等方面发挥了重要作用。社科联面向基层开展了科普下乡等多种形式的社科普及活动，继续组织编写和出版《山西社科研究与普及书系》，2015年推出《雁北地区乡村寺庙调查研究》《三晋史稿》《中华二十四孝考述》等三本著作。

七、加强和完善社科人才库建设

社科联进一步加强和密切与高校、科研院所的联系，及时更新信息，建立了419人正高职称的人才库。积极推荐宣传山西优秀社科人才，有3部作品和3位社科工作者，在全国社科普及工作会议上受到表彰，山西省社科联在大会交流了经验。

八、扎实推进党风廉政建设和作风建设

严格落实两个责任、落实"一岗双责"，落实中央八项规定和《廉政准则》。严格强化制度约束，加大执行和监督力度。积极推进"六权治本"，制定权力清单，强化了"三重一大"制度、人事、财务制度，学会管理办法，课题管理制度，评奖工作细则和"五不准"评审纪律等制度的贯彻执行，规范权力运行。深入开展下基层调研活动，党组领导6次深入垣曲县南堡头村、北堡头村开展扶贫济困活动，党组成员先后赴大同、朔州、晋城等地进行课题调研，深入学会150余人次，深入各地市社科联，深入高校科研院所，积极开拓理论与基层相融合的通道，全方位推进理论具体指导实践的活动向深度、广度发展，推动全省群众性社科事业繁荣发展。

(杜伟琴)

附：省社会科学界联合会党组书记、副书记、成员名单

书　记：侯秀娟(女)

副书记：王纪山

成　员：王志超　王崇德

省归国华侨联合会党组工作概况

党组书记　王立业

2015年，省侨联在省委的坚强领导和中国侨联具体指导下，认真学习贯彻党的十八和十八届三中、四中、五中全会及习近平总书记系列重要讲话精神，认真贯彻中央和省委党的群团工作会议精神及中央《关于加强和改进党的群团工作的意见》《关于加强和改进新形势下侨联工作的意见》，深入学习贯彻省委十届六次、七次全会和王儒林书记重要讲话精神，按照省委统一部署认真开展学习讨论落实活动，扎实开展"三严三实"专题教育，坚持以习近平总书记在中央党的群团工作会议上重要讲话为基本遵循，紧紧围绕中央"四个全面"战略部署和省委"五句话"总体要求，着力加强班子和机关自身建设，充分发挥侨联组织独特优势，积极开展各项活动，助力服务我省六大发展，圆满完成全年工作任务。

一、认真履职，服务经济社会发展

（一）发挥独特优势，助力我省经济发展

借助"展会经济"服务涉侨企业。组织我省3批18家涉侨企业参加了"第十八届北京国际科技产业博览会"、"中国·海拉尔第十一届中俄蒙经贸洽谈暨商品展销会"和"首届中国（深圳）华人华侨产业交易会"，签订技术及销售合同30余项,签订5亿港币的环保动力电动汽车项目合作意向一个。北京科博会上，北京银辉生化科技有限公司（忻州分公司）、山西天生红枣酒有限责任公司荣获"最佳展示奖"，中北大学——碳金板材新型复合材料的工艺与生产项目荣获"优秀创新项目奖"，山西省侨联荣获"优秀组织奖"。

积极助推"项目落地"。助推加拿大史沁卫博士"医用高科技检验试剂研发"项目在长治市落地，并在长治市高新区成立"博士工作站"。积极促成美国渠志灿博士与我省有关单位就健康物联网线上系统、创新生物传感等先进技术和项目进行接洽，助推双方合作进程。

创建"新侨创新创业示范基地"，拓宽招才引智的方式和渠道。组织开展"山西省新侨创新创业示范基地"创建活动。首批确定清控创新等7家示范基地。依托示范基地举办"海归创业论坛"等各类交流活动，为新侨创新创业提供示范和引领。

（二）拓展海外工作和新侨工作

加强海外工作，进一步拓展海外工作渠道。积极邀客邀商，先后接待了澳洲－纽西兰山西会会长梁东、美国休斯顿中国人活动中心董事杜湧、卢旺达华侨华人协会会长尹晴日等海外侨领、侨商。接待了东南亚五国王氏宗亲代表团、菲华联谊总会访华团等海外侨社（团）。全年共接待来访的海外侨领、侨商、侨社（团）计20余批、近200人（次）,接待数量比上年度翻一番。先后与多伦多山西同乡会等11个海外侨社（团）签订海外联系点友好合作协议，持续拓展"订单式"服务信息平台，海外联系点总数较上年底翻一番。参加澳门"第十二届世界华商高峰会"，与76位海内外知名华商、侨领开展交流。

加大新侨联系与服务力度，进一步汇聚侨心侨力。参加"第十三届中国国际人才交流大会"，参与组织"海外高层次人才对接洽谈会"，进一步汇聚侨心侨力，积极宣传山西、推介山西。接待中国侨联"2015海外侨领中国国情研修班"来自美、加等13个国家的近50名海外新侨、侨领来晋观摩教学，推进了山西与海外各界人士的交流与合作。举办"海外侨领及驻外联络站山西交流活动"，对我省高科技项目和文化产业项目进行推介与交流。举办"山西在港人员联谊会第四届年会"，促进70余名在港澳山西籍新侨与港澳深三地10余个涉侨团体和企业增进交流、共享资源、分享机遇。支持省海外亲属联谊会首次在伦敦举办山西在英人员联谊活动，为在英旅居及学习工作的山西籍新侨提供了交流、联谊、合作的平台。

（三）加强和拓展对外宣传工作，开展文化交流活动

加强和拓展对外宣传工作。充分发挥"互联网+侨联宣传工作"作用，创建省侨联"微信公众号"、"山西侨联之友"微信群和海外华人媒体信息发送平台，定时向海外45个国家的151个侨团发布山西经济社会动态和侨联信息，按照一月一市、一周二县、一周一文化一景点的节奏宣传推介山西，向30多家海外华文媒体发送涉及我省经济、社会、民生、文化、旅游等方面信息180余篇，省侨联国际信息网发布侨界信息800余篇。组织参加"世界华人学生作文大赛"，我省251人获奖，省侨联荣获组织奖；参加"第二届世界华侨华人摄影展"，报送作品230余幅。

创建"中国华侨国际文化交流基地"。组织开展"中国华侨国际文化交流基地"创建工作，全省25个单位和机构参与创建，中国侨联首批确认皇城相府、解州关帝庙、王家大院民居艺术馆和永乐宫为"中国华侨国际文化交流基地"。

开展侨史资料的挖掘、研究、出版工作。正式出版了《三晋侨英》，收录人物84人，图片264幅，约50万字。

（四）积极参与社会建设

继续开展"走基层、访侨户、凝心聚力助发展"走访调研活动。一是开展深化群团改革专题调研，向中国侨联

提交了调研报告。二是赴全省各市、县级侨联机关进行调研，实现了对市县侨联组织调研全覆盖。三是深入11个地市对全省特困侨户开展入户调研，实现了对特困侨户走访调研全覆盖。四是走访了20余家涉侨企业。

深入开展"送温暖、献爱心"活动。按照"三位一体"帮扶机制，看望慰问归侨侨眷和新侨代表100余户，发放慰问金（品）27余万元。对23户重度残疾和重大疾病归侨侨眷实行精准帮扶。

公益慈善工作扎实稳步推进。持续争取浙江新华爱心教育基金会与中国华侨公益基金会的支持，为特困特优学生免学费、提供生活费，在右玉一中和祁县中学续建两个"珍珠班"，在阳城一中开设"树人班"。与广东省侨界仁爱基金会合作，在忻州特教学校开展天籁列车慈善活动，受捐教学仪4台，助听器150部。举办四期侨心公益讲堂，邀请侨界专家开展医疗、保健、文化、体育等方面的公益讲座和活动。

积极参政议政。积极为侨界省人大代表、政协委员参政议政提供素材。2015年侨界省人大代表、政协委员共提交《关于为我省困难归侨发放生活补助的建议》、《关于制定全省新侨中长期发展规划的建议》等提案议案近40篇。8篇侨情专报被中国侨联采用并报送中央书记处和政治局。

二、加强法治建设，促进侨界和谐

（一）扎实推进"六权治本"。认真贯彻全省学习讨论落实活动总结暨"六权治本"推进会和王儒林书记重要讲话精神，制定省侨联推进"六权治本"工作方案，明确组织领导关系和工作分工，加强机关制度和监督体系建设，做好为侨服务工作。

（二）加强法制建设，依法维护侨益。认真落实省委加快法治山西建设实施意见，制定《省侨联2015年侨法宣传工作方案》和《山西省侨联系统公职律师试点工作实施方案》，聘请兼职律师，编印《侨法宣传手册》,开展"法律进侨户"活动。开展"'学法守法用法，共建法治侨界'法律知识竞赛"活动，全国4000余人参赛。组织参加中国侨联"法治中国你我同行"——"一带一路"相关省份侨界群众法治学习活动。开展专题法治讲座，对全省侨联干部进行集中法治培训。

（三）完成侨法研究课题。完成中国侨联课题《山西省华侨、归侨侨眷权益法律保护的实证分析研究——以〈归侨侨眷保护法〉为视角》，并被评审为优秀课题。

三、加强侨联组织自身建设，不断夯实侨联事业发展基础

（一）认真学习贯彻中央和省委党的群团工作会议精神。以习近平总书记在中央党的群团工作会议上重要讲话精神为遵循，结合山西侨联实际，制定《山西省侨联贯彻落实<中共中央关于加强和改进党的群团工作的意见>实施办法》，按照省委布置，认真开展"四个化问题"教育整顿活动。

（二）积极推进市级侨联工作交流。召开全省侨联工作座谈会，学习传达中央和省委统战工作会议、党的群团工作会议精神，市级侨联进行2015年度工作交流，研究讨论省侨联2016年度工作要点，为"十三五"期间侨联工作开好局奠定基础。

（三）扎实做好干部教育培训工作。举办2015年省侨联系统干部培训班，参加在武汉大学举办的"山西省深化经济体制改革与区域经济发展专题培训班"。选派各级侨联干部20 余人次参加中国侨联及全省各类教育培训，侨联干部的理论水平和能力素质得到提升。

（四）扎实推进文明单位标兵创建活动。制定并认真执行《2015年度山西省侨联机关创建省直文明单位标兵实施方案》，不断引深创建活动。制定《山西省侨联"六型机关"建设方案》，深入开展学习型、廉洁型、服务型、创新型、法治型、效能型"六型机关"建设工作。

（五）开展下乡住村和扶贫工作。制定《省侨联党员、干部结对帮扶困难户活动实施方案》，对建档立卡贫困户进行结对帮扶。赴对口帮扶村开展扶贫工作6次，走访老党员、老村干、患重大疾病特困户、80岁以上孤寡老人共80户，发放慰问金3.6万元。帮助宣化庄村解决蓄水提水项目资金20万元。向宣化庄村派驻"第一书记"。

四、落实主体责任、确保清正廉洁，努力建设开拓创新、团结干事的领导集体和机关干部队伍

（一）加强领导班子和干部队伍建设。制定《省侨联党组工作规则》，严格执行民主集中制原则，对"三重一大"事项在广泛征求群众意见的基础上，一律通过党组会议或办公会议集体研究。严格执行每月党组中心组和每周机关集体学习制度，周密制定学习计划并认真落实。认真贯彻《党政领导干部选拔任用工作条例》、四项监督制度和其它有关制度，贯彻全省组织部长会议精神，加强干部监管力度。连续五年"一报告两评议"结果四项指标都是100%，受到了省委组织部好评。

（二）扎实开展学习讨论落实活动。按照省委安排部署，制定《省侨联深入开展学习讨论落实活动实施方案》。紧紧围绕省委部署的5个方面重点学习内容和省委《实施意见》明确的4个方面讨论重点，深入开展思想交流，认真撰写反思整改报告,提出整治整改方案和对策举措建议。开展对领导干部顶风大操大办婚丧喜庆等借机敛财、陈规陋俗等问题专项整治，班子成员带头签订了承诺书。

（三）深入推进"三严三实"专题教育。按照中央要求和省委安排部署，制定《省侨联开展"三严三实"专题教育实施方案》，严格按照"规定动作"组织开展学习和4次专题研讨。在广泛征求意见、深入开展谈心谈话的基础上，认真准备、精心组织召开了省侨联领导班子"三严三实"

专题民主生活会和机关党支部专题组织生活会。

（四）认真落实主体责任和“一岗双责”。认真落实党风廉政建设党组主体责任、党组书记第一责任和班子成员“一岗双责”，制定《省侨联党组落实党风廉政建设主体责任具体措施》。坚持把党风廉政建设纳入全年工作总体规划，把党风廉政建设和反腐倡廉教育纳入党员、干部年度教育计划并认真落实。全年没有出现违法违纪现象，没有私设小金库，无公款出国（境）旅游等事项。班子成员不存在违反规定用车和超标准占用办公住房及不及时转移工资关系等情况。

（张志龙）

附：省归国华侨联合会党组书记：王立业

省红十字会党组工作概况

党组书记　盛佃清

2015年，在省委、省政府的坚强领导下，省红十字会党组认真学习贯彻党的十八大、十八届三中、四中全会精神和习近平总书记系列重要讲话精神，深入开展学习讨论落实活动和“三严三实”专题教育，认真按照中国红十字会第十次全国会员代表大会精神和省红十字会五届八次理事会议对2015年各项人道救助工作作出的部署，坚持围绕中心、服务大局，积极推进党的思想、组织、作风、反腐倡廉和制度建设，团结和带领全会同志扎实推进“三救、三献”等重点工作，努力发挥好党和政府联系困难群众的桥梁纽带作用，各项工作取得新成效。

一、认真学习贯彻习近平总书记系列重要讲话精神，切实增强发展红十字事业的责任感和紧迫感

省红十字会领导班子高度重视党员干部思想政治建设，坚持把学习贯彻习近平总书记系列重要讲话精神作为首要政治任务，在全面系统学习中把握精髓，在理论联系实际中深化理解，在强化实践运用中增强本领。领导班子成员以上率下、带头学习，通过党组中心组的20次专题学习，全体党员干部22次集中学习、支部分头学习，领导干部讲党课，集中轮训等形式多样的系统学习，进一步强化了党员干部坚定理想信念、保持政治本色、深化作风建设、增强干事创业的责任感和紧迫感。通过对党的十八大、十八届三中、四中、五中全会精神的学习，特别是学习2015年5月习近平总书记接见中国红十字会第十次全国会员代表时的重要讲话精神，以及刘延东副总理在大会上的重要讲话精神，通过认真学习省委书记王儒林、省长李小鹏对做好我省红十字工作的重要批示精神，更加深刻地认识到中国红十字事业以保护人的生命和健康、促进人类和平进步事业为宗旨，发扬人道、博爱、奉献红十字精神，是与我党全心全意为人民服务的宗旨是完全一致的，更加坚定了省红十字会在新形势下推进中国特色红十字事业发展的信心和决心，进一步增强了为国奉献、为民造福的责任感和使命感。

二、深入开展专题学习教育，作风建设再上新台阶

积极开展学习讨论落实活动，认真汲取我省严重腐败问题的深刻教训，认真反思党组班子存在的问题和不足，深入分析原因，细化整改措施，领导班子查找出的9个问题已全部整改落实到位。深入开展“三严三实”专题教育，坚持以上率下，以身作则，带头学习，带头查摆问题，发挥了关键少数作用。通过党组书记、班子成员带头讲党课，组织处级以上干部3次集中学习，结合反面典型教育开展4次专题研讨，更加坚定了理想信念，锤炼了党性修养，进一步增强了政治纪律和政治规矩意识。扎实开展杜绝“机关化、行政化、贵族化、娱乐化”的去“四个化”专项整治，建立健全了红十字会干部特别是领导干部直接联系群众制度，完善了调查研究、基层联系点、结对帮扶等工作机制。领导班子成员先后6次下乡住村开展包村增收活动，人均收入从包扶前的1900元增长到4400元，提前实现了脱贫；对新调整的包扶村榆社县北山晕村，加强了村委班子的基层党建，为贫困户建档立卡，派出干部担任“第一书记”，积极推进精准扶贫。深入开展工作纪律专项整治，坚持落细落小，进一步强化办公秩序管理，狠抓“八项规定”落实，始终保持纠治“四风”的高压态势，集中整治贻误工作、自由散漫、效率低下等影响工作氛围、损害单位形象的违纪行为，严肃执纪责任，敢于较真碰硬，确保各项纪律、制度高标准落实，营造了风清气正、干事创业的良好氛围，涌现出全国红十字会系统先进集体大同市红十字会、先进个人隰县红十字会会长严瑞生等为代表的一批先进典型。

三、从严落实“两个责任”，全面加强党的建设，积极推进依法治会

（一）从严落实“两个责任”。按照党要管党、从严治党要求，加强党风廉政建设，制定落实“两个责任”实施意见和责任清单并签字背书。特别是在无纪检组和监察室

的情况下，明确专职副会长分管党风廉政建设工作，党总支专门设立了纪检委员。全年5次召开党组专题会，研究安排党风廉政建设工作。完善对“一把手”和关键岗位的监督制度，开展了10次党员干部警示教育，对个人有关事项申报不实的干部进行了诫勉谈话。加强干部队伍建设，从严格干部档案管理和领导干部个人事项报告等基础工作入手，从严推进“三个一批”工作，为会机关各级干部成长打下了良好基础。制定完善了干部选拔任用管理办法，依法合规调整了4名处级干部；加强干部教育培训，制定印发了全省红十字系统干部教育培训工作实施意见，全年组织党员干部职工参加学习培训60余人次，人均学时140余小时。

（二）加强机关党建工作。按时完成了机关党总支换届，调整扩充了基层党支部设置，优化了党组织结构。组织开展学党章、践行“三严三实”主题党日活动，推进“三会一课”制度落实。认真遵守民主集中制原则，从人事安排、大额资金支出、救助项目立项到一般性业务工作安排，都要上会集体研究决定，保证决策的规范性、科学性。加强精神文明建设，打造“六型机关”，美化亮化办公环境，开展丰富多彩的职工文化体育活动，荣获省直机关广播体操比赛银奖，中直机关“纪念中国人民抗日战争暨世界反法西斯战争胜利70周年知识竞赛”优秀组织奖，3名同志分获一、二、三等奖。积极传播人道、博爱、奉献的红十字精神，广泛发展红十字志愿者，全省新增登记注册红十字志愿者1100余人，累计达到8000余人；新建红十字志愿服务队17支，累计达到140余支，开展了暑期支教、“关爱老人”等志愿服务活动。

（三）积极推进依法治会。认真贯彻落实中央关于加强和改进党的群团工作意见和国务院关于促进红十字事业发展的意见，结合我省实际，提请省政府印发了《关于促进红十字事业发展的实施意见》，明确了今后一个时期我省红十字事业发展的方向和目标任务，对推动我省红十字事业持续健康发展具有十分重要的意义。着力健全完善省红会机关内部治理结构和管理制度，有计划、分步骤地建立健全了项目设计、物资采购、分配使用、信息公开等20多项制度、规范和程序。按照省委实施“六权治本”要求，自觉规范工作行为，红十字会作为公益群团组织，虽然没有行政职权，但红十字会自觉从严要求，将履职服务的各项工作职能列出清单，明确实施依据，规定任务要求，落实责任分工，强化督促检查，同时上网公布，接受社会监督，逐步形成规范透明、务实高效的工作运行机制。

四、做实做强“三救、三献”核心业务，有效发挥人道救助独特作用

（一）建立健全红十字应急救援体系，增强红十字会备灾救灾能力。修订完善了红十字自然灾害应急预案，纳入了政府应急救援体系。健全备灾救灾仓储管理制度，与省储备局签订了救灾物资仓储战略合作协议，全年新增应急救灾物资仓储面积近3000平方米，总面积达到4600平方米，形成了省市县三级红十字应急救灾物资储备网络。新组建了省红十字会赈济救援队，全省红十字应急救援队达到22支，参加了“直面实战2015”应急演练和2015年省市县地震应急综合演练活动。开展形式多样的应急救护知识培训，在市民、学生、志愿者和企业职工等人群中普及救护知识7万余人次，累计达到70余万人次；与教育行政部门联合在全省中小学开展应急救护知识进校园活动，全省1900多所中小学幼儿园的3900多名老师接受了应急救护知识培训；在铁路、民航、矿山、交通运输等重点行业、企业开展初级救护员培训，1.5万多人领到了初级救护员证书，超额53%完成年度目标任务。

（二）提高红十字会人道救助能力，扩大困难群体人道救助覆盖面。加大博爱募捐工作宣传动员力度，全年共收到“博爱一日捐”2043万元，其他捐赠款物价值1545万元，全部用于困难群众救助工作。持续开展“博爱助医工程”项目，救助了189名贫困白血病患儿，124名贫困先心病患儿，50名贫困足内（外）翻患者，39名省直单位大病致困职工。继续开展“博爱助学工程”和“红十字博爱送万家”活动，投入195万元开展了红十字生命健康安全项目，投入480余万元对3万户城乡特困家庭给予救助。积极开展“博爱助老”项目，接受爱心企业360多万元养老设备转赠养老机构；在10个社区或村庄实施了“博爱家园”项目，2015年11月通过了红总会的项目检查评估。在长治、晋城实施了红十字总会与红新月会国际联合会在我国开展的新一轮唯一耐药结核病防治项目。

（三）加强无偿献血、造血干细胞捐献、遗体和人体器官捐献工作，搭建爱心奉献平台。不断加大无偿献血宣传动员力度，全年无偿献血28万人次，献血总量达到1.12亿毫升。完成国家2015年分配我省的4000人份造血干细胞志愿者入库任务，累计达到8.06万人份，全年实现造血干细胞捐献11人，累计达到120人。全年实现公民逝世后人体器官捐献34例，累计实现56例，使148位脏器衰竭患者获得新生，440多人报名登记成为人体器官捐献志愿者。

（侯晓俊）

附：省红十字会党组书记、成员名单

书　记：盛佃清

成　员：白　冰（女）

省管国有企业党委工作概况

山西焦煤集团有限责任公司党委工作概况

党委书记　武华太

2015年，山西焦煤生产原煤1.05亿吨、精煤4589万吨、焦炭962万吨、化工产品328万吨，发电130亿度，生产煤总销量8974万吨，实现销售收入1956亿元，工业增加值351亿元，税费81亿元，企业在市场逆境中保持了平稳健康发展。2015年底，山西焦煤共有157个党委、325个总支、3131个支部，党员人数59545名。

一、党建工作

2015年，山西焦煤党委坚决贯彻党中央和山西省委全面从严治党部署，以严的精神、实的作风，不断加强和改进党建工作，开创了党建工作新局面。

（一）加强思想教育引导，凝聚发展共识。坚持党委中心组集中学习制度，认真学习习近平总书记系列重要讲话精神，深入领会中央和省委新思路新举措新要求，围绕集团公司“11236”发展战略目标和“678”年度行动计划，科学制定措施，有效应对压力，坚定发展自信。高度重视宣传阵地建设，改版焦煤报纸版面，开通焦煤官方微信，抓好电视和网站建设；坚持正确舆论导向，开展形势任务教育，挖掘基层典型经验，讲好焦煤故事，夯实思想基础。西山煤电党委深化六项教育，开展了形势任务大讨论活动，凝聚了人心，鼓舞了干劲，促进了工作。运城盐化党委着力培育“思想政治工作也是企业核心竞争力”的新理念，构建“1433”党建和思想政治工作体系，发挥了党建政治引领、思想引领、精神引领和行动引领的优势。

（二）加强基层党的建设，强化政治保证。各级党组织书记认真履行党建主体责任，把抓好党建作为最大的政绩，开展了党委书记抓党建述职评议考核，层层传导压力，推动了党建任务落地见效。加强基层党组织规范化、制度化建设，坚持从严治党、依规管党，党组织的战斗力进一步增强。华晋焦煤党委建立“党员地图”，精准定位党员分布，87个支部、925名党员在不同岗位亮明身份、发挥作用。树立大抓基层导向，抓点带面、精准发力，持续开展“四好班子”“五好党支部”创建评比活动，整顿了72个软弱涣散的党组织，减少党员空白班组197个，加强了基层组织，提升了党建水平。

（三）加强干部队伍建设，夯实人才支撑。坚持先立规矩后选人，严格干部标准，修订完善了干部选拔任用、综合考核评价等制度，强化党委的领导把关作用，着力选拔对党忠诚、个人干净、敢于担当的干部，树立了正确的用人导向。严格干部考察，扎实开展“三个一批”和“六查”工作，甄别处理176人、调整退出58人、掌握优秀干部396人；规范个人有关事项报告，副处级以上人员全部实行了“凡提必核”；进行了干部人事档案审核清理，纠正不规范档案43人。严格干部约束，消化超职数配备干部115名，查处违反干部选拔任用规定的行为8人，对“11·17”瓦斯事故的责任人员进行了先行问责，干部管理更加从严从紧。山西焦炭党委结合企业实际，推行大部制改革，推进机关职能转变，机关机构由19个精简为10个，人员压缩至100人左右，提高了执行力和工作效率。

（四）加强党的作风建设，培育新风正气。深入开展“三严三实”专题教育和“学习讨论落实”活动，党委书记带头讲党课，高质量召开专题民主生活会，强化立规执纪，解决突出问题，狠抓整改落实，把最讲认真的精神体现到专题教育全过程，进一步转变了干部作风。山西焦化党委狠抓纪律作风建设，全年查处违反劳动纪律291人次，查处违规车辆243台次。集团公司组织了《中国共产党巡视工作条例》宣讲活动，开展了《中国共产党廉洁自律准则》和《中国共产党纪律处分条例》答题考试。锲而不舍落实“八项规定”精神，严防“四风”反弹，抓住重要时间节点，深入开展了违规收送礼金红包、顶风违纪大操大办等专项整治，全年查处违反“八项规定”精神问题14件，党纪政纪处分21人，起到了正风肃纪的效果。

（五）加强党风廉政建设，构筑反腐防线。认真落实“两个责任”，严格执行党委42项和纪委28项责任清单，牢牢抓住主体责任，全年专题研究廉政工作29次，做到了党风廉政建设和中心工作同部署、同检查、同落实。汾西矿业党委制定了落实“两个责任”的“234”制度清单、责任清单，全年形成各类制度158个，初步建立起较为规范的权力运行体系。重点抓好省委专项巡视整改，每项整改任务由一名集团领导牵头、一个责任部门负责落实，开展了2轮“一对一”约谈，组织了4次全覆盖督导，整改方案确定的41项整改任务，已完成34项；实行了“一案双查”，对出现区域性、系统性违规违纪问题的部门和单位，既追究当事人的责任，又追究主体责任和监督责任，严肃问责倒逼了责任落实。通过严肃认真整改，完善了一批制度，规范了工作流程，解决了突出问题。纪检部门加快“三转”，全年立案112件，撤职以上重处分21人，形成了反腐的高压态势。

（六）加强文明和谐创建，优化发展环境。实施了“焦煤文化提升工程”，强化了文化传播、落地和评价三项重点，规范融合和创新提升企业文化。积极开展文明创建，26个单位被评为省属企业文明单位标兵，28个单位被评为省属企业文明单位，9个社区被评为省属企业文明社区。以领导干部大接访和平安建设为抓手，健全矛盾纠纷预警、排查和处置机制，畅通诉求表达渠道，加强社会治安综合治理，维护了企业和谐稳定大局，确保了全国、全省重大活动期间的平安稳定，省联席办、驻京工作领导组先后3次来函表扬。霍州煤电党委建立职工诉求平台，畅通职工群众诉求渠道，全年共受理民生问题600余条，及时回应了职工关切，促进了矿区和谐稳定。

二、其他工作

（一）安全生产基本平稳。强化“红线意识”，深入落实“838”工作部署，以重大隐患排查治理为重点，进一步加强了动态检查、五人小组、领导挂牌、系统会诊、质量标准化建设等工作，深入开展了六大专项整治、“三查”和安全大反思大检查大整改，排查隐患16.3万条、整改16.2万条，整改销项重大隐患49条；停产整顿矿井工作面37个，安全罚款251万元，问责256人；建成一级质量标准化矿井27座，安全投入8.65亿元，轻重伤事故同比下降29%。

（二）协同发展稳步推进。坚持大集团发展道路，遵循效益最大化原则，优化集团管控模式，进一步明确了集团公司、子分公司、矿厂三级职能定位。各子分公司在集团公司战略指导下，进一步明晰发展定位和思路，在煤机装备、技术、贸易、资金等方面加大优势互补，协调联动发展态势良好。实施了“低成本扩张工程”，加强与上下游企业战略合作，积极推进“煤电材”“煤焦化”“煤电铝”“煤焦钢”一体化发展。

（三）市场营销持续加强。坚持“六统一”销售不动摇，深入实施“五保”营销策略，稳定大客户、开发新市场，大客户接货量保持在87%以上，全年新开发用户314户，增加销量1388万吨。“焦煤在线”煤焦化电子商务平台上线运行。坚持煤焦联动、销贸一体，完成外采统销78万吨、外采内供108万吨、煤焦联动152万吨。加强回款清欠，全年货款回款率98%。创新营销机制，激发营销人员活力，12月份销量创新水平。

（四）经营管控不断优化。出台加强生产经营管控的“23条措施”，可控费用同比下降30%。推进内控体系建设，制定销贸板块经营风险控制管理等办法，化解经营风险。实施了“转岗分流安置工程”，清理分流20434人，综合减少用工1.55万人。实施了“减亏增效工程”，商品煤综合成本下降24%，发电成本下降3%，焦化成本下降16%。实施了“闲置资产盘活工程”，盘活闲置设备资产9660万元；分类清理了227个控股、64个参股项目。实施了“融资结构优化工程”，直接融资比例提高2%；融资租赁公司挂牌成立，融资担保公司获得批复，推进11个拟上市公司改制。

（五）转型发展全面提速。完成固定资产投资152亿元，43项重点工程和17个重大项目顺利推进。修订完善招投标、工程造价等管理办法，强化项目建设管理。设立碳资产管理公司，探索开展碳排放权交易。推进产业扶贫，完成投资8.8亿元。实施了“整合矿分批推进工程”，积极研究落后产能退出和置换，5座达产达效，5座竣工验收，4座实现联合试运转。实施了“循环经济园区配套工程”，调整优化、“填平补齐”六大园区项目。

（六）改革创新深入开展。积极推进财务等重大信息公开，按期公开两级集团公司信息。深化机构人事改革，撤销合并合署机关11个机构；运城盐化、飞虹化工等单位实行市场化人才选聘。深化薪酬改革，出台矿井安全考核激励指导意见。人力资源管理等信息化系统建设顺利推进。积极推进科创城建设；41个科研攻关课题取得阶段性成果。重介浅槽排矸、焦化污水深度处理等新技术新工艺推广应用，“西山绿焦”投入生产；总经理金智新增选为工程院院士。

（杨士元）

附：山西焦煤集团公司党委书记、副书记、常委名单

书　记： 武华太

副书记： 邓保平　杨根贵（11月离职）　李堂锁

常　委： 金智新　曹晨明　李建胜

游　浩（9月离职）　薛道成

李贵生（2月离职）

太原钢铁(集团)有限公司党委工作概况

党委书记 李晓波

太原钢铁（集团）有限公司（简称太钢）始建于1934年，其前身是西北实业公司所属的西北炼钢厂。新中国成立之初，太钢就被国家定位于发展特殊钢。目前已经成为我国特大型钢铁联合企业和全球规模最大、工艺技术装备水平最高、品种规格最全的不锈钢企业。

太钢致力于建设全球极具品种特色的精品基地，专注于不锈钢、特殊钢和高等级碳素钢的研究开发和生产加工。目前已形成了以不锈钢、冷轧硅钢、高强韧系列钢材为主的高效节能长寿型产品集群，重点产品批量进入石油、化工、造船、集装箱、铁路、汽车、城市轻轨、大型电站、“神舟”系列飞船等重点领域和新兴行业，28个品种国内市场占有率第一，36个品种填补国内空白，替代进口。

太钢以建设全球绿色钢厂的典范为目标，大力倡导节约、环保、文明、低碳的生产和生活方式，先后实施了一大批具有国际先进水平的节能减排循环经济项目，形成了完整的气态、液态、固态废弃物循环经济产业链，同时加快由企业内部的小循环向社会的大循环转变，成为创造价值、富有责任、备受尊重、绿色发展的都市型钢厂，节能环保关键指标居行业一流水平。

太钢先后获“全国工业大奖”、“中国质量奖”、“全国循环经济先进单位”、“中国钢铁工业清洁生产环境友好企业”、“全国绿化模范单位”、“全国文明诚信示范单位”、“全国最具社会责任感企业”、“全国模范劳动关系和谐企业”、“全国企业文化建设优秀单位”等荣誉。

太钢集团党委下属基层党委38个，直属党总支6个，直属党支部5个，基层党总支28个，基层党支部545个。全公司共有党员总数24063名，在岗党员总数11556名。

2015年，公司各级党组织认真落实党的十八大和十八届三中、四中、五中全会精神，深入学习贯彻习近平总书记系列重要讲话精神，围绕生产经营建设中心任务，充分发挥党的政治优势，严格履行管党治党责任，把全面从严治党要求贯穿到各项工作当中，大力开创干事创业不松劲、作风建设不松懈、反腐倡廉不松手的良好局面，为公司打赢生存保卫战、构建新常态下的竞争力提供了坚强保障。2015年，面对严峻的市场形势，太钢积极采取对策，有效抵御外部不利因素的冲击，确保了生产经营的稳定运行。全年生产粗钢1025.59万吨，同比下降4.36%，其中不锈钢401.84万吨，同比增长5.61%。实现营业收入908亿元，同比下降35.20%；实现利润-43.01亿元，同比由盈转亏；实现税金18.77亿元，同比下降9.74%。出口钢材127.85万吨，增长0.16%，其中出口不锈材81.17万吨，增长5.68%，均创历史最好水平。

扎实开展学习讨论落实活动和“三严三实”专题教育，干部作风持续改进。按照省委统一部署，认真开展学习讨论落实活动，达到提高思想认识、净化政治生态、破解发展难题的预期目标。围绕“三严三实”主题，突出问题导向，坚持以上率下，深入开展以习近平总书记系列重要讲话精神为主要内容的专题学习研讨，深化对“三严三实”丰富内涵和重大意义的认识。各级领导班子及成员广泛征求意见，深入查摆问题，剖析思想根源，制定整改措施，认真开好专题教育民主生活会，进一步拓展党的群众路线教育实践活动和学习讨论落实活动成果。强化整改落实、立规执纪，持续开展专项整治，全公司出台管理制度44项，查摆整改问题1111个，处理责任人398名，形成积极向上、干事创业、风清气正的良好氛围。

严管干部培育人才，队伍素质明显提升。严格干部选拔任用，切实把好资格关、程序关、廉洁关，预防和遏止“带病提拔”、“带病在岗”，全年调整中层以上领导干部58人次，审核备案科级干部106人次，干部结构不断优化。严格干部监督管理，落实领导干部重大问题、重要事项请示报告制度，严肃整治“不作为、乱作为”行为，对7名处级干部进行组织处理，增强了各级干部的纪律观念和规矩意识。坚持党管人才原则，加大人才培养和使用力度，公司3名职工获评山西省学术技术带头人，7名职工获评三晋技术能手，5名优秀人才到娄烦县贫困村任第一书记，28名职工被聘为太钢首席师。加强人才培育平台建设，2个职工创新工作室被命名为国家级技能大师工作室。

严格落实“两个责任”，正风肃纪驰而不息。党委和纪委自觉担当党风廉政建设责任，层层开列清单、逐级签字背书、严格执纪问责，促进“两个责任”落地。加强政治纪律教育、党性党风教育，在全体党员中开展《中国共产党廉洁自律准则》和《中国共产党纪律处分条例》的学习、宣传和集中考试，营造廉洁从业的浓厚氛围。加大纪律审查力度，严格对照标准甄别处置问题线索，全年初核57件，谈话函询27件，立案56件，党纪政纪处分99人，组织处理89人，保持反腐倡廉高压态势。对领导人员履职待遇、业务支出等进行规范清理，紧扣节点要求党员干部认真执行，严防“四风”变异反弹。深化纪委“三转”工作，摒弃大包大揽的监督方式，改进效能监察、现场稽查和专项监督方式，提升监督执纪问责效力。实行案情案件通报制度，进一步扩大警示教育效果。

着力强化基层党建，服务功能日趋完善。健全党建工作问责机制，对落实党建责任不力的党组织进行提醒约谈，及时发现问题、进行纠偏。狠抓压力传导，党委书记听取二级单位党建工作汇报，推动党建任务逐级分解落实。倡导调查研究，组织开展党建工作系统调研和职工思想动态专题调研，深入基层一线听意见、找问题，总结推广党建经验。积极维护职工权益、回应职工关切，跟踪督办惠民举措落实情况，畅通诉求表达渠道，推进信息公开，提高了干部职工的满意度。加大制度治本力度，梳理汇编全面从严治党、全面依法治企规章制度，完善“三重一大”决策程序，初步建立了科学的决策机制和权力制约监督机制。专题培训基层党委书记，提高了其履职尽责能力。

加强形势任务教育，凝聚改革发展力量。认真学习贯彻党的十八届五中全会精神和省委十届七次全会精神，结合公司“两会”确定的奋斗目标和重点任务，开展学习宣讲和专题辅导，进一步明确了改革发展的方向。以“打赢生存保卫战，构建新常态下的竞争力”为主题，开展了“新常态下的太钢路在何方”大讨论，着力引导全员认识新常态、适应新常态、引领新常态。大力挖掘和宣传以型材厂、不锈热轧厂和2×300MW发电机组超低排放改造项目团队为代表的一批先进典型，鼓舞职工斗志，振奋干部精神，凝聚了人心和力量。加强对品种质量、科技创新、绿色发展和降本增效成果的专题宣传，展示“美丽太钢”，塑造了公司良好形象。

企业文化入脑入心，精神文明创建活动有声有色。以敬业度评估为切入点和参照系，引导各层级改善软环境，提升公司软实力，公司职工敬业度研究课题获评中国政研会优秀研究成果一等奖。深化“感动太钢”人物评选宣传活动，12名道德模范入选省属企业“百名道德模范”候选人名单，弘扬了主旋律，传递了正能量。挖掘职工身边“闪光点”，组织开展劳模先进事迹巡回演讲，用身边事教育身边人。坚持简朴热烈的原则，举办纪念抗战胜利70周年系列活动、“钢花杯”职工文化艺术节、全民健身汇演，丰富职工业余文化生活。落实“以人为本”理念，开展困难职工救助、重大疾病医疗帮扶、专项救助和“金秋助学”活动，发放帮扶救助金2052.8万元。积极承担企业社会责任，大力开展产业扶贫和定点扶贫，公司再次获评中国工业企业履行社会责任五星级企业。

发挥党建带动作用，工会和离退休工作卓有成效。开展“五比五赛创先争优”立功竞赛和岗位练兵技术比武活动，引领职工岗位建功。开展“金点子杯”职工经济技术创新成果竞赛活动，吸引近2万名职工踊跃参与，征集优秀合理化建议652项。有序创建职工创新工作室，累计建成工作室28个，完成创新成果251项。指导各单位开展170余次职工代表巡视活动。跟踪督办243条职代会提案，答复处理率100%。员工心理援助计划试点单位扩大到11个，“关爱小屋”为800余名职工提供了心理放松和调适服务。深化领导干部民主接待日活动，职工群众反映的34个问题全部予以答复处理。划拨专项经费30余万元，慰问67名抗战老兵，弘扬了抗战精神。3万余名离退休内退职工顺利完成健康体检。

落实稳定工作责任，畅通信访渠道，全年接待上访62批（次）、171人（次）；加强统战工作，党外人士积极为公司改革发展建言献力。公司共青团、治安保卫、民兵武装等方面都结合自身特点扎实开展工作，取得明显成效，发挥了积极作用。

当前和今后一个时期，太钢党委将全面落实党的十八大和十八届三中、四中、五中全会精神，深入学习贯彻习近平总书记系列重要讲话精神，按照省委十届七次全会要求，坚决推进全面从严治党、依规治党，努力把党的政治优势转化为市场竞争优势，把党的组织动员能力转化为干部职工攻坚克难的行动能力，以党的建设新成果、作风建设新成效、深化改革新成绩，引领推动公司持续健康发展，实现太钢百年梦想。

（张小虎）

附：太原钢铁（集团）有限公司党委书记、副书记、常委名单

书　记：杨海贵（6月离职）　李晓波（6月任职）

副书记：王新平　韩瑞平

常　委：高祥明　周宜洲　张志方　王继光

晋能集团有限公司党委工作概况

党委书记　王启瑞

2015年是晋能集团发展历史上最为艰难的一年。一年来，集团公司党委围绕“求生存、保安全、抓改革、促发展、强党建”的工作思路，以“三严三实”专题教育为统领，全面从严治党，落实“两个责任”，抓班子、带队伍，夯基础、强廉政，集团公司党建工作科学化水平不断提高。

一、围绕从严治党，强化政治引领

（一）统筹谋划推进党建工作。集团公司党委以中共中央《关于在深化国有企业改革中坚持党的领导加强党的建设的若干意见》和《关于深化国有企业改革的指导意见》文件精神为指导，在研究制定《晋能集团改革方案》中，将坚持党的领导、加强党的建设作为方案的重要部分，通盘谋划、统筹安排、同步推进。在制定集团"十三五"规划中，专门对党的建设作出了部署，把坚持党对企业的领导体现在了实实在在的工作中，强化了党的政治引领作用。

（二）严格压实"两个责任"落实。坚持把党建工作摆上重要位置，集团党委书记带头，多次深入基层党组织调研，约谈基层党委书记，掌握党建工作一手资料，层层强调责任，层层传导压力。经常性组织召开集团公司党建工作专题会议、党风廉政建设专题会议，研究党建工作，强化工作落实。积极推动党风廉政建设"两个责任"落实，细化责任清单，做到责任明确、要求具体。加大工作督导，做到党风廉政工作与业务工作同部署、同检查、同考核、同落实。

（三）全面落实从严治党责任。坚持把思想政治建设放在首位，坚持中心组理论学习，拧紧党员领导干部思想上的总开关，强化政治意识，严明政治纪律和政治规矩。坚持民主集中制原则，严肃党内政治生活，经常性开展交心谈心，严肃认真开展批评与自我批评。坚持思想建党与制度建党相结合，制定出台了晋能集团《党委参与重大问题决策管理办法》《"三重一大"决策实施办法》《党委常委会会议制度》《党政联席会会议制度》《民主生活会实施办法》，从密扎住管党治党的制度"笼子"。

二、坚持党管干部，强化队伍建设

（一）严格选拔任用程序。坚持党管干部原则，认真贯彻落实干部选拔任用工作条例，严格选任程序，纪委全程监督，在集团内部公开选拔了7名二级公司总会计师人选，做到了公开、公平、公正。

（二）加强干部队伍建设。深入推进干部人事制度改革。进一步规范了各级领导人员职数配备，不断优化集团各级班子的年龄、知识、专业结构。建立了以法人考核为核心，以经营业绩同激励约束机制相结合，以班子成员考核为重点的经营业绩考核评价体系。积极探索职业经理人、市场化选人用人机制和股权、期权激励机制。

（三）加强人才队伍建设。员工素质提升工程效果明显，仅安全培训全年组织了32期，总计4102人次。全面开展远程教育培训工作，与中国煤炭协会培训中心合作开发了多媒体远程教育培训项目，六家二级公司作为远教网试点单位。

三、坚持领导带头，践行"三严三实"

（一）带头学习研讨。按照中央、省委的统一安排部署，扎扎实实开展了"三严三实"专题教育。集团公司党委班子成员带头学习，带头研讨，带头剖析反思。集中学习中央和省委、省国资委有关文件精神，组织召开专题教育视频学习会议、观看视频讲座和警示教育片，3000多人次参加学习。在全体干部职工中广泛开展"三严三实"主题论文征集活动，并积极树立和培养具有晋能特色的优秀典型。

（二）加强制度建设。对原有的党建相关制度进行了系统的梳理和修订完善，建立健全各项规章制度，进一步规范党建工作。修订出台了20余项党建方面的制度，党建工作制度体系逐步完善。紧密联系实际，加强监督检查，强化制度贯彻执行力度，保证集团的各项规章制度能够落到实处，以刚性的要求和严格的制度为集团发展提供坚强的作风纪律保障。

（三）下大力改进作风。从改进调研作风做起，党员领导干部带头深入基层，联系群众，解决问题。党委书记带领集团领导班子成员亲临一线，调研足迹遍布各板块、区域公司，基层电厂、煤矿共40余个基层单位，实地了解基层生产经营情况、党建工作情况及遇到的问题和困难。注重细节，狠刹"四风"。出台相关管理办法，严把差旅、通讯报账标准；分级分类对领导人员办公用房、公务用车、培训标准作出了明确规定。下发通知，对领导干部顶风大操大办婚丧喜庆等借机敛财问题开展专项整治。同时，加大力度提升公务接待质量、压缩文山会海、严禁公车私用、倡导清廉过节，多措并举，效果明显。

四、实施"强基"工程，夯实基层组织

（一）围绕"实"，加强基层组织覆盖。随集团机构整合，同步调整党组织设置。进一步对全系统党组织设置空白点进行了摸底调查，逐步消除空白点，基本实现了基层党组织全覆盖。

（二）围绕"严"，加强基层评议考核。出台了集团公司《党建工作"联述联评联考"实施办法》，落实"书记抓、抓书记"的要求，认真开展各级党组织书记抓基层党建工作专项述职工作。注重规范运行，推动基层党建专项述职工作常态化、长效化，提升基层党建工作责任落实力度。

（三）着眼"高"，加强基层标准化建设。不断加强制度体系建设，研究起草标准化制度体系，完善了《一报告两评议实施办法》《民主生活会实施办法》《双重组织生活会管理办法》《民主评议党员办法》《党费收缴使用和管理实施细则》等一系列制度，以点带面，推进了基层党组织建设的标准化、规范化。

（四）突出"新"，加强党建研究工作。充分发挥各级党组织和广大党务工作者的主动性、积极性，积极开展党建课题研究。各单位密切联系本单位实际情况，分重点课题和自选课题两个方面内容，确定课题，深入调查研究，形成23篇课题报告，经研究梳理筛选，上报省党建研究会优秀论文6篇。

（五）围绕"创"，加强党员队伍管理。广泛开展红色教育、"我是共产党员、我为安全负责"、创先争优等形式多样的党建活动，充分发挥党员的先锋模范作用。出台集团公司《党员发展教育管理实施细则》，着眼于保持党的先进性和纯洁性，努力提高发展党员工作科学化水平，增强集团公司党员队伍的生机和活力。

五、加强廉政建设，保持风清气正

（一）强化问题导向，深入开展专项治理。以矿井基建工程、重大项目投资、贸易清欠、重大决策、"三公"经费使用和安全管理等方面为重点领域，以集中整治、明察暗访、严肃查处违规违纪问题等方式深入开展了专项治理。严格查处违反"八项规定"精神案件，严肃纠正"四风"问题。

（二）着眼规范管理，督导开展效能监察。2015年度效能

监察项目确立343个，重点项目71项，紧抓监督检查、跟踪整改、问题剖析、建章立制四个环节，组织了3次专项督导检查，下发《监察建议书》9份，收到了较好的监察效果。

（三）突出"四个着力"推进巡视工作。建立纪检、监事、巡视、审计和法事五位一体联动监管和督导机制，开展了常规巡视与专项巡视，取得了较好的巡视效果。同时，对照省委第一、二轮专项巡视情况通报内容，结合企业实际，安排部署开展自查整改专项活动。

（四）坚持从快从实从严查办案件。实行"三个联动"办案机制。整合办案力量，依法依纪办案，提升办案质量，集团各级廉洁意识和纪律意识显著增强。

六、加强文化建设，创建精神文明

（一）着力推进企业文化落地工程。强抓企业文化建设，提炼了集团"六和"文化理念及"融和、创新、聚力、图强"的企业核心价值观。认真做好视觉识别系统（VIS）的推广应用，并进一步予以补充、细化、丰富和创新，塑造集团和谐统一的企业形象。推进企业文化与管理的深度融合，把文化理念贯彻渗透到各种管理制度中，落实到企业生产经营的每个环节，有效提升企业管理水平。

（二）加强企业的新闻宣传工作。坚持"走转改、三贴近"原则，把镜头对准基层，加大一线报道力度，突出行业和企业特点，开辟了数十个专栏，形成报道密度和力度，营造良好的舆论氛围，为维护思想稳定做出了积极贡献。

（三）深入开展精神文明创建活动。研究探索集团公司文明单位创建工作的内容、载体和考评办法，紧扣集团改革发展的中心工作，围绕提高集团核心竞争力的目的，扎实开展精神文明创建工作。全年共有3家单位获得全国文明单位称号；20个单位获得省属企业文明单位标兵荣誉，27个单位获得省属企业文明单位荣誉。

七、推进民主建设，抓好信访维稳

（一）切实维护职工合法权益。坚持完善职代会制度，开展职工提案反馈工作。对劳动经济权益大检查、大排查、大调查，并进行全面统计。公开职工权益维护信息，积极开展"工资集体协商月"活动和集团职工欠薪情况调查工作。

（二）积极开展全员劳动竞赛。组织开展了职工业务技能大赛、"双争"评比竞赛、创建晋能"工人先锋号"、"安康杯"竞赛等活动，参与竞赛的一线职工达13000多人。开展的"五小"竞赛成果达28项。职工创新工作室命名挂牌成立。

（三）抓好信访维稳。由于资源整合后期相关因素影响，造成集团出现大面积亏损，集团信访工作难度越来越大，为此，集团公司党委坚持落实领导干部接访下访工作，并规范接访行为，抓好法定节假日、党和国家重大政治活动期间的信访工作，在做好事前防范的同时，注重抓好事后处置。

（高　燕）

附：晋能集团有限公司党委书记、副书记、常委名单

书　记：刘建中（3月免职，6月双开）
　　　　王启瑞（7月任职）
副书记：曹耀丰（5月双开）　王建设　王廉敏
常　委：李国彪（7月任职）　刘世文　韩振贵

大同煤矿集团有限责任公司党委工作概况

党委书记　张有喜

"十二五"以来，同煤集团党委全面贯彻落实党的十八大和十八届三中、四中、五中全会精神，在省委、省政府的正确领导下，在省国资委的大力关心支持下，紧紧围绕"建设新同煤、打造新生活"的战略愿景，坚持"五个一"战略要求（营造一个公平正义、风清气正的工作环境；建设一支团结务实、勇于担当的干部队伍；形成一个管理创新、决策民主的运行机制；创建一个廉洁奉公、和谐稳定的良好局面；坚持一个关爱员工、惠及民生的根本宗旨）和"三个三"战略思路（坚持"三个依靠"：依靠各级组织、全体干部、广大员工；突出抓好"三项重点"：安全稳定、转型发展和惠及民生；着力改进"三种风气"：作风、会风、文风），紧扣企业中心工作，突出重点，抓好载体，持续强化党的建设，充分发挥政治优势，为企业改革发展稳定提供了有力保障。

2015年，面对持续下行的煤炭市场形势，同煤集团党委紧紧围绕全省"实施六权治本、抓好六大发展、推动六型转变，做好煤与非煤两篇文章"的总要求，紧扣"求生存、闯难关、保稳定、谋发展"的工作定位，充分发挥党委政治引领作用，把全面加强基层党建工作作为强基固本、凝心聚力的基础工程，谋全局、把方向、出思路、强保障，组织和带领广大干部员工，同心同力，同向同行，努力把党的政治优势转化为企业的竞争优势、发展优势。

一、抓作风建设，为改革发展提供有力保障

一是深入学习习近平总书记系列重要讲话精神，持续巩固党的群众路线教育实践活动和学习讨论落实活动成果，扎实开展"三严三实"专题教育，举办了"严以修身""严以律己""严以用权""严守党的政治纪律和政治规矩"为主题的4次专题研讨，邀请省委党校高建生教授进行了专题辅导，进一步增强了学习和践行"三严三实"的积极性和主动性。

二是严格落实中央八项规定和省委相关要求，进行了副处以上干部亲属任职回避、会员卡专项清理、工作秩序涣散、纪律松弛等专项整治，坚决防止"四风"问题反弹，组织了30个系统、7000多名科级以上人员参加的干部岗位培训。严格执行《山西省省属企业负责人履职待遇业务支出管理暂行办法》，开展了3次"三公"整治"回头看"，确保作风建设永远在路上。

三是深入推进"三个三分之一工作法"和"一线工作法"，开展了政工干部"入户走访解民情"活动，全年入户走访4085户次，征集意见建议1570条，解决员工诉求3018件。

二、落实"两个责任"，强化党风廉政建设

把落实党委主体责任和纪委监督责任，作为党风廉政建设的重中之重，持续推进党风廉政建设和反腐败工作。

一是出台了落实"两个责任"责任清单和实施意见，先后制定了党风廉政方面的制度180多项，形成了靠制度管人、管事、管权的反腐倡廉制度体系。

二是全面推进"六权治本"工作，围绕"三重一大"，着力加强对权力运行的制约和监督，凡是独立法人的单位都构建了"四位一体"法人治理支撑体系，规范公司运行；建立了"四委"投资决策支持体系，全程监控投资行为；实行了上会前、事前"四人联签"和预先向班子成员征求意见签字制度，从源头上增强决策的民主性和科学性。

三是把规矩和纪律挺在前面，举办了组织、人事、工资、财务等八大岗位500多人参加的重点岗位廉政培训。接受了省委专项巡视组为期两个月的专项巡视，对各级党员干部进行了一次全面的"政治体检"。

三、抓基层党建，进一步激发党建活力

扎实推进基层党建工作，充分发挥基层党组织的战斗堡垒作用。

一是不断扩大党的工作覆盖面，做到了新建项目延伸到哪里，党的组织机构就设在哪里，党的优势就发挥到哪里。2015年，新成立党委4个，直属党总支和党支部9个，发展党员512名。集团公司党员总数达到5.6万名，实现了党的工作全覆盖。

二是不断强化基层组织建设，完成了90家基层单位"两委"委员的补选工作，组织开展了"领导人员双重组织生活质量大检验"活动，严肃党内政治、组织生活。印发了《大同煤矿集团公司党员党性定期分析制度（试行）》，进一步加强党员党性修养。同时，修订完善了基层单位党委委员、纪委委员职数和构成的意见，编印下发《基层党支部工作手册》等资料，基层党建基础进一步夯实。

三是持续开展党员培训教育，对2731名基层党（总）支部书记进行了全方位、广覆盖的业务培训，70多名党委书记进行授课讲解，提交120多项支部特色工作，全面提高了基层党支部书记的整体素质。

四是不断深化党建课题研究，《国有企业党组织有效参与企业决策体制机制研究》荣获中组部重点调研课题成果二等奖。《联系服务群众"三个一"工作法》入选全国"党的群众路线工作法100例"优秀范例。同煤集团党委再次获评全国基层党建宣传示范单位。

四、抓选人用人，强化了正确用人导向

按照中央、省委和企业转型发展的要求及领导人员队伍建设的实际，制定和完善了一系列干部监督管理和选拔任用工作配套制度。先后制定了《大同煤矿集团有限责任公司机构编制管理办法（试行）》《大同煤矿集团有限责任公司中层干部选拔任用工作议事规则（试行）》等5项规章制度。开展了六项整治工作，先后制定了《关于规范基层二级单位中层管理人员选拔任用工作的通知》《关于直属子公司领导人员任免的规定（试行）》等制度80多个。强化干部日常管理，出台了《关于严肃干部管理工作"五不准"的规定》《关于建立"跑官要官"行为登记制度的通知》等，进一步匡正了选人用人风气。

五、抓道德建设，营造文明和谐新风尚

紧扣"重在持续、重在提升、重在统筹、重在共享"的思路，以践行社会主义核心价值观为主线，以强化道德教育和"百里煤海文明大创建"活动为载体，扎实推进精神文明建设工作，开展了"道德同煤·你我同行"道德建设"六个一"活动和"我的家风"主题活动。持续开展了季评"十好"、年评"十佳"评选活动，员工队伍素质、企业文明程度、"道德同煤"品牌极大提升，集团公司在省委宣传部"善行义举"四德榜工作推进会上做了经验介绍。集团公司和马脊梁矿继续保持"全国文明单位"荣誉称号，技师学院、晋华宫矿新晋入选第四届"全国文明单位"。

六、抓舆论宣传，统一员工群众思想

在全集团广泛开展了"讲形势、讲困难、讲任务"形势任务宣讲，进一步统一了思想，提振了信心。制定下发了《关于加强集团公司意识形态工作的实施意见》，充分发挥各方面的优势作用，形成了党政工团齐抓共管、各个部门协作联动的工作格局。加强网上舆情信息收集研判，及时准确掌握员工群众思想动态，加强热点、难点问题的正面引导，积极为员工群众解疑释惑，解决问题。

七、抓群团工作，凝聚强大发展动力

举办了第二届职工技术创新优秀成果推广介绍会，劳模创新工作室增加到59个。开展了"春季服务大行动，万名劳模进家庭"活动，140支劳模志愿者服务分队、近12000名劳模志愿者对2920户服务对象开展了精神慰藉、生活照料等便民服务。"同力杯""安康杯"竞赛不断向区队、班组、现场延伸，集团公司连续获得全国"安康杯"竞赛活动优胜单位。持续深入推进"文化设施设备大转移，文化体育活动大贴近"，举办了纪念抗战胜利70周年、"中国梦·同煤情"职工文艺汇演等系列文化活动，员工群众精神文化生活日益丰富。以"青

年感恩大行动”活动为主题，持续推进志愿服务。充分发挥青监岗在服务企业安全生产中的作用，开展了“渡时艰，有担当，抓基础，强青监”青监岗主题活动，马脊梁矿综采二队被团中央命名为2014年度国家级青年安全生产示范岗。同时，积极帮扶青年就业创业，输送待业青年1134人。

八、抓惠及民生，践行根本宗旨

在煤炭市场持续下行的情况下，坚持挖潜堵漏、多措并举，千方百计为员工群众办好事、办实事。为员工家属和离退休老同志办“双十件”实事全部兑现，在恒安新区新建了职工之家、社保服务大厅和20个老年活动中心。开展了“党政工团大行动，环境治理献爱心”活动，建立了天眼、人眼、心眼“三眼工程”，投资改造了老年活动中心，建成了大同地区首家老年护理病区、老年大学新教学楼和敬老食堂。依托“煤海阳光”帮扶理事会、“煤海希望”助学理事会和帮扶中心，持续加大帮扶力度。2015年，春节、中秋期间，集团公司对各类困难员工家庭发放慰问金900多万元，对患大病困难员工发放救助金78.69万元，对符合助学条件困难员工子女发放资助金11万元。中秋节期间筹措慰问资金270万元，对12927户各类困难员工家庭进行了慰问，让大家充分感受到了企业的关怀和温暖。

（姜　彬）

附：大同煤矿集团有限责任公司党委书记、副书记、常委名单

书　记：张有喜

副书记：刘　敬

常　委：郭金刚　吴跃平　王　宏　靳　华　陈旭忠

山西晋城无烟煤矿业集团有限责任公司党委工作概况

党委书记　贺天才

2015年，晋煤集团党委以习近平总书记系列重要讲话精神为根本遵循，认真贯彻落实中央、省委和省国资委党委的决策部署，以全面从严管党治党为总要求，围绕“1168”的工作思路，聚力安全、效率、效益，提振精气神，传播正能量，深入推进企业党建、宣传思想、党风廉政、和谐稳定等各项工作，在政治引领、正风肃纪、凝心聚力等方面取得明显成效，为建设“六型晋煤”提供了坚强有力的保证。

一、坚持从严管党治党，企业党建工作得到新加强

以思想建设为先导，不断强化党员领导干部的政治纪律观念。充分利用党委中心组学习、干部大会、调度视频会等形式，及时传达贯彻中央十八届五中全会、省委十届七次全会等重要会议精神，深刻学习领会习近平总书记、王岐山书记、省委王儒林书记关于从严管党治党的重要指示，尤其是原原本本研读了习近平总书记在中纪委十八届五次全会上的重要讲话、《关于在深化国有企业改革中坚持党的领导加强党的建设的若干意见》、“两条例一准则”等重要文件，教育引导班子成员和广大党员领导干部牢记自己的第一身份是党员，切实增强政治定力，为落实党建责任、推进党建工作提供了思想政治保证。

以组织建设为重点，不断激发基层党建工作活力。晋煤集团党委把抓好党建作为最大的政绩，进一步强化各级党组织抓党建的主体意识和主动精神，坚持党建工作和中心工作同部署、同落实、同考核，坚持“书记抓，抓书记”，一级抓一级，一级带一级，把每条战线、每个领域、每个环节的党建工作抓具体、抓深入，促进基层党建工作创新、出彩，并涌现了一大批有成效、有特色的先进典型。例如，凤凰山矿党委开展“三对三比”实践活动，在全矿形成了“典型引路，比学赶超”的良好氛围；古矿党委巧用“五方”治“五症”，有效提升了职工的安全思想意识和技能素质；寺河矿党委推出“3340”党员发展机制；机关物业公司推行基层党建工作项目化运作，等等，都极大地激发了党建工作活力。

以从严监督管理干部为着力点，不断匡正选人用人导向。先后修订完善《晋煤集团领导干部(管理人员)管理条例》《关于重申干部选拔任用工作管理的八条规定》《关于明确矿处级领导干部离岗休养管理的补充规定》等制度，为进一步规范干部管理工作提供了指导。同时，通过开展干部人事档案清理、个人有关事项报告、因私出国(境)专项治理、干部日常监督、畅通干部能上能下通道、后备干部推荐六项工作，促使从严监督管理干部成为常态化，为开展干部选拔、评价、管理等工作提供了有力依据。2015年，共对管人、管钱、管物等关键岗位和重点环节的59名处级领导干部进行内部轮岗交流，选拔8名科级干部到贫困农村任职第一书记，甄别处理领导干部89人，退出20人，初步掌握一批敢作为、善作为的干部，在打好“三个一批”组合拳上取得了明显成效。

以专题教育为抓手，不断促进优良作风养成。按照中央关于开展“三严三实”专题教育的工作要求，晋煤集团两级党组织高度重视，迅速行动，以党委书记讲授专题党课的方式，对“三严三实”专题教育进行动员部署。通过观看专题讲座、学习警示案例、自学学习读本、开展专题研讨等方式，进一步加深党员干部对“严于修身、严于律己、严于用权，谋事要实、做人要实、创业要实”的认识和理解，促使大家把“三严三实”的要求自觉转化成为推动工作的实际行动。特别是持续深化

"周三安全活动日",深入开展党员干部"六带头"、"党员安全示范岗"、"党员安全包保责任区"、"党员无违章、身边无事故"等活动,各级班子成员带头深入基层,解决实际问题,广大党员干部切实发挥作用,勇于担当负责,有力促进了企业安全生产经营工作。

二、严格落实"两个责任",党风廉政建设取得新成效

深入推进主体责任落实。通过制定下发《落实党委主体责任的实施意见》和《责任清单》,层层签订党风廉政建设目标责任书,督促各级党组织负责人按照"四个亲自"的要求不折不扣落实党风廉政建设责任制,呈现出"一级抓一级、一级带一级"的党风廉政建设工作格局。同时强化考核问责,修订完善《晋煤集团党风廉政建设责任追究制度》,把党风廉政建设情况作为考评各级领导班子、基层党支部和党员干部的一项重要指标,对党风廉政建设问题突出的单位和个人实行"一票否决",为推进主体责任提供了刚性约束。

强化权力运行的监督制约。持续引深学习讨论落实活动,以省委"五句话"要求为统领,集中开展"八个专项整治"和"五个集中治理",梳理解决问题51条,建立完善《"三重一大"事项决策实施办法》《重点工程效能监察实施细则》《加强参股公司管控暂行规定》等80余项制度,为实现依法依规治企奠定基础。借助省委专项巡视第五组对企业进行专项巡视的重要契机,在全公司上下集中组织开展"边巡边查边改"和"损害职工利益"两个专项整治活动,对企业进行了一次彻底的"大清扫"。针对省委专项巡视组的反馈意见,逐条逐项制定整改落实措施,从源头上深挖根源、寻求解决之策,极大地促进了"廉洁晋煤"建设。

加大监督执纪问责力度。按照聚焦主业主责、突出监督执纪问责要求,调整企业两级纪委书记、纪委副书记职责,全面清理纪委、监察处牵头或参与的议事协调机构和事项,制定《关于集团公司纪检机构和人员编制的设置意见》,公开遴选29名纪委书记、专职纪检员,建立"基层单位纪委书记、专职纪检员备用人选后备干部库"和"纪委副书记备用人选库",进一步推进纪检监察体制机制改革,更好地聚焦主责主业。坚持把纪律挺在前面,运用好监督执纪"四种形态",既严格执纪、加大纪律审查力度,又抓早抓小、强化日常管理监督,坚持有举必查、有案必查,2015年,共立查各类违规违纪案件72件,给予党政纪处分186人,其中,双重处分34人,撤职以上重处分40人,移送司法机关1人,监督执纪问责的高压态势进一步强化。

三、深化形势任务教育,宣传思想工作提升新水平

紧贴企业实际,加强思想教育。面对市场竞争加剧、生产衔接紧张、资金周转困难、改革提效缓慢的严峻形势,坚持教育引导和典型引路并重的思路,组建"两会"精神专题宣讲团,深入基层46个单位开展巡回宣讲;开设专栏、专题节目权威解读职工关注的焦点、热点,开展"三讲三增强三提升"活动和"提效率,降成本"大讨论,教育职工转变思想观念和价值取向,走出"煤炭黄金十年"的思维模式,与企业共克时艰、共渡难关。通过举办"破难前行勇担当"典型人物巡回报告会,开展"企业与我同发展、我与企业共命运"主题演讲比赛、"我为安全献一计"等活动,传播先进事迹,弘扬担当精神,用典型的力量感染人、教育人、激励人,引导广大职工争当企业改革发展的主人翁,在各自岗位上最大程度挖潜增效,形成了干事创业的浓厚氛围。

坚持文化引领,充分凝心聚力。组建晋煤集团学理论小组,撰写评论文章12篇,引导职工与企业精神上同心、路径上同向、步调上同频,在涵养精气神、激发正能量上发挥了重要作用。持续开展企业文化管理提升活动,督导基层单位落实晋煤集团战略导向型企业文化传播、职工行为规范养成等重点工作,有效促进了企业文化和企业精神的落地生根。加大宣传力度,央视《新闻联播》以《创新驱动 打造经济增长新引擎》为题,对晋煤集团在煤机制造、煤层气开发利用等方面坚持创新驱动战略的举措和成效进行了报道,昆山晋桦豹公司在"新三板"成功挂牌上市等工作亮相《山西新闻联播》《人民日报》《中国煤炭报》、人民网、新华网、《山西日报》等30多家主流媒体,也都从不同角度对集团"一核四翼"发展战略及成就亮点进行了广泛宣传,为企业树立了良好形象,赢得了社会口碑,也极大地增强了员工的发展信心和归属感。

四、加强和谐稳定工作,精神文明建设呈现新气象

持续提升依法治企能力。制定下发《关于深化企业法制工作 全力推进法治晋煤建设的实施意见》,加强对"法治晋煤"建设的长远规划。大力开展"六五"普法活动,编印普法学习资料、组织法律法规学习,进一步增强党员干部法制意识。同时,在企业管理中深入推进法律风险防范,通过制定《重大经营决策法律审核管理办法》,加强经营决策的法律论证、重点项目的法律服务、合同风险的源头防范等措施,企业依法开展生产经营活动的能力得到进一步提升。

深入开展精神文明创建。按照中央、省、市文明委要求,结合企业实际,规范"道德大讲堂"、创设"善行义举榜",开展"中国好人"评选、"家风家训"征集、"百名道德模范"评选等文明创建活动,探索晋煤集团职工诚信档案建设,引导职工"讲诚信、提素质,讲道德、树形象,讲法律、守规矩"。大力开展文明单位、文明社区、文明家庭创建活动,凤凰山矿通过"全国文明单位"复查验收,成庄矿社区被评为首批"全国煤炭系统和谐社区建设示范社区",金驹股份公司社区、金鼎公司社区被评为第三批"全国煤炭系统和谐社区建设先进单位",企业文明程度和职工文明素养不断提高。

大力推进平安企业建设。通过加大情报收集研判、重点人员管控、突发事件应对处置以及互联网安全监管的力度,强化对维稳重点的安全管控,抓好治安、消防、交通等重点领域、要害单位(部位)的安全管理,有力维护了企业大局稳定。

进一步畅通信访渠道，开展矛盾纠纷排查化解，加强疑难信访事项专项治理，全年共排查各类矛盾纠纷隐患25件，其中个体访14件，集体访11件，化解率90%。认真做好重大节假日和敏感时期的信访值班工作，确保全国“两会”、十八届五中全会和“9.3”阅兵及省委专项巡视第五组进驻企业期间的良好信访秩序。

始终坚持发展成果共享。坚持发展共享的宗旨，千方百计改善民生，想尽办法普惠职工。通过清退临时用工，为职工子弟解决两千余个就业岗位；严格落实“守底线、保一线、作贡献”的工资分配政策，尽最大努力让一线职工、普通职工的收入不受影响，或少受影响；启动北石店区集中供热工程，转换升级196套有线数字电视信号源，放宽公积金取贷政策，顺利完成国际安全社区验收，为职工群众创造了良好的工作生活环境。坚持做好困难职工的帮扶工作，筹集发放“送温暖”资金1062万余元，走访慰问各类人员32921人次，发放“金秋助学”款37.9万元，资助困难职工子女199人，对81个重病患者及因病致贫家庭救助慈善捐款35.7万元，使职工群众充分感受到了晋煤大家庭的关爱和温暖。

五、推进工、团组织建设，党的群众工作迸发新活力

充分凝聚职工群众合力。工会组织紧紧围绕晋煤集团“安全、效率、效益”工作重心，团结动员广大职工与企业同舟共济，共克时艰，以“五小”竞赛活动为重点，广泛开展群众性技术革新活动，在全省煤炭系统“五小”竞赛活动优秀成果评审中，晋煤集团共有11项成果获奖。坚持开展“金点子”征集评选活动，继续推进“劳模创新工作室”创建，广泛开展巾帼建功立业活动，有力促进了广大职工创新创效的积极性。以“安康杯”竞赛活动为载体，各级群监会进一步加强阵地建设和网员队伍建设，坚持动态管理，畅通工作流程，制止“三违”3729起，群众安全工作实效得到进一步提升。女工协管组织将心理学知识与安全协管工作有机结合，通过丰富多采、富有实效的协管活动筑牢安全生产“二道防线”。

全面激发团青工作活力。团青组织结合煤炭、煤化工、整合矿井等不同领域实际，分类开展团员青年思想状况调研，加强青年思想引导，不断强化青年的大局意识、责任意识和担当意识。努力推进青安岗创建规范化，青监岗工作常态化，提高青工安全生产意识，充分展示“安全晋煤，青年先锋”的风采和活力。组建“晋煤青客”微信圈，推出“一张图读懂”系列，开办“青年之声”晋煤频道，反映青年呼声，解决青年问题，发出“清朗网络·青年力量”倡议，启动网络清朗行动，营造了向上向善的网络氛围。组织青年志愿者走到井口、走上街头、走进社区，服务职工，服务群众，服务居民，为推进企业和谐建设集聚青春力量。（刘　娜）

附：山西晋城无烟煤矿业集团有限责任公司党委书记、常务副书记、副书记、常委名单

书　记：贺天才

常务副书记兼纪委书记：王良彦

副书记：张虎龙

常　委：李鸿双　郜新建　王　毅　王茂盛

太原重型机械集团有限公司党委工作概况

党委书记　王创民

2015年，太重集团公司党委以党的十八大和十八届三中、四中、五中全会精神为指导，深入学习贯彻习近平总书记系列重要讲话精神，深入开展“三严三实”专题教育，深入组织全员开展太重核心价值观学习践行考评工作，坚持围绕中心、服务大局，强化“两个责任”，为集团公司持续健康发展提供了坚强的思想保证、政治保证、组织保证、纪律保证、舆论支持、精神动力和人才支撑。

一、围绕强核心、促发展、保稳定，促进企业健康发展

3月份召开党建工作会议，提出全年党建工作的总要求是“强核心、促发展、保稳定”，确定了贯穿一条主线、落实两个责任、突出五个重点、树立六种意识、抓好十方面工作的具体工作思路措施。不断加强和改进新形势下党的建设和党风廉政建设，始终坚持把中心工作的重点难点、矛盾点、问题点作为党建工作的着力点，不断提高党建工作的作用力和实际成效。不断强化“两个责任”，积极履行党委抓党风廉政建设的主体责任，强化思想教育，强化责任落实，强化制度执行，强化工作检查，不断营造了太重风清气正、人人思进、干事创业的良好风气。

二、深入开展理论武装工程，打牢强大思想基础

2015年，太重党委中心组围绕习近平总书记系列重要讲话、省委学习讨论落实活动、“三严三实”专题教育、党风廉政建设等内容，累计组织学习讨论12次，二级单位党委中心组累计学习讨论300多次，不断把全体干部职工的思想统一到了新高度。充分发挥各类理论宣传阵地作用，及时在广播、电视、报纸、杂志等开辟专栏，加大理论学习研究力度；组织开展了“学厂史、爱太重、促转型”主题征文活动，共征集到文章94篇；组织特约研究员就20个关系企业改革发展的重点

课题进行了深入研究，引导广大干部职工真正将理论学深学透，把握精髓要义，将思想和行动进一步统一到习近平总书记系列重要讲话精神和省委的部署要求上来，统一到实现太重“二次创业”上来，不断形成了有企业特色的理论学习和研究氛围。2015年，共有10项研究成果受到中国机械政研会表彰，23项研究成果受到山西省政研会表彰。

三、认真组织学习讨论落实活动，扎实推进专项整治

按照省委统一安排，集团党委成立了学习讨论落实活动领导小组及办公室，制定了《实施方案》，认真抓好学习、讨论、落实三个关键环节，紧紧围绕5个方面重点学习内容和4个方面的讨论内容，分系列、分专题，深入组织开展了学习讨论落实活动。活动中，认真研究确定招标采购、销售管理、干部管理、付款、企业经营管理风险控制5项重点领域专项整治内容，并拿出相应的整改意见建议，扎实推进专项整治工作。同时，认真做好活动收尾及“回头看”工作，不断巩固和扩大了活动成果。通过这次活动，太重上下进一步形成了按制度办事、按规矩办事的良好风气，提升了企业经济运行质量和综合竞争力，受到省委第三督导组和省国资委党委的充分肯定。

四、扎实开展“三严三实”专题教育，强化从严从实作风

集团公司党委书记、董事长王创民5月28日作专题党课辅导，拉开了“三严三实”专题教育的大幕。党课将“三严三实”与太重“二次创业”和核心价值观充分结合，深刻阐述了“三严三实”对于太重事业的重大意义。认真制定了《实施方案》，明确了开展“三严三实”专题教育的指导思想、目标任务、内容方法等。各基层党组织书记紧密结合实际，按照“三个联系、三个讲清楚”的要求，讲了专题党课，积极将“三严三实”融入到企业生产经营、管理创新等工作中。集团党委分别围绕“严以修身”、“严守党的政治纪律和政治规矩”、“严以律己”、“严以用权”为主题开展了5次专题学习研讨。在此基础上，严格标准、规范程序，12月30日认真召开了“三严三实”专题民主生活会。会前，广泛征求了意见，查摆了问题，集团班子和成员认真撰写了《对照检查材料》和《发言提纲》。会上，严肃认真开展了批评与自我批评，增进了团结，促进了工作。会后，针对存在的问题积极制定整改方案和措施，并按时间节点强化落实。

五、强化领导班子和干部队伍建设，提升引领发展能力

集团党委制定下发了《关于进一步开展直管领导干部谈心谈话工作实施办法》《太重集团公司领导联系点制度》《太重集团职能部门二线干部岗位绩效工资考核细则》《干部选拔任用全程纪实制度》等。4月份在省委党校举办了太重集团党组织书记专题培训班，对36名党组织书记进行了全脱产封闭培训，提升了党组织书记抓党建工作的能力。组织集团公司党政正职和经销经理98人参加了“山西经济大讲堂——企业送学行启动仪式暨企业干部法治思维与企业风险防范讲座”。7月份选派20名中层领导干部参加了在天津大学举办的为期24天的第二期干部管理能力提升高级研修班，进一步推动了中层干部管理能力的提升。每年11月中旬，对集团公司管理的51个领导班子和共300名领导干部（含二线干部、后备干部）进行年终考核。严格按照“三个一批”界定标准，突出抓好“甄别”工作，认真开展“六查”活动，掌握一批好干部，不断推进“三个一批”工作取得实效。组织离休老干部参加了纪念抗战胜利70周年知识竞赛活动，全年共走访看望老干部300余人次。

六、加强基层党组织和党员队伍建设，形成企业工作特色

一是组织开展基层特色党支部创建活动。各基层党组织以党支部建设为主体，不断加强阵地建设，指导分厂一级以上党组织全部设立了党建阵地，形成“一个支部一个特色，一个支部一个亮点”的多形式创建活动格局。深入开展“两创”活动，每年召开集团党委“两创”总结表彰大会，对一年来涌现出来的先进集体和先进个人进行了隆重表彰。

二是认真组织“联述联评联考”工作。结合年终干部考核，形成党组织书记进行专项述职、党员对其抓党建情况测评的机制，切实加强党组织书记履行“党建第一责任人”职责，形成“抓书记，书记抓”的良好局面。

三是认真开展党组织组建、换届工作及党员发展工作。海工党支部、工程机械党支部完成组建工作，兴业党委、轧钢党委等完成换届工作。对集团党委软弱涣散党组织进行摸底、统计，并及时进行整治和公示。组织对《中国共产党发展党员工作细则》贯彻落实情况进行了自查。严格标准、程序，全年发展党员74人。

四是首次召开了党建工作、主体责任、价值观践行考评交流促进会。围绕集团党建工作会议精神落实情况和党建工作存在的不足，组织进行了全覆盖调研，督促各单位落实年初党建工作会议精神，将党建工作融入到生产经营工作中，真正起到强核心、促发展、保稳定的作用。2015年，组织党务工作人员490余人次到党建工作开展扎实的5个基层典型单位进行了实地观摩、共同交流。9月底召开了党建工作、主体责任、价值观践行考评交流促进会，积极提升了基层党组织党建工作水平。

七、深入加强人才队伍建设，为企业提供强有力支撑

高度重视高层次人才的培养推荐工作，2015年新增省级学术技术带头人3人，山西省青年拔尖人才1人。组织推荐2015年度国家百千万人才工程人选1名，省学术技术带头人2名。按照太重“十百千”人才工程实施办法，在2014年评选出9名高技能领军人才的基础上，2015年邀请9名知

名专家担任评委，评选出7名专业技术领军人才。给予领军人才重要的政治地位和良好的有激励作用的物质待遇，并对其进行严格考核，促使其发挥好传帮带作用。建立了人才工作调研机制和人才工作联系人制度，搭建起与基层单位联系沟通的渠道。建立了专业技术人才内部专家库，分别建立了省委联系的高级专家库、国资委联系的高级专家库、省学术技术带头人专家库等。在省国资委人才工作会议上，太重作为典型企业作了交流发言。

八、全员学习践行核心价值观，开创推出了常态化考评机制

太重党委把学习践行“诚信、创新、精益、卓越”的太重核心价值观，作为深入培育践行社会主义核心价值观在太重的生动实践和重要抓手，从2015年开始，强力推进价值观考评工作，全面实施了“不留死角、全员覆盖”的价值观按月考评。1月份，制定出台了《关于构建常态化学习践行太重核心价值观考评机制的指导意见（试行）》，并紧接着出台了《2015年学习践行太重核心价值观考评检查办法》，就全年考评的考评原则、考评方式、考评内容、考评时间、考评结果等做出全面统筹安排，初步构建形成了学习践行价值观常态化考评机制。

太重实施价值观考评的内容是诚信、创新、精益、卓越的基本要求与具体要求在实践中的运用情况。基本原则是坚持正面激励，通过选树先进来鞭笞落后。基本方法是层层压茬推进，集团公司党委每季度两次考评直接管理的子、分公司和职能部门及其领导班子和成员，直管单位部门按月考评所属单位部门的干部职工。

太重党委每季度根据中心工作的重难点和考评中发现的问题点，每季度动态调整考评内容和项目（一季度重点考评4个方面，16个考评项目、47个具体打分标准；二季度重点考评4个方面、9个考评项目、42个具体打分标准；三季度重点考评6个方面、10个考评项目、48个具体打分标准；四季度重点考评7个方面、10个考评项目、39个具体打分标准）并在每季初通过OA网公布考评内容，季末根据考评结果打出分数，划分出'A、B、C、D四个档次，通过多种形式公布或通报。全年A级单位占比12.7%，B、C级单位合计占比87.3%。

在整体推进全员考评工作的同时，抓住中层领导干部这个关键少数，制定并要求直管领导干部每季度填写《领导干部学习践行太重核心价值观情况表》，由考评办投票评选出领导干部学习践行典型。从9月份开始，对赴天津培训的20名年轻干部试点进行了按月考评。

在考评实施中，把各单位设置价值观宣传栏作为一项常态化考评项目，使其时时处处置于广大干部职工朝夕工作的视野。连续3年组织举办主题演讲比赛，邀请省市电视台知名主持人担任评委，通过现场直播的形式，把职工们的学习心得、亲身体会、践行故事，传递到企业职工的千家万户。连续两年举办“学习践行太重核心价值观十大典型人物”全员票选活动，2015年采用微信和报纸两大平台，继续举办了十大典型人物票选活动。微信点击量达到5万多次，较大范围传播和扩散了太重核心价值观，收到了十分良好的社会关注效果。

九、积极提升宣传思想文化工作，强化舆论引导能力

一是大力加强舆论引导，唱响主旋律、凝聚正能量。围绕企业重要会议、重点产品、重点项目等组织开展宣传战役，推出了高技能领军人才、党组织书记谈感受等近20个创新专版。重要媒体深入报道不断涌现，《中国工业报》刊登了党委书记、董事长王创民专访文章《创新求变，打造经济新引擎》，随后连续刊登了4篇2000字以上的深度报道。山西卫视《山西新闻联播》，先后3次对太重转型发展情况进行了报道。去年，对外宣传累计达到820多条次，其中，新华社、人民网及行业、省市等重要媒体的重要时段和版面的深度报道达到100余篇（次）。

二是不断加强思想政治工作，充分发挥生命线作用。连续5年组织开展职工思想状况抽样问卷调查，形成集团公司和各单位的《分析报告》52份。认真加强特约研究员队伍建设，每年紧密结合企业发展战略和具体目标，围绕中心工作的重点难点，组织展开理论研究分析，2015年形成近20项研究成果。《太重文化》由半年刊改为季刊，并充分发挥自身优势。组织开展了“弘扬职工文化，共建太重家园”主题活动，对各单位职工文化活动进行了深入报道。

三是抓好精神文明建设，推进文明和谐创建。认真组织开展“百佳文明太重人”和“感动用户”的评选工作。举办了纪念中国人民抗日战争胜利暨世界反法西斯战争胜利70周年“民族脊梁”抗战老兵影像展，集团公司6位抗战老兵出席摄影展，20名抗战老兵入选《民族脊梁》大型画册。2015年，3个省级文明单位和1个省级文明社区继续保持了荣誉，省属企业文明单位标兵增加到4个，省属企业文明单位增加到8个，省属企业文明社区增加到2个。充实完善展览馆的图片及设施，接待、讲解工作得到了各方面的肯定，客户满意度达到了100%。

（徐永健）

附：太原重型机械集团有限公司党委书记、副书记、常委名单

书　记：王创民

副书记：丁永平

常　委：张志德　王　敏　张克斌　林　经（11月离职）　田　兵

山西能源交通投资有限公司党委工作概况

党委书记　武　强

截至2015年底，山西能投公司共有基层党组织424个，其中基层党委29个、总支部35个、支部360个；其中能投公司党委直属基层党委6个、直属党支部6个。现有党员7914名。

一、2015年主要工作成效

2015年，面对严峻复杂的经济形势和山西持续加大的经济下行压力，能源交通投资公司深入贯彻省委、省政府和省国资委的决策部署，坚持“稳中求进、改革创新”的工作总基调，主动适应经济发展新常态，扎实转方式、调结构、抓创新、促改革、防风险、强党建，各项工作在攻坚克难中奋力前行，呈现出稳中向好、稳中有为、稳中有进的态势。

一是主要指标任务圆满完成。2015年，实现营业收入211.27亿元，完成省国资委下达指标200亿元的105.64%；实现增加值19.91亿元，完成省国资委下达指标16.34亿元的121.8%；实现利润总额2.2亿元，完成省国资委下达指标2.75亿元的80%；主要指标在省属企业处于较好水平。

二是新兴产业发展初见成效。召开八大新兴产业推进大会及专题会议，完成转型项目投资33.52亿元，不断培育了新的经济增长点，新兴产业呈现竞相发展态势。2015年，新兴产业占收入的8.82%，占总利润的80%，有力促进了企业实现提质增效发展。

三是创新发展动力不断增强。积极打造科技创新平台，设立中国玄武岩产业技术联盟和山西省玄武岩纤维应用技术院士工作站。加快产融结合，参股阳泉城市商业银行、华融晋商资产管理公司。积极实施“互联网+”行动计划，新产业、新业态、新模式成为公司增长的新动力。

四是集团管控水平有效提高。制订了公司“十三五”发展规划，健全了经营业绩分类考核体系，集团财务信息化系统上线运行，完善了全面风险管控体系，依法治企能力和集团管控能力进一步提高。

五是和谐发展氛围显著提升。积极履行社会责任，大力推进五台县对口扶贫以及阳大、大张等公益性铁路项目建设。全系统职工收入在连续3年平均增长12%的基础上，2015年又增长10%以上，职工幸福指数持续提高。企业文化建设不断推进，“六型”机关创建取得显著成效，党的建设持续强化，文化软实力不断提升，和谐发展氛围日趋浓厚。

二、2015年党建工作

2015年，能投公司党委及各基层党组织认真落实中央、省委、省国资委党委全面从严治党要求，始终把抓党建贯穿于企业改革发展的全过程，确保基层党建取得积极成效。

一是突出思想建党。按照“六对照六反思”要求，认真开展“三严三实”领导班子专题民主生活会，把专题教育融入日常学习教育，推动践行“三严三实”常态化长效化。全年召开12次党委专题会议，研究部署企业党建及“三重一大”事项。深入基层一线调研21次，帮扶解决重点项目建设、新兴产业发展、科技创新和产业扶贫等发展难题，围绕创新发展研究提出了六大创新、推进八大产业等工作思路。组织开展党委中心组学习会议22次，举办金融创新、深化改革以及培育新的增长动力等专题讲座，本部机关积极开展“六型机关”创建活动，有效提升集团管控效能。各级党组织积极争创“党员先锋号”，实现基层党建全覆盖。总体上，在守纪律讲规矩、净化政治生态、真抓实干、推动提质增效转型升级发展上见到了实效。

二是强化“两个责任”。落实全面从严治党责任，制定“两个责任”实施办法及责任清单，召开进一步加强党的建设暨落实“两个责任”工作会，专题听取了落实“两个责任”专项督查汇报。组织召开抓党建暨落实“两个责任”述职述责会，对子公司党委书记进行考核评议。积极推进“六权治本”，修订董事会、党委会、经理层以及纪委议事规则，健全完善“三重一大”决策机制，建立起5大类147项管理制度体系，明晰部门职责、岗位职责和工作流程。印发《关于进一步加强纪检监察工作的实施意见》和《建立合力监督权力工作机制实施意见》，着力构建长效机制。

三是深入改进作风。开展“反腐倡廉教育宣传月”活动，出台领导人员廉洁从业“十严禁”和员工行为规范“八不准”，规范领导干部履职待遇、业务支出管理。持续深化“四风”整治，巩固拓展群众路线教育实践活动成果，扎实推进学习讨论落实活动16个方面专项整治，全系统“三公”经费同比下降13.94%。持续深化“三转”，健全纪检监察工作机构，聚焦监督执纪问责主业，全年受理信访举报35件，有15人受到纪律处分。

四是从严管理干部。坚持“六查”，出台《干部选拔任用暂行规定》，进一步规范干部选拔程序。制定《外派董事、监事及高级管理人员管理办法》，加强对参股企业的监督管理。扎实推进“三个一批”，核准备案干部141人，配合完成县委书记推荐遴选工作。出台《集团本部机构设置及中层以上领导人员职数管理暂行办法》和《集团所属子公司领导人员职数管理暂行办法》，严控干部职数。

五是狠抓企业文化建设。召开专题会议研究部署群团工作，出台《关于进一步加强和改进党的群团工作的实施办法》,广泛开展点赞最美能投人、“五小”竞赛和安全知识竞赛等群体活动,全系统有 9 个集体、8 名个人荣获省部级表彰。编制《企业文化手册》,召开企业文化建设推进会,汽运集团荣获“全国企业文化建设典范企业”,特色企业文化建设取得新成效。积极履行社会责任,筹集 60 万元开展慰问活动,着力推进五台县对口产业扶贫、派驻扶贫工作队,出资参与我省准公益性铁路项目建设,和谐发展迈出新步伐。

(周海波)

附:山西能源交通投资有限公司党委书记、副书记、委员名单

书　记: 武　强

副书记: 刘　波　张广明

委　员: 于喜东　梁润德　荣建民　邢海洋　潘来喜　赵敏崎　薛　烨(女)　赵石岗(11 月任职)　谷建春(11 月任职)

山西省农村信用社联合社党委工作概况

党委书记　崔联会

山西省农村信用社是由省委、省政府直接领导和管理的地方性金融机构,也是全省发展历史最久、机构员工最多、业务规模最大、覆盖范围最广、支农力度最强、金融服务最方便快捷的农村金融机构。

2015 年,全省各级农信社在省委、省政府的坚强领导下,扎实开展“三严三实”专题教育活动、“学习讨论落实”活动,顶住经济下行压力,正视利率市场化、互联网金融挑战,扎实推进“六大战略”、“八项工程”,不断加大改革发展、支农支小、金融创新、风险防控力度,实现了各项工作稳中有进、稳中有为。

一、围绕“六大战略”、“八项工程”总体部署,实现各项业务稳中有进

在认真分析、研判所面临的经济、金融、市场形势的基础上,作出了实施“六大战略”、推进“八项工程”的总体部署。总体工作思路是:实施“改革战略”,加大改制、化险力度,推进体制机制转型,加快建设“现代金融企业集群”,2015 年改制农商行 13 家,总数达到 38 家,圆满完成省委、省政府制定的改制目标;实施“管理战略”,深入落实“六权治本”,建立权力清单和管理流程,加大简政放权力度,提升规范化、流程化、精细化管理水平,做到了合规经营、依法治社;实施“服务战略”,扎实开展“山西农信强农兴社金融普惠工程”,搭建服务平台,改进服务方式,提升服务质量,扎实做好普惠金融服务,积极助力全省“六大发展”;实施“创新战略”,加快科技信息化建设,不断创新服务产品,不断加大电子银行、资金营运、理财业务等方面的创新力度,全方位提升核心竞争能力;实施“人才战略”,坚持以人为本,严格按照“四重”、“五查”原则,完成了省市县三级机构班子调整工作,面向校园定向招聘大中专院校毕业生 2222 名,打造强有力的干部员工队伍;实施“人本战略”,确定远景目标,强化激励约束,释放改革发展红利,调动全员的工作积极性,以宏远的目标吸引人,以公平的竞争激励人,以良好的待遇鼓舞人,以可靠的保障留住人,不断提升企业向心力、凝聚力和战斗力。同时,按照“八大工程”确定的工作目标、工作重点、工作措施、工作责任,扎实稳步推进,确保取得实效。

截至 2015 年末,全省农信社资产总额、存贷款余额、农业贷款总额、小微企业贷款余额均稳居全省金融机构之首。其中:资产总额 8690.64 亿元,比年初增长 532.63 亿元,增幅 6.53%;各项存款余额 5650.24 亿元,比年初增长 381.96 亿元,增幅 7.25%,占全省金融机构总额的 20%左右。各项贷款余额 3620.91 亿元,比年初增长 250.23 亿元,增幅 7.42%;占到全省金融机构贷款总额的 20%左右。涉农贷款一直占全部贷款的 80%以上,余额达 3079.80 亿元。实现各项收入同比增长 1.67%;实现经营利润同比增长 2.10%,经营效益进一步提升。同时,各项监管指标进步明显,系统风险可控。

二、坚持服务“三农”根本宗旨,充分发挥支持经济社会发展的金融主力军作用

紧紧围绕省委、省政府战略规划,牢固树立“大三农”理念,进一步拓宽服务范畴,延伸服务链条,丰富服务内涵,改进服务方式,在全力支持和服务“三农”的基础上,积极支持小微企业和全省重点工程项目。

一是全力支持服务“三农”发展。积极推进“金融支持特色产业发展富民扶贫工程”。省联社在与省扶贫办确立省级层面合作关系的基础上,引导贫困地区县级行社主动加强与当地扶贫部门沟通接洽,建立合作关系,积极开设风险储备金专户,依托“富民贷”和“强农贷”产品加大扶贫力度。截止 2015 年末,全省农村信用社共依托风险补偿金投放扶贫小额信贷 27014 万元,支持了 6465 户建档立卡贫困农户,面向农业企业、能人大户等发放“强农贷”27268 万元,带动 12851 户贫困户。同时,切实加大现代农业支持力度,引导各级农村信用社以服务各类现代农业主体为切入点,积极助推农业现代化建设,共重点支持了 1156 个涉农龙头企业、1671 个农民合作社。按照因地制宜的原则,突出产业优势与区域特色,共支持了 671 个现代农业种养殖基地(园区)发展,扶持部分

区域形成了规模化、集约化的现代农业生产格局。此外,不断提升农村金融服务能力,结合各地特色推出了一系列具有本土特色、贴近地气的金融产品,截止2015年末,全省农信社共有26个县级行社开办了林权抵押贷款业务,贷款余额达55888.87万元,8个县级行社开办了土地收益保证贷款和土地承包经营权抵押贷款,贷款余额达11694.87万元。全省农信社涉农贷款余额达到3079.80亿元,占贷款总额的85.06%,较年初净增232.02亿元,较去年同期增幅达9.38%。其中,全省农村信用社发放的各类农户贷款总余额达1203.25亿元。累计发行"信合通卡"1881.45万张,建设自助银行网点1888个,安装自助设备2724台,拓展特约商户25450户,布放POS机具29956台,拓展助农取款服务点13462个,为广大客户提供了优质、便捷、高效的金融服务。

二是积极助力小微企业发展。立足小微企业贷款难问题,推动全省各级农信社认真贯彻落实国家政策和监管精神,采取多项措施加大对小微企业的金融扶持力度。开发快捷办贷流程,上线的小贷系统使小微企业放款更快捷、灵活,自上线以来办理小贷业务3943笔、金额17.24亿元;构建小微授信业务的激励机制,制定出台了《山西省农村信用社小微授信业务尽职免责指引》,明确了小微授信业务尽职免责的组织机构、工作程序、尽职免责情形,有效地调动了基层小微授信业务工作人员发展业务的积极性;继续推动组建小微专营机构,截止2015年底在全省已指导设立各类小微企业专营机构175个,贷款余额合计566.55亿元;积极引领创新产品,全省农信社涌现出"彩虹易贷系列"、"财运通"系列等多种特色小微贷款产品,打造了支持小微企业发展的新格局。截止2015年末,全省小微企业贷款户数达11.8万户,贷款余额1967.04亿元,占全部贷款总额的54.32%,较年初净增134.36亿元,小微贷款增幅为7.33%,申贷获得率99.31%。10月份,省联社被银监会评为"银行业服务小微企业先进单位",是我省唯一获此殊荣的银行业金融机构。

三是有力提升服务实体经济的水平。以续贷业务流程为依托,大力扶持生产经营正常、还款意愿良好、短期现金流不充沛的中小微企业、个体工商户等,避免加重借款人融资成本,防止资金链断裂,实现银企抱团取暖、共渡难关。截止2015年末,发放诚信续贷通业务10413笔、362.35亿元,较年初增加7989笔、260.33亿元。同时,为加快构建"互联网+农信社"业务发展模式,打造网上申贷平台,缩短办贷流程。在开展网上申贷系统理论与实践操作培训的基础上,2015年4月、9月分别在太原和阳泉正式试运行网上申贷系统,截止2015年末,通过网上申贷平台注册用户1703人,申请159笔贷款4666.2万元,成功办理贷款22笔、金额1182.3万元。

三、紧扣全省金融振兴推进会精神,不断加大改制化险力度

省委、省政府高度重视金融工作。2015年5月29日,专门召开全省金融振兴推进会,出台了《关于促进山西金融振兴的意见》,省政府也多次召开促进农信社化解风险达标升级方面的专题会议,对农信社改制化险等工作提出了明确的要求。

根据省委、省政府的安排部署,省联社党委制定下发了《山西省农村信用社改制化险、达标升级实施方案》,对改制化险工作提出了明确的目标、措施和要求。坚持"抓强带弱,整体推进,能商则商,能股则股"的原则,采取"抓标杆社、抓高风险社、带中间社;大带小、好帮差、强扶弱"的工作措施,加快农商行改制及高风险社处置步伐,取得了积极的成效。

截至2015年末,全省110家县级法人机构,向省联社提出改制农商行申请的县级机构79家,累计召开创立大会38家,累计挂牌开业37家。其中,去年共有13家农商行挂牌开业,14家机构召开创立大会。改制后的农商行存贷款总额占到全省县级行社的30%左右,股本金占全省县级行社的55%左右,账面利润占全省县级行社的80%左右,已成为山西农信迈向现代金融企业集群的"领头雁",起到了引领改革发展的示范作用。

在化解处置高风险社方面,认真贯彻落实省委金融振兴推进会、省政府促进农信社化解风险达标升级专题会议精神,多策并举、多方联动,加大力度、加快进度,按照政府领导、监管引导、省社主导、机构努力、多方支持"五位一体"的工作格局,采取"引资金自主改、好帮差挂钩改、强带弱捆绑改、多拖一联助改"等多种模式,通过重组改制农商行或自我发展逐步达标升级,内化外促加快风险处置,确保高风险社达标升级工作取得新进展、新突破、新成效。2015年,向省联社提出改制农商行申请的高风险机构9家,累计申请40家;获省社筹建批复的9家,累计批复37家;挂牌开业11家,累计开业20家。其中,"老、大、难"问题中的高平联社、太原城区联社改制工作已经全面启动。

四、强化全系统干部队伍建设,全面完成省市县三级机构班子调整工作

从2015年5月下旬开始,省联社启动了省、市、县三级机构改革和班子调整工作。现已完成了省联社机构改革和"三定"工作,配齐配强了各市级机构班子,分批次启动了县级机构换届工作,目前县级机构班子已经调整到位。

在市县两级班子的配备、选拔中,省联社党委制定了周密的工作方案,始终坚持民主集中制原则,班子集体研究、集体决策,确保了此项工作的"公开、公平、公正",有效杜绝了打招呼、找关系、说情风,实现了无上访、无举报、无违纪。坚持重品行、重业绩、重民意、重程序的"四重"原则,严格业绩推荐、民主推荐,真正把品行端正、能力突出、业绩良好、群众信服的干部选了出来。同时,省农村信用社本着"对组织负责、对同志负责"的态度,对存在举报、问题反映的同志,由纪委进行认真核查核实,查实之后再研究确定是否使用。同时,大胆启用了一批80后年轻干部,加强人才储备,培养后备梯队。通过对省市县三级班子进行了调整,进一步优化了班子结构,调出了信心干劲,激发了工作活力。

五、牢记案防第一责任，始终坚守不发生案件和大的风险的底线

要求全省各级农信社始终牢记案件防控第一责任，树立全面、全员、全程防控风险理念，采取动态、差别、立体式防控风险办法，坚持人防与机防、内防与外防、全面防与重点防相结合，充分发挥各级、各条线、各部门的职能作用，有效防控信用风险、市场风险、流动性风险、道德风险、科技风险、声誉风险等；有效借助政府、社会、司法等多方面力量，建立起了上下联动、纵横交错、内外互动的风险防控体系；进一步加大稽核、安保检查及业务条线检查力度，加大对查出问题、监管意见的督导整改力度，加大对直接和间接责任人的处罚和处理力度，有效解决了屡查屡犯、查而不改、重查轻处等问题；积极开展廉政文化建设，加大案件查办力度，做好信访维稳工作，最大限度地发现风险苗头、堵塞隐患漏洞、防范案件发生，确保全系统坚决守住了不发生案件和大的风险的底线。

六、认真落实“两个责任”，加强全系统党风廉政建设

一方面，落实党委主体责任。在年初召开的全年工作会上，省联社党委在安排部署各项业务工作的基础上，要求系统各级不断强化系统党风廉政建设，切实强化“两个责任”。之后，在“三严三实”党课辅导、新任市级一把手座谈会、年中工作会，以及多次党委中心组学习会上，又对落实“两个责任”反复进行了强调、部署、安排。制定了《关于落实党风廉政建设党委（党组）主体责任的指导意见》，明确系统各级党委（党组）是落实党风廉政建设的责任主体，党委（党组）领导班子对职责范围内的党风廉政建设负全面领导责任，党委（党组）主要负责人是党风廉政建设的第一责任人，各级党委（党组）领导班子成员根据工作分工，履行“一岗双责”，对职责范围内的党风廉政建设负主要领导责任。并明确了省联社党委、省联社党委主要负责人、省联社党委其他成员、省联社机关党委、各办事处（市联社）党组及县级机构党委的主体责任清单。省联社党委结合实际，制定并与各市层层签订了《党建工作目标责任书》《党风廉政建设目标责任书》，明确了具体的工作任务、工作措施、工作时限、具体责任人，层层分解落实任务，年底严格考核兑现。2015年，省联社党委先后听取党风廉政建设专题汇报5次，讨论《党风廉政建设目标责任书》制定、落实、考核等事项。先后召开党委会31次，专题研究党风廉政建设、干部队伍建设，对系统内违规违纪问题、责任人进行了及时通报、处理。

另一方面，强化纪委监督责任。聚焦系统内党风廉政建设和反腐败中心工作，履行好各级纪委及纪检监察部门的监督、执纪、问责等职责，围绕易发案的“人权、财权、贷权、物权”等方面，加大重点领域、重点环节、重点岗位、重点人员的整治力度，加大对有关人员和单位的督导、查处力度，加大各类问题特别是共性问题、屡查屡犯问题的整改力度。为加强对山西省农村信用社系统党员领导干部的教育与监督，促进领导干部廉洁自律，推进党风廉政建设责任制的落实。研究制定了《山西省农村信用社党员领导干部约谈试行办法》，对近三年来收到的党员领导干部涉访问题线索进行大起底，依据办法规定，对违规违纪问题及时处理。2015年，省联社纪委共约谈党员领导干部16人，其中处级干部10人，科级干部6人，并对1名科级干部进行了函询。同时，认真落实“一案双查”91起，占查处案件比例的100%，给予党纪政纪处分和经济处罚334人，在全系统着力形成不敢腐、不能腐、不想腐的长效机制。

（雷鹏锋）

附：山西省农村信用社联合社党委书记、副书记、委员名单

书　记： 崔联会

副书记： 王再升

委　员： 邢亮喜　高之岩　王忠泽　李鸿飞（7月任职）

中央部属单位党组(委)工作概况

省气象局党组工作概况

党组书记　柯怡明

2015年，在省委、省政府和中国气象局的正确领导下，全省气象部门认真学习贯彻党的十八大和十八届三中、四中、五中全会精神，深入开展“三严三实”专题教育和“学习、讨论、落实”活动，坚持“重基础、强服务，转作风、善管理，增能效、求发展”的工作思路，党的建设、精神文明建设和党风廉政建设进一步增强，全面推进气象现代化和深化气象改革，切实加强气象法治建设和党的建设，圆满完成全年任务，保持了良好发展势头。

一、抓落实，抓成效，扎实推进全省气象事业发展

一是气象防灾减灾服务成效显著。气象防灾减灾组织体系和工作机制不断完善。省预警信息发布中心完成机构组建正式运行。省局与省水利厅、农业厅、地震局、旅游局、太原铁路局等单位深化了部门合作，与省联通公司签订了合作协议，召开了气象灾害应急防御部门联席会。重大气象服务及时有效，决策气象服务主动性、针对性强，省领导42次做出批示，进行肯定与鼓励，其中13次将气象工作作为重要决策依据批转有关部门跟进落实。气象为农服务“两个体系”建设扎实有效，开展了政策性农业保险气象服务工作，全省各级气象部门开展面向新型农业经营主体“直通式”气象服务，服务对象达1.6万余户，提供关键农时气象服务4万余次。继续实施气象为农服务标准化创建，年内又有1个县13个乡镇通过了中国气象局为农服务标准化认定。人工影响天气效益明显，全年组织实施飞机增雨作业151架次，地面增雨作业282次，地面防雹作业87次。人工增雨工作被省政府纳入《汾河流域生态修复规划纲要》。圆满完成“9.3”阅兵重大活动保障任务。公共气象服务能力得到提升，规范了全省公共服务产品制作发布业务流程，开发了公共服务产品共享平台。首席天气视频网站开始试运行。各级气象部门充分运用新媒体技术不断拓展气象服务手段和方式，提高公共气象服务覆盖面。

二是气象现代化建设扎实推进。“十三五”省部合作协议分别通过省政府和中国气象局审定。省局与晋中、临汾、阳泉、大同、晋城等市政府签署了共同推进气象现代化合作协议。选取长治、太原市局和寿阳、侯马、浑源、柳林等4个县(市)局开展气象现代化试点建设，在试点基础上全面推进全省气象现代化建设。组织完成山西气象发展“十二五”评估，编制完成“十三五”规划，正在报省政府批复。气象预报预测水平稳步提高，汛期降水预测评分为近年最高，暴雨、大风等灾害性天气预警信号平均提前量达到25分钟。在区域中心指导下，继续推进华北区域数值模式山西应用。加强暴雨强对流天气预报方法研究，开展城市内涝气象风险预警业务和暴雨强度公式编制工作。综合气象观测业务水平不断提高，全省109个站全部实现能见度自动观测，46个站实现降雪自动观测。建成温室气体监测站6个，气溶胶观测站13个，旅游气象监测站13个。吕梁雷达完成建设投入业务运行。推进气象信息化建设，对省级气象信息网络资源进行整合。我省在第五届全国气象行业天气预报职业技能竞赛中获得团体第6名、强对流天气临近预报单项团体第3名，在第一届全国县级综合气象业务技能竞赛中获得团体第11名。

三是应对气候变化和生态文明气象服务能力得到增强。配合省发改委、省科技厅等部门开展全省温室气体监测评估工作，推进山西科技创新城温室气体监测评估中心建设。此

项工作得到王儒林书记、李小鹏省长等领导批示肯定。开展气候变化对我省农业、植被、能源、水资源等的影响研究，向省领导报送《山西省气候变化特征及其对生态环境影响》等决策咨询报告。开展气候资源普查和气候服务工作，完成11项重大建设工程项目的气候可行性论证。加强环境气象预报预警，开展雾霾监测预警服务。

四是气象改革稳步推进。推进气象行政审批制度改革，14项审批事项列入省级行政审批目录，人员进驻省政务服务审批大厅。继续深化气象服务体制和业务科技体制改革，调整省市县三级业务职能，优化全省业务布局，逐步强化省级核心业务能力、市级专业化服务能力和县级综合气象业务服务能力，初步建立省级指导、市县两级应用的集约化业务布局。不断完善与气象现代化相适应的体制机制，完善气象学会管理体制机制，调整优化108个县气象局(站)的编制。

五是气象法治建设和安全生产全面推进。气象标准化工作有序推进，制定3项气象地方标准，获批2016年行业标准1项、地方标准10项。“山西省人工影响天气防灾减灾公共服务标准化建设”入选国标委试点项目，试点项目建设有序推进。省人大首次召开气象工作专题会议。《太原市防雷减灾条例》通过市人大审定和省人大批准后公布。各级党委、政府依法加强气象工作，气象工作继续纳入地方各级政府目标考评。重视和做好部门安全生产工作，年内无责任事故发生，省局连续7年获得省政府“安全生产先进单位”荣誉称号。

二、重组织建设，重活动载体，全面落实从严治党责任

山西省气象局设直属机关党委1个，下设党支部26个，共有党员502人，其中在职党员314人，离退休党员188人。

一是坚持以创建学习型党组织为主题，加强政治理论学习，不断提高党员领导干部政治素质。认真组织学习十八届五中全会精神，全面履行党建第一责任人职责，积极部署基层党建工作。坚持党组中心组学习制度，各支部学习教育活动有计划、有重点。通过发放指定学习书籍，举办文化讲堂、学习讲座、知识竞赛、专题研讨等方式，丰富了学习内容，保证了学习效果。全年中心组学习12次，举办文化讲堂10期。

二是扎实开展“三严三实”专题教育和“学习讨论落实”活动，按期完成“两委换届”工作。在处级以上党员领导干部中深入开展“三严三实”专题教育，省局党组书记柯怡明同志带头讲党课，针对“严以修身、严以律已、严以用权”三个专题，分别印发学习材料，广泛开展研讨。在学习讨论落实活动中，气象局始终坚持问题导向，把解决实际问题作为工作的重中之重，广泛开展了“工作纪律”专项整治，对办公用房进一步清理整改，对权力部门进行了刚性约束，“四风”问题得到遏制，文风会风明显好转。围绕“服务中心、建设队伍”两大任务，推进“六型机关”建设。不断优化组织建设，完善党务公开细则、民主评议党员、组织发展等工作制度，印发了《山西省气象局关于加强基层服务型党组织建设的意见》。继续加强组织发展工作，2015年共发展吸收新党员3名。积极组织开展党组织换届选举工作，召开山西省气象局直属机关第七次党员代表大会，选举产生了中共山西省气象局第七届直属机关党委、机关纪委委员，局属各支部都已完成支委换届选举工作。

三是深化文明单位创建，积极开展群团工作，以活动为载体，凝神聚力促发展。在2015年印发《山西省气象局关于加强和改进群团工作的实施意见》，为提升气象局党的群团工作科学化水平提供了制度保障。组织开展学雷锋志愿活动和送温暖爱心捐助等活动。目前建有学雷锋志愿大队和16个支队，共有215名志愿者。2015年共收到爱心善款22080元。关爱女职工健康，关注单身职工问题，积极组织单身职工参加相亲活动，组织女职工开展联欢、座谈、体检等活动。成功举办纪念抗日战争暨世界反法西斯战争胜利70周年老干部文艺演出、春节文艺联欢会、全省气象部门征文演讲比赛、“忘年交”书画摄影展。组织革命传统教育活动，大力开展劳动竞赛活动，支持桥牌、象棋、武术、乒乓球等8个协会的工作。积极参加省直工委举办的各类文体活动，荣获2015年“省直机关广播体操比赛”金奖。大力宣传离休老党员赵亮同志、“第一书记”刘建华、“中国好人”葛丽娟、“晋城好人”丁启恒等先进事迹，弘扬正能量，引领新风尚。重视老干部工作，认真落实“两项待遇”。

三、严部署，严监督，坚决推进党风廉政建设

一是周密安排部署，细化责任内容，推进党风廉政建设“两个责任”落实。制定印发了《2015年党风廉政建设和反腐败工作实施意见》和《工作任务分解表》，对党风廉政建设工作作出总体安排部署和责任分解。印发了《落实党风廉政建设监督责任的实施办法》，对各级纪检监察机构的监督责任内容进行了明确，列出了责任清单，制作了责任台账，并认真推动落实。4月份和7月份，先后两次组织召开了全省气象部门党风廉政建设、推进惩防体系建设会议，对落实全面从严治党要求、抓好“两个责任”落实、推进党风廉政建设和反腐败工作进行了再强调再部署。10月份举办了各处级单位主要负责人和市局纪检组长落实“两个责任”培训班，进一步强化了党风廉政建设责任意识。

二是开展专项整治活动，注重建立长效机制，持之以恒贯彻中央八项规定精神。在重要时间节点，省局都会下文重申落实中央八项规定精神，持续纠正“四风”问题。在中秋国庆两节期间，省市两级对“违规配备使用公务用车、违规发放津补贴或福利”等8个方面问题进行重点检查，深挖问题隐患，及时督促整改。组织开展了“违规收送礼金红包问题专项整治”、“陈规陋俗专项整治”等活动。按照上级要求严格控制会议、文件简报数量和三公经费开支。持续推进群众路线教育实践活动存在问题的整改落实。

三是坚持问题导向，突出重点领域，党风廉政建设各项工作整体推进。扎实开展反腐倡廉宣传教育。组织开展了以“守纪律、讲规矩，落实两个责任”为主题的第14个党风廉政宣传教育月活动，开展了专题学习、警示教育、专题组织生活

会、专项整治活动、廉政文化活动等“五个一”活动。认真落实党内监督制度。坚持述职述廉、三项谈话、干部任职回复意见、询问等制度。加大了对干部遵守廉洁自律规定、个人重大事项申报、落实党风廉政建设责任制等情况的检查。加强对党员干部的日常管理和监督，省局约谈各市局、各单位主要负责人30余人次。对反映的问题线索，发出正式函询6次，开展诫勉谈话10次，开展干部任前廉政谈话12人次。多次召开办公、纪检、计财、人事、党办、监审等部门联席协调会议。印发了《处级领导干部廉政档案管理办法》，正在组织建立领导干部廉政档案。健全完善规章制度。坚持标准化、规范化管理思路，从制度建设入手，狠抓工作秩序，强化规范管理。全省各级气象部门修订了《党组工作规则》和《工作规则》。进一步加强合同管理、预算管理、资产管理、大额资金管理和项目管理，建立完善了内部控制和制约机制。9月中旬集中印发了关于再次重申严禁领导干部驾驶公车、超标用房、公款旅游、公款吃喝等规范性文件。积极推进廉政风险防控工作。6月份印发《廉政风险防控工作方案》，确定了各级各单位廉政风险防控重点范围和具体事项，加强了对各单位的分类指导。全面清理规范气象行政审批中介服务事项，通过行政审批网上申报、加强防雷行业管理等方式，进一步规范行政审批行为和中介服务，大大降低了行政审批和防雷服务领域的廉政风险。深入推进内部审计监督工作。加强了对各单位主要领导干部的经济责任审计，加强了财务收支、建设项目等常规审计，加强了对审计结果整改落实情况的跟踪检查。首次部分市县局开展了全覆盖审计，认真组织开展交叉审计。8月份举办了全省气象部门内部审计业务培训班。

全省广大气象工作者的辛勤付出和优质高效的气象服务得到了中国气象局和省委省政府及社会各界的高度肯定和好评。郑国光局长等中国气象局领导、王儒林书记、李小鹏省长等省领导多次批示表扬山西气象工作。李小鹏省长在省政府第100次常务会议上讲话，对气象工作给予充分肯定。省委副书记楼阳生、副省长郭迎光、省人大副主任田喜荣等省领导分别到省局视察指导工作。8月份，郭迎光副省长赴中国气象局与郑国光局长举行会见，省部双方领导对山西气象工作均给予充分肯定与鼓励。

（申顺吏）

附：省气象局党组书记、成员名单

书　记：柯怡明

成　员：张洪涛　梁亚春　申　敏（8月离职）
王欣璞（8月任职）

省地震局党组工作概况

党组书记　樊　琦

地震活动

2015年，山西地区发生M≥1.0级地震152次，其中1.0–1.9级地震136次，2.0–2.9级地震14次，3.0–3.9级地震2次，无4.0级以上地震发生，最大地震是2015年6月2日太原3.1级地震和12月10日原平3.1级地震。

2015年山西省M≥3.0级地震目录

发震日期	发震时刻	纬度	经度	震级	深度	地点
20150602	185142	37.82	112.53	M3.1	21	太原
20151210	132720	38.73	113.02	M3.1	1	原平

会商情况

召开年度地震趋势会商会1次，年中会商会1次，周、月会商会52次，临时、紧急、加密、应急会商会11次，现场核实异常13次。

台网运行

2015年，山西数字测震台网运行台站57个，总体运行率为98.86%。前兆台网运行台站36个，全年平均运行率99.34%，数据连续率99.16%，完整率98.82%，预处理完成率100%。山西地震信息台网运行节点21个，网络综合运行率99.92%。

监测预报基础工作

加强地震监测台网运行管理，采取强化值班值守，加强仪器巡检、配足备份仪器，安排专项救灾资金及时修复受灾仪器和加强地震监测环境保护等多种措施，确保地震监测系统正常运行。地震观测质量全国评比23项手段获前三名。目前，全省地震监测能力达到1.5级，局部可达0.1–0.6级，定位精度小于5千米，2分钟内可完成自动速报，10分钟内完成正式速报。2015年完成地震速报5次。完善震情通报和会商机制。制定《山西省震情会商制度改革方案》和《山西省地震局重大震情评估通报制度实施细则》。全年向省政府报送《震情反映》12期。开展地震台站优化改造，扎实推进“一县一台”建设。优化改造专业及市县台站22个。共有9个县(市)新增了地震前兆监测手段,观测数据已纳入省网,实现数据共享。

强震短临跟踪

继续牵头晋冀蒙交界危险区震情跟踪工作,牵头联合河北、内蒙古地震局召开联防区会商会。继续联合开展“三省一所一校”晋冀蒙交界地区强震短临跟踪合作项目,完成跟踪区加密观测台阵建设。

项目建设

完成中国地震背景场探测项目山西子项目验收。完成昔阳地震台大寨地震观测站环境优化改造项目。完成中国地震局前兆仪器升级改造项目和地震台站基础设施灾损恢复项目。完成省财政市县骨干台站(22个)优化改造项目。制定《太原铁路局与山西地震台网中心网络联通及数据交换实施方案》,完成大西铁路地震预警试验,并通过中国铁路总公司、中国地震局组织的评审。开发完成山西地震台网中心与太原铁路局数据实时交换软件,目前正在进行线上测试。结合山西地震地质灾害特点,完成“太原市重大地震地质灾害监测与预警”项目申报书编制。

科研工作

下达局属科研项目25项,共计13.65万元。争取到省部级等类科研项目13项,共计99.99万元。在局内及全国地震系统推广“山西地震信息聚合终端系统”和“基于地震应急基础数据库震后灾害快速评估系统”两项科技成果。完成验收局属科研项目和中国地震局“监测、预报、科研三结合项目24项。承担的2项地震科技星火计划项目和5项山西省科技计划项目通过验收。完成2015年度省地震局防震减灾科技成果奖励评审工作,评出获奖项目15项。

有感地震应对处置

6月2日,太原市晋源区发生3.1级地震,根据《山西省地震局地震应急预案》要求,省地震局启动五级应急响应,对突发地震事件进行妥善处置。

地震应急预案管理

根据《山西省地震应急预案》,在吸取多震省份地震应对经验的基础上,10月,印发《山西省重特大地震灾害事件应急处置流程》。细化明确7天内省抗震救灾指挥部领导及其成员单位在重大或特别重大地震灾害发生后分时段处置流程和各时段重点工作内容,共25项重点任务,对高效快捷应对重特大地震灾害事件提供了参考。

地震应急演练

“5.12国家防灾减灾日”,在大同市大同县首次组织开展省市县地震应急综合演练。省委常委、副省长付建华任总指挥,中国地震局副局长修济刚观摩并指导演练。演练实行省市县三级联动,分七个阶段,设置1个主演练场和11个分演练场,模拟58个科目,共60个单位、600余人参加,派出49支各类应急救援队伍,涉及149台车、2架无人机,历时10小时。此次演练是对山西省各级政府和部门地震应急指挥和救援工作的集中检验,为全省科学应对地震等自然灾害积累了经验。

9月15日,组织省、市、县地震系统全体人员和各市三网一员约1000人开展演练。演练全程8小时,分共同应对时段和区域应对时段两部分。

据不完全统计,全年全省各级政府和部门、企事业单位累计开展地震联合演练、桌面演练、专项演练约800余次。

地震应急准备工作检查

3月,由省政府办公厅督查室、省地震局、省国土厅、省民政厅组成的检查组对大同、朔州、忻州市开展地震次生灾害除患排查和地震应急准备检查,深入各市民政、国土、安监等基层部门了解实际情况,实地查看物资储备库、学校、救援队伍等基层点共14个。

应急培训与交流

组织省地震救援队、省市地震局、省直厅局有关人员共70人赴国家地震紧急救援训练基地培训学习。举办180余人参加的市县地震应急管理培训班。为11个市的民政人员及志愿者共120人进行应急救援培训。

地震应急保障

印发《山西省市县地震应急处置工作指南》《市县地震应急演练指导意见》,进一步细化市、县地震局地震应急处置任务,规范各市县地震应急演练工作。

全省已建成地震应急避难场所Ⅰ类3个(临汾市古城公园、临汾尧都广场、吕梁市市民广场),Ⅱ类7个(大同市文瀛湖公园、阳泉市城市中心公园、临汾市平阳广场、忻州市和平广场、忻州市繁峙县滨河公园、忻州市代县滹沱河湿地公园、运城市南风广场),Ⅲ类8个(运城永济市樱花园、永济市柳园、永济市蒲园、朔州市人民公园、朔州市中心广场、朔州市体育公园、晋中市榆次玉湖公园、晋中市榆次区文化中心)。

在大同、朔州两市开展区域地震灾害风险评估,开展大同市无人机高精度影像航拍工作,掌握重点城市重点区域的基础数据,提高我省地震灾害预评估水平。

省财政投入600万元财政资金,补充省地震灾害救援一队、二队装备、更新地震应急基础数据库。建立省局应急装备库。与省公安厅、省武警总队、省交通运输厅、省气象局、省测绘局、省能源管理办、省通信管理局建立地震应急快速调用机制、灾情数据信息共享机制和地震应急快速通道机制。

应急指挥技术系统建设

更新基础数据、灾害评估数据和地震应急短信息服务系统数据。完善指挥中心技术系统和现场通讯系统。增加信息服务平台的推送信息管理、数据自动更新等新功能，提升实用性。自主研发网络信息收集分析系统，实现在网络上对地震信息进行实时跟踪与分析。

抗震设防要求管理

推进《山西省建设工程抗震设防条例》和新一代区划图实施工作。率先在全国建立由地震、发改、国土、住建等10家单位组成的省级抗震设防联席会议制度。除长治市外，全省10个市也建立抗震设防联席会议制度。根据中央行政审批改革要求，开展抗震设防要求审批改革，出台《关于改进抗震设防要求行政许可工作的通知》，修订《山西省地震安全性评价范围》。全年完成抗震设防要求审批289项，地震安全性评价项目278项。

农村民居地震安全工作

纳入省改善人居环境工作领导组。配合省发改、财政、住建、农业等部门，研究制定实施方案，推进国家农村民居地震安全工程建设和农居抗震改建工程实施。大同、朔州完成10000户农村民居抗震改建任务。

震害防御基础探测工作

完成临汾、晋中、忻州、阳泉、长治等市区域活断层探测、地震灾害预测并通过验收。在太原市开展强震危险区大城市地震灾害情景构建项目。交城县、阳城县、临汾市区、洪洞县等9个活断层探测、小区划、震害预测项目正在开展，为城市规划提供地震安全信息服务。完成国家地震社会服务工程（山西部分）并通过验收。

防震减灾示范创建

认定省级示范县（区）9个、示范社区36个，省级防震减灾科普教育基地4个、科普示范学校55个。大同、吕梁、阳泉的3个社区被中国地震局授予“国家地震安全示范社区”。

防震减灾宣传教育

“5.12”防灾减灾日、“7.28”防震减灾宣传周期间发放《地震灾害防灾避险知识读本》3000本，向全省各大中小学校推广防震减灾知识宣传课件、微电影光盘等2000份。联合省教育厅将防震安全教育列入中小学课程计划，制定不同学段的安全课程方案。主动开展新闻媒体通气会、媒体开放日、新闻媒体下基层等各项新闻宣传活动10次，开展新闻宣传专题讲座2次。组织开展“平安中国千城大行动”、“防震减灾全国征诗征联”活动。

国务院抗震救灾指挥部检查督查组到晋检查

3月31日至4月1日，民政部副部长窦玉沛同志带队，民政部、国务院应急管理办公室、中央宣传部、国家安监总局、中国地震局等部门组成国务院抗震救灾指挥部检查督查组，实地查看国家矿山应急救援大同队、同煤一中和在建的大同市民政局物资储备中心。省委常委、副省长付建华汇报全省抗震救灾应急准备工作情况。

省防震减灾领导组会议

2月5日召开，省委常委、副省长、省防震减灾领导组组长付建华出席会议，并代表省人民政府与各市人民政府签订2015年防震减灾目标责任书。会上，省地震局局长、省防震减灾领导组副组长樊琦传达2015年国务院防震减灾工作联席会议精神，汇报2014年全省防震减灾工作进展，提出2015年重点工作建议。省地震局预报中心主任通报山西省震情形势。省军区、省卫计委、省安监局和大同市政府的分管领导作重点发言。

局省合作联席会议

7月29日，中国地震局和山西省政府召开首次局省合作联席会议，共同推动山西防震减灾能力建设。省委常委、副省长付建华、中国地震局副局长阴朝民出席会议。会议回顾中国地震局与山西省政府的局省合作协议中各项任务和项目的落实情况，听取“国家地震烈度速报与预警工程(山西分项)”汇报，论证“山西省防震减灾科普体验馆建设（初步）方案”。

（和　炜）

附：省地震局党组书记、成员名单

书　记： 樊　琦（女）

成　员： 郭跃宏　郭君杰　郭星全　史宝森　田　勇

省国家税务局党组工作概况

党组书记　胡　军

2015年，在山西省委、省政府和国家税务总局的正确领导下，山西省国税局党组认真贯彻落实党的十八大和十八届三中、四中、五中全会精神，深入学习领会习近平总书记系列重要讲话精神，全面加强思想建设、组织建设、作风建设、制度建设和党风廉政建设，为全省国税事业科学发展和税收现代化建设提供了坚强的政治和组织保障。

一、认真践行“三严三实”，作风建设取得新成效

(一) 从严从实组织指导。制定践行“三严三实”10条措施，围绕从严从实管理干部提出“十个提高”28条举措。开展巡回检查，召开专题座谈会，征集意见建议50余条，对“不严不实”问题建立“查摆、剖析、整改、回头看”闭环运行机制，推动专题教育有序开展。

(二) 以上率下示范带动。坚持规定动作不走样、自选动作求实效，全省各级国税机关党组书记、党组成员讲党课100余次，开展专题研讨110次，编发专题教育简报35期。

(三) 聚焦问题全面发力。抓住“关键少数”，紧盯“关键环节”，加强监督执纪问责。认真开展督导检查，聚焦中央八项规定精神落实、严肃财经纪律等重点领域，对发现的问题均列出清单，列明责任，分级分部门督导解决。

(四) 马上就办狠抓整改。将专题教育边学边改与群教活动问题整改有机衔接起来，明确3大类11个方面51项整改任务，以“马上就办”精神抓好整改落实。坚持边查边改、立行立改，全系统累计征求意见建议350条，梳理纳入项目清单254项，分类逐项制定整改措施326项。

(五) 开好专题民主生活会。紧扣“三严三实”主题，联系班子和个人实际，深入查摆不严不实问题，让咬耳朵、扯袖子、红脸出汗成为常态，领导干部经受了一次严肃的党内政治生活洗礼。

二、从严治党固本强基，党建工作水平得到新提高

(一) 加强党的思想政治建设。坚持思想建党，严格落实党组中心组学习制度，共组织中心组学习18次。坚持集中学习与个人自学相结合、专题辅导与集体讨论相结合，党组书记亲自审定学习内容和研讨专题，定期指导和检查中心组成员学习情况。搭建党建学习交流平台，开设“山西国税大讲堂”，确保入脑入心，指导实践，推动工作。

(二) 加强党的制度建设。认真贯彻落实中央《党组工作条例》和总局《党组工作规则》，印发贯彻落实工作方案，开展贯彻执行情况清理检查，修订完善省局《党组工作规则》，进一步严格党组会议制度，规范党组议事程序。坚持民主集中制，凡“三重一大”事项必须通过党组会议或局长办公会议集体研究决定，依法科学民主决策。

(三) 加强党的作风建设。坚持密切联系群众，巩固拓展群教活动成果，认真落实基层联系点制度，经常性深入基层。切实减轻基层负担，全面统筹各项会议、培训、调研，严格实施“一次进户、各税统查、信息共享”进户执法，精简优化绩效考核指标体系，大力减少各类文件简报。

(四) 聚焦全面从严治党。严格落实全面从严治党要求，加强监督执纪问责。进一步加大巡视工作力度，聚焦重点人重点事，严格督促整改，有效发挥了巡视“利剑”作用。

(五) 加强基层工作指导。成立党建工作领导小组，印发加强和改进党建工作实施意见，强化统一领导，压实各级责任。组织召开市局党组书记抓党建工作述职评议会，省局党组书记对各市局党组书记述职逐一点评，并现场测评。

三、围绕中心服务大局，税收现代化建设再创新业绩

(一) 攻坚克难收好税。强化监控保收入，堵漏清欠增收入。全年通过纳税评估共入库税款20.8亿元，稽查查补入库税款14.4亿元，累计清理往年陈欠2.9亿元，合计入库38.1亿元。从8类16项收入质量指标入手，对全省1818户重点税源企业和100户行业税收大户进行实时监控，密切跟踪税源动态，把握组织收入主动权。落实政策促发展。全年共减免税收114.7亿元，其中促进小微企业发展及改善民生减免税收21.68亿元，小微企业税收优惠政策覆盖面达99.99%，确保了优惠政策在我省落地生根。全年完成国税收入962.45亿元。

(二) 优化服务送春风。深入开展“便民办税春风行动”。全面推广网上办税和“e税客”移动办税APP，全省7.3万户一般纳税人实现网上申报，8.6万户纳税人使用“e税客”。下放出口退税审批权限，压缩审批退税时间，全年办理出口退税30.44亿元。试点“全省发票服务平台”，委托邮政部门代征税款、代开发票，推行发票邮政配送。建立税企高层对话机制，组织税企高层见面会，签订税收遵从协议，为大企业提供个性化、差异化服务。积极推进税收规范化建设。严格落实“四个规范”，推进标准化、规范化管理，实现办税服务“流程更优、环节更简、耗时更短、效果更佳”，并在全省推行24小时自助办税服务。大力拓展联合办税。全系统92个办税服务厅设置地税窗口，8个县区建立国地税合署办税的“税务服务厅”，26个国地税共同进驻政务大厅。牵头开展“银税合作”。联合7家政府部门发起“银税合作”，与建设银行推出“税易贷”产品，与18家省级银行集中签订“银税合作”意向书，有效破解小微企业融资难题。

(三) 深化改革严管理。全面推进依法治税。出台坚持依法治税更好服务经济发展的7方面19项具体措施。推进行政审批制度改革，按总局要求，建立行政审批事项目录动态调整机制，公开7项行政许可事项，取消57项非行政许可审批事项，调整23项为其他权力。发布第一批税务行政处罚权力清单，公开3类8项处罚权力事项。实施法律顾问制度，成立局长法律顾问办公室。充实公职律师队伍，建立8个法治税务示范基地。积极转变征管方式。推进税收风险管理，全系统共推送风险任务528期，涉及风险纳税人26598户，入库税款16.37亿元。深入开展国地税合作。与地税局建立联席会议制度，定期不定期开展各项工作，联

合下发《规范税务行政处罚裁量权实施办法》，统一6大类48项税收违法行为的行政处罚标准。联合开展纳税信用综合评价，强化国税、地税稽查合作。扎实推进改革创新。大力推行增值税发票系统升级版，全省16万户纳税人纳入升级版系统管理。加强企业所得税后续管理，强化重点税源和高风险事项管理。围绕“一带一路”发展战略，为“走出去”企业提供政策服务。深化稽查体制改革，推行“市级一级稽查”和“全市稽查一体化”。开展税收管理服务优化，先后完成优化普通发票代开、优化核心征管查询统计等14项工作。

四、严格落实八项规定，党风廉政建设呈现新面貌

（一）强化责任加强领导。出台惩治和预防腐败体系建设2015–2017年目标任务分解意见，将总局通电工程等“五大工程”进一步细化分解；出台党风廉政建设监督责任清单，对纪检监察部门须履行的监督执纪问责责任分解落实；理顺体制机制，确保“两个责任”真正落到实处。

（二）驰而不息狠抓作风。开展专项整治，对违规大操大办婚丧喜庆事宜、“三公”经费管理不严、“文山会海”、违反规定从事经营性活动和违反规定兼职取酬等问题进行监督检查。派出督查组对办公用房清理情况等问题进行检查。

（三）多措并举规范权力。抓好廉政警示教育学习，举办《准则》《条例》专题学习。完善内控机制信息化建设，自主研发“增值税发票风险预警系统”“征管质效系统”，强化税收执法重点环节风险监控。制定下发“六权治本”实施方案，明确6项工作重点和14项具体任务。

五、倾情带队严管善待，干部队伍迸发新活力

（一）强化领导班子建设。加强市县局班子建设，创新实施选拔任用县局局长确定考察对象候选人办法，通过“三考评一公认”，选好、选优县局局长考察对象候选人。选拔市县两级中青年后备干部419名。

（二）优化干部选任交流机制。修订处级干部选拔任用办法及实施方案，选拔任用处级干部22人。制定促进机关干部成长交流办法，对21名处级干部交流轮岗。探索“双向挂职”干部交流模式，省局机关5名干部到市县局挂职，市县局17名干部到省局机关挂职。

（三）提高干部队伍素质。开展“岗位大练兵，业务大比武”活动，1122人参加税收风险评估业务考试，1492名青年干部加入“1+5”青年干部成长期教育培训体系，2630人参加“1+5”青年干部成长期教育培训考试。建立“逢会必测、逢训必测”模式，提高培训质效。建设7个专业人才库，确定拟入库人选360人。

（四）树立典型弘扬正气。全系统108个单位和6人荣获省部级以上表彰。太谷国税局干部肖英荣登“中国好人榜”。通过树立典型，弘扬主旋律，传播正能量，营造学习先进、争当先进的浓厚氛围。

（五）激发干部创业创新活力。建立众创众包工作机制，设立“众创空间”，打造创新思想孵化地。以“拥抱互联网，打造新国税”为主题，开展“互联网+山西国税”创客大赛，征集创意类、产品类、科研类项目148个。

（安　耀）

附：省国家税务局党组书记、副书记、成员名单

书　记： 王学东（4月离职）　胡　军（4月任职）

副书记： 王德平

成　员： 贾志坚　张有乾（5月离职）　范扎根　王宏晋　牛新文　张鹏飞（9月任职）　李树茂　沙　宏（9月任职）　朱东宏（9月任职）

国家统计局山西调查总队党组工作概况

党组书记　刘顺国

2015年，国家统计局山西调查总队党组团结带领全省国调系统广大干部职工，紧紧围绕国家统计局工作部署和省委省政府中心工作，紧密结合山西国调工作实际，以提高数据质量为共同的核心价值追求，着力“十化”建设，推动事业发展，各项工作取得新成效。

一、作风建设常态化引向深入

以习近平总书记关于“三严三实”的重要论述为指导，脚穿“百姓鞋”，走实“调查路”、搞准调查数，作风建设不断引向深入。一是坚定不移反“四风”。坚持上下联动、持续用劲，引导干部职工知敬畏、明底线，严格执行中央八项规定精神，严防“四风”问题反弹。二是弛而不息转作风。坚持以上率下，做好表率示范。总队领导带头遵守纪律规矩，带头做到廉洁自律，带头走实基层调查“最后一公里”。坚持纪律前挺、传导压力，全系统作风纪律状况明显好转。三是从严治队树新风。总队党组坚持把践行“三严三实”、推进从严治队融入国调工作全程，突出问题导向，抓好专题教育，专题教育和从严治队取得实效。

二、系统管理法治化蹄疾步稳

以依法治国精神为指导，运用法治思维和法治方式，规范全省国调系统管理。一是完善制度体系。修订完善并编印《国家统计局山西调查总队工作制度汇编》，涉及9个方面100项管理制度。二是强化制度落实。总队领导带头宣讲规章制度，让干部职工知晓制度，敬畏制度，遵守制度，规则意识在全系统中深入人心。三是强化执法检查。严格执行《统计法》和《统计执法检查规定》，严肃查处统计违法行为。全年共对885家调查单位进行执法检查，对45家违法单位进行了立案查处，行政警告24起，警告并处罚款21起。四是健全督办机制。研究制定《山西国调总队2015年重点工作督办项目》，加强督查督办，促进各项工作落实落地。

三、业务工作规范化纵深推进

坚持把国家调查制度作为国调工作的准则，规范业务管理，强化审核评估，确保数据真实准确。一是抓好常规业务。常规调查业务以及重大专项调查工作科学规范、严谨有序，调查数据真实准确、质量可靠，得到国家统计局的肯定和省委省政府的认可。二是规范业务管理。制定出台《山西国调系统业务规范化标准》，召开全省国调系统业务规范化推进会议，以点带面促进业务规范化标准在日常工作中的贯彻落实。三是强化审核评估。定期组织召开数据会审和经济形势分析会，加强对宏观经济运行指标的趋势性比较与分析，确保主要调查数据与宏观经济指标间的匹配和衔接。

四、基础工作长效化措施精准

紧密结合国家调查“双基”工作要求，夯实工作基础，确保数据质量。一是强化网点管理。全面整合涵盖所有调查专业的样本信息，建成规范统一的全省调查网点名录总库。二是优化国调环境。深入落实《山西省人民政府办公厅关于支持国家统计局山西各级调查队工作的通知》精神，积极为党政决策、民生改善提供真实可靠依据，得到各级党委政府的重视支持，营造国调事业发展良好环境。三是强化检查指导。各级国调队班子成员经常深入基层实地调研，强化对联系点指导、管理和监督，解决实际问题。四是精心组织培训。举办全系统领导能力提升培训班、统计法治知识培训班、青年干部暨新入职公务员培训班，精心组织各项调查业务培训会，扎实推进基层辅调员岗位知识师资培训，调查能力得到明显提升。

五、调查服务优质化成效明显

牢固树立宗旨意识，服务经济社会发展和民生改善，较好地发挥了国家调查队“智库”作用。一是瞄准需求，开展系列分析。总队全年共编印季度经济形势系列分析报告53篇，多数被省委、省政府采用，为宏观经济决策提供了优质咨询建议。二是发挥优势，做好约稿调研。全年共组织开展59次约稿调研，调研报告数据可靠、情况清楚、分析透彻，被国家统计局《每日调查》采用35篇、省委省政府采用94篇次，为党政领导决策提供了大量参考依据。三是主动作为，锤炼国调品牌。定期编印《山西国调报告》《山西国调信息》《山西国调数据》、调查课题研究等国调品牌产品，收到良好的服务效果。精心编撰出版《山西“百村千户”调查报告集》和《山西民生调查报告》，得到各方好评。总队全年编发的经济类信息分析被省级以上采用384篇（次），副省级以上领导批示18篇，其中中央领导批示7篇。

六、工作手段现代化进展有序

积极推动全省国调系统信息化建设，提升调查工作效能和信息技术水平。一是完善支撑条件。注重培养技术人才，组织信息技术骨干到兄弟总队学习先进技术和建设经验。二是优化网络管理。完成了总队内、外网改版和升级，对全系统网站运行情况进行定期监测，保障全系统网络健康高效运转。三是强化技术指导。分级开展信息技术培训，做好对基层调查人员和企业统计人员的技术指导。四是改进调查手段。扎实稳妥地推广电子化数据采集方法，确保国调工作与时代接轨。

七、党建工作“动车化”保障有力

认真履行党建工作主体责任，构建“车头带动、节节发力、人人共振”的党建工作新模式，为国调事业发展奠定组织基础、提供政治保障。一是筑牢制度基础。成立总队党建工作领导小组。积极争取省委组织部与总队党组联合下发《关于支持国家统计局山西各级调查队基层党建、干部培训及培养选拔等工作的通知》，为全系统党建“动车化”提供政策支撑。二是丰富党建活动。开办“山西国调讲堂”，并在总队内网发布授课视频，供全省国调系统干部职工学习。召开建党94周年“七一”表彰大会并举办“我为党旗添光彩”主题演讲等活动。组织党员干部参加省直工委举办的各项党建活动，“菜单式”运动会中获得多个奖项，健身舞比赛中勇夺“金奖”。三是强化培养锻炼。坚持党管干部原则，积极为党员干部锻炼成长搭建平台，引导干部职工恪守职业操守，深入一线调查研究，干部综合素质得到锻炼和提高。

八、廉政建设制度化取得实效

始终将党风廉政建设作为重大政治责任，推动“两个责任”落到实处，保障国调事业健康发展。一是建规立矩，以制护廉。制定出台《中共国家统计局山西调查总队党组全面落实党风廉政建设主体责任和监督责任实施办法》等8项廉政制度。二是积极作为，主动抓廉。年初总队党组对全系统党风廉政建设进行全面部署。总队党组经常听取党风廉政建设、“两个责任”落实和纪检监察工作汇报，研究部署有关工作。三是完善网络，全面监廉。2015年为总队机关各处室配齐兼职纪检监察员，省市县三级配齐了纪检监察员，纪检监察工作实现全覆盖。四是细化分解，清晰明责。严格落实“9·5·4·5”责任，研究制定《山西国调系统党风廉政建设“两个责任”落实清单》，确保“一岗双责”落到实处。五是盯紧“少数”，认真履责。积极督促各级党组（队务会）认真落实主体责任，督促党组班子成员和职能部门负责人认真履行“一岗双责”。六是管好“多数”，守土尽责。督促党组（队务会）、“一把手”和班子成员严格按照规定动作，主动研究部署、听取汇报、带队检查；督促纪检组、纪检监察干部“三转”，聚焦主业，更好地履行职责。

九、文明创建全员化巩固深化

以“文明创建全员化”为目标，巩固深化文明创建的成果，为国调事业健康发展提供坚实保障。一是重点督促，落实责任。将文明创建工作纳入总队重点工作督办项目，及时听取汇报，严格督导检查，促进文明创建工作责任落到实处。二是结合实际，筑牢根基。将文明创建工作纳入岗位目标责任制考核，让干部职工真正成为文明创建的参与者、实践者和受益者。三是丰富拓展，扎实推进。组织党员干部参加省直机关“强健体魄，阳光生活”为主题的广播体操比赛，组织机关妇女干部参加省直机关“三八”节健身活动，召开“‘三严三实’、从严治队青年谈”座谈会，组织开展“读书体会大家谈”演讲比赛等活动。山西总队连续保持“省直文明和谐单位标兵”荣誉称号。

十、目标管理岗位化机制健全

坚持“德才兼备、以德为先，想干事的有机会、能干事的有舞台、干成事的有激励”的用人导向，重点抓了三个环节的工作：一是定岗定责。将工作目标任务细化分解，实现全员定岗定责到人。二是量化考核。制定《国家统计局山西调查总队机关目标管理量化考核办法》，严格进行量化考核，将考核结果作为奖惩、评先和使用干部的重要参考依据。三是健全机制。探索建立《山西国调总队机关处级干部培养选拔量化考核工作办法》，使干部选拔任用工作有据可依，靠德才表现和工作业绩竞争的良性机制已基本健全。

（张树伟）

附：国家统计局山西调查总队党组书记、成员名单

书　记：刘顺国

成　员：陈并生（2月离职）　包超英　程海营　张继德（2月任职）

审计署驻太原特派员办事处党组工作概况

党组书记　庄　军

2015年，中共审计署党组太原特派办分党组在中共审计署党组的正确领导下，以邓小平理论、“三个代表”重要思想、科学发展观和习近平总书记系列重要讲话精神为指导，认真深入学习贯彻党的十八大和十八届三中、四中、五中全会精神，按照中央经济工作会议和全国审计工作会议的部署，紧紧围绕协调推进“四个全面”战略布局，依法履行审计监督职责，积极适应审计工作新常态，稳步推进各项工作，取得了较好成绩。

一、贯彻落实从严治党要求，全面落实从严治党主体责任

（一）牢固树立从严治党责任意识。为进一步履行好从严治党责任，落实好《中共审计署党组关于贯彻落实全面从严治党要求的实施意见》《中共审计署党组关于落实全面从严治党责任的暂行规定》的各项要求，推进机关党的建设和党风廉政工作，适应审计工作新形势，办分党组坚持先学一步、学深一步，坚持发挥表率作用，带头落实从严治党责任，并结合太原办实际，从强化思想理论武装、严格执行党内法规、严格党内政治生活、落实从严治党责任、加强监督制约、加强党员和党务干部教育培养等6个方面严格要求、严格管理、严格监督,并结合查找“不严不实”问题和“塑造新形象、进位勇争先”主题实践活动，对照责任条款，认真回顾反思以往履行党风廉政建设责任的情况，总结经验、查找不足、制定措施，进一步抓好从严治党责任的落实，为建设一支政治强、业务精、作风优、纪律严的党员干部队伍打下坚实基础。全办干部职工在太原办分党组的引领下，进一步充分认识落实全面从严治党责任对于建设审计铁军、推动审计工作发展、实现办分党组提出的全办工作发展目标的极端重要性，切实增强了贯彻落实从严治党的自觉性和工作的积极性。

（二）严守政治纪律和政治规矩。为进一步增强干部职工守政治纪律、讲政治规矩的意识，营造团结进取、风清气正、奋发向上的工作环境和氛围，根据署领导指示要求和办分党组工作部署，太原办组织开展了“守政治纪律、

讲政治规矩”大讨论活动。全办每一名干部职工都签订了承诺书，办领导和处室负责人还进行了“双承诺”，既要本人践行承诺，还要对教育引导本处室人员不做不利于单位团结稳定的事进行承诺，发现问题时要坚决严抓严管、敢抓敢管、会抓会管。通过大讨论活动，全办干部职工普遍受到了一次深刻的思想教育和洗礼，守政治纪律、讲政治规矩的意识得到加强，识大体、顾大局、讲团结、惜荣誉的思想认识进一步提高。

（三）不断加强组织建设和党员队伍建设。按照审计署的统一部署和要求，完成了党组织关系的调整工作，全办158名党员，包括在职党员120名（后勤服务中心支部7名），离退休党员38名的信息按时按要求报送了署机关党委组织部。为进一步提高机关基层党组织的战斗力，办分党组要求各审计项目的临时党支部委员，特别是纪检委员（兼任廉政监督员）必须由副处级以上干部担任并报驻办纪检组长同意，各审计组审计期间必须严格执行《审计组临时党组织工作规则》，为“三严三实”专题教育、思想政治工作、党风廉政建设、组织生活等各项工作的正常开展提供了组织保障。办分党组注重加强党员教育和管理，采取个人自评、党员互评、民主测评等形式开展处置不合格党员和评定教育不达标党员工作，严格培养入党积极分子，不断加强党员的党性修养，积极营造立足本职、建功立业的良好氛围。

二、扎实开展“三严三实”专题教育，营造“严”、“实”的良好氛围

（一）扎实开展“三严三实”专题教育。按照中央和审计署的统一部署，根据《审计署“三严三实”专题教育工作方案》，太原办分党组研究制定了《审计署太原特派办“三严三实”专题教育工作实施方案》，认真组织实施。为了充分发挥专题教育的作用，保证教育效果，工作中注意抓好“两个结合”：一是与干部队伍思想实际相结合。在完成审计署党组确定的3个专题外，结合太原办实际另行确定了“办兴我荣、办衰我耻”和“加强作风纪律建设”2个辅助专题一并进行深入研讨，有针对性地加强作风纪律教育，取得了较好效果。二是与审计业务工作紧密结合。针对审计任务重、审计项目时间跨度长、全办审计人员统筹调配的特点，注意充分发挥审计组临时党支部的作用，办领导、临时党支部书记在审计点讲党课，要求审计组临时党支部根据审计实施时间妥善安排专题教育工作，处室党支部要与审计组临时党支部做好沟通衔接，确保每个党员干部都能按要求及时全面参加专题教育。

(二)积极加强学习型党组织建设。坚持办分党组中心组学习制度，围绕“践行‘三严三实’要求，深化纪律执行”的主题，重点学习习近平总书记“三严三实”系列重要讲话精神，刘审计长“加强和改进审计工作，更好地服务四个全面战略布局”的重要讲话精神等，通过中心组的深入学习辐射带动了机关党支部和党员的学习热情。不断加强全办人员理论学习，整理下发了2批23个学习资料，并专门下发通知要求各处室认真组织学习，进一步增强处室抓党建工作的意识，促进机关党建工作的进一步发展。

（三）全面开展“塑造新形象、进位勇争先”主题实践活动。为贯彻落实“三严三实”要求，进一步统一全办干部职工的思想认识，夯实全办持续健康发展的根基，促进各项工作和业绩的全面提升，结合“三严三实”专题教育，太原办分党组在全办组织开展了“塑造新形象、进位勇争先”主题实践活动。活动以突出问题为导向，以“三严三实”为标尺，以“塑造新形象、进位勇争先”为主题，以打造“政治强、业务精、作风优、纪律严”的审计铁军为重点，以实现“一年一小步、三年一大步、保二争一”为目标，联系全办实际，深入查摆办、处两级领导班子和干部职工在思想、工作、生活和作风等方面存在的“不严不实”问题，准确聚焦影响太原办持续健康发展的深层次原因，着力解决办处两级领导班子和干部职工在工作作风、思想作风、精神状态、工作成效、职业形象等方面存在的突出问题，研究提出有针对性的改进措施并切实落实。通过全办动员、广泛谈心、开展大讨论找对策、中心组学习带头示范、深入剖析点问题、组织座谈扩思路、办处两级领导班子公开承诺、开展青年志愿者服务活动、组织读书交流会和办规办纪知识竞赛等14项活动，活动效果初步显现，太原办分党组落实全面从严治党要求的方向更加明确，履行“两个责任”的自觉性进一步增强；干部职工的理想信念更加坚定、宗旨意识更加牢固，工作作风进一步转变；队伍建设更加有力，综合管理更加规范，工作效能进一步提高。

（四）稳步推进“不严不实”问题整改。太原办分党组高度重视署“不严不实”检查工作，将检查工作作为新的办领导班子严谨务实工作作风的最好检验，逐一对照署检查工作方案，全力以赴深入查找问题，统筹安排好办内自查工作和配合检查工作，实实在在地查摆问题，扎扎实实地抓好整改。针对审计署检查组提出的太原办在全面从严治党、党风廉政建设、干部选拔任用等方面存在的32项“不严不实”问题，以及自查出的7个方面25个问题，逐一制定了有针对性的整改措施，并专门成立“不严不实”问题整改领导小组，由办纪检组长牵头负责，各综合部门积极参与，全面起动了整改工作。为确保“不严不实”问题整改工作稳步推进，整改到位，太原办分党组制定了具体详细的整改工作任务表，对需整改的问题、整改目标、整改措施、整改完成时间和责任单位进行了清单式的列表。目前，太原办在32个方面存在的“不严不实”问题中，6个问题已整改完毕，1个问题计划于2016年9月整改完毕，其余25 个问题正在认真整改，并将在今后的工作中长期坚持，跟踪落实。

三、全面落实党风廉政建设主体责任，层层分解落到实处

（一）健全组织机构，明确职责任务。为进一步推进太

原办党风廉政建设工作，成立了太原办党风廉政建设工作领导小组（惩防体系建设领导小组），办公室设在机关党委，负责日常工作。根据全国审计机关党风廉政建设工作视频会议精神和署党组、署党风廉政建设领导小组的部署，研究制定了《审计署太原特派办2015年党风廉政建设工作安排意见》，明确了党风廉政建设职责和年度任务。

（二）层层签订责任书，分解职责任务。坚持廉政责任承诺制度，年初分管办领导与处室负责人签订《廉政责任书》，每位党员干部与处室负责人签订《廉政承诺书》，将廉政责任层层分解，确保廉政职责落到实处。同时坚持领导带头，办处两级领导班子成员在党风廉政建设、求真务实、勤奋敬业、工作作风和生活作风等方面公开承诺，带头叫响"两个看齐"。

（三）建立责任台账，抓好落实。在认真落实、按时填报《审计署党组落实党风廉政建设主体责任台账》的同时，按照统一部署和要求，研究制定了《审计署太原特派办党组落实党风廉政建设主体责任台账》，要求各处室按季度填报，督促落实。

（四）强化廉政风险防控。一是加强了谈话提醒。专门制定《审计署太原特派办廉政提醒制度》，把廉政提醒制度化、常态化，除正常提醒外，规定了8种必须提醒到位的情形。二是针对审计项目实施中廉政风险存在的薄弱环节，制定了《审计署太原特派办关于在审计调查了解阶段严格执行廉政纪律的通知》等，加强了延伸审计阶段的廉政防控措施。三是狠抓《审计署关于礼品礼金处理暂行规定》《审计署关于登记报告干预审计工作行为试行办法》的贯彻执行。组织全体审计人员签订了《审计人员抵制干预审计工作行为承诺书》，并纳入"五位一体"审计现场综合检查的内容，督促贯彻落实。

（五）严格责任追究。把党风廉政建设责任履行情况作为办处领导班子、领导干部年度述职考核的重要内容。实行党风廉政建设"一票否决"，明确党风廉政建设方面出现问题，或未完成党风廉政建设职责任务的，不得评为先进。

（六）深化党风廉政教育。一是加强廉政宣讲。分党组书记、驻办纪检组长对党风廉政建设做到"随时讲"，其他办领导、处室负责人做到"经常讲"。二是针对性地开展岗位廉政教育。三是定期组织党风廉政建设学习培训会。四是强化关键时点的廉政教育。抓住审计进点、重点节假日等关键时点通过专门制发文件、召开会议、群发短信等方式进行廉政提醒。五是采取灵活多样的方式把廉政教育经常化。如，运用腾讯通、办内大屏幕等载体开展廉政教育；坚持重大审计项目专门以办名义制发廉政通知；实行每周廉政提醒制度等。

（七）加强监督检查。组织开展"五位一体"（落实中央八项规定情况、遵守审计纪律情况、坚持文明审计情况、执行保密纪律情况、杜绝托请说情情况）审计现场综合检查。采取听取汇报、个别谈话、召开座谈会、调阅审核有关资料、实地察看等方式方法进行，检查结果向办分党组报告，并视情况在办内通报。组织年度审计回访，采取函询和实地走访相结合的方式，通过问卷、座谈、个别谈话、接受举报等方式，听取被审计单位对审计人员党风廉政建设情况的意见和反映，回访率达到100%。在机关人财物管理方面，对重要事项落实纪检人员跟踪监督；组织开展专项检查；坚持年度机关内部审计制度。

四、科学组织，统筹安排，依法履行审计监督职责

按照审计署的统一安排，2015年1至12月太原办共承担了17个审计项目，其中跨年度审计项目7个。全年共提交审计（调查）报告26篇。编发重要审计情况42期、审计简报18期、工作动态36期，共计122期。被审计署采用57篇，其中审计要情采用21篇，重要信息要目采用28篇，审计长信函采用3篇，审计长批转函采用1篇，信息转送函采用1篇，审计工作通讯采用3篇。审计促进整改落实有关问题资金1534.29亿元，直接促进国家财政增收节支461.36亿元，促进完善制度33项。移送司法、纪检监察机关处理案件23起，移送其他部门处理案件22起。

太原办与南京特派办、武汉特派办联合实施的山西省2011年至2013年矿产资源开发利用保护及相关资金征管情况审计项目，以及与金融审计司、兰州特派办联合实施的国家开发银行股份有限公司2013年度资产负债损益情况审计（总行）项目被评为审计署优秀审计项目；与武汉特派办联合实施的山西省2013年财政收支审计项目被评为审计署表彰审计项目。

一是着力推动重大政策措施贯彻落实，促进政策落地生根。围绕经济发展中心，将监督检查国家政策措施落实情况作为审计的重要内容，在稳增长等政策落实跟踪审计以及其他各项审计中持续关注政策落实情况，积极促进政策落地生根、不断完善和发挥实效。如，在山西、内蒙两省（区）稳增长等政策落实情况跟踪审计中，建立了政策研究组，先后在山西、内蒙两地20多个单位进行了调研，并针对具体事项，提出了13份政策研究建议书，确定了审计近期和中长期目标。审计推动山西省出台3项省级政策，简政放权18项，推动拨付资金896.58亿元，加快项目建设35个；促进内蒙古自治区简政放权11项，推动拨付资金125.13亿元，推动出台具体政策11项。

二是着力深化领导干部经济责任审计，促进依法行政、依法管理。围绕权力运行和责任履行情况，加大问责力度。如，在某保险集团股份有限公司法人代表经责审计中，查出的集团不当决策造成国有资产流失，相关部门负责人涉嫌收受贿赂的问题被审计署审计要情采用。在某航空集团公司领导人员经责审计中发现的某领导人涉嫌违规违纪问题被审计署移送中纪委。

三是着力推进资源节约和环境保护情况审计，促进生态文明建设。开展对能源节约利用、矿产资源开发利用等资金和项目的专项审计，重点关注自然资源使用、管理、

环保资金使用及环境治理中存在的问题，促进可持续发展。如，在2013—2014年青海矿产资源审计中，查出的矿山环境治理和生态恢复机制需进一步完善等2个问题被审计署重要信息要目采用。在山西和内蒙两省（区）土地出让收支和耕地保护情况审计中，查出的土地使用和耕地保护等方面问题被审计署审计要情、重要信息要目、审计署移送、特派办移送共计45篇，审计信息采用情况在18个特派办中名列前茅。

四是着力监督重点民生资金和民生项目，切实维护人民群众根本利益。审计中密切关注涉及群众切身利益的问题，以及群众身边的违法违纪问题。如，在稳增长等政策落实情况跟踪审计中，查出的山西省水利厅引调提水工程进展缓慢问题，被中央电视台焦点访谈栏目报道后，山西省委书记王儒林、省长李小鹏先后做了重要批示，山西省水利厅正积极采取措施推进整改；查出的内蒙古自治区部分财政供养人员违规领取低保资金问题，目前基本完成整改，49 名责任人被给予行政记大过、党内警告等处分。在财政部审计中查出农业开发补助资金被套取问题被刘家义审计长向全国人大所做的预算执行审计报告中采用。

五是着力揭示经济社会运行中的风险隐患，维护国家经济安全。在财政、金融、企业等审计中注重揭示运行中的苗头性、倾向性问题，及时提出防范和化解风险的建议。如，在重点商业银行信贷投放情况跟踪审计中查出的商业银行不良贷款双升持续加速信贷资产质量堪忧的问题被审计署重要信息要目采用。在山西省“一行一会”预算执行审计中，查出的融资性担保服务小微企业作用未得到有效发挥等4个问题被审计署重要信息要目采用。在中国人民保险集团股份有限公司法人代表经责审计中查出的寿险公司过度依赖理财型保险产品经营投资风险较大等2个问题被审计署重要信息要目采用。

六是着力查处重大违法违规问题和案件线索，促进反腐倡廉。审计中始终把查处重大违法违纪案件线索作为重要任务，突出对重点领域和关键环节的审计，坚决揭露和查处重大违法违纪问题。如，在某化工集团公司领导人员经责审计中查出5件重要案件线索，被审计署审计要情采用。在科技部预算执行审计中查出的某某等人骗取引导基金的问题，以及在某省国税局税收征管审计中查出的某民营企业偷逃增值税上亿元问题，均被审计署审计要情采用，中央主要领导作出重要批示。

五、加强领导班子和干部队伍建设，努力打造审计铁军

（一）加强办领导班子自身建设，严格各项纪律，发挥表率带头作用。

一是进一步明确纪律，作出承诺。新的领导班子组成后，专门就进一步加强班子建设提出了明确具体的要求。要求办领导班子严守6条纪律要求，即：严格遵守政治纪律和工作规矩；严格执行民主集中制原则；进一步加强沟通，增强整体合力；进一步开展批评和自我批评；进一步改进工作作风；进一步严格遵守廉政纪律。在4个方面向全办做出集体承诺，即：建立一个坚强凝聚力的班子，更加重视班子的团结协作；建立一个坚强战斗力的班子，更加重视班子的能力建设；建立一个坚强感召力的班子，更加重视班子作风建设；建立一个坚强执行力的班子，更加重视班子的纪律建设。

二是认真贯彻民主集中制原则，不断提高议事决策水平。太原办分党组坚持将贯彻民主集中制作为重要的工作方法，在充分发扬民主的基础上，不断提高科学决策和民主决策的能力。凡涉及重大事项决策前都进行了充分沟通，会上讨论畅所欲言，不搞独断专行，不搞一言堂；重要人事任免坚持党管干部原则，坚持好干部标准，突出能力和业绩导向，在会前酝酿的基础上实行党组票决制，努力做到公平公正。党内生活的充分民主，既保障了班子成员的民主权利，也充分调动了大家的工作积极性；涉及干部职工切身利益的事项，都充分听取全办干部职工的意见，以制度保障了干部职工的民主权利，也使办分党组的决策决定具有了广泛的群众基础。

三是切实转变作风，密切干群关系。办分党组及班子成员带头改进作风，严格执行中央八项规定和审计署贯彻落实意见，遵守内部管理规定特别是公务接待制度，牢固树立勤俭节约、节俭办事的思想。办领导到一线指导工作轻车简从，与审计人员吃住在一起。建立了办领导与干部职工谈心谈话制度，完善了与干部职工的沟通渠道，干部职工的思想动态得到了及时反映，一些矛盾和疑惑得到了及时化解和处理，使各项重要工作的实施得到大家的理解和支持。

四是进一步加强沟通协调，更好发挥班子整体合力。办领导班子调整后，办分党组及时进行了分工，进一步完善和明确了分党组领导下的分工协作机制，对重大案件线索突破、政策理论研究、审计工作创新等专项工作进行了专门分工。班子成员进一步增强了主动沟通相互协调的意识，酝酿重要事项时，积极建言，对职责范围内的工作，能够尽责尽心，勇于担当，主动担责，不讲条件。对分管以外的工作，也能注意协作，相互补台，有效维护了班子的团结，班子整体合力得到切实发挥。

（二）以思想为引领，能力为核心，努力加强干部队伍建设。

一是切实加强思想政治工作，打牢干部职工干事创业的根基。办分党组根据队伍实际，坚持从思想建设入手，打牢干部职工干事创业的根基。通过个人自学、集中学习交流、听专题辅导和领导干部讲党课，深入开展对审计工作新形势、新常态的大讨论等方式，使干部职工对科学审计理念的认识，对新形势下审计定位和作用的认识达到了新的统一。以创建学习型机关为目标，持续开展“读懂一本书、明白一个理、干好一件事”的“三个一”活动，引导干部职工读好书，多读书，增强读书学习的自觉性。新

一届办领导班子组建后，办主要领导和班子成员深入各处室广泛调研，听取处室情况报告，对存在的问题进行了深入分析，提出了进一步加强特派办建设的意见，把思想工作成果转化为推动特派办建设发展的具体办法措施。

二是积极改进培训方式，提高审计实战能力。办分党组坚持从提高业务培训的针对性和实效性入手，不断改进培训内容和方式，切实提高培训的效果。审计项目开展前，专门组织有针对性的专题培训；每个审计项目结束后，组织开展了全办或以处室为单位进行的业务总结和点评式培训；结合审计实践，以提高分析和突破能力为主，组织青年干部参加署培训中心的查办案件能力培训等，均收到了较好的成效；同时，关心年轻干部的成长进步，出台了青年干部入门教育实施意见，组织新录用公务员到农村、企业、社区、军队进行实践锻炼，磨练意志，砥砺品格，增强了社会责任感。

三是坚持严暖结合，增强队伍的凝聚力和战斗力。办分党组坚持将严格管理、严肃纪律作为加强队伍建设的重要措施，认真落实重要事项报告和督办制度，制定了干部谈话制度并认真落实。建立了大会点名通报制度，定期通报机关各项工作情况。加强对干部的管理和日常教育提醒，多次下发通知，从遵守工作纪律、会场纪律等细节入手，对遵守各项纪律、倡导文明生活新风尚等提出具体明确要求。对违反财经纪律的人员进行了公开通报和严肃处理。通过严格管理、正风肃纪，干部职工遵章守纪意识得到切实增强，队伍作风有了明显转变。在坚持严格管理的同时，办分党组注意加强对干部职工的关心，注重人文关怀，坚持定期体检制度，成立青年干部志愿队对老干部和有困难的职工进行帮扶，实行“六必谈三必访”制度，营造“团结、和谐、廉洁、奋进”的机关氛围。

（郎少萍）

附：审计署驻太原特派员办事处党组书记、成员名单

书　记：朱登云（6月离职）　庄　军（6月任职）

成　员：张晓霞（女）　杨卫东　刘　宇（9月任职）　王　华　朱伟定（9月离职）　安志蓉（女）

太原铁路局党委工作概况

太原铁路局管辖大西高铁、石太客专、南北同蒲、大秦、侯月等27条干支线，总营业里程4402.6公里。现有干部职工11.3万名。路局党委下辖基层党组织57个（其中运输站段党委36个、运输辅助单位党委6个、非运输企业党委8、其他单位党委3个、党总支1个、党工委2个、党组1个），基层党支部（总支）4035个（其中主要运输生产站段党支部3345个），党员49551人(其中离退休党员8750人)。

2015年，太原铁路局党委深入落实山西省委、省政府和铁路总公司党组的重大战略部署，以党的十八届三中、四中、五中全会和习总书记系列重要讲话精神为指导，以“三严三实”专题教育为动力，以服务经济社会发展为己任，融入安全增量，服务创新发展，强化组织作用，为确保全局改革发展、运输生产、铁路建设、队伍稳定等各项任务顺利完成提供了有力保证。

一、强化理论武装，凝聚思想共识

坚持以“三严三实”专题教育为主线，着力加强两级领导班子思想政治建设。深抓学习研讨，坚定理想信念。坚持把中心组学习作为“学理论、议大事、转观念、出思路、建班子、促发展”的主要抓手，完善《党委中心组学习管理制度》，全年集中学习24次，举办高端讲坛和两级领导班子联组扩大学习会3次，深入学习党的十八届五中全会精神和习总书记系列重要讲话及专题教育规定篇目，进一步坚定了推动路局创新发展的信念和信心。坚持学用结合，推动实践创新。路局、站段两级领导班子围绕“三严三实”“四个全面”开展专题研讨，坚持学以致用，破解工作难题，全局536名领导干部对安全管理、规章制度等15个方面656件问题挂牌督办、攻关整治，解决了大秦线乘务员超劳等一大批安全隐患和问题。汇聚职工智慧，共商发展大计。分片召开基层单位领导班子座谈会、全局政治工作调研座谈会，组织召开离退休老干部座谈会、职工代表民主恳谈会，举办职工代表“感受发展成果、体验健康快乐、凝聚太铁合力”主题巡视活动和人身安全专项检查，集思广益，问计于民，汇聚民智。实施领导人员密切联系群众六项制度，两级班子成员深入联系点13763人次。

二、强化班子建设，提升工作能力

积极创建学习型领导班子，全面提升领导班子科学决策能力、驾驭全局能力、推动发展能力。规范民主决策。重新修订《路局领导班子决策“三重一大”事项实施细则》《基层单位领导班子决策“三重一大”事项规定》及配套制度，专题督查、调阅、帮教并通报13个基层单位领导班子执行“三重一大”规定的情况，促进依法决策、民主决策、科学决策。挺起纪律规矩。开展“三项管理”专项检查，修订完善了《领导干部办公用房使用管理办法暂行规定》《业务招待费财务管理办法》等一系列制度办法。深入开展“守纪律、讲规矩”主题教育活动，班子成员在冬春暑运、防洪抗汛、集中修施工等关键时期，亲力亲为抓落实，率先垂范守纪律，带动了干部作风的持续转变。2015年路局领导班子成员下现场1212天次，添乘机车593趟次，解决了现场存在的大量问题。强化履职落责。对照“好干部”标准和“三严三实”要求，制定《局管领导人员管理工作实施办法》，强化领导人员履职管理，推进选人用人专项检查，多维度调研评估基层领导班子及成员，组织“百名党政正职履职排行”，季度晾晒领导人员安全履职绩效排行，追踪分析履职质量，强化了“严”字当头、“实”字落地。全年研究调整领导人员 221人次，其中党政交流11人次，上下交流19人次，异地交流35人次，实现了管理补强、梯次配备。严肃追责安全履职不力的领导干部58人次，强化了“重实干、凭实绩、比贡献”的用人导向。

三、强化基层党建，增强保障能力

进一步强化“抓好党建就是最大政绩”的意识，始终把党建责任扛在肩上，任务抓在手上，要求落到地上。加强党建基础工作。成立党建工作领导小组，层层开展党建述职评议考核，以“党支部建设质量提升年”为载体，全面加强基层党建工作。坚持“三个有利于”原则，优化党支部556个。举办专职党支部书记培训班4期、培训458人，组建基层党建讲师团送教上门培训兼职支部书记1146人。组织“十区百优”党支部书记述职，211名党支部书记考出压力、述出实力、评出动力。指导22个基层单位党委按期换届，优化了领导班子结构。突出党组织党员作用发挥。推行基层党建质效积分考评，实施支部分类定级、晋位升级，以“创岗建区”为抓手，以“组织作用在现场、党员作用在岗位”主题实践活动为载体， 376个党员攻关组、668个突击队、483个服务队，突击奉献74520人次，完成立项攻关课题501项，新创建党内品牌313个，命名标准化党员活动室60个。实施《党员激励警示制度》，签发路局级《共产党员表扬书》 28张，书面函询10次，加强了党员管理。强化人才支撑作用。实行高铁试验段人才5项优先发展政策，启动千名青年骨干人才培养工程，对安全管理、技术攻坚、科技攻关等方面185名优秀人才进行隆重表彰奖励，首评政工专业人员优秀奖11名，为15名硕士研究生分配住房，优化“人才评价管理信息平台”，成功研发了大秦线CTGBC 型电力机车防雾闪装置等多个项目，发挥了人才攻坚克难作用。深化企业文化建设。宣传践行“安全优质、兴路强国”的新时期铁路精神，实施季度安全生产标准化验收、半年安全评估，定期评选表彰安全生产标准化建设示范站段、示范车间、示范班组、示范岗位，推广高铁文化示范线等特色做法，激发广大干部职工保安全的积极性。大力选树宣传全局优秀共产党员标兵陈海波、“全国向上向善好青年”常勇、“全国助人为乐好人”杨静等先进典型，形成“群星耀太铁”的规模效应。优化宣传舆论环境。对内，专题组织机车乘务员超劳、物流转型发展等思想调研，及时掌握职工思想动态，做好一人一事的思想政治工作。对外，坚持“低调、平和、据实”原则，主动发声，正面引导，讲好太铁故事，展示太铁形象。全年在中央传统媒体刊稿594篇，《人民铁道》 刊稿1481篇。

四、强化廉政建设，促进健康发展

认真落实党风廉政建设主体责任，严格履责重防控，正风肃纪强监督，营造了风清气正的环境。对照责任清单严履责。分层量化党政正职“四亲自”、副职“四个一”、职能部门“两个坚持”、纪委“三个抓好”工作要求，明确党政和局机关各部门主体责任177项、纪委监督责任20项。制定《太原铁路局党风廉政建设责任制实施细则》，明确了组织处理、党政纪处分追责方式，严肃对失职失责行为的追究。紧盯重点领域严防控。深推廉政风险内控机制建设，着力把权力关进制度的笼子里，加强对客货运输、物资采购、资金管理、选人用人等重点领域核心业务的过程监督，细化货运管理廉政风险防控措施，明确招投标监督方法，对1640 名关键岗位人员实施预警管理。常抓正风肃纪严监督。持续开展党风廉政教育、案例警示教育，把查处违反中央八项规定问题作为常态化工作，集中治理领导干部大操大办婚丧嫁娶问题，快查快处违反中央八项规定问题。加强案件查办严问责。坚持有案必查、违纪必究，以零容忍的态度强化了党员干部不敢的意识，形成了反腐倡廉的高压态势。

五、强化任务攻坚，巩固发展态势

致力管理创新，狠抓工作落实，确保全局运输生产经营任务圆满完成。持续深化安全风险管理。认真落实“三点共识”和“三个重中之重”要求，紧紧抓住管理这个风险源头，完善七项制度，细化管理职责，明确工作流程，全局安全职责体系更加清晰。突出高铁客车重点，采取了2371项管控措施，开展了18项安全专项整治，安全风险关键得到有效控制。全面加快现代物流转型发展。主动融入国家和区域经济发展战略部署，优化顶层设计，主动谋篇布局，以中鼎物流园为带动，构建“1+3+13+300+N”物流网络。全年货物发送量完成5.87亿吨，占全路货运总量的五分之一。客运方面主动融入地方文化旅游产业链条，开行旅游专列，创新便民利民措施，年发送旅客首次突破7000万人大关，客运收入完成43.43亿元，客运量和收入同比分别增长7.4%和13.4%，双创历史新高。奋力夺取经营任务目标。以完成总公司盈亏考核任务、实现职工工资增长为目标，完善经营业绩考核机制，增收节支并举，提质创效齐抓，实施104项节支措施，实现节支19亿元。坚持做强实业、发展实体，实施资产资源经营开发，全年直属非运输企业累计完成营业收入155.01亿元。全局运输总收入816.8亿元。大力推进铁路建设。新建吕临铁路吕梁至三交段工程、聂庄～东港增建二线和东港站改造工程按计划顺利开通；中鼎物流园、曹妃甸港区扩能改造等项目全部兑现节点计划；代建大西引入太北枢纽Ⅰ、Ⅱ、Ⅲ场改造工程全部按计划完成。积极推进新项目上马，大张高铁正式开工，太焦铁路完成立项审批，京原、南同蒲侯马—风陵渡电化改造达到开工条件。全年完成建设投资127.88亿元。

六、强化共建共享，聚集发展合力

坚持共享发展理念，努力让广大职工有更多的获得感和幸福感。持续改善职工生产生活条件。启动三年攻坚计划，开展送医送药送健康进站区活动，强化“八小”工程建管用，全年整治小伙食团180个、小单身宿舍1276间，改善了220个班组的生产生活条件。抓好保障性住房建设，运城运铁佳苑、临汾汾铁佳苑、介休绵铁佳苑、太原胜利小区、秦皇岛金汇苑、两渡车站小区6个项目2961户、38.56万平方米，楼座主体工程全面竣工。扎实推进帮扶救助工作，落实“春有慰问、夏送凉爽、秋有助学、冬送温暖”帮扶救助机制，支出“三不让”专项资金4395.98万元，救助特重困职工1655户次，助医13873人次，助学228人次。不断丰富职工文化生活。广泛开展“百千万”站区职工文体活动，组织“我爱我家、扮靓太铁”“书香人生、幸福生活”等系列活动，增强了职工的向心力、凝聚力。关心青年成长成才。高度重视青年人才培养工作，制定青年成长成才10项利好措施，举办全局青年人才示范培训班和交友联谊活动，在全局公开竞聘路局团委副书记后备人选，并组织实施百日攻关活动，多种方式激励青年岗位成才。大力优化发展环境。加强治安综合治理，紧盯国庆、五中全会等敏感时段，严密“五道防线”，深化平安铁路建设，安全发展外部环境得到优化。连续六年保持全路信访重点项目考核“零扣分”的好成绩。“9·3”阅兵期间路局信访工作受到山西省发文表扬。局关工委、离退、武装、保密等部门主动融入，发挥作用，集聚了保安全、促发展的攻坚合力。

（艾文凯　马天龙）

附：太原铁路局党委书记、副书记、委员名单

书　记： 张义平（7月免职）

副书记： 杨绍清（7月免职）　赵春雷（7月任职）　郭家宏　支　斌（2月任职）

委　员： 杨国秀（6月离职）　张锁明　丁永民

省煤矿安全监察局党组工作概况

党组书记　卜昌森

2015年，山西煤监局党组团结带领全局广大干部职工，深入学习贯彻党的十八大和十八届三中、四中、五中全会精神，认真学习习近平总书记系列重要讲话精神，始终坚持“以人为本、安全发展”理念，全面落实国家总局国家煤监局和省委省政府关于安全生产工作的重大决策部署，进一步明确目标、落实责任，完善机制、强化监察，煤矿安全监察工作取得积极进展，为推动山西煤炭行业“六型转变”、安全发展做出了积极贡献。2015年主要做了以下几个方面的重点工作：

一、突出顶层设计，理清工作思路

2015年全省煤矿安全生产形势持续紧张，特别是同煤集团姜家湾煤矿“4.19”透水事故造成21人死亡，损失惨重，影响巨大，是上半年全国煤矿唯一的一起重大事故。针对这种严峻形势，山西煤监局党组坚持科学思考，找准定位，突出顶层设计，在广泛深入调研的基础上，进一步理清完善了全省煤矿安全监察工作思路，确立了履行“双重使命”、坚持“两个天字号”、贯穿“一个主基调”、突出“六个第一”、落实“十个强化”的工作总布局。

履行“双重使命”，就是既认真履行好煤矿安全国家监察的职责使命，又积极履行好服务地方经济发展的职责使命。

坚持“两个天字号”，就是坚持安全为天、廉政为天，把煤矿安全生产、煤监队伍廉政建设作为两个同等重要的“天字号”大事来抓。

贯穿“一个主基调”，就是贯穿“使命·担当·创新”的主基调，牢记使命，敢于担当，勇于创新。

突出“六个第一”，即：把追求“零死亡”作为第一目标；把治理灾害隐患作为第一关口；把抓班子带队伍作为第一要务；把德廉作为干部“第一品格”；把培育安全文化作为第一品牌；把开展“比、争、创”活动作为“第一载体”，激发全系统奋发向上的新风正气。

落实“十个强化”，即：强化依法监察；强化分局（站）工作；强化团队精神；强化“简单、阳光、坦诚”氛围；强化执行力；强化责任制；强化正能量；强化“一岗双责”；强化考核；强化工作创新。

按照上述思路，全省煤矿安全监察工作狠抓落实、稳步推进，形成了改进创新、创先争优的新局面。

二、突出职责使命，扎紧织密防线

煤矿安全监察工作是煤监工作的职责所在、核心要务。为此，山西煤监局党组紧紧围绕“使命·担当·创新”的主题，进一步科学研判全省煤矿安全生产形势，针对经济下行压力下煤矿安全生产面临的诸多风险因素，抓住煤矿安全责任落实这条主线，进一步强化监察执法工作，大力强化依法治企、依法行政、依法治安，突出职责使命，扎紧织密“五道防线”。

(一) 扎紧织密思想防线，强化国家监察使命意识。深刻学习领会习近平总书记关于安全生产的重要讲话指示精神，牢记“红线”，筑牢“底线”，以开展“三严三实”专题教育为契机，对全省煤监系统广大干部职工加强学习教育，突出增强更好地履行国家监察职责的责任意识、使命意识、担当意识、创新意识。为此，专门召开了两次监察执法工作座谈会，对“使命怎么看、担当怎么办、创新怎么干”进行研讨，对如何进一步树立国家监察权威、创新监察执法方式方法等进行交流，统一了大家的思想认识，凝聚起了干事创业的精神力量。

(二) 扎紧织密责任防线，强化各级责任落实。一是落实“党政同责”。大力推动完善“党政同责、一岗双责、齐抓共管、失职追责”安全生产责任体系，推动各级责任落实。二是及时约谈通报政府，促进隐患整改落实。对存在重大安全隐患的矿井、发生事故的矿井负责人及其主管部门、政府主要负责人进行约谈；将非法违法生产建设的矿井，及时移送相关部门。三是严查事故，严肃追责。2015年共查处煤矿事故33起，已结案30起，对547名事故责任者进行了追责，其中追究刑事责任49人；按照省政府要求，对2起事故提级调查。四是督促政府落实举报。将接到的107起事故举报及时移交地方政府进行核查，已反馈核查结果67起，其中查实瞒报7起，已全部查处结案。

(三) 扎紧织密重点防线，强化瓦斯、水害综合治理。一是对重大灾害矿井实施重点管控。对45座煤与瓦斯突出矿井、234座高瓦斯矿井和93座水文地质类型复杂及以上矿井，实行重点监控、重点监察。二是组建“三支专家队伍”。按监察人员专业特长组建了瓦斯治理、地面煤层气开采、防治水“三支专家队伍”，瓦斯治理、煤层气地面开采专家队伍已经培训完毕；防治水专家队伍分三个阶段进行了培训，第一阶段为期一周的室内专家培训，第二阶段分两批赴河北煤监局、冀中能源和山东煤监局、山东能源集团考察学习防治水经验和监察技术，第三阶段赴西安煤科院学习先进的防治水技术，目前已经完成前两个阶段的培训学习任务。召开了全省煤矿防治水工作会议。三是加强重点县安全督导。对列入全国第二批50个煤矿安全重点县的左云、盂县、沁源、阳城等县进行了重点督导，落实九项攻坚举措。

(四) 扎紧织密监察防线，强化监察执法创新工程。一是创新监察执法，加大执法力度。开展源头式监察、宣教式监察、授课式监察、审计式监察、交叉式监察和积分式监察，共监察各类煤矿1020矿，监察覆盖率94.53%，深入现场检查3223矿次，其中“三项监察”1582矿次，完成计划的109%；制作文书5139份；查处安全隐患10858条，按期整改率98.53%，其中重大隐患29条，责令停产整顿矿井6矿，行政罚款22794.58万元，实际收缴5158.98万元。二是严格行政许可。全局共发放煤矿和煤层气安全生产许可证439矿次，审批煤矿和煤层气建设项目安全设施设计118矿次。三是强化“打非治违”。对全省19座非法违法建设煤矿和同煤集团8座越界开采煤矿进行检查，并向省国土资源部门移送了22座矿井（5座自动停建矿井未移送）。四是开展“双随机”抽查。坚持“细排查、严治理、建机制、重实效”的原则，随机抽查煤矿，共暗查暗访92矿次，发现隐患460条。五是加强执法监督，规范执法行为。采取异地交叉执法、执法文书定期内审、重大行政处罚备案、监察执法案卷评查、优秀案卷评选竞赛、工作目标责任考核等多种形式；邀请省政府法制办、煤监局法律顾问等参与对100套执法案卷和10套优秀案卷进行了评查，建立了“政法释疑、执法监督、纪检监察”三位一体的监督机制，促进执法能力和水平的提高。

(五) 扎紧织密法治防线，强化依法治安。一是开展法治企业建设研究。与山西行政学院合作，开展法治企业建设课题研究，制定出台了指导意见。二是推动地方立法。以煤监局为主起草了《山西省煤矿瓦斯综合治理规定》《山西省煤矿水害防治规定》两项2016年度省政府规章立法建议草案。三是加强法治培训。组织安全监管监察人员法治培训18班次，1131人；组织煤矿企业新安法学习培训95班次，7005人；坚持每月一个专题，对监察人员进行法治培训。四是开展安全生产月活动。宣传“加强安全法治、保障安全生产”主题，主要领导参加煤矿应急预案演练活动。五是开展安全文化示范企业创建活动。通过考评，命名了4家省级煤矿安全文化建设示范企业。六是开展警示教育。把2015年以来山西发生的6起较大以上事故案例制作成电教片《坚守红线 警钟长鸣——山西2015年煤矿事故案例警示录》，在全省煤矿企业进行了全覆盖、滚动式播放；召开了全省煤矿水害、瓦斯事故警示教育视频会；在发生较大以上事故的煤矿企业进行了五场宣讲活动。七是开展谈心对话活动。开展了第二轮“百名干部与千名矿长谈心对话活动”，进一步落实了企业安全生产主体责任。

通过以上工作，初步遏制了煤矿安全生产事故反弹势头，安全生产形势总体向好、基本稳定。2015年煤矿百万吨死亡率0.079，其中下半年为0.045，比上半年0.117下降了0.072，降幅达61.5%。

三、突出党要管党，加强队伍建设

面对全省煤矿安全生产的严峻形势，山西煤监局党组坚持党的建设和监察执法工作“两手抓、两手都要硬”，突出党要管党，认真落实党组织抓党的建设、党风廉政建设的主体责任和纪检组织的监督责任，大力加强党建工作和干部队伍建设，为推动监察执法工作创新发展提供了坚实的组织保证。

（一）加强政治理论学习，夯实思想基础

一是开设“山西煤监大讲堂”。聘请有关专家进行了十八届四中、五中全会精神专题辅导，并组织开展学习大讨论，已经开展讲座12次。二是狠抓中心组学习。全年集中学习25次，深入学习了党的十八届三中、四中、五中全会精神，特别是习近平总书记的系列讲话精神。三是督促个人自学。专门下发政治理论学习计划，对个人自学的内容、记录等提出明确要求。

（二）加强组织建设，构筑政治堡垒

一是夯实组织基础。针对机关党委专职副书记长期空缺的状况，经过党组反复研究、广泛征求意见，配齐了机关党委班子。机关党委换届工作也正在积极筹备中。党组书记、党组成员和局领导带头落实“党政同责、一岗双责”制度，使党建和业务工作两结合、两不误、双促进、双提高。二是加强党的制度建设。加大了制度修订力度，进一步修订了省局党组《工作规则》等20余项制度，促进了党建工作规范化、制度化。三是提炼了“山西煤监精神”。在广泛征求意见的基础上，经党组研究，提炼了心系矿工、公正廉洁、敬业奉献、务实创新的“山西煤监精神”，用精神引领人、激励人、塑造人。

（三）加强队伍建设，转变干部作风

针对省煤监局干部队伍存在的严重老化、活力不足、动力不够等突出问题，全面加强干部队伍建设，进一步转变干部作风。

一是“业务培训”提素质。在加强政治理论学习的同时，注重干部队伍的业务素质提升，对缺乏煤矿基层经验的监察人员，分批选派到煤矿企业进行为期3个月的实践锻炼。在组织监察人员在省内交流学习的同时，组织全局人员分两批到河北、山东等兄弟省煤监局和企业学习考察瓦斯治理、水害防治、监察执法、信息化建设等先进技术和工作经验。

二是“干部交流”增活力。2015年以来，党组突出加大了干部选拔交流力度，先后提拔了5名同志、交流了23名同志，涉及8个处室、9个分局。倡树了“让想干事的人会有机会，能干事的人会有舞台，干成事的人会有地位，不干事的人会有危机”的用人导向，疏通了变“相马”为“赛马”“自己提拔自己”“干部能上能下”的用人机制。下一步还将采取竞聘上岗的方式，对机关和分局的部分空缺岗位进行择优选拔。

三是“作风建设”树正气。坚持作风建设只有进行时，没有完成时，永远在路上；坚持出重拳、建规章、抓长效、树正气；坚持深入开展“三严三实”专题教育，下“猛药”去“沉疴”；坚持在干事中树正气，在务实中树正气，在落实中树正气，在团结中树正气。

四是“选树典型”鼓士气。加大了正面典型选树和典型引路力度，选树了2个先进单位、3个先进个人典型，召开了经验事迹报告会，在新闻媒体上进行了广泛宣传，大力营造了让先进有名、有利、有位和学先进、赶先进、争先进、当先进的浓厚氛围。2015年“七·一”，表彰了17个先进基层党组织，44名优秀共产党员，10名优秀党务工作者。临汾、朔州、太原、阳泉、长治等分局（站）和培训中心、煤炭宾馆等先后被省直文明委评为“文明单位”。

（四）加强廉政建设，落实“两个责任”

山西煤监局党组认真剖析了煤监机构成立15年来，山西煤监系统出现的腐败案例，提出了进一步加强党风廉政建设的新思路、新举措。

提出“两个天”理念。在全局干部大会上提出了坚持安全为天、廉政为天的理念，强调“煤矿安全，不出事故是硬道理；煤监队伍，不出问题是硬要求”。

突出“两个责任”。即：突出落实党组织的主体责任和纪检组织的监督责任。特别是强化了纪检监察室的事前监督。

构筑“三道防线”。即：筑牢夯实反腐倡廉的思想防线、制度防线和纪律防线。

落实“五个好”。即：讲好廉政故事，选好廉政典型，抓好廉洁自律，搞好廉政监督，育好廉政文化。锻造一支对党忠诚、个人干净、敢于担当的高素质煤监队伍。

抓实“六个强化”，即：强化党性观念，强化责任意识，强化建章立制，强化权力监督，强化执纪问责，强化作风建设。

通过抓班子、带队伍、促廉政，各项工作稳步推进，全体人员党性进一步增强，班子凝聚力进一步加强，队伍素质进一步提高，党风廉政建设工作进一步推进，各项工作取得了良好成效。

（王云爱）

附：省煤矿安全监察局党组书记、成员名单

书　记：桂来保（6月离职）　卜昌森（6月任职）

成　员：梁云祥　徐占成　贾师文

薛勇军（1月离职）　赵文才　杨谦禄

王怀科（3月任职）

中华人民共和国太原海关党组工作概况

党组书记　吴海平

以改革引领发展取得新突破,关区业务亮点显著

太原海关突出改革强关，紧密结合山西省情和太原海关实际，加强顶层设计和统筹规划，充分发挥改革的突破性和先导性作用，为打造中国特色社会主义内陆强关加速助力。

全面落实丝绸之路经济带海关区域一体化改革。成立领导小组和推进小组，按照《丝绸之路经济带海关区域通关一体化改革方案》要求，做好丝路一体化改革各项工作，先后召开13次会议研究部署和协调推进改革工作。克服人力和财力紧张，指派6名业务骨干入驻青岛应急协调中心。及时向山西省委、省政府报送改革情况，得到了省领导的高度重视。自5月1日起，太原海关顺利纳入丝绸之路经济带海关区域通关一体化改革板块，为山西进出口企业减负增效和融入丝绸之路经济带提供了便捷高效的通关服务。全年共接受申报一体化报关单7995票，其中狭义一体化报关单813票，系统运行平稳。

积极促进富民强省扩大开放战略实施。坚持靠前站位、主动作为，为山西富民强省战略实施贡献力量。积极参与山西《全面扩大开放意见》的制定。配合支持地方政府加快获批海关机构筹建工作，运城、长治和晋城海关建设进一步提速。支持武宿综保区加快发展，进出区货物日渐多元，监管进出区货运量11万吨，监管进出区货值111.7亿元人民币。加大航空口岸开放支持力度，办理新备案航空公司5家，审批新增国际航线4条，复飞航线7条。积极支持大同航空口岸临时开放，配合相关部门开展运城航空口岸、太原铁路口岸开放前期准备工作。支持方略保税物流中心搬迁新址，指导兰花保税物流中心规范建设。启动跨境贸易电子商务调研，参加省市政府组织召开的研讨会，安排相关人员赴兄弟海关考察学习。

主动跟进落实海关总署各项改革举措，突出改革强关。与山西出入境检验检疫局共同制定关检合作“三个一”方案，联合举办培训宣讲会，推广使用统一版“一次申报”系统，全年“一次申报”报关单1591份。积极推进无纸化作业改革，提高无纸化申报报关单数据的全面性、准确性、及时性，无纸化率94.02%。推广汇总征税改革，深入重点税源企业宣讲政策，已有企业申请开展汇总征税，并通过专项评估。电子保函区域通用实现零突破，实现了“一份保函，区域通用”。优化查验工作机制改革，实施分类查验和查验分流，无干预随机布控率70.5%。

深入推进简政放权转变职能，切实为企业减负增效。清理进出口环节经营性服务收费项目、简化退税手续。自4月15日起，取消海关预归类服务等3项进出口环节经营服务性收费；5月1日起取消面向自理报关企业的数据传输费，切实为企业减负增效。简化进出口企业注册登记，实施“一照一码”、“三证合一”。减少行政审批项目，优化审批流程，缩短审批时限，保留行政审批事项7项，受理总署审批的行政许可项目2项。在门户网站更新“办事指南”和“行政许可”栏目内容54条。各业务现场全面施行“一个窗口”审批受理制度，统一印制《行政审批事项服务指南》，企业满意率100%。积极落实企管新要求，培育关区认证企业，实施企业动态管理。

创新工作思路和方法，创新型海关建设富有成效。突出创新强关，激发各单位、部门和广大关警员创新活力。创新缉私战法，利用大数据和情报分析探索研究“互联网+”新战法，为全国海关打击网络走私犯罪作出新的贡献，得到海关总署署长于广洲、副署长胡伟的高度肯定。创新政治理论和业务学习方式，在关区推广“两个学习”做法，有效提升关警员的政治理论素养和业务水平。创新统计工作模式，依托统计大数据，排查虚假贸易企业取得新成效。创新稽查作业模式，借助中介机构专业化优势，提高稽查效能，实现稽查追补税133.32万元。优化完善“12360”海关热线人员培养方案和后台协作机制，太原海关选手入选岗位练兵竞赛决赛并取得团体第二名的优异成绩。创新新闻宣传工作方法，利用新媒体宣传海关各项改革和最新政策，有效扩大了海关的社会影响。

以法治筑牢根基取得新进展，基础工作不断夯实

太原海关突出法治强关，切实把法治思维和法治方式贯穿于关区各项工作全过程，体现在执法和非执法全领域，落实在队伍、业务建设的全方位，从根本上筑牢太原海关发展之基。

依法治关制度体系不断完善。制定完善依法治关制度体系，发挥法规制度建设引领改革和保障发展的作用，确保各项工作在法治框架内有序运行。制定出台《太原海关“三重一大”决策制度实施细则》《太原海关工作规则》等制度，对重大决策、行政管理等基础性、普遍性、根本性管理行为进行规范，清理规章制度369项，规范规章制度277项。成立关区法律小组，加强立法调研、献计献策，全年共向山西省政府法制办等部门报送立法反馈意见建议11项，向海关总署政法司报送反馈意见建议13项。

实际监管能力和监管效能得到加强。全面夯实业务基础，按月对关区进出口商品的归类、价格、原产地等数据

进行逻辑比对。加强对大宗散货的实际监管，严格散杂货物的转关审核。对查验工作进行专项检查。定期对免税店进行巡查，每月对报表进行审查及存档留存。开展监管场所、特殊监管区域及保税场所清理整顿。对进境旅客行李物品100%过机检查，进境飞机100%登临检查，关区旅检渠道旅客通关系统征税录入规范率和核注率均达到100%，受到海关总署通报表扬。监管进出口货运量590万吨，审核进出口报关单11259份；税收入库11.3亿元，减免税审批总货值2.44亿美元，减免税款2.89亿元；监管进出境航班3135架次，进出境人员40.74万人次；查获违禁书刊30起76册，旅客主动放弃书刊310册。

执法统一性建设迈上新台阶。进一步明确自由裁量基准强化制度约束的刚性，加强出台文件的合法性审查，规范改革进程。以建设学习型海关为抓手，对业务薄弱环节开展法治教育和业务培训，着力提高关警员的执法素质和水平，形成全关上下学好法律、精通业务、把好国门的良好氛围。全面推进关区优化行政执法领域内部核批工作，压缩76项核批环节，下放15项核批层级，规范业务核批主体83 项，优化174项。综合运用“制度+科技+人工”工作机制，关区执法统一性建设迈上新台阶。

深入推进“五大战役”行动，保持打击走私高压态势。制定出台《太原海关“五大战役”行动方案》。全年立案侦办走私犯罪案件22起，同比增长6.3倍；立案调查行政违规案件68起，同比增长70%；补税200.42万元，征收税款滞纳金17.4万元，罚款139.13万元；配合兄弟海关缉私局协查案件28 起。深入推进反走私综合治理工作，承办了由全省19家单位参加的2015年山西省打击走私综合治理工作会议。立案侦办的“3.20”走私武器弹药案被海关总署缉私局列为一级挂牌督办案件，得到公安部、海关总署和山西省等领导的批示和指示；参与的“7.10”查缉涉嫌走私贩枪案件专项行动得到海关总署领导高度肯定，继续发扬了“小关办大案，小局大作为”的优良作风。

以党建统筹队伍取得新成效，干部素质明显提高

太原海关突出人才强关，从严从实落实党建责任，健全管理制度，严明党的纪律，不断改进作风，提高干部队伍素质和能力，为海关事业长远发展提供坚实的队伍保证。

“三严三实”教育有效开展。制定了《太原海关“三严三实”专题教育实施方案》，召开了“三严三实”专题教育部署暨专题党课报告会。组织各支部书记开展专题党课培训，确保党课质量。开展“严以修身、严以律己、严以用权”三个专题学习研讨。认真查摆“不严不实”的18种现象和3方面的危害，通过挂账销号抓整改落实。广泛征求各方面意见，认真准备专题民主生活会。及时转化学习成果，上报海关总署学习研讨交流文章14篇。

准军事化纪律部队和“四好”科室建设成绩卓著。扎实开展准军事化纪律部队建设，召开关区政治工作会议暨推进准军事化海关纪律部队建设工作动员会。认真抓好规范内务秩序工作，组织督察队分赴关区各单位、部门进行检查，组织干部分两批赴军营学习训练，并进行队列会操。建立每月两次的队列训练机制，强化和巩固队列训练成果。重新修订《太原海关内务督察实施细则》，形成加强关区纪律作风建设的长效机制。干部队伍精神面貌、党性修养和工作作风显著提升。探索建立适合内陆海关特点的基层科室建设路径，实行分类指导、现场观摩、互通有无等做法，树立“四好”标杆科室。通过岗位练兵技能比武和“四好”科室建设，形成了全员学习业务、人人精通本职的良好局面。

党建工作取得新进步。有序开展2015年党员发展工作，组织近年来新入党党员分6批次参加省直机关新党员培训班。组织党务干部参加省直机关支部书记示范培训班。开展第四届“读书月”活动。发挥微信平台作用，制作机关党建、精神文明等内容微信推送32期。召开庆祝建党94周年暨“七一”表彰大会，对关区涌现出的先进单位和优秀个人进行表彰。太原海关机关被命名为“2014年度省直精神文明单位标兵”，1名同志获得“省直十佳文明公民”称号。树立和宣传5名平凡岗位上践行社会主义核心价值观和海关核心价值观的先进典型。党建工作受到了山西省委领导的高度肯定。

贴近实际有效开展工青团妇等工作。完成机关工会选举工作，并协助大同、侯马海关成立工会。兴趣小组活动丰富多彩，举办羽毛球、棋牌比赛，制作书画、摄影长廊，积极参与省直机关“菜单式”体育比赛。共青团工作有效开展，完成青年人才库信息采集整理工作，组织团员在清明节前夕赴牛驼寨烈士陵园开展烈士纪念活动。机场海关连续第十年获得“全国青年文明号”荣誉。在团省委第十一届青联换届工作中，1名同志成功当选山西省青联委员。侯马海关团支部被评为2014年省直五四红旗团组织，2名同志分别被评为省直优秀共青团干部、省直优秀共青团员。扶贫工作取得新突破，为扶贫点争取扶贫资金6.5万元，互助资金15万元，扩大蛋鸡养殖合作社的养殖规模，为群众增收脱贫打下了基础。

（宋　阳）

附：中华人民共和国太原海关党组书记、成员名单

书　记：吴海平

成　员：许乾峰　武书明（12月任职）　虞　阳　林跃飞（12月任职）　高志凯（10月离职）　岳玉敏（女，5月离职）　牟军海（12月离职）

太原铁路公安局党委工作概况

党委书记　董跃峰

2015年，太原铁路公安局坚持以党的十八大和十八届四中、五中全会精神为指针，以贯彻落实全国公安厅局长会议、全省公安工作会议、全路公安领导干部会议精神为引领，以开展“三严三实”专题学习教育活动为契机，紧密围绕中央全面深化公安改革和公安部深入推进“四项建设”的战略部署，将“平安山西”、“法治山西”建设与“平安铁路”建设有机融合，明确“54321”总体思路，全面推行目标责任考核管理，进一步强基固本、破解难题、培育亮点，全局“三年规划”圆满收官，公安工作和队伍建设得到了跨越发展，管内政治治安保持了持续稳定，圆满完成了抗战胜利70周年纪念活动、十八届五中全会等重大安保任务，为服务山西经济社会发展、旅客群众平安出行提供了和谐稳定的治安环境。年内，公安局连续三年荣获山西省情报信息预警一等奖，1个基层单位荣获第八届“山西青年五四奖状”，1名民警被评为“山西省十佳亲民警察”，有3个集体、5名个人被省厅评为“全省抗战胜利70周年纪念活动安保成绩突出集体和个人”；有3部微电影、3条微信、2条微博在全国、全路公安民警“三微”大赛上获奖，微电影《致命救赎》荣获全国公安民警“微电影三等奖”；连续三次参加全路模拟案件现场练兵考核均荣获第一名，取得全路实战练兵片区考核团体第二名、实战练兵成果检测团体第四名；公安局党委连续10年被路局评为“先进党委”，公安局领导班子被路局评为“学习型领导班子”；共有122个集体、306名个人立功受奖。

一、坚持以深入开展“三严三实”专题教育活动为契机，强力推进思想建设、作风建设和民主建设，领导班子的决策力、执行力明显提升

把开展“三严三实”专题教育作为党的群众路线教育实践活动的延展深化，坚持高标准，严要求，取得了良好效果。一是深入开展了“三严三实”专题教育活动。扎扎实实完成了规定书目研读、专题党课讲授、专题学习研讨、问题清单整理等规定动作，公安局、处党委书记以讲党课启动“三严三实”专题教育开局，认真开好了专题民主生活会，建立健全了18项作风制度和11项配套机制，形成了较为完整的作风制度框架，各级领导干部的党性修养得到了自我教育、自我锻炼、自我改造和自我完善。二是认真落实了党风廉政建设责任制。认真履行党风廉政建设主体责任，不断健全完善制度机制，相继部署开展了警风警纪教育月、警风警纪“十查”教育管理、“四个五”整纪肃风等活动，紧紧抓住行政、执法权力运行的重点领域和关键环节，全面落实个人重大事项报告、述职述廉、经济责任审计等工作。三是积极推进了专项治理。按照五个“百分之百”的要求和“八个一律”的刚性规定，对全局228个单位开展“小金库”专项治理。围绕专项巡视反馈的三方面突出问题和公安局确定的5项整改措施，围绕组织人事管理、装备财务管理、干部廉洁自律三个方面，从建立完善、执行落实、监督检查三个环节入手，制定完善各类制度31项，领导班子思想、组织、作风、反腐倡廉和和制度建设得到不断强化。

二、坚持以夯实党建基础工作为支撑，充分发挥思想政治工作的服务、保障和引领作用，党团干部的号召力、凝聚力不断提升

始终以党建工作“融入有力、特色鲜明、成效显著”为目标，积极推进党支部标准化建设，高度重视青年民警工作，充分发挥广大党团员示范、引领作用，为中心工作汇入源头活水。一是夯实党建基础工作。组织党委书记抓基层党建工作述职评议，制定《党委成员联系党支部制度》，出台《民主评议党员实施办法》，对全局2332名党员进行了民主评议，形成责任明确、领导有力、运转有序、保障到位的工作机制。下发《关于进一步明确党支部工作标准和流程的通知》，修订完善党支部建设责任制，出台《党支部工作考核办法》和《党支部书记履职考核制度》，全面深化了党支部标准化建设。二是创新思想教育载体。依托党委理论中心组、“视频大讲堂”等载体，组织各级领导干部深入学习贯彻党的十八届五中全会精神以及习近平总书记系列重要讲话、批示、指示精神。同时，围绕春运、两会、暑运以及反恐防范、查危防爆等公安中心工作，组织开展“组织作用在所队、党员作用在岗位”、“当称职干部、做合格民警、建过硬队伍”等主题实践活动，围绕“我是谁、依靠谁、为了谁”、“为何从警、如何做警、为谁用警”，积极开展形势任务教育、理想信念教育、宗旨意识教育以及“永远跟党走”歌咏比赛、“迎七一、学先进、展作为”先进交流座谈会等一系列党建活动，并在公安局局域网建立“太原铁路公安党建网”，极大地丰富拓展了思想政治工作的阵地和载体。三是发挥党团同频作用。坚持“党建带团建”、“党有号召、团有行动”的工作思路，开展实践活动，搭建进步平台，团结带领青年在各项安保工作中发挥了生力军作用。举办国学讲堂，聘请山西大学教

授讲授国学知识，提升青年民警的文化素养。组织开展“春运平安出行”青年志愿者活动、“青春太铁梦”演讲比赛，展现了青年民警的良好形象和青春活力。围绕破案、追逃、办案、维稳、宣传等五个方面，设立青年民警战绩先锋榜，评选出15个青年岗位标兵，在全局范围内予以表彰奖励，激发了青年民警的工作积极性，形成了比学赶超的良好氛围。

三、坚持以加强公安队伍正规化建设为根本，始终秉承素质取胜、文化育警和严优并举理念，公安队伍的战斗力、公信力全面提升

以建立完善“忠诚可靠、素质过硬、警风优良”的“队伍正规化管理体系”为目标，牢牢把握“五个过硬”总要求，坚持“十警”理念，细化分解五个方面22项64条具体工作及措施要求，全面加强了公安队伍建设。一是广泛开展练兵比武竞赛。认真贯彻落实“实战化训练推动年”部署要求，从“武器警械专项训练、专业培训、初任培训、晋升培训、基层实战培训、教官培训”六个层面，推行“日学、周练、月考、季评”的常态化训练机制和警务实战技能小教官“1+1”计划，并广泛开展一线实战送教活动。全年共举办各类培训班32期3250余人次，组织开展了三轮实战化练兵考核和送教活动，抽考53个所队269名干部民警。期间，公安局组织编印《警务实战训练手册》3200册，各公安处分别举办了形式多样的警体运动会和实战练兵比武竞赛活动。二是不断深化警营文化建设。坚持把精神文明建设与警营文化建设有机融合，投资充实基层一线的文化设施，开通“太铁警方在线”微博和微信，承办了“全路公安微电影创作研讨培训班”，举办了一系列“卫士杯”体育比赛、“金盾杯”书画摄影展等文体活动。全局共在各级新闻媒体刊发稿件4210篇，中央级新闻媒体刊发稿件395篇，省部级新闻媒体刊发稿件1331篇。编写政工简报200多期，编发《太铁公安》季刊3期，编印大型画册《追梦之歌》和《精神文明专刊》，充分展示了太原铁路局工作和队伍精神风貌。三是全面推进职业保障工作。积极落实政策文件，全局在职民警年人均收入较上年增幅约30%。组织全局2808名民警参加健康体检，190名先进立功民警健康休养。落实办理死亡抚恤金、残疾抚恤金235万元。帮扶救助民警670人136万元，发放慰问品和慰问金共计47.81万元，兑现励志奖学金17万元。下拨工会专项经费36万元加强基层所队“八小工程”建设，筹措资金37.57万元用于送“温暖”、送“清凉”活动，切实提升了民警职业保障工作水平。同时，从严“八项规定”、“三项纪律”，紧盯“枪、酒、车、监所”等重点环节，大施落责之举，大兴问责之风，确保了队伍绝对稳定。

四、坚持以确保晋煤外运安全畅通及旅客平安出行为目标，充分发挥公安机关打击、防范、服务职能，社会群众的安全感、满意度大幅提升

将全局公安工作纳入山西省年度目标责任考核体系，明确阶段目标、工作进度和完成标准，持续开展“创建绿色通道、打造平安站车”主题活动，着力健全完善“打、防、管、控、建”五位一体的治安防控体系，全面强化站车线治安风险管理，有力地维护了铁路运输生产安全和旅客生命财产安全。一是反恐防范常态落实。持续推进人防、物防、技防、警务装备建设，坚持站警、特警、武警、警犬、警车“五位一体”巡控模式，先后组织各单位开展应急演练600余次。二是管内治安平稳有序。查获各类危险品9. 7万起，同比增长201%，特别是立足站车查获毒品868起14268.242克，同比增长68.9.2%。持续推进“绿色通道”创建活动，年内杜绝撞轧大牲畜事故，铁路交通事故和防撞停车分别下降27.8%、37.3%，37个派出所线路治安实现“五无”，大西高铁平稳有序。三是打击整治战绩显著。破获刑事案件139起，打掉犯罪团伙6个成员27名；破获毒品案件19起，缴获各类毒品300余克；站车查缉抓获公安部网上逃犯1257名，建局以来年度缉逃首次突破千名。四是依法行政规范有效。下发消防法律文书3249份，行政罚款188起478010 元，判立重大火灾隐患20处，办理内保行政案件1301起，同比上升311%，排查内保隐患7314件；内部单位职工犯罪率同比下降12.5%。五是警卫任务万无一失。全年安全执行各项专特运警卫任务193次。

（张　健）

附：太原铁路公安局党委书记、副书记、委员名单

书　记：董跃峰

副书记：关六斤

委　员：段建生(9月离职)　马跃进　张文魁　刘来有　朱彦红　刘建兵　张国顺

驻晋部队党委工作概况

省军区党委工作概况

党委书记　郭志刚

2015年，是省军区部队经受考验、接续发展的一年，也是拼搏进取、奋发作为的一年。2015年，在原北京军区党委和省委、省政府的正确领导下，省军区党委团结带领全区官兵，坚决贯彻习主席系列重要讲话精神和军委决策部署，以强军目标为指引，牢牢把方向，集中抓大事，扎实打基础，各项任务完成圆满，部队建设呈现出稳步推进、全面攀升的良好局面。

一、用习主席系列重要讲话精神统领思想、强固军魂，确保了部队集中统一和纯洁巩固

坚持把学习贯彻习主席系列重要讲话精神作为首要政治任务，省军区常委先后15次集中学习，都紧盯部队建设现实问题，把问题当选题，把学习当问策，定期形成指导性意见下发部队。全年指导全区团以上党委机关完成4个专题学习，把团以上干部普遍轮训一遍，组建宣讲团巡回宣讲70余场次，形成了各级主动抓与官兵自觉学互动深化的浓厚氛围。扎实组织"学习践行强军目标、做新一代革命军人"主题教育活动，注重区分不同人员类别，深入开展"新一代革命军人""新一代国防后备军"样子大讨论，有效增强了广大官兵热爱武装、岗位建功的认同感和内动力。高度关注正风反腐和改革背景下官兵思想反映，抓住纪念抗战胜利70周年有力契机，在全区广泛开展"唱响抗战歌、激发强军志"群众性歌咏比赛等系列活动，传播好声音，弘扬主旋律，积聚正能量。始终把政治纪律和政治规矩挺在前面，特别在肃清郭伯雄、徐才厚案件影响、深化国防和军队改革等重大现实考验面前，第一时间落实上级指示，开展清理清查和专题教育，坚决用党中央、中央军委和习主席决策部署凝聚军心意志，全区部队经受住了特殊政治考验。

二、聚焦能打胜仗推进战斗力建设，部队实战化能力和水平得到进一步加强

坚持以新形势下军事战略方针为统揽，把主要心思和精力向战斗力聚焦，各项工作向战斗力使劲。专题召开全区备战工作部署会，严格规范各级作战值班秩序，常态落实日抽查、周演练、讲评通报制度，形成作战值班"训、考、查、评"新常态。持续深化使命课题研练，认真参加军区战役集训，全员全装全要素组织省军区本级拉动演练，结合冬季适应性训练组织战备拉动，练指挥、练协同、练战术、练保障，部队战备水平得到有效提升。坚持按纲施训，从省军区首长机关抓起严起，圆满完成预备役部队新大纲试训论证和夜训试点任务，为全军蹚了路子。坚持向编组要战斗力，突出依山防火、依水防汛、震区防震、大中城市反恐，推广太原和吕梁民兵组织向新型企业、中小微民营企业和科研院所拓展做法，常态开展防震、防火、防汛、防暴演练，首次组织军地地震救援指挥通信演练，组织地震救援二队参加全省抗震救灾实兵演练，部队遂行任务能力明显提升。

三、从严从紧整风整改正风肃纪，形成并保持了大抓作风建设的高压态势

认真贯彻整风整改基调，把开展"三严三实"专题教育整顿作为深化作风建设的主要内容，坚持一手抓学习教育，严格落实理论灌输、党课辅导、警示教育、专题组织生活等规定动作，使广大党员干部在思想、作风、党性上得到了又一次集中"补钙"和"加油"。坚持一手抓整风整改，以"五用一履行"统筹推进"八个方面专项清理整治"，把解决问题作为硬杠

杠，省军区常委、领导小组5次听取整改情况汇报，针对前期推进迟缓、整改不力问题专题召开党委全会和推进会，压实责任，传导压力；始终盯着住房清理、财务清查等重难点，摸清底数“过筛子”，敢于较真“揭盖子”，逐一挂账销号，清理整治取得阶段性成果。2015年省军区查办上级批转和本级受理的问题线索22件，免职处理1人，党纪政纪处分8人，与2人诫勉谈话，对5起违规违纪问题在全区通报，有力教育警示了部队，形成强大震慑。

四、积极深化拓展军民融合深度发展成果，国防动员和后备力量建设取得新的发展进步

注重搞好顶层设计，组织军地人员共同赴江苏、浙江考察学习军民融合有益做法，借鉴编制《山西省“十三五”军民融合深度发展规划》，联合省委、省政府出台《关于新形势下加强和改进党管武装工作的意见》，为推进军民融合深度发展提供了有力支撑。着眼提升全省国防动员能力水平，组织开展国防动员指挥研究性演练，军地各级领导以实际身份、按实战流程全过程连贯实施，特别是注重借鉴军区战役演习成果，实案分析天津“8.12”特别重大火灾爆炸事故，实现了强化国防观念、理顺指挥关系、完善方案数据、明确动员方法、提升省军区地位的综合效益，经验做法在全军转发。扎实开展形式多样的征兵宣传，邀请山西籍航天员景海鹏、刘旺参加大学生征兵启动仪式，全省23个县市区推行城乡义务兵“同役同酬”，批转寿阳县依法处罚拒服兵役人员办法，有效激发了适龄青年参军入伍积极性，促进了兵员质量提升。认真召开省委议军会议和全省党管武装工作述职会议，推行军分区党委第一书记任前谈话、宣布命令，首次举办两期县处级干部国防专题研究班，全省管武强武的政治氛围进一步浓厚。在多项军事保障任务中，省市领导都高度重视，主动拥军支前，体现了很强的国防情怀。广大民兵预备役人员积极投身“六大发展”，省军区再次投入90万元援建兴县3个扶贫项目，全区新建“国防林”“民兵植树基地”“预备役绿化工程”32个，植树造林1.1万余亩，帮扶贫困学校80所，救助军烈属等困难家庭1325户。

五、持续用力抓帮建促落实，以部团为重点的基层建设发展基础更加牢固

坚持“三重”工作指导不变频，把部团建设质量作为衡量省军区全面建设的基本尺度，以发现和解决问题为牵引，突出抓规范抓落实，一锤一锤钉钉用力。

严格落实常委分片包干和目标责任制，扑下身子真帮实带。全年省军区常委带工作组历时2个多月，对13个师旅及所属部团进行3个回合帮建指导，先后召开省军区部团建设形势分析会、师旅级单位政工领导恳谈会和78个基层座谈会，解剖16个部团（预备役营），梳理出10个方面33个重点矛盾问题，并以党委名义印发《梳理问题及解决措施的任务分工》。

注重以基层为镜子，反思和改进省军区帮建工作指导。紧贴形势任务变化，修订完善部团建设《意见及等级考评办法》。在全区公选机关处长，进一步立起鲜明的用人导向。把师旅团、省军区机关三部和直属单位纳入考核范畴，组织开展党委班子考核、军事训练考核和部团考评，全员覆盖、全面验收。积极为基层办实事解难题，协调解决122名军人子女享受加分优待、151名随军家属纳入随调计划，多年来首次召开干休所建设工作会议，研究改进老干部服务管理和干休所建设问题，省军区补助130万元改善老干部生活居住条件，进一步营造了拴心留人环境。

充分发挥抓建基层的综合效应，以基层稳固稳定大局。持续开展“学法规、用法规、守法规”活动，组织省军区机关处室领导轮流进行法规授课辅导，有效增强了各级尊法学法守法用法的思想自觉和行动自觉。认真贯彻“朔州会议”精神，围绕人车枪弹密管控和政治性问题防范等6个重点，开展隐患排查、安全大检查、燃爆危险品清查清理、军车专项整治等活动，定期分析安全形势，常年不打招呼抽查督导，安全调运报废弹药41.46吨、新式轻武器弹药25吨。

六、紧贴作战需求扎实做好后勤和装备工作，综合服务保障效能提升明显

坚持财力物力向战斗力聚焦，全年投入1.8亿元用于军事训练、配套设施建设和官兵生活保障。坚持党委理财，不断加大工程、经费预决算、领导干部离任经济责任和政府专项经费审计管控力度，共发现违规金额2070余万元，追缴450余万元，督导整改各类问题31个。坚持新官理旧账，积极主动、依法依规推进原28军善后办、永济农场等问题解决，为部队长远发展减压卸负。贯彻全军装备工作会议精神，完成全区3624个点位监控设备引接、719台通用车辆维修保养，配备手枪、防空导弹、无人机等新式武器装备，作战保障支撑能力得到进一步提高。

此外，新闻报道成效明显，《解放军报》头版头条刊发《八路军后代的亲娘在太行》，在军内外产生强烈反响；连续6年超额完成老干部移交任务，协调转隶安置10名军级退休干部；首次推行“量化赋分、积分选岗”安置办法，接收安置转业干部595名，公务员比例达到90%；圆满完成驻华武官夫人团、俄罗斯青年军官团来晋参观访问，以及总部日遗化武挖掘回收作业保障任务；机要保密、史料编纂、计划生育、学生军训和国防生培养等工作，都取得较好成绩。

（杜占甫）

附：省军区党委第一书记、书记、副书记、常委名单

第一书记： 王儒林

书　　记： 张少华（2月离职）　郭志刚（2月任职）

副 书 记： 冷杰松

常　　委： 贠自博（2月离职）　李　毅（2月任职）
喻　军　于占唐（6月任职）
苗爱民（6月任职，9月离职）

吴国志　徐建勇(6 月离职)
傅永国(9 月任职)　谢新宁

武警山西省总队党委工作概况

党委书记　刘振所

2015 年，是总队建设史上继往开来、革弊鼎新的重要一年，是经受整风整改、班子调整严峻考验的一年。总队党委紧跟武警部队发展大势，紧盯部队建设客观实际，着眼“稳中求强、全面过硬”总体思路，把握“六稳六强”阶段特征，突出“两手抓两确保”工作指导，严守“七个不允许发生”安全底线，部队建设在爬坡过坎、共度时艰中进一步打牢了发展基础，又向前迈出了坚实的一步。

思想政治工作坚强有力

认真贯彻“古田政工会”和总部推进会精神，围绕“4 个牢固立起来”“5 个着力抓好”，集中 194 名团以上干部“电疗式”集训，首次组织营以下干部全员额理论轮训，建立 4 项协调督导工作机制，2 次召开领导小组会议强力推进，梳理 9 个方面 46 个课题集智攻关，指导部队逐项推动，政治工作生命线地位得到加强。遵循“五得”要求、用好“四教”抓手，科学统筹四项教育，扎实开展“战斗力标准”和“新一代革命军人样子”大讨论，深扎官兵对党忠诚的思想根子。深入开展“十个一”系列警示教育活动，创建官兵及亲属法律援助机制，扎实抓好“四反”工作和心理法律服务，打好意识形态领域主动仗。广泛开展“强军风采”系列文化活动，组织“野战文化轻骑兵”基层行，全面推开“先进文化警地联建联创联谊”，整理编印《红色山西》励志丛书，提升了部队软实力。

执勤战备工作有效落实

总队先后召开储备守卫、货币押运、“两规”勤务联席会，看守所、监狱安全工作会议和武装巡逻勤务现场会，积极推进组勤模式改革，全面深化“五防一体化”建设，常态治理执勤隐患，“两看”目标实现监门哨上勤率“双 100%”，成功处置执勤险情 30 起，连续 18 年无执勤事故。认真贯彻训练“八落实”标准，运用“六种组训模式”，扎实推进以战训法为重点的各类集训，首次组织总队首长机关带直属部(分)队冬季野营拉练，常态开展训练监察，实战化训练取得新突破，参加总部干部骨干特战比武荣获第二名。整合战备力量体系，精心组织三场维稳战役和“卫士 –15”演习。朔州“9.3”严重危害公共安全事件、吕梁“11.19”劫持人质事件、太原“12.04”涉恐抓捕行动和阳泉“12.21”捣毁制枪制爆涉毒犯罪团伙四场战斗打得很漂亮。

依法从严治军深入扎实

深入贯彻中央军委《决定》和总部《实施方案》，严密组织专题研讨集训，深入开展“学法规、用法规、守法规”和“条令学习月”活动，促进“三个根本性转变”落地见效；坚持月讲评、季通报、常警示，突出重要节日、敏感时段管理，加大突击检查力度，部队“四个秩序”更加正规；召开落实安全工作“八个规范”推进会，用好“五个一遍”和“月教育、周预警、日提示”预防机制，突出“十个重大问题”，狠抓安全大检查、反恐大排查、“五个专项整治”和“三库”专项治理，开展“百日安全竞赛”活动，强化内部关系、治酒、治车三个方面禁令刚性落实，严格落实“八安七问”责任制，进一步夯实了部队安全发展根基。

基层建设基础更加稳固

认真学习贯彻新《纲要》，隆重召开基层建设总结表彰会，集中组织 736 名三级主官《纲要》培训，持续抓好党支部书记培训和岗位练兵活动，大力掀起“三帮一带”活动热潮，不断提升基层按纲抓建能力。采取试点先行、逐步推开的办法，分层研究探索贯彻落实“双 12 条”措施，按纲抓建的秩序更加规范。全年组织 3 个批次联合工作组下部队蹲点调研考察帮建，总队常委人均下基层 30 余天，主动深入联系点蹲队住班、指导帮建，做了大量艰苦细致的工作，有力促进了基层建设。组织 126 名机关干部下连当兵、蹲点帮建，突出对连续 5 年以上未进入先进的中队精准帮扶，23 个中队摘帽。晋中支队被武警部队表彰为基层建设“十大标兵支队”。

部队政治生态有效净化

在巩固深化党的群众路线教育实践活动成果的基础上，扭住“回归”“整顿”“重塑”做好通篇文章。着眼端正选人用人导向，围绕好干部“五条标准”，全面推开“七图叠一人、军政后排队、按岗来取人”机制，集中组织 161 名优秀团营职干部素质测评，调整使用 12 名团营职干部，推荐 35 名中级指挥和预任处长培训对象，得到部队上下普遍认可。扎实开展“五不实”专项教育整顿，编印《正确行使民主权利实用手册》，扭住乱告诬告问题出重拳、下猛药，大力纠治发生在士兵身边的不正之风，部队风气明显好转。借助“三严三实”专题教育整顿强劲东风，扭住“8 个专项清理整治”，坚持任务倒逼、上下联动、紧前推进、全程发力，以上率下、推动整改，纠治财务问题 1223 个，清退违规住房 85 套，改建超标准办公用房 114 套，压减超配高配干部 36 名，调整涉及任职回避干部 10 名，处理违规提升任用干部 11 名，清理分流两级机关和医院干部 106 名、士兵 51 名。

综合保障效能不断提高

注重"实战型"后勤建设,加强"前勤"指导,规范"一组五队"力量编成,储齐备足装备物资,将卫勤应急力量纳入省卫生应急救援体系,与地方协议保障运力征用、物资供应、医疗后送及装备维修,走开警地融合发展路子。突出"法治型"后勤建设,扎实开展财务"五查五治"和营房"三项"整治,持续开展"学法规制度、建法治后勤"活动,强化党委依法管财和预算执行管理,总队和11个地市支队及基层中队地方保障经费列入地方财政预算。强化"服务型"后勤建设,深入开展"伙食管理规范年"活动,推广筹建18个温室大棚和15座保温猪舍,持续解决官兵取暖、洗澡、饮水等问题,按编配齐基层卫生干部,开通基层中队驻地就医"绿色通道",官兵生活有效改善。

党委班子建设明显加强

坚持用习主席重大战略思想统领方向,深化学习习主席系列重要讲话精神,坚决肃清郭徐案件流毒影响,认真贯彻武警部队王司令员、孙政委考察帮建、视察指导时重要指示要求,把准部队建设战略地位、历史方位、发展定位。坚持用根本制度统领班子,探索总结民主集中制与帮建责任制和安全问责制相结合的有效机制,校正"全委会大班子"和支队主官"一岗双责"的观念,强化共同责任,抓好民主集中制学习研讨,严格规范议事决策,党委政治性、原则性、战斗性不断增强。坚持用科学理念统领难题破解,扭住基层不稳、风气不正、安全不保"三个瓶颈性"问题,紧盯转业干部安置、老干部移交等棘手难点问题,转变思维理念,以上率下,综合施策,同步发力,在解决问题中考验党性原则、强化责任担当、推动部队发展。移交退休干部28名和滞留部队转业干部8名,被武警部队表彰为老干部移交工作先进单位。坚持用有效抓手统领工作推动,采取逐一讲评、下发指导意见的办法,把两级党委机关捆在一起抓,以"五力"为抓手推进机关自身建设,按照"能级抓、科学帮、按纲建"思路,坚持"一个思路贯全年,一班人马帮全程,一把尺子量长短,一鼓作气抓到底"的办法,持续推行"小滚动、大闭合、压茬式"考评帮建模式,在压茬解决问题中提升抓建基层质效。坚持用常态机制统领节奏,扭住纠治基层反映强烈的"五多"问题,健全四级抓建体系,强化能级管理,运用"三会一线",统筹力量资源,科学摆布工作,形成了"领导稳下来、机关静下来、基层动起来、力量聚起来"的良性格局。

(武月兴)

附:武警山西省总队党委第一书记、书记、副书记、常委名单

第一书记: 刘　杰(副省长、山西省公安厅厅长兼总队第一政治委员)

书　　记: 刘振所

副 书 记: 仲　轩(9月离职)　曾友成(10月任职)

常　　委: (按姓氏笔画排序)

王树海　王殿元(7月任职)

张喜文(7月离职)　李汉中　李善勇

侯德祺(9月,因涉嫌受贿罪,被立案侦查,并采取刑事强制措施)　夏家亮

穆瑞国

省公安消防总队党委工作概况

党委书记　孟应新

2015年,是全省消防部队举旗筑魂、拼搏奋进、创新突破的重要一年。在省委、省政府和公安部消防局、省公安厅党委的坚强领导下,全省消防部队认真学习贯彻党的十八大、十八届五中全会和习近平总书记系列重要讲话精神,以"稳定、发展"为总基调,真抓实干,奋勇争先,推动全省消防工作和队伍建设取得了可喜成绩。全省火灾形势持续稳定,2015年全省共发生火灾6962起,死亡26人,受伤21人,直接财产损失7981.1万元。其中,刑事放火31起,死亡2人,受伤2人,直接财产损失144万元。

一是紧抓龙头工程不放松,班子和队伍建设持续向好。认真学习贯彻全军和公安现役部队政治工作会议,发挥政治工作铸魂定向、凝聚力量、弘扬正气、保证稳定、推动发展的作用,坚持抓班子带队伍,配齐了11个支队级党委班子,建强了战斗堡垒,全警参与开展了党的十八届五中全会精神、学习讨论落实活动、"讲党性、守规矩、存敬畏、敢担当"等专题教育和"学习践行强军目标、做新一代革命军人"主题教育、"三严三实"专题教育整顿活动,较好地完成了"补钙"、"筑魂"任务。坚持问题导向,落实"两个责任",大力加强党风廉政和正规化建设,扎实开展"三清"、"四项整治"、纠治"三松"、干部工作大检查和执法领域突出问题整治,强化督导访察,示范性基层党组织和基层部队正规化管理双双达到70%目标,161个集体、1270名官兵受到表彰奖励,特别是集中表彰了一批优秀基层指挥员和监督员,严肃查处了一批精神懈怠、履职不到位的干部,弘扬了正气,振奋了精神,激发了热情,全省消防部队全年未发生违法违纪案件,呈现出安全稳定、昂扬向上、奋发有为的良好局面。

二是紧抓核心主业不放松,社会面火灾形势持续稳定。坚持抓基础、促规范。从重点单位摸排界定,重大隐患严格立案,法律文书规范填制、执法人员能力提升入手,打好"组合拳",实现了全省监督管理水平质的提升,执法总量上升

56%,法律文书合格率由53%提升至73%。

强力整治重大火灾隐患。2015年1月起,总队提请省政府将重大火灾隐患整改纳入市级政府年度工作考核评价体系,压实市级政府及行业部门重大火灾隐患整改责任。积极提请省、市、县级政府加强对2014年遗留未整改销案的7家重大火灾隐患单位、13处区域性火灾隐患和2015年排查发现的80处重大火灾隐患单位整改工作,逐家开展实地检查,查看整改进度,明确整改责任、整改时限、整改资金,督促单位落实更为严格的人防、物防、技防措施,集中解决了一些久拖不改、极易造成重大人员伤亡的消防安全突出问题;2015年12月底,国务院安委办挂牌督办的3处重大火灾隐患和中央综治办书面警示我省的2处区域性火灾隐患,均已整改完毕。紧盯薄弱环节和关键领域,高强度、高密度开展了劳动密集型企业消防安全专项治理、夏季消防检查、文物古建筑专项会诊、养老福利机构消防安全专项整治、易燃易爆专项治理等6大类专项整治,共检查单位14.9万余家,督促整改火灾隐患19万余处,挂牌督办重大火灾隐患90处,临时查封单位1668家,责令"三停"单位1966家,拘留1147人,罚款5501余万元。

打牢消防基础工作。2015年10月,冬春火灾防控工作开始后,总队一是加快微型站建设,提请省消防安全领导小组下发通知、明确任务、规范标准,全面指导微型站建设工作。我省重点单位微型消防站建设3032个,社区微型消防站建设1916个,完成率100%。二是落实重点单位"六加一"措施,组织专班制定消防安全重点单位自我评估表,督促全省重点单位开展自我评估,全省所有重点单位已全部落实"六加一"措施。三是建立简易消防设施安装试点,联合省民政、住建、保监、老龄委、残联等部门制定印发《山西省推广应用独立感烟报警器工作实施方案》,以晋中、临汾、朔州的6个县区独立感烟报警器试点为基础,在全省推广应用独立感烟报警器。四是开展区域联防,总队印发了开展试点工作的通知,全省11个市全部按照要求成立了区域联防工作领导小组,并确立了工作试点。全省消防安全重点单位全部按照"位置相邻"或"行业相近"等原则,划定范围,明确职责,开展区域联防工作。

圆满完成火灾调查工作。2015年4月28日14时许,晋中市灵石县新建街138号中凯广场发生火灾。此起火灾外立面过火面积约4000平方米,楼内过火面积约为1500平方米,造成2人死亡,1人受伤。受公安部和总队调派,公安部火灾事故调查专家牛文义和全省火灾调查骨干10余名同志连夜作战,成功完成了火灾原因调查工作。2015年9月6日,总队组织召开了山西省火灾事故调查专家组换届会议和全省火灾调查业务培训研讨班,实现了社会技术资源的有效整合,推动了全省火灾调查工作的健康发展。

严把使用领域消防产品质量关。2015年,山西消防总队按照公安部消防局的统一部署和要求,全盘谋划,周密部署,扎实有效地在全省范围内集中开展了消防产品专项检查行动,严把使用领域的消防产品质量关。全省共检查消防产品使用单位2196家,组织开展消防产品监督抽查检验379批次,责令1636家使用不合格消防产品的单位限期改正,查处消防产品类违法案件196起,罚款90.6万元;配合质监、工商部门办理消防产品行政处罚案件22起,罚款1.34万元;全年共检查渠道类身份证标识394个,直销类14238个,消防产品整治工作成效显著、效果明显。

公安派出所消防监督工作和网格化管理不断加强,消防管理进一步向基层渗透延伸;警务综合平台和消防监督管理系统完成初步对接,公安部消防局确定的试点推进工作进展顺利;消防安全重点单位户籍化比例达到97.79%,建成重点单位微型消防站2310个、社区微型消防站1452个,新增消火栓、消防水鹤1804个。消防宣传"八进"工作持续引深,开展宣传教育主题活动960余场(次),播发消防公益广告、消防安全提示610万余次,建成12座消防文化主题公园、45个消防科普教育馆,山西消防微信、微博影响力居全国第四。

三是紧盯战斗力标准不放松,灭火救援实战水平持续提升。狠抓新兵入伍训练,精心组织,严格管理,科学施教,597名新兵思想高度稳定,素质能力迅速提升,为近年来效果最好的一次。狠抓每日一熟悉、每周一演练,做实做强基础业务,以提升基层指挥能力为重点,持续加强专业化培训,全年共培训基层指挥员385名,执勤中队干部指挥能力考评合格率达99%;紧贴实战要求,深入开展"4.28"火灾战例研讨,组织消防大讲堂,开展全省跨区域综合实战演练5次,支队、大中队级演练8723次;取得了全国搜救犬技术比武竞赛服从科目第2、野外追踪第2,团体总分第12的好成绩。建成全国首批士兵职业技能鉴定站,493名士兵通过了职业技能鉴定考核。全省新增政府专职消防队员301人、消防文员104人,总数分别达到3110人、2009人。全省消防部队接警出动1.5万起,出动消防车2.97万辆次,出动官兵1.7万人次,抢救疏散被困人员2.9万人次,抢救财产价值3.8亿元,成功处置了"4.28"晋中市灵石县中凯广场火灾、"5.16"晋城阳城瑞兴化工厂二硫化碳泄漏等事故,增援了"8.12"天津市滨海新区危化品堆垛爆炸处置,得到了各级党委政府的充分肯定和人民群众的高度赞扬。

四是紧抓基层基础建设不放松,服务保障能力持续增强。在全省经济断崖式下跌的困境下,地方消防经费收入达到9.09亿元,同比2014年增长1.22%。干部公寓住房保障、贫困县区消防装备补助、信息化建设维护资金5246万元得以落实,总队培训基地建设专项经费4836万元纳入财政预算。全省累计投入2.92亿元用于"三项建设",开工建设23个消防站,8个消防站投入使用,3个公寓房项目、3个支队级训练基地开工建设;投入2.62亿元新增消防车173辆,个人防护及抢险救援器材3.58万件套,为圆满完成各项任务提供了坚实保障。

(张静琼)

附:省公安消防总队党委书记、副书记、委员名单

书　记：陈子浩(3月离职)　孟应新(3月任职)
副书记：王　勇(3月任职)
委　员：刘振山　唐国忠　王　政　李俊丰　管延忠(1月任职)　李红斌　胡海生　朱　江(1月任职)

2015年9月23日，武警山西省总队党委副书记、司令员曾友成在直升机大队检查指导飞行训练工作。

高等院校党委工作概况

山西大学党委工作概况

党委书记　师　帅

2015年，在省委、省政府的正确领导下，在高校工委、教育厅的指导帮助下，校党委认真学习贯彻党的十八大、十八届三中、四中、五中全会和习近平总书记系列重要讲话精神，以党的建设为统领，以内涵式发展为核心，以改革创新为动力，团结和带领全校干部师生解放思想、开拓创新，各项工作取得明显实效。

一、深入学习贯彻党的十八届五中全会和习近平总书记系列重要讲话精神，全面加强领导班子和干部队伍建设

把学习习近平总书记系列重要讲话精神作为提高党建工作水平的重要遵循，编印《习近平总书记系列重要讲话集》，组织开展十八届五中全会宣讲活动，通过系列专题报告会、讲座、座谈会等形式，掀起学习习近平总书记系列重要讲话精神热潮。

认真落实中央《关于坚持和完善普通高等学校党委领导下的校长负责制的实施意见》，修订完成《党委会议事规则》《贯彻落实"三重一大"决策制度的实施办法》。执行《党政领导干部选拔任用工作条例》，出台《中层领导干部选拔任用办法》《科级干部选拔任用办法》。加强中层领导班子和领导干部的年度考核，认真开展"三个一批"工作，深入推进"六查"，为加强干部队伍建设奠定基础。全年完成1012人次干部选学培训任务。

二、深入开展学习讨论落实活动和"三严三实"专题教育，切实加强和改进作风建设

围绕"学习贯彻习近平总书记系列重要讲话精神，净化政治生态，实现弊革风清，重塑山西形象，促进富民强省"活动主题，贯彻省委部署，紧扣目标任务，深入开展学习讨论，查找突出问题，针对招生考试、教育乱收费、科研经费管理等七个方面的问题进行专项整治。

把开展好"三严三实"专题教育作为重要政治任务，制定《"三严三实"专题教育实施方案》，提出"四解决、四见效"的目标任务，推进专题教育取得实效。领导班子成员带头讲党课19次，发挥带学促学作用。党委中心组专题学习15次，结合王儒林书记在全省科技创新大会上指出高校存在的问题和楼阳生副书记在"三严三实"专题党课中指出的高校五方面"不严不实"问题，分六个专题集中研讨，反思改进。积极推进师生综合服务平台建设，推行"一站式"办公和"一条龙"服务。

按照省委"六权治本"要求，探索建立以"全局战略制度、基础主干制度、配套运行制度、实践急需制度"为核心的四位一体制度体系。《山西大学章程》制定工作基本完成，明确工作职责和办事流程，列出权力清单32项，工作流程223项。

三、落实从严治党要求，不断提高党建工作科学化水平

出台《山西大学院（系）党政联席会议制度实施办法》，完善院（系）运行机制。创新基层党组织活动方式，实行基层党组织书记述职评议考核，强化第一责任人的职责。探索研究基层党建工作的规律和做法，认真开展"双学"活动和"一支部一特色"立项活动。基层组织全覆盖，全校255个党支部完

成换届，学术骨干和学科带头人担任教工支部书记的比例达到93%。

落实党员发展计划，出台《山西大学发展党员工作实施细则》，发挥二级党校职能，全年新发展党员831人。完成388名新生党员的资格审查和1412名毕业生党员的组织关系转移工作。

坚持党管智库原则，加快中国特色新型智库建设。《以煤炭产权改革破解官商一体难题》被《光明日报》内参采用；咨政报告《村务监督：现状、问题与对策》等被民政部和省旅游局批示采纳。与省人大常委会和太原市人大常委会共建“地方立法研究咨询基地”，完成《山西省实施<中华人民共和国水土保持法>办法》的立法后评估工作。

四、强化宣传思想工作，积极培育和践行社会主义核心价值观

健全和完善党委中心组学习制度，全年集中学习32次。邀请知名专家学者作专题报告5次。百余名领导干部参加“中国教育干部网络学院”在线理论学习，对领导干部、辅导员、思政理论课教师开展6次集中辅导，推荐6名干部教师参加教学科研骨干研修班、宣传部长高级研修班，3项理论成果受到省委宣传部的表彰。

发挥“互联网+”的优势，打造“一网五微”新媒体平台，推动传统媒体与新媒体的融合，掌握舆论宣传的主动权。出台《报告会、研讨会、讲座、论坛管理办法》等，与中国日报社共同建设山西大学新闻网英文版。《光明日报》《中国教育报》《山西日报》等以专版形式报道了山西大学校科技文化创新成果等成绩。

继续发挥“君宇网”、《山大青年》的思想引领作用。开展学生思想动态调查，增强思想教育针对性。重点做好新生和毕业生的思想工作，强化思想引领。开展学风建设活动月活动，强化学风学纪建设。加强青年马克思主义者培养工程建设，建设青年马克思主义学院。学校成为全国首批“青年马克思主义者培养工程”基地，获“山西省思想政治工作优秀单位”称号。

五、落实“两个责任”，深入推进党风廉政建设

召开落实党风廉政建设主体责任专题会议，与单位主要负责人进行集体约谈，签订《落实党风廉政建设责任书》，层层传导压力，压实压细“两个责任”。严格落实党风廉政建设责任制，召开党风廉政建设工作会议，下发《党风廉政建设工作要点》《责任分解实施意见》，出台《落实党风廉政建设党委主体责任的实施意见》《落实党风廉政建设纪委监督责任的实施意见》，构建责权明晰的反腐倡廉建设责任体系。坚决纠正“四风”。紧盯基建工程、科研经费、招生考试等重点领域，强化监督检查。对落实“八不准”情况开展检查，把监督执纪问责做深做细做实。加强廉政文化建设，参加全国高校廉政文化作品征集暨廉洁教育系列活动，报送作品11件，参加国家教育行政学院举办的专题网络培训。

积极配合省委巡视组开展专项巡视工作，接受为期两个月的专项巡视，严格按照巡视组的工作安排，做好工作配合。针对巡视组反馈的意见，制定整改方案，细化整改措施，健全工作制度，增强执纪问责，努力形成风清气正的办学环境和校园政治生态。邀请省委第五巡视组组长康建成对《中国共产党巡视工作条例》进行专题宣讲。

六、加强大学文化建设，扎实推进学生思想政治工作

首创发布团员青年卡通形象，举办爱国主义教育报告会、演讲赛、文艺汇演等，承办高雅艺术进校园活动、文艺精品进校园等活动十余场。完善实践育人体制机制，46支队伍开展“三下乡”社会实践，30余名团干开展红色教育行社会实践，8项活动获国家级表彰。第十七届研究生支教团赴广西西林县、山西静乐县等地开展扶贫支教。圆满完成全国图书交易博览会、春运志愿服务工作。在第四届大学生艺术展演活动中，荣获全国奖11项，省级奖38项。获“兴晋挑战杯”竞赛特等奖3项，一等奖4项，“优秀组织高校”称号。获全国“挑战杯”竞赛一等奖1项，三等奖2项，“校级优秀组织奖”称号，总成绩蝉联山西省高校首位。

积极推行以国家助学贷款为主体，勤工助学为主导，奖、贷、勤、助、补多位一体，教育和资助并重的联动助学体系，全年受奖受助学生8.47万人次，发放奖助学金1.33亿元。重视对少数民族学生的关怀和帮助，对少数民族学生开展学业“一对一”帮扶。关注学生心理健康教育，组织6场团体心理辅导，对7211名新生进行心理健康普查。

加大思想政治理论课教师的培训力度，选派教师参加北京大学思政课教师骨干研修班，承办全国高校、山西省高校辅导员骨干培训班。3名辅导员获2015年度全国高校辅导员工作优秀论文奖项，第三届省高校辅导员职业能力大赛获2项三等奖。

七、加强和谐校园建设，积极营造平安文明育人环境

深化文明创建活动，修订《山西大学文明单位创建管理办法》，打造校史馆、姚奠中艺术馆、国学大讲堂文化品牌。开展“抗日战争暨反法西斯战争胜利70周年”、“抗战期间的山西大学”摄影展书画展等，组织约题学术讲座35期，自觉培育和践行社会主义核心价值观，获“全国文明单位”荣誉称号。

坚持大安全观理念，全面规范学校应急机制，提升应急处置能力，制定完善《安全工作大检查实施方案》《平安校园安全考核办法》。开展安全检查、安全教育讲座和安全演练，荣获“山西省创建平安校园先进单位”、“省级平安单位”和“省城平安标兵单位”。开展“六五”普法、国家安全和保密教育，完成“六五”保密法制宣传验收和保密普查工作。完成大学生征兵工作，成为全省高校征兵工作试点单位，获“全民国防教育先进单位”和“爱国拥军模范单位”称号。

贯彻落实中央、省委和全国高校统战工作会议精神，民主党派、党外知识分子通过提交提案、签约课题、创办企业等方式，为我省经济社会发展做出贡献。支持民主党派加强自身建设，召开民主党派履职交流会，筹建山西省统战理论研究基地，9项课题被确定为山西省统战理论政策研究立项课题。校统战部被评为我省"统战工作先进集体""统战理论政策研究先进单位"。

切实落实老干部政治待遇和生活待遇，加强离退休干部政治思想建设和党支部建设，成立"山西大学敬老养老院"，为空巢家庭、空巢老人解决困难。退休第七支部被省委老干部局评为"先进基层党组织"。

充分发挥工会的桥梁纽带作用，拓展民主管理和监督途径，修订《教职工代表大会工作规程》《二级教职工代表大会实施细则》《教职工代表大会提案工作规程》等。制定完成第五届教代会暨第八届工代会的筹备方案等工作。加强基层民主建设，完善二级教代会运行机制。构建"三维"文体活动模式，丰富教职工文化生活。

（徐冠华）

附：山西大学党委书记、副书记、委员名单

书　记：师　帅

副书记：贾锁堂　张汉静（5月离职）　李思殿　鲍善冰（12月离职）

委　员：赵怀洲（12月离职）　李富明（12月任职）　丁耀武　王世杰

太原理工大学党委工作概况

党委书记　吴俊清

2015年，在党的十八大精神指引下，在省委、省政府的正确领导下，太原理工大党委深入贯彻落实党的十八届三中、四中、五中全会和习近平总书记系列重要讲话精神，紧紧围绕"四个全面"战略布局和省委"五句话"总体要求，全面落实立德树人根本任务，紧紧围绕"重返国家队、再铸新辉煌、建设山西领军高校"的发展目标，发挥集体智慧，勤政廉洁，务实作为，推动学校各项事业取得了新的发展和进步。学校主要工作和任务全面完成：

一、坚持根本制度，班子办学治校能力水平得到新提升

党委领导下的校长负责制是高校的根本制度。自2014年10月中办印发实施意见以来，学校组织不同层面、不同范围学习讨论10余次，并着手制定理工大的实施办法。2015年8月，我省实施办法出台后，学校立即组织学习并完善学校相关制度。全面坚决、不打折扣地贯彻执行党委领导下的校长负责制并结合实际不断探索完善，保证高校的根本制度在我校落地生根。

同时，领导班子认真学习贯彻习近平总书记系列重要讲话精神和党的十八大、十八届四中、五中全会精神以及省委十届六次、七次全会精神，特别是全国、全省高校党建工作会议精神。全年召开党委全委会（含扩大）3次、党委常委会（含扩大）27次，校级党委中心组学习17次，教职工理论学习9次，形成并深化党委常委扩大会第一时间学、党委中心组研究讨论学、校院两级党委全面覆盖学的新体系，把广大党员干部的思想和行动统一到中央精神和省委要求上来，不断强化政治意识、大局意识、核心意识和看齐意识，努力为办好社会主义大学提供根本保证。

二、认真组织学习中央省委新精神新要求，"三严三实"专题教育取得新实效

按照中央和省委的统一部署，我校在5月正式启动"三严三实"专题教育，坚持"严"字当头、"实"字当先，坚持领导带头、层层落实，坚持细化方案、责任到人，坚持问题导向、责任到人，确保专题教育落到实处、取得实效。校院两级党委共举行专题研讨会112次，201名处级干部共撰写355篇学习心得体会，参加研讨的处级以上干部累计达到2244人次。校院两级党委共开展"领导干部讲党课"69场，听课人数达到4889人次。组织集体观看王儒林书记专题党课和《筑梦中国》视频27次，观看党员干部达1821人次；学校开展集中警示教育（集体阅读忏悔录）200人次。

校党委高度重视开好以"践行三严三实，建设领军高校"为主题的领导班子民主生活会。共征集各方面意见建议211条，班子成员与其分管部门的主要负责人逐一谈话，总计131人次，班子成员提出班子问题22条，相互提出批评意见建议106条。12月25日长达6个小时的2015年度校级领导班子专题民主生活会上，班子成员从坚持社会主义办学方向的高度，按照从严从实要求，进行了54个问题的自我解剖和自我批评。会后班子成员认真进行研究，确定13项整改任务，明确整改思路和措施，形成整改方案。学校各单位按照任务要求全力推进整改。

2014年12月开展学习讨论落实活动以来，理工大认真贯彻落实省委部署，按照省高校工委、省教育厅党组要求，紧紧围绕主题，严格按照实施方案，有效推进。通过统一思想认识、落实"两个责任"，深刻反思剖析，加强作风建设，实施"六权治本"和全面深化改革等措施，学习讨论落实活动有序开

展，取得较好成效。

三、全面落实“两个责任”和“六权治本”，党风廉政建设和反腐败工作取得新进步

学校始终重视党风廉政建设工作，将“两个责任”的落实作为重要抓手，纳入学校党建总体布局和学校年度工作中。在学校《2015年工作要点》和《全面深化综合改革方案及2015年综改重点推进项目》中都进行了重点部署。3月在党风廉政建设及反腐败工作会议现场签订了10个校领导班子成员、27个基层党委和校党委的党风廉政建设责任书。会后签订了领导班子成员与分管单位的43份责任书和各单位、部门的廉政风险点672个责任人的个人廉政承诺书。同时将履行党风廉政建设主体责任纳入到领导班子和党员领导干部目标管理考核。坚决落实省委“六权治本”要求，全校各部门各单位共整合梳理权力清单311件，责任清单472件。

校党委支持纪委扎实推进转职能、转方式、转作风，进一步强化监督执纪问责。一是进一步清理规范纪检监察部门参与的议事协调机构，集中精力抓好监督执纪问责主业。二是改进工作方式方法，由事前、事中的过程监督转变为事后监督和问责监督。三是加强纪检监察队伍组织建设、制度建设和内部管理监督，坚决防止“灯下黑”。四是对纪委内部机构进行优化整合，增设相关机构和人员。2015年校党委撤销信访、监督两个科室，新成立纪检监察一、二、三室，形成“一科三室”。通过内部机构建设，把工作重点聚焦到监督执纪和查办案件上。

四、紧抓“政治巡视”主线，省委专项巡视组巡视反馈意见落实整改工作取得新进展

根据省委统一部署，2015年9月10日至11月26日，省委专项巡视第六组对我校进行了专项巡视。12月23日，向理工大反馈了巡视意见。校党委把巡视整改工作作为一项政治纪律和重大政治任务来抓紧、抓细、抓实、抓具体，按照全面从严治党要求，聚焦重点、难点问题，认理、认账、认责、认罚、认改、认干，坚持统筹兼顾、标本兼治，坚持问题导向、开门整治，坚持从严从实，动真碰硬，真正做到问题不解决不放过、整改不到位不罢休。

整改期间，推出9个专项整改方案50项整改措施。其余问题按12个单项整改任务，制定了79项整改措施。共计129项整改措施。截至2015年底，已经按计划节点完成了66项，计划完成率100%；其余44项涉及干部和机构调整等方面计划到2016年12月完成，其它按计划到2016年上半年内全部完成。共制(修)订了147项制度文件，其中学校层面75项，二级单位层面共72项。此次整改对省委巡视组移交的问题线索，以及巡视整改期间发现的问题线索进行了分类处置，共处理17人次，其中给予党纪处分4人次，政纪处分5人次，组织处理8人次，两人被免去现有行政职务。

五、坚持党管干部原则，干部队伍建设实现新突破

2015年的干部选任工作有两个方面的内容：一是配合省委组织部做好干部选任的各项工作。圆满完成了2014年度省管领导干部考核工作，并先后两次积极配合上级领导做好理工大推荐省管干部工作。二是根据《党政领导干部选拔任用工作条例》、中共山西省委关于干部工作的最新要求，10月学校党委对4个学院党委（直属党总支）副书记岗位、9个学院副院长岗位和2个管理单位副处长岗位等部分领导班子尚不健全的教学、管理机构的空缺岗位干部进行补充选任。

按照1月《太原理工大学处级班子和处级干部年度考核办法(试行)》，完成对全校68个处级单位及312名处级干部的年度考核工作。确定好班子21个、较好班子26个、一般班子17个、较差班子4个；由学校考核的干部中，确定优秀45名、称职267名。对考核结果为“好”的班子进行通报表扬，对考核结果为“优秀”的干部，给予本人年度岗位津贴10%的一次性奖励。对考核结果虽为“称职”，但分类排名垫底，或校领导、本单位、相关干部由校党委书记，分管(服务)校领导的“基本称职”及以下评价单项比例达到30%的13名干部，由校党委书记、分管(联系)校领导进行了谈话提醒。

六、不断加大招才引智力度，人才强校取得新进展

2015年，校党委不断强化党管人才意识，深入实施人才强校战略。学校先后引进院士3名、国家青年千人计划1名、省“百人计划”特聘专家28名。目前，学校有海内外院士16名、省“百人计划”特聘专家84名，该两项数据高居全省高校榜首。2015年，共引进海内外优秀青年博士人才105名；聘任名誉教授3名、客座教授17名，师资队伍结构得到进一步优化，总体质量明显提升。

同时，学校积极做好各类高端人才申报工作，组织申报“长江学者奖励计划”9名、山西省留学人员科技活动项目择优资助5项、国家百千万人才工程2人、国家“千人计划”5人、“万人计划”教学名师1人；山西省高校131领军人才工程第一层次(院士)2人，第二层次(具有国内领先水平的知名学者、学术带头人)28人，第二层次(优秀中青年拔尖创新人才)6人。其中，成功申报人社部“留学回国人员择优资助”1名、山西省学术技术带头人8人，第三届山西省公共管理领域优秀科研成果二等奖3项、三等奖1项。

七、基层党的建设稳步推进，党建工作体现新特色

为进一步健全和落实基层党建责任，调动理工大基层党组织书记抓党建工作的积极性和主动性，12月召开了2015年度基层党组织书记抓党建工作述职评议会。27位基层党

委书记认真总结一年来本单位的党建工作和自身抓党建工作的情况，撰写了专项述职报告。14位基层党委书记进行会议述职，13位基层党委书记进行书面述职。同时校党委对述职进行了评议考核。测评结果纳入年度综合考核内容，作为评先选优、提拔使用、推荐担任“两代表一委员”及有关社会职务等的重要依据。对考评结果排名后三位的党组织书记，校党委将进行约谈，指出存在问题，帮助改进提高。

根据省委组织部、省高校工委试点工作方案，校党委在全校组织实施教师党支部书记“党建带头人、学术带头人”培育工程。截止2015年底，全校88个教师党支部中，按照“双带头人”标准选任的支部达到86个。并举办了理工大第一期教师党支部书记“双带头人”专题培训班。同时，理工大各级党组织广泛开展了创建五星级党组织活动。在支部申请、基层党委评审推荐、学校多轮评审（档案检查、理论测试、公开答辩）的基础上，校党委常委会议命名了“水文本科党支部”等16个党支部为第二批“五星级党组织”。

2015年举办发展对象培训班已两期，培训发展对象1278名。全年共发展党员1088名，转正727名。十八大以来，对16名不服从组织安排、不守纪律不讲规矩、不参加组织生活的流动党员予以除名。对中央追逃办和省纪委确认的8名外逃党员，按照规定程序依法依规做出了组织处理。

2015年校党委面向全校24个基层党委，共下拨党建工作专项经费120万元，同比增长9%，每个基层党委5万，达到人均200元。为基层党委下拨党费28万元，同比增长40%，为基层支部下拨报刊杂志费8万元，同比增长17%。通过加大投入确保基层组织工作运转良好、基层组织活力充分释放。

八、加强意识形态阵地建设，宣传思想工作呈现新气象

校党委牢牢把握意识形态工作的主动权，从理论武装、价值培塑、师德师风、夯实阵地、队伍格局等五个方面入手，确保宣传思想各项工作任务落到实处。顺利通过山西省高校文明单位评比验收，获得2014-2015年度“山西省高校文明单位标兵”。全年在人民网、《中国日报》等各级媒体刊发新闻、专题、专访150余篇。7月校园网主页完成改版扩建，正式上线运行，成为太原理工大学新的官网。借助学校“清泽心雨”平台的技术优势，结合高校党建工作实际，研发了党建网络矩阵，构建起“互联网+高校党建”党员教育管理服务平台。《中国高校海外网络传播力报告（2015）》显示，理工大在211高校海外网络传播力排名中位列第75。

充分发挥思政课的主渠道作用，积极推进思想政治理论课的改革，大力推动中国特色社会主义理论体系进教材、进课堂、进头脑。2015年4月，经省教育厅批准马克思主义学院和中共太原理工大学马克思主义学院委员会成立，成为理工大积极进行思想政治理论课建设最具实质性的措施，是学校加强和改进思想政治理论课建设方面的重大举措。思政主题网站“清泽心雨”以鲜明的育人目标和创新导向构建网络育人平台，先后获第五届、第六届、第七届“全国高校百佳网站”等十余个省部级奖项，成为教育部旗下的全国高校网站联盟常务理事单位、网络资源建设副主任单位，团中央旗下的全国高校传媒主席团单位，在全国高校网络建设和网络育人领域独树一帜，成绩斐然。2015年，理工大参加S类竞赛项目3项，获得国际一等奖3项，二等奖4项，三等奖10项。A类竞赛项目14项，B类竞赛项目37项，C类竞赛项目5项，共获得6项全国特等奖、39项全国一等奖、134项全国二等奖、155项全国三等奖。据统计，全年各类竞赛共获得国家级、省部级奖806项，累计有8275人次师生参与学术科技活动。

2015年，理工大统战工作成果丰硕，被评为“全省统战工作先进集体”，学校工会工作呈现出整体推进、全面活跃的良好态势；共青团带领团员青年肩负使命，勇挑重担，在服务青年上亮点很多。这些成绩的取得是全校师生员工奋力拼搏的结果。在推动学校不断发展的进程中，许许多多理工大人在各自的岗位上兢兢业业、爱岗尽责、无私奉献、勇于开拓，涌现出很多感人的事迹，体现了新时期理工大人的精神风貌。

（李济民）

附：太原理工大学党委书记、副书记名单

书　记：吴俊清

副书记：吕　明　刘玉平　张惠元（6月离职）

山西农业大学党委工作概况

党委书记　陈利根

中共山西农业大学委员会下设19个基层党委、2个党总支、150个党支部，共有党员3169名。2015年，学校先后获得“省高校文明单位标兵”“省文明单位”“省高校党委书记抓基层党建工作测评全省高校第1名”“全省统战工作先进集体”“2014年度目标管理考核优秀”“全国大学生志愿服务西部计划绩效考核优秀”“全国高校干部网络培训工作优秀组织单位”“省创建平安校园先进单位”“山西高等学校伙食工作先进单位”等多项荣誉。农大推荐的案例《薪火相传育后生 甘为人梯做春泥》入选教育部“青蓝工程”优秀案例。

一、以学习习近平总书记系列重要讲话精神为统领，不断加强党的建设

深入学习习近平总书记系列重要讲话精神是做好一切工作的根本遵循。工作中，我们以“三严三实”专题教育为契机，以立德树人为根本，切实增强了党建工作的实效性。

一是“三严三实”专题教育深入开展。校党政领导和各基层党委书记针对不同对象，共计讲授党课26次。校院两级党政班子分别进行了4次专题研讨和1次专题民主生活会。学校先后邀请了中央纪委研究室研究员邵景均、国防大学教授金一南等8位专家教授作了辅导报告，切实增强了党员干部学习的自觉性。

二是党员干部理想信念进一步坚定。坚持每月一次的校院两级中心组学习制度，通过走出去、请进来、研讨学、辅导学、网校学等多种形式，深入学习了党的十八大、十八届三中、四中、五中全会精神和习近平总书记系列重要讲话精神。全年组织了21次校党委中心组学习。举办了两期近300人次参加的处级干部网上在线培训班，确保党员干部在思想上、政治上、行动上同党中央保持高度一致。

三是思想政治教育成果显著。开展了纪念抗日战争胜利70周年系列活动。组织“青年人文素质大讲堂”“校友导航——成功者之路”报告会80多场。继续实施辅导员队伍素质提升计划和学生干部能力与修养提升计划。组织了新进教师专题培训活动。开展了精神文明创建和道德模范评选活动，发布了《管理服务岗位文明用语》，文明创建活动顺利通过省文明委的实地检查。

四是基层党组织建设不断强化。实施了教师党支部书记“双带头人”培育工程。继续拿出20万元作为各基层党支部的活动经费。对7名长期不参加组织生活的党员给予除名。组织召开了基层党委书记抓党建述职评议会议。启动新任党支部书记在线学习培训。全年发展学生党员786名，教工党员14名。

二、以专项巡视整改工作为重点，切实提升学校管理水平

2015年5月，省委专项巡视组对农大进行了巡视，提出了学校在“四个着力”方面存在的三个大问题，在巡视整改工作中做到了三个结合。

一是将巡视整改同推动发展相结合。农大党委立足当前，着眼长远，将巡视组提出的三个大问题细化为9个方面、36个具体问题，提出18条整改措施。以强化“责任担当”“将纪律规矩挺在前面”等为主题，在校、院两级领导班子中先后开展了两次专题研讨。有针对性地组织了五次集体约谈，人员涉及全校30多个部门60余人次。通过系列措施，全校上下进一步统一了思想，坚定了通过巡视整改推动学校又好又快发展的信心和决心。

二是将巡视整改同规范管理相结合。农大党委以建立长效机制为出发点和落脚点，在计划形成的58项整改成果中，涉及建章立制的有13项，涉及规范流程、严格程序的有20项。截至2015年底，已经按照“六权治本”要求，完成了相关规章制度的制定和修订工作。特别是对照《山西省贯彻执行普通高校党委领导下的校长负责制实施办法》，校党政班子成员逐条分析了学校存在的问题，集体讨论研究了学校落实党委领导下的校长负责制实施细则。

三是将巡视整改同谋划长远相结合。通过深入调研，找到了地理位置偏僻、顶层设计不足、改革力度不够、体制机制不顺、危机意识不强等5个方面、19个严重制约学校发展的突出问题。广泛征求师生员工意见，先后组织30多场各类型、各层次的研讨活动，基本完成了学校“十三五”发展规划和各专项规划的编制工作。通过多次深入研讨，制定了学校综合改革方案，积极争取将我校列入山西省综改试点高校。

三、以加强党风廉政建设为关键，深入推进“两个责任”落实

党风廉政建设和反腐败斗争是全面从严治党的重要内容。实践中，农大党委重点抓了三方面工作。

一是担当主体责任，构建责任体系清单，努力做到守土有责。坚持把党风廉政建设和反腐败工作纳入学校事业发展规划中，2015年初，对学校2015年党风廉政建设任务进行了分解，先后印发了关于落实“两个责任”的实施意见和关于深入推进全校惩治和预防腐败体系建设的实施意见，细化了校党委、校纪委、基层党委和管理服务部门的责任清单，并签字背书，形成了层次分明、内容完整、横向到边、纵向到底的责任内容体系。

二是突出监督责任，强化监督执纪问责，努力做到守土负责。农大党委积极落实“三转”要求，坚持内外同转，突出纪委监督检查、执纪问责的主责主业。紧紧抓住关键节点，围绕师生关注的重点，不断重申纪律要求，组织开展了承诺践诺、明查暗访和专项整治工作。层层传导压力，加大执纪问责，给予5名处级干部、1名科级干部和1名工作人员党纪政纪处分，对2个处级领导班子、5名处级干部在全校进行通报批评，和37名干部进行了提醒或诫勉谈话。

三是注重日常教育，规范纪律监督工作，努力做到守土尽责。把科级以上干部作为重点对象，以党风廉政网站、《警钟长鸣》等为抓手，开展多种形式的廉政教育。积极推进信息公开，不断深化惩治和预防腐败制度体系建设，确保权力在阳光下运行。根据学校《师生员工办事指南》，重新审查并明确了各单位的职能清单、权力清单、责任清单，厘清了职权，规范了程序，明确了监督责任。

四、以建设教学研究型大学为目标，努力完成学校重点工作

2015年是“十二五”收官之年，也是农大收获的一年，农大党委在人才培养、科技创新、社会服务、师资队伍、后勤保障等方面都取得了显著成绩。

一是人才培养质量稳步提升。圆满完成了招生目标任

务。启动并实施了本科专业评估和研究生学位授权点自评估工作。成立了研究生教育督导委员会。新增了2个本科专业和方向。动物医学专业首次招收30名本硕统筹培养生。完成远程教育平台前期建设工作，全年录制网络课程79门。“资源环境实验教学中心”被评为国家级实验教学中心。大学生创新创业教育蓬勃开展，获得国家级奖项2项、省级奖34项，其中，“智慧阳台蔬菜种植有限公司”项目获全国首届“互联网+”大学生创新创业大赛银奖。争取到金谷公司200万元的资金支持，举办了首届“金谷杯”创业大赛。本科毕业生年终就业率达90.19%。

二是科技创新能力不断增强。全年共有442个项目列入各级各类科技计划，其中国家级项目32项。新增科研项目合同经费7600多万元。两个协同创新中心获得首批认定，获批数与太原理工大学并列第二。承办、协办国际、国内学术会议13场，举办学术报告167场。获省科技进步一等奖、教育部高等学校科技进步奖二等奖各1项。4个新品种通过省农作物品种审定委员会认定；全校共发表论文673篇，其中SCI收录90篇。

三是人才队伍建设稳步推进。全年共引进各类人才79人，其中博士24人。引进第八批“百人计划”人才7人，其中1名全职引进。新增省学术技术带头人1名。申报第三批省“131”领军人才7名。5个参加国家博士后综合评估的博士后科研流动站，全部良好通过。推荐选派22名青年教师到国内外访学深造。获批8个学科副教授评审权。出台了编制管理办法，完善了专业技术任职资格评审委员会制度、教师延退管理办法，规范了教职工校内调动工作。

四是社会服务水平显著提升。全年社会服务经费到位2600多万元，比2014年增加了21.6%；新开辟了省扶贫办的红枣裂果防治示范项目。申报成功了省政府“互联网+现代农业”项目，如果顺利实施，将在未来五年内，每年获得5000万的项目经费。推广各类科技成果60余项，其中推广“晋汾白猪”上万头，大豆新品种5000余亩，谷子集成技术推广4000余亩，红枣防裂果新技术1万亩。完成了金谷公司技术入股的相关手续，科技创新园区达到了800亩，大棚和温室达到20栋。

五是后勤保障工作逐步改善。基本完成了生物工程综合实验楼内外装修工程；建起了大型现代化智能温室；启动了北院家属区整体升级改造工程；顺利完成了晨曦市场外迁工作。最大限度降低了停水停电对教学、科研及师生生活带来的影响；推动了节约型校园建设；校园污水首次实现了直排；校园保洁实现了机械化作业。完成了近万台固定资产的验收、登记、入帐工作，教学科研仪器设备总值突破3亿元；对危险废液、废物进行了集中收集和处置。新增2.78万册纸质图书，续订34个电子资源数据库，完成古籍图书普查登记工作。对1843卷文书档案、865份人事档案材料、6173卷学生档案进行了归档。将带宽从300M提升到500M。加强了对校园周边环境的治理；创新了群防群治工作方法与手段。争取各类财政专项资金近2亿元，比2014年增加500万元。完成审计及审签项目146个，审计资金总额17亿元。

（闫海冰）

附：山西农业大学党委书记、副书记、委员名单

书　记：石扬令（4月离职）　陈利根（8月任职）

副书记：赵春明

委　员：周富国　张虎芳（女）　邢保荣

山西医科大学党委工作概况

党委书记　李凤岐

中共山西医科大学委员会下设6个二级党委，14个党总支，3个直属党支部和264个党支部，共有党员5725名。

2015年，学校深入贯彻落实党的十八大和十八届三中、四中、五中全会精神，认真学习贯彻习近平总书记系列重要讲话精神，以深化教育综合改革为动力，按照“十二五”事业发展规划的整体部署，围绕2015年工作要点，全面推进特色鲜明的教学研究型医科大学建设进程，科学谋划“十三五”发展，积极进取，改革创新，着力提升综合实力，各项工作取得实绩，事业发展长足进步。

一、以认真学习贯彻十八届五中全会和习近平总书记系列重要讲话精神为重点，进一步加强了思想政治建设

2015年，校党委坚持用马克思主义理论化最新成果武装党员干部和师生员工，持之以恒地强化了广大党员特别是处级以上干部的理论武装工作。

一是在全校组织开展了一系列内容丰富、形式多样的理论学习教育活动。通过编印下发《中心组学习读本》、配发相关学习资料、中心组集中学习等方式，促进了广大党员干部政治理论素质和思想道德水平进一步增强。同时以理想信念教育、爱国主义教育和社会主义核心价值观教育为重点，通过实施“青年马克思主义培养工程”、加强理论学习、开展主题教育活动、拓展社会实践活动等形式，持续强化大学生思想政治教育工作，提高学生思想政治素养。

二是完成了上级组织的调训任务。根据省委组织部的要求，选送3名省管干部分别参加了全国高校党委书记、校长专题研讨班的学习和省委党校新任领导干部“党性教育”专

题研究班的学习。选派3名处级干部分别参加了国家教育行政学院第46期中青年干部培训班、省委党校58期中青年领导干部培训班和省妇女干部综合能力提升培训班的学习。

二、加强组织指导，扎实推进了学习讨论落实活动和“三严三实”专题教育活动

2015年，校党委根据中央和省委的部署，扎实推进了全校学习讨论落实活动和“三严三实”专题教育活动。

一是深入推进学习讨论落实活动。校党委紧紧围绕活动主题，以高度的思想自觉和行动自觉，按照确定的5个目标、6个重点、23项任务、50项具体成果的路线图和时间节点，将活动不断引向深入。全校各级党组织、各单位各部门共组织校院两级中心组专题学习106次，举办培训班23期，专题辅导讲座26场，观看警示教育片30次。共进行专题讨论116次，查找出突出问题443个，提出整治措施325条，提出净化政治生态建议意见118条，整理形成反思剖析报告52个。校党委经过8个轮次的反复讨论，查找出7个方面的突出问题28个，提出整治措施41条，向省里提出净化政治生态建议6条。学习讨论落实活动使全校广大党员干部普遍接受了一次系统深入的廉政再教育，理想信念得到进一步强化，世界观得到进一步改造，思想灵魂得到进一步洗涤，宗旨观念得到进一步锤炼，党性修养得到进一步提升，破解难题、推动学校发展的信心得到进一步增强。

二是扎实推进“三严三实”专题教育活动。根据省委、省高校工委的安排部署，校党委于5月下旬启动了“三严三实”专题教育。与学校政治生态、教育教学、科研创新、管理服务、改革发展紧密结合在一起的专题党课、“严以修身”、“严以律己”、“严以用权”三个专题的学习研讨、对照反思、问题查摆，专题民主会的会前准备，63条整改措施的落实，使广大党员干部对“不严不实”的问题和危害有了一个清醒的认识，把“三严三实”教育成果应用到了实际工作中，践行“三严三实”的思想自觉和行动自觉得到有效提升。

三、坚持党要管党，切实加强了基层党组织建设和党员的教育管理

一是启动了党支部集中换届工作。根据《中国共产党章程》和《中国共产党普通高等学校基层组织工作条例》规定，印发了《关于开展基层党支部换届选举工作的通知》，对集中换届的指导思想、组织领导及时间安排、基层党支部设置原则、基层党支部委员候选人条件、基层党支部集中换届程序与步骤以及换届工作要求进行了明确，在支部的设置上充分考虑新老校区办学实际和医学教育的特点，教工党支部在以教学、科研、管理等业务工作实体为主设置的基础上，积极向实验室、课题和项目组、科研平台等新兴学术组织延伸。学生党支部，在以班级、年级、院系为主设置的基础上，积极向实习基地、学生公寓、学生社团拓展。

二是对贯彻实施《中国共产党发展党员工作细则》情况进行了专项检查。抽调有关人员组成15个专项检查组，对各基层党委、党总支、直属党支部对学习宣传和贯彻落实《细则》情况、党员队伍结构情况、2012—2014年度发展党员情况、2015年度发展党员工作安排和推进情况、发展优秀专业技术人员和青年教师入党情况、严格发展党员工作程序，保证发展党员质量情况、档案、资料归存情况、发展党员工作责任制落实情况、贯彻实施《细则》过程中遇到的困难和问题、加强和改进发展党员工作的意见与建议等十个方面的内容进行了交叉检查。对发展党员工作进行了全面总结，查找了存在的问题，并有针对性地进行整改。

三是严格了党代表的日常管理。根据省委组织部《关于严格党代表大会代表资格管理的通知》和省高校工委的要求，停止执行了32名同志第五次党代会代表职务。

四是进一步健全和落实了基层党建工作责任制。12月11日，召开了2015年度基层党组织书记抓党建工作专项述职评议考核工作会议，从落实全面从严治党责任，落实党风廉政建设主体责任，履行第一责任人职责情况；结合本单位、本部门实际，在基层党组织建设中推出的新举措、解决的新问题、取得的新成效；“三严三实”专题教育推进情况；2014年度“联述联评联考”中查找的问题整改情况；党建工作存在的问题和改进思路五个方面要求部分基层党组织负责人进行了大会述职，其他基层党组织书记进行了书面述职。通过述职评议，进一步强化了各基层党委、党总支、直属党支部书记的党建责任意识。述出了压力，述出了动力，述出了思路，对基层党组织书记落实党建第一责任人的职责起到了积极的促进作用。

四、坚持“好干部标准”，进一步强化了干部队伍建设

一是着力凝聚党政领导班子合力。认真执行党委领导下的校长负责制、院系党政联席会议制度、民主集中制，通过党委中心组学习、专题教育、培训进修自学等措施，提高了领导班子的政策理论水平；通过党委务虚会议、重大决策专家咨询、教代会审议等措施，提高了领导班子的科学民主决策能力；通过深入基层调查研究、联系基层单位、直接联系师生等措施，提高了领导班子的群众工作能力；通过主要领导末位发言表态、民主生活会、谈心谈话等措施，增进了领导班子的向心力凝聚力协作力。

二是有序进行了干部调整工作。先后交流和任免处级干部12名；对22名处级干部进行了试用期考核；选派了2名科级干部到农村担任第一书记；配实了第二医院西院管理处领导班子。9月份，结合学校干部队伍建设实际，本着明确导向、严控职数、严格程序、配备急需、交流任职的思路，启动了31个处级岗位的干部选拔任用工作。在干部选拔任用中，严格执行了“人事酝酿小组”工作制度，实行了署名推荐，坚持了全程纪实，从严落实了选人用人主体责任、监督责任和把关责任。

三是积极稳妥开展“三个一批”工作。以“六查”为切入

点，对35名拟提任干部进行了任前档案审核，对49名干部的个人有关事项报告进行了核实查询，对3个处级班子进行了反复研判，抽查个人事项报告49份，掌握敢担当善作为干部35人。

四是全面加强了干部监督和管理。先后与4名干部进行了提醒谈话，与2名干部进行了诫勉谈话，对7名处级干部、3名科级干部的信访举报线索进行了核实。根据省委组织部、省公安厅文件精神，开展了违规办理和持有因私出国(境)证件专项治理工作，对干部个人信息报备工作进行了一次全面梳理和完善，对需要重点核查的七类问题进行了认真排查。

五、坚持从严治党，不断推进党风廉政建设和反腐败工作创新发展

一是认真落实党风廉政建设主体责任。对招生考试、师德师风、医德医风、科研经费、工程建设、"三公"经费、大操大办、陈规陋俗等问题进行了专项整治。对处级干部经济责任审计情况、问题线索梳理情况、案件调查情况进行了6次督查，对两个单位进行了校内巡视，加强和改进了加强和改进了涉纪涉腐信访工作，严密防范权力失控、行为失范。

二是认理认帐进行专项巡视整改。省委专项巡视意见反馈后，校党委先后召开3次党委扩大会议，1次专题民主生活会，进行反复学习讨论。对存在的问题，反思剖析，对号入座。将巡视指出的3个方面问题，分解细化为19个具体问题，逐一明确了整改时限、整改目标和责任人。作为整改第一责任人，牵头抓总并负责对重大问题和难点问题的整改，积极将整改任务落到了实处。

(成星亮)

附：山西医科大学党委书记、副书记、委员名单

书　记：李凤岐

副书记：段志光　董　峰(6月离职)

委　员：顾昭明　闫肖卿　李汝德　王斌全　王　军　刘越泽(女)

山西师范大学党委工作概况

党委书记　符惠明

2015年是"十二五"规划的收官之年，也是编制"十三五"发展规划的重要一年。一年来，学校党委班子团结带领广大师生，全面贯彻党的四中、五中全会精神，深入贯彻习近平总书记系列重要讲话精神，以人才培养为中心，以深化教育教学改革为动力，扎实推进内涵发展，各方面工作都取得了长足进展。

人才工作取得丰硕成果

学校积极推进人才强校战略，高层次人才队伍建设稳步推进，师资队伍整体水平进一步提升。有4名特聘教授入选山西省第八批"百人计划"，1人入选百千万人才工程，4人入选山西省青年学术带头人。新增优秀博士毕业生97人，引进985高校及行业重点院校优秀硕士毕业生25人，14人考取定向培养和委托培养博士研究生，10人申请进入博士后流动站，学校师资队伍的学历结构得到进一步改善。

教育教学改革稳步推进

"以学生为本"的课堂教学改革全面推进，启发式、探究式、讨论式、参与式等教学方法得到推广。上半年全校有51位教师参与课堂教学改革，下半年有78个课程组参加了课堂教学改革，有效提升了学生主动学习、主动思考的能力。专业建设不断加强，新申报"生态学"和"摄影"两个专业，"商务英语"专业顺利通过学士学位授权审核，食品科学与工程专业被评为山西省特色专业。质量工程项目硕果累累，获得省级教改项目10项，获得国家级大学生创新创业训练项目9项，省级大学生创新创业项目35项。实践教育不断优化，新建16个非师范专业实习基地，全部学生都进入教育创新实验区和实习基地实习，效果良好。研究生教育改革逐步深入，培养质量稳步提升。获得"全国教育硕士专业学位教学成果"二等奖1项。在2015年国务院学位委员会博士论文抽检中，合格率为100%，是山西省唯一一家全部合格的博士单位。

科研和学科建设再创佳绩

国家级项目立项数21项，其中国家自然科学基金11项，国家社科基金8项，国家社科基金教育学项目1项，科技

部科技基础性工作专项重点项目子课题1项，实现了山西师范大学连续五年国家级项目立项保持在20项以上。高水平成果方面，山西师范大学教师全年共发表IC级以上论文274篇，其中特级、1A高水平论文64篇。有4项成果获教育部第七届高等学校科学研究优秀成果奖三等奖，1项成果获山西省科学技术奖二等奖。学科建设方面，山西基础教育质量提升协同创新中心成为首批省级协同创新中心；按照“一体两翼、多点协同”的思路，整体布局全校学科建设。组织1个学科申报“优势学科攀升”计划，组织2个学科牵头申报“服务产业创新学科群建设计划”，6个学科申报“重点学科建设项目”。

体制机制改革成效明显

积极推进目标责任制管理，在对学院和管理服务部门的考核方面，由业绩考核逐步转变为目标责任制考核，充分调动了各单位的创造性和积极性。大力推进规范管理、科学管理，本科高等院校目标管理考核工作取得优异成绩，在2015年度公布的高等院校目标管理考核中，名列全省高校第一。“一院一策”方案稳步推进，部分学院已取得突破性进展，收到了良好成效。

对外交流合作日益扩大

与6所海外院校新签订合作协议，有8名教师赴海外研修学习，20余名教师赴美国、韩国、日本、澳大利亚、台湾等国家和地区参加国际会议，选派17名学生赴新加坡开展教育实习，30余名学生赴美国、波兰、日本、台湾等国家和地区留学。全年共邀请国内外知名专家学者89人次来校交流讲学，组织“文化·教育·科学”大师论坛10场，“莳英讲堂”65场，承办国际国内学术会议10次。继续推进教育创新实验区项目化、常态化建设工作，服务区域经济社会发展的能力显著增强。

后勤保障能力显著提升

全年完成立项工程26项，维修工程30余项，排除安全隐患10余处。完成5号公寓新生宿舍的装修、维修任务，满足了招生增加后的住宿需求。协调解决了100余名新引进教师及职业技术学院300余名回迁学生的住房问题。完成了莳英园内教室电扇安装工程，教学环境得到优化。对三个校区的篮球场、排球场、羽毛球场进行了场地铺硅PU改造，体育教学和师生锻炼条件得到极大改善。完成了第二期全校120余人的住房货币化补贴工作，并经山西省住房资金管理中心验收。成功争取到国家财政部、住建部节能减排建设资金500万元。新校区建设积极推进，完成了整体规划方案的优化和审批工作。

学校党的建设不断加强

2015年，在继续做好理论学习、特色党建品牌创建、发展党员、干部教育管理、作风建设等常规工作的同时，强化了政治规矩教育，学校领导班子实施了会前学法制度，深入学习习近平总书记系列重要讲话精神，学习党纪国法，及时学习贯彻中央、省委最新决策部署，进一步增强了政治意识、规矩意识和法律意识，提高了依法决策、依法治校、依法管理的能力和水平；完成了专项巡视整改任务，学校领导班子对巡视组反馈的7个突出问题和3条建议进行了认真研究、整改和落实，做到件件有落实、事事有回音，整改报告经过分管省领导审定和巡视组同意并在网上进行公开。目前，自查自纠、建章立制等后续整改工作正在有条不紊地推进；“三严三实”专题教育取得阶段性成效，各级领导干部对“三严三实”的科学内涵、核心要义、精神实质、实践要求、检验标尺有了较为准确的把握。坚持问题导向、知行合一，以严和实的作风推进巡视整改、谋划“十三五”改革发展、编制综合改革方案、抓各项工作落实，明确了未来一个时期学校改革发展的目标、理念、思路、布局、重点任务等重大事项，呈现出更加务实的新气象。

思想政治教育和学生管理工作持续深化

2015年，学校紧扣时代主题，多渠道、多形式地开展丰富多彩的思想政治教育活动，引导学生健康成长，继续开展“道德讲堂”，四个承办学院结合本学院专业特色，举办了4场选题生动、立意新颖、主题鲜明的道德修养实践活动。与此同时，学校严格规范招生行为，保质保量地完成了各项招生考试工作任务，共面向全国26个省市实际完成录取6179人。努力拓宽毕业生就业创业新渠道，截止2015年12月底，直属就业率达88.58%。完善心理危机预警机制，大力开展富有特色的学生心理健康教育活动，全年共受理学生咨询252人次。切实落实各类学生资助政策，共帮助1755名新生通过“绿色通道”顺利入学；共组织各类勤工助学活动2200多人次，帮助4735名家庭经济困难学生申请了生源地助学贷款，有4894名同学获得国家奖助学金。为25182名在校学生办理了校方责任保险。

党风廉政建设和反腐败工作深入推进

按照学校党委的安排部署，强化党风廉政建设“两个责任”，制定并严格执行《关于落实党风廉政建设党委主体责任的实施办法》和《关于落实党风廉政建设纪委监督责任的实施办法》，列出责任清单，逐项对照完成。进一步落实党风廉政建设主体责任，建立完善纪委监督责任的责任追究制度，严格追究程序，形成上下贯通、层层负责的完整链条；按照学校《贯彻落实＜建立健全惩治和预防腐败体系2013—2017年工作规划＞的实施办法及任务分解》，强化权力运行监督制约，把任务细化分解到班子成员、主管部门和责任人员，并加强对各部门工作落实情况的监督检查。各单位党政“一把手”进一步增强党风廉政建设第一责任人的意识，按照“一岗双责”和“谁主管，谁负责”的要求，认真执行党风廉政建设责任制；持之以恒纠正“四风”，促进作风建设常态化，继续加大监督检查力度，纪委专门组成工作小组，针对整治内容逐项落实工作任务，对全校各单位进行了检查和督查，及时发现问题，督促整改，严肃查处和通报违纪违规行为，改进工作作风。各基层单位组织教职工就专项整治工作内容做出书面承诺，分层分类开展宣传教育，提高教职工思想认识和自律意识，细化制度和规定，建立长效机制；加强对重点领域的监督检查，对干部、人事、招生、财务、资产、基建、采购、科研经费、后勤服务等重点领域、重点部门、重要岗位、重点环节实施重点监督，结合工作实际，适时开展专项监督检查。

（王志宏）

附：山西师范大学党委书记、副书记、委员名单

书　记：符惠明（7月任职）

副书记：武海顺（12月离职）　王心平（12月离职）
卫建国（12月任职）　薛耀文（12月任职）

委　员：李德龙（12月离职）　薛耀文（12月任职）
刘奎生（12月任职）　高　峰

山西财经大学党委工作概况

党委书记　杨怀恩

2015年，山西财经大学党委在省委、省政府的正确领导下，在高校工委、教育厅的直接指导下，深入学习贯彻党的十八大、十八届三中、四中、五中全会精神，以作风建设为主线，以内涵式发展为主题，深入开展“三严三实”专题教育，团结和带领广大师生员工开拓创新、争先进位；坚持党的教育方针，以立德树人为根本任务，把培育和践行社会主义核心价值观融入育人全过程，肩负起学习研究宣传马克思主义、培养中国特色社会主义合格建设者与可靠接班人的重大任务；坚持党建引领，充分发挥基层党委政治核心作用、党支部战斗堡垒作用和共产党员先锋模范作用，着力提高人才培养质量，以提升人才培养水平、增强科学研究能力、服务经济社会发展、推进文化传承创新作为检验党建工作成效的重要标尺，积极构建党建工作新机制，探索党建工作新方法，学校党建科学化水平进一步提升。

一、认真学习贯彻习近平总书记系列重要讲话精神，抓好宣传思想工作

2015年，校党委组织师生深入学习习近平总书记系列重要讲话精神，用马克思主义中国化最新成果武装头脑，认真开展党委中心组理论学习，多次邀请中央党校专家做专题报告；全面贯彻落实《关于进一步加强和改进新形势下高校宣传思想工作的意见》，加强改进宣传思想和意识形态工作，牢牢把握正确的舆论导向和意识形态话语权，配合省委宣传部、省高校工委完成思想政治教育工作情况调研；充分挖掘办学特色，运用多种形式向社会各界宣传财经大学改革发展的新举措和教育教学的新成就，各类媒体报道共计160篇（次），不断提高财经大学的知名度和美誉度；大力开展宣传引导工作和精神文明建设，圆满完成了山西省高校文明单位（标兵）评估验收工作，展示了学校办学理念、办学特色和良好的发展态势，推动学校精神文明创建工作再上新台阶。

二、深入开展“三严三实”专题教育，作风建设成效显著

2015年，校党委按照中央和省委对开展“三严三实”专题教育工作的要求，精心部署相关工作。校党委书记于5月22日在全校处级干部范围讲了党课，其他班子成员和各基层党委书记讲党课共计35次；由马克思主义学院教师为全校处、科级干部分别作专题辅导报告6场；校级领导班子开展专题研讨4次，全校各单位各部门开展专题研讨共计108次，聚焦不严不实问题，认真查、仔细找，立行立改；校级领导班子成员之间深入开展了谈心谈话活动，认真撰写对照检查材料，深入查摆不严不实问题，深刻剖析了问题产生的根源，有针对性地提出了整改措施，在此基础上，以“三严三实”为主题召开2015年度专题民主生活会，推进作风建设常态化长效化。

三、强化大学生思想政治教育，巩固意识形态阵地

充分发挥马克思主义理论学科优势，加强思想政治理论课建设，把党的十八大、十八届三中、四中、五中全会精神以及“三严三实”专题教育作为思想政治教育和课堂教学的重要内容，深化教学改革，增强思想政治教育的针对性、时效性、前瞻性。校党委高度重视大学生心理健康教育工作，组织开展了大学生“心理健康月”活动，完善心理健康反应机制和学校、学院、班级心理健康教育三级网络，开设《大学生心理健康教育》必选课，丰富完善心理咨询网站和心理健康教育微信公众平台“财大心语”的内容，加强对个别学生的心理辅导，全年共辅导学生141人次；充分利用“青春财大”网站、微博、广播、校园QQ、微信等网络媒体阵地，搭建平台、丰富形式、创新方法，不断促进团员青年的思想政治教育工作；加强辅导员队伍建设，2015年共接收专兼职辅导员8名，开展辅导员专题案例研讨会和能力培养专题讲座6次，荣获2015年全国高校辅导员优秀论文三等奖2人，入选山西省高校辅导员工作精品项目2个，2015年度“山西省青少年和青少年工作研究”课题立项4项。

四、加强干部队伍建设，打造党员干部教育管理新机制

2015年，校党委严格贯彻执行中央新修订的《党政领导干部选拔任用工作条例》，坚持民主、公开、竞争、择优方针，进行了部分中层干部集中调整工作，开展了科级干部选任、档案审核等有关工作，切实把好考察考核点，严肃督查和倒查问责，防止“带病提拔”，坚决整治不正之风；加强校院领导班子建设，严格党内政治生活，强化政治纪律、组织纪律和廉政纪律，认真开好班子民主生活会。加强基层党建骨干队伍建设，组织全校基层党委专职书记和副书记，在省委党校举办为期一周的集中培训，着力提高基层党组织负责人管党治党的能力素质；认真执行干部管理监督有关制度，做好对领导干部的从严管理。

五、强化基层党建工作，巩固和拓展党的群众路线教育实践活动成果

2015年，校党委着力强化基层党委的政治核心作用，在全校基层党组织中推行“领题实践、定期交流、相互带动”的落实党建工作目标任务新模式，促使财经大学从严治党工作形成了“党委引领、制度传导、相互带动、全面落实”的新格局；强化党员教育管理，完善党内政治生活，坚持党员组织生活制度、基层支部活动制度和“三会一课”制度，认真组织党内各项活动，使党内政治生活保持健康严谨；高度重视基层党组织和基层干部的基础保障工作，保证工作经费和活动场所，充实基层党务工作力量，推行由学术骨干、学科带头人、教研室主任担任党支部书记。加强党员发展和教育管理服务工作，修订完善了《发展党员工作实施细则》，按照“控制总量、优化结构、提高质量、发挥作用”的要求，认真做好党员发展工作。

六、强化廉政风险防控，推进党风廉政建设

2015年，校党委落实学校党风廉政建设党委主体责任和纪委监督责任，健全学校党风廉政建设领导体制和工作机制，制定实施了党风廉政建设3个方面8大项重点工作任务；坚持依规治党和以德治党，以“抓住六个清单、守住三条责任线”为核心，紧盯教育者和受教育者两个主体，把廉政教育与德育教育贯穿党风廉政建设全过程。强化源头预防，组织开展党风廉政建设情况分析，抓好廉洁教育，层层签订廉政责任书和廉洁自律承诺书，健全权力运行制约和监督机制，强化重点部位和关键环节监管；成立了以校纪委委员和马克思主义学院骨干教师为主的宣讲教育团，面向各基层党委和市县开展《准则》和《条例》宣讲教育。

七、做好统一战线和群团工作

2015年，校党委持续加强统一战线，鼓励支持各民主党派和无党派人士参与学校管理、服务社会发展，民主党派参政议政成绩斐然，在全国政协立案的提案4件，在山西省政协立案的提案10件，推荐全省中青年优秀党外干部5名；顺利召开五届二次“双代会”，通过了《山西财经大学章程》《山西财经大学学术委员会章程》，加大提案办理力度，开展慈善捐助活动，组织开展教职工业余文化活动10余项；指导支持各级团组织和学生社团加强自身建设，2000多名学生干部参加“青马工程”培训，18支服务团队共607人参加暑期“三下乡”社会实践，校园文化活动异彩纷呈，志愿服务卓有成效；做好离退休工作，认真落实离退休教职工生活待遇，完善关爱机制，细化服务举措，畅通沟通渠道，2015年财经大学被授予“全省老干部工作先进集体”。（杨光）

附：山西财经大学党委书记、副书记、常委、委员名单

书　记：杨怀恩

副书记：郭泽光　薛文治　刘中朝

常　委：李富明　赵国浩

委　员：张兔元　张如山　卢庆山　冯瑞明　杨全平　高建军　段秋阳

中北大学党委工作概况

党委书记　李忠人

2015年，学校党政认真贯彻落实党的十八大、十八届三中、四中、五中全会精神以及习近平总书记系列重要讲话精神，全面落实省委省政府工作部署要求，团结带领、紧紧依靠全校师生员工，积极适应新常态，以提升学校综合实力与办学育人质量为根本，进一步解放思想、创新机制、激发活力，圆满完成了年度工作任务，学校各项事业取得了长足进步。

一、全面加强领导班子建设，不断提升治校办学能力

学校坚持把学习贯彻党的十八大、十八届三中、四中、五中全会精神，特别是把学习贯彻习总书记系列重要讲话精神作为重大政治和战略任务来抓，紧密联系工作实际，精心设计学习计划，校党委中心组集中学习、党委扩大学习对学习内容、学习方式、学习要求等作了周密部署，班子成员认真进行务虚研讨，并为处级以上干部作了关于学习贯彻习近平总书记系列重要讲话精神轮训的专题讲解。通过强化学习、学以致用，提高了领导班子的理论素养、政策水平和办学治校能力。

根据省委部署和要求，在处级以上领导干部中开展了“三

严三实”专题教育。通过专题教育，领导干部进一步提高了对“严”和“实”的思想认识，在带头学习践行、争做好干部好教师方面做到了认识更深一格、工作更进一步，有效解决了不严不实问题，推动了学校各项工作。

二、深入开展干部队伍和基层党组织建设，为学校发展提供坚强组织保证

学校高度重视干部队伍建设，出台了《中北大学干部教育培训规划》，全面开展了处级干部学习贯彻习近平总书记系列重要讲话精神轮训，组织处级干部培训4批次共680余人次。制定了《中北大学中层领导班子和领导干部考核评价办法(试行)》《关于进一步加强干部监督工作的实施意见》，完善了干部考核评价和管理监督机制。严格按照《党政干部选拔任用工作条例》，完成了1名处级干部、20名科级干部试用期满考核转正工作，选派2名干部到五寨县扶贫点任村第一书记，选拔任用过程做到了依规依纪、公开透明。

积极推动基层党建。结合二级党组织换届，进一步完善了学院党政联席会议制度。启动组织工作服务年活动，加强了“党员之家”和党建工作示范点的建设工作，对校内11家基层党组织“党员之家”进行了统一验收授牌。在各学院党委、党总支开展了“双带头人”培育工作，并进行了典型经验交流。严格党员发展和管理工作，全年发展党员1141名。

三、全面推进宣传思想及团学工作，校园文化建设取得新成绩

宣传工作方面，通过多种形式，积极宣传学校改革发展成就和党建工作成效；继续推进《以“太行精神”为核心的品牌校园文化建设工程》，学校成功入选教育部首批“礼敬中华优秀传统文化活动”特色展示项目，为山西唯一入选项目。继续打造优秀教师典型访谈栏目“师范”。积极推进新媒体建设，扩大了宣传阵地，增强了宣传效果。

积极利用学术论坛、人文素质报告、主题班会、德育答辩等多种载体，引导大学生自觉践行社会主义核心价值观。有2名同学荣获2015年度中国大学生自强之星提名奖，1名学生当选第二届“国家资助助我飞翔”全国励志成长成才优秀学生。积极开展创新教育，学生在各类竞赛取得优异成绩，共获得国际一等奖1项、国家级一等奖5项、省部级一等奖56项。

始终坚持党建带团建，不断强化思想引领，通过持续推进主题教育实践活动、爱国荣校教育活动，实施青年“标杆”工程，全面引导学生成长成才。2015年，中北大学知行实践队被团中央、全国学联授予“井岗情 中国梦”专项实践活动优秀团队和“2015年全国大中专学生‘三下乡’社会实践活动优秀团队”荣誉称号。

四、积极推进党风廉政建设与反腐败工作，筑牢反腐倡廉防线

学校党委把落实党风廉政建设两个责任作为深化党建工作、坚持从严治党的重要内容，统一部署、统一检查、统一落实。学校制定并严格落实年度党风廉政建设和反腐败工作任务分解实施意见。领导班子定期研究解决党风廉政建设工作中的重要问题。班子成员根据工作分工，严格履行“一岗双责”，切实担负起了职责范围内的党风廉政建设领导责任。

坚持把纪律规矩挺在前面，支持纪检监察部门转职能、转方式、转作风，使工作力量向监督执纪问责聚焦。制定《落实党风廉政建设纪委监督责任实施细则》《中北大学关于对干部进行提醒、函询和诫勉的实施办法》等。认真开展廉政风险排查防控工作，梳理出权力清单53条，绘制流程图58个，查找风险点101个，规范了办事程序。推行了科研经费管理三级廉政守则承诺书模式，成立了科研审计科，进一步加强了对于科研经费管理中廉政风险的防控。在29个二级党委(总支)设立纪检监察专员，强化了二级单位党政同责、一岗双责责任。

五、大力加强学科专业建设，学科核心竞争力显著提升

精密仪器及机械、测试计量技术及仪器2个学科在省重点学科评估中排名结果居全省前3名，并获得“特优级”评价，材料加工工程学科成为省重点学科。新增博士研究生导师1人、硕士研究生导师40人。首次采取学科建设立项机制，投入专项经费2020万元。积极争取中央财政支持地方高校发展专项资金2400万元、山西省优势特色重点学科建设项目专项资金782万元。基层学术组织改革获第四届全国教育改革创新优秀奖，为山西省高校唯一获奖单位。

六、教学质量提升工程全面实施，人才培养质量不断提高

深入实施教学质量提升工程，测试技术及仪器实验教学中心成功获批国家级实验教学示范中心，评选校级特色专业4个、校级教育教学改革项目67项、教学成果奖12项、校级精品资源共享课20门。加强研究生培养质量管理，实行硕士研究生二次答辩制度，大力加强研究生联合培养基地建设，培养质量稳步提高，共有1篇博士、7篇硕士学位论文被评选为省级优秀学位论文。朔州校区坚持一体化建设特色化发展，积极探索校区与企业联合培养人才的新机制。

七、科研工作实现新突破，服务国防和地方能力不断增强

薛晨阳教授、张治民教授分别牵头获批863、国防973项目，项目总经费分别为3715万元、2865万元。薛晨阳教授获批国家杰出青年基金项目，为山西省2015年度唯一一项。获批国家艺术基金2项，实现山西省本科高校零的突破。共获批国家自然科学基金33项，比上年增长43%。成功申报省级以上相关社科课题项目54项，较往年有大的突破。新增山西省协同创新中心1个、山西省产业技术创新战略联盟1个、山西省工程技术研究中心3个，工程技术研究中心获批数量全省

第一。举办山西省首次何梁何利基金高峰论坛。获批国家级科普教育基地,为山西省高校唯一。

获得省部级科技奖4项。获山西省青年学术带头人支持计划1人、山西省中青年拔尖人才支持计划4人、山西省优秀青年科学基金项目1项。SCI论文收录348篇。获得授权专利174项,其中发明专利113项。科研经费到款达到2.7亿元。

八、人才强校工作成效明显,师资队伍质量稳步提升

学校始终将人才作为办学第一资源,实施"333"人才工程,新增3名拔尖性人才,引进优秀博士98人。李魁武校友当选工程院院士并受聘为学校双聘院士。1人入选国家百千万人才工程,入选数量为山西省高校第一。1人入选"三晋学者",为我省第三批唯一一人。8人入选我省"百人计划",6人成为山西省学术技术带头人,居我省高校前列。仪器科学与技术博士后科研流动站获得山西省唯一评估优秀单位。其余参评的博士后流动站均为良好以上。新增4个学科副教授评审权。积极开展新教师培训,不断提高教师的教学科研能力。

九、开放式办学全面推进,国际交流与合作迈上新台阶

2015年首次成批接收6名波兰语言交换生,外国留学生教育工作取得积极进展。新建友好合作伙伴6个,签订合作协议8项。派遣教师出国留学22人,组织教师国际教育144人次。国际教育学院实验班招生37人,学生管理工作有序开展。

十、全面创建平安和谐校园,师生工作生活环境不断改善

平安校园建设成效显著,累计投入280万元,加强技防体系建设。依托多种手段,提高管控能力,有效预防治安案件。加强综合治理,全面整治校园环境。学校被评为我省创建"平安校园"工作先进单位、省"安全生产先进单位";荣获"全国第二届平安校园建设优秀成果二等奖",为山西省高校首例。

办学条件和校园环境进一步改善,科学楼等4项工程完成竣工验收并交付使用。怡丁苑完成主体施工和室内外装修工程。完成数字化校园建设一期工程,进一步改善了师生工作学习环境。加大医院硬件投入450多万元,不断提高为师生员工诊疗服务水平。积极与省级医院建立医联体,解决师生看病难、住院难的问题。推进后勤社会化改革,引进物业管理公司,实行特色餐饮经营,提高后勤服务保障能力。

面向"十三五",学校党委将团结带领广大师生,锐意改革,勇于创新,攻坚克难,全面推进兵工中北、创新中北、美丽中北、和谐中北建设,为实现建设国防特色鲜明、区域影响广泛和创新发展引领的教学研究型大学目标和"百年百强"的中长期奋斗目标而努力奋斗!

(王建军)

附:中北大学党委书记、副书记、委员名单

书　记: 陶功定(12月离职)　李忠人(12月任职)

副书记: 刘有智　安建平(12月任职)

委　员: 肖忠良(12月离职)　韩　焱(12月离职)　曾建湖(12月任职)　潘晋孝　苏铁熊　王俊元

山西中医学院党委工作概况

党委书记　张俊龙

山西中医学院是山西省重点建设高校、山西省人民政府和国家中医药管理局共建高校、教育部首批卓越医生(中医)教育培养计划改革试点高校。学校现有6个基层党委、6个党总支、6个直属党支部,共有基层党支部74个,党员人数1695人。

2015年,特别是四届二次教代会以来,在学校党政的正确领导下,在全体教职医护员工的共同努力下,中医学院综合办学实力显著增强,各项工作均取得了良好成绩。

一、倾力推进党政重点工作,全年目标任务基本完成

一是大学更名进展顺利。成立了工作机构,出台了工作方案,明确了任务分工。围绕更名大学指标体系,在上级主管部门的亲切指导和大力支持下,全力推进支撑材料、申报材料以及各项条件建设,接受了教育部高校设置评议委员会专家组的现场考察,并得到了专家组的一致评价和高度赞赏。教育部关于批准筹建山西中医药大学的文件即将下发。

二是省局共建协议正式签署。2015年9月11日,山西省人民政府与国家中医药管理局正式签署共建山西中医学院协议,省长李小鹏,国家卫计委副主任、国家中医药管理局局长王国强代表双方签约。协议的签署为学校不断提升办学实力和服务地方经济社会能力提供了更高的平台。

三是制度建设年工作成效明显。学校认真落实省委"六权治本"的要求,积极推进制度建设年活动,出台了制度建设年工作方案,完成了制度建设"立改废"的前期摸底工作。完成了《山西中医学院章程》的修订工作,经教育厅厅务会议正式核准发布。

四是工程竣工验收步伐加快。在基本完成中医药博物馆、图书信息中心2个单体以及体育馆、活动中心剧场、景观

工程等收尾工作的同时,积极推进竣工验收等各项工作。目前,完成了全部单体的竣工规划认证、室内环境检测、消防验收和第二批单体电梯特种设备验收。

二、全面加强教学内涵建设,教学质量稳步提升

一是教育教学改革取得好成绩。在2015级各专业全面推行了学分制,构建了尔雅通识课程、省级精品资源共享课程等网络学习平台。成立了校级中医临床技能实训中心。学校获批教育部、国家中医药管理局卓越医生(中医)教育培养计划改革试点高校,中医学专业被确定为五年制本科人才培养模式改革试点项目。

二是专业建设与质量工程建设喜获丰收。2个专业获教育部批准,3个专业通过学士学位授权评审, 成功申报4个新专业。获批山西省高校特色专业建设项目1个、省教改项目3个。

三是人才队伍建设不断增强。引进博士研究生8人,获批省级科学技术带头人2人,省百千万卫生人才培养工程临床高端领军人才5人。有92名教师入选"十三五"规划教材主编、副主编及编委。举办了中青年教师基本功竞赛,组队参加了全国高等中医药院校青年教师教学基本功竞赛,获得了优异成绩。

四是各层次招生计划圆满完成。全年招收硕士研究生228人,本科生2064人,专升本106人,对口升学99人,成人教育学生554人。成建制招收了来自巴基斯坦、赞比亚、刚果、加纳等国家的留学生45名。

五是研究生教育不断加强。临床医学专业学位调整为中医硕士专业学位。完善了学位授予与质量管理、研究生思政教育与管理、招生就业、授权学科专业培养管理与质量体系。积极推进首批专业硕士研究生参加住院医师规范化培训,完成了专业学位硕士研究生导师的遴选及培训工作。与山西大同大学联合建立了研究生联合培养基地。

三、全力推进协同创新,学科科研实力日益攀升

一是成功获批省级协同创新中心。大力实施学校"2011"计划,黄芪资源产业化及产业国际化协同创新中心被认定为2015年度山西省高校协同创新中心。

二是国际交流与合作日益广泛。深入开展与阿德莱德大学、英国阿伯丁大学的合作,与英国阿伯丁大学签署教育合作协议,并签订了"硕士1+1+1"、"本科3+1"2个学生交流和合作办学项目意向书。加快推进与澳大利亚阿德莱德大学在中医药领域的科技教育合作。

三是科研实力不断提升。全年科研立项30项,获得科研经费430.7万元。结题验收37项,成果鉴定2项,获得发明专利2项,实用新型专利2项。荣获省部级以上奖励2项、省高校科学研究优秀成果著作类一等奖1项。完成了山西省中药产业创新链编制工作。

四是学科内涵建设有序推进。成立了15个校级重点科技创新团队。成功申报"中医优势治疗技术"自主设置二级学科和"服务中药产业创新学科群建设与人才培养研究"山西省服务产业创新学科群建设计划项目。接受了省重点建设学科、省级科技创新团队检查以及国家中医药管理局学科的检查,中西医结合基础学科成功升级为重点建设学科。

四、全面加强医疗内涵建设,综合服务水平显著提升

一是医院综合实力不断增强。各直属附属医院积极推进住院医师规范化培训工作,推动医教协同发展。深入开展省卫计委行风建设"九不准"专项整治活动。加大投入,积极改善院容院貌,就医环境极大改善。2015年,三所直属附属医院门急诊病人数达到73.38万人次,出院人数达到4.19万人次,业务收入达到7.85亿元。

二是服务社会能力显著提升。附属医院扎实推进"医院管理年"活动,顺利通过了三级医院持续改进工作复审。第三中医院牵头建立了我省首个专科医院医疗联合体,组建了吕景山国医大师传承工作团队,搭建了国医大师传承工作网络平台。中西医结合医院筹建成立了山西省中西医结合医院医疗集团,榆次区高校新区医院(国医楼)顺利通过验收。

五、以大学生素质提升为重点,服务管理水平不断增强

一是学生管理服务不断规范。强化"以学生为中心"的学生工作理念,加强学生工作队伍建设。入选2015年度山西省高校辅导员工作精品项目1项,组织参加全省第三届辅导员技能大赛,获得金奖。通过举办主题团日和班会活动,开展了以"勿忘国耻圆梦中华"为主题的爱国主义教育和革命传统教育。全面推进思想引航、文化筑梦等"五大工程"。举办了第十四届校园科技文化节。

二是第二课堂素质教育深入推进。通过开展大学生学习状况调研与访谈、学生学习管理与指导中心建设、创建"书香校园"、开展职业生涯规划、开设大学生成长讲坛,大力开展大学生素质教育。持续开展"营养鸡蛋工程"和"免费主食工程",共计1800名贫困生受益。有7443人次获得各级各类奖学金,有2246人次荣获省级或校级表彰奖励。

三是学生竞技及技能赛事获佳绩。先后组队参加全国中医药院校大学生课外学术科技作品竞赛,全国英语演讲比赛(山西赛区), 首届全国中药学类专业学生知识技能大赛,全国《黄帝内经》知识大赛,第二届全国悦读中医之星评选等均获得优异成绩。

四是就业与创业工作有序推进。认真落实毕业生就业"一把手"工程,先后举办毕业生就业洽谈会40余场。与麦可思合作, 完成了调研专业社会需求与培养质量体系评价报告。编制完成了年度毕业生年度质量报告。截止2015年底,就业率达到74.63%。开展了大学生创新创业培训、竞赛活动,获批省高校大学生创新创业项目20个,"橘井中药奶茶"创业项目孵化落地。组队参加了第二届"晋商杯"大学生创业大赛,获得优异成绩。

六、强化服务管理与条件建设，各项工作运转良好

一是成功获批副教授评审权。获批 10 个学科副教授评审权，组建了教师高级职务评审委员会，推荐晋升教授 6 人，评审副教授 9 人，讲师 15 名，实验室 1 名。先后两批招聘了聘任制政治辅导员、实验员和教学管理人员 24 名。

二是条件建设不断加强。理顺了实验管理中心的体制机制，中药微乳技术实验室正式获批国家地方联合工程实验室。全年采购纸质图书 9.1 万余册。做好校园一卡通和校园网络的维护服务工作。

三是民主管理有序推进。按照学校教代会运行规程，将教职工代表大会制度落到实处，积极推进提案工作的落实，通过维护职工福利、关注职工身心健康、开展职工文体活动，切实维护职工权益。推进信息公开工作，出台了学校信息公开事项清单，编制了年度信息公开报告，建立了信息公开专栏，主动做好信息的管理、维护和更新工作。

四是财务管理规范年活动成效显著。积极开展“财务管理规范年”活动，制定了 6 项财务及设备管理办法。多措并举，切实加快预算执行进度。组建了采购评标专家库，进一步加强了政采各环节的管理，规范了材料、低值易耗品的管理。

五是后勤保障水平不断提升。全力做好餐饮、公寓、物业、通讯、医疗服务、基础设施设备维护等管理工作。开通了后勤服务网上报修系统，老校区教学区域的后勤服务、安全保卫一并移交附属医院实施一体化管理，保证了学校办学主体由老校区向新校区的整体转移。开展了形式多样的“三节”教育宣传活动，积极推进节约型校园建设。

六是安全工作常抓不懈。认真落实山西省高等学校安全目标责任书，开展安全隐患排查与整治工作，及时举办了地震逃生应急演练、消防知识培训及操作演练。深入开展安全大检查，抓好重点领域、关键环节的安全管理。深入开展校园综合治理和平安校园创建工作，顺利通过了省级平安校园专项整治验收检查。

七是精准扶贫推进有序。组建第 27 批农村扶贫队赴和顺开展对口扶贫，选派 2 名优秀干部到村任农村第一书记，帮助当地建强基层组织，开展贫困识别，制定帮扶计划，推动中药材黄芩种植，实施精准扶贫。投入 10.85 万元支持扶贫对象做好 2 项建设项目。

七、以“三严三实”专题教育为主线，党建工作水平全面提升

一是“三严三实”专题教育扎实开展。按照省委和省高校工委的安排，制定了实施方案，深入开展了集中学习、四次专题研讨和专题民主生活会。广大党员领导干部以研讨引导学，做到学深悟透，真正入脑入心，深入剖析自身不严不实存在的问题，推进专题教育的扎实开展、稳步推进。

二是党风廉政建设“两个责任”全面落实。出台了落实党风廉政建设两个责任的实施意见，召开了党风廉政建设工作会议，签订了党风廉政建设责任书，就落实主体责任签字背书，按照“谁主管，谁负责”的原则，一级抓一级，层层抓落实。积极推进 2015 年党风廉政建设和反腐败工作任务责任分解意见的落实。深入开展了学习贯彻《巡视条例》《廉政准则》和《纪律处分条例》等系列活动。学校纪检监察部门明确职责定位，聚焦主业主责，不断促进转职能、转方式、转作风“三转”落实，强化监督执纪问责。

三是学习讨论落实活动专项整治成效显著。按照全省教育系统专项整治要求，成立了工作机构，制定了工作方案，推进“文山会海”和“三公”经费管理不严等 10 个专项整治工作，取得了较好的效果。

四是全力配合做好省委专项巡视工作。多次召开专题会议进行研究部署，成立了学习贯彻《中国共产党巡视工作条例》领导小组，积极配合巡视组开展好各项巡视工作，主动认领巡视组提出的意见建议，对发现的问题和存在的不足，做到即知即改、立行立改。

五是党的思想建设不断加强。深入贯彻落实中央及省关于加强意识形态工作的有关要求，进一步提高认识，建立健全党委领导意识形态工作责任制，切实加强对意识形态的引导管理，牢牢掌握高校意识形态工作领导权、话语权，不断巩固马克思主义指导地位。进一步加强意识形态阵地管理，加强课堂管理，强化教学纪律，确保课堂讲坛风清气正。

六是党的基层组织和干部队伍建设有力。深入贯彻落实全省党建工作会议精神、中办发〔2014〕55 号文件以及我省实施办法，围绕党委换届工作，及时召开工作部署会，全力做好基层党组织换届工作。通过开展干部教育培训，不断加强干部队伍建设。印发了《关于进一步规范领导干部参加社会化培训的通知》，规范了处以上干部参加社会化培训。深入开展了基层党组织书记抓党建述职工作。高度重视做好党员发展工作，严把党员发展入口关，全面发展党员 185 名。

七是党的作风建设不断增强。认真贯彻中央八项规定、省委“四个实施办法”以及省委五句话要求，强化底线意识和红线意识，坚持纪在法前、纪严于法，始终把纪律和法纪挺在前面。各级领导干部以身作则，以上率下，对责任范围内的部门和干部加强管理、加强督查、定期约谈，取得了良好效果。

八是统战和老干部工作不断加强。开展了同心·民主人士义诊活动，扩大了学校影响力和社会认知度。加强各民主党派基层组织建设，组织民主党派人士和无党派人士为学校发展建言献策。强化“为老”环境建设，认真落实各项优待政策，离退休人员活动室被省委老干部局评为山西省先进活动中心，学校荣获省直敬老文明号称号。

九是大学文化建设成效明显。积极推进校园区域文化工作。制作完成了展现学校“一个改革，两个创新”系列画册。编印了《文化中医——山西中医学院文化解读》。中医药博物馆正式开馆。积极开展精神文明单位创建工作，通过了省高校工委组织的精神文明标兵单位验收。

（郭宏鹏）

附：山西中医学院党委书记、副书记、委员名单

书　记：张俊龙

副书记：马存根(12月任职)　冯　海

委　员：郭文平　冯前进(12月离职)　杨　波

太原师范学院党委工作概况

党委书记　张惠元

2015年，在上级部门的关怀指导下，学校党政领导班子团结带领全校师生，坚决贯彻落实中央、省委各项方针政策，认真学习习近平总书记系列重要讲话精神，遵照“三严三实”要求，全力聚焦提升育人质量目标，坚持党的领导，坚持改革创新，紧紧依靠广大教职工办学，有力地推动了学校事业的发展进步。

一、围绕中心，着眼大局，全面提升党建水平

2015年，学校党委牢固树立“抓好党建是最大的政绩”的理念，围绕中心抓党建，从学校发展实际出发，努力寻求党建与学校工作的最佳结合点；积极筹备学校第二次党代会，着力进行“十三五”规划的编制；党政合谋，确定重点项目，加速学校建设发展，对接政府、社会需求，抓实抓细民生实务。开创了党建统筹中心工作、齐头并进的良好局面。

（一）强化理论学习，坚定理想信念。不断加强政治理论学习，结合“三严三实”专题教育，进一步引深学习习近平总书记系列重要讲话精神，坚决向习近平总书记看齐、向党中央看齐。举办了新一届党总支委员、党支部书记专题培训班，书记和院长带头讲党课做报告，促进形成全校上下谋划发展，大兴学习研究之风、大行干事创业之实的浓厚氛围。

（二）狠抓基层党的建设。加强组织领导，顺利完成基层党组织换届。做好“双带头人”试点工作，教师党支部书记中“双带头人”占到了96.7%。重视学生党组织建设，积极开展“学生党员讲党课”，推进“学生党建进公寓”，促进党员作用的发挥。

（三）贯彻根本制度，加强班子建设。坚定不移地贯彻党委领导下的校长负责制，新的党政班子组建以来，制定出台了《太原师范学院贯彻落实党委领导下的校长负责制的几点意见》，坚持民主集中制，广泛凝聚师生的向心力推动学校工作不断进步。不断完善学校决策和议事规则制度，积极探索和实践基层党组织坚持党委领导下的校长负责制的实现形式，建立完善二级院系班子党政联席会议制度，促进形成稳定的经费保障机制和基层党务工作激励机制、监督检查机制。

（四）扎实开展“三严三实”专题教育。党政主要领导带头，班子全体成员一道动真碰硬“严”查“实”找，明确当前学校干部队伍中存在的“不严不实”问题及成因，梳理出我校各项工作中存在的“不严不实”问题共计6大方面13项内容47条，明晰各方责任，认真进行整改，以整改成效取信于广大师生。同时班子成员及29个党总支以“严以修身”、“严以律己”、“严以用权”为主题、结合实际进行了多次专题学习研讨。

（五）合力培育和践行核心价值观。2015年12月18日，精心筹备、成功组织了省委常委组织部长盛茂林同志给学校大学生讲党课，并及时组织全校师生进一步引深学习和升华认识。书记和院长带头与师生面对面交流，利用“行知讲堂”等思政教育平台讲党课、做报告，结合自身经历和体会，与学生一道学习习总书记系列讲话精神，共筑中国梦。校团委主抓的“微微网”（即微信、微博、网站）等新媒体思政工作平台充分发挥作用，深入开展“与信仰对话”、“我的中国梦”等主题教育活动。在纪念世界反法西斯战争胜利暨中国人民抗日战争胜利70周年纪念日，隆重举行了升国旗仪式，铭记历史，开创未来，山西电视台等媒体着重予以报道。在庆祝教师节举行陶行知塑像搬迁揭幕仪式之际，大张旗鼓地表彰了年度“三育人”先进集体和个人，进一步弘扬行知精神，诠释“行知”内涵。

二、突出重点，持续发力，推进学校工作全面发展

（一）育人质量不断提升。坚持教学中心地位。进一步修订完善了本科生《人才培养方案》，修订出台了《太原师范学院教学奖励办法》，加大对国家和省级教学成果奖的奖励力度。全年获得省级教改项目5项，大学生创新性实验项目20项。获批新专业1个，新增省特色专业1个。进行慕课教学，新开设42门校内公选课。与美国菲斯克大学签订了合作意向备忘录，与美国纽约州立大学奥尔巴尼分校签订了本科生2+2双学位合作项目。

强化实践教育教学，努力提升学生的专业素养和实践能力，育人成果丰硕。第十五届全国大学生游泳锦标赛，体育系毛飞豫勇夺女子甲组50米蝶泳冠军，首开师院竞技体育国家级夺金先河；在全国大学生数学建模竞赛中，获国家级二等奖1项，省级一等奖1项；作品《新意循环》获“红棉奖”全球公益视频大赛环境保护类一等奖和首届万峰林国际微电影盛典短片类一等奖。

（二）学科建设和科学研究成效显著。2015年，学校坚持把学科建设和科学研究作为提升学校核心竞争力的第一要务，共获批纵横向项目58项，其中国家自然基金项目6项，国家艺术基金项目2项；共发表省级以上研究论文391篇，

获得山西省“百部(篇)工程”二等奖2项、三等奖5项,山西省高等学校科学研究优秀成果(人文社会科学)奖二等奖4项,山西省科学技术奖二等奖1项;举办了130场高层次学术报告,校园学术文化氛围日趋浓厚。

同时对科研奖励办法进行了大幅度改革调整,加大了对科研项目、科研获奖和横向科研项目的奖励力度。加强研究生培养,遴选了校内专硕导师119名,努力夯实专硕工作基础。积极申报省级平台并着重进行四个学科群建设,成功获准全省首批高校协同创新中心2个,其中1个为牵头单位,1个为协同单位。师院“腐殖酸工程技术研究中心”喜获山西省工程技术研究中心,成为全省新建本科院校中唯一的“省级工程研究中心”。

(三)民生实务工作持续深入。2015年,依学校发展实际,适时对校内岗位绩效工资进行了改革调整,逐步提高教职工薪酬待遇,坚持为教职工发放误餐费和交通补贴、坚持进行困难职工慰问,免费为全体在职教职工做了健康体检,开通了教职工法律咨询中心等;加大贫困生资助力度,全年共发放各类学生生活补助、奖学金、助学金等1800多万元,为59名“双困”毕业生发放了5万元的专项补贴;为27名孤儿学生发放了每人1000元的慰问金;为66名应征入伍服兵役学生及复学退役学生补偿学费67万元。

三、落实全面从严治党要求,高度重视党风廉政和反腐败工作

(一)认真落实“两个责任”。学校先后出台了《中共太原师范学院党委关于落实党风廉政建设党委主体责任的实施方案(试行)》《中共太原师范学院关于落实党风廉政建设纪委监督责任的实施意见(试行)》,同时制定了太原师范学院党风廉政建设主体责任清单和纪委监督责任清单,下发了《工作要点》,出台了《任务责任分解意见》,签订了党风廉政建设责任书。依《章程》办学,依法治校,建章立制,积极推进“六权治本”。

党委书记张惠元、院长梁吉业先后召开“履行主体责任推进会”、“全体中层正职集体约谈会”等,并重点于11月17日与学校人财物等相关的16个部门和单位的24位负责人进行了专门约谈。同时分管领导及各部门负责人则认真组织开展了廉政教育工作。

(二)不断创新预防教育手段

一是重视日常教育。在各类会议、报告中,结合实际情况,随时随地有针对性的开展教育。二是强化即时教育。不失时机地利用组织实施工作、信访事件、调查整改等重要时机,进行谈话式、提醒式教育,强化干部的廉政意识。三是扩大教育范围。教育对象扩大到全体党员干部,增强全体党员党风廉政建设的自觉性。四是注重预防警醒。及时转发中纪委、省纪委、高校纪工委公布的违法违纪通报,使党员干部有对照,能自查,常自警。五是加强制度建设。2015年,师院对《太原师范学院对一把手和关键岗位的监督制度》《太原师范学院权力运行痕迹管理制度》《太原师范学院干部及时谈话、函询、诫勉、教育制度》《太原师范学院针对监督部门和监督岗位的监督制度》《太原师范学院招投标工作规定》等5项规定和制度进行修订完善。

(三)加大督察和办案力度

一是持之以恒反“四风”。在春节、端午、中秋、国庆等重要时间节点,及时传达上级具体要求,制止个别党员干部有不符合规定苗头的行为。对公务车辆使用、单位食堂接待、申报婚丧喜庆等内容进行了严查和抽查,坚决杜绝违规问题发生。

二是加大办案结案力度。2015年,共收到信访举报9件,办结7件,初核2件。针对2014年底太原市审计局审计中发现的师院科研横向经费和后勤处差旅费违规报销问题,对涉事的单位和30名人员进行了诫勉谈话,并进行了全院通报批评。

(侯学文)

附:太原师范学院党委书记、副书记、委员名单

书　记: 王尚义(4月离职)　张惠元(5月任职)

副书记: 梁吉业　王敬泽(12月离职)
王亦农(5月离职)

委　员: 王川龙　吴生彦(3月离职)
侯学文　薛建武

市、县（市、区）委工作概况

中共太原市委工作概况

市委书记　吴政隆

2015年，在党中央和省委、省政府的正确领导下，太原市委领导班子坚持一手抓党风廉政建设和反腐败斗争，全面从严治党、从严治吏，着力净化政治生态；一手抓经济社会发展，主动适应经济发展新常态，积极转方式、调结构，着力推动富民强市，努力在全省发挥"六个表率"作用。

一、深入学习贯彻习近平总书记系列重要讲话精神，认真落实省委"五句话"总要求

坚持"双学"，把学习贯彻习近平总书记系列重要讲话精神作为重大政治任务，组织召开市委常委会议、中心组学习会和全市性大会认真学习贯彻，不断强化思想认同、理论认同和情感认同，始终同以习近平同志为总书记的党中央保持高度一致，自觉维护中央权威、维护省委权威；坚持学习以习近平同志为总书记的党中央领导集体崇尚实干、勇于担当、廉洁自律优良作风，学习以王儒林书记为班长的新的省委领导班子治晋兴晋强晋的政治担当与工作作风，有效推动了太原市多年存在的一些突出问题的解决，各级领导班子和党员干部工作作风、精神状态发生了可喜变化，敢于担当、积极作为、迎难而上的劲头和干事创业的氛围加快形成。

二、坚定不移推进党风廉政建设和反腐败斗争

坚决把纪律和规矩特别是政治纪律、政治规矩挺在前面。认真学习贯彻新修订的《廉洁自律准则》《纪律处分条例》《巡视工作条例》，树起高线、守牢底线，抓早抓小、动辄则咎，真正让纪律和规矩成为不可触摸的"高压线"，对违反政治纪律和主体责任不落实等问题进行严肃查处。积极运用执纪问责"四种形态"，有效促进了干部认清问题、改正错误，焕发干事创业激情。

全面落实"两个责任"。紧紧牵住主体责任这个"牛鼻子"，制定下发"两个责任"清单，压实全市各级党委（党组）、纪委（纪检组）责任。市委书记作为第一责任人，坚持"四个亲自"，先后主持召开市委常委会42次专题听取有关工作汇报和案件查处情况，414次对党风廉政建设和反腐败斗争作出具体批示。班子成员认真履行"一岗双责"，从严抓好分管部门"两个责任"落实。市委支持纪委履行监督责任，市县两级纪委牵头或参与的议事协调机构精简95%以上。2015年问责"两个责任"落实不力的领导干部99名。

始终保持惩治腐败和狠刹"四风"的高压态势。坚持以"零容忍"态度惩治腐败，有案必查、有腐必反、有贪必肃。狠抓中央八项规定精神落实，坚决防止"四风"反弹回潮。2015年全市各级纪检监察机关处置问题线索2574件、初核1825件、立案1330件，结案1310件，同比分别增长131.9%、114.2%、54.5%、55.2%；给予党纪政纪处分1342人，同比增长64.1%；重处分328人，同比增长60.8%；县处级干部81人，同比增长44.6%；移送司法机关70人，同比增长84.2%。

坚决查处发生在群众身边的腐败问题。落实省委"乡村治、百姓安"要求，深入开展专项清理整治，2015年立案查处群众身边腐败案件536件，结案533件，处分570人，同比分别增长70.2%、73.6%、80.4%。全市106个乡镇（街办）均有自办案件，侵害群众利益的腐败现象得到有效遏制，"上面九级风浪、中间波澜不惊、下面纹丝不动"状况有了明显改善。

三、努力促进经济平稳健康发展

着力抓好“五个一批”。坚持把抓好一批重大产业项目、一批重大基础设施项目、一批重大民生项目、一批不稳定因素的化解、一批重大改革事项作为推动工作的重要载体和抓手,滚动推进、狠抓落实。积极争取省委、省政府支持,出台支持太原率先发展的《意见》,市委常委会专题研究,分解任务,推动落实。全年完成地区生产总值2735.34亿元、同比增长8.9%,规模以上工业增加值600.48亿元、增长5.7%,固定资产投资2025.61亿元、增长16%,社会消费品零售总额1540.80亿元、增长6.2%,一般公共预算收入274.24亿元、增长5.9%,城镇居民人均可支配收入27829元、增长8%,农村居民人均可支配收入13688元、增长8.5%,外贸进出口总额107亿美元、增速与上年持平,完成省下达各项任务,主要经济指标均位居全省前列。

全面实施“三个突破”。分别召开推进大会,制定深入实施创新驱动发展战略、促进金融振兴、加快民营经济发展三个实施意见。争取国家五部委将太原市确定为小微企业创业创新基地示范城市,三年支持9亿元,省政府配套支持1亿元。新增国家重点实验室1个,认定高新技术企业105家;“新三板”挂牌公司由3家增至20家,创业板实现零突破。2015年金融业增加值预计完成340亿元,增长10.5%;民营经济增加值预计完成1557.84亿元,增长9%;全年新登记小微企业18753户,全市市场主体达到313545户。

大力推进产业结构调整。大力推动传统产业转型升级,积极培育发展高端装备制造、新能源、食品药品等新兴产业,做大做强醋产业,江铃重汽整车及发动机、阳煤化工等一批重点项目加快推进,比亚迪新能源汽车等项目签约落地。加快发展养老服务业,制定出台《关于加快发展养老服务业的实施意见》。2015年签约项目总投资3497.2亿元,落地项目投资1840亿元。

着力深化改革扩大开放。承接落实中央和省委、省政府部署的改革任务,加快推进73项改革事项,农信社改制、国资国企改革、排污权有偿使用和交易等46项改革取得阶段性成果。积极参与“一带一路”战略、京津冀协同发展和环渤海合作发展,将引进外部要素资源作为加快结构调整、经济发展的有效途径和重要抓手,充分发挥省会城市综合优势,努力以开放促发展、以开放促改革。

举全市之力推动城中村改造。把城中村改造作为重大民生工程、发展工程和战略工程,作为全市全局工作的重要突破口,作为重塑“三个形象”的着力点和试金石,以形成和保持“三个高压态势”为切入点,大力整治城中村乱象,以背水一战的决心、舍我其谁的勇气、崇尚实干的作风推进城中村改造。2015年启动54个城中村改造,47个村基本完成整村拆除,总拆迁量完成88%,46个村启动建设回迁安置房。太原城中村改造所体现的积极作为、攻坚克难、依法办事、为民谋利的精神,得到了省委、省政府,王儒林书记的充分肯定。

加快城市基础设施建设。坚持“地上”“地下”统筹,“面子”“里子”并重。完善轨道交通建设规划,地铁2号线一期全线招标开工,首开段车站主体工程封顶。完成南内环、学府街、南沙河快速路等31条城市主次干道改造建设,整治小街小巷32条;新改建供水管网232公里、供气管网177公里,完成既有建筑节能改造412万平方米,晋阳污水处理厂、500千伏龙城供电、太古供热等工程加快推进,城市基础设施建设进一步提速。

全面启动“五城联创”。以迎接青运会为契机,部署开展创建全国文明城市、国家环境保护模范城市、国家卫生城市、国家生态园林城市、国家森林城市“五城联创”活动,进一步增强城市功能、改善人居环境、提升文明程度,展示良好形象。

四、全力推进省城环境质量改善

着力抓好“五大工程”“五项整治”,市区二级以上优良天气达到230天,较2014年增加33天,优良率达到63%,比2014年提高9个百分点。集中供热扩网3104万平方米,解决既有建筑供热2100万平方米,替代拆除锅炉8699台,16个城边村、6036户实施燃气化改造。关停污染企业6家。淘汰老旧机动车28232辆。集中式饮用水源地水质达标率保持100%。万元地区生产总值综合能耗和万元工业增加值用水量预计均下降5个百分点,6项主要污染物减排指标均超额完成省下达任务。完成营造林29.07万亩,建成区绿化覆盖率、绿地率、人均公园绿地面积达到41%、36.07%和11.56平方米。

五、全面推进法治太原建设

落实市委加快推进法治太原建设实施意见,积极运用法治思维和法治方式解决改革发展稳定中的各种矛盾和问题,不断提高依法执政水平。调整了市委法治建设领导小组及办公室,由市委主要领导担任组长,市委常委会定期研究法治建设工作,听取法治建设情况和人大、政府、政协、法院、检察院工作汇报。实施“阳光司法”五年规划,开展普法教育,做好司法体制改革试点工作,尖草坪区法院、检察院的试点改革有序推进。集中开展执法司法突出问题专项整治,全面加强政法队伍建设。进一步规范权力运行,制定《太原市“六权治本”推进方案》,市级行政权力事项精简54%,审批和服务事项总办理时限压缩21.6%,市级下放权力事项83项。

六、发展社会主义民主政治

加强和改进市委对人大工作的领导,支持和保证人大及其常委会加强自身建设,依法行使职权。支持市政协发挥协商民主重要渠道作用,围绕大团结大联合,更好履行政治协商、民主监督和参政议政职能。成立市委统一战线工作领导小组,制定贯彻《统一战线工作条例(试行)》实施意见,推进统一战线工作制度化、规范化和科学化。加强党对群团工作的领导,进一步保持和增强群团工作的政治性、先进性和群众性。加强“八个体系”建设,全面推动军民融合发展,荣获全省双拥模范城"九连冠"。

七、切实加强宣传思想文化工作

牢牢把握意识形态工作的领导权、管理权、话语权,有效激发推进弊革风清、富民强市的精神动力。深入开展群众性精神文明创建活动,扎实抓好城六区全面禁止燃放烟花爆竹等移风易俗活动。加强对外宣传,配合国家和我省主流媒体做好对太原市城中村改造等重点工作的报道。创作推出《于成龙》等一批优秀文化作品。成功举办太原国际马拉松等重大赛事,在第一届全国青年运动会上取得好成绩,启动承办第二届青运会太原有关准备工作。

八、着力保障和改善民生

统筹推进社会保障体系建设,五大保险参保人数超额完成省下达任务。城镇新增就业10.5万人,城镇登记失业率控制在3.4%。扎实推进教育事业均衡发展,新改续建中小学和幼儿园60所,解决11万余名进城务工人员随迁子女就学问题。深化医药卫生体制改革,28所县(市、区)级公立医院实行药品零差率销售。推进精准扶贫,全市1.67万人脱贫。推行小学生放学后免费托管服务,12万个家庭受益。新建小游园46个、人行天桥10座、地下通道5座、停车位8160个,改造公厕52座,新增公交运营线路20条,30条道路的架空线缆入地;解决了2.28万农村人口的饮水安全。

九、努力维护社会安全稳定

集中力量化解一批重大不稳定因素,在矛盾较为集中的金融、物流、房地产等领域成立排查处置专项小组,分类分项、分层分级落实化解责任,2015年化解不稳定因素706件,增减相抵累计减少355件。每季度进行安全生产和信访稳定形势分析研判和针对性部署,市委常委包县(市、区)、副市长和法检两长包领域化解信访突出问题,2015年中央和省交办的重点信访案件化解99.5%,省交办的2014年以来网上未办理案件全部办结。制定《太原市安全生产党政同责、一岗双责、失职追责暂行办法》,深化"打非治违"和专项整治,发现安全隐患2.2万余个,95.5%完成整改。推动"平安省城"建设,组织开展社会治安集中整治,形成和保持惩治腐败、狠刹"四风"、打黑除恶三个高压态势,打掉黑恶势力犯罪团伙26个,破获刑事案件254起,群众的安全感和满意度进一步增强。

十、加强领导班子和干部队伍建设

扎实开展"三严三实"专题教育。认真学习贯彻习近平总书记关于"三严三实"的重要论述,坚持与协调推进"四个全面"战略布局和贯彻落实省委"五句话"总要求相结合,与抓好"五个一批"、推动"六大发展"、实现"六个表率"相结合,坚决把"三严三实"要求体现到坚定正确的立场上、体现到落实党中央重大决策部署上、体现到对分管方面的管理上、体现到严格要求自己上,市委中心组"三严三实"专题学习讨论6次。12月23日,市委常委班子召开了"三严三实"专题民主生活会,深入查找了存在的问题,开展了严肃的批评与自我批评;王儒林书记全程指导,给予充分肯定,同时提出了"五个更"的要求,市委常委班子进行了专题学习,并就贯彻落实王儒林书记讲话精神作出了安排部署,研究制定了《整改方案》,抓好工作落实。同时,全市548个单位和部门,2169名领导干部参加了专题教育,共查找问题4600余个,能够马上整改的已经进行了落实;其它问题列入各自的《整改方案》,进行了安排部署。

全面从严治吏。贯彻落实新时期"好干部"标准,严格执行《党政领导干部选拔任用工作条例》和《山西省各级党委(党组)在干部选拔任用工作中严格执行民主集中制的办法》,强化集体领导把关作用,深入实施"三个一批",推动干部能上能下,任用市管干部53名,实现了选人用人风清气正。严肃干部管理,制定下发《关于规范干部管理工作的通知》,积极解决我市县处级干部管理不规范的问题。

加强基层党组织建设。出台《关于加强基层服务型党组织建设的实施意见》,落实党委书记抓基层党建的主体责任,市委主要领导主持县(市、区)委和市直党(工)委书记抓基层党建述职评议考核会议,逐个点评,提出要求。按照"一好双强"标准,选优配强农村基层党组织书记,选派265名机关优秀干部到村担任第一书记,98.7%的软弱涣散基层党组织得到转化。

(张晓茜)

附:中共太原市委书记、副书记、常委名单

书　记:吴政隆

副书记:耿彦波　王　成(7月任职)

常　委:弓　跃(4月离职)　任在刚　汪　凡
王建生　刘海芸(6月离职)
李吉山(4月任职)　张明星(4月任职)
陈河才　任玉和　寿伟光(4月离职,挂职)

中共小店区委工作概况

区委书记　车建华

2015年，小店区委在省委、市委的正确领导下，认真学习贯彻党的十八大和十八届三中、四中、五中全会精神，深入学习贯彻习近平总书记系列重要讲话精神，认真落实省委、市委决策部署，全面从严管党治党，主动适应发展新常态，用五大发展理念引领、推动“六大发展”，各项事业取得新成绩，荣获国家级荣誉26项，省级荣誉55项，市级荣誉138项。

一、深入学习贯彻习近平总书记系列重要讲话精神

区级班子带头“双学”，认真组织开展“三严三实”专题教育，带头落实中央八项规定精神。以6个方面49项具体任务为抓手，持续整改省委巡视六组反馈意见，一批突出问题有效解决。

坚持党的领导、人民当家作主、依法治国有机统一，积极运用法治思维、法治方式解决发展稳定中各种矛盾问题。深刻汲取“12·13”教训，全面加强政法队伍建设。加强和改进对人大工作的领导，支持和保证人大及其常委会加强自身建设，依法行使职权。支持区政协围绕大团结大合作大联合，行使政治协商、民主监督和参政议政职能。区委常委会专题听取群团工作汇报，着力破解群团工作“四化”难题。加强党管武装工作，荣获全省双拥模范城区“九连冠”。广泛开展纪念抗日战争暨世界反法西斯战争胜利70周年纪念活动，凝聚正能量。

二、全面落实从严管党治党政治责任

一是坚决把纪律和规矩挺在前面。认真学习、严格遵守新修订的《中国共产党廉洁自律准则》、《中国共产党纪律处分条例》、《中国共产党巡视工作条例》，运用好四种监督执纪形态，让纪律成为不可触碰的“高压线”。二是层层压实“两个责任”。在不设党委的76个区直单位，明确由行政一把手履行主体责任，指定一名班子副职履行监督责任。建立区、街(乡镇)、村(居)三级落实“两个责任”体系。领导和支持区纪委履行监督责任，聚焦主业，加快“三转”，全面完成9个内设机构调整。三是始终保持“三个高压态势”。集中查处了一批有震动、有影响的典型案件，形成有力震慑。常态化督查暗访5次，发现违反中央八项规定精神及“四风”问题81个，党政纪处分27人，“一案双查”3起。扎实推进公车改革，12月31日前封存停驶294辆。四是坚决查处发生在群众身边的腐败问题。严肃查处群众身边的腐败问题24个。各街道、乡(镇)均有自办案件，侵害群众利益行为得到有效遏制。

三、推动经济社会平稳健康发展

协调推进稳增长、调结构、促改革，多项指标增幅或总量稳居全市前列，跻身全国投资潜力百强区第54位。一是全力推进“五个一批”。以重大产业项目带动产业结构调整。投入17.2亿元，推进了一批带动区域经济发展和辐射能力的项目。大力发展电子商务，全年实现销售收入30亿元。新、改、扩建20余个农业产业化项目，观光休闲农业实现总收入6000万元。以重大基础设施项目建设带动城市扩容提质。投资1.2亿元完成13条道路建设，按期完成10条市政道路12.38万平方米拆迁任务。积极服务科创城建设，完成1894.5亩征地任务和3条道路征地拆迁，累计搬迁、拆除企业35家。以重大不稳定因素化解夯实社会和谐根基。对98件涉纪涉法涉诉问题、建设领域和非法占地问题、拖欠农民工工资问题等重大不稳定因素开展集中化解，化解率94%。以重大民生项目助推社会事业发展。投入22.76亿元用于民生项目。投资1704万元改造10个老旧片区。提高中小学生均公用经费标准，被评为全国义务教育发展基本均衡县。提高城乡低保标准，每人每月达到505元。出台加快养老服务业发展实施方案，建成37个社区日间照料中心、5个社区老年餐桌，床位达到2062张。为60岁以上老人免费体检，为80岁以上老人每人每月发放高龄保健补贴50元。52家平价菜店基本覆盖低收入群体。完成建筑节能改造72.6万平米。以重大改革事项扎牢制度笼子。区级权力清单事项缩减44.3%。市政府取消和下放行政审批公共服务事项全部落实。主要审批事项流程平均缩短13个工作日。完成卫生、计生部门合并和食药监管系统改革。二是扎实推进省城环境质量改善。全年二级以上优良天气233天，优良率达到63.8%。拆除分散燃煤采暖锅炉172台，拔掉黑烟囱745根。完成东山五龙城郊森林公园登山步道等配套景点和基础配套建设，新建10个游园。三是加强宣传思想文化建设。加强社会主义核心价值观宣传教育，深入开展系列文明创建活动。强化政治意识，及时分析研判处置社会舆情。汾东文体中心投入使用。开展“文化小店·幸福汾东”系列文化活动。四是部署开展“冬季行动”。在全区部署开展“冬季行动”，围绕扶贫攻坚、“五城联创”、城中村改造、城市管理、优化环境等重点工作，制定措施，提出要求，推动各项工作扎实开展。

四、坚决推动城中村拆除改造

全力推进亲贤、杨家堡、北营、许东、龙保、新庄、狄村、王村8个城中村整村拆除改造，村拆除面积132.31万平方米，拆除率84.47%。一是持续保持高压态势。2014年10月以

来，共打掉14个盘踞在城中村的黑恶势力犯罪团伙，抓获涉案人员110人。严肃问责“9·21”坞城村自建房垮塌事件，对负有监管责任的5名干部给予党纪政纪处分，对涉嫌玩忽职守罪的4名干部依法移送司法机关。二是强力整治城中村乱象。坚决遏制违法建设，清理卫生死角260处，破获刑事案件236起，查处治安案件3065起，整治“九小场所”1728家。三是创新破解融资难题。成立国有汾东经济建设投资公司，自筹资金12亿元。积极搭建融资平台，融资达30亿元。创新融资模式，成立了全国第一支房地产行业信贷基金。

五、全力维护社会安全稳定

一是全力维护社会稳定。实行区直部门、街道、(乡)镇联合接访制度，接待来访群众1163批次，现场解决、跟踪落实1199件次，办结率97%。坚持“事要解决”，省、市两批次交办的48件案件全部办结。二是抓细抓实安全生产。区委常委会、区政府常务会分别听取汇报、研究安全生产工作5次、2次。按照财政总收入的1‰设立安全专项资金400万元。全年整改隐患3226条，未发生较大以上安全生产事故。三是推进平安小店建设。出台并组织落实2015年平安小店建设行动计划，将城中村治安整治与“打黑除恶”专项斗争、“夏季攻势”专项行动相结合，打掉黑社会犯罪组织1个，恶势力犯罪团伙10个，破获各类刑事案件2327起。

六、全面加强党的建设

一是深入开展“三严三实”专题教育。区委常委带头讲党课、带头学习研讨、带头查摆问题、带头落实整改，召开专题民主生活会，梳理问题371个，形成5个方面20项47条措施的整改任务书。二是加强基层党组织建设。对19个街乡和区直党(工)委开展述职评议，压实党建主体责任。完成34个软弱涣散党组织整顿。持续加大基层党建工作投入力度。稳妥解决39个村“两委”其他干部报酬和村级办公经费问题。选派4名干部到软弱涣散村任“第一书记”。强化党员队伍教育服务管理，发展党员151名，16名大学生村官稳步分流。三是强化干部队伍建设。风清气正调整科级干部5批85人，清理规范借用人员283名，整改“吃空饷”39名，消化超职数干部7名。推进“三个一批”，对区管141个科级领导班子进行综合分析研判，对183名干部开展“六查”。

(马　峰　李颜麟)

附：一、中共小店区委书记、副书记、常委名单

书　记：车建华
副书记：杨继承　高筱燕(女，12月免职)
常　委：李恩星　宋晓丽(女)　武润生　张建平
张振鹏　边军红(4月离职)　任效杰
张建春(4月任职)

二、乡镇(街道)党(工)委书记名单

坞城街道
书　记：魏志刚
营盘街道
书　记：郭国权(10月任职)
北营街道
书　记：张志中(10月离职)　张渊学(10月任职)
平阳路街道
书　记：王成周(10月离职)　张志中(10月任职)
黄陵街道
书　记：侯继保
小店街道
书　记：荣杰峰
龙城街道
书　记：樊胜利(10月离职)　姚卫民(10月任职)
西温庄乡
书　记：张俊兵(10月离职)　李明全(10月任职)
刘家堡乡
书　记：荣银会(10月离职)　李勇彪(10月任职)
北格镇
书　记：雍志斌

中共迎泽区委工作概况

区委书记　刘文华

2015年，迎泽区委坚持以邓小平理论、“三个代表”重要思想和科学发展观为指导，深入贯彻党的十八大、十八届三中、四中、五中全会精神和习近平总书记系列重要讲话精神，认真落实省委“五句话”总要求，主动适应经济发展新常态，全面从严治党，以“五个一批”为抓手，扎实推进“六大发展”，团结带领全区广大干部群众，苦干实干，积极作为，稳步推进和持续提升经济、政治、文化、社会、生态文明建设和党的建设水平，全区转型发展不断取得新成效。

一、深入学习贯彻讲话精神，不断凝聚和激发富民强区的新动力

一是带头深入学习。坚持把学习党的十八大、十八届三中、四中、五中全会精神和习近平总书记系列重要讲话精神作为重大政治任务，通过专题学习、集中研讨、交流发言、邀请专家辅导等形式，在深刻理解、深入贯彻“四个全面”战略

布局、五大发展理念等一系列新思想、新观点、新论断上下功夫，进一步统一了思想，凝聚了共识，坚定和巩固了全面建设小康社会、加快转型发展、富民强区的政治定力和思想根基。

二是带头践行“三严三实”。坚持把开展好“三严三实”专题教育作为加强党的思想政治建设和作风建设的重要举措，落实市委“四个见实效”的目标要求，把握从严从实，围绕三个专题进行集中学习和研讨交流，提升了践行“三严三实”的思想自觉和行动自觉；广泛征求意见，深入谈心谈话，深刻反思查摆，在精心准备的基础上，召开了区委常委班子专题民主生活会，开展了严肃的批评与自我批评。

三是扎实推进“六权治本”。建成并投入使用集行政审批、公共服务、便民服务等多功能为一体的综合性政务服务中心，本级审批服务事项全部集中办理；坚持依法行政，编制了“两个清单”，出台了健全重大行政决策机制的意见，建立了制度限制权力、制度建设会商等制度；建立健全执法责任、过错追究和工作责任推进及奖惩制度。

二、全面落实从严治党政治责任，深入推进党风廉政建设

认真学习贯彻习近平总书记全面从严治党重要指示精神，坚决落实省委市委决策部署，坚定不移推进党风廉政建设和反腐败斗争，为全区改革发展稳定各项工作提供坚强政治保障。

一是坚决把纪律挺在前面。区委中心组对中央和省、市委有关党风廉政建设和反腐败工作有关部署、精神进行了集中学习，区委常委会多次研究党风廉政建设，专题剖析典型案例，区委主要领导与市管领导干部、各基层党(工)委纪(工)委书记、区直各部门主要负责人进行集体约谈。结合学习讨论落实活动和“三严三实”专题教育，以党校集中学习、主要领导讲“党课”、领头雁培训等形式，分期分批对全区各级领导干部进行了反腐败形势教育和落实“两个责任”的专题教育。

二是全面落实“两个责任”。区委常委会专门听取了区人大、区政府、区政协、区法院、区检察院党组履行主体责任情况、纪委履行监督责任情况汇报；制定了区委落实“两个责任”的《实施意见》和《责任清单》，明确了区委班子、主要负责人、班子成员落实主体责任的具体内容和纪委班子、主要负责人、班子成员落实监督责任的具体内容；建立了双约谈、双述责、联组巡察、上级交办案件签字背书、责任追究5项配套制度，下级纪委在案件线索处置和查办案件向同级党委报告的同时向上级纪委报告的双重领导制度。

三是始终保持惩治腐败高压态势。加大纪律审查力量，对区纪委、区监察局内设机构和职能进行调整，对各基层纪(工)委书记的分工进行了专项督办，确保专职专人。加大线索处置力度，坚持“零容忍、无禁区”。坚决查处发生在群众身边的腐败问题，深入开展了以“群众举报乡村干部腐败为切入点，集中解决群众信访诉求问题”专项整治和农村集体“三资”管理专项清理整治。

四是始终保持狠刹“四风”高压态势。对1041个单位(次)进行了明察暗访，加大对违规收送礼金红包和违反公务用车管理规定的整治力度，始终保持狠刹“四风”高压态势。

三、积极适应新常态，经济保持了平稳较快增长

始终坚持以经济建设为中心，积极适应新常态，处理好存量与增量的关系、抓大与扶小的关系、统筹推进与重点突破的关系，深入开展稳增长、促改革、调结构、防风险各项工作，推动全区经济走上多点支撑、多元发展的健康可持续良性发展轨道。

一是着力抓好“五个一批”。坚持每季度召开全区经济形势分析会，区委常委会、政府常务会及时研究解决经济运行中的重大问题，着力抓薄弱、补短板、增动力，不断增强经济工作的前瞻性、系统性、针对性，有效推动了全区经济平稳较快增长。

二是持续推进传统服务业提质改造。实施了柳巷智慧商圈建设，对朝阳商圈及周边街巷进行综合整治和业态提升，促进了核心商圈多元业态集成发展；把“三个突破”作为引领新常态、提升现代服务业的战略重点，创新推进互联网与经济发展、产业升级、城市管理、便民服务的融合互通，迎泽电子商务双北产业园引入21家电商企业，被省商务厅命名为全省电子商务示范基地。与腾讯科技(深圳)有限公司就腾讯智慧迎泽(微社区、微商圈)、腾讯太原互联网+智慧产业园项目达成合作共识，并完成签约，成为全国首家与腾讯达成“互联网+战略合作”的城区。

三是全面超额完成重点工程“六位一体”目标任务。启动了高新区迎泽电子商务产业园、“迈克斯众创空间”、太原IDC(大数据)中心多个项目，支持和推动了大众创新创业；不断扩大招商引资范围和领域，完成签约引资额242.72亿元，为年计划的103%；扎实推进12个方面的全面深化改革工作，取得了一定成效。

2015年，迎泽区主要经济指标全面完成，增速均位居全市前列：地区生产总值完成534.98亿元，总量保持了十县区之首，在全省也位居首位，同比增长7.7%，在全市十县区中排名第三。服务业增加值完成458.17亿元，总量保持了十县区之首，同比增长7.9%，占到GDP的86.4%。规模以上工业增加值完成41.39亿元，同比增长4.8%，在全区十县区排名第三。社会消费品零售总额完成397.11亿元，同比增长10.6%，总量和增速均在十县区排名第二。一般公共预算收入完成16.1亿元，同比增长7.3%，增速在十县区排名第三。固定资产投资完成190.97亿元，同比增长24.8%。

四、城中村改造取得历史性突破，城市建设与管理迈上新台阶

在确保完成市下达郝庄、双塔、王家峰、东太堡4个环内城中村整村拆除任务的同时，自加压力，同步启动了枣园、赵北峰2个村，累计拆除122.71万平方米，拆除率达到

100.73%,成为全市两个基本完成整村拆除任务的城区之一;结合城中村改造,切实加强集体土地上违法用地、违法建设打击力度。对郝庄地区28个村(社区)开展全覆盖巡查,杜绝违建的增量,加强违建的打击力度,依法实施拆除违法建设30余万平方米。

积极主动配合市重点道路建设,组织实施了南内环快速化改造、南沙河快速路续建和东峰路、松小线等重点道路建设工程房屋征收工作,在较短时间内完成了占压红线建筑物、构筑物的拆迁。改进了农村环卫工作机制,城中村的清扫保洁、垃圾清运全部由专业队伍接管;成立了小街巷便道清洗队伍,道路机扫冲洗实现全覆盖;改造旱厕24座,设立平价便民市场8个,清理取缔占道经营摊点900余处,清理涂覆小广告35万余处;投入资金6千万元,高标准整治10个老旧片区,整治面积0.614平方公里,惠及人口5.7万余人,完成26条小街巷综合整治,建成5个乡村清洁示范村、10个小游园及街头绿地,完成建筑节能改造101.38万平方米;建立了视频实时监控系统和网格化管理体系,智慧环卫管理系统进一步完善。

五、着力保障和改善民生,人民群众的获得感不断增强

始终把保障和改善民生作为一切工作的出发点和落脚点,坚持尽力而为、量力而行,从解决群众最关心、最直接、最现实的利益问题入手,突出重点,统筹兼顾,不断满足群众的基本民生需求。

一是办好一批雪中送炭的民生实事。大力实施就业创业优惠政策,完成城镇新增就业18995人;积极推进社会保障"全覆盖",完成了城镇居民、新型农村养老保险及老农保的统一信息化管理与合并;对城乡困难群众医疗救助实行提标扩面,累计救助8059人次,总支出354.9万元;"敬老、帮孤、助残",加大对特定人员的精准服务,为1540名高龄老人发放津贴90万元,发放散居孤儿养育金33.48万元,为残疾人发放各类补贴167万余元;大力推进社区提档升级,高标准改造、新建了一批社区办公场所,新建12个社区老年人日间照料中心,9个社区老年餐桌,4个农村老年人日间照料中心;投资5000万,完成社区双提档加大保障性安居工程推进力度,全年新开工建设7417套,完成率达100%,基本建成3567套,完成率达104.9%。完成既有建筑节能改造101.38万平方米。

二是推进各项社会事业长足发展。完成8所中小学校、3所小学附属幼儿园建设,中小学数字校园基础设施建设实现"全覆盖",中小学校生均公用经费标准分别提高至920元和1100元,小学一年级入学、小升初坚持"六公开","阳光招生"更加规范透明。完成卫生计生资源整合,区级公立医院重点专科建设有序推进,为外来务工人员免费开通职业推介、证件办理、子女教育等"一站式"服务窗口,流动人口计生服务管理水平不断提升。

六、全面改善省城环境质量,城乡生态环境持续好转

牢固树立"绿水青山就是金山银山"的理念,把全力推进城乡生态环境不断好转作为重大民生工程和绿色发展工程,深入推进"五大工程""五项整治",努力为省城的天更蓝、水更清、空气更清新做出中心城区应有的贡献。

一是加大环境整治力度。实施了松庄、港道、孟家井3个城边村气化工程。实施小型燃煤设施集中整治,完成了72家餐饮服务企业油烟治理,取缔烧烤摊点200余处。组织实施了全区23个农村、城中村、棚户区的3892户居民洁净煤置换工作。

二是大力推动东山生态建设。加快完善农村基础设施建设,完成南沙河小山岩河道治理,实施松庄饮水安全工程,解决1900余人饮水安全问题;在全省首家实施县级现代林业建设示范工程总体规划,新增造林绿化3000亩,启动了千亩林果基地建设项目,全年完成栽种400余亩,小山沟城郊森林公园被评为东山地区唯一的国家级4A级景区,洪杰等森林公园正在布局建设,东山生态走廊循环圈基本成型。

(赵永刚)

附:一、中共迎泽区委书记、副书记、常委名单

书　记:刘文华

副书记:冯原平　阎生华

常　委:侯富田　张志勤　裴耀军　秦　琦　刘锦春(女)　曹　炬　李　锦(女)　尹亮君

二、镇(街道)党(工)委书记名单

迎泽街道

书　记:田　华(女)

桥东街道

书　记:樊世勋

文庙街道

书　记:孟晋忠

庙前街道

书　记:秦宇星

柳巷街道

书　记:刘锦春(女,兼任)

老军营街道

书　记:闫晓琴(女)

郝庄镇

书　记:尹晓平

中共杏花岭区委工作概况

区委书记　李　浓

在市委、市政府的正确领导下，杏花岭区深入贯彻党的十八大和十八届三中、四中、五中全会精神，深入贯彻习近平总书记系列重要讲话精神，协调推进"四个全面"战略布局，全面落实省委"五句话"总要求，贯彻落实市委各项工作部署，全力抓好"五个一批"，坚持"奋发有为、开拓前进"的工作总基调，深入实施"六个提高"，全区经济、政治、文化、社会以及生态文明建设和党的建设统筹推进，各项事业保持了平稳发展。

一、深入学习贯彻习近平总书记系列重要讲话精神，始终保持思想上和行动上的高度统一

坚持把学习贯彻习近平总书记系列重要讲话精神作为重大政治任务，组织召开常委会议、中心组学习会认真学习贯彻，深刻理解把握"四个全面"战略布局等一系列新思想、新观点、新论断，全面把握讲话贯穿的坚定信仰追求、历史担当意识、真挚为民情怀、务实思想作风和科学思想方法。扎实开展学习讨论落实活动和"三严三实"专题教育，认真落实"双学"要求，既深入学习贯彻习近平总书记系列重要讲话精神，又自觉学习以习近平同志为总书记的党中央领导集体"崇尚实干、勇于担当、廉洁自律"的优良作风，切实增强核心意识、看齐意识，自觉、主动、经常向党中央和习近平总书记看齐，认真学习以王儒林书记为班长的省委和以吴政隆书记为班长的市委的政治担当与工作作风，坚持从自身做起，充分发挥表率作用，自觉用习近平总书记系列重要讲话精神武装头脑、指导实践、推动工作，在思想上、认识上、行动上和党中央保持高度一致，自觉维护中央权威，维护省委、市委权威，认真学习贯彻党的十八届三中、四中、五中全会精神，贯彻落实省委、市委各项工作部署，形成领导带头、上下联动、层层跟进的良好局面，广大党员干部的政治意识和大局观念进一步增强，敢于担当、积极作为、干事创业的工作氛围逐步形成，为改革发展稳定民生各项事业的发展提供了坚实的思想政治保障。

二、全面落实从严治党政治责任，坚定不移推进党风廉政建设和反腐败斗争

坚决把党的纪律和规矩、特别是政治纪律和政治规矩挺在前面。认真宣传贯彻新修订的《中国共产党廉洁自律准则》《中国共产党纪律处分条例》和《中国共产党巡视工作条例》，不断加强对党纪党规的学习教育，进一步增强广大党员干部的党章党规党纪意识。坚持纪严于法、纪在法前，严格执行党章，抓早抓小，动辄则咎，着力把握运用好四种监督执纪形态，真正让纪律和规矩成为不可触摸的"高压线"。

全力落实"两个责任"。制定出台了区委落实"两个责任"的《实施意见》和《责任清单》，明确了区委班子、主要负责人、班子成员落实主体责任的53项具体内容和纪委班子、主要负责人、班子成员落实监督责任的50项具体内容，全区各党（工）委、党组也都制定了相应的实施办法和责任清单，形成了比较完善的责任体系和落实体系。区委书记作为第一责任人，坚持重要工作亲自部署、重大问题亲自过问、重要环节亲自协调、重要案件亲自督办。其他常委同志认真履行"一岗双责"，从严抓好分管部门"两个责任"的落实。大力支持纪委履行监督责任，聚焦主业，加快"三转"，区纪委牵头或参与的议事协调机构由59个精简至7个，在经费、人员和各项具体工作上给予充分保障。加大督查落实力度，层层压实责任，听取区人大、区政府、区政协、区检察院、区人民法院党组履行主体责任和区纪委履行监督责任的专项汇报，安排"两个责任"落实情况督查检查2次，就"两个责任"落实对全区各党（工）委、纪工委书记进行了集体约谈。

保持惩治腐败和狠刹"四风"的高压态势。全年区纪检监察机关共受理群众举报330件，立案150件，结案147件，给予党政纪处分130人。持之以恒正风肃纪，全年共派出3轮明察暗访组，核查问题线索58个，给予党政纪处理11人，组织处理9人，通报曝光典型案件6起。

坚决查处发生在群众身边的腐败问题。以群众举报乡村干部腐败为切入点集中解决群众信访诉求问题专项治理和农村集体"三资"管理专项清理整治为切入点，大力查处发生在群众身边的腐败问题。全年共查办发生在群众身边的腐败案件27件，给予党政纪处分27人，一批侵害群众利益的腐败问题得到有效解决。

三、坚持从实际出发的工作思路，将深入调研作为推动各项工作的有效抓手

在全区各项工作中，始终坚持问题导向，目标导向，把摸实情、抓实际、出实招、求实效作为基本工作理念，深入开展调查研究，从杏花岭的区情实际和群众的切身需求出发，着力补短板、强基础、利长远、惠民生。一方面充分利用全区"五加一"领题大调研成果，将全市的整体安排和杏花岭区的工作有机结合起来，对症下药，精准发力，科学谋划实施了2015年"五个一批"重点工作和重点项目。另一方面坚持调研先行、调研推动的工作方法，边落实，边谋划，不断发现和

发掘新的着力点和切入点。先后开展了基层党建大调研,社会管理网格化调研、党风廉政建设"两个责任"调研、"十三五"经济产业发展、社会民生事业发展调研等多次调研活动,形成了11篇,近17万字的调研报告,不仅有效指导和推动了全年各项工作,更为全区下一步的长远发展打下坚实的基础。

四、以重大产业项目为依托,促进经济平稳持续健康发展

主要指标保持平稳向前。2015年,全区地区生产总值完成453.23亿元,同比增长6.4%;服务业增加值完成369.2亿元,同比增长7.1%;固定资产投资完成191.88亿元,同比增长28.5%;规模以上工业增加值完成10.76亿元,同比增长8.9%,增速排名全市第一;社会消费品零售总额完成186.02亿元,同比增长10.7%,增速排名全市第一;公共财政预算收入同比增长2.3%,总量突破16亿元,在全省119个县市区中排名第四。项目储备、签约、落地、开工、建设和投产"六位一体"工作全部提前超额完成市下达目标任务。

重大产业项目进展顺利。第三产业方面,万达商业综合体商业部分已开业,5A级写字楼交付使用,目前已有23家企业签约入驻。北京华联胜利街购物市场项目主体已封顶,丈子头农产品物流园、山西汽运冷链物流园等项目进展顺利。第二产业方面。东山煤矿东兴煤业一期井筒工程全部施工完成,二期工程进入收尾阶段。东昇煤业一期矿建工程和井底的附属工程基本完工,矿井具备联合试运转条件。华能东山2F燃气热电联产项目于10月底建成并投入使用,供热面积1200万平方米。第一产业方面。积极推进舒清农业文化创意产业园建设,种植观赏花卉1.5万平方米。丈子头鸿泰昌种羊场建成并投入使用,饲养量达1500只。全年培育省级农民专业合作示范社1个,市级示范社3个,区级示范社5个。

五、全力推动重大基础设施项目,不断提高城市建设和管理水平

城中村改造任务圆满完成。在市委、市政府的坚强领导和有力支持下,将城中村改造作为重大发展工程、民生工程、战略工程,强力推进。在全市统一政策的框架内,广泛征求民意,科学制定改造方案。在动迁中,坚持将群众利益放在首位,阳光透明、公开公正,取信于民。区委常委直接包村、一线督导、例会推进;四大班子成员主动配合,通力协作,各级各部门全力支持;村"两委"干部和基层党员先搬先拆,示范带头,深入动员,充分发挥了战斗堡垒和先锋模范作用;抽调的各级干部和村干部、党员一道,发扬敢于担当、舍我其谁的作风,埋头实干、攻坚克难,形成了"举全区之力推动城中村改造"的强大合力,有效推动了改造。2015年实施改造的8个村共拆除1796个院落4725户83.8万平方米,在全市率先基本完成整村拆除任务,全年开工安置房2041套,22.69万平方米,超额完成市下达目标任务,城中村改造综合评分排在全市第一。

道路和棚户区改造有序推进。实施了敦化北路、大东关街及红沟东路等7个城市道桥建设项目9条道路的房屋征收工作,完成动迁1159户、13.32万平方米。张新线、河里头—石柱沟公路改建项目建成通车。启动了山西工程职业技术学院等3个棚户区改造动迁工作,完成动迁379户、1.7万平方米。积极推进2014年已实施的棚户区项目拆迁收尾工作,新动迁663户、7.01万平方米。全区新开工保障住房6459套,基本建成9005套。

城市管理水平不断提高。成立区城乡管理局,整合管理资源,初步建立起管理、作业、考核三位一体的管理模式。新建改建公厕10座、升级达标5座,完善10座移动中转站。集中开展了校园周边环境、无照占道、夏季烧烤等专项整治,推进环卫工作"六个覆盖",重点打造4条示范街道,街道秩序和环境卫生得到明显改善。

六、着力实施重大民生项目,民生保障和改善持续加强

大力发展教育和卫生事业。启动"大学区管理制"改革,实施三个紧凑型大学区试点工作。建立健全校长、教师专业化发展和轮岗交流制度,全区中小学教师交流比例16.19%。完成7所学校标准化操场改造、18所学校厕所改造、30所学校校园美化和22所中小学的校园文化建设工程。实施了小学生放学后免费托管,为全区中小学生投保综合保险,参保率100%。顺利通过了全国义务教育发展基本均衡区验收。全面推开县级公立医院综合改革,积极推进区中心医院综合楼建设,新型农村合作医疗参合率100%,全区基层医疗卫生机构全部实施国家基本药物制度,医疗保障服务水平不断加强。

扎实办好民生实事。杨家峪东沟村、中涧河乡丈子头采煤沉陷区安置项目已完成立项。4条农村通返不通道路改造全部完工。后沟、麦坪等9个村供水管道改造工程已完工,农村饮水安全得到有效保障。

不断完善社会保障。全年城镇新增就业19802人,城镇登记失业率控制在3.1%。城镇职工基本养老、城镇基本医疗、事业、工伤、生育保险等全部超额完成市下达任务,全年发放最低生活保障金4095.19万元,社会保障和救助体系进一步完善。

加强社区服务建设。38个社区便民服务设施得到提档升级,完成了9个社区养老服务中心,4个日间照料中心的建设任务,服务硬件水平稳步提升。充分发挥惠民项目资金作用,完成惠民项目239项,扎实为群众办好事,办实事,办具体事,得到了群众的肯定和好评。

七、扎实化解重大不稳定因素,维护社会和谐稳定

信访稳定形势稳中向好。全年共化解重大群体性不稳定因素38件,重点稳控人员化解办结6件。国家和省交办的20件行政类案件全部办结,受理网上信访事项按时办结率

达100%。坚持区四大班子领导每日接访和领导干部带案下访等各项制度，持续加大信访案件依法化解和处置力度，切实减少存量，遏制增量。抗战胜利70周年纪念活动和党的十八届五中全会期间实现了进京“零非访”。

安全生产形势保持平稳。严格执行《关于安全生产党政同责的实施细则》，“党政同责、一岗双责、齐抓共管”责任体系进一步完善，全年检查各类生产经营单位9246个（次），发现并整改各类安全隐患3315条，全年未发生重大安全生产责任事故。

社会治安得到有效维护。深化“平安杏花岭”建设，继续开展“一村一警”联系走访活动，加大社区（村）警务室建设力度。深入开展“打黑除恶专项斗争推进年”行动，强化反暴恐应急处置工作，严厉打击各类违法犯罪，稳定社会治安，群众的安全感和满意度进一步增强。

社会治理体系进一步完善。出台《杏花岭区社区网格化管理工作办法（试行）》，对网格划分，网格工作人员补贴、运行考核等机制进行了进一步完善，社会治理的精细化水平稳步提升。

八、积极落实重大改革事项，全面深化各项改革工作有序开展

认真贯彻中央和省委、市委全面深化改革领导小组有关会议精神，围绕本区实际，稳步推进全区52项改革任务。大力推进“六权治本”，积极推进行政审批“两集中、两到位”和流程再造工作。积极推进政府服务向基层延伸，区、街（乡）、社区（村）三级服务体系得到进一步完善。全力做好市级下放的权力事项承接工作。

九、持续开展生态绿化建设，环境质量得到有效改善

东山生态建设持续推进。北山森林防火通道建设工程杏花岭区段全线通车。提档升级绿化工程7000亩，巩固退耕还林成果薪碳林2700亩，栽植苗木35.1万株，全区森林覆盖率达到31.2%，生态建设成果得到进一步巩固。

建成区绿化水平不断提高。新增单位附属绿地0.5公顷，新增居住区绿地4.9公顷。新建小游园8个，500米见园覆盖率达77%，位居全市第一。

“五大工程”、“五项整治”成效明显。拆除分散燃煤采暖锅炉83台，清洁能源替代常年运行燃煤锅炉1台，关停污染企业1家，结合城中村、棚户区改造拆除燃煤采暖小锅炉599台，小火炉1280台。完成既有居住建筑节能改造62.8万平方米。市区二级以上优良天数达到221天，同比增加54天，空气污染综合指数排名由2014年的城六区第五位上升到2015年的第三位。

十、坚持将党建作为最大政绩，全面加强党的建设

扎实开展“三严三实”专题教育。全区市管领导干部带头讲党课31次，四大班子集中学习32次，专题研讨16次。基层党组织集中学习共670次。查摆四大班子不严不实突出问题36个，全部落实整改。认真开展基层干部不作为乱作为损害群众利益问题专项整治，截至2015年底共排查出突出问题322个并全部落实整改。区级班子召开专题民主生活会，开展批评和自我批评，进一步深化思想认识，查摆问题，剖析根源，完善整改措施，明确了努力方向。

加强领导班子和干部队伍建设。强化学习教育，全年组织区委中心组集中学习26次，对全区副科以上干部进行了理论考试，进一步强化了各级党员干部的理论素质和工作能力。坚持从严治吏，贯彻新时期“好干部”标准，切实树立正确的用人导向，严格按制度和规矩选人用人。全年结合政府机构改革、消化超配干部、空缺单位干部配备做好选拔任用等工作调整干部7批79人次。全面启动公务员职务与职级并行工作，认真开展领导班子和领导干部综合分析研判，稳步有序推进“三个一批”。从严开展违规办理和持有因私出国（境）证件专项治理工作。

加强基层党组织建设。开展基层党建大调研，对全区基层党建工作情况进行全面梳理，认真研究，提出和实施了“12566”党建引领工程的总体思路，针对性开展工作。认真开展软弱涣散组织整顿、制度运行规范、党员培训教育、党员发展、“第一书记”下派等各项工作。进一步引深在职党员“组团服务”，实现107个社区全覆盖，组建服务团队31类260支，开展活动1800余次，惠及群众4.3万人次。加大投入保障，新增投入1175.4万元，全年基层党建总投入达到4377万元。基层党建工作成效明显，基层组织的活力和战斗力显著增强，全市基层党建专项述职民主测评排名由第六位提升到第二位。

加强民主政治建设。切实加强党对人大、政协工作的领导，支持和保证人大及其常委会依法履行职权、开展工作，支持政协履行政治协商、民主监督、参政议政职能。统战、民族、宗教、老干部等工作进一步加强。工会、共青团、妇联等人民团体、各民主党派的优势和作用进一步发挥，合力进一步增强。大力推进党内民主、党务公开、政务公开、村务公开，基层民主建设不断强化。深入推进军民融合发展，实现双拥模范区“八连冠”。

加强和改进党对法治杏花岭建设的领导。坚持走中国特色社会主义法治道路，积极运用法治思维和法治方式解决改革发展稳定中的各种矛盾和问题，不断提高依法执政水平，持续推进法治杏花岭建设。落实区委四届五次全会通过的《加快推进法治杏花岭建设的实施意见》，抓好各项任务的分解和责任落实。对区委法制建设领导小组进行了调整充实，健全完善工作制度，明确相关成员单位职责。加强政法队伍建设，积极开展普法教育，营造全民遵法学法守法用法的社会氛围。

（郭　鑫）

附：一、中共杏花岭区委书记、副书记、常委名单

书　记：李　浓（女）

副书记：李永强(11 月离职)　张　磊(11 月任职)
常　委：程有录　王晋章　张振国　杨天玉
　　　　张农寿　翟永清　李领国(3 月离职)
　　　　杜　燕(3 月任职)
　　　　黄　蓓(4 月任职,9 月离职,挂职)

二、乡(街道)党(工)委书记名单

三桥街道
书　记：郭亚君(女,9 月离职)　付彦军(9 月任职)
敦化坊街道
书　记：王建生(9 月离职)　李　桢(9 月任职)
巨轮街道
书　记：赵联庆(9 月离[illegible] [illegible]月任职)
[illegible]
书　记：李洁亮(3 月任职)
鼓楼街道
书　记：李　晶(女,9 月离职)　姚静忠(9 月任职)
杏花岭街道
书　记：任文忠
坝陵桥街道
书　记：姚静忠(9 月离职)　李秋生(9 月任职)
大东关街道
书　记：陈向瑛(女)
职工新街街道
书　记：张荣义(女,9 月离职)　冯志刚(9 月任职)
杨家峪街道
书　记：连会银(3 月离职)　常　青(3 月任职)
中涧河乡
书　记：田　景
小返乡
书　记：尹　骏(3 月离职)　韩　伟(3 月任职)

中共尖草坪区委工作概况

区委书记　郭建发

2015 年，尖草坪区在市委、市政府的正确领导下，深入贯彻落实党的十八大和十八届三中、四中、五中全会精神，围绕中央“四个全面”战略布局和省委“五句话”工作总要求，按照市委“五个一批”部署，深入推进党风廉政建设和反腐败斗争，全区经济社会实现了健康平稳发展。

一、抓学习，重修身，理想信念有了新境界

区委常委班子带头并推动“双学”。一是学讲话。健全和完善了常委会专题学习、中心组学习等各项制度，全年组织中心组专题学习 32 次，辅导培训 6 次。二是学作风。坚持向党中央看齐，学习中央领导集体“崇尚实干、勇于担当、廉洁自律”的优良作风，学习省委班子治晋兴晋的政治担当，学习市委班子“政治坚定、团结向上，奋发有为、开拓创新，为民务实、廉洁勤政”的良好作风。通过学习，增强了看齐意识，党员干部担当意识、实干精神进一步增强。

二、抓作风，严责任，政治生态有了新风貌

坚决贯彻落实中央全面从严治党的要求和省市委决策部署，进一步净化政治生态。一是从严落实“两个责任”。研究制定了“两个责任”的实施意见，明确了党委 26 项主体责任、纪委 25 项监督责任。支持纪委聚焦主业，加快“三转”，保证了工作的正常运转。二是从严正风肃纪。成立了从严治党纪律作风巡查办公室，查处问题 12 起。加强案件查办，全年共立案 121 件，处分 121 人。三是从严查处群众身边的腐败问题。创新开展了“交叉查账”管账本，三级预审管合同，“四议两公开”管公开，查处发生在群众身边腐败问题案件 52 件，党政纪处分 52 人，占全年总案件数的 43%。

三、抓项目，促转型，经济发展有了新成效

大力调整产业结构，强化产业支撑，全区经济社会保持了平稳健康发展的态势。表现在六个方面：

第一，以新投资保障经济运行稳中有进。以项目建设为

突破口，积极弥补主导产业萎缩造成的缺口，较好的完成了全年的目标任务。地区生产总值完成246.2亿元，增长1.6%。服务业增加值完成92.2亿元，占地区生产总值的比重为37.5%。社会消费品零售总额完成83.26亿元，增长9.6%。固定资产投资完成132.22亿元，增长32.8%。规模以上工业增加值完成120.18亿元，下降3.24%。一般公共预算收入完成6.65亿元，增长5.6%。

第二，以新作风推进"五个一批"快步实施。认真落实市委"五个一批"部署，年初确定了总投资688.7亿元的重大项目82项、重大改革事项3项和重大不稳定因素53件。一年来，通过周工作、日例会等办法，完成投资97.94亿元；3项重大改革事项深入推进，一批重大不稳定因素案件化解率达93.2%。

第三，以"三个突破"推进民营经济发展壮大。投入940多万元，扶持了23项科技创新项目。专利拥有量达1088件，新培育认定高新技术企业4家。助推企业上市融资，东杰智能成功登陆深交所创业板；石化工贸"新三板"上市融资前期准备就绪，恒山机电"新三板"上市融资已正式启动。全年民营企业完成税收10.7亿元，占全区的88.4%，同比增长8%，新增就业岗位6500个。

第四，以新技术、新能源推动工业经济转型升级。强化服务手续办理，总投资17.3亿元的11个改造升级项目顺利完成。坚持工业向园区集中的思路，先后为园区征地430多亩，引进企业8家，协议引资60亿元。

第五，以打造新产业、扶持龙头企业推进都市农业持续增效。重点培育了美丽湾、龙湾、众成汾河湾、康乐谷、栖贤谷、北固碾农业生态园、天怡山农业生态园等"三湾、两谷、两园"的服务型都市农业经济板块。2015年，全区农产品加工企业销售收入完成8.5亿元，同比增长20%。

第六，以引强企、促升级推进商贸立区稳步实施。坚定商贸立区的发展思路，引进了全国500强长春欧亚集团，合作建设的欧亚山西锦绣店，将成为山西首个单体60万超大体量的家居商业综合体。全国冷链物流50强的润恒农副产品冷链物流交易中心，已完成桩基工程。晋东小商品新建成市场主体12万平方米，正在积极引进商户。

四、抓创新，促改革，机制体制有了新探索

按照"创新发展"的理念，全面深化改革，重点从三个方面进行了体制机制创新。一是大胆推动草坪和园区实现"区区融合"。积极调整发展思路，大胆提出了草坪和园区"区区融合"联动发展的规划。规划已获上级批复。二是积极推动养老服务业探路试点。引导胜创投资建设了人和美养老项目，现已投资3.5亿元，2栋1.7万平方米的老年公寓和3000平方米的老年活动中心主体已封顶。三是创新干部考核评价机制。建立了以"互联网+"为依托，以日常考核为基础、以"晒、评、考、用"为核心的干部实绩考核系统，对全区1356名干部进行了考核。

五、抓引资，齐攻坚，城中村改造在困境中有了新突破

区委把城中村改造任务列为全区工作的重中之重，主要采取了三项措施，积极推进改造。一是打击两违建设。在开发商未确定的情况下，自加压力，联合执法，共拆除违建23万平方米，搬迁商户1300户，腾出土地220亩。二是加强沟通协调。区委与上级部门协调对接160余次，为大东流、小东流捆绑配备了650亩土地，使招商僵局得以打破。三是全力招商引资。先后与富力、融创等20多家知名企业进行80多次洽谈，最终富力与大东流、小东流签订了框架协议，西流与融创、现代签订了合作协议。新村引进了恒大进行改造。

六、抓服务，保民生，社会事业有了新提升

坚持把保障和改善民生作为全部工作的出发点和落脚点，统筹推进各项社会事业协调发展。一是着力提高社会保障。全年新增就业9947人，城镇登记失业率控制在3.27%以内。7项社会保险参保27.35万人次，发放保险金7.05亿元，实现了应保尽保。二是努力推动教育发展。投入8550万元，在全区71个学校开展了操场塑胶化、校园美化等五化工程和教育信息化建设。面向社会公开招聘了80名教师，完成了太原外国语学校项目的招投标，全区各学校获全国奖11项。三是竭力提升卫生水平。新农合参合人数11.2万人，净增2503人，实现了应参尽参。区中西医结合医院加入了省中西医结合医院医疗联合体，省人民医院新院建设项目进展顺利。尖草坪区再次荣获了全国基层中医药工作先进单位。四是全力繁荣文体事业。区文化馆通过了全国文化馆三级评估定级。打造了精品文体健身广场10个。全年送戏、送电影下乡1100余场，组织各类文体活动100余场。五是尽力维护社会和谐。全年没有发生重特大安全生产责任事故。健全完善了大接访、日研判等10项制度，共化解信访案件132件，化解率87.3%。深入推进"平安草坪"建设，共打掉黑恶势力犯罪团伙4个，抓获犯罪嫌疑人18名，全年共破获各类刑事案件1181起。

七、抓生态，严整治，人居环境有了新改善

按照"绿色、低碳、生态、环保"的总要求，全力改善人居环境。一是大力开展环境整治。继续实施了"五大工程"和"五项整治"，置换洁净煤4万吨，关停采石场2座，建设了13个村的污水收集管网。淘汰老旧车辆、黄标车2700辆。完成了3个村的气化工程。全区空气质量在城六区排名第一。二是积极推进造林绿化。继续服务西山城郊森林公园建设，共投资1.4亿元，完成绿化2883亩，栽植树木20余万株。全区绿化覆盖率达48.39%，绿地率达41.3%，人均公共绿地面积达15.8平方米。三是加强基础设施建设。恒山路铁路桥征拆工作完成并通车；汾西路南段工程基本实现通车；恒源路等5条市政道路工程全面完工；对崛围山、森林公园等旅游景区（点）的道路旅游设施进行了维修改造。

八、抓教育,夯基础,党的建设有了新进展

以“三严三实”专题教育为契机,坚持从严选拔任用、从严考核监督,党组织建设取得新进展。

第一,深入开展“三严三实”专题教育。区委常委带头讲党课,深入开展了4个专题的学习研讨,召开了专题民主生活会,区委班子对查找出的58条不严不实问题,全部建立了“两个清单”。

第二,加强基层党组织建设。在农村,高质量完成了村“两委”换届选举,班子结构进一步优化。在社区,挤出160万元改扩建了4个社区办公场所。创新开展了“三亮三送三帮”活动,为群众办好事实事3200多件。在机关,设立了42个区直单位党组,明确由行政一把手担任党组书记。在“两新”组织,新成立了8个党支部,发挥了政治核心与政治引领作用。

第三,加强干部队伍建设。牢固树立“德才兼备、以德为先、以廉为基”的用人导向,共调整干部176人,其中消化超职数配备干部44名,占我区超职数配备干部总人数的59%,进度在全市领先。落实了县以下公务员职务与职级并行制度,有效调动了干部的工作积极性。

(张 宇)

附:一、中共尖草坪区委书记、副书记、常委名单

书 记:郭建发

副书记:李贵增 李 颖(女)

常 委:王春龙 金林平 景德奎 李崇斗 荆 峰 梁宏国(8月去世) 王国权(4月任职)

二、乡镇(街道)党(工)委书记名单

柴村街道

书 记:李 蓉(女,6月离职) 高 伟(6月任职)

上兰街道

书 记:史瑞泉(6月离职) 陈文生(6月任职)

新城街道

书 记:李 汇(5月离职) 郝晓中(7月任职)

南寨街道

书 记:阴建中(5月离职) 王为民(5月任职)

尖草坪街道

书 记:田 娟(女,5月离职) 王玉贵(7月任职)

迎新街街道

书 记:孙晋成(5月离职) 宋国旺(7月任职)

光社街道

书 记:刘 智(7月离职) 王 鹏(7月任职)

古城街道

书 记:赵晓红(女,6月离职) 田永胜(6月任职)

汇丰街道

书 记:侯 岳

马头水乡

书 记:刘永诚(5月离职) 李瑞清(7月任职)

柏板乡

书 记:李凤义(6月离职) 史海俊(7月任职)

西焉乡

书 记:王为民(5月离职) 张建宏(6月任职)

向阳镇

书 记:魏新红

阳曲镇

书 记:张玉和

中共万柏林区委工作概况

区委书记 王静恩

2015年,在市委、市政府的正确领导下,全区按照“四个全面”战略布局和省委“五句话”总体要求,坚持稳中求进工作总基调,真抓实干、奋发进取,全区经济社会各项事业的发展取得了新成绩。

一、党的建设和反腐败工作成效显著

深入学习贯彻党的十八大和十八届三中、四中、五中全会和习近平总书记一系列重要讲话精神,始终与党中央保持高度一致。严格按照省、市委的安排部署,扎实开展学习讨论落实活动和“三严三实”专题教育,努力以作风建设和反腐倡廉的新常态推动和保障经济社会发展不断取得新成绩。切实加强党风廉政建设和反腐败工作,认真履行党风廉政建设“第一责任人”和“一岗双责”职责,给予区管干部撤职以上处分9人,约谈乡街、部门主要领导干部6人,严肃问责落实“两个责任”不力领导干部13人;领导和支持纪委聚焦主责主业,加快“三转”步伐,深化纪律检查体制改革,完成区纪委监察局内设机构改革,始终保持三个高压态势,全年共立案99件,结案99件,给予党政纪处分99人,挽回经济损失800余万元。努力营造风清气正的选人用人环境,全年共调整干部5批53名;健全完善基层党组“联述联评联考”制度,集中开展“领头雁”、大学生村官、党员培训和农村软弱涣散党组织整顿等工作,完成村级党组织换届,集体约谈各乡街各单位党(工)委书记、纪(工)委书记。

二、经济社会平稳健康发展

积极优化产业结构,大力培育发展新兴产业,万亩生态

园等特色景区的生态旅游功能初步显现；大力提升以太重、中车为核心的装备制造产业，坚决关停污染企业，狮头水泥、太重研发中心等项目稳步推进；大力发展现代服务业，华润万象城等总投资1490亿元的重点项目进展有序，全年完成投资355亿元；科学制定"十三五"规划，积极谋划2016年"五个一批"项目。全面促进深化改革，完成了小微企业助保贷等59项改革事项。全面攻坚城中村改造，举全区之力、依法依规推动17个村的整村拆除和同步建设工作，累计拆除674.42万平方米，拆除率88.41%，15个村基本完成整村拆除。全面改善城乡人居环境，新建开工保障性安居住房16417套，完成农村危房改造、农村饮水安全工程。全面推进城市建设管理水平，完成了兴华西街等9条道路的改造，理工大西等3个片区的环境综合整治。全面实施生态建设。完成1.3万亩营造林绿化任务；和平公园、南寒公园和北寒公园开工建设，和平南路丽景游园等8个游园进展有序，新增园林绿地18.95公顷；完成了虎峪河（五九桥——西苑南路桥）河道美化工程。全面改善环境质量，二级以上优良天气260天，城六区排名第一。

三、全区社会和谐稳定

积极支持人大代表和政协委员参政议政、履行职责，坚持巩固和发展最广泛的爱国统一战线，加强党对群团工作的统一领导。全面落实安全生产责任制，全年未发生较大以上安全生产事故。加强重大不稳定因素的化解，全年信访总量457件，同比下降14.1%，办结439件，办结率96%，较好地完成了各项稳控任务。加强社会治安综合治理，全面开展以"六安联创"为主的平安创建活动，依法严厉打击违法犯罪行为，全面推进依法治区进程。

四、着力保障和改善民生

全面发展社会事业，推进教育资源均衡发展，顺利通过国家义务教育发展基本均衡县区的验收；深化医药卫生体制改革，加快构建医联体系，稳妥有序实施"单独两孩"政策；坚持以开展"五城联创"迎青运为契机，健全完善城乡公共文化服务体系，加大政府购买公共文化服务力度，广泛开展群众性文体活动，有效实施文化惠民项目，挖掘、培育、发展我区非物质文化遗产。健全完善社会保障体系，实施积极的就业政策，全区城镇新增就业19176人，城镇登记失业率为3.8%；全面开展养老保险提质扩面工作，社保覆盖范围稳步扩大，各项惠民资金精准发放到位；新建城市社区养老服务中心4个、日间照料中心8个；强化劳动执法和监察，有效维护了劳动者合法权益。

（张锐锋）

附：一、中共万柏林区委书记、副书记、常委名单

书　记：王静恩

副书记：杨俊民　马金安

赵　晔（女，3月任职，挂职）

常　委：常福元　张宝军　袁尔铭　杨宏林

郭海燕（女）　戴　刚　陈永哲

二、乡（街道）党（工）委书记名单

王封乡

书　记：闫晋宏

小井峪街道

书　记：王立学

西铭街道

书　记：王爱军

化客头街道

书　记：让志亮

东社街道

书　记：王　辉

千峰街道

书　记：王丽芬（女）

下元街道

书　记：高建军

和平街道

书　记：王金生（主持工作）

兴华街道

书　记：梁红根

万柏林街道

书　记：李润教

南寒街道

书　记：陈永哲

杜儿坪街道

书　记：张文会

白家庄街道

书　记：柳丽辉

长风西街街道

书　记：翟建武

神堂沟街道

书　记：张　莹（女）

中共晋源区委工作概况

区委书记　王立刚

2015年,在市委、市政府的坚强领导下,晋源区深入贯彻党的十八大和十八届三中、四中、五中全会精神,按照“四个全面”战略部署,坚决落实中央、省、市各项工作要求,“时尚都市乐居区、文化生态旅游区、现代产业集聚区”建设取得明显成效。

一、深入学习贯彻习近平总书记系列重要讲话精神,落实省、市各项决策部署,强化“看齐”意识,切实增强政治定力,深入转变工作作风,推动各项重点工作取得新突破

坚持把深入学习贯彻习近平总书记系列讲话精神作为重大政治任务。区领导班子带头“双学”,强化看齐意识,组织召开区委常委会、中心组学习会和全区性大会认真学习贯彻中央、省、市重要会议及领导讲话精神,学习中央、省、市领导班子优良作风,全区各级领导班子和党员干部坚决拥护和自觉维护习近平总书记这个核心,切实把思想和行动统一到中央和省委、市委的决策部署上来,坚定践行“三严三实”,守纪律、讲规矩,奋勇拼搏,负重前行,党风廉政建设、“三区”建设、城中村改造、社会民生事业、安全稳定取得新突破,全区各级各部门和党员干部积极践行“三严三实”,发扬认真、踏实、团结、担当的精神,主动作为,奋力攻坚,赢得广大群众信赖支持,凝聚起了推进改革发展的正能量,推动各区各项工作迈上新台阶。2015年12月25日,中央电视台新闻联播就此作了专题报告。

二、坚持从严治党、从严治吏,深入推进党风廉政建设和反腐败斗争

严格落实“两个责任”。着力把握运用监督执纪四种形态,把纪律和规矩挺在前面,注重警示教育,抓早抓小,动辄则咎,区委书记、区纪委书记谈话提醒干部131人次,开展集体约谈1次。区委书记切实履行党风廉政建设第一责任人责任,其他班子成员认真履行“一岗双责”。区委常委会、专题会69次研究党风廉政建设和反腐败工作。领导和支持纪委开展执纪问责,深入推进纪检监察机关“三转”,将其牵头或参与的92个议事协调机构精简为8个,区纪委、监察局内设机构和负责人全部调整改革到位。

始终保持惩治腐败和狠刹“四风”高压态势。共查结案件75件,给予党政纪处分77人,对12个案件进行“一案双查”,问责负有主体责任和监督责任的党员领导干部9人。公开曝光违反八项规定问题、案件6起。省委巡视六组交办的8个问题线索全部进行了处置,立案6件,处分6人,移交司法机关4人。组织512人次开展明察暗访,共检查单位230家次,查处违反中央八项规定精神和“四风”案件7件,处理9人。

坚决查处发生在群众身边的腐败问题。查处群众身边腐败案件41件,处分43人。全区六个镇(街)全部都有自办案件,共计42件。深入开展农村集体“三资”管理专项整治,对存在的7大类、23个问题进行深入调查、积极整改。

三、着力抓好“五个一批”,保持经济平稳运行

积极适应经济发展新常态,大力招商引资,推进项目建设,坚持稳增长、促改革、调结构、惠民生、防风险,努力推动全区经济社会持续健康发展。2015年,全区地区生产总值完成52.38亿元,同比增长8.4%,在全市排名第二。

抓好“五个一批”。全力保障晋阳湖公园、滨河西路南延等市下达的35个“五个一批”项目落地建设,完成涉及全区6镇(街)、52个村、179万平米的拆迁任务和1.46万亩的征地清表任务,各项重点项目推进顺畅。全年固定资产投资完成166.22亿元,同比增长22.8%。

实施“三个突破”。把科技创新、民营经济发展和金融振兴作为推动经济发展的重要突破口,制定实施意见,多方发力推动落实。金融业增加值完成0.75亿元,增长13.4%,民营经济营业收入完成83亿元,增长17%。新建众创空间1个,科技孵化器2家,微型企业孵化园1家。培育科技示范基地6个。技术合同成交额达1.01亿元。

全面深化改革。承接省、市改革事项,积极推动9个国有、集体企业改制工作。深入开展简政放权职能转变,完成卫计系统机构改革。大力推动大众创业、万众创新,新增小微企业486户,新增从业人员4135人,小微企业技术合同成交1500余万元。深化农村土地制度改革,农村土地承包经营权确权登记3个试点已完成测绘、公示工作。

推进产业转型。“晋农之窗”农业博览园、康培现代农业科技产业园完善设施即将投用;新恢复晋祠水稻种植近2000亩,产品质量和品牌效应不断提升。工业新增投资10.5亿元,拥有有效发明专利41件。服务业增加值完成28.85亿元,同比增长7%;社会消费品零售总额完成29.02亿元,同比增长10.4%。长风国贸第六馆年销售额达2.29亿元,同比增长151.5%,鸿升时代金融广场、阳光城国际广场主体完工,格盟金融城项目落地建设;明太原县城城墙修复全线开工,

完成历史建筑修缮17处，蒙山大佛景区年接待游客80余万人次。

四、着力统筹城乡发展，保障改善社会民生

把保障和改善民生作为一切工作的出发点和落脚点，全年民生投入9.15亿元，同比增长12.6%，占财政支出的87.43%，为民办的十件实事全面完成。城乡居民收入分别达到27767元、12412元，增长7.7%和7.1%。

将城中村改造作为一项统筹城乡发展、造福广大群众的重大民生工程全力推进。坚持把群众的利益放在第一位，坚持一把尺子量到底，公开、公平、公正、透明、廉洁改造。今年列入城改计划的9个村实现和谐拆除4828处、229.98万平米，拆除率93.3%。西寨村全市第一家启动城改，义井村第一家完成整村拆除，北堰村整村拆除速度最快，在全市实现"三个第一"。7个村安置房建设123.14万平米，各项手续办理进展顺利。

健全完善社会保障体系。城镇职工基本养老、失业、工伤、生育保险参保人数超额完成任务，实现了城乡低保标准一体化。城镇登记失业率控制在3.11%。农村低保、城市低保分别提高59%和5.2%，实现了城乡低保标准一体化。建成城乡日间照料中心17个。农村困难户危房改造220户。采煤沉陷区治理安置房开工建设。新开工保障房超额完成市下达任务。

均衡优质发展教育卫生事业。完成幼儿园改造升级、中小学老旧校舍改造等工程。成成中学启动基础施工，市二外正在工程招标，即将动工。省儿童医院主体封顶，市人民医院与区人民医院合作共建项目桩基工程基本结束，市妇幼保健院项目征地清表工作已经结束。完成20个村卫生室提档升级工作。85个村卫生室全面启动乡村医生签约服务。新农合参合率99.28%。"美丽晋源·幸福人家"计生工程普惠于民。

五、着力改善省城环境质量，加强生态文明建设

全力抓好省城环境质量改善工作。推进清洁供热全覆盖，置换洁净煤58266吨，拔掉城中村黑烟囱2119根，关停落后污染企业161家。五大工程、五项整治任务全面完成。二级以上优良天数同比增加10%。

大力开展生态环境治理。完成植树造林5000亩，全区森林覆盖率达到25.2%。城郊森林公园生态景观提档升级，构筑西山绿色屏障。深入推进城乡清洁工程，在全区农村开展以整治"四堆"为主的环境卫生清洁，共清理"四堆"32600余处、11余万方，村容村貌明显改善；创建达标村48个、星级单元76个；赵家山村被评为省级美丽乡村，寺底村、东院村被评为市级美丽乡村；新建大型垃圾压缩站2座。实施水保治理工程，严格水资源管理，地下水压采量51.28万立方米，万元工业增加值用水量同比下降10.65%。

六、着力维护社会稳定，建设平安晋源、和谐晋源、法治晋源

加大信访维稳力度，重大不稳定因素化解率92.8%，中央、省、市交办23件行政类信访案件、省交办2014年以来网上未办理案件275件100%按期办结，涉农信访群体大幅下降，实现"做减法不做加法"。毫不松懈抓好安全生产工作，生产经营性事故死亡人数同比下降27%，完成年度控制指标的66.7%，年度控制指标在全市十县(市、区)名列前茅。严厉打击惩治违法犯罪，大力开展社会治安集中整治，投资2800万元实现"天网"治安工程二类视频监控全覆盖。不断加大"打黑除恶"力度，"平安晋源"建设成效明显，人民群众安全感和满意度大幅提升。加强和改进党对法治晋源建设的领导。实施"六权治本"，强化对权力的制约和监督。精简办事环节，提高工作效率，建设廉洁高效服务型政府。加快推进法治晋源建设，推动审判公开、检务公开、警务公开、"阳光司法"。集中开展执法司法领域突出问题专项整治，广泛开展普法教育。

七、着力发展社会主义民主政治，凝聚推进发展的强大合力

加强和改进对人大工作的领导，支持和保证人大及其常委会依法履行职责，加强自身建设。领导和支持区政协更好地履行政治协商、民主监督和参政议政职能，不断完善协商民主制度和工作机制。坚持和巩固发展最广泛的爱国统一战线，支持民主党派、工商联和无党派人士积极参政议政，建言献策，发挥作用，凝聚力量。民进晋源总支连续三年受到民进中央表彰。坚持依法管理，民族宗教领域和谐稳定。

八、着力夯实基层基础，全面提升党建水平

深入开展"三严三实"专题教育。全区县处级党员领导干部讲授专题党课22次，组织专题讲座3次、开展研讨交流4次，区四大班子和县处级领导干部查找"不严不实"问题222条，全部立行立改。深入开展解决基层干部不作为、乱作为等损害群众利益问题专项整治。

强化思想宣传文化工作。强化政治意识，加强宣传阵地和队伍建设，及时做好社会舆情分析研判。大力倡导社会主义核心价值观，宣传法治文化、廉政文化、红色文化；开展全区性精神文明创建，2015年12月，代表太原市参加省城创建全国文明城市考核验收，中央文明委对我区创建工作和环境卫生给予好评；新建标准化文体活动场所20个，举办"晋之源"文化惠民演出，做好文物保护和非物质文化遗产传承保护工作，晋阳文化的影响力不断提升。

加强领导班子和干部队伍建设。着力打好"三个一批"组合拳，对全区科级干部全面开展"六查"。树立"德才兼备、以德为先、以廉为基"的用人导向，严格执行《党政领导干部选拔任用工作条例》，全年调整干部6批次62名。抓好农村工作"三支队伍"建设，为镇(街)换届做好干部准备。强化干部日常教育监管，对科级干部开展3轮培训，对40名干部进

行函询、对5名干部作出组织处理;全区372名副科以上及重点单位、重要岗位干部填报了《干部个人事项报告表》;消化因机构改革等原因形成的超职数配备干部10名，消化率45%;大力实施人才强区战略,创建农村实用人才创业示范基地14个,培训各类实用人才27366人。加大考核和作风建设力度,有效提升各级干部干事创业热情。

加强基层党组织建设。严格落实党建工作责任制,明确基层党建"五基五化"工作思路及6项配套措施。开展三级党组织"联述、联评、联考",抓实各级书记党建主体责任。建强党建工作队伍,选派镇(街)挂职党建副书记6名、组织员17名、第一书记9名,在镇(街)设立基层党建工作指导站和驻村(社区)党建工作指导队。安排农村基层党建经费200万元,平均每村补助2.1万元。新建、改建农村(社区)活动场所10个。多形式培训基层党员干部12800余人次。采取树先整后,抓两头、带中间、促提升的工作方法,整顿软弱涣散党组织25个,全区基层党建水平整体提升。加强党对群团工作的领导,群团组织的积极作用得到进一步发挥。加强党管武装工作,区人武工作全省综合考评第一。

(李田婧)

附:一、中共晋源区委书记、副书记、常委名单

书　记: 王立刚

副书记: 尤天拴(11月离职)　李永强(11月任职)
张奇峰

常　委: 张　彤　高二虎　李志民　李卫平
纪　元　梁晓明

二、镇(街道)党(工)委书记名单

义井街道

书　记: 温志勇

罗城街道

书　记: 程焕金(1月离职)

晋源街道

书　记: 张　仕

金胜镇

书　记: 江金魁

晋祠镇

书　记: 郝志会(1月离职)

姚村镇

书　记: 李建华(女,1月离职)

中共古交市委工作概况

市委书记　常　青

2015年，古交市委在省委和太原市委的正确领导下，认真落实党的十八大和十八届三中、四中、五中全会精神，深入贯彻习近平总书记系列重要讲话精神，严格落实省委"五句话"总要求和太原市委关于发挥"六个表率"工作部署,协调推进"四个全面"战略布局,以五大发展理念推进"六大发展",努力为全面建成小康社会、实现富民强市夯实基础，各项工作取得了新进展、新成效。

一、主动适应新常态,全力攻坚克难,推进经济在艰难中转型发展

(一)全面深化改革创新。抓住转型综改和扩权强市"双试点"重要机遇,积极推进6大类52项重大改革事项,特别是8项探索性、创新性改革事项取得实效。推进政府机构改革和职能转变,政府工作部门由27个精简为24个,39个具有行政审批职能的市直部门单位成立了行政审批科,全部进驻市政务大厅。积极推进科技创新,小微企业拥有授权专利数19件。加快农村土地制度改革，实施城乡土地增减挂钩3500亩,农村土地确权登记超额完成年度目标。创新金融担保服务体系,通过"助保贷"平台为26家企业发放贷款2.44亿元。

(二)调整优化产业结构。坚持煤与非煤并重,狠抓重点项目建设,推进延伸五条产业链,不断强化产业的支撑作用。一是提升改造传统产业,督促煤矿主体加大投入,全年累计完成投资5.7亿元,加快了煤矿复工复产步伐。二是延伸传统产业链条,初步实现由单一的输煤炼焦向输电、输气、输热等"多轮驱动"转变,蓝焰煤层气开发、国新LNG-CNG合建站和燃气管道等项目已完工,兴能电厂三期低热值煤热电联产、国盛恒泰煤层气开发利用等项目已开工建设,银泰铝循环产业园高载能项目已上报省发改委申请立项。三是培育发展新兴产业,中广核风能发电项目即将投产,凤霖纸面石膏板二期、华能国茂有机肥等项目已开工建设,储备了晋安通、中电投二期等一批光伏发电项目,着力通过项目建设提升经济发展的质量和效益。

（三）加大招商引资力度。坚持招商与选商并重，坚决杜绝高耗能、高污染、低效益企业入驻，着力引进市场前景好、发展质量高、带动作用强的项目；采取网络招商、以商招商、“走出去、请进来”等形式强化招商，先后签订了光伏太阳能发电、煤矿低浓度瓦斯发电供热等12个合作协议，签约额126.05亿元。

（四）强化安全生产监管。坚持“古交经济就是安全经济”的理念，坚持党政同责、一岗双责、齐抓共管，全面加强煤矿、非煤矿山、森林防火、食品药品、民爆物品等领域安全监管，严厉打击私挖盗采，大规模开展安全生产排查整治9次，整改隐患6771条，保持了重特大安全生产事故“零”目标。

二、坚持建管并重，加强治污增绿，统筹推进城乡一体化建设

（一）稳步推进“三农”工作。大力实施“一乡一业、一村一品”战略，累计建设现代农业园38个，新发展农民专业合作社10个，完成“一村一品”专业村项目建设17个，累计补助7403万元完成危房改造6076户，投资400万元维护改造了农村路桥，启动了总投资2124万元的村通水泥（油）路提质工程，培训农民3600人次，调运高产优质种子110.5万斤，为近3万户低收入农户用煤补贴869万元。

（二）着力提升城市服务功能。坚持新城开发与旧城改造并重，继续实施东部新城火山片区和三岔口片区改造、金牛大酒店建设等8项续建项目和西苑广场、优景美郡二期等7项新建项目建设，启动了新城大街、集中供热工程、天然气置换焦炉煤气管网等一批城市基础设施项目建设，完成了太古供热长输管线、太兴铁路复线等省、太原市重点工程拆迁任务。

（三）持续改善环境质量。坚持“绿水青山就是金山银山”的理念，推进“五大工程”，实施“五项整治”，坚决拆除改造不达标燃煤锅炉，开展了扬尘污染专项整治，集中式饮用水水质达标率100%。实施汾河城区段河道治理、金牛森林南山景区绿化提档等工程，造林9.22万亩，空气质量优良率80.3%。

三、抓住重点难点，保障改善民生，全面提升人民群众生活质量

（一）全面发展各项社会事业。教育方面，投资7545万元实施了“全面改薄”和中小学校操场塑胶化工程、新改扩建幼儿园4所，“义务教育发展基本均衡”在太原市三县一市中率先通过了国家级认定。卫生计生方面，投资1500万元建设了妇幼保健业务楼，投资1750万元为中心医院配备了核磁、CT等设备，投资405万元改扩建3所卫生院，免费孕前优生健康检查、出生缺陷一级干预等超额完成目标任务。文化旅游方面，开展了“文化惠民基层行”等活动，新确定5项非物质文化遗产保护项目，提升了4个文化旅游景点的质量和水平，红豆山庄挂牌为国家3A景区。

（二）健全完善社会保障体系。提供大学生见习岗位174个，帮扶就业困难人员49名，城镇新增就业人数5128人，登记失业率3.8%。救助困难群众9968人次，支出医疗救助金733万元、各类低保金2828万元，解决农民工工资3785万元。

（三）加快推进采煤沉陷治理。按照“一年试点、三年完成”的总体部署，坚持摸底调查、临时避险、征地拆迁、项目建设、安置补贴发放统筹推进，镇城底安置小区8栋楼主体已竣工，列入2015年治理的7个安置项目全部开工。积极谋划启动2016年的搬迁安置项目，并对全市村（居）进行再摸排，努力做到乡不漏村、村不漏户，按时按量完成全市采煤沉陷区综合治理任务。

四、推进文明创建，强化法治建设，着力凝聚和谐稳定正能量

（一）加强精神文明建设。强化正面引导和舆论宣传，推动习近平总书记系列重要讲话精神和中央、省委、太原市委各项决策部署贯彻落实。带头践行社会主义核心价值观，组织开展中国人民抗日战争暨世界反法西斯战争胜利70周年纪念、烈士纪念日等活动。坚持用身边的道德模范、好人好事教育人、引导人，倡导移风易俗、文明节俭办事，在128个村（社区）成立红白理事会。强化舆情特别是网络舆情分析研判，加大网上突出问题治理力度。加强对外宣传，努力塑造古交对外新形象。

（二）加强民主法治建设。全力支持市人大、市政协工作，鼓励人大代表、政协委员开展视察活动；高度重视发挥党外人士参政议政、建言献策的作用，18名市级领导与36名党外代表人士建立了直接联系。积极推进依法行政，对全市34个部门单位9类权力事项进行了梳理，编制了权力清单。深入开展“六五”普法活动，倡导“阳光司法”，在全省率先推出《不批准逮捕条件公开机制》，扎实推进法治古交建设。

（三）加强和创新社会管理。高度重视群众信访诉求，推行市乡村三级书记大接访、班子成员逐日接访、干部带案下访，市级领导接访1.3万余人次，化解率在91%以上，网上信访案件办理率100%，中央和省市交办案件全部办结。始终保持“打黑除恶”高压态势，排查调解各类矛盾纠纷2300余件，查处治安案件581起，破获刑事案件212起，荣获“省级平安市”称号。

（四）加强党管武装工作。全力支持人武部机关和民兵预备役部队加强基础设施建设，认真做好拥军优属工作，为优抚对象发放抚恤金、慰问金等390多万元，为抗战老兵每人发放生活补贴5000元。充分发挥广大官兵在支援经济建设、抢险救灾、扶贫帮困、国防教育中的作用，实现了省级双拥模范城创建“八连冠”。

五、落实主体责任，全面从严治党，努力营造良好的政治生态

一是开展“三严三实”专题教育。将“三严三实”专题教育作为推进党的思想政治建设的重要举措，高起点开局、高标

准推进。坚持把"学讲话、学作风"作为重要政治任务,自觉向党中央看齐,深入学习习近平总书记系列重要讲话精神和王儒林书记、吴政隆书记讲话精神;深入学习中央领导集体"崇尚实干、勇于担当、廉洁自律"的优良作风,学习新的省委、太原市委领导班子"马上就办、真抓实干"的工作作风,充分发挥以上率下作用。全年市委常委会学习21次、中心组学习26次、村"两委"干部集中培训3天400余人次,开展警示教育29次,特别是通过"每月一讲",先后邀请10位专家专题辅导12场,不断提高党员干部思想政治素质和工作能力。

二是抓干部队伍建设。坚持好干部标准,落实《党政领导干部选拔任用工作条例》和有关规定,制定了《"三个一批"工作实施方案》,完善了《领导班子和领导干部综合分析研判制度》等制度,充分发挥市委在选人用人中的领导和把关作用,全年完成112个领导班子和533名领导干部的综合分析研判,分期调整科级干部146人次。

三是抓基层组织建设。制定出台了《加强基层服务型党组织建设的实施方案》,深入开展"联述联评联考",落实党组织书记抓基层党建主体责任。整顿软弱涣散基层党组织42个。开展农村集体"三资"管理专项清理整治,查找问题1034个,完成整改1026个。发挥党代表工作室作用,为群众办实事998件。

四是抓纪律作风建设。坚持问题导向,强力推进纪律作风整顿,特别是古交市客运办原主任网络视频事件发生后,市委常委会带头,市人大、市政府、市政协党组相继召开民主生活会,班子成员深刻反思剖析,主动认领了责任。以身边事教育身边人,在全市开展了"学党章、守纪律、树形象"纪律作风专项整顿和"学榜样、找差距、见实效"活动,促进党员干部讲规矩、守纪律、转作风。

五是抓党风廉政建设。严格落实党风廉政建设"两个责任",市委常委会全年传达学习中央、省、太原市部署要求31次,研究部署19次,听取汇报40次,专题研究剖析典型案例6次,深入基层督导126次。强化监督查处,开展明察暗访36次,查处"四风"问题11起46人;立查案件109件,处分党员干部123人。同时,坚持推进"六权治本",制定出台了《党政机关公务接待和公车管理办法》等12项规章制度,着力形成良好的政治生态。

(芦爱明)

附:一、中共古交市委书记、副书记、常委名单

书　记:常　青

副书记:贾慕权　程顺旺
侯永霞(女,3月离职,挂职)

常　委:孙劲松　王富强　郝淑贞(女)　王　镭
陈晋忠　丁晓旭　王志刚

二、乡镇(街道)党(工)委书记名单

河口镇

书　记:吕四虎(2月离职)　武卫伟(2月任职)

镇城底镇

书　记:弓梅梅(女)

马兰镇

书　记:阎　伟

嘉乐泉乡

书　记:贾维龙(12月离职)　裴宏瑞(12月任职)

梭峪乡

书　记:李勇存

岔口乡

书　记:武卫伟(2月离职)　章宇泉(12月任职)

常安乡

书　记:张全荣(12月离职)　张　荣(女,12月任职)

原相乡

书　记:裴宏瑞(12月离职)　张　敏(12月任职)

邢家社乡

书　记:姜　玉(12月离职)　陈志明(12月任职)

阁上乡

书　记:李开明(12月任职)

东曲街道

书　记:王志刚

西曲街道

书　记:邢武晓

桃园街道

书　记:张宏印(12月离职)　张全荣(12月任职)

屯兰街道

书　记:程巨发

中共清徐县委工作概况

县委书记　韩良会

2015年,清徐县认真贯彻落实党的十八大和十八届三中、四中、五中全会精神和习近平总书记系列重要讲话精神,全面推进经济、政治、文化、社会、生态文明和党的建设。一年来先后荣获全国文明县城、全国文化先进县、全国农村基层团建示范县、国家电子商务进农村示范县、山西省双拥模范县、山西省县级公立医院综合改革先进县、太原市综治(平安建设)工作先进县等荣誉称号。

一、强化“看齐”意识，深化“双学”指导实践

坚持把学习贯彻习近平总书记系列重要讲话精神作为首要政治任务，认真学习以习近平同志为总书记的中央领导集体“崇尚实干、勇于担当、廉洁自律”的优良作风，通过组织召开县委常委会、县委中心组学习会、全县性大会等形式统一思想，维护中央权威。落实省委“五句话”和市委实现“六个表率”总要求，坚持事在人为，以上率下，带动全县党员干部敢于担当、积极作为。2015年全县地区生产总值115.9亿元，增长6.5%，固定资产投资91.5亿元，增长25.2%，一般公共预算收入6.16亿元，增长4.4%，城镇常住居民人均可支配收入26778元，增长7.6%，农村常住居民人均可支配收入15692元，增长8%。

二、把纪律和规矩挺在前面，坚定不移推进党风廉政建设和反腐败斗争

认真学习贯彻《廉洁自律准则》《纪律处分条例》，把政治纪律和政治规矩挺在前面，推动党风廉政建设和反腐败斗争，净化政治生态。

认真落实“两个责任”。出台了《关于落实党风廉政建设党委主体责任和纪委监督责任实施意见》，制定了18项60条主体责任清单和15项58条监督责任清单。县委常委会研究党风廉政建设工作13次，专题听取县人大、县政府、县政协和法院、检察院党组履行主体责任以及县纪委履行监督责任情况汇报，并及时听取研究案件查办情况。班子成员严格执行“一岗双责”，既管事又管廉，与班子成员谈话、提醒、告诫。查处落实“两个责任”不力的案件5件，党政纪处分4人，组织处理8人。

狠抓案件查办，持续保持惩治腐败高压态势。10个乡镇(街道)纪委书记退出分工60余项。围绕巡视组反馈的问题，围绕“坚决查处发生在群众身边腐败问题”的要求，深挖细查违纪违法案件。全年立案154件，结案154件，党政纪处分149人。省委巡视组移交的8件案件线索，已结案5件，移送司法机关2件，配合调查1件。

落实中央“八项规定”精神，持续用力整治“四风”。县级会议减少19%，县委文件减少50%。全县党政机关及参公单位公务接待费用同比减少57%，改革行政、参公单位公务用车，运行费同比减少28.6%。查处违反中央“八项规定”精神及“四风”问题16件，给予党纪政纪处分9人。

扎牢制度笼子，推进“六权治本”。加强对党员干部的教育监督管理，建立了全县科级领导干部廉政档案；研究并初步形成了政府部门权力清单、责任清单；出台了《关于党政主要领导不直接分管部分工作的若干规定(试行)》，强化对权力的制约和监督。

三、以“五个一批”为抓手，促进改革发展稳定

(一)推进一批重大产业项目。确定重大产业项目30项，完成投资38.6亿元。康镁科技镁合金回收及深加工项目、元跃物流等一批项目竣工达产，阳煤化工新材料园区项目初试运行。推动“三个突破”，分别出台民营经济、科技创新、金融振兴工作方案，召开民营企业家和醋产业座谈会，规划食醋产业园，打造创新创业孵化示范基地，帮助紫林、水塔集团做好上市前期准备工作，启动清徐经济开发区扩区托管。

(二)推进一批重大基础设施项目。确定重大基础设施项目22项，完成投资12.3亿元。东湖北岸公园、307国道改线等一批重点项目有序推进，高速清徐南互通、山西警校、太原航校尧城机场、太原南部热电集中供热工程等项目按期完工。特别是“西二村”整村搬迁工作，县四大班子领导齐心协力，县直39个单位一把手亲自上阵进村入户宣传发动，镇村两级干部积极作为，加快了城乡一体化统筹发展进程。

(三)推进一批重大民生项目。确定重大民生项目24项，完成投资6.3亿元。幼师学校、气化清徐、综合批发市场建设、农村排退水等民生项目扎实推进。“引黄入清”工程进展顺利。全面改造薄弱学校基本建设。新农合参合率达到99%。城镇登记失业率控制在3.45%。城乡低保应保尽保。

(四)推进一批重大改革项目。29项重大改革事项取得进展和成效。完成工程建设项目、政府采购等交易100余项20多亿元；完成煤炭焦炭公路销售体制改革；建立了“一站接谈、分流处理、全程督办”的信访工作模式；在县直部门新设立党组39个、党委7个，理顺了县直部门党组织设置；加快推进“三转”步伐，县纪委案件查办人数占全委人员的61.8%；深化医疗卫生体制改革，城乡医疗联合体、分级诊疗格局初步形成。

(五)化解一批重大不稳定因素。全年摸排重大不稳定因素73件，化解63件。对20个重点项目开展社会稳定风险评估工作。深入开展“以群众举报乡村干部腐败为切入点集中解决群众信访诉求问题”，两批55件案件结案率100%，化解率100%。

(六)加强安全生产。按照“党政同责、一岗双责、失职追责”和属地管理要求，围绕煤矿、危化品、交通运输等重点领域，开展“六打六治”打非治违专项行动。在煤矿、危化、冶金行业推广政府购买服务、第三方安全监理模式。修订完善了煤矿事故、危化品事故等《应急预案》，开展了专项应急演练。全年未发生重特大安全死亡事故。

四、维护群众利益，着力保障和改善民生

深入开展“平安清徐”建设。推进“六网覆盖”，引深“一村一警”、“一村一律师顾问”，进一步完善社会治安立体化防控体系建设。开展“六项整治”，整治突出问题重点场所51个。打击各类违法犯罪活动，全年未发生重大恶性案件和群死群伤事故。

全力推进环境质量改善。实施县域环境综合治理，抓好“五大工程”“五项整治”，空气质量综合指数下降7.2%，烟粉尘、二氧化硫等主要污染物全部完成减排任务。

大力夯实“三农”基础。投资1.78亿元，完成小型水利重点县建设等水利工程。完成省级5万亩基本农田整理项目。

编制完成《清徐县现代农业示范区建设规划》。申报2个省级美丽宜居示范村、1个市级示范村。启动国家电子商务进农村示范县创建活动，打造了三大电商平台，农村电子商务交易额1亿元，同比增长46%。

五、发展社会主义民主政治，推进法治清徐建设

加强对县人大、政协工作的领导，支持县人大、政协依法履行职责。加强统一战线工作维护民族宗教领域和谐稳定。工会、妇联、团委等联系服务群团作用进一步发挥。军民融合发展不断深入，双拥模范县成果进一步巩固。加强对法治清徐建设的领导。出台了《加快推进法治清徐建设的实施意见》，推动审判公开、检务公开、警务公开、保障司法公开公正。代表太原市接受了省委督导组对全市执法司法工作的检查。柳杜乡成子村申报全国“民主法治示范村”。

六、全面从严治党，切实加强党的建设

认真履行管党治党责任，以“三严三实”专题教育为契机，以干部队伍建设、基层组织建设为重点，营造良好政治生态，为推动各项工作提供有力保障。

(一)扎实开展“三严三实”专题教育。围绕“五查五看”，聚焦“不严不实”，梳理班子问题20、成员问题73条，列出整改清单，召了开民主生活会，班子战斗力进一步增强。学习“城中村”改造经验，深入开展“冬季行动”，开展整治“不担当、不作为、慢作为”专项行动。

(二)加强宣传思想文化工作。出台了《关于加强领导干部理论学习的实施意见》，选树了桑石宝等先进典型，李洪达获全国道德模范提名奖。组织开展了抗日战争胜利70周年纪念、烈士纪念日等活动。在全市率先组建互联网中心，加强网络舆情工作。清徐报导改版扩容，打造“一报六平台”，清徐广播电视台实现数字化播出。市场化运作组织了“醋都之春”品牌系列民俗节庆活动、“2015清徐醋文化节”和“清徐葡萄文化旅游节”。

(三)加强领导班子和干部队伍建设。把“双学”作为必备课目，覆盖到科级干部轮训、“领头雁”培训和各级中心组学习之中。严格执行《党政领导干部选拔任用工作条例》，调整干部8批120人。作为“三个一批”工作试点单位，通过多种形式掌握干部思想工作生活情况，推动干部能上能下。370名干部享受职级晋升待遇。

(四)加强基层党组织建设。出台《加强服务型党组织建设的实施意见》，落实党委书记抓基层党建的主体责任。强化党组织覆盖面，理顺县直单位党组织管理体制。深入开展“双强六好”创建活动，选派18名新提拔年轻干部担任软弱涣散村“第一书记”，打造了20个非公党建示范点。

(杨 帆)

附：一、中共清徐县委书记、副书记、常委名单

书　记： 韩良会

副书记： 王琳玉　白晋虎　姚宇韧(2月任职，挂职)

常　委： 杨保恒　王耀武　郭云贞　张桂芝(女)
田文浩　邢蕴武　黄　涛(4月离职)
王京明(4月任职)

二、乡镇(街道)党(工)委书记名单

清源镇
书　记： 王国庆

马峪乡
书　记： 靳秀发

东于镇
书　记： 郭　彬

柳杜乡
书　记： 贾宏俊

西谷乡
书　记： 陈　晋(7月任职)

王答乡
书　记： 陈晓勇

孟封镇
书　记： 岳兔立

徐沟镇
书　记： 武晓俊

集义乡
书　记： 董隽杰

东湖街道
书　记： 赵四顺

中共阳曲县委工作概况

县委书记　刘晋萍

2015年，阳曲县在省委和市委的正确领导下，认真落实党的十八大和十八届三中、四中、五中全会精神，深入贯彻习近平总书记系列重要讲话精神，按照省委“五句话”和市委“六个表率”总要求，认真开展“三严三实”专题教育，以“五个一批”为抓手，扎实推进党的建设、经济社会和民生事业发展，各项工作取得了新成效。全县完成固定资产投资58.19亿元，增长27.3%；服务业增加值9.48亿元，增长7.5%；社会消费

品零售总额 11.59 亿元，增长 10.5%；城镇居民人均可支配收入 2.05 万元，增长 9.1%；农村居民人均可支配收入 0.7 万元，增长 10.6%。其中：社会消费品零售额和农民人均可支配收入增速进入全市前三。受经济下行影响，地区生产总值、规模以上工业增加值、公共财政预算收入三项指标呈现负增长。

一、主动适应新常态，扎实推进阳曲经济向前发展

面对经济下行压力，阳曲县在市委领导下勇于担当、主动作为，努力在打基础、利长远上下功夫。

一是加快产业结构调整。全县三次产业结构由去年 13.3:63:23.7，调整为 16.1:54:29.9。一产方面，坚持发展现代农业，大面积推广全膜双垄沟播技术 12.7 万亩，粮食生产实现"十一连增"。加快发展畜牧养殖业，建成桦桂、汇鑫源、新旭、常顺达 4 个万只羊场，29 个千只羊场，引进了华北最大的羊驼生产基地，全省最大的永丰蛋鸡养殖基地，逐步形成了龙头带基地、基地连农户的现代农业产业化格局；二产方面，新引进建设鑫拓煤机阳曲制造园、禄纬堡耐火材料等 51 个科技含量高、发展前景好的项目，形成了未来县域经济的支撑点。同时，认真落实省、市"金融振兴、科技创新和发展民营经济"的部署，高科耐火在新三板成功上市，带动了一大批企业更加注重自身科技创新，为我县经济实现"三个突破"提供了样板；三产方面，按照市政府提高"精品化、美誉度、商业性"的要求，青龙古镇保护修缮进展顺利，景区年接待人数 15 万人次以上，成功入选全国第三批传统古村落名录，在山西省第二届文博会上作为山西十大新锐景区向全国推介。大力发展农家乐，增强农村吸引力，增加农民获得感，全县共建成 75 家、运营 33 家，涌现出西门庄园、香槟壹号、龙王沟生态农庄、王兴坪生态农业园等一批档次高、规模大、休闲特点浓郁的休闲度假产品。

二是加强保障和改善民生。在当前财政困难、支出压力大的情况下，将更多财力用于保障民生，全县民生支出累计达 9.6 亿元。杨兴移民搬迁工程和北塔地城中村改造主体完工，新增供热面积 10 万平方米，县城供热覆盖率达到 97.5%。累计建成 34 所农村日间照料中心，农村和城市低保标准分别提高 7.5%和 5.6%，新农合参合率和基本养老保险参保率分别为 99.4%和 100%。义务教育阶段入学率达 100%，56 所中小学全部达到市级标准化要求，促进了教育均衡发展。年初向全县人民承诺的卫生室提档升级、新建数字影院、广播电视"户户通"、建设公交候车厅、农村困难户危房改造、新建小游园，以及建设阳兴小学、幼儿园"七件实事"全部完成。

三是增强县域基础服务功能。继续完善园区基础设施，北部大盂工业园区道路、排水、电力配套等工程基本完工，污水处理、引黄工程积极推进，为承载更多的项目入驻创造了良好的基础环境。全长 1713 米的双阳南路建成通车，将民营区的工业新区、高新区的阳曲拓展区和阳曲县城连为一体，必将有力促进区县融合发展。经过深度对接，市委、市政府确定两区在阳曲县扩区面积达 72.57 平方公里，作为太原新型城镇化和新型工业化的主战场，阳曲迎来了新的历史机遇。北山森林防火通道县境内 26.78 公里全部完工，不仅为护林防火创造了交通条件，更增加了一条我县连接杏花岭区和尖草坪区的重要通道。

二、加强理论武装，旗帜鲜明地与党中央和省委、市委保持高度一致

2015 年，县委班子坚持"双学"，以上率下，示范带动，把闯劲、韧劲、拼劲传导下去，把任务、责任、压力传导下去，全面做好市委、市政府安排部署的各项任务。县委中心组专题学习 34 次，邀请专家学者专题辅导 8 次，用先进的理论武装了头脑。特别是 8 月份以来，县委班子把"四个坚决"（坚决拥护省委和市委的决定、坚决贯彻市委和吴书记的安排部署、坚决落实"两个责任"、坚决完成市委、市政府下达的各项工作任务）贯穿到改革发展稳定各项工作之中。党的十八届五中全会、省委和市委十届七次全会召开以后，县级领导及时深入所包乡镇和分管部门，带头宣讲会议精神，自觉贯彻省委和市委决策部署，指导推进"三严三实"专题教育和工作落实，进一步统一了党员干部的思想认识，进一步增强了践行"三严三实"的自觉性，进一步凝聚了广大干部群众干事创业的强大合力。同时，以推进"五个一批"为抓手，认真制定权力清单和责任清单，努力将经济发展和社会管理等工作责任细化、量化、具体化，确保全县各级领导和广大党员干部在思想上、政治上和行动上与中央和省委、市委保持高度一致。

三、坚持问题导向，认真开展"三严三实"专题教育

"三严三实"专题教育开展以来，县委班子强化问题导向，将问题整改落实贯穿始终，以解决问题的成果检验专题教育的成效。围绕党的群众路线教育实践活动和学习讨论落实活动提出各项整改任务，28 名县领导班子成员深入所包乡镇和分管领域调研走访，征集干部群众意见建议 1 万余条。在此基础上，县级领导班子及成员深刻查摆出不严不实问题 124 个。县委常委会坚持以上率下，坦诚深入谈心交心，严肃认真开展批评和自我批评，专题民主生活会开出了正气、开出了团结，得到市委的肯定。在整改落实过程中，实行问题清单管理，着力抓好列单、审单、消单三个环节，坚持一张单子抓到底，立说立改、收到实效。2015 年，县级领导班子建立的 32 份问题清单和 124 条整改任务全部落实到位，并长期坚持，防止"回潮""反弹"。

针对全县部分干部一度时期出现的思想不稳定，以及表现出工作不够主动，纪律松懈、自由散漫等问题，在全县开展了"整治慵懒散，真情服务群众"为主题的纪律作风专项整治，分三个阶段进行。第一阶段是围绕 8 月 12 日吴政隆书记对"阳曲县国土局工作人员上班期间将狗带进办公场所"网络舆情的重要批示进行专项督查。抽调全县 100 名干部，组

成 25 个督察组，重点督查全县各单位遵守工作纪律和领导班子“两个责任”落实情况；第二阶段是围绕 10 月 26 日全县整肃干部作风纪律的会议精神，重点督查工作纪律、政治纪律和信访稳定中存在的 12 条具体问题整改情况；第三阶段围绕 11 月 25 日市委对“省委宣讲团党的十八届五中全会精神报告视频会议阳曲分会场多数党政领导未到会”提出的批评意见，重点督查双学开展情况和十八届五中全会精神、省委和市委十届七次全会精神的贯彻学习落实情况。同时，严厉查处违反中央八项规定精神问题 7 件，处理党员干部 8 人，诫勉谈话 1 人，对 6 名乡科级干部进行了谈话函询。通过督查与问责相结合，有力改善了作风，提振了士气，为全县大局稳定奠定了思想基础，提供了纪律保障。

四、严格落实“两个责任”，狠抓党的建设

牢固树立“抓好党建是最大政绩”的理念，始终把党建责任放在心上、扛在肩上、落实在行动上。县委常委会 10 次研究落实“两个责任”相关工作，6 次专题听取有关工作汇报，用心耕种党建这块“责任田”。同时强化各级各部门一把手的抓党建第一责任人和班子成员“一岗双责”的责任意识。积极支持纪委履职，实现“三转”，查处违纪案件 82 件 87 人，检察机关立查职务犯罪 8 件 9 人，持续保持了“三个高压态势”。

认真组织省委巡视六组反馈意见的整改落实工作。县委常委、分管副县长分别牵头担任 11 个单项任务的整改领导组组长，全县 37 个单位直接承担了整改任务的具体落实工作。县委召开 4 次常委会、7 次领导小组会议，逐一研究剖析问题，逐一明确整改任务，逐一制定整改措施，逐一验收整改效果。反馈的“两个责任”落实、超职数配备、领导干部兼职以及群众反映的农村土地、低保、退耕还林等问题进行了专项整治并取得阶段性成果，进一步净化了政治生态，维护了巡视工作的严肃性。

加强基层党组织建设。全面加强干部队伍建设，深入推进“三个一批”，制定了干部任用流程图，县委常委会专题研究干部 6 次，调整科级干部 132 人，圆满完成了县政府机构改革和县纪委内设机构调整，落实了乡镇非领导职务配备和公务员职务与职级并行制度。出台了《阳曲县关于加强和改进基层党建工作的实施意见》，落实了主体责任，召开了基层党建述职考评会议，逐个点评、提出要求。22 个软弱涣散基层党组织全部整顿转化。选派 11 名优秀干部，与市直机关 39 名优秀干部一起到 50 个贫困村担任第一书记。

全面加强党的群团工作、统战工作和党管武装工作。出台《关于加强和改进党的群团工作的实施方案》，工会、共青团、妇联等群团组织的作用进一步发挥，认真组织召开议军会议做好相关工作。阳曲县荣获全省、全市双拥模范县“八连冠”。

着力化解不稳定因素。2015 年新发生来县访 292 件，结案 234 件，市交办的 45 案全部办结，真正实现了“做减法，不做加法”。8 月份以来，严格落实“县主要领导大接访制”，进京信访得到有效遏制，赴省、赴市访大幅下降。同时坚持打击各类违法行为，破获各类案件 94 起，人民群众安全感和满意度进一步增强。

（韩书霞）

附：一、中共阳曲县委书记、副书记、常委名单

书　记：吕　荣（8 月免职）　刘晋萍（女，12 月任职）

副书记：刘晋萍（女，12 月离职）

常　委：韩　勇　刘国伟　何爱萍（女）　高保民　李云竹　姚丽蓉（女）　刘玉伟（11 月任职）　杨　波

二、乡镇党委书记名单

黄寨镇

书　记：王秀生

泥屯镇

书　记：荣素青

大盂镇

书　记：岳　波（5 月离职）　王庆丰（5 月任职）

东黄水镇

书　记：王福刚

高村乡

书　记：侯爱英（女）

侯村乡

书　记：王向正

凌井店乡

书　记：孙国锋

杨兴乡

书　记：王庆丰（5 月离职）

西凌井乡

书　记：赵　斌（8 月免职）

北小店乡

书　记：闫文革

中共娄烦县委工作概况

县委书记 薛东晓

2015年，娄烦县牢牢把握稳中求进的工作总基调，主动适应经济发展新常态，着力转方式、调结构、稳增长，全县经济趋稳向好。五项主要考核指标中，固定资产投资完成27.15亿元，增长39.3%，全市排名第一；服务业增加值完成9.21亿元，增长13%；社会消费品零售总额完成4.39亿元，增长10.3%；农村居民人均可支配收入完成5535元，增长8.9%；公共财政预算收入完成2.85亿元，下降26.2%。

一、适应经济发展新常态，转型发展步伐加快

项目建设持续突破。县委把抓好“五个一批”作为推动各项工作的重要载体和抓手，滚动推进，狠抓落实。全年实施一批重大产业项目41项、一批重大基础设施项目18项、一批重大民生实事项目14项。重点项目储备完成211亿元，完成率105.5%；落地投资完成18.5亿元，完成率154.5%；项目开工完成28.8亿元，完成率103%；项目投产完成21.2亿元，完成率117.6%。省、市重点工程累计完成投资26.2亿元，完成率137%，全市排名第一。

产业发展不断壮大。强化产业支撑作用，积极转变产业发展方式，努力实现三次产业的优化升级和提质增效。现代农业加快发展。积极发挥龙头企业带动作用，狠抓马铃薯科技产业园区建设，新建防蚜网棚1万平方米，生产微型薯500万粒、原种薯100吨、一级种薯5000吨。全县马铃薯种植面积保持10万亩以上，“娄烦山药蛋”通过国家地理标志商标认证。新发展“一村一品”村22个，全县“一村一品”村增加到79个。实施15个土地开发项目，新增耕地4201亩，完成了3个村2840亩的基本农田整理。完成设施蔬菜建设208亩。农产品加工企业销售收入完成4.15亿元。娄烦县被中国县域农业发展高层会议组委会评为“品牌农业示范县”，是全市唯一获此殊荣的县区。工业新型化着力推进。马家岩、三聚盛等煤矿技改升级进展顺利，井巷工程全部完工，累计完成投资11.4亿元。龙泉矿井瓦斯发电项目已取得省发改委路条，国能皇姑山风电项目已完成招投标，一期工程即将开工，总装机容量300MWP的天池店振发光伏发电项目和马家庄乡25MW太阳能光伏发电项目已完成前期工作。旅游服务业稳步提升。总投资3.2亿元的云顶山景区建设项目已完成土地流转，汾河水库风景区开发项目全部完工。以打造高君宇故居3A级景区为目标，实施了以“复原、展陈、服务”为重点的提档升级工程。全县先后涌现出云顶紫台等一批乡村农家乐生态休闲旅游景点。娄烦镇西街村入选国家旅游扶贫试点村。全年接待游客突破10万人次。

扶贫攻坚大力推进。把精准扶贫、精准脱贫作为当前和今后一个时期的头等大事和第一民生工程，坚决打赢扶贫攻坚战。按照“六个精准”要求，全面完成建档立卡“回头看”，精准识别贫困对象117个村11030户34333人。大力推进扶贫开发“五个一批”工作，食用菌栽培、核桃种植等一批富民产业不断发展壮大。采取“平台+园区+培训”等方式，着力推进电商扶贫，娄烦县被列入全国农村电商扶贫帮扶县。企业产业扶贫完成投资5.2亿元，发放扶贫贷款2551万元。实施30个贫困村扶贫开发整村推进工程，启动10个村光伏产业扶贫项目。切实做好扶贫结对帮扶工作，市、县两级48名领导对口帮扶、205名干部驻村帮扶、226个单位(企业)定点帮扶，在全县形成了扶贫攻坚强大合力。11个贫困村实现整村脱贫，完成脱贫人口1.5万人。

城乡建设步伐加快。以扩大规模、完善功能、提升品位为重点，全力加快城乡一体化建设进程。县城集中供热面积突破130万平方米，供热普及率91%。100户居民率先实现天然气入户通气。城区生活污水处理保持I级A类标准，中水回用率100%。实施一批重大基础设施建设项目，累计完成投资8.04亿元。新开工保障房100套，基本建成1122套。启动了采煤沉陷区7个村1044户3080人的治理搬迁安置工程，实施了9个村5000余人饮水安全工程，完成农村贫困家庭危房改造160户。持续开展城乡环境综合治理，创建城乡清洁工程星级单元89个。

生态建设持续加强。以建设国家生态文明先行示范区为引领，不断加大荒山、通道、环城造林绿化力度，完成营造林9.9万亩，全县林木绿化率53%，荣获“全国绿化模范县”称号。强化水源地保护，开工建设6个汾河水库生态保护项目，岚河湿地工程完成设计招标。全力推进节能减排，入库河流水质保持三类标准以上，化学需氧量、二氧化硫等主要污染物六项约束性指标任务全部完成。万元GDP能耗下降2.9%，万元工业增加值用水量下降10.8%。县城环境空气质量持续保持良好，二级以上优良天气率84.4%。

二、坚持民生为本，维护社会和谐稳定

社会事业全面发展。坚持教育事业优先协调发展，建设“三通两平台”和数字校园示范校30所，新建17所学校塑胶化操场，改扩建幼儿园5所，高考二本以上达线144人。建立健全城乡公共卫生服务体系，县城综合性医院建设项目基本完工，预计明年投入使用。新(改)建61所标准化村卫生室。所有乡镇卫生院实现了基本药物制度全覆盖，基本药物全部实行零差价销售。新农合管理水平逐年提升，参合率99%，农民“看病贵”“看病难”问题不断改善。深化文化体制改革，

扶持发展小微文化企业2家。编制完成《娄烦县非物质文化遗产名录》并向社会公布。积极开展文化惠民服务,举办山西华夏之根艺术团大型说唱剧《解放》等文化惠民演出49场,农村公益电影放映1833场,城乡群众精神文化生活不断丰富。

民生保障更加有力。坚持社会政策托底,织好保障基本民生安全网。养老、医疗、工伤、失业、生育保险全部完成市下达任务,城乡低保、五保供养和优抚双拥对象实现应保尽保。全面落实就业再就业优惠政策,新增城镇就业1970人,城镇登记失业率控制在4%以内,公开招聘事业单位人员60人。完成农村日间照料中心7个,“老年手机一键通”等6项惠民项目全面完成,“平价商店”建设和“每日4种一元菜”等惠民措施全面落实。

社会保持和谐稳定。认真落实安全生产“党政同责、一岗双责、齐抓共管”要求,扎实开展“百日安全生产大检查”活动和“六打六治”打非治违专项整治行动,安全形势持续好转,全年没有发生安全生产事故。认真落实“三级联调”、领导包案、轮流接访等工作机制,狠抓“一批重大不稳定因素化解”,省、市交办信访案件化解率达95%以上。围绕平安娄烦创建,深入推进社会治安防控体系建设,扎实开展“六六创安”等活动,城乡视频监控系统实现全覆盖,93%以上村庄实现零发案,人民群众安全感、满意度进一步提升。

三、稳妥推进改革进程,增强内生发展动力

认真落实上级改革事项。积极推进政府职能转变和机构改革,卫生计生、工商质监等5个单位机构改革全面完成。完善预算绩效管理制度,逐步推进财政预决算和“三公”经费公开,大力实行公务卡结算制度。抓好煤(焦)炭管理体制改革,稳妥做好转岗职工安置工作。深化社会体制改革,高标准完成了基层社会管理体系建设任务。深化县乡医疗卫生服务一体化综合改革,全县药品供应、新农合医保、基本公共卫生实现一体化。深化行政审批制度改革,认真做好审批事项“接、放、管”工作,全面清理非行政许可审批,减少前置审批,审批事项承诺办结时限较法定时限平均提速60%。研究制定《娄烦县“六权治本”推进方案》,加快推行“三个清单”,编制完成了《县级行政审批和公共服务事项目录清单》并向社会公开,全县40个部门单位共核定行政权力事项3592项。

着力抓好县级综合改革。稳步推进农业农村综合改革,完成44个村11.4万亩农村土地承包经营权确权登记颁证试点工作,开展集体土地所有权调查1319宗。健全土地流转体系,引导农民以多种形式参与土地流转,发展适度规模经营。加快推动集体林权制度改革,有效破解林牧矛盾,完成林地确权面积69.7万亩,确权率91.5%。加强银政企三方交流合作,实行“助保贷”,有效缓解了中小微企业融资难、融资贵问题。认真落实中小微企业发展政策,制定《关于大力推进创业创新促进小微企业健康发展的意见》《娄烦县推进大众创业、万众创新实施意见》,支持民营企业和民营经济快速发展。创新统筹城乡规划管理体制,县城控制性规划覆盖率达到23%。强化社会信用体系建设,建立1629个企业、8459户农户信用档案。推进市场监管机制改革,全面实行“三证合一、一照一码”登记模式,全年新登记企业85户、农民专业合作社44户、个体工商户268户。

四、加强民主政治建设,提升依法治县水平

民主法治全面加强。坚持和完善人民代表大会制度,支持县人大及其常委会围绕全县中心工作依法履行职能,加强监督工作,听取和审议专项工作报告,开展执法检查。坚持和完善党领导下的政治协商制度,支持县政协积极履行政治协商、民主监督、参政议政职责。认真落实《2011—2015年法治娄烦建设实施纲要》,加快推进法治娄烦建设进程。深化司法体制改革和涉法涉诉信访改革,完善法律服务体系,开展“一村(社区)一法律顾问”活动,不断推进“法律六进”工作,全力维护社会公平正义。大力实施党务公开、政务公开、厂务公开、村务公开和企事业单位办事公开,依法保障基层群众的选举权、知情权、参与权和监督权。天池店乡兑集沟村荣获“全国民主法治示范村(社区)”称号。

统战和群团工作有序推进。高度重视群团组织建设,支持工会、共青团、妇联等群团组织依照法律和章程独立自主开展工作,研究制定了《娄烦县关于加强和改进党的群团工作的具体实施方案》。持续加强统一战线工作,组织民主党派开展“助力发展大调研”活动,形成多篇调研报告,其中1篇被中央统战部采用。认真落实民族宗教政策,全面支持非公经济发展,在全县营造了同心同德前行、凝心聚力发展的良好局面。

五、坚持党要管党、从严治党,不断加强党的建设

扎实开展“三严三实”专题教育。坚持把开展专题教育作为巩固深化党的群众路线教育实践活动成果和深入推进作风建设的具体行动,紧紧抓住领导干部这个“关键少数”,聚焦“忠诚干净担当”这个重点,强化对“三严三实”专题教育的组织领导、研究谋划、督导调度。县四大班子领导带头讲专题党课27场次,基层党组织书记讲专题党课360余场次,受教育党员干部3380余人次。县委中心组分3个专题,深入开展专题学习13次,深入开展专题研讨46人次。高质量召开“三严三实”专题民主生活会,认真开展批评与自我批评,班子成员带头深入分管部门、联系乡镇开展调查研究,听取群众意见,共查摆领导班子及成员“不严不实”突出问题377个,并建立问题清单,明确整改措施和时限,完成整改325个。

加强干部队伍建设。强化干部教育培训,24名县级党政干部进行“网络专题培训”,745名党员干部完成在线学习,开展“领头雁”培训4406人次。坚持从高从严管理干部,对69个单位领导班子456名领导干部进行分析研判,完成690名干部“三龄两历一身份”审核认定工作。突出“为官不廉、为官不为”问题,打好“三个一批”刷新吏治组合拳,完成296名干部“六查”工作,甄别处理不廉洁、不作为干部14人,掌握使用敢担当、善作为的干部32人。实施公务员职务与职级并

行制度，150人实行职级与待遇挂钩，实现职务与职级并行。落实领导干部个人重大事项报告制度，集中开展“三超两乱”等专项整治工作，对40个重点行业、关键领域“一把手”进行经济责任审计。

不断夯实基层基础。制定出台了《加强基层党组织建设的实施意见》，并将任务分解落实到8个乡镇和县直重点部门，推动各级党组织党建责任的落实。以“双定双述双评”为抓手，组织乡、村两级党组织开展述职评议工作。合理优化基层组织设置，新组建非公经济党组织2个、龙头企业党组织3个，设立13个“支部+协会”基层党组织，党组织覆盖面不断扩大。结合软弱涣散党组织整顿，整合撤并党组织3个，转化提升21个。注重加强村级党组织带头人建设，为建档立卡贫困村和软弱涣散村选派“第一书记”121人，组织培训基层党组织书记、大学生村官3078人次。着力强化基层组织监督约束，全县142个行政村全部成立村务监督委员会，规范运行村增加到118个。落实村干部补贴待遇政策，为281名农村“两委”主干落实报酬290万元，为491名离任“两委”主干发放生活补贴103万元。加强农村党员队伍建设，规范流动党员管理，全年新发展党员89名，其中35岁以下党员56名。不断完善党员服务群众机制，在职党员进社区开展服务2300人次，各党代表工作室接待群众1900次，答复咨询3500多条。

全面落实“两个责任”。认真落实党风廉政建设主体责任，支持纪委聚焦主业，强化执纪监督，有力推动了党风廉政建设和反腐败工作的深入开展。在落实“两个责任”上，县委先后18次召开常委(扩大)会议，专题研究部署党风廉政建设工作。召开县委常委会，听取班子成员“一岗双责”落实情况汇报。在制定出台县委47项主体责任清单和纪委49项监督责任清单的基础上，督促指导人大、政府、政协和法检两院党组以及乡镇、部门等81个单位分别制定了主体责任实施意见和责任清单，并签字背书上报。认真落实乡镇、部门党政主要负责人“三述”制度，对乡镇党委书记、主要部门负责人进行集体约谈29次65人，对落实“两个责任”不力的7名科级领导干部进行严肃问责。在反腐倡廉上，领导和支持纪检监察部门聚焦主业，深化“三转”，精简纪委牵头或参与的议事协调机构93个，精简率91%。继续推行县纪委常委包联基层党风廉政建设工作模式，严格实行“一案双查”制度，突出案件查办重点，充实加强办案力量，健全完善办案机制，做到有案必查、有腐必反、有贪必肃。全年立查案件102件，处分党员干部118人，其中撤职以上重处分36人，移送司法机关7人。在改进作风上，坚持作风建设永远在路上，持之以恒正风肃纪，紧盯“四风”隐形变异问题，紧抓重要时间节点，加强对违反政治纪律、作风建设等问题的监督检查，进一步增强执纪必严、违纪必究的震慑力。全年开展明察暗访36次，发现问题线索25个，查处违反中央八项规定精神问题13件17人，其中给予党政纪处分10人、组织处理7人。在刷新吏治上，认真学习贯彻新修订的《准则》《条例》，深入开展典型案例剖析反思，持续加强党性党风党纪教育。加大干部日常监督管理力度，有效解决党员干部“八小时以外”违规行为等违反中央八项规定精神的突出问题。同时，集中开展农村集体“三资”管理专项清理整治和“以群众举报乡村干部腐败为切入点集中解决群众信访诉求问题”专项治理，坚决查处发生在群众身边的腐败问题。认真开展2011年以来涉纪信访大起底工作，对348件涉纪信访举报进行集中起底、集中研判，实施分类处置。

狠抓宣传思想文化工作。持续加强意识形态的引导和管理，巩固和发展健康向上的主流舆论，大力培育和践行社会主义核心价值观，推动娄烦县宣传思想文化工作发展繁荣。不断深化中国特色社会主义理论体系和中国梦宣传教育，切实抓好公民道德建设和未成年人思想道德建设。积极培育和践行社会主义核心价值观，大力开展文明单位、文明乡镇、文明窗口等创建工作，组织实施了“中国梦·讲文明树新风”公益性宣传、“道德模范”巡回演讲、节俭养德全民行动、道德讲堂等活动，引导全县上下弘扬社会正气。不断强化网络舆情监管，健全应急处理机制，及时掌握社会热点，舆情收集研判、处理突发事件的能力不断提高。立足“三贴近”，紧扣时代主题，积极拓展与国家级主流媒体的合作空间，在新华网开设“娄烦专栏”，传递好声音、集聚正能量。《山西日报》《太原日报》、太原电视台等省市新闻媒体多次聚焦娄烦，共发布信息近百条，娄烦美誉度进一步提升。 (李爱民)

附：一、中共娄烦县委书记、副书记、常委名单

书　记：薛东晓
副书记：张　磊(11月离职)　李树忠(11月任职)　程顺安　袁文峰(2月任职，挂职)
常　委：赵树文　李贵军　任同珍(女)　王剑峰　纪根有　刘贵江　冯永魁

二、乡镇党(工)委书记名单

娄烦镇
书　记：胡俊强
静游镇
书　记：刘俊奎
杜交曲镇
书　记：苏效忠
天池店乡
书　记：郝爱国
米峪镇乡
书　记：段尚君
马家庄乡
书　记：郭建生
盖家庄乡
书　记：曹文杰
庙湾乡
书　记：李亚晋

中共大同市委工作概况

市委书记　张吉福

2015年,中共大同市委全面贯彻党的十八大和十八届三中、四中、五中全会精神,深入贯彻习近平总书记系列重要讲话精神和省委"五句话"总要求,认真落实省委王儒林书记对大同工作的指示精神,坚定不移落实"四个全面"战略布局,按照稳中求进的工作总基调,加快推进"六大发展"、"六权治本"、"六型转变"和"三个突破",主动适应新常态,真抓实干,攻坚克难,开拓创新,锐意进取,经济、政治、文化、社会、生态文明建设和党的建设全面加强,为"十三五"顺利开局打下了坚实基础。

一、加强学习教育,在思想、政治和行动上同党中央保持高度一致

把学习贯彻习近平总书记系列重要讲话精神作为首要的政治任务。以市委中心组学习为龙头,以领导干部为重点,先后组织开展了15次市委中心组学习,向各级党员干部发放《习近平谈治国理政》《习近平总书记系列重要讲话读本》近3万册,通过学习研讨、座谈、培训、知识竞赛、市民大讲堂等多种形式,营造出浓厚的学习氛围。把三严三实专题教育作为加强领导干部思想教育最紧迫的政治任务。先后召开5次常委会专题学习研讨,在认真梳理、深刻自查的基础上,列出了市委班子和成员的问题清单和整改清单,形成了常委班子对照检查材料。同时坚持以上率下,突出"带、查、融、整",带头开展"六个一",带头立说立行抓整改,促进了全市专题教育工作的扎实开展。全市领导班子共查摆不严不实问题1920个,已整改1424个;领导干部个人查摆问题7343个,已整改5421个。把学习、宣传、贯彻中央十八届五中全会和省十届七次全会精神作为当前和今后一个时期的一项重大政治任务。组成宣讲团深入县区、机关单位,深入解读宣讲会议精神,举办了全市理论骨干培训班,兴起了学习宣传贯彻全会精神的热潮。把贯彻落实王儒林书记讲话精神特别是对大同工作的指示精神作为重要的政治任务。结合大同实际,在全市范围内开展了"同心同力,发展大同"大讨论、大调研活动,筛选出有价值的调研报告138份,收集到社会各界人士反映的意见建议2731条,梳理汇总为894条,结集成6册,使全市广大干部群众特别是领导干部真正开动了脑子,放开了胆子,扑下了身子,达到了提振精神、凝心聚智的目的,形成了"大团结""大合唱"的浓厚氛围,同时在全省率先开展了"冬季行动",为大同市"十三五"规划的绘制与实现提供了重要支持,为确保大同市2020年如期脱贫摘帽奠定了坚实基础。

二、把纪律和规矩挺在前面,深入推进党风廉政建设和反腐败斗争

严格落实党要管党、从严治党的要求,把深入开展党风廉政建设和反腐败斗争作为净化政治生态的关键之举,把守纪律讲规矩作为不能触碰的红线,把责任追究作为推进"两个责任"落实的重要抓手,以零容忍的态度惩治腐败,以弛而不息的精神狠刹"四风",积极构建不敢腐、不能腐、不想腐的长效机制,全市政治生态得到有效净化,开始走向弊革风清。

不断压实"两个责任"。市委常委会带头落实全面从严治党主体责任,多次召开专题会议,听取汇报,研究重大事项,审议重要案件,并主动向省委和省纪委常委班子汇报党风廉政建设和反腐败工作。制定出台落实两个责任《实施细则》,各级各单位列出"两个责任"清单。市委书记认真履行第一责任人职责,集体约谈了11个县(区)及开发区的县(区)委书记和纪委书记,市委常委和其他市级领导分别约谈了分管领域部门班子成员,传递责任、传导压力。以强化问责追究倒逼责任落实,全年全市共问责追究主体责任161人,监督责任32人;给予党政纪处分118人,诫勉谈话71人,免职3人,通报批评、责令书面检查27人,持续释放压实"两个责任"强烈信号。

形成并保持惩治腐败高压态势。坚持零容忍、无禁区,重点查处党的十八大后仍不收敛不收手,问题线索反映集中、群众反映强烈,现处重要岗位且可能还要提拔使用的领导干部。坚持稳妥把握运用实践"四种形态",努力使咬耳扯袖、红脸出汗成为常态,使党纪轻处分和组织处理成为大多数,重处分、作出重大职务调整的占少数,立案审查的只是极少数。充分发挥市县两级反腐败协调小组职能,制定反腐败协调制度、案件移送制度等一系列规章制度,加强纪检监察机关与政法机关、审计等部门协调合作,增强了办案合力。全年全市纪检监察机关共立案1226件,结案1224件,处分违纪党员干部1254人,其中,县处级干部50人,重处分,187人,移送司法机关33人。

持之以恒正风肃纪。以开展"学习讨论落实"活动为契机,继续巩固和深化落实中央八项规定精神成果,坚决防止"四风"反弹回潮,狠抓重要时间节点,以"违规收送礼金、红包问题"专项整治和"领导干部顶风大操大办婚丧喜庆等借机敛财问题"专项整治为重点,开展了38项专项整治,全市科级以上干部全部签订了"拒收红包"承诺书。创新监督方式,拓宽监督渠道,开通了党风政风监督举报专区和"四风"问题微信举报平台,通过倒查账目等方式深挖"四风"隐形

变异问题，持续保持纠正“四风”高压态势。全年全市共查处违反中央八项规定精神问题65起89人，通报曝光15起30人。同时，推动反腐正风向基层延伸，配齐配强乡镇一级纪检监察干部队伍，结合省委部署开展的“两个专项整治”，严肃查处群众身边的“四风”和腐败问题，全年全市共查处侵害群众利益案件473件，占全市查办案件的38.58%；党政纪处分486人，占全市处分总人数的38.76%，基层群众对反腐败有了更多获得感，乡村治、百姓安的长效机制正逐步建立。

防微杜渐警钟长鸣。加强党章党纪教育，把学习党章纳入市、县两级党校反腐倡廉“六个一”教学重要内容，在大同日报、市纪委监察局网站开辟专栏，深入学习宣传新修订的《廉洁自律准则》和《纪律处分条例》，教育全市党员干部牢固树立党章党规党纪意识，自觉守纪律、讲规矩。深入开展警示教育。组织全市党员干部观看了中央纪委专题片《作风建设永远在路上》、省纪委电教片《警钟长鸣》。深刻剖析并通报了一批发生在大同市的严重违纪违法案和损害群众利益的典型案件，用好活的反面教材，发挥警示、教育和震慑作用。大力弘扬廉政文化，深入挖掘乡贤廉政文化，逐步打造具有大同自身特色的廉政文化精品，编撰出版了《能臣廉吏栗毓美》一书，并被选入山西省《廉政文化读本》丛书，大型新编历史廉政剧《河清海晏》开排，晋剧《河帅栗毓美》剧本正在修改完善。强化日常监督管理。认真落实党内监督制度，全年共廉政谈话223人、诫勉谈话207人。进一步完善市管党员领导干部廉政档案，对抽查核实中发现的错报、漏报、瞒报问题作出相应处理。把纪律和规矩挺在前面，抓早抓小，充分运用谈话函询方式，体现了对党员干部的严格要求和关心爱护。

把握重点“六权治本”。按照“把权力关进制度的笼子”这个核心目标，重点抓好“两单两图”、六平台”“一监督”建设，要求政府工作部门按照“权责法定”原则和权责对等的要求，对权力事项进行全面梳理，积极推进制度建设“立、改、废”工作，探索构建“科技＋平台＋制度＋人”的权力运行监督体系。六大政务平台规范有序、运行良好，已建立“并联审批”和“一条龙服务”新机制，市、县两级各类行政事项大幅精简，办结时限进一步缩短。

三、加强领导班子和干部队伍建设，全力推动从严治吏长效化、常态化

强化“四个着力”从严干部教育。着力加强理想信念教育，建立了平型关、大泉山等4个理想信念教育基地。着力加强能力素质提升，在市委党校分类别分领域举办专题培训23个班次，培训轮训干部2812人次。着力加强学风作风教育，建立干部教育培训学分登记纪实制度，把干部学习培训情况作为干部任用前监督检查的重要内容，实现干部“学、用、管”三结合。着力加强教育培训改革，实行县处级干部进修班与中青年干部培训班分类设置、缩短培训周期等“七项改革”，同步建起了14个教育培训基地，做法得到中组部领导的肯定。

坚持“三个注重”从严干部选任。注重导向引领，坚持全程民主、全程署名、全程差额、全程纪实、全程监督、全程追责“六个全程”，政治纪律必审、廉洁自律必审、作风情况必审、干部档案必审、个人有关事项报告必审“五个必审”，树立正确的用人导向。注重分析研判，按照全覆盖、知实情、没空白的原则，与全市所有县处级干部都进行了谈心谈话，并形成了11个县区、213个市直单位1300多名县处级干部的分析研判报告，为下一步的干部调整选配和今年的市县换届奠定了基础。注重从严立规，制定出台了《关于全面贯彻好干部标准树立正确用人导向从严管理干部的实施意见》、《“三个一批”实施方案》《市管干部任免工作规程》等20多项制度办法，从源头上防止违规用人、“带病提拔”等问题发生。

实施“三个一批”从严干部甄别。实施六查五评四荐“六五四”工作法，以灵丘县、城区和市人社局3家试点单位为牵引，先后分四批对11个县区、105个市直单位进行干部甄别。全市共确定甄别对象10150名。查出问题档案229份，处理惩治不廉洁、乱作为干部136名，调整退出不作为、不胜任干部57名，提出县处级优秀干部初步人选316名，进度在全省领先，做法在全省作了交流。

突出标本兼治从严干部管理。开展“九项集中整治”，共排查违规用人问题911起，整治“三超两乱”消化超配县处级干部25名；改进完善年度目标责任考核体系，形成了“一报告两办法”，即《构建有效管用简便易行年度目标责任考核机制调研报告》《县区年度目标责任考评办法》和《市直单位年度目标责任考评办法》；加强干部日常管理监督，进一步健全干部问责、惩处制度，制定了《大同市推进领导干部能上能下实施细则(试行)》，全方位构建干部日常管理监督体系。

四、积极应对下行压力，努力保持经济平稳健康发展

面对持续加大的经济下行压力，按照国家和省的安排部署，坚持稳中求进工作总基调，着力深化改革开放，着力推进三个突破，着力保障改善民生，着力强化风险防控，经济运行的基本面总体保持稳定。

多措并举稳增长。坚定不移地贯彻落实省委、省政府稳增长的各项安排部署，认真落实工业减负60条和促进工业稳增长19条等政策措施，结合大同实际，制定了减轻企业负担促进工业平稳增长56条，为企业减负52.04亿元；支持企业拓展市场，同车公司电力机车的18台订单陆续交付；实行市领导帮扶企业制度，帮助企业克服困难、稳定生产。全市重点工程“六位一体”推进情况较好。左云经济技术开发区已获省政府批复。

千方百计调结构。积极推进煤炭“六型转变”，以金庄、东周窑、潘家窑三个千万吨级矿井为重点，做强做大做优晋北亿吨级动力煤基地；以长春兴、韩家洼等煤矿为依托，在

左云县建立煤炭循环经济产业园区。着力延长煤炭产业链,同煤塔山二期、同煤阳高、京能左云等低热值煤发电项目按进度开工建设,天镇、浑源光伏扶贫项目进展顺利,采煤沉陷区国家先进技术光伏示范基地建设一期项目(13个光伏电站)开工建设。大力发展非煤产业,非煤产业增加值比重占到24%,文化旅游、装备制造、新医药、新材料、信息、商贸物流、特色农业、健康养老、通用航空等产业基地建设加快推进,大张高铁、华阳玛里纳陆港、煤制气等重大项目开工建设。加大招商引资力度,全年共签约项目264个,总投资1711亿元。三次产业结构比达到4.0:41.8:54.2,第三产业比重超二产12.4个百分点。积极推动企业技术创新,完成全市12家省级技术中心年度评估工作,工业新兴产业投资占比预计可达38%。全市已有国家级技术中心2户,省级技术中心12户,市级技术中心24,高新技术企业17户,初步形成以国家级、省级技术中心为主体,市级技术中心、高新技术企业为两翼的技术创新体系。

全力以赴强农业。出台了深化农村改革、加快土地流转、推进农业现代化、实施强农惠农等一系列政策措施,粮食种植面积稳中有增。大力发展设施农业,新增设施农业面积3.04万亩,累计达25.3万亩,连续6年以每年3万亩的速度推进。大力发展畜牧业,畜牧业经济已逐步从规模扩量为主向科技兴牧、规模经营、产业链条延伸三线并重转变,年内建成标准化养殖小区201个,累计达到860个。农业产业化发展步伐加快,农产品加工龙头企业销售收入达66.1亿元,同比增长15.3%。城乡建设同步推进,制定实施了古城保护、城乡规划等15项城建类规划,接续推进古城建设,抓好新区开发。城墙合拢、展览馆平移、西城墙瓮城主体修建、图书馆外立面装修、城市道路拓宽延伸以及国省干道、县乡公路、特困地区农村公路改造改建等各项工程相继完工或持续推进。农村公路新改建400公里、县乡公路改造183公里。

五、坚持从大局和实际出发,着力增强改革的整体性、突破性和有效性

重点领域改革不断深化。制定出台大同综改“2255”行动计划,土地、金融、户籍、行政审批等十项重点改革任务全面推进。开展农村土地确权登记颁证,推进农村产权交易平台体系建设,引导农村土地有序流转。探索建立城乡统一建设用地市场,实施林光互补一体化改革。加快推进城乡义务教育均衡发展和医疗卫生优质资源均等化,加强医疗联合体建设,市、县两级卫计委改革和全市公车改革全面完成。

金融振兴、科技创新、民营经济“三大突破”取得进展。阳光小额贷款公司成为华北地区首家新三板挂牌的小额贷款公司,绿苑饮品、上皇庄岗酒、吧吡啦食品、纠偏古膳要道食品在上海Q板挂牌。京都村镇银行成立。出资设立由晋商银行具体操作的科技投融资平台,扶持中小企业科技成果转化。设立1000万元人才专项资金,“千人计划”专家人才引进实现零的突破,晋投玄武岩院士工作站挂牌成立。进一步简化注册登记,实现了“三证合一”,新登记市场主体和迁入城镇常住人口数量增长。

区域经济合作成效明显。牢牢抓住“京津冀协同发展、环渤海合作发展”国家战略机遇,将“紧扣乌大张、对接京津冀、融入环渤海”作为全市重大发展战略,通过“人对人思路对接、文对文规划对接、事对事要素对接、口对口产业对接、心连心文化对接、手拉手扶贫对接”的办法,采取与北京科委共建中国科技转移中心大同合作中心,与北京控股集团在十个方面开展全面合作,与北京中关村合作建设科技孵化器,与北京天安门地区管委会签订旅游合作协议,与北京互派干部挂职等多种措施,主动对接,积极融入。成功举办了蒙晋冀(乌大张)长城金三角区域合作第二届联席会议,签署了《协同推进蒙晋冀(乌大张)长城金三角合作区规划》认同书及相关项目合作协议。与二连浩特签署边贸合作协议,外贸出口增长迅速,居全省第一。

六、汇聚正能量唱响主旋律,大力加强宣传思想文化建设

强化价值观宣传教育。持续深入开展社会主义核心价值观、建设中国特色社会主义和实现“中国梦”的宣传教育实践活动。进一步引深“争做最美大同人、共筑美好中国梦”主题实践活动,推动了社会主义核心价值观进一步深入人心。强化以爱国主义为核心的伟大民族精神宣传教育,精心组织开展纪念中国人民抗日战争暨世界反法西斯战争胜利70周年系列活动,举办了“回望山河”大型音诗画专题晚会、大型歌剧《野火春风斗古城》展演周和向烈士墓敬献鲜花等活动,大泉山水土保持纪念馆在毛主席批示“看大泉山变了样子”60周年纪念日正式开馆。深入开展陈规陋俗专项整治,引导人们转变思想观念,摒弃陈规陋俗,推进诚信体系建设和诚信建设制度化。

营造良好舆论氛围。大力宣传报道中央、省委、市委的重要会议精神和重大决策部署,大力宣传报道全市经济建设、重点工程推进、发展县域经济、改善民生等各个方面所采取的措施、取得的成效,营造了全市上下同心同力,共谋发展的强大舆论氛围。强化对外宣传,把握各种机会,利用各种途径,向外界宣传展示“大美大同”的风采,面向全国公开征集大同市城市形象旅游宣传口号,收到了很好的对外宣传效果。强化新闻宣传管理,制定出台了《大同市关于加强媒体舆情服务管理的意见(试行)》,组织编印了《大同市媒体关注热点问题对外问答参考》资料册,开展了多项专项行动,确保了网络空间、文化领域和新闻出版领域的积极健康。

满足群众文化需求。强化文艺精品创作和文化惠民工作,制定并出台了《大同市优秀文艺作品奖励办法》(试行),大型民族歌剧《党的女儿》参加了“历史的足迹,红色的记忆”全省优秀舞台剧展演,《大同戏韵》等5部《古都大同系列丛书》出版发行。开展“深入生活、扎根人民”主题实践活动,基层惠民演出50多场、送书画作品800多幅。加强农村

广播电视、乡镇综合文化站、农家书屋、农村电影放映工程、文化信息资源共享工程、村级文化阵地建设,公共文化服务水平进一步提升。

深化文化体制改革。制定了文化体制改革专项小组2015年工作计划和文化体制改革工作要点,编制了《大同市文化产业发展规划》,组织参加了第十一届中国(深圳)国际文化产业博览交易会和山西省第二届文化博览会,达成多个合作意向,文化产业整体实力不断提升。

七、发展社会主义民主政治,深入推进法治大同建设

坚持和完善人民代表大会制度。加强和改进党对人大工作的领导,制定出台了《关于加强和改进人大监督工作的决定》。支持人大及其常委会依法履行职责,加强和改进地方立法工作,制定地方性法规2件,修订3件。支持人大及其常委会及时行使人事任免权,不断加强自身建设。支持人大及其常委会依法履行监督职责,听取和审议专项工作报告,开展执法检查、专项工作报告满意度测评,有针对性地开展专题询问。

坚持和完善中国共产党领导的多党合作和政治协商制度。加强和改进党对人民政协的领导,支持政协在推进协商民主上发挥重要作用,围绕经济社会发展的重点领域、重大问题深入调查研究、开展协商议政、积极建言献策。认真学习贯彻《中国共产党统一战线工作条例(试行)》,召开了市委统战工作会议,巩固和发展最广泛的爱国统一战线,搞好同民主党派和无党派人士的团结合作。加强对群团工作的组织领导,召开市委党的群团工作会议,出台了《关于加强和改进党的群团工作的实施意见》,着力解决群团工作存在的"机关化、行政化、贵族化、娱乐化"问题,工会、共青团、妇联等人民团体工作得到加强和改善。认真落实中央和省委的各项决策部署,加强对宗教工作和民族工作的组织领导,积极做好对台工作、侨务工作。

扎实推进依法治市进程。加强法治政府建设,制定出台了《大同市全面加强政府自身建设2015年行政计划》《大同市加快法治政府实施意见》《大同市重大行政决策规定》,政府规范性文件、政策措施和有关重大事项,除涉密外,全部向社会公开。大力加强执法司法规范化建设,着力创优法治服务环境,将2015年作为全市政法系统"执法司法规范化建设年",开展了执法司法突出问题专项整治行动,组织实施了"阳光司法"工程,积极稳妥推进审务、检务、警务、司法政务公开。全力打造过硬政法队伍,连续5年开展了基层政法干警集中培训,组织了政治理论学习月活动和执行党的政治纪律、组织纪律专项检查,出台了《对全市政法队伍开展纪律作风联合督察工作的实施办法》,深入推进了以查"执行纪律、执法为民、办事效率、办案质量、廉洁执法"为主要内容的"五项查整"行动,进一步强化了广大政法干警的能力素质和纪律作风。

完善基层民主,推进国防建设。坚持和完善政务公开、村务公开、厂务公开等办事公开制度,不断扩大基层民主。坚持党管武装原则,扎实推进国防后备力量建设。完善了军地齐抓共管国防后备力量建设机制,加强民兵预备役工作,推进了人民防空建设,国防动员能力进一步加强,军民融合式发展进一步提升。

八、以保障和改善民生为根本,确保社会大局稳定

着力办好民生实事。加大投入力度,公共财政预算用于民生支出达到86.7%左右。促进就业创业,城镇新增就业5.6万人,失业人员再就业2.4万人,城镇登记失业率3%,转移农村劳动力2.98万人。实施扶贫攻坚,全市42家企业产业扶贫项目完成投资15.2亿元,超额完成计划任务;针对贫困农户的"富民贷"发放1.03亿元,针对龙头企业的"强农贷"发放1.73亿元;天镇、浑源两县光伏扶贫产业项目全部完工,并网发电;完成1.57万户农村困难家庭危房改造,完成9500户农村住房抗震改建,开工4165户易地扶贫搬迁工程,主体完工3943户,4.71万农村人口饮水条件得到改善。推进保障房建设,累计新开工79240套,基本建成16203套。采煤沉陷区治理完成国家和省投资的91%。

切实抓好生产安全。严格落实"党政同责、一岗双责、齐抓共管"的安全生产责任制,深刻汲取姜家湾煤矿重大事故沉痛教训,与县委书记、重点企业负责人进行安全生产责任集体谈心对话。深入贯彻习近平总书记、李克强总理关于天津"8·12"事故重要指示批示精神,在全市范围展开拉网式的安全生产隐患大排查,及时排查和消除各类隐患2500余处。持续推进安全质量标准化和现代化矿井建设,私挖滥采及"三超三违"现象基本杜绝。大同市连续6年未发生3人及以上较大事故,百万吨死亡率下降1.2308。

全力维护社会稳定。制定了《平安大同建设五年规划》,深入推进立体化社会治安防控体系建设,保持了全市社会政治大局和治安形势的持续平稳,人民群众安全感得到进一步提升。强化首都护城河作用,圆满完成了"纪念抗战胜利70周年活动"、"十八届五中全会"等重大节日节点的维稳任务。狠抓两个专项治理,农村集体"三资"管理专项清理整治工作和以群众举报乡村干部腐败为切入点集中解决群众信访诉求问题专项整治工作在全省排名第一。创新信访工作机制和手段,深入开展信访积案攻坚,发挥信访大厅和网上信访作用,畅通群众信访渠道,提升信访服务水平,社会矛盾得到有效化解。

九、狠抓资源综合利用和循环经济发展,加快推进生态文明建设

落实节能措施。制定了《大同市加快推进工业节能环保产业发展行动方案》,万元GDP综合能耗降幅达到3%。加大节能技改投入,累计完成投资7.97亿元,节能环保产业企业发展到28户,总产值达53.22亿元。不断提升资源综合利用水平,编制我市2015年推进工业资源综合利用发展行动

计划和《2015年大同市工业领域煤炭清洁利用行动计划实施方案》,以工业园区和大型企业为项目建设平台,推动工业固体废弃物的综合利用。前三季度,全市工业固废总排放量2450.276万吨,总利用量1596.11万吨,利用率达到65.14%。

加大环境保护力度。实施大气污染防治行动计划,围绕控煤、治污、管车、降尘等工作重点,严厉查处燃煤锅炉、原煤散烧、垃圾、秸秆、树叶焚烧、扬尘及重点企业环境违法行为,全市环境质量持续改善。全年二级以上良好天数达到292天,空气质量综合指数5.36,空气质量综合排名位居全省第一,主要污染物排放治理指标全面完成。特别是从2015年8月18日至9月4日,累计出动环境执法人员2113人(次),通过明查和暗查相结合、昼查和夜查相结合、巡查与驻点相结合,超额完成了"9·3"阅兵期间限产、限排、停产等八项保障任务,空气质量全部为二级以上优良天气。

加强生态修复与保护。坚持"绿水青山就是金山银山"的理念,编制了大同生态文明建设规划(1+11);积极落实"水十条",制定了《大同市水污染防治工作方案》;进一步改善农村人居环境,《大同市农村生活污水防治规划(2014-2020年)》顺利通过评审,实施了19个村农村生活污水防治项目,生态文明建设、国家卫生城市创建等各项工作稳步推进。重点流域跨界断面水质全面达标,建成区绿化覆盖率、绿地率和人均公园绿地面积分别达40.09%、35.96%和14.79平方米/人。

十、聚精会神抓党建,全面提升从严治党水平

突出政治引领,推进党建主体责任清单化。出台了《县(区)委和部门党组(党委)书记基层党建工作责任清单》,配套建立起了县乡村三级书记抓基层党建问题清单、责任清单、落实清单"三单制"落实机制,召开全市县区委书记、党工委书记履行基层党建工作责任专项述职会议,实施"书记项目",形成了一级抓一级,层层抓落实的党建工作责任体系。深化联述联评联考,改进考核指标任务,扩大评议范围,进一步夯实党建责任。

突出能力提升,推进干部队伍建设规范化。加强乡村干部队伍建设,选树了18名优秀乡镇党委书记"标兵",推荐上报9名优秀乡镇党委书记,99个乡镇配齐了乡镇专职组织委员。加强农村带头人队伍建设,制定了《选派农村第一书记管理办法》,选派857名优秀机关干部担任村"第一书记"。加强软弱涣散党组织集中整顿,采取"五位一体"整顿模式,配齐空缺党组织数书记15名,调整不胜任党组织书记25名,434个软弱涣散党组织有效实现转化。加强基层法治化建设,制定了《关于进一步规范村务监督委员会的实施意见》,推动"六权治本"向乡村延伸。加强党员队伍管理,严格党内政治生活,规范"三会一课",出台了《关于推行流动党员"双向联系、多重管理、全程作用"工作制度的实施办法》和《不合格党员处置暂行办法》。

突出载体创新,推进党员服务群众常态化。在社区持续开展"三亮三服务一奉献"活动,"三四五"工作法入选全国基层党建工作法100例。在农村深入开展"三联五解"主题实践活动,"三联五解"入选全国基层党建工作法100例备选案例。

突出经费投入,推进基层基础保障制度化。2015年市财政安排3700万元,县(区)投入7200万元,重点解决乡村党建工作经费。着力推动阵地建设,全市334个社区,200平方米以上的办公场所达到168个,占总数的50.3%。大力推动村级集体经济"破零",全市有集体经济的村达到295个,培育发展了南郊区杨家窑村、大路辛庄村等集体经济强村典型,10月9日接受了全省农村党建推进会与会人员观摩指导。

(段　军)

附:中共大同市委书记、副书记、常委名单

书　记:张吉福(7月任职)
副书记:李俊明(7月离职)　马彦平(7月任职)
　　　　刘国庆
常　委:李世杰(女,5月离职)　王克建　姚生平
　　　　赵向东　马　斌　郜向华　卫洪平
　　　　卫　国　孙利仁

中共大同市城区区委工作概况

区委书记　祁学峰

2015年,城区区委全面贯彻党的十八大和十八届三中、四中、五中全会精神,深入贯彻习近平总书记系列重要讲话精神和省委"五句话"总要求,在市委、市政府的坚强领导下,紧密团结带领全区广大干部群众,紧紧围绕"四个全面"战略布局,牢牢把握"经济发展、城市管理、社会事业、民生保障"四大任务,全面加强党的建设,直面困难、锐意进取,开拓创新、砥砺前行,形成了同心同力谋发展、齐心协力干事业的良好氛围,为"十三五"开局、全面建成小康社会奠定了坚实的基础。

一、凝心聚力,主动作为,思想上政治上行动上坚决同党中央保持高度一致

面对政治新常态,城区区委始终以高度的政治自觉、思想自觉和行动自觉,自我革新、率先垂范,一级做给一级看,一级带着一级干,全区党员干部思想认识和政治意识进一步

提高,良好的政治生态进一步确立。

扎实开展学习讨论落实活动。全区坚持从严导向、问题导向、目标导向,深入落实省委“五句话”总要求,扎实开展学习讨论落实活动。2015年全年,区委中心组先后召开4次专题学习会,全区各级党组织开展专题学习569次,组织观看《警钟长鸣》等警示教育片216场(次);在区委党校举办了为期3天的学习研讨班,举办培训班369期,举办专题辅导讲座240场。区委常委会围绕王儒林书记指出的5大类20多种政治生态的突出问题,带头反思剖析,先后召开4次反思剖析报告专题讨论会,查摆出5方面18个突出问题,拿出了6方面的整改措施。全区开展专题讨论408次,查摆出政治生态突出问题502个,提出整改措施589条,提出意见建议239条。活动形成了自觉净化政治生态、实现弊革风清的思想共识和行动共识,34项专项整治任务93项整治内容也取得重要成果。

深入推进“三严三实”专题教育。全区所有县级干部逐一讲授党课,深入调查研究,集中学习研讨,认真谈心谈话,深刻剖析反思,切实整改落实,模范践行引领,使“三严三实”专题教育成为加强党的思想政治建设和作风建设、严肃党内政治生活、严格党的政治纪律和政治规矩的重要抓手。专题教育期间,区委常委班子共举行集中学习7次,专题研讨7次,问题分析诊断会1次,专题民主生活会1次,形成调研报告32份,列出整改问题6大类22条,整改完成21条,正在整改1条(“六权治本”工作)。同时,以纪律要求、聚焦问题、正风肃纪、完善机制、舆论引导“五个注重”,扎实开展基层干部不作为乱作为等损害群众利益问题专项整治。全区各级各部门共建立问题清单和整改清单243套,查找问题1047个,制定出整治措施1400余条,在年底前全部整改完成,全区党员干部的思想观念、纪律观念、工作作风、工作效率明显提升。

精心组织“同心同力 发展大同”大讨论活动。自10月中旬开始,按照活动要求,全区上下把大讨论活动作为对大同历史发展的总回顾,对现实困难的大起底,对民智民愿的大启发,对发展思想的大解放,对发展思路的大开拓,对发展信心的大唤醒,对进取精神的大集结,紧紧围绕23个调研课题,结合现实区情深入开展。14名县级领导远赴北京、西安,深入基层、企业,联系群众、各界代表,广泛开展调研座谈、考察会商51次;全区开展各类座谈共300余场次,通过各种途径收集意见建议3.3万余条,最终梳理汇总对市意见建议89条,形成调研报告24篇。通过大讨论活动,大大激发了广大党员干部和人民群众爱我家园的底气,共谋发展的志气,开拓进取的勇气,干事创业的豪气。通过大讨论活动,达成了对城区未来发展思路和区域定位的基本共识,形成了完成“四大任务”、打好“三场硬仗”的近阶段重要任务,凝聚起了同心同力发展大同、建设城区的强大合力。

二、总揽全局,紧扣重点,全面推进从严治党推动作风建设

坚持党要管党、从严治党,不断提高基层党建水平,着力加强班子和干部队伍思想政治建设,持续构建党风廉政建设和反腐败工作的高压态势。

抓基础,加强基层党建。围绕“场所达标、经费保障、素质提升”三个重点,以强化软弱涣散党组织整顿、强化发展党员质量为抓手,积极探索社区创业就业及经济发展新路径,全面提升基层党建工作水平。一是落实场所修缮、租赁经费400万元,以租借、接管、新建等多种途径解决社区无办公场所的问题,实现了年初200平方米以上社区办公场所达标过半目标,确保有地办事。二是通过财政列支、党费扶持共配套街道、社区、非公党组织各项经费1500余万元,确保有钱办事。三是对基层党组织书记分类培训6次,实现了基层党支部书记轮训全覆盖,确保人会办事。四是通过“四联”制度,对39个软弱涣散党组织全部整顿完毕。五是推行了“三双一审”工作法,保证党员发展质量。年内共发展党员105名。六是根据居民需求,依托社团组织,开发了开源街民和社区“爱晚餐厅”、“爱晚超市”等试点项目,不断探索发展社区经济新模式。同时,建成12个基层党建示范群,打造出万城社区、新建康医院、环卫处等6个示范点,充分发挥示范、引领、辐射作用,以点带面实现基层党建工作整体水平提升。

抓关键,加强从严治吏。一是以一倒查六整治和九项专项整治为契机,出台《从严干部调动工作通知》《机关事业单位工作人员请假制度及工资待遇的规定》等多项制度,持续用力对“三超两乱”、“带病提拔”、干部岗位与身份不符、工资关系和行政关系分离等问题进行重点整治,筑牢干部工作基础。二是以“三个一批”工作为抓手,按照七级五层的推进流程,通过“六查”、“六评”,完成区级4类330名科级干部和基层590名科级、一般干部的甄别,并通过市级验收。共处理惩治不廉洁、乱作为干部3人,调整退出不作为、不胜任干部15人,选拔任用敢担当、善作为干部16人,促进了干部制度的刚性执行,形成了从严选任管理监督干部的长效机制。三是以问题整改为突破,持续加强各级领导班子建设。进一步加大了干部规范任职力度,97名待消化科级干部完成整改46人,待审批6人;党群系统涉及工作岗位与身份不符的107人,除70人因人事冻结暂不能整改外,全部完成;清理规范领导干部企业兼职4人;违规办理和持有因私出国(境)证件专项治理工作扎实有效,做到了应备尽备,应缴尽缴,全年共审批出国(境)9人次,无一例违规办理。同时,牢牢把握“好干部”20字标准,加大了基层一线干部选拔力度。为政府机构改革配备优秀干部25名,选配纪检干部和街道专职组织委员共61名,选树全省优秀街道党工委书记1名,树立了重实干、凭实绩的选人用人导向。

抓亮点,加强工作动力。持续加强教育培训力度,共举办主体班4期,专题培训11期,培训县级干部93人次,乡科级干部1623人次,其他干部1632人次;分行业培训“领头雁”6期,实现了682个基层党支部书记至少轮训1次目标;开设城区中青年干部论坛和组工干部“知行组工”讲堂,搭建起中青年干部交流学习平台。继续引深在职党员进社区活动,突出组团式、个体式、直通车、结对式、节点式服务,先后开展

“暖心服务送万家、居民欢喜过大年”、“我为党旗添光彩”等4个主题活动,开展走访慰问799次,组织医疗义诊、文体活动、助考服务、环境清洁等1100场次,有效发挥了党员服务作用。在职党员进社区“三四五”工作法入选全国基层党建工作法100例。

抓实效,规范队伍管理。一是按照《中国共产党党组工作条例》《党章》的规定,对6个现有党组的成员职数进行规范,对22个区直单位进行党组组建,对街道党工委委员职数进行明确;把12个区直属党总支划归区直机关工委管理,理顺了组织管理体系。二是进一步完善考核机制,日常考核和目标责任考核“双轨并行”,把综合考核结果作为领导干部评价、使用、奖惩的重要依据,让干部有压力、单位有动力。2014年度,区目标责任考核全市排名第4,进入第一梯队。全区共确定优秀122人、称职435人、基本称职23人,不称职10人,不定等次11人。三是牢固树立“人才资源是第一资源”的观念,探索实行了个性化培训、“菜单化”选学培训模式,推行了“一把手”上讲台制度,结合工作实际需要开展培训,不断强化育才实效;进一步完善管理体制,细化工作任务,把人才工作目标分解落实到街道和区直部门,纳入领导班子和领导干部年度目标考核责任书。同时,对全区32名优秀专业技术人才发放人才特殊津贴38400元,补助书刊费3200元,兑现报酬激励人才。

抓履责,压实“两个责任”。坚决贯彻落实党风廉政建设“两个责任”,坚持把纪律和规矩挺在前面,坚持反腐斗争力度不减、节奏不变、尺度不松,以“零容忍”的态度惩治腐败问题,保持高压态势。区委班子制定出台了《主体责任的实施细则(试行)》,不断强化“主体责任”履行,支持纪委“三转”工作。区委书记亲赴6个单位走访调研,对街道党工委书记集体约谈2次,“单对单”约谈14人20次;8名区委常委,共听取各分管领域的党风廉政建设工作汇报15次,谈心谈话28人次,对职权范围内的党风廉政建设事项发表意见34次,专题研究分管领域党风廉政建设工作20次;配齐了各街道纪工委书记和委员,为全区138个社区配备了纪检监督员。区纪委组织制定了《监督责任的实施细则(试行)》,持续加强“监督责任”履行,启动了第九个党风廉政宣传教育月活动;全区纪检组织初核案件154件,立案154件,结案154件,给予党纪政纪处分154人,立案、结案、处分人数同比增长8.5%。其中,处分科级干部20人,重处分科级干部2人;由街道纪检初核的案件72件,立案76件(4件由区纪委责成立案),结案76件,给予党政纪处分76人。

三、解放思想,攻坚克难,全力推进各项事业平稳健康发展

城区区委主动适应新常态,全面深化改革,统筹协调推进,积极解放思想,全力攻坚克难,全区经济社会发展呈现稳中向好局面。

区域经济缓中趋稳。主动作为,迎难而上,做活项目建设、放活民营经济、激活古城资源、搞活消费市场,全年经济运行呈现缓中趋稳、稳中有进的势头。全年固定资产投资完成93.9亿元,下降37.8%;规模以上工业增加值完成19.8亿元,下降5.2%;一般公共预算收入完成3.84亿元,下降8.7%;一般公共预算支出累计执行14.18亿元,增长17.21%;地区生产总值完成139.45亿元,增长0.6%;社会消费品零售总额完成224.47亿元,增长4.6%;城镇常住居民人均可支配收入完成27264元,增长8%。完成重点工程储备2148.24亿元、签约81.86亿元、落地45.57亿元、开工79亿元、完成投资126.37亿元、投产91.65亿元,“六位一体”各项指标全部完成年度任务。全区民营经济税收完成6.86亿元,同比增长5.26%;新增小微企业2960户(含个体工商户)。

古城发展进度加快。古城是城区发展最有价值的人文自然禀赋。城区引入晋商联盟参与大同古城文化旅游整体开发,签订了200亿元的战略合作框架协议,已开展前期工作;总投资20.1亿元的城隍庙、云冈玉石展览馆、法华寺西侧商业街区、华阳苑四合院、“泰福楼”老字号餐饮名店和云路庭院二期6个意向项目正在洽谈。

城市管理稳步提质。加快卫生城市、智慧城市、环保城市、节能城市建设,提升城市综合治理能力,切实改善居住环境。投资4400余万元,开展智慧城管、智慧政务、智慧教育、智慧社区二期工程。推进创卫工作,建成水冲公厕8座、垃圾挤压站15座、集贸市场7座,115个达标示范社区通过验收,2条街道被评为省级保洁示范街和容貌示范街。开展十大专项攻坚行动,彻底清理积存垃圾,实现垃圾日产日清。处理违规“露天烧烤”经营摊点541家,清理流动摊点700余处。完成120条路街、351万平方米的绿地保洁任务,83万平方米绿地养护任务。接管无物业小区卫生139个。发放暖心煤4000吨。对“五小”行业、小学、幼儿园等重点场所进行了卫生检查。

民生保障持续改善。提升居民收入水平、保障水平、居住水平,切实增长群众幸福感。全年,全区民生支出12.57亿元,增长18.14%,占一般公共预算支出的88.69%。其中,教育、社会保障和就业、医疗卫生与计划生育、城乡社区、住房保障五方面的支出合计12.12亿元,占一般公共预算支出的85.48%。开展就业援助月、民营企业招聘周、春风行动、高校毕业生就业服务周等多项活动,达成就业意向3407人。录用70名高校毕业生就业见习。城镇新增就业人数3484人,城镇基本医疗保险参保16.8万余人,城镇职工基本养老保险、城镇居民社会养老保险各参保2.4万余人,失业保险、工伤保险、城镇职工生育保险参保人数各1.2万余人。城市低保最高标准提高到每人每月449元,共17959户39930人享受低保帮扶。人均基本公共卫生服务经费补助标准达到40元。建立居民健康档案近57.9万份。加快推进房屋征收安置工作,全年征收各类房屋1384户,安置6053户,廉租房实物配租402套。推进老旧小区改造工程,分为7个标段已全部开工建设,完成整治3698套、28.7万平方米,完成率32%,完成投资1.07亿元。区文化馆全面免费开放,在龙园社区、睿和新城社区建成图书馆分馆。

基础教育均衡发展。加强教育设施建设。加强设施建设、师资交流、教学管理，促进均衡办学。为全区所有学校交纳网络使用费47.88万元。投资30万元为新建10校装备微机室。完成19校、28校、32校、42校、48校、49校、机车一校等7所学校的体育场改造工程。投资100万元完成原市南关实验幼儿园的水、电、暖改造工程。推进师资力量常态交流。有5名校长、110名教师进行区域内校际交流。在4所学校间试行优质校与薄弱校帮扶互助。切实规范招生工作。坚持划片、就近、免试原则，严格控制班容量，实行阳光分班排座，有效遏制择校热、择班热。2015年招收一年级新生9291名，教学班188个，平均班容量为49人。其中接收外来务工人员子女3215名（包括市政府会议同意接收的南郊区学生387名），占34%。

社会治理扎实有效。创建平安城区，创新社会治理体系，完善治安防控体系，健全安全监管体系，切实提升社会管理服务水平。新成立御河九号、文博园2个社区，改造24处、接收5处社区办公用房，新增社区办公面积6000多平方米。网络注册志愿者4000多人，形成一批特色社区文化活动品牌。出动执法人员4500余人次、1700余车次，加强餐饮服务食品安全监管，立案67起，下达责令整改通知323份，罚没款17万余元。公安共立各类刑事案件3057起，破案1197起，综合破案率39%。化解办结全省“以群众举报乡村干部腐败为切入点，集中解决群众信访诉求问题”专项整治活动交办我区的各类信访案件2批29件（其中2件退回市联席办）；信访大厅接待信访群众238批725人，其中集体访26批507人，93%的问题得到妥善解决或给予明确答复；区级领导共接待上访群众172批530人，下访25次，95%的问题得到解决或当场答复；对2008年至今进京非访的信访案件进行大起底，排查梳理后共733件，经两年来的不断努力，还剩余119件正在化解。

改革创新有序推进。深化转型综改、商事改革、金融改革、民生改革，促进对外开放、科技创新，切实保障深化改革举措落地生根。推行“三证合一”登记制度改革，全年新开办企业3900余户，其中1200余户办理了“三证合一”营业执照。全区共有登记注册各类市场主体16927户，其中，企业1467户，个体工商户15460户。2015年新登记3976户，同比增长50.5%，其中企业212户，同比增长32.5%，个体工商户3764户，同比增长51.7%。为18家规模以上工业企业落实减负资金1700余万元。防范化解金融风险，严厉打击非法集资行为，受理涉嫌非法集资案件8件，立案侦查7件，控制犯罪嫌疑人8人，追捕5人。推行环卫处考核激励机制，设立150元的浮动工资，调动职工工作积极性。调整优化政务审批中心入驻窗口，进驻窗口单位16家，集中办理行政审批和便民服务事项61项。开展公务用车制度改革，保留各类公务用车73辆，比改革前减少152辆，保留比例为32.44%。专利申请279件，其中发明专利63件；拥有有效发明专利180件。

法治城区成效初显。一是完善制度机制。制定出台《加快推进法治城区建设的实施意见》《关于加强和改进人大监督工作的决定》《关于加强和改进人大对“一府两院”监督的办法》等多项制度，修订完善《大同市城区人民政府工作规则》，加强和规范人大及其常委会依法履行职责，努力提高政府依法执政水平。通过政协全委会广泛协商，常委会专题协商，专委会重点协商，基层组织日常协商的机制，坚持和完善多党合作与政治协商制度。二是阳光公布公开。积极贯彻落实政府信息公开条例，主动公开政府职能、法律依据、实施主体、职责权限、办事流程、办理时限、所需材料、咨询电话、收费标准、监督方式等事项；深化司法体制和工作机制改革，全面推进司法公开。三是强化教育宣传。围绕“6·25”全国土地日、“6·26”国际禁毒日、“12·4”全国法制宣传日等不同主题，举办了大量法律宣传活动。全年共开展法律宣传和法律服务30次，发放法律宣传材料3万余份，接受现场法律咨询2000余人次。四是严格规范权力。扎实推进“六权治本”工作，政府部门权力清单“二报二审”工作已经开展；全年报送规范性文件备案6件；将全区364名申领行政执法证件人员名单在区政府网站上公示；对全区20家行政执法单位的行政执法证件进行审核注册，注册364人，注销140人。同时，在城管领域开展了城市管理行政执法专项整治，有力遏制了城区行政执法单位和人员违法违规现象的出现。五是积极适应新常态。出台《大同市城区行政应诉实施办法》，积极规范和适应政府应诉活动，全年接收各类应诉案件13件，一审结案8件（胜诉5件；履行责任2件；行政调解1件），未审结5件。充分发挥《行政复议法》在行政监督、解决行政争议、化解人民内部矛盾中的重要作用。全年累计接待陈述申辩31户、60余人。

冬季行动进展顺利。在全市“冬季行动”的基础上，城区成立了总指挥部和两个分指挥部，确定了房屋征收安置、老旧小区改造、金融创新、招商引资、项目手续、企业帮扶和信访稳控7个工作办公室，全面开展工作。同时，坚持以党建融入中心、干部融入群众、机关融入基层、服务融入民生为着力点，以“服务发展争先锋，履岗践诺做表率”为主题开展“党员先锋行”活动，助推“冬季行动”各项工作落实。截至2015年底，各项工作进展顺利。参与“党员先锋行”的党组织共710个，党员1万余名；房屋征收安置工作，古城内已累计搬迁、验空及征收3365户，15.3万平方米。招商引资工作，共联系对接各类项目24个，并已签约5个。项目手续办理工作，已对接30多家企业，正在协助8家企业办理土地手续，协助3家企业办理工商、税务登记手续。金融创新工作中，积极与市经委、市建行沟通落实，强化银企合作，为玄辰广场项目、小微企业创业孵化基地入驻企业等联系发展资金、落实金融扶持事宜。同时，摸排整治各类融资机构166家；举办多次个人理财知识讲座。在信访维稳工作中，全省第二批以举报乡村干部腐败问题作为切入点开展的涉及城区的16件信访积案，已全部按照省、市要求，化解办结完毕。企业帮扶工作中，为城区18家规模以上工业企业共减负1750余万元，为3家企业申请了“山西省2015年度外经贸发展专项资金”。

（费宇飞）

附：一、中共大同市城区区委书记、副书记、常委名单

书　记：祁学峰

副书记：来　彦

常　委：唐　胜　王建成　董建中　李润军　曹葆春
罗士彬　李振福（5月离职）
薛晓明（5月任职）

二、街道党工委书记名单

东街街道

书　记：胡　民（9月离职）

西街街道

书　记：刘翰龙

南街街道

书　记：王殿武

北街街道

书　记：任根德

南关街道

书　记：崔　峰

北关街道

书　记：郭进宝（9月离职）

新建南路街道

书　记：刘　顺

新建北路街道

书　记：田德禹

振华南街街道

书　记：白静玲（女）

新华街街道

书　记：王　强

向阳里街道

书　记：王　巨（9月离职）　郭进宝（9月任职）

大庆路街道

书　记：夏　强

老平旺街道

书　记：王红峰

西花园街道

书　记：王鸿宾

开源街街道

书　记：杨亚峰

中共大同市矿区区委工作概况

区委书记　刘勇军

2015年，中共大同市矿区区委认真学习贯彻党的十八大、十八届三中四中五中全会精神和中共中央总书记习近平系列重要讲话精神，深入贯彻落实省委“五句话”总要求和山西省委书记王儒林对大同工作的指示精神，在大同市委市政府坚强领导下，按照稳中求进总基调，真抓实干，攻坚克难，开拓进取，全面加强经济、政治、社会、文化和党的建设，努力开创弊革风清、富民强区新局面，为“十三五”顺利开局打下坚实基础。

一、坚持学习教育，在思想、政治、行动上同党中央省市委保持高度一致

把学习贯彻习近平系列重要讲话精神作为重要政治任务，矿区区委采取中心组学习、全区性大会、专题讲座等多种形式，传达学习。向各级党员干部发放《习近平谈治国理政》《党章》《准则》《条例》等书籍；开展学习讨论落实活动，区委常委班子坚持边学习、边讨论、边落实，开展专题学习8次，反思讨论4次，围绕系统腐败、行业歪风、制度缺失、工作漏洞等突出问题，深查政治生态产生问题根源，形成反思剖析报告；开展“三严三实”专题教育，区委常委带头讲党课，区委常委会就习近平“三严三实”重要论述、党章党规等规定内容开展8次专题学习，7次集中研讨，列出区委班子和成员问题清单以及整改清单，形成班子和成员对照检查材料，召开民主生活会；开展以“同心同力，发展大同”为主题大讨论大调研活动。全区14个课题组15位区级领导和各活动单位立足发展矿区、发展大同，围绕自身工作职能和行业特点，征求意见建议2800余条，梳理归纳意见建议98条，形成课题组调研报告14个，各单位调研报告110个，全区大讨论活动报告1个，并将有价值调研报告汇集成册。

二、坚持党要管党、从严治党，深入推进党风廉政建设和反腐败斗争

制定出台落实党风廉政建设党委主体责任和纪委监督责任两个《细则》，明确区委领导班子主体责任清单31项，班子成员责任共性清单12项、个性清单84项，明确细化各自

主体责任。召开“两个责任”推进会，听取各街道和部分区直单位落实“两个责任”情况汇报。区委书记认真履行第一责任人职责，集体或单独约谈四套班子成员、区直机关和街道一把手45次，区委常委和其他领导分别约谈联点街道和分管部门班子成员，传递责任、传导压力。强化问责追究，倒逼责任落实，对落实“两个责任”不力21人进行问责，其中追究主体责任18人，追究监督责任3人。出台《关于进一步加强纪律作风建设的若干规定》，对全区领导干部外出报备、请销假等纪律作出明确规定。落实党内监督制度，全年廉政谈话111人，诫勉谈话15人。完善党员干部廉政档案，对抽查核实中发现错报、漏报、瞒报问题，运用谈话函询方式予以处置。保持惩治腐败高压态势。坚持零容忍、无禁区，重点查处党的十八大后仍不收敛不收手，问题线索反映集中、群众反映强烈，现处重要岗位要提拔使用领导干部。全区纪检监察机关初核转立结案110件，均同比增长13.4%，处分违纪党员干部120人。其中处分乡科级干部50人（重处分8人），移送司法机关1人。对违规收送礼金红包问题、领导干部顶风大操大办婚丧喜庆等借机敛财问题开展专项整治。2015年查处违反中央八项规定精神问题4起，党政纪处分6人。推进“六权治本”。重点抓“两单两图”“两平台”“一监督”建设，召开全区推进大会，到“六权治本”试点孝义市学习先进经验做法，对权力事项进行全面梳理，31家单位权力清单制定完成，全区保留行政权力项目1657项。

三、狠抓发展第一要务，保持经济平稳健康发展

加大对工业企业科技帮扶力度，对企业开展专利辅导、专利代理等服务，帮助企业提高知识产权运用、保护和管理水平，卓立机化有限责任公司获“省级技术研发中心”资质。鼓励引导企业挂牌融资，组织企业参加企业改制上市与新三板挂牌有关培训，汇林运销有限责任公司成功挂牌Q板。为4家企业办理土地证书，帮助3家企业解决了供气问题，协助7家企业进行产品对接。搭建融资平台，帮助430家小微企业和工商申请邮储银行小额贷款9400万元。开展全区民营经济大普查，形成《2015年矿区民营经济发展报告蓝皮书》，为推动民营经济健康发展提供依据和参考。2015年新增民营企业190户。完成税收22091万元，同比增长5%。

四、加强宣传思想文化工作，凝聚强大正能量

加强反腐倡廉宣传教育和廉政文化建设。区委常委会组织观看反腐倡廉警示教育片6次。推进廉政文化“六进”工作，开展“文化进万家，廉政社区行”文艺演出等活动。在《矿区报》开设专版专栏，弘扬优秀法治文化、廉政文化、红色文化。组织学习贯彻《条例》《准则》，邀请国家一级作曲家刘亚平配曲创作《共产党员廉洁自律歌》，组织开展知识竞赛，努力营造反腐倡廉的浓厚氛围。加强思想道德建设。深入开展社会主义核心价值观宣传教育，开展纪念抗战胜利70周年、“中华魂”主题教育等活动。开展道德模范、身边好人等先进典型的推荐、评选和学习宣传活动。组织开展“争当好人”主题活动，引导公民见贤思齐、崇德向善。开展陈规陋俗专项整治活动，破除陈规陋习，倡导文明新风，树立正风正气。

加强文体事业发展。在全区上下形成以区文化馆为龙头、街道文化中心为枢纽、社区文化活动室为基础，以各类文体活动队伍为补充多层次、多体制群众文化网络。全区室外可利用场地64块，室内活动室53个，文化活动中心28个。完善文体设施建设，为11个街道发放价值76万元文体器材。扶持文体活动队伍，对常年活跃在基层为群众演出的“太阳花艺术团”“梦乐苑合唱团”等优秀文艺队伍进行扶持，形成社会文化社会办良好氛围。开展送戏下基层、文化体育进社区系列活动，开展各类活动14次，不断丰富居民精神文化生活。加强网络舆情分析研判，健全互联网管理和领导体制，加大网上突出问题治理力度，激发网络空间正能量。

五、发展社会主义民主政治，全面推进法治矿区建设 扎实推进依法治区

开展法律进机关、进社区、进学校、进企业法制宣传活动和“3.15消费者权益日”“12.4国家宪法日”等法制宣传日活动，提高干部群众法治意识。全年办理人大代表建议、意见21件，办复率100%。全年办理政协委员提案55件，办复率100%。

六、切实保障和改善民生，维护社会大局

全区民生支出9.86亿元，占到总支出81.6%。全年新增就业人数3491人，其中失业人员再就业470人，就业困难人员就业148人，城镇登记失业率控制在4%之内。临时救助困难人员1204人次73.7万元。引进同煤总医院技术力量，建成高标准透析科，与同煤二医院、三医院达成合作意向，促进医疗资源合理配置、优势互补。全区19家社区卫生服务中心、25家社区卫生服务站提供中医药服务，实现服务全覆盖。投资1402万元用于学校基础设施建设、维修，投资547万元用于学校信息化建设。累计投资1000多万元用于恒安一中教学楼改造等工程。职业连续两年招生超过500人，学校规模达千人。开展学习讨论落实活动信访问题专项整治、信访积案百日攻坚专项活动、以群众举报乡村干部腐败为切入点集中解决群众信访诉求问题专项治理活动，化解信访案件83件。抓稳控工作，进京非访按信访事项责任主体统计，矿区13人次，较上年同期28人次下降53.5%。开展重点整治工作，立各类刑事案件1780起，破获400起。

七、加强和完善党建工作，全面提升党建工作水平

加强干部管理。严格整顿纪检、组织“两支队伍”，免职1人，调离3人。开展“三个一批”工作，对全区343名干部进行甄别，甄别处理干部16名，调整退出干部9名，掌握使用优秀干部318名。推荐列入后备干部123名。全年调整干部5批93人，消化超职数配备干部12名，整改任职不规范干部

13人,整改混岗干部64人。加强基层软弱涣散党组织集中整顿,配齐2个机关党支部书记,解决8个基层党组织办公活动场所,19个软弱涣散基层党组织得到整治。全年发展党员54名。推动大学生村官有序流动,36人考录到区街事业单位。推行社区代办制度,为群众咨询、导办、代办各类事项5358件。全区接收在职党员报到20966名,建立354个在职党员志愿者服务团和1050个在职党员志愿者服务小组,办实事好事1200件;继续深化拓展"联户扶贫、结对帮困"活动,结成帮扶对子2594对,开展活动3000余次,为困难群众解决困难861件,解决问题1500余件,累计捐款50余万元。

(武新田)

附:一、中共大同市矿区区委书记、副书记、常委名单

书　记:刘勇军

副书记:马曙光

常　委:幸学武　苏　海　赵　雄　石　忠　马晓峰(女)　陈晓琳(女)　杨培孝

二、街道党工委书记名单

新胜街街道

书　记:赵　耀

新平旺街道

书　记:王丽娟(女)

煤峪口街道

书　记:李佃士

永定庄街道

书　记:范爱君

同家梁街道

书　记:王有成

四老沟街道

书　记:王　权

忻州窑街道

书　记:李延军

白洞街道

书　记:张万祥

雁崖街道

书　记:于亚铭

挖金湾街道

书　记:刘　健

晋华宫街道

书　记:白继明

马脊梁街道

书　记:陶　飞

大斗沟街道

书　记:付　启

王村街道

书　记:郭　全

姜家湾街道

书　记:王　俊

新泉路街道

书　记:李松吾

民胜街道

书　记:力日才

口泉街道

书　记:李　刚

马口街道

书　记:李晓东

燕子山街道

书　记:幺宏利(9月离职)

杏儿沟街道

书　记:董　青

青磁窑街道

书　记:宋　河

平泉路街道

书　记:孟青峰(9月离职)　仝占强(9月任职)

四台沟街道

书　记:杨圣河

和瑞街街道

书　记:李长春

和顺街街道

书　记:董占成

清泉街街道

书　记:高　鹏

平盛路街道

书　记:王军文

中共大同市南郊区委工作概况

区委书记　薛明耀

大同市南郊区辖10个乡镇、190个行政村,总面积1068平方公里,总人口29.9万人,其中农业人口18.1万人。全区共有基层党组织697个,党员13490名。

2015年以来,南郊区委全面落实党的十八大和十八届三中、四中、五中全会精神,按照省委"五句话"总要求,团结带领广大干部群众,扎实推进经济、政治、文化、社会生态文明和党的建设,全区经济社会发展稳中有进、稳中提质，实现了"十二五"胜利收官。

一、党要管党，从严治党，加强党的建设开创了新局面

深入学习贯彻习近平总书记系列重要讲话精神。在认真抓好党的群众路线教育实践活动后续整改工作的基础上，深入开展"三严三实"专题教育，认真抓好10个规定动作，区四套班子围绕3个主题共组织了20次集中学习、24次集中研讨，区四套班子共查摆"不严不实"问题78个，整改销号54个，领导干部个人查摆问题190个，整改销号162个。

加强思想政治建设。一是"走出去"专题培训。先后分两期选派全区县级领导干部、正科级干部和乡镇副书记共100余人，到中央党校进行了一周的封闭式培训。二是"请进来"集中培训。邀请市委党校、市纪委的专家教授和理论骨干，以学习贯彻十八届五中全会精神、两项党内法规为主要内容，对全区科级干部集中轮训2期，培训科级干部500多人次。三是抓好网络学习教育，加强对干部在线学习的督学、促学，推动干部在线学习常态化。

加强基层党组织建设。一是严格落实党建工作责任。区委专题研究党建工作4次，做到党建工作和中心工作一起谋划、一起部署、一起推进。二是深化基层服务型党组织建设。深入开展"三联五解"主题实践活动，走访调研4800多人次，联系贫困户、困难户、低保户2600多户，为群众解读惠民政策、解决实际困难、化解矛盾纠纷3000多件次。三是全力夯实基层党建基础。深入开展基层党建示范群创建活动，在全区共选树了23个各具特色的农村党建示范点，由点联带、多带成片，提升农村党建工作整体水平。

加强领导班子和干部队伍建设。一是规范完善区乡两级领导班子工作制度。健全完善了区委全委会和常委会议事规则和决策程序等7项制度。制定了《加强乡镇干部队伍建设实施意见》，在区政府工作部门、群团组织中新设立党组25个，制定党组工作规则，强化党组的领导核心作用。二是认真打好"三个一批"组合拳。全区共确定甄别处理干部14名，调整退出干部23名，掌握优秀干部272名，净化了全区政治生态，重塑了干部队伍形象。三是严格监督管理"一把手"。制定出台了《关于从严管理区直党政机关和乡镇"一把手"的意见》，加强"一把手"用权管理，规范"一把手"用权行为，在全区各单位中初步形成了"副职分管、正职监管、集体领导、民主决策"的工作新模式。四是加强干部日常监督管理。先后对10名乡镇党委书记、10名乡镇纪委书记、18名区直部门主要负责人进行了约谈，让"咬耳朵、扯袖子"成为常态。五是持续深化作风建设。持之以恒落实中央"八项规定"精神，共查处违反"八项规定"案件10起，给予党纪处分16人，对2家违反中央八项规定的单位责令其整改。

加强党风廉政建设。一是切实厘清责任。制定了落实党风廉政建设"两个责任"《实施细则》，共梳理出主体责任清单204项，监督责任清单54项。二是层层传导压力。充分运用谈话手段，抓早抓小，2次听取了10个乡镇党委书记落实主体责任情况专题汇报并进行现场打分，对排名后三位的乡镇党委书记进行了约谈。三是严格考核问责。共查处落实"两个责任"不力案件5起，给予党政纪处分9人，对4名乡镇党委书记、2名纪委书记进行诫勉谈话。四是狠抓案件查办。全区共立案97件，结案97件；给予党纪处分91人，其中警告29人，严重警告42人，撤销党内职务4人，留党察看9人，开除党籍7人；给予政纪处分8人，警告2人，记过2人，降级1人，撤职2人，开除1人；受双重处分4人。五是支持纪委"三转"。对区纪委监察局牵头或参与的议事协调机构进行梳理，由原来的出118个，保留下7个；调整交流9名乡镇纪委书记，13名派驻纪检组长，配齐了乡镇纪委副书记和纪委委员；将乡镇纪委、派驻纪检组办案经费列入区财政预算，乡镇纪委每年5万元，派驻纪检组每年2万元。

二、以煤为基，多元发展，推动经济转型取得了新跨越

传统产业得到巩固提升。专门编制了《大同市南郊区特色优势产业基地建设计划》，扎实推进了同煤集团马脊梁、四台、挖金湾等7座煤矿的水平接替工程，加快矿井建设步伐，目前17座兼并重组煤矿中，已有9座正式生产，1座实现试生产，继续扶持同煤塔山、同忻、国投塔山等一批现代化大型骨干矿井实现扩能增效。

煤炭产业链条不断延伸。加快推进煤电一体化和煤化工项目建设，总投资100.9亿元的60万吨烯烃、总投资50.22亿元的同煤塔山二期2X66万千瓦低热值煤发电正在建设，总投资5.7亿元的国新能源大同液化调峰储备集散中心已经开工，总投资1亿元的国投大同公司洗煤厂扩建等项目基本完工，实现了煤炭就地加工转化，提升了煤炭产业附加值。

商贸物流业发展迅猛。全区各类商贸市场达65个，年交易额32亿元，占全市的三分之二，已成为辐射晋冀蒙的现代商贸物流集散地。总投资10亿元的正德广场已建成运营；总投资8.77亿元的阳光车城等项目正在加紧建设；总投资20亿元的庞大汽车文化广场、总投资10.35亿元的亿丰世贸中心一期、总投资9.58亿元的月星国际家居建材广场等一批项目基本建成，正在完善后续工程；总投资55亿元的万达广场项目正在做前期工作。

新兴产业发展稳步推进。积极实施"互联网+"行动计划，重点扶持了以大同市华鹏实业为主体的电商平台、以大同义乌小商品城为主体的"云中购"电商平台、大同市捷邦农业科技有限公司为主体的线上农资采购平台，进一步拓宽了商品交易渠道，提升了区域影响力。大力发展光伏产业，总投资2亿元的同煤2万千瓦光伏发电项目已投入运营，总投资39.93亿元的大同采煤沉陷区国家先进技术光伏示范基地高山—云冈片区50万千瓦发电项目正式开工建设。

民营经济继续发展壮大。认真落实省委、省政府"财政15条"、"金融12条"和市委、市政府"民营经济30条"精神，切实加大对民营经济扶持力度，区财政专门列支两个"1000万"，即1000万元鼓励和风险补偿金，1000万元科技创新引

导基金,切实解决了中小微企业融资难问题。

三、农业增效,农民增收,发展现代农业实现了新突破

设施农业建设力度加大。重点扩建完善了西韩岭区级万亩城郊型现代农业示范园区,提档升级了杨家窑村、白马城村、大路辛庄村等一批现代设施农业园区,新建温棚915栋,新增设施农业面积1579亩,全区温棚总栋数达13241栋,设施农业面积达2.22万亩。

规模健康养殖迅猛发展。全区牛、生猪、羊、鸡饲养量分别达到3.94万头、23.1万头、40.4万只、237万只;肉、蛋、奶总产量分别达到1.8万吨、1.51万吨、8.2万吨,农民人均畜牧业纯收入达到1950元,奶牛和肉羊养殖已农民增收的"钱袋子"。

农业龙头企业发展壮大。全区共发展各类农业龙头企业达15家,年销售收入达20.3亿元,创利税7000万元,可带动农户6万户,安排就业1.3万人,农民产业化增收达4.6亿元,户均增收820元。

农业基础设施建设不断加强。重点实施了西韩岭乡高店、谢店两村基本农田整理项目以及京津风沙源治理水利水保项目,新增灌溉面积9500亩。农机工作快速发展,农机专业合作社达37个,农业机械总动力达36.38万千瓦,全区农业综合生产能力全面提高。

四、统筹城乡,协调推进,改善人居环境跃上了新台阶

采煤沉陷区治理成效突出。通过以资源换搬迁的方式搬迁安置了8个村、2210户、7190人。截止目前,全区已对33个受灾村、9068户、31636名受灾村民实施了整村异地搬迁安置。

城市棚户区改造扎实推进。重点启动实施了平旺村、七里村、宏洋美都二期、高庄村、新民村、同悦城等棚户区改造工程。

口泉中心区建设顺利实施。目前已完成投资2.12亿元,完成"四纵两横"6条道路6.9公里建设任务,水、电、气、暖等配套工程同步完成;时庄安置工程、区国防动员指挥中心、区法院审判大厅主体工程已完工。

美丽宜居示范村建设成效明显。全区共投入资金4972.39万元,重点建设了1个省级(杨家窑)、4个市级(山底、三井、西水磨、东肖河)以及20个区级(新泉村等)美丽宜居示范村。此外,完成农村困难家庭危房改造1044户,云佛新村北侧1548户廉租房即将交付使用。

五、共建共享,增进福祉,各项社会事业迈出了新步伐

大力实施了"百校兴教"工程。全区共投资9000万元,新建了杨家窑九年制学校;新建、改扩建5所幼儿园;在51所学校实施了信息化建设工程;为辛寨中学建设标准化体育场;启动实验中学等23所学校联盟建设。

统筹推进了收入倍增工程。全面落实就业和再就业政策,城镇新增就业2561人,失业再就业421人,困难人员就业161人,农村劳动力转移就业922人,城镇登记失业率控制在了4.2%以内;全区养老、医疗、工伤、失业及城乡居民社会养老保险应缴尽缴,社会化发放率达100%;农村、城市低保应保尽保;新型农合参合率达99.1%。

重点实施了生态建设工程。投资7802万元,重点实施了红桃山2万亩生态修复等林业生态工程,完成造林绿化2.689万亩,全区林地总面积达57.8万亩,森林覆盖率达18.88%。

扎实推进了城乡清洁工程。172个村通过了市级达标示范村审核验收;柳莺路、云山街2条省级保洁示范街通过了省、市级验收;1个乡镇(新旺乡)、22个村达到省级标准;卫生公厕普及率达58.88%。

全力实施了平安创建工程。全面落实安全生产责任制,有效遏制了重特大事故的发生。省市交办信访积案263件,梳理合并后实际办理237件,结案率100%。继续实施"天眼"工程,安装了视频监控系统,扩建了110指挥大厅,为全区经济社会发展营造了良好环境。 (池文斌)

附:一、中共大同市南郊区委书记、副书记、常委名单

书　记:薛明耀

副书记:李广林　张　团

常　委:李有清　明海君　王　玺　张建军　周　灏　王义萍(女)　张　军　冯彦春

二、乡镇党委书记名单

新旺乡

书　记:刘中文

马军营乡

书　记:杨建中

水泊寺乡

书　记:李鹏飞

平旺乡

书　记:韩光华(8月任职)

口泉乡

书　记:李森林(8月任职)

西韩岭乡

书　记:乔正南

鸦儿崖乡

书　记:李　徽

云冈镇

书　记:杜　军

古店镇

书　记:苗泽田

高山镇

书　记:魏毓思

中共新荣区委工作概况

区委书记　董志刚

新荣区地处晋蒙交界，北与内蒙古自治区以长城为界，总面积1018平方公里，辖1镇6乡，共140个行政村，10.9万人。全区有18个基层党委，14个党总支，352个党支部。

2015年，新荣区委深入学习贯彻党的十八大、十八届三中、四中、五中全会精神和习近平总书记系列重要讲话精神，围绕落实中央“四个全面”战略布局和省委“五句话”要求及市委各项决策部署，以加强党建为统领，坚持稳中求进总基调，主动适应经济发展新常态，全面推进“六大发展”，全区呈现出经济回升向好、改革稳步推进、民生持续改善、社会和谐稳定、党建不断加强的发展态势。

一、深入学习贯彻习近平总书记系列重要讲话精神，坚持用讲话精神指导实践、推动工作

始终坚持把学习贯彻习近平总书记系列重要讲话作为重要政治任务，创新学习形式、注重学习效果，召开区委全会、常委会、中心组学习等贯彻落实。围绕习近平总书记“三严三实”重要论述，按照中央和省、市委的统一部署，深入开展“三严三实”专题教育。区委常委会先后7次专题学习传达中央和省、市委“三严三实”专题教育工作会议精神。区领导就习近平总书记“三严三实”重要论述、党章党规等规定内容累计开展集中学习22次，专题研讨21次，撰写调研报告26篇。区委常委会全面履行第一责任，坚持问题导向，带头深入查找“不严不实”问题，认真“会诊”，梳理汇总建立“两个清单”，狠抓整改落实，目前，区四套班子共查摆出6个方面问题30个，已完成整改16个，23名区级干部查摆出个人问题136个，已完成整改97个，有力带动了全区各级党组织专题教育扎实有序推进，进一步统一了全区广大干部群众思想，凝聚了共识，为推进改革发展稳定各项工作提供了坚强政治保证。

二、严格落实主体责任，深入推进党风廉政建设反腐败斗争

一是抓根本，主责思想认识不断深化。区委高度重视领导带头和示范带动，坚持党风廉政建设与“五位一体”工作同部署、同落实、同检查、同考核，制定了《中共大同市新荣区委关于落实党风廉政建设党委主体责任和纪委监督责任的实施意见》。建立了日常履职工作台账，严格执行“一案双查”、“一票否决”制度，强化了责任追究。二是抓源头，强化权力的运行监督。建立对“一把手”的工作约谈机制，与转岗提升谈话、信访提醒谈话、廉政专题教育和风险防控管理等手段相结合谈话86人次。持之以恒正风肃纪，紧盯重要时间节点开展专项检查及明察暗访90余次，全区24名县级领导干部、523名科级领导干部和1648名一般党员干部签订了《党员干部杜绝违规收送礼金、红包行为承诺书》，坚决防止“四风”反弹。三是抓重点，坚决纠正损害群众利益行为。突出农村集体“三资”、低保管理不严、农村救灾款发放三个重点，进一步加大集中清理力度。2015年，全区共清理占地企业拖欠村集体承包费或占地费129.5万元，违纪违法农村干部套取、骗取的退耕还林补偿款6.7万元，清欠收回承包费、占地费47万元。取消不符合条件低保205户389人。四是抓改革，支持执纪执法机关查处违纪违法问题。区委认真贯彻中央改革党的纪律检查体制的决策部署，支持区纪委在“三不增”的前提下推进纪检监察机构改革，配齐、配强纪检监察机关的领导班子和干部队伍，共提拔交流乡镇纪委书记3名，调整提拔空缺的乡镇纪委书记5名。全年区纪检监察机关共初核问题线索95件，立查各类违纪违法案件83件，给予党政纪处分83人。共查处侵害群众利益的案件32件，给予党政纪处分32人，挽回经济损失37.76万元。

三、认真落实从严管党治党要求，高度重视基层党建工作

（一）基层党建工作基础得到进一步夯实。一是抓经费保障。将基层党建经费纳入财政预算，2015年1月起对农村“两委”主干岗位报酬进行调整。调整后平均报酬12970元/年，增长4880元。2015年共为387名离任村干部发放生活补贴55.73万元。二是抓机制创新。在全区农村积极推行“五议三公开一评议”，村级组织议事926件，群众满意度达到96%以上。三是抓典型选树。认真做好“选、引、育”。通过培训、引导、帮助等方式，提高村干部的致富本领，使其尽快成为“双带”能人。7月9日，省委常委、省委组织部盛茂林部长来在新荣区调研时，对相关工作给予肯定。四是抓“第一书记”工作。全区42名“第一书记”走访农民3125户，为党员群众办实事95件、办好事116件，为困难群众捐款96480元、捐物折价27350元，引进项目95个。五是抓从严整顿。对确定的14个农村软弱涣散党组织和6个其它类别软弱涣散党组织，登记造册，建立了《软弱涣散党组织台账》，22名县级党员领导干部全部包点联系软弱涣散党组织，22个区直部门、单位与18个软弱涣散基层党组织结对帮扶。六是抓联述联评联考。扎实开展乡镇党委书记、区直机关党组织书记向区委常委会抓基层党建专题述职测评和区委书记点评工作。

（二）干部选任工作水平明显提升。一是抓实开展“三个

一批”工作。通过甄别,全区共发现掌握优秀干部 56 名。以“三严三实”的标准和要求,加大调整不胜任现职干部力度,严厉查处各类违规违纪问题,处理不廉洁、乱作为干部 1 名,调整退出不作为、不胜任干部 3 名,使用敢担当、善作为干部 12 名。并同步为区级层面 279 名甄别对象建立一人一档,将所有“六查六评”内容全部收集归档,为今后干部工作的规范化管理奠定了基础。二是切实提高选任用人公信度。始终坚持德才兼备、以德为先的选人用人标准,严格执行《干部任用条例》《公务员法》和有关规定,充分运用“三个一批”工作成果,拓展对领导干部、重点岗位干部个人有关情况的了解掌握。2015 年,结合工作需要和消化超职数干部要求,共调整干部 10 批 56 人次。先后消化超职数配备干部和人岗不适干部 4 名,调任科级干部 8 名。三是不断强化干部管理监督工作。完成了省党建课题《坚持“九从严”防止干部“带病提拔”“带病上岗”》和市党建课题《新形势下加强干部管理监督的实践与思考》的撰写、修改、完善工作。完成了“同心同力,发展大同”大讨论活动关于构建干部日常监督管理长效机制和加强人才队伍建设,构建人才引进、培养、使用合理机制两个课题的调研和报告的撰写工作。开展了区乡公务员职务与职级并行实施工作,完成了 300 名符合晋升条件干部的工资职级套改和补发。

四、积极适应经济发展新常态,努力实现经济稳中有进

面对严峻复杂的经济形势,特别是煤炭价格持续低迷的困难局面,始终坚持以经济建设为中心,认真贯彻落实省、市决策部署,紧紧结合新荣区发展优势、资源禀赋、产业基础,统筹推动稳增长、促改革、调结构、惠民生、防风险各项工作,着力推进“六大发展”。充分发挥固定资产投资对稳增长作用,“六位一体”推进重点工程、重点项目建设,着力推动经济结构调整,确保了经济发展稳中有进、稳中有好。全年实现地区生产总值 24 亿元;规模以上工业增加值 4.06 亿元;公共财政预算收入 1.7 亿元,同比增长 14.3%;全社会固定资产投资 73 亿元,同比增长 22.5%;社会消费品零售总额 9.5 亿元,同比增长 5.3%。一是全面完成项目“六位一体”考核目标。全区累计完成储备项目 29 项,完成储备投资 1143.19 亿元,完成全年任务(1000 亿元)的 114%;签约项目 5 项,完成签约投资 115.7 亿元,完成全年任务(115 亿元)的 100.6%;落地项目 90 项,完成落地投资 47.36 亿元,完成全年任务(47.06 亿元)的 100.64%;开工项目 89 项,完成开工投资 51.06 亿元,完成全年任务(49.62 亿元)的 102.9%;建设项目完成投资 52.78 亿元,完成全年任务(49.38 亿元)的 106.9%;投产项目 27 项,完成投资 20.52 亿元,完成全年任务(19.38 亿元)的 105.88%。二是加快工业产业转型发展。紧紧依托我区发展优势、资源禀赋和产业基础,统筹做好煤与非煤“两篇大文章”,同时继续围绕“稳定地下,发展地上,项目带动,规模拉动”的发展思路,大力实施招商引资引项目战略,加快构建循环经济新型产业体系,着力培育多元发展支柱产业。五座技改煤矿正常全部正常生产,并建成了投资 8300 万元的新成新材料 1 万吨太阳能热发电石墨蓄热新材料扩建项目、投资 5000 万元的宇林德节能高效石墨设备生产线项目等项目。同时大力推进投资 5 亿元的华胜新成石墨开采深加工项目、投资 5 亿元的华润新能源(大同)风能有限公司镇川 100 兆瓦风电场项目、华电 2×660 兆瓦低热值煤发电项目、协鑫电力公司太阳能光伏发电项目等项目,初步形成了煤炭、炭素、石墨、制造、电力等多元产业发展格局。三是加快农业产业结构调整。紧扣“做精杂粮、培优土豆、种树种草、发展畜牧”的发展思路和“提品质、创品牌、走高端”的发展路径,着力推进“一村一品”、“一乡一业”,大力发展特色小杂粮、畜牧养殖、马铃薯等农产品深加工产业,以特色化带动产业化,促进现代化。依托全区种养殖优势,进一步扶持壮大伊磊牧业、华进薯业、新康粮油、百草香肉业、荣康粮油等产业化龙头企业,大力推进中粮养猪项目。依托现有的特色小杂粮种植区域,把以莜麦、杂豆、胡麻为主的小杂粮板块基地稳定在 20 万亩左右。大力推进农牧业园区项目建设,投资 1.6 亿元,新建了绿野养殖、牧阳养羊、祥田养殖、森旺种植 4 个种养殖园区,续建了伊磊牧业万头奶牛、荣旺 2 个养殖园区,建成标准化养殖园区 55 个,全区猪、牛、羊饲养量分别达到 7.5 万头、2.9 万头(奶牛 0.46 万头)、29.7 万只,形成了以伊磊牧业、新源种羊场等为代表的基地型企业和牧阳牧业、荣旺种养殖为代表的专业合作社。

五、高度关注民生,切实统筹推进各项社会事业

一是城乡人居环境进一步提升。以加强城镇基础设施建设为重点,稳步推进“城乡清洁、城镇提质、城乡安居”工程。大力实施城乡清洁工程,创建了长城西街 1 条保洁示范街、迎宾路 1 条容貌示范街。大力实施城镇提质工程,委托省规划设计院编制完成了区址主干道管网专项规划。投资 5900 万元,建成了新荣村惠民小区城中村改造工程、欣荣花园住宅小区建设项目和外贸住宅小区建设项目。大力实施城乡安居工程,投资 1117.2 万元,完成 798 户农村危房改造任务。二是社会保障力度进一步提高。完善促进就业创业的政策体系,全面落实国家和省、市出台的各项再就业优惠政策,稳步推进就业和再就业工作。全年促进城镇新增就业 1300 人,农村劳动力转移就业 700 人,城镇失业人员再就业 100 人,城镇登记失业率控制在 4.2%的目标之内。加快城乡居民养老保险发展步伐,全年参保人数达到 57700 人。全面落实农村五保、城乡低保等社会救助政策,全年发放城市低保金 1190.3 万元,农村低保金 2279.68 万元。全区新农合以村为单位覆盖率达到 100%,参合农民总数达 75667 人,参合率为 97%,新农合补偿资金支付 3272 万元,受益人群达到 15 万人次。三是民生社会事业稳步推进。着力加大义务教育投入力度,缩小城乡教育差距。投资 48 万元,新建忠诚学校食堂项目。投资 307 万元,完成了 3 所项目校校园硬化、绿化 2400 平方米。投资 300 万元,对原炭素厂子弟学校进行了建

设。同时,加大困难家庭救助力度,为2015年全区农村义务教育家庭234名特困寄宿生发放生活补贴25.9万元。扎实推进农村饮水安全工程建设。投资228万元解决完成了上深涧、堡子湾和花园屯3个乡镇8个村、4798人、1126头大牲畜的饮水安全问题。投资120万元,建成了县级水质检测中心。圆满完成了全区低收入农户冬季取暖用煤货币化补贴,共计39731户,1191.93万元。

六、加强和创新社会管理,营造良好发展环境

一是社会综治治理得到切实加强。以"社会管理创新"为载体,以基层防控体系建设为主线,进一步完善提升"平安新荣"创建工作。投资367.5万元,建设了区址城市报警与监控系统,完善了校园视频监控系统,对区址重要路口、重点部位补充完善视频监控。进一步加大治安整治力度,严厉打击各类违法犯罪活动,全年共受理各类刑事案件136起;治安案件984起,查处调解917起,有力的维护了社会和谐稳定。二是信访维稳工作成效显著。继续深入开展"领导大接访制"和"领导包案化解积案责任制",深入推进领导干部接访包案、矛盾纠纷排查和信访积案化解等重点工作,特别是在全国"两会"、十八届五中全会、抗战胜利70周年纪念活动和省十届七次全会期间,做到了"三个坚决防止"工作目标。三是安全生产责任制进一步落实。切实把安全生产摆在首要位置,严格执行"党政同责、一岗双责、齐抓共管"的安全生产机制,制定出台了《关于实行安全生产党政同责的实施意见》,严格实施安全生产目标责任考核,不断提升全区安全综合监管能力,全年未发生一起重特大安全事故。同时,为了深刻汲取天津港"8.12"瑞海公司危险品仓库特别重大火灾爆炸事故教训,按照"全覆盖、零容忍、严执法、重实效"的总要求,认真开展了以危险化学品为重点的安全生产大检查和打非治违专项整治工作。四是深化改革工作全面推进。围绕省、市改革任务,结合我区实际,扎实推动重点项目建设,综改试点工作。深化农村土地改革,农村土地承包经营权确权登记颁证工作进展顺利,全区土地流转总面积3.87万亩。推进工商注册改革,降低资本准入门槛,优化投资发展环境。推进户籍改革,实行一站式办理户口,全年共迁入户口1105人,迁出户口1751人,办理出生上户772人。积极探索石墨资源采(探)矿权有条件出让机制。目前,引进的总投资12.5亿元的东昀投资5亿元的华胜一期项目正在推进建设。探索生态建设多元投入机制,深入推进林权改革及配套工作,完成集体林地确权面积46.68万亩。深化审批制度改革,对原有行政许可项目进行全部清理,并建成了"一网六平台"。

七、扎实推进生态环境建设,强化保护建设并重

一是节能减排扎实推进。强化节能降耗目标责任制管理,全面完成了唐山沟煤业、甘庄煤业、新成新材料公司、荣和煤化工公司、永和新荣水泥有限公司、巨强活性炭公司等重点耗能企业的节能目标和各项节能工作。全区主要污染物排放量均远低于省、市下达任务,万元GDP综合能耗下降2.5%。二是植树造林工作持之以恒。全年累计完成植树造林投资4800.2万元,完成造林任务1万亩。巩固退耕还林成果干果经济林项目1600亩,完成村庄绿化18个,四旁植树86万株,育苗1.5万亩。三是生态保护建设全面加强。大力实施"生态强区"战略,统筹推进生态保护、建设、治理,健全完善工作机制,持续加大保护投入力度。投资90万元,完成了8个行政村小型水库移民后期扶持项目,建设道路排水工程13公里,水保防护面积600亩。完成小流域治理1.5万亩。加强河道及其支沟的维护、清淤工作,完成了新荣镇安乐庄、鲁家沟、光明村三条沟道的维修治理,确保了行洪安全。同时继续推进矿山生态修复,生态保护基础建设得到了进一步巩固提升,环境保护工作迈上了新台阶。

(胡　海)

附:一、中共新荣区委书记、副书记、常委名单

书　记:董志刚

副书记:解廷师　郝守农

常　委:姚夏冬　靳文军　景　珍　樊　菁　陈亚庚

二、乡镇党委书记名单

花园屯乡

书　记:郭钰晶(5月离职)　秦　勇(11月任职)

西村乡

书　记:王永军

新荣镇

书　记:兰　敏

上深涧乡

书　记:张志军

郭家窑乡

书　记:张建国

破鲁堡乡

书　记:王利军

堡子湾乡

书　记:王晓媛

中共大同市开发区工作概况

工委书记 张秉善

2015年,区党工委坚持以习近平总书记系列讲话精神为指导,在市委的正确领导下,围绕全区中心,团结一致、扎实工作,全区党的建设、经济建设、精神文明建设及其他各项社会事业都有了新的进展。

一、高标准,严要求,扎实开展“三严三实”专题教育

在活动之初,出台了全区教育实践活动的实施方案,对专题教育进行了全面部署安排。全区参加“三严三实”专题教育的县处级以上领导干部17名,集中学习9次,专题研讨4次,聘请专家辅导3次,人均自学达35个学时,并且都撰写了学习笔记和心得体会。先后组织学习党的十八大精神和习近平总书记系列重要讲话精神集中宣讲3场(次),邀请党校教授作专题报告,举办讲座7期,全区科级以上党员领导干部参加学习2240人次。按照边学边查边改、立说立行立改的原则,两委班子和个人列出党性修养不强、宗旨意识淡化、工作作风不实、创新意识不足、“一岗双责”抓的不到位等75个“不严不实”的问题,列出了问题清单和整改清单“两个清单”,目前已经整改60多个,进一步巩固和拓展了群众路线教育实践活动和学习讨论落实活动成果。

二、认真开展“同心同力,发展大同”大讨论活动

从10月初到11月末,在全区开展以了“同心同力,发展大同”为主题的大讨论活动。两个月来,全区在区级、区直、街道和社会群众四个层面开展活动,紧紧围绕主题,创新方法,行动迅速,走访基层,问计于民。区两委班子领导领题调研,撰写调研报告20多篇,各单位各部门讨论、座谈发展,外出考察等形式多样的活动深入扎实、有声有色,有效地调动了广大干部群众的积极性和参与性,达到了提振精神、凝心聚智的预期目的。在大讨论中,开发区党工委基于全市、御东新区和开发区转型需求、破解难题需求和发展需求,集思广益,超前谋划,以思想的大解放、思路的大创新,提出了一个“大御东”发展战略构想。以园区建设为重点,坚持以药为主,全产业发展,把开发区建设成为全市产业集聚引领区、创新试验区、产城融合示范区、产业转移承接区,打造成为一个功能齐全的新型崛起区,发展成为中部一流国家级开发区。

三、抓管理,提水平,不断强化领导班子和干部队伍建设水平

(一)进一步加强领导班子建设。一是坚持理论学习制度。始终坚持发挥中心组的龙头作用,以集中学习和自学相结合的方式,认真学习了党的十八大、十八届三中、四中全会精神及习近平总书记系列重要讲话精神,全年共组织理论学习中心组学习10次,召开专题讨论会6次。二是开展领导带头上讲台讲党课活动,全年共开展40多次讲党课活动。三是认真开好班子民主生活会。拿起批评和自我批评的武器,积极开展谈心活动,真心听取意见、真情交流思想、真正查找问题,进一步增强班子的战斗力、凝聚力。

(二)进一步加强干部队伍建设。一是强化制度落实,严格干部选用机制。落实提醒谈话、函询诫勉和领导干部重大问题、重要事项向上级党组织请示报告、干部监督等制度。开展了超职数配备干部专项整治、“带病提拔”倒查、一报告两评议等专项工作,加大对违规用人案件的查处力度。按照《干部选拔任用工作条例》规定,2015年共调整4人,提拔1人。二是扎实打好“三个一批”组合拳。在全区范围内确定了157名人员作为甄别对象,把整个工作分解为17项具体任务,落实到12个部门,明确了具体责任人,提出了完成时限和工作要求,共查出存在问题的31人,组织处理22名,9名有计生问题的干部被移送纪工委。

四、改作风,求实效,切实加强基层党组织建设

机关党建上,重点抓了四个方面,一是强化党建书记“第一责任人”意识。积极实施基层党建书记项目,围绕定责、履责、述责、考责、问责,落实好党组织主体责任。2015年开发区选报“书记项目”4项,其中,《围绕服务型党组织建设,提升党建示范工程效应》《实施党建一把手工程,全面落实党建责任制》和《搭桥梁密切党群关系,做公益弘扬核心价值》3项为特色亮点项目,《健全工作机制,确保发展质量》为重点项目。二是强化基层党组织书记抓基层党建的主体责任。建立各级书记抓基层党建工作责任清单制度,街道、农村、区属各级党组织均制定了党建工作责任清单。三是整顿软弱涣散党组织。通过召开座谈会、党建工作汇报会、群众测评等方式,对全区28个党组织进行逐一摸底排查,对落后软弱的基层党组织进行了整顿。四是发挥“联述联评联考”制度和党建示范群建设的导向示范作用。区属各单位党组织制定了述职评议考核工作方案,开展了基层党建示范群示范点工作,区党工委领导联系1-2个基层党组织示范点。农村党建上,重点组织好农村“领头雁”培训工作。举办了为期4天的街道农

村“领头雁”培训班。城南街道、农村“两委”班子、村民代表等50余人参加了培训，进一步提升了农村两委的执政能力和领导水平。

五、抓项目，搞创新，全力推进经济发展

一年来来，开发区党工委认真贯彻落实中央、省、市决策部署，积极应对国内外经济增速放缓的严峻形势以及体制机制不顺等突出问题，主动适应经济发展新常态，牢牢抓住招商引资、项目建设、园区建设等重点工作不放松，持续推进产业转型升级，经济社会继续保持平稳较快增长态势。2015年，全区地区生产总值完成42.67亿元，同比下降3%；规模以上工业增加值完成19.8亿元，同比下降1.5%；固定资产投资完成75.2亿元，同比增长19.4%；进出口总额完成1.93亿美元，同比下降5.39%；公共财政预算收入完成3.97亿元，同比增长2.76%，占年度任务的107.81%。

六、担责任，抓落实，不断推进党风廉政建设

一是强化责任。区党工委召开全区党风廉政建设干部大会，部署了2015年全区党风廉政建设工作。出台了《关于落实党风廉政建设纪工委监督责任的实施细则》，明确细化了纪工委执纪监督问责主业的具体内容、领导班子和班子成员责任，列出区纪工委领导班子责任清单22项，主要负责人责任清单4项。班子成员进行了签字背书，认领了各自的责任。二是落实“三转”。对区纪工委监察局牵头或参与的议事协调机构做了大幅度调整和精简，由原来的64个精简到了现在的4个。纪工委内部7个室职能调整为5个，纪检监察室由1个增加到2个。三是加强教育。全区开展了党员干部党纪政纪集中教育活动，进行了一次党风廉政建设理论考试，共约谈党员干部31名，其中副科以上干部9名。四是查办案件。今年以来，共有案件15件，城南街道办纪委3件，上级转办14件，来信来访2件，自办案件2件。正在进行初核案件3件，立案7件，结案5件。立案调查科级干部4人，正科级2人，副科级2人，其他人员2人。给予党纪处分2人，组织处理1人，谈话函询1人。

七、重导向，树形象，不断加大宣传力度

加大宣传力度，树立良好形象。一年来，开发区党工委抓好社科理论宣传普及活动，举办了全区消防安全知识宣传和防震知识宣传活动，开展了开发区创卫宣传教育活动。成立了开发区媒体舆情信息管理及应急处置工作领导小组及开发区互联网信息办公室，建立了网络评论员队伍，通过大同市互联网新闻宣传管理中心的腾讯通RTX平台，组织网评员跟贴、发帖，跟帖1500余条，转发400余条，成功化解“恶意”舆论炒作、负面报道4起。年内，共接待省、市记者20余人次；在各级媒体共发稿122条。

八、抓收入，改面貌，全力促进农村工作

（一）推动农村经济发展，增加农民收入。根据两村的劳动力和目前市场的需要，鼓励农民发展蔬菜特色种植业、养猪、羊、鸡养殖业，增加农民收入。2015年，樊庄人均纯收入9800元，蔚洲疃人均纯收入9500元。另外，开发区加大农民生活补助金发放力度，樊庄和蔚洲疃两村，共720户农民，土地共有5717.28亩地，每亩发放49元，共计发放280146.72元。街道所辖两村50岁以上老年款2015年生活补助金应发放15014人，共计4091660元。

（二）推动低保工作全面开展。街道对新增申请享受城乡低保30户家庭生活状况进行了审批前调查、走访、评审、贴榜公布。低保复核评议结束后，蔚洲疃村原有167户，取消了14户，新增加了28户，享受低保用户的有181户；樊庄村原有150户，取消了16户，新增2户，享受低保用户的有136户。2015年发放低保金257万元，医疗救助金7.4万元；提高优抚对象及义务兵保障标准，按时足额发放抚恤金、优待金及一次性退役金。

九、社会综合治理坚持排查管控，专项治理，确保稳定局势

公安局开发区分局与全市公安机关同步对公共娱乐场所、饭店、旅店等特种行业及学校、幼儿园周边安全秩序进行了治理。排查企事业单位168家，出租房屋106家，“九小场所12家，学校2所，幼儿园10家，下达整改通知书5份，回复便民服务咨询15条；清查统计辖区现有常住人口7341人，流动人口210人。2015年辖区发生治安案件46起，查处46起，现场成功调解46起，治安案件查处率和调解率均为100%；抓获一名外省网上逃犯及两名为其销赃的犯罪嫌疑人；先后共出动警力654人次，出动车辆328台次，开展了企业安全和消防大检查和区域巡防，有力地维护和确保了辖区政治稳定和社会稳定。

（李　伟）

附：一、中共大同市开发区工委书记、副书记、委员名单

书　记：张秉善（12月离职）

副书记：雷雪峰

委　员：王　汉（6月离职）　李义明　陈巨有　李守林

二、街道党工委书记名单

城南街道

书　记：胡少振

中共阳高县委工作概况

县委书记 冯晓雷

2015年,县委认真贯彻落实党的十八大和十八届三中、四中、五中全会精神,深入学习贯彻习近平总书记系列重要讲话精神和省市委决策部署,按照“四个全面”战略布局和省委“五句话”总体要求,切实履行从严管党治党责任,始终坚持发展第一要务,深入开展党风廉政建设和反腐败斗争,全面推进经济、政治、文化、社会和生态文明各项建设,开创了弊革风清、富民强县新局面。

一、坚持以学讲话为根本遵循,切实提高县委班子的凝聚力执行力

一是把深入学习贯彻习近平总书记系列重要讲话精神作为重要政治任务,认真学习省委王儒林书记、市委张吉福书记讲话要求。采取县委中心组集体学习、常委会集中学习、全县性会议扩大学习等途径和方式,及时传达、深入贯彻、坚决落实。县委充分运用和创新学习教育载体,深入开展了学习讨论落实活动、“三严三实”专题教育,启动推进了“三学三严三促”活动,坚持把学习教育、提高认识、统一思想作为基础,着力用党的新思想新理论和领导同志的新部署新要求武装头脑、指导实践、推动工作。县委认真落实中央和省市委的新要求新部署,特别是党的十八届五中全会、省市委全会精神,深入研究,及早动手,起草完成关于制定“十三五”经济社会发展、脱贫攻坚两个规划的《建议》,确定了“三年攻坚脱贫、两年巩固提高”的奋斗目标。按照市委、市政府部署,扎实开展“同心同力、发展大同”大讨论,汇聚民智民力,找到了差距不足,明确了发展思路和方向;深入推进“冬季行动”,确定了工作重点,落实了人员责任,取得了良好效果,做到了“冬闲人不闲、蓄势为来年”。

二是着力加强常委班子自身建设。坚持打铁先要自身硬、强县先要自身强,始终高度重视和不断强化自身建设,注重提升和发挥领导核心作用。精心组织常委班子“三严三实”专题教育,夯实学习之基、着力改造主观世界,联系正反典型、深入开展专题研讨,认真查找问题、全力推进边学边改,共整改六个方面17个问题,班子的“严”“实”思想、“严”“实”作风、“严”“实”追求极大提高。落实省委“五句话”总要求,反思汲取原县委书记解先文事件沉痛教训,组织开展警示教育和深入剖析,制定整改措施祛除余毒、肃清影响。提高常委班子议事能力,规范决策程序,修订了《常委会议事规则》,加强了民主集中制原则。坚持民本思想,注重攻坚克难,追求发展进步,强化依法治理,彰显了新形象新能力,提振了社会各界信心,激发了广大干部激情,全县党群同心、干群同力的氛围更加浓厚。

二、深入推动“两个责任”落实,持续加强党风廉政建设和反腐败斗争

一是严格落实“两个责任”,保持政治定力,传导责任压力,确保工作效力。在明责知责上打好基础。县委制定出台落实“两个责任”的《实施细则》,并进行了签字背书。其他各级党委党组跟进,明确了党组织和纪检机构、主要负责人和班子成员的党风廉政建设责任。健全完善基层管党治党责任主体。研究决定在19个政府工作部门、3个群团组织中新设立党组,使全县中间层级管党治党有了主体力量,实现了重大工作突破。在传导责任压力上狠下功夫。通过召开落实“两个责任”安排部署会、工作推进会讲明要求、作出部署,通过领导同志专题调研检查工作、督促落实,通过集体约谈剑指问题、定向要求,进一步促进了基层知责明责、履责尽责。在严肃追责问责上发力出招。坚持案件处理既追究当事人责任,也追究主体责任、监督责任和领导责任,对县公安局、王官屯镇、原县计生局、原县质监局等单位发生的违纪问题严肃进行了“一案双查”,有力形成震慑,倒逼了“两个责任”落实。

二是以高度政治自觉做好巡视整改工作。针对省委巡视组反馈的三大方面25个问题,县委统一思想、坚定整改自觉,加强领导、落实组织保证,突出问题导向、强化整改措施,挺纪在前、从严推进整改,较好地完成了整改任务。

三是形成并保持惩治腐败的高压态势。坚持盯紧重点人、重点事、重点领域、重点环节,始终做到不姑息、无禁区,以群众反映乡村干部腐败问题、农村集体“三资”管理、基层干部不作为乱作为专项整治为着力点、辐射点,严查重处违纪违规问题。全县纪检监察机关共立结案件115件,同比增长11.7%;党政纪处分115人,同比增长9.5%,其中乡科级干部32人,同比增长6.7%。积极把握运用执纪监督“四种形态”,在解决存量问题的同时,注重抓早抓小遏制腐败增量,研究制定了县纪委《谈话函询制度》《诫勉谈话制度》。全县纪检监察机关年度初核、谈话、函询运用比例占到线索处置的84.7%。

四是积极推进纪律检查体制改革。领导和保障全县纪检机关开展“三转”,县纪委纪检监察室增加到4个,负责执纪监督的内设机构占到编制机构总数的88%,真正实现了人力、精力向办案一线倾斜。县委及时研究精简县纪委牵头或参与的议事协调机构,精简幅度达92.6%,极大地促进了聚焦主责、回归主业。及时调整乡镇纪委班子,对10名纪委书记进行了交流轮岗,配齐了纪委副书记,定岗设置了纪检监

察干事，乡镇一级纪检组织和力量得到切实加强。

五是持续保持狠刹“四风”高压态势。坚持一步不松、寸土不让、动辄则咎，盯紧重要时间节点，严查重处违反八项规定精神问题，防止“四风”隐形变异，全年共查处违规问题13起，处分干部13人。学习讨论落实活动中围绕行业和部门存在的“四风”突出问题，组织开展了37项专项整治；结合深化县级“三严三实”专题教育开展了基层干部不作为乱作为等四个方面23个损害群众利益问题专项整治。全年共查处发生在群众身边的腐败问题22件，一批群众深恶痛绝的“蝇贪”受到严惩，党风政风行风进一步好转。开展了违规收送礼金、红包问题整治，3086名干部作出承诺，专户共收到上缴金额54万元。

六是大力加强党纪党规教育。坚持一手抓问题惩处不松劲，一手抓教育引导不懈怠，下半年在基层党组织和党员干部中集中开展了“三学三严三促”活动，把尊崇纪律、遵守规矩作为对党员干部的起码要求。中央修订颁发《廉洁自律准则》《纪律处分条例》后，组织了科级干部集中辅导，举办了党员全员知识竞赛、系统组队电视决赛活动，促进了党员干部明纪懂规。

七是推进干部“三个一批”工作，匡正选人用人风气。严格开展干部“六查五评”，县一级对367名重点对象开展了甄别，处理干部8名，调整退出干部4名，掌握优秀干部219名，已经交流使用10人，选派30人到村担任“第一书记”或县信访大厅锻炼。乡镇和县直部门、单位跟进开展了一般干部“三个一批”工作。深入扎实开展选人用人问题整治，对2015年前超职数配备、未履行审批手续的干部进行了消化整改。

三、突出发展第一要务，推动全县经济在艰难中实现转型增长

在经济下行压力加大、不利因素增多的形势下，县委切实加强对经济工作的领导，奋力而为，乘势而上，全县经济发展质量提高，后劲增强。全年地区生产总值完成27.8345亿元，增长2.9%；固定资产投资完成86.08亿元，增长20%；规模以上工业增加值完成3.273亿元，增长1.03%；公共财政预算收入完成1.1342亿元，增长-20%；社会消费品零售总额完成10.65亿元，增长9.8%；城镇居民人均可支配收入完成18121元，增长7.2%；农村居民人均可支配收入完成6260元，增长8.9 %。

一是坚持引项目抓项目，着力壮大工业经济。坚定强县必须靠项目、富县必须靠工业的共识和信念，全力招商引资落实项目，全力搞好服务建设项目。全年累计新引进项目54个，协议投资超100亿元，已经落地50多亿。同时强力推进项目建设，同煤低热值煤发电项目如期开工，完成投资12亿元；阿特斯光伏发电项目当年开工，当年建成，并网发电；晋能清洁能源光伏发电项目主体工程基本完工；金光公司搬迁项目全部建成。全年新培育规模以上工业企业4家。

二是注重提质增效，大力发展现代农业。坚持以市场为导向、效益为核心、科技为手段，着力提升绿色农业质量和效益。设施蔬菜规模持续扩大。新增日光温室、移动大棚8327栋8340亩。引进试种蔬菜新品种36个，培育科技示范户720户。全年蔬菜总产量59.99万吨，总产值近10亿元。小群体大规模养殖格局进一步完善。总投资6450万元，建成国旺万头生猪、九牛高端肉牛、大白登奶牛3个养殖小区。鼓励农户开展家庭小规模养殖。完善良种繁育体系，提升养殖技术服务，加强疫病防控。到年底全县猪、羊、牛饲养量分别达到97万头、74万只、6.5万头，分别比上年增长2.1%、27.6%、4.2%。生态经济提质增量。完成荒山造林3.25万亩，集中连片新发展优质杏果经济林4500亩，建设“一村一品”杏果专业村3个，全县杏果系列产品产值达到2亿多元。与四川好医生药业达成建设中药材基地协议，与北京平谷等地达成引进优质苹果、桃种植合作意向。保障粮食生产安全，实施玉米地膜覆盖项目26万亩，建设4个万亩、千亩高产示范片，补贴购置农机具600余台，全年粮食总产量5.3亿斤。推进农产品加工转化增值，全县11家农产品加工龙头企业实现销售收入15亿元。

三是用足用活县域优势，着力发展新兴产业。充分挖掘运用特有温泉资源、生态资源优势，谋划推动休闲康养产业发展，已与山西高新普惠资本投资服务有限公司达成合作开发建设北方边塞温泉水镇项目协议，与佳润集团达成开发建设大泉山风景区、桑干河风景区、六棱山风景区旅游带项目协议，与山西净境文化旅游开发公司达成合作建设文化生态园项目协议，休闲康养产业发展步入前所未有新阶段。民营经济在艰难中发展壮大，新登记工商户1720户，新增小微企业202个。推动农村电商实现破零起步和跨越发展，乐村淘电子商务自年初在全县铺点扩面，已在110个村设立体验店，既在网上销售阳高农副产品，又为农民代购生产生活用品。在龙泉工业园区管委会办公楼辟出专门场地，创办大学毕业生创业基地，引领年轻人进行创业创新。

四、切实保障和改善民生，大力推动社会事业进步

县委坚持把保障和改善民生作为社会建设的根本任务，秉持“民之所需政之所向、民之所盼政之所为”的执政理念，着力解决人民群众最关心、最直接、最现实的问题。

一是加大民生投入力度，积极发展社会事业。坚持社会政策要托底理念，全年民生领域支出15亿元，占财政总支出的75%，使公共财政真正“为公”，成为“善政”。各项社会事业长足发展。教育硬件基础进一步夯实，总投资1738万元启动了一中公寓楼和音乐美术教室建设、新建改建了6所县乡幼儿园、配置了职业技术学校实训装备。医疗卫生设施设备不断更新，技术水平明显提升，新农合参合率进一步提高，保障范围进一步扩大，国家基本药物制度得到较好巩固，基本公共卫生服务较好落实。人口计生工作进一步加强，优生优育服务显著改进，妇幼保健取得明显成效，人口出生健康水平极大提高。就业工作扎实开展，全年免费开展技能培训

6000多人次，开发城镇就业岗位300余个，输出劳务5000多人次。县乡道路建设力度加大，全年投入资金1亿多，建设改造92公里城乡道路特别是加大集中连片旅游路建设，全县路网结构进一步完善优化。其他社会民生事业也都实现了新的提升进步。

二是脱贫攻坚力度显著加大。认真贯彻落实中央扶贫开发工作会议精神、十八届五中全会精神和习近平总书记扶贫脱贫重要讲话指示要求，把脱贫工作放在更加突出位置。开展了建档立卡回头看。全年共投入扶贫专项资金6126万元，实施了3个乡镇5个村的整村推进、1个村的移民新村建设，发展了一批产业项目，实施了教育扶贫和雨露计划，2015年确定的13个贫困村整体脱贫和9700口贫困人口脱贫任务顺利完成。

三是宜居城乡建设进一步加力。着力打造宜居县城，切实提升县城品味，共投入资金3000多万元，推进云林公园建设，完成了火车站广场改建和花园集贸市场的道路管网、交易大棚建设，完成了5000平方米公租房主体建设，硬化小街小巷81条3万平方米，新建公厕10座；组建综合执法大队，加强县城环境综合整治，开展临街单位美化亮化。在“冬季行动”中，提前谋划确定2016年县城建设7大工程，加紧开展了前期各项工作。村镇建设力度加大，总投资近3亿元完善乡村公共基础设施、危房改造、环境整治、示范乡村建设，农村人居条件显著改善，乡村环境大为改观。

四是弱势困难群体得到有效托底救助。低收入群体保障更加精准，细致开展了城乡低保对象复查，共取消低保户1485户1852人，新增3822户4004人，累计发放低保金6269万元。农村“五保”供养水平提高，9所县直敬老院集中供养率达到20%，供养条件极大改善。大病救助范围显著扩大。残疾人救助帮扶能力提高，共为肢残人员解决器械600余件，帮扶智力残疾百余人，帮助146人进行康复训练。弱势困难群体共享了发展成果，生产生活水平有了更进一步的提高。

五、深入推进重点领域改革，着力破解制约发展瓶颈

一是按照中央和省市委改革部署要求，立足阳高实际，加强组织领导，推进工作和制度创新。深入推进“六权治本”。召开全县“六权治本”工作推进大会，建立工作领导小组，派员赴孝义、安徽学习取经。加快依法确定权力、科学配置权力的“两清单、两张图”制定审核，44家县直单位上报了权力清单和权力运行流程图，正在进行审核确定。在民生、服务等重点领域的主要职能部门试点推行了“两清单一张图”。

二是经济社会领域改革稳步推进。进一步深化财税体制改革，扩大营改增范围；推进金融服务创新，成立阳高兴都村镇银行和4家小额贷款公司、1家金融担保公司；推进工商注册便利化改革，新登记市场主体2451户；创新生态环境治理市场化机制，引进污水处理及中水回用项目；引深林权制度改革，组建林改服务中心，建立林权流转平台；推进行政审批制度改革，审批事项由280项精简到172项，简化了行政审批程序，方便了群众办事。以东小村镇为试点推开扩权强镇强乡改革。

六、加强宣传思想文化工作，凝聚发展强大精神力量

坚持把宣传思想文化工作作为营造发展环境、统一思想行动、汇聚各方力量的重要动力源泉，充分发挥宣传引领、精神激励、文化支撑作用，着力汇聚阳高正能量。

一是舆论宣传工作得到加强。深入开展十八届五中全会精神宣讲，让党的大政方针深入人心。加强对内对外宣传，及时报道重要工作、重点经验，树立了阳高良好形象。舆情监控和舆论引导得到加强，网上热点没有造成负面影响。

二是加强精神文明创建。深入开展社会主义核心价值观宣传教育，举行中国人民抗日战争暨世界反法西斯战争胜利70周年纪念、烈士纪念日等活动，开展了陈规陋俗专项整治，引导公民弘扬中华传统美德。大力弘扬大泉山精神，完成大泉山水土保持科技示范园4000平方米展厅布展工作，使大泉山精神有了更加直观形象的展示平台。作出关于开展向李培斌同志学习活动的决定，大力宣传弘扬身边先进的优秀事迹和严实品格。深入开展群众性精神文明创建，在部分村试点开展了道德模范评选活动，淳化了社风民风。

三是文化事业进一步繁荣。阳高文化大讲堂常办常新，全年共举办讲座10期，在弘扬传统文化、净化群众思想、浸润道德法治方面发挥了作用。文艺作品创作水准极大提高，二人台戏剧《司法所的故事》《看，大泉山变了样子！》精打细磨后上演，受到省市宣传文化部门肯定表扬。文学艺术交流研讨、展示展演活动经常性开展。

七、加强和改进社会管理，维护巩固和谐稳定大局

一是把提升社会治理水平、确保社会大局稳定作为促进发展的重要保障。强化基层综治组织建设，规范了乡镇综治领导机构设置和人员配备，改善了基层综治机构工作条件。抓好社会服务管理平台运行，配强网格管理人员，落实经费和报酬待遇，促进工作开展。健全基层调解组织，推进“一村一警”联系走访活动，有效化解了矛盾纠纷。

二是坚决保持打黑除恶高压态势。深入开展了打黑除恶，打击“两抢一盗”，开展了治爆缉枪、电信诈骗、传销追逃、禁种铲毒等专项行动，查处治安案件499起，破获刑事案件98起，抓获犯罪嫌疑人102人，有力维护了社会治安稳定。

三是毫不松懈抓好安全生产。坚持把安全生产摆在突出位置，完善落实“党政同责、一岗双责、齐抓共管”的安全生产责任体系，深刻汲取天津“8·12”等重大事故教训，落实各级领导批示精神，扎实开展安全生产大检查、打非治违专项行动、危险化学品和易燃易爆物品安全专项整治，全年安全事故同比下降8%。

四是依法加强信访工作。一手抓群众合理诉求的解决，

着手逐步化解历史遗留问题。一手抓依法打击缠访闹访，对煽动组织人员运用法律手段进行了处置。全年上级交办的信访案件全部办结。

八、全面加强党的建设，推进民主政治和法治阳高建设

一是坚持抓党建是最大政绩，切实履行党要管党责任。县委听取了全县基层党建情况汇报、乡镇和县直部门包括党建在内的工作汇报，坚持推进农村党的建设、机关党的建设、企业和新社会组织党的建设、党员队伍建设、党建带群团建设"五位一体"党建工作。推动加强困难和非公企业党建，切实发挥党组织政治引领核心作用，把党组织建设成为政策宣讲中心、信息沟通中心、矛盾调解中心、职业介绍中心和困难帮扶中心。扎实开展"联述联评联考"，落实基层党建工作责任制。大力巩固农村社区"两委"换届工作成果，整顿了一批软弱涣散党支部。

二是加强和改进对法治建设的组织领导。研究制定《加快推进法治阳高建设的实施意见》，对全县法治建设作出规划布局。加强全民法治教育，开展弘扬宪法精神系列活动，落实宪法宣誓制度。深入推进依法行政，完善了政府法律顾问工作机制。切实加强行政综合执法，规范了行政执法行为。扎实推进司法公开，完善了信息公开平台建设。实行案件评查制度，加大重点案件抽查力度，强化了案件监督。

三是坚持和完善人民代表大会制度和政治协商制度，加强和改进对人大、政协工作的领导，全力支持和保障人大、政协依法履行职责，使人大的法律监督、工作监督、重大事项决定职能和政协的政治协商、民主监督、参政议政作用发挥得更加充分。

四是坚持党管武装，提高国防动员能力，深入开展双拥共建，实现军民融合发展。高度重视新形势下党的群团工作，认真落实中央和省市委党的群团工作会议精神，召开县委党的群团工作会议，分析存在问题、明确任务要求、落实保障措施。领导支持党校发挥作用，加强了干部教育培训。注重巩固和加强统战工作，切实做好民族宗教工作，团结和凝聚了各方力量。

（张　雯）

附：一、中共阳高县委书记、副书记、常委名单

书　记：冯晓雷（5月任职）

副书记：邢　斌　李晓红（女）

常　委：白　宝　袁润德　王成武　李东升　孟德昌　王进波　卢　平（4月离职，挂职）

二、乡镇党委书记名单

龙泉镇

书　记：闫志文

罗文皂镇

书　记：孙富纯

王官屯镇

书　记：高　文

北徐屯乡

书　记：吕福军

大白登镇

书　记：徐碧洋

狮子屯乡

书　记：孟永泉

长城乡

书　记：张智文

下深井乡

书　记：李建新

东小村镇

书　记：何昌利

马家皂乡

书　记：李　刚

古城镇

书　记：王德军

鳌石乡

书　记：余天东

友宰镇

书　记：孙　福

中共天镇县委工作概况

县委书记　姚振华

2015年，天镇县委在省市委正确领导下，坚持以马克思列宁主义、毛泽东思想、邓小平理论、"三个代表"重要思想、科学发展观为指导，深入学习贯彻习总书记系列重要讲话精神，全面贯彻落实党的十八大及十八届三中、四中、五中全会精神，以从严管党治党为主线，以深化改革为动力，以法治建设为保障，以"六大发展"为统领，大力弘扬艰苦奋斗、求真务实、勇于创新"三种精神"，突出抓好生态建设、绿色农产品基地、县域城镇化、招商引资项目建设"四项重点工作"，着力保障和改善民生，经济社会发展保持良好态势。完成地区生产总值22亿元，增6.4%；固定资产投资75.1亿元，增20.9%；社会消费品零售总额9亿元，增5.8%；规模以上工业增加值2.82亿元，降16.1%；财政总收入1.5亿元，占年任务

107.8%;公共财政预算收入8616万元,占年任务107.2%;城镇居民人均可支配收入1.88万元,增7.8%;农民人均可支配收入5686元,增8.6%。

一、坚持把抓好党建作为最大政绩,紧扣五项重点工作,党的自身建设有了新加强

固宗旨、强党性,大力加强思想政治建设。深入学习贯彻十八届五中全会精神及习近平总书记系列讲话精神,注重发挥县委理论学习中心组龙头带动作用,采取多种方式,引导党员干部强化理论武装,坚定理想信念,增强服务本领。认真开展学习讨论落实活动,集中整治重点领域、社会民生领域、关键环节等突出问题。扎实推进"三严三实"专题教育,深入查摆问题,全部建立问题清单和整改清单,采取项目化管理、工程化推进方式,逐项整改落实。

抓班子、带队伍,凝聚干事创业正能量。抓干部选任,结合"三个一批",开展"六查、五评"工作,严格干部选任标准,形成风清气正、见贤思齐的选任机制。抓日常监督,严格执行《干部任用条例》和四项监督制度,健全完善了诫勉谈话、组织函询等制度,坚持干部监督联席会议制度,防止干部"带病上岗"和"带病提拔"。抓考核奖惩,完善考核评价机制,科学设置考核权重,强化结果运用,有效调动广大干部干事创业的主动性。

高标准、严要求,从严落实"两个责任"。引深党风廉政建设,出台了落实"两个责任"实施细则,制定了落实主体责任约谈工作实施办法,对落实"两个责任"不力的进行责任追究,全年共追责17人。制定了改进作风十四条规定,紧盯"春节"、"国庆"等时间节点开展专项整治,防止"四风"反弹回潮。严肃执纪问责,把握运用监督执纪"四种形态",保持惩治腐败高压态势,立查案件82件,处分82人,形成有效震慑。

建制度、立规矩,认真落实"六权治本"。县委、县政府制定了常委会议事决策规则、规范公务接待管理、政府工作规则、建筑工程招标管理办法等制度,全部在网上公开,接受群众监督。建立完善了部分监督问责机制,严格廉政谈话、提醒约谈、干部廉政档案等制度。33家单位聚焦行业歪风、制度缺失和工作不足,认真开展行政职权清理核实工作,编制权力清单、责任清单,提升工作效率和质量。

夯基础、提服务,大力加强基层组织建设。一是抓班子。开展"领头雁"培训4700人次,选派94名干部担任第一书记,完成22个后进村整顿转化。二是抓管理。把损害群众利益问题细化为14个具体事项,从严整治;清理农村集体"三资"债权债务9520万元,抓好213名大学生村官管理。三是抓活动。引深在职党员进社区、"三联五解"等活动,1100余名在职党员领办服务项目1200多个;引深"以三带解三最、促三提升、实现三零"做法,结队帮扶1280余人。

二、坚持把加快发展作为第一要务,全力抓好五项重点工作,县域经济实力有了新攀升

围绕打造美丽天镇,坚定不移推进生态建设。坚持以"身边增绿"为主线,实施了荒山、通道、村庄和产业园区四大绿化工程,总面积4.1万亩。开展边城、汉墓群2个国家沙漠公园项目申报工作,规划总面积24.5万亩,边城沙漠公园已通过国家林业局规划评审。扎实推进生态修复治理工程,累计完成治理1.46万亩,造耕地3570亩,造林地1.02万亩。保持打击私挖滥采高压态势,健全完善林木管护机制和护林员队伍,开展秋季大除草活动,保护绿化成果。

围绕打造绿色天镇,坚定不移推进绿色农产品基地建设。一是舞龙头。同煤现代农业园区完成投资3.6亿元,新建日光温室425栋,投入使用120栋;中地万头奶牛项目完成投资4亿元,存栏优质荷斯坦奶牛9000头,日产奶150吨。二是壮基地。建成蔬菜大棚1.19万栋,设施总面积1.38万亩,发展规模养殖园区189个,农业合作社上到986个。三是打品牌。引深农超对接,北京17家蔬菜直营店销售蔬菜3.1万吨,杂粮、鸡蛋等农副产品7650吨,营业收入破亿元。四是调结构。引进汇地农业公司,试种冬枣300个棚6万株,每个大棚年收入5万元以上,种植平谷水蜜桃160个大棚3.6万株,亩产效益5万元左右。

围绕打造魅力天镇,推进县域城镇化建设。实施县城东南环、北大街等道路改造工程,配套实施立面整饰和绿化亮化。集中供热辐射面积上到285万平方米。完成县城供水支线管网改造,有效解决居民吃水困难问题。实施城乡安居工程,推进69.8万平米商品房、10.6万平方米保障性住房、6.5万平米公共租赁住房工程。县城主次街道保洁实现全覆盖,创建达标示范村11个。完成省道马走线12.4公里改线和县道29.8公里改造。实施5个重点镇和32个中心村建设,打造新平堡历史文化名镇。天元中央商厦建成运营。

围绕打造实力天镇,推进招商引资项目建设。深入开展"项目建设提质增效"活动,风力、光伏发电新能源项目并网装机总量上到547MW,被评为"2015年中国新能源产业百强县"。推进北辰正方集团住宅产业化生产基地项目,积极协助办理前期各项手续,争取尽快开工建设。认真落实扶持中小微企业政策措施,积极创新金融服务,强化银政、银企对接,大力优化发展环境,个体工商户发展到6063户。

围绕加快脱贫富民,全力抓好扶贫攻坚。实施农村土窑洞改造工程,新建住房6630间,三年累计建设51个新村,解决了2.3万人的安置问题。完成42MW光伏扶贫试点项目,其中集中式地面光伏电站项目40MW、20个村级分布式光伏电站2MW、户用分布式光伏电站15KW,年可提取扶贫专项基金600万元,每个项目村年可增加集体收入14万元以上。完成高标准农田建设7400亩、盐碱地改良3.15万亩,完成坡改梯建设1.25万亩,农业综合生产能力稳步提升。

三、坚持把改善民生作为根本目标,重点抓好五大工程,社会保障水平有了新提升

把改善和保障民生作为工作出发点和落脚点,从群众最关心的、最紧要的事情抓起,努力让群众享受发展成果。一是文明创建工程。引深弘德教育工程,"感动天镇"十大模范人

物宋海旺被评为全国劳模、李燕青入选“山西好人榜”，创建1个国家级文明乡镇、7个省级和14个市级文明乡村、单位。二是教育强县工程。尽最大努力改善办学条件，开展“入园难”、师德师风等七项整治工作，规范办学行为，优化教育环境。高考二本以上达线467人，一本达线115人，4人考入清华大学。三是社会保障工程。推进城乡居民基本养老保险工作，抓好国有集体退休职工抵垫养老金退还工作，妥善解决自收自支事业单位人员养老问题。新建2座社区服务站、8个农村老年人日间照料中心。推进低保专项整治工作，城乡低保实现应保尽保。四是就业增收工程。持续打响“天镇保姆”品牌，2800多名农村妇女进京就业，人均年收入3.5万元，趟出了一条精准扶贫、精准脱贫新路，荣获2015中国十大社会治理创新奖。《新闻联播》“治国理政实践·脱贫军令状”栏目进行深度报道。五是医疗卫生工程。推进基本公共卫生服务均等化，实施两所乡镇卫生院改扩建、136个村级卫生室新建项目，新农合参合率达99.5%。

四、坚持把维护稳定作为第一职责，扎实推进社会治理，平安天镇建设有了新成效

民主政治有效加强。支持人大履行职责、依法监督，支持政协参政议政、民主监督。加强民主党派和无党派人士团结合作，加强民族宗教工作，完善三务公开等民主议事、决策和监督机制，支持工、青、妇等人民团体开展工作；坚持党管武装原则，深入开展双拥共建活动，推进军民融合发展。

法治建设全面铺开。出台了推进法治天镇建设的实施意见，制定了“阳光司法”工程五年规划，推进“法律六进”活动，开展执法司法突出问题专项整治，司法公信力有效提升。法律援助实现“一村(社区)一法律顾问”全覆盖。

综治水平大幅提升。完善综治委员联系点制度，实行综治委成员单位述职、联席会议制度。创建平安乡镇10个，平安村(社区)230个。开展“以群众举报乡村干部腐败为切入点集中解决群众信访诉求问题”专项治理，受理来信来访1453批次6428人次，办结率达100%。狠抓安全生产工作，排查治理各类隐患2050个。

治安管理不断引深。开展“平安六号”、“扫黄查赌”等系列行动，抓获犯罪嫌疑人122人、网上逃犯29人，破获“两抢一盗”47起，查处治安案件369起。依法打击法轮功、全能神等邪教组织。集中开展“六项整治”工作，重点部位、重要路段实现全天候管控，社会平安度明显提升。

(刘　佳)

附：一、中共天镇县委书记、副书记、常委名单

书　记：姚振华

副书记：刘川楠　范振凯

常　委：姜　荣　姚文章　王继武　王　伟　梁　军　王剑辉　贺胜利

二、乡镇党委书记名单

玉泉镇

书　记：薛志远

谷前堡镇

书　记：郝世国

卅里铺乡

书　记：王　林

南河堡乡

书　记：赵良斌

米薪关镇

书　记：宋　奕

贾家屯乡

书　记：郑佃文

赵家沟乡

书　记：高学东

南高崖乡

书　记：杨宝英

张西河乡

书　记：杨景利(女)

逯家湾镇

书　记：姜　高

新平堡镇

书　记：张建明

中共大同县委工作概况

县委书记　王凤瑞

2015年，在省市委的坚强领导下，大同县县委认真贯彻落实党的十八大、十八届三中、四中、五中全会和习近平总书记系列重要讲话精神，以中央“四个全面”战略布局和省委“五句话”要求为统领，紧紧团结依靠全县广大干部群众，统筹推进经济、政治、文化、社会、生态文明和党的建设，各项工作取得明显成绩。全年完成地区生产总值25.9亿元，规模以上工业增加值3.3亿元，固定资产投资77.6亿元，社会消费品零售总额14.9亿元，公共财政预算收入1.73亿元。

一、坚定不移推进转型发展，在新型产业发展上取得了新成效

全年项目储备完成1639.01亿元，占年度任务1260亿

元的130.08%;项目签约完成162.79亿元,占年度任务150亿元的108.53%;项目落地完成58.91亿元,占年度任务58.9亿元的100%;项目开工完成62.75亿元,占年度任务62.69亿元的100.1%;项目建设完成62.3亿元,占年度任务62.15亿元的100.24%;项目投产完成28.13亿元,占年度任务25.08亿元的112.16%。扎实抓好"一县一业"黄花和都市蔬菜、绿色林果、规模养殖,加快传统农业向特色农业、都市农业、休闲农业转型。全县新种黄花1万亩,总面积达到9.6万亩,5亩以上的大户460户,百亩以上的4户,新建了1个投资3000多万元的黄花加工、销售企业,扩建1个,总数达到12个。2015年黄花再获丰收,收入达到2.2亿元,农民户均增收1571元;设施农业发展势头良好,发展设施大棚1597亩,形成了食用菌、花、果、瓜为特色的多元化发展格局;规模养殖快速发展,巩固周士庄镇百万只蛋鸡养殖基地建设,新建了2个30万只现代化养鸡企业,推进了1个千头肉牛养殖园区,投资近亿元新建了1个千头奶牛养殖园区,全县蛋鸡、肉牛、奶牛饲养量分别为200万只、4.5万头、7600头;林业产业加快转型,大力发展经济林和苗木产业,新植杏果经济林4000亩,总面积达到10万亩,推进了1个3万亩优质杏果种植基地和6个特色林果园区、6个苗木园区,全县林地面积达到105.6万亩,森林覆盖率达到33.8%,5月份大同县被评为"国家生态保护与建设示范区"。紧紧围绕火山、生态、桑干湖等优势资源做大文章,全力推动生态文化旅游产业大发展。继2012年被评为"大同火山群国家地质公园"后,去年底又先后被评为"大同西坪国家沙漠公园(试点)"和"大同桑干河国家湿地公园(试点)",一个县三个国家级公园,全山西唯此一家,极大地提升了我县旅游品牌。全年实现旅游收入6.72亿元,同比增长16.7%;海内外旅游人数实现82万人,同比增长13.9%。

二、全力以赴抓好扶贫攻坚,在贫困村户脱贫上干出了新业绩

紧紧抓住大同县列入"国家燕山—太行山集中连片特困地区扶贫开发县"机遇,积极争取上级项目资金,开展扶贫开发。2015年共争取、实施上级扶贫项目资金2亿多元,用于扶持农业产业、城乡道路建设、教育事业发展、移民搬迁、农村危房改造。扶持发展黄花4554亩,"火山红"马铃薯5774亩,扶持龙头企业3家、农民合作社8家;资助贫困学生900人次;完成2900户抗震房、3000户农村危房改造,实施1392户扶贫移民搬迁;新修了西册田——渔儿涧县乡道路;新建学生食堂2个、跑道体育场2个、24个实验室,为31所中小学配套了多媒体设备、12所初中配套了实验仪器,农村义务教育学生全部享受每人每天4元营养餐补助,乡村教师全部享受集中连片特困地区生活补贴。

三、持之以恒打造宜居环境,在城乡建设上取得了新进展

投资2600万元完成县城东街延伸段道路和东山公园,建成停车场、步行道、观景台等。投资450万元的平城影院投入试运营,投资3300多万元的体育馆建设正在进行内装修。投资8070万元在县城西街北侧、和谐园西建成504套、44240平方米的改造房。对西坪公园、城南街道路建设、和谐园西侧、县城防洪渠工程等拆迁户,进行了354套实物安置。投资250万元建成2个农贸市场,铺设了县城四大街人行道,维修了县城主次干道的雨污水排水设施,成立了市政公用管理中心,开展城市环境的综合整治,极大地改善了县城面貌。

四、全心全意为群众办实事,在改善民生上结出新成果

在教育提升方面,投资1562万元改善了城乡中小学校基础设施,投资731万新建和扩建幼儿园4所,不断创新课堂教学模式、开展教师培训,提升教育质量。在社会保障方面,新增城镇就业岗位1303人,创业带动就业人数369人,转移农村剩余劳动力2406人,城镇登记失业率控制在3.86%。圆满完成行政事业单位养老保险改革,认真落实"五险一金"和城乡居民养老保险、大病救助、五保供养、最低生活保障等政策,达到了应保尽保。在医疗健康方面,完成了县乡卫生医疗机构改革,推进了县医院与省、市有关大医院和乡镇卫生院医联体建设,提高了新农合筹资标准,扩大了大病保障范围,缓解了群众就医难、看病贵问题。在文体惠民方面,深入推进社会主义核心价值体系建设,连续三年开展道德模范评选活动,加强农村广播电视、乡镇综合文化站、文化信息资源共享、农村电影放映、农家书屋、村级文化活动阵地建设,举办了纪念抗日战争胜利70周年和庆祝中华人民共和国成立66周年系列活动,以及30场摄影、美术、书法展览活动,活跃了群众精神文化生活。在社会管理方面,高度重视安全工作,完善安全责任体系,落实企业主体责任。着力加强矛调工作,建立了县乡村和行业调解体系,成功调解各类矛盾纠纷1001起。全力做好信访工作,以开展"集中解决群众信访诉求问题"专项治理为切入点,办理省、市交办案件124件,全部办结,自办案件134件,办结127件。严厉打击各类违法犯罪行为,全年共立刑事案件436起,破获114起,查处各类治安案件187起,有力维护了社会稳定。我县被省综治委命名为"省级平安县",被省信访联席办表彰为"九三"阅兵信访维稳工作先进集体。

五、始终坚持从严管党治党,在党的建设上开创了新局面

认真履行党要管党从严治党政治责任,抓基层,打基础,抓班子、带队伍,不断提高全县党建科学化、规范化水平。一是切实加强基层党组织建设。认真组织开展"三级书记联述联评联考",将各级书记履行党建主体责任列入年度目标责任考核。夯实基层组织基础,对全县32个软弱涣散基层党组织由16名县级领导挂点联系,32个县直单位进行"一对一"结对帮扶集中整顿。探索组织设置新模式,在探索建立12个

"中心村党总支",对就近的29个发展滞后村、矛盾突出村和软弱涣散村进行辐射带动的基础上，新建立3个党总支,对就近的9个村进行辐射带动。多方筹资加强了8个村的组织活动阵地建设,落实农村"两委"主干报酬,探索试行基层党建"5341"工作法,增强了基层党组织的战斗力、凝聚力和服务能力。二是从严干部教育管理监督。加强思想教育,县委中心组带头全年共学习21次，举办各类领导干部培训班46期,培训干部3600多人次,出台了《关于严格规范基层党组织组织生活的意见》,统一制定完善了"三会一课"等党组织生活制度。加强日常管理,下发了《关于党员干部严格执行党的政治纪律做到"五个必须"的通知》,严格落实提醒谈话、函询、诫勉和重大问题、重要事项向上级党组织请示报告等制度。畅通来信来电、网络举报渠道,把干部工作圈、社交圈、生活圈和"八小时之外"的情况纳入组织视线。三是持续改进干部作风。县委常委会始终牢记自己的职责,践行"三严三实"要求,带头贯彻执行中央和省委、市委的决策部署,在思想上政治上行动上与党中央保持高度一致；带头坚持民主集中制,落实县委重大事项决策、请示报告、沟通协调、工作督促检查落实等制度,充分汇集人大、政协以及方方面面的智慧、力量定决策、抓工作;带动改进工作作风,在一线推动落实,为群众办实事、办好事、解难事;带头遵守党纪国法,讲规矩、知敬畏、守底线,将严和实的作风落实到加强自身建设、推进改革发展、干事创业上。特别是"三严三实"专题教育以来,县委始终坚持高标准、严要求、重实际、求实效,规定动作一个不少,保持质量不降,取得了阶段性成效。共组织开展专题学习33次,专题研讨24次,查找班子问题77条,针对性制定整改措施44条;领导干部个人查找问题227条,针对性制定整改措施141条。

六、认真落实"两个责任",在反腐倡廉上形成了严的常态

县委主动把主体责任牢牢扛在肩上,抓在手上。一是加强组织领导。出台了落实主体责任、监督责任两个实施办法,以"签字背书"为抓手,督促10个乡镇、3个街道、县直部门全部列出责任清单,将"两个责任"细化、具体化,作为履行主体责任的考核依据。突出约谈问责,有针对性地约谈乡镇、县直部门主要负责人、纪委书记203人次,对落实"两个责任"不力的21名领导干部严肃问责追究,党政纪处分18人,诫勉谈话3人。同时,认真组织开展了农村集体"三资"管理专项清理整治工作,共查找出问题38个,涉及161人,分类别进行了严肃处理。二是领导和支持纪委"三转"。对纪委牵头或参与的议事协调机构进行了第三轮清理，由原来参加的81个调整精简为7个。配齐配强了乡镇纪委干部,对10名乡镇纪委书记完成了交流转岗,每个乡镇配备专职纪检监察干部3—4名。制定出台了《关于纪委书记(纪检组长)参加乡镇(街道)、县直部门党委会(局务会)强化监督责任的通知》。坚持有案必查、有腐必惩、有贪必肃,全力支持纪检监察机关加大案件查处。2015年,纪检监察机关立案76件,结案76件;给予党政纪处分85人,其中乡科级干部24人,挽回经济损失126.4万元。三是正确运用好监督执纪"四种形态"。加强教育,将党风党纪教育作为必修课,建立了制度、设立了阵地、配备了设备、充实了资料。先后邀请省委党校省行政学院巡视员、山西大学博士生导师高健生,省纪委信访室正处级检查员丁继云进行了专题讲座，先后调回18部廉政警示教育片组织干部观看;在《大同县报》开辟了《正风明镜》栏目,编发各地发生在群众身边的"四风"和腐败问题典型案例,以案明纪,以案说法;全县统一制作了180块印有廉洁自律规范内容的"知与行"警示牌,摆放在县级干部、乡镇(街道)、县直部门主要负责人办公桌的醒目位置。抓早抓小,出台了《关于进一步严肃工作纪律的通知》,从吃饭、用车、孩子圆锁、会议纪律等小事小节抓起,对5名无故未参会人员给予党政纪处分;对日常监督检查中发现有苗头性、倾向性问题的37名干部作了诫勉谈话。紧盯关键少数,先后约谈了10个乡镇党委书记及管钱管工程的重点部门负责人,对全县406名重要岗位的领导干部重点监督。认真落实中央八项规定精神,驰而不息纠正"四风",查处大操大办、公车私用等违反中央八项规定精神案件9件,党政纪处分9人。

(焦新东)

附：一、中共大同县委书记、副书记、常委名单

书　记：王凤瑞

副书记：周聚德　杨近源

常　委：闫　军　刘红斌　冯学中　赫　瑞　于　君　臧建军

二、乡镇党委书记名单

倍加造镇

书　记：闫合山

党留庄乡

书　记：曹　亮

周士庄镇

书　记：张建中

杜庄乡

书　记：徐　军

许堡乡

书　记：孙　政

西坪镇

书　记：薛彦斌

瓜园乡

书　记：李一忠

峰峪乡

书　记：张文娟(女)

吉家庄乡

书　记：马　斌

巨乐乡

书　记：刘喜斌

中共浑源县委工作概况

县委书记 张清河

2015年，浑源县委以党的十八大、十八届三中、四中、五中全会和习近平总书记系列重要讲话精神为指导，认真贯彻落实中央和省市战略部署，围绕建设“富裕浑源、诚信浑源、和谐浑源”的奋斗目标，以转变发展方式为主线，在保增长促发展、调结构促转型、强基础促改革、惠民生促和谐、转作风促实效上下功夫，经济社会保持了平稳健康发展态势。全县地区生产总值完成36.3亿元，规模以上工业增加值完成5.82亿元，公共财政预算收入达到2.86亿元，同比增长0.5%；社会消费品零售总额达到29.8亿元，同比增长5.5%；全社会固定资产投资完成116.2亿元，同比增长18.4%；城镇常住居民人均可支配收入达到19216元，同比增长8.1%；农村常住居民人均可支配收入达到6205元。

一、突出学习教育，全面凝聚共识，在思想、政治和行动上同党中央保持高度一致

深入学习贯彻习总书记系列重要讲话精神。采取中心组学习、理论骨干宣讲、专家教授辅导、集中学习培训、干部在线学习、班子成员交流等多种形式，全面准确把握讲话精神的科学内涵、精神实质和实践要求，教育带动广大党员干部切实把思想和行动统一到习总书记系列重要讲话精神上来。年内，县委中心组集中(扩大)学习17次。

深入学习贯彻中央、省、市战略部署和指示精神。组织了市委宣讲团党的十八届五中全会精神浑源报告会，组建3个理论宣讲组深入18个乡镇和100多家单位，对中央和省委、市委全会精神进行了宣讲。深入学习贯彻省委王儒林书记、市委张吉福书记重要讲话精神特别是对浑源工作的指示精神，扎实开展了“同心同力发展大同，凝心聚智谋划浑源”大讨论大调研活动，在统一思想、完善思路、创新举措上取得了积极的成果，为全县“十三五”蓝图的绘制提供了重要支持。

深入扎实开展主题教育活动。在全县县处级领导干部中深入开展“三严三实”专题教育，确定了“三专题、两清单、五推进”10个关键动作，完成7次专题研讨，县委班子查摆不严不实问题12个，县委常委查摆不严不实问题79个，全部整改到位。认真贯彻落实省委“五句话”总要求，以聚焦政治生态、找准突出问题、深挖问题根源、落实整改措施为抓手，扎实开展了学习讨论落实活动，围绕6个方面40项重点问题进行了专项整治。

二、注重法治保障，全面依法治县，法治浑源建设进程不断加快

“六权治本”稳步实施。以完善“两清单”“两张图”“六平台”“一监督”为核心，开展了规范审批、优化流程、细化权力等工作，分四批承接落实省、市取消、下放和调整的行政权力项目162项，启动了责任清单、“行政职权运行流程图”和“行政职权廉政风险防控图”编制工作；规范了涉企行政事业性收费项目，出台了《关于严禁领导干部违反规定越权插手项目建设和资金审批的规定》《财政资金审批拨付管理办法和项目资金审批管理办法》等制度，推进了依法办事。

民主政治建设不断深化。坚持和完善人民代表大会制度，充分发挥人大及其常委会在推进民主政治建设中地方国家权力机关的重要作用。建立健全协商民主制度，完善政治协商、民主监督、参政议政制度，加强和改进县委统战工作，积极引导非公有制经济人士创新创业。加强和改进党的群团工作，充分发挥工会、团委、妇联等群团组织桥梁纽带作用。

依法治县取得实效。建立了重大决策事项合法性审查制度、政府法律顾问制度，聘请山西冠言律师事务所为县政府常年法律顾问，积极推进了“一村(社区)一法律顾问”工作，聘请54名律师任全县18个乡镇、315个行政村的法律顾问，提升了基层社会治理法治化水平。

三、注重改革创新，全面加快发展，县域经济持续健康稳定运行

重点领域改革深入推进。坚持以全面深化改革统领全局，着力在科技创新、民营经济和金融振兴三方面寻求突破点，有效破解经济发展制约瓶颈。年内申请专利31项，新增民营企业262户，新增注册资本4.89亿元。成功引进大同银行开办了浑源支行，新增了股份制金融机构浑源县慧融村镇银行，组建了浑源县经济建设投资有限公司。扎实推进转型综改，8个转型综改重大项目完成投资16亿元。深化土地制度改革，推动实施了10个乡镇147个村45.71万亩农村土地承包经营权确权登记颁证工作。

项目建设提质增效。扎实开展了“项目提质增效年”活动，年度“六位一体”任务全部提前超额完成。项目储备完成1316.86亿元，项目签约完成199.89亿元，项目落地完成88.9亿元，项目开工完成111.36亿元，项目建设完成83.11亿元，项目投产完成37.45亿元。

工业转型势头强劲。克服经济下行压力，煤炭产业完成产量145万吨，上缴税费3473万元；花岗岩产业挖潜提质，上缴税费3017万元；新能源产业发展迅速，2015年，全县风力发电投产20万千瓦，在建15万千瓦，核准15万千瓦，开

展前期30万千瓦。总投资3.8亿元的4.1万千瓦光伏产业扶贫项目省发改委同意开展前期工作；总投资35亿元的同煤浑源2×35万千瓦低热值煤热电联产项目已取得省发改委路条；总投资88.3亿元的国网新源控股150万千瓦抽水蓄能电站、总投资26亿元的天然气分输站等项目取得实质性进展。

“三农”工作提档升级。年内新增设施农业园区2个，泰丰、政通、裕隆祥、神农等10个龙头企业带动作用进一步凸显，全县国字号“三品”认证总数达到11个。投资7780万元启动实施了完善提质、农民安居、环境整治、宜居示范“四项工程”，4个美丽宜居示范村建设全部完工。

旅游产业内涵扩张。全面启动了恒山风景名胜区创建国家5A级旅游景区工作，投资8000万元的恒山索道迁建工程完工并投入运营。开发了山西首席怀古体验式旅游街区一德街。年内旅游直接收入突破7000万元，完成旅游综合收入4.8亿元，同比分别增长9.6%、9%。

四、注重统筹兼顾，全面保障改善民生，社会大局保持和谐稳定

精准扶贫深入开展。通过特色种植、规模养殖和光伏扶贫，实施整村推进24个村，完成金融富民扶贫工程小额信贷3596万元，省市县扶贫工作队进驻全县149个贫困村开展了结对帮扶，完成了16个贫困村10200贫困人口的减贫目标任务。

社会事业加速发展。投资3519万元推进实施了教育基础设施建设工程，投资1110万元推进实施了卫生院扩建、村卫生室和卫生院周转宿舍工程。城镇新增就业1303人，转移农村劳动力5012人。新农合参合率达到99.14%，为城乡低保对象发放低保金8556万元。

城乡环境更加宜人。累计投资10亿元推进大县城建设和中心镇建设，城镇化率达到38.7%。大力推进总投资60多亿元的七大片区旧城改造项目，建成了总投资7.2亿元的商业街区综合体建设项目。315个行政村城乡清洁工程全部通过验收，总投资1.52亿元的县城污水处理厂提标改造、生活垃圾收转运系统建设项目、高速西出口至唐家庄旅游通道绿化和高速北出口至顾册通道绿化等工程进展顺利。15万平米保障性住房工程竣工，3443户农村危房改造、870户农村危房抗震加固工程全部完工，城乡人居环境显著改善。

平安建设纵深推进。严格落实安全生产党政同责，深入开展了全县安全生产大检查和专项治理活动，安全生产形势稳定。组织开展了“以群众举报乡村干部腐败为切入点集中解决群众信访诉求问题”专项治理，省交办37件信访案件按时限要求全部化解。始终保持打黑除恶高压态势，破获刑事案件186起，查处治安案件1222起，社会保持和谐稳定。

五、注重标本兼治，全面加强党的建设，党组织的凝聚力、向心力、号召力持续增强

基层基础不断夯实。进一步加强基层党员干部教育培训，分期分批对全县农村（社区）“两委”主干、第一书记、村“两委”干部和农民党员共计4498人进行了集中培训，全县基层广大党员干部的理论修养和政治素质得到提升。列支1050万元，实施了基层党组织建设经费保障“固本工程”，重点对45个软弱涣散基层党组织开展整顿工作，选派第一书记赴村开展扶贫帮扶工作。

干部作风持续转变。深入开展了“三联五解”、党员干部进社区活动、党建示范点创建活动，干群同心、攻坚同力的氛围更加浓厚。开展了“三个一批”、刷新吏治“十项专项整治”等工作，制定出台了《关于进一步推进落实党员干部直接联系群众制度的实施意见》，严格落实县领导包社区建设工作制度、“三下两回一牢记”和“三包四有四评”制度，党建制度化水平不断提升。

党风廉政建设深入推进。制定出台并严格落实党风廉政建设党委主体责任和纪委监督责任两个《实施细则（试行）》，建立了述纪述廉述作风、书记约谈、廉政谈话等制度，全面加强对各部门各单位党组织落实“两个责任”督促检查，对落实“两个责任”不力的20人进行了问责。县委书记听取案件汇报30余次，批办问题线索19件，与班子成员和乡镇、部门一把手谈话80余人次。持续推进纪检部门落实“三转”，完善联组办案机制，积极运用“四种形态”，推动监督长效化、全覆盖，始终保持惩治腐败、狠刹“四风”的高压态势。年内，共立案149件，结案151件（上年结转2件），给予党政纪处分154人，其中，处分科级干部39人，重处分科级干部7人，移送司法机关4人。对13名正科“一把手”点名道姓作了通报曝光，查处违反中央八项规定精神案件3件4人。

（刘东升）

附：一、中共浑源县委书记、副书记、常委名单

书　记：张清河

副书记：赵亚雄（4月涉嫌违纪违法接受组织调查）
　　　　李凤冉　郭延斌（2月任职，挂职）

常　委：姚志强　杨志文　赵　亮　文晓东　郭普跃
　　　　孟玉香　李　好　边　晓

二、乡镇党委书记名单

永安镇

书　记：付元进

东坊城乡

书　记：武建文

裴村乡

书　记：张　军

西坊城镇

书　记：曹启龙

驼峰乡

书　记：杨　庆

西留乡

书　记：雷迎春

下韩村乡

书　记：屈永亮(12月离职)　宋桂珍(女,12月任职)

蔡村镇

书　记：乔　普(12月离职)　李兴宇(12月任职)

南榆林乡

书　记：裴雁巍

吴城乡

书　记：宋桂珍(女,12月离职)　姚振华(12月任职)

沙圪坨镇

书　记：李启忠

大仁庄乡

书　记：陈利军

黄花滩乡

书　记：左世明(4月双开)

大磁窑镇

书　记：熊开明

青磁窑乡

书　记：李兴宇(12月离职)　牛鹏飞(12月任职)

千佛岭乡

书　记：高　飞

官儿乡

书　记：任志强

王庄堡镇

书　记：杨振仁(12月离职)　乔　普(12月任职)

中共灵丘县委工作概况

县委书记　张　强

全县有党委22个,党总支47个，党支部614个,党员13352名。2015年灵丘县委深入贯彻党的十八大和十八届三中、四中、五中全会精神，以习近平总书记系列重要讲话精神为根本指针，按照中央和省、市的决策部署，坚持“六大发展”,围绕“抓五点、促七化”的发展思路，紧扣“建设面向京津冀地区宜居、宜业、宜游山水特色城镇”的发展定位,团结带领全县干部群众,解放思想、锐意创新,振奋精神、埋头苦干,全面推进转型综改,着力保障改善民生,切实加强党的建设,各项工作取得了显著成效。

一、全面推进从严治党,提高党建科学化水平

加强政治思想建设。一是开展“三严三实”专题教育。专题教育开展以来,全县28名县处级领导干部按照“抓好、抓准、抓实”的工作思路,把深入学习习总书记系列重要讲话精神和中央领导集体优良作风作为核心内容,读原著、学原文、悟原理,同时结合“三联五解”、“访知解”等活动,进村(社区)入户,认真听取群众意见,共查找到四套班子“不严不实”问题122条,领导干部个人“不严不实”问题225条。二是开展学习讨论落实活动。活动开展以来,全县各级党组织和党员干部积极响应、踊跃参与,广大人民群众衷心拥护、热情支持,整个活动开展扎实有序。活动中,全县各级党组织共组织各类专题学习758次,组织专题讨论653次,找出政治生态存在的突出问题535个,提出整改整治措施326条,确定整改问题1152个,建立规范约束权力运行制度130多项。三是开展“同心同力发展大同”大讨论活动。活动开展以来,县委制定印发了大讨论活动实施方案和大调研活动实施方案,方案具体细化了22个讨论题目和14个调研课题,县四套班子领导围绕调研课题深入各乡镇和职能部门开展调研39次,召开座谈研讨会29次,形成调研报告14篇。全县各乡镇、各部门结合工作实际,最终形成调研报告170多篇。四是加强公民道德建设。利用公共场所、交通要道、建筑围栏等多种载体,深入宣传社会主义核心价值观;开展了纪念中国人民抗日战争胜利70周年和平型关大捷78周年系列活动,加强公民思想道德教育;积极开展文明县城创建活动,圆满完成省级文明县城申报工作。

加强干部队伍和基层组织建设。一是稳妥推进“三个一批”工作。通过“六查”、“五评”和“四报”,全县共排查科级和重点岗位干部1028名,对全县394名干部进行了甄别,掌握使用优秀干部64名,处理干部14名,调整退出9名。二是加强年轻干部培养锻炼。选配了114名优秀年轻县直机关干部住村担任“第一书记”,依托团中央扶贫工作队的优势,从乡镇和县直机关挑选了12名年轻干部,赴江苏、广东、山东等地进行为期3个月的挂职锻炼学习。三是优化基层党组织设置。在全县33个机关事业单位设立了党组,成立了7个直属机关党委,1个企业党委，理顺了38家单位党组织隶属关系;对37个软弱涣散党组织进行了整顿;实施了“领头雁”培训延伸计划,培训“两委”班子成员、致富带头人和农村骨干党员1900多人;培养入党积极分子49人。增强基层保障,为每个行政村拨付5000元党建工作经费，为享受离任补贴的680多名村干部发放资金83万元。

狠抓党风廉政建设和反腐败斗争。一是严格落实“两个责任”。县委年初制定印发了“两个责任”的实施方案,将党风廉政建设工作任务进行细化分解,落实到17名县级干部、20个牵头部门和38个配合单位,初步形成了一级抓一级,层层抓落实的责任体系。二是加强廉政教育。两节期间在县电视台和县政府广场大屏幕展播了廉政公益广告和廉政文化标语;在《灵丘报》选登了廉政楹联;举办了“迎新春”廉政书画

摄影作品展；组织全县党员干部观看《警钟长鸣》《作风建设永远在路上》等腐败案例警示教育片，切实增强全县党员干部廉洁从政和拒腐防变意识。三是狠抓案件查处。以猛药去疴、重典治乱的决心，做到有案必查、有贪必肃、有腐必惩。全年共查结案件70件，给予党政纪处分70人，其中党纪处分67人、政纪处分8人、双重处分5人，初步形成了“不敢腐”的高压态势。

二、加快推进项目建设，发展壮大县域经济实力

一是推进项目建设。2015年共确定省、市重点项目56个，总投资173.17亿元，其中：项目储备完成1350亿元，完成年任务的135%；项目签约完成68.8亿元，完成年任务的114.67%；项目落地完成30.43亿元，完成年任务的102.29%；项目开工完成60.95亿元，完成年任务的102.82%；项目建设完成69.95亿元，完成年任务的102.75%；项目投产完成84.04亿元，完成年任务的102.4%。二是发展新兴产业。总投资6.4亿元的山煤灵丘比星实业开发有限公司60MW光伏发电项目工程预计2016年建成投产；总投资10.82亿元的寒风岭和白草湾两个风电场已经并网发电；总投资4.3亿元的甸子梁49.5MW风电项目已完成投资2.5亿元；总投资4050万元的上沿河生态水电站项目已完成主体工程；与北京大禹公司合作建设的通用航空产业园完成了空军机场军转民工作，正委托北京航空航天大学通用航空研究中心编制发展规划；总投资6亿元的平型关军事文化创意产业园区启动展陈提升项目，进入招投标程序。三是优化发展环境。抢抓扩权强县和简政放权优惠政策机遇，通过实施“六权治本”和电子政务平台建设，对所有审批事项进行了进一步的精简和压缩，变串联审批为并联审批，审批事项压缩了40%，审批时限由原来的平均12.8天压缩为5天。四是扩大招商引资。积极抓住荣乌高速晋冀段全线贯通的机遇，主动做好京津冀产业转移承接，先后组团到北京、河北、杭州、武汉等地考察；参加了第十八届“厦洽会”、九届“中博会”和中国西部进出口展暨国际投资大会等各类招商引资洽谈会；与中国青年科技工作者协会农业科学与技术专业委员会、中国农业大学新农村发展研究院联合举办了主题为“有机社区·美丽乡村”的第二届“车河有机农业论坛”；邀请中国青年企业家联合会50多名企业家代表在我县举办专场招商引资项目推介会，进一步提升了灵丘的知名度和影响力。

三、加快发展现代农业，扎实推进新农村建设

一是有机农业发展加快。总投资3.8亿元的车河有机社区建设项目已完成投资1.5亿元，完成杂粮、蔬菜有机种植700亩，养殖有机鸡3万只、有机羊1000只，柴鸡蛋取得了国家认证认可监督管理委员会的有机认证；总投资5.2亿元古路河有机社区建设项目目前正在完善规划；绿海金秋有机果蔬基地工程已建成4栋鸟巢式网壳智能温室。二是农业基础设施建设不断完善。大力实施水利工程，门头峪水库工程已完成投资2100万元，预计2016年全部完工；投资7145万元的小农水重点县建设项目完成年度总工程量的81%；投资204万元完成了农村饮水安全工程，解决了4000人、790头大畜的饮水不安全问题。三是畜牧业发展势头良好。全县大牲畜饲养量达到14.12万头，禽饲养量达到111.02万只，肉、蛋、奶产量分别达到20896吨、6705吨和3500吨。四是扶贫攻坚扎实推进。全年完成减少贫困人口7621人，实现了13个贫困村整体脱贫。此外，在落水河等6个乡镇开展了农村土地承包经营权确权登记颁证工作，完成了244个行政村的地籍调查测绘。

四、加快城乡基础设施建设，建设美丽宜居新灵丘

一是“大县城”建设方面。续建完成了1400米高速公路引线道路改造和1600米学府路北延工程；华润城市燃气续建工程新敷设中压管网6.8公里，新安装天然气入户2500户；投资2500万元完成了马走线县城段和振华东街新增高标准绿化12.97万平方米。二是道路交通建设方面。投资1260万元完成了沙涧至桃花溶洞（白沙口）改造工程；投资4600万元完成了漫沙线漫山至火车站段改造工程；投资2971万元实施了省道大灵线灵丘县城段改线工程，沥青混凝面层已铺设完成1.2公里；投资960万元完成了高速公路平型关出口改线取直工程。三是城乡清洁方面。投资2034万元新建星级公厕3座、购置各种大型清洁车辆8台、机械三轮垃圾清扫车44辆，新建农村生活垃圾收集点40个；继续实施武灵镇、东河南镇农村环境连片整治示范项目，对全县19处集中饮用水源进行了取样检测，全部符合饮用水标准。四是节能减排方面。严格控制污染物排放，关停了5家燃煤砖厂、拆除了火车站及周边生活区7台燃煤锅炉，完成了宏伟矿业等3家企业的钢铁（钢球）烧结脱硫实施改造；淘汰黄标车385辆，全年二级以上天数达到330天；五是生态治理方面。完成了京津风沙源治理工程2.25万亩、补贴制造林3350亩、巩固退耕还林薪炭林7180亩、村庄绿化17个村；实施了总投资760万元的京津风沙源治理小流域治理工程、总投资714万元的国家水土保持重点建设工程贾庄流域和唐河流域综合治理项目、总投资286万元的国家水土保持重点建设工程追加鹿沟流域综合治理项目。全县森林覆盖率达到28%。六是旅游业方面。加快景区建设步伐，投资1.55亿元对平型关纪念馆、觉山寺、北泉村等旅游景点进行了改造、修缮和保护建设，年内上北泉村被农业部、国家旅游局认定为全市唯一一家“全国休闲农业与乡村旅游示范点”。2015年全县共接待游客161.47万人次，旅游综合收入达到11.97亿元。

五、大力发展社会事业，增强人民群众幸福感

一是推进就业和社会保障工作。以充分就业为目标，全年新增就业人数1312人，创业就业人数420人，失业人员再就业人数230人，转移农村劳动力3676人。以扩面提质为重

点,不断完善社会保险体系,城镇职工基本养老保险参保人数达到13423人,城乡居民养老保险参保人数达到122504人,城镇基本医疗保险参保人数达到34137人,工伤保险参保人数达到18943人,生育保险参保人数达到13904人,失业保险参保人数达到8835人。二是全力做好社会救助工作。城乡低保标准分别达到387元/人/月和2658元/人/年;农村五保集中供养和分散供养标准分别提高到2400元/年和1530元/年;为77名低保特困家庭子女发放助学金15.08万元;为遭受自然灾害的群众发放生活补助金128.42万元;完成了农村危房改造1700户,抗震改建1750户,开工建设了5万平方米1000套公租房,对符合条件的保障对象分两批分配廉租房408套,使低收入群体的安居梦得以实现。三是大力发展各项社会事业。百校兴教工程方面,总投资1850万元完成了1所学校10600平方米的体育场建设任务,新建改建2所标准化幼儿园,改建3所农村幼儿园,全县留守儿童入学率达100%,2015年高考达线人数突破600人大关,创历史最高水平。卫生工作方面,为中医院招聘医护人员20名,启动了县医院医护人员招聘工作,完成了7个村级卫生室新建工作,全县参加新农合人数达到183118人,参合率达到99.12%。文化事业方面,精心组织了春节、元宵节群众文化活动,全年送文艺下乡131场,送电影下乡3199场,惠及群众10万人次。

六、加强社会治安综合治理,全力维护社会和谐稳定

严厉打击违法犯罪活动。全年共立刑事案件453起,破案99起,打掉涉黑涉恶犯罪团伙8个,抓获团伙成员27人;不断加强民爆物品管理,立涉爆刑事案件2件,行政拘留1人。构建立体化治安防控新体系。对全县12个社区划分为若干网络,对网格分时段、分层次投放警力,实现街面调度扁平化;投资55万元购置安装了互联网舆情监测分析系统,全年上报舆情293条,其中公安部采用1条,省厅采用171条。加强矛盾纠纷多元调处体系建设。建成1个县级矛盾纠纷调解中心,12个乡镇矛盾纠纷调解中心,254个村(社区)矛盾纠纷调解室,全年排查各类矛盾纠纷1254起,调处成功1229起,化解群体性上访11起。全面加强信访工作。深入开展"县四套班子领导大接访"活动,全年接待受理群众来信来访464批2212人次,圆满完成了中央、省、市"两会"、十八届五中全会及抗战胜利70周年纪念活动期间信访维稳工作,实现了"三个不发生"目标。坚持不懈狠抓安全生产工作。对非煤矿山、危险化学品、冶金、民爆等行业领域进行了安全大检查,排查企业243家(次),督促整改隐患269条,全年未发生重大生产安全事故,安全生产形势继续保持了平稳向好的发展态势。

(李云飞)

附:一、中共灵丘县委书记、副书记、常委名单

书　记: 张　强

副书记: 罗永山　方　旭　郑　凯(4月离职,挂职)

常　委: 索根生　赵　宇　张　田　张学梅(女)　郭尚元　高志明　谢　兴(2月任职,挂职)

二、乡镇党委书记名单

武灵镇

书　记: 胡桂森

东河南镇

书　记: 勾海德

上寨镇

书　记: 曹全先

落水河乡

书　记: 李守明(2月涉嫌违纪接受组织调查,撤职)

赵北乡

书　记: 王怀忠

下关乡

书　记: 王东伟

白崖台乡

书　记: 邓　榛

独峪乡

书　记: 王怀忠

石家田乡

书　记: 李灵杰

柳科乡

书　记: 张进明

史庄乡

书　记: 李　春

红石塄乡

书　记: 张秀丽(女)

中共广灵县委工作概况

县委书记　郭占宝

广灵县位于山西省东北边陲,永定河上游,毗邻灵丘、浑源、阳高和河北省蔚县。全县辖2镇7乡180个行政村,国土面积1283平方公里,耕地面积44.3万亩,总人口18.4万人。

2015年,中共广灵县委认真贯彻党的十八大和十八届三中、四中、五中全会精神以及省委、市委有关精神,紧紧围绕各项目标任务,牢牢把

握稳中求进、改革创新的总要求，以深入开展“三严三实”专题教育为契机，锐意进取，攻坚克难，转变作风，真抓实干，奋力推进经济社会发展，各项工作都取得了新进展、新成效。

一、固本强基，净化生态，党的建设不断加强

全县现有基层党(工)委19个(乡镇党委9个，企业党委3个，县直机关工委2个，县直机关党委5个)，党总支18个(农村党总支2个，行政、企、事业单位党总支15个，社会组织党总支1个)，党支部452个(农村党支部180个)。截至2015年底，全县党员9888名(其中女党员1798名，农民党员4698名)。

一是扎实开展“三严三实”专题教育。坚持“严”字当头、“实”处着力，高标准开展“三严三实”专题教育活动。坚持领导带头摆入的工作方法，通过领题调研、专题研讨、征求意见等方式，努力在深化“四风”整治、营造良好政治生态和推动改革发展稳定上真抓实干，力求实效。同时，积极开展了基层干部不作为乱作为等损害群众利益问题专项整治工作，发现整治不作为问题69个、乱作为问题31个和执法不公问题8个。通过开展专题教育，全县党员干部提高了思想认识，坚定了理想信念，转变了工作作风，强化了工作落实，进一步密切了党群干群关系。

二是夯实基层党建基础。制定了《广灵县选派农村第一书记管理办法(试行)》，加强对省市及全县机关企事业单位选派的93名“第一书记”管理；成立了180个村务监督委员会，实现了全覆盖；持续抓好在职党员进社区“三亮三服务一奉献”活动和县直单位党组织与社区党组织结对共建活动；在未设立党组的31个公务员和参公单位成立党组，充分发挥了党的领导核心作用；结合“五位一体”驻村帮扶活动对18个软弱涣散农村党组织和9个其他领域党组织进行专项整治，对不胜任现职的4个农村党组织书记及时进行了调整；加强硬件保障，提高了农村“两委”正职收入，并为每个行政村增加转移支付5000元，为每个村级组织活动场所补助5000元，为村级组织活动场所配置了办公设施和电教设备，达到了“三齐全”“四规范”“五上墙”的标准；在全县9个乡镇分别成立了1个农民专业合作社联合党支部，实现了农民专业合作社党的组织和工作全覆盖。

三是严格落实“两个责任”。强化压力传导，严格落实主体责任。先后6次召开县委常委会、党政联席会、全县干部大会等，专题研究部署党风廉政建设工作，及时解决反腐倡廉建设中的重点、难点问题；通过签订党风廉政建设目标责任书、纳入单位目标考核等方式，将任务和责任延伸到乡镇、部门，形成了横向到边、纵向到底、全面覆盖的党风廉政建设责任体系；抓住重要节点、抓住多发易发问题约谈党员干部146人次，对31名党员干部开展诫勉谈话，对新调整、任职干部开展任前廉政谈话17人，有力地促进了党员干部廉洁自律；通过召开全县大会、制发“两个责任”实施办法、完善履职报告制度、在县、乡两级开展“两个责任”调研、约谈和签字背书等措施，将责任进行层层传导、层层延伸、层层压实。强化执纪问责，严格落实监督责任，加大案件查处力度，全县纪检监察机关共结案90件，同比增长32.35%，党政纪处分100人(受党政纪处双重处分5人)，同比增长35.14%，其中乡科级干部26人，同比增长73.33%。移送司法4人，其中乡科级干部1人；处分的党员干部中党纪处分99人，重处分14人，同比增长100%；行政处分6人，重处分3人，同比增长200%。

二、立足优势，发掘潜力，经济建设迈上新台阶

一是农业产业化进程加快，新农村建设稳步推进。全面落实强农惠农政策，粮食持续增收，总产量达3.168亿斤，超任务指标3%。强力推进食用菌工厂化和规模化生产，全年生产菌袋5715万袋，发展以食用菌为主的设施蔬菜面积达8500亩，食用菌产业实现产值2.1亿元。在2015年召开的中国食用菌产业“十二五”百项优秀成果展示交易会上，广灵县被授予“中国食用菌产业‘十二五’百项优秀成果全国优秀主产基地县”称号，是全省唯一的一家。生态林业建设成效显著，完成营造林任务5.045万亩。新增“一村一品”专业村13个，全县共培育“一村一品”主导产业7大类12个，发展“一村一品”专业村79个。“三品一标”认证达14个，其中，无公害农产品3个，绿色食品4个，有机产品5个，地理标志产品2个。农业组织化程度进一步提高，全县培育发展省级农业产业化重点龙头企业7家，农业龙头企业全年实现销售收入12.6亿元。新增农民专业合作社42个，家庭农场25家，培育省级示范社3家，全县共发展农民专业合作社603个，家庭农场40家。扶贫开发和基础设施建设力度加大。实施了梁庄乡南坪村169户395人的扶贫移民搬迁和7个村的整村推进程，完成年度脱贫任务0.8万人。

二是环保工业初具雏形，节能减排成效明显。以“环保、节能、可持续”为目标，重点发展了新能源、建材、化工、镁加工、有色金属及特色农产品深加工“六大”支柱产业，工业结构渐趋优化，节能减排成效明显，形成了以绿色能源、优质建材、有色金属和特色食品加工为代表的现代新型工业体系，经济运行水平和运行质量稳步提高。重点项目进展顺利，总投资45000万元的润广卧羊场(49.5MW)风电二期项目，现已并网发电；总投资41418万元的国电新能源南村镇风电场(48MW)项目，2015年4月份起风机陆续发电；总投资6780万元的广灵县镁业科技有限责任公司年产1万吨变形镁合金生产线技术改造项目现已建成；总投资2451万元的金隅水泥4000t/d熟料新型干法水泥生产线清洁生产技术改造项目已全部完工。严格落实总量控制制度，实施结构减排、工程减排和管理减排，全年主要污染物预计削减量为：二氧化硫417.36吨；氮氧化物1469.75吨；烟尘7.2吨；粉尘10.5吨；化学需氧量152.96吨、氨氮11.49吨。县城饮用水水源地一、二级保护区和七个乡镇饮用水源地保护区的水质达标率达到100%。壶流河出境断面水质控制在国家地表水环境质量

Ⅳ类标准。县城空气质量二级以上天数为330天。

三是城乡建设扎实推进，基础设施日渐完善。坚持立足实际，从严编制规划，制作完成《涧东新区北片控规》，编制完成《广灵县五规合一规划》《广灵县望狐乡国家眷村人居环境改善试点村庄规划》《广灵县城排水防涝专项规划》；编制完成《六棱山风景名胜区总体规划》，进入筹备审批工作。扎实推进安居工程和保障性住房建设，100套公租房和392套安置住房已签订回购协议；县城86个老旧住宅小区综合整治工程第一标段7个小区1764户已全部开工；西关商品楼、人武部家属楼等9个小区利用自筹资金建设的供热、屋面防水等工程已基本完成；第二、三、四标段的71个老旧小区综合整治工程及北道岩、西河乡、城新村等7个“城中村”综合整治工程的已实现全部开工；农村危房改造1566户，抗震改建1150户。投资6166万元，完成集中连片特困地区县乡公路改造工程3条全长32.881公里；投资1137万元，完成安全生命防护工程42.33公里。

三、社会事业全面进步，社会保障不断完善

坚持教育优先发展战略，继续改善办学条件，深入开展教育经费保障机制改革，扎实推进办学体制和学校管理体制改革，实施了“提升教学品位，提升教育质量”的双提升工程，教育教学质量持续提升。2015年，小学阶段巩固率为100%，初中阶段巩固率为99.2%，高中毛入学率达到93.1%，高考二本达线人数及应届生占比较去年均有所增长，其中17名学生被“985”学校录取，47名学生被“211”学校录取，1名学生被北大录取，高考成绩实现了稳中有升。积极发展人口卫生事业，医药卫生体制改革工作进展顺利，加快推动公立医院改革，扎实推进全民医保体系建设，基本药物已全部纳入医保报销范围。进一步提高基本公共卫生服务均等化水平，新型农村合作医疗参保率达到99.64%，人口自然增长率小于6.5‰。繁荣发展文化事业，积极开展群众文体活动，完成农村电影放映“2131”工程全年放映场次2160场和送戏下乡任务180场，丰富了基层群众的精神文化生活。加快文化设施建设，扎实推进“三馆一院”建设，顺利完成主体工程。大力发展剪纸龙头产业，先后组织参加了山西省“红色记忆颂太行、弊革风清倡廉政”剪纸艺术作品展、深圳文博会、第二届山西文博会，进一步提升了广灵剪纸的知名度。继续推进“非遗”保护，顺利完成了第三批县级非遗项目的评审、公示工作。深化社会保障制度改革，着力解决群众的“后顾之忧”。全年城镇新增就业1380人，完成年目标106.2%；创业带动就业人数520人，完成年目标148.6%；失业人员再就业人数260人，完成年目标130%；就业困难人员就业人数130人，完成年目标130%；转移农村劳动力人数2560人，完成年目标106.7%；城镇失业率控制为3.8%。全县城乡居民社会保险参保91694人，参加失业保险6605人，参加基本医疗保险29238人。投资940万元建成作疃敬老院、蕙花敬老院、广灵县老年公寓、惠民敬老院，投资120万元新建了12所农村老年人日间照料中心，基本形成了覆盖县、乡、村三级社会福利供养保障体系；努力做到应保尽保，其中城市低保8465人，农村低保16337人，农村五保2586人，重点优抚对象489人，孤儿和贫困学生200余人。狠抓“平安创建”工程，强化食品药品安全监管，严格落实安全生产责任制，严厉打击各类违法犯罪行为，安全生产形势与社会治安秩序保持和谐稳定。

（田广源）

附：一、中共广灵县委书记、副书记、常委名单

书　记：郭占宝

副书记：李立平(女,1月免职)　张宏东　贾亚军(2月任职,挂职)

常　委：刘宝贵　牛志刚　郭云峰　杜　福　吴华泽　白　洁(女)　耿建举

二、乡镇党委书记名单

壶泉镇

书　记：李贵峰

南村镇

书　记：魏向军

作疃乡

书　记：刘玉清(女)

加斗乡

书　记：李尚吉

蕉山乡

书　记：仝在福

宜兴乡

书　记：王俊军

梁庄乡

书　记：阎熙福

望狐乡

书　记：张志新

斗泉乡

书　记：仝志华

中共左云县委工作概况

县委书记 胡 勇

2015年，左云县委全面贯彻落实党的十八大和十八届三中、四中、五中全会精神，深入学习贯彻习近平总书记系列重要讲话精神，认真践行"三严三实"，按照"四个全面"战略布局，落实省委"五句话"的总要求，在市委、市政府的坚强领导下，围绕"六个第一"发展目标，加快推进"六大发展""六权治本""六型转变"和"三个突破"，适应新常态，主动新作为，政治、经济、文化、社会、生态文明和党的建设不断取得新成绩，全县经济社会发展保持了稳中求进的良好发展态势，为"十三五"顺利开局打下了坚实基础。

左云县共有基层党委18个，党总支部30个，党支部534个，其中农村党(总)支部227个，社区党支部6个，非公经济党组织86个。全县党员8008名，其中农村党员3450名。党组织的覆盖面进一步扩大，凝聚力和战斗力进一步增强。

一、从严从实抓党建，不断提升党的建设科学化水平

深化学习教育，增强思想行动自觉。通过中心组学习、县级领导讲党课、云兴大讲堂、各单位学习日、廉政读书月、发放自学资料等形式，深入学习贯彻党中央会议精神和领导重要讲话；开展"三严三实"专题教育，先后召开28次专题研讨，在学习教育中增强党性；全县组织9个宣讲团分赴乡镇、机关、社区、企业、学校、农村等基层党组织进行党的十八届五中全会精神宣讲；开展"坚定信念、严守纪律、热爱家乡、建设左云"大讨论活动，确定15个重点调研课题，由县级领导分组领题调研，为全县开展"冬季行动"、制定"十三五"规划提供了理论依据和现实指导。

严明纪律规矩，推进党风廉政建设。认真贯彻落实中央和省、市委有关精神，坚持全面从严治党，坚定不移地惩治腐败、狠刹"四风"，持续加强作风建设。县委制定出台了落实党风廉政建设党委主体责任和纪委监督责任两个《实施细则》。县级领导带头，各乡镇和各单位"一把手"分别在电视上公开作出廉政承诺。坚持无禁区、全覆盖、零容忍，认真落实"两个为主"，加大办案力度，全年共立案79件，结案79件。针对节假日期间用公车、公款、公物参与私人祭扫活动以及公款公车旅游、公款吃喝、大操大办、借机敛财、公车私用等不良风气和"四风"问题，进行重点整治，党风政风民风为之一新。

严格监督管理，加强干部队伍建设。认真落实同组通字[2015]85号文件精神，严格执行领导班子民主生活会制度，共召开各级专题组织生活会和专题民主生活会568次。严格规范干部选任程序，消化混岗干部16名，消化超职数干部33名，从9月底开始，在全县60个公务员(参公)单位开展了职务与职级并行工作，共涉及181名干部。扎实抓好"三个一批"工作，共351人确定为甄别对象，目前，已全部完成六查、五评工作，通过了市委验收。

强化制度落实，夯实基层党建基础。建立党建工作责任清单和整改清单，细化、量化基层党建工作任务。实行农村基层党建项目化管理，破解基层难题。建立党建例会制度，听取基层党建工作汇报，研究部署各项工作。深化和拓展"三联五解"活动，开展密切联系群众、切实转变作风、干部驻村帮扶工作，组织广大干部深入农村当好"五大员"，帮扶"六类户"，实现联系群众"无缝隙"。加强基层党建工作，县财政拿出515.2万元为每个村拨付了运转保障和场所维护经费；对农村"两委"主干、正常离任的农村党支部书记和村委会主任发放了工资及补贴；对贫困村的党组织建立了"四联三下"帮扶整顿模式；通过"四议两公开"程序，进一步规范了村级组织权力运行。

二、以党建统揽全局，推动各项事业均衡发展

坚持多元发展，提高经济质量效益。煤矿建设稳步推进。由左云县监管的20座煤矿，6座实现正式生产，14座建设矿井累计完成概算投资的64.57%，2015年属左云县监管的煤矿共产原煤760万吨。项目建设有序推进。店湾、水窑光伏发电项目，已开工建设；大同煤制天然气项目《环境影响评价报告》通过国家环保部审查，围绕项目核准的各项工作有序推进；京同热电厂今年开工建设；引黄北干线左云供水工程项目正在筹备开工。大唐国际小京庄风电项目一期5万千瓦项目已列入国家能源局"十二五"第四批核准计划。总装机容量50万千瓦的国家采煤沉陷区先进技术光伏发电项目已开工建设。编制了《左云煤化工产业开发区总体规划》、起草制定了《关于推进左云县煤化工产业开发区建设实施方案》等相关规划和方案；规划申报的省级左云经济技术开发区今年获省政府批准设立。加大招商引资力度，累计完成招商签约项目19个，投资总额为207.1亿元。全力打好"冬季行动"攻坚战，为2016年项目建设奠定了坚实基础。三农基础得到稳固。新建马铃薯高产示范区1.11万亩，实施了4个"一县一业"项目。新建了11个标准化养殖园区。全县药材种植总面积达到1900余亩。建成设施农业537亩，完成17家"一村一品"专业示范村建设评审，新增节水灌溉面积1500亩，全县农机总动力达到12.5万千瓦，新发展农民专业合作社44家、家庭农场7家。

提振精神风貌，加强思想文化建设。以践行"左云精神"、实施"四德工程"为切入点，大力培育和弘扬社会主义核心价

值观,促进"三个倡导"深入人心。举办了首届左云县道德模范评选活动,制作了文化旅游宣传片并进行了参展宣传。制定出台了《左云县县级购买公共文化演出服务实施方案》,广泛开展群众性文化活动。实施了广播电视卫星户户通提质工程,开展了国家级非物质文化遗产——楞严寺佛乐传承、保护、开发工作。

增进民生福祉,促进社会事业发展。教育事业均衡发展。顺利通过了"国家义务教育发展基本均衡县"评估认定和"县级职教中心达标建设"的督导评估验收。实施了学校信息化建设工程,实现了班班通、校校通。医疗服务条件继续改善。积极稳妥推进机构合并改革,成立左云县卫生和计划生育局。持续深化医改,推行基本药物制度。争取各级财政资金购置了一批先进的医疗设备,完成了乡镇卫生院改扩建和周转宿舍建设任务。就业形势总体稳定。城镇新增就业 1257 人,城镇登记失业率控制在 4.2%以内,完成转移农村劳动力 2278 人;完成高校毕业生就业见习 80 人。社会保障不断加强。各项社保政策全面落实,城乡低保和"五保"实现应保尽保。城镇基本养老保险基金、城镇职工基本医疗保险征缴任务已完成,连续 11 年每年为企业退休人员提高 10%基本养老金。切实抓好安全生产。严格落实"党政同责、一岗双责、齐抓共管"的安全生产责任制,持续深入开展安全大检查和隐患排查治理。同时,狠抓消防安全、道路交通安全等重要领域、重点行业的安全生产工作。全力维护大局稳定。落实综治维稳目标责任制,层层签订责任书。切实抓好"两节"、全国"两会"等重要节日和敏感时期的安保工作。落实信访维稳责任,每月召开矛盾纠纷排查调处协调会议,集中研究解决涉法涉诉重点信访案件。

坚持绿色发展,城乡面貌明显改善。着力抓规划、治环境、强基础,大力实施"大县城"战略,重点推动《县域体系规划》《左云县环城水系景观规划》等规划编制工作,超前谋划空间布局,调整优化功能分区,科学指导城乡统筹发展。完成县城生活污水处理厂提标改造,县城垃圾处理厂建成投用,实施农村公路完善提质工程 110.34 公里。积极推进采煤沉陷区村庄搬迁治理和保障性住房建设工程,改造县城老旧楼 5725 户、农村危房 1122 户,抗震改建农村住房 500 户。推进环境保护与经济发展协调融合,主要污染物减排目标如期完成,县城空气质量稳定达到国家二级标准。全年完成造林绿化工程 3.7 万亩,成功创建省级园林县城和省级卫生县城,城市面貌不断改善,生态建设成效日益彰显。

(张国栋)

附:一、中共左云县委书记、副书记、常委名单

书　记:徐尚红(女,1 月免职)　胡　勇(7 月任职)

副书记:王东升　苏　智　魏智力(2 月任职,挂职)

常　委:赵建军　刘志强　常国文(12 月双开)

王建平　张立波　董晓纲(5 月离职)

何战勇(5 月任职)

二、乡镇党委书记名单

管家堡乡

书　记:冀文富

鹊儿山镇

书　记:张志宏

张家场乡

书　记:王　瑾

三屯乡

书　记:马　杰

云兴镇

书　记:潘志廷(8 月双开)

马道头乡

书　记:张生贵

小京庄乡

书　记:乔永忠

店湾镇

书　记:任　刚

水窑乡

书　记:韩月儒

中共朔州市委工作概况

市委书记　王安庞

截至 2015 年底,朔州市共有基层党组织 5112 个,其中基层党委 182 个,党总支 266 个,党支部 4664 个,有党员 83461 人,其中 2015 年新发展党员 978 人。

2015 年是极不寻常的一年,是朔州人民在艰难中坚韧前行、爬坡过坎、砥砺奋进的一年。2015 年,面对前所未有的困难和严峻复杂的挑战,市委在省委的坚强领导下,坚持"把方向、管大局、作决策、保落实",深入贯彻党的十八大和十八届三中、四中、五中全会精神,坚决落实习近平总书记系列重要讲话精神,按照省委"五句话"总要求和加快"六大发展"、实施"三个突破"、推进"六权治本"等重大决策部署,进一步突出推进经济结构优化和发展质量提升"两大任务"工作主题,认真落实全面从严治党责任,团结带领全市干部群众在困难中砥砺奋进,在挑战中攻坚突破,全市上下呈现出经济发展难中有为、社会大局和谐稳定、各项工作推进有序的良好态势。

一是坚决贯彻落实习近平总书记系列重要讲话精神，遵守党的政治纪律和政治规矩的自觉性得到新增强。我们坚持把学习贯彻习近平总书记系列重要讲话精神作为重要政治任务，采取市委常委会议、中心组学习会、全市性大会等多种方式开展学习，自觉做到在思想上政治上行动上与以习近平同志为总书记的党中央保持高度一致，一年来，市委常委会议专题学习7次，市委中心组集中学习19次。带头坚持并推动“双学”，深入学习以习近平同志为总书记的中央领导集体崇尚实干、勇于担当、廉洁自律的工作作风，深入学习新的省委班子夙兴夜寐、深入调研、以上率下、严于律己的工作作风，扎实开展领导干部“包县区、抓落实”、“专题调研、领题调研”等活动，将学习成果落实到具体实践中。带头开展“三严三实”专题教育，自觉把“三严三实”要求体现到坚持坚定正确的政治方向上，体现到落实党中央重大决策部署上，体现到严格要求自己上。强化《党章》意识，坚持把党的政治纪律摆在第一位，抓住政治纪律这个纲，把其他纪律立起来、严起来，执行到位。坚决贯彻执行民主集中制，不断形成总揽全局、运转协调、执行有力的决策机制。严肃党内政治生活，积极开展健康的思想斗争，加强班子成员的相互配合、相互支持，努力形成团结进取、干事创业的强大合力。

二是层层压实全面从严治党责任，党建科学化水平实现新提升。市委坚决贯彻全面从严治党要求，坚持把抓好党建作为最大的政绩，严格压实“两个责任”，对落实“两个责任”不力的54人进行了严肃问责，全面加强党的思想、组织、作风、反腐倡廉和制度建设。巩固提升党的群众路线教育实践活动成果。深入开展学习讨论落实活动，积极推动31项专项整治。扎实推进“三严三实”专题教育，市委常委带头讲党课，带头开展专题研讨，以上率下召开专题民主生活会，全市各级各部门共查找解决各类不严不实突出问题1620个，不断在全市各级党组织中营造了严修身勤律己、守纪律讲规矩、明权责重实干的良好氛围。圆满完成市人大、市政府、市政协换届工作，选举产生了新一届市人大、市政府、市政协领导班子，受到了省委的充分肯定。着力推进基层党组织建设，及时研究制定加强全市农村基层党建工作的“23项措施”。省委常委、组织部长盛茂林对朔州市的做法给予充分肯定，专门作出批示指出，“朔州市委结合实际，认真贯彻全省农村基层党建工作会议及时、认真、有力度。”不断加强干部队伍建设，推进干部教育，组织了丰富多样的专题宣讲，举办了4期县处级领导干部专题培训班。认真实施“三个一批”，积极开展“六查”，从严把好选人用人关，全年共研究干部人事任免12批次，涉及调整干部共121名(不含免职干部数)。其中，提拔31名，重用4名，平调40名，机构改革重新任职43名，军转安置3名。同时，不断强化干部日常监督管理。进一步强化纪律作风建设，认真组织学习贯彻《中国共产党廉洁自律准则》和《中国共产党纪律处分条例》。在全省率先开展了以集中整治不担当、不作为、乱作为和“四风”突出问题为主题的纪律作风教育整顿活动。盯紧重要时间节点，加强对违反中央八项规定精神和“四风”方面突出问题的监督检查。深入开展反腐败斗争，不断加大案件查办力度，全年各级纪检监察机关共立案1410件，结案1410件，给予党政纪处分1396人，同比分别增长96.4%、99.2%和89.9%，进一步保持了反腐败的高压态势。特别是以省委“两个专项治理”为契机，切实解决群众身边的腐败问题，查处侵害群众利益案件673件，深入开展乡村虚报冒领、套取骗取涉农资金自查自纠工作，全市71个乡镇678个村的1071人主动退缴340余万元，省委书记王儒林对朔州市的做法给予充分肯定，专门作出批示指出，“朔州市的做法好，请省纪委注意总结，在全省推动。”深入推进纪委“三转”工作。全面实施“六权治本”，研究制定《关于推进“六权治本”规范权力运行的实施方案》，制定并如期公布了市政府工作部门权力清单和责任清单，制定了一系列权力监管制度。

三是主动适应和引领经济发展新常态，转变发展方式迈出新步伐。市委坚持以经济建设为中心，主动适应经济发展新常态，积极推进稳增长、调结构、促改革、惠民生、防风险各项工作，产业转型升级迈出坚实步伐。狠抓煤电一体发展，积极推进煤炭“六型转变”，安全质量标准化矿井达到45座，全年生产原煤1.8亿吨。加快建设千万千瓦级电力基地，已并网发电装机953.35万千瓦，在建的电力装机655.55万千瓦，电力发展势头迅猛。同时，加快2条电力外送通道建设，一个真正意义上的“亿吨级煤炭、千万千瓦级电力”的全国综合能源基地已经基本形成。狠抓循环经济和新兴产业，抓住机遇大力发展循环经济，全市已建成145家工业固废综合利用企业，年可消化工业固体废物3035万吨。亚洲粉煤灰及脱硫石膏处理与利用技术国际交流大会连续三年在朔州市召开。加大新兴产业培育力度，全年共铺开新兴产业项目126项，完成投资106亿元。狠抓“三大突破”，坚持把“三大突破”作为破解发展难题、补足发展短板的突破口，按照全省金融振兴、科技创新和民营经济推进大会精神，全面部署了“三大突破”各项工作，制定了《关于促进朔州金融振兴的意见》《促进朔州金融振兴2015年行动计划》《关于全面推进科技创新的若干意见》《国家创新驱动发展战略朔州行动计划(2014—2020年)》《朔州市低碳创新行动计划（2014—2020年)》《关于加快民营经济发展的实施意见》，取得阶段性成效。在全省首家推行工业企业集合贷款，开展“助保贷”融资业务和中小企业贷款保证保险业务，成立创业就业小额贷款担保中心，设立注册1亿元的民营融资担保公司，农村信用社改制农村商业银行工作进展顺利。大同煤矿集团朔州煤电宏力再生工业股份有限公司成为朔州市第一家在“新三板”上市的企业，资本市场建设取得零的突破。去年全市社会融资总额完成119.49亿元，同比增长11.1%，银行业机构本外币各项存款余额1191.7亿元，较年初增加70.36亿元，增长6.3%，各项贷款余额558.6亿元，较年初增加45.7亿元，增长8.9%，存贷比达到46.87%，比年初提高1.13个百分点。狠抓重大基础设施建设，重点推进七里河生态环境综合治理、飞机场、高铁、朔州大医院、科技馆、高速公路等项目建设。狠抓农业农村工作，紧紧抓住被农业部确定为全国唯一的草牧业发展试验试点市的重大机遇，大力实施两个“双百工程”，全力打造山西省雁门关生态畜牧经济区的领头雁和核心区。把2015年作为“农村人居环境整治年”，累计完成投资2888万元，农村生产生活条件得到明显改善。同时，精心组织并科学制定《“十三五”规划建议》，为编制《“十三五”规划纲要》提供了科学指导和基本遵循。

四是认真落实全面深化改革各项任务，开放创新空间有了新拓展。市委坚持变中求新、变中求进、变中突破，全面深化改革不断向纵深推进，对外开放取得新成效。强化顶层设计，市、县两级全部成立全面深化改革领导小组，市委先后召开8次全面深化改革领导小组会议，制定出台了市委《2015年改革工作要点》和各专项小组《2015年工作计划安排》，确定了78项改革任务。实施重点突破，煤炭管理体制改革，综合性政务服务平台和公共资源交易平台建设，农村土地管理制度创新，户籍制度改革，医药卫生体制改革、公车改革等均取得阶段性进展。扩大对外开放，坚持走出去与引进来相结合，进一步深化“朔州企业家投资在朔州”活动，全年共签约招商引资项目119个，总投资1693亿元，完成年度目标任务的126.4%。

五是全力推进生态文明建设，美丽朔州建设展现新亮点。市委始终坚持把生态文明建设作为推进“两大任务”的战略支点，不断加快美丽朔州建设步伐。完成营造林22万亩，扎实推进水土保持治理五大工程建设和采煤沉陷区治理工作，进一步加大环境保护力度，坚决淘汰落后产能，控制能耗总量，减少污染物排放，城乡人居环境进一步改善。

六是扎实做好保障改善民生工作，和谐稳定大局得到新巩固。市委坚持把人民放在心中最高位置，把保障和改善民生作为一切工作的出发点和落脚点，全面推进各项民生改善和社会事业建设。加快发展科教卫生事业，在全省首家完成义务教育标准化建设任务，全面实施学生营养餐工程，农村寄宿制学生享受营养餐覆盖率达到100%；深入推进高新技术企业培育、知识产权保护等工作；全面实施城乡居民大病保险制度，全市新农合平均参合率达到99.68%。不断完善社会保障体系，积极推进全民参保登记工作，主要做法受到人社部和省人社厅的充分肯定；积极推动社保卡拓展应用，基本实现参保对象人人持卡；投资2亿元的朔州市科技创新园及大学生创业基地全面启动，吸纳各类创业人员5000多人，带动就业1.6万人。全年城镇新增各类就业2.3万人。扎实推进“双稳定”农民增收工程，大力实施稳定的就业岗位和稳定的收入来源“双稳定”农民增收工程，重点推进生态畜牧、农产品加工、陶瓷生产、中小微企业四大惠民富民产业发展，努力带动农民增收，全市农村常住居民人均可支配收入预计增长8%。大力实施扶贫开发工程，按照“精准扶贫、精准脱贫”和“五个一批”工作要求，多措并举落实扶贫攻坚任务，全年共有50个贫困村、23387人实现脱贫。继续深入推进“五城联创”，在荣获“山西省双拥模范城”称号的基础上，继续巩固园林化城市建设，成功取得全国文明城市创建资格，全面实施全国文明城市创建，重点攻坚全国双拥模范城。全力以赴维护安全稳定，全面开展安全生产大检查大排查活动，全市未发生重特大事故，安全生产形势持续好转。牢固树立总体国家安全观，积极推进社会综合治理，深入开展“打黑除恶专项斗争推进年”活动。坚持每季度召开信访联席会议，严格实行领导包案接访下访，坚决依法处置非正常上访，有力维护了依法治访的工作秩序。

七是着力加强宣传思想文化工作，文化强市战略彰显新特色。市委坚持把宣传思想文化工作摆在突出位置，不断凝聚全市干部群众干事创业的正能量和精气神。突出思想引领，加强思想政治教育，牢牢掌握意识形态工作的主动权。创新社科研究工作，相继推出具有地方特色的“三个文化”系列读本、“推进‘两大任务’战略研究”、“朔州英雄精神探究”等重要成果。突出舆论推动，紧紧围绕“唱响‘两大任务’，讲好朔州故事”的主题，精心组织了纪念抗日战争暨世界反法西斯战争胜利70周年系列宣传等对内对外宣传活动。突出精神激励，大力宣传社会主义核心价值观，进一步深化“右玉精神在朔州”活动，积极推进诚信社会建设。不断加强和改进未成年人思想道德建设，被中央精神文明建设指导委员会评为“全国未成年人思想道德建设工作先进城市”。突出文化支撑，加快创建国家公共文化服务体系示范区，文化旅游产业快速发展，逐步成为朔州市经济新的增长点。

八是大力发展社会主义民主政治，法治朔州建设开创新局面。市委坚持党的领导、人民当家作主和依法治市有机统一，进一步巩固发展了民主团结、生动活泼、安定和谐的政治局面。认真贯彻党的十八届四中全会精神，制定并印发了《中共朔州市委关于贯彻落实党的十八届四中全会精神全面加快法治朔州建设的实施意见》，并形成项目化推进机制。推进基层依法治理。积极稳妥推进司法改革，围绕促进公正司法开展了10个突出问题专项整治，省委王儒林书记、省纪委黄晓薇书记、省委政法委王建明书记分别作出重要批示，给予充分肯定。着力推进依法行政，深入开展法治宣传教育，在全社会逐步形成了学法、懂法、守法、用法的良好氛围。加强对人大和政协工作的领导，进一步巩固和发展最广泛的爱国统一战线。全面加强党的群团工作。加快推动国防和驻朔部队建设，推进军民融合深度发展。党校、民族、宗教、外事、对台等工作取得新进步。

（舒晓海）

附：中共朔州市委书记、副书记、常委名单

书　记：王安庞

副书记：李海渊　郑　红（女）

常　委：雷健坤（女）　康吉仁　刘英魁（7月离职）
李　锦　冯云龙　李根田
王建科（4月离职）　张立新（5月任职）
王加关（11月任职）　刘义清（4月任职）

中共朔城区委工作概况

区委书记　张立新

朔城区是朔州市委、市府所在地，全市政治、经济、文化中心。全区总人口51万，行政区划所辖2个镇，9个乡，4个街道办事处，299个行政村。全区共有基层党组织640个，其中基层党委25个，党总支26个，党支部589个（党小组1767个），党员12100名，占总人口的2.3%。

一、党的建设情况

2015年，朔城区委牢固树立"抓好党建就是最大政绩"的理念，把落实党建责任放在重要位置，认真贯彻中央从严治党八项要求，全面提升了党建科学化水平，为推动全区各项事业健康发展提供了坚强有力的政治保障。

一是持续深入学习贯彻习近平总书记系列重要讲话精神，思想文化建设取得明显成效。一年来，区委扎实推进理论武装工作，采取集中学习、专题辅导、讨论交流多种形式开展学习，区委中心组先后7次集中学习，开展基层送学80余场次，邀请专家学者举办了13场专题讲座，培训科级干部、农村、社区干部8期，受训人数达1.1万多人次。全力做好舆论引导工作，在各级各类主流媒体全方位宣传报道朔城区经济社会各项事业取得的新成果、新进展，营造了良好舆论氛围。同时，以培育和践行社会主义核心价值观为核心，加强了公民思想道德建设，以市区创建全国文明城市为龙头，提升了文明创建工作水平，政治思想建设扎实有效。

二是深入开展学习讨论落实活动，汇聚净化政治生态的强大合力。根据省、市委的统一部署，认真扎实开展了学习讨论落实活动，坚持领导带头，以上率下，学讲话、学作风，真学真懂、真信真用、真抓真改。全区各级党组织共举办各类培训班228次，召开座谈会256次，开展专题研讨895人次。围绕落实"两个责任"、实施"三个一批"、保持"三个高压态势"，出台有关规定，持续压实责任、传导压力。针对重点领域、民生领域、关键环节中群众反映强烈的突出问题开展32项专项整治，取得了较为明显的成效，切实增强了净化政治生态、实现弊革风清的政治自觉和思想自觉。

三是切实加强基层组织建设，牢固确立大抓基层的鲜明导向。坚持以上率下、一级抓一级、一级带一级的工作机制，先后召开8次常委会议，专题研究基层党建工作，区四大班子党员领导干部，认真落实"一岗双责"，示范推动党建任务落实。圆满完成农村、社区"两委"换届，行政村全部建立村务监督委员会，提高了村主干岗位报酬待遇，落实了离任村主干生活补贴。持续加强基层基础保障，党建经费全部列入财政预算。大力培树先进典型，在"七一"对25个先进集体和75名优秀个人予以隆重表彰。集中整顿软弱涣散党组织，选派29名机关优秀干部到村担任第一书记。

四是从严推进干部队伍建设，着力营造弊革风清的选人用人风气。以开展"三个一批"为切入点，不断加大从严治吏力度。探索干部培养选拔新模式，出台了《朔城区科级干部选拔工作暂行办法》，全委（扩大）会议公开票决产生了一批科级后备干部，切实提高了选人用人透明度。进一步做实干部监督考核，由区委组织部牵头成立5个组，对全区15个乡镇（街道）、66个区直机关事业单位，分片进行日常考察了解和督查考核，推动干部转变作风、积极作为，干部队伍建设得到进一步加强。

五是扎实开展"三严三实"专题教育，着力解决党员领导干部不严不实方面的突出问题。根据省、市委的统一部署，区委以高质量党课开局，全区县处级以上党员领导干部先后讲党课56场，受教育党员干部6780多人。坚持以"学"为先，分阶段制定《专题教育学习计划》，切实增强了学习实效。先后召开5次专题研讨会议，明确了问题清单和整改清单。召开了高质量的"三严三实"专题民主生活会和组织生活会，带头开展批评和自我批评，达到了增进交流、维护团结的目的，进一步汇聚起改革发展强大正能量。

六是全面落实"两个责任"，下大力气整风肃纪、高压反腐。认真落实党风廉政建设党委主体责任和纪委监督责任，全年召开常委会、常委（扩大）会18次，专题研究推进"两个责任"等工作，不断完善惩防体系，严格实行"一案双查"，切实加强监督管理，始终保持反腐败高压态势。大力开展纪律作风教育整顿，深入开展"四风"问题明察暗访，认真落实"问责年"的要求，深入学习贯彻新修订的《准则》、《条例》，持续推动党员干部纪律作风转变。同时，加大纪律审查力度，全区共立结案218件，同比增长101%，处分231人，同比增长66%，反腐倡廉工作取得阶段性成果，促进了全区党风、政风、社会风气的进一步好转。

七是充分发挥区委核心领导作用，不断提升依法执政的能力水平。区委认真贯彻落实省、市委的重大决策和工作部署，充分发挥核心领导作用，坚持依法执政、科学执政，认真落实民主集中制，坚持班子成员分工负责制，着力增强决策的科学性，促进了工作有效落实。区委坚持以全面深化改革统揽总局，不断向改革要动力、增活力，统筹推进了六大领域改革，取得了一定成效。坚持把"六权治本"作为有效制约和监督权力的重要举措，初步建立健全了管人、管事、管权的制度体系，并逐步向乡村延伸，着力构建不能腐的长效机制。区委经过深入调研论证，广泛听取民意，提出制定了"十三五"规划《建议》。区委积极支持人大、政协依法履职，全年区人大、政协开展专题视察调研、执法检查24次，提出意见建议166条，报送社情民意信息96篇，为区委科学决策拓宽了思路，提供了依据。区委注重发挥工、青、妇等群团组织的桥梁纽带作用，统筹抓好统战、工商联工作，进一步加强了民族、宗教、对台和610等工作，推动党管武装工作创新发展，汇聚了方方面面的智慧和力量，增强了战胜困难的底气和能力。

二、经济社会发展情况

2015年，面对经济下行压力持续增大的严峻形势，在市委、市政府的坚强领导下，朔城区坚持稳中求进工作总基调，主动适应经济发展新常态，加强对经济形势分析研判，积极开展调查研究，及时提出有效应对措施，扬长避短，深挖潜力，咬定目标不放松，合力攻坚促发展。

一是产业转型升级顺利推进。坚持发展是第一要务的战略思想，以稳定增长为目标，结构调整为核心，项目投资为抓手，突出做好煤与非煤两篇大文章，全力推动产业转型升级。推进了恒宝源、峪沟等煤矿项目建设，不断扩大煤炭洗选发运能力，确保了在困难形势下基本正常生产运营。重点围绕新能源、新材料、装备制造、新型建材、现代物流等新产业，加快转型项目建设。北京电子城·朔州数码港、同煤朔南电厂、神头光伏发电等项目加快建设，亨特年产20万吨合成高纯耐火材料项目正式投产，推进了普国边塞大集、大唐利民200兆瓦风电三期、大唐100兆瓦风电和20兆瓦光伏发电、韩国垃圾处理厂和节能锅炉等5亿元以上大项目。同时，继续推进园区基础设施建设，提升富甲工业园区发展水平，完善相关手续，正在积极申报省级开发区。

二是农民增收致富步伐加快。始终把“三农”工作作为重中之重，认真贯彻落实各级支农惠农政策，加大科技创新和投入力度，切实打牢粮、菜、牧三个基础，不断提升现代农业发展水平。全区粮食总产达到5.1亿斤，新增设施蔬菜面积1050亩，全区百亩以上设施蔬菜园区累计达到29个，完成15个标准化养殖小区建设，大畜饲养量达到7.9万头。按照中央精准扶贫、精准脱贫的部署要求，对全区农村贫困对象进行建档立卡，争取扶贫项目专项资金，实施移民扶贫搬迁。开展了农村集体“三资”管理专项清理整治，涉及7个乡镇、168个行政村、65万亩土地的农村土地确权工作稳步推进，已完成80%的任务。

三是绿色宜居城市建设加快。围绕全市推进“五城联创”、建设“塞上明珠”的工作部署，积极推进新型城镇化，促进了城市功能升级、乡村面貌改善。推进了紫金街恢河大桥、紫金街道路及铁路桥涵工程，开工建设了朔沙路北延线、广梵线下穿北同蒲铁路框构桥工程。实施了总投资5790万元的供热、供气、供水管网等基础建设，高标准建成民兵训练基地，改建4座公厕投入使用。推进了保障性住房续建工程11项，完成投资10亿元，建成6800多套。完成老城南门及南门瓮城恢复工程，推进了城南、城北改造工程，全面铺开了城乡清洁工程，城乡面貌大幅改善。同时，大力推进生态治理和环境保护，推进了七里河水保治理工程，完成拆除355户，开工建设洪水调节坝3座，新建拦蓄水坝8座，埋设灌溉管网5000多米。实施了西山生态八期工程1.8万亩，实施了国家、省、市级绿化工程8万亩，完成50个重点村庄绿化工程，新建和完善通道绿化100公里。加大污染减排力度，生态环境大幅改善。

四是民计民生改善成效突出。抓住群众关注的教育、医疗卫生、社会保障等热点、难点问题，全力以赴为群众办实事、办好事。省政府下达我区的1所特教学校、2所公办城镇幼儿园和4所农村幼儿园建设任务正在推进，八小扩建工程完工，九中、十中正在完善室外配套。中考、高考成绩连年攀升，迈入全省教育大区、强区行列。区、乡、村医疗卫生体系不断完善。落实新农合惠民政策，实现了“先住院、后付费”服务，有效缓解了“看病难、看病贵”难题。认真实施文化繁荣工程，国家知识产权强县工作稳步推进，成为全省唯一的国家级试点区。加强社会保险扩面征缴，全区各类保险参保人数达36.54万人次，征缴各项社会保险基金2.28亿元。大力推进全民参保登记工作，实现了全区社会保险人员全覆盖。大力推动“大众创业、万众创新”，强化了职业培训，切实抓好就业和再就业工作。

五是社会治理体系不断完善。紧紧围绕“平安朔城”、“法治朔城”建设总体目标，不断创新社会治理新思路、新模式，营造了平安稳定的社会环境。一年来，重点推进了43个社区的改造完善和全面启动工作，全面实施了社区网格化管理，理顺了社区职能，拓展了服务领域。扎实推进“天眼”工程建设，技防能力和技防水平明显提升，接受了全市“城中村”社会治安集中整治现场推进会的观摩。多领域开展依法治理，严厉打击各类非法违规行为，着力解决社会治安突出问题。同时，加强了矛盾纠纷排查化解，开展了信访积案大清底活动，有效化解35件重点集体访、18件重点个体访，信访高发势头得到有效遏制。

（刘　鹏）

附：一、中共朔城区委书记、副书记、常委名单

书　记：张立新（5月任职）

副书记：刘　彪（12月离职）　孟维君

常　委：史宝元（7月离职）　冯维新（7月任职）　李　杰　董　达　李有平　刘卫东　王建军　蒯　勇

二、乡镇（街道）党（工）委书记名单

北旺庄街道

书　记：陈　钊

南城街道

书　记：杜　超

北城街道

书　记：李志明

神电街道

书　记：林　实

下团堡乡

书　记：高　峰

神头镇

书　记：常武权

小平易乡

书　记：郭向东

贾庄乡

书　记：齐宏亮

滋润乡

书　记：齐宏业

南榆林乡

书　记：刘　丰

福善庄乡

书　记：赵子平

沙堺河乡

书　记：尚志新

窑子头乡

书　记：徐生荣

张蔡庄乡

书　记：梁耀文

利民镇

书　记：霍永生

中共平鲁区委工作概况

区委书记　吴晓斌

截止2015年底，朔州市平鲁区全区共有乡镇13个，党组织总数643个。其中区直党组6个，基层党委14个，机关党委5个，党工委5个，党总支23个，党支部601个。全区共有党员9665名，占全区人口的21.52%。

2015年，中共平鲁区委深入学习以习近平同志为总书记的中央领导集体崇尚实干、勇于担当、廉洁自律的工作作风，深入学习新的省委班子夙兴夜寐、深入调研、以上率下、严于律己的工作作风。开展领导干部“包乡镇、抓落实”等调研活动。带头开展了“三严三实”专题教育，自觉把“三严三实”要求体现到坚定正确的政治方向上，体现到落实党中央重大决策部署上，体现到严于自律上。带头强化党章意识，坚决贯彻民主集中制，坚持重大问题集体讨论、集体研究、集体决策，共召开11次常委会议，带头严格落实党内政治生活制度。

深入一线扶贫帮困、维护稳定，让群众在一线看到干部的身影，听到干部的声音，让崇尚实干、勇于担当、廉洁自律的良好作风在一线得到弘扬，“双学”成果在一线得到展现。

把党建作为最大的政绩，大力推进基层党组织建设。召开了乡（镇、街道）党（工）委书记抓基层党建工作专项述职会议，对党委书记进行现场评议。建立了农村党组织“三评两考一整治一提升”工作制度，把工作压力传导到了基层。

采取精准选派、分类选派的办法，向108个村派驻了第一书记，取得显著成效，受到了市委的充分肯定。大力实施“领头雁”培训工程，实现了培训全覆盖。制定了39项农村组织工作制度，汇编成册，在全区印发推行。建立了“党员活动日”制度，促进了党内生活制度化。

采取区委常委挂点、部门包村、工作队进驻、派驻第一书记的措施对28个后进支部进行了集中整顿，全部实现了晋级转化。投资1700万元的区级党务中心投入使用；投资825万元，采取新建、改建、租用等办法，解决了63个村的活动场所问题，实现了村级场所建设全覆盖。试行了农村“两委”主干结构工资制，使村“两委”主干的年人均报酬基本达到了农民人均纯收入的2倍。注重民意，强化法治，圆满完成了286个行政村、10个社区的“两委”换届任务。通过换届，换出了好干部，换出了正气，换出了活力。党员发展、党代表管理、大学生村官队伍建设等各项工作均实现了新进展。

围绕学习贯彻党的十八届五中全会精神，通过区委常委会、中心组学习会、全区性大会、网络在线等多种形式，组织全区党员干部认真学习宣传贯彻。组织190名正科以上领导干部在市委党校进行了为期两天的封闭式培训；邀请省委党校郑文靖、郭彩教授等专家学者对全区科级以上干部进行了4次辅导培训。全区各级党组织开展了丰富多样的专题宣讲活动，开展“五进”宣讲达100多场次，在全区营造出浓厚的学习氛围。

围绕振兴全区经济，区委常委会坚持统揽全局、协调各方，统筹推进经济、政治、文化、社会和生态文明各项建设，使全区各项事业取得新进展。

区委成立了全面深化改革领导组、六个专项小组，制定出台了工作程序和工作职责，形成强有力的组织领导机制，确保改革稳步推进。

一、强化产业转型升级，推进经济平稳发展

煤炭产业“六型”转变扎实推进。全面落实“煤炭20条”“煤炭17条”等政策措施，全力支持煤矿降成本、稳产量、提品质、保市场。全年生产原煤9203.19万吨，下降20.6%，其中：地方煤矿1540.29万吨，下降17.2%；中煤平朔7662.9万吨，下降21.3%。在煤炭价格持续下跌的困难局面下，帮扶一些煤矿企业顶住压力，下压成本，坚持生产，有力支撑了全区经济发展。

加快矿井标准化建设，已建成标准化矿井22座，正在建设的7座。加快煤电一体化步伐。总装机达402万千瓦的三个煤电一体化项目相继开工。蒙西到天津南1000千伏、晋北

到江苏800千伏两条特高压输电线路加紧建设。

园区建设效益显现。北坪、东露天两大园区完成工业产值58亿元,占比全区总量的26.1%。平安化工、劣质煤综合利用项目即将建成投产。

千万千瓦电力基地正在形成。除402万千瓦的三大煤电项目之外,年内60万千瓦的风电项目实现并网发电。截止2015年底,平鲁区建成和在建的电力项目总装机容量达到797.5万千瓦,占到全市的一半。千万千瓦级电力基地格局正在形成。

重点工程建设势头强劲。深入开展"项目提质增效年"活动,狠抓"六位一体",全力推进重点工程建设。共安排重点建设项目138项,完成投资215.24亿元,占年计划201.65亿元的106.74%,同比增长51.32%,为全市经济稳增长做出了贡献。

农业种植结构调整成效显著。大力调整农业种植结构,巩固提升胡麻、莜麦、荞麦、马铃薯四大粮食种植基地,规模引进藜麦、食用葵花、中药材等优良适地品种,高产创建面积达到17万亩。农作物总播面积88.6万亩,粮食产量1.06亿斤。

生态畜牧产业加快发展。紧紧围绕"1110"(农民户均1个大棚、1头牛,人均10只羊)目标,大力推广"双碾模式",扎实推进粮改饲试验区建设,推动畜牧业向基地化、产业化、集约化、品牌化方向发展。全区集中连片种植牧草面积达到10多万亩,牛、羊饲养量分别达到3.8万头、92.4万只。发展规模养殖户1450户,建成规模养殖小区68个、生态养殖园区35个。全年农产品加工企业销售收入达到12亿元。

预计全年地区生产总值完成160亿元,同比下降5%;公共财政预算收入完成5.5亿元,同比下降60.3%。尽管跌幅超过预期,但结构优化趋势明显,经济下滑过快的态势得到遏制。电力产业的强势崛起、现代农业的加快发展、项目建设的提质增效,为渡危机、稳增长提振了信心、树立了希望。

二、大力改善城乡人居环境,推进城乡协调发展

按照协调发展的理念,以"1430"为架构,加快城镇化进程。深入开展"五城联创",大力实施美丽城市建设。敬德大剧院正式竣工,平朔一级路改造如期完成,平安花园小区、南山湖、井西小区、善学小区等重点工程加紧建设。主动融入全市创建全国文明城市的工作大局,大力实施"五城联创",公共服务能力和整体形象得到进一步提升。以完善提质、农民安居、环境整治、宜居示范"四大工程"为重点,大力改善农村人居环境。采煤沉陷区治理工程全面启动,投资5.5亿元的7个乡镇15个村1.46万人的搬迁安置工作有序推进。

三、坚持生态建设与保护环境并重,推进绿色发展

按照省委、省政府"三加三不减"的要求,围绕"打造千里绿色长廊,构建200万亩生态屏障"的目标,完成大片造林5.87万亩。严守底线,加强环境保护监督,化学需氧量、氨氮、二氧化硫等各项控制性指标均在控制线以内。特别是经积极争取,我区被成功列为全国生态文明先行示范区,为绿色发展赢得重大机遇。

(马　军　许卫东)

附:一、中共平鲁区委书记、副书记、常委名单

书　记:吴晓斌
副书记:马占文　刘向东
常　委:苑冬梅(女)　卢义平　高耀君　陈永杰
王世杰　王　军　张仁英(4月离职)
朱学荣

二、乡镇(街道)党(工)委书记名单

井坪街道
书　记:赵占祥
井坪镇
书　记:李玉兰(女)
白堂乡
书　记:李　刚(7月离职)　卢义平(7月任职)
陶村乡
书　记:高日平
下面高乡
书　记:马润平
榆岭乡
书　记:孟　泽
向阳堡乡
书　记:黄国栋
西水界乡
书　记:刘华忠
凤凰城镇
书　记:贺永兴
高石庄乡
书　记:赵建新
阻虎乡
书　记:计瑞枝(女)
双碾乡
书　记:吴晋平
下水头乡
书　记:王志平
下木角乡
书　记:贯志强

中共怀仁县委工作概况

县委书记　齐海斌

怀仁县辖10个乡（镇），162个行政村。有基层党组织658个，其中党（工）委26个（乡镇党委10个，县直工委1个，系统党委7个，企业党委3个，非公有制经济组织党委1个，公安局党委1个，陶瓷园区党工委1个，二级党委2个），有党总支64个，党支部568个。党员总数13170名，占总人口的3.47%，其中女党员1932名，农民党员5440名。2015年发展党员105名，占全县党员总数的0.8%。

2015年，面对前所未有的困难和严峻复杂的挑战，怀仁县在省委、省政府、市委、市政府的坚强领导下，团结带领全县干部群众，深入贯彻党的十八大和十八届三中、四中、五中全会精神，坚决落实习近平总书记系列重要讲话精神，按照省委"五句话"总要求和加快"六大发展"、实施"三大突破"、推进"六权治本"等重大决策部署，坚持市委"两大任务"工作主题，以"推进富民强县、建设幸福怀仁"为目标，全县上下呈现出经济发展难中有为、难中有进，社会大局和谐稳定，各项工作推进有序的良好态势。

全年完成地区生产总值202.8亿元，增长5.9%；规模以上工业增加值75.3亿元，增长16.1%；固定资产投资157.1亿元，增长15.1%；社会消费品零售总额61.7亿元，增长4.6%；公共财政预算收入5.4亿元，下降36.8%，减收3.1亿元；农村常住居民人均可支配收入13261元，增长6.8%；城镇常住居民人均可支配收入29233元，增长6.7%，主要经济指标增幅高于全省平均水平。先后获得"国家农产品质量安全创建县"、"省级平安县"、"山西省双拥模范县"和"全省创业型城市"创建活动优秀县等多项省级以上荣誉。

一、深入学习贯彻习近平总书记系列重要讲话精神，坚持用讲话精神武装头脑、指导实践

坚持把学习贯彻习近平总书记系列重要讲话精神作为重要政治任务，围绕"四个全面"战略布局、"五大发展"理念、从严管党治党要求等内容，采取县委常委会议、中心组学习会议等多种形式开展学习，强化理论武装，自觉做到在思想上政治上行动上与党中央和省委、市委保持高度一致。一年来，县委常委会议专题学习7次，县委中心组集中学习15次，并学用结合扎实开展"一联四包"、"专题调研、领题调研"等活动，将学习成果落实到具体实践中。

二、深入推进党风廉政建设和反腐败斗争，形成"三个高压态势"

形成并保持惩治腐败的高压态势。2015年，县纪委共立案221件，党政纪处分235人，其中科级干部46人，重处分23人，分别增长92.6%、53.3%和130%，移送司法机关3人，在全县形成了反腐倡廉的高压态势。形成并保持狠刹"四风"的高压态势。2015年，对违反中央"八项规定"精神的24人给予党政纪处分，形成了强有力的威慑。形成并保持打黑除恶的高压态势。全县共打掉恶势力犯罪团伙4个，破获各类刑事案件351起，刑事拘留199人。刑事犯罪立案数下降7.1%，社会治安公众安全感满意度明显提高。同时，扎实推进"六权治本"工作，县级层面共建立完善各类制度17项，完成对全县36家县直行政职权部门权力清单、责任清单的审核工作，县级政务服务平台和党务公开平台建设基本完成，全县83家单位全部建立完善了"三重一大"依法决策和"一把手""五个不直接分管"等制度，实现了对权力运行的有效制约监督。

三、深入开展"三严三实"专题教育，全面加强党的建设

县委常委会就习近平总书记"三严三实"重要论述、党章党规等规定内容开展12次集中学习、5次专题研讨，召开了"三严三实"专题民主生活会，并牵头对县委25项专项整治任务进行检查验收。同时，不断加强干部队伍建设，全年举办各类干部专题培训班7期，培训干部1500人。稳步推进"三个一批"工作，选择海北头乡、县经信局作为试点单位，10个县直单位和10个乡镇作为重点开展单位，对151名干部进行了"六查"。从严把好选人用人关，全年调整干部4批次28名。完成了经信局和粮食局，卫生局和计生局，工商局和质监局的机构改革工作。扎实推进基层党组织建设，按照"三评一审一公示"的方式，对全县各领域基层党组织进行了分类定级，对26个软弱涣散基层党组织进行了集中整顿，从县直部门（单位）选派17名优秀干部到软弱涣散村担任第一书记。

四、狠抓发展第一要务，积极应对经济下行压力

加快调整产业结构。扎实做好煤与非煤"两篇大文章"，积极推进煤炭产业"六型转变"，加快推动陶瓷产业上档升级，积极推进工业固废综合利用，新兴产业不断壮大，全力加快项目建设，全年共实施省级重点工程8项、市级重点工程151项，完成投资105.9亿元，大力开展招商引资活动，全年共签约项目20个，签约金额287.5亿元，完成率122.3%。全力推进"三大突破"。在民营经济发展方面，全面落实省、市一系列企业减负帮扶政策措施，积极推进商事制度改革和"三证合一、一照一码"制度，全年新增小微企业472户，达到4172多户，从业人员5.8万人，实现营业收入121亿元。在金

融振兴方面，资本市场融资和创新取得重大突破，宏力再生公司成功在“新三板”挂牌上市。同时，县财政投入1040万元建立“助保贷”政府风险补偿金，为22家中小企业贷款1.04亿元。在科技创新方面，建成了综合性创业孵化平台，入驻创业实体518户，吸纳就业人数712人。切实做好农业农村工作。全年粮食产量达到3.74亿斤，兑现涉农补贴资金7181万元。扎实开展农村土地确权登记颁证工作，70%以上的行政村完成了确权登记工作。肉羊养殖保持平稳，全年饲养量达到410万只。国家草牧业发展试验试点县进展顺利，全县连片种植苜蓿4000亩。累计投入3217万元，实施农村“三拆四改五化”，农村人居环境明显改善。深入开展扶贫开发工作，全县贫困人口减少451户1284人。稳步提高城镇化水平。投资3800万元，新开通同煤小区两条道路，完成了3条城市道路改造工程。投资9.4亿元，完善了9个棚户区的改造工程。

五、坚持生态优先，加快建设美丽怀仁

在植绿兴水上，全年完成造林1.43万亩，栽植四旁树70万株，高标准实施新农村绿化15个，完成通道绿化植树18.7万株，全县新增育苗面积2800亩。投资324万元，解决了7个村3500人的饮水安全问题。鹅毛河湿地公园被成功列入第15批国家水利风景区。在节能降耗减排上，进一步加大环境保护力度，坚决淘汰落后产能，控制能耗总量，减少污染物排放，县城空气质量二级以上天数达到350天。

六、坚持和完善社会主义民主政治，加强法治怀仁建设

加强对人大和政协工作的领导，支持人大和政协围绕全县中心工作依法履行职能，高质量办理代表建议意见36件、政协委员提案34件。深入推进法治怀仁建设，大力开展法制宣传月、法律“六进”等法制宣传活动，扎实开展平安怀仁建设，深入实施“六六创安”工程，健全立体化治安防控体系，全县85%的村（社区）建成了平安村（社区）。

七、加强宣传思想文化工作，凝聚强大正能量

突出思想引领，加强思想政治教育，组织党校教师、理论骨干深入机关、学校、社区、企业、乡镇开展宣讲活动180场（次），培训党员干部1.2万人（次）。加强舆论引导，精心组织了“三严三实”专题教育宣传、纪念抗日战争暨世界反法西斯战争胜利70周年系列宣传。强化精神激励，扎实开展“科技、文化、卫生”三下乡等文明和谐创建活动，广泛开展道德模范、身边好人等先进典型的推荐、评选和学习宣传。坚持文化支撑，举办了元宵节全民健身文化演出活动、“四月八”民俗文化活动以及一系列文体赛事，农村电影放映“2131”工程演出1944场，送戏下乡140余场。

八、切实保障和改善民生，维护社会大局稳定

教育事业健康发展，2015年全县高考二本B类以上达线6465人，达线率为47.9%。新建改建3所城镇幼儿园、3所农村幼儿园。严格规范招生秩序和办学行为，实现了公办、民办教育优势互补、均衡发展。安居工程稳步推进，回购商品房939套，开工建设公租房324套，改造农村危房2355户。医疗卫生体制改革全面展开，公立医院实行药品零差价销售，乡村两级全部实施基本药物制度，县乡村三级医疗卫生服务体系达标率100%，新农合参合人数16.2万人，参合率达到99.85%。就业创业工作成效明显，城镇新增就业3525人，完成年任务的103%，失业率控制在3.17%以内。社会保障水平稳步提高，五大社会保险基金总收入3.18亿元，支出3.17亿元，累计结余4.09亿元。信访稳定工作坚决有力，严格实行领导包案接访下访，深入推动矛盾纠纷排查化解工作，扎实开展“信访积案大清底”和“信访积案百日攻坚”活动。安全生产全面加强，深入开展打非治违专项行动和重点行业领域安全专项整治，全县煤炭百万吨死亡率为零，全年未发生一起重大安全生产事故。

（张旭东）

附：一、中共怀仁县委书记、副书记、常委名单

书　记：齐海斌（7月任职）

副书记：吴秀玲（女，12月离职）

王彦平（女，12月离职）　潘浩敏（1月挂职）

常　委：司永恒（5月离职）　李启军

吴文莉（女，12月离职）　梁文晓　王万波

陈志刚　闫天兵

二、乡镇党委书记名单

云中镇

书　记：边彦明

何家堡乡

书　记：刘　鹏

吴家窑镇

书　记：于仲谦（9月离职）　岳中山（9月任职）

新家园镇

书　记：王　福

金沙滩镇

书　记：杨　钰

亲和乡

书　记：姜世广（9月离职）　石　晶（9月任职）

海北头乡

书　记：田　勇

河头乡

书　记：郭昌龙

马辛庄乡

书　记：谭金花

毛皂镇

书　记：石　晶（9月离职）　姜世广（9月任职）

中共应县县委工作概况

县委书记　兰成国

截止 2015 年底，应县共有 12 个乡镇，有县直党委(党组)6 个，基层党委 14 个，党总支 34 个，党支部 603 个，党小组 1196 个，党员 12798 名，占全县总人口的 3.8%。

2015 年，县委紧跟省、市战略部署，坚持从严管党治党，努力克服、积极应对面临的困难和挑战，全县各项工作保持了稳中有进、稳中向好的发展态势。

一、深入学习习近平总书记系列重要讲话精神和党的十八届五中全会精神，坚决贯彻落实省委、市委决策部署

把学习贯彻习近平总书记系列重要讲话精神作为重大政治任务，紧密结合“三严三实”专题教育、学习讨论落实活动等项工作，持续学、反复学、深入学。县四大班子成员带头讲“三严三实”专题党课 23 场次，全体县处级干部分五个专题进行了集中学习研讨。各乡镇各部门先后举办专题培训班 45 期，培训 3000 多人次。认真组织召开“三严三实”专题民主生活会，进一步筑牢了思想根基，在政治、思想、行动上与党中央保持了高度一致，切实增强了贯彻落实省委“五句话”总要求，推进全市“两大任务”，促进富民强县的责任感和紧迫感。深刻领会五大发展理念，准确把握省委、市委全会精神，把“三个突破”作为关键举措，着力在新兴产业发展上下功夫、出实招。精心组织“十三五”规划建议起草编制，充实完善了全县经济社会发展思路。

二、坚决压实“两个责任”，深入推进党风廉政建设和反腐败斗争

一是层层传导压力。出台了落实党风廉政建设“两个责任”的意见，拉出了“两个责任”清单。同时，加大督促指导、检查督办力度，一步一步把责任压力向基层党组织传导，初步构筑起了横向到边、纵向到底的责任落实体系。二是大力支持纪委履行监督责任。县纪委监察局退出议事协调机构 80 个，全面清理了基层纪委书记兼职和分管的其他业务工作。优先配齐了乡镇纪委书记和县直单位纪检组长。给县纪委调配了综合办案场所，为乡镇纪委增加了办公办案经费。三是积极创新纪律审查方式。探索推行了“信息沟通和问题线索移送、‘乡案县把关、一案一报批’、乡镇纪委联组划片交叉办案、机关纪检组联合巡察办案”四个机制，纪律审查工作水平明显提升。四是在纪律挺前上持续用力。规划建设了廉政教育基地，创作了《母亲的眼泪》微电影，开展了廉政知识竞赛、节前廉政提醒等廉政活动。深入开展党风廉政教育，强化约谈提醒。进一步引深作风建设，全年查处 48 案 48 人。五是狠抓纪律审查工作。加大案件批办、督办力度，积极支持纪委查办案件，全年查办案件 233 件，同比增 104.3%。

三、认真履行党建第一责任，进一步加强领导班子、干部队伍和基层组织建设

一是扎实推进“三个一批”。探索建立了处理惩治、退出、选拔任用干部的长效机制，年内共处理不廉洁乱作为干部 10 名，调整退出不作为不胜任干部 1 名，掌握使用敢担当善作为干部 47 名。二是强化干部选拔任用。严格执行新时期“好干部”标准，严格把握任用条件，全年共调整干部 9 批 66 人。三是强化教育培训。举办科级干部、党务干部培训班 3 期，培训 870 人次。加强“领头雁”培训，县乡两级共培训“两委”干部 1600 多人次。大力实施党员教育培训工程，实现了党员培训全覆盖。四是集中整顿软弱涣散村级组织。调整软弱涣散基层党组织书记 5 人，解决突出问题 42 件，28 个软弱涣散村级组织全面转化。五是持续推进基层党建工作创新。培养出 3 个省级、21 个市级先进基层党组织，组建农村产业党支部 20 个和合作社党支部 35 个。深入开展在职党员到社区报到、无职党员设岗定责、领导干部包村增收、县乡干部“五进双包”等活动，把党组织的政治优势转化成了推动发展的优势。

四、积极应对经济下行压力，经济社会各项事业取得新进展

全县地区生产总值完成 62.8 亿元，同比增 1.1%；固定资产投资完成 66.6 亿元，同比增 20.8%；规模以上工业增加值完成 9.2 亿元，增速同比降 7.2%；社会消费品零售总额完成 27.6 亿元，同比增 5.5%；城镇居民人均可支配收入达到 20738 元，同比增 7.1%；农村居民人均可支配收入达到 8786 元，同比增 7.3%；公共财政预算收入完成 1.63 亿元，同比降 13.9%。全县经济基本保持了平稳运行的势头。从主要工作来看：

(一)招商引资和项目建设扎实推进。签约招商项目 14 个，总额 162.2 亿元。扎实推进了总投资 98.8 亿元的 71 个重点项目、重点工程，完成投资 66.5 亿元。

(二)新兴产业健康发展。新型工业，以新能源、日用陶瓷、特色农产品加工“三大基地”建设为重点，扎实推进 26 个新型工业项目，完成投资 19.8 亿元。现代农业，大力推进“南菜北牧”发展战略，全县蔬菜播种面积稳定在 30 万亩，蔬菜收入 10 亿元，粮食作物总产达到 6.2 亿斤，农产品加工企业销售收入完成 53.3 亿元；新发展农民专业合作社 269 个，累

计达到2238个;全县规模健康养殖小区发展到200个,奶牛存栏6.01万头,肉羊饲养量120万只。文化旅游和商贸物流产业。推进了木塔实质性保护加固工程;加强文化产品开发,在全省第二届文博会上获5项大奖,全县各类文化企业发展到296家;3项非物质文化遗产被列为全市重点非遗保护项目,应县凉粉成为全省2015年唯一入选中国"美味方舟"的地方小吃。对金亿建材市场项目进行了重组盘活,建成了总投资10亿元的山西经纬通达现代综合物流园区。

(三)城乡建设一体推进。县城建设,完成了总投资9000万元的县城燃气、供热提质、城市道路建设和生活污水处理升级改造工程。大力推进总投资1.2亿元的保障性住房建设工程,394套安置房基本建成,190套公租房改建完成。集镇和新农村建设。重点是扎实推进了总投资3734万元的美丽乡村、危房改造、扶贫搬迁、乡村清洁四项工程。其中,美丽乡村工程完成6个试点村的建设任务,试点村累计达到28个。交通路网建设。投入资金近9000万元,完成了总长近100公里的七支沟、旧职中道路建设和县乡道路改造提升以及养护工程。

(四)生态文明建设统筹推进。生态水系,推进了总投资2亿元的全国第六批小农水重点县项目和小石口水库、马兰口水库等工程,完成了小石峪沟道治理项目、农村饮水安全工程。造林绿化,完成乡村植树3.94万亩、园区绿化12个、通道绿化170公里,县城绿地率达到39.8%,绿化覆盖率达到42%,人均公园绿地面积达到9.2平方米,省级园林县城建设成果不断巩固。节能减排,落实工业减排项目6个,农业减排项目18个,圆满完成减排任务,二级以上天数达到311天。

(五)民生社会事业成效明显。教育方面,义务教育、职业教育、高中教育同步巩固提升。特别是高考成绩大幅攀升,全县高考二本B类以上达线1488人,达线率38.67%,同比增13.5%。卫生方面,县级公立医院实行了药品零差价销售,医用设备检查治疗和检验检测两类医疗服务项目价格降低10%。投资275万元的55个村卫生室新建项目全部完工。科技方面,实施了无公害蔬菜产业技术集成与示范项目,2.1万户农户人均增收3584元。大力推动科普示范基地创建申报工作,圆满通过了"全国科普示范县"创建验收工作。社会保障救助和扶贫开发方面,发放各类救助资金1.2亿元,受益群众扩大到9.8万人。各类社会保险参保人数达31.25万人,征缴基金1.39亿元,发放资金2.29亿元。完成了2005人和2个贫困村的年度减贫目标任务。安全维稳方面。全年共办结23个信访积案,处理拖欠农民工工资案件15起,依法妥善处置非法集资案件11起;扎实推进平安应县建设,全县安全生产形势持续保持稳定。

五、主动承接上级部署任务,稳步推进全面深化改革各项工作

从制约全县改革发展的突出矛盾和问题入手,着力推动重点领域和关键环节改革取得突破。完成了卫生计生、工商质监、经信粮食等单位的机构和职责整合工作;依法取消和下放了20项职权事项;全面推行了惠农资金国库集中支付"一卡(折)通",土地确权登记工作扩大到6乡178村;在全省率先实行了"一事一议"财政奖补项目清单管理制度,完成了机关事业单位工资调整改革工作;成立了综合检验检测中心、食品药品犯罪侦查大队和9个乡镇食品药品监督管理站。特别是把实施"六权治本"和全面深化改革结合起来,扎实推进"六权治本"工作,46个县直部门完成了职权事项梳理的"二报二审"和"三报"工作,完成了试点乡镇、农村(社区)的职权服务清单梳理工作;扎实推进政务公开和党务公开,完善了年度目标责任考核制度,健全完善了"不作为、乱作为"考核问责机制;县人大、政协、纪委、检察院、审计分部门制定出台了权力运行监督管理制度。

六、发展社会主义民主政治,全面推进法治应县建设

成功召开县十五届人大五次、六次会议,完成了市六届人民代表大会代表选举工作。大力支持县人大及其常委会围绕中心、依法履职。支持县政协在推进民主协商上发挥作用,围绕重点领域、重点问题开展调查研究、协商议政和建言献策。巩固和发展爱国统一战线,广泛凝聚发展合力,县委统战部被表彰为全省统战工作先进集体;全面加强和改进对群团工作的领导,人民团体的桥梁和纽带作用进一步彰显。高标准完成了县委党校配套设施建设,大力推进党员培训工程,党校主阵地作用充分发挥。

加强和改进对法治应县建设的领导,制定出台了全面加快法治应县建设的《实施意见》,对法治应县建设作出系统规划部署,扎实做好"六五"普法收官工作,县检察院被评为"全国先进基层检察院"。进一步加强党管武装工作,圆满完成年度征兵任务,兵役登记工作全市第一,县人武部国防实训基地投入使用,国防教育、民兵预备役建设和双拥共建工作取得新成效。

七、加强宣传思想文化工作,营造良好社会氛围

大力实施"领导干部进党校常态化工程",广大党员干部的思想政治修养和文化素养进一步提高。进一步强化舆论引导,内外宣传实现了新突破。深入开展了"思想解放、县城清洁、文明出行、文明诚信、文明养成"五项重点工作,扎实推进省级文明县城创建工作,涌现出省级文明单位3个、省级文明乡镇1个,南河种镇被中央文明委表彰为"全国文明乡镇"。围绕创建国家公共文化服务体系示范区,大力推动地方特色文化大发展大繁荣,《大槐树下》在第17届全国"群星奖"大赛山西赛区获得第二名,被指定为文化部群星奖参赛剧目,县文化馆被中宣部表彰为"全国第六届服务农民服务基层文化建设先进集体",成功承办全省第七届击剑比赛,应县进入全省十大文化强县行列。

(安培兴)

附：一、中共应县县委书记、副书记、常委名单

书　记：兰成国

副书记：边润文　王志坚

常　委：谭德宝　张玉儒　唐学仕　卢生权
白玉堂(4月离职)　王金天(4月任职)
高世亮　武春兰(女)

二、乡镇党委书记名单

金城镇

书　记：张宝峰

镇子梁乡

书　记：寇永芳

义井乡

书　记：方国一(6月离职)

臧寨乡

书　记：刘　竹

大黄巍乡

书　记：胡文彬

杏寨乡

书　记：高建光(7月离职)　贺一凡(7月任职)

下马峪乡

书　记：程利民

南泉乡

书　记：李尚宝

南河种镇

书　记：王振兴

下社镇

书　记：李　宁

大临河乡

书　记：赵利勋

白马石乡

书　记：杨良贵

中共右玉县委工作概况

县委书记　苏连根

右玉县辖4镇6乡1个旅游区，总人口11.5万。共有基层党委12个，党总支11个，党支部381个，党员7480名，占总人口的6.5%。

2015年，在省委、市委的坚强领导下，右玉县深入贯彻落实党的十八大和十八届三中、四中、五中全会精神，按照“四个全面”战略布局和省委“五句话”的总要求，主动适应经济发展新常态，大力传承弘扬右玉精神，加快落实“两大任务”，统筹推进“六大发展”，全面从严管党治党，全面推进经济、政治、文化、社会和生态文明建设，在宏观经济下行压力持续加大的严峻形势下，全县经济社会各项事业保持了良好态势。全年规模以上工业企业增加值完成16.3亿元，同比下降3%。固定资产投资完成102亿元，增长19%；公共财政预算收入完成2.9亿元，下降32%；社会消费品零售总额完成14.62亿元，增长5%，地区生产总值完成55.3亿元，下降0.4%；城镇常住居民人均可支配收入完成19910元，增长7%；农村常住居民人均可支配收入完成6227元，增长7.2%。

一、坚持从严要求，层层压实责任，全面加强党的建设

(一)深入学习贯彻习近平总书记系列重要讲话精神，切实加强思想建党。坚持把学习贯彻习近平总书记系列重要讲话精神作为重要政治任务，采取县委常委会、常委(扩大)会、中心组学习会议等多种方式，及时传达学习，认真贯彻落实。深入开展“三严三实”专题教育，县委常委带头讲党课，开展了6次高质量的专题学习研讨，县委常委班子召开专题民主生活会，开展积极健康的批评与自我批评。县委常委以上率下坚持“双学”，为全县各级党员干部树标杆、做榜样。同时，积极开展送学下乡活动，组织宣讲60多次。

(二)从严从实落实“两个责任”，深入推进党风廉政建设和反腐败斗争。制定出台县委落实“两个责任”《实施意见》和考核办法，5名领导干部因落实主体责任不到位受到问责。深入推进纪委“三转”，不断强化纪律审查工作，全年共立案170件，给予党纪政纪处分166人、组织处理4人、移送司法机关2人。坚持“一案双查”，对15名领导干部进行了责任

追究。查处群众身边的腐败案件85起，给予党纪政纪处分85人、组织处理1人。认真开展虚报冒领涉农资金自查自纠活动,退缴资金24.75万元,给予党纪政纪处分16人、批评教育22人。持之以恒落实中央八项规定精神,坚决防止“四风”反弹,全年查处违反工作纪律问题17件、违反中央八项规定精神问题1件。

(三)坚持把从严治吏作为从严治党的关键,不断加强干部队伍建设。制定出台“三个一批”《实施方案》,并有序推进,全面实行领导干部个人事项报告和干部选任全程纪实等制度,进一步健全完善干部工作制度。深入推进干部工作“十项整治”,对2名超职数干部予以免职,清理吃“空饷”人员25人,基本完成干部“三龄两历一身份”审核认定。深入开展干部工作“六查”和干部任前审查,修订完善干部日常管理监督联系会议、新任科级干部跟踪考察等制度,从严加强干部监督管理。

(四)围绕增强基层组织的政治功能和工作活力,着力推进基层党组织建设。延伸拓展乡镇党委会“进村开”,共形成决议60余项。大力开展乡村“领头雁”培训工作，共培训2950多人次。转化农村和社区后进支部23个,选派118名第一书记到农村任职,并建立工作台账和管理办法。圆满完成社区“两委”换届。强化基层组织硬件建设,完善11个乡镇政务服务中心，新建村级组织活动场所9处，改造维修38处,新建社区服务中心2处、配套完善2处。全面解决504名离任农村“两委”主干生活补贴,在任“两委”主干报酬人均达6000元以上。

(五)扎实推进“六权治本”,努力把权力关进制度的“笼子”。县委常委会坚决贯彻民主集中制，进一步健全完善《县委常委会议事规则》等制度,形成纵览全局、运转协调、执行有力的决策机制。全县各部门、各单位的权力清单、责任清单和行政运行流程图已初步完成。县纪委、县人大、县政协关于加强对权力监督的意见和制度已建立健全,对权力运行的制约监督合力初步形成。健全完善联合审批、全程代办等制度,县级政务服务平台共受理审批和服务项目1.34万件,办结率95%,满意度98%。同时,选择5个重要部门和一乡一镇一村一社区为试点,延伸拓展“六权治本”工作。

二、积极应对困难,攻坚重点难点,全力推动经济平稳健康发展

(一)工业转型扎实推进。煤炭产业抓提质。积极推进煤炭产业“六型”转变,东洼北、玉岭2座矿井达到一级标准化要求,永昌煤炭物流园完工,东洼北煤炭集运站和同欣洗煤公司投入运营，四座地方煤矿产能由420万吨/年扩至540万吨/年。清洁能源抓扩容。中广核铁山堡风电二期等3期风电并网发电，华谊中泰2万千瓦光电项目已拿到路条,全县清洁能源年内新增18.5万千瓦，总装机容量达68.5万千瓦。材料化工抓技改。北岳玉龙30万平米人造花岗岩板材项目试产,惠洁粉煤灰综合利用项目二期100万平方米仿大理石项目完成立项。盛隆石材10万平方米大理石板材技改项目已办理土地手续。农副产品加工抓增效。臣丰10万吨苦荞饮料、祥和岭上1200吨羊肉加工等四个农副产品加工项目投产,中大科技亚麻籽深加工及工艺提升项目试产,安德益源甘草精加工项目、玫瑰种植加工项目基本完工。塞上绿洲沙棘酵素生产项目即将投产。同时,积极发展新兴产业和高新技术产业,朔煤电3G无线通信系统项目试产,永昌LED光电产业园达产达效。工业园区抓升级。梁威工业园区升级省级经济技术开发区通过省商务厅审批，园区展示中心投运,5家入园企业完成集中供暖。

(二)“三农”工作稳步提升。种养业规模化发展。全县粮油饲总播面积66.5万亩,粮食总产量0.34亿公斤。建成2个1万亩、5个5千亩、10个1千亩规模化种植园区。认真实施草原补奖等项目,新建标准化养殖园区6个,完善提升8个。苗木产业不断壮大。出台《关于加快苗木产业发展的意见》,成功举办林木种苗协会成立暨首届苗木交易大会,开通林木种苗网站,科学规范引导全县苗木产业发展。全县育苗总面积近8万亩。农业发展基础进一步夯实。完成16个村5248口人、1889头大畜的饮水解困任务,建设灌溉设施24处,完成节水灌溉面积1.8万亩,新修水平梯田8300亩。农业服务水平大为提升。完成100名技术指导员的遴选和700个科技种养示范户的筛选培育,推广地膜覆盖种植6万亩,推进扶持“一县一业,一村一品”项目3个,建设“一村一品”专业村20个。

(三)旅游业发展迈出新步伐。入选首批“国家全域旅游示范区”名单,成功举办第六届西口风情生态旅游文化节,积极推进杀虎口景区开发项目,争取到杀虎口旅游区自驾车营地建设等项目。加快推动油画产业和生态旅游深度融合发展,“西口风情”中国油画写生季在全国和全省产生积极影响，引进山西弘鹏源文化传播公司投资建设油画写生基地。全年游客人数、旅游收入分别达到158.3万人、15.31亿元。

(四)脱贫步伐不断加快。认真贯彻落实中央扶贫开发工作会议精神，制定出台《精准扶贫总体规划(2015-2020)》、《领导干部结对帮扶特困户规划》,全年脱贫7100人。金融扶贫发放扶贫贷款1300多万元。百企千村产业扶贫完成投资3.4亿多元,提供2000多个就业岗位。教育扶贫资助133名大学生和84名高中生。整合扶贫移民、生态移民等项目,出台符合条件农户在县城购置楼房补助5万元的政策,扎实推进移民搬迁。

(五)城乡一体化协同推进。突出县城引领,不断完善城市功能。坚持规划先行,完成《县城排水防涝专项规划》等规划编制,完成纵一路、文源南路道路延伸等市政道路建设和修复工程,建设供热管网23公里、换热站3座,二水厂建设、后河沟综合治理东段箱涵等工程完工,实施了滨河东沿路等道路绿化和提档升级工程。强化环境整治,提高城乡管理水平。实行县城建成区保洁区域划片管理,城市日常保洁和市场秩序成效明显。大力开展乡村环境清洁工程,打造省市县三级联创美丽宜居示范村3个。注重空间联系,推进城乡路网覆盖。右平高速公路控制性工程开工，虎山线改造完工,

109国道改线施工和监理招投标已完成，高墙框到右卫古城生态旅游路开工，完成78公里乡村道路建设和修复改造工程。

（六）经济发展活力持续增强。加强组织领导。成立县委全面深化改革领导小组，制定出台《全面深化改革领导小组工作规则》等制度。特别是坚持全面深化改革与推进“六权治本”工作紧密结合，加快简政放权步伐，规范约束和监督权力运行。坚持重点突破。制定出台《关于促进右玉金融振兴的意见》和《行动计划》，建立金融振兴联系会议制度，县财政为政策性融资担保公司补充资本金1.1亿元，注入金融创新奖补资金300万元。出台《“助保贷”业务重点小微企业扶持管理办法（试行）》，帮助中小微民营企业解决融资问题。积极引导企业加大科技研发力度，2家企业成为国家高新技术企业，全年有效发明专利9件。推动图远、臣丰两家企业申报“新三板”模式融资。制定出台《深化煤炭管理体制改革的实施意见》，积极推进煤炭管理体制改革。制定实施《创新生态建设和管护机制改革工作方案》，构建生态环境保护修复多元投入机制。加快推进以农村土地流转为重点的农村改革。同时，按照上级要求加快推进行政审批、户籍制度等各方面的改革。扩大对外开放。组织参加第九届中部投资贸易博览会等招商引资活动，在内蒙古呼和浩特和浙江温州分别举办产业对接恳谈会。全年共签约招商引资项目33个，总投资210.5亿元，为年度市定任务的130%。同时，坚持以改革创为引领，制定了“十三五”规划《建议》。

三、坚持民主政治，推进法治建设，着力构建公平正义、安定有序的政治局面

一是加强对人大和政协工作的领导。支持县人大及其常委会围绕全县中心工作依法履行职能，充分发挥地方国家权力机关的作用，审议“一府两院”专项工作报告20项，开展执法检查2次，依法作出决议决定3项，圆满完成市人大代表选举工作。支持县政协有效发挥政治协商、民主监督和参政议政作用，高质量办理政协委员提案及意见建议65件。认真贯彻落实中央和省委统战工作会议精神，进一步加强和改进新形势下工商联工作。二是深入推进法治右玉建设。认真贯彻落实党的十八届四中全会精神，制定出台《中共右玉县委关于贯彻落实党的十八届四中全会精神全面加快法治右玉建设的实施意见》。结合“六权治本”工作，加快法治政府建设。大力推进阳光执法、阳光司法，积极稳妥推进司法体制改革。制定出台《一村(社区)一法律顾问、一村(社区)一警联系走访工作实施意见》，扎实开展“大下访、大排查、大调处”活动。圆满完成“六五”普法考核验收工作。三是注重抓好群团工作。认真贯彻中央和省、市委党的群团工作会议精神，全面加强群团工作。同时认真做好工会、妇联等工作。四是认真做好党管武装工作。强化党管武装意识，认真研究解决有关问题，圆满完成年度征兵任务。

四、弘扬时代旋律，倡树新风正气，不断凝聚推动改革发展的思想文化认同

一是注重思想引领，加强意识形态工作。牢固树立政治意识、责任意识、阵地意识和底线意识，始终坚守党管意识形态、党管宣传思想工作的政治原则，进一步加强县委中心组学习制度，全年学习12次。二是注重舆论引导，凝聚发展正能量。累计在国家、省、市三级主流媒体刊发各类稿件400多件近100万字。开通官方微博“每日快讯”，推出手机客户端右玉频道、右玉精神手机客户端，山西新闻网右玉频道网站筹建工作基本完成。三是注重文明创建，培育社会主义核心价值观。“全国县级文明城市”创建活动基本通过年度考核验收。右玉县基层民警王一飞入围2015年度“山西好人”评选，三中教师石丽花孝老爱亲事迹入编《中国好人传》系列图书。四是注重文化支撑，推动文化发展繁荣。深入推进国家公共文化服务体系示范区建设，进一步完善“三馆一站”建设。成功举办首届农民篮球赛等文化体育活动。建设完善“农家书屋”100家。深入开展“三下乡”活动。新排道情戏《于成龙》和《绿色梦》，完成《右玉道情音乐》等书籍的编纂出版。

五、坚持民生为先，强化底线思维，切实加强以保障改善民生为重点的社会建设

一是加快推进社会事业发展。义务教育均衡县创建通过国家验收，“改薄”工作基本完成，高考本科达线人数实现四连增，教育教学水平进一步提升。完成县卫生、计生部门职能整合，实行分级诊疗，县级医院全部实现药品零差价销售，建设3所乡镇卫生院职工周转宿舍，国家级计划生育优质服务县通过考核验收。组建县食品药品监管综合检验检测中心。新一轮“户户通”完成1383户，新增有线电视用户870户。二是不断健全社会保障体系。各项社会保险参保人数累计达13.2万人，社保基金累计达4.5亿元，城镇新增就业1655人。进一步提高城乡低保标准，全年发放救助金450多万元。新建、改扩建两所乡镇敬老院和5个农村老年日间照料中心。低收入农户冬季取暖用煤货币化补贴全部发放到位。三是稳步提高社会治理水平。加快推进社会稳定风险评估和矛盾纠纷大调解体系建设，大力开展“打黑除恶”和城中村治安乱点整治工作，全面推进“六网覆盖”工作，社会治安状况持续好转。扎实开展安全生产专项整治，全县发生1起生产经营性交通事故。创新完善信访工作联席会议、接返教育稳控等制度，全县信访秩序良好。

六、放大生态优势，做好绿色文章，加快形成人与自然和谐发展的新局面

一是持续推进造林绿化和生态修复。认真实施京津风沙源治理、国家农业综合开发生态综合治理等项目，完成荒山造林3.5万亩，栽植各类大规格苗木90多万株。完成通道绿化8.6公里，通道绿化提档140公里。实施“三个一”绿化工程，新绿化乡村道路80公里、村庄30个，创建庭院绿化示范

村 11 个。积极推进采煤沉陷区和地质灾害治理，一期工程完成建设。二是持续推进节能减排和污染防治。大力开展环保检查专项治理，查处环境违法企业 21 家，完成县城污水处理提质工程。取缔两座 40 吨燃煤锅炉。提升环境监测能力，臭氧、一氧化碳、PM2.5 三项空气质量指标实现自动监测，完成年度大气污染防治任务。

（沈 强 李冬盛）

附：一、中共右玉县委书记、副书记、常委名单

书 记：苏连根

副书记：苏斌如 丁 裕

常 委：李 权 张乐祥 庞明明 李康正 卢世雄 侯照阳

二、乡镇(旅游区)党委书记名单

新城镇

书 记：韩志强

右卫镇

书 记：王志平

威远镇

书 记：田心世

元堡子镇

书 记：武振东

李达窑乡

书 记：蔡灵和

高家堡乡

书 记：郝建忠

牛心乡

书 记：王志文

白头里乡

书 记：杨 成

杨千河乡

书 记：蔚 瀚

丁家窑乡

书 记：李鹏泉

杀虎口旅游区

书 记：樊文智

中共山阴县委工作概况

县委书记 李旭清

山阴县总辖 4 镇 9 乡，县直党工委(党组)11 个、基层党委 27 个、党总支（支部）688 个、党小组 1917 个、党员总数 10868 人，占总人口数的 4.5%。

2015 年，面对前所未有的困难和严峻复杂的挑战，山阴县委在市委的坚强领导下，团结带领全县干部群众，深入学习贯彻落实习近平总书记系列重要讲话和党的十八大、十八届三中、四中、五中全会精神，围绕“四个全面”战略布局，贯彻省委“五句话”总体要求，紧扣“两大任务”、“六大发展”工作主题，凝心聚力抓转型，应对挑战解难题，砥砺奋进求发展，全县经济社会在下行压力不断加大的情况下，呈现出难中有为、推进有序、平稳有效的发展态势。

一、坚持以学习为先，政治自觉和担当进一步强化

坚持把学习贯彻习近平总书记系列重要讲话精神作为重要政治任务，采取县委常委会议、中心组学习会议、全县性大会等多种方式认真组织学习，坚决贯彻落实，做到入脑入心，在思想上政治上行动上始终与中央、省委、市委保持高度一致。一年来，县委常委会议专题学习 13 次，县委中心组集中学习 12 次，举办了 8 期干部专题培训班，多次组织专题宣讲和名家讲座。坚持从县委常委做起，深入改革发展稳定一线，自觉运用习近平总书记系列重要讲话精神指导工作实践，把学习成效充分体现在推进“两大任务”、加快“六大发展”的具体行动中。县四大班子成员带头开展“三严三实”专题教育，自觉把“三严三实”要求落实到坚持坚定正确的政治方向上，落实到执行中央和省市委重大决策部署上。

二、坚持以党建为基，管党治党责任进一步落实

始终坚持党要管党、从严治党，坚持把抓好党建作为最大的政绩，严格压实“两个责任”，着力强化政治保障。

一是抓基础，建优建强基层组织。采取配强班子治“软”、维护稳定治“乱”、发展经济治“穷”、完善制度治“散”四项措

施，换届新进党组织书记136名，选配“第一书记”66名，大学生村官担任两委主干73名，充实大学生村官到乡镇工作18名，培养后备干部356名，并使34个软弱涣散基层支部和11个后进支部实现了升级转化，有效夯实了党在农村的执政基础。

二是抓导向，从严教育管理干部。扎实推进“五有”干部队伍建设，使乡村干部队伍的履责意识、工作活力、服务能力得到全面提升，其做法得到了省、市充分肯定。强化“六查”工作，规范干部档案，防止带病提拔。针对干部“三龄两历一身份”、“吃空饷”、超职数配备等问题，集中进行专项整治。打好“三个一批组合拳”，掌握使用敢担当、善作为干部190人，调整退出不作为、不胜任干部11人，积极构建良好政治生态环境。

三是抓示范，深入推进“三严三实”专题教育。县四大班子领导带头讲党课，带头抓学习，以上率下召开专题民主生活会。讲党课33场次，集中组织专题研讨5次，召开各类座谈会45次，对梳理形成6个方面42项“不严不实”问题，进行整改落实。

四是抓传导，严格落实“两个责任”。制定出台落实党风廉政建设党委主体责任和纪委监督责任的两个《实施意见》和两个《十项规定》，严格落实“两个责任”。通过开展层层约谈，传递责任，传导压力。县乡两级共约谈3次64人，乡村两级共约谈958人。共有8人因党风廉政建设主体责任落实不力被问责，其中给予党政纪处分4人，诫勉谈话4人。

五是抓纪律，持之以恒正风肃纪。坚持把纪律和规矩挺在前面，学习贯彻新修订的《准则》和《条例》，强化纪律意识和规矩认识。开展整治不担当、不作为、乱作为和“四风”问题，推进干部纪律作风建设专项活动，各单位自查自纠问题200余条。

六是抓惩治，加大案件查办力度。严肃查处党员干部违纪违法案件，着力解决为官不净、为官不为和发生在群众身边的不正之风和腐败问题。全县共受理群众来信来访351件，立案217件，同比增长219%；处分225人，同比增长118%。积极推进乡镇纪委“三转”工作，实行了乡案县审制和乡案月报制，保证了审查质量。13个乡镇共立案92件，处分92人。

七是抓机制，扎实推进“六权治本”。重点突出“三清单、两张图、2+1平台、一监督”载体建设，构建权责一致、运行公开、依法保障、监督到位的权力运行机制。共梳理出权力清单项目2583项。建立完善“三重一大”决策制度机制和系列制度建设，实现对权力运行的有效制约监督。有序推进公共资源交易平台、政务服务平台，促进“六权治本”工作延伸推进。

三、坚持以发展为要，转型升级步伐进一步加快

坚持以经济建设为中心，主动适应经济发展新常态，积极推进稳增长、调结构、促改革各项工作，转型升级步伐进一步加快。

一是新型工业大力推进。紧紧抓住稳定煤炭生产这个关键不动摇，积极推进煤炭“六型转变”，14座煤矿完成标准化建设，生产原煤2258万吨，同比增长7.64%。狠抓煤电一体发展，光伏发电、风电项目同步推进，综合能源基地建设迈出新的步伐，煤炭深加工延伸发展。积极推动北周庄低碳循环经济工业园区升级省级经济开发区，加快北京神雾环境能源科技集团年产80万吨聚乙烯等多联产化工项目落地建设，为我县产业结构趋向优化奠定坚实基础。

二是特色农牧业强力推进。紧紧抓住雁门关生态畜牧经济区建设的有利机遇，建成标准化奶牛养殖园区121座。大力推进农业基础设施工程建设和农业机械化进程，农业综合机械化水平位于全省前列。实施了高效节水灌溉工程和膜下滴灌工程、新品种新技术试验推广工程和渗水地膜万亩旱地谷子种植试验示范工程，取得了良好效益。全县粮食总产量达到5亿斤。以粮改饲试点项目为契机，推进了全县草畜一体化进程。

三是城乡生态建设深入推进。牢固树立“尊重自然、顺应自然、保护自然”的生态文明理念，努力建设美丽山阴。植树造林完成1.93万亩，2015年到2025年退化防护林改造规划面积达到23.02万亩，重点实施了农村饮水安全、京津风沙源治理二期等重点建设工程。加大主要污染物减排工作力度，化学需氧量等六项指标全部符合要求，环境质量明显改善。

四是城市建设稳步推进。不断加强基础设施建设，完善城市配套功能。改造了30公里县城供水入户、青年街和供热管网工程；供暖热源新增50万平方米，解决了铁东民福保障房小区的供暖和供水问题。完成了古老线等6条乡村道路建设。完成了《县域城镇体系规划》等四个规划编审。通过推进设施提升等“四大工程”，使城市建设管理水平进一步提升。

五是“三大突破”扎实推进。积极推进金融振兴，创建中小微企业创新孵化和创业创新两个基地，已成功入住各类中小微企业28家，举办了多次银企对接洽谈会和招商引资活动。“助保贷”业务顺利推进，目前已为32家企业发放贷款10275万元。制定了山阴县《关于全面推进科技创新的实施意见》对加快实施科技创新驱动发展进行了统筹安排。出台了《关于进一步加快民营经济发展的实施意见》，认真落实企业减负和帮扶政策，为企业发展创造宽松环境，着力助推民营经济发展。

六是深化改革工作全面推进。紧紧围绕改革目标和要求，出台了《中共山阴县委关于推进全面深化改革的实施意见》，进一步明确改革措施、任务和重点，坚持整体推进与重点突破，有序推进各项改革工作。重点围绕土地确权、行政审批制度改革、医药卫生体制改革等领域谋划和推进改革，改革的方向性、针对性和实效性进一步增强。

四、坚持以民生为本，人民群众幸福指数进一步提升

县委始终把民生问题作为最大的政治来抓，把保障和改

善民生作为一切工作的出发点和落脚点。

一是倾心尽力办好民生实事。教育方面,扎实推进素质教育提升、扶贫助学爱心等"十大工程",完成5所农村幼儿园标准化建设,农村学校的基础设施得到了全面加强;医疗卫生方面,全县新农合医疗参合率达到97.5%,基本药物零差率销售,公立医院改革任务基本完成,新农合分级诊疗全面启动,省市三级医院医保实现直接支付;社会保障方面,保障范围扩大,保障能力增强,全民参保工作进展顺利,全县养老、失业、医疗等五项社会保险参保人数达28.2万人次。城乡最低生活保障有序有力,实现了应保尽保;扶贫开发方面,积极引导企业参与产业扶贫开发工程,古城乳业等4家企业带动900多贫困人口脱贫;住房保障方面,开工建设城市棚户区改造房屋323套,城中村改造138户,改造面积2.5万平方米,完成农村危房改造任务1230户。

二是全力以赴维护社会稳定。始终坚持稳定压倒一切的理念,全面加强社会治理。完成了"街面智能高清视频监控"等六大系统建设,"六网覆盖"工程建设成效明显。组织开展了打黑除恶、"城中村"治安乱点整治等专项行动,始终保持了严打高压态势,确保了全县社会治安的平稳安定。扎实开展"信访积案百日攻坚"及"以群众举报乡村干部腐败为切入点集中解决群众信访诉求问题"专项活动,加大领导接访力度,深入开展"走、解、树"活动,所有来访事项均得到妥善处置,初信初访办结率为98%,信访总体态势平稳。

三是积极推进宣传思想文化工作。突出思想引领,不断凝聚全县干部群众干事创业的正能量和精气神。牢牢掌握意识形态工作的主动权,充分发挥文化的宣传引导作用,理论武装扎实推进,新闻宣传亮点频现,群众文化日益活跃,文明创建全面延伸,营造了良好的舆论环境。成功举办了纪念抗战胜利70周年暨世界反法西斯战争胜利"十项"系列活动,央视中文国际频道大型系列节目对广武旅游景区做了全方位的介绍,进一步提高了影响力和知名度。

四是毫不放松抓好安全生产。始终把安全生产作为全县最大的民生来抓,严格落实"一岗双责"、"党政同责"、企业安全生产承诺制、安全生产包保责任制等制度,强化安全监管,完善责任体系,引深安全生产专项整治和隐患排查治理工作,严把煤矿防治水和防灭火措施,重拳打击私挖乱采,全县安全生产形势呈现平稳态势。

五、坚持以法治为重,民主政治建设进一步加强

坚持党的领导、人民当家作主和依法治县有机统一,进一步巩固发展了民主团结、生动活泼、安定和谐的政治局面。制定并印发了《关于贯彻落实党的十八届四中全会精神全面加快法治山阴建设的实施意见》,并列出任务清单、责任清单和工作标准,形成了项目化推进机制。着力推进依法行政,深入开展法治宣传教育。加强对人大和政协工作的领导,进一步巩固和发展最广泛的爱国统一战线。全面加强党的群团工作。坚持党管武装原则,军民融合深度发展,人武工作成效显著,被省军区评为一类人武部,表彰为战备训练先进单位。党校、民族、宗教、外事、对台等工作取得新进步。

(韩承升)

附:一、中共山阴县委书记、副书记、常委名单

书　记:侯　元(5月离职)　李旭清(5月任职)

副书记:南志中　李全胜

常　委:程万强　句爱云(女)　黄永红(女)

闫祖伟　郭兆文　王　伟　钟军辉

二、乡镇党委书记名单

马营乡

书　记:王嘉平(6月离职)　乔新文(11月任职)

玉井镇

书　记:陶占有

吴马营乡

书　记:魏雁明(11月离职)　朱志斌(11月任职)

下喇叭乡

书　记:张志斌

北周庄镇

书　记:史俊龙

合盛堡乡

书　记:吴玉梅(女)

岱岳镇

书　记:马维华(11月离职)　魏雁明(11月任职)

安荣乡

书　记:王登峰

薛圐圙乡

书　记:梁日军(11月任职)

古城镇

书　记:刘世泉

马营庄乡

书　记:郭全业

后所乡

书　记:乔新文(11月离职)　宋　军(11月任职)

张家庄乡

书　记:刘文斌

中共忻州市委工作概况

市委书记　李俊明

2015年，忻州市委在省委的正确领导下，团结带领全市干部群众，深入贯彻落实党的十八大和十八届三中、四中、五中全会精神，坚决贯彻落实中央“四个全面”战略布局和省委“五句话”工作总要求，主动适应经济发展新常态，深入推进党风廉政建设和反腐败斗争，努力推进“十二五”圆满收官，全市经济社会发展和党的建设取得了新进展、新成效，开创了弊革风清、富民强市的新局面。

一、坚持“双学”，向中央看齐，以上率下推动工作

学讲话，坚持把深入学习贯彻习近平总书记系列重要讲话精神作为重要的政治任务，作为各项工作的根本遵循，进一步健全和完善常委会专题学习、中心组学习、集体学习各项制度，组织中心组专题学习17次，举办忻州大讲堂5期，建立中心组微信学习平台，构建以口袋书和移动手机为载体的理论随身课堂，中宣部、山西日报都宣传报道了忻州的经验做法。学作风，深入学习以习近平同志为总书记的中央领导集体“崇尚实干、勇于担当、廉洁自律”的优良作风，从自己做起，以上率下，要求全市党员干部做到的，市委常委首先做到，努力为全市党员干部树标杆、作表率。市委制定出台了《中共忻州市委关于加强常委会自身建设的若干意见》，建立市级领导干部直接联系群众制度、市委常委工作动态报备制度，严纪律、明规矩、强作风，通过加强自身建设，形成了一级抓一级、层层推动工作的良好氛围。为了确实转变作风，按照省委安排部署，全面开展“冬季行动”，召开动员大会，制定并下发《实施方案》，市委向全市广大干部群众发出“冬季行动”动员令，要求变冬闲为冬忙，变冬休为冬干，变冬懒为冬勤，开展项目建设百日行动等各项工作，努力为“十三五”开好局、起好步奠定基础。

认真学习新的省委班子“夙兴夜寐、深入调研、以上率下、严于律己”的工作作风。突出重点，不辱使命。高度关注、认真研究省《规划》建议，主动进行对接沟通，积极争取重大规划、重大布局、重大项目对忻州的支持，提出了12条意见建议，有9条被采纳，特别是王儒林书记《说明》中提出的6条重点建议中，就有忻州市提出的打造长城（山西段）旅游景点景区、脱贫攻坚、滹沱河等流域综合治理3条建议。同时，以对忻州负责、对历史负责的态度，举全市之力、集全市之智，精心组织市委“十三五”规划建议起草工作，真正让《规划》建议引领未来发展，指导崭新实践。2015年媒体曝光五台山问题后，市委常委会高度重视，以王儒林书记五台山调研重要讲话精神为基本遵循，围绕“四个第一”的目标要求，坚持应急与谋远相结合，全面开展了五台山景区综合整改整治工作。共问责处理59人，配合省调研调查组制定管理体制改革两个《指导意见》，制定忻州市《实施方案》等，推动整治工作取得了阶段性成果。2015年国庆长假期间，景区旅游人数达12.2万人，同比增长63.2%，没有发生一起投诉举报事件，没有出现一例负面曝光。10月9日，国家旅游局撤销了对五台山景区的警告处分。五台山整改整治工作已全面启动、有序推进。

二、适应常态，深化改革，推进全市经济持续健康发展

全市地区生产总值完成681.2亿元，同比增长2.4%；全社会固定资产投资完成1120亿元，同比增长16%；规模以上工业增加值完成255.1亿元，同比增长0.8%；社会消费品零售总额完成311.2亿元，同比增长5.3%；城镇居民人均可支配收入增长7%以上；农村居民人均可支配收入增长8%以上。

强力推进“三个突破”。全面落实全省金融振兴、科技创新和民营经济三个推进大会精神，分别召开忻州市推进大会。完善深化科技体制改革、加快区域创新体系建设的《实施意见》和《国家创新驱动发展战略忻州行动计划》；形成了国家、省、市三级技术中心为主的技术创新体系。出台民营经济35条，着力破解九大难题，全年，全市新发展私营企业同比增长33.8%。制定推进金融振兴的8个方面32项具体措施，建立全省规模最大的企业资金链应急周转保障资金池。

全力抓好项目攻坚。坚持“产业第一、项目至上、企业为重、服务为本”。实行“八位一体”抓项目，组织开展了项目观摩和分类考核，奖优罚劣，对河曲等8个县（市）及市发改委等12个市直部门进行了表彰，形成了比学赶超的浓厚氛围。3个低热值煤发电项目开始施工，大西高铁忻州段、静游地方铁路、原神高速公路等重点工程建设加快推进，五台山机场正式通航。项目攻坚不断深化，重点工程6项指标全面完成或超额完成，分类考核重大产业项目入库投资167.1亿元，招商引资到位资金超额完成年度目标任务。加快产业集聚区建设，全市15个产业集聚区落地开工项目189家，累计投入资金25亿元。

大力做好“三农”工作。全市粮食总产量达到30.1亿

斤。转变农业发展方式，加快培育新型农业经营主体，全市新认证“三品”151个，新发展农民专业合作社1067个，其中国家级示范社18个、省级示范社213个，静乐县跻身全省农村电子商务示范县。加快特色农业建设，五寨县被授予“中国甜糯玉米之乡”，杂粮、畜牧业、设施农业基地建设继续保持良好势头，参加第四届中国（山西）特色农产品交易博览会，共签约项目16个，总投资54.9亿元。

合力加快城镇化建设步伐。在连续三个大干城建年基础上，把2015年确定为忻州的“城市建设管理提升年”，中心城区30条道路工程国庆节前全部竣工通车，中心城区和原平市创建省级园林城市工作全面启动，城乡人居环境显著改善，忻州市跻身中国宜商城市竞争力前200名城市第158名。雁门关5A景区通过评审，全省城乡爱国卫生清洁运动暨农村改厕工作现场推进会在忻州召开，五县三镇通过创卫验收，忻州市城区和偏关县创卫工作全面启动。在全省县域经济发展考核评价中我市C类县考核总体靠前，河曲县获C类县“状元”。农村人居环境改善工程超额完成省下达投资任务，19个省级、25个市级、50个县级美丽宜居示范村加快创建。

努力深化各项改革。实施转型综改2015年行动计划，“1113”重点任务全面推进。在全省率先推进收费制度改革，实现了收缴分离、票款分离、权钱分离。中国（太原）煤炭交易中心忻州交易处启动运营，成为我省首家在地市设立的交易机构。取消《煤炭生产许可证》等“三证”审批发放。农村土地承包经营权确权工作全面展开，土地承包经营权抵押贷款取得试点经验，全市土地流转84.84万亩，承包耕地农户近9万户，山西省产权交易中心入驻忻州。取消、承接、下放行政审批项目33项，全面清理并彻底取消市级非行政许可审批类别，市级行政审批项目调整为167项。

三、统筹发展，改善民生，开创富民强市的新局面

坚持民主与法治建设。加强和改进对人大、政协工作的领导，坚持和完善人民代表大会制度，支持人大及其常委会依法履行职责。积极支持人大推进地方立法工作，今年11月省十二届人大常委会第23次会议已授权我市制定地方性法规，忻州市立法工作将全面启动。坚持和完善多党合作、政治协商的制度，积极支持和鼓励人民政协围绕市委中心工作履行职能、献智出力。深入推进法治建设。在全省率先启动了“1+6”工作体系，形成了六个联席会议制度协调运转的工作机制；出台了《关于深入推进法治忻州建设的实施意见》以及《分工方案》。稳步推动司法体制改革试点工作，全面实施“阳光司法”工程，开展“三大平台”建设。全力推动涉法涉诉信访改革。

加强宣传思想文化工作。出台《关于各级党委书记带头抓好意识形态工作的意见》，全面加强对意识形态工作的领导；加强舆论引导，出台《关于推动传统媒体和新兴媒体融合发展2015年行动计划》《关于培育践行社会主义核心价值观的实施方案》，忻州随手拍成功获得第八届（2015-2016）中国政府创新最佳实践奖，进入中宣部《宣传工作创新百例》，成为山西首次入围和获此殊荣的项目。继续推进文化体制改革，7大类18项重点工作任务已全部完成。

推进平安忻州建设。以“六六创安”工程为抓手，全面实施《平安忻州建设五年规划》。深入推进对敌斗争，进一步强化五台山涉藏维稳工作。深入推进社会治安立体化防控体系建设，形成并保持打黑除恶的高压态势，全市共打掉恶势力团伙32个，破获各类刑事案件3142件。推进以视频监控系统为龙头的“六网覆盖”，社会治安防控能力明显提升，全省治安巡防现场会在忻州市召开，经验做法在全省推广。深入推进矛盾纠纷大调解体系建设，调处各类矛盾纠纷5313件。

高度重视民生事业。教育事业健康发展，坚持义务教育“划片就近免试”入学；全面完成农村义务教育薄弱学校改造工程；岢岚、保德义务教育均衡发展通过国家验收认定。认真抓好就业，全年全市城镇新增就业3.73万人，城镇登记失业率3.88%，控制在4.2%目标范围内。不断提升社会保障水平，新建成老年人日间照料中心75个，严格实施城乡低保“三制度、两办法”，各类养老金和医保年人均财政补助标准全部按标准提高。努力办好惠民实事，农村新的五件实事顺利推进。继续开展“林业生态建设年”活动，落实“三增三不减”要求，全市营造林68.83万亩，全省造林绿化现场会在我市召开。加强环境保护和生态建设，全年6项主要污染物指标均可达到年度目标任务进度要求，市区二级以上天数达到259天，全市环境空气质量稳定达到二级以上标准。认真落实我市“4438”安全生产责任体系和工作机制，全年全市累计发生各类事故339起，同比下降9.6%，死亡67人，占省控指标的69%，同比下降6.94%，特别是煤矿、非煤矿山企业实现零死亡。

推进精准扶贫、精准脱贫。进一步落实“六个精准”，建立精准扶贫工作机制。落实“五个一批”脱贫攻坚行动计划，全年千村万人就业培训已完成57期4005人，新型职业农民培育完成80期6172人，全部完成年度任务；加快移民搬迁，全年集中安置和分散安置开工人数18355人，开工率96.6%；对1206名认定为贫困农村大学生给予每人资助资金5000元。加快整村推进工作，2015年，省安排忻州市整村推进项目11个重点县101个村，其中25村已完工，67村已开工建设。推进金融富民扶贫工程，累计发放贴息贷款26229.4万元，其中：富民贷款18872万元，涉及贫困农户1460户；强农贷款7357.4万元，涉及带动贫困农户1909户。全市全年共减少贫困人口99827人，减少贫困村108个，全部完成年度任务。

四、坚持从严治党，从严治吏，营造风清气正的政治生态

从严落实“两个责任”。制定出台《关于建立和推行落实党风廉政建设两个责任“两台账两跟踪”制度的实施意

见》《关于开展落实“两个责任”层层约谈活动的实施方案》；市委书记集体约谈了14个县（市、区）委书记和纪委书记，层层传导压力；把握运用“四种形态”，谈话函询215件（次），全市有137名领导干部因“两个责任”落实不到位受到追责。

保持正风反腐高压态势。加快纪委“三转”步伐。出台《关于进一步加强乡镇纪检工作的意见》和《县级纪委职能调整的指导意见》，推行乡镇纪委连片联组办案和乡案县审制度；14个县（市、区）纪委按照“5+X”推行了内设机构改革调整。制定《关于加强市纪委派驻机构建设的指导意见》，探索推进派驻机构“全覆盖”。一年来，全市共查办各类违纪违法案件2799件，同比增长47.24%，处分党员干部2767人，同比增长48.84%。其中，县处级干部58人，乡科级干部395人，撤职以上重处分514人，移送司法机关78人。全年共查处违反中央八项规定精神案件65件，处分63人，组织处理2人，公开通报22起。开展“以群众举报乡村干部腐败为切入点集中解决群众信访诉求问题”专项治理工作，查处损害群众利益案件1450件，处分1441人。

扎实推进“六权治本”。结合忻州实际，制定《忻州市推进“六权治本”规范权力运行实施方案》和“六权治本”操作流程图；推进“两清单、两平台”建设，市级权力清单如期公布，梳理确定42个市直单位权力事项6000余项；规范运行市政务服务大厅，共有56家单位入驻；出台《忻州市公共资源交易管理暂行办法》。

开展“三个一批”工作。制定市委“三个一批”《实施方案》，认真组织市、县两级扎实做好“六查”，在14个县（市、区）和4个市直单位开展试点工作，全市确定重点对象451名，与2627名干部进行了个别谈话，对111个市管领导班子进行了综合分析研判，处理惩治不廉洁、乱作为干部58人，调整退出不作为、不胜任市管干部2人，掌握了一批敢担当、善作为的干部。重点开展了“一倒查六整治”工作，查办了省委巡视三组移交问题线索共81人（件），对39名相关责任人提出追责建议。

加强基层党建工作。扎实推进“三级联述联评联考”，层层签订责任状，落实抓基层党建工作责任。召开了全市农村基层党建工作会议，对农村基层党建工作作出全面部署。健全乡村管理、监督、服务“三位一体”的治理体系，推行村党组织“星级化管理”，集中整顿软弱涣散党组织660个，调整不称职党组织书记26人，选派第一书记1939名，培训农村社区两委干部和骨干党员3.7万人。134个社区全部按标准建成了活动场所，落实了工作经费，兑现了社区工作人员报酬，驻区党组织和党员参与社区服务分别达到了总数的98.4%和96.3%。切实推进机关党建工作制度化和科学化水平。统筹推进其他领域基层党建工作，非公企业党组织作用进一步加强，社会组织党组织实现了全覆盖。

从严管理监督干部。旗帜鲜明树立“德才兼备、以德为先、以廉为基”用人导向，率先出台了《关于贯彻落实<中共山西省委关于全面贯彻好干部标准、树立正确用人导向、从严管理干部的决定>的实施意见》，初步构建了覆盖干部选任全过程的选任工作新机制。坚持办好“忻州大讲堂”，加大专题培训力度，持续开展外派挂职活动，不断探索干部素能提升的新方法、新途径。实施干部选任全程纪实制度，建立干部日常考察档案，坚持“五必审”，确保干部选任工作严密规范。认真落实干部个人有关事项报告制度，全面完成干部档案专项清理工作，稳步推进超职数配备干部消化，强化干部日常监督，构建了全方位的干部监督管理体系。完善考核评价体系，发挥好年度目标责任考核“指挥棒”、“风向标”和“助推器”作用。

（吕建宏）

附：中共忻州市委书记、副书记、常委名单

书　记：董洪运（3月免职，6月双开）
李俊明（7月任职）

副书记：郑连生　张晓峰

常　委：王云龙　董一兵（11月离职）
王　珍（8月任职）　王士桦　武　德
郝钧藩　阮全进　刘予强（8月离职）
梁　洁　陈义青（女）　范波涛（12月任职）

中共忻府区委工作概况

区委书记 张钰祥

2015年，在省委、市委的坚强领导下，紧紧依靠全委会同志，团结带领全区干部群众，深入贯彻落实党的十八大和十八届三中、四中、五中全会精神，坚决贯彻落实中央“四个全面”战略布局、省委“五句话”总要求和市委“3581”战略，以45项党务工作和“三个二十”为重点，主动适应经济发展新常态，深入推进党风廉政建设和反腐败斗争，努力推进“十二五”圆满收官，全区经济社会发展和党的建设都取得了新进展、新成效，开创了弊革风清、民富区强的新局面。

一、坚持“双学”引领，推动作风转变，全面落实中央和省委、市委新部署新要求

一是深入学习贯彻习近平总书记系列重要讲话。进一

步健全和完善常委会专题学习、中心组学习、集体学习各项制度。全年共组织区委中心组理论学习15次；组织了“三严三实”专题教育3个专题5次研讨；组织了12期忻府大讲堂；编印《领导参阅》13期。同时，深入推动理论学习向基层延伸，组成学习贯彻十八届五中全会、省委十届七次全会和市委三届七次全会精神、落实党风廉政建设“两个责任”和中央、省市纪委五次会议精神、落实中央扶贫攻坚工作精神等主题宣讲团，在全区开展了广泛深入的学习宣讲活动，进一步扩大了理论武装的覆盖面和影响力。

二是深入学习中央和省委、市委领导集体的优良作风。坚持深入学习以习近平同志为总书记的中央领导集体“崇尚实干、勇于担当、廉洁自律”的优良作风，认真学习省委、市委班子“夙兴夜寐、深入调研、以上率下、严于律己”的工作作风，不断增强向中央看齐的意识。出台了《关于加强区委常委会自身建设的意见》，从思想建设、组织建设、作风建设、制度建设、反腐倡廉建设以及加强和改进对经济社会发展工作的领导6个方面，提出了27条实施意见，并逐项明确了责任领导和责任单位，形成了“双学”引领、以上率学、大力加强领导班子自身建设的有效机制和良好氛围。

三是深入开展学习讨论落实活动和“三严三实”专题教育。深入开展了学习讨论落实活动，形成了7个方面22项内容57项成果。扎实开展专项整治，确定16个方面49项专项整治项目，共整改具体问题180个，共采取针对性措施252项，全面完成8个整改具体问题，建立完善106项制度机制，取得整改成果208个。

二、扭住第一要务，加快发展步伐，积极适应经济发展新常态

一年来，常委会坚持以“三个二十”为抓手，全面推进经济社会发展，在全省经济断崖式下滑和立体式困扰的形势下，经过全区上下共同努力，仍然保持良好势头。2015年，地区生产总值114.1亿，同比增长3.8%；固定资产投资113.3亿，同比增长16.8%；社会消费品零售总额82.8亿，同比增长4.3%；规上工业增加值19.1亿元，同比增长1.0%；财政总收入150229万元，同比增长2.3%；公共财政预算收入50446万元，同比基本持平；城镇常住居民人均可支配收入25396元，同比增长8.8%；农村常住居民人均可支配收入，受伏旱、冰雹灾害、玉米价格下跌等因素影响有所下降，仍达到8363元，同比增长6.9%；城乡居民人均可支配收入17449元，同比增长7.5%。

三、坚持从严治吏，加强队伍建设，强化对标前行的组织保证

一是扎实开展“三个一批”工作。围绕省委、市委部署的“三个一批”，广泛开展“六查”，共甄别处理169人；调整退出7人；初步掌握敢担当、善作为的科级干部189人，后备干部312人。

二是完善干部选任机制。出台了区委《关于全面贯彻好干部标准，树立正确选人用人导向，从严管理干部的实施意见》《关于在区管干部中做好甄别处理一批干部、调整退出一批干部和掌握使用一批干部工作的实施方案》《忻州区区管干部动议酝酿任免议事规则》《忻府区加大干部交流力度的实施办法》，编制了忻府区党政领导干部选拔任用程序图，强化了干部选用的规范化、程序化。

三是加强基层党建工作。农村（社区）“领头雁”延伸培训完成对738名农村“两委”主干和乡镇党务干部的全覆盖，并对120余名“两新”组织党组织负责人、90余名大学生村官和近年来调整提拔的224名干部进行了培训。71个软弱涣散党组织全部完成整顿。出台《忻府区进一步规范村务监督委员会工作的通知》，规范村务监督委员会工作。为949个基层党支部刻制公章，解决了长期没有公章的问题。

四、坚持从严治党，落实“两个责任”，努力营造风清气正的政治生态

一是进一步细化完善责任体系、制度体系。2015年，区委根据省委、市委关于落实党风廉政建设“两个责任”的文件精神，通过横向拓展、纵向延伸，将6个层面56项的党委主体责任和6个层面32项的纪委监督责任，逐级逐项落实到了基层。在制度体系建设上，围绕落实“两个责任”，形成了落实党风廉政建设“两个责任”的区级层面“1＋7”制度体系，乡镇层面“1＋4”制度体系，村级层面“1＋2”制度体系。

二是新增补乡镇纪委委员72人，确定专职副书记13人，专职委员7人。认真落实乡镇纪委书记任职、交流的规定，提拔调整交流7人，内部交流6人，新选任7人。

三是持续推进纪委“三转”。区纪委内设机构按照“5+5”模式设置，强化了纪检监察职能。建立了全员办案制度，开展了党风廉政建设巡察工作，进一步完善了分片联组和分片联村工作机制。

四是认真落实、积极办理省委巡视组反馈意见。其中提出的三个方面的意见建议、移交的13个反映乡村干部问题线索和25个信访案件，已经全部办理完毕，并按时向省委巡视组办公室作了报告。

五是严肃查处违反八项规定行为。共查处“四风随手拍”反映问题17件，已全部查结。其中，免职1人，通报批评9人；查处违反八项规定的案件6件，科级干部2人，重处分2人。

六是全面深入进行线索大起底，群众身边的腐败问题得到严肃查处。全区共起底出党员干部涉纪问题未查办类案件线索共138件，加上省信访局交办的41件、市信访局交办的42件，共有221件。在深入开展问题线索大起底的基础上，严肃查处群众身边的腐败案件，特别是基层干部“雁过拔毛”式的腐败。2015年，全区共立案269件，结案242件，党政纪处分242人。其中，重处分71人，科级干部

33人，移送司法机关21人。省委书记王儒林，省委常委、省纪委书记黄晓薇，中纪委组织部副部长刘爽，中纪委第六室纪检监察专员吕留献，市委李俊明书记，市委副书记、郑连生市长，市委常委、市纪委王珍书记等领导分别多次深入忻府区调研指导，都给予了积极评价。《中国纪检监察报》《山西日报》、山西电视台、《忻州日报》、忻州电视台等多家媒体均给予了多次肯定报道。

五、加强党的领导，发挥政治优势，紧紧抓住法制建设和精神文明建设

法制建设方面：一是制定出台了《中共忻府区委关于全面推进法治忻府建设的实施意见》《贯彻实施<关于贯彻落实党的十八届四中全会精神加快推进法治忻府建设的实施意见>重要举措分工方案》。二是不断加大法律监督力度，开展了环境保护法、水污染防治法、大气污染防治法执法检查活动；积极推动“六五”普法工作，忻府区的普法工作在省市名列前茅。三是出台了《区政府重大决策听取区人大代表、区政协委员意见制度》等2个文件，严格遵守区政府重大行政决策等八项内容。四是法、检两院严格执行民事、行政案件裁执分离等十二项司法体制改革制度，正在开展司法审判“去行政化”改革，逐步取消政法委、院、庭长审批案件的做法，向“谁审判谁负责过渡”等5项改革内容，建立检察机关内部人员过问案件记录制度和责任追究等制度。五是增强全民守法意识，推进法治社会建设。推进法律“六进”活动，落实宪法宣誓制度，落实“谁执法谁普法”制度。六是加强法治队伍建设，强化法治人才保障。发展人民调解员1980余人，综治信息员700余名，平安志愿者2200余人。

精神文明建设方面：出台了《关于贯彻〈各级党委（党组）落实意识形态责任制的实施办法〉的意见》，召开全区加强意识形态工作会议，全面落实党管意识形态责任，牢牢掌握意识形态工作主动权。出台了《关于加强廉政文化建设的意见》，深入挖掘忻府廉政文化特色，整理编写了关于明代廉吏陈巡按的《忻州陈巡按考》，创作了《廉吏姜涛》历史剧剧本。出版发行《忻口会战纪实》，举办了抗战胜利70周年忻口战役遗址纪念活动，成立了忻府区晋西北柏色革命教育基地。印制了《我们的价值观》公益广告宣传画60000余份，开展了“我学习我践行”社会主义核心价值观大型图片展和自编自创的微电影展播。利用春节、元宵节等重大节日，组织举办了城区广场文艺展演；举办两次“忻府区廉政文化书画展”；举办了“农民歌手大赛”活动27场；以山西第二届文博会为契机，推介了忻府区融成山庄、奇村、顿村文化产业3个，寇山麦秆画、李斌杰剪纸参展作品获得了金奖；投资120余万元对忻口战役遗址窑洞进行了修缮、对通往204高地的道路进行了硬化。“爱在身边、美在忻府”微电影大赛共收到剧情片15部、纪录片13部，剧本10个。开展了两期2015年度“忻府好人”45人的推荐评选。

（杨国文）

附：一、中共忻府区委书记、副书记、常委名单

书　记：张钰祥

副书记：赵志伟　崔向松

常　委：刘卫东　邢雨花（女）　安亮东　卢维忠　高瑞军　李锁明（4月离职）　赵晓云（4月任职）

二、乡镇（街道）党（工）委书记名单

秀容街道

书　记：史万中

新建路街道

书　记：刘明祥

长征街街道

书　记：周越宏

董村镇

书　记：张炳秀

紫岩乡

书　记：丁国仓

西张乡

书　记：蔚念军

播明镇

书　记：孙晓磊

北义井乡

书　记：宗　德

东楼乡

书　记：赵剑勘

曹张乡

书　记：赵志强

秦城乡

书　记：刘　岗

高城乡

书　记：白先明

解原乡

书　记：任明生

奇村镇

书　记：卢红卫

合索乡

书　记：王　坤

兰村乡

书　记：安全明

豆罗镇

书　记：戎清元

庄磨镇

书　记：常清华

三交镇

书　记：韩瑞强

阳坡乡

书　记：郭沛华

中共原平市委工作概况

市委书记　薛根生

2015年，原平市在省委、省政府和忻州市委、市政府的坚强领导下，以开展学习讨论落实活动和“三严三实”专题教育为契机，积极适应经济社会发展新常态，坚持稳中求进总基调，紧紧扭住“六大发展”，聚力建设美丽原平，突出抓好园区建设、招商引资、民生实事、服务提升，全面加快转型发展、率先发展，努力开创弊革风清、富民强市新局面。

一、适应新常态，积聚新动能，努力实现经济平稳较快发展

市委始终坚持以经济建设为中心，以项目攻坚和招商引资为重要抓手，全市经济发展克服下行压力，排难而进，逆势前行，取得积极进展。2015年，全年生产总值完成109.6亿元，同比增长4.1%；财政总收入21.4亿元，同比增长24.5%；公共财政预算收入10.4亿元，同比增长35.8%；工业增加值48.2亿元，同比增长2.2%；固定资产投资163.6亿元，同比增长16.8%；城镇居民人均可支配收入25566元，同比增长8.1 %；农村居民人均可支配收入8747元，同比增长7.7%，呈现出较好较快发展的良好态势。一是园区建设取得突破。作为原平市建设新型工业基地的标志性工程，总规划面积50平方千米、一期20平方千米的循环经济示范区万亩起步区基本建成，已经2015年12月29日省政府107次常务会议研究通过升格为省级开发区，更名为山西省原平经济技术开发区。二是项目攻坚再创佳绩。2015年原平市启动实施重点项目42个，总投资额约231亿元。其中，列入省、忻州市重点工程的项目31个，总投资162.5亿元，新开工重大产业项目11个，总投资68.8亿元。在忻州市项目观摩考核评比中获得一等奖(第二名)。三是招商引资斩获颇丰。与北京博天环境集团喜结良缘，在原平市经济技术开发区成就了晋北第一个基础设施PPP 合作项目。赴京参加了“北京山西企业商会项目推介会暨投资论坛”，并成功签约2 个项目，总投资6 亿元。1—12月全市签约招商引资项目58个，总投资226.86亿元。四是农业转型升级换档。坚持以“一村一品牌、一乡一特色”为重点，进一步培育壮大北岗设施农业、王家庄乡聚满园、双惠现代农业科技示范园区等龙头企业。继续实施粮食高产创建工程，圆满完成全市18座中小型水库除险加固任务，新增节水灌溉面积6万亩，全年粮食总产达6.36亿斤。大力发展林果产业，酥梨“提质换优”工程总面积达到2500亩，农业发展方式转变步伐明显加快。

二、坚持共建共享，致力改善民生，全面创优城乡环境、提升群众幸福指数

把增进民生福祉作为社会建设的根本任务，主动回应社会关切与群众呼声，紧紧扭住教育、卫生、生态治理、宜居建设等民生重点领域，着力解决人民群众最关心、最直接、最现实的利益问题。一是创卫成功挂牌。历时3年的创建国家卫生城市工作，于2015年3月24日顺利挂牌，“朴素创卫”模式在我国北方县市得到推广。按照忻州市统一安排部署，及时启动“五城联创”工作，其中“省级文明城市”创建工作已先行一步，顺利接受了省评估专家组的检查验收。二是促进教育振兴。投资5000万元改善薄弱学校办学条件，促进教育均衡发展，新建新建村级幼儿园8所、标准化幼儿园1所；高考达线二本以上达线869名，创历史最高纪录，群众对教育的满意度进一步提高。三是办好民生实事。大力实施安居工程，建设保障性住房5314套，移民易地搬迁住房1373套，农村困难家庭危房改造完成283户；重点抓好省委、省政府确定的民生实事，全面加快轩岗镇采煤沉陷区治理试点工程安置房进度，及时启动长梁沟镇、段家堡乡沉陷区治理工作，促进资源开发与环境保护、民生改善的协同发展。四是完善城市功能。加强城乡道路、城市管网等基础设施建设，大西客运站配套设施基本完成，永康路南延、永兴路南延及南滩北街等道路改造启动实施，南白乡通乡公路改造工程竣工通车；铺设供热管网22.8公里，新增城市供热面积115万平方米，城市更加宜居宜业宜发展。五是推进生态治理。巩固造林绿化成果，完成造林任务2.8万亩，新增市区绿化面积60.5万平方米。加强环境预警监测，确定高污染燃料禁燃区9.2平方公里，禁燃区内燃煤锅炉已全部拆除，城区燃气普及率达97%，城市环境质量显著提升。六是统筹乡村建设。按照全省改善农村人居环境、开展美丽宜居示范村三级联创的总体部署，积极推动创卫成果向农村延伸，集中开展农村环境卫生综合整治，在申报2个省级示范村基础上，重点打造了10个省级示范村，县级示范村总数累计达到30个。七是致力维稳尽责。深入开展平安创建工作，全市社会治安水平和公众安全感明显提高；加大信访问题协调处置力度，有效化解了一批信访积案和矛盾纠纷。坚持安全生产党政同责，扎实开展“六打六治”打非治违专项行动，全力抓好重点领域和行业的安全监管，始终保持打击盗采国家矿产资源行为的高压态势，全市安全生产形势持续稳定好转。

三、坚持创新引领，全面深化改革，充分激活发展的内生动力

深刻把握经济发展新常态对改革提出的新要求，立足

原平实际，确保上级改革决策部署落地生根。加强对全面深化改革工作的领导，统筹抓好六大领域改革工作。充分发挥"双试点"对全市深化改革的旗帜和统领作用，铺开的20项重大改革、10项重大事项、12个重大项目和3项重大课题改革任务和举措有序推进。全力推进"三个突破"，认真贯彻落实山西省、忻州市金融振兴、科技创新政策和省委减轻民营企业负担、促进工业经济稳定运行的60条措施，特别是加强政银企对接，全年为中小企业完成"助保贷"8835万元，进一步缓解了企业和项目融资难题。医药卫生体制改革稳步实施，推行分级诊疗服务模式，落实取消药品加成政策，实行"零差率"销售，使群众"看病难、看病贵"的问题得以有效缓解。不断深化农村改革，全面推开土地承包经营权确权登记工作，加快农村土地流转，全市土地流转面积达8.8万亩；大力培育新型农业经营主体，注册登记农民合作社1428家，着力营造全民创业、万众创新的发展氛围。

四、坚持从严治党，强化基层导向，着力营造良好政治生态

一是全力落实"两个责任"。持之以恒改进作风，坚决防止"四风"反弹，共查处违反中央八项规定案件11起，处分处理22人，党纪政纪处分16人，诫勉谈话5人，通报批评1人，在全市范围通报典型案件5起。积极支持纪检监察部门查办案件，共查办各类违纪案件316件，同比增长71.7%，党纪政纪处分316人，其中党纪处分269人，政纪处分55人，双重处分8人，重处分66人，移送司法机关1人，在全市范围通报典型案件13起。积极支持纪委"三转"，将市纪委监察局牵头或参与的议事协调机构由133个减为8个，扩大充实了乡镇纪检队伍，圆满完成了市纪委监察局内设机构改革调整，按照"8+8+8"模式向全市120个副科级以上单位派驻纪检组，实现了监督"全覆盖"。扎实推动"六权治本"工作，突出"三清单、两张图、两平台、一监督"载体建设，全面梳理各部门、各岗位的职权事项，编制权力清单、责任清单和负面清单，通过厘权、确权，将36个单位、部门5339项行政职权精简到2609项。二是着力提升基层党建水平。突出问题导向，针对各领域党建工作进展不平衡的问题，完成了219个机关事业党组织的换届选举，选树了东大商贸、实达中学、星海艺校等一批先进"两新"党组织。针对个别基层党组织软弱涣散的问题，开展领头雁培训4721人，整顿软弱涣散党组织79个，选派"第一书记"85名。加大基层党建经费保障力度，全年用于"领头雁"和党员培训以及村级活动场所管理使用的经费达到122万元，16个社区用房现已全部达到200平米以上。深入开展农村集体"三资"管理专项清理整治和"以群众举报乡村干部腐败为切入点集中解决群众信访诉求问题"专项治理，查办"发生在群众身边的腐败问题"案件191件，查办乡村两级干部违纪案件163件；市级领导干部接访693件，结案471件，化解信访积案和新发信访案件410件。进一步加强乡村专项治理，所有行政村全部建立村务监督体系，监督委员共计1860名，其中党员830名，使严规矩、守纪律成为广大基层干部的政治自觉与工作常态。

（邢三强）

附：一、中共原平市委书记、副书记、常委名单

书　记：薛根生

副书记：温建军　白亚军

常　委：李宝山　高秀亭　张清池　葛小树　尹志刚　庞晋源　赵晋富（4月离职）　巩永智（4月任职）

二、乡镇（街道）党（工）委书记名单

南白乡

书　记：郝树平

东社镇

书　记：（空缺）

子干乡

书　记：申国华

中阳乡

书　记：刘海生

苏龙口镇

书　记：张国强

沿沟乡

书　记：张军胜

崞阳镇

书　记：王　晟

大林乡

书　记：赵永进

西镇乡

书　记：温志亭

新原乡

书　记：贾文柱

王家庄乡

书　记：潘　颖（女）

闫庄镇

书　记：李永生

楼板寨乡

书　记：郝治国

解村乡

书　记：张高中

大牛店镇

书　记：陈振田

长梁沟镇

书　记：刘文柱

轩岗镇

书　记：张青林（3月离职）　邢中平（7月任职）

段家堡乡

书　记：兰德青（7月任职）

南城街道

书　记：郑国梁（7月离职）　赵世伟（7月任职）

北城街道

书　记：侯培生

轩煤矿区街道

书　记：韩美智

中共定襄县委工作概况

县委书记　张文斌

2015年，定襄县在市委、市政府的坚强领导下，坚决贯彻落实党的十八大和十八届三中、四中、五中全会精神，深入学习习近平总书记系列重要讲话精神，围绕“三产联动协调发展”发展思路，扎实开展“三严三实”专题教育，着力打造“法兰锻造之都”、“生态养生之都”“商贸物流之都”，全县经济社会呈现出趋稳向好的发展态势。

一、以学讲话学作风为重点，筑牢真抓实干的思想根基

深入学习贯彻党的十八大、十八届三中、四中、五中全会精神和习总书记系列重要讲话精神，开展双学活动，建立领导干部直接联系群众制度、报备制度，组织领头雁、科级干部、农村两委干部培训活动25次，召开设施农业冬季现场会等，变冬闲为冬忙，全面开展冬季行动，严纪律、明规矩、强作风，推动全县党员干部向中央、向省委、向市委学习，形成崇尚实干、勇于担当、廉洁自律的优良作风和一级抓一级、层层推动的良好工作氛围。

二、以全面从严治党为要求，营造风清气正的政治生态

一是扎实开展“学习讨论落实”活动和“三严三实”专题教育。“学习讨论落实”活动重点围绕“五项整治”涉及的40个问题，32个县重点单位自查自纠，梳理整改问题125条。以“六抓六到位”为重点扎实开展“三严三实”专题教育，县委常委讲专题党课33次，征求群众意见2000余条，解决群众关心的问题124个，全县政治生态得到净化。

二是严格抓好“两个责任”落实。严格落实《实施意见》精神，运用“四种常态”，共组织开展暗访26次，大规模监督检查9次，对34名党员领导干部进行了责任追究；抓住领导干部关键少数，抓早抓小，谈话函询19人，约谈57人，诫勉谈话15人，县乡两级分别对678人进行了两个责任约谈；“一网六平台”建设完成并投入使用，监督“一把手”试点和“两个责任”示范点建设同步推进。

三是始终保持高压惩腐态势。处置线索266件，立案175件，同比增长19.8%，结案169件，同比增长15.8%；处分168 人，同比增长15%，其他方式处理1人，受双重处分2人。其中科级干部22人，涉及党政一把手10人，同比增长25%；一般干部15人，同比增长50%；其他人员131人。重处分19人，同比增长35.7%，移送司法机关7人，同比增长133%。

四是积极推进纪检监察体制改革。完成纪检机关内设机构“5+5”模式改革，按照中县编制要求为纪委充实到28个行政编制，配齐配强干部；出台《加强乡镇纪检工作实施意见》，选任乡镇专职纪委副书记9名，纪委委员27名，由县财政为每个乡镇拨付专用工作经费每年5.4万元、统一配发办案设备、发放办案补助等，县乡纪委力量和职能明显加强。

五是深入推进“六权治本”。成立了由县委书记任组长的“六权治本”工作领导组，依照梳理汇总的两单两图，抓源头、立规矩、定制度，梳理已有制度79项，废止制度15项，修订规范制度5项，绘制了“三重一大”的流程图及廉政风险防控图。审核行政权力事项3795项，清理452项，建议保留3343项。

六是严格干部选用。严格执行《干部任用条例》，先后出台了干部动议、推荐考察、讨论决定、考察工作责任制、全程纪实制度等一系列规范性制度，营造了风清气正的用人环境。目前全县“三个一批”工作已经完成90%，甄别处理干部23名，给予相应党纪政纪处分25人次，调整退出4名干部，掌握优秀科级干部132名，掌握优秀一般干部117名。

七是加强基层组织建设。先后召开5次常委会进行专题研究，县委书记与22名党（工）委书记签订了责任状，召开基层党委书记述职评议等活动；重点帮扶贫困村和后进村，选派55名第一书记，对38个软弱涣散党组织进行全覆盖整顿；促进长效晋位升级，依托“双报到、双服务”、党代表工作室、360民事代理代办等载体，基层党组织服务功能得到有效发挥。

八是不断推进精神文明建设。县委中心组带头举办12次中心组学习，全县组织五中全会宣讲活动45次；出台了廉政文化建设实施意见，举办了廉政文化活动8次，开展了抗战胜利70周年系列纪念活动、“最美家庭”评选、“忻州好人”评选等活动；推进文化体质改革，组织了石雕、木雕等文化产品，参加了省文博会并获得2项金奖。

三、以创新发展为驱动，经济建设扎实稳步发展

一是主要经济指标稳中有升。2015年，全县地区生产总值完成35.7亿元，同比下降2.2%；规模以上工业增加值同比下降12.6%；固定资产投资完成41.9亿元，同比增长17.6%；社会消费品零售总额完成21.1亿元，同比增长5.5%；财政总收入完成3.7亿元，同比增长8.8%；公共财政预算收入完成1.6亿元，同比增长1.3%；城镇居民人均可支配收入完成25034元，同比增长6.8%；农民人均纯收入完成10637元，同比增长6.9%。

二是招商引资取得较大突破。投资20亿元占地200亩的高性能取向硅钢项目，投资22亿元的小杂粮生产基地项目和机场旅游集散地酒店建设项目的签约落地，使定襄县招商引资取得了历史性突破。系舟山风电场项目等拟上马的11个风力、光伏以及农光互补项目有序推进。宝源公司正在引进5亿元的粉末冶金项目，东峪、留念湖和集低空飞行器制造、低空旅游等为一体的凤凰航天城项目进展良好。尤其是全县产业项目攻坚百日行动开展以来，进一步加大招商宣传力度，组织了新能源类项目集中签约仪式，签约光伏发电项目3个，总投资额28亿元。

三是项目建设扎实推进。庄力“飞地经济”园区累计投入资金1.28亿元，已实现“七通一平”，现有企业22户。积极推进省市县重点项目建设，聚力环保产业园区与多家外地环保设备厂家达成进驻园区协议，永旺物流园区新增5000万元启动资金。在全市项目考核中，定襄县连续两年获得全市项目观摩考核三等奖。

四是主导产业整合重组开始破题。加大高端人才引进，成立了专家工作站，聘请了30名行业顶级专家。邀请中国工程院院士胡振寰等12名中国锻压协会专家，举办了定襄法兰锻造产业高峰论坛，并委托中国锻压协会专家编制定襄法兰锻造产业“五年规划”。法兰锻造协会作用得到发挥，整合重组力度加大，今年组建了8个集团公司，整合小微企业24个。

五是现代农业得到较快发展。围绕定襄县成为国家级现代农业示范区契机，狠抓现代农业发展，加快现代农业新型经营主体建设，全县建立农业联合社两个，建立规模化农业园区24个，其中设施农业园区6个，设施农业总面积达到9000余亩。大力发展特色产业，瓜菜制种面积达到6000余亩，杂粮种植面积达6.6万亩，其中张杂谷种植面积达到40000余亩。

六是文化旅游产业融合发展。树立大旅游发展思路，投资1700万元，维修了七岩山景区留晖洪福寺，投资400万元，恢复了遗山寺。组建旅游产业联合协会，举办了“山西·定襄第四届乡村旅游节暨第五届甜瓜节”，带动县域内观光、休闲、采摘等新型旅游产业的发展。凤凰山景区成为中国最佳乡村旅游目的地和山西省循环经济试点园区，晟龙木雕公司“中华古代建筑模型博物馆项目”是国内唯一一座以展览古代建筑模型为主题的博物馆。

七是“三大突破”取得成效。科技创新方面，先后3次与山西中北大学对接，举行产学研座谈会；利用现有的检测中心、技术中心和公共服务平台优势，6户法兰锻造企业获得了41件国家专利，全县共有省名牌产品和著名商标25个；2015 年奖励9户企业35项专利发明86万元。金融振兴方面，出台了定襄县金融振兴20条实施意见；山西省产权交易中心定襄运营中心暨定襄县农村产权交易办公室已挂牌运营；冠力集团等6户企业正进行上市前期准备工作，政银企合作也走在了全市的前列。民营经济发展方面，制定出台了《关于落实全省推进民营经济发展大会精神加快定襄法兰锻造产业做强做大的实施意见》80条等一系列政策；召开全县项目提质增效暨大众创业促进会，全县民营经济发展和项目攻坚动员大会，掀起了加快发展民营经济的热潮。

四、以法治建设为总揽，坚决维护社会稳定

一是扎实推进安全发展。强化党政同责、一岗双责、失职追责，认真落实“443”工作机制，狠抓“八个零”的工作目标，安全生产形势好转。与去年同期相比事故起数减少4起，死亡人数减少2人，实现了事故起数和死亡人数的双下降。

二是做好信访稳定工作。深入开展“法治信访建设年”活动，推进社会力量参与信访，调整信访局领导班子，严厉打击非正常上访行为，从源头化解不稳定因素，成功化解历时20年之久的一件信访案件，化解信访事项73件，促进了信访工作法制化。

三是持续推进平安建设。不断开展“利剑”系列行动、打黑除恶、禁毒会战等专项行动，侦破刑事案件131起，查处治安案件229起,抓获网上逃犯22人，现行命案5起全部破获，有力震慑了违法犯罪行为，社会安全感满意度跃居全省第47名。

五、以群众满意为落脚点，民生改善取得新进展

一是稳步推进扶贫攻坚。一期移民楼已全部分房到户，二期工程正在分房到户；百企千村产业扶贫所涉两个项目累计投资3000余万元，带动周边280名贫困户增收致富。采取党员干部结对帮扶、县直部门定点扶贫等措施精准扶贫，确保完成任务。

二是大力实施教育兴县战略。带领全县中小学校长、优秀教师外出考察学习；连续两年奖励先进教育工作者每年达到90多万；累计投入1.45亿元全部建成标准化教室；从外地调回定襄31名教师，设立教师公益岗位50个，弥补了教师短缺的困难。今年高考二本B类以上应届达线234人，其中理工、文史类考生达线145人，比上年增加44人。

三是“三件大事”顺利实施。在县财政十分困难的情况下，采用BT模式，扎实推进了投资1亿元的县职教中心

和新建第二中学项目、投资2.9亿元的六馆一院项目、投资1.8亿元的牧马河综合治理项目。

四是城乡清洁运动扎实推进。围绕城区五个重点，乡村四项工程，累计投资4250余万元，推动城乡爱国卫生运动开展。连续两年省、市现场会在定襄召开，得到了省市领导的肯定。

五是不断提升社会保障水平。全县城镇新增就业岗位2981人，下岗失业人员再就业1026人，就业困难人员再就业308 人。发放五保供养金317.5万元，城市低保金1451万元，农村低保金1812万元，新农合医疗补偿金4331.49万元，支付医疗保险1620万元，救助大病困难人员917人次413.7万元。城市棚户区改造开工411套，公租房开工874套，保障性住房建成834套，新增廉租住房补贴90户。

（崔　昱）

附：一、中共定襄县委书记、副书记、常委名单

书　记：张文斌

副书记：刘　亮　王殿君

常　委：曹剑文　智志林（2月双开）　姚　朴
曲建成　张生明　朱志安

二、乡镇党委书记名单

晋昌镇

书　记：赵泽青

杨芳乡

书　记：曾一平

南王乡

书　记：郭小凤（女）

神山乡

书　记：吴建功

蒋村乡

书　记：王志强

河边镇

书　记：武　强

宏道镇

书　记：刘永清

季庄乡

书　记：刘俊良

受禄乡

书　记：王文伟

中共五台县委工作概况

县委书记　王继明

2015年，五台县委在中央、省市委的坚强领导下，深入学习贯彻党的十八大、十八届三中、四中、五中全会精神，以科学发展观为指导，以习近平总书记系列重要讲话精神为根本指针，按照省委“六大发展”和市委全面实施“3581”发展战略安排部署，全面落实党建责任，夯实廉洁发展，团结带领全县人民坚持稳中求进工作总基调，以提高经济发展质量和效益为中心，突出创新驱动，强化防控风险，把转方式调结构放到更加重要位置，全面深化改革，扩大开放，保障民生，促进全县经济平稳健康发展，社会和谐稳定。

一、综合实力显著增强，产业结构调整提速

2015年，全县完成地区生产总值40.6亿元，规模以上工业增加值8.2亿元，固定资产投资57.2亿元，社会消费品零售总额25.9亿元，财政总收入7.1亿元，公共财政预算收入3.5亿元。三次产业比例调整为12.0：25.8：62.2，产业结构进一步优化，工矿企业淘汰落后产能步伐加快，新型工业化进程提速。服务业发展不断壮大，旅游业稳步推进，佛教旅游、红色旅游、生态旅游持续升温。农业生产现代化日益普及。

二、“三严三实”专题教育深入开展

五台县从2015年 4 月底全面启动“三严三实”专题教育，教育引导各级领导干部加强党性修养，着力解决“不严不实”问题，不断巩固拓展党的群众路线教育实践活动和学习讨论落实活动成果。共组织副处以上领导干部进行了 5 次专题研讨，召开了县委常委班子专题民主生活会，从严从实开展专项整治。至2015年底，共查办乡村两级干部违纪案件151件，处分151人，移送司法2人。县级领导接访140 天，受理信访案件87件，结案79件，全县化解信访积案和上级交办案77件。

三、“三农”工作全面推进

（一）农业产业园区建设如火如荼。阳白现代农业循环

园区，五台山酿酒厂完成投资8800万元，年产原浆酒600吨；阳白村建成高标准温室大棚1000亩，核桃基地2300亩，优质梨果样板基地1000亩，高粱种植基地1000亩；养肉牛1000头，养羊3000只，养鸡10000只。东雷农业科技示范园区，大力推进年产1.2万台农机具制造、500万粒微型脱毒种薯生产、1000亩苗圃基地、1万头肉猪养殖、500亩蔬菜大棚项目。东雷扶贫移民新区，已建成5栋6层住宅楼，可容纳348户、1218人。高洪口生态农业示范园区，已建成年产10万吨的饲料加工厂、3500亩籽粒苋种植基地、7000平方米种羊场，引进优质进口种羊1200余只，成为五台县羊产业龙头企业，带动高洪口地区发展羊1万只，全县羊发展到70万只。

（二）龙头企业茁壮成长。金道物流有限公司，储、运、销一条龙运营，已建成冷库和农贸批发市场，收储销售水果共200万斤，销售收入达500万元。北京中扶惠邦投资有限公司，在高洪口乡建设扶贫开发基地，成为五台县羊产业龙头企业。

四、大旅游格局加快形成

充分发挥五台山龙头辐射带动功能，以驼梁景区为主体，加快形成全县大旅游格局。驼梁景区二期开发、石瓮村旅游度假村项目有序推进，桃花界生态旅游区完成了旅游发展总体规划编制，建成耿镇至军铺岭19.32公里、横岭至甄家峪8.532公里的旅游公路，倡导发展乡村旅游，南茹村和永安村被列为“全国乡村旅游试点村”。全年共接待游客498.525万人次，同比增加6.33%；实现旅游经济总收入56.442亿元，同比增加10.18%。

五、城镇建设亮点凸现

（一）城镇化建设步伐加快。创卫成果得到巩固延伸。投资300万元，完成新城区城北街东段长290米、宽20米的道路整修；投资185万元，完成城北街西段长150米、宽20米的道路整修。实施了湿地公园和碧涛苑小公园工程。湿地公园，位于县城唐家湾水库下游，衔接台虒园和玉轩公园，总投资2930万元，占地363亩，其中绿化面积250.5亩，水系面积64.5亩，广场及道路面积48亩。碧涛苑小公园，总投资500万元，占地31.5亩。

（二）乡村清洁工程深入推进。全县修建简易垃圾填埋场36个、垃圾收集点（垃圾池）1187个，配备垃圾筒2347个、垃圾清运车99辆、脚踏三轮车767辆、手推车246辆，乡镇配备保洁员1089名、环卫监管人员126名。县财政投资315万元，为东冶镇和豆村镇配备了系列环卫设备。

六、社会事业协调发展，全县保持安全稳定

（一）民生实事全面发展。教育、医疗、社会救助等民生工作全面推进。教育上，2015年高考二本以上达线711人，再创历史新高，职高对口升学本科达线380人，比上年增加175人，中考连续8年保持全市前三名。卫生上，投入236.2万元改善县第一人民医院办医条件。保障性住房建设工程稳步实施。续建廉租房86套已完成，完成投资1000万元；实际完成54套公租房，完成投资616万元。

（二）生态环境有效改善。2015年全县二级以上天气365天，其中一级天气137天，二级天气228天，综合污染指数为1.6。县城空气质量达到国家环境空气质量二级以上标准。

（三）切实维护社会稳定。2015年五台县再次被省综治委评为省级平安县。安全生产上，全面落实全市安全生产“443”工作机制，实现安全生产形势稳定好转，安全生产事故和死亡人数实现“双下降”。森林防火上，连续投入1700多万元，建成森林防火值班室106个，配备57辆皮卡车、4台水车、60部高压细水雾灭火机、1580部对讲机。

七、党的建设不断加强

（一）严格落实“两个责任”。出台《关于落实党风廉政建设党委主体责任和纪委监督责任的实施意见》《五台县落实党风廉政建设党委主体责任“责廉双述双报”报告制度》，并相继配套制定签字背书、约谈、巡查、考核等10项制度。对11名落实主体责任不力的责任人进行了处理，给予党政纪处分1人，约谈10人。

（二）大力加强党的基层组织和党员干部队伍建设。对全县942名农村（社区）“两委”主干、1426名农村（社区）其他班子成员进行了专题培训；对65个软弱涣散基层党组织进行了集中整顿；在全县512个非公经济组织中组建2个党工委、设置76个党支部，实现了全覆盖；发展党员213名，其中农民党员132名。选派了211名农村“第一书记”和346名农村党建指导员，有力提升了农村党建水平。

（三）大力加强和改进宣传思想工作。一是健全和完善县委中心组学习制度。制定了《中共五台县委中心组2015年理论学习计划》，县委中心组理论学习12次，县领导讲党课12节，向县委中心组成员发放理论书籍《学习活页文选》2000余册；组织620名在职党员干部参加了2015年度理论在线考试。邀请市委宣讲团方春风教授来五台县为副科以上干部作了学习贯彻党的十八届五中全会精神专题报告会，由县委宣传部和县委党校理论骨干组成五个组深入各乡镇进行宣讲。组织五台好人评选，有20人被评为五台好人，10人被评为最美五台人。电影下乡6876场，观看人数达130万人次，送戏下乡150场。

（陈叶红）

附：一、中共五台县委书记、副书记、常委名单

书　记：王继明

副书记：武新亮　刘炳龙（4月离职）　孟宏斌　刘建坤（4月任职）

常　委：李　泽　李秀云　赵永平　王根伟

左百胜 戴志刚

二、乡镇（景区、街道）党（工）委书记名单

东冶镇

书 记：赵补文

建安乡

书 记：白 冰

阳白乡

书 记：马旭忠

神西乡

书 记：（空缺）

台城镇

书 记：张文荣

沟南乡

书 记：师泽喜

东雷乡

书 记：刘志勇

白家庄镇

书 记：闫海龙

茹村乡

书 记：陕爱华

陈家庄乡

书 记：罗恩波

豆村镇

书 记：刘会平

蒋坊乡

书 记：左拴生

灵境乡

书 记：边俊根

高洪口乡

书 记：郝俊杰

耿镇镇

书 记：白俊清

门限石乡

书 记：姚云萍（女）

石咀乡

书 记：白建伟

台怀镇

书 记：戎智信

金岗库乡

书 记：韩世愚

驼梁景区

书 记：金永安

居民街道

书 记：武降伟

中共代县县委工作概况

县委书记 田永清

2015年以来，代县县委认真贯彻党的十八大和十八届三中、四中、五中全会精神，团结和带领全县人民，积极应对各种风险和挑战，牢牢把握稳中求进总基调，主动适应经济发展新常态，统筹推进经济、政治、文化、社会和生态文明建设，全面加强党的建设，着力开创新局面、营造新风气，各项工作取得新进展。

（一）深入学习贯彻习近平总书记系列讲话精神和省委王儒林书记重要讲话精神，扎实开展学习讨论落实活动和“三严三实”专题教育。县委始终把学习贯彻习近平总书记系列重要讲话精神和省委王儒林书记重要讲话精神作为一项重大政治任务，不断加深对中央重大决策部署的理解和把握。县委常委带头研读讲话原文，县委理论学习中心组多次举行专题学习会，县委专门下发文件对全县学习贯彻作出部署，推动讲话精神进学校、进农村、进社区。学习讨论落实活动开展以来，县委紧紧围绕省委“五句话”，牢牢抓住学习、讨论、落实三个环节，特别是在落实这一关键环节结合“五项整治”，提出了7个方面25项66条整改落实任务，坚持从建立长效机制入手、聚焦问题整改、逐条逐项攻坚的思路和办法，下大力气推进整改落实。通过一系列强有力的整改落实措施，66项整改任务已全部完成，全县干部群众干事创业的氛围更加浓厚。“三严三实”专题教育开展以来，县委领导班子带头，人人讲专题党课，围绕“三个主题”认真分析讨论，全面查找自身存在的不足和差距，拉出问题清单，制定整改方案，明确整改时限，下大力气推进整改落实。坚持标准不降、力度不减的原则，在全县党政机关引深开展了“三严三实”专题教育，要求全县干部将“三严三实”内在要求与实际工作相结合，以“三严三实”的作风要求推进各项工作任务落实。出台了《关于深化“三严三实”专题教育着力解决基层干部不作为乱作为等损害群众利益问题的实施方案》，持续整治发生在群众身边的“四风”问题，干部作风有了明显改善。

（二）落实各项重大决策部署，推进全县经济持续健康发展。面对经济下行压力，县委认真贯彻中央省市重大决策部署，以转型发展为主线，以项目建设为抓手，以改善

民生为根本，攻坚克难，开拓进取，保持了经济平稳发展。全年全县生产总值完成51亿元，同比增长0.5%；财政总收入完成9.4亿元，同比增长-25.2%；公共财政预算收入完成6.3亿元，同比增长2.5%；规模以上工业增加值同比增长2.9%；全社会固定资产投资完成53.5亿元，同比增长17.1%；社会消费品零售总额完成12.9亿元，同比增长4.1%；城镇居民人均可支配收入22301元，同比增长7.6%；农村居民人均可支配收入为4886元，同比增长7.1%。

项目建设扎实推进。组织召开了全县项目建设推进大会、政银企对接会，开展了项目建设攻坚行动，进一步完善了项目建设推进机制，各级各部门抓项目促发展的意识进一步增强，工作主动性积极性进一步提高，紧紧围绕产业发展与上级产业政策、重大项目进行了有效对接，与投资商、开发商进行了广泛接洽，年度项目建设任务顺利完成，为县域经济社会发展注入了持续不竭的动力和活力。

工业新型化取得长足发展。针对铁矿企业面临的困境，县领导逐户深入企业了解情况，帮助办理证照，解决困难，促进企业复工复产，企业复工复产由年初的29家增加到87家；出台企业减负45条措施，县财政注入助帮贷资金1100万元，提供延贷资金500万元，强化金融服务，推进政银企对接，帮助企业解决融资难问题；大力推进铁矿企业标准化建设，厚旺、白峪里、李家庄昌盛等13家重点企业实施了15个铁精矿粉技改升级项目；推动科技创新，在23户企业中推广使用了暖洋洋科技公司的电子程控设备；上马了礼信橡胶科、大唐沟掌、雁门关风电、久力尾矿砂微晶玻璃和磁化复合肥等一批新型产业项目。全县三次产业比例由2010年的5.3：64.0：30.7调整为2015年的5.8：58.4：38.5，第三产业比重明显提升，经济结构进一步优化。

农业现代化迈出坚实步伐。按照“一村一品、一县一业”的思路，加快发展现代特色农业，新增设施农业面积2560亩，瓜菜、小杂粮、肉羊、仁用杏等主导产业不断壮大，发展家庭农场120个，“一村一品”专业村达到95个，农民专业合作社累计注册成立930个，农产品有机认证20个。规模健康养殖步伐加快，羊饲养量存栏达到30万只。全县农业龙头企业13家，销售收入达到4.3亿元。实施小农水重点县项目、京津风沙源治理工程，完成中解水库等六座水库的应急专项除险加固工程，全县农田水利基础设施逐步加强。加大扶贫开发攻坚力度，完成5.64万贫困人口的建档立卡工作，全县236个贫困村实现下乡工作全覆盖。新建滨河移民区、祥和移民区2处，建成移民住宅楼24栋1602套，移民正在陆续搬迁，集中安置6500人，分散安置3400人。

文化旅游产业取得突破性进展。全力推进各大景区开发，雁门关景区通过了5A技术认证。以纪念抗战70周年阅兵为契机，成立了代县红色文化研究开发领导组，统筹推进夜袭阳明堡飞机场遗址、雁门关伏击战遗址等红色旅游基地的开发和推介。充分挖掘代县古长城独具魅力的文化价值和绝无仅有的品牌优势，推进“长城文化游”。成功举办“大美雁门·魅力代州”代县文化旅游精品展示会和代县文化旅游产业发展座谈会，取得了良好效应。2015年，全县各景区接待游客170万人次，门票收入实现2300万元，旅游总收入达到21.79亿元，同比增长16.5%。同时，成立了雁门文化发展基金会，培育各类文化企业66家，天顺昌泥塑、杨氏古建、雁门刺绣、华亭环艺等龙头企业不断壮大。民营企业家投资500多万元，成立文化旅游开发公司，文化旅游业向纵深推进，雁门文化知名度和影响力显著提升。

县域城镇化水平明显提升。新城区市政基础设施建设基本完成，县医院、消防队、档案局、司法局、公安局、国税局、行政服务中心等办公大楼建成投入使用，住宅区、商贸区、休闲区全面推进，一批住宅小区竣工，新天地购物中心主体完工，新城体育馆正式开馆运营。结合“创卫”工作，旧城区实施了湿地公园二期、市容改造整治、县城主次干道改造、管线入地、垃圾填埋场、市场、公厕、供热站等创卫重点工程。对23条主次干道20.43公里的路面、路上路下管线，以及路灯、绿化等九个方面进行全方位立体化改造。新建、改造县乡公路50.35公里，新建城西超腾供热站1座，供热管网96公里，供热、供水、供气率、污水处理率分别达到86.2%、99.82%、81.5%、97.8%，人均城市道路面积达16.1平方米；建成区绿化面积达93.5万平方米，绿化覆盖率达31.5%。湿地公园两期全部完工并全面开放，8月份“创卫”通过专家评估。实施了农村人居环境改善工作和全国爱国卫生清洁运动，全县城乡面貌明显改善。不断提升城市管理水平，县城卫生、交通秩序、市场环境逐步优化，县域城镇化水平和市民文明程度进一步提升。

（三）着力保障和改善民生，各项社会事业全面发展。坚持把群众利益放在第一位，加大民生投入，着力解决重点地区、重点人群、重点问题，构建基本民生保障“安全网”。在各乡镇、居民办设立社会救助申请窗口，为遭遇急难的群众提供绿色通道；各项救助工作整体推进，基本形成了城乡联动、运作规范的新型社会救助体系；全县城乡低保人数达到15839人，五保人数达到1790人，基本达到应保尽保。积极落实就业创业政策，全年实现新增就业人数3148人，城镇登记失业率控制在3.5%以内。积极推进社会保障一卡通工作，社会保障卡按时发放11.07万张；完善基本住房保障和供应体系，建成保障性住房2792套，分配入住324套，完成农村危房改造3128户，正在实施棚户区改造882套、公租房30套。认真落实安全生产“443”工作机制，扎实开展了隐患治理年、安全生产标准化建设年、安全生产年等活动，安全生产形势持续稳定好转。

（四）全力打好改革攻坚战，扎实推进全面深化改革各项工作。按照省市全面深化改革部署要求，代县县委立足自身发展，以什么不适应发展改什么，群众不满意什么改什么为总原则，扎实推进各项改革工作。按照市委全面深化改革要求，结合代县实际，制定了《县委全面深化改革领导小组2015年工作要点》和各专项小组《2015年工作计划》，力促各类改革事项循序渐进、重点突破。同时，将“六权治本”作为全面深化改革的一项重点内容，制定了《代县推进“六权治本”规范权力运行实施办法》，扎实推进”六权治本”工作。目前，37个行政权力部门完成了二报二审，30个单位入驻政务大厅集中办公。

（五）坚持从严管党治党，全面加强党的建设。坚持把意识形态工作作为一项极端重要的工作来抓，进一步加强中国特色社会主义理论体系和社会主义核心价值观教育，全体党员领导干部认真学习党的十八大和十八届三中、四中、五中全会精神及习近平总书记重要讲话精神。高度重视法治代县建设，制定《关于贯彻落实党的十八届四中全会精神全面推进法治代县建设的决定》，重点推进严格执法、公正司法、全民守法，提高各级干部运用法治思维和法治方式推动工作的能力，在全社会形成人人守法、依法办事的浓厚氛围。认真落实党管武装工作责任，高度重视国防建设，377个行政村全部配备民兵干部。进一步夯实基层组织建设，出台了《关于加强领导干部队伍建设的意见》和6个配套文件，全力做好干部监督管理工作，着力抓好班子、带好队伍。认真落实党风廉政建设“两个责任”，认真学习《廉洁自律准则》和《纪律处分条例》，进一步强化全县党员干部的纪律意识。加强廉政教育，将廉政教育与“三严三实”专题教育紧密结合，督促全县干部常拿“四面镜子”和“三严三实”要求，对照反思，激发干劲。在纪念抗战胜利70周年之际，组织全县党员干部到阳明堡飞机场、雁门关伏击战、毛主席路居纪念馆等红色文化教育基地参观学习，缅怀先烈，接受教育，转变作风。始终保持惩治腐败的高压的态势，进一步加强对“四风”问题的惩治力度，2015年，县纪检监察机关共处置违纪线索212条，查结案件182件，给予党纪处分157人，政纪处分28人，结案数同比提高63.3%，重处分人数提高36.1%。

（李润玖）

附：一、中共代县县委书记、副书记、常委名单

主持工作：李永胜（忻州市政协副主席、统战部长，1月—4月）

书　记：田永清（5月任职）

副书记：郝江陵（女）　赵继先（女）　赵　静（女，3月挂职）

常　委：白凤山　韩建保　贾明亮　陈月峰　赵永强　潘东涛（1月任职）

二、乡镇党委书记名单

上馆镇

书　记：张东家

峨口镇

书　记：陈文秀

阳明堡镇

书　记：张英瑞

枣林镇

书　记：李纪东

聂营镇

书　记：杨建勇

滩上镇

书　记：李　诺

新高乡

书　记：宋太平

峪口乡

书　记：蔚利平

磨坊乡

书　记：石高岚（女）

胡峪乡

书　记：高步峰

雁门关乡

书　记：杨建东

中共繁峙县委工作概况

县委书记　范波涛

2015年，繁峙县委深入贯彻落实党的十八大及十八届三中、四中、五中全会精神和习近平总书记系列重要讲话精神，践行“三严三实”标准，遵循省委“五句话”总要求，按照省、市决策部署，全面促进全县经济平稳健康发展、社会和谐稳定、党风政风清廉。

一、主动适应经济发展新常态，不断加快转方式、调结构步伐，努力保持经济平稳健康发展

面对经济下行的严峻形势，采取领导帮扶、政策引导、金融支持等综合措施稳定生产，全县经济保持平稳向好态势。2015年，全县GDP完成51.3亿元，同比增长0.6%；规模以上工业增加值同比下降3.3%；固定资产投资完成87.9亿元，同比增长17.6%；社会消费品零售总额完成14.9亿元，同比增长6.1%；财政总收入完成4.08亿元，同比减少59.2%；公共财政预算收入完成2.02亿元，同比减少52.5%；城镇常住居民可支配收入完成24873元，同比增长8.3%；农

村常住居民可支配收入完成6474元，同比增长7.7%。在全省县域经济考核中，繁峙县在36个贫困县中位列第6，受到省委、省政府表彰。

（一）项目攻坚夯实了稳增长基础。125个县重点项目完成投资85.14亿元，完成计划的113.82%。“六位一体”目标任务全面完成。完成项目储备1058亿元、签约95.24亿元、落地56.12亿元、开工84.45亿元。50个省市重点工程项目完成投资53亿元，完成率100%。项目投产完成53.09亿元，完成率100.17%。全县重点推进的分类管理新开工产业项目共15个，总投资66.54亿元。在全市重大产业项目分类考核中，繁峙县获得一等奖，在B类县排名第一。

（二）结构优化促进了产业转型升级。一是改造提升传统产业，延伸产业链条，打造下游产品。中兴实业5万吨卡盘铸造项目达产达效；山西紫金矿业绿色矿山综合建设项目完成投资2亿元，已投产；繁峙县同和磁选30万吨铁精粉建设项目完成年投资1亿元，具备投产条件。二是加快发展新兴产业。华能、中电投20万千瓦风电成功并网发电；中电投云雾峪风电三期和协合乔家窑风电项目待核准。通用航空产业取得实质性进展，8月12日，县政府与通航空港建设投资管理有限公司成功签约。三是加快旅游业发展。平型关景区建设全面启动，繁峙县圣景、旺发两家旅游开发公司成功注册，韩庄长城、茨沟营、孤山景点开发拉开序幕，乡村旅游稳健起步。

（三）精准扶贫稳定了农民持续增收信心。一是现代特色农业加快发展。全县农作物播种59万亩。新发展设施农业300亩，总面积达7119亩。农业产业化龙头企业发展到30家。农产品加工业销售收入3.65亿元，完成率108.9%。生态畜牧业发展迅猛，山西天河、山西天洋、山西恒芪、富云牧业等畜牧龙头企业进一步壮大，全县已建成各类养殖园区64个，规模养殖场（小区）125个，规模养殖户发展到15000余户，规模饲养量占到畜禽总饲养量的41.8%。二是扶贫开发力度空前。全年减少贫困人口13700人。开展建档立卡“回头看”工作，准确识别出贫困人口26440户72873人。百企千村产业扶贫开发工程完成投资2.75亿元。易地移民搬迁和整村推进工作进展顺利，安置房主体工程已基本完工，移民户预计2017年入住，9个村的整村推进项目全部启动。扶贫培训新型职业农民600人。教育扶贫全覆盖，对考入公办本科高校二本B类以上的73名建档立卡贫困大学生每人一次性资助5000元。

二、加强统筹发展，着力改善城乡人居环境，提高城镇化质量和水平

（一）进一步改善城市人居环境。按照全市“城市建设管理提升年”部署，大力推进设施提升、城市安居和环境提质。市政基础设施建设工程新开工11项，续建8项，完成投资1.86亿元。安居建设工程7项，完成投资11.23亿元。保障性住房工程新开工建设2240套，完成投资5.36亿元。积极开展创建“省级园林城市”工作，完成绿化面积17.2万平米，县城区绿化覆盖率达到41.67%。

（二）加快改善农村人居环境。完成农村危房改造610户，投资1718万元。完成“四堆”清理和村居整饰等城乡清洁工程重点工作。深入推进改善农村人居“四大工程”，创建11个县级、2个市级、2个省级美丽宜居示范村。城乡爱国卫生运动扎实开展，建成省级卫生乡2个、省级卫生村41个。

三、发展社会事业，保障改善民生，让发展成果更多惠及群众

（一）促进教育事业优先发展。高考二本B类以上达线355人，超额完成年度目标。初中教育在全市名列前茅。总投资5100万元的东城中学新区竣工，实现秋季招生。持续为学前教育提供保障，完成砂河四中附属幼儿园等5所幼儿园的建设。基础教育课程改革成绩斐然，全省教研室主任会议和教育质量提升沁源现场会充分肯定了我县课改经验。

（二）大力发展卫生事业。县中医院、第二人民医院、精神病院纳入公立医院改革，实行药品零差价销售。全年下拨基本公共卫生经费1304.97万元，为农村60岁以上老年人免费健康体检，为6岁以下儿童提供免费健康管理服务。深入推进新农合分级诊疗和县、乡医疗连体建设试点工作。

（三）进一步加强就业和社会保障。全县新增城镇就业3163人。城镇职工基本养老保险参保2.6万人，城镇职工基本医疗保险参保2.99万人，城乡居民社会养老保险参保14.69万人，城镇失业保险参保0.96万人，工伤保险参保1.51万人，城镇职工生育保险参保1.2万人。城市低保标准提高8.2%，农村低保标准提高14.16%。

四、狠抓安全生产，抓好社会治理，创造稳定和谐的发展环境

（一）全力维护社会安全稳定。深刻汲取“3.11”重大刑事案件教训，坚决扭转社会治安工作被动局面。县委多次专题研究综治工作，充实政法力量，为基层综治、社会服务管理和矛调机构预算了专项经费。坚持“严打”开路，公安机关共立侦刑事案件607起，破获321起，抓获网上逃犯62名。在全县农村共排查各类矛盾纠纷、不稳定因素382条。

（二）狠抓安全生产工作。认真贯彻新《安全生产法》，举办4期培训班，分批对260名党政领导干部、乡镇安全监管人员及企业负责人进行培训。扎实开展“企业主体责任落实年”活动，在全县8011家生产经营单位悬挂安全生产监督管理责任牌，有106家企业成立了危险源辨识及监控领导机构，并制定了切实可行的风险预控方案。全面开展安全生产大检查，排查各类安全隐患5208处，整改5126处。各类安全生产事故死亡人数在控制指标内。

（三）切实加强信访工作。继续开展县领导无节假日轮流大接访活动，有效解决了群众合理诉求。立足抓早、稳小、控苗头，11次部署排查矛盾纠纷223件，累计化解信访

积案96件。组织开展了“以群众举报乡村干部腐败为切入点集中解决群众信访诉求问题”专项治理，省交办的3件信访积案和市交办6件重点信访事项全部办结。健全资源信息库和信访事项档案库，积极动员335名社会力量参与信访工作。

五、加强生态建设，强化环境保护，着力打造宜居宜业发展环境

按照“13232”林业生态建设规划，在北部浅山区10万亩范围内完成造林任务5.61万亩。大力推进林业产业开发，以全国“一村一品”示范村赵庄村为中心，辐射带动周边15个丘陵山区村种植白水杏1.14万亩。扎实开展大气污染治理，全县集中供热面积达370.2万平方米，砂河镇集中供热实现全覆盖。集中开展“铁腕斩污”专项行动，严肃查处群众反映强烈的环境污染问题，对全县32家铁选企业开展了环保手续检查。深入推进矿山生态恢复治理，共有25家企业编制完成生态恢复方案，重点实施了大明烟矿区矿山治理和峨河河道治理项目。2015年六项主要污染物减排任务全部超额完成。

六、加强民主政治建设，推进依法治县，广泛凝聚加快发展的合力

县人大依法任免“一府两院”干部10人，先后听取和审议了县政府《关于全县精准扶贫工作情况的报告》《关于全县保障性住房分配、使用工作情况的报告》《关于法治政府建设工作情况的报告》等11个工作报告，视察了18个重点项目。县政协积极开展调研和视察活动，形成了《关于繁峙县旅游业发展情况的调研报告》，对35件提案进行了跟踪督办，为发展凝聚了智慧和力量。及时召开议军会议研究党管武装重点工作；不断深化“双拥”创建，6月被省委、省政府、省军区评为省级“双拥模范县”。认真做好“六五”普法总结验收。充分发挥工会、共青团、妇联等群团组织联系群众的桥梁纽带作用，凝聚富民强县的强大合力。

七、加强和改进宣传思想文化工作，弘扬主旋律，激发正能量

（一）着力打好舆论宣传主动仗。坚持新闻工作“三贴近”要求，不断创新方法、丰富报道形式，在各级主流媒体大量发表优秀新闻作品，为全县发展营造良好舆论环境。国家级媒体发稿6件，省级媒体发稿32件，省电视台发稿60条，市电视台发稿305条。主动掌控舆论，坚持舆情信息一日一报、特大舆情信息即时专报，为县委及时把握舆情动态提供了有力保障。

（二）全面繁荣文化事业。成功举办第四届“大杏奖”“新田杯”三民（民歌、民舞、民乐）舞台艺术大赛，参加忻州市第五届“梨花奖”舞台艺术大赛并获三等奖。完成4812场农村公益数字电影免费放映和市县100场免费“送戏下乡”任务。县文化馆、图书馆、乡镇文化站免费开放，接待群众2万人次，新建村文体活动室42个。注册群众体育组织和协会13家。

（三）大力发展文化产业。以平型关关城修复、伯强毛主席路居纪念馆为核心的红色休闲、度假、旅游区建设稳步推进。总投资4650万元的平型关关城、长城墙体保护修缮工程加快推进，平型关关城东城门楼修缮工程竣工。总投资550万元的岩山寺文物保护环境整治建设项目顺利实施。全年旅游总收入完成16.14亿元。

八、坚持从严治吏，加强领导班子和干部人才队伍建设，努力造就转型跨越发展中坚力量

一是认真组织开展“三严三实”专题教育。县处级领导集中专题学习13次、集中专题研讨5次。二是着力建设高素质的干部队伍。制定出台县管干部动议酝酿、推荐考察、讨论决定等工作细则，严格执行“五必审”制度，把廉政审查为重点的“三个一批”工作融入干部选任全过程，加强对领导班子和领导干部的综合分析研判，全年共调整干部3 批次95人，消化超职数配备干部22人。三是全面加强基层党组织和党员队伍建设。对新当选的534名农村“两委”主干进行“领头雁”培训；对58个软弱涣散基层党组织进行了转化提高。全县786家非公有制企业建立党组织336个，41个社会组织组建党组织19个。共培养入党积极分子570 名，确定发展对象142名，发展党员136名。乡镇党建工作经费24万元列入财政预算。四是全力实施“人才强县”工程。制定出台《繁峙县高层次人才引进方案（2015—2017 年）》，积极推进“柔性引才”战略，推介6家重点企业参加“中国海创周”活动，引进企业高层次紧缺人才。落实“双创”精神，实施了“滹源双创聚才行动计划”。

九、落实“两个责任”，全面从严治党，着力打造风清气正政治生态

（一）认真落实“两个责任”。坚持省委“五句话”总要求，主动适应从严治党新常态，真正把党风廉政建设责任扛在肩上。县委先后6次召开常委会研究部署党风廉政建设、纪委“三转”、查办要案等工作。制定责任清单，对县委班子17个方面的主体责任和纪委班子10方面的监督责任进行了明确和固化。全县13个乡镇和50个县直单位制定明晰的责任清单并签字背书。县委集体约谈乡镇党委书记、纪委书记，对3起案件中履行主体责任不力的8人和履行监督责任不力的2人进行了问责。创新体制机制，以计算机信息平台为基础，以权力规范运行和党内组织生活正常化为目标，探索建立了“落实党风廉政建设‘两个责任’信息化监督管理系统”。

（二）坚持把纪律挺在前面。坚决把纪律和规矩挺在前面，出台县、乡（镇）纪委诫勉谈话和约谈的程序和方法，

全年共谈话函询23人次。县委坚持专题研究重要案件，先后4次召开常委会对重要案件作出处理决定。聚焦群众关切和群众举报，严肃查处基层特别是乡村干部侵占国家资金、侵吞集体财产、侵蚀农民利益、侵害农民权益等“与民争利”、“小官巨腐”问题。全年共立案250件,结案240件，党政纪处分235人，其中受双重处分人数10人；涉及乡科级干部47人；移送司法机关14人，撤职以上重处分67人。

（三）持之以恒加强作风建设。落实中央八项规定精神，弛而不息纠正“四风”。对领导干部大操大办婚丧喜庆和收送礼金、红包等问题开展专项整治，重申了婚丧事宜相关规定，实行分级申报，申报范围扩大至村“两委”成员，设立了廉政账户，接受党员领导干部主动上缴红包、礼金。进一步畅通监督渠道，在重要时间节点，利用县电视台、政府网站、单位LED显示屏连续播发督查通知，公布举报电话和电子邮箱，动员全社会进行监督。对全县乡镇和单位进行了4轮次的专项检查和明察暗访。共发现2件违反中央八项规定案件，给予党政纪处分5人，其中乡科级3人，点名道姓进行了通报曝光。

（四）不断加大治本工作力度。不断扎牢织密“不能腐”的制度笼子，对权力运行存在体外循环的6家单位主要负责人进行了诫勉谈话，倒逼各单位各部门把依法依纪依规用权的意识铭记在心。权力运行监督和防控信息化系统全年累计受理事项144227件，办结143474件。不断筑牢“不想腐”的思想防线，出台警示教育实施方案,先后有1327名党员干部在警示教育基地接受了现场教育；全县副科以上干部550多人聆听了市纪委组织的关于贯彻落实“两个责任”和中央、省、市纪委全会精神的宣讲，进一步增强了廉洁自律意识。

（五）领导纪委推进“三转”。按照“5+6”模式完成县纪委内设机构的调整，使纪律审查人员编制增加到18个，占县纪委行政编制的60%。认真落实市委5号文件，从乡镇公务员编制中调配了16名专职纪委副书记和纪委委员，并对13个乡镇纪委书记、7名派驻纪检组长予以轮岗交流。为纪委监察局增加2个行政编制和6个全额事业编制，全县新任命纪检干部达到22名，进一步激发了工作活力。

（赵秋水）

附：一、中共繁峙县委书记、副书记、常委名单

书　记：范波涛

副书记：孔保宝　杨松树　曾　涛（4月离职）

常　委：钟文秀　姚力山　郑建国　刘燕萍（女）　王彦清　郭建中

二、乡镇（街道）党委书记

繁城镇

书　记：张龙恩

砂河镇

书　记：师天阳

大营镇

书　记：韩　敏（5月离职）

杏园乡

书　记：王志胜

光裕堡乡

书　记：张世龙

下茹越乡

书　记：韩红英（女）

集义庄乡

书　记：何卫峰（5月离职）

东山乡

书　记：张　巍

金山铺乡

书　记：李　勇

横涧乡

书　记：方笔计

柏家庄乡

书　记：王　政

神堂堡乡

书　记：乔　哲

岩头乡

书　记：张爱中

居民街道

书　记：王国元

中共宁武县委工作概况

县委书记　任宁虎

全县有党委20个，党组27个，党总支25个，党支部658个，党员10148个。2015年，中共宁武县委坚决贯彻落实中央、省委、市委各项决策部署和县委“4484”总体发展要求，主动适应全国经济发展新常态和全省净化政治生态、实现弊革风清的新形势，统筹推进稳增长、促改革、调结构、惠民生、防风险各项工作，全面加强党风廉政建设和反腐败斗争，推动全县经济、政治、文化、社会、生态文明和党的建设取得了新进展新成效。

一、深入学习贯彻习近平总书记系列重要讲话精神，坚持用讲话精神指导实践、推动工作

县委坚持把学习贯彻十八大和十八届三中、四中、五中全会精神及习近平总书记系列重要讲话精神作为重要政治任务，采取多种方式，及时传达贯彻落实。坚持把省委“五句话”总要求作为统领各项工作的行动指南，在全县上下形成广泛共识。县委常委带头并推动“双学”、“双看”，把“以上率下”作为最基本的工作方法，努力在各方面为全县树标杆、做榜样，示范带动全县党员干部自觉把思想和行动统一到中央和省委、市委的决策部署上来，有力推动工作落实。

二、坚持立行立改，着力落实省委巡视组反馈意见

县委高度重视省委巡视组反馈意见整改落实工作，成立了九个专项活动和整治工作领导组，点对点制定落实“两个责任”、选人用人、干部队伍作风建设、建筑市场、非法违法用地、“三公”经费等八类专项整改方案，并将每一项整改任务都细化分解到牵头县级领导和县直相关部门。集中开展了“四项活动”、“五项整治”，共建立完善制度120项，整改具体问题204个，解决民生问题173个，问责处分党员干部14人。

三、坚持把从严从实要求贯穿始终，主动适应和推动形成从严治党新常态

严格落实“两个责任”。建立健全责任清单制度和层层约谈制度，推动了主体责任向基层延伸。全力支持纪检监察机关“三转”，对纪委内部机构进行了整合和职能调整，进一步加大案件查处，全年共立案207件，查结205件，处分205人。深入推进“六权治本”。加快“两清单、两平台、两张图”载体建设，梳理汇总权力事项3392项，便民事项全部纳入权力事项并在网上公开运行和全程留痕。制定防控制度780多项、落实防控措施1.6万多条。狠抓思想作风建设。以学习讨论落实活动和“三严三实”专题教育为契机，在全县范围内扎实开展了作风大整顿，县委班子成员及全县广大党员干部普遍接受了一次思想大教育和精神大洗礼，对梳理汇总的作风问题和不严不实问题全部进行了整改。强化干部队伍建设。统筹推进“三个一批”工作，强化干部“六查”，推荐出248名善作为、敢担当的干部，研究调整干部2批（次）92人。开展了“三超两乱”、违规兼职、“裸官”专项整治，解决了干部违规配备、借调、兼职、进人等问题。加强基层组织建设。实行党组织和党员星级化管理，分类整顿46个软弱涣散基层党支部。落实党建“四大品牌”和“第一书记”选派工作，党员干部服务基层更加方便快捷。

四、主动适应发展新常态，力促经济平稳健康发展

积极应对经济下行。适时提出“保安、控本、增产、减负、促销、力转”六条措施，有效应对经济下滑。项目建设坚持“八位一体”统筹推进，省市重点项目累计完成投资近50亿元，全县项目建设连续六年受到市委、市政府的表彰奖励。做好煤与非煤两篇文章。加快推进整合矿井升级改造步伐，全年生产原煤1797万吨，同比增长21%。大力延伸煤炭产业链条，宁煤煤矸石砖厂已正式投产，三个大型煤炭发运站正在加快推进。坚持煤电并举，华润低热值煤发电、山西云达机械太阳能热发电项目开工奠基，华能东马坊三期、龙源余庄风电等项目正在加快推进。突出农业三大主导产业，全县发展养羊大户348户，饲养量达70万只，存栏42万只；新建食用菌大棚50座，建设4个万亩杂粮生产基地、20个500亩以上高产示范片，认证“三品一标”产品7个，小杂粮种植面积达到23万亩，占到全县农作物播种面积的84.9%。大力发展旅游服务业，全力推进芦芽山5A级景区创建工作，建成自行车生态绿道，开工芦芽山天池滑雪场项目。大力发展乡村旅游，两个村被省旅游局确定为旅游扶贫试点村。统筹城乡建设。体育馆、博物馆、图书馆、档案馆“四大场馆”和新建汽车站投入使用，建成南外环和灵河高速至县城连接线，完成南山公园二期工程，上马滨河大道提升改造工程。新建、改造集中供热管网22公里、供排水管网22.8公里。2个乡镇47个村庄开展了省级卫生乡、村创建活动并顺利通过验收。切实加强生态建设。深入开展“绿色行动”，完成绿化造林6.47万亩，义务植树48万株。加大饮用水水源保护和敏感区域保护力度，有效改善区域水环境和生态环境。以创建省级环保模范城市为目标，深入开展废气污染防治和环境保护专项行动，县城环境空气质量二级以上天数达到346天。

五、高度重视民生改善，切实维护社会和谐稳定

大力发展社会事业。重视创业就业工作，城镇新增就业、再就业、转移劳动力、公益岗位就业及城镇登记失业率均超额完成省市下达任务。坚持教育优先发展，各项教育重点工程有序推进，农村中小学继续落实“三免”政策，高中实现了“两免一补”。着力推进各类保险制度的健全完善，社会保障体系和保障能力建设全面加强。健全完善大病医疗保险和应急救助制度，有力保障了困难群众的基本生活。高度重视群众生活，完成保障性住房215套，新增城市集中供热面积20万平方米，解决4600户农村居民和730头大畜吃水问题。精准发力加快脱贫步伐。通过实施产业扶贫、移民扶贫、教育扶贫、金融扶贫四大富民工程，多渠道拓宽农民增收途径，2015年，全县贫困人口减少1万人。认真落实李小鹏省长调研指示精神，制定《宁武县西马坊乡深度贫困村片区整体脱贫试点实施方案》，贫困村全面派

驻第一书记和扶贫工作队，深入开展了建档立卡“回头看”工作。目前，“两线合一”和精准识别工作基本完成，为全县脱贫攻坚工作奠定了坚实基础。全力维护社会和谐稳定。严格落实市委“八个零”工作目标和“443”工作机制，持续深化重点行业、重点领域安全生产大检查和专项整治，安全生产形势持续稳定好转，煤矿连续三年实现“零”死亡目标。加强信访稳定，严格落实“三包案”、“四包一”工作措施，中央、省市交办案件全部结案。不断完善治安防控体系、矛盾纠纷大调解体系和基层社会服务管理体系建设，扎实开展“三清两净”、六网覆盖”、“平安利剑”行动，确保了全县社会稳定。2015年宁武县被省综治委评为省级平安县。

六、坚持全面深化改革，切实增强经济社会发展的动力和活力

认真落实省市转型综改《2015行动计划》，确定了8项重大改革、8个重大事项和3个重大项目。深化煤炭管理体制改革，取消了煤炭准销票，正在完善煤炭项目审批和证照体制改革。创新土地制度改革，稳步推进露天采矿用地、矿业存量土地整合利用和城乡建设用地增减挂钩三项改革，第一批增减挂钩已验收完毕。深化农村改革，农村土地确权登记完成95%以上，全年流转农村集体土地3万余亩，建立健全了县乡村三级土地流转服务体系和县乡纠纷调解仲裁体系。推进金融改革，组建成立首家村镇银行，有序推进农村信用联社改制，积极开展了党政干部不良贷款清收工作。创新扶贫开发体制机制，编制完成《创新机制扎实推进专项扶贫开发实施意见》。认真落实省市科技创新、金融振兴和民营经济三个推进大会精神，先后制定出台《关于贯彻全省金融振兴推进大会精神的实施意见》和《关于支持民营经济发展的实施意见》两个政策性文件，召开了全县民营经济发展推进大会，极大激发了民营经济发展的活力和动力。

七、积极推进民主政治建设，加快依法治县进程

支持人大及其常委会充分行使监督职能，依法开展执法检查、决定重大事项，督促“一府两院”认真履行职责，推动了县委重大决策部署的落实。支持政府依法行政，全力抓好经济社会发展重点工作任务落实。支持政协认真履行参政议政职能，不断推进协商民主广泛多层制度化进程。坚持执法为民、公正司法，积极推进司法改革，维护社会公平正义。加强同各民主党派和无党派人士的团结合作，注重发挥党外知识分子的力量。加强党管武装工作，推动国防后备力量建设，深化双拥共建活动。制定出台《关于加强群团组织工作的实施意见》，支持群众团体依法依章履行职责。

八、不断加强思想文化建设，凝聚富民强县正能量

深入开展十八届五中全会精神宣讲活动，全县广大党员干部的思想道德素质和政治理论水平得到了进一步提高。深入推进社会主义核心价值观体系建设，成功举办纪念中国抗日战争暨世界反法西斯战争胜利70周年大型文体展示活动，在全县开展了“宁武好人”和“最美宁武人”评选活动。大力弘扬“三大文化”，宁武县选送的多部剧目获得省、市表彰奖励。加快完善现代公共文化服务体系，民俗馆、历史博物馆、城市发展馆“新三馆”布展已完成设计，凤凰影院现代化数字改造工程正在实施，成功举办了全市羽毛球和篮球邀请赛。加强文物保护工作，开展了全国第一次可移动文物普查工作，对境内明长城进行了重点保护。扎实推动文化惠农工作，全年送戏下乡300余场，放映公益电影5000多场，向400多个农家书屋派送图书38种，向社会发放各类科普宣传资料2000余册。

（王旭东）

附：一、中共宁武县委书记、副书记、常委名单

书　记：任宁虎

副书记：王　卓　马在岐　丁龙广（12月任职，挂职）

常　委：弓凤英　任鸿宾　付光政　薛军良
帅学华（4月离职）　贾建宁
高克越（4月任职）

二、乡镇党委书记名单

薛家洼乡

书　记：王志荣

阳方口镇

书　记：陈玉峰

凤凰镇

书　记：武　强

余庄乡

书　记：丁新生

东寨镇

书　记：谷茂华

涔山乡

书　记：王继宁

化北屯乡

书　记：冀海亮

西马坊乡

书　记：李树文

石家庄镇

书　记：张建平

新堡乡

书　记：胡增海

迭台寺乡

书　记：李茂华

怀道乡

书　记：王东升

圪谬乡

书　记：郑志峰

东马坊乡

书　记：闫凯亮

中共静乐县委工作概况

县委书记　李德新

2015年，中共静乐县委深入贯彻落实党的十八大和十八届三中、四中、五中全会精神，坚决贯彻落实中央“四个全面”战略布局和省委“五句话”工作总要求，围绕“扬正气、树新风、创环境、促发展”的工作主线，牢牢把握稳中求进的总基调，着力稳增长、惠民生、保平安、抓改革，稳步推进学习讨论落实活动，扎实开展“三严三实”专题教育活动，全县经济社会发展和党的建设都取得了新进展、新成效，开创了弊革风清、富民强县的新局面。

一、深化改革，优化结构，经济发展实现新跨越

县委坚定不移、坚持不懈地推动发展，按照省委、市委一系列决策部署，全力做好稳增长、促改革、调结构、惠民生、防风险各项工作，着力推进“六大发展”。2015年，全县地区生产总值完成22.2亿元，同比增长6.2%，增幅全市排名第二；固定资产投资完成76.8亿元，同比增长17.7%，增幅全市排名第一；社会消费品零售总额完成9.7亿元，同比增长7.5，增幅全市排名第一；公共财政预算收入完成2.9亿元，同比增长2.4%，增幅全市排名第四；工业增加值完成5亿元，同比增长9.2%，增幅全市排名第三；城镇居民人均可支配收入达到1.9万元，同比增长8.7%，增幅全市排名第二；农村居民人均可支配收入达到5575元，同比增长8.5%，增幅全市排名第一。圆满完成了上级下达的各项约束性任务指标。全县经济保持了平稳健康发展的态势。

二、坚持重点，狠抓落实，项目建设取得新突破

坚持“六位一体”推进项目，13个省市重点项目进展顺利，国电5万千瓦风电、龙源15万千瓦风电并网发电，县电厂生物质能技改完成，裕达清洁能源投入运行并实现了“小升规”，衡达涌金物流园区完成年度建设任务，积极推进天柱山现代清洁工业园区建设。签约储备了2×350兆瓦低热质煤、铝基高温材料、20兆瓦光伏发电等夯基强县项目。在全市组织的产业项目观摩活动中，静乐获得二等奖，受到了市委、市政府表彰。

三、彰显特色，做强品牌，产业富民迈出新步伐

认真贯彻落实中央、省市各项扶贫开发政策，紧紧围绕与全市、全省、全国同步进入小康社会的奋斗目标，坚持以工业化理念、产业化发展的路径，狠抓“静乐三宝”(藜麦、玛咖、黑枸杞)、养羊以及小杂粮种植加工等特色产业，全县农业产业不断朝规模化、产业化方向发展。目前，全县种植藜麦2万亩，是全球第二大种植基地，成为名副其实的中国藜麦之乡。玛咖推广种植1800亩，预计产区农民将实现人均1亩、增收1万元的目标。黑枸杞示范种植1000亩，套种培育容器苗木120万株、裸根苗木500万株。养羊总量超过60万只，500只以上的养殖场达到79个。与潞安集团合作，种植油用牡丹7500亩。中药材种植8000亩。新成立杂粮购销专业合作社10个，培育杂粮专业示范村12个，农产品加工业销售收入达到2.97亿元。发展小杂粮示范区20万亩，全县粮食总产量突破1亿斤，增幅全市第一。在2015城市中国创新峰会中，静乐县特色农业（农副产品/农业产业化）荣膺全国推进农业现代化优秀城市。

四、因势利导，多措并举，城乡建设谱写新篇章

巩固提升“三城同创”成果，改造城市道路2公里，维修小街小巷300米、人行道1200米，铺设路灯管线1700米，新建供水管网2174米、污水处理管网2174米，新建改造供热管网10.1公里，新增集中供热面积30万平方米，进一步完善了城镇基础设施建设。新开工建设保障性住房824套，农村困难家庭危房改造完成400户。启动杜家村、双路2个乡镇采煤沉陷区治理。新建农村人畜饮水安全工程15处，解决了4500人、830头大畜的安全用水问题。新建通村水泥路29公里；创建省级美丽宜居示范村2个、市级美丽宜居示范村2个、县级美丽宜居示范村5个，为农村居民改水改厕2933座，极大地改善了农村生产生活条件。

五、以人为本，全面推进，生态建设成绩斐然

坚持生态兴县战略，以“三山两河”为重点，持续加大生态环境综合治理力度，深入开展环境综合整治，狠抓节能减排工作和乡村清洁工程，县城集中供热率达到95%，汾河水质稳定在三类标准以内，城区二级以上天数达到361天。完成造林任务5.35万亩，新增城区绿化面积31万平方

米，森林覆盖率达到19%，生态文明建设取得明显成效。围绕“百里汾河川、太原后花园”的目标，实施四线三山两河一点的“4321”绿化工程，完成了汾河川国家湿地公园的申报工作，现已通过国家林业局的评审，列入国家级湿地公园试点工作。素有中华“北天柱”之称的城南天柱山通过了国家3A景区验收，充分展示了静乐生态文化旅游的品牌形象，在汾河两侧公路沿线种植金丝菊等鲜花组合，打造了汾河川百里花廊，“山清水秀地干净、环境优美人宜居”的绿色静乐初步形成。

六、务实奋进，着力创新，党的建设呈现新面貌

坚持把学习贯彻习近平总书记系列重要讲话精神作为重要政治任务，把“学讲话、学作风”作为一条红线贯穿始终。全县上下通过加强自身建设，带头严纪律、明规矩、强作风，形成了一级抓一级、层层推动工作的良好氛围。坚决贯彻落实中央关于全面从严治党的要求，坚决在思想上政治上行动上与中央保持高度一致，切实将从严治党责任扛在肩上，认真落实管党治党各项工作任务，深入开展“学习讨论落实”活动和“三严三实”专题教育，从严落实“两个责任”，稳步推进“六权治本”，深入推进党风廉政建设和反腐败斗争，进一步净化了全县政治生态。认真落实省委、市委关于干部队伍管理的各项要求和部署，扎实开展“三个一批”工作，完善干部选任机制，加强基层基础建设，努力刷新吏治，着力打造“忠诚、担当、干净”的干部队伍。

（吕文杰）

附：一、中共静乐县委书记、副书记、常委名单

书　记：李德新
副书记：王　昕　宋爱莲（女）
董文涛（3月任职，挂职）
常　委：王利民　梁　康　秦文明　岳建斌
张宏皋　王树明

二、乡镇党委书记名单

鹅城镇
书　记：吴剑珍
杜家村镇
书　记：张玉堂（4月离职）　李俊青（5月任职）
康家会镇
书　记：郝彦峰
丰润镇
书　记：曹桂珍（5月离职）　韩志宏（5月任职）
堂尔上乡
书　记：李俊宏
中庄乡
书　记：张志宇
双路乡
书　记：杜雪峰
段家寨乡
书　记：吕志强
辛村乡
书　记：段惠卿
王村乡
书　记：刘怀祖
神峪沟乡
书　记：梁志平
娘子神乡
书　记：边四厚
娑婆乡
书　记：黄海君
赤泥洼乡
书　记：吕晓敏

中共神池县委工作概况

县委书记　曹爱民

神池县位于山西省西北部，管涔山脉西北麓。县名因县城西“有水一泓，旱不涸、涝不溢，若有神焉”而得名。经第一次全国水利普查，省水文水资源勘测局确定了从神池县延伸过来的一条沟道为汾河源头。全县总面积1472平方公里平均海拔1600米，属温带大陆性季风气候，年平均气温为4.6℃，年均无霜期114天，年平均降水481毫米。自然特征可以概括为：地多坡广、高寒冷凉、风大沙多、十年九旱，是一个典型的农牧交错区。全县总人口10.73万人，其中农村人口7.9万人。全县辖3镇7乡1个街道办事处，251个自然村，建制党委11个、党组5个、机关工委1个、党总支9个、党支部375个，是全省35个国家级贫困县之一。

2015年，县委常委会在省委、省政府和市委、市政府的坚强领导下，紧紧依靠全委会同志，团结带领全县干部群众，深入贯彻党的十八大和十八届三中、四中、五中全会精神，认真落实中央、省、市经济工作会议及省委十届七次全会和市委三届七次全会部署，以马克思列宁主义、毛泽东思想、邓小平理论、“三个代表”重要思想、科学发展观为指导，以习近平总书记系列重要讲话精神为根本

指针，主动适应经济发展新常态，坚持稳中求进工作总基调，以提高经济发展质量和效益为中心，把转方式调结构放到更加重要位置，立足县情，自加压力，奋力争先，同心同德，创新苦干，全县经济建设、政治建设、文化建设、社会建设、生态文明建设和党的建设取得了新进展、新成效，开创了弊革风清、富民强县的新局面。

一、深入学习贯彻习近平总书记系列重要讲话精神，坚持用讲话精神武装头脑、指导实践、推动工作

县委坚持把深入学习贯彻习近平总书记系列重要讲话精神作为重要的政治任务，作为各项工作的根本遵循，进一步健全和完善常委会专题学习、中心组学习、集体学习各项制度。深入学习以习近平同志为总书记的中央领导集体“崇尚实干、勇于担当、廉洁自律”的优良作风，从自己做起，以上率下，要求全县党员干部做到的，县委常委首先做到，努力为全县党员干部树标杆、作表率。努力把学习成果转化为全面深化改革、实现富民强县发展战略的创新指导，转化为整治“四风”、从严治党的工作自觉，转化为攻坚克难、保障和改善民生的务实举措，转化为激浊扬清、弊革风清的政治觉悟，为一年来团结带领全县人民坚持科学发展、实现富民强县奠定了坚实的思想政治基础。

二、认真落实从严管党治党要求，努力营造风清气正的政治生态

县委坚决贯彻落实中央、省委和市委关于全面从严治党的要求，坚决在思想上政治上行动上与中央、省委和市委保持高度一致。切实将从严治党责任扛在肩上，认真落实管党治党各项工作任务，深入推进党风廉政建设和反腐败斗争，进一步净化了全县政治生态。

三、坚持从严治吏，大力提高党建工作水平

县委认真贯彻落实《党政领导干部选拔任用工作条例》，认真落实省委和市委关于干部队伍管理的各项要求和部署，努力刷新吏治，着力打造“忠诚、担当、干净”的干部队伍。

认真开展“三个一批”工作。集中精力打好专项整治攻坚战，制定县委“三个一批”《实施方案》，认真组织扎实做好“六查”，在1个乡镇和1个县直单位开展试点工作，全县确定重点对象136名，与927名干部进行了个别谈话，对38个领导班子进行了综合分析研判，处理惩治不廉洁、乱作为干部19人，调整退出不作为、不胜任县管干部5人。

完善干部选任机制。坚持树立“德才兼备、以德为先、以廉为基”用人导向，按照市委《关于贯彻落实〈中共山西省委关于全面贯彻好干部标准树立正确选人用人导向从严管理干部的决定〉的实施意见》，制定出台了一系列完善干部选任的制度，进一步提高了干部选拔任用工作的公信度和透明度。

努力加强基层组织建设。扎实推进“基层党建联述联评联考”，层层签订责任状，落实抓基层党建工作责任。召开了县委工作会议，对农村基层党建工作作出全面部署。健全乡村管理、监督、服务“三位一体”的治理体系，推行村党组织“星级化管理”，集中整顿软弱涣散农村党支部31个，调整不称职党组织书记2人，选派第一书记115名，培训农村社区两委干部和骨干党员1864人。4个社区全部按标准建成了活动场所，落实了工作经费，兑现了社区工作人员报酬。切实推进机关党建工作制度化和科学化水平。统筹推进其他领域基层党建工作，非公企业党组织作用进一步加强，社会组织党组织实现了全覆盖。

四、适应经济发展新常态，推进全县经济平稳健康发展

县委坚定不移、坚持不懈地推动发展，按照省委、省政府和市委、市政府一系列决策部署，全力做好稳增长、促改革、调结构、惠民生、防风险各项工作，着力推进“六大发展”。特别是面对经济下行压力的持续加大，面对煤炭行业亏损的困难局面，县委主动应对挑战，积极抢抓机遇，有效防控风险，全县经济运行中的积极因素不断增加，全县地区生产总值完成19.24亿元，比上年增长1.1%；规模以上工业增加值完成2.91亿元，比上年增长11.5%，固定资产投资完成36.9亿元，比上年增长17.2%；社会消费品零售总额完成9.1亿元，比上年增长5.17%；财政总收入完成3.2亿元，比上年下降14.17%；公共财政预算收入完成1.68亿元，比上年下降16.83%；城镇常住居民人均可支配收入完成19481元，比上年增长7.1%；农村常住居民人均可支配收入完成6257元，比上年增长6.2%。约束性指标全部完成。

五、坚持全面深化改革，切实增强经济社会发展的动力和活力

县委紧紧围绕全县改革发展大局，优化顶层设计，坚持问题导向，聚焦群众期盼，切实增强改革的系统性、整体性、协同性、有效性和针对性，确保各项改革举措落地生根。

坚持把改革工作放在突出位置来抓，制定出台了《全面深化改革领导小组2015年工作要点》和《各专项小组2015年工作计划》，召开3次全面深化改革领导小组会议，对6方面改革作出部署，明确了24项重点改革任务，建立全县改革的“总施工图”和“总台账”。进一步压实了责任，有效推动改革任务的落实。

六、坚持保障和改善民生，坚决维护社会稳定

县委坚持把保障和改善民生作为全部工作的出发点和落脚点，统筹推进经济社会协调发展，保基本，兜底线，促公平，不断提高群众的安全感、满意度和获得感。

县委把2015年确定为“城市建设管理提升年”，先后投资2.4亿元用于创卫工作，硬化街巷1011条，新铺人行道18万平方米、路牙石56公里、下水管网31公里，种树48.6万株，新增路灯1212盏，改造旱厕4662户，九大类52项创卫任务全部完成，顺利通过省爱卫办专家组的技术评估，省委书记王儒林对神池的创卫工作给予充分肯定。

统筹城乡社会事业发展。深化教育教学改革，优化资源配置，加强职业教育，全面实施素质教育，切实推进均衡发展。深化医药卫生体制改革，全面开展基本公共卫生均等化服务，扎实推进新农合体系建设，全县新农合参合率达到99.63%，创建省级优质服务县工作已顺利通过省专家组验收。认真抓好就业，全县城镇新增就业1553人，城镇登记失业率控制在4.0%以内。不断提升社会保障水平，新建成老年人日间照料中心5个，严格实施城乡低保“三制度、两办法”，各类养老金和医保年人均财政补助标准全部按标准提高，城镇居民大病医疗保险最高支付限额达到40万元。努力办好惠民实事，农村新的五件实事顺利推进。加强环境保护和生态建设，6项主要污染物指标均达到年度目标任务进度要求，全县二级以上天数达到364天，其中一级天数为218天，环境空气质量稳定达到二级以上标准。

扎实推进安全发展。坚持党政同责、一岗双责、失职追责，认真落实市委、市政府“443”安全生产责任体系和工作机制，狠抓安全责任和措施的落实，努力实现检查监管零死角、部门配合零缝隙、现场生产零隐患、一线操作零“三违”、安全工作零起点、重大事故零发生、迟报瞒报零容忍、安全生产零死亡“八个零”的工作目标。去年全县累计发生各类事故22起，死亡4人，全县没有发生大的安全事故，安全生产形势平稳。

全力做好信访稳定工作。深入开展“法治信访建设年”活动，推进社会力量参与信访，依法处置信访过程中的违法行为，中央和省市交办信访事项办结率、化解率和网上受理信访事项办理率达到“三个百分之百”，全县信访形势持续向好，信访工作处于全市领先位置。加强情报信息预警预判，打好维稳主动仗。开展重大事项、重大决策社会稳定风险评估，从源头上防止了群体性事件的发生，有力维护了全县社会稳定。

（王永强）

附：一、中共神池县委书记、副书记、常委名单

书　记：曹爱民

副书记：冯晓雷（5月离职）　王建光

李　艳（女，3月任职，挂职）

常　委：王明福　李生旺　张明光　贾平华

乔震宇　王宝龙　冯建军

二、乡镇党委书记名单

龙泉镇

书　记：党　勇

义井镇

书　记：李　俊

八角镇

书　记：冯建华

东湖乡

书　记：田江波

太平庄乡

书　记：肖　云

贺职乡

书　记：刘　荣

大严备乡

书　记：崔永成

虎鼻乡

书　记：张　鹏

长畛乡

书　记：马俊强

烈堡乡

书　记：刘福林

中共五寨县委工作概况

县委书记　张　春

2015年，五寨县委在市委、市政府的正确领导下，团结带领全县广大干部群众，深入贯彻落实党的十八大、十八届三中、四中、五中全会和习近平总书记系列重要讲话精神，按照省委“五句话”总要求，市委“1661”发展战略，围绕既定的发展思路、发展战略，坚持从严治党，不断解放思想，改革创新，真抓实干，全县经济持续健康发展，社会保持和谐稳定。

落实从严治党要求，全面抓好党建工作。严格按照省委、市委的要求，把抓好党建作为首要任务，摆在突出位置，认真落实全面从严治党的各项要求。一是扎实开展“学习讨论落实”活动和“三严三实”专题教育，持续推进作风建设。“学习讨论落实”活动中，出台了《县级领导百项落实行动实施方案》，将23项重点任务分解为100项具体工作，责任到人、强力推进，开展了“五项整治”，健全完善了煤炭、土地、交通、司法等45项具体内容的监督检查机制。“三严三实”专题教育中，按照“每两月1个学习

专题、每月1次中心组学习和研讨、单位每周集中学习1次”的要求，按时推进。29名县级干部深入联系点讲党课、搞调研，各级领导班子走访群众570余户，征求到群众意见建议163条，建立了问题和整改清单，及时进行了整改，进一步增强了各级干部践行“三严三实”的思想和行动自觉。二是注重实效，全面推进基层党建工作。不断引深“1531”党建工程，出台了《关于加强基层党建工作的意见》，突出“书记抓、抓书记”，层层落实党建任务。在机关、社区推行“双报到、双服务”、“11122”服务模式，实现了党的工作、志愿服务、扶贫帮困进社区。选派120名优秀干部担任农村第一书记，在农村推行了星级化管理模式，评出五星级党组织16个，树立了良好的导向。加大经费保障力度，为7个社区下拨经费35万元。对23个农村、1个社区、17个其他软弱涣散党组织，采取“八个一”模式，进行了集中整顿。实施农村领头雁培训工程，培训农村党员干部、致富能手1400余名。出台了《党员干部严格遵守党的政治纪律的意见》《进一步严肃党内政治生活的意见》，从工作、生活、言行等方面对党员干部从严管理。三是从严治吏，不断加强干部队伍建设。坚持“德才兼备、以德为先、以廉为基”的原则，认真贯彻落实《干部任用条例》和省、市相关规定，出台了县管干部动议、推荐考察、讨论决定“三个细则”和相关配套制度，进一步规范了干部选任工作。扎实开展“三个一批”工作,为全县523名科级干部建立了民意实绩档案，建立了248名科级后备干部队伍，处理懲治乱作为干部12人，调整退出1人，提拔重用优秀干部32名，交流任职优秀干部34名。坚持从严管理监督，制定了《干部日常管理监督意见（试行）》《谈心谈话的实施方案（试行）》等制度，把监督融入了干部教育、培养、选拔和管理全过程。四是落实“两个责任”，持续加强党风廉政建设。保持狠刹“四风”和惩治腐败的“高压态势”，把纪律挺在前面，教育、预防、惩治多管齐下，认真落实《县委关于落实“两个责任”的实施意见（试行）》和14个专项制度，层层开展了约谈。将新修订的《准则》和《条例》作为重要学习内容，不断强化党员干部的廉政意识、纪律意识。积极推进“六权治本”，以政务服务中心为依托，固化了6949项业务流程，查找了14986个廉政风险点，全程监察，对权力运行中出现红牌的18个单位负责人进行了问责。积极支持纪委“三转”，为12个乡镇选优配齐配强了纪检书记、纪委委员。不断加大查处发生在群众身边腐败问题的力度，共审结案件138件，处分138人，同比增长27.78%；对落实主体责任不力的4名科级干部进行了问责，起到了惩处一个、教育一批的良好社会效果。

狠抓发展第一要务，全面抓好经济工作。一是加快农业产业化步伐。以新农村建设为主线，按照“规模化生产、科技化投入、品牌化认证、集约化经营、市场化推动、工业化提升”的思路，围绕甜糯玉米、马铃薯、小杂粮等特色产业，省级“一品一村”专业村发展到49个，标准化生产面积达35万亩，完成“三品”认证50个，新增“三品”认证5个，荣获了“中国甜糯玉米之乡”的光荣称号，“五寨小肥羊”成功注册地理标志证明商标，马铃薯获得了国家无公害产地认证，红芸豆获得了国家绿色食品认证和国家食品质量安全免检农产品。完成土地流转6.7万亩，发展家庭农场567个、专业合作社451个、规模购销组织28个。先后建成养殖小区32家，养殖场16家，规模养殖户发展到454家，羊发展到102万只、存栏53.4万只。二是扎实推进项目建设。以“项目提质增效年”为契机，坚持“八位一体”运行机制和县级领导包项目制度，实施了104个省、市、县重点项目，建设了昌茂油库、煤层气液化调储、瑞阳洗煤、晋西北烟草配送、武州石材等一大批产业项目。潞安集团投资796亿元的煤制油、煤制气项目园区规划已上报省经信委，环评公示已结束，等待省环保厅评审。积极解决企业融资难题，召开政银企座谈会，通过“助保贷”等措施为16户企业解决贷款3660万元。按照省、市要求，扎实开展以项目建设“百日行动”为重要内容的“冬季行动”，变冬闲为冬忙，扎实推进项目建设“九个一批”等各项重点工作。三是大力推进三产现代化。以煤炭物流、产业园区和生态旅游业为重点，认真落实清费立税、“煤炭20条”等政策措施，鼓励煤炭企业合作联营和产业转型，积极应对市场风险，全年发运煤炭达3350万吨。规划了总面积10.5平方公里的“北环产业集聚区”，建成了商贸物流、农副产品加工、建材工业、石化仓储物流、装备制造5大园区，入驻企业33个，从业人员达到2300人。不断加强旅游宣传推介力度，游客接待量、旅游业总收入逐年增长。四是持续改善城乡面貌。在巩固创建国家卫生县城、创建国家慢性病综合防控示范县的基础上，在“完善功能，改善环境，提升品味”上下功夫，对县城总体规划进行了修编，启动了排水、绿化等专项规划编制。实施了清涟河沿水景观、园林景观、生态景观等建设，完成了东城公园及东环路、滨河南路、开发街、中央路的绿化美化，改造城市道路2340米，安装供水、供热、排污等管线5000余米。积极探索城市管理长效机制，组建了城区综合执法办公室，完善了群众参与监督机制，实现城市建设与管理水平同步提升。大力实施改善农村人居环境的4项工程，乡村环境状况逐步改善，实现了城乡群众普遍受益的目的。五是统筹发展社会事业。投资2140余万元进行了第一中学食堂、第五小学附属设施、南关幼儿园、农村薄弱学校改造等项目，全县中小学校硬件水平和教学能力不断提升。基本公共卫生服务均等化步伐逐步加快，新建孙家坪、李家坪等3个乡镇卫生院主体已完工，14所村卫生室业务用房全部完工，中医康复医院投入了运营，新农合参合率100%。农村体育场地、农家书屋、农村文化活动室实现了全覆盖，开展文化“三下乡”，为乡镇农村送戏30场，放映电影2988场。社会保障持续加强，积极开展就业援助等活动，建立了大学生创业园区、创业孵化基地，全县城镇失业率控制在了3.7%以内，低保、五保等实现了应保尽保。“五件实事”全面完成，投资1679万元建成保障性住房108套，保障能力不断增强。

切实维护社会和谐稳定，全面抓好社会管理工作。以社会主义核心价值观宣传教育为主线，开展了纪念抗战胜利70周年等系列活动，凝聚起了和谐发展的正能量。深化“六六创安”工程，着力构筑全方位、立体化治安防控网络，始终保持打黑除恶的高压态势，从严从快打击各类违法犯罪，社会治安环境持续改善。加大调解体系建设力度，实现了排调机构网络化、排查工作经常化、排查制度规范化，确保各类矛盾及时有效化解。四大班子领导轮流坐班接访，按照分类处置的办法，解决了一批缠访、闹访问题，信访形势明显好转。认真落实安全生产“党政同责、一岗双责”和“443”工作机制，扎实开展了打非治违等专项行动，有效杜绝了重大安全事故的发生，确保了人民群众生命财产安全和社会的和谐稳定。 （沈雁冰）

附：一、中共五寨县委书记、副书记、常委名单

书　记：张　春

副书记：张宇光　武革慧

常　委：靳海珍　白效文　左　峰　杨全隆　尹新凤（女）　李代保

二、乡镇（街道）党（工）委书记名单

砚城镇

书　记：苏国平

三岔镇

书　记：周晋堂

小河头镇

书　记：郝　伟

前所乡

书　记：刘　维

李家坪乡

书　记：贯育新

胡会乡

书　记：李永林

新寨乡

书　记：张鹏珍

韩家楼乡

书　记：刘舜尧

孙家坪乡

书　记：张银业

梁家坪乡

书　记：武云飞（11月离职）

东秀庄乡

书　记：周德华（女）

杏岭子乡

书　记：李秀岐

城镇街道

书　记：牛占林

中共岢岚县委工作概况

县委书记　王志东

2015年是全面推进依法治国的开局之年，是全面深化改革的关键之年，也是全面实现“十二五”规划目标的收官之年。一年来，岢岚县委深入贯彻落实党的十八届三中、四中、五中全会精神和学习习近平总书记系列重要讲话精神，坚决贯彻落实中央“四个全面”战略部署、省委“五句话”工作要求和市委“1661”发展战略，主动适应新常态，自觉落实新要求，认真践行“三严三实”，全力实施“331”发展战略，全面深化改革创新，从严推进党风廉政建设和反腐败斗争，全县经济社会呈现出持续平稳健康发展的的良好态势。地区生产总值完成20亿元，增长10.7%；固定资产投资46.7亿元，增长17.5%；规模以上工业增加值4.4亿元，增长8.9%；社会消费品零售总额8.8亿元，增长5.9%；财政总收入2.5亿元，下降1.6%；公共预算收入完成1.2亿元，下降15.7%；城镇居民人均可支配收入22374元，增长7.7%；农民人均纯收入5492元，增长8.3%，各项约束性指标全面完成。

一、深入学习贯彻落实上级精神，树立正确鲜明的工作导向

把深入学习贯彻中央、省委、市委工作精神和各项部署作为首要政治任务，认真开展各类学习教育活动，确保思想上政治上行动上始终与中央、省委和市委保持高度一致。一是集中开展学习讨论落实活动。以习近平总书记系列重要讲话精神为根本遵循，以省委“五句话”总体要求为战略方针，明确主题，制定方案，认真学习，深入讨论，深刻反思，在真学真懂、真信真抓、真改真用上下功夫，开展了投资环境、民生环境、政务环境、服务环境、社会风气“五项整治”，完成了7个方面28类63项任务，解决了一批群众反映强烈的突出问题和民生问题，进一步凝聚起适应新常态的思想共识。二是扎实开展“三严三实”专题教育。将参学单位拓展到乡村和基层站所，组织中心组进行了四个专题的学习研讨活动，带领各级领导干部讲党课180余场，指导各级开展交流研讨118次，观看警示教育片285场，通过“262”大讲堂培训干部7100人次，引导各级

党员干部扎实开展“六对照六反思”活动，深入查摆不严不实问题，认真组织召开专题民主生活会，建立了整改任务和整改责任“两个清单”和“两本台账”，进一步巩固了作风建设成果。三是全面启动“双学”活动。以带头深入学习贯彻习近平总书记系列重要讲话精神和中央领导集体崇尚实干、勇于担当、廉洁自律的工作作风为引领，全面开启学讲话、学作风“双学”活动；以完善落实常委班子及成员岗位目标责任制、直接联系服务群众机制和履职考核制度为举措，努力为全县党员干部树标杆、作表率；以开展工作大调研、“百日大会战”和研究形成《“十三五”规划》建议为抓手，努力为“十三五”各项工作开好局、起好步、奠好基。

二、全面反腐强化党风廉政建设，营造风清气正的政治生态

坚决贯彻落实全面从严治党要求，切实把管党治党责任扛在肩上，深入推进党风廉政建设和反腐败斗争，进一步净化全县政治生态。坚韧严纪律。始终严明党的政治纪律、组织纪律、工作纪律、生活纪律，严格落实“五个必须”和“五个决不允许”要求，持之以恒反对“七个有之”，严格执行《廉政准则》、中央“八项规定”和省委、市委的各项要求，推动全县上下形成守纪律讲规矩的政治氛围。坚实转作风。紧盯“四风”变异问题，以开展工作、治安、信访、卫生、交通、安全、市场、金融“八项秩序治理行动”为抓手，查处违反“八项规定”和反“四风”要求案件5件，追责教育乱收费、违法占地等问题28人，辞退工作人员2名；以群众举报乡村干部腐败为切入点集中解决群众信访诉求问题，查实35件，处分32人；查办农村干部“三资”违规违纪案件29件，处分37人。坚定惩腐败。正确运用监督执纪“四种形态”，把压力和责任传导到基层特别是乡镇纪委，将“查违法”转向“盯违纪”、由“重级别”转向“管多数”，大力开展问题线索大起底、大排查，共处置各类问题线索300件；查办案件144件，处分144人，其中，党纪处分124人，政纪处分23人，重处分28人；乡镇纪委查办案件73件，比去年增加115%。与此同时，制定和出台“八项制度”、“七个文件”，细化分解9个方面的重点工作，全覆盖签订“两个责任”责任书，深入开展“九个一”廉政教育系列活动，为全县12个乡镇纪委配齐配强人员、划拨专项经费，为纪委充实了22名工作人员，对“两个责任”落实不到位的乡镇、部门责任人进行约谈和诫勉谈话，建立起涉及12个乡镇、117个县直单位的廉政风险防控体系。

三、从严治吏推进基层组织建设，打造担当作为的干部队伍

严格落实干部管理各项要求和部署，着力打造“忠诚、干净、担当”的干部队伍，全面提升基层组织活力。扎实开展“三个一批”工作。在全县116个科级建制单位568名科级干部中全面推开“六查六评”工作，清查处理有疑问档案24册，发现案件线索12起，掌握优秀干部246名，初步形成严格甄别、科学掌握、奖惩分明、能上能下、动态管理的干部工作格局。持续匡正选人用人风气。建立并实行了《防止干部“带病提拔”的具体办法》和《干部选拔任用工作全程纪实制度》等管理机制，严把“六关”，认真听取各方面意见，突出基层工作、人岗相适、能力匹配和实绩考核导向，分3批调整干部149人，进一步匡正了选人风气、化了队伍结构，提升了整体活力。稳步推进“六权治本”。结合实际制定《岢岚县推进“六权治本”规范权力运行实施方案》，推进“三个清单、两个平台、一个中心”建设，形成涉及29个部门和单位共5065项权力清单目录，承接省市下放审批事项41项，清理取消10项，确定县级行政审批目录135项，出台并落实“违反规定实施行政权力责任追究办法”、“对关键岗位干部实行重点管理监督”、“五个不直接管”等制度，进一步规范了权力运行。加强基层组织建设。投入党建资金1741万元，持续推进“先锋队”、“领头雁”、“主阵地”三大引领工程，培训乡村干部1092人次；巩固非公有制企业党组织62个，新建行业协会党组织4个、社区党组织4个、大学生村官创业基地4个；对全县304个基层党组织实行星级动态管理；处置不合格党员144名，整顿软弱涣散党组织28个，选派农村“第一书记”97名，招聘30名大学生村官进入乡镇事业单位；在县城建立了乡镇便民服务中心，全覆盖建立了乡镇便民服务大厅、行政村便民服务站，初步构建起县乡村三级一体化服务体系。

四、统筹产业开发推进经济发展，迈出富民强县的坚实步伐

坚持把发展作为第一要务，把扶贫开发作为重中之重，集中精力抓实产业开发，全力以赴促增收致富。持续推进精准扶贫。按照新时期扶贫开发“四个切实”、“五个一批”、“六个精准”的要求，立足全面脱贫，初步形成以“三大战略、一张平台、六个关键、九项体系”为支撑的“3169”脱贫攻坚行动纲领。在具体工作中，着力构建起25个国家、省、市扶贫工作队和108个县直单位联系包扶116个贫困村、9310个贫困户、23349口贫困人口的结对帮扶机制；完成4栋288套移民住宅楼主体工程；分别在邮政储蓄银行和县信用联社投入金融风险保证金共700万元，帮助1288户农村群众贷款1881余万元；对66名建档立卡贫困学生每人给予一次性补助5000元；推动7个“百企千村”结对企业完成产业投资1.3亿元；培训贫困群众2340余人，年度共减少贫困人口6400人。持续深化农牧产业开发。大力发展以羊为主的“一县一业”和以豆为主的“一村一品”，出台羊产业发展总体规划，制定“羊十条”综合扶持举措，以“羊银行”模式实施“百万只羊”工程，建成5万只羔羊育肥园区1个、晋岚绒山羊扩繁场5个、500只以上规模养殖场58个，培育300只以上的重点养殖户500户；实施种子换

代全覆盖工程，试验推广3种新材料、16个新品种、5项新技术，全县种植红芸豆13万亩、小杂粮30万亩、温室大棚1029亩，建设红芸豆、马铃薯、小杂粮等科技示范园区11800亩，完成粮食总产0.8218亿斤，实现“十二五”期间红芸豆出口创汇3280万美元。持续推进项目攻坚。落实“八位一体”项目建设模式，规划实施总投资284.8亿元的项目153个，年度完成重点项目储备35个519.3亿元，落地65亿元，开工40.9亿元，建设33亿元，投产35亿元，圆满完成目标任务。围绕结构调整，着力推进观音堂、鑫隆源等4个煤炭运销项目进行改扩建，道生鑫宇LNG项目和晋兴奥隆水泥项目即将建成投产，山阳药业、芦芽春、天盛缘玻棉、大唐大阳坡一期、龙源大涧风电等项目建成运营；积极推动鑫宇煤气化延伸发展上下游产业，持续跟进阳煤集团煤提质综合利用项目；着手完成岢岚县旅游总体规划及宋长城风景区可研报告，正在编制王家岔至荷叶坪旅游开发规划；探索对接“互联网+”，努力培育电子商务等新型产业。

五、创新突破全面深化改革发展，增强持续发展的整体活力

坚持把改革创新作为动力源泉，紧紧抓住转型综改试验区建设机遇，坚持问题导向，聚焦关键领域，不断提升经济社会发展整体活力。实施“2111”综改计划，深化体制改革。扎实推进涉及10项重大改革、10个重大事项、10个重大项目、1项重大课题的综改行动计划，出台有关经济体制、生态文明体制、文化体制和社会体制改革规划纲要，建立扶持经营主体、项目联合审批、政府投资项目管理、排污权有偿使用等改革机制，为加快推进“六大发展”提供了有力支撑。抓实“三个突破”，激发创业活力。鼓励和支持企业进行技术改造，拓展科技特派员制度，广泛开展校地合作，建立起16个科普示范基地；严格落实减轻企业负担35条省措施，实施“六补一缓”、“七补一贷”政策，帮助16户企业贷款1.28亿元，推动29户企业在股权交易中心集中挂牌，助推2个企业进入新三版上市程序；实施支企贷、支养贷、支种贷和富民贴息贷“3+1”工程，由政府出资2240万元风险补偿金，撬动金融机构放大10倍额度发放贷款9131万元。抓好司改试点工作，推进法治建设。紧紧围绕四项改革重点任务，对公检法部门的编制、人员、案件、经费、资产和债务分类建立起台账，配套制定相应处置和管理办法；完成法官、检察官初选工作，并以“一意见四办法”为统领，以“1+8”体制机制改革为抓手，积极探索推进试点工作。开展土地确权颁证和户籍制度改革。总结推广神堂坪乡土地确权试点工作经验，对11个乡107个村全面开展农村土地承包经营权确权登记颁证工作，推动农村土地有序流转和科学整合。目前已完成涉及农户8971户、24767人、248375亩土地的调查填表工作。贯彻落实《山西省常住户口登记管理规定》精神，全面放开迁入限制，实行城乡统一的户口登记，取消原农业户口与非农业户口性质区分，已完成全县新一轮人口登记工作，为打破城乡二元结构、加速城镇化进程、统筹城乡发展奠定了基础。

六、舆论引导加强思想文化建设，凝聚干事创业的精神动力

坚持把党的宣传思想文化工作摆在突出位置，为推动经济社会全面发展提供有力的思想保证、舆论支持、精神动力和文化条件。强化思想政治建设。以深入开展学习教育活动为载体，着力推进理论学习宣传，在全县范围内深入开展学《党章》、学《准则》、学《条例》“三学”活动，组织百名干部分四期到革命圣地韶山、井冈山接受党性和作风教育，完成青年干部学习班一期结业二期开班，举办各类政策精神宣讲活动5场、专题党性教育等6场，引导广大党员干部进一步坚定理想信念，增强干事创业的责任感和使命感。培育和践行社会主义核心价值观。出台《岢岚县国防教育实施意见》，组织开展了抗日战争暨反法西斯战争胜利系列纪念活动，大力开展社会主义核心价值观知识竞赛，爱国歌曲大家唱，“志愿者行动”，“岢岚好人”道德模范评选和“美好新岢岚、我的中国梦”主题读书、摄影、书画展等活动，积极推广“道德大讲堂”，在社会中形成弘扬新风正气的良好风尚。深化文明创建。以创建省级文明县城为引领，组织动员全县上下引深“八争八创”区域性文明创建，积极开展文明家庭、文明单位、文明社区、文明村镇等多领域的群众性精神文明创建活动，利用“一报、两台、两网、一平台”等宣传阵地大力弘扬文明理念、文明行为、文明风尚，文明县城创建顺利通过初审评估。繁荣城乡文化事业。大力弘扬“三个文化”，积极推进文化体制改革、县志修订、农村体育场地普查、县城有线电视线路全覆盖等工作；图书馆、博物馆、文化馆全年免费开放，成立门球、乒乓球、象棋等7个体育协会，对南山雁塔、北寺塔、古城墙等进行重点保护；完成送戏下乡40场、公益电影放映2424场，认真办好消夏文艺汇演等群众喜闻乐见的文娱活动，公共文化服务水平不断提升。

七、保障民生协调推进各项事业，扩大共享发展的现实成果

始终坚持把增进人民福祉、改善民生质量作为工作的着力点和落脚点，将93.2%的财政支出倾斜于民生事业。人居环境上，全面推进创建省级园林县城、省级环保模范县城和省级文明县城“三城联创”工作，建立起覆盖城乡的卫生清洁管理体系，推动60个农村达到省级创建标准；完成各项营造林6.41万亩，全县森林覆盖率达到16.01%，建成区绿地率达到35.15%；县城集中供热率普及率达86%以上，生活垃圾无害处理率达到70%以上，生活污水处理率达到85%，全县6项主要污染物排放量实现“零增长”。群众生产生活条件上，完成水土流失综合治理5万亩、水利实灌面积2.74万亩、耕地坡改梯8000亩；建设2个乡级汽车

站，完成7条公路养护、121个汽车停靠点、30公里通村路等建设工程，交付使用3幢国防移民廉租楼，启动653套城镇保障性住房新建工程，改造村农危房822户；解决了5个乡镇15个村4600口人1340头大畜的饮水安全问题。教育卫生事业上，实施“教育质量拓展”工程，适龄幼儿入园率达到77%、初中生巩固率达到99%、高中阶段入学率达到86%，义务教育基本均衡发展通过国家评估认定。中医院综合楼主体工程完工，县疾控中心业务楼进入招投标阶段，194个村卫生室业务用房建设工程有序推进，免费体检农村60岁以老人7394人，建立城乡居民健康档案77711份，城乡人均基本公共卫生服务经费提标14%，新农合参合率稳定在99%以上，人口自增率控制在6.5‰以内。社会保障上，城镇新增就业1620人，各类再就业628人，转移农村劳动力1358人，城镇失业率控制在3.3%以内；城乡低保标准分别提高30元和20元，保障对象分别达到到3054人和8839人，实现应保尽保；养老、医保、失业、工伤、生育等五大保险良性运行，城乡医疗救助“一站式”体系初步形成，优待抚恤工作进一步强化。

八、团结协作深化民主法治建设，巩固同心同德的政治局面

始终坚持民主与法治建设，不断发展更加广泛、更加充分、更加健全的人民民主，不断深化法治岢岚建设。坚持民主集中制原则。建立常委会定期向全委会报告工作并接受监督制度，主动听取专家学者、老干部、“两代表一委员”和基层党员干部群众等社会各界的意见和建议。研究出台经济、生态、文化、社会和法治“五个纲要”，全面完成“五场硬战”、“三城联创”等重点工作，开展“八项秩序治理”，并通过联席会议等分类研究部署工作，强化督查考核，为全面完成各项经济工作任务充分发挥统筹协调作用。加强和改进对人大、政协工作的领导。坚持和完善人民代表大会制度，综合运用多种形式对“一府两院”工作进行监督。坚持和完善中国共产党领导的多党合作和政治协商制度，围绕团结和民主两大主题，支持县政协履行政治协商、民主监督、参政议政，发挥在推进协商民主上的重要作用。加强统战、群团和党管武装工作。积极推进合署办公，支持各民主党派和无党派人士调查研究、参政议政、建言献策，推动民族宗教工作取得新进步。坚持党管武装原则，国防后备力量建设水平稳步提升。坚持军地融合共建，落实互办实事制度，双拥共建工作取得新成果。支持工会、共青团、妇联等人民团体独立自主开展工作，巩固和发展了同心同德促发展的良好政治局面。全面推进平安岢岚建设。成立了222个调解组织，调解各类矛盾纠纷439件；通过综治“三级平台、四级网络”办结群众服务事项13054件；落实“三五信访工作法”，处理办结各类信访案件366件，办结率96%；开展系列社会治安严打行动；健全“四四三”安全工作机制，实现政府对全县1456家生产经营单位全覆盖安全监管，群众的社会安全感、满意度明显提升。

（侯晓峰）

附：一、岢岚县委书记、副书记、县委常委名单

书　记：王志东

副书记：侯俊生　毕晋锋

常　委：牛大业　赵亚峰　闫莉芸　赵国兴　于顺龙　房　涛

二、乡镇党委书记名单

岚漪镇

书　记：梁　军

三井镇

书　记：周在田（6月离职）　武耀斌（6月任职）

神堂坪乡

书　记：胡少平

宋家沟乡

书　记：张文生（6月离职）　朱鹏华（6月任职）

阳坪乡

书　记：刘玉欢

大涧乡

书　记：李树雄（6月任职）

高家会乡

书　记：高志远

李家沟乡

书　记：高志平

水峪贯乡

书　记：刘　霞（女）

王家岔乡

书　记：吕少东（6月离职）　李新旺（9月任职）

温泉乡

书　记：白茂生

西豹峪乡

书　记：王　政

中共河曲县委工作概况

县委书记　边东圣

2015年，县委深入贯彻落实党的十八大、十八届三中、四中、五中全会精神，坚决贯彻落实省委和市委的决策部署，团结带领全县广大干部群众，主动适应经济发展新常态，创新实施“1266”工作思路，努力推进“十二五”圆满收官，全县经济社会各个方面都取得了新进展、新成效。

一、深入学习贯彻习近平总书记系列重要讲话精神，全面落实中央、省、市部署要求

县委坚持把“双学”作为重要政治任务，既学讲话，又学作风。一年来，采取县委常委会议、中心组学习会、全县性大会等多种方式深入学习贯彻十八届三中、四中、五中全会和习近平总书记系列重要讲话精神。县委常委发挥表率作用,带头研读讲话原文，带头记学习笔记，带头撰写心得体会，做到先学一步、学深一层；各级各部门采取多种形式、从多个层面引深学习活动，教育引导广大党员干部把思想和行动统一到中央、省、市的决策部署上来。同时，县委深入学习以习近平同志为总书记的中央领导集体崇尚实干、勇于担当、廉洁自律的工作作风，学习新的省委班子夙兴夜寐、深入调研、以上率下、严于律己的工作作风，学习市委班子求真务实、立说立行、勤政廉洁的工作作风，始终做到思想上清醒、政治上坚定、行动上自觉，切实把贯彻落实中央、省委、市委部署要求的思想行动，转化为践行三严三实、转变作风、从严治党的工作自觉，转化为攻坚克难、保障和改善民生的务实举措，形成了一级抓一级、层层推动工作的良好氛围。

二、坚持把纪律和规矩挺在前面，驰而不息推进党风廉政建设和反腐败斗争

“两个责任”不断压紧压实。定期听取乡镇、县直部门（单位）“一把手”党风廉政建设工作汇报，层层传导压力。经常开展廉政宣讲、警示教育。健全完善了责任清单、分析研判、廉政谈话、监督巡查等制度。全县145个单位列出责任清单4981份，并全部签字背书。实行县乡村层层约谈“全覆盖”，县委书记先后7次对乡镇党委书记和乡镇纪委书记以及部分县直单位主要负责同志进行了集体约谈，全年约谈乡科级干部173人；县委常委对分管部门、分管领域负责人进行约谈，13个乡镇谈话535人次，层层压实责任。把握运用“四种形态”，县纪委派驻纪检组对存在问题的14人进行了诫勉谈话，函询单位29个，通过抓早抓小，广大党员干部纪律意识、规矩意识进一步增强。

县乡纪检办案力量进一步强化。出台了《关于加强县乡两级纪检机关案件查办工作的意见》，配齐配强了县乡纪委班子。对县纪委监察局内设机构按照5+X调整方案进行了调整，增设4个纪检监察室，设立综合派驻纪检组6个。对全县13个乡镇的纪委书记进行了全面调整交流，增设乡镇纪委副书记13名、专职纪委委员20名、兼职委员19名。纪检干部回归主业主责。

群众身边腐败问题不断解决。坚持把查办案件作为促进“两个责任”落实的有力抓手。巡视组交办的案件线索全部办结。全面起底2008年以来的信访举报问题线索，对未处置的139件问题线索严格按照“五类处置法”全部处置完毕。全年共查办各类违纪案件231件，同比增长40%。乡镇办理158件，同比增长66.3%。全县上下形成了惩治腐败的高压态势，起到了有力的震慑作用。

“四风”问题得到有效遏制。紧盯重要时间节点，严防“四风”“隐形”“变异”，播发廉政警示广告45条4256次，发廉政短信24683条。出台了《违反八项规定专项整治的通知》《严禁党和国家工作人员大操大办婚丧嫁娶等事宜的暂行规定》等作风建设文件，43名处级领导干部，680名科级干部填写了拒收不送红包礼金承诺书。重点对违规配备公车等8方面问题进行督查，全年查处违反“八项规定”“四风”问题案件46起，处分46人。

“六权治本”扎实推进。把上网运行的单位由原来的63家扩展到94家，全县7852个权力和服务事项全部纳入“权力运行平台”，全县21个县直部门、6个条管单位和13个乡镇完成了职权清理、调整。创新实施工程建设项目并联审批，总时限由原来的479个法定工作日优化调整为90个以内。13 个乡镇便民服务大厅与县政务大厅、县直副科以上单位实现网络无缝对接，群众可以不受籍贯和地域限制，就近到任意一个大厅申请办理事项。“六权治本”工作在全市促进会上作了经验介绍。

三、全面落实管党治党责任，为科学发展提供坚强组织保障

学习讨论落实活动和“三严三实”专题教育深入开展。围绕活动主题，坚持边学习、边讨论、边落实，完成了7个方面、23项重点任务、46项专项整治，建立完善制度机制121项，整改具体问题68个，形成了58项具体成果。按照中央、省、市的部署要求，精心组织了“三严三实”专题教育，县处级干部带头，逐级讲党课。对照“三严三实”要

求，全体党员干部列出了责任清单、问题清单和整改清单，认真组织召开了专题民主生活会。

“三个一批”稳步推进。确定了巡镇镇、人社局2个试点单位，对首批113名关键岗位干部进行了“六查”。出台了《加强干部宏观管理的实施意见》，制定了县管干部推荐考察、讨论决定、动议酝酿任免议事规则流程和日常考察细则等一系列文件规定，进一步完善了“三问责、五反对、五惩治、五重用”干部管理机制，真正把想干事、能干事、干成事、不出事的干部选拔任用到适合的岗位。

基层基础不断夯实。对农村基层组织实行星级化管理，创建“五星级”党组织20个、“四星级”190个，并在全市进行了经验交流和全面推广。整顿软弱涣散基层党组织41个，解决突出问题32件，建立健全相关规章制度55项。举办了农村“领头雁”培训等一系列干部教育培训。选派148名第一书记覆盖建档立卡贫困村和党组织软弱涣散村。48名大学生村官通过考核、考试等方式充实到各乡镇和县直单位。

四、主动适应发展新常态，全力促进经济平稳健康发展

面对持续加大的经济下行压力，县委强化经济运行调度，召开现场办公会、促进会、协调会23次，经济保持了平稳健康发展。全年地区生产总值完成70.4亿元，同比增长6%；规模以上工业增加值完成39.7亿元，同比增长4.7%；固定资产投资完成135.9亿元，同比增长16.8%；财政总收入完成14.1亿元，同比减少15.9 %；公共财政预算收入完成4.2亿元，同比减少30.9%；社会消费品零售总额完成15亿元，同比增长6%。城镇居民人均可支配收入完成23009元，同比增长8.6%；农村常住居民人均纯收入达到5463元，同比增长7.3%，各项指标均位居全市前列，连续三年被省政府授予县域经济发展先进县。

项目攻坚再创佳绩。全年实施省市县重点项目51项，年度完成投资72.45亿元，完成率106.54%。项目建设“六位一体”考核指标年度任务全部提前超额完成。A类考核的9个重大产业项目全部统计入库，任务圆满完成。全市重大产业项目建设考核评比中排名第一，被评为忻州市2015年项目建设攻坚战先进县。

新型工业稳步发展。坚持稳中求进的总基调，以项目为抓手，以产业集聚区建设为载体，转方式、调结构，煤电产业和非煤产业转型升级加快。完成了产业集聚区大门、入区标识牌、道路补修和绿化等工程，拓宽一条入园主干道，入驻企业13家。全县11座煤矿，6座井工矿正常生产，2座井工矿通过复产验收，2座露天煤矿通过复工验收。神华神东低热值煤电厂一期投产发电，二期取得“路条”；山煤河曲低热值煤发电一期开工建设。同德化工民用炸药产销爆一体化作业覆盖全市，山水水泥、振钢化工癸二酸项目稳健运营，一批新能源项目正在积极推进。

现代农业提质增效。农业基础不断夯实。全力推进引黄灌溉及配套工程建设，改善水地1万亩，实施膜下滴灌工程7500亩，铺设饮水、灌溉管道2万方米，建设高标准基本农田1万亩。特色农业示范园成效明显。平川区新建温室14座、大棚8座、育苗场3000平方米，7个瓜蔬品种申请了绿色认证；半山区推广种植富硒农作物5000余亩，莲芯硒美公司完成小米QS认证；高山区推广种植脱毒种薯6万亩、微型薯1000余亩。羊产业发展初见成效。新增养羊合作社50个，推广种植牧草5000亩，全县羊饲养量达到50万只，存栏达到20万只。扶贫开发稳步推进。贫困户精准识别基本完成，9个整村推进项目和百企千村产业扶贫项目顺利推进，彩票公益金项目已完成总任务的60%以上，北元、东兴移民小区后续建设加快推进。农村集体“三资”清理整治成效明显，土地承包经营权确权扎实有序推进。

城乡建设步伐加快。以“一城两翼”为重点、以城乡爱国卫生运动和乡村清洁工程为载体，全面推进城镇化建设。在县城，全力推进“65332”后续工程，6条道路中，5条全面建成，剩余1条黄河大街与高速公路连接线已建成开元路至神华河曲电厂1.8公里。5馆3院两个综合体建筑土建工程已经完成，内装修正在进行。3个公园中，临隩公园、白朴公园二期已投入使用，东山森林公园正在分期实施。2大管网，热电联供管网工程由神华河曲电厂提供热源，已正式并网供热，覆盖了黄河东大街、长城大街、益民北路等街区约70万平方米。县城集中供气管网已经建成。完成了古渡广场、望河亭改造和康乐北路建设。这些工程的建设，进一步提升了县城品味、拉大了城区框架、完善了服务功能，同时为县域经济的发展优化了环境、提供了载体、奠定了基础。在乡村，认真开展城乡爱国卫生清洁运动，巡镇镇创建省级卫生镇、35个村创建省级卫生村，“四堆”“三乱”治理工作和改厕任务全部完成，村容村貌得到了明显改善。

五、高度重视保障和改善民生，着力推进和谐社会建设

坚持把保障和改善民生作为工作的出发点和落脚点，统筹推进，协调发展，不断提高群众的安全感、满意度和获得感。

群众生活持续改善。出台了加强民歌二人台保护传承的12条具体意见，首届“海红花杯”民歌二人台大赛圆满成功。民歌二人台精品剧目在太原、呼和浩特、北京和西部六省区成功展演，受到一致好评。积极推进文化惠民工程，“送戏下乡”62场，农村公益电影放映4068场次。新建旧县、南元两个幼儿园。义务教育学生营养餐工程持续实施，中高考成绩持续名列全市前茅。医药卫生一体化综合改革、县级公立医院改革、基本公共卫生服务工作稳步推进。新增城镇就业2133人，转移农村劳动力2453人。城镇登记失业率控制在4.1%以内。基本建立覆盖城乡的养老保险体系。新农合参合率保持在99%以上，城镇居民医保参保率保持在95%以上。城乡低保工作做到了应保尽保，

应退尽退。1158套保障性住房分配到户。高标准完成通道绿化66公里，高质量打造李家峁3.5万亩林业建设工程区，建成区绿化面积增加33万平方米，代表全市接受了全省造林绿化现场观摩。省级园林县城创建成功。

社会保持和谐稳定。部署开展了“打黑除恶专项斗争推进年”“城中村”社会治安专项整治行动和严打专项斗争。推进以视频监控系统为龙头的“六网覆盖”，社会治安防控能力明显提升。深入推进县、乡、村三级矛盾纠纷大调解体系建设，形成了“3456”工作机制，调解各类矛盾471件。扎实推进基层社会服务管理体系建设，处置各类事项17702件。深入开展涉法涉诉进京非访集中清理专项活动。全年接待群众来访1431人次，市交办的信访案件全部办结。动员社会力量参与化解信访矛盾工作走在了全省前列，进京赴省到市非正常上访等综合考核指标排名位居全市前列。

安全生产形势良好。坚持党政同责、一岗双责、失职追责，认真落实“443”安全生产责任体系和工作机制，排查处置安全隐患1569个，扎实开展“六打六治”打非治违专项行动。努力实现“八个零”的工作目标，全年没有发生安全生产事故。

六、统筹推进改革创新，不断增强发展内生动力

全面贯彻落实全省金融振兴、科技创新、民营经济发展三个推进大会精神，积极改革创新。金融振兴方面。及时召开金融工作座谈会和银企对接会，积极协调解决企业融资难题。继续实施“助保贷”，贷款额度达到8600万元。加大富民贷、强农贷、助羊贷等金融扶贫力度。全县存贷比达67.36%，位列全市第二。科技创新方面。积极支持同德化工申报国家级技术研发中心。兴农科技公司自主研发创新了5个新品种和5个先进适用技术，推动全县脱毒种薯普及率达90%以上。莲芯硒美公司与多家科研院所合作，发展富硒农业，取得显著成效。四海进通、河滩奶牛、兴农科技、同德化工等公司先后与12家科研院所、实验室合作，柔性引进科技人才38名，解决技术问题200余项。民营经济发展方面。出台了加快民营经济发展的实施意见，设立500万元的中小企业发展专项资金。将山西四海进通奥康农产品开发公司打造成全县第一家涉农中小微企业创业基地，已入驻小微企业8家。深化改革方面。先后取消、承接、调整行政审批项目84项，全面清理、彻底取消县级非行政许可审批类别。调整后，县本级实施的行政许可项目为140项。创新推进并联审批，健全了部门协商办理机制。加强行政审批效能监督监测，对新增的行政审批事项，及时纳入权力运行平台。工商、质监、食药监三家单位合并，组建了市场和质量监督管理局；卫生和计生两家单位合并，组建了卫计局。

七、凝聚发展正能量，扎实推进精神文明和民主法治建设

宣传思想工作全面加强。出台了《党委书记带头抓好意识形态工作的意见》，牢牢掌握意识形态工作主动权。深入开展十八届五中全会精神宣讲活动，全县举办报告会52场次。河曲电视台增设《曝光台》和《随手拍》两档新闻栏目，加强舆论引导，强化舆论监督。健全网络舆情管理机制，不断加强对社会舆情特别是网络舆情的分析研判。河曲视窗等新媒体发展迅速。大力弘扬社会主义核心价值观，首设“善行义举”榜，深入开展陈规陋俗专项整治，推进诚信体系建设，弘扬主旋律，传递正能量。

法治河曲建设深入推进。出台了《全面推进法治河曲建设的实施意见》以及分工方案。稳步推动司法体制改革。弘扬宪法精神，广泛开展国家宪法日活动和全国法制宣传日活动，加强“六五”普法和“法律六进”工作，深入开展普法宣传30余次，发放资料5万余份、书籍2万余册，实现了法制宣传教育城乡全覆盖，被司法部授予“全国法治县创建活动先进县”称号。文笔镇南元村被民政部、司法部评为“全国民主法治示范村”。

民主政治建设不断加快。积极支持县人大、政府、政协工作，鼓励和支持人大组织、人大代表围绕中心工作开展调研，认真听取人大的意见和建议。积极支持和鼓励人民政协围绕县委中心工作履行职能、献智出力，高度重视政协提案工作，不断提升政协建言献策科学化水平。坚持重大规划、决策、活动广泛征集群众意见，深入推进党务、政务、村务、企务和公用事务公开。全面提高统战工作水平，坚持党管武装制度，积极支持工、青、妇等人民团体开展工作，各项工作都取得了新进步。

（黄建林）

附：一、中共河曲县委书记、副书记、县委常委名单

书　记：边东圣

副书记：李旭清（5月离职）　田尚麒

常　委：贺贵平　刘东云　丁二明　刘建忠　赵辰隆　宋晓辉（4月离职）　赵　勇（4月任职）

二、乡镇党委书记名单

文笔镇

书　记：李步成

巡镇镇

书　记：韩　昌（7月离职）　赵金良（7月任职）

楼子营镇

书　记：菅劲春（7月离职）　郇志明（7月任职）

刘家塔镇

书　记：李晓峰（7月离职）　郝瑞光（7月任职）

鹿固乡

书　记：张秀文

单寨乡

书　记：郭永胜

土沟乡

书　记：周　明

前川乡

书　记：贾建忠（7月离职）　刘　军（7月任职）

旧县乡

书　记：闫慧军

沙坪乡

书　记：王　军

社梁乡

书　记：刘云钦

沙泉乡

书　记：李永智

赵家沟乡

书　记：邬志明（7月离职）　王彦东（7月任职）

中共保德县委工作概况

县委书记　段　新

2015年，县委班子团结带领全县干部群众，坚决贯彻落实中央“四个全面”战略布局、省委“五句话”工作总要求和市委、市政府系列决策部署，主动适应经济发展新常态，深入推进党风廉政建设和反腐败斗争，全面从严管党治党，经济社会各项工作取得了新成效新进展。

一、用党的十八大、十八届三中、四中、五中全会精神和习近平总书记系列重要讲话精神武装头脑、统一思想、指导工作、推动实践

县委班子通过县委中心组学习、邀请教授作专题辅导、举办专题研讨班、领导干部登台讲党课等多种方式，深刻学习领会党的十八大、十八届三中、四中、五中全会和习近平总书记系列重要讲话的科学内涵、思想精髓、精神实质和实践要求，切实做到真学真懂、真信真用、真知真行。同时，坚持学用结合、学以致用，努力寻求上级精神与保德实际相结合的最佳切入点，作出新决策，提出新措施，将全县干部群众的思想和行动，统一到加快推动“六大发展”、促进富民强县的战略部署上来，统一到坚决打赢脱贫攻坚战，与全省、全市一道全面建成小康社会的共同目标上来，进一步增强了同心同向、同心协力的发展凝聚力。

二、坚持问题导向、效果导向，扎实推进“三严三实”专题教育

县委班子把开展“三严三实”专题教育作为一项重大的政治任务，坚持高标准、严要求，开展了8次中心组学习、5次专题研讨。在此基础上，广泛征求意见，深入查找问题，共征求到各方面意见建议310条，经过梳理分类，归纳合并为52条。针对存在的问题，建立了问题清单、责任清单、整改清单“三个清单”，边学边改、即知即改、立行立改，解决民生问题169个，化解信访积案60余件。同时，紧密结合保德实际，延伸专题教育触角，在县、乡两级领导班子中深入开展了“三学三思三看”活动，切实把“三严三实”要求落实落细。制定出台了《关于在全县“三严三实”专题教育中深入开展解决基层干部不作为乱作为等损害群众利益问题的专项整治方案》，查处损害群众利益案件110件106人，有效解决了一批群众反映强烈的突出问题，党风政风和社会风气明显好转。

三、抓好重点工作推进，经济社会各项事业实现平稳健康发展

县委班子充分发挥领导核心作用，坚持把发展作为第一要务，督促各级各部门和领导干部抓好措施落实，全县经济社会各项事业实现了平稳健康发展。地区生产总值完成62亿元，同比增长6%；规模以上工业增加值同比增长5%；固定资产投资完成122.69亿元，同比增长18%；社会消费品零售总额完成13.9亿元，同比增长10%；财政总收入完成10.85亿元，同比增长-4.87%；公共财政预算收入完成3.85亿元，同比增长-6.1%；城镇常住居民人均可支配收入完成24629元，同比增长7%；农村常住居民人均纯收入达到6152元，同比增长9%。节能减排、环境保护等约束性指标全面完成。

（一）重点工程项目建设扎实推进。坚持“八位一体”工作机制，抓大、壮中、育小、扶微，全力推进项目落地建设，稳增长的基础进一步夯实。全县项目储备1378.65亿元、签约96.5亿元、落地47.02亿元、开工83.32亿元、建设39.14亿元、投产69.94亿元，分别完成年度任务的138.98%、105.57%、106.86%、105.47%、111.82%和101.36%，均超额完成市下达任务。

（二）农民增收渠道不断拓宽。一以贯之走好传统农业增效提质、发展现代设施农业、加快农村劳动力转移三条具有保德特色的发展路径。全年粮食产量4120万斤，红枣种植面积达到12万亩，海红果3万余亩，“两红”产量实现5000万斤，农产品加工企业销售收入完成3.97亿元。温室

大棚总面积发展到4000余亩，年产值1亿余元，受益农户3000余户。发展科技示范户1200户，建设科技示范园13个，改扩建规模养殖示范场区12个，发展科技养殖示范户20户；培育农机示范合作社1个，扶持机械化示范农场1个，发展农机大户2户，推广实用农机具538台（件）；全面完成了7003人的减贫任务，农村富余劳动力转移就业2669人。

（三）城乡人居环境明显改善。市政基础设施项目累计完成投资2.27亿元，完成目标任务的105%。县城生活垃圾无害化处理率达到98%，污水处理率90%，热化率78.2%，气化率58%，城区空气质量二级以上天数达到300天以上。全年绿化造林8.23万亩，建成区绿化覆盖率达到39.41%。杨家湾新城镇中心卫生院、农技推广站、综合文化站三个项目竣工验收；义门镇“十二五”评估相关工作启动，处理规模500m?/日的污水处理厂投入使用；国家级示范村、镇项目申报工作完成县级遴选。乡村清洁工程扎实推进，创建达标村75个。

（四）民生社会事业全面进步。就业保障方面，公开招录公益性岗位人员150名，城镇新增就业2149人；养老、医疗、失业、工伤、生育保险覆盖面不断扩大；农村低保对象月人均补差达到166元，城镇低保对象月人均补差达到283元，实现了动态管理下的“应保尽保、应退尽退”。教育文化方面，32所中小学通过了“全国义务教育发展基本均衡县”市级复核和省级验收；全面启动“改薄工程”，804名学前贫困幼儿受到资助；广播电视“户户通”工程完成1万户，送电影下乡4080场次，开展广场文化月活动6场。卫生计生方面，医改试点县工作稳步推进，基本药物制度实现全覆盖，新农合参保率达99.67%。住房保障方面，保障性住房、扶贫移民房等一大批住房建设工程全面实施，城乡居民居住条件持续改善。涉及3个乡镇、7个村、1141户、3420人的采煤沉陷区搬迁安置工作扎实有序推进。

（五）全面深化改革取得新进展。转型综改方面，编制出台了《2015年综改行动计划》，确定了4项重大改革、15个重大事项、4个重大项目和3个重大课题。机构改革方面，完成工商、质检、食药职能整合，组建了县市场和质量监督管理局；完成卫生计生机构合并，组建了县卫生计生局并正式运行。行政审批方面，承接市里决定取消和下放管理层级的行政审批项目38项，其中取消5项，下放33项；列入县本级行政审批项目7项，现有行政审批项目134项。实施了“建设项目联合审批”、“企业注册登记联合办理”等一条龙服务模式，实现了政务大厅统一受理、职能部门联合办理、省市县网上同步审批。煤炭管理体制改革方面，积极推动县内11座煤炭企业向“六型发展”，神华保德煤矿建成国家级安全质量标准化煤矿；取消了南峁煤检站、保府桥煤检站，完成了公路销售管理体制改革任务。

（六）社会大局和谐稳定。严格落实党政同责、一岗双责和企业安全生产主体责任、部门监管责任等安全生产责任制。全县发生各类事故26起，死亡5人，安全生产形势总体平稳。不断引深“平安保德”创建活动，扎实开展“一村（社区）一警”联系走访活动和“六场硬仗”、“六项整治”等一系列专项行动，保持了对各类违法犯罪大打、狠打的高压态势。牢固树立群众观点，带着责任和感情做好信访工作，及时帮助群众排忧解难。坚持维护群众权益与维护信访秩序相结合，进一步畅通信访渠道，引导群众依法有序表达诉求，有效化解矛盾纠纷，维护了社会和谐稳定。

四、加强社会主义民主政治建设，依法治县水平进一步提升

县委班子始终坚持民主集中制，将县委“441”工作流程，全面贯穿于议事决策、执行落实、约束监督、联系服务各个环节。注重发挥县四大班子的整体合力，保障人大、政府依法行使职权，支持政协履行职能，促进了工作平衡发展，形成了齐心协力的良好氛围。县人大组织代表开展执法检查2次、调研5次、视察3次，听取和审议专项工作报告12个。县政协组织开展旅游文化产业、文明创建、“十三五”规划等方面调研8次。充分发挥“总揽全局、协调各方”的领导核心作用，积极发挥工青妇等人民团体作用，切实加强对人民武装工作的领导，高度重视统战、民族和宗教工作，形成了群策群力、团结共进的政治局面。大力推进依法治县，深入开展“法律六进”活动，全面提升了普法宣传教育的实际效果。不断加强基层民主建设，深入推行党务公开、政务公开、村务公开、企务公开和公用事务公开，切实保障了人民群众的知情权、参与权、表达权和监督权。

五、着力加强党的建设，党组织的凝聚力、战斗力和创造力显著增强

县委班子坚持以提升党建工作科学化水平为目标，突出抓好党的思想政治建设、作风建设和基层组织建设，坚持和完善了干部选拔任用制度，党的建设得到了进一步加强。不断提升干部素能，分层分批对1632名农村党员干部、352名乡镇党委副书记、组宣员和其他领域的党组织书记进行了集中培训，加强思想建设，提升履职能力；旗帜鲜明树立“德才兼备、以德为先、以廉为基”用人导向，积极稳妥推进“三个一批”，千方百计把组织放心、群众满意的好干部选出来用起来。全年共调整干部6批79人次，其中提拔9人、平调50人、免职20人，消化超职数配备干部21人；“甄别处理一批”不廉洁、乱作为干部20人；“调整退出一批”不作为、不胜任干部4人；“掌握使用一批”敢担当、善作为干部11人；进一步完善抓年初部署、年中督查、年底交账的工作机制，加大基层党建任务的落实力度，加强基层党建工作创新力度，提升了新常态下基层党建工作水平。

六、坚持全面从严治党，不断引深党风廉政建设和反腐败斗争

县委班子认真落实中央、省市关于落实党风廉政建设

主体责任有关要求，全面贯彻省委书记王儒林在忻州座谈会上的重要讲话精神、市委书记李俊明在保德县调研精神和市长郑连生与保德县四大班子成员座谈时的讲话精神，坚持把落实“两个责任”作为净化政治生态、推进改革发展的压舱石和推进器，坚守政治担当，突出问题导向，认理、认账、认责，认罚、认改、认干，一着不让地狠抓“两个责任”落地、落实。2015年先后召开8次县委中心组学习会、6次县委常委会，分析形势任务，总结经验教训，部署落实措施。并通过层层签订责任书、加大党风廉政建设考核分值权重、开展廉政教育、加强廉政风险防控体系建设等措施，压实压牢“两个责任”。县委班子成员按照职责分工，认真履行“一岗双责”，扎实抓好职责范围内的党风廉政建设，形成了一级带一级、一级抓一级的工作氛围。坚持“老虎”、“苍蝇”一起打，以零容忍的态度惩治腐败。全县纪检监察机关查办案件154件，处分党员干部149人。其中，给予撤职以上重处分36人，移送司法机关3人。通过查处违纪违法案件，惩治了腐败，教育了广大党员干部。（杨　剑）

附：一、中共保德县委书记、副书记、常委名单

书　记：段　新

副书记：郭新生　周书泉（因违反政治纪律、失职、渎职，5月给予留党察看2年，取消副县级待遇，降为科员）　白　昕（3月任职，挂职）

常　委：宁志刚　岳海滨
王培才（涉嫌受贿、滥用职权，2月双开）
张永红　华永军　李迎熙
张申良（4月离职）　张军峰（4月任职）
臧秀进（1月离职，挂职）
赵　刚（1月任职，挂职）

二、乡镇（街道）党（工）委书记名单

东关镇
书　记：刘竞才
桥头镇
书　记：高彦林
义门镇
书　记：张智才（7月离职）　霍建新（9月任职）
杨家湾镇
书　记：郭兴田
腰庄乡
书　记：张埃平
窑洼乡
书　记：高彩文（女）
土崖塔乡
书　记：翟连平
孙家沟乡
书　记：李宝权
尧圪台乡
书　记：康智新
冯家川乡
书　记：王耀光
南河沟乡
书　记：白侯平
林遮峪乡
书　记：闫　俊
韩家川乡
书　记：张振清
居民办
书　记：闫保祥

中共偏关县委工作概况

县委书记　王　源

2015年，偏关县深入贯彻落实党的十八大和十八届三中、四中、五中全会精神，坚决贯彻落实中央“四个全面”战略布局、省委“五句话”工作要求和市委一系列工作部署，主动适应经济发展新常态，整体推进经济社会“双五”战略和党建“双五”工程，深入推进党风廉政建设和反腐败斗争，努力推进“十二五”圆满收官，全县经济社会发展和党的建设取得新进展、新成效。全县地区生产总值完成25.03亿元，同比降低2%；固定资产投资完成26.4亿元，同比增长17.1%；财政总收入完成3亿元，同比降低14.3%；农村常住居民人均可支配收入预计完成5750元，同比增长9%。

一、坚持以提高经济社会发展质量和效益为中心，主动适应经济发展新常态，驱动“双五”，同创“五城”，经济社会发展取得新成效

项目建设改写历史。一是煤炭项目支撑有力。全县已落地煤炭项目21个，其中18个有了实质性进展，5个铁路煤炭集运站项目，3个已开工，2个已取得铁路准入许可；5个煤炭洗选项目，3个已投产，1个完工，1个落实了项目用地；8个储售煤企业已全部投入运营。二是新能源产业势

头看好。风电项目方面，大唐5万千瓦风电项目于9月底正式并网发电，龙源5万千瓦风电项目完成风场道路建设和输电线路架设。同时国电科环、华润、新锋、龙源、盾安等五大集团分别与偏关县签订风电项目合作协议。光伏项目方面，有19家公司与偏关县签订了框架协议，总装机容量达到213.6万千瓦。三是火电项目进展顺利。华电偏关2×110万千瓦火电项目在省市主要领导和市发改委的大力支持和帮助下，项目可研报告于10月21日通过了专家团审查。

产业富民突破历史。全县共种植各类农作物46.45万亩，其中小杂粮种植面积达到30万亩，蔬菜温室种植棚达到830余座，特色高效果树栽培45亩，瓜菜种植面积达到5000余亩，经济林发展到4万余亩，规模养羊户发展到4200户。在今年羊肉价格大幅下跌的情况下，全县羊饲养量仍达到85.3万只。

道路建设扭转历史。县城外环路列入高速路的建设规划和资金规划并已建成通车，209国道改线已开工建设，准朔铁路全面复工、灵河高速即将整体贯通。护宁寺西口水路码头已建成，全省沿黄第二个大码头老牛湾客运大型码头列入省投资规划，即将开工建设。

生态旅游创新历史。坚持“较真、较劲、不叫苦，真穷、真苦、真实干”的本色，在发扬“右玉精神”的伟大历史进程中我们成功创新“偏关绿魂”，大搞生态建设，成功召开了全省造林绿化现场会。老牛湾村被评为3A级中国传统古村落，老牛湾景区被省政府批准为省级风景名胜区。

二、坚持全面从严治吏，以干部选拔任用新《条例》和“三个一批”工作为指针，把握新标准，树立正确的用人导向，匡正选人用人新风气

扎实开展“三个一批”工作。制订了“1图1书6表”工作措施。采取“六查六建五评两审”的办法，把全县6大类副科级以上干部和重要岗位、关键环节的140名干部作为当前推进工作的重点。组建3个考察组，先后对全县94个单位、494名县管干部进行全方位、多角度、多层次甄别。共收集问题线索19条，查否3件，给予警告以上处分16人。

完善干部选拔任用机制。开展了全方位民主推荐，全过程痕迹记实的干部选用实践，制定出台了由组织、纪检、审计、综治、计生等10个部门组成的干部选拔任用联席审查制度，进一步提高干部选拔任用工作的公信度和透明度。全年调整干部61人，其中提拔10人，平调37人，免职11人，消化超职数干部3人。

加强基层基础建设。扎实推进“三级联述联评联考”，层层签订责任状，靠实抓基层党建工作责任。推行农村党组织“星级化管理”，两年集中整顿软弱涣散党组织43个，选配第一书记105人，培训农村社区两委干部和骨干党员1000多人，两批次分流大学生村官43人。成立了社会组织党工委，培育“双强六好”非公党组织5个。

三、坚持全面从严治党，以“学习讨论落实”活动和“三严三实”专题教育为抓手，严肃专项整治，全县上下营造风清气正的政治新生态

深入开展“学习讨论落实”活动和“三严三实”专题教育。全县上下紧紧围绕“学习讨论落实”活动3个环节、4大目标、7项任务，先后完成“六项整治”中的6大类99项整治任务，切实解决了一批群众反映强烈的突出问题和民生问题。“三严三实”专题教育中，县委常委班子成员敞开思想，畅所欲言，严于剖析自己，主动查找存在的“不严不实”问题，诚恳接受别人的批评和帮助，达到统一思想、加强团结、相互监督、共同提高的目的。

从严落实“两个责任”。先后出台了《偏关县党风廉政建设“2133”工作机制（试行）》《中共偏关县委关于落实党风廉政建设党委主体责任的意见（试行）》和《中共偏关县委关于落实党风廉政建设纪委（纪检组）监督责任的意见（试行）》3个指导性文件，进一步推动“主体和监督”两大任务的落实。同时，还出台了《偏关县关于开展落实“两个责任”层层约谈活动的实施方案》，实现县乡村三级约谈“全覆盖”。县委、县政府班子成员共约谈62人，乡镇党委政府班子成员共约谈485人，纠正履行“两个责任”不到位、思想认识不深刻等问题78个。

坚持“挺纪在前”。不断深化纪委“三转”，始终把纪律规矩挺在前面。全县共立案130件，结案130件，处分130人。其中，乡镇纪委立案64件，结案64件，处分64人。深入开展“不作为、乱作为”专项整治活动，查找出的12个问题全部整改落实到位。在“三资”清理中，发现问题20个，已整改18个；查办基层干部不作为乱作为等损害群众利益案件37件，处理37人。

四、坚持以加强改进宣传思想文化工作为突破口，凝聚富民强县正能量

加强思想理论建设。进一步健全和完善常委会专题学习、中心组学习、集体学习和深入自学各项制度。全年县委班子各类学习达到50多次，组织全县党员干部参加了网上理论考试，优秀率达到95%以上，组织开展党的十八届四中和五中全会宣讲70多场次，进一步扩大理论武装的覆盖面和影响力。

培养和践行社会主义核心价值观。围绕中央依法治国的大政方略，省委“六权治本”的重大决策、中央和省委、市委、县委反腐倡廉的重大部署以及偏关儿女战争年代的光辉业绩等内容，在《今日偏关》、县电视台通过重要版面、黄金时段做了多层面的宣传。

着力推动文艺繁荣发展。组织了廉政文化剧《洗心记》在偏关县的巡演。北京森林提琴有限公司与我县老干部艺术团在文化广场联合举办了公益演出。为宣传偏关历史文

化，加强爱国主义教育，护城楼博物馆在节假日进行了免费开放。各乡镇文化站积极开展活动，在整理挖掘非遗项目、巡回演出、组建秧歌队、开展书画笔会等方面取得了良好效果。

五、坚持以法治偏关建设为保障，深化民主政治建设

深入推进法治建设。县委出台了《关于深入推进法治偏关建设的实施意见》，依托“六权治本”，稳步推进司法体制改革，全面强化执法司法监督，落实执法办案全程录音录像制度。全力推进涉法涉诉信访改革。弘扬宪法精神，广泛开展国家宪法日活动和全国法治宣传日活动，深入开展法律“六进”，“六五普法”取得丰硕成果。

全面加强统战、群团和党管武装工作。召开县委统战工作会议，全面落实中央、省委、市委统战工作会议精神，全面提高统战工作水平。加强和改进党对群团工作的领导，召开县委群团工作会议，着力解决群团工作中存在的倾向和问题，开展专项整治活动，不断激发群众组织的动力和活力。坚持党管武装，全面落实“双百工程”，确保党管武装方向正确、领导有力。偏关县连续7次被评为“全省双拥模范县”。

全面推进平安偏关建设。深化“六六创安”，全县开展不稳定因素调查摸排95次，发现隐患8处；侦破各类侵财类案件43起，打掉犯罪团伙2个；全年接待受理来访群众117批次642人次。省、市交办的14件信访案件已化解9件，其余5 件为涉法涉诉案件。县、乡、村“三级调解中心”共调处各类纠纷725件。深入推进“六网覆盖”工程。偏关县被命名为“省级平安县”。（李　敏）

附：一、中共偏关县委书记、副书记、常委名单

书　记：王　源

副书记：曲俊安　王文阁

常　委：白建国　王映中　徐晓兰（女）　李贵峰　田小平　梁利军

二、乡镇党委书记名单

新关镇

书　记：郭秀红

窑头乡

书　记：贾海荣

陈家营乡

书　记：胡　厚（4月主持工作）

万家寨镇

书　记：杨占录

天峰坪镇

书　记：武秀贵

楼沟乡

书　记：秦庆元

老营镇

书　记：郭建忠（1月任职）

水泉乡

书　记：李　毅

尚峪乡

书　记：王在英

南堡子乡

书　记：郭建忠（1月离职）

中共吕梁市委工作概况

市委书记　高卫东

2015 年，在省委的坚强领导下，吕梁市委团结带领全市广大干部群众，认真落实党的十八大、十八届三中、四中、五中全会和习近平总书记系列重要讲话精神，坚决贯彻省委“五句话”总体思路和省委对吕梁工作的重要指示要求，把握大局、保持定力，提振信心、埋头苦干，全面从严管党治党，全面推进经济、政治、文化、社会和生态文明建设，努力开创弊革风清、富民强市新局面。全年地区生产总值955.8 亿元，下降 4.7%；规模以上工业增加值 516.1 亿元，下降 11.9%；固定资产投资 1166.4 亿元，同比增长 14.7%；全社会消费品零售总额 406 亿元，增长 4.4%；公共财政预算收入完成 90.6 亿元，同比下降 30.57%。城镇居民人均可支配收入 22990 元，增长 7%；农村居民人均可支配收入 7247 元，增长 7.3%。

一、深入学习贯彻习近平总书记系列重要讲话精神，在谋全局、抓大事、做表率中充分发挥领导核心作用

把学习贯彻习近平总书记系列重要讲话精神和省委系列会议精神作为重要政治任务，不断引深“双学”，采用市委常委会、中心组学习会、全市性大会、论坛讲座等多种方式，及时传达、深刻领会、认真贯彻，不断夯实吕梁发展的思想政治保证。始终在大是大非面前保持政治上的清醒与坚定，坚决同一切违反政治纪律和政治规矩的言行作斗争，坚决拥护中央和省委对一系列腐败案件的立案查处，坚决贯彻中央大政方针和省委决策部署，自觉同以习近平同志为总

书记的党中央保持高度一致,与省委同心同德。坚持总揽全局、协调各方,注重从思想上、组织上、制度上谋划推动解决关系全市改革发展稳定的战略性、全局性问题,召开50次市委常委会,对全面从严治党、落实"两个责任"、"三严三实"专题教育、法治吕梁建设、学习五中全会精神、制定市委"十三五"规划建议等方面的重大事项进行集体议定,形成推动吕梁发展的一系列重要决策。特别是面对腐败重灾区、经济持续下行、市人大政府政协换届工作等事关净化政治生态的棘手问题、事关吕梁发展全局的重大问题、事关群众切身利益的突出问题,吕梁市委认真研判、沉着应对,有效保持了全市政治、经济、社会和干部队伍的稳定。坚持从严导向、问题导向、目标导向,扎实开展学习讨论落实活动,认真汲取吕梁成为腐败重灾区的深刻教训,市委班子8次集中反思,4次专题研究,查找出7个方面的32个突出问题,着力抓好11个方面44项整改措施的落实,推动整个活动有序推进、扎实深入,达到了预期目的。坚持领导带头、以上率下、层层示范,深入开展"三严三实"专题教育,市委中心组进行了17次集中学习,常委会先后4次专题研讨,认真查找和解决不严不实突出问题,全市专题教育的成效不断显现。广大党员干部特别是领导干部普遍接受了一次党性观念的再教育,统一了思想、凝聚了共识,思想自觉、政治自觉和行动自觉明显增强。

二、坚决落实主体责任,持续深入推进党风廉政建设和反腐败斗争

认真汲取过去落实主体责任长期严重缺失的深刻教训,提升主体自觉,强化责任担当,坚决正风反腐,全市腐败存量逐步减少,腐败增量明显遏制,政治生态得到有效净化。

坚持从严从实落实主体责任。旗帜鲜明地树立"抓好党风廉政建设是本职、不抓党风廉政建设是失职、抓不好党风廉政建设是渎职"的理念,坚决把主体责任扛在肩上、抓在手上、落实在行动上。市委先后召开25次常委会,研究党风廉政建设和反腐败工作,占常委会总次数的二分之一,并召开市委反腐败协调小组扩大会议,切实担负起党风廉政建设的全面领导责任。出台落实主体责任意见,班子及班子成员全部制定了落实主体责任清单,明确了市委落实主体责任的5个方面37项内容。加大落实主体责任逐级传导力度,及时召开基层落实"两个责任"座谈会,举办乡镇(街道)党(工)委书记、纪委书记落实"两个责任"专题培训班,部署开展"以案为镜、反思剖析、严肃整改"工作,推动落实"两个责任"和反腐败力度向基层延伸。强化对落实"两个责任"的督促检查和追究问责,先后约谈县市区委书记、县市区长、市直单位主要负责人、县市区纪委书记182人次,对落实"两个责任"不力的9名县处级干部进行了责任追究。

切实把纪律和规矩挺在前面。稳妥把握运用好执纪监督"四种形态",对相信组织、依靠组织、主动向组织交代问题、现实表现好的干部,按照"惩前毖后、治病救人"的方针和"宽严相济、区别对待"的政策逐步进行处理,努力让咬耳扯袖、红脸出汗成为常态,党纪轻处分和组织处理成为大多数,对严重违纪的重处分、作出重大职务调整的成为少数,严重违纪涉嫌违法立案审查的成为极极少数。认真学习贯彻新修订的《准则》和《条例》,不断强化党章意识、纪律意识、规矩意识。编录《查处基层党员干部违纪违法案件分析报告》,选取25个典型案例作为警示教材,起到了"查处一个、震慑一批、教育一片"的效果。坚持纪严于法、纪在法前,严肃查处违规发展党员、匿名诬告等方面的案件42件,进一步严明了党的纪律特别是政治纪律和政治规矩。

保持狠刹"四风"高压态势。深入贯彻中央"八项规定"精神,对新出现的"四风"隐形变异问题、顶风违纪问题、不收敛不收手问题,露头就打,坚决防止"四风"问题反弹回潮。1—11月,全市共查处违反"八项规定"精神的案件136件,处理194人,党政纪处分178人,大操大办、违规用车、公务接待不规范、机关纪律松懈等问题得到有效整治。年初元旦春节期间,34名市级领导干部、1089名市管干部和7263名乡科级干部全部签字背书,作出拒收礼金、红包的承诺。紧紧盯住春节、中秋节等重要时间节点和关键工作环节,对违反"八项规定"精神的问题进行监督检查和公开曝光,市县两级点名道姓通报和公开曝光53起88人。严肃整治违规收受礼金、红包问题,设立"礼金红包上交专户"以来,市县两级收到上交礼金红包655笔1238.6万元。

不断加大自办案件查处力度。坚持零容忍、无禁区,用最坚决的态度减少腐败存量,用最果断的措施遏制腐败增量,在配合中纪委、省纪委查办有关案件的同时,不断加大自办案件查处力度,发现一起查处一起,发现多少查处多少,始终保持惩治腐败的高压态势。1—11月,全市各级纪检监察机关初核2143件,同比增长41%;立案1965件,同比增长24%;结案1947件,同比增长23%;处分2201人,同比增长18%,其中,处分县处级干部30人,同比增长275%。严肃查处群众身边的违纪违法案件,切实推动反腐败斗争向基层延伸,仅今年5月以来,查处乡村基层干部违纪违法案件1174件,党政纪处分1426人,其中重处分355人,移送司法机关38人。加大对市直机关干部违纪违法案件的查办力度,对市直机关科级及以下干部2008年1月以来的问题线索进行了大起底,对梳理出的问题线索正按照"5+1"方式进行处置。

三、认真履行全面从严治党责任,切实加强领导班子和干部队伍建设

坚决落实习近平总书记从严治党八项要求和省委六条贯彻意见,不断强化党要管党、从严治党意识,从严落实措施,从严选人用人,从严监督管理,坚决把管党治党责任落实到位。

积极稳妥推进"三个一批"。坚持从严治党关键在从严治吏,旗帜鲜明地树立"德才兼备、以德为先、以廉为基"的用人导向,先立规矩后选人,千方百计把组织放心、人民满意的好干部选出来、用起来。制定出台《关于做好"三个一批"工作的实施方案》,以补充调整省管、市管干部职位空缺为突破口,选取临县、市交通局、临县城庄镇为试点,深入开展"九查"甄

别,严格执行“六个全程”,积极探索新常态下干部选拔任用新机制。坚持用“三个一批”理念选用干部,制定出台《市直单位县级干部空缺职位调整补充工作方案》《县市区县级干部空缺职位调整补充工作方案》,择优选任县市区委书记4人,县市区长5人,县市区人大政协正职9人,市直机关正职16人,政法系统领导职务和非领导职务24人,初步实现了选人用人的风清气正。全市“三个一批”实施以来,共处理惩治不廉洁乱作为的干部588人,调整退出不作为不胜任的干部10人,掌握使用敢担当善作为的干部158人。

从严加强干部管理监督。稳步推进个人有关事项报告抽查核实工作,完善更新1040份《领导干部个人有关事项报告表》,对962名领导干部个人有关事项进行了抽查核实。开展2014年度“带病提拔”干部集中倒查工作。加大对举报件的查处力度。开展干部选拔任用工作“一报告两评议”,对13个县市区党委和市直113个单位2014年度干部选拔任用工作情况进行了专题报告和民主评议。开展违规办理和持有因私出国(境)证件专项治理工作,对全市12836名科级以上干部全部进行了重新登记备案,对未经批准擅自出国(境)的31人进行了约谈,对违规办理的证件进行了集中注销作废。消化913名超职数配备干部,其中,消化超职数配备的县级干部76名。

持续强化基层组织建设。认真落实抓基层党建工作责任制,扎实推进“三级联述联评联考”,对农村基层党建工作作出全面部署。完成农村“两委”换届工作,新老班子实现顺利交接、平稳过渡。深入开展农村“领头雁”培训,对全市6122名农村(社区)“两委”主干、827名其他领域党组织书记进行了培训。扎实做好农村“第一书记”选派工作,全市共向1593个农村选派“第一书记”已经全部驻村开展工作。加大软弱涣散基层党组织整顿力度,全市共下派666名干部,组成380个整顿工作组,对535个软弱涣散基层党组织进行集中整顿,519个基层党组织已完成整顿。命名表彰16个“五好”乡镇党委、300个“五星级”农村党支部。

不断提高机关党建水平。充分发挥市直机关党建的龙头作用,专门召开市直机关党建工作会议,制定出台《关于进一步加强机关党建工作的意见》,对做好机关党建工作作出总体安排部署。结合“三严三实”专题教育,开展党章集中学习活动,围绕“入党为什么、党员图什么、为党做什么”进行大讨论,新发放党章1.05万册、党徽1.2万枚,128个市直单位制作了党员监督牌、监督栏,学习党章、遵守党章、贯彻党章的氛围更加浓厚。深入开展第二批“身边的榜样”评选活动,评选出市图书馆党支部等6个优秀基层党组织、严茂平等8名优秀共产党员,着力打造机关党建品牌。强化机关后进党组织整顿,对16个单位30个软弱涣散党支部进行集中整顿,撤销党支部1个,合并党支部7个,调整支部书记和成员11人,有力推动了机关党建规范化建设。

四、统筹抓好稳增长、调结构、防风险各项工作,努力增强经济发展后劲

始终坚持以经济建设为中心,一手抓党建这个最大政绩,一手抓发展这个第一要务,不断化解和应对各种不利因素,不断增加和积累各种积极因素,经济在克服困难中奋勇前行。

积极应对经济下行压力。认真贯彻落实中央、省稳增长的各项决策部署,加强对经济运行的分析研判和监测调控,想方设法克服困难,千方百计扭转经济增速下滑趋势。积极落实企业减负政策,继续实行领导干部包联、职能部门蹲点帮扶困难企业制度,帮助企业强管理、促营销、筹资金、渡难关,清理规范涉企收费项目23项,为企业减负25.87亿元。充分发挥投资对稳增长的关键作用,紧紧扭住全年693个项目1180亿元的固定资产投资目标不放松,1—11月,全市固定资产投资完成976.1亿元,同比增长15.4%。深入推进电子商务发展、物流项目建设和市场体系建设,阿里巴巴、乐村淘等知名电商平台纷纷落户吕梁,吕梁旭海、孝义绿城等12个商贸物流重点项目加快建设,社会消费品零售总额可达395亿元,同比增长5%。加大招商引资力度,全年项目签约2900亿元,资金到位600亿元。

加快产业结构转型升级。全市煤矿矿井改造建设完成投资20亿元,新增竣工验收矿井和联合试运转矿井12个,建成8个有示范引领作用的现代化矿井。全市在建和取得路条的9个低热值煤电厂项目总装机容量达540万千瓦,3个已经建成投产,4个核准在建,数量居全省第一。加快推进139个工业转型升级项目和106个新兴产业项目建设,1—11月,工业转型升级项目完成投资206亿元,新兴产业项目完成投资126亿元。全力推进交口兴华2×35万吨铝基新材料、交口道尔200万吨铝系高温材料产业园、兴县中铝二期100万吨氧化铝等项目,全市氧化铝产能达到1000万吨,打造全国重要的铝工业基地迈出坚实步伐。“一城三园”高科技产业基地加快建设,吕梁云计算中心为市内外40余家单位、150余家电商提供云计算服务,“吕梁一号”微纳卫星成功发射,无人系统部分成果已经具备小批量生产条件,高新技术产业的经济效益、辐射效益、带动效益逐步显现。

稳步推进新型城镇化。坚持把新型城镇化作为推动协调发展的有力支撑、促进产业升级的重要抓手,坚持以人为核心加快新型城镇化建设。认真执行省政府批复的《吕梁市城市总体规划(2013—2030)》,以城乡规划编制为抓手,加快市域城镇化布局,着力提升城镇综合承载能力,全市城镇化率预计可提高1.8个百分点,达到46.47%。扎实推进设施提升、城市安居、城中村改造和环境提质四大工程,完成投资158亿元。坚定不移推进吕梁新区建设,安置房、吕梁大道、九座跨河大桥等13个重点项目进展顺利,68栋开工安置楼基本完工,吕梁大道路面工程实现通车,供水供热供气等基础设施基本完善,吕梁新区框架基本形成。深入实施农村公路完善提质工程,西纵高速、环城高速等一批重大基础设施建成投运。

五、全面推进“六权治本”,重点领域改革稳步开展

坚持把深化改革作为推动吕梁发展的持久动力,努力把

握经济发展新常态对改革提出的新要求，立足吕梁实际，突出重点领域，不断改革创新，坚决确保中央和省委改革决策部署落地生根。

积极实施“六权治本”。吕梁实施“六权治本”底子薄、基础差。省委确定吕梁为“六权治本”试点后，市委常委会高度重视、不等不靠，变压力为动力，先后10次专题研究，5次集中审议，成立了常委会领导下的工作小组，为推进“六权治本”提供了坚强组织保障。深刻反思权力运行中出现“天窗、后门、猫腻、黑洞”的根源，以“三清单、两平台、两张图、一监督”为载体，紧紧抓住“关节点、缺失点、风险点”，确定54个市直重点单位、1个试点市、7个试点乡镇(街道)，实施权力流程再造。市级共梳理出行政职权5612项，列入清单3726项，精简1886项，精简率33.2%；孝义市42个重点单位梳理出行政职权2700项；试点乡镇梳理出权力清单94项，试点街道梳理出权力清单98项，试点村梳理出权力清单60项，有效解决了权力底数不清、界限不明晰等问题。按照“集中清理一批、修订完善一批、重新制定一批、探索创新一批”的思路，市级形成规范性制度294项，“六权治本”的实践成果和制度成果不断巩固扩大，得到省委充分肯定，山东枣庄市、江苏泰州市，我省长治、临汾、大同等省内外考察团纷纷前来学习借鉴。

切实加快转型综改。充分发挥转型综改试验区建设对全市深化改革的统领作用，深入实施“5121”行动计划，5项重大改革、10项重大事项、20个重大项目和1个重大课题推进顺利。创新集约节约用地机制，建立市级占补平衡交易平台。鼓励引导城市工商资本“下乡”，20多户资源型企业转产农产品加工业，投入资金20多亿元。深化简政放权，落实和承接国务院、省政府取消和调整的行政审批项目等事项291项，市政府取消和下放行政审批项目64项。不断深化行政事业性收费改革，规范、取消、降标、调整、停征49项行政事业性收费。深化煤炭管理体制改革，全面停止使用包括煤炭销售票在内的9种票据，取消了煤运公司各类营销站点和《煤炭经营资格证》。全面深化农村改革，农村土地承包经营权确权登记工作顺利推进，农村集体“三资”清理专项整治基本完成。

扎实推进“三个突破”。召开全市金融振兴、科技创新、民营经济发展推进大会，制定出台《关于推进金融振兴工作的指导意见》《关于推进科技创新重点工作的实施方案》《关于加快民营经济发展的若干政策措施》等重要文件，明确了推进“三个突破”的工作重点和政策措施。不断拓宽企业投融资渠道，发布69个政府和社会资本合作(PPP)项目，总投资930亿元。建立健全农村金融服务网络，规范了全市47户小额贷款公司、18户融资担保公司，小额贷款公司实现县市区全覆盖。深化地方金融改革创新，高风险农信社改制农商行工作实现“零”的突破。加强金融风险化解工作，联盛破产重整工作有序推进，化解临县白家峁煤矿矿权纠纷和柳林县振富集团融资风险总体方案上报省政府批复。深入实施创新驱动发展战略，实施无人机、精细化工、高清摄像、种业、食用菌等8项省级重大科技专项，获得省级科技成果21项、省科技进步二等奖2项，实现历史上“零”的突破。全力推进小微企业创办、“小升规”企业成长、“小巨人”企业培育三项工程，新发展中小企业2318户，30余户中小企业成长为规模企业，15户企业成长为“小巨人”企业。

六、发展社会主义民主政治，法治吕梁建设成效明显

大力发展社会主义民主政治，始终坚持党的领导、人民当家作主、依法治国的有机统一，努力扩大人民民主，加快建设法治吕梁，着力构建推动改革发展、维护和谐稳定的良好民主法治环境。

稳步推进民主政治建设。支持市人大及其常委会依法履行职责，加强和改善对“一府两院”的监督，保障人大代表依法行使职权。市人大常委会听取和审议“一府两院”工作报告13项，开展《社会保险法》《会计法》等执法检查4次，对“六权治本”等14项工作进行专题调研，对15个常委会提出的《审议意见》研究处理情况实施了跟踪监督，人大工作的整体水平不断提高。支持政协组织创新履职方式，不断提高政治协商、民主监督、参政议政的质量，充分发挥政协组织的重要作用。市政协围绕中小企业及新兴产业发展、养老事业发展等进行专题调研，就新型城镇化建设、高新科技核心区、推进“六权治本”等开展专题视察和界别协商，形成许多有决策参考价值的重要成果，政协工作的科学化水平不断提升。

更加重视党的统战工作。继续巩固和发展最广泛的爱国统一战线，成立市委统一战线工作领导组，召开市委统战工作会议，对新时期统一战线工作作出全面部署。积极支持民主党派加强自身建设，不断强化党外干部教育管理，认真落实民主党派“四个一”和无党派人士“六个一”工作机制，党外代表人士工作基础不断夯实。强化统战工作基础，积极推进县级统战部、工商联、侨联、民族宗教局合署办公。加强民族、宗教、侨务、对台等工作。召开市委群团工作会议，出台《关于进一步加强和改进党的群团工作的八条意见》，对加强工会、共青团、妇联等群团组织建设作出安排部署、提出明确要求。

全面深入推进依法治市。全面落实法治吕梁建设新要求和“阳光政法”五年规划，扎实开展“百案评查”和信访积案集中攻坚专项活动，依法处理涉法涉诉信访积案305件，建立健全了一批执法司法规范化制度，执法司法公信力进一步提高。全面开展“六五”普法总结验收，不断健全社会普法机制、法律援助服务体系、依法维权和化解纠纷机制，广泛开展法治文化活动、法治创建活动，学法、信法、守法、用法的社会氛围日益浓厚。坚持依法行政，完善行政决策机制，把公众参与、专家论证、风险评估、合法性审查、集体讨论决定明确为重大行政决策的法定程序，确保程序正当、过程公开、责任明确。

加强国防后备力量建设。不断强化爱武管武职责意识，认真履行党管武装职责，积极支持推动国防和驻吕部队现代化建设。继续引深与国防科技大学的战略合作，大力推进军

民融合发展。支持驻吕部队和民兵参与扶贫攻坚,不断巩固军民协调发展、共进共赢的工作格局。

七、加强宣传思想文化工作,文化强市建设步伐加快

坚持把宣传思想文化工作作为实现弊革风清、促进富民强市的重要动力源泉,把握正确导向,充分发挥思想引领、舆论推动、精神激励、文化支撑作用,着力提振全市干部群众的士气和信心。

重塑吕梁对外形象。积极整合外宣资源,拓展外宣渠道,人民日报、新华社、大公报、山西日报等40多家主流媒体来吕梁采访报道,借助深圳文博会、渝洽会、山西文博会等省内外经贸、文化、节庆、会展活动,大力宣传吕梁市改革发展的新成效,重塑吕梁对外新形象。纪录片《吕梁》《吕梁抗战记忆》制作完成并在山西卫视播出,山西日报陆续推出19个专版宣传吕梁。成功接待外交部驻34个国家的外交使节来吕梁市考察调研,驻外使节团对吕梁市生态环境、红色文化保护以及经济社会发展等方面取得的成绩给予充分肯定,吕梁发展的新形象正得到普遍认同。

着力培育文明风尚。深入开展社会主义核心价值观宣传教育,以抗战胜利70周年为契机,举办了晋绥散葬烈士遗骸收迁、吕梁记忆、红色记忆、展演抗战题材文艺作品等宣传纪念活动。开展"弘扬老区精神、传承廉政文化"宣传活动,深入挖掘于成龙历史优秀廉政文化,形成了一批重要研究成果,崇德尚廉的氛围更加浓厚。不断引深"破除陈规陋习、倡导文明新风"专项整治,积极开展省级、市级文明单位创建工作,社会文明程度不断提升。广泛开展道德模范等先进典型的评选,评选全市第三届道德模范29名,举办道德讲堂1500余场,公民道德建设不断加强。

精心打造文艺精品。坚持以人民为中心的创作导向,加强规划引导,加大扶持力度,文艺精品创作势头良好。《廉吏于成龙》《吕梁英雄传》《大清廉吏于成龙》《烽火吕梁山》《伞头和他的女人》等影视剧、歌舞剧、戏剧作品完成创作。晋剧《廉吏于成龙》参加了2015年新年戏曲晚会,习近平总书记等党和国家领导人与首都群众一齐观看;电影《伞头和他的女人》获美国洛杉矶世界民族电影节"最佳音乐影片奖";舞剧《吕梁英雄传》赴京参加山西省新创优秀舞台剧晋京展演活动,引起强烈反响。积极开展精神文明建设"五个一工程"评选,举办了第六届戏剧剧本、小戏小品、曲艺、歌词征文评奖活动,遴选出24件优秀作品,文艺创作呈现出百花齐放、百家争鸣的可喜局面。

大力发展文化产业。积极推动有线电视网络整合工作和公益性文化事业单位内部改革,不断为文化产业发展注入活力。深入开展"书香吕梁"等群众性文化活动,扎实推进"乡村文化记忆工程",不断提高非物质文化遗产传承保护水平,公共文化服务体系不断健全。大力支持优秀文化产品产业化发展,对中阳剪纸、孝义皮影、文水葫芦画、临县铜器等项目给予产业扶助奖励资金。积极参加各类重要展会活动,中华廉文化研究院、《歌从黄河来》等6个重点项目顺利签约,签约额超过2亿元。

八、坚持不懈推进生态文明建设,人居环境持续改善

把生态文明建设作为吕梁实现永续发展和"两个一百年"奋斗目标的重要内容,秉持"保护生态环境就是保护生产力、改善生态环境就是发展生产力"的理念,坚持节约优先、保护优先、自然恢复为主的基本方针,生态文明建设在重点突破中实现整体推进。

注重治本增绿。不断健全以项目投入为支撑、政府投入为主体、社会投入为补充的多元投入机制,完成林业建设投入10亿多元。突出抓好吕梁山生态脆弱区植被恢复工程,大力推进生态林业建设,全年造林49万亩,其中,吕梁山生态脆弱区造林34.35万亩。大力开展身边增绿,完成村庄绿化50个、通道绿化100公里、环城绿化3万亩,完成义务植树505万株。未发生重大森林火灾和人员伤亡事故,森林防火形势总体安全平稳。

大力兴水治水。中部引黄工程建设加快推进,沿途水网配套工程规划设计进展顺利,龙门供水、千年水库等重点水源工程建设接近尾声,吕梁供水网络体系不断完善。大力实施黄土高原淤地坝、小流域综合治理等重点水土保持治理项目,治理水土流失面积46万亩。在全市范围内开展以疏通河道、清理河道垃圾、取缔河道非法采砂为主要内容的河道整治活动,主要河道防洪能力显著提高。农村饮水安全持续提质增效,8.8万农村居民和农村学校师生的饮水安全问题得到解决。开展生活污水收集管网建设攻坚行动和重点河流水环境综合整治工作,全市7条河流14个国省控断面,劣五类水质同比下降8%,城镇集中式饮用水水质达标率继续保持100%。

加强环境保护。认真实施年度大气污染防治行动计划,大气环境质量持续改善,1月至11月,吕梁市区空气环境污染物PM10、PM2.5、SO2平均浓度分别下降20%、6%、16.4%。深入开展环保大检查和"铁腕斩污"行动,严肃查处环境违法案件620件,全市化学需氧量、氨氮、二氧化硫、氮氧化物、烟尘、工业粉尘等6项减排约束性指标均达省下达进度要求。全力开展环保综合整治,在环保部督查暗访提出51个问题的基础上,举一反三,进一步排查梳理出8个方面960个重点问题,截至11月底,已完成整改903个,完成率94%。加快"气化吕梁"步伐,年初确定的4条煤层气输气管线全部建成并实现部分供气,建成管线总长度达1251公里。深入开展城乡环境整治百日攻坚,全面实施"五大战役""四项攻坚"专项活动,城区环境显著改善,乡村面貌明显改观。

九、着力保障和改善民生,巩固社会和谐稳定大局

坚持把民生工作和社会治理作为社会建设的两大根本任务,着力解决人民群众最关心、最直接、最现实的利益问题,特别是把脱贫攻坚作为第一民生工程,进一步加大攻坚

力度,推动更多贫困人口实现稳定脱贫。

统筹推进各项社会事业。继续加大民生投入。在财政收入大幅下滑的情况下,不断优化调整支出结构,坚持有保有压,大力缩减“三公”经费等一般性开支,集中财力保障和改善民生,截至11月底,全市民生支出176.1亿元,占财政总支出的81.4%。优先发展教育事业。大力推进义务教育学校标准化建设,扎实实施学前教育三年行动计划,新建21所公办标准化幼儿园,完成39所农村幼儿园改造任务。加快发展医疗卫生事业。不断提高新农合筹资标准,全面实施新农合大病保险。启动市中心医院、疾控中心、妇幼保健和计划生育服务中心、护理职业学院建设,恢复市中医院运行,成立市紧急医疗救援指挥中心,医卫基础设施建设加快推进。不断完善社会保障体系。稳步提高社会保障待遇水平和社会救助标准,发放城乡低保金、五保金和医疗救助资金6.8亿元。认真办好民生实事。扎实开展“聚焦民生、服务群众”主题实践活动,13个民生领域的4万余件突出问题得到有效解决。加大保障性住房建设力度,建成保障房8200套,完成投资40亿元。加快采煤沉陷区治理,完成项目投资20.1亿元。

切实加快扶贫攻坚步伐。深入实施“8+2”农业产业化扶贫增收工程,与省农科院正式签署农业科技合作框架协议,全面启动吕梁山片区100万亩经济林提质增效、100万KW光伏发电项目、10万贫困人口护理培训“三个一”扶贫行动计划,扎实推进产业扶贫、易地扶贫、整村推进、就业培训、教育扶贫等工作。以龙头企业培育为重点,大力实施现代农业项目,农产品加工龙头企业销售收入突破130亿元。全市建成9.6万亩红枣、核桃标准化管理示范园,发展绿色杂粮7.1万亩,生产食用菌1387万棒,发展中药材等林下经济12.8万亩,改良黄牛2万头、引进湖羊4150只,建设绿色马铃薯5万亩,推广设施蔬菜新品种1.27万亩,“八大产业”实施区农民人均可增收2000元,13.27万低收入贫困人口有望实现稳定脱贫。

全力以赴维护社会稳定。扎实推进平安吕梁建设,加快构建立体化社会治安防控体系,深入开展城中村整治、危爆物品治理、多发性侵财犯罪、涉毒违法犯罪等严打专项行动,刑事犯罪上升势头得到有效遏制。持续保持“打黑除恶”高压态势,成功打掉黑社会性质组织集团1个,恶势力团伙25个,侦破刑事案件3213起,抓获刑事犯罪成员2461名,群众的社会安全感明显增强。按照控新治旧原则,加大疑难复杂信访问题化解力度,强化信访“双向”责任追究,扎实开展“以群众举报乡村干部腐败为切入点集中解决群众信访诉求问题”专项治理活动,化解信访积案1000余件,信访总量稳步下降,信访秩序明显好转。1月至11月,全市进京上访207人次,同比下降29.8%,全省由多到少排名第8位。

毫不放松抓好安全生产。把安全生产摆在首要位置,认真落实“党政同责、一岗双责、齐抓共管”的安全生产责任制,深入开展隐患排查和安全生产大检查,全市未发生重大以上安全生产事故,安全生产形势持续稳定好转。1—11月,全市发生各类安全生产事故877起、死亡166人,事故起数同比减少92起、下降9.49%,死亡人数同比减少16人、下降8.79%,安全生产事故总量和生产经营性事故总量“双下降”。深入开展食品药品安全专项整治,坚决打击食品药品违法行为,未发生重大食品药品安全事件。

(薛　斌)

附:中共吕梁市委书记、副书记、常委名单

书　记:高卫东

副书记:董　岩(6月离职)　王立伟(11月任职)

常　委:雷建国　吕改莲(女,3月离职)
张效彪(3月离职)　郝月生
郑中夏(12月离职)　刘云晨
张旭光(3月离职)　张广勇(3月任职)
马文革(3月任职)　张敬平(3月任职)
常书铭(3月任职)　张稳科
王海东(挂职)　竟　晖(3月任职,挂职)
车瑞金(8月离职)　张　选(8月任职)
秦书义(12月任职)

中共交城县委工作概况

县委书记　刘应刚

2015年以来,交城县委、县政府深入学习贯彻党的十八大、十八届三中、四中、五中全会和习近平总书记系列重要讲话精神,认真落实省委十届六次全会和市委三届六次全会各项部署要求,全面从严管党治党,按照“五个提升”理念,协同推进产业发展、城镇化建设、民生改善、社会治理和文化软实力建设,努力开创弊革风清、富民强县新局面。重点抓了以下八方面工作:

一、深入学习贯彻习近平总书记系列重要讲话精神,始终与中央和省委、市委保持高度一致

县委、县政府坚持把学习贯彻习近平总书记系列重要讲话精神作为重大政治任务,县委中心组围绕学习贯彻习近平总书记治国理政重大方略,集中学习24次新修订的《准则》《条例》等内容。县委班子5次集体学习专题研讨会,查找出7大方面、39个突出问题。深入开展“三严三实”专题教育,县级班子领导对照先进典型和腐败案例,深刻反思,

推进整改。扎实开展“大调研、大转变、大提升、大发展”活动,提出“提升产业发展层次,提升城镇综合实力,提升社会发展水平,提升现代化治理能力,提升‘千年古县’文化品牌”的“五个提升”总体思路和工作布局;全省第一家启动“微电网”建设;大力推进开发区治理、“两河”整治、棚户区改造等重点工程,运用讲话精神指导实践、推动工作的能力和水平进一步提高。

二、从严落实主体责任,深入推进党风廉政建设和反腐败斗争

牢牢树立“权力就是责任、责任必须担当”意识,县委常委会13次研究党风廉政建设和反腐败斗争,出台了《关于落实党风廉政建设党委主体责任和纪委监督责任的实施细则》。深入开展落实主体责任集中整改活动,所有县级领导深入分管单位、包联乡镇开展签字背书、谈心谈话,逐级传导责任压力。强化对落实主体责任的追责问责,24名党组织负责人因落实主体责任不到位受到了责任追究。扎实开展“以案为镜、反思剖析、严肃整改”工作,分门别类处置十八大以来问题线索163件。查处违反“八项规定”精神案件22件,党政纪处分27人,点名道姓公开曝光8起18人,“四风”问题得到有效整治。查办违纪违法案件93件,党政纪处分150人。查处乡村干部违纪违法案件54件,党政纪处分90人,其中“两委”主干57人,群众身边的腐败得到有效遏制。

三、坚持全面从严治党,加强干部队伍和基层组织建设

坚持从严治党关键在从严治吏,牢固树立“德才兼备、以德为先、以廉为基”的选人用人导向。稳步推进“三个一批”,对88个重点单位的218名科级干部进行“九查”甄别,惩治不廉洁、乱作为干部19人,调整退出不作为、不胜任干部23人,掌握使用了一大批敢担当、善作为的好干部。严格执行《干部选拔任用条例》,对政府机构改革整合组建部门领导班子、空缺乡镇纪委书记和部分县直单位正职进行了调整配备,对考察对象进行了立体式“体检”,初步实现了选人用人的风清气正。加强干部管理监督,735名科级干部填报了《个人有关事项报告表》,对5名违规办理出国境证件的干部进行了约谈,对669名干部档案进行了“三龄两历一身份”认定,清理消化超职数配备干部23名。全面加强基层党组织建设,分7期对科级干部、农村“两委”主干、第一书记、大学生村官进行了集中轮训,选派农村“第一书记”83名,撤销空壳非公企业党组织16个,整顿软弱涣散基层党组织32个。加强对村级组织的日常考核,出台《农村星级党组织目标管理办法》和《农村干部目标管理办法》,15个农村支部被市委命名为“五星级”支部,基层组织凝聚力、战斗力实现新提升。

四、积极应对经济下行压力,提升产业发展层次

认真贯彻落实中央、省、市稳增长的各项决策部署,加强对经济运行的分析研判,千方百计提升产业发展层次,增强经济发展后劲。全县地区生产总值完成49.58亿元,同比下降5.8%;规模以上企业工业增加值完成26.2亿元,同比下降16.8%;全社会固定资产投资总额预计完成72亿元,同比增长35.59%;全社会消费品零售总额完成16.78亿元,同比增长3.3%;服务业增加值完成18.97亿元,同比增长10%;城镇居民人均可支配收入预计完成18929元,同比增长7.4%;农民人均纯收入预计完成8236元,同比增长7.6%。特别是公共预算收入实现了全市唯一的正增长,县域经济基本面稳住,开始回升提速。加快调整产业结构,全力推进27个省市重点工程项目建设,国锦煤电2×35万千瓦低热值发电项目、义望铁合金16万吨锰铁合金技改项目、华鑫肥业“1860”项目顺利投产,国利天能太阳能反射镜项目试生产,新天源医药中间体项目部分投产,湘电古冶风力发电项目启动实施,一批新兴接替产业快速推进。大力推进农业产业化,新发展核桃经济林5000亩、中药材850亩、食用菌大棚20栋,改良肉牛2516头,为4081头肉牛、4088头母猪实施政策性投保,全县“一村一品”专业村达到60个、农民专业合作社达到324个。加快发展旅游、电商、物流等现代服务业,卦山·玄中寺申报国家5A级景区全面启动,全县旅游人数达104万人次,旅游门票收入完成3593万元;建成乐村淘乡村体验店30个,跨境电商交易额占到外贸进出口总额的20%以上。大力实施“三个突破”,农村信用社成功改制农商行,中信银行交城支行开业在即,全市首家为15户金融服务站挂牌;新建2户“小微企业服务站”,3户中小企业成长为规模企业,新登记注册市场主体331户,创新创业活力进一步释放。

五、加快城乡一体化进程,提升城镇综合实力

坚持以城带乡、城乡互惠,全面启动“三城同创”行动。完成县城绿地、道路、排水防涝、照明4个专项规划,垃圾处理场投入运行,新建改造输配水管网24.7公里,新增供热面积45万平方米,天然气入户完成8032户。加快美丽宜居乡村建设,改造农村危旧房屋300户,建成人畜分离小区5个,山水村、柏叶口村被命名为省级美丽宜居示范村。农村公路村通水泥(油)路完善提质工程顺利完成,逯家岩—冯家沟口、窑儿上—小中庄道路改造工程竣工通车,龙门供水工程进行涵洞衬砌和分水站设备安装,旮旯水电站进入扫尾阶段,农网升级改造工程全面完工。2015年小型农田水利重点县项目、世行贷款节水灌溉二期项目开工建设,覆盖1.45万人的农村饮水安全项目顺利完工。扎实开展城乡环境整治百日攻坚,全面实施“五大战役”、“四项攻坚”专项活动,城乡面貌明显改观,受到市委、市政府表彰。

六、着力保障和改善民生，提升社会发展水平

坚持发展依靠人民、发展为了人民，集中财力保障和改善民生，提升社会发展水平。扎实开展“聚焦民生、服务群众”主题实践活动，拉出88项民生事项清单、284项民生服务清单和61项民生政策清单，解决各类民生问题5541项。机关幼儿园新建工程和3所农村幼儿园改扩建工程竣工投用，顺利通过全国义务教育发展基本均衡县验收。山医大一院交城分院全面开工，新农合参合率达到99.94%，13所省级定点医疗机构纳入出院直补范围。县社会福利服务中心投入运营，新增城镇就业人员4160人，发放五保补助金、特困对象救助金420.7万元。大力改善城乡居住条件，青村棚户区改造二期工程基本建成，梁家庄棚户区改造工程开工建设，前火山村搬迁安置房主体完工，275套廉租住房分配到户。加大脱贫攻坚力度，扎实开展建档立卡“回头看”工作，发放金融富民贷款1498万元，易地扶贫搬迁251户892人，救助贫困家庭学生230人，培训新型职业农民400人，4个整村推进项目稳步实施，5600名贫困人口实现了稳定脱贫。加强生态环境保护，新造林面积2.7万亩，栽植各类苗木300余万株，二级以上天数达到304天，城区空气优良率达到83.4%，人居环境质量持续改善。

七、深化法治交城建设，提升现代化治理能力

坚持法治思维，运用法治方式，不断推进治理体系和治理能力现代化。扎实推进“六权治本”，36个单位完成权力清单、责任清单编制并通过初审，210项审批、服务事项入驻县政务服务大厅，10个乡镇、51个千人以上的行政村全部建起了便民服务中心，累计承办民生事务2697件，解决群众实际困难765件。强化对权力运行的制度约束，制定完善了《政府采购管理暂行办法》《县级财政专项资金管理办法》、《乡镇财政国库集中支付制度改革实施方案》等一系列制度。调整成立了县委法治建设领导小组，提出了建设法治交城的29项重点任务。建立健全“三重一大”事项决策制度，决策透明度和公众参与度进一步提升。开展案件评查专项活动，依法处理涉法涉诉案件14件。扎实推进平安交城建设，深入实施“六六创安”工程，破获刑事案件247起，打掉黑恶势力团伙1个，排查调处各类矛盾纠纷532件。严格落实“党政同责、一岗双责、齐抓共管”安全生产责任体系，排查隐患1271条，整改1209条，事故死亡人数同比下降14%，安全生产形势持续平稳。

八、加强宣传思想文化工作，提升“千年古县”文化品牌

广泛开展道德模范、感动交城十大人物、十大杰出青年等先进典型评选活动。以纪念抗战胜利70周年为契机，对晋绥边区第八分区革命历史纪念馆进行重新布展，举办了文艺汇演、烈士公祭日、抗战题材影视剧展播等多种宣传纪念活动。深入开展家风教育、廉政书画展、“破除陈规陋习、倡导文明新风”等主题宣传活动。加快推进传统媒体与新媒体融合运用，开设“山水交城”、“交城视听”官方微信平台。精心组织开展全民健身周、文化展演周、宣传文化大篷车等群众性文化活动。深入挖掘“千年古县”文化内涵，加大特色地域文化的传承保护力度，电影《牛儿肥了》、晋剧《交城水》等一批本土文艺精品完成创作，“山水交城、人文交城、厚重交城”的独特魅力得到充分彰显。

（贺争明）

附：一、中共交城县委书记、副书记、常委名单

书　记：李志安（3月离职）　刘应刚（3月任职）
副书记：薛凤奎　李义祥
常　委：曹万新　李忠毅　王海蓉（11月任职）
　　　　郭　强　刘小栋（11月离职）　权扣维
　　　　武冬祯　谢文波

二、乡镇党委书记名单

天宁镇
书　记：张五宁
夏家营镇
书　记：薛耀刚
西营镇
书　记：李华斌
洪相乡
书　记：李志武
岭底乡
书　记：程通彦（7月离职）
水峪贯镇
书　记：冀　斌
西社镇
书　记：寇拥军
会立乡
书　记：卞德昌（8月离职）　赵辉彪（8月任职）
庞泉沟镇
书　记：任勤林
东坡底乡
书　记：赵辉彪（8月离职）

中共文水县委工作概况

县委书记 梁宝明

2015 年,在市委的正确领导和大力支持下,县委坚持以党建统领全局,统筹推进稳增长、促改革、调结构、惠民生等各项工作,全县地区生产总值完成 58.28 亿元,同比增长 1.7%,增幅全市排名第 2;规模以上企业工业增加值完成 29.6 亿元,同比下降 1.9%,排名第 2;一般公共预算收入完成 2.6 亿元,同比下降 15.6%,排名第 2。

一、强化理论武装,坚持用习近平总书记系列重要讲话精神指导实践、推动工作

县委始终把学习习近平总书记系列重要讲话精神作为首要的政治任务。全年县委中心组集体学习 14 次,各乡镇、各单位深化学习教育,引导党员干部自觉运用总书记讲话精神武装头脑、指导实践、推动工作。扎实开展"学习讨论落实"活动,认真开展"三严三实"专题教育,组织了 8 次集中学习,开展了 4 次集中研讨,召开了 2 次专题民主生活会;县委班子查摆"不严不实"问题 25 条,从 6 个方面制定了 25 项整改措施,逐条进行了整改落实;班子成员查摆"不严不实"问题 122 条,列出了问题清单,建立了整改台账。

二、落实主体责任,深入推进党风廉政建设和反腐败斗争

(一)严格落实党委主体责任。坚持把主体责任扛在肩上、抓在手上、落实到行动上。2015 年,先后召开县级领导班子会议 28 次,组织县级领导廉政学习 8 次,先后与常委班子成员、乡镇党委书记、县直单位负责人廉政谈话 85 人次,进一步强化了责任意识。坚持把握方向、统筹部署,制定出台了《关于落实党风廉政建设党委主体责任的意见》,明确常委班子职责 24 项、县委书记 12 项、其他成员 10 项,建立了"常委包联乡镇和系统党风廉政建设"工作制度,形成了一级抓一级、层层抓落实的工作格局。

(二)坚持把纪律和规矩挺在前面。正确把握和运用执纪监督的"四种形态",把省委巡视组反馈意见作为突破口,整改了 4 个方面的 20 个问题,做到了认理认账认责、认罚认改认干。深入学习新修订的《准则》和《条例》,进一步强化了党员干部的党章意识和纪律意识。开展了"以案为镜、反思剖析、严肃整改"工作,选取 11 起案例,印发了《文水县基层党员干部违纪违法典型案例选编》,结合市委选编的 25 起案例,深入开展警示教育,进一步严明了党的政治纪律和政治规矩。

(三)保持正风肃纪的高压态势。全年查结党员干部违纪违法案件 179 件,处分 210 人,移送司法机关 2 人,撤职以上重处分 39 人;排查十八大以来发生在群众身边的腐败问题 145 件,立案查结 93 件,处分 109 人;严格执行"八项规定",持续纠正"四风"问题,查处违反"八项规定"精神的案件 9 起,处理 17 人;加大公开曝光力度,通报了 11 起典型案件。

(四)建立健全长效工作机制。着力完善党风廉政建设和反腐败工作机制,进一步健全了廉政谈话、督导考核、廉洁承诺等制度。扎实推进"六权治本"工作,31 个县直单位梳理行政职权 2535 项,公布了"两清单、两张图",正式组织实施,规范权力运行。完善了"领导干部请假销假、外出报备、乡镇住夜值班"等制度,形成了用制度管人、按规矩办事的长效机制和工作常态。

三、全面从严治党,始终把干部队伍和基层组织建设牢牢抓在手上

(一)开展"三个一批"工作。认真落实"六查"措施,甄别处理科级干部 21 名,调整退出 4 名,4 名干部列入负面清单。推进政府机构改革工作,彻底解决了 2011 年和 2013 年机构改革遗留问题。坚持用"三个一批"的理念选用干部,全年调整干部 63 人,平调 35 人,免职 4 人,提拔 24 人,有效解决了一些党员干部不作为、慢作为、乱作为的问题。

(二)推动基层组织建设。推进后进支部精准转化,从 6 个方面列出 42 项"负面清单",精准发力、集中解决。县委选派 56 名"第一书记"驻村帮扶,解决突出问题 52 个,整顿软弱涣散基层党组织 38 个。规范党员发展工作,制定了"发展党员流程图",在入党培训中加入"面试"环节,10 名发展对象因动机不纯被取消资格。加大学习交流力度,组织了农村党建观摩活动,召开了党(工)委书记抓基层党建述职会议,达到了相互学习、共同提高的效果。

四、推动项目建设,千方百计保障县域经济运行在合理区间

(一)推进重点项目建设。全县 25 个省市重点项目总投资 177.53 亿元,全部开工复工,项目入库率为 100%。晋能太阳能项目顺利推进,光华铸管与新兴铸管实现战略合作。国金电力 1 号机组投产发电,立信化工"塑胶导电和炭黑生产线"顺利投产,太中银铁路海威集运站基本完工。全县固定资产投资同比增长 36.8%,高出全市 22 个百分点。

(二)引导企业转型创新。认真实施综改攻坚"1272"行动计划,海威公司与华厦新力集团合作,引进了电动汽车配件项目;鑫宇能源落实环保政策,把"煤焦油项目"转型为"生物柴油综合利用项目"。

(三)持续强化招商引资。县政府与美锦集团达成合作协

议，计划投资100亿元建设南安美锦工业园，推动“一区三园”建设；县政府与美锦恒盛公司签订了“年产40万吨不锈钢”项目；兴宇机械引进了“除尘器袋笼”和“太阳能电池边框”项目，北京牛栏山二锅头集团“瓶装白酒生产线”落户文水，山西水木新碳材料公司引进了“锂电池负极材料”项目，为经济发展引入了活力、积蓄了后劲。

（四）积极搭建金融平台。以“金融振兴试点县”为契机，拓展直接融资渠道。设立600万元的专项资金，促成中小企业签约贷款8.757亿元，扶持中小企业健康发展。推动“政府+社会资本”合作模式，县城集中供热、胡兰镇污水处理厂等PPP项目顺利推进。搭建“互联网+金融+企业”发展平台，苍儿会生态旅游项目列入山西高新普惠“旅游+众筹”试点范围，首轮众筹融资1000万元。

五、突出强农富民，坚持不懈推动“三农”工作取得新成效

（一）农业发展水平得到提升。启动了“农业标准化示范县、样板县”创建工作，实施“5+4”农业产业化战略，县财政投入2000万元，撬动3.8亿元的社会资金，推进35个重点项目建设，打造了15个“一村一品”专业村和15个专业合作社，形成了优质玉米、梨果葡萄、设施蔬菜、畜牧养殖、药材种植、食品加工等六大农业基地。

（二）农业发展基础得到夯实。依托全省汾河流域生态修复，启动了文峪河综合整治“12584”工程。持续改善水利设施，完成了经济开发区退水渠建设、神堂水库除险加固等工程。完成了106个村、36340户、21.3万亩土地确权登记颁证工作。

（三）农业保障机制得到健全。推广农业技术，提供科技支持，有效保障了农作物稳定生产。粮食种植面积达到47.5万亩，总产量2.68亿公斤；水果种植面积12万亩；推广设施蔬菜新品种16个，蔬菜种植面积达到2.3万亩。积极推广农业生产保险，14.56万亩玉米和2.3万亩梨树参保，参保费为452.6万元，获得赔偿937.5万元，初步形成了应对自然灾害、降低农业损失的保障机制。

六、弥补历史欠账，加快推进以保障和改善民生为重点的社会建设

（一）全力推进民生工程。县城集中供热如期开通，首期供热面积234万平方米，结束了文水没有集中供热的历史，提升了市民的生活幸福指数；县医院新建工程顺利推进；市内公交正式通车，方便了群众出行，缓解了交通压力；城市建设逐步推进，改造市政道路7000余米，启动了县城供水管网改造工程，完成了城区污水管网改造，城市功能日益完善；推动乡村道路建设，完成了百马线、段马线等县道提质工程，改善了道路交通环境。

（二）统筹推进社会事业。加大社会事业投入，累计支出6.9亿元，同比增长11.56%。在教育方面，投入1600万元改善了硬件设施，新建幼儿园6所，文水二中教学楼建成投用；在卫生方面，招录医护人员66人，新农合参合农民达35.89万人，形成了“医疗、医保、公共卫生”三位一体机制；在社保方面，完成了2200户危房改造任务，养老、失业、工伤等社会保障政策得到落实。

（三）扎实推进扶贫工作。坚持开展产业扶贫、就业培训、教育资助、结对帮扶等工作，加快扶贫攻坚步伐。完成了1107户3186人的脱贫任务和140人的搬迁任务。资助贫困大学生27名，累计13.5万元。开展了贫困人口建档立卡及“回头看”工作，全县贫困人口减少到6511人。

七、加强社会治理，努力推进平安文水和法治文水建设进程

（一）加强安全生产监管。围绕非煤矿山、危化企业、道路交通、消防安全等重点领域，开展了专项整治行动，排查和消除了一大批安全隐患，全年没有发生重大以上安全生产事故。严厉打击市场领域的违法行为，捣毁食品加工黑窝点6处，查处制售假酒案件1起、私屠滥宰案件21起，拆除违法建筑305亩，规范了经营秩序、净化了市场环境。妥善处置了“6.4”氨水溶解罐爆裂事件，打击涉案人员2名，问责干部13人，形成了安全监管的高压态势。

（二）加强生态环境保护。以环保部华北督查中心反馈意见为突破，开展环保整治行动，取缔砖厂22户，53户玛钢厂全部停产整顿，石灰窑由120余孔整合为14户49孔，立查环保刑事案件3起，刑事拘留7人。推进污水集中处理进程，胡兰镇污水处理厂开工建设。开展城乡环境整治百日攻坚活动，实施了“五大战役、四项攻坚、三项清理”，城乡面貌明显改观。加大节能减排力度，二级以上天数达到317天，空气质量有效改善。实施西山绿化、村庄绿化等工程，造林绿化7100余亩，生态环境持续好转。

（三）加强社会治安管控。严厉打击犯罪活动，公安机关侦破刑事案件370起，查处治安案件422起，抓获网上逃犯148名；检察机关批捕91人，起诉181人，立查职务犯罪案件11起13人；审判机关审结各类案件1461件，曝光被执行人“老赖”52名；打击了一批邪教人员。依法做好信访工作，办结涉纪信访问题15件，办结上级交办的信访积案24件，处置涉法信访问题512件，处理非法上访人员49人，问责干部2人，妥善解决了一批信访突出问题。

（冉明明）

附：一、中共文水县委书记、副书记、常委名单

书　记：孙善文（3月离职）　梁宝明（3月任职）

副书记：王成军

常　委：陈兰生（9月离职）　闫启明　白　鹤
王海蓉（11月离职）　张建良（11月任职）
许晋文　闫国聪　周小云（女）

二、乡镇（街道）党（工）委书记名单

凤城镇

书　记：刘逸清

开栅镇
书　记：田怀利
刘胡兰镇
书　记：张国强
南安镇
书　记：马德高
下曲镇
书　记：刘　杰
孝义镇
书　记：徐建岗
南庄镇
书　记：张玉和
西城乡
书　记：王志刚
南武乡
书　记：武永强
北张乡
书　记：赵振军
西槽头乡
书　记：段拉银
马西乡
书　记：李志英
苍儿会街道
书　记：陈松杰

中共汾阳市委工作概况

市委书记　李建国

2015年，市委常委会团结带领全市各级党组织和广大干部群众，紧紧围绕"打造实力汾阳、魅力汾阳、活力汾阳"奋斗目标，以学习贯彻习近平总书记系列重要讲话精神为统领，以开展学习讨论落实活动和"三严三实"专题教育为契机，解放思想，提振信心，攻坚克难，负重前行，稳步推进经济、政治、文化、社会和生态文明建设，全面从严管党治党，取得了明显成效。

一、"三农"工作呈现新气象

继续实施"一村一品"和"8+2"农业产业化振兴三年计划，大力发展"枣夹核桃"产业，吸引了近2000万元社会资金投入农业。扎实推进百村扶贫增收活动，全面铺开扶贫开发建档立卡工作，启动了花豹里庄村整村移民搬迁工程。深入开展农村集体"三资"管理专项清理整治、土地使用权确权登记试点工作和农民实用技术培训等活动，积极实施改善农村人居环境行动计划，贾家庄村、栗家庄村和中寨村被评为了省级美丽宜居示范村。

二、产业结构调整迈出新步伐

扎实开展"项目提质增效年"活动，推进了中汾酒业等19个省、吕梁市重点项目建设，"六位一体"任务全部完成。大力发展电子商务、商贸物流等现代服务业，启动了汾阳康养基地项目，新兴产业得到快速发展。稳步实施小微企业创办、"小升规"企业成长和"小巨人"企业培植等三个工程，激发了全民创业热情，共登记企业2563户、专业合作社1075户、个体工商户1.4万余户。

三、城乡建设展现新面貌

编制完成城市总体规划和5个乡镇区域规划，稳步实施集中供热扩容、污水干管建设及城市道路改造等工程。累计投入资金1029万元，深入开展城乡环境整治百日攻坚专项活动。不断加大环保力度，积极开展大气污染防治和环境保护综合整治等活动。更加注重生态文明建设，加快推进禹门河、永田渠整治和杏花村、南花枝、峪道河三座水库建设，全面完成杏花村北部边山区等绿化工程和2万亩植树造林任务。

四、改善民生取得新进展

通过开展"聚焦民生、服务群众"主题实践活动，解决了一批群众反映强烈的突出问题。社保方面，实施机关事业单位养老保险制度改革，启动被征地农民养老保险，建立农民工工资支付保障机制；就业方面，新增城镇就业4394人，转移农村劳动力3860人；卫生方面，城镇职工医保和居民医保参合率均达到90%以上，新农合参合率达到96.58%；教育方面，继续与广东中山市开展教育合作交流，完成46所学校基础设施建设，投用禹门河小学和幼儿园，通过全国义务教育均衡发展市验收。

五、文化事业再创新业绩

开通"汾阳干部教育"微信公众平台，开办"聚焦民生、服务群众"等电视专栏，在各级各类媒体发稿7000余篇(条)。组织纪念抗战胜利70周年系列活动8项，举办"活力汾阳·百姓大舞台"18场，为群众放电影3518场，为农家书屋送书2万余册。修缮汾阳县委、抗日民主政府旧址，铺开杏花古村、贾家庄汾州民俗、峪道河古镇生态民俗等项目，文化旅游产业得到长足发展。

六、民主法治建设再上新台阶

发挥市委领导核心作用，支持人大、政府、政协、司法机关以及人民团体、民主党派依法依章有效履行职能，进一步提高了依法治市水平。狠抓信访、综治和安全工作，构建党委领导、政府负责、社会协同、公众参与、法治保障的社会治理体制，进一步促进了社会和谐。推进“六权治本”工作，市直有关单位全部制定权力清单、责任清单和权力运行流程图、风险防控图，各乡镇(街道)全部制定权力清单、责任清单、服务清单和服务导引图、办事流程图，进一步规范了权力运行。

七、全面从严治党开创新局面

深入学习贯彻习近平总书记系列重要讲话精神，扎实开展学习讨论落实活动和“三严三实”专题教育。稳步实施书记项目、先锋示范、强基固本“三大工程”，建立完善“三定、三评、三联、三培训、三考核”党建工作体系。严格落实主体责任，大力支持执纪执法机关依法履职。始终保持反腐倡廉高压态势，积极推进严肃查处发生在群众身边的腐败问题专项整治和“以案为镜、反思剖析、严肃整改”工作。坚决防止“四风”反弹，先后查处违反中央八项规定和“四风”问题50起。

(武忠理)

附：**一、中共汾阳市委书记、副书记、常委名单**

书　记：李建国

副书记：李玉林　白小勤　谭曰文
白雁鹏(3月任职，挂职)

常　委：李立武　姚翠萍(女，5月离职)　宋志江
付子龙

二、乡镇(街道)党(工)委书记名单

贾家庄镇

书　记：秦广生

峪道河镇

书　记：游陆明

杏花镇

书　记：郝耀光(8月离职)　张映楠(8月任职)

冀村镇

书　记：王海彦

肖家庄镇

书　记：任淑宏(女)

演武镇

书　记：李智平

阳城乡

书　记：张耀东

三泉镇

书　记：张映楠(8月离职)

石庄镇

书　记：张兴亮

杨家庄镇

书　记：任光耀

栗家庄

书　记：吕晓全

西河街道

书　记：吕佩锋

文峰街道

书　记：赵　强

太和桥街道

书　记：冀小明(女)

辰北街道

书　记：申东高

南薰街道

书　记：雷成才(6月离职)

中共孝义市委工作概况

市委书记　马文革

2015年，孝义市全年GDP完成334.3亿元，同比下降5.4%；公共财政预算收入实现18.2亿元，同比下降16.2%；规模以上工业增加值完成214.8亿元，同比下降9.8%；固定资产投资完成268亿元，同比下降17.04%；城镇常住居民人均可支配收入达到29078元，同比增长5.9%；农村常住居民人均可支配收入达到14211元，同比增长5.3%。

一、深入学习贯彻习近平总书记系列重要讲话精神，扎实开展学习讨论落实活动和“三严三实”专题教育

组织市委中心组集中学习29次，市委书记带头以《认真学习践行“三严三实”，以优良作风开创弊革风清富民强市新局面》为题讲党课，扎实开展“三严三实”专题教育。先后举办“孝义大讲坛”等市级专题培训8次，举办“领头雁”和社区干部培训30余班次，市委宣讲团分赴乡镇和部门进行专题宣讲。查摆整改落实“两个责任”等6个方面38项突出问题，“30+2”项重点任务专项整治工作取得阶段性成效。

二、牢牢牵住主体责任这个“牛鼻子”，持续深化党风廉政建设和反腐败斗争

制定出台《关于强化“两个责任”推行“四三”工作机制的意见》《关于推进乡村两级落实“两个责任”的意见》等。组织召开落实“两个责任”座谈会，有针对性地对落实“两个责任”

不力的5名正科级领导干部进行廉政约谈，市纪委书记重点约谈17个乡镇（街道）和21个派驻政府部门纪检组织负责人。编制完成《孝义市农村百案选编》，组织收看《中国共产党廉洁自律准则》和《中国共产党纪律处分条例》解读影像资料。全年查结违纪案件222件，处分225人，严肃追究相关领导责任4件8人。扎实推进“礼金、红包上交”专项工作，累计收到款项38笔49.17万元。查处违反八项规定17起，处分22人，查处“四风”问题5起，处分10人。全年破获各类刑事案件870起，打掉各类犯罪团伙17个69人。

三、从严从实履行管党治党责任，扎实推进基层党组织和党员干部队伍建设

研究通过《中共孝义市委干部选拔任用实施办法》；制定《孝义市“三个一批”“九查”工作实施办法》，启动人事档案清理工作。选树30个先进基层党组织、38个五星级农村党组织、67个四星级农村党组织、100名优秀共产党员。整顿35个软弱涣散基层党组织，选派78名优秀乡科级干部赴建档立卡贫困村等四类村（社区）任挂职“第一书记”，办理民生实事292件。选派285名机关干部到农村开展“双联双升”活动。完善全程留痕、督促检查、谈话提醒、诫勉约谈、考核评价、奖优惩劣等制度。

四、主动适应经济发展新常态，全面实施“一二三四”发展新战略

（一）突出园区承载优势，积极推动新型煤化工等园区找准定位、上档升级。29个省、吕梁市重点工程项目完成投资119.6亿元，新上马总投资14亿元的6个亿元以上转型项目。金达煤业、万峰煤矿建成国家一级质量标准化矿井。鹏飞二期125万吨新型焦化项目部分建成。鹏飞60万吨甲醇联产4亿立方米LNG一期建成，金岩45万吨甲醇联产3亿立方LNG项目启动。晋茂20万吨苯加氢精制项目一期建成投产，二期加紧筹备。信发200万吨氧化铝技改项目建成，100万吨液碱项目具备投产条件。积极争取信发55万吨、兴安66万吨电解铝及深加工项目落地。金晖兆隆生物降解聚酯PBAT项目形成2万吨产能。太子光伏发电一期30MW项目加快并网发电，二期70MW启动。总投资10亿元的国新能源新型清洁能源物流集散中心加紧筹备。

（二）发挥特色农业优势，持续深入实施“8+2”农业产业化三年振兴计划。完成12个乡镇216个村34.7万亩农村土地承包经营权确权登记颁证工作。全市流转土地面积11.55万亩，流入专业大户17.41万亩、合作社5.74万亩、企业2.58万亩。完成5万亩低产低效核桃林、1.5万亩核桃标准化示范园管护工作，核桃林投保面积达8489亩。铺开11个乡镇191村6万亩林下豆类等低杆经济作物种植工作。制定蔬菜、水果等农产品生产技术规程20余项。建成300亩以上高标准设施农业园区10个，发展标准化养殖小区190余个。山西和瑞5000吨黄酒、4000吨料酒和1000吨功能性黄酒项目加快推进。

（三）聚焦区域带动能力。义乌商品交易国际博览城正式开业绿城广场部分主体封顶，东金商业广场即将投入运营。举办“产业互联网与孝义创业创新”高峰论坛，“华西北义乌购”B2R交易平台正式启动。成功入选阿里巴巴“千县万村”计划试点县，启动实施电子商务“百千万亿”行动计划。星宇“梦幻海”室内主题乐园投入运行，曹溪河欢乐城项目一期滑草滑雪场开放，金龙山风景区上榜国家4A级旅游景区。

（四）着眼推动以人为本的城镇化，入选国家新型城镇化综合试点地区和生态文明先行示范区试点。全省县级首家完成《孝义市城乡总体规划2015—2030》，建成区面积26.8平方公里，城镇化率达到65.15%。下栅居民安置区33栋住宅全部封顶。下堡新区“三纵三横”路网及文体活动中心、中心幼儿园、养老服务中心等基本完工。加快智慧城市建设，吕梁首家建立“110”社会联动，改造新建707套高清视频监控、治安卡口等设施，探索“网络科技＋传统模式”，107个市直部门、17个乡镇（街道）、40个社区和45个农村微信平台上线运行。着力打造生态宜居城市，实施《改善城市人居环境2015年行动计划》，启动运行PM2.5监测系统，顺利完成“十二五”主要污染物减排任务。新造林4.37万亩，新增城区绿地面积8.43万平方米，清理垃圾11.7万余方，建立《乡村清洁工作考核办法》等16大项40余小项乡村清洁制度。

五、围绕构建不能腐的长效机制，全面推进“六权治本”深化延伸拓展

42个政府工作部门和承担行政职能的事业单位梳理行政职权2700项，全部绘制权力运行流程图和廉政风险防控图，制定产业投资负面清单561项。积极向吕梁市政府争取下放63项权力事项，22个行政部门向乡镇下放行政职权112项。依托电子政务平台和互联网试行预审批。乡镇便民服务中心和部分农村（社区）便民服务站投入运行，提出推进乡村“六权治本”、优化乡村治理的“一八三”工作规程。

六、围绕在全省县级率先实现“三个突破”，积极推进金融振兴、科技创新和民营经济发展

拟定《关于加快金融改革促进金融振兴的意见》《关于进一步加强科技创新工作的意见》《关于推进民营经济平稳健康发展的意见》三个文件。坚持科技创新驱动发展。新发展高新技术企业3家、省级民营科技型企业13家、企业技术研发中心62个。高新科技园区科技孵化基地入驻企业30户，培育引进中科三阳物联网、华为山西企业数据中心等“互联网+”优势企业。坚持金融振兴助力发展。大力推动市农村信用联社改制农村商业银行，筹建中小企业转贷基金，协调重点项目贷款33.16亿元、票据融资61.5亿元。确定金州化工、金晖兆隆、羊羔酒业、安达燃气、鹏飞、昌圆6家企业扶持培养上市。探索运用政府和社会资本合作（PPP）模式，推动8个重点民生工程项目建设。积极支持民营企业股份制改造，引进战略投资者。全年为企业减负3.86亿元，设立200万元扶持中小微企业

发展专项资金、50万元创业基金，落实各类企业补助资金908万元。企业投资备案类项目由“一书、三证、五公章”精简为“一证”。全年新增小微企业505户，增长15%。

七、持续保障和改善民生，人民群众有了更多获得感

组织1400余名党员干部走访农村、社区415个，入户8.36万户，解决群众诉求2324件。大力发展教育事业。太原理工大学现代科技学院在校学生突破7000人，吕梁职业技术学院和吕梁煤炭工业学校在校人数突破2500人，市职教中心累计为社会输送专业技术人才7000人。扎实推进2所公办标准化幼儿园和4所农村幼儿园年度建设项目。大力提升医疗卫生水平。疾控中心综合检验楼正式投入使用，新建35个、改建83个农村卫生室。人均基本公共卫生服务项目经费由35元提高至40元。新农合人均财政补助标准由320元提高到380元。大力促进城乡就业创业。争取就业专项资金1474万元，公开招录公益性岗位102人。推介发布大学生创业星火项目35个。全年新增城镇就业4380人、创业就业617人，转移农村劳动力4029人。大力提升社会保障水平。发放社会保障卡28万余张，布设POS机419台。农村参保17676人，城市参保9690人。发放临时救助3169人130.12万元。扎实推进涉及35村8084户2.23万人的采煤沉陷区搬迁安置工程，兑镇偏城、阳泉曲仲家山2村719户2055人搬迁入住，14村具备入住条件，9村主体完工。

八、坚持把全面深化改革与抓好各项重点工作结合起来，为经济社会发展营造稳定和谐环境

（一）全面开展农村集体“三资”管理专项清理整治。市委书记带领四套班子成员深入包联乡镇农村专题调研指导。全市查找制度不健全、资金管理不规范、资产管理账实不符等8大类44项2010个问题，全部整改，重新修订完善《农村集体“三资”管理办法》；乡镇全部设立农村会计服务中心，行政村全部实现委托代理电算化管理。

（二）扎实开展“以群众举报乡村干部腐败为切入点集中解决群众信访诉求问题”专项治理。完成省、吕梁市交办的45件重点案件，对2015年以来的信访事项进行全面梳理，集中交办的40案农村“三资”管理问题化解22案，23案农村干部违纪问题全部查结，56案其它问题化解32案，有效推动了信访总量下降、信访存量减少。

（三）全面完善信访稳定工作机制。出台《关于加强和改进信访工作的若干意见》，形成“1+12”信访工作长效机制。对征地拆迁、村矿（村企）矛盾、劳动关系、医患关系、交通事故、环境污染“六大领域”矛盾纠纷进行排查，调解各类民间矛盾纠纷1249件。上级交办的67件信访案件，办结52件。对3名市级包乡包案领导干部和2名正科级领导干部进行诫勉谈话。

（四）稳步实施司法体制改革试点。抓住列入全省司法体制改革试点1市8县的有利契机，市法院、市检察院深入扎实推进各项试点工作，以监督制约规范执法司法。建立的“统一审核、统一出口”机制，实现了对执法办案的全流程监控。

九、牢固树立法治思维和法治理念，全面加强社会主义民主政治建设

支持市人大依法开展监督工作、依法决定重大事项、依法行使人事任免权。出台《关于加强和规范孝义市人大代表闭会期间活动的若干意见》，认真贯彻《关于进一步加强政协工作的实施意见》。市委及主要领导定期审阅、批示市政协《社情民意信息专刊》，认真听取和采纳各界人士意见建议。同时，市委不断加强和改进各宗派、团体的关系，鼓励社会各界为改革发展稳定贡献力量。

（郭晓东）

附：一、中共孝义市委书记、副书记、常委名单

书　记：张旭光（3月离职）　马文革（3月任职）
副书记：王建国（1月免职）　薛虎平（9月离职）
王廷洪（5月任职）
常　委：王锦峰（12月离职）　乔　云（5月离职）
李殿生（7月离职）　成志斌（12月任职）
田永明　薛厚华　薛向东
张建国（11月任职）　彭仁建

二、乡镇（街道）党（工）委书记名单

梧桐镇
书　记：薛厚华
大孝堡乡
书　记：孟林生
西辛庄镇
书　记：王　勇
下堡镇
书　记：那学东
新义街道
书　记：马锦忠
兑镇镇
书　记：张武红
阳泉曲镇
书　记：何一帆
高阳镇
书　记：李映滨
振兴街道
书　记：梁　洪
梧桐镇
书　记：苏光旭
下栅乡
书　记：左燕娜（女）
杜濮镇

书 记：苏晓明(11月离职)

中阳楼街道

书 记：刘书宏

驿马乡

书 记：张再强

胜溪湖街道

书 记：郭绍辉

崇文街道

书 记：郭 鹏

柱濮镇

书 记：史建新

下堡镇

书 记：王治攀

南阳乡

书 记：杜二牛

杜村乡

书 记：刘廷文

中共交口县委工作概况

县委书记 霍慧文

2015年以来，交口县委、县政府团结带领全县广大党员和干部群众，坚持以党的十八大和十八届三中、四中、五中全会精神为指导，深入学习贯彻习近平总书记系列重要讲话和省委十届六次、市委三届六次全会精神，以做大做强铝工业为重要抓手，积极开发特色农业、生态旅游、高新技术、新能源等优势产业，着力推动转型升级，狠抓基础设施和市政建设，全力以赴保障改善民生，全面推进从严管党治党，全县经济社会发展取得积极成效。全年地区生产总值完成30.48亿元，规模以上工业增加值完成21.11亿元，财政总收入完成16.2亿元，一般预算收入完成5.38亿元，城镇居民人均可支配收入完成17454元，农村居民人均可支配收入完成6467元，主要经济指标增幅达到或高于全市平均水平，“十二五”发展实现圆满收官。

一、产业转型升级取得新突破

全年推开总投资385亿元的重点工程项目27个，“六位一体”综合排名位居全市前列。信发240万吨氧化铝、道尔200万吨铝系高温材料产业园、兴华科技铝基新材料等一批骨干项目实现投产运行，交口县被列为全省中部铝工业基地县。以焦煤、华瑞、信发为主体的煤电铝材一体化循环发展产业园区建设启动实施。签约光伏太阳能项目4个、风力发电项目2个，新能源产业发展全面起步。

二、特色农业得到新发展

大力推进“5+2”农业产业发展，核桃经济林总面积达到20万亩，设施蔬菜发展到700亩，绿色谷子、红芸豆等特色杂粮突破万亩，中药材等林下经济种植1.2万亩，猪、羊、鸡存栏分别达到2.3万头、8.5万只和200万只。特别是食用菌产业，种植规模突破800万棒，成为全市最大的食用菌基地县。落实地膜覆盖面积5.3万亩，确立科技示范村162个，遴选科技示范户819户，试验示范新品种26个、新技术21项，开展各类技术培训1.5万人次，科技兴农、龙头带动、农业服务体系建设等五项基础工程得到巩固提升。

三、基础设施建设取得新进展

全面完成县道窑西线、关西线、温泉铝工业园区公路、孙圪垛至柏掌三级公路、康石线改造、红回线维修、康城110KV变电站等基础配套工程。东征文化广场、煤炭大厦、铝业大厦等市政重点项目完成主体工程，路网、热网、气网、水网进一步配套完善，以双池“百强镇”为代表的特色小城镇建设步伐加快，城镇化率提高到42.1%，顺利通过了省级园林城市的复查验收。

四、生态文明建设取得新成效

扎实开展城乡环境整治，全面推进城区“五大战役”和农村“四项攻坚”，城乡人居环境得到改善。实施吕梁山生态脆弱区林业建设工程，完成退耕还林、三北防护林、天保工程等造林绿化2万亩。持续抓好通道绿化、通道沿线荒山及第一山脊线绿化，打造环线绿色生态走廊百公里。加强露采企业土地复垦和生态综合治理，完成复垦治理5000亩。全面加强节能减排和环境保护，严格执行新《环保法》，深入开展环境综合整治和环境违法行为及大气污染防治专项整治，各项约束性指标均控制在规定范围内。

五、民生福祉实现新提升

全年重点推动“八大民生工程”建设和“八项民生政策”落实，新农村建设、农村两轮“五个全覆盖”和“为民六件实事”全面完成。全县城乡居民养老、医疗保障实现全覆盖，城乡低保救助群众达到1.5万人，保障性住房和农村危房改造圆满完成年度任务。深化医药卫生体制改革，基层医疗机构活力进一步增强，顺利通过“国家计划生育优质服务先进县”验收。持续推进文化惠民工程，乡镇文化站、农村文化室实现全覆盖，县城“三馆一院”主体完工。县财政民生支出保持在78%以上，各项惠民利民政策得到有效落实。

六、安全稳定基础得到新巩固

严格落实安全生产“两个主体责任”，深入开展“六打六治”专项整治，全面实现“五级五覆盖”、企业“五落实五到位”，安全生产形势持续好转。深入推进基层社会治理“1114”体系建设，县、乡、村三级社会服务管理中心和信息中心实现规范运行。健全完善社会治安综合治理“五大体系”，集中开展“城中村”社会治安专项整治，加大信访案件排查化解力度，全力维护社会和谐稳定，人民群众的安全感和满意度明显提升。

七、法治交口建设得到新加强

县委按照“边建立、边运行、边完善”的总体思路，抓住“三清单”、“两平台”、“一监督”这一主要内容，县、乡、村三级“六权治本”工作同步推开，43 个单位“两清单、两图示”如期公布。认真开展重点领域和行业专项执法检查与监督，加快网上办案、司法文书公开、执行信息公开、办案信息公开、多媒体服务、监督管理“六大平台”建设，95 个行政村全部配备法律顾问，县、乡、村三级全部设立法律援助窗口，公共法律服务体系更加健全。

八、从严管党治党取得新业绩

扎实开展“三严三实”专题教育，县委中心组组织专题学习研讨 4 次，深入查摆班子问题 62 条、个人问题 306 条，并全部落实整改责任人、整改措施和整改时限。强化村级组织和村组干部管理，落实村级组织运行经费、村组干部报酬 1325.6 万元。选派 53 名优秀机关干部赴贫困村、后进村担任“第一书记”，帮助贫困村完成了脱贫规划制定和建档立卡“回头看”。积极开展后进支部集中整顿，12 个软弱涣散农村党组织全部得到转化。围绕社会主义核心价值体系建设，广泛开展“道德讲堂”、“最美交口人”评选系列活动，全县干部群众的道德水平和文化修养得到提升。从严落实“两个责任”，反腐压力层层传导，全年共约谈各级领导干部 28 人次。以查处发生在群众身边的腐败问题为重点，立查违规违纪案件 203 件 208 人，查处违反“八项规定”和“四风”问题案件 19 件 19 人，持续保持了纠正“四风”和惩治腐败的高压态势。

（郭建强）

附：一、中共交口县委书记、副书记、常委名单

书　记：徐宇平（12 月离职）　霍慧文（12 月任职）

副书记：刘应刚（4 月离职）　李子荣（9 月离职）

乔劲松（6 月任职）　臧宏峰（3 月任职，挂职）

常　委：靳　钧　李　明　朱和平（6 月离职）

杜茂林　刘雁斌　王继军

二、乡镇党委书记、副书记名单

水头镇

书　记：王安前

石口乡

书　记：尹连生

康城镇

书　记：吴文华

回龙乡

书　记：张晋平

双池镇

书　记：李晓钦（女）

桃红坡镇

书　记：白玉明

温泉乡

书　记：李志勇

中共柳林县委工作概况

县委书记　郝继平

2015 年，县委真抓实干、攻坚克难，在发展中保稳定、在稳定中求发展，确保了全县经济社会稳定发展，继续跻身 2015 年度“中国中小城市综合实力百强县”和“中国最具投资潜力中小城市百强县”行列。

一、狠抓“四个重点”，认真落实从严治党新任务

（一）大力开展学习型党组织建设。采用县委常委会、县委中心组学习会、论坛讲座、“三严三实”专题学习研讨会等多种方式，强化对党的十八大、十八届三中、四中、五中全会和习近平总书记系列重要讲话精神的理论学习和党性修养。高质量召开了“三严三实”民主生活会，各级党组织和广大党员学习贯彻《中国共产党廉洁自律准则》《中国共产党纪律处分条例》。举办专题讲座 8 期，培训干部 4000 余人次，组织 835 名党员干部参加了干部在线教育，对全县 498 名农村“两委”主干进行了集中培训，对 1964 名农村“两委”其他班子成员进行了培训。

（二）深入推进党风廉政建设和反腐败斗争。先后召开了县纪委七届三次全会和 8 次专题会议。进一步完善了《中共柳林县委关于落实党风廉政建设主体责任和监督责任的实施办法》，开展专项督查 15 次，对 26 名科级干部进行约谈，对 85 个落实不到位的乡镇和单位公开通报。全年共开展“正

风肃纪”专项检查240次，查处违反“八项规定”和“四风”问题案件34件，给予党政纪处分41人，诫勉谈话3人。受理信访举报405件，初核案件数286件，立案238件、结案237件，给予各级干部党政纪处分295人，撤职以上重处分52人，移送司法机关7人,查处发生在群众身边的腐败问题203件。举办纪检监察干部业务培训6期、800余人次。编印《柳林县查处群众身边腐败问题典型案例选编》,制定出台了《关于进一步加强乡镇纪检监察工作的意见》。全年县财政为县纪委落实保障经费共计195万元。

(三)全面夯实基层基础工作。将全县448万元的农村党组织活动经费和村级活动场所维护经费纳入财政预算,将农村“两委”主干岗位报酬提高到了每年1.9万元，累计下拨925.2万元。对37个软弱涣散基层党组织进行了集中整顿，解决各类突出问题100余件。选派81名县直机关优秀干部到村任第一书记，争取落实各项扶贫资金525.85万元，上马项目31个。先后有40名大学生村官流动到公务员和事业单位工作人员岗位。全县创建了40个党建示范点，深入开展了县直机关党组织、党员干部与农村党组织、党员结对帮扶活动。

(四)不断加强党员干部队伍管理。对15个乡镇和106个县直单位的202名干部开展了“三个一批”工作。研究出台了《柳林县县管干部动议酝酿任免议事规则(试行)》等规范性文件，进一步建立健全了干部选拔任用和监督管理机制。对全县1094卷干部档案的“三龄两历一身份”进行了“回头看”,进一步查缺补漏。在全县党员中推行使用《党员管理考核证》,研究制定了《柳林县处置不合格党员暂行办法》,保证了党员队伍的先进性和纯洁性。

二、坚持“五个切实”,主动适应经济发展新常态

2015年，全县地区生产总值完成120.8亿元，同比下降9.8%。财政总收入完成33.2亿元，同比下降29.5%。

(一)切实提升农业产业。及时安排部署了全县抗旱救灾工作;完成了示范宽膜覆盖2万亩;发放粮食直补524.42万元，农资综合补贴1309万元，良种补贴88万元。大力实施“千百十”精品工程，建成玉米、谷子、大豆千亩示范区2个、百亩示范田3个，培育了种植大户20户。完成了对4万亩核桃林、6000亩红枣林的管护，新实施了5000亩绿色谷子、2000亩中药材、1.2万亩林下经济，建成了凌志8000m2连栋温室，巩固提升了3000亩设施蔬菜基地。新发展规模养殖户20户，肉、蛋、奶产量1万余吨。

(二)切实巩固煤炭产业。全面落实了煤炭行业“六型转变”、“革命兴煤”的减负政策，组建了专项工作组进驻企业。全县26对矿井中年内实现投产、联合试运转的总数达到25对;总投资240亿元的煤矸石综合利用产业(铝工业)示范园区，已形成年产130万吨氧化铝的生产能力。高红循环经济示范园区，年产400万吨煤矿项目手续都已办结，配套300万吨洗煤厂已完成建设。煤层气勘探开发累计完成投资15.17亿元，已建成煤层气开采井476口，全县煤层气日产量达到12.6万立方米，9家加气站正在积极筹备建设中。

(三)切实发展新兴产业。进一步探索并有效推进“1+2”转型发展模式的新机制、新办法。60万吨阻燃剂技改项目(三期)进入试生产阶段;扎实推进了总投资100亿元的李家湾光电子产业开发园区，累计完成投资11亿元，已有6个高新技术产业项目入驻。推进了中小微企业润山创业基地建设，创建了20个服务机构、6个服务站，为400余户企业解决了资金、技术等方面的问题。

(四)切实加大改革力度。深入推进《2015年行动计划》,积极推进了土地管理制度创新、金融担保服务体系建设、探索环保第三方治理等重大改革。启动了孟门镇、李家湾乡、留誉镇等地“五个一体化”试点工作。共铺开省、市、县重点项目72个，总投资624.6亿元。对15个乡镇、257个行政村开展农村土地承包经营权确权登记颁证工作，涉及面积62.2万亩、农户10.2万户。完成了对农村“三资”管理专项清理整治工作，研究通过了《柳林县2015年红枣保险实施方案》。

(五)切实推进“三个突破”。2015年全县金融机构各项贷款余额72.38亿元，同比增加3.76亿元。积极探索采用政府和社会资本合作(PPP)模式，成功举办了为期一个月的“体验科学—中国流动科技馆柳林站巡展活动”。全年我县国家有效发明专利拥有量达到13件，申请各项专利达到43件。成功实施红枣高效栽培及加工技术等一批科技项目。全县新增中小微企业140户，总数达到1000户，产值实现118亿元。

三、围绕“五个加快”,积极争取小康建设新成果

(一)加快脱贫攻坚进程。深入开展了建档立卡“回头看”工作，共确定建档立卡贫困村39个，贫困人口2.3万人;企业积极参与“百企千村”产业扶贫，共建温室大棚97栋，幅射带动贫困村27个，实现就业4000余人;对采煤沉陷受损较为严重的5个乡镇12个村1713户进行搬迁治理;全年共拨付教育扶贫资金68万元，完成新型职业农民培训850场次、4万余人次。此外，积极开展了新型产业扶贫和整村推进两大扶贫项目，年初制定的6200人脱贫任务顺利完成。

(二)加快城乡统筹步伐。2015年城镇化率提高1.8个百分点，达到45.1%。完成了柳林南站广场道路配套绿化工程、锄沟南大街道路改造一期工程，香严水岸小区、寨东综合安置楼等项目基本实现主体完工;加大了市政地下供气管网建设改造力度;加快推进了留誉、孟门、三交等重点集镇建设，推进了历史文化名城名镇名村保护设施建设专项规划和住房城乡建设科技发展专项规划的编制工作。

(三)加快基础设施建设。完成了沿黄干线与曹石公路连接线改线工程，采用BOT模式推进了307国道柳林县城区段改线工程，目前各项审批手续已全部办结。完成提水工程14处，解决了11个村3所学校6155人的安全饮水问题，实施“千井富民”项目19处，解决了1621人的吃水问题，发展

灌溉面积3860亩。全面铺开了县影剧院改造、三川河雨污分流等重大项目。穆村110KV变电站实现投运，城东110KV变电站、孟门110KV变电站、贺昌35KV变电站基本具备开工建设条件。

（四）加快人居环境改善。全年共完成造林绿化4.18万亩，森林覆盖率再提高0.8个百分点，新完成30个村庄、企业的绿化任务。先后投入2.5亿元开展了“城乡环境整治百日攻坚”专项活动。

（五）加快民生事业发展。在全县范围内扎实开展了“聚焦民生、服务群众”主题实践活动，启动实施了全面参保登记计划，开展了城乡低保全面清查和规范工作。新建、改建标准化幼儿园2所，改造农村幼儿园3所；重点改善了县城小学及乡村薄弱学校的基本办学条件；开展了对“教育三乱”的专项治理；建立了大病医疗救助一站式服务体系，采用PPP模式积极铺开了总投资5亿元的柳林新医院建设项目；安置481名高校毕业生到基层单位见习，创立了大学生创业孵化基地

四、抓好“四个环节”，全面创建六权治本新机制

（一）精心组织实施，扎实有序推进。县委多次召开专题会议研究讨论，出台了《柳林县“六权治本”工作方案》，成立了“六权治本”工作领导组。相关单位也成立了相应的组织机构，制定了实施方案，全面铺开了职权界定和“三清单”梳理工作。

（二）创新工作思路，营造舆论氛围。在柳林政府门户网站新增了柳林县“六权治本”舆情在线版块，充分运用广播电台、网络平台、电话热线、微信平台等多种方式进行“六权治本”舆论引导宣传。

（三）完善制度体系，规范运行程序。制定出台了《加强对单位“一把手”权力制约和监督的实施方案》等文件。47个部门和单位全部完成了职权清理，实现了行政审批事项“一厅”办公和“一条龙”服务。目前，全县34个具有县级行政审批权的部门中，有29个进驻了县行政审批中心，可办理行政许可和公共服务项目共138项。建立完善了“三重一大”事项规范化制度，严格了干部选任工作程序，有序推进了“三个一批”工作。

（四）健全监督机制，严肃督查问责。县“六权治本”工作领导组下设的监督问责机制建设组，对重点单位的“六权治本”工作进行了跟踪督促检查；对连续两次督查排在后三位单位的主要领导进行约谈问责；对工作中不作为、慢作为的领导干部给予严肃的党政纪处分。

五、落实“四个标准”，着力塑造文明和谐新形象

（一）塑造了干部群众好形象。充分发挥县委常委班子践行“三严三实”、履行“一岗双责”的示范带头作用，塑造了全县各级领导班子政治坚定、敢于担当、团结创新、清正廉洁的新形象。引导全县各级党员干部和企业家队踏踏实实做好各项工作，使工作实效与赶超发展的目标相协调，塑造了全县干部队伍对党忠诚、纪律严明、务实为民、敬业奉献的新形象。通过大力实施文明城市、卫生县城、平安柳林创建以及正在全省上下深入开展的“冬季行动”等活动，塑造了全社会政治清明、诚信守法、包容开放、奋发向上的新形象。

（二）营造了文明和谐好氛围。开展“宣传文化大篷车，服务群众走基层”系列宣传活动和“文明柳林·你我同行”系列主题教育活动和核心价值观活动。坚持中心组学习和干部培训常态化，积极打造互联网信息资讯新平台，提升“柳林发布”、新华网柳林频道等网络新媒体的管理和服务水平。完善了网络舆情协调联动、网络宣传引导管理、网络宣传阵地建设、网络舆情监控处置机制等四项工作机制。

（三）共享了文化发展好成果。全面启动了全县“十三五”期间文化发展规划编制工作，全力扶持汇丰昌盛农场、凌志星火印刷包装有限公司等代表性文化产业项目稳步发展，成功举办了第十三届柳林盘子会文化艺术节，积极宣传推介柳林传统文化技艺、风味食品及抖气河景区、黄河风情景区等文化品牌，全年旅游总收入完成32.7亿元。先后投资2400余万元改造修缮了贺昌烈士陵园和刘志丹将军殉难处，新建了刘志丹将军纪念馆，拍摄《红军东征在三交》等红色文化专题片17个。晋剧《村官李步福》、电影《下柳林》制作完成。

（四）打造了干事创业好环境。扎实推进了“平安柳林”建设，积极探索建立立体化社会治安防控体系，持续保持打黑除恶高压态势，深入推进了“百县千乡万村无邪教创建示范工程”。强化了信访“双向”责任追究，严格实行“无假日”接访和24小时值班制度。全年共发生来县访2393批4173人次，全部息诉罢访。全面贯彻落实新《安全生产法》，进一步强化企业主体责任落实，严厉打击非法违法安全生产行为，集中开展了煤矿、危险化学品、消防等重点行业领域的专项整治活动。深入开展了食品药品安全专项整治，坚决打击食品药品违法行为。

（张景尧）

附：一、中共柳林县委书记、副书记、常委名单

书　记：郝继平（3月任职）

副书记：武跃飞　薛宝平（11月离职）　刘建国

常　委：王义平（7月离职）　贾殿林　李根志

贺柱才　张海文（11月任职）

薛东生（4月离职）　薛有宁（11月离职）

二、各乡镇党委书记名单

李家湾乡

书　记：侯林俊（女，11月离职）

柳林镇

书　记：刘旭平

陈家湾乡

书　记：李守勇

穆村镇

书　记：贾飞平

薛村镇
书 记：梁志华
庄上镇
书 记：杨湖平
金家庄乡
书 记：王建云
留誉镇
书 记：张青年
三交镇
书 记：高治安
高家沟乡
书 记：白艳平（女）
石西乡
书 记：艾永成
成家庄镇
书 记：贺兴龙
王家沟乡
书 记：刘海洪
孟门镇
书 记：贾立坚(7月离职)

中共中阳县委工作概况

县委书记 郭保平

2015年，在省委、市委的坚强领导下，中阳县委、县政府全面从严治党，全面推进经济、政治、文化、社会和生态文明建设，全县各项工作实现了稳中有为。全县地区生产总值完成43.5亿元，增长-13%；公共财政预算收入完成4.2亿元，增长-40.35%；固定资产投资完成67.17亿元，增长26.95%；规模以上工业企业增加值完成27.3亿元，增长-22.8%；城镇居民人均可支配收入18991元，增长7.1%；农民人均纯收入5791元，增长6.8%；社会消费品零售总额完成12.3亿元，增长4.5%。

一、以“三严三实”专题教育为契机，继续把“双学”引向深入

“三严三实”专题教育中，县委全年组织中心组学习35次，32名县级干部轮流主讲，并深入分管部门和联系乡镇上了专题党课；组织开展了4次专题研讨和一次高质量的民主生活会，深入查找班子和个人“不严不实”问题，明确了努力方向和整改措施。对省委巡视组反馈的四方面问题和全省“学习讨论落实”活动30项整治任务，以台账式管理进行了严肃整改。通过“双学”，全县党员干部都能与党中央保持高度一致，都能用科学理论武装头脑、指导实践。

二、以“两个责任”为抓手，深入推进党风廉政建设和反腐败斗争

严格管党治党责任。出台了落实“两个责任”的《意见》，印发了常委班子和个人责任清单。持续强化对乡镇、部门落实“两个责任”的督促检查，先后约谈、诫勉乡镇书记、纪委书记10人次。

切实加大反腐败工作力度。完成纪委内设机构改革，精简县纪委牵头和参与的议事协调机构，“三转”得到很好落实；全县纪检监察机关聚焦主业，全年立查案件102件，处分117人，重处分25人，移送司法机关6人。查办大要案29件，涉及科级干部25件，涉及“一把手”18人，挽回经济损失380余万元。

驰而不息纠正“四风”。落实中央“八项规定”、纠正“四风”督促检查常态化，全年组织明查暗访19次，查处案件9件，党政纪处分12人。公车改革取得阶段性成效，办公用房得到进一步清理和规范。

扎实推进专项治理。以群众举报乡村干部腐败为切入点，查办违纪违法案件58件，处分64人，重处分19人。农村“三资”管理追回违规资金22.28万元，健全了126个单设账自然村的财务制度。

坚决把纪律和规矩挺在前面。开展了《廉洁自律准则》和《纪律处分条例》的学习，党员干部党章意识、纪律意识、规矩意识明显增强。认真开展“以案为镜、反思剖析、严肃整改”工作，以中纪委“学思践悟”专栏内容和市县查处的典型案例强化教育、警示，收到良好效果。

深入推进“六权治本”。22个政府部门的权力和责任清单已经审核通过，事业单位服务清单正在进行评审；7个乡镇完成了清权、确权工作，建成了乡(镇)便民服务中心，“乡村治、百姓安”的体制机制正在构建。

三、把抓好党建作为最大的政绩，切实提高党建工作科学化水平

牢固树立正确的用人导向。严格执行《党政领导干部选拔任用工作条例》，始终坚持好干部标准和在工作中考察识别干部，完成了政府机构改革所涉单位5名正职的选派和23名出市人大代表、政协委员的选举协商；积极推进“三个一批”，对207名科级干部开展了“九查”。

从严管理监督干部。严格执行领导干部个人重大事项报告和请示报备制度，在科级以上领导干部中开展了违规办理和持有出国(境)证件专项治理，对国家机关工作人员与私营企业、私营企业主非正常联系进行了清理整顿。

持续强化基层组织建设。严格落实党建工作责任制，扎实推进“三级联述联评联考”和农村“领头雁”培训工程；县级领导牵头组成21个工作组对软弱涣散农村党组织进行了集中整顿，选派41名“第一书记”进驻建档立卡贫困村和软弱涣散村任职。调整完善了农村、企业、机关党组织设置，建立了财政为主、社会支持、党费补充的多元投入机制。

稳步推进民主政治建设。充分发挥党委统揽全局、协调各方的作用，进一步加强和改善县委对人大、政府、政协及群团工作的领导；支持审判、检察机关依法独立开展工作；巩固和发展最广泛的爱国统一战线，加强与党外人士合作共事；支持工会、共青团、妇联等人民团体依法依章程开展工作；继续强化党管武装工作，推进军民、军地融合发展。

四、狠抓发展第一要务，努力增强经济发展后劲

构建四大能源原材料基地。煤化提升上，全县13对煤矿正常生产4对、即将投产2对，全年煤炭产量586万吨。停建6年的福裕煤化工220万吨焦炭、20万吨甲醇项目由西山煤电集团托管，着力重新启动。钢铁转型上，中钢公司积极推进优质钢、品种钢、特种钢研发生产，在钢铁企业整体艰难、普遍亏损的情况下，2015年钢材产量278万吨、盈利7500万元，在全省百强企业中居19位。壮大电力上，坚持热电、风电、光伏发电“三电并举”，积极推进中钰热电联产项目环保备案，晋能桃园2×35万千瓦低热值煤发电进入环评和核准程序，华润新能源一期12万千瓦风电、东旭集团一期10万千瓦光伏发电项目有望很快开工。铝系培育上，按照煤电铝材一体化发展的思路，经过两年多的不懈争取，100万吨氧化铝项目成功备案，正与中国铝业、晋能集团招商引资、协商对接。

加强“三大板块”建设。文化旅游板块，开展了柏洼山国家4A景区创建，启动了一期大成殿搬迁保护工程。现代物流板块，发展“乐村淘”商家126户、“互联网+”商家1户，仓储物流、电子商务等均有不同程度发展。剪纸文化板块，仅开元文化产业园入驻小微企业38户。2015年，服务业增加值完成14.4亿元，三产占比33.17%。

扎实推进“三个突破”。坚持科技进步与产业建设紧密结合，坚持企业创新主体地位，多个煤矿瓦斯抽采和地下尾煤气化综合利用项目启动；积极落实省市相关政策措施，累计为企业减负3亿元，支持2户小微企业升级为规模以上企业；创新投融资理念，在全市首开PPP模式破解东山过境公路项目资金难题；慧仁公司作为“新三板”上市重点培育企业，初步完成前期准备工作。

五、以增加农民收入为目标，加快推进脱贫攻坚

脱贫攻坚是最大的民生工程、最大的政治任务。“扶持谁”问题上，落实“八不进”标准建档立卡，精准识别贫困村35个、贫困人口7540户20539人。“谁来扶”问题上，强化力量、完善机制，确保每个贫困村都有一名县级领导、一个机关单位包联，每个贫困户至少有一名党员干部帮扶。此外，北京航空航天大学、省委统战部、工商联等中央、省属单位进驻我县定点扶贫，两名省级领导包联我县，大扶贫格局正在形成。“怎么扶”问题上，提出了“十个一批”的落实意见，决心每年以7000人的速度推进，三年内完成贫困人口脱贫、贫困县摘帽目标。

围绕农民持续增收这一脱贫攻坚核心问题，深入推进“8+2”农业产业化，建成省级核桃示范园1万亩、市级1.5万亩，实施政策性商业保险5.5万亩；同步发展林下中药材、食用菌、菊芋等。大力发展规模养殖，厚通30万头生猪、紫云10万只肉羊两个投资亿元以上的标杆项目，一期工程建成投产。支持引导县内外多家企业上马扶贫项目5个，完成投资3.3亿元；实施16个整村推进项目和中央彩票公益金项目，发放小额贷款780余万元，易地搬迁730人，全年减贫7450人。

六、坚持以人民为中心，大力保障和改善民生

人居环境持续改善。积极破解棚户区改造资金难题，城区“两片区”建设申请专项贷款3亿元，到位1.6亿元，一期工程顺利推进，二期工程具备开工条件；金罗镇采煤沉陷区治理争取上级投资1.67亿元，建成高层住宅楼8栋、回购商品房306套；城区一批商住小区建成或正在建设。城市功能进一步完善，玉洁污水处理厂二期主体建成，城区垃圾处理场开工建设，汽车站完成土地征收，集中供热面积新增16万平米、覆盖率达到73%。继续抓好水电路等基础设施建设，总投资30亿的东山过境公路项目奠基开工，国道209线石宝庄－凤尾段路面改造竣工通车，万吴线运煤通道路基形成、隧道贯通；中部引黄、榆横特高压过境中阳等项目顺利建设。省市环境整治专项活动中，累计投入2500余万元，101项整改任务基本完成。环保部督查整改的一批重点事项得到落实，耀龙、聚鑫整改完毕、投入运行，中钢1780高炉200平米烧结系统炉外脱硫工程完工，中钰热电燃煤锅炉炉外脱硫设备即将试运行。

社会事业协调发展。“聚焦民生、服务群众”主题实践活动，全县排查整改各类问题6369个，累计投入资金5.23亿元，在全市考核中位居一类县。教育工作，中高考稳居山上九县前列，财政出资307万元补助乡村教师，贫困学生救助帮扶、贷款资助全覆盖。卫生计生工作，人均公共卫生、新农合补助标准进一步提高，农村60岁以上老人享受到免费体检，医联体合作继续深化。宣传文化工作，“市级文明县城”创建成功，“两馆一站”免费开放，县乡村三级文化体系建设达标，一批体育活动场所建成投用。社会保障，各类保险参保面不断扩大，出资250多万元为全县人民投保“自然灾害公众责任险”和“意外伤害险”；完成城乡低保核查，发放各类补贴救济金4000余万元。

平安创建深入推进。完善县乡村三级安全监管网络，开展以煤矿为重点的安全生产大检查，全县安全生产形势稳定好转。社会治安综合治理三级平台、四级网络体系进一步健全，城区治安、交通视频监控系统得到改造提升，群防群治格局初步形成。始终保持“打黑除恶”的高压态势，人民群众对司法公信力的满意度进一步提升。坚持县级领导无假日接访和包联

重点案件、重点村镇制度，协调整合各方力量加强积案化解，落实督办考核、依法处置措施，信访总量稳中有降，重大敏感节点实现"双零"和"三个坚决防止"目标，社会大局总体和谐稳定。 （张建国）

附：一、中共中阳县委书记、副书记、常委名单

书　记：郭保平（12月离职）　乔晓峰（12月任职）

副书记：乔晓峰（12月离职）　阴大瑞

宋丽莉（3月任职，挂职）

常　委：王金明　赵有军（10月离职）

薛有宁（11月任职）　任杰平

王怀平（3月离职）　张艳斌（4月任职）

张喜旺　翟贺平

二、乡镇党委书记名单

宁乡镇

书　记：张应枝

金罗镇

书　记：姚文郁

枝柯镇

书　记：郭　安

暖泉镇

书　记：乔剑锋

武家庄镇

书　记：贺建强

下枣林乡

书　记：杨志新（5月离职）　刘小强（6月主持工作）

车鸣峪乡

书　记：宋建军

中共离石区委工作概况

区委书记　常书铭

2015年是离石发展历程中很不平凡的一年，是砥砺前行、蓄势奠基的一年，也是确立新思路、彰显新作为的一年。全区上下认真贯彻落实党的十八大和十八届三中、四中、五中全会精神，坚决贯彻省委"五句话"总要求，按照市委、市政府的决策部署，坚定方向不偏离、咬定目标不放松、克难前行不退缩、扎实苦干不懈怠，推动离石经济社会发展和党的建设各项事业翻开新的一页。

一、深入学习贯彻习近平总书记系列重要讲话精神，提出并实施"双先双区"战略，巩固了全区团结奋斗的思想政治基础

2015年，区委常委带头并推动"学讲话、学作风"，把加强理论学习列为首要政治任务，深入学习习近平总书记系列重要讲话和党的十八大、十八届三中、四中、五中全会精神，紧密结合正风反腐、刷新吏治等事关政治生态的棘手问题，结合应对经济下行压力等事关离石长远发展的重大问题，结合信访诉求等事关群众切身利益的突出问题，深入调查研究，认真分析研判，集中全区智慧，提出了"富民优先、党建为先，首善之区、先行之区"战略，以及"生态立区、农业安区、旅游兴区"等新思路，统一了思想、凝聚了共识、激发了干劲。区委常委会坚持总揽全局、协调各方，勇于担当、主动作为，保持了全区政治社会大局稳定和区域经济平稳运行态势。"双先双区"战略来自实践又经过了实践检验，越来越鼓舞人心，越来越成为全区干部群众的思想自觉和行动自觉。

二、认真履行从严管党治党主体责任，扎实开展"三严三实"专题教育，推进"党建为先"部署落地生根

2015年，区委始终把全面从严管党治党作为首要任务，明确提出"党建为先"工作思路，下最大气力谋划加强和改进党建工作的举措和办法，在"严"字上下功夫，在"实"字上做文章，初步扭转了以往"宽软松"的局面。省纪委黄晓薇书记在离石调研时，对全区落实主体责任工作给予充分肯定。

认真开展"三个一批"工作。甄别处理不廉洁、乱作为干部15人，调整退出不作为、不胜任干部21人，交流调整选拔任用敢担当、善作为干部99人；出台《干部动议酝酿任免议事规则》，明确规定干部调整选拔任用程序，进一步加强信访、公安、检察院、卫计局等干部队伍建设。

强化党员干部日常教育监督管理。稳妥把握运用监督执纪"四种形态"，抓细、抓常、抓早，用好问题台账、提醒、诫勉和廉政谈话"四本笔记"，先后谈心谈话320人次，个别同志反复谈话多达9次，工作谈到了深处、批评到了痛处、提醒到了短处，实现了咬耳扯袖红脸出汗的常态化，有效解决了"总开关"问题。通过瞄准"关键少数"、层层传导压力，抓住"大多数"，从严管理普通党员干部。通过选树正面典型和以案为镜的反面教育，邀请中纪委、省纪委专家开设讲座专题培训各单位"一把手"，举办"学党章、学准则、学条例"知识竞赛等活动，进一步深化党员干部理想信念教育、党性原则教育和党规党纪教育。

着力加强基层党组织建设。加大基层党建工作考核权重，扎实推进"三级联述联评联考"，强化常委党建分工和四大班子成员领办重点工作，构建"书记抓、抓书记、三级联动抓"的工作格局；组织乡镇书记、纪检书记赴榆次区北田镇考察学习，集中整顿软弱涣散基层党组织38个，后进村成功转

化15个;新增乡镇党建专项资金540万元,着力提高离任村干部生活补助标准;选派103名干部担任“第一书记”,增强农村班子扶贫帮困能力;狠抓大学生村官工作和村“两委”培训,严把党员入口关,积极探索党员退出机制,基层党组织的战斗堡垒作用明显提升。

从严查处腐败。积极支持纪委“三转”工作,进一步加强乡镇纪检队伍建设,推行“四四联组”办案模式,加大惩治腐败工作力度。全年共立案135件,查结135件,给予党政纪处分185人,移送司法机关立案审查10人,挽回经济损失1500多万元,收缴违纪款500多万元,重点查处田家会街道原党工委书记张兴平、主任薛晔峰,七里滩村原支书张旦则严重违纪等案件。针对慢作为、懒作为问题,撤职处理一名区直单位局长,免职处理一名街道办主任,对党建不力的35名乡科级负责人,分别给予党纪处分、免职和诫勉谈话,通过严肃问责警示教育了一大片,赢得了广大干部群众的支持和信任。

扎实开展“三严三实”专题教育。区委常委以上率下,认真参加“三严三实”专题教育,组织召开区委常委会专题研讨4次,中心组专题学习14次,认真撰写学习体会,带头讲党课;从严组织开展民主生活会,坚持问题导向,认真查找自身“不严不实”问题,深刻剖析思想根源,明确了整改措施。各级领导干部主动对标、积极参与,全区党员干部普遍接受了一次党性观念、政治规矩、思想作风的再教育,更加坚定了全面从严管党治党的政治自觉。

三、始终坚持发展第一要务,全面推进经济、政治、文化、社会和生态文明建设,发展富民理念深入人心

面对离石经济持续下滑形势,区委常委会紧抓“发展第一要务”,全面加强对经济工作的领导,靠前指挥,凝聚合力,大力实施项目牵动战略,全面落实“冬季行动”安排部署,以脱贫攻坚、新技术产业、新能源、文化资源开发等十大类30个重点项目正在加紧前期规划和报批中;晋能大土河2×350MW热电联产项目顺利推进,新龙重工、王家庄沟道治理、农产品仓储物流等涵盖三大产业、涉及诸多领域的十多项工程集中开工建设。深入开展“三创”活动,大力扶持小微企业发展,全区电商、微商达到630余户;积极搭建创业服务平台,吕梁互联网科创园正式挂牌,农村电商平台、乐分商城入驻,珍味谱、一品饮料、好山水豆制品等一批前景较好的农产品加工企业已入驻乐村淘全国网络平台,创新创业氛围日渐浓厚。

区委常委会牢固树立执政为民理念,围绕大力发展基本民生、着力保障底线民生、高度关注热点民生,加大民生投入力度,全年可用财力的近80%投向了民生领域。确立率先脱贫的思路,围绕率先脱贫目标,按照中央“六个精准”“五个一批”要求和全省“三个一批”扶贫计划,大力实施开发式扶贫战略,谋划“一路一带”核桃林产业发展,投入1.61亿元打造5个核桃精品园区,精品管护面积达4.8万亩;积极开展家政护理护工培训,努力打造“吕梁护工”产业品牌,四期累计培训人员1700余人,800余名学员先后与北京、太原、吕梁等地20余家用工单位签订就业合同;确立“农业安区、生态立区、旅游兴区”工作思路,把美丽乡村建设作为推进休闲观光农业与文化旅游业深度融合发展的龙头工程,积极打造“美丽乡村离石游”这一发展名片,全力打响精准脱贫攻坚战。统筹推进各项社会事业,着力解决关系群众切身利益的民生问题:优先发展教育事业,义务教育均衡发展通过国家评估验收;文化惠民工程深入实施,群众精神文化生活日益丰富;新型农村合作医疗制度不断巩固,基本公共卫生服务体系持续完善,基层医疗机构标准化建设取得实效;社会保障覆盖面进一步扩大,保障标准进一步提高,出行难、上学难、看病难、讨薪难等问题得到进一步缓解。坚持市区一体理念,按照市委、市政府部署,认真做好吕梁新区拆迁安置工作,和谐拆除“两违”建筑,为确保广大拆迁户按期回迁,为加快吕梁新区医疗卫生园区建设创造了条件。同时加大经济适用房、廉租房建设和农村危房改造力度,让困难群众感受到党和政府的温暖。

着力加强民主政治和法治建设。时刻注重把发扬民主作为建设和谐班子的重要前提,充分发挥班子成员的特长和优势,与大家坦诚相待、相互信任、相互勉励、和谐共事,共谋全区发展大计。大力支持人大和政协依照法律章程开展工作,认真落实中央和省委统战工作会议精神,进一步加强人武、老干、综治工作。加强对依法治区工作领导,制定《区委工作制度》,明确重大事项行政决策法定程序,不断提高依法决策水平和依法办事能力。

扎实推进“六权治本”,区委常委会高度重视“六权治本”工作,全力推进六权治本向乡村延伸。全年38个单位完成“两清单”“两张图”编制工作,织紧织密了重点单位和关键岗位的制度笼子,基层党务、政务、财务更加公开,权力运行逐步规范,试点乡村的蝇贪式腐败得以遏制。法治离石建设深入推进,政法队伍建设得到加强,人民调解体系进一步健全,建立各级各类调委会230个,193个行政村设立司法便民服务站。全面开展“六五”普法总结验收,广泛开展法治文化宣传活动;保持打黑除恶高压态势,努力创造安全良好的社会环境。平安创建、社会综治水平不断提升,安全生产保持良好局面。人民调解工作成效显著,涌现出马茂庄村崔林有、交口司法调解中心等一批在全国全省叫得响、站得住的先进典型。

按照“六坚持、六反对”方针,确立“控新治旧、依法有序、分级负责、分类化解”的思路,明确提出“五个一批”具体要求,扎实开展“百案评查”和信访积案集中攻坚专项活动,经验做法得到市委、市政府充分肯定和兄弟县市借鉴推广。全年信访总量稳步下降,案件办结率由年初的24%提高到65%,省市交办案件办结率达94%,一举摘掉了信访排名多年来全市倒数第一的落后帽子。

(刘彦军)

附：一、中共离石区委书记、副书记、常委名单

书　记：常书铭(3月任职)

副书记：吕文平　李溢涛　成志斌(11月离职)
宋红波(3月任职，挂职)

常　委：刘俊禄　秦　亮(9月离职)
王怀清(11月离职)　刘晓勤　李源春(女)
邵　俊　吕文清(4月任职)
游福海(11月任职)

二、乡镇(街道)党(工)委书记名单

滨河街道
书　记：刘　鹰

莲花池街道
书　记：李建红(女)

凤山街道
书　记：王　宇

城北街道
书　记：王侯明

交口街道
书　记：吴　卿

田家会街道
书　记：张兴平(12月双开)

西属巴街道
书　记：杜永红

吴城镇
书　记：王月亮

信义镇
书　记：任利星

坪头乡
书　记：张志滨

枣林乡
书　记：李建国

红眼川乡
书　记：魏玉清

中共方山县委工作概况

县委书记　李少杰

2015年，方山县委在市委、市政府的坚强领导下，主动适应新常态，聚精会神搞党建，稳中求进促发展，全面推进经济、政治、文化、社会和生态文明建设，奋力开创弊革风清、富民强县新局面。

一、坚决履行从严治党责任，深入推进党的建设工程

坚持用习近平总书记系列重要讲话精神指导实践、推动工作。县委把学习习总书记系列重要讲话和中央省市系列会议精神作为重要政治任务，组织中心组学习24次，在电视台、《今日方山》开展谈体会、谈认识活动，持续引深“学讲话、学作风”热潮，广大党员干部努力做到了真学、真懂、真信、真用，为全县改革发展稳定提供了坚强的政治保障。

深入开展学习讨论落实活动。各参学单位从思想上、工作上、作风上和制度上深刻反思剖析政治生态上存在的突出问题，累计梳理突出问题235个，提出整改措施682条，提出净化政治生态意见建议295条；研究拟定了5方面51项民生事项，深入开展了“聚焦民生、服务群众”主题实践活动，通过宗旨教育、民情走访、积案化解、公开承诺、实事实办“五项行动”，共排查民生问题6086件，解决3824件。

扎实开展“三严三实”专题教育。以抓好关键少数为导向，加强学习研讨，组织中心组学习10次，召开专题研讨会4次，撰写心得体会26篇，理论文章18篇；对照正反两面镜子，查找出“不严不实”问题116个，总结出“5多5少”的共性表现；严肃认真召开民主生活会，做到自我批评不遮不掩，相互批评见筋见骨，达到了团结、批评、团结的目的；对查摆出的“不严不实”问题进行了分类归纳汇总，一一对号入座，建立了问题台账，拉出了问题清单，制定了整改任务“盘点销号”制，列出了整改的时间表、路线图，通过开展专项整治，真正做到立行立改、即知即改。

积极开展“三个一批”。确定了243名科级干部作为重点审查对象进行“九查”甄别，对12名缺学籍材料、9名缺入党申请书、入党转正申请书以及4名档案涂改的干部进行了组织函询；对不廉洁、乱作为的5名科级干部进行了处理；对工作业绩较差的4名领导干部进行了诫勉谈话。

扎实推进"六权治本"。40个政府部门依法确定了直接面对公民法人和其他社会组织的行政职权3458项，绘制了职权运行流程图、风险防控图,按制度办事、按规矩办事、按程序办事正在成为广大党员干部的行动自觉;以加强对乡村两级权力运行的制约和监督，规范乡村权力运行为目标,推动"六权治本"向乡村基层延伸,努力实现"乡村治,百姓安"。

持续加强基层组织建设。扎实开展软弱涣散党组织整顿,选择27个村级组织作为重点,配齐书记8名,调整不合格书记1名,解决突出问题46个。选派127名"第一书记"到17个软弱涣散村和110个建档立卡贫困村，开展了基层党建帮扶活动。深入开展了"农村三资管理专项清理整治工作",查摆出问题1408件、整改811件。

二、严格落实主体责任,持续深入推进党风廉政建设和反腐败斗争

坚持从严落实主体责任。2015年,县委召开了12次专题会议,研究党风廉政建设工作。将"两个责任"细化为61项具体任务，明确了党风廉政建设责任制的具体内容要求、考核追究程序,县委班子和各位常委列出了问题清单、责任清单、整改清单,从严落实"两个责任"、切实履行"一岗双责"成为了广大领导干部的行动自觉。

坚决把纪律和规矩挺在前面。召开了以"严守党的政治纪律和政治规矩"专题研讨会,组织开展系列活动,认真学习新修订的《准则》《条例》。深入开展"以案为镜、反思剖析、严肃整改"专题活动,查摆了村两委主干违纪违法、农村土地违纪违法、惠农惠民政策缩水走样、违规发放和领取工资补助、违反"八项规定"和"四风"5个方面的突出问题。

保持狠刹"四风"高压态势。不间断展开监督检查,全年共查办"四风"方面7案20人,违反"八项规定"8件13人。对全县各乡镇、县直各单位以及财务单列的基层站所"三公"经费管理使用情况组织了专项摸底检查,对3名一把手进行了诫勉谈话。严肃整治违规收受礼金、红包问题,设立了"礼品红包上交专户",收到上交礼金红包13人次21.6万元。

不断加大纪律审查力度。深入开展"以群众举报乡村干部腐败为切入点集中解决群众信访诉求问题"专项治理,对十八大以来发生在群众身边的腐败问题线索进行了大起底,立案111件已全部查结。2015年,全县纪检监察机关共立案87件,其中大要案件32件,共处分118人。乡科级干部29人,一般干部8人,其他人员81人。受党纪处分113人,受政纪处分10人,受党纪、政纪双重处分5人,移送司法机关7人,责任追究35人。

三、主动适应经济新常态,确保全县经济基本面稳定

全年全县地区生产总值完成22.75亿元，下降7.2%;规模以上工业增加值完成11.69亿元,下降15.8%;固定资产投资完成23.24亿元,增长38.77%;财政总收入完成6.82亿元,下降29.7%;公共财政预算收入完成2.54亿元,下降32.35%;社会消费品零售总额完成8.47亿元,增长3.7%,城乡居民收入分别达到18110元、3882元,增速分别为6.5%、5.7%。

巩固提升传统产业。认真贯彻落实省政府"煤炭17条"、市政府"煤焦减负10条"及"减轻企业负担"政策措施,清理了各种乱摊派、乱收费。金晖瑞隆、金晖凯川、汇丰新星通过了验收,配套了180万吨以上的洗煤厂,全县煤矿产能达到600万吨，洗煤能力达到2000万吨。积极推动中铝恒亚、安华汇丰两户铝矾土企业加快"三通一平"建设。

积极发展新兴产业。国电马坊50兆瓦、华润10兆瓦风力发电项目一期工程积极推进,与中广核、浙江埃菲生和中电投分别新签约500兆瓦、100兆瓦、20兆瓦光伏发电项目。扎实开展"电子商务进农村"工作,培训电商人员280余人,注册网店3家,依托"乐村淘"平台建立直销代销网店66户

大力实施"8+2"农业产业振兴计划。积极落实各项强农惠农政策,财政对"三农"投入由2010年的9553万元增加到2015年的3.1亿元。累计发展设施蔬菜2.7万亩,马铃薯10万亩,规模养殖场100多个,核桃林10万亩,育苗2.5万亩,中药材4万亩、菌棒23万包,食用菌、中药材基地入选全市特色农产品基地。加快实施鑫禾方山国际中药城项目,力争把方山县打造为辐射晋西北的"中药材基地县"。

四、着力保障改善民生福祉,发展成果普惠广大群众

精准扶贫扎实推进。统筹实施移民搬迁、整村推进、产业扶贫、金融扶贫、教育扶贫、光伏扶贫等扶贫工程,2015年新脱贫1.06万人。深入开展建档立卡"回头看",3.73万贫困人口做到了户有卡、村有册、乡有簿、县有档。启动了10个光伏扶贫试点村1000千瓦分布式光伏发电站。调动省、市、县122支扶贫工作队和127名"第一书记"深入118个贫困村,开展了扶产业、扶项目、扶组织、扶新风帮扶工作。

民生事业蓬勃发展。方正北街改造、峪松线旅游路、瓦窑河治理、县城提质饮水,农村路面提质等民生工程基本完成,完工保障性住房1996套、危房改造1200户、农村饮水安全工程8处、采煤沉陷区治理286户,地质灾害治理搬迁49户。县财政拿出300余万元,招聘30名优秀教师设立了"宏志班",全县公共卫生人均经费提高到40元,县乡村三级医疗机构实现药品零差率销售。

社会保障日益健全。城镇新增就业2625人,失业率控制在2.1%。机关事业单位人员人均月增资330元，补发了2014、2015年津补贴,发放公积金1.3亿元。企业退休人员基本养老金提高10%,新建农村老年日间照料中心7个,城乡低保保障标准分别提高到4200元和2328元。

五、积极推进民主政治建设,法治方山建设成效显著

全力支持县人大及其常委会依法履行对"一府两院"的监督,全力支持政协履行政治协商、民主监督、参政议政职能,办理政协委员提案178件。认真落实依法治县,牢固树立

"法无授权不可为、法定职责必须为"意识，推动依法正确履行职能，依法科学民主决策。健全县委与党外代表人士联系交友制度，完善了177名党外代表人士数据库，加强和改进工商联、民族宗教和对台工作。高度重视党管武装工作，着力推进全县应急力量体系化、专业化、规范化。全力支持工会、共青团、妇联等群团组织充分发挥桥梁纽带作用，围绕县委中心工作开展各项工作。

六、加强宣传思想文化工作，文化强县步伐明显加快

认真做好贯彻落实习总书记系列重要讲话精神，中央省市系列会议精神和县委重大决策部署的宣传报道。认真贯彻王儒林书记在于成龙故里调研讲话精神，积极推进廉政文化园建设，完工墓地和故居建设，多措并举弘扬廉政文化。深入开展破除陈规陋习倡导文明新风专项整治活动，引导全民更新观念，摒弃陋习，做文明市民。全面推进"三馆一院"、乡镇文化站和农家书屋建设，实施文化惠民和送戏下乡活动，丰富了基层群众的文化生活。

七、全力维护社会大局稳定，和谐方山建设有序推进

维护信访安全稳定。大力开展信访案件百日攻坚、信访案件集中化解月、以群众举报乡村干部腐败为切入点集中解决群众信访诉求问题专项治理等活动，全年到市及以上信访总量为163批1905人次，与去年相比批次同比下降下降22%。严格双向责任追究，依法打击非访人员40人，严肃问责党员干部11人。

加强社会综合治理。投资270万元用于社会管理三级平台建设，深入开展"两整治一化解"专项行动，全面推进三项司法改革，深化"阳光政法"工程，推动依法正确履行职能。深入开展严打整治专项斗争，全年立刑事案件311起，破159起，打掉了1个黑恶势力团伙。严格落实"党政同责、一岗双责、齐抓共管"安全生产责任制，不间断开展安全生产大检查，整改安全隐患446条。（吕鹏飞）

附：一、中共方山县委书记、副书记、常委名单

书　记：李少杰(12月离职)　王锦锋(12月任职)
副书记：田安平　孙玉堂　王喜祥
　　　　张　云(6月离职)
常　委：张建良(11月离职)　闫建新(11月离职)
　　　　刘月顺(7月离职)　王爱军　侯小将
　　　　刘大鹏

二、乡镇党委书记名单

马坊镇
书　记：任海涛
积翠乡
书　记：高保平
麻地会乡
书　记：霍秉良
圪洞镇
书　记：李玉春(主持工作)
峪口镇
书　记：刘荣杰
北武当镇
书　记：王海清
大武镇
书　记：杨少锋

中共临县县委工作概况

县委书记　张建国

2015年，临县县委认真贯彻党的十八大、十八届三中、四中、五中全会精神，以习近平总书记系列重要讲话精神为统领，以全面建成小康社会为目标，以全面深化改革为动力，以全面推进依法治县为抓手，以全面从严治党为保障，围绕省委"五句话"总要求，上大项目强实力、促进和谐聚合力、转变作风增活力，加快开放包容自强自信临县建设，加快新型工业、新型城市、新型农村建设，始终保持"四个定力"，强党建、转作风，稳增长、促转型，惠民生、保稳定。全年完成地区生产总值41.34亿元，同比增长-1.9%；规模以上工业增加值8.43亿元，同比增长-12.3%；固定资产投资78.6亿元，同比增长41.22%；社会消费品零售总额39.18亿元，同比增长4.8%；公共财政预算收入3.47亿元，为年初目标任务5亿元的70%，同比增长-41.8%；城镇居民人均可支配收入15211元，同比增长7%；农村居民人均可支配收入4196元，同比增长8%。主要经济指标增速居全市靠前位置。

一、重点项目建设实现新突破

西纵高速全线通车，中南出海通道、太兴铁路临县段建成试通车，太中银吕临支线基本建成。8对兼并重组矿井中4对取得实质性进展。美锦锦源600万吨矿井项目取得国家发改委核准批复。中石油、中联、中澳等煤层气开发项目稳步推进。特别是吕临能化1000万吨矿井已具备投产条件，手续办理迈出实质性步伐，1000万吨选煤厂进入试生产阶段，2×

35 万千瓦低热值煤发电项目全面开工建设，配套铁路专用线和战略装车点项目顺利推进，煤电一体化格局初步形成。重点项目“六位一体”取得较好成绩。

二、“8+2”农业产业化取得新进展

实施红枣标准化管理示范园 2 万亩，开展了 10 万亩红枣保险试点。新发展核桃林 3 万亩。启动了舍饲养羊基地县建设，新建标准化羊舍 6000 多平方米，发展 1000 只以上的种羊场 2 个，人工种草 4000 亩。巩固发展食用菌 360 万棒，发展绿色大豆 5000 亩、绿色谷子 8000 亩、绿色马铃薯 2 万余亩。举办了首届临县农副产品展销会，销售额突破 150 万元，签约 2.9 亿元的农产品开发合作项目，签订 500 万元的绿色蔬菜长期供货订单。

三、城乡基础面貌持续改善

完成后歧线改建、碛口景区改线和三曲线、阳白线升级改造。开工建设新国道太克线、太佳高速城区连接线。完成阳坡水库 24 公里灌渠工程主管线建设。完成 10 处农村饮水安全工程。加快建设中部引黄工程。稳步推进郝家圪棱、南沟小流域综合治理。完成城区高压线路改造和 142 千米农网 10KV 线路改造。完成白文—碛口、招贤—枣林、黄白塔—兔坂输气管道建设。开工建设大禹等 6 乡镇气化工程。完成城区太和路、从龙路路灯升级改造和凤凰路路基工程。加快建设临县北集运站，开工建设林家坪、车赶、白文 3 个集运站，完成安业、白文 2 个火车站站前广场前期工作。积极引进社会资本参与城区供热供气设施建设。

四、民计民生工作扎实推进

城镇新增就业 4350 人，转移农村劳动力 6105 人。改扩建幼儿园 6 所。高级中学设施设备进一步完善。急救中心主体工程竣工。新城大医院近日可搬迁入驻。制定了《临县低保审核审批实施办法》，全县享受低保救助困难群众达 8.2 万人。实现城乡居民社会养老保险并轨。完成农村危房改造 3680 户、棚户区改造 2080 套。完成造林绿化 6.41 万亩。完成城区湫水河综合治理二期工程。铺开 6 乡镇 11 村 1449 户采煤沉陷区治理项目。开工建设城区安全饮水工程。开展了城乡环境整治百日攻坚专项活动、美丽宜居示范村创建活动。开工建设中央后委等红色革命遗址修缮保护工程。举办了首届“粽叶香”民俗文化节。开展了“聚焦民生、服务群众”活动，一批群众关心的热点难点问题得到有效解决。

五、社会治理水平不断提升

开展了信访积案集中化解专项攻坚活动和“以群众举报乡村干部腐败为切入点集中解决群众信访诉求问题”专项治理活动，加大依法治访力度，实现了信访“总量降下来、秩序好起来”的目标。开展了“打黑除恶”等一系列专项行动，完善了城区社会治安立体化防控体系，开办了“政法在线”栏目，确保了全县社会大局和谐稳定。严格落实“党政同责、一岗双责、失职追责”安全生产责任制，全年未发生煤矿、非煤矿山、危险化学品、轻工机械等行业生产安全死亡事故，未发生较大以上生产安全事故。

六、改革开放步伐加快

围绕“三个突破”，认真贯彻落实扶持企业各项政策措施，加快县域金融创新，开展了“助保贷”业务，支持成立 1 户融资担保公司、1 户小额贷款公司。围绕“六权治本”，开展了“三清单两图两平台”权力梳理，24 个政府组成部门“三清单两图”在县委政府门户网公布，新的政务大厅启用，试点乡镇城庄镇探索建立的“三个一”便民服务工作机制，作为典型经验在全市进行了交流。围绕农村综合改革，完成了农村集体“三资”管理专项清理整治，开展了农村土地确权登记颁证工作。围绕开放包容自强自信临县建设，打造了大型舞剧《吕梁英雄传》、电影《伞头和他的女人》《黄河传人》等一批文化精品。

七、党的建设进一步加强

进一步巩固教育实践活动和学习讨论落实活动成果，扎实开展“三严三实”专题教育，认真学习习近平总书记系列重要讲话，认真学习习近平总书记和新一届中央领导集体崇尚实干、勇于担当、廉洁自律的优良作风，坚持问题导向、贯彻从严要求、体现精准理念，扎实推进各项关键环节和重点任务落实，广大党员干部特别是领导干部纪律意识、看齐意识不断加强。扎实开展“三个一批”试点工作，严格落实“九查”要求，严格 20 个环节的操作程序，全年调整干部 6 批次，初步实现了选人用人风清气正。对农村“第一书记”、“两委”主干、大学生村官分期分批进行了培训，累计培训 1865 人次，对排查出的 78 个软弱涣散基层党组织进行了集中整顿，进一步夯实基层党组织基础。从严落实“两个责任”，严格落实谈心谈话提醒制度，继续推行县级领导周工作动态和乡镇、县直部门党政“一把手”工作日志制度，开展了“以案为镜、反思剖析、严肃整改”工作，加大力度查处群众身边的不正之风和腐败问题，查处违反八项规定精神的“四风”案件 10 件，处理 20 人，查处发生在群众身边的腐败问题 260 件，比 2014 年 198 件增长 31%。

与此同时，按照省、市“冬季行动”安排部署，结合县情实际，全县确立了 50 项“马上就办、真抓实干”具体工作，突出抓好三件大事：

第一，全力解决红枣滞销问题。出台了《临县促进红枣销售工作方案》《临县红枣收购销售补贴方案(试行)》，协调金融单位为红枣企业发放贷款 1.9 亿元，开展了党员干部自愿“献爱心、助枣农”活动，开展了组织电商促销、组团外出促销等活动。截止 2 月 24 日，全县红枣销售 2.98 亿斤，占红枣总产量的 82%。

第二，全面打响脱贫攻坚战。大力实施劳动力就业培训、易地扶贫搬迁、教育扶贫、金融富民扶贫等重点工程，全

年贫困人口减少4.25万人。在此基础上,围绕贯彻落实中央扶贫工作会议和省、市脱贫攻坚大会精神,扎实做好建档立卡"回头看"工作,扎实开展大动员大调研大培训大规划工作,在全市率先召开脱贫攻坚大会,铺开精准扶贫精准脱贫大调研活动,完成了对县乡村干部1000余人的培训,启动编制《临县"十三五"期间脱贫攻坚专项规划》。

第三,科学谋划"十三五"发展。组建专门班子,集中开展调查研究,科学编制《临县国民经济和社会发展第十三个五年规划纲要》,初步提出了临县"十三五"时期经济社会发展的指导思想、基本原则、目标要求、基本理念和重大举措,为实现五年脱贫摘帽描绘蓝图、提供行动指南。进一步深化细化"十三五"时期工作措施,提前谋划2016年工作,确保"十三五"起好步、开好局。

(赵君伟)

附:一、中共临县县委书记、副书记、常委名单

书　记:张建国
副书记:李双会　高奇英(4月离职)
常　委:王少利　李　琦　兰彦生
杜候平(11月任职)　李正奎　高　峰
游福海(11月离职)　陈　浩(5月离职)

二、乡镇党委书记名单

白文镇
书　记:李烽峰
城庄镇
书　记:李晓春
木瓜坪乡
书　记:郭　原(7月离职)　陈　顺(7月任职)
临泉镇
书　记:王犁青(6月离职)　张向阳(7月任职)
安业乡
书　记:薛银贵(7月离职)　张翠珍(7月任职)
玉坪乡
书　记:郝有旺(7月离职)　刘新民(7月任职)
大禹乡
书　记:陈小林(7月离职)　陈绍文(7月任职)
三交镇
书　记:张向阳(7月离职)　贺向亮(7月任职)
车赶乡
书　记:贺向亮(7月离职)　曹孝伟(7月任职)
湍水头镇
书　记:李金锋(7月离职)　高翠文(7月任职)
林家坪镇
书　记:高文标(7月任职)
招贤镇
书　记:刘新民(7月离职)　张积赟(7月任职)
碛口镇
书　记:张文全(7月离职)　李金峰(7月任职)
青凉寺乡
书　记:秦京亮(7月任职)
石白头乡
书　记:闫　平(7月离职)　赵小峰(7月任职)
雷家碛乡
书　记:张小明(7月离职)　高宏亮(7月任职)
兔坂镇
书　记:曹孝伟(7月离职)　刘玉洁(7月任职)
八堡乡
书　记:秦余亮(7月离职)　张永斌(7月任职)
克虎镇
书　记:高翠文(7月离职)　薛增平(女,7月任职)
安家庄乡
书　记:成小龙
刘家会镇
书　记:陈绍文(7月离职)　李卫平(7月任职)
丛罗峪镇
书　记:陈　顺(7月离职)　高建峰(7月任职)
曲峪镇
书　记:苗焰银(7月离职)　林　涛(7月任职)

中共石楼县委工作概况

县委书记　油晓峰

2015年,石楼县在市委的坚强领导下,认真落实党的十八大,十八届三中、四中、五中全会和习近平总书记系列重要讲话精神,坚决贯彻市委"打基础、利长远、惠民生"的工作要求,全面从严管党治党,全力推进"五个石楼"建设,奋力加快扶贫攻坚步伐,努力开创弊革风清、富民强县新局面。

一、不断引深双学,增强政治自觉

把学习贯彻习近平总书记系列重要讲话精神作为重要政治任务,在"学系列重要讲话"上深化,在"学优良作风"上看齐,县委常委会集中学习讲话精神8次,举办了4期学习培训班,对全县科级以上领导干部和村两委主干进行了轮训。切实增强了广大党员干部的思想自觉、政治自觉、行动自觉。

二、落实主体责任，坚决正风反腐

（一）严格履行主体责任。为了切实加强党风廉政建设，年初单独召开县纪委全会。会前，县委常委会专门讨论了《纪委工作报告》，提出了具体的修改完善意见。县委研究出台了《石楼县落实党风廉政主体责任和监督责任的暂行办法》，县委全年共召开6次常委会专门研究党风廉政建设工作。县委班子及班子成员全部制定了落实主体责任清单，明确了县委落实主体责任的4个方面20项内容。同时，对落实“两个责任”不力的严肃问责，责任追究20件，处理27人。

（二）切实把纪律和规矩挺在前面。认真学习贯彻新修订的《廉洁准则》和《处分条例》。选取30个案例作为警示教材，进行反思剖析。采用约谈提醒、诫勉谈话、函询等方式，有效防止一般问题演变为大问题。县委全年召开“三重一大”会议7次，集体议定事关经济社会发展的重大事项45项。

（三）不断加大案件查处力度。县纪委全年受理信访举报数90件，同比增长7%；立案96件全部结案，同比增加34%；处分102人，同比增加19 %；严肃查处了腐败问题35件，共处分38人，切实推动反腐败斗争向基层延伸。

（四）全面推进“六权治本”。成立了石楼县“六权治本”领导组，召开了两次培训会。目前，县直机关43家单位全部确定了权力清单，30个单位确定了责任清单，20个单位绘制了权力运行的流程图与风险防控图。各乡镇参照县政府部门编制了“三清单、两张图”，都实行了“副职分管、集体领导、民主决策”工作机制和一把手“三不分管”、末位发言等制度。134个行政村全部推选出了村监会，村级“三务”公开和“四议两公开”更趋规范。

三、从严管党治党，强化队伍建设

（一）扎实开展学习讨论落实活动。坚持从严导向、问题导向、目标导向，县委班子5次集中反思，4次专题研究，查找出6个方面的32个突出问题，着力抓好9个方面34项整改措施的落实。

（二）深入开展“三严三实”专题教育。县委中心组进行了12次集中学习，常委会先后4次专题研讨，常委班子召开了民主生活会，认真查找和整改了班子6方面19种、班子成员6方面175个不严不实突出问题，并将专题教育向乡科级延伸。

（三）积极稳妥推进“三个一批”。制定出台《石楼县“三个一批”工作实施方案》，深入开展“九查”甄别，严格执行“五必审”。根据全县科级岗位的空缺状况，分4批调整干部67人，甄别处理不廉洁、乱作为的干部23人，对在个人重大事项申报核查中发现有瞒报、漏报或审查不实的28名干部进行了函询，初步实现了选人用人的风清气正。

（四）保持狠刹“四风”高压态势。县委制定印发了《关于对违规收送礼金问题开展专项整治检查的通知》《坚决制止婚丧喜庆事宜大操大办的规定》等多项制度规定。科级以上领导干部全部签字背书，作出拒收礼金、红包的承诺。全年共查处违反“八项规定”问题8起，处理15人；查处“四风”问题6起，处理20人。大操大办、违规用车、纪律松弛等问题得到有效整治。

（五）持续强化基层组织建设。注重发挥下乡扶贫工作队、包村干部、第一书记“三支队伍”力量，推行了“5335”服务群众工作法。从县直机关选派113名优秀干部到村任“第一书记”；实施农村集体经济“破零”工程，狠抓“支部＋专业合作社”等党建创新项目，全县有集体收入的村达到11个；在全县基层组织中开展“党旗飘起来”、“党员动起来”、“组织强起来”三大活动，投资40万元改善了活动场所的硬件设施。

四、坚持稳中求进，促进富民强县

认真贯彻落实中央、省、市稳增长的各项决策部署，全力推进“五个石楼”建设。预计7大主要经济指标中，有4项指标会实现增长：固定资产投资完成12亿元，增长49.5%；社会消费品零售总额完成2.86亿元，增长2.9%；城镇居民人均可支配收入实现1.48万元，增长7%；农民人均可支配收入实现2805元，增长8.5%。

（一）以“十三五”脱贫摘帽为目标，全力做好精准扶贫工作。完成建档立卡，目前全县113个贫困村的建档立卡工作已进行电脑录入阶段，逐户落实了帮扶措施，做到了底数清、问题清、对策清、路径清。狠抓移民搬迁，投资810万元，新建移民房255套1.2万平方米，近1000人搬进移民新村。实施整村推进，投资500万元完成了10个行政村的整村推进项目。突出教育扶贫，投资222万元资助了761名职中学生和217名贫困大学生。去年全县减贫人口达到1.02万人。

（二）以“调结构、稳增长”为要求，加快推进“五个石楼”重点项目建设。年初出台了《石楼县2015年“五个石楼”建设重点项目安排表》，确定了总投资85亿元的60个省市县重点项目全力加以推进，目前已经开工44个；加大招商引资力度，想方设法创造开工条件，煤炭集运站项目，石楼县一方面优化设计方案，将项目建设分为三期，首期投资由12.48亿元减少到5.8亿元；另一方面以打造煤炭区域物流中心为目标，将煤炭集运站、火车站站前广场、LNG加气站等三个项目捆绑打包，积极推进项目承载企业与中煤上海能源公司合作。签定了风力发电、光伏发电、生物质发电“三电齐发”项目。

（三）以“二主二辅”产业为重点，大力推进农业产业化发展。在红枣、核桃两个主导产业发展上，新增了1万亩红枣精品示范园和5000亩核桃精品示范园，推广嫁接红枣抗裂果品种2000亩，试点红枣保险1.6万亩，财政补贴200万元支持红枣采收“三三制”，全县收购和加工青枣、脆熟枣达1000余万斤。在小杂粮、畜牧业两个辅助产业发展上，积极创建有机小杂粮品牌，形成了和合、龙交、罗村三个绿色谷子生产基地，全县绿色小杂粮面积达到25万亩；新增各类养殖户120余户，扶持壮大了一批养殖专业合作社。支持树德枣业、黄河枣业、东瑞农产品、昌盈农产品和绿康帅枣5户龙头企业共1500亩基地，获得中国质量认证中心颁发的有机转换认证证书,扩大了知名度。

(四)以发展“沟域经济”为方向,积极实施千家万户治理千沟万壑项目。县财政拿出200万元,对9个乡镇打造的精品示范点实行以奖代补,并在扶贫金融贷款上给予扶持,优先享受政府各级各类贴息贷款政策。9个乡镇已累计投入2000多万元,打造了20多户小流域生态综合治理典型,治理沟壑50多条,新增耕地2000多亩。

五、着力改善民生,巩固和谐稳定

(一)城乡环境更加宜居。全年完成造林绿化5.1万亩。开工建设了东征广场,启动了延安街改造一期工程,同时完成了县老干局危楼拆除和财政局、工会单位搬迁工作。完成了火车站站前广场的前期工作,同时落实了站前广场跨河大桥建设资金,完成了大桥规划设计。铺设城区河流污水收集管网6公里,城区污水总量处理达到80%以上。全面实施“五大战役”、“四项攻坚”,统筹推进“治脏、治乱、治差、治违”工作。

(二)基础设施更加完善。水利方面,投资158万元新建农村安全饮水工程16处,又有3000余人实现了安全饮水;治理水土流失面积7万亩;投资1600万元完成了40眼“一村一井”农业灌溉工程;坪底水库工程竣工并开始蓄水。交通方面,实施了罗曹线、西东线农村道路升级改造工程,启动了曹家垣到柳林界乡村道路建设工程;县城环城路的规划设计工作基本完成,石楼火车站建成,中南铁路开始运营。电力方面,投运东卫220千伏中南铁路配套供电工程,完成10千伏农网升级改造工程,加快推进罗村110千伏变电站建设,农村“低压”用电问题逐步得到解决。

(三)文明创建步伐加快。着力培育文明风尚。深入开展社会主义核心价值观宣传教育,评选出“最美石楼人”12名,举办道德讲堂2场。启动文明县城创建,编印了《石楼县市民文明读本》,更换了县城广场、公园、主街道宣传标语;开展了县级文明单位、文明社区、文明村镇的评选授牌。弘扬法治文化、廉政文化、红色文化“三个文化”。开展了“共栽廉洁树,同创新风尚”义务植树活动、“勤廉好风尚,党纪在心中”演讲比赛等一系列廉政主题教育活动;在石楼广播电视台集中展播《红军东征》等革命题材优秀剧目,举办了纪念抗战胜利70周年图片展。狠抓文艺精品创作。组织开展了“美丽石楼我的家”征文活动、摄影大赛和摄影展,创作出《石楼赋》《大湾赋》《吕梁汉子》等优秀作品,其中歌曲《黄河第一湾》、道情剧《山村母亲》荣获吕梁市第五届精神文明建设“五个一工程”优秀奖。

(四)社会事业长足发展。大力发展教育事业。启动新一轮“改薄”项目,现已落实中央补助资金7000万元;南城初级中学新建工程完成选址。石楼中学实施了阶梯教室工程,职业中学铺开了农民技术培训楼建设工程。加快发展医疗卫生事业。县公立医院综合改革基本完成,新建中医院大楼主体完工,100个行政村卫生室工程全部建成。不断完善社会保障体系。城镇登记失业率控制在2.9%以内;累计有5600多人享受城市低保、1.3万人享受农村低保、500多人享受五保、400多人享受优抚政策、685人得到大病救助。

(五)安全稳定形势持续好转。认真落实安全生产责任制,全县未发生重大以上安全生产事故,安全生产事故总量和生产经营性事故总量“双下降”。深入开展食品药品安全专项整治。化解信访积案28件;强化信访“双问”责任追究,扎实开展“以群众举报乡村干部腐败为切入点集中解决群众信访诉求问题”专项治理活动。

(张馨日)

附:一、中共石楼县委书记、副书记、常委名单

书　记:油晓峰
副书记:程晓春(2月离职)　贺　军(6月离职)　陈　浩(5月任职)　田文军
常　委:吕文清(4月离职)　潘晓明(2月离职)　张建峰　赵林泉(2月任职)　郑世光　范发宾　刘　云　马恒文(4月任职)

二、乡镇党委书记名单

灵泉镇
书　记:宁　煦(5月离职)　王延平(5月任职)
曹家垣乡
书　记:王　鹏(5月离职)　王小平(5月任职)
裴沟乡
书　记:王立国(5月离职)　贺雨生(5月任职)
罗村镇
书　记:王延平(5月离职)　袁红青(5月任职)
义牒镇
书　记:马晋军(5月离职)　王　鹏(5月任职)
和合乡
书　记:解利国
小蒜镇
书　记:温建宏(5月离职)　闫瑞平(5月任职)
前山乡
书　记:田建军
龙交乡
书　记:郭永东

中共岚县县委工作概况

县委书记　高奇英

2015年，在市委、市政府的正确领导下，岚县县委认真贯彻落实党的十八大、十八届三中、四中、五中全会精神和习近平总书记系列重要讲话精神，综合考虑、集思广益，提出了"围绕融入太原都市圈、打造省城后花园战略目标，坚持党建统领、教育优先、改革挖潜、法治保障四轮驱动，实施脱贫攻坚、产业升级、基础配套、城乡统筹、民生改善、生态文明、社会稳定七大工程，为建设富裕、文明、开放、宜居新岚县而努力奋斗！"的工作思路，通过务实运作，狠抓落实，全县经济社会发展保持了良好的发展态势。

一、夯实责任，全面加强党的建设

(一)强化党要管党、从严治党的意识。加强思想政治建设。一年来，县委采用常委会、中心组学习会、全县性大会等方式，通过研读原文、集中学习、专题辅导等形式学习贯彻习近平总书记系列重要讲话精神，组织集中学习讨论24次，并将讲话精神转化为推动发展的具体措施。严格落实党建工作目标责任制。对党建工作进行单独考核，不达标的实行一票否决。与各乡镇、各系统党委书记签定目标责任书，组织了约谈、述职。强化党建工作的统揽作用，突出各级党组织"一把手"党建工作第一责任人意识，班子其他成员严格执行"一岗双责"，以党建工作统揽各项工作的格局。

(二)从严落实"两个责任"。制定出台了《关于落实党风廉政建设党委主体责任和纪委监督责任的意见》。组织全县所有乡镇书记、纪检书记参加了市纪委组织的"两个责任"专题培训，在全县各乡镇组织开展了乡镇干部、乡级机关、农村两委主干参加的"两个责任"专题培训27场次，参训人员1600多人。认真开展"以案为镜、反思剖析、严肃整改"工作，分批次与28名县级领导、12名乡镇党委书记和39个重点部门、单位"一把手"进行了谈话。组织县、乡、村三级干部600余人就新修订的《准则》《条例》进行了专题培训。开展了廉政警示教育、党风党纪专题培训等活动，推动党风廉政建设和反腐败工作深入开展。加大案件查办力度，全年立查案件165起，处分党员干部173人。

(三)加强领导班子和干部队伍建设。加强班子自身建设。修订了县委工作制度，健全完善了班子议事决策规则。全面推行了四大班子领导工作动态报告制度和干部工作日志制度。加强干部教育。邀请国内知名专家学者，进行法制、党建、产业发展等专题培训；扎实开展了农村干部"领头雁"培训，共培训"两委"班子成员、骨干党员、大学生村干部、村民代表6000余人次。加强社会主义核心价值体系教育。在全县范围内开展了"我的中国梦、我的价值观"大讨论活动、"我身边的优秀共产党员"和"岚县好人"评选活动，让广大群众近距离感受榜样的力量，带动人们奋发向上。

(四)基层组织建设不断强化。加强农村基层党组织建设。强化"五星级"农村党支部和"十星级"农村党员星级目标管理，开展了以在"两新"组织中建立一批基层党组织、整建一批农村党支部活动阵地、选树培养一批"一带三创"典型、整顿一批软弱涣散农村党支部、培训一批农村"领头雁"、打造一批村级监督委员会规范化运行示范村为主要内容的"六个一批"活动。积极探索实现党组织和党的工作"两个全覆盖"，扎实开展了"5+1"惠民活动，打通服务群众"最后一公里"，选派115名机关优秀干部到农村担任第一支部书记，进一步增强了农村党组织的凝聚力和战斗力。提高农村社会治理水平。全面推行了以"五议"、"四有"、"五公开"为主要内容的"545"工作法，提高了群众参与村级事务的主动性、积极性，使村务决策、管理、监督走上制度化、规范化、法制化轨道。

(五)扎实开展专项活动。开展了学习讨论落实活动。坚持问题导向，强化学习教育，深刻反思剖析，县四大班子集体深入反思剖析8次，剖析出7大类23项43条突出问题，明确了33方面100项整治措施。扎实推进"三严三实"专题教育。按照省委、市委安排部署，在县级领导中扎实开展了"三严三实"专题教育，并延伸到全体党员干部。通过召开座谈会、发放征求意见表等形式，查找出县委班子存在的问题17条，归纳为10类，个人存在的问题67条，归纳为14类，并对查摆出的问题及时整改。通过专题教育，践行"三严三实"的思想自觉、政治自觉和行动自觉进一步增强。认真开展"三个一批"工作。对全县12个乡镇和105个县直单位列入重点的280名干部进行了"九查"，对发现的问题坚持"七个区别对待"的原则进行了分类处置。加快推进"六权治本"。大力推进依法行政，规范权力运行，14个试点单位"两清单"、"两张图"已编制完成，拟于4月份按要求推行。其余乡镇和单位正在组织专门力量进行联合审查。全力推进行政审批制度改革，完善政务服务中心管理体制，切实提高服务质量。开展了"守纪律、转作风、走基层、抓落实"为主题的"冬季行动"。按照省市要求，结合岚县实际，在全省"冬季行动"之前的11月初县委就开展了"冬季行动"，集中开展纪律整顿，推进作风建设，深入基层一线，狠抓工作落实。重点围绕19大类64项具体工作，变"冬闲"为"冬忙"，马上就办、苦干实干推进工作落实。

二、咬定目标，奋力推进经济社会发展

(一)多措并举，脱贫攻坚稳步推进。狠抓产业扶贫。抓住

国家马铃薯主粮化战略机遇，全力推动马铃薯产业优化升级。以康农薯业公司为依托，投资3000余万元开工建设二期工程，建成后年可生产微型薯5000万粒，被省政府确定为"全省马铃薯生产示范基地县"，全县马铃薯种植面积稳定在30万亩。实施品牌化战略，取得了20万亩无公害产地、30万吨无公害产品、2万吨绿色马铃薯产品、200吨有机马铃薯产品和"岚县马铃薯"地理标志"四品一标"认证。注册了"岚县土豆"、"土豆宴"品牌。利用电子商务和网上交易平台，拓宽了马铃薯销售渠道。与北京晓清环保工程有限公司签订了总投资2.4亿元的农业循环经济产业项目。与山西省农产品国际交易中心有限公司签订了总投资16亿元的马铃薯、小杂粮及文化旅游产业开发项目。实施精准扶贫。综合考虑各种因素，把全县12个乡镇划分为四类，严格按照"545"工作法程序，全部建档立卡。认真开展了建档立卡"回头看"，结合岚县实际制定了"十一不进"，确保精准识别贫困人口。采取"单位包村、干部包户"的结对帮扶办法，全县104支工作队、2053名干部包扶108个贫困村的2.1万户贫困户，各工作队累计落实帮扶资金2806.5万元，为民办实事好事1300余件，资助贫困学生1773人，举办培训班40期，培训人员1万余人次，取得了实实在在的效果。开展全方位扶贫。全方位实施教育扶贫、移民搬迁、基础设施扶贫、金融扶贫，整合各方力量，形成了专项扶贫、行业扶贫、社会扶贫互为支撑、相互呼应、多轮驱动、同向用力的十大举措综合扶贫模式。

(二)创新驱动，推进经济结构转型升级。大力发展新兴产业。以新材料工业园区为依托，积极引进新项目。1200万只软磁芯生产线项目进入批量生产阶段，全国规模最大的2万吨生物基复合材料生产线项目建成投产。加快推进新能源项目。开工建设了总投资20亿元的4个48MW风电项目，其中中电投河口项目已具备并网发电条件。京岚2×15MW生物质发电项目取得省发改委路条，北京晶冠一期50MW、湖北追日一期50MW两个光伏发电项目正在进行前期工作。大力延伸产业链条。推进煤铁资源转化为主的产业链延伸，全力推进安邦等煤电一体化项目，安邦集团岚县更生煤业2×1000MW煤电项目初可研已通过评审。大力发展旅游产业。大力发展文化旅游产业，成功举办了"土豆花开了"旅游文化月活动。在国务院委托新华网举办的第三届旅游业融合与创新论坛暨2015最美中国榜发布仪式上，岚县荣膺"2015最美中国·绿色生态、休闲度假、民俗(民族)旅游目的地城市"称号。

(三)群策群力，狠抓民生改善。强力推进教育基础设施建设。举全县之力，加快推进总投资3.6亿元的30轨制岚县中学新建项目建设，2016年秋季开学时新校区正式启用。总投资2亿元、12轨制的职业教育中心建设稳步推进，一期工程全部完工，二期建设工程已完成招投标。"五城同创"成效明显。以文明县城创建为重点，全面推进"五城同创"，国家卫生县城通过复核，省级园林县城正式命名，省级文明县城通过验收，省级环保县城和无障碍环境县城创建工作顺利推进。基本公共服务能力进一步增强。城区供水管网改造工程完工，日处理能力2万吨的污水处理厂二期工程主体完工。城南热源厂300万平方米集中供热项目一期工程建成投用，城区三分之二的区域实现集中供热。大力开展文化惠民活动。完成农村公益电影放映820场，完成"送戏下乡"演出23场，开展了以"中国梦·岚州情"为主题的春节元宵节群众性文化活动、2015年岚县面塑艺术节、"激情盛夏"群众文化活动等系列活动，不断丰富群众文化生活。推进生态岚县建设。全面实施造林绿化工程，创新造林机制，与黑茶山国有林管理局合作，完成造林3万亩。开展土地确权和"三资"清理专项整治工作。严格工作程序，细化工作流程，土地确权和"三资"清理专项整治工作按进度有序推进。

(四)全力以赴，维护社会和谐稳定。全力做好信访稳定工作。进一步完善领导接访机制，落实县级领导接访制度，严格实行"无假日"接访。探索推行了重点单位驻厅接访、律师参与接访、心理咨询疏导等措施，促进问题解决。狠抓社会治安综合治理。通过创新网格化管理体系，将全县细化分解为224个网格，切实提升社会服务管理水平。开展"平安岚县"创建活动，坚持打黑除恶，人民群众的安全感不断增强。狠抓安全生产。建立健全安全生产网格化管理体系，组织开展安全生产宣传教育活动，发放各类安全生产资料3000余册，扎实开展安全大检查，共排查整改各类安全隐患46件，全年未发生安全生产责任事故。

(郇文光　张俊燕)

附：一、中共岚县县委书记、副书记、常委名单

书　记：薄宇新(3月离职)　高奇英(女，3月任职)

副书记：乔　云　程　堂　张海文(11月离职)　秦　峰(11月任职)　张新春　杨中宁　刘建树　黄继红(11月离职)　石建新(11月任职)

二、乡镇党委书记名单

东村镇

书　记：杨秋旺

社科乡

书　记：郭俊生

普明镇

书　记：牛泉深

梁家庄乡

书　记：梁俊山

上明乡

书　记：陈文礼

王狮乡

书　记：程智芳(女)

岚城镇

书　记：丁永堂

顺会乡

书　记：郭建民

河口乡

书　记：刘建军

大蛇头乡

书　记：王春旺

界河口镇

书　记：尹元生

土峪乡

书　记：杨亮明

中共兴县县委工作概况

县委书记　梁志锋

一、县域经济稳中有进

全年完成地区生产总值61亿元，同比增长2%；规模以上工业增加值44亿元，同比增长2.6%。全年完成固定资产投资82.9亿元，同比增长33.6%；财政总收入21.9亿元，比2014年略有增长；公共财政预算收入6.3亿元，按照财税制度改革前计算，与2014年基本持平；城镇居民可支配收入18067元，同比增长6.3%；农民人均纯收入3982元，同比增长12.3%。

二、重点项目进展顺利

2015年，兴县共有重点工程项目18个，列入省重点工程项目10个，市重点工程项目8个，完成投资75亿元。

煤炭方面。晋兴公司斜沟煤矿产能1500万吨；锦兴公司肖家洼煤矿产能800万吨；华润联盛3个百万吨级矿井和金地煤业南窑煤矿完成技改，产能390万吨。全县煤炭总产能达到2690万吨。

铝业方面。中铝华兴铝业一期120万吨氧化铝项目全面投产；二期100万吨氧化铝项目今年4月建成投产。中铝华润公司100万吨电解铝项目开展前期工作。中电投兴县铝土矿开发项目正在办理前期手续。

电力方面。锦兴公司2×35万KW低热值煤发电项目开工建设；晋能集团2×35万KW低热值煤发电项目正在进行前期工作。500千伏电压等级输变电工程，完成工程量的90%。

燃气方面。华盛燃气公司30万方煤层气液化调峰及管线建设项目，一期10万方投产，二期20万方进展顺利；中联煤层气开发项目投入运营，全县煤层气日产达到15万方，县城全部用上本地煤层气。

交通方面。兴县北站进站公路完成工程总量的55%，站前广场硬化开春后进行。蔡家崖煤炭集运铁路专用线即将投运，肖家洼煤矿铁路专用线全面开工。全长32公里的工业大道一级公路瓦塘至蔡家崖段22公里全面通车，魏家滩至瓦塘段路基即将投入使用。忻黑线一级公路4公里改造工程基本完工。曹家坡至圪垯上61公里道路改造工程全面完成。北山环城公路已完成设计，2016年开工建设。

三、"三农"基础不断夯实

"8+2"农业产业化方面。发展绿色杂粮3.5万亩，申报绿色认证示范片8个，推广特优蔬菜新品种8项。发展"1264"湖羊养殖模式，引进湖羊2000只通过扩繁向全县推广。加快推进康宁农业园区建设，清泉醋业公司3.6吨老陈醋、黄河农业公司4万吨小杂粮和三星油脂公司3万吨食用油、100吨芥末油加工项目建成投产，新大象农牧集团6万头种猪项目基本建成。

林业工作方面。完成核桃经济林5万亩，天保、三北等生态脆弱区荒山造林以及封山育林1.7万亩，省级干果经济林0.2万亩，退耕还林1万亩，巩固退耕还林成果1.56万亩，社会造林1万亩。

农田水利方面。新建提水工程20处，解决20个自然村、4354口人、411头大畜的饮水安全问题；新打灌溉深井20眼；完成水土流失治理面积7.26万亩。全面铺开12个乡镇、8个标段、91.13万亩的土地确权登记工作。

四、脱贫攻坚积极推进

扎实开展建档立卡识别"回头看"工作，贫困户初选共确定101861人，目前正在进行县级审核和乡镇公示。县委成立了116个工作队包扶248个贫困村；选派了254名机关干部到贫困村担任第一书记，实行点对点、一对一帮扶。全年实施整村推进项目24个；易地扶贫搬迁2015人；盘活使用结余滞留资金678.27万元；金融扶贫发放贷款4926万元；资助89名贫困高中生每人800元、217名贫困大学生每人5000元、375名中职高职学生每人1500元。

全年栽植优质杏树473亩、核桃树475亩，改造老核桃林385亩。发展温室花卉3座、栽植花卉14余万株。建成食用菌养菌日光温室6座、出菇大棚20座，盛菇期每天出菇4000–5000斤，配套建成菌棒厂1座、恒温库2座。建成连栋智能温室2座、面积8755.2平方米，高标准日光温室5座、面积4302平方米。投资300余万元的地方风味食品加工厂即将试生产。600平方米的农家乐"红色印象"投入运营。装机规模为300KW的光伏发电项目建成投运。面积7700平方米的县级电子商务运营中心正在建设当中。通过狠抓产业扶贫，蔡家崖村已初步形成了稳定脱贫的产业支撑。

五、民生事业持续改善

教育方面。投资2亿元、占地120亩、八轨制九年一贯制的一二○师学校投入使用。友兰中学二期工程基本完成，三期工程完成规划设计。建设标准化幼儿园2个，改造村级幼儿园3个。

卫生方面。县医院高薪聘请骨科、B超、心血管专家各1名坐诊；招聘6名研究生、54名医师医护人员。新农合筹资标准人均提高80元，参合率达到99.9%。投资3.6亿元、占地67.39亩的兴县人民医院即将开工建设。

基础设施方面。县城杨玉春沟1.7公里道路改造项目全部完成。新区道路西延工程全部完成。第二供水厂主体工程基本完成。生活垃圾处理场投入运行。县城新增集中供热面积12万平方米。县城供水普及率达到97%，燃气普及率达到55%，集中供热普及率达到54%，污水处理率达到85%。

社会保障方面。城镇基本医疗保险参保人数28800人，城乡居民养老保险参保人数155300人，企业养老保险参保人数8813人。在原有基础上，城镇低保标准提高10.3%，农村低保标准提高13%。建设公租房200套，棚户区改造500套，实施农村危房改造300户。城镇新增就业2515人、创业带动就业522人、城镇失业人员再就业650人、转移农村劳动力3321人。

城乡环境整治方面。按照“打造特色小城，革新兴县形象”的目标，采取全民参与、领导包片、单位包段、干部包户、层层承诺的办法，率先启动城乡环境整治百日攻坚活动。经县人大常委会通过，把每周三确定为“全民清洁日”，制定出台《城镇容貌和环境卫生管理办法》，形成了长效管理机制。

六、红色资源稳步开发

中共中央晋绥分局旧址(北坡村)修复工程全部竣工；晋绥边区革命旧址蔡家崖(五美堂、东崖)历史风貌修复工程基本完成；“四·八”烈士纪念馆旧馆修缮全部完成，新馆布展和失事飞机同型号原机展馆正在进行冬季紧张施工；晋绥烈士陵园扩建完工；全长28.4公里的红色旅游公路开工建设。4月2日，在晋绥烈士陵园举行了公祭活动；8月29日至31日，先后举办了“二十里铺战斗”纪念碑揭碑、孙家庄战斗烈士遗骸收迁、晋绥散葬烈士遗骸安葬、一二○师学校落成暨开学典礼等一系列纪念抗战胜利70周年活动。

七、安全稳定常抓不懈

安全生产方面。严格落实“一岗双责”责任制，开展隐患排查治理3次，随机性检查和重点时段预防性安全检查9次，共排查整改隐患140条，完成70户企业达标创建工作。

信访稳定方面。强化信访积案化解、体制机制创新等工作，全县进京非正常访、赴省集体访、重复上访明显下降，信访秩序逐步好转。

政法综治方面。成立县级调解中心1个、乡级17个、村级50个。建成乡级社会服务管理中心17个、村级30个。实行网格化管理，全县划分成414个网格。确定蔡家崖、奥家湾、康宁、魏家滩4个乡镇为依法治县试点，选派公检法正科级干部担任乡镇第一书记。

八、党建工作全面加强

学习讨论落实活动方面。把开展学习讨论落实活动与落实省委王儒林书记兴县调研指示精神结合起来，县委班子多次深入反思、专题研究，查找出7个方面36个问题，着力抓好12个方面整改措施的落实。围绕30项专项整治任务，逐一明确了责任领导、责任单位、整改时限，取得了明显成效。

“三严三实”专题教育方面。坚持把开展“三严三实”专题教育作为一项重大政治任务来抓，全县11个单位、32名县级干部参与，县委班子集中学习16次、专题研讨4次，查摆出班子问题33条，全部制定了问题清单和整改清单。对“为官不正”“为官不实”“为官不为”“为官不廉”进行了集中整治，党政纪处分科级干部3人、一般干部6人，提醒谈话5人、组织处理4人，整顿调整单位班子3个。

领导班子和干部队伍建设方面。全年调整干部191人，其中提拔89人，平调91人，免职11人。开办“兴县发展讲坛”，先后邀请全国著名专家教授，开展专题讲座6场，县委班子成员登台授课3次，培训党员干部近4000人次。对全县科级干部和拟提拔干部个人有关事项报告重新登记备案，规范了出国境审批程序，出台了对领导干部进行提醒、函询和诫勉的实施办法，初步形成了管理监督干部的新常态。

基层组织建设方面。整顿转化软弱涣散村30个，新建村级活动场所30个，村“两委”主干年平均待遇由3000元提高到7000元左右，为60岁以上、任职累计满9年的1034名农村“两委”离任主干每人每月发放了100元的生活补助，为410名80岁以上的老党员发放了生活补助，先后两次从大学生村官中招聘招录乡镇事业人员82人，基层基础不断夯实。

党风廉政建设方面。严格落实省委、市委出台的落实主体责任和监督责任的实施意见，县委出台了《落实党风廉政建设主体责任的实施意见》。召开“两个责任”学习讨论座谈会3次，对落实“两个责任”不力的对7名领导干部、6个乡镇的党委书记和纪委书记追究了责任。认真学习新修订的《准则》《条例》，组织256名科级以上干部进行了闭卷考试，举办了知识竞赛。全县共查处违反中央八项规定精神17案22人，党纪处分17人，政纪处分7人，双重处分2人；全年县乡纪检监察机关立案235件，同比增加17.5%。严查群众身边的违纪违法案件，查处208案251人，党纪处分226人，政纪处分28人，双重处分3人，在全县党员干部中形成了强大震慑。扎实推进“六权治本”工作，38个县直单位“两清单”“两张图”编制完成，取消行政审批项目59项，调整为服务类项目93项，建立完善行政审批制度3大类39条。同时积极推动“六权治本”工作向乡村延伸。

(刘　斌)

附：一、中共兴县县委书记、副书记、常委名单

书　记：梁志锋

副书记：刘世庆　王恩泽　管化水（6月离职）
常　委：白连厚　刘晓春　成　林　石　磊　徐应军
杜侯平（11月离职）　石　磊（11月任职）

二、乡镇党委书记名单

交楼申乡
书　记：康连平
恶虎滩乡
书　记：李迎斌
奥家湾乡
书　记：尹永彪
瓦塘镇
书　记：尹新明
孟家坪乡
书　记：贾晋文
蔡家崖乡
书　记：康瑞斌
固贤乡
书　记：王彬彬
赵家坪乡
书　记：王利军
蔡家会镇
书　记：白宇宏
圪达上乡
书　记：刘东海
康宁镇
书　记：高俊君
蔚汾镇
书　记：马新勇
高家村镇
书　记：康建华
贺家会乡
书　记：刘欣渭
东会乡
书　记：张连营
蔡家会镇
书　记：赵雪鸿
魏家滩镇
书　记：李双权

中共晋中市委工作概况

市委书记　张　璞

2015年，中共晋中市委在省委、省政府的坚强领导下，全面贯彻党的十八大和十八届三中、四中、五中全会精神，深入贯彻习近平总书记系列重要讲话精神，按照“四个全面”战略布局和省委“五句话”总要求，坚持全面从严管党治党，认真落实党风廉政建设和反腐败斗争主体责任，实施“六权治本”，谋求“三个突破”，推动“六大发展”，积极适应新常态，千方百计稳增长、促改革、调结构、惠民生、防风险、保稳定、强党建、反腐败，各项工作都取得新成效。

全年地区生产总值完成1046.1亿元，同比增长6.4%；规模以上工业增加值379.5亿元，增长5.7%；固定资产投资1312.5亿元，增长18.7%，增幅排全省第1位；一般公共预算收入100.24亿元，绝对额由全省第5位上升到第2位；社会消费品零售总额529.7亿元，增长5.8%。城镇常住居民人均可支配收入完成27679元，增长7.9%；农村常住居民人均可支配收入完成10979元，增长8.7%。

一、认真学习贯彻习近平总书记系列重要讲话精神，坚决落实省委“五句话”要求

始终把习近平总书记系列重要讲话作为做好全部工作的根本遵循，坚持把“学讲话、学作风”贯穿工作全过程。多形式加强对习近平总书记系列重要讲话精神的学习贯彻，切实在真学真懂、真信真用上下功夫。市委常委会专题传达学习6次，市委中心组集中学习13次，市委常委和专家学者辅导授课12次，专题交流研讨6次，召开全市性会议集中传达学习4次，举办县处班、中青班、党外干部培训班和双向挂职干部理想信念专题培训班等5个重点班次，推行“党校集中培训、外出延伸培训、社会实践调研、党性分析教育”“四形统一”培训模式，全年培训各类干部12.6万人。不断引深“双学”，认真学习中央领导集体和省委常委班子的优良作风、工作方法，带头学作风、学担当、学方法，转作风、转思维、转方式，自觉践行“三严三实”。各级领导干部躬身实践、示范引领，全市党风政风社风明显好转。

围绕“五句话”主题，引深学习讨论落实活动。市委深刻

剖析全市政治生态,作出“三个不能低估”的判断,11次组织专题汇报、专题讨论和座谈会,4次召开常委会会议研究讨论反思剖析报告,活动确定的89项具体任务取得明显成效。强化问题导向,狠抓整改落实,在重点领域、民生领域和关键环节集中开展33项重点专项整治,围绕农村“三资”专项清理整治和“以群众举报乡村干部腐败问题为切入点集中解决群众信访诉求问题”,解决突出问题2384个,党员干部作风进一步转变,利民惠民便民环境进一步优化。

二、适应发展新常态,促进经济社会又好又快发展

一是稳定经济增长。把做好经济工作作为对领导干部是否做到“三严三实”的检验。坚持以解放思想为先导,以新的理念指导经济工作。市级领导带头包县、包企业、包项目,在一线发现问题,一线解决问题,一线掌握工作主动权。出台企业减负“20条”,定向开辟甲供材市场,突出帮扶重点企业,开展了“项目提质增效年”活动,按月召开项目现场调度会,对项目全过程精细化管理。有力促进了经济发展稳中有进、稳中向好、好中加快,主要经济指标增速多数排全省前列,被国务院列为全国落实重点政策成效较明显的20个地市之一。

二是加快产业转型。非煤产业增加值比重达到37.8%,新兴产业投资占比达到54.8%。低热值煤发电项目数量、装机容量全省第一,电力行业提标升级改造全部完成,瑞光热电机组全省率先实现超低排放,煤电一体化发展加快。全省第一条全流程轿车生产线、吉利新能源汽车项目竣工试生产,北达新能源发动机、兰凯博醚基燃料、晋能2GW异质结晶硅电池等项目加快推进,晋中入列全省电动汽车产业发展基地。万达晋中广场、杉杉奥特莱斯、潇河公园水上乐园等休闲消费新业态项目落地开工,高校新校区商业配套能力形成,阿里巴巴、京东等电商落户,消费拉动能力明显提升。与国旅集团、深圳华侨城完成签约,首开全省旅游业引进大集团先河,平遥古城获批国家5A级景区,全省6家5A景区晋中占到一半,获评“中国最美休闲度假旅游城市”,全市旅游业总收入513亿元,现代服务业占GDP比重达47.1%。

三是全面深化改革。全面落实深化改革50条意见,统筹推进6大领域改革,引深“转型综改攻坚年”活动,加快建设全省转型综改“先行区”。108廊带获批全省唯一区域一体化发展示范区,探索实行土地管理、投融资平台等8个一体化推进模式,首批总投资110亿元的10大标志性工程全面开工。积极推广PPP模式,财政专设2亿元推进保障金,晋中太原城际铁路、汇通大厦、过街天桥、首创综合环境循环经济产业园等23个PPP项目,投融资规模190亿元,社会投资占到近九成。推进财政体制改革,创新实施财税挖潜增收,完善财政资金绩效评价,优化代建工作管理体制。创新土地管理机制,依法清理收回批而未供和长期闲置土地,盘活存量土地5586亩,全省首家出台地下空间建设用地出让办法。深化行政审批制度改革,取消下放110项行政审批事项,非行政许可审批全部清理,向开发区下放权力13项、委托授权1153项。推进“两集中、两到位”改革,取消下放110项行政审批事项,非行政许可审批全部清理,向开发区下放权力13项、委托授权1153项。开展了网上行政审批办理、便捷政民网络互动等服务。

四是推进“三个突破”。在科技创新上,围绕打造产学研一体化高地,加快大学城向科学城转变。获批全省唯一“全国创新驱动示范市”。主动服务山西科技创新城建设,12家研发机构入驻晋中。在金融振兴上,创新出台金融10条,实行财政性资金存放与信贷投放挂钩制度,探索打造晋中“四板”市场,全国首创产业“升级贷”,在上股交、香港联交所、新三板和资产证券化项目挂牌实现“四个零突破”。全市银行业金融机构存贷比为58.8%,较年初增长5个百分点;各项贷款较年初增加175.5亿元,增长17.1%,较去年同期多增45.2亿元,贷款增速居全省第一,贷款净增额居全省第二。永泰能源、辰兴地产等从股市、债市募资117.5亿元,通过小贷、融资担保、私募、村镇银行等渠道,118亿元民间资本变为金融资本。在民营经济壮大上,出台民营经济发展行动计划,设立企业应急周转保障金,建立企业红名单制度,推进商事制度改革,推行“三证合一、一照一码”登记模式,全市民营投资同比增长66%。

五是做好“三农”工作。粮食总产达到17.58亿公斤,全省第三;蔬菜、肉蛋奶总产居全省首位。主要粮食作物综合机械化水平达74.5%,全省第一。启动国家现代农业示范区建设,铺开“十个一”示范工程,179个项目进展顺利。农村土地承包经营权确权登记颁证工作顺利推进,走在全省前列,全市土地流转率达28%。太谷国家级农业改革与建设试点工作考核中西部第一,祁县国家级农村改革试验区建设启动。与农大合作的山西农业“双创”园区投入使用。坚持精准扶贫、精准脱贫,全年有21个村、4.97万人脱贫。

六是城乡一体发展。全市城镇化率提高1.6个百分点,达到52.05%。加快太原晋中同城发展,市城区连续五年实施百亿重点工程,博物馆、图书馆、科技馆、档案馆、大剧院等标志性项目全面推进,内环路快速化改造当年完成,晋中太原城际铁路2号线试验段开工。全省第一个市级“智慧交通”信息服务平台上线运行,全省第二家建成公共自行车项目。改善城乡人居环境。高标准建成20个省级美丽宜居示范村。开展城乡爱国卫生清洁运动,卫生城市创建活动全面深入。基础设施建设进展顺利,东山供水、中部引黄两大水网工程加快推进。加强生态文明建设,“十二五”节能减排任务全面完成。完成造林30万亩,林木绿化率达到34.3%。新增绿化面积408.38万平方米,人均公园绿地面积11.18平方米。

七是保障改善民生。民生支出占财政支出增长10.8%,达到83.61%。举办“晋商杯”大学生创业大赛,城镇新增就业3.62万人。城镇登记失业率2.12%,低于省定4.2%控制指标。推进“五险统征”和社保“一卡通”,基本医疗保险城乡居民全覆盖。扎实推进全国养老服务业综合改革试点工作。基本建成保障性住房2.01万套。全省首家实现国家义务教育

发展基本均衡县达标全覆盖，荣获全国教育改革创新奖。深化医药卫生体制改革，实现基本医疗保险城乡居民全覆盖，在全省率先开展了乡村医疗卫生“五统一管理”。社会服务管理网格化工作全国领先，矛盾纠纷多元化解工作形成“三网融合、三台联动”新机制，获评全国创新社会治理优秀案例奖，社会治安防控体系建设“七网防控”晋中模式、重大决策社会稳定风险评估“1+5”运行体系工作经验全省推广。信访形势总体平稳可控。突出抓好安全生产，在全省率先试点党政同责、一岗双责，生产经营性事故起数、死亡人数保持“双下降”。

三、发展社会主义民主政治，全面推进法治晋中建设

加强民主政治建设。坚持和完善人民代表大会制度，支持市人大及其常委会依法履行职责，制定出台关于加强和改进人大监督工作的实施意见和实施宪法宣誓办法两个制度性文件，依法加强对国民经济和社会发展计划执行、预算执行情况的监督，对“十三五”规划编制若干重大问题开展专题调研，组织代表集中视察重大项目建设，对多部法律法规实施情况开展执法检查和调研。坚持和完善中国共产党领导的多党合作和政治协商制度，支持政协在推进协商民主上发挥更大作用，市政协及其专委会围绕加快108廊带区域一体化发展、中小企业发展等开展专题调研，就群众关心的热点难点问题开展专题协商。巩固和发展最广泛的爱国统一战线，成立市委统一战线工作领导小组，召开统战工作会议，出台进一步加强统一战线工作意见。“双月座谈会”“双引双赛”“金桥·爱心工程”“统一战线大调研活动”四大品牌在全省叫响，县级统战部门合署办公模式在全省推广。召开了市委党的群团工作会议，积极发挥群团组织作用。晋中连续四次荣获“全省双拥模范城”称号，8个县市被命名为“全省双拥模范城(县)”。

加快法治晋中建设。晋中成为全省首批立法试点市。推进司法体制改革试点、立案登记制改革、“轻刑快办”和社区矫正试点。全省率先出台《党政领导干部支持司法机关依法独立办案规定》，实施“阳光司法”工程。出台深入推进农村治理法治化实施意见，开展太谷、祁县试点工作。实现一村一法律顾问全覆盖。开展执法司法领域突出问题专项整治，深化涉法涉诉信访改革。打造“城市半小时、农村一小时”法律援助服务圈。加强法治宣传教育，推进“法润晋中”系列行动，营造浓厚法治氛围。

四、加强宣传思想文化工作，营造干事创业良好氛围

把学习宣传贯彻习近平总书记系列重要讲话精神作为重要任务，出台加强县处级以上领导干部理论学习意见，开展中心组“学理论比比看”活动。对16所高校大学生开展思想状况调研，组织开展党的十八届五中全会和廉政文化进基层系列宣讲。加强舆论引导，把握正确舆论导向。推进传统媒体和新兴媒体融合发展，主流媒体公信力和传播力进一步增强。“晋中发布”被新华网评为山西城市新媒体第一名。集中攻坚文明城市创建，接受了省级文明城市检查验收，成效明显。弘扬践行社会主义核心价值观和晋中精神，广泛开展市民文明教育、志愿服务、身边好人进基层宣讲、“讲文明树新风”公益宣传等活动，开展纪念抗战胜利70周年系列活动。移风易俗，开展破除陈规陋俗专项整治。开展“爱我晋中”全民文化活动，获国家公共文化服务体系示范区称号。推出《晋中历史文化丛书》等一批精品，新编晋剧《王家大院》在山西大剧院首演成功。大力推动文化产业发展，全省文化产业现场会在晋中召开，文化产业发展总量连续多年稳居全省第二，按全口径计算，文化产业增加值占GDP比重达到6%以上，成为全市经济支柱产业。

五、全面加强党的建设，提供坚强组织保障

一是扎实开展“三严三实”专题教育。以上率下，层层传导责任。市委扛起组织开展专题教育的主体责任，先后7次专题研究，明确8项规定动作，2次派出督查组进行督查，市委常委带头讲党课、蹲点调研、学习研讨、查摆问题、整改落实。各级党组(党委)“一把手”层层压实责任，带动推动全市专题教育深入开展。以“实”为本，深入专题研讨。组织广大干部认真学习规定篇目和有关内容，邀请知名学者，对县处级以上领导干部进行4次集中辅导。各级领导干部深入基层进行广泛调研，聚焦问题开展专题研讨，认真查找不严不实问题，拉出问题清单和整改清单，认真撰写对照检查材料。市委常委班子“三严三实”专题民主生活会后，各级专题民主生活会、基层党组织专题组织生活会全部召开。以“严”促行，着力解决问题。对查摆问题清单式明责、台账式管理，解决一个、销号一个。对排查出的问题，发现一起、查处一起。引深“解民忧、办实事”活动，打通服务群众“最后一公里”。担当尽责、求真务实成为全市党员干部新风尚、新常态。

二是积极开展“三个一批”工作，坚决防止“带病提拔”。通过“六查”甄别干部，查出有问题干部259人，其中，处理218人、调整退出41人，掌握使用了一批好干部。

三是加强干部管理监督。出台加强领导干部“八小时以外”监督和落实组织工作重要事项请示报告等制度。个人有关事项报告随机抽查核实比例由3%提高到10%，重点核实6名县委书记推荐人选、146名正处级“一把手”和市管组织、纪检班子成员的报告事项，对9名不如实填报的干部作出组织处理。倒查2014年度党政领导干部“带病提拔”工作。推行“3+1”任前实绩公示制度。集中开展带病提拔、跑官要官、吃空饷、干部档案造假、为官不为等10项专项整治。消化超配干部293名。查出“吃空饷”人员65人，逐步进行纠正。对922名借用人员，进行清退或按程序办理借用手续。清理领导干部在企业兼职160人，清理在学会协会兼职90人，重新审批76人。对2011年7月以来选拔任用的478名科级干部进行了专项检查，对277个问题进行了通报和限期整改。完成市管干部档案信息化建设。

四是夯实基层基础基本功。推进“联述联评联考”,实行基层党建项目化管理。抓好“领头雁”培训,集中整顿后进村党组织。所有乡镇、机关配备组织员和专兼职党务干部,向农村选派第一书记871名。出台发展党员全程记实制度,培训党务干部1.4万名,处置不合格党员270名。行政村全部建起村务监督委员会。4.7万名在职党员到社区报到,服务群众10万余人次,开通网上党代表工作室。推进“两集中一改善”,实现便民服务中心、便民服务事项两个全覆盖。市县投入1.95亿元强化党建经费保障,提高在职“两委”主干报酬,为符合条件的离任“两委”主干发放生活补贴。

六、深入开展党风廉政建设和反腐败斗争,把纪律和规矩挺在前面

一是全面落实“两个责任”。制定落实“两个责任”6项配套制度,细化9项具体制度。对县(区、市)委书记、纪委书记和市直单位党委(党组)“一把手”进行了集体约谈。县(区、市)委书记、部分单位党组(党委)书记向市纪委全委会“四述”,接受质询测评。紧盯“一把手”这个“关键少数”,出台加强和改进各级各部门“一把手”监督和关键岗位干部监督两个办法,召开监督管理“一把手”试点工作和顺现场会,健全完善“五个不直接分管”“三重一大”事项集体决策、党政正职“末位表态”等制度,强化对“一把手”监督特别是“八小时之外”的“生活圈”“社交圈”的监督。推广北田经验,开展乡镇试点,倒逼基层落实“两个责任”。对发生违纪问题及落实“两个责任”不力涉及单位的82名分管领导、83名主要领导进行了追究问责。坚决支持纪委落实监督责任,切实推动“三转”,有序推进市直派驻机构全覆盖。

二是持续保持惩治腐败高压态势。全市立查案件、结案数、处分人数同比分别上升62.9%、72.9%、75.1%。特别是严肃查处了一批典型违法违纪案件,形成持续震慑效应。

三是切实把纪律规矩挺在前面。抓好《廉洁自律准则》和《纪律处分条例》学习宣传贯彻,强化党章意识、纪律意识和规矩意识。把握“四种形态”,坚持挺纪在前,提出了“八盯八看”“五报备”“四留痕”和“五必报”工作思路。召开全市领导干部警示教育大会,编录《典型案例警示教育读本》《规矩“五十条”》和警示教育片,及时给全市党员干部“醒脑提神”。通过谈话函询、组织处理等手段,及时“咬耳朵”“扯袖子”,对77名处级干部进行了信访谈话及函询,对69名新任市管干部进行了集体廉政谈话和廉政知识测试。

驰而不息狠刹“四风”。盯住重要时间节点,严查顶风违纪行为,共查处违反中央八项规定精神及“四风”问题122起154人,给予党政纪处分140人,对31起典型案件点名道姓通报曝光。对违规收送礼金红包、顶风大操大办等借机敛财问题开展专项整治,查处问题42起,给予党政纪处分43人。查处办结发生在群众身边的腐败案件和“四风”问题1567件,立案调查988件,给予党政纪处分1570人。

四是扎实推进“六权治本”。突出“两清单、两张图、两平台、一监督”载体建设,“六权治本”工作由点到面、自上而下全面推开。市级政府部门“两单两图”编制完成并向社会公布,党委部门、群团组织、事业单位、公共服务企业、乡村社区同步推开、全面覆盖,落实行政权力清单、非行政职权事项清单、公共服务清单三位一体运行体系建设。重点完善一把手“五个不直接分管”、“三重一大”决策和权力行使分离三个制度体系。推进“六权治本”向乡村延伸,出台了指导意见,并开展了试点工作。

(王秀峰)

附:中共晋中市委书记、副书记、常委名单

书　记:张　璞

副书记:胡玉亭　刘志宏

常　委:畅志仁　赵庆华　丁文禄(8月离职)

苗　伟　黄耀春(女)　孙光堂　王建忠

孙宪春　唐立浩(12月任职)

中共榆次区委工作概况

区委书记　贡　琦

榆次区下辖6镇4乡、9个街道办事处,265个行政村、67个社区。现有基层党组织1253个,其中党委58个,党总支(支部)1195个,党员30095名。

2015年,在省委、市委的坚强领导下,区委深入贯彻党的十八大和十八届三中、四中、五中全会精神,深化党的群众路线教育实践活动和学习讨论落实活动成果,深入开展“三严三实”专题教育,主动适应经济发展新常态,强作风、反腐败,抓改革、促发展,惠民生、保稳定,全区各项工作都取得新成效。

一、坚持思想建党,拧紧“总开关”

把习近平总书记系列重要讲话精神作为根本遵循,引导党员干部“学讲话、学作风”,组织中心组学习24次,组织学习讲话精神、五中全会精神、社会主义核心价值观等“六进”活动80余场,教育引导党员干部在思想上、政治上、行动上与中央、保持高度一致。聚焦“对党忠诚、个人干净、敢于担当”主题,扎实开展“三严三实”专题教育,常委班子以上率下,示范带动,召开了4个专题研讨会和专题民主生活会,深入查找班子及自身存在的不严不实问题,拉出问题清单和整

改清单，边查边改，立行立改。紧扣省委“五句话”要求，引深学习讨论落实活动，在重点领域、民生领域和关键环节集中开展34项重点专项整治，129项问题全部整改完毕，建立各类制度182项，围绕农村“三资”清理和“以群众举报乡村干部腐败问题为切入点集中解决群众信访诉求问题”开展集中治理，全区党员领导干部的纪律观念、规矩意识、担当精神、为民务实有了明显改观。

二、全面加强党的建设，强化基层组织保障

严格落实党要管党、从严治党的政治要求，扎扎实实抓班子、带队伍，强基础、聚合力。扛起抓党建主责。常委会6次专题研究党建工作，常委带队领题调研，积极探索解决基层党建存在问题。严格“联述联评联考”，建立健全述职、评价、考核三位一体，区乡村三级联动的党建责任落实机制，基层“一把手”抓党建的履职意识和业务能力明显增强。加强干部队伍建设。坚持党管干部原则，扎实推进“三个一批”，调整干部8批次81人，其中提拔17人、平调57人、免职7人，消化超职数配备干部20名，对省委巡视组交办的涉及组织人事工作的问题进行了积极整改。充分发挥区委党校和乡镇党员培训中心“主阵地”作用，培训科级干部7次2000余人。夯实基层组织基础。坚持抓两头、带中间，落实基层党建经费1480万。区领导带队包村对软弱涣散农村党组织集中整顿，选派26名骨干到组织软弱涣散的农村担任“第一书记”，农村全部成立村务监督委员会，建立“五签一审”制度，积极推行“重大事项向乡镇党委申报”和“重大事项由律师把关”制度。完成社区“两委”换届，9218名在职干部全部进社区服务。在企业开展了“三亮三比”活动，促进非公经济健康发展。探索成立网上党代表工作室，建立了区乡党代表信息库。推进民主政治建设。常委会始终发挥“总揽全局、协调各方”的领导核心作用，严格执行民主集中制，坚持重大问题集体讨论、集体决定；进一步加强和改进对人大、政协工作领导；高度重视统一战线建设，坚持协商通报制度，完成统战部、工商联、侨联合署办公，深入开展统战工作进乡村、进街道社区，加强与各党派联系沟通，民族、宗教、非公经济、侨务、对台工作得到加强。

三、深入推进党风廉政建设和反腐败斗争，把纪律和规矩挺在前面

坚持将落实党风廉政建设“两个责任”作为重要政治任务，着力强责任、立规矩、严执纪，惩治腐败和反对“四风”的高压态势正在初步形成，全区政治生态得到有效净化。严格落实“两个责任”。区委多次专题研究“两个责任”落实，常委带队带案督查，召开落实党风廉政建设“两个责任”汇报会，区委、政府班子成员和人大、政协正职向区委、区纪委“四述”会，乡镇、街道和区直部门书记向纪委全会“四述”会等，不断强化压力传导。北田镇落实“两个责任”，“一把手”主动抓，纪检书记敢于抓，制定规矩长期抓的做法得到了省委领导的充分肯定，并在全省推广。采取“一带二”的模式，在全区大力推广北田经验，落实“两个责任”收到了明显的效果。强力惩治腐败。坚持零容忍、无禁区，加大案件查办力度。常委会多次听取纪委案件汇报，逐案研究，把握定性。全区初核案件线索328件，立案205件，结案199件，处分199人（乡科级24人，科级以下175人），给予撤职以上重处分50人，移送司法机关20人，挽回经济损失452万元。强化作风转变。认真学习贯彻新修订的《准则》和《条例》，紧盯重点领域、重要部门、关键环节，严查顶风违纪行为，共处理违反“八项规定”精神及“四风”问题线索72件，办结40件，党政纪处分19人，诫勉谈话13人。深化“六权治本”。结合省委巡视要求，区委制定了《常委会议事规则》、区政府制定了《常务会议事规则》、《落实三重一大决策制度实施办法》等，让干部明白规矩，使工作有章可循。出台了“六权治本”实施方案，明确了责任单位、时间表、路线图，33个局的114项行政审批全部进驻大厅。全力支持纪委“三转”，精简议事协调机构，配齐纪委干部，充实工作人员，纪检干部实现专职专干，为纪委执纪监督问责提供了全面保障。

四、着力深化改革，增强发展动力

深化土地改革，全面启动了农村土地改革工作，开展了农村土地承包经营权确权登记，269个行政村完成调查摸底，210个行政村完成公示，建立了农村产权流转交易中心。深化科技创新，成立了全省首家农业专家院士工作站及电液控制工程技术研究中心，与太原理工大、天津工大等合作成立了机械工程博士后科研流动站等创新服务平台，一批政产学研创新平台发挥了很好的示范引领作用。深化金融服务，搭建政银企合作平台，积极开展助保贷，支持中小企业在新三板上市，金粮农科、德御坊、聚海龙在新三板上市，华信安康和在上交所挂牌，辰兴地产在香港联交所主板上市。

五、强化统筹发展，着力提升区域经济可持续能力

主动适应经济发展新常态，坚持调结构、谋转型、强服务、抓创新，强化统筹发展，着力提升区域经济质量和效益，全区主要经济指标完成：GDP208.8亿元，增长7.6%；规模以上工业增加值51.9亿元，增长8.2%；全社会固定资产投资总额269亿元，增长17.1%；一般公共预算收入11.9亿元，增长5%；社会消费品零售总额91.2亿元，增长5.8%；城镇居民人均可支配收入29284元，增长9%；农民人均纯收入15016元，增长11%。区委确定的统筹发展战略取得实效。统筹功能布局，以基础设施建设为抓手，修路、改水、造生态，功能区布局框架初步形成。通过乌金山旅游专线、源东线、环湖产业路等工程的建设，释放土地3万余亩，在南北初步形成了北起乌金山、南至北田的集农业与旅游于一体的休闲观光产业带；通过潇河流域苗木基地建设和河道治理，在东西形成了东起东赵西至修文、张庆的集产业发展与生态修复相统一的生态产业带。统筹三次产业，以重点工程、龙头企业为抓手，通过抓创新、谋转型、强服务，提升产业发展级次，推动三

次产业深度融合。液压行业在建立院士工作站后,通过持续不断的技术研发与创新,一批企业从元器件生产走向整机装备制造,方盛的造型机、海洋的无杆抽油机、斯普瑞的拉升机等成功走在了市场前沿。经纬纺机抓住国家“一带一路”机遇,与西部产棉区地方政府达成战略合作,拿到全国市场总需求80%以上订单,靠创新带动了发展;食品行业积极参与“互联网+”,福源昌、海玉、东湖等龙头企业开辟了网上销售。通过发展物流、商贸、餐饮住宿等产业,加强了工业园区、大学城等配套服务建设,实现了工业与现代服务业的协调发展。统筹项目建设,全年签约招商引资项目7个,总投资357亿元,单项投资全部在10亿元以上;56项重点工程项目开复工54项,20项投产。太钢万邦、中新房不锈钢、国新和盛投产稳步运营,成了新的工业龙头。同时,深化项目服务保障,推进道路、蒸汽、天然气等配套工程建设,工业园区基础设施进一步完善,实现产值153亿元,销售收入105亿元,税金5.43亿元。统筹城乡一体,新农村试点稳步推进,农村人居环境得到改善,村通天然气工程顺利推进,城乡养老保险一体运行,教育、医疗、卫生等公共服务和社会保障同步完善。

六、切实保障和改善民生,维护社会大局稳定

坚持把民生工作摆在首位,完成了蕴华街中学、羊毫街小学建设,启动工业园区寇村学校和经纬幼儿园建设;深化医疗卫生体制改革,探索建立医疗联合体、逐级帮扶、分级诊疗体系,有效提升了医疗卫生服务能力,参合率保持在99%以上;完善创业就业机制,新增就业岗位7000余个,转移农村劳动力4000余人;养老、医保、低保等社会事业保障有力,城乡低保、农村五保标准提高,实现应保尽保;全力创建文明城市,积极推进移风易俗、弘扬家风家训等主题实践活动,“平安榆次”建设扎实开展,网格化社会服务管理体系全面规范,公众安全感得到提升;深化“六五”普法,一村一社区法律顾问实现全覆盖,群众法制素养有了新提升;严格落实党政同责,安全生产保障有力;有效化解信访积案,全区社会大局保持和谐稳定。

(郝继光　王志斌)

附:一、中共榆次区委书记、副书记、常委名单

书　记: 贡　琦

副书记: 张祖祁　李鹏飞

常　委: 邢如彪　刘国宏
原士旭(5月市纪委给予党内严重警告处分,12月免职)　冀　杰　石　勇　李　军
卫建星(4月离职)　王继阳(4月任职)

二、乡镇(街道)党(工)委书记名单

郭家堡乡

书　记: 马志宏(兼任)

乌金山镇

书　记: 梁英俊

张庆乡

书　记: 田晓宇

修文镇

书　记: 张志峰

东阳镇

书　记: 郝志明(10月区纪委给予党内严重警告处分,免职)　郝枫筝(12月任职)

北田镇

书　记: 张秀珍(女)

庄子乡

书　记: 许润生

长凝镇

书　记: 郭　强

什贴镇

书　记: 马　宏

东赵乡

书　记: 杜吉平(12月离职)　姬亚东(12月任职)

晋华街道

书　记: 王建政

经纬街道

书　记: 郭翠枝(女)

锦纶街道

书　记: 陈彩林

北关街道

书　记: 常春俊

新建街道

书　记: 畅玉光

新华街道

书　记: 张奇志(女)

路西街道

书　记: 武丽芯(女)

安宁街道

书　记: 李转萍(女)

西南街道

书　记: 余民山

中共太谷县委工作概况

县委书记　郝向明

2015年，太谷县委认真贯彻党的十八大和十八届三中、四中、五中全会精神，按照“四个全面”的战略布局和省委“五句话”的要求，团结带领全县广大干部群众，大力实施“234”战略，以改革为动力，以创新激活力，固本强基抓党建，凝心聚力促发展，全县经济社会发展各项工作，都取得了新进展、新成效。

一、坚持把抓好党建作为最大政绩，着力强基固本，突出实管严治，大力营造风清气正、干事创业的浓厚氛围

县委严格落实管党治党责任，全力加强基层基础基本功建设，有效地将党建工作合力转化成了发展的动力。

（一）以上率下强管理。县委坚持把深入学习贯彻习近平总书记系列重要讲话精神作为重要的政治任务，努力在真学真懂、真信真用上下功夫。各级领导干部不断引深“双学”，自觉运用党的最新理论成果武装头脑、指导实践，工作的科学性、预见性进一步提高。扎实开展“三严三实”专题教育，各级领导干部躬身实践，示范引领，全县党风政风和社会风气明显好转。始终把干部监督管理牢牢抓在手上，制定出台了加强和改进领导干部监督管理办法，重点强化了对干部“八小时以外”的监督。深入推进“三个一批”试点，提出“干部调整到哪里，‘三个一批’工作就开展到哪里”的工作思路，清理规范岗位和身份要求不符干部14名，消化退出超职数干部36人。继续坚持“干好的一直干，干不好的随时换”的用人导向，分批对干部进行了调整，进一步激发了干部活力。把加强基层服务型党组织建设作为基层党建工作的重要内容。在打造108个便民服务中心基础上，2015年又建成老年日间照料中心96个，“两个中心”的投入使用，在便民利民、惠民乐民上发挥了重要作用。深入开展“解民忧、办实事、百千万工程”活动，结合包村增收、下乡驻村等工作，最大限度地把县乡干部的精力集中在了基层、集中在了一线。积极推动六权治本向乡村延伸，进一步强化了对村两委权力运行的监督制约，所有行政村全部建立了村务监督委员会，后进支部进一步转化提升，村党组织的核心地位进一步巩固。

（二）传导压力促廉政。县委严格落实“两个责任”，在抓具体、具体抓上下功夫。制定出台了乡镇党委落实主体责任实施意见、两个责任追究办法。在全县35个县直单位和部门设立了党组。全县自上而下层层开展约谈，两个责任约谈实现了全覆盖。乡镇书记和县直单位“一把手”向县委和县纪委进行了“四述”，现场接受了质询和测评。积极推动纪委“三转”，县纪委监察局参与的议事机构由86个精简为8个，全县12个乡镇、38个县直单位全部配齐配全了纪检书记。坚持有案必查、有腐必反，持续保持惩治腐败和狠刹“四风”的高压态势。狠抓重要节点，盯紧“四风”问题，持续强化监督检查力度，对违反中央八项规定精神和“四风”问题案件进行了严厉查处。积极推动反腐败工作向基层延伸，结合农村集体“三资”清理和集中解决群众信访诉求问题两个专项整治。全县纪检监察机关共查办案件220件，形成了正风反腐、廉洁发展的积极态势。深入推进“六权治本”，紧紧抓住“两清单、三张图、两平台、一监督”这个载体，推动“六权治本”工作由点到面、自上而下全面推开。重点完善了“一把手”五个不直接分管、“三重一大”决策机制。基本厘清了权力清单、责任清单，初步编制了权力运行流程图和风险防控图。

（三）引领风尚造氛围。县委始终把宣传思想工作牢牢抓在手上，依托干部学习大课堂和孟母书院大讲堂，邀请中央党校教授和国内知名学者，对全县科级以上干部、农村两委主干，规上企业负责人进行了灌输式、密集型教育，通过每周讲，层层讲，人人讲，进一步统一了思想、凝聚了共识。深入开展文明创建，积极倡导移风易俗，开展了破除陈规陋习专项整治，顺利通过了市级文明城市验收。大力弘扬“三个文化”，组织开展了清风如歌、七一消夏晚会等系列活动，成功举办了第四届孟母节，净化了社会风气，引领了社会风尚，提升了太谷对外形象。积极推进传统媒体与新兴媒体融合发展，“太谷广播电视”微信平台、太谷报数字报上线开通。围绕“四个全面”战略布局和县委一系列重大决策部署，县委充分发挥县属媒体舆论引导的主阵地作用，积极开展宣传报道，使县委的声音在第一时间传达到了千家万户。

（四）变管为治抓治理。县委坚持把推进农村治理法治化，作为维护社会和谐稳定的治本之策和长久之计来抓，不断创新社会治理，突出变管为治，工青妇等各类组织作用进一步发挥。大力实施“法律明白人”培育工程，法律进乡村主题活动扎实开展。县级法律服务中心投入使用，全县一村一法律顾问实现全覆盖，“一心三防”人民调解工作机制进一步完善。始终保持打击违法犯罪的高压态势。深入开展了“打黑除恶”、“打击多发性侵财犯罪”专项行动，2015年，全县共破获各类刑事案件303起，抓获犯罪嫌疑人176名，保证了全县治安形势总体稳定。

（五）协调各方聚合力。县委充分发挥总揽全局、协调各方的核心领导作用，大力发展民主政治，以民主促团结、增活力，推动形成了太谷发展的强大合力。坚持和完善人民代表大会制度，积极支持县人大及其常委会依法履行职能。组织人大代表围绕全县重点工程建设、加快中小企业发展等专题

调研视察,提出意见建议。坚持和完善中国共产党领导的多党合作和政治协商制度,支持政协在推进协商民主上发挥更大作用。县政协围绕发展电子商务、加强农村公共文化服务体系建设等重大问题开展协商议政,积极建言献策。巩固和发展最广泛的爱国统一战线,"建净言献良策"、"双引双赛"、"统一战线民生行"、"统一战线大调研"四大品牌持续擦亮。

二、坚持把加快发展作为第一要务,突出项目带动,强化产业支撑,经济在新常态下后劲凸显、逆势增长

面对经济下行压力,县委牢固树立"往前干才有机遇""抓到手上才是机遇"的理念,以解放思想为先导,不断加强党对经济工作的领导,县领导带头包乡包项,一线发现问题,一线解决问题,牢牢把握经济工作主动权,经济发展速度走在了全市前列,经济总量首次进入全市第二方阵。

(一)稳增长,经济运行稳中有进。通过激发企业内生动力,加大招商引资力度,实施"促增15条",强化项目调度和精细化管理的一系列措施,推动经济保持了中高速增长。GDP、固定资产投资、规模以上工业增加值、社会消费品零售总额、农村居民人均可支配收入5项指标增速位居全市第一。地区生产总值完成77亿元,同比增长8.2%;规模以上工业增加值完成17.3亿元,同比增长10.1%;固定资产投资完成78.7亿元,同比增长21%;社会消费品零售总额完成33.6亿元,同比增长6.5%;城镇居民人均可支配收入完成25617元,同比增长8%;农村居民人均可支配收入完成15254元,同比增长8.8%。一般公共预算收入完成4.2亿元,成为全市完成年度任务仅有的四个县之一。

(二)抓项目,产业升级全面加快。瞄准话语权和定价权,通过狠抓核心项目,产业升级步伐全面加快。农业上,全要素现代农业发展体系基本成型,金谷现代农业科技创新园"一区三园"建设扎实推进,在其带动下四大主导产业持续壮大,设施蔬菜、干鲜果、苗木花卉种植面积分别达到11.2万亩、30.7万亩、13万亩,畜产品产量达到30万吨。工业上,四大园区集聚升级加快。玛钢研发中心建成并投入使用,27个升级项目完成投资3亿元,建成自动化生产线48条。广誉远国药继续保持强劲增长,新厂迁建项目顺利推进,税收同比增长27.56%。旅游上,养生品牌进一步打响。以孟母安养项目为代表的康养产业高点起步,省文化产业园开工建设,以"一线六乡二十点"为代表的乡村旅游蓬勃发展,成为全省乡村旅游的新代表,被授予全国休闲农业与乡村旅游示范县。

(三)提品质,城乡建设坚实有力。积极推动城市建设由框架拉大向功能完善、品位提升转变,实施了总投资21亿元的城建重点工程,孟母广场、农大晨曦市场投入使用,凤仪街全线通车。城南片区综合改造扎实推进,鑫港湾成为太谷县最高档的现代化商业街区。持续推进"一山一河一城"建设,南山生态修复三期工程基本完成,乌马河滨河公园和湿地公园建设扎实推进。引进知名绿化公司,对城区主要街道和西苑公园进行了景观提升改造,建成区绿地率和绿化覆盖率分别达到34.9%、40.1%,人均公园绿地面积达到9.12平方米,成功创建省级园林县城,顺利通过全国绿化模范县验收。

(四)促改革,发展活力竞相释放。紧紧聚焦制约发展的瓶颈问题,坚持向改革要动力、要活力、要红利,推动铺开134项改革任务。大力推动农业改革试点,土地确权登记颁证工作基本完成,乡镇农村产权交易所实现全覆盖;土地托管试点深入推进,土地适度规模经营比重超过60%;深入开展产学研合作,农业科技贡献率达到66%;以巨鑫、金谷农投为代表的农业企业,成为引领现代农业、展示现代农业、服务现代农业的载体;国家现代农业示范区改革与建设试点县工作取得了中西部第一,全国第五的好成绩。创新投融资模式,实施了助保贷、升级贷、"社团贷款"等多种融资模式,共为重点企业和项目提供贷款9.2亿元。积极盘活闲置土地,实施精准供地政策,全年供地996亩。大力推行电子商务,成功入选阿里巴巴"千县万村"首批试点,"谷色古香"频道在中国网现代农业频道正式上线,9户农产品加工龙头企业线上交易额达到5142万元,稳居全市第一。

(五)惠民生,社会事业不断进步。坚持带着感情和责任抓民生,持续加大投入,民生支出占到公共财政预算支出的88%。打好就业创业组合拳,登记失业率稳定控制在2%以内。成立太谷二中启航学校,义务教育向高位均衡迈进,中高考成绩继续稳居省市前列。社保覆盖面进一步扩大,城乡居民养老保险、医疗保险参保率分别达到98.3%、99.7%。加强环境污染综合防治,六项减排任务全面完成,环境空气质量优良率达到83.5%。解决8600人饮用水安全问题,改造乡村道路58.4公里,完成560户农村危房改造。深入开展了安全生产大检查、打非治违等专项行动,全县安全生产形势持续好转。

(吴玉峰)

附:一、中共太谷县委书记、副书记、常委名单

书　记:郝向明

副书记:武晓花(女)　刘　伟

常　委:雷秦国　刘凯宇　王　鹏　刘进文　蒋　勇　孟玲珑

二、乡镇(街道)党(工)委书记名单

明星镇

书　记:赵瑞旭

侯城乡

书　记:武正梅(1月离职)　郑　炜(1月任职)

北汪乡

书　记:池丽萍(女)

胡村镇

书　记:王迎庆

水秀乡

书　记:程锡威

阳邑乡

书　记:石艳萍(女)

小白乡
书　记：庞瑞宾
任村乡
书　记：李　波
范村镇
书　记：郭志强
北城区
书　记：张玉忠
白塔区
书　记：王有忠
南城区
书　记：白建军（1月离职）　刘俊明（1月任职）

中共祁县县委工作概况

县委书记　吴文胜

2015年，祁县共有基层党组织695个，其中党委20个、党总支40个、党支部635个；共有党组44个、党组性质的党委1个；共有党员14673名，其中女性2961人，占20.1%；农村党员6807人，占46.3%。

一年来，县委全面贯彻落实党的十八大和十八届三中、四中、五中全会精神，按照“四个全面”战略布局和省委“五句话”要求，把抓好党建作为最大的政绩，深入开展党风廉政建设和反腐败斗争，实施“六权治本”、推动“六大发展”，加快推进特色工业强县、现代农业大县、文化旅游名县、生态宜居美县、文明和谐新县“五县”建设取得新成果。全县地区生产总值完成66.11亿元，同比增长4.5%；规模以上工业增加值完成14.17亿元，同比增长4.8%；固定资产投资完成67.18亿元，同比增长19.3%；公共财政预算收入完成3.23亿元，同比增长8.8%；社会消费品零售总额完成37.79亿元，同比增长6.3%；城镇常住居民人均可支配收入完成26455元，同比增长5.8%；农村常住居民人均可支配收入完成13602元，同比增长5.2%。公共财政预算收入完成率和增长率排名全市第一，固定资产投资增幅排名全市第三，受到市政府表彰奖励。

一、认真学习贯彻习总书记系列重要讲话精神

通过常委会、中心组专题学习、专题研讨等形式，认真学习贯彻党的十八届三中、四中、五中全会和习总书记系列重要讲话精神，主动向习近平总书记和党中央看齐，坚持“看工作先看党建、看干部先看党性、看作风先看党风”，把习总书记系列重要讲话精神作为全县工作的根本遵循。“学习讨论落实”活动取得阶段性成果。梳理、整改政治生态方面突出问题35条，全县党员干部政治意识、纪律意识、责任意识进一步增强。深入开展33项突出问题专项整治和农村“三资”清理、群众信访诉求专项整治，发展环境进一步优化，群众得到更多实惠。“三严三实”专题教育扎实推进。把学习贯穿始终，县委班子成员在不同范围讲授专题党课；落实市委“五个一”要求，扎实开展“严以修身、严以律己、严以用权”三个专题学习研讨；从严开展“六对照、六反思”，高质量召开了县委常委班子专题民主生活会；聚焦政治纪律和政治规矩，联系典型案件，边学边思边查边改，对找出的230余条“不严不实”问题逐一整改销号。

二、从严管党治党，党的建设和常委会自身建设全面加强

县委常委会坚决做到讲政治、顾大局，始终与党中央、省委、市委保持高度一致。坚持民主集中制，严格执行“三重一大”集体决策制度，共召开常委会30次，集体讨论决定重大问题。始终把纪律和规矩挺在前面，为全县党员领导干部树好标杆、当好表率。创新实施农村基层党组织“十管十有十落实”工作机制，编印《指导手册》，配套60项农村党务事务办事流程图。“五堂课”下乡进村451场次，受众1.2万人次。推行“四议两公开”和“五签一审”工作法。154个村的村务监督委员会全部建立、运转良好。开展软弱涣散基层党组织整顿，选派17名软弱涣散党组织村和贫困村“第一书记”。农村“两委”主干领办“三件实事”684件。创星晋位打造“五好七有”“红五星”服务型党组织14个。党建经费全部纳入财政预算，同比增长214%；投资83万元用于乡镇“五小工程”。开展党组清理规范设立工作，新设立党组37个。推进“三个一批”工作，注重从基层和“三个一线”提拔选用干部，全年共调整干部192人，其中提拔70人，平调101人，免职21人。集中开展“带病提拔”、超职数超规格配备干部等八个专项整治，重点审查干部“三龄两历一身份”，建立干部监督工作联席会议制度，实现从严管理干部常态化。

三、严格落实“两个责任”，党风廉政建设和反腐败斗争深入推进

通过层层约谈、签字背书、开展“四述”、传导压力，构建了“清单式明责、台账式管理、链条式传导、倒逼式追责”的责任落实体系。组织学习新修订的《准则》《条例》，召开警示教育大会，编印警示录，制作警示教育片，开展新选任干部集体廉政谈话和任前廉政知识测试和副科实职以上干部党规党纪知识测试。出台落实“两个责任”责任追究办法、约谈实施细则、加强和改进“一把手”监督办法、同级监督实施办法等20多项制度规定，织密制度笼子。按照省委巡视组反馈意见

建议,先后四次召开县委常委会和四套班子联席会议专题研究,梳理出10个问题,制定43项整改措施,全部由县委常委领办,限时整改,已取得明显阶段性成效。全年立查案件、结案案件、处分人数同比分别上升66.7%、83.7%、80.3%;起底办结反映乡村干部问题线索98件,处理违纪党员干部83人。党风廉政警示教育基地和纪检监察固定谈话点投入使用,祁奚廉政文化园建设稳步推进。

四、主动适应新常态,经济社会发展稳中有为

加快推进“三个突破”,打造特色工业强县。发展民营经济。贯彻落实王儒林书记调研祁县指示精神,确定总投资20.7亿元玻璃器皿产业振兴“双十二”计划,促进传统产业提档升级,全年玻璃器皿产值和自营出口同比增长11.5%和9%。制定落实服务企业“最后一公里”54条措施,推行“三证合一、一照一码”登记。大华进入全省百强,宏艺、天波入围全省制造业百强。加快金融振兴。农信社改制、晋中银行祁县支行和村镇银行组建稳步推进,在山西股权交易中心新挂牌企业37个。加强科技创新。获评全国科普示范县,成功组建玻璃、水泵、碳素、酒类饮品和农产品加工行业四大技术创新联盟。

加快扩区移位升级进程,推进开发区产业集群建设。在区企业74个,工业产值43.86亿元,上缴税金2.5亿元,在建项目完成投资21亿元,乳品加工、果蔬加工、休闲食品加工三大现代食品产业加快发展,饲料加工和畜禽养殖业协调发展,百万吨有机饲料生产基地初步建成。

加快特色农业发展,打造现代农业大县。大力发展“果、菜、牛”。全年粮食、水果、蔬菜总产分别达到22、26、54.4万吨。新建精品果园600亩,积极推进千亩高标准玉露香梨基地和4600亩酥梨无公害标准化示范园建设。6个千亩设施蔬菜园区和6村连片万亩设施蔬菜园区建成达效。肉牛出栏10.79万头,奶牛存栏1.9万头,万牧、泓润等4个千头标准化养殖园区上档升级,全省第四次现代畜牧业建设(晋中)现场会在祁县成功举办。全县农业合作社1015户、家庭农场191家,新创建省级示范社4个、市级示范社7个。成为全省5个国家级出口食品农产品质量安全示范区之一。

加快文化旅游产业发展,打造文化旅游名县和文明和谐新县。文化繁荣发展。举办祁县大讲堂、第二个“全民读书年”,广泛开展微调研,评选祁县好人、文明祁县人、道德模范。《山西中路梆子传统剧本集》《祁县故事》出版发行;民间剪纸和祁太秧歌大赛创建为省级品牌赛事;荣获“万里茶道—茶商之都”称号;文化中心项目开工。旅游产业提速。按照“一年旅游布点,两年通道连线,三年景区连片”思路持续发展,全县旅游收入增幅20.04%。千朝谷水上乐园投入运营,接待游客6.3万人次,成功举办“祁县之约·梨花会”活动,持续开展昌源河湿地公园生态保护,总投资15亿元的乔家大院景区综合开发项目已签约启动。国道208线至省果树所、城赵镇汾河旅游连接线等旅游通道建成通车,连线基本完成。

加快城镇化建设步伐,打造生态宜居美县。积极推进“一轴两区四线”大县城建设。新建、续建房地产开发项目25项。12个棚户区改造项目有序推进。投资7300万元的市政道路建设工程全部完成。投资1.1亿元的开发区朝阳东西街道路通车。县城污水处理厂升级改造及东观污水处理厂建设进展良好。山西医科大学晋祠学院项目签约落地。实施24个美丽宜居示范村建设。

大力保障和改善民生,社会事业稳步发展。新增就业3358人,开展创业就业培训7000余人。城镇居民养老保险、新型农村养老保险待遇落实。顺利通过国家义务教育发展基本均衡县验收。新建小游园6个,新增集中供热面积68万平方米,新建保障房1047套,改造农村危房510户。城市公交开通。建立省市县“医联体”模式,深入开展分级诊疗,新中医院投入使用,获评国家计划生育优质服务先进县。节能减排指标全部超额完成。造林绿化完成1.08万亩。全年各类生产经营性事故、死亡人数同比下降18.8%、6.6%。

五、全面深化改革,发展动力显著增强

县委在学深吃透中央、省、市全面深化改革精神上下功夫,把准改革方向;充分发挥“三件实事、三个一线”工作机制的抓手作用,46项改革任务顺利推进,全国农村改革试验区建设、公务用车改革、农村土地制度改革、司法改革试点、108廊带区域一体化发展示范区建设等重点领域改革取得积极进展,司法改革经验得到了省委楼阳生副书记的充分肯定。

六、加强民主政治建设,法治祁县建设全面推进

民主政治建设进一步加强。大力支持县人大及其常委会依法履行职责,支持县政协在推进协商民主上发挥重要作用。推行县委与党外代表人士“季度通报(座谈)会”制度,党政领导干部与党外代表人士联谊交友、百企大调研等活动取得积极成果,提拔重用4名副科以上党外干部,1人被提拔为县直单位“一把手”。

法治祁县建设全面推进。开展“阳光司法”。法院在全省率先实现数字化庭审;检察院打造了“一站式”“阳光检察”服务平台;公安局推广轻微刑事案件快速办理机制。推进“十安联创”,对3个村社会治安综合治理一票否决。开展以“打黑除恶”、打击毒品犯罪为重点的六项整治和九个专项行动。建立完善多元化矛盾纠纷排查调处机制,“三台联动”工作模式在全市推广。深入推进“六权治本”。全县31个重点部门共梳理出权力清单2325项、责任清单2293项;以乡村治理法治化为抓手推进乡村“六权治本”工作,全市乡村“六权治本”培训会在祁县召开。

(杨志杰)

附:一、中共祁县县委书记、副书记、常委名单

书　记:吴文胜

副书记:张　鹏　侯文亮

常　委：郝昭仁　李郁明　李军荣（女）　闫锡忠
　　　　王　辉　冀得政

二、乡镇（城区、经济开发区）党（工）委书记名单

昭馀镇

书　记：杨兆明

东观镇

书　记：杜惠敏

古县镇

书　记：薛瑞刚

城赵镇

书　记：王海旺

贾令镇

书　记：刘晓峰

西六支乡

书　记：赵宏海（9月因违纪撤职）　温　豪（12月任职）

峪口乡

书　记：王雪花（女）

来远镇

书　记：李志勇

昌源城区

书　记：张俊山

丹枫城区

书　记：温　豪（12月离职）　闫素绘（女，12月任职）

麓台城区

书　记：赵永刚

经济开发区

书　记：卢建华（6月离职）　郝昭仁（6月任职）

中共平遥县委工作概况

县委书记　卫明喜

2015年全县基层党组织共有1013个，其中：党（工）委39个，总支54个，支部920个。党组29个，党组性质的党委2个。全县共有党员23063名，其中农村党员12188名，占52.8%；女党员3873名，占16.8%。建国前老党员122名。一年来，平遥县全面贯彻落实党的十八大和十八届三中、四中、五中全会精神，以习近平总书记系列重要讲话精神为根本指针，以“平遥梦、黄金期”为目标引领，团结带领全县广大干部群众，主动适应新常态，积极应对经济下行困难，自我加压不懈怠，奋发拼搏谋跨越，较好完成了确定的各项目标任务，在“十二五”收官之年，推动全县政治、经济、文化、社会、生态文明和党的建设取得新成效。

一、把党建作为最大政绩，把握政治方向，坚决贯彻部署，全面加强党的建设

认真学习党的十八届三中、四中、五中全会和习近平总书记系列重要讲话精神，践行“三严三实”要求，从严加强党性教育。坚持把“学讲话、学作风”贯穿工作全过程。召开县委常委会25次，集中学习占到85%，组织7次县委中心组学习，3次邀请专家授课，4次专题研讨，集中一个月分三批组织200余名科级以上干部赴清华大学培训。聚焦主题开展“学习讨论落实”活动和“三严三实”专题教育。在“学习讨论落实”活动中，县委切实担起政治责任，精心组织，统筹推进，各级党组织突出问题导向，坚持边学边改、边整边改，持续深入推进35项专项整治。在“三严三实”专题教育中，抓集中学习、专题党课、专题研讨和查摆整改，分三个专题扎实深入开展。在认真学习、征求意见、相互谈心、撰写发言材料的基础上，高质量召开了县委班子“三严三实”专题民主生活会，县委班子共查摆问题17条，制定整改措施13条。将“六个一”作为“三严三实”专题教育自选动作，共解决涉及基层产业发展、民生福祉的实事100余件。

从严落实党建工作责任，三级联动建设服务型党组织。全覆盖培训县乡村三级党员干部，组织举办红色印记展、放歌平遥歌咏赛、国学诵读、走访慰问建国前老党员、抗日民主政府纪念馆揭牌开馆等系列活动。以创建服务型党组织为统领，深入推进各领域基层党建工作，推行乡镇书记党建项目化建设，初步形成了“一乡一品牌、乡乡有特色”的格局，涌现出岳壁乡微党建、老年协管小组等典型。集中选派63名农村第一书记，全覆盖加强精准扶贫和整顿软弱涣散村党组织建设。207个非公经济党组织作用切实发挥。“十星双评”“两集中一改善”、机关党员进社区等工作扎实推进。开展“解民忧、办实事”解决实际问题985个。继续开展“联述联评联考”党建述职评议，随机点评、现场提问，盘点工作、传导压力。按照《党政领导干部选拔任用工作条例》和“三个一批”要求，全年共调整干部8批179人。在全市率先铺开并完成行政机关职务与职级并行工作，全县516名干部晋升职级。

积极推进民主政治建设，广泛凝聚各界发展合力。推进政府法律顾问全覆盖。充分发挥县委“总揽全局、协调各方”的领导核心作用，支持人大依法履行职责，激励人大在民主政治建设中发挥作用；支持政协履行政治协商、民主监督和参政议政职能，积极建言献策聚力转型；党管武装坚强有力，双拥工作扎实开展。加强党对统一战线的领导，广泛凝聚起各级各界的力量。召开县委党的群团工作会议，全面加强和改进群团工作。

二、坚持从严治党，持续深入推进党风廉政建设和反腐败斗争

县委把全面从严治党作为重大政治责任，以深入开展省委巡视反馈意见和问题线索的整改为契机，把纪律在全县各个层面挺起来。

压实“两个责任”。坚持将党风廉政建设和经济社会发展同部署、同落实、同检查、同考核，县委常委带头做起，各层面签字背书、约谈提醒、包联基层、逢会必讲，使咬耳扯袖成为常态；坚持定期研究党风廉政建设，制定推进措施10项，提出指导性意见25条；继续召开“四述”会议，现场提问、现场打分；县委以实际行动支持纪委“三转”，大力保障工作经费、倾斜支持干部队伍建设。

推进“六权治本”。重点围绕“三个清单、三张流程图、两个平台、三个体系”以及“三重一大”制度建设，“三个一”乡村规范的主要任务，实行县级领导包联指导、乡镇街道主动落实、先进典型培育引领，扎实、梯次、有序推进“六权治本”。探索推行以卜宜乡为代表的乡村“3+1”规范权力运行模式，并在全市乃至全省进行典型交流；出台《关于贯彻“六权治本”实行党政“一把手”新常态下限权监督的若干规定》。

把纪律挺在前面。坚持教育和查处并重，监督和管理齐抓，持续深入惩治腐败。全年全县各级纪检监察机关立查各类案件194件，党政纪处分193人，处分乡科级干部22人，移送司法机关6人，挽回经济损失106.17万元。指名道姓通报平遥县的八起典型案例，用身边事教育身边人。“四风”问题得到有效遏制，基层调研轻车简从，“三公”经费不断压缩，紧盯“不作为、乱作为、假作为”开展专项整治。以农村“三资”清理、规范村务监督委员会为主要抓手，大力惩治群众身边腐败问题，查处违纪案件22件，给予36名村干部党纪处分。

三、主动适应新常态，经济社会各项事业实现新发展

经济发展稳中有进。县委牢牢把握稳中求进的总基调，带领全县人民求真务实，克难奋进，妥善应对一系列风险挑战，在不平静中取得了不平凡的业绩，基本完成了年初确定的主要目标任务。全年地区生产总值预计完成97.6亿元，增长6.5%；规模以上工业增加值完成27.9亿元，增长7.5%；固定资产投资完成101.8亿元，增长18.3%；社会消费品零售总额完成55.15亿元，增长6.5%；城镇和农村常住居民人均可支配收入分别完成25680元、10531元，分别增长8%和8.5%，各项指标均保持了全市中上游水平。

狠抓产业结构调整。三产比重达到14.9:34.6:50.5，产业结构日趋优化。现代农业亮点频现，围绕“一区三化五县建设”目标，大力实施一批农业产业升级工程，农业生产条件进一步改善，设施农业、干鲜果业、规模养殖业取得新突破。新型工业蓄势转型，克服经济持续下行、传统产业持续低迷等不利因素，实施了硅酸钙板及保温装饰一体板、铸造集聚园区一期3万吨汽车零部件生产线、中科鸿基生物科技产业园、利用改性材料造纸、中冶重工H型钢等项目。文化旅游上档升级，平遥古城景区成功创建为国家AAAAA级旅游景区，平遥中国年、平遥国际摄影大展、襄垣梨花节、采摘节继续成功举办。以“九整治一提升”为重点的旅游提标升级整治行动取得实效，赢得省委督查组肯定。古城内传统民居修缮工程获得2015联合国教科文组织亚太遗产保护奖。修复了杨岭文风塔，重现了往日秀丽挺拔的身姿，完成了平遥人多年来的夙愿。全年共接待游客835.1万人次，增长20.12%；门票收入1.39亿元，增长19.6%；综合收入93.11亿元，增长18.44%。

把准改革方向，探索推进改革。深化财政预算及债务管理改革，全面落实会计集中核算向国库集中支付转轨，推进财政预算管理制度改革，积极推进部门预决算公开。推广政府与社会资本合作的PPP模式，完成城区集中供热和县城生活垃圾处理工程的筹备建设。不断深化农村改革，农村土地承包经营权确权登记颁证工作稳步推进；成立农村产权流转交易中心并正常运转。

协调推进各项事业发展，城市功能和民生水平显著增强。总投资60亿元的70项城建工程进展顺利，新改建城市道路15条，实施概算投资5.3亿元的旅游通道快速化改造项目。实施热电联产集中供热项目，全县集中供热面积达400万平方米。投资5500万元实施了文风线拓宽改造及农村公路完善提质和安全生命防护工程。古城电力主管网及居民院落线路改造稳步推进。民生领域支出达15.46亿元，占公共预算支出的66.28%。五大社会保障体系不断健全，扩建乡镇敬老院3处，一乡一所敬老院全覆盖基本实现。教育、医疗等公共服务体系建设取得成效，古陶二中、东关小学全部完工，汇济小学、青少年活动中心主体完工，成功创建为全国义务教育发展基本均衡县。保障性住房建设、县乡卫生计生机构改革等取得成效。加快“智慧城市”建设，“平遥好人”年度人物反响良好。完成5000名贫困人口和朱坑乡山坡头村的整体脱贫任务。

致力维护社会稳定。信访维稳方面，常态化坚持县级四大班子领导接访、下访和县委政府主要领导预约接访制度。扎实开展“以举报乡村腐败问题为切入点，集中解决群众合理诉求”专项治理、化解信访积案“百日攻坚”专项活动，省市交办、县立积案共47案，息诉罢访41案，赢得省市肯定，经验做法在全市交流。针对赴京非访前半年高发的态势，县委敢于担起责任，依法打击非访，有力维护了良好信访秩序。安全生产方面，深刻汲取“6.7”煤矿安全事故教训，建立健全“四不两直”突查、安全专家会诊、与企业负责人谈心谈话等制度，深入开展矿山安全、危爆行业专项整治和安全生产大检查、除隐患保安全活动。持续推进“食药安全专项整治行动”，监督覆盖面100%。法治建设方面，开展“阳光政法”“千案评查”等执法监督，开通“法治平遥”微信平台。农村治理法治化全面启动，20个试点村扎实推进。全面推进涉法涉诉信访机制改革。扎实推进“天网覆盖”工程，大力开展“打黑除恶”专项行动，建立武装巡控机制，有效震慑了违法

犯罪。　　　　　　　　　　　　　　　　（王德锋）

附：一、中共平遥县委书记、副书记、常委名单

书　记：卫明喜

副书记：曹治胜　雷新平

常　委：韩　军　王全宝　张贵青（女）　毕新荣
杨晓隆　巨维宏　张志宏（4月离职）
王　虎（4月任职）

二、乡镇（街道）党（工）委书记名单

古陶镇

书　记：邓继杰

岳壁乡

书　记：郭锦全

南政乡

书　记：郑仰兴

中都乡

书　记：刘向东

洪善镇

书　记：刘国斌

襄垣乡

书　记：成美玲（女）

朱坑乡

书　记：刘　雄

东泉镇

书　记：郝金福

孟山乡

书　记：裴　义

卜宜乡

书　记：左晓俊

段村镇

书　记：师新坚

宁固镇

书　记：乔增利

香乐乡

书　记：闫昕潮

杜家庄乡

书　记：王桂梅（女）

城东街道

书　记：武凯山

城西街道

书　记：闫俊蕊（女）

古城街道

书　记：张灵明

中共介休市委工作概况

市委书记　王继堂

2015年，介休市共有基层党组织1087个；其中党（工）委38个、党总支89个、党支部960个。全市共有党员22077名。其中，妇女党员5011名，占党员总数的22.7%，35岁以下的党员5154名，占党员总数的23.3%，高中以上文化程度的党员13817名，占党员总数的62.6%。

2015年是介休发展史上极为艰难的一年，面对持续急剧下行的经济压力，交织重叠的社会各种新旧矛盾，市委在中央、省委和晋中市委的正确领导下，全面贯彻落实党的十八大和十八届三中、四中、五中全会精神，深入学习贯彻习近平总书记系列重要讲话精神，按照省委“五句话”总要求，深入开展“三严三实”专题教育，坚持全面从严管党治党，认真落实党风廉政建设和反腐败斗争主体责任，统筹做好稳增长、促改革、调结构、惠民生、防风险各项工作，全面推进经济、政治、文化、社会、生态文明和党的建设，各项工作均取得新成就。

一、深入学习贯彻习近平总书记系列重要讲话精神和省委“五句话”要求，坚定正确的政治方向

2015年，市委坚持把深入学习贯彻习近平总书记系列重要讲话精神作为首要的政治任务，采取市委常委会、中心组学习会、专家集中授课辅导、举办专题研讨等多种形式，及时学习，深刻领会，坚决贯彻落实。强化“双学”意识，带头并推动学习中央领导“崇尚实干、勇于担当、廉洁自律”的优良作风，全市党风、政风、社会风气明显好转。围绕“五句话”要求，引深学习讨论落实活动，对全市政治生态“把脉问诊”，组织专题讨论13次，集中开展38项专项整治，狠抓整改落实，取得显著成效，为推进改革发展稳定各项工作提供了坚强政治保障，进一步增强了全市党员干部与中央、省委和晋中市委保持高度一致的思想自觉、政治自觉和行动自觉。

二、扎实开展党风廉政建设和反腐败斗争，始终保持正风肃纪惩腐高压态势

全面落实“两个责任”。市委坚持把落实“两个责任”作为

推进党风廉政建设的“牛鼻子”,并始终贯穿党的建设和经济建设各个方面。召开会议研究党风廉政建设工作21次,组织相关人员到榆次、和顺、左权等地学习考察党风廉政建设和“一把手”监督工作;制定出台了党风廉政建设“两个责任”6项制度;市委班子成员强化“一岗双责”,深入分管部门单位就落实“两个责任”情况进行调研指导,督查督办;进行乡镇(街道)、部分市直单位党组(党委)书记向市纪委全委会“四述”,接受质询评价,强化履责意识;开展乡镇试点,推进“两个责任”落实流水到头,对因推进“两个责任”工作不力的14个单位公开通报批评,41名基层党委、纪委负责人进行了追究问责;全力支持纪委落实监督责任,推进“三转”工作有力有效开展。

始终保持惩治腐败高压态势。全力抓好案件查办工作,出台了《关于加强基层案件查办工作推进党风廉政建设和反腐败斗争的实施意见》。2015年,全市初核案件线索267件,立案199件,结案200件,处分200人,同比上升85.2%;其中查处乡科级案件37件。认真查办省委巡视三组交办案件,交办的15个案件已全部办结,违纪违法案件的严肃查处,起到了有力的震慑效应。

持之以恒狠刹四风。狠抓中央八项规定精神落实和干部作风建设,坚决整治有令不行、有禁不止,为官不为、吃拿卡要等问题。抓住重点时间节点明察暗访,重点对“工作纪律松弛”、吃喝不正之风、公车私用、大操大办、收受红包节礼等问题进行了专项整治。共查处违反中央八项规定精神及“四风”案件14件,处分党员和监察对象19人,其中涉及乡科级干部4人,在全市范围内点名道姓,通报曝光。

把纪律规矩挺在前面。认真学习贯彻新修订《准则》和《条例》,强化党章意识、纪律意识和规矩意识。全面落实党政主要负责人“五不直接分管”和“一把手”末位发言制度,切实约束“一把手”权力;组织全市副科级以上领导干部集中观看廉政警示教育片,以党风廉政警示教育基地、新建烈士陵园等为依托,定期开展警示教育;准确把握“四种形态”,全年共进行诫勉谈话66人次,问题谈话220人次,信访谈话131人次,提醒谈话196人次,批评教育102人次,咬耳扯袖、红脸出汗成为常态化。

积极推进“六权治本”工作。按照规定动作+自选动作的思路,制定《介休市全面推进“六权治本”工作的实施方案》;全力推进两清单、两张图、两平台、一监督、三大服务体系建设,全市保留权力事项共2615项,缩减率为45%;制定出台了《乡镇、街道开展“六权治本”工作指导意见》《农村(社区)开展“六权治本”试点工作指导意见》,“六权治本”工作由上而下、由点到面推开。市级层面有力有效推进,走在晋中前列,乡镇层面在三佳乡、西南街道办事处试点基础上,全面开展,村级层面开展20个试点,推进顺利,实现市、乡、村三级全覆盖。

三、不断加强干部队伍建设,坚持全面从严治吏

扎实开展“三严三实”专题教育。按照中央、省和晋中市专题教育要求,坚持高标准、严要求,积极开展学习研讨、调查研究、查摆问题、深剖原因、整改落实等规定动作,全市各级党组织聚焦“不严不实”问题,进行了一次大排查、大检修、大扫除,广大党员领导干部受到了一次深刻的思想警醒和精神洗礼。市委共梳理“不严不实”问题620个,年底完成整改443个,未完成问题实行台账销号管理,明确任务书、时间表、路线图,认真整改落实,努力把“三严三实”专题教育成果转化为全市党员干部担当尽责、求真务实、干事创业的新成效。

树立正确选人用人导向。坚持以《干部任用条例》为准绳,以突出甄别,落实“三个一批”精神为主线,以消化超职数配备干部及纠正任职不规范干部为重点,以“5个严禁、17个不准、5个一律”为刚性要求,严把动议、推荐、考察、讨论决定、公示关口,严格规范了干部选任程序。制定《乡科级职务考察对象确定办法》《任前考察工作制度》《选拔任用工作全程记实工作制度》等规定,选用工作始终做到了标准从高,规矩从严。全年共研究讨论干部12次,调整干部331人次,共纠正任职不规范干部160人,退出不作为不胜任干部4人,处理不廉洁乱作为干部6人,提拔敢担当、善作为干部55人。

从严管理监督干部。制定《介休市领导班子和领导干部综合分析研判工作制度》《领导干部八小时以外监督管理办法》等干部管理监督方面的规章制度。持续抓好干部队伍纪律作风,吃空饷、企业协会兼任职、干部档案等专项清理整治工作,共消化超职数配备干部140名,累计清理规范“吃空饷”人员42人、清理领导干部企业兼任职42人,对156名领导干部请假事由进行了审批备案,完成科级干部“电子档案”建设工作。

强化基层党组织建设。实行基层党建项目化管理,严格执行“联述联评联考”制度,加强基层党建督导督查督办工作,强化各级党组织主体责任落实;积极开展农村社区“领头雁”提升工程;集中整顿后进农村党组织,实施“4+1”帮扶措施,成效显著;以乡村集体“三资”清理整治专项治理为抓手,切实解决群众身边的“四风”和腐败问题,强化村务监督委员会职能,农村治理得到了显著加强;继续推进乡镇“两集中一改善”、党代表工作室“一带三联”、社区“五个十分钟”服务圈建设,把联系服务群众的触角延伸到最基层,努力打通为民服务最后一公里。

四、全力应对困难挑战,保持全市经济稳定发展

市委牢牢把握发展大局,主动适应新常态,直面困难挑战,科学判断,分类施策,精准发力,有效解决经济运行中出现的新情况、新问题,实现了经济的持续稳步发展。全年实现地区生产总值135.6亿元,同比增长6.2%;完成规模以上工业增加值58.2亿元,同比增长5.8%;完成固定资产投资141.7亿元,同比增长18.9%;完成公共财政收入10.02亿元,同比降低18.3%;完成社会消费品零售总额84.1亿元,同比

增长5.5%；城乡常住居民可支配收入分别达到29133元和12021元，同比增长8%和10%。多措并举保增长。以新的理念指导经济工作，宏观把握经济发展趋向，微观了解企业运行实际，科学及时实施有效措施，解决各种问题和困难。主动帮扶大企业，按照企业自救、政府帮扶、行政与市场相结合的基本思路，分类施策解决安泰、路鑫、三佳等一批重点企业运行出现的问题和困难，稳住了局势，缓解了矛盾，赢得了机遇，正在努力突破。全面减负保运行。严格落实省减负60条和稳增长11条政策，出台《介休市减轻企业负担促进工业稳定运行方案》，帮助企业轻装上阵，争取利润空间，累计为企业减免费用1.08亿元，缓缴税费9400万元。全力解决融资难题，搭建银企对话平台，协调金融机构给予下浮利率、延长还款期限、增加融资授信等政策，较好地保持了中小企业稳定运行。扭住不放促转型。大力实施崇光低热值煤发电等产业提升项目，促进传统产业转型发展。博创纳米材料工业园等高科技产业项目快速推进，工业新兴产业投资占比达59.63%。全力推动亿联国际商贸城、晋能物流项目等服务业项目。优化提升文化旅游产业，历史文化名城复兴工程全面竣工，张壁古堡跻身全省十大新锐景区，南庄等乡村游成为新旅游热点。互联网+"新型经济业态不断涌现，电子商务产业园正式开园运营，成功申报阿里巴巴"千县万村"试点县，核桃仁、杂粮等特色农产品实现淘宝网销售。服务业增加值占GDP比重42.4%，比去年提高4.7个百分点。现代农业发展势头良好，凌云铁皮石斛产业园项目填补全省农业产业化空白；绿健蛋鸡公司成为山西省出口蛋品基地；忠平、金核仁核桃加工形成买全国、卖全国格局。全面深化综合改革。统筹推进各项改革，全力推进国家新型城镇化综合试点工作，义安镇被确定为国家建制镇示范试点，全市城镇化率预计64.8%，提高1.6个百分点。主动融入晋中108示范区规划建设，积极谋划打造介休108廊带发展升级版。全力推动金融振兴，提升国资公司、城投公司融资能力，大西高铁通城连接线争取到农发行贷款2亿元，棚户区改造争取到货币化安置贷款4亿元。积极推广PPP模式，西南排干工程争取国家发改委5000万元专项资金包装PPP项目。吸引更多的社会投资，推动凯嘉集团发行5亿元企业债券。切实加强科技创新，博创研发中心加快建设，中科三佳MPS、农药助剂、苯基硅树脂完成中试，开展凌云中草药克隆组培及种植科研攻关，科技创新迈出了新步伐。扎实推进"三证合一"、"一证一码"商事制度改革，全年新增各类市场主体3430户，增长14.7%，736户企业换领新证。切实保障改善民生。克服财力紧张困难，财政用于民生的支出占公共预算支出比重达81.35%，比上年增长8.36个百分点。开展创业孵化等就业创业培训，全市新增城镇就业5226人，转移农村劳动力3600余人，城镇登记失业率2.45%，低于省定4.2%控制指标。加快教育事业发展，新建4所农村幼儿园，城区2所幼儿园投入使用，6所学校被命名为"晋中市级数字化示范校园"。深入推进公立医院改革，创建全国基层中医药工作先进县和我省唯一的全国妇幼健康优质服务示范县。

五、积极推进依法治市，确保全市大局稳定

市委按照全面依法治国的要求，努力营造法治理念、法治思维。以推进法治介休建设为契机，坚持和完善人民代表大会制度，大力支持市人大及其常委会依法行使职权、开展工作，加强法律监督和工作监督，严格检查法律法规贯彻落实情况。支持和保证人民政协积极履行政治协商、民主监督和参政议政职能，组织政协委员就介休市农村生活饮用水安全、农村五保户养老及集中供养和介休市历史文化名城复兴工程等课题进行调研视察；以"六五"普法验收为契机，坚持开展平安介休创建，社会矛盾纠纷的排查调处，建立完善依法治访的机制，规范信访秩序，全力治理非正常上访，依法治访收效明显。以"一岗双责"的机制全力抓安全、保稳定，在发展的困境中保持了介休大局的稳定；高度重视法治介休建设，按照中央、省、市要求，制定《全面推进法治介休建设的实施意见》，全力推进"法润晋中"系列行动和基层治理法治化工作，举办了"弘扬法治文化，建设和谐介休"主题展览活动，开展了"法律进乡村"、"普法基层行"等活动，为经济社会发展营造了良好的法治环境。

六、加强宣传思想文化工作，提振干部群众精气神

市委高度重视文化软实力建设。强化舆情引导。成立互联网信息办公室，充分发挥网管、政务微博管理员、网络新闻发言人等网络队伍作用，全面加强热点敏感问题和突发事件的舆情把握和舆情引导，弘扬了健康向上的正能量。大力培育社会主义核心价值观。抓好省级文明城市创建，接受省文明委的实地考核和资料审核。引深社会主义核心价值观教育，开展了"文明餐桌""文明交通"等行动。以纪念抗战胜利70周年为契机，组织了"弘扬三个文化，凝聚圆梦力量"系列作品展和"讲述抗战故事、继承先烈遗志"主题故事会。广泛开展群众文化建设，举办春节元宵节文体活动、全民广场舞大赛、广场文化节系列活动等，让人民享有健康丰富的精神文化生活。

（李卫林）

附：一、中共介休市委书记、副书记、常委名单

书　记：王继堂

副书记：王怀民　董国斌（3月任职，挂职）

常　委：赵　宇　张　鑫　苟富杰　张宝贵　寇建文　王宁照　李　宏

二、乡镇（街道）党（工）委书记名单

义安镇

书　记：乔洪治

张兰镇

书　记：刘冠英（4月离职）　冀晓军（4月任职）

连福镇

书　记：侯建文

义棠镇

书　记：冀晓军(4 月离职)　段燕瑞(4 月任职)

绵山镇

书　记：段燕瑞(4 月离职)　杨东辉(4 月任职)

龙凤镇

书　记：孟锡政(4 月任职)

洪山镇

书　记：韩彦青(4 月离职)　李俊萍(4 月任职)

宋古乡

书　记：赵　辉

城关乡

书　记：杨东辉(4 月离职)　杨宝民(4 月任职)

三佳乡

书　记：马　军(4 月离职)　冀鹏俊(4 月任职)

北关街道

书　记：张俊龙(12 月离职)　赵岚云(12 月任职)

西南街道

书　记：董德红(12 月离职)　张岩峰(12 月任职)

西关街道

书　记：李守信(12 月离职)　朱明智(12 月任职)

东南街道

书　记：朱明智(12 月离职)　范玲玲(12 月任职)

北坛街道

书　记：乔忠民(12 月离职)　曹　华(12 月任职)

中共灵石县委工作概况

县委书记　段燕翔

灵石县共有基层党组织 912 个，其中党委 27 个，党总支 57 个，党支部 828 个。共有党员 15832 名。

2015 年，在宏观经济增长总体放缓、国际国内错综复杂的经济形势下，面对全县经济转型、城乡统筹、民生改善等艰难繁重的任务，县委常委会全面贯彻落实党的十八大和十八届三中、四中、五中全会精神，深入学习贯彻习近平总书记系列重要讲话精神，认真落实中央、省、市各项决策部署，团结带领全县广大干部群众，遵循"四个全面"战略布局，按照省委"五句话"总要求，坚持全面从严管党治党，积极主动适应新常态，全力实施"六权治本"，奋力谋求"三个突破"，着力推动"六大发展"，经济、政治、文化、社会、生态文明建设和党的建设取得新进步，"十二五"规划确定的主要任务基本完成，为"十三五"顺利开局打下了坚实基础。

一、深入学习习近平总书记系列重要讲话精神，坚决落实省委"五句话"要求

坚持把习近平总书记系列重要讲话作为全部工作的根本遵循，用讲话精神指导实践、推动工作。通过中心组专题学习、邀请专家授课、举办专题研讨等多种形式将讲话精神入脑入心，在真学真懂、真信真用上下功夫。不断引深"双学"，认真学习中央领导集体和省委、市委常委班子的优良作风和工作方法，自觉践行"三严三实"要求。各级领导干部以上率下作示范，全县党风政风社风明显好转。

贯彻"五句话"总要求，引深学习讨论落实活动。县委常委班子深刻剖析全县政治生态，认真贯彻市委"三个不能低估"的判断，听取专题汇报、开展专题讨论、组织座谈会，召开常委会议研究讨论反思剖析报告，狠抓整改落实。在重点领域、民生领域和关键环节集中开展 35 项重点专项整治，多年积累的矛盾和问题得到有效化解。围绕农村"三资"专项清理整治和"以群众举报乡村干部腐败问题为切入点集中解决群众信访诉求问题"，集中解决热点难点问题，党员干部作风进一步转变，利民惠民便民环境进一步优化。

扎实开展"三严三实"专题教育，自觉做到忠诚干净担当。县委常委会召开会议专题研究 10 次，开展集中学习研讨 4 次，县委常委带头讲党课、蹲点调研、学习研讨、查摆问题、整改落实。坚持问题导向，县委常委班子召开了一次高质量的民主生活会，认真查找班子及自身不严不实问题，列出问题清单和整改清单，明确了严和实的努力方向。持续引深专项整治，重点整治为官不为，担当尽责、求真务实正在成为全县党员干部的新风尚、新常态。

二、把纪律和规矩挺在前面，深入开展党风廉政建设和反腐败斗争

全面落实"两个责任"。县委研究出台了落实党风廉政建设"两个责任"追究办法、县纪委监督同级党委实施方案，破解"两个责任"落实不到位、不平衡的问题。县委常委和其他县级领导就落实"两个责任"先后约谈乡镇党委书记、部门"一把手"、分管领导 250 余人次，诫勉谈话 53 人次。对部分党风廉政建设方面有过教训的单位进行集体约谈，对有关部门的新任"一把手"进行了个别谈话。建立了乡镇和县直单位党组织负责人以季度向县纪委进行"四述"制度，倒逼责任落实。全力支持推动纪委加快"三转"，县纪委监察局班子成员、室主任、12 个乡镇和 4 个社区党工委纪检书记、24 个派驻单位纪检组长全部配备到位。乡镇纪委共核查案件 115 件，立案 80 件，结案 80 件，给予撤职以上重处分 13 人，"上面九级风浪、下面纹丝不动"的问题得到有效破解。

持续保持惩治腐败、反“四风”的高压态势。全县纪检监察机关共立案247件，结案247件，同比增长131%；给予党政纪处分247人，撤职以上重处分52人，移送司法机关11人。特别是查处了5起有影响、有震动的“一把手”腐败案件，形成了持续震慑效应。积极配合省委巡视组工作，巡视组移交灵石县的问题线索全部办结。严肃查处发生在群众身边的腐败案件和“四风”问题，立查案件204件，给予党政纪处分210人。

切实把纪律规矩挺在前面。认真学习贯彻新修订的《准则》《条例》和省纪委“十九个不准一个严禁”、市纪委“规矩五十条”等，进一步强化党章意识、纪律意识和规矩意识。充分利用函询、诫勉谈话、组织处理、纪律处分等方式，亮出“黄牌”，划出“红线”。充实完善了灵石一中廉政教育基地、4个县直单位廉政教育点，改造了10个乡镇廉政文化一条街。以3个部门“一把手”腐败案件为素材制作专题片，选取60件发生在群众身边的典型案例进行剖析、编制成册，以身边事教育身边人。深入挖掘本土廉政文化，组织拍摄了《王家家训家规》专题片，在中纪委网站首发，并得到中国共产党新闻网、人民网、山西日报等多家新闻媒体转载，从正家风入手，影响和带动党风政风民风的根本好转。

扎实推进“六权治本”。研究出台了进一步推进“六权治本”工作方案和加强对乡镇和部门“一把手”监督管理的实施办法及12项配套制度，狠抓“一把手”这个关键少数，在全县各乡镇各部门各单位建立健全了以“五不直管”、“三重一大”集体决策为重点的工作机制。全县103个单位两清单、两张图编制完成，“六权治本”电子监察平台进一步完善，权力运行做到了公开透明。以2个乡镇和8个县直单位为试点带动，“六权治本”工作进一步向乡村、基层站所延伸覆盖，初步形成了“两清单、两张图、五平台、五公开”的权力运行监督体系。

三、深化改革创新，增强发展动力

县委切实加强对全面深化改革的领导，统筹推进6大领域改革，引深“转型综改攻坚年”活动，加大在重点环节、关键领域的改革创新力度，年初确定的72项改革任务有序推进。

主动融入108廊带区域一体化示范区建设。《108廊带发展规划》完成招标工作，已着手调研编制。加快推进汾河综合整治工程，4户企业搬迁工作进展顺利。108廊带南部文旅服务区建设加快，靖烨集团开发建设静升古镇王家大院5A景区，正在办理前期手续；少林资寿文化园等工程启动实施。

积极稳妥推进重点领域改革。充分运用扩权政策，受理办件503件，涉及金额223.7亿元。整合规划、城建、市政监察力量，成立城市管理综合执法大队，启动了城市集中执法改革试点工作。稳步实施不动产登记改革工作，组建了不动产登记中心。创新投融资机制，城镇化建设基金累计为18个批次项目融资6.42亿元；以ppp模式建设热源厂、乡镇养老中心、民办幼儿园，运行效果良好。深化财政体制改革，财政拨款单位收支全部纳入预算管理，完善财政预算绩效评价，全面推进政府购买服务改革。积极开展助保贷业务，为5户企业协调落实贷款2300万元。加快实施第三轮城乡建设用地增减挂钩，为14个项目解决用地520亩。继续深化“两集中两到位”改革。创新推动国家级相对集中行政许可权试点改革，积极筹建行政审批局，试点方案已上报。

四、主动适应新常态，推动经济又好又快发展

稳定经济增长基本面。认真落实省、市关于煤焦企业减负的政策，继续实施促进煤炭销售、稳定涉煤贷款等5条具体措施，积极帮助企业保运转、渡难关，全力稳定经济基本面。全年地区生产总值完成169.9亿元，同比增长5.5%；规模以上工业增加值完成97.6亿元，同比增长6.5%；固定资产投资完成186.2亿元，同比增长17.6%。认真落实“项目提质增效加速年”要求，严格实行领导包项目、重大项目指挥部、重点项目月调度、“3个24小时”、督查通报等制度，明确责任、精细管理、强化考核，“六位一体”完成率均达100%以上。

加快产业转型升级。大力提升传统产业、培育新兴产业，亨泰荣和金属压铸件、聚源焦炉煤气制天然气、广宇通腐殖酸等转型项目投产达效；启光低热值煤发电项目正式开工；东方希望铝项目进展迅速，完成投资22亿元。大力发展特色农业，出台了加快推进核桃产业发展的《若干意见》和《配套办法》，全县核桃林发展到30万亩，高效管护和改建核桃林3.55万亩，年产量稳定达到1000万公斤，庆丰公司核桃产品获得农业部“绿色认证”。加快发展旅游业，石膏山、红崖峡谷4A级提升工程进展顺利，金山森林休闲度假区、少林资寿文化园等项目有序推进。全年接待游客690万人次，同比增长18%；旅游综合收入达60亿元，同比增长20%。截止12月底，第三产业占GDP比重达33%。

全力推进“三个突破”。不折不扣落实省委金融振兴、科技创新、民营经济发展动员大会精神，用足政策红利推动经济发展。科技创新方面，发展省级民营科技企业14户，提供了全县有效发明专利的15.3%。晋阳碳素有限公司被省中小企业局、省财政厅共同命名为省级技术中心，其发明的“电解槽异型阴极炭块”获国家实用新型专利；存山公司与中科院、微软中国企业服务部等单位建立深度战略合作，公司开发的云计算平台已通过独立知识产权认定。金融振兴方面，制定出台了“金融十条”及相关配套政策，推动政策与本土实际有效融合。设立县级500万元小额贷款风险补偿专项资金和3000万元的企业应急周转保障资金，对符合条件的企业提供融资增信和短期资金周转；将财政性资金存放与信贷投放挂钩，对信贷投放力度大的金融机构予以奖励，充分调动金融机构支持实体经济的积极性。强化担保体系建设，成立县财信中小企业融资担保公司，累计对外担保92笔3.9亿元。民营经济方面，出台加快民营经济发展的行动计划。开展规范化管理，建立人事、财务、绩效等现代管理制度。建立企业红名单制度，在保险、融资担保等方面给予重点扶持。稳步推进商事登记制度改革，放宽企业登记条件。全年全县民营投

资同比增长 19.2%。

扎实做好“三农”工作。农业产业化水平进一步提高,现代农业投资 2.57 亿元,完成年度任务的 111.8%;涉农企业增长 12%;农产品加工销售收入达到 2.2 亿元,完成任务的 123.6%。粮食总产 5.58 万吨,肉蛋奶均完成任务的 100%以上。发展省级“一村一品”专业村 23 家,市级 7 家。品牌建设有成效,灵石荆条蜂蜜申报山西省农产品地理标志,石膏山福苑养殖公司被评为市级“513”重点企业。拓展政策性保险范围,各类作物投保面积达 18.8 万亩。农村土地承包经营权确权登记颁证顺利推进,完成任务的 60.8%。农机服务水平进一步提高,作业面积达 76%。严格执行“五个一批”扶贫攻坚行动计划,完成脱贫 2500 人。

提升县域城镇化水平。实施城建重点工程 29 项,完成投资 35 亿元,占年度投资的 105%。旧城改造步伐加快,存山启明城二期、贵都财富中心、星泰天地广场等房地产开发项目交付使用,16 项市政工程全部完工。静升新区路网进展顺利。主动承接采煤沉陷区治理政策,4 个乡镇、20 个村启动治理工程,完成建筑面积 15 万平方米。以省级文明县城创建为契机,投资 3000 万元实施了城乡清洁工程,改善农村人居环境,建成 24 个省级示范村、30 个省级卫生村。加快户籍制度改革,全面放开城镇落户条件。

加强生态文明建设。完成节能降耗和污染减排全年目标。实施大气污染防治行动计划,焦炉煤气脱硫提标升级改造治理工程走在全市前列。加强水污染防治,城市和乡镇饮用水源地水质达标率 100%。加大造林绿化和生态治理修复力度,完成造林 2.9 万亩,林木绿化率达到 60%;新增绿化面积 18.22 万平方米,人均公园绿地面积 9.57 平方米,其中县城区新增 11.35 万平方米。开展排污权交易工作,加强水土流失、地质灾害治理,强化矿产资源开发利用管理。

五、发展社会主义民主政治,全面推进法治灵石建设

坚持和完善人民代表大会制度。支持县人大及其常委会依法履行职责,围绕国民经济和社会发展计划执行、财政预算执行和预算调整情况加强监督,集中视察重大项目建设,对食品安全等群众关心的热点难点问题进行专题调研。加强县乡人大工作和建设。强化对法检两院工作监督。依法做好人事任免工作,加强干部任后监督。加强和改进代表工作,坚持代表履职情况登记、面对面走访代表及代表信件直通车等制度,办结代表建议,代表主体作用得到充分发挥。

坚持和完善中国共产党领导的多党合作和政治协商制度。支持县政协在推进协商民主上发挥更大作用。县政协常委会围绕医疗技术水平、“微民生”工程开展专题调研,并进行专题协商。巩固和发展最广泛的爱国统一战线,构建“五合一”大统战格局。促进非公经济健康发展。加强党外代表人士队伍建设,做好民族、宗教工作和对台、侨务工作。县委统战部在省委统战工作会议上被表彰为“全省统战工作先进集体”。召开县委党的群团工作会议,下大力解决存在问题,充分发挥群团组织作用。

推进法治灵石建设。深化法治护民、育民、便民“三项工程”。实现一村(社区)一法律顾问全覆盖。强化政府法律顾问体系建设。开展执法司法领域突出问题专项整治,深化涉法涉诉信访改革。加强法治宣传教育,推进“法律六进”、“法治大讲堂”系列活动,营造浓厚法治氛围。建立健全社会矛盾大调解体系,完成县、乡、村三级矛盾纠纷调解中心建设任务,调处各类矛盾纠纷 922 件。

扎实做好党管武装工作。推进部团建设和民兵应急力量规范化建设,完成了人武部“三位一体”建设。积极为驻地部队办实事,完成了 5 名职工的移交安置。连续三届被评为全省“双拥模范县”。

六、加强宣传思想文化工作,提振干部群众精气神

强化理论武装。把学习宣传贯彻习近平总书记系列重要讲话精神作为重要任务,紧紧围绕“三严三实”要求,制定了中心组学习计划,增强学习针对性和实效性,全年共组织中心组成员及全县科级干部集中学习 20 次。

加强舆论引导。围绕中心工作和群众关心的热点难点,做好新闻策划,把握正确舆论导向。推进传统媒体和新兴媒体融合发展,主流媒体公信力和传播力进一步增强。加强对外宣传,举行“大美灵石、灵动灵石”产品推介会,全方位塑造灵石县新形象。

开展文明创建。集中攻坚省级文明县城创建,接受了省文明办的检查验收。弘扬践行社会主义核心价值观,广泛开展市民文明教育、志愿服务、“讲文明树新风”公益宣传等活动,开展纪念抗战胜利 70 周年系列活动。深入开展破除陈规陋俗专项整治。

推动文化繁荣。加强基层宣传思想文化工作,推进县级公共文化设施建设,县文化馆具备评估国家一级馆条件。推出晋剧《王家大院》、长篇小说《桃柳坡》等一批精品。全省文化产业现场会在灵石县召开。

七、切实保障和改善民生,维护社会安全稳定

把持续改善民生放在重要位置,让人民群众共享改革发展成果。县财政民生支出 19.6 亿元,占到公共财政预算支出的 87.1%,同比增长 9.9%。社会事业协调发展,县第五小学投入使用,8 所乡镇卫生院(分院)建设工程基本完工,县公共体育健身场馆开工建设。投资 2000 万元实施 269 项“微民生”工程。就业工作扎实推进,城镇新增就业 2412 人,安置下岗失业人员 545 人,困难人员再就业 123 人,转移农村劳动力 3870 人,创业带动就业 830 人。城镇登记失业率 1.1%,低于市定目标。社保体系日趋完善,主要险种覆盖率达 99%以上,累计发放城乡低保 780.5 万元。提高城乡居民医疗保险财政补助标准,新农合参合率达到 99.9%。教育信息化试点改革见成效,省级“利用信息化手段改变教学方式实践与探索”试点工作扎实推进,11 所数字化校园建设全部通过市级

验收，5所动漫实验校进展顺利。医药卫生体制改革稳步推进，实现基本医疗保险城乡居民全覆盖。启动大病商业保险。县财政投入609.6万元，提高乡村医生待遇。计划生育服务管理改革加快推进，乡镇、社区计生服务站顺利挂牌。

维护社会安全稳定。加强和创新社会治理。实施"六六创安"，推进"六项整治"，开展"打黑除恶"、"命案侦破"等专项行动，打掉恶势力团伙5个，破获各类刑事案件259起。全市社会治安防控体系建设现场推进会在灵石县召开。规范社会服务管理网格化平台运行，受理各类事件3.4万条，处置率79.1%。强化食品药品安全监管。应急管理和防灾减灾能力得到加强。扎实做好信访工作。党政"一把手"亲自抓信访，县四大班子领导坚持每周一、二带头约谈信访群众、包联化解信访问题。全县信访形势总体平稳可控。突出抓好安全生产。坚守安全底线，严格落实"党政同责"要求，实施分类分级动态监管，强化隐患逐月排查治理，开展安全生产大检查。全年各类生产经营性事故起数、死亡人数同比分别下降29.41%、25%。

八、全面加强党的建设，提供坚强组织保障

扎实推进"三个一批"。充分运用"五查"手段，积极推进"三个一批"工作扎实开展，纠正违规任命干部11人，处理13人，调整退出6人，掌握使用了一批好干部。

加强干部日常监督管理。强化干部日常考核，制定《灵石县公务员日常考核办法》，重点规范干部"8小时外"的言行，切实加强干部的日常管理监督。畅通举报通道，建立"12380"举报信息系统，织密监督之网。出台《灵石县领导干部兼任社会团体职务规定》，共清理"吃空饷"干部4人，清理领导干部在国有企业兼职6人，清理在社团兼职领导干部36人。对全县干部人事档案进行了"三龄两历一身份"专项清理。进一步规范干部职数管理、出国(境)审批等工作。

加强基层基础基本功建设。推进"联述联评联考"，拉出党建工作责任清单。实施"领头雁"培训计划。县委常委每人联系一个软弱涣散村，选派了29名"第一书记"。促进大学生村官合理流动，从大学生村官中招聘42名事业单位工作人员。推进"四议两公开"工作法，行政村全部建起村务监督委员会。3083名在职党员到社区报到，服务群众60余人次，解决问题208个。落实乡镇抓党建专门力量，乡镇(城区)全部配备专职组织委员，副书记不再兼任纪委书记。落实党建专项经费850万元，改扩建30个村级活动场所，打造60个"五好五规范"党建示范点，新建30个社区活动中心和组织活动场所，健全基层便民服务体系。提高在职"两委"主干报酬，每月为符合条件的离任"两委"主干发放生活补贴。

县委常委会重视自身建设。坚定政治立场，严明"六项纪律"，在思想上政治上行动上与党中央保持高度一致。坚持民主集中制，县委常委会25次召开会议，严格按照常委会议事规则和决策程序办事，严格执行"三重一大"集体决策制度。切实改进作风，带头践行"三严三实"，深入基层一线，狠抓工作落实。着力整改"不严不实"问题，坚决反对"四风"，带动全县干部改进作风。牢守廉洁底线，带头落实党风廉政建设主体责任，带头执行廉洁自律规定，带头接受监督，带头尊法学法守法用法，带头按制度、按规矩、按程序办事，为全县领导干部作表率、当标杆。

(武　林)

附：一、中共灵石县委书记、副书记、常委名单

书　记：段燕翔
副书记：刘　璇　岳　泰
常　委：王世强　卫虎周　张李虎　郭玉锁
成建英(女)　吴学意

二、乡镇党委书记名单

翠峰镇
书　记：靳亚龙
静升镇
书　记：赵林旺
南关镇
书　记：弓建勇
夏门镇
书　记：温耀勤
段纯镇
书　记：苏晋华
两渡镇
书　记：李文亮
交口乡
书　记：王　轩
王禹乡
书　记：赵　裕(女)
梁家焉乡
书　记：温德伟
坛镇乡
书　记：陶长义
英武乡
书　记：张金亮(11月离职)
马和乡
书　记：梁　诚(11月离职)

中共榆社县委工作概况

县委书记 梁璐阳

2015年，全县共有基层党组织528个，其中党委19个，党总支17个，党支部498个，其中，农村259个，全县党员11297名，其中农村党员6244名。

2015年，省、市各级部门的正确领导下，县委政府按照党要管党，从严治党要求，强化党员干部思想政治教育，持续改进作风，从严管理监督干部，党建工作，干部工作，人才工作及自身建设取得的新成效，扎实落实党风廉政监督责任，推动了反腐倡廉建设深入发展，全县党员干部进一步加强自身建设凝心聚力，苦干实干。同时，以改革为动力，创新激活力，深入实施"农业富县，工业强县、商贸活县、科教兴县"发展战略，各项工作取得新成绩，再上新的台阶,开创了榆社工作新局面。

经济社会各项事业全面协调健康发展。全县地区生产总值完成26.2亿元，同比增长3.3%；规模以上工业增加值完成8.7亿元，同比下降2.5%；公共财政收入完成1.9亿元，全面完成晋中市规定任务；固定资产投资完成14.6亿元，同比增长18.1%；社会消费品零售总额完成11.3亿元，同比增长6%；城镇常住居民人均可支配收入完成19013元，同比增长6.6%；农村常住居民人均可支配收入完成4453元，同比增长6.7%。

农业，着力推进特色主导产业加速发展，现代农业"1311"工程全面完成，设施蔬菜达到1.3万亩，增长12倍，实现总产值1.3亿元。生产规模收益创历史新高，核桃经济林6000亩，打造标准化示范园20个，笨鸡100万只增到302万只，榆社成为省属高校肉、蛋、菜定点采购县。同时，进一步完成小流域治理，坡地流失、河道治理、农业开发工程等，新农村建设取的实效。

工业，新型工业转型加快，大力发展新能源产业，引进北京华电中光、山西华能电力等9个光伏发电项目。其中，华电中光一期20MW光伏发电项目，华能电力50MW光伏发电项目已具备开工条件。榆化公司2000吨噻唑项目建成投产，5万吨氯乙酸项目主体完工。荣鑫公司2.4亿块蒸压砖，祁宏公司60万元陶粒制品项目建成投产。进一步巩固提升医药产业，广生公司100亿粒植物胶囊，30亿粒肠溶胶囊，天生公司6000吨中成药技改扩产项目投产。

城建文化、教育社会各项事业。城乡建设力度加大，共投资1.8亿元对县城东大街、东升街东面延伸。凤台路北延，东外环、建南路、北泉路、广生路灯建设工程，竣工6条。新增城市绿化面积13万平方米。投资1.7亿元。新建、续建各类保障性住房1266套。投资1.34亿元，实施完成云簇湖旅游专线，悟云山旅游公路、东大路、南大路、西马桥、东庄桥等22项农村路、桥工程。全年新建农村公路96.5公里，建设里程名列晋中市第一。教育再上新台阶，高考、中考名列前列。有效推进县级公立医院综合改革。新建标准化村、卫生室65所。新农村参合率达到99.7%.城镇新增就业1557人。全年累计发放社保基金1.06亿元。发放各类社会救助资金2252万元。新建农家书屋65所。云簇湖钓鱼大赛被体育总局评为国家级精品赛事。加强社会管理综合治理安全生产综合考核晋中市第一，社会治安和谐稳定。

一、以"三严三实"活动为契机，党建工作再上新台阶

全县党员干部按照边学边改、从严从实、三严三实专题教育活动的要求，认真学习，采取中心组示范学、主要领导学、集体交流学、专家辅导个人自学等，认真学习习近平总书记系列讲话，《中国共产党章程》《领导干部违纪违法典型案例警示录》等重要文章，邀请山西省、市、县党校教师为正科以上党员干部作专题讲座3场。县处级领导干部深入查摆自身"不严不实"存在问题，采取走访基层、蹲点调研、民主恳谈形式，深入了解党员干部思想作风情况和群众意见。县委书记梁璐阳、县长贾尚明带头主动深入一线，协调解决困难。四大班子领导蹲点调研192次，查出问题238条，制定整改措施177条，为民办实事、难事95件，同时把"三严三实"紧紧贯穿于全县党员干部中。

8月，全县开展了"严守纪律、改进作风"百日专项整治活动，出台了《关于在"严守纪律、改进作风"百日专项整顿工作，深化县级"三严三实"专题教育活动解决基层干部不作为、乱作为等损害群众利益问题的通知》解决当前党员干部存在的问题，落实责任，全力推进党建工作，县委把党建工作当作大事来抓，各党委(工委)各单位党建办主任、党委工作者组建了36支志愿者队伍。各党(工)委齐抓共管一级带一级、一级抓一级，县、乡、村三级党组书记"职述、职评、职考"落实责任全力抓，各级部门齐抓共管合力抓。落实配套了乡镇、农村、社区等党建经费，投资90.6万元新建村活动场所5个，改扩建7个。全面推动了"四议两公开"工作办法，271个村全新组建村务监督委员会并规范运行。投资60余万元用于乡镇"两新一改善"，"五小工程全面推进"，坚持县、乡、村三级推动对党员干部开展分级分层培训。建立了一人一卡，一人一职、一查一访、一年一问候、一年一评议"五个一"流动党员管理机制，建立县级领导包职制度，采取一村一策分类施治、建立台账、进行整顿。省市县共派161名党员领导干部担任村第一书记。社区党建工作取得新成效，授予平安出租

车公司“党员先锋队”荣誉称号。

二、加强教育培训，进一步提高干部队伍素质

2015年，大力培训干部工作，开展了山西省干部在线学院专题培训，开办了“榆社讲坛”讲座6次，聘请市委党校教授温燕燕结合本省本县实际全面学习了习总书记系列讲话精神。为纪念抗战胜利70周年，聘请县市场和质量监督局局长李旭清为全县领导干部讲述了榆社抗战历史《抗日战争时期的榆社》，聘请国防大学教授纪明葵讲授了《一带一路与中国外交问题新战略》国防教育专题讲座，增强了领导干部国防意识、忧患意识和责任意识。结合“三严三实”专题教育，聘请省、市委党校教师开展了“严以修身、严以律己、严以用权”3个专题讲座。

制定出台了榆社县《关于加强股级干部宏观管理的通知》，加强了后备干部管理工作，进一步引深干部人事制度改革，推进股级干部管理工作的科学化、制度化、规范化，重点抓了干部“三龄两历一身份”的审核认定工作，对干部档案进行清理。

为进一步加大干部监督力度，制定出台了全县干部监督管理制度，出台了榆社县《关于加强干部日常管理监督工作的实施意见》《加强县管干部八小时以外监督有关问题的通知》和《榆社县乡镇干部“走读”问题专项整治方案》。开展了“三项清理”回头看工作，“吃空饷”、干部借用和企业、协会、学会兼职的专项清理工作。进一步加强了干部管理制度，严把档案审查关，预防干部“带病提拔”，对“三龄”依据不清的派调查组深入有关部门进行调查核实。

县委制定了《乡镇党政正职选任方案》，经过县委委员、四大班子成员、县直单位负责人的谈话推荐、会议推荐，县委常委会的3次票决，为乡镇配备了6名乡镇党职，其中，选拔配备年轻干部1名，妇女干部1名，招录了9名乡镇公务员。同时，按照省、市关于大学生村官消化分流工作的要求，面向全县在职在岗大学生村官公开招聘了40名事业单位工作人员，极大地改善了干部队伍的结构，有效地促进了干部队伍的年轻化。

二、加强反腐倡廉，推进党风廉政建设

纪检监察工作，进一步转变职能、转方式、转作风，全面提升监督执纪问责的有效性，扎实落实党风廉政建设监督责任。牢牢抓住“明责、查责、评责、问责”四个环节，扎实推动“两个责任”落实到位。

2015年初，制定明确党委(党支部)以及主要负责人履行主体责任的主要内容，通过“一对一”约谈方式将记录存档，同时制定了《落实党风廉政建设监督责任实施细则》《县纪委监督同级党委的实施办法》，进一步理清纪委与党委与相关监督部门的责任，做到主体明确、层级清晰、无缝衔接。建立了“问题台账”等制度，对各乡镇、城管委和县直各单位开展明察暗访11次，重点解决落实党风廉政建设“两个责任”不力，干部纪律松散、作风漂浮、消极怠慢等“顽症”，公务用车管理、办公用房使用更加严格规范。

建立党风廉政建设责任制“一岗双责”和“一案双查”机制，对2015年以来发现的19个单位落实党风廉政建设主体责任不力的单位进行通报曝光；对履行主体责任不力的10名党员领导干部给予党政纪处分。查办9个乡镇及部分县直单位主要领导套取、截留涉农资金的违纪问题。

2015年，全县纪检监察机关共处置案件线索207件，同比上升32.3%；立查案件141件，同比上升34.6%；其中乡科级干部案件32件(正科案件24件)，同比上升?77.8%；结案143件，同比上升97.9%；处分违纪党员干部143人，同比上升39%。撤销党内职务和行政撤职以上处分21人，同比上升5%，移送司法机关3人，挽回经济损失410.82万元。对全县科级干部进行警示教育，进一步教育全县党员干部知法懂法守法，依规依纪办事。紧紧落实中央八项规定精神，常抓党员干部作风建设，明察暗访55次，查处公款吃喝，公车私用、公款娱乐、中午饮酒等“四风”问题26件，处分党员干部22人，制止了“四风”蔓延势头。

同时，大力宣传廉政建设，举办廉政主题演讲比赛5场(次)，在全国劳动模范张志全纪念馆开展了岗位廉洁从政教育活动，受教育人数达3000余人，通过在电视台、《清风榆社》和《新榆社》等刊物和县城主干道利用广告形式进行宣传。组织全县党员干部开展党风廉政建设“两个责任”知识测试活动和“学《准则》、记《条例》、守纪律”知识竞赛活动，继续完善了以榆社县纪委监察局网站、清风榆社微信平台，利用“一网一平台”，畅通群众诉求表达和民主监督渠道，进一步方便了群众咨询、问政和监督，全县党员干部纪律观念进一步提升，逐步走上了规范化道路。

(常彩萍)

附：一、中共榆社县委书记、副书记、常委名单

书　记：梁潞阳

副书记：贾尚明　许利伟

常　委：刘艳萍(女)　郭晓红　高榆红
郭志平(4月离职)　鲜大虎(4月任职)
卢永红　赵凌中

二、乡镇、城管委党委书记名单

箕城镇

书　记：田志银

云竹镇

书　记：贾旭峰(7月离职)　田　飞(7月任职)

郝北镇

书　记：徐奋江

社城镇

书　记：白建勋(7月离职)　贾旭峰(7月任职)

河峪乡

书　记：张建军

西马乡

书　记：马　俊

北寨乡

书　记：闫跃文(7月离职)　毕丰国(7月任职)

兰峪乡

书　记：田　飞(7月离职)　郝亚峰(7月任职)

讲堂乡

书　记：贾永胜

城管委

书　记：李天亮

中共左权县委工作概况

县委书记　王　兵

2015年，左权县委深入贯彻落实党的十八届四中、五中全会精神和中央、省、市各项决策部署，团结带领全县人民主动作为，攻坚克难，紧扣中央"四个全面"战略布局、"五大发展理念"和省委"六大发展"要求，聚力凝心、锐意进取，积极适应经济发展新常态，奋力开启经济发展新征程，全县各项工作在逆境中实现了稳中有进。

一、认真践行中央省市发展新理念，实现全县经济平稳运行

2015年是近几十年来经济形势最复杂、经济工作压力最大的一年。面对宏观经济形势持续低迷的困境，左权县委牢牢盯住老区崛起目标，继续坚持抓好"五个重点建设"不动摇，推动全县经济社会各项工作在逆境中稳步上扬。

(一)加快建设能源工业强区，工业转型步伐加快。一是煤电一体化迈出关键步伐。华能太行电厂已于8月12日顺利开工建设，建成后全县煤电装机容量将达2520兆瓦；扬德瓦斯并网发电，盘城岭煤业瓦斯发电项目完成主体，全县批复瓦斯发电装机容量超100兆瓦。二是新能源项目取得实质进展。已实施的大唐、华能风电总装机容量168兆瓦；积极申报"全国光伏示范县"，因地制宜发展村级分布式光伏扶贫发电项目，全县共获批5个，初步规划光电装机容量590兆瓦。全县煤与非煤产值比优化为1:3.5。三是电子商务成长迅速。申报成为"全国电子商务进农村综合示范县"，建成县级运营中心1座、乡镇服务站10座、村级服务店40个。

(二)加快建设核桃产业大县，农业产业势头强劲。一是传统产业扩规增效。全县栽植核桃面积达36万亩、560万株、产量达900万公斤，同比分别增加1.33万亩、40万株、150万公斤，产值近2亿元，人均核桃面积达到2.7亩，人均核桃收入1400多元。以不断发展壮大的核桃产业为依托，紧抓"百企千村"产业扶贫契机，培育了一系列龙头企业，已开工建设的晋煤核桃深加工项目，总投资4.37亿，是目前全市最大的核桃加工项目，达产后年加工消化核桃1万吨。二是新兴加工业蓬勃发展。新上并完工了一大批农业产业项目，妈妈传农产品开发有限公司西红柿酱和西红柿浇面酱项目、左权县惠保蓝农业发展有限公司莲菜深加工项目、羊角乡瓦缸窑农副产品加工基地、拐儿镇亲圪蛋山泉水有限责任公司建成，山西靖日中铁实业有限公司小米营养粥项目落地，全县农业产业化固定资产投资达16.7亿元。这些项目投资大，进展快，带动力强，有效促进了核桃、莲菜、蔬菜、杂粮等主导产业发展，极大地推进了全县农业产业化进程。

(三)加快建设山水宜居名城，人居环境持续改观。一是全面推进"双城联创"。启动国家园林县城、省级环保模范县"双城联创"，建成6个城市游园，县城建成区绿化覆盖率达39.2%。二是不断完善县域基础设施。建成投产日供水能力2.5万方的马厩水厂，全面改造城区供水管网；成功实施华能左权电厂热源集中供热改造项目，供热能力达600万平米；实现城区集中供气全覆盖，加气站建设即将完工。三是持续优化居民生活环境。宏远城市综合体正式投用，省道319改线、档案馆(图书馆)、社会福利综合服务中心、工矿机电交易中心等主体完工。

(四)加快建设特色旅游胜地，文化旅游日新月异。实施了旅游攻坚计划，启动了旅游"双十"工程，成功举办了"十大节庆"，带动全县旅游持续升温。预计全年接待游客203.5万人次，旅游综合收入16.5亿元，分别是"十一五"末的2.9和6.6倍。尤其是太行龙泉风景区一期完工，与以往比，不论是景点数量，还是景区质量，都有大提升。二期将建设悬崖玻璃观光台、山地运动公园等，龙头景区功能凸显。桃花红·杏花白民歌基地、小二黑生态庄园、清漳河谷等文化旅游项目建设进展顺利。

(五)加快建设和谐幸福家园，民生事业逐步改善。建成老年人日间照料中心30个，可就近解决1000余名老人的日间照料和生活问题；建成太阳能公共浴室32个，日洗浴能力超2000人次；建成垃圾填埋场80个，处理垃圾能力达9000余吨；全面实施"改薄"计划，改造学校操场6个，开工校舍改造工程12处，义务教育阶段学校全部按标准配备教育教学设备，全县1.6万余名学生享受到优质教育资源。

(六)加快改革创新工作步伐，多项工作实现突破。一是深入推进"六权治本"。在完成7个单位试点的基础上全面推开，初步编制完成"三清单两张图"，制度汇编形成初稿，正进行审核。加快重点领域改革创新，在石匣乡试点的基础上，全面推开村级卫生室联村服务改革，稳定乡村医生队伍。二是创新投融资机制。组建交通、水务投资公司，与首创集团合作

推进污水处理厂提标改造。三是加快土地确权登记。深化农村土地制度改革，加快农村土地确权登记颁证工作，131个村基本完成土地确权登记颁证工作。

二、认真落实从严管党治党要求，切实加强领导班子和干部队伍建设

（一）从严选拔干部，进一步匡正选人用人风气。以配强班子、优化结构为目标，坚持严格选任标准，坚决防止“带病提拔”，切实提高干部选任公信度为重点，2015年共完成人事调整6批次涉及72人，其中提拔13人、平调44人、公开选拔1人、免职14人（含消化超职数5人）。特别是在县直单位纪检组长配备中，把从严从细贯穿选任全过程，做到了“三严格两开展一坚持一扩大”。

（二）从严教育管理干部，切实推进领导班子和干部队伍素质能力全面提升。根据新形势、新情况、新问题，结合左权县干部队伍现状，起草完善了《领导干部日常监督管理暂行办法》《机关事业单位工作人员请销假制度》等干部管理监督办法，进而推动干部管理制度化、常态化、科学化；按照《左权县“485”干部教育培训方案》要求，以提升全县干部思想政治素质为目的，通过中国外文局培训中心、清华扶贫教育、省市“两个在线”等平台，全年共举办各类培训班近30余期，圆满完成全县行政事业干部培训全覆盖的目标。

（三）坚持规范与创新并行，不断夯实基层党建工作基础，提高全县党建工作水平。10个乡镇全部实施了“两集中一改善”和“五小”工程，35个村开展农村基层服务型党组织示范点建设，不断引深“解民忧、办实事”活动；组织1458名两委干部开展新任农村领头雁培训，举办农村（社区）骨干党员冬季集中培训活动，使广大党员增强了党员意识、规矩意识；加强远程教育优化升级和党建网站联盟工作，开通左权县共产党员短信平台，与党建手机报、党群直通车广播初步形成了党建信息化建设的五大平台。同时探索建立产业联建、村企联建、强弱联建、城乡联建等四种新型党组织设置模式，集中组建了麻田镇莲菜产业党总支等产业党组织14个，辐射周边45个村组，涉及农户1300多个，充分发挥了基层党组织的带动作用。

三、持续狠抓“两个责任”落实，扎实推进全县党风廉政建设取得新成效

（一）坚持“四倒逼一带动”，推动“两个责任”落实。坚持“四述”倒逼。先后组织召开了两次部分乡镇党委书记、县直单位“一把手”向县纪委述纪述廉述作风述主体责任“四述”会议，有效促进“两个责任”的落实；坚持制度倒逼。按照省市《关于落实党风廉政建设“两个责任”责任追究暂行办法的通知》，制定具体落实措施，并严格按照各项制度规定抓执行；坚持公开倒逼。组织全县10个乡镇和县直五大系统30余个县直单位将“两个责任”落实情况在将军广场进行公开展出，引入社会监督，接受群众评价；坚持问责倒逼。截至目前共问责71人，其中：党政纪处分35人、诫勉谈话12人、约谈14人，其他处理10人。坚持典型带动。确定了寒王乡和教科局两个重点单位，召开全县落实“两个责任”工作推进会，推动全县各乡镇、各单位“两个责任”得到高标准落实。

（二）盯热点突重点，坚决把纪律挺在前面。紧盯时间节点抓督查。紧盯“一把手”这个关键，坚持每周给各乡镇、各单位“一把手”发送一条廉政短信进行纪律规矩教育，先后四次集中组织全县“一把手”开展警示教育。

四、扎实开展“三严三实”专题教育，全面强化全县党员干部作风建设

按照中央省市总体安排，紧扣“三严三实”主题，县委班子认真完成规定动作，取得了显著成效。一是学习研讨筑牢思想根基。专题教育启动以来，左权县围绕“严以修身、严以律己、严以用权”三个专题，扎实开展学习研讨，采取专题讲座、专题研讨、正反典型教育等方式，坚持每月一次集中学习，通过“学讲话、学作风、学政策、学党纪法规”，自觉把“守纪律讲规矩”融入到工作与生活中，进一步把牢思想总开关。二是深入调研建立问题清单。县委领导班子亲自深入基层、深入联系点蹲点调研，以讲党课、走访群众等形式，召开座谈会50多场次，征求各方面意见1324条；县委班子查摆“不严不实”问题18个，县四大班子梳理出问题60个，全部建立了问题清单和整改清单，现已完成整改问题42个。三是从严整治改进工作作风。从群众急需解决的问题入手，认真解决群众反映的各类突出问题；以六权治本为抓手，建立权力清单，推进权力公开，把权力关进制度的笼子；以基层干部不作为乱作为等损害群众利益问题专项整治为重要举措，深入推进干部作风转变。

五、高度重视省委巡视工作，全力开创风清气正真抓实干新风尚

按照省委统一部署，省委第三巡视组对左权县进行了为期5个月的巡视。县委班子坚持高标准、严要求，坚决贯彻落实巡视组提出的意见要求，不折不扣抓好各项整改任务的落实。一是迅速传达，统一认识。县委班子高度重视巡视工作，收到巡视组反馈意见后迅速组织召开县委常委会议，逐条逐项领会把握巡视组反馈意见建议，专题部署整改落实工作，明确要求全县上下务必切实把省委巡视反馈意见整改作为当前和今后一段时间的重大政治任务，集中精力、不折不扣地抓好整改，确保反馈意见一一得到回应、件件得到落实。二是强化领导，细化分工。县委切实担负起整改主体责任，成立了县委落实省委巡视组反馈意见整改工作领导小组。相继制定下发了《关于落实省委第三巡视组反馈意见的整改工作方案》《关于对省委巡视三组巡视反馈意见的整改落实细则》，将省委巡视组反馈的5个方面的问题细化分解为11个具体问题，建立了整改台账，制定了29条整改措施，全部由县委班子成员牵头负责整改落实，做到整改工作组织领导到位、责任分解到位、措施落实到位。三是注重实效，强化运用。整改工作开展以来，围绕落实党风廉政建设“两个责任”、选人

用人、作风纪律等内容，修订完善《党风廉政建设“两个责任”联动工作办法》《干部调动管理办法》《村务监督委员会制度》《违规发展党员责任追究办法》等各类制度规定20项，为推进改革发展稳定和反腐倡廉建设提供了坚强保障。四是全力整改，取得成效。省委巡视组反馈的5个方面的问题，经细化分解为11个，已整改10个，占到90.9%；采取整改措施29项，制定修订各类制度20项。

（郝红东　李　花）

附：一、中共左权县委书记、副书记、常委名单

书　记：王　兵

副书记：赵宏钟　郭午生　暴英杰（4月任职）

常　委：郑春华　程俊斌　马成毅　王宏昌　郭建雄　张永东

二、乡镇、城区党委书记名单

寒王乡

书　记：张雪平

辽阳镇

书　记：张彦红

石匣乡

书　记：陈建国

龙泉乡

书　记：吕爱鸿

桐峪镇

书　记：张文伟

麻田镇

书　记：崔　波

粟城乡

书　记：裴丽华

芹泉镇

书　记：秦国英(女)

羊角乡

书　记：巨晓华

拐儿镇

书　记：张雪东

城区

书　记：郝建国

中共和顺县委工作概况

县委书记　孙永胜

2015年，在市委的正确领导下，和顺县全面贯彻党的十八大和十八届三中、四中、五中全会精神，深入贯彻习近平总书记系列重要讲话精神，坚持从严管党治党，认真落实党风廉政建设主体责任，主动适应经济新常态，倾力打造“和顺干部”“和顺生态”两张名片，聚精会神抓党建，千方百计稳增长，集中精力抓项目，不遗余力惠民生，强化措施促改革，持之以恒反腐败，全力以赴抓落实，全县经济社会保持良好的发展态势，

一、思想领先，深入学习习近平总书记系列重要讲话精神

始终把学习贯彻习近平总书记系列重要讲话精神作为思想建党的重要政治任务，把“学讲话、学作风”贯彻工作全过程。采取县委常委会、中心组学习、县级领导工作实践经验传授会、专家授课、专题研讨等形式，开展39次集中学习，在真学、真懂、真用上下功夫、求实效。全县领导班子以上率下，各级各部门从多层面引深学习教育，切实把党员、干部的思想和行动统一到习近平总书记系列重要讲话精神上来，自觉武装头脑、指导实践、推动工作。坚持问题导向，注重学用结合，做到学以致用、知行合一。召开县委十五届九次、十次、十一次全体会议，进一步深入学习贯彻习近平总书记系列讲话精神，动员全县广大党员干部和群众进一步解放思想，凝心聚力，扎实苦干，全力打响全面建成小康攻坚战。

全面引深学习讨论落实活动。按照省委、市委的要求，深入开展学习讨论落实活动，确定9个方面35项任务、105项活动成果，查找并解决问题232个。多次召开县委常委会议研究讨论反思剖析报告，坚持“三个摆进去”，开展“六个反思”。针对重点领域、民生领域、关键环节和热点难点问题，集中开展35项重点专项政治，围绕农村“三资”专项清理整治和“以群众举报乡村干部腐败问题为切入点集中解决群众信访诉求问题”，集中解决热点难点问题，社会风气进一步净化，利民惠民便民环境进一步优化。

二、以上率下，扎实开展“三严三实”专题教育

以学习习近平总书记系列重要讲话精神为主线，以专题

讲座、集中自学、正反典型教育、专题研讨、观看警示教育片等形式，教育引导党员干部增强政治修养和理论素养，切实把“三严三实”内化于心、外化于行。坚持以上率下，层层示范，带头讲党课、带头蹲点调研、带头学习研讨、带头查摆问题、带头开展批评与自我批评、带头整改落实，推动全县专题教育深入扎实开展。特别是深入基层一线，广泛征求群众意见，找准找实突出问题。在和顺政府网、党建网开辟专题教育专栏，并充分运用微信平台等进行全方位、大力度、多层次宣传，营造浓厚氛围。同时，结合专题教育，集中开展基层干部不作为、乱作为等问题专项整治，严肃查处发生在群众身边的“四风”和腐败问题。

三、抢抓机遇，经济平稳发展态势持续向好

经济发展稳中有进。全年完成地区生产总值42.6亿元，同比增长7.2%；规模以上工业增加值完成16.4亿元，同比增长8%；固定资产投资完成65.2亿元，同比增长20.8%；社会消费品零售总额完成13.4亿元，同比增长5.9%；城镇居民人均可支配收入完成20702元，同比增长8.1%；农村常驻居民人均可支配收入完成5284元，同比增长8.4%；公共财政预算收入3.32亿元，同比下降47.7%。

重点项目推进有力。开展“项目提质增效加速年”，抓续建、促开工、保投产，加快项目建设。全县实施重点项目97个，开工87个，完成投资29.58亿元。晋中市重点提质项目2个，完成投资4.09亿元。列入市级项目66个，开工65个，完成投资60.5亿元。争取中央、省、市扶持项目32个，资金15400余万元。争取专项基金债券资金3亿元(和邢铁路)。

现代农业多元发展。全县粮食总产6253.9万公斤，农产品加工销售收入达到2.4187亿元。全县农业重点项目完成投资5.75亿元，一村一品、设施蔬菜、沟域经济扎实推进，农业产业区域化布局、规模化生产、产业化经营的格局初步形成，实现新增销售收入1.2亿元，为农民增收2000多万元。同时，畜牧业项目完成投资8230万元，肉牛产业化发展及重点工程项目建设全面推进。

产业转型步伐加快。全县500万元以上重点工业项目完成投资9.1亿元，其中新兴工业项目投资占比49%。新型包装材料项目基本完工，远红外可穿戴设备项目基础设施工程正在施工，新型空气净化设备项目完成主体工程，山西依风风力发电项目正在有序推进，山河醋业项目一期建设已经完工。加快益德煤业技改、天池煤业洗煤厂及储煤大棚建设，完成投资14858万元。加快推进旅游项目建设，完成投资1.4094亿元，实现旅游综合收入8亿元。

招商引资取得突破。坚持把对外开放招商引资工作放在县域经济发展重要位置来抓，加大与周边地区、特别是京津冀及东部产业转移地区间的经济合作，联系或在谈项目30余个，上报省会审项目6个，签约项目5个，协议引资195.8亿元，完成年初目标任务的130.5%。招商引资储蓄项目46个，储蓄项目引资430亿元。

扶贫攻坚成效明显。完成减贫任务10000人，占计划的133.3%，同比增长11.1%。争取上级扶贫资金2195.95万元，重点实施了片区扶贫开发、彩票公益金、整村推进、移民搬迁、产业扶贫、千村万人就业培训、教育扶贫、金融扶贫八大扶贫工程，预计全县农村常住居民人均可支配收入完成5338元，增幅9.5%。通过实施精准扶贫，全县118个贫困村、12680个贫困农户发展种、养、加农业产业，增收产业不断壮大，为贫困群众的脱贫致富和持续增收提供了有力的支撑。

四、民生为本，社会事业协调进步

民生改善全面强化。社会保障体系不断完善；困难群众救助水平大幅提升；老年人保障措施全面落实；城乡就业不断扩大；建立落实财政保障机制，县人民医院药品实行零差率销售；基本公共卫生服务规范运行；解决27个村、3个扶贫企业、2.56万口人的饮水安全问题；把“五名兴教”作为优化教育发展的动力，保障学校基础设施投入，进一步推动教育均衡发展，11月顺利通过国家级义务教育基本均衡县评估验收；高考再创新高，10名同学考取清华、北大，为全县首次；保障房建设完成投资2.13亿元；实施农村危房改造460户。承诺的为民“十件实事”进展顺利。

生态建设力度加大。以打造“和顺生态”名片为目标，以“身边增绿、群众增收、生态增效”为抓手，实施“两山、两网、两林”三大重点工程，完成造林绿化任务2.07万亩，完成投资8324万元。完成5个省级园林村绿化项目。投资2143万元实施国家水土保持重点建设项目，完成马坊乡3条小流域51.6平方公里的综合治理。水土流失治理面积5万亩。严格落实环保目标责任制，环境质量指标稳定达标，主要污染物二氧化硫、氮氧化物、烟尘、粉尘、化学需氧量、氨氮六项约束性污染物减排任务全部超额完成。

城乡建设提质上档。实施城建重点项目30项，已完成15项，按计划列入续建项目14项，累计完成投资8.9亿元。南内环道路开通，人均城市道路面积达到24.5平方米。城市新增绿化面积18.2平方米，绿化覆盖率达到42.47%。推进李阳省级重点镇、松烟小城镇建设，累计已完成投资1400万元。投入7500余万元大力实施城乡环境综合整治，完成了243个村庄的村容村貌整治，90个村庄达到了省级考核标准。实施交通提质工程，3条高速连接线工程2条投入运营，1条进入扫把阶段，干线公路改造完成，和邢铁路开始地调，大通道、大交通建设步入了新的发展阶段。

文化事业繁荣发展。加强舆论引导，着力整合资源，集约媒体功能，推动传统媒体与新媒体融合发展，为全县改革发展营造了积极向上、良好和谐的舆论氛围。以创建省级文明县城为抓手，以培育和践行社会主义核心价值观为主线，大力开展“美丽和顺·幸福家园”文明创建系列活动，加强公民道德建设和未成年人思想道德建设。开展弘扬“三个文化”(法治、廉政、红色)、实现弊革风清系列主题宣传活动，实施文化产业项目8个，申报确立市重点文化产业项目3个。

安全稳定持续好转。深入落实“党政同责、一岗双责”责任体系，全县完成市控安全生产指标实现了事故起数和死亡

人数“双下降、一低于”,安全生产形势持续好转。全年发生生产经营性事故 17 起，同比下降 37%；死亡 8 人，同比下降 11%。推行领导干部接访下访制度,认真实施信访积案化解“百日攻坚”行动,推进“以群众举报乡村干部腐败为切入点集中解决群众信访诉求问题”专项治理,狠抓信访维稳工作。全年信访总量 465 批 5001 人次,信访批次、人次同比分别下降 19%和 3%,进京非访人次同比下降 73%。坚持推进依法治县和民主政治建设,持续开展社会治安“六项整治”专项行动,深入推进“法治和顺”“平安和顺”“和谐和顺”建设,深入开展法律“六进”活动,顺利通过市级“六五”普法验收。坚持党管武装原则，完善军地齐抓共管国防后备力量建设机制，增强国防意识,促进军地融合发展,不断提升双拥共建水平,2015 年 6 月,被命名为“全省双拥模范县”。

五、创新实践,全面深化改革工作有序推进

加强对全面深化改革的领导，加大宏观调控和科学指导,强化跟踪问效,认真督促落实。加大推进简政放权改革力度,实施“权利清单”和“责任清单”制度,并在县政府网站对外公布。“两集中、两到位”改革基本完成,取消和调整 11 项行政审批事项。深化收入分配制度改革，最低工资标准由 1250 元增加至 1420 元。土地制度改革有序推进,全面铺开农村土地承包经营权确权登记颁证工作,清查摸底工作全部完成,测绘调查工作全面开展。全力推进金融体制改革,大力推广政府和社会资本合作 ppp 模式。贵都村镇银行入驻和顺县,有序运营。深化涉法涉诉信访改革,坚持领导接访、领导包案制度,规范引导群众依法反映诉求。扎实推进“六权治本”,突出制度约束,建立推行“一把手五个不直接分管”、党政“一把手”末位表态、“三重一大”集体决策等制度。以“权力瘦身”为“廉政强身”,真正把权力关进制度的“笼子”里。推进“阳光司法”工程、开展“法润和顺”系列行动。建立健全落实“两个责任”配套制度,配齐配强纪检干部队伍。实行干部考察人员资格证制度,改进干部考核考察工作。落实干部选拔任用工作全称记实、责任追究等制度。采取“三推三评”的办法,评选出优秀人才 93 名。

六、从严治党,党的建设科学化水平不断提升

聚焦主业,从严落实管党治党责任。牢固树立“党建第一政绩”的理念,坚持党建工作和中心工作同谋划、同部署、同考核,落实基层党组织党建工作经费 473 万元。在落实抓基层党建责任制上,实现党委(党组)党建述职“全覆盖”,构建述职、评价、考核三位一体的党建责任机制。切实把纪律规矩挺在前面,抓好新修订的《准则》和《条例》学习宣传贯彻,强化党章意识、纪律意识和规矩意识,组织全县党员干部开展《党章》《准则》和《条例》知识闭卷测试。以省委巡视三组专项巡视为契机,强化思想认识,坚持问题导向,狠抓 5 大类 15 项专项整改工作,做到事事有回音、件件有着落。

从严治吏,干部队伍建设凸显新活力。按照习近平总书记提出的“好干部”标准,结合实际,提出“思想正、作风硬、工作实、群众赞”的“和顺干部”标准,并作为干部选拔任用的准绳和标尺,倾力打造“和顺干部”名片。坚持“两挂钩、两不挂、两票决”干部选任模式,实行干部任前廉政审查、党风廉政“一票否决”制度,提高选人用人民主性和公信力。开展监督管理”一把手“试点工作,并在全县全面铺开,受到省、市的肯定。开展“三个一批”工作,从严甄别,从严考察,从严选任,调整干部 7 批(次)227 人,其中提拔 85 人(有 18 人为消化超值或理顺任职人员,也按新提拔程序选任),平调 112 人,免职 30 人，掌握使用一批好干部。认真组织开展干部超职超配、党政领导干部在企业兼职或领取报酬、”吃空饷”、干部档案造假等专项清理工作。

固本强基,基层组织建设迈上新台阶。坚持落实“党员活动日”制度,开展党员“挂牌明责亮身份”活动。扎实开展软弱涣散党组织集中整顿工作,整顿后进支部 47 个。投资 100 万元,小班制、封闭式、分类分批集中轮训骨干党员 23 期 1855 名。探索建立“互联网 + 党建”新模式,开辟“党建云”“和顺党员连心桥”“第一书记”微信群三个平台,实现互联互通、资源共享、组织联系党员全覆盖。坚持标准,严格程序,严把发展党员“入口”关。加大正面典型选树宣传力度,评选出“旗帜示范农村支部”36 个,制作专题片 10 期。新建村级组织活动场所 34 个。

树立形象,作风建设获得新提升。坚持把强化作风建设作为从严管党治党的重要抓手,聚焦八项规定,紧盯时间节点,从细节入手,从具体问题抓起,持续反对“四风”,切实把作风建设抓常抓细抓实。针对干部作风建设存在的具体问题,不断强化“八不准”要求,剑指群众身边、干部身上的最易发生、最难管理的“软腐败”问题,切实规范干部行为。把公开透明作为最好的“防腐剂”,通过县级领导干部“三公开”、科级干部“晒”日志、干部“周工作清单”、电视公开述职述廉等制度,接受群众监督、检阅。推行领导干部主动认真担责制度,以集体约谈和专题认责会形式,责任部门领导干部自觉认账认责认改,坚决杜绝“为官不为”和失职渎职问题。

廉洁从政,党风廉政建设实现新突破。严格落实“两个责任”，开展乡镇和县直部门单位党组织负责人向县纪委全委会“四述”活动,层层传导压力,确保责任落实。深化纪检监察机关“三转”,县纪委参与议事协调机构精简为 5 个。不断加强党风廉政教育,积极推进廉政文化建设,通过廉政教育基地、发送廉政短信。播放专题教育片、专家讲座、剖析身边发生的典型案例等多种形式,大力开展警示教育。通过谈话函询、集中约谈、组织处理等手段,及时“咬耳朵”“扯袖子”,对新任科级干部进行集体廉政谈话。坚持用好问责这个重要利器,持续保持惩治腐败的高压态势。一年来。立案 178 件,结案 173 件,结案率 97.2%。处分 169 人,其中轻处分 124 人,撤职以上重处分 45 人,移送司法机关 13 人,挽回经济损失 2002 万元。

（王　燕　魏爱军）

附：一、中共和顺县委书记、副书记、常委名单

书　记：孙永胜
副书记：马海军　赵成武
常　委：刘素英（女）　韩祥书　田忠贵　张海荣
　　　　任拥东　宋朝辉　黄　飞（3月离职，挂职）
　　　　夏成方（3月任职，挂职）

二、乡镇党委书记名单

义兴镇
书　记：刘彦云
李阳镇
书　记：李　明
松烟镇
书　记：奚爱忠
青城镇
书　记：郭　庆
横岭镇
书　记：师秀文
平松乡
书　记：李中瑞（11月离职）　张志坚（11月任职）
喂马乡
书　记：柳建斌
牛川乡
书　记：韩永军
马坊乡
书　记：张志坚（11月离职）　王爱斌（11月任职）
阳光占乡
书　记：田　芳（女）

中共昔阳县委工作概况

县委书记　丁雪钦

2015年，面对复杂严峻的经济形势，在市委、市政府的坚强领导下，昔阳县委深入学习贯彻习近平总书记系列重要讲话精神，不断巩固拓展“三严三实”教育成果，紧紧围绕全年工作目标，落实“两个责任”，推进“六权治本”，千方百计促改革，稳增长，调结构，惠民生，促廉政，保稳定，积极适应新常态，奋力开创新局面，全县经济社会发展继续保持平稳健康态势。

一、千方百计保增长，主要经济指标稳步提升

面对宏观经济异常困难的局面，昔阳县想方设法增实力，千方百计保增长，七项主要经济指标稳步提升。2015年，全县地区生产总值完成53.8亿元，同比增长8.6%；规模以上工业增加值完成21.1亿元，同比增长10.6%；固定资产投资完成109.9亿元，同比增长17%；社会消费品零售总额完成23.4亿元，同比增长6.5%；公共财政收入完成5.01亿元；城镇常住居民人均可支配收入完成21563元，同比增长8%；农村常住居民人均可支配收入完成7351元，同比增长8.5%。全县经济社会发展稳中向好，人民生活水平不断改善，综合实力进一步提升。

二、凝心聚力抓重点，产业转型步伐全面加快

昔阳县牢牢抓住结构调整、产业转型这个“牛鼻子”，改造传统产业，培育新兴产业，做大产业园区，努力打造经济“升级版”。工业转型实现新突破。抓住“项目提质增效加速年”契机，重点实施了阳煤一期22万吨烧碱和25万吨特种树脂、上海斯能风力发电、煤层气热电联产和大唐风力发电等20项转型工业项目，总投资达91亿元。目前，投资29.8亿元的阳煤氯碱一期工程主体已基本完工，设备安装和管线铺设已接近尾声；投资15.8亿元的上海斯能风电已并网发电，全县电力总装机容量达到550.2兆瓦；投资7.67亿的煤层气热电联产项目现已完成投资4100万元，各项工作积极推进。这些项目的实施，为全县加快工业转型奠定了坚实基础。在培育和扶持中小企业发展方面，全县实施了“一乡一企”和中小企业的“二次创业”和“倍增计划”，出资5500万元积极开展“助保贷”和“周转贷”业务，帮助民营企业破解融资难题。农业产业化实现新突破。按照“西菜东果中养猪，千家万户种蘑菇”的发展思路，昔阳县绿色蔬菜、干鲜水果、食用菌种植、生猪养殖、林下经济均取得了长足发展。目前，全县蔬菜种植面积达到2.3万亩，猪饲养量达到56.2万头，核桃干果经济林种植面积达16.8万亩，优质苹果种植面积达3.2万亩。双孢菇产业发展迅猛，种植面积达到140万平方米，覆盖全县11个乡镇101个村880户，农民人均增收640元。昔阳县成为山西省首家“国家级出口双孢菇质量安全示范区”为全县双孢菇拿到了出口认证，实现了农产品零出口的突破。配套建设了菌种培育、基料发酵、冰块制作、筐子加工、切片烘干、罐头加工等企业，形成了集研发、种植、生产、储存、加工、销售为一体的产业发展链条。全县林下经济发展势头喜人，种植“订单式”中药材1.6万亩，引进安徽华源医药集团投资1.2亿元的中药材加工企业，推动了中草药材产业的快速发展。旅游发展实现新突破。立足区位优势，改变营销策略，聘请旅游顾问，与深圳锦绣中华有限公司深度合作，大打“红色旅游、文化旅游、生态旅游”三张牌，打造了集山水风景、宗教文化、田园风光、渔村观光、探险体验和民居风情的“一点三线”旅游发展新格局。坚持历史、文化、体育、旅游等资源有机结合，举办了第二届“红叶作请柬，金秋到昔阳”大

型宣传活动,开展了“走进昔阳寻访‘亮剑’主战场”、“北魏石马寺古庙会”、“大寨老照片图片展”、“大寨‘农信杯’半程马拉松山地越野赛及自驾游”、“大寨‘农信杯’首届汽车场地越野邀请赛”等一系列文化旅游活动,开辟了11条体育旅游徒步线路和5条自驾游线路,全县旅游呈现“多点开花、齐头并进”的发展势头。2015年,接待游客达136.3万人(次),同比增长25.3%,实现综合收入11.6亿元。

三、持续发力打基础,发展后劲明显增强

昔阳县坚持城乡统筹发展战略,上项目打基础,抓建设强功能,城乡一体化协调推进,发展后劲增强。基础设施更加完善。投资3.79亿,实施了化工园区路、落雁头至学堂沟、上秦山至山庄头、沾岭路和北关至梁家沟等道路改造工程;投资3.06亿元,实施了口上水库管道输水、西水东调引水隧洞除险加固、河上水库、引漳入松等十大水利工程;围绕“政府主导、社会投资、互惠共赢”的开发思路,通过开发荒山荒坡、复垦废弃工矿和沉陷区、整理农村旧宅等措施,造地19237.79亩,占到全县耕地面积的近5%,是“十一五”期间新造耕地的12.9倍,不仅提高了农业生产综合能力,而且通过新增耕地缓解了工业发展和城镇建设的用地需求,增加了县财政收入,可谓“一举三得”。城市承载能力明显增强。围绕“三城同创”,全县用于县城基础设施建设、绿化亮化美化、改水改厕工程、城乡环境卫生整治等资金已超过2亿元。建成了5大公园(松溪、滨河、颐民、墺垴山、湿地)、40多个小游园,县城绿地率达到37.17%,绿化覆盖率达到39.2%,人均公园绿地面积14.69平方米;新建了南关村熟食加工市场、学府商业网点小吃城、东关机动车市场、昔阳特色小吃城等四大主题市场,基本形成了消费向市场集中、经营向市场集中、管理向市场集中的市场化运营格局;采取了政府购买服务的形式,通过招投标,委托洁城和万通两家专业化清运公司负责城乡的环境清洁,实现了全天候保洁。2015年,昔阳县顺利通过国家卫生城市暗访和国家园林城市验收。

四、坚持不懈惠民生,人民群众幸福指数显著提升

2015年,昔阳县始终把保障和改善民生作为一切工作的出发点和落脚点,坚持把有限的财力优先向民生倾斜,民生基础不断夯实,人民群众有了更多获得感。在民生改善上下足功夫。在全市第一家开通城市免费公交的基础上,今年又增加免费公交4辆,总数达到8辆,极大地方便了县城居民的出行;投资1.52亿元对61所薄弱校进行了改造和标准化建设,进一步推进了全县中小学和幼儿园均衡化发展;投资3000万元实施了晋祥养老院二期工程,届时可容纳1000余名70岁以上孤寡老人入住,将成为全省标准最高、规模最大的现代化养老院;投资9.4亿元开发新安小区、南岭小镇等10多个住房安居工程,有效解决了城镇低收入家庭的住房难问题;实施了“7+1”工程,(“7”即改造或新建一所标准化幼儿园、大众食堂、大众澡堂、村级卫生室、村民活动室、红白议事大厅和街心公园;“1” 即建设老年人日间照料中心),涉及546个项目,实现了全县行政村全覆盖,有效改善了农村生产生活条件。在保障体系完善上力求突破。新增城镇就业1583人,新转移农村劳动力3154人;3463名城乡低保人员得到救助,农村五保供养人员2079人,城乡医疗救助1276人,临时救助262人,发放各类救助资金420万元;落实社保补贴306万元;积极实施残疾人康复救助项目,购置辅助器具500件,完成白内障免费复明手术20例;实施了十大免费工程,推进了农田水利,道路畅通、文化设施建设和环境卫生综合整治等,群众反映强烈的问题得到有效解决。在教化民风上持续发力。广泛开展道德模范、身边好人等先进典型的推荐、评选和学习宣传,连续三届开展“昔阳好人”评选活动,昔阳县的好人典型不仅在全县反响强烈,而且在全国、全省、全市受到关注,5人被评为晋中好人,2人被评为山西好人,1人荣登中国好人榜,1人成为全国最美村官,“学好人、做好人”蔚然成风。2015年,昔阳县三岁女童张宏燕烫伤后,社会各界在短短一周内踊跃捐款58万元;出租车司机史瑞江荣获“全国见义勇为英雄司机”称号,善行义举逐渐深入人心,全县形象得到全面提升。

五、纪律规矩挺在前,党的建设全面加强

昔阳县坚持实处发力,把抓好党建、落实两个责任作为主责主业,努力确保党的建设全面从严,全面过硬。

教育贯穿始终。昔阳县委把习总书记系列重要讲话精神作为根本指针,坚持把“学讲话、学作风”贯穿工作全过程,不断引深学习讨论落实活动,扎实开展“三严三实”专题教育,达到了补钙、提神、鼓劲的效果。学习教育深入细致。始终坚持走出去和请进来、集中学和自主学相结合,县四套班子领导带头讲党课,带头蹲点调研,举办专题讲座,开展警示教育,开展中心组“学理论比比看”活动,各级领导干部真学真信,躬身实践,切实让“三严三实”要求入心入脑,带动全县学习教育深入开展。专题研讨聚焦准确。紧密联系自身思想、工作和生活实际,将自己“摆进去”,拉出问题清单和整改清单,认真撰写研讨材料和对照材料,先后组织了4次专题研讨,1月7日召开了县委常委班子专题民主生活会,做到了问题查摆实事求是、原因分析刨根问底、开展批评不留情面、整改措施对症下药,达到了“坚持真理,修正错误,统一意志,增进团结”的效果。针对问题立行立改。组织学习讨论落实活动“回头看”,对照清单逐项整改。开展“三资”清理和集中解决群众信访诉求问题专项整治,集中解决热点难点问题,党员干部作风进一步转变。结合“冬季行动”开展十大行动,推进了问题大起底、大排查、大整改,严的标准和实的作风成为全县干部的新风尚、新常态。

基础不断夯实。细化分解党建工作刚性指标6类25项,开展承诺践诺,实施基层党建“书记项目”44项,强化书记主业意识。实施“三个提升”,通过培养一批、带动一批、整顿一批,打造农村党建“升级版”。强化保障,改扩建农村活动场所22个,下派第一书记159名,提高农村干部工资待遇,人均

增资1000元。推进“两集中一改善”，建设“五小”工程，筑牢服务基础。2015年，全省农村基层党建工作现场会在昔阳县召开，受到了省市领导的一致好评。

纪律更加严格。加强新修订的《准则》和《条例》学习贯彻，强化纪律规矩意识。召开全县领导干部警示教育大会，以案为镜，及时给全县干部“醒脑提神”。及时咬耳朵、扯袖子，先后举办科级以上领导干部集中封闭学习研讨班、新任职干部廉政教育培训班，对重要岗位和重点部门负责人进行谈心谈话，及时提醒，防患未然。完成干部档案信息化建设，集中开展组织纪律、干部纪律、人事纪律等专项整治，切实挺纪在前。

责任全面落实。强化党风廉政主体责任，坚持以上率下，先后18次常委会专题研究党风廉政建设工作，4次听取县纪委工作汇报，组织开展“四述”大会3轮，开展约谈216次、418人次，逐级压实领导干部“两个责任”。注重教育监督，聘请18名党风廉政建设监督员，构建了全方位的监督体系。加大问责力度，出台了《昔阳县县乡纪委同级监督实施办法》、《昔阳县落实党风廉政建设“两个责任”问责办法》，以问责追责倒逼责任落实。全力支持纪委履责。不断强化纪委内设机构和人员配备，发挥纪委执纪监督能力，对乡村干部问题大起底，先后进行了4轮督查，开展明查暗访24次，整改问题43个，对监督不力的2名纪检干部给予了党纪处分，查处违反中央八项规定精神问题15件，给予党政纪处分22人。2015年，全县共初核各类问题线索277件，同比增长121.6%；立查案件213件，同比增长76%；结案214件，同比增长81.4%。处分党员干部210人，同比增长81%，其中乡科级19人；撤职以上重处分54人次；移送司法机关14人，形成了有力震慑。

（刘利国）

附：一、中共昔阳县委书记、副书记、常委名单

书　记：丁雪钦

副书记：王根元　张　弛　郭跃鹏（3月任职，挂职）

常　委：孔爱科（9月涉嫌违纪违法被免职）
郭丰慧　李　军　郭春林　马建军
王玉成（4月离职）　柴颖则（4月任职）

二、乡镇党委书记名单

乐平镇

书　记：王志刚

大寨镇

书　记：赵继胜

李家庄乡

书　记：魏鹏耀

三都乡

书　记：尚田柱

赵壁乡

书　记：张胜利

闫庄乡

书　记：耿　华（女）

皋落镇

书　记：王江平

界都乡

书　记：张月清（女）

东冶头镇

书　记：裴素青

孔氏乡

书　记：赵　鹏（11月离职）　张兴华（11月任职）

沾尚镇

书　记：程海华

西寨乡

书　记：张向明

中共寿阳县委工作概况

县委书记　郝鹏鸿

2015年，寿阳县委全面贯彻落实党的十八大和十八届三中、四中、五中全会精神，按照“四个全面”战略部署和省委学习讨论落实活动的总要求，坚持全面管党从严治党，坚决扛起“两个责任”，努力践行“三严三实”，认真落实稳增长、促发展、保民生、保稳定职责，全县经济社会和党的建设取得了新进步。

一、严守党的政治纪律和政治规矩，坚决以习近平总书记系列重要讲话精神指导工作

寿阳县委坚持把党的政治纪律和政治规矩摆在首位，把学习贯彻习近平总书记系列重要讲话精神作为重大政治任务，组织各类学习活动38次。坚持挺纪在前，深入开展学《准则》、学《条例》系列活动。

深入开展学习讨论落实活动。县委班子带头剖析全县政治生态，26次组织专题汇报、督导讨论和分析例会，3次召开常委会反思剖析，全面完成37项重点整治任务，制定出台201项制度，解决296个民生热点、难点问题。

扎实推进“三严三实”专题教育。县委常委会3次专题研究、13次集体学习，组织全县副科以上领导干部举办9期专题讲座。开展4次专题研讨，带头征求1814条意见建议，拉

出119项不严不实问题清单。严格落实三必谈、六对照、六反思要求,深入谈心谈话,全面对照检查,深刻反思剖析,专题民主生活会得到市委主要领导肯定。

二、坚决扛起“两个责任”,深入推进党风廉政建设和反腐败斗争

全面落实“两个责任”。寿阳县委坚持把加强党风廉政建设作为首要任务,5次研究党风廉政建设工作,制定出台落实主体责任实施细则,分解48项具体任务,配套10项制度。组织召开全县“两个责任”推进大会,在全市率先组织乡镇、城区和重点部门党委书记“四述”会议;对16个乡镇、城区和64个单位的一把手进行集体约谈。制定出台加强县、乡纪委同级监督的实施办法,对虚于应付、落实不力的单位一把手进行责任追究。

着力形成并持续保持反腐败、反“四风”的高压态势。寿阳县委主动认账认责认改,扎实推进巡视整改。全年初核案件数、立案数、结案数、处分党员数大幅增长。深入开展领导干部顶风大操大办借机敛财、收送礼金红包两个专项整治,率先实行公车私用、大操大办、工作日午间饮酒三个一律免职。

三、积极应对困难挑战,全力推动县域经济社会健康发展

寿阳县委牢牢把握稳中求进的总基调,千方百计稳增长、促发展。2015年,全县地区生产总值完成88.8亿元,增长5%;规模以上工业增加值完成36.3亿元,增长5.1%;固定资产投资完成115.7亿元,增长18.7%;社会消费品零售总额完成24.6亿元,增长5.6%;公共财政收入完成5.9亿元,减少19%;城镇常住居民人均可支配收入29091元,增长6.9%;农村常住居民人均可支配收入11217元,增长7.5%。

(一)抓项目,力促经济转型。全面实施项目精细化管理,推行并联审批等8项制度。全年实施54个重点项目,完成投资108.7亿元,六位一体综合考核位居全市前列。全年投产重大转型项目20个,非煤产业增加值增长4.8%,提供税收增长12.3%,一产、三产产值占比分别提高1.3、4.8个百分点。“一四三二一”五大新型工业加速发展,国新能源10亿方天然气煤层气综合示范园区建成投产;阳煤40万吨乙二醇项目首期20万吨即将投入试产,二期正在积极推进;强伟纸业30万吨石膏护面纸项目全部达产,成为亚洲最大的造纸企业;兰凯博200万吨醚基燃料项目顺利推进;全县新型电力能源项目落地产能突破1000兆瓦,明泰国能低热值煤发电项目快速推进,7个新能源发电项目、300兆瓦机组实现并网发电。此外,河北建投电力项目正在加紧运作,晋汉高科技生物园项目进展过半。创新引领互联网+新业态,全县电商企业发展到5家,美淘村、煤老大在全国众筹大赛中脱颖而出,成功跻身全国市场。

(二)促改革,释放发展活力。实行煤炭资源税从价计征。17个公共基础设施重点项目启动PPP运作,出台金融振兴10条措施,助保贷、升级贷等金融产品有效缓解企业融资难题。公务用车改革扎实推进,年节支率达到7.06%。建立农村产权流转交易中心,完成194个村土地确权清查摸底、135个村登记颁证。深化医药卫生体制改革,完成三级医疗机构基础建设任务,通过全国基层中医药工作先进单位复审。

(三)重民生,推动成果共享。民生支出增长8.6%。全面推行群众利益保障制度,办成467件实事。引深两集中一改善和三百活动,化解基层纠纷471件,代办事务1.4万项。城镇新增就业、创业带动就业、失业人员再就业、农村劳动力转移等指标超额完成目标任务,城镇登记失业率0.87%,被评为全省创业型城市。启动机关事业单位养老保险制度改革,城乡居民医疗、养老保险覆盖率和保障标准稳步提高。为159个困难家庭解决住房问题,建成保障房660套,改造农村危房837户。职业中学对口就业率提高到76%,实现小学至高中12年教育免学费,被评为全国义务教育发展基本均衡县。新增造林2.1万亩,森林覆盖率提高1.8个百分点。

(四)保稳定,创优发展环境。实施平安寿阳守护工程,建立矛盾纠纷大调解体系,配备专职调解员40名,健全专业性调解组织7个,成功调处各类矛盾纠纷403起。打防结合解决信访问题,推行四套班子攻坚信访制度,化解68个老大难问题,信访形势实现根本好转。狠抓安全生产,严格落实党政同责、一岗双责,持续引深六打六治,全年各项安全生产指标稳定控制在市定范围。

四、加强干部队伍建设,提高履职能力

坚持从严治吏。深入推进“三个一批”,率先对纪检和组工干部开展六查,对34个乡科级领导班子进行分析研判,对674卷干部档案进行自查。推行“三项清单”管理考核干部制度,列出728项权力清单、1921项责任清单,实行月度考核、台账管理,将问题清单与考核评定、选用干部等六挂钩。推行3+1任前实绩公示制度,开展超职数配备干部专项整治行动;严格执行《党政领导干部选拔任用工作条例》,调整干部7批次,其中3名乡镇党政正职均从乡镇干部中产生,强化了注重基层、倾斜一线的干部选任导向。

推进“六权治本”。结合实际明确两单、两图、一平台5个具体抓手,确定了21项重点任务。严格执行五不直接分管,突出八整治、十公开进行一把手限权监督。深化政府部门限权清理,29个重点部门和依法承担行政权力的事业单位率先完成清单制定。推动“六权治本”向乡村延伸,4个乡镇试点工作扎实推进。

五、全面加强党的建设

强化基层基础。开展联述联评联考,召开基层党建述职大会。推动基层党组织晋位升级,选派39名第一书记定点包帮,46个后进支部实现转化升级。建成基层活动场所31个,创建红旗场所52个、达标场所141个。优化党组织设置,整合规范8个党委、11个基层党组织,新成立18个村级党支部。推动在职党员进社区上门服务,实行空巢老人、老党员、

残疾人一对一帮扶，33个单位和8个社区建立共建联系。实施农村党员十星双评，评出优秀党员1799名、合格党员7181名，对15名后进党员实行帮扶转化、限期整改，构建了党员管理长效机制。

推进法治寿阳建设。制定出台法治寿阳建设实施意见，建立完善重大决策听取意见、听证、合法性审查、集体讨论和责任追究制度。支持人大、政协发挥法律监督和民主监督作用，在全市率先推行人大代表联系点制度，县委统战部门合署办公模式在全省推广。

加强思想文化建设。深入开展"三大讲堂"，全年举办275场次；围绕两反两创，深化陈规陋俗专项整治，红白理事会实现全覆盖，全市现场会在寿阳县召开。继常慧珍之后，安永义、郭唐珍荣登中国好人榜。创作拍摄电影《好人常慧珍》、《党的女儿—尹灵芝》等文艺精品。开展全民文化活动季活动12场、26项，实施六大文化惠民工程，傩舞爱社在全省第二届文博会上成功展演。

（生　辉　张晓斌）

附：一、中共寿阳县委书记、副书记、常委名单

书　记：郝鹏鸿
副书记：史　洁
常　委：侯成元　陈德刚　张峻德　张保平
　　　　傅艳红（女）　范亮珍　龙海涛（4月离职）
　　　　牛继文（4月任职）

二、乡镇（城区）党（工）委书记名单

朝阳镇
书　记：孙金忠
南燕竹镇
书　记：常拴林
马首乡
书　记：姜明亮
宗艾镇
书　记：吴志明
平舒乡
书　记：杨海军（3月因违纪违法开除公职）
　　　　王云虎（10月任职）
解愁乡
书　记：张江涛
温家庄乡
书　记：张海平
平头镇
书　记：李志义
松塔镇
书　记：宋润平
景尚乡
书　记：史敬海
上湖乡
书　记：潘慧琴（女）
羊头崖乡
书　记：郭丽君
西洛镇
书　记：冀俊武
尹灵芝镇
书　记：岳俊文
丹凤城区
书　记：付建民
滨河城区
书　记：李莉峰（女）

中共阳泉市委工作概况

市委书记　陈永奇

2015年，中共阳泉市委团结带领全市广大干部群众，深入贯彻落实党的十八大和十八届三中、四中、五中全会精神，深入学习贯彻习近平总书记系列重要讲话精神，遵循"五位一体"总体布局和"四个全面"战略布局，牢固树立"五大发展理念"，按照省委"五句话"的总要求和对阳泉工作的重要指示，全面推进经济、政治、文化、社会、生态文明建设和党的建设，在开创弊革风清、富民强市的征程中取得新进展、新成效。

一、深入学习贯彻习近平总书记系列重要讲话精神，扎实开展"三严三实"专题教育

坚持把深入学习贯彻习近平总书记系列重要讲话精神作为首要政治任务，全年共组织常委会、理论中心组、全市性大会等各类学习51次。坚持"双学"，市委常委带头先学一步、学深一层、学以致用，一级学一级、一级抓一级、一级带一级。通过学习教育培训，全市党员干部进一步统一了思想、提高了认识，更加自觉地在思想上、政治上、行动上与以习近平同志为总书记的党中央保持高度一致，更加坚决地贯彻落实中央和省委、省政府的决策部署，并结合阳泉实际，创造性地开展工作。

深入开展"三严三实"专题教育。开展"严以修身"、"严以律己"、"严以用权"专题研讨，列出问题清单、整改清单，分别建立了清单库。坚持边查边改，深入开展专项治理，严肃查处

基层干部不作为乱作为等损害群众利益问题。聚焦严肃党内政治生活、严明党的政治纪律和政治规矩,以周永康、薄熙来、令计划等为反面典型,特别是结合洪发科"三个典型",开展警示教育,针对性地制定了整改措施,从市级四套班子领导做起,严肃纪律,转变作风。同时,选树身边先进典型示范带动干部。深入开展"冬季行动",打好"八大战役",实现"两手抓、两促进"。

二、严格落实管党治党政治责任,全面加强党的建设

牢固树立抓好党建是最大政绩的理念,落实党要管党、从严治党要求,全面加强党的建设。

(一)坚持以上率下,从严从实落实"两个责任"。制定了《关于落实党风廉政建设主体责任的若干措施》《约谈办法》《问责办法》。层层传导压力,集体约谈县区委书记、纪委书记,对48名市管干部问题线索进行谈话函询处置,市级领导下沉到联系县区、分管领域,研究改进措施。及时学习宣传贯彻《准则》《条例》。坚持"一案双查",对落实"两个责任"不力的4名县处级、16名乡科级党员领导干部给予党政纪处分。

(二)始终保持"三个高压态势",坚决遏制腐败增量,消除腐败存量。2015年,全市各级纪检监察机关共立案492件,同比增长108.5%;处分违纪党员干部688人。全年市级会议、文件、"三公"经费同比分别下降14.3%、9%和32.6%。共打掉黑社会性质组织犯罪团伙1个、恶势力犯罪团伙13个,抓获犯罪嫌疑人89人,破获各类刑事案件118起,查扣涉案金额3000余万元。把握运用好"四种形态",一些干部主动向组织说明情况、讲清问题,全市35581廉政账户收到主动上交款项1100余万元。

(三)扎实推进"六权治本"。成立领导机构,制定工作方案,专题研究部署,积极推进"两清单、两张图、两平台、一网络"建设。在全省率先完成政府系统权力清单和责任清单编制工作,并"合二为一"为权责清单挂网运行,积极推进负面清单编制工作。制定出台了《加强常委会自身建设的意见》《常委会议事规则》《重大行政决策合法性审查办法》。强化行政监察和审计监督。严格执行预算外或新增资金、人事调动、政府投资工程建设项目招投标等管理办法。积极推进"六权治本"向乡村延伸,全面推行郊区"六议两公开"先进经验。

(四)加强干部队伍建设。认真贯彻《干部选拔任用条例》,打好"三个一批"组合拳,出台了干部选任"1+5"规程和办法,按照"六查"机制,先后完成了县(区)委书记推荐工作和机构改革单位主要领导调整、个别市管党政和企事业班子空缺职位调配工作,共调整干部63人。认真落实中央《推进领导干部能上能下若干规定(试行)》和省委相关规定,提早开展调研,研究实施细则,进一步健全干部"能下"机制。去年以来,全市共提拔干部13人,调整退出干部11人,处理不作为、乱作为干部37人。着力解决干部管理宽、松、软问题,检查个人报告事项185人,开展了领导干部出国(境)专项检查整治工作。

(五)加强基层组织建设。研究部署实施"五大提升工程"。制定了关于加强基层党组织建设"1+3"系列文件,健全完善了农村、社区、机关等重点领域基层党建制度机制。认真落实基层干部报酬待遇。全面推行"联村党委"经验,进一步优化农村基层党组织设置。深入开展"领头雁"培训,对软弱涣散基层党组织进行集中整顿,选派204名第一书记到村任职。开展处置不合格党员试点工作,对77名不合格党员进行了处置。

三、坚持以经济建设为中心,狠抓发展第一要务

努力稳定经济运行,着力调整经济结构,呈现出经济缓中趋稳、稳中有进、工作稳中有为的良好态势。全市生产总值实现正增长,居民收入稳步增长,固定资产投资保持较高增速,约束性指标和民生指标全部完成目标任务。

经济运行缓中趋稳。认真贯彻落实省委、省政府稳增长决策部署,定期召开经济形势分析会,研判经济形势,采取应对措施。加大投资力度,扎实开展"项目提质增效年"活动,突出抓好十大领域"1215"工程,重点推进十大标志性项目和十大重点工程包,"六位一体"任务全部完成。积极扩大消费需求,大力发展电子商务,稳定外贸发展。加大招商引资、招才引智力度。全力帮扶企业,共为企业减负17亿元。认真落实支持中小微企业发展政策,设立1000万元的中小企业发展基金、5000万元的综合产业扶持基金、3000万元的高新技术产业发展基金。积极扩大"助保贷"业务覆盖面。扩大大用户直供电试点。

结构调整稳中有进。按照"28"字调产思路,努力做好煤与非煤两篇文章,着力促进产业转型升级。在稳定煤炭方面,加快现代化矿井建设,全市煤炭产量保持稳定;优化煤炭产品结构,提高原煤入洗比例;清费降税减负,推进煤电联营,加快就地转化利用,延伸产业链条,推进"六型"转变。在加快电力方面,河坡2×35万千瓦项目已经发电,盂县鑫磊2×35万千瓦项目开工建设,阳煤西上庄2×66万千瓦项目正式核准,国际能源裕光煤电2×100万千瓦、阳煤远盛2×35万千瓦项目正在等待环评审批;加快新能源项目建设,中广核盂县风电两期10万千瓦并网运行,晋阳光伏发电一期5万千瓦项目并网运行,二期中的3万千瓦项目已建成、2万千瓦项目正在推进,特别是布局实施了220万千瓦采煤沉陷区国家先进技术光伏发电基地建设,这些项目建成后,阳泉将进入千万千瓦电力装机行列,真正成为新型综合能源基地。同时,有序推进盂县—河北南网500千伏输变电工程,提高外送电能力。在扩大煤化方面,乙二醇项目一期20万吨即将竣工。与此同时,阳泉市做强装备、创新冶金、重组耐材、做大旅游,大力发展高新技术产业,百度云计算6万台服务器正式投用,中兴环能等一批在孵企业中试加快。三次产业结构调整为1.8:49.7:48.5。大力发展县域经济、园区经济、总部经济、飞地经济、循环经济、楼宇经济"六种经济",特别是飞地经济发展取得新的成效。

统筹城乡发展。认真落实各项强农惠农富农政策，持续加大财政对“三农”的投入力度。克服严重自然灾害，粮食总产量达2.49亿公斤，属历史上丰年。大力推进农业产业化，畜牧、核桃、蔬菜等主导产业稳步发展，小杂粮、中药材、食用菌等新兴产业加快发展。深入推进农村综合改革，农村土地承包经营权确权登记颁证工作走在全省前列，加快农村土地流转和产权流转交易市场建设，改善农村人居环境“四大工程”扎实推进，完成省定任务的132.3%。多措并举促进农民增收。圆满完成新型职业农民培训4000人的省定任务。继续加大旧城改造和新城建设力度，完成了一批重大基础设施建设。大县城建设和省级重点镇建设稳步推进。户籍制度改革扎实推进，2015年阳泉市常住人口城镇化率达到65.86%。同时，加强城市环境综合整治，加快城中村、棚户区改造步伐，不断提升城市形象。

全面深化各领域改革。以综改试验区建设为统领，统筹抓好七大领域改革工作，201项改革任务基本完成。深化煤炭管理体制改革。全面落实煤炭资源税从价计征改革政策，共为企业减负7.6亿元；市级涉煤审批事项由32项减少到15项。深化公有制企业改革，照相馆、理发馆、澡堂等国有商贸服务企业实现民营化改制，水泵厂、阀门厂等重点工业企业“退城进园、搬迁改制”工作启动实施，5户地处城区、长期停产发展无望的企业破产关闭前期工作全部完成。市直部门所属企业第一批脱钩改制工作全面完成。继续深化行政审批制度改革。为优化发展格局，积极实施行政托管，开发区行政托管郊区5个村、平定1个村。在正式启动省级科技创新示范市试点的同时，又争取到国家中小城市综合改革试点、全国城区老工业区搬迁改造、独立工矿区改造搬迁政策支持，争取上级政策支持取得明显成效。

积极推进“三个突破”工作。召开了全市“三个突破”推进大会，分别出台《实施意见》。在科技创新方面，加强高新技术创业园、科技孵化器、企业研发机构科技创新服务体系建设。设立了首支市级高新技术投资发展基金，目前基金规模已达3000万元；积极打造创新平台，现已建成或在建科技孵化器5家，入孵企业累计达90余家。成立了上海股交中心阳泉市企业挂牌孵化基地。在金融振兴方面，以“1+X”的形式出台了《实施意见》和三个《实施细则》，积极推进城商行增资扩股和农村信用社改制工作。金融行业增加值占比达到9%。严厉打击非法集资，营造良好的金融环境。在发展民营经济方面，成立了全市促进民营经济发展领导小组，召开了民营经济发展座谈会。认真贯彻落实国家和省相关政策措施，采取市领导对口帮扶的方式，帮助企业解决困难和问题。

四、统筹推进各项事业发展，社会保持和谐稳定

发展社会主义民主政治，加强精神文明建设。加强党的集中统一领导、发挥党委领导核心作用，市委常委会听取了市人大、市政府、市政协、市中级人民法院、市人民检察院党组的工作汇报。支持人大及其常委会依法履职，支持人民政协履行政治协商、民主监督、参政议政职能。加强党外代表人士队伍建设，加强民族宗教工作，积极做好对台工作、侨务工作，做好援疆工作。充分发挥工会、共青团、妇联等人民团体作用。加快推进法治阳泉建设，“六五”普法成效明显。大力弘扬社会主义核心价值观。全面启动省级文明城市创建。文艺精品创作取得新突破，刘慈欣作品《三体》获得世界科幻文学最高奖“雨果奖”。坚持党管武装各项制度，扎实开展双拥共建，军民融合发展向纵深推进。

着力保障和改善民生。民生支出占公共财政支出比例持续达到80%以上。积极开展创建国家级创业型城市工作，新增就业2.5万人。全市城镇社会保险参保率达到97.8%，城乡低保、农村五保对象供养标准继续保持全省先进水平，城镇居民基本医保、新农合等标准大幅提高。教育、卫生、体育等领域工作继续走在全省前列。推进机关事业单位养老保险制度改革。超额完成省下达的保障房建设任务。大力推进精准扶贫、精准脱贫，年脱贫7500人。省定“五件实事”全部完成。积极推进节能减排和生态环境保护，依法开展关闭取缔土小企业专项行动。全市环境空气质量明显改善，市区二级以上天数达到267天，优良率为73%。大力实施造林绿化和生态环境治理修复工程，全年完成营造林11.22万亩。着眼于打基础，利长远，顺应群众期盼，开工建设投资45.8亿元、总长79公里的全省第一条地方全资铁路——阳大铁路，实施城市饮用水水质改善工程，重新启动搁置10年之久的娘子关二期供水工程，加快建设日处理能力8万吨的污水处理二期工程，为阳泉市未来几十年生活、生产、发展奠定了坚实基础。

狠抓安全生产和信访稳定工作。全面落实“党政同责、一岗双责、失职追责”要求，采取“四不两直”方式，对安全生产情况进行督查抽查，以煤矿、道路交通、危险化学品、消防等行业和领域为重点，全面开展安全生产专项整治，严格事故处理、严格责任追究。2015年，全市各类生产经营性事故起数和死亡人数分别下降22.73%、36.84%，煤炭百万吨死亡率为0.04，特别是杜绝了重特大生产安全事故。信访工作成效明显，扭转了“小市大信访”被动局面，在专项治理中，中央、省交办重点信访案件办结率、化解率均为100%；深入推进“平安阳泉”创建工作，全力构建社会治安立体防控体系，群众安全感满意度不断提升。

深入贯彻党的十八届五中全会和省委十届七次全会精神，召开了市委十一届六次全会暨全市经济工作会议，审议通过了《中共阳泉市委关于制定国民经济和社会发展第十三个五年规划的建议》，明确了“十三五”全面建成小康社会的指导思想、目标任务、工作路径和工作重点，确立了向东开放桥头堡、晋东区域中心城、转型发展先行市、城乡统筹示范区的发展定位，描绘了未来5年发展蓝图。安排部署了2016年的工作，提出了践行“五大理念”(即，创新、协调、绿色、开放、共享发展理念)，突出“四项工作”(即，党风廉政建设和反腐败斗争、“两学一做”教育、“六权治本”、基层组织建设)，实施

“四大攻坚”(即,正风反腐、转型升级、安全生产、信访稳定),强化“两大支撑”(即,全面深化改革、全面创新驱动),推动“六大发展”(即,创新发展、协调发展、绿色发展、开放发展、共享发展、廉洁和安全发展)的要求。

(戚高伟)

附:中共阳泉市委书记、副书记、常委名单

书　记: 洪发科(7月免职)　陈永奇(11月任职)

副书记: 陈永奇(11月离职)　董一兵(11月任职)　王旭明

常　委: 杨永生　王混洲　李利生　刘　星(11月离职)　李云峰　李定武　巩　成(12月任职)　王帅红(4月任职)　田桂明

中共阳泉市城区区委工作概况

区委书记 张 晋

2015年,城区区委全面贯彻落实党的十八大和十八届三中、四中、五中全会精神,遵循“五位一体”总体布局和“四个全面”战略布局,按照省委“五句话”的总要求和市委的决策部署,攻坚克难、综合施策,奋力推进城区创新发展、协调发展、绿色发展、开放发展、共享发展、廉洁和安全发展,全区呈现出经济平稳增长、改革有序推进、民生不断改善、社会和谐稳定、党建全面加强的良好局面,城区被列为第三批“全国社区治理和服务创新实验区”,这是山西省被民政部确认的唯一一个实验县区。

一、坚持用习近平总书记系列重要讲话精神武装头脑、指导实践、推动工作,执政能力进一步增强

坚持把学习贯彻习近平总书记系列重要讲话精神作为重要政治任务,通过区委常委会、区委理论中心组学习会、全区领导干部会议等形式,深入学习贯彻党的十八大、十八届三中、四中、五中全会精神和习近平总书记系列重要讲话精神,真学真懂、真信真用,进一步增强了讲政治、讲大局、讲团结、讲担当的政治定力和执行定力,在思想上、政治上、行动上始终与党中央和省委、市委保持了高度一致。精心组织、扎实推进学习讨论落实活动,把“领导带头、以上率下”作为最基本的工作方法,坚持从严导向、问题导向、目标导向,坚持边学边改、边整边改,通过引深学习讨论、深刻反思剖析,制定整改措施,实施专项整治,抓好了6个方面、23项任务的落实,进一步统一了思想,凝聚了共识,振奋了精神。认真学习以习近平同志为总书记的中央领导集体优良作风,自觉践行“三严三实”要求,大力开展“冬季行动”,由区委常委和政府副区长牵头成立六个工程指挥部,以攻坚会战之势推进理论武装、党建夯实、服务提质、安保维稳、环境整治、项目攻坚“六大工程”,以作风的改进提升了加快发展的精气神,以实干的行动增进了干部群众的鱼水情。

二、形成并保持“三个高压态势”,党风廉政建设进一步加强

形成并保持惩治腐败的高压态势。坚持零容忍、无禁区,加大查处力度。全年共立查案件14件,给予党政纪处分28人,其中处分科级干部17人。层层传导压力,强化责任追究,区委常委和副区长分别约谈分管部门或对口单位负责人55人次,对落实“两个责任”不力的3个单位进行了严肃问责。制定出台了《“两个责任”责任追究办法(试行)》《关于落实主体责任和“一岗双责”的工作方案》等制度。对全区2008年以来涉纪信访线索进行了大起底、大排查,做到了件件有落实,事事有回音。形成并保持狠刹“四风”的高压态势。组织全区党员干部集中学习了新修订的《中国共产党廉洁自律准则》和《中国共产党纪律处分条例》。坚持把纪律和规矩挺在前面,开展任前廉政谈话26人次,函询约谈30人次,对5起典型案件进行了通报,对教育系统违反中央八项规定精神的有关责任人进行了严肃处理。持之以恒正风肃纪,紧盯“四风”隐形变异问题,狠抓重要时间节点,对违规收送礼金、红包问题、领导干部顶风大操大办婚丧喜庆等借机敛财问题开展专项整治,对基层干部不作为乱作为等损害群众利益问题开展了专项整治,立案查处3件,给予党政纪处分8人,诫勉谈话4人。形成并保持打黑除恶的高压态势。坚持“有黑必打、有恶必除,打早打小、露头就打”的原则,深入推进打黑除恶专项斗争,共打掉黑恶势力犯罪团伙1个,抓获5人,破获案件3起,维护了全区社会治安大局的稳定。扎实推进“六权治本”。召开了全区推进大会,成立了领导组和办公室,制定了实施方案。结合实际,突出特色,围绕“三清单、两张图、两平台、一监督”载体建设,着力打造“3+3”阳光用权工作体系和“七合一”监督制度体系,扎紧制度“笼子”。把落实中办、国办《关于推行地方各级政府工作部门权力清单制度的指导意见》和省委《实施意见》作为工作重点,推动全区各级各部门全面梳理职权事项,科学编制并公布了权力清单,编制完成了行政职权运行流程图。区、街道、社区三级政务服务平台初步建成,司法、城市管理、教育三个重点领域行政权力公开效果明显。党内监督、人大监督、民主监督、行政监督、舆论监督、审计监督和司法监督“七合一”监督体系初步形成。

三、聚精会神抓党建，管党治党科学化水平进一步提升

“三严三实”专题教育扎实推进。区委常委以身作则、率先垂范，高标准严要求，讲认真动真格，带头讲党课，带头深入分管单位和基层开展调研，带头就习近平总书记“三严三实”重要论述、党章党规等规定内容开展集中学习6次，专题研讨4次。认真开展批评与自我批评，抛开面子、揭短亮丑、坦诚相见，党内政治生活进一步严肃。坚持问题导向，突出整改落实，对查摆出的班子存在的117条“不严不实”问题，制定了整改措施194条；对班子成员个人存在的366条“不严不实”问题，制定整改措施753条。对党的群众路线教育实践活动确定的27项整改任务和学习讨论落实活动37项专项整治任务进行了“回头看”。基层组织建设巩固提高。健全“一委一居一站”社区治理新架构，构建起了以社区党组织为核心、居委会为主体、社区服务站为依托的新型社区治理服务体系；初步完成5个软弱基层党组织整顿工作，42个机关党组织完成集中换届，新建党组织2个，调整9个，撤销4个。全面落实机关联系基层、干部联系群众“双联系”机制，扎实推进“联述联评联考”，各级党组织书记基层党建工作主体责任不断夯实，书记抓、抓书记的党建工作格局初步形成。基层党建投入不断加大，社区干部待遇大幅提高。完成了大学生社区干部3名定向选聘，9名公开选聘考试工作。开展处置不合格党员试点工作，共处置11名不合格党员，不合格党员退出机制初步形成。选人用人风清气正。旗帜鲜明树立“德才兼备、以德为先、以廉为基”用人导向，积极稳妥推进了“三个一批”工作。成功补选了新的区人大常委会主任和4名副主任，选拔了6名优秀年轻科级干部到市直部门挂职，对14个区直单位和2个街道的科级领导班子的主要领导和个别副职进行了调整配备。对4名不作为、乱作为和不能正常履职的科级干部免去了领导职务。

四、狠抓发展第一要务，经济发展进一步提质

贯彻“五大发展”理念，适应经济发展新常态，应对经济下行压力，统筹推进稳增长、促改革、调结构、惠民生、防风险各项工作，全区经济在克服困难中坚韧前行。全年地区生产总值完成152亿元，同比增长1.0%。服务业增加值完成132亿元，同比增长5.5%。规模以上工业增加值完成5.1亿元，同比下降7.8%。全社会固定资产投资完成33.1亿元，同比增长4.4%。社会消费品零售总额完成158亿元，同比增长3.9%。城镇居民人均可支配收入实现27700元，同比增长7.2%。一般公共预算收入完成27299万元，同比下降3.8%。产业转型成效显著。实施电子商务引领发展战略，天元电商孵化园投入运行。培育壮大健康服务业和养老服务业，建成了全市首家集医疗、养护于一体的老年护理中心。全力推进科技创新、民营经济和金融振兴“三个突破”，着力破解要素制约、激发发展活力。出台了《阳泉市城区鼓励大众创新创业实施意见》，建成了科技型小微企业创业孵化中心——“芝麻开门”众创孵化基地，13家科技型企业现已入驻。设立了中小微企业发展专项资金，积极搭建融资平台，全年共为22户企业提供增信贷款2320万元，累计贷款额度达5260万元。项目建设加快推进。按照全省“项目提质增效年”工作要求，进一步完善了项目建设“六位一体”的工作机制，加快推进重点工程项目建设，超额完成年度任务。积极推进老工业区搬迁改造，《阳泉市城区老工业区搬迁改造实施方案》已经国家、省、市批准，进入实施阶段。重点改革蹄疾步稳。编制出台了《资源型经济转型综合配套改革试验2015年行动计划》，积极推进经济结构转型。科学编制政府权责清单，出台了《阳泉市城区人民政府部门权力清单》，推行权力清单制度涉及部门25个，权力清单总数1090项。事业单位分类改革加快推进。行政审批制度改革不断深化，建成运行区行政审批服务大厅，审批服务基本实现了“两集中，两到位”。

五、加快建设法治城区，依法治区水平进一步提高

“法治城区”逐步深化。执法、司法规范化建设成效显著，司法公信力进一步提升，全社会文明程度和依法治理水平不断提高。依法决策机制不断健全，广大人民群众在推进依法治区中的作用明显增强。依法行政扎实推进，公正司法、守法用法的社会秩序逐步形成。积极开展法律服务“六进”活动，“六五”普法成效显著。民主政治建设不断加强。区人大始终坚持党的领导、人民当家作主、依法治国的有机统一，依法加强了对“一府两院”的监督；区政协紧紧围绕全区工作中心开展视察调研、民主协商、参政议政等工作，为区委科学决策积极建言献策；圆满完成区委统战部、区工商联、区民族宗教局和区侨联合署办公，城区台办被中央台办评为“对台宣传工作先进单位”，上站德胜街社区被评为“山西省民族团结进步模范单位”。“平安城区”扎实推进。大力实施“六六创安”工程，立体化治安防控体系初步形成，社会治安秩序明显好转。大调解体系不断完善，网格化管理逐步健全，社会矛盾纠纷排查化解和“平安志愿者”招募工作实现常态化。信访工作机制进一步健全，积案化解成效显著，“两会”、纪念抗战胜利七十周年活动、十八届五中全会期间等重大节点信访形势总体稳定，实现了“四下降一上升一好转”的良好态势。

六、加强宣传思想文化工作，文化软实力进一步凸显

积极培育践行社会主义核心价值观，开展了中国人民抗日战争暨世界反法西斯战争胜利70周年纪念、烈士纪念日和“萌娃”系列公益广告宣传等活动；启动“城区好人”评选活动，3名学生被评为省“美德少年”，1人被评为“山西好人”。小阳泉南社区党支部书记、主任杨艳荣被评为山西省“最美社区干部”。德胜街社区入围全国志愿服务“四个100”“最美志愿服务社区”候选名单，是阳泉市唯一入围“最美志愿服务社区”候选名单的社区。公共文化服务体系继续完善。成功举办“2015·阳泉城区首届体育舞蹈全国公开赛”，5省20个地

市的32支代表队伍参赛。选送7个项目200余件展品参加省文博会,获得3项优秀展位奖和7项个人作品奖,是城区组织参展项目最多、取得成绩最好的一次。文艺精品不断涌现,《觅踪追凶》荣获第三届中国昆山微电影创作大赛优秀奖,微电影《传家》杀青,并申报山西省重点文艺作品扶持奖励项目。

七、切实保障和改善民生,群众福祉进一步拓展

社区治理创新突破。召开了全区创建"全国社区治理和服务创新实验区"动员大会暨"幸福社区"命名大会,探索了"三社联动"社区治理模式,共建成"幸福社区"32个,小阳泉南社区被评为"全国和谐社区建设示范社区"。截至2015年底,登记和备案社区社会组织241个,社区内驻地联建、部门联创、自治组织及居民群众互动的多元化治理局面基本形成。大力发展社区养老,建成21个社区老年日间照料中心,率先在全市推出"云健康"养老服务,建立了首个健康养老信息化服务平台,以居家为基础、社区为依托、机构为支撑的多样化社区养老服务体系初步形成。大力推广社区服务项目化管理,完善"十进社区"活动长效机制,初步建立起了面向全体居民,主体多元、设施配套、功能完善、机制合理的社区服务体系。社会事业全面发展。全年民生支出44159万元,占一般公共预算支出的84.65%。义务教育优先发展,顺利通过"全国义务教育发展基本均衡县(市、区)"评估验收。就业形势总体稳定,城镇登记失业率控制在3.5%。社会保障体系逐步完善,覆盖全区所有人群完善的社会保障制度基本建成。城市社会救助体系进一步完善,成为全国"救急难"综合试点。低保标准大幅提高,实现了应保尽保。严格落实保障性住房政策,全区享受廉租住房保障家庭共1576户4728人。公共卫生和医疗服务体系更加健全,在省卫计委、省财政厅考核2014年度国家基本公共卫生服务项目中,城区获全省第一。安全生产形势持续稳定,全年未发生一起生产性死亡事故。

八、加强生态文明建设,城市管理进一步精细

稳步推进省级文明城市创建工作,不断引深"清洁城区"创建,全区绿化覆盖率和绿地率分别达到37.11%和33.54%,人均公共绿地面积16.67平方米,建成1条省级容貌示范街、1条省级保洁示范街、10条餐饮环保示范街;4条"门前三包"管理示范街、4条容貌示范街(巷)、4条保洁示范街(巷)、16个清洁社区、20个清洁示范小区,市容市貌明显改观,城市品位全面提升,连续20年获得省级"卫生城区"称号。建成了"智慧城区"综合服务管理平台,城市管理信息化水平进一步提高。深入推进大气污染防治工作,环境空气质量明显改善,辖区二级以上优良天数达到267天,优良率达到73%。

(叶瑞平)

附:一、中共阳泉市城区区委书记、副书记、常委名单

书　记:张　晋(6月任职)
副书记:武　雪(女)　任时杰
常　委:李保存　杨献斌　李昱平　刘志军　胡秀毅　田　青　王志伟

二、街道党工委书记名单

上站街道
书　记:高　鹏
下站街道
书　记:温敏芬(女)
北大街街道
书　记:宋燕明(11月离职)　李常银(11月任职)
南山路街道
书　记:刘广顺
义井街道
书　记:李丽萍(女)
坡底街道
书　记:路永青(11月离职)　王海军(11月任职)

中共阳泉市矿区区委工作概况

区委书记　梁志勇

2015年,矿区区委在省、市委的正确领导下,深入学习贯彻党的十八大、十八届三中、四中、五中全会精神和习近平总书记系列重要讲话精神。立足"四个全面"战略高度,紧紧围绕省委"五句话"总体要求,团结带领全区各级党组织和广大干部群众,强化思想理论武装、提升基层组织建设、促进区域经济发展、狠抓"两个责任"的落实,深入推进"六权治本",扎扎实实地推动全区各项事业取得了新进展、新成效。

一、强化理论武装,全面加强思想政治建设

坚持把思想政治建设放在首位,全面加强理论学习和思想道德建设,认真落实区委理论中心组学习制度,全年组织学习14次。以学习贯彻党的十八大、十八届三中、四中、五中全会精神为主线,以全面落实习近平总书记系列重要讲话精神为重点,坚持"请进来"与"走出去"相结合,认真抓好干部教育培训,先后举办9个主体班次;组织85名科以上领导干部分两批赴井冈山革命教育基地开展"加强党性修养、践行

'三严三实'"教育;创设并举办3期"矿区干部教育论坛",分别邀请国防大学、省委党校、北京航空航天大学的专家教授登台授课,搭建了一个兼具开放性和包容性的干部教育新平台;组织全区472名机关干部、2555名事业单位人员参加"山西干部在线学院"网络学习。全区各级领导班子和党员干部能够自觉运用政治理论武装头脑、指导实践、推动工作,用战略思维、创新思维、法治思维和底线思维解决问题的能力不断提升,用矿区党员干部履职尽责"四有""十二条"为履职标准干事业、谋发展的氛围进一步形成,贯彻执行中央和省市委决策部署的思想自觉和行动自觉进一步增强。

二、夯实基层基础,全面贯彻从严治党要求

一是加强组织领导,抓好班子建设。区委高度重视党的建设工作,坚持以贯彻落实"三严三实"要求为发展动力,紧紧围绕加强党的执政能力建设和为民务实清廉这条主线,全面落实党要管党、从严治党的方针,深入推进党的建设,为"富民强区"提供坚强有力的政治保证和组织保障。切实履行全区党建工作"第一责任人"的职责,继续深化由区委组织部牵头抓总,纪委、宣传、机关工委等部门共同参与的基层党建工作联动机制,将党建工作纳入全区目标责任考核体系,加大考核权重,全面加强了对基层党建工作的领导。在工作中,建立健全了基层党工委书记亲自抓、分管书记靠上抓、支部书记具体抓的党建工作责任制。区委在7月中旬至8月上旬开展了"领导干部集中调研月"活动,分别由区委常委、区政府领导带队组成12个调研组,深入各街道社区、政府机关就党建工作进行专题调研,征求到意见建议380余条,逐条研究对策,解决落实。

二是夯实基层组织基础,党务工作水平不断提升。切实加强全区服务型党组织建设。配备5名街道专职组宣委员,建成38个党代表社区服务点,开展了"党代表集中接待月"活动,区级领导入驻工作室53次,接待群众71人次,收集到的84条问题、建议全部得到答复;采取新建、改扩建、租赁、开发配建等方式对11个社区办公用房进行改造,社区办公环境明显改善;建立了软弱涣散基层党组织定期排查机制和排查工作台账,进一步加大推进整顿软弱涣散基层党组织晋位升级工作力度;积极把驻地单位的党员和群众吸收到"四议两公开"的参加范围,决议议题152个。组织近400名社区干部参加24期"领头雁"培训班,段南沟社区党工委副书记任红梅在省、市培训班上作了经验交流。

三是强化思想引领,为创建文明城市汇聚强大正能量。把构建社会主义核心价值体系作为推进文明城市创建工作的重要内容,大力开展创建省级文明城市工作。紧密结合公民思想道德建设,开展了"家风故事会"、"践行核心价值观,争做向上好青年"等为主题的实践活动,涌现出了一大批先进人物和感人事迹,赵泉祥荣获"全国最美清洁工"和"全国先进工作者"荣誉称号,侯明华荣登"中国好人榜",全区积极向上的正能量不断凝聚,干事创业的氛围更加浓厚。《阳泉矿区总部经济发力》《阳泉矿区质监"四抓四建"推进党建工作》在《山西日报》《山西经济日报》等省级媒体刊登。目前,已创建成国家级文明单位1个,省级文明单位6个、市级文明单位29个、区级文明单位72个,省级文明社区3个,市级文明社区10个,区级文明社区12个,区域文明和谐程度不断提高。

四是深入开展学习讨论落实活动,着力构建风清气正政治生态。严格按照省、市委的要求,坚持从严导向、问题导向、目标导向,认真落实主体责任,切实把活动抓在手上。全区192个党组织和4500余名党员干部积极参与,通过深入学讲话、学作风,党员干部的思想认识进一步提高;通过开展专题讨论,深刻反思剖析,从严管党治党意识明显增强;通过落实"两个责任",保持"三个高压态势",党风廉政建设和反腐败斗争不断深入;通过匡正选人用人风气,推进"六权治本",风清气正的政治生态逐步形成;通过聚焦突出问题,集中开展专项整治,人民群众反映强烈的热点难点问题得到回应和解决,6方面23项任务扎实有序推进,取得了68项具体成果。

五是全面贯彻从严治党要求,扎实开展"三严三实"专题教育。全区发放学习资料2700余册,组织集中学习106次,讨论交流38次,举办专题研讨24场,查摆出问题193条,制定整改措施193条。区级领导调研89次,征求意见建议320条。区委常委带头执行"自选动作",做到了"六个带头,六个先行一步"。即:带头讲党课,在筑牢思想上"先行一步";带头落实包保制度,在工作实践中"先行一步";带头到居住地报到,在"在职党员进社区"活动中"先行一步";带头以普通党员身份开展联系活动,在结对帮扶中"先行一步";带头深入党代表工作室,在履行职责中"先行一步";带头以双重身份参加生活会,在严肃党内生活中"先行一步"。领导干部"三严三实"的表率作用进一步彰显,全区上下以"严"的精神和"实"的作风推进工作落实的氛围进一步浓厚。

六是全面推进法治建设,认真落实"六权治本"决策部署。制定了《贯彻实施<党的十八届四中全会精神,加快推进法治矿区建设的实施意见>重要举措分工方案》,召开了以"加快法治矿区建设,学习宪法、遵守宪法"为主题的法治矿区建设工作推进会。组织成立了矿区推进"六权治本"领导组,6名区级领导分别担任各6个专项小组组长。制定完成了《矿区推进"六权治本"工作实施方案》,确定了六个方面45项具体任务,各项工作均按时间要求全部落实。第一批58项行政审批类权力清单全面公布,梳理完成了943项权利清单,涉及到的22个相关部门,均制作完成了权利运行流程图。建立完善了对"一把手"、部门、重点岗位、关键环节权利制衡的28项制度,坚持用制度管人管权管事,为进一步加强党的建设、改进干部作风、促进为官有为建立起坚强的制度保证。

七是认真落实维稳工作措施,和谐稳定大局持续巩固。"一社区一法律顾问"实现全覆盖,各级人民调解组织共调解各类纠纷143起,调解率100%,调解成功率达98%。进一步促进社会公平、正义,积极构建起构建和谐社会。高度重视新

形势下的群众工作,深入开展“以群众举报基层干部腐败问题为切入点集中解决群众信访诉求问题”专项治理活动,坚持区级党政领导干部轮流值班接待群众来访,共接待群众72批591人次;“五包一”稳控措施、“一案一策”稳控办法成效显著。全年解决或化解信访案件551件,中央、省、市转办的24件信访事项全部办结,信访态势总体向好。被评为全省“抗战胜利70周年纪念活动期间信访工作先进集体”。

三、坚持稳中求进,努力提升区域综合实力

一是全区经济实现平稳健康发展。面对宏观经济持续低速运行的不利形势,积极抢抓机遇,应对挑战,强化措施,乘势而为。地区生产总值全年预计完成110亿元;全社会固定资产投资完成99亿元;一般预算收入完成2.95亿元;城镇居民人均可支配收入达到2.7万元;社会消费品零售总额完成23.2亿元,位居全市第一。矿区获国家独立工矿区改造搬迁工程试点后,积极争取上级补助资金1.24亿元,一批基础设施项目、民生项目得以顺利实施,有力助推了经济社会发展。

二是总部经济带动效应显现。区委坚持把创优环境、服务阳煤作为始终如一的工作来抓,把发展总部经济作为破解“有天没地”瓶颈的重要抓手,克服不利经济形势影响,通过协调引进总部企业30家,全区围绕阳煤集团经营的总部类企业达到421户,实现纳税3.6亿元,较2011年翻了一番,对促进经济发展、涵养增加税源起到了积极作用。继续探索发展“飞地经济”。包装项目79项,总投资472.8亿元;签订合同协议项目16项,协议利用外来资金70.26亿元;实际到位资金33.56亿元,综合排名全市第一;双隆办公设备建设项目已完成投资1000万元,桃林沟鑫利达游乐园等33个项目已对外营业。

三是调研论证推动区划调整。“有天没地”是长久以来制约矿区发展的主要瓶颈,区委着眼全局,立足长远,紧紧围绕“环渤海经济区、京津冀一体化”协同发展等重大战略机遇,将推动区划调整作为一项重要工作来抓,抽调精干力量,成立了矿区统筹城乡发展调研领导组,经过2个多月充分的前期调研,拿出了行政托管的具体建议方案,先后召开20余次专题会议进行反复论证,邀请专业人士进行深入论证咨询,并广泛征求人大代表、政协委员、驻地企业及社会各界的意见,就行政托管中、托管后可能存在的各种问题,多次与市直有关部门沟通协商,并制定出具体应对措施。目前,《行政托管方案》已正式上报市委、市政府。《方案》的获批在矿区发展史中必将具有里程碑的意义。

四、坚定不移抓落实,党风廉政建设不断引向深入

一是统筹推进全区党风廉政建设工作。3月4日,矿区纪委召开了八届五次全体会议。会议回顾总结了2014年矿区党风廉政建设和反腐败工作,并对2015年工作作出安排。4月27日—5月14日,分7个考核组,组织对全区70个单位2014年度落实党风廉政建设责任制进行了考核验收,按照考核方案要求,对考核结果进行了通报,其中优秀单位16个,良好单位40个,一般单位4个,一票否决单位10个。

二是深入学习宣传贯彻《中国共产党廉洁自律准则》和《中国共产党纪律处分条例》。为全区基层党组织和党员购买发放巡视工作条例、廉洁自律准则和纪律处分条例单行本4900余本,组织全区科级以上干部集中聆听市委巡讲团的专题解读,组织全区党员干部和入党积极分子开展知识竞赛答题活动。多种形式的学习宣传,使党的纪律内化于心,真正把党章党规党纪的权威性、严肃性树立起来。

三是认真落实“两个责任”。认真落实区委《关于落实党风廉政建设主体责任和监督责任的实施意见》,制定印发了《关于落实党风廉政建设区委主体责任和纪委监督责任清单》。其中主体责任:区委班子6条,区委书记4条,区委常委其他成员4条;区纪委监督责任6条。并提出了建立健全组织领导、责任分解、压力传导、履责报告、考核评价、责任追究6个方面的工作机制,以保证“两个责任”推进落实。

四是层层传导压力,推动工作落实。在建党94周年之际,区委、区纪委与各主体责任单位实行了“签字背书”制度。区委书记、区纪委负责人与区委组织部、区委宣传部、区委统战部、区委政法委4个部门和区人大、区政府、区政协、区法院、区检察院5个党组及5个街道党工委主要负责人签订了14份党风廉政建设责任书,由领导主体、责任主体、监督主体三方责任单位盖章,由领导责任人、主体责任人、监督责任人三方责任人签字,形成“单位与单位之间,责任人与责任人之间”的责任压力传导机制。同时,要求14个主体责任部门,按照“两个责任”清单,在所属部门和分管系统进行再分解、再具体、再落实。12月15日,区委书记集体约谈5个街道党工委书记、纪工委书记和5个区直社区党工委书记。全年共接收问题线索77件,给予9人党纪、政纪处分,对8人进行了诫勉谈话。通过层层传导工作压力,努力形成“一级抓一级、一级管一级,一级对一级”逐级负责的责任体系。

(宋　博)

附:一、中共阳泉市矿区区委书记、副书记、常委名单

书　记:梁志勇(5月任职)
副书记:刘乙佑　冉志伟
常　委:王宝新　高海明　王晓丽(女)
吴亚非(4月离职)　王　洪(4月任职)
候彦军(5月离职)　王富明(6月任职)
张世庆

二、街道党工委书记

沙坪街道
书　记:李俊萍(女)
赛鱼街道
书　记:彭　平
蔡洼街道

书　记：刘　恒
桥头街道
书　记：李新宇
平潭街街道
书　记：周拉弟（女）
贵石沟街道
书　记：王德珍（女）

中共阳泉市郊区区委工作概况

区委书记　苏秀瑞

2015年，在省、市委的正确领导下，区委扎实开展"三严三实"专题教育和学习讨论落实活动，深入推进"六权治本"，继续实施"五大战略"，全区经济社会各项事业取得了新进展。

一、坚持从严治党，全面加强党的建设

按照从严治党、从严治吏要求，阳泉市郊区严格落实党风廉政建设"两个责任"，始终把纪律和规矩挺在前面，全面加强党的建设，为经济社会发展提供了坚强保障。不断加强政治理论学习。坚持把学习贯彻习近平总书记系列重要讲话精神作为一项政治任务，通过区委常委会、区委理论中心组专题学习会、全区干部大会、山西干部在线学习等形式，认真学习党的十八大、十八届三中、四中、五中全会精神和习近平总书记关于"三严三实"、"四个全面"等重要论述，学习贯彻《中国共产党廉洁自律准则》《中国共产党纪律处分条例》等党内法规，学习贯彻省委、省政府"五句话"总要求，以及市委、市政府的具体工作部署。区委常委带头并推动"双学"，不仅深入学习习近平总书记系列重要讲话内容，而且学习以习近平同志为总书记的中央领导集体"崇尚实干、勇于担当、廉洁自律"的优良作风和省委、省政府、市委、市政府领导同志政治坚定、一心为民、马上就办、真抓实干的工作作风。区委常委自觉在"学系列重要讲话"上深化，在"学优良作风"上"看齐"，一级学一级、一级抓一级、一级带一级。通过学习，全区广大党员干部进一步统一了思想、凝聚了共识，切实增强了政治意识、大局意识、核心意识、看齐意识。严格落实党风廉政建设"两个责任"。先后18次召开专题会议，制定了关于落实党风廉政建设党委主体责任和纪委监督责任的两个"意见"，明确了班子主要领导及其成员的职责和任务分工。区委、区纪委强化环节管理，对乡镇、区直部门开展专题约谈106人次，突出责任追究，层层传导压力，逐级压实责任。积极支持纪委落实"三转"要求，聚焦主责主业，锲而不舍落实八项规定精神，弛而不息纠正"四风"问题。为各乡镇配备了专职纪检监察干部，并在全市率先配齐了村专职纪检委员，形成了区乡村三级纪检监察网络。2015年，共立案102件，同比增长155%，结案102件，同比增长155%。处分党员、监察对象140人，同比增长137%，撤职以上重处分34人，移送司法机关8人。其中，查办涉及侵害群众利益案件50件，查办"三资"案件15件，持续保持了惩治腐败的高压态势。扎实推进"三严三实"专题教育。坚持把"三严三实"专题教育作为加强干部思想政治建设和作风建设的重要举措，融入各级干部的日常教育和工作生活中，构建了律己从严、干事务实的作风建设长效机制。区级班子围绕"三严三实"主题，组织集体学习43次，专题研讨22次，深入查找了班子和个人"不严不实"问题，并列出问题和整改"两个清单"，逐条逐项整改，确保作风建设持续用力、久久为功。深入开展学习讨论落实活动。按照省、市委安排部署，区委在县级单位、各乡镇和区直部门党员干部中开展了学习讨论落实活动，区四套班子围绕"两个责任"、从严治吏、"三个高压态势"、"三个一批"、深化改革等方面开展调研，查找班子和个人存在的突出问题，深刻剖析了问题产生的原因，并制定了相应整改措施，进一步营造了弊革风清的良好氛围。加强干部队伍管理。先后出台了《区级领导班子成员年度工作满意度测评办法》《科级干部选拔任用工作规程》《科级领导班子及干部问责办法》《村级组织权力责任清单》等各类规定，形成了完整、系统的制度体系，进一步加强了干部日常规范化管理，真正把权力关进了制度的"笼子"。深入开展了以"马上就办、真抓实干"为主题的干部转变作风、工作提升效能活动，确定了落实"两个责任"、开展"郊区激情文化建设"、加快区域经济发展等10场攻坚战，确保了全区重点工作稳步推进。不断夯实基层党组织建设基础。按照"五好"标准，以服务型党组织建设为载体，连续3年对36个村级组织进行集中整顿，转化率达100%。对新任"两委"班子成员、村级专职纪检委员、村民代表以及"两委"主干家属进行了培训教育，形成了全方位覆盖的教育体系。以河底镇、政法系统为试点开展了处置不合格党员试点工作，进一步强化了党员宗旨意识。按照"一定五有"制度，对连任9年以上正常离任，且年满60周岁的"两委"主干，按月发放生活补贴，进一步激发了村干部干事创业激情。按照省委"六权治本"工作要求，针对以往一些村存在的村务管理不公开、干部决策不民主等问题，在全区深入开展了村民自治规范化管理活动，创立"六议两公开"工作法，村民自治更加规范民主。2015年，全市推进"六权治本"工作现场会在我区召开，河北曲阳、浙江余杭、湖南浏阳，以及我省、阳泉市一些兄弟县区先后来我区参观学习。努力营造多元宣传氛围。紧紧围绕中心工作，实现了宣传高度、广度与深度的全面突破。《"九项承诺"给村官戴上"紧箍咒"》等五篇报道先后在新闻媒体刊播；中央党校专家教授、人民日报和山西日报记者分别到郊区针对落实"六权治

本”、推进“六议两公开”和村民自治规范化管理工作进行调研，并专题报道；小河村大型记录片《记住乡愁》《远方的家》，以及三都村拒卖死山鸡《温暖的拒绝》等相继在央视国际频道和新闻频道播出。同时，区级媒体围绕区委、区政府重点工作推出《选好带头人，建设新农村》《“六权治本”看郊区》《聚焦重点工程》《走乡村，看旅游》等一系列报道，为我区转型发展营造了浓厚氛围。

二、主动适应新常态，千方百计稳定经济增长

面对“三期”叠加、经济下行压力持续加大的实际情况，区委主动适应新常态，全力以赴促发展。2015 年，全区生产总值完成 80.73 亿元，增长 2.1%；公共财政预算收入完成 4.45 亿元，完成市调整任务；规模以上工业增加值完成 14.97 亿元，增长 0.4%；全社会固定资产投资完成 90.48 亿元，增长 18.2%；社会消费品零售总额完成 14.9 亿元，增长 4%；农村居民人均可支配收入达到 12124 元，增长 7.1%；城镇居民人均可支配收入达到 22195 元，增长 6.4%，全区经济发展取得了一定成绩。重点工程项目进展顺利。重点工程项目开(复)工 55 项，完成投资 57.56 亿元。全面完成市下达“六位一体”考核任务。区定 8 大工程、8 大项目顺利推进，荫营城区环城绿化工程全面完工，河坡电厂 2×35 万千瓦项目已竣工投产。阳大铁路郊区段征迁工作和西上庄煤电一体化项目稳步推进。传统产业坚韧前行。全区煤炭产量完成 251.4 万吨，完成税收 7022 万元；耐火制品完成 79.9 万吨，完成税收 6478 万元；水泥完成 172.9 万吨，完成税收 2886 万元；铸件完成 1.2 万吨，冶金铸造完成税收 783 万元；装备制造上缴税金 1783 万元。传统产业步履维艰。现代农业发展加快。全区现代农业项目完成投资 5.5 亿元，北庄鑫海种植完成投资 720 万元，青岛昌盛光伏大棚项目顺利开工。汉河沟生态农业经济园、宝鑫养殖、三昇果业等 3 个省级现代农业示范园项目顺利推进。全年生猪出栏 7.5 万头，蛋鸡存栏 192 万只。全区“513”龙头企业销售收入完成 3.22 亿元。桃林沟村被农业部认定为“全国一村一品示范村”。乡村旅游势头良好。“刘关张忠义文化走廊”建设全面启动，旧街保安龙泉沟户外运动基地正式开业。“阳泉美在郊区”系列宣传片在媒体播出，汉河沟“首届晋阳府醋文化节”、咀子上“山楂花节”等推介活动成功举办。晋阳府食醋、融昇源树莓等一系列农副产品已转化为特色旅游商品走向市场。全年旅游业接待人数突破 100 万人次，同比增长 28%。小河村成为全市首家“中国景观村落”，辛庄村成为“山西省休闲农业与乡村旅游示范点”。各项改革稳步推进。按照省委、省政府“三个突破”要求，积极制定工业稳增长、科技创新、金融振兴、民营经济四个“十条”；继续推行“助保贷”业务，纳入“重点企业池”的中小企业达到 55 家，累计办理助保贷 9620 万元；大力开展土地收益保证贷款试点，进一步完善了与信用联社、邮储银行的合作平台建设，协调发放种养殖贷款 385 万元；组织召开了金融振兴暨“政银企”融资对接洽谈会，帮助中庸陶粒砂、西上庄煤电一体化等 6 家项目单位与金融机构签署了总额达 40.6 亿元的合作贷款意向书，努力帮助企业破解融资难问题。同时，全年共申请专利 390 件，万新科技孵化器顺利启动运营，4 家企业被认定为省级民营科技企业，下千耐火材料公司被确定为国家知识产权优势企业。

三、抢抓阳泉生态新城建设机遇，积极改善城乡人居环境

阳泉郊区在积极支持阳泉生态新城建设的同时，努力提升荫营城区品位，大力改善人居环境，城镇化建设步伐不断加快。漾泉大道二期完成投资 3.3 亿元，路面工程建设有序推进；珍宝园小区完成投资 3.64 亿元，15 栋住宅楼主体完工，具备交房条件；三泉、魏家峪、大西庄棚户区改造工程全面开工；荫营镇区 8 平方公里建设规划基本完成，建成区绿化率达 42%。开工建设荫营河防洪治理项目工程，完成镇区供暖热电联产改造工程，基础设施进一步改善；大力实施乡村清洁工程，所有行政村全部配齐了环境卫生管理队伍和清扫保洁人员，农村面貌进一步改善。去年，全区二级以上优良天气达到 285 天，优良率为 78.9%。

四、认真办好“八件实事”，增强人民群众的幸福感和获得感

认真落实中央和省、市各项惠民政策措施，年初承诺的八件民生实事全部兑现。完成 167 所村级卫生所改造，医疗签约服务实现全覆盖；落实荫营城居民惠民水价补贴政策，开通荫营城免费循环公交，对校车进行财政补贴；通信网络光纤化改造工程全面完工；“四个一批”就业帮扶工程扎实推进，全年共筹集就业资金 1200 万元，开发、搜集、提供各类就业岗位 3000 余个。同时，边远山村任职教师岗位津贴、村办幼儿教师工资补贴全面落实，8 所幼儿园新改扩建、中小学幼儿园饮用水净化工程全面完成。文化惠民活动扎实推进，“百花放映”千场电影惠万民活动开幕式在郊区顺利举办；大力推进残疾人事业，区精神和智力残疾人托养中心竣工落成。

五、狠抓安全信访稳定工作，营造和谐发展氛围

严格按照省委“安全发展”要求，在区、乡两级和重点企业实现了安全生产党政同责“五个全覆盖”，深入开展安全生产大检查和重点行业领域专项治理行动，完成市下达的安全指标，安全形势向好发展；全年共查处非法采矿案件 31 件，查扣大型非法采矿设备 56 台(辆)，始终保持了打击私挖滥采的高压态势；坚持“抓信访就是抓民生，抓信访就是抓发展”的理念，制定《关于规范信访秩序，依法处置非访行为十二条实施意见》，创新“三会一书”信访工作法，及时解决人民群众合理诉求；深入开展打黑除恶专项斗争、“城中村”社会治安整治专项行动，对全区“天网”工程进行全面升级改造，实现了重点区域“全覆盖”。郊区连续 3 年获得“省级平安县区”称号。按照中央和省、市的安排部署，进一步加强和改进党的群团工作。同时，人大、政协和统战、武装，以及工、青、妇

等群团组织围绕中心、服务大局，各项工作都取得显著成效。2015年，阳泉郊区获得“全国农村基层团建示范县”称号；荫营镇三都村杨占利、田俊丽夫妇荣获“感动山西”十大人物。

（刘　宏）

附：一、中共阳泉市郊区区委书记、副书记、常委名单

书　记：苏秀瑞

副书记：韩加政

常　委：孙　毅　王振杰　田进勇　王建华　张斌武　杨兆权

二、乡镇党委书记名单

荫营镇

书　记：张斌武（5月离职）　段拥军（5月任职）

河底镇

书　记：段拥军（5月离职）　郭智英（5月任职）

平坦镇

书　记：郭智英（5月离职）　黄瑞刚（5月任职）

义井镇

书　记：韩晓东

李家庄乡

书　记：王永平

西南舁乡

书　记：王红卫（5月离职）　常　征（5月任职）

杨家庄乡

书　记：史丽娟（女）

旧街乡

书　记：李仁照

中共平定县委工作概况

县委书记　杨自明

2015年，平定县委在省、市委的正确领导下，认真学习贯彻党的十八大和十八届三中、四中、五中全会精神，全面贯彻落实省市委各项决策部署，依靠全体委员的共同努力，团结带领全县干部群众，按照中央“四个全面”战略布局和省委“五句话”要求，把握大局、迎难而上，围绕“小微企业富民，大中企业强县，唱响千年文化，建设美好平定”的思路目标，紧扣“积蓄力量打基础，务实担当谋发展”的主线，积极适应新常态，统筹抓好经济、政治、文化、社会、生态文明和党的建设，全县呈现出政治稳定、人心思进，各项事业蓬勃发展的良好态势。“十二五”规划确定的主要任务基本完成，新常态下实现了新发展，为“十三五”顺利开局打下坚实基础。全县地区生产总值实现84.72亿元，同比增长2.9%；规模以上工业增加值完成26.72亿元，同比增长1.61%；全社会固定资产投资完成161.83亿元，同比增长18.93%；社会消费品零售总额完成32.93亿元，同比增长4.66%；公共财政预算收入完成4.83亿元，同比增长13.14%；财政总收入完成9.32亿元，同比下降0.75%；城镇居民人均可支配收入完成24445元，同比增长7%；农村居民人均可支配收入完成10957元，同比增长7.3%。

一、主动适应新常态，发展改革、富民强县迈出新步伐

县委坚持抓发展第一要务，统筹推进抓项目、扩投资，抓帮扶、稳增长，抓改革、增活力，经济发展和各项改革取得新成效。

（一）经济下行压力加大情况下，实现了稳定增长。从2015年各项主要经济指标增速排名情况看，地区生产总值、规模工业增加值、公共财政预算收入、城镇居民人均可支配收入、农村居民人均可支配收入5项全市第一，固定资产投资、社会消费品零售总额、财政总收入3项位居全市第二，排名总体全市靠前。除财政总收入外，其余7项经济指标增幅均实现了正增长，其中公共财政预算收入、固定资产投资两项增幅均超过10%，经济发展好于预期。

（二）着力做好“煤与非煤”两篇文章。全年生产原煤219万吨，洗选煤788万吨，发电60亿千瓦时。全年新兴产业项目投资占全县工业企业固定资产投资项目比重达到89.84%。非煤产业税收占财政总收入的比重达到95.88%。服务业比重达到42.26%，比上年提高2.06个百分点。扎实开展“项目提质增效年”活动，针对项目实施过程中资金筹措、建设用地、拆迁扫障等方面的困难问题，积极做好协调和服务工作。阳煤乙二醇、天元绿环、蒙牛物流基地等重点工程项目加快推进，“六位一体”任务全部完成。积极向上争取独立工矿区改造搬迁、采煤沉陷区治理等各类项目资金和贷款近6亿元。王家庄现代化工产业园累计投入6亿多元。刻花瓷文化园二期工程、冠山舍利文化园等重点文化产业项目建设取得进展，全年旅游综合收入1784万元，同比增长43%，娘子关村被授予“中国乡村旅游模范村”。平定县与阳煤集团、中电投、深圳贝特瑞、葛洲坝电力、中国企业报集团等省内外大企业、大集团建立了战略投资合作关系，招商引资工作取得了新成效。

（三）大力推进“三个突破”，破解发展难题。认真落实省市有关部署，结合平定县实际推进科技创新、金融振兴和民营经济发展。强化政策引导和帮扶落实力度，研究出台了促进中小微企业加快发展实施意见，设立2000万元发展基金，

是平定县近年来“含金量”较高的政策性文件。狠抓企业减负62条的落实,取消、下放涉企行政权利事项253项,减轻企业负担2.5亿元。小微企业呈现出创业“火种”越烧越旺的喜人局面,全年新发展小微企业2578户,同比增长89.4%;中小微企业实现现价总产值72.19亿元,上缴税金2.71亿元。《山西日报》头版对平定县做法予以报道,并刊发了评论员文章。实施科技创新战略,积极培育科技型小微企业,申报高新技术企业3家;发展省级民营科技企业2家,市级专利申报试点企业3家。以全省金融振兴重点联系县、省级普惠金融实验区建设为抓手,大力推进金融振兴,财政投入2360万元增信资金,开展“助保贷”、“农保贷”业务,累计为95个企业发放贷款1.9亿多元。

(四)高度重视“三农”工作。认真落实各项强农惠农政策,持续加大“三农”投入力度,大力推进农业现代化。粮食总产量达到0.85亿公斤。大力推进农业产业化,畜牧、核桃、蔬菜等主导产业稳步发展,中药材、食用菌等新兴产业发展迅速,生猪、蛋鸡、肉鸡饲养量分别达到23万头、230万只、600万只,“一村一品”专业村累计达到114个,“513”龙头企业达到10个,农产品加工企业实现销售收入9.77亿元,同比增长22.8%。有序开展土地确权登记颁证工作,清查面积42.35万亩,农村集体“三资”管理专项清理整治扎实推进。新发展农民专业合作社49个,实现了行政村全覆盖。农村电商方兴未艾,向日葵科技平台、名邦农业电子商务运营中心等投入运行,阳泉特产网在平定县建成开通,促进“工业品下乡和农产品上线”双向流通,通过“互联网+”拓宽了市场,提高了收益。平定县被评为“全省农产品质量安全县”。

(五)加强基础设施建设。大力推进农村人居环境四大工程和城市人居环境改善四大工程,扎实开展国家卫生县城创建工作。实施县城供水保障、农村饮水安全、污水处理提标改造等工程,县城污水实现达标排放。县城燃气用户达到5万户,集中供热用户达到4.84万户。完成村通水泥(油)路提质工程43.6公里,完成张果老洞、冠山舍利文化园等旅游公路建设25.2公里,阳泉汽车客运南站平定总站主体基本完工,王家庄产业园西入园路、二中路等建成通车,城市人均道路面积达到6.1平方米。大力推进美丽宜居示范村三级联创活动,娘子关镇和张庄镇分别被评为“国家园林城镇”、“山西省园林城镇”,冶西镇上南茹村被命名为全国“现代新村”。

(六)全面深化改革,增添发展动力和活力。实施转型综改“2015年行动计划”,积极推进9项重大改革、14项重大事项、20个重大项目和2个重大课题。深化政府机构改革,厘清公布了政府部门行政审批类权力清单,基本完成行政执法类权力清单编制工作。县行政审批服务中心搬入新址办公,18个审批职能单位进驻,办事效率提速提质。实施工商登记制度便利化改革,推进“三证合一”。全面完成公务用车改革,农村集体经济组织产权制度改革试点、户籍管理制度改革以及文化、教育、医疗领域改革稳步推进。

二、保障和改善民生,维护社会大局稳定

统筹处理加快发展、改善民生、促进和谐的关系,让发展成果更好地普惠全县人民。

(一)统筹谋划惠民生,努力提升人民群众的获得感。全年财政用于民生支出达到14.67亿元,占到总支出的78.7%。城镇新增就业人数4107人,超额完成任务;城镇失业登记率为3.95%。培训新型职业农民1300余人,荣获“全国新型农民培训先进县”。落实最低工资制度,健全农民工工资保证金制度。企业退休人员养老金实现“十一连调”,城乡居民基础养老金每人每月提高15元。城乡居民养老、医疗等保险覆盖面继续扩大。开展精准扶贫,3100人脱贫。平定县顺利通过“全国义务教育发展基本均衡县”验收,被命名为全省唯一的“国家级书法教育示范县”。平定四中开工建设,阳泉师范附中建设项目有序推进,8所农村幼儿园新建改建工程全部完工,县特殊教育学校开工。加大医疗卫生投入,人均公共卫生服务经费由35元提高到40元。农村60岁以上老年人实行免费体检。农村社区老年人日间照料工作成效显著,荣获全省示范县称号。人口自然增长率控制在-0.1‰。开工建设保障房1982套,竣工1124套,基本建成858套,累计分配525套,完成300户农村危房改造任务。政府为民兴办的五件实事全部兑现,人民群众得到了更多的实惠。

(二)坚持不懈抓安全,切实维护安全生产形势稳定。狠抓党政同责三级全覆盖和企业安全责任“五落实、五到位”,加大安全检查力度和隐患排查治理强度,杜绝了较大及以上事故、关键敏感时期发生事故、连续发生事故,全县安全生产形势总体稳定。落实“三个一律”要求,坚决打击私挖滥采和盗采国家资源行为。

(三)高度重视群众工作,全力保障人民根本利益。坚持两手抓,一手抓矛盾问题的解决,一手抓非访的打击,扎实开展“信访积案百日攻坚”专项活动,信访量明显下降,呈现出“三个明显”的良好态势,即:信访积案明显减少,信访总量特别是进京赴省信访量明显下降,县委、县政府门前信访秩序明显好转,森宇问题得到有效控制,信访工作走在全市前列,受到了省委的表彰。创新社会治理,扎实抓好“平安平定、法治平定”建设,完善立体化社会治安防控体系,推进“天网工程”建设,依法打击各种违法犯罪行为,保持全国平安建设先进县称号,人民群众安全感明显提升。

三、加强生态文明建设,推进绿色发展

坚持绿色发展理念,积极开展节能减排,推进大气污染防治净空工程,积极整治矸山自燃、燃煤小茶浴炉等面源污染问题,全力开展严厉打击石灰窑、矾石窑等“土小企业”违法排污专项整治,其中从1月1日起开展的为期半个月的“元旦行动”取得重大战果,除改造提升的22支石灰窑、矾石竖窑外,其余355支全部爆破炸毁或机械拆除,圆满完成了既定目标。“4+2”主要污染物年度减排任务完成。县城二级以上天气天数达到174天。发展低碳经济,持续节能减排,万元

地区生产总值能耗下降2.5%；工业固体废弃物综合利用率73%；万元工业增加值耗水量降幅为6.02%。实施“增绿兴水”生态建设工程，全年营林造林4.563万亩。被评为“山西省古树名木保护示范县”。南川河县城段河道达标治理工程主体完工，完成5座小二型病险水库除险加固工程。完成综合治理面积57.5平方公里。

四、大力弘扬主旋律，加强宣传思想文化工作

围绕“唱响千年文化”的目标，突出抓好思想理论武装、新闻舆论引导、核心价值观培育、文化繁荣发展等工作。加强宣传舆论引导，开通了《平定手机报》、平定数字报、“掌上平定”APP、平定视讯网等，加强传统媒体与新型媒体的有机融合，牢牢掌握意识形态工作的主动权。大力弘扬和践行社会主义核心价值观，开展多层次、全方位宣传。组织开展了纪念抗战胜利70周年系列活动，七亘大捷主战场遗址得到保护性开发，产生了积极影响。平定烈士纪念馆竣工验收，部分展厅对外开放。开展了学雷锋志愿服务、“善行义举”立榜，平定道德模范暨“平定好人”评选表彰、优秀“家风、家规、家训、家教”征集评选等活动，开展县级文明单位(村)验收工作，命名了137个县级文明单位(村)。深入推进文化繁荣发展，成功举办了第十二届曲艺小品大赛、“梨园新春”晋剧公演等十大项群众文化活动，丰富了城乡居民精神文化生活。加强三大优秀历史文化的收集、整理、研究、编纂，打造了一批文化精品。通过大力传播先进文化，弘扬新风正气，进一步凝聚和激发了全社会向上、向善的正能量。同时，中央电视台走进平定县，对娘子关、砂器等文化和旅游品牌进行专题展播，对中国砂器技艺大师张宏亮进行采访报道，有力提升了平定对外的形象。

五、发展社会主义民主政治，全面推进法治平定建设

(一)支持人大依法行使权力。坚持和完善人民代表大会制度，加强对人大工作的领导，支持人大及其常委会围绕全县中心工作依法行使职责，听取审议重大事项，依法作出决议、决定。支持人大认真行使监督权，加强对全县重点工作、重点项目建设，以及教育、文化、卫生等重大民生问题的监督，督促“一府两院”依法行政、公正司法；强化对法律法规贯彻落实情况的监督检查；依法做好人事任免工作，加强对国家机关工作人员的监督。加强和改进代表工作，组织人大代表对小微企业建设等重大工作开展专题调研和视察监督，认真办理落实代表议案建议，就代表重点意见建议现场视察与督办，促进了各项重大决策部署的落实。

(二)支持政协认真履行职责。坚持和完善党领导的多党合作和政治协商制度，支持和保证人民政协履行政治协商、民主监督、参政议政职能，支持县政协及其专门委员会开展专题协商讨论；围绕群众关心的热点难点等问题，积极建言献策，提出建设性意见建议；深入开展参政议政，认真办理委员提案，对重点提案办理情况进行现场视察和重点督办；巩固和发展最广泛的爱国统一战线，切实加强与各民主党派、工商联和无党派人士的团结合作，在非公经济人士中开展理想信念教育实践活动。注重党外代表人士队伍建设。做好民族、宗教、侨务和对台工作。

(三)扎实推进法治平定建设。支持法院、检察院依法履行职责，推进审判机关、检察机关依法独立公正行使审判权、检察权，促进司法公正。加强平台建设，全面推进执法司法公开。积极稳妥推进涉法涉诉信访改革，推行立案登记制。加强法律援助工作。深入开展法制宣传教育，开展了“一村一法律顾问”活动。加强和改进党的群团工作，进一步完善村民自治和基层民主建设。坚持党管武装，加强国防后备力量建设，积极支持驻地部队建设，加强双拥共建，荣获全省“双拥模范县”荣誉称号。

六、坚持党要管党、从严治党，深入推进党风廉政建设和反腐败斗争

深化抓好党建是最大政绩、最大责任的认识，带头落实党建责任、党风廉政建设“两个责任”，并层层传导到了基层，全县政治生态逐步好转，基层基础得到巩固提升。

(一)从严从实落实“两个责任”，特别是主体责任。坚持以上率下，把党风廉政建设主体责任扛在肩上，落实在行动中，形成一级抓一级、层层抓落实的工作格局。全年，县委共召开常委会议24次，其中14次会议研究党风廉政建设工作，4次专题研究。制定出台了落实“两个责任”的意见、约谈办法、责任制考核结果运用等制度性文件，特别是结合全县实际，对领导班子、主要负责人以及班子其他成员的主体责任进行清晰界定，把责任清单细化为3个方面61项内容，使主体责任更加具体化，落实起来更具可操作性。4次开展专项检查，加大问责力度，对“两个责任”落实不力的责任人严肃问责，处理党员领导干部5案6人。推进纪委“三转”，60%以上的纪检干部转向办案一线。推行联组管理，全县33个县直单位纪检组整合为7个工作联组，有效破解了基层办案力量不足的难题。深入开展三级约谈，2015年，县、乡、村开展约谈1100余人次，提要求、点不足，见人见事，层层传导压力。

(二)把纪律和规矩挺在前面。坚持抓早抓小、动辄则咎，使纪律规矩真正成为管党治党的尺子。抓好党章和新修订的《准则》《条例》的学习贯彻执行，提高干部的党章意识、纪律意识和规矩意识。运用身边的典型人和事开展警示教育，组织各级干部观看警示教育片100余场次。坚持惩前毖后、治病救人，准确运用“四种形态”，下发纪检监察建议23份，充分运用谈话、函询等方式，早打招呼早提醒，防止小错酿成大错，体现对党员的严格要求和关心爱护。

(三)始终保持“三个高压态势”，在坚决遏制腐败增量的同时，重点消除腐败存量。持续用力正风肃纪，紧盯关键领域、重要时段、易发节点，弛而不息反对“四风”，做到露头就打。严厉查处公款吃喝、公车私用等违反中央八项规定的问题。深入开展“领导干部大操大办借机敛财”和“收送礼金红

包”等专项整治活动和监督检查。2015年,全县纪检监察机关共受理信访举报235件(次),比上年同期增长8.3%。立查案件112件154人。给予党政纪处分149人,其中:科级干部18案21人;撤职以上重处分33人,移送司法机关9案9人。暂扣各类违纪款共计159万余元。扎实开展“两个专项整治”,立案查处发生在群众身边腐败问题65件,给予党纪政纪处分104人。查处违反中央八项规定精神典型问题21个,给予党政纪处分28人。紧盯重要节点,狠刹节日歪风,对查实的8个问题点名道姓通报曝光。深入开展社会治安“六项整治”,全力推进打黑除恶专项斗争,打掉涉恶团伙2个,涉及成员12人。

(四)扎实推进“六权治本”。成立了领导机构,制定了工作方案,加强“两清单、两张图、两平台、一监督”建设。制定并公布了政府部门行政审批类权力清单,加快制定行政执法类权力清单、企业投资负面清单、专项资金管理清单。进一步简政放权,转变政府职能,落实“两集中、两到位”,继续精简、取消、下放一批行政审批事项。严格落实“三重一大”、民主集中等约束性制度,用刚性制度管住“一把手”。推进“六权治本”向乡村延伸,积极推行“六议两公开”,深化党务、政务、村务、财务公开,6个方面52项农村事项在农廉网上公布。

(五)创新基层组织建设。通过村村联建、村社联建、村企联建的办法,设立农村联合党组织18个,促进村与企业、社区,强村与弱村抱团发展;选派“第一书记”深入68个软弱涣散村、建档立卡贫困村开展驻村整顿和精准扶贫;组建了小微企业服务咨询党代表工作室,推动党的建设与经济建设融合发展。较好地完成了农村“两委”换届。实施“回归工程”,86名在外能人依法进入村“两委”班子,其中58人担任了村主干。在全市率先开展了新任农村主干全天候封闭式培训,采取白天授课、晚上讨论的办法,通过面对面交流讨论、书记说给书记听等方式,谈思路、讲规矩、说方法,收到了良好培训效果。出台了农村干部规范化管理等10余个办法意见,定期民主评议党员,开展处置不合格党员试点,强化党建工作的过程管理。

(六)加强干部队伍建设。制定出台10余项干部选任管理长效机制,从选拔动议、调整任用、日常管理等各个环节强化干部队伍建设。严格执行《干部任用条例》,采取“两推、四考、两确定”的方式,扎实开展乡镇党委书记和县直单位领导岗位补缺调整工作。一年来,坚持正确用人导向,根据工作实际和岗位需要调整选任干部17名,其中选拔乡镇党委书记3名,乡镇长4名,优化了领导班子配备,做到了风清气正。以锁簧镇和交通局为试点,开展了“三个一批”试点工作。引深“三学三争当”活动,选树表彰了一批先进党组织和王存玲、刘建平、裴海平等优秀共产党员,进一步激发基层各级干事创业的热情。

(卢 林)

附:一、中共平定县委书记、副书记、常委名单

书 记:杨自明

副书记:任晓华 郭爱聪 武东鹏(2月任职,挂职)

常 委:高锦孝 李宏革 郝建国 赵文骥 梁海昌 王卫东 武 艺(2月离职) 秦建国(2月任职)

二、乡镇党委书记名单

冠山镇

书 记:闫立彪

冶西镇

书 记:梁宝元

石门口乡

书 记:赵贵恩(1月,受到撤销党内职务处分) 张丽荣(女,7月任职)

锁簧镇

书 记:王俊杰(7月任职)

张庄镇

书 记:李鸿斌

东回镇

书 记:王植彬

柏井镇

书 记:侯成军

巨城镇

书 记:程秀宏

娘子关镇

书 记:刘顺彬

岔口乡

书 记:冀虎平(7月任职)

中共盂县县委工作概况

县委书记 张玉斌

2015年,在省市委的正确领导下,盂县认真贯彻党的十八大、十八届三中、四中、五中全会精神和习近平总书记系列重要讲话精神,深入落实中央“四个全面”战略布局和省委“五句话”总体要求及省市委安排部署,紧紧围绕“二四四二”总体思路和建设“五个盂县”总目标,坚持把“三严三实”作为主线,坚持把改革创新作为主题,坚持把稳中求进作为总基调,坚持把作风转变

作为抓手，坚持把民生改善作为根本，全面推进经济、政治、文化、社会、生态文明和党的建设，全县各项工作取得新进展、实现新突破。

一、稳中求进，全面提升经济发展质量

稳步发展经济。积极应对经济下行和煤炭市场寒冬双重压力，主动适应经济发展新常态，深入开展稳增长、促改革、调结构、惠民生、防风险各项工作，全县生产总值完成124.3亿元，公共财政预算收入完成7.42亿元，规模以上工业增加值完成54.9亿元，农民人均可支配收入达到11665元，城镇居民人均可支配收入达到26675元，粮食总产量达到1.41亿公斤，实现“十二连增”；万元GDP综合能耗下降3.5%。其他各项约束性指标和控制性指标均较好完成了省、市下达任务。

统筹推进“六位一体”。坚持“发展为要”理念不动摇，把抓项目、攻招商、扩投资、促发展、增后劲作为战略抓手，全程跟进项目“六位一体”建设，在项目上聚力、突破、增效。全县共确定重点工程项目113项，总投资531.8亿元，当年完成投资148.4亿元。其中，17项列入全省重点工程项目。全年共储备项目608个，完成年度任务的170.0%；签约项目47个，完成年度任务的101.2%；落地项目23个，完成年度任务的122.7%；开工项目52个，完成年度任务的107.8%；建设项目113个，完成年度任务的114.2%；投产项目30个，完成年度任务的110.6%，“六位一体”超额完成，在全市综合排名第一。招商引资成效显著，全年共策划包装合作项目138项，总投资1251亿元；签订合作协议47项，协议利用外资182亿元；实现外来到位资金76亿元。

深入推进“项目强县”战略。开展“在建项目攻坚年”活动，做大总量，优化结构，全年共建设项目40项，其中续建21项、新建19项，当年完成投资39.7亿元。加快提升煤炭产业，6座现代化矿井提升改造工作顺利推进；加快构建电力产业，裕光煤电正等待最后核准，晋能鑫磊低热值煤发电项目开工建设，晋阳新能源二期和中广核风电二期、中广核农业光伏发电并网发电，京德、扬德煤层气发电项目建成投产，新型能源架构初步形成；加快改造传统产业，鲁中耐材提质上档；加快发展现代农业，打造了新瑞利邦肉牛、鑫源伟业种羊、康泰来食用菌、启耀中药材种植等一批现代农业龙头项目。

加快实施“扩城靓县”战略。全年共推进工程15项，其中续建7项、新建8项，当年完成投资4.18亿元。加快大县城建设，完成了秀水东街和县城“六巷”拓宽改造工程，完成了滨河路等县城四条道路亮化改造工程，整治规范了房地产市场。加快新农村建设，实施农村人居环境建设、美丽宜居示范村创建工作，落实配套补助2000余万元、配套工具设施基本实现全覆盖、清理积存垃圾5万多吨；实施整村扶贫开发和异地移民搬迁，上社镇外独头村、东梁乡寺家坪村、梁家寨灯花村整村推进；实施精准扶贫，60个村3100人实现脱贫；大宋村被住建部列入“中国传统村落”名单。南娄镇、西烟镇等小城镇建设按规划加快推进。

积极推进“三个突破”。结合实际研究出台了盂县金融振兴22条、科技创新42条、发展民营经济20条等三个《实施意见》，把“三个突破”作为破解困局、激发活力的“牛鼻子”工程来抓。强化金融对实体经济的支持，组建和规范小额贷款公司、担保公司等各类融资平台，开展非法集资风险排查及专项整治，构建信用体系和提高金融防风险能力，全县银行存贷比提高到54.59%；加快实施创新驱动发展战略，组建县科技孵化器、科技创业园、青年创业园等服务平台，大力推进大众创新、万众创业；为发展民营经济减负松绑，努力破解民营经济发展要素制约，进一步优化民营经济发展环境。

稳妥推进各项改革。全面深化改革，召开3次县委深改领导小组会议，出台12个制度性文件，统筹抓好六大领域改革工作。推进“六权治本”，完成并公布行政审批类权力清单160项，基本完成执法类权力清单编核工作，着手制定“责任清单”和“负面清单”，不敢腐、不想腐的权力运行长效机制正在形成。深化行政审批制度改革、财税改革、农村改革、户籍改革、机构改革、公车改革。

二、落实责任，全面推进党风廉政建设

一是认真落实党风廉政建设“两个责任”。坚持制度先行，制定出台落实党风廉政建设党委主体责任和纪委监督责任的《意见》《工作方案》《责任清单》《考核办法》《问责办法》等规章制度并签责承诺、责任到人；坚持责任在前，高度强化“一把手”主体责任意识，开展“四个亲自”教育，对14个乡镇党委书记、纪委书记进行集体约谈，在新闻媒体开辟乡镇、部门“一把手”、纪委书记（纪检组长）谈“落实两个责任”专题40余期；坚持纪在法前，对线索处置定为谈话函询的87名党员干部进行约谈，其中42人次科级干部由县委主要领导主谈、县纪委班子成员陪谈；坚持提醒在前，对问题线索初核查否但存在倾向性问题的13名科级领导干部进行集中约谈，并签字背书、存档备查；坚持追责警示，对落实主体责任不力的1名科级“一把手”进行严肃问责，倒逼责任落实。

二是积极推动纪检部门内设机构改革，执纪监督部门达到7个，占到内设机构总数的70%，执纪监督人员占到机关编制总数的50%；支持县纪委“三转”，103个纪委过去牵头或参与的议事协商机构精减清理为8个；充实、配备、补齐纪检干部7名。明确规定乡镇（部门）纪委书记不分管其他工作，全县14个乡镇纪委共立结案件130件、处分党员干部184人，有效发挥了基层纪委的监督作用。

三是强力惩治腐败，全县纪检监察机关共立案185件，处分党员干部286人，给予党纪处分269人，政纪处分19人，其中撤职以上重处分57人；移送司法机关10案12人。设立“35581”红包礼金专户和贵重物品专库，共接受主动上交资金100.5万元。出版《盂县农村党员干部警示教育读本》，分四批集中通报28起侵害群众利益典型案件。

四是狠刹“四风”。严格落实中央“八项规定”，紧盯“四风”隐形、变异问题，制定出台《党员领导干部婚丧嫁娶实行

申报》等9项规章制度,全年组织集中专项检查6次,出动监督检查人员240余人次,检查单位80余家,核实违反"八项规定"精神问题线索20余条,查处违反"八项规定"精神问题14起、处理17人。五是保持打黑除恶高压态势,坚持把打黑除恶和反腐败斗争紧密结合起来,全县共打掉黑恶势力犯罪团伙2个,抓获犯罪嫌疑人8人。

三、民生优先,全面促进社会事业发展

大力发展民生事业,加大投入,全年民生支出13.8512亿元,占到公共财政支出的73.62%;优先教育,基本完成9所幼儿园改扩建任务,全面推行教育教学改革和提升区域教育均衡发展水平;全面实行基本药物制度基层全覆盖,建立医疗联合体和对口帮扶机制推进优质医疗资源下沉,实施积极的人口计生政策促进人口均衡发展;促进创业就业,新增城镇就业岗位4002人,创业带动就业1002人,城镇登记失业率控制在3.96%;完善社会保障,加快提质扩面和实行"一卡通",城镇职工基本养老、医疗、生育、失业、工伤等社会保障基本实现"全覆盖",新农合参合率达到99.8%,新农保参保人数超过14万人;加强社会救助,提高低保、五保供养标准,医疗救助病种扩大到24种,县老年颐养中心基本具备入住条件,新建农村日间照料中心25个;推进安居工程,首批640套公租房已全部交付住户并启动第二批分配工作,其余保障性住房全部完成主体工程,完成农村危房改造850户,开工建设棚户区改造安置房2300多套;投资5600万元全面完成51项160公里村通水泥(油)路完善提质工程;集中供暖增加供热面积50万平米,农户每户300元冬季取暖补贴全部发放到位。

着力维护社会稳定。推进社会治安防控体系建设和基层社会服务管理体系建设,建立多元化矛盾纠纷调解机制,建立县乡村三级调解中心并实现全覆盖,开展"六安联创"和社会治安集中整治,全年共受理各类案件4683起,破获刑事案件260起,查处治安案件1315起,打击处理各类违法犯罪分子771人,群众安全感和满意度进一步提升。坚持以群众工作统揽信访工作,建立县级领导开门接访和包案制度,形成县委书记、县长每周一轮流接访,每天一名县委常委和政府副县长在县信访接待中心轮流坐班接访的长效机制,全年县级领导共接访569批4876人次,处理化解各类信访问题275件;教育训诫非访人员156人次,警告处罚110人次,行政拘留51人次;责任追究领导干部7人。

全力抓好安全生产。牢固树立"安全为天"理念,坚持红线意识和底线思维,深入落实新安全生产法,严格执行"党政同责、一岗双责、齐抓共管"的安全生产责任制,把"三个绝不能过高估计"、"三个敬畏"始终贯穿于安全生产工作全过程。严格规范煤矿安全生产建设行为,始终保持打击私挖滥采高压态势,深入开展安全生产大检查、"打非治违"专项行动、危险化学品和易燃易爆物品安全专项整治、消防安全大检查等,促进了全县安全生产形势稳定好转。全年全县共发生各类生产经营性事故43起、死亡6人,同比分别下降12.8%、45.4%,煤矿百万吨死亡率为零。

推动园林县城、卫生县城和环保模范县城共创共建,植绿、兴水、减排、治污"四轮驱动"。全年"生态立县"建设项目25项,完成荒山造林3万亩,乡、村通道绿化70公里,义务植树90万株,四旁植树80万株,全县森林覆盖率达到28.56%。加强环境综合治理。着力开展各类环保专项行动,对2条耐火材料生产线实施煤改气,关停淘汰污染严重企业4家,拆除燃煤矾石竖窑183座、石灰窑8座;全年县城二级以上天气共计217天,环境空气综合污染指数为7.72。开展人居环境综合整治,对城乡环境卫生、交通秩序进行综合整治。加强市容管理,重点清理占道经营、违章停车、陈年垃圾和小广告,县城主要街道实现全天候保洁。实施乡村清洁工程,按区域配置垃圾装载机、清运车,"全覆盖"配置保洁车、垃圾桶、保洁员,生活环境显著改善。

四、从严治党,全面加强基层党建工作

狠抓农村基层组织建设。典型示范,着力打造39个高质量党建综合示范集体,总结先进典型经验在全县推广;整治瘫软,推行县级领导包抓基层党建联系点、软弱涣散村、精准扶贫点"一抓三"机制,对40个软弱涣散村包点整治,119个机关企事业单位与60个建档立卡贫困村和107个低收入村实施结对帮扶,市县选派96名优秀干部到村任"第一书记",软弱涣散村级党组织集中整顿效果明显;专项整改,深入开展"农村集体'三资'管理专项清理整治"和"以群众举报乡村干部腐败为切入点集中解决群众信访诉求问题"两个专项治理,全县自查出集体"三资"管理问题315个,涉及89人、6682.5万元;查处发生在群众身边的"四风"问题和腐败案件660件;第一批省市交办的74件和第二批市交办的15件信访案件全部得到化解,基层干部不作为、乱作为等损害群众利益问题有效遏制。

狠抓农村干部队伍建设。狠抓农村"两委"班子,举办村"两委"主干培训班和村主干廉内助、农村第一书记、大学生村官等各类培训班,培训党员干部2800余人。狠抓农村党员队伍,全面实施农村党员干部"递进培养工程",发展党员350名;积极探索党员出口机制,在2个党委49个基层支部中开展不合格党员处置试点工作,评定不合格党员7名;狠抓大学生村官队伍,深入开展"三项整治"和"十个一"等活动,多措并举加强大学生村官培养锻炼,通过考录公务员和事业岗位等渠道,全年共有84名大学生村官实现有序流动。

狠抓基层民主政治建设。创新"三查一审双备案"候选人资格审查办法,实现了村"两委"换届全覆盖;规范农村"六议两公开"程序;乡镇普遍试行党代会年会制;加强村财镇管力度,健全完善村务监督委员会;制定《村干部百分制考核办法》,考核等次与工资挂钩。

狠抓基层组织保障工作。强组织,推广梁家寨乡联村产业党组织创建模式;在10个新社会组织中建立党组织。保经费,加强乡村运转经费保障,县级财政平均拨付每个乡镇30万元;推进"一定三有"等政策有效落实,构建村干部工资逐

年递增机制，按照人均提增1800元标准提高村“两委”主干报酬；增加配套资金100余万元，扩大村离任“两委”主干补贴范围。建阵地，开展“1238调研周”活动，制定《盂县村级组织活动场所管理使用办法》，村级组织阵地逐步成为农村综合服务平台和支撑农村发展的心脏。

（闫建国）

附：一、中共盂县县委书记、副书记、常委名单

书　记：张玉斌

副书记：杜平华　武润珍

常　委：王　刚　靳毅刚　王海珠（8月离职）
刘淑英（女）　李　春　闫庶民
刘计平（8月任职）

二、乡镇党委书记名单

秀水镇

书　记：高尚明

孙家庄镇

书　记：郭永进

路家村镇

书　记：李瑞峰

南娄镇

书　记：张炳福（3月离职）　郭方恺（3月任职）

牛村镇

书　记：郭　华

仙人乡

书　记：闫东红

北下庄乡

书　记：王玉红

苌池镇

书　记：韩志勇

上社镇

书　记：王俊德

下社乡

书　记：杨晓卫

梁家寨乡

书　记：郭方恺（3月离职）

西潘乡

书　记：侯秀英（女）

西烟镇

书　记：高彦青

东梁乡

书　记：李东亮

中共长治市委工作概况

市委书记　马天荣

2015年，在省委的坚强领导下，长治市委认真贯彻落实党的十八大和十八届三中、四中、五中全会精神，紧紧围绕省委“五句话”总要求，充分发挥市委总揽全局、协调各方的领导核心作用，团结带领全市广大干部群众，坚定信心、攻坚克难，勇于担当、真抓实干，以继续实施“五五战略”为抓手，着力推动“六型转变”，全面推进“六大发展”，深入实施“六权治本”，奋力实现“三个突破”，全面从严管党治党，各项工作取得新进展新成效。

2015年，全市7项主要经济指标有4项实现平稳健康增长。其中，全市固定资产投资完成1441.5亿元，同比增长15.7%；社会消费品零售总额完成524.4亿元，同比增长6%；城镇居民人均可支配收入预计完成26530元，同比增长8%左右；农民人均可支配收入预计完成11239元，同比增长9%左右。有3项指标尽管出现负增长，但下跌幅度逐步收窄。其中，地区生产总值预计完成1195.1亿元，同比增长-2.9%，跌幅较前三季度收窄1.1个百分点；规模以上工业增加值完成555.2亿元，同比增长-9.9%左右，跌幅较前三季度收窄2.3个百分点；公共财政预算收入完成96.4亿元，同比增长-29.3%，跌幅较前三季度收窄4.1个百分点。省里下达长治市的约束性指标、民生类指标全面或超额完成，其中城镇新增就业4.32万人，转移农村劳动力3.8万人，居民消费价格指数同比上涨0.7%。与此同时，各项事业全面进步，长治市蝉联“全国文明城市”，荣膺全国首家“中国曲艺名城”，被确定为国家现代农业示范区，城区城南工业园区被认定为全省首家国家级军民结合产业示范基地。

一年来，市委重点做了以下六个方面的工作：

一、始终保持政治定力，坚决贯彻落实中央大政方针和省委决策部署

坚持把深入学习贯彻党的十八大、十八届三中、四中、五中全会精神和习近平总书记系列重要讲话精神作为重大

政治任务，采取市委常委会集中学习、理论中心组集体学习、主要领导讲党课辅导学习、全市干部大会传达学习等方式，认真学习领会以习近平同志为总书记的党中央治国理政的新思想、新观点、新论断、新要求，力求内化于心、外化于行，贯彻落实到长治改革发展稳定和全面从严治党实践中，自觉在思想上、政治上、行动上同以习近平同志为总书记的党中央保持高度一致。不折不扣贯彻落实省委各项决策部署，结合长治实际，及时调整完善工作思路，不断赋予“五五战略”以新的丰富内涵，切实把全市广大干部群众的思想和行动统一到省委部署要求上来。按照省委十届七次全会、全省经济工作会议和全省脱贫攻坚大会精神，精心谋划长治“十三五”发展，科学制定“十三五”规划建议，及时召开市委十届八次全会暨全市经济工作会议、全市脱贫攻坚大会，就做好长治市今年乃至“十三五”时期经济社会发展和脱贫攻坚等各项工作作出全面部署。

二、始终坚持从严管党治党，认真落实党风廉政建设“两个责任”

一是深入推进党风廉政建设和反腐败斗争。紧紧牵住主体责任“牛鼻子”，年初市委书记与各县市区委书记和市直单位党组织主要负责人签定《党风廉政建设和反腐败工作责任书》，制定下发落实党委主体责任和纪委监督责任两个《实施意见》，定期分析研判长治市党风廉政建设和反腐败工作，解决突出问题，督促检查落实；市委书记和“五人小组”成员先后两次集体约谈各县市区委书记、县市区长、纪委书记和组织部长，个别约谈县市区党政主要领导29人次，层层压实“两个责任”；建立县委书记工作例会制度，把落实党风廉政建设主体责任作为工作例会不变的主题，推动主体责任有效落实；针对省委巡视反馈问题突出的县和单位，责令党委（党组）深刻反思剖析，并召开全市落实党风廉政建设“两个责任”剖析会，以案明纪，加强教育；拿起问责利器，对落实“两个责任”和“一岗双责”不力的严肃追责问责，共追究87案102人，涉及县处级干部33人、乡科级干部62人。保持惩治腐败高压态势，既坚持对腐败问题“零容忍”、从严执纪、违纪必究，又贯彻惩前毖后、治病救人方针，抓早抓小，咬耳扯袖，做到宽严相济、区别对待；既坚决查处发生在领导机关、领导干部中的腐败案件，又通过深入开展“两个专项治理”，严肃查处发生在基层群众身边的腐败问题。2015年，全市纪检监察机关共立案1746件，处分党员干部2011人，其中县处级38 人、乡科级301人。坚决把纪律和规矩挺在前面，认真学习贯彻新修订的《廉洁自律准则》和《纪律处分条例》，强化党章党规党纪意识；把握运用“四种形态”，对2008年以来处级干部问题线索严格按照 “六类”起底排查要求明确处置方式，其中谈话、函询138人。抓好省委巡视反馈问题整改落实，研究制定《整改方案》，列出问题清单、责任清单、整改清单，市委书记与市政府、市纪委、市委组织部、市委政法委等有关部门主要负责人和各县市区委书记签订巡视问题整改责任书，对整改的事项全部建立台账，逐条细化分解，实行销号管理，建立督办机制。对重点县和单位派出由市委常委、副市长担任组长的工作组蹲点督促整改。同时，对该立案查处的坚决立案查处，该函询谈话的及时函询谈话，确保反馈问题件件有着落、事事有回音。加强反腐倡廉教育，编录违纪违法干部《忏悔录》和《河道暗流》等警示教育片，以案明理，以案警示。同时，以申纪兰、段爱平等身边先进典型为镜，加强对党员干部的廉政、道德、纪律和作风教育，进一步筑牢拒腐防变的思想防线。

二是深入开展“三严三实”专题教育。市委常委班子带头学习践行“三严三实”，开展专题集中学习研讨4次，着力查找“不严不实”突出问题，并形成问题清单、责任清单、整改清单。精心组织召开市委常委班子“三严三实”专题民主生活会，认真贯彻整风精神，严肃开展批评与自我批评，达到了发现问题、深化共识、增进团结、共同提高的目的，常委班子凝聚力、战斗力进一步增强。切实加强对各县市区开展“三严三实”专题教育的指导，市委常委分头参加指导各县市区专题民主生活会，确保了各县市区专题民主生活会的质量。

三是从严抓好领导班子和干部队伍建设。认真贯彻省委“德才兼备、以德为先、以廉为基”的用人导向，深入实施“三个一批”，对拟提拔干部严格进行廉政审查，扎实开展“六查五必审”，在全省率先全面推行实名推荐、差额考察制度，着力把讲政治、重品行、有能力、敢担当、群众公认、业绩突出、清正廉洁的好干部充实到各级各部门领导班子。2015年共调整市管干部10批、235人，确保了干部选任工作风清气正，干部群众反映良好。制定下发《关于从严管理干部的意见》，强化对干部的日常监督管理。加大干部培训力度，充分发挥各级党校、行政学院的主阵地主渠道作用，培训各级领导干部3500余人。

四是充分发挥基层党组织的战斗堡垒作用。制定下发《进一步加强基层党组织建设的意见》，深入开展“双强双优”基层党组织创建活动。加强村级组织带头人队伍建设，累计培训农村干部和骨干党员5.15万人次，选派1165名机关优秀干部到村任第一书记。在财力十分紧张的情况下，2015年市县两级财政仍拨付3000万元用于农村党建工作经费。“六权治本”、信访接待日制度、领导班子建设向乡村“三个延伸”工作取得初步成效，农村基层基础工作进一步夯实。

三、始终坚持以经济建设为中心，全力推进“六大发展”

（一）加大项目攻坚力度，培育新的经济增长点。市委每季度召开经济形势分析会，加强对经济工作的领导。一是抓做强做大存量。“一企一组、一企一策”精准帮扶困难百强企业，力促在建和已投产的百强企业项目达产达效、扩规上档，长治市有18户企业入围山西企业百强排行榜，排名全省第二；建立金融机构联盟，开展银企对接活动，组织金融机构深入资金紧缺企业现场组团融资，先后帮助56家企业融资95.45亿元，解决了部分企业融资困难问题；建立大中小微企业配套互补合作平台，鼓励企业和政府投资项目在同质同价条件下优先使用本地产品。二是抓做实做优增量。2015年实施各类重点项目917项，总投资2680.7亿元，完成投资1064.9亿元，超额完成省下达任务，其中，民间投资完成780.1亿元，同比增长27.9%，占全部投资的比重达到70.8%；加大招商引资力度，成功举办首届长治制造展销推介周、山西面食文化节，组织参加中博会、厦洽会、农博会等招商活动，引进项目293个、总投资1887.4亿元，超额完成省下达年度任务。

（二）做好煤与非煤两篇文章，推动产业转型升级。着力改造提升传统产业。加大现代化矿井建设力度，开展煤炭促销活动，实施煤电互保政策，打造煤焦化、煤气化、煤电化、煤液化产业链，推动4个低热值煤发电项目全部开工建设，地方监管煤矿产销率达到97.2%，煤炭就地转化率达到57.6%,比2013年、2014年分别提高3.7和1.8个百分点。着力培育壮大七大新兴产业。以“千企百强”为主体，加大新兴产业投资力度，116个新兴产业项目竣工投产，形成了一批新的经济增长点。把产业园区作为新兴产业集群发展的重要承载，长治高新技术开发区升级为国家级高新区，新引进高新技术企业9家、高新技术项目15个，全市园区总产值占到工业总产值的65%以上。大力发展“互联网+”新兴业态，全市电商企业达3000余家，年交易额突破200亿元。旅游业异军突起，同比增长21.2%。

（三）深入推进“三个突破”，注入经济发展新动力。引深推广“政校（院所）企联合、产学研一体”创新发展模式，共建成院士博士硕士工作站32个。新技术、新工艺、新设备对工业的贡献率达到43.9%，较上年提高3.5个百分点。全市13家县市区农信社已有10家成功改制为农商行,全部引进国内外先进理念和经营模式，累计向全市中小企业发放贷款和周转资金366.39亿元，支持实体经济能力明显提升；拓宽企业直接融资渠道，成功通航在全国中小企业股份转让系统挂牌，实现了长治“新三板”挂牌企业零的突破，全市在主板、创业板、场外交易市场上市挂牌企业总数达到12家，位居全省前列。全市民营经济占经济总量比重由2011年的34.3%提高到50%，潞宝集团、沁新能源、通州焦化3家民营企业入围2015中国民营企业500强，占到全省入围企业数量的三分之一，名列全省第一。

（四）加快推进农业现代化，多渠道促进农民增收。继续推进“双十”增收富民工程，规模以上龙头企业实现销售收入190亿元，同比增长5.5%，农产品加工业已成为居煤炭、电力、冶金之后全市的第四大行业。稳步推进国家现代农业示范区建设，粮食总产连续4年创历史最好水平，亩均产量连续4年保持全省最高；大力发展设施农业，新增设施蔬菜面积10万亩，达到55万亩，发展速度全省第一。

（五）坚持绿色发展理念，深入推进节能减排攻坚。全年完成造林41.25万亩，占省定任务的133.1%。淘汰落后产能150万吨，万元GDP综合能耗预计下降3%。持续开展环保攻坚行动，狠抓雾霾天气治理，主城区淘汰燃煤锅炉325台，二级以上天数较上年增加7天、达到242天。市污水处理厂二期工程投入运行，水环境质量保持稳定，断面达标率88.2%，创历史最好水平，集中式饮用水源地水质达标率连续3年保持100%。

（六）加快推进重点领域改革，努力破解制约发展的体制机制障碍。经济体制改革取得进展，煤焦公路销售体制改革措施全部落实到位，“三证合一”、“一证一码”登记模式全面推行。行政体制改革实现突破，市、县两级政府机构改革全面完成；市级政务服务和公共资源交易平台建立运行，市本级下放、取消、调整行政审批事项59项，非行政许可审批类别全面取消。社会体制改革不断深入，全市27个县级公立医院全部实行综合改革；企业离退休人员养老金月人均增加251元，城镇居民医疗保险人均财政补助标准提高60元达到380元。农业生产经营体制改革稳步推进，全市农民合作社总数居全省第一，土地确权登记颁证工作走在全省前列。稳步推进司法体制改革试点工作，作为全省首家司法体制改革试点市，在实行法官、检察官员额制和完善司法责任制等方面取得实质性进展。

四、始终牢记为民服务宗旨，下大力气保障和改善民生

一是坚定不移推进上党城镇群建设。坚持把上党城镇群建设作为普惠民生的系统工程来抓，3年来开工建设主城区改造建设城建重点工程438项，拆迁120多万平方米，新建扩建市政道路31条59.6公里，改造背街小巷104条，新增道路面积150万平方米，敷设更换各类城市管网300多公里，累计完成投资130多亿元，“三环八纵十二横”城市道路主框架基本成型，“三河一渠”治理取得突破性进展，部分河段建成蓄水并向市民开放，城市湿地公园生态保护开发全面开工，城市面貌明显改观，城市品位得到提升，创下了长治市城建史上建设规模、投资力度、施工进度、拆迁数量、建设成效等多个前所未有，如期兑现市委市政府向全市人民作出的主城区改造建设“三年大变样”的庄严承诺。“1+6”城镇群辐射功能明显增强，市区至六个卫星城的快速连接线全部贯通，形成了以主城区为中心、六条快速连接线为半径的半小时商务圈、生活圈、工作圈，实现资源共享、互联互通。各县市区投资180多亿元持续推进城乡人居环境改善工程，实施了一批大县城、重点镇、中心村和美丽乡村建设工程，全市城镇化率预计比2014年提高2个百分点。

二是倾力办好民生实事。围绕推进教育公平，探索创新联盟校制度、集团化办学和强校兼并弱校等办学模式，优化教育资源配置，教学质量有了新的提高；全市新建或改扩建公办标准化幼儿园18所，其中主城区新建的3所公立幼儿园今年春季将正式招生，有效缓解主城区幼儿入园难

问题。着力解决农民群众“看病难、看病贵”问题，推动优质医疗资源向农村延伸，从市级医院抽调专门力量，连续两年开展“进村接地气、入户送健康”活动，覆盖全市3454个行政村，累计义诊13.85万人次，受益群众35万人次。全年新开工建设保障性住房13410套、基本建成15488套，超额完成省下达年度目标任务。

三是加大扶贫攻坚力度。大力实施产业扶贫、易地搬迁扶贫、金融扶贫、科教扶贫和干部驻村帮扶，2015年又有6.04万贫困人口实现稳定脱贫，3年累计脱贫18.7万人，全市农村贫困人口由2012年的40.3万减少到21.6万，贫困发生率由17.7%下降至9.5%。其中，2015年实施易地扶贫搬迁9752人，3年累计易地搬迁农村贫困人口4.2万人，相当于过去15年搬迁的总和，如期兑现市委市政府作出的“三年实现百口人以下山庄窝铺4万人移民搬迁”的庄严承诺。

五、始终坚守安全稳定底线，确保全市大局稳定、政治稳定、社会稳定

一是全力抓好安全生产。全年煤炭百万吨死亡率0.051，比全省平均水平低0.03，生产经营性安全事故起数、死亡人数同比下降5.2%和0.8%，长治市被评为全省安全生产优秀市。

二是提升社会治理水平。深入开展打击黑恶势力、打击毒品犯罪、打击“两抢一盗”和整治治安乱点“四个专项战役”，破获涉毒刑事和治安案件4939起，打掉恶势力犯罪团伙53个，整治治安乱点104个，社会治安形势总体平稳，群众安全感和满意度名列全省前茅。深入开展信访积案起底排查活动，化解信访积案2535件，中央和省交办的重点案件全部办结，全市信访工作排名全省正数第4。建立市县乡村四级党政主要领导信访接待日制度，认真解决群众诉求，把矛盾化解在基层、解决在当地。2015年市级领导共接待上访群众89批352人次，解决信访问题87个，其中68件实现案结事了、息诉罢访。

三是加快法治长治建设步伐。认真落实《关于加快推进法治长治建设的实施意见》，组织形式多样的法治宣传教育活动，深入开展各类法治创建活动，全社会自觉信仰法律、敬畏法律、遵守法律、运用法律、维护法律的氛围日益浓厚。深入推进“六权治本”，在试点先行的基础上，本着简便易行、简单明了、务求实效的原则，探索形成以市县“两清单、两张图、两平台、两监督”、乡镇“两清单、两张图、一平台、两监督”、农村“一单一图一册一室”为主要内容的运行模式，受到省委充分肯定，并在全省推进“六权治本”工作会上作经验交流。

六、始终坚持以上率下、真抓实干，努力为全市各级干部作出表率

市委常委班子坚持“双学”，向中央领导集体和省委常委班子看齐，把以上率下作为基本工作方法，始终保持昂扬向上、奋发有为的精神状态，始终保持“5+2”、“白加黑”的顽强斗志，始终保持迎难而上、真抓实干的工作作风，带头落实管党治党主体责任、第一责任和“一岗双责”，带头深入基层调查研究、解决具体问题，带头维护群众利益、化解不稳定因素，带头廉洁自律、严守党规党纪，各级领导以上率下、层层示范，推动全市上下形成了一级做给一级看、一级带着一级干、一级抓一级、层层抓落实的工作格局。 （陈青会　沈南恺）

附：中共长治市委书记、副书记、常委名单

书　记：马天荣

副书记：席小军　卢建明

常　委：尚宪芳（6月离职）　潘贤掌　李东峰
高建国（8月免职）　许　霞（女）　郭康锋
梁克昌（12月任职）　王玉圣
马　彪（8月任职）　密国林
田志明（3月涉嫌违纪违法接受组织调查，4月免职，12月双开）

中共长治市城区区委工作概况

区委书记　孙刘琳

2015年，长治城区区委、区政府认真贯彻党的十八大和十八届三中、四中、五中全会精神，深入学习习近平总书记系列重要讲话精神，坚决落实省委“六大发展”和市委“五五战略”的总体部署，主动适应经济发展新常态，坚持稳中求进、改革创新，全区经济社会健康平衡发展，实现了“十二五”顺利收官。

一、经济建设稳中有进

（一）项目建设务实推进。长治城区按照山西省“项目提质增效年”和长治市“项目攻坚年”工作部署，紧紧围绕年初确定的总投资358亿元的80个重点项目，努力破解要素瓶颈，项目建设推进总体顺利。加快项目手续办理，积极组织参加全市联审联批会议，定期打包问题清单专题上报市里协调解决，抓紧盘活中央预算内投资存量资金785万元，帮助鑫纪元国际广场、潞鼎国际等一批项目完善了前期手续，有力促进了全区项目建设。坚持外引项目、内挖

潜力，精选项目参加各类展会活动，全区共签约9个项目，签约总额104亿元，完成市下达任务的104%；到位资金完成33.1亿元，完成市下达任务的100.3%，两项指标均超额完成市里下达的目标任务。

（二）第三产业健康发展。坚持高起点规划高标准建设，研究出台了《加快服务业转型发展(2015～2017年)的实施意见》，为全区第三产业科学发展奠定了基础。积极推进金融业发展，引导和鼓励各类金融机构落户城区，引进了兴业银行和晋城银行。着力推进创业创新，成立了全市首家以创业孵化、上市孵化、电子商务研发、商务办公、弘扬潞商文化等综合功能为一体的楼宇型中小企业创业基地——东山国际紫金大厦挂牌成立，目前已入驻企业25家。大力发展电子商务，与浙江义乌幸福里国际电子商务产业园、2800上市融资服务平台签订了合作协议，重点培育了中诺百佳电子商务网店；以易淘网络为支撑，建设OTO电子商务平台，引导民营中小企业利用电子商务平台开展网络营销、联合采购，电子商务蓬勃发展。

（三）园区建设实现突破。全力创建国家军民结合产业示范基地，以全省第一的成绩被推荐上报国家工信部，目前已在工信部进行了专家评审，现已进入公示期。大力推进园区基础设施建设，投资900万元修建了园区经十七路，目前一期工程已完工，集中供热一级管网铺设完毕。狠抓项目投产达效，通过定点协调帮扶，园区内潞恒机械煤机维修制造等8个项目竣工投产。加快实施两化融合，园区规模以上工业企业全部建立了研发中心，现已拥有2个国家级、14个省级企业技术研发中心，发展后劲持续增强。

（四）企业帮扶取得实效。区财政投入500万元，与建设银行合作开展“助保贷”业务，极大缓解了中小企业融资难、融资贵问题，潞安府腊肉等3家企业1100万元贷款已到位。帮助企业办理土地手续，组织编制了《城南工业区控制性详细规划》，并通过了市政府批准，解决了潞恒机械、潞安合力、唯美门窗等企业手续办理难题。引导企业挂牌上市，永华机械在深圳“新四版”、成功通用航空在“新三版”挂牌上市。积极争取上级专项资金，先后为LED高科投、际安电气、唯美门窗3家企业争取省级专项资金95万元。组织清华机械厂、高科投、中德型材等20家企业、200种产品参加首届长治制造展销推介周活动，签约资金2.96亿元，现场直销15万元。大力实施科技创新，通过各类奖补资金，引导企业提高创新能力，出资700万元低碳创新重大科技专项资金扶持汽车轻量化零部件产业化和高清LED工业电视研发及产业化项目，14家企业通过省级创新型企业认定，8家企业通过国家高新技术企业认定，培育“小升规”企业3家，“小巨人”企业1家。

二、城市建设和管理工作

（一）城市管理和环境保护工作。一是提升城市管理水平，投入200余万元，新建和改造公厕3座、垃圾中转站2座，更换新型垃圾容器1100余个；投入100余万元，购置各类垃圾清运车辆91台；清理卫生死角4300处，清除暴露垃圾1200吨，投入200万元为一线环卫工人配置了统一工作服。二是加强环境保护，争取到中央环保专项资金1610万元解决资金难题；大力推进城乡生态建设，完成植树88.76万株，其中义务植树42万株；加快燃煤锅炉改造，全面淘汰取缔辖区内所有10蒸吨以下燃煤锅炉，完成了经营性燃煤锅炉改造。

（二）“三河一渠”治理工程。按照市委、市政府“通水、见效、成景”要求，攻克了工程跨河、跨路管网及河道清障等多项难题，累计完成投资4亿元，石子河除滨河公园段斜拉桥等工程外已基本完工且实现了蓄水，同时八一桥、玉带桥等标段庭院灯和草坪灯亮化工程顺利完工，环城水系景观呼之欲出。东防洪渠、黑水河河道水利工程已基本完成，基本具备蓄水条件，已进入步道铺设和景观绿化工程阶段。南护城河天晚集至延安南路段相继开工，进入土方、箱涵和防渗作业阶段。污水处理厂至十中桥段中水管道全线贯通，环城流美指日可待。

（三）路网征迁及背街小巷改造工程。2015年城区承担9条道路和六府塔景区的征迁任务，征迁面积10.6万平方米，征地221.61亩，涉拆单位15个，涉及私人住户266户。目前已完成150余户私人住户、12个公建单位的征迁任务，拆迁面积近10万平方米，征地75.3亩。同时还完成了32个土地承包户、5个养殖场、6个收购站、50余座坟墓和3000棵树苗的地上附着物的征收任务。长兴路南延等3条道路已全线贯通；城西路南延段、六府塔景区、铁香炉巷等路段征迁工作取得突破。与此同时，总投资5600余万元，累计长度16余公里的20条背街小巷改造工程基本完工。

（四）城中村改造工作。加大各村“两方案一规划”编制和审批，华东、李家庄等4个村的“两方案一规划”已通过市政府审批。加快2011年以来19个村共24个单独地块项目的手续办理，焦家庄格林小镇、西南关城中村改造一期、南关城中村改造一期等6个项目已按照规划完成土地处置并取得用地手续，其中，马坊头城中村改造一期成为全市首个“五证”齐全的城中村改造项目。积极推进政府融资主导城中村改造，响应国家棚户区改造政策，成立了国有性质的兴城惠民建设有限公司，具体负责筹集和承接国家专项信贷支持，形成政府主导城中村改造的崭新模式。继续保持整治“两违”的高压态势，加大日常巡查力度，查处“两违”行为91处，下达责令整改通知书134份、停工通知书14份。

三、民生事业及人文环境建设

（一）继续加大教育投入。2所公办幼儿园和省、市百日百项重点工程区太行职业中专综合楼项目全面完成，全区义务教育学校全部达到省定基本办学条件标准，顺利通过义务教育发展基本均衡区国家认定；大力开拓就业渠道。城镇新增就业4158人，创业带动就业1376人，城镇失业人员再就业1410人，就业困难人员就业293人，城镇登记失业率为1.3%；认真落实社保政策。参保人数最高增幅5%，完成2015年企业退休人员养老金待遇调整工作，人均月增资232元，城乡居民养老保险基础养老金待遇人均月增加15元，达到85元；提升公共医疗卫生服务水平。新型农村合作医疗参合率继续保持100%，重大疾病保障范围增加到24种，发放救助金241万元，建立居民健康档案38万余份，建档率92%。为65岁以上老年人免费体检12万人次，高于全省平均水平。

（二）大力推进文明创建。对照136项测评任务，扎实做好全国文明城市复查验收各项准备工作。开展学雷锋志愿服务1800余次，先进典型周建民、刘秋萍等5人候选"中国好人榜"。扎实推进"读书修身·书香城区"系列读书学习活动，组织区级大讲堂9场，分讲堂52场次；大力促进文化繁荣。投资1700万元的图书馆主体工程顺利封顶，区文化馆按照国家二级馆标准完成改造升级，投资25万元建成10个社区文化大院，投资30余万元的全民健身健步走步道全线贯通，10个街道多功能文化站均达到300平方米以上实现全覆盖。城区曲艺家协会活动基地"烨飞轩"喜乐会馆助力我市摘得"中国曲艺名城"桂冠，建成了"上党堆锦历史文化陈列馆"，堆锦作品参加2015年深圳文博会并荣获金奖；大力发展旅游产业。"抗日五专署历史纪念馆"布展全面完成，并成功入选第二批国家级抗战纪念设施、遗址名录，已接待参观学习近4万人次。刘伯承工厂旧址大门修复及配套工程建设招标工作全面完成。编制城区旅游手册，旅行社、分社、营业网点已增至90余家。

四、社会管理及安全生产工作

（一）进一步引深六星联创活动，巩固创建成果，以创建全国和谐示范社区和全国"美丽乡村"为目标，在全区社区、农村开展了"双百"评价测评；55个社区全部依托各自优势，开展"一居一色"的三社联动社区治理工作，社区服务更加深入和贴近居民。投资1000余万元升级改造8个社区办公场所，社区办公条件和环境进一步改善。

（二）针对"五多一大"的安全生产工作特点，认真落实政府监管、企业安全生产主体责任，开展安全生产大检查、"打非治违"和专项整治工作，重点对餐饮行业、危化品、烟花爆竹、机械工贸等行业加大监管整治力度，全年共召开安全生产专题会议42次，区级领导夜查突查204次，查隐患891余条，重点督办安全隐患361条，整改率达到95%以上，做到整改责任、资金、措施、时限和应急预案"五落实"。切实消除了一大批安全生产隐患，保持了全区安全生产形势的持续稳定好转。

五、党的建设工作

（一）基层党建进一步强化。投入1000余万元完成了14个社区的整改扩建工作，全区社区活动场所200平米以上的达标率达到70%以上，完成了任务指标；区委、街道党工委建立了"5+1"帮扶工作机制整顿涣散党组织，30家中有85%完成了整顿；扎实推进了"三严三实"和"双百六星"创建活动，查处基层干部不作为、乱作为行为43件，在49个"六星"农村"社区"开展了"双百"测评，34个农村（社区）开展了"六星"创建。

（二）落实党风廉政建设"两个责任"做到"三个到位"。一是履职到位。狠抓"第一责任人"职责，区委书记带头讲党课、作承诺并与各部门、单位一把手进行廉政谈话；加强纪检干部的配备使用，完善纪检监察制度；党政班子成员认真履行"一岗双责"，做到业务工作和党风廉政建设两不误。二是追责到位。2015年以来，共受理各类信访举报83件，比去年同期增长102%；共初核各类问题线索66件，立案30件，较上年同期增长50%；党政纪处分38人，其中：科级干部15人，占41%，较上年同期增长200%；农村干部12人，占32%，较上年同期增长33.3%；向司法机关移送案件线索6件，组织处理16人（其中科级干部7人，占44%）。三是整改到位。省委巡视组批转城区的13批133件信访举报件合并整理为50件，50件案件线索已查结46件，占92%，其中省委巡视组交办的14件科级干部问题线索已全部查结。全年共起底排查发生在群众身边的腐败问题线索34件，查结30件，占88.2%，查实率63.3%，处分科级干部2人，村干部19人，解决了一大批群众反映比较集中的问题线索。

（刘瑞林）

附：一、中共长治市城区区委书记、副书记、常委名单

书　记：孙刘琳（女）

副书记：李国强　宋福庭

常　委：胡三虎(8月离职)　王沁平　牛文庭　秦玉琪　李　峰　崔云峰　董有忠

二、街道党（工）委书记名单

王马街道

书　记：秦航宇

东街道街道

书　记：李　城

西街街道

书　记：焦明珍（女）

英雄中路街道

书　记：田向红

英雄南路街道

书　记：王路敏

太东街道

书　记：王宇红

太西街道

书　记：侯　敏（女）

紫金街道

书　记：栗　伟

延南街道

书　记：郜治平

中共长治市郊区区委工作概况

区委书记　潘贤掌

2015年，中共长治市郊区委员会在省委、市委的坚强领导下，团结带领全区干部群众，认真贯彻落实党的十八大和十八届三中、四中、五中全会与习近平总书记系列重要讲话精神，按照“四个全面”战略布局、省委“五句话”要求和市委全面落实“六大发展”、务实推进“五五战略”的决策部署，深入实施“四柱五轴”战略，全面从严治党管党，扎实推进经济、政治、文化、社会和生态文明建设，各项工作取得新进展新成效。先后荣获全国法治县（区）创建活动先进单位、全省文物工作先进集体、全市中小企业发展工作优秀县区等41项荣誉称号。

一、多措并举稳增长、促发展，经济实现止滑回稳

区委高度重视经济工作，科学研判形势，奋力攻坚克难，扎实开展“大干100天坚决实现郊区经济根本好转”专项行动和“冬季行动”，大打经济止滑回稳攻坚战。2015年，全区地区生产总值完成165.48亿元，排名全市第二，增速-2.8%，高于全市0.1个百分点；规模以上工业增加值完成111.33亿元，排名全市第一，增速-7.3%，高于全市2.6个百分点；固定资产投资完成186.56亿元，排名全市第二，增速16.5%，高于全市0.8个百分点；社会消费品零售总额完成44.52亿元，排名全市第二，增速6.4%，高于全市0.4个百分点；地方财政收入完成8.73亿元，排名全市第四，增速-27.52%，比全市少下降1.7个百分点；城镇居民人均可支配收入达到32791元，增速6.6%，农民人均可支配收入达到15192元，增速8.5%，两项指标总量连续五年排名全市第一。

二、扎扎实实打基础、利长远，“四大支柱”更加坚实稳固

区委把打牢“四大支柱”作为全区经济社会发展的前提和基础。廉洁发展方面，制定出台了落实党风廉政建设党委主体责任和纪委监督责任两个《意见》《长治市郊区党风廉政建设和反腐败工作任务分解意见》，强化各级党委（党组）的主体责任、纪委的监督责任和班子成员“一岗双责”，把“两个责任”压牢压实。在全市率先推出下级党委向上级纪委述纪述廉述作风述主体责任“四述”机制，倒逼各级党委（党组）强化党风廉政建设主体责任。支持全区各级纪检监察机关“三转”，履行监督执纪问责责任，驰而不息纠“四风”，党风政风明显好转。安全生产方面，严格落实“党政同责、一岗双责、齐抓共管”安全生产责任制，全方位、全领域、全天候开展安全生产监督检查，扎实推进各领域安全隐患排查和整改，确保全年不发生安全生产事故。信访稳定方面，加强信访源头治理，建立健全了信访维稳“1+4”领导机制和区四套班子领导信访值班制度，制定出台了7项信访工作制度和信访工作流程，深入开展大接访、大起底、大化解、大打击、大问责，全区信访形势稳中向好、平稳可控，赴省到市越级访明显减少，进京非访量实现连续两年下降。节能环保方面，对电力、钢铁、焦化、电石、水泥、污水处理、畜禽养殖等7个重点行业实施了“4+2”减排措施，综合能源消耗完成495.6万吨标准煤，万元工业增加值能耗降幅7.21%。PM10平均浓度为0.076mg/L,比上年下降16.5%，二氧化硫、化学需氧量、氮氧化物、氨氮、烟尘和粉尘等主要污染物排放总量严格控制在规定范围内。

三、始终不渝抓转型、调结构，“五轴联动”迈出新步伐

在区委七届六次全会上，确立了实施“五轴联动”的工作思路和发展路径，通过一年来的生动实践，取得初步成效。

一是以先进装备制造、新能源、现代服务业、现代都市农业为“轴”的现代产业体系初步建立。以漳泽新型工业园、海鸥小微企业创业园等为平台，实施项目带动战略，全面优化产业结构。新上了布劳恩电梯、新兴际华新能源制造、神通防爆电机等一批先进装备制造项目；建设了中节能光伏大棚、东明太阳能、霍家沟无水乙醇、水合肼等一批新能源项目；建设了京东蓝普县级服务中心、太锯海鸥小微创业基地和环渤海金融与电子商务基地等一批现代服务业项目；新上7个、续建4个现代特色农业项目，建设自动化育苗基地3个、农业高效示范园4个。2015年，全区新兴产业完成投资36.5亿元，占工业项目投资的50.1%；第三产业完成投资69.5亿元，占固定资产投资的37.3%。全区产业结构在调轻、调优、调新上迈出坚实步伐。

二是以“一中心、四组团”中心集镇建设为“轴”的新型城镇化框架初具雏形。“一中心、四组团”中心集镇建设有序推进，新建区委党校、区政务服务中心、公安分局、司法局顺利搬迁入驻，沁芳盛世、佳宁地产、田园清水湾等城镇化项目顺利开工建设，新建郊区医院、实验中学体育北路校区等医疗教育项目正在加紧建设，大辛庄中心集镇的行政中心、文化中心、商业中心功能逐步显现。同时，稳步推进城中村改造和重点镇、中心村建设，市里确定重点推进的8个城中村改造正在加快推进，铁三局、太

锯社区棚户区改造工程、“金果园”经济适用房建设工程全面启动。全力保障服务全市城建重点工程建设，完成了长北干线道路改扩建、城西路南延改扩建和市文化艺术中心、规划馆、科技馆等惠民工程的前期准备工作，长治火车站改造项目已开工建设。

三是以炎帝文化、观音堂、二贤庄、故县红色文化“四大文化景观”为“轴”的文化建设取得明显成效。“四大文化景观”的规划建设工作进展顺利，编制完成了《老顶山旅游城总体规划暨重点景区详细规划》《炎帝文化广场详细规划》《二贤庄保护工程修缮设计方案》，签约了总投资43亿元的中华炎帝城、潞商文化园、物联产业等文化产业项目，全面完成了八路军总部故县旧址的抢修工程和抗战纪念馆的陈列布展工作。扎实推进“德育郊区”建设，制定了《关于加快德育郊区建设的实施意见》，编制了德育郊区“三字经”，广泛开展了多种形式的培育和践行社会主义核心价值观主题实践活动。进一步健全完善公共文化服务体系，区、镇、村三级公共文化服务网络实现全覆盖。培育了澳瑞特健康产业、锦绣坊工艺品公司等一批文化企业，百虎贺文博、非凡蛋皮画等文化产品亮相省第二届文博会，《郊区历史文化丛书》出版被市报社评为2015年全市十大文化新闻之一。

四是以教育、医疗集团化发展和社会养老标准化服务为“轴”的民生事业和以“两园一带”为“轴”的生态环境建设取得新进展。全力抓好惠民工程，加快教育集团化办学改革步伐，实验中学英雄北路校区2015年高考达线率81%，办学质量明显提高。新组建了实验中学英雄北路校区小学部，规划建设实验中学体育北路校区和金湛校区两所高标准学校。稳步推进公立医院改革，建立了以郊区医院为“核心医院”、4家乡镇医院为“合作单位”的医疗联合体，采用PPP模式启动了新建郊区医院工程，建设10个高标准村级卫生所。加快现有养老院标准化建设，积极探索郊区医院医养一体化社会养老服务体系，不断满足社会养老服务需求。大力推进创业就业，新增城镇就业岗位2630个，城镇失业登记率控制在1.1%。社会保障水平稳步增长，城乡低保标准每人每月提高20元，农村60岁以上老人养老补贴每人每月提高5元。实施农村危房改造300户，480套经济适用房全部分配到户。加大“两园一带”生态环境保护力度，稳步推进提质改造、农民安居、环境整治和美丽宜居示范村建设“四大人居环境改善工程”，创建省级乡村清洁达标村34个、省级卫生村16个、省级旅游示范景区1个、省级美丽宜居示范村2个、市级美丽宜居示范村3个，生态建设迈出新步伐。

四、坚持不懈抓改革、求创新，“三个突破”取得新进展

（一）金融振兴方面。新建郊区医院项目运用最前沿的PPP投融资与互联网金融众筹募资模式，与近10家企业融资1.2亿元。以PPP模式推进沁芳盛世小区中小学、郊区一中综合楼及游泳馆、农村改厕及污水处理等项目。创建了太锯海鸥小微创业基地和环渤海金融与电子商务基地2个众创空间，联合邮政公司发展“电商+金融+物流”互联网金融产业，建设村级便民服务站57个。搭建企业上市挂牌快速通道，4家企业跻身新三板。

（二）科技创新方面。成功申报专利60件，其中有效发明专利36件。新增晨洋光伏、碧水科技、富民饲料等3家国家级高新技术企业，培育裕昌牧业、新宇牧业、漳丰农业三家省级民营科技企业，科技型企业达到26家。邀请北京航天研究院7位专家在我区召开了技术对接座谈会，与布劳恩电梯、澳瑞特、晨阳光伏等9家企业实现了技术对接。

（三）民营经济发展方面。加快小微企业创办、“小升规”“小巨人”企业培育步伐，设立了多个不同类型、不同产业门类的创业基地。2015年，全区培育“小升规”企业6户，“小巨人”企业3户，新增中小微企业210户，纳税100万元以上企业达到74家，全区民营经济增加值89.03亿元，占到全区GDP总量的53.8%。

五、全力以赴抓重点、求突破，“六权治本”和各项重点工作取得新成效

“六权治本”试点工作采取“七推进”“五到位”“四特色”等有效工作措施，率先在全市完成36个区直单位和9个乡镇“两单两图”编制工作，并于2015年9月底上网公开试运行；率先在全市完成各项权力运行监督制度制定工作；新建了面积3000平方米的政务服务中心，创新建设了电子政务·长治郊区在线平台。全区9个乡镇全部建立了高标准的便民服务中心，122个行政村全部编制完成了“一单”“一图”“一册”，建设了村级便民服务中心，并将“一册”全部发放到每个干部、党员、村民代表和每家每户，实现了“六权治本”乡村全覆盖。扎实开展农村集体“三资”管理专项清理整治工作，全区共查出问题783个，完成整改634个。全力抓好“以群众举报乡村干部腐败为切入点，集中解决群众信访诉求问题”专项治理工作，中央交办的3件、省交办的23件、市交办的41件专项治理案件全部办结，办结率100%。扎实推进农村土地承包经营权确权登记颁证工作，第二阶段的清查摸底工作已全面完成，第三阶段的土地调查工作完成65个村。

六、从严从实抓党建、夯基础，党的建设跃上新台阶

坚持从严治党、从严治吏，从严管党治党水平进一步提升。一是带头推动“双学”。建立完善了区委中心组双周一学习、一警示制度，全年共组织区委中心组学习32次，观看警示教育片30余部，举办学习习近平总书记系列重要讲话精神培训班3期，各类专题讲座5次，培训干部1200余人，深入基层开展宣讲20余场。二是深入开展“三严三实”专题教育。将专题教育延伸至全区副科级以上领导干部，区委常委和四套班子领导先后深入基层讲党课50余次。区委常委会带头，各级党委（党组）就习近平总书记“三严

三实”重要论述、党章党规等内容开展4次集中学习研讨，“三严三实”专题教育取得阶段性成效。三是从严落实“两个责任”，深入推进党风廉政建设和反腐败斗争。坚持全面从严治党与把纪律和规矩挺在前面结合起来，围绕“三个重点”，加大党员干部违纪违法案件查办力度，开展了驰而不息纠“四风”清风专项行动。2015年，全区各级纪检监察机关共审结党政纪案件41件，处分违纪人员54人。查处违反“八项规定”和“四风”案件7起，给予党政纪处分7人。四是着力加强党的基层组织建设。在全区深入开展以“夯基础、树形象、强服务”为主题的村级组织提升年活动，村级党组织实现“五配套五上墙”“五看五到位”。建立完善了党建工作目标责任考核和区领导党建联系点制度，对全区25个软弱涣散基层党组织进行了集中整顿，向20个软弱涣散和经济薄弱村派遣了第一书记，着力加强了机关、社区、非公经济组织、社会组织党建工作。五是从严从实整顿吏治。深入开展“三个一批”试点工作，共甄别科级以上干部380余名，根据工作实绩提拔重用14名，消化超职数配备干部51名，全区形成了专心谋事、踏实干事、清廉成事的良好氛围。六是认真抓好省委巡视组反馈意见的整改落实。认真履行好巡视整改主体责任，扎实开展整改，共制定整改措施141条，建立完善制度104项，对巡视组反馈的128条问题线索进行了认真调查处理，办结103件，在查25 件，给予党政纪处分60人，确保巡视反馈意见件件有着落，事事有回音。

（王丽芳）

附：一、中共长治市郊区区委书记、副书记、常委名单

书　记：潘贤掌

副书记：金所军　张耀华

常　委：李维祥　赵九大　卢展中　王跃林　何庆红　高绍奎

二、乡镇（街道、开发区）党（工）委书记名单

西白兔乡

书　记：龙玉民

黄碾镇

书　记：原　勇

马厂镇

书　记：李彩虹（9月离职）　张志明（9月任职）

大辛庄镇

书　记：李保增（9月离职）　李国亮（9月任职）

堠北庄镇

书　记：王　峰（9月离职）　李保增（9月任职）

老顶山镇

书　记：常峰旭（9月离职）　王　峰（9月任职）

故县街道

书　记：杨　明

长北街道

书　记：尹秀丽（女）

老顶山旅游开发区

书　记：崔士钧

中共长治县委工作概况

县委书记　裴少飞

2015年，中共长治县委在市委、市政府的坚强领导下，深入学习贯彻党的十八大和十八届三中、四中、五中全会精神，认真贯彻落实习近平总书记一系列重要讲话精神，按照省委“五句话”要求，以“三严三实”教育活动为契机，认真履行“两个责任”，全面落实“六大发展”，务实推进“五五”战略，凝心聚力，危中寻机，攻坚克难，奋发作为，全县党的建设、经济社会文化及各项事业取得了新的进展。

一、以“三严三实”教育和学习讨论落实活动为契机，认真落实“两个责任”，切实抓好党的建设

“三严三实”教育活动扎实开展。按照中央和省市委部署，及时召开了“三严三实”专题教育动员会，制定出台了实施方案，扎实推动活动开展。活动中，坚持“四个结合”（即：结合县情学、结合发展学、结合创新社会管理学、结合从严治党学），县委中心组组织专题学习7次，县委常委会4次专题交流研讨，县委书记带头专题讲党课，县级领导深入包联单位专题调研。县处级领导班子和领导干部列出“不严不实”问题清单和整改清单，全县“三严三实”活动按照高标准、严要求扎实开展，并取得积极成效。

学习讨论落实活动圆满完成。坚持高起点开局，高标准推进，确保了整个活动有力、有序、有效。活动中，县委常委带头参加省市委和县委中心组专题培训，组织全县各级党委（党组）认真开展学习活动，县委常委班子带头剖析全县政治生态存在的突出问题，撰写反思剖析报告，认真进行整改落实。这次学习讨论落实活动，涉及42个整治任务124个项目，截至年底，56项短期任务全部完成，68项需长期坚持。通过专项整治，一些积累多年的矛盾和问题得到有效化解，全县发展环境不断优化。

基层党建工作基础夯实。县委常委会先后11次专题研

究党建工作，持续推进“五链共建”、党建“六提”等工程，深入实施“领头雁”培训工程，分3期对453名农村“两委”主干进行了培训，对新当选的1580余名“两委”班子成员进行了轮训。为18个软弱涣散村选派“第一书记”，实行“1+5”整顿办法，整顿转化13个后进农村党组织，解决发展难题20余件。升级改造33个村级活动场所，建立4个社区党员服务中心，3个非公非企业党组织开展星级阵地建设，基层组织执政基础得到夯实。健全县乡村三级党建责任落实体系，推行机关企业、农村社区党支部书记向上级党委进行党建述职的做法，形成了基层党建齐抓共管的工作格局。

干部队伍管理常抓不懈。及时出台“三个一批”实施方案，制定实施《近期干部选任工作方案》《关于规范干部选任工作的程序和规定》，研究调整干部27人，推荐优秀后备干部313人。干部日常监督体系全面建立，干部混岗问题得到纠正，县级以下公务员职务职级并行工作基本完成，公开选聘30名2007、2008年大学生村官到事业单位工作。县卫计委、教科局、市场质量监管局机构合并改革圆满完成，进一步加强干部档案管理工作，对档案中短缺的资料进行登记、催缴、完善。

“六权治本”扎实推进。制定“六权治本”工作方案，早动手、早安排，扎实推进，全面清理政府行政职权，编制权力清单、责任清单和负面清单。55个部门权力清单编制完成，责任清单和负面清单正加紧编制，权力运行流程图编制完成，权力运行风险点防控图正在编制。“两平台”建设成效明显，办事流程更加完善，压缩办事时限，行政审批实现“一站式”办结、“一条龙”服务。截至10月底，通过行政服务窗口办理各类行政审批、许可及公共服务事项共15.7万件，其中行政审批类事项3422件，民生服务类事项15.4万件。

“两个专项整治”高效开展。根据省市委要求，5月组织召开了全县“两个专项整治”动员会，并印发具体实施方案。截至10月底，农村集体“三资”清理整治工作已完成自查，共自查出372个各类问题，目前已整改252个。“以群众举报乡村干部腐败为切入点集中解决群众信访诉求问题”专项行动，对于省市交办和自办案件的608个重点案件，明确县乡“四级”包案责任，按照“五包三亲自”真包真化解，目前已办结603件，剩余5件正在办理中。

二、坚决贯彻全面治党方略，以认真履行“两个责任”为核心，狠抓党风廉政建设和反腐败工作

坚持“一岗双责”，落实工作责任。县委高度重视党风廉政建设工作，与经济社会发展同部署、同检查、同落实。一年来，县委常委会先后6次听取案件汇报，研究案情，4次研究履行“两个责任”相关事项，3次研究全县纪检工作。制定出台了《关于落实党风廉政建设党委主体责任的实施意见》和《关于落实党风廉政建设纪委监督责任的实施意见》，下发了《关于2015年全县党风廉政建设和反腐败工作任务的分解意见》，县委书记与全县13个乡（镇、区）和七大口负责人，签订了党风廉政建设责任制责任书，分解了工作任务，落实了工作责任。县委确立了“年初有安排、一季一重点、月月有突破、年底总考核”的工作思路，通报案情、传导压力、查办案件、解决问题，始终保持党风廉政建设和反腐败工作的高压态势。

坚持主动整改，积极推进省委巡视反馈意见整改落实工作。认真学习贯彻巡视工作条例，诚恳接受巡视反馈意见，积极主动推进整改落实。省委巡视组反馈的40件违纪类案件全部予以办结，91件民生类案件已办结77件，未办结的14件中涉法涉诉类8件、涉纪类1件，已移交相关政法部门和纪检部门办理，剩余5件正在积极办理中。巡视组反馈本县的3个方面21个问题，县委高度重视，立即整改，确保件件有结果，事事有回应。

坚持“一案双查”，层层传导压力。以问题为导向，层层传导压力，先后两次由县委书记、纪委书记、组织部长对各乡镇党委书记进行集体约谈，不定期对县直党委（党组）书记进行个别约谈。坚持“一案双查”，对违反党的政治纪律和政治规矩、组织纪律，“四风”问题突出、发生顶风违纪问题，出现区域性、系统性腐败案件的部门和单位，既追究党委主体责任、纪委监督责任，又严肃追究领导责任。一年来，“两个责任”追究案件3起，涉及5人(追究主体责任3人、追究监督责任2人)，其中给予党纪处分3人，给予诫勉谈话2人。

坚持常态督查，防止“四风”反弹。县委紧紧围绕中央“八项规定”精神和省市县关于作风建设有关规定，开展经常性监督检查，锲而不舍，坚决防止“四风”反弹。县委、县政府带头落实《关于进一步精简会议、文件的实施办法》。县委成立督查组，紧盯部门单位主要领导，以“三公经费”为重点，对违反“八项规定”精神的问题进行了2轮地毯式督查和不定期督查。由县纪委牵头，紧盯重要时间节点，开展专项督查和明察暗访，以严格各单位办公住房、场所、物品出租为突破口，坚决杜绝私设“小金库”现象；以机关食堂集中管理为突破口，有效遏制舌尖上的腐败；以合理编制和严格执行车辆经费财政预算为突破口，有效遏制车轮上的腐败。县委设立了违规资金专户，已清缴340万元。同时，公布举报电话、举报信箱，畅通举报渠道。2015年，共收到作风类举报件21件，全部予以严肃查处。

坚持“纪律当先”，严格执行各项制度。始终把纪律挺在前面，强化内控机制，由领导带头严格执行婚丧喜庆事宜报批制度，禁止大操大办，厉行勤俭节约，严格执行一把手“四不管”制度，坚决抵制“四风”。紧盯干部日常行为，强化管理，解决干部队伍中为官不为、懒政怠政现象。严格执行领导干部请销假、外出学习等制度。认真执行中办印发的《推进领导干部能上能下若干规定（试行）》，并经县委研究制定了本县《关于做好甄别处理一批、调整退

出一批和掌握使用一批干部的实施方案》下发全县，目前，处理惩治不廉洁、乱作为干部8人，调整退出不作为、不胜任干部1人。

坚持严肃执纪问责，保持高压态势。始终保持执纪问责高压态势，以“零容忍”态度快查快结党员干部作风类案件。2015年，共查处违反中央八项规定和“四风”问题案件19件，党政纪处分23人（乡科级干部9人），诫勉谈话2人。其中查处违规收受节礼、礼金案件6件，违规发放补助案件5件，铺张浪费案件1件，违反工作纪律案件2件，公车私用案件3件，公款旅游案件2件，在全县形成了执纪问责的高压态势。

坚持零容忍，坚决查处腐败案件。截至10月底，全县共立案131件，结案131件，给予党政纪处分132人。其中处分乡科级干部15人，撤职以上重处分61人，移送司法机关18人，在全县形成了反腐高压态势。突出查办了发生在群众身边的腐败案件，对2008年以来群众举报干部问题线索进行了大起底、大排查，共处置问题线索907件，一批发生在群众身边的腐败案件得到查处。

三、以“三个突破”为抓手，全面加快产业结构调整，县域经济呈现企稳向好态势

积极应对经济下行、煤炭市场持续疲软的现状，加大宏观调控力度，大力推进“三个突破”，积极构建多元产业支撑格局，着力夯实经济发展根基。

经济指标下行企稳。每月进行经济运行分析，制定多项企稳措施，解决难题，保持经济在下行情况下逐步企稳。截止10月底，地方财政收入累计完成10.45亿元，同比下降33%；工业增加值完成51.9亿元，下降22%；固定资产投资完成103.2亿元，增长19%。前三季度，地区生产总值完成85.47亿元，下降12%；社会消费品零售总额完成19.23亿元，增长6.6%；城镇常住居民人均可支配收入19412元，增长7.1%；农村常住居民人均可支配收入9237元，增长8.4%。

截至年底，固定资产投资完成145.7亿元，完成全年任务；工业增加值调整后的任务是72亿元，完成62.6亿元；公共财政收入（市县两级）调整任务数为14.2亿元，完成全年任务；GDP全年任务155亿元，完成125亿元，下降10%；社会消费品零售总额全年任务27.2亿元，完成28.1亿元，完成全年任务；城镇居民人均可支配收入完成26915元，增长8%，基本完成全年任务；农村居民人均可支配收入完成14672元，增长12%，基本完成全年任务。

煤炭产业力促增效。按照煤炭产业“六型”转变要求，全面加强煤炭产业本质安全建设，加快提升矿井现代化水平，提高煤炭固废综合利用率，实现煤炭产业效益最大化。认真贯彻落实省市促进煤炭经济政策措施，深入开展清费立税各项工作，切实为企业减轻负担，促进煤炭产业平稳发展。但是由于销售价格持续走低，煤炭销量持续疲软，煤炭企业效益持续在低位运行，部分煤企因融资困难，被迫停产、限产。截至10月底，11座建设矿井中，在建及竣工矿井7座，停建4座，煤矿建设项目累计完成投资1.89亿元，占计划投资3亿元的63%；全县32座煤矿共生产原煤2058.79万吨，销售1526.21万吨，预计全年实现原煤产量2500万吨左右。

重点项目进展顺利。及时制定出台支持工业经济发展“若干措施”、“一企一策”重点企业帮扶实施意见等文件，成立减轻企业负担促进工业稳定运行工作领导组，认真组织督查“60条措施”情况，帮助企业破解发展难题，推动全县重点工业项目平稳运行。成功汽车多功位压力机安装调试，日盛达集团二期钢化镀膜生产线加紧建设，易通集团脱硫脱销项目开始试生产，惠丰特车吸污车项目投入生产，玉通机械立式烘干机项目销量倍增，诺卡汽车年产2000吨配件项目竣工，企业项目建设亮点纷呈，产业转型步伐全面加快。

现代农业稳步提升。农产品物流园区功能区加快建设，本年完成投资1.8亿元，占年度投资计划的76%；积极搭建园区融资平台，挂牌启动“华斯达克TITM(山西)企业上市孵化中心”和“TITM可追溯交易平台（山西）备案中心”；强化市场运营，蔬菜交易市场呈现常态，水果交易市场稳步复苏，伊利、蒙牛奶业入驻园区，潞玉种业和第一粮库交易储运功能初步显现。截至10月底，入园企业完成农产品交易量25.8万吨，交易额17.2亿元；预计全年可完成交易量30.9万吨，交易额20.3亿元。电子商务进农村综合示范县建设积极推进，园区电子商务平台快速发展，新建农村电商21家，农产品网上销售交易额达到2800余万元。京东商城、邮政物流入驻园区，引进大宗蔬菜、水果经纪人12人，园区现代物流格局初步形成。“一县一业”项目进展顺利，生猪养殖基地更加夯实，目前全县畜禽规模养殖场达827户，标准化规模化养殖比重达79.8%，位列全市第一。农村土地承包经营权确权工作平稳推进，规范农村土地流转面积19440亩，新增流转面积3135亩。新增农民专业合作社44家，培育家庭农场5家，探索实行农民专业合作社财务网络动态实时监控。

“三个创新”成效明显。及时成立“全县民营经济发展领导小组”，县委书记任组长，县长任第一副组长，县委副书记任常务副组长，积极推进民营经济发展试点工作。“领导小组”下设综合协调组、金融振兴组、科技创新组、创优发展环境组、“两健”工作组（引导民营企业健康发展、引导民营企业家健康成长组）5个工作小组，具体负责具体事务。10月15日，隆重召开了全县民营经济发展、金融振兴、科技创新推进大会，出台了《关于进一步促进民营经济发展，稳定经济增长的若干意见》，表彰了优秀民营企业51家，4个部门现场表态，全县形成了扶持鼓励民营经济发展的浓厚氛围。

科技创新上，科技创新项目、成果转化和相关政策落实到位，2000万元科技研究与开发专项资金全部下拨，支持科技创新项目20个，潜力产品项目14个，火炬计划14个，

星火计划84个。国家知识产权战略全面实施，取得发明专利和外观专利150余项，开发新产品120余项，新申报技术专利51件。加大培育高新技术企业力度，全县民营科技企业达到16家，高新技术企业2家（振东制药和易通环能科技公司），涉及医药、食品、建材和机械制造等领域。县域科研实力稳步提升，全县有48家企业与高校及科研院所建立了长期合作关系，设立院士（博士）工作站2个，引进高科技人才130余名；成立省级技术中心2个，市级技术中心5个。

金融创新上，金融支持实体经济发展力度加大，县域各金融机构针对振东、易通、日盛达、潞卓商贸、豪力钢构等5家重点民营企业发放贷款近10亿元；创新融资模式，持续开展“助保贷”业务，累计为15家企业发放贷款共7940万元，有效解决了小微企业融资难题。积极鼓励企业到资本市场直接融资，振东五和、振东家护、日盛达三家企业正进行新三板挂牌准备，预计年内振东五和能实现挂牌交易。

民营企业发展上，积极推进“大众创新、万众创业”，全县不断优化发展环境，推进商事制度改革，全民创业热情日渐高涨。截至10月底，全县新注册中小微企业180多户，总数达 1354户，新增就业人员1100人，总数达4.8万人；中小企业完成营业收入119.7亿元，同比增长3.11%，预计全年可完成营业收入156亿元；完成增加值46亿元，同比增长3.29%，预计全年可完成增加值 58亿元；上缴税金7.8亿元；3 家企业初步达到“小升规”标准；2家企业初步达到“小巨人”标准。

四、以“四个全民”为统领，惠民实事持续发力，民生事业不断发展

2015年在全县财政压力加大的情况下，坚持做到“保工资、保民生、保运行”，优先落实各项惠民实事。

惠民工程深入实施。以“四个全民”为抓手，一批惠民实事得到落实。全民教育，青少年活动中心、4所农村寄宿制学校、11所幼儿园改扩建等教育工程进展顺利，15年免费教育、学生营养餐、农村中小学冬季取暖供煤等惠民实事保障到位。全民就业，加强公共就业服务体系建设，鼓励自主创业、开发公益性岗位，推进“一站式”、“一条龙”服务，确保稳定就业。截至10月底，实现城镇新增就业3331 人，城镇失业登记人员690人，登记失业率为1.75%。妥善解决农民工工资拖欠案件50起，其中立案11起，共为1133人追讨工资768.3万元。全民医疗，医药卫生体制改革全面深入，县级公立医院改革全面推进，基本公共卫生服务均等化水平不断提升，疾病防控能力不断增强，乡村医生待遇全面提高，城乡医疗保障持续给力。截至10月底，全县新农合参合率达到99.56%，全年共支出7908万元，其中政策范围内住院费用支付比例达到75%以上，34.5万人次居民受益。全民养老，城乡居民养老待遇高于国家标准，按时足额发放；4所新建农村日间照料中心运行良好，深受群众好评；认真落实老年优待政策，为60周岁以上老人免费办理老年人优待证近1000本，办证率名列全省前茅；为80周岁以上老人发放高龄津贴，全年共发放97.1万元，4025名80老人受益。

免费公交运行良好，农村居民冬季取暖用煤按时发放，城乡低保保障有力，社会救助、救灾救济健全及时，社会福利事业扎实开展，优抚安置落实到位。截至10月底，全县通过民政系统共发放各类保障金达3195.6万元，25279人次受益。农村饮水安全工程全面完成，惠及农村居民8300人；实施八义镇抗旱应急水源工程，完成投资450万元，12月底完成总工程的80%。水库移民后期扶持工作稳步实施。

文化事业蓬勃开展。公共文化服务体系更加健全，文化下基层工作持续推进，群众文化生活丰富多彩。第六届中华祈福文化旅游节成功举办，非物质文化遗产保护工作扎实开展，文物保护工作成效显著，文化馆达到国家一级验收标准，潞安大鼓曲艺精品再获金奖。文体活动扎实推进，顺利通过全国文明县城验收，再获国家级卫生县城荣誉称号。

城镇化建设成效显著。大县城建设基础设施更加完善，和谐广场扩建工程主体完工；污水处理厂升级改造工程稳步推进，完成总工程量的45%；县城集中供热新增供热面积50 万平方米，供热面积覆盖率达到85%；集中供气管网新增34公里，基本覆盖县城主要用气范围；保障性住房基本建成776套，占年度计划的34%。持续推进农村危房改造，900 户农村危房基本改造完工。土地塌陷村治理搬迁工作持续开展，稳妥实施。

生态环境保护工作持续推进。防洪抗旱工作常抓不懈，山洪灾害非工程措施二期项目全面完工，本年农田水利节水工程、水土流失治理任务基本完成。水质监测中心全部完工，进入试运行阶段。造林绿化工作全面完成，树木成活保存率达到90%以上；森林资源保护工作持续实施，沿山秸秆杂草清理工作基本完成，森林防火工作态势良好。全面落实大气污染防治行动计划，抓好“控煤、治污、管车、除尘”四个关键环节，大力实施减排工程，加强污染源监管，县城空气质量明显提升。

五、以“安全稳定”为底线，切实落实各项措施，全力保持社会大局和谐稳定

安全生产形势保持良好。按照“党政齐抓，一岗双责”要求，健全完善了安全生产监管体系。深入开展重点行业、重点领域，认真开展了“六打六治”安全专项整治工作，安全隐患排查实现制度化、常态化。专业队伍建设加强，矿山救护队、森林消防专业队应急救援能力不断提高。截至10 月底，全县共排查一般事故隐患5973条，已整改5947条，整改率达到99.6%；全年发生各类安全事故8起，均为道路交通事故，工矿商贸等行业未发生生产伤亡事故。

信访稳定工作扎实开展。实行县级党政领导带头坐班接访制度，认真深入基层走访群众，截至10月底，县级领

导接访或走访群众39批311人次，切实解决了一批事关群众切身利益的问题。扎实开展社会矛盾纠纷排查化解工作，做到重点事项排查不落项、重点人员排查不漏人，有效从源头预防信访矛盾的发生。截至10月底，来县访批次和人数分别为264批、1635人，同比分别下降17%和27%；进京非访指标严格控制在市下达指标内。

社会治理更加科学高效。突出抓好法治建设，建立法治建设领导小组，大力宣传法治建设，组织开展“一村一律师”向农村送法活动，群众法治意识更加强化，全县法治环境更加优化。突出社会治安管理，制定实施《平安长治县2015年度行动计划》，重点开展了全县禁毒大会战、打黑除恶专项行动等38项“平安长治县”工作，严厉打击违法犯罪活动，“打防管控”立体治安防控体系初步建立，人民群众安全感进一步增强。建立健全社会服务管理中心运行机制，推进县域治理网格化管理，全力化解社会矛盾纠纷，全县大局保持和谐稳定。

（李伟峰）

附：一、中共长治县委书记、副书记、常委名单

书　记：裴少飞

副书记：李文兵　张向东

杜雪峰（3月离职，挂职）

常　委：杨立宏（8月离职）　王建良　魏俊英（女）

郑成钢　杨志飞　张宏山　陈文广

李　瑜（11月任职）

二、乡镇（园区、新区）党委书记名单

韩店镇

书　记：侯立峰

荫城镇

书　记：张慧军

苏店镇

书　记：和　伟

西火镇

书　记：张五清

八义镇

书　记：宋立刚（10月离职）

原泽英（女，10月任职）

贾掌镇

书　记：陈华丽（女）

郝家庄乡

书　记：李　翔

北呈乡

书　记：郭建勇

东和乡

书　记：原泽英（女，10月离职）

副书记：刘显勇（主持工作）

西池乡

书　记：王　瑛

南宋乡

书　记：秦岩伟

工业园区

书　记：李志文

振兴新区

书　记：牛扎根

中共潞城市委工作概况

市委书记　唐立浩

潞城市委以党的十八大和十八届三中、四中、五中全会精神为指导，认真贯彻落实习近平总书记系列重要讲话精神，按照省委、省政府“五句话”总要求和长治市委、市政府“五五战略”总体安排，充分发挥总揽全局、协调各方的领导核心作用，紧紧依靠全委会的同志，集中精力谋全局、抓大事、管方向，团结带领全市干部群众，深入实施“三三”战略，扎实推进“六大发展”，经济、政治、文化、社会、生态文明建设和党的建设等各项工作都取得了新进展、新成效。

一、认真落实党建主体责任，全面推进从严管党治党

市委把党建作为最大的政绩牢牢抓在手上，以深入开展学习讨论落实活动和“三严三实”专题教育为契机，全面从严加强党的思想、组织、作风、制度和反腐倡廉建设，着力打造弊革风清的政治生态，为经济社会发展提供了坚强的政治保障。

（一）坚持推进“双学”，加强思想理论武装。坚持把学习贯彻党的十八大、十八届三中、四中、五中全会精神和习近平总书记系列重要讲话精神作为一项重要政治任务，采取中心组集中学习、交流研讨、专家讲座、干部培训等方式及时传达、认真贯彻、坚决落实，市委中心组集中学习28次，举办专家讲座7次、科级干部轮训1次、农村“两委”干部培训2次、纪检监察干部培训1次，广大党员干部以党的理论创新成果统一了思想、武装了头脑、提升了素质；认真学习以习近平同志为总书记的中央领导集体的优良作风，切实增强了崇尚实干、勇于担当、廉洁自律的思

想自觉和行动自觉；以“四个全面”、“五大发展理念”等一系列新思想、新观点、新论断指导实践、推动工作，坚决贯彻省委、长治市委的各项决策部署，结合实际提出了落实措施。

（二）夯实执政基础，加强基层组织建设。出台《进一步加强农村基层组织建设的实施意见》，建立农村党建经费保障机制，对年经营收益5万元以下的160个村，在长治市下拨80万元党建经费的基础上，潞城市再拨付80万元，确保每村党建经费1万元。深入开展争创先进基层党组织、争做优秀党组织书记、争当优秀共产党员、提档升级村级组织活动场所“三争一提”创建活动，新建12个村级组织活动场所，村级组织活动场所平均面积达到199平方米。选派18名优秀机关干部到农村软弱涣散支部担任第一书记，建强基层组织、推动农村发展、维护农村稳定。

（三）从严刷新吏治，加强干部队伍建设。制定《潞城市科级干部选任工作程序》，严格规范科级干部选任工作。推荐2名干部担任县处级领导职务。调整干部9批187人次，其中提拔71人、重用22人、平调68人、免职26人。对所有拟选任对象进行任前廉政审查，对公示期间群众反映存在问题的5名干部进行了认真调查核实，暂缓3名干部的选任程序，干部选任工作风清气正，得到广大干部群众普遍认可。加强干部监督管理，以“三龄二历一身份”为重点对全市科级干部档案进行专项清理，圆满完成超职数配备干部、企业兼职等专项清理工作。加强干部思想教育，对全市549名科级干部进行了十八届五中全会精神以及《准则》和《条例》知识轮训，对340名农村“两委”主干和60名大学生村官进行了2轮培训，对全市60名纪检监察干部进行了理论和业务培训，广大干部思想政治素质和工作能力进一步提升。

（四）开展“三严三实”专题教育，加强作风建设。坚持把开展“三严三实”专题教育作为加强作风建设的重要契机，市委常委以上率下带头讲党课，常委班子围绕“三个专题”进行6次集中学习研讨，联系工作实际，认真剖析、深刻反思，着力查找解决“不严不实”突出问题；带头召开“三严三实”专题民主生活会，严肃认真地开展批评与自我批评，深挖根源、触及灵魂、积极整改，达到了统一思想、振奋精神、推进工作的目的。不断巩固群众路线教育实践活动和学习讨论落实活动整改成果，深入开展农村“三资”管理、以群众举报乡村干部腐败为切入点集中解决群众信访诉求问题、不作为乱作为侵害群众切身利益问题、“肃毒害保平安”等34项专项整治，查处违反“八项规定”行为17起，处理责任人41人；集中整改农村“三资”管理存在的突出问题442个；出台《农村干部“十不准”》《党和国家工作人员不作为慢作为乱作为责任追究办法》等制度，推动了作风建设制度化、常态化。

（五）落实“两个责任”，加强党风廉政建设。出台了落实党风廉政建设主体责任和监督责任两个实施细则，将全市党风廉政建设和反腐败工作任务分解落实到市委、市政府班子成员和各牵头协办单位。加大落实“两个责任”考核权重，考核分值由6分增至12分。实施“两个责任”约谈制度，对全市各乡镇办事处和市直单位党组织书记和纪检书记（组长）进行约谈，逐级传导压力。组织“主体责任”恳谈会和“主体责任书记谈”电视访谈等活动，进一步推动了“两个责任”的落实。大力支持纪委“三转”，将市纪委监察局牵头或参与的83个议事协调机构精简为8个，配齐配强市纪委和监察局班子及干部队伍，为9个乡镇办事处全部配齐纪委书记，为24个市政府组成部门全部配齐纪检组长。始终保持惩治腐败的高压态势，全年立案160件，结案160件，给予党政纪处分182人，组织处理17人。其中，党内警告69 人，党内严重警告57人，撤销党内职务5人，留党察看7人，开除党籍33人，行政警告4人，行政记过4人，行政降级6 人，行政撤职4人，开除公职2人，撤职以上重处分49人，移送司法机关17人，挽回经济损失1167万余元。从查处的农村干部违纪案件中，选出7个典型案例编印成《反腐倡廉警示教育读本》，下发各级党组织学习，加强了对党员干部的警示教育。加大《中国共产党廉洁自律准则》《中国共产党纪律处分条例》学习宣传力度，深入开展“万名党员书《准则》”活动，切实增强党员干部的党章意识和纪律意识。积极主动接受省委巡视组的工作巡视，认真履行整改主体责任，以高度的政治自觉、思想自觉和行动自觉推进整改工作，省委巡视组反馈的19个问题已整改15个；对巡视组移交的涉纪违纪线索进行分类处置、优先办理，做到事事有着落、件件有回音，目前巡视组交办的223件次（合并后123件）问题线索已全部查结，其中查实77件、处分77人。

二、牢牢抓住发展第一要务，保持经济平稳健康发展

市委在宏观经济下行压力加大的不利形势下，切实加强对经济工作的领导，牢牢抓住发展第一要务不动摇，多措并举保增长促发展。2015年完成地区生产总值78.5亿元，下降14%；规模以上工业增加值44.4亿元，下降23.9%；固定资产投资151.1亿元，增长17.3%；社会消费品零售总额14.2亿元，增长5.5%；地方财政预算收入6.16亿元，增长6.23%；城镇居民人均可支配收入24303元，增长8%；农村居民人均可支配收入11721元，增长9%。

（一）及时研判经济形势，加大企业帮扶力度。把保增长促发展作为全市工作的重中之重，根据经济发展形势，市委常委会、市四套班子会、市政府常务会对经济发展及时提出要求、明确目标；组织召开经济形势分析会、重点项目建设汇报会、“大干百天、决胜全年”经济工作推进会、“对标任务、决胜全年”工业经济运行分析会，研判经济形势，研究解决经济运行中的突出问题；组织处级领导、各乡镇办事处和市直有关部门负责人，对新上项目和续建项目中投资较大、进展较快的53个重点项目进行督导调研，一企一策研究解决问题；处级领导、经济主管部门负责人和技术骨干组成帮企小分队，深入项目单位和企业，

帮助解决项目建设和企业生产、经营、管理各个环节的问题，有效推动了全市经济健康运行。

（二）突出狠抓招商引资，强力推进项目建设。坚定不移地把招商引资和项目建设作为全市工作的第一抓手，党政主要领导带头多次赴省厅积极争取政策和资金，带领招商引资小分队赴北京、广州、厦门、武汉、运城、河南等地招商引资；进一步强化招商引资目标责任制、处级领导包项目责任制、举报并查处不落实的人和事、追究破坏发展环境行为等各种行之有效的制度和措施，项目建设保持了强劲势头。全年共确定重点项目124个，总投资358亿元，其中新建项目46个、续建项目78个。重点工程“六位一体”任务全部完成，其中，完成项目储备2329.99亿元、签约150.13亿元、落地106.12亿元、开工93.05亿元、建设113.16亿元、投产118.21亿元。

（三）加快产业转型发展，精心打造“三大集聚区”。坚持园区承载、创新驱动、项目支撑，精心打造现代煤化工、现代服务业、高新技术产业三大集聚区，产业转型升级取得明显成效。

现代煤化工集聚区加快建设。潞宝园区两套干熄焦、国内最大的园区集中污水处理和资源化利用2个项目建成投产；我国第一套100%以焦炉煤气和焦化粗苯为原料的己内酰胺项目，8套装置中的合成氨、粗苯精制、环己酮3套已建成投产。潞安园区具有自主知识产权的精蜡项目建成投产。天脊园区苯胺和硝基苯固废再生资源处理、土壤调理剂、脱硝除尘改造3个项目建成投产；硝基苯精制技改项目进展顺利。

现代服务业集聚区初具雏形。驾驶从业人员培训基地等一批现代服务业项目投入运营，毛主席书体馆布展完成，潞水湾人工海浪水上乐园、北村八路军总部旧址扩建工程加快建设，888家电家具城、颐龙湾、水岸春城、浅水湾、东南山世纪家园等房地产项目主体完工，部分楼盘已入住。实施“互联网+”发展战略，加快发展电子商务，涌现出山丹丹网络信息科技公司、121购物网、乐村淘、千汇购物等21家电商企业。2015年服务业增加值比重达到36.5%。

现代高新技术产业集聚区稳健起步。潞宝园区成立了科技研发中心，自主研发精细化工新产品；潞安园区研发了具有自主知识产权的精蜡和氯蜡项目；卓越水泥磨系统技术通过省级技术成果鉴定，卓越公司被认定为国家级高新技术企业；天正电气与法国施耐德集团和瑞士ABB集团合作研发的高低压成套设备等科技创新产品投入生产；远翔科技研发中心与北京化工大学等院校合作，研发了具有自主知识产权的水处理剂等新型环保高科技产品。2015年工业新兴产业比重达到48.5%。

（四）全面深化改革创新，加快综改试点市建设。推进金融振兴、科技创新、民营经济“三个突破”，综改试点市建设取得新的成效。金融振兴成效明显。不断完善金融服务平台和担保体系，引导金融业支持企业发展，潞城全辖银行业金融机构各项贷款全年净增6.09亿元，达到38.48亿元，增长15.8%，高于长治市平均水平6.02个百分点，辖内银行业金融机构累计放款25亿元、办理贴现 8.9 亿元、签发银行承兑汇票11亿元，有力地支持了地方实体经济发展；积极拓宽企业融资渠道，支持潞宝集团、潞宝兴海、永腾建材、远翔科技、凯康电梯等企业上市；大力支持农商银行引进先进理念，加快信贷产品创新，全年累计放贷37.7亿元，较年初增加5.2亿元，实现利润总额1.25亿元，上缴税金6000万元。科技创新扎实推进。积极培育高新技术企业，中矿潞城石膏实验基地通过国家级高新技术企业评审，利鸿科工贸公司通过省民营科技企业认定；建立中小微企业科技创新创业服务平台，加快推动科技成果转化，全年实施科研项目35个，推广新技术15项，专利申请量70件，发明专利拥有量43件。民营经济加快发展。从创优发展环境、创新体制机制、放宽市场准入、强化金融服务、加大财政扶持、支持科技创新等10个方面，制定支持民营企业发展40条措施；市财政预算400万元，将科技三项费与发展民营经济资金捆绑使用，更好地推动民营企业发展；建立小微企业服务站3家，为企业提供贷款、贴息、担保服务；全市1886户民营企业和4887户个体工商户累计完成营业收入269亿元，同比增长6%，上缴税金8.3亿元，同比增长5%。

（五）大力发展现代农业，扎实推进“三农”工作。认真落实惠农强农政策，加快实施中低产田改造、万亩玉米高产创建等项目，稳步提升农业生产能力，粮食总产量达到1.17亿公斤，较年度目标任务增收20.3%。加快发展“一县一业”，新发展核桃林0.4万亩，全市核桃林总面积巩固在9 万亩左右，其中3万亩已挂果；新发展连翘2.38万亩，总面积达到6万亩。新建改扩建标准化规模养殖场2个，畜禽总量达到220万头（只）。加快发展农业龙头企业，凤栖桥白酒扩建项目建成投产，嘉禾聚食醋项目主体完工，兰蕊核桃深加工项目正在建设。22家农产品加工龙头企业销售收入达到9.49亿元，同比增长29.6%。大力培育农村新型经营主体，新成立农民专业合作社8家，全市总数达到440家，入社农户达到7000余户，占全市总户数的15%；新培育家庭农场4家，全市总数达到39家。出台《潞城市农村扶贫开发工作实施意见》，162个机关企事业单位3000名干部结对帮扶贫困户；深入开展扶贫开发建档立卡“回头看”工作，9个试点村完成村级公示，正在进行乡级审核。土地确权试点工作基本完成，全市202个村全部完成二轮土地承包档案清理，199个村完成底图勾绘，197个村完成权属调查，187 个村完成实地测量，188个村完成地块矢量化、数据入库、公示，21个村完成合同签订，全市土地确权整体完成率达到90%以上，土地确权工作经验在全省做了交流。率先在长治市成立了农村产权交易大厅。稳步推进土地流转工作，全市土地流转面积达到2.8万亩。

三、全面推进依法治市进程，切实加快民主政治建设

市委把加快推进法治潞城建设摆在更加突出的位置，

认真落实《关于加快推进法治潞城建设的实施意见》，将法治理念贯穿于经济建设、政治建设、文化建设、社会建设、生态文明建设和党的建设各领域。

（一）深入推进“六权治本”，进一步强化权力运行的制约和监督。突出潞城特色，推进试点先行，围绕实现市乡村三级全覆盖目标，形成市“两清单、两张图、两平台、两监督”、乡“两清单、两张图、一平台、两监督”、村“一单一图一册一室”为主要内容的“六权治本”运行模式。目前，全市41个单位、9个乡镇办事处全部完成“两单”、“两图”编制和“两监督”制度体系建设，梳理权力清单3893项、责任清单3879项，绘制行政职权运行流程图1807张、廉政风险防控图1774张，并已通过初步评审挂网试运行。平台建设进一步加强，21个单位、99项事项进驻政务大厅，实现“一个窗口对外、一站式审批、一条龙服务”；9个乡镇办事处全部建成并整合了便民服务大厅，制定完善了首问负责、限时办结等制度。将“六权治本”向乡村延伸，138个村完成了“一单、一图”的编制，印制了《基层权力便民服务监督指导手册》一户一册发放到户，并建成融党员活动室、图书室、矛盾调处室为一体的多功能便民服务室，占全市202个村的68.3%，其余64个村今年3月底可全部完成。

（二）坚持和完善人民代表大会制度，进一步提高人大依法履职水平。切实加强对人大工作的领导，支持人大及其常委会依法履行职能，决定重大事项，强化监督工作，围绕“三三战略”、“六大发展”、转型综改、项目建设等重点工作调查研究、建言献策、视察督查；围绕环境保护、食品安全、教育卫生等重点工作深入开展执法检查；依法督办代表建议，推动解决事关全市发展大局和群众切身利益的重大问题；依法开展法律监督，规范“一府两院”用权行为。

（三）坚持和完善中国共产党领导的多党合作和政治协商制度，进一步增强政协参政议政能力。切实加强对政协工作的领导，支持政协充分发挥参政议政职能，围绕农村土地确权、辛安泉保护、教育卫生事业、“十三五”规划等全市重点工作开展视察调研、提出建议；充分发挥协商民主的重要作用，加强与各党派、各团体、各阶层人士的交往与沟通，为潞城发展凝聚人心、汇聚力量；出台《关于加强人民政协民主监督的实施意见》，支持政协通过撰写提案、民主评议、双月协商座谈、选派特约监督员等方式，强化民主监督。

（四）加快推进依法治市，进一步加强民主政治建设。积极支持审判、检察机关以及人民团体依照法律独立负责、协调一致地开展工作。巩固和发展最广泛的爱国统一战线，加强对统战工作的领导，加强同各民主党派、无党派人士的团结合作，全面完成统战部门合署办公工作。依法管理宗教事务，引导宗教与社会主义社会相适应。坚持党管武装原则，切实加强国防后备力量建设，军民融合发展成效明显。深入推进“六五”普法，加大法治宣传教育力度，广大干部法治观念和法律素养得到进一步提升，运用法治思维和法治方式推进潞城改革发展的能力进一步增强。

四、加强宣传思想文化工作，扎实推进精神文明建设

市委切实加强对意识形态工作的领导，高度重视宣传思想工作，大力实施文化强市战略，扎实推进精神文明创建，为潞城发展提供了强有力的思想保证、舆论支持和精神动力。

（一）加强思想道德建设。以社会主义核心价值观为导向，深入开展潞水大讲堂、“图说我们的价值观”、“善行义举好人榜”等主题活动，切实加强社会公德、职业道德、家庭美德、个人品德教育，弘扬了主旋律，汇聚了正能量，树立了新风尚。精心组织了红歌演唱会、红色记忆书画展、重走潞城抗战路等纪念抗战胜利70周年系列活动，弘扬红色文化，传承红色基因，广大干部群众接受了深刻的爱国主义教育。

（二）把握正确舆论导向。坚持党管宣传、党管意识形态，牢牢掌握意识形态工作的领导权和主动权，大力宣传党的路线方针政策、中央和各级党委的决策部署，使主流思想、正面舆论占领宣传阵地，进一步激发了广大干部群众干事创业的激情。不断增强引导舆论的本领，密切关注媒体动向和网络舆情，快速反应、积极应对。切实加强网络阵地建设和网络内容的管理，净化了网络空间、引领了网络舆论。

（三）大力发展文化事业。继续实施“百千万”文化惠民工程，免费为农村送电影2810场、图书11460册。万象城影院、世纪影城投入运营，“登天铜府”展厅、“潞之锦”布艺园加快建设。不断推出文艺精品，舞蹈《你是我的眼》荣获晋鲁赣宁琼五省区舞蹈大赛金奖。组织承办了首届全国山地车环城赛、第二届全国花毽表演邀请赛等赛事以及全国乡土诗人采风活动，有效提升了潞城知名度和美誉度。

（四）深入推进全国文明城市创建工作。以创建全国文明城市为目标，深入推进文明城市、文明单位、文明学校、文明企业、文明乡村、文明社区、文明家庭等创建活动，涌现出42个文明单位、3个文明乡镇、21个文明村和2个文明景区；扎实开展“崇尚科学、破除迷信”暨陈规陋俗专项整治行动，引导广大群众弃陋习、倡新风；成立志愿者协会，引导市民积极参与志愿者服务活动；建成中国文明网地方联盟网站——潞城文明网，集中展示文明创建取得的优秀成果，进一步增强广大市民参与文明城市创建的积极性和主动性。全国文明城市创建顺利通过国家验收组年度测评。

五、牢固树立绿色发展理念，加快建设生态文明潞城

市委坚持把生态文明建设摆在更加突出的位置，大力推进植树造林、节能减排、生态治理，生态潞城建设取得明显成效。

（一）大力推进植树造林。完成造林面积4.1万亩，超出省定任务45%。创建绿色生态乡村1乡4村。森林覆盖率提高1个百分点，达到23.6%；建成区新增绿化面积25.8万平方米，绿化覆盖率提高3.2个百分点，达到45%。

（二）大力推进节能减排。实施天脊脱硫除尘改造、兴宝余热回收发电、卓越钢渣高效除铁等8个重点节能改造项目，万元工业增加值能耗下降5.12%，工业固体废弃物综合利用率达到68.23%。强化环境日常监管，辖区企业污染防治设施投运率、运行率达到95%，达标率达到100%。6项污染物减排任务全面完成，其中二氧化硫下降4%、化学需氧量下降4.72%、烟尘下降2%、工业粉尘下降2%、氮氧化物下降3.02%、氨氮下降2.55%。

（三）大力推进生态修复。实施国家水土保持重点建设工程，完成综合治理水土流失面积4.1万亩，完成水保林9800亩。辛安泉泉水出露区生态修复工程加紧实施，生态湿地及防护林带工程全部完成，辛安泉域环境进一步改善；大水网工程3座泵站和1座蓄水池主体完工，即将试水运行。全面治理大气，PM2.5、PM10平均浓度分别下降19%和26%，主城区二级以上天数达到329天，同比增加4天。创卫成果进一步巩固，顺利通过国家卫生城市复查验收。

六、高度关注和改善民生，各项社会事业统筹发展

市委坚持把更多公共资源投向民生领域，群众得到更多实惠，实现了改革发展成果共建共享。

（一）城镇化进程不断加快。市污水处理厂升级改造全面竣工，潞南污水处理厂主体建成，城南排洪渠改造和3条市区街道建设工程加快推进，全年新增天然气用户1112户，新增集中供热面积35万平方米，供热总面积达到278万平方米。城市道路、供水、供气、供热、排污等基础设施日益完善。原丝织厂、原曲轴厂、府前广场东侧3大片区旧城改造工程主体建成；东南山、东街、瓦窑头3个城中村改造进展顺利，目前已改造户数600户、面积6.2万平方米。城镇化率新增2.01个百分点，达到56.12%。

（二）十件惠民实事进展顺利。解决13个村10500人的饮水安全问题；为全市22.4万亩玉米、1.18万亩小麦入保自然灾害险；西华路延伸、站前街贯通、人民街改造、城南排洪渠改造等工程加快推进，西华南路路灯更新改造全面完成；新建、续建保障性住房2984套，基本建成1245套，配售经济适用房79套、廉租房38套；店上镇申庄村、微子镇漫流岭村采煤沉陷区治理工程加紧实施；市内免费公交车开通；烈士陵园修缮工程加快施工；国家一级标准文化馆建成投入使用，市体育场续建工程进展顺利，实验中学体育场开工建设；新建疾控中心业务楼主体完工；“送戏下乡”惠民工程顺利实施，全年为54个村免费送戏275场。

（三）各项民生事业持续推进。不断加大民生领域投入，扎实推进就业、教育、医疗、社会保障等各项民生工程。城镇新增就业人数3830人，转移农村劳动力2913人，城镇登记失业率1.1%，低于3%的控制目标。新建3所农村幼儿园，实施32个义务教育薄弱校改造工程，高考录取率、中考优秀率分别提高0.4和1个百分点。公立医院改革稳步推进，分级诊疗和基本药物制度全面实施，合作医疗住院补偿按标准全面提高，新农合参合率达到99.4%。城乡低保、五保供养、社会救助等补助标准按要求提高。食品药品安全形势稳定向好。

（四）社会管理不断加强。实行市乡及重点部门领导夜查突查安全工作机制，市级领导夜查突查326次，整改隐患1159条；各乡镇办事处和29个重点部门领导班子夜查突查2197次，整改隐患2523条；健全乡镇安监机构，全市9个乡镇办事处共配备专职安监人员37名；深入推进重点领域打非治违活动和危化安全攻坚工作，全市工矿商贸企业安全生产无事故。推进平安潞城建设，创新社会管理体制机制，完善网格化管理新模式，全省社会服务管理体系建设现场会在潞城召开；实施安防网络全覆盖工程，市区公共场所覆盖率达到95%，农村覆盖率达到81.7%；深入开展打击黑恶势力、毒品犯罪、“两抢一盗”和整治治安乱点等专项斗争，进一步提升了群众安全感满意度。创新信访工作机制，畅通信访渠道，强化源头治理，实行党政主要领导联合接访制度，大力化解信访积案，信访事项化解率达到86%，实现了重要时间节点赴省进京零上访，确保了社会和谐稳定。

（魏钰恒）

附：一、中共潞城市委书记、副书记、常委名单

书　记：唐立浩

副书记：张　斌　陈轶群

常　委：孙彩虹　张维斌　程　琦　元文波　王国勤
王　斌　赵　亮（5月离职）
肖学斌（5月任职）

二、乡镇（街道）党（工）委书记名单

店上镇

书　记：靳忠玲（7月离职）　曹　枫（7月任职）

翟店镇

书　记：李　明

微子镇

书　记：韩旭军

辛安泉镇

书　记：李健业

史回乡

书　记：曹　枫（女，7月离职）　米一波（7月任职）

合室乡

书　记：靳林琦

黄牛蹄乡

书　记：米一波（7月离职）　尤勇刚（7月任职）

潞华街道

书　记：桑爱斌

成家川街道

书　记：王双泰

中共屯留县委工作概况

县委书记　郭泽兵

屯留县共有基层党组织664个，其中：党委25个、党总支部19个、党支部620个，党员13403名。

2015年，屯留县委认真贯彻落实党的十八大和十八届三中、四中、五中全会精神，深入学习贯彻习近平总书记系列重要讲话精神，团结带领全县广大干部群众，按照“四个全面”战略布局，全面落实“六大发展”，务实推进市委“五五”战略，纵深实施“二四六”发展战略，全面从严管党治党，统筹推进经济、政治、文化、社会和生态文明建设，各项工作取得新进展新成效。市委、市政府下达58项主要指标有50项完成或超额完成。先后荣获全国科技进步先进县、全省产粮大县等荣誉；顺利通过全国卫生县城和省级文明和谐县城验收；迎接了全国检察机关对公安刑事侦查活动监督改革试点工作、全省社会治安综合治理和平安建设工作考核、全市看守所安全工作三个现场会。

一、坚持全面从严治党，着力营造风清气正的政治生态

一是切实抓好理论武装。坚持把学习贯彻习近平总书记系列重要讲话精神作为重大政治任务，与学习省委、市委一系列会议精神结合起来，努力做到用讲话精神武装头脑、指导实践、推动工作，始终在思想政治行动上与以习近平同志为总书记的党中央保持高度一致。全年共组织中心组学习13次，组建7支宣讲队伍深入乡镇和系统对中央和省市会议精神进行了宣讲，发放《习近平谈治国理政》等书籍4000余本。

二是扎实开展“三严三实”教育。先后5次召开常委会议研究部署“三严三实”专题教育工作，县委常委和县处级领导带头讲党课32场次。围绕“严以修身、严以律己、严以用权”三个专题，组织开展了6次学习研讨、3次警示教育专题民主生活会。县委常委班子带头召开“三严三实”专题民主生活会，严肃认真开展批评与自我批评，党内政治生活进一步得到规范。

三是从严从细落实“两个责任”。制定出台了《关于落实党风廉政建设党委主体责任的实施意见（试行）》《关于落实党风廉政建设纪委监督责任的实施意见（试行）》。召开了落实“两个责任”推进大会，对落实“两个责任”不力的5名干部进行了责任追究。坚持把纪律和规矩挺在前面，认真学习贯彻《准则》和《条例》，按照“四种形态”要求坚持抓早抓小，谈话、函询干部47人，建立领导干部廉洁档案47个。支持纪检监察机关“三转”，缺额纪检干部全部配齐配优。

四是全面加强基层组织和干部队伍建设。从县直机关选派32名干部到软弱涣散村担任“第一书记”。实施党委书记创建党建示范点工程，共建立党建示范点22个。在全省农村基层党建工作会上，李高乡北宋村党支部书记作为唯一的党支部书记代表作了典型发言。扎实开展“三个一批”工作，进一步完善“六重”选人用人标准，2015年共调整干部9批182人，整改消化超职数配备干部59名。

五是始终保持对惩治腐败和狠刹“四风”的高压态势。共立案查处各类违纪案件117件，处分党员干部158人。查处违反中央八项规定精神问题案件14件，给予14人党政纪处分，其中科级干部10人，重处分8人。先后组织两轮“三公经费”专项抽查，涉及单位40个，提出建议38条，纠正问题16个。

六是认真抓好巡视反馈问题整改落实。通过采取给干部人事顽疾动刀、向违法违纪行为亮剑、朝历史遗留难题出拳、对“一岗双责”悬空追责、为经济运行不畅开道等有力措施认真整改，24个问题已整改完成20个，占比83%，建立和修订制度40个。

七是深入推进“六权治本”工作。在编制“两单、两图、两监督”方面，全县34个县直单位，14个乡（镇、区）按要求已全部编制完成，并于12月底全部挂网公布试运行；14个乡（镇、区）便民服务中心已全部建成并试运行，同时印制了《便民服务手册》和一次性告知单。在政务服务平台建设方面：县政务服务大厅设立34个办事窗口，34个单位进驻，投资80余万元的手机APP电子政务平台和预约绿色通道已投入运行。全县294个行政村“一单、一图、一册”全部完成并试运行。

二、坚持发展第一要务，全力保持经济平稳健康发展

一是持续推进项目建设。按照“三不两零四个一”原则，全力推进总投资321.07亿元的50个重点项目建设。全面完成项目“六位一体”任务。共签约引进项目25个，总投资122.7亿元，太重榆液高性能液压产品自主化产业基地、科泰年产1000台工业机器人及配套集成系统建设等一批大项目、好项目落户我县。在项目建设的带动下，全县财政总收入完成15.1亿元，其中地方公共财政预算收入完

成6.1亿元。

二是加快产业转型升级。优质粮食、绿色蔬菜、干鲜水果、苗木花卉、规模养殖、中药材种植六大特色产业不断壮大。粮食产量达到2.55亿公斤，创历史新高。余吾煤业、郭庄煤业、小南村煤矿等企业在量价齐跌的情况下保持正常生产，国药控股长治物流中心、三宝生化原料药及制剂等非煤产业项目建设进展顺利。以嶷山体育产业园为重点的体育文化旅游产业加快发展，作为全国唯一县区参展2015年中国体育文化·体育旅游博览会，被授予“2015中国体育旅游十佳精品路线”，屯留是中国体育人的第二故乡名片初步叫响。

三是统筹推进城乡建设。编制完成了县城建设总体规划、县城控制性详规和十个专项规划。映水兰香小区、北大附属长治实验学校等“八大城建工程”加快实施，县城建成区面积由3.8平方公里扩大到6平方公里，城镇化率达到38.1%。深入实施完善提质、农民安居等四大工程，95%以上的村实现了道路畅通、庭院净化、村庄绿化美化。

四是奋力实现“三大突破”。金融振兴上，县信用联社成功改制为县农商行，三禾村镇银行、长治银行屯留支行正式营业。举办了第三届中小微企业投融资（长治屯留）对接会，祥瑞铸造公司在Q板挂牌上市。科技创新上，振东开元通过国家高新技术企业认定，胖妞食品新确立为省级民营科技企业，全县省级科技型民营企业达18家。民营经济发展上，出台实施《关于进一步推进民营经济健康发展的十二条意见》，新培育“小巨人”企业1个、“小升规”企业1个。

三、坚持加快推进依法治县，合力推进社会主义民主法治建设

一是坚持和完善人民代表大会制度。加强对人大工作的领导，县人大紧紧围绕全县中心工作，强化人大及其常委会监督职能，加强对“一府两院”工作的监督，对政府组成部门开展了履职承诺，保障和促进了全县重点工作的落实。

二是坚持和完善中国共产党领导的多党合作和政治协商制度。加强和改进对政协工作的领导，县政协围绕团结和民主两大主题，围绕“双创”、优质教育、文化旅游事业等重点工程重点项目开展了一系列视察调研，提升了协商议政实效。

三是坚持巩固和发展最广泛的爱国统一战线。加强与各党派成员、无党派人士和工商联的联系和沟通，加强非公有制经济人士和党外干部队伍建设，依法加强宗教事务的管理，保持了宗教领域的和谐稳定。

四是加快推进依法治县进程。认真落实《加快推进法治屯留建设的实施意见》，积极推进政府职能转变，大力推进司法体制改革，组织开展法治宣传教育“六进”活动，认真落实党管武装工作，扎实做好对台、反邪教工作，积极支持工会、共青团、妇联等人民团体按照各自章程开展工作。

四、坚持抓好意识形态工作，全力推动宣传文化事业健康发展

一是加强意识形态领域管理。坚持党管意识形态原则，重视做好意识形态领域工作，完善了新闻发言人、网络评论员制度，加强了新闻工作纪律，制定了应急工作预案，牢牢掌握意识形态工作主动权和领导权。全年编发《舆情快报》36期，成功化解“恶意”舆论炒作、负面报道20余期。

二是积极开展精神文明创建活动。广泛开展社会主义核心价值观宣传教育，在主流媒体播放了“梦娃”系列视频；开展“美德少年”“道德模范”等典型选树评选活动，乡村医生李栓洲荣获第五届“全国道德模范提名奖”。

三是促进文化事业繁荣发展。新建2个乡镇综合文化站投入使用，11个乡镇综合文化站通过省级验收，80个村级文化活动室提档升级，实现广播电视户户通全覆盖。举办了3场“和谐屯留文化大讲堂”活动，编排了大型神话剧《羿神传奇》和红色剧目《刘胡兰》，拍摄了专题纪录片《抗联英雄魏拯民》；弘扬红色、廉政和法治“三个文化”，初步打造了抗大一分校旧址、魏拯民故居等一批文化廉政教育基地。

五、坚持保障和改善民生，全力维护社会和谐稳定

一是实施精准扶贫。制定了《“十三五”扶贫规划》《“十三五”易地搬迁实施方案》和《关于促进贫困农户增收脱贫的扶持办法》。全面开展建档立卡“回头看”工作，精准识别出全县贫困人口9753人，扶贫驻村工作实现了行政村全覆盖。全年共实施异地搬迁100人，1911人实现了脱贫。

二是办好民生实事。改扩建3所村级幼儿园，高考二本以上达线712人，中考600分以上91人，职业教育免学费覆盖率达到100%；新农合参合率巩固在98.9%，投资2000余万元对中医院进行了基础设施建设；面向社会公开招聘小学教师70名、医护人员62名，城镇登记失业率控制在1.3%以内；80岁以上老人全部领上了生活补贴；开工建设保障性住房1032套、农村危房改造950户。

三是抓好安全生产。严格落实安全生产“党政同责、一岗双责”总要求，深入开展以煤矿为重点、覆盖各行业各领域的安全生产专项整治行动，各类安全生产控制指标严格控制在市政府下达指标内。危化品、烟花爆竹和民爆器材等行业及森林防火、公众聚集场所等均实现了安全运行无事故。

四是提升治理水平。全面加强网格化管理和社会面防控，组织开展打黑除恶、打击毒品犯罪、打击“两抢一盗”、整治治安乱点“四大战役”，社会治安形势总体稳定。全面推行坐班接访、主动下访、带案巡访、重点控访和依法治访“五访”工作法，深入开展“以群众举报乡村干部腐败为切入点集中解决群众信访诉求”专项治理活动。中央、省市交办案件全部办结，巡视组交办的248项信访事项

全部办结，信访总量较上年同比下降53.1%，非访人数同比下降74.6%。结合农村土地确权和“三资”管理专项清理工作，推动“六权治本”、领导干部信访接待日、领导班子建设向乡村两级延伸，形成“乡村治、百姓安”的良好局面。

六、坚持绿色发展理念，大力加强生态文明建设

造林绿化方面：围绕“荒山造林、身边增绿”目标，全面完成了太行山绿化人工植苗示范、造林补贴、退耕还林和合作社造林四大工程，县城建成区绿化覆盖率、绿地率和人均公共绿地面积均稳步提高，全县森林覆盖率达到22.2%。

节能减排方面：不断加大节能减排力度，积极淘汰落后产能，规模以上工业企业综合能源消费量185万吨标准煤，万元工业增加值能耗下降5%，20家减排企业全部通过国家环保部年终的减排核查，各项约束性指标均完成市下达任务。

环境治理方面：深入开展环保整治行动，查处环境违法案件37起。加大对水污染防治和大气污染综合整治力度，完成9个工业企业水治理项目，司徒桥断面水质稳定达到国家四类水质标准；17家企业完成技术提标改造，在全市率先完成1家企业挥发性有机物治理，县城二级以上天数达到350天。

（牛小彦　张海军）

附：一、中共屯留县委书记、副书记、常委名单

书　记：郭泽兵

副书记：段树新　李晓峰　仇志勇（3月任职，挂职）

常　委：翟卫华（女）　秦建宇　冯贵兴　王忠强　王彦慧　焦彦平

二、乡镇（开发区、园区）党（工）委书记名单

麟绛镇

书　记：李书红

渔泽镇

书　记：王长胜（8月离职）　郭迎红（8月任职）

上村镇

书　记：李　飞

路村乡

书　记：张红斌

李高乡

书　记：李俊情（8月离职）　高志刚（8月任职）

余吾镇

书　记：刘志敏（8月离职）　杨　斌（8月任职）

吾元镇

书　记：西立功

丰宜镇

书　记：刘艳丽

西贾乡

书　记：连晓燕（女）

河神庙乡

书　记：倪　敏

张店镇

书　记：郭乐慧

康庄园区

书　记：崔　青

上莲开发区

书　记：赵丽君

西流寨开发区

书　记：程　予

中共长子县委工作概况

县委书记　王　震

2015年，长子县委围绕全面落实“六大发展”、务实推进“五五”战略的总体部署，面对经济下行严峻形势，团结带领全县干部群众顽强拼搏，奋力开拓，全县各项工作保持了良好的发展势头。

一、主要经济指标完成较好

2015年全县地区生产总值完成96.2亿元，较去年下降2.5%；社会消费品零售总额完成17亿元，同比增长6.2%；城镇居民人均可支配收入完成24365元，增长7.6%；农村常住居民人均可支配收入完成11763元，增长7.3%；全县公共财政预算收入完成7.71亿元，同比下降31.69%；规模工业增加值完成54.7亿元，同比下降9.44%；固定资产投资完成122.9亿元，同比增长16.7%。较好的完成了市下达或调整的目标任务，综合排列全市前列。

二、产业结构持续优化

科学谋划了电力、新能源、“四气”、现代物流、现代农业、文化旅游、中小企业、基础实施“八大板块”。实施重点项目60个，总投资287亿元。11月份提前完成了项目建设“六位一体”各项任务。全年完成煤炭总产量达到2055万吨。赵庄、高河两个总投资超百亿元的低热值煤发电项目正式开工。新增设施蔬菜1.5万亩，食用菌300亩，新建规模园区12个，设施蔬菜种植面积达到10.7万亩，露

地蔬菜种植面积达到10.2万亩，蔬菜总产量达到99万吨；新建规模养殖场区15个，畜禽饲养总量达到843万头（只）；烤烟种植面积稳定在8900亩。能交投集运站投入运营，初见成效，第一列5000吨煤运往河南鹤壁，阿里巴巴长子产业带项目已有60多家中小企业完成产品上线工作，万成农牧等3家企业达成业务合作意向，全县产业结构持续得到优化。

三、城市建设高标准推进

坚持规划先行，聘请国内一流规划设计院，编制完善城乡建设总体规划、产业发展规划、土地利用总体规划“多规合一”；理顺城市管理体制，解决权责交叉、多头执法问题，加快基础设施和公共服务项目包装融资，采取“PPP”模式，引进了太原炬能供热公司，完成了府前街、熨台街等旧街改造，功能不断得到完善提升。

四、民生福祉持续提升

在财力十分紧张的情况下，保持了民生投入力度不减。县医院综合住院大楼、示范幼儿园等民生项目主体工程先后完工，全县教育教学质量持续提高，二本B类以上达线人数达到1005人。县级公立医院所有药品实行了零利润销售，新农合参合率达到了99.35%，补偿各类患者23.8万人次1.05亿元。县城环境空气质量二级以上天数达到326天。全县所有行政村全部实行了垃圾“不落地”管理。通过易地搬迁、产业发展、精准扶贫到户等多种方式，减少农村贫困人口3100人。推进县乡损毁道路改造，改造县乡村道路30 条91.8公里。发放低收入农户冬季取暖用煤货币化补贴3160 万元，为农村60岁以上老年人实行了免费体检，城乡低保标准分别增加了22元和20元，为全县低保对象发放最低生活保障金3941万元，救助城乡医疗对象3420人次，全县教育、医疗、社会保障事业服务水平不断得到提升。

五、社会大局和谐稳定

大力实施安全生产“34531”工程，加大安全隐患排查整治，全年未发生一起重大安全事故。建立了“高山瞭望、沟壑巡查、视频监控、卡口检查”四位一体的监测预防机制，全年森林防火态势平稳。持续深化平安长子建设，严厉打击各类犯罪活动，破获刑事案件156起，抓获犯罪嫌疑人116 人；破获毒品刑事案件26起，抓获犯罪嫌疑人30人，收缴各类毒品7000多克，查处毒品违法行为人314人，强制戒毒100人，社区戒毒80人。建立了信访稳定“五包”责任制，推行了主要领导轮流接访和县级领导包案制，信访存量大幅减少，增量得到有效控制。省委巡视组交办案505件办结503件，办结率99%，省市交办案16件办结15件、办结率94%，网上交办235件办结率100%，实现了全国“两会”及全国、全省纪念抗战胜利70周年活动期间“零上访”。

六、党的建设不断加强

认真开展“三严三实”专题教育，党员干部政治自觉明显提升。常委带头，以上率下，建立了县委常委周报告、月例会制度，实行重点工作任务清单制，构建大监督体系，干事创业范围日渐浓厚；认真落实“三个一批”，风清气正选任干部，对6个单位“一把手”、纪检干部及重点乡镇领导班子进行了调整充实，实现了空缺党政正职和纪检干部“双配齐”。选派40名“第一书记”驻村帮扶，实现了“帮扶支部与锻炼干部”双位提升。开展“亮身份、作表率、树形象”等系列活动，推行“定、查、评”工作法，进一步夯实基层党建基础。从严落实党风廉政建设“两个责任，出台落实党风廉政建设主体责任纪委监督主体的《实施意见（试行)》。全年有5名单位主要负责人因落实主体责任不力被处分，3名被诫勉谈话、11名被约谈，3名分管领导被处分，推动责任落实刚性化。保持纠四风、反腐败的高压态势。全年纪检监察机关共立案144件，处分党员干部180人，其中乡科级25人，立案数、处分数同比均大幅上升，保持了正风反腐高压态势。积极推进“六权治本”。按照试点引径、整体推进的办法，14个乡镇管理中心，42个机关单位“两单两图” 全部完成，并经专家评审，在县政府网站公布试运行。拟定了13项县级“两监督”制度，统筹推进向乡村延伸工作，确实把权利关在制度的笼子里，真正把纪律和规矩挺在前面。

（王俊平）

附：一、中共长子县委书记、副书记、常委名单

书　记：王　震（5月任职）
副书记：马先明　丁向东（女）
常　委：尚治安　牛恩毅　杨　隽　郭志新　王成枝
高玉飞　冯妍平（4月离职）
闫小龙（5月任职）

二、乡镇（林区、景区）党委书记名单

慈林镇
书　记：王志宏（10月离职）　王慧刚（11月任职）
丹朱镇
书　记：王华庆（10月离职）　王志宏（11月任职）
王峪林区
书　记：师　宏（11月任职）
横水景区
书　记：王慧刚（10月离职）
南漳镇
书　记：李　帅
岚水乡
书　记：秦红霞
南陈乡
书　记：王鹏飞
石哲镇
书　记：张宇峰
常张乡

书　记：张　明

宋村乡

书　记：申宛成

大堡头镇

书　记：申丽光

色头镇

书　记：暴巍弘

碾张乡

书　记：张建刚

鲍店镇

书　记：王　敏

中共壶关县委工作概况

县委书记　李全心

2015年，壶关县委、县政府认真贯彻落实中央“四个全面”战略布局、省委“五句话”总体要求和市委“五五战略”工作部署，主动适应经济发展新常态，认真落实从严治党新要求，真抓实干，攻坚克难，全县经济社会发展稳中有进、稳中向好，为顺利完成“十二五”目标任务画上了句号。

一、经济运行平稳向好

大力实施“双百”重点工程，总投资117亿元、总数量114个的重点工程推进顺利，晋通钕铁硼、潞赛达商品砼、大象饲料加工等一批项目建成投产，成为新的经济增长点。坚持创新驱动，投资1亿元的山西老陈醋电商网7月份正式上线运营，成为全国唯一一家专业做山西老陈醋线上营销的电商平台，壶化集团被科技部评为高新技术企业、中外技术合作基地，紫团公司被评为国家科技特派员创业基地。紫团食用菌产业带动农民脱贫致富的做法受到省委王儒林书记、楼阳生副书记的高度评价。推进金融振兴，壶化集团上市资料已获中国证监会正式受理，近期将在上交所主板挂牌上市，引进寿阳农商行投资建设村镇银行工作取得实质性进展，全年新增银行贷款1.78亿元。县信用联社改制为农商银行后全年上缴税金6169万元，比上年增长5101万元。大力促进民营经济发展，出台企业减负42条，取消涉企收费8项，落实中小微企业增值税优惠政策7项，推进了大众创业、万众创新，民营经济对县域经济的贡献率达到95%以上。建立县领导包企帮扶责任制，创新税收征管办法，确保了经济平稳运行。2015 年，全县地区生产总值完成48亿元，同比增长3.5%；规模以上工业增加值完成19.8亿元，同比增长2.5%；固定资产投资完成53.8亿元，同比增长17.5%；社会消费品零售总额完成17.38亿元，同比增长8.2%；地方财政收入完成25262 万元，同比增长1.02%；城镇常住居民人均可支配收入达到19426元，同比增长8.5%；农村常住居民人均可支配收入达到4908元，同比增长10%。

二、旅游开发全省领先

坚持把旅游业作为支撑壶关未来发展的战略性支柱产业来抓，大力实施“生态立县、旅游兴县”战略，全面提升大峡谷的知名度和影响力。突出抓好景区建设，重点抓了总投资4.2亿元的王牌景区八泉峡建设，投资1.4亿元建成了蓄水游览大坝，形成了2公里的高峡平湖景观，配套建设了长760米的观光隧道；投资1.2亿元建成了长3000米的高空索道，是国内唯一一条拐弯索道；投资1.1亿元，完善了基础设施；投资5000万元建成了高208米的户外旅游观光电梯三部，在电梯顶部建设天空之城观光平台，取得世界最高崖壁电梯多层透明观光眺台、世界全露天观光高度最高、世界运行速度最快的贯通门式户外观光电梯三项世界纪录，八泉峡景区成为“地面看、水中游、天上观、云中行”的海陆空、立体式旅游景区。着力提升管理水平，加强旅游景区管理，提升了管理水平和服务能力。大峡谷景区已顺利通过国家旅游局AAAAA级景区质量景观评审，正式列入创建国家AAAAA级景区预备名单。着力改善交通环境，壶关县与首钢长钢集团就西安里铁路改造为太行山大峡谷旅游观光专线达成合作协议，共同打造国内第一条旅游铁路专线，正在开展前期可研和基础设计工作。切实加大宣传力度，开通了大峡谷旅游官方网站、APP微信平台，开展了“走进韩国”等主题宣传活动，“冲关大峡谷”再掀收视高潮，形成了媒体宣传、节庆宣传、户外宣传、社团宣传、人脉宣传的全方位宣传格局，提升了景区名气，拓展了客源市场。2015年，大峡谷景区接待游客254万人次，营业收入5380万元，旅游社会总收入32.66亿元，接待游客、营业收入、旅游社会总收入连续三年实现25%以上的高增长、快增长、稳增长。

三、六权治本叫响全市

壶关县作为长治市“六权治本”试点县，探索出了县直单位“两单两图两平台两监督”、乡镇“两单两图一平台两监督”、村级“一单一图一册一室”的工作模式，形成了可复制、可推广的“壶关模式”，目前已实现县乡村全覆盖、试运行。在“两单两图”编制上，县直单位和乡镇采取“9+X”模式，编制权力清单、责任清单和职权运行流程图、风险防控图，农村按照“六化”工作法，编制农村基层权力清单、权力运行风险防控图和监督指导手册。在“两个平台”建设上，投资2000余万元建成了4000平米的县级政务服务中心，按照“三集中三到位”要求，承担行政审批和公共服务的40个单位入驻大厅，所有行政审批事项和公共服务事项全部进入平台，让群众进一个门、办所有事。乡村两级都建立了便民服务中心（室）。在“两个监督”机制上，规范完善部门“三重一大”事项决策流程，建立一把手不直接分管人事、财务、工程、采购、审批“五不直接分管”制度，启动党内监督、人大监督、民主监督、行政监督、司法监督、审计监督、社会监督和舆论监督等八大监督，形成全方位、全过程、全覆盖的立体化监督体系。壶关县推进“六权治本”的做法和经验，得到省、市有关领导的充分肯定。9月29日，长治市委书记马天荣亲自带领市、县有关领导到壶关县现场观摩指导，先后有14个县区到壶关县学习考察。

四、民生福祉持续增加

大力推进新型城镇化建设，长安高速城际连接线、中南铁路顺利通车，高望阁、美术馆建成开馆，东山旅游园完成主体工程，常平凤凰城、壶化银座、昌盛金色家园等商住楼投入使用，首轮154套保障性住房已分配入住。加大扶贫开发力度，全年完成移民搬迁500户、1857人，整村脱贫12个村，脱贫1.65万人。统筹发展社会事业，壶关一中初中部迁建工程完成规划选址，4所乡村标准化幼儿园和3所学校教师周转房建设项目完成主体，全县高考再创佳绩，二本B类以上达线人数373人，较上年净增82人，发放尊师重教奖金360余万元。积极推进县级公立医院综合改革，县人民医院、中医院、妇幼保健院全部达到二级甲等医院标准，县乡村三级医疗卫生机构全部实行基本药物省级网上集中采购、统一配送、统一结算、零差率销售，免费为全县60岁以上老人健康体检，全县农民参合人数达到241705人，参合率达到99.98%。深入开展“图说我们的价值观”“善行义举榜”等系列大型宣传活动，实施文化惠民工程。新解决4个乡镇9个村4000口人的饮水安全问题，完成了石子河小流域治理工程。县委、县政府年初向全县人民承诺的“十件惠民实事”全部兑现。坚持“党政同责、一岗双责、齐抓共管”，严格落实安全生产主体责任，全年没有发生重大安全生产事故；深入开展严打毒品犯罪暨“六除六保”百日行动、“三整治一排查”专项行动，全县社会治安形势大大好转；进一步健全完善县乡村三级干部大接访制度，化解了一批信访突出问题，确保了社会大局稳定。

五、从严治党全面发力

深入学习习近平总书记系列重要讲话精神，以讲话精神指导实践，推动工作。认真落实党建主体责任，切实强化“把抓好党建作为最大的政绩”的理念，坚持抓党建与抓发展一同研究、一同部署、一同考核，把从严治党要求贯彻落实到思想建设、组织建设、作风建设、制度建设和反腐倡廉建设的全过程，进一步巩固了全县良好的政治生态。深入开展学习讨论落实活动和“三严三实”专题教育，县委书记带头讲党课，带头参加集中学习研讨，带头查摆问题，着力解决“不严不实”突出问题。县委常委班子带头召开“三严三实”专题民主生活会，严肃认真地开展批评和自我批评，达到了增进团结、振奋精神、推进工作的目的。认真落实“两个责任”，大力实施“一二三四”反腐倡廉工程，制定出台落实党风廉政建设党委主体责任和纪委监督责任两个《实施意见》，专题召开全县落实“两个责任”剖析会，逐级落实责任，层层传导压力，对“两个责任”落实不力的17名责任人进行了问责追究。认真学习贯彻《中国共产党廉洁自律准则》和《中国共产党纪律处分条例》，制定出台《党员领导干部谈话提醒教育管理的暂行办法》《党员干部不作为慢作为乱作为责任追究办法》，坚持把纪律和规矩挺在前面，对存在问题的18个单位负责人进行集体约谈。坚持有举必核、有贪必反、有案必查、有腐必肃，扎实开展“两个专项治理”活动，大力支持纪检部门推进“三转”，优化内设机构，增加办案力量，加大案件查办力度，全年查结违纪违法案件170件，处分党员干部232人、增长79.2%，其中科级干部26人、增长112%，农村党员干部138人、增长63.2%，形成并保持了惩治腐败、狠刹“四风”、打黑除恶“三个高压态势”。深入学习贯彻党的十八届五中全会精神，精心组织“十三五”规划建议起草编制工作。树立正确用人导向，强化干部日常考核。坚持“发展一批、培训一批、选派一批、整顿一批、表彰一批”五措并举，在全县掀起了“抓党建、促发展，学先进、争先进”的热潮。

（王林茂）

附：一、中共壶关县委书记、副书记、常委名单

书　记：李全心

副书记：崔江华　张宏伟

常　委：卫　明（4月离职）　段尧刚

徐思江（5月离职）　张月飞

郭　伟（5月任职）　郭亚哲（5月任职）

毛晨霞（女，5月任职）

二、乡镇（街道、管理区）党委（总支）书记名单

龙泉镇

书　记：张　文

百尺镇

书　记：张君平

店上镇

书　记：闫志斌

晋庄镇

书　记：秦志岩

树掌镇

书　记：张红伟

集店乡

书　记：李立堂

东井岭乡

书　记：闫晓陵

黄山乡

书　记：李建宏

五龙山乡

书　记：徐云开

石坡乡

书　记：雷学波

桥上乡

书　记：苏建红

鹅屋乡

书　记：张海江

常平街道

书　记：陈忠孝

太行山大峡谷旅游开发管理区

书　记：靳海棠

中共平顺县委工作概况

县委书记　吴小华

中共平顺县委设13个基层党委，27个党组，18个党总支，533个党支部，共有10687名党员。

2015年，县委常委会全面贯彻落实党的十八大和十八届三中、四中、五中全会精神，深入学习习近平总书记系列重要讲话精神，按照“四个全面”战略布局，紧紧围绕省委“五句话”总要求和市委全面落实“六大发展”、务实推进“五五战略”的工作部署，大力弘扬纪兰精神，全面从严管党治党，着力加快“一地两区”、“三宜”美丽平顺建设，协调推进经济、政治、文化、社会和生态文明建设，全县呈现出经济实力稳步增长、改革开放不断深化、人民生活持续改善、社会大局和谐稳定、党的建设不断加强的良好态势，实现了“十二五”各项目标任务的圆满收官。

一、强化思想引领，坚持用习近平总书记系列重要讲话精神武装头脑、指导工作

2015年，常委会坚持把学习贯彻习近平总书记系列重要讲话精神作为重大政治任务，先后组织召开县委常委（扩大）会、理论中心组集体学习会、党政联席会、理论宣讲会27次，深入系统学、坚持不懈学，做到了内化于心、外化于行。坚持理论指导实践，及时将习近平总书记系列重要讲话中关于“四有干部、三严三实、精准扶贫、五个发展理念”等新思想、新观点、新要求与全县工作实际相结合，精心组织全县“十三五”规划建议起草工作，以新思想提升理论修养，以新要求规范干部言行，以新理念谋划全县发展，始终在思想上、政治上、行动上与以习近平同志为总书记的党中央保持高度一致。增强看齐意识，坚持向以习近平同志为总书记的中央领导集体和省、市委常委班子看齐，坚持“以上率下”，要求全县党员干部做到的，县委常委首先做到，努力在各方面为全县树标杆、做榜样，形成了一级学一级、一级抓一级、一级带一级的浓厚氛围。以“五句话”总体要求为主题，深入开展学习讨论落实活动，突出问题整治，抓好32个方面、87项突出问题的整改落实，进一步把思想统一到省委、市委的决策部署上来，为推进改革发展稳定各项工作提供了坚强政治保证。

二、从严管党治党，深入推进党风廉政建设和反腐败工作

2015年，常委会坚持从严治党、从严治吏要求，坚决贯彻落实“两个主体责任”，主动践行“三严三实”，全面推进“六权治本”，为全县改革发展提供了坚强政治保障。

务实开展“三严三实”专题教育。坚持把开展“三严三实”专题教育作为进一步坚定理想信念、锤炼党性修养、提升素质能力的重要契机。常委会紧密联系习近平总书记关于“三严三实”重要论述，先后从严以修身、严以律己、严守党的政治纪律和政治规矩等方面开展了6次学习研讨，剖析存在问题，查找思想根源，明确整改方向，着力解决“不严不实”问题。带头召开高质量的专题民主生活会，突出问题导向，严肃认真地开展批评与自我批评，进一步清洗了思想和行动上的灰尘，使“三严三实”成为常委班子成员做事做人的座右铭，凝聚起了忠诚干净担当的正能量。“三严三实”专题教育开展以来，县级领导干部共深入基层调研498次，发现问题422个，解决问题377个，办实事345件。

从严管理干部队伍。坚持习近平总书记“20字”好干部标准和省委“德才兼备、以德为先、以廉为基”的用人导向，制定出台了《进一步加强党员干部官德建设的意见》，在考察干部中增加干部“德”的双向评估、廉政审查等环节，最大限度预防干部“带病提拔”，提高了选人用人公信度。2015 年调整的6批次95名干部，社会反映普遍良好。深入实施“三个一批”，扎实开展“跑官要官”、说情打招呼、“三超两乱”、干部档案造假等专项整治，共处理惩治不廉洁、乱作为干部18人，调整退出不作为、不胜任干部4人，掌握敢作为、能作为、善作为后备干部156人，消化超职数配备干部42人，超配的非领导职务干部全部消化。

全面加强基层组织建设。持续深化“扩面提质”工程，着力在整治后进、争创先进、提升服务上下功夫。对全县39个软弱涣散基层党组织进行集中整治，县级领导带头挂点帮扶，找症结、定措施，解决突出问题57个，整顿转化

工作全部完成。加大农村基层基础保障力度，为集体经济收益薄弱村，各下拨工作经费1万元。积极开展“红旗党支部”、“学习型、服务型、创新型、效能型、廉洁型党组织”、“十好党组织”创建活动，进一步完善农村“两委”主干关爱激励机制，选派243名优秀干部担任驻村“第一书记”，1621名县直单位在职党员全部到社区报到服务，基层党组织的凝聚力、创造力、战斗力显著提升。2015年，全县农村“两委”主干激励关爱机制在全市基层党建会上进行了经验交流，“三带九联”村村联建模式被省委组织部作为典型进行推广。

严格落实“两个责任”。将落实“两个责任”作为推进党风廉政建设和反腐败工作的关键环节，牢固树立“不抓党风廉政建设就是失职、抓不好党风廉政建设就是渎职”的意识，制定出台了落实党风廉政建设党委主体责任和纪委监督责任两个《实施意见》，召开党风廉政建设专题常委会15次，研究解决重大问题12个。认真落实“三谈两述”制度，县委“五人小组”对各乡镇党委书记和单位负责人进行了两次集体廉政谈话，对9名科级领导干部进行了诫勉谈话；对落实“两个责任”不力的2个单位、3名个人进行了问责。积极支持纪委落实“三转”要求，推进县纪委内设机构改革，精简县纪委牵头或参与的议事协调机构86个；配齐配强纪检监察干部队伍，2015年新配备专职纪检干部60余人；严格落实纪委书记（纪检组长）分工规定，确保纪检干部有时间、有精力履行监督责任；新建纪检办案专用房，结束了平顺无办案点的历史。

严肃惩处腐败案件。按照零容忍、无禁区的要求，健全完善工作制度，深化体制机制改革，强化监督执纪问责，认真把握运用监督执纪“四种形态”，坚持在全面从严治党、严格执纪上“先走一步”，保持了惩治腐败的高压态势。2015年，全县纪检监察机关共立案89件，结案89件，增长22.5%，其中，贪污受贿案10件，违反财经纪律案7件，违反廉洁自律案7件，失职渎职案21件，破坏社会主义经济秩序案17件，妨害社会管理秩序案27件。处分违法违纪党员干部99人，增长52%，其中科级干部20人，增长11%。查办工程建设领域类案件10件，处分10人；查办非煤矿山类案件12件，处分12人。纪律审查工作名列全市前茅。

坚持不懈狠刹“四风”。持之以恒正风肃纪，紧盯“四风”隐形变异问题，狠抓重要时间节点，加强对贯彻执行中央八项规定和纠正“四风”工作的督促检查和整改落实，对顶风大操大办婚丧喜庆、违规收送礼金红包、公车私用等违规违纪行为开展专项整治，发现一起，查处一起。2015年先后对100多个县直单位和12个乡镇进行了监督检查，共查办违反中央八项规定精神和“四风”方面案件8件，处分党员干部11人，其中科级干部2人，有效防止了“四风”反弹回潮。

狠抓巡视反馈问题整改。把巡视问题整改工作纳入县委班子重要议事日程，研究制定《省委巡视组巡视反馈问题整改方案》和《责任分解清单》，细化工作、明确责任、狠抓整改，做到了反馈问题和意见建议事事有回音、件件有落实。省委巡视组反馈的179件民生类信访案件办结168件，市委交办省委巡视组督办的31件涉纪类信访案件全部办结。特别是针对群众反映强烈的吸毒贩毒问题，常委会精心组织，周密部署，统筹协调，全面出击，在全县深入开展了“肃毒害、保平安”百日整治专项行动，共查处涉毒刑事案件9起、行政案件131起，刑拘6人，逮捕4人，行政拘留92人，收缴毒品和疑似毒品11600多克，全县涉毒违法现象明显减少，毒害蔓延趋势得到有效遏制。整改工作得到了省委巡视四组和省委巡视办的一致肯定，整改经验被省委巡视办刊发交流。

深入推进农村“两个专项治理”。将开展“两个专项治理”作为践行群众路线、解决群众身边腐败问题的重要举措，把反腐败责任、措施向部门、基层传导，推动反腐败斗争向基层延伸。农村集体“三资”专项清理整治，自查出财政资金使用、集体资金管理、集体资产管理等8个方面959个问题，涉及金额2700多万元，其中799个问题完成整改，涉及金额1500多万元。以群众举报乡村干部腐败为切入点集中解决群众信访诉求问题专项治理，共确定重点五类信访案件52件，办结52件。全县共查处发生在群众身边的“四风”问题和腐败案件3批112件，给予党政纪处分58人，其中村支部书记36人，推动形成“乡村治、百姓安”的良好局面。

积极推进“六权治本”。常委会将“六权治本”作为规范权力运行，杜绝腐败问题产生的根本举措，抽调精干力量，借鉴试点经验，严格进度要求，严把工作质量，使党员干部手中的公权力更加公开透明、更加规范可控。全县审核规范行政权力事项18780项，确定的36个县直机关事业单位、12个乡镇的“两单两图”和262个行政村的“一单一图一册”已全部编制完成并上网试运行；政务服务大厅迁入新址，初步实现了项目审批和民生服务事项“一门办理、限时办结、一站式服务”，提升了政务服务效能，方便了群众生活。

三、狠抓第一要务，持续壮大县域经济整体实力

2015年，常委会始终坚持以经济建设为中心，一手抓党风廉政建设和反腐败斗争，一手抓发展第一要务，充分遵循新常态下的县域经济发展规律，强化工作举措，破解关键问题，经济建设各项工作呈现新气象，取得新成效。

综合实力稳步提升。2015年，面对经济下行压力不断加大的严峻挑战，面对钢铁市场持续低迷、量价齐跌的困境，常委会带领全县人民负重前行、克难奋进，大力发展新兴替代产业，积极培育催生新的经济增长点，全县经济持续保持平稳向好的发展态势，主要经济指标保持平稳增长，增速在全市各县区名列前茅。全县地区生产总值完成20.6亿元，同比增长4.4%，增幅排名全市第4；规模以上工业增加值完成7.4亿元，增幅排名全市第4；固定资产投资完成36.6亿元，同比增长16.5%，增幅排名全市第9；社会

消费品零售总额完成8.1亿元，同比增长6.6%，增幅排名全市第3；地方财政收入完成9626万元，同比增长11.85%，增幅排名全市第1；城镇居民人均可支配收入完成19505元，同比增长8%，增幅排名全市第2；农村居民人均可支配收入完成5054元，同比增长8%，增幅排名全市第4。七项主要经济指标中，平顺县有六项指标增幅跻身全市前四。

发展后劲持续增强。把项目建设作为壮大县域经济整体实力的具体举措，充分发挥项目在经济发展中的引领作用，进一步创优发展环境、加大招商引资力度，确保了洽谈项目、新上项目和在建项目的顺利推进。2015年，共引进签约项目19个，总投资64.99亿元，完成市定任务的108.3%；重点签约项目到位资金累计完成19.9亿元，完成市定任务的110%；全县51个重点项目，除8个前期推进项目外，43个重点项目开工39个，开工率90.7%，完成投资12.24亿元。重点项目的稳步推进，为全县经济社会各项事业发展提供了有力支撑。

旅游产业体系日趋完善。围绕建设“全国一流旅游目的地”的目标，倾尽全力延伸产业链条、打造全域性景区，着力推动旅游产业向纵深发展、向高端挺进。成功引进长春欧亚集团投资开发神龙湾景区综合开发项目。该项目按国家5A级景区标准建设，走主题化、订制化、服务化、精品化的发展道路，力求构建独具特色的旅游产品体系。项目全部建成后，将成为国内一流、国际上有影响力的国家级生态旅游名胜地。通天峡景区二期工程推进顺利，景区品质全面提升，市场营销成绩斐然，全年综合收入达到7350万元。在抓好核心景区建设的同时，全力推进乡村旅游发展。积极发挥政府资金的引导作用，先后统筹扶贫、环保、交通、发改等各类专项资金1000余万元，引导扶持枣林、苇水、白杨坡、岳家寨等20余个各具特色的乡村旅游示范村先行先试、率先发展。召开全县乡村旅游现场推进会，推动多层次、高品质乡村旅游蓬勃发展。一年来，全县接待游客230万人次，同比增长17%；接待海外游客7.6万余人次，同比增长78%；实现旅游综合收入16.75亿元，同比增长20%。平顺县获评全国和全省“休闲农业与乡村旅游示范县”，神龙湾村入选“2015中国最美休闲乡村”，全县旅游产业的综合实力、对外影响力显著提升。

新兴产业快速成长。围绕建设“全国新型工业产业园区”的目标，把发展新兴产业作为加快转型发展、实现强县富民的切入点，依托自身资源禀赋，积极引进、培育和布局新能源、新材料、生物制药等战略性新兴产业。大唐风力发电项目一期工程全部完工，正式并网发电，二期30兆瓦风电项目正在开展前期工作；省级重点项目溯头水电站全部竣工；漳泽电力30兆瓦光伏发电项目已经开工建设；成功引进上海航天八院、西安东仪新能源和明阳风电集团新能源开发项目，开展前期工作的请示已上报省发改委。新兴产业已成为推动我县工业发展的重要增长极。继续完善产业承载平台，新型工业园区基础配套工程全部完工，企业进驻环境更加优化，投资吸引力进一步显现。

特色农业高效发展。围绕建设“全国生态建设示范区”的目标，坚持“全域规划、全面布局、全境参与、全民受益”发展思路，以农业产业化龙头企业为主导，采取“公司+ 农户+合作社+基地”模式，着力培育特色农业，加快推进规模化经营、全链条发展。振东集团50万亩中药材基地建设项目，完成种植基地建设42万亩，独创阴凉库、恒温库建设标准，仓储基地成为全国四大中药材仓储基地之一。在龙头企业的带动下，全县中药材种植面积达到49.75万亩，年产各类中药材1800多万公斤，中药材种植加工企业达到4家，以中药材为主导产业的专业合作社达到159家，中药材总收入达到2.07亿元，农民人均药材收入达到1533元。成功承办全省中药材基地建设现场推进会，打造了全省中药材产业发展的平顺模式。平顺县被工信部、财政部等国家12部委列为全国两大中药材基地之一，并给予重点扶持。大红袍花椒种植面积达到13.6万亩，花椒芽菜种植面积达到4000余亩，辐射带动农户5000余户，户均增收1000余元，实现了企业受益、农民增收、合作共赢的目标。全县40个一县一业、一村一品项目进展顺利，新建的4个农业科技试验示范基地运行良好。全县初步形成了农户、基地和公司有效衔接，抚育种植、技术服务、粗精加工、推广销售连成一体，促就业、帮脱贫、创税收、活经济集于一身的特色农业发展格局。

精准扶贫深入实施。坚决落实精准扶贫政策各项要求，创新帮扶举措，汇集各方资源，大力实施产业扶贫、移民扶贫、金融扶贫、科教扶贫四大工程。制定出台《精准帮扶贫困村、贫困户实施方案》，所有贫困村实现领导干部包村、工作队驻村、党员结对、派驻第一书记帮扶四个全覆盖，全面完成建档立卡回头看工作。创新实施“5+3”特色产业扶贫模式，为137个贫困村、1593户贫困户提供分布式光伏发电、蔬菜大棚等“一户一业”项目。深入实施整村推进、金融扶贫、智力帮扶等项目，全面完成百口人以下山庄窝铺易地搬迁任务，顺利完成“十二五”脱贫任务，为“十三五”如期实现脱贫目标奠定了坚实基础。

各项改革扎实推进。按照中央、省、市统一安排部署，常委会坚持向改革要动力、向改革要红利，着力向改革“深水区”挺进、下大力气啃“硬骨头”，积极培育经济发展内生动力。进一步深化行政审批制度改革，推行行政审批公示制度，承接省市下放审批事项60项。稳步推进政府职能转变和机构改革，新组建卫生和计划生育局与市场和质量监督管理局，启动了事业单位分类改革。同步实施机关事业单位养老保险制度改革和完善工资制度改革，按时完成公务用车制度改革，正式施行公务员职务与职级并行制度，党政机关事业单位管理体制进一步优化，“三公”经费持续压缩，干部职工的积极性和主动性得到充分激发。

四、突出文明创建，全面加强宣传思想文化工作

平顺县委常委会以建设“三宜”美丽平顺为目标，以

创建省级文明县城为总抓手，党政同心、上下联动、全民参与、整体推进，城乡面貌焕然一新，人居环境持续优化，居民素质显著提升，宣传思想文化工作亮点纷呈。全力攻坚文明县城硬件工程。统筹整合有限资源，多渠道筹集资金8000多万元，对县城兴华街、青羊街、文卫路等13条主要街道和背街小巷进行了修复改造，全面推进“两场七园”提档升级、乡村公路通达、文化市场净化、环境卫生整治、强弱电入地等工程，完成“五化”工程52.87万平方米，县城人居环境更加舒适、基础设施更加完善、整体功能更加齐全，一个望得见山、看得见水、记得住乡愁的靓丽山城跃然眼前。不断加强舆论宣传引导。将文明县城创建宣传与日常工作宣传相结合，传统媒体宣传与新兴网络宣传相结合，组织开展了攻坚文明创建、推动经济转型等多角度、深层次的宣传活动。大型航拍片—《平顺》《美丽乡村新田园——世外桃源岳家寨》《巨穴谜团》等专题片，先后在央视7套、10套、山西卫视等主流媒体和腾讯视频、微博、微信等新媒体播放，进一步推介了平顺县优美的山水风光、丰富的文化遗存、淳朴的风土人情，视频、微信点击量达3万多次，文明创建氛围更加浓厚，平顺的知名度、美誉度和品牌效应进一步提升。持续丰富红色文化内涵。大力弘扬爱国主义精神，积极开展纪念中国人民抗日战争暨世界反法西斯战争胜利70周年和烈士纪念日活动。创作完成《平顺劳模故事》系列丛书1—6册，完成《郭玉恩传》《武侯梨传》《桑林虎传》等红色文艺作品初稿，三里湾村获批省级第三批爱国主义教育基地，红色文化的渗透力和感染力进一步增强。深入推进群众性文明创建活动。组织开展“道德楷模”、“身边好人”、“十个最美”、“文明家庭”等系列评选活动，制定出台了《平顺文明市民公约》，在全县上下营造了崇德向善、见贤思齐、学赶先进的良好氛围。先后涌现出了“中国好人榜”崔春肖、“最美乡村教师”提名奖原子朝、“全国美德少年”郭琳玉等一批好人群体、道德楷模。

五、狠抓民生改善，不断提升群众幸福指数

平顺县委常委会发扬艰苦奋斗优良传统，把有限财力用在“刀刃”上，加大财政资金向民生领域的投入力度，上级出台的各项增资政策全部兑现，教育、医疗、社保等民生事业稳步推进，更多发展成果惠及城乡居民。

生态文明建设取得新突破。坚持绿色发展理念，以生态环境改善为着力点，持续加大生态建设和环境治理力度，天蓝、地绿、水净的美好家园逐步呈现在我们面前。持续扩大绿量。筹措资金7560万元，完成“两山”造林工程3.58万亩、“两网”绿化工程1.25万亩、“两林”富民工程1.75万亩、景区村庄街道绿化70万株，规划创建生态乡1个、生态村5个，省、市下达的造林任务超额提前完成。强化环境治理。制定出台了《平顺县大气污染防治2015年行动计划》和《平顺县重污染天气应急预案》，建立完善环境空气自动监测质量管理体系，扎实开展环境保护大检查专项行动，强化工业企业燃料、原料、产品堆场扬尘控制，完成黄标车及老旧车淘汰任务，环境保护六项减排指标全部超额完成，环境治理成效显著。全年空气质量二级以上天数达到360天，综合污染指数全市最低，环境空气质量综合指数全市第二。

社会事业发展取得新成效。县委、县政府年初承诺的“十件惠民实事”全面完成。教育投入持续加大。投资4890万元，新改扩建的38所中小学和5所幼儿园投入使用，62套教师周转房主体完工，乡镇、村幼儿入园难问题有效缓解；继续实施“两免一补”工程，发放贫困生补助160.04万元，惠及学生1.1万余人。就医环境显著改善。县级公立医院改革全面完成，2个乡镇卫生院和110个村卫生室业务用房建设主体工程全部完工，所有公办医疗机构全面实行药物零差率销售，城乡居民基本公共卫生服务均等化水平稳步提升。就业和保障能力不断提升。就业和社会保障服务中心和4个乡镇服务站投入使用，城镇新增就业创业2357人，转移农村剩余劳动力3211人，城镇登记失业率控制在1.65%；城乡居民养老保险参保人数达到8.3万余人，社会保障水平大幅提升。

城乡基础建设取得新进展。坚持把统筹城乡发展作为推进县域经济发展、加快城镇化进程的重要途径。投资1000多万元的青羊购物广场商业步行街投入运营，成为平顺县首个集餐饮、购物、娱乐于一体的商业综合体，促成了区域商业的升级，赢得了广大群众的点赞，预计年销售收入可达1200万元；投资3690万元的美特好平顺购物广场，主体工程全部完工，2016年国庆前可投入运营。投资8260万元，完成王东线、下佛线改造及33个村水泥（油）路提质工程122公里；调整优化县城公交路线，开辟平顺—留村公交运营线路，群众出行更加便利，“行路难”逐渐成为历史。新开工建设保障性住房706套，504套完成主体工程，超额完成市定任务；配套完成经济适用住房政策与户籍制度改革，为更多群众解决住房难问题扫除了障碍。县城新增绿化面积5.26万平方米，新增城镇人口2200余人，全县城镇化率增长2.07个百分点，达到30.2%。

安全稳定工作取得新成就。毫不放松狠抓安全生产。进一步完善“党政同责、一岗双责、齐抓共管”安全生产责任体系，持续深入非煤矿山、油气罐区、旅游景区、游乐设施等重点领域、重点部位和重点场所，开展多批次安全隐患大排查和大整治活动，排查隐患481条，整改481条，全县安全生产形势平稳向好，重特大安全事故“零发生”。社会治理效能不断提升。狠抓社会综合治理，积极调处各类矛盾纠纷，深入开展“六项整治”，平安建设有力推进，社会治安防控体系建设全面加强，群众安全感进一步增强，平顺县被评为“省级平安县”。落实创新领导干部接访制度。深入开展信访积案攻坚活动，县乡两级领导带头接访，下大力气解决信访存量、遏制信访增量，全年共接待来访群众206批606人次，化解信访案件111件，全县信访维稳形势平稳可控。

六、加强民主政治建设，凝聚全民共建的强大力量

平顺县委常委会坚持把加强民主政治建设，作为巩固党的执政基础的重要内容来抓，做到统筹全局、协调各方，齐心协力、同心同德。支持人大政协履行职能。支持人大及其常委会围绕全县发展大局依法行使监督权、决定权和任免权，支持人大加强和改进人大代表工作，创新活动载体，有序开展代表定向视察、执法检查等活动，使代表发挥作用的渠道更加广泛、活动效果更加明显。坚持和完善政治协商制度，支持政协积极推进政治协商、民主监督、参政议政制度化、规范化、程序化，支持政协进一步拓展协商民主形式，更加活跃有序地组织专题协商、对口协商、界别协商、提案办理协商，增加协商密度，提高协商成效。爱国统一战线进一步巩固。认真做好民族、宗教和对台工作，充分发挥工会、共青团、妇联等人民团体的桥梁和纽带作用，统一战线更加牢固。坚持党管武装工作。扎实开展双拥共建工作，推进军民融合式发展，军政军民团结的良好局面得到不断巩固和发展。法治平顺建设有序推进。认真落实《关于加快推进法治平顺建设的实施意见》，组织形式多样的法治宣传教育活动，圆满完成“六五”普法检查验收工作，全社会自觉信仰法律、敬畏法律、遵守法律、运用法律、维护法律的氛围逐步形成。

（付玉珍　魏婷婷）

附：一、中共平顺县委书记、副书记、常委名单

书　记：吴小华

副书记：秦　军　赵永进

常　委：乔毅慧　宋忠义　宋玉清（4月离职）

张宏方　李玉忠　刘林松（4月任职）

翟建光

二、乡镇党委书记名单

青羊镇

书　记：张秀斌

西沟乡

书　记：牛海江

龙溪镇

书　记：刘忠虎

杏城镇

书　记：申涌泉

东寺头乡

书　记：原保根

虹梯关乡

书　记：杨　光

中五井乡

书　记：张浩波

北耽车乡

书　记：程丽荣（女）

阳高乡

书　记：桑宏亮

石城镇

书　记：段开松

北社乡

书　记：关苏平

苗庄镇

书　记：李建青

中共黎城县委工作概况

县委书记　郜双庆

2015年，中共黎城县委认真落实省委“五句话”总要求和中共长治市委“五五战略”部署，统筹推进经济、政治、文化、社会和生态文明建设。黎城县地区生产总值完成30.2亿元，较上年增长1.6%；固定资产投资完成57亿元，增长18.5%；工业增加值完成9.1亿元，增长2.27%；公共财政收入完成2亿元，增长2.7%；社会消费品零售总额完成12.5亿元，增长5.3%；城镇居民人均可支配收入15897元，增长8%；农村居民人均可支配收入7486元，增长9%。

一、坚持全面从严治党，认真履行两个主体责任

深入开展“三严三实”专题教育。坚持把“三严三实”专题教育作为加强思想政治建设、焕发干部工作激情的重要契机，牢牢抓在手上。县委对专题教育严格把关，聚焦突出问题，层层传导压力，确保方向不偏、动作不减、内容不空；采取中心组集中学习、个人自学、领导干部带头讲党课、红色教育、典型示范和警示教育等方法，确保了学习效果。

抓好领导班子和干部队伍建设。以上率下带队伍，在全县广泛开展了“三走遍”活动：县级领导住遍村、科级干部走遍户、乡村干部访遍人。县委常委带头包项目、包乡镇、包村、包单位、包户、包党员，带头实行问题管理、责任管理、目标管理，带动了全县各级干部干事创业、团结奋进。严格标准用干部。严格遵循好干部标准和《干部

任用条例》，严把“五关”、坚持“六查”和“五个必审”，全程民主、全程署名、全程纪实、全程监督、全程审查、全程追责，2015年共调整干部7批次167人，干部选任风清气正，得到了干部群众的普遍认可。同时，打好“三个一批”组合拳，共处理惩治不廉洁、乱作为干部25人，调整退出不作为、不胜任干部2人。强化制度管干部。制定了《关于进一步做好干部日常监督管理工作的通知》、《关于对干部提醒、函询和诫勉的实施办法》等制度，强化对干部的监督管理，对存在的不良苗头早发现、早提醒，对发现的问题早处理。

充分发挥基层党组织的战斗堡垒作用。加大干部教育培训力度，在全县9个乡镇全部建立了党员教育培训基地，邀请知名专家学者作专题讲座，对科级以上干部和农村干部进行了集中培训。加强软弱涣散党组织整顿，采取县领导挂帅、乡镇干部包村、机关部门结对、工作组帮扶等方式，“一村一策”进行了集中整顿，选派34名同志分别到34个党组织软弱涣散村、建档立卡贫困村担任“第一书记”，帮助解决支部建设、生态建设、经济发展、作风建设等方面的问题，推进整顿工作。推进在职党员志愿服务“零距离”。建立了县级领导干部联乡、县直部门联村、乡镇干部驻村蹲点、科级干部联户、县直机关党员结对资助等“五位一体”干部住村帮扶机制。开展在职党员到社区报到、党员先锋岗、党员联户、党员承诺优质服务活动。共有2100名在职党员到农村参加志愿服务活动，104个县直党组织结成帮扶对子253个。

从严落实“两个责任”。严格落实主体责任，凡县委中心组学习，都要学习党风廉政建设方面的知识，2次在全县干部大会上对新修订的《中国共产党廉洁自律准则》和《中国共产党纪律处分条例》进行了解读。制定出台了落实党风廉政建设党委主体责任和纪委监督责任两个《实施办法》，四套班子党员领导干部经常深入联系点督促指导，传递责任、传导压力。10多次召开常委会议，研究党风廉政建设工作和巡视反馈问题整改。推动纪检监察机关聚焦主业主责，落实“三转”要求，完成纪委内设机构改革，将县纪委监察局牵头或参与的议事机构由91个精简为8个；加强纪检干部队伍建设，配齐了9个乡镇的纪检书记。从严查处违纪违法纪检监察干部，给予党纪处分3人、组织处理3人，坚决解决“灯下黑”问题。

始终保持狠刹“四风”和惩治腐败高压态势。认真贯彻中央八项规定，加强对纪律作风的督促检查，查处违反中央八项规定精神问题和“四风”问题13件，党政纪处分13人。以“零容忍”的态度坚决惩治腐败，立查案件137件，处分党员干部129人，其中处分乡科级干部25人，移送司法机关2人。对省委巡视组交办问题线索认真进行查处，给予党政纪处分47人、组织处理6人、其他处理3人、移送司法机关2人。扎实开展农村集体“三资”专项清理整治和以群众举报乡村干部腐败为切入点集中解决群众信访诉求问题“两个专项治理”活动，坚决查处发生在群众身边的“四风”和腐败问题，给予党政纪处分60人、组织处理27件、移送司法机关5人。召开新闻发布会，对10起损害群众切身利益的典型案件进行了通报，并公开返还群众受损钱款近2万元，被中央纪委监察部纪检监察信息网载登。

深入推进“六权治本”。坚持把“六权治本”作为重要政治任务，积极探索，规范提升，扎实推进。40个单位的“两单两图”编制工作已完成并挂网试运行。已有县政务大厅充分利用，新政务大厅已在黎侯古城选址并开工，2016年三季度将投入使用，建设全市一流的政务服务平台。“六权治本”向乡村延伸方面，村级重新编制了“一单、一图、一册”，梳理出权力清单6类17项46条，建立风险防控图47张，制定了农村基层权力便民服务监督指导手册；建成了便民服务室，开始试运行，实现了有人值班、有人理事、有监督电话。

二、坚持务实推进“五五”战略，经济平稳健康发展

传统产业抱团取暖、循环发展。铁矿、钢铁、焦化等传统产业贡献30%以上的GDP、80%以上的工业增加值、30%左右的税收，县委把扶持传统产业作为工业经济的重中之重，全力以赴、保证生产。一是抱团取暖。太行钢厂、金元铁厂、两个焦化厂组建新太行集团，提升企业抗风险能力。二是循环发展。长福焦化、青春玻璃、中技金谷新型建材形成一个小循环，粉末冶金、太行钢厂、金元铁厂形成一个小循环，有效降低了生产成本。同时，太行钢厂、粉末冶金等公司借船出海、灵活经营、加强管理。2015年以来，在周边县区钢铁、焦化等传统产业纷纷停产的形势下，黎城县相关企业保持了稳定生产。

新型产业提质扩规。中技金谷新型建材一期硅酸钙板生产线运行良好，产品远销北京、上海；二期自动化墙板生产线项目当年开工、当年建成、当年投产，并启动上市工作。蓝天燃气公司与香港新恒基国际集团、中冶集团就大气、污水治理项目签订了合作协议。协鑫集团30MW太阳能光伏发电项目满负荷运行，在国内同类型项目中发电效率最高。华驰物流投入运行，国新能源、鑫源物流扩建进展顺利，千万吨铁路物流园区初具规模。

现代农业水平提升。黎城把核桃作为一县一业发展的主导产业，全县核桃树种植总量达到14万亩，实现农业人口人均一亩核桃树的目标。发展原生态农业3万亩。现代农业示范园区一期建成运营，成为农业高新技术示范推广的龙头。生态农业科技产业园引进北京赢德投资公司和太原绿美园公司，创新运作方式，农产品冷链物流、奥利种业、昌晋粮油、三泰科技建设进展顺利。易地扶贫搬迁14户45人，脱贫攻坚工作有序推进。

文化旅游蓬勃发展。坚持“把黎城整体打造为一个5A级景区”的目标定位，“红色、绿色、古色”整体推进，经过近十年持续不断的开发打造，2015年国庆节前，洗耳河、四方山、板山、广志山、黄崖洞、黎侯古城等六大景

区正式对外运营，黎城良好的山水资源品质、众多的红色遗迹、悠久的古黎文化吸引了越来越多的游客。连续3年成功举办“中国黎城太行红山国际自行车骑游文化活动周”，连年在北京、太原、邯郸等地举办太行红山风光摄影展，以“红色游、生态游”为品牌的太行红山景区日益闻名。继续推进红色百村、生态百村“两个百村”保护工程，共普查确立抗战遗址1000余处，编制出重点保护遗址名录580余处，涉及重点村158村。霞庄村、河南村被评为国家传统村落。

招商引资成效显著。与协鑫集团成功签约低碳物流综合示范产业园、新能源绿色小城镇建设、革命老区农光互补发电扶贫开发、现代农业光伏发电一体建设项目，总投资40亿元；同时，就2GW农光互补发电、黎城红山高端旅游、30万吨冷库、核桃深加工、互联网农业金融创新扶持示范项目等5个项目达成协议，总投资120亿元。第三届国际自行车骑游文化活动周期间，“骑游之家”骑行基地、太行山药都物流园、黎城国际自行车主题公园3个项目成功签约。为经济社会发展注入了强劲的动力。

城乡建设成果丰硕。黎侯古城二期全面开工建设。铺开了教育东街拓宽改造、广北路北延、府后街西延等10多条市政道路建设，新区道路框架进一步完善。实施了县城集中供热二期工程，全县供热总面积达到80万平米。开通了2路免费公交，方便了更多群众出行。北坊城中村改造、东关新村改造、同元华府小区、阳光华府小区、集贤苑经济适用房等住房项目顺利实施，群众住房条件明显改善。深入开展国家园林县城增绿提质、县城水系改造等工程，县城环境明显改善。不断提升县城管理水平，通过国家卫生县城复检验收。深入实施美丽乡村建设工程，黄崖洞镇下赤峪村确定为省级美丽宜居示范村，下赤峪、上赤峪、霞庄3个村确定为市级美丽宜居示范村。

三、坚持着力保障和改善民生，提高群众幸福指数

全力以赴办好民生实事。三干会上向全县承诺的10件实事全面完成。卫生方面，完成西仵、停河铺、西井等3个乡镇卫生院业务用房及周转宿舍项目建设，基层医疗环境进一步改善。教育方面，投资1800余万元，完成城关小学实验楼和西井、东阳关、南关、仁庄4所幼儿园新建改扩建。营养餐工程、贫困学生生活补助、发放助学金等多项教育惠民政策全部兑现。社保方面，流浪儿童救助保护中心完成主体工程；新开工保障性住房409套、建成48套；完成农村困难群众危房改造200户；城乡困难群众实现应保尽保。交通方面，完成源泉路、上遥龙洞路2条县乡公路的改造，完成22公里农村公路提质工程，全力配合好黎左高速建设和长邯高速、长邯铁路改扩建。水利方面，辛安泉供水改扩建工程黎城支线项目完成前期准备工作；完成段家庄等水库应急除险加固工程；完成黎侯镇、西井镇、上遥镇、停河铺乡4个乡镇5个行政村饮水安全工程。

毫不放松抓好安全稳定。严格落实“党政同责、一岗双责、齐抓共管”的安全生产责任体系，深入开展安全隐患大排查、大整治活动，四套班子成员带头夜间突查安全工作，全县安全生产保持平稳向好态势。认真落实信访工作责任制，各级领导干部带头深入基层调查研究、听取民意，带头接待信访群众、包处案件、化解矛盾，解决了一大批信访案件。深入开展禁毒大会战，破获贩毒案件40起，查处吸毒案件365起，对10名公务人员涉毒问题进行了严肃处理。围绕打造“平安黎城”，深入开展打黑除恶、“打盗抢、保民安”以及治安乱点大整治等工作，提升了群众的安全感和满意度。

持之以恒加强生态建设。以“荒山造林、身边增绿”为主攻方向，完成造林绿化4.39万亩，全县森林覆盖率达到50%以上，县城绿化覆盖率42.57%，人均公园绿地面积11.16平方米。广泛开展城乡环境卫生整治，农村生态环境质量明显改善。狠抓钢铁、焦化等重点行业提标改造，大力推进治污减排，强化工业污染源治理，严查环境违法行为。2015年全县二级以上天数达到333天，较上年增加3天。

（杨彩云）

附：一、中共黎城县委书记、副书记、常委名单

书　记： 郜双庆

副书记： 郝献民（5月离职）　牛晨霞（女，8月任职）　牛玉书

常　委： 常　庆　郭卫斌　段联刚　袁素军　刘永清（女，4月离职）　田晓赋（5月任职）

二、乡镇党委书记名单

黎侯镇

书　记： 岳保国

西井镇

书　记： 岳红宜

上遥镇

书　记： 王瑞刚

东阳关镇

书　记： 郭力毅

黄崖洞镇

书　记： 谢永强

洪井乡

书　记： 王雁椿

停河铺乡

书　记： 魏晓伟（11月离职）　任文中（11月任职）

程家山乡

书　记： 江永兴

西仵乡

书　记： 张永刚

中共襄垣县委工作概况

县委书记　张志刚

2015年，县委常委会全面贯彻落实中央和省、市委的新要求新部署，牢牢把握工作大局，积极应对各种挑战，着力破解发展难题，全力以赴稳增长、促转型、惠民生、保稳定，推动全县各项工作在困境中取得新成效新突破。

一、坚持把抓好党建作为最大政绩，风清气正的政治生态正在形成

突出主体责任。县委常委会全面履行第一责任，牵头抓总、把关定向，常委同志以上率下、示范引领，始终以严的精神、严的作风、严的纪律、严的措施，紧紧抓住各级各部门一把手这个“关键少数”，层层传导压力，逐级签订责任状，推动带动形成了“书记抓、抓书记”的党建工作责任体系。县委书记、组织部长、纪委书记先后3次与各乡镇（区）党（工）委书记、县直各系统党委书记集中开展谈话活动，面对面提责增压。组织各级党组织对照“两个责任”，建立了责任清单，开展党员干部公开承诺，强化了工作问责。进一步完善了基层党建“联述联评联考”制度，并注重了结果的运用。

突出理论武装。通过建立县委理论中心组每周五集中学习制度、深入开展“三严三实”专题学习教育和“学党章学党史”活动、邀请省市党校教授和有关方面专家来我县开展5次专题讲座、在县委党校举办6期全县科级干部和农村主干轮训班、在县电视台和《襄垣》报分别开设党建教育专题专栏、观看警示教育片等多种渠道，认真组织全县广大党员干部学习了十八届四中、五中全会和习近平总书记系列重要讲话精神，学习了新颁布的《廉洁自律准则》和《纪律处分条例》，学习了省委、市委重要会议精神和系列决策部署，并统一组织了理论知识测试，从严组织召开民主生活会和组织生活会，人人撰写心得体会和对照检查材料，有效促进了干部队伍素质整体提升。牢牢把握意识形态工作的主导权，深入开展社会主义核心价值观宣传“六进”活动，大力弘扬红色文化、廉政文化、法治文化和德孝文化，推出一批有质量、有影响、有本土特色的文艺精品，营造了健康向上的良好社会风尚，涌现出11名市级道德模范和189名“长治好人”候选人，段爱平同志被中央文明委表彰为“第五届全国道德模范提名奖”。

突出基层基础。坚持重心下移、用功基层、倾斜一线、注重实干的用人导向，先后调整任用干部8批204人次，配齐配强了乡镇、系统党委班子，进一步优化了队伍结构，增强了整体活力。全面完成工商、质监、食药监机构和卫生、计生机构的实质性整合工作。抽调千名机关干部组成到村工作组，“一对一”深入全县323个行政村指导村级班子建设、帮助规范村务管理。分两批选派58名县直单位后备干部到村任职“第一书记”。推进大学生村官有序流动，定向招聘事业单位人员37名。积极推行农村党支部书记“六有”半公职化管理机制，支书、主任的岗位报酬标准分别提高到人均每月1650元和1500元，全年共发放岗位绩效报酬834.4万元，并对正常离任且累计担任“两委主干”9年以上的年满60周岁老同志发放补贴103.41万元。下大力气对38个软弱涣散基层党支部进行了集中整顿，实现“个个有提升”。严格党的组织生活，重申并落实了“三会一课”和每月“党日”活动制度，组织全县734个基层党支部普遍开展了重温入党誓词和遵章承诺活动，进一步增强了党组织的政治功能和凝聚力，唤醒了广大党员的党员党章意识。

突出高压反腐。结合省委巡视反馈意见整改落实工作，聚焦“四风”不松，盯住问题不放，始终保持反腐败高压态势，开展了一系列专项整治行动，严厉查处了一批涉及工程建设、民生资金落实等关键领域、重要环节以及发生在群众身边的违纪违法案件。全年共受理群众来信、来访和电话举报184件次，立案188件，同比增长82.5%，党纪政纪处分214人，同比增长100%，其中科级干部30人，同比增长76.4%。积极支持纪委机关监督执纪问责，对县纪委、监察局牵头或参与的议事协调机构由原来的63个精简为8个，严格落实纪委书记（纪检组长）不分管其他业务的规定，对县纪委机关9个科室人员、13个乡镇纪委书记、4个系统纪委书记、31个县直单位纪检组长进行统筹调配充实，建强了纪检监督队伍。

突出自身建设。牢固树立“打铁还需自身硬”的理念，从各个方面不断加强县委常委会自身建设。带头“补钙”“充电”。第一时间学习贯彻上级精神，认真参加“三严三实”学习教育，组织4次专题研讨发言，深入开展批评与自我批评，提升了政治素养。带头改进作风。县委常委深入基层讲党课、搞调研、访民情、解难事逐渐成为常态，组织常委班子深入每个乡镇，现场研判、实地指导，切实提升了实践能力和领导水平。带头科学决策。坚持民主集中制原则，修订了县委常委会议事规则和“三重一大”决策程序。强化县委领导核心作用，积极支持县人大、县政府、县政协履行职能，注重发挥各个方面参政议政作用，促进了县委决策的科学化、民主化，凝聚起全县上下一盘棋的

工作合力。

二、坚持用“双创”目标统领全局，经济社会转型发展迈出重要步伐

面对前所未有的困难挑战，县委常委会坚持用中央“五大发展理念”、省委“六大发展”部署、市委“五五”战略指导襄垣实践，主动适应经济发展新常态，提出并实施了“创新强县、创业富民”战略目标，促进了全县经济社会平稳健康发展。地区生产总值完成138.7亿元、规模以上工业增加值完成86.5亿元、固定资产投资完成192.5亿元、公共财政预算收入完成12.4亿元、社会消费品零售总额完成24.8亿元、城镇常住居民人均可支配收入完成29530元、农村常住居民人均可支配收入完成12737元，主要经济指标继续保持全市前列，其中固投和公共财政收入绝对额保持全市第一。

围绕创新强县，务实推进了“六大创新”：

创新主导产业体系方面。以王桥工业园区为平台，主攻现代精细煤化工产业。修订完善了《煤化工产业发展规划》，启动了《园区控制性详细规划》编制工作。坚持不予不取原则，引进国内外一流专业化公司，配套建设水、电、气等基础设施，220KV变电站及高压架空线路、从漳泽水库引水2200万方供水管线、全长18公里设计能力2000万吨/年的铁路专线已经基本建成，50万方调蓄水池正在建设。潞安油化电热一体化、襄矿20万吨合成气制乙二醇等项目建设有了新进展。以富阳工业园区为载体，培育新能源电动汽车产业。恒昌元公司建成2条锂离子动力电池生产线，8.5米纯电动动力大巴车和10.5米混合动力大巴车两款样车组装完成并试车成功，成为全省唯一在国家工信部《新能源汽车产品目录》上正式公布的产品。襄矿高性能磷酸铁锂正极材料和大容量锂离子动力电池项目，已建成日产5万Ah的动力电池示范线，成功研制出具有自主知识产权的交直流两用挖掘机、电动装载机以及移动储能式工程机械，申请专利18项。同时，襄矿40万吨聚氯乙烯二期、台湾波力科技复材等其他重点转型项目也有了实质性进展。

创新城市建设与管理方面。坚持规划先行，组织编制了河东新区、朝阳新区、主城区三个控制性详规；启动了给水、排水、供热等11个专项规划，其中给水、燃气规划已完成并开始实施；对县城进行了整体设计；各乡镇总体规划已获批实施；采煤沉陷区搬入地所在乡镇修编工作正在进行；结合美丽乡村建设，启动了村庄规划编制试点工作。加强县城管理队伍建设，组织住建、城管、交警、卫生等部门，以巩固“国家卫生县城”创建成果为抓手，持续加大县城秩序整治，清理了东湖牌楼处等流动市场，规范了占道经营与广场展销促销活动。

创新社会治理体系方面。科学整合配备社会服务管理力量，实行精细化、网格化管理，夯实了基层管理基础，提高了社会治理水平。积极推进基层民主协商，指导农村、社区把“三会一课”与“四议两公开”结合起来，把村民代表、理财小组、监督小组等组织起来，形成一个集中议事、村务公开、相互监督的平台，逐步引导广大群众提高了参与公共事务协商的积极性。按照“定点受理、分级办理、依法依规、妥善处理”的原则，变“群众上访”为“领导下访”，加大矛盾纠纷排查化解力度，努力解决影响社会稳定的源头性、根本性问题。深化平安襄垣建设，大力引深“六安联创”活动，加大对各种违法犯罪行为的打击力度，加强社会治安防控体系建设，落实了重点易发案部位防范措施，进一步提升了人民群众的安全感。

创新金融体系方面。举办金融知识培训7次1500余人次，提高了广大党政领导干部和重点企业管理队伍的现代金融和资本市场素质。积极争取到省级政府债券置换债务资金4.8亿元，减轻了县财政的利息支出压力，启动了部分停建工程。聘请光大证券担任县级综合金融服务财务顾问，帮助企业梳理财务设计融资发展规划，促进企业更好地与资本市场对接。襄矿集团与华龙证券合作发行了8亿元企业债，与光大证券合作的8亿元短融券、与国信证券合作的10亿元公司债也正在办理。七一集团与晋商银行合作办理融资贷款3.5亿元。这些资金到位后，将对缓解企业困难、加快在建项目建成投产发挥重要作用。林盛果业和新紫晨公司已在上海证券交易中心Q版挂牌，目前正在进行股份制改造，筹备年底前在“新三板”挂牌。主动与中建一局、湖南博世科等公司开展合作，就王桥工业园区、后湾水库、滨河区集中供热初步达成PPP模式合作意向。新引进了浦发银行，目前襄垣县已成为全省县级金融机构网点最全、金融体系构架最优的县区之一。

创新人才机制方面。着眼于破解制约发展的人才瓶颈，从襄垣县产业发展实际出发，制定了人才培养计划。积极发挥县委政府决策咨询专家库、省社科院县域治理研究院、省九三学社专家工作站、博士工作站等机构的智囊团作用，为襄垣县转型发展提供了重要的智力支持。大力引进高端人才，出台了优秀人才奖励和科研经费补贴办法。强化企业创新主体地位，支持潞安集团等企业在襄垣县设立了研发中心，成功申报认定国家高新技术企业、省级民营科技企业、省级科技众创空间各1户。注重培养乡土人才，选拔县级以上农村拔尖实用人才35名，推荐上报中高级专业技术人员160名。为教育、卫生招聘优秀教师和卫技人员43名。

创新发展环境方面。坚持把推进依法治县作为优化发展环境的源头工程来抓，扎实推进“六权治本”工作。遵循“职权法定”原则和“权责一致”要求，组织全县23个政府部门和各乡镇全部完成清单梳理审核和流程优化再造。县行政服务中心改造基本完成，所有行政审批事项做到“凡批必进、应进全进”、“大厅之外无审批”。大力推动“六权治本”向乡村延伸，组织各乡镇将民政、卫计、农经、农机等站所实行集中办公，全部成立了集办事、咨询、信访于一体的综合便民服务中心。各村依托党员活动室等阵地，设立了便民服务室，由村干部轮流坐班，为群众提

供帮办代办服务，有效解决了公共服务“最后一公里”问题。

围绕创业富民，重点实施了“六大举措”：

做强国有经济方面。把帮助国有煤炭企业渡过难关作为经济工作的重中之重，及时研究制定“止跌企稳促增”具体措施。认真贯彻落实省政府“企业减负60条”措施，缓交资源价款4亿元，免交各种手续费、工本费等行政事业性收费上亿元。组织有关部门帮助部分煤矿和瑞恒化工、诚丰电厂、恒祥焦化等企业完善相关证照手续。强化企业管理层队伍培训，有效提高了企业治理和规避风险能力。指导煤炭企业主动走出去跑市场，拓宽了销售渠道，促进了资金回笼。组建了县矿山救护中队和煤炭技术培训中心。晋平煤业、新发煤业成为国家一级安全质量标准化矿井和省级现代化矿井。

振兴民营经济方面。制定出台了《推进民营经济发展实施意见》和《民营企业发展奖励办法》，新创办小微企业239户，新培育“小巨人”企业2户。大力扶持小微企业创业基地发展，已入驻民营企业5户。加大政银企对接力度，县级财政支持民营经济5456万元，金融部门支持民营经济39亿元，为8户企业担保发放“助保贷”、“信易贷”2534万元。定期举办企业发展论坛以及现代企业管理培训，促进了民营企业家队伍素质提升。

发展现代农业方面。坚持城镇化与农业产业化同步推进，以搞好土地流转服务为基础，引导农村土地集约化和规模化经营，重点培育了林盛果业、天下襄、西故县万头猪场等15个农业龙头企业，获得“国家手工挂面农产品地理标志”；壮大绿色主导产业，新发展设施蔬菜1.5万亩、干果经济林5000亩、灌木经济林1.65万亩、水果经济林495亩、中药材1540亩，建设高标准农田3万亩、现代观光农业示范区10个；进一步巩固拓展“合作社+基地+农户”、“公司+农户”等多种产业化模式，涌现出夏店王家岭村生态农业、王桥洺江沟油籽牡丹等一批先进典型，带动了农民增收，促进了劳动力解放。

激活文化旅游方面。编制完成《凉楼旅游区修建性详规》，启动了《宝峰湖旅游区控制性详规》编制工作。完成了仙堂山大佛和东峰索道、宝峰湖周边部分绿化和景区道路硬化、凉楼兴福寺“三殿”修复等工程，指导仙堂山成功创建国家4A级景区、荣获山西省“十大新锐景区”。编辑出版了文化旅游丛书《仙堂山》，精心打造了大型襄垣秧歌剧《法显》，并在山西大剧院、太原青年文化宫成功演出，央视戏曲频道专门制作播出了《走进襄垣秧歌剧——<法显>》。建立了非遗数据库，开通了“文化襄垣”微信公众号，系统推介襄垣特色文化120余期。继续推进现代公共文化服务体系建设，开展了系列文化惠民活动。

培育新兴业态方面。利用“互联网+”技术，以市场需求为导向，积极引导晋襄斋、山窝窝、襄之缘等7户企业，依托天猫、京东、阿里巴巴等第三方平台，扩展电子商务，将我县手工挂面、红薯粉条、老陈醋、黄土蛋、老粗布等特色农产品和汽车轮毂、玉米收割机、电焊机钨铜合金、无纺布环保袋等工业产品进行网上销售，全年实现销售收入1400余万元。积极筹备电子商务发展中心，争取淘宝网同意在我县建设淘宝襄垣馆。

保障基本民生方面。在财力异常困难情况下，树立精准财政理念，优先保障民生，公共财政预算绩效评价管理全省第一、全国第28位，获得财政部奖励1000万元。新建二中投入使用，容纳初高中31个班级1600余名学生；改扩建农村幼儿园4所；新建了县医院内科住院楼，续建了县中医院，落实了村医补助政策；提高了城乡低保、五保、农村医保标准和重大疾病报销比例；新建农村老年人日间照料中心3所，对农村70周岁以上老人发放长寿金321.4万元；新建县城免费公交车棚75个，实施农村公路提质工程80公里；启动实施32个村采煤沉陷治理工程，有6个村已补偿到位，2个村准备回购现房进行安置；完成造林2.35万亩；脱贫攻坚完成1200人；全力推进治污减排，全年县城空气质量二级以上天数达到340天。此外，慈善、体育等各项事业全面发展。

（万瑞星）

附：一、中共襄垣县委书记、副书记、常委名单

书　记：田志明（4月免职）　张志刚（5月任职）

副书记：张志刚（5月离职）　胡三虎（8月任职）　琚海鹏

常　委：王守国（6月免职）　桑爱平（女）　孙泽强　贺思宇　张　剑　崔玉彪　边军强

二、乡镇（工业区、城区）党（工）委书记名单

古韩镇

书　记：史红宾（6月离职）　王　威（6月任职）

王桥镇

书　记：刘立斌

侯堡镇

书　记：王　威（6月离职）　宋喜红（6月任职）

夏店镇

书　记：侯慧萍（女，兼职，6月离职）　冯丽华（6月任职）

虒亭镇

书　记：付　健

西营镇

书　记：申建峰（6月离职）　史志刚（6月任职）

下良镇

书　记：牛志强（6月任职）

王村镇

书　记：赵　勇

善福乡

书　记：冯丽华（6月离职）　申建峰（6月任职）

北底乡

书　记：宋喜红（6月离职）　郭瑞华（6月任职）

上马乡

书　记：李卫伟（6月离职）　赵永红（6月任职）

富阳循环经济工业区

书　记：史志刚（6月离职）　侯永波（10月任职）

城区

书　记：牛志强（6月离职）　霍海忠（6月任职）

中共武乡县委工作概况

县委书记　胡　坚

武乡县认真学习贯彻习近平总书记系列重要讲话精神，深入推动落实党的十八大和十八届三中、四中、五中全会精神，严格按照中央“四个全面”战略布局和“五位一体”总体布局，省委“五句话”总要求和“六大发展”部署，务实推进“五五战略”部署，深入实施“11355”战略，全县经济社会保持平稳有序发展。

一、始终保持政治定力，党的建设得到全面加强

县委始终坚持把抓好党建作为最大政绩，认真落实全面从严治党要求，切实担负起管党治党主体责任，把党的思想建设、组织建设、作风建设、反腐倡廉建设、制度建设贯穿全过程、各环节，促进党建工作全面从严、全面提升、全面过硬。

（一）深入学习贯彻习近平总书记系列重要讲话精神，始终与党中央、省委、市委保持高度一致。坚持把学习贯彻习近平总书记系列重要讲话精神作为重大政治任务，认真学习党的十八大和十八届三中、四中、五中全会精神，深刻领会党中央一系列治国理政的新思想、新观点、新论断，真学真懂、学深学透，内化于心、外化于行，坚决落实“五个必须”、“四个服从”要求，坚定自觉地把思想和行动统一到中央“四个全面”战略布局和“五大发展理念”上来，统一到省委“五句话”总体要求上来，始终做到政治信仰不变、政治立场不移、政治方向不偏。

（二）扎实开展“三严三实”专题教育。认真贯彻落实中央、省、市安排部署，按照深入学习教育、突出问题导向、贯彻从严标准、坚持以上率下、确保取得实效的要求，紧紧围绕习近平总书记“三严三实”重要论述、党章党规党纪等规定内容，认真开展了4次集中学习研讨，进一步增强了践行“三严三实”的思想自觉和行动自觉。县处级领导干部坚持以先进典型为标杆、以反面典型为镜鉴，深查细找“不严不实”突出问题，认真组织召开“三严三实”专题民主生活会，收到了红脸出汗、排毒祛病的良好效果。

（三）严格落实“两个责任”。始终把党风廉政建设和反腐败工作作为分内之事、应尽之责，县委常委会16次专题研究部署，制定出台了落实“两个责任”实施意见和县委书记、纪委书记责任清单，建立健全了廉政谈心谈话、述廉述纪述作风述主体责任制度。坚持把纪律和规矩挺在前面，认真学习贯彻党章和《准则》《条例》，进一步增强了党员干部的党章意识和党规党纪意识。创新廉政教育方式，通过案例剖析会引深召开民主生活会，用身边事教育身边人。大力支持纪委执纪监督问责，将县纪委牵头参与的议事协调机构由70多个精简为8个，为县纪委机关配备纪检干部12名、县政府组织部门配备纪检组长14名。牢固树立作风建设永远在路上理念，紧盯重要时间节点和“四风”变异问题，驰而不息狠刹“四风”。准确把握和运用“四种形态”，坚持“一周一碰头、两周一汇报、一月一汇总”，强化“7+1”办案措施，以零容忍态度严惩腐败，全年共立结案件155件，同比增长78%，给予党政纪处分190人，同比增长61%。

（四）扎实推进“三个一批”试点。抓住我县被确定为全市“三个一批”试点县的机遇，按照“好干部”标准和“四有”、“四个人”要求，制定出台了“三个一批”实施办法，细化明确了五个方面50条界定标准，采取了“六查”甄别措施，建立了干部管理“三本台账”，探索推行了科级干部个人事项报告制度。全年共调整选配干部7批100人次，处理惩治不廉洁、乱作为干部23人，调整退出不作为、乱作为干部4人，选拔任用敢担当、善作为干部73人，营造了风清气正的选人用人环境。

（五）加强基层组织建设。认真落实“一带三创”、“双强双优”、“五个提升”等要求，深入开展了“星级创建”、“双十”评选等活动；采取“1+5”包联机制，集中整顿农村软弱涣散党组织38个；不断引深“四议两公开”工作法，建立了党务村务“两面公开墙”；探索建立了村党支部领导、村民代表大会决策、村民委员会执行、村务监督委员会监督的民主决策管理机制；落实党建经费、村“两委”主干报酬补贴669万余元，基层党组织“两个功能”不断强化，“两个作用”得到有效发挥。

二、全面落实“六大发展”，经济社会保持稳中有进

始终坚持发展第一要务，认真落实“六大发展”部署，扎实推进“六型转变”、“七大新兴产业”、“三个突破”等要求，主动适应经济发展新常态，全面落实止滑促增各项措施，全力应对经济下行压力。固定资产投资、社会消

费品零售总额、城镇居民人均可支配收入、农民人均纯收入4项指标保持平稳增长，地区生产总值、规模以上工业增加值、地方财政收入3项指标下滑幅度逐步收窄，七项主要经济指标均圆满完成市下达任务，其它约束性指标、民生类指标全面或超额完成。

（一）认真落实“六大发展”，不断加快三次产业转型升级。一产方面，以建设特色农产品生产加工基地为目标，坚持种养加一体化发展，核桃、梅杏、食用菌、油用牡丹、小米小杂粮等种植规模不断巩固扩大，鑫四海300万头生猪屠宰厂、绿农农牧24万吨饲料加工厂投入生产，多维牧业与焦煤集团合作建设肉羊屠宰加工项目正在加快推进，农民增收渠道不断拓宽。二产方面，按照“六型转变”、做好“两篇文章”等部署，加快建设煤电一体循环经济产业基地和镁铝合金新材料产业基地，积极推进5座煤矿技改扩建，恒盛300万吨洗煤厂投入生产，马堡煤业瓦斯发电项目顺利完工，五矿低热值煤自备电厂可研编制完成，西山发电二期八个支持性文件基本完成，与河北建投公司合作的“晋电送冀”项目取得了突破性进展。针对煤炭市场持续疲软的严峻形势，采取抓生产、拓市场、强管理、降成本、保安全“五项措施”，全面落实各项减负政策，积极帮助企业挖潜增效，2015年生产原煤451.8万吨。三产方面，以纪念抗战胜利70周年为契机，大力实施“153”工程，深入开展“一馆、两部、五处”“一节、一会、六项工作”，拍摄完成了《八路军在武乡》《在太行山上》等电视记录片并在山西卫视黄金时段播出；红色旅游公路一期全面通车，二期工程前期工作扎实推进，八路军零散烈士集中安葬一期、二期顺利完工；成功举办了第五届八路军文化旅游节、第六届八路军文化学术交流会，全年接待游客273.26万人次。同时，积极发展“互联网+”新兴业态，全市唯一一家入闱“国家电子商务进农村综合示范县”。

（二）充分发挥投资拉动作用，打好项目建设和招商引资攻坚战。认真落实省市“项目提质增效年”、“百日百项工程开工”部署要求，严格实行“四位一体”、“三保三问”、“三个24小时”、集中联审联批等项目推进机制，强化领导包保责任，逐个明确责任单位，逐月逐季分解任务，扎实推进“六位一体”，共实施重点项目80个，完成固定资产投资31亿元，同比增长23%。坚持招需商、招大商、招高商，大力开展定点式、持续式、专业化、精细化招商，共签约项目23个，签约总金额123.23亿元，到位资金26.03亿元，完成年度任务的102.7%。

（三）坚持改革创新，着力破解体制机制障碍。加快推进“六权治本”，坚持试点示范，严格依法依规，全面延伸覆盖，注重务实为民，各单位“两清单”、“两张图”，各乡镇“三清单”、“三张图”，各村“一单一图一册”已全部编制完成，并对外公布试运行。强化厘权清权，共确定行政权力事项1879项，责任事项1877项，编制流程图763张，风险防控图687张；坚持制度管权，制定和完善了政务公开公示制、绩效考核制、追究问责制等规章制度及服务承诺；突出务实便民，投资370万元建成县政务服务平台并投入使用，乡村两级分别建立了便民服务中心和便民服务室，集中统一办公、全程代办，提供便捷服务。全面实施“三个突破”，制定出台了《关于推进科技创新、金融振兴、民营经济发展若干意见》，细化明确了36条推进措施。加强与大专院校、科研院所的战略合作，走出了“政校企联合、产学研一体”的科技创新路径；大力推行“助保贷”、农金村办、众筹平台等模式，武乡农商行改制全面完成，武乡泽都村镇银行投入试营业。大力推动“大众创业、万众创新”，制定出台了扶持中小微企业发展办法，帮助企业解决资金、土地、项目审批等问题，全力推进实体经济发展。积极推进其它领域改革，农村土地确权登记颁证完成47.36万亩，占全县耕地总面积的75%，超额完成省市确定的70%目标任务；扎实推进全省司法体制改革试点工作，在建立法官、检察官员额制和完善司法责任制等方面取得了实质性进展。

三、着力保障和改善民生，不断提高人民群众生活水平

（一）大力实施精准扶贫、精准脱贫。制定了《扶贫开发工作实施意见》《党员干部精准帮扶贫困村贫困户实施意见》，所有贫困村、贫困户全部落实了帮扶工作队和帮扶责任人。出台了《金融支持特色产业发展富民扶贫工程2015年—2020年实施方案》，累计发放“富民贷”和“强农贷”460余万元；加快推进油用牡丹、食用菌大棚、整村推进等产业扶贫项目和移民搬迁工程，2015年稳定脱贫10000人。

（二）着力办好民生“十件实事”。积极克服财政紧张困难，加在民生投入力度，不折不扣落实好各项增资政策和强农惠农富农政策，办好民生实事，年初确定的武乡一中塑胶操场工程、薄弱小学改造、村级卫生室标准化建设、山庄窝铺广播电视无线全覆盖、农村饮水安全解困、保障性住房建设等民生“十件实事”全面完成，人民群众的获得感和幸福感不断增强。

（三）稳步推进新型城镇化建设。紧紧围绕“一核两翼”新型城镇化建设格局，全力推进大县城扩容提质，太行西街改造、和平三路道路排水、滨河道路排水、县城供水设施扩建、背街小巷硬化改造等工程全面完工，积极推进红色旅游公路二期、新区道路和高铁武乡站连接线前期工作。重点镇公共配套基础建设进一步加强，农村人居环境改善“四大工程”深入实施，城乡一体化发展稳步推进。

（四）持续加强生态文明建设。大力实施“兴水”战略，深入推进“两库两干两河一县”工程，广志水库导流洞全线贯通、大坝开工在即，关河水库东干线调水工程项目手续已上报省政府待批。扎实开展山上灭荒、身边增绿、产业富民、科技兴林、资源保护、提质增效工作，全年造林4.05万亩。坚持不懈推进节能治污，西山电厂超低排放改造、西电净水污水处理除磷脱氮工艺改造等项目全面完

成，洪水、韩北、蟠龙污水集中处理厂全部投入运营。

（五）切实维护安全稳定。认真落实“党政同责、一岗双责、齐抓共管”责任，严格执行“两议一报”制度，采取县级领导“四不两直”夜查突查、专家会诊、安全生产谈心对话等措施，实施企业安全管理“五大工程”，引深“六打六治”专项行动，重点行业和领域安全生产形势保持平稳。扎实开展“矛盾纠纷大起底、大排查”、“三级干部大接访、大下访”等活动，严格实行领导包案、带案下访、“四包一”工作机制，有效化解了一批信访积案和历史遗留问题，平安武乡建设扎实推进。

（李亮亮）

附：一、中共武乡县委书记、副书记、常委名单

书　记：胡　坚

副书记：阎新平　秦苏良　李　强（3月任职，挂职）

常　委：魏书文　郭　强　王　霖　郝炳宏　路晓波　刘水源　于鹏飞（3月离职）

二、乡镇（开发区）党（工）委书记名单

墨镫乡

书　记：申建斌（3月离职）　郝高宏（3月任职）

洪水镇

书　记：王五堂

蟠龙镇

书　记：刘钢平

韩北乡

书　记：阎佳珅（11月离职）　崔宏伟（11月任职）

监漳镇

书　记：张　云

大有乡

书　记：张鸿儒

贾豁乡

书　记：郑　丹

故县乡

书　记：冯　晋

上司乡

书　记：李朝霞

丰州镇

书　记：张国红（3月离职）　高怀碧（5月任职）

石北乡

书　记：郝高宏（3月离职）　王跃忠（5月任职）

涌泉乡

书　记：郝忠平（11月离职）　贾弘伟（11月任职）

故城镇

书　记：杜会平

分水岭乡

书　记：赵少华

石盘开发区

书　记：石永兵

中共沁县县委工作概况

县委书记　卢展明

2015年，沁县县委全面贯彻落实市委十届七次全会暨全市经济工作会议精神，坚持和完善“六条路径”，着力推进“六大发展”，加强从严治党和法治建设，落实党委主体责任，全县经济指标稳定增长，民生逐步改善、社会事业快速发展，呈现出“竞进提质、又好又快”的发展态势。

一、强化组织领导，落实党建主体责任

一是学习讨论落实活动开展以来，各级党组织和广大党员特别是各级领导干部坚持深入学习贯彻习近平总书记系列重要讲话精神，集中学习1089次、讲党课121堂、交流研讨302次。以深入查摆和整改政治生态突出问题为目标，反思剖析3轮以上，落实整改1077项，专项整治419项。二是“三个一批”工作试点先行、梯次展开。确定两个乡镇、两个县直单位为“三个一批”试点单位，在纪检系统、组织系统率先推进“三个一批”工作，通过对41个单位68名干部进行“六查”，共甄别处理不廉洁、乱作为干部21人，调整退出不作为、不胜任干部4人，选拔任用敢担当、善作为干部62名。三是从机关单位选派192名第一书记到全县179个建档立卡贫困村、32个党组织软弱涣散村（交叉村19个）任职。四是开展“三严三实”专题教育活动。县委常委会召开5次会议对专题教育进行部署推进，研讨学习8次，观看专题教育片9部。利用吴琠廉政纪念馆、牺盟会新军纪念馆、小东岭东路军高级将领会议纪念馆，开展领导干部廉政教育。县四套班子共查摆问题60个，县处级领导干部查摆问题320个。选树杨安乡佛堂岩村党支部书记龚来文、县环卫中心主任王建军为践行“三严三实”模范干部。五是推进“六权治本”。县级15个试点单位，全部完成“两张图”、“两清单”的编制审核并完成评审，启动网上试运行。非试点单位（16个）已完成“两清单”“两张图”编制审核工作，正在进行评审。试点乡镇2个，完成“两张图”、“两清单”的编制审核和评审工作，正在进行网上试运行。非试点乡镇11个，完成“两清单、两张图”编制审

核，正在进行评审；试点村15个，其中在2个试点乡镇确定4个试点村、11个非试点乡镇确定11个试点村，已完成“一单”、“一图”、“一册”制订工作。

二、加强党风廉政建设，促进“两个责任”落实

一是加大案件查办力度，遏制腐败蔓延势头：全县共上报市纪委各类违纪案件154件，结案147件（科级23件），其中违反组织人事纪律行为1件，违反廉洁自律规定行为16件，贪污贿赂行为27件，破坏社会主义经济秩序行为19件，违反财经纪律行为24件，失职渎职行为58件，侵犯党员权利公民权利行为1件，妨害社会管理秩序行为8件。涉及党员干部立案170人，共处分党员干部160人（科级27人）。其中党纪处分144人，分别是警告75人，严重警告35人，撤销党内职务4人，留党察看5人，开除党籍25人；政纪处分21人，分别是警告13人，记大过1人，撤职2人，开除5人；受到双重处分5人。组织处理3人；移送司法机关6件7人。特别是认真查处了省委巡视组、省纪委、市委、市纪委交办的案件。其中，省委巡视四组分七次交办94件，重复29件，实际受理65件，全部查结；省纪委转办十八大以来涉农信访举报38件，全部查结；市纪委交办信访案件19件，重复2件，实际受理17件，查结15件，正在初核2件；市纪委转办各类信访件190件，重复129件，实际受理61件，办结29件，初核18件，待批12件，阅处2件。二是加大监督问责力度，促进“两个责任”落实。中秋、国庆期间，组建7个专项检查组、3个督查组和1个跟踪督查组，从9月1日至10月10日，检查、督查144次，检查单位183个、车辆1600余辆、饭店63家、旅游景点3个、大型超市2个，查获违规线索20个；共查处借婚丧喜庆事宜敛财问题6起；落实“两个责任”不力问责18人。其中：给予县公安、住建、卫生、交警等单位“一把手”及分管领导诫勉谈话13人；给予纪律处分5人。三是注重解决群众身边腐败问题。5月底，对十八大以来涉农涉纪信访问题线索进行了大起底、大排查，共梳理出涉农问题线索182件，其中查结128件，未查结54件。查结的案件中，重处10件10人，移送司法机关4人。其外以农村“三资”管理为切入点，查出问题1305个，其中立案查处18件，全部查结处理。

三、宣传工作稳步推进，文化创作成效显著

2015年，全县在国家级纸质媒体上发稿7篇、在省级报刊发表24篇、在市级报刊发表234篇；在新华网、人民网、搜狐、新浪等各大网站刊发、转登各类稿件1250多篇次；在山西电视台发稿10余条，在长治电视台《长治新闻》发稿200余条。全县设立“善行义举榜”120余幅，开设“道德讲堂”76个。1人入选中国好人榜，2人入选山西好人榜。挖掘、整理吴琠生平事迹，投资15余万元，在南涅水石刻馆成功布展吴琠廉政纪念馆，接待参观人数4万余人。争取资金2800万元，对山西牺盟会新军纪念馆进行重新布展开馆，接待19省市3万余名游客接受红色文化教育。依托段柳乡小东岭村红色文化资源，争取维修经费30万元，陈列布展经费50万元，建成了小东岭东路军高级将领旧址纪念馆；沁州三弦书曲艺节目《好支书龚来文》获“岳池杯”曲艺大赛金奖。《花馍情》荣获中部六省市曲艺大赛一等奖。三弦书演员李彩英荣获全国曲艺“十大名票”荣誉称号。抗战题材长篇小说《蝶变》被列为省作协重点扶持作品。长篇报告文学《出彩村官龚来文》创作出版。《沁县抗日战争史料汇编》出版发行。

四、经济指标稳定增长，发展速度稳步提升

经济指标平稳运行。地区生产总值完成20.5亿元，同比增长7%，增速全市第二。工业增加值完成1.6亿元，与上年基本持平，增加值指标下滑幅度逐步收窄。固定资产投资完成38.25亿元，同比增长16%。公共财政预算收入完成8500万元，同比增长3.41%，增速全市第三。社会商品零售总额完成9亿元，同比增长7.3 %。城镇居民人均可支配收入达到16437元，同比增长8.5%，增速全市第五。农村居民人均可支配收入达到5449元，同比增长12%，增速全市第六。粮食总产量达到1.847亿公斤，畜禽总量达到832万只(头)。

项目攻坚成效突出。全县储备项目94个，储备金额1192亿元，完成市下达任务600亿元的198%。签约项目19个，签约金额72.1亿元，完成市下达任务60亿元的120%。落地项目83个，落地金额65.53亿元，完成市下达任务65亿元的100.81%，项目落地名列全市第五。开工项目83个，开工金额52.32亿元，完成市下达任务40亿元的130.81%，项目开工名列全市第二。建设项目完成投资40.77亿元，完成市下达任务38亿元的107.29%。投产项目85个，投产金额50.94亿元，完成市下达46亿元的110.73%。

五、转型升级步伐加快，发展质量进一步提高

全县有机认证面积达到25万亩，居于全省各县区之首。沁州黄小米质量安全示范区经山西出入境检验检疫局和省农业厅综合考评，成为全省首批4个省级出口食品农产品质量安全示范区之一。加快完善华安焦化煤气制液化天然气、沁园春矿泉水等项目手续办理，协鑫电厂列入全市"十三五"规划重点推进电力项目。对接引进中核集团、中电投等央企，投资建设光伏发电项目；对接引进全省民营企业前三强之一的永鑫煤化，投资水产业项目；对接引进澳大利亚十四只绵羊健康产业公司，投资养殖加工、农光互补等六大板块产业园项目。成立电子商务协会，与苏宁易购、乐村淘、乐分商城、牛商网合作建设电商平台，全县建成100余家线下体验店，60余家企业参与网络销售，在贫困县实施"互联网+"上做出了有益探索，跻身全国首批"电商扶贫试点县"和"百县千品电商扶贫示范县"行列。

六、城乡一体统筹推进，水城特色愈发彰显

以县城总体规划为引领，规划实施大县城、重点镇、中心村建设，全县城镇化率达到40.89%，较上年增长1.71个百分点。大县城建设：投资1.07亿元，实施了供气、供热、垃圾处理、污水、道路等市政公用基础设施建设。集中供气工程即将通气运营。污水处理厂提标升级改造、生活垃圾处理工程基本完工，即将投入运行。南内环路建成通车。沁州影院数字化改造全面完成，图书馆、档案馆新建工程主体完工。县城建成区绿化覆盖率达到44.3%，绿地率达到36.9%；重点镇和中心村建设完成农村公路水泥（油）路完善提质工程60公里。解决了5000人的饮水安全问题。深入实施乡村清洁工程，为各乡镇新配备装载机13辆、封闭式三轮车199辆，重点打造了1个省级、3个市级和22个县级美丽宜居示范村。生态建设完成造林任务4.51万亩，兴水治水各项工程顺利推进，"4+2"节能减排任务全面完成，成功入选"首批国家级生态保护与建设示范区"。

七、社会事业健康发展，民生福祉持续改善

把脱贫攻坚作为最大的民生工程，以精准脱贫为总揽，统筹实施移民扶贫、产业扶贫、教育扶贫、金融扶贫等"七式扶贫"，全年减少贫困人口7100人、整村脱贫7个村，移民搬迁1460人。在精准扶贫上，全县确定286个精准帮扶重点村、20个精准帮扶低收入村，组建工作队184个、确定帮扶责任人1183名，实现了村村都有帮扶工作队，户户都有帮扶责任人；在金融扶贫上，设立风险保证金900万元，与县信用联社和邮储银行分别签订了合作协议，注入风险保证金200万元。县信用联社、邮储银行、农业银行3家金融机构共计发放扶贫贷款2800余万元；在移民扶贫上，圆满完成1460人的移民任务，6个集中移民安置点主体工程建设全部完成，项目建设完工率100%；在产业扶贫上，山西潞宝金和生食品公司、沁州黄小米集团、沁州黄醋业公司等15个名优公司完成投资4.71亿元，完成了沁州黄中老年米粉生产线、肉鸡养殖基地、生态旅游等扶贫项目建设；在光伏扶贫上，争取次村乡五星村、册村镇温庄村、漳源镇乔村、牛寺乡走马岭村和郭村镇端村5个试点项目，分别规划装机400千瓦。次村乡五星村、郭村镇端村项目建设完工，正在实施并网工作；在电商扶贫上，投入扶持资金15万元，积极支持沁县康福昇电子商务公司、沁县晋味美食品公司2家电商公司开展电商扶贫工作，成功评为全国首批"国家电商扶贫示范县"；在教育扶贫上，加快推进就业创业。免费培训技能人才644人，创业培训238人，农村劳动力技能培训1149人。转移农村劳动力2893人。城镇新增就业1815人，创业就业502人，失业人员再就业382人，就业困难人员再就业90人，城镇登记失业率控制在1.13%以内，低于省市控制指标。加快实施文化惠民，为农村群众放映公益电影3600多场，送戏下乡演出80余场。广播电视户户通新增3096户，无线数字覆盖工程完成基础设施改造。沁县人民广播电台恢复运营，"智慧沁县"手机台正式上线。新建文博民办高中并投入使用，改扩建5所公办标准化幼儿园或村级幼儿园。城镇居民基本医保和新农合年人均财政补助标准由320元提高到380元。城乡低保每人每月提标20元，实现应保尽保。县城集中供热工程顺利推进，农村危房改造1100户，新开工建设保障性住房1218套、基本建成650套，城市公交正式投入运营。

（禹耀忠）

附：一、中共沁县县委书记、副书记、常委名单

书　记：卢展明

副书记：王现敏　孙　伟

常　委：裴润山　韩晓红　郭爱斌

刘光清（4月离职）　陆　盛

张东文（5月任职）

二、乡镇党委书记名单

定昌镇

书　记：魏　瑛

册村镇

书　记：张　鹏

段柳乡

书　记：王东宏

新店镇

书　记：张俊峰

漳源镇

书　记：曹二伟

郭村镇

书　记：武虹波

故县镇

书　记：冯　宇（5月任职）

松村乡

书　记：李佩璋

牛寺乡

书　记：温建功

南里乡

书　记：刘晓强

次村乡

书　记：刘向阳（5月任职）

杨安乡

书　记：张宏伟

南泉乡

书　记：崔艳红

中共沁源县委工作概况

县委书记　李丁夫

沁源县现有基层党组织565个，其中党委20个，党总支17个，党支部528个。共有党员11146名，其中女党员2192名，农村党员6035名。

2015年，中共沁源县委深入贯彻党的十八届三中、四中、五中全会精神，认真学习贯彻习近平总书记系列重要讲话精神和省委"六大发展"、市委"五五战略"部署要求，团结带领全县广大干部群众，坚持稳中求进、稳中有为工作总基调，以提高经济发展质量和效益为中心，着力推进改革创新、六权治本、经济转型、生态文明、改善民生、党的建设六大任务，主动适应新常态，在开创弊革风清富民强县的新局面中做出了新贡献。在发布的《中国中小城市绿皮书2015》中，沁源县获得中国最具区域带动力百强县和最具投资潜力百强县。

一、落实从严管党治党要求，全面加强党的建设

牢固树立"抓好党建就是最大政绩"的理念。把党建工作与中心工作同安排、同部署、同考核，落实"一强二严三优"基层党建工作。全年研究党建工作8次，深入联系点指导党建60余次，解决社区办公场所建设、规范信访办理程序等实际问题40余个。县财政预算党建经费115万元，为200个集体经济收入5万元以下的行政村配套党建经费100万元；发放村"两委"主职报酬补贴730余万元、离任村主干生活补助90余万元。

全面推进服务型党组织建设。圆满完成村"两委"换届工作，县乡两级组织开展农村"领头雁"培训。实行"1+5"包联机制整顿37个软弱涣散基层党组织，下派25名农村"第一书记"带领带动农村发展。引深"三走进三服务"活动，113个单位结对帮扶113个村解决问题592个；86个单位和6个社区党组织结对共建；107名党建工作指导员督促开展党建活动，68个非公有制企业开展"双强十好"党组织创建活动。

加强领导班子和干部队伍建设。严格落实"好干部"标准，出台《"三个一批"实施方案》，全年调整科级干部4批次73人；严格审核"三龄两历一身份"信息；29名县处级领导干部和87名具有审批权的单位"一把手"全部进行个人事项报告，对离任、调任的12名单位"一把手"进行了经济责任审计；处置不合格党员2名；约谈党建工作排名靠后的7名党委书记；县委常委带队对全县14个乡镇92个县直单位进行年度考核，推荐储备了一批优秀后备干部。

带头落实"两个责任"。制定落实党风廉政建设党委主体责任和纪委监督责任两个《实施意见》。出台《党风廉政建设和反腐败工作任务分解》，将全县74项任务分解落实到19名县处级领导和49个主要县直部门，逐级压实责任、层层推动落实。支持纪委加快"三转"聚焦主业主责，县纪委监察局牵头或参与的议事协调机构由原来的98个精简为8个；增设案件二室、三室、四室和谈话中心；全县纪检监察干部有2/3力量投入到办案上。

坚决惩治腐败反对"四风"。建立机关包联、乡镇联片、县直联组"三联"和职能部门联合办案等机制。2015年全县共立案139件，结案138件，处分175人。其中科级干部15人；重处分18人；"一案双查"4案9人；移送司法机关4案6人；开展典型案例剖析8次。省委巡视组提出的5方面20项整改任务全部完成，交办沁源县的162件涉纪案件（剔除重信重访实际为94件）全部办结。严肃查处大操大办、公车私用等隐性变异"四风"问题。查处违反中央八项规定精神及纪律作风案件25起48人，给予党政纪处分19人，组织处理29人。新出台《机关事业单位差旅费管理办法》，全县会议、发文、公务接待费用、公车运行维护费支出分别同比减少11.9%、27%、62.29%和19.17%。

扎实推进六权治本。把"六权治本"作为重要政治任务和"一把手"工程，强化组织领导，成立工作领导组，制定《实施方案》，进行集中培训和外出观摩学习，多次召开专门会议部署推进。11月底13个县直试点单位和2个试点乡镇"两单两图"完成初审并挂网试运行；县直16个非试点单位和其他乡镇"两单两图"完成初审，即将挂网试运行。制定出台党政"一把手"五个不直接分管和末位表态制度、规范财政资金审批5项制度，形成13类62项的《两监督制度汇编》。以"两统三改四公开"为手段，加强县政务服务平台建设，县政务大厅进驻单位34个，实行"一个窗口办受理、一个窗口收费、一站式审批"。推进"六权治本"向乡村延伸，所有行政村"一单一图一册"编制工作全部完成，整合乡镇站所办公资源设立便民服务中心，为群众提供"一站式"审批服务。

二、狠抓发展第一要务，保持经济平稳健康态势

主动作为积极应对经济下行。面对严峻复杂的经济形势，特别是煤炭价格持续下跌的困难局面，实行县委政府领导包主要指标完成，县领导包矿、包重点项目制度，每季度一次重点煤焦企业座谈，每月一次经济运行分析，加强政银企对接和项目联审联批，帮助企业解决手续办理、

生产销售、资金周转等难题，千方百计止滑回稳促增，稳定县域经济发展基本面。2015年全县地区生产总值完成88.7亿元;规模以上工业增加值完成57.1亿元；固定资产投资完成107亿元；公共财政预算收入完成7.22亿元；社会消费品零售总额完成21.4亿元；城镇居民人均可支配收入完成29494 元；农民人均纯收入完成12157元。地区生产总值、固定资产投资、公共财政收入3项指标较2010年稳定增长，其余4项指标基本实现翻一番。

做好煤和非煤两篇大文章。紧紧抓住煤炭主导产业不放松，加快现代化标准化矿井改造建设，全县生产矿井达到13 座，全年生产原煤1172万吨；延伸发展煤焦循环产业，全年生产焦炭155万吨、甲醇5.8万吨，发电5.82亿度；加紧通洲144万吨综合煤化工、2×35万千瓦低热值煤发电和沁安煤电一体化项目手续办理。培育壮大非煤新兴产业，国电太岳山风电25万千瓦全部投产，康伟14×700千瓦瓦斯发电试生产，开工建设联鸿2万千瓦光伏发电项目；积极推进中铝太岳100万吨氧化铝、协鑫100万千瓦光伏发电等项目。同步实施北莱沟国际滑雪场、太岳军区司令部旧址、永鑫综合旅游开发等项目。加快工业园区建设提升产业集聚效应，编制完成和川工业园区总体规划，沁绵工业园区完成环评正在申报省级产业示范基地。

加大项目建设和招商引资力度。完成项目储备2353.6亿元、签约127.6亿元、落地78.5亿元、开工65.36亿元、重点项目建设102.4亿元、投产71.89亿元。依托现代煤化工、生态旅游等招商平台组织7次外出考察宣传，举行“生态福地·创业沃土”主题招商推介会。全县签约26个项目签约资金127.65亿元。引进山西乐村淘电商平台，新建村级电商体验店110家。初步确定全县“十三五”时期重点项目209个，总投资1043亿元。

发展壮大现代特色农业。全县粮食总产量7915万公斤，“一县一业”种植脱毒马铃薯5.5万亩、生态连翘等道地中药材18万亩，引进康信、全泰、振东药业等中药材加工生产项目，国新能源1万亩中药材种植已初步选址；稳步推进浩兴改良黑山羊产业化发展，天一生态肉驴养殖规模达到1300多头，夏季草莓种植基地扩展到1500亩，南石苗木、坤泰乳业、沁河缘农林牧等现代农业示范基地辐射带动效应不断增强。新发展农民专业合作社41个、家庭农场44个，培育省级示范社3家、市级示范社5家，培训新型职业农民850人。全面开展农村土地确权登记颁证工作，推动农村土地有序流转，扩大农业产业规模化标准化发展。

扎实推进“三个突破”。把科技创新、民营经济和金融振兴作为破解要素制约、激发发展活力的关键性举措。新认定民营科技企业1家，培育高新技术企业1家，全年申请专利40件；强化“政校企联合、产学研一体”，建成博士工作站2个、专家工作站4个，筹建运行驴产业专家工作站和省农科院谷子研究所沁源工作站。出台扶持中小微型企业健康发展和金融支持小微企业发展两个《实施意见》；成立小微企业服务站8个，培育“小巨人”企业1个、“小升规”企业3个。县内金融机构为中小微企业贷款3.78亿元，“助保贷”业务为11家企业提供贷款4100万元，共获省政府奖补资金400万元；推荐6家企业进入山西股权交易中心挂牌，加快2家企业“新三板”上市步伐；稳步推进县信用联社改制。

全面深化重点领域改革。县委全面深化改革领导小组先后4次专题研究推动改革事项。深化行政审批制度改革，政府工作部门由原来的26个整合为22个，取消行政审批事项4 项，承接省、市下放审批事项25项，调整行政审批事项5 项。统筹推进户籍制度、医药卫生、养老、保险等领域改革。实行全口径财政预算管理。省级试点沁河镇城北村农村集体产权制度改革进入配置村民股份阶段。积极推动解决化肥厂、化机厂等国有企业改制历史遗留问题。

三、稳步推进民主政治建设，深度汇聚发展合力

坚持和完善人民代表大会制度和政治协商制度。支持县人大及其常委会依法履行职权，加强法律监督和工作监督。县人大常委会听取和审议了“一府两院”关于本级预算执行、财政收支审计、社会办医、阳光检察等专项工作报告10项，对金融机构支持县域经济发展等工作组织视察调研7次，对《中小企业促进法》等5部法律法规实施情况进行了执法检查，作出了关于政府职能转变和机构改革等决议、决定6个，依法任免国家机关工作人员26人。加强和改进对政协工作的领导，支持县政协充分发挥政治协商、民主监督、参政议政职能，围绕中心、服务大局，开展提案议案、社情民意、文史资料等工作，提出涉及教育、卫生、文化、交通、城建等方面的意见建议200多条，为全县“十三五”规划提出21项建议案；聚焦农业产业化发展、教育质量提升等重大问题开展3次视察调研；加强政协提案督查办理，87件委员提案全部办复。

扎实推进法治沁源建设。认真落实《法治沁源建设实施意见》，将法治建设纳入全县目标责任考核体系；推进“六五”普法，深化法律“六进”，全面加强法治宣传教育；实现乡村法律服务全覆盖，加强基层民主法治建设，创建省级依法治理示范单位5个、市级18个；荣获“全国法治县创建先进单位”。

加强改进统战和群团工作。认真学习贯彻中央、省市统战工作会议精神，2名非党副科级干部提拔为正科级；统战部、工商联、宗教局实行合署办公；加强民族宗教、对台等工作，巩固发展最广泛的爱国统一战线。贯彻《中共中央关于加强和改进群团工作的意见》，领导支持工青妇等团体依法照章开展工作。全县工会组织实现全覆盖，创建了李元镇、沁新集团等4个省级“六有”工会示范点；以党建带团建，鼓励创新创业，完成农村创业青年小额贷款发放1119 万元带动就业148人；维护妇女儿童合法权益，推荐省市级“文明家庭”8个，成立县女企业家协会，带动广大妇女在经济发展主战场建功立业。

四、加强宣传思想文化工作，凝聚弊革风清富民强县正能量

持续强化理论武装，加强社会主义核心价值体系建设。加强全县意识形态工作，深入推进学习型党组织建设，通过理论中心组、专题讨论、报告会、新闻媒体宣传、下乡巡回宣讲等形式，深入宣传贯彻党的各项政策。举办各种培训班、报告会110余场，培训党员干部6800余人次，教育引导广大党员干部切实把思想和行动统一到中央和省市县委的决策部署上来。积极组织道德模范、身边好人等先进典型的推荐、评选和学习宣传。整合廉政文化广场、警示教育基地等资源加强廉政文化建设。大力弘扬中华传统美德，深入开展"道德模范"、"沁源好人"、"美德少年"等典型评选推荐工作，开展"节俭养德"、"孝老爱亲"主题月等活动,深化文明单位、文明村镇、文明家庭等群众性文明创建。顺利通过2014–2015年度省级文明县城检查验收。

促进文化繁荣发展。出台《全县开展文艺创作的指导意见》，突出以人民为中心的创作导向。开展"沁源秧歌"国家级非物质文化遗产申报工作；举办"纪念抗战胜利暨沁源围困战胜利70周年诗书画作品展"；编辑出版《沁源县"十二五"时期优秀作品辑》丛书；续修《沁源县志》完成初稿评审。

加强公共文化服务体系建设。积极推进"两馆一站"建设，实施"文化下乡"和"文化惠民"工程，送电影下乡3048场、下乡演出342场、送书下乡1万余册，完成广播电视卫星"户户通"2598套。公共体育设施实现"一县一中心、一乡镇一广场、一村一场地"目标，培训社会体育指导员512人，举办各类体育比赛20余项。大力发展"绿美沁源"乡村生态旅游，启动韩洪、官滩和景凤美丽乡村游试点。

五、着力保障和改善民生，维护社会大局稳定

统筹发展各项民生事业。2015年全县财政民生投入达4.78亿元。顺利通过国家级义务教育基本均衡发展验收，全省"县域推进教育质量提升现场会"在沁源县召开。深化公立医院改革，推进医疗联合体建设，重大疾病保障由22种增加到24种，提高基本公共卫生服务经费和新农合财政补助标准。城镇新增就业3350人，转移农村劳动力2978人，创业带动就业545人，失业人员再就业402人，新招录事业单位工作人员78名，从大学生村官中定向招录事业单位人员46名。完成127户350人的移民搬迁任务；全年稳定脱贫3074人；通过建档立卡"回头看"，精准识别4089户8218口贫困人口，结合贫困人口基本情况，因户施策因人施策，加紧制定五年脱贫规划和2016年脱贫计划。

加快县域城镇化建设。县城实施总投资13.3亿元的31个重点项目，完成投资5.5亿元；342套公租房、300套安置房主体完工，126套公租房开工建设，完成农村危房改造1200户，全县城镇化率达到43.01%。全省百镇建设郭道镇镇区路网工程、公租房主体、供热和排污管网、美化亮化等完工；李元镇棚户区改造和公租房建设完成投资3110万元；王和镇公租房主体完工。编制完成3个中心村整治规划和古寨历史文化名村保护规划；建成乡村清洁工程省级达标村70个；美丽乡村建设"四大工程"累计投资2.2亿元。完成6条22.7公里农村公路完善提质，实施农村安全饮水工程10处；实施农村电网改造和低电压治理项目，开工建设曹家园110千伏变电站。

全力维护社会稳定。实行领导包案、公开接访、带案下访、督查督办等工作制度，依法认真解决群众信访问题，全年信访化解率达92%。推动信访接待日制度向基层延伸，县级领导干部共协调处理信访事项50余件；乡镇领导干部共接访解决信访问题90件。扎实开展"以群众举报乡村干部腐败为切入点集中解决群众信访诉求问题"专项治理，两批共198件信访事项全部办结；省委巡视组反馈的150件民生类信访事项全部办结。加强社会治安综合治理，开展打黑除恶、打击毒品犯罪、打击"两抢一盗"、整治社会治安乱点等专项行动，破获毒品案件11起、抓获犯罪嫌疑人51人，办理涉毒行政案件35起、处理违法嫌疑人44人；破获侵财案件45起。

六、树立绿色发展理念，生态环境持续改善

加强生态建设。完成营造林3.6万亩，其中：两山造林生态治理1.39万亩，两林富民经济林工程2.21万亩。全面启动国家园林县城创建，新增绿地面积13万平方米，县城建成区绿地面积达到216.4万平方米，绿化覆盖率达44%，达到城市园林绿化评价三级标准。

严格环境保护。开展环境保护大检查和"铁腕斩污"专项行动，加强沁新焦化、兴茂煤化等重点企业大气治理对标改造，深入开展焦化、电力等行业脱硫、脱硝、除尘改造，取缔县城居民燃煤锅炉908台。加大沁河和龙头河生态保护力度，约谈排污企业2家，采取断电措施4家。

狠抓节能减排。严格执行规划和建设项目环境影响评价制度，控制"两高一资"项目。核定7家企业污染物排放总量，淘汰黄标车和老旧机动车370辆，工业固废综合利用率达到68%；完成县域内4家非国控企业和1家国控企业污染源在线监控设备与县平台的联网工作；六项主要污染物总量指标下降均完成市下达任务，沁河水质稳定达国家Ⅲ类以上标准，全年二级以上天数达359天。

（宋江华）

附：一、中共沁源县委书记、副书记、常委名单

书　记：李丁夫

副书记：杨红旗（7月离职）　光宇航

赵宇星（3月任职，挂职）

常　委：王宏斌（5月离职）　逯　江　任国华

石卫兵　王旭琴（女）　连树斌　张小平

二、乡镇党委书记名单

沁河镇

书　记：胡亚明

李元镇

书　记：吴永红

中峪乡

书　记：李建萍（女）

灵空山镇

书　记：任　璟

交口乡

书　记：王沁斌

法中乡

书　记：樊培元

郭道镇

书　记：马国威

聪子峪乡

书　记：李建功

韩洪乡

书　记：韩文宏

官滩乡

书　记：王　鸿（8月离职）　王　伟（8月任职）

景凤乡

书　记：卫文丽(女)

赤石桥乡

书　记：王银刚

王陶乡

书　记：吴海勇（8月离职）　王　鸿（8月任职）

王和镇

书　记：刘金虎

中共晋城市委工作概况

市委书记　张九萍

2015年，面对复杂严峻的宏观形势和改革发展的艰巨任务，晋城市委认真贯彻中央和省委的决策部署，全面落实从严管党治党各项要求，统筹推进改革发展稳定工作，奋力开创了“弊革风清、富民强市”新局面。

一、认真贯彻中央和省委精神要求，坚决在思想上政治上行动上同党中央保持高度一致

坚持把学习贯彻习近平总书记系列重要讲话精神作为首要政治任务，采取市委常委会议、中心组学习会、全市领导干部大会等多种方式，及时传达、认真贯彻、坚决落实，自觉在把方向、管全局、抓大事上充分发挥领导核心作用。特别是围绕省委“五句话”总要求，市委常委以上率下，坚持问题导向、坚持从严要求、坚持立行立改，带头把自己摆进去，认真开展学习讨论落实活动。并以高平发生的系统性、塌方式严重腐败问题为反面教材，汲取教训、举一反三，突出保持高压反腐、全面刷新吏治、实施“六权治本”、推动“六大发展”四项重点，着力解决制约经济社会发展的突出问题，在全市上下统一了思想、凝聚了共识，激发了各级党员干部干事创业的积极性和热情。围绕在县处级以上党员领导干部中开展“三严三实”专题教育，市委常委带头强化自身建设、带头讲党课、带头学习研讨，沉下去征求意见，列出了18条问题清单，并以“严”的要求、“实”的标准召开了较高质量的专题民主生活会，开展了触及灵魂的剖析反思、动真碰硬的相互批评，达到了红脸出汗的效果。围绕全市11个领域存在的突出问题，开展了35个专项整治，从严从实抓班子带队伍，为促进“弊革风清、富民强市”提供了坚强的政治保证。认真贯彻落实党的十八届五中全会和省委十届七次全会精神，积极开展市委“十三五”规划建议起草制定工作。

二、认真落实从严治党要求，刷新吏治，形成了风清气正的选人用人导向

全力打好“三个一批”组合拳。针对选人用人权力运行风险点和制度漏洞，制定出台了干部工作“1+9”制度，强化党委（党组）在干部选拔任用中的集体把关作用。完成了新一轮政府机构改革16个单位领导班子配备，并以高平和市农机局为试点，以县区公安局长和机构改革单位领导班子调配为抓手，认真实施“六查”。共对107个班子进行了分析研判，对2317名干部进行了甄别，与1021名干部进行了谈话。甄别处理干部80人，调整退出干部17人，提醒谈话106人。2015年，市委常委会共研究干部19次，调整处级干部222人次。

从严加强干部管理监督。认真做好“一倒查六整治”工作，并以“三龄两历一身份”为重点，对全市901份处级干部档案进行了专项清理，整治消化超职数配备干部 102名，清理党政干部在企业兼职86人。认真实施领导干部“八小时以外”情况函询和日常行为联审等制度，在了解在岗表现的同时，加强了“八小时以外”的监督。

切实加强基层党组织建设。以“一带三创”为抓手，召开了全市农村基层党建工作会议。扎实推进“三级述职述评述考”，进一步落实了抓基层党建工作责任制。采取政策倾斜、投入倾斜、工作倾斜等措施，统筹解决基层党组织队伍建设、工作经费、报酬待遇、活动场所等问题。扎实抓好“领头雁”培训和村居“两委”换届后新一届成员的专题培训，做好选派“第一书记”到村任职和大学生村官工作，出台了《关于进一步加强农村党组织书记队伍建设的意见》。持续推进软弱涣散基层党组织整顿工作，抓好集体收入“破零工程”，全市零收入村比例从63%降到29%。认真落实“四议两公开”工作法，持续推进“廉洁乡村、制度乡村”建设。开展了“以群众举报乡村干部腐败为切入点集中解决群众信访诉求问题”专项治理，集中交办群众信访事项772件，办结率达90.4%。统筹推进机关、企事业单位、非公经济、社会组织等各领域党建工作，机关党建走在了全省前列。

三、积极应对经济下行压力，狠抓发展第一要务

围绕加快转型升级步伐，统筹做好“煤与非煤”两篇大文章，积极推进煤炭产业“六型”转变。加快煤电化、煤液化、煤层气发展步伐，大力推广北留周村等循环工业园发展模式，全面提升沁水煤层气总部基地建设水平。大力提升高新技术、装备制造、文化旅游和商贸物流业发展水平，加快推进国投二期、太焦高铁等一批重大项目建设，激活县域经济和板块经济两大载体，圆满完成“六位一体”省定目标。坚持把科技创新、金融振兴和发展民营经济“三个突破”。在科技创新方面，出台了《关于推进科技创新的实施意见》，安排资金5400 余万元，对16个科技项目进行政策性扶持。在金融振兴方面，通过“创业贷”、过桥基金等多种形式，为企业解决融资资金近百亿元；积极推进企业与中介机构对接协商，全市在区域性股权交易中心挂牌的企业达80多家。在发展民营经济方面，出台了《关于加快民营经济发展的实施意见》，累计为企业减免费用3300余万元；发挥财政资金导向作用，累计支出2000余万元，实施了中小企业成长工程。

围绕全面深化改革扩大开放，先后六次召开市委深改领导小组会议，审议通过5个重大制度性文件，出台了21项配套改革举措，确保了中央和省委改革部署在晋城落地生根。以“争先综改”为引领，加强上下衔接，持续深化涉煤领域的综合改革，在清费立税、煤焦公路销售体制、煤炭行政审批改革等方面取得积极进展。科学把握国有经济“有进有退、合理流动”的原则，扎实推进了市属国有企业股权多元化改革。加快了农村土地承包经营权确权登记颁证试点。深入推进预算、金融、户籍和行政审批制度等方面的改革，稳步推进公车改革，使市场对资源配置的决定性作用得到了充分发挥。以“竞逐中原”为平台，抢抓京津冀协同发展、环渤海合作发展、“一带一路”等重大机遇，加入了环渤海区域合作市长联席会。加强了与中原经济区的产业项目合作，推进了太焦铁路建设。组团参加了晋粤产业合作项目推介会、中部投资贸易博览会等活动，在宣传推介晋城中引进签约了一批项目。

围绕加快城乡统筹进程，持续推进中心城市、大县城、产业片区、小城镇和新农村“五位一体”建设。集中实施了两横五纵共七条主次干道改造工程，完成了三座人行天桥建设，有效缓解了市区交通拥堵问题；相继铺开了西北片区、东南片区等一批新建路网和配套设施，进一步提升了城市综合承载能力。坚持镇村联动、互惠一体，扎实推进农村人居环境改善“四大工程”，积极开展百镇建设、历史文化名镇名村和传统村落保护等工作，形成了环境优美、富有特色的新型农村发展格局。认真落实强农惠农政策，持续加大财政支农力度，大力扶持发展“一村一品”，促进了畜牧、蚕桑、中药材等特色农业做大做强。

围绕加快美丽晋城建设，突出“控煤、治污、管车、降尘”四个关键环节，全面打响了工业污染、城中村燃煤污染整治等“六大攻坚战”，开展了市容环境、交通秩序、空气质量综合整治等专项行动。全力抓好节能降耗减排工作，75 个新、改、扩建项目的环评准入和“三同时”执行率均达100%，83家重点企业完成了污染源自动在线监测，节能降耗减排指标均达序时进度。统筹山水田林路的综合治理，持续推进环城森林公园、水系规划和丹河人工湿地工程建设，建成了白马寺山、吴王山生态绿道，新建续建龙湾、东南新区等一批公园游园，开放了城东景观水系，评选了晋城新八景，为城乡居民提供了休闲游玩好去处。

围绕文化强市建设，深入开展社会主义核心价值观宣传教育，积极开展群众性文明创建工作，再次荣获全国文明城市提名资格城市荣誉，开展了“百名晋城德孝模范”

评选等活动。扎实开展文化低保和公共文化服务惠民工程，推出了一批以《俺家住在黄华街》《程颢书院》《长平绣娘》等为代表的精品力作，成功举办了第三届山西（晋城）太行山文化旅游节和"晋善．晋美．晋城"旅游推介活动，组团参加了深圳文博会、中国体博会等展会，提升了晋城的美誉度和影响力。加快推动了传统媒体与新兴媒体深入融合，健全了互联网管理和领导体制，增强了全市主流媒体的公信力和影响力。

四、深入开展党风廉政建设和反腐败斗争，保持了反腐正风的高压态势

从严从实落实"两个责任"。制定出台了落实党风廉政建设党委主体责任和纪委监督责任两个《意见》，落实了横向到边、纵向到底的责任体系。市委书记集体约谈了六县市区委书记、纪委书记和组织部长，市委常委和其他市领导分别约谈了六县市区和部门班子成员，组织3名县(市、区)委书记和6名市直单位党委（党组）书记向市纪委全委会述"主体责任"，层层传导压力，防止责任空转。加强对落实"两个责任"的督促检查，对执行不力、履职不到位的16 名党委（党组）书记和5名纪委书记（纪检组长）进行了点名通报，对194人进行了严肃问责。

始终保持惩治腐败的高压态势。重点查处党的十八大以来不收敛不收手、问题线索反映集中、群众反映强烈、现在重要岗位且可能还要提拔的干部。全市纪检监察机关共立案1104件，同比增长113%；处分1294人，同比增长108%。其中，处级干部36人，科级干部210人。稳妥把握运用监督执纪"四种形态"，在高平试点基础上，向其他县区延伸。探索建立市管干部纪律档案、纪律约谈等有效方式，切实把纪律和规矩挺在前面，努力使咬耳、扯袖、红脸、出汗成为常态。

持之以恒正风肃纪。紧盯"四风"隐形变异问题，狠抓重要时间节点，加强督促检查和整改落实，对违规收送礼金红包、领导干部顶风大办婚丧喜庆等借机敛财问题开展了专项整治。全年共查处违反中央八项规定精神问题75起，给予党纪政纪处分131人，涉及县处级8人、乡科级55人，并对23起典型违纪问题进行了公开曝光。

推动反腐败斗争向基层延伸。借助省委开展农村"两个专项整治"的有利契机，着力把反腐败责任、措施向基层延伸。全市共查处发生在群众身边的"四风"问题和腐败案件923件，给予党纪政纪处分800人。针对六类基层腐败和"四风"共性问题，由市领导"领题"督促整改，"乡村治、百姓安"的长效机制正在形成。

切实把纪律和规矩挺在前面。认真落实王儒林书记对高平工作重要批示和讲话精神，成立了专门领导组和五个专项工作小组，先后召开30余次专题会议，指导高平制定了《关于"先走一步富民强市"的工作方案》和《关于把纪律和规矩挺在前面先走一步的工作方案》，并通过抓高平这个"点"，带动全市"面"上整体提升。强化党章意识、纪律意识和规矩意识，认真组织学习新修订的《准则》和《条例》，编发了《党的十八大以来晋城市严重违纪违法领导干部忏悔录》，督促各级党员干部引以为戒、警钟长鸣。

积极推进纪律检查体制改革。出台了县（市、区）纪委书记和副书记、市管国有企业纪委书记和副书记、市纪委派驻纪检组组长和副组长等"三个提名考察办法"，严格对派驻纪检组长的管理考核，督促其发挥好"派"的权威和"驻"的优势。推动纪检监察机关加快"三转"，支持纪检监察机关稳步推进派驻机构全覆盖，完成了县级纪委内设机构改革，促进了纪委向主业主责聚焦。

全力配合省委巡视组搞好工作，自觉接受巡视监督。针对省委巡视组反馈的问题，在全市部署开展了重点项目和重点工程推进、信访突出矛盾问题排查化解、规范农村集体"三资"管理等多个专项整治，解决了一批群众反映强烈的突出问题。围绕加强巡视整改，先后七次召开常委会研究推进，对照梳理出的5大方面24个问题，制定了84项整改措施，建立了问题清单、责任清单和整改清单，确保了整改落实工作落到实处。

五、切实加强和改善民生，促进了社会大局和谐稳定

持续加大民生投入力度。2015年，全市公共财政用于民生支出155.1亿元，占全部支出比重的84.5%。统筹推进就业创业、社会保障、教育医疗等民生事业。稳步提高社会保障水平，城镇职工基本养老、基本医疗、失业、工伤、养老保险等全部完成省下达任务。持续加大教育综合改革力度，促进各类教育协调发展。深入推进医疗卫生体制改革，扎实推进保障性住房建设，深入开展防范和打击非法集资，圆满完成市定"十件实事"。大力实施精准扶贫、"百企千村"、移民搬迁等工作。贫困地区农民人均可支配收入达到8148元，同比增长9.6%，高于全市平均水平1.6个百分点。坚持把安全生产摆在重要位置。深刻汲取各类安全事故教训，扎实开展安全生产大检查、打非治违专项行动、危险化学品和易燃易爆物品安全专项整治，加大安全生产"四责"教育，健全完善了"党政同责、一岗双责、失责追责"的安全生产责任体系，巩固了安全生产持续向好形势。切实维护社会和谐稳定。认真开展疑难复杂信访问题化解，强化领导干部下访接访，清理化解了一批信访积案。加强基层社会综合服务管理平台建设，建立了重点工程和重大决策社会稳定风险评估机制。圆满完成了纪念抗战胜利70周年安全保障工作。围绕推进平安晋城、法治晋城建设，扎实推进治安防控"六网"工程，深入开展重点领域整治工作，保持了打黑除恶高压态势。

（高俊霞　李超）

附：中共晋城市委书记、副书记、常委名单

书　记：张九萍（女）

副书记：刘润民　李俊敏（12月离职）

常　委： 张志仁　范丽霞（女）
武宏文（12月离职）　刘爱军　焦光善
常国荣　张少波（12月任职）
马学林（4月任职）　郝崇福（4月离职）

中共晋城市城区区委工作概况

区委书记　张利锋

2015年，晋城市城区区委坚持以习近平总书记系列重要讲话精神为指导，按照中央“四个全面”战略布局、省委“五句话”总要求以及市委“一争三快两率先”战略部署，主动适应经济发展新常态，自觉落实全面从严治党各项要求，坚定不移地推动“六大发展”，加快“三区”建设，奋力开创弊革风清、富民强区新局面，为“十三五”时期发展奠定了坚实基础。

一、认真贯彻中央和省委、市委决策部署，不断凝聚推动发展的强大正能量

坚持把学习贯彻习近平总书记系列重要讲话精神作为首要政治任务，持续跟进学习党的十八届五中全会和省委十届七次全会、市委六届六次全会精神，引导全区党员干部始终在思想上政治上行动上与中央和省委、市委保持高度一致。深入开展学习讨论落实活动，认真落实“双学”要求，围绕净化政治生态深刻反思剖析，部署开展40项专项整治，区委常委带头践行“六项承诺”，推动全区党风政风持续好转。扎实开展“三严三实”专题教育，区委常委带头讲党课，组织开展4次专题学习研讨，召开较高质量的专题民主生活会，带头树立起“四讲”标尺，着力解决不严不实的突出问题，为推动全区经济社会持续健康发展提供了坚强政治保证。

二、严格落实“两个责任”，不断把党风廉政建设和反腐败斗争引向深入

层层传导压力，强化责任落实。制定出台落实党风廉政建设党委主体责任和纪委监督责任两个《意见》以及镇（街道）、区直单位、村（社区）落实“两个责任”的实施办法，形成了横向到边、纵向到底的责任体系。区委常委带头开展廉政约谈，亲自带队就各镇（街道）、区直各单位落实“两个责任”情况进行专项督查；选取4起典型案件层层召开问责整改专题通报会，着力将压力传导到全区每一级党组织和每一名党员干部身上。

坚持从严治吏，打造过硬队伍。坚持先立规矩后选人，围绕干部动议、酝酿提名、考察推荐等环节制定出台10个文件，初步形成了干部选拔任用的完整制度体系。结合“三个一批”工作，处理惩治不廉洁、乱作为干部12人，调整退出不作为、不胜任干部7人，选拔任用敢担当、善作为干部8人。

从严正风肃纪，持续改进作风。坚持把纪律和规矩挺在前面，严格落实中央八项规定精神，驰而不息纠正“四风”，全年共开展监督检查45次，5个存在问题的单位被责令整改，29名干部受到党纪政纪处分，其中科级干部8人。认真组织学习贯彻新修订的《准则》和《条例》，制定出台《关于严格党员领导干部纪律约束的若干规定》，切实加强对党员领导干部的教育和监督管理。

支持纪委“三转”，重拳惩治腐败。推动区纪检监察机关参与、牵头的议事协调机构由56个精简到7个；支持区纪委监察局对内设机构进行优化调整，执纪办案人员所占比例增至60%。全年共立案127件，结案125件，给予党政纪处分125人，其中乡科级干部26人，立案数、结案数和处分人数均超过前4年总和。

严查基层腐败，维护群众利益。结合省委“两个专项整治”，以“三资”管理、城中村改造、工程招投标等为重点，全年共查处违纪违法村（社区）党员干部86人，同比增长244%，其中：“两主干”57人，同比增长280%；8名村（社区）干部被移送司法机关，超出前4年总和。深入开展“三违”专项整治，累计查处违规占地1075亩、违章建筑4.38万平方米，挽回集体经济损失2450万元。

狠抓巡视整改，解决突出问题。坚持把巡视整改落实作为重大政治任务，边巡边改、立行立改。针对巡视期间指出的问题，部署开展了“三项百日攻坚”和“三个专项整治”，有效解决了一批群众反映强烈的突出问题。省委巡视组把刘家川村作为村级巡察点之后，迅速成立联合调查组，对刘家川村存在的问题进行彻查处理，彻底铲除了长期操控村级政权的家族势力，补选产生了新的支部班子，推动刘家川村逐步实现由乱到治，并以刘家川村问题为鉴，汲取教训、举一反三，组织全区各镇（街道）、各相关部门、各村（社区）认真开展学习讨论，着力推动解决全区同类型问题。针对省委巡视组正式反馈意见，组织召开5次区委常委会议和6次专题会议研究推进，对照梳理出5大方面14个问题，制定了97项整改措施，目前各项整改措施基本落实到位。

三、全面加强基层党的建设，为全区改革发展各项事业提供坚强组织保证

抓责任，构建齐抓共管的党建工作格局。召开7次区委

常委会议专题研究党建工作，建立了区级领导包联基层党建工作制度，组织制定不同领域、不同层级党组织抓党建的责任清单，严格落实“联述联评联考”制度，初步构建形成了一级抓一级、层层抓落实的党建工作格局。

抓统筹，分类推进各领域党组织建设。在机关事业单位普遍推行“党政双责一肩挑”工作模式，持续引深“走在前、作表率”活动。组织制定村（社区）党组织“三化五好八有”建设标准，着力强化村（社区）党组织领导核心地位。扎实开展非公企业党组织“双强六好”创建活动，8个常委联系点的典型带动作用进一步发挥。

抓队伍，充分发挥党员干部的先锋模范作用。以村（社区）党支部换届为契机，切实选优配强带头人。推动60%的党员发展指标下放到村（社区），着力解决村（社区）党员发展滞后问题。健全完善村（社区）干部亲属入党报告、“两比一查”等制度，着力解决“关系户”入党、家族势力干扰党员发展工作等问题。清理了243名“空挂”在村（社区）的党员，理顺了274名返乡支部党员的组织关系。

抓保障，不断夯实基层党建工作基础。坚持人往基层走、钱往基层投、政策往基层倾斜，2015年全区党建工作经费达到458.5万元，同比增长205%。将农村“两主干”岗位报酬提高到22056元/年，增幅达65.7%。制定实施《村（社区）离任“两委”主干生活补贴发放暂行办法》。投入1000余万元，对22个办公场所不达200平方米的社区进行标准化建设，实现达标全覆盖。

抓短板，推动基层建设全面进步、全面过硬。由区委常委带头包联最差、最乱的村（社区），对23个软弱涣散村级党组织开展集中整顿，2/3的村（社区）取得明显成效。组织召开全区大抓基层工作推进会，出台“1+7”系列文件，着力以党的基层组织建设为引领，全面加强基层党风廉政建设、民主管理、法治建设、文化建设、经济建设以及民生改善，推动基层建设全面进步、全面过硬。

四、狠抓发展第一要务，持续推动“六大发展”，切实加快“三区”建设

2015年，全区生产总值完成239.9亿元，增长6.4%；固定资产投资完成315亿元，增长12.2%；社会消费品零售总额完成189.8亿元，增长5.5%；规模以上工业增加值完成9.7亿元，下降11%；公共财政预算收入完成9.5亿元，下降9.1%；城镇常住居民人均可支配收入完成28484元，增长6.7%。

推动产业转型升级。坚持把发展服务业作为全区转型发展的“牛鼻子”，一手抓传统服务业提档升级，一手抓现代服务业培育壮大，服务业对经济增长的贡献率达到75.6%。扎实开展“项目提质增效年”活动，重点工程“六位一体”完成率排名全市领先。积极探索招商新路径，全年共签约项目17个，资金到位84.61亿元，主城区商圈集聚效应进一步显现。

着力推进“三个突破”。坚持把“三个突破”作为加快发展的重要路径和重大举措，专门召开推进大会进行安排部署，并分别制定出台了《实施意见》。新设立2000万元政府风险补偿基金和3000万元中小微企业还贷周转金，组织召开城中村（棚户区）改造项目推介暨银企对接会，着力解决民营企业融资难、融资贵等问题。对21个科技项目进行政策性扶持。推动1家企业在上海股权交易中心成功上市，4家企业正积极筹备在“新三板”上市。

加快推进城市建设。扎实推进西北片区改造，研究通过片区城市设计方案，作为开局工程的景西北路建成通车，其它4条道路全部开工建设。稳步推进城中村改造，全年新开工项目4个，总开工项目达26个，新增回迁安置面积35.8万平方米，回迁安置10258人。加快北石店新区建设，片区学校、医院等公共服务设施建设取得重要进展。书院东街、景西南路建设以及其它市政重点工程加快推进。大力实施程颢书院、怀覃会馆修缮保护工作，注重延续城市历史文脉。

加快城乡一体化进程。编制完成全区《城乡一体化发展总体规划（2015-2020年）》。着力提升1500万元城乡统筹发展资金使用效益，以司徒现代农业园为代表的十大农业园区建设加快推进，引领作用进一步发挥。围绕提高被征地农民的社会保障水平、深化村（社区）集体资产股份权能改革进行积极探索，着力破解城市“二元结构”。

持续改善生态环境。扎实推进“三山三河一场”七大生态治理工程。吴王山森林公园一期、二期工程全部完工，被评为我市“新八景”之一。苇匠生活垃圾填埋场封场整治工程、白水河治理工程基本完工。圆满完成国家卫生城市复审验收各项任务。

积极稳妥推进改革。统筹抓好六大领域改革任务，新承接行政审批事项30项，取消7项，37项由前置审批改为后置审批；城区信用联社成功改制，成为全省目前唯一一家可以跨区域经营的农村商业银行；财政预算体制改革、户籍制度改革、公车改革等均取得新进展。

五、切实加强和改善民生，全力维护社会和谐稳定

持续加大民生投入力度。全年民生支出累计达到9.86亿元，占公共财政支出的67.46%。新（续）建学校10所，1所投入使用，5所主体完工。市二院住院楼、城区急救中心即将投入使用，新建卫生监督所和城区光荣院项目主体完工。城乡居民基础养老金每人每月提高到115元，待遇水平全市第一、全省领先。将专项惠民基金由平均每个社区10万元提高到20万元，由社区居民自主决定办了一批与他们日常生活密切相关的小事实事难事。

加快推进法治城区建设。研究制定《加快推进法治城区建设的实施意见》，全面推进“一村（社区）一法律顾问”工作，圆满完成“六五”普法验收。结合高绩效政府建设和“三化”建设，深入实施“六权治本”，组织召开三

次全区性大会进行安排部署，在试点的基础上全面推进。编制完成《政府工作部门权力及责任清单》，明确了35个部门的1489项权责事项，正在向社会公布；新建的区级“两平台”硬件主体工程已经完工。

全力维护安全稳定。认真排查各类安全隐患，健全完善安全责任体系，全区安全生产保持平稳态势。持续加大防范和打击非法集资力度，挽回群众损失2000余万元。扎实推进平安城区建设，深入开展城中村等重点领域治安整治，有效提升了群众的安全感。以群众工作统揽信访工作，一批信访案件得到有效化解。着力营造崇德向善的良好氛围，“诚信夫妻”李继林、刘平贵被授予第五届“全国道德模范”，是目前晋城市在全国道德领域的最高荣誉。

（赵耀　崔晋鹏）

附：一、中共晋城市城区区委书记、副书记、常委名单

书　记：张利锋

副书记：王学忠　杜平（5月离职）

常　委：晋昕（女）　李子荣　李炎　李永红　霍晋斌　吴宝玉

二、镇、街道党（工）委书记名单

北石店镇

书　记：张宏（女）

西上庄街道

书　记：尚东方（4月离职）　巩骏（7月任职）

钟家庄街道

书　记：陈玉霞（女）

东街街道

书　记：车文莲（女）

南街街道

书　记：卢坤拽

西街街道

书　记：翟明太（7月离职）　郭瑞林（7月任职）

北街街道

书　记：庞维敦

矿区街道

书　记：田静妮（女）

中共泽州县委工作概况

县委书记　赵新年

泽州县委下辖基层党组织1283个,其中党委21个，党总支76个,党支部1186个。共有党员25773名，其中，女党员3805名。

2015年，面对严峻复杂的经济形势，特别是煤炭价格持续下滑困难局面，泽州县委、县政府团结带领全县人民，主动适应经济发展新常态，自觉落实全面从严管党治党各项要求，深入开展“五项活动”，突出抓好“1941”年度工作重点，全力以赴稳增长、促改革、调结构、惠民生、防风险，在全面建设小康社会进程中取得了新的成绩。全县生产总值完成215.7亿元，同比增长2.5%；公共财政预算收入完成11.5亿元，同比下降7.3%；固定资产投资完成210.3亿元，同比增长16%；城镇和农村常住居民人均可支配收入达到27381元和12217元，分别增长6.7%和8.5%。

一、主动深化推进结构调整，进一步加快转型步伐

农业稳步发展，全年完成粮食总产5.39亿斤，生猪出栏100.2万头，重点农产品加工龙头企业销售收入10.8亿元，同比增长12.5%。积极应对煤炭市场疲软困局，扎实推进“六型转变”，千方百计保障煤炭企业健康运营，全年煤炭总产达到714万吨。加快发展新型工业，南村铸造工业园建设稳步推进，巴公装备制造工业园基础设施继续完备，承载吸纳能力进一步增强。正式组建了山西天恒铸业有限公司，冶铸产业开始向规模化、集群化迈进。华昱煤制油、己内酰胺、纳米碳酸钙、华电风力发电等项目进展顺利，发展后劲进一步增强。现代服务业加速发展，以兰花国际物流、月星家居广场为代表的物流商贸业不断壮大，以珏山大景区、李寨景区、聚寿山为代表的文化旅游业全面兴起。特别是大阳古镇与北京立根集团、北大博雅方略咨询有限公司签署了5亿元的投资协议，“十一”黄金周接待游客11万人次，成为全省旅游业的一匹“黑马”，中国古镇系列之《走遍中国·大阳》在央视播出，极大提升了泽州县的知名度和美誉度。全县产业结构的进一步优化，为构建“两带四板块”产业发展新格局奠定了坚实基础。

二、积极稳妥深化改革开放，进一步激发发展动力

国家级农村集体经营性建设用地入市试点工作已由“建制度”全面转入“试制度”阶段。巴公镇省级转型综改扩权强镇试点扎实推进，市县下放的54项权利得到有效承接。南岭乡贫困地区转型综改试点步伐加快，出台了实施方案和扶持办法。行政审批、户籍制度、产权制度、投融资等改革稳步推进。以金融创新为抓手大力扶持民营经济发展，不断扩大“助保金”和“聚力贷”受益面，为23家民营企业发放贷款1.2亿元；出资1000万元入股“红土创业基金”，出资5000万元建立中小企业还贷周转金，帮助35家企业周转贷款6.11亿元，锦绣鑫源、新中原、巴公来村等3个创业孵化基地投入运营，全年新创办实体企业453家，同比增长22%，营造了“大众创业、万众创新”的浓厚氛围。坚持把招商引资和招才引智作为加快发展的源头活水，全年签约项目23个，资金到位85.94亿元，引进中高级人才46名。大力发展外向型经济，外贸进出口总额完成26550万美元，连续五年位居全市第一。

三、坚持不懈加快城乡统筹，进一步促进社会和谐

金村新区建设加快推进，府城街、丹河西路、龙化路全部完工，太岳街、碧水街前期进展顺利，丹河龙门湿地公园核心区已形成景观。新型城镇化建设继续提速，泽州县被列为全国第二批新型城镇化综合试点县，巴公镇荣获“全国文明村镇”、被确定为国家新型城镇化综合试点镇，金村镇跻身全国首批“建制镇示范乡镇”。始终把改善民生、增进群众福祉放在突出位置，全年用于民生事业支出达23.49亿元，同比增长33%。李寨乡国家级示范性综合实践基地开工建设，在全市率先实现学前教育到高中阶段“15年全免费”，被列为全国义务教育发展均衡县。深入推进公立医院改革，县医院综合门诊楼投入使用，乡镇医疗卫生基础设施建设不断完备。各类保险覆盖面稳步提高，社会保障体系进一步健全。大力实施精准扶贫，易地搬迁1500人，减少贫困人口2500人。深入开展社会主义核心价值观宣传教育，城乡文明程度不断提升。大力实施文化低保和文化惠民工程，广大群众精神文化生活不断丰富。认真落实8项惠民工程和8件惠民实事，完成道路改造100公里，新增煤层气10648户，新增集中供热面积63万平方米，新增城镇就业6770人，转移农村劳动力4890人。高度重视安全生产，继续推进平安泽州建设，进一步提升了全县群众的安全感、获得感和满意度。

四、全力以赴开展“五项活动”，进一步营造发展氛围

围绕提振精气神、全力抓发展，在全县上下深入开展“五项活动”，进一步强化了勇于担当、敢于负责的责任意识，营造了攻坚克难、狠抓落实的浓厚氛围，形成了你追我赶、争先进位的良好局面。通过深入开展“思想大解放”活动，突破了观念障碍，打开了发展视野，统一了思想行动，凝聚了广泛共识，再一次叫响叫亮了“不甘人后、勇争第一”的泽州精神。通过深入开展“纪律大整顿”活动，弛而不息正风肃纪，有效解决了“庸”“懒”“散”“空”“玩”“奢”等突出问题，有力地促进了各级干部转作风、提效能。通过深入开展“环境大改善”活动，农村“脏、乱、差”状况得到有效遏制，城乡人居和发展环境得到极大改善，“美丽泽州”建设取得明显成效。通过深入开展“矛盾大排查”活动，进一步排除了矛盾隐患，畅通了诉求渠道，加大了依法打击力度，加快了案件化解进度，切实维护了社会和谐稳定。通过深入开展“项目大发展”活动，各级干部站一线、抓关键，盯目标、明责任，比进度、赛服务，提前一个月完成“六位一体”项目建设任务，切实增强了经济发展后劲。

五、聚焦主责从严管党治党，进一步净化政治生态

扎实开展“学习讨论落实”、“双学”活动和“三严三实”专题教育，取得了一批理论成果、制度成果和实践成果。认真落实“两个责任”，重拳出击惩腐败、严纪律、正作风，全年立案查处154件，党政纪处分209人，持续保持了惩治腐败的高压态势。全力配合省委巡视组开展工作，认真整改落实巡视反馈意见，解决了一批群众反映强烈的突出问题。狠抓农村集体“三资”清理整治，认真落实“四议两公开”工作法，持续推进“廉洁乡村、制度乡村”建设。统筹推进典型培树“双百”工程、整顿软弱涣散基层党组织、农村集体经济“破零”工程和“第一书记”到村任职工作，着力构建农村主干和离任干部激励保障机制，党的基层基础更加稳固。打好“三个一批”组合拳，风清气正全面启动干部调整，有序推进职务与职级并行工作，全面落实乡镇工作补贴，有力调动了各级干部干事创业的积极性。全面落实党管武装责任，深入开展双拥共建，连续3次荣获全省“双拥模范县”称号。始终支持人大政协履行职能，巩固和发展爱国统一战线，群团工作扎实推进，基层民主法治建设再上新水平。

（郜润斌）

附：一、中共泽州县委书记、副书记、常委名单

书　记：赵新年（6月任职）
副书记：高喜全　侯贵宝　王野萍（女，2月任职）
常　委：张保国　王加林　王　丽（女）
王　涛（4月离职）　李正根　安旭敏
陈志忠　张庆民（5月任职，挂职）

二、乡镇党委书记名单

下村镇

书　记：杨鸿飞

大东沟镇

书　记：许云发

川底乡

书　记：陈仲会

周村镇

书　记：郎军芳

李寨乡

书　记：闫晓阳

南岭乡

书　记：董建军

犁川镇

书　记：原吉雷

山河镇

书　记：车树文

晋庙铺镇

书　记：樊武斌

大箕镇

书　记：王江元

南村镇

书　记：李雪山

金村镇

书　记：李池堆

柳树口镇

书　记：赵亮福

高都镇

书　记：牛天明

北义城镇

书　记：李云波

巴公镇

书　记：侯贵宝（兼）

大阳镇

书　记：刘建云（女）

中共高平市委工作概况

市委书记　张玉宏

2015年，高平市委深入学习贯彻习近平总书记系列重要讲话精神，按照中央“四个全面”战略布局和省委“五句话”总要求，认真贯彻落实省委书记王儒林重要批示和重要讲话精神，扎实开展“先走一步、富民强市”试点工作，深入推进党风廉政建设和反腐败斗争，开创了政治生态不断优化、各项工作深入推进、经济发展稳中有升、社会大局和谐稳定的新局面，为“十三五”时期发展奠定了坚实基础。

（一）深入学习贯彻习近平总书记系列重要讲话精神，全面落实省委、晋城市委重大决策部署，坚持以上级精神指导实践、推动工作。坚持把学习贯彻习近平总书记系列重要讲话精神作为重大政治任务，自觉在把方向、管全局、抓大事上充分发挥领导核心作用。全面贯彻落实王儒林书记重要批示和重要讲话精神，在省委、晋城市委工作组的精心指导下，全力抓好“三件大事”，努力实现“三个突破”，着力强化“三项重点”，扎实推进“先走一步、富民强市”试点工作取得新成效，受到省委、晋城市委充分肯定和人民群众普遍认可。深入开展“三严三实”专题教育，市委常委带头讲党课、带头学习研讨、带头查摆问题、带头抓好整改，并以“严”的要求和“实”的标准召开了高质量的专题民主生活会。围绕重点领域和关键环节，排查整治突出问题45个，从严从实抓班子带队伍，为促进“弊革风清、富民强市”提供了坚强的政治保证。2015年，市委常委坚持把“双学”作为基本党性要求，把“以上率下”作为基本工作方法，积极带动全市各级党组织向中央、省委、晋城市委看齐，为推进改革发展稳定工作提供了坚强政治保障。

（二）积极应对经济下行压力，狠抓发展第一要务。面对严峻复杂的经济形势，特别是煤炭价格持续下跌的困难局面，深入开展稳增长、促改革、调结构、惠民生、防风险等各项工作，促进了全市经济发展在克服困难中奋力前行。百日攻坚强力推进。深入开展“六项重点百日攻坚”大会战，一批重点项目加快落地，十大改革深入推进，一批信访案件有效化解，依法清贷完成年度任务，文化旅游强势推进，集体收入破零攻坚初见成效。转型升级步伐加快。认真落实中央“三去一降一补”政策，明确提出了“去产能、调结构、再兼并、转机制、降成本、保安全”的工作思路。认真落实稳增长各项政策措施，研究制定了保障煤炭18条、促进中小微企业发展30条等一系列企业减负政策措施。积极引进培育非煤产业项目，不断延伸产业链条，努力培育新的经济增长点。民营经济稳步发展。在极其艰难的条件下，民营经济实现了逆势增长。2015年，全市民营经济增加值完成90.7亿元，同比增长2.3%，占全市GDP的比重达45.4%左右；总产值282.4亿元，增长2.1%；营业收入249.3亿元，增长1.8%；实现利润15.6亿元，增长0.2%。企业个数达到11624个，新增企业2572个、就业人员3500人。现代农业凸显特色。研究制定了《关于加快现代农业发展促进农民持续增收的扶持办法》，市财政预算农业扶持补助资金由每年的2600万元提高到5300万元，为促进农民增收提供了强力支撑。城乡环境明显改善。想方设法筹措资金近15亿元，大力完成了群众期盼已久、备受社会关注的十大城建重点工程。丹河市区段改造、环城“四山”绿化、炎帝公园、米山湿地公园、新北小区改造和保障性住房建设、炎帝农耕文化园、高平市公共资源交易中心等十大城建重点工程相继建成并投入使用。圆满完成晋城市6项主要污染物减排任务，全年空气质量二级以上天数达到254天。文化旅游发展壮大。围绕神农炎帝旅游龙头品牌，着力打造“一个龙头、一条主线、五大重点旅游区域”。积极筹办2016年海峡两岸神农炎帝农耕文化节，成功举办了山西高平神农炎帝文化学术研讨会。“四村”建设整体提升。城中村改造取得实质性进展，贫困村脱贫开展了家庭分步式光伏发电试点，采煤沉陷村治理基本完成搬迁任务，美丽乡村建设进度加快。精准脱贫深入推进。实施了“三个五”战略，落实了“五包一”措施，实行了“一对一”帮扶，开展了“六个一”送温暖活动，确保提前三年实现精准脱贫，在全省率先全面建成小康社会。安全稳定趋稳向好。安全生产实现了事故起数、死亡人数“双下降”，持续向好形势得以巩固。全市信访实现了“三下降”，上级交办案件办结率达到99%。严厉打击违法犯罪，连续12年实现命案全破，社会大局持续稳中向好。十大改革全面深化。在国企改革方面，深入推进企业改制工作，进一步理顺了科兴集团组织机构；在民营经济综合配套改革方面，在全省率先实现了小微企业服务站全覆盖；在金融领域改革方面，加快农村信用社改制步伐，清收不良贷款1亿元；在科技体制改革方面，成立了高平市技术转移中心，发布先进科技成果100余项；在农村产权制度改革方面，农村土地确权登记颁证完成60%的任务；在城乡一体化改革方面，出台了“五规合一”工作方案，住房配套改革稳步推进，综合执法改革基本完成，户籍制度改革不断深化；在医疗卫生体制改革方面，市乡村三级基本药物全部实行网上招标采购、配送、结算等“五统一”，分级诊疗工作有序推进；在司法体制改革方面，法院、检察院人员划分方案完成上报，将实现人财物省级统一管理。市公安局主办侦查员遴选工作受到省公安厅肯定；在乡村治理改革方面，积极推进“六权治本”向乡村延伸，健全完善了乡村两级法律、志愿、代办、咨询服务等相关制度。在行政体制改革方面，推出了“一个单位管审批、一个单位管市场、一个单位管执法、一个单位管建设、一个平台管服务”的“五个一”改革措施。

（三）切实保障改善民生，促进社会团结进步。持续加大民生投入。全年保障民生类支出达到22.1亿元，占一般公共预算支出的85%。积极创建省级创业型城市，城镇新增就业7615人，转移农村劳动力5354人。社会保障稳步提升，城乡居民养老保险实现并轨。积极促进高校毕业生就业，公开招聘教师、储备人才160余名，公开选聘大学生公益性岗位等680余名。教育事业均衡发展，推进了14所农村义务教育中小学“全面改薄”工程，完成了14所农村幼儿园新改扩建工程，加强了新建高平一中内部配套。全市高考二本B类以上达线人数达到2012人，被清华、北大录取9人，位居全省县级中学第一名。积极推进民主政治建设。坚持和完善人民代表大会制度，坚持和完善中国共产党领导的多党合作和政治协商制度，全力支持国防和驻市部队现代化建设。加强宣传思想文化工作。扎实推进理论武装，集中开展了习近平总书记系列重要讲话精神的学习宣传。加强思想道德建设，深入开展社会主义核心价值观宣传教育，涌现出一批以毕腊英、韩连周、郭峰等为代表的先进人物。晋城市弘扬社会主义核心价值观现场会在我市成功召开。加快建设文化强市，《长平绣娘》作为全省唯一代表参加全国第27届戏曲梅花奖评比，主演杜建萍喜获“梅花奖”。加大对非物质文化遗产保护力度，文物保护工作得到有效加强。

（四）坚持从严管党治党，党建科学化水平显著提升。以纪律为尺度稳妥处置涉案干部。以推动“先走一步”为契机，在省纪委、晋城市委、市纪委的指导下，把握运用监督执纪“四种形态”，按照“六个环节、四个主动、三类处置”的方法步骤，对涉案干部进行了稳妥处置。积极稳妥推进“三个一批”。认真落实“六查”措施，分批对119名科级正职、521名科级副职干部的现实表现进行了综合评价。实行《推进干部能上能下实施办法》，调整退出了7名不作为、不胜任的干部，甄别处理了55名不廉洁、乱作为的干部。全面规范干部选任工作。建立了干部选拔任用工作全程记实制度和干部“带病提拔”问题倒查机制。率先推进公务员职务与职级并行工作。通过民主推荐、差额票决，产生了6名乡（镇、街道）党政正职人选，做到了风清气正。2015年，市委常委会共研究干部10次，调整干部69人。其中提拔3人，交流25人，免职41人。从严加强干部管理监督。以“两个清单、两个监督、两档一库”为主要内容，构建了干部日常监督平台。出台了《科级干部报告个人有关事项及核查的规定（试行）》，实行了《关于对科级干部进行诫勉谈话和函询的暂行办法》，对61人分别做出批评教育、谈话函询、诫勉谈话等组织处理。切实加强基层党组织建设。认真落实中央、省委和晋城市委农村基层党建工作会议精神，制定出台了《农村基层党组织建设“六个提升”实施方案》，全面提升农村基层党建工作水平。统筹推进机关、企事业单位、非公经济、社会组织等各领域党建工作。从严落实“两个责任”。市委先后约谈了2014年查办案件不力的5名党委书记和5名纪委书记；追究了7起履行“两个责任”不力的典型案件；问责了4名党委（党组）书记和9名纪委书记（纪检组长）；对3起案件进行了分级通报。市委书记带头，市四大班子领导对13名市管干部进行了谈话函询，释放了严格问责的强烈信号。加大纪律审查力度。全市纪检监察机关共立案219件，同比增长231.8%；处分272人，同比增长142.9%。全市16个乡（镇、街道）自办案件93件，给予127人党政纪处分，“上面九级风浪、下面纹丝不动”的现象得到改变。结合开展“两个专项治理”，坚决查处了一批群众反映强烈的乡村干部腐败问题，给予党政纪处分147人，移送司法机关14人，“乡村治、百姓安”方面取得明显成效。

（王　冬）

附：一、中共高平市委书记、副书记、常委名单

书　记：张玉宏

副书记：邹树琦　闫通宇

邓志蓉（女，9月任职，挂职）

常　委：李培安　王　涛（4月任职）

刘海靖（4月离职）　靳水生　秦元法

牛晓明　申军生　陈　舜（4月任职）

张晓蕾（女，9月任职，挂职）

二、乡镇（街道）党（工）委书记名单

东城街道

书　记：郑威剑

南城街道

书　记：赵栋庭

北城街道

书　记：毕建明

米山镇

书　记：郭勇虎

三甲镇

书　记：张旭强

神农镇

书　记：段晓军

陈区镇

书　记：许宏建

建宁乡

书　记：申中锋

北诗镇

书　记：申忠群（女，因安全生产事故，11月免职）

石末乡

书　记：王国文

河西镇

书　记：孟向东

马村镇

书　记：王广平

原村乡

书　记：王　京

野川镇

书　记：吴华芳（女）

寺庄镇

书　记：赵海青

永录乡

书　记：史晓波

中共阳城县委工作概况

县委书记　王晋峰

中共阳城县委辖党组8个，基层党委27个，工委4个，党总支80个，支部1186个，全县共有党员25814名。

2015年，在省委、市委的坚强领导下，中共阳城县委坚持以习近平总书记系列重要讲话精神为指导，按照中央“四个全面”战略布局、省委“五句话”总体要求和市委“一争三快两率先”战略部署，主动适应经济发展新常态，全面落实党要管党、从严治党的各项要求，加快实施“田园城市、美丽乡村、产城融合、城乡一体”发展战略，奋力开创“弊革风清、富民强县”新局面，为“十三五”发展奠定了坚实基础。

一、强化党建主业意识，全面加强党的建设

县委认真贯彻习近平总书记一心一意谋发展、聚精会神抓党建，把抓好党建作为最大政绩”的要求，提出“用党建统领各项工作、将党建融入各项工作”的工作思路，突出思想建党解决“奉献”问题，突出制度治党解决“廉洁”问题，促进党建工作全面提升。

强化思想建党。坚持把《党章》作为加强党性修养的根本标准和指导党的工作、党内活动、党的建设的根本依据，通过日常学习、专题培训等形式经常性组织学习《党

章》，县委书记、副书记带头深入农村基层支部宣讲《党章》，努力唤醒全县党员的《党章》意识。组织各级党组织书记讲党课，加强基层党组织“第一书记”、“两委”主干专题教育培训，大力挖掘以陈廷敬、杨继宗等为代表的清官廉吏文化，持续开展廉政文化、红色文化、党纪国法教育，教育引导党员干部正确认识党的辉煌历史、巨大成就、成功经验，不断增强对党的认同感和归属感，进而增强自豪感和责任感，自觉做到在党言党、在党为党、在党护党。

强化制度治党。深入学习贯彻《中国共产党廉洁自律准则》《中国共产党纪律处分条例》和《中国共产党地方委员会工作条例》，积极引导党员干部坚持高标准、守住底线，坚决纠正随意变通、恶意规避、无视制度等现象，推动形成尊崇制度、遵守制度、捍卫制度的浓厚氛围。坚持标本兼治，打造制度“笼子”，突出“两清单”（权力清单、责任清单）、“两平台”（政务服务平台和公共资源交易平台）、“一监督”（加强对“一把手”和关键岗位监督）、“三重一大”（重大事项决策、重要干部任免、重要项目安排、大额资金使用）等核心内容，制定出台《关于推进“六权治本”工作的实施意见》，并推动“六权治本”向乡村拓展延伸，健全落实“三资”管理、“小微权力清单”、小型工程项目招投标等制度，着力构建“不敢腐、不能腐、不想腐”的长效机制。

强化基层党建。深入贯彻全国和省委、市委农村基层党建工作会议精神，召开了全县农村基层党建工作会议。制定出台《贯彻全面从严治党战略部署用党建统领各项工作的若干意见》和《关于扎实开展“123党建+”行动计划全面加强党建统领融入各项工作的实施意见》，努力解决党建与发展“两张皮”问题。建立县委常委联系乡镇问题汇报制度，不断强化乡村干部“岗位在村、阵地在村”的责任意识。突出“抓两头、带中间”，一手抓基层党组织先进典型培树，一手抓46个软弱涣散党组织集中整顿，带动多数“中间”支部党建水平整体提升。制定出台《进一步加强村党组织书记队伍建设的实施意见》，努力推动农村干部的素质提升和本领提高。从严从实发展党员，继续实施星级化管理，持续引深党员户挂牌活动。认真落实基层党建工作责任制，定期开展党组织书记履行党建职责专项述职评议，统筹抓好机关、非公、“两新”组织等各领域党建工作，加大党建经费保障力度，基层党建规范化建设取得新进展。认真落实“一定三有”政策，大幅度提高农村干部待遇，进一步激发了农村干部干事创业的热情。

强化从严治吏。坚持新时期好干部标准和“德才兼备、以德为先、以廉为基”的用人导向，结合政府机构改革，选优配强部分乡镇、县直单位主要领导和领导班子，有序消化超职数和混岗混编领导干部，持续优化领导班子和干部队伍结构。严格目标责任考核，积极推行职务与职级并行机制，努力调动各级干部工作积极性。以蟒河镇和县国土局为试点，积极稳妥推进“三个一批”工作。建立健全干部任前公示、选任全程纪实、跑官要官行为登记、责任倒查等制度，坚决遏制干部“带病提拔”“带病在岗”、预防干部“提拔后生病”。健全完善干部请销假、外出报备、谈心谈话、及时报告个人事项等制度，集中开展党员干部为官不为、乡村干部“跑堂”“走读”专项整治，进一步推动从严监督管理干部制度化、常态化。

二、突出从严管党治党，深入推进党风廉政建设和反腐败斗争

县委坚持把党风廉政建设和反腐败斗争摆在突出位置，强化责任落实，从严正风肃纪，保持高压反腐，努力把该管的管起来、管到位，该严的严起来、严到位。

从严落实“两个责任”。常委班子主动扛起主体责任，修订了《落实县委主体责任实施细则（试行）》、《落实纪委监督责任实施细则（试行）》，累计研究党风廉政建设工作33次；县委书记带头践行“四个亲自”，分两批对49名新任领导干部开展廉政谈话，集体约谈46名乡镇和县直党（工）委书记、纪委书记，批示信访件34件，开展函询谈话7人次；班子成员认真履行“一岗双责”，积极担责、主动履职，扎实推进分管范围的党风廉政建设，开展函询谈话16人次，对14名党政“一把手”、22名相关责任人、4名纪委书记（纪检组长）进行问责。全力支持纪检部门落实监督责任，完成了内设机构改革和职能调整，执纪监督机构比例由45%提升到80%，执纪监督人员比例由27%提升到63%；以上率下把“两个责任”向县直部门、乡村两级及国有企业传导，24个政府工作部门纪检组长全部配备到位，理顺了阳泰集团纪委书记和8个驻矿纪检组长的工作关系，全县17个乡镇共立案93件、处分96人，分别比上年同期上升181.8%、166.7%。

注重严明纪律规矩。坚持把纪律和规矩挺在前，突出抓早抓小、动辄则咎，建立完善领导干部廉洁从政档案，稳妥运用执纪监督的“四种形态”，努力让“党纪轻处分和组织处理成为大多数”。全年累计开展各类诫勉谈话、函询、约谈127人，组织处理8人，给予纪律处分208人，严重违纪涉嫌违法立案审查15人。坚持正面教育与反面警示相结合，《山西晋城陈廷敬：清贫耐得始求官》专题在中央纪委监察部网站《中国传统中的家规》栏目头条推介，坪泉、上河、索泉岭、海会书院、孙文龙纪念馆等教育基地作用进一步发挥，4000多名党员干部深受教育；启动对两个村“两委”主干典型违纪案件和两个乡镇公款旅游问题整改专题通报程序，25人受到追责问责。

坚持不懈狠刹“四风”。围绕贯彻落实中央八项规定精神，紧盯“四风”变异隐形等问题，狠抓重要节点、关键环节，深入开展公款吃喝、公车私用、公款旅游、突击花钱、节日收礼、婚丧敛财等突出问题专项治理，严肃查处各类顶风违纪行为，不断释放“越往后执纪越严格”的强烈信号，坚决防止“四风”反弹。全年累计开展监督检查50余次，下发整改通知书18份，函询14次，对2名县处级干部、24名科级干部办理婚丧喜庆事宜进行监督，对7

起违反八项规定精神和“四风”问题典型案件进行查处，给予16名党员干部党政纪处分，其中科级干部13人。

保持反腐高压态势。坚持全覆盖、无禁区、零容忍，重点查处党的十八大之后尤其是群众路线教育实践活动以来仍不收敛不收手、问题线索反映集中、群众反映强烈的领导干部。全年共初核问题线索255件，立案212件，给予党政纪处分223人，其中：乡科级干部36人、重处分69人、移交司法机关15人。坚持重心下沉、关口前移，以开展农村集体“三资”管理专项清理整治和“以群众举报乡村干部腐败为切入点集中解决群众信访诉求问题”专项治理为契机，突出乡镇办案解决群众身边的腐败问题，突出窗口行业纠正群众身边的不正之风。全年累计党政纪处分乡村两级干部158人，其中：乡镇干部41人，农村党员干部117人。

扎实推进巡视整改。2015年4月20日至9月10日，省委巡视五组对阳城县进行了巡视。常委班子认真贯彻《中国共产党巡视工作条例》，紧紧围绕巡视重点，积极协调配合，带头接受监督。尤其是针对巡视期间提出的15项整改事项和正式反馈的四大类17个问题，坚持即知即改、边巡边改、立说立行、立行立改，扎实推进整改落实工作。巡视组进驻以来，共采取整改措施164项，制定和修订制度205项，组织处理7人，党政纪处分188人、重处分62人，移交司法机关12人，诫勉谈话、函询、约谈123人，挽回直接经济损失376.5万元。公款旅游比较突出、公款吃喝公车私用时有发生、东城办建制编制不规范、煤炭企业党建基础薄弱、驻矿纪检组不查案不办案、基层组织生活不严肃不规范、干部管理失之于宽失之于软等一批突出问题得到有效解决。

三、坚持发展第一要务，牢牢把握经济发展主动权

县委坚持以经济建设为中心，积极应对经济下行压力挑战，围绕“就业增收、富民强县”目标，以“田园城市、美丽乡村、产城融合、城乡一体”为抓手，推动经济发展稳中有进、稳中有好。

加快产业优化升级。在坚持“一产突出抓蚕桑、二产突出抓陶瓷、三产突出抓旅游”的同时，着力推进农业转型、煤炭转型。农业转型方面，坚持“围绕旅游抓农业、围绕农民抓旅游”，突出把休闲农业和乡村旅游作为主攻方向，持续结对帮建“农家乐”525户，组织开展采摘、健走、漂流等体验活动，创新推出山水游、体验游、民居游等特色旅游产品，积极参与自驾车（品牌）联盟旅游宣传踩线、“洋眼看山西”等大型推介活动，“悠然阳城”品牌进一步叫响，被评为“全国古堡民居保护利用示范县”、“中国最佳生态文化旅游名县”、“中国最美生态观光旅游名县”、“中国避暑休闲百佳县”。煤炭转型方面，在推进煤炭产业“六型转变”的同时，突出把演礼工业园区作为创业就业的重要平台来打造，按照工业新型化和“产城融合”的要求，成立园区管委会，基本完成中央大道、快速通道建设，全面推进基础设施建设，大规模开发的条件业已具备。

加速促进城乡融合。坚持以就地城镇化为方向、以人的城镇化为核心，统筹推进以旅游为导向的田园城市和美丽乡村建设。田园城市按照“产城融合、城乡一体”的要求，加速城市发展与田园风情融合。围绕建设“宜业”城市，以“农区变景区、田园变游园、农产品变旅游商品”为方向，新建30公里景观廊道和两处田园小镇，初步形成5000余亩以生态农业、休闲农业、观光农业为主的田园经济带。围绕建设“宜居”城市，改造育英街、荣泽路，推进滨河东路延长线建设，新建人民医院建成投用，新建实验小学和南城幼儿园开学招生。围绕建设“宜游”城市，巩固提升“两河六园一环道”生态建设成果，被评为“国家园林县城”；持续引深环境卫生整治、街巷景观整治、交通秩序整治，城市管理得到加强、城市环境明显改观。美丽乡村坚持“干净为基、特色为魂、增收为要、农民为主”的思路，加快推进磨滩至董封旅游专线沿线和四大连片区建设，大力实施宜居示范、农民安居、环境整治、完善提质四大工程，扎实推进覆盖所有行政村的以垃圾集中处理为重点的农村人居环境整治，带动休闲农业和乡村旅游快速发展，被评为“中国美丽乡村建设示范县”。与此同时，张峰一干、阳杨线改造等一批重点工程顺利推进，城乡融合步伐进一步加快。

大力推进“三个突破”。按照省、市“三个突破”要求，召开全县金融振兴、科技创新、民营经济发展推进大会，并强化工作督查，努力促进体制机制创新、要素壁垒破除，进一步点燃“大众创业、万众创新”的激情。积极鼓励县内企业主动适应市场需求，引进先进技术、淘汰落后工艺、加快产品研发，全力推动科技创新。用足用活政策，扩大“助保贷”、“聚力贷”规模，开展非法集资风险排查及专项整治，不断拓宽融资渠道，花烂漫、商汤元2家民营企业在上海股交中心Q板市场成功挂牌。加快服务体系建设，促进民营经济健康发展，全年新登记注册各类市场主体2300多户、同比增长22.2%。

持续加强生态建设。牢固树立“绿水青山就是金山银山”和“生态优先、绿色发展”的理念，始终坚持经济建设与生态建设同步推进、产业竞争力与环境竞争力同步提升。积极推行生态环境保护责任制，将生态环境保护纳入经济社会发展综合评价体系和领导干部综合考核评价体系，“一票否决”、严格问责。认真落实节能减排目标责任制，以骨干企业和工业园区为载体，积极探索煤矸石、粉煤灰等废弃物综合利用的有效途径，促进资源循环式利用、产品循环式生产。紧紧抓住“控煤、治污、管车、降尘”四个关键，不断加大大气污染防治力度，加快推进重点行业抑尘监控设施建设，坚决淘汰落后产能。深入实施“六大林业”工程，全方位推进森林资源保护，持续强化沁河、芦苇河、获泽河等重点流域的环境保护和综合治理，加快

构筑多层次、立体化、网络化的生态屏障，生态文明建设迈出新的步伐。

全力维护社会稳定。坚持把安全生产摆在首要位置，深刻汲取“10·19”宇昌煤业溃泥事故和“5·16”瑞兴化工中毒事故教训，严格落实安全生产责任制，积极开展与重点企业负责人安全生产责任集体谈心对话，集中开展“一查、二专、四重点、九领域”安全生产大排查大整治，健全完善“党政同责、一岗双责、齐抓共管”的安全责任体系。坚持以群众工作统揽信访工作，严格落实信访工作责任制，持续推行领导接访和领导包案制度，加快打造阳光信访、责任信访、法治信访，促进大量信访问题化解在基层、消除在萌芽。全面加强社会治安综合治理，引深政法干警“一村一警”大走访，深化严打专项整治斗争，健全社会管理服务机制，“平安阳城”建设取得新成效。我县群众安全感、满意度测评排名全省第二、全市第一。

四、积极稳妥地深化改革，增强改革的系统性、整体性和协同性

县委深刻把握经济发展新常态对改革提出的新要求，全面落实中央、省、市各项改革措施，立足县情实际，聚焦重点领域，抓住关键环节，保持蹄疾步稳。加强对全面深化改革工作的领导，三次召开县委深化改革领导小组会议，专题研究各项深化改革制度性文件，统筹推进经济体制和生态文明体制改革、民主法制领域改革、文化体制改革、社会体制改革、纪律检查体制改革、党的建设制度改革等重点任务。出台《转型综改2015年行动计划》和《工作方案》，认真落实八项省级转型综改任务，扎实推进十项转型综改项目，充分发挥转型综改对深化改革的旗帜和统领作用。扎实推进农村综合改革，启动287个行政村37万亩农村土地确权登记工作，大力培育龙头企业、农民专业合作社、家庭农场等新型农业经营主体，稳步推进农村土地流转、农村产权流转交易。加快推进国有集体企业改革，着力创新国有资产管理体制，持续深化阳泰集团改革，先行启动粮食企业和县陶瓷厂改革，探索建立市场多元投入机制，创新设立帮扶解困专项资金。积极推进行政审批制度改革，不断优化审批事项、类别、流程和时限，加快推进政府治理体系和治理能力现代化。同时，积极推进户籍制度、商事制度、司法体制、科教文卫、食品药品等各项改革，一些事关全县发展的重点领域和关键环节改革破题起步，一些重大改革专项方案的政策效应初步显现，全社会推动改革的合力和氛围逐步形成。

五、加强宣传文化工作，不断凝聚强大正能量

县委坚持把宣传文化工作作为促进富民强县的重要力量源泉，突出思想引领，注重精神激励，把握舆论导向，强化文化支撑，引导干部群众办正事、弘扬正气、集聚正能量。

扎实推动理论武装。严格落实党委意识形态工作责任制，引导党员干部强化科学理论武装，巩固和加强宣传思想文化阵地，坚决反对和抵制错误思潮，牢牢把握意识形态工作的主动权。

加强思想道德建设。坚持以“三倡导”为引领，全面加强社会公德、职业道德、家庭美德、个人品德教育。大力弘扬新乡贤文化，持续开展“百名干部访乡贤”活动，充分发挥新乡贤的示范引领作用，推动社会主义核心价值观在乡村落地生根。持续引深文明创建，31个单位、40个村镇获得市级以上“文明单位”、“文明村镇”的称号，1人获得全国道德模范提名奖、6人被评为省级道德典型、10人获得“中国好人”称号。

注重抓好舆论引导。把握正确政治方向和舆论导向，积极开展舆论引导、舆论斗争，加强对社会舆情特别是网络舆情的分析研判，强化突出问题治理，营造健康有序的网络生态环境。加大对外宣传力度，紧扣田园城市、美丽乡村等中心工作，策划推出《悠然山城出太行》《打造美丽乡村建设的“阳城样本”》《乡贤文化引领阳城新风》等一系列深度报道，在全国、全省产生了积极效应。

加快文化强县建设。持续实施文化惠民工程，深入推进文化体制改革，不断完善公共文化基础设施建设，积极提升公共文化产品和服务供给能力，组织举办各类文化惠民演出700多场，最大限度满足群众精神文化需求。深度挖掘地方特色文化，注重推进文化遗产保护，大力扶持文化精品创作，历史剧《析城山》赴市汇报演出，以明代阳城籍清官杨继宗史实创作排演的上党梆子戏《杨继宗》参加全市优秀廉政剧目展演获得成功，央视《家国》《文明密码》《乡村大世界》等知名栏目走进阳城、关注阳城，阳城文化软实力和影响力进一步提升。

六、大力发展民主政治，加快推进法治阳城建设

县委牢固树立法治理念，大力弘扬法治精神，依法规范和约束公共权力，积极推进民主政治建设，广泛凝聚各方智慧力量，不断加快依法治县进程。

坚持和完善人民代表大会制度。支持县人大及其常委会依法履行职责，支持人大常委会依法加大对“一府两院”工作的监督，支持通过人大法定程序把重大决策部署转化为全县人民的共同意愿。完善人大代表联系群众制度，支持人大针对重点项目、民生工程等开展视察调研、专题询问、跟踪督办，充分发挥人大代表的桥梁和纽带作用。

坚持和完善中国共产党领导的多党合作和政治协商制度。支持政协围绕文化旅游、古城复兴、反腐倡廉等重点问题开展协商议政、积极建言献策，发挥政协协商民主重要渠道作用。认真贯彻《中国共产党统一战线工作条例（试行）》，加强民族和宗教工作，促进非公有制经济健康发展和非公有制经济人士健康成长，积极发挥民主党派、工商联、无党派人士的优势和作用，顺利完成统战部门合署

办公，最广泛的爱国统一战线得到巩固和发展。

加强党的群团工作。制定出台《关于加强和改进党的群团工作的实施办法》，着力解决群团工作存在的“机关化、行政化、贵族化、娱乐化”问题，充分发挥工、青、妇等群团组织的优势和作用。与此同时，全面深化党务、政务、村务、厂务公开，基层群众的知情权、参与权和监督权得到保障。

加强党管武装工作。坚持完善军地齐抓共管国防后备力量建设机制，持续推进基层武装部、民兵营（连）常态化和民兵应急分队规范化建设，构建军民深度融合、互利共赢的发展格局。全面落实拥军优属、优抚安置政策，持续提升“双拥”创建水平，巩固发展军政军民团结的良好局面，党管武装工作继续在全市领先。大力开展“军营晋城好儿女”寻访活动，阳城县37人受到表彰、7人入选“十大标兵”。

加强和改进党对法治阳城建设的领导。认真贯彻《关于加快推进法治阳城建设的实施意见》，党委依法执政、政府依法行政、司法公平公正、全社会厉行法治的新格局正在形成。大力弘扬法治理念和法治精神，持续引深“六五”普法工作，深入推进法律“七进”，引导干部群众增强法治思维和依法办事能力，全社会尊法学法守法用法的氛围更加浓厚。

七、始终恪守为民理念，切实保障和改善民生

县委坚持民生优先理念不动摇，积极把“民之所望”作为“政之所向”，进一步落实好基本民生、安排好底线民生、解决好热点民生、推进好升级民生，努力让发展成果更多更公平地惠及人民群众。持续实施安全饮水工程，18个自然庄、7700口人的饮水安全问题得到有效解决。大力推进“气化阳城”，4.4万户家庭用上了新型清洁能源。加快推进惠及“一城七镇”、22万人的城乡集中供热工程，新完成供热面积220万平方米。持续深化教学体制改革，全面提升教育教学水平，优化升级现代办学条件，教育事业稳步发展。积极理顺卫生计生管理体制，全面落实基本药物制度，公共卫生服务体系不断完善。启动实施医疗下乡解困行动，对无村医的38个行政村，采取临近村代办、乡镇卫生院代管、县级医院对口服务等模式，边远山区贫困村缺医少药问题得到有效解决。稳步推进创业就业工作，健全完善人才公共服务体系，鼓励扶持就业困难群体创业，保持城镇失业率低于市控水平。健全完善城乡居民保障体系，全面落实福利、救助、优抚、慈善政策，扎实推进基本养老、最低生活保障和农村“五保”供养制度。加快推进经济适用房、限价商品房等保障性住房建设，完成550户农村危房改造。大力实施精准扶贫、精准脱贫，扶持推动20个贫困村建设。健全完善“送温暖、办实事”长效机制，深入开展干部驻村帮扶活动，特困群众生活困难得到缓解。

（宋跃军）

附：一、中共阳城县委书记、副书记、常委名单

书　记：王晋峰

副书记：窦三马　史小林（6月任职）

常　委：许卫星　霍丽丽（女）　商浩辉　郭天德　任小广　刘　洋

二、乡镇党委书记名单

凤城镇

书　记：原天信（11月离职）

白桑乡

书　记：梁飞昊（8月离职）　郭景文（8月任职）

北留镇

书　记：王东胜

润城镇

书　记：邢海斌

町店镇

书　记：贾敦命

寺头乡

书　记：原前卫

芹池镇

书　记：赵中怀

西河乡

书　记：李素仙（女）

演礼乡

书　记：程苍库（8月离职）梁飞昊（8月任职）

固隆乡

书　记：范常胜

次营镇

书　记：张国瑞

董封乡

书　记：崔晓利

横河镇

书　记：陈永军

驾岭乡

书　记：延岳鹏

河北镇

书　记：李瑞良

蟒河镇

书　记：常轩胜（8月任职）

东冶镇

书　记：白军龙

中共陵川县委工作概况

县委书记　石云峰

2015年，在省委、市委的坚强领导下，陵川县委认真学习贯彻党的十八大、十八届三中、四中、五中全会精神和习近平总书记系列重要讲话精神，按照“四个全面”战略部署和省委“五句话”总要求，积极适应新常态，奋力提振精气神，全面推进经济、政治、文化、社会、生态文明建设和党的建设，努力开创弊革风清、富民强县新局面。

一、深入学习习近平总书记系列重要讲话精神，切实以讲话精神统一思想、凝聚力量、推动工作

坚持把学习贯彻习近平总书记系列重要讲话精神作为首要政治任务，不断掀起高潮、持续引向深入，坚决在思想上政治上行动上同中央和省、市委保持高度一致。

一是充分发挥引领带动作用，推动全县深入学习。采取县委常委会、中心组学习会等形式，及时传达、认真贯彻、坚决落实。通过原原本本学、专题辅导学、交流研讨学等多种方式，不断深化对讲话科学内涵、精神实质、实践要求的理解和把握。同时，更加注重把学习讲话精神延伸、拓展到各级党委中心组和基层党组织，进一步增强了全县广大党员干部学习贯彻讲话精神的自觉性和坚定性。

二是扎实开展学习讨论落实活动，构建良好政治生态。围绕省委“五句话”总要求和市委安排部署，提出“八严抓、八落实”活动思路，扎实推进“34+2”项重点整治任务取得阶段性成效，政治生态得到净化，社会风气持续好转，发展环境进一步优化。活动中，常委班子成员积极带头开展“双学”，努力在各方面为全县树标杆、作表率，推动形成了一级学一级、一级抓一级、一级带一级的良好局面。

三是深入推进“三严三实”专题教育，持续强化作风保障。坚持把开展好专题教育作为一项重大政治任务，以讲党课高起点起步，以组织开展4次专题研讨加深理解，以带头开展批评与自我批评严肃党内政治生活，以列出问题清单、扎实进行整改取信于民。26名县处级领导干部查摆出问题193条，细化形成了“两个清单”，本着即知即改、立行立改的态度扎实进行整改，确保“三严三实”专题教育取得了预期效果。

二、认真落实从严管党治党要求，引深党风廉政建设和反腐败斗争，夯实了党在基层的执政根基

坚持把引深党风廉政建设和反腐败斗争作为加强基层党建的重中之重，始终在抓基层、打基础上下功夫，为改革发展提供了有力保障和坚强引领。

一是严格落实“两个责任”。将“两个责任”进行“双百分制”分别考核，探索试行“两报告一测评”制度，倒逼主体责任落实，取得较好效果。召开违纪典型案件问责整改五级通报会，对落实“两个责任”不力的单位“一把手”严肃问责。高度重视纪检监察工作，配齐配强了各级纪检监察组织和人员，改善了纪检监察干部的办公办案条件，为纪检监察机关监督执纪问责提供了有效保障。

二是持之以恒正风肃纪。以巡视工作为契机，突出问题导向，坚持从严从实，把违反中央八项规定精神行为列入纪律审查的重点，作为纪律处分的重要内容，抓住关键时间节点，加大监督检查力度，依纪依规从严惩处。采取印发公开信、签订廉政承诺书、下发通知等多种方式，教育提醒广大党员干部知规明纪，绷紧严守纪律规矩这根弦。

三是始终保持惩治腐败的高压态势。稳妥把握运用监督执纪“四种形态”，切实把纪律和规矩挺在前面，扎实推进县管领导干部纪律档案填报工作，合理运用组织处理和纪律处分手段，探索形成抓早抓小的常态化工作机制。以“两个专项治理”为契机，严肃查处群众身边腐败问题，扎实推进“乡村治、百姓安”。全年共立案查处农村党员干部违纪案件107件，处分农村支书、主任104人。

三、加快推进“五化共进”，积极应对下行压力，推动了县域经济协调发展

面对复杂严峻的宏观经济形势和持续加大的经济下行压力，陵川县委坚持“稳中求进、改革创新”工作总基调，坚持“一城两区”大格局和“五化共进”总部署，坚定不移走“绿色崛起、多元发展”之路，推动全县经济社会呈现出稳中有进、稳中向好的发展态势。

一是工业新型化取得新进展。围绕提质增效目标，认真落实中央省市系列政策措施，积极搭建银企合作平台，切实减轻企业负担，持续引深“抓管理、提质量、增效益”活动，推动了工业经济转型升级。金烽工贸、骏通铸管等三个工业转型项目达产达效，风能、光伏发电等新兴产业加快推进，礼杨新型工业园区和崇文高新技术产业集中区详细规划通过评审，为县域经济发展增添了后劲。

二是农业特色化迈出新步伐。围绕农民增收目标，加快推进五大特色产业发展，巩固扩大产业基地规模，发展壮大农业龙头企业，实现了产业规模和产业效益同步提升。

全县粮食总产量达到1.13亿公斤，特色种植业面积稳定在11万亩左右，中药材种植面积达到32万亩，全年农产品加工销售收入完成6.1亿元，带动农民增收效果明显。

三是旅游产业化迈上新台阶。围绕“中原地区最具影响的生态休闲旅游健康度假中心”建设目标，以创新旅游管理体制为牵引，统筹推进景区建设、宣传促销和服务升级，促进了旅游产业强劲发展。2015年5月，我县正式获批建设国家级生态保护与建设示范区。全年共接待游客372.5万人次，旅游总收入8.97亿元。

四是城乡一体化实现新突破。围绕统筹发展目标，持之以恒加强水、电、路等基础设施建设，突出大县城龙头带动作用，进一步拉大了县城框架，完善了市政功能，提升了县城品位，圆满完成了省级园林县城创建工作。持续深化城乡环境卫生综合整治，扎实推进乡村清洁工程，农村人居环境显著改善，凤凰村入选省级美丽宜居示范村，武家湾等3村入选市级美丽宜居示范村。

五是民生普惠化取得新成效。围绕共建共享目标，优先安排民生支出，持续加大民生投入，全年公共财政用于民生支出16.49亿元，同比增长13.88%。在加快推进“五化共进”的同时，我们始终把脱贫攻坚作为最大的民生工程，通过认真开展建档立卡“回头看”、扎实推进产业扶贫、金融扶贫、教育扶贫、易地搬迁和干部驻村帮扶等工作，全年减少贫困人口5200人，扶贫工作取得阶段性明显成效。

四、加强宣传思想文化工作，营造良好舆论氛围，激发了干部群众干事创业的蓬勃活力

强化党管意识形态工作，把党的创新理论成果、文明创建要求等内化到党员群众心灵中、规范到行动上，凝聚起了改革发展的强大正能量。

一是切实加强理论武装，提升党员干部素质。将理论学习纳入干部教育培训内容，积极推动理论学习进课堂、下基层，组织推动各级党委中心组专题学习200余场（次），举办各类讲座50余场，受众人数近万名，推动了党的创新理论深入群众、深入人心。

二是大力培育和践行社会主义核心价值观，推动文明创建。采用群众喜闻乐见的方式，广泛开展核心价值观的解读宣传，深入开展各类文明创建活动，组织报送各类道德模范50余名，靳荷英被评为2015年度“山西好人”，营造了全社会崇德向善的浓厚氛围。

三是加强文化建设，丰富群众精神文化生活。持续推进县乡村三级公共文化服务体系建设，大力实施文化惠民工程，广泛开展群众性文化活动，丰富了群众的精神文化生活。

五、全面推进法治陵川、平安陵川建设，保持了全县社会的和谐稳定

牢固树立法治理念，扎实推进“六权治本”，坚持以法治思维和法治方式化解矛盾、维护稳定，持续提升了人民群众的幸福感和满意度。

一是加快推进法治陵川建设。制定出台《关于加快推进法治陵川建设的实施意见》，完善了法治建设领导小组及其组织架构，形成了统一领导与分工负责相结合的法治建设工作格局。强化法治宣传教育，持续推进法律“六进”，全县上下尊法学法守法用法氛围更加浓厚。

二是全面推进“六权治本”工作。以“三清单、两平台、一监督”为核心，完成了36个单位的权力清单编制，共确认行政权力事项3132项。以“三重一大”为重点启动了制度的废改立工作，共出台制度39项。积极推行阳光政务，将行政审批事项和公共资源交易全部纳入政务服务大厅，行政审批效能进一步提高。

三是深入推进平安陵川建设。健全完善立体化治安防控体系，切实加强基层基础，全县刑事命案“零发生”，刑事案件“零发案”村庄340个，连续两年被评为“省级平安县”。坚持以群众工作统揽信访工作，2015年我县被省信访联席会议表彰为“抗战胜利70周年纪念活动期间全省信访工作先进集体”。

（张晋峰）

附：一、陵川县委书记、副书记、常委名单

书　记：石云峰

副书记：胡晓刚　李晓峰

常　委：张国文　张　军　常先勤（女）　王立新　来庭会

二、乡镇党委书记名单

崇文镇

书　记：杨志强

礼义镇

书　记：谢　彬

附城镇

书　记：牛中文

平城镇

书　记：张勇力

西河底镇

书　记：张文翠(女)

杨村镇

书　记：赵永胜

秦家庄乡

书　记：张陵芳

潞城镇

书　记：毕增林

夺火乡

书　记：武文胜

马圪当乡

书　记：郭永政

古郊乡
书　记：马喜平
六泉乡
书　记：郝晋峰

中共沁水县委工作概况

县委书记　范兆森

中共沁水县委认真贯彻中央、省委和市委的决策部署，主动适应经济发展新常态，不断深化“四篇文章”、丰富“三大硬仗”，打好党建“三大硬仗”、抓好“两项创建”，以党的建设统领经济、政治、文化、社会和生态文明建设，努力开创弊革风清、富民强县新局面。

一、深入学习贯彻习近平总书记系列重要讲话精神，全面落实中央和省委、市委决策部署

坚持把学习贯彻习近平总书记系列重要讲话精神作为首修课、必修课，先后36次召开县委常委（扩大）会议、29次组织县委中心组进行学习，进一步深刻领会习近平总书记系列重要讲话的科学内涵、思想精髓、精神实质和实践要求。县委常委充分发挥示范带动作用，深入联系乡镇、分管部门带头宣讲、带头贯彻，推动学习由机关向基层延伸，由领导干部向党员群众延伸，把广大干部群众的思想和行动统一到了习近平总书记重要讲话精神上来。深入学习贯彻党的十八届五中全会、省委十届七次全会、市委六届六次全会精神，精心组织县委“十三五”规划建议起草制定工作，描绘了沁水未来五年发展蓝图。

二、深入开展学习讨论落实活动和“三严三实”专题教育，认真做好省委巡视整改工作

扎实开展学习讨论落实活动。坚持问题导向，深入剖析反思，县四班子共查找出政治生态方面的问题79个，提出整改措施55条，紧扣重点领域、民生领域、关键环节，部署开展了35项重点专项整治，有效解决了一批群众反映的热点难点问题。

深入开展“三严三实”专题教育。县委常委带头讲党课，县委中心组先后进行8次专题学习、4次专题研讨，强化了践行“三严三实”的思想自觉。在深入交心谈心、从严对照检查的基础上召开专题民主生活会，进行了一次严肃认真的党内政治生活，收到了红脸出汗的效果。结合沁水县实际，建立了县处级领导干部“一联三促”制度，推动了“两个责任”“三件大事”落到实处。

认真做好省委巡视整改工作。围绕省委巡视组对沁水县提出的问题和建议，4次研究整改方案，对照梳理出五大方面16个问题，确定了70项整改措施，并认真进行整改，整改情况已专项上报省委巡视办。省委巡视组移交的70件问题线索，全部按照“五类标准”进行处置，结案率100%。

三、全面从严治党，打好党的建设“三大硬仗”，抓好“两项创建”

扛起“两个责任”，坚决正风反腐。坚持以上率下、压实责任，制定出台了落实党风廉政建设“两个责任”的实施意见，向全县党（工）委书记颁发了《落实“两个责任”任务交办书》，实行“一书一卡”整改督办制度，制定了《关于规范“三个流程”倒逼落实“两个责任”的意见（试行）》，实施典型案件问责整改通报会制度，推动责任压力向基层延伸。坚持教育在先、警示在先，组织开展了“双学双严”和“双再双严”警示教育月活动，学习贯彻《党章》和新《准则》《条例》，公开通报了10起农村基层干部腐败典型案件，用身边的事教育身边的人。坚持狠刹“四风”，分四轮对全县267个单位落实中央八项规定精神进行了全方位督查，实现了“两个责任”督促检查全覆盖。综合运用“四种形态”，加大纪律审查力度，全年共立案152件，结案152件，给予党政纪处分162人，移送司法机关6人，保持了惩治腐败的高压态势。

实施“五强五抓”，建强基层基础。对乡村两级干部集中轮训，第一次实现了村级“两委”主干培训全覆盖。对全县251个村（居）开展党建督查，第一次实现了基层党建督查全覆盖。对村支部书记提出了干事创业有思路、村务管理有规矩、服务群众有感情、带领队伍有办法、廉洁公道有口碑的“五有”要求。用选拔党政干部的办法选派31名第一书记，开展为期两年的整治攻坚。大力实施“破零工程”，每年拿出1个亿，逐步消除194个集体经济“空壳村”。出台了《加强农村（社区）党支部建设的实施意见》，每年拿出1000万元，把村级财政转移支付标准从原来的55000元提高到85000元，同时建立了农村干部薪酬、岗位激励和养老保险三项保障制度。探索建立了“一年一审一登记、三分四议定资格”不合格党员退出机制，全县23个试点党支部、954名党员中，有16名党员被评定为不合格，予以暂缓登记。建立了党建例会制度，用“六项制度”从严农村党组织生活，用岗位目标责任管理激发农村干部活力，用“五个管住”规范乡村权力运行，逐步立起农村基

层党建的“三个柱子”。去年11月份全市农村基层党建工作会议在沁水召开，对全县基层党建工作给予了充分肯定。

巩固发展民主政治，全面建设法治社会。支持县人大及其常委会依法行使权力，加强法律监督和工作监督；支持县政协积极履行职能，围绕经济社会发展调查研究、协商讨论、建言献策；支持法院、检察院依法独立办案。大力开展“六五”普法宣传，不断提高全民法治意识和法律水平。全面推进“平安沁水”建设，全县251个村（社区）全部落实了“一村一警”“一村一法律顾问”制度。

抓好“德行沁水”“同心沁水”创建，汇聚发展合力。践行社会主义核心价值观，以构筑“道德高地”为目标，将文明城市、文明村镇、文明行业（单位）创建作为“德行沁水”的主要路径，认真开展了“文明家庭”和“十星级文明户”评选，顺利通过了省级文明县城验收。在企业党组织和党员中开展光彩服务周、“服务发展、服务党员、服务职工、服务社会”等活动，提前完成了统战部门合署办公，不断形成“同心沁水”创建的良好氛围。

四、落实“六权治本”，推进治理体系和治理能力现代化

构建“三单两图”，推进政府治理体系法治化。根据省市“六权治本”要求，借鉴吕梁市、孝义市和省交通厅的经验，按照“三上三下”的工作思路，编制完成了权力清单、责任清单、服务项目清单和权力运行流程图、廉政风险防控图“三单两图”。深化政府机构改革，持续推进简政放权、放管结合、优化服务，全面梳理行政职能，积极推进机构、职能、权限、责任法定化、明晰化，提升了政府效能。

深化“廉洁乡村、制度乡村”建设，推进乡村治理体系规范化。开展“以群众举报乡村干部腐败为切入点集中解决群众信访诉求问题”专项治理，办结各类非涉纪信访592件，办结率100%；处置反映农村干部违纪问题线索113件，立案98件，处分105人。开展农村“三资”管理专项清理整治，受理“三资”信访案件24批115人，查出违纪违法案件43件，处理43人，收回违纪违法资金356.8万元。从监督制约乡村权力入手，制定出台了乡村两级干部廉洁履职两个“八不准”，探索实施管住钱、工程、决策、招标、公开“五个管住”管住农村党员干部，“五个管住”实施以来，受理农村涉纪信访户头由月均15.7件次下降到1.25件次，有效遏制了农村腐败蔓延势头，促进了“乡村治、百姓安”。

选好用好干部，推进从严治党治理体系制度化。以干部选用为切入点，不断刷新吏治，认真开展“三个一批”和“一倒查六整治”工作。从制度入手，制定出台了《关于坚持好干部标准贯彻六权治本要求选好用好管好干部的实施办法》《加强乡镇领导班子和干部队伍建设的实施意见》《关于进一步规范干部人事调配工作的意见》，进一步树牢“三重三看三优先”的干部导向，立起了选用干部的规矩。

五、推动“六大发展”，积极应对经济下行压力

坚持发展第一要务，围绕省委提出的“六大发展”，深化“四篇文章”、丰富“三大硬仗”，稳定煤炭基本面，打造煤层气、城镇化两个新引擎，统筹推进稳增长、促改革、调结构、惠民生、防风险各项工作，保持了经济平稳较快发展。全年地区生产总值完成172.7亿元，增长5.1%；公共财政预算收入完成11亿元；规上工业增加值完成54.3亿元，增长4.2%；城镇居民人均可支配收入完成23576元，增长7.5%；农民人均可支配收入完成9486元，增长7.6%。

稳定煤炭基本面。立足煤、延伸煤，加快煤炭产业“六型”转变，全面落实煤炭企业减负的一系列政策措施，加快重点矿井建设，平山、鹿台山投入生产，松峪、亿欣、三沟鑫都三座煤矿联合试运转，年新增产能390万吨，原煤产量达918万吨。

打造煤层气、城镇化两个新引擎。全力推进全国煤层气产业总部基地建设，全年煤层气抽采量达27.3亿方，对规模以上工业增加值的贡献率达66.48%，成为了沁水转型发展的又一支柱产业。加快推进城镇化建设，县城规划建设坚持高标准、高起点，荣获“省级园林县城”称号；加快推进4个省级示范镇和一批中心村建设，以点带面、示范带动、协同推进，城乡面貌发生新变化。

大力推进农业现代化。以农民增收为核心，组织实施了十大农民增收项目，嘉沁食用菌、大象肉鸡等一批农字号龙头企业投产达效。全年新增设施蔬菜1060亩，总规模达到4900亩；新增肉鸡养殖大棚18栋，年出栏达到456万只；新增苗木花卉5000亩，总面积达到3.5万亩；养蜂规模户达200余户，存栏3.9万箱，被命名为全国第5个“中国蜜蜂之乡”。

加快发展旅游产业。突出“千年古县、魅力沁水”这一主题，着力打造“历山、柳氏民居、湘峪古堡”三张旅游名片，历山景区上档升级，柳氏民居游客服务中心、柳宗元文化广场建成使用，湘峪三都古城正式以AAA级景区对外开放，杏峪到张马、迎头到白桦两条旅游循环公路建成通车，旅游接待服务水平整体提升。全年实现旅游综合收入30.98亿元，增长16%。

切实保障和改善民生。持续实施15年免费教育，实施文化普惠工程，县文化馆再次跻身“国家一级文化馆”行列。稳步推进医药卫生体制综合改革，新农合参合率全省领先、全市第一，荣获“全国计划生育优质服务先进县”，连续27年荣获“省级卫生县城”称号。健全完善社会保障体系，城镇新增就业岗位5886个，转移农村剩余劳动力4430人，养老、医疗等各项社会保险全面落实，保障性住房、农村危房改造取得明显成效。完善落实“党政同责、一岗双责、齐抓共管”的安全生产责任体系，扎实开展“百日信访攻坚”活动，维护了全县大局安全稳定。

（刘　建）

附:一、中共沁水县委书记、副书记、常委名单

书　记:范兆森

副书记:原光辉　李玉山(9月离职)

王堃茏(2月任职,挂职)

常　委:郭沁林　梁云辉　李喜红(女)　原　健

霍卫星　李咏锋　申连太(6月任职)

二、乡镇党委书记名单

龙港镇

书　记:丁坚强

樊村河乡

书　记:李书华

中村镇

书　记:郭　斌

土沃乡

书　记:车功强(8月离职)　李振强(9月任职)

张村乡

书　记:毛兴学(8月离职)　樊宽社(9月任职)

郑庄镇

书　记:张永忠

苏庄乡

书　记:原沁霞(女)

端氏镇

书　记:常志峰

嘉峰镇

书　记:牛沁斌

郑村镇

书　记:王海军

胡底乡

书　记:李振强(9月离职)　牛正太(9月任职)

固县乡

书　记:韩海亮

柿庄镇

书　记:刘永会

十里乡

书　记:樊宽社(9月离职)　赵光义(9月任职)

中共临汾市委工作概况

市委书记　罗清宇

2015年,在省委的正确领导下,临汾市委全面贯彻党的十八大和十八届三中、四中、五中全会精神,深入学习习近平总书记系列讲话精神,按照“四个全面”战略布局和省委“五句话”总体部署,以“三严三实”专题教育和学习讨论落实活动为抓手,团结带领各级干部和广大群众,努力做好改革发展稳定各项工作,全面从严管党治党,扎实推进经济、政治、文化、社会和生态文明建设,努力开创弊革风清、富民强市新局面。

一、深入学习习近平总书记系列讲话精神,坚决贯彻落实中央、省委决策部署

坚持把学习贯彻习近平总书记系列讲话精神作为重要政治任务,认真学习贯彻省委“五句话”总要求和系列决策部署,通过召开市委常委会议、中心组学习会、全市性大会等多种方式,引导全市各级党组织和党员干部不断深化对习近平总书记系列重要讲话精神的理解,不断深化对“四个全面”战略布局的把握,不断深化对省委重大工作部署的领会,在全市上下形成广泛共识。市委常委带头推动“双学”,在深入学习中央和省委重要精神的同时,深入学习以习近平同志为总书记的中央领导集体崇尚实干、勇于担当、廉洁自律的工作作风,深入学习省委班子夙兴夜寐、深入调研、以上率下、严于律己的工作作风。把“以上率下”作为最基本的工作方法,要求全市党员干部做到的,市委常委首先做到,努力在各方面为全市树标杆、做榜样,发挥好示范带头作用,一级做给一级看,一级带着一级干。深入开展学习讨论落实活动,坚持问题导向,聚焦重点领域、民生领域和关键环节开展了38项专项整治,在广大党员干部中旗帜鲜明地倡导“坚守使命、勇于担当”的工作理念,大力营造干事创业、攻坚克难的浓厚氛围,进一步统一了思想、凝聚了共识,为推进改革发展稳定各项工作提供了坚强政治保障。

二、不断强化主体责任,切实抓好党风廉政建设和反腐败斗争

坚持全面从严治党,以最坚决的态度减少腐败存量,以

最果断的措施遏制腐败增量,实践和运用好“四种形态”,深入推进党风廉政建设和反腐败斗争,政治生态得到明显净化。一是进一步强化“两个责任”。先后10余次召开市委常委会研究党风廉政建设和反腐败工作,制定了《关于落实“两个责任”的实施意见》,3次召开各县市区党委落实主体责任述职会,确保了各项任务落到实处。市委“五人小组”多次约谈县市区委书记、县市区长,层层传递责任,层层传导压力。对履职不到位的严肃追责问责,共对260名主体责任和监督责任落实不力的责任人予以追究。积极推进纪检监察体制改革,市纪委机关内设机构改革全部完成,研究制定了《关于县级纪委监察局职能转变的指导意见》《关于加强乡镇纪检工作的指导意见》,县级内设机构工作基本完成,推动纪委进一步聚焦主业、转变职能。年终在专项巡查的基础上,组织开展了党委(党组)书记述纪述廉述作风述主体责任“四述”活动。二是严肃政治纪律和政治规矩。出台了《关于严格党的政治纪律严肃党内政治生活的意见》,要求各级党员干部坚决做到“五个必须”,坚决反对“七个有之”。对苗头性、倾向性问题早发现、早提醒,红红脸、出出汗,做到抓早抓小,切实把纪律立起来、严起来。严肃查处了市文物局原局长常引根诬告贪腐案件,使党的纪律和规矩真正成为硬约束。各级班子成员之间思想互相交流、工作互相沟通、生活互相帮助,建立了正常的同志关系,增进了彼此信任和班子团结。广大党员干部能够正确对待进退留转,心浮气躁的少了,埋头苦干的多了,切实增强了严守政治纪律和政治规矩的思想自觉和行动自觉。三是继续保持“三个高压态势”。严格按照省委的部署,坚持零容忍、无禁区,从严惩治各类腐败问题,开展了问题线索大起底和问题线索处置工作,全市腐败问题增量得到有效遏制,存量大幅度减少。全市立案2647件、结案2624件、处分2620人,其中党纪撤职以上重处分436人,县处级33人,移送司法机关96人。持之以恒正风肃纪,切实抓好“八项规定”的贯彻落实,抓住关键时间节点,紧盯公款吃喝、公款旅游、公务接待、公车私用等具体问题,坚决查处穿上“隐身衣”的“四风”问题。全市共查处违反中央“八项规定”精神问题398起,处理571人。深入开展“打黑除恶专项斗争推进年”活动,制定出台了《打黑除恶工作措施二十条》,切实推进打黑除恶专项斗争,打掉了35个恶势力团伙,有力地打击了黑恶势力犯罪分子的嚣张气焰。四是推动反腐败压力向基层传导延伸。针对“上面九级风浪,下面纹丝不动”的问题,把反腐败工作向基层传导,进一步强化乡镇纪委办案,全市171个乡镇纪委共处置问题线索990件、立案595件、处分594人,分别比上年同期增长269%、379%、379%。在全市开展了农村“三资”和“以群众举报乡村干部腐败为切入点集中解决群众信访诉求问题”专项治理,严肃查处发生在基层和群众身边的腐败案件,共移交问题线索467起,现已查结412起,处理512人。五是坚定不移抓好巡视整改。坚持把巡视整改工作作为重大政治任务,不折不扣落实省委巡视组的反馈意见,市委常委会先后6次对巡视整改工作进行研究,成立了由市委书记罗清宇为组长的整改工作领导组,切实加强对巡视整改工作的组织领导。市党政班子领导亲自牵头负责分管领域的整改工作,并对包联县市区的巡视整改工作进行督促落实。各责任单位也成立了整改工作领导小组,逐项明确了整改措施、责任单位和牵头领导,坚持系统查、系统防、系统治,以项目化工作方法推进整改工作,做到了事事有人抓、件件有着落。

三、坚持以经济建设为中心,积极应对经济下行压力

牢固确立发展第一要务理念,采取有力有效措施,坚决遏制经济下滑势头,全市经济社会保持平稳健康发展。一是着力推动转型升级。坚决落实省委关于“革命兴煤”和“六型转变”的重大部署,实施了“临汾煤炭25条”,规划布局了乡宁、蒲县、古县、洪洞、尧都区焦煤和安泽、翼城动力煤等七大煤炭基地,组建了中国(太原)煤炭交易中心临汾办事处,建立了互联网+煤炭电商交易平台,全市煤炭产业“六型转变”工作稳步有序推进。大力发展文化旅游、装备制造、新材料、新能源、食品医药、现代服务业等非煤产业,实施了汾西其亚氢氧化铝、华翔精密铸件、普泰发泡铝、德迅电梯、鸿鼎新材料等重点转型项目218个,全市新兴产业投资占工业投资的比重达到50.4% ,规模以上非煤产业工业增加值占到全市工业增加值的51%。特别是按照王儒林书记“高水平规划,高标准建设,高效率推进”的要求,以尧文化为龙头,积极推进陶寺遗址公园、遗址博物馆、尧文化产业园的开发和建设,带动全市文化旅游业大跨度发展,旅游总收入完成275亿元,同比增长21%。同时,继续大力推进百里汾河生态经济带建设,滨河东路竣工通车,城西客运站投入使用,临汾机场即将通航,经济带内18个工业园区总产值占到全市工业总产值的50%以上。二是全力推进“三个突破”。在金融振兴方面,引进了光大银行、兴业银行等3家股份制商业银行。引进了英大产险、信达产险等10余家保险机构。成立了省股权交易中心临汾运营中心,成为我省市级第一家“四板”运营中心。积极培育企业上市,全市共有4家企业在“新三板”上市,143家企业在山西股权交易中心成功挂牌。融资工作实现突破,市投资集团全年融资116亿元,尧都投资公司发行债券12亿元,尧都农商行发行资本债券7亿元,乡宁焦煤集团发行中期票据6亿元。在科技创新方面,全市已拥有高新技术企业34家,新申报高新技术企业6家。高新技术企业设立研发中心25家,市级创新型企业设立研发中心51家。积极推动产学研合作,与中科院北京分院签订了战略合作协议,建成2个院士工作站,正在筹建1个博士后工作站。在民营经济发展方面,认真落实中小微企业扶持政策,出台了《关于大力支持中小微企业发展的实施意见》和《关于进一步支持民营经济健康发展的措施》,设立了中小企业发展基金,全市新创办小微企业3180户,新增个体工商户32125户,培育“小升规”企业27户,民营经济固定资产投资完成74.46 亿元,民营经济占GDP比重为53.95%。三是切实加强“三农”工作。以稳定发展粮食生产为首要任务,以促进农民持续增收为核

心目标,着力打造西山以鲜果为主、东山以干果中药材为主、平川以蔬菜为主的三大特色农业板块,坚持不懈推进农业现代化,加快构建新型农业经营体系,努力促进农业发展、农民增收、农村稳定。全市粮食总产23.6亿公斤。扎实推进土地承包经营确权工作,完成确权面积482万亩,走在了全省前列。扶贫工作扎实推进,新增产业扶贫项目68个,9个村级光伏电站建成并网发电。农村人居环境改善完成投资26亿元,完成省定任务的150%。四是大力推动生态建设。设立了百里汾河生态文明保护区,成立了管委会,加快实现绿色、低碳发展,进一步改善汾河流域生态环境质量。大力开展造林绿化工作,完成营造林40.13万亩。围绕创建国家环保模范城目标,积极促进节能减排,加快重点节能项目改造,大力推动梅亿新能源汽车产业发展,市区纯电动公交车实现了全覆盖。全年,市区二级以上天数为266天,同比增加26天。五是加快城市建设改造。坚持把城市建设改造作为改善人居环境、厚植发展优势的重要举措,作为应对下行压力、拉动经济增长的有力抓手,认真学习借鉴太原"城中村"改造的经验和做法,多次召开市委常委会、常委扩大会议对城市建设改造工作进行专题研究和安排部署。确定了道路桥梁、污水处理、校区建设等投资300多亿元的15项城市建设重点工程和40个重点"城中村"改造项目。召开了全市城市建设改造动员大会,成立了市区城市建设改造协调领导组和总指挥部,具体负责城市建设改造的协调领导和组织推进。目前各项工程进展顺利,山西师大临汾学院搬迁、4座立交桥、市奥体中心职工体育馆等9个项目已开工建设,"城中村"改造项目已启动27个。六是全面深化改革开放。深入推进"六权治本"工作,在侯马市和市规划局等六个市直单位开展试点的基础上,在全市全面铺开"六权治本"工作,形成了压茬进行、扎实推进的良好态势,17个县市区和市级权责清单已编制完成。积极推进行政审批制度改革,共承接省政府下放市级行政审批事项28项,下放县级6项,取消12项,进一步提高了审批效率。稳步推进土地有序流转,扎实推进煤炭体制、公路运销体制、国有林场、医疗卫生体制改革,探索实施临汾、侯马经济开发区扩区工作,各项改革都取得了积极进展。持续加大对外开放,积极对接"一带一路"发展战略,全市对外开放合作水平不断提高。先后组织了广州招商引资会、帝尧古都文化旅游节招商引资项目推介会、上海城市推介等三次大型招商活动,特别是在上海城市推介活动中率先启动招商引资2.0模式,得到了省委、省政府肯定。2015年全市共签约149个项目,签约金额1755亿元。

四、始终坚持以人为本,维护社会和谐稳定

坚持把人民满意作为一切工作的出发点和落脚点,切实保障和改善民生,确保人民安居乐业、企业安全生产、社会安定有序。一是着力保障和改善民生。坚持把就业作为民生工作的头等大事,新增城镇就业5.5万人,转移农村劳动力就业6.3万人,城镇登记失业率为2.6%。推进各类教育均衡发展,不断加强教育基础设施建设,深入开展"名师、名校、名校长"创建活动,教育教学质量持续提升,高考二本达线率为41.67%。统筹推进社会保障体系建设,城乡居民养老保险参保人数达到192.6万人,城镇基本医疗保险参保人数达到104.9万人,新农合参合率达到99.5%。扎实推进保障性住房建设,全市共开工建设各类保障性住房6665套,实施农村危房改造1.4万户。二是毫不松懈抓好安全生产。继续抓住认识、责任、作风三个关键环节,严格落实安全生产党政同责的《实施意见》,坚持把安全生产摆在首要位置。深刻汲取天津港"8.12"火灾爆炸事故教训,开展了"六打六治"专项行动、隐患排查专项整治和危化品专项整治,全面加强煤矿、非煤矿山、道路交通、公共场所等各行业、各领域的安全生产工作。各类生产经营性安全事故死亡人数为省下达控制指标的44%,安全生产形势持续稳定好转。三是高度重视信访稳定。深入开展"以群众举报乡村干部腐败为切入点集中解决群众信访诉求问题"专项治理,严格控制赴省集体访和进京非访,全面推行联合接访模式,有效解决了一大批群众信访问题,进京非访同比下降57.6%,到市集体访批数下降29.8%,人数下降32.1%。特别是在全国"两会"、十八届五中全会等重大政治活动期间,顺利实现了省委提出的"三个不发生"的工作目标。加强"平安临汾"建设,继续推进网格化管理,县乡村三级社会服务管理中心全部建成并进入运行;实施"六六创安"工程,持续开展以打黑除恶为重点的"六场硬仗",八类危害严重的刑事案件同比下降15.7%;加快推进以视频监控为重点的"六网覆盖"工程,有效防范各类风险。同时,高度重视网络舆情,正确把握舆论导向,健全完善了"零报告"信息反馈机制、突发事件和重大舆情协调联动机制,严防网络炒作事件,营造了良好舆论氛围。

五、高度重视民主法治,全面推进法治临汾建设

坚持和完善人民代表大会制度,加强对人大工作的领导,支持人大及其常委会依法履行职责。依法作出了关于进一步加强和改进人大监督工作的决定,围绕实施"六权治本"、推进"六大发展",每季一督查、每次有主题,对百里汾河生态文明保护区进行了专项督查,推动汾河生态资源保护迈入法治轨道。对学前教育、扶贫开发进行了专题询问和跟踪督查,对市检察院规范司法行为实施了重点监督。综合运用审议报告、执法检查、满意度测评等形式对"一府两院"26项工作进行监督,实行代表建议办理工作"三公开两见面",较好地发挥了地方国家权力机关的作用。坚持和完善中国共产党领导的多党合作和政治协商制度,加强和改进对政协工作的领导,支持市政协在推进协商民主上发挥重要作用。开展了"百名政协委员下基层活动",组织政协委员就经济社会发展中的重大问题进行调研视察,利用社情民意和政协提案两个载体,积极建言献策,促进全市经济社会健康发展。巩固和发展最广泛的爱国统一战线,组织开展了凝聚思想、凝聚智慧、凝聚力量"三个凝聚"工程。加强同各民主党派和无党派人士的合作共事,扎实推进商会建设,继续深化了"商行助千

企、百亿促转型”活动，有力地推动了全市民营企业的发展。积极做好对台工作、侨务工作，加强宗教工作和民族工作。支持工会、共青团、妇联等人民团体充分发挥作用。扎实推进法治临汾建设，切实深化依法行政，不断完善行政决策机制、严格行政执法，进一步强化了对行政行为的监督，法治政府建设成效明显。积极推进阳光司法和阳光检务，司法公信力进一步增强。大力开展法治宣传教育，采取法制讲座、任前法律考试、送法下乡等多种形式，进一步扩大了法制宣传教育的覆盖面和影响力。坚持党管武装原则，不断完善军地齐抓共管国防后备力量建设机制，巩固发展军政军民团结的良好局面。

六、从严管党治党，全面加强党的建设

市委牢牢抓住党建工作这一主业，为改革发展稳定各项工作提供政治保障、组织保障和干部保障。一是扎实开展“三严三实”专题教育。贯彻从严要求，市委常委会带头讲党课，带头学习规定篇目，邀请中央党校教授作专题辅导。围绕“严以修身”“严以律己”“严以用权”和“严守党的政治纪律和政治规矩”“整治诬告歪风、强化担当作为”5个专题，开展了深入的学习研讨。强化问题导向，紧紧盯住“不严不实”的问题和表现，坚持边查边改，全市131个单位1200余名县处级以上领导干部，共查找6个方面“不严不实”问题1.9万个。同时，开展了基层干部不作为、乱作为专项整治，对121名基层干部给予党政纪处分。二是切实加强宣传思想工作。举办了学习宣传贯彻十八届五中全会精神、“两会”精神暨“四个全面”理论骨干培训班，深入开展社会主义核心价值观宣传教育，大力弘扬临汾优秀法治文化、廉政文化、红色文化，努力营造文明和谐的新风尚。加强对外宣传，精心组织了“山西·陶寺遗址发掘成果新闻发布会”，举办了首届山西·临汾帝尧古都文化旅游节、“中国之源、风情临汾”文化主题展演和“围棋之源·圣尧杯”国际大师邀请赛，展示了临汾深厚的文化底蕴和文化魅力。三是积极稳妥推进“三个一批”。制定下发《关于做好市管领导干部“三个一批”工作的实施意见》，做到了重点甄别、常态甄别和源头甄别相结合，对县市区党政班子和市直部门重要岗位的782名干部进行了重点甄别，将个人有关事项申报范围拓展到全市3000多名在职正科级实职干部，并对其中2026人进行重点抽查核实。市县两级共甄别处理不廉洁、乱作为干部310人；调整退出不作为、不胜任干部200人；掌握敢担当、善作为干部1213人；经“六查”甄别核实后存在问题暂缓任用的干部84人，有效防止了干部“带病提拔”。四是从严从实加强干部管理。围绕贯彻新修订的《干部任用条例》《推进领导干部能上能下若干规定（试行）》和省委五个干部工作文件，研究出台了“一个意见三个规定”，即《关于从严从实管理干部的意见》《临汾市市管干部动议酝酿任免议事规则（试行）》《临汾市市管干部任免工作规程（试行）》《临汾市市管干部推荐考察工作细则》，从加强日常监管、规范选拔任用、整治不为不实、强化激励关爱等方面提出明确要求，为规范干部选拔任用和日常监管提供了重要遵循和制度保证。2015年，先后调整配备县级干部185名，社会反响良好，广大干部的干事创业热情明显提升。五是不断强化基层组织建设。全面落实党建工作责任制，健全完善市县乡村四级书记“面对面”述评制度，不断夯实党的执政基础。建立县委书记抓党建“7+3”项目清单190个，解决了一批基层党建难题。全面落实“定查评”工作法，实施“领头雁”延伸培训，培训农村“两委”主干6647名、“两委”委员和骨干党员2.1万名。把选派第一书记和精准扶贫紧密结合，向软弱涣散村和建档立卡贫困村选派第一书记912名，举办了4期精准扶贫班。出台了《关于进一步加强农村基层党建工作的实施意见》，实施了农村基层党建“六大提升工程”，基层组织的凝聚力、战斗力和创造力不断增强。 （陈波轶）

附：中共临汾市委书记、副书记、常委名单

书　记：罗清宇
副书记：岳普煜　王文英
常　委：黄翠莲（女）　赵建民
陈国荣（7月免职，11月开除党籍）
李东洪　刘予强（8月任职）
张明星（4月离职）
白建荣（4月涉嫌严重违纪违法，接受组织调查8月开出党籍、开除公职）
乔建军　陈小洪　王振富
李新春（5月任职）

中共尧都区委工作概况

区委书记　赵志坚

2015年，在省委、市委的正确领导下，区委全面贯彻落实党的十八大和十八届三中、四中、五中全会精神，深入学习贯彻习近平总书记系列重要讲话精神，按照“四个全面”战略布局和省委“五句话”总要求，以党建工作为统领，以“三严三实”专题教育和学习讨论落实活动为抓手，全面落实省委、市委各项决策部署，全面从严管党治党，统筹推进经济、政治、文化、社会和生态文明建设，奋力开创尧都弊革风清、富民强区新局面。

一、深入学习贯彻习近平总书记系列重要讲话精神，坚决与省委和市委保持高度一致

区委坚持把学习贯彻习近平总书记系列重要讲话精神

作为重大政治任务,认真学习贯彻省委“五句话”总要求和系列决策部署,先后16次召开中心组学习会,通过书记讲党课、专家讲座、学习交流等多种方式,在全区各级党组织和广大党员干部中广泛宣传发动,及时将习近平总书记重要讲话中关于“四个全面”、“三严三实”、“五大发展理念”等一系列新思想、新观点、新论断、新要求贯彻落实到推动尧都改革发展稳定和全面从严治党的实践中,在全区上下形成了促改革谋发展的广泛共识。区委常委会坚持以上率下,严于律己,带头并推动“双学”,坚决把纪律和规矩挺在前面,认真学习贯彻落实新修订颁布的《中国共产党廉洁自律准则》和《中国共产党纪律处分条例》,始终在思想上政治上行动上与以习近平同志为总书记的党中央保持高度一致。深入开展学习讨论落实活动,坚持问题导向,聚焦重点领域、民生领域和关键环节开展了42项专项整治,全力营造干事创业、攻坚克难的浓厚氛围,进一步统一了思想,凝聚了力量,为推进改革发展稳定各项工作提供了坚强的政治保障。

二、主动适应经济发展新常态,全力做好经济社会发展各项工作

尧都区委一手抓党风廉政建设和反腐败斗争,一手抓发展第一要务,坚持按照稳中求进的总基调,积极适应经济发展新常态,牢牢把握经济社会发展主动权,围绕省委提出的“六大发展”,研究采取一系列有力措施,努力保持经济持续健康发展。

(一)突出重点,三次产业协调发展。始终坚持以转变经济发展方式为主线,加快产业结构调整,经济结构得到进一步优化。在农业方面,把握三大重点。重点推进“30万亩核桃、10万亩设施蔬菜和15万亩优质水果”三大基地建设,已发展设施蔬菜8.1万亩、水果14.73万亩、核桃27万亩,核桃产业发展在全省名列前茅;重点培育澳坤量子、亿佳美、中德农牧等十大龙头企业,年销售收入500万元以上的农产品加工企业达25家;扎实开展农村土地承包经营权确权登记颁证工作,2015年完成175个行政村36.75万亩耕地的确权任务。在工业方面,实施三个推进。推进工业园区建设,贾得工业园区道路、供水、供电系统基本配套,项目入园条件已经具备,入园项目已达11个。推进传统产业升级,全区基建矿井完成投资3.55亿元,煤炭产量达650万吨;大力发展精密铸造加工,重点培育东方恒略、华德铸造等一批机械加工铸造企业。推进新兴产业发展,重点扶持山西光宇、北斗导航、正杰电气、云鹏药业等一批新兴产业项目,山西光宇在新三板成功上市。在三产方面,实现三个提升。提升服务档次,重点推进四大商贸中心建设,奥特莱斯芭蕾雨、上东世纪、新百汇商业广场等项目进展顺利,生龙国际、工贸购物中心投入运营,全区大型购物中心达20多家,各类专业市场达28家。提升流通效率,规划建设城南、城北、城东三大物流中心,重点推进了兴荣物流园、临运物流、空港仓储物流园等项目,全区已发展各类物流企业100余家。提升文化内涵,重点实施以尧文化为主的尧帝陵、仙洞沟景区开发项目和以生态休闲观光为主的涝洰河生态建设工程,形成了以文化、旅游、休闲观光为主的区域性旅游目的地。2015年,全区旅游业接待海内外游客突破100万人次。

(二)扭住关键,重点项目进展顺利。2015年,全区共实施重点项目78个,总投资683亿元,全年共完成投资178亿元,超额完成年度目标任务。一是在东城建设方面,重点推进了涝洰河生态建设工程、东城“五纵五横”道路工程和配套设施工程。涝洰河生态治理工程进展顺利,龙湾园、福胜园已成园成景并向市民开放;东外环路拓宽改造工程路面和地下管网工程、二中路拓宽改造路基工程已经完工,枣林街拓宽改造北段、临浮路、北外环拓宽改造工程已竣工通车。二是在城市基础设施建设方面,承担实施的一批市级重点工程进展顺利,滨河东路南北延、滨河西路北延、秦蜀路南延、五一东路拓宽改造工程已竣工通车;中大街拓宽改造工程征地拆迁基本完成;河西还迁小区滨西佳园二期工程进入扫尾阶段;漪汾花园和站北春苑还迁小区主体工程已完工。三是在城中村改造方面,认真落实省委王儒林书记讲话要求,按照市委、市政府安排部署,实行四大班子分项包联,组织区、乡、村三级干部到太原考察学习,完善了政策流程,组织21个村进行PPP项目招商。目前,尧庙镇郭村、西街办西关社区、汾河办盘龙社区、刘村镇涧头村等10个村全面开工,进展顺利。

(三)兜牢底线,民生事业高效推进。在教育方面,投资1480万元,实施了刘村镇、乔李镇两所农村幼儿园建设项目,完成了滨西佳园、五一路幼儿园的新改扩建工程;在医疗卫生方面,重点实施了总投资1146万元的7个乡镇卫生院周转房建设和75个村级卫生室建设项目;新农合人均筹资标准由390元提高到470元。在文化体育方面,开展了一系列“文化下基层”活动,启动了“十分钟健身圈”工程,对23个农村的体育设施和器材进行了维修和更换。在社会保障方面,重点实施总投资3.8亿元的阳光小区公租房项目,全力推进总投资38亿元的汾东、西王沟等5个棚户区改造项目。改造项目立项工作已经完成,征地拆迁已经启动。

三、认真落实从严管党治党要求,全面加强党的建设

区委牢牢抓住党建工作这个根本,切实增强抓党建“主业”意识,严格落实“两个责任”,刷新吏治,改进作风,深入推进反腐败斗争,努力把管党治党的责任落到实处,为改革发展稳定各项工作提供坚强保障。

一是全面落实党风廉政建设主体责任。区委按照省市委和上级纪委部署要求,进一步增强主体责任意识,层层传递压力,层层压实责任,强化制度保障,采取扎实举措,牢牢把主体责任扛在肩上、抓在手上。结合“三严三实”专题教育和领导班子思想政治建设,做到认知认理认责认干,切实把抓党风廉政建设作为分内之事、应尽之责,先后召开9次区委常委会议和党政联席会议专题研究党风廉政建设,制定出台了《关于落实党委主体责任工作运行办法(试行)》等10项制度;采取一对一或集体谈话方式,及时约谈班子成员及各乡

(镇、办事处)党政主要领导、区直部门党组(党委)书记,就落实主体责任提出明确要求;重点结合省委巡视整改、农村集体"三资"管理和信访事项专项整治工作,不断加大党风廉政建设责任制考核权重,对考核不合格的单位实行"一票否决",取消其领导班子及成员的年度评先评优资格。2015年,共立案审查296案,给予党政纪处分296人,增长88.5%。

二是"三严三实"专题教育扎实开展。根据中央和省市委部署安排,区委认真谋划,坚持从严要求,强化问题导向,认真开展"三严三实"专题教育。采取"书记点题、常委领题"、专题辅导、交流发言等方式,组织集中专题研讨12次。通过学习研讨,班子成员进一步明确了修身做人、为官用权、干事创业的基本准则和目标要求。以开展"基层干部不作为乱作为等损害群众利益问题专项整治活动"为重点,严查深究、细化措施,全区共查摆出各类问题344件,目前整治率达到75%以上。

三是基层党建有序推进。全面落实党建工作责任制,建立书记履行党建责任"10+2"项目管理清单,开展区乡村三级书记"面对面"述评,层层传导党建工作压力。一是抓投入,突出基层保障。落实农村基层党建经费372万元,增加农村主干报酬每月300元;投入135万元,对年满60周岁累计任正职9年以上农村卸任主干进行补助,并实现应补尽补;财政列支300万元,下拨党费25万元,用于农村办公活动场所的新建和修缮;预算投入3000万元用于社区场所建设,45个社区活动场所达到200平米及以上标准。二是抓指导,突出整体推进。全区1339个基层党组织"定"出政治功能事项1339件,服务功能事项7942件,已完成98%以上。在农村,选树了贺家庄乡东下庄村、屯里镇韩村等一批先进典型,屯里镇韩村接受了全省农村基层党建工作观摩团的观摩;在社区,围绕"一网一站一平台",细化网格化管理,为居民提供更优质的服务;在机关,大力开展"干部下乡驻村包村增收"活动,600余名科级以上干部深入254个村进行了帮扶。三是抓考评,突出结果应用。大力实施"双诺双评双考核"制度,强化对农村、社区"两委"主干的考核管理,将考评与"三资"清理和解决群众信访问题专项整治相结合,全区农村和社区清查总资产19.27亿元,整改问题2522个。

(王志宇)

附:一、中共尧都区委书记、副书记、常委名单

书　记:赵志坚

副书记:王　震(5月离职)　杨午生　杨保春

常　委:李建国　鲁立波　乔飞鸿　牛少白　郭婷慧(女)　刘元福

二、乡镇(街道)党(工)委书记名单

尧庙镇

书　记:汤国庆

贾得乡

书　记:史大胜

段店乡

书　记:孔令泽

屯里乡

书　记:张　峰

乔李镇

书　记:薛向阳

大阳镇

书　记:洪文斌

县底镇

书　记:(空缺)

贺家庄乡

书　记:李　俊(女)

金殿镇

书　记:王　勇

刘村镇

书　记:张朝晖

吴村镇

书　记:汤晓燕(女)

土门镇

书　记:任伟民

魏村镇

书　记:席新红

一平垣乡

书　记:徐　玉

枕头乡

书　记:赵怀忠

河底乡

书　记:苏兰记

汾河街道

书　记:秦奇杰

辛寺街街道

书　记:高向阳(女)

解放路街道

书　记:李艳芳(女)

南街街道

书　记:王洪锁

西街街道

书　记:刘　云

水塔街街道

书　记:王千里

车站街街道

书　记:贾志琦

铁路东街道

书　记:张福民

乡贤街街道

书　记:王育红

中共侯马市委工作概况

市委书记 李朝旗

2015年,在省委、临汾市委的正确领导下,侯马市委团结带领各级干部和广大群众,全面贯彻党的十八大和十八届三中、四中、五中全会精神,深入学习习近平总书记系列重要讲话精神,按照"四个全面"战略布局和省委"五句话"工作部署,紧紧围绕"深化党建统领、实现风清气正,推动'三三'战略、促进富民强市"的目标,以"三严三实"专题教育为抓手,以落实巡视整改为契机,从严落实"两个责任",全面推进"三三战略",扎实推进政治、经济、文化、社会、生态文明和党的建设,努力开创政治清明、风清气正、富民强市、人人文明的新局面。

一、党建概况

(一)组织概况

2015年侯马市共有24个党委,5个党工委,2个工委,50个党总支,537个党支部。其中,3个乡党委,5个街道办事处党工委,9个直属党(工)委,11个二级党委,4个代管企业、学校党委(总支、支部)。76个行政村中,7个村党总支、95个村党支部。

全市共有党员13990名(含预备党员248名)。其中,男10804名,女3186名,少数名族党员59名。年龄结构,35岁以下党员4659名,36岁至54岁党员5860名,55岁以上党员3471名。入党时间,新中国成立前64名,1949年10月至1976年10月入党的2502名,1976年11月以后入党的11424名。文化程度,大专以上党员5364名,高中(中专)学历党员4502名,初中以下党员4124名。

2015年发展新党员226名,其中生产一线226名,35岁以下181名,女党员79名。全市现有入党积极分子744名。

(二)党的建设

1、深入学习习近平总书记系列重要讲话精神,始终与中央、省市委同频共振

坚持把学习作为做好全部工作的重要基础,深入学习习近平总书记系列重要讲话精神和党的十八届五中全会、省委十届七次全会、临汾市委三届七次全会精神,进一步增强政治定力和政治担当,做到始终与党中央保持高度一致,始终与省市委同向同心;坚持每月第一个周二市委中心组学习制度不动摇,深入开展"三严三实"专题教育、学习讨论落实活动和巡视整改落实专题研讨,进一步统一思想,凝聚共识,确保把中央、省委、临汾市委的决策部署贯彻到位、落实到底;坚持以上率下,认真学习《党章》《条例》《准则》和习近平总书记关于反对"七个有之"、坚持"五个必须"等重要论述,严守党的规矩,执行党的纪律,切实把纪律和规矩挺在前面,始终保持政治上清醒、理论上坚定、行动上自觉,为全市各级党员干部树立了标杆。

2、严格落实"两个责任",全面从严治党管党

坚决把"两个责任"扛在肩上,强化责任担当,层层传导压力,全面推进党要管党、从严治党。

坚持以上率下,通过"十个强化",推动主体责任落实。市委带头,年初制定了《关于落实党风廉政建设"两个责任"的实施意见》,列出了党委、纪委的责任清单,并逐项细化成具体任务,建立责任台账,实行"签字背书",以问责倒逼责任落实;实行半月督办、一月一汇报、一季度到彭真故居廉政教育基地集中学习一次的制度,先后召开3次五人小组会、5次常委会、11次中心组学习会、8次四大班子联席会、5次党政班子联席会研究党风廉政建设工作,完成市党政班子半月督办17次,市四大班子月度汇报9次;坚持"书记抓、抓书记",狠抓组织推动,先后召开了从严治党落实两个责任电视电话会、党工委书记"面对面"述职述廉暨落实两个责任述职述评会、市乡书记抓基层党建工作专项述评会,并持续开展基层督导、廉政谈话、诫勉谈话等工作,最大程度地推动压力传导;坚持"四个亲自、六个带头"和"一案三查"、"一票否决",对2015年以来涉查的10件乡科级干部案件做到了市委直接督办,先后10次深入基层乡办、村(社区)、部门调研,努力为各级党员干部做出示范。

严肃纪律规矩,走好"五步棋",确保监督责任到位。市委态度鲜明地支持纪委开展工作,财政把纪委的办案经费全部列入预算,人员编制优先保证,85个正科级单位已配备36名纪检组长,其余单位明确了一名副职负责纪检工作,做到纪检监察全覆盖。纪委强化责任担当,保持惩治腐败和反对"四风"的高压态势,突出查办发生在群众身边的腐败问题。全年共给予113人党政纪处分,其中开除党籍8人,留党察看13人,开除公职4人,移送司法机关7人;紧盯时间节点,狠刹"四风"反弹,先后查处公职人员违规使用公车、大操大办、经商办企业、工作时间出入娱乐场所等"四风"案件25起,给予29人党政纪处分,并对单位主管和分管领导进行了诫勉谈话;加强廉政教育,开展了"廉政文化进家庭"等系列活动,在全市形成反腐倡廉齐抓共建的浓厚氛围。同时,加大追责问责力度,先后追究了7名领导干部主体责任和监督责任。

坚持标本兼治,深化"六权治本",开展一次深刻的"权力革命"。作为临汾市唯一的"六权治本"试点市,侯马市委重点

围绕“三个清单”、“两个平台”、“一个监督”、“两张图”、“三中心、一热线”，优化权力配置，加快职能转变，深化反腐倡廉，加强对权力运行的制约和监督。目前，各单位自查行政行为5859件，查明违规问题66个，涉及资金132.8万元，纠正违规问题52个，建章立制116项，查处案件9件，党政纪处分4人，督促组织处理2人。新政务服务中心投入使用，“两集中、两到位”工作基本完成，“批管分离”和“一站式服务”的新机制运转顺畅。

保持惩治腐败高压态势，强化“专项整治”，严查群众身边腐败问题。针对王儒林书记指出的“上面九级风浪、下面纹丝不动”的问题，坚持农村集体“三资”管理专项清理整治和“以群众举报乡村干部腐败为切入点集中解决群众信访诉求问题”专项治理“两个全覆盖”，对所有涉农资金和单位、组织进行全面清查，对有反映的村两委干部进行诫勉谈话，对发现的贪污、挪用、侵占惠农专项资金等违纪违法行为严肃查处。由24名四大班子成员牵头，从73个部门抽调150人组成73个包联督导组深入我市76个村和2个农村社区开展督查，共查找出各类问题717个，整改完成712个，共查处38案，处理38人。通过清理整治和全面整改，有效化解因农村集体“三资”管理引发的矛盾和信访问题，做到了广大农民群众真正满意。

3、不断深化党建统领，努力实现风清气正

全面突出党建工作的核心地位，把党建作为推动全市改革发展稳定的基础保障抓紧抓好。

扎实开展”三严三实”专题教育。坚持把“三严三实”专题教育作为持续深入推进党的思想政治建设和作风建设的重要举措，严格将“四个始终坚持”贯穿到各项工作中，并向基层延伸，全市党员干部思想作风有了明显改进。一是始终坚持高标准、严要求，征求群众意见建议180条，严肃开展批评与自我批评，带头进行问题整改，以严促深入、以严求实效；二是始终坚持问题导向，细化市委班子不严不实问题清单12项，用解决问题的成果让群众满意；三是始终坚持以上率下，带头讲专题党课6次，带头开展研讨交流5次，一级做给一级看，一级带着一级干；四是始终坚持两手抓、两不误、两促进，切实在全市营造践行“三严三实”的浓厚氛围，以专题教育成果推动了各项工作全面发展。

深入推进学习讨论落实活动。坚持边学习、边讨论、边落实，把握关键环节，统筹协调推进，在广大党员干部中旗帜鲜明地倡导“坚守使命、勇于担当”的工作理念，大力营造干事创业、攻坚克难的浓厚氛围；坚持问题导向，聚焦重点领域、民生领域和关键环节开展了50项专项整治，精简会议23次，比上年减少24.5%；精减文件45个，比上年减少31.6%；对全市108项行政审批事项全部实现了流程再造，调整前置审批15项；坚持以项目化思路推进活动落实，组织11个督导组，将6个方面、23个小项、66个项目全部落实到牵头单位和责任部门，进一步统一了思想、凝聚了共识，为推进全市改革发展稳定各项工作提供了坚强政治保障。

认真做好巡视整改落实工作。坚持把做好省委巡视整改作为一项重大政治任务抓紧抓好，虚心接受，认理认账，认责认干，立行立改，认真积极负责地组织好整改落实。把巡视组提出的14个问题细化成25项具体任务，层层分解责任，条条制定方案，明确责任领导11人、责任单位19个，制定整改措施80条，形成制度31项，162件问题线索全部进行了处置和办理，给予党政纪处分20人，其中重处分3人；组织处理2人；移送司法机关1人，诫勉谈话9人，函询1人，约谈1人；挽回直接经济损失28.19万元。通过整改落实，完善机制，全市各项工作得到有效推进。

稳步实施“三个一批”工作。坚持试点先行，压茬推进，把开展“三个一批”作为从严治吏的根本举措，精心组织。在重点抓好凤城乡和人社局两个试点单位的基础上，分两批次对560余名科级领导干部进行了甄别，共甄别处理科级干部10人，调整退出科级干部11人，掌握使用科级干部5人；坚持严把“三关”，突出“六查”，共汇集疑点档案156份，收集各类线索189条，筛选出正科级后备干部人选18人，副科级后备干部人选95人；坚持以《干部选拔任用条例》为基本遵循，通过核定编制、平级交流、到龄退休等渠道，整改消化超职数配备干部98名；通过严格干部教育监督、开展谈心谈话、任前审查、经济责任审计等，清理吃空饷人员29人；通过机构整合、调整选用等方式，配备干部38名，社会反响良好，有力地提升了广大干部的干事创业热情。

不断提高基层党建水平。农村党建抓班子，圆满完成了76个村“两委”换届，为25名功勋书记办理了财政工资，其余“两委”主干每人每月发放1500元岗位报酬，为“两委”其他成员发放每月500元的工资性补贴；社区党建抓服务，解决了9个社区办公活动场所面积不足问题，组建了120个服务团队，共有108个市直机关、企事业单位和社区建立了”共驻共建”关系；非公党建抓覆盖，在全市725个非公有制企业和26个专业集贸市场中，建立非公企业党组织55个，实现了党的组织和党的建设“两个全覆盖”；机关党建抓引领，全面推行“1234工作法”，深入开展了“三亮三诺三服务三评议”活动，全市3833名在职党员到居住地社区进行了报到，报到率达98.7%。

二、重大决策与主要工作

2015年，全市经济社会发展继续呈现稳中有进、进中向好态势。全年地区生产总值完成88.9亿元，同比增长2.5%，比临汾市平均增速高2.3个百分点；工业增加值虽然和全省一样出现了负增长，但传统工业企业依然在同行业中保持了较好的运行；财政总收入完成8.87亿元，同比增长1.4%，公共财政收入完成4.66亿元，同比增长6.2%，是临汾市仅有的两个正增长县市之一，位列全省第七；固定资产投资完成82.9亿元，同比增长20.2%；社会消费品零售总额完成76.5亿元，同比增长2.9%；城乡居民人均收入分别达到24500元和12538元，同比增长7.5%和6.1%，绝对额稳居全临汾市的前列。

（一）项目建设持续发力，“百项工程”深入推进。年初确定的90项重点项目,投资总规模超300亿元。到年底,32个项目竣工投产投用,20个项目开工建设,38个项目前期工作扎实推进,累计完成投资44亿元。项目建设"六位一体"考核名列临汾市前茅。

(二)工业经济负重前行,新兴产业贡献突出。积极落实保运行、稳增长各项措施,加大经济运行协调力度,努力克服传统工业企业经营困难、产值下滑幅度增大的不利影响,着力培育壮大新兴产业,新兴产业和新的经济增长点快速接续、拉动效应显现。装备制造业形成主导优势,同比增长超过10%;同煤热电、汇丰建材、普天法尔胜光缆、通盛LNG、德邦橡胶等一批新完工项目投产,不仅弥补了传统企业经营困难造成的损失,而且有效拉动了全市经济增长,新兴产业的比重达到55%。

(三)商贸经济转型加快,电子商务领跑全省。大运公路枢纽、轻工城市场、普天家电、通盛医药、振通电商、方略保税"五园区、一中心"建设步伐加快,"洋货码头"项目落地开工、进展顺利,仓储物流业聚集辐射效应初步显现。金钻国际广场品牌女装经营户入驻率超过50%,新兴纺织城布匹面料经营户入驻率接近70%,传统商贸市场营销稳定。依托新兴市场着力发展配套加工,成功招引太原梦之丽等加工项目。全市采用网上营销的企业、商户、门店突破3000家;拥有自主品牌的"马上购"和"窝麦良品"等电商平台,积极建立区域网销联盟,推动侯马市及周边县市苹果、核桃等10多万斤特色农产品走向全国市场;在商务部和阿里巴巴两个电商进农村试点的带动下,侯马市在全省率先启动实施农村淘宝工程,对全省农村电商发展起到了示范引领作用,电子商务继续在全省呈现领跑式发展态势。

(四)城镇经济持续活跃,现代农业特色彰显。城镇土地经营开发规范有序,耕地保护和要素保障全面加强,成为全国国土资源节约集约模范市。房地产市场保持平稳,全市现有商住开发和储备规模近20万平方米。农业产业化稳步推进,规模经营、集约经营不断发展,全市新增流转土地2300余亩,总面积超过4万亩;农副产品加工迈上新的台阶,龙头企业产值规模突破5亿元;精品示范农业亮点突出,大南庄"鸿满"、张少"芳草香"双千亩现代农业示范园项目和中条林源千亩光伏发电与香菇种植一体化项目开工建设、快速推进,全市"一村一品"专业村达到39个。

(五)改革创新步伐加快,发展活力不断增强。认真落实国家简政放权和减负促稳政策措施,共减免企业各项税费6500余万元;深入推进工商登记制度改革,300多家企业享受到了"三证合一"带来的便利;"六权治本"扎实推进,"两清单、两图示"、"两集中、两到位"、"三中心、一热线"全面完成,新的政务服务中心投入运行,切实改善了政务环境、真正方便了群众办事;金融创新积极推进,财政担保公司完成增资扩股,益通股份在北京"新三板"挂牌上市,城市公共基础设施项目PPP投融资平台搭建成立,并有了一个良好开局;科技创新成效明显,科技对经济增长的贡献率达到56%;民营经济发展的准入条件、外部环境进一步宽松,大众创业、万众创新的氛围加快形成,新增企业456家、个体工商户2314家,全市85%的经济总量、80%的税收收入和70%的就业岗位,都来自于民营经济。

(六)启动美丽乡村建设,城乡环境持续改善。建立健全创卫长效机制,城乡人居环境得到巩固提升,全市新修、改造农村公路9.8公里,新铺设供热管网17.1公里、天然气管网20公里、雨水管网10公里,新增换热站16座,新完成雨污分流改造10公里、棚户区改造300套,垃圾处理率达到100%,污水处理率达到93.3%。汾河河道生态治理修复工程全面完工,紫金山造林绿化新完成3000亩,城市绿化新增20万平方米,东城新区森林公园开工建设。全方位、高起点地启动了美丽乡村建设,农村环境卫生状况明显改观,累计整改架空线路6.3公里,道路清扫保洁10公里,清运垃圾10万方,农村危房改造700户。全市共有28个村通上了天然气、33个村铺设了排水管网、49个村用上了城市自来水。

(七)社会事业全面进步,民生保障进一步加强。城乡教育均衡发展,中、高考成绩继续名列临汾市前茅,学前儿童毛入园率达到83%,高中升学率首次突破90%,高考二本达线率49%。公共卫生计生保障能力不断增强,县级公立医院综合改革有序推进,药品零差价销售全面落实,财政投入550万元确保了新农合人均筹资标准由390元提高到470元,新医院工程进入内部装修阶段,通盛集团医养融合式养老服务项目完成前期准备。社会保障体系日益完善,在财政支出压力居高不下和多数县市工资发放困难的情况下,确保了财政供养人员正常调资增长部分、困难家庭低保补助、大病医疗救助等发放到位。城乡新增创业就业超过1万人,城镇登记失业率控制在2%。文化事业蓬勃发展,古都文化、节庆文化、图书文化、媒体文化和全民健身等活动丰富多彩,东城新区文体活动中心项目开工在即。向群众承诺的"八件实事"全部实现。

(八)法治平安文明创建深入扎实,社会大局和谐稳定。社会治安综合治理体系日益完善,严打专项斗争不断向纵深推进。信访维稳的主体责任进一步压实,矛盾纠纷调解工作成效明显,一批信访积案结事了。依法行政工作全面加强,重大行政决策、执法程序和行政行为,做到了依法规范。安全生产监管形成常态化、长效化机制,安全隐患大排查、大整治活动深入扎实,重点行业领域的安全隐患得到有效整改,各类安全生产事故死亡人数控制在临汾市下达的指标之内。深入开展重点领域、关键环节突出问题专项整治,全面落实巡视整改工作,加大对损害群众利益、不作为乱作为的追责问责力度。移风易俗、道德讲堂、示范创建、志愿服务、善行义举榜等活动广泛开展,城市文明和全民素质不断提升,社会主义核心价值观深入人心,第四次通过了省级文明城市的检查验收。

(郝　豪)

附:一、中共侯马市委书记、副书记、常委名单

书　记:李朝旗

副书记：王煦杰　马兴民

常　委：秦海玉　田怀宇　郑育敏　李俊胜　韩　睿
　　　　李会平

二、乡(街道)党(工)委书记名单

新田乡

书　记：郭旭东

高村乡

书　记：郭建伟

凤城乡

书　记：于　乐

上马街道

书　记：(空缺)

张村街道

书　记：白爱华(女)

路东街道

书　记：董新胜

路西街道

书　记：乔新刚

浍滨街道

书　记：张爱军

中共霍州市委工作概况

市委书记　陈　纲

霍州市位于山西省中南部，临汾市北端，总面积765平方公里，下辖3个乡、4个镇、5个街道办，199个行政村(居)，24个社区，总人口30万。全市共有党员14667名，女党员2942名，预备党员285名，基层党委11个，基层党总支44个，基层党支部594个。其中乡镇党委7个，街道党工委5个，下设党总支15个，党支部282个，共有党员8512名，建制村中有党组织217个，农村党员6926名；市直党委3个，党总支29个，党支部278个，共有党员5839名；非公党委1个，党支部34个，党员316名。

霍州市委以党的十八大、十八届三中、四中、五中全会精神为指导，认真贯彻"党要管党、从严治党"要求，坚持把抓好党建作为最大的政绩，深入落实抓好党建的主体责任，全面加强党的建设，为全市经济社会发展提供了强有力的政治保证。

一、党的建设工作

扎实开展"三严三实"专题教育。按照中央、省市安排部署，霍州市"三严三实"专题教育自2015年5月28日全面铺开，坚持从严导向、问题导向、目标导向，排查整治不严不实问题，切实提高了党员干部服务基层、服务群众、服务发展的能力。一是提前着手，精心组织。专题教育前，市委多次召开常委会、座谈会，研究制定了《实施方案》，确定了专题教育"八个关键动作"，把专题教育从市级领导班子延伸至全市科级单位。二是领导带头，以上率下。专题教育中，市级领导带头学习规定篇目，带头讲授党课，带头专题学习研讨，带头查摆解决问题，积极参加各项主题活动，邀请省委、临汾市委党校教授讲授专题党课，在全市掀起了学习实践热潮。三是深入研讨，触及灵魂。坚持把自己摆进去，把工作摆进去，以问题为导向，围绕"严以修身"、"严以律己"、"严以用权"、"严守党的政治纪律和政治规矩"、"整治诬告歪风、强化担当作为"5个专题，开展了深入学习研讨，召开了严肃认真的专题民主生活会。四是动真碰硬、彻底整改。紧盯"不严不实"的问题和表现，坚持边查边改，列出"问题清单"和"整改清单"，市级党员领导干部共查找问题83条，全部整改完成，完善各类制度10余项，真正解决了一批群众最关心、最盼望的难题，提升了人民群众的幸福感和满意度。

认真落实抓好党建主责。全面落实市委《关于进一步加强农村基层党建工作的实施意见》，围绕加强组织建设、党员队伍建设等方面提出了23条针对性措施。狠抓党委书记"7+3"、"8+2"项目清单、三级联述联评联考、"定查评"工作法等制度，进一步推动了压力传导和工作落实。全市共确定强化党组织政治功能事项176件，党建服务发展大事424件，党建推进业务工作要事347件，党建服务民生实事、解决群众难事530件，共计1477件，现已完成1477件，完成率达到100%。

全面加强思想政治建设。邀请省市专家教授和兄弟县市优秀村委主任，对全市近600名基层干部进行了"领头雁"集中封闭式培训，切实提升了基层干部带头创业致富的能力和本领。邀请中央党校、省委党校、临汾市委党校多名专家进行专题辅导，分两期对全市700多名科级干部进行了集中培训，进一步开阔了视野。组织百余名科级干部赴贵州参加革命传统教育，使广大干部的思想进一步解放，境界进一步提升，干事创业的激情进一步增强。

不断强化基层组织建设。强力整顿软弱涣散基层党组织，对全市排查出的19个行政村党组织、2个社区党组织、13个其他领域党组织，坚持"一支一策"，逐一明确整改措施和努力方向，圆满完成了各项整顿任务。强化党建工作经费，按照1个村平均1万元、1个社区平均5万元的标准，列入每年的财政预算，全额兑现了农村"两委"主干岗位报酬和落实养老医疗保险等待遇，建立了村干部岗位报酬正常增长机制，基层组织的凝聚力、战斗力和创造力明显增强。加快推进乡村治理机制建设，制定了《霍州市村务监督委员会工作规程(试行)》,全市199个行政村将实现村务监督委员会全覆盖,切实加大了村级权力运行的规范和监督。不断强化非公党建工作,深入开展"双强六好"企业创建活动,促进了非公经济持续健康发展。扎实推进党代表工作室建设,为党代表履行代表职责、联系党员群众提供了便利条件。

着力狠抓干部队伍建设。积极稳妥推进"三个一批"工作,选定了试点乡镇和部门,分批次对全市党员干部展开"六查",对存在不廉洁、不作为、乱作为等问题的86名干部给予了相应的党、政纪处分,切实加大了干部日常管理监督力度。从严做好党员发展工作,积极吸纳优秀人才特别是80后、90后青年农民,坚决杜绝家族势力、宗族势力垄断党员现象,提升了党员队伍发展质量。扎实落实大学生村官流动、管理及创业等政策,分流大学生村官52人,促进了大学生村官扎根基层、干好工作。大力推行干部包片、党员包户的党员联户制度,激励和动员广大党员干部进村入户,充分发挥政策法规宣传员、社情民意收集员、安全维稳管理员、矛盾纠纷调解员、环境卫生监督员、文明新风示范员、致富发家指导员、急难险重突击员的作用,建立健全了联系服务群众的长效机制。

扎实推进党风廉政建设。强化廉政教育宣传,认真组织学习新修订的《准则》和《条例》,内化于心,外化于行,增强了拒腐防变的思想道德防线。创新推行 "四述两谈"、"清单定责"、"廉情预警"、"约法三章"等制度,市级领导带头在媒体上进行公开承诺,并在廉政承诺上签字背书;组织百名科级干部赴曲沃监狱开展警示教育,组织全市56家单位3000余人到山西省廉政教育基地—霍州署廉政文化馆参观学习,把党员干部违纪风险降到了最低。从严落实"两个责任",坚持"书记抓、抓书记",建立了班子成员分片包联乡镇和部门工作制度,加强了党风廉政建设责任制考核,确保了责任制的全面落实。强化专项治理,深入开展以群众举报乡村干部腐败为切入点集中解决信访诉求问题专项治理、农村集体"三资"管理专项清理整顿和"不作为、乱作为"专项整治,我市"三资"清理共发现问题420个,共排查出不作为、乱作为重点问题83个,共接待农村类信访问题48批172人次,对此全部建立了"任务清单",已结案51件,拟立案25件,切实做到了露头就打,从严处理。切实加大案件查办力度,建立了典型问题双月通报制度和落实情况月报告制度,共查处违纪案件196件,党纪处分174人,政纪处分44人,涉及科级干部48人,移送司法机关3人,切实维护了党纪法规的严肃性。

二、经济与社会各项工作

2015年,霍州市委面对复杂严峻的经济形势和艰巨繁重的发展稳定任务,团结带领全市30万人民,紧紧围绕"建设三晋经济强市、实现整体率先发展"总体目标,坚持以项目建设为引领,以提升发展质量和效益为核心,加快推进"六大发展"、"六权治本"、"六型转变",主动适应新常态,推动经济社会实现了整体率先发展。2015年,全市生产总值完成74.6亿元,工业增加值完成31.7亿元,固定资产投资完成164.9亿元,社会消费品零售总额完成31.2亿元,城镇居民人均可支配收入完成25446元,农民人均可支配收入完成11488元,公共财政预算收入完成6.7亿元,较好完成了上级下达的各项目标任务,全市经济社会发展呈现出稳中有进、稳中向好、稳中提质的良好态势。

稳中求进力促增长,率先发展步伐稳健。紧紧扭住发展这个第一要务,工业引深转型升级、农业建设三大基地、旅游实施联合开发、城市构筑五大板块、环境开展"四城联创"、民生提高五好标准、党建落实两个责任,强力实施了总投资超130亿元,涉及工业转型、农业增效、城市提质、旅游升级、民生改善等方面的75项重点工程,推动经济社会实现了平稳较快发展。尤其是公共财政收入总量、增幅、增速在全临汾市排名均为第四,在经济下行压力持续加大的情况下,仍实现了位次前移;财政管理绩效综合评价在全临汾市排名第一,全省第九,充分说明霍州市财政运行良好,政府负债合理,为下一步持续长久发展打下了坚实基础。

着力狠抓产业转型,发展后劲明显增强。工业基础优化夯实。霍东新型工业园区一期竣工投产,液化天然气调峰储气项目投入运营,华润10万千瓦风能发电项目有序推进,霍煤、霍电、兆光等企业平稳运行,特别是霍电、霍化等企业开始贡献税收,将为霍州市经济发展提供稳定税源,转型发展的后劲更足、活力更强。现代农业发展壮大。"三大基地"规模不断扩大,累计发展蔬菜4万亩,种植核桃3万亩,培育规模养殖场280多个。西张垣现代农业生态循环示范园区,完成了集约化智能育苗中心、农技服务中心、后勤服务中心等设施配套,具备了产前培训、产中技术指导、产后统一销售的产供销一条龙服务,综合示范效应日益显现。三产发展持续升温。七里峪景区累计投资3亿多元,完成了游客服务中心、景区停车场、上霍线尉候段改线等基础设施建设,进一步完善了景区功能。总投资超15亿元的陶唐峪、娲皇庙、祝圣寺等景区开发全面启动,全市旅游综合收入达16.52亿元,同比增加16.3%。鼓楼地下商业街投入试运营,南街农贸市场建设有序推进,服务业增加值比重达36.5%,第三产业得到整体提升。

不遗余力改善民生,幸福指数连年攀升。大力发展社会事业,连续7年举办爱心助学活动,累计筹款1600余万元,13000多名贫困学生得到资助;实施了职教中心、公办幼儿园、基础教育信息化建设等项目,成功创建全国义务教育发展基本均衡市,教育教学质量巩固提高,高考二本以上达线人数首次突破千人大关,中考连续两年位居临汾各县市区第三名。天然气扩户、热电联产快速推进,全市新增集中供热面积100余万平方米,达到500余万平方米,天然气扩户6000余户,实现了市区和近郊的全覆盖。全面促进文化繁荣,大力培育和践行社会主义核心价值观,深入开展"德润霍州·共筑梦想"系列主题活动,举办了"第二届道德模范及最美公民"评选活动,成立了霍州梁衡研究会,营造了"崇尚模范、学习模范、争做霍州好人"的浓厚氛围。深入挖掘霍州书、锣鼓、门神、土布、剪纸等民间艺术,连续3届蝉联"中国民间文化艺术之乡”称号。不断强化社会保障，逐步提高四类困难家庭学生、农村80岁以上老人救助标准，全市新增城镇就业人口4583人，城镇居民参保率达94%以上，新农合参保率达98%以上，“五有”、“五好”保障机制不断完善，政府的“兜底”作用更加凸显。

全力推进扩容提质，宜居新城更加靓丽。开元小区开始入住，橡胶厂棚户区改造主体完工，州署文化产业示范园、中镇国际花园、东关、赵家庄城中村改造等项目快速推进，人居环境进一步改善。经三路、纬三路、新建南路、城区街巷硬化、上霍线尉候段改线等道路建设基本完工，城市交通网络更加通畅。大力开展了爱国卫生清洁运动，全市清运垃圾7万余方，清理“四堆”2600余处，清扫面积380万平方米。全面加快生态治理，汾河、对竹河治理工程稳步实施。霍州市连续7年被评为省级卫生城市，宜居霍州更加靓丽。

不断创新社会治理，全市大局和谐稳定。信访形势持续向好。不断加大信访三级网络建设，扩建了230平方米的办公场所，专门用于涉法涉诉类的信访矛盾化解，在全市199个行政村全部设立了矛盾纠纷调解室，实现了市乡村三级同步接访。特别是在全省“以群众举报乡村干部腐败为切入点集中解决群众信访诉求问题”专项治理推进会上，霍州作为全省唯一一家县级市作了典型发言，工作经验在全省推广。安全生产巩固提升。始终坚持“党政同责、一岗双责、齐抓共管”，不断加大安全生产大检查力度，整治各类重点隐患251项，全年事故起数、死亡人数均下降25%，连续8年荣获临汾市安全生产先进市。“平安创建”深入推进。制定出台了《平安霍州建设五年规划(2013-2017年)》，全力狠抓反恐维稳、治安管理、公共安全等工作，严厉打击各类违法犯罪，连续9年保持命案侦破率100%的纪录，连续2年荣获山西省平安县市，全市社会大局和谐稳定。

（薛忠华）

附：一、中共霍州市委书记、副书记、常委名单

书　记：陈　纲

副书记：崔山原

常　委：周文伟　陈占平　郑效锋　黄晓君(女)　高雅铭　刘国平　晋英俊(4月离职)　李　峰(8月任职)

二、乡镇(街道)党(工)委书记名单

辛置镇

书　记：房文斌

白龙镇

书　记：郭惠民

李曹镇

书　记：荀彦龙

大张镇

书　记：李晓斌

陶唐峪乡

书　记：张　斌

三教乡

书　记：郭丽华(女)

师庄乡

书　记：张文轩

退沙街道

书　记：杨海林

南环街道

书　记：闫会波

北环街道

书　记：白　亮

鼓楼街道

书　记：杜　明

开元街道

书　记：段小刚

中共曲沃县委工作概况

县委书记　朱晓东

2015年，在省委、市委的正确领导下，曲沃县委全面贯彻党的十八大和十八届三中、四中、五中全会精神，按照“四个全面”战略布局、省委“五句话”总要求和市委各项决策部署，以党的建设为统领，以“三严三实”专题教育和学习讨论落实活动为抓手，团结带领全县各级党组织和广大干部群众，深入实施“三大战略”，加快建设“三大基地”，全县经济、政治、文化、社会和生态文明建设都取得了新进展、新成效，开创了美丽曲沃、幸福家园建设新局面。

全县党组织概况

曲沃县共有550个基层党组织，其中，19个党委，24个党总支，507个基层党支部。共有党员12248人，其中，党政机关党员2046名，国有企事业单位党员1909名，农民党员6035名，非公企业党员273名，离退休人员1014名，其他职业971名。

党的建设全面加强

中共曲沃县委认真贯彻落实从严管党治党的政治责任，

坚持把抓好党建作为最大政绩，加强教育提素质，狠抓队伍激活力，夯实基础固根基，为改革发展稳定各项工作提供政治保障、组织保障和干部保障。在思想政治建设上，坚持把强化理论武装放在首位，扎实推进学习讨论落实活动和"三严三实"专题教育，县委常委班子以身作则、率先垂范，带头推动"双学"，教育引导全县各级党组织和广大党员干部，深入学习中国特色社会主义理论体系，学习习近平总书记系列讲话精神和以习近平同志为总书记的中央领导集体"崇尚实干、勇于担当、廉洁自律"的优良作风，学习中央、省、市重大决策部署和重要会议精神，全年共开展县委中心组集中学习18次，进行交流讨论8次，在市级以上报刊发表论文和调研报告30余篇，极大地激发了全县广大党员干部"学思践悟"的自觉性和主动性，在思想上、政治上、行动上始终与中央、省委、市委保持高度一致。同时，强化正面舆论引导，积极应对舆论关切，充分发挥县电视台、通讯组、政府网站等主流媒体作用，大力弘扬社会主义核心价值观，宣传报道全县重点、亮点、热点工作的进展情况，展示了曲沃经济社会发展新成效，凝聚了广大党员干部干事创业新动力，形成了共建美丽曲沃、幸福家园的浓厚氛围。在干部队伍建设上，把推进"三个一批"试点工作作为从严治吏、刷新吏治的有力举措，县委常委会多次讨论研究，广泛征求意见，本着积极稳妥、有序推进的原则，探索实行了"三严六查三强化"工作举措，制定了《关于县管领导班子和领导干部综合分析研判的实施办法(试行)》，对全县7个乡镇党政领导班子、77个县直部门领导班子和266名科级领导干部进行了综合分析，全面掌握了领导班子整体运行情况和科级干部现实表现情况；严格"六查"标准，多部门联动，对全县578名科级干部的个人有关事项报告进行了备案，对全县830名干部进行了核查，共甄别处理干部35人，调整退出干部72人，掌握储备好干部264人，为科学合理选拔干部奠定了坚实基础。围绕贯彻新修订的《干部任用条例》《推进领导干部能上能下若干规定》，先后制定了《关于调整不适宜担任现职领导干部暂行办法(试行)》《关于深化"一承诺两公示五评议"考评制度，加强考核过程管理的意见》《县管干部动议酝酿任免议事规则(试行)》《曲沃县党政干部问责问效暂行办法》等6个方面的文件，从加强日常监管、规范选拔任用、整治不为不实、强化激励保障等方面提出了明确要求，为规范干部选拔任用和日常监管提供了重要遵循和制度保障。在基层组织建设上，以"夯实基础年"活动为抓手，实施了固本强基、队伍提质、品牌升级、基础保障"四大工程"，将党建目标责任细化量化、分类分解，层层签定责任状，形成了三级书记抓落实的良好局面。深入推进"定查评"工作法，全县各领域基层党组织确定的1983件事项全部完成。狠抓帮扶整顿，县四大班子领导深入一线定点帮扶，选派16名"第一书记"驻村帮扶，32个软弱涣散党组织全部转化达标。严格执行《中国共产党党组工作条例》，新设立党组29个，进一步强化了党组管党治党的责任。落实基层经费保障，将188万元农村党建工作经费列入财政预算，全县280名农村离任干部享受财政补贴，有力地保障了基层党建工作开展。深入开展专项整治，把着力解决基层干部不作为、乱作为等损害群众利益问题专项整治，与农村"三资"清理整治和集中解决群众信访诉求问题专项整治相结合，做到同步整治，共同推进。积极推行村级事务管理"七簿两账两手册"工作法，初步实现了农村"两委"工作账簿式、纪实化管理，促进了村级组织工作科学化、规范化运行。在党风廉政建设上，深入贯彻落实党要管党、从严治党的重大决策部署，始终将党风廉政建设"两个责任"牢牢扛在肩上、落实到行动上。制定完善了《关于落实党风廉政建设党委主体责任和纪委监督责任的实施办法》《曲沃县2015年落实党风廉政建设党委主体责任分解方案》，细化量化了各个班子、班子主要负责人和班子成员的责任清单，全县自上而下，层层签订了党风廉政建设责任书。严格实行了党风廉政建设责任制落实季度督促、半年检查、年度考核办法，层层传导压力，层层落实责任，有力地推动了党风廉政建设和反腐败工作开展。坚持把中央、省委、市委关于党风廉政建设的新部署新要求纳入县委中心组和全县各级党组织学习内容，专题辅导了新修订的《中国共产党廉洁自律准则》《中国共产党纪律处分条例》，组织全县副科级以上党员领导干部参加了学《准则》、学《条例》考试，进一步增强了党员干部纪律规矩意识和廉洁从政意识。支持纪检监察机关聚焦主责主业，加快"三转"步伐，深入开展了"正风肃纪年"活动，聚焦"四风"问题，紧盯重点领域，全年共查结各类案件161件，给予党政纪处分161人，其中乡科级干部24人，同比上升60%；给予党政纪重处分51人，同比上升132%，形成了强大震慑。在民主政治建设上，加强对人大、政协、一府两院和工会、共青团、妇联等群团组织的领导，支持他们协调一致、创造性地开展工作。党管武装工作进一步加强，"双拥"共建活动取得明显成效。充分发挥统战工作的积极作用，把社会各界的力量和智慧凝聚到了加快曲沃发展上。

经济社会各项事业取得新成效

面对经济持续下行压力，县委始终坚持发展第一要务，以提高质量和效益为中心，加快"三大基地"建设，引领三次产业发展，2015年全县地区生产总值完成86.6亿元，同比增长4.8%；规模以上工业增加值完成33.2亿元，同比增长0.9%；公共财政收入完成2.75亿元，同比下降8.8%；固定资产投资完成87.4亿元，同比增长20%；城镇居民人均可支配收入达到26521元，同比增长9.2%；农村居民人均可支配收入达到12287元，同比增长8.2%。在工业经济发展上，以建设"全省千万吨钢铁基地"为引领，持续加大协调帮扶力度，积极争取省、市金融机构的信贷支持，组织召开政银企洽谈会和专题座谈会，为立恒、通才等企业融资10亿元，签订产品供销意向26亿元；鼓励引导立恒、通才等企业紧跟国家"互联网+"发展战略，创新营销模式，拓展电子商务，网上销售钢材220万吨，为企业增加效益8000余万元；完成了三星好利精密铸造园区总体规划和水、电、路等基础设施建设，壳型铸造和消失模铸造两条生产线已投入运营，正信光伏农业发电项目全面开工建设，协鑫风电项目正在积极推进当中，打造了全县工业产业转型的新亮点。全力加快工业重点项目建设，立恒公司1.5万立方制氧、立恒烧结机脱硫、通才公司120万吨球团竖炉等13个项目投入运营，进一步完善了园区产业链条，提升了园区发展水平，通才、立恒两大企业再次跻身2015年“中国民营企业500强”和“中国民营企业制造业500强”行列。在农业发展上，以建设“全省最大的设施蔬菜基地”为引领，紧紧抓住国家级现代农业示范区这一机遇，着力改善农业基础设施，大力推进八大农业园区扩容提质工程，全年新发展设施果蔬2000亩，露地果蔬3000亩；大力发展畜牧养殖产业，新建规模养殖场10个，新增规模养殖户198个，畜牧纯收益达到2.9亿元，实现农民人均增收1500余元；组织参加了山西省第四届中国(山西)特色农产品交易博览会、第十三届中国国际农产品交易会，北董优质大蒜、洋葱走出国门，远销韩国，进一步提升了“晋之源”、“晋沃”农产品品牌知名度；探索实行了“农户＋互联网＋客户”营销新模式，拓宽了农产品销售新渠道，全县农业总产值达到25亿元。在文化旅游发展上，以建设“全国晋文化研究开发基地”为引领，充分挖掘晋文化内涵，依托晋国都城大遗址保护及晋文化核心区开发建设，加快推进了曲村—天马遗址公园、羊舌墓地保护规划立项工作，做到了保护与传承并重，利用与开发并举。加快推动文化旅游产业融合发展，进一步完善了晋国博物馆、太子滩、浍河等六大景区的基础设施，不断加大“诗经山水·晋都曲沃”宣传推介力度，全年共接待游客93万人次，旅游收入实现大幅增长。大力整合特色旅游资源，将已建成的晋园、申园以及正在规划建设的绛园和顾园纳入全县精品文化旅游带范畴；“中国成语典故之乡”申报工作进展顺利，成功通过国家专家组的评审，并同意在我县设立中国成语典故研究开发基地；启动了“中国成语文化城”项目规划设计和《晋国风云》大型综合演艺场包装策划工作，初步构建了“六区四园一城一场”文化旅游发展新格局。在城乡建设上，围绕“一城三区”城市建设格局，全力加快东城新区建设，完成了吉祥南路道路铺油和亮化工程，进一步拉大了县城框架；晋都御苑、晋韵华府、兰乔圣菲等住宅小区后期工程正在加快推进，广电数字传媒中心、法院审判大楼、劳动和社会保障服务中心等便民服务设施已进入装修阶段，晋都文化中心正式投入使用。推进中心城区改造，完成了《曲沃县总体规划》修编，实施了兴隆街、县城主干街道翻修以及部分棚户区改造工程，开展了小产权房集中整治。启动了西城区开发建设，完成了总体规划设计，正与投资商就合作开发事宜进行积极磋商。统筹城乡发展，投资1.89亿元实施了改善农村人居环境“四大工程”，重点推进了曲村和西海村两个省级美丽宜居示范村的建设。大力实施五大造林绿色工程，完成植树造林0.25万亩，全县林木覆盖率达到28.3%；深入开展大气污染防治行动计划，全年二级以上天数达到336天；扎实推进节能降耗，全县万元GDP能耗同比下降4.42%，化学需氧量、二氧化硫、氮氧化物、工业粉尘排放量减排幅度均提前完成市定目标。在社会事业发展上，完成了4所农村幼儿园改扩建工程，曲沃中学生活区和西常中学学生宿舍楼已经投入使用，面向社会公开招聘了46名教师充实到教育工作第一线，高考二本B类以上达线人数926人，达线率54%；启动了医护人员招聘工作，完成了杨谈、里村两个乡镇卫生院门诊住院楼建设，24个村级卫生室竣工投入使用；统筹推进社会保障体系建设，五大保险覆盖面不断扩大，做到了应保尽保、应发尽发。高度关注就业创业，全年新增就业人数4265人，转移农村劳动力4572人；全力加快保障性住房建设，102套廉租房、100套经济适用房完成了主体工程，400户农村困难家庭危房改造工作全面完成；安全生产、社会治安、信访稳定等各项工作富有成效，全年未发生重大安全生产事故和到市赴省集体访事件，社会大局和谐稳定。

（祁　磊）

附：一、中共曲沃县委书记、副书记、常委名单

书　记：朱晓东

副书记：郭惠勇　崔绍民(9月离职)

常　委：成　功　程世杰　武兰萍(女)　牛春平(女)　刘岐山(6月离职)　贵向前　王学斌

二、乡镇党委书记名单

乐昌镇

书　记：李继红

北董乡

书　记：于彩霞(女)

史村镇

书　记：魏　波

曲村镇

书　记：孟海河

杨谈乡

书　记：杜　斌

里村镇

书　记：武勇刚

高显镇

书　记：秦康杰

中共翼城县委工作概况

县委书记 郭行杰

一、党组织及党员队伍概况

截止 2015 年底，全县共有党组织 621 个，其中包括 13 个党委，44 个党总支和 568 个党支部。拥有党员 15557 名，其中：女党员 2876 名；少数民族党员 82 名；机关事业单位在岗职工党员 4241 名；离退休职工党员 1858 名；农村党员 8071 名；其他社会、经济组织中党员 556 名。

二、贯彻落实上级决策部署情况

2015 年，县委始终将认真遵守政治纪律、坚持正确政治方向、狠抓上级决策落实作为首要任务，做到了“三个一致”：一是在思想上保持高度一致。采取县委常委会议、中心组理论学习、全县领导干部大会等多种形式，认真学习贯彻习近平总书记系列重要讲话精神，及时组织传达学习中央和省委、市委召开的重要会议、领导的重要讲话、出台的重要文件、做出的重大决策，引导全县各级党组织和党员干部不断增强政治定力，切实提升落实上级决策部署的自觉性和主动性。二是在作风上保持高度一致。县委常委会带头向中央看齐，带头学习中央领导集体和省委、市委常委班子的优良作风、工作方法，带头学作风、学担当、学方法，转作风、转思维、转方式，自觉践行“三严三实”，要求全县党员干部做到的，县委常委首先做到，努力在各方面为全县树标杆、做榜样。三是在行动上保持高度一致。坚决贯彻中央、省委、市委的各项决策部署，狠抓“三严三实”专题教育、学习讨论落实活动、党风廉政建设“两个责任”，以及“六大发展”、“六权治本”、煤炭产业“六型转变”、“三个突破”等重要政治任务的落实，在政治上、思想上、行动上保持了高度一致，汇聚起了积极有为干事、凝心聚力创业的强大合力。

三、落实“两个责任”情况

2015 年，县委将落实“两个责任”作为重中之重，认真履行管党治党的主体责任，狠抓“两个责任”落实，党风廉政建设和反腐败工作取得了明显成效。一是着力构建责任体系。县委 4 次组织召开落实“两个责任”安排会、报告会、推进会、现场会，通过面对面汇报成绩与问题、公开点名通报督查情况、实地参观学习交流等形式，有效解决了各乡镇、各部门落实“两个责任”意识不强、措施不硬、方法不多的问题。坚持项目化、任务化、具体化、制度化的思路，组织县乡村三级全部制定了年度主体责任任务清单和责任台账，构建起了“横向到边、纵向到底、全面覆盖”、“可追踪、可倒查”的责任体系。县委常委班子带头分解主体责任，制定了主体责任任务清单和责任台账，全部签字背书。同时，有效运用“四种形态”，把谈话提醒作为抓早抓小抓苗头的重要手段，按照“落实责任集中约谈、发现问题立即约谈、压力传导重点约谈、基层调研随时约谈”的原则，有针对性地约谈县级分管领导和乡镇、部门负责人，确保压力传导到位，强化监管实效。特别是坚持以问责促尽责，对落实责任不力的党组织和党员干部进行严肃处理，倒逼责任落实。2015 年，共公开通报落实“两个责任”督查情况 3 次，通报批评 3 个单位，诫勉谈话 14 人、责令做出书面检查 2 人、党政纪处分 8 人。二是持续发力狠刹“四风”。深入开展“四风”问题专项整治，出动检查 90 余人次，检查各类场所 150 余家，查处大操大办 9 起，处分 10 人，责任追究 1 人；查处公车私用 2 起，处分 1 人，责任追究 1 人；查处吃拿卡要案件 9 起，处分 11 人；党员干部主动上交廉政账户红包、礼金达 49.4 万元，保持了狠刹“四风”的高压态势。同时，坚持在重要节日前夕向全县副科级以上领导干部发送廉政短信，有效防止“节日病”的发生。组织拍摄了 3 部廉政短剧和 3 部廉政微视频，在县电视台和公园电子屏幕上连续循环播放，营造了良好的廉政氛围。三是强化执纪支持保障。大力支持纪委“三转”，完成了县纪委内设机构改革任务；针对执纪监督力量不足的问题，为县纪委调整增加行政编制 8 个，10 个乡镇纪委全部配备了 5 名以上纪检监察干部，并设立了专职纪委委员，为加强纪律审查、保持高压态势提供了坚实保障。邀请省委巡视办专家进行了“两条例一准则”专题培训，组织举办了“学准则、记条例、守纪律、讲规矩”知识竞赛，增强了各级领导班子和纪检监察机构落实“两个责任”的能力和水平。2015 年，共受理信访举报 169 件，查结各类案件 204 件，处分党员、干部 204 人，案件总数是去年 86 件的近 2.4 倍；处分科级干部 20 人，是去年 15 人的 1.3 倍多；给予撤销党内职务和行政撤职以上重处分 46 人次，是去年 30 人的 1.5 倍多；移交司法机关 5 人，有力惩治了腐败行为，形成了强大震慑。四是坚定不移抓好巡视整改。省委巡视二组向我县反馈巡视意见后，县委高度重视巡视整改工作，将巡视整改工作作为落实党风廉政建设主体责任的重要政治任务，迅速成立了整改工作领导组，研究制定了整改方案和任务台账，明确了整改措施和整改任务。针对省委巡视二组反馈意见的具体问题，县委结合工作实际，细化整改措施，明确整改任务，全部落实责任单位、配合单位、责任领导、责任股室、责任人、联络人、完成时限，确保件件有方案、事事有人抓。整改措施和整改成效得到了省委巡视二组和社会各界、广大干部群众的充分肯定。

四、党的建设情况

县委牢固树立“抓好党建就是最大政绩”的工作理念，坚持以思想建设为先导，以从严治吏为关键，以基层组织建设为重点，强力推进党建各项工作任务。一是狠抓思想政治建设。坚持将思想政治建设作为抓好党建工作的首要任务，以十八大和十八届三中、四中、五中全会精神，中央、省委、市委全面深化改革的重大决策部署，习近平总书记系列重要讲话为重点，邀请国内知名学者教授举办“翼城大讲堂”6期，举办全县乡科级领导干部、农村“两委”主干、非公经济党组织书记、大学生村官集中轮训10期，组建县委宣讲团深入乡村、机关、学校、企业做辅导报告100余场次，广大党员干部以“三个自信”为核心的理想信念进一步坚定。二是狠抓干部队伍建设。坚持把制度建设作为加强领导班子和干部队伍建设的重点，制定出台了《加强领导干部日常管理监督的若干规定》《领导班子和领导干部日常考察研判实施办法》以及谈心谈话、函询诫勉等一系列制度，切实加强了对干部队伍特别是各级领导干部的日常监管。针对超职数配备干部问题，研究制定了《关于消化超职数配备科级干部的实施方案》，通过政府机构改革、重新核定职数、到龄退休等方式消化超职数配备干部49人。扎实推进“三个一批”工作，对县直单位正职、乡镇领导班子和组织、纪检、财政、人社等重点岗位的400名干部开展了“六查”，为做好县乡换届奠定了坚实基础。同时，严格执行新修订的《党政领导干部选拔任用工作条例》和上级政府机构改革有关要求，切实做好了6家政府机构改革单位领导班子、6名主要负责同志、49名班子成员和副科级干部的调整配备工作。三是狠抓基层组织建设。坚持把加强基层党组织建设、强化农村党支部战斗堡垒作用，作为党建工作的重点任务和基础工程来抓，扎实推进29个软弱涣散基层党组织集中整顿，17名县级党员领导干部每人包联帮扶1个软弱涣散村，带头查问题、找原因、抓整顿，组织活动不正常、村务财务管理混乱、信访矛盾突出等一大批问题得到有效解决，同时，选派42名优秀机关干部到软弱涣散村和贫困村担任第一书记，在岗的67名大学生村官全部进入村“两委”班子任职，为农村基层党组织注入了新鲜血液，战斗力、凝聚力显著提升。认真落实“一账双评五挂钩”工作制度，将1261件承诺事项全部纳入“定查评”工作法，有效杜绝了农村干部不作为、乱作为问题发生；出台了《农村优秀、红旗、功勋党支部书记评选表彰的实施意见》，农村“两委”主干岗位报酬从9178元提高到12000元；按照每人每月平均157元的标准，为符合一定条件的农村卸任正职干部发放了生活补助，农村基层干部的荣誉感、责任感和干事创业动力不断增强。四是狠抓宣传思想工作。坚持牢牢掌握意识形态工作的主动权，把宣传思想文化工作作为实现弊革风清、促进富民强县的重要动力源泉，紧紧围绕大力弘扬“三大优秀历史文化”，开展了道德模范和身边好人评选活动，评选推荐了以贺冰、张丹华为代表的一大批省、市道德模范和身边好人，并在县城主要公共场所设立13处“善行义举好人榜”，大力宣传群众身边的先进典型，在全县形成了践行社会主义核心价值观、人人学先进当先进的健康氛围；认真组织了“三个文化”主题征文活动、纪念抗日战争暨世界反法西斯战争胜利70周年“多彩翼城”油画作品展、文化消夏月、广场舞林大赛等文化活动和赛事，编辑印制了《“三个文化”征文优秀作品集》，以“三个文化”的精神理念引领干部群众思想行为，汇聚了风清气正、遵纪守法、奉献社会、建设家乡的强大正能量。

五、经济社会发展情况

面对经济形势持续下行、市场需求严重不足、企业经营普遍困难的严峻形势，县委坚持正视困难、直面矛盾、克难攻坚，以环境优化保运行，以项目建设促转型，以大众创业激活力，以保障民生为重点，以维护稳定为基础，全力推动全县经济社会改革发展。

（一）坚持问题导向，创优发展环境。针对工业企业经营中的突出问题，严格清理规范涉企收费，不折不扣落实省市企业减负60条、65条措施，并确定实施了翼城县55条减负措施，实行县级领导包联帮扶企业，确保了首旺、晋源、飞翔、永益等一批工业企业生产经营基本稳定；通过大力开展营销对接活动，积极帮助煤炭企业开拓市场，达成供煤意向100万吨，有效缓解了煤炭企业的生产经营压力；积极搭建银企合作平台，通过“送金融进企业”、“助保贷”、争取中小企业发展专项资金、搭建融资平台等措施，帮助企业争取资金3亿元。多措并举，有效稳定了全县经济运行的基本面，经济运行稳中有进，稳中有好。

（二）狠抓项目建设，促进产业转型。针对全县煤铁独大、产业低端的发展困境，坚持把转型升级作为最紧迫的任务，围绕做好煤与非煤两篇大文章，狠抓项目建设，扎实推进产业结构调整，飞翔多缸体铸件项目投产运行；加快煤炭产业“六型转变”，下交、华泓煤矿通过竣工验收，堡子、石丘煤矿进入联合试运转，晋煤晟泰煤矿主体工程基本完工。阳煤集团、京能集团合作的煤电化产业园区项目前期工作全面启动，一期电厂项目初可研报告已通过技术评审，正在积极推进纳入国家和全省“十三五”电力发展规划。依托北京经易集团，将整合锻造园区和山西锻造厂优势资产，与盘活搁置多年的舜达锻造项目，引入新的投资和战略项目，建设产业集聚园区统筹谋划、同步推进，北京经易集团与舜达公司、山西锻造厂正式签署了合作框架协议，山西锻造厂资产评估已经开始，项目整合、园区提升建设进入了实质性推进阶段。将旅游产业作为县域经济转型的关键来抓，历山景区开发项目景点详勘已完成，详规、可研、环评进入评审阶段；四圣宫景点修缮工程基本竣工，县域经济转型升级步伐不断加快。

（三）突出提质增效，发展现代农业。坚持把规模集约、提质增效作为现代农业发展的方向，突出连片、管护、增效三个关键环节，5个苹果园区和3个核桃园区发展水平不断提升，全县经济林总面积达到28万亩，其中苹果面积达到19.31万亩，总产量达到14.65万吨，总产值4.39亿元，再创历史新高；成功通过国家质检总局验收，被评为国家级出口水果质量安全示范区；大力发展设施农业，全县拱棚园区达到2000亩，温室园区达到1000亩。积极培育新型农业经营主体,全县农民专业合作社达到746家,注册资金达4亿元,入社农户达到10780户;家庭农场达到39家,经营面积达到3368.96亩,现代农业发展的规模化、集约化水平进一步提升。同时,积极推进农业基础设施建设,小型农田水利重点县项目、规模化节水示范增效项目、浍河河道治理工程、小河口灌区节水改造续建工程扎实推进,基本农田灌溉面积进一步扩大;总投资1387.7万元的中卫吴寨片1万亩高标准农田建设工程、总投资900万元的王庄山底片6000亩高标准农田建设工程顺利实施,农业提质增效的基础更加夯实。

(四)支持创业创新,激发市场活力。坚持把破解民营经济总量偏少、大众创业创新活力不足问题作为一项重点工作,以“三个突破”为抓手,扎实推进登记制度改革,全面清理政府行政审批事项和工商登记前置项目,大幅降低公司注册门槛和创业成本,2015年全县新注册登记市场主体1825户,同比增长24.1%。其中,第三产业同比增长13.3%;信息技术产业同比增长200%,市场活力和发展动力进一步增强。特别是在大众创业上,积极引导涉农电商发展,举办创业培训、技能培训81期,培育学员4000余人;引进村镇O2O电商平台“乐村淘”,发展村级电商体验店128家;成立了初级电商孵化基地,“汇农优品”、“奇迹园”、“黄小六”等县内电商平台初具规模,涉农电商从业队伍日益壮大,据不完全统计,全年农副产品网络销售额达5000万元,“互联网+农产品销售”成为全县经济发展的新亮点。

(五)克服财力困难,保障基本民生。大力推进教育事业均衡发展,总投资1739.7万元的翼城中学宿舍楼、餐厅建设基本完工;投资4452万元,大力实施“薄改”和“全面改薄”工程,全县义务教育阶段学校基础设施,以及教学实验仪器、图书、音体美卫器材、多媒体等设备配备标准化水平进一步提升,顺利通过了全国义务教育发展基本均衡县评估验收;中考成绩继续名列全市前茅,高考二本以上达线人数1618人,再创历史新高,3名学生被清华大学录取,实现历史性突破;4个公共文体活动室正式开放,4个乡镇卫生院建设工程和基层医疗设施设备提升工程扎实推进,公共文化、卫生医疗服务水平不断提升。同时,足额提高城乡低保、大病救助、农村五保补助标准,全面完成了养老、医疗、失业、工伤、生育社会保险和新农合扩面提标工作,足额兑现了公职人员和离退休人员加薪,人民群众有了更多的获得感。

(六)突出理念创新,改善人居环境。以打造生态宜居翼城为目标,进一步加大城乡基础设施项目的对接争取和建设力度,新汽车站建成投入使用,岳北线一期工程全部完工,唐霸文化公园续建工程基本完工,净水厂建设项目进入设计和招投标阶段,城西防洪排水二期工程扎实推进,临么线拆迁工作全部完成,北环路东段、舜王坪旅游路项目前期工作进展顺利,生态宜居建设的基础不断夯实。同时,不断深化爱国卫生清洁运动和城乡环境卫生整治,2个省级、3个市级、10个县级美丽宜居示范村创建活动顺利开展,投资3835.7万元的53项基础设施提升工程全部完工;大力实施了农村完善提质、农民安居、环境整治、宜居示范“四大工程”,15个市定考核项目完成投资1.15亿元,超额完成投资任务。特别是持续加大打击非法违法建设的力度,严肃查处了14起非法占地行为,有效遏制了城中村乱占滥建行为,城市建设的科学化、规范化水平不断提升。

(七)坚持多措并举,精准扶贫脱贫。认真开展精准扶贫建档立卡“回头看”,对全县贫困人口进行了摸底核实,退出贫困人口1797户6088人,为实施精准扶贫精准脱贫奠定了坚实基础;积极争取和实施光伏扶贫项目,里砦神沟和浇底西村、浇底、翟庄4个村光伏扶贫发电项目已竣工,正在办理并网手续;大力实施产业扶贫行动,新发展连翘1万亩,山区贫困人口脱贫渠道进一步拓宽。同时,扎实开展了干部下乡包村增收和定点扶贫工作,投入帮扶资金800余万元,全年共实现脱贫减贫3500人。

(八)狠抓责任落实,确保安全稳定。主动适应社会管理面临的新形势和新任务,坚持关口前移、重心下移,狠抓信访稳定、安全生产、社会治安不放松,努力营造安定和谐的发展环境。以“群众举报乡村干部腐败为切入点集中解决群众信访诉求问题”专项治理为切入点,认真落实信访联席会议、领导轮流接访、包案和责任追究制度,严格实行“五个一”工作措施,省委巡视二组移交的问题线索、省市交办的重点信访案件全部按时办结,一大批矛盾纠纷得到有效化解。认真汲取国内发生的重大安全事故教训,进一步健全完善县、乡、村、企四级安全生产责任制网络,扎实开展“安全生产大检查”、“六打六治”专项行动和打非治违、安全生产专项整治,实现了安全生产检查全覆盖,保持了重特大安全生产事故“零发生”的良好态势。深入开展对敌、反恐、网上“三个斗争”和打黑除恶、矛盾纠纷排查化解、打击严重刑事犯罪、治安防控、公共安全管理“五场战役”,严厉打击各类犯罪行为,重拳整治突出治安问题;建成了县乡村三级社会服务管理平台,积极稳妥推进司法体制改革,“平安翼城”建设深入推进,全县安全稳定形势持续好转。

(高 伟)

附:一、中共翼城县委书记、副书记、常委名单

书 记:郭行杰

副书记:杨春权 张志宏

常 委:卫 勇 杨建军 董跃明 任吉龙 许拥军 孙晋辉 师香丽(女)

二、乡镇党委书记名单

唐兴镇

书 记:翟力龙

南唐乡

书 记:胡国华(女)

里砦镇

书 记:任延青

王庄乡

书 记:翟铭娟(女)

浇底乡

书 记：李学东

隆化镇

书 记：李兴智

桥上镇

书 记：单建民

西闫镇

书 记：刘双辉

中卫乡

书 记：李维跃

南梁镇

书 记：张新民

中共浮山县委工作概况

县委书记 孙京明

在省委、市委的正确领导下，浮山县委全面贯彻党的十八大和十八届三中、四中、五中全会精神，深入学习习近平总书记系列重要讲话精神，按照"四个全面"战略布局和省委"五句话"总体要求，团结带领全县各级干部和广大群众，紧紧扭住三件事，正风固基调结构，改革发展稳定和党的建设各项工作都取得了新的成效。

一、牢牢把握正确方向，坚决贯彻落实中央、省委、市委决策部署

坚持把学习贯彻习近平总书记系列重要讲话精神作为开展工作的根本遵循，建立实行县委常委会周例会制度，第一时间学习贯彻习近平总书记重要讲话精神和中央、省委、市委的决策部署，坚决在思想上政治上行动上同以习近平为总书记的党中央保持高度一致。扎实组织开展"学习讨论落实"活动和"三严三实"专题教育，县委常委会带头抓学习、讲党课、作研讨，带头查找、剖析、整改政治生态和不严不实方面存在的突出问题，进一步统一了思想、凝聚了共识、激发了干劲，为推进改革发展稳定各项工作提供了坚强政治保障。坚决落实"五个必须"、反对"七个有之"，研究制定《关于严格党的政治纪律严肃党内政治生活的意见》《领导干部外出请假报备制度》《机关事业单位工作人员请销假管理办法》，组织开展严守政治纪律和政治规矩、整治诬告歪风专题研讨，邀请专家教授就新修订的《中国共产党廉洁自律准则》和《中国共产党纪律处分条例》作了专题培训讲座，以典型案件为镜鉴组织开展警示教育，全县党员干部守纪律、讲规矩、听招呼的意识不断强化，党章党规党纪的权威性、严肃性进一步树立。认真配合省委巡视组开展巡视工作，坚持把巡视整改工作作为重大政治任务，对照巡视组反馈指出的问题和提出的建议，深入反思反省，逐条梳理回应，坚决认理认账认责认改，巡视整改工作取得阶段性成效，巡视组交办的信访举报线索全部查结。

二、认真履行主体责任，全面加强党的建设

牢固树立"抓好党建是最大政绩"的理念，聚焦党建主业，落实主体责任，以党的建设引领和保障全县改革发展稳定大局。一是从严正风肃纪。坚持把纪律规矩挺在前面、严在平时，对各乡镇党委书记、县直单位党组书记和纪检监察干部进行了集体约谈，对5个部门的主要负责同志进行了单独警示约谈，对调整任职和机构改革后的21名干部进行了任前廉政谈话，对30名落实主体责任不力和3名监督责任落实不到位的相关责任人进行了责任追究，推动了"两个责任"落实。加大纠风惩腐力度，全年查结案件195件，给予党政纪处分195人，重处分40人，移送司法机关12人，对党员干部形成了警示和教育。认真组织实施"六权治本"，督促责任部门编制完成权力清单、责任清单，投资2000余万元的县政务服务中心完成建设并投入运营，27个单位、139项行政许可项目，全部进驻行政审批大厅，实行"一条龙"管理；与百姓生活密切相关的18个单位、95个便民服务事项进驻便民服务大厅，实现"一站式"办结。认真部署开展农村集体"三资"清理、基层干部不作为乱作为等损害群众利益问题专项整治，成立了9个审计指导组逐村进行摸底、调查、落实，清理追回虚报冒领粮补款54.3万元，对32名党员干部进行了党纪处分，村务财务管理进一步规范，群众利益得到有效维护。聚焦中央"八项规定"和"四风"突出问题，成立直查快办组，建立"四风随拍"网络监督平台，组建作风建设监督员和信息员队伍，加大日常巡查和明察暗访力度，查处"四风"违纪案件24件，党政纪处分24人，责任追究16人，党员干部转作风、改作风的思想自觉和行动自觉进一步增强。全力支持纪委加快"三转"，完成了纪委内设机构改革，落实了县纪委监察局25个行政编制，为每个乡镇配备1名纪委书记、1名专职纪委副书记和3名兼职纪委委员，为33个县直单位单独派驻了纪检组长，保证县纪委和基层纪检组织有效履行监督职责。二是从严选用干部。探索出台《关于加强党组建设的意见》，分三批为35个县直机关设立党组并配备党组书记和党组成员，有效落实了责任主体，压实了工作责任。扎实推进"三个一批"，按照新修订的《党政领导干部选拔任用工作条例》和"六查"要求，甄别处理不担当、不作为的干部19人，退出不胜任、慢作为、消极应付的干部33人，掌握敢担当、善作为的好干部45人，根据工作需要和机构改革要求，分2个批次、采取平职交流的方式调整配备干部26人，激发了干部队伍

活力，提振了干事创业的精神。制定出台《浮山县科级干部动议酝酿任免议事规则（试行)》《浮山县科级干部选拔任用动议办法(试行)》《浮山县科级干部推荐考察工作细则》、《浮山县科级干部领导班子和领导干部综合分析研判办法(试行)》《浮山县科级后备干部推选实施方案》等工作制度，干部选任工作进一步规范。结合干部调整和推荐择优工作，召开了4次干部监督工作联席会议，对10个单位的班子和干部队伍情况进行了分析研判，对81名科级干部的个人事项报告进行了核查，对54名科级干部个人事项报告进行了随机抽查，对发现的18名个人事项信息填写不规范的干部，责令重新向组织进行报告。三是从严夯实基础。坚持推行“定查评”工作法和“亮晒评”群众工作法，把群众的大事小情、共性问题与个性诉求，全部纳入到党组织和党员干部服务范畴，最大限度回应群众诉求，全年确定的1277项“两定”事项全部完成，收集的2240件民事诉求办结98%，党组织在群众中的凝聚力、影响力进一步增强。组织召开基层党建工作“面对面”述评会，常委班子集体带队对全县9个乡镇27个村的基层党建工作进行了两次巡回检查，提高了农村“两委”主干岗位报酬和卸任农村“两委”主干生活补贴，按照每年每村平均1万元标准落实了党建工作经费，选派了86名优秀干部到软弱涣散和贫困村担任第一书记，建立了农村流动党员网格化管理、县委书记与大学生村官互动交流机制，基层党组织的战斗堡垒作用和党员干部的先锋模范作用得到更好发挥。实施村级组织活动场所“八个平台”建设，统一为各村配备了高音喇叭、健身器材、象棋、扑克等，基层党组织的政治引领和便民服务“两大功能”得到有效发挥。

三、积极应对下行压力，努力保持经济平稳健康发展

牢固确立发展第一要务理念，采取有力有效措施，积极应对经济下行压力，努力保持经济社会平稳健康发展。一是全力推进重点项目。紧紧扭住事关浮山长远发展的重点项目不放松，引沁入汾浮山供水工程六个标段全线开工、已完成投资近2亿元，长临高速浮山连接线纳入省交通厅和农发行贷款工程包并已上报省政府，古翼高速列入省政府“十三五”规划并纳入PPP项目库，臣南河水库工程取得立项批复，中强煤焦电化材一体化园区也取得新的进展，尾矿综合利用、华润浮山风电、太平洋矿用电缆、威盛达消防器材等一批转型项目正在加快建设，有机农业稳步发展，“印象田园”生态农业示范园区初具规模，县域经济发展后劲不断增强。二是努力破解经济困局。面对市场持续低迷、铁矿采选企业证照不全、开工不足的严峻形势，积极创新思路方法，全力帮助企业协调解决办证、融资、销售等实际困难，千方百计激活企业、搞活经济。组织国土、安监部门成立联合工作组，一企一策，对症下药，帮助17家铁矿企业办回采矿许可证，有条件的铁矿企业全部复工复产。对企业税费项目、收费标准进行全面清理，下调矿用火工品价格，撤销矿产品运销管理收费站卡，最大限度地降低生产成本，减轻企业负担。加强银企对接，协调农商行为企业提供贷款支持，解决企业资金紧缺、周转断档的实际难题。整合企业优势资源，积极与曲沃、翼城用矿企业洽谈，统一销售、抱团取暖，争取市场营销主动权，在极度困难的情况下，最大限度地保证了经济较平稳发展。三是着力激发创新活力。扎实推进金融创新，出台了《关于促进中小微企业发展的意见》等一系列优惠政策，设立中小企业发展资金，推进银企对接合作，协调县农业银行、农商银行投放企业贷款近13亿元。不断加快科技创新，成立6个专家服务团队，吸收240多名专业人才，全力支持广和定影膜、烨达黑刚玉等科技含量较高的企业完成技改。依托丰富的尾矿资源和列入国家资源综合利用“双百工程”示范基地县的政策优势，积极与中国地质科学院尾矿利用技术中心合作，建立浮山县尾矿技术研发中心、尾矿资源综合利用中心，大力发展泡沫陶瓷、微晶板材、防火保温板等新型建材产业，实现尾矿资源高效回收、循环利用，培育新的经济增长点。

四、始终坚持以人为本，维护社会和谐稳定

始终把改善民生作为工作的出发点和落脚点，着力解决人民群众最关心、最直接、最现实的利益问题，确保人民安居乐业、社会安全有序。一是全力保障改善民生。坚持把就业作为民生工作的头等大事，动员督促全县各部门单位结合各自职能引导就业、扩大就业、服务就业，积极推进大众创业、万众创新，大力发展有机农业、设施农业、循环农业，努力让老百姓有活干、有事做、有钱挣，全年共组织开展新型职业农民培训、网络电商培训等各类培训8420人次，帮助千余名劳动力外出务工就业，带动农民发展有机农业8541亩、设施蔬菜大棚300座。积极推进扶贫开发，完成槐埝乡南西坡村、张庄乡堡南村、天坛镇十里垣村三个光伏发电站建设。深入开展城乡爱国卫生清洁运动，启动第二届市级文明和谐县城、省级平安县城和国家级卫生县城创建工作，集中供热面积达到90万平方米，集中供气管网覆盖率达95%。继续巩固义务教育均衡县创建成果，新建3座乡村幼儿园，高考达线人数再创新高。积极探索医前救助机制，解决困难群众外出就医无法起身的问题。对企业职工养老保险，企业应缴部分存在困难的，由政府垫付，确保企业职工到龄退休。二是切实抓紧安全生产。严格落实安全生产“党政同责、一岗双责、齐抓共管”要求，不断强化重点行业领域安全监管，持续开展安全生产隐患排查整治活动，全年煤矿、非煤矿山及其它行业和领域未发生重大事故，安全指标控制在市定范围，全县安全生产形势持续稳定好转。三是高度重视信访稳定。持续开展群众信访诉求和信访积案清理化解活动，完善领导接访、下访、包案制度，规范信访事项受理办理程序，引导群众理性合法地表达利益诉求，严厉打击非法缠访、闹访行为，一批突出信访问题得到解决或稳控，信访总量比去年下降56%。深化平安浮山建设，健全社会治安防控体系，加强社会舆情分析研判，强化网上舆论引导监管工作，依法严厉打击违法犯罪活动，有力维护了社会稳定大局。

五、高度重视民主法治，全面推进法治浮山建设

坚持和完善人民代表大会制度，加强对人大工作的领导，支持人大及其常委会依法履行职责，围绕重点项目、重点工作、重点指标完成情况开展了专项督查，综合运用审议报告、执法检查、满意度测评等形式对“一府两院”重点工作进行监督，较好地发挥了地方国家权力机关的作用。坚持和完善中国共产党领导的多党合作和政治协商制度，加强和改进对政协工作的领导，支持和保证人民政协履行政治协商、民主监督、参政议政职能，组织政协委员就经济社会发展中的重大问题进行调研视察，利用社情民意和政协提案等载体，积极建言献策，促进全县经济社会健康发展。巩固和发展最广泛的爱国统一战线，加强同各民主党派和无党派人士的合作共事，全面贯彻党的民族宗教政策，扎实推进商会建设，最大限度地凝聚思想、凝聚智慧、凝聚力量。深入推进法治浮山建设，加大普法工作力度，增强全民法治意识和法治观念，提高运用法治思维和法治方式想问题、作决策、办事情的能力，办事依法、遇事找法、解决问题用法、化解矛盾靠法的良好氛围正在形成。扎实推进依法行政，结合“六权治本”工作，完善行政决策机制，全面推进政务公开，强化对行政行为的监督，权力运行进一步规范，法治政府建设成效明显。加强宣传思想工作，及时准确宣传党的理论、路线、方针、政策和重大决策，深入开展社会主义核心价值观宣传教育，扎实推进文明和谐创建活动，为全县经济社会发展营造了良好的舆论环境，积聚了发展正能量。国防教育深入开展，党管武装工作得到加强，工会、共青团、妇联、科协、残联等群团组织作用得到充分发挥。

（周　鑫）

附：一、中共浮山县委书记、副书记、常委名单

书　记：孙京民（12月离职）
副书记：梁秀娟（女）
常　委：尚　彬　张晓晖　刘云生　戴石高　赵顺兆

二、乡镇党委书记名单

天坛镇
书　记：盖　勇
响水河镇
书　记：杨　哲
张庄乡
书　记：丰志华
东张乡
书　记：陈波轩
槐埝乡
书　记：吉秀红（女）
北王乡
书　记：邢　磊
北韩乡
书　记：张克彪
米家垣乡
书　记：张　真
寨圪塔乡
书　记：杨　波

中共襄汾县委工作概况

县委书记　王国平

2015年，在市委正确领导下，县委全面贯彻党的十八大和十八届三中、四中、五中全会精神，深入学习习近平总书记系列重要讲话精神，按照中央“四个全面”战略布局、省委“五句话”总体要求和市委“建设文明开放、富裕和谐新临汾”安排部署，团结带领全县广大党员干部群众，凝心聚力转方式、调结构、促改革、惠民生、防风险，坚持从严治党，不断加强党的建设，全县经济、政治、文化、社会、生态文明和党的建设都取得新的成效。

一、深入学习习近平总书记系列重要讲话精神，坚决贯彻落实中央、省委、市委决策部署

带头推进“双学”。坚持把学习贯彻习近平总书记系列重要讲话精神和省市重大决策部署作为重要政治任务，通过召开县委常委会议、中心组学习会、全县干部大会等多种方式，教育、引导全县各级党组织和党员干部不断深化对习近平总书记系列重要讲话精神的理解，不断深化对“四个全面”战略部署的把握，不断深化对省委、市委重大工作部署的领会，在全县上下形成广泛共识和自觉行动。同时，深入学习以习近平同志为总书记的中央领导集体崇尚实干、勇于担当、廉洁自律的工作作风，深入学习省委、市委班子夙兴夜寐、深入调研、以上率下、严于律己的工作作风。坚持把“以上率下”作为最基本的工作方法，要求全县党员干部做到的，县委常委首先做到，努力在各方面为全县树标杆、做榜样，发挥好示范带头作用。围绕贯彻落实中央、省、市重大决策部署，先后召开22次县委常委会、2次县党政联席会、4次县四套班子联席会、3次县委全委会，研究部署襄汾县经济建设、社会建设、生态文明

建设、法治建设、党的建设等方面的重大问题和重点工作，努力使上级政策与襄汾实际紧密结合，落地生根。深入开展学习讨论落实活动，坚持问题导向，聚焦经济领域、民生领域和关键环节，开展了40项专项整治，在广大党员干部中旗帜鲜明地倡导“敢于担当、勇于任事”的工作理念，大力营造干事创业、攻坚克难的浓厚氛围，进一步统一了思想、凝聚了力量，为推进改革发展稳定各项工作提供了坚强政治保证。

二、认真落实主体责任，不断加强党风廉政建设和反腐败斗争

认真贯彻落实省委、市委《关于落实党风廉政建设党委主体责任和纪委监督责任的意见》精神，以坚决的态度减少腐败存量，以有力的措施遏制腐败增量，深入推进党风廉政建设和反腐败斗争。一是认真履行主体责任。坚持把党风廉政建设列入全县各级领导班子、领导干部目标考核，统一研究部署、统一组织实施、统一检查考核。年初，县委召开全县性专题会议，对党风廉政建设工作全面安排部署，对全年目标任务层层分解、细化责任。县委常委会6次专题研究党风廉政建设和反腐败工作；召开全县从严治党、落实主体责任工作会议，听取了各乡镇、县直各部门履行主体责任情况汇报，认真研究解决工作中存在的问题；召开全县落实主体责任集体约谈会，与乡镇党委书记、县直部门“一把手”进行集体约谈，进一步增强了各级党组织落实主体责任的主业主责意识；在专项巡查的基础上，组织开展了党委(党组)书记述纪述廉述作风述主体责任“四述”活动。二是坚决支持纪委执纪执法。支持纪检监察部门转职能、转作风、转方式，新增5个纪检监察室，配齐配强了县财政局、卫计局、教科局等县直部门纪检组长，实现了全县行政单位纪检组织全覆盖。支持县纪委认真履行党风廉政建设监督职责，继续保持惩治腐败高压态势，共立查案件200起、处分191人，移送司法机关12人。支持县纪委持之以恒纠正“四风”，紧盯元旦、春节、中秋、国庆等重要时间节点，开展了8次集中检查，严防大吃大喝、公车私用、公款旅游等节日病。深入开展收送礼金红包、大操大办等专项整治，抽调纪委工作人员组成10个检查组，到县城各饭店、小区、乡村明察暗访，进行常态巡查，共查处“四风”案件16起，党政纪处分16人。深入开展“三资”清理整治和“以群众举报乡村干部腐败为切入点，集中解决群众信访诉求问题”专项整治，着力解决发生在群众身边的“苍蝇式”腐败问题，共梳理整改问题2285个，移交问题线索187起，立查乡村干部涉纪案件36起，党政纪处分40人，移送司法机关2人。三是认真做好巡视整改工作。常委会先后6次召开专题会议，研究部署巡视整改工作，制定了《关于省委巡视二组反馈意见的整改方案》，从4个方面列出了22项整改任务，全部明确了牵头领导、责任单位、整改措施和整改时限，真查真改、标本兼治。能够立整立改的19项已全部整改到位，需要较长时间整改的3项正在按照方案部署有条不紊地开展整改。

三、坚持不懈调结构、转方式，努力推进县域经济发展

按照中央五大发展理念和省、市六大发展战略部署，坚持以科学发展为主题，以转变经济发展方式为主线，积极适应经济发展新常态，主动作为、化危为机，坚决遏制经济下滑势头，努力推动县域经济发展。一是现代农业基地建设稳步推进。认真落实省、市发展现代农业的战略部署，坚持以“一县一业、一村一品”为主攻方向，按照“规模化、产业化、品牌化”发展思路，加快推进现代农业基地建设。大力推进农业规模化，整合捆绑使用涉农资金，着力打造襄陵西红柿、南贾中药材等8大农业示范园区，全县蔬菜达到16.8万亩，优质水果达到16万亩，中药材达到10万亩。大力推进农业产业化，实施侯临年产4000吨食用菌、尧京5000亩葡萄等项目，全县年产值超500万元的龙头企业达到28家，农民专业合作社达到1099个，有效提高了农业产业化水平。大力推进农业品牌化，加大“三品一标”认证力度，全县农产品品牌认证总量达到48个，进一步促进了农业增效、农民增收。二是新型工业强县建设负重前行。面对经济下行压力持续加大、市场持续低迷、主要工业品价格持续下滑的严峻形势，继续按照“传统产业新型化、新兴产业规模化、产业发展园区化、经济发展循环化、高碳经济低碳化”的发展思路，着力推进新型工业强县建设。加快传统产业改造升级，实施了新金山100万吨高速线材、万鑫达6万吨合成氨和20万吨粗苯精制等项目，延伸了产业链条、提升了装备水平。大力发展新兴产业，新上了浦新生物质发电、晋润冷链物流等项目。认真落实中央、省、市扶持中小微企业发展的各项政策措施，促成商业银行与铁环漆业、鑫鼎集、金泉铸造3家企业签署战略合作框架协议，为万鑫达、荣世达等8家企业协调解决担保贷款2.13亿元，有效缓解了企业资金短缺压力，促进了生产经营；引导企业“煤焦联合”“焦焦联合”“钢焦联合”，在原料采购、资金流通、产品销售等方面抱团取暖、共度难关。同时，加大招商引资力度，积极参加省、市举办的煤博会、广州招商引资会、帝尧古都文化旅游节招商引资项目推介会等大型招商活动；充分挖掘襄汾在外成功人士这一人脉资源，实施“回归工程”；依靠襄汾县产业优势，实行以企招商，共签约29个项目，签约金额达198.69亿元，为县域经济发展增添了后劲。三是宜居宜业新区建设成效明显。认真贯彻落实市委、市政府“一城三区”战略规划，以大县城建设为目标，加快推进宜居宜业新区建设。坚持“两城同创”，城市品位显著提升。市级文明县城通过验收，城市面貌焕然一新。以创建省级园林县城为目标，大力实施八大绿化工程，生态环境明显改善。东提西扩北推进，县城容量快速扩张。围绕“东提”，翻修了7条城市道路，实施了6个棚户区、4个城中村改造工程，河东老城面貌大为改观；围绕“西扩”，新建了第四小学、新汽车站等功能类工程和尧星商贸城、丁陶风情街等服务类工程，全面铺开2个新建商住小区和14个续建商住小区建设，这些项目全部竣工后可新容纳城市人口12万人，大大提高河西新区

承载能力；围绕“北推进”，实施了滨河东路、汾河城区段深度治理等工程，县城总面积由6平方公里扩展到16平方公里，有效促进了与临汾大市区的融合发展，彻底改变了“大县小城、平川县山城”的历史旧貌。以市场化理念经营城市，积极探索新型城建城管新模式。按照“政府主导、社会参与、市场运作”的理念，对县城集中供气、供热、垃圾处理、污水处理等全面托管运营，节约了财政支出，提升了服务质量。在全市首开先河，将县城路灯管护权和广告经营权公开拍卖，市政投资实现了由政府托底向资本运营的转变，基础设施实现了由公共财产向可经营性资产的转变，职能部门实现了由既当“裁判员”又当“运动员”向只当“裁判员”的转变。四是根祖文化之乡建设全面提速。认真贯彻落实省、市建设文化强县的安排部署，充分发挥襄汾县文化文物旅游资源的独特优势，加快推进由文化文物资源大县向文化旅游强县转型。坚持保护与开发并重，文化旅游业驶入发展快车道。按照省委王儒林书记“高水平规划，高标准建设，高效率推进，建设世界一流帝尧之都”的重要指示，配合市里完成了《陶寺遗址保护总体规划》编制，落实了陶寺遗址保护利用项目3200亩用地指标，参加了市委、市政府在北京举办的“陶寺遗址与陶寺文化”国际学术研讨会，承办了全市帝尧古都文化旅游节锣鼓大赛、陶寺遗址成果展，大大提升了陶寺的知名度和美誉度，陶寺遗址的保护、利用和开发，展现出前所未有的光明前景。累计投资4.9亿元，建设燕村荷花园景区，已建成温泉度假项目并投入运营，营业收入达到2000多万元。累计投资1.3亿元开发龙澍峪景区，全年接待游客23万人次。投资5000多万元，完成483处文物古迹的普查工作和西中黄村春秋楼、北膏腴村善惠寺砖塔等多处文物的修缮，启动了汾城古建筑群、襄陵文庙、赵康普净寺等重点文物的修缮工程。坚持传承与发展并举，文化产业竞争力显著提升。投资2000多万元，建成唐人居晋作家具博物馆和技艺传习所，辐射和带动全县新建了5家仿古家具厂。投资8000多万元，建成天圆古玩城、智星古玩城，日交易量达到26万元。大力扶持汾城青铜器、赵康砖雕木雕、平阳麻笺等文化产业做强做大，实现年销售收入1000多万元。汾城小米醋酿造制作技艺、平阳麻笺制作技艺入选第四批国家级非遗保护目录。连续四年举办非遗文化节、燕村荷花节、陶寺舞龙舞狮节等节庆活动，全县地方性节庆活动异彩纷呈。坚持软件与硬件并行，文化事业进一步繁荣发展。实施文化精品工程，改编创作的动画片《大能人解士美》，在央视教育频道和山西少儿频道播出。实施文化服务工程，完成新城、赵康等6个乡镇文体广场建设；文化馆、图书馆坚持免费向社会开放，全县公共文化服务体系健康运行。实施文化下乡工程，举办书画展212场、戏曲155场、电影4176场，送图书11000多册，进一步丰富了广大群众文化生活。五是全力推进“三大突破”。金融振兴方面，认真贯彻省、市金融振兴大会精神，出台了《金融支持襄汾经济结构调整和转型升级的指导意见》《金融服务地方经济发展综合考评办法》；全县金融机构全年共发放支农再贷款17.63亿元，各项存款余额达到141.67亿元，各项贷款余额达到54.82亿元，累计交易金额达到3147万元。科技创新方面，认真贯彻中央、省、市会议精神，加大科技投入力度，全年下拨科研经费占到县本级财政支出的1%以上；认真开展科技型企业认定，候临食用菌等13家企业被认定为省级科技型民营企业，山西泽禾铸造等10家企业被认定为市级科技创新型企业；加快中小企业技术中心建设，天美食品实验室、华达纸业产品研发中心被确定为山西省第四批中小企业技术中心，全县企业研发机构增加到10个。民营经济发展方面，积极落实省、市民营经济发展推进大会精神，共培育小升规企业5户；实施“小巨人”企业工程，将华基混凝土有限公司纳入培育目标企业库，实行动态管理；积极组织企业参加经贸活动，威斯源、桑乐太阳能等8家企业与乐村淘成功签约，实现了网上销售，拓宽了销售渠道。六是全面深化改革。深入推进“六权治本”工作，积极承接上级下放、取消和调整的行政审批、年审年检等事项98项，清理规范县级审批项目69项；对全县各级各部门职能职责进行梳理，共清理机构职能、政策法规等8大类职权1298项，绘制行政职权运行流程图1198个，查找廉政风险点12860个；积极推进行政审批“两集中、两到位”，全县33个职能部门全部设立审批股，整建制入驻政务大厅，所有审批项目在政务大厅办理到位，进一步营造了廉洁高效的政务环境。稳步推进农村土地确权、医疗卫生文化体制改革，各项改革都取得了新的进展。

四、千方百计保稳定、惠民生，维护社会和谐稳定

坚持以人为本的执政理念，从解决人民群众最关心、最直接、最现实的利益问题入手，着力办好各项民生实事，有效提升了全县广大人民群众的获得感和幸福感。一是持续保障和改善民生。完成9所幼儿园和3所初中校舍改造工程，进一步改善了办学条件；全县普通高考硬本达线1812人，比去年增加346人，其中3名学生被清华、北大录取，教育教学质量继续名列全市前列。河西新医院进入装修阶段，中医院门诊住院综合楼主体完工；投资190万元，完成38个村级卫生室改造工程。为教育、卫生、畜牧、水利等部门，公开招聘事业人员202名；新增城镇就业6430人，转移农村劳动力6750人。投资90万元，新建9个农村老年人日间照料中心；五大保险参保人数达到45.53万人次，城乡低保和农村五保实现应保尽保。二是坚持不懈抓好生态文明建设。按照中央绿色发展的理念和省、市加强生态文明建设的要求，狠抓节能降耗和污染减排，推进万鑫达焦炉烟道废气余热利用、宏源利用甲醇驰放气建设合成氨等节能减排综合示范项目；成功申报电力用户与发电企业直接交易项目，星原、万鑫达等企业列入第一、二批直供电企业名单；完成3家钢铁企业烧结机烟气脱硫改造、7家畜禽养殖企业减排、20家加油站油气回收治理改造任务，二氧化硫、氮氧化物等约束性指标全部低于控制目标。大力实施绿化工程，完成造林2.66万亩、植树160余万株、育苗7000余亩，全县绿化面积达到49万亩，林业覆盖率达到32.5%，县城二级以上天数达到220天。累计

投入2000万元,完成5个省级、10个县级、45个乡镇级美丽宜居示范村建设,农村人居环境明显改善。三是毫不松懈抓好安全生产。认真贯彻落实省、市"党政同责、一岗双责、齐抓共管"安全生产责任体系和"管行业必须管安全、管业务必须管安全、管生产经营必须管安全"的要求,深入开展安全生产大检查、大整治,共排查整治各类隐患2254条。深刻汲取天津"8.12"爆炸特大事故教训,扎实开展"六打六治"专项行动、危化品专项整治和打非治违专项活动,全面加强非煤矿山、道路交通、公共场所等各行业、各领域的安全生产工作,全县安全生产形势持续稳定好转。四是狠抓信访稳定工作。坚持县级领导接访、下访制度和无假日接访制度,畅通了群众诉求渠道;加大信访积案化解力度,扎实开展"百日双百案"和"大排查、大整治"专项活动,排查调处各类矛盾纠纷185起,维护了社会和谐稳定。高度重视舆情监控,健全完善了舆情控制机制,形成了舆情监控、信息源分析、舆情扩散趋势分析、处置意见等联动工作机制,严防舆论炒作,把握正确导向,营造了良好舆论氛围。

五、高度重视民主政治建设,深入开展法治襄汾建设

认真贯彻落实党的十八届四中全会精神,把民主政治和法治建设摆到更加突出的位置,采取有效措施深入推进。民主政治建设取得新成效。支持县人大及其常委会深入开展执法检查、代表视察、集中调研、建议督办、国家机关工作人员任免等工作,加强对"一府两院"的监督,有效发挥了地方国家权力机关的职能作用。支持县政府深化行政体制改革,推进"六权治本"各项工作,依法依规履行行政职责,法治政府建设成效明显。支持县政协积极开展视察调研、提案督办、社情民意等工作,促进了政协职能的有效发挥。认真贯彻党的民族、宗教和侨务、对台等政策,加强同民主党派、工商联、无党派人士的团结合作,巩固和发展了最广泛的统一战线。充分发挥工会、妇联、科协、共青团等群团组织的桥梁和纽带作用,联系群众、服务群众的水平不断提高。坚持党管武装,支持驻襄部队建设,双拥共建工作取得新的成绩。法治襄汾建设深入推进。制定出台了《中共襄汾县委关于加快推进法治襄汾建设的实施意见》,采取多种方式,大力开展法治宣传教育,教育引导广大干部群众牢固树立法治意识和法治理念。积极推进阳光司法和阳光检务,认真执行错案责任终身追究制度,着力解决执法司法不规范、不公正问题;大力推进公共法律服务体系建设,探索建立"一村一警""一村一法律顾问"机制,为群众提供"一站式"法律服务,共办理法律援助案件237起,进一步增强了司法公信力;深入开展"打黑除恶""丁陶净土"等系列专项行动,突出抓好公共场所和街面巡逻防控,破获各类刑事案件313起,抓获犯罪嫌疑人350人,社会治安形势进一步好转。

六、坚持固本强基,执政为民,全面加强党的建设

按照市委"从严治党落实年"活动的安排部署,全面加强党的建设,在思想建设、组织建设、作风建设、制度建设等方面都取得新的成效。扎实开展"三严三实"专题教育。29名县级领导全部登台讲了专题党课,观看了习近平、王儒林、罗清宇等领导同志的专题党课视频,学习了《习近平谈治国理政》等规定篇目。围绕"严以修身""严以律己""严守党的政治纪律和政治规矩"等专题,县委中心组先后召开5次集中研讨会。对照"三严三实"要求,对照正反两面镜子,县委中心组成员把自己摆进去,深入查摆"不严不实"突出问题,认事、认责、认改、认干,全部建立问题清单和整改台账,确定整改路线图、时间表,共整改各类问题245条。县委常委班子召开了专题民主生活会,进行了积极健康的思想交锋,达到了红脸出汗、加油鼓劲的目的。在县委常委班子示范下,县人大、县政府、县政协和各乡镇、县直各部门都召开了高标准、高质量的专题民主生活会,各级领导班子成员都以普通党员身份参加了所在支部的组织生活会。同时,深入开展基层干部不作为、乱作为等损害群众利益问题专项整治,排查核实基层干部不作为、乱作为、贪腐谋私、执法不公等问题204项,列出问题清单,建立整改台账,正在加紧整改。宣传思想工作不断加强。组织全县各级党组织和党员干部认真学习贯彻党的十八大和十八届三中、四中、五中全会精神,学习习近平总书记系列重要讲话精神,进一步坚定了理想信念。邀请知名专家教授,举办了9期干部大讲堂;扎实开展"干部在线学习""领导干部上讲台"活动,有效提高了党员干部的能力水平。加强对外宣传,配合中央四套《远方的家》栏目组、省"尧都"古文化摄制组完成了陶寺、丁村、尉村跑鼓车、北李花馍等拍摄任务,展示了襄汾深厚的文化底蕴和独特的文化魅力,进一步扩大了襄汾的知名度和美誉度。组织基础进一步夯实。严格按照省、市《关于做好"三个一批"工作的意见》要求,扎实推进"三个一批"工作,全县13个乡镇和80个县直单位自查工作和部门审查全部结束,副科级以上干部全部申报了个人有关事项,共处理惩治不廉洁、乱作为干部9人,调整退出不作为、不胜任干部4人。按照《党政领导干部选拔任用工作条例》精神,采取干部交流、党政职务"一肩挑"等办法,平级交流科级干部89人。深入开展"两创两带"活动,鼓励农村"两委"干部、第一书记积极创新、创业,带头致富、带领群众致富。认真落实"定查评"工作法,全县559个基层党组织共确定和完成2670项工作目标。持续开展"领头雁"培训工作,对全县764名农村、社区"两委"主干和非公党组织书记进行了集中培训。加大基层基础保障力度,向建档立卡贫困村选派了37名第一书记;按上级要求的最高标准,核发了农村"两委"主干每人每月1732元的岗位报酬,社区"两委"主干每人每月2439元的岗位报酬,为640名离任村"两委"主干足额发放岗位报酬;投入42万元,整顿软弱涣散村级党组织35个,做到了有人干事、有钱办事、有场所议事。干部作风明显

好转。认真贯彻落实省委关于加强作风建设“四个实施办法”、市委25条规定，县委出台了《关于进一步改进工作作风的实施意见》，对干部作风转变提出了刚性要求。坚持县级领导和部门领导包建重点工程项目责任制，做到年初建账、年中查账、年底交账，切实增强了各级干部的工作责任心。积极开展党员干部驻村帮扶和在职党员“两服务一帮扶”活动，开展各类服务活动48次，为群众办实事3171件，让群众切实感受到党员干部作风转变的实际成效。制度建设取得显著成效。坚持用制度管人、管事、管权，制定出台了《党政主要领导“五个不直接分管”和“末位表态”暂行办法》《干部群众意见建议征集制度》《专家论证和重大问题决策听证》《关于全面推行“三重一大”事项决策制度的实施意见》《关于建立权力运行监督联席会议制度的实施办法》等制度，进一步提高了党的建设科学化水平。

（宋　静）

附：一、中共襄汾县委书记、副书记、常委名单

书　记：王国平

副书记：张宏志（5月离职）　刘　浩（8月任职）　张瑜庆

常　委：李青彦　贾安民　苏嘉邦　王志宏（6月免职）　杨建廷　范志军　穆书涛

二、乡镇党委书记名单

新城镇

书　记：杨江滨

赵康镇

书　记：王世红（9月离职）　吕　军（11月任职）

永固乡

书　记：聂增勇

南贾镇

书　记：臧俊民

汾城镇

书　记：张国强

景毛乡

书　记：王艳珍（女，9月离职）　刘东明（11月任职）

南辛店乡

书　记：曹丽娟（女）

邓庄镇

书　记：任治中（9月离职）　马　健（9月任职）

大邓乡

书　记：梁彦明

陶寺乡

书　记：李　刚

古城镇

书　记：张　峰

襄陵镇

书　记：张英杰（11月离职）　史耀刚（11月任职）

西贾乡

书　记：刘学武

中共洪洞县委工作概况

县委书记　王黎明

2015年，面对经济下行压力加大、结构调整任务艰巨的困难局面，洪洞县委团结带领全县广大干部群众，以贯彻落实党的十八届三中、四中、五中全会及习近平总书记系列重要讲话精神为指导，以“三严三实”专题教育为契机，以省委巡视整改任务为突破，全面落实中央“四个全面”战略布局和省委、市委各项决策部署，坚持稳中求进工作总基调，主动适应新常态、积极引领新常态，经济、政治、社会、文化、生态文明和党的建设取得了明显成效。初步统计，全县生产总值完成161.71亿元，同比增长2.1%；公共财政预算收入完成6.53亿元，同比降低43.1%；规模以上工业增加值完成46.56亿元，同比降低2.6%；固定资产投资完成163.8亿元，同比增长16%；社会消费品零售总额达到53.06亿元，同比增长5.7%；预计全年城镇居民人均可支配收入达到23380元，同比增长8.2%；农村居民人均可支配收入达到10150元，同比增长9.2%。

一、主动适应经济发展新常态，积极应对经济下行压力

牢牢把握发展这个第一要务，加快转变发展方式，着力优化产业结构，坚决遏制经济下滑势头，全县经济保持平稳健康发展。

扎实推进“三农”工作。坚持不懈推进农业现代化，依托历山农业观光园、大槐树农业生态园和天泽现代农业示范园三大园区，在全县范围内新发展设施蔬菜4000亩，新发展水果5000亩，新发展药材5000亩，完成绿色无公害农产品认证3个，畜禽类存栏290万只，畜产品产量7.52万吨，全县农产品加工龙头企业销售收入完成4.5亿元。全面铺开土地承包经营确权工作，273个行政村的土地确权认证工作顺利进入第一轮公示阶段。精准扶贫工作稳步推进，全年实现2431户、4850口贫困人口脱贫。

着力推进转型升级。坚持园区引领、多元发展理念，全力瞄准项目攻坚，积极增强发展后劲，全年落地项目73个，投资额完成183.46亿元；开工项目76个，投资额完成155.16亿元；建设实施重点项目68项，总投资283亿元；竣工投产项目73个，投资额完成131.74亿元。推进煤基产业多元发展，实施了山焦干熄焦、60万吨烯烃等项目，晋能煤矸石发电、焦炉煤气制甲醇等项目。加快推进大槐树国家5A级旅游景区创建步伐，积极做好广胜寺景区、造父纪念堂、文化商业街和廉政文化展厅的开发建设工作，带动全县文化旅游产业大跨度发展，全年共接待游客533.52万人次，门票收入6800万元。

全力推进"三个突破"。在金融振兴方面，建立政银企信息共享机制、金融经济运行形势研判机制、银企项目融资推介机制，搭建银企合作平台，8家金融机构全力支持37家中小企业发展，共落实贷款9.4亿元，有效破解了企业融资难题。

稳步推进深化改革。深入推进"六权治本"工作，全县"两单两图"审定工作全部结束，制定权力清单2819项，责任清单2819项，绘制行政职权运行图2819张，廉政风险防控图2819张；扎实推进"两个平台"建设，努力打造以"一张网络、两个平台、五大功能、三级联办"为基本构架的政务服务平台，成立了行政审批管理中心，将248项审批事项全部纳入县行政审批管理中心集中审批，有效提高了办事效率。扎实推进煤炭产业"六型"转变，深入推进司法体制改革，全面深化改革六个专项领域都取得了重要突破。

持续推进"六城同创"。进一步深化"百里汾河生态经济带"和"一城三区"战略部署，滨河东路顺利竣工通车，大槐树文化中心投入使用。"六城同创"活动进一步向乡村延伸，农村人居环境全面改善，全年共完成投资3.8亿元，打造了一批精品示范村。完善实施了一系列城市基础设施配套工程，县城集中供热覆盖率达到95%，气化率达到90%，污水处理率达到91%，垃圾无害化处理率达到100%，县城绿化覆盖率达到43.77%，"国家园林县城"已进入国家住建部公示阶段。大力开展大气污染防治工作，环境质量持续改善，城区空气质量二级以上天数达307天，其中一级天数89天。

二、切实保障和改善民生，全力维护社会安全稳定

在加快经济发展的同时，始终把发展各项社会事业摆在突出位置，不断加大民生投入，切实维护社会稳定，全力推动经济社会协调发展。

着力保障改善民生。统筹社会保障体系建设，城乡低保及城乡医疗救助水平进一步提高。全县各类养老保险参保人数达到47万余人，医疗保险参保8.7万人，为全县2万余名低保户发放保障金5662万元。扎实做好就业工作，全年新增就业人数5899人，创业带动就业911人，下岗失业人员再就业1010人。不断加快保障性住房安置工作，全年新建保障性住房600套，顺利完成560套保障性住房分配任务和518户农村危房改造任务，极大改善了群众住房条件。推进各类教育均衡发展，不断优化城乡学前教育环境，先后投资1405万元新改扩建了3所公办标准化幼儿园和3所农村幼儿园。2015年，全县高考二本以上达线1840人，比上年增加33人，升学率达33.1%。

切实维护社会稳定。继续完善"三段式"信访工作模式，落实县级党政领导干部信访接待日工作制度，严格控制赴省集体访和进京非访，有效解决了一大批群众信访问题，进京非访同比下降37.7%，到省市集体访同比下降62.8%。特别是在全国"两会"、十八届五中全会等重大政治活动期间，顺利实现了省委提出的"三个不发生"工作目标。加强"平安洪洞"建设，社会服务管理体系有效运行，16个乡镇和463个行政村全部建成了乡村两级社会服务管理中心；以百里汾河平安法治带"一体化"建设为依托，辐射"两翼平安"，扎实推进"六六创安"工程，洪洞县连续两年获得省级平安县荣誉称号。

毫不松懈抓好安全生产。牢固树立"红线"意识和"底线"思维，以贯彻《安全生产法》为主线，全面落实安全生产"党政同责、一岗双责"和企业主体责任，深刻汲取全国各地发生的事故教训，深化安全生产监管，在煤矿、非煤矿山、道路交通、公共场所等各行业、各领域开展了为期6个月的两轮安全生产大检查，查处一般安全隐患3241条，已全部整改到位，有效防范和遏制了各类安全事故的发生。

三、把纪律和规矩挺在前面，深入推进党风廉政建设和反腐败斗争

坚持全面从严治党、从严治吏，实践和运用"四种形态"，深入推进党风廉政建设和反腐败斗争，营造了风清气正、人心思齐、干事创业的良好氛围。

一是严格落实"两个责任"。始终坚持以上率下、"向我看齐"，县委常委班子带头落实党风廉政建设主体责任，深入研究党风廉政建设工作，组织听取基层党委主体责任落实情况，县级领导干部深入基层调研130余次。县级领导与乡镇和县直机关主要负责人全部签订了党风廉政建设目标责任书，积极开展谈心谈话活动，主动约谈群众反映意见比较多的乡镇和部门，层层加压抓好党委主体责任落实。推进全县纪检监察体制改革，县纪委机关内设机构改革全部完成，配齐配强乡镇纪检队伍，推动纪委进一步聚焦主业、转变职能。

二是严肃政治纪律和政治规矩。始终把守纪律讲规矩摆在首要位置，不断强化党章意识、纪律意识和规矩意识，组织全县党员干部学习贯彻新修订的《准则》和《条例》，在全县范围内营造风清气正的政治环境。把纪律和规矩挺在前面，要求各级党员干部坚决做到"五个必须"，坚决反对"七个有之"，在各级党组织开展了以"整治诬告歪风,强化担当作为"为主题的学习研讨会，切实增强了广大党员干部严守政治纪律和政治规矩的思想自觉和行动自觉。

三是继续保持"三个高压态势"。坚持有案必查、有腐必惩、有贪必肃。全县纪检监察机关聚焦主责主业，紧盯重点

领域和重要岗位，持续加大查办案件力度。全年共查处问责类案件50件，处分50人，涉及乡科级干部5人。紧盯重要节点，围绕党员干部公款吃喝、公款旅游、公车私用、大操大办等“四风”突出问题，强化监督检查。全年查处“四风”方面问题55件，处理党员干部58人，给予党政纪处分58人。打好“六场硬仗”，依法严厉打击并有效遏制了黑恶势力犯罪。全年各类刑事案件立案978起，破案344起，刑事拘留273人，抓获各类逃犯142人，形成了打黑除恶的高压态势。

四是坚定不移抓好巡视整改。省委巡视组反馈意见后，洪洞县委常委班子先后7次召开专题会议，认真学习反馈意见，深刻领会整改要求，对巡视组反馈的4个方面意见，进一步详细分解。以上率下，层层加压，每个具体问题，都由常委挂帅靠前指挥，形成了上下联动、合力攻坚的整改工作格局。已完成整改问题11项；制定和修订制度11项；党纪处分161人，政纪处分15人，重处分29人；组织处理3人；诫勉谈话12人，函询5人，约谈110人；移交司法机关5人；经济处罚20人；巡视工作以来，挽回直接经济损失3055万元，其中，整改期间挽回经济损失154.85万元。

五是突出抓好“两个专项整治”。按照省委、市委要求，以开展农村集体“三资”管理和“以群众举报乡村干部腐败为切入点集中解决群众信访诉求问题”两个专项整治工作为契机，严肃查处发生在群众身边的腐败和“四风”问题，使反腐败工作真正向乡镇农村延伸。全年共查处涉及“四风”问题和腐败问题的农村党员干部180人，给予党政纪处分180人。

四、坚持从严管党治党，全面加强党的建设

以开展“三严三实”专题教育为契机，牢牢抓住党建主业，为全县改革发展稳定各项工作提供坚强的政治保障和组织保障。

一是扎实开展“三严三实”专题教育。洪洞县委常委带头讲党课，带头学习规定篇目，邀请市委党校教授作专题辅导，全县科级以上领导干部讲党课480次。围绕“严以用权”、“严以律己”、“严以修身”、“严守党的政治纪律和政治规矩”和“整治诬告歪风、强化担当作为”5个专题，深入开展学习研讨。以问题为导向，突出整改立规，认真开展“六查六看”和“三对照三检查”活动，深入查找“不严不实”问题，列出问题清单和整改清单，立说立行、立行立改，切实以从严从实的精神推进整改落实。

二是稳妥推进“三个一批”工作。出台了《关于做好“三个一批”工作的实施意见》，坚持“七个紧紧围绕”，采取“三查”、“三考”、“四整治”、“一充实”的具体办法，严格把好“三个一批”的“出口关”、“入口关”和“分寸关”，强化选人用人管人的政策导向和制度约束，做到了重点甄别、常态甄别和源头甄别相结合。共甄别处理“不廉洁、乱作为”的干部19人，其中双开3人、撤职1人；调整退出“不作为、不胜任”的干部5人；掌握使用“敢担当、善作为”的干部413人，调整干部32人，其中，平调20人，提拔7人，免职5人。

三是从严从实加强干部管理。根据《党政领导干部选拔任用工作条例》，研究制定了《洪洞县县管干部动议酝酿任免议事规则（试行）》《洪洞县县管干部推荐考察工作细则（讨论稿）》《洪洞县县管干部任免工作流程（讨论稿）》《加强和改进县管领导班子及领导干部经常性考察工作的意见（讨论稿）》和《关于加强乡镇干部队伍建设的实施意见》等制度文件，从加强日常监管、规范选拔任用、整治不为不实、强化激励关爱等方面提出明确要求，为规范干部选拔任用和日常监管提供了细化、有效的制度保证。

四是不断强化基层组织建设。坚持“书记抓、抓书记”，建立书记履行党建工作第一责任7+3项目清单，与各基层党（工）委书记逐一签订了基层党建工作目标责任书。继续推进“定查评”工作法，全县各基层党组织完成“定查评”工作目标任务4927项。大力推进“党建示范带”建设，重点实施“1158”联创示范项目，培育选树90个党建示范村，20个机关企事业示范单位和10个示范非公企业；深入开展软弱涣散基层党组织整顿工作，45个软弱涣散基层党组织全部转化升级。

五是切实加强宣传思想工作。强化理论武装，以学习宣传贯彻十八届五中全会精神、“四个全面”理论为主题，对全县各级党组织和党员干部进行了两轮培训。加强舆论引导，深入开展社会主义核心价值观宣传教育，大力弘扬优秀法治文化、廉政文化、红色文化，努力营造文明和谐的新风尚。加强对外宣传，以讲好“洪洞故事”，传播好“洪洞声音”为导向，在新华网、人民网等主流媒体，策划推出了一系列影响力强的专题报道，极大提升了洪洞对外知名度和影响力。

（曹　月）

附：一、中共洪洞县委书记、副书记、常委名单

书　记：王黎明

副书记：郑步电　赵双宝　韦　阳（10月离职，挂职）　张海涛（4月任职）

常　委：任俊杰　张玉龙　李　竟　乔永生　樊如荣（女）　刘春林　程永伦

二、乡镇党委书记名单

大槐树镇

书　记：邱　波

甘亭镇

书　记：乔建红

曲亭镇

书　记：高洪安

苏堡镇

书　记：石心强

广胜寺镇

书　记：郭惠军

明姜镇

书　记：席青松

赵城镇

书　记：王秋平（6月离职）

万安镇

书　记：郭双平

刘家垣镇

书　记：柳　勇

淹底乡

书　记：张春芳

兴唐寺乡

书　记：（暂缺）

堤村乡

书　记：刘舒华(女)

辛村乡

书　记：郭芳芳(女)

龙马乡

书　记：杨瑞平

山头乡

书　记：林北红

左木乡

书　记：李金龙

中共安泽县委工作概况

县委书记　任秀红

2015年，安泽县委、县政府深入学习贯彻党的十八大、十八届三中、四中、五中全会精神和习近平总书记系列重要讲话精神，主动适应工作新常态，以从严治党为主线，在党的建设上抓提升；以落实“两个责任”为主线，在强化纪律保障上抓提升；以“六大发展”为主线，在经济提质增效上抓提升；以便民惠民为主线，在为民服务上抓提升；以深化改革为主线，在转变职能上抓提升；以学法尊法用法守法为主线，在法治安泽建设上抓提升，统筹推进经济、政治、文化、社会和生态文明建设，全县各项工作稳中向好、稳中有进，生态安泽、富裕安泽、幸福安泽建设迈出了更加坚实有力的步伐。地区生产总值完成42.13亿元；规模以上工业增加值20.74亿元；固定资产投资63.35亿元，增长20%；社会消费品零售总额8.49亿元，增长7.31%；公共财政预算收入31000万元；城镇居民人均可支配收入23836元，增长8.1%；农村居民人均可支配收入7811元，增长7%。

项目建设

扎实开展“项目提质增效年”活动，稳步实施了44项重点工程和10项民生实事，分别在年初和年中两次召开大会专题部署推进项目建设，组织县四大班子领导和部分县直单位负责人赴太原学习“城中村”改造先进经验做法，持续强化干部的担当精神，最大限度地凝聚了项目建设合力；切实抓牢对项目的调度和服务，县委主要领导纷纷深入项目工地，现场解决问题困难，加快项目建设进度；全面实行项目包联责任制，不断健全项目调度推进机制，各常委亲自督导检查落实，确保了项目建设进度；从严强化项目过程管理，教育引导全县干部树牢法治思维，严把各个程序关口，在依法依规依程序中推进了项目建设；坚持“六位一体”推进项目建设，44项县级重点工程全部完成序时进度，项目建设的经济效益和社会效益有效体现。

工业建设

先后8次为煤焦企业减免缓费用，确保了企业轻装上阵；全力加快煤炭产业“六型”转变，全县煤矿基本实现机械化和信息化；严格履行安全生产“党政同责”，各企业推行“五学五查”工作法，全县安全生产形势不断好转；全县4座煤矿和2座焦化企业均保持了正常运行，年生产原煤500?万吨、洗精煤130万吨、焦炭240万吨、甲醇17万吨、合成氨5万吨。

三农工作

举全力推进以优质玉米为主的粮食产业、以优质核桃为主的林果产业、以优质连翘为主的中药材产业、以优质肉牛为主的畜牧产业、以绿色无公害蔬菜为主的种植业等主导产业健康发展，大力实施农业综合开发土地治理，改造中低产田0.87万亩，建设高标准农田0.87万亩，新增耕地面积1353余亩，完成马壁村土地开发整理2455余亩；全县粮食总产量达14.7万吨，再创历史记录；核桃面积稳定在5.5万亩，巩固8个千亩示范园建设，4000余亩已挂果见效；“安泽连翘”地理标志认证品牌效应进一步显现，群众在连翘上的收入翻番，特别是全面摸清了全县中药材资源底数，为开发利用中药材产业打下了坚实基础；全县黄牛、猪、羊、家禽存栏分别达到1.4万头、3.2万头、10.5万只、63.2万只，肉类总产量达到13200吨，禽蛋产量达到4300吨；全县农民专业合作社达到445个，农业主导产业的规模不断扩大，经济效益全面提升。

生态旅游

完成造林绿化面积0.66万亩，四旁植树65万株。重点开展“百日会战”专项行动，依法严厉打击毁林开荒等违法犯罪行为，查处各类林政案件102起，做到了绿化与管理并举。全面贯彻落实新《环保法》，狠抓污染减排，抓牢企业环境安全监管，持续推进大气污染防治，安装了包括PM2.5在内的六项空气质量指标自动监测系统；积极推进“气化安泽”，天然气入户覆盖率达90％以上，供热覆盖率达到80%以上。全县二氧化硫减排9.5吨，化学需氧量减排21吨，氨氮减排6.1吨，全县二级以上天数达364天，其中一级天数达到215天。继续推动荀子文化园内涵充实提升工程，对太岳军区司令部旧址进行抢救性修缮，旅游景点景区设施进一步完善。加速推进服务业、文化旅游、物流等产业发展，大力推进电子商务，与省供销社合作，农芯乐平台成功在100多个村建立体验店，构建了县、乡、村三级物流配送服务体系，实现了网上线下同营销。

城乡建设

坚持城镇化建设抓提质、新农村建设抓提标，在城镇化建设上，制定完善了《安泽县县城控制性详细规划》《安泽县城市绿地系统规划》《城市道路交通规划》《县城集中供热规划》《住房建设规划》等十四项专项规划，规划体系进一步完善。重点实施了“一纵一横”旧城改造提升、奥体中心等重点工程，城市功能进一步完善，城市品味进一步提升。在改善农村人居环境上，紧紧围绕“家园美、田园美、生态美、生活美”的建设目标，编制完成了《安泽县改善农村人居环境规划纲要（2014–2020）》。着力实施基础设施提质、农民安居、环境整治、宜居示范四大工程，累计建设农村户用沼气池9座，其中500立方米大型沼气池2座；先后完成370户农村危房改造、145户易地扶贫搬迁工程，乡村清洁工程中35个省级验收村已基本达标，桃曲村、小黄村、沁河庄村省级示范村建设有序推进，示范带动作用有效发挥，基础设施建设的大突破推进了城乡面貌的大改善。

民生改善

坚决守住守好民生底线，优先保障民生刚性支出，在全省个别县发不出工资的情况下，优先保障全县干部职工工资，先后拨付9000余万元，及时为机关事业单位在职人员补发津贴补贴、增加基本工资，为离退休人员增加离退休费，确保了全县干部职工工资按时足额发放；持续实施十二年教育全免费、全县群众意外保险等28个民生实事全覆盖，最大限度地惠及民生改善。教育上，投资1000余万元，加快良马、杜村、和川三所中心幼儿园建设，力争尽快实现乡镇公立幼儿园全覆盖；投资600余万元，实施了部分校舍改造提升工程，实现硬件建设的不断提标升级；拿出400余万元，大力实施师资队伍素质提升工程，分类提高偏远山区教师岗位补助，深入推进顶岗支教活动，校长教师队伍素质显著提升；积极推进安泽二中等中学实行全封闭管理，教学质量稳步提升。卫生上，加快县人民医院门诊医技综合楼、中医院住院综合楼、杜村乡卫生院建设，新招聘40名医务人员充实卫技队伍，努力打造唐城、冀氏和马壁三个中医特色乡镇卫生医院，硬件软件建设齐头并进；全县公办医疗机构继续实行“四免一降”，农村医疗参合率稳定在99%；扎实开展“六进”免费送医上门活动，累计为群众义诊15000余人次；不断深化基本公共卫生服务，建立居民健康档案80851份，有效实行签单式服务，实现了每个农户都有一个固定医生。交通上，杜村河阳至马壁石槽连通路全面贯通，基本实现了镇通公路大循环；统筹推进了县道安全设施、乡镇道路罩面、村道硬化等工程建设，实现了全县交通网络的再提标。饮水上，在实现城乡饮水全覆盖的基础上，2015年又解决了12个自然村、3600口人的安全饮水问题，让全县群众喝上了安全水、优质水、健康水。文化上，坚持全民尽享文化成果的理念，变“送文化”为“种文化”，深入开展“文化惠民、文化育民、文化乐民”工程，累计举办“乐在周五”460余期，实现了“乐在周五”“农民健身舞”全县103个行政村全覆盖，极大地丰富了群众的精神文化生活。社会保障上，养老、医疗、工伤、失业等社会保险应保尽保，城乡低保、农村五保保障范围和标准逐年提高，困难救助帮扶扩面提标，80岁以上老年人生活补助、农村退休干部生活补贴、全县人民意外伤害保险、玉米种植户全额保险、蔬菜大棚投保等措施深入民心。扶贫攻坚上，完成脱贫人口2400人，光伏发电扶贫、教育扶贫、金融扶贫等措施扎实有力，扶贫脱贫更加精准。

社会管理

深入开展打黑除恶、六六创安专项行动，在良马、唐城等5个乡镇建设26个视频监控点，社会治安防控水平进一步提升；“一村一警”等法律服务常态开展，群众的安全感和满意度名列省市前列。

党的建设

坚持把抓好党建作为最大的政绩，着力强政治、强思想、强能力、强队伍、强责任，全面从严推进党的建设。一是狠抓理论武装，思想建设全面加强。持续强化理论学习，坚持把“双学”作为一项重大政治任务，组织中心组学习12次，班子成员在常学常新中更加自觉地把思想和行动统一到了中央、省委和市委的部署要求上。持续强化学习培训，将干部教育培训贯穿于班子队伍建设全过程，紧紧围绕“四个全面”、政治生态、经济发展新常态、“十三五”规划等主题，举办干部大学堂17期，培训县、乡、村三级干部5000余人次；充分发挥党校理论传播主阵地作用，要求党校自备了“营造良好政治生态”“守纪律讲规矩”“干部的责任与担当”等重点课题和其它十余个课题，在全县范围深入宣讲，累计举办讲座50余场，培训股级以上干部1500余人次；突出党性廉政纪律教育，累计开展廉政教育100余场次、受训13000余人次；积极推进干部在线学习，2015年注册学员平均学时达75个，上线率达100%。持续强化文化宣传，依托廉政教育基地、月亮湾公园廉政文化广场、荀子文化园法治文化基地、太岳革命根据地旧址、王光烈士墓等爱国主义教育基地，举办形式多样的活动60余场次，大力弘扬传承了“三个文化”；深入开展“三个文化”“六进”宣传教育活动，开展“感动安泽”人物事迹宣讲10余场；实施文明素质提升工程，深入开展文明市民、文明单位、文明县城创建工作,全县志愿活动得到常态化开展,未成年人思想道德教育和城市市民文明素质得到了较大提升,不断巩固省级文明县城创建成果并接受了省测评组验收,切实以文化榜样的力量教育人、引导人、鼓舞人,潜移默化中推进了全县党风政风社风民风的不断好转。二是强化问题导向,专题教育扎实开展。把聚焦问题、查找问题、解决问题贯穿"三严三实"专题教育全过程。着力学习研讨,坚持集体学习和个人自学相结合、讲课和听课相结合、调研和研讨相结合,全县29名县级领导集体学习6次,平均自学60个学时以上,观看电教片3部,在深入学习中凝聚了思想共识。着力解决问题,聚焦思想、聚焦班子和个人、聚焦工作任务、聚焦发展,多方面深层次查找问题,累计查摆出问题249个,制定整改措施268条,立整立改问题232个,全县干部加快发展的危机感和紧迫感不断增强。着力专项整治,集中开展"以群众举报乡村干部腐败为切入点集中解决群众信访诉求问题专项治理"和农村"三资"清理,33件疑难信访事项全部办结,解决"三资"问题541个;深入开展基层干部不作为乱作为等损害群众利益问题专项整治,排查问题281个,已整改263个。通过专题教育的扎实开展,促进了干部作风改进,形成了人心思干、狠抓落实的浓厚氛围。三是强化管理监督,队伍建设全面提升。将从严贯穿于干部管理监督考核的全过程。稳步推进"三个一批",制定出台了《关于做好县管领导干部"三个一批"工作的实施意见》,着力推进"六查"工作,"以三龄两历一身份"为重点,对全县干部人事档案专项清理工作进行了一次"回头看",重点对80名正科级单位"一把手"、两个试点单位班子成员、组织部全体人员、18名副科级干部和30名一般干部进行了"六查";全县116名正科级实职干部填报了《领导干部个人重大事项报告表》,从严规范了干部基础工作。今年共调整提拔了36名科级领导干部,全县干部队伍整体平稳,社会反映良好。从严强化监督管理,制定出台了《关于加强领导干部日常管理监督的办法(试行)》,进一步明确了主体职责、管理监督、责任追究等内容;制定了《安泽县干部退休谈心谈话制度》,确保退休干部思想稳定;全面推行科级干部日志制度,如实记录干部工作情况,跟踪对干部监督考核;实行干部谈话提醒制度,开展谈话座谈161人次,诫勉谈话13人次;制定了干部监督员制度,从退休老干部和"两代表一委员"中选聘了10名干部监督员,主动接受社会对干部选任等各项工作的监督,形成了管理监督的有效合力。全力建强基层队伍,突出干事创业,各乡镇选拔了200多名以45岁左右为主体、学历在高中以上的农村后备干部,村(社区)干部队伍建设得到加强;突出素质提升,新发展党员81名,大力实施"素质提升工程",认真开展农村党员冬训、书记讲党课,举办各类培训班21期,受训6300余人次,党员队伍建设全面加强;突出作用发挥,试行了县级党代会年会制,收到代表提(议)案26件,已办结26件,强化18个"党代表工作室"的日常管理,党代表队伍建设得到加强;突出严管厚爱,选派46名农村第一书记,实现了"两类村"第一书记全覆盖,推行"七个一"工作法,第一书记抓党建、谋发展、促和谐的作用得到切实发挥;突出大学生村官日常管理,持续推行《工作日志》制度,考录行政事业单位人员15人,转岗18人,大学生村官有序流动。各类队伍建设齐头并进,为全面完成各项目标任务提供了坚强的队伍保障。四是坚持载体带动,基层基础全面夯实。坚持把创新完善工作载体作为推进党建升级有效举措。拓展延伸"定查评"工作法,着眼全面增强基层党组织"两个功能",在科级党员领导干部中推行"亮、述、晒、评、转"工作法,各级党组织确定的2181件目标任务,已完成2168件,党员干部的服务意识和规范意识全面增强;完善提升"三级中心、一格一网"服务体系,着眼全面增强基层党组织综合服务功能,不断强化村务监督委员会监督职能,全力提升三级党建中心建设水平,重点建设了7个农村综合性党建服务中心,1个社区综合性党建服务中心和9个标准化机关党支部,三级中心政治和服务功能进一步提升,累计为群众提供服务39382人次,连续五年呈上升趋势;持续引深"双引领双服务"活动,着眼基层党组织更好地引领服务产业发展,全县新增"双引领"示范村7个,集体收入5万元以上村达到74个,新增党员先锋示范岗68个,党员服务模范窗口16个,基层党组织和党员引领服务发展的能力全面提升;扎实开展"三联两报到"活动,着眼建立完善党员干部联系服务群众的长效机制,有效引导机关党员深入农村社区,"零距离"服务群众,累计帮扶困难群众3793人次,提供帮扶资金364.75万元,参加志愿服务3368人次,基层党组织服务群众的能力全面提升;全力加强软弱涣散党组织整顿,对全县倒切排查出的20个软弱涣散党组织实行包整顿、包转化、包晋位的"三包"整改法,县级领导包点指导27次,党委下派工作组开展整顿43次,建立健全规章制度37条,解决突出问题30件,为群众办实事77件,全县20个软弱涣散党组织已完成整顿、实现晋位升级,全县基层党组织的基础不断夯实,党的建设全面升级。五是从严落实主体责任,党风廉政建设全面推进。层层压实主体责任,县委常委会先后11次第一时间学习传达中央、省、市有关会议文件精神,跟进研究工作举措;先后10次听取纪委党风廉政建设工作情况汇报;出台了《关于落实党风廉政建设"两个责任"的实施细则》,对党委主体责任和纪委监督责任进行逐项分解,做到了责任明确;一次性规范了各单位党组,把具备条件的单位党组全部予以充实;在与各部门、各乡镇签订党风廉政建设责任书的基础上,又与县人大、政府、政协党组签订了责任书;7月份召开了全县书记"面对面"党建述评暨党风廉政建设主体责任述职大会,对各党委存在的问题以县委办文件在全县通报,由各常委带队督查,责令限期整改,倒逼主体责任落实,形成了齐抓共管的强大合力,构建了县委牵头抓总、带头履职,各级党委(党组)认真负责、各司其职的责任体系。持续狠抓作风建设,制定出台了《关于改进工作作风密切联系群众相关规定》《关于坚决制止婚丧事宜大操大办和借机敛财行为的实施办法》等一系列制度,对全县干部作风、"三公"经费等方面做出了具体规定,从制度上规范干部行为;坚持抓常、抓细、抓长,采取分片交叉互查、明查暗访等办法,组织县纪委、财政、审计等部门进行常态化、拉网式检查,大力整治公车私用、公款旅游、公款吃喝,滥发津贴补贴,狠刹大操大办等不正之风,有效遏制了"四风"问题反弹回潮。2015年累计开展监督检查30余次,查处违反中央"八项规定"精神案件13起,给予党政纪处分13人,其中乡科级干部7人,重处分2人。狠抓权力规范监督,积极探索推进"六权治本",在全县党政机关全面实行了党政领导"五个不直接分管",积极探索决策权、审批权、监督权"三权分离"的具体措施,实现了权力的科学制衡;创新开展"亮、述、晒、评、转"工作法,85家单位亮明了身份,385名科级干部进行述职,对2380项工作任务及进度公示上墙,通过规范化地"亮"、公开化地"述"、不定期地"晒"、实打实地"评"、根本性地"转",强化了全县干部的角色意识和规范意识,确保权力沿着规范化、公开化的轨道运行。全面加强廉政教育,不断引深廉政文化"八进"活动,组织拍摄了廉政文化"八进"新闻深度报道,打造了包括单位、农村、社区等18个廉政文化示范点;在县城主要街道和群众性活动场所,制作悬挂了以八项规定、荀子廉政思想、"感动安泽"先进人物事迹为主要内容的宣传牌;在电视台开辟了廉吏廉史展播专栏,多形式常态化开展廉政文化宣传,让党员干部在耳濡目染中受到廉政文化的熏陶,时时处处受到警示教育,切实筑牢了全县干部的思想防线。大力支持纪委履职,全面落实了纪检监察干部不再分管纪检监察以外的其他业务;一次性为县纪委调剂行政编制7个,县纪委机关编制达到41个;为县纪委配备了2名正科级监察员和1名科室主任(审计中心主任),遴选了6名工作人员,县纪委内设机构改革全部完成。新配备乡镇纪委书记4名,实行了轮岗交流,并按照"大镇7–9人、小乡5–7人"的标准,配齐配强了班子,全县7个乡镇纪委纪检监察工作人员达到45人,实现了乡镇纪检组织和人员的全覆盖;优先保障纪检经费,先后投资近200万元,改造了纪检多功能视频会议室等办公场所,配备了笔记本电脑、高清执法记录仪等办案设备,实现了办案设备的标准化、规范化、高效化、现代化,真正使纪委工作聚焦到了监督执纪问责上。

(郝　瑞)

附:一、中共安泽县委书记、副书记、常委名单

书　记:任秀红(女)

副书记:毛跟云　牛庆国

常　委:陈鹏飞　高成锁　杨玉果　安海清　连忠武　张红山

二、乡镇党委书记名单

府城镇

书　记:牛福生

唐城镇

书　记:李世明

和川镇

书　记:王朝峰

冀氏镇

书　记:张俊生

杜村乡

书　记:王新文

马壁乡

书　记:雷改萍(女)

良马乡

书　记:赵春亮

中共古县县委工作概况

县委书记　郝献民

古县共有基层党组织313个,其中乡(镇)党委7个,县直机关(系统)党委7个,派出性工委2个(非公经济组织工委和县直工委),公安局党委1个,机关党总支3个,公有企业党总支1个,事业单位党总支1个,党支部291个。在党支部中,有农村支部111个,机关支部72个,事业单位支部39个,企业支部64个,民办非企业支部1个,乡镇社区支部4个。全县共有党员6861名,其中农民党员2767名,在岗职工党员3130名,离退休党员619名,其他党员345名。2015年新发展党员162名。

2015年,全年生产总值完成43.03亿元,同比增长2%;规模以上工业增加值完成21.43亿元,同比增长1%;公共财政预算收入完成1.96亿元;城镇居民人均可支配收入完成26259元,同比增长7.4%;农村居民人均可支配收入完成8601元,同比增长7.6%,全县经济社会发展稳中有进。

一、坚持双学,以上率下,坚决贯彻落实中央、省市委决策部署

古县县委面对发展的新形势、新任务,不断增强政治意识和看齐意识,自觉坚持"双学",既认真深入学习习近平总书记系列重要讲话精神,又认真深入学习习近平总书记和新一届中央领导集体崇尚实干、勇于担当、廉洁自律的优良作风,坚决在思想上政治上行动上同以习近平同志为总书记的党中央保持高度一致,坚决贯彻落实中央、省委、市委重大决策部署,带动全县各级干部形成了一级学一级、一级抓一级、一级带一级的良好局面。

(一)深入开展"三严三实"专题教育,坚定信念作表率

县委常委班子把“三严三实”专题教育作为一项严肃的政治任务，切实抓紧抓好。书记县长率先带头，县委常委迅速行动，其他县处级领导积极响应，分别为分管单位的干部职工讲了专题党课。县委中心组建立了每周一次集中学习制度，深入学习习近平总书记系列重要讲话精神，及时学习中央、省、市重要会议和文件精神，全年集中学习25次，切实把思想和行动统一到了中央、省、市的决策部署上来。先后召开了“严以修身”、“严以律己”、“严以用权”等6个专题研讨会和县委常委班子民主生活会，带头严守政治纪律和政治规矩，带头从严从实落实“两个责任”，为全县干部做出表率。始终坚持问题导向，查摆整改问题172个。特别是针对广大群众反映强烈的产业结构单一、出境公路不畅、工业园区污染、群众脱贫困难等经济社会发展的明显短板和突出问题，响亮提出办好“兴煤力保增长、修路打通瓶颈、治污改善环境、扶贫致富乡亲”四件大事，建立了“一件大事、一个重点、一套班子、一个方案、一抓到底”的“五个一”工作机制强力推进落实，得到了全县干部群众的一致响应。

(二)扎实推进学习讨论落实活动和“六权治本”等重大部署，革弊清风显成效

县委常委班子紧紧围绕“净化政治生态、实现弊革风清、重塑山西形象、促进富民强省”总要求，加强领导，严格要求，从严从实把省委、市委的重大部署落实到位。扎实推进学习讨论落实活动，分3期对390名县管干部进行了集中培训，县级领导干部带头讲党课64场次，如期完成了6个方面23项任务，形成了57项具体成果。深入开展专项整治活动，36项重点整治任务统筹推进，一批重点领域、民生领域和关键环节的突出问题得到集中整治，相关单位主要负责人在县电视台作了公开承诺，《古县新闻》作了动态报道，活动领导组及时跟进督导，确保了专项整治成效。高度重视“六权治本”工作，统筹推进“两单两图两平台一监督”等重点工作，共梳理34个单位权责清单1948项，完成了相应的权力运行流程图和廉政风险防控图；政务服务中心大力推进“两集中、两到位”和并联审批，全年受理审批事项8343件，办结率达到100%；公共资源交易中心完成政府采购和工程建设交易活动114项，做到了全程公开、全程留痕；修订、完善、出台规章制度40余项，进一步加强对重点岗位、重点环节、重点人员的监督，促进了政治清明、政府清廉、干部清正。

(三)坚决抓好巡视整改工作，正风肃纪优环境

根据省委统一安排，省委巡视二组于5月对古县进行了巡视，并于10月28日反馈了巡视意见。县委常委会主动接受并全力支持省委巡视二组开展巡视工作，以清醒的头脑认领问题，以坚决的态度开展整改，以务实的举措推动工作，以发展的绩效回应组织期望和人民关切。针对省委巡视二组反馈的4个方面14项具体问题，研究出台了1个整改总方案和6个整改子方案，制定了48条具体整改措施，着力推进落实党风廉政建设主体责任、落实党风廉政建设纪委监督责任、严守政治纪律和政治规矩、工程建设领域突出问题、民生领域突出问题、组织领域突出问题等6个方面的整改工作。在规定时间内，协调处理交办事项32件，整改反馈问题12项，整改完成率85.7%。按时向市委和省委巡视办报告了整改落实情况，得到了市委和省委巡视办的肯定。

二、锐意进取，担当有为，推动经济社会各项事业稳步发展

县委常委班子牢固树立富民强县责任意识，紧紧抓好发展第一要务，全面落实省委、市委关于“六大发展”、“三个突破”的战略部署，着力办好兴煤、修路、治污、扶贫“四件大事”，推动全县经济社会稳步发展。

(一)“三农”工作统筹推进。县委常委班子高度重视“三农”工作，大力推进“扶贫致富乡亲”系列重点工作，努力确保全面建成农村小康。严格落实种粮直补政策，粮食产量达5973万公斤，完成全年目标任务。加强农业基础设施建设，改造中低产田1.38万亩，占补平衡新增耕地2940亩，小流域综合治理10.4平方公里。狠抓特色产业不放松，新发展核桃经济林1.8万亩、连翘1万亩、油用牡丹5000亩，着力打造国家木本油料重点县；结合省级养牛重点县项目，建设良种肉牛标准化生产基地。完成生态公益林投保面积57.4万亩，超额完成市定任务，全省深化集体林权制度改革林下经济现场观摩培训会在古县召开。深入推进农村土地承包经营权确权登记颁证工作，4个试点乡镇66个村完成年度工作任务。扎实开展农村集体“三资”管理专项清理整治活动，整改突出问题700余个，移交纪检监察、司法部门案件12件。按照精准扶贫、精准脱贫的要求，深入开展机关干部下乡驻村精准帮扶到户“全覆盖”活动，组建111个下乡工作队，抽调1723名机关干部精准帮扶2818个贫困户，选派46名优秀机关干部担任农村“第一书记”，为推动精准扶贫、精准脱贫提供了保障。

(二)工业转型步伐加快。县委常委班子认真贯彻省委、市委关于推进“革命兴煤”、实施“六型转变”的政策要求，大力推进“兴煤力保增长”，制定了促进煤炭经济转型的3大方面12条措施，全力做好煤与非煤两篇大文章。全县煤矿投产产能达到525万吨，占到规划产能的50%以上。积极发展煤化工产业，利达焦化6万吨合成氨项目进入试运行，1亿立方LNG项目正在开展前期工作。国新正泰焦炉煤气制备天然气项目进入试生产。西山煤电古县2×35万千瓦煤矸石发电项目正在争取核准。推进铝矾土产业开发，与新疆众和股份有限公司签订了框架协议，拟建设新型功能性变形合金材料循环经济产业化项目，目前正在开展前期工作。佳盛能源与协鑫新能源合作古县30MW光伏发电项目实现并网发电，二期30MW项目已经省发改委备案。启动实施县城120MW分布式光伏发电项目和“8613”光伏扶贫计划，培育了一批100KW光伏扶贫示范项目，创建低碳示范县迈出重要步伐。

(三)生态环境持续改善。县委常委班子牢固树立绿色发展理念，不断强化环境保护“党政同责”和“一岗双责”的要求，全力推进“治污改善环境”。启动了生态移民、大气治理、水体治理、城乡环境综合整治等4个方面13项生态环境治

理工程，着力解决群众反映强烈的突出环境问题。涧河工业园区周边生态移民工程稳步推进。动员广大机关干部职工深入开展环境卫生“十检查十整治”活动，巩固了国家卫生县城成果，顺利通过了复检验收。加快实施北平、古阳、岳阳3镇4村采煤沉陷区治理工程，落实投资2236万元，以实际行动回应了群众关切。

（四）基础建设力补短板。县委常委班子认真贯彻开放发展理念，着眼于融入全市、全省区域发展大局，全力推进“修路打通瓶颈”。进一步完善全县交通发展规划，拟用3到5年时间，投资59.1亿元，新建改建公路工程11项207.9公里，努力形成以高速公路、国省干道为主框架，南接高速、北通一级、西线双出、乡村升级的交通网络，彻底改变境内不通高速路、没有一级路的历史。把县城—旧县镇长临高速连接线工程和省道323线古县沁源界—108国道拓宽改造工程作为“修路打通瓶颈”的重中之重，聘请省交通科学研究院和天津路桥规划设计院分别进行规划设计，长临高速连接线进入申报立项阶段，省道323线拓改工程完成了路线方案选定，进入可行性报告编制阶段。文德路全面竣工，县城龙泉街和向阳西街改造工程顺利推进，村通水泥（油）路改造提质24公里，缓解了群众出行难问题。

（五）民生改善持续向好。县委常委班子始终坚持共享发展理念，坚持不懈注重民生、保障民生、改善民生，努力做好普惠性、基础性、兜底性民生建设，确保全县人民在共建共享发展中有更多获得感。坚持教育优先发展，投资4700余万元为23所中小学配套教学设备，拿出180万元奖励优秀教师，爱心助学惠及312名贫困学生，义务教育均衡发展通过国家验收。医药卫生体制改革不断深化，新建人民医院正式投入使用，人均基本公共卫生服务经费财政补助标准由35元提高到40元，新农合筹资标准提升到每人每年120元，城乡医疗救助比例由原来的60%提高至70%，为全县60岁以上老年人进行免费健康体检。六大保险参保人数均完成市定任务。城镇低保标准由每人每月367元提高到397元，农村低保标准由每人每月188元提高到217元。保障性住房新开工246套，基本建成206套。农村困难家庭危房改造已开工500户，完成327户。考录事业单位人员87人，统筹解决了大学毕业生待业和人才流失问题。

（六）文明创建初见成效。县委常委班子高度重视精神文明建设，大力弘扬社会主义核心价值观，积极塑造团结包容、务实创新的古县精神，努力创建全国县级文明城市。全年创建国家级文明单位1家、省级文明单位（村镇）3家、市级文明单位（村镇、社区）35家、县级文明单位20余家，先后接受了省级文化强县复查验收和全国县级文明城市年度测评，整体创建工作获得好评。县图书馆新组建3个分馆系统，服务能力进一步增强。举办第八届中国·古县牡丹文化旅游节、第三届干部职工运动会、第三届农民运动会、广场消夏月、文化下乡等群众性文体活动，群众业余文化生活更加丰富。自办媒体《古县新闻》创刊，成为舆论监督的有力抓手和亮晒工作抓落实的重要平台，在晋冀鲁豫地方新媒体发展高峰论坛暨山西省县（市）报协会第19次年会上获得银奖。

（七）改革创新不断引深。县委常委班子坚持把深化改革作为推进发展的重要动力，主动对接顶层设计，扎实推进改革落地。完成政府机构改革，将县政府组成部门调整为22个。推进行政审批制度改革，取消行政审批、年审年检、行政事业性收费等项目25项，承接省市下放权力84项，调整前置审批事项为后置审批事项35项。司法体制改革完成了前期调研工作。公车制度改革完成了年度目标任务。加大金融振兴力度，组织24人外出参加PPP模式学习，支持顺杰耐材公司和华海天宇公司在“新四板”挂牌上市，总投资35亿元的省道323线拓改工程拟按PPP模式吸引社会资本参与建设。扎实推进科技创新，培育并申报1家省级民营科技企业，申报有效发明专利4件，引进省级农业专家5人。加大对民营企业发展的支持力度，鼓励大众创业、万众创新，落实“三证合一”商事制度改革和小微企业税收减免政策，引进全省最大的电商平台“马上购”入驻古县，培育了古县天一鸿锦电子商务有限公司等电商企业，全年新发展各类企业和个体工商户1217户。

（八）社会大局和谐稳定。县委常委班子牢固树立“稳定是第一责任”的意识，坚持底线思维，注重综合治理，促进社会公平正义，保障人民安居乐业。不断深化法治古县和平安古县建设，深入开展“六五”普法、“12·4”宪法宣传日等活动，建成了集公证、律师、法律援助为一体的法律便民服务大厅，“一村（社区）一法律顾问”实现全覆盖。加强社会治安防控体系建设，依托县乡村三级社会服务管理中心，实现了基层矛盾纠纷调解机构全覆盖。深入开展打黑除恶专项行动，社会治安形势整体良好，人民群众安全感和满意度位列全市前茅，创建了省级平安县。坚持县委、政府主要领导周一接访和党政班子成员轮流接访制度，深入开展“以群众举报乡村干部腐败为切入点集中解决群众信访诉求问题”专项治理活动，市以上来信来访化解率达100%。严格落实“党政同责”和“一岗双责”，扎实开展安全生产大检查、安全生产专项整治等活动，安全生产保持稳定态势，没有发生安全生产事故。

三、从严治党，履行主责，引领各级党员干部凝心聚力干事创业

县委常委班子牢固树立“抓党建是本职、不抓党建是失职，抓不好党建是不称职”的理念，把从严治党、从严治吏的要求贯彻落实到党的建设各项工作中，形成了履行主责不松手、作风建设不松懈、干事创业不松劲的良好局面。

（一）基层党组织建设扎实推进。认真学习贯彻全国、全省、全市农村基层党建工作会议精神，从严落实县委管党治党的主体责任和县委书记第一责任人的责任，实施固本提升、队伍提升、后进提升、治理提升、作风提升、保障提升六大工程，重点抓好加强农村基层党建10项重点工作，落实县、乡、村三级书记“面对面”述评制度，7个乡镇全部实行了党代会年会制。认真贯彻《中国共产党党组工作条例（试行）》，在发改经信、工商质监、安监、卫计、食药监局等15个县直单

位设立了党组,依托县直党(工)委分别组建了15个党代表工作室。坚持和完善民主集中制,建立了"三重一大"事项集体决策制度,确保了决策的民主、依法、科学。实施《村级权力运行清单45条》和《基层党组织书记责任清单25条》,规范了村级党组织的权力运行。在全县深入开展"严守党的政治纪律和政治规矩"专项整治活动,督促各级各部门党员干部自觉坚持"五个必须",坚决反对"七个有之"。大力实施农村"领头雁"延伸培训计划,累计培训"两委"主干和骨干党员8653名。严把发展党员入口关,培训发展对象216名,新发展党员162名。推行"民事民办法"落实"定查评"事项,完成服务发展大事、服务民生实事和服务群众难事1115件,整顿转化20个软弱涣散党组织,实现大学生村官全部流动。认真落实农村干部"一定三有"政策,形成工作有待遇、干好有奖励、卸职有保障的激励措施,基层党建根基得到进一步夯实。

(二)党风廉政建设成效明显。认真落实党风廉政建设党委主体责任和纪委监督责任,探索形成了"每周一学习、每月一小结、每季一督查、每年三集中(集中部署、集中报告、集中约谈)"的长效机制,督促各级各部门认真落实"两个责任"。大力支持纪委"三转",为县纪委调整充实编制12个,为乡镇纪委配齐了5名纪委委员、1名专职纪检干部,组建了2个乡镇纪委办案协作小组和2个乡镇纪委纪律审查巡回审理小组,极大地提升了乡镇纪委办案效率。紧盯元旦、春节、五一、中秋、国庆等时间节点,充分发挥"'四风'随手拍"微信举报平台作用,持之以恒纠正"四风"。全年共查处各类违纪违法案件104件,给予党政纪处分104人,其中乡科级14人、重处分12人,移送司法4人,起到了警示震慑作用。

(三)干部队伍建设持续加强。深入推进"三个一批"工作,甄别处理干部38人,调整退出干部5人,掌握优秀干部35人,选拔任用科级干部29人。发挥好目标责任考核指挥棒的作用,对第三季度全市考核排名靠后的15个指标涉及到的9个部门负责人进行了集中约谈。从严干部日常管理,对县管干部224人实施了"六查",对7个乡镇、13个县直单位领导班子进行了综合分析研判。深入开展"不作为慢作为等损害群众利益问题专项整治活动",进一步增强了广大干部干事创业、担当有为的积极性。

(四)作风建设常抓不懈。县委常委班子大力弘扬"凝心聚力、清廉务实、担当有为"的优良作风,带头到信访大厅轮流接待上访群众、带头开展领题调研、带头包联贫困农户精准扶贫、带头开展义务劳动清理杂草垃圾。党政主要领导带头坚持"5+2"、"白+黑"工作法,为全县干部群众作表率。出台了《落实上级会议专报制度》,要求党政班子领导参加市级以上会议后,结合实际提出贯彻落实意见,并在分工职责范围内及时认真组织落实,成为督促工作落实的重要依据。各乡镇、各单位也参照执行,有效避免了"肠梗阻"现象。启动了"冬季百日行动",动员全县上下抓好8个方面30项重点工作,引导各级党员干部继续深入开展"双学",马上就办,真抓实干,把冬休、冬闲、冬懒变成苦干、实干,在全县上下形成了"常委县长担主责、人大政协献良策、部门乡镇勇作为、干部群众齐上阵"的良好氛围。

(五)民主法治建设稳步提升。坚持完善人民代表大会制度和政治协商制度,支持人大、政协加强法律监督和民主监督,重大决策充分听取人大代表和政协委员的意见建议。认真学习贯彻中央、省委、市委统战工作会议精神,提高了各级各部门对统战工作的认识,巩固了统战工作的法宝地位。认真学习贯彻中央、省委、市委群团工作会议精神,支持工会、共青团、妇联等人民团体充分发挥作用,更好地组织动员群众、教育引导群众、联系服务群众、维护群众合法权益。坚持党管武装原则,深化军民融合式发展,进一步巩固发展了军政军民关系,形成了双拥共建的合力。

(元福明)

附:一、中共古县县委书记、副书记、常委名单

书　记:郝献民(5月任职)
副书记:李　强　张金虎
常　委:张亚斌(11月离职)　田卫东　姜红光
　　　　黄海华　白建成　元福明　韩东军

二、乡镇党委书记名单

北平镇
书　记:刘国强
古阳镇
书　记:柴保林
岳阳镇
书　记:杨晋栋
石壁乡
书　记:史　澎
旧县镇
书　记:崔　艳(女)
永乐乡
书　记:张秋香(女)
南垣乡
书　记:李秋生

中共汾西县委工作概况

县委书记　任天顺

汾西县位于山西省中南部，临汾市西北部，北连吕梁市交口县、晋中市灵石县，南接洪洞县，西依姑射山与隰县、蒲县接壤，东邻汾河与霍州相望，因地处汾河以西，故名汾西。全县国土面积880平方公里，耕地面积39万亩。下辖9个乡镇区，126个行政村(居委会)，484个自然村，总人口14.8万人，其中农业人口12.6万人。汾西是革命老区县，也是国家级重点扶贫开发县。属典型的黄土高原残垣沟壑区，以山地、丘陵为主，地表水十分缺乏，是以旱作农业为主的山区农业县，沟坝地闻名全国。境内矿产资源丰富，主要矿藏有煤、铁、铝钒土、石膏等，煤炭资源地质储量16.6亿吨，铁矿2.1亿吨，硫铁矿4.15亿吨，铝土矿15亿吨，石膏矿10亿吨。汾西北齐置县，至今已有1400年历史，文化底蕴深厚，有国家级文物保护单位师家沟清代民居等。县城距南同蒲铁路、大运高速公路、108国道17公里左右。

一、党建概况

汾西县共有基层党组织330个。其中，乡镇区党委9个，党总支14个，县乡直属机关、事业单位党支部144个，农村党支部120个，社区党支部6个，企业党支部36个，新社会组织党支部1个。全县共有党员7973名。其中，女党员1298名，在岗职工党员2979名，农村党员4546名，35岁以下的党员3764名。

(一)坚定正确政治方向，坚决贯彻中央、省市决策部署

坚持把学习贯彻党的十八大、十八届三中、四中、五中全会精神和习近平总书记系列重要讲话精神，以省委王儒林书记履职山西以来重要讲话精神、市委罗清宇书记重要讲话精神作为重要政治任务，利用县委常委会、中心组学习会、全县性大会等多种渠道，及时传达、认真贯彻，领会精神、把握实质，以此来指导实践、推动工作。科学谋划、精心组织了县委“十三五”规划建议起草制定工作。

深入开展学习讨论落实活动和“三严三实”专题教育活动。县级领导干部坚持以上率下，带头推动“双学”，突出抓了6个方面、23项任务、57项具体成果的落实，开展了40项专项整治；将“三严三实”专题教育拓展延伸至普通党员，重点在学习教育、问题查摆、立行立改上下功夫、见成效，组织县委中心组集体学习13次，县级领导干部撰写学习心得56篇、撰写各类调研文章10余篇、讲党课60余次、开展专题学习研讨5次，收集整理意见建议2300余条次，查摆6个方面的“不严不实”问题1152条，整改1096条，整改率95%；全县各级基层党组织集体学习1529次，讨论交流776次，组织专题辅导530余次，观看各类电教片568场次。坚持即知即改、立行立改，集中供热、北街居委会拆迁还迁等一批事关群众切身利益的突出问题得到有效解决；侯文彦、贾红记等反映的高速公路占地补偿等一批省市交办信访案件得到有效化解；以群众举报乡村干部腐败为切入点，查处了范兰保、申俊生等一批乡村干部腐败问题。

高度重视民主法治建设。坚持和完善人民代表大会制度，加强对人大工作的领导，支持人大及其常委会依法履行职责，听取审议“一府两院”工作报告11项，开展执法检查4次、调研视察5次，作出决议、决定、审议意见11项，任免人员9人次，全面开展“三账”监督工作，较好发挥了地方国家权力机关作用。坚持和完善中国共产党领导的多党合作和政治协商制度，加强和改进对政协工作的领导。组织政协委员广泛开展教育卫生、医疗保障、农村土地流转、重点工程建设、文物旅游资源保护开发等视察调研活动，县政协编纂出版了第十辑《汾西文史》，有力促进了全县经济社会发展。巩固和发展最广泛的爱国统一战线，加强与各民主党派和无党派人士合作共事，扎实推进乡镇商会建设，持续开展“光彩事业”和扶贫工程，广泛开展“优秀中国特色社会主义事业建设者”宣传活动，积极做好对台侨务工作，加强民族宗教工作，支持工青妇等人民团体发挥作用。扎实推进法治汾西建设，深化依法行政，完善决策机制，严格行政执法，推行政务公开；推进阳光司法和阳光检务，着力构建阳光司法体制；大力开展普法教育，采取送法下乡和党委中心组学法、领导干部任前考法、干部职工法治培训等形式，进一步扩大法治宣传覆盖面。切实加强党对武装工作的领导，不断完善军地齐抓共管国防后备力量建设机制，取得连续45年46次无违纪无退兵的好成绩。

通过一系列深入细致的工作，切实把全县干部群众的思想和行动统一到中央、省委和市委精神上来，实现了全县大局稳定、政治安定。

(二)全面加强党的建设，引领形成良好政治生态

牢牢抓住党建这一主业，以深入开展“从严治党落实年”为统领，把抓基层、打基础作为固本之策，统筹推进各领域党建工作，为改革发展稳定工作提供了坚强政治保障。

从严开展思想政治建设。深入开展社会主义核心价值观宣传教育，开展了学习贯彻习近平总书记系列重要讲话精神和十八届五中全会精神巡回宣讲。落实大规模培训干部任务，制定了《干部教育培训工作五年规划》，健全了《干部选学制度》《干部在线学习制度》等学习培训制度；坚持走出去、请进来相结合，多层次、全方位开展各种形式的外出考察培训、

专题学习培训，选派领导干部外出参加自主选学 57 人次，参加市委党校举办的中青班培训 23 人次，组织实地考察培训 220 余人次，开展送学下乡专题培训 13 次 2300 余人次，在汾西大讲堂开办专题讲座 3 期 900 余人次。

从严加强干部队伍管理。落实市委《关于加强领导干部日常管理监督的若干规定（试行）》，出台了《关于进一步加强股级干部管理的意见（试行）》，完善了《领导干部任前谈话制度》《领导干部离任交接管理办法》等配套制度。加强干部“生活圈”、“社交圈”监管，实行党员领导干部个人信息报告制度，全县 420 名在职科级干部对本人、配偶及共同生活子女房产及投资经营情况进行了报告。积极稳妥推进“三个一批”，认真开展了“六查”并形成部门联审报告，建立了 414 名科级干部和部分重要股级岗位干部的廉政情况、人事档案和年度考核等综合信息台账，对 15 名科级干部的违纪问题作出处理，12 名科级干部因年龄、身体状况等原因自愿退出领导岗位。贯彻新修订的《干部任用条例》，调整配备科级干部 2 批次 31 人。

从严强化基层组织建设。以党（工）委书记“5+3”项目化管理和乡村书记“面对面”述评活动为抓手，拓展引深“定查评”工作法，指导 11 名党（工）委书记确定“5+3”项目 85 个，完成 80 个；制定“定查评”目标任务 1160 个，完成 1053 个。实施“领头雁”延伸培训，培训农村“领头雁”1370 余人次，协调组织各类技术培训 30 余次 1500 多人。把党建示范工程建设、农业园区党组织组建作为我县特色项目，引深开展软弱涣散基层党组织集中整顿，打造农村党建示范集体 16 个，建立党员创业基地 3 个，大学生村官创业示范园区 1 个，组建农村专业合作社园区党组织 8 个，整顿转化软弱涣散基层党组织 20 个。选派 97 名机关优秀干部到村任职，实现了农村“第一书记”选派工作“全覆盖”。落实市委提出的村平均 1 万元、社区平均 5 万元的标准党建工作经费，农村“两委”主干岗位报酬由原来的年均 3600 元提高到 7200 元。出台了《关于进一步加强农村基层党建工作的实施意见》，实施农村基层党建“八大提升工程”，基层组织凝聚力、战斗力不断增强。

从严落实“两个责任”。按照省、市从严治党、落实“两个责任”要求部署，围绕打造“清廉汾西”目标，抓教育、定责任、建制度、强监督，“四位一体”推进党风廉政建设和反腐败工作。一是狠抓教育。深入开展“廉政文化进家庭”活动，发送廉政信 200 余份，征文 35 篇，上廉政课 55 课，在汾西大讲堂开办廉政专题讲座 2 期，在廉政微信公众平台发送“廉政课堂”12 期，制作了廉政综合视频《有权不能“任性”》；在县电视台、《今日汾西》开设专栏、营造氛围。集中观看了《四风之害》《孙杨毅案例》等警示教育片，用鲜活的案例警示各级干部自觉筑牢精神防线，清清白白做人，干干净净做事，坦坦荡荡为官。二是压实责任。把党风廉政建设列为“一把手”工程，明确了党委主体责任，强化班子成员“一岗双责”，把全年党风廉政和反腐败任务细化分项，分解落实到班子成员和县直各部门单位，层层压担子、定责任。落实主体责任报告和评议制度，各乡镇区、县直单位全部建立责任台账并“签字背书”，召开基层党委（党组）落实两个责任述职会，召开各乡镇区党委书记、乡镇长、纪委书记、组宣委员及县直部门单位“一把手”落实“两个责任”集体约谈会，确保了各项任务有效落实。对履职不到位的严肃追责问责，对落实主体责任不力的 9 个单位主要负责人进行了约谈，对落实两个责任不力的 53 名责任人进行了问责。三是健全制度。按照“六权治本”的要求，结合“三严三实”专题教育活动开展，从规范工作、管理干部、制约权力等方面入手，研究制定了《关于人事财务工程建设等工作管理试行办法》《重点工程建设管理暂行办法》等制度规定，建立了“副职分管、正职监管、集体领导、民主决策”的工作机制。大力推行党务公开、政务公开，重大项目、重大决策、干部调整、人事变动、工程项目招投标向社会公开，主动接受监督，努力把从严治党的要求落到实处。四是强化监督。从人财物方面大力支持纪委开展工作，加快推进纪委机关内设机构改革，对 7 个内设机构和人员编制进行了调整，配齐了 9 个乡镇区纪检书记。把落实八项规定、政治纪律、工作纪律等作为重中之重，成立 4 个联组，对基层干部违规违纪行为开展明察暗访，先后对 5 个单位违反八项规定问题进行了查处，对单位主要负责人进行了诫勉谈话，对相关人员给予党政纪处分；查处违规操办婚丧事宜 2 案 5 人，查处执法执纪人员利用办案吃请 2 案 2 人，查处违规使用和存放公车问题 4 起，查处乡镇派出所人员吃拿卡要 1 案 1 人，查处科级干部公款旅游 1 案 1 人，对 13 名当事人作出严肃处理，对 5 个单位的 7 名党政负责人和 5 名纪检组长、纪检书记进行了约谈。保持惩治腐败高压态势，查结违法违纪案件 124 案 124 人，其中乡科干部 33 案 33 人。

（三）扭住发展第一要务，狠抓县域经济社会发展

面对严峻复杂的宏观经济形势和经济下行压力持续加大的困难局面，统筹推进稳增长、促改革、调结构、惠民生各项工作。实施重点工程 37 项，完成投资 31 亿元，占年度投资计划的 119%。全年生产总值完成 19.3 亿元，增长 3.8%；规模以上工业增加值完成 3.18 亿元，下降 3.7%；固定资产投资完成 32.7 亿元，增长 21.3%；社会消费品零售总额完成 10.9 亿元，增长 6.4%；城镇居民人均可支配收入完成 2.19 万元，增长 8.3%；农民人均可支配收入完成 3280 元，增长 11.1%；公共财政预算收入完成 5564 万元，下降 60.4%。

安全稳定持续向好。强化“党政同责、一岗双责、齐抓共管”的安全生产责任体系，开展了安全生产专项整治、安全生产大检查和打非治违等一系列行动；深刻汲取陕西山体滑坡和天津危化品爆炸事故教训，深入开展安全稳定大检查大整治百日行动；保持打击非法采矿高压态势，全面落实打非工作制度，加大巡查监管、抓捕打击、责任追究力度，进一步巩固非法采矿成果，全年未发生重大安全生产事故。落实县级领导周二周四信访接待、乡镇每周双日信访接待、县级领导包案调处等制度，群众来信来访批数和人数分别下降 17% 和 13%。着力保障改善民生，年初确定总投资 2.57 亿元的 10 个方面 42 件利民为民实事得到落实兑现，城市配套、农村设施、优抚助残、社会保障等工作扎实推进。

"三垣一城"焕发新貌。在县财政十分困难的情况下，千方百计筹措建设资金，按照"改造旧城、开发新城，南连西扩、拉大框架"的思路，实施大县城战略。投资1.5亿元的高速引线平安大桥、投资3亿元的汾西大道竣工通车。围绕设施提升、城市安居、城中村改造、环境提升"四大工程"建设，投资4.6亿元，实施了城市集中供热、管网改造、电网改造、污水治理、智能交通系统、廉租房配套建设、北街和府南旧城改造、汾西大道景观绿化、古郡生活广场绿化等工程项目。三中学生公寓楼、职教中心配套设施建设全面完成；消防大楼、武装大楼、县医院综合楼、垃圾填埋场、奥体中心和青少年活动中心等投入使用；荣辉、陆尔发房地产开发等项目有序推进，城市面貌焕然一新。落实《市容环境卫生管理办法》和《违法占地违法建设行为处理暂行办法》，大力开展市容环境卫生整治，严厉打击违法建设行为，市容环境和城市秩序明显改观。

工业项目取得突破。采取新增建设用地指标、土地规划调整、土地增减挂钩和资源规划调整等措施，全力推进重大工业项目建设。总投资145亿元的其亚铝业年产240万吨氢氧化铝及60万吨高精铝板带箔项目顺利开工，开展了征地拆迁、文物勘探、地质勘察、厂址测绘、厂区"三通一平"等工作；投资9.7亿元的酸铁联产项目资源配置已向省国土厅呈报《矿山开采方案》，向省政府上报《申请硫铁矿资源协议出让报告》，探矿权手续拿到后，进入资源挂牌拍卖程序。同时，按照市政府《关于设立汾西铝工业园区的批复》精神，启动了铝工业园区规划工作。

特色农业稳步发展。依托洪昌养殖和晋西核桃，重点抓了两大特色农业产业发展，养殖上抓肉鸡，种植上抓核桃。全县肉鸡大棚达到292个，年出栏2300万只，年产值6.4亿元，纯收益6900万元，带动全县农民人均增收548元，占到农民人均收入的19%，被省政府列为"全省一县一业肉鸡养殖重点县"。核桃经济林总面积达到16.9万亩，挂果面积4.5万亩，年产核桃500万斤，产值5000万元，带动全县农民人均增收397元，占到农民人均纯收入的13%，被省林业厅确定为全省"核桃产业重点县"，正在申报"中国核桃之乡"。与此同时，按照"特色农业、多元发展"的思路，以市场为导向，发展玉露香梨5000亩，扁桃栽植2万亩，栽桑养蚕2000亩，种植优质小杂粮5万亩。

文化旅游彰显活力。全力打造姑射山、古楼、师家沟、刘家庄红色教育基地精品特色旅游线路，实施了姑射山真武祠景点修缮、师家沟清代民居维修保护、刘家庄红色教育基地建设项目，修缮了古楼，布置了文物展览。唱响汾西县歌，弘扬汾西精神，涌现出全国道德模范朱梅瑞、省级道德模范李章云、市级道德模范赵松山，朱梅瑞、王会平入选临汾十大新闻人物，为汾西赢得了好口碑，树立了新形象。弘扬民间艺术，团柏威风锣鼓远赴上海、北京、西安、广州等地演出，地灯秧歌、舞狮、旱船、高跷等民间艺术和剪纸、面塑等民间工艺蓬勃发展。成功举办了社火节、艺术灯展等群众性文化活动，开展送电影下乡、送戏下乡800余场，举办消夏文艺晚会6场，文化旅游的软实力进一步增强。（陈华伟）

附：一、中共汾西县委书记、副书记、常委名单

书　记：任天顺

副书记：张安文　张全管

常　委：贯文魁　段惠刚　傅德明　杨晓舟　周勇军　丁春明

二、乡镇（管委会）党委书记名单

永安镇

书　记：郝国泰

勍香镇

书　记：师学斌（8月离职）

对竹镇

书　记：郝新华

僧念镇

书　记：任贵平

和平镇

书　记：范宏艺

佃坪乡

书　记：王建国（7月离职）

团柏乡

书　记：王红林

家要乡

书　记：李胜利

社区

书　记：刘元建（女）

中共蒲县县委工作概况

县委书记　闫建国

在省委、省政府、市委、市政府的正确领导下，蒲县县委认真贯彻落实党的十八大和十八届三中、四中、五中全会精神，按照"四个全面"的战略布局，紧紧围绕省委"五句话"的总要求和市委"建设文明开放、富裕和谐新临汾"战略目标，坚持"一二四三"总体工作思路，突出从严管党治党，突出推动"六大发展"，突出法治蒲县建设，团结和带领全县干部群众，攻坚克难、锐意进取，较好地完成了全年目标任务。2015年，全年地区生产总值完成

53.85亿元，同比增长13.6%；规模以上工业增加值完成38.59亿元，增长15.8%；固定资产投资完成60.5亿元，增长20.1%；公共财政预算收入完成7.61亿元；社会消费品零售总额7.28亿元，增长10%；城镇居民人均可支配收入达到23075元，增长6.8%；农村居民人均纯收入达到7425元，增长6.7%，全县各项事业都得到了长足的发展。

一、严守政治纪律规矩

坚持把深入学习贯彻党的十八大、十八届三中、四中、五中全会精神，特别是习近平总书记系列重要讲话精神作为重大政治任务，强化理论武装，突出思想引领，坚定政治方向，发挥核心作用。通过县委中心组、县委常委(扩大)会、全县干部大会学习和专题教育培训、政策宣讲等多种形式，引导全县各级党组织和党员干部不断深化对“四个全面”战略布局的认识，不断深化对严明政治纪律规矩的理解，不断深化对省委、市委重大决策部署的领会，层层统一思想、统一意志、统一行动，以高度的政治自觉坚决同中央和省委、市委保持高度一致。坚持把党的纪律和规矩挺在前面，以深入贯彻新修订的《准则》和《条例》为契机，不断强化党章意识、纪律意识和规矩意识。认真贯彻落实市委《关于严格党的政治纪律严肃党内政治生活的意见》，要求各级党员干部坚决做到“五个必须”，坚决反对“七个有之”，使党纪党规立起来、严起来，切实增强了严守政治纪律和政治规矩的思想自觉和行动自觉。

二、坚决落实主体责任

坚持把落实主体责任作为重要的政治担当、政治责任和政治使命，以坚定的信心、坚决的态度、务实的举措，推动主体责任的全面落实、刚性落实、持续落实，不断把党风廉政建设和反腐败工作引向深入，政治生态得到明显净化。

一是扛起抓实主体责任。制订出台了《关于落实党风廉政建设党委主体责任和纪委监督责任的实施办法》，厘清了党委主体责任和纪委监督责任，健全了横向到边、纵向到底的责任体系。建立落实了主体责任汇报、述纪述廉述作风述主体责任“四述”报告、巡查质询、廉政谈话、约谈提醒、知识测试等一系列党风廉政建设工作机制，县委“五人小组”集体约谈9个乡镇党委书记、乡镇长和33个重点部门负责人，县委常委、政府副县长分别约谈分管部门负责同志，层层传导压力，防止责任空转。全面落实纪委“转职能、转方式、转作风”要求，精减议事机构68个，加快纪委内设机构调整，将内设机构由12个调整为9个，执纪监督机构的数量占到44%，执纪监督工作力量占到70%以上。实行派驻机构统一管理，配齐了乡镇纪委班子。坚持以责任追究倒逼责任落实，细化7类问责情形，明确责任追究方式和问责程序，对主体责任落实不到位的8名“一把手”进行了约谈问责，并通报批评。

二是始终保持“三个高压态势”。持续引深反腐败斗争，加大案件查办力度，充分发挥震慑作用，开展了问题线索大起底和大处置工作，共立案129件，同比上升25%；结案126件，同比上升34%；给予党政纪处分126人，同比上升32%，其中，重处分19人，涉及乡科级干部18人。深入开展乡村“两个专项整治”，共接收省纪委转办问题线索26件、市转9件，已全部办结。查处村“两委”干部套取、挪用、侵占涉农惠农资金案件12案，给予党政纪处分17人。严格实行“一案三查三追究”，追责49人，给予党纪政纪处分27人，诫勉谈话22人。持续引深作风建设，坚决落实中央八项规定，驰而不息狠刹“四风”，紧盯隐形变异问题，狠抓重要时间节点，深入开展大操大办、公款吃喝、公车私用等突出问题专项治理，查办12案、41人，作风建设正在由集中整治向常态治理深度转变。持续引深打黑除恶专项行动，严厉打击“黄赌毒”等社会丑恶现象，摧毁1个黑恶势力团伙，连续9年实现现发命案及重特大案件全部破获，有力维护了全县社会稳定。

三是深入推进“六权治本”。统筹抓好“三单两图两平台一监督”等重点环节。强化基础工作，对61个部门职责权限进行了清理规范，厘清了权力清单、责任清单和负面清单，共梳理权责清单2522项，完成了相应的权力运行流程图和廉政风险防控图。强化平台建设，完善政务服务平台和公共资源交易平台，形成了综合审批、资源交易、电子监督“三个主阵地”协调联动的监督制约机制。强化重点监督，对政府采购和政府投资项目，从招投标报名到中标情况，全部通报县四套班子成员，接受全方位监督，全程规范运行，全程公开透明操作。强化制度建设，围绕规范班子决策、严肃党内政治生活、解决“四风”突出问题、严格重点领域监管等方面，县级层面研究出台各类制度办法25项，进一步规范了权力运行。

四是坚决落实巡视整改任务。高度重视巡视整改工作，不折不扣落实省委巡视组的反馈意见，先后10次召开县委常委会议，专题研究、安排部署整改工作，制定出台了整改方案和整改清单，明确了13项、47条具体整改措施，分别由10名县级领导牵头、21个责任部门负责，逐项细化措施，逐项对账销号。省委巡视组提出的13项整改事项和19条问题线索，全部整改办结，做到了事事有回音、件件有着落，取得了解决突出问题，改进工作的预期成效。

三、坚持从严管党治党

坚持把抓好党建作为最大的政绩，始终坚持党要管党、从严治党，党建工作全面加强。

一是扎实开展“三严三实”专题教育。突出政治性，着眼锤炼坚强党性，县级领导围绕“严以修身”、“严以律己”、“严以用权”和“严守党的政治纪律和政治规矩”、“整治诬告歪风、强化担当作为”5个专题，深入开展学习研讨，以“严”的要求、“实”的标准召开了较高质量的专题民主生活会，开展了触及灵魂的剖析反思、动真碰硬的相互批评，达到了红脸出汗的效果。增强针对性，把查找解决突出问题贯穿始终，聚焦主题，深查细照，查找不严不实问题六个方面117条，县级领导对号入座，逐一认领，建立台账，细化目标任务，逐条逐项整改。目前，已完成整改任务105条。发挥示范性，县委常委带头强化自身建设，带头讲党课，带头深入学习研讨，带头边学边查边改，带头改进工作作风，发挥了表率示范作用，有力地引领了专题教育深入开展。

二是切实加强宣传思想工作。坚持把理论武装、思想引领放在首位，牢牢把握宣传思想工作主动权。扎实推进理论武装工作。集中开展了习近平总书记系列重要讲话精神和中央、省、市重大决策部署的学习宣传。特别是围绕学习贯彻党的十八届五中全会精神，积极开展多种形式的宣传宣讲活动，引导广大党员干部群众将全会精神转化为思想认同和行动自觉。严格落实党委（党组）意识形态工作责任制，牢牢把握意识形态领域主动权。切实加强思想道德建设。深入开展社会主义核心价值观宣传教育，组织纪念中国人民抗日战争胜利暨世界反法西斯战争胜利70周年活动，全县各级建立"道德讲堂"15个，开展活动86场次，组织第二届"蒲子好人"推荐表彰活动，在全社会营造了学习"身边好人"、争当道德模范的浓厚氛围。深入开展群众性精神文明创建活动，涌现出国家级文明单位2个，省级文明单位6个，市级文明单位26个，蒲县跨入"省级文明县城"行列。高度重视舆论引导工作。增强蒲县电视台、蒲县通讯等新闻媒体的传播公信力和影响力，大力宣传蒲县改革发展、作风建设的新成效，展示了蒲县对外开放的新形象。

三是从严从实加强队伍建设。积极稳妥推进"三个一批"，出台《关于刷新吏治、从严治吏打好"三个一批"组合拳工作实施方案》，积极探索完善干部工作"六查六看一评议"办法，全面掌握党员干部"德能勤绩廉"底子，共查出问题档案39份，对17名不作为、不胜任干部进行倒查追责和处分，有效防止了干部"带病提拔"。研究出台《治理"太平官"等问题整改方案》，持续加大监督检查、考核兑现和约谈问责力度，对6名思想"不在状态"的干部进行及时约谈，对5名工作不作为、慢作为的干部进行警示诫勉、公开曝光。坚持德才兼备、以德为先、以廉为基，选拔调整乡科级干部65名，社会反响良好，进一步激发了广大党员干部敢于担当、干事创业的激情活力。

结合"三严三实"专题教育，深入开展学习型、清廉型、守法型、服务型、实干型"五型"班子和党员干部队伍创建活动，干部层面思想懈怠、为官不为、担当缺失、自律不严等突出问题得到有效解决；扎实开展"讲党性、讲法纪、讲道德"主题活动，针对性解决主体责任落实不力、干部队伍管理不严的问题，广大党员干部的党性修养、能力素质、道德水平、法纪意识显著提升；持续引深"千人百村惠万家"主题实践活动，各级干部深入基层、深入一线，沉下身子、走近群众，真心实意地为群众办实事、办好事、解难事，全年完成帮扶事项201件，帮助村级党组织健全完善制度1619个，制定和完善农村发展规划45个，发展富民产业项目53个，筹措资金680万元，修建路、水、电等基础设施74项，有力地促进了农村发展和农民增收，进一步密切了党群、干群关系。

四是不断强化基层组织建设。坚持"书记抓、抓书记"，通过层层签订党建工作责任状、开展书记"面对面"述评等方式，落实责任、传导压力，形成了一级抓一级、层层抓落实的党建工作格局。全面落实"定查评"工作法，实现了基层党建工作具体化、项目化。实施"领头雁"培训工程，培训农村"两委"主干270人。扎实推进基层干部不作为乱作为等损害群众利益问题专项整治，共查找问题324个，形成了"问题清单"和"责任清单"，整改工作正在扎实推进。出台了《关于全县软弱涣散基层党组织开展集中整顿和精准帮扶的意见》，向软弱涣散村和建档立卡贫困村选派36名"第一书记"，21个软弱涣散党组织全部整顿提升，基层组织建设得到全面加强。

四、狠抓发展第一要务

认真贯彻落实"稳增长、促改革、调结构、惠民生、防风险"政策措施，紧扣"六大发展"战略，坚持"一二四三"工作思路，攻坚克难，锐意开拓，经济社会各项事业协调推进。

一是坚定不移调结构，产业转型步伐加快。围绕做好煤与非煤"两篇文章"，以煤炭"六型转变"为方向，大力推进转型发展。全面加快标准化矿井建设，新增竣工投产矿井5座、联合试运转矿井2座，全县煤炭产能达到1575万吨。总投资150多亿元的低热值煤发电、风力发电、煤电铝一体化项目，前期工作顺利推进。总投资5亿元的山煤300万吨洗煤项目、华正煤机维修制造项目、御津泷年产4万吨饮用山泉水项目投产运行，初步形成了煤炭、电力、新型建材、装备制造、食品加工多元支撑的产业格局。咬住"两个十万亩"基地建设不动摇，深入开展"核桃提质增效年"活动，标准化管理4.5万亩，高接换优6000亩，千亩示范基地达到20个，新增挂果面积7000亩，总产量达到600万斤，同比增长30.4%。依托马铃薯示范园人才技术优势，繁育种薯760万斤，建成大型马铃薯贮藏库4座，蒲县成为"国家级马铃薯栽培农业标准化示范区"。同时，大力发展优质苹果、设施蔬菜、规模养殖、中药材、烟叶等特色富民产业，农民增收渠道不断拓宽。发挥区位优势，大力发展商贸物流业，总投资20亿元的肖家沟现代物流园区煤炭集运站项目前期手续基本办结；积极参加农博会等各类展销促销活动，特色产品知名度和市场占有率不断提升；抢抓电子商务发展机遇，积极搭建企业和消费者购销平台。加快文化旅游融合发展，着力打造"心灵圣境·厚德蒲县"品牌，投资1400余万元的东岳庙彩塑壁画保护修复工程全面完成，制作完成了旅游专题推介片，开通了蒲县"一日游"线路，完成了化乐村国家级古村落整体规划；大力支持剪纸、根雕、麦秆画等文化产业发展，充分发挥段云书画奖、西戎文学奖和摄影大赛奖三大奖项的激励引导作用，文艺创作日渐繁荣，蒲县蒲剧团荣获第六届"全国服务农民、服务基层文化建设先进集体"。

二是坚持不懈夯基础，城乡统筹成效明显。坚持城市扩容和完善功能并重，统筹推进旧城改造和新区建设步伐，锦绣小区一期、鹿城山水小区一期、北街公园等主体完工，滨河大道二期竣工，鹿城山水小区二期开工建设，县城垃圾收转运系统、桃湾创业孵化基地、锦绣大桥周边修复、昌平街菜市场等项目进展顺利，城市功能品位全面提升；加快推进美丽宜居乡村建设，乔家湾乡"百镇建设"纵深推进，山中村、薛关村、曹家庄村等示范村建设富有成效。加强路网、水网、电网建设,中南铁路蒲县客运站站前广场配套设施建设主体工程基本完工,霍永高速连接线开工建设,实施县乡公路安保工程和危桥改造工程,完成通村公路完善提升工程10条、19公里,乡村公路改造提升工程4条、7公里;山西中部引黄工程蒲县段供水规划通过省、市专家评审,四沟水库完成大坝主体80%,刁口水库前期工作基本完成;220KV输变电站工程竣工投用,基础设施支撑能力不断增强。

三是坚韧不拔抓生态,人居环境持续改善。坚持生态环境优先战略,以争创"全国生态文明县"、"全国卫生县城"、"全国园林县城"为目标,扎实开展城乡环境"大清理、大整治、大规范、大提升"活动,深入推进农村人居环境改善,着力打造山更青、天更蓝、水更净的美好家园。持续推进"青山工程"。大力实施荒山造林绿化、"三北"防护林、天然林保护、临大线百里绿色走廊升级、城区绿地建设等工程,全年造林绿化3.5万亩,完成古午线、临吉高速连接线和五鹿山旅游公路通道绿化64.1公里,林木覆盖率达到53.5%,县城人均公园绿地面积达到10.08平方米。持续推进"碧水工程"。新建城市污水管网7.5公里、雨水管网8.1公里、雨污分流改造10公里,污水处理站3座,铺设农村生活污水防治项目管网5公里。加大源头防控力度,工业用水重复率达到90%以上,工业废水实现达标排放。持续推进"蓝天工程"。重拳出击,防霾治污,拆除城区燃煤锅炉156家,工业锅炉脱硫脱硝除尘设施全面配套,化学需氧量、氨氮排放量分别下降7%和6.5%,超额完成减排任务。严管施工现场和运输扬尘,推广使用太阳能、天然气等清洁能源,城区二级以上天数达344天。荣获"省级园林县城"称号,连续四年被评为"省级卫生县城"。

四是坚守使命惠民生,发展成果普惠共享。坚持发展为民、发展惠民,不断提升广大群众的幸福感和获得感。突出抓好就业创业工作,积极搭建供需平台,提供就业岗位2150个,县上自主开发公益性岗位100个,发放下岗失业人员、妇女创业小额担保贷款1564万元,全年新增就业人数4450人,城镇登记失业率控制在4%以内。县城集中供热、供气和水质提升全面覆盖;保障性住房三期工程424套主体完工,完成农村危房改造470户;农村数字电视改造工程基本完成。统筹项目资金,实施精准帮扶,投资792万元,实施了克城后沟、黑龙关耙子沟、菩萨凹整村搬迁,山中村光伏发电项目建成投用,全年实现减贫6015人。面向全国招聘5名高中名师,累计达36名,拿出300多万元重奖教育功臣,高考二本B类以上达线人数193人,再创历史新高,提前一年完成了教育振兴《三年行动计划》目标任务,跻身全市山区教育强县行列。推进公共文化服务惠民工程,以"三馆一站一团一队"为依托,向全县群众提供免费培训、展览、演出,惠及群众2万余人,送戏、送电影下乡1428场,成功承办了临汾市第四届运动会、黄河流域九省区门球交流赛等赛事,群众文化生活日益丰富。城镇居民养老、医疗保险基本实现全覆盖,城乡低保、农村五保、医疗救助、特困优抚等实现应保尽保。薛关、古县、黑龙关卫生院改扩建项目基本完工,新农合参保人数7.1万人,参合率99%,成功创建"全国妇幼健康优质服务示范县"。

五是坚决有力促改革,创新活力不断激发。以"三个突破"为引领,统筹推进各领域改革。科技创新活力增强。制定出台创新驱动、低碳创新两个《行动计划》,加大人才引进和培养力度,面向全国公开招聘大学生、研究生等专业技术人才160余人,各类专业技术人才达到3228人,申报专利125项。积极搭建产学研平台,与中国农业大学、农科院、国家马铃薯工程技术研究中心等13个院所建立技术合作关系。全县共发展省、市级科技创新企业8家,孵化国家级、省级科技项目9项。金融振兴迈出坚实步伐,完善政银企对接机制,建立企业融资担保平台,开发"强农贷"和"富民贷"等金融产品,全县发放各类贷款49.41亿元。民营经济发展成效显著,着力打造融资服务、市场服务、公共服务"三个平台",建立了省级小微企业服务站和省级中小企业创业基地,倾力支持小微企业成长,全县新增非公市场主体1040户,创出了华尧、实美等6个"山西省著名商标"。同时,农村综合改革全面铺开,稳妥推进农村土地承包经营权确权登记工作,完成5个乡镇、49个行政村、18.4万亩土地确权登记颁证任务;推进农村土地承包经营权适度有序流转,全县流转土地3万余亩。扎实推进行政审批制度改革,落实和承接行政审批项目44项,取消各类行政审批事项12项,下放7项。深入推进政府机构改革,卫生计生、工商质监、农业林业体制改革全面完成。公车改革顺利实施。司法体制改革稳步推进,推行"诉访分离",把涉法涉诉信访纳入法治轨道;推进诉调对接,建立了人民调解、行政调解、司法调解等多元化矛盾纠纷化解机制。

六是坚守底线保安全,社会大局和谐稳定。认真贯彻新《安全生产法》,全面落实"党政同责、一岗双责、失职追责"要求,扎实推进"3456"工程,突出煤矿安全生产,深入开展安全生产大检查、"七打七治"等专项整治活动,全面加强道路交通、食品安全、民爆物品、消防安全等重点领域安全工作,全县生产安全事故起数同比下降26.3%,死亡人数下降40%,安全生产形势持续好转。严格落实领导包案包访责任制,加大接访下访和"事要解决"力度,认真开展群众信访诉求化解活动,未发生进京非正常上访,赴市到省信访案件化解率达到100%,全县信访形势持续稳定。深入推进平安蒲县建设,实施"六六创安"扩容提质工程,县城四个社区挂牌运行,"网格化"管理水平不断提升,重点区域视频监控网络基本覆盖,充分发挥三级社会管理服务中心作用,有效防范了重特大治安案件的发生,被评为"省级平安县"。

(刘俊明)

附:一、中共蒲县县委书记、副书记、常委名单

书　记: 闫建国

副书记: 赵志慧　郭迎明

常　委: 陈振华　陈金庄　席建国　高永贤

余作明　李　峰(8月离职)
黄生宁(8月任职)

二、乡镇党委书记名单

蒲城镇
书　记：刘俊绒(女)
克城镇
书　记：乔富顺
黑龙关镇
书　记：张彦龙
薛关镇
书　记：卢志俊
太林乡
书　记：亢鹏飞
乔家湾乡
书　记：张保平
古县乡
书　记：康向红
山中乡
书　记：张旭东
红道乡
书　记：冯宥铨

中共乡宁县委工作概况

县委书记　杨安虎

乡宁县辖10个乡镇、182个村委、1113个自然村，共有445个基层党组织，其中14个基层党委（10个乡镇党委），9166名党员。2015年，中共乡宁县委在省、市委的正确领导下，认真学习习近平总书记系列重要讲话精神，深入贯彻党的十八大、十八届三中、四中、五中全会精神，严格按照省委"五句话"总要求和市委重大决策部署，全面从严管党治党，积极应对复杂局面，统筹推进县域改革发展稳定各项工作。

一、始终坚定政治方向，深入学习贯彻习近平总书记系列重要讲话精神和中央、省委、市委决策部署

按照"双学"要求，既学讲话，又学作风，坚定政治方向，改进工作作风，推动干事创业。首先是组织学进去，正确认识新常态。全年开展中心组集体学习18次，交流讨论12次，撰写心得体会57篇，举办"干部大讲堂"9期，组织基层干部50余人赴河南灵宝等三省七县学习考察。通过多层次、高频度教育培训，党员干部尤其是领导干部普遍认为，习近平总书记系列重要讲话是做好工作的根本遵循，以王儒林书记为班长的省委提出的一系列新思路、新理念、新部署，符合中央精神，符合山西实际，符合人民意愿，进而消除了疑虑、看到了希望、坚定了信心。其次是引导走出来，主动适应新常态。针对一些党员干部存在害怕心理和畏难情绪的问题，在强化共性教育培训的基础上，针对性地开展约谈，鞭策督导党员干部从资源依赖的惯性思维中走出来，从缩手缩脚的害怕心理中走出来，从抱怨牢骚的畏难情绪中走出来，转变观念，顺势而为，干事创业。第三是带头干起来，积极引领新常态。牢树看齐意识，自觉向党中央看齐，给全县党员干部作表率，宏观上抓决策，运行中抓结合，微观上抓落实，充分发挥带头带领带动作用。全县各级班子成员和"一把手"上行下效，保持定力，精准发力，担当担责，主动作为，激发了干事创业正能量。

二、认真落实主体责任，切实抓好党风廉政建设和反腐败工作，全面净化政治生态

坚决贯彻落实中央和省、市委关于党风廉政建设和反腐败斗争的决策部署，切实把党风廉政建设主体责任扛在肩上、抓在手上、落到实处。

一是加强组织领导，层层压实责任。对党风廉政建设工作常研究、常部署，先后召开12次县委常委会，专题研究了重点工作和重点案件。研究制定了落实"两个责任"的实施方案和责任清单，并建立工作台账，实行项目化推进。开展县委常委会成员认领责任签字背书工作，向基层党组织颁发《党风廉政建设责任状》，将压力和方法向基层传导。定期召开分析研判会，听取基层汇报，提出具体要求，开展述纪述廉述作风述主体责任活动，督促各级"一把手"靠前指挥，细抓常抓。

二是保持高压态势，从严执纪检查。全力支持纪检部门从严履行监督责任。2015年，全县纪检监察机关查办案件数同比增长119%，办结案件数同比增长116%，给予党政纪处分人数同比增长96%。查处违反八项规定精神和"四风"问题案件数同比增长67.5%，给予党政纪处分人数同比增长63%；分3批公开曝光17起典型案件。扎实推进"以群众举报乡村干部腐败为切入点集中解决群众信访诉求问题"专项治理和农村集体"三资"管理专项清理整治工作，集中解决群众身边的腐败问题。同时聚焦省委巡视二组指出的4个方面18个问题，认理认账、认责认罚、认改认干，已整改完成14项，其余4项正在积极推进。

三是完善落实机制，确保履职实效。强化教育机制，各级各部门开展廉政警示教育230余场次，教育警醒党员干部正视问题、承认问题、整改问题。夯实保障机制，积极推进县纪委内设机构改革，配齐配强纪检监察干部队伍。计划采取单独派驻和归口派驻相结合的办法，全面推进纪委派驻机构全

覆盖。健全制度机制,修订完善县委常委会议事规则、县委科学决策制度。注重运用科技手段预防腐败,充分发挥"两个责任"数字监督平台作用,不断提升执纪监督的效果。落实问责机制,坚持"一案三查",对负有领导责任的21名党员干部进行了连带问责。

三、牢固树立主业意识,全面加强党的建设,不断夯实基层基础

始终牢记党要管党、从严治党新要求,着眼强基固本,全面提升党建工作水平。县委常委会先后8次专题研究党建工作,研究出台从严治党二十二条意见,全面推行"7+3"项目化推进办法,调动各级书记抓好党建工作的积极性和主动性。

一是抓基层、强基础。坚持"抓两头、带中间",推动先进支部上台阶、一般支部求突破、后进支部变面貌。对先进支部拉高标杆,提升标准,指导他们完善提高、再上台阶。对倒切出的29个软弱涣散基层党组织,开展集中整顿,给予精准帮扶,实现转化升级。切实加大党建工作投入,将基层党建工作经费全部纳入财政预算,建立农村"两委"主干岗位报酬正常增长机制,为离任农村"两委"主干发放生活补贴,很好地激发了村干部工作热情,基层组织的凝聚力、战斗力、号召力进一步增强。

二是抓班子、带队伍。认真贯彻落实《干部选拔任用条例》,在保持干部队伍"大稳定"的同时,全面完成机构改革任务,调整交流干部49名,调出了干劲活力。积极稳妥推进"三个一批"工作,查处不廉洁、乱作为干部,调整退出不作为、不胜任干部,掌握了一大批敢担当、善作为的好干部。在县直单位选派了40名第一书记到村任职,组织开展了"七个一"行动,引导督促他们积极作为、服务发展、造福群众。

三是抓载体、求实效。认真落实"定查评"工作法,全县各级党组织确定的强化政治功能事项和落实服务功能事项全部启动,强化政治功能事项全部完成,落实服务功能事项已完成96.8%,政治优势和组织优势有效转化为服务经济社会发展的强大动力。扎实推行乡镇党代会年会制,建立党代表工作室15个,10个乡镇党代会年会全部圆满顺利召开。

四是抓活动、转作风。深入开展学习讨论落实活动,有效解决了一批重点领域、民生领域、关键环节的突出问题。扎实推进"三严三实"专题教育,先后召开了5次专题研讨会和1次民主生活会,参学人员全部对照要求,联系实际,深刻检讨反思,并逐项制定整改措施,及时认真进行整改。扎实推进深化"三严三实"专题教育专项整治基层干部不作为乱作为等损害群众利益问题工作。

四、紧紧扭住第一要务,推动"六大发展",努力实现富民强县新局面

面对经济下行压力加大、煤炭市场持续疲软的不利局面,县委不断加强对经济工作的领导,全力推进"六大发展",经济社会各项事业稳中有进,稳中有好。2015年,全县生产总值完成80.38亿元,同比增长2.5%;财政总收入完成20.35亿元,同比下降12.58%;固定资产投资完成72.1亿元,同比增长18.6%;城镇居民人均可支配收入预计完成24720元,同比增长8.1%;农民人均可支配收入预计完成8380元,同比增长10.1%。各项重点工作有成效、有突破。一是扎实推进"三农"工作。进一步优化农业产业化发展扶持办法,因地制宜提升特色产业,全县千亩以上"一村一品"专业村达到60个,经济林面积达到30万亩,农民人均达1.5亩。投资2.12亿元实施了农民安居工程、完善提升工程、环境整治工程、宜居示范工程"四大工程",11个美丽宜居示范村创建工作扎实推进。二是统筹做好"两篇文章"。坚持煤与非煤并举,精准发力产业转型升级。在煤炭产业方面,矿井建设完成投资21.6亿元,6座煤矿进入联合试运转,2座转产,新增产能750万吨。在推进非煤产业发展上,进一步加大招商引资力度,加快推进煤炭产业链条延伸。成功签约山西漳电乡宁2×1000MW燃煤发电、扬德煤层气综合利用等转型调产项目,签约金额达128.6亿元,其中部分项目已经开工建设。三是精准发力"三大突破"。研究出台《关于进一步支持乡宁农商银行加快发展的意见》等政策措施,着力破解中小微企业融资难题。印发了《关于加快推进科技创新的实施意见》,组织实施了"科技十百千工程"和"县乡村户"农业科技四级联创。成立了民营经济发展领导小组,着手研究扶持民营企业发展的17条措施,不断优化民营经济发展环境。全县民营企业总数达505家,同比增长7.9%,实现逆市上扬。四是全面提升城乡建设。启动实施了西城路网改造、东城综合开发、鄂河河道治理等市政重点工程,县城文物古迹修缮、广场雕塑等文化建设保护工作全面完成,吉河高速引线、过境路改线建成通行。大力开展大气污染、环境卫生、交通秩序等专项整治,城乡人居环境大为改善。省级园林城通过验收命名,文明县城通过市级考核验收。五是切实抓好安全稳定。落实党政同责,加强常态监管,坚决"打非治违"。特别是天津港"8·12"特别重大火灾爆炸事故之后,在全县范围开展了安全生产大检查,确保全县安全生产形势平稳向好,各类生产安全事故起数和死亡人数稳中趋降。高度重视信访稳定工作,将领导干部接访下访常态化,不断提高"两率一力",确保全县社会大局稳定。六是积极促进民生改善。启动实施了八项重点工程、十件惠民实事,新医院、保障性住房、棚户区改造、县乡道路标准化建设等工程加紧实施,东城开发、教育"改薄"、县城供水引黄、城乡卫生清洁等项目年度建设任务顺利完成,特别是全县人民关注的县城公交免费启动运行,广受好评。同时,按照"六位一体"的办法,扎实推进省市县三级重点工程,圆满完成年度目标任务。

在把方向、履主责、管党建、抓重点的同时,还统筹推进了其他各项重点工作。一是扎实推进全面深化改革。研究制定了全面深化改革专项工作方案和年度计划,积极对接上级精神,积极推进各项改革任务,特别是大力推进简政放权,对审批事项进行流程再造,进一步规范财政预决算、政府性债务、政府购买服务等工作,取得了阶段性成效。二是全面实施"六权治本"工作。"两清单"编制工作全面完成,"两张图"绘

制工作按序时推进。进一步做好政务服务平台建设工作，扎实推进行政审批"两集中、两到位"，有效解决了审批项目应进未进、体外循环等问题。按照结构合理、程序严密、制约有效的要求，进一步健全"三重一大"决策等制度，制度体系逐步完备。三是着力提升法治建设水平。投资3000余万元建成的立体式、智能化综合指挥中心正式投入使用。组织开展专项行动严厉打击"黄赌毒"等违法犯罪行为，始终保持对各类犯罪活动的高压态势，连续两年被评为"省级平安县"。全面落实"大调解"工作机制，扎实开展各类法制宣传活动，不断健全治安防控工作体系，社会秩序持续好转。四是不断强化民主政治建设。制定了《关于加强和改进人大监督工作的决定》和《关于进一步加强和改进人民政协工作的意见》，支持县人大围绕全县中心工作依法履行职责，促进县政协充分发挥政治协商、民主监督、参政议政职能。五是切实加强宣传思想文化工作。以"德润鄂邑，共筑梦想"为主题，扎实开展道德实践活动和公益广告宣传等工作，营造积极向上的社会氛围。全面提升公共文化服务水平，广泛开展群众性文化活动，激励文艺精品创作，在国家、省、市级报刊发表文艺作品30件。（史怀荣）

附：一、中共乡宁县委书记、副书记、常委名单

书　记：杨安虎

副书记：樊洪平

常　委：栗俊昌　解高民　张建山　陈海平　郭　举（8月离职）　郭玉龙　张红玉（女）　任国栋（8月任职）

二、乡镇党委书记名单

枣岭乡

书　记：王海鸣

昌宁镇

书　记：任进科

管头镇

书　记：闫　鹏

台头镇

书　记：郑安民

光华镇

书　记：李宝堂

双鹤乡

书　记：刘玉杰

关王庙乡

书　记：贺伟科

尉庄乡

书　记：高建新

西交口乡

书　记：王永生

西坡镇

书　记：赵继宁

中共吉县县委工作概况

县委书记　郝忠祥

吉县共有乡镇党委8个，县直党委（总支）23个，党支部251个，党员6370名。

2015年是全面深化改革的关键之年，是全面推进依法治国的开局之年，也是全面完成"十二五"规划的收官之年。一年来，在市委、市政府的正确领导下，吉县县委认真贯彻落实党的十八大、十八届三中、四中、五中全会精神和习总书记系列重要讲话精神，紧紧围绕省委"五句话"总要求和市委"建设文明开放富裕和谐新临汾"的战略目标，团结带领全县干部群众，凝心聚力，真抓实干，为推进"六大发展"，圆就民富县强"吉县梦"奠定了坚实基础。

一、深入学习习近平总书记系列重要讲话精神，坚决贯彻落实中央、省委、市委决策部署

严格落实中央、省委、市委的新精神、新要求、新部署，始终把纪律规矩挺在前面，讲政治、顾大局。一是认真贯彻落实习近平总书记系列重要讲话精神。深入学习贯彻习近平总书记系列重要讲话精神，认真贯彻落实省委"五句话"总要求和市委系列决策部署，通过召开会议、举办专题讲座、印发学习资料等多种方式，引导全县各级党组织和党员干部不断深化对习近平总书记系列重要讲话精神的理解，不断深化对"四个全面"战略布局的准确把握，不断深化对省委、市委重大工作部署的深刻领会，在政治上、思想上和行动上与中央、省委、市委保持高度一致。二是坚决把以上率下作为重要导向，自觉主动践行。县委常委带头推动"双学"，在深入学习中央和省委重要精神的同时，深入学习以习近平同志为总书记的中央领导集体"崇尚实干、勇于担当、廉洁自律"的工作作风，深入学习省委班子"夙兴夜寐、深入调研、以上率下、严于律己"的工作精神，深入学习市委领导"以上率下、示范引领"的工作方法，要求全县党员干部做到的，县委常委首先做到，努力在各方面立标杆、作榜样，一级做给一级看，一级带着一级干。三是坚决把担当干事作为根本要求，推进工作落实。深入开展学习讨论落实活动，坚持问题导向，聚焦重点领域、民生领域和关键环节开展了46项专项整治，在广大党员干部中

旗帜鲜明地倡导"坚守使命、勇于担当"的工作理念,大力营造干事创业、攻坚克难的浓厚氛围,进一步统一了思想、凝聚了共识,为推进"六大发展"提供了坚强的政治保障。

二、坚决落实主体责任,切实抓好党风廉政建设和反腐败斗争

贯彻落实省委"五句话"总体要求,坚决把"两个责任"扛在肩上、抓在手上。一是进一步强化了"两个责任"落实。下发了"两个责任"实施意见,新成立政府部门党组20个,列出县乡村三级班子和成员党风廉政建设责任清单并签字背书。建立健全了"年初建账、年中查账、年底交账"工作机制,坚持台账式管理,项目化推进,层层分解任务,层层夯实责任。建立了定期研究党风廉政建设和反腐败斗争工作机制,县委"五人小组"和常委会先后7次对党风廉政建设和反腐败工作进行专题研究。坚持半年召开一次书记"面对面"述评会,每季度召开一次集体谈话会,每两个月开展一次逐级约谈,每月开展一次"廉政提醒日"活动,层层传导压力,狠抓责任落实。2015年,开展"两个责任"落实情况专项督查6次,对主体责任落实不力的5名领导干部进行了责任追究,对3个单位进行了通报批评。同时,全县8个乡镇党委、纪委认真落实"两个责任",加大自办案件力度,共立案45起,结案45起,党纪处分49人。二是进一步加大领导支持力度。探索实施了"四书三报告"工作制度,清理精简纪委参与的议事协调机构58个,调整配备纪检人员21名,组织开展纪检干部全员培训和岗位练兵活动,全力支持纪检监察机关集中精力执好纪、问好责、把好关。纪检部门坚持抓早、抓小、抓苗头,统筹运用好"四种形态"理念。全年诫勉谈话26人、组织处理6人,有效防止了干部逐渐蜕变。三是进一步推进了"六权治本"。出台了工作推进方案,组织编制了"两个清单",绘制了"两张图",搭建了"两个平台"。制定出台了涉及机关建设、干部监督、财经纪律、采购招标、农村合同等一大批规范性文件,全面推行了"三五治村"模式,组织实施了"村级权力运行清单30条",用制度管人、管事,进一步扎紧了制度"笼子"。四是进一步狠刹了"四风"。责成财政、审计等部门对全县各单位账目进行"回头看",开展了"收送礼金、红包"自查自纠活动,共收缴红包礼金16.8万余元。严查了公款吃喝、公款旅游、大操大办等违反中央八项规定精神案件17起,给予党纪处分12人、诫勉谈话5人。特别是开展了"整治诬告歪风,强化担当作为"专题学习讨论活动,净化了社会风气,传递了正能量。五是进一步加大了惩治腐败力度。围绕重要节点,紧盯重要领域和关键环节,坚持"四个严肃查处",严格落实"一案三查",对腐败问题实行"零容忍"。2015年,全县共查处各类案件91起,比上年增长52%;查处科级以上人员21人,比上年增长24%;查处农村干部45人,比上年增长114%;移送司法机关5人。同时,结合农村"三资"清理和"以群众举报乡村干部腐败为切入点集中解决群众信访诉求问题"专项治理,共查结案件41起,有效减少了发生在基层和群众身边的腐败存量。六是进一步加强了省委巡视反馈意见整改工作。制定了《整改落实分工方案》,组织落实了巡视整改"回头看",对反馈意见中提出的4个方面14个问题,县党政班子成员挂帅,牵头整改,督促指导各责任单位坚持问题导向,查缺补漏,逐项整改。城建等5方面问题已整改完成;"四风"等7方面问题,整改已初见成效;事业单位空编等2方面问题,按时序进度,抓紧整改落实。同时,省委巡视组转交的3批26件信访件,其中5件为重复件,1件不属于县级管辖范围,实为20件。已了结7件,转立案并结案13件,给予党政纪处分14人。

三、贯彻落实"六大发展"理念,推动经济社会平稳健康发展

牢固确立发展第一要务理念,认真落实省委"六大发展"新要求,积极适应经济新常态,扎实推进经济社会实现健康平稳发展。2015年,全县地区生产总值完成19亿元,财政总收入完成2.08亿元,城镇居民人均可支配收入完成17268元,农村居民人均可支配收入完成4336元。各项重点工作有成效、有突破。一是以创新发展为支撑,苹果提质升级取得了新突破。落实"十大举措",稳步推进有机标准化生产。完成了高架微喷、引水进园3900亩,施用农家肥和商用有机肥30多万方,肥水"瓶颈"大为改善。实施了水果经济林等"四大工程",新栽苹果1.2万亩,累计减密间伐2.5万亩,树形改造8万亩,创建苹果示范园160座,打造有机苹果示范基地2300亩,推广了"五统一"生产管理模式,进一步提高了苹果产量,改善了品相,提升了品质。目前,2.5万亩通过了有机转换期考核验收。以市场开拓为主导,打造央视展会等"六大宣传平台",拓展网络电商等"五大销售渠道",全方位创品牌,拓市场。2015年,获得"中国十大苹果品牌"、"中国果品区域公用品牌50强"、"中国果业百强品牌"三项殊荣,吉县苹果的知名度、美誉度和市场竞争力进一步提升。2015年,红富士地头收购价比周边产区每市斤高出1元左右,有机苹果地头最高收购价每斤达到4.4元,农民收入实现了稳步增长。二是以绿色发展为引领,旅游彰显优势实现了新突破。以景点建设为抓手,实施了壶口景区道路拓宽、公共卫生间配套建设等项目,旅游服务基础设施进一步完善。以创建国家5A级景区为契机,开展了"旅游秩序百日大整顿"活动,景区环境卫生、服务水平和游客接待能力进一步提升。以文化旅游为核心,积极扶持壶口原生态非遗演绎活动,加强克难坡文物保护修缮,支持人祖山景区建设运营,大力推行农家乐、苹果采摘体验,全力培育文化旅游新品牌。以绿色旅游为特色,加大生态环境建设,"绿色吉县"已成为发展生态旅游的最佳目的地。组织开展了"媒眼看吉县"媒体采风活动,吉县的知名度和影响力进一步扩大。2015年,全县共接待游客364.45万人次,社会综合效益29.89亿元,实现了经济效益和社会效益稳步增长。三是以新能源开发为重点,培育工业经济增长点实现了新突破。在加快煤层气开发利用,抓好苹果加工园区建设同时,进一步推进新能源开发,加紧建设总投资1.2亿元的10MW分布式农业光伏电站;积极协调、全力推进古

贤大坝建设项目，努力培育工业经济新的增长点。四是以协调发展为遵循，城乡一体化建设实现了新突破。统筹规划、建设、管理“三大环节”，改造提升老城，启动了双向排污箱涵工程，片区改造工程全面铺开；开发拓展新城，投资7812万元实施了新城路网建设7.28公里。规范城市管理，严格落实《城乡规划法》，投资112万元，实施了城乡环境卫生提升工程，大力整治城乡“三乱”，城乡建设进一步规范有序。开展美丽乡村建设，制定了《2015年改善农村人居环境行动计划》，实施了1800户农村危房改造工程和农民安居“四大工程”，农村综合实力、整体功能及人居环境得到了进一步提升。五是以共享发展为目标，稳步改善民生实现了新突破。实施了城乡供水改造、电网完善等“十件惠民实事”，全力为群众办实事、办好事。积极落实创业就业扶持政策，培训962人，城镇新增就业岗位1130个，招录事业编73人，公务员17人。推进各类教育均衡发展，定期轮岗交流校长教师47人，开展教师培训1600人次，教育教学质量持续提升，高考二本达线103人、对口高考本科达线69人。完成了59个行政村卫生室标准化建设，全县参合农民达8.2万人。统筹推进社会保障体系建设，拨付资金1.57亿元，保障了养老保险、城乡低保配套资金等费用及时发放。改扩建了北山无线电发射台，城乡有线电视“村村通”用户达到2.28万户。大力发展特色农业，实施了“菜篮子工程”，扶持养殖基地建设。8000贫困人口实现了脱贫，群众生活水平和幸福指数进一步提升。

四、加强法治吉县建设，依法规范管理扎实推进

坚持把依法规范管理作为构建民富县强“吉县梦”的重要抓手，全力推动民主法治建设取得新实效。一是推进“法治吉县”建设。扎实推进法治政府建设，切实深化依法行政，不断完善行政决策机制、严格行政执法，进一步强化了对行政行为的监督。坚持人民代表大会制度，加强对人大工作的领导，支持人大及其常委会依法履行职责，围绕实施“六权治本”、推进“六大发展”进行督察，围绕国民经济、苹果、工业等重点工作，对“一府两院”工作进行监督，用好重大事项决定权。加强和改进对政协工作的领导，充分发挥政协优势，就“双十工程”等经济社会发展中的重大问题进行调研视察，利用社情民意和政协提案两个载体，积极建言献策。巩固和发展最广泛的爱国统一战线，支持工会、共青团、妇联等人民团体发挥作用，进一步加强宗教、民族、对台和党管武装工作。深入开展法治宣传教育，开展“法律六进”活动，加强执法规范化建设，进一步引深“六五”普法教育，全面提升干部群众法律素质。深入开展“打黑除恶专项斗争推进年”活动，深入推进“平安吉县”建设，社会治理法治化水平不断提高。二是夯实安全生产基础。开展了“全覆盖，零容忍，严执法，重实效”安全生产大检查，排查整治各类安全隐患301条(处)。开展了“六打六治”打非治违专项行动，营造了良好的安全生产环境。扎实做好地质灾害防治工作，对全县312个地质灾害隐患点实行专人定时勘测排查。组织开展了煤层气管道泄漏应急演练和突发性地质灾害应急演练，锻炼了队伍，增强了应急反应能力。三是加强信访维稳工作。深入开展信访积案“百日攻坚战”活动，积极实施“四包一”教育稳控，完善了县、乡、村三级调解中心，促进了信访秩序规范有序。党政班子成员主动落实包案制度，接待群众来访事项48件，排查信访事项55件，化解信访积案12件，为全县经济社会发展创造了稳定和谐环境。四是加强了“文明吉县”建设。提炼弘扬了“尚善、坚韧、务实、图强”的吉县精神，建成村德村史馆16个，新拍微电影12部，创建了“吉县文化视频库”，开展了“第二届道德楷模”评选活动，全县涌现出了以第五届全国道德模范提名奖获得者贺印娣，荣登“中国好人榜”的葛丽娟等为代表的一大批道德模范人物。

五、牢固树立主业意识，党的建设全面加强

牢牢抓住党建工作这一根本，切实增强“主业”意识，不断把管党治党的责任落到实处，为改革发展稳定各项工作提供政治保障、组织保障和干部保障。一是坚持思想建党，强化思想政治建设。开展了学习习近平总书记系列重要讲话精神宣讲活动，举办干部大讲堂7期、农村(社区)“领头雁”培训班两期，基层党务干部书记、乡村干部和农村第一书记培训4期，县乡村三级干部进课堂、受教育、提素质，切实增强了政治定力和行动自觉。二是坚持高标准严要求，扎实开展“三严三实”专题教育。县级领导干部以身作则，带头讲党课，带头学习规定篇目。围绕“严以修身”“严以律己”“严以用权”和“严守党的政治纪律和政治规矩”“整治诬告歪风、强化担当作为”5个专题，组织中心组学习研讨11次，撰写心得体会58篇。强化问题导向，对照正反两方面典型，聚焦“不严不实”问题，坚持边查边改，全县28名县级领导干部，共查找“不严不实”问题156个，已整改完成144个。举办了深化“三严三实”文风培训班，全县公文呈现出了“短、实、新”的良好态势。开展了“冬季行动”，各级党员干部坚持“学精神、学作风”，以严的要求、实的作风，大力推进果树管理、项目建设、环境整治、安全稳定、纪律作风等工作扎实开展，有力地强化了“只争朝夕、狠抓落实”的工作导向。三是加强规范管理，强化队伍建设。制定了科级领导班子综合分析研判办法、干部选任工作规程、干部推荐考察工作细则、干部选任全程记实办法等一系列制度文件，使干部选任工作更加规范、更加全面准确。完善干部监督工作联席会议制度，建立干部日常监督纪律卡，扩大了监督主体和范围，及时了解掌握干部动态信息，有效防止了“带病提拔”、“带病上岗”。坚持重点甄别、常态甄别和源头甄别相结合，从严做好“三个一批”工作，对不适宜担任现职的8名科级干部进行了调整，对政府机构改革变动单位领导班子和部分空缺岗位及时调整配备干部45人。四是夯实基层基础，强化基层组织建设。实行了县、乡、村三级书记“面对面”述评制度，全面推行“三五治村”模式，规范了服务组织；推行“定查评”工作法，完善了服务机制；成立了帮扶工作领导组，确保19个软弱涣散党支部“一对一”帮扶落到实处、取得实效。坚持开展“双日集结”活动，成立了6

个社区群众工作协调指导组和71个社区群众工作组，设立了15个党代表工作室，基层组织进一步巩固夯实。制定出台了《党建工作经费使用管理暂行办法》，确保党建工作经费专款专用、规范有序、合理支出。同时，调整了农村“两委”主干的岗位报酬，共有205名卸任农村“两委”主干、113名卸任会计享受了生活补助，激发了基层干部干事创业的热情，基层党组织凝聚力、战斗力和创造力不断增强。

（强晓辉　蔡惠忠）

附：一、中共吉县县委书记、副书记、常委名单

书　记：郝忠祥

副书记：刘　浩（8月离职）　姚焕章（8月离职）

崔绍民（8月任职）　李灵芝（女）

常　委：李晓民　赵新喜　吴吉红　熊伟星

李永芳　王家亮（8月任职）

石　猛（8月离职）

二、乡镇党委书记名单

吉昌镇

书　记：郭东舟

中垛乡

书　记：解力军

柏山寺乡

书　记：吴俊红

屯里镇

书　记：葛耿恕

壶口镇

书　记：段晓娜（女）

车城乡

书　记：王吉荣

东城乡

书　记：李桂萍（女）

文城乡

书　记：李赦升

中共大宁县委工作概况

县委书记　刘奎生

大宁县地处吕梁山南端、黄河的东岸、临汾西北部。现辖2镇4乡、84个行政村、309个自然村，总面积967平方公里，总人口6.9万。2015年，大宁县委在省委、市委的正确领导下，以习近平总书记系列重要讲话精神为指导，以学习讨论落实活动和“三严三实”专题教育活动为主要抓手，充分发挥总揽全局、协调各方的领导核心作用，坚持实施“生态立县、林果富民、工业强县”三大战略不动摇，建设三大基地不放松，着力加快工业发展，继续提高生态质量，统筹城乡协调发展，全面强化社会管理，不断提升党建水平，团结带领全县干部群众，奋勇拼搏、奋力赶超，开创了建设富裕文明和谐新大宁的新局面。

一、严守政治纪律，坚决贯彻中央、省、市委决策部署

坚持把学习贯彻习近平总书记系列讲话精神作为重要政治任务，紧紧围绕省委“五句话”总要求和“六大发展”新理念，全力落实县委十一届五次全会确定的工作任务，扎实履行常委会的职责。牢固树立纪律意识和规矩意识，始终把“五个必须”贯穿于工作和生活的全过程，认真学习《党章》和党纪党规，在思想上政治上行动上与中央、省委、市委保持高度一致，在大是大非面前，旗帜鲜明，立场坚定。带头开展“双学”活动，在深入学习中央和省委、市委重要精神的同时，深入学习中央领导集体崇尚实干、勇于担当、以上率下、廉洁自律的工作作风。全面贯彻从严从实要求，深入开展学习讨论落实活动和“三严三实”专题教育，努力做到以上率下。坚持从小事上抓起，要求广大党员干部做到的，县委常委首先做到；要求广大党员干部不做的，县委常委坚决不做；强化问题导向，紧盯“不严不实”的问题和表现，做到边查边改，对查找出的61个问题进行了全面整治，完成率达90%以上。通过在方方面面为全县树标杆、做榜样，发挥好示范带动作用，营造出了干事创业、攻坚克难的浓厚氛围，为推进改革发展稳定各项工作提供了坚强政治保障。

二、坚持从严从实，党的建设不断加强

牢牢抓住党建工作这一主业，为改革发展稳定各项工作

提供政治保障、组织保障和干部保障。一是加强理论武装。开展了学习习总书记系列重要讲话精神和学《中国共产党纪律处分条例》、学《中国共产党廉洁自律准则》活动，聘请省委党校刘树信教授等专家举办大型报告会3场，组织理论宣讲团深入各乡镇各部门开展宣讲24次，对全县副科级以上干部进行了学《条例》、学《准则》集中考试，广大党员干部理论素养有了明显增强。狠抓工作能力提升，全县科级干部分3期进行了集中培训，选送30余名干部赴清华大学、省委党校、市委党校参加培训；实施了农村“领头雁”培训延伸计划和“一月一主题”培训活动，培训“两委”干部及党员骨干564人；开展了学习功勋书记贺兰珍和最美乡村医生贺星龙活动；501名干部依托山西干部在线学院，定期充电学习，广大党员干部认知能力和实践能力有了新提高。二是从严管理干部。严格执行《干部任用条例》，积极推行科级干部个人有关事项报告制度，开展谈心谈话、任前谈话100余人次，确保干部选任规范化、程序化、科学化。围绕中组部确定的4个方面17个重点，开展了不作为乱作为等损害群众利益问题专项整治，县级层面查找出的18个问题得到全面整改。研究制定了《关于做好科级领导干部“三个一批”工作的实施方案》，通过单位自查、部门审查、民意调查、多方面推荐等“六查”工作程序，积极稳妥地推进“三个一批”工作，有效地防止了干部“带病提拔”，并掌握了一批好干部。三是狠抓基层组织建设。抓住党组织书记这个关键，建立了年初建账、年中评账、年底查账的“三账管理”机制；召开了基层党组织书记“面对面”述职评议大会，在全县10个非公企业党组织中继续开展了“双强六好”创建活动，实施了村级后备干部培养“百人计划”，选派81名“第一书记”到贫困村和软弱涣散村任职，实现了84个村委的村务监督委员会全覆盖，对全县14个软弱涣散党组织进行了整顿；进一步延伸拓展“定查评”工作法，完成目标任务804件；从严标准和程序，推行了发展党员“全程纪实”制度，发展新党员95人；切实加强新形势下农村基层党建工作，深入开展了“一带三创”活动，基层基础不断夯实。四是扎实履行“两个责任”。全面强化管党治党意识，从严落实“两个责任”，持续推进党风廉政建设和反腐败斗争，打造风清气正的政治环境。压实主体责任。县委先后召开党风廉政建设大会，党风廉政建设推进会和落实主体责任“面对面”述职测评会，充分发挥年初部署、年中推进、年底考核作用；县级党政班子列出了责任清单和权力清单，细化责任，建立台账；及时对全县落实主体责任情况进行分析研判，常态化约谈乡科级党组织书记114人次，切实强化主体责任落实。加强监督问责。制定了《大宁县关于加强对党政“一把手”监督管理的若干实施办法(试行)》、《大宁县关于加强对关键岗位工作人员监督的暂行办法》等规章制度，为各单位配齐配全了纪检组或分管纪检工作副职。在今年纪委机构改革中，县纪委机关对8个内设机构进行了调整，确保人员到位、编制到位、经费到位。坚持把纪律规矩挺在前面，严格执行中央“八项规定”，持续狠刹“四风”问题，以发生在群众身边的腐败问题、农村“三资”管理方面的违纪问题和群众反映强烈的突出问题为切入点，扎实推进专项整治，整改各类问题390个，受理群众信访件62份，处理损害群众利益问题14个。开展了重要岗位、重点领域、重大工程方面的专项检查，对腐败案件，发现一起查处一起。全年立、结案86件，查处违纪党员干部86人，比上年增长43.3%，始终保持反腐高压态势。

三、积极适应新常态，县域经济稳步发展

始终把加快发展作为富民强县的第一要务，围绕“六大发展”要求，优化产业结构，增强发展动力，努力适应经济发展新常态。2015年，全县生产总值、固定资产投资、城乡居民收入等主要指标都保持了平稳增长。

(一)特色产业提质增效。全年新增苹果经济林4000亩，总面积累计达12万亩以上，其中挂果面积2万余亩，产值达1亿元，带动农民人均增收1153元。同时，成功创建国家级水果出口质量安全示范区。设施蔬菜在巩固提升传统品种的基础上，充分发挥阳煤集团和政拓公司的龙头示范作用，建成香菇、双孢菇生产基地。全年生产各类瓜菜3万吨，产值达2250万元。始终把高效养殖做为有机苹果、设施蔬菜的配套产业来抓，全年生猪饲养量达6万头，改扩建猪、羊养殖基地6个，生产有机肥料8.34万吨。

(二)新型工业实现突破。坚持把煤层气、风力发电、光伏发电等绿色新能源产业作为大宁新的经济增长点和工业发展的重中之重。全面完成2亿方煤层气产能项目，完成钻井40口，全年产气1000余万方。完成了煤层气液化调峰项目前期手续和15万千瓦风力发电项目测风数据收集整理分析工作。实施了小冯新区的道路铺设、路灯安装、园区绿化等附属设施；鑫辉电子、治诚科技两家企业销售收入达1450万元，解决劳动力200余人。40兆瓦光伏发电项目，已通过省发改委立项，以招商引资方式引进3家承载企业。同德化工、辰康等企业不断扩大市场规模，生产、销售运行平稳。

(三)城镇化进程不断加快。坚持城乡统筹发展理念，加快推进城乡一体化进程。编制完成了控制性规划和9个专项规划，实施了城西路改造、城南路旧城改造等工程，完成了205套公租房、150套经济适用房主体工程，建成了全民健身活动中心、步行桥、悬索桥，实施了看守所和拘留所、昕义桥加宽等工程，启用了10万平方米供热站，铺设改造城市供水管网2公里、供气管网10公里、供热管网5公里，城市功能日趋完善；全力实施“完善提质、农民安居、环境整治、宜居示范”四大工程，完成了宁大线公路改造23公里，山头至仁义公路15公里；实施农村饮水安全工程改造11处；改造村级幼儿园2所，建成6个乡镇综合文化站和84个村级文化场所；安装广播电视卫星设备2349套；改造农村危房520户；完成了11栋移民楼房主体工程，启动了省市县宜居示范村创建工作。

(四)生态治理成效明显。依托生态综合治理、坡耕地水土流失综合治理等项目工程，新增造林面积3.85万亩、新修梯田8300亩、整理基本农田5700亩、修筑和改造生产道路24公里。加强了全县范围内空气质量、水环境质量监测工

作，全年空气质量二级天数稳定在361天以上，饮用水源地水质达标率100%。大力实施节能减排，单位GDP能耗同比下降3%。全年共淘汰黄标车和报废老旧车223辆。

(五)改革步伐不断加快。不断深化行政审批制度改革，行政审批项目减少到102项，6项非行政许可事项全部取消。完成了政府部门“两清单、两张图”的编制工作。深入推进财税体制改革，不断完善政府预算体系，政府收支全部纳入预算管理强化预算执行动态监控；加快推进商事制度改革，实行了工商营业执照、组织机构代码证、税务登记证“三证合一”；深化农村土地制度改革，完成了51个村委土地确权登记工作。开展了农村集体“三资”管理专项清理，对8个软弱涣散村和390个问题进行整改；加快推进政府机构改革，完成了工商和质监、卫生和计生、粮食和发信等部门整合工作；扎实推进公务用车制度改革，共清理车辆174辆，其中保留106辆，报废59辆，建议拍卖9辆；稳定推进农村信用社体制改革，有效化解金融风险。

(六)民生事业全面发展。继续推行了十五年免费教育，实施了薄弱学校改造计划项目，办学条件达到了基本均衡，教育教学质量有了明显提高。卫生事业上，完成了太德乡、太古乡卫生院周转宿舍和业务用房及25个村级卫生室建设任务，实施了医疗能力提升工程，县人民医院创建“二甲”医院顺利验收，新农合参合率达到97.91%。社会保障上，全方位落实扶持政策，积极开发了就业见习、三支一扶和基层公益性岗位，实施了大学生创业引领计划，全县城镇新增就业613人，城镇登记失业率控制在3%以内。城乡低保、农村五保供养水平显著提高，城镇职工基本养老保险、医疗保险和城乡居民社会养老保险覆盖人数持续增加。

(七)安全稳定持续向好。积极推进“六五”普法进程，广大干部群众学法、懂法、守法、用法意识明显增强；以社会治安整治为重点，始终保持对黑恶势力的高压态势，社会安全感满意度达到90%以上；认真落实安全生产党政同责，持续开展安全生产大检查活动，安全生产形势持续向好；完善了领导干部包案接访制度，信访事项化解率达到85%以上。与此同时，统战、审计、科技、宗教、物价、气象、档案、工青妇、党史研究等工作扎实推进，公共安全保障和突发事件处置能力不断增强，精神文明和民主法制建设取得新的成绩。

(杨东明)

附：一、中共大宁县委书记、副书记、常委名单

书　记：刘奎生

副书记：樊　宇　吴　滨

常　委：焦宏文　郝爱民　冯小宁　陈东楷　张新平　马新生

二、乡镇党委书记名单

昕水镇

书　记：高广旭

曲峨镇

书　记：王建平

太德乡

书　记：任福平

三多乡

书　记：贺晓东

徐家垛乡

书　记：张鹏华

太古乡

书　记：许华伟

中共隰县县委工作概况

县委书记　李亚丽

2015年，隰县在省委、市委的正确领导下，全面贯彻党的十八大、十八届三中、四中、五中全会和习近平总书记系列重要讲话精神，认真落实省委十届六次、市委三届六次全会精神，统筹“六大发展”，狠抓精准扶贫，强化“两个责任”，各项工作扎实有效推进，全县呈现出经济平稳运行、民生持续改善、社会和谐稳定、党建不断加强的发展态势。全年主要经济指标完成情况是：全县地区生产总值完成13.2亿元，同比增长5.7%；全社会固定资产投资完成26.58亿元，同比增长19.7%；公共财政预算收入完成8100万元；社会消费品零售总额完成8.98亿元，同比增长4.9%；城镇常住居民人均可支配收入完成20168元，同比增长9.8%；农村常住居民人均可支配收入完成4790元，同比增长8.1%。

中共隰县县委，共有党组8个，基层党组织276个，其中党(工)委19个，党总支9个，党支部248个。全县共有党员6341名。

一年来，主要抓了以下十个方面的工作：

一、带头开展“双学”活动，不断强化政治素质和看齐意识

认真深入学习习近平总书记系列重要讲话精神和以习近平同志为总书记的中央领导集体“崇尚实干、勇于担当、廉洁自律”的优良作风，一级学一级、一级抓一级、一级带一级，在全县上下掀起了新一轮学习贯彻的热潮。领导带头学。各级领导干部带头深入学习《习近平谈治国理政》《习近平总书记关于全面从严治党的重要论述摘编》《习近平关于党风廉

政建设和反腐败斗争论述摘编》等书籍,带头精读细研、带头开展宣讲、带头贯彻落实,努力做到学习上深一步、认识上高一层、实践上先一着,切实发挥了模范表率作用。专家辅导学。制定出台了《2015年全县干部教育培训计划》和《关于做好2015干部教育培训工作的通知》,确定了理想信念、廉政教育、法治教育、经济发展、梨果产业"五大体系"培训专题,先后邀请中央党校、中央财经大学、省委党校多名专家教授开展专题培训19期,培训县乡村三级干部1.8万余人次,引导全县党员干部不断深化对习近平总书记系列重要讲话精神和省委、市委重大决策部署的理解,不断增强政治意识、大局意识、看齐意识,不断强化把握落实上级政策的能力。结合实践学。充分利用该县红色教育资源,组织全县党员干部参观晋西革命纪念馆,开展了"重温入党誓词"红色主题教育活动;组织"隰县好人"先进事迹巡回宣讲10余场;举办村"两委"干部、第一书记、大学生村官和各类专业人才等专题培训班40余期,培训人数达2.3万余人次,引导党员干部在实践中打基础、练作风、强能力。通过全方位、多形式的教育培训,使全县党员干部进一步统一了思想,形成了共识,凝聚了力量,激发了干劲,有力地推进了富民强县和全面小康建设步伐。

二、认真落实"两个责任",聚合干事创业正能量

坚持把加强党风廉政建设和反腐败斗争作为提升党的执政形象、巩固党的执政地位的一项重要任务,紧扣全面从严治党这条主线,聚焦"两个责任"落实,全面深入推进正风反腐工作,为全县经济社会发展提供了坚强的纪律保障。一是在明确主体责任上下功夫。结合实际,出台了"两个责任"《实施方案》,制定了"两个责任"实施细则,建立了《责任清单》,逐级明确各级党委(党组)领导班子的集体责任、党委(党组)书记的第一责任和班子成员的领导责任,健全完善了落实主体责任的制度机制和具体措施,形成了细化到岗、落实到人、横向到边、纵向到底的责任体系。同时,按照"转职能、转方式、转作风"三转要求,精简纪检机关牵头和参与的议事协调机构15个,突出纪委监督执纪主业,完成县纪委内设机构改革,编制机构、人员配备已经全部到位;明确全县69个未配备专职纪检干部的县直单位,由支部书记或副职干部具体负责纪检监督工作,确保党内监督无死角、无盲区。二是在层层传导压力上下功夫。年初,对党风廉政建设和反腐败工作任务进行责任分工、任务分解,同各单位一把手签订《党风廉政建设责任书》,各牵头单位将责任进一步细化分解,并向基层延伸,形成县、乡、村三级联动,一级抓一级、层层抓落实的责任网络。不断加大监督检查力度,层层传导压力,倒逼"两个责任"高效落实。先后召开"两个责任"汇报会4次,督促各单位"一把手"报告"两个责任"落实情况130余人次,约谈干部56人次。在全县干部大会上,对主体责任落实不力的17个单位进行了大会通报批评;对"四风"问题监管不力的4个单位主要领导、22名分管副职及纪检干部进行了通报问责。"两办"督查室联合县纪委对"两个责任"落实情况,不间断督查5次,下发整改通知书25份,督促整改问题102个,有力推动了"两个责任"的落实。三是在健全制度上下功夫。按照"六权治本"要求,建立健全县委工作规则和县委常委工作职责,督促各级党委(党组)逐级建立工作职责,完善工作制度。结合省委巡视组反馈意见,研究制定《领导干部及其配偶子女经商办企业责任追究》《领导干部"廉政约谈"》《领导干部利用职权违规插手工程建设问责办法》等41项规章制度,从源头上筑牢"防火墙",扎紧制度的"笼子"。全面启用了隰县电子监察服务中心,建立"两个责任"平台,对全县副科级以上干部信息资料进行了收集统计,出台工作岗位履职重大情况报告制度。搭建起行政审批电子监察和公共资源交易两个网络监督平台,监督行政审批事项4816件,黄牌催办75件,红牌督办3件,处理违反工作纪律人员7人;监督各类公共交易项目43项,成交金额2300余万元。四是在纪律审查上下功夫。始终保持反腐败高压态势,做到有案必查、有腐必反、有贪必肃。2015年,共查处各类违纪违规案件131起,给予党政纪处分131人,与2014年112人相比增长17%,其中,乡科级干部24人,与2014年15人相比增长60%;移送司法机关5人,与2014年3人相比增长66.7%。认真抓好巡视组交办线索核查,对省委巡视二组交办群众反映的6个问题线索进行认真核查处理,其中反映3名处级干部的有关问题,市纪委已谈话函询了结2件,正在立案调查1件;反映2名科级干部的违纪问题立案调查后,分别给予党纪处分;反映1名原村干部的违纪有关问题核查后,对相关责任人进行了责任追究。扎实开展专项治理工作,深入开展"以群众举报乡村干部腐败为切入点集中解决群众信访诉求问题"专项治理工作,排查起底十八大以来乡村涉纪信访问题线索146件,已全部查结,给予党政纪处分36人,其中重处分15人,移送司法机关3案3人;深入开展涉农资金违纪问题自查自纠工作,发现问题线索18个涉及金额84.4万元,已收缴违纪资金4.3万元,主动退交资金1.4万元,纠正资金33.9万元,退回主责部门资金44.8万元。立案调查3件,给予党政纪处分4人,追究领导责任6人次,分别给予诫勉谈话,责令写出书面检查;深入开展"基本公共卫生资金"专项检查,立案调查3件,给予政纪处分1人,谈话处置10人,整改问题15个;深入开展党员领导干部顶风大操大办婚丧喜庆等借机敛财,收送红包、礼金和陈规陋习3个专项整治活动,共查处"四风"案件40起,问责党员干部71人,给予党政纪处分40人,组织处理22人。推动反腐败压力向基层传导,下发了《关于加强乡镇纪检工作的方案》,为全县8个乡镇纪委配备专职纪委副书记8人,兼职委员24人,规范了《乡镇纪委纪律审查工作流程》,把反腐败责任、措施向基层传导,全县8个乡镇查办违纪违规案件34起,处分34人,其中重处分5人,移送司法机关1案1人,全面消除了"零办案"乡镇。

三、狠抓发展第一要务,壮大县域经济实力

始终坚持以经济建设为中心不动摇,不断加强和改进党

对经济工作的领导,审时度势、精准发力、持续用劲,县域经济保持平稳健康发展。一是强化创新驱动,促进"三农"优化发展。将工业化理念融入农业发展之中,大力推广密植梨园技术,狠抓梨果产业化发展。全年发展密植园1200余亩,新栽玉露香3万亩,玉露香面积发展到18万亩,全县梨果总面积达到35万亩,产量4.5亿斤,产值6亿元,梨果成为农民增收的可靠保证。特别是建立玉露香二维码质量可追溯体系,搭建互联网查询交易平台,玉露香销售步入"互联网+"的新时代。扎实开展农村土地确权登记颁证工作,外业完成29万亩,内业完成27.3万亩,超额完成市定15.45万亩目标任务。大力培育新型农业经营主体,全年新发展合作社69家。开展美丽宜居示范村创建活动,农村人居环境改善工作稳步推进。二是聚力项目建设,新型工业初见端倪。坚持精准发力,严格实行"一个重点项目,一套实施方案,一个牵头领导,一个责任单位,一套班子推进,一抓到底交账"的"六个一"责任推进机制和"一月一调一约谈""一月一查一通报""一年一评一奖励"的推进措施,精准推进项目建设,重点项目"六位一体"保持稳定增长。2015年,实施的64项重点项目,总投资52.75亿元,其中必须完成的56项完成45项。同时,依托该县资源优势,加大招商引资力度,主动与盾安能源有限公司、瑞弗莱克油气有限公司、东方日升(宁波)电力开发有限公司、新能源地热能开发有限公司等企业沟通联系,吸引外资投入,加快风力发电、天然气开发、光伏发电、地热开发等项目落地。其中,10万KW风力发电项目取得路条正开展前期工作,天然气利用项目扎实推进,地热开发项目1号、2号井已完成,3号、4号地热井及管网铺设顺利推进。三是夯实基础支撑,发展环境不断优化。以城乡建设规划为先导,注重完善城市功能,增强综合承载能力,提高城市发展质量,优化对外开放环境。聘请省城乡规划设计研究院专家,精心编制隰县"十三五"城市建设控制性详细规划。投资1.5亿元新建改造城市道路、城区供水管网、供气管网、供热管网、污水配套管网等市政基础设施。隰县城镇化率达到43.92%,生活垃圾无害化处理率达到100%,污水处理率达到90.3%,供水普及率达到99%,集中供热普及率达到68%,人均城市道路面积达到12.23平方米。累计栽植各类树种500多万株,完成造林绿化4.9万亩,森林覆盖率达到29.68%。深入开展城乡爱国卫生清洁运动,大力推行精细化、常态化、制度化管理,城乡脏、乱、差现象明显改善。

四、紧扣脱贫目标,构建"大扶贫"工作格局

认真学习贯彻中央、省、市扶贫开发工作会议精神,提出贯彻落实意见,成立全县脱贫攻坚领导组,乡村两级组建脱贫攻坚领导机构,整合资源,上下联动,合力攻坚,构建起"大扶贫"工作格局。扎实开展建档立卡"回头看",统筹整合第一书记和驻村工作队,逐村逐户调查摸底,户户建立扶贫台账,确保精准掌握贫困人口底数、致贫原因、贫困状况,制定落实帮扶措施,切实解决好"扶持谁"的问题。精心编制扶贫开发规划,聘请山西省投资咨询和发展规划院专家,精心编制隰县"十三五"扶贫开发规划,并多次召开座谈会与各位专家进行沟通研讨,确保"十三五"扶贫开发规划真正成为指导全县实现全面脱贫的实践路径。督促扶贫局和各乡镇结合县情、乡情实际,建立扶贫工作年度计划,对年度脱贫目标、脱贫任务进行细化量化,真正将脱贫责任、脱贫措施精准落实到每一个贫困村、贫困户。精准实施扶贫工程,坚持因地制宜、因村施策、因户施法,大力实施"五个一批"工程,全县金融扶贫贷款发放6253万元,"互联网+扶贫"开发工程有序推进,光伏扶贫16个100KW村级电站开工建设,全年完成脱贫6338人。2015年8月,国务院扶贫办主任刘永富同志来隰县调研,对隰县的扶贫工作和光伏扶贫试点工作给予充分肯定,并在隰县召开光伏扶贫工作座谈会。

五、竭力改善民生,力促社会和谐进步

始终坚持把民生工作和社会治理作为社会建设的两大根本任务,竭尽全力解决涉及群众切身利益问题,确保人民生活幸福,社会和谐稳定。教育事业上,大力实施教育信息化建设,积极推进课程改革,实施联盟校制度,大力开展特色学校创建和精细化管理,教育教学质量稳步提升。2015年高考达二本线以上131人,达线率32.4%;中考达市级重点高中统招线以上人数146人,中考优质率位于临汾市东西山十县前列。医疗卫生上,全面推进公立医院改革,不断完善和巩固国家基本药物制度及运行机制,推动11类43项基本公共卫生项目精细化管理,公共卫生逐步实现均等化。加大医疗卫生基础设施建设力度,新医院和21个村卫生室建设进展顺利。稳妥推进单独两孩政策,全面加强计划生育工作。社会保障上,全县养老、医疗、失业、工伤、生育五项保险参保总人数达到10.7万人,五项保险征缴支付总额达到2.91亿元;切实维护劳动者合法权益,共协调农民工工资237.5万元;不断完善就业体系,争取再就业资金901万元,全县城镇登记失业率控制在4%以内;基本建成保障性住房774套,完成农村危房改造600户。宣传文化上,不断加强文化基础设施建设,文化馆、图书馆达到国家三级馆标准。编辑出版《隰县好人》、纪念抗战70周年《八路军第一师一一五师》等作品,启动拍摄历史文化系列片《隰州寻胜》。举办文化消夏活动,开展文艺、电影、图书"三下乡"活动,评选出"隰县十佳景观建筑",挖掘打造出八音会、花伞秧歌、刀刻技艺、黄土腰鼓等一批具有地方特色的文化品牌,极大地丰富了人民群众的文化生活。全面加强"善行义举好人榜"、"德孝广场"、"隰县好人宣传巡回演出"等好人宣传平台和载体的建设,充分挖掘推荐隰县的道德模范人物,刘帅君、解绍亮分别荣获"全国乡村好青年"、"全国身影榜样人物",王俊杰荣获全国"孝老爱亲之星",王登华、刘建华等10人荣获"感动隰县十大人物","隰县好人"蔚然成风。社会管理上,严格落实"党政同责、一岗双责、齐抓共管"的安全生产责任体系,持续深入开展安全隐患排查和专项治理工作,共排查整改各类安全隐患951条。严格执行领导包案责任制和信访工作责任追究制,妥善解决了一批群众信访问题,特别是在全国"两会"、十八届五中全会

等重大政治活动期间,未发生越级上访案件,切实维护了全县社会大局和谐稳定。深入推进平安隰县建设,初步探索出维护社会稳定的“123”社会治理模式,形成社会治理工作新格局;实施“六六创安”工程,继续保持打黑除恶的高压态势,严厉打击和严密防范各类违法犯罪活动,全年共打掉恶势力犯罪团伙2个,破获各类刑事案件71起,抓获犯罪嫌疑人114人,为经济社会持续健康发展营造了良好社会环境。

六、加快法治隰县建设,推进依法履职进程

坚持和完善人民代表大会制度,加强对人大工作的领导,支持人大及其常委会依法履行职责,充分发挥地方国家权力机关的作用。支持人大加强法律监督和工作监督,对“一府两院”依法行政、依法履职情况进行有效监督。坚持和完善中国共产党领导的多党合作和政治协商制度,加强和改进对政协工作的领导,支持县政协在推进协商民主上发挥重要作用。巩固和发展最广泛的爱国统一战线,加强同各民主党派和无党派人士的合作共事,积极做好对台、侨务工作,加强宗教和民族工作。支持工会、共青团、妇联等人民团体充分发挥作用。扎实推进法治隰县建设,制定出台《关于贯彻落实党的十八届四中全会精神加快推进法治隰县建设的实施意见》,切实深化依法行政,积极推进政府职能转变,加大简政放权力度,取消审批项目28项,保留行政许可项目166项,且全部进驻政务大厅办理。不断完善行政决策机制,严格落实政务公开制度,进一步强化行政执法监督,初步梳理10类行政职权2479项,同步编制权力运行流程图和风险防控图,法治政府建设成效明显。积极推进阳光司法和阳光检务,司法公信力进一步增强。坚持党管武装原则,不断完善军地齐抓共管国防后备力量建设机制,巩固发展军政军民团结的良好局面。

七、开展“三严三实”专题教育,切实改进干部作风

把“三严三实”专题教育作为严肃党内政治生活、严明党的政治纪律和政治规矩的重要抓手,与推动改革发展稳定各项工作统一谋划、统一部署、统一落实,专题教育扎实开展,成效明显。一是严教实学,充电补钙不放松。深入学习贯彻习近平总书记系列重要讲话精神,将“三严三实”专题教育延伸至乡、村两级,各级党员干部采取原原本本学、正反镜鉴学、集体研讨学等方式,补钙壮骨、立根固本。县委常委班子带头学讲话学作风,带头讲好党课,带头开展研讨,带头查摆整改,为全县党员干部作示范树榜样。县四大班子领导讲党课31场,开展专题学习研讨5次。二是严督实导,追责问责不放松。成立8个督导组,先后对全县各单位开展6轮督查,严把材料、进度、方向、责任四道关口,对重视不够、推进不力的9个单位进行通报批评,对15名责任人进行集体谈话,并责令作出检查,限期整改,确保了专题教育实效。三是严查实改,解决问题不放松。坚持问题导向,对照“七个着力解决”,认真查找解决不严不实问题,全县共查找出“不严不实”问题2478条,完成整改2427条;扎实开展“着力解决不作为、乱作为等损害群众利益问题”专项整治,共查找出“不作为、乱作为、贪腐谋私、执法不公”四个方面问题1375条,完成整改1347条。此外,采取定期汇报、全程督查、双向交账(向领导交账、向群众交账)等方式,倒逼责任、传导压力,较好地完成了省委巡视组反馈的4个方面14项整改任务和学习讨论落实活动中确定的40项专项整治任务。

八、强化干部监督管理,形成从严治吏新常态

坚持把从严治吏的要求贯穿于干部工作的全过程,着力打造一支清正廉洁、敢于担当、善于作为的干部队伍。从严选拔任用干部,研究制定了《关于进一步加强干部选拔任用和管理监督的实施意见》《关于县管领导班子和领导干部综合分析研判的实施方案》《隰县科级干部任免工作规程(试行)》和《隰县科级干部推荐考察工作细则》,明确选人用人规矩。从严监督管理干部,制定出台了《隰县县管干部问责追责办法》《隰县县管干部个人有关事项报告实施办法》《干部人事档案日常管理办法》等制度,不断强化干部日常监督。从严考核评价干部,健全完善年度责任目标考核办法,特别是加大了对党建工作和法治建设的考核权重,并将考核结果与干部奖惩、选拔任用和后备培养紧密挂钩,对考核靠后的单位“一把手”进行诫勉谈话,对连续3年考核靠后的予以调整,连续3年评为优秀等次的优先提拔使用,干部能上能下的机制基本形成。同时,深入开展“三个一批”工作,建立干部档案问题台账、违纪违法核查台账、获奖励受处分台账、年度考核台账、审计情况台账和副科级以上干部基本信息台账“六本台账”,全县494名科级干部全部上报个人有关事项;共甄别处理不廉洁、乱作为干部17人,调整退出不作为、不胜任干部7人,掌握敢担当、善作为干部22人,经“六查”甄别核实后存在问题暂缓任用的干部2人,有效防止了干部“带病提拔”。扎实开展干部推优,全县共推出副科级以上优秀干部93名,一般优秀干部96名。

九、从严夯实基层组织,充分发挥战斗堡垒作用

始终把抓好基层党建工作摆在重要位置,不断创新加强基层组织建设的载体,基层党组织的凝聚力、战斗力明显增强。突出责任抓党建,制定出台了《关于建立健全县委和基层党组织抓党建工作责任制的实施意见》和《关于基层党建工作实行项目化管理的通知》,县委明确了10个项目25项具体工作,各党(工)委自选3个项目,建立工作台账,并层层签订党建目标责任书,基本实现党建工作项目化,工作项目责任化。强化保障抓党建,严格落实基层党建保障机制,全年拨付党建工作经费400万元,落实农村干部工资薪酬170余万元;认真落实县直扶贫工作队和“第一书记”包联贫困村的“1+1”帮扶机制,全面打响农村集体经济“破零战”,全县26个村实现集体经济破零,占全部行政村的26.8%;扎实开展软弱涣散基层党组织集中整顿,倒切出的20个软弱涣散基

层组织全部实现晋位升级;扎实推进农村“三资”清理整治,清查整改问题1363个,其中违纪违法案件38件,38人受到党纪政纪处分。全县97个行政村全部组建了村务监督委员会。围绕创新抓党建,严格落实“定查评”工作法,年初亮出承诺事项,年中督查加快进度,年底考核公示结果,全年完成服务群众实事、促进发展大事1183件;扎实开展党代表“集中服务月”活动,全县260名党代表走访接待党员群众2588人次,专题调研162次,开展志愿服务活动148次;扎实开展第一书记住村工作,第一书记累计走访农户400余次,与贫困户“结亲”97对,确定扶贫项目90余项,落实资金230余万元。

十、注重学习调研,精心编制“十三五”发展规划

2015年年中,隰县就着手规划纲要的前期准备工作,深入学习贯彻党的十八届五中全会、省委十届七次全会和市委三届七次全会精神,坚持“规划就是项目、规划就是效益、规划就是发展”的理念,邀请山西财经大学专家团队参与隰县“十三五”规划编制,组织相关部门协助专家团队深入进行调研,广泛征求意见建议,并多次召开专题会议进行交流研讨,在充分吸纳各方面意见和建议的基础上,编制完成了“十三五”规划《建议》初稿。

(李　伟)

附:一、中共隰县县委书记、副书记、常委名单

书　记:王天郎(5月离职)　李亚丽(女,5月任职)

副书记:王晓斌　赵松强(3月任职)
赵志慧(6月离职)

常　委:亢大勇　薛小平　任　静(女)　高　涛(女)
王志华　李令武(8月任职)
杨跃峰(8月离职)

二、乡镇党委书记名单

龙泉镇

书　记:任志明　城南乡

书　记:段兰虎

午城镇

书　记:任新生

黄土镇

书　记:卫建军

下李乡

书　记:贺宏鑫

寨子乡

书　记:王建勤

阳头升乡

书　记:史勇辉

陡坡乡

书　记:刘利明

中共永和县委工作概况

县委书记　加天山

永和县共有党的基层组织225个,其中:1个县直机关工委、1个非公工委、7个乡镇党委、9个县直系统党总支、207个党支部(79个农村党支部,16个乡直机关党支部、47个县直行政机关(群团组织)党支部、41个事业单位党支部、5个国有企业党支部、15个非公有制企业党支部、4个社区党支部)。截至2015年底,全县共有党员4289名,其中:在岗职工1767名,农牧渔民2032名,离退休党员426名,其它64名。

一、经济工作

2015年,县委、县政府坚持战略与战术相结合,以“四大战略、八项重点”引领经济社会发展,全县地区生产总值完成7.03亿元,同比下降1.4%;固定资产投资完成12.7亿元,同比增长16.1%;工业增加值完成7064万元,同比增长7.5%;财政总收入完成11082万元,同比增长10.7%,其中公共财政收入同比增长22.6%,达到5399万元;社会消费品零售总额完成4.24亿元,同比增长2.8%;城镇居民人均可支配收入完成18099元,同比增长9.1%;农民人均可支配收入完成2974元,同比增长7.7%。其中,公共财政收入增幅位居全市第一,城镇居民收入增幅、工业增加值增幅全市第二,农民收入增幅全市第五。年初确定的60个重点项目,开工率达到100%,当年完成投资11.41亿元,完成率达到101%,创近三年来最高。全县经济社会保持了平稳健康发展的良好势头。

(一)实施“林果富民、生态立县”战略,建设美丽永和

将生态改善和促农增收相结合,不断推进农业农村工作。一是持续发展林果经济。新发展经济林2.08万亩,全县经济林面积达到46.5万亩。继续加强与省农科院的“院县合作”,持续实施“科技富民1155”工程,开展以红枣、核桃、苹果丰产技术为主要内容的科技培训20余次,培训果农5000余人次。全县红枣产量达到2000余万斤,较2014年增长了81.8%;核桃产量达到630万斤,较2014年增长了26%。二是进一步夯实生态基础。投资3350万元,推进芝河源头生态精品农业园区建设,完成坝滩地治理242亩、土地整理515亩、机修梯田8333亩,新增水土流失治理面积5万多亩。投

资1365万元，实施桑壁镇坡耕地综合治理和省立项土地治理项目，综合治理6000多亩。栽植生态林14500亩，完成通道绿化13公里，全县森林覆盖率达到27.26%。三是大力实施扶贫开发。78个贫困村全部选派了“第一书记”，实施扶贫项目126个，投入资金9500多万元，开展农业科技培训850人次，组织劳务输出784人次，平田造地580亩，建设各级道路95公里，解决了2560口困难群众的饮水安全问题。同时，进一步加大金融扶贫力度，发放“富民贷”、“强农贷”6000余万元，为贫困农户自主创业和农村合作社发展壮大提供了有力支持。

（二）实施“转型发展、工业强县”战略，建设富裕永和

依托资源优势，努力转型创新，不断壮大县域经济。一是加快新型能源开发利用。投资9.8亿元，完成30口探井、4口水平井的钻探、压裂试气，天然气年产能达到3亿方，上缴税费5456万元，占财政总收入的49.23%。规划了天然气综合利用循环经济园区，完成了征地拆迁等前期工作，园区内110千伏变电站项目开工建设，为企业入驻创造了有利条件。二是大力建设光伏电站。在整个华北地区率先开展了红枣光伏大棚试验，建设光伏电站12个，光伏规模达到1000千瓦，预计年收益可达130–150万元，在解决光伏发电用地问题的同时，可有效防止雨季红枣裂果，在促进产业增效、群众增收方面发挥作用。三是积极推动电子商务。组建县级电子商务运营中心和6个农村电商服务点，注册成立电商公司11个，电商店铺28个，电商从业人数达到100余人，与阿里巴巴、贡天下、乐村淘等知名电商企业建立联系，先后发起“众筹永和核桃圆孩子书屋梦”、吕梁山区农特产品网上展销等活动，在全省引起强烈反响。

（三）实施“文化引领、旅游兴县”战略，建设人文永和

始终坚持两个文明一起抓，不断丰富特色旅游的文化内涵，树立人文永和的良好形象。一是继续加强文化建设。《永和日历》制作360多期，《红军东征永和纪念馆志》《乾坤湾志》完成编撰工作，《乾坤湾》杂志成为广大文学爱好者创作交流的良好平台，《永和门窗》《三晋石刻大全永和卷》《高家垣秧歌》等传统文化系列丛书编印出版；舞蹈《我家住在乾坤湾》入选第八届“小荷风采”全国少儿舞蹈展演，反映我县文化风情的14首原创歌曲成功发布，微电影《守望》《父亲》等点击率超过5万次；在永和拍摄的100余幅摄影作品参加了第十五届平遥摄影展，省作协在永和举办了“红军东征西渡路线采风暨《共赴国难》讨论会”，市作协来永和创作编辑了《晋南作家》永和专号；中央电视台《文明密码》《道德观察》《远方的家》等栏目相继走进永和、宣传永和，永和农特产品和特色旅游的知名度进一步提高。二是继续改善城乡设施。坚持“吃、住、行、娱、购”一条龙的“大旅游”发展思路，围绕打造“生态、人文、魅力、宜居山城”的目标，重点实施了“七大城建工程”：投资1亿元，实施东门巷棚户区改造项目，完成建筑面积6.4万平方米；投资1500万元，完成农村危房改造1151户；投资200万元，完成两条巷道的硬化；投资300万元，实施城区亮化项目，安装太阳能路灯290盏；投资130万元，新增城区绿化面积4000平方米；投资2800万元，实施燃气集中供热扩容工程，新增集中供热面积10万平方米；投资200万元，完成了8个“美丽乡村”示范村的绿化、亮化、美化建设。大力推进“创建国家级卫生县城”工作，成功创建阴德河省级示范村和石家湾、呼家庄市级示范村。三是着力破解交通瓶颈。投资5000多万元，完成了南庄—打石腰道路改造一期工程5.6公里；实施了交口—阁底段旅游路升级改造项目，全线长13.65公里，目前路基工程已经完成。投资2100万元的奇奇里村旅游公路和投资3335万元的阴德河旅游公路开工建设。积极做好霍永高速西段、洪永线改建在永和县的征地拆迁工作，洪永线改建全面启动，霍永高速永和段的控制性工程全部开工。全县道路交通网络逐步完善，道路标准日益提升，为旅游产业发展创造了良好条件。四是继续加大旅游开发。与上海文创联盟、北京兆通置业集团达成初步合作意向，旅游开发的理念和思路进一步清晰。新建了占地670平方米的“毛主席诗词碑林”，高标准实施了红军泉二期、赵家沟、前龙石腰主席路居地遗址保护、乾坤湾景区基础设施建设、景区安全饮水、旅游路升级改造等项目，旅游内涵进一步丰富，景区服务功能进一步完善。通过持续推进，永和旅游的知名度不断提高，红军东征永和纪念馆列入了全省红色精品旅游线路，2015年乾坤湾景区游客量达到4万人次，比2014年翻了一番。旅游产业的发展，也带动了宾馆、饭店、出租车等服务行业的发展，有效促进了群众增收。

二、社会事业

投资3020万元，实施义务教育“全面改薄”项目。药家湾幼小一体化学校建设基本完成，2016年可投入使用。持续开展师德师风教育和“三名”工程创建活动，不断加强教育信息化建设。继续实施四大“暖心工程”，为全县干部群众人人办理了意外伤害保险、自然灾害人身意外伤害险，累计理赔350万元，赔付率260%，58户家庭得到保险救助；为738位80岁以上老人每人发放1000元生活补助；资助高考达二本线以上考生实现了全覆盖；免除了高中教育阶段学费和住宿费。同时，养老院建设、光荣院改扩建等一批民生项目完成建设任务，城乡低保、城乡医疗救助等各项保障工作进一步加强。新农合参合率保持在95%以上。解决了1151户困难家庭1787口人的住房安全问题。投资1.8亿元，实施了农村饮水工程，解决了2875口人的饮水安全问题。投资1000万元抢修了西峪沟护岸、道路、供水、供热管网、骨干坝、饮水工程等设施，有效保证了人民群众生命财产安全。

三、党建工作

持续实施“以德为先，依法治县”战略，坚持法治与德治并重，教育与处置相结合，以党的建设引领全县各项工作。

（一）以基层党建为龙头，继续开展“四大主题活动”

继续开展“四强四建四提升”活动，加强15个软弱涣散基层组织集中整顿，选派15名县级党政班子成员蹲点帮扶，7大类23个问题全部整改完成。把“法治下乡”活动同全县

矛盾纠纷大调解建设工作紧密结合起来,200多名政法干警和乡镇社区干部组成8支法治下乡工作队,走访群众6000户37000余人,收集社情民意500余件,化解各类矛盾纠纷220起,为群众办实事、好事30余件,并帮助村委、社区完成了矛盾纠纷调解中心建设。大力开展“城乡共建”活动,83支下乡住村工作队认真落实精准帮扶措施,深入所包村签订帮扶目标责任书83份,确定帮扶事项415件,为民办实事155件,解决发展难题96个,筹措资金246万余元,收到了良好效果。

(二)以“三严三实”要求为遵循,不断加强干部作风建设

县级领导带头参加专题教育,带头讲党课,县委书记带头参加了所在的县委办支部的组织生活会并作了发言。要求每位党员干部都要切实增强党员意识、组织意识、服务意识,为市委开创“弊革风清、富民强市”新局面做出应有贡献。扎实开展农村集体“三资”清理、“以群众举报乡村干部腐败为切入点集中解决群众信访诉求问题”专项整治,查找问题8大类927个,完成整改923个,占比99.6%。

(三)以维护社会和谐稳定为落脚点,切实加强安全生产和社会治理

强化安全生产“党政同责”理念,推动形成一级抓一级,层层抓落实的安全生产工作格局,全年未发生安全生产人员伤亡事故,安全生产形势持续好转。持续开展“永安亮剑”行动,侦破刑事案件28起,抓获犯罪嫌疑人38人,受理查结各类治安案件85起、行政案件50起,社会治安形势进一步好转。新建信访大厅一处,严格执行领导接访、领导包案等信访制度,信访案件化解率达到90%以上,维护了和谐稳定的良好局面。

(四)以落实“两个责任”为龙头,着力加强党风廉政建设

坚决贯彻“党要管党,从严治党”要求,以落实“两个责任”为龙头,全面加强党风廉政建设和反腐败工作。组织“两代表一委员”、服务对象、群众代表对各单位党风廉政建设责任制落实情况进行民主测评;深入开展“廉政文化教育月”等活动,组织干部群众观看眉户剧《焦裕禄》、蒲剧《廉吏于成龙》《关公斩子》等廉政教育剧目,警示党员干部廉洁从政;坚持以“零容忍”的态度惩治腐败,2015年,共立案49件,结案49件,处分干部48人,其中乡科级14人,重处分10人,移送司法机关5件。

(张　彭)

附:一、中共永和县委书记、副书记、常委名单

书　记:加天山

副书记:范洋平　马连青

常　委:苏文龙　廉海平　崔文学　李永升　弓记平　代建华　程万军

二、乡镇党委书记名单

芝河镇

书　记:冯润元

桑壁镇

书　记:李　雄

坡头乡

书　记:白永明

交口乡

书　记:薛丽红(女)

阁底乡

书　记:冯贵生

打石腰乡

书　记:王连锁

南庄乡

书　记:刘永胜

中共运城市委工作概况

市委书记　王宇燕

2015年,面对不断加大的经济下行压力,面对改革发展稳定的繁重任务,市委团结带领全市干部群众,深入学习贯彻党的十八届四中、五中全会和习近平总书记系列重要讲话精神,按照省委“五句话”的总体要求和省委王儒林书记、李小鹏省长对运城工作的重要指示精神,始终坚持一手抓全面从严治党、一手抓经济社会发展,以开展学习讨论落实活动和“三严三实”专题教育为契机,以稳增长调结构“三个一百”工作为抓手,加快推进工业化、信息化、城镇化、农业现代化和文化旅游产业发展等重点工作,全力以赴推动“三个突破”,促进“六大发展”,加快富民强市,全市经济建设、政治建设、文化建设、社会建设、生态文明建设和党的建设取得了新进展、新成效。

一、深入学习贯彻习近平总书记系列重要讲话和十八届五中全会精神,坚决落实中央、省委各项决策部署

市委坚持把学习贯彻习近平总书记系列重要讲话精神和以习近平同志为总书记的中央领导集体的优良作风作为重要政治任务,采取市委常委会、常委(扩大)会、领导干部大会、中心组学习等形式,及时传达贯彻,认真抓好落实。深入开展学习讨论落实活动,市委常委以身作则,带头抓好32项

专项整治任务落实，影响和带动各级党组织、党员干部坚定理想信念、澄清模糊认识、破除思想障碍。扎实开展“三严三实”专题教育，带头讲党课，带头查摆问题、剖析思想根源，高标准完成3个专题的学习研讨，成功召开市委常委班子专题民主生活会；着眼提振干群精气神、凝聚发展正能量，确立“拼在基层、敬业担当，干在实处、贴紧民心，领导带头、以上率下，凝心聚力、攻坚克难”的工作导向，有效激发了党员干部干事创业的热情，全市上下全力以赴抓发展的态势日趋向好，静心稳神、沉身实做的氛围日益浓厚。认真学习贯彻党的十八届五中全会和省委十届七次全会精神，成功召开市委三届七次全会，审议通过了“十三五”规划建议，牢固树立“六大发展”理念，确立了坚持开放带动、拓展发展新空间，坚持改革推动、培育发展新动力，坚持创新驱动、厚植发展新优势的“三动三新”发展战略，提出了建设新型工业大市、现代农业强市、文化旅游名市和晋陕豫黄河金三角区域性中心城市的奋斗目标。按照省委、省政府的统一部署，结合全年各项重点工作落实，制定《“冬季行动”工作方案及责任分工》，在全市大力倡导“马上就办、真抓实干”的优良作风，营造了只争朝夕、主动作为、加压奋进的良好工作氛围。

二、狠抓发展第一要务，积极应对经济下行压力

紧紧围绕省委、省政府推进“六大发展”的部署要求，结合运城实际，精准发力、持续用力，推动经济健康平稳运行。

稳增长调结构“三个一百”工作成效明显。在实施工业集群化、农业现代化、新型城镇化“三个方案”的基础上，坚持纲举目张、重点突破，制定《关于稳增长调结构“三个一百”工作方案》，成立高规格领导小组，建立统筹协调、包联帮扶、督查考核问责、优化环境等工作机制，着力帮扶100个左右的重点企业扶优解困、推动100个左右的在建重点项目建设、促进100个左右的重点招商项目签约落地。市四大班子领导全员参与、靠前指挥，调度协调、督促指导，运用专题研究、制定专题方案、组建专门班子的“三专”工作方法，实实在在帮助企业和项目单位解决了164个生产经营和项目落地过程中遇到的难题和障碍，其中，融资难题40个、土地供应25个、项目审批15个、环评17个、原材料供应27个、电力20个、产品销售20个，促进了经济社会平稳健康发展。全市固定资产投资增长14%；项目建设“六位一体”指标均超额完成全年目标任务，其中项目储备、项目签约、项目开工和项目投产四项指标提前1个月完成，项目签约、项目开工、项目投产名列全省前三位；招商引资到位资金605.2亿元，超额完成全年任务；特别是压力较大的规上工业增加值降幅持续收窄；一般公共预算收入全年增速达到6.6%，位列全省第一，全省40个财政正增长的县（市、区）运城占到12个，同时，地区生产总值、城乡居民收入等经济指标也稳中有升、稳中向好。

产业转型升级步伐不断加快。大力推进新型工业化。坚持传统产业改造提升和新兴接续产业集群发展两条路径，突出抓好资源整合、链条延伸，龙头带动、示范引领，园区建设、配套服务等重点工作，进一步盘活存量、扩大增量，不断提升工业经济综合竞争力。全年“5+15”园区完成工业总产值占到全市工业经济总量的75%左右，新兴接续产业占规上工业比重达到47.7%。1月至11月份，全市工业固定资产投资完成540.9亿元，居全省第一，其中，新兴产业投资完成462.5亿元，占比达到85.5%、居全省第一；信息技术、装备制造、医药特色、食品、轻工、纺织、材料等七大新兴产业完成投资332.6亿元，居全省第一；新兴接续产业占规上工业比重达到47.7%，同比提高4.1个百分点，铁路船舶设备、服装、医药制造产业增加值分别增长27.9%、18.6%和7.5%。大力推进农业现代化。集中精力抓好农村承包经营土地确权登记颁证、农田水利基础设施建设和龙头企业引进等重点工作，大力发展有机农业、设施农业、观光农业，完善农产品后端销售网络。全年粮食总产达到32.1亿公斤，增长1.8%，创历史第三个高产年；土地流转面积累计达到213万亩，占家庭承包经营耕地面积的27%。开工建设农业现代化示范园区项目459个，完成投资120亿元。建成国家级现代水果高科技示范园区10个，省级15个，市级50个。市级以上龙头企业达到314家，农产品加工业销售收入完成252亿元、同比增长7.4%。夏县润恒现代农副产品冷链物流、新绛晋南农产品物流园、盐湖晋善晋美农产品物流园等项目加快建设。参加第四届农博会、第十三届中国国际农产品交易会等，在上海、北京、深圳、青岛、海口举办运城特色农产品推介会；运城苹果成功出口美国，进入国际高端市场；水浇地面积达到652.7万亩，实现农民人均2亩水浇地目标；扎实推进“完善提质、农民安居、环境整治、宜居示范”四大工程建设，农村人居环境建设走在全省前列。大力推进文化旅游产业发展。按照省委王儒林书记在运城调研时的重要指示和“三个一”讲话精神，坚定不移把文化旅游作为新兴支柱产业来打造，挖掘资源优势，加强顶层设计，研究制定《文化旅游产业龙头景区规划建设方案》，确立以龙头景区开发建设为突破，带动文化旅游产业快速发展的总体思路；积极争取国家文物局、省文物局、省旅游局政策支持，成立专业公司，实施市场化运作，与西安曲江、江苏花王等公司达成合作开发协议，2016年可望实施开发。深度挖掘垣曲中华曙猿、芮城西侯度遗址的历史价值和文化内涵，加快第二轮考古发掘工作。实施营销带动战略，成功举办第26届关公文化旅游节，在北京、上海、郑州、西安、太原、洛阳等地开展宣传推介，开通“运城旅游号”专列，开展冬季旅游系列活动，持续打造以“古中国”为标识的文化旅游品牌，全年实现旅游收入327亿元、增长21.6%。

新型城镇化稳步发展。准确把握“以人为本”的城镇化内涵，不断提升城市规划、建设、管理的标准化、精细化水平。认真抓好广告宣传专项整治、网络环境专项整治、环境卫生专项整治、社会治安专项整治、城市管理提质、加强社会舆论监督和志愿服务活动等六个方面工作，一批久拖不决的问题启动整改，人民群众给予积极评价。加强城市路网建设，群众高度关注的市人民北路完成改造通车，河东西街延长线建设正在加快推进。实行城乡规划建设项目审批联席办公会议制

度,与中建交通、泛华集团、北京首创、省建公司签订《战略合作框架协议》,启动谋划71个中心城市基础设施建设项目。宽带运城进展顺利,成为全省"互联网+城市服务"首批上线城市。完成造林38万亩,中心城市新增绿地面积50万平方米,绿化覆盖率达到39.5%。狠抓环保部华北督查中心综合督查反馈意见整改,强化节能减排,加强污染防治。

"三个突破"扎实推进。召开全市金融振兴推进大会、民营经济发展暨科技创新推进大会。制定《运城市金融创新发展实施意见》,优化金融生态环境;着力化解各类金融风险,海鑫破产重整基本完成;在全省率先设立"企业应急周转保障资金",累计为90余家困难企业提供政策性过桥资金12亿元。永东化工在中小板上市,打破全省三年来无上市企业的纪录,长荣科技、寰烁科技、宏安翔科技3家企业在新三板成功挂牌。实施小微企业创办、"小升规"企业成长和"小巨人"企业发展壮大三项工程,中小企业发展到13100个、增长16.5%,从业人员47万人、增长2.7%。发挥企业主体作用,大力推进创新研发平台建设和科技成果转化,组织申报高新技术企业18家,全部通过国家审核,全市高新技术企业将突破60家,位列全省第二;增加有效发明专利99件,全市拥有量达到510件,位列全省第二。

三、深化改革、扩大开放,切实增强发展的动力和活力

按照中央、省委全面深化改革的部署要求,统筹抓好6个方面38项重点改革任务,研究审议了若干重大改革制度性文件,市级出台50多个制度性文件。制定《转型综改2015年度行动计划》,26项改革任务和举措有序推进。从简政放权入手,厘清252项市本级行政审批项目,承接省政府决定取消、下放、调整的行政审批事项80项和245项其它行政权力,自主取消、下放和调整行政审批项目125项。农村产权交易市场建设、国企改制、商事制度改革等有序推进。同时,主动对接"一带一路"、京津冀、环渤海经济圈,积极融入中原经济区。扎实推进晋陕豫黄河金三角区域协调发展试验区建设,牵头起草《区域合作机制方案》,积极争取国家发改委、省政府支持,努力推动省级合作机制加快建立。联合召开第三届金三角投资合作交流大会,签署晋陕豫纺织服装产业集群战略合作协议。成功召开晋陕豫黄河金三角金融与发展高峰论坛暨运城市第十二届政银企洽谈会。积极走出去,采取市县领导带队招商、小分队招商、以企招商等方式,参加西洽会、东盟会、广交会、中博会等大型展会,共签订项目257项,总投资约2500亿元。扎实推进航空口岸临时开放,运城海关和商检机构将在一季度开关运营。目前,全市有外贸资质的企业462家,境外投资企业6家,外商投资企业48家,对外贸易国家和地区达到121个。

四、发展社会主义民主政治,全面推进法治运城建设

坚持和完善人民代表大会制度,人大工作水平得到新提升。支持市人大及其常委会依法行使重大事项决定权、监督权、人事任免权,加强和改进人大监督工作,围绕"三个一百"推进《晋陕豫黄河金三角区域合作规划》落实、"百园千村"现代农业建设、文化旅游产业发展、中心城市建设管理等进行监督检查;围绕食品安全放心城市创建、涑水河流域生态环境治理等重点工作开展视察调研、跟踪监督。组织对政府工作部门负责人任期目标完成情况开展检查,强化任后监督。积极做好地方立法准备工作,设立市人大法制委员会,组建人大常委会法律专家委员会。11月省人大常委会批准运城市成为全省首批行使地方立法权的城市,《关圣文化建筑群保护条例》立法程序正式启动。

坚持和完善中国共产党领导的多党合作和政治协商制度,政协、统战工作取得新进展。支持市政协围绕加快小城镇建设、东部北部新区中小学规划建设、发展非公经济、提升中心城区园林绿化建设水平、发展文化旅游产业等课题,深入考察调研,积极建言献策;围绕污水处理、冬季取暖等群众关心的热点问题,加强沟通协商;在北京、兰州、深圳成功举办运城"旅游宣传·项目推介"恳谈会,积极开展"运城之友"招商推介活动。召开全市统战工作会议,支持民主党派和党外人士发挥作用,支持民营经济发展,加强非公企业理想信念教育。深入开展民族团结进步创建活动,积极做好外事、侨务、对台等工作,充分发挥工会、共青团、妇联等人民团体作用。

倡树法治理念和法治意识,法治运城建设迈上新台阶。加强和改进党对法治运城建设的领导。大力推动政府职能转变,加快建设法治政府。推进市、县、乡三级政府法律顾问全覆盖,建立"一村(社区)一法律顾问"服务网络,基层依法治理有序推进。深入开展司法领域突出问题专项整治,推进司法公开、检务公开和警务公开,加强对司法活动的监督。深入推进"六五"普法,开展"12.4"国家宪法日暨全国法制宣传日活动,在全社会营造尊法学法守法用法的浓厚氛围。同时,加强党管武装工作,坚持完善军地齐抓共管国防后备力量建设机制,集中研究解决驻运部队建设中的问题,军民融合发展、双拥工作取得明显成效。人口、计生、体育等工作蓬勃开展。

五、加强宣传思想文化工作,努力提升发展软实力

加强思想道德建设。深化社会主义核心价值观宣传教育,中宣部、全国妇联在盐湖区召开"弘扬德孝文化·践行核心价值"现场交流会。深入开展以精神文明城市、卫生城市、园林城市、食品安全城市为内容的城市创建活动,提升城市形象。开展抗日战争暨世界反法西斯战争胜利70周年纪念系列活动,举办"激情飞扬"群众歌咏活动,弘扬主旋律,凝聚正能量。强化舆论引导。大力宣传"三个一百"、文明城市创建等重大决策部署和工作成效,大力宣传冯树英、高文毓等身边的模范人物,传递好声音,树立新形象。强化对社会舆情特别是网络舆情的分析研判和应急处置,增强了主流媒体的传播公信力影响力。加快文化强市建设。启动"书香运城"全

民阅读活动。继续实施“戏曲惠民·欢乐百姓”工程。蒲剧电影《山村母亲》在人民大会堂首映,《枣儿谣》赴京汇报演出,社会反响热烈。市中心城区一批公共文化设施项目规划、选址、设计工作正式启动。大力发展文化产业,新增国家级文化产业示范基地1家、省级2家,文化产业产值在全省名列前三。

六、切实保障和改善民生,全力维护社会和谐稳定

千方百计加大民生投入。全年财政用于民生领域的支出达到233.9亿元,占总支出的84.4%,增长15.7%。新开工建设各类保障性住房10801套,累计完成投资18.5亿元。农村“五件实事”扎实推进。实施“百企千村”扶贫开发工程,带动10万贫困户实现增收;成立570个工作队驻贫困村帮扶,6.8万人实现脱贫。大力发展社会事业。深入推进大众创业、万众创新,城镇新增就业5.2万人,城镇登记失业率控制在3%。着力推进义务教育均衡发展,大力发展职业教育,切实抓好学前教育、特殊教育。城乡养老、医疗保险等标准进一步提高,新农合参保率达到99.3%。全力以赴维护社会稳定。加强基层社会综合服务管理平台建设,市县乡村四级全部建立矛盾纠纷大调解组织。开展信访积案排查化解活动,进京非访同比下降54.5%,赴省集体控制指标20批次,实际上访8批次,为全省最少的市,完成占比40%。加快推进社会治安防控体系建设,基本实现“天眼工程”全覆盖。按照李小鹏省长“三个决不能过高估计”的要求,毫不松懈抓好安全生产,开展与县(市、区)委书记安全生产责任集体谈心对话,加强危险化学品、矿山、道路交通、食品安全等重点行业和领域专项整治工作,安全生产形势持续稳定好转。

七、始终坚持全面从严治党,不断提高党的建设科学化水平

认真贯彻落实中央、省委关于全面从严治党的要求,牢固树立“抓好党建是最大的政绩”的理念,严格落实管党治党责任,做到党建工作与中心工作同谋划、同部署、同推进、同考核。

严格落实“两个责任”,不断引深党风廉政建设和反腐败斗争。坚持把反腐倡廉建设放在党的建设重中之重的位置,先后召开13次常委会和常委(扩大)会,研判反腐形势,研究重点案件。制定出台落实党风廉政建设党委主体责任、纪委监督责任的两个意见以及《党风廉政建设和反腐败工作约谈制度(试行)》,市委主要领导先后与县(市、区)委书记和市直有关部门主要负责同志集体约谈、个别谈话25次、66人,其他常委和市领导分别约谈分管部门班子成员,进一步拧紧螺丝、传导压力、压实责任,全市163人因落实“两个责任”不力被严肃问责追责。加大案件查办力度,始终保持惩治腐败高压态势,全市纪检监察机关共立案2600件,处分2830人,其中,县处级53人,乡科级531人。积极稳妥把握运用好“四种形态”,认真做好省委巡视反馈意见整改,转交的1648件问题线索已办结1464件。严格落实王儒林书记“深入推进反腐败斗争,必须标本兼治,通过实施‘六权治本’,努力形成不能腐的长效机制”的讲话要求,扎实开展“六权治本”试点工作,13个试点市直部门的“两清单”、“两张图”全部公开发布;在总结试点经验的基础上,全面铺开“六权治本”工作,市直51个单位的“两清单”、“两张图”已经审核通过即将公布,加快推动“六权治本”工作向乡村延伸,努力构建不敢腐、不能腐、不想腐的长效机制。全力支持纪检监察机关“三转”,市县纪委内设机构改革全面完成。推动学习贯彻新修订的《准则》《条例》,编印警示教育读本、拍摄警示教育专题片,组织7万余名党员干部接受了党章党纪党规教育。

围绕刷新吏治,全面加强领导班子和干部队伍建设。坚持以身作则、以上率下,从强化政治意识、执行民主集中制、坚持集体领导、加强制度建设、狠抓工作落实、加强沟通协调等六个方面,不断提升常委会自身建设。建立健全四大班子主要领导碰头议事会、党政联席专题会等制度,充分发挥市委统揽全局、协调各方的领导核心作用,营造理解配合、大气担当、通力协作、团结奋进的工作氛围。稳妥有序推进“三个一批”工作,从严开展“六查、五个必审”。坚持先立规矩后选人,出台《市管干部动议酝酿任免议事规则(试行)》、《关于建立近距离观察识别干部台账的意见》等制度,着力解决干部动议、考察、考核中存在的突出问题。严格整顿纪检、组织两支队伍,全市共处理反映纪检监察干部问题线索110件、114人,给予党政纪处分20人;集中排查市县两级组织部门存在的档案造假、违规提拔等问题,给予34人组织处理。坚持德才兼备、以德为先、以廉为基的选人用人导向,共任免152名市管干部,社会反应良好,保证了干部选任风清气正。

坚决执行中央“八项规定”,弛而不息反对“四风”。按照省委“清政风、纠行风、正社风”要求,严肃整治脸难看、门难进、事难办的行为,严肃整治执法监管中的作风粗暴、滥用职权、乱摊派、乱罚款、乱收费等危害群众利益的行为,严肃整治请吃送礼、铺张浪费、相互攀比等陈规陋习。全市查处违反中央“八项规定”精神案件139起,给予党政纪处分128人,组织处理93人;查处基层干部不作为、乱作为问题418个,给予党政纪处分146人;开展收送礼金、红包问题专项整治,查处违规收受礼品、礼金案件9起,给予党政纪处分13人;全市“35581”专户接收上交礼金270万余元。出台实施《制止党员干部大办婚丧喜庆事宜和借机敛财行为的暂行规定》,全市查处大办婚丧喜庆33起,给予党政纪处分40人。

突出固本强基,充分发挥基层党组织战斗堡垒作用。深化“三级联述联评联考”,督促各级党组织把主业主责扛在肩上、落到实处。突出抓好农村基层党建,大力实施强化班子建设、规范村级管理、壮大集体经济“三项工程”。下发《关于切实解决农村基层党建工作中几个突出问题的通知》,加大财政投入,明确市级财政从2016年开始每年为每村配套5000元管理费(共1598万元),县级配套2万元,加上省转移支付5.5万元,保证每村年均管理费不低于8万元;对每任满一届的“两委”主干每月增加不低于10元的补贴,确保到2017年底不低于当地农民人均纯收入的两倍,解决了多年来农村党

组织经费和村“两委”主干薪酬不到位的难题。同时,明确市级财政从2016年开始每年列支1000万元扶持发展农村集体经济。全省农村基层党建南片4个观摩点中,运城有3个点接受了观摩。持续深化农村“两个专项治理”,清理农村“三资”2.7亿元,解决群众信访诉求问题1368个,处理村“两委”干部330人。实施“创星晋位”管理,506个软弱涣散基层党组织实现转化升级,机关、社区、国企、非公经济组织等各领域党建统筹推进。

(梁刚敏 姜 婷)

附:中共运城市委书记、副书记、常委名单

书　记: 王宇燕(女,7月任职)

副书记: 王清宪(7月前主持市委工作) 陈振亮

常　委: 王殿民 张润喜 常建忠 荆青莲(女) 安雅文 崔克信 于 波 常社教 王 胜

中共盐湖区委工作概况

区委书记 王志峰

2015年,中共运城市盐湖区委带领全区广大党员干部群众,深入学习贯彻党的十八大、十八届三中、四中、五中全会和习近平总书记系列重要讲话精神,按照省委“五句话”总体要求和市委“32字”工作导向,主动适应新常态,落实全面从严治党,狠抓项目建设,突出融合发展,加强社会治理,实现了“十二五”圆满收官。

一、党建工作落实全面从严治党,切实树好党员干部的良好形象

贯彻落实中央全面从严治党的要求,盐湖区委以学习讨论落实活动、“三严三实”专题教育为契机,紧紧抓住党员干部这个关键,把学习贯穿始终,把纪律挺在前面,认真履行“两个责任”,净化政治生态,全面提升形象。

一是扎实开展“三严三实”专题教育,补足精神之钙。领导干部带头狠下学习研讨基本功,在学习研讨中对照、反思、警醒。区委中心组先后进行了四次“三严三实”专题研讨;集体赴红旗渠干部学院,开展了为期3天的“三严三实”主题体验学习;经过认真的筹备,区四大班子先后召开了专题民主生活会,开展了严肃批评和自我批评;坚持问题导向,共查找问题89个,落实整改措施178条。

二是处置不合格党员和“三个一批”试点工作取得了良好效果。盐湖区抓住被确定为全省处置不合格党员和“三个一批”工作试点县(区)的机遇,出台处置不合格党员办法(试行),积极探索加强党员干部管理的新路子,初步形成了“定、查、核、评、审、改、研”七步联动工作法,除名不合格党员33人、教育转化问题党员163人。“三个一批”试点工作,探索出“两审、两建、三谈、三印证”的办法,基本完成了全区所有科级干部档案核查,形成常态化运行机制。

三是认真履行“两个责任”,努力形成“不敢腐、不能腐、不想腐”的格局。坚持把纪律和规矩挺在前面,强化正风肃纪,在抓好学习讨论落实活动确定的33个整治项目的基础上,先后组织开展了农村集体“三资”管理专项清理整治、以群众举报乡村干部腐败为切入点,集中解决群众信访诉求问题,解决群众反映的突出问题91个。支持纪检监察部门强力开展工作,珍视省委巡视组的巡视成果,查处党员干部违法乱纪案件163起,处理170人。依托廉政警示教育基地,全年先后组织1万多人次的党员干部通过住监所、吃牢饭等“一日体验活动”,让党员干部警钟长鸣。通过开展德孝文化进机关、进党校,强化对党员干部的道德教育和“三观”教育,使其在思想上筑起反腐倡廉的坚固防线。

二、经济工作狠抓“三个一百”,全面提升经济发展的质量

2015年,面对复杂严峻的经济形势,按照省委、省政府“项目提质增效年”和市委、市政府稳增长、调结构“三个一百”的工作要求,盐湖区科学创新工作,有效推进了全区重点企业和项目的实施。全年地区生产总值完成210.5亿元,增长3.3%;固定资产投资完成282.8亿元,增长12%;财政总收入完成30.46亿元,增长8.9%;公共财政预算收入完成11.47亿元,增长5.1%;社会消费品零售总额完成215.2亿元,增长6.8%;城镇居民人均可支配收入完成25779元,增长8.3%;农村居民人均可支配收入完成9938元,增长6.3%。

一是明确包联责任,领导带头推进重点项目建设。区委书记和区长总牵头,组织区四大班子领导,加强领导包联项目的协调工作机制,根据各自职责分包“三个一百”涉及的11家重点企业、14个在建重点项目和7个重点招商项目,责任到人,明确任务书和时间表,带动区直各级各部门深入到项目一线,发现并梳理中磁科技、飞宇建材等企业和项目存在问题和困难53个,帮助解决了土地、用电、融资、基础设施等方面问题和困难32个,有效推进了企业脱困、项目落地、投产达效。

二是推进金融创新,破解融资难题。区政府成立恒舜通金融控股集团,作为区财政投资管理平台,规范投融资管理,完善了已建立的城镇基础设施等“四支基金”,放大财政资金

的撬动效应，帮助83家企业实现融资5.4亿元；推进寰烁科技和宏安翔科技2家企业在新三板挂牌上市；运城高铁片区PPP开发模式列入首批省级示范项目；区农村产权交易中心发挥平台作用，为凯盛肥业、梅桂芦笋、会荣葡萄、林原农业等农业企业、专业合作社融资2112万元。

三是狠抓科技创新，提升企业核心竞争力。突出“互联网+”的思维和路径，把科技创新作为企业转型升级的突破口。在盐湖工业园建起科技孵化基地，全区相继涌现11家国家级高新技术企业、23家省级民营科技企业、11家省级企业技术中心、12家市级企业技术中心和2家省级工程技术研究中心。另外，成功与中国科协副主席、工程院院士赵沁平及研发团队签约，成立了全省首个县级院士工作站。

四是创新体制机制，大力推动“大众创业、万众创新”。出台完善系列政策和措施，多渠道实施就业和创业工程，以创业带动就业，通过政府购买服务、免费技能培训、搭建创业平台、安排就业岗位等方式，让农民和大学生自食其力；改善投资机制，加大引导社会资本进入公共服务领域，为发展注入活力；着手建设电商创业孵化集聚平台及相关的仓储物流等支撑体系，推进电子商务业全面发展，促使大众创业焕发生机。

三、新型城镇化建设突出融合理念，打造运城中心城市发展新引擎

围绕做强做大中心城市，确立“大盐湖”“大开放”和“融合发展”的理念，按照市委、市政府的总体部署，制定了盐湖区全域发展总体规划，努力实现城乡协调发展、产城融合发展、经济社会同步发展。

一是立足做强做大中心城市，统筹推进新型城镇化建设。经过深入调研、反复研讨，对各产业园内的园中村、种养殖特色鲜明的纯农业村、有旅游文化开发价值的村庄以及地处偏远，空壳化严重的村庄等，分类型制订了不同的发展目标和相应的实现路径。在推进过程中，按照“体验式农业、度假式农村、服务型农民”的新三农模式，聘请清华大学建筑设计研究院，对城市近郊以及文化旅游和观光旅游线路上的村庄进行定位性规划，初步确定了解州镇桃花洞等中心城市半小时生活圈内的一些村庄，作为试点进行规划设计和开发建设。

二是以文明城市创建为契机，全面优化城市形象。盐湖区积极配合市委、市政府，城乡齐动员，任务再细化，大力铺开文明城市创建工作。全区各部门各单位结合各自实际，采取多种形式，组织开展全方位、广覆盖的创建活动，广大人民群众自觉投身文明城市创建工作中。

三是以生态宜居为目标，建设美丽乡村。投资400余万元，积极推动了龙居镇雷家坡村和冯村乡郭店村进行美丽宜居示范村建设；累计投资5499.44万元，改善农村人居环境，完善提质工程、农民安居工程、环境整治工程“四大工程”进展顺利。重点实施“61128”造林绿化工程。即六大园区增绿、一万亩荒山造林、一百公里生态廊道提档升级、两个万亩特色经济林和八大园林示范村建设。

四、社会治理注重法治和德治有机结合，全面提升人民群众幸福感

在强化依法治区的基础上，盐湖区着力抓好道德建设，用德孝文化这一优秀传统文化涵育社会主义核心价值观。

一是实施“六权治本”工作，规范权力运行。强化问题导向，明确目标和重点，以权力清单工作的有序开展为突破口，抓住关键环节和着力点，认真厘权、严格清权、公开晒权。按照“9+X”的分类方式，共梳理出行政权力2537项，涵盖全区40余家单位，确保“行政权力进清单、清单之外无权力”。着眼用好权力，为群众服好务，整合各部门的行政审批职能，以政务服务大厅和公共资源交易中心为载体，科学规范审批工作，加强窗口管理，简化办事流程，为市场主体和广大人民群众提供一站式贴心的政务服务。

二是引深德孝文化实践活动，弘扬社会主义核心价值观。盐湖区坚持以优秀传统文化涵育社会主义核心价值观，圆满举办了第六届以“德政千秋、孝行天下”为主题的中国·运城舜帝德孝文化节，德孝文化实践活动深入人心。中宣部和全国妇联于6月份在该区召开弘扬德孝文化、践行核心价值现场交流会。该区的德孝文化建设实践研究，被列为国家社会科学研究项目，纳入马克思主义理论研究和建设工程课题计划。

三是进一步畅通民意渠道，推动社会治理规范化。坚持实行区乡村三级议事例会制度，全年村级例会收集问题和建议4573件，自行解决4271件，乡镇（街道）解决283件，区联席会议解决12件，化解率达到99%；信访积案清仓见底，信访存量大幅下降，信访形势显著好转。项目建设中，坚持由“开发区、乡镇政府、建设单位、施工单位、所占地村委会和派出所”组成的六方联席会议制度，在优化企业建设和经营环境的同时，让失地农民从中得到了更多的实惠。针对农村大操大办、盲目攀比的热点问题，在全区推广红白理事会制度，限定办席标准，遏制铺张浪费不正之风，树起了良好村风民风。

四是推进平安盐湖建设，维护公平正义的法治环境。始终保持打击各类犯罪的高压态势，开展了维护社会秩序、打击破坏发展环境的百日专项整治行动，通过规范执法、综合治理，严厉打击干扰企业生产、阻滞项目建设、扰乱社会秩序的违法犯罪行为，全年共破获刑事案件1838件，办理各类治安案件7549件，捍卫了公道人心，以良好的法治环境，维护了公序良俗，保持了社会的和谐稳定。

（吕凯兵）

附：一、中共盐湖区委书记、副书记、常委名单

书　记：王志峰

副书记：王吉敏　郭一民

常　委：陈建国　姚广林

李建武（5月涉嫌严重违纪接受组织调查）

钟立伟 常 正 黄亚平(女) 陈富强

二、乡镇(街道)党(工)委书记名单

席张乡

书 记:仝粉娥(女)

金井乡

书 记:霍国荣

上郭乡

书 记:牛 睿

上王乡

书 记:吴建华

王范乡

书 记:邓永红

冯村乡

书 记:李 宣

龙居镇

书 记:李朝霞(女,1月任职)

北相镇

书 记:李俊龙

泓芝驿镇

书 记:郑 甦

三路里镇

书 记:苏建陇

陶村镇

书 记:王杰妮(女)

东郭镇

书 记:吴肖江

解州镇

书 记:雷 刚

姚孟街道

书 记:马永胜

大渠街道

书 记:张海滨

安邑街道

书 记:赵 屹

东城街道

书 记:徐志勇

西城街道

书 记:何文龙

南城街道

书 记:杨世进

北城街道

书 记:淮占胜

中城街道

书 记:许俊霞(女)

中共永济市委工作概况

市委书记 陈 杰

永济市有党总支34个,党支部772个,截止2015年底共有党员17406名,占全市人口的3.9%,其中2015年新发展党员332名。2015年,在省委、省政府和运城市委、市政府的坚强领导下,我们紧紧围绕协调推进“四个全面”战略布局,牢固树立“拼在基层、敬业担当,干在实处、贴紧民心,领导带头、以上率下,凝心聚力、攻坚克难”工作导向,统筹推进经济、政治、文化、社会、生态文明和党的建设各项事业,全市呈现经济平稳增长、民生持续改善、社会和谐稳定的良好局面。

一、党建情况

一是坚持以上率下,扎实开展“三严三实”专题教育。市委常委带头讲专题党课,重点围绕学习习近平总书记“三严三实”重要论述、党章等规定内容和篇目,开展7次集中学习和4次集中研讨。全市各级党组织层层开展“严以修身”“严以律己”“严以用权”专题研讨,广大党员干部主动接受教育。坚持“三严三实”专题教育与群众路线教育实践活动后续整改相结合,认真查找不严不实的问题,推动作风建设规范化、常态化、长效化。

二是注重强基固本,不断夯实基层党建工作基础。对全市41个软弱涣散党支部进行集中整顿,使其全部晋位升级。认真开展“不作为、乱作为”专项整治,立案调查各类违纪案件219件,给予党政纪处分198人。深入推进农村集体“三资”管理专项清理整治工作,共清理集体资产4.15亿元,汇总“三资”问题18类。永济市农村集体“三资”管理工作走在运城市前列。12月10日,运城市在永济市召开了农村集体“三资”管理规范化建设现场会,推广永济市的经验和做法。全市农村土地确权工作进展顺利,稳步推进,受到了运城市的表扬和肯定。大力开展“集中解决乡村群众信访诉求”专项治理,查处农村“两委”主干25案26人。积极开展加强班子建设、改善村级治理、发展集体经济“三项工程”,全市确定26个试点村,整合农村专业合作社62个,集中流转集体土地2万亩,有效增加了农村集体收入。选派26名机关党员到村担任“第一书记”,对村级组织进行整顿,重点开展精准扶贫帮扶。

三是强化主业意识，引深拓展党建服务民生工作。以引深党建服务民生为载体，多次召开民情交办会、现场推进会，充分发挥市、镇（街道）、村（社区）三级党建服务民生平台和1300名党员示范户"八大员"重要作用，进一步完善党建服务民生"1431"工作法，在全市开展了"一个党员一面旗，群众有事就找我"等五大活动。全年召开党建工作推进会4次、民情恳谈会1200余场次，帮助群众解决困难和问题6625件。10月9日，全省农村基层党建工作现场会对永济市城西街道太宁村党建服务民生工作进行了观摩。

二、经济社会发展情况

2015年，全市生产总值完成133.11亿元，同比增长2.2%；规模以上工业增加值完成34.50亿元，同比下降1.1%；财政总收入完成10.0068亿元，同比增长17.9%；公共财政收入完成4.0593亿元，同比增长26.1%；社会消费品零售总额完成54.52亿元，同比增长7.1%；固定资产投资完成115.63亿元，同比增长13.8%；城镇居民人均可支配收入25101元，同比增长8.5%；农村居民人均可支配收入11021元，同比增长8%。

一是工业集群化招商、园区化发展不断壮大。坚持把工业经济摆在十分重要的位置聚焦发力，一手抓项目建设、一手抓企业运行，重点围绕铝深加工、机电制造、农副产品加工三大产业集群，截至目前，三大主攻产业集群共有企业119家，实现工业总产值227亿元，上缴税金4.7亿元；其中规模以上企业32家，实现工业总产值225亿元，上缴税金4.5亿元。三大集群产业链条横向配套和纵向延伸都有了新的突破，集群辐射带动能力进一步增强。

二是农业现代化发展步伐加快。以"土地规模化、组织企业化、技术现代化、经营市场化"为导向，扎实推进农业现代化。农业调产成效明显，蔬菜种植面积、水果面积和干果种植面积，同比增长都在10%左右；养殖加工、花卉苗木、大棚红枣等特色种养殖基地进一步壮大，观光农业、生态农业、设施农业逐步形成规模。东信科技枣业深加工、普田果蔬加工等一批农产品加工项目顺利推进。韩家庄控导下延工程、0.83万亩高标准农田建设项目等农业重点项目的实施，使永济市农业发展基础更加坚实。2015年，永济市粮食总产达4.48亿公斤，位列运城市第一。农民人均可支配收入预计全年完成11021元，同比增长8.0%。

三是文化旅游产业进一步提质增效。文化惠民活动蓬勃开展，"两馆一站"免费开放实现常态化，广场文化活动辅导实现规范化，文化下乡实现制度化，人民群众的文化生活更加丰富。旅游产业提质增效，完成了全市旅游发展总规和鹳雀楼、普救寺、铁牛馆、蒲州故城四大景区专规，重点实施了五老峰游客接待中心、五老峰滑雪场、神潭大峡谷景区开发、水峪口古村、雪花山景区开发、蒲津渡遗址博物馆和鹳雀楼布展项目陈设提升、蒲州故城北城墙东段保护修缮等一批旅游开发提升工程，使永济市旅游产品更加多样，特色更加明显。特别是水峪口古村被评为"中国乡村旅游模范村"、"山西省乡村旅游示范村"。同时加快旅游文化融合发展，连续多年成功举办鹳雀楼诗歌文化节、五老峰登山节、普救寺爱情文化节三大品牌节庆文化活动。

四是城乡生态环境持续优化。集群街、铝电大道、东丰路南段建设完工，城市道路网络进一步完善。重点实施了通道绿化、荒山绿化、城市绿化工程，特别是在樱花园、柳园的基础上，先后建成了舜帝山森林公园、蒲园、滨河公园，在市区形成了错落有致、特色鲜明的五大城市主题公园，市民走出家门10分钟之内就能迈步进入公园。全市城市绿化覆盖率和绿地率分别达到41.16%和34.38%，人均公共绿地达到14.2平米，高出国家级园林城市创建标准要求。永济市连续多年被评为"省级卫生城市"，2014年被评为"山西省园林城市"和"全省绿化先进单位"。同时，在全市大力开展农村环境综合整治和美丽乡村建设，乡村环境面貌得到明显改善。2015年11月，全省美丽乡村建设现场会在我市召开。永济市被授予"全省美丽乡村建设先进市"，新街村、水峪口村、太宁村被评为"山西省美丽乡村建设示范村"。

五是广大群众民生福祉不断提升。坚持把保障和改善民生作为一切工作的出发点和落脚点。认真落实各项惠民政策，扎实推进"十件民生实事"。深入开展党建服务民生活动，围绕党建抓民生，抓好民生促党建，通过市镇村三级"一站式"服务、党员干部"一对一"包联、民情恳谈会"面对面"征求意见和党员示范户划分党建"责任田"，使大量的民诉民愿得以化解，大量的民生事项得到解决。同时，永济市进一步完善了新型社会救助体系，有力保障了困难群体基本生活权益。

六是社会治理不断创新。坚持把社会治理创新作为推动社会建设的重要内容，通过建立市、镇两级社会矛盾调解中心，成立医患纠纷、劳资纠纷、交通事故等九大行业调委会，形成了人民调解、司法调解、行政调解"三位一体"的社会矛盾大调解体系。通过实施城区"三警"联勤巡逻、农村"无缝隙"联防、视频"全覆盖"监控，形成了打防管控一体化的社会治安大防控体系。通过建立市、镇、村三级社会服务管理机构，推行网格化管理，建立完善了社会稳定风险评估、社会保险和社会救助机制，形成了社会服务大保障体系。永济市政法综治工作连续4年在运城市排名第一，信访工作连续4年在运城市排名第一。永济市被评为全省首批"省级平安县"。2015年8月，全省矛盾纠纷多元化调解经验交流会在永济市召开。

（李凤佳）

附：一、中共永济市委书记、副书记、常委名单

书　记： 陈　杰

副书记： 廉广锋　孙中全

郭　敏（女，3月离职，挂职）

常　委： 刘　明　史秉团　张廷耀　陈旭光

杨　勇（3月涉嫌违纪接受组织调查）

付　刚　赵建红

二、乡镇（街道）党（工）委书记名单

城东街道

书　记：韩　波

城西街道

书　记：李晓军

城北街道

书　记：张转运

虞乡镇

书　记：柴卫国

卿头镇

书　记：张泽锋

开张镇

书　记：王永明

栲栳镇

书　记：孙文伟

张营镇

书　记：史云峰

蒲州镇

书　记：麻亚龙

韩阳镇

书　记：刘晓鹏

中共河津市委工作概况

市委书记　胡　宝

河津市位于山西省西南部，运城市西北角，黄汾两河交汇处，辖5乡2镇2个街道办事处148个行政村，国土面积593平方公里，耕地35万亩，总人口40万，共有基层党组织658个（18个党委、44个党总支、596个党支部），党员14019名。河津人文历史悠久，"大禹治水"、"鲤鱼跳龙门"等传说发生在这里，春秋时晋国正卿卻缺、孔子高足卜子夏、史圣司马迁、隋代大儒王通、初唐四杰之首王勃、唐朝大将薛仁贵、全国政协副主席董其武等历史名人都出自河津。河津区位优越，地处晋陕峡谷南端，209国道、吉运高速、蒙（西）华（中）铁路纵贯南北，108国道、侯西铁路、侯禹高速横穿东西，"三纵三横"交通网络基本形成。河津经济以工业为主，一二三产比重为4:65:31，经过多年发展，基本形成煤电铝、煤焦化、铁钢铸三大产业链条，主要产品产能为：原煤1000万吨、发电装机容量185万千瓦、氧化铝250万吨、电解铝42万吨、铝深加工35万吨、焦炭1000万吨、各类化产100万吨、钢铁300万吨、水泥200万吨，是全省四大千万吨级焦化基地之一。

2015年，在省市的坚强领导下，市委团结带领全市广大干群，深入学习贯彻党的十八大、十八届三中、四中、五中全会和习近平总书记系列重要讲话精神，认真落实王儒林书记对河津的重要批示精神，围绕省委"五句话"总要求和运城市委32字工作导向，坚持"三创两提升"工作思路，团结一心、破冰前行，开拓进取、务实苦干，全面加快转型发展步伐，取得了来之不易的成绩。全年完成GDP170.7亿元，工业增加值102.6亿元，财政总收入19.01亿元，公共财政预算收入7.63亿元，固定资产投资149亿元，社会消费品零售总额70亿元，城镇居民人均可支配收入24355元，农村居民人均可支配收入11303元。

一、落实责任，刷新吏治，全面加强党的建设

落实"党要管党、从严治党"要求，进一步夯实党建基础，激发干部活力，为全市转型发展提供了坚强组织保证。学习讨论落实活动成效明显。坚持把学习贯穿活动始终，举办4期研讨班和3场专题讲座，集中观看教育片5次，开展集中讨论反思184次，撰写反思剖析报告97份。全市共确定32项专项整治任务，解决各类实际问题1438个，建立健全制度规定586项，集中解决了一批关系群众切身利益的实际问题。"三严三实"专题教育有序开展。组织中心组学习18次，举办专题党课30场次，举办省市专家专题报告会4次，查找"不严不实"问题128条，制定整改措施364项。开展不作为、乱作为专项整治工作，建立县级领导干部挂点联系制度，排查问题单位27家，问题村43个。党风廉政建设和反腐败斗争深入推进。严格落实"两个责任"，全市9个乡镇（街道）和100多家单位全部建立"两个责任"清单，1.5万名党员干部接受廉政警示教育。狠抓案件查办，全年共立案198件，查结180案189人，其中涉及乡科级干部36人，给予重处分30人。全力抓好省委巡视组反馈意见的整改工作，立案21件，给予党政纪处分30人，各项整改工作基本完成。狠抓"四风"问题整治，查处违反中央八项规定13案15人，收缴礼金、红包59.97万元。在运城市率先开展"整治党员干部大办婚丧事宜工作"改革试点，《山西日报》等媒体进行了报道。基层组织建设扎实推进。狠抓农村"两委"班子建设，下派农村第一书记15名，培训农村主干280名，整顿软弱涣散组织36个，消除党员空白村4个，发展党员272名，修缮地下县委旧址等干部教育基地，新增54名卸职主干享受定额生活补贴。干部队伍建设全面加强。以樊村镇和卫生局为试点单位，扎实推进"三个一批"工作，抓好超职数配备干部专项整治自查工作，调训轮训各级干部40余人次，9名新提任副科级干部到信访局挂职锻炼，干部工作科学化水平进一步提升。

二、帮扶企业，推进项目，转型发展破冰前行

认真贯彻省委做好煤和非煤两篇文章、实现三大突破、

推进六大发展的重大部署，以运城市稳增长调结构“三个一百”工作为抓手，狠抓项目建设，开展集群招商，调整产业结构，不断增强转型后劲。着力帮助企业解困。继续落实县处级干部“双包”责任制，帮助企业协调解决融资、土地、证照办理等突出问题65个，为12家企业转贷提供政策性过桥资金3.1亿元，支持远东特铝等9家企业加快改制上市，推动津华制药与华润三九建立合作，华泽、河津电厂、宏达等企业实现电力交易。狠抓重点项目建设。华泽铝电7万吨电解铝、潞安50兆瓦太阳能光伏发电、西航太阳能支架等14个项目基本建成，2×350兆瓦低热值煤发电、王家岭生活区及培训中心、瓜峪水库等22个重点项目加速推进，签约招商引资项目36个，到位资金53.02亿元，重点项目“六位一体”工作位列运城第三。全面优化产业结构。柴家、阳村高效节水管灌等农业项目全面完工，遮马峪水库、汾河湿地生态等工程加快推进，治理水土流失面积2.1万亩，改善灌溉面积2.3万亩，全市粮食总产1.85亿公斤，发放各项惠农资金3200余万元，新增一村一品专业村15个、合作社67家，新发展以核桃、双季槐为主的干鲜果经济林6000亩，农业现代化水平进一步提升；大力发展商贸物流业，香江万悦城、普洛达斯购物商城投入运营，邵庄农贸市场正在进行招商，诺维兰汽贸城初步形成规模。积极发展乐村淘、苏宁易购体验店等，电子商务指数在全省排名第四，非传统行业在经济总量占比达到10.6%，同比上升3个百分点。总体讲，工业新型化步伐加快，新兴接续产业不断壮大，农业现代化推进有力，现代服务业有序发展。

三、建管并举，完善设施，城乡面貌明显改观

坚持“大城区、小城镇、中心村”发展理念，全力抓好规划、建设和管理工作，加快推进以人为核心的新型城镇化，“一城三区四园”格局初步形成。完成城市总体规划批复，启动“多规合一”、管线普查等工作。推进24个基础设施项目，城市新客运站投入使用，华兴东路、黄村和阳村35千伏变电站增容等工程基本完工，莲池公园、限价商品房等工程进展顺利，蒙华铁路、龙门大道外排水渠等工程全面开工，城市集中供热、紫金街翻修改造等工程抓紧进行前期准备工作。全市新铺设天然气管网3.8公里，新建改造供水管网15公里。樊村、僧楼小城镇建设成效显著，城区、阳村新型农村社区建设稳步推进。实施乡村清洁工程，农村垃圾处理基本做到日产日清，人居环境得到有效改善。

四、持续投入，强化保障，民生事业全面加强

始终把保障和改善民生工作放在重要位置，坚持公共财力向民生倾斜，让人民群众有更多的获得感和幸福感。教育教学质量稳步提升，河津中学扩建、职业中学改造等城区学校布局调整工程顺利推进，4所农村幼儿园新建工程进入扫尾阶段，职业教育加快发展，中考各项指标稳居运城前列，高考二本以上达线1507人。医疗卫生事业健康发展，国家基本药物制度实现全覆盖，新农合参合率达到99.1%。人民医院新建工程初步达到搬迁条件，卫生监督所和疾控中心业务用房建设完成主体工程，157个村级卫生室全部达到标准化建设要求。就业创业工作扎实推进，落实各项扶持政策，全市新增就业人数3967人，创业就业743人，失业人员再就业912人，转移农村劳动力5203人，城镇登记失业率控制在2.6%以内。社会保障水平进一步提高，提高低保、五保补助和大病医疗救助比例，为重度残疾人和农村贫困残疾人代缴社会养老和医疗保险53.24万元。加快建设保障性住房，建成限价商品房498套，公租房67套，改造农村困难群众危房350户。

五、创新机制，强化治理，营造平安和谐环境

受经济下行影响，各类社会矛盾逐步凸显。对此，河津市强化法治思维，创新工作机制，提升治理水平，深入推进平安河津建设。积极化解信访矛盾，坚持“热情接待，认真办理；缠访闹访，依法处置；失职渎职，从严追究”的工作思路，严格执行领导接访“1+3”机制，强化信访源头预防，健全稳定风险评估制度，严格实行“四项规范”，全年共接待群众来信来访341件次892人，上级交办24个案件全部办结，办结率100%。狠抓社会综合治理工作，市乡村三级社会服务管理体系有序运行，天眼工程维护运行和后续建设工作有序推进，市乡两级矛盾纠纷调解中心和148个行政村（社区）调解室全面建成，严厉打击违法犯罪活动，开展打黑除恶、春雷行动等系列专项行动，有效净化了社会治安环境。加强安全生产监管，对12个重点行业实行一月一个专项整治，聘请省市专家，对95家企业进行安全隐患把脉会诊，完善健全安全乡村监管体系建设，全市90%以上的乡村基本达到标准。狠抓环境综合整治，以环保部华北督查中心综合督查反馈问题为重点，加快推进焦化企业提标治理工作，全面加强大气、水污染防治工作，严肃查处各类环境违法行为，排查取缔土小企业50余家，生态环境有效改善。

（胡军政）

附：一、中共河津市委书记、副书记、常委名单

书　记：胡　宝

副书记：杜中伟　董　耿

常　委：胡凯旋　任　刚　李满刚
王同华（5月双开）　薛永琦
贺红林　黄永平

二、乡镇（街道）党（工）委书记名单

城区街道

书　记：吕武荣

清涧街道

书　记：杨敬军

樊村镇

书　记：姚文生

僧楼镇

书　记：吕　平
赵家庄乡
书　记：蔡　斌
下化乡
书　记：王高红
阳村乡
书　记：柴虎杰
柴家乡
书　记：闫新善
小梁乡
书　记：任鹏云

中共闻喜县委工作概况

县委书记　张汪龙

2015 年是闻喜县面对新常态、肩负新使命、应对新考验的一年，也是全县工作实现新突破、迈出新步伐、取得新成效的一年。一年来，县委常委会紧紧依靠全委会各位同志和县人大、县政府、县政协班子成员，团结带领全县干部群众，深入学习贯彻党的十八大，十八届三中、四中、五中全会和习近平总书记系列重要讲话精神，以开展“三严三实”专题教育和学习讨论落实活动为契机，深刻领会省委推进“六大发展”战略部署(创新、协调、绿色、开放、共享、廉洁和安全发展)和“五句话”总体要求(深入学习贯彻习近平总书记系列重要讲话精神，净化政治生态，实现弊革风清，重塑山西形象，促进富民强省)，紧紧围绕市委“32 字”工作导向(拼在基层、敬业担当，干在实处、贴紧民心，领导带头、以上率下，凝心聚力、攻坚克难)和“三个一百”工作核心，坚持发展抓项目、结构抓调整、产业抓龙头、和谐抓民生、形象抓作风、保障抓党建，凝心聚力，真抓实干，全面加强经济、政治、文化、社会、生态文明和党的建设，全县各项工作取得了新进展、新成效。

一、全面学习，深刻领会，增强落实中央和省市委决策部署的自觉性和坚定性

县委坚持把学习贯彻习近平总书记系列重要讲话精神作为重大政治任务，通过召开常委会、常委扩大会和全县干部大会等方式，及时传达，认真贯彻。十八届五中全会召开后，常委会专题研究，精心组织，依托县委中心组、桐乡大讲堂、县乡党校等载体，采取专家辅导、领导干部讲课等形式，对乡科级干部、农村主干、大学生村官进行集中培训。全县各级各部门举办宣讲、座谈、讨论等活动 1200 余场次。常委会带头并推动“双学”(认真深入学习习近平总书记系列重要讲话精神，认真深入学习以习近平同志为总书记的中央领导集体“崇尚实干、勇于担当、廉洁自律”的优良作风)，明确提出班子成员要给县级干部做表率，县级干部要给单位一把手做表率，单位一把手要给干部职工做表率，通过以上率下、领导带头，一级学一级、一级带一级，使中央和省市委决策部署家喻户晓、深入人心，转化为全县干部群众的思想共识和自觉行动。

按照省市委要求，常委会以“五句话”为主题深入开展学习讨论落实活动，紧盯目标任务，紧抓“学习、讨论、落实”关键环节，对照党性、法律、道德，在思想、制度、领导等多个层面上，深刻剖析问题根源，从落实“两个责任”、规范权力运行等 7 个方面，查找出具体问题 31 个，带头整改落实，带头改进作风。全县 788 个党组织负责人和 17557 名党员干部按照活动要求，深学、细照、笃行，讲党课 920 余次，开展集中学习 574 次、集体讨论 265 次，55 个县直单位主要负责人进行公开承诺，用实实在在的行动，激浊扬清，主动作为，担负起富民强县的责任和使命。

通过学习上级精神、开展集中活动，全县党员干部普遍接受了一次深刻的马克思主义群众观点教育，强化了政治意识、大局意识和纪律意识，增强了政治定力、政治担当和政治责任，更加自觉地在思想上政治上行动上与党中央保持高度一致，与省市委同频共振，执政为民的宗旨意识进一步牢固，推动“六大发展”的信心决心进一步增强。

二、审时度势，科学决策，总揽全县经济社会发展大局

县委坚持“管方向、谋全局、议大事、抓关键”，充分发挥总揽全局、协调各方的核心作用，着力引领全县经济社会步入尊重规律、符合实际的发展车道。

(一)科学审视县情，调整和完善发展思路。思路决定出路。常委会始终坚持解放思想、创新理念，根据宏观形势的变化、矛盾问题的转化、目标任务的调整，丰富发展内涵，明晰发展路径。特别是市委主要领导调整以后，按照“32 字”工作导向要求，深入落实王宇燕书记去年 8 月 18 日在闻喜县调研期间强调的“在从严管党治党的前提下，把主要工作精力放在经济发展上，深入研究产业结构调整，抓好招商引资和项目建设，维护社会大局和谐稳定”重要讲话精神，以战略思维、辩证思维、系统思维，对全年的发展定位进行了重新审视，通过集中调研、交流座谈、专题研讨、询计问策等方式，摸清县情实际、找准问题症结、明确发展目标，坚定了“打基础、利长远、惠民生”指导思想，明晰了“谋发展、惠民生、促和谐、树新风”四项任务，在此基础上深化形成了“保增长、保稳定、

保民生、保重点、加强党的建设”四保一加强工作思路。这一调整和完善既立足当前、又着眼长远，既尊重规律、又加压奋进，充分体现了县委常委会对全县发展的责任感、使命感和紧迫感，对经济社会发展起到了重要的指导和推动作用。

（二）坚持规划引领，认真编制“十三五”发展规划。常委会高度重视，认真研究，直接领导“十三五”规划《建议》讨论稿和《纲要》起草编制工作，着眼于“十二五”时期闻喜县发展遇到的重重困难、“十三五”时期推进“六大发展”面临的严峻形势和重大机遇，积极对接中央和省市规划内容，对接国家产业政策，对接闻喜具体实际，组织班子成员深入调查研究，多次听取专家学者、有关部门和编制组的工作汇报，广泛征求各方面的意见，立足于把准全县发展的阶段性特征，巩固和延长发展的战略机遇期，提出了“十三五”时期的指导思想、发展目标、重点任务和工作措施。常委会对《规划建议》讨论稿进行了认真的研究和讨论，提交本次全委会审议决定。总的来说，规划建议从闻喜客观条件和发展需要出发，在保障发展质量和效益的前提下，使“十三五”主要经济指标增速既体现了全面建成小康社会的基本要求，又体现了闻喜作为后发地区实施赶超发展的更好预期。

（三）全面深化改革，激发创新发展活力和动力。常委会深刻认识到，深化改革对闻喜这样一个欠发达的县份，更具有特殊而重要的意义，坚持把具有标志性、引领性的重点改革任务抓在手上，既抓改革部署、又抓改革督办，各领域改革呈现出多点突破、蹄疾步稳的良好态势。行政审批改革上，积极做好省市取消、下放和部分下放行政审批项目的承接落实，分三批取消行政审批项目 2 项、年审年检项目 3 项、承接行政审批项目 30 项，发展中存在的体制机制障碍得到破解。政府机构改革上，转变政府职能，理顺职责关系，政府工作部门由原来的 26 个减少为 23 个、精简 11.5%，领导干部职数减少 12 名、精简 9%，实现了核定领导职数与实配干部相一致；纪委监察局参与的议事协调机构由 87 个精简到 7 个，纪委机关、监察局内设执纪监督机构占比达到 76.9%，执纪监督力量进一步增强。同时完成了全县第一批 296 家事业单位类别确定、不动产登记职责整合等工作，为下一步的改革工作奠定了坚实基础。清单编制工作上，按照“六权治本”要求，坚持“三报三审”，完成了纳入清理范围的 46 家单位权力清单编制工作，初步确定行政职权总数 2826 项，责任清单编制工作将在 2016 年 1 月底前基本完成。同时，扩权强镇、农村土地确权等专项改革扎实推进，党政机关公车改革基本结束，农村商业银行挂牌运营。

（四）严格考核奖惩，确保各项工作落实到位。坚持把目标责任考核作为促进发展的有力抓手，以考核正导向，以考核促工作。突出科学管用，完善考核办法。出台 2015 年度目标责任考核实施细则，坚持总量和质量并重，加强对各单位主抓主导工作、党风廉政建设等内容的考核权重，强化对重点指标、重点项目、主攻产业、招商引资等重点工作的考核。突出项目建设，强化考核检查。召开全县目标责任考核推进会 5 次，对“十大工程”、“十件实事”以及年度目标任务进行检查评比，对乡镇主导主抓的 32 项亮点工程、重点项目进行现场观摩和检查评比。突出工作实绩，兑现考核奖惩。对 2014 年度目标责任考核的 20 个先进单位、19 名优秀领导干部、11 个招商引资先进单位和个人、12 个项目建设先进个人进行了表彰奖励；对 9 名领导干部进行诫勉谈话，扣除了 11 个单位领导班子 47 人的年终奖金，通过严考细评，增强了目标考核的激励导向作用。

三、着眼转型，聚力项目，全力以赴推进“三个一百”核心工作取得实效

县委坚持把推进“三个一百”工作作为推动发展、积蓄后劲的着力点和突破口，全面打响稳增长调结构攻坚战。“三个一百”工作启动以来，全县各级各部门思想认识高度统一，行动步调高度一致，凝神聚力推进工作的氛围日渐浓厚，一批低谷徘徊的重点企业走出发展困境，一批提质发展的重点工程扎实推进，一批长期盼望的重点项目相继落地，“三个一百”工作的强势推进，带动投资增量、推动经济增长、促进转型发展，火车头作用进一步发挥。

（一）倾力做好帮扶工作。对振鑫镁业、银光华盛等 11 家市定困难企业和根据实际情况纳入帮扶范围的 42 家困难企业，明确包联县级领导和帮扶单位，建立帮扶台账，组织召开企业家座谈会、项目推进会、市场分析会，加强总体协调，强化分析研判，采取“一企一策”，开展“一对一”精准帮扶，妥善解决了土地、环保、融资难题 30 余个，化解了森特、八达等与海鑫互联互保企业的债务，破解了一批重点项目资金紧张、小微企业市场萎缩问题，坚定了企业家保生存、求发展的信心。同时，认真按照省市委要求，克服重重困难，全力以赴支持海鑫重整管理人做好债务协调、舆论应对和矛盾化解等工作，由县级领导带队成立 34 支工作组奔赴多个省市与 195 家债权人深入沟通、积极协商，为两次债权人会议顺利召开、海鑫公司如期重整，奠定了坚实良好的基础。建龙海鑫目前已全面进入复产准备阶段。“有付出，就会有收获。”海鑫公司历经风风雨雨、艰难困苦，成功迈上了凤凰涅磐、浴火重生的新征程，我们倾注的心血和情感、付出的艰辛和努力，也得到了省市委的充分肯定和干部群众的广泛好评。

（二）强力推进项目建设。继续完善重点项目包联、项目联席会议、现场办公等工作制度，全面落实“六位一体”项目推进机制，实施重点建设项目 75 个（省重点项目 3 个、市重点项目 1 个），总投资 110.7 亿元，其中工业类项目 23 个，总投资 65.3 亿元；农业类项目 28 个，总投资 13.1 亿元；社会民生类项目 24 个，总投资 32.3 亿元。截止 2015 年底，项目储备、签约、落地、开工、建设和投产六项指标均超额完成市定任务，振鑫镁粉、晋鑫玻璃机制生产线、高效节水郭家庄片区、体育中心一期等 24 个项目完成建设任务，大唐新能源 10 万千瓦风力发电、闻合高速连接线等 51 个项目正在加紧建设。

（三）大力实施招商引资。按照园区化发展集群化招商工作要求，创新招商方式，拓宽招商领域，着力引入促进结构调

整、产业聚集和转型升级的优势项目。党政班子成员带领发改、经信、招商等部门和金属镁、玻璃、装备制造等行业企业，奔赴北京、上海、河南、广东、浙江等地开展学习考察和“点对点”招商100余次，对接洽谈项目95个，引进了宏鑫机制玻璃、牧原养殖、康瑞食品、凯天鞋业、台湾富农有机菌肥等项目37个，总投资152.7亿元，到位资金39.2亿元，签约了颐高电子商务、北京高能鑫源水厂等项目53个，总投资171.8亿元。其中后宫50兆瓦光伏发电、综合体育馆等5个重点项目列入市“三个一百”招商引资项目目录，招商引资工作位居全市前列。

四、优化结构，统筹协调，着力提升发展的质量和效益

县委着眼于经济发展方式的转变和活力的提升，坚持把统筹推进工业新型化、农业现代化、城乡一体化、环境生态化、文化特色化作为保持经济社会平稳协调发展的具体路径和重要依托。

（一）突出结构调整，提质增效工业经济。常委会深刻认识到，闻喜发展的潜力在工业、希望在工业，竭力推进工业产业集聚和经济效益提升。园区企业稳健发展。加快闻喜工业园基础设施建设，帮助企业解决入园的土地、立项、环评等问题，运城任正和药业、泽野生物科技等12家企业达成入园意向，荣兴包装、红会医氧等10家企业成功签约，园区企业发展到31家，预计实现总产值16亿元，企业结构继续优化，核心竞争力不断增强。新兴产业快速发展。加大新兴产业扶持培育力度，鼓励我县企业与外地优势企业、行业龙头企业深入联系，围绕新能源、新材料、绿色食品等新兴产业进行研发与合作，实施镁合金板材型材、机制彩绘高档玻璃等重点项目10余个，全县新兴产业投资比重达到82%，产值增幅达到8%，在经济下行压力加大的情况下实现了逆势上扬。小微企业健康发展。搭建公共服务平台，着力推动“三个突破”（科技创新、民营经济和金融振兴），大力实施“小巨人”提质工程，协调金融部门向小微企业发放各类贷款11亿元，一批小微企业渡过难关，迎来新的发展空间，新达玻璃即将在“新三板”上市，晋鑫玻璃成为全省最大自动化瓶具生产基地之一。品牌建设高位发展。以支柱产业和特色产业为重点，加快创建知名品牌，在金属镁、玻璃、服装等领域申报国家专利58件，任诚意、北垣峨嵋等4件商标荣获“山西省著名商标”。

（二）突出农业增效，做优做强现代农业。以发展农村经济为根本，以增加农民收入为核心，积极推动农业生产向规模化、产业化转变，全面提升现代农业发展水平。夯实粮食生产基础。创建粮食高产示范片区16个、面积18万亩，粮食总产达到3.3亿公斤，超额完成市定任务48.9%，再创历史新高。实施科技兴农战略。积极发展设施农业，新建改建邱村设施蔬菜、三河口反季节蔬菜、唯源西瓜等示范园区10个；中药材规范化生产项目顺利实施，规范化中药材生产基地发展到5万亩，建成远志、黄芩种子繁育基地和种植技术示范基地。优化农业产业结构。大力推进以果树、蔬菜、中药材为特色的现代农业，新发展水果经济林5200亩、设施蔬菜3500亩、中药材12000亩，产业结构持续优化。提升产业化发展水平。土地流转达到18.66万亩，“一村一品”专业村发展到134个，农民专业合作社增加到943家，农业龙头企业销售收入完成11.7亿元，同比增长16%，农业生产经营组织化程度稳步提高。

（三）突出“三位一体”，推进城乡统筹发展。坚持“做美县城、做大集镇、做好农村”，积极推进“一城四镇百村”战略布局，城镇化率增加2个百分点，达到47%，城乡同发展共繁荣的良好势头继续巩固。城区建设上，完成城区绿地系统、道路系统、城中村改造和县城14平方公里控制性详规编制，确定20余项重点城建工程，涑水公园、“三路一灯”（涑水新街、城西大街南延路、康宁路王村段改造、桃园西街路灯）基础设施改造等工程基本完工，县城安全供水、保障性住房等工程开工建设，建成区新增绿化面积30万平方米。集镇建设上，以4个重点镇为基点辐射带动其余乡镇发展，完成投资1.4亿元，畖底集镇街道建设、阳隅集镇街道绿化、后宫集镇排水等23个项目完工，集镇面貌得到改观，承载功能进一步增强。新农村建设上，扎实推进中心村建设，陈家庄、中庄等一批生态宜居农村建设取得新成效，桃园、文典等50个村清洁工程达到省级验收标准，全县910户房屋最危险、经济最贫困的农户有了安全住房，农村正在成为农民安居乐业的幸福家园。

（四）突出生态文明，加快建设美丽闻喜。牢固树立保护生态环境就是保护生产力、改善生态环境就是发展生产力的理念，更加自觉地推动低碳、循环和绿色发展，努力让闻喜的天更蓝、地更绿、水更清。一是加大污染减排。完成城区14家单位燃煤锅炉、冀东水泥脱硝等减排工程19个、东镇和郭家庄环境连片整治村17个，淘汰黄标车、老旧车289辆，二氧化硫、氮氧化物等6项指标完成减排任务，Pm2.5、Pm10均值分别比上年下降4.4%和3.3%，全年二级以上天数超过300天。二是推进节能降耗。支持清洁生产，加快传统产业绿色改造，瑞格镁业、天王台水泥等4家企业淘汰高耗能电机410台，华泰、广瑞等4家企业完成天然气退火窑改造，工业固废利用率达到80%以上，单位GDP综合能耗下降3.5%。三是加快造林绿化。大力实施荒山绿化、磨盘岭治理、身边增绿工程，省级林业生态县创建扎实推进，完成营造林面积3.27万亩、道路绿化80公里、磨盘岭绿化120余座，森林覆盖率、林木覆盖率增幅均高于全市平均水平，分别达到20.7%和26%。

（五）突出思想文化，努力建设文化强县。常委会对建设文化强县的目标、任务和措施作出全面部署，坚持把文化建设与经济建设同步谋划、文化事业与文化产业同步推进。舆论引导扎实有力。牢牢把握正确导向，加大对中央和省市委决策部署、“六大发展”、“三个一百”的宣传力度，唱响主旋律，挖掘好典型，干部群众共圆闻喜梦的激情进一步迸发。文化服务持续改善。大力开展送图书、送戏曲、送电影、送器材下乡活动，完成7个乡镇文体广场体育器材、400套直播卫星“户户通”安装工程，免费放映电影4600余场、送戏下乡

120余场，农家书屋实现图书杂志配发全覆盖。文明创建不断推进。深入开展核心价值观、“中国梦·闻喜梦”等群众性创建和抗战胜利70周年、撤地建市15周年纪念活动，干部群众的文明素养得到提升、精神面貌得到改观；以创建省级文明县城为引领和带动的“四城联创”工作全面启动(创建文明县城、食品安全县城、卫生县城、园林县城)，取得阶段性成效。文化产业培育壮大。本命年、伟恒玻璃两家文化企业的30余款、200余件产品成功参展“十一届”文博会；花馍产业研发出油茶、泡馍等新产品，从农家灶台走上都市餐桌；以高档玻璃器皿、陶瓷酒瓶、包装服务等为主的六大支柱产业快速发展，文化产业增加值突破5亿元。文旅产业融合发展。完成我县中长期旅游总体规划编制和第一次可移动文物普查工作，争取国家文物保护经费对仇氏石牌坊、博物馆馆藏三级以上文物进行修缮修复，精心打造宰相村、陈家庄等旅游景点，文物旅游市场日渐兴旺，文化旅游产业产值增幅连续三年超过20%以上。

五、改善民生，强化管理，全力维护和谐稳定良好局面

县委始终认为“改善民生是最大的政务，民生幸福是最大的政绩”，坚持“应支尽支”，克服财力紧张困难，向社会事业投入民生资金12.1亿元，使一批热点、难点、焦点问题妥善化解，广大人民群众有了更多获得感。

(一)加快发展教育医疗等社会事业。“十件实事”成效显著，将十件实事落实到7个牵头部门和14个责任单位，中信机电棚户区改造、农网升级等实事按期完工，乡村清洁及道路提升、粮食高产提升、体育中心建设等项目扎实推进。城乡教育均衡发展，高考两大类达线737人，达线净增数位居全市第一，中考优秀率、合格率保持全市上游水平；改善义务教育薄弱学校工作顺利实施，完成农村初中计算机和中小学课桌配备，农村中小学办学条件稳步改善；新发展民办幼儿园11所，全县二类以上幼儿园发展到63所，幼儿学前毛入学率提高到92%。医疗卫生切实改善，有序推进基本公共卫生服务均等化，基层医疗机构全面实施基本药物制度；农村新型合作医疗参合率达到99.93%，补偿参合农民63.2万人次，发放补偿金1.2亿元，群众看病难看病贵问题进一步化解。

(二)扎实推进就业和社会保障。深入推进脱贫解困，认真做好扶贫开发建档立卡工作，给贫困人口送去“金钥匙”，对416户贫困户发放贷款1436万元，6900名贫困人口实现脱贫，全县贫困人口人均纯收入达到2175元。实施就业优先战略，认真落实税费减免、小额贷款、社保补贴、就业援助等更加积极的就业政策，城镇新增就业4070人，创业带动就业730人，城镇失业人员再就业876人，转移农村劳动力5480人。提高社会保障质量，19497名城乡低保和农村五保供养对象实现应保尽保，为困难群众发放社会救助金5300万元，给全县低收入农户发放冬季取暖补贴2900万元，养老、医疗、失业等五大社会保险超额完成目标任务，儿童权益保护和儿童关爱体系建设受到省市肯定，越撑越大的民生“保护伞”为群众增添了更多的幸福感。

(三)有效开展“平安闻喜”建设。大力推进“四项整治”(危爆物品、物流、寄递、矛盾排查)，扎实开展社会治安综合治理，查处治安案件842起，破获刑事案件214起，“两抢一盗”案件和其他违法犯罪活动明显减少，严重刑事案件下降40.2%，抢劫案件下降60%；查办“黄赌毒”案件128起，位居全市第一，黄赌毒违法犯罪势头得到有效遏制；农村(社区)“天眼”工程实现全覆盖和“无缝隙对接”，人民群众安全感进一步增强。加强和改进群众工作，推进信访制度改革，充分发挥信访联席会议牵头抓总作用，落实依法逐级走访办法，打造阳光信访、法治信访和责任信访，受理群众到县上访94批748人次，办结70批425人次，化解率达到85%以上，进京非访同比下降50%，33起涉法涉诉历史积案全部得到妥善处理。认真落实“党政同责、一岗双责、齐抓共管”安全生产责任制，加大食品药品监管力度，深入开展安全生产月等专项整治活动，排查整治重点领域、重点行业隐患536条，全县安全生产形势保持稳定，公众饮食用药安全得到保障。

六、发扬民主，依法治县，提升社会主义民主政治和法治建设水平

(一)坚持和完善人民代表大会制度，人大工作得到新提高。支持人大及其常委会依法履行职能，加强和改进监督工作，围绕全县中心工作和维护群众利益等重大问题进行监督。组织人大代表围绕“十三五”规划的制定进行深入调研，提出意见建议；对教育医疗、安全生产等重点工作推进和涑水公园、生活垃圾发电等重点工程建设进行视察调研；围绕《劳动法》、《安全生产法》等法律法规落实，对依法行政、依法履职情况实施法律监督，充分发挥出人大在重大事项、项目建设、惠民实事等方面的监督作用。

(二)坚持和完善中国共产党领导的多党合作和政治协商制度，政协和统战工作取得新进展。突出团结和民主两大主题，支持政协履行政治协商、民主监督、参政议政职能，围绕土地确权登记、现代金融改革、民营经济发展等课题，支持政协组织委员开展调研视察，积极建言献策；加强和改进政协提案、委员视察等工作，推动闻喜在外人士招商推介工作向更大范围辐射，发挥出人民政协人才荟萃、智力密集、联系广泛的优势。完善同民主党派合作共事机制，组织统一战线各界人士对全县重点工程和企业调研视察、洽谈对接，充分发挥民主党派和无党派人士的参谋智囊作用。

(三)牢固树立法治理念和法治思维，依法治县实现新突破。围绕全县发展大局，加强党对依法治县工作的领导，教育引导党员干部牢固树立法治意识和法治思维，推进各项事业依法治理；以开展“素质提升年”和“办案质量年”活动为载体，推进政法队伍教育培训，强化执法监督工作，公正廉洁执法取得新成效；扎实推进“六五”普法，开展宪法宣传日和法律“六进”等活动，干部群众“依法办事、依法谋事、依法论事、依法论人、依法自我约束”的法律意识和法律观念有效增强。

(四)推动国防和驻闽部队建设,双拥共建水平实现新提升。坚持党管武装根本原则,深入开展双拥共建活动,支持驻闽部队现代化建设,提高国防动员能力,抓好民兵预备役工作,加强人民防空建设,双拥模范县城创建成果更加巩固,军民融合式发展迈上新台阶。

同时,扎实做好党建带群团工作,加强对工会、共青团、妇联、科协、文联、残联的组织领导,支持他们依照法律和章程开展工作,团结凝聚各方力量共谋发展;加强对社会事业发展的领导,科技、体育、档案、老干部、老龄等工作蓬勃开展。

七、党要管党,从严治党,为经济社会发展提供坚强保障

认真贯彻落实中央和省市委从严治党工作要求,牢固树立"党的建设是最大的政治,抓好党建是最大的政绩"理念,严格落实管党治党责任,做到党建工作和中心工作同谋划、同部署、同考核、同推进。

(一)围绕净化政治生态,加强反腐倡廉建设。坚持把规矩和纪律挺在前面,在严明政治纪律和政治规矩上主动作为、勇于担当,腐败问题存量逐步减少、增量得到遏制,政治生态不断净化。履行党委主体责任。先后召开常委会、党政联席会和全县干部大会13次,传达精神,查找问题,深刻反思,推进工作,制定出台党风廉政建设党委主体责任和纪委监督责任两个《意见》,并列出主体责任清单,明确县委班子责任6方面23条,县委书记责任4方面12条,班子成员责任4方面9条;建立健全廉政约谈机制,对13个乡镇和部分县直单位一把手进行廉政谈话。强化纪委监督责任。支持纪检监察机关"转职能、转方式、转作风",乡镇纪委书记、县直纪检组长不再分管与纪检监察业务无关的工作,确保了把主要工作精力用在主责主业上,对落实监督责任不力的14名基层党组织负责人和纪检组长进行了责任追究。加大执纪问责力度。严格落实"一案双查"要求,以"零容忍"态度严查违反中央"八项规定"精神等违规违纪行为,深入开展"两个专项治理"工作,查处发生在群众身边的腐败问题和"四风"案件207件,处理违纪党员干部238人(乡科级干部33人),同比上升108.8%,其中给予党纪处分189人(开除党籍17人);给予政纪处分57人(撤职10人)、党政纪双重处分8人;撤职以上重处分55人(乡科级干部4人),移送司法机关处理3人,挽回经济损失104万元,保持了狠刹"四风"和惩治腐败的高压态势。同时,全力配合省纪委、省委巡视组和市纪委做好111件移交问题线索的调查工作;举办廉政警示教育培训63期,增强了党员干部的党章意识、纪律意识和规矩意识;建设"廉政文化街"、举办反腐倡廉知识竞赛,不断凝聚反腐工作正能量。

(二)推进"三严三实"专题教育,加强干部作风建设。"三严三实"专题教育是党的群众路线教育实践活动的延展深化,是深入推进党的思想政治建设和作风建设的重要举措。常委会对"三严三实"专题教育高度重视,周密部署,强化督导,坚持把开展好"三严三实"专题教育作为转变作风、破解难题的重要政治任务,稳步推进"规定动作",创新设计"自选动作",常委会深化学习研讨,就习近平总书记"三严三实"重要论述、党章党规等内容,高标准完成专题研讨4次、集中学习9次;班子成员深入剖析,查找根源,从"严以修身、严于律己、严于用权"三个方面查摆问题137条,并全部制定出问题清单和整改清单,市委督导组给予高度评价。坚持把开展批评、整改落实作为专题教育的关键,召开气氛严肃、态度认真、直指问题的专题民主生活会,为各级党组织树立了标杆、作出了示范。以"矫枉必须过正"的狠劲,要求党员干部从自身做起、从小事做起,把严的要求、实的作风、真的担当贯彻落实到各项工作中,营造团结向上、干事创业的浓厚氛围。坚持把专题教育成果体现到推进发展上,四套班子成员带头包联化解突出问题,牵头负责32项专项整治任务,在推进"三个一百"工作的主战场上,展现作为、锤炼作风,着力解决基层干部不作为、乱作为等损害群众利益问题,使干部群众感受到了专题教育带来的新变化、新气象。

(三)落实从严治吏要求,加强领导班子和干部队伍建设。以学习贯彻新修订的《党政领导干部选拔任用工作条例》为主线,以提高本领、转变作风,坚强有力、干事创业为重点,进一步激发领导班子和干部队伍活力。认真实施"三个一批"。确定畈底、住建局两个试点,采取个别谈话、定向走访、随机暗访等多种方式,广泛了解民意,全面掌握情况,在总结试点工作经验的基础上,建立问题干部台账,启动其余12个乡镇和29个县委、县政府工作部门的"三个一批"工作,共降级1人,影响调资13人,停发年终绩效20人,对个人填报事项与核查情况有出入的8人进行了组织谈话,取消了1人的任职资格。扎实开展档案普查工作。严格落实省委巡视组反馈意见,以"三龄两历一身份"为重点,对6057份干部档案进行专项清理,对8名学历存疑人员的学历不予认定,对7名工作经历存在问题的人员进行了约谈。科学公正选人用人。事业兴衰,唯在用人;用人之要,重在导向。坚持先立规矩后选人,针对干部任用权力运行风险点和制度漏洞,制定出台《乡科级领导干部动议酝酿任免议事规则》、《公务员职务与职级并行制度实施意见》等指导性、操作性比较强的选任制度,强化党组织对干部动议、考察、考核工作的领导把关作用,强化"体检式"考察,防止"带病提拔",分3批调整干部233人次,其中提拔任职42人,平职调整178人,免职13人,乡科级班子结构继续优化,正确的用人导向鲜明地立了起来、严了起来、实了起来。加强干部监督管理。把廉政审查融入干部选任全过程,建立跑官要官、拉票贿选"特别监督档案",开展严厉整治"为官不为、不严不实"专项工作,对26名科级干部进行任前审查,对7名党政领导正职和单位负责人进行经济责任审计,对4名党政正职进行离任审计,对303名拟表彰人员、社区换届人选、纪委遴选人员进行严格审查。同时,对超职数配备干部问题进行整改,消化超配领导干部27人、非领导职务干部38人,转岗身份不符人员17人,除公安局、信访局等9个部门外,其余单位均实现了能转岗的全部转岗、能调整的全部调整、能消化的全部消化。

(四)突出固本强基目标,加强基层党组织建设。大力推进"三项工程"(加强农村班子建设、改善村级治理、发展新型村级集体经济),健全村级组织机构15个,整治软弱涣散党组织32个,建立村级治理"废改立"清单121项,确定新型村级集体经济试点村34个,新建和修缮活动场所62个,农村基层党组织在深化农村改革、推进农业现代化进程中的领导核心和战斗堡垒作用进一步增强。着力加强农村党组织书记、党员和大学生村官"三支队伍"建设,对582名农村"两委"主干进行集中轮训,组织优秀大学生村官到长治大学生村官基地学习先进经验,选派94名优秀干部到组织软弱涣散村和建档立卡贫困村担任第一书记,农村党员干部队伍的整体素质实现新提升。统筹推进机关、社区、学校、非公经济等领域党建工作,完成6个县直系统机关党委和83个县直单位党组织换届工作,开展非公党建示范点观摩和党风廉政建设进企业活动,基层党组织凝聚力、战斗力有效提升。同时,深入实施五大人才工程,完善在外人才"智库",组织桐乡英才深入农村、企业、社区开展技术咨询、科技推广等活动,优秀人才对县域经济社会发展的支撑作用不断增强。

县委高度重视自身建设,把学习作为自身建设的首要任务,不断强化理论武装,认真执行民主集中制,做到重大问题集体讨论、集体决定。一年来,县委中心组邀请知名专家教授10余人,围绕转变经济发展方式、推进金融创新等内容举办专题讲座和报告会28次,召开常委会、党政联席会和专题工作会议32次,集中学习研讨会7次,提升新常态下领导发展、服务发展的能力和素质。特别是面对复杂严峻的经济形势、前所未有的发展压力,常委会充分集中集体的智慧和力量,对涉及全县的重大事项和工作部署,坚持征求听取各套班子和各人民团体的意见,统一思想、凝聚共识;坚持谋全局、抓大事,带头深入一线,调查研究,对重点工作亲力亲为,一抓到底;坚持严于律己,严守廉洁自律各项规定,主动接受党内外各方面的监督,自觉树立良好形象。

(杨　青　杜　霄)

附:一、中共闻喜县委书记、副书记、常委名单

书　记:张汪尤

副书记:张建元　张春吉　逯光耀

常　委:王海生　李清水　张武学
孙　锐(5月离职)　冯向泽(5月任职)
高俊红(女,3月立案审查)

二、乡镇党委书记名单

桐城镇

书　记:翟东旭

东镇

书　记:张水忠(11月离职)　薛耀东(11月任职)

河底镇

书　记:梁松彬

郭家庄镇

书　记:吉俊伟

凹底镇

书　记:徐剑昆

礼元镇

书　记:张英奇

侯村乡

书　记:郭亚斌

裴社乡

书　记:史学敏

后宫乡

书　记:薛耀东(11月离职)　王红波(11月任职)

阳隅乡

书　记:张安红

薛店镇

书　记:李明虎

神柏乡

书　记:高秀海

石门乡

书　记:王红波(11月离职)　蔺效普(11月任职)

中共临猗县委工作概况

县委书记　赵惠民

2015年,临猗县全面贯彻党的十八大、十八届三中、四中、五中全会精神,深入学习习近平总书记系列重要讲话精神,以中央"五大发展"、省委"六大发展"和市委"三个一百"为重点,以开展学习讨论落实活动和"三严三实"专题教育为契机,围绕"一带、一圈、一岸、15个点"的经济社会发展思路,精做农业、强推工业、激活流通、拓展民生、创优环境,全县政治、经济、文化、社会、生态文明以及党的建设都取得了新进展、新成效。特别是在经济下行压力下,主要经济指标呈现出良好的发展态势,固定资产投资总额、财政总收入、公共财政预算收入呈两位数增长。

一、深入学习贯彻习近平总书记系列重要讲话精神,坚决落实中央、省委、市委各项决策部署

坚持"双学",先后采取县委常委会、中心组学习、全县干

部大会等多种方式,深入学习贯彻习近平总书记系列重要讲话精神和中央、省委、市委主要领导讲话精神,学习以习近平同志为总书记的中央领导集体崇尚实干、勇于担当、廉洁自律的工作作风和省委、市委班子夙兴夜寐、深入调研、以上率下、严于律己的工作作风,在全县广大党员干部中形成了"有胆有识,有责有为,有法有规有担当"的工作理念,坚决做到在思想上政治上行动上与中央、省委、市委保持高度一致。扎实开展学习讨论落实活动和"三严三实"专题教育,县委常委带头讲党课,带头查摆问题,带头开展整改,"三严三实"专题教育中,高标准组织了5次专题研讨,召开了民主生活会、组织生活会,形成了领导带头、以上率下的良好氛围。认真学习中央、省、市"十三五"规划建议精神,精心起草制定了县委"十三五"规划建议。

二、坚持稳中求进,不断提升经济社会发展质量和效益

紧紧围绕"精做农业、强推工业、激活流通、拓展民生、创优环境"工作重点,以稳增长调结构"40.50.20"工作为核心,努力适应经济新常态,精准发力、持续用力,推动经济社会平稳健康发展,努力提升群众获得感。

(一)抓核心,"40.50.20"工作成效明显。按照市委"三个一百"工作方案,确定了稳增长调结构"40.50.20"工作重点,对每一个企业、每一个项目都实行一个县级领导主抓、一套方案推进。着力帮扶40个左右重点企业解困,解决了30家企业生产经营过程中遇到的难题和障碍,为企业减负1100余万元,积极推动企业上市,3家企业已与证券公司签订了挂牌上市合作协议。着力推动52个在建重点项目建设,全县98项重点项目,完成投资23.46亿元。确定的52个在建重点项目,完工或完成当年投资的47项,其余5项已列入2016年项目盘子。"六位一体"各项指标均超额完成全年目标任务。着力促进20个重点招商项目签约落地,已落地16项,其余4项正在积极洽谈,全县招商引资到位资金40.74亿元,完成了全年目标任务。

(二)抓统筹,经济发展稳步提升。积极适应经济新常态,统筹抓好现代农业、产业集聚、新型城镇等工作。农业现代化上,重点打造苹果、枣、石榴、桃、梨、樱桃等现代农业产业集群,努力建设"中国临猗园艺农业百万亩水果公园"。培训新型诚信职业农民1211人,培育产业带头人220人,农村土地确权工作走在全市前列,建成了以国家苹果产业体系运城试验站为核心的果业开发综合体,全年粮食总产量达6.1亿斤,各类水果产量45亿斤,在苏州举办了第四届水果文化节,临猗苹果代表运城市出口美国高端市场,樱桃首次销往台湾市场。产业集群化上,投资7800万元加快临猗和楚侯两个集聚区建设,依托工业集聚区1.6万产业工人,不断提升产业集聚度,产城融合发展步伐进一步加快。扎实做好"三个突破",全县金融机构各项贷款余额90.3亿元,同比增长15.2%;认定国家级高新技术企业7家,省级民营科技企业13家,位居全市第一;中国驰名商标增至8个,在全省县级区划中数量最多。新型城镇化上,不断提升城市规划、建设、管理的标准化、精细化水平,县城基础设施进一步完善,全县房地产企业在金融形势趋紧的情况下有序推进,小城镇建设步伐不断加快,乡村诚信清洁工程达标率达90.4%。新增绿地面积1.95万平方米,绿地率达34.9%,被命名为山西省园林县城。深入开展全国文明城市创建活动,顺利通过了国家级文明城市测评。通过开展城市环境秩序综合整治,巩固了街景整治成果;通过大剧院、博物馆两个项目推进,进一步完善了城市功能,使县城品位明显提升,目前大剧院主体工程已经完成,博物馆前期规划工作已经完成。

(三)抓民生,群众获得感进一步增强。积极践行共享发展理念,着力改善民生,全县财政用于民生领域的支出达17.42亿元,占财政总支出的81.3%。精准扶贫成效明显,4500人实现脱贫。建设了南城实验小学、迁建了县城幼儿园,优化了就学环境;高考成绩文理两大类达二本B类以上人数和职业教育对口升学达线人数均创历史新高;学前教育发展经验在全省推广,家庭教育和智慧教育在全市产生重要影响。在全市率先完成了所有政府办医机构药品无加成,猗氏、三管卫生院被国家卫计委评选为"群众满意的乡镇卫生院"。积极开展"信访积案化解百日攻坚专项行动"和"以群众举报乡村干部腐败为切入点集中解决群众信访诉求问题"专项整治活动,信访稳定工作保持全市前列。进一步加大打黑除恶高压态势,人民群众安全感明显提升。建立了县、乡、村三级安全网格责任制,认真组织开展危险化学品等执法检查活动,全县无一起食品药品安全事故、无一起重大安全生产事故、无一起重特大交通安全事故,确保了经济社会和谐稳定。

(四)抓生态,打造宜居宜业美丽家园。按照"既要金山银山,更要绿水青山"的执政理念,不断拓展生态发展空间。完成造林任务2.43万亩,完成30公里绿化以及20个园林村的提档升级工程,森林覆盖率达37.3%;全县万元GDP综合能耗同比下降2%;工业固体废弃物综合利用率达90%;建成了临猗第二污水处理厂并投产运营,完成了涑水河流域水污染防治重点工程3项,涑水河水质明显改善。青山化工生产工艺改造、大众建材煤矸石烧结砖等5个节能项目全部完工,环保治理正逐步由被动向主动转变。

(五)抓宣传,文化软实力不断提升。积极培育和践行社会主义核心价值观,开设了文明临猗微官网和文明临猗微信公众平台,开展了诚信教育活动和纪念反法西斯战争胜利70周年暨运城撤地设市15周年群众性歌咏活动,激发了全县广大党员干部的干事创业热情。牢牢掌握意识形态工作的主动权,大力宣传稳增长调结构"40.50.20"、文明城市创建等中心工作,开展了"临猗好人"评选活动,积极传递好声音,凝聚正能量。推进文化惠民活动,为群众送戏下乡、送电影5000余场,参加了第二届山西省文化产业博览会,展示的文化艺术作品获得了一致好评,完成了猗氏县抗日民主政府旧址等文物修复工程,文化产业发展有条不紊。

三、推进“六权治本”，强化民主政治和法治临猗建设

紧紧围绕加强权力制约和监督，以“三清单”“两平台”“两张图”“一监督”为载体，完善制度机制，厘清权力边界，明确责任主体，县直单位编制权力清单工作和责任清单已经完成，各单位权力清单和流程图已经形成。支持县人大及其常委会依法行使重大事项决定权、监督权、人事任免权，加强和改进人大监督工作，围绕稳增长调结构“40.50.20”工作推进、重点工程建设、“六五”普法等进行监督检查；围绕农产品品牌建设、代表议案建议办理等工作进行专题审议；对政府工作部门负责人任期目标完成情况开展检查，强化任后监督；认真做好规范性文件备案审查工作，确保宪法法律在全县正确实施。支持县政协围绕医疗卫生基础设施建设、小城镇建设、工业重点工程建设等课题深入研究，积极建言献策，开展重点协商。认真落实省、市统战工作会议精神，进一步完善统战工作领导体制机制，支持民主党派组织建设。加强对企业家教育引导，提升企业家形象。加强和改进党对法治临猗建设的领导，大力推动政府职能转变，加快建设法治政府。深入推进“六五”普法，开展了司法领域突出问题专项整治和“12.4”国家宪法日暨全国法制宣传日活动，引导全县各级领导干部及广大群众建立法治思维，以此指导工作、解决问题、化解矛盾，切实营造“法无授权不可为、法定职责必须为”的良好氛围，全县范围内司法公信力进一步提高，全社会学法尊法守法用法意识不断增强。

四、坚持全面从严治党，不断提升党建科学化水平

认真贯彻落实中央、省委、市委关于全面从严治党的工作要求，牢固树立“抓好党建是最大的政绩”的理念，严格落实管党治党责任。

（一）坚定理想信念，切实加强党员领导干部的党性教育。以学习教育为着力点，推动学习贯彻新修订的《准则》和《条例》，不断增强党员干部的纪律意识和规矩意识。组织党员干部赴焦家营村抗日民主政府旧址、傅作义故居、诚信教育基地学习，受教育人数达3000余人次，党员干部理想信念更加坚定。通过廉政党课、专题培训、观看警示教育片等形式，对全县党员领导干部进行廉洁从政警示教育，开办廉政警示教育培训班180期，开展党纪条规、廉政党课专题讲座14期，受教育党员干部达8500余人次，党员干部拒腐防变能力进一步增强。

（二）虚心接受巡视指导，认真做好巡视整改工作。2015年4月—8月，省委巡视六组对我县进行了为期五个月的巡视，10月就巡视情况进行了反馈。对巡视反馈意见，县委高度重视，并从讲政治的高度切实履行主体责任，抓好整改落实。召开了专题会议，成立了整改领导组，制定并下发了《整改方案》，要求全县各级领导干部、各相关单位原汁原味地接受巡视组提出的意见并立即开展整改。省委巡视组反馈的8方面21条问题，已整改20条；批转的133件问题线索，全部在规定时限予以办结，处理党员干部49人次，做到了件件有回音，事事有着落。

（三）严格落实“两个责任”，深入推进党风廉政建设和反腐败工作。坚持把反腐倡廉建设放在党建工作的重中之重，纳入县委常委会议事规则，做到一月一研究，全年召开常委会和专题会议22次，研究重大问题9次。严格落实党风廉政建设党委主体责任和纪委监督责任，建立和完善了《从严管理干部的实施意见》、常委责任清单以及党风廉政建设责任分解、常委周报告工作制度、领导外出报备制度和《重要会议和重大事项请示报告制度》等，收到了良好效果。召开了落实“两个责任”警示教育大会，对省委巡视组两次暗访发现的违反工作纪律问题进行了严肃处理。不断加大对纪委干部队伍建设的支持力度，克服一切困难用足纪检编制，调整纪检干部32人，形成纪检监察工作合力。把纪律挺在前面，持续保持反腐高压态势，坚持有腐必惩、有贪必肃，全年立查案件215件，查结202件，处理党员干部202人，其中，撤职以上重处分14人，移送司法机关2人，各级班子和全县干部做到心有所畏、言有所戒、行有所止，党风廉政建设取得了明显成绩。

（四）严格执行中央“八项规定”，弛而不息反对“四风”。持之以恒正风肃纪，紧盯“四风”隐形变异问题，狠抓重要时间节点，着力对违反中央八项规定精神行为进行监督检查，对违规收送礼金、红包问题、领导干部顶风大操大办婚丧喜庆等借机敛财问题开展专项整治，严肃查处违规宴请、乱发补助等违反“八项规定”典型案件7起，处理党员干部8人。以深入开展农村集体“三资”管理为契机，着力解决发生在群众身边的腐败问题，查处违纪违法案件25起，给予12人党政纪处分。

（五）坚决刷新吏治，全面加强领导班子建设和干部队伍建设。积极完善县委常委会议事规则，建立健全四大班子主要领导碰头议事会等制度，充分发挥县委统揽全局、协调各方的领导核心作用，营造尊重理解、包容协作、团结奋进的工作氛围。坚持先立规矩后选人，制定了《干部人事档案任前审核问题分类及处理意见》等四个办法，分9批次调整科级干部96人。稳妥有序推进“三个一批”工作，甄别干部159名并开展了“六查”，处理惩治不廉洁、乱作为干部93人，调整退出不作为、不胜任干部5人，选拔任用敢担当、善作为干部18人，保证了干部选任风清气正。

（六）夯实基层组织建设，不断提升党建科学化水平。先后投入2300多万元用于村级活动场所完善、农村“两委”主干薪酬待遇、党员教育培训等工作。对乡镇党务工作者、新当选的农村“两委”主干进行了集中培训；出台完善农村党建“三项工程”5类115项制度；从县直单位选派40名优秀干部到村担任第一书记，对40个软弱涣散村进行了整顿；创新党员教育载体，建立了微信平台；严格党员管理，处置不合格党员49人，其中除名7人；清理规范各类党员组织关系112人；创新举措推进大学生村官分流工作，共分流58名。

（许留云　刘英凯）

附:一、中共临猗县委书记、副书记、常委名单

书　记:赵惠民

副书记:李建刚　杨　湜

常　委:仇红学　王功成(11月免职)　薛学农

张　猛　余　敏　牛永贵

二、乡镇党委书记名单

猗氏镇

书　记:廉　辉

牛杜镇

书　记:滑卫红

楚侯乡

书　记:李红阳

嵋阳镇

书　记:董学峰

庙上乡

书　记:钱　波

临晋镇

书　记:郝晓峰

七级镇

书　记:范海英

东张镇

书　记:王鹏君

角杯乡

书　记:王晋峰

孙吉镇

书　记:刘双胜

耽子镇

书　记:岳匡印

北辛乡

书　记:王世宏

北景乡

书　记:管振波

三管镇

书　记:景世军

中共稷山县委工作概况

县委书记　乔登州

2015年,在省委省政府和市委市政府的正确领导下,稷山县委班子团结带领全县人民,深入学习贯彻党的十八大、十八届三中、四中、五中全会和习近平总书记系列重要讲话精神,坚决按照中央"四个全面"战略布局,省委"五句话"要求和市委"三个一百"工作部署,全力推进发展,全面从严治党,全县经济转型升级的潜力进一步激发,优势进一步凸显,政治生态进一步净化,迈出了建设幸福美丽稷山的坚实步伐。

一、深入学习贯彻党的十八届五中全会和习近平总书记系列重要讲话精神,坚决落实中央和省市委各项决策部署

一是县委常委会带头坚持"双学"。深入学习党的十八大和十八届三中、四中、五中全会精神,学习贯彻习近平总书记系列重要讲话精神,学习贯彻省委十届七次全会精神和市委三届七次精神;深入学习以习近平同志为总书记的中央领导集体崇尚实干、勇于担当、廉洁自律的工作作风,深入学习省委、市委班子夙兴夜寝、深入调研、以上率下、严于律己的工作作风。召开县委常委(扩大)会议传达上级精神6次,县委中心组集中学习24次。特别是党的十八届五中全会召开后,分10期、每期3天对全县1300余名党员干部进行了集中轮训;县委常委带队分7个组,深入农村、机关、学校、企业进行宣讲,并通过各种媒体加大宣传力度,使党的十八届五中全会精神在稷山深入人心。

二是"三严三实"专题教育和学习讨论落实活动深入开展。所有县级干部积极开展"三严三实"专题教育,共计集中学习13次,讲党课63堂,专题研讨5次,查出"不严不实"方面存在的问题81条,确定整改事项148项,已经整改89项,带动"三严三实"专题教育层层向纵深推进。县委常委会强力推进学习讨论落实活动,带头抓好10个方面、31项任务的整改落实,立案查处27起,给予党政纪处分21人,影响和带动各级党组织、党员干部坚定理想信念、澄清模糊认识、破除思想障碍。

三是遵循"32字工作导向",扎实推进"三个一百"工作

落实。明确提出落实“32字工作导向”，要做到拒绝借口、立说立行，“拼在基层、敬业担当，干在实处、贴紧民心，领导带头、以上率下，凝心聚力、攻坚克难”已经成为全县党员干部的价值追求和自觉行动；从9月份开始，按照市委要求，扎实推进“三个一百”工作落实，提出了“精准布局、人在基层、担当解难、扩大战果”的工作要求；确定“12+38”50个重点企业（项目）；县四大班子领导带头，各级干部、企业家、广大群众齐参与，形成了上下联动，拼在基层、干在实处，帮扶企业、加快项目建设的生动局面。截至12月底，共计解决各类问题53个，确保了我县重点企业正常生产、重点项目建设顺利。

二、厚植发展优势，加快转型步伐，经济发展的质量和效益逐步提升

县委常委会始终把发展作为第一要务，按照“六大发展”总布局和“三个一百”总抓手，进一步丰富拓展“733”产业升级发展战略，厚植优势、拓展空间，打开了稷山经济发展新局面。全县GDP完成71.4亿元，增长1.6%；规上工业增加值完成14.5亿元，下降2.1%；财政总收入完成3.36亿元，增长0.2%；一般公共预算收入完成1.6亿元，增长6.2%；固定资产投资完成76.8亿元，增长17.8%；外贸进出口总额完成1.33亿美元，增长16.9%，全市排名第一；社会消费品零售总额完成27.1亿元，增长8.1%，全市排名第一；城镇居民人均可支配收入完成22106元，增长7.5%；农民人均纯收入完成9104元，增长6.2%。2015年12月7日，李小鹏省长到稷山调研，对我县帮扶民企发展、加大科技金融创新，以及发展特色农业、保护生态环境等方面工作予以充分肯定。

一是突出“三个一百”工作落实，工业新型化迈上新台阶。①着力帮扶重点企业做大做强。东方资源公司锰铁产量继续保持全国领先，铭福钢铁生产稳定，天圣制药与杨文水制药成功重组。5月19日，永东股份成功上市，实现了全省3年来，全市10年来中小企业上市零的突破，省委书记王儒林在全省金融振兴大会上予以表扬。②着力加快在建重点项目建设。总投资超10亿，一期投资2.8亿元的大佛文化园项目、总投资5亿元的50MW光伏发电项目、总投资1亿元的华明光伏农业项目等进展顺利，晋龙集团化峪吴嘱200万只蛋鸡养殖、东方公司300立方米锰铁高炉、永祥130吨焦化二期等重大项目相继竣工。12月22日，阳煤丰喜“3052”项目顺利投产。2015年稷山县重点项目“六位一体”全市综合排名第一。③着力加快园区建设。西社园区投资1亿元，实施了居民搬迁区项目、污水处理厂项目、园区消防站项目、振西大街管廊建设工程等基础设施建设项目，使园区承载能力进一步增强；翟店园区标准化厂房、综合服务大楼、“一站式”服务平台投入使用，园区公共租赁房开工建设。

二是突出特色富民产业培育，农业现代化水平全面提升。粮食生产再获丰收，全年总产2.4亿公斤。蛋鸡养殖达1210万只，畜牧业总产值达到农业总产值的65%以上。板枣丰产丰收，产量突破6亿公斤，成功举办了第六届板枣科技文化活动周。农产品加工销售收入稳步增长，19家县级以上农产品龙头企业实现销售收入17.1亿元。扶贫开发力度不断加大，实现脱贫4412人。

三是突出“三宜”目标实现，新型城镇化有了新进展。按照“三宜”（宜居、宜业、宜游）目标，着力实施大县城战略，2015年全县城镇化率达到37.5%，固定资产投资完成1.6亿元，县城公用设施投资8000万元。翟店、西社按照全国重点小城镇标准加快建设，建成美丽宜居示范村15个。加大文明县城创建力度，11月份顺利通过了省级文明县城验收。

四是突出造林绿化，城乡生态化取得新成效。持续狠抓植树造林。全年完成植树造林任务3.38万亩，全县森林覆盖率提高1个百分点。强力推进节能减排。拆除涉及节能减排机焦炉80万吨，全面加快焦化企业提标改造。县城二级以上良好天数稳定在310天以上。积极实施汾河生态修复项目。对沿汾排污企业进行了严厉整治，汾河水质断面监测达到省市要求；投资1.2亿元的汾河生态修复稷山县城段工程开工建设。

五是突出优势资源挖掘，文化旅游产业增添新亮点。提出“三千一地”（千年板枣、千年大佛、千年古县和华夏农耕文明发祥地）建设工作思路，着力搭建农耕文化、大佛文化、板枣文化、民俗文化、生肖非遗文化和三善养生文化“六大板块”，大佛文化园建设项目开工建设。推出了稷山板枣采摘“一日游”线路。《枣儿谣》和《农祖·稷风》两个精品文艺力作引起强烈反响，《枣儿谣》12月28日成功赴京演出。积极实施全民创业工程，累计举办电商培训15期，邀请浙江义乌工商学院副院长贾少华到稷山举办专题讲座。招引乐村淘电子商务入驻稷山，覆盖全县108个村，对接全国全球市场。

三、深化改革开放，增强动力活力，发展的空间领域不断拓展

一是坚持以改革增动力。成立了县委全面深化改革领导小组，设立了六个专项小组，建立健全了各项工作机制。积极推进政府职能转变和机构改革，基本构建起适应我县经济社会发展的精简高效行政管理体制；积极对接中央省市行政审批改革事项，承接市行政审批事项110项，取消8项；10月1日起“三证合一”登记制度全面实施；12月底公务用车制度改革基本完成；土地确权工作顺利推进。

二是坚持以开放增活力。第六届板枣科技文化活动周，吸引外地客商400余名，国家省市21家新闻媒体播发各类通讯报道50余篇；县领导带队到河南济源、新疆吐鲁番、山东沾化、贵州贵阳等地考察学习；在深圳成功建立招商联络处，组织招商小分队外出招商42次，2016年全县完成招商引资到位资金36.3亿元，完成任务的101%。12月下旬，以《枣儿谣》进京赴晋演出为契机，开展大规模招商引资，签约资金33.1亿元；12月29日，翟店园区创建国家级出口工业产品质量安全示范区工作通过国家出入境检验检疫局的考核验收，为稷山的纸包装等产品走出国门开辟了绿色通道。

四、坚持发扬民主，推进依法治县，社会主义民主政治和法治建设不断加强

一是坚持和完善人民代表大会制度，人大工作水平得到新提高。支持人大及其常委会依法履行职能，依法任免国家机关工作人员52人次，做出决议决定6项，听取审议报告12项，开展了水污染防治、食品安全等五次执法检查，围绕“三个一百”、农业现代化、城镇化建设、十三五规划编制情况等开展视察调研46次。

二是坚持和完善中国共产党领导的多党合作和政治协商制度，政协和统战工作取得新进展。突出团结和民主两大主题，支持政协履行政治协商、民主监督、参政议政职能。提出政协提案89份；围绕促进企业发展、历史文化保护等课题，组织委员开展了调研视察，积极建言献策；发挥政协人才荟萃、联系广泛的优势，强力推进大佛文化园项目建设；以统战机构改革为切入点，传递党的声音，凝聚各方力量。

三是牢固树立法治理念和法治思维，法治稷山建设迈出新步伐。切实加强党对法治稷山建设的领导，制定出台《中共稷山县委关于加快推进法治稷山建设的实施方案》；全面推进“六权治本”，加强对司法活动的监督，扎实推进“六五”普法，教育引导干部群众“依法办事、依法谋事、依法论事、依法论人、依法自我约束”。

五、切实改善民生，加强社会治理，全县和谐稳定大局进一步巩固

一是大力发展社会事业。2015年高考文理两大类二本B类以上达线人数再次突破800人大关；分两批次为全县中小学公开招聘教师89人；县人民医院内科大楼建设项目启动，改扩建11个村卫生室，全县新农合参合率达99.29%；积极开展农村实用技术人才培训，培训达4万余人次；创业就业培训达1300余人次。

二是加快实施民生工程。县财政用于民生的投入持续加大，2015年达到10.5亿元，占比80%，增长8%。县城供水泵站及老城区管网优化工程、燃气集中供热工程、县城排水防涝配套设施建设工程，滨河文化广场建设项目等加快推进实施。

三是全力维护社会和谐稳定。扎实推进信访工作规范化提升，信访工作排名全市第一；集中开展了“平安稷山”严打整治行动，全年破获刑事案件323起，抓获犯罪嫌疑人150余人，极大提升了人民群众的安全感；强化“党政同责、一岗双责、齐抓共管”，全县安全生产形势稳定好转。

六、坚持全面从严治党，深入落实“两个责任”，党建工作科学化水平进一步提升

一是围绕净化政治生态，反腐倡廉建设进一步加强。坚决把落实党风廉政建设党委主体责任扛在肩上。县委常委会先后9次研究党风廉政建设工作，制定出台了《关于落实党风廉政建设党委主体责任的意见(试行)》和《关于落实党风廉政建设纪委监督责任的意见(试行)》；县级领导干部带头，全县各级党组织班子成员全部建立了落实主体责任清单，并将落实主体责任贯穿到各项工作全过程；县委主要领导、县四套班子成员层层与下级党组织负责人进行廉政谈话，召开落实主体责任推进会6次，县委常委会专门听取政府班子、各乡镇和重点局办落实主体责任情况汇报并现场点评；强化廉政警示教育，培训95期5000余人。支持纪委加快“三转”步伐，推进纪委机构改革，办案室数量增至5个，占内设机构总数的45%；执纪监督机构增至9个，占内设机构总数的82%。充实了乡镇办案力量，全县各乡镇共配备纪检专干21名。严格落实“一案双查”，加大案件查办力度，全年查结案件158件，处分各类违纪人员164人。认真做好巡视问题整改工作。制定了巡视整改工作方案和四方面问题整改子方案，成立了巡视整改工作办公室，针对省委巡视组提出的24个问题逐一认真整改。

二是围绕刷新吏治，全面加强领导班子和干部队伍建设。坚持先立规矩后选人，稳妥有序推进“三个一批”工作，出台了《稷山县县管干部动议酝酿任免议事规则(试行)》《稷山县加强和改进干部考察工作办法》等制度，进一步规范干部动议、考察、考核等干部选任程序。坚持德才兼备、以德为先、以廉为基的选人用人导向，共调整干部75名，社会反响良好。

三是着力实施党建十大工程，党建工作进一步细化量化项目化。年初全委会确定了由常委牵头负责的党建十大工程，将人员下移、资金下移、工作下移，突出重点、以点带面，着力解决党建服务群众最后“一公里”问题。截止目前，公共法律服务体系建设工程开展法律援助104起，培育树立典型示范党组织8家，建立社区服务党小组17个，引进人才科技兴枣工程建立板枣示范园6个。其它工程也都扎实推进，受到群众欢迎。

四是紧扣“三项工程”，乡村党建基础进一步夯实。深入落实县委农村党建“三项工程”。抓思想教育，“村官讲习所”覆盖1347名农村“两委”干部，采取“五学五讲六规范”模式集中培训257堂。10月9日，我县“村官讲习所”作为全省农村基层党建南片4个观摩点之一，接受了观摩，受到好评。抓队伍建设，农村“两委”换届前重点抓纪律，换届后重点提能力，下派第一书记40名，集中整顿27个软弱涣散党组织，全力推进精准扶贫。抓发展引领，组织全县200个村制定了发展规划，党员领办专业合作社89个，村官手机报发送惠农信息144条。抓乡村治理，以“三资”清理为突破口，建立健全农村财务管理等制度18项，严肃查处发生在基层和群众身边的腐败案件，全年查处涉农案件76件。

(侯俊峰)

附：一、中共稷山县委书记、副书记、常委名单

书　记： 乔登州

副书记： 李亚丽(女，5月离职)　尚国桦

常　委： 赵永刚　费克仁　王　钊　孙　斌　姜存师　王建武　兰金锁

二、乡镇党委书记名单

稷峰镇

书　记：董武云

太阳乡

书　记：梁永林

化峪镇

书　记：梁永明

翟店镇

书　记：郝　冰(女)

清河镇

书　记：赵　鹏

蔡村乡

书　记：张国兴

西社镇

书　记：付红安

中共芮城县委工作概况

县委书记　董旭光

芮城县是山西省的南大门，地处晋、秦、豫三省交界处，北依中条山，南临黄河。全县辖7镇3乡，172个建制村(其中11个行政村划归风陵渡开发区管理)，40.4万人口，其中农业人口28.9万。境内北高南低，东西狭长，阶梯分布，一面阳坡，东西长65公里，南北宽18公里，国土面积1176平方公里，折合176万亩，其中耕地面积83.65万亩（含河滩地15万亩）。全县(不含风陵渡开发区)共有党员14663名，其中农村党员8903名；基层党组织534个，其中党委20个，党总支22个，党支部534个。

芮城历史悠久、文化厚重，是中华民族最早的发祥地之一。全县文物拥有量在全国县(市、区)中名列前茅，共有各类重点文保单位245处，其中国保单位12处，市保单位1处，堪称“黄河文明的遗址公园”。

芮城天蓝水碧、空气清新，是宜居宜业的生态乐园。2007年以来先后获得“国家级生态示范区”“中国最佳休闲旅游县”“中国绿色名县”“中国生态文明先进县”“中国书法之乡”等荣誉称号，2013年被授予全省首批“省级生态县”，2014年7月22日获批为首批国家生态文明先行示范区。2015年6月，芮城苹果获“2015中国果品区域公用品牌50强”。

一、经济社会发展情况

2015年，全县地区生产总值完成77.09亿元，可比增长1.7%。公共财政预算收入全县完成2.8亿元，同比增长68%。规模以上工业增加值完成13.3亿元，可比下降4.6%。固定资产投资完成额59.8亿元，同比增长17.9%。社会消费品零售总额完成30.5亿元，同比增长8.1%。城镇居民人均可支配收入完成24602元，同比增长7.9%。农村居民人均可支配收入完成9225元，同比增长7.2%。县内外贸进出口总额完成246万美元。尤其是代表县域经济综合实力的县内财政总收入，全县完成5.96亿元，同比增长40.1%，逆势上扬，全市一枝独秀，显示了强劲有力的发展后劲。

国家生态文明先行示范区建设稳步推进。县委坚持把国家生态文明先行示范区建设作为提升民生福祉的民心工程，作为一项重大的政治责任，作为新常态下加快全县经济发展的重大引擎，积极作为，全力实施。通过认真研究吃透政策内涵，2015年共向上对接争取项目12个，涵盖教育卫生、文化旅游、城市建设、民生提升、农林水等多个方面，争取到中央及省里资金扶持超亿元，助推了“双十工程”和36个重点项目的强力推进。同时，我们承担的探索建立水资源产权制度、用途管制制度以及探索完善环境信息公开制度这两项国家课题，也取得了明显工作实效。随着中央把“绿色化”纳入“五化”上升为国家发展战略，国家生态文明先行示范区这一金字招牌，必将在今后几年乃至更长一段时间内为县域经济发展发挥更为重要的“撑杆跳”作用。

工业发展提速加力。2015年县域内企业顶住经济下行的压力，迎难而上，绝大部分企业不仅生产经营正常，而且产销两旺，蒸蒸日上，带动了全县经济社会发展。现代医药产业集群不断壮大，全年实施现代医药产业集群项目11个，总投资30.3亿元，年内完成投资12.9亿元。全年园区完成工业总产值32亿元，其中现代医药产业集群完成工业总产值23.5亿元，同比增长17.5%，占到园区工业总产值的73%，现代医药产业集群已经成为带动芮城经济增长的主引擎。龙头企业发展迅猛，亚宝药业全年实现产值21.3亿元，上缴税金2.4亿元，同比增长13%和50%；宏光全年实现产值2.5亿元，同比增长70%，龙头企业的引领和带动作用不断增强。企业股改上市取得新突破，爱尔家纺等3家公司已在深圳前海股权交易中心成功挂牌，同济药业和大禹生物已启动股改工作。企业科技创新能力不断提升，亚宝药业、南通星辰等5家企业共获得6项国家发明专利，新增新泰纳米、同济药业2家国家级高新技术企业。中小微企业不断成长壮大，中小企业孵化基地建设进展顺利，全年培育规模以上企业1家、小巨人企业1个、孵化小微企业230个，工业发展持续向好。新兴产业蓄势待发，借助国家生态文明先行示范区的政策红利，总投资90亿元的光伏产业专项规划通过国家发改委评审，即将取得路条并付诸实施。预计该项目投产达效后，年发电量可达12多亿度,总收入12亿元,上缴财政1.3亿元左右。

农业现代化加快推进。全县粮食总产量达3.6亿公斤,新增设施蔬菜面积2500亩,一村一品专业村达到119个,可带动农民增收9000万元。积极推进苹果提质增效,“芮城苹果”荣获“2015中国果品区域公用品牌50强”称号,芮城国家级出口水果质量安全示范区获批。农村土地承包经营权确权登记颁证工作稳步推进。特别是温氏畜牧养殖和天芝润枣业两个农业产业化龙头企业,以“公司+基地+农户”的形式,带动农户参与合作范围不断扩大。全县农产品在线交易量实现30万公斤,产值达到60万元,被授予全省“农产品电子商务示范推进重点县”。

文化旅游产业稳步前行。城隍庙特色文化建设进展顺利,圣天湖景区开门迎客,九峰山等景区建设稳步推进。永乐宫壁画临摹基地建设思路已经形成,总体规划已编制完成并上报省发改委,全国著名美术大师、壁画界泰斗侯一民先生为临摹基地设计的“八仙雕塑”已在北京完工。

“精美县城”建设如火如荼。中条山隧道通车,运宝黄河大桥建设有序推进,污水处理厂中水回用工程投入使用,城北公园、中心公园全面开放,全民健身中心、平安街公园、学府街公园进展顺利,城隍庙和寿圣寺周边拆迁改造工程、垃圾中转站建设项目基本完工,“四城联创”力度不断加大,“生态宜居,精美县城”建设迈上了新台阶。

民生福祉稳步提升。全年财政民生支出为15.22亿元,占财政总支出的80.1%。“十件为民实事”扎实推进,全年新建10个农村日间照料中心,完成农村危房改造任务1590户、城镇棚户区改造任务526套,建设各类保障性住房766套。扎实做好扶贫攻坚工作,完成易地搬迁人口1000人,帮助3700人实现稳定脱贫。城镇职工基本养老保险、城乡居民社会养老保险、城镇医疗保险等均超额完成市定目标任务,城乡低保实现“应保尽保”。城镇登记失业率控制在1.65%,低于省、市要求的4%水平。全年共排查矛盾纠纷335件,化解325件,化解率达97%,平安芮城建设向纵深发展,群众安全感和公众满意度名列全市前三。强化安全生产、环境保护工作,切实做到“党政同责、一岗双责、失职追责”,加强食品药品安全监管,全县社会和谐稳定。

思想文化工作卓有成效。思想道德建设不断加强。深入开展社会主义核心价值观宣传培育,大力弘扬“三个文化”,精心举办纪念中国人民抗日战争暨世界反法西斯战争胜利70周年专题展览,开展芮城县第二届道德模范评选活动,评选各类道德模范共计25名。深入开展陈规陋俗专项整治工作,推进诚实守信、勤俭节约、崇尚科学的文明新风。积极创建省级文明县城,得到省文明县城检查组的充分肯定。文化强县建设协调发展。圆满举办运城市第三届亚宝杯职工合唱艺术节、纪念抗战胜利70周年暨运城撤地设市15周年群众性歌咏活动、纪念抗日战争胜利70周年消夏文艺演出、“古河东”生态芮城摄影展等,开展各类文化惠民演出达2200余场,群众文化活动精彩纷呈。

二、党的建设情况

牢固树立“不抓党风廉政建设就是失职,抓不好党风廉政建设就是渎职”的责任意识,紧扣中心任务,坚持全面从严治党,坚定不移查处和惩治腐败,党风廉政建设和反腐败工作深入开展。

严格落实“两个责任”。制定出台了关于落实党风廉政建设党委主体责任、纪委监督责任的意见和责任清单,以及进一步强化落实党风廉政建设“两个责任”的有关规定等相关文件,层层传导压力。对23名履行“两个责任”不到位的党员领导干部给予了诫勉谈话,通过追责问责,倒逼责任落实。

继续保持惩治腐败的高压态势。全力支持纪委落实“三转”要求,聚焦主责主业。纪检监察机关铁腕执纪,全年立案131件,给予党政纪处分251人,其中,重处分27人,处分乡科级以上干部42人。查处违反八项规定精神案件10个,给予党政纪处分18人。推动反腐败斗争向农村基层传导延伸,着力解决群众身边的腐败问题,依规依纪处理基层党员干部97人,其中两委主干56人,形成了有力震慑。省委巡视组共交办芮城县问题线索75件,已全部办结。

驰而不息纠正“四风”。狠抓重要节点,对违规收送礼金、红包问题、领导干部顶风大操大办婚丧喜庆等借机敛财、党员干部不作为、慢作为等问题开展专项整治,共查处违反八项规定精神案件10个,给予党政纪处分18人。

全力支持纪委落实“三转”要求。完成纪委内设机构改革,聚焦主责主业,先后清理退出了95个协调议事机构,精简幅度达92.2%,对各乡(镇)纪委书记和派驻机构分管业务工作进行了专项清理,先后有56名纪检组长(纪委书记)退出了原来分管的党建、人事等94项业务工作,专司监督执纪。

公道正派用好干部。县委坚持“三个倾斜”和“好班子产生好干部,好干部来自好班子”用人导向不动摇,坚持“德才兼备、以德为先、以廉为基;公平公正、人岗相适;统筹兼顾、总体平稳”三大原则,全年研究调整3批次122名干部,上下反映良好,没有出现一起不良反应。制定出台了《关于调整补充乡科级后备干部的实施方案》,确定后备干部人选163人,进一步充实了后备干部库。

稳步推进“三个一批”工作。在认真开展“六查”工作的基础上,结合芮城实际,创新开展了“五查五验”实迹和群众评判“不在状态干部”工作。对35个单位354名科级干部进行了严格“六查”,发现干部身份无法认定的存疑档案18本,42名干部漏报房产问题,收到纪检、信访等部门反馈3名科级干部问题线索,3封干部“不在状态”的举报反映,对12名当事人进行了党政纪处理,1名正科级领导干部因长期不在岗,被责令辞去领导职务。同时也掌握了“三个一百”、国家生态文明先行示范区建设等中心工作中表现突出的75名好干部。

(杨乔昆)

附：一、中共芮城县委书记、副书记、常委名单

书　记：董旭光

副书记：贾国平　罗宏伟

常　委：姚广升　张建军　赵自成　孟　力

王红梅(女)　杨建庭　贠林安

二、乡镇党委书记名单

陌南镇

书　记：杜步奇

西陌镇

书　记：张振江

东垆乡

书　记：李　轩

南卫乡

书　记：赵创国

古魏镇

书　记：张　波

学张乡

书　记：张云鹏

大王镇

书　记：王旭鹏

永乐镇

书　记：薛红阳(女)

阳城镇

书　记：王江荣

风陵渡镇

书　记：张健丰

中共绛县县委工作概况

县委书记　卫再学

绛县县委紧紧围绕省委各项工作部署，按照“四个全面”的部署，坚守“32字”工作方针，以“以上率下”作为基本工作方法，狠抓“三个一百”，积极应对经济新常态，开创了廉洁绛县、和谐绛县、实力绛县建设新局面。2015年九大经济指标稳中有进，实现逆势飘红、强劲增长。特别是在全省119个县中87个县财政收入步入负增长区间的态势下，绛县财政总收入达到2.3亿元，同比增长16.3%；社会消费品零售总额22.8亿元，同比增长7.8%；全年地区生产总值60.1亿元，同比减少1.9%；规模以上工业增加值21.6亿元，同比减少9.6%；全社会固定资产投资93.4亿元，同比增长18%；外贸进出口总额3265万美元，同比增长38.23%；公共财政预算收入1.2亿元，同比增长22.6%；城镇居民人均可支配收入21990元，同比增长8.9%；农民人均可支配收入预计1933元，同比增长8.1%。今年7月28日，省考核办下发通报(晋考办发〔2015〕15号)，授予绛县“全省县域经济发展争先晋位奖”，全省只有两个县获此殊荣。9月份，绛县又以全市年度考核第3名的优异成绩获得了市委、市政府表彰并被奖励100万元。

一、坚守党的政治纪律，坚决落实中央、省委和市委各项决策部署

绛县县委坚持把学习贯彻习近平总书记系列重要讲话精神作为重要政治任务，采取县委常委会、常委(扩大)会、全县领导干部大会、中心组学习等形式，及时传达贯彻，认真抓好落实；深入开展学习讨论落实活动，县委常委以身作则，带头抓好5个方面、23项任务的整改落实，影响和带动各级党组织、党员干部坚定理想信念、澄清模糊认识、破除思想障碍；在“三严三实”专题教育中，县委常委带头讲党课，带头查摆问题、剖析思想根源，高标准完成3个专题的学习研讨；认真贯彻市委提出的“32字”工作导向，扎实推进稳增长、调结构“三个一百”，真正做到了“拼在基层、敬业担当，干在实处、贴紧民心，领导带头、以上率下，凝心聚力、攻坚克难”；持续推进抓项目、抓环境、抓作风“三抓”战略，有效激发了党员干部干事创业的热情，全县上下全力以赴抓发展的态势日趋向好，一心一意干工作的氛围日益浓厚。党的十八届五中全会、省委十届七次全会和市委三届七次全会召开后，县委常委会及时传达学习，通过党校培训、宣讲辅导等形式，在全县迅速掀起学习贯彻热潮。深刻领会、准确把握中央、省、市“十三五”规划建议精神，集思广益、科学论证，抢抓新一轮发展机遇，深入研究我县今后五年的重大发展战略问题，精心起草制定了县委“十三五”规划建议。

二、抓好意识形态工作，努力提升发展软实力

一是抓好信仰建设。县委中心组带头抓好集体学习，全年集体学习20次，中心组成员人均学习笔记1.5万余字；结合“学习讨论落实”活动、“三严三实”专题教育，故绛大讲堂全年开课10讲；组织全县党员干部观看了《儿牵娘心》《全家福》大型廉政戏曲。充分发挥廉政警示教育基地、迴马岭爱国主义教育基地、“道德讲堂”、农家书屋等学习教育阵地作用，搭建起全覆盖、多角度学习平台；组织宣讲团开展十八届五中全会精神、“四个全面”等理论宣传和形势政策教育200多场，受众3万余人(次)。

二是加强思想道德建设。深化社会主义核心价值观宣传教育，建成绛山街核心价值观教育一条街。深入推进以精神

文明城市、卫生城市、园林城市和食品安全城市为内容的省级文明县城创建活动。在农村树立“善行义举四德榜”，广泛评选社会公德、职业道德、家庭美德、个人品德“四德模范”。开展了纪念抗战胜利70周年书画展暨长卷笔会、歌咏比赛、舞蹈比赛等系列活动，弘扬主旋律，凝聚正能量。由农村党支部牵头，深入开展婚丧嫁娶陈规陋俗整治活动，积极营造讲文明、弃陋俗、树新风的浓厚氛围。

三是强化舆论引导。牢牢掌握意识形态工作的主动权，大力宣传县委重大决策部署和工作成效，在全县营造求真务实、干事创业的浓厚氛围。积极传播绛县声音，邀请中央电视台科教频道《探索·发现》栏目摄制组到我县拍摄完成了《消失的古倗国(上、下)》《〈赵城金藏〉之五方夺宝》《〈赵城金藏〉之绛县因缘》等四部总时长160分钟的纪录片及微电影，进一步提升了绛县形象。

四是加快文化强县步伐。持续开展“送戏下乡”、“送电影下乡”、“科技、文化、卫生”下乡、“送电影进校园”等活动，全年戏剧演出350场，电影放映2620场。举办了第4届消夏文化周，丰富群众文化生活。推出了一批文艺精品力作，民俗舞蹈《红溜溜的灯》被选送至国家文化部参加了第十七届中国艺术节，名列舞蹈类第一名，并受邀为今年中央电视台《农民春晚》的开场舞蹈和晚会节目伴舞，这是继绛县飞龙参加亚运会之后，我县文艺作品再次登上国家级舞台。《绛县名典》《“晋国古都·美丽绛县” 摄影作品集》《三晋石刻大全·绛县卷》《绛县民间故事集》《中国对联集成—绛县卷》等一系列丛书陆续出版发行。

三、坚持发扬民主，进一步推进社会主义民主政治建设

一是坚持和完善人民代表大会制度，人大工作水平得到新提升。支持县人大及其常委会依法行使重大事项决定权、监督权、人事任免权，加强和改进人大监督工作，围绕重点项目推进、文化旅游产业发展等进行监督检查；围绕县域内“三河源”生态环境治理、食品安全等重点工作开展视察调研、跟踪监督。组织对《道路交通安全法》《水污染防治法》《义务教育法》等开展执法检查，确保了宪法法律在我县全面实施。

二是坚持和完善中国共产党领导的多党合作和政治协商制度，政协、统战工作取得新进展。突出团结和民主两大主题，支持县政协围绕中小微企业发展、城镇规划与建设、农村留守儿童现状等课题，深入考察调研，积极建言献策。支持政协编撰完成了《绛县抗战英烈传》《中条山战役亲历记》《绛县抗日战争》等一批史料书籍。充分发挥政协委员联系面广、智力密集的优势，积极服务招商引资和项目建设。支持民主党派和党外人士发挥作用，加强非公经济人士理想信念教育。深入开展民族团结进步创建活动，积极做好外事、侨务、对台等工作。支持群团组织工作，充分发挥工会、共青团、妇联等人民团体作用。

三是倡树依法治理，全面深化改革，法治绛县建设迈上新台阶。加快建设法治政府。推进县、乡政府法律顾问全覆盖，建立“一村(社区)一法律顾问”服务网络。深入开展司法领域突出问题专项整治，推进司法公开、检务公开和警务公开。积极推进“六五”普法，开展“12.4”国家宪法日暨全国法制宣传日活动，营造出浓厚法治氛围。稳妥推进政府机构改革，完成了工商和质监、卫生和计生合并，将信息中心、公共资源交易中心职能并入发展和改革局，粮食局并入经信局。建立了土地交易大厅和农村产权交易中心。启动了公车改革。实行了注册资本认缴登记、“三证合一”等便利化改革措施。同时，加强党管武装工作，军民融合发展、双拥工作取得明显成效。

四、落实“两个责任”，以抓铁有痕的力度推进从严治党

绛县县委牢牢把握“严、廉、干”三个字，以抓铁有痕的力度，深入推进从严治党、从严治吏。

一是深入落实“两个责任”，形成正风肃纪的高压态势。绛县县委结合实际，把党风廉政建设主体责任具体为“管好自己，带好队伍，用好干部，教育预防，严厉惩处”五句话，主要领导与乡镇党委书记以及各单位“一把手”集体谈话、个别谈话39人(次)，其他常委和县领导分别约谈分管部门班子成员，进一步拧紧螺丝、传导压力、压实责任。对全县落实“两个责任”不力，造成严重后果的34名党员干部进行了严肃追责(其中乡科级干部20人)。全力支持纪检监察机关“三转”，落实好监督责任，县纪委内设机构改革全面完成。加大案件查办力度，始终保持惩治腐败高压态势，2015年共立案查结各类违纪案件188件，给予党政纪处分226人，其中乡科级干部30人。认真做好省委巡视反馈意见整改，转交的186件问题线索已全部办结。深入落实中央八项规定，严防“四风”问题变异反弹。全面铺开“六权治本”工作，努力构建不敢腐、不能腐、不想腐的长效机制。推动学习贯彻新修订的《准则》和《条例》，组织全县党员干部接受了党章党纪党规教育。

二是有效刷新吏治，切实净化政治生态。稳妥有序推进“三个一批”工作，认真开展干部“六查”2015年，审查干部354人，对发现的问题档案当事人予以了处理。坚持德才兼备、以德为先、以廉为基的选人用人导向，将一批优秀干部选拔任用到重要岗位上，让有为者有位，树立起了风清气正的用人导向。在数轮吃空饷专项整治的基础上，时刻保持高压态势，2015年又对4名在企业兼职的公职人员进行了纪律处分和追缴违纪所得，并对其所在单位的“一把手”和分管副职予以了责任追究。

三是突出服务主题，充分发挥基层党组织战斗堡垒作用。首先，在农村推行“双+”党支部。探索发展集体经济，把党建优势转化为产业优势。用“党支部+合作社”，解决生产问题。着力在“一村一品”的技术指导、用电用水、土地流转等一家一户办不了的事情上下功夫。全年198个农村支部共组织各类科技培训290场(次)、6万余人(次)，解决群众生产用水、用电、销售等热点难点问题300余个。以“党支部+电商”，解决销售问题。10月份在全县198个村支部组织开展

了“支部引领、电商兴村”主题党日活动。11月份，邀请原淘宝公司总监为全县大学生村官和部分农村支部书记、致富带头人共220余人进行了“互联网+”培训，并选树了50余名农村电商带头人到候马市培训。其次，抓好基层党组织各项活动。组织党支部每月开展主题党日活动，让党员在具体实践中解决具体问题。积极开展党员志愿服务活动，全年共组织党员志愿服务1600余次。建立起培训教育党员的“三培三会”制度。拍摄了《支部引领幸福路》《山脚赶路人》《志愿服务温暖故绛》3部电视专题片，用党员的身边事教育身边人。第三，强化党员和党组织管理。实施“创星晋位”管理，全面推行“东关四条”基层党建经验。从严从实抓好发展党员工作，统筹推进机关、社区、非公经济组织等各领域党建工作，有效发挥了党组织的战斗堡垒作用和党员的先锋模范作用。

五、扭住发展第一要务，积极应对经济新常态

绛县县委不断加强党对经济工作的领导，扎实开展稳增长、促改革、调结构、惠民生、防风险各项工作，推动经济健康平稳运行。

一是稳增长、调结构“三个一百”工作扎实推进。市委作出稳增长、调结构“三个一百”安排部署后，绛县县委多次专题研究落实，成立了领导组，出台了实施方案，组建了办公和督查机构，每月召开一次工作调度会，召集包联领导汇报工作进度。抓好供给侧改革，认真分析造成各个企业困难的具体问题，分门别类地从资金、土地、电力等要素供给角度着手，帮助其破解发展难题。扶持恒天镁业在上海股权交易中心Q版挂牌上市。协调维之王公司获得贷款5000万元。为明迈特公司申请直供电交易5.79亿度，节约资金3184万元。引导恒大、志信等炭黑企业升级，帮助其淘汰落后的干法生产线，建立新工艺湿法生产线，并建起尾气发电，发展循环经济。组织10个招商小分队全年外出招商73次，对接企业、项目44家(个)，达成合作意向11家，到位资金36.051亿元、签约资金133.68亿元，有效推进了县域经济平稳较快发展，取得了阶段性效果。在2015年11月25日全市“三个一百”暨固定资产投资工作推进会上，绛县作了先进典型发言，发言稿在《运城日报》全文刊发。

二是产业转型升级步伐不断加快。持续抓好园区建设，新型工业化实现高质量起步。安峪工业园区初具规模，冶金发电集群实施了总投资96.8亿元的11个集群项目，并以龙头企业明迈特所需的上游电能为依托，积极建设新能源大县，生物质能发电、天润风电已并网发电。晋安通富家山风电、明迈特余热发电已开工。2×350MW安峪热电厂已步入实质性推进阶段；通航产业园扎实推进。空域和机场于2015年11月15日获得解放军总参谋部最终核准，成为了低空管制开放以来华北地区首家获批项目，并于11月25日组织举办了通用航空首飞暨空中旅游活动，在全省产生了广泛影响。隆立康鹿业、新昌龙特种纤维等一批亿元以上非集群项目相继建成或投产。深入推进特色农业发展，“两个一亩”基本实现。连续三年实施了总投资6231.89万元的“小农水”重点县工程，全县水浇地面积达到23.711万亩，初步实现农业人口的“人均一亩水浇地”。县政府每年拿出100万元现代农业扶持资金，对樱桃大棚、草莓大棚等设施农业予以补助。目前，全县山楂发展到10万亩，大樱桃1.8万亩，苗木5万亩，中药材5.5万亩，核桃2.7万亩，加上1万多亩的草莓、苹果、梨、杏等其它作物，基本实现“人均一亩经济林”。积极推进土地确权，有序流转土地10.45万亩，发展适度规模经营。全县“一村一品”专业村和示范村发展到82个。农民专业合作社824家，家庭农场31个。市级以上龙头企业15家。“绛县山楂”和“绛县樱桃”获得国家农产品地理标志认定。2015年粮食总产量达1.88亿公斤，实现“五连增”。积极发展全域旅游，文化旅游产业成功破题。深入建设黄河金三角地区文化旅游胜地和休闲避暑胜地“两个胜地”，实施了绛北大峡谷二期建设，年接待游客6万余人次。东华山滑雪场运营期月接待量3万余人次。修缮了太阴寺，完工了紫云寺上寺，启动了总投资4.8亿元的西城花园温泉地热景区一期建设。成功举办了第三届樱桃采摘节。山水风光游、文物文化游、休闲农业游等全域旅游高质量起步，全年全县接待游客40.62万人(次)，同比增长17.3%，开始实现旅游资源大县向旅游发展强县的转变。

三是县域城镇化水平实现有效提升。准确把握“以人为本、产城互动”的城镇化内涵。实施了绛山东街、广场西路、环城南路、健康南路、和平路中段等一批县城道路工程，进一步畅通城市内循环。建成运营了波音五星级酒店。启动了城东尧文化广场、城西生态公园入口综合工程等市政设施建设。以城东人武部新址和消防站为依托、城西维之王和隆立康鹿业为支撑，科学延伸城市框架，新增供热管道管网3公里、供气管道3公里。实施了园林城市创建工作，县城建成区绿化覆盖率提升至37.1%。投资3500万元，开工了卫庄至翼城一级公路翼城段。投资297万元，建成通车了大交桥。投资306.8万元，开工了南官庄桥。在境内主要公路沿沟、沿河路段加装波型护栏4570米。结合各乡镇特色实际，积极引导发展县城卫星镇、旅游观光镇、休闲农业镇等风格各异的小城镇，实施了一大批农民住宅小区、文化旅游等项目建设，推进了全域城镇化。扎实推进“完善提质、农民安居、环境整治、宜居示范”四大工程。投入346.5万元，实施了涉及故绛、横水2个乡镇8个村的涑水新农村连片示范区建设。建成东吴、郝家窑、新庄3个美丽宜居示范村。积极推进乡村清洁工程，在广大农村初步建立起垃圾转运、处理机制，有效破解了“垃圾围村”，全县已有63个村通过清洁乡村省级考核，农村人居环境得到显著改善。

四是城乡生态化治理稳步推进。在外部生态环境持续下行的形势下，绛县县委牢固树立“生态第一、经济第二”理念，出重拳治理城乡生态环境。高质量增绿。将植树造林与人均一亩经济林、发展生态旅游有机结合起来，推进增绿与增收并重、造林与造景并举、经济与生态双赢。全年植树造林2.58万亩，新增省级园林村20个，全县林业用地面积增加至88.53万亩，占国土总面积的59%。森林覆盖率提升至

35.8%。大力度治河。连续三年投资412.7万元,用于我县涑水河、黑河(磨里河和里册河)、续鲁峪河三大河流的清淤疏浚。大力度推进河流生态修复,涑水河沿线的东下吕、南下吕、乔寺三村约1000亩耕地2015年2月起开始出现井水自流,地下水水位实现全面回升。出重拳治污。组织开展了打击环境污染违法犯罪专项行动,检查企业141家,处罚违法企业7家,关停土小企业34家。淘汰落后产能企业8家。完成黄标车治理1342辆。对明迈特公司排渣、污水处理厂排污、化工企业焦油回收等予以了全天候监管。全年县城二级以上良好天数为226天。

六、切实改善民生,全面提升人民群众的获得感和幸福感

绛县县委坚持把民生改善作为推进发展的终极目标,着力解决涉及群众切身利益的具体问题,让群众共享改革发展红利。

一是大力发展社会事业。投入5000多万元用于农村薄弱学校改造,拨付3000万元配备教学设备,为农村学校公开招聘了87名教师,使全县41所小学和9所初中达到了相同的高标准办学条件,实现了城乡义务教育均衡发展,通过了国家义务教育均衡发展验收,全市有7个县通过了验收。积极推进公立医院改革,稳步提升县医院、中医院、妇幼院及各乡镇卫生院硬件设施和医疗水平。食品安全工作排名再次名列全市一类行列。深入推进大众创业、万众创新,全县城镇新增就业4155人,转移农村劳动力5213人,城镇登记失业率控制在1.26%。

二是切实抓好社会保障。基本完成200套城市棚户区改造、600户农村危房改造,实施启动了433套国有工矿棚户区改造、220套限价商品房、140套公共租赁住房等保障性住房建设。建成并投入使用了10所老年人日间照料中心。城乡养老、医疗保险在实现全民覆盖的基础上,发放标准进一步提高。城乡低保、医疗救助、农村五保对象实现救助全覆盖,新农合参保率达到99.72%,机关事业单位养老保险制度改革全面落实。

三是进一步强化社会管理。建起无缝隙覆盖的“网格化”社会管理体系,天眼工程监控探头总数达11247个,实现了公共场所全覆盖。建成1个县级矛盾纠纷调解中心、11个乡镇(社区)矛盾纠纷调解中心和198个村级调解室;将全县12家化工生产企业、27家加油站、1家加气站、2家液化气充装站、1家民爆物品经营企业、2家烟花爆竹批发企业、15家非煤矿山以及28部公共场所电梯列为安全生产重点监管企业(地段),建立起完善的隐患排查治理体系、应急处置机制和监督管理机制,连续第4年保持了工矿商贸领域安全生产“零事故”、“零死亡”。

(郅海军)

附:一、中共绛县县委书记、副书记、常委名单

书　记:卫再学

副书记:秦志洲

常　委:丁　格(女)　闫晓刚　邵建设　孙　晓　李希平　陈　军

二、乡镇党委书记名单

古绛镇

书　记:徐凌杰

陈村镇

书　记:张宏旗

大交镇

书　记:赵仙萍(女,11月离职)

南樊镇

书　记:侯晓东(1月免职)

安峪镇

书　记:樊军民

横水镇

书　记:赵军强

郝庄乡

书　记:陈刚武

冷口乡

书　记:盖忠良(9月离职)

磨里镇

书　记:王　泰

卫庄镇

书　记:马春海(11月离职)　王海忠(11月任职)

中共万荣县委工作概况

县委书记　李尧林

万荣县共有22个党委、11个党总支、561个党支部,16181名党员,占全县人口总数的3.6%。其中农村党支部281个,党员11451名,占党员总数的70.7%。2015年新发展党员299名。

2015年,在省委的正确领导下,万荣县委认真贯彻党的十八大及十八届三中、四中、五中全会精神,按照中央“四个全面”战略布局和省委“六大发展”目标要求,深入开展党风廉政建设和反腐败斗争,全面推进经济、政治、文化、社会和生态文明建设,较好地推动了年度目标及“十二五”规划任务圆满完成。

一、坚持抓好学习教育，坚决贯彻中央和省委决策部署

先后召开县委常委会、常委（扩大）会、全县性大会30多次，及时传达贯彻上级决策部署，坚决在思想上、政治上、行动上与中央及省委、市委保持高度一致。将《党章》以及新修订的《准则》《条例》等党内重要法规，纳入县委中心组学习及党校培训内容，深入抓好党风廉政教育。邀请省委党校教授郑延涛、央视特约评论员杨禹等，举办现代金融知识、股改上市等学术报告会16次，深入领会“创新、协调、绿色、开放、共享”等发展理念内涵，不断提升在“新常态”下开展工作的能力水平。

二、坚持以落实“两个责任”为统领，抓实抓好党建工作

一是细化工作清单，党建责任进一步压实。将落实“两个责任”的《意见》及《工作清单》，进一步细化、具体化，促进更可落实、可考核。对办理巡视组批转线索较慢的6个乡镇党委书记和纪委书记进行了集体约谈，对群众反响强烈、违纪问题多发的3个乡镇和1家县直单位进行责任追究。扎实落实履行基层党建工作责任专项述职、县级干部包联党建工作制度，完成纪委机关、监察局内设机构改革，执纪监督机构达到11个，占内设机构总数的79%，监督执纪力量进一步加强。

二是建设“智慧城乡”，权力运行进一步规范。全面厘清各部门职权事项，共梳理行政权力2266项，初步形成“权力清单”；深入推进“智慧政务”建设，已入驻单位30家、确定集中办理事项228项，全部接通电子政务专网，推进“网上审批、网上办理、网上监管”；“公共资源交易平台”严格实行“统一进场交易、统一信息发布、统一招标程序、统一集中监管”，2015年共完成交易总额8.03亿元，节约资金1304.5万元，增值资金47万元。

三是推进帮建升级，基层基础进一步夯实。扎实开展了两轮“领头雁”培训；对38个软弱涣散党组织进行了集中整顿；选派71名机关干部挂职“第一书记”；深化农村党建“十星百旗”、机关党建“十好四优”等创建活动，共评选出“十星级”农村党组织14个、红旗党员1405人；落实保障待遇，村级基层组织运转经费平均达到6万元；村“两委”主干平均报酬6000元；投入200余万元新建、改造村级活动场所5个。

四是加强监督管理，干部队伍进一步加强。以解店镇和文化局为试点，稳妥铺开全县干部“六查”工作，已基本完成619名科级干部的“六查”；对县直有关单位的党组设置进行了规范，共设立县直党组50个，其中新成立党组17个，补充配备党组书记14个、党组成员54人；扎实完成政府机构改革，县级政府行政机构减少4个，领导班子全部配备到位，人员编制全部调整到位。以《党章》和《准则》、《条例》落实为核心，深入开展“反四风”明查暗访，扭住重要时间节点，出动检查15次，发现问题11个，给予党政纪处分4人，责任追究1人；深入开展了大操大办借机敛财等8个专项整治，点名道姓公开通报5起典型案件，坚决将纪律和规矩挺在前面。

五是突出案件查办，问责力度进一步加强。以开展农村“两个专项治理”为契机，着力解决群众身边腐败问题。在“三资”清理上，排查问题线索47件，立案34件，结案27件；在解决群众信访诉求上，自查问题线索148件，已查结29件，给予党政纪处分43人；务实办理巡视组批转件89件，核实转立案并已处分17件。全年共查处乡村违纪案件81起，处分违纪人员116人。

三、坚持以“学习讨论落实”活动和“三严三实”专题教育为动力，持续推进干部作风优化

一是深入开展专题研讨，持续查摆问题不足。“学习讨论落实”活动中，围绕“面对新常态，我们怎么办”主题，组织讨论519次，形成班子反思剖析报告106份，查摆问题220条。“三严三实”专题教育中，县级班子开展集中学习45次，先后分4个专题进行集中讨论，查摆“不严不实”问题33个，为改进干部作风、优化政治生态，进一步找准了靶子、挖出了病根。

二是深入开展专项整治，持续推进作风优化。“学习讨论落实”活动中，扎实推进“行政审批违规、权力寻租”等31项专项整治。“三严三实”专题教育中，重点开展了“基层干部不作为、乱作为”专项整治，处理不廉洁、乱作为干部14人、党纪处分9人、政纪处分8人。对巡视组提出的8个方面15条问题，已整改到位13条，其余2个问题，完成阶段性整改，正在深化整改中。

三是深入开展结对帮扶，持续密切干群关系。常态化开展“三包四联五知六帮”活动，对3000多名困难群众、100多个困难村进行精准帮扶、精准解难，兴办了引水、修路等各类实事好事2820件。围绕规范权力运行，健全完善了《公务接待管理办法》等规章制度50多个，推动作风建设制度化、常态化。

四、坚持以项目建设为抓手，不断夯实经济社会发展基础

落实“六位一体”工作机制，全年共铺开省、市、县重点项目124项，完成投资68.02亿元，同比增长41.1%。

一是有机农业发展深入推进。建成20万亩国家级出口水果质量安全示范区、5万亩精品苹果示范园，启动17个精品农业示范园、3个“智慧农业”基地建设，有机认证面积达到7000亩、有机转换认证68372亩。万荣苹果成功发布国内第一份红富士苹果地方标准，成为首家出口美国的中国苹果。新发展有机香菇400万棒；有机水产、汉薛柿子登上央视，“有机万荣”品牌效益进一步显现。

二是主攻产业集群加速培育。农副产品加工集群上，实施了汇源扩建等10多个项目，落地资金42亿元，完成投资5.4亿元。产业龙头源公司，成为该集团最大的中心工厂之一，2015年上缴税金突破3000万元。防水建材集群上，依托

万泰集团，集中采购原材料3.8万吨，为企业节约成本1600余万元；强化科技研发，在荣河园区新建1家省级技术研发中心，新增3家铁路总公司CRCC认证企业，全县认证企业占全国认证总数的11%。

三是文化旅游产业健康发展。实施了东岳庙周边环境整治等3个省级重点工程；后土祠综合开发项目铺开前期工作；“晋汉子”农庄入选“全国休闲农业与乡村旅游示范点”。2015年，全县共接待游客214.5万人，同比增长16.1%；门票总收入1728.5万元，同比增长12%。同时，新增3个市级非物质文化遗产，非遗总数保持全市前茅；“笑城牌”倒走手表，荣获中国特色旅游纪念品“银奖”；编创了以“善文化”为题材的首部原创蒲剧现代戏《万荣女人》，以“孝文化”为题材的首部非物质文化遗产原创剧《董永新传》，弘扬社会主义核心价值观，丰富群众精神文化生活。

四是城乡建设迈出新步。投资4000余万元，高标准建成宝鼎公园；新建换热站1座，新增供热面积15万平方米；投资3600万元，实施了汇源街、新建中路等道路翻修工程；实施了香江购物广场、新城农贸市场等项目，繁荣商贸流通；完成南坡绿化任务5550亩、城郊造林2900亩，新增街路绿化2.3公里，县城绿化率达到38%；启动1个“智慧社区”、2个“智慧农村”试点，开通了“4581890”民生热线，建立了民生服务网站和微信平台，推动城乡治理精细化、人性化、智能化。

五是民生问题持续改善。新增农田灌溉面积9.5万亩，水浇地达到70万亩；完成高标准农田建设1.22万亩；投资1.27亿元，实施“全面改薄”工程；投资4000余万元，改建东城初中；义务教育均衡发展通过教育部评估认定；城乡低保分别提高到222元和400元；新建经济适用住房180套，公租房56套，完成农村危房改造270户；全县敬老院达到16家，日间照料中心达到30家；城镇新增就业人员4065人，农村劳动力转移就业5436人；全年用于民生的财政投入达到16.3亿元，比上年增长3.5亿元，占公共财政预算支出的81%。

五、坚持以法治建设为引领，不断加强和创新社会治理

积极推进司法公开，开办了“现在开庭”栏目，深化推进“阳光检察工程”，建立了公安机关电子执法档案；强化法律服务，受理经济犯罪案件103起，为企业挽回经济损失2400余万元。扎实开展了“信访积案百日攻坚”、“集中解决群众信访诉求”等专项工作，初信初访办结率100%；健全完善了4级调解机构和9个行业性调解组织，建立了“以案定补”经费保障机制，全年共化解各类矛盾纠纷2490余件，调解成功率96%。2015年，运城市“强化村民自治，推进平安建设”现场会以及“司法行政重点工作推进会”相继在我县召开。扎实推进“天眼工程”，新增监控探头1454个，乡镇覆盖率实现100%。坚持党政同责、齐抓共管，安全生产形势总体良好。

在抓好以上工作的同时，县委积极支持县人大、县政协依法履职；全面加强民族、宗教和新社会阶层等各领域的统战工作；充分发挥工青妇等群团组织“桥梁纽带”作用；持续推进国防后备力量建设，全县呈现出转型加快、发展向好的良好局面。

2015年，全县地区生产总值完成62.3亿元，同比增长1.5%；财政总收入完成31809万元，同比增长-0.7%；公共财政预算收入完成13577万元，同比增长0.5%；规模以上工业增加值完成7.8亿元，同比增长-2.8%；固定资产投资完成78.9亿元，同比增长16%；社会消费品零售总额完成29.6亿元，同比增长7.4%；城镇居民人均可支配收入完成21188元，同比增长8.5%；农民人均纯收入完成7680元，同比增长8.2%，主要经济指标保持了平稳较快发展。

（姚东杰　黄黎阳）

附：一、中共万荣县委书记、副书记、常委名单

书　记：李尧林

副书记：李彩兰（女，3月涉嫌严重违纪被免职）

　　　　焦　雨（5月任职，挂职）

常　委：李　峰　李耀宗　刘政光　卫增辉

　　　　李鹏凯　谢　澎　刘卫东（4月离职）

　　　　罗全福（5月任职）

二、乡镇党委书记名单

解店镇

书　记：史旭强

西村乡

书　记：张华峰

里望乡

书　记：丁文玲（女）

通化镇

书　记：胡慎英

南张乡

书　记：卫晋生

裴庄乡

书　记：徐晓凯

光华乡

书　记：杨晓凯

荣河镇

书　记：解胜刚

万泉乡

书　记：范炎森

高村乡

书　记：闫志宏

贾村乡

书　记：黄　峰

王显乡

书　记：王肖龙

汉薛镇

书　记：李明凯

皇甫乡
书　记：孙红伟

中共垣曲县委工作概况

2015年，面对改革发展稳定的繁重任务，面对经济下行压力不断加大的重大挑战，面对党风廉政建设和反腐败斗争的严峻形势，县委领导班子团结带领全县干部群众，认真学习贯彻习近平总书记系列重要讲话精神，深入贯彻落实中央、省、市各项决策部署，扎实开展学习讨论落实活动和“三严三实”专题教育，以“四个全面”为统领，以“三个一百”为核心，以“四个方案”为路径，以“40个重点项目”为支撑，以开展“四个年”活动为保证，以县级领导“四包”举措抓落实，协调推进“六三”战略，美丽舜乡、生态垣曲建设加快推进。2015年，全县地区生产总值完成46.8亿元，同比增长3.6%；规模以上工业增加值完成20.37亿元，增长2.4%；固定资产投资总额完成65亿元，增长24.9%；社会消费品零售总额完成22.5亿元，增长7.6%；财政总收入完成3.42亿元，公共财政预算收入完成1.74亿元，均达到了年初预定目标；外贸进出口总额完成4.7亿美元，增长11.8%；城镇居民人均可支配收入完成21725元，增长7.2%；农村居民人均可支配收入完成5779元，增长8.2%。在经济下行压力持续加大的严峻形势下，大多数经济社会发展指标都保持了增长态势，多数指标排在全市前列。

一、推动“三个一百”，推进“六三”战略，全面建设小康社会

“三个一百”工作扎实有效。坚决打好企业帮扶“攻坚战”。针对全县13家规模以上企业多数停产限产的困难局面，我们一是多次召开专题协调会，积极协调银企对接，2015年，全县金融部门共为企业发放贷款32亿元，同比增长12%。二是先后运用助保贷500万元、企业融资风险帮扶资金1000万元、转贷资金3000万元，帮助企业解决资金难题。三是高度重视企业股改上市工作，鼓励企业上市融资，沐风公司已经在地方股份转让系统四板挂牌，实现了我县企业上市工作“零”的突破。坚决打好项目建设“持久战”。2015年我县共谋划实施总投资497.05亿元的65个重大项目。其中投资83.84亿元实施的“40个重点项目”中，投资1.1亿元的刚玉陶粒砂二期、投资1.6亿元的亳清河县城段2.1公里环境综合治理等11个项目已经完工；投资19.5亿元的小浪底水库引黄、投资1.55亿元的中心广场等24个项目正在建设；其余3个项目正在抓紧完成前期工作。2015年，全县“六位一体”任务全部超额完成。坚决打好招商引资“突围战”。全县11个招商小分队共外出招商106次，对接企业203家，先后有50批次230余名外地客商来垣考察。2015年，全县招商引资签约113.15亿元，到位30.27亿元，排在全市前列。

工业集群化成效明显。坚持以转型升级、做大总量为推进目标，以建园区、上项目、聚要素、优环境为具体举措，加快实施“12131”工程。低碳循环经济工业园区累计完成投资2亿余元，完成了12公里的园区道路建设，水、电、气、网等基础设施不断完善，现有14家企业入驻。大力推进铜镁深加工和陶瓷建材主攻产业，投资1.8亿元的舜河陶瓷2015年4月份投产之后产销两旺，投资5.4亿元的中条山陶瓷地板砖项目已经开工，投资12.5亿元的山西金世家陶瓷生产项目已经落地，“10+30+10”任务全面完成。2015年，全县产业集群新上项目10个，完成落地资金37.46亿元，完成投资10.2亿元，顺利完成指标任务。全县工业总产值达到59.85亿元。

农业现代化亮点纷呈。围绕“促进农民收入持续增长”这一核心，规划实施了大中小三个农业循环综合示范圈，大力实施农业“3·5”工程，全年粮食总产9865万公斤，同比增长7.5%，实现“十二”连增。22万亩的核桃经济林已有7万亩挂果，带动农民增收4000余万元。特色产业稳步发展，全县特色农产品品种达到35类210余种。全县土地流转总面积达到7.76万亩，农民专业合作社达到509家，农副产品加工企业发展到50家，新型职业农民培训完成1000人。投资2760万元的小农水重点县2014年项目、1250万元的华峰长直坡耕地治理、250万元的英言中低产田改造等项目全面完工；投资5500万元的瓦舍水库、2760万元的小农水重点县2015年项目、245万元的长直乡高标准农田建设等工程正在顺利推进。积极推进“互联网+”行动计划，设立了电子商务创业园，目前已入驻18家，农村淘宝项目县级服务中心及首批30个村级服务站已正式启动营业，被评为“全国电子商务进农村示范县”。2015年，全县农业增加值完成4.68亿元。

新型城镇化步伐加快。按照“大县城、重点镇、中心村”的总体部署，以“四城同创”为契机，加快实施“十园十馆”“一河一湖”，努力建设现代化美丽山城，投资1.6亿元的亳清河县城段2.1公里环境综合治理工程投入使用，投资2841万元的县城至长直段治理工程已经完工，投资5078万元的北延治理工程已经开工，投资1000万元的档案馆投入使用，投资1200万元完成了德苑、善苑、仁苑3个亲民园林建设，投资1.55亿元的中心广场主体工程已经完工，皋落、历山两个重点镇建设持续推进，投资1000万元的5个美丽乡村建设基本完成，城区六条主干街道路面改造工程已全部完工。垣曲县等级公路总里程超过1000公里。2015年，垣曲县被评为“山西省文明县城”“山西省卫生县城”“山西省园林县城”。

城乡生态化不断加强。牢固树立“绿水青山就是金山银山”的理念，持续实施造林绿化“十大工程”，完成了4.89万亩营造林和30公里通道绿化提档升级任务，新增绿化面积2.7万平方米，全县森林覆盖率达到48.8%，被评为“全国绿化模范县”。全县5条主要河流断面水质达3类及以上标准，饮用水水质达标率100%，2015年，全县2级以上天数为320天。

文化旅游发展前景看好。加快推进“三景一苑”工程建设，积极打造“帝舜故里、生态观光”生态文化旅游品牌。投资3800万元的14公里白马山景区旅游公路已经建成通车，投资1500万元的历山景区科普展览馆项目建筑主体完工，投资400万元的望仙景区服务区基础平整已完工，小浪底水库景区已完成整体规划。深入挖掘帝舜文化、黄河文化、曙猿文化、铜文化和红色文化，成功举办了“中华孝文化帝舜故里垣曲全国高峰论坛”，召开了黄河金三角旅游跨界合作恳谈会，连续3年成功举办“山西·垣曲梅花石推介会”，荣获全国“梅花石之乡”。全年共接待游客18.9万人次，同比增长13%，带动相关产业收入1.2亿元，同比增长20%。

社会民生切实改善。牢固树立“民事为天”的理念，坚持一切发展为了人民，争取早日实现“六不愁”的民生奋斗目标。总投资8000余万元的学校建设中，2所农村幼儿园投入使用，城东小学、城东幼儿园、城北幼儿园新建工程全面开工。2015年全县二本B类以上达线1113人，达线率52.9%，万人达线率稳居全市前列。乡镇卫生院达标率100%，全县188个行政村全部建立了标准化卫生室。“民生十件实事”顺利推进，投资4000万元的殡仪馆主体工程已经封顶，投资3000万元的中医院改扩建工程正在加快推进，全县全年用于民生事业发展投入12.45亿元，同比增长26%，占财政一般预算支出的83%。

社会治理稳步推进。认真落实领导接访下访等制度规定，扎实开展“信访积案百日攻坚”专项活动，不断畅通诉求渠道。健全“四位一体”矛盾化解机制，着力化解矛盾纠纷。全县各级各类矛盾调解组织共受理矛盾纠纷1621起，调处1566起，成功率达96.7%。积极创新社会治理，县乡村三级社会服务中心高效运转，“天眼工程”实现重点区域全覆盖。严厉打击违法犯罪。全年共立刑事案件466起、破获224起，实现了发案率下降、破案率提升的目标。强化安全生产工作，切实抓好食品药品安全监管，全年未发生重大安全事故。

二、不断解放思想，抢抓发展机遇，全面深化改革开放

认真落实《政府职能转变和机构改革方案》，切实理顺了涉及全县16个行政事业单位的体制机制。不断深化行政审批制度改革，先后承接落实省市取消和下放的行政审批项目12项和行政事业性收费项目3项。加快金融改革，推动银政企合作，支持企业发展壮大，建立了助保贷业务。农村信用社改制工作，土地、房屋确权已经完成，正在积极募集股本金和处置不良资产。成立了垣曲县工业园区开发建设有限公司，灵活运用土地政策，促进了招商引资和主攻产业发展，全县开放水平进一步提升。目前，全县各类市场主体总量达到7984户，其中各类企业1671户，市场主体总量同比增长16.1%。

三、增强法治观念，树立法治思维，全面推进依法治县

人大工作扎实开展。人大及其常委会依法履职、积极作为，全年共组织召开常委会议6次，主任会议13次，听取和审议“一府两院”专项工作报告9个，作出决议、决定7项，提出审议意见32项，组织代表开展视察、调研和执法检查13次，依法任免国家机关工作人员6名，任命人民陪审员45人。

政协职能充分发挥。人民政协充分发挥职能作用，2015年共征集提案198件，反映社情民意信息217篇，开展视察调研20余次，进一步巩固和发展了民主团结、生动活泼、安定和谐的政治局面。

法治建设全面推进。认真制定完善了《垣曲县推进“六权治本”工作的实施意见》《关于全面清理行政权力推行权力清单制度的通知》，全县权力清单共梳理出11类，共计2666项行政权力事项、15项权力交叉事项和26项提清调整的权力事项。积极开展“六五”普法、“12·4”国家宪法日等法律宣传活动，共制作方言普法短剧40余集，先后创建国家级民主法治示范村1个，省级依法治理示范点2个，高标准通过了“六五”普法验收。

四、保持政治清醒，突出作风建设，全面推动从严治党

学习讨论落实活动成效明显。全县各活动单位紧紧围绕各自实际和县委确定的“五个必须”的主题开展了多轮讨论反思，集体学习均在10次以上。在此基础上，紧密联系履行职责和运用权力的情况，深入剖析问题根源，确定了违反中央八项规定精神、社会民生领域突出问题、陈规陋习等32项专项整治任务。

“三严三实”专题教育扎实开展。全县所有县处级领导干部和各乡镇、县直各单位党组织负责人普遍讲授了专题党课。按照省市统一安排，县委常委会进行了4次专题学习研讨，深入查找不严不实问题，认真召开了县委常委班子专题民主生活会。通过开展专题教育，广大党员干部的工作作风进一步改进，全县发展环境进一步优化。

巡视整改工作稳步推进。围绕省委巡视组反馈的两方面13个问题，认真组织学习，广泛征求意见，明确整改责任，制定整改方案，听取了各责任领导和各乡镇关于整改工作的进展情况汇报，共采取整改措施42项，修改和制定制度34项。已完成整改11项，占到全部整改事项的84.6%，其余2个问题正在按照整改方案抓紧整改；省委巡视组移交的64条案件和问题线索，已全部办结。

领导班子和干部队伍建设切实加强。深入开展“三个一批”、干部“六查”工作，认真执行《党政领导干部选拔任用工作条例》，严格按照习近平总书记提出的好干部标准，牢固树立德才兼备、以德为先、以廉为基的鲜明导向，坚持注重基层、注重民意、注重实践，2015年共调整科级干部73人次，

切实做到了原则不丢、标准不降、程序不少、职数不超、纪律不松。同时,积极通过“以考促学”、素质拓展训练、挂职锻炼等多种形式,推动各级领导班子努力打造“五型班子”,各级领导干部争做“五个表率”,广大党员着力增强“五种能力”。制定出台并严格执行《关于从严管理干部的实施意见》《关于县级领导干部以上率下、示范带头的意见》《关于进一步规范“干部保养制”的意见》,鞭策和激励全县党员干部进一步转变作风、勇于担当、狠抓落实。

基层党组织和党员队伍建设不断强化。确定了“12345”党建工作思路,坚持思想建党和制度建党紧密结合,统筹推进各领域党建工作。开展农村“领头雁”培训1600余人次;33个软弱涣散基层党组织已全部实现转化升级;选拔出的117名农村第一书记正在积极开展工作;农村“三项工程”有序推进,确定了20个发展新型集体经济试点村;新发展党员185名;在职农村主干岗位报酬从最高500元提高到了最低500元、最高800元,基层保障不断加强。

党风廉政建设深入推进。严格落实主体责任。全年召开7次党风廉政工作专题会议,4次专门听取纪委查办案件情况汇报,并就落实主体责任与县委各常委、各乡镇党委书记、部分县直单位负责人进行了4轮约谈。坚决支持纪委“三转”,对县纪委的议事协调机构进行了精简,精简幅度达84.4%;各乡镇至少配备了2名专职纪检监察干部,严格落实纪委办案经费,深入开展廉政警示教育,全年共培训党员干部68期5482人次,发送廉政短信1.3万余条。积极履行监督责任。坚持有案必查、有腐必惩,有贪必肃。2015年共立案222件,同比增长17.5%,结案220件,同比增长15.2%。给予党政纪处分206人,同比增长16.4%。认真开展“两个专项治理”工作,累计清理不实债权债务984.2万元,查处各种违法违纪案件72人,清退收回各种资金213万元。

(毕大明)

附:一、中共垣曲县委书记、副书记、常委名单

书　记: 史　凯

副书记: 杨彦康　尚玉良　王　辉(5月任职,挂职)

常　委: 李　鹏　李　立　马海强

裴斌虎(7月涉嫌违法违纪接受组织调查)

王　坚　王　敏(5月离职)

程岩勤(5月任职)

二、乡镇党委书记名单

毛家镇

书　记: 郭言民(9月任职)

新城镇

书　记: 赵　磊(9月离职)　尚　斌(9月任职)

皋落乡

书　记: 郭亚明

长直乡

书　记: 杨春霞

王茅镇

书　记: 王爱东

解峪乡

书　记: 韩俊辉

古城镇

书　记: 狄雷霆

华峰乡

书　记: 李海勇

英言乡

书　记: 张艾红

蒲掌乡

书　记: 张海岗

历山镇

书　记: 李　明

中共夏县县委工作概况

县委书记　张宏志

夏县共有党(工)委20个,党总支26个,党支部594个,党员13968人。2015年,在中央、省委、市委的正确领导下,县委深入贯彻落实党的十八大、十八届三中、四中、五中全会精神和省委十届七次全会、市委三届七次全会精神,紧紧围绕省委“五句话”总体要求,牢固树立创新、协调、绿色、开放、共享、廉洁和安全“六大发展”理念,始终坚持32字工作导向,突出抓好“三个一百”,强力推进“六个突破”,全县经济建设、政治建设、文化建设、社会建设、生态文明建设和党的建设等各项工作都取得了新成效。

一、强化政治意识,坚持从严要求,坚决贯彻落实中央、省委、市委各项决策部署

认真贯彻落实中央、省委、市委的重大决策部署,始终在思想上政治上行动上同以习近平同志为总书记的党中央保持高度一致。

扎实推进学习讨论落实活动。按照省市统一部署,在全县深入开展以“深入学习贯彻习近平总书记系列重要讲话精神,净化政治生态、实现弊革风清,提升夏县形象、促进富民强县”为主题的学习讨论落实活动,聚焦群众关切,强化问题导向,在全县开展32类118项专项整治,着力解决司法、教育、医

疗、社保、涉农、工程招标、政府采购、资金分配等民生领域和关键环节的突出问题，学习讨论落实活动扎实推进、成效明显。

深入开展"三严三实"专题教育。坚持把学习教育贯穿始终，采取个人自学、交流互学、辅导领学、典型讲学等方式加强常态化学习，组织专题集体学习10次，开展高标准专题研讨4次。坚持把解决问题贯穿始终，县四大班子共查摆问题34个，县级领导干部共查摆问题151个，全部列出整改清单，台帐管理、挂号销号、实施整改。坚持把专项整治贯穿始终，在全县开展"32+2"专项整治，整改问题8492个，排查线索285个，立案84件，结案63件，处理违纪人员95人。坚持把领导带头贯穿始终，班子成员以身作则，带头讲授党课，带头加强学习，带头查摆问题，带头抓好整改，带头按照"三严三实"要求履职尽责，带头正党风、清政风、净社风，影响和带动全县广大党员干部进一步树立了忠诚、干净、担当的良好形象。

全力抓好省委巡视反馈意见整改。2015年10月29日，省委巡视六组通过大会向我县反馈了7方面主要问题，提出4方面富有针对性的意见和建议。对此，县委高度重视，主动认领，精心组织，抓好实施。一是研究制定出台《夏县落实省委巡视组反馈意见整改工作方案》。二是县四大班子以身作则，牵头抓好分管领域的整改；各单位"一把手"认真履行第一责任，主动担负起本单位存在问题的整改；干部群众齐心协力、积极参与，扎扎实实推进整改落实。三是对于能够立即整改的，速查速办，立查立改；对于一些涉及面大、需要一定时间解决的问题，确定阶段性目标，做到有计划、有步骤、有检查、有落实，保质保量、不折不扣落实到位。四是修订完善，建立21项配套衔接制度，巩固整改成果，防止问题反弹。17项整改任务已完成14项，其余3项正按计划稳步实施。整改工作取得了明显成效，广大群众切身感受到了整改工作带来的新变化。

二、狠抓第一要务，明晰发展路径，努力推动县域经济健康平稳运行

县委认真贯彻落实中央、省委、市委关于稳增长、促改革、调结构、惠民生、防风险各项工作部署，提出了在"农民增收、工业崛起、文化旅游、生态环境、招商引资、民生改善"六个方面实现强力突破的工作思路，带领干部群众精准发力、扎实苦干，较好推动了全县经济健康平稳运行。预计全年地区生产总值完成47.5亿元，增长1.8%；工业增加值完成4.3亿元，下降11.2%；财政收入完成2.5亿元，增长12.8%；公共财政预算收入1.2亿元，增长5.1%；固定资产投资完成57.2亿元，增长5.1%；社会消费品零售总额24亿元，增长3.03%；城镇居民人均可支配收入21710元，增长8%；农村居民人均可支配收入6487元，增长8.5%。

"三个一百"扎实推进。按照市委、市政府稳增长调结构"三个一百"工作部署，确立了夏县"三个十"目标任务，协调解决了宇达上市、格瑞特基地土地手续批复等21个问题。支持优势企业加大技改、扩大营销，23家规模以上企业运行平稳、稳中有增；积极开展专业化、定向化、精准化招商，全年共引进项目15个，拟引资86.1亿元，到位资金25.75亿元；加快推进重点项目建设，84个重点项目已完工25个，正在建设39个，完成项目投资53.56亿元。

现代农业发展态势良好。按照"土地规模化、组织企业化、技术现代化、经营市场化"的思路，加快推进现代农业发展。全县蔬菜种植面积达到21.5万亩，中药材7.46万亩，干果经济林12万亩，"一村一品"专业村20个。做优做强夏乐精品西瓜、鲁因鸡心红枣、厚民晋茶、禹青蔬菜等特色品牌。新上和续建农副产品集群项目10个，总投资52.2亿元，完成投资5亿元。

生态品牌影响力进一步扩大。继续实施增绿添彩工程，持续推进通道绿化、荒山造林、城镇绿化、重点区域循环圈绿化、经济林基地建设等造林工程，全年完成通道绿化80公里，荒山造林2.2万亩，园林村提档升级21个，新栽植干果经济林1万亩。国家、省、市下达的2.19万亩造林任务全面完成，森林覆盖率达到40.99%。同时，不断加大节能减排、大气污染治理、重点领域治理，完成了省、市下达的节能降耗任务，县城空气质量综合指数1.38,二级以上天数335天。

文化旅游产业强力推进。按照"高端创意、整合资源、政府引导、市场运作"的思路，完成了投资930万元的墙下关帝庙、司马光墓、堆云洞修缮保护等项目。编制完成了温泉旅游综合开发项目规划，与山投集团签订了5亿元的祁家河景区综合开发项目。文化旅游产业发展富有特色、势头良好，全年共接待游客149.43万人次，增长16.55%；旅游总收入11.84亿元，同比增长21.06%。

城乡建设水平稳步提升。按照以人为本、生态为基、功能完善、产城融合的思路，加快推进新型城镇化。一是持续推进城乡环境卫生整治。开展"四城同创"活动，四大班子包街、县直单位包路段、职能部门牵头、乡村两级动员，城乡面貌有了明显改观。二是持续推进重点工程建设。启动实施了滨河路污水管网建设、农村危房改造、净水厂建设等15项重点城建工程，城市功能进一步完善。三是持续推进美丽乡村建设。借鉴浙江、四川经验，制定完善了《美丽乡村建设规划》，提出"家园美、田园美、生活美、人文美、乡风美"的建设目标，建成美丽宜居示范村24个。埝掌镇被评为全省生态园林城镇，大吕村、北大里村荣获省级美丽宜居示范村，兴南村荣获"中国美丽田园"称号。

三、切实改善民生，加强社会治理，全力维护社会和谐稳定

县委坚持把改善民生和加强社会治理作为社会建设的两大根本任务，践行共享发展理念，始终带着强烈责任和深厚感情，着力解决人民群众最关心、最直接、最现实的利益问题，努力使发展成果惠及全县人民，不断提高人民群众的"幸福指数"。

着力保障改善民生。坚持从群众感受最直接、社会反映最集中的民生问题入手，查找短板、综合施策，努力把好事办好、实事办实，使民生工作更加精准、更接地气。2015年全县用于民生领域支出达13.2亿元，占到公共财政总支出15.7亿元的

83.3%。全年发放低保、救灾、医疗救助等资金 3150.8 万元,救助困难群众 14647 人。新增就业 4030 人,失业人员再就业 785 人,成建制转移农村劳动力 5540 人,帮助困难群体就业 228 人,城镇登记失业率控制在 1.57 %,各项指标全面完成。实施"百企千村"产业扶贫工程,辐射带动 8100 名贫困人口增收;完成农村危房改造 1200 户,发放廉租房补贴 145.5 万元,困难群众的生产生活条件进一步改善。

大力发展社会事业。一是坚持教育优先发展战略,完成投资 2000 万元的 5 所幼儿园新建工程和 27 所薄弱学校改造工程,中小学办学条件进一步改善。二是不断加大县乡村三级医疗服务体系建设。新农合参合农民达 27.9 万人,参合率 99.3%,筹资标准由 380 元提高到 470 元。三是不断加大水、电、路等公共设施和公共服务的投入力度,完成一批农村公路提质改造工程、农村饮水安全工程、污水管网建设工程,城乡公共服务水平进一步提高。

努力维护安全稳定。毫不放松地抓好安全生产。2015 年排查各类安全隐患 866 条,查处非法生产经营行为 21 起,关闭非法违规生产经营单位 3 家,安全形势持续好转。毫不放松地抓好社会治安。始终保持打黑除恶高压态势,破获刑事案件 280 起,刑事案件发案率比上年下降 11%,破案率上升 23%,群众的安全感和满意度明显提升。毫不放松地抓好信访稳定。牢固树立稳定是第一责任的理念,严格落实领导接访值班和重点案件领导包案调处制度,畅通诉求渠道,妥善解决问题,重信重访、信访积案大幅下降,促进了社会和谐稳定。2015 年,我县信访整体工作受到省联席会议表彰,荣获省级先进集体。

四、坚持从严治党,加强反腐倡廉,不断提升党的建设科学化水平

县委认真贯彻落实中央省市从严治党的工作要求,牢固树立"党的建设是最大的政治"、"抓好党建是最大政绩"的理念,坚持党建工作与中心工作同谋划、同部署、同考核、同推进,狠抓作风不松懈,从严治吏不松劲,惩治腐败不松手。

落实"两个责任",深入推进党风廉政建设和反腐败斗争。牢固树立"发展必须廉洁、廉洁促进发展"的理念,始终把党风廉政建设和反腐败斗争作为一项重要政治任务来抓,认真履行组织领导责任、实施推进责任、率先垂范责任。2015 年,县纪委立查各类违纪案件 208 件,比上年 122 件增加 70.5%;结案 205 件,比上年 120 件增加 70.8%;给予党政纪处分 207 人,比上年 117 人增加 76.9%;涉及乡科级干部 35 人,其中撤职以上重处分 8 人。

严格用人标准,全面加强领导班子和干部队伍建设。在干部选任工作上,我们始终坚持德才兼备、以德为先、以廉为基的选人用人导向,始终坚持公平公正公开,严格落实《党政领导干部选拔任用工作条例》和好干部"五条标准"。全年共调整干部 79 人,其中提拔 15 人,平职调整 39 人,军转干部安置 1 人。干部选任风清气正,社会反应良好。

突出固本强基,着力提升基层组织的创造力、凝聚力和战斗力。紧紧围绕"三强四好六抓、塑魂固根强基"主题,大力实施"强化班子建设、规范村级管理、壮大集体经济"三项基层党建工程,一是对农村"两委"主干、大学生村官进行了"领头雁"专题培训,"两委"班子引领发展、维护稳定、促进和谐的能力进一步增强。二是开设"五位一体"干部大学堂,通过"请进来讲、派出去学、沉下去练、送出去挂、实干中验",使干部综合素质进一步提升。全年共举办 4 期集中学习,培训干部 1486 人。三是集中开展以"政治功能强、服务功能强、组织设置好、队伍建设好、制度坚持好、基础工作好"为主要内容的"双强四好"软弱涣散基层组织整顿活动,39 个软弱涣散基层党组织全部整顿到位。四是在全市率先铺开第一书记工作,落实第一责任、选好第一战场、用好第一引擎,充分发挥第一书记在发展农村经济、着力改善民生、促进稳定和谐等方面的重要作用。五是持续推进党代会常任制试点工作,在 11 个乡镇全面实行乡镇党代会年会制,乡镇基层组织的民主决策、科学决策水平进一步提升。基层党组织的政治功能、服务功能、创新功能进一步增强。

(王文斌)

附:一、中共夏县县委书记、副书记、常委名单

书　记: 葛作民(3 月涉嫌严重违纪违法,接受组织调查)　张宏志(5 月任职)

副书记: 苏丽红(女)　吕　靖(5 月任职,挂职)

常　委: 张高学　李　明　李永林　樊双全　刘学诗(5 月离职)　张红宇(11 月离职)　管云学　刘能新(5 月任职)

二、乡镇党委书记名单

瑶峰镇

书　记: 张贵林

水头镇

书　记: 吴朝晖

庙前镇

书　记: 温建新

裴介镇

书　记: 刘红庆

胡张乡

书　记: 杨　军

禹王乡

书　记: 崔晓国

尉郭乡

书　记: 张首华

南大里乡

书　记: 裴文荣

埝掌镇

书　记: 秦晓军

泗交镇

书　记: 樊艺兵

祁家河乡
书　记：张更群

中共平陆县委工作概况

县委书记　郭　宏

平陆县地处晋、秦、豫黄河“金三角”地带，南临黄河，北依中条，是山西的南大门。下辖6镇1区4乡，228个行政村，264900人，国土面积1173.5平方公里。共有13个党委，24个党总支，548个党支部，14025名党员，占全县总人口5.3%，其中2015年度新发展党员248名。2015年，平陆县委面对不断加大的经济下行压力，面对改革发展稳定的繁重任务，团结带领全县党员干部群众，按照省、市部署要求，深入实施“一二三四五”经济社会发展总体思路，加快推进“五化”及“三个一百”等重点工作，开拓创新，务实重干，克难攻坚，全县经济、政治、文化、社会、生态文明和党的建设取得了新进展、新成效。全县地区生产总值完成36.6亿元，增长6.1%；规模以上工业增加值完成86247万元，增长9.2%；固定资产投资完成67.5亿元，增长17.4%；财政总收入完成35438万元，增长13.4%；一般公共预算收入完成19062万元，增长4.8%；社会消费品零售总额完成25.7亿元，增速7.2%；外贸进出口总额完成6421万美元，下降5.4%；城镇居民人均可支配收入完成19961元，增长8.8%；农村居民人均可支配收入完成5782元，增长7.8%。其中，全县地区生产总值、规模以上工业增加值增速排名全市第一；城镇居民人均可支配收入增速排名全市第二，农村居民人均可支配收入增速排名全市第三。

一、加强理论学习，统一思想认识，党的十八届五中全会和习近平总书记系列重要讲话精神以及省委、市委各项决策部署得到坚决贯彻落实

县委始终把学习贯彻党的十八大和十八届三中、四中、五中全会及习近平总书记系列重要讲话精神作为重大政治任务，强化理论武装、指导工作实践。全年组织27次中心组集体学习会，及时学习传达贯彻习近平总书记系列重要讲话精神、省委、市委各项决策部署，始终在思想上政治上行动上与中央、省委和市委保持高度一致。21次召开常委会及常委(扩大)会，对涉及国民经济和社会发展、“三严三实”专题教育开展、推进“三个一百”工作以及脱贫攻坚实施意见等方面的大事要事都进行了集体研究议定，确保了重大决策、重大部署、重大投资等事项的科学性、规范性和长远性。学习讨论落实活动和“三严三实”专题教育扎实开展，领导干部和广大党员进一步端正了世界观、人生观、价值观，党性修养进一步提升，理想信念进一步坚定，践行“三严三实”的主动性、自觉性明显提高，在全县营造了一个干事创业、争创一流的浓厚发展氛围。

二、牢牢把握经济工作主动权，“五化”和“三个一百”工作统筹推进，稳中向好、加快发展的良好态势进一步保持

一是工业集群化成效显著。复晟铝业一期80万吨氧化铝项目健康运行，二期年产160万吨氧化铝项目已经备案立项，正在做前期准备；投资达5.007亿元的平曹公路（除曹河段高填方路段外）于2015年12月底全面贯通；平陆大天鹅景区正式对外营业，黄河大漂流景区已试营业；全国小型农田水利设施建设重点县、现代果业示范基地等18个项目进展顺利，基本完成年度计划。全年招商引资到位资金30.04亿元，签约项目6个，总投资110.73亿元，圆满完成了市委、市政府下达的各项目标任务。二是农业精品化步伐加快。大力发展粮食、苹果、蔬菜等主导产业，全年粮食总产1.12亿公斤，超额市下达计划26.7%；县财政连续五年累计拿出资金2350万元，大力推动果业发展，农民人均果业收入达4500元；全县蔬菜面积达到5.5万亩，完成计划任务100%。发展县级农业产业化龙头企业25家，市级以上龙头企业10家，列入省“513”工程企业2家。三是三产规模化蓬勃发展。深入挖掘历史文化潜力，叫响平陆“古中国”文化品牌，聘请国家文物专家对黄河古栈道进行整体保护规划；多方筹集资金，加大虞坂古盐道、虞国古城、流庆寺、茅津古渡等文物古迹的开发保护力度，下阳城金鸡堡景区即将开工建设。横店电影城即将开工建设。运城市冬季旅游启动仪式在我县大天鹅景区隆重举行。四是城乡一体化不断加快。五一街翻修改造工程顺利完工投入使用，垃圾中转站、标准公厕等设施建成使用。国家税务局、鼎圣花苑、新湖大街分别通过了市级园林式单位、小区和街道创建工作验收。县乡公路改造、集中供水及公共文化设施建设等工程完成年度投资计划。危房改造完成1040户，移民搬迁170户完成主体工程建设。三级美丽宜居示范村建设完成投资1.2亿元，农村人居环境明显改善。五是县域生态化成效明显。大力发展核桃、双季槐、花椒等干果经济林，全年完成面积6000亩，总面积已达8万亩。完成营造林任务39700亩，占任务的100%。采取结构、工程、管理三大减排措施，大幅削减主要污染物排放量，县域环境质量稳定好转，全年二级以上优良天数达322天。

三、创新社会治理，全力改善民生，和谐稳定的社会局面逐步巩固，人民群众的社会满意度和安全感进一步提升

一是全力改善民生，严格落实各项促进就业政策，全县

城镇新增就业人数3945人，转移农村劳动力人数5500人；高考成绩实现“十二连增”，拿出200万元资助398名困难大学生；完善医疗救助制度，城乡医疗救助更加快捷方便；城乡低保资金坚持做到及时足额发放；农村困难群众危房改造工程全部完工，住房条件得到极大改善；农村社区老年日间照料中心达165个，4600多位老年人生活明显改善。二是加强信访维稳，严格落实县级领导干部接访下访工作，深入开展“以群众举报乡村干部腐败为切入点集中解决群众信访诉求问题”专项活动，实现了在今年国家、省、市重要会议期间的社会稳定。三是创新社会治理，紧紧抓住人、车、屋、网、场、会（组织）等关键环节，坚持系统治理、依法治理、源头治理、综合施策，大力推进社会管理项目化、网格化、信息化。始终保持对各类违法犯罪的高压态势，严厉打击“黑彩”、涉毒、涉赌等违法犯罪活动，人民群众的安全感和满意度持续提升。四是注重安全生产，严格落实安全生产“党政同责、一岗双责、齐抓共管”要求，狠抓安全生产隐患排查治理，安全生产形势进一步好转。

四、弘扬主旋律、凝聚正能量，文化软实力逐步成为硬支撑，全县人民团结奋斗的思想基础进一步夯实

县委深入开展培育和践行社会主义核心价值观教育以及“党员志愿者”、“扶残助残”等志愿服务活动，志愿服务团队已达4000余人。广泛开展道德模范、平陆好人、美德少年评选活动，用先进典型人物引领道德建设。大力弘扬“三大优秀历史文化”(法治文化、廉政文化、红色文化)，组织开展抗战胜利70周年系列活动、纪念“反法西斯战争胜利70周年暨运城撤地设市15周年”群众性歌咏活动300余场，戏剧惠民、送戏下乡200余场，展示平陆的人文风采和精神风貌。图书馆、文化馆、体育馆坚持常年向群众免费开放；电影《保山》在运城举行了首映式，再次掀起学习弘扬保山精神新高潮；廉政小品《老笨与红辣椒》，参加市群文风采大赛并获得全市二等奖。

五、加强党的建设，夯实基层基础，基层党组织的战斗堡垒和党员干部的先锋模范作用充分发挥

加强思想建设。注重思想建设与工作实际相结合，切实把各级班子和全体党员干部的思想统一到发展思路、发展目标和县委的重大决策、工作部署上来。注重思想建设与学习教育相结合，举办“一城两集群”、“领头雁”及十八届五中全会精神等党员干部专题教育培训班，组织干部到云盖寺干部教育基地接受党性教育，进一步坚定了理想信念。加强队伍建设。严把标准关、推荐关、考察关、审查关、纪律关、监督关。分4批次对政府机构改革单位，两个重要政府职能部门，乡镇党政正职、公安局、纪委内设科室进行了调整配备。对全县11个乡（镇、区）和92个单位全面铺开“三个一批”工作。加强组织建设。按照市委“三项工程”部署要求，建立了集体经济发展模式台帐，有集体经济收入的村由34个增加到106个。33个软弱涣散基层党组织已整顿完毕，全部晋位升级。创新推行三项机制（“两薄一表”入党流程记实、“一表一帐”教育培养纪实、“一表五册”审查备案记实），实现了发展党员工作全程痕迹化管理。

六、严格落实党风廉政建设责任制，反腐败斗争高压态势始终保持，反腐倡廉建设常态化、制度化、长效化进一步形成

县委始终坚持把落实党风廉政建设责任制摆上重要位置，坚持不懈狠抓党风廉政建设和反腐败工作。“两个责任”严格落实。认真落实党风廉政建设党委主体责任和纪委监督责任，及时出台主体责任、监督责任的意见和清单，提出落实“两个责任”的具体举措，着力构建责任落实体系，年初与13个县直和乡（镇、区）党委签订《党风廉政建设责任责任书》，形成党委尽责、纪委履职、部门细化、各负其责的齐抓共管良好局面。廉政教育常抓不懈。组织37批次2475名党员干部通过观看警示教育片、讲授廉政党课、观展谈体会、廉政测试等教育方式，接受廉政警示教育，党员领导干部提高了认识，触及了灵魂。违纪查处力度加大。实行严格的申报制度，狠刹大操大办、借机敛财歪风。严肃整治违规收受礼金红包现象，全年共查处各类违反中央八项规定案件9起，处理13人，交入廉政专户资金达70350元，收交礼金、红包13900元。探索实施了“分区划片、定向联系、协同办案、各负其责”的办案机制，全程监督指导帮扶案件查处。2015年共查办各类违纪案件252件，共处分各类违纪人员248人，为国家挽回经济损失84万元。巡视整改效果明显。2015年4月14日至8月底，省委巡视六组对平陆县进行了巡视检查。针对巡视组反馈的意见和整改建议，县委高度重视，精心安排部署，详细分解责任，明确责任领导，制定整改措施，全面组织整改并取得明显成效。巡视组反馈的17个问题，已整改9个，正在整改1个，长期坚持7个；建立健全制度50余项。

（赵怀亮）

附：一、中共平陆县委书记、副书记、常委名单

书　记：郭　宏

副书记：李　旸　吴　宣

常　委：张孝木　段毅平　郭淑文（女）　赵建喜　裴向红　庞建军（5月离职）　肖四军（5月任职）

二、乡镇（开发区）党委书记名单

曹川镇

书　记：李　波

坡底乡

书　记：宋克宽（11月离职）　苗顺国（11月任职）

三门镇

书　记：周春安(11 月离职)　王丽萍(女,11 月任职)

圣人涧镇

书　记：张俊涛

张店镇

书　记：梁永杰

部官乡

书　记：石培恒(11 月任职)

杜马乡

书　记：毛锐龙

张村镇

书　记：郑文红(女)

常乐镇

书　记：张福臻(11 月离职)　马苏义(11 月任职)

洪池乡

书　记：何拥军(11 月离职)　仝华斌(11 月任职)

茅津开发区

书　记：员晋杰

中共新绛县委工作概况

县委书记　邓雁平

新绛县地处山西省西南部，运城市北端，总面积 593 平方公里，耕地 53 万亩，辖 8 镇 1 乡，220 个行政村，34 万人口。全县共有 20 个基层党(工)委、21 个基层党总支、469 个基层党支部，12551 名党员，其中镇(乡)党委 9 个，农村党支部 220 个，社区党支部 9 个。2015 年，面对经济下行压力不断加大的严峻形势，在省委、市委的坚强领导下，县委常委会紧紧依靠全委会的同志和县人大、县政府、县政协班子成员，团结带领全县干部群众，认真贯彻落实党的十八大、十八届三中、四中、五中全会精神和习近平总书记系列重要讲话精神，坚决落实中央和省委、市委重大决策部署，始终坚持一手抓全面从严治党，一手抓经济社会发展，按照“三个千方百计”工作主线和“四个毫不动摇”总体要求，全力实施系列重点工程和惠民实事，全面推进经济、政治、文化、社会和生态文明建设，在建设富裕新绛、和谐新绛、活力新绛、美丽新绛的征程中迈出了新步伐。

一、深入学习贯彻习近平总书记系列重要讲话精神和十八届五中全会精神，坚决落实中央和省委、市委各项决策部署

坚持把学习贯彻习近平总书记系列重要讲话精神和以习近平同志为总书记的中央领导集体的优良作风作为重要政治任务，以开展学习讨论落实活动、“三严三实”专题教育为载体，采取“中心组先学、对照原著自学、讲好党课促学、邀请专家带学、借助平台博学”等形式，及时传达贯彻，切实领悟实质，认真抓好落实。学习讨论落实活动中，县委常委班子以身作则，率先提出并在全县开展了“党要管党、从严治党”四项专题活动，在此基础上，严格按照“五个坚持”要求(即坚持以上率下、深学悟透，坚持从严从实、反思剖析，坚持高压反腐、正风肃纪，坚持从严治吏、刷新吏治，坚持问题导向、认真整改)，带头抓好 5 大方面、31 项整治任务和 653 个具体事项的整改落实，着力解决了一批群众反映强烈的突出问题。目前各专项整治任务已全部完成，并取得了明显成效，学讲话、学作风已成为全县党员干部一种自觉追求和具体行动。“三严三实”专题教育中，班子成员带头讲党课，带头查摆问题，带头剖析根源，带头整改落实，高标准完成了 4 个专题的学习研讨，高质量召开了专题民主生活会。民主生活会上，县委班子共查摆“不严不实”问题 10 条，制定 5 大方面整改措施 19 条；班子成员逐个对照检查，共查摆问题 102 条，提出相互批评意见 127 条。通过交流讨论、思想碰撞、批评与自我批评，进一步坚定了理想信念，增强了党性观念，提升了道德修养。党的十八届五中全会、省委十届七次全会、市委三届七次全会、省市经济工作会召开后，我们又及时传达学习，通过党校培训、宣讲辅导、专题学习等形式，在全县迅速掀起学习热潮。特别是深刻领会“六大理念”，准确把握中央、省、市“十三五”规划建议精神，为科学制定全县“十三五”规划指明了方向，明确了路径，奠定了良好基础。

二、落实全面从严治党新要求，不断提高党建科学化水平

(一)坚持守土尽责，认真履行“两个责任”。一是强化思想认识。始终把党风廉政建设作为县委工作的重中之重，县委中心组全年集中学习 20 次，其中党风廉政专题就达到 13 次；制定出台了《关于落实党风廉政建设县委主体责任和纪委监督责任的意见》，层层明确并建立责任清单，形成横向到边、纵向到底、人人担责的“两个责任”全覆盖落实体系；在每次县四套班子会、全县干部大会上，县委都要重点强调党风廉政建设，不断增强各级党委(党组)的主体责任意识；同时全力支持纪委履行监督责任，配齐配全了各乡镇、各单位纪检干部，并完成了县纪委内设机构改革。二是强化压力传导。县委于年初及时召开全县各级党组织书记履行主体责任集体座谈会，随后各级党组织书记也逐级进行了集体座谈；年底又召开基层党建述职大会，并进行了公开评议；2015 年，县委主要领导与各乡镇党政班子成员、其他常委及县领导与

分管部门班子成员，不定期进行约谈，不断拧紧螺丝，传导压力，压实责任。先后对“两个责任”落实不力的6个单位“一把手”进行了诫勉约谈，对4名科级干部进行了责任追究。三是强化案件查处。全力支持县纪委“三转”工作，始终保持反“四风”、反腐败的高压态势。2015年，县纪委共接受信访举报205件，初步核实线索184件，共立案152件，结案147件，处分145人，其中乡科级32人，一般干部36人，其他人员77人。给予党政纪处分148人，给予政纪处分20人。接受省委巡视组转办案件已办结64件，其余3件正在办理。四是强化巡视反馈意见的整改落实。省委巡视意见反馈会后，县委把整改工作作为一项重大政治任务，将梳理出的5大类19个小项的整改任务逐一分解落实到10位县级领导和12个责任单位头上。

（二）坚持强基固本，夯实基层党建基础。一是推进农村党建“三项工程”建设，对1600余名农村干部及党员进行了集中培训，对42个村实施了活动场所升级改造，健全了156项村级治理制度，确定了23个发展新型村级集体经济试点村。二是开展在职党员到社区报到服务群众工作，全县1916名在职党员联系帮扶社区贫困户1400余户，认领服务岗位1000余个，开展志愿服务活动80余次。三是实施软弱涣散党组织帮建升级工程，实现了35个软弱涣散基层党组织的晋档升级。四是加强党员队伍建设，探索开展了处置不合格党员工作，进一步纯洁了党员队伍。五是统筹抓好“两新”组织党建工作，全面整合71个非公经济组织党组织，并为每个非公企业选派一名党建工作指导员。通过以上举措，全县基层党组织的战斗堡垒作用得到进一步增强。

（三）坚持刷新吏治，强化干部队伍建设。按照全省“三个一批”要求，从严抓好干部培养、选拔任用、监督管理三大重点。干部培养上，从严督促各单位负责人真正担负起培养干部、使用干部、推荐干部、管理干部的职责，组织干部到项目建设一线、农村建设一线、信访工作一线等复杂艰苦岗位经受磨练和考验，提高干部综合能力。干部使用上，着力完善“两推两提三考一票决”干部选拔任用新机制，通过采取建立干部后备库、选任干部前充分征求各方面意见等措施，对政府机构改革涉及的13个单位69名科级干部进行了调整配备，随后又分两批对乡镇和部分县直单位科级干部进行了补充调整。干部选任工作严格标准、严格程序、公开透明，得到了社会各界的认可。干部监督上，严格落实从严管理干部的各项规定，对干部的苗头性、倾向性问题，及时进行约谈，做到早提醒、早制止、早纠正。同时，依托“绛州廉政微平台”，加强对党员干部的日常监督。“廉政微平台”共接受群众投诉举报2900多条，全部办结回复。

（四）坚持完善制度，深入实施“六权治本”。县委先后健全完善了进一步加强对经济工作领导的有关规定、从严管理干部的意见等制度；修订和完善了《县委常委会议事规则》《县四套班子联席会议制度》两项制度，充实完善了“三重一大”民主决策制度，进一步完善程序，规范流程，提高决策的民主性、科学性。同时，我们把强化制度建设与开展“六权治本”工作结合起来，制定出台了全县《“六权治本”实施方案》，扎实推进“三清单”“两平台”“两张图”“一监督”工作。通过建立完善相关制度，努力做到用制度管人管事管权力管行为，不断推进作风建设的常态化、长效化。

（五）坚持团结共进，民主政治建设稳步推进。县委十分注重加强对人大、政协、统战、武装以及群团工作的领导，有力推进了全县民主政治建设进程。县人大围绕群众关注的热点焦点问题，通过视察、评议等形式，着力加大对“一府两院”的监督力度，有力促进了全县各项工作的顺利开展；县政协牢牢把握团结、民主两大主题，不断扩大“朋友圈”，切实履行职能，积极建言献策，发挥了巨大作用；统战部门紧紧围绕经济统战、活力统战、和谐统战和基础统战四大建设，在思想政治引领、多党合作推进、民族团结、宗教和谐等领域里做了积极有益地尝试；武装部门积极探索国防后备力量建设的新途径，全县人武工作迈上了新台阶；工青妇等群团组织也都紧紧围绕全县大局，充分发挥自身特点，开展了大量卓有成效的工作。全县上下形成了民主团结、和谐稳定、协作共进的良好氛围。

三、适应经济发展新常态，着力推动经济平稳健康运行

2015年，县委、县政府团结带领广大干部群众，积极应对挑战，奋力克难攻坚，经济发展实现了稳中有进。预计全县生产总值完成77.4亿元，同比增长1.2%；财政总收入完成41443万元，同比下降11.1%；公共财政预算收入完成21951万元，同比增长9.5%；固定资产投资完成83.11亿元，同比增长15.4%；规模以上工业增加值完成29.60亿元，同比下降8.5%；外贸进出口总额完成300万美元，同比下降40%；城镇居民人均可支配收入达到23904元，同比增长9.5%；农民人均纯收入达到10011元，同比增长13%；社会消费品零售总额完成40.70亿元，同比增长10.3%，较好地完成了全年指标任务。

（一）以“三个一百”为抓手，招商引资和项目建设任务顺利完成。按照市委、市政府有关要求，全力抓好重点企业的正常运行、重大项目的谋划和推进。一是明确责任。成立了全县“三个一百”领导组，县四大班子领导根据职责及任务对13个重点项目及企业进行包联。二是强化督查。一方面，领导组定期听取“三个一百”推进情况汇报；另一方面，成立了由县人大、县政协副职带队的两支专项督查组，对稳增长、调结构“三个一百”工作及年度目标责任经济考核指标，定期进行督查，推动任务落实。三是带头示范。班子成员多次深入包联帮扶企业、项目建设一线，及时解决企业生产中遇到的融资、用电及安全防护距离等问题。同时，常委班子人人参与招商引资，定期听取6个专业招商小分队的汇报，定期向常委会汇报招商引资进展情况。在此带动下，汾河湾市场、绛州市场升级改造工程顺利推进，县中医院、晋南农产品物流园陆续开工，全县固定资产投资和重大项目建设稳步推进。2015年，全县招商引资签约项目28个，总投资141.75亿元，完成全

年市定任务(110亿元)的128.86%;招商引资到位资金39.56亿元,完成全年市定任务(39亿元)的101.4%。全年共实施省市县重点工程62项,总投资108.47亿元,年度计划完成54.3亿元,完成投资71.55亿元,完成率为131.76%。

(二)以转型升级为重点,产业调整步伐加快。按照省市要求,积极鼓励“大众创业、万众创新”,全力推进科技创新、民营经济和金融振兴“三个突破”,不断激发发展活力,加快产业转型升级。一是加快传统产业的改造升级,煤化园区围绕重点领域、龙头企业、产业链条多方进行招商,重点实施了总投资10亿元的鑫泰焦化150万吨干熄焦二期项目、投资4900万元的恒强化工750吨噻吩精制医药中间体项目、投资5300万的凯立德1000吨丙二酸及系列精细化产品等项目;围绕精细化工积极进行科研成果转化,用现代科技提升产业水平,大力促进园区产业科技升级。二是加快新兴产业的创新升级,轻纺园区按照“龙头企业带动、产业链条延伸、相关企业集聚、加强研发创新、打造自主品牌”发展思路,着力打造新材料及高端装备制造产业园区。中小微孵化基地2万平米标准化厂房、3000平米综合楼已建设完成,10家企业已成功入驻,4家已投产。新培育2家“小升规”企业,1家小巨人企业,孵化232家小微企业。三是加快优势产业的发展壮大。商贸物流上,重点抓了3个项目,总投资3.5亿元的汾河湾市场升级改造、投资1.2亿元的绛州市场升级改造两个项目进展顺利,标志着我县在商贸物流产业上迈出了重要一步,实现了新的突破;总投资12亿元的山西晋南农产品物流园于年前正式开工奠基,将成为我县现代农业发展史上新的里程碑。文化旅游产业上,绛州州府旅游景区建设进展顺利,弟子规国学文化产业园项目正在办理前期手续,各项工作稳步推进,文化旅游业取得了新进展。

(三)以扩规提质为主线,现代农业蓬勃发展。按照“土地规模化、组织企业化、技术现代化、经营市场化”的要求,稳步推进各项工作。土地流转上,全县新增土地承包经营权流转面积6.3万亩,共流转面积19.7万亩,规模以上土地流转达到11万亩。全县累计发放支持土地流转贷款5881万元。土地确权有序推进,已完成二轮土地延包地块调查。设施农业上,高标准实施了万亩设施农业扩规升级工程,新发展设施蔬菜2万亩,精心打造了绛州绿、万安天地庙、三泉白村等5个观光农业休闲示范园,新建及改造高标准规模日光温室2000余栋。“一村一品”上,共发展省级“一村一品”专业村82个,蔬菜专业合作社187家;新培育农民专业合作社省级4家,市级5家,县级7家,全县共形成633家。成功举办了第五届“一村一品”展交会,进一步扩大了新绛的知名度和影响力。植树造林上,坚持科学规划,优化布局,着力打造核桃种植、三北防护林、现代农业示范园、干果经济林四个高标准示范点,共完成现代农业示范园项目3000亩,省级干果经济林项目6000亩,通道绿化40公里,植树100万余株。全年新增绿化面积2.55万平方米,绿化覆盖率达到36.68%。

(四)以统筹发展为原则,新型城镇化稳步推进。坚持“开发建设新城,保护管理古城”的发展思路,加快推进城市建设和城乡统筹,不断提升城市形象和承载能力。新城建设上,突出现代、生态、宜居特色,完成了新城区冰凌沟雨水调蓄池建设工程、新城地下管网连接工程,启动了新城市民水系公园工程建设,市政设施日趋完善,人居环境显著改善。老城保护上,实施完成了龙兴街升级改造工程、站南站北道路改造及排水工程,对小街小巷实施了路灯安装并修建了部分公厕;在县城主要街道实施了环境综合整治网格化管理,对交通违法行为、沿街占道经营、乱设摊点、随意停车等违法违规行为进行重点整治。同时,持续开展了城乡环境卫生大整治。统筹城乡发展上,扎实推进乡村清洁工程,高标准完成了水西、东木赞、赵仙庄、王庄等四个村庄的规划编制工作;完成了600余户农村困难家庭危房改造任务。对新北线西头—刘峪—北池段7.7公里道路进行了施工改造,对清古线乔沟头段6.2公里实施了高标准绿化,并对部分线路的城乡公交车进行了新能源车辆更换。城市功能逐步完善,城乡发展统筹推进,新型城镇化建设迈出了新步伐。

四、回应民生改善新期待,全力维护社会和谐稳定

县委常委会始终坚持以人为本、量力而行,不断加大民生工程投入力度,使人民群众有更多的获得感和更强的幸福感。教育事业再创辉煌。积极推进教育均衡、内涵发展,全县小学、初中、高中教育同步推进,成绩优异。2015年高考达线率稳居全市前茅,12名学子被北大、清华等一流大学录取,全省理科状元落户我县。医疗卫生事业稳步推进。投资2800余万元的中医院综合门诊楼项目已开工建设,所有乡镇卫生院都新建了业务用房,全县各级医院硬件设施全面改善;着力加强医疗队伍业务培训力度,全县医疗卫生水平进一步提升。社会事业协调发展。大力推进就业工作,全力做好农村劳动力转移,农村养老保险、城镇基本医疗保险等五项保险有序推进,城乡低保实现应保尽保。环保整治力度加大。大力发展循环经济,加快发展新兴产业,完成了高义煤化、中信焦化脱硫改造工程,启动实施了城区污水处理厂升级改造工程,垃圾处理厂渗透液处理工程正在加紧前期准备工作,为推进生态文明建设奠定了良好基础。平安新绛稳步推进。健全了以村(社区)为单位的基础治安防控网络和覆盖全县的视频监控防控网络,有效提升了人民群众的安全感和满意度。2015年,全县治安案件立案693起,同比下降19.2%;全县刑事案件立案403起,同比下降29%;“三类可防性”案件立案184起,同比下降36.5%。安全生产形势稳定。积极引导宇丰冶炼、丰喜华瑞、高义焦化等企业完成环保设施升级改造;深入开展安全生产大检查工作。共检查企业524家(次),排查治理隐患987条,取缔关闭违法“十二小”企业3家,查处“三违”行为51起,全县安全生产形势持续稳定好转。

(刘　宏)

附:一、中共新绛县委书记、副书记、常委名单

书　记:邓雁平

副书记：田艺彬（女） 靳国全

常　委：裴良豪　赵高堂　高　力　韩小青
郝红霞（女）　解伟龙　刘晓功

二、乡镇党委书记名单

龙兴镇

书　记：孙贵明

三泉镇

书　记：黄山石

泽掌镇

书　记：王　玉

北张镇

书　记：王晓民

泉掌镇

书　记：唐　勇

古交镇

书　记：王会民

万安镇

书　记：席建功

阳王镇

书　记：史敏胜

横桥乡

书　记：王高林

2015年11月11日，运城市举办纪念抗战胜利70周年暨撤地设市15周年歌咏活动。

论 坛

推进山西土地确权的思考与建议

李雁红

2013年中央1号文件就明确提出全面开展农村土地确权登记颁证（以下简称“土地确权”）工作，要求用5年时间基本完成农村土地承包经营权确权登记颁证工作。2014年中央1号文件明确要求“切实加强组织领导,抓紧抓实农村土地承包经营权确权登记颁证工作”。2015年中央1号文件对土地承包经营权确权登记要求“总体上要确地到户，从严掌握确权确股不确地的范围”。目前，全国的农村土地确权试点工作正在全面铺开。之前，山西省农村土地确权工作按照国家的部署，成立了省、市、县三级确权登记颁证工作领导小组，召开了全省试点工作动员会，制定了工作方案，本着“试点先行，稳步推进”的原则，从2011年开始选择了新绛县、蒲县和长治县作为全国第一批农村土地确权试点，2013年选择潞城市、孝义市和平鲁区列为全国第二批农村土地确权的整乡推进试点。2014年继续扩大试点，在全省113个县（市、区）193个乡镇的788个村开展了试点工作，其中潞城市实施整县推进。按照中央的部署，我省计划从2015年开始全面推开农村土地确权工作，两年内基本完成，第三年扫尾完善，具备条件的地区能快则快。

通过农村土地确权的试点探索，山西省初步总结出了不同测绘方式的技术路线，研究探索了农村土地承包经营权确权工作的技术规程，研究提出了相关政策性问题的解决方案，试点工作取得了良好的效果，但也存在一些不容忽视的问题，主要表现在：部分干部和农民对土地确权这项农村重大改革的重要意义认识不足，思想不够重视，缺乏改革勇气，担心因确权引起群众上访，影响社会稳定，影响地方经济发展,认为确权是农业部门的工作，与政府关系不大；由于历史原因，许多地方权属来源资料缺失或不完善，不少农村驻村人口少，配合不积极；确权过程中矛盾纠纷调解仲裁工作量大；承担土地确权任务的基层农经队伍机构不够健全，工作条件有限;一些地方经济落后，财政困难，难以落实配套经费。

为了进一步贯彻落实好党的十八届三中、四中全会精神，解决影响制约我省土地确权中存在的问题，必须要从提高市、县、乡各级领导及村干部对土地确权重要性、复杂性的认识入手，加强组织领导，强化工作责任，实行分类指导，从各地实际出发，按照政策规定和操作流程积极稳妥推进土地确权。

一、提高思想认识，加强组织领导

农村土地承包经营权确权登记颁证工作是党中央、国务院从夯实农业农村发展基础、促进城乡统筹发展和农村社会和谐稳定的高度作出的重要决策，是深化农村土地制度改革的一项重要内容，必将对农村经济社会发展影响巨大而深远。各级各部门要高度重视农村土地确权工作，提高思想认识，全面理解、准确把握中央关于全面深化农村改革的精神。党的十八届四中全会作出了全面推进依法治国的决定，科学立法、严格执法、公正司法、全民守法将进入法治中国建设的新常态。土地制度作为严格的法权制度，正是实现国家治理体系和治理能力现代化的现实问题。建立健全农村土地承包经营权登记颁证制度，是稳定农村土地承包关系、巩固农村基本经营制度、促进土地经营权流转、发展适度规模经营和现代农业的重要基础性工作。

土地确权在保障农民财产权益方面起着关键性作用。农村土地确权工作政策性强、涉及面广、社会影响大。要由各级政府牵头，省级统筹安排、顶层设计，市级协调指导，县级具体组织实施。要充分认识政府是第一责任人，市、县主要领导亲自挂帅，农业、财政、国土、政研、法制办、档案、司法、信访、民政等单位按照职责分工展开工作，县、乡、村工作人员全程参与，不折不扣地完成农村土地确权工作。同时，要进一步加强政策宣传力度，提高领导干部对农村土地确权工作的认识。利用广播、电视、报纸等多种媒体向农民广泛宣传土地确权政策，为土地确权工作的全面有序开展创造基础条件。

二、建立健全档案，因地制宜规范操作

依据《中华人民共和国农村土地承包经营权证管理办法》建立土地承包经营权登记簿，把县、乡农村土地承包管理工作具体化为登记管理的各项活动，建立农村土地承包经营权确权登记管理信息系统，实现土地承包经营权登记信息资料共享。县、乡、村组织分别对二轮土地承包台账、三十年承包合同、土地承包相关原始资料档案进行整理。逐户摸清土地承包和农户家庭成员情况，对承包人、承包经营权共有人、承包地块、面积、四至（四至指东西南北四个方向的边界，用于指明土地具体的位置）、土地变动等各方面情况和信息进行收集、归纳、整理、核对，为登记颁证工作的顺利开展奠定基础。要在档案管理部门的支持和指导下，做好土地承包经营权登记资料归档工作。收集整理确权登记过程中各种文件、影像、图片、电子文本等各类资料，做到档案齐全完整、有据可查，确保档案资料安全。

土地确权要严格执行农村土地承包法律政策，严格按照山西省农村确权登记工作流程规定，把承包地块、面积、合同、权属证书全面落实到户，依法赋予农民更加充分而有保障的土地承包经营权。各地对本地区具有普遍性的问题，由县人民政府统一出台指导性意见。在土地确权过程中，法规政策有明确规定的，要不折不扣严格执行。土地确权中没有明确规定的，首先要依据法律政策精神，明确处理意见。其次坚持事实求是和民主协商的原则，充分依靠农民群众，召开村民代表会议结合实际依法依规妥善解决。对于土地确权中涉及的重大事项，必须要有群众共同参与，均应经本集体经济组织成员民主讨论决定，调查、公示、确认的每一个环节必须实行民主协商，事先征求群众意见，取得群众理解支持，实现群众的满意。

三、严格把握政策界限，妥善解决矛盾纠纷

我省农村土地承包政策从上世纪八十年代初实行，九十年代顺延至今，已有30多年，期间由于人口变化、分户、婚嫁、迁移等原因，许多农户的承包关系发生了变化，产生了许多纠纷；部分地区还存在着农村土地多轮流转、公益设施建设占用农田、农户间互换田块等土地纠纷问题；加上现在农村劳动力外出打工的较多，有的村人口只有在册人口的三分之一，且留守农村的大多是老年人、妇女和儿童，多数文化程度低，看不懂土地确权的地块测绘图，有的不能提供原始的承包资料，难以确认承包地块，这些都造成土地确权工作难度增大。所以，妥善处理矛盾纠纷是土地确权的关键。

一是坚持依法依规的原则。土地确权要严格执行《中华人民共和国物权法》《中华人民共和国农村土地承包法》及《中华人民共和国农村土地承包经营权证管理办法》等相关法律、法规和政策规定，按照国家2014年3月1日起实施的农村土地承包经营权调查农业行业标准，开展农村土地承包经营权确权登记颁证试点工作。二是县级人民政府根据当地实际情况，因地制宜，研究便民、高效、切实可行的组织工作方案，可以采取一乡一策或一村一策，加快推进土地确权工作进度。三是加强县、乡、村土地流转服务组织机构和调解仲裁体系建设，妥善解决各种矛盾纠纷。信访、司法等部门可以提前介入，积极引导，协调配合，及时有效处理土地矛盾纠纷。四是准确把握政策界限，妥善解决突出问题。在现有土地承包合同、证书和集体土地所有权确权登记成果的基础上，按照保持稳定、尊重历史、照顾现实、分类处置的原则依法通过协商、调解、仲裁和诉讼等渠道妥善解决。

四、健全工作机构，保障工作经费

土地确权要充分发挥基层农经干部主导作用，注重加强基层农经机构建设，充实行政确权机构的人员，提高人员的业务素质，保证农经体系有机构、有专职人员、有经费保证、有办公条件。鉴于农村土地承包经营权确权登记颁证试点工作不得向农民收取任何费用，要按照2013年中央1号文件中“农村土地确权登记颁证工作经费纳入地方财政预算，中央财政予以补助”的精神，明确中央、省、市、县各级财政承担土地确权登记颁证工作经费的比例，将土地确权登记工作经费列入各级年度财政预算，对于财力薄弱的县（市、区）保障经费存在缺口的，各级要及早研究统筹解决。

（作者为山西省政协副主席）

创新分级诊疗模式　带动医改惠及民生

卫小春

新一轮医改已进入深水区，建设分级诊疗制度、破解无序就医现状是改革的重要突破口，更是解决群众看病就医问题的治本之策。

分级诊疗是破解“看病难、看病贵”的重要途径

分级诊疗，顾名思义就是按照疾病的轻、重、缓、急及治疗的难易程度进行分级，不同级别的医疗机构承担不同疾病的治疗，常见病、多发病在基层医院治疗，疑难病、危重病在大医院治疗，逐步实现合理就医。其实质就是，政府运用行政手段，规范医疗卫生体系运行，提高医疗卫生资源的利用效率和效益，形成科学的就医格局。

为建立中国特色医药卫生体制，逐步实现人人享有基本医疗卫生服务的目标，2009年，新一轮医改启动，明确要求“逐步建立分级诊疗和双向转诊制度，为群众提供便捷、低成本的基本医疗卫生服务”。2013年，《中共中央关于全面深化改革若干重大问题的决定》强调“完善合理分级诊疗模式”“促进优质医疗资源纵向流动”，标志着此项工作纳入国家制度重大建设范畴。2015年9月8日，国务院办公厅印发《关于推进分级诊疗制度建设的指导意见》，构建科学有序就医格局。

我省从2014年9月1日起，在18个县区开展新农合按病种分级诊疗试点，达到了完善医疗体系、优化服务模式、减少费用支出等成效；病种覆盖率较高的县均实现了“两升两降”，即：县域内就诊率和新农合实际补偿比例显著提高，县级医院出院次均费用和参合农民自付费用显著降低。2015年，省卫生计生委印发了《关于建立新农合分级诊疗制度的指导意见》，以县为单位在全省推行新农合分级诊疗；省政府办公厅印发了《关于建立分级诊疗制度的实施意见》，在2015年12月底前，全面推开分级诊疗工作。

当前就医模式的缺陷和不足

按照医疗服务体系“三级网”的理想模式，90%的常见病应该在一、二级医院治疗，作为“塔尖”的三级医院，应该集中解决10%的疑难危重患者。近年来，各地利用新农合政策引导患者到基层就医，乡镇卫生院住院报销比例高达85%，而三甲医院仅为55%。但由于基层医疗资源匮乏，仍有大量患者涌向城市大医院，打乱了城乡医疗服务体系格局。原本的“金字塔”结构向“倒三角”发展，造成的弊端就是“看病难、看病贵、看病乱”。

“难”在于：去大医院找专家难、挂号难、缴费难、住院难，甚至衍生出停车难、住宿难等。这不是简单的总量不足，更主要的是结构失衡，无法发挥医疗服务体系的最佳效益。

“贵”在于：政府增加投入和医疗保险扩面所释放的医疗需求，多数被大医院承担，抬高了医疗费用整体水平，稀释了医保报销比例提高和个人卫生支出占比降低的正向效果。

“乱”在于：群众生病后缺乏引导，病了不知道该去哪、该找谁；最优质、稀缺的医疗资源治疗的反而是大量常见病和多发病，造成资源严重透支和浪费，也影响了真正需要服务的重症患者；大量患者涌到城市大医院，使就医秩序混乱，并导致一系列的社会问题。

推进分级诊疗需要重点解决的问题

建立分级诊疗医疗服务体系，形成科学合理就医秩序，要着力从基层接得住、大医院舍得放、群众能受益三个关键点破题。

以能力提升为导向构建分级诊疗体系，确保基层接得住。分级诊疗不是限制群众，而是让患者就地、就近得到相应水平的诊治，以最大化地发挥医疗资源的效益。一是推进健康守门人制度的形成。开展基层医疗机构医生签约服务，研究制定基层医生按服务人口、服务质量获取报酬的相关制度，收入分配向基层责任医生倾斜；加快建立责任医生与农村居民之间相对稳定的契约服务关系，为居民提供方便可及的基本医疗服务、公共卫生服务和全程健康管理。二是持续提升县域内医疗服务能力。从推进优质医疗资源下沉入手，加强县级医院龙头学科建设，提升医疗质量和管理水平；加快基层医疗机构人才、技术、设备、信息化平台等要素配置，完善绩效工资和绩效考核制度，调动基层医务人员的积极性。

以纵向协作为重点理顺分级诊疗机制，确保大医院舍得放。需求与资源相配比是分级诊疗制度的关键点，所以要充分发挥大型医院特别是三级医院在分级诊疗中的作用。一是建立分级诊疗倒逼机制。依托医疗机构设置规划，严格控制大型医院规模扩张；加强医疗服务监管，将功能定位落实、分级诊疗实施、患者下转率等纳入绩效考核，考核结果作为财政投入、医保支付、领导任职的重要依据；完善医院评审标准，对三级医院设定高难度病种的起点，综合评价其服务质量和效率，并精细化测算医保支付标准，

鼓励三级医院收治疑难危重患者，解决医疗机构之间的利益平衡问题。二是探索医疗机构联合协同机制。发挥城市三级医院的行业龙头作用，加强与县域的紧密合作，推进与经济利益适当挂钩的合作办医，带动基层医疗服务能力提升，引导基层患者就医趋向；充分利用信息化手段，加强预约诊疗、远程会诊、上下转诊、检验检查结果互认和费用结算等集约化服务；在县域内，推进县、乡、村卫生一体化建设，结合医师多点执业，建立长期的结对帮扶机制，让群众就近享受同质化医疗服务。

以患者利益为中心完善分级诊疗模式，确保群众能受益。分级诊疗应该坚持群众自愿的原则，通过经济杠杆、柔性措施，让群众切身体会到分级诊疗带来的便捷和益处。一是建立分级诊疗运行机制。健全医保差别化支付制度，拉大不同等级医疗机构和跨统筹区域医疗机构就诊的报销比例，完善医疗服务价格体系，引导患者合理就诊；实行基层医疗机构首诊制，除危急患者、病人复诊等特殊情况，参保人员未按程序就医和转诊的，费用报销比例要在原有基础上明显降低；完善基本药物制度和药品供应保障制度，保证下转患者用药的衔接。二是加强分级诊疗工作管理。各级医疗机构要确定双向转诊管理部门并指定专人负责，制定合理的转诊流程，建立可追踪、可调控、可监管的双向转诊平台；完善双向转诊协议制度，以协议为基础，上级医院为基层转诊患者预留门诊号源、优先办理检查、检验、入院提供连续性医疗服务，患者需要后续治疗、康复治疗时要及时经转诊平台转下级医疗机构。

（作者为山西省政协副主席、山西省卫生和计划生育委员会主任）

着力推进“六权治本”　深化山西法治建设

崔国红

《中共中央关于全面推进依法治国若干重大问题的决定》，对全面推进依法治国，建设社会主义法治国家进行了总体部署。当前和今后一个时期，深入学习贯彻党的十八届四中全会精神，全面推进法治建设，是事关我们党执政兴国，事关人民幸福安康，事关党和国家长治久安的重大政治任务。

当前，山西改革发展面临诸多矛盾和问题，但最主要的矛盾还是政治生态问题。山西所暴露出的严重腐败问题，不仅与山西独特省情密切相关，更暴露出山西法治不健全、权力不公开、制度不落实等诸多方面的弊端。对此，2014年10月12日，省委书记王儒林同志在太原市调研考察座谈会讲话指出：“要按照习近平总书记的要求，在清除发生腐败的土壤上下功夫，加强对权力运行的制约和监督，把权力关进制度的笼子里。这个方面我们要积极借鉴兄弟省市的好经验好做法，重点抓好‘六权治本’，即：依法确定权力、科学配置权力、制度限制权力、阳光使用权力、合力监督权力、严惩滥用权力”。2014年11月30日，省委召开全省学习讨论落实动员大会，决定用四个月时间在全省各级党组织和广大党员干部中，开展以“净化政治生态，实现弊革风清，重塑山西形象，促进富民强省”为主题的学习讨论落实活动。其中，把实施“六权治本”，规范权力运行作为活动的重要内容。最近召开的省委十届六次全会，审议通过了《中共山西省委关于贯彻落实党的十八届四中全会精神加快推进法治山西建设的实施意见》，部署了我省当前和今后一个时期的工作。王儒林同志在会议工作报告中，又集中对加快推进法治山西建设，实施“六权治本”做了深刻论述。

省委提出实施“六权治本”的举措，为推进山西法治建设指明了方向。

从“六权治本”的科学内涵上看：“六权”指的是规范和控制权力运行的六个方面。其中，“依法确定权力”解决的是权力的边界问题，“科学配置权力”解决的是权力的制衡问题，“制度限制权力”解决的是权力的规范问题，“阳光使用权力”解决的是权力的运行问题，“合力监督权力”解决的是权力的监督问题，“严惩滥用权力”解决的是权力的“出笼”问题。“六权治本”突出“治本”，“治”即治理、根治、法治，“本”即直指严重腐败现象的根本所在，不正常的政治生态的根源所在。“六权治本”的实质就是以法治的方式来规范和控制权力运行，从而达到净化政治生态的目标。

从“六权治本”的理论价值上看：“六权治本”的提出与十八届四中全会精神高度吻合。在四中全会《决定》中，要求以建设中国特色社会主义法治体系为总抓手，形成“五大体系”。“六权治本”则与建设“五大体系”的要求高度契合。其中，“依法确定权力、科学配置权力、制度限制权力”是“形成完备的法律规范体系、高效的法治实施体系”的重要内容；“合力监督权力”、“阳光使用权力”、“严惩滥用权力”是“严密的法治监督体系”和“有力的法治保障体系”的重要内容；“六权治本”体现的从严治党要求，则是“形成完善的党内法规体系”的内在依据。同时，“六权治本”将“五大体系”建设任务具体化，对权力的获取、配置、限制、使用、监督和保障分别提出了规范性要求，充分体现了对权力运行的事先、事中、事后的全过程控制，结构严谨、系统完整，具有很强的理论创新价值。

从“六权治本”的现实意义上看，“六权治本”作为省委净化政治生态、实现弊革风清的重要举措，闪烁着法治精神，紧扣了山西实际和存在的主要矛盾和突出问题，具有很强的科学性、系统性和针对性，是全省深入贯彻落实四中全会精神、推进山西法治建设的重大实践，具有很强的现实指导意义。

学习贯彻省委“六权治本”要求，应着重从六方面深刻领会其精神实质。

一、依法确定权力，使法治成为“合法之治”

“依法确定权力”的提出，其核心思想源于行政法基本原则里的“行政合法性原则”，突出强调了“职责法定”的权力来源问题。在四中全会《决定》第三部分明确要求，“依法全面履行政府职能。完善行政组织和行政程序法律制度，推进机构、职能、权限、程序、责任法定化”。我们必须从转变治国理政基本方式的高度出发，按照省委的要求，依法界定政府干预市场和社会的权力边界，准确定位政府在市场中的角色，正确行使政府各项管理职能，真正做到依法确权、依法限权、依法用权。

当前，“依法确定权力”需要抓紧推行“三个清单”：一是按照“法无授权不可为”的要求，推行行政“权力清单”制度。“权力清单”作为一种制度性授权机制，是四中全会《决定》中明确提出的任务，也是省委多次强调的工作要求。我们要结合实际，对行政事务的办理流程、相关的法律依据、需要提交的证据材料、岗位的权责范围以及奖惩措施都做出非常具体的规定，使每一项权力行使都做到流程完整、环节清晰、表述准确、公开透明，从而厘清权力边界，规范权力运行，有效限制和规范公权力，坚决消除权力设租寻租空间。二是按照“法无禁止即可为”的要求，探索建立“负面清单”管理模式。“负面清单”管理模式是对市场准入管理方式的重大改革，体现了政府在处理与市场关系上思维方式的重要转变，是完善市场经济体制改革的重大举措。我们要通过建立“负面清单”管理模式，推动政府审批制度改革，优化公平竞争的市场投资环境，充分激发和释放市场活力，促进山西综改试验区建设。三是按照“法定职责必须为”的要求，探索建立政府“责任清单”制度。通过“责任清单”来分级细化责任归属，明确责罚措施和标准，推动履职监管规范化，严防监管“空白”等不作为问题，从而使行使权力与承担责任有机结合起来，真正做到为民尽责。

二、科学配置权力，使法治成为“科学之治”

“科学配置权力”的提出，其核心思想源于现代法治的权力分立原则，突出强调了对权力运行机制的优化设置。四中全会《决定》对行政执法职权配置和司法职权配置都提出了明确要求。科学配置权力，对于解决因权力过于集中而造成“贪权”腐败问题，或因权力配置不合理而导致“推责”问题、“不作为”问题都具有重要意义。

当前，针对权力布局和运行机制中存在的突出问题，我们必须进一步优化权力结构，科学配置权力：一是着力解决“一把手”权力过度集中的问题。完善民主集中制度和重要事项行政决策机制，将集中于“一把手”的权力分解为班子其他成员共同行使，推动形成“副职分管、正职监管、集体领导、民主决策”的权力制衡机制。二是着力解决部门之间合理分权的问题。在职能设置上，将一个部门行使的权力合理分解为多个部门行使，使各项权力由不同部门相对独立行使，实现相互制约，防止权力滥用。在岗位职责上，围绕部门权力运行的重点岗位和关键环节，将高风险岗位行使的权力合理分解为多个岗位行使，并进一步细化工作流程，规范权力运行。三是着力解决行政层级之间权力配置不合理的问题。进一步深化行政审批权改革，推动各部门将内部分散的行政审批职能进行整合，促进审批事项在中心窗口集中办理、限时办结。进一步强化上级部门监督检查职责，确保“放权不放责”，使下放的权力得以正确行使。

三、制度限制权力，使法治成为“规则之治”

法律是治国之重器，良法是善治的前提。重制度、讲规则是法治的基本特征，也是限制权力的最佳武器。在四中全会《决定》中，将强化制度建设贯穿整个《决定》之中。省委关于“制度限制权力”相关内容，与四中全会提出的各项制度建设高度契合。同时，深刻揭示出山西严重腐败问题在制度缺失上的根源。特别是在煤焦等重点领域、资源配置等关键环节、选人用人等重要问题上，制度不完善是导致权力失控重要原因。

当前，着力于“制度限制权力”，应重点完善三方面的制度：一是完善推进经济市场化改革各项制度，坚持经济市场化改革方向，建立完善现代市场体系和公平开放透明的市场交易规则，完善煤炭矿业权有偿取得制度，大幅度减少政府对煤炭资源的直接配置。同时，要积极适应“三期叠加”下的经济发展新常态，推进国有企业改革，壮大非公有制经济，充分激发各类市场主体活力。二是完善党委选人用人各项制度，堵塞选人用人方面的制度性漏洞，遏制选人用人上的不正之风，坚决杜绝“带病提拔”，坚决调整干部“带病在岗”，坚决预防干部“提拔后生病”，从用人根本上铲除歪风邪气滋生的土壤。三是完善责任绩效考核各项制度，强化完善行政决策制度和责任追究制度，建立重大决策终身责任追究制度及责任倒查制度。将法治建设情况纳入全省经济社会发展评价指标体系，强化法治建设工作考核。

四、阳光使用权力，使法治成为“透明之治”

阳光是最好的防腐剂。实行公开是对权力的最好监督。四中全会《决定》明确提出，要“坚持以公开为常态、不公开为例外原则，推进决策公开、执行公开、管理公开、服务公开、结果公开”。“阳光使用权力”的要求，就是要确保权力在阳光下透明运行，杜绝权力的“暗箱操作”，这既是我们党追求社会公平正义的具体体现，也是公众对国家和政府管理活动行使参与权和监督权的重要前提，尤其是实现弊革风情、重塑山西形象的迫切需求。

为此，我们要大力推动公开，以公开促公正、以透明保廉洁、以公开提升执法司法活动的权威和公信力。一是要强化公开意识。以公开为原则，不公开为例外，让权力在阳光下接受监督，让群众对我们该干什么、干了什么、干得怎么样等情况都清清楚楚、明明白白，努力树立山西党政机关民主法治、公平正义和诚信自律的新形象。二是要扩大公开范围。及时公开省委作出的重大决策、党内政策法规、党内主要事务和组织活动中应该让党员群众知晓的事项，使党员更好地了解和参与党内事务。全面落实《山西省政府信息公开规定》，积极推动落实政务、警务、厂务、村务等公开工作。三是要细化公开内容。对每一个行政行为和行政权力都应明确具体内容、权责范围、负责人员、完成时限和具体标准，公开考核监督的方法和途径，主动接受社会各界监督。对年度工作开展情况、“三公经费”支出、领导班子成员职务消费情况、审计报告、重大事项进展落实情况等应列为重点公开内容，实行总目和细目一起公开，结果和过程一起公开，事前、事中、事后一起公开，努力提高监督效果。四是要畅通公开渠道。优化政府部门网站的公开栏目设置，编制政府信息公开指南，推行窗口“一站式”服务，提高政务公开水平。广泛运用电话热线、广播电视、报刊杂志、新闻发布会、行政服务中心、手机短信、市民论坛等多样化的方式推进信息公开。

五、合力监督权力，使法治成为“有效之治”

权力要想不被滥用，就必须接受监督。四中全会《决定》提出：“加强党内监督、人大监督、民主监督、行政监督、司法监督、审计监督、社会监督、舆论监督、制度建设，努力形成科学有效的权力运行制约和监督体系，增强监督合力和实效。”为此，省委要求将权力监督作为一项系统工程推进，统筹各方力量共同参与，建立全方位、多层次的监督网络和工作体系，形成监督长效机制和监督合力，发挥监督整体效能。“合力监督权力”的要求，正是省委贯彻落实四中全会精神的具体举措。

当前，积极探索对权力实施有效监督的方法和途径，形成合力监督权力的新格局，要做到“四个结合”：一是党内监督与法律监督相结合。习近平总书记指出，需要明确的是，在我们国家，法律是对全体公民的要求，党内法规制度是对全体党员的要求，而且很多地方比法律的要求更严格。我们党是先锋队，对党员的要求应该更严。因此，我们要将党内监督与法律监督结合起来，加强党内法规制度建设，提高党内法规执行力，运用党内法规把党要管党、从严治党落到实处，使党内法规成为建设社会主义法治国家的有力保障。二是外部监督与内部监督相结合。当前，山西一系列重大腐败案件，共同的特点是行政权力的滥用。对行政权力而言，要受到两个方面的监督。一个方面是外部监督，主要是人大监督、民主监督、司法监督、社会监督、舆论监督。另一个方面是行政系统内部的监督。三是社会监督与权力监督相结合。在对行政机关的各种监督中，权力监督具有法律意义，能够直接产生法律效力，比如人大监督、司法监督、监察监督、审计监督等，其重要性是毋庸置疑的。与此同时，社会的监督，诸如来自人民群众、社会团体、新闻舆论的监督，重要性也日益凸显。四是层级监督与专门监督相结合。四中全会《决定》在有关部分指出，要完善政府内部层级监督和专门监督，改进上级机关对下级机关的监督，建立常态化监督制度。各级政府必须按照宪法规定，向上级政府报告工作，接受上级政府的监督。就政府系统专门监督而言，要重点做好行政监察工作和审计监督工作。

六、严惩滥用权力，使法治成为“权威之治”

“徒善不足以为政,徒法不足以自行。”再健全的法律、再严密的制度，如果得不到有效落实，也将是一纸空文。一方面，“严惩滥用权力”，是法律规章制度内在的本质特征。这一本质特征要求我们，必须树立宪法和法律法规权威，严惩各类滥用权力的“出笼”行为。另一方面，我们党作为铁的纪律组织起来的、具有先进性的政党，从严治党是一贯的要求。党的十八大以来，以习近平同志为总书记的党中央，针对当前存在的严重腐败问题，抓作风与反腐败并举，“老虎、苍蝇一起打”，推动形成了从严治党、高压反腐的政治新常态。四中全会《决定》明确要求“各级领导干部要对法律怀有敬畏之心，牢记法律红线不可逾越、法律底线不可触碰，带头遵守法律，带头依法办事，不得违法行使权力，更不能以言代法、以权压法、徇私枉法”。为此，“严惩滥用权力”的提出，充分体现了省委坚持依法治国、从严治党的坚强决心。

面对山西连续出现严重腐败问题的现状，严惩滥用权力，坚决打击腐败，净化政治生态，实现弊革风清，成为省委的首要政治任务和历史担当。几个月来，省委围绕严厉惩治权力、深入推进党风廉政建设和反腐败斗争采取了一系列重大举措，提出了推动实现全省廉洁、转型、创新、绿色、安全、统筹“六大发展”的目标，其中将“廉洁发展”置于“六大发展”之首；部署了“甄别一批、退出一批、掌握一批干部”的重点工作；形成了反对腐败、狠刹“四风”、打黑除恶的“三个高压态势”，充分表明了省委旗帜鲜明地推进党风廉政建设和反腐败斗争的政治态度。对此，我们一定要认真学习领会党中央、省委关于从严治党、从严治吏的各项要求，着眼标本兼治，真正把严的意识立起来，把严的规矩建起来，把严的风气树起来。

当前，山西发展正处于重要历史关口。全省党员领导干部一定要把思想和行动统一到省委的要求上来，充分认识着力推进“六权治本”、深化法治山西建设，对于净化政治生态、实现弊革风清的重大意义，始终坚持把法律作为行使权力的依据和底线，头脑中时刻紧绷法治这根弦，行为上时刻把握法律这个度，真正做到执政为民、廉政为民，努力为实现弊革风清、促进富民强省做出积极贡献。

（作者为山西省司法厅厅长）

健全依法决策机制　积极推进“六权治本”

山西省政协社会法制委员会

推进“六权治本”是省委针对我省出现的系统性、塌方式腐败的严重问题做出的重大决策，是净化政治生态、实现弊革风清的治本之策。为切实发挥人民政协围绕中心、服务大局的作用，省委、省政府、省政协在年初协商制定2015年度协商工作计划时，将围绕“健全依法决策机制、推进‘六权治本’”召开专题议政会列为一项重点工作，由王宁、朱先奇两位副主席负责，由社会法制委员会牵头承办。社会法制委员会联动部分市政协和各民主党派，组织省政协常委、委员，分别深入到“六权治本”的三个试点单位（省交通厅、吕梁市和孝义市）、省政府法制办、长治市等地，进行了为期两个月的调查研究。8月6日召开了“健全依法决策机制、推进‘六权治本’”专题议政会，9位省政协委员和1位市政协负责同志作了议政发言。根据调研成果和委员发言，形成如下调研报告。

一、完善依法决策机制的工作在实践中取得了成果

“六权治本”涉及的点多面广，各地的基础条件不一，干部群众认识接受程度不一，省委确定试点单位，先行先试。调研中，我们看到：“六权治本”工作开展以来，省、市、县三级政府依法决策、依法行政、依法用权的观念日益加强；各试点市、县和单位也依据自身实际，探索出一批好经验、好做法。

（一）制度建设渐近完善，努力在一线推动工作。省政府审议通过了《关于健全重大行政决策机制的意见》，对公众参与、决策动议、专家论证、风险评估、合法性审查、集体讨论决定、执行与后评估七个环节作了非常具体的规定，明确规定未经政府法制办审查的决策议题不得上会，并在决策议题的提出、表决等环节规范了运作机制。吕梁、长治两市也根据自身情况制定了相关制度。调研时不少基层干部反映，现在政府出台的政策、文件比以往更加规范，更注重操作性、准确性和合法性。

（二）试点工作各具特色，努力在一线探出路子。试点市、县和单位先行先试，积极作为。吕梁市、孝义市以行政管理三个层级、行政职权三类主体为重点，以“三清单、两平台、两张图、一监督”为载体，努力健全“六权治本”的科学机制。省交通厅加强交通运输公共资源交易平台和政务服务平台建设，依法必须招标的项目全部进入平台交易。这些试点为进一步推进“六权治本”工作积累了经验、奠定了良好的基础。

（三）各地工作有序推进，努力在一线扩大战果。各市、县（区、市）党委高度重视“六权治本”工作，主动学习借鉴试点地区经验，全面复制推广，形成了扎实推进“六权治本”工作的良好态势。各市、县（区、市）以及各厅局委办准确把握“六权治本”的重点要义，积极主动作为，清权、厘权、确权，编制“三清单”的工作渐进启动。

二、当前工作推进过程中存在的主要问题及原因

虽然健全依法决策机制、推进“六权治本”工作在制度上不断完善，在实践中不断提高，但从调研情况来看，长期以来形成的一些体制机制方面的问题仍然制约着工作的开展，推进工作所需的干部能力、舆论氛围等大环境仍需进一步改善。

（一）思想认识参差不齐，谋划工作仍有被动。调研中我们发现，对于健全依法决策机制和推进“六权治本”工作的紧迫性、重要性，一些部门、单位认识不足，有观望应付的思想；少数单位仍停留在笼统概念的提法上；一些部门考虑自身利益多，在制定“三个清单”时授权不充分，存在明放暗不放的倾向。

（二）体制机制仍不完善，开展工作无所适从。推动依法决策的法律、制度和体制机制不健全，部分决策主体和参与者法治素养欠缺。各地开展合法性审查的制度效力不强、机构薄弱、要求不具体、责任追究不到位，特别是关于健全重大行政决策的机制有许多方面亟待完善。另外，各地缺乏统一完备的公共资源交易平台，政出多门制约着效率提高。个别地方所建立的交易平台缺乏统一管理，效率低下，存在名不副实的现象。

（三）权力责任不相一致，推进工作存在障碍。与属于广域型行政区的县相比，开发区和市辖区在行政区划性质上不具有完全的独立性，由此引发的结果就是一些适用于县的行政法规或行政主体的职权，不完全适用于开发区和市辖区的一些职能部门，出现了权责不对等和自身造血功能不强、有责无权的尴尬情况。

（四）乡镇一级情况多样，落实工作困难重重。开展“六权治本”工作，没有可以借鉴的范本，而各地乡镇的情况千差万别，由此导致权力梳理、审核难度很大。一些乡镇对各级政府下放的权力承接能力有限，后续工作不能及时跟上。调研中一些基层干部对这种情况表现得很是担心，深怕出现管理盲区。这些问题制约了“六权治本”工作深入开展。

三、进一步完善依法决策机制的建议

健全各级党委、政府的依法决策机制，有效推进“六权治本”工作是一项系统工程，需要我们运用系统思维，认真谋划，统筹推进。

（一）打好学习培训这个基础。重点围绕依法决策、依法行政和“三清单”、“两张图”等核心内容，对市、县、乡三级干部进行实战型培训，对具体工作进行实务型指导。要做好三方面工作：一是把依法决策和“六权治本”内容纳入领导干部个人学习培训之中；二是各级党校要结合本地实际，增设这方面的课程；三是利用网络、视频会议、报刊等形式开展学习宣传，增强工作的影响力。

（二）抓好体制机制建设这个重点

1、健全依法决策和重大行政决策机制。认真区分决策范围，着力规范决策过程，切实优化决策选择，不断完善决策法律法规。进一步完善重大行政决策机制，加快建设法治政府。

2、构建合法性审查机制。切实推进制度法制化，不断强化政府法制办队伍建设，包括统一市、县（区、市）机构建制规格，科学整合工作力量，积极探索推进审查主体的市场化，并要做好财政保障。建立完善相关制度，最大化保障合法审查的及时有效、客观公正。

3、建立地方政府绩效第三方评估制度。坚持以民为本的原则，明确开展第三方评估的单位及职责，由政府定期确定实施评估的具体任务，并对评估项目进行有效管理和风险控制。

4、建立和规范省、市两级公共资源交易中心。交易中心直接向政府负责，独立开展工作；科学设置内设机构，建立综合监督管理体系；同时，制定并完善相配套制度，规范交易过程。

5、加强重大决策专家论证。对重大行政决策中专家论证制定实施细则，要建立专家库，健全管理机制；对涉及全局的思想、观点、理念、口号，进行充分调研和专家论证，不断完善中国特色新型智库支撑科学决策的长效机制。

（三）做好权责匹配这个保障。上下联动，探索推进，妥善解决城市型行政区职权受限的问题。一是认真落实国家政策和行业法规，切实做好职权转移和部门间权力的整合优化工作；二是对调研中发现的城市型行政区职权受限问题，列为省市级课题开展调研；三是由上级部门搞好顶层设计，通过立法、制定政策、出台制度等方式探索解决。

（四）解决乡村“六权治本”这个难点。渐进实施乡村“六权治本”，通过确权、示权、控权，切实规范干部和公职人员的用权行为。一是要加强宣传，向群众公开“三清单”，让干部明确自身职责，让群众知晓此项工作；二是要创造条件让群众监督权力运行，鼓励和引导群众依法有序反映违纪违法行为，并适当组织群众协助查办违纪违法案件；三是要严惩群众身边的腐败，以实际成效赢得群众的信任；四是要切实加强乡镇承接权力下放后的行政管理工作，防止因“放”而“乱”的问题出现。

深入扎实推进精准扶贫精准脱贫
全力打好扶贫开发攻坚战

山西省扶贫办

精准扶贫、精准脱贫是中央打好扶贫攻坚战，确保实现全面建成小康社会目标的重大决策部署。近年来，省委、省政府深入贯彻习近平总书记扶贫开发系列重要讲话精神，坚持把扶贫开发作为全省最重大的民生工程，以吕梁、太行两大连片特困地区为主战场，以促进贫困群众增收为核心，着力探索并不断完善产业扶持、技能扶持、资本扶持和不断改善贫困群众基本生产生活条件“三加一”的精准扶贫战略，推动扶贫开发不断取得显著成效。贫困地区农民人均纯收入由2010年的2529元增加到2014年的5309元，年均增幅达到20.4%，连续四年高出全省平均水平5个以上百分点。今年贫困地区农民收入增幅继续保持了高于全省的良好态势，前三季度，贫困地区农民人均可支配收入达到4549元，比上年同期增长9.8%，高于全省平均水平1.5个百分点。

一、立足省情、发挥优势，着力探索具有山西特色的精准扶贫新路子

我省是国家扶贫攻坚重点省份。全省58个贫困县、7994个贫困村、329万农村贫困人口集中分布在西部吕梁山黄土残垣沟壑区、东部太行山干石山区和北部高寒冷凉区三大区域。这些地方地理位置偏，自然条件差，产业基础薄弱，基础设施和公共服务滞后，贫困人口生产技能缺

乏，增收脱贫缺乏有力足够的要素支撑，是扶贫攻坚最难啃的硬骨头。为切实加快群众增收脱贫步伐，确保实现全面建成小康社会目标，省委省政府准确把握省情特点，充分发挥省情优势，组织动员专项扶贫、社会扶贫和行业扶贫三支力量，加大力度创新举措，走出了一条具有山西特色的精准扶贫新路子。

(一) 突出产业扶持，筑牢贫困群众增收脱贫的产业支撑。产业开发是帮助贫困群众增收脱贫最核心的支撑。近年来，全省立足贫困地区农业发展比较优势，围绕户均1亩设施蔬菜、人均3亩干鲜果经济林，户均两头牛、人均10只羊等具体目标，在吕梁山区重点发展干鲜果经济林、马铃薯和小杂粮等产业，太行山区重点发展设施蔬菜、中药材产业，北部贫困地区重点发展设施蔬菜和牛羊为主的规模养殖业，通过产业攻坚、连片开发、综合治理，做大做强贫困地区特色优势产业。一是瞄准集中连片贫困村实施片区产业开发。采取以片规划、分县实施、突出产业、集中投入、整体推进的办法，四年时间共计投入财政扶贫资金11.2亿元，支持50个贫困县实施设施蔬菜、干鲜果经济林、特色农业种植和规模养殖业为主的片区开发项目57个，2949个村、89.8万农村贫困人口直接受益，项目区农民人均增收900–1600元。二是集中力量实施连片特困地区产业攻坚。2012年开始，连续三年每年投入财政扶贫资金2亿元，在吕梁、太行两大连片特困地区实施特色优势产业开发为主的扶贫攻坚规划，381个贫困村、22.2万贫困人口直接受益。如吕梁山片区南部的吉县通过实施片区产业攻坚，发展壮大苹果产业，目前全县苹果面积实现了“五个80%”以上，即苹果面积占耕地总面积的80%以上，苹果专业村占行政村总数的80%以上，果农数量占到农村人口总数80%以上，果业收入占到农业收入的80%以上，果农人均果品收入占到农民人均纯收入的80%以上。苹果产业成为支撑全县农民脱贫致富的骨干产业。三是支持引导企业带动贫困村实施产业扶贫开发。全省启动实施百企千村产业扶贫工程，通过加大招商引资力度，出台优惠政策措施，支持引导企业等社会资本实施产业扶贫开发，通过企业资本、技术、管理、市场优势和贫困地区的土地、劳动力、特色资源优势深度融合，帮助贫困地区产业开发做强基地、做大龙头、做长链条、做优品牌，显著提升了贫困地区农业产业化水平。对每个项目都建立完善企农利益联结机制，量化落实扶贫任务措施，做到企业产业扶贫与瞄准贫困村、贫困户扶贫攻坚相结合。到去年底，已有200多家省内外企业开工建设项目233个，带动1768个贫困村、30.7万农户发展生产基地，吸纳6.9万贫困劳动力就业增收。

(二) 抓好资本扶持，解决贫困群众产业开发的资金困难。制约贫困村贫困户产业发展的主要瓶颈，说到底还是资金短缺问题。为有效解决贫困群众产业开发贷款困难，2014年，我省按照发挥财政扶贫资金放大效应，撬动金融资本支持贫困地区产业开发的思路，改革创新金融扶贫机制，启动实施金融富民扶贫工程。当年首先在吕梁、太行21个片区扶贫攻坚县试点，每县注入500万元财政扶贫资金作为扶贫贷款风险补偿金，金融合作机构按照注入扶贫资金总额的8倍以上放大贷款额度，支持贫困地区企业和农户实施特色产业开发。具体贷款分两类，一是面向贫困农户的扶贫小额信贷“富民贷”，二是面向贫困地区产业扶贫企业及项目贷款的“强农贷”。其中用于支持农户的贷款占到合作金融机构从事金融扶贫业务贷款总额60%以上。对获得贷款的贫困户和扶贫企业，省级给予5%的贴息支持。今年，这项工作在58个贫困县全面推开。目前已累计投放贷款7.89亿元，其中面向9270个贫困户的“富民贷”3.94亿元；面向产业扶贫项目的“强农贷”3.95亿元，带动1.6万农户发展生产就业增收。为有效推进这项工程实施，我省制定出台考核激励办法，以发放贷款额度和贫困户获得贷款比例为主，对县级政府和金融合作机构实行双考核，支持鼓励金融合作机构开发适合贫困户特点的贷款产品，使有产业开发贷款需求的贫困户都能得到及时有效的支持。这项工程的深入推进，不仅为贫困地区特色产业开发提供了有力的资本支撑，而且有效培养和锻炼提高了农民群众生产经营素质和持续造血能力。

(三) 强化技能扶持，提高贫困群众就业增收的能力素质。近年来，全省紧紧围绕让贫困地区农村有劳动能力的都有一技之长，有一技之长的都有事可做的目标，坚持远抓教育，近抓培训。每年支持万名以上的贫困生接受中高等学历教育，特别是从去年开始，按照精准扶贫的要求，对考入二本以上院校的建档立卡贫困户大学生做到了应助尽助。突出抓好职业技术培训，累计资助8.91万贫困生接受职业技术教育，提高就业创业能力。启动实施千村万人就业培训行动计划，以稳定就业为核心，采取提高培训补助标准、实行培训资金补助与稳定就业相挂钩等办法，瞄准贫困地区农村贫困劳动力特别是妇女劳动力开展就业培训，2014年支持5万名贫困劳动力通过培训实现稳定就业，月均务工收入达到2000元。如天镇县依托毗邻京津的区位优势，将农村妇女劳动力市场和大城市家政服务市场衔接起来，通过阳光高级职业学校这一平台，着力打造“天镇保姆”劳务品牌，向京津家政市场输送保姆1600多人，年人均收入达到3万元以上。通过以上措施，力争让有机会接受中高等学历教育的贫困生都能获得资助完成学业，愿意走出家门的都能成为有一技之长的产业工人，留在农村的都成为有文化、懂技术、会经营的新型职业农民，暂时离不开家门的都有兼职岗位，促进贫困地区农民工资性收入的显著增长。

(四) 扎实推进易地扶贫搬迁，帮助山庄窝铺困难群众彻底改变生存发展环境。坚持易地扶贫搬迁是帮助山庄窝铺特困群众脱贫致富的治本之策。特别是近年来，省级每年安排5亿元专项补助资金，扶持10万人口实施易地扶贫搬迁。具体工作中，各地按照易地扶贫搬迁与产业开发、城镇化建设、旧村开发利用和完善社会保障“四个结合”

的原则，统筹整合各类搬迁资源，创新项目建设用地机制，加大产业开发支持力度，多措并举减轻搬迁群众负担。涌现出忻州市实施整村整乡搬迁在县城周围建设移民小区的城镇化安置模式，阳高县设施农业与搬迁建房相结合的产业开发模式、左权县移民搬迁与旧村开发利用相结合的庄园经济模式、万荣县吸引企业参与移民搬迁的市场化开发模式、壶关县结合社会保障集中安置特困群众模式等各具特色的典型做法。今年我省按照坚持政府引导、发挥市场作用、尊重群众意愿的思路，进一步改革创新，完善办法，制定出台《易地扶贫搬迁项目资金管理办法》和《易地扶贫搬迁后续产业开发奖补资金管理办法》，对有搬迁意愿贫困户全部给以支持，同时采取配套安排产业开发奖补资金，集中安置和分散安置相结合的办法，支持各地扎实推进这项工程。“十二五”期间，全省累计扶持44.5万贫困人口实施搬迁。搬迁后群众有房住，有工做，有活干，既加快了增收步伐，又提高了发展能力，向脱贫致富迈出坚实步伐。

（五）加大行业扶贫力度，持续不断改善贫困地区基础设施和公共服务。采取整合资源、综合治理的办法，以吕梁山、太行山两大连片特困地区为重点，组织动员行业部门力量，加大扶贫综合投入，统筹抓好产业开发、基础设施、公共服务和生态建设。全省投资600亿元，实施水、电、路等基础设施和学校、卫生室等公共服务为重点的农村两轮“五个全覆盖”工程，投入400亿元，坚持不懈办好农村“五件实事”，支持贫困地区农村实施困难家庭危房改造，特困群众易地搬迁、行政村街道亮化、村级幼儿园改扩建和乡村清洁工程，投资1000亿元，启动实施完善提质工程、农民安居工程、环境整治工程和宜居示范工程为主的改善农村人居环境“四大工程”，这些工程实施重点在贫困地区，受益主体是贫困群众，使贫困地区农村基础设施和公共服务方面显著改善，走在全国前列。围绕支持两大连片特困地区扶贫攻坚，各行业部门在资金上重点倾斜，项目上优先布局，水利部门启动实施“两纵十横”大水网工程，在吕梁山片区开工建设了中部引黄、西山提黄灌溉等重大水利工程；交通部门规划实施7条高速公路，支持贫困县县县通高速；林业部门启动实施总面积736万亩的吕梁山生态脆弱区植被恢复工程，促进吕梁山连片特困地区生态环境明显改善。

（六）加强改进干部驻村帮扶，全力推动精准扶贫战略落到实处。坚持把机关定点扶贫和领导干部包村增收作为实施到村到户精准扶贫的重要措施。全省连续27年每年抽调省、市、县三级两万多名机关干部组成扶贫工作队，采取包乡包村的办法，瞄准贫困乡村开展定点帮扶工作，年均投入帮扶资金和物资折款5亿元以上。近年来，又组织全省6010名带“长”字的各级领导干部，每人包扶一个行政建制贫困村，以产业开发为主攻方向，通过多种方式帮助包扶村发展增收项目，四年时间落实资金139.9亿元，新上项目3.73万个，包扶村农民人均收入连续保持20%以上增长势头。如左权县麻田镇西安村在包村干部帮扶下，依托当地良好的水利、气候条件，2011年引进有机莲菜种植460亩，目前已由村及镇形成莲菜产业带，种植面积扩展到3500亩，西安村农民人均收入由2010年的2250元增加到5800元以上。今年进一步统筹整合领导干部包村增收和机关定点扶贫两支力量，采取领导包村、工作队驻村和党员、干部结对帮扶的办法，组织1.16万名领导干部带领所在单位工作队，对全省7994个贫困村和2000多个贫困人口较多的低收入村，实现驻村帮扶全覆盖；组织25.6万党员和干部，对全省119.2万贫困户、328.35万贫困人口实现结对帮扶全覆盖。围绕推进精准扶贫实现精准脱贫，省委、省政府明确要求，包村领导和驻村工作队要重点支持贫困村完成好制定一个脱贫致富规划、发展一项特色优势产业、实施一批基础设施改善项目、解决一批关系生产生活的民生问题，建设一个坚强有力的“村支”两委班子，形成一套民主规范的乡村治理机制“六个一”的帮扶任务；党员、干部重点支持贫困户落实好职业技能培训、教育扶贫资助、产业开发贷款支持、实施易地搬迁、改善农业生产设施和农村生活条件、获得生产生活保险救助等六大类帮扶措施，做到帮扶对象、帮扶责任人、帮扶任务、帮扶措施和帮扶效果“五个落实”。对包村领导和驻村工作队帮扶贫困村，党员、干部帮扶贫困户情况，实行台账管理，跟踪督查，定期通报，年底考核，做到每位包村领导、每支驻村工作队、每个包扶党员、干部心中有挂念、肩上有担子，确保到2020年支持扶贫对象实现全部脱贫。

二、提高认识、坚定信心，深入实施精准扶贫坚决打好扶贫开发攻坚战

现在距离实现全面建成小康社会目标只有不到六年时间。我省作为全国扶贫攻坚重点省份，贫困面积大、贫困人口多、贫困程度深、农民收入低的状况还没彻底改变，扶贫开发工作也进入到啃硬骨头、攻坚拔寨的冲刺期。省委、省政府明确提出，要把习近平总书记扶贫开发重要讲话精神作为做好我省扶贫工作的基本遵循，把精准扶贫作为脱贫致富的关键举措，切实增强实施精准扶贫的自觉性和落实扶贫政策措施的针对性，确保贫困地区农民收入增幅高于全省平均水平，高于全国贫困地区平均水平，努力让扶贫对象尽快脱贫，过上好日子。全省上下必须以只争朝夕的责任感和紧迫感，深入实施精准扶贫、精准脱贫，全力打好扶贫攻坚这场硬仗，确保在全面建成小康社会进程不拖后腿不掉队。

（一）打好扶贫开发攻坚战，一定要准确把握全面建成小康社会的根本内涵。习近平总书记强调：扶贫开发是我们实现第一个百年奋斗目标的重点工作，是最艰巨的任务。没有贫困地区的小康，没有贫困人口的脱贫，就没有全面建成小康社会。2014年全省还有2000元以下贫困村1418个，36个国定贫困县农民人均纯收入5309元，只有全省和全国平均水平的66.9%和50.6%。特别是吕梁、太行两

大连片特困地区21个扶贫攻坚县，集中了全省39.6%的贫困村和38%的贫困人口，解决这些剩余贫困人口脱贫问题难度比以往更大。总书记强调的全面小康，核心就在“全面”二字，是不让一个区域落伍、不让一个人掉队的小康。我省到2020年全面建成小康社会，帮助现有329万贫困人口稳定脱贫是最基本的要求，也是最底线的目标。面对这样艰巨的任务，我们必须切实增强紧迫感和责任感，彻底扭转保贫困县、戴贫困帽的错误观念，切实把工作重心和主要精力放到扶贫开发上，千方百计完成扶贫攻坚目标任务，确保到2020年，58个贫困县全部摘帽，329万贫困人口全部脱贫，决不能在全面建成小康社会中让贫困群众掉队，拖全国后腿。

（二）打好扶贫开发攻坚战，一定要切实落实精准扶贫精准脱贫的根本要求。精准扶贫是确保贫困人口精准脱贫的关键。习近平总书记强调指出，扶贫开发贵在精准、重在精准，成败之举在于精准，要按照扶持对象、项目安排、资金使用、措施到户、因村派人（第一书记）、脱贫成效“六个精准”的要求，做到因人因地施策、因贫困原因施策、因贫困类型施策，区别不同情况，对症下药、精准滴灌、靶向治疗。为此，各地要在精准识别扶贫对象、深入分析致贫原因的基础上，针对不同类型的扶贫对象，因地制宜实施“五个一批”的精准扶贫措施体系。对有劳动能力的贫困人口，通过加大产业开发和技能培训支持力度，扶持发展生产和就业实现脱贫；对生活在山庄窝铺和有搬迁意愿的贫困人口，通过财政扶贫投入引导，采取发行易地扶贫搬迁地方债和专项债券，撬动金融资本和社会资本，加大综合投入的办法，实现应搬尽搬稳定脱贫；对居住在生态保护区域内的贫困人口，通过完善生态保护补偿机制，落实生态保护支持政策增收脱贫；对因学致贫、因学返贫的贫困人口，加大教育扶贫力度，帮助完成学业奠定长远脱贫稳定脱贫基础；对丧失劳动能力和因病致贫的人口，无法通过产业扶持和就业帮助脱贫的，通过资产性收益扶贫、逐步实现低保线和贫困线“两线合一”，加大医疗保障救助力度等办法实现兜底脱贫。

（三）打好扶贫开发攻坚战，一定要有效凝聚全社会力量参与的强大合力。扶贫开发是全党全社会的共同责任，要坚持完善和巩固发展专项扶贫、行业扶贫、社会扶贫“三位一体”的大扶贫格局，进一步加大力度，创新机制，调动行业部门和社会力量统筹抓好产业开发、基础设施、公共服务和生态建设等各方面，合力推进扶贫攻坚。要围绕支持实施好吕梁、太行两大连片特困地区扶贫攻坚，进一步落实行业扶贫责任，强化行业扶贫考核，着力推动行业部门在项目安排和资金投入上向贫困地区优先布局，重点倾斜，从工作机制上促进行业部门把支持扶贫攻坚的政策措施落实好，重大项目实施好。要加大政策支持力度、创优环境搞好服务，按照农企双赢要求，建立完善企农利益联结机制，进一步组织动员企业参与产业扶贫，带动贫困村贫困户发展生产就业增收。要创新社会扶贫方式，拓宽社会扶贫渠道，完善社会扶贫监管机制和激励机制，支持社会各界更多地参与支持扶贫攻坚，凝聚起全社会推进扶贫攻坚的强大合力。

（四）打好扶贫开发攻坚战，一定要切实落实党政一把手负总责的扶贫开发责任制。实施精准扶贫精准脱贫，确保扶贫资源和政策措施精准落实到扶贫对象身上，确保精准扶贫落地生根，贫困人口如期脱贫，归根到底要靠党委、政府的强有力的组织领导。要坚持党、政一把手负总责任的扶贫开发工作责任制，落实好省负总责、市（县）抓落实的管理体制机制，特别是要落实好贫困县考核办法，切实发挥考核指挥棒的作用，强化考核结果运用，扶贫开发工作扎实、成效显著的提拔重用，完不成扶贫攻坚任务的约谈问责，推动贫困县党委、政府特别是一把手舍得在扶贫上投入精力、下大工夫，突出重点集中精力抓好扶贫攻坚，把扶贫工作抓紧抓好，抓出成效。同时要发挥好驻村工作队和第一书记的作用，形成省市县乡村五级一起抓扶贫、层层抓落实的扶贫攻坚责任体系，为打好扶贫攻坚战提供组织保障。

山西站在历史性的新起点上

——写在全省学习讨论落实活动总结暨“六权治本”推进会召开之际

山西日报编辑部

非常之时，行非常之举；非常之举，显非常之效。

新的省委常委班子去年9月履新至今，不足8个月；深入开展“学习讨论落实”活动去年11月底启动至今，不过5个月。

短短半年多时间，相较于人类历史长河恍若瞬间，相对于山西悠久历史也如同白驹过隙。然而，对山西来说，这段时间无疑极其特殊、极不寻常。

这段时间，面对社会各界的高度关注和“塌方”后的重建，全省各级党组织和广大党员干部，深入学习习近平总书记系列重要讲话精神，学习中央领导集体的优良作风，真学真懂、真信真抓、真改真用，使思想和行动更加自觉地与党中央保持高度一致。

这段时间，各级党组织和广大党员干部，坚持问题导向，严查制度缺失、工作漏洞，在深刻反思剖析中，把单位和自己摆进去，主动揭短亮丑，刮骨疗毒，浴火重生。

这段时间，各级党委紧紧抓住“两个责任”这个“牛鼻子”，牢固树立“抓好党建是最大政绩”理念，从严治党、重典治吏；持续保持“三个高压态势”，以零容忍态度反腐除恶，坚持“老虎”“苍蝇”一起打，一大批腐败分子黑恶势力纷纷落马。

这段时间，针对吏治腐败这一政治生态恶化的核心问题，新的省委以坚定的决心，打出了“三个一批”组合拳，先立规矩后选人，坚守“六道”关卡，最大限度解决“带病在岗”和“带病提拔”问题；针对滥权越权和“牛栏关猫”问题，有序实施“六权治本”试点工作，着力厘清政府“权力清单”“责任清单”，建立健全“资源交易”和“行政服务”平台，认真梳理“富民清单”，为全面推进“六权治本”奠定基础；围绕富民强省，推动煤炭产业“六型”转变，大力发展七大非煤产业，全力推进“六大发展”。

这段时间，全省上下大力弘扬三晋大地源远流长的法治文化、博大精深的廉政文化、光耀千秋的红色文化，为“净化政治生态、实现弊革风清，重塑山西形象、促进富民强省”注入不竭的精神动力和力量源泉。

这段时间，社会各界给予这样的评价——

山西出现了“很大、很可喜的变化”，活动取得了重要阶段性成果，迈过了“政治生态问题不少”的重要关头，站在了“历史性的新起点”上；党风趋正，政风转清，民风始淳；为推进“四个全面”战略，开创“富民强省”局面，打下坚实的思想政治组织基础。

从“处在重要的历史关头”，到“站在历史性的新起点”。这一时段，这一活动，终将被历史记忆，并成为山西发展中的一个转折点、一道分水岭。

代价不能白付，教训必须铭记。一场扎扎实实的大学习大讨论，让广大党员干部的灵魂得到洗礼，思想得到净化，认识得到提升，行为得到规范

之前山西，形势可谓“严峻复杂”：政治生态问题丛生，腐败问题量大面广，一查一窝子，一提一大串，可谓系统性塌方式；经济运行困难不少、下行压力不断加大，各种矛盾和问题相互交织，呈现立体性困扰。

困难如黑云压城，问题似雾霾笼罩。何去何从？三晋大地面临着艰难抉择。

直面现实，直指要害。从重灾区吕梁到三任书记落马的太原，从腐败严重的大同到问题不少的朔州……一路马不停蹄深度调研，一路把脉问诊求方寻药。痛定思痛，深查细究，腐败既有制度缺失的原因，更为关键的则是部分党员干部思想滑坡，丧失了理想信念，没有拧紧总开关，伤了根丢了魂，淡了宗旨忘了人民，对权力缺乏敬畏之心。

“求木之长者，必固其根本；欲流之远者，必浚其泉源。”解决党员干部思想认识病痛，从根子上解决问题，需要来一次大学习、大排查、大讨论、大扫除。

冬日的三晋，一场大学习大讨论蓬勃开展起来。从省市到县乡，从工厂到农村，党员干部深入学习习近平系列重要讲话，学习全省领导干部大会精神，系统学、反复学、跟进学，潜心领悟精髓，努力学深学透。省委中心组多次召开专题学习会，常委率先学讲话学作风，作示范树榜样；省人大党组、省政府党组、省政协党组以及省委纪检委、组织部、宣传部、统战部和省直各部门、各市县乡村跟进学习；专题研讨班对省管主要领导干部进行集中培训，各级党组织举办6.71万次专题学习班，149.23万名党员干部受到警示教育……

正确的思想建立在深刻反思之上，清晰的思路必然成型于认真讨论之后。各级党委党组、各个层面党员干部，特别是各级书记和一把手，反躬自省、刮毒疗伤，紧紧围绕系统腐败、行业歪风、制度缺失、工作漏洞等突出问题，深查细找政治生态恶化的根源。各级党委（党组）普遍开展了3次以上的中心组学习讨论，主要负责同志带头聚焦本地区本部门本单位突出问题，班子成员把自己摆进去，把问题端出来，力求找准原因、定实措施。腐败重灾区吕梁和省交通厅痛定反思，吕梁市常委班子10天反思一次，交通厅党组每周集中学习讨论一次……

大学习大讨论，廓清了思想迷雾，坚定了党性原则。深刻认识到腐败有百害而无一利，腐败不仅侵害党的肌体、损害党的威信，更影响山西经济社会发展。政治生态不净化，腐败不除、正气不扬，山西就没有希望、没有明天、没有未来。作为党员干部，要坚定理想信念，坚定党性原则，打赢这场输不起的战争。

大学习大讨论，明辨了大是大非，统一了思想认识。党员干部群众一致认为，中央对山西发生的腐败问题定性是完全正确的，中央对我省严重腐败问题严肃查处、对省委班子进行重大调整，是净化山西政治生态的重大举措和对山西党和人民的高度负责。大家一致表示，要自觉在思想上政治上行动上与以习近平同志为总书记的党中央保持高度一致，坚定不移地贯彻落实中央对山西工作的重要指示要求，为实现弊革风清、富民强省作出应有贡献。

大学习大讨论，补足了精神之钙，筑牢了思想防线。全省党员干部经受了一次深刻的思想洗礼，进一步政治坚定、作风过硬，进一步严规矩守纪律。大家表示，要在工作生活中增强纪律意识、法治意识，决不能无规无矩、无法无天，更要“以百姓之心为心”，踏踏实实为山西办实事，兢兢业业为群众谋福祉。

猛药去疴，重典治乱。高压反腐、专项整治、制度治权、刷新吏治多管齐下、重拳出击，交出一本净化政治生态的明白账，亮出一份重塑山西形象的成绩单

善除害者察其本，善理疾者绝其源。

新省委班子治晋以来，特别是学习讨论落实活动中，以断其一指的决绝态度，“严准狠韧”高悬利剑，在零容忍反腐的高压态势下，重点解决政治生态存在的突出问题，重点解决群众反映强烈的突出问题，全力减少腐败存量，坚决遏制腐败增量，重构政治生态，强化“不敢腐”氛围，努力向“不能腐不想腐”迈进。

猛药去腐败沉疴，重典治黑恶势力。新省委班子治晋伊始，就保持惩治腐败的高压态势，纪检监察机关立案10078件，结案9878件，处分10996人，其中重处分2422人，移送司法机关564人，省委巡视组围绕“四个着力”发现问题线索1786条；保持狠刹“四风”高压态势，查处违反中央八项规定精神问题943起，1264人受到处理，给予党政纪处分901 人；保持打黑除恶高压态势，打掉恶势力团伙114个、抓获犯罪嫌疑人795人，破获刑事案件792起。三个“高压态势”雷霆万钧，拔掉了一批烂树，治疗了一批病树，矫正了一批歪树，正了党风政风，密切了党群和干群关系。

治国必先治党，治党重在治吏。为根除吏治腐败这个最大毒瘤，省委果断打出干部工作“三个一批”组合拳，开展“一倒查六整治”，重点建立“六查”机制、把好“六关”、使用“六个全程”，逐步形成干部工作的处理惩治、调整推出、选拔使用“三个长效机制”。纪检系统铁纪塑造铁军，171人被立案，党政纪处分147人，28人给予撤职以上重处分，移送司法机关13人，清除62人；组织系统剑指“不正不净不硬”，查处265人，调离119人、免职44人、辞职辞退5人，党纪政纪处分21人；重典治吏，匡正选人用人风气，整治了干部不作为乱作为，重树了党的权威。

蚊蝇成群，其害如虎。新省委班子积极回应群众呼声，剑指腐败易发的领域和部门，聚焦群众身边的腐败，部署开展30项重点专项整治，集中整治、集中攻坚民生大事、工程招标、政府采购、资金分配等重点领域关键环节的弊病、歪风和漏洞。“自我革命”震动了领导干部，优化了发展环境，群众得到了实惠。

重拳反腐革弊，突出治标，强化了“不敢腐”的氛围。从严治党从严治吏、零容忍态度高压反腐、加大案件查办力度、严肃查处“四风”隐形变异、立行立改加强巡视工作，绷紧党员廉洁之弦、关紧干部自律之阀，不敢腐初见成效、不敢贪得到强化。

重拳反腐革弊，成效显著，党风政风民风由阴转晴。党委纪委把“两个责任”扛在肩上强化落实；跑官要官买官乱象几近绝迹，请客送礼打招呼递条子少了；不给好处不办事、给了好处乱办事的现象大为减少；实权部门、窗口服务单位、司法机关门难进、事难办得到有效整治，联系服务群众“最后一公里”渐渐打通，一系列显著变化，群众看在眼中、给予点赞。

重拳反腐革弊，不仅是“吏治革命”“作风革命”，也不止于形成“不敢腐”氛围，更是在制度上探索治权，构建“不能腐不想腐”长效机制。按照省委部署，各级各部门积极探索实施“六权治本”，从源头上斩断腐败，用制度制约监督任性权力。省里制定选拔任用干部的三个政策性文件，保证选人用人风清气正；省发改委推进项目审批规范化、公开化；吕梁17个市直重点部门拉出权力清单和责任清单，绘制了权力运行流程图和风险防控图；省交通厅把行政审批事项精简为4项，为全国省级交通运输机关行政审批事项数量最少。

从严治党仍在进行，高压反腐还在持续，“六权治本”还在推进深化中，先行重点突破还在推进……但新省委向党中央和全省人民，交上了一本净化政治生态的明白账，亮出了一份重塑山西形象的成绩单，为三晋长治久安奠定了重要基础。

从深刻的教训中振奋起来。党风趋正、政风转清、民风始淳，党心民心更加凝聚，干部群众有了精气神，山西进入了“大有希望”的“历史性的新起点”

冬去春来，绿满太行。在这个明媚春天里，随着“学习讨论落实活动”阶段性收尾，山西站在了历史性的新起点上。

2015年3月，全国“两会”召开。中共中央政治局常委、中央纪委书记王岐山参加山西代表团审议，语重心长地肯定了新的省委常委班子工作：“山西发生了很大的变化，可喜的变化”“要唤醒历史记忆，从中汲取力量，把信心重塑起来、把精气神鼓起来”，并鼓励说“山西大有希望”……肯定和鼓励来之不易，山西迈过了历史重要关头，重拳治晋取得了阶段性成果。

知屋漏者在宇下，知政失者在草野。人民是治国理政的终极评判。省内外干部群众感受到了山西变化，山西步入了一个新起点：

吕梁过去很多干部奢靡成风、追求享乐。今年春节在吕梁暗访，多数单位公车提前贴上了封条，高档酒店因公款消费减少而变得冷清……不少老干部深有感触地说，不像以前乱了，没敢送礼的、没敢跑官要官的。

新华社记者于振海等人近日在晋调查采访，从南到北一路走来，也欣喜地看到：山西基层的社会风气悄然发生了变化，党风趋正、民风始淳。

网友留言是社会舆论晴雨表。近来，也对山西给予肯定性评价。“抓老虎拍苍蝇，越彻底的地方，就越有希望。相信山西一定会建设得更好，会有一个崭新面貌!”类似肯定鼓励评价着实不少。

全国“两会”里，不少代表委员给予了中肯评价。“腐败代价没有白付，新省委治晋成效显著，其重大意义必将随着时间的推移不断显现，为富民强省作了思想上组织上作风上的准备。”

评价是最有力的证明，变化是最扎实的成绩。

一系列变化表明，2014年9月全省领导干部大会召开以来，新省委班子重拳重典净化政治生态，让山西从“系统性塌方式腐败”，迈向“高压反腐党风趋正”的态势；从“政治生态问题不少”的定性，进入了“很大的很可喜的变化”的好评；从“反腐败斗争形势严峻”的严厉警告，到要求“先行先试、先走一步”的更高要求；从“全省情绪低落”到“未来大有希望”的前景……省委书记王儒林在传达全国“两会”精神时说，今日山西提振了精气神、展示了新形象、迎来了新机遇。

正如王岐山书记参加山西代表团审议时所言，忘记过去就意味着背叛，看待腐败问题要有历史、哲学和文化的思考。审视山西严重腐败，也要善于从人类历史遭遇中辩证看待，在更大的视野里认识总结这一段不光彩历史，才能在未来前进中有更大信心和力量。

人类社会进程，从来不是一帆风顺、一路凯歌。山西发展也肯定不是一条直线。就腐败而言，古今中外没有一个国家、一个地区能够幸免。山西亦不例外，经历的这段不光彩历史，就是沉重代价、生死危机，或是暂时失败。但山西绝不会在此倒下去，最终通过“自我革命”鼎故革新、化危为机。

哲人说，历史中有属于未来的东西。从山西悠久历史中也能寻找到实现“弊革风清、富民强省”的信心和勇气，从而更好地推动发展进程。

山西是中华民族主要发祥地之一，自然风光、资源禀赋、区位条件、产业基础,在全国发展格局中处于重要地位。千百年来，勤劳智慧的三晋儿女用忠诚和智慧、激情和热血、坚韧和奉献为中华文明作出了重要贡献，创造了丰富厚重、弥足珍贵的法治文化、廉政文化和红色文化。特别是在长期革命、建设和改革实践中，山西为民族独立、人民解放和国家建设作出了突出贡献。直至今天，山西的大多数干部也都是好的，在思想上政治上行动上能够同以习近平同志为总书记的党中央保持高度一致，以励精图治的精神状态为山西改革发展作贡献。

抚今追昔，展望未来。我们既为光辉的历史自豪，也为今天的腐败耻辱，但更对未来充满信心。历史沉淀的这些优秀基因能够支撑并服务未来发展，而且改革开放以来形成的完整工业体系、良好教育科研体系、兴建的科技创新城、特色农业产业、安全生产良好态势、正在优化的投资结构经济结构，政府为企业减负出台的一揽子真金白银政策等等，都为未来提供了优势和支撑。

困难和挑战仍在，但信心与勇气依旧。不为一时的跟头所惧，不为任何困难所惑，山西最终能够浴火重生、凤凰涅，实现富民强省的光荣和梦想。

以坚定的信心和昂扬的精神担当作为。扎实践行“三严三实”，全面推进“六权治本”，牢牢把握、坚决贯彻“五句话”总体要求，奋力开创弊革风清富民强省新局面

信心，是承受挫折、战胜困难的重要保证；信心，是实现梦想、赢得未来的重要保证。

半年多时间，最艰难的坡已经爬过，最崎岖的坎已经迈过。站在历史性新起点上的今天，山西更有理由、更有底气、更有信心，用百倍努力拥抱美好的未来。

当然，充满信心并不等于盲目乐观。政治领域，一些地方和部门党要管党、从严治党意识还不强，基层党组织战斗力比较弱，反腐还停留在“不敢”地步，不能腐长效机制没有完全建成；经济领域，煤炭需求下降，价格深度下跌；企业经营困难，金融运行偏紧，经济下行压力持续加大；民生领域，城乡居民收入与全国差距较大，社会事业欠账较多，扶贫攻坚还需加大力度；就领导干部作风来说，行政审批环节多效率低，“四风”问题尚未根绝，不作为乱作为懒政怠政依然存在……

困难和难题，既是拦路虎绊脚石，也恰恰是激发改革发展的动力和深层助推。全省广大干部群众要在这个“历史性新起点”上，认识好政治新常态，适应好经济新常态，运用好新省委班子治晋成果，破解好发展中难题，举全省之力推进“四个全面”发展，贯彻“五句话”总体要求，实现富民强省大业。

新起点上，需要继续巩固深化拓展活动成果。从严治党只有进行时，高压反腐没有休止符，作风建设永远在路上。学习讨论落实活动只是阶段性收尾，但不是收场，各级各部门必须继续强化从严管党治党，落实好党委主体责任、纪委做细做实监督责任，真正牵住“两个责任”牛鼻子。要继续保持“三个高压态势”，加大案件查办力度，老虎苍蝇一起打，形成惩治腐败不松手、作风建设不松懈局面。党员干部要践行“三严三实”，在“纪律笼子”“法律笼子”里，懂规矩、守纪律，干净干事、清白做人。

新起点上，需要全面推进“六权治本”，努力形成不能腐的长效机制。要在前期试点基础上，在全省有重点有计划深入推进。要切实领会好总书记有关重要论述，落实好中办国办指导意见，始终贯穿改革和创新精神，牢牢把握“六权治本”关键环节和着力点：依法确定权力，做到职权法定、简政放权；科学配置权力，做到制约和效率效能统一；制度约束权力，做到周密有效；阳光行使权力，做到公平透明；合力监督权力，做到全覆盖各尽职高效能；严惩滥用权力，做到真正严起来。“六权治本”要织密编牢扎紧制度笼子，加强对权力运行的制约和监督，做到“哪里有权力，就推进到哪里”，实现治理体系和治理能力现代化、推进法治山西建设。

新起点上，需要坚持发展是第一要务。富民强省归根结底是发展问题，解决当前经济社会生态民生领域存在诸多问题，根本出路就是发展。要着力推进“六大发展”，特别要做好煤炭这篇大文章，推进煤炭产业“六型”转变；也要做好非煤产业发展这篇大文章，全力破解“一煤独大”的困局；还要把扶贫攻坚作为全面小康最大的攻坚工程和民生工程，确保贫困地区不在全面建成小康社会中掉队。

新起点上，需要全面深化改革和扩大开放。要以更大的勇气和智慧、更有力的措施和办法，坚定不移地推进全面深化改革，加快综改试验区建设。要加快深化煤炭管理体制改革，完善生态补偿机制，建立资源型产业延伸循环促进机制和接续替代援助机制，着力推动资源型经济转型综改试验区建设取得新突破；要深化国资国企改革、破除非公经济发展体制机制障碍、推进金融改革、深化农村改革、推进民生领域改革，着力在全面深化改革上迈出新步伐；要在招商引资引进新兴产业、打造开放平台提供开放型经济战略支撑、构建对外开放体制机制、优化发展环境上实现新突破，构建扩大开放新格局。

新起点上，需要全省上下有精气神。信心比黄金更宝贵。面对繁重复杂问题，没有精气神肯定不行。坚决杜绝垂头丧气、等待观望、一蹶不振的不良状态；坚决纠正不干事、不担责、不作为错误行为。各级领导干部务必统一思想、形成共识，振奋精神、坚定信心，奋发有为、主动作为，为富民强省凝聚强大正能量。

新起点上，需要勇于担当敢于作为。彰显勇毅之气、积聚笃行之功。要珍惜干事创业的舞台，实在当头、干字为先，积极干事、善作善成，狠抓落实、攻坚克难，把“四个全面”战略布局和“五句话”总体要求落到实处，跑好富民强省“接力赛”中的这一棒，为光荣山西续写光辉篇章。

雄关漫道真如铁，而今迈步从头越。尽管我们的道路依然崎岖，我们的挑战依然艰巨，但在党中央的高度重视、山西省委的坚强领导、三晋儿女的齐心协力下，我们相信，从惨痛教训中振奋起来的山西，必将以坚定的信心、担当的勇气、昂扬的精神、务实的作风，肩负起历史赋予我们的时代重任，向着希望、向着美好、向着梦想砥砺奋进！

抓住关键　深入推进“六权治本”

——再论山西站在历史性的新起点上

山西日报编辑部

正入万山圈子里，一山放过一山拦。

为期5个月的学习讨论落实活动，以有目共睹的明显成效，取得了重要的阶段性成果。然而，要把权力关进制度的笼子，使“权力不再任性、不敢任性”，真正形成“不能腐”的长效机制，还有很长的路要走。

在重灾区吕梁市、省交通厅等前期试点的基础上，省委站在“四个全面”的战略高度，决定在全省深入推进“六权治本”，既是贯彻落实中央“反腐倡廉的核心是加强对权力运行的制约和监督”的重要部署，又是贯彻落实中办国办《关于推行地方各级政府工作部门权力清单制度的指导意见》的重要举措，更是贯彻落实中央对山西在反腐倡廉上“先走一步”重要指示的具体行动，是痛定思痛、寻根究源，探索制约和监督权力的山西实践。

全面深入推进“六权治本”，关键着力点在于抓住依法确定权力、科学配置权力、制度约束权力、阳光行使权力、合力监督权力、严惩滥用权力等关键环节上。故此，需要我们紧抓重点，针对权力运行中每个环节的关键点细廓、深挖、穷究，直至制度“笼子”织密、编牢、扎紧，做到哪里有权力，“六权治本”工作就推进到哪里。

依法确定权力，关键在于做到职权法定、简政放权。坚持问题导向、法治导向和改革导向的有机统一，认真厘权，严格清权，公开晒权。找准法律依据，按照权责一致的原则，理清职权相对应的责任事项，锁定权力底数，明确权力清单、责任清单。各级领导干部都要敢于破除权力的“藩篱”，敢于动自己的“奶酪”，拆除权力封闭运行的“黑箱”，压缩权力寻租的空间，让权力之手无处乱伸。

科学配置权力，关键在于实现制约和效率、效能的统一。权力集中往往导致腐败易发多发。因此，权力也需要“节能减排”，该下放的下放，该放开的放开，该取消的取消。结合简政放权和审批制度改革搞好分级授权，结合职能转变和完善决策机制搞好分事行权，结合强化部门内部监管搞好分岗设权，结合权力重新配置搞好流程再造，下决心改革现行权力配置格局。要让权力在制度的笼子里高效运行，必须“放”“管”结合，一手限政府之权，一手释百姓之利，不光要让群众看笑脸，还要让群众感觉到事好办。

制度约束权力，关键在于力求周密有效。官位不论高低、权力无论轻重，如果监督的栅栏织得不够密、不够牢，就有可能养成“巨腐老虎”“大肚苍蝇”。孝义市、省交通厅，分别查找出的3222和1792个权力运行风险点与制度漏洞就很说明问题。因此，必须按照“全面覆盖、全程到位、制度束权”要求，健全完善权力行使制度体系，对失效空置的取消废止，对没有覆盖到位的弥补新建，使制度成为权力的刚性约束。特别是要盯紧位高权重的人和炙手可热的岗，查实“薄弱点”，深挖“风险点”，针对性地打补丁、补漏洞、扎篱笆，构建起相互衔接、覆盖全局的立体式体系。刚性制度还需刚性执行，要“一把尺子量到底”、执行制度没例外，坚决维护制度的严肃性和权威性。

阳光行使权力，关键在于做到公开透明。公开是最好的防腐剂。坚持公开为常态，自觉接受公众监督，尤其要大力推动面向群众的基层管理服务公开，让群众对办事规矩和权力运行“路线”心知肚明，对涉及切身利益的事看得清楚、办得明白，让发生在群众身边的腐败无处遁形；建设好政务服务和公共资源交易两个平台，以此为推动公开的重要载体，让公众对权力运行的监督评判触手可及；在发布内容上，不仅要有量的扩展，更要有质的发力，针对群众最关心的实质性权力事项，用群众看得懂的语言、方式告知，确保公开有实效。

合力监督权力，关键在于形成有效机制。“只有让人民起来监督政府，政府才不敢松懈；只有人人起来负责，才不会人亡政息”。对权力的监督，要努力实现全覆盖、无空白，全方位、全领域、全过程，确保监督无死角。同时各监督主体要切实履行职能，真正发挥作用，把各类对权力进行监督的法律制度用起来，发挥出制度“笼子”对权力的威力。要借鉴好试点的宝贵经验，整合监督资源力量，建立监督协调机制，提高监督实际效能。同时，领导干部要敬权畏权慎权，习惯在“放大镜”“聚光灯”下行使权力，自觉接受各方监督。

严惩滥用权力，关键在于真正严起来。“权力出笼子，就要让人进笼子”，要减少和消除“乱作为”，加大案件查办力度，深化专项整治，加强改进巡视，用“长牙齿”的惩戒机制，建立起制度的威严，使利剑高悬、震慑常在；要严肃问责“不作为”，把纪律挺在前面，用刚性约束拔除庸政懒政怠政的“软钉子”“软腐败”，让“法定职责必须为”落到实处；要鼓励重用“敢担当、善作为、勇担责”的干部，鼓励创新、宽容失败、支持纠错，聚集正能量正效应，为干事创业营造良好氛围。

全面深入推进“六权治本”，构建权力运行制约监督体系，是一项涉及面广、艰巨复杂的系统工程，全省上下务必狠下决心，坚定信心，以改革精神和创新思维，持之以恒，久久为功，把各项目标任务落到实处，取得实实在在的成效，向党和人民交上一份满意的答卷。

攻坚克难　全力推动“六大发展”

——三论山西站在历史性的新起点上

山西日报评论员

中国经济进入了新常态，但山西经济的新常态有所不同。

去年，山西GDP总值1.27万亿元，同比增长4.9%；今年一季度，全省GDP增长2.5%，均在全国居后。中国经济新常态，以中高速、优结构、新动力、多挑战为主要特征，广东、浙江、上海等以8%左右增速为其代表。反观山西经济，既有新常态下的表现和特点，又有新常态下的特殊性。一方面受市场需求不旺、传统产业产能过剩等因素影响，低速运行、动力单一、增长乏力，经济形势依然复杂严峻；另一方面也不乏亮点，农业生产形势良好，装备制造、旅游等新兴产业增长较快，投资结构持续优化，经济运行稳中趋缓。

究其根本，虽有国内外大形势的作用，亦是自身痼疾与沉疴所致。好环境才能大发展，基于此，省委才下大力气在全省深入开展学习讨论落实活动。政治与经济从来密不可分。此次学习讨论落实活动，于山西经济发展可谓适时有效、功莫大焉。归结而言，净化了生态、约束了权力、刷新了吏治、带来了清风，让腐败无处藏身，让权力无法任性，为全面深化改革清除了障碍，为市场经济创造了公平竞争的条件，为富民强省和小康建设优化了环境。

而今，山西站在历史性的新起点上，富民强省如洪钟大吕，正激励和感召着三晋儿女。山西要富强，人民要幸福，生活要美好。富民强省归根结底是发展问题。解决山西问题，离不开发展；摆脱目前困境，离不开发展。在山西，发展始终是第一要务。

按照“四个全面”的战略布局，基于山西实际,省委十届六次全会明确提出廉洁发展、转型发展、创新发展、绿色发展、安全发展、统筹发展的“六大发展”思路。同时，把转型发展作为一个带有根本性、方向性的重大问题，重点做好煤与非煤产业两篇大文章。这一系列来自顶层的设计，确立了新形势下我省当前和今后一个时期经济社会发展的战略方向、重点领域和主攻目标，得到了全省广大干部群众的普遍认同。

这是一个充满机遇和挑战的时刻。清醒认识当前经济形势，既要正视困难和问题，也要看到全省经济运行的积极因素正在不断集聚，以新作为应对经济发展新常态，必须笃定我们的战略方向，全速推进“六大发展”。

目标既定，时不我待。推进“廉洁发展”，要把廉洁发展作为具有全局性、战略性和决定性因素高度重视、深入谋划、全力推动，大力营造廉洁发展的环境；推进“转型发展”，必须做好煤与非煤这两篇大文章，既要着力“革命兴煤”促进煤炭产业“六型”转变，又要大力发展七大非煤产业，全力破解“一煤独大”困局；推进“创新发展”，加快科技创新体系建设，确立企业的科技创新主体地位；推进“绿色发展”,把绿色发展融入到经济社会发展的各个领域，从根本上摒弃“吃资源饭、环境饭，断子孙路”的发展方式；推进“安全发展”，始终如一地抓好重点领域的安全生产，健全安全生产长效机制，保持社会安全稳定；推进“统筹发展”，统筹工业化、农业现代化、城镇化和信息化“四化”发展，统筹城乡发展，统筹经济社会发展。

煤炭是山西经济的核心问题，也是转型发展的关键问题。十八届三中全会以来，中国开启新一轮全面深化改革大幕。结合山西在中国版图上能源基地的定位，加之转型综改试验区建设的实践，山西要实现转型发展、绿色发展，新一轮改革的突破口和深化点必然在能源上，也就要做好煤炭这篇大文章，坚持“革命兴煤”，推动煤炭产业向市场主导型、清洁低碳型、集约高效型、延伸循环型、生态环保型、安全保障型等“六型”转变。

咬定目标，重在行动；时世多艰，尤须克难。政治上，“六权治本”在全省全面启动，净化政治生态依然任重道远，高压反腐之态不可放松；经济上，下行压力加大，企业经营困难，增速明显趋缓。相比而言，新常态下的山西比全国其他地方困难更多、挑战更大，这就需要全省上下凝心聚力、迎难而上，攻坚克难、化危为机。

如今，山西站在历史性的新起点上，还要抢抓国家积极财政政策加力增效、改革开放全面深化的重大战略机遇，以综改试验区建设和科技创新为动力，主动适应经济发展新常态，坚持稳中求进工作总基调，坚决顶住经济下行压力，推动经济发展调速不减势、量增质更优。

上下一心，其利断金。为了3600万父老乡亲的福祉，为了紧跟全面建成小康社会的步伐，为了实现中华民族伟大复兴的中国梦，我们只有肩负起富民强省的时代重任，坚定不移地全力推动“六大发展”，殚精竭虑、担当作为，群策群力、众志成城。

勇毅笃行 戒绝庸政懒政怠政

——四论山西站在历史性的新起点上

山西日报评论员

“六权治本”全面开启，“六大发展”时不我待，站在新起点上的山西，进入了从严治党、治权治吏，弊革风清、富民强省的新阶段。值此，“三严三实”专题教育在全国部署展开，这为我们进一步正风肃纪提供了重要抓手，也更加坚定了我们在从严治党方面“先走一步”的决心。中流击水，闯关夺隘，是考验每一个党员干部勇于担当、奋发有为的试金石。

不必讳言，在全省上下凝心聚力、团结奋进的当下，“乱作为”现象虽被明显遏制，“不作为”现象却依然存在，庸政、懒政、怠政之患在一些领导干部身上挥之不去，“不想为”“不敢为”“不会为”之重疾缠身，令人痛心忧虑警醒。观其行，无利可图缩回脖子，得过且过光守摊子，缺乏创新怕捅娄子，没有担当只顾帽子；察其源，就是骨子里党性不纯，私心过重，思想固化，无所适从。如是行状，归根结底与渎职腐败无异，与“三严三实”背道而驰。

庸政、懒政、怠政是理想信念的缺失。在其位必须谋其政，“不想为”是对信仰和宗旨的背叛，是对自我价值否定。系统性、塌方式腐败已有前车之鉴，一些领导干部走向堕落正是由丧失理想信念开始。位卑尚不忘忧国，作为群众的引路人岂能“不想为”！若因投机钻营的诡计被阻“不想为”，以权谋私黑手被断“不想为”，不如趁早挂印归去。党的事业容不得任何妄念私意，国赀公帑不养尸位素餐的权力。形势严峻，任务艰巨，庸懒怠只会成为阻碍发展的绊脚石，贻误发展的好时机。

庸政、懒政、怠政是责任义务的缺位。敢为天下先是党员干部的必备素质，抛头颅洒热血在所不惜。两袖清风为人民福祉而拼搏，心底坦荡为中华复兴而奋斗，何惧之有！“不敢为”者，不是心中有鬼，便是怕丢官位。在“学习讨论落实”活动期间，我省已经对一批懈职怠责者予以了严惩，足以让人警醒。尽早抛开个人得失的小九九，知耻而后勇犹未晚矣。须知道，肃风反腐既是对滥用权力、乱用权力的约束，更是对敢于做事、善于做事干部的保护。

庸政、懒政、怠政是能力素质的缺乏。90多年的经验证明，我党之所以能带领全国人民取得今天的成就，关键的一条就是不断完善理论，不断提高执政能力和水平。对于党员干部，投身富民强省大业就是历练自身、增强本领的过程，何以“不会为”！莫怨制度约束，莫怨困难重重。改革发展从未风平浪静，全面深化改革需过坎闯关。一些党员干部的“不会为”，绝非一时的本领恐慌，而是不学习、不上进所导致的长期积累。莫再消极观望，莫再茫然四顾，不日新者必日退。

戒绝不作为，必须有作为。党员干部当以更高的标准要求自己，最大限度地发挥主观能动性。

戒绝不作为，正行先正心。高压之下，重任在肩，叹为官不易者本就是没有领会为官的本意。党员干部必须有为百姓苦心焦思、为天下昧旦晨兴的自我觉醒。焦裕禄、孔繁森等之所以是党员楷模，关键就在他们鞠躬尽瘁为群众，殚精竭虑为人民。作为党员干部，必须追比先贤，践行宗旨，切实提高自己的觉悟。

戒绝不作为，必须主动担重任。“六大发展”方启，正待奋马扬蹄。“一煤独大困局”须全力破解，扶贫工作正在攻坚，诸多民生难点就在面前……奋力追赶、负重前行的山西，更需把作风转变化为实际行动。必须把目标落实到人，把责任分解到头，压出精气神，逼出真本领，让广大党员干部以百倍精神投身其中。

戒绝不作为，根本在作风。党员干部必须理清“干净”与干事、纪律与权力的关系。学习中央领导集体的优良作风是“学习讨论落实”活动的重中之重。“崇尚实干、勇于担当、廉洁自律”，就是要让每一位党员干部从自身做起，从细节做起，大兴勤政务实之风。“六权治本”划出了“法无授权不可为”的红线，更划出了“法定职责必须为”的底线。党员干部必须以过硬的作风、扎实的行动，更高效地践行使命。

戒绝不作为，长远靠制度。要通过制度建设，让“学习讨论落实”活动成果进一步巩固、深化和拓展，让营造良好政治生态的努力在实践工作中见到实效，让广大党员干部在推动改革发展稳定中再建新功。法定职责必须为，对为官不为者，既要早提醒、早诫勉、早纠正，更要用纪律和制度，坚决予以严惩。

功崇惟志，业广惟勤。兴晋大计翻开新的篇章，正是建功立业时分。广大党员干部要进一步坚定信心、振奋精神，敢于担当、激流勇进，善作善成、善始善终。惟此，才不负党的重托，不负人民期盼，书就大有作为的人生。

坚定信心 鼓起干事创业的精气神

——五论山西站在历史性的新起点上

山西日报评论员

境由心造，事在人为。信心和精神，是战胜困难、勇往直前的力量，是成就事业、实现梦想的保证。

站在历史性的新起点上，新的征程在我们脚下展开。此时此刻，我们首当坚定信心，鼓起干事创业的精气神：在干事创业中重塑山西形象，找回表里山河荣光；在干事创业中激发改革活力，实现富民强省梦想；在干事创业中谱写小康新篇，创造更加美好未来。

孟子云：人必自侮，然后人侮之；家必自毁，然后人毁之。换言之，人必自信，然后人信之；人必自重，然后人重之。进步，从来都是在直面问题中不断取得。学习讨论落实活动的阶段性成果，使我们在治晋兴晋强晋路上向前迈进了一大步。但“六权治本”需深入推进，“三严三实”需自觉践行，经济下行需有效遏制……今后的道路并非坦途，危机仍未远去，挑战就在眼前。

然而，比危机更可怕的是信心缺失，比挑战更艰巨的是精神提振。

不可否认，面对各种复杂局面，我们的一些党员干部在高压反腐面前畏首畏尾，一些人对要不要发展、怎么样发展迷茫徘徊、无所适从，缺了希望信心，少了主观努力，淡了责任担当。特别是一些地方和部门的领导干部不敢担当、不愿作为、不会工作等为官不为的“软腐败”问题还比较严重。这种状态如果任由持续，我们来之不易的重要阶段性成果就会付之东流，我们在全面深化改革时代浪潮中就会败下阵来。

改革开放30年来，我们党之所以能够团结带领全国各族人民，经受住各种困难风险的考验，不断开创事业发展新局面，最宝贵的经验就是坚决排除各种阻力干扰，坚定不移地做好自己的事情。当前，全省党风政风民风变化明显，选人用人环境日趋清正，为干事创业提供了舞台和机遇。紧要关头，更加要求我们拿出干事创业的良好精神状态，以锲而不舍的决心、驰而不息的毅力、久久为功的理念、常抓不懈的韧劲，奋力开创全省弊革风清、富民强省新局面。

鼓起干事创业的精气神，一要勇于担当，勤政务实。中央领导集体“崇尚实干、勇于担当、廉洁自律”的优良作风，为我们立了标杆树了榜样。忠诚履职、尽心尽责、勇于担责，是检验每一个领导干部真正体现共产党人先进性和纯洁性的重要方面。“六大发展”方略已定，“六权治本”亟待攻坚，我们唯有横下一条心、拿出一股劲，不干出成果、不见到实效绝不罢休。由此，一级学一级，一级带一级，一级抓一级，实字当头、干字为先，不搞短期行为，不做表面文章，不弄虚作假，不急功近利，努力创造经得起时间考验、让群众信得过的工作实绩。

鼓起干事创业的精气神，二要开拓创新，锐意改革。在从严治党、严格执行党纪党规方面先走一步，是党中央对山西的明确指示。现阶段，腐败还仅仅停留在“不敢”上，尚未做到“不能”，更谈不上“不想”，这就要求我们把纪律挺在前面，对新形势下党建规律、治国理政规律充分认识、不断探索。“六权治本”是一场深刻的体制机制改革，是一场前所未有的“权力革命”。吕梁市、交通厅等前期试点，已经取得了初步成效，形成了一套可复制、可推广的模式和经验。这些实践探索充分表明，只要斗志昂扬，锐意改革，就没有过不去的坎；只要迎难而上，开拓创新，就没有干不成的事。

鼓起干事创业的精气神，三要激励和重用“敢作为、善作为、积极作为”的干部。激发全省上下干事创业的激情，奋发向上的精神，不仅要对“乱作为”严惩不贷，让广大党员干部懂规矩、守纪律，敬权畏权慎权，让权力回归为民本位；也要努力营造鼓励创新、宽容失败、支持纠错的制度环境和舆论氛围，让广大党员干部能够主动担责、积极作为、放手工作；还要建立健全科学合理的考核机制，让“善作善成”“善始善终”的干部得到激励和重用。

“现在正是各类资本到山西投资的好时候”“山西风气正了，机会多了，谁先投资，谁先得利”，社会各界对山西充满信心。风正好行船，风清好干事。风清了气正了，人心就齐，干劲就足，事业就顺。重任在肩，特别需要广大党员干部扬正气、树新风，坚定把改革发展蓝图变成现实的信心；特别需要树立起“以担当无愧于己、以行动取信于民”的责任感、使命感、紧迫感，鼓起干大事创大业的精气神。

人是要有点精神的，三晋大地也从来不缺少干事创业的精神，三晋儿女的血液里一直传承着图新图变图强的基因。从晋商精神到太行精神、老区精神，再到右玉精神，鼓舞激励着一代又一代三晋儿女奋勇前行。

天有三宝日月星，人有三宝精气神。只要我们坚定信心，振奋精神，就没有战胜不了的困难，就没有干不成的事。

今天，站在历史与未来的交汇点上，我们仿佛听到了时代的声声召唤——

加油吧，山西！奔跑吧，山西！

深刻认识推进“六权治本”重大意义

山西日报评论员

知之愈明，则行之愈笃；行之愈笃，则知之愈明。认识和实践是相互依赖、相互促进的两个方面，认识是实践的前提和向导，实践又反过来促进认识的进一步提高和深入。

4月20日，省委决定在吕梁市、省交通厅、孝义市前期“六权治本”试点基础上，在全省深入推进“六权治本”工作。两个多月来，“六权治本”由点到面、由表及里、逐步深入的过程，正是由“不敢腐”向“不能腐”的一个质的转变。

然而毋庸讳言，由于认识上的不到位，有的干部因无从下手而等待观望，有的干部因碰到难题而畏葸不前，也有一些干部因不愿意下真功夫，工作仅停留在开会、发文件的表面浅层……这些思想情绪和态度，无疑成为山西发展交响乐中的不和谐音符，影响了“六权治本”工作的整体推进。为此，我们有必要进一步深刻认识深入推进“六权治本”的重大意义，进一步统一思想、加深认识，进一步坚定信心、下定决心，以高度的使命感和责任感，积极作为、主动担当，迎难而上，攻坚克难，把这项工作有序深入推进下去。

一、必须进一步深刻认识，深入推进“六权治本”是省委站在“四个全面”的战略高度，贯彻落实习近平总书记系列重要讲话精神特别是从严治党、加强制约和监督权力重要论述的全面部署，更是贯彻落实中央对山西要在全面从严治党、严格执行党规党纪上“先走一步”重要指示的具体行动。

为政清廉才能取信于民，秉公用权才能赢得人心。“六权治本”的主要内容，是以习近平总书记提出的“反腐倡廉的核心是加强对权力运行的制约和监督”“把权力关进制度的笼子里”重要论述为根本指针，以贯彻落实中办国办《关于推行地方各级政府工作部门权力清单制度的指导意见》为工作重点，要求依法确定权力，做到职权法定、简政放权；科学配置权力，做到制约和效率效能统一；制度约束权力，做到周密有效；阳光行使权力，做到公平透明；合力监督权力，做到全覆盖各尽职高效能；严惩滥用权力，做到真正严起来。

这“六权”，始终贯穿改革和创新精神，牢牢把握权力运行的关键环节和着力点，是山西从源头上预防腐败、在流程中遏制腐败与事后惩治腐败相结合的治本之策。其本质就是抓住“权力清单”这个重要载体，把大大小小的天窗、后门、猫腻、漏洞都堵上，把制度的“笼子”织密、编牢、扎紧，努力形成不能腐的长效机制，最终实现干部清正、政府清廉、政治清明。

试点单位以“三清单、两张图、两平台、一监督”为抓手，通过对权力运行风险点和制度漏洞的查找、防控、优化，构建起相互衔接、覆盖全局的立体式制度体系。试点单位从腐败重灾区到具有推广复制的经验和范例的深刻转变，全省从“塌方式”腐败到党风趋正、政风转清、民风始淳的可喜变化，就是对“六权治本”治本作用的生动阐释。

二、必须进一步深刻认识，“六权治本”是推动“六大发展”、促进富民强省的重要抓手。“六权治本”始终以富民强省作为根本目的，重点围绕权力在经济社会发展中的运行进行制约监督，努力破解难题，问计于民、问需于民，让群众参与、评判、监督，最终让发展成果来检验。

革别人的命容易，革自己的命难。深入推进“六权治本”，要求政府部门“自我革命”，把依法清理职权与转变政府职能、机构改革和行政审批制度改革结合起来，促进权力瘦身，促进“廉政”强身。事实证明，权力有了边界、行事有了规矩，风险得到防控，就减少了腐败，提高了效率。较为直观的是，2014年，吕梁市公共资源交易平台交易量逾一百亿，成本降低了14%。

“六权治本”不只是对权力的制约和惩戒，它一方面通过建立对庸政懒政怠政等不作为的惩治监管，严肃问责“不作为”，另一方面，通过惩恶扬善的激励机制，调动广大干部干事创业的积极性，鼓励广大干部敢作为、善作为、积极作为，用鼓励创新、宽容失败、支持纠错的制度环境和舆论氛围，凝聚起促进发展的正能量，鼓起各级干部的精气神。

正是有了推进“六权治本”这个强力抓手，在经济下行压力持续加大的困难局面下，我省经济社会发展和各项工作才能取得新的进展。

三、必须进一步深刻认识，“六权治本”是建立“不能腐”长效机制的治本之策，是寻根究源、解决山西问题、办好山西事情的主动实践，是进一步完善我国权力运行制约和监督体系的积极探索，是全面深化改革的重要内容。

政治生态不净化，腐败不除、正气不扬，山西就没有希望、没有明天、没有未来。痛定思痛，坚决净化政治生态，已经成为全省广大党员干部的共识和行动。“六权治本”制约和监督权力运行的六个方面，实质是要铲除权力“任性”土壤，为净化政治生态打下制度性基础。

广大干部应该清醒认识到，因权力没有受到有效制约和监督导致的腐败，使我们遭受了前所未有的惨痛教训。“弊”之不除，贻害无穷，非但政治生态难以净化，富民强省更无从谈起。“六权治本”正是顺应群众期盼、净化政治生态的重要行动，是实现弊革风清、促进富民强省的重大部署，是促进山西改革发展稳定的有力抓手。

中办国办《指导意见》明确要求，推行地方各级政府部门权力清单制度，是党中央、国务院部署的重要改革任务，是国家治理体系和治理能力现代化建设的重要举措。“六权治本”工作在省委、省政府领导下展开，以落实中办国办《指导意见》为工作重点，是全面深化改革的重要内容。要靠深化改革推动“六权治本”，以“六权治本”引领各项改革。

正确行使权力，让权力更好地为人民服务，本来就是立党为公、执政为民的宗旨。党的十八大以来，习近平总书记多次强调要健全权力运行制约和监督体系，新一届中央领导班子对制约和监督权力也进行了积极探索。党的十八届三中全会强调，要形成科学有效的权力制约和协调机制。所谓科学有效，不仅做到结构合理、配置科学、程序严密、制约有效，给权力套上一个制度的笼子，还要做到权责一致、规范有序、相互协调、运行顺畅，促进党和国家各项事业发展。从这个意义上来讲，“六权治本”正是进一步完善我国权力运行制约和监督体系的生动实践。

为此，各级干部要在思想上迅速跟进，进一步深刻认识“六权治本”的重大意义，及时克服错误思想苗头，摒弃观望敷衍态度，把思想和行动迅速统一到省委、省政府的正确部署上来，牢牢抓住“六权治本”关键环节和着力点，用认真负责的态度、务实有效的举措，破解难题、扎实推进。

四、必须进一步深刻认识，“六权治本”是一个点多、线长、面广的系统工程，既要做好顶层设计，又要上下联动、前后衔接，还要重点突破、整体推进。

在“六权治本”推进过程中，一些地方出现的职权法定依据滞后、条管单位与地方发展衔接不畅等问题，正是发展过程中积累的深层次矛盾的反映。

“如能上下联动、同步推进，则推行顺畅，反之，则多处受阻”。实践证明，“六权治本”这项庞大系统的艰巨工程，需要与推进治理体系和治理能力现代化相结合；需要省、市、县、乡四级上下联动、同步推进，形成系统化、高效运行机制；需要以改革精神、创新办法破解权力运行中存在的突出问题；需要主要领导干部亲自抓、主动为；需要边实践、边探索、边完善。

要清醒地认识到，“权力革命”必然会遭遇错综复杂的问题和矛盾，其艰难可想而知。做好这项工作，不但要有迎难而上的精气神，还要有行之有效的办法和措施。既要顶层设计、谋篇布局，又要理顺上下、有效衔接；既要制约限制权力，防止滥用权力，又要用好权力，为群众服好务。

要清醒地认识到，推进“六权治本”是一项长期战略部署，要坚持持之以恒、久久为功，要确保扎实推进、不走过场；要以问题为导向，针对重点对象、重点领域和关键环节先行突破，以重点突破带动整体推进。

要清醒地认识到，“六权治本”是各权力主体一次难得的自我完善、自我革新、自我提高的机会。领导干部要上心上手，亲力亲为，以自身新作为推动“六权治本”新进展，以山西“六权治本”的生动实践推动我国权力运行制约和监督体系的日益健全和完善。

进一步深刻认识“六权治本”的重大意义，就是要把理论设计变成实践行动，以更加坚定有力的脚步向前迈进。要按照“五句话”的总体思路和要求，建制度、严管理、上纪律、抓落实，切实把权力管到边、管到位，约束到为人民服务的正确轨道上来，向党中央、向全省人民交一份合格答卷！

紧紧抓住制度建设这个根本

——再论深入推进“六权治本”

山西日报评论员

本立而道生，本固而木荣。

反腐倡廉，制度建设无疑是根本。而“六权治本”，即是在制度层面打出的“组合拳”。如今，这已经成为山西构建政治新生态与反腐新常态的导航仪和坐标系，并由此掀开了全省全面从严治党的新篇章。

由试点到全面，由高层到基层，无论是权力中枢还是权力末端，哪里有权力，就推进到哪里……作为一项系统、复杂的工程，“六权治本”推进的深度和质量，既取决于各级党委和各级领导干部的认识高度、重视程度、推进力度，也取决于推进的方式方法——抓住根本点、切中关键点、找准着力点。

一、全面深入推进“六权治本”，就要善于梳理、总结、借鉴和用好试点单位的经验。

“六权治本”在试点单位开了个好头，在最初进行试点的吕梁市、孝义市和省交通运输厅探索了不少成功做法，积累了一些经验。吕梁市梳理出职权清单5000多项，风险点3万个左右，并根据风险点分别制定预警办法和防控措施。省交通运输厅建立了267个权力清单、267个责任清单以及11项负面清单，绘制了包括行政许可、行政处罚、行政强制等9个权力运行流程图。孝义市查找出3200多个权力运行风险点，同时将公共资源交易全部纳入公共资源交易中心，公开运行，全程留痕。试点单位普遍感受到，“六权治本”是规范权力运行、转变政府职能、提升工作效能的重要抓手。实施过程中，摸清了家底、画出了红线、降低了廉政风险，最大程度遏制了“不作为”“乱作为”，逐步实现“人管人、人管事”向“制度管人、制度管事”转变。

他山之石，可以攻玉。试点单位的先行先试，为各单位深入推进“六权治本”提供了经验和范本。这些经验来之不易，不仅值得充分肯定，还应在推进中用好他们的经验，少走弯路。当然，我们也必须清醒地看到，“六权治本”是个系统工程，涉及面广，十分复杂，经验只能借鉴，不能一成不变地套用。各级党委政府要准确把握“六权治本”的总体要求，踩着不变的节奏和步伐，把握好“六权治本”的方向性、政策性、针对性、操作性、可行性、科学性，不断再聚焦、再深化，根据各自实际，不断完善、充实“六权治本”的丰富内涵。

二、全面深入推进“六权治本”，就要牢牢抓住依法确定权力、科学配置权力、制度约束权力、阳光行使权力、合力监督权力、严惩滥用权力等关键环节和着力点。

依法确定权力，关键要做到职权法定、简政放权，坚持问题导向、法治导向和改革导向的有机统一，紧紧把握好认真厘权、严格清权、公开晒权三个环节；科学配置权力，关键要实现制约权力和效率、效能的统一，结合简政放权和审批制度改革搞好分级授权，结合职能转变和完善决策机制搞好分事行权，结合强化部门内部监管搞好分岗设权，结合权力重新配置搞好流程再造；制度约束权力，关键要力求周密有效，按照“全面覆盖、全程到位、制度约束”要求，完备制度设计，优化制度运行，严格制度执行；阳光行使权力，关键要做到公开透明，坚持以公开为常态，着力构建统一的政务服务平台和公共资源交易平台，全面落实公开制度，确保公开实效；合力监督权力，关键要形成长效机制，坚持全方位、全领域、全过程监督权力，发挥各个监督主体职能，实现各尽其责，切实提高监督效能；严惩滥用权力，关键要真正严起来，一方面要严厉查处“乱作为”，另一方面要严肃问责“不作为”。

依靠制度有效防治腐败不易，构建科学的制度更难。就目前而言，“六权治本”已经搭建起了制度框架，也在试点单位取得一定成效，但要真正形成“不能腐”的长效机制还要做许多具体的工作。各级党委要将其作为政治任务，主动担责、积极作为、放手工作，营造鼓励创新、宽容失败、支持纠错的制度环境和舆论氛围，把各级干部的精气神鼓起来。

三、全面深入推进“六权治本”，就要与全面深化改革结合起来，将改革精神和创新思维贯穿始终。

从全面深化改革的角度来看，“六权治本”也是其中重要的改革内容。省委书记王儒林多次强调：“六权治本”是一场深刻的体制机制改革，是一场前所未有的权力革命。这就意味着，“六权治本”在实施过程中必然会遇到这样那样的问题，没有改革的精神和勇气是做不好的。全省各级党委政府要发扬涉险滩、闯难关的改革精神，敢于破权力的“藩篱”；要研究重大关系，正确把握改革方向；要结合实际，大胆创新，坚决清除工作推进中的“中梗阻”。既把改革作为实施“六权治本”的强大动力，又借力“六权治本”突破改革的重大关口，避免两张皮、单打一现象。“明者因时而变，知者随事而制”。习近平总书记曾指出，

“在认识世界和改造世界的过程中，旧的问题解决了，新的问题又会产生，制度总是需要不断完善，因而改革既不可能一蹴而就，也不可能一劳永逸。”制度缺乏创新，再好的制度也会落后。因此，各级党委政府在全面推进“六权治本”的过程中，要坚持问题导向，针对实践中存在的突出问题、群众反映强烈的问题，以逢山开路、遇河架桥的勇气，以敢啃硬骨头、咬定青山不放松的耐心和恒心，在攻克一个又一个问题堡垒中不断探索和完善，让“六权治本”保持旺盛的生命力。

四、全面深入推进“六权治本”，不能只停留在纸上、嘴上、会上，要认真研究、真抓实干，紧密结合各自工作实际，统筹落实“六权治本”要求。

目前，全面深入推进“六权治本”的号角已经吹响，各市各县也全部召开了推进会。但是各级各部门的推进情况良莠不齐，有些地方和部门，或心存畏难情绪不知如何下手，或有意观望等待别人的做法，这些做法极大地影响了全省的推进速度。各级党委政府不要心存侥幸，以为一个小地方、小环节上的偏差不重要、无所谓。有一个著名的“5个90%相乘”理论，在很多人以为一件事做到90%就是优秀的时候，殊不知这样一级一级下去，5个90%之后只剩59.9%。这个不及格的答案如同猛掌击背，让人警醒。在等待观望，自以为做得不错的满足中，也许你已经落后了。

要充分认识到，推进“六权治本”既是攻坚战，也是攻心战，考验的是每一名党员干部，大家一定要在思想上与省委的要求部署保持一致，清醒地认识到反腐败斗争形势的严峻性、长期性和复杂性，深刻认识和充分理解推进“六权治本”的重大意义。通过推进“六权治本”，对所有行政权力进行全面清理、依法确认，厘清政府与市场、政府与社会的关系，形成更加适应社会主义市场经济体制要求的现代政府管理体制框架，推进治理体系和治理能力现代化。

全面深入推进“六权治本”，需要全省上下振奋精神、齐心协力。各级党委政府务必要狠下决心，保持坚强的政治定力，坚定必胜的信心，以改革精神和创新思维，持之以恒，久久为功。要以推进“六权治本”为抓手，一方面从机制上预防腐败，努力实现干部清正、政府廉洁、政治清明，另一方面转变政府职能，创优发展环境，释放市场活力，努力创造有利于“六大发展”的条件和氛围。要按照十八届四中全会精神的要求，在法治轨道内推进“六权治本”，用法治手段固化“六权治本”成果，推进依法治理和法治山西建设，坚决打赢“净化政治生态、实现弊革风清，重塑山西形象、促进富民强省”这场硬仗。

弘扬“三个文化” 锻铸精神高地

山西日报理论部

什么是文化？正如“一千个人眼里有一千个哈姆雷特”一样，不同的人会给出不同的解释。文化，有时特指社会意识形态，有时又指意识形态创造出的精神财富，包括宗教、信仰、风俗习惯、道德情操、学术思想、文学艺术、科学技术、各种制度等。而最经典最通俗也最诗意的解析，莫过于：文化是根植于内心的修养，无需提醒的自觉，以约束为前提的自由，为别人着想的善良。广义地说，文化指的是人类在社会历史发展过程中所创造的物质和精神财富的总和。它包括物质文化、制度文化和心理文化三个方面。

习近平总书记强调：“推进国家治理体系和治理能力现代化，要大力培育和弘扬社会主义核心价值体系和核心价值观，加快构建充分反映中国特色、民族特性、时代特征的价值体系。坚守我们的价值体系，坚守我们的核心价值观，必须发挥文化的作用”，并频频提及“中华优秀传统文化是中华民族的突出优势，是我们最深厚的文化软实力”。省委书记王儒林在省委十届六次全会上提出：要在全省大力弘扬我省源远流长的法治文化、博大精深的廉政文化、光耀千秋的红色文化。这个论断，契合了习近平总书记系列重要讲话精神，契合了当前山西的发展态势，具有极强的现实针对性。

“三个文化”具有整合、导向、维持秩序的效用

人类由于共同生活的需要创造出文化，因为文化具有的多样性和复杂性，很难将文化给出一个准确的、清晰的分类标准。因此，无论哪一种对文化的划分，都只是从某一个角度来分析的一种尝试。不管怎么分类，文化在其所涵盖的范围内和不同的层面上，均发挥着整合、导向、维持秩序的功能和作用。

放眼全球，伴随着世界多极化、经济全球化，围绕综合国力的全方位竞争日趋激烈，文化已被视为一个国家和地区核心竞争力的重要因素。审视当下，处于历史重要关头的山西，更需要“三个文化”发挥整合、导向、维持秩序的功能和作用。就像蚁群过江需要一个头领来协调全体成员的行动一样，“三个文化”就是这样的一个头领。这是因为，社会群体中的每个成员都是特立独行者，他们都会基于自身的需要、根据对情景的判断和理解而采取行动。“三个文化”不仅能促使全体社会成员尤其是党员领导干部

自觉确立正确的世界观、价值观、人生观，而且能为他们的行为和行动提供前进方向和科学指南。由此可见，“三个文化”只有被全体社会成员尤其是党员领导干部所认可、所遵从，“内化于心，外化于行”，良好的社会秩序才会逐渐形成，不良的政治生态才会得到净化。换句话说，“三个文化”的渗透力、影响力、教化力一旦形成和固化，其所凸显出来的道德约束力定会比制度更有力、更持久、更稳定和更连续，也定能从根本上解决党员领导干部“不想腐”的问题。

从历史上看，我国社会长期受封建统治的浸淫，法治基础相对薄弱，人治文化根深蒂固，人们期盼政治清明、政府清廉、官员清正的愿望特别强烈。从传统人治社会向现代法治社会的转变，不仅是各种规章制度不断健全的过程，也必然是人们的思想文化观念革故鼎新的过程。法治文化就是从一定的政治、经济、文化的历史和现实环境中生长出来，经过长期社会化过程积淀下来的，人们对法律生活所持有的以价值观为核心的思维方式和行为方式，包括法治意识、法治观念、法治思想、法律价值取向等。法治文化，意味着法治精神得以普遍化地实践和实现，一切社会活动均须按照法治精神实践的方式、过程来行事。

自古以来，“廉”始终是为官执事的不二选择。欧阳修在《廉耻论》有言：公正清廉，乃“士君子之大节”，也就是说清廉是官员必备的政治品德。当今我们所说的廉政文化，是人们关于廉洁从政的思想、信仰、知识、行为规范和与之相适应的生活方式和社会评价，是廉洁从政行为在文化和观念上的客观反映，包括思想和道德、社会文化氛围、从政人员的职业道德和社会公德等等。

红色代表革命。红色文化是中国人民在长期的革命实践中，不断地选择、融化、重组、整合中外优秀文化思想的基础上所形成的特定文化精神和文化形态，蕴含着丰富的革命精神和厚重的历史文化内涵。红色文化作为一种重要资源，包括物质文化和非物质文化两个方面。在红色文化资源丰厚的山西，物质资源表现为一些重要史料、革命遗址、历史遗存与纪念场所等；非物质资源表现为革命先烈创造的彪炳史册的太行精神、抗战精神等。

弘扬“三个文化”，说到底就是对真善美的核心价值观的追求。刘云山同志说过，“社会主义核心价值观就是追求真善美的价值观。”作为意识形态的“三个文化”，能够形塑全体社会成员尤其是党员领导干部的价值观，使他们明白自己应该做什么，不应该做什么，使社会形成一种有秩序的良好状态；作为真善美价值观的“三个文化”，足以提振全体社会成员尤其是党员领导干部的精气神，心往一处想、劲往一处使，为“净化政治生态，实现弊革风清，重塑山西形象，促进富民强省”而勠力同心。

敬重、传承、光大“三个文化”的强大正能量

习近平总书记指出：“中国传统文化博大精深，学习和掌握其中的各种思想精华，对树立正确的世界观、人生观、价值观很有益处。”对于处在重要历史关头的山西来说，一刻也不能忽视优秀传统文化的价值引领、观念塑造、行为约束的作用。一言以蔽之，只有弘扬“三个文化”，才能实现弊革风清。

毋庸讳言，山西出现系统性、塌方式腐败，与一些党员领导干部的思想和灵魂被腐朽落后文化浸染不无关系。大力弘扬“三个文化”是一个重大的战略部署，抓住了当前我省净化政治生态的关键和要害。充分挖掘和发挥山西几千年积淀的优秀传统文化，对解决思想意识、价值观念、思维方式等方面的问题，构建起“不想腐”的思想道德防线具有极端重要性。

法治的真正魅力，并不仅仅是来自于规范的意义，而更多的是源自于文化的意义。人类早期的成文法典大多铭刻在石柱或铜表上，但铸鼎未必传世，勒石未必长存，真正流传下来的是“铭刻”在全体社会成员心中的法治精神。正如法学家伯尔曼所言：法律必须被信仰，否则形同虚设。诚然，建成法治社会仅靠制度是远远不够的，还必须为法治社会建设提供与之相适应的文化环境。法律毕竟有一定适用范围，人们社会生活领域总会有一些方面是法律难以调整的，例如思想问题、信仰问题等等。在这些法律规范外的社会生活领域，法治文化却可以发挥调整作用，促使人们行为和价值观念适合法治社会需要。由此可见，大力弘扬崇尚法治、公平正义的三晋优秀法治文化，是实现弊革风清的必然要求，是全面推进法治山西建设的应有题中之意。

我省的政治生态出现了问题，从本质上说是从政环境出现了问题、文化环境出现了问题。如果没有一种反腐倡廉的向上文化氛围，就不可能以廉政文化来激浊扬清、抑恶扬善，一些腐败行为就会蔓延为不良社会风气和腐化生活方式，渗透污染着人们的行为举止，甚至成为一些腐败分子的为政处世恶习。为此，省委书记王儒林明确警示，“忽视历史上优秀廉政文化是一个重要原因，这也是一种痛苦的教训。”在深入推进党风廉政建设和反腐败斗争的新形势下，我们要充分挖掘和发挥山西传统廉政文化的强大正能量，在全体社会成员尤其是党员领导干部中，培养和确立认同、支持、践行廉洁自律的底线意识和行为准则，把干干净净干事的从政理念贯穿于行使公共权力的全过程，把清清白白做人的高尚品德落实到廉洁发展的各个环节。

弘扬红色文化，既是中国共产党精神价值的时代传承，又是共产党人拒腐防变的精神支撑。在血雨腥风的革命战争年代，三晋大地无数英雄儿女抛头颅、洒热血，前赴后继、英勇奋战，为国家独立和民族解放无私奉献，用鲜血和生命铸就了气贯长虹的革命老区精神，催生了壮美瑰丽的红色文化。在红色文化的故乡，之所以令人痛心地出现系统性、塌方式腐败，就是因为我们的一些领导干部忘记了中国共产党可歌可泣的辉煌历史，把气贯长虹的红色精神丢得一干二净。为此，必须大力弘扬红色文化，把

我们党艰苦卓绝的奋斗史、波澜壮阔的革命史、可歌可泣的光荣史，深深根植于每一位共产党人的心坎里，进一步激发党员领导干部的宗旨意识、责任意识、纪律意识，争当反腐倡廉的排头兵和先行军。

从本质上讲，法治文化、廉政文化、红色文化都源于对真善美的追求和弘扬。不管风云如何变幻、世事如何变迁，人们对真善美的向往是亘古不变的，对崇德向善的追求是始终不渝的。对三晋优秀传统文化的敬重、传承、光大，就是发自心底的求真求善求美，这种至真至善至美使得三晋优秀传统文化在变化中追求不变，在相对中觅得绝对，在瞬间中锻铸永恒。

科学确定认知、认同的“三个文化”弘扬路径

弘扬“三个文化”，贵在“知行合一”。知是前提、是基础，内心认同才能自觉践行，春风化雨才能润物无声。只有在不断增强“三个文化”的认知、认同上下功夫、做文章，才能使“三个文化”家喻户晓、入脑入心，见人见事、付诸行动。

弘扬“三个文化”，就要持续灌输、内化于心。积极健康向上的观念和精神，只有在人们的心里播种、生根、开花、结果，才能转化为求真求善求美的精气神。对“三个文化”的认知、认同，不仅要体现在理性认知上，也要反映在情感认同上，只有真理的力量加上道义的力量，才能行之久远。在一些领域和一些人当中，价值判断没有了界限、丧失了底线，甚至以丑为美、以耻为荣，这是不争的事实，理应引起警觉警醒。引导全体社会成员尤其是党员领导干部常修为政之德、常怀百姓之心、常做行善之举，就要弘扬真善美、贬斥假恶丑，用身边事教育身边人、用小故事阐发大道理，树立正确导向、澄清模糊认识、匡正失范行为，形成激浊扬清、抑恶扬善的思想道德舆论场，使“三个文化”真正成为人们的行动指南。

弘扬“三个文化”，需要人人参与、外化于行。“三个文化”的生命力在于身体力行，在于全体社会成员尤其是党员领导干部自觉行动。参与面越广，“三个文化”的社会基础就越深厚。有人认为，我一不犯法、二不当官，“三个文化”与我何干？其实不然，文化对人的影响就像空气一样，无时无处不在，须臾难以割舍。当前，社会上盛行的“办事求人”惯例，就是因为我们轻视了法治文化的规矩意识；“前腐后继”现象，就是因为我们忽视了廉政文化的教化功能；“见义不为”现象，就是因为我们低估了红色文化的滋养作用。正气得到弘扬，就能压住邪气。只有以“三个文化”为根、为魂，全民总动员，形成正能量，才能促进党风、政风、民风、社风的进一步好转。

弘扬“三个文化”，领导干部是关键。古语云：“政者，正也。子帅以正，孰敢不正？”“教者，效也，上为之，下效之。”党的十八大以来，党中央带头抓作风建设，抓党风廉政建设，持之以恒“反四风”，老虎苍蝇一起打，始终保持高压反腐态势，不仅带动了整个社会出现新的气象，也使广大群众对党和政府的信任感、归属感进一步提升，从而进一步巩固了党在人民心目中的崇高地位。这自上而下、以上率下的身体力行，深刻启示我们：党风促政风、带民风。党员领导干部在弘扬“三个文化”上作出表率、见诸行动，就是最重要的导向和最有说服力的教育。弘扬“三个文化”，实现弊革风清，党员领导干部就要以更高的标准、更严的要求，树立正确的世界观、人生观、价值观，要求别人做到的自己首先做到，要求别人不做的自己坚决不做，始终坚守共产党人的精神高地，做时代的先锋、社会的楷模，以实际行动引领和提振全体社会成员的精气神。

三个文化：重塑山西形象的必然选择

山西省社会科学界联合会课题组

文化是一个国家、一个民族生生不息的内在支撑力。省委书记王儒林提出“要在全省大力弘扬源远流长的法治文化、博大精深的廉政文化、光耀千秋的红色文化”。这是针对我省特殊时期、特殊历史禀赋以及当下转型发展实际提出的，是我省重塑形象的必然选择。这其中，弘扬廉政文化具有极为迫切的现实需求，是形成以廉为荣的价值导向的基础；法治文化因其所体现的规则性、约束力以及时代的要求，是树立依法治国的理念的客观要求；红色文化因其传统性、宗旨性以及革命性，是彰显共产党人浩然正气的题中之义。

弘扬廉政文化,形成以廉为荣的价值导向

山西所发生的系统性、塌方式腐败，从文化的角度看，没有继承和弘扬好“三个文化”，或者说严重背离了“三个文化”的精神。

从历史上看，“廉”是一种道德观念和治国思想，起源于《周礼》的“六廉”。两千多年的封建社会将“廉”作为传统道德的核心，形成了完整的道德体系。大禹治水，三过家门而不入；唐代狄仁杰，富贵不能淫，权势不能屈；宋代司马光一生清廉，“曲地葬妻”；清代于成龙，甘守清

贫，一生为民；康熙之师陈廷敬，一生“廉、慎、勤”，陈氏家族为官百人无一贪官……这些佳话不仅体现了文化的继承性，更显示出“廉”文化强大的生命力。

从目前我省查办的领导干部违纪违法案件看，有一个共同点，即无论职位高低，权力大小，往往都是从思想蜕化变质开始的。回顾我党反腐败的历史，我们走出了一条打击、制度反腐、再打击、再完善制度的路子，文化的支撑作用没有得到足够重视。弘扬“廉政文化”已成为当前山西深入开展反腐败斗争的必然要求；建设“廉政文化”已成为山西深入开展党风廉政建设和反腐败斗争的一项基础性工作。我们要深度挖掘山西悠久的廉政文化、大力宣传历史上典型廉政人物的事迹，挤压“腐败文化”的生存空间，充分发挥廉政文化的导向功能、约束功能、渗透功能，形成以廉为荣的价值导向，重塑山西形象。

弘扬法治文化，树立依法治国的理念

山西的腐败问题从一个侧面折射出山西“人治”的严重性。众所周知，几千年封建社会孕育的“君贵民贱”“皇权至上”“重权轻法”等人治思想文化根深蒂固。山西长期受“人治”文化的影响，“法治”文化的因子十分缺失，在许多方面与现代法治文化建设存在矛盾和冲突。山西腐败的系统性、塌方式更是“人治”文化弊端的突出体现。

法治文化作为文明的、先进的法律文化，是法律文化的近现代产物。从历史上看，山西有着丰富厚重的法律文化。晋国作为我国古代较早形成成文法的国家，曾产生过著名的“郭偃之法”“赵盾之法”；唐代柳宗元的《断刑论》《封建论》等著作体现了其丰富的法律思想；荀子、韩非子、司马光等先贤的法治思想为中华法治文化留下了宝贵的财富。深度挖掘和继承这些传统法律思想和法治文化，可以深入了解法治对建立安定有序、公平正义的社会的重要性，增强全省厉行法治的主动性和积极性，为建设法治山西做出积极贡献。

“有法律、无法治”阶段是法律文化的低级阶段；“既有法律、又有法治”阶段是法律文化的较高阶段。目前看，传统法律文化中存在的“礼不下庶人、刑不上大夫”等非法治文化的影响在山西仍存在。法律精神缺失、公民意识和守法文化落后、法律制度文化缺失等现象还不同程度地存在。人们依旧按照传统文化中非法治文化去行事，“办事找关系，出事找领导”等方法依旧左右着人们的思想和行为，这就为一些领导干部的腐败提供了“土壤”。我们要在法治中国建设的指引下，深度宣传、研究和弘扬我省传统法治文化，多途径培育全省人民的法治精神和依法治国的理念，重视规则意识、法律认同感的培养，树立司法的权威，在全省营造知法、守法、用法的社会风气。

弘扬红色文化，彰显共产党人的浩然正气

山西的腐败问题折射出一些党员领导干部的思想防线松懈、宗旨意识淡薄以及党内监督不力等问题。这些腐败分子的行为严重败坏了党的形象，损害了党在老百姓心中的形象。这一切与“红色文化”建设滞后、不扎实不无关系。

“红色文化”作为我国特定的文化形态，是中国人民在中国共产党领导下进行阶级革命、反抗日本帝国主义的侵略、推翻国民党反动派政权、建立新中国所形成的意识形态成果。它以爱国主义为“核心”，以勤劳勇敢为“基石”，以自强不息为“动力”，以为民谋利为“目的”。这些精神指引着中国共产党取得了革命和建设的重大胜利，成为中华民族不竭的动力源泉。山西作为革命老区，有着丰富的“红色文化”。高君宇、徐向前、薄一波、续范亭、贾康杰、刘胡兰等共产党人的典范，激励着山西人民不断取得革命和建设的胜利；分布在全省无数的革命遗址，时刻提醒人们铭记无数山西人为革命抛头颅、洒热血；太行精神、吕梁精神、刘胡兰精神、右玉精神，成为新时期山西人民的宝贵精神财富。这些为我们进一步弘扬“红色文化”奠定了坚实基础。

虽说山西“红色文化”建设成效明显，但为什么还会出现如此重大的腐败问题？只注重“红色文化”的经济功能而忽视“红色文化”的政治功能是其重要原因。在山西的转型发展过程中，发展文化旅游是一个大的方向，这其中“红色文化”旅游已成为一个重要项目。“红色文化”的经济价值在山西可以说得到了充分的体现，但“红色文化”的德育载体作用却还未充分发挥出来。我们要继承我省丰富的“红色文化”，积极发挥其政治功能，在全社会大力开展革命传统教育、在领导干部中开展向先进人物学习、重温入党誓词等活动，进一步提升全省领导干部的党员意识、宗旨意识，发挥“红色文化”的“筑魂”作用，彰显共产党人的浩然正气。

“三个文化”建设重在塑造高尚的人

人是文化的践行者，文化精神必须通过人的行为去体现。弘扬“三个文化”，重塑山西形象，需要将“三个文化”内化于心、外化于行，塑造众多“高尚的人”。高尚的人所体现的高风亮节、大公无私、忠贞不渝、克己奉公等精神，正是“三个文化”的生动展示。山西先后出现了在全国具有较大影响力的李双良、李顺达、申纪兰、郭凤莲等高尚的人，通过他们的引领和示范所形成的“西沟精神”“太钢精神”“太行精神”“大寨精神”是“三个文化”在山西的集中体现。

弘扬“三个文化”，需要动员社会各界积极支持并广泛参与。要面向社会、面向基层、面向群众，牢牢扎根于广大人民群众之中，夯实群众基础，让“三个文化”进机关、进社区、进农村、进学校、进企业、进家庭，渗透到社会的方方面面；加强宣传引导，深入宣传“三个文化”价值理念和行为准则，大力培育公民的参与意识，加大典型人物的发掘力度，在全社会开展向“先进人物”学习的丰富

活动，多途径使“三个文化”被人民群众所接受，在群众中产生共振、共鸣，让健康向上的“三个文化”充实人们的精神世界，促进整个社会形成反腐倡廉、依法办事的良好氛围。

作为党和政府联系群众的桥梁和纽带，各级领导干部应成为“三个文化”建设的重点，应成为“高尚的人”。只有各级领导干部真正成为“三个文化”的践行者，通过他们巨大的示范和导向作用，引导党员干部牢记宗旨、秉公用权、廉洁从政、勤政为民，山西经济社会的发展才会有灿烂的未来。

山西正处于转型发展的关键时期，我们只有大力继承和弘扬我省“三个文化”的优良传统，以廉洁文化为基、以法治文化为纲、以红色文化为魂，培育出一大批践行“三个文化”的“高尚的人”，真正使“三个文化”成为人们的内心自觉，山西的政治生态就会早日修复，重塑山西形象、实现富民强省的目标就会早日实现。

切实增强思想和行动的自觉

——一论领导干部带头认真学习践行“三严三实”

山西日报评论员

5月16日，省委举办“三严三实”专题教育党课，省委书记王儒林为全省主要领导干部讲了一堂主题鲜明、立意高远、思想深刻、内容丰富的党课。以此为标志，全省“三严三实”专题教育正式展开。

全省各级党组织和党员干部能不能按照中央的部署和省委的要求，切实把专题教育开展起来？各级领导干部能不能带头认真学习践行“三严三实”？关键要看是否能够深刻理解“三严三实”的丰富内涵，明确践行“三严三实”的重大意义。深知才能笃行，只有切实提高思想认识、增强行动自觉，才能确保专题教育取得实实在在的成效。

习近平总书记明确提出，各级领导干部要树立和发扬好的作风，既严以修身、严以用权、严以律己，又谋事要实、创业要实、做人要实。“三严三实”高屋建瓴，言简意赅，语重心长，内容丰富，深刻阐明了党员干部的修身之本、为政之道、成事之要，贯穿了马克思主义政党建设的基本原则和内在要求，体现了共产党人的价值追求和政治品格，丰富和发展了党的建设理论，为新形势下党的思想政治建设和作风建设提供了基本遵循。

十八大以来，党中央坚持党要管党，从严治党，带头执行八项规定，在全党深入开展党的群众路线教育实践活动，反对“四风”改进作风，深入开展党风廉政建设和反腐败斗争，党风政风和社会风气为之一新。今天，在县处级以上领导干部中开展“三严三实”专题教育，是继承和发扬党的优良传统和作风的必然要求，是党的群众路线教育实践活动的延展深化，是加强党的思想政治建设和作风建设的重要举措，更是协调推进“四个全面”战略布局的坚实保障。对于站在历史性的新起点上的山西来说，开展“三严三实”专题教育更具有特殊重要的意义，既是全省学习讨论落实活动的强化提升，也是全面推进“六权治本”、严格执行党纪党规“先走一步”的重要契机，同时也是实现“富民强省”的组织保证。

“三严三实”是具有内在联系的，是相辅相成的，“三严”之间，“三实”之间，“三严”与“三实”之间，都是相互联系、相互支撑，不可分割的。我们必须深刻理解，全面践行。“三严”是出发点，是对领导干部的内在要求，“三实”是落脚点，是领导干部的行为取向。

做官先做人，做人必修身，自古而然。“严是爱，宽是害”，可谓经验之谈。修身、用权、律己，都要坚守一个“严”字。必须突出严的要求、严的精神、严的措施、严的纪律。山西一度发生系统性塌方式腐败问题的根本原因，就是治党没有从严，对党员干部的管理和监督失之于宽，失之于松。于是，一些党员干部放松了对自己的要求，理想信念动摇，道德防线失守，个人欲望膨胀，以致走上了违纪违法的道路。

一个“实”字重如山贵如金。谋事、创业、做人，都要突出一个“实”字。“实”是一切从实际出发、理论联系实际、实事求是的思想路线；“实”是求真务实、尊重实践、注重实效的工作方法；“实”是忠诚老实、厚道朴实、认真踏实的处事态度。一些领导干部离开了这个“实”字，有的心浮气躁，急功近利，搞虚假政绩，做表面文章；有的对上级阳奉阴违，对群众不办实事；有的创业精神退化，碰到困难矛盾绕道走，缺乏责任担当……总之，缺“严”少“实”，其害无穷，做人失败，做事难成。

做好山西的工作关键在党，重点在人。全省各级领导干部务必牢记“心中有党不忘恩、心中有民不忘本、心中有责不懈怠、心中有戒不妄为”，切实增强带头践行“三严三实”要求的思想自觉和行动自觉，从“严”上要求，从“实”处着力，自我净化、自我完善、自我革新，秉公、依法、廉洁用权；切实解决谋事不实、创业不实、做人不实的问题，解决好为官不为等“软腐败”问题，进一步正党风、清政风、净社风、纯民风，为“净化政治生态、实现弊革风清、重塑山西形象、促进富民强省”做出更大贡献。

深刻理解“三严三实”丰富内涵

——二论领导干部带头认真学习践行“三严三实”

山西日报评论员

真学真懂，才能内化于心；真信真用，方能外见于行。“三严三实”专题教育已在全省渐次开展，相比于党的群众路线教育实践活动，这次教育不分批次、不划阶段、不设环节，如何确保各地各部门扎实开展？如何确保领导干部践行“三严三实”？关键要看领导干部是否能够深刻理解“三严三实”丰富内涵，把握其精神实质。

“严以修身、严以用权、严以律己，谋事要实、创业要实、做人要实”这24字，既言简意赅又内涵丰富。深刻理解“三严三实”丰富内涵，就是领导干部在修身、用权、律己中，都要坚守一个“严”字。治国先要从严治党，治党先要从严治吏。“严”是共产党员的基本要求，更是领导干部的行为准则。做官做人，修身居首位。严以修身，就是党性为本，需要加强党性修养，提升道德境界，自觉抵制贪欲和歪风邪气；严以用权，就是为民服务，需要坚定人民立场，要秉公用权、依法用权、廉洁用权，真正做到为民用权；严以律己，就是坚守底线，把廉洁作为从政底线，管住手、管住腿、管住嘴，切实做到遵纪守法、清正廉洁。

深刻理解“三严三实”丰富内涵，就是领导干部在谋事、创业、做人中，都要突出一个“实”字。“实”是共产党的根本作风，更是领导干部的必备素质。谋事要实，就是力戒浮躁，树立正确政绩观，一切工作从实际出发、按规律办事，不提不切实际的口号、不制定超越阶段的目标、不做不切实际的事情；创业要实，就是务求实效，把抓落实当作一项基本功，知行合一、带头实干，勇于担当、直面矛盾，件件有着落、事事有回音，努力创造经得起实践、人民和历史检验的实绩；做人要实，就是坚守正道，必须做到对党、对组织、对人民、对同志忠诚老实。

玉不琢不成器，人不学不知义。要深刻理解“三严三实”丰富内涵，就要自觉坚持“双学”，深入学习贯彻习近平总书记系列重要讲话精神，学习党章和党的纪律规定等，注重读原著、学原文、悟原理、领会核心要义和精神实质；深入学习以习近平同志为总书记的中央领导集体的优良作风，做到真学真懂、真信真抓、真改真用。

要深刻理解“三严三实”丰富内涵，就要把牢思想和行动“信仰开关”，加强马克思主义的理论修养、政治修养、思想道德修养和业务修养，坚定理想信念、坚定政治信仰，敬畏权力、敬畏人民，做到心中有党不忘恩、心中有戒不妄为。

要深刻理解“三严三实”丰富内涵，就要汲取腐败惨痛教训，强化党性分析。用十八大以来我省查处的典型案件，开展廉政警示教育，深入进行“六对照六反思”，对照“三严三实”要求，深查细照、深挖细剖，自觉筑牢拒腐防变的思想堤坝、精神防线，做到慎独慎微。

“三严三实”不仅是一个思想理论问题，更重要的是一个实践行动问题。我省广大领导干部要按照中央和省委部署，把“三严三实”融入经常性学习教育中，常抓不懈、久久为功，着力解决“不严不实”问题，真正做到对党忠诚、干净干事，在全面推进“六权治本”、加快“六大发展”中作出更大贡献。

坚持问题导向是关键

——三论领导干部带头认真学习践行“三严三实”

山西日报评论员

人类认识世界、改造世界的过程，就是一个发现问题、解决问题的过程。问题导向是马克思主义世界观和方法论的重要体现，是党的优良传统和宝贵经验。当前，深入开展“三严三实”专题教育，从哪里入手？怎么才能抓出成效？答案是从问题入手。问题就是实际、就是方向、就是“有的放矢”的靶子。各级领导干部要始终坚持问题导向，把发现问题、剖析问题、解决问题作为出发点和落脚点，对照“严以修身、严以用权、严以律己，谋事要实、创业要实、做人要实”的要求，深入查找、扎实解决自身以及领导班子存在的“不严不实”问题，进一步正党风、清政风、净社风、纯民风。

坚持问题导向，前提是正视问题。现在我们正处在矛盾和问题多发期，思想认识问题与现实利益问题交织，长期积累的问题与新出现的问题叠加，问题绕不开，也躲不过。以作风建设为例，党的群众路线教育实践活动之后，领导干部作风有了明显转变，但拧紧理想信念总开关、补足精神之“钙”不可能一蹴而就，无视党的政治纪律和政治规矩的现象依然存在。领导干部一定要保持正视问题的清醒，以对党忠诚、对人民负责的精神，敢于提出问题，勇于面对问题，善于解决问题。

坚持问题导向，核心是找准问题。问题无处不在，表现形式多种多样，各级各部门不能“上下一般粗”，大而化之地搞“一刀切”“一锅煮”。在专题教育推进中，既要找准共性问题，也要找到个性问题；既要找准表面问题，也要找到深层次问题。领导干部要认真把自己摆进去，围绕“三严三实”的具体要求，深查细照，既要紧密联系个人思想和工作实际，查找自身思想“顽疾”，结合具体事例“画好像”，做到见人见事见思想；也要联系改革发展的重大问题，查找干事创业的奋斗精神满不满、创业劲头足不足、责任担当强不强；还要敞开大门、放下身段倾听群众呼声，听取群众意见。力求通过各种方法，深入检查扫描，确保把“不严不实”问题找准找全找具体。

坚持问题导向，关键是解决问题。正视问题、查找问题是过程，最终目的是解决问题。推进专题教育中，固然要解决个别的、特定的矛盾，但更重要的是要抓共性、抓普遍存在的问题。这类问题往往危害广、影响大，群众意见多。针对这类问题，不能简单地“头痛医头、脚痛医脚”，而要认真梳理，列出问题清单，摆出表现事例，深刻剖析原因，逐一制定可操作、可监督、可检查的整改措施，真正做到整改一个、销号一个。

开展“三严三实”专题教育，解决“不严不实”突出问题是过程，把作风建设的良好态势保持和发展下去，把干事创业的热情激发起来才是目标。各级领导干部必须充分认识到，“三严三实”专题教育是一项根本性、基础性、长远性建设工作，一定要始终坚持问题导向，有逢山开路、遇河架桥的勇气，有变压力为动力、化挑战为机遇、敢啃硬骨头、咬定青山不放松的耐心和恒心，在攻克一个又一个问题堡垒中不断创造新的业绩。

坚决把守纪律讲规矩放在首位

——四论领导干部带头认真学习践行“三严三实”

山西日报评论员

党的纪律和党内规矩是党的生命线。在开展“三严三实”专题教育中，全省广大党员干部必须坚决把守纪律、讲规矩放在首要位置，切实解决自身“不严不实”问题。这是对每一个党员干部最基本最重要的要求。

没有规矩，不成方圆。全面从严治党，首先要依纪治党，把党的纪律和规矩挺在前面，这是治本之策。当前，一些党员干部“不严不实”，就是虽然把法律当成了底线，却没有把纪律当回事，认为只要不违法，纪律松一些没什么，违反纪律是小事小节。正是有这样的错误认识，最终酿成大祸。马克思曾说过，“我们现在必须绝对保持党的纪律，否则将一事无成。”综观被查处的党员领导干部，几乎都是从破坏规矩开始的，然后发展成违纪、直到违法。党纪严于国法。作为党员干部，既不能口无遮拦，更不能任性妄为，必须守住纪律的第一道防线，只有把纪律和规矩挺在法律前面，才能使违法党员干部数量大幅减少。

我们党在长期的实践中，形成了有机统一、行之有效的一系列党的纪律和党内规矩，涉及党内生活的方方面面，包括政治纪律、组织人事纪律、财经纪律、工作纪律等等，也包括一些未成文的、没有明文列入纪律、自我约束的规矩。开展“三严三实”专题教育，每一个党员干部都要重温这些纪律和规矩，让其真正成为自己奉行的行为准则。

“严以修身、严以用权、严以律己”，首当其冲就是要严守政治纪律和政治规矩，坚决做到习近平总书记提出的“五个必须”。一是必须维护党中央权威，在任何时候任何情况下都要在思想上政治上行动上同党中央保持高度一致，决不允许背离党中央要求另搞一套；二是必须维护党的团结，坚持五湖四海，团结一切忠实于党的同志，决不允许在党内培植个人势力；三是必须遵循组织程序，重大问题该请示的请示，该汇报的汇报，不允许超越权限办事，决不允许擅作主张、我行我素；四是必须服从组织决定，决不允许搞非组织活动，不得违背组织决定；五是必须管好亲属和身边工作人员，不得默许他们利用特殊身份谋取非法利益，决不允许他们擅权干政、谋取私利。

纪律和规矩的生命力在于刚性。“谋事要实、创业要实、做人要实”，必须实实在在维护纪律和规矩的生命力。党员干部在谋事、创业、做人时，都要严格执行各项纪律、规矩。只有严起来，才能“挺”起来，最终达到“实”的效果。怎么“严”？就是要按照省委书记王儒林提出的要求，做到严格遵守、严格考察、严格约束、严格追究、严格落实，决不允许出现“下不为例”“情有可原”。特别是党的纪律检查机关，就是要冲着纪律去。要充分运用警示谈话、纪律诫勉等多种方式，早点提醒一下；要用好党纪处分，坚持“一案双查”，早点警示一下，达到治病救人的效果。

把纪律挺在前面，还要充分发挥领导干部的带头作用，通过“关键少数”的示范效应，层层传导，下沉到底；充分发挥党支部的战斗堡垒作用，夯实守纪律、讲规矩的组织基础，强化党的战斗力；充分发挥教育引导作用，切实加强党性教育、理想信念教育、社会主义核心价值观教育，运用正反典型教育，提高党员干部讲纪律、守规矩的自觉性。

学习是首要任务

——五论领导干部带头认真学习践行“三严三实”

山西日报评论员

非学无以广才，非学无以明识。我们党历来重视学习、善于学习。领导干部只有把学习作为首要任务，通过学习补足精神之“钙”，坚守共产党人的精神家园，把牢思想和行动的“总开关”，才能自觉带头践行“三严三实”，树立忠诚干净担当的新形象。

把学习作为首要任务，就是要充分认识加强学习的重要性和必要性，把学习作为立身之本和履职之基，切实增强学习的主动性和积极性。充分认识学习是落实中央决策部署、推进“四个全面”战略布局的迫切要求，是加强党性修养、筑牢思想防线的迫切要求，也是开展好这次专题教育的基础和前提。当前一些党员干部有这样那样的违反党的政治纪律和政治规矩的“不严不实”问题，甚至是腐败问题，其重要原因之一就是放松了学习，在思想上背离了党的宗旨。

把学习作为首要任务，就是要突出学习重点，坚持“双学”。既要深入学习党的十八大和十八届三中、四中全会精神，深入学习习近平总书记系列重要讲话精神，深入学习党章和党的纪律规定等有关内容，通过读原著、学原文、悟原理，拧紧思想上的“总开关”。同时，又要学习以习近平同志为总书记的中央领导集体“崇尚实干、勇于担当、廉洁自律”的优良作风，从自身做起，从细节做起，自觉践行“三严三实”。

把学习作为首要任务，就是要联系实际，突出问题导向，带着问题学，增强学习的针对性。缺少问题意识，为学习而学习，学习效果就不会好。带着问题学习，不仅是学风问题，也是党风作风问题。要自觉把学习与思想、工作实践结合起来，认真对照检查个人思想、能力和作风方面存在的问题，坚持边学边查边改，努力取得实际效果。特别要通过学习先进典型，找到差距、见贤思齐，通过违纪违法的反面教材，汲取教训、自警自省。没有问题意识，学习往往就会浮于表面，流于形式，难以深入。因此，整个学习过程都要有强烈的问题意识，聚焦问题不跑偏、扭住问题不放松，以问题导向统领学习过程。

把学习作为首要任务，就是要创新学习方法，把学习与思考、交流结合起来。“学而不思则罔，思而不学则殆。”在思考中学习，在学习中思考，通过学习思考使“三严三实”真正内化于心、外化于行，成为自己的政治品格、价值追求和行为准则。要在学习的基础上，认真开展专题研讨，深入交流思想，互相启发借鉴，力求把一些重要问题学习深、理解透。

把学习作为首要任务，就是要坚持以上率下，领导干部带头沉下心学习、静下心思考，力求先学一步、学深一步，学有所得、学有所悟。各级党委要按照省委的要求，把专题学习作为“三严三实”专题教育的基础性工程，摆在重要位置，科学制定方案，加强分类指导。要加强对专题学习开展情况的督促检查，对学习抓得不力的领导和部门，要及时提醒，督促改进。各级党委主要负责同志必须担负起专题学习第一责任人的责任，既带头参加专题学习，作好表率，同时又投入足够的时间和精力，把专题学习组织好、推动好。

学习是一种态度，学习是一种责任，学习是一种精神，学习是开展好“三严三实”专题教育的前提和基础，绝非可有可无、可松可紧，而是只有夯实了这个前提和基础，领导干部才能从严从实要求自己，锤炼好作风，展现新作为，“三严三实”专题教育才能取得实实在在的成效。

以上率下示范带动

——六论领导干部带头认真学习践行“三严三实”

山西日报评论员

风成于上，俗形于下。以上率下，是我们长期以来形成的基本工作方法；示范带动，是被实践证明有效的工作方式。领导干部带头学习践行“三严三实”，充分发挥好示范带动、模范带头作用，是“三严三实”专题教育取得成效的关键。这次专题教育的主要对象是县处级以上领导干部，这意味着全省县处级以上干部是专题教育的关键所在，特别是其中各级各部门“一把手”是关键中的关键。

“三严三实”是党员干部的修身之本、为政之道、成事之要。领导干部作为“关键少数”，就是要以身作则，严要求、当标杆、作示范，形成上行下效、上率下行的良好局面，进一步正党风、清政风、净社风、纯民风。目前，省委常委班子已经带头开展活动，各级党委（党组）书记也陆续以讲党课启动开局，确保了我省“三严三实”专题教育开篇良好。

以上率下、示范带动，首先要从自觉坚持“学讲话、学作风”做起。以“双学”作为基本党性要求，深入学习贯彻习近平总书记系列重要讲话精神，深入学习以习近平同志为总书记的中央领导集体的优良作风，保持对党绝对忠诚。要从省级领导做起，引导推动县处级以上领导干部特别是“一把手”把专题教育紧紧抓在手上，一级学一级、一级带一级、一级抓一级，切实做到真学真懂、真信真抓、真改真用。

以上率下、示范带动，最基本的是带头做到廉洁自律。公生明，廉生威。廉洁自律既是领导干部应具备的基本素质和道德准则，也是党风廉政建设“一岗双责”提出的现实要求。清清白白做人，干干净净做事，是为官用权的根本遵循，也是做人做事的基本底线。领导干部用好为民之权，就要带头做到以身践廉，拒腐蚀，把住底线，保持本色，始终保持清正廉明。

以上率下、示范带动，根本在于勇于担当，努力破解改革发展难题。把省委、省政府各项部署落实到位，推动“六大发展”，关键在党，关键在人。党员领导干部特别是各级各部门“一把手”，是确保各项工作落实的“关键少数”。为官就要有为。在山西站在历史性新起点的特殊时刻，领导干部必须勇于担当，立足岗位职责，主动应对挑战，扛起肩上的责任，积极适应经济发展新常态，办实事、出实招、求实效。

以上率下、示范带动，最关键的是要一心为民，切实解决好群众利益诉求问题和群众身边的腐败问题。近段时间，我省党风廉政建设和反腐败斗争深入推进，取得了一定成效，一批大要案件得以查办，一些贪腐官员纷纷落马，确实赢得了党心民心，赢得了群众的支持与信任。然而，我们也要看到，发生在群众身边的腐败问题进一步凸显，反腐败工作存在“上面九级风浪、下面纹丝不动”的情况。在“三严三实”专题教育中，领导干部要想民之所想、急民之所急，下功夫抓好发生在群众身边的腐败问题，特别要强化“两个责任”，层层传导压力，努力做到“乡村治、百姓安”。

当前，领导干部要带头从严开展专项整治。要集中整治群众反映强烈、影响面大的“不严不实”问题，特别是要以农村“三资”管理为切入点，解决群众身边的腐败问题；以解决乡村基层涉纪信访问题为切入点，化解信访积案和新发信访案件。同时，把学习讨论落实活动期间被实践证明行之有效的措施，如“三个高压态势”“三个一批”“六权治本”等，向基层延伸，实现标本兼治。

两手抓　两不误　两促进

——七论领导干部带头认真学习践行“三严三实”

山西日报评论员

发展始终是第一要务，开展专题教育、着力解决“不严不实”问题，也都是为群众过上更好的日子，实现富民强省。全省各级党组织要按照省委、省政府部署，把开展专题教育与做好本地区本部门本单位的日常工作紧密结合起来，切实做到“两手抓、两手硬”，确保实现“两不误、两促进”。

要确保实现“两不误、两促进”，首先要端正思想态度。当前，我省改革发展稳定的任务十分艰巨，越是在这个时候，领导干部越是要做好统筹的文章。一些领导干部忙于抓经济，把专题教育当成负担，也有一些领导干部借专题教育之名，放松了经济工作。必须及时遏制和克服这些错误的思想和观念，摒弃观望等待心理和敷衍态度，真正将对党忠诚、个人干净、敢于担当的总要求根植于思想行动中，用端正认真的态度、积极务实的作为，保证专题教育取得实实在在的效果，以“两不误”实现“两促进”。

确保实现“两不误、两促进”，就要解决好转化问题，让领导干部在专题教育中激发出的工作热情和进取精神，转化为做好各项工作的强大动力。专题教育目标任务的“四个解决”互为呼应，特别是最后一个“解决”——着力解决改革创新不强、干事创业精气神不振、适应新常态的准备不足，本领恐慌、能力恐慌和作风不实、执行不力等问题，正是当下领导干部中较为常见、制约和影响经济工作较为普遍存在的问题。领导干部要深刻认识专题教育的及时性和必要性，严格按照问题清单、整改清单，拿出实打实的整改举措，以肯干提升境界，以敢干展示气魄，以实干赢得尊重，最终把专题教育的各项成果转化为围绕中心工作、推动经济社会发展的新动力。

确保实现“两不误、两促进”，就要做好落实的文章。目前，我省积极应对经济下行压力，全面贯彻落实“五句话”总体要求，主动适应经济发展新常态，着力推动“六大发展”，全面深化改革，重点推进金融振兴、科技创新、民营经济发展“三大突破”。各级党组织和党员领导干部要把开展专题教育和认真贯彻落实省委、省政府各项决策部署密切结合，合理安排专题教育与本地区、本部门、本单位各项工作任务，切实把专题教育的各个关键动作做扎实、做到位，同时积极适应经济发展新常态，准确把握经济社会发展的新特征、新趋势，积极应对经济下行压力，全面落实好稳增长、促改革、调结构、惠民生、防风险等各项工作，在“长远做好六大发展、当下实现三个突破”上出实招、见实效，把省委、省政府的各项任务要求落到实处，见到实实在在的成效。

越是经济下行压力大，越是问题多发、矛盾突出，这就更需要领导干部有直面矛盾、主动应对挑战的担当精神。广大党员领导干部要以对党忠诚、对人民负责的精神，勇于面对问题，善于解决问题，通过专题教育，锤炼自己、增长本领、展现作为，切实肩负起促进改革发展稳定的责任，以扎扎实实的工作，确保“两手抓、两手硬”，实现“两不误、两促进”。

把群众满意作为衡量的标杆

——八论领导干部带头认真学习践行“三严三实”

山西日报评论员

开展“三严三实”专题教育，贵在行动，重在成效。衡量成效的标准可以有好多条，最根本的一条，就是群众满意。“政之所兴在顺民心，政之所废在逆民心。”时刻把群众感受放在心中，把群众满意作为衡量成效的标杆，开展“三严三实”专题教育就有了方向，改进工作就有了动力，也才能得到老百姓的真心拥护和支持。

群众的眼睛是雪亮的。党员干部问题多不多，毛病重不重，群众看得最清楚、心里最明白、最有发言权。群众最重实际，群众看干部不光看你怎么说，更要看你怎么做，领导干部有没有脱离实际、图做虚功，群众心里都有杆秤。把干部表现与群众感受联系起来看，才能对专题教育的成效作出客观评价。

以群众满意为标准，首先需要学会换位思考。领导干部要自觉摆正与群众的关系，牢固树立群众意识，以群众立场领会贯通“三严三实”精神，多听听老百姓的愿望，多想想老百姓的感受，多看看老百姓的工作状况，多体会体会老百姓生活的艰辛，才会发现问题所在，才会了解群众所盼，决策部署才能和群众的切身利益结合起来，改进工作才能改到百姓心坎上。

以群众满意为标准，必须相信群众、依靠群众，让群众积极参与。群众是最有效、最直接的监督力量，只有诚心诚意欢迎群众提意见、挑毛病，从群众呼声中找差距、找问题，才能有效推进专题教育的开展。

以群众满意为标准，必须把认真查找和着力解决问题贯穿始终。无论是专题党课、专题学习研讨、专题民主生活会和组织生活会，还是整改落实、立规执纪，都要聚焦问题、对准问题，把发现问题、解决问题作为出发点和落脚点。通过专题教育，着力解决理想信念动摇、信仰迷茫、滥用权力、设租寻租、无视党的政治纪律、为官不为等各种“不严不实”问题，不断把作风建设引向深入，让群众切实感到变化、见到实效、得到实惠。这既是中央的要求，也是群众的期盼。

结合我省实际，特别是要以农村“三资”管理为切入点，解决群众身边的腐败问题；以解决乡村基层涉纪信访问题为切入点，化解信访积案和新发信访案件。以严的标准、实的作风，把肩上的责任扛起来，把省委、省政府的各项部署落实到位，主动适应经济发展新常态，积极推动“六大发展”，努力做好各项工作。

各级领导干部应当自觉把“三严三实”作为修身做人用权律己的基本遵循、干事创业的行为准则，时时处处自觉接受群众的监督考评,用真心为民、诚心待民、热心便民的实际行动取信于民。通过不断深化学习教育，实现由被动教育向主动自省的转变、由“不敢”向“不想”的转变，真正做到“心中有党不忘恩，心中有民不忘本，心中有责不懈怠，心中有戒不妄为”。

“三严三实”共产党人的价值追求和政治品格

山西日报理论部

治国必先治党，治党务必从严。习近平总书记提出的“严以修身、严以用权、严以律己，谋事要实、创业要实、做人要实”，深刻阐明了党员干部的修身之本、为政之道、成事之要，贯穿了马克思主义政党建设的基本原则和内在要求，体现了共产党人的价值追求和政治品格，丰富和发展了党的建设理论，为加强新形势下党的思想政治建设和作风建设提供了基本遵循。

5月19日，省委书记王儒林以“领导干部要带头认真学习践行‘三严三实’”为题，为各级领导干部讲专题党课，并对全省开展“三严三实”专题教育作出安排部署。他强调：学习践行“三严三实”是继承和发扬党的优良传统和作风的必然要求，是落实“四个全面”战略布局的必然要求，是加强党的思想政治建设和作风建设的必然要求，是严肃党内政治生活、严格党的政治纪律和政治规矩的必然要求，必须始终把“三严三实”作为自己的政治品格、价值追求和行为准则。

“三严三实”是各级领导干部必须遵循的政治伦理

自从人类社会出现政治现象之后，政治便与伦理道德产生了极为密切的关系。在古代社会，政治伦理笼统的意义就是治国之道、做人之道、为官之道。人们认为，某种政治制度和政治行为必须以某种道德为基础，社会习惯和社会习俗即为政治规范，道德观念也是政治观念，个人认同的是非标准和社会认同的权利义务在很大程度上是相吻合的。在古希腊，政治与道德的结合产生了“正义”观念的伦理政治观；在古代中国，政治伦理观以“仁”为核心，政治规范道德化。柏拉图的《理想国》、亚里士多德的《政治学》、孔子的《论语》等等，讲的既是伦理，也是政治。

在当代，随着人类面临的各类问题日益成为政治问题，政治领域也出现了一些与道德有关的新问题，如政治发展、生态平衡、资源调配等，政治仍离不开伦理。“三严三实”正是习近平总书记立足于国际国内大势，给党员干部特别是各级领导干部提出的政治伦理新要求。“三严三实”不仅给各级领导干部在政治公共领域应该遵循的政治道德体系定了位，也给公职人员明确自己的身份、优化自己的评价标准并自觉调控自己行使权力的活动确定了道德标准。

“三严三实”规定了从政者必须遵循的道德操守。从事政治活动的人在运用公共权力或执行公务过程中必须具备的道德规范，就是从政者必须遵守的政治伦理。“严以修身、严以用权、严以律己”，就是领导干部在使用公共权力过程中必须具备的道德规范，也是基本要求和最低要求。这其中，修身是用权、律己、谋事、创业、做人的基础和前提，是世界观人生观价值观的“总开关”。修身，对于领导干部来说，除了在自己的私人领域慎独慎微之外，还包括在公共政治领域的严守纪律、坚定忠诚、公正廉洁、克己奉公、求实创新等。

“三严三实”规定了政治管理活动必须遵循的道德操守。政治管理的制度建立、运行和政策制订、实施过程中的伦理问题，就是要正确把握政治管理与民众赞同的价值观、利益观和民众为之付出的代价之间所蕴涵的伦理关系。“谋事、创业、做人”，是一个领导干部贯穿日常政治管理始终的行为，工作思路、政策措施符合实际情况、符合科学精神、符合客观规律就是最大的“实”。这种“实”的要求符合普通大众的价值追求和利益攸关，就是将合理的政治道德体系定位于政治公共领域、定位于个人权利与公共利益的结合、定位于目的与道义的统一。

“三严三实”是推进四个全面、夯实执政基础、实现弊革风清的必然要求

毋庸讳言，无论是我们的党员干部队伍管理还是党员干部自身，都仍然不同程度地存在诸多个性或共性的“不严不实”问题。有的党组织对于党员领导干部的管理失之于宽、失之于软、失之于虚；有的领导干部理想信念动摇、信仰缺失，自由主义、好人主义盛行；有的领导干部忽视群众利益、漠视群众疾苦；有的领导干部滥用手中权力，官商勾结、利益输送、贪污腐败。这些“不严不实”的现象和问题，正是党的作风建设亟待解决的突出问题。而“三严三实”的要求，切中了作风之弊的要害，是新时期党员干部修身立德、干事创业的基本遵循。

“三严三实”是推进“四个全面”战略布局的必由之路。事业成败，关键在人。协调推进全面建成小康社会、全面深化改革、全面依法治国、全面从严治党的战略布局，需要党的坚强领导，更需要各级领导干部切实发挥好推进“四个全面”组织者、推动者、引领者和实践者的作用，带头从严修身、从严自律、从严用权，带头求真务实、勇于担当、干事创业，带领广大人民群众齐心协力踏实苦干。

“三严三实”是夯实我党执政基础的客观要求。当前，国际国内形势发生了深刻变化，我们党面临的执政考验、改革开放考验、市场经济考验、外部环境考验是长期的、复杂的、严峻的。同时，精神懈怠的危险、能力不足的危险、脱离群众的危险、消极腐败的危险，更加尖锐地摆在全党面前。只有认真学习践行“三严三实”，切实解决党员干部作风中与新形势新任务不适应、不符合的问题，我们党才能始终保持马克思主义政党的先进性和纯洁性，才能更好地巩固执政基础、提高执政能力、推进政治治理的现代化，最终实现国家富强、民族振兴、人民幸福。

“三严三实”是山西实现弊革风清的必然选择。对于山西来说，要消除系统性塌方式腐败笼罩在干部群众心头的阴影，要净化遭到严重破坏的政治生态，必须治病树、拔烂树、扶歪树、救森林。为此，各级领导干部必须身体力行“三严三实”，把修德、立德作为终身课题，自觉明大德、守公德、严私德，确保权力行使不偏向、不变质、不越轨、不出格，力戒浮躁、务求实效、坚守正道，牢记党的全心全意为人民服务的根本宗旨，把人民群众放在心中最高位置，积极推动“六大发展”，努力实现“三大突破”，勠力同心实现弊革风清富民强省。

科学把握“三严三实”的丰富内涵和辩证关系

“知之深切，方能行之自觉。”科学把握“三严三实”的丰富内涵和辩证关系，关键之关键就是要明确：修身用权律己，必须“严”字当头，“实”为基础；谋事创业做人，必须“实”字引领，“严”为保障。

在“三严”中，严以修身，就是要加强党性修养，坚定理想信念，提升道德境界，追求高尚情操，自觉远离低级趣味，自觉抵制歪风邪气；严以用权，就是要坚持用权为民，按规则、按制度行使权力，把权力关进制度的笼子里，任何时候都不搞特权、不以权谋私；严以律己，就是要心存敬畏、手握戒尺，慎独慎微、勤于自省，遵守党纪国法，做到为政清廉。“三严”之间是互相联系、互相依存的，严以修身是基础，严以用权是关键，严以律己是根本。严以修身，歪风邪气不上身；严以用权，甘当公仆不越位；严以律己，守住底线得清廉。各级领导干部只有以“三严”为要，不断加强学习，增强党性修养，强化法治意识，才能守住原则红线，常怀警戒之心，才能“挡得住诱惑，耐得住清贫，经得起考验”。

在“三实”中，谋事要实，就是要从实际出发谋划事业和工作，使点子、政策、方案符合实际情况、符合客观规律、符合科学精神，不好高骛远，不脱离实际”；创业要实，就是要脚踏实地、真抓实干，敢于担当责任，勇于直面矛盾，善于解决问题，努力创造经得起实践、人民、历史检验的实绩；做人要实，就是要对党、对组织、对人民、对同志忠诚老实，做老实人、说老实话、干老实事，襟怀坦白，公道正派。“三实”之间也是相互支撑、相互作用的，谋事是创业做人的前提，只有谋事实了才会有创业的实、做人的实；做人是谋事创业的保障，只有做一个实实在在的人，才能有根基、有底气去实实在在谋事创业。

“三严三实”是辩证统一的有机整体，绝不能将其形而上学地人为割裂开来。“三严”是根本、是基础、是出发点，它集中体现了共产党人的理想信念和最根本的价值观，“三严”不立“三实”就失去了理论支撑，只有做到“三严”才能为“三实”打下牢固的思想基础。“三实”是“三严”的具体体现，做不到“三实”“三严”就成了空洞

的东西，做到了“三实”才能巩固“三严”，坚定共产党人的理想信念。

自觉践行“三严三实”深入推进作风建设

“三严三实”彰显了我们党一鼓作气抓作风、驰而不息改作风的坚定决心和恒心。党员领导干部认真学习践行“三严三实”，就要切实做到内化于心、外化于行、固化于制。

内化于心，在领会精神实质上求深入。一方面，“三严三实”体现了对修己正身之道的凝练和提升，体现了内在自觉与外在约束的辩证统一，各级领导干部要从讲政治、讲大局的高度，深刻领会和准确把握“三严三实”的丰富内涵和精髓要义，自觉加强自省自修，以内在的修为成就外现的作为。另一方面，“三严三实”是党的优良传统和作风的继承与发展，是党的群众路线教育实践活动的延续和深入，是我党作风建设理论的重要发展，也是全省学习讨论落实活动的强化提升，各级领导干部要把“三严三实”作为新形势下党员干部作风建设的准则规范，作为正心修身的思想守则和干事创业的行为准则。

外化于行，在践行“三严三实”中作表率。在严以修身上作表率，始终保持政治定力，坚定马克思主义信仰、坚定中国特色社会主义信念，树立正确的权力观、政绩观、事业观，努力提升道德境界、追求高尚情操；在严以用权上作表率，把群众满意不满意、拥护不拥护、赞成不赞成作为衡量和检验工作的最高标准；在严以律己上作表率，要求别人做到的自己首先做到，对党纪国法心存敬畏，要心怀高尚的人生追求，倡导健康文明的生活方式；在谋事要实上作表率，讲真话、干实事、重实效，把心思用在干事业上、抓落实中；在创业要实上作表率，增强担当意识，面对各种阻力和压力都能百折不挠、毫不退缩；在做人要实上作表率，做到思想正派、作风正派、办事公道、待人公道。

固化于制，在建立长效机制上出实招。落实“三严三实”要求，既要靠自律，更要靠他律，注重健全制度机制，在抓常、抓细、抓长上下功夫。建立落实“三严三实”要求的长效机制，关键要解决两个问题：一是解决“牛栏关猫”问题；二是解决“稻草人”问题。长效机制的建立，应当是“铁笼子”而不是“松紧带”，要把制度笼子扎紧扎密，清晰界定什么能做、什么不能做，不能含含糊糊、模棱两可。长效机制的执行，应当是刚性的而不是弹性的更不是选择性的，要坚持制度面前人人平等、执行制度没有例外，对违规违纪、破坏制度的现象和行为必须严厉查处，切实维护长效机制的严肃性权威性。

2015年9月25日，第二十五届全国图书交易博览会在太原隆重开幕。

人　物

一、年度新任职的省军级领导简历

郭志刚

郭志刚

郭志刚，男，山西省平遥县人，1958年4月生，1976年2月入伍，1978年5月入党，少将军衔。现任山西省军区政治委员。

1976年2月至1979年2月，38集团军112师335团战士；1979年2月至1979年12月，38集团军112 师335团3连排长；1979年12月至1982年6月，38集团军112师335团政治处副连职干事；1982年6月至1983年6月，38集团军112师335团迫击炮连政治指导员；1983年6月至1983年11月，38 集团军112师335团炮兵营副政治教导员；1983年11月至1985年5月，38集团军112师335团政治处宣传股股长；1985年5月至1990年11月，38集团军112师335团1营政治教导员；1990年11月至1993年11月，38集团军112师335团政治处主任；1993年11月至1994年5月，38集团军112师334团政治处主任；1994年5月至1995年2月，38集团军112师334团副政治委员；1995年2月至1999年2月，38集团军112师334团政治委员；1999年2月至2002年5月，38集团军112 师政治部主任；2002年5月至2003年12月，38集团军112师副政治委员；2003年12月至2006年5月，北京卫戍区政治部副主任；2006 年5月至2009年2月，北京卫戍区警卫第1师政治委员；2009年2月至2015年2月，北京卫戍区副政治委员；2015年2月，山西省军区政治委员。

曾友成

曾友成

曾友成，男，四川省井研县人，1965年2月出生，1983年10月入伍，1986年6月入党，本科学历，大校警衔。现任武警山西省总队司令员、武警山西省总队党委副书记。

1983年10月，武警西藏总队二支队八中队战士；1988年9月，武警西藏总队二支队八中队排长；1990年3月，武警西藏总队二支队八中队副中队长；1991年11月，武警西藏总队二支队八中队中队长；1993年10月，武警西藏总队二支队一大队副大队长；1995年10月，武警西藏总队二支队一大队大队长；1997年4月，武警西藏总队二支队副参谋长；1998年1月，武警西藏总队日喀则地区支队参谋长；2000年12月，武警西藏总队山南地区支队支队长；2004年12月，武警西藏总队一支队支队长；2005年5月，武警西藏总队直属支队支队长；2006年12月，武警拉萨指挥学院院长；2010年6月，武警西藏总队参谋长；2015年9月，武警山西省总队司令员，2015年10月30日，武警山西省总队党委副书记。

二、年度调离山西的省军级领导简历

仲 轩

仲 轩

仲轩，男，河北省馆陶县人，1960年1月出生，1978年2月入伍，1981年3月入党，研究生学历，少将警衔。

1978年2月，新疆军区陆军7师20团战士；1982年1月，乌鲁木齐西山农场农工；1984年8月，武警新疆总队兵团支队7大队直属中队排长；1986年11月，武警新疆总队兵团支队7大队直属中队副中队长；1988年5月，武警新疆总队兵团支队7大队直属中队中队长；1991年6月，武警兵团指挥所司令部直政科副营职参谋；1994年6月，武警兵团指挥所司令部直政科正营职参谋；1996年8月，武警兵团指挥部司令部作战勤务处副处长；1996年12月，武警兵团指挥部司令部作战勤务处处长；1998年12月，武警兵团指挥部副参谋长；2002年2月，武警兵团指挥部参谋长；2006年5月，武警新疆总队参谋长；2008年11月，武警新疆总队副总队长(副军)；2009年5月，武警山西总队总队长；2012年12月，武警山西总队司令员；2015年9月，武警交通指挥部副司令员。

三、年度退休的省军级领导简历

张少华

张少华

张少华，男，汉族，1954年12月生，山西省河曲县人，在职研究生学历。1972年12月参加工作，1975年5月加入中国共产党。

参加工作后，历任38集团军113师338团战士、38集团军113师338团政治处组织股副连职干事、38集团军113师338团3营8连政治指导员、38集团军113师政治部组织科正连职干事、38集团军113师坦克团政治处宣传股股长。1983年10月任38集团军政治部组织处副营职干事；1986年10月任38集团军政治部组织处正营职干事；1988年6月任38集团军113师政治部组织科科长（期间：1983年6月至1987年9月，在河北大学中文专业学习）；1991年7月任总政治部干部部第二任免局副团职干事；1992年12月任总政治部干部部第二任免局正团职干事；1996年6月任总政治部干部部第二任免局副师职干事（期间：1994年9月至1997年7月，在南京政治学院经济管理专业学习）；1999年1月任总政治部干部部第二任免局副局长；2000年9月任总政治部干部部老干部局副局长(正师职)；2004年5月任总政治部干部部第二任免局局长（期间：2001年9月至2004年6月在解放军军事科学院军事战略学专业在职研究生学习）；2005年8月任北京卫戍区政治部主任（期间：2007年3月至2008年1月，在国防大学联合战役指挥员班学习）；2008年8月任山西省军区政治委员；2010年10月任中共山西省委常委、省军区政委。2015年2月退休。

四、年度逝世的原省级领导生平

秦国栋

山西省政协原副主席、民进山西省委原主委秦国栋同志，因病医治无效，于2015年10月14日19时06分在太原逝世，享年95岁。

秦国栋同志1921年5月出生，山西省原平市人，民进会员，1952年6月参加工作。曾任太原市第一联合医院院长兼内科主任，太原市卫生局副局长，太原市环境卫生管理局局长；1983年8月任太原市政协副主席，民进山西省副主委、太原市主委；1988年1月任山西省政协副主席；1989年6月任山西省政协副主席，民进山西省主委；2000年5月中央批准退休。

秦国栋同志是民进太原市第一届委员会副主委、第二届委员会主委；民进山西省第一届委员会副主委，第二、第三届委员会主委，第四届、第五届名誉主委；民进中央第七、第八、第九届委员；省政协第一届、第二届、第三届、第五届委员。

秦国栋同志少时学医，十几岁独立执业。抗日战争时期，作为战地医院医生曾参加“平型关战役”和“忻口会战”战地救护。新中国成立后，积极响应党和国家号召，将自己创办的医院并联合其他医院成立了太原市第一家集体所有制联合医院，后又全部交给国家。1949年被选为太原市医师公会主任，1951年被选为山西省各界人民代表大会代表和协商委员。曾任山西省青年联合会第一届副主席。担任太原市卫生局副局长期间，在全国开展的“爱国卫生运动”竞赛中，太原市获得了国家银质奖章，1958年赴京领奖时，受到了毛泽东、周恩来等党和国家领导人的亲切接见。“文革”期间下放隰县劳动。1980年担任太原市环卫局局长，竭心尽力、真抓实干，太原市连续几年被评为全国“卫生先进城市”称号。

秦国栋同志忠肝义胆，是中国共产党的亲密朋友，他始终坚持中国共产党的领导，坚持走社会主义道路，与中国共产党同心同德、风雨同舟、肝胆相照、荣辱与共。担任省、市政协副主席期间，认真履行政治协商、参政议政、民主监督职能，为国家经济建设、社会和谐发展和人民群众生活水平的不断提高积极建言献策，为山西省政协各项事业和全省的统战工作做出了重要贡献，深受各界人士的尊敬和爱戴。他关心国家政治、关注弱势群体、体察社会民情，在扶危济困、抗震救灾等活动中慷慨解囊，表现出了忧国忧民、无私奉献的高贵品德。

从山西民进第一个地方组织太原市委的诞生，到民进山西省委的成立，秦国栋同志都是主要的组织者、推动者和实施者，为山西民进的成长发展呕心沥血，做出了突出贡献。在担任省、市民进领导时期，积极组织会员中的各类人才，深入各行各业进行调查研究，广泛听取意见，深入发现问题，撰写过上百件关乎国计民生的提案和信息，也曾多次直接反映基层群众急需解决的民生问题，受到了省市主要领导的肯定和赞扬。秦国栋同志从领导岗位上退下来后，仍一如既往的关心民进，积极参加各类活动和调研，继续发挥余热。

秦国栋同志的一生，是爱国奋斗的一生，是无私奉献的一生。他热爱祖国、忠于人民、坚持原则、顾全大局、光明磊落、襟怀坦荡、一身正气、两袖清风、朴实正派、克己奉公，他将个人命运和中华民族的兴衰融为一体，把全部的精力奉献给了热爱的事业，为中国共产党领导的多党合作和政治协商制度做出了积极贡献。身逝音容宛在，风遗德业长存。秦国栋同志虽然离开了我们，但他的高尚品德、优良作风和人格魅力，永远值得我们学习和铭记！

秦国栋同志永远活在我们心中！

五、人事变动

省　委

4月29日　冷杰松任省委委员、常委，免去张少华省委常委、委员职务

8月30日　免去张克强省委副秘书长职务

8月30日　任命王纯为省委副秘书长

12月10日　免去孙毅同志省委副秘书长职务

12月28日　任命毛益民为省委副秘书长

省人大常委会

3月13日　郭海亮退休

7月30日　任命周世经为山西省人大常委会副秘书长

11月5日　任命李仁和为省人大常委会机关党组书记

11月5日　任命汤俊权、宋伟、刘钢、周世经为省人大常委会机关党组成员

11月26日　免去何涛山西省人大常委会副秘书长、研究室主任职务

11月26日　免去李渊山西省人大常委会副秘书长职务

省人大常委会工作机构

3月31日　免去杨波山西省人大常委会教育科学文化卫生工作委员会主任职务

4月9日　省人大王联英退休

5月28日　任命李平社、李洪为山西省第十二届人民代表大会常务委员会代表资格审查委员会委员

5月28日　免去杨波、施联秀山西省第十二届人民代表大会常务委员会代表资格审查委员会委员职务

5月28日　任命荣彤为山西省人大财政经济委员会副主任委员

5月28日　任命李洪为山西省人大常委会教育科学文化卫生工作委员会主任

5月28日　任命李平社为山西省人大常委会城乡建设环境保护工作委员会主任

5月28日　任命郭勇义为山西省人大常委会城乡建设环境保护工作委员会副主任

5月28日　任命杨随亭为山西省人大常委会预算工作委员会副主任

5月28日　免去王联英山西省人大法制委员会副主任委员职务

5月28日　免去李宝卿、张立新的山西省人大财政经济委员会副主任委员职务

5月28日　免去施联秀山西省人大常委会城乡建设环境保护工作委员会主任职务

6月26日　省人大安志辉退休

7月24日　任命霍晓琴为省人大常委会人事代表工作委员会巡视员

7月30日　任命谭继海为山西省人大常委会教育科学文化卫生工作委员会副主任

7月30日　任命张国富为山西省人大常委会人事代表工作委员会副主任

7月30日　任命王尚义为山西省人大常委会民族宗教侨务外事工作委员会副主任

7月30日　免去安志辉山西省人大常委会教育科学文化卫生工作委员会副主任职务

9月24日　免去霍晓琴山西省人大常委会人事代表工作委员会副主任职务

11月5日　免去李永宏省人大常委会委员、省人大内务司法委员会主任委员职务

11月26日　任命蔡汾湘为山西省人大法制委员会副主任委员

11月26日　任命李渊为山西省人大财政经济委员会副主任委员

11月26日　任命贾毓杰为山西省人大常委会法制工作委员会副主任

11月26日　任命张高宏为山西省人大常委会人事代表工作委员会主任

11月26日　任命牛社威为山西省人大常委会人事代表工作委员会副主任

11月26日　任命何涛为山西省人大常委会民族宗教侨务外事工作委员会副主任

11月26日　免去王满春山西省人大法制委员会副主任委员职务

11月26日　免去蔡汾湘山西省人大常委会法制工作委员会副主任职务

11月26日　免去郭贵春山西省人大常委会教育科学文化卫生工作委员会副主任职务

11月26日　免去董常生山西省人大常委会农村工作委员会副主任职务

11月26日　免去刘巩山西省人大常委会人事代表工作委员会主任职务

12月28日 任福耀不再担任省人大常委会委员职务
12月28日 刘巩不再担任省人大常委会委员职务
12月28日 张明亮不再担任省人大常委会委员职务
12月28日 郑建国不再担任省人大常委会委员职务
12月28日 姚芝楼不再担任省人大常委会委员职务
12月28日 高国顺不再担任省人大常委会委员职务
12月28日 韩和平不再担任省人大常委会委员职务

省政府

3月20日 免去张广勇省政府副秘书长职务
12月9日 任命李星、李秋柱为省政府副秘书长
12月9日 免去李秋柱省政府办公厅副主任职务
12月9日 免去王增信省政府办公厅信息工作办公室主任职务
12月9日 免去冯晋生省政府办公厅巡视员职务

省政协

4月16日 郭良孝退休
11月5日 任命阎根生为省政协机关党组书记
11月5日 任命马伟、蒋福新为省政协机关党组成员
11月5日 任命李江龙为省纪委驻省政协机关纪检组组长、省政协机关党组成员
12月10日 任命赵胜利为省政协机关党组成员

省政协工作机构

3月1日 免去梁玉平省政协办公厅副巡视员职务，退休
6月26日 任命王建国为省政协民族和宗教委员会巡视员
6月26日 杨左卿退休
11月5日 免去吴潭龙省政协农村委员会巡视员职务，退休
12月10日 任命傅银瑜为省政协社会法制委员会巡视员
12月28日 王云亭不再担任省政协常委职务
12月28日 王水成不再担任省政协常委职务
12月28日 许并社不再担任省政协常委职务
12月28日 秦作栋不再担任省政协常委职务
12月28日 梁志祥不再担任省政协常委职务

省纪委

2月27日 吴建业同志任省纪律检查委员会副厅级检查员
3月1日 免去董建国省纪委副厅级检查员职务，退休
3月16日 免去荀志坚省纪委常委职务
4月15日 免去王帅红省纪律检查委员会副厅级室主任职务
6月26日 任命范晋昌、荣奋刚、马葆华为省纪律检查委员会副厅级室主任（试用期一年）
6月26日 任命赵润喜、马海洋、王正德、张秀山为省纪律检查委员会副厅级检查员
6月26日 免去赵润喜省纪律检查委员会副厅级室主任职务
6月26日 免去梁雨润兼任的省纪律检查委员会副厅级检查员职务
8月30日 任命何青为省纪委委员、常委
8月30日 免去张勇、马彪省纪律检查委员会副厅级室主任职务
11月5日 免去郭晋刚省纪律检查委员会副厅级室主任职务
12月4日 免去贾毓杰、辛旭光省纪委副书记、常委职务
12月18日 任命孙京民为省纪委副厅级室主任（试用期一年）

省纪委派驻机构

4月9日 免去王建中省纪委驻新闻出版广电局（省版权局）纪检组组长职务，退休
6月26日 任命王晓鹏为省纪委驻教育厅纪检组长、省高校纪工委书记（试用期一年）
6月26日 闫建科在省纪委驻审计厅纪检组组长岗位上试用期满考核合格，同意正式任职
6月26日 任命谷明为省纪委驻安全生产监督管理局纪检组组长（试用期一年）
6月26日 任命邢瑞峰为省纪委驻新闻出版广电局（省版权局）纪检组组长（试用期一年）
8月30日 免去邢文奇省纪委驻发展和改革委员会纪检组组长职务，退休
8月30日 郭征宇在省纪委驻宗教事务局（省民族事务委员会）纪检组组长岗位上试用期满，考核合格，同意正式任职
8月30日 赵炜在省纪委驻省文物局纪检组组长岗位上试用期满，考核合格，同意正式任职
8月30日 免去武振功省纪委驻省物价局纪检组组长，党组成员职务，退休
8月30日 李秀林在省纪委驻省科技厅纪检组组长岗位上试用期满，考核合格，同意正式任职
8月30日 任命张勇为省纪委驻省高级人民法院纪检组组长职务
8月30日 免去王珍省纪委驻高级人民法院纪检组组长职务
11月5日 任命张建华为省纪委驻省委办公厅纪检组组长
11月5日 任命李文慧任省纪委驻省政府办公厅纪检组组长、省政府办公厅党组成员
11月5日 免去李文慧省纪委驻省住房和城乡建设厅纪检

组组长、省住房和城乡建设厅党组成员职务

11月5日　任命郭晋刚为省纪委驻省卫生计生委纪检组组长、省卫生计生委党组成员

11月5日　免去赵新民省纪委驻省卫生计生委纪检组组长、省卫生计生委党组成员职务，退休

11月5日　任命王增信为省纪委驻省发展和改革委员会纪检组组长、省发展和改革委员会党组成员

11月5日　任命胡志国为省纪委驻省财政厅纪检组组长(试用期一年)、省财政厅党组成员职务

11月5日　免去贾文儒省纪委驻省旅游局纪检组组长、省旅游局党组成员职务

11月5日　任命王淑敏为省纪委驻省住房和城乡建设厅纪检组组长（试用期一年）、省住房和城乡建设厅党组成员

11月5日　免去张建华省纪委驻省统计局纪检组组长、省统计局党组成员职务

11月5日　免去周计伟省纪委驻省政府法制办公室纪检组组长、省政府法制办公室党组成员职务

11月5日　任命周计委为省纪委驻省人大常委会机关纪检组组长、省人大常委会机关党组成员

11月5日　免去相里岩省纪委驻省人民防空办公室纪检组组长、省人民防空办公室党组成员职务

11月5日　免去贾文儒省纪委驻省委旅游局纪检组组长、省旅游局党组成员职务

11月5日　任命贾文儒为省纪委驻省委组织部纪检组组长

11月5日　任命相里岩为省纪委驻省委统战部纪检组组长

11月5日　任命吴照曲为省纪委驻省委宣传部纪检组组长(试用期一年)

12月28日　任命卫爱平为省纪委驻省地方税务局纪检组组长

12月28日　任命李亮军为省纪委驻省总工会纪检组组长

12月28日　免去张亥生省纪委驻省地方税务局纪检组组长职务

12月28日　免去赵炜省纪委驻省文物局纪检组组长职务

省高级人民法院

1月23日　免去赵有珍山西省高级人民法院审判委员会委员职务

1月23日　免去吉瑞田山西省高级人民法院审判委员会委员、民事审判第一庭庭长、审判员职务

1月23日　免去黄海峰、程建平、籍拴梅山西省高级人民法院审判员职务

5月28日　免去李洪义山西省高级人民法院审判员职务

6月26日　任命袁振民为省高级人民法院党组成员

6月26日　任命袁振民为省高级人民法院政治部主任

6月26日　免去石治文太原铁路运输中级法院党组书记(副厅长级）职务

6月26日　任命石治文为省高级人民法院巡视员

7月30日　任命袁振民为山西省高级人民法院审判委员会委员、审判员

8月30日　任命张勇为省高级人民法院党组成员

8月30日　免去王珍省高级人民法院党组成员职务

11月5日　方剑锋在省高级人民法院执行局局长（副厅长级）岗位上试用期满，考核合格，同意正式任职

11月5日　翟瑞卿在省高级人民法院审判委员会专职委员岗位上试用期满，考核合格，同意正式任职

11月5日　免去王志刚省高级人民法院巡视员职务，退休

11月26日　任命张勇为山西省高级人民法院审判委员会委员、审判员

11月26日　免去王珍的山西省高级人民法院审判委员会委员、审判员职务

12月10日　任命张茂恒为省高级人民法院副巡视员

12月10日　任命李新民为省高级人民法院副巡视员

12月10日　任命何振科同志为省高级人民法院副巡视员

省人民检察院

1月23日　免去王建中山西省人民检察院检察委员会委员、检察员职务

3月1日　免去李卫平省人民检查院副巡视员职务，退休

3月1日　免去马锐生省人民检查院副巡视员职务，退休

3月31日　免去李卫平、史瑞龙、李晓勇山西省人民检察院检察员职务

5月28日　免去杜金拽、赵瑞英山西省人民检察院检查员职务

6月26日　任命赵雅清为省人民检察院检察委员会专职委员（试用期一年）

6月26日　任命周跃武为省人民检察院反渎职侵权局局长(副厅长级，试用期一年)

6月26日　任命崔峰为省人民检察院检务督查局局长（副厅长级，试用期一年）

6月26日　任命张志云为省人民检察院副巡视员

6月26日　段运生在省人民检察院监所检察局局长（副厅长级）岗位上试用期满，考核合格，同意正式任职

6月26日　周东曙在省人民检察院公诉局局长（副厅长级）岗位上试用期满，考核合格，同意正式任职

6月26日　张世荣在省人民检察院案件管理中心主任（副厅长级）岗位上试用期满，考核合格，同意正式任职

7月30日　任命赵雅清、周跃武、崔峰为山西省人民检察

院检察委员会委员

7月30日　免去王广志、吴亚玲山西省人民检察院检察员职务

9月24日　免去侯玉萍山西省人民检察院检察员职务

11月5日　免去岐李娃、孙初民省人民检察院副巡视员职务，退休

11月5日　任命郭普为省人民检察院政治部主任（试用期一年）、党组成员

11月5日　王满春退休

11月26日　免去孙初民、杨福生、赵常如、吕晓林山西省人民检察院检察员职务

12月10日　任命贾文声为省人民检察院副巡视员

12月10日　任命张建新为省人民检察院副巡视员

12月10日　任命霍永宁为省人民检察院检察委员会专职委员

12月10日　免去段运生省人民检察院监所检察局局长职务

12月10日　免去张世荣省人民检察院案件管理中心主任职务

省委工作部门

1月2日　省委统战部边根棠退休

3月1日　任命孙大军为省委组织部副部长（排张高宏之后）

3月1日　免去杨绪全省委政策研究室巡视员职务，退休

3月20日　免去高建华省委办公厅副巡视员职务，退休

3月20日　免去马文革省委政策研究室副主任职务

3月24日　宋丽在省委人才办副主任岗位上试用期满，考核合格，同意正式任职

4月8日　省委宣传部杨波退休

4月9日　免去刘向东省委巡视组组长职务

4月9日　免去马评省委组织部副巡视员职务

4月9日　免去贺国琳省机构编制委员会办公室副巡视员职务，退休

5月20日　李新春在省年度目标责任考核领导小组办公室专职副主任（副厅长级）岗位上试用期满，考核合格，同意正式任职

5月20日　免去李新春省年度目标责任考核领导小组办公室专职副主任（副厅长级）职务

5月31日　任命张梅琴、段晓燕为省委办公厅副巡视员

5月31日　任命加年丰为省委政策研究室（省委全面深化改革领导小组办公室）副主任（试用期一年）

5月31日　任命李润林任为省委政策研究室（省委全面深化改革领导小组办公室）副巡视员

6月26日　任命姜新文为省委办公厅主任（兼）

6月26日　免去杜学文省委宣传部副部长职务

6月26日　任命刘跃为省委巡视工作办公室副巡视员

6月26日　景广学在省委办公厅信息综合室主任（副厅长级）岗位上试用期满，考核合格，同意正式任职

6月26日　杨立全在省委巡视组副厅长级巡视专员岗位上试用期满，考核合格，同意正式任职

6月26日　张少波在省委巡视组副厅长级巡视专员岗位上试用期满，考核合格，同意正式任职

6月26日　徐跃华在省委巡视组副厅长级巡视专员岗位上试用期满，考核合格，同意正式任职

7月24日　任命曹荣湘为省委办公厅副主任（试用期一年）

7月24日　任命刘英魁为省委宣传部副部长

7月24日　免去张梅琴省委办公厅副巡视员职务，退休

7月24日　任命王秀文为省委政法委员会委员

7月24日　免去李洪、句铁旺省委政法委员会委员职务

7月24日　免去张越铁省委党史办公室副主任职务

8月30日　任命王伟中为省直属机关工作委员会书记（兼）

8月30日　任命杨增武为省直属机关工作委员会常务副书记（正厅长级），免去其省直属机关工作委员会书记职务

8月30日　任命王纯为省委农村工作领导小组专职副组长（正厅长级）

8月30日　免去张克强省委农村工作领导小组专职副组长（正厅长级）职务

8月30日　免去何其山省委办公厅副巡视员职务，退休

8月30日　免去李润林省委政策研究室（省委全面深化改革领导小组办公室）副巡视员职务，退休

8月30日　免去卫建友省直属机关工作委员会巡视员职务，退休

8月30日　张瑞在省委办公厅副厅级督查专员岗位上试用期满，考核合格，同意正式任职

8月30日　王成禹在省委办公厅副厅级督查专员岗位上试用期满，考核合格，同意正式任职

11月5日　免去杨有才、牛社威省委巡视组副组长（正厅长级）职务

11月5日　免去何新芳省委组织部副巡视员职务，退休

11月5日　免去李苏平省委政法委员会巡视员职务，退休

11月5日　免去张耀仁省委政法委员会副巡视员职务，退休

11月5日　免去冯进成省直属机关工作委员会副书记职务

11月5日　免去李泽顺省委宣传部副巡视员职务，退休

11月5日　任命薛永辉兼任省社会治安综合治理委员会办公室主任（正厅长级）

11月5日　免去王成禹省委办公厅副厅级督查专员职务

11月5日　免去吴照曲省委办公厅副巡视员职务

11月5日　任命王宝生为省委统战部巡视员

11月5日　任命王建新为省委统战部巡视员

11月5日　免去王建新省委统战部副部长职务

11月5日　免去陈森省委巡视组组长职务

11月5日　省委政法委闫喜春明确为正厅长级

11 月20日　免去张高宏省委组织部常务副部长职务
12 月10日　任命吕向东为省委宣传部副巡视员
12 月10日　任命王毅鸣为省委宣传部副巡视员
12 月10日　免去尹天五省委宣传部副部长职务
12 月10日　免去李志兰的省委统战部副巡视员职务，退休
12 月10日　免去杨玉堂省委党史办公室副巡视员职务，退休
12 月10日　免去邢顺喜省委巡视组组长职务
12 月10日　任命孙大军为省委组织部常务副部长（正厅长级）
12 月10日　任命陈学东为省委党建工作领导小组办公室主任（正厅长级）
12 月10日　免去张葆省委党建工作领导组办公室主任职务，保留正厅长级
12 月10日　免去刘志杰省委农村工作领导小组办公室副主任职务
12 月28日　任命宋惠民为省委办公厅副主任（试用期一年）
12 月28日　任命林均法为省委办公厅副巡视员
12 月28日　免去毛益民省委办公厅副主任职务
12 月28日　免去娄淑华省委办公厅副巡视员职务，退休
12 月28日　免去张少波省委巡视组副厅长级巡视专员职务
12 月28日　免去周淑俊省直属机关工作委员会副巡视员职务，退休
12 月28日　免去史保红的省委巡视组副厅长级巡视专员职务，退休

省委部门管理机构

5 月20日　免去王鹤平省委保密委员会办公室（省国家保密局）副巡视员职务，退休
6 月26日　任命梁雨润为省委省政府信访局巡视员，免去其省委省政府信访局副局长职务
6 月26日　任命何永华、胡臬和为省委机要局（省国家密码管理局）副巡视员
6 月26日　任命肖建生为省委台湾工作办公室（省政府台湾事务办公室）副巡视员
8 月30日　免去魏晓勤省委省政府信访局副巡视员职务，退休
11 月5日　王玉在省委省政府信访局督查专员（副厅长级）岗位上试用期满，考核合格，同意正式任职
11 月5日　任命姚云刚为省委省政府信访局督查专员（副厅长级，试用期一年）
11 月5日　任命侯明中为省委省政府信访局副巡视员
11 月5日　免去何永华省委机要局（省国家秘密管理局）副巡视员职务，退休
11 月5日　免去胡臬和省委机要局（省国家秘密管理局）副巡视员职务，退休
12 月28日　任命张晓光为省委老干部局副局长
12 月28日　免去巩成省委接待办公室主任职务
12 月28日　任命刘炜东为省委保密办（省国家保密局）副主任（副局长），免去其省委保密办（省国家保密局）总工程师职务
12 月28日　任命郭世卿为省委老干部局巡视员，免去其省委老干部局副巡视员职务
12 月28日　任命姚宗韧为省委保密办（省国家保密局）总工程师（试用期一年）
12 月28日　任命许景安为省委省政府信访局副巡视员

省政府组成部门

2 月28日　免去张广勇省政府办公厅党组成员职务
2 月28日　免去邢文奇省发展和改革委员会党组成员职务
2 月28日　任命袁清茂、雷天才为省交通运输厅党组成员
2 月28日　免去郭贵平省交通厅党组成员职务
2 月28日　省住建厅王国正退休
3 月1日　任命唐晋为省交通运输厅党组副书记
3 月1日　省人社厅李学柱退休
3 月1日　省水利厅奥雨迎退休
3 月1日　省卫计委郭莲香退休
3 月1日　省文化厅宋晓年退休
3 月18日　任命袁清茂为省交通运输厅副厅长兼总会计师
3 月18日　任命郭贵平为省交通运输厅副巡视员
3 月18日　免去张润省交通运输厅副厅长职务
3 月18日　免去李学柱省人力资源和社会保障厅副巡视员职务
3 月18日　免去奥雨迎省水利厅巡视员职务
3 月18日　免去宋晓年省文化厅巡视员职务
3 月18日　免去郭莲香省卫生和计划生育委员会副巡视员职务
3 月18日　任命尹新平为省高速公路管理局局长（副厅长级）
3 月18日　任命曹居月为省交通运输执法局局长（副厅长级）
3 月18日　任命杨吉平为省道路运输管理局局长（副厅长级）
3 月18日　免去董新品省高速公路管理局局长（副厅级）职务
3 月20日　省公安厅蔚积明退休
3 月20日　省审计厅张涵退休
3 月20日　免去李广省农业厅党组成员职务，退休
3 月20日　免去常书铭省水利厅党组成员职务
3 月25日　免去常书铭省水利厅副厅长职务
3 月25日　免去蔚积明省公安厅副巡视员职务
3 月25日　免去张涵省审计厅副巡视员职务

3月31日　免去李平社山西省农业厅厅长职务
4月9日　省公安厅李国元退休
4月9日　省公安厅董秀华退休
4月9日　省司法厅张卫民退休
4月9日　省水利厅李润山退休
4月9日　省审计厅任建平退休
4月21日　免去杨随亭省粮食局局长职务
4月21日　免去任建平省审计厅巡视员职务
4月21日　免去李国元、董秀华省公安厅副巡视员职务
4月21日　免去张卫民省司法厅副巡视员职务
4月21日　免去李润山省水利厅副巡视员职务
4月21日　免去李吉山省监察厅副厅长职务
5月20日　任命关建勋为省农业厅党组书记、省委农村工作领导小组办公室主任
5月20日　免去李平社省农业厅党组书记、省委农村工作领导小组办公室主任职务
5月20日　省科技厅卫小平退休
5月20日　省公安厅文联生退休
5月20日　省民政厅陈满屯退休
5月20日　省财政厅牛成毅退休
5月20日　省卫计委郭湛英退休
5月20日　省政府外事侨务办公室李晋怀退休
5月20日　省农业厅孙连珠退休
5月27日　免去卫小平省科学技术厅巡视员职务
5月27日　免去文联生省公安厅副巡视员职务
5月27日　免去陈满囤省民政厅副巡视员职务
5月27日　免去牛成毅省财政厅副巡视员职务
5月27日　免去郭湛英省卫生和计划生育委员会副巡视员职务
5月27日　免去李晋怀省政府外事侨务办公室副巡视员职务
5月27日　免去刘占中省司法厅副厅长职务
5月28日　任命关建勋为山西省农业厅厅长
5月31日　任命张其光为省人力资源和社会保障厅党组成员
6月12日　任命张其光为省人力资源和社会保障厅副厅长(挂职)
6月26日　武健鹏在省政府办公厅副主任岗位上试用期满，考核合格，同意正式任职
6月26日　孙世新在省教育厅副厅长级督学岗位上试用期满，考核合格，同意正式任职
6月26日　闫建科在省纪委驻审计厅纪检组组长岗位上试用期满，考核合格，同意正式任职
6月26日　冉莉萍在省政府外事侨务办公室副主任岗位上试用期满，考核合格，同意正式任职
6月26日　省水利厅张江汀退休
6月26日　省农业厅贾明进退休
6月26日　任命王晓鹏为省教育厅党组成员
6月26日　免去郭春林省科学技术厅党组成员职务
6月26日　任命尹也刚、吴建强为省民政厅党组成员
6月26日　任命刘海芸为省人力资源和社会保障厅党组成员
6月26日　免去杨培岳省人力资源和社会保障厅党组成员职务
6月26日　免去张江汀省水利厅党组成员职务
6月26日　免去梁明虎省卫生和计划生育委员会党组成员职务
6月26日　任命姚安政为省审计厅党组成员
6月26日　任命谷明为省安全生产监督管理局党组成员
6月26日　省发改委李宝卿退休
7月9日　任命刘海芸为省人力资源和社会保障厅副厅长
7月9日　免去张江汀省水利厅水土保持局局长（副厅长级）职务
7月9日　免去贾明进省农业厅巡视员职务
7月14日　任命郭春林为省科学技术厅巡视员
7月14日　任命尹也刚为省民政厅副厅长（试用期一年）
7月14日　任命吴建强为省老龄工作委员会专职副主任(副厅长级，试用期一年)
7月14日　任命杨培岳为省人力资源与社会保障厅巡视员
7月14日　任命张培泉为省住房和城乡建设厅副巡视员
7月14日　任命姚海平为省水利厅副巡视员
7月14日　任命成宵冬为省文化厅副巡视员
7月14日　任命梁明虎为省卫生和计划生育委员会巡视员
7月14日　免去郭春林省科学技术厅副厅长职务
7月14日　免去贾继武省公安厅副巡视员职务
7月14日　免去杨培岳省人力资源和社会保障厅副厅长职务
7月14日　免去梁明虎省卫生和计划生育委员会副主任兼省深化医药卫生体制改革领导小组办公室主任职务
7月15日　任命姚安政为省审计厅副厅长（试用期一年）
7月22日　任命边少先为省人力资源和社会保障厅副巡视员
7月24日　任命许大纯为省国土资源厅党组书记
7月24日　省经信委窦林琪退休
7月24日　免去张润省交通运输厅党组副书记职务，退休
7月24日　省司法厅李满胜退休
7月24日　任命姜四清为省发展和改革委员会党组成员
7月24日　免去王成省发展和改革委员会党组成员职务
7月27日　任命姜四清为省发展和改革委员会副主任、省国家资源型经济转型综合配套改革试验区工作领导组办公室专职副主任（正厅长级）
7月27日　任命李培勇为省文化厅副巡视员
7月27日　免去王成省发展和改革委员会副主任、省国家资源型经济转型综合配套改革试验区工作领导组办公室专职副主任（正厅长级）职务

7月27日　免去窦林琪省经济和信息化委员会副巡视员职务

7月27日　免去李满胜省司法厅巡视员职务

7月28日　免去马彦平省政府办公厅党组成员职务

7月30日　任命许大纯为省国土资源厅厅长

8月17日　任命孟毅芳为省人力资源和社会保障厅副巡视员

8月17日　任命田国玉为省商务厅副巡视员

8月30日　王增信在省政府办公厅信息办主任（副厅长级）岗位上试用期满，考核合格，同意正式任职

8月30日　任月忠在省教育厅副厅长岗位上试用期满，考核合格，同意正式任职

8月30日　李秀林在省纪委驻省科技厅纪检组组长岗位上试用期满，考核合格，同意正式任职

8月30日　马润生在省公安厅刑侦总队总队长（副厅长级）岗位上试用期满，考核合格，同意正式任职

8月30日　郝书宏在省公安厅网警总队总队长（副厅长级）岗位上试用期满，考核合格，同意正式任职

8月30日　武志远在省财政厅总会计师岗位上试用期满，考核合格，同意正式任职

8月30日　任命向二牛为省煤炭工业厅党组书记

8月30日　省教育厅郑晓琴退休

8月30日　省卫生和计划生育委员会杨恩健退休

8月30日　省国土资源厅高博退休

8月30日　省财政厅石常明退休

8月30日　省水利厅李文银退休

8月30日　免去杨永辉省经济和信息化委员会党组成员职务

8月30日　任命白震为省司法厅党委委员

8月30日　免去高博省国土资源厅党组成员职务

8月30日　任命白小丹为省水利厅党组成员

8月30日　免去杨光照省审计厅党组成员职务

9月18日　免去杨光照省审计厅总审计师职务

9月18日　任命高向新为省财政厅副厅长

9月18日　任命高晔为省财政厅副巡视员

9月18日　任命白小丹为省水利厅副厅长（试用期一年）

9月18日　任命杨光照为省审计厅巡视员

9月18日　免去郑晓琴省教育厅副巡视员职务

9月18日　免去石常明省财政厅巡视员职务

9月18日　免去高博省国土资源厅副厅长职务

9月18日　免去李文银省水利厅副巡视员职务

9月18日　免去杨恩健省卫生和计划生育委员会巡视员职务

9月18日　免去杨永辉省经济和信息化委员会总工程师职务

9月18日　任命高向新为省财政厅副厅长

9月18日　任命高晔为省财政厅副巡视员

9月24日　任命向二牛为山西省煤炭工业厅厅长

11月5日　王进仁在省农业厅副厅长、省委农村工作领导小组办公室专职副主任岗位上试用期满，考核合格，同意正式任职

11月5日　郭建文在省农业厅总农艺师岗位上试用期满，考核合格，同意正式任职

11月5日　任命刘星为省政府办公厅党组成员

11月5日　任命王增信为省纪委驻省发展和改革委员会纪检组组长、省发展和改革委员会党组成员

11月5日　免去王晓胜省发展和改革委员会党组成员职务

11月5日　免去董希德省委农村工作领导小组办公室副主任、省农业厅党组成员职务

11月5日　任命冯立忠为省卫生计生委党组成员

11月5日　免去李书凯省卫生计生委党组副书记职务

11月5日　免去李成先省国土资源厅党组成员职务

11月5日　免去张兵生省经济和信息化委员会党组成员职务，退休

11月5日　省教育厅武保旺退休

11月5日　省公安厅师维汉退休

11月5日　省人社厅康继峰退休

11月5日　省环保厅阎安虹退休

11月5日　免去雷郭堂省委农村工作领导小组办公室副主任、省农业厅党组成员职务，退休

11月5日　免去李歆省文化厅党组成员职务，退休

11月5日　省卫生计生委王建新退休

11月5日　任命滕德刚为省宗教事务局（省民族事务委员会）党组成员

12月9日　省审计厅郝志远退休

12月9日　省人社厅武效生退休

12月9日　任命王成禹为省监察厅副厅长

12月9日　免去刘蓉华省监察厅副厅长职务

12月9日　免去李成先省国土资源厅总工程师职务

12月9日　任命王晓胜、王成明为生发展和改革委员会巡视员

12月9日　任命董希德为省农业厅巡视员

12月9日　任命冯立忠为省卫生和计划生育委员会副主任兼省深化医药卫生体制改革领导小组办公室主任（试用期一年）

12月9日　任命李书凯、梅志强为省卫生和计划生育委员会巡视员

12月9日　免去王晓胜省发展和改革委员会副主任职务

12月9日　免去武保旺省教育厅巡视员职务

12月9日　免去师维汉省公安厅副巡视员职务

12月9日　免去康继峰省人力资源和社会保障厅副巡视员职务

12月9日　免去阎安虹省环境保护厅巡视员职务

12月9日　免去董希德、雷郭堂省农业厅副厅长职务

12月9日　免去李歆省文化厅副厅长职务

12月9日　免去李书凯、梅志强省卫生和计划生育委员会

副主任职务
12月9日　免去王建新省卫生和计划生育委员会副巡视员职务
12月10日　省住房和城乡建设厅张培泉退休
12月10日　省发展和改革委员会张晓平退休
12月10日　免去李忠人省教育厅党组成员、省高校工委书记职务
12月10日　任命郑中夏为省文化厅党组成员
12月10日　省政府成霄冬退休
12月30日　任命李玉生为省公安厅巡视员
12月30日　任命郝书宏为省公安厅网络安全保卫总队总队长（副厅长级）
12月30日　随机构更名，郝书宏的省公安厅网络警察总队总队长职务自行免去
12月30日　任命安根田、李殷、王站立为省公安厅副巡视员
12月30日　任命李德孝为省民政厅副巡视员
12月30日　任命王建锁为省司法厅副巡视员
12月30日　任命郑中夏为省文化厅副厅长
12月30日　任命张援豪为省外事侨务办公室（省港澳事务办公室）副巡视员
12月30日　免去张晓平省发展和改革委员会副巡视员职务
12月30日　免去张培泉省住房和城乡建设厅副巡视员职务
12月30日　免去成宵冬省文化厅副巡视员职务
12月30日　免去李玉生省公安厅副厅长职务

省政府直属特设机构

6月26日　张宏永在省政府国有资产监督管理委员会副主任岗位上试用期满，考核合格，同意正式任职
8月30日　任命高建国为省政府国有资产监督管理委员会党委副书记、纪委书记
8月30日　免去田国仁省政府国有资产监督管理委员会党委副书记、纪委书记职务
11月5日　刘峰在省政府国有资产监督管理委员会副主任岗位上试用期满，考核合格，同意正式任职
11月5日　胡创业在省国有企业监事会主席(副厅长级)岗位上试用期满，考核合格，同意正式任职
11月5日　省国资委暴峰退休
11月5日　省国资委马平退休
12月10日　省国资委田国仁退休

省政府直属机构

5月20日　任命孙群为省人民防空办公室党组书记
5月20日　免去韩裕峰省人民防空办公室党组书记职务
5月27日　任命孙群为省人民防空办公室主任
5月27日　免去韩裕峰省人民防空办公室主任职务
6月26日　任命董岩为省工商行政管理局党组书记、省非公有制经济组织工作委员会书记（兼）
6月26日　免去任晋斌省食品药品监督管理局党组成员职务
6月26日　免去周明定省工商行政管理局党组书记、省非公有制经济组织工作委员会书记（兼）职务
6月26日　刘建国在省食品药品监督管理局副局长岗位上试用期满，考核合格，同意正式任职
6月26日　张少杰在省食品药品监督管理局药品总检验师岗位上试用期满，考核合格，同意正式任职
6月26日　省新闻出版广电局（省版权局）白玉英退休
6月26日　省安监局王玉成退休
7月9日　任命董岩为省工商行政管理局局长
7月9日　免去白玉英省新闻出版广电局（省版权局）副巡视员职务
7月9日　免去王玉成省安全生产监督管理局巡视员职务
7月9日　免去周明定省工商行政管理局局长职务
7月14日　免去任晋斌省食品药品监督管理局副局长职务
7月14日　任命任晋斌为省食品药品监督管理局巡视员
7月24日　省文物局施联秀退休
8月30日　吕芮宏在省新闻出版广电局（省版权局）副局长岗位上试用期满，考核合格，同意正式任职
8月30日　卢永良在省统计局副局长岗位上试用期满，考核合格，同意正式任职
8月30日　张晓东在省统计局副局长岗位上试用期满，考核合格，同意正式任职
8月30日　张炯玮在省政府金融工作办公室副主任岗位上试用期满，考核合格，同意正式任职
8月30日　任命丁文禄为省粮食局党组书记
8月30日　免去卫望军省宗教事务局（省民族事务委员会）党组成员职务
9月18日　任命卫望军为省宗教事务局（省民族事务委员会）巡视员
9月18日　任命丁文禄为省粮食局局长
9月18日　免去高向新省属地方金融类企业监事会主席职务
9月18日　免去卫望军省宗教事务局（省民族事务委员会）副局长（副主任）职务
11月5日　王天庆在省安全生产监督管理局副局长岗位上试用期满，考核合格，同意正式任职
11月5日　杨振中在省安全生产监督管理局总工程师岗位上试用期满，考核合格，同意正式任职
11月5日　免去郝晓峰省体育局党组成员职务
11月5日　任命滕德刚为省宗教事务局（省民族事务委员会）党组成员
11月5日　省粮食局梁政退休
11月5日　省食品药品监督管理局任晋斌退休

12月9日　任命刘蓉华为省食品药品监督管理局副局长
12月9日　任命郝晓峰为省体育局巡视员
12月9日　任命滕德刚为省宗教事务局（省民族事务委员会）副局长（副主任）（试用期一年）
12月9日　任命李峰为省政府法制办公室副巡视员
12月9日　免去郝晓峰省体育局副局长职务
12月9日　免去梁政省粮食局巡视员职务
12月9日　免去任晋斌省食品药品监督管理局巡视员职务
12月28日　任命卫爱平为省地方税务局党组成员
12月28日　免去张亥生省地方税务局党组成员职务
12月28日　免去赵炜省文物局党组成员职务
12月30日　任命薄文杰为省人民防空办公室副主任（试用期一年）
12月30日　任命许高哲为省文物局副巡视员
12月30日　任命赵二江为省人民防空办公室副巡视员

省政府部门管理机构

1月19日　免去王华艳省监狱管理局副局长（副厅级）职务
2月28日　免去李扁屯、吴峻山省监狱管理局党委委员职务
3月1日　省监狱管理局李扁屯退休
3月1日　省扶贫办张原退休
3月18日　免去尹新平省交通战备办公室专职副主任（副厅长级）职务
3月18日　免去张原省扶贫开发办公室副巡视员职务
3月18日　免去李扁屯省监狱管理局副局长(副厅长级)职务
4月21日　任命王伟为省戒毒管理局局长（副厅长级）
4月21日　因机构名称调整，王伟的原省劳动教养管理局（省戒毒管理局）局长（副厅长级）职务自行免去
6月12日　任命田念清为省物价局副巡视员
6月26日　任命贾继武为省公安厅交通管理局（省交通警察总队）党委书记（试用期一年）
7月14日　任命贾继武为省公安厅交通管理局（省交通警察总队）局长（总队长）（试用期一年）
7月24日　任命王伟为省监狱管理局党委书记
7月24日　免去句轶旺省监狱管理局党委书记职务
7月24日　省物价局田念清退休
7月27日　免去王伟省戒毒管理局局长（副厅长级）职务
7月27日　免去田念清省物价局副巡视员职务
7月27日　任命王伟为省监狱管理局局长
7月27日　免去句轶旺省监狱管理局局长职务
9月18日　任命白震为省戒毒管理局局长（副厅长级，试用期一年）
9月28日　张亚云在省公安厅交通运输管理局（省交通警察总队）副局长（副总队长）岗位上试用期满，考核合格，同意正式任职
9月28日　郭丙福在省公安厅交通运输管理局（省交通警察总队）副局长（副总队长）岗位上试用期满，考核合格，同意正式任职
11月5日　张建成在省扶贫开发办公室副主任岗位上试用期满，考核合格，同意正式任职
12月9日　任命唐晋为省交通战备办公室主任（正厅长级）
12月9日　免去王成明省重大项目稽查特派员办公室主任职务
12月11日　免去王立伟省扶贫开发办公室党组书记
12月11日　任命刘志杰为省扶贫开发办公室党组书记
12月30日　任命张科为省戒毒管理局政委（副厅长级，试用期一年）
12月30日　任命郝文杰为省对外友协专职副会长（副厅长级，试用期一年）

省直属事业单位

1月19日　免去张金文省招生考试管理中心副主任职务
1月19日　免去张培增省农机局（省农业机械发展中心）副局长（副主任）职务
1月19日　免去张乃晨省农机局（省农业机械发展中心）总工程师职务
1月19日　免去陈胜军中国煤炭博物馆副馆长职务
2月28日　免去潘峰省委党校校委委员职务
2月28日　免去雷天才省万家寨引黄工程总公司（管理局）党委委员职务
3月1日　免去兰炎平山西日报报业集团党委副书记、常务副社长、总编辑职务
3月1日　省地质勘查局武胜退休
3月1日　免去韩晋乐省直机关党校副巡视员职务，退休
3月1日　免去潘峰省委党校副校长职务，退休
3月1日　任命雷天才为省公路局党委书记
3月1日　免去郭贵平省公路局党委书记职务
3月18日　免去雷天才省万家寨引黄工程总公司（管理局）副经理（副局长）职务
3月18日　免去武胜省地质勘查局巡视员职务
3月18日　免去韩晋乐省直机关行政学院副巡视员职务
3月18日　免去潘峰山西行政学院副院长职务
3月20日　煤炭工业太原设计研究院李树庭退休
3月25日　免去李树庭煤炭工业太原设计研究院副院长职务
4月9日　省政府发展研究中心孟原生退休
5月20日　任命丁伟跃为山西日报报业集团党委副书记、总编辑
5月20日　免去关建勋省农业科学院党委书记职务

5月31日　任命田忠宝、王浩学为省委党校副校长
5月31日　免去赵得权省地质勘查局党委副书记职务
5月31日　任命王浩学为省委党校校委委员
5月31日　免去王喜瑞省测绘地理信息局纪检组长、党组成员职务
5月31日　免去赵得权省地质勘查局党委副书记职务
6月12日　任命赵得权为省地质勘查局巡视员
6月12日　任命王喜瑞为省测绘地理信息局副巡视员
6月12日　任命田忠宝、王浩为山西行政学院副院长
6月12日　任命梁晓军为省保障性安居工程投资有限公司董事长
6月23日　任命李成喜为省保障性安居工程投资有限公司董事
6月26日　任命李鸿飞为省农村信用社联合社党委委员
8月30日　免去王纯省万家寨引黄工程总公司（管理局）党委书记职务
8月30日　免去董宇明省政府发展研究中心党组成员职务
9月18日　任命董宇明为省政府发展研究中心巡视员
9月18日　免去董宇明省政府发展研究中心副主任职务
9月18日　免去王纯省万家寨引黄工程总公司（管理局）经理（局长）职务
11月5日　免去高健生省委党校巡视员职务，退休
11月5日　免去郑小豹省地方志办公室纪检组长、党组成员职务，退休
11月5日　免去胡果山西日报集团副总编职务，退休
11月5日　免去康有全省地质勘查局党委书记职务
11月5日　免去戴文斌省农科院党委副书记、委员、纪委书记职务，退休
11月5日　任命赵民为煤炭工业太原设计研究院党委委员
11月5日　省档案局（档案馆）董佩华退休
11月5日　省测绘地理信息局王喜瑞退休
11月5日　免去陈忠辉山西社会主义学院副院长职务
11月5日　免去王宝生山西社会主义学院党委书记职务
11月5日　免去王建新山西社会主义学院党委副书记、常务副院长（正厅长级）职务
11月5日　任命成锡锋为山西社会主义学院副院长
11月5日　免去康有全省地质勘查局党委书记职务
11月5日　任命赵民为煤炭工业太原设计研究院副院长（试用期一年）
11月5日　任命赵民为煤炭工业太原设计研究院党委委员
11月5日　免去秦炎平省测绘地理信息局党组成员职务，退休
11月5日　任命张云泽为山西省社会主义学院党委书记
11月5日　任命胡晨光为山西社会主义学院副院长（试用期一年），党委委员
12月9日　免去高健生山西行政学院巡视员职务
12月9日　任命赵民为煤炭工业太原设计院副院长（试用期一年）
12月10日　任命翁金明为省地质勘查局党委书记
12月10日　免去潘增武省地质勘查局党委书记职务，退休
12月28日　免去李亮军省机械设备成套局纪检组组长、党组成员职务
12月28日　任命李俊敏为省地质勘查局党委副书记
12月28日　张晓光兼任山西老年大学校长
12月28日　免去陈跃钢兼任的山西老年大学校长职务
12月28日　免去郑兰珍兼任的山西老年大学副校长职务
12月28日　免去覃建平山西老年大学专职副校长职务，保留副厅长级待遇
12月28日　免去张晓光省地方志办公室副主任职务
12月30日　任命樊安顺为山西省黄河万家寨水务集团有限公司董事长
12月30日　任命贾伟智为山西省黄河万家寨水务集团有限公司董事
12月31日　任命王五明、张建中为省农业机械发展中心（省农机局）副主任（副局长）（试用期一年）
12月31日　任命张本源为省农业机械发展中心（省农机局）总工程师（试用期一年）
12月31日　免去吴效生省社会保险局副局长职务

驻外办事处

3月28日　免去白世禄省政府驻北京办事处党组成员职务
4月15日　免去白世禄省政府驻北京办事处副主任职务
5月26日　省政府驻北京办事处梁宝静退休
6月5日　免去陈玉玺省政府驻北京办事处纪检组长职务
6月10日　免去梁宝静省政府驻北京办事处副巡视员职务
6月17日　任命陈玉玺为省政府驻北京办事处副主任
8月10日　任命李政为省政府驻北京办事处党组成员
8月10日　免去曹美玲省政府驻上海办事处党组副书记职务
8月11日　任命李政为任省政府驻北京办事处纪检组长
8月11日　省政府驻上海办事处曹美玲退休
8月19日　免去曹美玲省政府驻上海办事处主任职务
9月28日　任命黄庆为省政府驻广州办事处党组成员
12月31日　免去田凯省政府驻沈阳办事处主任职务

高等院校

1月24日　免去刘德奇山西国际商务职业学院副院长职务
2月28日　免去郭勇义太原科技大学党委委员职务
2月28日　免去赵小狮运城学院党委委员职务
2月28日　免去宋建军山西运城农业职业技术学院党委书

记职务，退休
3月1日　山西大同大学王晋湘退休
3月1日　山西财经大学申建设退休
3月1日　吕梁学院庞鹏峰退休
3月1日　免去赵小狮运城学院党委副书记职务，退休
3月1日　免去郭勇义太原科技大学党委副书记职务
3月18日　免去郭勇义太原科技大学校长职务
3月18日　免去申建设山西财经大学正校级调研员职务
3月18日　免去王晋湘山西大同大学正校级调研员职务
3月18日　免去庞鹏峰吕梁学院副院级调研员职务
3月20日　免去张富明长治学院党委书记职务
3月20日　免去吴生彦太原师范学院党委书记职务，退休
3月20日　免去安德智山西广播电视大学党委副书记职务，退休
3月20日　山西大学柴建芳退休
3月20日　免去张富明长治学院党委委员职务
3月20日　免去吴生彦太原师范学院党委委员职务
3月20日　免去安德智山西广播电视大学党委委员、副书记职务，退休
3月20日　免去李树庭煤炭工业太原设计研究院党委委员职务
3月20日　免去申长平省财政税务专科学校党委副书记、委员职务，退休
3月20日　免去宋智国山西戏剧职业学院党委副书记、委员、纪委书记职务，退休
3月20日　山西医科大学王茂林退休
3月20日　中北大学师谦退休
3月25日　免去柴建芳山西大学副校级调研员职务
4月7日　免去申长平省财政税务专科学校校长职务
4月8日　免去石扬令山西农业大学党委委员职务
4月8日　免去王尚义太原师范学院党委委员职务
4月8日　免去王克勤山西经济管理干部学院党委委员职务
4月8日　免去李进山西煤炭管理干部学院党委委员职务
4月8日　太原旅游职业学院王春玲退休
4月9日　免去王尚义太原师范学院党委书记职务
4月9日　免去石扬令山西农业大学党委书记职务
4月9日　免去王克勤山西经济管理干部学院党委副书记职务，退休
4月9日　山西煤炭管理干部学院李进退休
4月9日　省社会科学院孟艾芳退休
4月14日　免去解根法山西传媒学院党委委员职务
4月15日　免去解根法山西传媒学院党委书记职务
5月4日　免去王春玲太原旅游职业学院院长职务
5月20日　任命张惠元为太原师范学院党委书记
5月20日　免去王亦农太原师范学院党委副书记职务
5月20日　任命王亦农为忻州师范学院党委书记
5月20日　免去韩泽春忻州师范学院党委副书记职务
5月20日　任命韩泽春为长治学院党委书记
5月20日　任命张汉静为山西传媒学院党委书记
5月20日　任命韩保清为山西工程技术学院党委书记
5月20日　任命卫英慧为山西工程技术学院党委副书记
5月20日　任命董峰为山西煤炭管理干部学院党委书记
5月20日　免去任月勤山西煤炭管理干部学院党委书记职务（保留正院级待遇）
5月20日　免去张惠元太原理工大学党委副书记职务
5月20日　免去张汉静山西大学党委副书记职务
5月20日　免去董峰山西医科大学党委副书记职务
5月20日　山西建筑职业技术学院高文安退休
5月20日　免去成会明山西警官职业学院党委委员职务
5月20日　任命董峰为山西煤炭管理干部学院党委委员
5月20日　免去任月勤山西煤炭管理干部学院党委委员职务
5月20日　免去卫英慧吕梁学院党委委员职务
5月20日　免去董峰山西医科大学党委委员职务
5月20日　免去张汉静山西大学党委委员职务
5月20日　免去张惠元太原理工大学党委常委职务
5月20日　任命韩保清、卫英慧为山西工程技术学院党委委员
5月20日　随阳泉煤炭专科学校升本更名，杨广耀的阳泉煤炭专科学校党委书记职务自行免去
5月20日　任命张汉静为山西传媒学院党委委员
5月20日　任命韩泽春为长治学院党委委员
5月20日　任命王亦农为忻州师范学院党委委员
5月20日　免去韩泽春忻州师范学院党委委员职务
5月20日　任命张惠元为太原师范学院党委委员
5月20日　免去王亦农太原师范学院党委委员职务
5月20日　免去高文安山西建筑职业技术学院副院级调研员职务
5月20日　免去成会明山西警官职业学院副院长职务
5月20日　随阳泉煤炭专科学校升本更名，韩保清阳泉煤炭专科学校校长职务自行免去、
5月27日　任命卫英慧为山西工程技术学院院长
5月27日　任命杨广耀为太原工业学院正院级干部
5月27日　免去卫英慧吕梁学院副院长职务
5月31日　任命郑德明为山西工程技术学院党委副书记
5月31日　任命刘春爱为山西工程技术学院纪委书记
5月31日　任命郑德明、刘春爱、宋红、王玉清为山西工程技术学院党委委员
6月12日　任命宋红、王玉清为山西工程技术学院副院长
6月26日　任命左良为太原科技大学党委副书记
6月26日　山西经济管理干部学院张改娥退休
6月26日　任命左良为太原科技大学党委委员
6月26日　免去张改娥山西经济管理干部学院党委委员职务
7月9日　免去徐格宁太原科技大学副校长职务

7月9日　免去张改娥山西经济管理干部学院副院长职务
7月14日　任命左良为太原科技大学校长（试用期一年）
7月24日　任命陈利根为山西农业大学党委书记
7月24日　任命符惠明为山西师范大学党委书记
7月24日　任命陈利根为山西农业大学党委委员
7月24日　任命符惠明为山西师范大学党委委员
7月24日　免去李培勇山西戏剧职业学院党委副书记、委员职务
8月17日　免去李培勇山西戏剧职业学院院长职务
8月30日　任命郑建中为长治医学院党委副书记
8月30日　任命王毅为山西国际商务职业学院党委书记
8月30日　任命王枝茂为山西轻工职业技术学院党委书记
8月30日　任命张主社为山西机电职业技术学院党委书记
8月30日　山西煤炭职业技术学院曹允伟退休
8月30日　太原师范学院田润华退休
8月30日　任命张震云为山西药科职业学院党委副书记
8月30日　任命郑建中为长治医学院党委委员
8月30日　免去王毅山西国际商务职业学院纪委书记职务
8月30日　免去曹允伟山西煤炭职业技术学院党委副书记、委员职务
8月30日　任命赵丽生为省财政税务专科学校党委副书记
9月18日　任命郑建中为长治医学院院长（试用期一年）
9月18日　任命赵丽生为省财政税务专科学校校长（试用期一年）
9月18日　任命张震云为山西药科职业学院院长（试用期一年）
9月18日　任命李向东为山西机电职业技术学院院长（试用期一年）
9月18日　任命岳高社为山西轻工职业技术学院院长（试用期一年）
9月18日　免去郑建中山西医科大学副校长职务
9月18日　免去曹允伟山西煤炭职业技术学院院长职务
9月18日　免去王枝茂山西轻工职业技术学院院长职务
9月28日　免去李峰山西建筑职业技术学院党委委员职务
11月5日　免去孙玮太原工业学院党委副书记、委员职务，退休
11月5日　免去田建安山西青年职业学院党委书记职务，退休
11月5日　山西大学郭贵春退休
11月5日　山西医科大学孙安乐退休
11月5日　免去王凤岗山西煤炭管理干部学院党委委员职务，退休
11月5日　免去孙玮太原工业学院党委副书记、委员职务，退休
11月5日　免去田建安山西青年职业学院党委书记职务，退休
11月5日　免去田建安山西青年职业学院党委委员职务
11月5日　任命谢玉辉为山西戏剧职业学院党委委员、副书记
12月5日　免去肖传实山西医科大学第一医院党委副书记、委员职务
12月9日　免去张俊伟山西艺术职业学院党委委员职务，退休
12月9日　免去王凤岗山西煤炭管理干部学院副院长职务
12月9日　免去肖传实山西医科大学第一医院院长职务
12月10日　任命尹天五为山西财经大学党委委员、常委、书记
12月10日　任命王天连为太原科技大学党委委员、书记
12月10日　任命李忠人为中北大学党委委员、书记
12月10日　任命常乃军为山西大同大学党委书记
12月10日　任命刘玉平为晋中学院党委委员、书记
12月10日　免去杨怀恩山西财经大学党委书记、常委、委员职务
12月10日　免去杨波太原科技大学党委书记、委员职务
12月10日　免去陶功定中北大学党委书记、委员职务
12月10日　免去王守义山西大同大学党委书记、委员职务
12月10日　免去孙建中晋中学院党委书记、委员职务
12月10日　任命李富明为山西大学党委委员、纪委书记
12月10日　免去鲍善冰山西大学党委副书记、委员职务
12月10日　免去赵怀洲山西大学党委委员、纪委书记职务
12月10日　任命黄庆学为太原理工大学党委委员、常委、副书记
12月10日　任命沈兴全为太原理工大学党委委员、常委、副书记
12月10日　免去吕明太原理工大学党委副书记、常委、委员职务
12月10日　免去刘玉平太原理工大学党委副书记、常委、委员和纪委书记职务
12月10日　任命刘维奇为山西财经大学党委委员、常委、副书记
12月10日　任命顾昭明为山西财经大学党委委员、常委、副书记
12月10日　任命张兔元为山西财经大学党委委员、常委、副书记
12月10日　免去郭泽光山西财经大学党委副书记、常委、委员职务
12月10日　免去薛文治山西财经大学党委副书记、常委、委员职务
12月10日　免去刘中朝山西财经大学党委副书记、常委、委员职务
12月10日　免去李富明山西财经大学党委常委、委员和纪委书记职务
12月10日　免去赵国浩山西财经大学党委常委、委员职务
12月10日　任命王军为山西医科大学党委副书记
12月10日　免去顾昭明山西医科大学党委委员、纪委书记职务

12月10日 免去杜永成省人民医院党委副书记、委员职务
12月10日 免去闫肖卿山西医科大学党委委员职务
12月10日 免去朱光山西工程技术学院党委书记职务
12月10日 免去周富国山西农业大学党委委员、纪委书记职务
12月10日 免去张虎芳山西农业大学党委委员职务
12月10日 任命卫建国为山西师范大学党委副书记
12月10日 任命薛耀文为山西师范大学党委委员、副书记
12月10日 免去武海顺山西师范大学党委副书记、委员职务
12月10日 免去王心平山西师范大学党委副书记、委员职务
12月10日 免去李德龙山西师范大学党委委员、纪委书记职务，退休
12月10日 任命王宝儒为太原科技大学党委副书记，免去其太原科技大学纪委书记职务
12月10日 免去张飞太原科技大学党委副书记、委员职务
12月10日 免去黄庆学太原科技大学党委副书记、委员职务
12月10日 免去李永堂太原科技大学党委委员职务
12月10日 任命安建平为中北大学党委副书记，免去其中北大学纪委书记职务
12月10日 任命曾建潮为中北大学党委委员
12月10日 免去肖忠良中北大学党委委员职务
12月10日 免去韩焱中北大学党委委员职务
12月10日 任命武有祯为长治医学院党委委员
12月10日 免去赵中夫长治医学院党委委员职务，退休
12月10日 免去王敬泽太原师范学院党委副书记、委员职务
12月10日 任命张虎芳为忻州师范学院党委委员、副书记
12月10日 任命白宝林为忻州师范学院党委副书记，免去其忻州师范学院纪委书记职务
12月10日 免去王志连忻州师范学院党委副书记、委员职务
12月10日 任命郭永为山西大同大学党委副书记
12月10日 任命张晓永为山西大同大学党委副书记，免去其山西大同大学纪委书记职务
12月10日 任命赵水琛为长治学院党委副书记，免去其长治学院纪委书记职务
12月10日 免去李忠康长治学院党委副书记、委员职务
12月10日 免去郭爱民长治学院党委副书记、委员职务
12月10日 免去武有祯长治学院党委委员职务
12月10日 任命朱光为太原工业学院党委委员、副书记
12月10日 免去仉志余太原工业学院党委委员职务
12月10日 任命周富国为吕梁学院党委委员、副书记
12月10日 免去梁云阶山西传媒学院党委委员、纪委书记职务
12月10日 免去罗云龙山西林业职业技术学院党委副书记、委员职务
12月10日 免去冯前进山西中医学院党委委员职务
12月10日 任命茹文明为长治学院院长（试用期一年）
12月10日 任命茹文明为长治学院党委副书记
12月28日 免去王杰敏山西经济管理干部学院党委书记、委员职务
12月30日 任命黄庆学为太原理工大学校长（试用期一年）
12月30日 任命刘维奇为山西财经大学校长（试用期一年）
12月30日 任命卫建国为山西师范大学校长（试用期一年）
12月30日 任命曾建潮为中北大学副校长
12月30日 任命马存根为山西中医学院院长（试用期一年）
12月30日 任命武有祯为长治医学院副院长
12月30日 任命张虎芳为忻州师范学院院长（试用期一年）
12月30日 任命冯峰为山西大同大学校长（试用期一年）
12月30日 免去刘维奇山西大学副校长职务
12月30日 免去吕明太原理工大学校长职务
12月30日 免去郭泽光山西财经大学校长职务
12月30日 免去赵国浩、张兔元、张如山山西财经大学副校长职务
12月30日 免去闫肖卿山西医科大学副校长职务
12月30日 免去张虎芳山西农业大学副校长职务
12月30日 免去武顺海山西师范大学校长职务
12月30日 免去原战勇、闫桂琴、薛耀文山西师范大学副校长职务
12月30日 免去黄庆学、李永堂、曾建潮太原科技大学副校长职务
12月30日 免去肖忠良、韩焱、沈兴全中北大学副校长职务
12月30日 免去周然山西中医学院院长职务
12月30日 免去冯前进、周晓明山西中医学院副院长职务
12月30日 免去赵中夫长治医学院副院长职务
12月30日 免去张喜明太原师范学院副院长职务
12月30日 免去王志连忻州师范学院院长职务
12月30日 免去常乃军山西大同大学校长职务
12月30日 免去郭永、石云龙、赵富玺山西大同大学副校长职务
12月30日 免去李忠康长治学院院长职务
12月30日 免去武有祯、皇甫志芳长治学院副院长职务
12月30日 免去邓明晋中学院副院长职务
12月30日 免去仉志余太原工业学院副院长职务
12月30日 免去罗云龙山西林业职业技术学院院长职务
12月30日 免去王军山西医科大学汾阳学院院长职务
12月31日 免去张俊伟山西艺术职业学院副院长职务

群团组织

2月28日 免去张敬平省妇女联合会党组成员职务

2月28日　免去袁清茂省供销合作社联合社党组成员职务
3月1日　免去贺玉珍省总工会副巡视员职务，退休
3月1日　免去李和平省文学艺术界联合会副巡视员职务，退休
6月26日　任命杜学文为省作家协会党组书记
6月26日　任命刘中东为省工商业联合会（总商会）副巡视员
6月26日　梁荣在省中华职业教育社专职副主任（副厅长级）岗位上试用期满，考核合格，同意正式为职
6月26日　张亚琳在省总工会经费审查委员会主任（副厅长级）岗位上试用期满，考核合格，同意正式为职
6月26日　任晋阳在省妇女儿童工作委员会办公室主任（副厅长级）岗位上试用期满，考核合格，同意正式为职
6月26日　李秀生在中国国际贸易促进委员会山西省委员会（中国国际商会山西商会）副会长岗位上试用期满，考核合格，同意正式为职
7月24日　免去梁荣省中华职业教育社专职副主任（副厅长级）职务
7月24日　任命梁荣为省工商业联合会党组成员
8月30日　免去秦溱省作家协会副巡视员职务，退休
8月30日　卫爱平在省供销合作社联合社纪检组长岗位上试用期满，考核合格，同意正式为职
8月30日　白冰在省红十字会副会长（副厅长级）岗位上试用期满，考核合格，同意正式为职
8月30日　任命李富莲为省妇女联合会副巡视员
8月30日　任命宋海兵为省总工会党组成员
8月30日　任命吴波为省妇女联合会党组成员
11月5日　免去任忠共青团山西省委副书记、党组成员职务
11月5日　免去李江龙省总工会纪检组长、党组成员职务
11月5日　任命辛旭光为省总工会党组成员
11月5日　免去申莉平省妇女联合会副巡视员职务，退休
11月5日　免去王建华省工商业联合会（总商会）巡视员职务，退休
11月5日　免去靳成福中国国际贸易促进委员会山西省委员会（中国国际商会山西商会）巡视员职务，退休
11月5日　任命崔忠为省科学技术协会巡视员，免去其省科学技术协会党组成员职务
11月5日　免去高志勇省工商业联合会党组成员职务
11月5日　省总工会高凤平退休
11月5日　免去李江龙省总工会纪检组长、党组成员职务
11月5日　免去侯秀娟省社会科学界联合会党组书记（正厅长级）职务
12月10日　任命杨占平为省作家协会巡视员
12月10日　免去杨占平省作家协会党组副书记职务
12月10日　任命吴伟为中国国际贸易促进委员会山西省委员会（中国国际商会山西商会）副会长（试用期一年）
12月10日　任命吴伟为中国国际贸易促进委员会山西省委员会（中国国际商会山西商会）党组成员
12月10日　任命高建忠为省供销合作社联合社党组成员
12月10日　任命郝利才为省供销合作社联合社副巡视员
12月10日　任命郭新民为省总工会党组书记
12月10日　免去田喜荣省总工会党组书记职务
12月10日　免去张晋叶省妇女联合会巡视员职务，退休
12月28日　任命李亮军为省总工会党组成员
12月28日　免去卫爱平省供销合作联合社纪检组长、党组成员职务
12月28日　免去梁克昌省总工会副主席职务
12月28日　免去梁克昌省总工会党组成员职务
12月28日　任命侯炜华、朱红升为省总工会副巡视员
12月28日　任命王蕾为省社科联联党组书记（正厅长级）

省管国有企业

3月1日　免去刘建中晋能有限责任公司党委书记职务
4月9日　免去杨海贵太原钢铁（集团）有限公司党委书记职务
5月20日　任命李国彪为晋能集团有限公司总经理
5月20日　任命李晓波为太原钢铁（集团）有限公司党委书记
5月20日　免去赵润廷山西省国信投资（集团）公司纪委书记职务，退休
5月20日　免去赵润廷山西省国信投资（集团）公司党委委员职务
6月26日　任命孙海潮为山西国信投资集团有限公司党委副书记
6月26日　任命王启瑞为晋能集团有限公司党委书记
6月26日　任命孙海潮为山西国信投资集团有限公司董事
6月26日　任命聂大志为山西国信投资集团有限公司党委委员
6月26日　任命李鸿飞为省农村信用社联合社党委委员
6月26日　任命方健为晋商银行股份有限公司党委委员
8月30日　任命王雷为山西广电信息网络（集团）有限责任公司党委书记
8月30日　任命王惠跃为山西广播电视传媒（集团）有限责任公司党委书记
8月30日　任命翟红为阳泉煤业（集团）有限责任公司党委书记
8月30日　免去赵石平阳泉煤业（集团）有限责任公司党委书记职务，退休
8月30日　山西潞安矿业（集团）有限责任公司王安民退休
9月18日　免去王雷山西广电信息网络（集团）有限责任公

司总经理职务

9月18日　免去王惠跃山西广播电视传媒（集团）有限责任公司总经理职务

11月5日　任命高志勇为山西国信投资集团有限公司纪委书记、党委委员

11月5日　免去王宇鸿山西出版传媒集团有限责任公司党委书记、委员职务

12月10日　任命孙海潮为山西金融投资控股集团有限公司党委书记

12月15日　任命孙海潮为山西金融投资控股集团有限公司董事长

12月15日　免去上官永清省国信投资（集团）有限公司董事长职务

各　市

太原市

3月1日　免去王新明太原市民营经济开发区党工委书记职务，退休

4月9日　免去寿伟光太原市委常委、委员职务

4月9日　寿伟光不再担任太原市副市长职务

4月15日　免去弓跃太原市委常委、市纪委书记职务

4月15日　任命李吉山为太原市委委员、常委、市纪委书记

4月15日　任命张明星为太原市委委员、常委

5月4日　任命刘伟为太原市纪委副书记

5月4日　免去陈殿祥太原市纪委副书记职务，退休

6月26日　免去刘海芸太原市委常委、委员职务

7月24日　任命王成为太原市委委员、常委、副书记（保留正厅长级）

8月30日　免去吕荣阳曲县委书记职务

11月5日　陈森退休

12月10日　冯少勇不再担任太原市中级人民法院院长职务

大同市

5月20日　任命冯晓雷为阳高县委书记

5月20日　免去李世杰大同市委常委、委员职务

5月20日　李世杰不再担任大同市副市长职务，退休

6月26日　袁振民不再担任大同市中级人民法院院长职务

6月26日　任命胡勇为左云县委书记

7月29日　任命张吉福为大同市委委员、常委、书记

7月29日　任命马彦平为大同市委委员、常委、副书记

7月29日　免去李俊明大同市委副书记、常委、委员职务

7月29日　李俊明不再担任大同市市长职务

11月5日　免去张秉善大同经济技术开发区党工委书记职务，退休

12月10日　霍永宁不再担任大同市人民检察院检察长职务

12月28日　张志伟不再担任大同市人大常委会副主任职务，退休

12月28日　刘俊雍不再担任大同市政协副主席职务，退休

朔州市

4月9日　任命刘义清为朔州市委委员、常委

4月9日　免去王建科朔州市委常委、委员职务

5月20日　任命张立新为朔州市委委员、常委，朔城区委书记

5月20日　任命李旭清为山阴县委书记

5月20日　免去侯元山阴县委书记职务

6月26日　任命齐海斌为怀仁县委书记

6月26日　免去张天茂朔州市纪委副书记职务

7月24日　免去刘英魁朔州市委常委、委员职务

8月30日　任命王海军为朔州市纪委副书记

11月5日　任命王加关为朔州市委常委，免去其朔州市委党校常务副校长职务

12月28日　免去苏连根右玉县委书记职务

忻州市

3月1日　免去董洪运忻州市委书记、常委、委员职务

4月9日　樊惠杰不再担任忻州市人大常委会副主任职务，退休

5月20日　任命田永清为代县县委书记

7月29日　任命李俊明为忻州市委委员、常委、书记

8月30日　任命王珍为忻州市委委员、常委和市纪委书记

8月30日　免去刘予强忻州市委常委、委员和市纪委书记职务

11月5日　免去董一兵忻州市委常委、委员职务

11月5日　董一兵不再担任忻州市副市长职务

吕梁市

3月1日　免去张效彪吕梁市副市长职务

3月1日　任命张广勇为吕梁市委委员、常委

3月1日　任命张敬平为吕梁市委委员、常委

3月1日　任命竞晖为吕梁市委委员、常委（挂职）

3月1日　免去张效彪吕梁市委常委、委员职务

3月1日　免去吕改莲吕梁市委常委、委员职务，退休

3月20日　任命马文革为吕梁市委委员、常委，孝义市委书记

3月20日　任命常书铭为吕梁市委委员、常委，离石区委书记

3月20日　免去张旭光吕梁市委常委、委员，孝义市委书

记职务
3月20日 免去李志安交城县委书记职务
3月20日 免去薄宇新岚县县委书记职务
3月20日 免去孙善文文水县委书记职务
6月26日 免去董岩吕梁市委副书记、常委、委员职务
6月26日 董岩不再担任吕梁市市长职务
8月30日 任命张选为吕梁市委委员、常委
8月30日 免去车瑞金吕梁市委常委、委员职务
11月5日 成锡锋不再担任吕梁市副市长职务
11月25日 任命王立伟为吕梁市委委员、常委、副书记
12月10日 任命秦书义为吕梁市委委员、常委
12月10日 免去郑中夏吕梁市委常委、委员职务
12月28日 任命霍慧文为交口县委书记
12月28日 免去徐宇平交口县委书记职务
12月28日 免去郭保平中阳县委书记职务
12月28日 免去李少杰方山县委书记职务

晋中市

4月9日 郭邵华不再担任晋中市人大常委会副主任职务，退休
4月9日 高增光不再担任晋中市人大常委会副主任职务，退休
8月30日 免去丁文禄晋中市委组织部部长职务
8月30日 免去丁文禄晋中市委常委、委员职务
12月10日 安根田不再担任晋中市公安局长职务
11月5日 李永宏退休

阳泉市

4月15日 任命王帅红为阳泉市委委员、常委和市纪委书记
5月20日 任命梁志勇为阳泉市矿区区委书记
6月26日 任命张晋为阳泉市城区区委书记
7月24日 免去洪发科阳泉市委书记、常委、委员职务
11月5日 任命陈永奇为阳泉市委书记
11月5日 任命董一兵为阳泉市委委员、常委、副书记
11月5日 陈永奇不再担任阳泉市市长职务
11月5日 任命陈永奇为阳泉市委书记
12月28日 任命巩成为阳泉市委委员、常委
12月28日 免去李立国阳泉市纪委副书记职务

长治市

4月9日 张书庆不再担任长治市人大常委会副主任职务，退休
4月9日 阎建国不再担任长治市政协副主席职务，退休
4月9日 免去田志明长治市委常委、委员和襄垣县委书记职务
5月20日 任命王震为长子县委书记
5月20日 免去尚宪芳长治市委常委、委员职务，退休
7月24日 免去李安清长治高新技术产业开发区党工委书记，退休
8月30日 马四清不再担任长治市副市长职务
8月30日 任命马彪为长治市委委员、常委和市纪委书记
8月30日 免去高建国长治市委常委、委员和市纪委书记职务
11月5日 免去魏武长治市政协副主席职务
12月28日 任命梁克昌为长治市委委员、常委

晋城市

3月1日 免去宋万奎晋城市委党校常务副校长职务，退休
4月9日 任命马学林为晋城市委委员、常委
4月9日 免去郝崇福晋城市委常委、委员职务
5月20日 张润才不再担任晋城市人民检察院检察长职务，退休
6月26日 任命赵新年为泽州县委书记
7月24日 免去李庆平晋城市纪委副书记职务
12月28日 任命曾庆勇为晋城市委委员、常委、副书记
12月28日 任命张少波为晋城市委委员、常委、市纪委书记
12月28日 免去李俊敏晋城市委副书记、常委、委员职务
12月28日 免去武宏文晋城市纪委书记职务

临汾市

3月1日 免去林泽忠临汾经济技术开发区党工委书记职务，退休
4月15日 免去张明星临汾市委常委、委员职务
4月15日 免去白建荣临汾市委常委、委员职务
5月20日 任命李新春为临汾市委委员、常委
5月20日 任命郝献民为古县县委书记
5月20日 任命李亚丽为隰县县委书记
5月20日 免去王天朗隰县县委书记职务
7月24日 免去陈国荣临汾市委常委、委员和市纪委书记职务
8月30日 任命刘予强为临汾市委委员、常委和市纪委书记
8月30日 杨治平不再担任临汾市副市长职务
12月10日 关中翔不再担任临汾市中级人民法院院长职务

运城市

4月9日 李景发不再担任运城市人大常委会副主任职务，退休
4月9日 免去葛作民夏县县委书记职务

5 月20日　任命张宏志为夏县县委书记

5 月20日　卫儒牛不再担任运城市人大常委会副主任职务，退休

5 月20日　潘和平、张冠不再担任运城市政协副主席职务，退休

6 月26日　杨泽生不再担任运城市政协副主席职务，退休

7 月29日　任命王宇燕为运城市委委员、常委、书记

8 月30日　免去王健康运城市副市长职务

11 月5日　免去邵景阳运城市委党校常务副校长职务，退休

12 月10日　何振科不再担任运城中级人民法院院长职务

其　他

5 月31日　任命刘东光为省委全面深化改革领导小组办公室专职副主任（副厅长级，试用期一年）

6 月26日　王静在民革山西省委会秘书长（副厅长级）岗位上试用期满，考核合格，同意正式为职

6 月26日　徐佩雄在民盟山西省委会秘书长（副厅长级）岗位上试用期满，考核合格，同意正式为职

6 月26日　闫柏良在民建山西省委会秘书长（副厅长级）岗位上试用期满，考核合格，同意正式为职

6 月26日　免去赵友亭省援疆工作前方指挥部总指挥（正厅长级），临时党委书记职务（兼）

6 月26日　任命程银锁为省援疆工作前方指挥部总指挥（正厅长级）、临时党委书记（兼）

11 月5日　任命张丽娟为农工党山西省委会副巡视员

12 月10日　免去马运侠省援疆工作前方指挥部副总指挥、临时党委书记（兼）职务

（本栏目由省委组织部整理）

大事记要

中共山西2015年大事记

1　月

1月1日　省政府印发《关于做好2015年安全生产工作的通知》。《通知》要求：一、强化红线意识，树立安全理念；二、加强法治建设，推进依法治安；三、完善监管体系，强化责任落实；四、落实主体责任，提升安全水平；五、狠抓监管重点，开展专项整治；六、坚持预防为主，加强隐患排查；七、夯实基层基础，提高保障能力；八、深刻汲取教训，严格责任追究；九、改进工作作风，提高监管效能。

同日　山西煤炭资源税改革正式实施，由从量计征改为从价计征，8%的税率执行。此次税制改革取消了矿产资源补偿费、煤炭价格调节基金、煤炭可持续发展基金三项规费。

同日　省政府率先在全国出台的《山西省省属国有企业财务等重大信息公开办法》（试行）正式施行。《办法》共21条，由5部分组成，信息公开的主要内容包括：企业年度财务报告；生产经营管理情况；大额度资金运作情况；职工权益维护情况；履职待遇、业务支出情况等。财务信息公开施行办法分为3个步骤：第一步，在省属金融类企业集团、省属文化事业类企业集团和省国资委监管的23户省属国有企业集团执行。第二步，在省属国有企业二级以下企业和各委、办、厅、局监管企业执行。第三步，指导各市、县出台所属国有企业财务等重大信息公开办法。

1月2日　太原市政府召开“12·13”非正常死亡案件新闻发布会，通报该案依法调查进展情况。市公安局局长汪凡代表太原市公安局，对死者表示沉痛哀悼，向受害人家属和社会诚恳道歉。案件发生后，省委书记王儒林要求迅速查清事实，严查严处，正风肃纪，依法加快侦办。1月3日，太原市人民检察院发布“12·13”案件进展情况，对涉嫌“12·13”案件的犯罪嫌疑人王文军依法逮捕，对另外两名犯罪嫌疑人郭铁伟、任海波也依法实行了逮捕。

1月4日　李小鹏主持召开省政府安委会第一次全体（扩大）会议，会议学习贯彻习近平总书记对上海外滩踩踏事件做出的重要指示和李克强总理重要批示，贯彻落实中办、国办关于切实做好当前安全生产和人员密集场所安全管理工作的紧急通知精神，部署2015年安全生产工作。会议认为，全省2014年各类安全生产事故起数和死亡率持续下降，煤炭百万吨死亡率下降到0.036，同比下降53.25%，安全生产形势继续保持总体稳定。各级各单位要总结工作，坚定信心，坚决贯彻实践证明行之有效的好制度好做法，确保全省安全生产形势持续好转。会议指出，做好2015年安全生产工作，一要思想认识深之又深；二要履行职责实之又实；三要措施制度细之又细；四要考核问责严之又严。会议强调，要高度重视、扎实做好岁末年初的安全生产工作，突出抓好煤矿、道路交通、地质灾害防治、非煤矿山、油气管道、危险化学品、人员密集场所、冶金工贸以及建筑施工、城镇燃气、特种设备、水库、军工、农机等行业领域的安全生产工作。

1月5日　李小鹏主持召开省政府第69次常务会议，研究2015年转型综改行动计划，讨论《政府工作报告》（讨论稿），原则通过石油天然气管道建设和保护办法（草案）。会议强调，2015年的改革发展任务艰巨，必须深入贯彻落实党的十八大和十八届三中、四中全会、中央经济工作会议精神，认真贯彻落实省委十届六次全会和全省经济工作会议的决策部署，坚持以建设转型综改试验区为统领，全面深化改革。切实把思想和行动统一到中央决策部署和省委工作要求上来，科学部署2015年政府工作，重点安排好安全生产、重点工程建设、保障改善民生、改革创新、扩大开放、“三农”扶贫、水利建设、生态环保、新兴产业发展、金融风险防空、社会事业发展和社会治理等领域的工作。

同日　省委学习讨论落实活动办公室发出公告，面向社会公开征集重点领域专项整治项目，请广大人民群众和社会各界有识之士建言献策。

同日 省委政法委召开电视电话会议，对全省政法系统深入开展政法领域专项整治进行安排部署。会议要求，全省政法系统要深入贯彻落实省委学习讨论落实活动决策部署，扎实开展政法领域专项整治。一要紧紧围绕人民群众反映强烈的不作为、乱作为，特别是执法不严、司法不公、司法腐败等执法司法突出问题；二要牢牢把握查摆问题、严肃查处、整改落实、建章立制四个环节，集中查摆一批执法司法突出问题；三要纠正一批不公不廉行为，惩处一批司法执法腐败分子。

同日 全省学习讨论落实活动办公室召开督导工作汇报会，听取各督导组的工作情况汇报和意见建议。省委副书记楼阳生强调，一要按照省委确定的目标任务，扎实推进学习讨论落实活动，确保活动不达目的不罢休；二要坚持把学习贯穿始终，深入学习习近平总书记系列重要讲话精神和省委的重大决策部署，真学真懂，真信真用，真抓真改；三要抓好反思剖析，广泛开展讨论，找准问题，保证反思剖析报告具体深刻；四要扎实推进保持“三个高压态势”“三个一批”和重点领域专项整治任务，净化政治生态；五要推进“六权治本”，突出抓好“两清单”“两平台”“一监督”；六要把活动与工作结合起来，确保省委、省政府各项决策部署落到实处。

1月6日 省委民主法制领域改革专项小组召开第五次会议，会议传达了王儒林在省委全面深化改革领导小组第三次会议上的讲话精神。会议指出，要统一思想，深化认识，切实把民主法制领域改革作为重要政治责任、重要工作职责、重大工作举措抓紧抓实；要突出重点、分类实施，紧紧围绕“六权治本”，做好全省各级法规规章的清理规范和立改废释工作，重点推进煤炭领域地方性法规立法工作，加快推进法治山西建设。

1月6日至7日 省委副书记楼阳生到吕梁市交城县、孝义市就深入开展学习讨论落实活动、探索实施“六权治本”进行调研。在交城县社会服务管理指导中心和政务大厅，了解社会服务平台建设、公开政务审批等，与交城县社会服务管理指导中心和政务大厅工作人员和孝义市10个政府部门负责人进行了座谈，听取了市、县工作情况汇报。

2014年12月24日至2015年1月8日 按照省委统一安排，省委副书记楼阳生、省委常委胡苏平、高建民、吴政隆、张少华、王建明、孙绍骋、王伟中、付建华、盛茂林等，分别参加了各自联系指导单位党委（组）2014年民主生活会，常委们对各联系指导单位民主生活会给与了指导和肯定，同时要求各联系指导单位要严格党内政治生活，要努力适应从严治党新常态，要进一步做好党的建设工作。

1月8日 李小鹏主持召开省政府全体（扩大）会议，讨论修改《政府工作报告》（讨论稿），安排部署当前工作。会议强调，2015年，各级各部门要切实把思想和行动统一到中央对当前经济形势的分析判断上来，认真组织好《政府工作报告》的讨论修改工作，充分吸纳各方面意见建议，使报告充分贯彻中央精神、体现省委要求、反映群众意见、符合山西实际；做到实事求是肯定成绩、总结经验、查找问题、纠正不足，科学准确分析形势、部署工作、创新思路、完善措施，使报告起到鼓舞干劲、指导实践、引领全年经济社会发展的作用。会议还要求，各级各部门要扎实做好岁末年初各项工作，一、严格落实中央八项规定，坚决反对“四风”，持续保持反腐败高压态势；二、毫不放松抓好安全生产工作；三、开展慰问走访活动，帮扶困难企业、群众、农民工工资的足额发放；四、搞好节日市场供应、节假日保障工作；五、确保学习讨论落实活动落到实处。

同日 楼阳生深入省交通厅就开展学习讨论落实活动，推进实施“六权治本”进行调研。他指出：省交通厅作为全省净化政治生态的重点单位，一要深化对“六权治本”重要性的认识，构建不能腐的长效机制；二要切实厘清权力的内容、范围和边界，找准查实权力运行的关键点、风险点，确保“权力清单”“责任清单”法定具体、配置科学；三要建立科学合理、有效管用的监督制约体系，实现监督制约和效率效能有机统一。

1月9日 省委出台《中共山西省委关于全面贯彻好干部标准树立正确用人导向 从严管理干部的决定》。《决定》共由六部分组成：一、树立正确用人导向，大力匡正选人用人风气；二、科学考核考察，完善识别好干部的办法；三、进一步完善选人用人机制，提高干部选拔任用工作科学化水平；四、从严教育管理监督干部队伍，防止失之于宽、失之于软；五、贯彻“六权治本”要求，真正把选人用人权关进制度的笼子里；六、认真落实党委选人用人主体责任，充分发挥组织人事部门职能作用。

同日 在北京举行的科学技术奖励大会上，山西省共有6个项目获奖，其中主持完成3项，参与完成3项。主持完成的3项分别是“低渗透煤层高压水力割缝强化瓦斯抽采成套技术与装备”、“界面性质与光电器件特性关系调控技术及应用”、“先进铁素体不锈钢关键制造技术与系列品种开发”。

1月上旬 由山西晋能集团投资11亿元建设的全省最大的500MW太阳能电池及600MW组件项目在文水县建成投产。该项目填补了山西省在核心光伏发电装备制造领域的空白，跨入光伏制造先进行列。

1月10日 由山西日报报业集团、山西广播电视台、山西晚报社、山西科教频道承办的2014年“感动山西”十大人物评选结果揭晓。分别是：马怀兰、高贵平、牛利军、王智伟、常勇、张清、聂晶晶、梁香草、李红英、李栓州。

1月13日 省政府发出征求《关于深化煤炭管理体制改革的意见（公开征求意见稿）》意见的通知，面向社会公开征求意见和建议。公开征求意见稿分为深化行政审批管理改革、规范煤矿建设和生产秩序、加强煤矿安全监管等12部分。

同日 省公安厅通报2014年全省打击刑事犯罪战果，共破获各类刑事案件48015起，抓获各类刑事犯罪嫌疑人27918名，打掉黑恶势力犯罪集团137个，打掉恶势力犯罪集团135个，抓获黑恶势力成员973人，缴获各类枪支35支，扣押非法资产1750万余元。

1月14日 楼阳生到部分省直厅局就学习讨论落实活动中编制权力清单、责任清单，建设综合性政务平台、公共资源交易平台，加强对一把手和关键岗位监督等工作进行调研。他指出，实施“六权治本”是一项具有革命性、改革性、创新性的系统工程，“两清单、两平台、一监督”是实施“六权治本”的重要内容，在学习讨论落实活动中必须先行突破，取得实效。

1月14日至15日 省军区党委十届四次全体（扩大）会议在太原召开，会议传达学习军委和北京军区党委扩大会议精神，总结部署年底工作。省委书记、省军区党委第一书记王儒林出席会议并讲话。他指出：2015年是全面深化改革的关键之年，也是全面推进依法治国治军的开局之年，一要认清形势，切实增强开创山西省国防后备力量建设新局面的政治责任感；二要把握关键环节，紧紧围绕实现强军目标扎实推进省军区部队各项建设；三要深化军民融合，在实现富民强省与兴武强军有机统一中发挥更大作用。会议强调，全区部队要深入贯彻党的十八大、十八届三中、四中全会精神和习主席系列讲话精神，坚决落实军委和北京军区党委扩大会议精神，坚决以强军目标为统领，坚持战斗力这个唯一的根本的标准，坚持依法治军从严治军，坚持“三重”工作指导，确保部队秩序正规和安全稳定。

1月15日 王儒林主持召开省委常委会议，传达学习习近平总书记在十八届中央纪委五次全会上的讲话和十八届中央纪委五次全会精神，传达学习全国宣传部长会议精神。会议指出，习近平总书记的重要讲话，站在党和国家全局高度，充分肯定了一年来党风廉政建设和反腐败斗争工作取得的成效，深刻分析了当前反腐败斗争的严峻复杂形势，明确提出了当前和今后一个时期工作的总体要求和主要任务，是山西省深入开展党风廉政建设和反腐败斗争的根本指南和基本遵循。会议要求，各级党委（党组）要把学习习近平总书记重要讲话和十八届纪委五次全会精神，作为今年落实主体责任的首要任务来抓，要把党风廉政建设和反腐败斗争当作分内之事、应尽之责，真正把责任扛在肩、抓在手。各级纪委要履行好监督责任，严肃追究责任，努力形成不敢腐、不能腐、不想腐的长效机制。

同日 全省卫生计生工作暨省人口计生领导组会议在太原召开。会议宣布，2015年在总结83个县（市、区）县级公立医院综合改革试点经验的基础上，全省119个县（市、区）全面推进县级公立医院综合改革，将全面取消药品加成政策，破除以药补医机制，科学调整医疗服务价格，建立新的补偿机制。

同日 临汾市翼城县交警贺冰在翼城县星杰中学现场执勤时，为保护人民群众，英勇牺牲，王风战、张鹏被撞成重伤。中共中央政治局委员、国务院副总理刘延东批示：贺冰同志为保护学生牺牲，这种舍己救人的精神令人感动。请向贺冰家属和受伤协警表示慰问，全力抢救伤者。国务委员、公安部部长郭声琨批示：请刘杰同志将延东副总理的慰问转达到贺冰同志家属及受伤协警，代表我对贺冰同志牺牲表示深切哀悼，向受伤协警表示慰问。省委书记王儒林批示：在危机关头，我们的民警奋不顾身保护人民群众，用鲜血和生命忠诚履行了人民警察为人民的神圣使命。并要求积极宣传，深入学习他们的先进事迹，进一步激浊扬清、革弊立新，重塑山西公安干警新形象。3月5日，省委、省政府授予贺冰同志“人民卫士”荣誉称号。

同日 省环保厅公布了2014年环保工作十大成效。一、污染减排任务圆满完成。二、环境质量持续改善。三、APEC空气质量保障工作成效明显。四、黄标车及老旧车淘汰任务超额完成。五、省城环境质量迈出新步伐。六、新《环保法》宣传掀起高潮。七、环保执法工作成效明显。八、生态创建工作硕果累累。九、应对重污染天气预报预警机制日趋完善。十、PM2.5自动监测实行全覆盖。

同日 省委宣传部召开弘扬法治文化、红色文化、廉政文化推进会，启动弘扬“三个文化”，实现弊革风清系列主题宣传活动。该活动安排部署了“弘扬三个文化学习研讨活动”“弘扬三个文化实现弊革风清主题宣传活动”“弊革风清三晋春主题文化活动”“三个文化进万家，书香山西在行动”“积极构建三个文化建设教育平台”等五大系列39项活动，进一步宣传和弘扬山西省源远流长的法治文化、博大精深的廉政文化、光耀千秋的红色文化。

同日 为贯彻落实《国务院关于进一步推进户籍制度改革的意见》，省政府颁布《关于进一步推进户籍制度改革的实施意见》。《意见》共由五部分15个方面组成，分别从总体要求、进一步调整户口迁移政策、创新人口管理等方面提出实施意见。

1月16日 根据《国务院办公厅关于进一步加强政府督促检查工作的意见》，省政府办公厅颁布《关于进一步加强督促检查工作的实施意见》。《意见》内容为：一、明确职责，确保重大决策部署全面贯彻执行。二、健全制度，促进督促检查工作制度化、规范化。三、完善工作机制，形成督促检查工作整体合力。四、加强组织领导，构建督促检查工作新格局。

同日 李小鹏主持召开省政府党组（扩大）会议，学习贯彻习近平总书记在十八届中央纪委五次全会上的重要讲话和全会精神，落实省委常委会精神，部署政府系统党风廉政建设和反腐败工作。会议强调，要按照省委的统一部署，做好政府系统党风廉政建设和反腐败工作；要严格履行主体责任，严厉查处顶风违纪行为；要深入推进“六权治本”；要加快建设法治政府，进一步推进依法行政；要加强反腐倡廉建设，保持惩治腐败的高压态势；要加强纪律建设，努力营造守纪律、讲规矩的浓厚氛围。

同日 由中共山西省委宣传部、山西省社会科学界联合会、山西日报社联合主办弘扬的“三个文化”研讨会在太原召开。专家学者一致认为，山西有着“三个文化”的深厚土壤，“三个文化”是山西宝贵的精神财富。三晋大地廉政文化生生不息，廉政名人层出不穷；荀子和韩非子的法治思想为中华优秀法治文化作出杰出贡献；山西的共产党员和人民群众用鲜血和生命铸就了革命老区精神和红色文化。要充分挖掘和大力弘扬“三个文化”的精神内涵、重要意义和时代价值，使之成为推动山西廉洁发展、转型发展、创新发展、绿色发展、安全发展、统筹发展的文化动力。

同日 山西省启动卫生人才百千万培养工程。将用3至5年的时间、用“一对一”导师带教制和专项技术培训等方式，为山西省卫生计生系统培养百名高端领军人才、千名骨干精英人才、万名基层适宜人才。

1月16日到18日 王儒林在运城市、临汾市调研。王儒林先后到盐湖区、永济市、侯马市、曲沃县、尧都区、洪洞县的企业园区、农村农户、项目工地，了解经济社会发展、党的建设和干部队伍建设情况，认真听取了重点项目介绍和产品研发生产等情况，详细了解了现代农业发展、职能温室、田间超市等，在农户家仔细询问了“两委”换届选举情况，察看了“两委”换届选举原始资料、党员示范户的民情日记等。并且召开座谈会，听取临汾、运城两市市委书记、市长、市委副书记、纪委书记、组织部长，部分县委书记、县长、乡镇党委书记的发言。王儒林强调，第一、把认真学习宣传和贯彻落实习近平总书记在十八届中央纪委五次全会上的重要讲话精神，作为一项重大政治任务，清醒认识当前党风廉政建设和反腐败斗争的形势，切实遵守政治纪律和政治规矩，从严落实“两个责任”，始终保持惩治腐败、狠刹“四风”、打黑除恶的高压态势，深入实施“六权治本”，坚定不移推进山西省党风廉政建设和反腐败斗争。第二、深入实施“三个一批”，甄别处理一批不廉洁、乱作为的干部，调整退出一批不胜任、不作为的干部，掌握使用一批敢担当、善作为的好干部，确保取得实效。第三、狠抓落实，全面做好当前各项工作。

1月19日 全省宣传部长会议在太原召开。会议要求，全省宣传思想文化战线，要宣传落实好习近平总书记系列重要讲话，引导广大干部群众读原著、学原文、悟原理；要大力宣传中央和省委的重大决策部署；要大力弘扬本省优秀历史法治文化、廉政文化、红色文化；要深化文化体制改革，推动文化产业快速发展；要强化和落实领导责任、管理责任，管好阵地，带好队伍，做好工作。

同日 省武警总队党委召开三届八次全体(扩大）会议，省委书记王儒林出席会议。会议传达学习了中央军委扩大会议、武警党委二届六次全体（扩大）会议精神，总结部署了年度工作任务。会议要求，全省武警官兵特别是领导干部要狠抓落实，认真履职尽责，自觉服从服务于全党和全省工作大局。一、要始终把思想政治建设置于首位，毫不动摇地坚持政治建警方针；二、大力加强实战化训练，不断提升部队遂行多样化任务能力；三、着力提高部队党的建设科学化水平；四、贯彻落实双重领导原则，不断推进警地融合发展、协调发展。

同日 李小鹏主持召开省政府第70次常务会议，会议研究加快法治政府建设、深化煤炭管理体制改革、培育新型职业农民等工作。会议原则通过了《关于加快推进法治政府建设的实施意见》(草案)、《关于深化煤炭管理体制改革的意见》（讨论稿）、《山西省新型职业农民培育规划纲要》（2015—2020年）、《山西省军人抚恤优待实施办法》(修订草案)。会议指出，政府各级各部门要深刻认识加快建设法治政府的重大意义，切实摆在突出位置，科学谋划，大力推进；各级政府和政府部门主要负责人要担负起依法行政第一责任人的责任，制定实施方案，明确职责分工，加强督查考核，确保各项任务落到实处。各级各部门要进一步学习贯彻习近平总书记系列重要讲话特别是关于能源革命的重要论述，深刻认识深化煤炭管理体制改革的重要性、紧迫性和必要性。

同日 全省2014年度目标责任考核工作动员会在太原召开。会议要求，一要抓好工作落实，确保考核工作顺利完成；二要充分运用成果，切实发挥考核对班子和干部的“体检”作用；三要严格纪律，以坚决严格的纪律保证考核风清气正。

1月21日 王儒林主持召开省委常委会会议，会议研究讨论了《政府工作报告》（送审稿），听取了省“两会”筹备情况汇报，研究讨论了《关于深化煤炭管理体制改革的意见》《关于做好甄别处理一批、调整退出一批和掌握使用一批干部工作的意见》、《关于加强县委书记选拔任用和管理监督工作的意见》（试行)。会议强调，要把选拔任用县委书记作为破解选人用人难题的切入点，切实把县委书记队伍选好用好管好；要认真贯彻落实习近平总书记同中央党校第一期县委书记研修班学员座谈时的重要讲话精神；要严格按规矩办事，做到全程民主、全程差额、全程署名、全程留痕、全程监督、全程追责。

1月22日 《山西日报》报道，农业部、财政部2014年初确定山西省为新型职业农民培育整省推进试点省。一年来，山西省在全国率先试点“两精、三教、四结合”的山西模式，（两精：精准培育、精细培育；三教：因材施教、因需施教、因时施教；四结合：培训与产业发展、农民需求、农民增收、新农村建设结合）逐步形成了较为完善的政策制度、工作机制和培训体系，已经完成10万新型职业农民的培训任务。

同日 王儒林主持召开省委全面深化改革领导小组第四次会议。会议深入贯彻落实中央全面深化改革领导小组第八次会议精神，贯彻落实省委十届六次全会和全省经济工作会议精神，审议并原则通过了省委全面深化改革领导小组2015年工作计划和各专项小组2015年工作计划。会议强调，要认真谋划，在协调改革任务进展上抓落实，一要在主攻方向、重大原则、核心举措等方面与中央部署保持一致；二要广泛听取各方面意见，使改革方案更具针对性、可行性、操作性和实效性；三要聚焦影响经济社会发展、群众反映强烈、影响政治生态的突出问题，集中力量进行攻关突破；四、要注重用法制思维和法治方式推进改革，确保各项改革在法律框架下实施。

1月23日 全省农村工作会议在太原召开。会议学习贯彻落实习近平总书记系列重要讲话精神，全面落实党的十八大和十八届三中、四中全会以及中央经济工作会议、中央农村工作会议精神，总结2014年农业农村工作，研究依靠改革创新推进农业农村现代化的举措，部署当年和今后一段时期农业和农村工作。会议认为，2014年山西省面对经济下行压力，攻坚克难，各项工作稳中有进。特别是粮食产量达到133亿公斤，又有47万贫困人口脱贫，农村“五件实事”和人居环境改善完成年度任务，农村居民人均可支配收入增长10.8%，连续四年高于城镇居民收入增速，全省农业农村继续保持平稳发展的良好势头。会议强调，农业现代化仍是山西省现代化建设的“短板”，“三农”仍是山西省经济社会发展的薄弱领域，进一步做好“三农”工作意义重大。2015年，一要着力转变农业发展方式；二要做好兴水增绿两篇文章；三要加大农村人居环境改善力度；四要推进城乡一体化发展；五要大力推进扶贫开发；六要不断深化农村改革。

1月24日 李小鹏主持召开民主党派、工商联、无党派人士和基层代表两个座谈会，征求对即将提请省十二届人大四次会议审议的《政府工作报告》(征求意见稿）的意见。会上，大家一致认为，《政府工作报告》总结过去成绩实事求是，分析形势和问题深入客观，部署本年工作重点突出、务实高效，强化了改革开放、创新驱动、煤炭革命、扩大内需、产业转型、“三农”工作、改善民生、安全生产和城乡人居环境改善、生态文明建设、法治政府建设等重点工作，既全面贯彻了党的十八大、十八届三、四中全会和中央经济工作会议精神，也充分体现了省委十届六次全会精神，符合山西实际。并且提出了具体修改意见和建议。

1月24日 省统计局、国家统计局山西调查总队联合发布2014年度山西国民经济运行情况。2014年全省地区生产总值12759.44亿元，比上年增长4.9%；固定资产投资完成11977亿元，比上年增长11.5%；粮食总产量达到133.1亿公斤，实现五连增；居民人均可支配收入16538元，比上年增长9.4%。

1月25日 省委省政府颁布《关于深化煤炭管理体制改革的意见》。《意见》共12部分36条，从资源配置、项目审批、建设生产、生态治理、安全监管、销售体制、交易方式、企业改革、权力约束、法制建设等重点领域和关键环节提出推进煤炭管理体制改革，到2017年基本实现煤炭管理体制和管理能力现代化。

同日 全省组织部长会议在太原召开。会议认真贯彻落实全国组织部长会议精神和省委十届六次全会精神，回顾总结2014年度工作，安排部署2015年度工作。省委组织部长盛茂林要求，一要引深学习贯彻习近平总书记系列讲话精神；二要下大决心刷新吏治，努力营造公平公正、弊革风清的良好用人环境；三要坚持不懈推进作风建设，重塑山西干部队伍形象；四要扎实推进党的建设制度改革，把“六权治本”要求贯彻落实到制度治党全过程；五要强化基层党组织政治功能、服务功能，夯实富民强省的组织基础；六要紧紧围绕服务“六大发展”，集聚培养好各类人才。

同日 王儒林主持召开省委中心组（扩大）专题学习会，邀请第十二届全国人大常委会委员、内务司法委员会副主任李慎明作题为《毕生廉洁自律，全面从严治党——学习习近平总书记系列重要讲话精神的体会》的辅导报告。报告从廉洁自律和从严治党的国际国内背景，党领导干部廉洁自律、党要管党、从严治党的历史渊源，廉洁自律、从严治党是为确保党和政权永不变质，毕生廉洁自律、全面从严治党、为坚持和发展中国特色社会主义而奋斗四个方面作了学习辅导。王儒林强调，习近平总书记提出要“全面从严治党”，一定要认真学习、全面落实。一要强化思想建党，筑牢“从严治党”思想根基；二要严明党纪党规，夯实“从严治党”纪律保障；三要健全体制机制，扎紧“从严治党”制度围栏；四要坚持从严治吏，确保“从严治党”落地生根；五要坚持“三严三实”，树立“从严治党”新风正气。

同日 李小鹏主持召开省政府第71次常务会议。会议研究废止和修改部分政府规章事宜，安排部署当前工作。会议通过关于废止部分政府规章的决定（草案)、关于修改部分政府规章的决定（草案），决定废止山西省《实施〈电力设施保护条例〉办法》《土地复垦实施办法》《煤炭可持续发展基金征收管理办法》《实施〈中华人民共和国车船税暂行条例〉和〈中华人民共和国车船税暂行条例实施细则〉办法》及《煤炭销售票使用管理办法》等5件省政府规章，集中修正省《消防安全责任制实施办法》等3件规章。会议强调，各部门各单位要切实领会好、贯彻落实好“两会”精神；要广泛听取人大代表和社会各界对政府工作的意见建议；要高度重视人大代表议案建议和政协委员提案办理工作；要自觉接受人大监督和政协民主监督，切实加强政府建设。

1月26日 《山西日报》报道，2014年全省果业产量增幅明显，出口实现新突破，收入创新高。全省果园总面积达866.3万亩，比上年增加1.68%；水果总产量达到752.1万吨，比上年增加7.1%；水果出口19.8万吨，出口金额达3亿美元左右，增幅超过50%；全省水果总产值达233亿元，比上年增加18.6%；农民人均果品收入达到987元，创历史新高。

1月28日至2月1日 省政协十一届三次会议在太原召开。薛延忠作省政协十一届常委会工作报告，大会共举行四次全体会议。会议通过了政协第十一届山西省委员会提案委员会关于省政协十一届三次会议工作报告决议、提案审查情况报告和政治决议。通过无记名投票方式，补选张克强、周明定、韩裕峰为政协第十一届山西省委员会常务委员。会议应到委员578人，实到537人，王儒林、李小鹏出席大会。

1月29日至2月2日 省人大十二届四次会议在太原召开，李小鹏代表省人民政府向大会作《政府工作报告》。会议先后表决通过了关于政府工作报告的决议、关于山西省2014年国民经济和社会发展计划执行情况与2015年国民经济和社会发展计划的决议、关于山西省2014年全省和省本级预算执行情况与2015年全省和省本级预算的决议、关于省人大常委会工作报告的决议、关于省高级人民法院工作报告的决议和关于省人民检察院工作报告的决议。出席会议的人大代表506人，符合法定人数。省人大主任王儒林强调，当前，山西正处在重要历史关头，全体代表要与全省人民一道，坚持把“深入学习贯彻习近平总书记系列重要讲话精神，净化政治生态，实现弊革风清，重树山西形象，促进富民强省”的总要求贯穿始终，坚持围绕中心，突出重点，履职尽责。一要牢固树立法治意识，着力推进法治山西建设；二要牢固树立创新意识，着力推进“六大发展”和改革开放；三要牢固树立监督意识，着力推进人民代表大会制度与时俱进。

2 月

2月1日 李小鹏主持召开省政府第72次常务会议。会议研究确定了2015年《政府工作报告》重点工作分工，安排部署加快农业现代化建设工作。会议要求，各级各部门要强化目标责任，明确每项任务的具体时间和进度要求；各负其责，密切配合；形成相互支持促发展的强大合力；严格督促检查，表扬先进、鞭策后进。

同日 省政府召开全省安全生产电视电话会议，会议传达贯彻全国安全生产电视电话会议精神，总结2014年全省安全生产工作，通报安全生产大检查、人员密集场所消防安全大检查和应急预案大检查的情况，安排部署2015年安全生产工作。

同日 山西省召开文化体制改革专项小组第四次会议。会议传达了省委深化改革领导小组第三次、第四次会议精神，通报了2014年改革任务完成情况，研究了2015年工作计划及进度安排。会议指出，文化体制改革工作同全省发展形势紧密相连，一要认清形势，把弘扬“三个文化”工作抓紧抓好，要为“六大发展”“六型转变”和综改试验区提供强有力的精神文化支撑；二要明确任务，积极探索推进建立党委和政府监管国有文化资产的体制机制，加大全省广电网络整合力度，加大推进公共文化基础设施建设力度。三要落实责任，把党风廉政建设落到实处。

2月2日 省政府为贯彻落实党的十八大、十八届三中、四中全会精神，深入推进依法行政，加快法治政府建设，颁发《关于加快推进法治政府建设的实施意见》。《意见》从全面政务公开、严格规范公正文明执法等11个方面提出实施意见。

2月3日 中央纪委监察部网站发布消息，省委原常委、秘书长聂春玉和省委原常委、统战部原部长白云严重违纪违法，经中央纪委审议并报中共中央批准，决定给予开除党籍和公职处分。其涉嫌犯罪问题及线索与所涉款物移送司法机关依法处理。

2月4日至5日 省委副书记楼阳生深入扶贫联系点方山县马坊镇赤坚岭村，就深入开展学习讨论落实活动、加强村级组织建设、加快贫困农村脱贫致富步伐进行调研。他强调，要以深入开展学习讨论落实活动为契机，规划先行，摸清贫困底细、掌握群众意愿；要明确重点，按照发展现代农业要求，带动农民增收，强化服务，加大政策倾斜帮扶力度；要提升素质，强化治理，省、市、县、乡、村各级要上下联动，团结带领农民群众早日实现脱贫致富。

2月5日 全省新闻出版广播影视工作会议暨党风廉政建设会议在太原召开。会议指出，2015年全省新闻出版广播影视工作的重点任务为：一要提高舆论引导能力，推动媒体融合的战略性转型；二要提高精品生产能力，推动内容产品的品牌化转型；三要提高文化惠民能力，推动公共文化服务的标准化、均等化转型；四要提高改革发展能力，推动机制体制和产业结构的科学化转型；五要提高依法行政能力，推动行业管理的法治化转型；六提高廉洁从政能力，推动人才队伍的优质化转型。

2月6日 全省村党组织换届工作完成，村党组织换届完成率为99.92%，村委会换届完成率为99.72%。未完成换届的22个村党组织和79个村委会，列入本年度的软弱涣散村级组织进行整顿。本次换届选举的特点是“四高四好三低”：即参选率高、文化程度高、大学生村官当选比例高、妇女进入“两委”班子比例高，氛围好、秩序好、风气好、社会反响好，平均年龄低、信访案件数量低、未完成换届选举的重点难点村数量低。同时，全省村党组织换届中共处理违法违纪人员362人，是上届的12.1倍。

2月7日 王儒林主持召开省委常委会议，传达学习省部级主要领导干部学习贯彻十八届四中全会精神全面推进依法治国专题研讨班、习近平总书记在云南考察重要讲话精神，传达了全国统战部长会议、中央政法工作会议、第二十三次全国高校党建工作会议精神，研究山西省贯彻落实意见。会议强调，要把认真学习贯彻习近平总书记讲话精神作为重大政治任务，深刻领会总书记重要讲话的精神实质和科学内涵，切实把全省各级领导干部的思想和行动统一到党中央关于全面推进依法治国的战略部署上来，突出抓好领导干部这个“关键少数”，把加强和改进党的领导贯穿法治建设全过程，深入实施“六权治本”力争取得突破性进展。各级党委、政府特别是贫困县要加强领导，切实把工作重点和主要精力放在扶贫开发上，努力形成全社会共同推进扶贫开发的强大合力，坚决打好扶贫开发攻坚战。

会议研究了《省委、省政府关于加大改革创新力度加快农业现代化建设的实施意见》《山西省委巡视组组长库管理暂行办法》，审定了《中共山西省委常委会2015年工作要点》，审议了省纪委十届五次全会工作报告和会议筹备方案。

2月8日 《山西日报》报道，2014年，面对严峻复杂的经济形势，山西省采取加强运行监测预警、推进煤电协调发展、深入开展企业帮扶、着力破解企业融资难题等措施，规模以上工业增加值增长3%，低于全国平均水平5.3个百分点，低速发展正在成为山西工业经济的一种新常态。

同日 李小鹏主持召开省政府党组（扩大）会议。学习贯彻习近平总书记在省部级主要领导干部专题研讨班开班式上的重要讲话精神，学习贯彻习近平总书记在云南考察时的重要讲话精神。会议强调，要强化各级领导干部的社会主义法治信仰，增强法治思维和依法办事能力；要深入剖析查找本省发生系统性、塌方式严重腐败问题的深层次原因，努力形成并保持惩治腐败的的高压态势，通过强化法治净化政治生态，实现弊革风清；要严格落实领导干部职责，做到年初有部署，年中有督查，年底有考核，全年有台账；要认真落实加快法治山西建设，加快推进法治政府建设的实施意见。

2月10日 中国共产党山西省第十届纪律检查委员会举行第五次全体会议。黄晓薇代表省纪委常委会作了题为《坚定不移推进党风廉政建设和反腐败斗争，为净化政治生态、实现弊革风清提供坚强保证》的工作报告。王儒林作重要讲话，强调要把习近平总书记重要讲话精神作为深入推进党风廉政建设和反腐败斗争的根本指针和基本遵循，清醒认识当前山西省反腐败的严峻复杂形势，坚持党要管党，从严治党，严明政治纪律和政治规矩，保持反腐败高压态势不放松，坚决落实“两个责任”，强化责任追究，突出“六权治本”，坚定不移将反腐败斗争进行到底。

会议共召开三次全体会议，总结了2014年全省党风廉政建设和反腐败工作，研究部署2015年任务，审议通过了工作报告和会议决议，审议通过了关于张秀萍、王民严重违纪问题的审查报告，确认省纪委常委会之前作出的给予张秀萍、王民开除党籍的处分。

同日 省政府党组书记李小鹏主持召开省政府党组(扩大）会议，会议学习贯彻习近平总书记在中央纪委五次全会上的重要讲话精神和李克强总理在国务院第三次廉政工作会议上的重要讲话精神，贯彻落实王儒林书记在省纪委十届五次全会上的重要讲话精神，部署政府系统廉政工作。会议强调，全省政府系统一要严格落实党风廉政责任制，二要在履行主题责任、坚持“一岗双责”上下功夫，三要加强行政监督和审计监督，四要把守纪律、讲规矩放在更加重要位置，五要严肃查处“四风”变异行为和顶风违纪行为，六要深化“六权治本”，七要加快建设法治政府。

2月11日 王儒林主持召开省委常委班子民主生活会。会前，省委按照中央部署和中央第八督导组的要求，认真研究制定民主生活会方案。一是两次召开省委常委会议，集中学习习近平总书记系列重要讲话特别是在党的群众路线教育实践活动总结大会上的重要讲话精神和党中央对山西工作的重要指示要求，交流学习体会；二是通过召开座谈会、个别访谈、书面征询等方式征求到常委班子及成员意见和建议369条；三是常委班子成员之间扎实开展谈心活动，增进了解，形成共识；四是认真撰写对照检查材料。民主生活会上，紧扣“严格党内生活，严守党的纪律，深化作风建设”的主题，王儒林通报了党的群众路线教育实践活动整改落实情况，并代表常委会班子进行对照检查，从5个方面查找出17个问题，针对查找出的问题，剖析了原因，提出5个方面的改进措施：一是深入学习习近平总书记系列重要讲话精神，着力在武装头脑、指导实践、推动工作上下功夫；二是严格党内生活，严守党的纪律；三是全面从严治党、从严治理吏，持续保持反对腐败和狠刹“四风”的高压态势；四是改进作风，服务群众，努力保障和改善民生；五是以勇于担当的精神破解发展难题，努力实现富民强省目标。

王儒林带头作了个人对照检查，其他常委也逐一进行对照检查，各自结合实际深刻剖析原因，严肃批评与自我批评。王儒林强调，下一步：一要坚持以建立台账的方式抓落实，切实做到事事有回音，件件有着落；二要坚持以钉钉子精神抓落实，一抓到底；三要坚持问题导向抓落实，敏锐发现各类问题的“隐形”“变异”形式，发现一个纠正一个；四要坚持标本兼治抓落实，既要解决具体问题，又要切实加强制度建设，有效巩固和扩大取得的成果。中央第八督导组组长金炳华参加会议并讲话，他认为，山西省委高度重视民主生活会，认真扎实做好各项准备，为开好生活会打下坚实基础；会上，各位常委坚持“三严三实”，查摆问题到位，剖析原因深刻，开展批评认真，做到了与人为善、出于公心，点准穴位、见筋见骨，既带有“辣味”，又注重方式，沟通了思想，增进了共识，达到了“团结—批评—团结”的效果，开得很成功。要求防止生活会开完就松一口气的思想，要进一步推进各方面工作。中央第八督导组全体成员参加会议。省政协主席、省人大常委会主持日常工作的副主任列席会议。

2月12日 《山西日报》报道，2015年，山西省招商引资的总体目标任务是：完成省政府确定的“六位一体”项目签约目标任务；力争实现全省实际利用外资突破30亿美元，引进省外资金4000亿元，引进100个投资总额30亿元以上重大项目、10个世界500强投资项目、20个中国500强企业投资项目、30个民营500强企业投资项目。锁定在七条煤炭产业链和七大非煤产业，分别是：煤机装备、煤化工、煤焦化、煤层气、煤电、煤基新材料、富碳农业和文化旅游、装备制造、新能源、新材料、节能环保、食品医药、现代服务业。

同日 省政府召开廉政工作电视电话会议，李小鹏讲话，强调要认清形势，坚定信心决心，保持高压态势，落实主题责任，严明党纪国法，加快建设法治政府、服务政府、责任政府、廉洁政府和学习型政府，坚决打赢党风廉政建设和反腐败斗争这场持久战攻坚战。

同日 省委政法工作会议在太原召开。会议全面分析了当前政法工作面临的形势。楼阳生讲话，强调要增强政治意识、忧患意识和担当意识，把严格执法公正司法放到突出位置，强化治安、网络、情报等重点工作，切实加强和改进党对政法工作的领导，确保刀把子牢牢掌握在党和人民手中。

同日 省人大常委会党组召开以“严格党内生活、严守党的纪律、深化作风建设”为主题的民主生活会。省人大副主任李政文代表省人大常委会作全面对照检查，认真查找了执行民主集中制、遵守党的政治组织廉洁纪律、贯彻落实中央八项规定、坚决反对“四风”“七个有之”、坚守责任担当、依法履职等方面的12个突出问题，从责任意识不强、进取精神不够、创新能力不足等3个方面深入剖析问题产生的原因，提出16条整改措施。其他党组成员逐一进行对照检查，严肃开展批评与自我批评，从共性问题中查摆个人问题，从班子问题中认领个人问题，从身边问题中反映个人问题，共查摆个人问题51条，常委会党组成员之间共提出批评意见22条。生活会强调，一要认真梳理汇总党组民主生活会上提出的意见建议；二要针对机关学习讨论落实活动查摆出的问题，结合工作主动认领，研究制定整改措施；三要围绕“六权治本”强化责任担当；四要旗帜鲜明地反对“七个有之”问题，保持良好政治风气；五要传达贯彻落实好省纪委十届五次全会精神，健全党风廉政建设的制度机制。

2月13日 国务委员王勇在山西检查春节期间安全生产工作。王勇到油气输送管道压气站、油库、大型百货商场和火车站、汽车客运站，检查油气储运、人员密集场所、消防和春运安全生产工作，到煤矿井下采煤区慰问一线生产工人。王勇强调，要认真贯彻落实党中央、国务院关于做好安全生产工作的决策部署，坚守安全生产红线，严格落实监管责任，突出重点环节领域，彻查整治安全隐患，强化防范保障措施，全力抓好春节期间安全生产工作，确保人民群众过一个平安祥和的新春佳节。

同日 山西省召开信访工作电视电话会议。会议要求，一要突出信访问题专项整治活动；二要做好源头治理；三要认真组织开展“信访积案化解百日攻坚”行动；四要做好应急处置；五要把领导干部接访下访约访落在实处；六要坚持把信访工作纳入法治化轨道；七要加大责任追究。

同日 中央纪委监察部网站发布消息，山西省原常委、副省长杜善学严重违纪，经中央纪委审议并报中共中央批准，决定给予开除党籍处分；由监察部报请国务院批准给予其行政开除处分。其涉嫌犯罪问题、线索及所涉款物移送司法机关依法处理。

2月2日至2月13日 根据省委、省政府统一安排，省委常委楼阳生、胡苏平、高建民、黄晓薇、吴政隆、张少华、王建明、孙绍骋、王伟中、付建华、盛茂林分别带领考核组，到11个市就2014年度任务完成情况、党政领导班子和领导干部2014年履职情况、落实党风廉政建设责任制、推进惩防体系建设等进行集中考核。常委们在肯定各市2014年工作成绩的同时，对做好2015年工作提出希望和要求。

2月14日 王儒林到太原市万柏林区、杏花岭区、迎泽区看望慰问老党员、老劳模、困难职工、孤残儿童，走访困难企业，在困难职工和老党员家中，他仔细询问了他们身体状况、收入来源等；在儿童福利院和太原酒厂了解了社会救助、走出困境等。代表省委、省政府送上新春的祝福、诚挚问候和亲切关怀。他强调，春节期间，要积极开展走访慰问活动，多做雪中送炭的实事好事，使人民群众充分感受到党和政府的温暖，过一个欢乐祥和的春节。

2月15日 李小鹏到左权县慰问困难群众、老劳模、老党员、五保户，走访困难企业。在老劳模、老党员家中，详细询问养老保险、合作医疗等，在养老院和困难企业了解饮食起居、企业运营情况。代表省委、省政府向他们致以节日的祝福。他强调，临近年关，要深入开展访贫问寒活动，关心困难群众生产生活，帮助他们解决实际困难，把党和政府的关怀送到千家万户，让人民群众过一个欢乐祥和年。

同日 省政协党组书记薛延忠主持召开“严格党内生活，严守党的纪律、深化作风建设”为主题的省政协党组民主生活会。省委组织部负责同志到会指导。会议通报了省政协党组群众路线教育实践活动整改情况，从贯彻民主集中制，遵守党的政治纪律、组织纪律、廉政纪律，反对“七个有之”，执行中央“八项规定”、反对“四风”，履职尽责、攻坚克难等5个方面进行了对照检查，认真查摆差距和不足，深刻剖析问题成因，从加强理论武装、落实管党治党责任、提升服务大局水平、加强党组自身建设4个方面提出了整改措施。薛延忠强调，当前山西正处于重要历史关头，政协党组要深入学习贯彻省委十届六次全会和全省“两会”精神，团结各民主党派和各族各界人士，为开创“净化政治生态、实现弊革风清，重塑山西形象、促进富民强省”的新局面聚集正能量、作出新贡献。

同日 省纪委监察厅网站发布消息，山西省代县、柳林县原县委书记霍富荣、王宁严重违纪违法，经省纪委审议并报省委批准，决定给予开除党籍、开除公职处分。其涉嫌犯罪问题及线索移送司法机关依法处理。

2月5日至15日 省委、省政府领导楼阳生、胡苏平、高建民、黄晓薇、张少华、王建明、孙绍骋、付建华、盛茂林分赴各市走访慰问困难群众和困难企业。在老劳模、老党员、低保户、优抚对象家中，询问生产生活情况，了解医疗保障水平；在敬老院、困难企业，详细听取企业现状，鼓励职工积极进取。在送上慰问品的同时，代表省委省政府向他们致以新春的问候和祝福。

2月16日 李小鹏主持召开省政府党组2014年度民主生活会。会议通报了党的群众路线教育实践活动整改落实情况，紧紧围绕“严格党内生活，严守党的纪律，深化作风建设”主题，结合党风廉政建设和经济社会发展实际，从两大类、5个方面查找出19个问题，并对这些问题原因进行了深刻的剖析，提出了6个方面的改进措施。一、加强领导班子学习，锤炼纯洁党性，提升履职本能；二、严格落实民主集中制，强化政治纪律，严守政治规矩；三、全面深化改革，实施创新驱动，推进“六大发展”；四、严格落实八项规定，横下心来纠正“四风”；五、实施“六权治本”，推进依法行政，建设法治政府；六、严格落实党风廉政建设主体责任，坚决惩治腐败。

同日 省委省政府在太原举行2015年春节团拜会。王儒林致辞，李小鹏主持。王儒林指出，2014年在党中央、国务院的坚强领导下，全省在党的建设及经济、政治、文化、社会、生态文明、对外开放、法制建设等方面迈出了坚实的步伐，是广大党员干部群众共同努力的结果。王儒林代表省委、省人大、省政府、省政协、省军区，向所有关心山西、支持山西，为山西改革发展稳定倾注心血的同志们、朋友们，表示衷心感谢，致以崇高敬意，向全省人民拜年。王儒林强调，2015年是全面深化改革的关键之年，是全面推进依法治国的启动之年，是全面完成“十二五”规划的收官之年，也是山西省全面推进“六大发展”的开局之年。要积极面对经济发展新常态，坚持稳中求进，注重转方式调结构，做好煤与非煤“两篇大文章”；要把改善和保障民生作为一切工作的出发点和落脚点，提高社会治理水平；要深入开展学习讨论落实活动，统一思想、凝心聚力、正风肃纪，引导党员干部认真践行“三严三实”，努力做好各项工作。

同日 中央纪委监察部网站发布消息，太原市委原书记陈川平严重违纪违法，经中央纪委常委会议研究并报中共中央政治局会议审议，决定给予开除党籍、开除公职处分。其涉嫌犯罪问题、线索及所涉款物移送司法机关依法处理。

2月24日 山西省春节黄金周共接待海内外游客599.42万人次，比去年同期增长14.25%，一日游游客418.36万人，比去年同期增长14.60%，全省共实现旅游总收入28.23亿元人民币，比去年同期增长13.67%，实现门票收入2833.60万元。

2月25日 省政协主席薛延忠主持召开省政协机关党员干部大会，学习贯彻王儒林在省纪委十届五次全会上的重要讲话和黄晓薇同志的工作报告，就落实全会精神、加强政协机关党风廉政建设作出部署。薛延忠强调，政协党的组织和党员领导干部要深入学习、认真贯彻，切实把思想行动统一到中央和省委部署上来；坚持从严治党，认真落实党组党风廉政建设主体责任和纪律监督责任；强化政治纪律和政治规矩，严守党的组织纪律和廉政纪律；自觉践行“三严三实”，驰而不息推进机关作风建设；紧紧围绕“六权治本”积极履行职能，为构建与完善反腐倡廉机制发挥政协应有作用。

同日 省委、省政府印发《关于在全省学习讨论落实活动中深入开展专项整治工作的通知》，根据省委学习讨论落实活动办公室决定，在“文山会海”、“三公”经费管理不严等违反中央八项规定精神、行政审评违规和滥用审评权等重点领域、关键环节开展30项专项整治，着力解决一批群众反映强烈的突出问题。

2月26日 李小鹏主持召开省政府第73次常务会议。会议研究部署固定资产投资、十大重点领域投资和重点工程建设等工作，动员部署项目提质增效年活动。会议指出，2014年，省委、省政府坚持把扩大投资作为稳定经济增长的关键，有力地促进了全省固定资产投资总量持续增长、结构加快优化，取得了历史上连续2年投资过万亿元的好成绩。会议强调，一、坚决把思想和行动统一到中央和省委、省政府的决策和部署上来，认识新常态、适应新常态、引领新常态；二、准确把握本省经济发展的规律和特点，科学谋划，持续加力；三、着力加强重大基础设施、产业转型、城镇化和生态环保、民生和社会事业等四个方面的投资，全面完成“十二五”5年5万亿的投资目标；四、六位一体推进重点工程建设，用重点工程建设带动固定资产投资增长，用固定资产投资增长稳定经济增长、促进结构调整。

2月26日至27日 山西省召开农村土地承包经营权确权登记颁证工作培训会议。农业部副部长陈晓东作专题辅导报告。楼阳生指出，按照中央要求，本省要在三批农村土地承包经营权确权登记颁证试点的基础上，用三年时间完成确权登记颁证工作。他强调，要把思想和行动统一到中央精神和省委安排部署上来，充分认识其重要性、复杂性、艰巨性和紧迫性；要切实把握好农村土地承包经营权确权登记颁证工作的目标任务、时间进度、推进原则；要切实加强组织领导。

2月27日 王儒林主持召开议军会议。会议认真学习贯彻党中央、中央军委重大决策和习近平主席重大战略思想，传达中央军委、北京军区党委扩大会议精神，总结部署山西省国防动员和后备力量建设情况，对省军区提交会议审议的议题进行讨论审议。会议指出，2014年，省军区党委在北京军区党委和省委坚强领导下，团结带领广大官兵，紧紧围绕强军目标，高举旗帜筑军魂，聚焦核心强能力，持续用力改进作风，部队建设全面提升。王儒林强调，要把握正确方向，始终把习近平主席重大战略思想作为国防动员和后备力量建设的根本遵循；要聚焦使命任务，大力提升国防动员和后备力量建设实战化水平；要强化责任担当，确保国防动员和后备力量建设各项要求落到实处。

同日 省委召开学习讨论落实活动专项整治工作部署会议。省委学习讨论落实活动办公室决定，当前要在重点领域、民生领域、关键环节开展专项整治工作，着重解决一批群众反映强烈的突出问题，力求在活动期间取得阶段性成果。楼阳生指出：一、充分认识专项整治的重要意义；二、注意“五个坚持”，处理好“五个关系”，打好专项整治攻坚战；三、明确工作职责，强化同频共振，形成推进专项整治的强大合力。

3 月

3月1日 省委书记王儒林主持召开省委常委会，传达学习2015年中央巡视工作动员部署会暨省区市和部分中央单位巡视工作座谈会精神，研究部署山西省贯彻落实意见。会议强调，要进一步加大巡视工作力度，切实做到利剑高悬、震慑常在；要创新巡视工作机制，努力形成巡视工作新格局。会议要求，要发挥巡视治本作用，不断提升巡视成果运用科学化水平。

同日 省长李小鹏主持召开省政府第74次常务会议，研究加强金融监管和风险处置、深化行政审批制度改革、调整企业退休人员基本养老金等工作。会议听取了山西省落实和承接《国务院关于取消和调整一批审批项目等事项的决定》的情况汇报。

3月2日 中共山西省委党校、山西行政学院举行2015年春季学期开学典礼，省委副书记、省委党校校长楼阳生强调，要坚定理想信念，坚守共产党人的政治灵魂，对党忠诚；要牢记根本宗旨，牢固树立群众观点，自觉贯彻群众路线；要准确把握“四个全面”战略布局的深刻内涵；要加强党章学习，增强守纪律、讲规矩的自觉性和坚定性；要加强党性修养，常修为政之德，常思贪欲之害，常怀律己之心，始终坚守共产党人的政治品德。

同日 省委农村工作领导组召开会议，通报了2014年“三农”工作，安排部署2015年重点工作。会议讨论了省委农村工作领导组《关于2015年“三农”重要工作责任分解的通知（讨论稿）》和《关于引导农村土地经营权有序流转发展农业适度规模经营的实施意见（送审稿）》。

3月3日 出席十二届全国人大三次会议的山西代表团在驻地举行全体会议，会议推选王儒林为代表团团长，推选李小鹏、楼阳生、李政文、胡苏平、高建民、吴政隆、刘杰为副团长。王儒林强调，要依法履行职责，严格遵守各项纪律。

同日 省纪委监察厅网站发布消息，省国土资源厅原厅长李建功、阳泉市矿区区委原书记刘德跃严重违纪违法，经省纪委常委会、省委常委会研究，呈中央纪委常委会审议，报中共中央批准，给与李建功、刘德跃开除党籍、开除公职处分。

3月5日 山西团代表，中共中央政治局委员、国务院副总理马凯出席十二届全国人大三次会议山西代表团全体会议。与代表们一起审议了政府工作报告，并代表国务院听取了大家对报告的意见和建议。马凯指出，山西作为煤炭资源大省，要全面贯彻中央的部署，坚持经济和反腐一起抓，发展和改革统一抓，煤炭产业和非煤产业共同抓，经济和社会统筹抓，着力在优化结构和提质增效上下功夫，着力在改善民生上下功夫。努力推动山西发展再上新台阶。

3月6日 省委2015年巡视工作动员部署会议召开。省纪委书记黄晓薇作动员讲话，强调全面从严治党关键在“治”，要害在“严”，必须利剑高悬、震慑常在。首轮巡视将对省供销社、省妇联、省水利厅、省粮食局、山西焦煤集团、阳煤集团、中北大学、长治医学院8个单位开展专项巡视。

3月10日 王儒林主持召开出席全国十二届人大三次会议山西代表团全体会议，审议立法法修正案草案。中共中央政治局常委、中央纪委书记王岐山和中共中央政治局委员、国务院副总理马凯参加审议。王岐山指出，山西发生系统性、塌方式腐败案件，教训十分深刻，这个代价不能白付。忘记过去就意味着背叛，看待腐败问题要有历史、哲学和文化的思考。山西人民身上流淌着中华民族优秀文化的血液，为中国革命、建设和改革开放做出了巨大贡献。要唤醒历史记忆，从中汲取力量，把信心重塑起来、把精气神鼓起来。要保持坚强政治定力，把全面从严治党落到实处，为“五位一体”建设提供保证。要严明党的纪律，用最坚决的态度减少腐败存量，用最果断的措施遏制腐败增量，落实党风廉政建设主体责任，抓好领导班子和队伍建设，重构良好政治生态。

3月11日 《山西日报》报道，2014年山西省常住人口为3467.96万人，比上年增加了18.16万人，增长率为0.50%。

3月12日 出席十二届全国人大三次会议的山西代表团举行会议，审议关于修改立法法的决定草案，审议最高人民法院工作报告和最高人民检察院工作报告。胡苏平主持，王儒林、李小鹏等代表发言。王儒林说，最高人民法院和最高人民检察院的工作报告，通篇贯穿了党的十八大和十八届三中、四中全会精神，全面体现了依法治国、司法为民、改革创新的要求。我省要认真贯彻“两高”报告的新精神、新要求，积极支持法检两院认真履新职能；要切实增强推进法治山西建设的责任感和使命感，推动法治山西取得新成绩；要依法审理各类案件，积极创造良好发展环境，确保市场主体公平竞争；要推进严格规范公正文明执法，促进社会公平正义；要深入开展打黑除恶斗争，保障人民生命财产安全，维护社会稳定；要严明政治纪律，改进工作作风，扎实推进法检队伍建设。

同日 省委、省政府为贯彻落实中共中央、国务院《关于加大改革力度创新力度加快农业现代化建设的若干意见》，制定《关于加大改革创新力度加快农业现代化建设的实施意见》。《意见》由八部分组成：一、落实粮食安全责任，挖掘粮食生产潜力；二、加强水利基础设施建设，夯实农业发展命脉；三、调整优化农业结构，发展特色现代农业；四、转变农业发展方式，提升农业质量效益；五、拓宽农民增收渠道，实现富民强村目标；六、不断深化农村改革，激发农村发展活力；七、改善农村人居环境，深入推进新农村建设；八、切实加强党的领导，推进农村法制建设。

3月14日 参加全国政协十二届三次会议的21名在晋政协委员积极建言献策，向大会提交加快煤炭和煤层气管理体制改革、发展现代煤化工产业和煤基低碳领域科技创新基地建设等89件提案。

3月15日 十二届全国人大三次会议期间，山西省全国人大代表提出《关于修改环境保护法的议案》等议案2件，建议175件。内容涉及法律、教育、卫生等14个方面。

同日 《山西日报》报道，十二届人大三次会议期间，山西代表团提交全团建议，恳请将山西纳入京津冀一体化发展战略，作京津冀携手发展的“小伙伴”，并在5项领域内重点推进。一是强化交通基础设施建设方面的合作，加快交通网络项目推进力度，与“小伙伴”构筑起完善便捷的交通网络。二是强化能源合作，与“小伙伴们”一起加强区域内资源能源的合理开发和可持续利用。三是强化生态文明建设领域的合作，共同开展大气环境质量保障联防联控行动，实现有天同蓝，有山同绿，有水同清。四是强化经济和产业合作，探索“小伙伴们”三地产业转移飞地经济模式。五是强化旅游、文化领域的合作交流，建立京、津、冀、晋旅游网协作，携手打造无障碍旅游大区。

3月16日 王儒林主持召开会议，传达贯彻全国“两会”精神和习近平总书记等中央领导重要讲话精神，特别是对山西工作的重要指示要求。王儒林指出，这次全国“两会”，对山西具有特殊重要的意义，在备受媒体和社会各界高度关注，压力很大的情况下，山西代表团圆满完成全国“两会”各项任务，振奋了精神，展示了形象，成果来之不易。特别是王岐山同志在山西代表团的重要讲话，充分肯定了山西的优秀历史文化、为中国革命和建设做出的巨大贡献、“五位一体”建设成绩、大多数干部是好的等等，讲话含义深刻，语重心长，倍感振奋、备受鼓舞。王儒林强调，全省上下要把学习宣传贯彻全国“两会”精神，特别是习近平总书记重要讲话精神和王岐山、马凯同志在山西代表团的重要讲话精神作为重要政治任务，学透抓好；始终保持“三个高压态势”，坚决把党风廉政建设和反腐败斗争进行到底；从严治吏，匡正选人用人风气；大力实施“六权治本”，全面加强法治山西建设；坚持“两手抓，两手硬”，统筹推进山西改革发展稳定各项工作。

同日 省政府党组书记李小鹏主持召开省政府党组(扩大)会议，进一步学习贯彻全国“两会”精神、习近平总书记在“两会”期间发表的重要讲话以及李克强总理代表国务院所作的政府工作报告、王岐山书记、马凯副总理在山西代表团的讲话精神，学习贯彻王儒林书记对落实全国“两会”精神的指示要求，研究部署贯彻落实工作。会议要求，全省政府系统要紧紧围绕“四个全面”的战略布局，聚焦全年工作目标任务，深入贯彻落实“两会”精神。认识适应引领经济发展新常态，坚持稳中求进工作总基调，以提高经济发展质量和效益为中心，把转方式调结构放到更加重要位置，狠抓改革攻坚，突出创新驱动，强化风险防控，加强民生保障，推进法治建设，促进“六大发展”。

同日 《山西日报》报道，省经信委原副主任兼省中小企业局原局长胡荣华、太原市原副市长薛忠晋、省环保厅总工程师赵义3名副厅级官员，因涉嫌玩忽职守罪、受贿罪被检查机关侦查终结移送审查起诉。

3月17日 李小鹏主持召开省政府第75次常务会议，研究部署进一步深化党政机关与所办企业脱钩改革、省属国有企业负责人薪酬制度改革等工作。

同日 省委学习讨论落实活动办公室召开会议，听取了吕梁市、孝义市、省交通运输厅3个试点单位“六权治本”试点工作情况汇报。试点单位主要是按照省委十届六次全会提出“依法确定权力、科学配置权力、制度约束权力、阳光行使权力、合力监督权力、严惩滥用权力”的决策部署，查找权力运行的风险点和制度建设的漏洞，突出“三清单、两平台、一监督”的重点工作任务，积极探索构建“不敢腐、不能腐、不想腐”的长效机制，努力实现“监督最严、审批最少、模式最新、机制最优、效率最高、环境最好”的目标，切实通过加强制度机制建设扎紧、织密、编牢制约监督权力运行的“笼子”。会议肯定了阶段性成果，同时对推进试点工作提出要求。

同日 省委出台《山西省委巡视组组长库管理暂行办法》，《办法》从人选应当具备的条件、数量等方面提出18条具体办法。

3月18日 省检察院发布通告，省国土资源厅原党组书记、厅长李建功因涉嫌受贿罪被检察机关依法决定逮捕。

3月18日至19日 李小鹏到运城市、临汾市调研春耕生产、工业经济运行和重大项目建设等工作。他强调，要紧紧围绕“四个全面”战略布局，深入贯彻落实全国“两会”精神和省委、省政府决策部署，主动作为、抢抓机遇，全力促进经济平稳健康发展。

3月19日 楼阳生到太原新城国家粮食储备库和阳曲国家粮食储备库，就深入开展学习讨论落实活动、推进粮食产业发展等进行调查研究。

经省委批准，省环境保护厅原党组书记、厅长刘向东，夏县县委书记葛作民涉嫌严重违纪违法，接受组织调查。

同日 《山西日报》报道，山西省地图院地图文化创意部成功绘制国内首创丝绸版《山西省廉政文化地图》，将13位山西历史上的清官廉吏跃然“图”上，他们分别是：狄仁杰(唐朝)、司马光（北宋）、于成龙（清朝）、陈廷敬（清朝）、祁寯藻（清朝）、姚天福（元朝）、孙嘉淦（清朝）、梁中靖（清朝）、兰第锡（清朝）、薛瑄（明朝）、栗毓美（清朝）、吴琠（清朝）、刘东星（明朝）。

3月20日 王儒林主持召开省委常委会议。传达全国精神文明建设工作表彰暨学雷锋志愿服务大会精神，特别是习近平总书记和刘云山同志重要讲话精神，研究部署山西省贯彻落实意见。会议指出，（一）要以习近平总书记重要讲话精神为指导进一步筑牢理想信念；（二）要紧紧围绕“四个全面”战略布局推进精神文明建设；（三）要牢牢抓住培育和践行社会主义核心价值观这一根本任务；（四）要切实加强对精神文明建设的组织领导。

同日 省委党建工作领导小组组长王儒林主持召开省委党建工作领导小组会议。会议听取了2014年全省党建工作情况汇报，讨论了《中共山西省委党建工作领导小组2015年工作要点》。王儒林指出，要进一步强化对党建工作的领导，严格落实管党治党主体责任。一是摆上重要位置；二是明确领导责任；三是严格标准；四是狠抓落实；五是问责到位。

同日 省政府办公厅印发《山西省深化采煤沉陷区治理规划（2014—2017年）》和《山西省采煤沉陷区治理2015年行动方案》。进一步做好采煤沉陷区内受灾群众的搬迁安置工作，解决农民群众安居问题。

3月23日 省委对吕梁市、省交通运输厅新任职的省管领导干部进行集体谈话。王儒林指出，对吕梁市、省交通运输厅两个班子干部的调整是新的省委常委班子第一次提拔调整使用干部，在全省具有重要的示范性、导向性，广大干部群众寄予厚望，省委高度重视。王儒林要求新选任的领导干部要政治坚定、清正廉洁、崇尚实干、敢于担当、依法用权，为全省干部作表率，以一流的业绩回报党和人民的信任与重托。一要把抓党建作为最大政绩；二要坚持把发展作为第一要务；三要着力推进“六权治本”；四要把改善民生作为工作的出发点和落脚点。

同日 王儒林主持召开省委全面深化改革领导小组第五次会议，深入贯彻落实中央全面深化改革领导小组第九次、第十次会议精神，听取“六权治本”试点工作进展情况汇报，审议讨论《省属国有企业负责人薪酬制度改革方案》，研究部署下一步全省改革工作。会议强调，2015年度是全面深化改革的关键之年，要进一步解放思想、大胆实践、攻坚克难，持续深化重点领域和关键环节改革，以此带动其他领域改革。一要统筹推进，在加快法治山西建设上下功夫；二要大胆探索，在形成改革范例上下功夫；三要迎难而上，在强化责任担当上下功夫。会议原则同意《省属国有企业负责人酬薪制度改革方案》。

同日 省纪委监察厅网站发布消息，经省委批准，长治市委常委、襄垣县委书记田志明、大同大学大同师范分校原党委副书记、校长李凌峰涉嫌严重违纪违法，接受组织调查。

同日 省政府办公厅印发《山西省重污染天气应急预案》，以提高预防、预警、应对重污染天气能力，最大限度降低重污染天气造成的危害。

3月24日 李小鹏主持召开省政府第76次常务会议，研究部署减轻企业负担、推进固定资产投资等工作。会议要求，要清醒认识、高度重视投资回落问题，坚定信心、真抓实干，切实发挥好投资促进经济增长的关键作用。会议原则通过《关于减轻企业负担促进工业稳定运行的若干措施》，讨论通过山西省《政府核准的投资项目目录（2015年本)》。

同日 省纪委监察厅网站发布消息，经省委批准，山西焦煤集团有限责任公司副总经理刘生瑞涉嫌严重违纪违法，接受组织调查。

同日 省政协中心组举行(扩大）会议，集体学习习近平总书记在省部级主要领导干部学习贯彻十八届四中全会精神全面推进依法治国专题研讨班上的重要讲话。会议要求，要牢牢把握协调推进全面建成小康社会、全面深化改革、全面依法治国、全面从严治党战略布局的精神实质及其内在关系，紧紧围绕全省大局，积极履行职责，实施“六权治本”，促进“六大发展”。

同日 楼阳生到晋中市祁县就春耕备耕、做好“三农”工作进行调研。他要求，晋中市作为国家现代农业示范区，祁县作为全国农村改革试验区，要干出样子、走在前列，为全省创造有益经验。

3月24日至27日 王儒林到吕梁市兴县、临县、离石区、柳林县、孝义市、汾阳市、交城县进行调研。王儒林就扶贫开发听取了市、县及乡镇、村“两委”负责同志和村民代表的意见，就“六权治本”听取了市、县两级试点情况，强调要把扶贫开发作为山西全面实现小康最重要的攻坚工程，创新思路机制，加大推进力度，坚持领导带头，加快贫困地区脱贫致富步伐；要坚持把握方向，突出重点，加强领导、抓好试点，加快推进“六权治本”，探索建立不能腐的长效机制，为加快“六大发展”提供可靠保障。

3月25日 楼阳生到山西大学就高校发展和党建工作进行调研。他要求，山西大学要着眼于服务“六大发展”、探索“六权治本”，在加强高校党建、推进依法治校等方面积极探索、走在前列，为加快全省高校内涵发展创造有益经验。

3月26日 李小鹏在中南铁路出海大通道山西段进行调研，主持召开铁路建设专题会，安排部署铁路等重大项目建设工作。他强调，要抢抓机遇，明确目标，落实责任，强化措施，持续掀起项目建设新高潮，带动全省投资较快增长、经济平稳运行、转型发展提速。

同日 省政府为积极应对经济下行压力，切实减轻企业负担，优化发展环境，出台了《山西省减轻企业负担促进工业稳定运行的若干措施》。其中取消29项、下放14项、改为属地管理219项，将高效促进行政权力公开、透明、高效运行。

3月27日 李小鹏在长治市调研农业生产和工业经济运行情况。他强调，要紧紧围绕“四个全面”的战略布局，深入贯彻落实全国“两会”精神和省委、省政府决策部署，减轻企业负担，稳定工业运行、加强创新驱动，狠抓项目建设，促进经济发展调速不减势、量增质更优。

同日 楼阳生到省社会保险征缴大厅、省眼科医院、太原第二监狱，对学习讨论落实活动专项整治工作的推进情况进行调研，并召开座谈会，听取相关单位工作汇报。

3月28日 《山西日报》报道，山西省试点单位积极探索实施“六权治本”，从源头上把制度的“笼子”织密、编牢、扎紧，努力形成“不能腐”的长效机制。如省交通厅主动“权力”革命，把厅机关直接承担的行政审批事项精简为4项，成为全国省级交通运输机关行政审批事项数量最少之一；吕梁市围绕容易滋生腐败的重点领域和容易产生权力寻租的重点部门，厘清权力边界，明确责任主体，实施权力流程再造，并在17个重点单位先行先试，重点突破，整体推进。

3月29日 国家发改委副主任、国家能源局局长努尔·白克力率队来晋就经济能源运行情况进行专题调研。王儒林、李小鹏在太原会见了努尔·白克力一行。当天，省政府与国家能源局举行了座谈，双方就促进经济平稳健康发展进行了深入交流。

3月30日 王儒林主持召开省委中心组（扩大）专题学习报告会，邀请全国政协委员、中央党史研究室原副主任李忠杰作题为《认真学习贯彻“四个全面”战略布局》的辅导报告。

3月31日 省人大常委会召开十二届第十九次会议。出席会议58名，符合法定人数。会议表决通过了《山西省各级人民代表大会常务委员会规范性文件备案审查条例》和人事任免名单。

4　月

3月31日至4月1日 全国粮食财会工作会议在太原召开。会议重点讨论落实粮食安全省长责任制、筹集管好粮食收购资金、全力服务“粮安工程”建设等问题。

4月1日 省委书记王儒林在太原会见了邹碧华同志先进事迹巡回报告团一行。王儒林指出，结合山西实际，学习邹碧华同志的精神，一要学习他信念坚定、对党忠诚；二要学习他公正司法、一心为民；三要学习他敢于担当、勇于改革；四要学习他廉洁清正、严于律己。

4月1日至2日 李小鹏到大同市、朔州市调研春耕备耕、工业运行和项目建设等工作。和基层干部群众面对面商讨加快“六大发展”的政策措施。

4月7日 省委省政府召开全省扶贫开发暨干部驻村帮扶工作动员会议。会议提出，2015年全省扶贫开发工作，要重点落实好“1555”目标任务，即新扶贫10万人口实施易地搬迁，培训5万名贫困劳动力并实现半年以上稳定就业，实现500个贫困村脱贫，完成50万人口脱贫任务。提出山西省今后扶贫开发总目标“两个高于”，贫困地区农民收入增幅高于全省平均水平，高于全国贫困地区平均水平。

同日 《山西日报》报道，2015年全省检察机关加大查办职务犯罪案件和渎职侵权犯罪案件力度，以高压态势狠抓贪腐，向不作为乱作为问责。1–3月份，共立查贪污贿赂案件303件422人，立查案件数和立案人数同比分别上升30%和16.3%；共立案侦查渎职侵权犯罪案件118件170人，立查人数同比上升33.9%。

同日 省委学习讨论落实活动办公室主任楼阳生主持召开省委学习讨论落实活动办公室第四次主任会议。会议听取全省专项整治工作情况汇报，要求：一要按照省委深入开展学习讨论落实活动“五句话”的总要求，坚持认真、较真、动真抓好专项整治，取信于民，立信于民。二、各级各部门党委（党组）要专题研究专项整治工作进展情况，对存在的问题真排查、大起底，拿出问题清单和办理清单。三、要坚持开门搞专项整治，主动听取群众意见，主动接受群众监督。四、要强化执纪监督问责，对自查自纠不到位的单位和地方进行严肃问责。五、要按照“六权治本”要求，对发现的问题要及时打补丁、堵漏洞、筑牢防火墙。六、要把促进富民强省作为学习讨论落实活动的落脚点，进一步推动“六大发展”。

同日 省政府印发《山西省城乡爱国卫生清洁运动2015年方案》。13日，省政府召开动员部署城乡爱国卫生清洁运动电视电话会议，决定在全省范围内开展以治脏、治乱、治差为重点的城乡爱国卫生清洁运动，努力营造整洁、卫生、健康、宜居的城乡环境，重塑山西良好形象。

4月8日 李小鹏主持召开省政府第77次常务会议，研究部署扩大投资、改善城市人居环境、促进金融改革发展和推进贫困地区义务教育均衡发展等工作。会议分析了当前经济形势，要求各级各部门加大工作力度，落实“四个一批”，促进投资增长。会议通过关于设立山西省企业资金链应急周转保障资金的报告、省资产管理公司组建方案和促进融资担保行业健康发展的实施意见，会议原则通过了山西省改善城市人居环境规划纲要（2015—2017年）和《2015年行动计划》《山西省全面改善贫困地区义务教育薄弱学校基本办学条件项目规划（2014—2018年）》。

会议还研究了省政府与国家自然科学基金委员会共同出资设立煤基低碳联合基金事项。

4月9日 省城太原举行党政军民义务植树活动。王儒林、李小鹏、薛延忠等党政军领导和太原市干部群众、少先队员，在太原市尖草坪区参加义务植树活动。王儒林强调，要坚持绿色发展，强化绿色意识、生态意识和环境意识，全民动员、人人参与、艰苦奋斗，坚持不懈植树造林，不断改善生态环境，共同建设美丽山西。

同日 省政府与国家自然科学基金委员会共同设立煤基低碳联合基金。省长李小鹏、国家自然科学基金委员会主任杨卫出席仪式并签署协议。该联合基金针对山西及类似地区的经济社会发展需要，重点支持煤炭开采、煤层气、煤化工、煤机装备、新材料、新能源、节能环保等煤基低碳相关领域的科技创新项目。

同日 《山西日报》报道，阳泉中院公开宣判长治市原市委副书记、市长张保受贿、滥用职权一案。被告人张保犯受贿罪、滥用职权罪获有期徒刑13年，并处没收财产5万元。受贿所得赃款30万元，上缴国库。

同日 为深入弘扬山西省红色文化、法治文化、廉政文化，《与领导干部谈清廉》《陈廷敬传》《于成龙传》

《血铸山河——山西抗战英烈传》等一批图书相继出版上架，吸引了众多读者。

同日 省委印发《中共山西省委常委会2015年工作要点任务》，共有15个方面的任务和工作。(一)抓好对法治山西建设的组织领导和具体实施；(二)深入推进党风廉政建设和反腐败斗争；（三）全面从严加强党的建设；（四）加快推进重点领域改革，扩大对外开放；（五）围绕“六大发展”提高经济发展的质量和效益；（六）发展社会主义民主政治；（七）做好思想舆论和文化工作；（八）持续保持和改善民生；（九）维护社会和谐稳定，加强国家安全工作；（十）推动生态文明建设迈出新步伐；（十一）加强国防后备力量建设；（十二）加强省委常委会自身建设；（十三）科学编制“十三五”规划；（十四)筹备和开好省委十届七次全会；（十五）筹备和开好全省经济工作会议。

4月10日 省纪委监察厅网站发布消息，临汾市委原常委、秘书长白建荣、山西传媒学院原党委书记解根法、中国移动通信集团山西有限公司原党组书记、董事长苗俭中涉嫌严重违纪违法，接受组织调查。

同日 省纪委监察厅网站发布消息，吕梁市原市委常委、政法委书记李良森严重违纪违法，经省纪委常委会议研究并报省委批准，决定给予开除党籍、开除公职处分，收缴其违纪所得。其涉嫌犯罪问题移送司法机关依法处理。4月16日，省人民检察院依法对李良森以涉嫌受贿罪逮捕。

同日 省纪委监察厅网站公布2015年一季度干部涉案情况。县处级干部涉案人数48人，给予纪律处分27人，接受组织调查25人，移送逮捕起诉12人，罢免职务2人。

4月13日 中央纪委监察部网站发布消息，山西省原副省长任润厚严重违纪违法，经中央纪委审议并报中共中央批准，给予开除党籍处分，其涉嫌违法所得移送司法机关依法处理。

4月7日至13日 根据省委统一部署，省委巡视二、三、四、五、六组分别进驻晋中市、晋城市、运城市，以及临汾市所辖9县、长治市所辖5县，进行为期5个月左右的对3市、44个县及11所高职高专院校的常规巡视。省委要求，本轮巡视要切实落实中央对山西在严格执行党纪党规、全面从严治党方面“先走一步”的指示要求，坚决贯彻中央巡视工作方针，聚焦党风廉政建设和反腐败工作中心，着力发现被巡视地区和单位在廉洁、作风、纪律、用人等方面的问题，切实用最坚决的态度减少腐败存量，用最果断的措施遏制腐败增量，重构良好政治生态。

4月13日至14日 王儒林到晋中市介休市、平遥县、榆次区，忻州市原平市、忻府区，就市、县、乡落实“两个责任”，全面从严治党，把纪律挺在前面和市县乡党风廉政建设及反腐败斗争力度逐级递减、如何解决等问题进行调研。他分别选择落实“两个责任”较好、一般、较差三个等次的乡镇，突出问题导向，与基层干部深入交流。主持召开座谈会，就落实“两个责任”方面的有关问题，与部分市委书记或市长，县（市、区）委书记、纪委书记、组织部长等进行交流，听取意见建议。他强调了四个问题：一要认真分析、准确把握当前山西省市县乡党风廉政建设和反腐败斗争形势。二要紧紧牵住“牛鼻子”，认真落实“两个责任”。三要坚持“老虎”“苍蝇”一起打，切实解决发生在群众身边的腐败问题。四要把纪律挺在前面，让纪律立起来、严起来。

王儒林在原平市调研时，正遇上村民武培田到乡信访办反映与邻居盖房发生纠纷和冲突一事。王儒林听了他的倾述后，改变计划行程，直接去武培田家里。最后，在王儒林和风细雨的话语中，平息了两家人激化的情绪，村民和干部热烈鼓掌。

4月14日 李小鹏主持召开省政府第79次常务会议，研究部署汾河流域生态修复、经济技术开发区转型升级、省属企业负责人履职待遇和业务支出管理等工作。会议原则通过汾河流域生态修复规划纲要（2015—2030年)、山西省关于加快经济技术开发区转型升级创新发展的实施意见、山西省省属企业负责人履职待遇业务支出管理办法。

4月15日 李小鹏到太原市就新兴产业发展、人居环境改善和电力项目建设工作进行调研，现场协调解决问题。他强调，要按照“四个全面”战略布局，针对当前经济形势，狠抓项目建设，强化创新驱动，保障改善民生，顶住下行压力，切实发挥好省会城市的龙头带动作用，为促进全省经济平稳健康发展多作贡献。

同日 省政府发布山西省政府核准的投资项目目录(2015年本)，分别为：一、农业水利；二、能源；三、交通运输；四、信息产业；五、原材料；六、机械制造；七、轻工；八、高新技术；九、城建；十、社会事业；十一、外商投资；十二、境外投资。

同日 《山西日报》报道，教育部公布的2014年度普通高等学校本科专业备案审批结果，批准山西省26所高校新增47个本科专业，2015年开始招生，同时撤销山西大学3个本科专业。

4月16日 省政府办公厅印发《山西省涉农资金专项整治方案》，将用6个月时间分6个阶段对全省范围内的涉农资金进行专项整治。

同日 省委政法委通报9起政法领域违纪违法典型案例，以及严肃处理的结果。警示广大政法干部增强规矩意识，强化纪律约束。

4月17日 省政府与中国科学院在太原举行工作会商，省长李小鹏、中科院院长白春礼出席并签署省院战略合作协议。

同日 王儒林主持召开省委全面深化改革领导小组第六次会议。会议贯彻落实中央全面深化改革领导小组第十一次会议精神，审议讨论《关于推行各级政府工作部门权力清单制度的实施意见》，研究部署全省下一步改革工作。王儒林指出，要认真落实中办国办《关于推行地方各级政府工作部门权力清单制度的指导意见》，作为实施“六权治本”的重要内容，带动其他工作。

4月18日至19日 李小鹏到吕梁市、忻州市调研工业经济运行和低热值煤发电等重大项目建设工作。他先后调研了省四建集团钢结构加工和木模生产、中通管业公司年产20万米管材、晨辉公司锻压机械设备制造和阳煤忻通公司搬迁改造等工业在建项目。强调，要按照“四个全面”的战略布局，坚持稳中求进的工作总基调，坚定信心，鼓足干劲，落实举措，狠抓项目，努力促进全省经济平稳健康发展。

4月19日至20日 19日晚6时，同煤集团地煤公司姜家湾煤矿发生透水事故，24名人员被困井下。党中央、国务院有关领导第一时间做出批示，要求科学组织好抢险救援工作；省委、省政府领导就抢险救援工作立刻做出安排。20日上午，王儒林、李小鹏赶赴事故现场，指导抢险救援工作。提出八点要求，一要争分夺秒全力排水救人；二要高度重视、切实严防发生次生灾害；三要做好抢救井下被困矿工医疗救治的准备工作，确保有效抢救；四要把矿工家属的工作做实做细；五要认真查明事故原因，依法追究责任；六要汲取事故教训，加大安全检查力度；七要事故处理公开透明；八要扎实做好这次事故的善后工作和下一步的生产安全稳定工作。

4月20日 省政府召开全省审计工作电视电话会议。会议强调，要深入开展对中央决策部署和省委、省政府工作安排贯彻执行情况的跟踪审计，确保政令畅通；要下功夫抓好公共资金绩效的审计，推动财政资金合理配置、高效实用；要加强对民生资金和项目的审计，当好民生资金的“守护神”；要严查严惩腐败现象，确保资金不被侵吞；要加强审计整改工作，依法公开审计成果，加大考核力度。

同日 全省学习讨论落实活动总结暨“六权治本”推进会召开。王儒林指出，以“深入学习贯彻习近平总书记系列重要讲话精神，净化山西政治生态，实现弊革风清，重塑山西形象，促进富民强省”为主题的学习讨论落实活动，进一步增强了全省党员干部在思想上政治上行动上与党中央保持一致的坚定性和自觉性，进一步强化了全省党员干部积极投身净化政治生态的责任感和紧迫感，进一步深化了党风廉政建设和反腐败斗争，进一步匡正了选人用人风气，进一步优化了利民惠民便民的发展环境，进一步明确了新形势下本省经济社会发展的思路举措。同时，要清醒地认识到，还存在许多问题。比如，有的地方和部门党要管党、从严治党的意识不强、一些涉及群众切实利益问题的专项整治还没有完全到位，特别是一些地方和部门的领导干部不愿担当、执行不力等为官不为的“软腐败”问题还比较严重，等等。全省各级党组织和广大党员干部要保持常抓的韧劲和长抓的耐心，把深化学习讨论落实活动成果与即将在县处级以上领导干部中开展的“三严三实”专题教育紧密结合起来，

王儒林强调，省委决定在前期试点基础上，在全省有重点、有计划深入推进“六权治本”工作，各级党组织和广大党员领导干部要准确把握“六权治本”总体要求，把习近平总书记提出的“反腐倡廉的核心是加强对权力运行的制约和监督”“把权力关进制度的笼子”的重要论述作为根本指针，把改革精神和创新思维贯穿始终，把推进治理体系和治理能力现代化、建设法治山西作为重要目标，把落实中办、国办《关于推行地方各级政府工作部门权力清单制度的指导意见》作为工作重点，把推动“六大发展”、促进富民强省作为根本目的。李小鹏主持会议。省四大班子负责同志，省法、检两长出席会议。

4月21日 李小鹏在太原会见了德国北威州经济部部长杜英率领的企业家代表团，双方就深化省州务实合作进行了深入交流。

同日 李小鹏主持召开省政府第80次常务会议，分析一季度经济形势，听取就业、居民收入和价格运行工作汇报，研究重点工程建设和固定资产投资情况。会议强调，要主动适应经济发展新常态，认真贯彻落实党中央、国务院决策部署，坚定信心，迎难而上，坚决顶住经济下行压力，努力促进经济平稳健康发展。

4月22日 李小鹏到晋中市调研电力、城际铁路等重大项目建设工作。他先后考察了介休市义安循环经济工业园、汾河治理工程的河道疏浚、堤坝修筑、绿化美化等项目。李小鹏强调，各地各部门要坚定信心，真抓实干，完善思路，改革创新，精心组织，苦干实干，狠抓重大项目建设，确保投资平稳较快增长，促进经济企稳回升。

同日 省统计局和国家统计局山西调查总队发布山西省一季度经济运行情况，全省地区生产总值2577.24亿元，比上年同期增长2.5%。

4月22日至26日 全国政协副主席刘晓峰率全国政协文史和学习委员会专题调研组，就“抗战遗址保护和利用情况”在山西进行专题调研。先后到忻口战役、平型关战役等遗址考察，并且举行座谈会，与有关人员进行了深入交流。22日，王儒林、李小鹏、薛延忠在太原拜会了刘晓峰一行。

4月24日 王儒林主持召开省委常委会议，传达中央“三严三实”专题教育工作座谈会精神，研究山西省贯彻落实意见；听取省政府关于一季度全省经济形势的汇报，讨论《山西省新型城镇化规划（2015—2020年）》。会议指出，中央部署开展“三严三实”专题教育，是党的群众路线教育实践活动的延展深化，是严肃党内政治生活、严明党的政治纪律和政治规矩的重要抓手，充分彰显了我们党持之以恒抓作风、改作风的坚定决心。全省各级党员领导干部要充分认识开展专题教育的重要意义，切实增强开展“三严三实”专题教育的思想和行动自觉，把思想和行动统一到中央部署上来。会议对做好下一步经济工作提出六方面要求：一要正确把握当前经济形势，坚定顶住下行压力和推动经济发展的决心。二要千方百计挖掘潜力，推动经济稳定增长。三、要加快全面深化改革，增强经济发展的动力和活力。四、要切实保障和改善民生，全力维护社会安

全稳定。五、要既立足当前又着眼长远，积极谋划好“十三五”规划。六、要以上率下、主动作为，以优良作风推动经济发展各项工作落实。

4月24日至29日 王儒林连续主持召开5个座谈会，听取有关方面和人员对科技创新、民营经济、金融创新3个专题的意见和建议。同与会同志深入交流探讨。他强调，要突出问题导向，着力推动科技创新、民营经济和金融振兴“三个突破”，为推动“六大发展”、实现富民强省增添新活力。

4月27日 省政府召开全省安全生产电视电话会议，通报同煤集团姜家湾煤矿“4.19”事故情况，部署当前安全生产工作。李小鹏强调，要认真调查事故，从严追究责任，敬畏生命、敬畏责任、敬畏制度，以坚决有力的措施，遏制重特大事故，减少一般性事故。会上，同煤集团负责人作了检讨发言。

同日 省委专项巡视组向首轮巡视的8个单位反馈巡视情况，被巡视的单位在“四个着力”方面普遍存在着一些突出问题，主要表现为：管党治党责任缺失，“两个责任”严重不落实；互通款曲，政治纪律和政治规矩严重松弛；“三重一大”基本悬空，管理制度漏洞百出；靠山吃山利益输送，国有资产流失严重；权力设租，权力寻租，部分干部贪污腐化；招投标领域乱象丛生，背后隐藏利益链条；选人用人问题突出，自设机构，因人设岗；科研经费管理混乱，超规模超概算普遍存在；“四风”问题禁而不绝，作风建设抓而不实。8个专项巡视组梳理出8个被巡视单位分别存在的突出问题，并提出整改意见。

4月28日 李小鹏到阳泉市调研电力、铁路、煤化工等重大项目建设工作。先后到国际能源裕光煤电2 x 100万千瓦燃煤发电、阳泉北至大寨铁路等项目考察，他强调，要以三严三实的作风，加力推进重大项目建设，确保上半年全省固定资产投资增速回升，力争基本达到全国平均水平。

4月29日 全省“五一”表彰大会召开，隆重表彰2014年为改革发展稳定做出突出贡献的先进单位（集体）和先进个人。李小鹏主持，王儒林强调，全省广大职工和劳动群众要牢固树立“劳动最光荣、劳动最崇高、劳动最伟大、劳动最美丽”的观念，进一步弘扬劳动精神，焕发劳动热情。大会共表彰了173个先进单位（集体）和270名先进个人。

同日 为贯彻落实《国务院办公厅关于促进国家经济技术开发区转型升级创新发展的若干意见》，省政府办公厅提出《关于加快经济技术开发区转型升级创新发展的实施意见》。

同日 省委印发《中共山西省委党建工作领导小组2015年工作要点》，共由7部分组成。一、深入学习习近平总书记系列重要讲话精神，加强思想建党；二、进一步完善持续整治“四风”的长效机制，推动作风建设常态化；三、坚持从严治吏、刷新吏治，真正选好干部、用好干部、管好干部；四、大力加强基层党建工作，夯实富民强省的组织基础；五、深入推进党风廉政建设和反腐败斗争，净化政治生态、实现弊革风清；六、切实加强党内政治生活，增强党的创造活力和团结统一；七、严格落实管党治党责任，进一步提高党的建设科学化水平。

4月30日 省委印发《关于在全省县处级领导干部中开展“三严三实”专题教育实施方案》，决定从5月份开始，在全省党政机关、人民团体及其内设机构县处级以上领导干部和省属事业单位、省管国有企业中层以上领导人员中开展“三严三实”教育，通过讲党课、召开专题民主生活会、开展专项整治、抓攻坚整改等方法，教育引导各级领导干部加强党性修养、转变工作作风，进一步正党风、清政风、净社风、纯民风，净化政治生态，重塑山西形象。

5 月

5月4日 王儒林主持召开省直机关座谈会，听取省教育厅等9个单位落实“两个责任”、加强党建、把纪律挺在前面、省纪委派驻机构建设等问题意见和建议。强调，省直机关要清醒认识党风廉政建设和反腐败斗争的形势，坚决落实“两个责任”，率先把纪律挺在前面，在贯彻落实中央“先走一步”要求上当排头、作表率。

同日 山西省纪念五四运动96周年大会暨省青年联合会第十一届一次会议、省学生联合会第十一次代表大会在太原工人文化宫举行，全省各界540名青年联委员和372名学联代表参加了大会。大会向全省广大青年学生发出“创业创新创优，为推进六大发展、促进富民强省贡献青春力量”的倡议。

同日 省政府办公厅印发《山西省大气污染防治2015年行动计划》，主要任务包括产业结构调整、清洁生产、机动车污染防治和工业大气污染治理等10个方面，共36项任务。

5月4日至5日 根据省委统一部署，省委8个专项巡视组分别进驻省住房和城乡建设厅等16个省直和省属企事业单位，开展为期2个月的第二轮专题巡视工作。本轮巡视采取“一托二”的方式，即一个巡视组一次安排巡视两个单位。围绕“四个着力”聚焦专项任务，突出问题导向，紧盯领导班子及其成员特别是一把手，专注重点人、重点事、重点问题，切实做到利剑高悬、震慑常在。

5月5日 王儒林主持召开省委常委会议，传达全国党史研究室主任会议精神，研究山西省贯彻落实意见；讨论《全省开展农村集体“三资”管理专向清理整治工作方案》《关于“以群众举报乡村干部腐败为切入点集中解决群众信访诉求问题”专项治理实施方案》和《关于实行党务办事公开的意见》。会议指出：（一）全省上下要按照中央的部署要求，坚持党史工作围绕中心、服务大局，切实做好党史研究、宣传、学习教育和党史资料征集利用等工作，特别是做好纪念抗战胜利70周年活动，大力宣传山西的红色历史和革命老区的伟大精神，自觉把党史工作纳入党建和意识形态工作，进一步形成健全党委统一领导、党史部门协调指导、与有关部门密切配合、社会各方面共同参与的“大党史”工作格局，加强党史干部队伍建设，发挥好党史工作的特殊重要作用。（二）各级各部门要把农村集体专项清理整治“三资”工作作为解决党风廉政建设“上面九级风浪、下面纹丝不动”问题的重要抓手，与实施农村“六权治本”结合起来，坚持问题导向，标本兼治，切实做到“乡村治、百姓安”。(三)以群众举报乡村干部腐败为切入点集中解决群众信访诉求问题要实施领导干部包案制度，省委市委包市，副省长包分管领域，明确责任，深入调研，依法依规，积极稳妥解决老大难问题，纪检监督部门认真调查、议纪惩处，省、市、县、乡四级联动，打好攻坚战和持久战。（四）积极探索党务办事公开工作，坚持试点先行，坚持以党务公开带动和促进政务、司法以及各领域办事公开，营造良好社会环境。

同日 李小鹏主持召开省政府第81次常务会议，听取减轻企业负担和煤焦公路运销体制改革工作督查情况汇报，研究部署振兴金融业、低热值煤发电项目环评审批和加强环境保护等工作。会议研究通过山西省低热值煤发电项目环评审批实施意见，会议原则通过《关于促进金融业振兴的意见和金融改革发展总体规划（2015—2020年）》《促进金融振兴2015年行动计划》《山西省国有土地上房屋征收与补偿条例（草案)》、省级评比达标表彰项目进行变更的请示。

5月5日至6日 全国人大环境与资源保护委员会副主任王云龙带领调研组，就煤炭清洁高效利用来山西进行调研。

5月5日至8日 王儒林先后到长治市、晋中市考察了潞安集团年产1GW太阳能光复垂直一体化项目、中科院山西煤炭化学研究所中试基地、壶关县紫团生态农业公司等，就科技创新、民营经济、金融振兴进行了专题调研，并且召开5个座谈会。王儒林强调，要坚定信心、迎难而上，着力破除制约科技创新的体制机制障碍，推动企业建立现代企业制度，有效解决企业融资难题，努力实现“三个突破”，推动经济持续平稳发展。

5月6日 省政府办公厅印发《山西省2015年食品安全重点工作安排》。

同日 李小鹏到山西科技创新城，协调解决项目推进中遇到的困难和问题，为此，召开4个现场办公会议。他强调，要以“三严三实”的作风，勇于担当、主动作为，统筹协调狠抓前期工作，加大力度推进项目开工，奋力完成科技创新城投资建设序时进度任务。

5月6日至7日 楼阳生到垣曲县引黄工程等地考察，就山西省大水网建设重点骨干工程建设进行了专题调研。

5月7日 《山西日报》发布消息，山西省晋能集团有限公司原副董事长、党委副书记、总经理曹耀丰严重违纪违法，经山西省委、省政府批准，给予开除党籍、开除公职处分。

同日 省检察院召开电视电话会议，提出《关于开展查办农民群众身边职务犯罪专项工作方案》，决定用一年的时间集中查办农民群众身边职务犯罪专项工作。

5月11日 省委、省政府在太原召开全省民族工作会议暨第六次民族团结进步表彰大会。王儒林讲话，他指出，要牢牢把握“共同团结奋斗，共同繁荣发展”的民族工作主题，紧密结合山西实际，确保中央民族工作的各项决策部署在山西省落地生根。一要加快推动民族聚居地区经济发展。二要促进民族交流交往交融。三要认真做好城市流动少数民族群众管理工作。

同日 省政府与神华集团签署战略合作框架协议，省长李小鹏、神华集团董事长张玉卓出席签署仪式。双方将在深化高品质绿色发电、煤炭资源开发与整合、现代物流业、新能源产业等领域进行务实合作。

同日 《山西日报》报道，晋城市5月5日启动为期4个月的“三级纪检干部进百村，聚焦维护群众利益促廉洁”行动，405名纪检干部进驻180个村，与县、乡纪委书记一起办理2014年未结案、2015年群众新反映和举报信访案件。

5月12日 李小鹏主持召开省政府第82次常务会议，贯彻全国推进简政放权放管结合职能转变工作电视电话会议精神，部署深化行政审批制度改革、预算管理制度改革和加强政府性债务管理等工作。会议强调，要按照党中央、国务院决策部署和山西省“六权治本”要求，加强领导，加大力度，抓紧抓好；要简政放权、放管结合、优化服务三管齐下，逐步实现政府治理能力现代化；要推动转变政府职能向纵深发展，更好地满足经济社会发展和人民群众需要；要加快建立依法理财、全面规范、公开透明的预算制度，提高财政管理水平。会议听取并通过山西省落实和承接《国务院关于取消和调整一批行政项目等事项的决定》的情况汇报，通过关于规范省政府部门行政审批行为改进行政审批有关工作的实施意见，原则通过山西省深化预算管理制度改革实施意见。

5月12日 省政府办公厅印发《关于调整山西省最低工资标准的通知》，从2015年5月1日起，山西省提高最低工资标准。一类1450元调整为1620元，二类1350元调整为1520元，三类1250元调整为1420元，四类1150元调整为1320元。

同日 省委、省政府印发《关于进一步深化党政机关与所办企业脱钩改革方案》，要求用3年时间，全面完成山西省党政机关与所办企业的脱钩改革工作，实现政企分开、政资分开、事企分开，所有权和经营权分离。

5月13日 李小鹏到太原市调研现代职业教育发展情况。他考察了太原市高级技工学校和山西省工贸学校，并且召开座谈会，与院校负责人、师生代表共同研讨现代职业教育工作。强调，要坚持提高质量、促进就业、服务发展的导向，创新思路、完善举措，落实责任、营造氛围，促进山西省职业教育更快更好发展。

同日 楼阳生到长治潞城市，就农村土地承包经营权确权登记颁证试点工作进行了调研。

5月13日至15日 中共中央政治局委员、中央政法委书记孟建柱就经济发展新常态下政法综治工作来晋调研。他先后到大同、忻州、太原等地，深入企业、街道社区和政法机关，看望一线政法工作人员，了解基层民政、计生、社保等工作情况，询问矛盾纠纷化解、社区矫正等工作取得的实效等等；主持召开座谈会，听取全省经济社会发展情况和社会稳定工作汇报。强调，政法机关要进一步把思想认识统一到中央部署上来，主动适应经济发展新常态，激发社会创造活力，为经济持续健康发展营造良好法治环境。

5月14日 李小鹏在太原会见了福特汽车集团副总裁兼亚太地区总裁萧大伟率领的福特公司代表团，双方就进一步深化合作进行了交流。

同日 省政协主席薛延忠率省政协领导班子成员到扶贫联系点静乐县王村乡，进行扶贫包村工作调研。薛延忠强调，着力推进扶贫开发工作是省委、省政府贯彻党中央、国务院全面建成小康社会重大战略部署，推进“六大发展”，实现富民强省的重要举措，省政协机关要带头落实工作要求，积极推进扶贫开发。

同日 山西省启动由省政府牵头，环保、公安等部门参与开展的打击环境污染违法犯罪专项活动，决定用5个月的时间，在全省范围内重点查处5类违法行为。一、超标超总量违法排污行为；二、对生态环境造成严重影响的违法行为；三、涉嫌环境污染违法犯罪行为；四、环境问题突出区域；五、久拖不决的环境信访案件。

5月16日 按照中央关于在县处级以上领导干部中开展“三严三实”专题教育的部署要求，省委书记王儒林以《领导干部要带头认真学习践行“三严三实”为题》，为各级领导干部讲专题党课，开启山西“三严三实”主题教育，并对全省开展“三严三实”专题教育做出安排部署。王儒林指出，习近平总书记提出的“三严三实”既言简意赅又内涵丰富，深刻阐明了党员干部的修身之本、为政之本、成事之本，贯穿了马克思主义政党建设的基本原理和内在要求，体现了共产党人的价值追求和政治品格，丰富和发展了党的建设理论，为加强新形势下党的思想政治建设和作风建设提供了基本遵循。一要筑牢“两道防线”，坚决把纪律挺在前面；二要坚持“五个必须”，突出工作重点；必须维护党中央权威，必须维护党的团结，必须遵循组织程序，必须服从组织决定，必须管好亲属和身边工作人员。三要做到“五个严格”；严格遵守，严格考察，严格约束，严格追究，严格落实。四要发挥“三个作用”，坚持一抓到底；充分发挥领导干部的带头作用，充分发挥党支部的战斗堡垒作用，充分发挥教育引导作用。

同日 早7时，晋城市阳城县瑞兴化工有限公司发生冷却管二硫化碳泄漏硫化氢中毒事故，8人死亡，2人受伤。王儒林、李小鹏第一时间作出重要批示，全力救治受伤人员，严防次生灾害发生，同时要进一步核实伤亡人数，查找事故原因，汲取教训，强化安全措施。17日11时，市、县连续监测显示，空气质量正常，周边群众生活未受影响。

同日 省委组织部召开全省“三严三实”专题教育工作落实会。会议要求，要深刻领会中央和王儒林书记重要讲话精神；要把握常态化教育的特点，注重经常性教育的要求；要抓好领导干部这个“关键少数”；要坚持从严要求。

5月17日 省委、省政府印发《全省开展农村集体“三资”管理专项清理整治工作方案》，《方案》要求用7个月的时间清理整顿由农村集体“三资”管理引发的矛盾和信访问题，进一步健全农村集体“三资”管理制度、农经管理体系和让农民群众满意。

5月18日 中共中央政治局委员、国务院副总理汪洋到武汉国际博览中心参观山西展区。他指出，山西要实现转型发展，就要大力推进煤炭的清洁低碳发展。

同日 省委、省政府召开“以群众举报乡村干部腐败为切入点集中解决群众信访诉求问题”专项治理电视电话会议。会议要求，专项治理从2015年5月至8月底，分为清仓见底、集中交办，分级办理、限期解决，逐级审核、检查验收，总结经验、完善机制四个阶段，重点解决反映乡村涉纪问题的信访事项以及中央和省委、省政府交办的重要信访事项。

5月19日 省委、省政府印发《山西省改善城市人居环境规划纲要（2015—2017年）》。

同日 中共中央批准，冷杰松同志任山西省委委员、常委；免去张少华同志山西省委委员、常委职务。

5月19日至21日 楼阳生到忻州市忻府区、定襄县、宁武县，就林业工作、“三农”工作、县域经济发展进行调研。

5月20日 王儒林主持召开省委常委会，传达孟建柱同志考察山西重要讲话精神，研究山西省贯彻落实意见；研究讨论关于促进山西金融振兴的意见；研究命名新一届省级双拥模范城（县）。

同日 薛延忠以《深刻领会本真内涵、认真践行“三严三实”》为题，为省政协机关党员干部讲党课，并对贯彻中央和省委部署的“三严三实”专题教育作出安排。

同日 省工会召开表彰大会，表彰2014年度“榜样山西·最美劳动者”人物，他们分别是杨世勇、靳海军、石丽青、陈建鹏、张留寨、武希润、王荣香、曹国强、袁绍明、戴建平。

5月21日 李小鹏主持召开省政府第83次常务会议，研究部署全省固定资产投资、十大重点领域投资和重点工程建设等工作。会议指出，本年度，省委、省政府结合山西实际，制定实施了一系列稳增长、促改革、调结构、惠民生、防风险的政策措施，但经济下行压力依然较大。会议要求(一）要全力提升固定资产投资增速；（二）围绕四个方面抓项目；（三）抓好低热值煤发电、外送点通道、铁路、公路、水利等重大项目；（四）抓好抓紧进度；（五）

确保煤炭生产有效增长。

同日 李小鹏在太原会见中国华电集团公司董事长、党组书记李庆奎一行，双方就进一步加强合作进行了深入交流。

同日 全省文艺工作座谈会召开。会议围绕纪念毛泽东同志在《延安文艺座谈会上的讲话》发表73周年，进一步学习贯彻习近平总书记在文艺座谈会上的讲话精神，大力弘扬山西省优秀法治文化、廉政文化、红色文化，要求全省文艺工作者增强使命感、责任感，创作更多思想性、艺术性、观赏性有机统一的优秀作品。

5月22日 省政府召开推进简政放权放管结合职能转变工作电视电话会议。李小鹏强调，要主动适应经济发展新常态，坚持放、管、转并举，深化行政体制改革，推进政府职能转变，加快建设法治政府、服务政府、责任政府、廉洁政府、创新政府和学习型政府，推进政府治理体系和治理能力现代化。

同日 省委、省政府印发《山西省新型城镇化规划（2015—2020年）》，《规划》共由九篇36章组成，目标是到2020年，常住人口城镇化率达到60%以上，户籍人口城镇化率达到43%，实现350万左右农业转移人口和其他常住人口在城镇落户。

5月23日 李小鹏到太钢蹲点，分析企业生产经营情况，研究促进冶金行业和全省工业经济平稳健康发展的对策措施。他先后到太钢不锈冷轧厂宽幅光亮轧机生产线、冷轧线出口操作室、计财部等处，听取情况介绍、经验做法，并且参加了太钢集团生产经营分析会，和干部职工面对面研究解决问题，寻找措施办法，听取意见建议。李小鹏强调，要深入学习贯彻习近平总书记系列重要讲话精神，以“三严三实”的作风，深入调研、解剖麻雀，问题导向、推动工作，促进工业经济尽快回到正增长通道。

5月25日 《山西日报》报道，按照省委、省政府“开工一批、争取一批、签约一批、招商一批”的工作部署，全省4月份亿元以上重点工程项目开工建设103项，2015年前4个月完成投资1514.66亿元。

同日 省政府党组举行“三严三实”专题教育党课报告会，李小鹏以《践行“三严三实”，做到忠诚干净担当，奋力开创弊革风清富民强省新局面》为题，作专题教育党课辅导报告。李小鹏指出，各级领导干部要深刻领会、准确把握“三严三实”的丰富内涵，清醒认识、认真反省“不严不实”的具体表现和严重危害，“严”字当头、“实”字托底，自觉践行“三严三实”，争做对党忠诚、个人干净、敢于担当的好干部。

5月25日 楼阳生为全省高校系统讲授题目为《自觉学习践行“三严三实”，推动全省高校内涵式跨越发展》的“三严三实”专题教育党课。

5月25日至28日 省人大常委会副主任李政文主持召开第十二届二十次会议，会议共举行三次全体会议。会议对全省促进就业工作情况的报告进行专题询问，听取全省民营企业发展情况的报告，表决通过了《山西省城市公共客运条例》、关于代表出缺情况的审查报告、关于批准2015年省本级预算调整方案的决议和人事任免名单。

5月26日 《山西日报》报道，省委、省政府贯彻落实中央对山西工作指示精神要求，积极探索推动建立规范科学的权力运行新模式，在吕梁市、孝义市、省交通厅进行以“依法确定权力、科学配置权力、制度约束权力、阳光行使权力、合力监督权力、严惩滥用权力”的“六权治本”试点，3个单位以“三清单、两张图、两平台、一监督”为载体，以落实中办国办《关于推进地方各级政府工作部门权力清单制度的指导意见》为重点，精心组织，大胆探索，初步形成切合实际、各具特点的“六权治本”操作流程图，探索建立起权力运行的防控制度体系，为全省深入推进“六权治本”提供了经验和参考借鉴。

同日 李小鹏主持召开省政府第84次常务会议，研究解决金融领域突出问题，部署旅游业改革发展等工作。会议强调，(一)各地各部门要对本年度29家金融机构提出的53项、108个具体问题，高度负责，明确办法，以实实在在的工作促进金融振兴。（二）会议通过关于促进旅游业改革发展若干措施的意见。决定从2015年7月1日起，全国国有及国有控股A级景区景点门票由原来打折优惠改为统一降价15％并保持3年稳定不变。

同日 《山西日报》报道，山西晋能集团董事长、党委书记刘建中严重违纪违法，经省纪委常委会议研究并报省委批准，给予刘建中开除党籍、开除公职处分，其涉嫌犯罪问题移送司法机关依法处理。6月4日，省人民检察院依法对刘建中以涉嫌受贿犯罪逮捕。

同日 “弘扬两弹一星，共铸中国梦”暨“百名将军·名家书赞两弹一星”大型主题展览在山西博物院开幕，省委书记王儒林、解放军原副总参谋长张黎上将出席开幕仪式。

同日 李小鹏到晋城市调研项目建设和经济运行情况。他考察了北留—周村工业园区、国投晋城热电二期项目、207国道过境公路改线工程等。李小鹏强调，要深入学习贯彻习近平总书记系列重要讲话精神，坚定信心，开拓进取，以“三严三实”的作风，继续推进项目建设，带动投资增长，推动经济增长，促进提质增效。

同日 省纪委通报12起侵害群众利益典型案件，晋中5起，运城7起。27日，通报24起侵害群众利益典型案件，忻州9起，临汾6起，长治9起。

5月27日至28日 薛延忠主持召开省政协常委会第十一届十四次会议，会议审议通过了《关于进一步加快我省养老服务业发展的建议》和有关人事事项。

5月28日 2015年度省委、省政府确定的“十大标志性工程”的重点项目之一的阳泉北至大寨铁路工程开工建设。阳大铁路正线全长79公里，设车站9座，行车速度为120公里/小时，项目建设工期为3年。

同日 省委召开会议，专题听取全省学习讨论落实活动专项整治工作汇报，并对督导工作进行总结。会议指出，督导组为学习讨论落实活动取得预期效果做出了积极贡献，但要看到，有些地方和单位还存在跟着走、推着干，“上热中温下冷”等问题，要深入推进“六权治本”，把专项整治工作抓出真正成效。

5月29日 李小鹏到国家扶贫开发工作重点县静乐县神峪沟乡张贵村小学，与小朋友们一起欢度“六一”儿童节，与孤儿和特困生亲切交谈，鼓励成长，并代表省委、省政府向全省少年儿童致以节日祝贺，向广大少年儿童工作者表示诚挚的问候。

同日 李小鹏主持召开全省金融振兴推进电视电话会议。王儒林强调：（一）要积极应对和处置各类金融风险。（二）要全面加强信用体系建设。

6 月

6月1日至2日 楼阳生到高平市就贯彻落实王儒林书记的“要将高平市作为把纪律和规矩挺在前面，‘先走一步’净化政治生态，实现弊革风清、富民强市的典型，认真抓一抓，发挥好示范作用”进行专题调研。

6月1日至5日 国务院第十一督查组就贯彻落实国务院重大政策措施情况来山西进行督导检查。先后听取了省政府的工作汇报，查看了政策措施贯彻落实台账和督查台账等相关材料，召开6个专题座谈会，深入太原、阳泉两市的乡村、社区、园区、企业、学校、银行和项目建设现场，走访了16家基层单位，对山西省贯彻落实中央经济工作会议、国务院《政府工作报告》工作部署情况进行了实地督查，对稳增长、促改革、调结构和保障民生等方面政策措施落实情况进行了重点督查。6月5日，督查组召开反馈会，督查组组长、国家税务总局局长王军充分肯定了山西省贯彻落实国务院政策措施所作的工作和取得的成效。王军建议，山西要进一步统一思想，凝心聚力，大力营造干事创业的浓厚氛围；要突出重点，奖优罚劣，进一步加强投资、金融、消费、农业、旅游和国企脱困、民营经济、科技创新等工作；要放宽政策、放开市场、搞活主体，营造良好的政策环境、制度环境和服务环境；要高度重视，妥善解决好经济下行带来的困难和问题，确保经济平稳发展、社会和谐稳定。

6月2日 李小鹏主持召开省政府第85次常务会议，研究部署加快发展新兴制造业、大力发展现代职业教育和创新投融资机制鼓励社会投资等工作。会议强调，各级各部门要认真贯彻落实党中央、国务院决策部署；要创新工作方法，突出项目带动，实行滚动管理。会议通过《新兴制造业三年推进计划（2015—2017）和2015年行动计划》《贯彻落实国务院关于加快发展现代职业教育的决定的实施意见》和《关于创新重点领域投融资机制鼓励社会投资的实施意见》。

同日 王儒林到太原市，就省属科研院所发展状况和转制情况进行调研，对如何实现科技与经济发展的深度融合、解决目前存在的困难和问题听取意见建议。他分别选取运行转制情况较好、一般、较差的院所，了解运行管理、研发转化、院所改制等情况，详细询问科研人员的收入、生活、家庭、实际困难等。强调，要坚持创新驱动，大力推动科技创新，深化科研院所体制机制改革，完善激励保障机制，加快科技创新成果转化，为加快“六大发展”、促进富民强省提供有力支撑。

6月3日 《山西日报》报道，太原市被列入国家生态保护与建设示范区名单，为全国唯一入选的省会城市。至2014年底，太原市已建成区绿化覆盖面积13365公顷，园林绿地面积11738.1公顷，公园绿地面积3828.4公顷。

同日 省政府贯彻《国务院关于促进旅游业改革发展的若干意见》，提出《山西省促进旅游业改革发展的意见》。

6月4日 王儒林主持召开省委全面深化改革领导小组第七次会议，会议贯彻落实中央全面深化改革领导小组第十二次会议精神，审议讨论并原则通过《关于加强省纪委派驻机构建设的意见》《山西省属企业负责人履职待遇业务支出管理办法》《山西省深化考试招生制度综合改革实施方案（试行）》《山西省高等职业教育考试招生制度改革方案》。会议要求，要勇于先行先试，要提高驾驭和推进改革的能力水平，要加强调查研究，要保质保量完成任务。

6月5日 《山西日报》报道，山西省18户省国资委监管的国有企业及二级单位对2015年一季度财务等重大信息在省国资委、集团公司及二级公司网站进行了公开和链接，向公众公开了财务等重大信息。

6月7日 《山西日报》报道，山西省建成PM2.5监测站262个，基本覆盖全省县级单位。

6月8日 省委、省政府提出《关于促进山西金融振兴的意见》。《意见》为5个方面26条举措，规划了山西金融振兴“路线图”，提出推动金融业成为全省关键产业，逐步建成体系健全、竞争有序、运行规范、监管科学，与实体经济发展相适应的现代金融服务体系。

6月8日至10日 楼阳生与省委党校、省总工会、团省委、省妇联负责同志深入朔州各县区，就党校工作和群团工作进行调研。

6月10日 王儒林主持省委中心组集中自学，重点围绕《习近平谈治国理政》和习近平关于严以修身的重要论述。王儒林指出，一要突出重点内容，要认认真真、原原本本地研读规定书目，深入学习党的十八大和十八届三中、四中全会精神，深入学习习近平总书记系列重要讲话精神和党纪党规等内容；二要创新学习方法，突出问题导向，自觉把学习教育和个人岗位、思想实际、工作实践结合起来；三要深入交流讨论，力求把重要问题学习深、理解透；四要建立长效机制，把“三严三实”专题学习融入领导干部经常性学习教育。

同日 省政府提出《关于加强政府性债务管理的实施

意见》。有效防范财政金融风险，充分发挥政府性债务对经济社会的推动作用。

同日 省政府为加快建立全面规范、公开透明的预算管理制度，提出《关于深化预算管理制度改革的实施意见》。

6月11日 王儒林主持召开省委常委会议，传达全国农村基层党建工作座谈会精神，研究讨论《关于贯彻〈2014—2018年全国党政领导班子建设规划纲要〉的实施意见》。会议指出，一要深入贯彻落实习近平总书记重要指示精神，充分认识农村基层党组织的重要作用；二要着力加强农村基层党建工作，特别是服务型党组织建设，推动“六权治本”向乡村延伸；三要着力选好育好、管好用好农村带头人队伍，确保软弱涣散村和建档立卡贫困村“全覆盖”；四要进一步完善村务监督机制，确保有效监督；五要切实抓好党建工作责任制落实，强化乡镇党委抓农村基层党建的直接责任。

同日 全省党史办公室主任会议在太原召开，会议传达了栗战书同志在全国党史研究室主任会议上的重要讲话精神，总结2014年全省党史工作，安排部署2015年工作。省委副书记楼阳生到会并讲话，省委常委、秘书长王伟中主持会议。

6月12日 李小鹏主持召开省政府第86次常务会议，研究固定资产投资和重点工程建设、全面扩大开放、加快民营经济发展、县以下机关公务员管理制度改革等工作。会议指出，1–5月，全社会固定资产投资增速显著加快，要继续采取有力措施，巩固和发展投资增速的好势头，力争达到全国水平。会议原则通过关于全面扩大改革开放的意见、关于加快民营经济发展的意见、关于县以下机关建立公务员职务与职级并行制度的实施方案。

同日 省政府召开改善城市人居环境工作电视电话会议。李小鹏强调，要坚持规划引领，人民为本，统筹协调，监管并重，绿色低碳改善城市人居环境。

同日 中宣部、全国妇联在运城市盐湖区召开“弘扬德孝文化践行核心价值”现场交流会。会议强调，大力弘扬中华孝道，发扬光大中华民族传统美德，推动社会主义核心价值观在家庭里生根。

同日 省政府印发《关于创新重点领域投融资机制鼓励社会投资的实施意见》。以充分发挥社会资本特别是民间资本的积极作用，促进经济持续健康发展。

6月15日 省政府印发《山西省公共信用信息管理办法（试行）》，进一步规范公共信用信息的征集、披露和使用行为，推进诚信社会建设。

同日 王儒林到太原市、晋中市、吕梁市，就科技创新进行专题调研，先后到煤炭、焦化、煤层气、电力、铝业相关企业，与企业负责人、专家深度交流，询问存在的困难，听取意见和建议；并且到中北大学、太原理工大学等重点大学实验室，了解科技研发、发明专利、利用推广等情况，与教学科研人员进行座谈。王儒林强调，加快“六大发展”，必须把创新驱动放在战略和核心位置，突出科技创新，全面推动产业创新、产品创新、业态创新、模式创新、市场创新、管理创新，增强发展动力，加快转型升级，促进富民强省。

6月15日至19日 李小鹏率省政府代表团访问美国爱达荷州和怀俄明州，并与爱达荷州签署了《关于深化友好省州关系推进务实战略合作框架协议（2015—2020）》。

6月16日 省政府办公厅印发《山西省新兴制造业三年推进计划（2015年—2017年）》和《山西省新兴制造业2015年行动计划》。

6月17日 《山西日报》报道，“六权治本”在三个试点单位的带动下，面向全省有序铺开。太原市、临汾市等“先走一步”，出台“六权治本”工作推进方案，扎实开展。岚县、宁武县等把推进权利清单制度纳入年度目标责任考核，促进“硬落实”。“六权治本”在全省有序展开。

同日 山西省召开全省司法体制改革试点工作动员部署会议。会议要求，一、加强对执法司法权的监督制约；二、司法人员各归其位，各尽其职；三、努力探索法官、检察官职业保障；四、积极推动省以下地方法院、检察院人财物统一管理；五、努力破解基层司法队伍不稳定难题。王儒林强调，要把推进司法体制改革与本省实际工作结合起来，与实施“六权治本”结合起来，与净化政治生态结合起来，切实提高工作水平。

同日 省政府办公厅印发《山西省全面推开县级公立医院综合改革实施方案》和《山西省2015年主要污染总量减排计划》。

6月17日至18日 王儒林主持召开煤焦、电力、煤层气、铝业行业、高科技创新工作五个座谈会，听取有关专家的意见，来自省外的11名专家、省直部门5名负责人、企业23名负责人和10名教授，结合山西实际，分析现状，把脉问题，提出建议。王儒林概括提出不同行业所存在的问题（煤焦5个、电力7个、煤层气7个、铝业5个、高校10个），要求有关方面深入研究、着力破解。他强调，要增强信心、抓住机遇，坚持创新驱动，理顺体制机制，坚定不移做好煤炭这篇大文章，进一步推动电力体制改革，把煤层气培育成为战略性新兴支柱产业，把山西铝工业做大作强，破解高校科技创新难题，切实增强创新活力，为富民强省提供有力保障。

6月17日至18日 楼阳生深入晋中市平遥县、太谷县，就做好“十三五”时期“三农”规划工作进行调研。

6月18日 全省2015年度目标责任考核工作会议在太原召开。会议对2014年考核工作进行总结，对考核优秀的市、省直单位进行了表彰，并对2015年度目标责任考核工作进行安排部署。会议指出，一要提高认识、振奋精神，切实加强新形势下年度目标责任考核工作；二要强化导向、突出重点，准确把握新形势下目标责任考核的新要求；三要强化领导、狠抓落实，确保各项目标任务圆满完成。

同日 中国社科院在国务院新闻办新闻发布厅举行

“山西·陶寺遗址发掘成果新闻发布会”。指出，山西陶寺遗址在年代、地理位置以及它所反映的文明程度等方面都与尧都相当契合，是实证5000年中华文明历程的重要支点，陶寺文明是多元一体中华文明的主脉。

6月19日 全省农村土地承包经营权确权登记颁证工作推进会在榆次区召开。会议通报了全省土地确权工作进展情况，对全面启动农村产权流转交易市场建设进行动员部署，对土地确权工作相关政策问题进行了说明。

6月22日 《山西日报》报道，山西省孝义市下堡镇通过查阅法律法规、规章制度绘制了“三清单两图示一依据”图标体系，列出138项权利清单、138项责任清单和53项服务项目，孝义市的17个乡镇第一次将手中的权力用法律条文厘清，用实际行动实践“六权治本”。

6月24日 李小鹏主持召开省政府第87次常务会议，研究全面加强政府自身建设事宜，部署推行省政府部门权力清单制度、深化行政审批制度改革、建设政务服务平台和健全重大行政决策机制等工作。会议决定再次取消、下放和调整61项行政审批项目等事项，取消14项政府部门内部审批事项，今后不再保留“非行政许可审批”这一审批类别。会议通过了《山西省全面加强政府自身建设三年规划（2015—2017）和2015年行动计划》，原则通过了省政府部门权力清单和山西省政务服务平台建设总方案。

同日 省政府出台《关于贯彻落实〈国务院关于加快发展现代职业教育的决定〉的实施意见》。

6月25日 王儒林主持召开省委全面深化改革领导小组第八次会议，深入贯彻落实中央全面深化改革领导小组第十三次会议精神，审议并原则通过《山西省领导干部干预司法活动、插手具体案件处理的记录、通报和责任追究规定实施细则》《山西省政务服务平台建设总体方案》《省政府部门权力清单》。会议强调，要按照中央精神，一要积极推进全省改革工作；二要着力引深重点领域和关键环节的改革；三要系统梳理、对账盘点相关改革任务和制度性文件的推进情况；四要着力健全规范化、常态化工作督查机制。

同日 省政府与国家开发银行签署《推进山西转型发展开发性金融合作备忘录》。同日，王儒林、李小鹏在太原会见了国家开发银行党委书记、董事长胡怀邦一行。

同日 全省双拥模范城（县、区）命名暨双拥模范单位和个人表彰大会在省工人文化宫召开。王儒林、李小鹏、薛延忠出席会议并颁奖。会议命名了太原市等56个双拥模范城（县、区），表彰了91个双拥模范单位和83名双拥模范个人。

6月26日 省纪委通报了11起发生在群众身边的腐败典型案件。要求各级党委结合“三严三实”专题教育，认真落实全面从严治党要求，各级纪委立足监督执纪问责，把纪律挺在前面，严惩发生在群众身边的腐败问题，真正实现“乡村治、百姓安”。

同日 王儒林主持召开省委常委会议，研究讨论关于贯彻中央统战工作会议精神和贯彻省部级干部民族工作专题研讨班精神的措施，讨论了《关于加强民营经济发展的意见》《山西省贯彻执行普通高校党委领导下的校长负责制的实施办法》《山西省高等学校实行领导班子任期制办法》《部分高等学校实行党委常委制的意见》《山西省发展党员工作责任追究办法》。

6月29日 李小鹏到朔州市平鲁区晋北-江苏南京±800千伏特高压直流输电工程开工建设现场办公，研究解决在建和即将开工的外送电通道项目推进中面临的困难和问题。他要求，要严格落实重点工程建设和固定资产投资目标责任制，扎实推进“十大领域投资”和“十大标志性工程”建设，突出抓好低热值煤发电、科技创新城建设和电网、铁路、公路、水利等领域的重大项目。

该工程是2015年省委、省政府确定的“十大标志性工程”之一，是首条以山西为起点的特高压直流输电工程，途径山西、河北、山东、河南、安徽、江苏六省，线路总长1118.5公里，输电能力为800万千瓦。

6月30日 省政协党组集体学习习近平总书记《谈治国理政》，围绕学习践行“三严三实”进行研讨交流。薛延忠要求，深入学习习近平总书记重要讲话精神，切实把学习践行的成果体现在理想信念的坚定上，体现在清白干净的坚守上，体现在勇于奉献的坚持上。

7 月

7月1日 省政府印发《关于取消下放和调整一批行政审批项目等事项的决定》，取消和下放14项行政许可审批项目等事项，取消和调整47项非行政许可审批事项，以后不再保留“非行政许可审批”类别。

同日 省政府出台《关于全面扩大开放的意见》。《意见》共由9部分36条组成，从打造“山西品牌丝路行”开放新名片、建设清洁能源供应基地等方面提出具体意见。

7月2日 省政府印发《山西省全面加强政府自身建设三年规划（2015—2017年》。进一步推进山西省政府治理体系和治理能力现代化。

7月3日 省政府办公厅印发《山西省金融改革发展总体规划（2015—2020年》。

7月3日 省政府办公厅印发《山西省全面加强政府自身建设2015年行动计划》。主要内容：一、大力推进依法行政；二、继续推进简政放权；三、加快创新政府治理；四、切实加强反腐倡廉建设；五、推进工作作风转变。

同日 王儒林主持召开省委常委会议，传达全国优秀县委书记表彰会议、省区市贯彻落实《干部任用条例》和推进“三严三实”专题教育工作座谈会精神，研究山西省贯彻落实意见。会议指出，要深入学习习近平总书记讲话精神，进一步加强县委书记队伍建设，充分发挥县委书记的重要作用，关心他们的成长进步；要从严从实落实条例规定的用人原则、用人标准、用人程序、用人纪律；要按照中央和省委部署要求，进一步强化措施，扎实推进专题教育。

同日 王儒林主持召开省委法治建设领导小组第一次会议，学习贯彻党的十八届四中全会和习近平总书记关于全面推进依法治国系列讲话精神，总结2014年山西法治建设工作，审定有关文件。会议指出，山西省法治建设工作有序推进，“六权治本”试点成效明显，试点市、县和单位要进一步总结经验、探索拓展、提升完善。要突出重点，全面落实法治建设各项任务，扎实推进地方立法、严格执法、公正司法、全民守法。

同日 中央纪委监察部网站发布消息，经山西省委批准，阳泉市委原书记洪发科涉嫌严重违纪违法，接受组织调查。

同日 省委、省政府在党校举办为期3天的全省领导干部金融理论和实践专题培训班，全省11个市、119个县（市、区）分管金融工作的副市长、副县（市、区）长共130人参加了培训。

7月7日 由省委宣传部、长治市委、市政府主办的第五届八路军文化旅游节开幕式在武乡八路军太行纪念馆举行。刘伯承之子刘蒙，朱德之孙、全国政协委员朱和平等18位将帅后代以及老八路、老民兵、老党员、支前模范、烈属、劳模等代表出席开幕式。

7月8日 省政府办公厅为贯彻落实《国务院办公厅关于加快应急产业发展的意见》，出台《山西省关于加快应急产业发展的实施意见》。

同日 李小鹏主持召开省政府第88次常务会议，研究推进科技创新、完善县域经济发展考评办法、扩大社会投资、支持小微企业发展和瓦斯抽采全覆盖工程等工作，部署深化考试招生制度综合改革和机关事业单位工作人员养老保险制度改革等任务。会议通过了《关于进一步支持小型微型企业健康发展的措施》，通过了对同煤集团姜家湾煤矿“4·19”重大水害事故有关人员的处理意见；会议原则通过了《关于实施科技创新的若干意见》《2014年度县域经济发展考评结果》《山西省煤矿瓦斯抽采全覆盖工程实施方案》和《关于贯彻〈国务院关于机关事业单位工作人员养老保险制度改革的决定〉的实施办法》。

7月8日至9日 李小鹏到长治市、临汾市调研国有林场发展工作，仔细了解造林营林、森林防火、职工收入、社会保障等情况，赞扬爱岗敬业、以山为家、甘于奉献的林场职工，倾听大家对林场发展改革的意见建议；并召开座谈会，听取林业厅和有关林场负责人的汇报，要求全省林业系统牢固树立保护天然林意识。李小鹏强调，要认真贯彻落实党中央、国务院决策部署，扎实推进国有林场改革发展，充分发挥国有林场在林业生态建设中的先锋队和主力军作用。

7月9日 李小鹏在太原会见中国电力集团有限公司董事长晏志勇一行，双方就进一步加强合作进行了深入交流。

同日 省政协主席薛延忠主持召开省政协委员座谈会，座谈会就贯彻落实省委、省政府决策部署、政协委员履行岗位职责、致力经济建设专题进行研讨。

7月10日 王儒林主持召开省委常委会（扩大）会议，传达中央党的群团工作会议精神，研究山西省贯彻落实意见；讨论《关于健全重大行政决策机制的意见》《关于加强基层宣传思想文化工作的若干意见》。会议指出，群团组织要围绕保持和增强政治性、先进性、群众性开展工作，坚持发挥桥梁和纽带作用，紧密地团结在党中央周围；领导干部要进一步提高依法决策的认识，健全完善重大决策终身责任追究制度，维护重大行政决策的严肃性；要深化社会主义核心价值观学习教育实践，坚持满足群众精神文化需求，提升基层文化公共服务水平。

同日 山西省召开抗战胜利70周年活动安排部署会议，研究本省系列纪念活动方案，对全省组织举办纪念活动作出安排部署。

同日 省纪委检察厅网站公布9起群众身边违反“四风”腐败案例，有9名党员干部受到开除党籍处分。

7月13日 楼阳生到临汾市襄汾县、曲沃县，就农村集体“三资”管理和集体经济发展情况进行专题调研。

同日 山西省召开“以群众举报乡村干部腐败为切入点集中解决群众诉求问题”专项治理推进会。会议指出，充分认识专项治理是省委、省政府坚持群众路线、践行群众观点，做好群众工作的实际行动，要直面问题、严督实导，努力实现“乡村治，百姓安”。

7月14日 李小鹏主持召开省政府第89次常务会议，听取重点工作目标责任上半年完成情况督查汇报，研究部署加强和改善对农民工的服务、加大对农业的财政和金融支持力度等工作。会议指出，全省上半年各项工作稳中有为、稳中有进，但督查也发现了一些存在的问题和不落实的典型。要进一步强化督查工作，严肃问责不作为、不落实和出工不出力的人和事。会议原则通过了《关于进一步做好农民工服务工作的实施意见》《山西省法律援助条例（修订草案）》。

7月15日 王儒林主持召开省委常委会议，传达学习习近平总书记在中央政治局常委会听取巡视工作汇报和审议巡视工作条例时的重要讲话精神，学习王岐山在中央巡视工作动员部署会议上的重要讲话，以及2015年中央第二轮巡视工作动员部署暨省区市和部分中央单位巡视工作座谈会会议精神，研究山西省贯彻落实意见。会议指出，要加快推进巡视全覆盖，真正实现巡视监督常态化。紧紧抓住一把手这个“关键少数”，紧紧扭住主体责任这个“牛鼻子”，紧紧握住监督责任这个关键抓手；坚持标本兼治，更好发挥巡视的震慑、遏制、治本作用。

同日 王儒林主持省委中心组第二次专题学习会议，围绕“严以修身”进行学习交流。王儒林指出，严以修身的根本是必须坚定理想信念，加强党性修养，具备和保持过硬的政治素质；严以修身的关键是必须增强对群众的感情，密切同群众的联系，忠实践行党的为民宗旨；严以修身的底线是必须提升道德境界，追求高尚情操，自觉抵制贪欲和歪风邪气；严以修身的目的是切实做到勇于担当、积极作为。

同日 中央纪委监察部网站发布消息，经山西省委批准，省经济和信息化委员会总工程师杨永辉涉嫌严重违纪违法，接受组织调查。

同日 省发改委、省人社厅等52个省政府部门在其门户网站公布了本单位的权力清单，接受社会监督。

7月16日 全省科技创新推进大会在太原召开。王儒林指出，如何解决科技创新发展的突出问题：一是要深化改革，着力破除制约科技创新的体制机制障碍；二是要强化企业技术创新主体地位，全面提升企业创新能力；三是要创新机制，千方百计增加科技投入；四是要加大人才培养引进力度，实现创新人才集聚发展；五是要培育创新平台，夯实空间载体。王儒林强调，努力实现全省产业转型发展，一要全力推进煤炭发展方式创新；二要全力推进煤电一体化创新发展；三要全力推进焦化产业脱困振兴；四要全力推动煤化工产业创新发展；五要加大煤层气勘探开发关键技术攻关力度；六要积极推进煤炭商业模式创新；七要着力推进煤炭管理体制机制改革创新；八要全力推进非煤产业创新发展。

同日 省政府出台《关于贯彻落实粮食安全省长责任制的实施意见》，进一步保证粮食安全。

7月17日 省政府办公厅印发《山西省煤矿瓦斯抽采全覆盖工程实施方案》，计划用3年时间完成全省煤矿瓦斯抽采全覆盖，促进全省煤矿安全生产稳定发展。

同日 王儒林主持召开省委全面深化改革领导小组第九次会议，贯彻落实中央全面深化改革领导小组第十次会议精神，听取各专项小组和省委改革办上半年工作情况汇报和下半年工作安排，研究部署下半年全省改革工作。会议指出，上半年，全省上下“谋改革、抓改革、促改革”的氛围日益浓厚，一些重大改革举措取得阶段性成果。但还存在重视不够、大局意识不强、推进力度不大、不注意抓落实等一些不容忽视的问题。下一步要深入学习领会习近平总书记在中央全面深化改革领导小组第十次会议上的重要讲话精神，结合开展“三严三实”专题教育，进一步解决全面深化改革的认识问题，进一步提升全面深化改革的科学性、全面改革的实效性。

同日 省政府召开安委会第三次全体（扩大）会议，会议强调，要坚持问题导向、改革创新，“三严三实”、落实举措，扎实做好新常态下的安全生产工作，确保全省安全生产形势持续明显好转并向稳定好转，为推动“六大发展”、促进富民强省奠定坚实基础。

7月20日 省政府印发《山西省2015年推进简政放权放管结合转变政府职能工作方案》。

7月20日至22日 楼阳生到山西大学、太原理工大学，就落实“三严三实”要求，加强高校科技创新工作进行调研。

7月21日 李小鹏主持召开省政府第90次常务会议，分析上半年经济形势，部署下半年重点工作。会议指出，上半年，经济社会发展稳定向好，但也要清醒认识当前山西省经济运行中面临的困难和问题，主要是工业降幅持续扩大、财政增收压力加大、新常态下一些领导干部不作为、不落实等现象，各级各部门特别是领导干部一要正确判断形势，坚决把思想和行动统一到中央对当前形势的分析判断上来，明确目标、坚定信心、振奋精神、问题导向、强化措施，努力完成全年目标任务，确保安全生产；二要加快投资增长，稳定工业经济，加强财税工作，抓好节能减排，加强“三农”扶贫，扩大消费出口，发展新兴产业，激发动力活力，践行“三严三实”。

同日 省政府出台《关于健全重大行政决策机制的意见》。保障重大行政决策科学、民主、依法，提高行政决策质量。

同日 省纪委监察厅网站公布了2015年省委第一轮专项巡视反馈意见的整改情况，请广大干部群众对巡视整改落实情况进行监督。

7月22日 李小鹏主持召开省政府第91次常务会议，安排部署全省固定资产投资和重点工程建设工作，研究推进部分重点城镇污水处理厂建设事宜。会议认为，全省固定资产投资增速逐月加快、结果持续优化，上半年完成固定资产投资4211.7亿元，增长12.8％，高出全国平均水平1.4个百分点，实现了省政府年初确定的“达到全国平均水平”的目标，但各行各业各单位工作进展不平衡，各级各部门要坚定信心、明确目标，进一步巩固和发展固定资产投资持续增长的好势头，加快推进已开工的大项目，落实好“四个一批”的部署，继续实行总量和速度双考核制度，努力把投资工作做得更好。

7月23日 省政府办公厅印发《关于2015年全省低收入农户冬季取暖用煤货币化补贴实施方案》，2015年低收入农户冬季取暖期按每户300元的标准给与补贴，通过“一卡通”发放至低收入农户手中。

7月23日至24日 中央巡视工作领导小组成员、中央巡视工作领导小组办公室主任黎晓宏带领中央巡视工作专项检查组来山西对山西省巡视工作情况进行专项检查，王儒林汇报了中央第六巡视组巡视反馈意见整改落实情况。他说，省委高度重视巡视工作，把认认真真地抓中央巡视组反馈意见的整改，作为抓山西从严治党工作的重要载体、重要手段，首先紧紧牵住党委主体责任“牛鼻子”，纪委监督责任“震慑常在”，通过查办一批严重违纪违法案件，特别是重点领域腐败案件，扭转了腐败案件查处失之以宽、失之以软的局面，始终保持了“三个高压态势”。紧密结合专项整治，在治本上下功夫，不断引深“六权治本”，把权力关在笼子里，把纪律挺在前面，制定了省政府部门权力清单。其次，全力推进“三个一批”，实现选人用人风清气正。再次，坚持全面从严治党，坚决把纪律和规矩挺在前面。黎晓宏充分肯定了山西省党风廉政建设工作，指出，山西的巡视整改效果显著，在落实主体责任、强化成果运用、深化巡视工作等方面的一些做法和经验，值得学习借鉴。当前，巡视工作进入了新的阶段，要认真学习领会中央要求：一要注重学习贯彻条例，进一步提高巡视制度执行力，二要注重深化“四个着力”，进一步提高巡视发现力，三要注重落实全覆盖，进一步提高巡视威慑力，四要注重强化主体责任，进一步提高巡视统筹力。希望山西弘扬优秀传统文化，借鉴明代著名政治家、思想家吕坤、一代名相陈廷敬等清官廉吏的箴言，锐意进取。

7月24日　王儒林主持召开省委常委会议，听取省政府上半年经济形势汇报，研究部署下半年经济工作，研究讨论《关于实施科技创新的若干意见》，传达贯彻中央巡视工作专项检查汇报会精神。会议指出，一、省委、省政府主动适应经济发展新常态，积极应对经济下行压力，取得成效。要继续努力，正视问题，进一步完成好全年目标任务。认真研究提出山西省“十三五”规划指标和发展目标建议，主动作为，狠抓落实。二、要落实好中央巡视工作专项检查组汇报会上黎晓宏同志提出的要求，进一步夯实主体责任，进一步加大“回头看”工作的范围和力度，进一步提高山西省巡视工作的科学化、规范化、制度化水平。

7月26日　《山西日报》报道，长治市委首次试行县委书记例会，每月召开一次，目的是要突出县委书记作为党委“一把手”的主体责任，强化问题导向，通过通报和县市区书记汇报交流情况，查找问题、研究对策、传导压力、压实责任、推动落实。

7月27日至30日　省十二届人大常委第二十一次会议在太原举行，会议共举行三次全体会议。会议表决通过了《山西省女职工劳动保护条例》、《山西省实施〈中华人民共和国水土保持法〉办法》、关于批准《大同市人民代表大会常务委员会关于修改〈大同市地方立法条例〉的决定》，表决通过了关于批准2014年省本级财政决算的决议、关于代表出缺情况的审查报告和人事任免名单。

7月28日　李小鹏主持召开省政府全体（扩大）会议，贯彻落实省委常委会精神，研究部署下半年工作。会议要求，下半年要确保煤炭工业产销有效增长，安全生产继续向稳定好转迈进，促进固定资产投资快速增长，推动工业经济增长，有效做好财税工作，保障民生等重点支出，大力培育煤机、轨道交通等新的经济增长点，持之以恒做好节能减排、造林绿化治理，进一步加强“三农”扶贫工作，谋划好“十三五”规划编制，从严从实搞好政府建设。

同日　省统计局与国家统计局山西调查总队召开发布会，公布上半年全省经济运行情况。全省地区生产总值5814.18亿元，同比增长2.7%；农林牧渔业增加值343.2亿元，同比增长4%；规模以上工业增加值同比下降3.9%；固定资产投资完成4211.7亿元，比上年同期增长12.8%；社会消费品零售总额2843.9亿元，比上年同期增长5%；旅游总收入1559.5亿元，比上年同期增长5%；居民人均可支配收入8258 元，扣除价格因素实际增长8.2%。

同日　王儒林到太原市就“城中村”改造和城市社区养老服务规划建设情况进行调研。他先后到小店区北营街道办龙堡社区、晋源区金胜镇木厂头村等拆迁现场，详细了解拆迁进度、改造规划、安置政策、补偿标准，考察了太原市红十字托老中心、迎泽区柳巷街道校尉营社区日托中心等，看望老人，仔细察看他们的身体、生活情况。王儒林指出，太原市“城中村”改造的实践证明，反腐不仅不会影响经济发展，而且会有力促进经济发展。全省各级干部要牢固树立“发展必须廉洁，廉洁促进发展”的理念，勇于担当、主动作为，干净做事，努力开创弊革风清、富民强省新局面。

同日　省委、省政府办公厅印发《山西省政务服务平台建设总体方案》，进一步以“一个窗口对外、集中办公”，提高便民高效、公开透明能力。

7月29日　山西省人民政府与清华大学签署了《关于共建清华大学山西清洁能源研究院的合作协议》。同日，王儒林、李小鹏会见了清华大学校长裘勇一行。

同日　全省职业教育工作会议在太原召开，会议强调，要认真学习贯彻习近平总书记、李克强总理关于加强职业教育的重要指示和讲话精神，加强组织领导，创新体制机制，不断开创职业教育改革发展新局面。

同日　王儒林主持召开省委常委会议，研究山西省“十三五”时期国民经济和社会发展基本思路，讨论《山西省深化考试招生制度综合改革实施方案（试行）》。会议强调，谋划“十三五”时期全省经济社会发展，一要把发展作为第一要务，不断提高综合经济能力；二要做好煤与非煤“两篇大文章”，做强七大新兴产业；三要转变发展方式，推动科技创新；四要深化改革；五要加快农业现代化，构建现代特色农业体系；六要加强资源节约和环境保护，着力绿色、循环、低碳发展；七要提高城乡居民生活水平，深入推进精准扶贫；八要创新社会治理，维护社会和谐稳定；九要突出谋划好廉洁发展。

7月30日　山西省首条城际轨道交通项目——晋中至太原城际铁路2号线试验段暨城市交通枢纽工程正式开工建设。其正线全长20.33公里，总投资76.69亿元。

同日　省十二届人大常委会第二十一次会议表决通过了《山西省女职工劳动保护条例》，明确提出要对女职工实行经期、孕期、产期、哺乳期、更年期的“五期”保护，其中更年期保护措施在全国是首次提出。

同日　王儒林主持召开省委全面深化改革领导小组第十次会议。会议要求，要按照省委的统一部署，统筹抓好各领域的改革，尤其要深化煤炭革命，进一步减轻企业负担，提高审批效率，改进政府监管，规范权力运行。审议讨论并原则通过《关于全省加强社会治安防治体系建设的实施意见》。

同日　省委、省政府办公厅印发《关于县以下机关建立公务员职务与职级并行制度的实施方案》。

7月31日　李小鹏主持召开山西省电动车产业发展座谈

会，听取有关专家学者和企业家的意见建议。李小鹏强调，要发挥比较优势，以开阔的视野科学谋划发展山西省电动车产业，培育新的增长点，促进产业转型升级。

同日 全省党管武装工作述职电视电话会议在太原召开。会议贯彻习近平主席系列重要讲话特别是国防和军队建设的重要论述，分析2014年以来全省党管武装工作形势，进一步统一思想、强化责任。

同日 全省农村电子商务推进大会在太原召开，中国社科研信息化研究中心主任汪向东作了《电商大势与落地农村》的专题报告。

8 月

8月3日 李小鹏到吕梁市文水县、汾阳市调研防汛工作。强调，一定要强化措施，确保安全度汛，确保人民生命财产安全。

同日 省政府贯彻落实《国务院关于加快体育产业促进体育消费的若干意见》，结合山西省实际，出台《山西省关于加快发展体育产业促进体育消费的实施意见》。

同日 省环保厅通报第二季度全省重点超标企业情况，共有26家企业超污染排放，8家企业严重超标，11家企业连续超标。

8月3日至5日 楼阳生到高平市调研经济社会发展情况。

8月4日 李小鹏在太原会见了中国船舶重工集团董事长胡问鸣一行，双方就进一步加强合作进行了深入交流。

同日 李小鹏主持召开省政府第92次常务会议，研究煤炭行政审批制度改革、就业创业、贫困县党政领导班子和领导干部经济社会发展实绩考核、公共资源交易平台建设和省级科技计划管理改革等工作。会议指出，深化煤炭行政审批制度改革，是山西省继煤炭清费立税改革、煤焦公路运销体制改革之后在煤炭领域推出的又一项重大改革任务，具有十分重要意义。会议原则通过了《山西省煤炭行政审批制度改革方案》《关于进一步做好新形势下就业创业的实施意见》《贫困县党政领导班子和领导干部经济社会发展实绩考核办法》《关于整合建立统一规范的公共资源交易平台实施方案》和《深化省级财政科技计划（专向、基金等）管理改革方案》。

同日 王儒林到太钢不锈冷轧厂、太钢4350M3高炉、太钢技术中心、山西老陈醋东湖醋园、宁化府益源庆醋业公司了解企业经营状况、科技研发等情况，探讨产业发展壮大之策。强调，要把科技创新、全面创新作为企业应对经济下行压力、实现转型升级的战略举措，深化企业改革，抓好项目投资，提高资本运作水平，不断增强企业活力和竞争力，为经济平稳健康发展提供有力支撑。

8月5日 李小鹏在太原会见中国光大集团董事长唐双宁一行，双方就进一步加强合作进行了深入交流。

同日 省纪委发布消息，运城市委原书记王茂设严重违纪违法，特别是党的十八大后仍不收手，继续受贿，数额巨大。经省委常委会、省纪委常委会研究，报中共中央批准，给予王茂设开除党籍和公职处分，其涉嫌犯罪问题移交司法机关处理。

8月5日至6日 李小鹏深入太原市调研经济社会发展情况，他实地考察了杏花岭区晋东棚户区改造、万柏林区后北屯城中村改造、太古供热工程、晋阳污水处理厂、阳曲液化天然气等项目，倾听基层干部群众的意见建议，召开座谈会听取情况汇报。强调，要认真贯彻落实省委、省政府决策部署，以强烈的使命感和责任感，奋战三季度，全力抓落实，为完成全年目标任务奠定扎实基础。

8月6日 以“铭记历史，缅怀先烈，珍爱和平，开创未来”为主题的纪念抗日战争胜利70周年理论研讨会在太原举行，中国延安精神研究会会长、全国人大常委会原副委员长李铁映作了《伟大的抗日战争》主题报告。会后，王儒林、李小鹏会见了李铁映及与会代表。

同日 王儒林主持召开省委常委会议，传达省市区和部分部门单位“三严三实”专题教育工作座谈会、全国司法体制改革试点工作推进会精神，研究山西省落实意见；讨论《关于加强纪委派驻机构建设的意见》和《山西省纪委派驻机构全覆盖机构设置整体工作方案》。会议指出：一、要充分发挥先进典型的引领作用和反面典型的警示作用，坚持边学边查边改，进一步夯实领导责任，省委常委做好示范，推动形成能者上、庸者下、劣者汰的从政环境；二、省委高度重视司法改革试点工作，认真贯彻全国司法体制改革试点会议精神，围绕完善司法人员分类管理等七个方面重点，统筹推进，全面做好政法各项工作，注重发挥市、县党委、政府的作用，协调推进。三、要充分认识加强派驻纪检机构对于深入推进省直机关党风廉政建设和反腐败斗争的重要意义，实现省直机关和单位派驻机构全覆盖，完善相关制度，提升监管效能，充分发挥派驻机构的作用。

同日 省法院要求全省法院结合“三严三实”“六权治本”“三个一批”开展谈心活动。8种情况必须及时谈，即面临职务、职级、岗位调整；工作遇到困难、挫折或受到当事人不实投诉；执法办案、纪律作风出现苗头性问题；受到批评或处分；与其他干警发生矛盾、出现隔阂；发生严重伤病或家庭发生重大变故；有心理问题倾向等。谈话活动列入领导干部责任清单，纳入述职评议考核，上级找下级每年至少谈心2次，班子成员之间每年至少谈心1次。

8月7日 省纪委发布消息，大同市委原书记丰立祥、忻州市委原书记董洪运、省煤炭工业厅原厅长吴永平、省传媒学院原党委书记解根法、省审计厅原副厅长郝素珍严重违纪违法，被开除党籍和公职，其涉嫌犯罪问题移送司法机关处理。8月17日，省检察院通报，董洪运、吴永平、郝素珍、解根法因涉嫌受贿罪被依法逮捕。

同日 王儒林到晋中市调研汛期灾情和防灾抗灾救灾工作，看望受灾群众。强调，要始终把人民群众的利益放在第一位，切实做好防范应急和灾后重建工作，确保汛期安全和人民群众生命财产安全。

同日 为推进后进村党组织转化提升，推动农村脱贫促进农民增收，山西省选派9395名机关干部到村任第一书记，其中，国家机关部委15人，省直机关单位506人，市直机关单位1475人，县直机关单位6483人，国有企业、事业单位916人。第一书记任期2年，不占村“两委”班子职数，不参加换届选举，在乡镇党委的领导下，重点开展加强基层组织建设、推动精准扶贫、维护和谐稳定、为民办事服务、提升智力水平5个方面的工作。并且制定了详细的考核办法，采取日常考核、半年考核、民主评议和年终考核相结合的方式进行考核，其结果作为提拔使用、晋升职级、评选先进的重要依据。

8月10日 中央纪委监察部网站通报的165起群众身边“四风”和腐败问题，山西省有5起，分别是：一、晋源区晋源街道五府营村委员会原主任贾吉牛侵占、挪用集体资金问题。二、阳城县东冶镇磨滩村党支部原书记张宽红贪污水利专项资金问题。三、祁县昭馀镇南关村党支部原书记原炳辉冒领侵占集体资金问题。四、交城县会立乡人民政府财政所原所长陈志平挪用公款问题。五、阳泉市郊区平坦镇前庄村党支部原书记温新荣侵占集体资金问题。

8月10日至11日 国务院扶贫开发领导小组副组长、国务院扶贫办主任刘永富到临汾市吉县、大宁县、隰县等地，就光伏扶贫、片区开发、扶贫小额贷款、产业扶贫和电商扶贫等工作进行实地考察和调研指导。他指出，打好扶贫开发攻坚战，要扎实抓好扶贫对象建档立卡，摸清贫困群众基本情况，切实把“精准扶贫”作为关键和重中之重。11 日，李小鹏在太原会见了刘永富一行。

8月11日至13日 李小鹏到晋中市调研经济社会发展情况。他实地考察了山西能源汽车工业有限公司、山西广生制药公司、百草坡森林植物园等项目建设工地，了解项目管理运营和市场前景等情况，现场协调解决遇到的困难和问题。强调，要深入贯彻落实习近平、李克强总理对天津滨海新区危险品仓库爆炸事故作出的重要指示批示精神，全面加强安全生产；要狠抓重点工程建设，进一步发挥好固定资产投资对稳增长、调结构、惠民生的关键作用，全力促进经济社会平稳健康发展。

8月12日 王儒林、李小鹏在太原会见了国家电网公司董事长刘振亚一行。同日，省政府与国家电网公司举行会商，共同商讨推进外送电通道、京津冀清洁能源供应基地和国家级新型综合能源基地建设等工作。

8月13日 王儒林主持召开省委常委会议，传达学习习近平总书记、李克强总理关于“天津滨海新区危险品仓库爆炸事故”作出的重要指示、批示精神，研究部署全省安全生产工作；传达全国推进理论工作“四大平台”建设工作会议和全国戏曲工作座谈会精神，研究山西省贯彻落实意见；研究讨论《关于进一步加强和改进新形势下高校宣传思想工作的实施意见》。会议指出，（一）要立即在全省范围内对安全隐患进行大排查，努力消除事故隐患，坚决防止发生群死群伤事件，加强社会治安管理，当好首都“护城河”；（二）高校宣传思想工作责任重大，进一步强化政治意识、责任意识、阵地意识和底线意识，牢牢掌握高校宣传思想工作的领导权、话语权，形成各方面齐抓共管的良好局面；（三）省委反腐败协调领导小组要统筹协调，成员单位要积极配合，边探索、边实践、边总结、边完善，切实推进协调小组职责、任务、方式的改革创新。

同日 李小鹏在太原会见了美国能源部化石能源副助理部长戴维·莫勒率领的美国能源部代表团，双方就进一步加强清洁能源领域的合作进行了深入交流。

8月14日 李小鹏主持召开全省83个产煤主要县（市、区）委书记集体谈心对话会议。深入贯彻落实习近平总书记和李克强总理的重要指示批示精神，按照国家安监总局和国家煤监局的要求，认真分析当前山西省煤矿安全生产存在的突出问题，强化安全生产责任，推动安全生产措施落实，坚决遏制山西省煤炭安全生产事故近期抬头的局面，确保安全形势进一步稳定好转。王儒林强调，必须清醒看到，山西省是全国重化工业基地，安全任何时候都不能放松。一要抓好高危化学品准入关，加强危险化学品运输工作；二要抓好非煤矿山领域安全生产，严厉打击非法违法生产建设行为；三要抓好道路交通安全、消防安全，开展消防隐患排查；四要抓好食品安全；五要抓好人员密集场所安全管理，防止发生群死群伤事件；六要围绕9月3日抗日战争胜利70周年纪念活动，保证全省社会安全稳定。

同日 李小鹏主持召开省政府第93次常务会议，进一步研究部署加强安全生产、扩大固定资产投资、加快重点工程建设和促进工业经济增长等工作。会议强调，一、1至7月，全省固定资产投资同比增长13％，增速比上年加快0.2个百分点，超过全国同期增速1.8个百分点，但各行各业发展不平衡，必须高度重视，加以解决。二、由省政府领导带队，开展各行业安全生产大检查，深入排查治理隐患。会议原则通过了关于进一步促进工业稳增长的若干措施。

8月15日 《山西日报》报道，2015年上半年全省消费市场总体运行平稳，社会消费品零售总额完成2847.86亿元；全省进出口完成74.28亿美元，增速位居全国前列。

同日 李小鹏到晋中市左权县、和顺县扶贫联系点调研。强调，要深入贯彻落实习近平总书记关于加强扶贫开发工作的重要讲话精神，强化措施，落实责任，精准扶贫。高建民、付建华、郭迎光、刘杰分别到吕梁市、太原市、阳曲县、高速公路隧道安全管理、危化品道路运输安全等地，就安全生产问题、危化品生产企业、水库、高速公路隧道及人员密集场所等地进行调研、检查工作。

8月16日 李小鹏主持召开省政府第94次常务会议，学习贯彻习近平总书记和李克强总理关于做好安全生产工作的重要指示批示精神，贯彻落实国务院安全生产电视电话会议精神，听取近期省政府领导带队突查安全生产情况汇报，进一步安排部署全省安全生产工作。会议要求，立即开展全面深入安全生产大检查，切实加强各行各业的安全监管。

8月17日 楼阳生到长治市，就做好新形势下扶贫开发工作进行专题调研。

8月17日至18日 李小鹏到盂县新瑞利邦肉牛养殖、阳泉市郊区平潭镇桃林沟等6个地方调研，仔细了解企业发展情况，走访农户，听取民生，突击检查了危化品生产企业特种能源晋东公司的安全生产，召开座谈会。强调，要坚定信心，振奋精神，突出重点，多方联动，安全稳定，优质高效，全力促进工业经济尽快步入正增长通道。

8月17日至18日 省政协十一届常委会召开第十五次常委会议。会议围绕扶持山西省中小微企业发展新兴产业协商议政、建言献策。审议通过了《关于扶持山西省中小微企业发展新兴产业的建议》和有关人事事项。

8月18日 王儒林、李小鹏在太原会见了前来山西省进行社会考察的外交部驻外使节团一行。

8月19日 省政府出台《关于进一步做好新形势下就业创业工作的实施意见》，积极推动大众创业，万众创新。

同日 王儒林主持召开省委中心组以“严守党的政治纪律和政治规矩”为专题的集中学习会议，常委们联系实际，深入剖析，畅谈体会，讨论研究。王儒林指出，要把严明党的政治纪律作为山西省“先走一步”的核心内容，坚决把党的纪律特别是政治纪律挺在前面。一、对党绝对忠诚，教育全省党员特别是领导干部在党言党、在党忧党、在党为党，坚决维护党中央权威；二、更加突出政治纪律和政治规矩的学习，从常委做起，既要学习，更要认真执行；三、严格对政治纪律的执纪问责，对于违反政治纪律和政治规矩的，要严肃问责、查处；四、把遵守政治纪律和政治规矩作为选人用人的重要前提，努力建设一支忠诚、干净、担当的干部队伍。

同日 省委、省政府出台《关于实施科技创新的若干意见》。《意见》共分为10个部分35条；规划出山西科技创新“路线图”，力求在解决重大科技问题、服务重大产业需求和实施重大体制改革上有新的突破。

8月19日至20日 国家民政部长李国立带领由民政部、财政部、国家卫计委组成的赴革命老区看望慰问抗战老战士慰问团，向革命老区武乡县抗战老战士送去党和政府的关怀和问候，并查看了零散烈士安葬点。20日，王儒林、李小鹏在太原会见了抗战胜利70周年山西慰问团一行。

8月20日 王儒林主持召开省委中心组（扩大）专题报告会，邀请中央纪委驻中央统战部纪检组长苏波作题为《中央统战工作会议精神暨〈中国共产党统一战线工作条例（试行）〉解读》辅导报告。

8月21日 省委书记、省委全面深化改革领导小组组长王儒林主持召开省委全面深化改革领导小组第十一次会议，会议学习贯彻中央全面深化改革领导小组第十五次会议精神，审议讨论并原则通过《山西省煤炭行政审批制度改革方案》。会议强调，做好下一步全省改革工作，一要进一步保持改革韧劲；二要进一步优化顶层设计，注重改革的系统性、整体性、协同性；三要进一步提高改革落地能力。

同日 中央纪委监察部网站发布消息，省政协原副主席令政策严重违纪违法，经中央纪委常委会议审议并报中共中央批准，决定给予令政策开除党籍、开除公职处分，其涉嫌犯罪问题移送司法机关依法处理。

同日 全省高等学院党的建设工作会议在太原召开，会议传达了全国第23次高校党建工作会议精神。会议指出，要牢固树立“抓好党建是最大的政绩”的理念，切实强化保证意识、阵地意识、问题意识、责任意识，深入贯彻从严治党要求，全面落实主体责任，始终坚持和不断完善党委领导下的校长负责制，加快推进高校内涵式发展，编制好高校“十三五”规划，不断开创全省高校党建工作新局面。

同日 省人大常委会党组举行“严守党的政治纪律和政治规矩”专题学习会议。会议指出，严守党的政治纪律和政治规矩，一要筑牢思想防线，自觉把牢世界观、人生观、价值观；二要筑牢政治防线，自觉做政治上的“明白人”；三要筑牢纪律防线，自觉把党的纪律和规矩挺在前面；四要筑牢法律防线，自觉遵法学法守法用法，自觉保持高尚情操。

同日 李小鹏主持召开省政府第95次常务会议，会议学习贯彻中央政治局常务委员会会议和国务院常务会议精神，研究部署安全生产、大气污染防治、食品安全和扩大开放等工作。会议原则通过了《关于进一步加强食品安全工作的意见》和《无线电管理条例》（草案），研究了山西省与部分央企和金融企业加强战略合作事宜。

8月22日至24日 李小鹏率领山西省党政代表团赴新疆考察调研山西对口援疆工作。中共中央政治局委员、新疆维吾尔自治区党委书记张春贤对山西省对口援疆工作给予充分肯定，计划项目、建成项目、援疆资金都100%到位，对受援地经济社会发展做出了贡献。考察调研期间，李小鹏看望了战斗在援疆一线的山西省干部群众，鼓励大家“好好工作，完成使命”。

8月23日 山西省作家刘慈欣的科幻小说《三体》获第73届雨果奖最佳长篇故事奖。成为亚洲获此奖项的第一人。

8月24日 薛延忠主持召开省政协党组中心组专题学习会，传达贯彻8月19日省委中心组会议和王儒林重要讲话精神，围绕“严守党的政治纪律和政治规矩”进行了集中学习交流。薛延忠强调，一要坚决维护核心，坚持党的领导，坚持党的基本理论、路线、纲领、经验、要求，自觉在思想上、政治上、行动上与党中央保持一致；二要广泛凝聚人心，坚持团结和民主两大主题，把各党派团体和各族各界人士团结在党的周围；三要倾心服务中心，积极致力社会主义现代化建设；四、坚持律己正心，以共产党员的政治品格和模范行为表率委员，影响各界。

同日 国务院公布了第二批100处国家级抗战纪念设施、遗址名录，山西大同煤矿万人坑遗址纪念馆、平型关烈士陵园、太行太岳烈士陵园、抗日五专属旧址、黄崖洞革命纪念地、八路军太行纪念馆、李林烈士陵园、晋绥边区革命纪念馆列入当中，至此，山西省共有国家级抗战纪念设施、遗址14处。

8月25日 王儒林到晋中市祁县、晋中经济技术开发区，忻州市定襄县调研民营经济发展和应对经济下行压力情况。他先后察看了占祁县产值70%的玻璃器皿制造、田森中央厨房、定襄法兰锻造等。强调，要把培育壮大传统特色产业作为转型发展的重要任务，坚持科技创新、全面创新，挖掘传统优势，加快转型升级，努力做好非煤产业大文章，为应对经济下行压力、促进富民强省提供有力支撑。

同日 省政府为有效应对经济下行压力，促进全省工业经济稳步向好，提出《关于进一步促进工业稳增长若干措施》，支持和鼓励企业开拓市场和管理。

8月25日至26日 李小鹏到长治市调研经济社会发展情况。他先后察看了振东集团平顺50万亩中药材产业化项目、瑞达工业园200万吨焦化项目、长治市政服务中心等，召开座谈会探讨工业和财税下行幅度较大等矛盾和问题，看望了老劳模申纪兰，征求对做好“十三五”规划、加强扶贫工作的意见建议。强调，要统筹稳增长与调结构，发展新兴产业，促进提质增收，狠抓安全生产，推进“六大发展”，加快富民强省。

8月26日 省委、省政府召开党外人士通报会，就2015年上半年经济形势向各民主党派、工商联、无党派人士代表进行了通报。

8月26日至27日 省委巡视组反馈第二轮专项巡视情况，本轮专项巡视组认真贯彻中央巡视工作方针，聚焦党风廉政建设和反腐败斗争，紧扣政治、组织、廉洁、群众、工作、生活六大纪律，发现问题线索218件，其中涉及省管干部46人(件)。发现“四个着力”方面的共性问题9个：一是党的领导弱化，管党治党责任虚化；二是纪律观念淡薄，政治纪律松弛；三是权力寻租暗流涌动，部分干部大肆贪腐；四是靠山吃山中饱私囊，国有资产流失严重；五是招投标领域乱象丛生，背后隐藏利益链条；六是“四风”问题禁而不绝，作风建设抓而不实；七是行业协会屡整不改，兼职取酬隐形腐败；八是管理制度漏洞百出，财经纪律执行不严；九是选人用人问题突出，干部监管严重缺失。

8月27日 王儒林、李小鹏在太原会见中国建设银行董事长王洪章一行；同日，省人民政府与中国建设银行共同签署了《关于推进金融振兴的合作协议》，双方将重点在基础建设、产业转型、社会民生等领域加强合作。

同日 省政府出台《关于进一步促进工业稳增长的若干措施》，针对制约工业经济运行的市场、融资、减负等突出问题和影响工业增长的重点行业，给与了开拓市场、加强管理、帮扶力度、促进重点行业稳定运行等19条措施，进一步提振信心、形成合力，积极应对下行压力。

8月28日 省政府印发《山西省煤炭行政审批制度改革方案》。一、总体要求；二、改革审批事项；三、规范审批行为；四、实行阳光运作；五、加强监督管理；六、加强统筹协调。

同日 在纪念中国人民抗日战争暨世界反法西斯战争胜利70周年之际，武乡县举行零散烈士集中安葬仪式，共安葬1724名烈士遗骨，其中武乡籍烈士603名、外地籍烈士1121名，有名烈士1213名、无名烈士511名。

同日 国务院国资委主任张毅、副主任黄丹华等率58家中央企业负责人来山西共商合作大计，王儒林、李小鹏在太原会见了张毅及2015年中央企业山西行活动来宾。29日，在太原举行山西省——中央企业合作发展座谈会暨签约仪式，省政府与7家央企签署战略合作协议，部分央企与省属企业签署9项煤电联营合作协议。张毅指出，山西省主动把握经济发展新常态，大力推动“六大发展”，经济结构不断优化，改革创新亮点纷呈，人民生活水平稳步提高，特别是煤炭绿色发展，为央企提供了广阔空间，各中央企业要深刻认识山西在国家经济发展中的战略地位，主动融入，加快重点项目建设，打造一批优势产业集群，为建设国家级新型综合能源基地提供强力支持，突出自身优势，发挥引领作用，深化与山西各类所有制企业的合作。同日，张毅、黄丹华等到山西省国防科技工业系统企业晋西工业集团公司调研指导，要求把安全生产抓细抓实，时刻保持警钟长鸣、常抓不懈。

8月29日 中央改革办专项督察组来山西就推进司法公开三大平台建设的若干意见落实情况进行专项督察，王儒林、李小鹏在太原会见了中央改革办常务副主任穆虹及专项督察组。

同日 省安监局统计，全省2015年1—7月份各类安全生产经营性事故起数同比分别下降24.33%和17.94%，全省安全生产形势持续明显好转。

8月30日 王儒林主持召开省委常委会议，传达中央第六次西藏工作座谈会、学习贯彻《中国共产党巡视工作条例》电视电话会议精神，研究山西省贯彻落实意见；研究讨论《关于贯彻落实〈中共中央、国务院关于进一步加强反恐怖工作的意见〉的实施意见》《山西省各级党委（党组）在干部选拔任用工作中严格执行民主集中制的办法(试行)》《关于进一步加强党组织书记队伍建设的意见》。

8月31日 省政府为有序推进农民工市民化，切实解决农民工就业、融入城市难等突出问题，提出《关于进一步做好为农民工服务工作的实施意见》。

9 月

9月1日 全省民营经济发展推进电视电话会议在太原召开，省委书记王儒林强调，推进民营经济发展，要努力破解九个方面的难题：一要破解准入难题，拓宽民营经济发展空间；二要破解环境难题，培育民营经济成长沃土；三要破解结构失衡难题，推动民营经济全面发展；四要破解资金短缺难题，为民营经济发展提供金融支撑；五要破解人才素质难题，提升民营经济核心竞争力；六要破解体制机制难题，建立现代企业制度；七要破解政策难题，增强民营经济发展活力；八要破解转型升级难题，推动民营经济做大做强；九要破解政商关系难题，重塑山西形象。

同日 李小鹏主持召开省政府第96次常务会议，研究部署消防安全和军队转业干部安置等工作。会议要求，要充分认识安全生产的极端重要性，全面贯彻落实国务院安全生产的一系列重要指示批示精神，高度重视，强化措施，落实责任。会议原则同意关于国务院消防工作考核反馈意见的整改落实建议，原则通过关于改进计划分配军队转业干部安置办法。

同日 省委办公厅、省政府办公厅、省委宣传部、省直工委、省文化厅等单位举办“山西省纪念抗战胜利70周年群众演唱会”，群众业余合唱团队演唱了20余首大家耳熟能详的抗战歌曲。

9月2日 省政府出台《关于进一步加强食品安全工作的意见》。

9月6日 省委、省政府办公厅印发《山西省贫困县党政领导班子和领导干部经济社会发展考核办法》，《办法》对36个国家扶贫开发重点县和集中连片特殊困难地区县党政领导班子提出考核要求，考核结果将作为党委、政府领导班子和主要领导干部实绩的重要内容，作为干部选拔任用、年度考核等次和奖惩的重要依据。

9月7日 山西省在武乡县八路军太行纪念馆隆重举行纪念中国人民抗日战争暨世界反法西斯战争胜利70周年大会，省委、省政府、省人大、省政协、省军区、省武警总队领导同志，抗战老战士、老民兵、支前模范代表，将帅子女、烈士遗属出席大会。王儒林指出，山西作为八路军华北抗战的立足点、党领导华北抗战的指挥中枢和发动全民抗战的策源地，留下了老一辈革命家工作和生活的光辉足迹，山西是最早实践党的抗日民族统一战线的地区，开创了全民族抗战的成功范例，开创了中国共产党广泛发动群众、创建敌后抗日根据地的先河。要永远铭记，中国共产党人在山西这块红色土地上凝聚的伟大抗战精神以及为抗战胜利做出的杰出贡献和巨大牺牲。会后，将帅子女到八路军总部王家峪旧址，重温父辈足迹，缅怀老一辈无产阶级革命家的丰功伟绩。同日，大同市纪念平型关大捷78周年，阳泉市纪念抗战胜利70周年暨百团大战大会，晋中市举行缅怀左权将军纪念活动共同纪念抗战胜利70周年。

同日 李小鹏到榆社县看望慰问山区教师，他到3所山区学校认真查看了教学设施和师生食宿条件，了解教学管理和教师待遇情况，与教师交谈，询问工作和生活中的问题和困难，称赞他们献身山区教育事业的可嘉精神，代表省委、省政府感谢他们为教育事业做出的贡献，并致以教师节的问候。

同日 省人民检察院依法以涉嫌滥用职权罪、玩忽职守罪，对省地质勘察局党委原书记康有权实行逮捕。

9月7日至8日 王儒林到晋城市高平市，就高平市工作进展、存在问题和下一步推进措施进行调研。他先后到企业、农村、政务平台，考察反腐倡廉、干部作风、城市规划、产品项目建设等，针对高平市发生的严重腐败问题、经济断崖式下滑问题进行了实地了解，共同研讨对策；并且召开座谈会，听取晋城市、高平市工作汇报，对下一步工作进行了研究，对高平市工作取得的成绩给予肯定。王儒林强调，要深入推进党风廉政建设和反腐败斗争，把纪律和规矩挺在前面，坚持发展第一要务，坚定发展信心，狠抓工作落实。

9月8日 李小鹏主持召开省政府第98次常务会议，研究部署省政府部门责任清单、国有林场改革和促进消费增长等工作。会议通过《无障碍环境建设条例》办法（草案）；原则通过《省政府部门行政职权的责任清单》《国有林场改革实施方案》和《2015年促进山西省消费增长的若干措施》。

9月8日至10日 省委第三轮专项巡视工作全面展开，此次8个专项巡视组采取“一托二”的巡视方式，分别进驻商务厅、同煤集团等16个省直和省属企事业单位，进行为期2个月左右的专项巡视工作。

9月9日 第二届山西文博会在中国（太原）煤炭交易中心开展。本届文博会以“文化三晋·美丽山西”为主题，重点呈现文化展览、文化交易、文化论坛和文化汇演等，共有来自亚非欧三大洲的24个国家、国内31个省市自治区及港澳台地区来晋参展。王儒林、李小鹏、中宣部常务副部长黄坤明、文化部副部长向兆伦、国家新闻出版广电总局副局长田进、国家文物局副局长宋新潮、中国文联副主席刘兰芳等一同参观了文博会。

同日 中宣部常务副部长、中央文明办主任黄坤明来汾阳市调研农村精神文明建设和美丽乡村建设工作，实地察看了全国农业战线先进典型贾家庄村及贾家庄村展览馆、汾州民俗文化园等。他强调，要深入贯彻习近平总书记系列讲话精神，推动社会主义核心价值观在农村落地生根，加快构建农村公共文化服务体系，丰富农民的文化生活。

同日 王儒林到太原市青年路小学、山大附中、山西职业技术学院看望教师，与教师握手交谈，询问大家教学、学生学习情况，对他们奉献教育事业的精神表示赞赏。他代表省委、省政府向全省教师和教育工作者致以节日的问候，向长期以来关心支持山西教育事业的社会人士表示感谢。

同日 中央纪委监察部网站通报的151起群众身边的“四风”和腐败问题，山西有5起。分别是：1、右玉县元堡子镇红寺洼村党支部原书记李文兵侵占集体资金问题。2、太谷县侯城乡十八院村党支部原书记段立光贪污退耕还林款项问题。3、汾阳市三泉镇李家街村党支部原书记张健兵侵占公私财产。4、孟县牛村镇白土坡村党支部原书记安建国挪用集体资金问题。5、晋源区金胜镇姆头厂村党支部原书记杨玉忠非法吸纳公众存款问题。

同日 省政府在忻州市召开第10个造林绿化现场会，李小鹏与参会代表观摩了河曲县、偏关县的环城绿化、通道绿化、防护林建设等工程，并且召开座谈会，与代表探讨进一步做好林业工作的思路和办法。强调，要深入贯彻落实习近平总书记关于加强生态文明建设的一系列重要指示精神，按照本届政府任期内造林绿化工作“三增三不减”要求，强化宗旨意识，践行“三严三实”，发扬右玉精神，改革创新推动造林绿化提质增效，努力实现生态美、百姓富。

9月10日 李小鹏在太原会见交通银行行长彭纯一行，双方就进一步加强合作进行了深入交流。

9月11日 王儒林、李小鹏在太原会见国家卫计委副主任、国家中医药管理局局长王国强一行。同日，王国强、李小鹏分别代表国家中医药管理局与山西省人民政府共同签署《国家中医药管理局、山西省人民政府共建山西中医药学院合作协议》。

同日 省委办公厅印发《关于进一步加强村党组织书记队伍建设的意见》，主要内容为：一、优选配强村党组织书记，二、着力抓好村党组织书记的教育培训，三、从严管理监督村党组织书记，四、完善村党组织书记激励保障机制，五、切实落实领导责任。

9月14日 王儒林主持召开省委中心组（扩大）专题学习会，邀请国防大学战略教研部教授、博士生导师、中国军事科学学会历史分会副秘书长徐焰少将作题为“回顾抗战史，实现强国梦”的辅导报告。报告深刻阐述了中国抗日战争的历史根源，系统分析了中国与美国、日本等国的关系，具有历史教育性、现实性和导向性。

同日 省政府印发《关于发展众创空间推进大众创新创业的实施意见》。提出到2017年全省众创空间达到100个，鼓励企业、投资机构构建低成本、便利化、全要素、开放式的众创空间，支持大学生和科技人员创业。

9月15日 李小鹏主持召开省委统战工作会议，会议学习贯彻中央统战工作会议和《中国共产党统一战线工作条例（试行）》精神，对进一步加强和改进山西统战工作做出安排部署。王儒林强调，一要坚持和完善中国共产党领导的多党合作和政治协商制度，不断促进全省民主政治建设；二要切实加强民族宗教工作，努力维护社会和谐稳定；三要全力做好非公有制经济领域统战工作，提升企业家综合素质；四要做好党外知识分子统战工作，充分发挥他们的作用；五要积极开展港澳台海外统战工作，进一步发展对台经贸合作；六要加强党外代表人士培养使用，打牢统一战线持续发展的基础。

9月16日 中共山西省委、山西省人民政府、山西省军区印发《关于新形势下加强和改进党管武装工作的意见》。《意见》指出：一、充分认识新形势下加强和改进党管武装工作的重大意义；二、严格坚持和落实党管武装工作制度；三、切实履行党管武装工作职责；四、牢牢把握国防后备力量建设重点；五、进一步完善党管武装工作机制。

同日 王儒林主持召开省委中心组“严以律己，严守党的政治纪律和政治规矩，自觉做政治上的‘明白人’”专题学习会。王儒林重点就自觉做政治上的“明白人”，提出四点要求：一、必须突出“严”，切实把纪律和规矩挺在前面。二、必须勤于“律”，不断增强祛病强身的“免疫力”。三、必须重在“率”，争做党员干部看齐的“标杆”，四、必须落实到“实”，努力把各项工作推向前进。

同日 第五届中国（太原）国际能源产业博览会2015低碳发展高峰论坛在中国（太原）煤炭交易中心开幕，李小鹏作题为《低碳引领、创新驱动、绿色发展》的主旨演讲。本届高峰论坛由1个主论坛、1个分论坛和6个低碳发展讲座构成，来自美国、泰国、德国、韩国、瑞典、俄罗斯、加拿大等19个国家和地区的嘉宾、国内清华大学等22所高校、中国科学院等155个科研院所及专家学者800余人参加了开幕式和主论坛。

9月17日 王儒林主持召开省委常委会会议，学习讨论中央纪委关于强化责任追究，把从严治党落实到实处的通报，听取群团工作汇报。会议指出，中央对河南省“两个责任”落实不到位的通报，充分显示了党中央和中央纪委“以问责促落实”的坚决态度和“有责必问、问责必严”的强烈信号。各级党委要严格“一案双查”，综合运用约谈诫勉、通报批评、组织处理、纪律处分等方式，既追究主体责任，又追究监督责任。会议讨论通过了《中共山西省委贯彻落实〈中共中央关于加强和改进党的群团工作的意见〉的实施方案》。

同日 王儒林主持召开省委全面深化改革领导小组第十二次会议，会议学习贯彻中央全面深化改革领导小组第十六次会议精神，传达中央改革办常务副主任穆虹在山西专项督察期间讲话精神。审议讨论《省政府部门行政职权的责任清单》。

同日 省政府召开低碳发展专家咨询委员会2015年度会议，李小鹏指出，要始终坚持绿色低碳发展理念，以黑色煤炭绿色发展、高碳资源低碳发展为主题，深化改革，全面创新，大力推动绿色发展、低碳发展、循环发展。

9月18日 李小鹏主持召开省政府第98次常务会议，研究部署当前经济运行和固定资产投资等工作。会议指出，1—8月，全省固定投资同比增长13.2%，比1—7月加快0.2个百分点，快于全国2.3个百分点。经济仍然处于最困难时期，但要看到希望、坚定信心，强化措施、落实责任；要大力加速扩大投资，全力保持工业回升势头，坚定不移促进煤炭增产增销，保证安全生产，认真实施精准扶贫和产业扶贫开发工程，切实保障、改善民生，着力推进煤炭资源市场化配置改革、国有企业改革、政府自身建设等任务，确保中央和省委、省政府的工作要求落到实处。

9月18日至19日 王儒林到省水利厅、文水县、孝义市，河津市、吉县等地，就全省水利特别是汾河流域生态治理、大水网工程等重点水利工程进行调研。他先后察看了省水利厅数字水利中心、汾河西堤湿地、引黄工程TBM3标隧洞施工现场、禹门口水利工程、古贤水利枢纽工程，了解水系分布、水网规划、地下水位、重点工程、汾河流域治理等情况，听取项目论证分析，与施工人员讨论综合效益、周边影响、移民规模等。强调，水是制约山西发展最大的问题，要全面实施兴水增绿战略，加快重点水利工程建设，努力破解水"少"、水"脏"、水"远"、水"漏"、水"失"等突出问题，建设山青水秀的美好家园。

9月19日至24日 2015年平遥国际摄影展在平遥古城举办，来自美国、德国、加拿大、俄罗斯、澳大利亚等30个国家和地区的66位策展人、66家摄影机构、73所国内外院校、2116名中外摄影师参展，共举办展览483个，展出图片17827幅，购票参观人数为3.2万人次，平遥古城门票收入达278万元。

9月20日 省政府印发《山西省机关事业单位工作人员养老保险制度改革实施办法》。主要内容有：一、改革目标和基本原则；二、改革的范围；三、基本养老保险基金筹集；四、基本养老保险个人账户；五、基本养老金计发办法；六、基本养老金调整；七、统筹层次；八、基金管理和监督；九、养老保险关系转移接续；十、职业年金；十一、政策衔接；十二、养老金发放的筹资机制；十三、社会化管理服务；十四、基本养老保险金管理；十五、信息系统建设；十六、组织实施。

9月21日 薛延忠主持召开加快推进山西城中村改造重点提案办理专题协商会议。民盟、民革、民建等6位提案者代表与基层干部、居民、开发商围绕城中村改造中的拆迁补偿、土地开发、农民就业、社会保障、设施标准等问题提出建议。

9月21日 王儒林到忻州市五台县、繁峙县、代县，重点就传承优秀传统文化、景区建设管理、文化旅游产业发展、宗教政策落实等进行调研。考察了五台山保护情况、景区管理等，与古建筑专家交流探讨，与佛教人士座谈讨论，听取意见建议。模拟游客体验购票验票过程，详细询问车辆通行、收费情况和管理办法，就存在的问题研究探讨。指出，五台山多次被全国媒体曝光，一些干部不作为、慢作为，必须采取有力措施，对下一步做好五台山工作，提出10个方面的意见：一要进一步高度重视起来；二要进一步改革理顺管理体制；三要进一步统筹规划；四要进一步加强保护；五要进一步传承优秀历史文化；六要进一步严格管理；七要进一步创新发展；八要进一步形成合力；九要进一步加强人才和干部队伍建设；十要进一步发挥五台山景区龙头带动作用。

9月21日至24日 省十二届人大常委会举行第二十二次会议，会议应出席62人，实出席54人。会议表决通过了《山西省国有土地房屋征收与补偿条例》、关于批准《大同市餐厨废弃物管理条例》的决定，关于批准《大同市人民代表大会常务委员会关于修改〈大同市煤矿安全生产监督管理条例>的决定》的决定。

9月22日到23日 李小鹏到吕梁市调研经济社会发展情况，他先后到中铝集团交口兴华科技200万吨铝基新材料项目、汾阳市山宝食用菌生物公司、中阳县采煤沉陷区等，询问企业资产负债、市场销售、经济效益等情况，走访搬迁户，召开座谈会，听取有关部门的汇报。强调，要发挥党的优良传统和老区革命精神，坚定信心，振奋精神，"三严三实"、落实举措，全力促进经济社会平稳健康发展。

9月25日至26日 第25届全国图书交易博览会在中国(太原)煤炭交易中心开展，共有1000余家出版发行单位参展，展出各类图书25.63万种，举办学术研究、名家讲座等276项活动，王蒙、铁凝、张平、梁衡、刘慈欣等著名作家，与读者进行了面对面的交流。

9月25日 省委召开党的群团工作会议，会议深入学习贯彻中央党的群团工作会议精神，全面落实《中共中央关于加强和改进党的群团工作的意见》，研究部署山西群团工作。王儒林指出，一要切实保持和增强政治性，坚定不移走中国特色社会主义群团发展道路，二要坚持党的群众路线，坚决杜绝"机关化"，三要改进工作方法，坚决杜绝"行政化"，四要完善选人用人机制，坚决杜绝"贵族化"，五要注重工作实际效果，坚决杜绝"娱乐化"，六要加强网络阵地建设，提高网上群团工作水平，七要深化体制机制改革，破解制约群团工作发展的突出矛盾。

同日 省委印发《关于贯彻〈中共共产党统一战线条例（试行）〉的实施意见》，主要内容为：一、充分认识《条例》的里程碑意义，切实增强抓好《条例》贯彻落实的责任感；二、认真落实《条例》规定，扎实推进各领域统战工作；三、切实加强党对统战工作的领导，为统一战线事业发展提供保障。

9月26日 省政府印发《关于加快民营经济发展的意见》，共由8部分33条组成，目标是到"十三五"末，山西民营经济明显改善，转型创新发展明显加快，吸纳就业、创造利税、社会公益、保护环境等贡献更大。

9月27日 省委印发贯彻落实《中共中央关于加强和改进党的群团工作的意见》的实施方案，方案从加强党委对群团工作的组织领导、强化群团工作的思想政治引领等方面提出了具体的要求。

9月28日 王儒林、李小鹏在太原会见中铝公司董事长葛红林、华润集团董事长傅育宁一行，并且签署了轻合金基地合作框架协议。同日，省政府与中国中铝公司、华润（集团）有限公司举行工作会商，深入研究推进山西轻合金产业转型发展事宜。

同日 省纪委通报6起违反中央八项规定精神典型问题，以儆效尤。1、山西移动董事长兼总经理苗俭中超标使用公车、挥霍浪费公共财产等问题，给与开除党籍处分；2、晋中市祁县政协主席孔襄中私设"小金库"、公款吃喝等问题，给与开除党籍、开除公职处分；3、阳泉市城区政法委书记王志伟等接受公款宴请等问题，给与王志伟等3人党内严重警告处分；4、临汾市翼城县人民检察院副检察长李兴国为子大办婚礼问题，给与撤销党内职务和副检察长职务处分；5、大同市财会学校违规发放津补贴、公款旅游等问题，给与校长李存义留党查看一年、行政撤职处分；6、吕梁市交通运输执法局超标发放津贴问题，给与党委书记任晓军党内严重警告处分，给与监督责任不力的相关责任人相应处分。

同日 薛延忠主持召开省政协党组中心组“严以律己，严守党的政治纪律和政治规矩，自觉做政治上的‘明白人’”专题学习会，并进行了交流讨论。薛延忠强调：一要在思想上严以律己，切实坚定信念；二要在政治上严以律己，切实做到对党忠诚；三要在作风上严以律己，切实做到坚守正道；四要在工作上严以律己，切实做到尽职担当。

9月29日 李小鹏主持召开省政府第99次常务会议，研究部署山西参与“一带一路”建设、加快发展养老服务业和旅游业、减少职业资格许可和认定事项等工作。会议原则通过山西参与建设丝绸之路经济带和21世纪海上之路实施方案、支持社会力量发展养老服务业的若干政策措施、山西旅游发展大会申办暂行办法、省政府关于承接国务院关于取消一批职业资格许可证和认定事项的通知。

同日 李小鹏在太原会见中国华润资产管理股份有限公司董事长赖小民，双方就进一步加强合作进行了深入交流。

9月30日 王儒林、李小鹏、薛延忠等领导与省城各界代表一起，在太原市牛驼寨烈士陵园举行向烈士纪念碑敬献花篮仪式，深切缅怀革命烈士的不朽功绩。

10 月

10月8日 王儒林主持召开省委常委会会议，传达全国社会治安防控体系建设工作会议精神，研究山西贯彻落实意见。会议强调，要完善全省社会服务管理信息系统，强化风险化解，提高突发事件应急能力，突出立体防控，努力提高做好社会治安防控工作的能力。

同日 王儒林主持召开省委全面深化改革领导小组第十三次会议，听取乡村两级实施“六权治本”试点工作情况汇报，审议讨论《山西省关于加快构建开放型经济新体制的实施意见》《山西省国有林场改革实施方案》。会议指出，在乡村两级试行“六权治本”，目的是从源头上建立不能腐的长效机制，下一步工作中要把握好三点:一是简单明白，让人民群众看得懂，二是突出重点，对症下药，不搞“上下一般粗”，三是注重实际，让群众能在日常的生产生活中切实感受到。

同日 汾河流域生态修复工程在平遥县杜家庄乡南良庄村开工建设，作为第五次大规模治理汾河，目标是经过5年的工程建设、10年的自然修复的努力，使汾河流域地下水储量和植被面积大幅增加、地下水位有效回生、水土流失和水污染问题得到有效治理。

同日 《山西日报》报道，国庆黄金周全省接待国内外游客3357.63万人次，同比增长17.02%；36个重点旅游景区累计接待游客564.33万人次，实现门票收入1.94亿元；综合收入213.47亿元，同比增长16.15%。

10月9日 李小鹏主持召开省“十三五”规划领导小组会议，研究部署“十三五”规划编制工作。李小鹏要求，要高度重视，多渠道征求社会各界的意见建议，充分听取广大人民群众的呼声，精心编制好山西“十三五”规划。

同日 中央纪委监察部网站通报的163起群众身边“四风”和腐败问题，山西有5起。分别是：1、文水县开栅派出所原所长武志刚贪污、受贿、吃拿卡要、私设小金库、滥发补助等问题。2、曲沃县北董乡许家堡村党支部原书记宋葵宾侵害集体利益等问题。3、和顺县牛川乡高邱村党支部原书记刘萍非法侵占集体资金问题。4、阳城县东冶镇磨滩村党支部书记张宽红套取水源建设工程款问题。5、运城市盐湖区姚孟村党支部原书记吴金娥虚报冒领贪污村征地补偿款等问题。

10月9日至12日 全国政协常委、民族和宗教委员会主任朱维群率“积极引导宗教与社会主义社会相适应情况”专题调研组来山西太原市、大同市、忻州市等地宗教活动场所进行调研，实地了解情况，听取意见建议，并召开座谈会，听取工作汇报，就有关问题与省、市职能部门负责同志、宗教团体负责人、专家学者进行了交流。

10月10日 省委召开农村基层党建工作会议，会议学习贯彻习近平总书记系列重要讲话特别是关于农村基层党建工作的重要指示精神，全面落实全国农村基层工作座谈会部署，研究安排山西农村基层党建工作。王儒林强调，要主动适应新形势新要求，切实解决农村基层党建工作中的突出问题,一是切实解决组织设置不优的问题；二是切实解决致富带富能力不强的问题；三是切实解决群众身边腐败仍然多发频发的问题；四是切实解决一些基层党组织软弱涣散的问题；五是切实解决乡村治理机制还不够健全的问题。要求以“一带三创”强化各级党委抓农村基层党建工作责任。

10月11日 省政府为进一步贯彻落实《国务院关于加快发展养老服务业的若干意见》，印发《关于支持社会力量发展养老服务业若干措施》，支持社会力量发展养老服务业。

同日 山西召开“三个一批”工作推进会。会议指出，截至7月底，全省共对34608名干部进行了“六查”，其中，甄别处理干部1337人，调整退出干部421人，掌握好干部1662人，提拔重用1029人。会议要求：一要进一步提高思想认识，把“三个一批”作为做好干部工作的重要基础；二要注意方式方法，进一步深入扎实抓好“六查”；三要强化结果运用，在解决干部能上能下、“为官不为”问题上实现有效突破。

10月11日至12日 国家体育总局局长刘鹏带队对山西

体育工作进行了调研督察。他先后对汾河公园体育长廊、山西省体育博物馆、晋中市体育馆等体育文化场所进行实地考察，主要调研了:一、各级地方政府将全民健身事业纳入国民经济和社会发展规划、经费纳入各级财政预算、工作纳入各级政府年度工作报告情况；二、各市、县完成“全民健身活动中心”建设情况；三、完成“县级公共体育场”建设情况；四、街道（乡镇）、社区（行政村）建设完成便捷、实用的体育健身设施工作情况；五、按照国家有关规定，使用和管理大型体育场馆免费低费开放补助资金工作情况；六、新建居住区和社区按相关标准规范配套群众健身设施完成情况。期间，刘鹏就如何进一步推动体育设施建设、调动社会力量、扶持社会团体、加强社会体育辅导员队伍建设等与相关人员进行了互动交流。11日，王儒林、李小鹏会见了刘鹏一行。12日，刘鹏参加了在太原召开的2015年全国体育产业工作会议，作题为《把握战略机遇，推动改革创新，努力开创体育产业繁荣发展新局面》的讲话。

10月11日至13日 省城太原举办了“2015中国体育文化·体育旅游博览会”，全国政协副主席、民革中央常务副主席齐续春、国家体育总局党组书记、局长刘鹏出席开幕式。以“弘扬体育精神，建设体育强国”和“体育旅游，服务民生”为主题，吸引了全国31个省（区）、全省11个市近300家户外、体育用品、体育旅游企业参展。

10月11日至11月1日 山西10部优秀新创舞台剧在北京展演，分别是：话剧《最美村官段爱平》、晋剧《于成龙》、舞剧《吕梁英雄传》、话剧《生命如歌》、歌舞剧《太行奶娘》、音乐剧《火花》、京剧《陈廷敬》、晋剧《红高粱》、儿童剧《红星扬》、北路梆子《云水松柏续范亭》，受到首都观众喜爱。

10月13日 李小鹏主持召开省政府第100次常务会议，研究部署加强环境保护、开展政府绩效第三方评估和促进气象事业发展等工作。会议通过了政府绩效第三方评估管理办法，决定授权省发展研究中心按照试点先行的要求牵头实施，会议原则通过了山西省环境保护条例（修订草案）。

同日 王儒林到省委、省政府确定的省属国有煤炭企业全面深化改革单位晋能集团调研，并主持召开煤炭产业座谈会，了解落实省委、省政府关于做好煤炭工作、加快“六型”转变、实现“革命兴煤”的进展情况、存在的问题，重点就如何与国家政策、总体战略对接，分析存在问题，听取意见建议。他强调;一要坚定信心，坚定不移做好煤炭这篇大文章；二要标本兼治，努力破解深层次矛盾和问题；三要强抓机遇，增强煤炭企业发展活力和动力；四要积极作为，主动为企业排忧解难；五要重视民生，切实维护大局稳定。

10月14日 省作协召开学习贯彻习近平总书记在文艺座谈会上的讲话精神座谈会，会议提出五项措施：一是要结合实际出一本学习心得体会作品集，讲大家的真情实感；二是要深入生活，扎根人民；三是要举办多种形式的作家培训活动；四是作家签约制度；五是扶持措施。

10月15日 李小鹏到宁武县走访、看望贫困户，调研扶贫开发工作。先后到北沟滩村、细腰村察看了贫困户建档立卡资料，看望了贫困户吴俊义、吴利明等，了解村民发展生产面临的困难和问题，听取大家对扶贫开发工作的意见和建议。强调，要深入贯彻落实习近平总书记关于加强扶贫开发工作的重要讲话精神和党中央、国务院决策部署，加大力度，落实举措，满怀真情，真抓实干，坚决打好扶贫开发攻坚战，确保到2020年贫困群众和全省人民一道，同步进入全面小康社会。

10月15日至16日 王儒林到临汾市，就各地和煤炭企业贯彻落实省委、省政府关于做好煤炭这篇大文章、加快“六型转变”的情况进行调研。他强调，要积极应对煤炭市场新变化，落实国家战略，坚持深化改革，推进全面创新，延伸产业链条，努力破解资源型经济困局，加快转型升级。

10月16日 全省旅游发展暨“互联网+旅游”大会在太原召开，会议强调，要深化改革，创新业态，加强基础设施和服务设施建设，加大宣传推介力度，加快把旅游业打造成山西新兴支柱产业。

10月18日 省委宣传部召开学习贯彻习近平总书记在文艺座谈会上重要讲话精神会议，对进一步学习宣传贯彻好《讲话》精神做出安排部署。会议强调：一要加强规划引领；二要重点打造精品；三要强化人才培养；四要广泛宣传推介；五要形成工作合力。

10月19日 省政府提出《关于深化铁路投融资体制改革加快推进铁路建设的实施意见》，进一步促进经济社会持续快速发展，深化铁路投融资体制改革，加快推进铁路建设。

10月19日至21日 山西举行“探索-2015”国防动员组织指挥研究性演练，检验全省综合防卫背景下的国防动员能力。演练采取背景提示、实案演练、临机导调、情况处置的方式，上导下演与自导自演相结合，省、市、县三级国防动员指挥机构在近似实战的背景下演练了动员筹划、动员实施、复员三个阶段9个重点问题。北京军区副司令员曹清中将在演练现场观摩并讲话。

10月21日 李小鹏主持召开省政府第101次常务会议，部署当前经济运行、固定资产投资、加快生态文明建设和支持太原率先发展等工作。会议指出，全省前三季度，经济社会发展在克服困难中积极作为，一是稳的基础不断巩固，农业形势总体稳定，工业降幅持续收窄，第三产业较快增长，消费和进出口平稳运行，特别是投资增速逐月加快，同比增长13.5%，快于全国3.2个百分点；二是进的态势趋向有力，“三个突破”扎实推进，节能减排成效明显，重点民生保障有力；三是转的步伐更加坚实，新兴产业蓬勃发展，投资结构持续优化，改革创新步伐加快，新型能源基地建设加快推进。会议原则通过加快推进生态文明建设的实施方案和深化供销合作社综合改革的实施方案。

同日 楼阳生带领专项整治检查验收组到省农机局检查验收学习讨论落实活动工作。

10月22日 李小鹏在太原会见出席第四届中国（山西）特色农产品交易博览会的农业部副部长屈冬玉、中国农业发展集团董事长刘身利和大型知名企事业单位负责人等。

同日 省政府办公厅出台《关于进一步完善医疗救助制度全面开展重特大疾病医疗救助工作的实施意见》，进一步促进山西省医疗救助工作健康发展。

10月23日 李小鹏在太原会见中央在山西定点帮扶优秀挂职干部代表，指出，山西是革命老区，也是经济欠发达地区，我们将紧紧围绕贫困群众和全省人民如期同步进入全面小康社会的目标，坚持精准扶贫，举全省之力打好新一轮扶贫开发攻坚战。

10月23日至27日 第四届中国（山西）特色农产品交易博览会在中国（太原）煤炭交易中心举行。来自省内外的1100多家企业参展，产品涉及粮食、干鲜果、畜产品、中药材、醋类、酒类、油脂、林产、水产、小型农机具、民间工艺、肥料等18大类6600余种。

10月29日 省统计局和国家统计局山西调查总队联合发布2015年前三季度全省经济运行情况。前三季度，全省地区生产总值9003.26亿元，比上年同期增长2.8%，增速比上半年加快0.1个百分点；全省规模以上工业增加值比上年同期下降3.3%，降幅较上半年收窄0.6个百分点；全省一般公共预算收入1283.0亿元，比上年同期下降11.4%，一般公共预算支出2128.1亿元，增长0.5%。总体看，前三季度全省经济积极因素不断增加和积累，但煤炭行业下行压力加大，就业增长和居民增收困难、财政收支形势严峻等困难和问题仍然存在，当前山西仍处于经济发展困难时期。

10月30日 楼阳生到省农科院果树所、山西农业大学，就深入学习贯彻党的十八届五中全会精神，加强农业科技创新工作进行调研。

10月31日 王儒林主持召开省级领导干部会议，传达党的十八届五中全会精神，研究山西省贯彻落实情况。会议指出，党的十八届五中全会是在中国进入全面建成小康社会决胜阶段召开的一次十分重要的会议，明确提出了“十三五”时期发展的指导思想、目标要求，描绘了全面建成小康社会的宏伟蓝图，使全党全国人民进一步明确了前进方向，振奋了党心民心。会议强调，要深刻把握“五大发展”的科学内涵，充分认识这场变革的重大现实意义和深远历史意义，坚持创新发展、协调发展、绿色发展、开放发展，共享发展。会议要求，全省广大党员干部要以高度的政治责任感，坚持贯彻全面从严治党的要求，把党的纪律和规矩挺在前面，狠刹“四风”，坚定不移惩治腐败，确保选人用人风清气正，努力创造无愧于人民的业绩。

11 月

11月1日 李小鹏主持召开省政府党组会议，学习贯彻党的十八届五中全会精神，贯彻落实省委省级党员干部会议精神，进一步研究部署当前和今后一个时期经济社会发展工作。会议强调，要准确把握战略机遇期内涵的深刻变化，落实“四个全面”战略布局，牢固树立创新、协调、绿色、开放、共享的发展理念，确保中央精神在山西贯彻落实；要紧密结合山西实际，以全面建成小康社会为目标，以转型综改试验区建设为统领，把改革创新开放贯穿于经济社会发展全过程，突出建设京津冀清洁能源供应基地、国家级新型综合能源基地、国际低碳技术创新基地和推动煤炭革命、建设生态文明、保障改善民生、发展文化旅游等重大任务，切实提高规划的针对性和可操作性。

11月2日 省人大、省纪委、省政协、省委统战部、省总工会、省法院分别召开常委会、党组会议，学习十八届五中全会公报。深刻认识十八届五中全会的重大意义和“十二五”时期中国发展取得的重大成就，牢牢把握“十三五”时期中国发展的指导思想、基本原则、目标要求，切实把思想行动统一到全会精神上来，积极作为。

11月3日 李小鹏主持召开省政府第102次常务会议，研究部署主要河流生态修复保护、万家寨引黄工程体制改革、筹组金融投资控股公司、加快国际友城建设、第二届全国青年运动会筹备和政府法制建设等工作。会议指出，保护修复漳河等主要河流生态，是贯彻中央新时期治水方略的具体行动，注重编制，打好基础。会议原则通过万家寨引黄工程体制改革方案、山西金融投资控股有限公司筹组方案、省政府2016年拟提请省人大常委会审议的地方性法规建议项目和省政府规章项目计划，决定按程序报批实施。

同日 省政府办公厅印发《关于促进中药产业发展若干措施》，进一步将山西省重要资源优势转化为产业优势，打造独具特色的新兴产业。

同日 按照省委要求，省委5个常规巡视组经过6个月对晋中、晋城、运城、长治、临汾5市及所辖44个县（市、区）和11所院校的常规巡视后，进行了情况反馈。本轮巡视组共发现问题线索3228条，涉及省管干部82人，处级干部358人，党政一把手30人。

2014年9月以来违纪违法问题线索169人，占问题总量的5.24%，其中违反八项规定的108人，占问题线索总量3.35%。巡视组共向5市移交问题线索4311件，其中立案1297件，党政纪处分1880人，移交司法机关处理127人。

11月4日 王儒林主持召开省委中心组“严以用权”专题学习会，大家联系自己思想、实际工作、生活等进行了交流发言，王儒林指出，“严以用权”是“三严三实”的核心和灵魂，关键要做到四个方面：一是用权为民不走样，二是用权依法不出格，三是用权有责不任性，四是用权有为不懈怠。

11月5日 王儒林主持召开省委常委会议，传达学习中央政治局审议《中国共产党廉洁自律准则》《中国共产党纪律处分条例》修订稿的会议精神，传达第五届全国道德模范座谈会、繁荣发展社会主义文艺推进会精神，研究山西贯彻落实意见。会议指出，全省党员领导干部要充分认识《准则》《条例》对全面从严治党的重大意义，把学习宣传《准则》《条例》作为一项政治任务，抓紧抓好。各级党委要严格按照《准则》《条例》办事，始终把纪律和规矩挺在前面。会议研究讨论了《山西省参与建设丝绸之路经济带和21世纪海上丝绸之路实施方案》。

同日　省政府办公厅出台《关于全面实施城乡居民大病保险的实施意见》，主要目标是2017年，建立起比较完善的大病保险制度，有效防止发生家庭灾难性医疗支出，使城乡居民医疗保障的公平性得到显著提升。

11月9日　李小鹏主持召开省政府党组（扩大）会议，学习贯彻《中国共产党廉洁自律准则》和《中国共产党纪律处分条例》，安排部署政府系统党风廉政建设和反腐败斗争、自然资源和生态环境保护等工作。会议强调，全省政府系统要按照中央统一要求和省委安排部署，认真组织好对《准则》和《条例》的学习贯彻工作，认真扎实做好开展领导干部自然资源资产离任审计试点准备工作。

同日　李小鹏在太原会见比亚迪股份有限公司董事长兼总经理王传福。

11月12日　王儒林主持召开省委常委会议，研究讨论《中共山西省委关于制定国民经济和社会发展第十三个五年规划的建议》稿。会议强调，要紧密结合实际，深入研究解决山西“十三五”发展的重大问题，着力推进创新发展、协调发展、绿色发展、开放发展、共享发展、廉洁和安全发展，认真算好“指标帐”，针对问题完善措施，团结一致，努力开创山西全面建成小康社会新局面。

同日　省委在巡视组对5个市、44个县（区）、11所高职高校巡视发现问题的基础上，决定由省委书记对各市市委书记、纪委书记进行集体约谈，通报情况，分析形势，提出要求。王儒林强调，一要认真谋划“十三五”发展，确保完成全面建成小康社会的奋斗目标；二要持续抓好群众信访问题专项治理，有效解决群众的利益诉求；三要形成风清气正的用人环境，激励广大干部积极作为；四要狠抓工作落实，确保中央和省委、省政府部署在各市落地生根。

同日　省政府办公厅出台《关于加强节能标准化工作的实施意见》，以促进经济建设提质增效、推动绿色低碳循环发展、建设生态文明。

11月12日至13日　省政协第十一届十六次常委会议在太原召开，主要议题为学习贯彻中共十八届五中全会精神和省委相关部署，围绕山西“十三五”规划编制议政建言。16位委员代表各民主党派省委、省工商联和省政协各专委会就科学编制山西“十三五”规划提出建议。

11月13日　中央党的十八届五中全会宣讲团来太原举行报告会，宣讲团成员、国务院研究室副主任韩文秀作宣讲报告。报告结束后，韩文秀就党的十八届五中全会提出的一些新思想新理念新观点，与参加会议的党员干部进行了交流互动，现场解答他们提出的问题。王儒林、李小鹏等省领导参加了报告会。之后，中央宣讲团到太原钢铁有限公司，与广大一线职工交流座谈，现场为干部职工深入讲解、答疑解惑，探讨五大发展理念对山西发展、企业发展的深刻影响。

同日　王儒林主持召开省委中心组（扩大）学习报告会，邀请中国工程院院长周济作题为《中国制造2025》的辅导报告。《报告》从加快建设制造强国的战略高度，全面系统地分析了实施《中国制造2025》的重要意义，深入浅出地分析了实施《中国制造2025》的指导思想和战略部署、基本方针和战略举措、发展主线和主攻方向。

11月13日至15日　省委宣传部在太原举办全省新闻战线马克思主义新闻观培训班，围绕深入学习宣传党的十八届五中全会精神、新形势下马克思主义新闻观、热点问题舆论引导、重大主题报道策划、新闻宣传管理等作了专题授课。各级新闻媒体负责人和业务骨干120余人参加了培训。

11月14日至15日　李小鹏到朔州市、忻州市调研经济运行情况。他先后到山阴县昱光二期2×350兆瓦低热值煤发电供热项目、古城乳业二期扩建工程、天宝公司等，了解项目建设情况，现场协调解决问题，主持召开座谈会，听取经济社会发展情况汇报。李小鹏强调，要深入学习贯彻党的十八届五中全会精神，牢固树立创新、协调、绿色、开放、共享的发展理念，全力做好当前经济社会发展各项工作，努力实现“十二五”圆满收官、“十三五”良好开局。

11月16日　由省委常委宣传部长胡苏平任团长的山西省学习贯彻党的十八届五中全会精神宣讲团分赴11个市和工委系统进行党的十八届五中全会精神宣讲。

11月16日至18日　楼阳生到晋城市城区、泽州县、陵川县、高平市，就贯彻落实党的十八届五中全会精神，加快推进“三农”发展进行调研。

11月16日至18日　王儒林到大同市、朔州市，就经济社会发展、贯彻落实十八届五中全会精神，加快全面建设小康社会等进行调研。他先后考察了大同新荣区新城新材料公司、阳高县大白登镇以及连片特困地区等，仔细了解太阳能热发电储热用石墨材料、高铁受电弓碳滑板、石墨烯制备高端材料的指标性能和应用情况。详细询问群众生活、产业发展、扶贫规划等。最后，察看了文物保护、古建维护现状，王儒林强调，要坚定信心、振奋精神、积极作为，创新发展理念，厚植发展优势，科学谋划“十三五”发展，积极融入京津冀、环渤海，加快扶贫攻坚步伐，努力实现全面建成小康社会的宏伟目标。

11月17日　李小鹏主持召开省政府第103次常务会议，分析当前经济形势，研究固定资产投资和建立经济困难高龄与失能老年人补贴制度等工作。会议强调，一要抓投资、上项目，为明年和“十三五”期间项目压茬推进、投资持续增长奠定基础；二要抓重点、稳工业，认真贯彻落实稳定工业增长、减轻企业负担的政策措施，确保正增长稳步前行；三要抓财税、保民生，实事求是、依法合规做好财政增收节支工作，确保人民生活不受影响，改革发展大局稳定。

11月19日 省政府与中国铝业公司、华润（集团）有限公司在太原举行工作会谈，进一步研究合作推进山西轻合金产业转型发展事宜。

11月19日至20日 最高人民法院院长周强来山西调研。先后到太原市中院、太原市迎泽区法院东太堡人民法庭、晋中法院等考察；听取了省法院工作汇报，并与全国人大代表、政协委员交流，共同探讨改革举措。周强强调，法院要深入贯彻落实党的十八届五中全会精神，紧紧围绕“努力让人民群众在每一个司法案件中都能感受到公平正义”的目标，牢牢坚持司法为民、公正司法，坚定不移推进司法改革，通过深化改革破解工作难题，推动人民司法事业不断取得新的发展。

11月20日 王儒林主持召开省委常委会议，传达全国培养选拔年轻干部和女干部、少数民族干部、党外干部工作座谈会精神，研究贯彻落实意见。会议强调，一、要按照中央部署，结合山西实际，统筹抓好年轻干部和女干部、少数民族干部、党外干部选拔工作，确保公平公正，风清气正。二、认真做好新一轮后备干部选拔调整工作。三、优化干部成长路经，突出政治培养。四、注重在基层一线培养干部，促进干部健康成长。

同日 王儒林主持召开省委全面深化改革领导小组第十四次会议，审议讨论《关于全面深化公安改革的实施意见》《市纪委书记、副书记提名考察办法（试行）》《省纪委派驻纪检组组长、副组长提名考察办法（试行）》《山西省万家寨引黄工程体制改革方案》《山西金融投资控股有限公司筹组方案》。安排部署下一步改革工作：一是通过全面深化改革，着力破解经济、政治、民生、生态的“立体性困扰”，破解制约和体制机制障碍，为经济社会稳定发展注入动力和活力；二要贯彻落实好中央全面深化改革领导小组第十七次、十八次会议精神；三要压实责任、集中攻坚，确保全面完成年度各项改革任务。

同日 省政府办公厅出台《关于支持农民工等人员返乡创业的实施意见》，促进农民工就近创业。

11月23日 薛延忠主持召开省政协党组专题学习会，党组成员集体学习了《中国共产党廉洁自律准则》和《中国共产党纪律处分条例》，围绕“严以用权”进行讨论交流。会议强调，政协领导干部要深入学习贯彻习近平总书记系列重要讲话精神，自觉践行“三严三实”，以优良作风履行人民政协的职责使命。

同日 省政府办公厅印发《关于建立群众求助事项社会联动服务工作机制的通知》，及时处置群众通过110报警服务台求助的非警务事项，推进“平安山西”建设。

同日 省委、省政府印发《关于加快推进生态文明建设的实施方案》，《方案》由9部分32条组成。目标是动员全省上下积极行动起来，全面提升山西生态文明水平。

11月23日至26日 省十二届人大常委会举行第二十三次会议，共举行三次全体会议，决定省十二届人大五次会议于2016年1月27日召开。会议表决通过了《山西省法律援助条例》、关于批准《太原市人民代表大会常务委员会关于集中修改部分地方性法规的决定》的决定、关于修改《山西省地方立法条例》《山西省各级人民代表大会选举实施细则》《山西省乡镇人民代表大会工作条例》《山西省实施〈中华人民共和国全国人民代表大会和地方各级人民代表大会代表法〉办法》的决定、《山西省组织实施宪法宣誓办法》；表决通过了关于召开山西省第十二届人民代表大会第五次会议的决定、关于运城等设区的市人民代表大会及其常务委员会开始制定地方性法规的决定、关于批准2015年全省及省本级政府债务限额分配议案的决议；表决通过了省人大内司委、财经委和省人大常委会人事代表工委关于省十二届人大四次会议主席团交付的代表议案审议结果和处理情况的报告，及省政府、省法院、省检察院关于省十二届人大四次会议以来代表建议、批评和意见办理情况的报告；表决通过了关于接受个别省人大专门委员会主任委员辞职请求的决定，表决通过了人事任免名单。

11月24日 李小鹏主持召开省政府第104次常务会议，研究部署加快电动车产业发展和推广应用、加强扶贫开发和工作督查等事项。会议指出，力争到2020年，全省电动车生产能力达到20万辆以上，形成覆盖全省、布局合理、高效智能的充电服务网络。原则通过关于加快推进电动车产业发展和推广应用的实施意见。会议决定，由省政府全额货币出资，组建公益性的山西扶贫开发投资公司，统筹承接全省易地扶贫搬迁、扶贫开发和农业发展专项贷款，为扶贫攻坚提供有力保障。同时决定省政府组织16个督察组对各市县、省直各部门和省属国有企业工作进展进行全面督察，确保全省全年约束性指标的全面完成。

同日 王儒林到各民主党派省委机关，走访看望了民革、民盟、民进、农工党、九三学社山西省委，与大家深入交流，听取对全省经济社会发展的意见建议。

同日 王儒林主持召开省委党外人士座谈会，就《中共山西省委关于制定国民经济和社会发展第十三个五年规划的建议》，听取各民主党派人士的意见和建议。大家就深化经济结构调整，加快煤化工基地建设，大力发展文化旅游、装备制造、康养休闲等非煤产业，建立产学研科技创新体系，进一步支持民营经济发展，推动太原晋中同城化，积极融入京津冀和“一带一路”战略，加强文化遗产保护开发等提出意见和建议。

同日 省委召开省级群团组织负责人座谈会，部署群团组织机关化、行政化、贵族化、娱乐化专项整治活动，要求从2015年11月至2016年4月，各单位结合自身实际，制定时间表、路线图、任务书，一步一步研究推进，一项一项整改落实。

11月25日 王儒林主持召开省委常委会议，研究讨论王儒林同志在省委十届七次全会上的讲话、《中共山西省委员会工作报告》《中共山西省委关于制定国民经济和社会发展第十三个五年规划的建议》和《建议》的说明，《中共山西省委十届七次全体会议决议》，听取省委十届七次全会筹备情况汇报；传达最高人民法院院长周强在晋调研讲话精神，研究山西贯彻落实意见。会议决定近期召开省委十届七次会议，主要任务是全面贯彻落实党的十八届五中全会精神，审议《中共山西省委关于制定国民经济和社会发展第十三个五年规划的建议》，部署山西“十三五”时期的工作，动员全省各级党组织，团结带领广大党员干部和人民群众，着力推进创新、协调、绿色、廉洁、安全发展，奋力开创富民强省新局面。

11月25日至27日 省委第四轮专项巡视工作全面启动，6个巡视组采取“一托三”的方式，分别进驻省委党校、太钢集团等18个省属企事业单位和高校，开展为期2个月左右的专项巡视工作。

11月25日 省委办公厅印发通知，在全省党员干部中开展向李培斌学习活动。李培斌是从事司法行政工作30年的一名基层干部，是全省“金牌调解员”。2015年10月15日因超负荷工作，劳累过度突发心梗，不幸殉职。

11月26日 省政府印发《关于做好第三次全国农业普查工作的通知》。

同日 《山西日报》报道，省委任命了省委办公厅、省委组织部、省委宣传部、省委统战部、省人大机关、省政府办公厅、省政协机关7家单位纪检组长，一次性整体进驻纪检组班子。省人大机关和省政府机关实行单独派驻，其他5家单位实行综合派驻，共监督44个省直部门和单位。省纪委与派驻机构是领导与被领导的关系，派驻机构与所驻部门是监督与被监督的关系，纪检组组长作为所驻部门班子成员，不分管其他业务，专门履行监督职责。

11月27日 省政府办公厅出台《关于加快推进电动汽车产业发展和推广应用的实施意见》，以促进山西经济转型升级和民生改善。

11月30日 王儒林主持召开省级党员领导干部会议，传达贯彻中央扶贫开发工作会议精神，研究部署山西落实意见。王儒林强调，要进一步加强对扶贫开发的领导，加快形成全社会参与的大扶贫格局，把脱贫攻坚作为“十三五”头等大事和第一民生工程来抓，狠抓落实，严格考核督察问责，筑牢纪律和法制“两条防线”，激发脱贫攻坚的内生动力，做到扶贫先扶志。

同日 李小鹏主持召开省政府党组（扩大）会议，进一步学习贯彻中央扶贫开发工作会议精神、习近平总书记重要讲话精神、李克强总理讲话精神和省委工作要求，研究部署全省脱贫攻坚工作。李小鹏强调，一要加强组织领导，严格督察问责，确保脱贫攻坚各项工作落到实处；二要进一步修改完善经济社会发展考核评价办法，充分体现脱贫攻坚“头等大事”和“第一民生工程”的地位；三要坚持实事求是和群众路线，制定科学完善的脱贫标准、验收办法和监督措施；四要创新工作机制，完善扶贫机制，坚决打赢脱贫攻坚战。

同日 省政府出台《关于进一步推进标准化工作改革发展的实施意见》。

同日 省政府出台《关于推进科技服务业发展的实施意见》，以促进科技创新和科技成果转化，培育新兴产业和新的经济增长点。

12　月

12月1日 王儒林到省煤炭厅、国新能源集团进行调研，并主持召开国有企业改革和煤、电、铝、煤层气产业发展座谈会，深入分析困难问题，听取意见建议。王儒林强调，要突出问题导向，深化改革创新，提高国有企业竞争力，切实解决煤、电、铝、煤层气产业发展中的矛盾和问题，加快转型发展，培育新的增长点，为实现“十三五”目标任务提供重要支撑。

同日 李小鹏到左权县柏峪村扶贫联系点宣传贯彻中央扶贫开发工作会议精神，看望慰问老区群众，调研基层一线扶贫开发工作。强调，要坚定信心，咬定目标，众志成城，苦干实干，坚决打赢脱贫攻坚战，确保到2020年贫困群众和全省人民一同步入全面小康社会。

12月1日至2日 楼阳生到阳泉市平定县、城区、矿区和经济技术开发区，就贯彻落实党的十八届五中全会精神，推进农业现代化，加快脱贫致富，实施“六权治本”、维护社会稳定等工作进行调研。

12月2日 李小鹏到大同市调研保障改革民生和工业经济运行情况。先后到北方通用动力集团、恒岳重工公司、南郊区口泉采煤沉陷区等，与企业负责人和工程技术人员讨论研究加快新产品开发和进一步开拓市场的措施，并召开座谈会，听取大同市经济社会发展情况汇报。李小鹏还到居民赵富金、鲁庭业家中，察看房屋结构和配套设施，询问居民就业、收入和社会保障情况，李小鹏强调，要深入贯彻落实党的十八届五中全会精神和中央扶贫开发工作会议精神，牢固树立新的发展理念，鼓足干劲，加快发展，造福人民群众。

12月3日 省纪委发布消息，经省委批准，省纪委对省委原委员、省委巡视组组长刘向东，太原市委原常委、政法委书记、太原市公安局局长柳遂记，长治市委原常委、襄垣县委书记田志明，省公安厅交通管理局党委原书记、局长尹喜平严重违纪违法，给与开除党籍和公职处分。9日，省检察院以涉嫌受贿罪分别对刘向东、尹喜平、柳遂记、田志明依法逮捕。

12月4日 中国共产党山西省第十届委员会第七次全体会议在太原召开。全会听取讨论了《省委常委会工作报告》、审议通过了《中共山西省委关于制定国民经济和社会发展第十三个五年规划的建议》、省委十届七次全会决议。出席全会的省委委员58人，候补委员6人，省人大、省政府、省政协、省军区、省武警总队负责同志、省纪委常委、各市市委书记、市长、省直各部门主要负责同志、中央驻晋单位和企业主要负责同志等列席会议。

全会认为，省委十届六次全会以来，省委常委班子团结带领全省干部群众，高举中国特色社会主义伟大旗帜，认真贯彻落实党的十八大和十八届三中、四中、五中全会精神，深入学习习近平总书记系列重要讲话精神，按照“四个全面”战略布局和中央对山西工作的重要指示要求，深入开展党风廉政建设和反腐败斗争，全面推进从严治党，全面推进经济、政治、文化、社会和生态文明建设，努力开创弊革风清、富民强省新局面。全会指出，“十二五”时期是山西省发展进程中极其不寻常的五年，特别是2014年9月中央对山西省委班子作出重大调整以来，山西省按照“四个全面”战略布局和党中央对山西工作重要指示要求，坚持“深入学习贯彻习近平总书记系列重要讲话精神，净化政治生态，实现弊革风清，重塑山西形象，促进富民强省”的总要求和总思路，全面从严治党、从严治吏。同时，提出并着力推进“六大发展”，全面实施“六权治本”，统筹做好煤与非煤“两篇大文章”，全力推动科技创新、金融创新、民营创新发展“三个突破”等，“十二五”规划确定的目标基本完成，为全面建成小康社会奠定了坚实基础。

王儒林在工作报告中指出，要努力破解八个方面的重点难点问题，一是以主动融入国家重大战略为契机，构建山西省开放发展新格局；二是以破解“立体性困扰”为目标，着力提高改革的突破性；三是以发展壮大县域经济为切入点，提高城乡区域协调发展水平；四是以提高煤炭等产业核心竞争力为突破口，加快实现山西省支柱产业转型升级；五是以做大做强文化旅游业为先导，加快发展接续替代产业；六是以生态治理和节能减排为抓手，使三晋大地山更青水更秀天更蓝；七是以强化公共产品和服务供给为重点，努力增进人民群众获得感和幸福感；八是以精准扶贫精准脱贫为核心举措，确保山西省到2020年贫困人口全部脱贫、贫困县全部摘帽。王儒林强调，必须坚持全面从严治党，为圆满完成“十三五”目标任务提供坚强政治保证，一要紧紧牵住主体责任这个“牛鼻子”，加大问责处置力度；二要始终保持“三个高压态势”，以更加坚决的态度、更加果断的措施遏制腐败的存量和增量；三要深入推进“六权治本”从根本上解决发生在群众身边的腐败问题；四要持之以恒抓好从严治吏，推动从严治吏长效化、常态化；五要坚决把党的纪律和规矩挺在前面，筑牢法律和和党纪“两道防线”；六要不断强化以上率下、狠抓落实的工作作风，为全省经济社会发展营造干事创业的浓厚氛围。

全会决定递补省委候补委员张文栋、张志川、岳普煜、张雁峰、贺天才、席小军为省委委员；全会表决通过了《关于确认省委常委会作出终止丰立祥等36人山西省第十次党代表大会代表资格决定的决议》，通过了确认省委常委会给与丰立祥、王茂设、刘向东、吴永平、董洪运开除党籍处分的决定。

12月5日　李小鹏主持召开省政府党组（扩大）会议，学习贯彻省委十届七次全会精神，研究部署做好当前和“十三五”时期经济社会发展工作。会议认为，省委十届七次全会通过的《中共山西省委关于制定国民经济和社会发展第十三个五年规划的建议》和王儒林书记的重要讲话，全面贯彻了中央精神，充分体现了山西实际，明确提出了山西全面建成小康社会的指导思想、主要目标和战略任务。会议强调，政府系统要深入学习贯彻党的十八届五中全会精神和习近平总书记系列讲话精神，准确把握重要战略机遇期内涵的深刻变化，正确认识山西未来五年发展面临的内外环境和形势变化，按照省委十届七次全会部署，坚定信心、鼓足干劲，开阔思路、扎实工作，坚决打赢全面建成小康社会的决胜战。

12月6日至7日　李小鹏到临汾市、运城市调研经济社会发展情况。他先后到临汾市察看了纯电动公交车、高铁枢纽站、第一污水处理厂改扩建、民航机场复航改造等工程，到襄汾县察看了现代农产品冷链物流项目、新绛县七品商贸种植配送基地等，并且召开座谈会，听取两市经济社会发展情况汇报。李小鹏强调，要深入贯彻落实党的十八届五中全会精神、中央扶贫开发工作会议精神和省委十届七次全会精神，坚定信心，鼓足干劲，开阔思路，扎实工作，努力实现“十二五”圆满收官、“十三五”顺利开局。

12月7日　薛延忠主持召开省政协党组（扩大）会议，传达学习省委十届七次全会和王儒林书记重要讲话精神，安排部署政协贯彻落实工作。

同日　晋城市、阳泉市、晋中市、忻州市、吕梁市、临汾市分别召开市委常委（扩大）会议或党员干部大会，传达贯彻省委十届七次全会精神和王儒林书记重要讲话精神。会议要求，在省委的坚强领导下，坚守使命、勇于担当、坚定信心、攻坚克难，全力开创弊革风清、富民强市的新局面。

12月8日　王儒林在太原会见韩国全南罗道知事李洛渊一行。同日，省政府与来山西访问的韩国全罗南道代表团举行工作会谈，共同商讨进一步深化双方各领域交流合作事宜。

12月9日　省政府与中国农业发展银行在太原签署战略合作协议，农发行将在“十三五”期间，为山西提供2000亿元授信额度，优先支持粮食等农产品体系及现代农业、水利建设、新型城镇化建设、扶贫开发等重点领域的重大项目建设。

同日　李小鹏参加太原重工新能源装备有限公司风电整机关键零部件智能化工厂项目开工建设，该项目总投资20亿元，总工期20个月，2017年9月建成投产后，可满足年产500台1.5MW—3MW风机的智能化生产需要，有力提升太重风电产业竞争力。

同日　王儒林、李小鹏在太原会见中国科协党组书记尚勇一行，并出席《中国科学技术协会山西省人民政府战略合作协议》签约仪式。

12月10日　王儒林主持召开省委常委班子“三严三实”专题民主生活会集体学习。他就做好会前准备，开好专题民主生活会强调，一要紧扣“三严三实”主题，高质量开好专题民主生活会。二要进一步引深学习，打牢思想基础。三要深入查摆问题，扎实抓好整改。四要深入反思剖析，认真撰写对照检查材料和发言提纲。

同日 王儒林主持召开省委全面深化改革领导小组第十五次会议，审议讨论《中共山西省委关于加强人民政协民主监督的意见》《山西省高级人民法院跨行政区域集中管辖行政案件的实施方案》。会议指出，要认真学习贯彻中央全面深化改革领导小组第十九次会议精神，抓紧谋划明年和“十三五”期间各项改革；要切实肩负起全面深化改革的主体责任，要加强对各级干部推进改革情况的了解，加大改革实绩考核权重，形成鼓励支持改革的用人导向，推动改革任务措施落到实处。

同日 王儒林主持召开省委常委会议，研究讨论《山西省推进领导干部能上能下实施细则（试行）》，听取第二届全国青年运动会筹备工作情况汇报。会议强调，要认真贯彻落实中央《推进领导干部能上能下若干规定（试行）》；要重点解决干部能下的问题，破解干部能上不能下的难题；要统筹把握干部能上和能下，让能上能下成为调动干部积极性的过程；要强化主体责任，促进干部能上能下常态化。

同日 中央纪委监察部网站通报119起群众身边“四风”和腐败问题，其中山西有4起。一是长治市潞城市店上镇洪岭村党支部原书记李安国贪污公款等问题。二是太原市尖草坪向阳镇西村村委会原主任黄慎心挪用集体资金问题。三是晋城市城区北石店镇小车渠村党支部原书记王国旗侵占集体资金等问题。四是阳泉市平定县石门口乡南坪村党支部原书记郝金侵占集体资金等问题。

同日 省政府出台《山西省大力推进大众创业万众创业的实施方案》。

12月11日 李小鹏主持召开省“十三五”规划领导小组会议，听取“十三五”规划编制进展情况汇报，安排部署规划编制工作。会议要求，要坚持问题导向，聚焦影响山西省全面建成小康社会的短板弱项制定规划；要坚定不移，迎难而上，确保山西与全国同步、贫困地区与全省同步；要着力全面深化改革，着力实施创新驱动，用供需两侧统筹推进的结构性改革破解发展难题；要发挥优势，抓住机遇，部署一批有力带动稳增长、调结构的重大项目，安排一批加强社会建设、生态环保和保障改善民生的重大工程，努力开创“十三五”新局面。

12月12日 山西省召开全省重点工程调度会，会议指出，2015 年1至11月，全省重点工程“六位一体”工作中，项目储备完成投资额158024.9亿元，占年度计划的130.8%，项目签约完成投资额23068亿元，占年度计划的128.2%，项目开工完成投资额10185.1亿元，占年度计划的101.9%，重点工程建设完成10022.4亿元，占年度计划的102.2%。

12月14日 省委、省政府召开全省推进“六权治本”工作电视电话会议，总结前段工作，交流经验做法，对全面推进实施“六权治本”进行再动员、再推进、再落实。会议要求，一是进一步强化思想认识，坚持目标导向、问题导向和改革导向，把推进“六权治本”与各项改革有机统一起来；二是进一步落实“两清单”制度，不断强化“两清单”的科学性、规范性和权威性；三是进一步优化“两张图”流程，抓好风险防控，提高权力运行效能；四是进一步规范“两平台”建设，加快推进省、市两级政务服务平台和公共资源交易平台，规范县级政务服务平台；五是进一步完善制度体系，更好地实现制度管人、制度管事、制度管权；六是进一步向乡村延伸，有效解决群众反映突出的问题，实现“乡村治，百姓安”，七是进一步加强组织领导，明确责任，确保“六权治本”有人干、有人管、有人抓。

同日 王儒林到焦煤集团，就贯彻落实省委十届七次全会精神，做好2016年经济工作进行调研。王儒林到杜儿坪煤矿查看了监控系统、集装箱式发电机组、余热锅炉等，详细询问发电成本、发电小时、安全稳定、企业困难等情况，并且召开煤矿瓦斯抽采利用、煤层气产业发展座谈会，听取有关部门、煤电企业负责人和技术专家的意见建议，就瓦斯发电上网电价、政策支持、项目建设、科技创新等重点问题进行深入探讨。强调，要从山西实际出发，接地气、出实招。认真谋划产业和项目，特别是要加大瓦斯抽采利用力度，加快把煤层气产业发展成为山西新兴支柱产业，努力形成新的增长点。

12月15日 李小鹏主持召开省政府第105次常务会议，学习贯彻中共中央政治局会议精神，研究固定资产投资和重点工程建设、煤炭资源市场化配置改革、五台山风景区管理体制改革等工作。会议指出，1—11月，全省固定资产投资同比增长14.7%，快于全国4.5个百分点，达到中部平均水平。但全省经济运行仍然面临主导产品需求不足、工业回升基础不牢、财政增收压力较大等困难和问题，仍需奋力攻坚。会议原则通过了《山西省煤炭资源矿业权出让转让管理办法》。

12月16日 王儒林主持召开省委常委会议，传达全国党校工作会议精神，研究山西省贯彻落实意见；研究讨论了《山西省煤炭资源矿业权出让转让管理办法》。会议指出，要认真落实《中国共产党党校工作条例》和《关于加强和改进新形势下党校工作的意见》，抓紧制定山西省《实施意见》和全省党校系统“十三五”建设和发展规划，着力破解党校特别是市县党校实际困难和问题。

同日 王儒林主持召开省委全面深化改革领导小组第十六次会议，审议讨论了《山西省煤炭资源矿区权出让转让管理办法》。会议强调，要全面落实“凡是能由市场决定的都交给市场”的原则，最大限度减少政府对微观事务的管理，让企业真正成为市场主体。会议原则同意《山西省煤炭资源矿区权出让转让管理办法》。

同日 山西省第一家全牌照大型地方金融投资控股集团——山西金融投资集团有限公司正式挂牌成立运营。

同日 省人大常委会党组专题研究省人大常委会党组工作规则（暂行）和省人大常委会机关党组工作规则(暂行)

稿。会议强调，要认真贯彻执行《中国共产党党组工作条例(试行)》，坚持党的领导、人民当家作主和依法治国有机统一，坚持科学决策、民主决策、依法决策，自觉把省人大常委会的各项工作置于党的领导之下，确保在政治上思想上行动上与党中央保持高度一致。

12月17日 山西省与国家国防科技工业局在北京举行工作会谈，共同签署了《山西省人民政府国家国防科技工业局关于推动山西军民融合深度发展的战略合作框架协议》，双方将充分发挥军工和地方优势，加强军地资源协同，共同推动山西军民融合创新发展。

同日 楼阳生到省委党校、清徐县委党校，就学习贯彻全国党校工作会议精神特别是习近平总书记重要讲话精神，以及进一步加强和改进新形势下全省党校工作进行调研。

12月18日 省委召开党外人士调研协商座谈会，听取9个民主党派、省工商联等建言献策小组的调研成果汇报。

12月21日 省委组织部召开部分市和省直部门单位“三严三实”专题教育工作会议。会议指出，一要压紧压实党委（党组）的主体责任；二要突出抓好“三严三实”专题民主生活会；三要持续用力抓好突出问题的整改落实；四要始终坚持“两手抓、两不误、两促进”。

12月22日 王儒林主持召开传达中央经济工作会议精神会议，会议研究了山西省贯彻落实意见。会议指出，要认真学习贯彻中央经济工作会议精神，认清国内外经济形势，积极推动经济持续健康发展，明确经济新常态的认识、2016年经济工作的总体思路、目标任务，牢固树立和贯彻创新、协调、绿色、开放、共享的发展理念，坚决实施“五大政策支柱”，坚决落实“五大重点任务”，坚持中国特色社会主义政治经济学的重大原则。会议强调，要积极适应经济发展新常态，着力推进结构性改革。一是去产能，采取果断措施积极化解过剩产能。二是去库存，特别是多措并举减少房地产库存。三是去杠杆，努力化解金融风暴。四是降成本，有效提高要素配置效率。五是补短板，尽快补齐制约发展的突出短板。要坚定信心、苦干实干，努力实现“十三五”良好开局。

同日 李小鹏主持召开省政府党组（扩大)会议，进一步学习贯彻中央经济工作会议精神、中央城市工作会议精神和省委工作要求，研究当前和2016年经济工作。会议强调，要按照“五位一体”总体布局和“四个全面”战略布局，努力实现“十三五”时期经济社会发展良好开局；要落实好“五大重点任务”；要着力深化改革，在国企、财税、金融、养老、医疗卫生等领域推出一批具有重大牵引作用的改革措施；要加快创新驱动，积极推进科技创新城建设；要坚持人民城市为人民，全面提升城市规划、建设和管理服务水平。

同日 王儒林、李小鹏在太原会见了比亚迪股份有限公司董事长王传福一行。同日，省政府与比亚迪有限公司签署了《山西省人民政府比亚迪股份有限公司战略合作框架协议》和《太原市人民政府比亚迪汽车工业有限公司投资协议书》。

同日 王儒林主持召开传达中央城市工作会议精神会议，会议强调，要深刻把握城市发展规律，努力建设具有山西特色的现代宜居城市；要坚持科学规划，加快太原都市圈、晋中108廊带、上党城镇群等城市群建设；要全面提升城市建设水平，完善城市交通、能源、供排水、供热、污水、垃圾处理等基础设施，让城市更有特色、更有内涵、更有品位；要提高城市服务管理水平，妥善处理各类社会矛盾和问题，建设智慧、文明、和谐城市；要深化城镇化住房制度改革，搞好棚户区和城中村建设。会议研究了山西省贯彻落实意见。

12月23日 王儒林参加太原市委常委班子“三严三实”民主生活会。王儒林指出，太原市委常委班子围绕“三严三实”的主题，以严和实的态度，突出问题导向，认真对照检查，深入开展批评与自我批评，找原因深刻到位，提措施明确具体，态度诚恳，认识深刻，体现了团结有力、干事创业的精神状态。王儒林强调，太原作为山西的省会，在全省各项工作中地位重要，一要在践行“三严三实”、以新的作风和干劲狠抓落实上有更高标准。二要全面从严治党、严格纪律规矩上有更高要求。三要在推进“六大发展”、加快全面建成小康社会上有更大作为。四要在提高城市发展水平、着力改善民生上有更多花样。五要在全面深化改革、继续扩大改革开放上有更大步伐。

同日 李小鹏参加晋中市委常委班子“三严三实”专题民主生活会，李小鹏指出，此次“三严三实”专题民主生活会准备充分，严肃认真，氛围热烈，突出了政治纪律和政治规矩，是一次质量较高的民主生活会。李小鹏强调，要认真学习、深刻领会、全面贯彻落实习近平总书记关于“三严三实”一系列重要讲话精神，严肃党内政治生活，严明党的政治纪律和政治规矩，以严的精神改进工作作风，以实的干劲落实发展任务。

12月24日 李小鹏主持召开省政府第106次常务会议，研究2016年经济社会发展主要指标和财政收支计划安排，部署行政审批制度改革和水污染防治等工作。会议原则同意2016年全省国民经济社会发展主要指标计划安排建议和财政收支计划建议，原则通过山西省水污染防治工作方案和2016年行动计划。会议决定按照国务院部署，对接取消54项行政审批事项，对应清理规范54项行政审批中介服务事项；会议研究修订了“三晋学者”支持计划实施办法。

同日 省委启动第五轮专项巡视工作，省委8个专项巡视组分别对省环保厅、省审计厅、省物价局、省统计局、省旅游局、省国资委、省安全生产监督管理局、省政府法制办公室8个省直单位开展为期一个月的专项巡视。省委要求，被巡视单位要尊崇党章、敬畏纪律，积极主动接受巡视监督，坚持即知即改、立行立改、全面整改，自我净化、自我纠错、自我提高。

12月26日 《山西日报》报道，2015年全省已完成421.42万亩的造林任务，占年度任务420万亩的100.33%，超额完成省政府下达的目标任务。

同日 省纪委发布消息，吕梁市委原常委、副市长张中生严重违纪被开除党籍、取消退休待遇。

12月27日 王儒林到太原铁路局，就贯彻落实中央经济工作会议精神，加快供给侧结构性改革特别是现代物流产业转型发展进行调研，并主持召开座谈会，研究解决问题。他强调：一要高度重视发展山西现代物流产业。二要把支持太铁现代物流转型发展作为战略支点。三要加快物流云平台建设，发展互联网+物流。四要形成全省合力，支持太铁现代物流转型发展。

同日 李小鹏到东山燃机热电厂，听取企业生产经营情况汇报，检查安全生产情况，与职工握手交流，看望慰问一线干部职工。代表省委、省政府向全省干部群众致以新年祝福。

12月28日 王儒林主持召开省委常委会议，传达中央农村工作会议精神，研究全省贯彻落实意见；分析研究2016年全省经济工作，听取关于全省经济工作会议筹备情况。会议指出，实现全面建成小康社会目标，“三农”工作任务十分艰巨。要扎实推进农业结构调整，千方百计增加农民收入，深入推进精准扶贫、精准脱贫，补齐农村建设短板改善农村人居环境，积极推进农村改革，强化农村基层党组织建设，不断开创农业农村工作新局面。

会议指出，目前山西省经济处于改革开放以来最困难的时期，要保持清醒头脑，有克服困难长期作战的思想准备，在看到困难的同时，也要看到机遇和向好条件，全省上下要共同努力，着力推进结构性改革，坚决推进去产能、去库存、去杠杆、降成本、补短板，积极推进“六大发展”，实现“三个突破”，把民生底线兜住兜牢，维护社会大局稳定。会议原则通过了2016年山西经济和社会发展主要计划指标安排建议和全省经济工作会议筹备方案。

同日 王儒林主持召开省委全面深化改革领导小组第十七次会议。审议讨论《山西省推动传统媒体和新兴媒体融合发展的实施意见》《全面深化改革督察工作实施办法（试行)》，安排部署下一步改革工作。

同日 王儒林到太原市中继能源站工程施工现场，了解全市供热情况，看望慰问一线职工，代表省委、省政府向在节日期间坚守在工作岗位的广大干部职工致以节日的问候和新年的祝福。他强调，一定要把群众过冬取暖作为重要民生，把供热管网建设与城市建设同步推进，搞好管网日常维护管理，确保全省人民温暖欢乐祥和过节。

同日 省政府出台《山西省煤炭资源矿业权出让转让管理办法》，共5章77条，进一步规范了煤炭资源矿业权出让、转让行为，优化煤炭资源配置。

12月29日 李小鹏主持召开省政府第107次常务会议，研究“十三五”规划纲要和科技创新等工作。会议决定出台关于大型科研设施与仪器等科技资源开放共享的实施意见和管理办法。原则通过《山西省国民经济和社会发展第十三个五年规划纲要（送审稿)》。

同日 王儒林主持召开中心组（扩大)学习报告会，邀请中央纪委副书记刘金国同志作党规党纪专题辅导报告，对《中国共产党廉洁自律准则》和《中国共产党纪律处分条例》两部法规进行了权威解读，同时就山西党风廉政建设、反腐败和从严治党作重要讲话。

12月30日 省政府出台《山西省水污染防治工作方案》。

同日 省政府为落实《国务院关于改革药品医疗器械审评审批制度的意见》，出台《关于改革药品医疗器械审评审批制度的实施意见》。

12月30日至31日 全省经济工作会议在太原召开。会议指出，2016年山西省经济社会发展任务十分繁重，要突出解决好十个方面的重点问题：一、要积极推进结构性改革，着力抓好“三去一降一补”五项重点任务；二要坚持稳定经济增长，充分发挥好有效投资的关键作用；三要坚持以市场为导向，着力推动经济结构的战略性调整；四要坚持强化发展新动力，着力引深“三个突破”；五要坚持全面深化改革，着力在关键领域取得重大突破；六要坚持以开放促发展，着力在对接京津冀和“一带一路”上取得实质性进展；七要坚持“以为民为中心”，着力建设一批宜居宜业、持续发展、富有山西特色的现代化城市；八要坚持“县域突破”，着力形成各市县你追我赶的发展格局；九要坚持生态文明建设，着力建设美好家园；十要坚持共享发展，着力保障社会和谐稳定。同时对2016年经济工作做出具体安排：一要牢固树立安全生产理念，严格落实安全生产责任，促进全省安全生产形势持续向好；二要突出供给侧结构性改革主体，着力化解煤炭、钢铁等过剩产能，促进能源产业清洁低碳环保、安全高效发展；三要围绕重大基础设施、产业转型、城镇化和生态环保、民生和社会事业四个方面，进一步提高投资的有效性和精准性，积极有效扩大投资；四要夯实消费基础，推动消费升级，形成新供给、新动力；五要着力抓好“三农”和脱贫攻坚工作，进一步深化农村改革；六要抓好教育、文化、医药卫生等工作的同时，进一步完善社会保障体系，稳定物价；七要大力推进生态文明建设，重点推进燃煤发电机组超低排放和节能改造，加快汾河流域生态修复治理；八要做好财税金融工作，支持金融机构对实体经济的支持力度；九要深化改革、创新驱动、扩大开放；十要加强党风廉政建设，加快政府职能转变。

会议下发了《中共山西省委办公厅、山西省人民政府办公厅关于印发〈冬季行动工作方案〉的通知》，要求从2015年12 月中旬到2016年4月底，在全省各条战线、各个行业、各个领域，深入开展以“马上就办、真抓实干”为主题的“冬季行动”。

12月31日 全省脱贫攻坚大会在太原召开，会议指出，山西省作为全国扶贫开发重点县，一直坚持把扶贫开发作为最重大的民生工程，按照产业扶持、技能扶持、资本扶持和不断改善基本生活条件“3+1”的精准扶贫工作，取得了积极的成效。但目前全省还有232万贫困人口，脱贫攻坚形势还十分艰巨。到2020年，确保现有农村贫困人口实现脱贫，58个贫困县全部摘帽，是全面建成小康社会必须完成的艰巨任务。王儒林在讲话中强调，一要坚决落实精准扶贫基本方略，即精准识别扶贫对象、精准使用扶贫资金、扶贫措施精准到户、因村派人要精准、脱贫成效要精准；二要以吕梁山、燕山—太行山两大连片特困地区为主战场，因地制宜组织实施好“五个一批”脱贫攻坚工程，即发展生产脱贫一批，异地搬迁脱贫一批，生态补偿脱贫一批，发展教育脱贫一批，社会保障兜底一批。三是要加强组织领导，创新体制机制，加快形成全社会参与支持脱贫攻坚的大扶贫格局。

2015年，全省共立查贪污犯罪贿赂案件1023件1383人，立查渎职侵权案件384件565人。其中，共立查贪污贿赂大案769件，立查县处级以上领导干部贪污贿赂案件161人，其中厅级干部25人；立查渎职侵权大案177件，立查县处级领导干部渎职侵权案件36人，其中厅级干部4人；全省检察机关共立查农民群众身边贪污贿赂案件366件485人，立查发生在群众身边损害群众利益的渎职案件210件316人，查处安全生产事故背后的渎职犯罪案件33件61人。

2015年，全省地区生产总值12802.58亿元，比上年增长3.1%。全省粮食总产量1259.6万吨，较上年下降5.4%，但仍为山西省历史上第四个高产年，畜牧业增加值增长1.2%；全省规模以上工业增加值比上年下降2.8%；全省固定资产投资完成13744.6亿元，增长14.8%；全省服务业增加值增长9.8%，快于全省经济增速6.7个百分比；全省旅游总收入3447.5亿元，比上年增长21.1%，全省社会消费品零售总额6030亿元，比上年增长5.5%；全省一般公共预算收入1642.2亿元，比上年下降9.8%，一般公共预算支出3443.4亿元，增长11.2%。

（刘玉太　闫剑瑛）

附　　录

山西省2015年国民经济和社会发展情况

2015年，面对经济下行压力持续加大的困难局面，省委、省政府团结带领全省人民，坚持稳中求进工作总基调，主动适应引领新常态，统筹推进稳增长、促改革、调结构、惠民生、防风险各项工作，全省经济社会发展取得新成就，全面建成小康社会迈出坚实步伐。

一、综　　合

据2015年人口抽样调查，年末全省常住人口3664万人，比上年末增加16万人。全年全省出生人口36万人，人口出生率9.98‰；死亡人口20万人，死亡率5.56‰；自然增长率4.42‰。

初步核算，全年全省生产总值12802.6亿元，按可比价格计算，比上年增长3.1%。其中，第一产业增加值788.1亿元，增长1.0%，占生产总值的比重6.2%；第二产业增加值5224.3亿元，下降1.1%，占生产总值的比重40.8%；第三产业增加值6790.2亿元，增长9.8%，占生产总值的比重53.0%。

人均地区生产总值35018元，按2015年平均汇率计算为5624 美元。

全年全省一般公共预算收入1642.2亿元，下降9.8%。税收收入1056.5亿元，下降6.8%，其中，国内增值税、营业税、企业所得税、个人所得税、资源税和城市维护建设税共计完成税收879.7亿元，下降4.8%。一般公共预算支出3443.4亿元，增长11.2%。其中，教育、医疗卫生、社会保障和就业、住房保障、公共交通运输、节能环保、城乡社区事务等民生支出2900亿元，增长12.3%，民生支出占全省一般公共预算支出的比重84.2%。

全年全省居民消费价格比上年上涨0.6%，其中，食品价格上涨0.4%。商品零售价格下降0.7%。固定资产投资价格下降1.8%。工业生产者出厂价格下降12.3%，其中生产资料价格下降12.8%，生活资料价格下降0.7%。工业生产者购进价格下降6.9%。农业生产资料价格下降0.4%。

全年全省城镇新增就业51.5万人。转移农村劳动力37.7万人。年末城镇登记失业率3.5%。

二、农　　业

全年全省农作物种植面积3767.7千公顷，比上年减少15.7千公顷。其中，粮食种植面积3287.2千公顷，增加0.8千公顷；蔬菜种植面积256.7千公顷，减少0.4千公顷；油料种植面积121.2千公顷，减少8.5千公顷。在粮食种植面积中，玉米种植面积1676.9千公顷，增加0.3千公顷；小麦种植面积675.1千公顷，增加1.2千公顷。果园面积362.8千公顷，增加2.4千公顷。

全年粮食产量1259.6万吨，减少71.2万吨，减产5.4%。其中，夏粮272.8万吨，增产4.8%；秋粮986.8万吨，减产7.8%。

全年完成造林面积280.9千公顷，减少8.8%。其中，荒山荒地造林面积280.9千公顷，减少7.4%。全年木材产量14.3万立方米，减少8.5%。

全年全省猪牛羊肉总产量73.0万吨，下降4.7%。其中，猪肉产量60.3万吨，下降6.1%；牛肉产量5.9万吨，增长1.3%；羊肉产量6.9万吨，增长3.0%。年末生猪存栏485.9万头，生猪出栏783.7万头。牛奶产量91.9万吨，下降4.5%。禽蛋产量87.2万吨，增长4.3%。水产品产量5.2万吨，增长2.3%。

年末全省农业机械总动力3351.6万千瓦，增长2.0%。机械耕地面积2737.0千公顷，增长2.0%；机械播种面积2646.6千公顷，增长0.9%；机械收获面积1824.8千公顷，增长0.8%。全省农机化经营总收入133.5亿元，增长1.8%。

三、工业和建筑业

年末全省规模以上工业企业3731家，比上年末增加11家。全年全省规模以上工业增加值下降2.8%。

规模以上工业企业实现主营业务收入14393.7亿元，下降16.9%。其中，医药工业实现主营业务收入171.2亿元，增长4.0%；煤炭工业实现5759.7亿元，下降15.7%；冶金工业实现2713.8亿元，下降28.6%；装备制造业实现1479.4亿元，下降9.3%；电力工业实现1458.7亿元，下降8.9%；焦炭工业实现776.9亿元，下降24.7%；化学工业实现740.5亿元，下降12.4%；食品工业实现648.6亿元，下降9.4%；建材工业实现310.2亿元，下降15.6%。

规模以上工业实现利税631.8亿元，下降35.7%；规模以上工业利润盈亏相抵后净亏损68.1亿元，其中，国有控股企业净亏损95.5亿元。

全年全省建筑业实现增加值847.2亿元，增长5.2%。具有建筑业资质等级的总承包和专业承包建筑业企业实现利润84 亿元，下降10.5%。

四、能　　源

全年全省一次能源生产折标准煤7.3亿吨，增长0.8%；二次能源生产折标准煤4.7亿吨，下降4.1%。

全年向省外输送电力720.2亿千瓦小时，下降12.2%。

全年全省全社会用电总量1737.2亿千瓦小时。其中，第一产业用电41.0亿千瓦小时，占全社会用电量的比重2.4%；第二产业用电1373.3亿千瓦小时，占全社会用电量的比重79.1%，其中工业用电1356.5亿千瓦小时；第三产业用电163.0亿千瓦小时，占全社会用电量的比重9.4%；城乡居民生活用电159.9亿千瓦小时，占全社会用电量的比重9.2%。

五、固定资产投资

全年全社会固定资产投资14137.2亿元。其中，固定资产投资（不含跨省、农户）13744.6亿元，增长14.8%。

在固定资产投资（不含跨省、农户）中，基础设施投资完成2316.2亿元，增长12.8%。

在固定资产投资（不含跨省、农户）中，国有及国有控股投资5230.5亿元，增长5.8%；民间投资8353.3亿元，增长21.0%。

分登记注册类型看，内资企业和个体经营投资13505.8亿元，增长14.5%；外商及港澳台商企业投资238.8亿元，增长34.9%。

分产业看，第一产业投资1500.0亿元，增长69.1%；第二产业投资5205.0亿元，增长4.0%；第三产业投资7039.5亿元，增长15.7%。

全省工业投资5283.1亿元，增长4.6%。其中，煤炭工业投资1048.2亿元，下降2.8%，非煤产业投资4235.0亿元，增长6.6%；传统产业（煤炭、焦炭、冶金、电力）投资合计2476.5亿元，增长7.8%，非传统产业投资合计2806.7亿元，增长1.9%。

全年全省在建固定资产投资项目17291个。其中，亿元以上项目2946个，计划总投资21653.3亿元，完成投资6673.5亿元。

全年房地产开发投资1494.9亿元，增长6.5%。其中，住宅投资1098.3亿元，增长8.7%；商业营业用房投资171.2亿元，下降10.5%。

六、国内贸易

全年全省社会消费品零售总额6030.0亿元，增长5.5%。按经营地统计，城镇消费品零售额4913.5亿元，增长5.4%；乡村消费品零售额1116.5亿元，增长5.7%。按消费形态统计，商品零售额5491.3亿元，增长5.5%；餐饮收入额538.7亿元，增长5.0%。限额以上批发零售业单位网上零售额14.6亿元，增长83.3%。

七、对外经济

全年全省海关进出口总额147.2亿美元，下降9.3%。其中，进口额62.9亿美元，下降13.7%；出口额84.2亿美元，下降5.8%。

全年出口煤炭23.2万吨，下降48.4%；出口焦炭70.8万吨，下降28.4%；出口镁及其制品5.8万吨，下降34.3%；出口钢材146.1万吨，增长1.3%，其中不锈钢72.4万吨，增长17.8%。出口机电产品53.4亿美元，增长4.4%；出口高新技术产品39.6亿美元，增长5.2%。

全年进口铁矿砂1341.0万吨，下降17.0%，进口金额7.7亿美元，下降50.1%；进口机电产品31.7亿美元，增长11.1%。

全年全省新设立外商直接投资企业36家；按全口径统计实际使用外商直接投资金额28.7亿美元，增长2.8%。

全年全省对外经济合作新签合同额3.5亿美元，增长1.0%，完成营业额7.4亿美元，下降0.3%。

八、交通、邮电和旅游

年末全省公路线路里程14.1万公里，其中高速公路5028公里。

年末全省民用汽车保有量473.7万辆（包括三轮汽车和低速货车7.1万辆），比上年末增长10.2%，其中私人汽车419.3万辆，增长12.6%。本年新注册汽车60.7万辆，增长3.2%。年末轿车保有量290.0万辆，增长13.7%，其中私人轿车270.9万辆，增长15.4%。

全年全省完成邮电业务总量511.3亿元，增长18.6%。其中，邮政业务总量43.1亿元，增长18.0%；电信业务总量468.2亿元，增长18.7%。年末移动电话用户3337.3万户，其中，3G移动电话用户721.4万户，4G移动电话用户1198.2万户。全省宽带接入用户606.1万户，增长6.1%。

全年全省商业住宿设施接待入境过夜游客59.4万人次，接待国内旅游者3.6亿人次，分别增长5.1%和20.2%；旅游外汇收入3.0亿美元，增长5.8%；国内旅游收入3428.9亿元，增长21.2%；旅游总收入3447.5亿元，增长21.1%。

九、金　融

年末全省金融机构本外币各项存款余额28641.4亿元，比年初增加1602.9亿元，比年初增长5.9%。各项贷款余额18574.8亿元，比年初增加2016.1亿元，增长12.2%。

年末全省农村金融合作机构（农村信用社、农村合作银行、农村商业银行）人民币存款余额5650.1亿元，比年初增加380.7亿元，比年初增长7.2%；人民币贷款余额3620.9亿元，比年初增加249.8亿元，增长7.4%。

年末全省共有上市公司37家。全省辖区证券市场各类证券成交额56097.6亿元，增长174%。其中股票成交额47001.6亿元，增长234%；基金成交额1754亿元，增长140%；债券成交额7342亿元，增长28.8%。年末投资者资金账户累计开户数241.6万户，增长34.6%。

全年全省保费收入586.7亿元，增长26.1%。其中，寿险业务保费收入377.2亿元，增长38.1%；健康险业务保费收入40.9亿元，增长42.3%；意外险业务保费收入9.2亿元，增长4.9%；财产险业务保费收入159.6亿元，增长2.3%。全年支付各类赔款及给付200.2亿元，增长9.7%。

十、教育和科学技术

年末全省共有幼儿园6450所，小学6403所，普通初中1895所，普通高中505所，中等职业教育学校542所，普通高等学校79所，成人高等学校12所。全省学前教育毛入园率87.0%，小学学龄儿童净入学率99.9%，高中阶段毛入学率93.4%，高等教育毛入学率40.0%。

全年全省专利申请量14949件，下降4.7%；其中发明专利申请量5680件，下降7.0%。全省专利授权量9863件，增长17.8%；其中发明专利授权量2432件，增长56.0%。全年新登记科技成果358项。获得国家科学技术奖6项。国家级企业技术中心26家，省级企业技术中心224家。按照国家高新技术企业认定办法，年末累计高新技术企业720家。

全省25个经济开发区（包括高新区），全年区内税收收入193.6亿元，增长0.8%；企业主营业务收入6184.4亿元，增长4.4%。

年末全省共有省、市、县产品质量监督检验和计量检定技术机构125个，国家检测中心2个。全年监督抽查了8781家企业61类228种11563批次的产品和商品。全年完成强制检定计量器具122.0万台件。

全省有气象台站121个，开展电话天气自动答询的台站11个。全省气象系统开展人工影响天气业务的单位119个，防雹、增雨累计受益面积为山西省全省域内，增雨量30亿立方米。全省有天气预报服务Intel网站1个，卫星云图接收站131个。

全省有专业综合地震台站10个，省级地震台网中心1个，省级数字测震地震台网1个。全年发生M3.0—M3.9级地震2次，最大震级M3.1级。

十一、文化、卫生和体育

年末全省共有群众艺术馆12个，文化馆119个,文化站1409个（其中：乡镇综合文化站1196个），农村文化活动场所2.8万个。专业艺术表演团体164个。公共图书馆126个。出版报纸60种（不含高校校报）19.8亿份，各类杂志200种、2682.1万册，各类图书4288种、10632.7万册。广播电视台114座，电视台2座，中短波转播发射台15座，调频转播发射台119座，一百瓦以上电视转播发射台145座。广播人口覆盖率98.47%，电视人口覆盖率99.31%，有线电视用户517.0万户。山西影视集团广电影视艺术传媒有限公司拍摄的电视剧《黄河在咆哮》，获得第30届中国电视剧“飞天奖”优秀电视剧提名奖；山西电影制片厂摄制的数字电影《土地志》获得第30届中国电影金鸡奖最佳中小成本故事片提名奖、电影《伞头和他的女人》编剧牛建荣入选第30届中国电影金鸡奖最佳编剧（原创）提名奖。

年末全省共有卫生机构(含诊所、村卫生室)4.1万个，床位18.3万张。卫生防疫、防治机构134个，妇幼保健院（所、站）133个。全省卫生机构共有卫生技术人员21.4万人。卫生院卫生技术人员2.2万人，其中农村乡镇卫生院卫生技术人员2.0万人；社区卫生服务中心（站）卫生技术人员1.0万人；防疫、防治卫生技术人员0.4万人，妇幼保健（所、站）卫生技术人员0.6万人。全省115个县（市、区）开展了新型农村合作医疗试点工作，有2167.2万农民参加了合作医疗。

全省有体育场101个，体育馆88个。全年我省运动员在国内外重大比赛中获金、银、铜牌分别为41枚、60枚和53枚（包括非奥运项目比赛）。全年全省销售中国体育彩票20.8亿元，增长9.9%。

十二、人民生活和社会保障

全年全省居民人均可支配收入17854元，增长8.0%。按常住地分，城镇居民人均可支配收入25828元，增长7.3%，城镇居民人均消费支出15819元，增长8.1%；农村居民人均可支配收入9454元，增长7.3%，农村居民人均消费支出7421元，增长6.1%。按全省居民五等份收入分组，城镇低收入组人均可支配收入10292元，增长8.5%；农村低收入组人均可支配收入3085元，增长13.5%。城镇居民家庭恩格尔系数（即居民家庭食品消费支出占家庭消费支出的比重）25.2%，农村居民家庭恩格尔系数29%。

年末参加城镇职工基本养老保险714.3万人，比上年末增加22.3万人；参加城乡居民基本养老保险1540.3万人，增加2.9万人；参加城镇基本医疗保险1113.7万人，增加13.0万人；参加失业保险411.3万人，增加3.6万人；参加工伤保险573.1万人，增加10.0万人；参加生育保险456.5万人，增加2.4万人。

全年得到城市最低生活保障救济人数60万人，全年共发放城市最低保障资金23亿元。15.4万人纳入农村五保供养。

年末全省城镇有各种社区服务设施3280个，其中综合性社区服务中心530个。各类收养性单位床位数66221张，收养人数37451人。国家抚恤、补助各类优抚对象18.0万人。全年销售福利彩票42.4亿元，筹集社会福利资金12.2亿元，接受社会捐赠款0.1亿元。

十三、资源、环境和安全生产

年末全省大型水库蓄水量11亿立方米。

年末全省森林面积282.4万公顷，森林覆盖率18.0%。

按《环境空气质量指数（AQI）技术规定（试行）（HJ633-2012）》评价，11个地级城市环境空气达标天数范围在216-292天之间。

黄河、海河流域山西段共监测100个断面，达到Ⅲ类以上（包括Ⅰ、Ⅱ、Ⅲ类）水质标准的断面占44.0%，达到Ⅳ类水质标准的断面占18.0%，达到Ⅴ类水质标准的断面占6.0%，有32.0%的断面为劣Ⅴ类水质标准。

全年各类自然灾害造成直接经济损失102.2亿元，比上年增长100.2%；农作物受灾面积142.1万公顷，增长97.5%，其中，绝收面积29.8万公顷，增长162.4%。

全年全省共发生各类生产经营性事故1758起，下降10.2%；死亡1104人，下降3.2%。全年全省煤炭百万吨死亡率为0.079。

太原市2015年国民经济和社会发展情况

2015年，面对复杂多变的宏观经济环境和艰巨的转型发展任务，市委、市政府团结带领全市人民，认真贯彻落实党的十八大、十八届三中、四中、五中全会精神和习近平总书记系列重要讲话精神，坚持稳中求进工作总基调，积极适应和引领经济发展新常态，统筹推进稳增长、促改革、调结构、惠民生、防风险，以“五个一批”为载体，推动“六大发展”，实施“三个突破”，努力在全省发挥“六个表率”作用，经济总体实现较快增长，人民生活水平稳步提高，城市建设持续推进，各项社会事业不断进步，为全面建成小康社会奠定坚实基础。

一、综　合

人口：据2015年人口抽样调查，年末全市常住人口431.87万人，比上年末增加1.98万人。其中：城镇人口364.51万人，增加2.33万人；乡村人口67.36万人，减少0.35万人。城镇化率84.40%，比上年提高0.15个百分点。男性人口220.69万人，女性人口211.18万人，性别比为104.50：100。

全年出生人口3.88万人，人口出生率9.01‰；死亡人口1.90万人，死亡率4.42‰；自然增加人口1.98万人，自然增长率4.59‰。

经济增长：初步核算，全市实现地区生产总值（GDP）2735.34亿元，比上年增长8.9%。其中：第一产业增加值37.43亿元，增长1.3%；第二产业增加值1020.14亿元，增长6.0%；第三产业增加值1677.77亿元，增长11.4%。第三产业中，交通运输、仓储和邮政业增加值137.62亿元，增长8.6%；批发零售和住宿餐饮业增加值447.86亿元，增长1.7%；金融业增加值373.62亿元，增长15.9%；房地产业增加值143.44亿元，增长4.0%；营利性服务业增加值300.33亿元，增长11.5%；非营利性服务业增加值273.23亿元，增长33.3%。

人均地区生产总值63483元，比上年增长8.4%，按2015年平均汇率计算达到10195美元。

产业结构：三次产业比重为1.4%、37.3%、61.3%，分别拉动经济增长0.02、2.60和6.28个百分点。与上年相比，第一产业比重下降0.1个百分点，第二产业比重下降2.7个百分点，第三产业比重提高2.8个百分点。

财政：全市一般公共预算收入274.24亿元，增长5.9%。其中：税收收入221.35亿元，下降0.5%，国内增值税、营业税、企业所得税、个人所得税、资源税和城建税共计完成税收145.91亿元，下降8.2%。

全年一般公共预算支出419.99亿元，比上年增长30.2%。其中教育、医疗卫生、社会保障和就业、住房保障、交通运输、节能环保、城乡社区事务等民生支出346.64亿元，增长28.1%，占全市一般公共预算支出的82.5%。

物价：居民消费价格总水平（CPI）比上年上涨0.4%。其中：食品价格上涨0.3%，非食品价格上涨0.4%；消费品价格上涨0.3%，服务项目价格上涨0.6%。商品零售价格总水平下降1.4%。工业生产者出厂价格（PPI）下降10.6%。工业生产者购进价格下降7.0%。

就业：城镇新增就业10.50万人，其中创业带动就业2.29万人。4.16万名下岗失业人员实现再就业，其中就业困难人员再就业1.10万人。年末城镇登记失业率3.43%。

二、农　业

种植面积：全年农作物种植面积100.32千公顷，比上年减少1.62千公顷。粮食种植面积75.57千公顷，比上年减少0.55千公顷。其中：夏粮种植面积0.11千公顷，秋粮种植面积75.46千公顷。蔬菜种植面积21.12千公顷，药材种植面积0.63千公顷。

造林：全年造林面积19.25千公顷。零星植树1200万株。新增育苗面积0.93千公顷。

畜禽及水产品产量：年末大牲畜存栏4.44万头，猪出栏46.02万头。肉类产量5.60万吨，禽蛋产量2.99万吨，牛奶产量10.18万吨。水产品养殖面积2.39千公顷，水产品产量2553吨。

农机及化肥施用：年末全市农业机械总动力140.02万千瓦。全年农用化肥施用量（折纯）28967吨。

三、工业和建筑业

工业：规模以上工业增加值600.48亿元，比上年增长5.7%。其中：中央企业增加值104.89亿元，增长9.1%；省属企业增加值214.55亿元，下降4.3%；市属及以下企业增加值281.04亿元，增长7.4%。

占全市规模以上工业增加值83.7%的十大行业中，增加值比上年增长的有7个。

新兴接替产业增加值402.64亿元，增长8.2%，占全市规模以上工业增加值的67.1%。其中：装备制造业增加值267.95亿元，增长9.2%，占全市规模以上工业增加值的44.6%。

传统行业增加值197.84亿元，下降5.2%，占全市规模以上工业增加值的32.9%。其中：煤炭开采和洗选业增加值增长6.6%，电力、热力生产和供应业增加值增长6.4%，黑色金属冶炼及压延加工业增加值下降8.5%，石油加工和炼焦业增加值下降29.1%。

规模以上工业主营业务收入2594.65亿元，下降22.3%。利税总额48.59亿元，下降55.1%。规模以上工业利润盈亏相抵后净亏损42.50亿元。

建筑业：具有建筑业资质等级的总承包和专业承包建筑业企业总产值1985.01亿元，下降2.7%；利税总额116.41亿元，下降2.9%；利润总额55.40亿元，下降2.7%；上缴税金61.01亿元，下降3.1%。

建筑业企业房屋建筑施工面积9442.63万平方米，竣工面积1736.76万平方米。

四、能　源

能源生产：全市一次能源生产折标准煤2849.26万吨，比上年增长9.3%；二次能源生产折标准煤4143.87万吨，下降0.5%。

用电：全年全社会用电量240.36亿千瓦时，下降5.1%。其中：农业用电1.94亿千瓦时，增长7.9%；工业用电（含电厂自用电）158.89亿千瓦时，下降10.4%，其中：占工业用电量68.1%的煤炭、炼焦、化工、建材、冶金、电力等高耗能行业用电量108.13亿千瓦时，下降11.0%；建筑业用电3.63亿千瓦时，下降0.4%；第三产业用电39.50亿千瓦时，增长7.4%；城乡居民生活用电32.10亿千瓦时，增长6.0%。

五、固定资产投资

固定资产投资：全年固定资产投资2025.61亿元，比上年增长16.0%。其中：中央项目投资154.23亿元，下降16.4%；省属项目投资240.42亿元，增长2.3%；市属及以下项目投资1630.96亿元，增长22.9%。

分产业看，第一产业投资35.55亿元，增长39.5%；第二产业投资455.35亿元，增长3.0%。其中：工业投资450.42亿元，增长2.8%；第三产业投资1534.71亿元，增长20.0%。城市基础设施建设投资341.03亿元。三次产业投资比重为1.8%、22.5%和75.7%。

工业投资中，非煤产业投资397.65亿元，增长11.5%，占工业投资的比重达到88.3%。新兴接替产业投资312.57亿元，增长25.9%，占工业投资的比重达到69.4%。

分经济类型看，国有投资1005.84亿元，增长14.4%；非国有投资1019.77亿元，增长17.6%，其中：民间投资1001.18亿元，增长21.7%。

全年在建固定资产投资项目1256个。其中：5亿元以上项目177个，计划总投资3570.32亿元，完成投资836.03亿元，占全市固定资产投资的比重为41.3%；10亿元以上项目98个，计划总投资3019.25亿元，完成投资664.65亿元，占全市固定资产投资的比重为32.8%。

房地产开发：全年房地产开发投资604.22亿元，比上年增长25.0%。住宅投资443.02亿元，增长25.6%，其中：90平方米以下住房投资158.91亿元，占住宅投资的比重为35.9%；商业营业用房投资44.41亿元，增长0.8%。全年商品房竣工面积446.67万平方米，商品房销售额337.16亿元。

六、国内贸易

消费品零售：全年社会消费品零售总额1540.80亿元，比上年增长6.2%。其中：城镇消费品零售额1433.61亿元，增长6.4%；乡村消费品零售额107.19亿元，增长4.6%。

限额以上贸易企业零售额850.05亿元，比上年下降0.3%，占社会消费品零售总额的55.2%。限额以上批发零售业企业通过互联网实现商品零售额9.35亿元，增长77.9%。

七、对外经济

进出口贸易：全年外贸进出口总额106.77亿美元，比上年增长0.1%。其中：出口额65.92亿美元，增长0.3%；进口额40.85亿美元，下降0.4%。

出口商品中，不锈钢材、机电产品分别为13.38亿美元、45.24亿美元，占出口额的88.9%。煤炭、焦炭、金属镁分别为0.23亿美元、0.85亿美元、0.80亿美元，占出口额的2.9%。

有贸易往来的国家和地区151个。年进出口额在千万美元以上的国家和地区56个，比上年增加2个。

招商引资：全年新设立外商投资企业13家。实际利用外商直接投资额8.50亿美元，下降21.0%。

八、交通、邮电和旅游

交通运输：年末全市公路线路里程累计达到7360公里，其中高速公路287公里。公路密度105.3公里/百平方公里。太原地区铁路客运量2597.55万人次，下降0.8%；铁路货运量4414 万吨，增长2.0%。航空客运量884.30万人次，增长11.5%；航空货运量4.55万吨，增长1.3%。

年末全市民用汽车保有量112.29万辆，比上年末增长10.5%，其中私人汽车99.24万辆，增长13.0%。本年新注册汽车15.22万辆，增长6.5%。年末轿车保有量70.28万辆，增长13.9%，其中私人轿车65.14万辆，增长15.4%；本年新注册轿车9.50万辆，增长5.7%。

邮电：全年邮电业务总量107.22亿元，比上年增长18.4%，其中：邮政业务总量5.86亿元，增长3.8%；电信业务总量101.36亿元，增长19.3%。年末市话到达98.63万户。农话到达3.60万户。移动电话用户741.30万户，其中：3G、4G移动电话用户分别为154.64万户和278.51万户。全市固定及移动电话用户总数达到843.53万户。每百人拥有电话195部，其中：固定电话和移动电话普及率分别达到24部/百人和171部/百人。计算机互联网用户128.91万户，其中：宽带网用户123.59万户。

旅游：全市接待海内外游客4912.48万人次，比上年增长17.1%。其中：国内游客4891.47万人次，增长17.1%；海外游客21.01万人次，增长4.7%。海外游客中：外国人14.80万人次，香港同胞3.48万人次，澳门同胞0.40万人次，台湾同胞2.33万人次。全年旅游总收入588.35亿元，增长17.7%。其中：国内旅游收入583.34亿元，增长17.8%；旅游外汇收入0.81亿美元，增长5.1%。

九、金融和保险

金融：年末全市金融机构本外币各项存款余额10830.05亿元，比年初增长5.6%；本外币各项贷款余额9121.35亿元，增长13.2%。人民币各项存款余额10593.91亿元，增长4.7%，其中：个人储蓄存款余额3432.12亿元，增长3.2%；人民币各项贷款余额9027.59亿元，增长13.6%。人民币贷款中，中长期贷款余额5524.47亿元，增长12.6%；短期贷款余额2841.48亿元，增长14.8%。

年末上市公司达到19家，其中：主板16家，中小板2家，创业板1家。“新三板”挂牌企业达到20家。

保险：全年原保险保费收入160.69亿元，增长41.0%。其中：寿险业务保费收入103.60亿元，增长64.8%；健康险业务保费收入10.95亿元，增长45.1%；意外伤害险业务保费收入3.34亿元，增长21.3%；财产险业务保费收入42.77亿元，增长4.9%。

支付各类赔款及给付43.07亿元，增长5.9%。其中：寿险业务给付17.86亿元，增长3.7%；健康险业务赔款及给付2.54亿元，增长9.1%；意外伤害险业务赔款0.93亿元，增长1.6%；财产险业务赔款21.75亿元，增长7.7%。

十、城市建设

基础设施建设：新建改建主次干道31项，改造背街小巷32 条，总计建设里程113.23公里。太榆路、学府街、南内环街、南沙河路等相继改造完工。地铁2号线一期工程全线招标开工，首开段车站主体工程封顶。城市配套项目推进了太古、太交长输供热管线、华能东山热电联产、大温差供热等供热管网工程，市给水管网扩建、西山城市供水、南部区域核心区供水、呼延水厂二期工程等供水管网工程，结合道路新建改建同步铺设供气管网120公里、改造管网50公里。推动54个城中村改造，47个村基本完成整村拆除。

年末全市天然气供气总量6.77亿立方米。集中供热扩网4830 万平方米。年末城市公交运营车辆2501辆，其中：公共汽车2380辆，电车121辆。公交运营线路网长度3174公里，年客运量5.41亿人次。公共自行车服务点增加到1285个，累计投放自行车4.1万辆。

城市绿化：开工建设晋阳湖、和平公园等13个公园，建成46个游园，完成阳兴大道、建设路、南沙河路等主干道景观绿化。创建省级园林单位2个，省级园林小区2个。全市共有综合性公园37个，专类公园11个，带状公园5个，街头游园209个，社区游园43个，街旁绿地146块。建成区绿化覆盖面积达到13940公顷，园林绿地面积12264公顷，公园绿地面积3930公顷。建成区绿化覆盖率41.00%，绿地率36.07%，人均公园绿地面积11.56平方米。

十一、教育和科学技术

教育：年末共有普通高等院校43所（其中高职院校22所），成人高等院校9所，中等职业教育学校58所，普通高中94 所，普通初中130所，小学416所，幼儿园640所。

全市学前三年毛入园率95.5%。小学学龄儿童入学率、初中生入学率、巩固率均达到国家标准。2015年我市高考一本、二本达线率和录取率在全省继续名列前茅。

科学技术：全年技术市场共登记技术合同1422项，成交金额52.99亿元。研究与试验发展（R&D）经费支出93.21亿元，占地区生产总值的比重为3.4%。国家认定企业技术中心11家，省级企业技术中心90家。年末累计建成7个国家级重点实验室，4个国家级工程实验室，1个国家级工程研究中心，8个国家级科技企业孵化器，35个“院士工作站”。年末累计认定高新技术企业376家。全年获得国家科技奖励5项。全市发明专利申请量2890件、授权量1533件，有效发明专利拥有量5157件。规模以上工业高新技术产业增加值248.05亿元，占地区生产总值的比重为9.1%。获得全国首批小微企业创业创新基地城市示范。

年末高新区、经济区、民营区共有入区企业5544家。全年实现科工贸总收入2865亿元，增长11.5%。

十二、文化、卫生和体育

文化：年末全市共有专业、具备规模的民营艺术表演团体18个。群艺文化馆12个，博物馆11个。公共图书馆馆藏图书670.52万册。国家综合档案馆12个，馆藏档案资料147.64万卷（件、册）。广播节目11套，电视节目16套。有线广播电视用户107.08万户（其中数字电视用户103.29万户），有线电视入户率94.0%。广播人口覆盖率99.9%，电视人口覆盖率100%。开展以“中国梦”为主题的艺术创作，推出晋剧《于成龙》《续范亭》《紫穗槐》，话剧《谍杀》，承办纪念抗战胜利70周年“烽火战歌”专场音乐朗诵。全年荣获国际奖3项、国家奖4项、省级奖2项。其中，戏曲电影《傅山进京》获中美国际电影节“最佳戏曲片”奖，晋剧《上马街》获第十六届上海白玉兰戏剧表演“主角奖”、“配角奖”。年末共列入国家级非物质文化遗产保护项目17项、省级保护项目67项、市级保护项目115项。

卫生：年末共有卫生机构2791个（不含村卫生室），医疗床位36760张。每千人拥有医疗床位8.5张。各类卫生技术人员52952人，其中：执业（助理）医师20045人，注册护士24245人。每千人拥有医生4.6人。实际参加新型农村合作医疗的农民105.82万人，参合率99.7%。“先住院、后付费”服务模式惠及农民16.2万人次。在全国首创“千医千村牵手”帮扶模式。创建2个国家级、163个省级群众满意的基层医疗卫生机构，2个慢性病综合防控示范区。

体育：全年太原运动员在国内外大赛中，获得12枚金牌、11 枚银牌、3枚铜牌，24个第四至第八名。在第一届全国青运会中，获得11枚金牌、9枚银牌、7枚铜牌的好成绩。太原国际马拉松赛蝉联“金牌赛事”，继续打造“龙城赛龙舟”、“全国篮球城市”、“汾河体育健身长廊”等体育名片，获得2015中国体育文化·体育旅游博览会“最佳组织奖”。

十三、人民生活和社会保障

人民生活：全年居民人均可支配收入25408元，比上年增长7.8%。按常住地分，城镇居民人均可支配收入27727元，增长7.6%，城镇居民人均消费支出15455元，增长7.1%；农村居民人均可支配收入13626元，增长8.0%，农村居民人均消费支出10124元，增长7.2%。城乡居民收入比为2.03：1，比上年缩小0.01个百分点。

社会保障：城镇社会保险参保率97.7%。全市企业职工参加养老保险 82.98万人，参加城镇基本医疗保险242.18万人，参加失业保险86.75万人，参加工伤保险95.13万人，参加生育保险96.88万人。年末城市低保覆盖人口3.32万人，农村低保覆盖人口3.98万人，4238人纳入农村五保供养，全年发放最低保障资金3.09亿元。

全市各类收养类单位50个，床位6624张，收养5238人。救济农村五保户4219户，城市临时救助8404户次，农村临时救助5003户次。年内新建城乡日间照料中心109个。

十四、环境保护和安全生产

环境质量：全年市区空气质量二级以上天数230天，达标比率为63.0%。空气污染综合指数7.13%。集中式饮用水源地水质达标率保持100%，地表水环境功能区水质达标率75%，市区区域环境噪声年均值52.9分贝、交通噪声年均值68.3分贝。全年PM2.5达标253天，达标比率为69.3%。

气温降水：全年平均气温8.7～11.4℃，降水量318.4～403.6mm。地下水水位平均上升0.3米。全社会用水量7.45亿立方米，其中：生活用水2.03亿立方米，生产用水4.70亿立方米，生态用水0.72亿立方米。

安全生产：全年各类安全生产事故发生数比上年下降4.5%。其中：工矿商贸企业事故、道路交通事故起数分别下降21.4%、14.7%。煤炭百万吨死亡率为0。

大同市2015年国民经济和社会发展情况

2015年，面对复杂严峻的经济形势，全市上下在市委、市政府的正确领导下，迎难而上，积极作为，坚持稳中求进工作总基调，认真贯彻落实省委、省政府决策部署，扎实推进稳增长、促改革、调结构、防风险、惠民生、抓安全等工作,全市经济社会，在新常态下平稳运行,各项事业发展迈上新台阶。

一、综　合

初步核算，全年全市地区生产总值1052.9亿元，按可比价格计算，比上年增长9.0%。其中，第一产业增加值56.4亿元，增长2.0%；第二产业增加值440.0亿元，增长7.9%；第三产业增加值556.5亿元，增长11.0%。第一产业增加值占地区生产总值的比重为5.3%，第二产业增加值比重为41.8%，第三产业增加值比重为52.9%。人均地区生产总值30975元,比上年增长8.5%。

全年居民消费价格比上年上涨0.6%。其中，食品类价格上涨0.4%；烟酒及用品类上涨3.1%；居住类下降1.0%；娱乐教育文化用品及服务类上涨3.9%；医疗保健及个人用品类上涨1.0%；家庭设备用品及维修服务类下降0.2%；衣着类上涨1.1%；交通和通讯类下降2.1%。全年商品零售价格比上年下降1.4%。工业生产者出厂价格比上年上涨1.8%。

全年全市城镇新增就业人员5.62万人；下岗失业人员再就业2.41万人；就业困难群体就业0.67万人；转移农村劳动力2.98万人；创业带动就业1.22万人。年末城镇登记失业率3.0%。

二、农　业

全年全市农作物总播面积315.90千公顷，比上年减少4.92千公顷。其中，粮食作物播种面积280.09千公顷，增加0.73千公顷。在粮食作物播种面积中，夏粮播种面积0.32千公顷，减少0.18千公顷；秋粮播种面积279.77千公顷，增加0.90千公顷。全市油料作物种植面积16.11千公顷，比上年增加0.86千公顷；蔬菜面积14.04千公顷，比上年减少4.69千公顷；饲草作物种植面积2.20千公顷，比上年增加0.17千公顷。

全年全市粮食总产量103.50万吨，比上年减少0.53万吨，下降了0.5%。其中，夏粮产量0.05万吨，下降1.3%；秋粮产量103.45万吨，下降0.5%。

全年全市生猪出栏100.6万头，比上年增长1.3%；牛出栏8.1万头，比上年增长6.0%；羊出栏153.4万只，增长12.4%；家禽出栏375.9万只,增长17.0%。猪存栏65.0万头，比上年增长2.7%；牛存栏18.2万头，比上年增长8.0%;羊存栏214.5万只，比上年增长30.2%。全市肉类总产量14.1万吨，比上年增长3.0%。其中，猪羊肉产量11.9万吨，增长0.9%。牛奶产量24.4万吨，增长2.9%；禽蛋产量5.4万吨，增长18.7%。

全年全市农业机械总动力196.78万千瓦，比上年增长2.0%。机械耕地面积221.05千公顷，增长5.7%；机械播种面积179.19千公顷，机械收获面积76.81千公顷，分别增长4.6%和5.7%。农村用电量3.52亿千瓦小时，比上年增长3.7%；化肥施用量26.15万吨，比上年减少9.8%。

三、工业、建筑业

初步统计，全年全市规模以上工业企业工业增加值比上年增长8.4%。

全年全市规模以上工业企业实现主营业务收入2116.3亿元，比上年下降5.3%。实现利税70.8亿元，比上年增长5.2%。其中，国有控股工业企业实现利税62.0亿元，增长9.9%。实现利润19.3亿元，比上年增长60.2%。其中，国有控股工业企业实现利润15.4亿元，增长95.9%。

全年全市建筑业增加值67.5亿元，比上年增长5.6%。全市具有建筑业资质等级的总承包和专业承包建筑业企业完成建筑业总产值114.1亿元，比上年下降15.7%。房屋建筑施工面积507.9万平方米，下降33.5%；房屋竣工面积224.9万平方米，下降38.4%。

四、固定资产投资

全年全市全社会固定资产投资1145.4亿元，比上年增长6.8%。其中，国有经济单位投资394.5亿元，下降7.5%；民间投资730.2亿元，增长14.2%。分产业看，第一产业投资293.7亿元，增长124.4%；第二产业投资473.0亿元，增长29.2%；第三产业投资378.7亿元，下降34.2%。在第二产业中，工业投资471.5亿元，增长29.1%。在全社会固定资产投资中，非煤产业投资1010.1亿元，增长2.0%；传统产业投资330.2亿元，增长70.3%。

全年全市房地产业开发投资139.2亿元，比上年下降41.4%。其中，住宅投资102.4亿元，下降32.5%。全年全市房地产开发施工面积1631.6万平方米，比上年下降25.6%。其中，住宅施工面积1009.8万平方米，下降32.4%。房屋竣工面积295.7万平方米，下降29.0%。其中，住宅竣工面积216.0万平方米，下降29.7%。商品房屋销售面积121.0万平方米，增长48.2%。

全市全年固定资产投资施工项目1275个，其中新开工1152个。全部建成投产项目1073个（不含房地产），新增固定资产838.2亿元。

五、能　源

全年全市一次能源生产折标准煤1.2亿吨，比上年增长7.4%；二次能源生产折标准煤0.1亿吨，下降11.6%。全年外输电力268.5亿千瓦时，比上年下降12.6%，外输电量占发电量比重为74.5%。全社会用电量126.5亿千瓦时，比上年下降9.0%。其中，第一产业用电量2.5亿千瓦时，增长1.7%；第二产业用电量94.3亿千瓦时，下降12.4%；第三产业用电量15.4亿千瓦时，下降0.1%；居民生活用电量14.3亿千瓦时，增长5.8%。

全年全市能源工业投资330.9亿元，比上年增长56.6%。

其中，煤炭工业投资135.3亿元，增长63.8%；电力工业投资158.0亿元，增长117.6%。

六、国内贸易

全年全市社会消费品零售总额567.7亿元，比上年增长4.8%。按经营地统计，城镇消费品零售额 478.2亿元，增长4.78%；乡村消费品零售额 89.5亿元，增长5.2%。按行业统计，全年全市批发业零售额49.5亿元，增长 7.4%；零售业零售额451.9亿元，增长4.0%；住宿和餐饮业零售额66.3亿元，增长9.3%。

全年全市限额以上批发零售贸易企业零售额中，服装鞋帽、针、纺织品类增长5.1%；石油及制品类下降27.7%；书报杂志类下降20.8%；汽车类下降7.8%。

七、对外经济

全年全市海关进出口总额257635万元,比上年下降13.0%。其中，出口176920万元，下降4.7%；进口80715万元，下降26.9%。

全年全市新批外商投资企业4家。外资实际到位19100万美元，比上年增长5.2%。

八、交通、邮电和旅游

全年全市公路通车里程12546.5公里。其中，高速公路549.3公里。全市公路密度89.0公里/百平方公里。

年末全市民用车辆保有量50.46万辆，比上年增长11.3%。其中，新注册汽车5.77万辆，下降6.3%；个人汽车40.11万辆，下降16.1%。年末载客小型车保有量34.85万辆，比上年增长17.4%。其中，个人载客小型车33.07万辆，增长19.1%。年末轿车保有量24.10万辆，比上年增长 17.5%。其中,个人轿车23.08万辆，增长19.0%。

全年全市完成邮电业务总量38.19亿元，比上年增长20.1%。其中，电信业务总量35.08亿元，增长20.1%；邮政业务总量3.11亿元，增长20.1%。年末全市固定及移动电话用户总数429.51万户，比上年下降3.3%。其中固定电话用户37.62万户，下降14.1%；移动电话用户391.89万户，下降2.1%。计算机互联网络用户54.64万户，比上年增长5.6%。3G用户达到134.17万户，比上年增长44.9%。全市邮政局所141个，邮路总长度3530公里。订销报纸3877.5万份，下降6.0%；订销杂志195万份额，下降10.0%；国内函件84万件，增长37.0%。国内包裹2.5万件，下降24.0%。

全年全市旅游总收入281.2亿元，比上年增长17.8%。其中，国内旅游收入278.9亿元，增长17.9%。全年全市接待国内游客3194.5万人次，比上年增长16.1%；接待入境海外游客6.57万人次，比上年增长6.3%;旅游外汇收入3762万美元,比上年增长6.9%。

九、财政、金融和保险

全年全市一般公共财政预算收入92.40亿元，比上年下降12.0%。税收收入71.33亿元，下降10.9%，其中，国内增值税比上年同期增长6.1%;企业所得税比上年同期下降14.0%;个人所得税下降4.5%;资源税增长26.9%;房产税下降9.7%。

全年全市公共财政预算支出292.40亿元，比上年增长31.7%。其中，教育支出增长46.9%；文化体育与传媒支出增长44.6%；社会保障与就业支出增长16.1%；医疗卫生支出增长13.0%；节能环保支出增长18.8%；城乡社区事务支出增长85.5%；住房保障支出增长64.8%。

年末全市金融机构各项存款余额2419.06亿元，比年初增加149.18亿元，比年初增长6.6%。年末全市金融机构各项贷款余额1181.61亿元，比年初增加148.52亿元，比年初增长14.4%。

年末全市共有注册保险机构34家。全年全市保费收入49.26亿元，比上年增长20.9%。其中,寿险业务保费收入32.09亿元，增长32.3%；财产险业务保费收入17.17亿元，增长4.3%。全年全市累计支付各类保险赔款及给付18.76亿元，同比增长10.9%。其中，寿险业务给付8.24亿元，增长17.9%；财产险业务赔款9.85亿元，同比增长7.9%。

十、科学技术和教育

全年全市共完成国家申请专利971件，其中，发明专利258件，实用新型专利615件、外观设计专利98件。全市共获得国家授权专利679件，其中，发明专利137件、实用新型专利431件、外观设计专利111件。全市共获2014年度省科学技术奖17项，其中科技进步二等奖7项、三等奖10项。获省2014年度农技承包奖8项，其中一等奖1项、二等奖7项。年末高新技术企业总数达到24家。

全市中等职业教育招生人数0.79万人，在校生人数2.18万人。其中，职业高中招生5835人，在校生人数1.50万人。全市基础教育招生人数11.79万人，在校生人数43.23万人。其中，初中中学招生人数3.07万人，在校生人数9.82万人；普通高中招生数2.02万人，在校生数6.51万人。

年末全市产品质量监督检验和计量检定技术机构16个。监督抽查360家企业8类18种475批次的产品和商品。全年完成强制检定计量器具8.8万台件。全市有气象台站8个。开展121电话天气自动答询的台站1个。开展人工影响天气业务的单位7个。防雹、增雨累计收益面积1.4万平方公里，增雨量0.6亿立方米。全市有卫星云图接收站8个。全年全市降水量388.8毫米，年平均气温7.0摄氏度，无霜期154天。

十一、文化、卫生和体育

全年全市共有群众文化艺术馆12个，艺术表演团体14个，公共图书馆13个,博物馆2个,档案馆13个。全市共有广播电视台10座，电视发射、转播台16座，中波发射台1座，调频发射、转播台14座，微波站14座，有线电视网14个。广播人口覆盖率98.98%，电视人口覆盖率达99.49%，有线电视用户48.6万户，数字电视用户41.1万户。

全年全市共有卫生机构（含诊所、村卫生室）3114个，床位17787张。其中，医院113个，卫生院140个，社区卫生服务中心（站）122个；疾病预防控制中心12个；妇幼保健机构13个；专科疾病防治机构1个。年末，全市卫生机构共有卫生技术人员20512人。其中执业医师和执业助理医师9149人，注册护士7759人；疾病预防中心卫生技术人员342人；妇幼保健卫生技术人员247人；农村乡镇卫生院卫生技术人员1110人。

全市在中华人民共和国第一届青年运动会上共获得3枚金牌、2枚银牌、5枚铜牌，在全国同类城市中名列第一。在山西省第十五届运动会中共获得107枚金牌。全年积极开展大同市第二届全民健步走活动、体育大拜年、全民健身技能展示、广场舞通讯赛等有规模、有影响、示范性强、传统性强的群众体育活动50多项。承办了全国七省市滑雪族三人接力赛、2015年全国健身气功比赛（山西站）大同展示活动、全国门球联盟赛、大同国际自行车骑游活动、全国室外射箭邀请赛、全省跆拳道比赛、全省毽球比赛等赛事。我市当选为“中国十佳运动休闲城市”。

十二、环境保护和安全生产

全年全市二级以上良好天数292天，空气质量综合指数5.36。

全年全市主城区新增供热面积250万平方米，实际集中供热面积5452万平方米，燃煤锅炉集中供热面积52万平方米，城市集中供热率达99.7%。现有燃气中低压管网1582公里，日供气能力220万立方米，天然气用户57.3万户，液化气用户5.2万户，城市气化率98.6%。城市供水管网826公里，城市日供水能力28万立方米，城市供水普及率99.8%，水质合格率100%；市本级污水处理厂共处理生活污水6300万立方米，污水处理率86.3%；中水回用1730万立方米，中水回用率21.1%。市区日处理生活垃圾1000吨，城市生活垃圾无害化处理率99%。

全年全市建成区新增绿化面积170万平方米。城市建成区绿化覆盖率、绿地率、人均公共绿地分别达到40.09%、35.96%和14.79平方米/人。

全年全市共完成造林面积21.34千公顷。其中，人工造林完成18.27千公顷。年末实有封山（沙）育林面积79千公顷。

全年全市发生各类生产经营性事故59起，死亡44人，同比事故起数减少17起，下降22.37%；死亡人数减少5人，下降10.2%。

十三、人口、人民生活和社会保障

据2015年人口抽样调查，年末全市常住人口为340.64万人，比上年末增加1.4万人。全年全市出生人口3.40万人，人口出生率为10.02‰；死亡人口1.96万人，死亡率为5.77‰；自然增长率为4.25‰。

全年全市居民人均可支配收入17472元，增长8.4%。按常住地分，城镇居民人均可支配收入24771元，增长7.5%；城镇居民人均消费支出11342元，增长8.1%。农村居民人均可支配收入7708元，增长8.0%；农村居民人均消费支出5961元，增长9.3%。城镇占调查总户数20%的低收入家庭人均可支配收入9983元，增长7.7%；农村占人口20%的低收入者收入2010元，增长12.7%。城镇居民家庭恩格尔系数（即居民家庭食品消费支出占家庭消费支出的比重）30.8%，农村居民家庭恩格尔系数35.1%。

全年全市企业养老保险参保职工人数36.1万人，比上年增加0.2万人。城乡居民基本养老保险参保人数108.6万人，增加0.3万人。城镇基本医疗保险参保人数132.9万人，增加0.1万人。失业保险参保人数45.1万人，增加0.1万人。工伤保险参保人数42.2万人，增加0.9万人。生育保险参保人数43.7万人，与上年持平。

全年全市纳入城市最低生活保障的居民6.02万户，共13.28万人，发放城市低保资金4.8亿元；纳入农村最低生活保障的居民12.52万户，共15.44万人，发放农村低保资金3.2亿元。

年末提供住宿的社会服务机构105个，床位12001张，收养救助7283人。城镇建立各种社区服务设施632个。其中，综合性社区服务中心184个。全年销售社会福利彩票3.63亿元,筹集社会福利资金3066万元。

朔州市2015年国民经济和社会发展情况

2015年，面对国内煤炭市场需求严重下滑、经济下行压力持续加大的困难局面，全市上下在市委、市政府的坚强领导下，深入贯彻落实党的十八届三中、四中、五中全会精神及省委、省政府一系列决策部署，坚持稳中求进的工作总基调，努力推进“两大任务”、加快“六大发展”，全市经济社会发展取得新的成就，为全面建成小康社会奠定了基础。

一、综　　合

据2015年人口抽样调查，年末全市常住人口176.22万人，比上年末增加0.83万人。全年全市出生人口1.81万人，人口出生率10.29‰；死亡人口0.98万人，死亡率5.58‰；自然增长率4.71‰。

初步核算，全年全市生产总值901.1亿元，按可比价格计算，比上年下降2.3%。其中，第一产业增加值55.5亿元，下降5.6%，占生产总值比重6.2%；第二产业增加值406.3亿元，下降5.8%，占生产总值比重45.1%；第三产业增加值439.3亿元，增长4.6%，占生产总值比重48.7%。

人均地区生产总值51256元，按2015年平均汇率计算为8231美元。

全年全市一般公共财政收入54.3亿元，下降37.3%。税收收入36.3亿元，下降40.7%，其中国内增值税、营业税、企业所得税、个人所得税、资源税和城建税共计完成税收28.9亿元，下降36.2%。一般公共预算支出138.3亿元，下降3.3%。其中，教育、医疗卫生、社会保障和就业、住房保障、公共交通运输、节能环保、城乡社区事务、农林水、科技、文体传媒、商业服务业、国土气象和粮油物资储备民生支出113.1亿元，下降2.8%，民生支出占全市一般公共预算支出的比重81.8%。

居民消费价格比上年上涨1.2%，其中，食品价格下降0.6%。商品零售价格上涨0.5%。工业生产者出厂价格下降21.7%，其中生产资料价格下降22.8%，生活资料价格下降3.9%。工业生产者购进价格下降6.4%。

二、农　　业

全年全市农作物种植面积328.3千公顷，比上年减少19.1千公顷。其中，粮食种植面积268.1千公顷，减少7.8千公顷；蔬菜种植面积15.9千公顷，减少9.6千公顷；油料种植面积25.7千公顷，减少3.2千公顷。在粮食种植面积中，玉米种植面积159.7千公顷，增加5.6千公顷。

全年粮食产量110万吨，减少18.1万吨，减产14.2%。其中，夏粮1.74万吨，增产40.3%；秋粮108.23万吨，减产14.7%。

全年全市肉类总产量9.3万吨，增长3.9%。其中，猪肉产量2.8万吨，下降5.5%；羊肉产量5.4万吨，增长11.1%。牛奶产量52.3万吨，增长0.7%。禽蛋产量2.4万吨，增长34.9%。

全年生猪出栏28.8万头，存栏22.1万头；牛出栏5.6万头，存栏19.3万头；羊出栏307.7万只，存栏191.5万只。

年末全市农业机械总动力245.9万千瓦，比上年末增长1.9%。机械耕地面积28.9万公顷，机械播种面积26.8万公顷，机械收获面积16.6万公顷，分别比上年增长4.8%、4.9%和9.0%。

三、工业和建筑业

年末全市规模以上工业企业259家，减少5家。全年规模以上工业增加值下降5.9%。

全年规模以上工业主营业务收入737.6亿元，比上年下降30.1%。其中，煤炭、电力热力生产和供应业分别实现主营业务收入510.3亿元和88亿元，分别下降32.9%和16.0%；食品和非金属矿物制造业分别实现主营业务收入18.6亿元和34 亿元，分别下降19.6%和12.7%；汽车制造业和医药工业分别实现主营业务收入1.3亿元和2.6亿元，增长2.9%和下降30.1%。

全年规模以上工业企业实现利税36.9亿元，比上年下降75%；实现利润-24.9亿元。

全年全市建筑业实现增加值24.7亿元，下降0.8%。

四、能　　源

全年全市一次能源生产折标准煤1.3亿吨（原煤折标系数采用0.7143），下降10.01%；二次能源生产折标准煤0.94亿吨（2015年二次能源生产增加了洗煤加工转换产出），下降16.6%。

全年全市全社会用电总量97.2亿千瓦小时。其中，第一产业用电2.1亿千瓦小时，占全社会用电量2.2%；第二产业用电83.9亿千瓦小时，占86.3%，其中工业用电83.3亿千瓦小时；第三产业用电6.9亿千瓦小时，占全社会用电量7.2%；城乡居民生活用电4.2亿千瓦小时，占全社会用电量4.3%。

五、固定资产投资

全年全社会固定资产投资937.1亿元,增长14.9%。其中，固定资产投资（不含跨省、农户）869.4亿元，增长17.7%。

在固定资产投资（不含跨省、农户）中，基础设施投资完成167.6亿元，增长76.5%。国有及国有控股投资535.8亿元，增长21.2%；民间投资363.5亿元，下降2.7%。

分登记注册类型看，内资企业和个体经营投资919.4亿元，增长13.8%；外商及港澳台商企业投资17.7亿元，增长123.8%。

分产业看，第一产业投资146.5亿元，增长69.3%；第二产业投资425.1亿元，下降5.4%；第三产业投资365.4亿元，增长30.8%。

全市工业投资428.8亿元，下降4.4%。其中，煤炭工业投资78.8亿元，下降24.1%;电力工业投资192.3亿元，增长0.9%；非煤电产业投资157.7亿元，增长2.2%。

全年全市在建固定资产投资项目929个。其中，亿元以上项目208个，计划总投资1854.9亿元，完成投资598.1亿元。

全年房地产开发投资67.7亿元，下降12.3%。其中，住宅投资56亿元，增长0.8%；商业营业用房投资7.3亿元，下降40.2%。

六、贸　易

全年全市社会消费品零售总额270.1亿元，增长4.6%。按经营地统计，城镇消费品零售额190.4亿元，增长4.5%；乡村消费品零售额79.7亿元，增长4.7%。按消费形态统计，商品零售额236.5亿元，增长4.4%；餐饮收入额33.6亿元，增长5.8%。

全年全市海关进出口总额36488万元，下降35.9%。其中，进口额17504万元，下降56.4%；出口额18984万元，增长13.5%。

七、交通、邮电和旅游

全年新增公路通车里程7.3公里，年末全市公路通车里程达到10170.2公里。其中，高速公路388.7公里，普通干线公路815.5公里，农村公路8966.1公里。

年末全市民用汽车保有量18.45万辆（包括三轮汽车和低速货车），比上年末增长8.4%，其中汽车14.55万辆，增长11.1%。本年新注册汽车1.9万辆。

全市完成邮电业务总量4.4亿元，下降12.4%。其中，邮政业务总量1.1亿元，增长3.6%；电信业务总量3.3亿元，下降16.6%。年末移动电话用户144.8万户，其中，3G移动电话用户30万户，4G移动电话用户47.6万户。全市宽带接入用户20.4万户，下降0.14%。

全年全市接待国内旅游者1415.7万人次，增长23.3%。国内旅游收入133.4亿元，旅游总收入133.6亿元，分别增长22.2%和22.2%。接待入境旅游者人数6133人次,同比增长4%；旅游（外汇）收入210.3万美元,同比增长5 %。

八、金　融

年末全市金融机构本外币各项存款余额1191.7亿元，比年初增加70.4亿元，增长6.3%。各项贷款余额558.6亿元，比年初增加45.7亿元，增长8.9%。

年末全市农村金融合作机构（农村信用社、农村合作银行、农村商业银行）人民币贷款余额199.3亿元，比年初增加16.2亿元，增长8.8%;人民币存款余额286.3亿元，比年初增加20.3亿元，增长7.6%。

全年全市保费收入17.3亿元，比上年增长24.3%。其中，寿险业务保费收入10亿元，增长49.5%；健康险业务保费收入0.7亿元，增长42.6%；意外伤害险保费收入0.3亿元，下降4.2%；财产险业务保费收入6.3亿元，下降2.2%。全年保险业赔款和给付支出7.7亿元，增长31.2%。其中，寿险业务给付支出3.8亿元，增长90.3%；健康险业务赔款和给付支出0.3亿元，下降19.1%；意外伤害险业务赔款支出0.1亿元，增长4.9%；财产险业务赔款3.6亿元，同比增长2.4%。

九、教育和科学技术

全年全市中等职业教育学校共招生0.68万人，在校学生达到1.89万人；普通高中共招生1.68万人，在校学生达到5.55万人；初中共招生2.22万人，在校学生达到7.63万人。

全年全市共受理各项专利申请量246件，拥有量119件。全市技术市场共签订技术合同8份，成交金额9694万元。全年全市共取得省级以上10项科技成果，获得省级以上资助129万元。

年末全市有气象台站6个。全市气象系统开展人工影响天气业务的单位7个，全市有卫星云图接收站1个。

年末全市有专业综合地震台站2个，省级地震台网中心1个。全年小震活动4次，最大震级1.5级。

十、文化、卫生和体育

年末全市共有国有艺术表演团体8个，文化馆7个。广播电台5座，电视台3座。有线电视用户17.4万户。广播人口覆盖率100%，电视人口覆盖率100%。全市共有公共图书馆7 个，馆藏图书57.2万册。

年末全市共有卫生机构(含乡村诊所)2163个，其中妇幼保健院（所、站）7个。全市卫生机构共有床位7288张；卫生技术人员6404人。全市新型农村合作医疗参合率达到99.68%。社区卫生服务体系覆盖人口30万人。

年末全市拥有群众健身辅导中心、站点602个，体育指导员3170人，全年举办体育比赛活动79次。全年全市销售中国体育彩票4523万元，比上年增长41.3%。

十一、人民生活和社会保障

全年居民人均可支配收入18983元，增长7.9%。按常住地分，城镇居民人均可支配收入27500元，增长6.9%，城镇居民人均消费支出14096.4元，增长3.4%；农村居民人均可支配收入10816元，增长6.7%，农村居民人均消费支出6837.1元，增长6.3%。城镇占调查总户数20%的低收入家庭人均可支配收入10533元，增长9.0%；农村占人口20%的低收入者收入3477元，增长13.3%。城镇居民家庭恩格尔系数（即居民家庭食品消费支出占家庭消费支出的比重）25.6%，农村居民家庭恩格尔系数34.9%。

年末参加城镇职工基本养老保险21.9万人，增加1.8万人；参加城乡居民基本养老保险88万人，增加2.2万人；参加城镇基本医疗保险47万人，增加5.7万人；参加失业保险18.3万人，增加0.1万人；参加工伤保险18.7万人，增加0.65万人；参加生育保险18万人，增加0.2万人。

全年全市纳入城市最低生活保障的居民4.9万人，比上年减少0.2万人，发放城市低保资金1.8亿元，发放资金与上年基本持平；纳入农村最低生活保障的居民8.2万人，比上年增加0.3万人，发放农村低保资金1.9亿元，发放资金比上年增加0.2亿元。

十二、资源、环境和安全生产

全年市区（不包括平鲁区，下同）空气质量二级以上天数216天，比上年减少46天，大气综合污染指数为6.77，比上年增长1.5%。

全年市区污水处理率达到98.6%，提高0.07个百分点；城市生活垃圾无害化处理率达到100%；集中供热面积2496.5万平方米，集中供热普及率达到90.03%，提高0.01个百分点。

全年全市共发生各类安全生产事故349起，比上年增加19起，上升5.8%；死亡51人，比上年减少19人，下降27.1%。其中，道路交通发生事故173起，比上年减少19起，下降9.9%；死亡46人，减少18人，下降28.1%。

忻州市2015年国民经济和社会发展情况

2015年，面对经济下行压力持续加大的困难局面，市委、市政府团结带领全市人民，坚持稳中求进工作总基调，主动适应引领新常态，统筹推进稳增长、促改革、调结构、惠民生、防风险各项工作，全市经济社会发展取得新成就，全面建成小康社会迈出坚实步伐。

一、综　　合

据2015年人口抽样调查，年末全市常住人口314.1万人，比上年末增加1.3万人。全年全市出生人口3.3万人，人口出生率10.6‰；死亡人口2.0万人，死亡率6.5‰；自然增长率4.1‰。

初步核算，全年全市生产总值681.2亿元，按可比价格计算，比上年增长2.4%。其中，第一产业增加值63.7亿元，下降7.0%，占生产总值的比重9.4%；第二产业增加值304.5亿元，增长1.1%，占生产总值的比重44.7%；第三产业增加值313.0亿元，增长6.3%，占生产总值的比重45.9%。

人均地区生产总值21731元，按2015年平均汇率计算为3490美元。

全年全市一般公共预算收入73.7亿元，下降8.9%。税收收入39.7亿元，下降24.5%，其中，国内增值税、营业税、企业所得税、个人所得税、资源税和城市维护建设税共计完成税收32.6亿元，下降17.9%。一般公共预算支出242.1亿元，增长14.0%。其中，教育、医疗卫生、社会保障和就业、住房保障、公共交通运输、节能环保、城乡社区事务等民生支出202.3亿元，增长15.9%，民生支出占全市一般公共预算支出的比重83.6%。

全年全市居民消费价格比上年上涨1.3%，其中，食品价格上涨1.2%。工业生产者出厂价格下降10.1%，其中生产资料价格下降10.3%，生活资料价格下降2.7%。工业生产者购进价格下降5.9%。

全年全市城镇新增就业3.7万人。转移农村劳动力3.9万人。年末城镇登记失业率3.9%。

二、农　　业

全年全市农作物种植面积471.3千公顷，比上年减少3.0千公顷。其中，粮食种植面积431.0千公顷，增加5.1千公顷；蔬菜种植面积7.8千公顷，减少1.2千公顷；油料种植面积24.3千公顷，减少6.1千公顷。在粮食种植面积中，玉米种植面积238.9千公顷，减少3.9千公顷。果园面积17.7千公顷，减少1.1千公顷。

全年粮食产量150.3万吨，减少26.7万吨，减产15.1%。其中，秋粮150.2万吨，减产15.1%。

全年完成造林面积48.1千公顷，增长4.8%。其中，荒山荒地造林面积39.8千公顷。全年木材产量1.1万立方米，与上年持平。

全年全市猪牛羊肉总产量12.4万吨，增长10.6%。其中，猪肉产量5.9万吨，增长1.5%；牛肉产量1.0万吨，增长34.1%；羊肉产量4.8万吨，增长17.5%。年末生猪存栏45.2 万头，生猪出栏64.4万头。牛奶产量5.7万吨，增长2.6%。禽蛋产量7.2万吨，增长14.8 %。水产品产量0.3万吨，增长9.4%。

年末全市农业机械总动力268.9万千瓦，增长3.5%。机械耕地面积320.3千公顷，增长1.9%；机械播种面积323.9千公顷，增长8.7%；机械收获面积161.2千公顷，增长8.9%。全市农机化经营总收入11.8亿元，增长5.4%。

三、工业和建筑业

年末全市规模以上工业企业352家，比上年末增加30家。全年全市规模以上工业增加值增长0.8%。

规模以上工业企业实现主营业务收入492.5亿元，下降19.3%。其中，医药工业实现主营业务收入0.6亿元，下降34.5%；煤炭工业实现114.1亿元，下降28.2%；冶金工业实现177.3亿元，下降17.9%；装备制造业实现66.6亿元，下降19.4%；电力工业实现71.6亿元，下降13.1%；焦炭工业实现18.1亿元，下降26.3%；化学工业实现13.1亿元，增长5.1%；食品工业实现5.5亿元，下降15.3%；建材工业实现12.6亿元，下降6.6%。

规模以上工业实现利税38.2亿元，下降47.9%；规模以上工业利润总额1.8亿元，下降94.8%，其中，国有控股企利润总额5.2亿元，下降77.1%。

全年全市建筑业实现增加值38.1亿元，增长1.2%。具有建筑业资质等级的总承包和专业承包建筑业企业实现利润2.94亿元，增长93.6%。

四、能　源

全年全市一次能源生产折标准煤5410万吨，增长10.4%；二次能源生产折标准煤1618万吨，下降2.4%。

全年全市全社会用电总量95.2亿千瓦小时。其中，第一产业用电2.5亿千瓦小时，占全社会用电量的比重2.6%；第二产业用电63.8亿千瓦小时，占全社会用电量的比重67.0%，其中工业用电62.1亿千瓦小时；第三产业用电19.7亿千瓦小时，占全社会用电量的比重20.6%；城乡居民生活用电9.3亿千瓦小时，占全社会用电量的比重9.8%。

五、固定资产投资

全年全社会固定资产投资1119.6亿元，增长16.0%。

在固定资产投资（不含跨市、农户）中，基础设施投资完成177.1亿元，下降13.0%。

在固定资产投资（不含跨市、农户）中，国有及国有控股投资374.5亿元，下降5.7%；民间投资730.0亿元，增长30.1%。

分登记注册类型看，内资企业和个体经营投资1102.5亿元，增长15.2%；外商及港澳台商企业投资17.1亿元，增长101.6%。

分产业看，第一产业投资243.7亿元，增长50.2%；第二产业投资443.8亿元，增长16.0%；第三产业投资432.1亿元，增长2.8%。

全市工业投资443.8亿元，增长16.0%。其中，煤炭工业投资90.2亿元，下降22.5%，非煤产业投资353.6亿元，增长32.8%；传统产业（煤炭、焦炭、冶金、电力）投资合计126.2亿元，下降29.3%，非传统产业投资合计317.7亿元，增长55.6%。

全年全市在建固定资产投资项目1527个。其中，亿元以上项目356个，计划总投资2140.4亿元，完成投资614.1亿元。

全年房地产开发投资52.4亿元，下降15.1%。其中，住宅投资33.1亿元，下降32.4%；商业营业用房投资13.2亿元，增长76.9%。

六、国内贸易

全年全市社会消费品零售总额311.2亿元，增长5.3%。按经营地统计，城镇消费品零售额219.1亿元，增长5.0%；乡村消费品零售额92.1亿元，增长6.1%。按消费形态统计，商品零售额272.9亿元，增长4.2%；餐饮收入额38.3亿元，增长14.6%。

七、对外经济

全年全市海关进出口总额19501万美元，下降6.2%。其中，进口额427万美元，下降34.4%；出口额19074万美元，下降5.3%。

全年出口镁及其制品195万吨，下降25.2%；出口钢材7.3万吨，下降12.9%，其中不锈钢1万吨，下降92.1%。出口机电产品15120万美元，下降8.2%；出口高新技术产品57万美元，增长19.6%。

全年进口机电产品19万美元，下降53.4%。

全年全市新设立外商直接投资企业1家；按全口径统计实际使用外商直接投资金额4280万美元，下降0.9%。

全年全市对外经济合作新签合同额14251万美元，增长120%。

八、交通、邮电和旅游

年末全市公路线路里程17250.6公里，其中高速公路744.0公里。

年末全市民用汽车保有量27.2万辆（包括三轮汽车和低速货车0.3万辆），比上年末增长8.4%，其中私人汽车23.7万辆，增长10.8%。本年新注册汽车3.3万辆，增长3.5%。年末轿车保有量15.0万辆，增长12.9%，其中私人轿车14.1万辆，增长14.5%。

全年全市完成邮电业务总量19.6亿元，下降5%。其中，邮政业务总量2.6亿元，增长10%；电信业务总量17.0亿元，下降7.0%。年末移动电话用户271.3万户，其中，3G移动电话用户82.7万户，4G移动电话用户74.7万户。全市宽带接入用户39.4万户，增长7.0%。

全年全市商业住宿设施接待入境过夜游客51766人次，接待国内旅游者2890.6万人次，分别增长5.2%和20.1%；旅游外汇收入1716.4万美元，同比增长6.2%；国内旅游收入283.0亿元，增长17.8%；旅游总收入284.6亿元，增长17.9%。

九、金　融

年末全市金融机构本外币各项存款余额1641.8亿元，比年初增加96.0亿元，比年初增长6.2%。各项贷款余额715.0亿元，比年初增加71.6亿元，增长11.1%。

年末全市农村金融合作机构（农村信用社、农村合作银行、农村商业银行）人民币存款余额503.1亿元，比年初增加7.7亿元，比年初增长1.6%；人民币贷款余额294.3亿元，比年初增加16.5亿元，增长5.9%。

全年全市保费收入34.3亿元，增长24.3%。其中，寿险业务保费收入24.1亿元，增长40.6%；健康险业务保费收入1.5亿元，增长33.6%；意外险业务保费收入0.5亿元，减少23.9%；财产险业务保费收入0.7亿元，减少19.3%。全年支付各类赔款及给付11.7亿元，增长13.6%。

十、教育和科学技术

年末全市共有幼儿园424所，小学677所，普通初中238所，普通高中35所，中等职业教育学校52所，普通高等学校1所，成人高等学校15所。全市学前教育毛入园率83%，小学学龄儿童净入学率99.8%，高中阶段毛入学率93%，高等教育毛入学率40%。

全年全市专利申请量437件，下降27.4%；其中发明专利申请量121件，下降20.9%。全市专利授权量396件，增长2.3%；其中发明专利授权量74件，增长131.3%。全年新登记科技成果3项。国家级企业技术中心1家，市级企业技术中心75家。按照国家高新技术企业认定办法，年末累计高新技术企业25家。

全市1个经济开发区，2015年全年区内税收收入3.8亿元，下降4.5%；企业主营业务收入102.3亿元，下降13.0%。

年末全市共有市、县产品质量监督检验和计量检定技术机构14个，全年监督抽查了103家企业2类4种195批次的产品和商品。全年完成强制检定计量器具2.9万台件。

全市有气象台站16个，开展电话天气自动答询的台站16个。全市气象系统开展人工影响天气业务的单位16个，防雹、增雨累计受益面积为全市区域内，增雨量1.1亿立方米。全市有卫星云图接收站1个。

全市辖区内有专业综合地震台站3个，市级地震前兆监测台站2个，县级地震前兆监测台站3个。全年发生M3.0—M3.9级地震1次，最大震级3.2级。

十一、文化、卫生和体育

年末全市共有群众艺术馆1个，文化馆14个，文化站333个（其中：乡镇综合文化站185个），农村文化活动场所4893个。专业艺术表演团体41个。公共图书馆14个。出版报纸1种（不含高校校报）3.1万份，杂志1种、3.6万册。广播电视台14座，电视台2座，调频电视转播发射台17座，一百瓦以上调频电视转播发射台17座。广播人口覆盖率97.9%，电视人口覆盖率98.28%，有线电视用户12.8万户（不包括忻府区）。

年末全市共有卫生机构(含诊所、村卫生室)5233个，床位12802张。卫生防疫、防治机构15个，妇幼保健院（所、站）15个。全市卫生机构共有卫生技术人员13690人。卫生院卫生技术人员2545人；社区卫生服务中心（站）卫生技术人员247人；防疫、防治卫生技术人员357人，妇幼保健（所、站）卫生技术人员628人。全市14个县（市、区）开展了新型农村合作医疗试点工作，有205.5万农民参加了合作医疗。

全市有体育场30个，体育馆8个。全年我市运动员在国内外重大比赛中获金、银、铜牌分别为16枚、18枚和31枚（包括非奥运项目比赛）。全年全市销售中国体育彩票0.9亿元，增长5.0%。

十二、人民生活和社会保障

全年全市居民人均可支配收入13415元，增长8.8%。按常住地分，城镇居民人均可支配收入23452元，增长7.9%，城镇居民人均消费支出11175元，增长8.3%；农村居民人均可支配收入6550元，增长7.3%，农村居民人均消费支出4170元，增长8.4%。按全市居民五等份收入分组，城镇低收入组人均可支配收入8138元，增长8.3%；农村低收入组人均可支配收入1783元，增长13.8%。城镇居民家庭恩格尔系数（即居民家庭食品消费支出占家庭消费支出的比重）30.8%，农村居民家庭恩格尔系数36.2%。

年末参加城镇职工基本养老保险41.4万人，比上年末增加1.5万人；参加城乡居民基本养老保险159.4万人，增加6.0万人；参加城镇基本医疗保险66.8万人，增加0.7万人；参加失业保险20.8万人；参加工伤保险22.5万人，增加0.5万人；参加生育保险25万人，增加0.1万人。

全年得到城市最低生活保障救济人数77426人，全年共发放城市最低保障资金2.6亿元。25580人纳入农村五保供养。

年末全市城镇有各种社区服务设施64个。各类收养性单位床位数4856张，收养人数2807人。国家抚恤、补助各类优抚对象15683人。全年销售福利彩票2.6亿元，筹集社会福利资金6411万元。

十三、资源、环境和安全生产

年末全市8座中型水库蓄水总量1974.4万立方米。

年末全市森林面积42.7万公顷，森林覆盖率18.4%。

按《环境空气质量指数（AQI）技术规定（试行）(GB3095-1996)》评价，14个县级城市环境空气达标天数范围在266-365天之间。

黄河、海河流域忻州段共监测16个断面，达到Ⅲ类以上（包括Ⅰ、Ⅱ、Ⅲ类）水质标准的断面占53.3%，达到Ⅳ类水质标准的断面占20.0%，有26.7%的断面为劣Ⅴ类水质标准。

全年全市农作物受灾总面积454.4万亩，造成直接经济损失17.5亿元。其中受旱面积441.9万亩，因旱绝收面积78.2万亩，造成直接经济损失16亿元；雹灾面积12.5万亩，绝收5.2万亩，造成直接经济损失1.5亿元。

全年全市共发生各类生产经营性事故339起，下降9.6%；死亡67人，下降6.9%。

吕梁市2015年国民经济和社会发展情况

2015年，面对主导产业市场疲软、金融环境日渐趋紧、经济下行压力持续加大等困难和挑战，吕梁市委、市政府认真贯彻落实中央、省委经济工作会议精神，紧紧围绕“新布局，新发展，新形象”的总体要求，以坚定的意志攻坚克难，以饱满的热情开拓创新，以务实的作风勤勉工作，团结带领全市人民积极应对，主动作为，经济社会发展取得显著成效，人民生活水平得到稳步提高，全面建成小康社会迈出坚实步伐。

一、综　合

据2015年人口抽样调查，年末全市常住人口为383.22万人，比上年末增加1.91万人。全年全市出生人口4.04万人，人口出生率为10.57‰；死亡人口2.13万人，死亡率为5.58‰；自然增长率为5.00‰。

初步核算，全年全市生产总值955.8亿元，同比下降4.7%。分产业看：第一产业增加值53.5亿元，同比下降9%；第二产业增加值544.5亿元，同比下降7.6%；第三产业增加值357.8亿元，同比增长2.9%。

人均地区生产总值25003元，按2015年平均汇率计算为4014美元。

一般公共预算收入90.7亿元，同比下降30.6%。分征收系统看，国税系统20.3亿元，同比下降3.3%；地税系统43.1亿元，同比下降24.4%；财政系统27.3亿元，同比下降48.1%。

分收入类型看，税收收入63.4亿元，同比下降18.7%；非税收收入27.3亿元，同比下降48.1%。

一般公共预算支出累计执行274.2亿元，同比增长3.9%。其中：公共安全支出12.9亿元，同比增长1.6%；教育支出60.3亿元，同比增长14.8%；社会保障和就业支出32.2亿元，同比增长26.9%；医疗卫生支出33.6亿元，同比增长26%；节能环保支出8.2亿元，同比增长1%；城乡社区事务支出20.1亿元，同比增长12.1%；农林水事务支出36.1亿元，同比下降26.6%；住房保障支出9.7亿元，同比下降8.4%。

居民消费价格同比上涨0.3%，环比上涨1%。商品零售价格下降0.7%，环比上涨0.9%。工业生产者出厂价格同比下降15%，环比下降2.7%，其中生产资料价格下降15.6%，生活资料价格下降2.8%。工业生产者购进价格下降9.3%。农业生产资料价格下降2.1%。

二、农　业

全年全市粮食种植面积354.73千公顷，减少2.91千公顷；油料种植面积23.9千公顷，减少4.1千公顷；棉花种植面积0.084千公顷，减少0.066千公顷。在粮食种植面积中，玉米种植面积179.44千公顷，增加5.64千公顷；小麦种植面积2.17千公顷，减少0.74千公顷。

全年粮食产量72.38万吨，减少53.67万吨，减产42.58%。其中，夏粮0.8万吨，减产36.3%；秋粮71.57万吨，减产42.64%。

全年完成造林32.667千公顷，下降22.23%。其中，荒山荒地造林面积7.36千公顷，增长15.85%。全年木材产量2.6万立方米。

年末全市农业机械总动力303.3万千瓦，增长1.9%。机械耕地面积231.61千公顷，增长5%；机械播种面积200.02千公顷，机械收获面积127.57千公顷，分别增长4.8%和6.82%。全市农机化经营总收入12.05亿元，下降0.88%。

三、工业和建筑业

年末全市规模以上工业企业538户，减少18户。规模以上工业增加值下降11.9%。

主要产品产量：原煤11556.7万吨，下降1.6%；洗煤9308.3万吨，下降14.8%；洗精煤6636万吨，下降15.6%；焦炭1570.2万吨，下降14.7%；铁矿石原矿2618.2万吨，增长19.8%；铁矿石合成品矿700.4万吨，下降0.3%；其中，铁精矿493.2万吨，增长2.9%；铝土矿580.8万吨，增长25.6%；饲料63.9万吨，下降5.6%；饮料酒63935.7千升，下降7.7%；白酒62231.7千升，下降5.1%；氢氧化铝455.62万吨，增长0.9%；农用化肥22万吨，增长119%；水泥428.9万吨，下降35.4%；生铁388.5万吨，下降14.5%；钢材295.4万吨，下降20%；氧化铝619.2万吨，增长21.4%；发电量为112.1亿度，下降7.2%。

规模以上工业企业主营业务收入1414.4亿元，下降17.7%。其中，装备制造业和医药制造业分别实现主营业务收入24.2亿元和2.6亿元，分别增长58.2%和9.4%；煤炭、焦炭、冶金、电力、化工、建材和食品工业分别实现主营业务收入553.8亿元、145.7亿元、252.3亿元、23.6亿元、132.2亿元、35.4亿元和238.1亿元，分别下降26.5%、16.4%、15.9%、11.2%、8.9%、26.9%和2.3%。

规模以上工业实现利税74.4亿元，增长3.3%；实现利润负16.7亿元，亏损额下降31.4%。

全年全市建筑业实现增加值10.9亿元，下降9.2%。具有建筑业资质等级的总承包和专业承包建筑业企业实现利润27.1亿元，下降12%。

四、能 源

全年全市一次能源生产折标准煤1.16亿吨，下降1.6%；二次能源生产折标准煤368.85万吨，下降5%。

全年全市全社会用电总量134.31亿千瓦小时。其中，第一产业用电2.35亿千瓦小时，占全社会用电量2%；第二产业用电104.76亿千瓦小时，占78%，其中工业用电102.97亿千瓦小时；第三产业用电12.24亿千瓦小时，占10%；城乡居民生活用电14.96亿千瓦小时，占12%。

五、固定资产投资

全市固定资产投资1166.4亿元，增长14.7%。其中，城镇固定资产投资1098.9亿元，增长12.8%；房地产开发投资67.5亿元，增长56.5%。

在固定资产投资中，国有及国有控股投资405.2亿元，增长7.2%；民间投资613亿元，下降3%。

分登记注册类型看，内资企业和个体经营投资1166.1亿元，增长15.5%；外商及港澳台商企业投资0.3亿元，下降95.7%。

分产业看，第一产业投资35.7亿元，增长41.1%；第二产业投资572.6亿元，增长0.3%；第三产业投资558.1亿元，增长32.6%。

全市工业投资572.6亿元，增长0.3%。其中，煤炭工业投资161.4亿元，增长32.9%,非煤产业投资411.2亿元，下降8.5%；传统产业（煤炭、焦炭、冶金、电力）投资合计370.9亿元，增长8.6%,非传统产业投资合计201.7亿元，下降12%。

全年全市在建固定资产投资项目1235个。其中，亿元以上项目374个，计划总投资2881.7亿元，完成投资790.1亿元。

全年房地产开发投资67.5亿元，增长56.5%。其中，住宅投资51.1亿元，增长69.1%；商业营业用房投资10.5亿元，增长80.5%。

六、国内贸易

全市社会消费品零售总额406亿元，增长4.4%。按经营地统计，城镇市场零售额308.8亿元，增长3%；乡村市场零售额97.1亿元，增长9.2%。按消费形态统计，商品零售额366.3亿元，增长4.2%；餐饮收入额39.7亿元，增长7.6%。

分行业看，批发业17.4亿元，增长0.1%；零售业340亿元，增长4.3%；住宿业9亿元，增长2.9%；餐饮业40.6亿元，增长11%。

七、对外经济

全年全市海关进出口总额4.05亿美元，下降27.3%。其中，进口额2.46亿美元，下降32.3%；出口额1.59亿美元，下降18%。

全年出口焦炭5.7万吨，下降66.5%；出口镁及其制品0.07万吨，下降14.0%；出口钢材0.94万吨，下降44.8%，出口机电产品0.29亿美元，增长16.4%；出口高新技术产品0.17亿美元，增长184.3%。

全年进口铁矿砂0.03万吨，增长11.8%，进口金额1.83亿美元，下降31.1%；进口机电产品0.02亿美元，下降58%。

全年全市新设立外商直接投资企业3家。

八、交通、邮电和旅游

年末全市民用汽车保有量29.7万辆（包括三轮汽车和低速货车0.3万辆），比上年末增长5.3%，其中私人汽车26.2万辆，增长6.8%。本年新注册汽车3.2万辆，下降4.1%。年末轿车保有量18.7万辆，增长8.5%，其中私人轿车17.4万辆，增长9.6%。

全年全市完成邮电业务总量40.2亿元，增长14.2%。其中，邮政业务总量2亿元，下降13.7%；电信业务总量37.4亿元，增长26.9%。年末移动电话用户312.5万户，宽带接入用户47.4万户。

全年全市商业住宿设施接待入境过夜游客5290人次，接待国内旅游者2677.55万人次，分别增长4.6%和24.5%；旅游外汇收入203.64万美元，国内旅游收入226.94亿元，旅游总收入227.05亿元，分别增长5.2%、25和25%。

九、金融、保险

年末全市金融机构本外币各项存款余额1616.4亿元，比去年同期增长2.4%；比年初增加43.3亿元，上升了2.89%。本外币各项贷款余额892.3亿元，比去年同期增长3.8%；比年初增加42.7亿元，上升了2.7%。

全年全市保费收入40.5亿元，增长23.5%。其中，财产险保费收入10.1亿元，下降2%；寿险保费收入26.6亿元，增长31%；意外险保费收入5558.9万元，下降7.5%；健康险保费收入3.2亿元，增长114.8%。

十、教育和科学技术

年末全市共有幼儿园687所，增加66所；小学666所，减少201所；普通中学296所，增加4所；职业中学19所，与上年持平；特殊教育学校6所，与上年持平。

全年全市专利申请量与授权量分别为562件和321件，分别增长6.2% 和25%；其中发明专利申请量与授权量分别为182 件和56件，发明专利申请量比上年下降5.2%，授权量比上年增长93.1%。全年新登记科技成果3项。获得省级科学技术奖2项。年末累计高新技术企业17家。

全市3个经济开发区（包括高新区）入区企业208家。区内利税收入22.3亿元，企业主营业务收入260.7亿元，下降28%。

全市有气象台站14个，全市开展电话天气自动答询的台站1个。全市气象系统开展人工影响天气业务的单位13个，防雹、增雨累计受益面积1387平方公里，增雨量6935万立方米。全市有卫星云图接收站14个。

全市有专业综合地震台站2个，市级地震台网中心1个。全年M3.0—M3.9级地震0次，M4.0—M4.9级地震0次，最大震级M2.8级。

十一、文化、卫生和体育

全市共有群众艺术馆1个，文化馆13个，文化站162个，农村文化活动场所3112个。专业艺术表演团体7个，公共图书馆14个。报纸共出版1种（不含高校校报）、1.084亿份。广播电视台13座，调频转播发射台16座，一百瓦以上电视转播发射台16座。广播人口覆盖率95.1%，电视人口覆盖率99.2%，有线电视用户335.2万户。文化队伍612支，基层文化从业人员20149人，农村文化受益人群达160万人次。培养各级社会体育指导员6085人，其中，国家级24人、一级49人、二级512人、三级5530人。开展送戏下乡演出活动450场，受益群众达23万余人，完成公益电影放映37308场，观众人数289.9万余人。吕梁影视集团拍摄的电影《黄河喜事》荣获第14届韩国光州国际电影节“最受观众喜欢影片奖”；电视剧《幸福生活万年长》荣获中宣部第十三届精神文明建设“五个一工程”优秀作品奖。晋剧现代戏《刘胡兰》获得文化部“文华剧目奖”。孝义皮影戏《影戏缘》获得第十四届中国群星奖。历史传奇剧《辽国公主》获得第十四届山西省“杏花优秀新剧目奖”。新编历史剧《廉吏于成龙》参加了2015年新年戏曲晚会。歌舞音乐剧《山里娃》创排单位市民间艺术团被文化部、人社部授予“全国文化系统先进集体”荣誉称号。

年末全市共有卫生机构(含诊所、村卫生室) 3966个，床位11226张。卫生防疫、防治机构14个，妇幼保健院（所、站）14个。全市卫生机构共有卫生技术人员21308人；卫生院卫生技术员3467人，社区卫生服务中心（站）卫生技术人员579人，其中农村乡镇卫生院3254人；防疫、防治卫生技术员1716人，妇幼保健（所、站）卫生技术人员710人。全市13个县（市、区）全部开展了新型农村合作医疗工作，有279.8万农民参加了合作医疗。

全市有体育场7个，体育馆3个。全市销售中国体育彩票2.4亿元，增长49.38%。

十二、人民生活和社会保障

全年居民人均可支配收入13591元，增长7.7%。按常住地分，城镇居民人均可支配收入22903元，增长6.6%；农民人均可支配收入7193元，增长6.5%。城镇占调查总户数20%的低收入家庭人均可支配收入7272元，增长8.2%；农村占人口20%的低收入者收入2280元，增长12.6%。

年末参加城镇职工基本养老保险32.6万人，增加1.63万人；参加城乡居民社会养老保险182.02万人，增加0.113万人；参加城镇基本医疗保险84.43万人，增加2.575万人；参加失业保险32.17万人，增加0.367万人；参加工伤保险37.86万人，减少2.011万人；参加生育保险33.45万人，增加0.02万人。

全年得到城市最低生活保障救济人数94721人，全年共发放城市最低保障资金3.1亿元。21219人纳入农村五保供养。

年末全市城镇有各种社区服务设施277个，其中综合性社区服务中心61个，各类收养性单位床位数2164张，收养人数1216人，国家抚恤、补助各类优抚对象19511人。全年销售福利彩票3.2亿元，筹集社会福利资金1.3亿元，接受社会捐赠款129万元。

十三、资源、环境和安全生产

全市完成水土流失治理面积47万亩，完成农田实灌面积162 万亩,解决农村饮水安全人口8.07万人;地下水位监测设备在线率达到80%以上。城镇集中式饮用水水源地水质达标率持续保持100%。7条主要河流14个国、省控监测断面劣Ⅴ类水质断面5个，劣Ⅴ类水质断面比例同比下降7.2%。国家《重点流域水污染防治规划》考核的三川河两河口桥断面水质达标率为90%。

按《环境空气质量指数（AQI）技术规定（试行）(HJ633-2012)》评价，2015年吕梁市环境空气达标天数为290天，同比增加24天，全年优良率79.5%，空气质量综合指数为6.0，同比下降11.2%，全省11个重点城市排名第2。

全市市政公用设施建设完成投资47.93亿元。新建城市道路100.06公里，改造道路40.26公里。新建城市供水管网51公里，改造城市供水管网37.98公里；新建城市供气管网102.6公里，改造城市供气管网32.54公里；新建城市供热管网121.99公里，改造城市供热管网85.05公里。新增集中供热面积480.6万平方米。新建城市污水处理配套管网105.97公里。城市集中供热普及率达到71.5%，吕梁市区达到80.27%；全市绿化覆盖率达到36.16%，吕梁市区达到40.2%。

全年全市共发生各类生产经营性事故169起，同比减少45起，同比下降21.03%；死亡人数下降13.91%。发生较大事故4起，未发生重大以上生产安全事故。煤炭百万吨死亡率0.0833。

晋中市2015年国民经济和社会发展情况

2015年，面对严峻复杂的经济形势和不断加大的经济下行压力，在市委、市政府的正确领导下，全市上下坚持稳中求进工作总基调，主动适应引领新常态，统筹推进稳增长、促改革、调结构、惠民生、防风险各项工作，经济社会发展取得新成绩。

一、综　合

据2015年人口抽样调查，年末全市常住人口为3335694人，比上年末增加15386人。全年全市出生人口34070人，人口出生率为10.24‰；死亡人口18684人，死亡率为5.61‰；自然增长率为4.62‰。

初步核算，全年全市生产总值1046.1亿元，比上年增长6.4%。其中，第一产业增加值106.6亿元，增长1.4%，占生产总值的比重为10.2%；第二产业增加值457.4亿元，增长5.9%，占生产总值的比重为43.7%；第三产业增加值482.1亿元，增长8.0%，占生产总值的比重为46.1%。

人均地区生产总值31434元，按2015年平均汇率计算为4985美元。

全年全市一般公共预算收入100.2亿元，比上年下降14.7%。税收收入61.1亿元，下降15.3%，其中国内增值税、营业税、企业所得税、个人所得税、资源税和城市维护建设税共计完成税收45.0亿元，下降13.0%。一般公共预算支出241.0亿元，增长11.1%，用于民生的支出201.5亿元，增长10.8%，占一般公共预算支出的83.6%。其中，教育支出增长26.8%、医疗卫生与计划生育支出增长27.0%、社会保障和就业支出增长34.7%、住房保障支出增长30.0%、文化体育与传媒支出增长52.1%。

全年市区居民消费价格比上年上涨1.1%，其中，食品价格上涨2.2%。市区商品零售价格下降0.1%。全市工业生产者出厂价格下降14.9%，其中生产资料价格下降15.8%，生活资料价格上涨0.8%。工业生产者购进价格下降10.6%。农业生产资料价格下降3.9%。

全年全市城镇新增就业3.62万人。年末城镇登记失业率2.12%。

二、农　业

全年全市农作物种植面积307.0千公顷，比上年减少7.0千公顷。其中，粮食种植面积262.5千公顷，减少3.2千公顷；油料种植面积2.1千公顷，减少0.4千公顷；棉花种植面积0.1千公顷。在粮食种植面积中，玉米种植面积217.3千公顷，减少0.5千公顷；小麦种植面积7.9千公顷，减少1.8千公顷。

全年粮食产量175.8万吨，减少16.4万吨，减产8.5%。其中，夏粮3.5万吨，减产20.5%；秋粮172.3万吨，减产8.3%.

全年完成造林面积17.4千公顷，减少4.9%。

全年全市肉类总产量20.6万吨，比上年增长11.9%。其中，猪肉产量12.3万吨，增长2.9%；牛肉产量1.6万吨，增长18.8%；羊肉产量1.7万吨，增长17.5%；禽肉产量4.9万吨，增长40.5%。牛奶产量14.1万吨，增长22.7%。禽蛋产量15.8万吨，增长11.6%。水产品产量0.4万吨，增长41.3%。年末生猪存栏106.4万头，增长2.8%；生猪出栏139.8万头，增长0.6%。

年末全市农业机械总动力381.2万千瓦，比上年增长1.7%。机械耕地面积27.5万公顷，比上年减少0.7%；机械播种面积25.1万公顷，减少2.7%；机械收获面积14.7万公顷，增长4.3%。全市农机化经营总收入22.2亿元，与上年持平。

三、工　业

年末全市规模以上工业法人企业508家，比上年末增加16家。全年规模以上工业增加值完成379.5亿元，比上年增长5.7%。

规模以上工业企业原煤产量8824.5万吨，比上年下降2.1%；发电量193.0亿千瓦时，下降7.2%；焦炭产量1060.7万吨，下降5.3%；粗钢产量166.5万吨，增长9.2%。

规模以上工业企业实现主营业务收入962.5亿元，比上年下降15.1%。其中，食品行业、非金属矿制品业和医药行业分别实现主营业务收入71.2亿元、62.1亿元和21.9亿元，分别增长14.5%、9.7%和11.1%；煤炭、焦炭、冶金、机械、化学和电力行业分别实现主营业务收入412.2亿元、107.7亿元、89.8亿元、85.1亿元、50.3亿元和49.3亿元，分别下降21.2%、25.1%、16.4%、0.9%、22.9%和16.0%。

规模以上工业企业实现利税8.3亿元，比上年下降71.6%；实现利润-45.6亿元，比上年减少18.7亿元。

四、能　源

全年全市全社会用电总量142.5亿千瓦小时。其中，第一产业用电4.5亿千瓦小时，占全社会用电量3.2%；第二产业用电108.0亿千瓦小时，占全社会用电量75.8%，其中工业用电105.9亿千瓦小时；第三产业用电14.9亿千瓦小时，占全社会用电量10.5%；城乡居民生活用电15.0亿千瓦小时，占全社会用电量10.5%。

五、固定资产投资

全年全市固定资产投资1312.5亿元，比上年增长

18.7%。

在固定资产投资中，基础设施投资235.3亿元，增长68.7%。

在固定资产投资中，国有及国有控股投资320.2亿元，增长33.7%；民间投资892.0亿元，增长9.6%。

分登记注册类型看，内资企业投资1274.7亿元，增长16.9%；外商及港澳台商企业投资19.7亿元，增长34.9%；个体经营投资18亿元，增长11.9倍。

分产业看，第一产业投资123.8亿元，增长50.5%；第二产业投资488.9亿元，下降3.3%；第三产业投资699.7亿元，增长35.1%。全市工业投资488.6亿元，下降3.3%。其中，煤炭工业投资99.7亿元，下降8.1%；非煤产业投资388.9亿元，下降2.0%。传统产业（煤炭、焦炭、冶金、电力）投资合计232.4亿元，增长22.9%，非传统产业投资合计256.2亿元，下降19.0%。

全年全市在建固定资产投资项目2355个。其中，亿元以上项目458个，计划总投资2638.8亿元，完成投资785.3亿元。

全年房地产开发投资118.9亿元，增长5.3%。其中，住宅投资75.9亿元，增长2.1%。

六、国内贸易

全年全市社会消费品零售总额529.7亿元，比上年增长5.8%。按经营地统计，城镇消费品零售额342.1亿元，增长4.2%；乡村消费品零售额187.6亿元，增长8.8%。按消费形态统计，商品零售额493.9亿元，增长5.5%；餐饮收入额35.8亿元，增长10.7%。

七、对外经济

全年全市海关进出口总额20650万美元，比上年下降42.6%。其中，进口额1333万美元，下降92.2%；出口额19317万美元，增长2.6%。

全年出口焦炭10.2万吨，比上年增长231.2%，出口金额1472万美元，增长119.0%；出口玛钢管件1.1万吨，下降11.8%，出口金额1858万美元，下降20.0%；出口鲜、干水果及坚果7954吨，增长107.2%，出口金额835万美元，增长103.2%；出口陶瓷4779吨，增长1.0%，出口金额669万美元，下降5.5%；出口角钢及型钢4.6万吨，下降5.2%，出口金额1832万美元，下降32.4%；出口玻璃器皿8915吨，增长15.8%，出口金额2734万美元，增长4.4%。

全年新签项目（合同）数8个；合同利用外资项目投资总额54148万美元，增长8.4%；当年实际使用外资金额37077万美元，增长5.0%。

八、交通、邮电和旅游

年末全市公路通车里程15911.2公里，比上年增加72.4公里，增长0.5%；其中高速公路560.7公里。

年末全市民用汽车保有量480万辆（包括三轮汽车和低速货车2970辆），比上年末增长7.9%，其中私人汽车42.9万辆，增长9.5%。本年新注册汽车5.5万辆，下降7.5%。年末轿车保有量29.5万辆，增长12.3%，其中私人轿车28.0万辆，增长13.1%。

全年全市完成邮电业务总量40.2亿元。其中，邮政业务总量3.0亿元，电信业务总量37.2亿元。邮政业全年完成邮政函件业务158.5万件，包裹业务5.6万件，快递业务量436.4万件。全年全市固定电话用户年末达到45.1万户。年末移动电话用户301.7万户。其中，3G移动电话用户72.0万户，4G 移动电话用户110.1万户。年末全市固定及移动电话用户总数达到346.8万户。全市宽带接入用户58.8万户。

全年全市商业住宿设施接待入境过夜游客21.1万人次，增长5.1%，其中，外国人13.5万人次，增长5.3%，港澳台7.6万人次，增长4.8%；接待国内旅游者5018.5万人次，增长25.3%。旅游外汇收入11142.8万美元，增长5.7%，国内旅游收入506.6亿元，增长26.1%，旅游总收入513.4亿元，增长25.8%。

九、金　融

年末全市金融机构本外币各项存款余额2050.2亿元，比年初增加139.6亿元，增长7.3%。各项贷款余额1203.5亿元，比年初增加175.5亿元，增长17.1%。

全年全市保费收入53.1亿元，比上年增长19.1%。其中，财产险业务保费收入14.5亿元，增长4.3%；寿险业务保费收入38.6亿元，增长25.5%。全年支付各类赔款及给付14.7亿元，增长9.7%。

十、教育和科学技术

年末全市普通高等学校 16所，普通中学224所，小学674所，幼儿园582所。

全年全市专利申请受理量为992件，比上年增长4.1%；其中发明专利申请受理量为304件，增长11.4%。全年全市专利授权量为713件，增长35.0%；有效发明专利拥有量309件，增长12.0%。按照国家高新技术企业认定办法，年末累计认定高新技术产业企业59家，比上年增加21家，创造高技术产业总产值51.6亿元，增长14.8%。

十一、文化、卫生和体育

年末全市共有群众艺术馆、文化馆12个，艺术表演团26个，公共图书馆11个。年末全市公共图书馆图书总藏量达1288.0千册。年末全市共有电视台11座，广播电台节目11套。有线电视用户57.2万户。广播节目综合人口覆盖率98.48%，电视节目综合人口覆盖率99.72%。

年末全市共有卫生机构（不包含村卫生室及乡村医生、卫生员人数）1069个。其中，医院96个，妇幼保健院（所、站）12个，疾病预防控制中心（防疫站）12个。全市卫生机构共有床位14668张，其中，医院床位10443张，卫生院床位3342张。全市卫生机构共有卫生技术人员16396人，其中，执业（助理）医师6819人，注册护士6242人。全市11个县（区、市）全部开展了新型农村合作医疗试点工作，220.9万农民参加了合作医疗，参合率99.57%。

年末全市拥有各级体育机关12个，体育运动学校1个。全市共有二级运动员124人，二级裁判员298人。全市体育电脑彩票销售点315个，全年销售中国体育彩票13529万元。

十二、人民生活和社会保障

全年居民人均可支配收入18631元，比上年增长8.2%。按常住地分，城镇常住居民人均可支配收入27525元，增长7.3%；农村常住居民人均可支配收入10877元，增长7.7%。城镇占调查总户数20%的低收入家庭人均可支配收入10845元，增长8.0%；农村占调查总户数20%的低收入者收入2904元，增长13.5%。全年居民人均消费支出9856元，增长6.4%。按常住地分，城镇居民人均消费支出13459元，增长6.1%；农村居民人均消费支出7334元，增长7.1%。城镇居民家庭恩格尔系数（即居民家庭食品消费支出占家庭消费支出的比重）28.5%；农村居民家庭恩格尔系数 28.9%。

年末参加城镇职工基本养老保险47.9万人，比上年末增加8.1万人。参加城乡居民社会养老保险153.2万人，增加0.4万人。参加城镇基本医疗保险89.6万人，增加0.8万人，其中，参加城镇职工基本医疗保险53.4万人，减少0.7万人，参加城镇居民基本医疗保险36.1万人，增加1.4万人。参加失业保险32.4万人，增加0.1万人。参加工伤保险39.5万人，增加0.3万人。参加生育保险34.2万人，增加0.1万人。

全年全市纳入城市最低生活保障的居民11180人；纳入农村最低生活保障的居民28491人；纳入农村五保供养17546人。全年共发放最低保障资金13160万元。

年末全市共有各类提供住宿的社会服务机构90个。其中，老年人与残疾人服务机构72个，提供住宿的社会服务机构床位数7362张。全年全市共有福利彩票销售点288个，福利彩票销售收入28230万元。

十三、资源、环境和安全生产

年末全市森林面积253.6千公顷。全市自然保护区总数5个，自然保护区面积97.8千公顷，占全市国土面积的6.0%。

按照《环境空气质量标准》（GB3095-2012）中规定的六项污染物评价，2015年晋中市榆次区空气质量二级以上天数达到251天，环境空气综合污染指数为6.63；按（GB3095-1996）中规定的三项污染物评价，其余10个县（市）环境空气优良天数范围在109-308天之间[12]。

全年全市河流监测的8个断面中，达到Ⅲ类以上（包括Ⅰ、Ⅱ、Ⅲ类）水质标准的断面5个，占监测断面总数的62.5%；达到Ⅳ类水质标准的断面1个，占监测断面总数的12.5%；劣Ⅴ类水质标准的断面2个，占监测断面总数的25%。

年末全市城市污水集中处理率95.2%。全市城市生活垃圾无害化处理率94.25%。城市建成区绿化覆盖率达到37.82%。

全年全市安全生产事故死亡129人，煤炭生产安全事故死亡人数10人。全市亿元GDP生产安全事故死亡率0.1233；煤炭生产百万吨死亡率为0.1538；特种设备万台死亡率为0。

阳泉市2015年国民经济和社会发展情况

2015年，面对错综复杂的宏观经济环境和艰巨繁重的改革发展稳定任务，全市上下在市委、市政府的坚强领导下，坚持稳中求进工作总基调，主动适应经济发展新常态，统筹做好稳增长、调结构、促改革、惠民生、保安全、防风险各项工作，全市经济社会发展取得了新进展、新成效，缓中趋稳的基础得到巩固，稳中有进的态势逐步显现，稳中向好的势头有所增强，人民生活水平稳步提高，社会保持和谐稳定，全面建成小康社会迈出坚实步伐。

一、综　　合

初步核算，2015年实现地区生产总值595.7亿元，按可比价计算，比上年增长1.1%，“十二五”年均增长6.7%。其中，第一产业完成增加值10.0亿元，增长1.0%；第二产业完成增加值296.8亿元，下降2.6%；第三产业完成增加值288.9亿元，增长6.5%；三次产业构成由2010年1.5:59.5:39.0调整为1.7:49.8:48.5。

人均地区生产总值42688元，按2015年平均汇率计算为6883美元，“十二五”年均增长6.0%。

2015年居民消费价格同比上涨0.4%，其中食品价格上涨0.3%。商品零售价格下降0.7%。工业品出厂价格下降10.4%，其中生产资料价格下降10.5%，生活资料价格下降2.1%。工业生产者购进价格下降4.9%。

全年全市城镇新增就业25125人。转移农村劳动力10079人。年末城镇登记失业率3.3%。

二、农　　业

全年农作物种植面积5.76万公顷，同比下降2.6%。其中粮食种植面积5.58万公顷，下降1.7%；油料种植面积预计81.4公顷，下降26.4%。在粮食种植面积中，玉米种植面积4.76万公顷，下降0.9%。

全年粮食总产量24.9万吨，同比下降15.1%。其中，玉米23.1万吨，下降15.9%。

预计全年肉类总产量1.87万吨，同比下降5.3%。其中，猪肉产量1.49万吨，下降2.5%；牛肉产量0.02万吨，增长19.4%；羊肉产量0.08万吨，增长35.7%。牛奶产量0.73万吨，增长12.0%。禽蛋产量3.49万吨，增长25.5%。水产品产量0.08万吨，增长3.7%。

全年完成造林面积7.5千公顷，下降11.2%；其中，人工造林面积6.1千公顷，下降10.3%。退耕还林和荒山荒地造林面积926公顷。

年末全市农业机械总动力137.5万千瓦，同比增长0.7%。机械耕地面积4.7万公顷，同比增长2.4%；机械播种面积4.3万公顷，机械收获面积1.0万公顷，分别比上年增长1.3%和24.2%。全市农机化经营总收入达到8.1亿元，同比增长1.1%。

三、工业和建筑业

规模以上工业企业达到133个，实现工业增加值178.8亿元，同比下降4.1%，“十二五”年均增长7.0%。

规模以上工业企业原煤产量6463.2万吨，增长2.3%，“十二五”年均增长2.5%。洗煤3245.3万吨，下降14.1%；电力95.9亿千瓦时，下降10.9%。

规模以上工业企业实现利税24.0亿元，同比增长7.1%；其中，实现利润总额-12.1亿元，同比减亏8.0亿元；实现税金36.1亿元，同比下降15.1%。企业“两项资金”占用166.3亿元，同比增长17.6%，其中，应收账款138.6亿元，同比增长19.8%；产成品27.7亿元，同比增长7.8%。亏损企业70家，亏损面为52.6%；亏损额20.5亿元，同比下降26.3%。

全年建筑业实现增加值43.8亿元，增长3.0%，“十二五”年均增长5.0%。具有建筑业资质等级的总承包和专业承包建筑业企业实现利润总额2.83亿元，下降26.3%；上缴税金3.9亿元，增长21.6%。

四、固定资产投资

全年全社会固定资产投资完成600.7亿元，增长16.1%，“十二五”年均增长18.0%。其中，第一产业投资29.2亿元，增长11.8%；第二产业投资260.3亿元，增长16.5%；第三产业投资311.2亿元，增长16.2%。按登记注册类型分，国有经济控股投资298.8亿元，同比增长29.2%；民间投资296.9亿元，同比增长6.3%，占投资总额的49.4%。

2015年固定资产投资建成投产（不含房地产）项目491个，项目建成投产率为81.7%；新增固定资产432.9亿元，固定资产交付使用率为78.1%。

全年房地产开发投资46.6亿元，下降11.5%，“十二五”年均增长1.5%。按工程用途分，商品住宅投资37.5亿元，同比下降13.7%；办公楼投资0.2亿元，增长0.3%；商业营业用房投资3.4亿元，下降26.4%。

全年保障性住房建设实际完成投资30.9亿元，开工新建各类保障性住房16359套，基本建成保障性住房及棚户区改造住房15671套。

五、能　源

全年一次能源生产折标准煤4616.66万吨，同比增长2.3%；二次能源生产折标准煤232.83万吨，下降7.7%。向省外运输煤炭3529.32万吨，下降0.5%。

全年规上工业综合能源消费量折标准煤567.31万吨，下降6.4%。主要耗能工业企业单位产品能源消耗主要有：炼焦工序单位能耗168.96千克标准/吨，增长14.1%；单位电解铝综合能耗1675.59千克标准煤/吨，下降2.5%；电厂火力发电标准煤耗318.76克标准煤/千瓦时，下降3.6%。

全年全市全社会用电总量61.2亿千瓦时，下降10.7%。其中，第一产业用电0.5亿千瓦时，占全社会用电量0.9%；第二产业用电47.5亿千瓦时，占77.6%，工业用电47.1亿千瓦时；第三产业用电7.5亿千瓦时，占12.1%；城乡居民生活用电5.7亿千瓦时，占9.4%。

六、国内贸易

全年社会消费品零售总额完成288.3亿元，增长4.3%，“十二五”年均增长12.4%。其中，城镇消费品零售额260.2亿元，同比增长5.7%；乡村消费品零售额28.1亿元，下降6.7%。

七、对外经济

全年海关进出口总额20489万美元，增长4.5%，其中，出口增长1.7%，进口增长13.4%。

八、交通、邮电和旅游

全年交通运输、仓储和邮政业实现增加值41.1亿元，同比增长3.3%。公路线路年末里程5379.5公里，比上年末增加8.9公里。

年末全市民用汽车保有量达到18.3万辆（包括三轮汽车和低速货车0.12万辆），同比增长5.3%，其中私人汽车15.49万辆，同比增长7.7%。年末轿车保有量11.15万辆，同比增长7.5%，其中私人轿车10.28万辆，增长9.2%。

全年完成邮电业务总量18.56亿元，增长13.9%。其中，邮政业务总量1.21亿元，下降1.7%；电信业务总量17.35亿元，增长15.2%。移动电话用户年末达到149.41万户，下降

1.6%，其中4G移动电话用户年末达42.18万户。全市宽带接入用户达到31.67万户，增长1.2%。

全年全市接待海外旅游者4329人次，接待国内旅游者2202.34万人次，分别增长8.4%和21.2%；旅游外汇收入95.29万美元，国内旅游收入181.89亿元，旅游总收入181.94亿元，分别增长9.1%、21.9%和21.8%。

九、财政、金融和保险

一般公共预算收入完成44.2亿元，下降6.2%，“十二五”年均增长3.2%。其中，税收收入30.0亿元，同比下降15.5%，国内增值税、营业税、企业所得税、个人所得税、资源税和城建税共计完成税收21.9亿元，增速分别为下降38.0%、下降10.0%、下降26.1%、下降25.7%、69.8%和下降34.3%。

一般公共预算支出99.7亿元，增长14.7%，“十二五”年均增长10.8%。其中，农林水事务支出同比增长38.1%，教育支出增长10.2%，社会保障和就业支出增长25.2%，医疗卫生支出增长6.7%，节能环保支出增长24.6%，文化体育与传媒支出增长7.8%，城乡社区事务支出增长7.0%，公共安全支出增长3.3%。

年末全市金融机构本外币各项存款余额1352.7亿元，比年初增长17.2%。各项贷款余额721.3亿元，比年初增长11.1%。货币净投放27.1亿元，下降7.5%。

全年保费收入27.2亿元，同比增长13.8%。其中，寿险业务保费收入18.5亿元，增长18.4%；健康险和意外伤害险业务保费收入1.7亿元，增长50.9%；财产险业务保费收入6.9亿元，下降2.3%。支付各类赔款及给付12.1亿元，同比增长29.4%。其中，寿险业务给付5.0亿元，增长90.7%；健康险和意外伤害险业务赔款及给付0.9亿元，增长21.1%；财产险业务赔款6.3亿元，增长4.5%。

十、教育和科学技术

教育：年末全市普通高等学校2所，农民实用技术培训8.78万人次。

全年专利申请量为1003件，其中发明专利申请量为225件，同比减少6.9%和37.7%；全市专利授权量为331件，其中发明专利授权量为33件，分别比上年增长42% 和135.7%。

全年共取得市级以上科研成果46项，其中市级45项，省级1 项。全年共签订各类技术合同23项，技术合同成交总额5833万元，同比增长10.1%。全年新登记科技成果40项。按照国家高新技术企业认定办法，年末累计高新技术企业31家。

十一、文化、卫生和体育

年末全市共有群众艺术馆、文化馆6个、艺术表演团体6个、公共图书馆6个。年末有线电视用户33.2万户。全年共发行《阳泉日报》700万份。

年末全市共有卫生机构（含诊所、村卫生室）1482个，床位7107张。妇幼保健院（所、站）6个。全市卫生机构共有卫生技术人员8986人。全市3个农业县（市、区）全部开展了新型农村合作医疗试点工作，有56.5万农民参加了合作医疗。

全年我市运动员在国内外重大比赛中获金、银、铜牌分别为40枚、41枚和36枚（包括非奥运项目比赛）。全市销售中国体育彩票5086万元，同比增长9.3%。

十二、人口、人民生活和社会保障

据2015年1%人口抽样调查，年末全市常住人口为139.83万人，比上年末增加0.56万人。全年全市出生人口1.28万人，人口出生率为9.2‰，比上年下降0.94个千分点；死亡人口0.72万人，死亡率为5.18‰，比上年下降0.18个千分点；自然增长率为4.02‰，比上年下降0.76个千分点。

分城乡看，全市城镇常住人口920917人，比上年末增加16255 人，乡村常住人口477366人，比上年末减少10646人；城镇化率为65.86%，比上年上升0.9个百分点，居全省第二位。

分性别看，男性人口723483人，女性人口674800人，总人口性别比为107.21（以女性为100）。

城镇常住居民人均可支配收入26414元，增长6.4%，“十二五”年均增长9.1%。农村常住居民人均可支配收入11494元，增长7.0%，“十二五”年均增长11.9%。

城镇占调查总户数20%的低收入户人均可支配收入8764元，增长9.3%；农村占调查总户数20%的低收入者收入4448 元，增长14.7%。

年末参加城镇职工基本养老保险26.56万人，比上年增加0.78万人；参加城镇居民养老保险6.33万人，比上年增加0.66万人；参加农村养老保险36.86万人，比上年减少0.16万人；参加城镇医疗保险63.8万人，比上年增加0.76万人；参加工伤保险25.54万人，比上年增加0.7万人；参加失业保险25.05万人，参加生育保险24.58万人，均与上年持平。

全市三区两县的最低工资标准继续提高。城区、矿区、郊区最低工资标准为1620元，平定县、盂县为1420元，均比上年提高170元。

全年全市共有城市最低生活保障对象3.85万人，比上年减少0.2万人；农村最低生活保障对象3.99万人，比上年减少0.3万人；0.71万人纳入农村五保供养；全年共发放最低保障资金2.17亿元，比上年减少0.02亿元。全市城镇社会保险参保率为97.83%。

年末全市共有救助站3个。共有各类提供住宿的社会服务机构21个，养老服务机构（有资质）床位数1820张，各类福利院床位数350张，收养122人。城镇各种社区服务设施343 个，其中综合性社区服务中心7个。全年销售福利彩票2.05亿元,筹集社会福利资金1684.95万元，接收社会捐赠款44.98万元。

十三、资源、环境和安全生产

2015年末林地面积13.0万公顷，全市森林覆盖率达28.5%。

全年全市环境空气质量Ⅱ级以上天数总计达到267天，优良率达73.15%,综合污染指数为6.69。化学需氧量、氨氮、二氧化硫、氮氧化物、烟尘和工业粉尘预计分别减排1.69%、0.04%、6.28%、6.01%、0.29%、0.61%。

全年各类自然灾害造成直接经济损失0.55亿元；农作物受灾面积1.55万公顷，其中，绝收849.7公顷。

全年共发生各类安全事故258起，下降40.1%；死亡60人，下降6.3%。全年全市煤炭百万吨死亡率0.043。

长治市2015年国民经济和社会发展情况

2015年，面对复杂严峻的经济形势，全市上下在市委、市政府的正确领导下，开拓奋进、攻坚克难，全面落实“六大发展”，务实推进“五五战略”，主动适应经济发展新常态，全力以赴稳增长、促转型、抓创新、调结构、惠民生，全市经济社会发展取得新成就，全面建成小康社会迈出坚实步伐。

一、综　　合

初步核算，全年全市生产总值1195.1亿元，比上年下降2.9%。其中，第一产业增加值58.4亿元，增长1.4%，占生产总值的比重为4.9%；第二产业增加值611.1亿元，下降7.5%，占生产总值的比重为51.1%；第三产业增加值525.6亿元，增长6.1%，占生产总值的比重为44.0%。第三产业中，金融保险业增加值77.3亿元，增长17.8%；交通运输、仓储和邮政业增加值73.1亿元，增长0.4%；房地产业增加值79.0亿元，增长5.6%。

人均地区生产总值35023元，按2015年平均汇率计算为5624美元。

全年全市公共财政预算收入96.4亿元，下降29.3%。税收收入61.0亿元，下降14.0%，其中国内增值税、营业税、企业所得税、个人所得税、资源税和城建税共计完成税收49.9亿元，下降10.4%。公共财政预算支出241.9亿元，下降0.7%。其中农林水事务支出增长12.4%，社会保障和就业支出下降2.9%，医疗卫生与计划生育支出增长20.9%，文化体育与传媒支出下降1.1%，节能环保支出下降21.1%。

居民消费价格比上年上涨0.6%，其中，食品价格上涨0.2%。商品零售价格下降0.6%。工业生产者出厂价格下降10.7%；工业生产者购进价格下降9.3%。

全年全市城镇新增就业4.33万人。转移农村劳动力3.79万人。年末城镇登记失业率1.85%。

二、农　　业

全年全市粮食种植面积246.3千公顷，比上年减少1.5千公顷；油料种植面积2千公顷，比上年增加0.8千公顷；棉花种植面积0.04千公顷。在粮食种植面积中，玉米种植面积207.4千公顷，增加1.1千公顷；小麦种植面积7.4千公顷，减少1.9千公顷。

全年粮食产量157万吨，比上年减少5.2万吨，减产3.2%。其中，夏粮3.4万吨，减产10.4%；秋粮153.6万吨，减产3.0%。

全年全市猪牛羊肉总产量8.3万吨，比上年增长6.2%。其中，猪肉产量7.2万吨，增长3.4%；牛肉产量0.4万吨，增长15.9%；羊肉产量0.7万吨，增长38.0%。年末生猪存栏62.8万头，生猪出栏92.8万头。牛奶产量1.83万吨，增长9.8%。禽蛋产量12.8万吨，增长2.2%。

年末全市农业机械总动力223.5万千瓦，增长3.0%。机械耕地面积241.5千公顷，下降0.6%；机械播种面积224.3千公顷，下降0.9%；机械收获面积117.8千公顷，增长9.3%。全市农机化经营总收入12.7亿元，增长5.0%。

三、工业和建筑业

年末全市规模以上工业企业337家。全年规模以上工业增加值555.2亿元，下降9.9%。

规模以上工业企业原煤产量1.2亿吨，下降0.3%；发电量275.6亿千瓦时，下降18.0%；焦炭产量1373.0万吨，下降6.9%；钢材产量576.3万吨，下降17.5%。

规模以上工业企业实现主营业务收入1108.0亿元，下降26.1%。其中，煤炭、焦炭、冶金和电力工业分别实现主营业务收入532.4亿元、110.9亿元、107.2亿元和78.3亿元，分别下降22.6%、32.7%、45.4%和21.6%；化学、建材、装备制造、医药和食品工业分别实现主营业务收入78.7亿元、22.3亿元、45.7亿元、30.6亿元、32.2亿元，分别增长-12.0%、-5.2%、-43.2%、30.8%和-48.9%。

规模以上工业实现利税76.9亿元，下降38.1%；实现利润0.8亿元，下降98.2%。

全年全市建筑业实现增加值47.6亿元，比上年增长10.5%。

四、固定资产投资

全年固定资产投资1441.5亿元，增长15.7%。其中，国有及国有控股投资423.8亿元，下降7.1%。

分产业看，第一产业投资210.1亿元，增长60.8%；第二产业投资594.4亿元，增长2.6%；第三产业投资637.1亿元，增长18.9%。在第二产业中，工业投资594.4亿元，增长2.6%。其中，煤炭工业投资118.5亿元，增长38.3%。

全年全市在建固定资产投资项目1900个。其中，5亿元以上项目100个，计划总投资2263.8亿元，完成投资489.2亿元。

全年房地产开发投资87.5亿元，增长16.3%。其中，住宅投资62.0亿元，增长6.5%；办公楼投资2.5亿元，增长92.3%；商业营业用房投资10.4亿元，增长23.8%。

五、国内贸易

全年全市社会消费品零售总额524.4亿元，增长6.0%。其中，城镇消费品零售额425.8亿元，增长6.0%；乡村消费品零售额98.6亿元，增长6.3%。

六、对外经济

全年全市进出口总额15733万美元，下降77.0%。其中，进口额12484万美元，下降60.8%；出口额3249万美元，下降91.1%。

全年全市新设立外商直接投资企业4家；合同利用外商投资5095.3万美元，增长49.4%；实际利用外商直接投资45117.9万美元，增长31%。

七、交通、邮电和旅游

年末全市公路线路里程11466.6公里，其中高速公路299.8公里。

年末全市民用汽车保有量41.6万辆（包括三轮汽车和低速货车0.96万辆），比上年末增长7.6%，其中私人汽车36.8万辆，增长10.9%。本年新注册汽车5.0万辆，增长6.9%。年末轿车保有量24.9万辆，比上年末增长12.5%，其中私人轿车23.1万辆，增长14.9%。

全年全市完成邮电业务总量35.9亿元。其中，邮政业务总量1.9亿元；电信业务总量34.0亿元。年末移动电话用户达到298.0万户，其中，3G移动电话用户达到63.7万户,4G移动电话用户达到103.2万户。全市互联网接入用户54.7万户，其中，新增互联网用户5.7万户。

全年全市商业住宿设施接待入境过夜游客2.4万人次，接待国内旅游者3260.9万人次，分别增长4.6%和21.2%；旅游外汇收入1490.9万美元，国内旅游收入320亿元，旅游总收入320.9亿元，分别增长5.5%、21.2%和21.2%。

八、金　　融

年末全市金融机构本外币各项存款余额2044.2亿元，比年初增加98.3亿元，比年初增长5.1%。各项贷款余额1132亿元，增加115.1亿元，增长11.3%。

全年全市保费收入46.1亿元，增长20.0%。其中，寿险业务保费收入28.5亿元，增长27.8%；健康和意外险业务保费收入4.5亿元，增长30.3%；财产险业务保费收入2.3亿元，增长4.5%；车险业务保费收入10.8亿元，增长3.1%。全年支付各类赔款及给付15.4亿元，增长21.6%。其中，寿险业务保费赔付6.8亿元，增长13.8%；健康和意外险业务保费赔付0.8亿元，增长15.8%；财产险业务保费赔付1.0亿元，增长42.6%；车险业务保费赔付6.7亿元，增长28.7%。

九、教育和科学技术

年末全市普通高等学校5所；中等职业学校45所；普通高中49所；初中165所,小学636所。

全年专利申请量与授权量分别为944件和699件。全年全市共签订各类技术合同128项，技术合同成交总额3.0亿元。

年末全市共有产品质量检验机构1个。全年对72户企业实施了产品认证，对14种产品进行了监督抽查。全市共有法定计量技术机构19个，全年完成强制检定计量器具13.18万台件。

十、文化、卫生和体育

年末全市共有艺术表演团体20个，文化馆14个，公共图书馆14个，公共图书馆藏书量179万册，档案馆15个，已开放各类档案144632卷。全市广播电台13座，电视台18座，广播、电视综合人口覆盖率分别达到99.3%和99.5%，年末全市有线电视用户达到42.9万户，其中接收数字信号用户37.0万户。

年末全市共有医疗卫生机构5054个，其中医院、卫生院248个，妇幼保健机构15个，疾病预防控制中心15个，卫生监督机构15个。病床位16240张，其中医院、卫生院16083张。卫生技术人员18622人，其中执业医师和执业助理医师7977人，注册护士7485人，药剂人员960人。乡镇卫生院132个，床位2808张，乡村医生和卫生技术人员6903人。全市新型农村合作医疗参合率99.5%。

全年全市运动员在各类体育比赛中获得全国冠军10个，全省冠军69个。

十一、人口、人民生活和社会保障

年末全市总人口为342.04万人，比上年末增加1.6万人。全年全市出生人口3.48万人，人口出生率为10.20‰；死亡人口1.88万人，死亡率为5.51‰；自然增长率为4.69‰。性别比（女=100）为104.87。

全年农村居民人均可支配收入11095元，比上年增长7.6%；城镇居民人均可支配收入26407元，比上年增长

7.5%。城镇居民家庭恩格尔系数（即居民家庭食品消费支出占家庭消费支出的比重）26.6%，农村居民家庭恩格尔系数36.5%。

年末参加基本养老保险198.38万人，其中企业职工44.71万人，参加新型农村社会养老保险137.78万人；参加城镇基本医疗保险99.26万人。其中，参加城镇职工基本医疗保险55.54万人，参加城镇居民基本医疗保险43.72万人。参加失业保险40.75万人；参加工伤保险56.24万人，其中农民工23.84万人；参加生育保险43.63万人。

全年全市纳入城市最低生活保障的居民3.4万人，发放城市低保资金1.3亿元；纳入农村最低生活保障的居民10.0万人，发放农村低保资金2.0亿元。

年末全市各类福利院床位数 0.9万张，收养4694人。城镇各种社区服务设施205个，其中综合性社区服务中心19个。全年销售社会福利彩票2.6亿元，筹集社会福利资金4285.2万元，接收社会捐赠款63.5万元。

十二、城市建设、资源、环境和安全生产

年末全市市区建成区面积5930万平方米，建成区绿化覆盖率46.2%。年末城市交通运营车辆731辆，其中市区公共汽车441辆。出租汽车3131辆，其中市区出租车1801辆。市区有公园4座，总面积127公顷。全年市区供水总量7669.1万吨，人均日生活用水量156.8升。全年液化气供气总量3650吨，天然气供应量5894.5万立方米，其中生活用天然气1705.3万立方米。燃气普及率93.0%，比上年增长1个百分点。市区集中供热面积3387万平方米，其中住宅供热面积2727万平方米。市区污水处理能力27.5万吨/日，全年污水处理量6507万吨。生活垃圾年清运量17.6万吨，无害化处理率达到100%。

年末全市森林面积429.6千公顷，森林覆盖率30.9%。本年度检查验收合格造林面积27.5千公顷。全市有自然保护区2个，面积46.9千公顷，占全市总面积的3.4%。

年末全市大中型水库蓄水总量2.17亿立方米，比上年下降19.9%。全年总用水量5.06亿立方米，比上年增长2.2%。其中，生活用水1.06亿立方米，增长2.9%。

全年全市空气质量Ⅱ级以上天数242天。全市达Ⅲ类水质标准的断面比例70.6%。城市集中式饮用水源地辛安泉水质达标率达到100%。

晋城市2015年国民经济和社会发展情况

2015年，面对持续加大的经济下行压力，全市上下认真贯彻落实党中央、国务院和省委、省政府的决策部署，坚持稳中求进的工作总基调，主动适应引领新常态，攻坚克难，积极作为，全市经济运行缓中趋稳，社会事业持续进步。

一、综　　合

初步核算，全年全市生产总值1040.2亿元，按可比价格计算，比上年增长3.3%。其中，第一产业增加值49.2亿元，增长5.8%，占生产总值的比重为4.7%；第二产业增加值576.3亿元，增长0.8%，占生产总值的比重为55.4%；第三产业增加值414.7亿元，增长8.1%，占生产总值的比重为39.9%。第三产业中，金融保险业增加值63.9亿元，增长10.0%；交通运输、仓储和邮政业增加值69.6亿元，增长8.7%；批发和零售业增加值60.2亿元，下降2.0%；住宿和餐饮业增加值28.6亿元，增长5.3%；营利性服务业增加值40.8亿元，增长3.5%。人均地区生产总值44994元，按2015年平均汇率计算为7243美元。

全年全市财政总收入192.5亿元，下降7.1%。其中,增值税59.5亿元，下降19.0%；企业所得税35.1亿元，下降24.3%；个人所得税6.7亿元，下降32.5%；营业税17.4亿元，下降26.4%；资源税21.0亿元，增长6.2倍。公共财政预算收入93.9亿元，下降4.2%。其中,税收收入58.4亿元，下降14.8%。公共财政预算支出180.1亿元，增长11.4%。其中,科学技术支出增长13.4%，教育支出增长15.6%，农林水事务支出增长11.8%，社会保障和就业支出增长12.2%，文化体育与传媒支出增长4.6%，医疗卫生和计划生育支出增长13.2%，节能环保支出增长21.8%。

居民消费价格比上年上涨0.8%。其中，食品价格与上年持平。商品零售价格下降1.0%。工业生产者出厂价格下降6.3%，工业生产者购进价格下降7.4%。

全年全市城镇新增就业4.14万人。年末城镇登记失业率1.6%。

二、农　　业

全年全市农作物种植面积189.19千公顷，减少0.82千公顷。其中，粮食种植面积178.14千公顷，减少0.05千公顷；油料种植面积2.06千公顷，减少0.35千公顷；棉花种植面积0.14千公顷，减少0.08千公顷。在粮食种植面积中，玉米种植面积88.30千公顷，减少5.54千公顷；小麦种植面积46.71千公顷，增加2.42千公顷。

全年粮食产量96.2万吨，增加23.2万吨，增产31.8%。其中，夏粮23.0万吨，增产37.3%；秋粮73.2万吨，增产30.2%。

全年完成造林面积3.5千公顷，下降58.5%。其中，经济林面积1.5千公顷，增长44.8%。全年木材产量6563立方米，增长9.1%。

全年全市肉类总产量17.2万吨，增长8.5%。全年猪牛

羊肉总产量15.6万吨，增长6.8%。其中，猪肉产量14.8万吨，增长6.6%；牛肉产量0.2万吨，增长16.5%；羊肉产量0.6万吨，增长7.6%。年末生猪存栏115.7万头，增长8.5%；生猪出栏199.2万头，增长7.5%。牛奶产量0.06万吨，增长3.2%；禽蛋产量7.9万吨，下降3.1%；水产品产量0.2万吨，增长6.8%。

全年全市设施蔬菜产量14.5万吨，增长2.7%；食用菌2.1万吨，增长3.3%；蚕茧0.5万吨，下降8.5%；蜂蜜0.2万吨，下降4.7%；药材0.8万吨，下降25.2%。

年末全市农业机械总动力250.5万千瓦，增长0.8%。机械耕地面积144.5千公顷，下降7.6%；机械播种面积120.2千公顷，下降8.4%；机械收获面积104.5千公顷，下降7.2%。全市农机化经营总收入11.0亿元，下降18.4%。

三、工业和建筑业

年末全市规模以上工业企业229家。全年规模以上工业增加值比上年增长0.8%。

全年全社会原煤产量9138万吨，增长8.3%；规模以上工业发电226亿千瓦时，下降3.1%；水泥224万吨，下降5.2%；农用化肥（折纯）262万吨，增长0.2%；焦炭45万吨，下降15.5%；钢材产量301万吨，增长0.8%；生铁364万吨，下降2.1%。

全年规模以上工业企业实现主营业务收入963.8亿元，下降12.8%。其中，煤炭、炼焦、冶铸和电力工业分别实现主营业务收入453.9亿元、3.7亿元、96.2亿元和79.8亿元，分别下降16.0%、32.4%、22.1%和7.2%；煤层气开采、化工、建材、装备制造、医药和食品工业分别实现主营业务收入52.1亿元、99.2亿元、10.0亿元、130.4亿元、5.1亿元和1.0亿元，分别下降3.8%、10.9%、17.1%、2.2%、3.3%和12.9%。

规模以上工业实现利税123.9亿元，下降3.2%；实现利润44.0亿元，下降21.1%。

年末全市具有资质等级的总承包和专业承包建筑业企业109家，完成总产值59.6亿元，下降18.7%；房屋施工面积353.9万平方米，下降0.2%；签订合同额为115.8亿元，下降11.2%。

四、固定资产投资

全年全市固定资产投资完成1105.1亿元，增长13.4%。其中，国有及国有控股投资429.3亿元，下降4.5%；港澳台及外商投资57.2亿元，增长7.3%；民间投资618.6亿元，增长31.0%。

在固定资产投资中，第一产业投资67.6亿元，增长21.0%；第二产业投资448.2亿元，增长1.5%；第三产业投资589.3亿元，增长23.5%。在第二产业中，工业投资447.1亿元，增长1.2%。其中，煤炭工业投资148.9亿元，下降13.8%；非煤产业投资298.3亿元，增长10.9%。传统产业（煤炭、炼焦、冶金、电力）投资合计168.4亿元，下降9.5%；新兴接替产业投资合计278.8亿元，增长9.1%。

全年全市在建固定资产施工项目1715个。其中，5亿元以上项目85个，计划总投资1495.7亿元，完成投资262.2亿元，占全市固定资产投资的比重为23.7%。

全年房地产开发投资74.6亿元，增长28.2%。其中，住宅投资60.3亿元，增长36.7%；商业营业用房投资7.6亿元，增长4.4%。

全年房屋新开工面积357.3万平方米，增长88.2%。其中，住宅新开工面积252.6万平方米，增长82.1%。商品房销售面积152.4万平方米，增长102.2%。其中，住宅销售面积148.7万平方米，增长12.0%。商品房销售额62.3亿元，增长82.9%。其中，住宅销售额61.1亿元，增长109.4%。房地产开发企业土地购置面积22.6万平方米，下降43.0%。房地产开发企业本年实际到位资金合计109.1亿元，增长33.8%。其中，国内贷款增长33.6%，自筹资金增长31.5%，其他资金增长60.9%。

五、能　源

全年全市一次能源生产折标准煤6934.5万吨，增长8.7%；二次能源生产折标准煤3013.2万吨，增长10.9%。

全年全市向省外运输煤炭5414万吨，下降16.4%，外运煤炭占原煤产量65.5%。向省外输送电力183.6亿千瓦小时，增长0.7%，外输电量占发电量的79.6%。

固定资产投资中，能源工业投资216.8亿元，下降17.3%。其中，煤炭工业投资148.9亿元，下降13.8%；石油和天然气开采业投资26.4亿元，下降36.0%；石油加工、炼焦及核燃料加工业投资1.1亿元，下降60.3%；电力、热力的生产和供应业投资30.2亿元，下降17.5%。

全年全市全社会用电总量174.2亿千瓦小时。其中，第一产业用电1.5亿千瓦小时，占全社会用电量的0.9%；第二产业用电155.9亿千瓦小时，占全社会用电量的89.5%，其中，工业用电154.9亿千瓦小时；第三产业用电8.9亿千瓦小时，占全社会用电量的5.1%；城乡居民生活用电7.8亿千瓦小时，占全社会用电量的4.5%。

六、国内贸易

全年全市社会消费品零售总额358.8亿元，增长5.1%。按经营地统计，城镇消费品零售额303.7亿元，增长1.9%；乡村消费品零售额55.1亿元，增长27.2%。

七、对外经济

全年全市海关进出口总额9.0亿美元，下降18.4%。其中，进口额6.1亿美元，下降24.9%；出口额2.9亿美元，下降0.2%。

全年出口煤炭37万美元，下降12.4%；出口钢材4874万美元，增长20.9%；出口机电产品23192万美元，下降2.5%；出口高新技术产品14712万美元，下降7.5%；出口电器及电子产品17693万美元，下降6.6%；出口计算机及通信技术产品13008万美元，下降11.0%。

全年进口铁矿砂24412万美元，下降41.8%；进口机电产品32857万美元，下降7.6%；进口集成电路15225万美元，增长15.2%；进口机械设备4733万美元，下降49.5%；进口电子技术产品18441万美元，增长12.8%；进口计算机集成制造技术产品3280万美元，下降53.4%。

全年全市新设立外商直接投资企业2家；按全口径统计实际使用外商直接投资金额25765万美元，下降9.4%。

八、交通、邮电和旅游

年末全市公路线路里程9013.9公里。其中,高速公路318.6公里。

年末全市民用汽车保有量33.3万辆（包括三轮汽车和低速货车3.9万辆），比上年末增长10.9%。其中,私人汽车29.5万辆，增长14.0%。本年新注册汽车4.6万辆，增长9.6%。年末轿车保有量21.9万辆，增长14.4%。其中,私人轿车20.6万辆，增长16.3%。

全年全市完成邮电业务总量24.3亿元，增长9.4%。其中，邮政业务总量1.2亿元，下降6.3%；电信业务总量23.1亿元，增长10.3%。新增移动电话用户4.5万户，年末达到229.2万户。全市宽带接入用户43.6万户，增长11.0%。

年末全市共有A级景区15个。其中，5A级景区1个，4A级景区7个,3A级景区5个，2A级景区2个。共有星级饭店20家。其中，五星级2家、四星级10家、三星级6家、二星级2家。全年全市接待海外旅游者12143人次，接待国内旅游者3244.1万人次，分别增长5.1%和19.5%；旅游外汇收入671.9万美元，国内旅游收入294.5亿元，旅游总收入295.0亿元，分别增长6.0%、21.7%和21.7%。

九、金融、证券和保险

年末全市金融机构本外币各项存款余额1800.1亿元，比年初减少12.5亿元，下降0.7%。各项贷款余额1007.5亿元，比年初增加85.4亿元，增长9.3%。

年末全市农村金融合作机构（农村信用社、农村合作银行、农村商业银行）人民币贷款余额198.0亿元，比年初减少5.9亿元，下降2.9%;人民币存款余额416.7亿元，比年初增加25.4亿元，比年初增长6.5%。

年末全市共有证券营业部4家，从业人员88人。累计资金开户数96446户，银证转入资金120.7亿元，增长2.4倍，新增资产总额23.1亿元，增长47.1%。全年营业收入1.7亿元，增长1.4倍；利润总额1.1亿元，增长1.5倍。

全年全市保费收入35.6亿元，增长4.7%。其中，寿险业务保费收入23.8亿元，增长7.0%；财产险业务保费收入11.8亿元，与上年持平。

十、教育和科学技术

年末全市普通高等学校1所，独立设置的成人高等学校1所。高中阶段毛入学率95.12%。

全年全市组织实施各类科技项目38项（其中国家级3项、省级19项、市级16项）。在国家级项目中，列入国家星火计划2项，国家火炬项目1项。在省级项目中，列入省级国际科技合作项目1项，星火计划3项，农业攻关计划1项，农村技术承包计划3项，社会发展计划2项，中小微企业成果推广1项，“首台套”新产品2项，专利推广实施资助2项，科技重大专项2项，软科学2项。全年全市专利申请量916件，有效发明专利拥有量263件。全年完成省级科技成果鉴定4项。全年新认定国家高新技术企业10家，民营科技企业新认定6家，省级企业技术中心1家，省级科技企业孵化器1家。截止2015年末，全市共有高新技术企业34家，民营科技企业60家，省级创新型企业11家，省级创新型试点企业2家，国家级企业技术中心1家，省级企业技术中心13家，省级工程技术研究中心4家，省级重点实验室3个，省级科技企业孵化器1家。

十一、文化、卫生和体育

年末全市共有群众艺术馆1个，文化馆6个,博物馆1个。全市文化系统共有艺术表演团体11个，新创作首演剧目4个；演出场次3120场，演出收入2088万元；全市共有艺术表演场馆3个，群众艺术馆1个，文化馆6个，公共图书馆6个，总藏书46万册。

年末全市共有各级医疗卫生机构3090个，其中妇幼保健院（所、站）7个。医院和卫生院床位10.1千张，卫生专业技术人员1.3万人，每千人拥有病床5.4张，每千人拥有医生数2.3人。全市6县（市、区）全部开展了新型农村合作医疗试点工作，新型农村合作医疗参合率99.25%。村卫生室覆盖率100%、县乡村三级医疗机构达标率均为100%。全年各县（市、区）的儿童“五苗”全程接种率以乡镇为单位均达到了95%以上。碘盐覆盖率达到97.7%，合格碘盐食用率达到94.22%，各种地方病得到了有效控制。全市乡镇卫生监督站覆盖率达到100%。

年末全市拥有各级各类体育场馆5711个，体育锻炼标准达标人数达335496人。全年我市运动员在省级以上重大比赛中获金、银、铜牌分别为13枚、20枚和17枚（包括非奥运项目比赛）。全市销售中国体育彩票15100万元，增长8.5%。

十二、人口、人民生活和社会保障

据2015年全国1%人口抽样调查，年末全市常住人口为

231.50万人，比上年末增加0.60万人。全年全市出生人口1.81万人，人口出生率为7.81‰；死亡人口1.20万人，死亡率为5.20‰；自然增长率为2.61‰。出生人口性别比为102.27（以女性人口为100）。

全年居民人均可支配收入19352元，增长8.1%。按常住地分，城镇居民人均可支配收入26651元，增长7.0%；农村居民人均可支配收入10914元，增长8.2%。城镇占调查总户数20%的低收入家庭人均可支配收入10527元，增长8.8%；农村占调查总户数20%的低收入户人均可支配收入4322元，增长13.9%。

年末参加城镇职工基本养老保险39.5万人，比上年末增加2.6万人；参加新型农村社会养老保险112.0万人，增加5.5万人；参加城镇基本医疗保险61.0万人，增加0.5万人；参加失业保险30.1万人，增加0.4万人；参加工伤保险47.8万人，增加0.4万人，其中,农民工22.4万人，增加0.3万人；参加生育保险31.0万人，增加0.1万人。全市共有146.8万农民参加了合作医疗。

年末城镇低保人数18973人，减少4625人；农村低保人数64889 人，减少11499人；农村集中供养五保户1891人；民政部门资助参加合作医疗73646人。优抚对象15757人，享受定期抚恤1102人，享受定期补助12610人。全年共发放最低保障资金3.0亿元。全市提供住宿的社会服务机构68个，床位数4913张，年收养救助人数2564人。全市社区服务站51个。全市福利企业26个，残疾职工422人。福利彩票发行单位1个。全年直接接收捐赠款77.2万元，受益2689人次。

十三、资源、环境和安全生产

全市有自然保护区5个，自然保护区面积达到14.6万公顷。

全年市区环境空气质量二级以上天数达到263天。其中，一级天数29天，增加10天。空气综合污染指数为6.48，较上年下降12.1%。

城市污水处理率达到93.5%；城市生活垃圾无害化处理率达到100%；全市集中供热普及率达到86.7%。

全年全市共发生各类生产安全事故796起，减少52起，下降6.1%；事故死亡207人，减少19人，下降8.4%。其中，各类生产经营性事故176起，减少16起，下降8.3%；事故死亡86 人，增加2人，上升6.2%，占省政府下达我市控制指标88 人的97.7%。亿元GDP生产安全事故死亡率0.083，煤矿百万吨死亡率0.1487，特种设备万台死亡率0。

临汾市2015年国民经济和社会发展情况

2015年，面对经济下行压力持续加大的困难局面，市委、市政府团结带领全市人民，坚持稳中求进工作总基调，主动适应引领新常态，统筹推进稳增长、促改革、调结构、惠民生、防风险各项工作，全市经济社会发展取得新成就，全面建成小康社会迈出坚实步伐。

一、综　合

初步核算，全年全市生产总值1161.1亿元，比上年增长0.2%。其中，第一产业增加值91.0亿元，下降3.4%，占生产总值的比重为7.8%；第二产业增加值563.4亿元，下降5.2%，占生产总值的比重为48.5%；第三产业增加值506.7亿元，增长10.3%，占生产总值的比重为43.7%。第三产业中，房地产业增加值53.8亿元，增长2.0%；批发和零售业增加值72.8亿元，增长2.3%；交通运输、仓储和邮政业增加值81.1亿元，增长2.2%。

人均地区生产总值26239元，按2015年平均汇率计算为4213美元。

全年全市公共财政预算收入88.2亿元，下降25.4%。税收收入52.2亿元，下降14.9%，其中，国内增值税、营业税、企业所得税、个人所得税、资源税和城建税共计完成税收38.7亿元，下降15.1%。公共财政预算支出287.0亿元，增长1.6%。其中，教育支出增长24.8%，农林水事务支出增长21.1%，社会保障和就业支出增长19.6%，节能环保支出增长19.0%，医疗卫生支出增长13.8%，公共安全支出增长9.3%。

居民消费价格比上年上涨2.5%，其中，食品价格上涨0.5%。工业生产者出厂价格下降12.7%，其中，生产资料价格下降12.9%，生活资料价格下降0.1%。工业生产者购进价格下降9.7%。

全年全市城镇新增就业5.13万人，转移农村劳动力5.35万人，年末城镇登记失业率3.0%，控制在4.2%的目标范围之内。

二、农　业

全年全市农作物种植面积559.37千公顷，比上年减少6.16千公顷，下降1.1%。其中，粮食种植面积517.02千公顷，减少2.82千公顷；油料种植面积6.62千公顷，减少2.31千公顷；棉花种植面积0.25千公顷，减少0.34千公顷。在粮食种植面积中，玉米种植面积253.36千公顷，增加11.2千公顷；小麦种植面积219.49千公顷，减少8.93千公顷。

全年粮食产量236.2万吨，比上年下降14.4%。其中，夏粮107.2万吨，增长1.0%；秋粮129.0万吨，下降24.0%。

全年完成造林32.19千公顷。其中，经济林面积8.32千公顷。全年木材产量27434立方米，增长7.2%。

全年全市猪牛羊肉总产量11.6万吨，比上年增长3.3%。其中，猪肉产量10.2万吨，增长3.4%；牛肉产量0.6万吨，下降3.5%；羊肉产量0.8万吨，增长8.4%。年末生猪存栏86.3万头，生猪出栏124.1万头。牛奶产量4.0万吨，下降1.9%。禽蛋产量11.5万吨，增长2.7%。水产品产量0.7万吨，增长1.5%。

年末全市农业机械总动力484.0万千瓦，增长2.3%。机械耕地面积379.64千公顷，比上年增长3.4%，机械播种面积421.25千公顷，增长3.4%，机械收获面积339.7千公顷，下降0.9%。全市农机化经营总收入达到14.06亿元，增长4.5%。

三、工业和建筑业

年末全市规模以上工业企业357家。全年规模以上工业增加值同比下降7.1%。

规模以上工业企业原煤产量5647.8万吨，增长6.9%;发电量211.2亿千瓦时，下降0.8%；焦炭产量1754.1万吨，下降6.9%；钢材产量1261.6万吨，下降3.9%。

规模以上工业企业实现主营业务收入1268.35亿元，下降21.3%。其中，煤炭、焦炭、冶金和电力工业分别实现主营业务收入404.15亿元、197.02亿元、457.26亿元和56.87亿元，分别下降19.8%、12.3%、29.7%和8.5%；化学、建材、装备制造、医药和食品工业分别实现主营业务收入88.94亿元、8.52亿元、28.73亿元、5.16亿元和10.97亿元，分别增长21.4%、-34.7%、-45.8%、-1.8%和-28.3%。

规模以上工业实现利税22.88亿元，下降66.4%；实现利润由上年0.08亿元转为亏31.9亿元。

全年全市建筑业实现增加值69.7亿元，比上年下降1.6%。具有建筑业资质等级的总承包和专业承包建筑业企业实现利润2.3亿元，下降28.1%。

四、固定资产投资

全年全市固定资产投资完成1401.2亿元，增长14%。其中，国有及国有控股投资完成546.2亿元，下降8.5%。

在全市固定资产投资中，内资企业投资完成1391.4亿元，增长13.6%；外商及港澳台商企业投资5.9亿元，增长52.7%。

从三次产业看，第一产业投资完成173.4亿元，增长125%；第二产业投资完成494.5亿元，下降2.2%；第三产业投资完成733.3亿元，增长13.4%。在第二产业中，工业投资完成494.2亿元，下降2.3%。其中，煤炭工业投资96.3亿元，下降37.6%，非煤产业投资397.9亿元，增长13.2%。传统产业（煤炭、焦炭、冶金、电力）投资合计166.7亿元，下降31.3%，非传统产业（食品、建材、化工、装备制造等）投资合计327.5亿元，增长24.6%。

全年全市在建固定资产投资项目2719个。其中，亿元以上项目214个，计划总投资1135.6亿元，完成投资352.4亿元，占全市固定资产投资的比重为25.2%。

全年房地产开发投资112.6亿元，增长33.7%。其中，住宅投资83.6亿元，增长28.8%；商业营业用房投资17亿元，增长61.8%。

全年市级重点建设工程920项，计划总投资3772亿元，其中，当年计划投资1209亿元，完成1193亿元。

五、能　源

全年全市一次能源生产折标准煤4034.19万吨，增长6.87%，二次能源生产折标准煤6867.1万吨，比上年下降6.81%。

全年全市向省外运输煤炭773.18万吨，增长2.59%，外运煤炭占煤炭产量6.76%。

全市能源工业投资完成197.72亿元，下降21.26%。其中，煤炭工业投资91.84亿元，下降38.2%；电力工业投资47.11亿元，下降37.7%；焦化工业投资4.46亿元，下降20.2%。

全年全市全社会用电总量163.4亿千瓦时。其中，第一产业用电4.93亿千瓦时，占全部用电量3.02%；第二产业用电124.61亿千瓦时，占全部用电量76.26%，其中，工业用电123.15亿千瓦时；第三产业用电15.48亿千瓦时，占全部用电量9.47%；城乡居民用电18.38亿千瓦时，占全部用电量11.25%。

六、国内贸易

全年全市社会消费品零售总额572.0亿元，增长4.9%。按经营地统计，城镇消费品零售额455.6亿元，增长4.8%；乡村消费品零售额116.4亿元，增长5.5%。按消费形态统计，商品零售额526.5亿元，增长4.5%；餐饮收入额45.5亿元，增长10.4%。

七、对外经济

全年全市海关进出口总额30160万美元，下降24.5%。其中，进口额13544万美元，下降39.4%；出口额16615万美元，下降5.6%。

全年全市出口钢材金额0.4万美元，下降99.67%，出口机电产品13003.5万美元，下降3.74%；出口高新技术产品3.6万美元，下降94.53%。

全年进口铁矿砂202.6万吨，下降15.18%，进口金额

12856.9万美元，下降41.87%；进口机电产品192.6万美元，增长85.04%。

全年全市新设立外商直接投资企业1家；按全口径统计实际使用外商直接投资金额15660万美元，增长5%。全年全市对外经济合作新签合同额1000万美元。

八、交通、邮电和旅游

年末全市公路通车里程18231公里，其中高速公路462公里，与上年末持平。

年末全市民用汽车保有量46.7万辆（包括三轮汽车和低速货车0.7万辆），比上年末增长10.4%。其中，私人汽车42.2万辆，增长12.3%。本年新注册汽车6.2万辆，增长7.0%。年末轿车保有量29.8万辆，比上年末增长14.7%，其中私人轿车28.2万辆，增长16.0%。

全年全市完成邮电业务总量50.40亿元，增长17.4%。其中，邮政业务总量2.52亿元，增长0.5%；电信业务总量47.88亿元，增长18.5%。年末全市固定电话34.05万部，减少18.50万部，下降35.2%；移动电话用户减少1.06万户，年末为396.08万户，其中，3G、4G移动电话用户达到238.19万户。移动电话普及率89.5部/百人。全市宽带接入用户65.05万户，增长0.9%。

全年全市接待海外旅游者3.6万人次，接待国内旅游者3175.52万人次，分别增长5.6%和20.89%；旅游外汇收入1502.89万美元，国内旅游收入294.02亿元，旅游总收入294.94亿元，分别增长5.04%、21.78%和21.73%。

九、金　融

年末全市金融机构本外币各项存款余额1966.45亿元，比年初增加112.87亿元，比年初增长6.09%。各项贷款余额1079.31亿元，比年初增加135.91亿元，增长14.41%。

年末全市农村合作金融机构（农村信用社、农村合作银行、农村商业银行）人民币贷款余额548.74亿元，比年初增加61.61亿元，增长12.65%;人民币存款余额814.22亿元，比年初增加60.73亿元，增长8.06%。

年末全市共有上市公司2家。全市辖区证券市场各类证券成交额1912亿元，增长158%。年末投资者资金账户累计开户数16.97万户，比上年年末增长54.42%。

全年全市保费收入55.26亿元，增长27.95%。其中，寿险业务保费收入41.96亿元，增长41.93%；健康险业务保费收入2.65亿元；意外险业务保费收入0.62亿元；财产险业务保费收入13.30亿元，下降2.39%。全年支付各类赔款及给付23.51亿元，增长51.38%。

十、教育和科学技术

年末全市高等院校达到5所。新（改、扩）建标准化幼儿园28所，改造农村幼儿园36所，规划建设面积8万多平方米，建设改造资金近1.5亿元。

全年全市受理专利申请1205件。受理发明专利申请570件，比上年增长17.04%。全市累计认定省级高新技术企业33家；省级技术中心20家，市级企业技术中心49家；省民营科技型企业114家。

年末全市共有市、县产品质量监督检验所8个，监督抽查了111家企业182类产品和商品。全市共有法定计量技术机构21个，全年完成强制检定计量器具237014台件。

全市有气象台（站）17个，开展121电话天气自动答询台（站）17个。气象系统开展人工影响天气业务的单位17个，防雹、增雨受益覆盖面积2万平方公里。卫星云图接收站17个。

全市有专业综合地震台站1个，市级地震台网中心1个，数字测震地震台网1个，数字测震子台7个。

十一、文化、卫生和体育

年末全市共有群众艺术馆1个，文化馆17个，博物馆14个，艺术表演团体20个。广播电视台17座。广播人口覆盖率97.71%，电视人口覆盖率98.87%。全市共有公共图书馆13个，档案馆25个。目前有13个县级图书馆和7个文化馆达到国家三级标准以上。

我市文化影响力进一步增强，紧紧围绕“中国梦”、“三个文化”和纪念抗日战争胜利70周年，创作编排了蒲剧《廉吏于成龙》《关公斩子》，眉户剧《老槐树下》《焦裕禄》《雷雨》等优秀作品。全省第二届文博会期间，这几个精品剧目在省城展演。“中国之源·风情临汾”在“临汾·上海城市推介会”上，作为此次活动四大板块之一主题展演，以浓厚的历史文化、精湛的文艺表演惊艳上海环球港综合体，两天时间观看群众达到两万余人次。2015年，我市非遗保护工作不断加强，国家级非遗项目3项，全市国家级非遗项目累计达到21项，省级非遗114项，市级非遗231项，在全省名列前茅。

年末全市共有卫生机构(含诊所、村卫生室)4389家，其中妇幼保健院（所、站）17家。全市卫生机构共有床位1.92万张，其中医院床位1.43万张，卫生院床位4112张。卫生技术人员2.41万人。全市296.55万农民参加了合作医疗，参合率98.47%。

在山西省第十五届运动会资格赛上，我市体育代表团在14个项目比赛中，共获得金牌20枚、银牌33枚、铜牌35枚，总分1014.5分，404人进入资格。全年共培训国家二级裁判员376名。全年销售体育彩票1.68亿元。

十二、人口、人民生活和社会保障

据2015年人口抽样调查，年末全市常住人口为443.57万人，比上年末增加2.11万人。全年全市出生人口4.49万人，人口出生率为10.15‰；死亡人口2.39万人，死亡率为5.39‰；自然增长率为4.76‰。人口性别比为103.87。

全年全市居民人均可支配收入16347 元，增长8.6%。按常住地分，全年城镇居民人均可支配收入25498元，比上年增长8.0%；城镇居民人均消费性支出12502元，增长18.8%。全年农村居民人均可支配收入9376元，增长7.1%；农村居民人均生活消费支出6623元，增长10.2%。城镇占调查总户数20%的低收入家庭人均可支配收入11303元，增长8.1%；农村占人口20%的低收入者收入3197元，增长12.9%。城镇居民家庭恩格尔系数（即居民家庭食品消费支出占家庭消费支出的比重）24.9%，农村居民家庭恩格尔系数27.3%。

年末参加基本养老保险的人数为248.71万人，比上年增加3.76万人；参加城乡居民社会养老保险参保人数的人数为192.83万人，比上年增加2.46万人；参加城镇基本医疗保险的人数为104.86万人，比上年增加0.51万人；参加失业保险的人数为34.91万人，比上年增加0.02万人；参加工伤保险的人数为50.39万人，比上年增加1.1万人，其中农民工23.23万人；参加生育保险的人数为39.64万人，比去年增加0.05万人。

全年全市纳入城市最低生活保障的居民6.14万人，发放城市低保资金26345.6万元，比上年减少426.9万元；纳入农村最低生活保障的居民9.01万人，发放农村低保资金24425.8万元，比上年减少12.3万元。

年末全市各类收养性单位床位数5838张，收养人数2549人。城镇建立各种社区服务机构243个。全年销售社会福利彩票4.47亿元，直接接收社会捐赠款83万元。

年末市区建成区新增绿化面积140.9万平方米，绿化覆盖率达到39.97%，人均公共绿地面积12.36平方米。全市建成区新增绿化面积280.07万平方米，绿化覆盖率达到37.14%，人均公共绿地面积10.53平方米。人均道路面积达到12.43平方米。

十三、资源、环境和安全生产

年末耕地保有量741.86万亩。年末全市7座中型水库蓄水总量4866万立方米。全市年平均降水量390.0毫米，比上年减少252毫米。

年末全市森林面积970万亩，森林覆盖率31.9%；全市已建成自然保护区3个，自然保护区面积62.66万亩，占全市国土面积的2.1%。

按《环境空气质量指数（AQI）技术规定（试行）(HJ633-2012)》评价，2015年市区空气质量好于二级以上天数266天，同比增加26天，其中一级天数达到52天，同比增加11天。Pm10浓度均值为0.089毫克/立方米，同比下降5.3%；pm2.5浓度均值0.059毫克/立方米，同比下降6.3%。各县市区二级以上天数均达到337天以上。

年末全市城市污水处理率86.50%，提高3.85个百分点；市区城市生活垃圾无害化处理率连续四年达到100%。全市集中供热普及率81.05%，提高3.03个百分点，临汾市区新增供热面积60.6万平方米。天然气置换工作进展顺利，全市10.4万户告别人工焦炉煤气，使用上更清洁、更高效的天然气能源。

全年森林火灾受害率控制在0.5‰以内，达到了国家要求标准。林业有害生物成灾率0.1‰，严格控制在省要求的4‰以下。

全年共发生生产经营性安全事故342起，死亡101人，相比2014年增加32起，减少22人。亿元GDP生产安全事故死亡率为0.0596人，比省下达年度控制指标（0.080）低0.0204人。煤矿百万吨死亡率为0.014人，比省下达年度控制指标（0.098）低0.084人。

运城市2015年国民经济和社会发展情况

2015年，面对复杂多变的国际国内发展环境和经济不断下行的巨大压力，市委、市政府团结带领全市人民深入贯彻落实党的十八大和十八届三中、四中、五中全会精神，开拓进取、主动作为，以稳增长调结构“三个一百”为核心，扎实推进“三个方案”，全市经济稳中有进，各项社会事业全面发展，“十二五”各项目标基本实现。

一、综　合

人口：据2015年人口抽样调查，年末全市常住人口为527.53万人，比上年末增加2.3万人。男女性别比为103.7（女性为100）。全年出生人口5.57万人，出生率为10.59‰；死亡人口3.27万人，死亡率为6.21‰；自然增长率为4.38‰。城镇化率达到46.12%，比上年提高1.67个百分点。

经济增长：初步核算，全年全市生产总值1174亿元，按可比价格计算，比上年增长1.8%。其中：第一产业增加值192.5亿元，增长0.8%;第二产业增加值440.4亿元，下降3.8%；第三产业增加值541亿元，增长8.5%。第三产业中，交通运输、仓储和邮政业88.6亿元，增长5.6%；批发和零售业97.1亿元，增长5.2%；金融业67.3亿元，增长16.8%；房地产业40.6亿元，增长1.8%。第一、第二和第三产业增加值占全市生产总值的比重分别为16.4%、37.5%和46.1%，与上年同期相比，一产持平，二产下降3.8个百分点，三产上升3.8个百分点。

人均地区生产总值22304元，比上年增长1.3%。

价格：全年居民消费价格比上年上涨0.8%。其中，食品价格上涨0.4%，非食品价格上涨1.1%。商品零售价格与上年持平。工业生产者出厂价格下降9.4%，其中，生产资料价格下降10.2%，生活资料价格下降2.3%。工业生产者购进价格下降6.2%。

就业：全年城镇新增就业人员56353人，转移农村劳动力72107人，城镇下岗失业人员再就业12057人，就业困难人员实现就业3476人。年末城镇登记失业率2.93%。

二、农　业

农业产值：初步测算，2015年全市农林牧渔业总产值完成393亿元，按可比价格计算，同比增长2.0%。农林牧渔业增加值完成206.7亿元，增长1.0%。其中，农业161.3亿元，增长0.4%；林业2.7亿元，增长8.2%；牧业27.4亿元，增长3.1%；渔业1.2亿元，增长2.2%；农林牧渔服务业14.1亿元，增长3.7%。

农作物种植面积：全年农作物种植面积741.4千公顷，比上年下降4.1%。其中，粮食种植面积642.8千公顷，下降2.7%。其中，夏粮327.8千公顷，下降3.1%；秋粮315千公顷，下降2.2%（玉米286.2千公顷，增长1.0%）；棉花种植面积10.0千公顷，下降43.0%；油料种植面积8.9千公顷，下降5.3%；蔬菜种植面积54.1千公顷，下降7.5%；果园面积171.4千公顷，增长2.9%，其中，苹果园面积89.4千公顷，下降1.4%。

农产品产量：全年粮食总产量32.1亿公斤，比上年增加0.5亿公斤，增长1.8%。其中，小麦15.7亿公斤，增产1.1亿公斤，增长7.8 %；秋粮 16.4亿公斤，减产0.6亿公斤，下降3.3%。

畜禽及水产品产量：全年肉类总产量17.1万吨，增长1.2%。其中，猪肉产量11.6万吨，下降4.0%；牛肉产量0.3万吨，下降2.0%；羊肉产量0.9万吨，增长15.9%;禽肉产量4.3万吨，增长5.6%。禽蛋产量25.5万吨，增长1.0%；奶类产量5.1万吨，增长3.8%。水产品产量2.5万吨，增长3.4%。

林业生产：全年全市造林面积25333公顷。其中，荒山荒地造林面积21040公顷。年末全市拥有森林面积43.4万公顷。森林覆盖率31.0%。

农业机械：年末全市农业机械总动力721.5万千瓦，比上年增长1.83 %。机械耕地面积51.0万公顷，机械播种面积54.2万公顷，机械收获面积53.2万公顷。全年农机化经营总收入14.15亿元，同比增长5.83 %。

三、工业和建筑业

工业：全年全部工业增加值352.5亿元，比上年下降4.8%，在第二产业中所占比重为80%，比上年下降2.3个百分点。其中，规模以上工业企业486户，完成工业增加值264.5亿元，比上年下降5.9%。全年规模以上工业产品销售率为96.7%，同比上升2.7个百分点。

全市规模以上工业中，五大支柱行业增加值137.6亿元，比上年增长1.9%，其中，黑色金属冶炼和压延加工业下降1.2%，有色金属冶炼和压延加工业增长16.8%，炼焦业下降1.2%，化学原料和化学制品制造业增长1.7%，电力、热力生产和供应业下降13.7%。新型替代行业增加值127.2亿元，下降6.1%，其中，铁路船舶设备业增长32.5%，纺织服装、服饰业增长13.9%，印刷业增长12.6%，酒饮料精制茶制造业增长11.9%，纺织业增长9.6%，金属制品业增长9.1%，医药制造业增长5.6%。

全年规模以上工业主营业务收入1273.5亿元，比上年下降19.1%；实现利税45.8亿元，比上年下降29.9%；实现利润16.5亿元，下降47.3%。

建筑业：据初步统计：全市全年具有资质等级的总承包和专业承包建筑企业163个。其中，有工作量的155个，实现总产值122.9亿元，比上年下降6.1%。上缴税金3.9亿元，下降6.8%；实现利润4.5亿元，下降2.6%。

四、固定资产投资

固定资产投资：全年固定资产投资1370.7亿元，比上年增长14.0%。其中，房地产开发完成123.6亿元，增长5.0%。在固定资产投资中，第一产业投资186.8亿元，比上年增长43.5%；第二产业595.4亿元，下降1.9%；第三产业588.4亿元，增长26.3%。在固定资产投资中，国有投资完成200.0亿元，同比增长17.4%；非国有投资完成1170.7亿元，同比增长13.4%，其中，民间投资1148.6亿元，增长14.9%。

房地产开发：全年房地产开发投资123.6亿元，比上年增长5.0%。其中，住宅投资93.3亿元，增长7.6%；商业营业用房投资17.7亿元，增长1.3%。

五、国内贸易

全年全市社会消费品零售总额661.0亿元，比上年增长5.5%。按规模统计，限额以上消费品零售额309.9亿元，下降3.5%；限额以下消费品零售额351.1亿元，增长15.0%。按经营地统计，城镇消费品零售额520.8亿元，增长5.2%；乡村消费品零售额140.2亿元，增长6.7%。按行业统计，商品批发业141.5亿元，增长5.0%；商品零售业444.9亿元，增长4.1%；住宿餐饮业74.7亿元，增长16.1%。

六、对外经济

进出口贸易：全年货物进出口总额740945万元，比上年下降19.2%（以美元计价为119624万美元，下降19.9%）。其中，进口535856万元，下降13.9%（以美元计价为86540万美元，下降14.6%）；出口205089万元，下降30.5%（以美元计价为33084万美元，下降31.1%）。

利用外资：全年合同利用外资总额1378万美元，实际利用外资1745万美元。当年新设立外商直接投资企业1家。

七、交通、邮电和旅游

交通运输：年末全市公路通车里程16069公里，其中，国道289公里，省道1455公里，县道2784公里，乡、村道及专用道11540公里；高速公路591公里。全市公路密度113.3公里/百平方公里。公路客运量3129万人，比上年下降17.3%；公路货运量8572万吨，比上年下降3.2%。公路旅客运输周转量13.9亿人公里，比上年下降12.9%；公路货物运输周转量208.9亿吨公里，比上年下降10.6%。

截止年末运城机场共开通了运城—北京、上海、广州、深圳、成都、天津、昆明、长沙、海口、乌鲁木齐、杭州、南京、厦门、三亚、哈尔滨等航线。全年民航旅客吞吐量81.45万人，比上年下降12.97%；货运吞吐量2439.1吨，比上年下降4.6%。飞机起降12606架次，增长4.9%。

年末全市民用车辆拥有量98万辆，比上年末增长6.0%。民用汽车保有量达到56.9万辆（包括三轮汽车和低速货车0.4万辆），比上年末增长14.5%。其中，私人汽车50.6万辆，增长16.7%。本年新注册汽车8.4万辆，增长3.4%。年末轿车保有量34.8万辆，比上年末增长18.0%，其中私人轿车33.1万辆，增长19.4%。年末摩托车保有量27.2万辆，比上年末下降6.9%。年末拖拉机保有量12.2万辆，比上年末增长1.6%。

邮电：全年邮电业务总量52.6亿元，比上年增长20.1%。其中，邮政业务总量4.6亿元，增长28.9%；电信业务总量48.0亿元，增长19.0%。年末固定及移动电话用户总数达到489.0万户，比上年末减少4.1万户。其中，固定电话47.1万户，移动电话441.9万户。在移动电话用户中，3G用户178.7万户，4G用户143.9万户。电话普及率达到92.7部/百人。其中，固定电话和移动电话普及率分别达到8.9部/百人和83.8部/百人。全市宽带接入用户达到84.7万户，增长17.1%。

旅游：全年接待国内游客4035.8万人次，增长16.5%。接待入境游客3.0万人次，增长4.5%。全年旅游总收入326.9亿元，增长21.6%。其中，国内旅游收入326.4亿元，增长21.7%；旅游外汇收入854.7万美元，增长5.0%。

八、财政、金融、证券和保险

财政：全年财政总收入完成105.5亿元，增长3.8%。一般公共预算收入完成56.3亿元，增长6.6%。在总收入中，税收收入完成87.3亿元，下降0.4%；非税收入完成18.2亿元，增长29.5%。

全年一般公共预算支出276.9亿元，增长16.0%。其中，农林水事务支出44.7亿元，增长22.7%；教育支出59.4亿元，增长14.9%；社会保障和就业支出44.4亿元，增长28.8%；医疗卫生与计划生育支出34.8亿元，增长13.3%；节能环保支出6.2亿元，下降25.4%。

金融：年末全部金融机构本外币各项存款余额1720.9亿元，比年初增长7.9%,其中人民币各项存款余额1717.0亿元,比年初增长7.8%。全部金融机构本外币各项贷款余额962.3亿元，比年初增长7.5%,其中人民币各项贷款余额954.4亿元,比年初增长7.5%。

年末农村金融机构（农村信用社、农商银行、村镇银行）人民币贷款余额379.0亿元，比年初增长7.6%。

证券：全年运城辖区证券市场各类证券成交额1701.9亿元，比上年增长272.0%。其中股票成交额1609.2亿元，基金成交额84.5亿元，债券成交额0.9亿元。年末投资者资金账户开户总数14.6万户。

保险：年末全市共有保险公司35家，全年保费收入64.9亿元，比上年增长22.9%。其中，财产险保费收入16.6亿元，增长6.2%；人身险保费收入9.8亿元，增长80.3%；寿险保费收入38.5亿元，增长21.4%。全年支付各类赔款及给付18.9亿元，增长22.9%。

九、教育、科学技术和文化

教育：全年全市普通高等院校招生17322人，在校生52265人，毕业生13919人。各类中等职业学校招生17053人，在校生42451人，毕业生12390人。普通高中招生35409人，在校生118281人，毕业生45565人。初中招生46970人，在校生158007人，毕业生61711人。普通小学招生48131人，在校生287915人，毕业生46931人。特殊教育招生135人，在校生937人，毕业生72人。在园幼儿数160563人。

科学技术：全年受理专利申请1251件，比上年增长3.6%。其中，受理发明专利申请373件，比上年增长0.3%。全市授予专利权1008件，增长16.3%。其中，授予发明专利权143 件。全年有39个项目列入国家、省各类科技计划，获得项目研究资金595万元。

年末全市共有产品质量监督检验机构2个，法定计量鉴定技术机构13个，省授权行业建立的检验所（站）1个。全年共监督抽查了180家企业11类、28种、200批次的产品和商品。完成强制检定计量器具48928台件。

全市有国家基本气象观测站3个，国家一般气象观测站10个。气象咨询服务12121电话线路120路。全市气象系统开展人工影响天气业务单位14个，防雹、增雨受益覆盖面积0.3万平方公里，增雨量3亿立方米。全市有卫星云图接收站2个。全年平均气温14.1℃，年平均总降水量496.9毫米，平均总日照时数1998.4小时。

全市有专业综合地震台（站）1个，市级地震台网中心1个，数字测震台网1个，数字测震子台4个，县级地震监测台（站）13个。全年小震活动106次，全年未发生3级以上地震。

文化：年末全市共有艺术表演团体16个，群众艺术馆1个，文化馆13个。公共图书馆13个，馆藏图书141.2万册。博物馆24个，档案馆14个。市级以上重点文物保护单位188

处，其中国家级90处，省级57处，市级41处。拥有广播电视台13座，有线电视用户58.5万户。广播人口覆盖率99.5%，电视人口覆盖率99.5%。全年组织“弊革风清兴运城·文化惠民暖河东”系列演出10场，市县两级组织文化惠民活动200场，成功举办纪念抗战胜利70周年“古中国，翰墨风”等书画展。全年全市完成农村公益电影放映3.8万余场次，放映覆盖率达到100%。

体育：全市运动员在山西省第十五届运动会2015年的比赛项目中获得金牌39枚、银牌35枚、铜牌38枚。全年销售中国体育彩票25566万元，比上年增长16.8%。

十、卫生和社会服务

卫生：年末全市共有医疗卫生机构5410个。其中医院240个，卫生院199个，社区卫生服务中心（站）80个，诊所（卫生所、医务室）1310个，村卫生室3501个，疾病预防控制中心14个，卫生监督所（中心）14个。卫生技术人员26591人，其中执业医师和执业助理医师11393人，注册护士9403人。医疗卫生机构床位27607张，其中医院19299张，卫生院6945张。

社会服务：年末全市共有各类提供住宿的社会服务机构127个，床位8184张。其中，老年人与残疾人服务机构113个，床位7797张。年末共有社区服务中心76个，社区服务站145个。年末共有4.8万人纳入城市居民最低生活保障，发放城市低保资金 18297万元。14.3万人纳入农村居民最低生活保障，发放农村低保资金27817万元。1.3万人纳入农村五保供养。全年临时救济1.8万户。全年销售社会福利彩票4.1亿元,接收社会捐赠79万元。

十一、人民生活和社会保障

人民生活：全年居民人均可支配收入14922元，同比增长8.9%。居民人均消费支出8663元，同比增长12.9%。按常住地分，城镇居民人均可支配收入24049元，增长8.2%，城镇居民人均消费支出11228元，增长13.8%；农村居民人均可支配收入8718元，增长7.3%，农村居民人均消费支出6838元，增长11.6%。城镇占调查总户数20%的低收入家庭人均可支配收入7539元，增长9.4%；农村占调查总户数20%的低收入家庭人均可支配收入2454元，增长14.3%。

社会保障：年末全市参加城乡居民社会养老保险281.6万人。其中，城镇居民7.8万人，新型农村社会养老保险参保人数273.8万人。城镇职工基本养老保险51.6万人。参加城镇基本医疗保险88.0万人，参加失业保险33.9万人。参加工伤保险66.8万人。参加生育保险40.1万人。

十二、资源、环境和安全生产

资源：年末全市耕地保有量550133公顷。全年国有建设用地供应总量765.6公顷。其中，工矿仓储用地322.9公顷，房地产用地107.8公顷，商业服务用地88.0公顷，基础设施等其它用地246.9公顷。

全年全市水资源总量173331万立方米，同比增长66.3%。总用水量138968万立方米，同比减少8.4%，其中，生活用水14913万立方米，工业用水11511万立方米，农业用水112544万立方米。

全市拥有省级自然保护区1个，自然保护区面积达到86862公顷。

环境：黄河、汾河流域运城段共监测4个断面。其中，达到Ⅲ类以上水质标准的断面2个，达到Ⅴ类水质标准的断面1个，超过Ⅴ类水质标准的断面1个。

全年中心城市空气质量二级以上（含二级）天数为237天。

年末全市公园面积达到1498.5公顷。绿地面积达到6158.1公顷，同比增长2.1%。城市建成区绿化覆盖率达到38.8%。

全年城市污水处理率达到91.7%；城市生活垃圾无害化处理率达到80%；集中供热普及率达到77%；城市燃气普及率达90%。

能耗：全年规模以上工业二次能源生产折标准煤2187.57万吨，比上年下降12.76%。消费原煤2528.4万吨，比上年下降17.47%；洗精煤1246.08万吨，比上年下降3.32%；焦炭224.13万吨，比上年下降8.21%；电力208.6亿千瓦时，比上年下降4.09%。

全年全社会用电总量287.8亿千瓦时。其中，第一产业用电16.52亿千瓦时，占全部用电量9.21%；第二产业用电233.43亿千瓦时，占全部用电量81.10%，其中，工业用电231.75亿千瓦时；第三产业用电13.0亿千瓦时，占全部用电量4.52%；城乡居民用电24.84亿千瓦时，占全部用电量8.63%。

安全生产：全年安全生产事故死亡97人，同比增长6.6%。其中，生产运营性道路交通事故造成76人死亡，84人受伤，直接经济损失32.6万元。煤矿、危险化学品、道路交通、消防等行业未发生一次死亡10人以上的事故。全年未发生较大及以上食品安全事故。

2015年山西省党组织情况

党员队伍建设情况。截至2015年底，全省共产党员总数241.62万名，比上年净增1.59万名。其中：妇女党员52.95万名，占党员总数21.92%，比上年增长0.42个百分点；大专以上文化程度党员95.57万名，占党员总数39.55%，比上年增长1.15个百分点；35岁以下青年党员54.21万名，占党员总数22.44%，比上年降低0.6个百分点。从职业分布上看，农牧渔民党员79.14万名，占党员总数32.75%；企事业单位管理人员、专业技术人员和工人党员81.72万名，占党员总数33.82%；党政机关党员21.23万名，占党员总数8.79%；学生党员2.84万名，占党员总数1.18%；离退休党员43.19万名，占党员总数17.88%；其他党员13.5万名，占党员总数5.58%。2015年，全省申请入党人数94.4万人，其中被党组织确定为入党积极分子的28.32万名，列为发展对象的7.81万名。

党组织情况。山西省党的各级地方委员会共有131个，其中，省级党委1个，市级党委11个，县（市、区）党委119个。党的基层党组织共有125964个，其中党委4776个，党总支6873个，支部114315个。新一届省委班子把加强农村基层组织建设作为全面从严治党的重要内容，紧紧围绕建设社会主义新农村这个主题，抓住班子、队伍、基础保障、制度建设等关键环节，采取有力措施，使全省农村基层组织建设进入了全面创新、整体推进的发展阶段。全省共有农村基层党组织30312个，占全省基层党组织总数的24.1%。其中，乡镇党委1196个；27993个行政村中，建立党委30个、党总支646个、党支部28440个。全省农村党员共96.1万名，占全省党员总数的39.8%。共有农村"两委"干部161834人，其中，村党组织书记27105人（含"一肩挑"7789人）；有12609名大学生村官当选"两委"委员，其中1845名当选为村党组织书记，449名当选为村委会主任。全省非公经济控制的企业法人单位114493个，其中私有经济控制114473个，港澳台商经济控制13个，外商经济控制7个。组建非公经济党组织35016个，其中，单独建立党委的183个，单独建立总支部的248个，单独建立支部的7822个，已建立联合支部的26763个。

（山西省委组织部）

中共山西年鉴十周年回顾

一、历任编委会主任

张 宝 顺
2006—2009 年

袁 纯 清
2010—2013 年

王 儒 林
2014—2016 年

骆 惠 宁
2016 年—

二、历任主编（总编）

樊 吉 厚
2006 年

李 茂 盛
2006 年

张 铁 锁
2007—2012 年

粟 金 凤
2007 年

张 瑞 鹏
2009—2012 年

于 若 洁
2013—2016 年

王 利 波
2013—2016 年

三、历任编辑部成员

2006 版

主　　任　谢振杰
执行总编　王　晖
编　　辑　余超英　袁佩红

2007 版—2008版

主　　任　魏　福
编　　辑　余超英　徐海鸿　袁佩红　王育萍

2009 版—2013版

主　　任　范小平
调 研 员　郭秀翔
副 主 任　徐海鸿
责　　编　李　军　袁佩红

2014 版

主　　任　范小平
副 主 任　徐海鸿　闫利明
调 研 员　郭秀翔　王福光
责　　编　李　军　袁佩红

2015 版—2016版

主　　任　范小平
副 主 任　闫利明
调 研 员　王福光
责　　编　李　军　袁佩红　张敏慧

四、历任编辑部成员合影

五、荣誉照展示

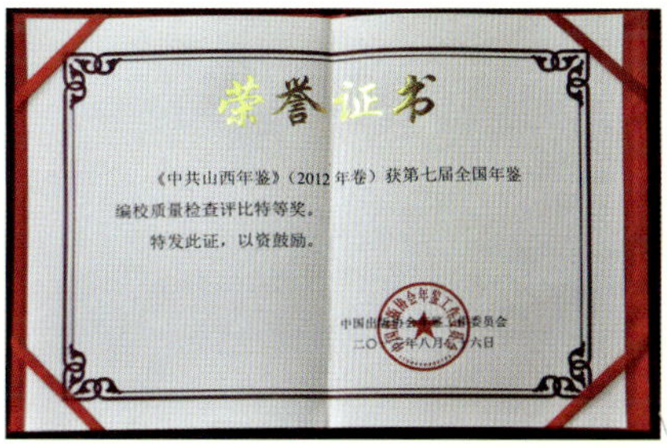

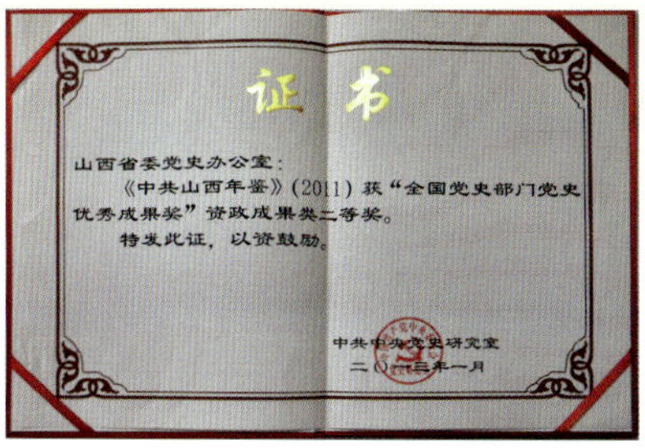

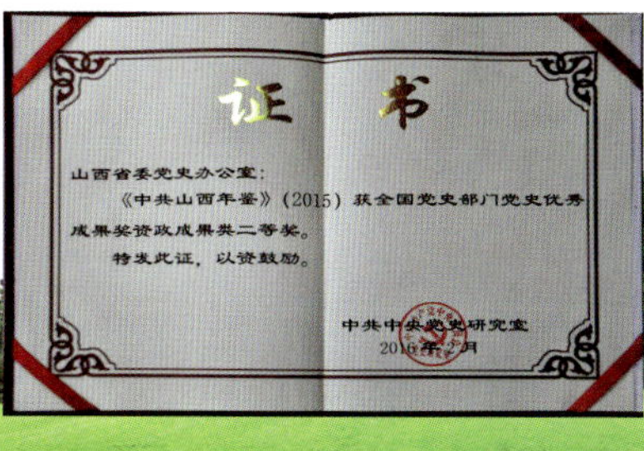

六、文件及成果

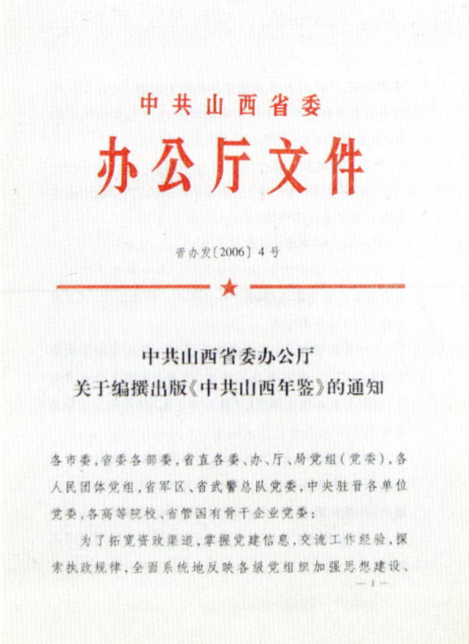

中共山西省委

办公厅文件

晋办发〔2006〕4号

中共山西省委办公厅
关于编撰出版《中共山西年鉴》的通知

各市委，省委各部委，省直各委、办、厅、局党组（党委），各人民团体党组，省军区、省武警总队党委，中央驻晋各单位党委，各高等院校、省管国有骨干企业党委：

为了拓宽资政渠道，掌握党建信息，交流工作经验，探索执政规律，全面系统地反映各级党组织加强思想建设、

—1—

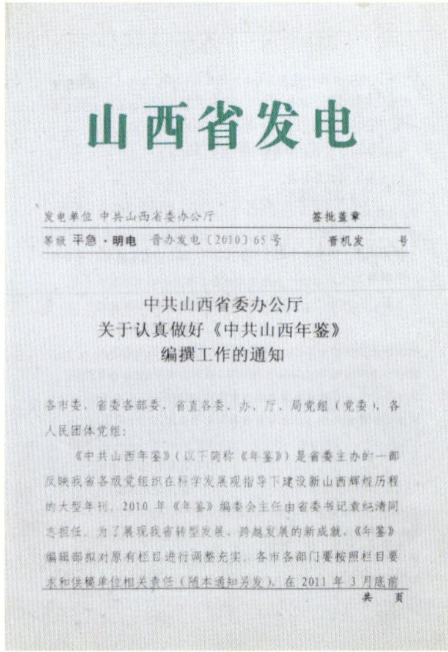

山西省发电

发电单位 中共山西省委办公厅		签批盖章
等级 平急·明电	晋办发电〔2010〕65号	晋机发　　号

中共山西省委办公厅
关于认真做好《中共山西年鉴》
编撰工作的通知

各市委、省委各部委、省直各委、办、厅、局党组（党委），各人民团体党组：

《中共山西年鉴》（以下简称《年鉴》）是省委主办的一部反映我省各级党组织在科学发展观指导下建设新山西辉煌历程的大型年刊。2010年《年鉴》编委会主任由省委书记袁纯清同志担任。为了展现我省转型发展、跨越发展的新成就，《年鉴》编辑部拟对原有栏目进行调整充实。各市各部门要按照栏目要求和供稿单位相关责任（随本通知另发），在2011年3月底前

共　页

图书在版编目（CIP）数据

中共山西年鉴·2016 / 中共山西省委主办，中共山西省委党史办公室编. —北京：中央文献出版社，2016.11

ISBN 978—7—5073—4528—5

Ⅰ. ①中… Ⅱ. ①中… ②中… Ⅲ. ①中国共产党—工作—山西省—2016—年鉴 Ⅳ. ①D235.25-54

中国版本图书馆CIP数据核字（2016）第250404号

书　　名：中共山西年鉴（2016）

主　　办：中共山西省委
编　　者：中共山西省委党史办公室
责任编辑：韩　冰
出版发行：中央文献出版社
社　　址：北京市西四北大街前毛家湾1号
邮　　编：100017
网　　址：www.zywxpress.com
销售热线：63097018　66183303　66513569
经　　销：新华书店
印　　刷：山西省煤炭地质制图印务中心
开　　本：1/16
字　　数：2396千字
印　　张：60
版　　次：2016年11月第1版
印　　次：2016年11月第1次印刷

ISBN 978—7—5073—4528—5
定　　价：350.00元
